Vorbemerkung der Herausgeber

Das hier vorgelegte Handbuch zur Sozialarbeit/Sozialpädagogik versucht eine Zwischenbilanz zur Entwicklung in Praxis und Theorie der Sozialarbeit/Sozialpädagogik. Dieses Unternehmen ist schwierig; die Entwicklung in den letzten dreißig Jahren war expansiv, weitläufig, vielfältig explosiv und die Linien in die Zukunft sind in vielem offen und kontrovers.

Im Zuge des Ausbaus des modernen Bildungs- und Sozialstaats in den letzten Jahrzehnten haben sich vielfältige Aufgaben und Zuständigkeiten der Sozialarbeit/Sozialpädagogik entfaltet, etabliert und ausgedehnt: von der Nichtseßhaftenhilfe zur Familien- und Altenberatung, von der Arbeit in sozialpädagogischen Institutionen zur Kooperation mit Bürgerinitiativen und Selbsthilfegruppen. Parallel zum Ausbau dieser verschiedenen und in sich sehr unterschiedlich dimensionierten Aufgaben entwickelte sich eine intensive und breite theoretische Diskussion. Sozialarbeit/Sozialpädagogik nahm die überfällige Herausforderung zur grundsätzlichen Klärung ihrer gesellschaftlichen Funktion an; die traditionell eklektizistische Orientierung von Sozialarbeit/Sozialpädagogik entwickelte sich zu einer interdisziplinären Öffnung zu Ansätzen und Ergebnissen anderer Sozial- und Verhaltenswissenschaften, von der politisch-ökonomischen Staatstheorie, der Sozialpolitik bis zur Sozialisationstheorie, der Lerntheorie und dem Interaktionismus. Gegenüber den traditionellen Verkürzungen zu eher subjektbezogenen oder gesellschaftlichen Zugängen ergaben sich neue Konzepte der Verbindung von Gesellschaftstheorie und Handlungstheorie; die Konturen sozialpädagogischer Handlungskompetenz zeichnen sich ab.

In diesen so expansiven und weitläufigen Aufgaben waren Praxis und Theorie belastet durch strapaziöse Randbedingungen: durch Überforderungen von der Praxis ebenso wie von der Ausbildung her, durch Entwicklungsarbeiten, durch Begründungs- und Rechtfertigungserwartungen in der Öffentlichkeit. So bleibt sich Sozialarbeit/Sozialpädagogik bis heute ihrer Identität ungewiß. In dieser Situation zur Klärung der Arbeitsaufgaben, der Handlungsmöglichkeiten und des Selbstverständnisses von Sozialarbeit/Sozialpädagogik beizutragen, ist Absicht und Hoffnung unseres Handbuchs. Daß es als Handbuch *zur* Sozialarbeit/Sozialpädagogik bezeichnet ist, unterstreicht, daß wir uns der Schwierigkeiten und Vorläufigkeit unseres riskanten Vorhabens bewußt sind.

Für den Versuch, Problemformulierungen und Ergebnisse aus den Diskussionen der letzten dreißig Jahre zu bilanzieren und Fragen für die weitere Entwicklung zu verdeutlichen, mußten Akzente gesetzt, Orientierungen und Schwerpunkte für die Darstellung und, natürlich, Ausgrenzungen festgelegt werden.

Einige der Überlegungen, die uns bei der Arbeit am Handbuch wichtig waren, sollen hier skizziert werden:

– Sozialarbeit/Sozialpädagogik wird im Typus einer sozialwissenschaftlich orientierten, kritischen Handlungswissenschaft verstanden, wie er sich in den letzten Jahren im Kontext der Erziehungswissenschaft herausgebildet hat – im Zusammenhang ihrer »realistischen Wende« ebenso wie ihres emanzipativen, gesellschaftskritisch bestimmten Selbstverständnisses. In diesem weiteren Horizont beschränkt sich das Handbuch aber auf die Diskussion der Probleme, die für die derzeitigen Arbeitsaufgaben von Sozialarbeit/Sozialpädagogik wichtig erscheinen. Da gerade diese Bereiche im erziehungswissenschaftlichen Kontext weithin nicht hinreichend differenziert dargestellt werden, schien uns ihre ausholendere Erörterung überfällig. Darüberhinausreichende allgemeine sozialwissenschaftliche und erziehungswissenschaftliche Probleme, auch wenn sie Voraussetzungen spezifizierter sozialpädagogischer Überlegungen sind, werden nicht eigens für sich entwickelt, sondern in die spezifischen Darstellungen integriert.

– Gegenstand unseres Handbuchs sind Fragen der Theorie der Sozialarbeit/Sozialpädagogik. Die Erörterung von Theoriekonzepten und Problemzugängen scheint notwendig gerade in der heutigen Zeit, in der die Vermittlungsprobleme zwischen Theorie und Praxis viele dazu bringen, Notwendigkeit und Leistung von Theorie überhaupt anzuzweifeln. Der Verführung einer restaurativen Theorieverachtung ebenso wie den Plausibilitäten eines alternativen Theorieunwillens gegenüber kann Praxis die Routinen ihres Alltags nur überwinden in steten Anstrengungen um Theorie.

– Gegenüber einer sozialpädagogischen Tradition, für die der Umgang mit Rechts-, Verwaltungsregeln und den Praxismethoden im Vordergrund stand, wurden in den letzten Jahren Fragen der gesellschaftlich-politischen Funktion und Formenbestimmtheit von Sozialarbeit/Sozialpädagogik vorrangig. Sie nehmen auch im Handbuch einen breiten Raum ein. Neben den allgemeinen gesellschaftstheoretischen Fragen schien es uns wichtig, die gesellschaftlich konkreten Bezüge zu Rechtsvorgaben und Sozialpolitik zu akzentuieren.

– Nachdem diese politischen und gesellschaftlichen Fragen Jahre hindurch eine Priorität genossen, unter der die Fragen nach professionellen Umgangs- und Handlungsmustern der Sozialarbeit/Sozialpädagogik nachrangig wurden, gewinnen sie in der letzten Zeit wieder an Gewicht – ganz sicher auch im Zusammenhang der sogenannten Tendenzwende. Trotz solcher Interessenverschiebung aber kann prinzipiell gar nicht zur Diskussion stehen, daß Theorie der Sozialarbeit/Sozialpädagogik zugleich Gesellschaftstheorie und Handlungstheorie sein muß. Neben der Darstellung konkreter Handlungsmuster, z. B. des Beratens oder Planens, sind Fragen nach der Gemeinsamkeit der vielfältigen sozialpädagogischen Handlungsmuster und nach Ausbildungskonzepten ebenso relevant wie die nach einer in aller Vielfältigkeit gemeinsamen sozialpädagogischen Professionalität.

– Die sozialpädagogische Diskussion der letzten Jahre war ergiebig vor allem auch in der gesellschaftlichen und sozialen Rekonstruktion der Lebenslagen unterschiedlicher Adressatengruppen. Deren breite Darstellung – vom abweichenden Verhalten zu Arbeitsschwierigkeiten und Verhaltensproblemen bei Kindern oder Selbstmordgefährdeten – aber würde sich verselbständigen zu einer sozialen Pathologie, wenn sie nicht bezogen bliebe auf die Normalität von Lebens- und Problemlösungsstrategien. Dem dienen im Handbuch die Darstellungen von Arbeits- und Lebensverhältnissen ebenso wie die Skizzen lern- und handlungstheoretischer Konzepte und der Entwicklungsstufen im menschlichen Lebenslauf und der geschlechtsspezifischen Rollenvorgaben.

– Die Offenheit von Sozialarbeit/Sozialpädagogik bedeutet, daß Theorie und Praxis gleichermaßen in vielfältige Kooperationen mit anderen Disziplinen und Praxisinstitutionen verwickelt sind. Diese Korrespondenzen und den mit ihnen gegebenen schwierigen Status der Sozialarbeit/Sozialpädagogik zwischen dem Eigensinn ihres Arbeitsauftrags und den notwendigen Vermittlungs- und Integrationsaufgaben versuchen wir deutlich zu machen, indem angrenzende und überlappende Probleme der Schule, der Sonderschule, der psychosozialen Versorgung, der Sozialpolitik sowie der Justiz und der Polizei dargestellt werden.

– Sozialarbeit/Sozialpädagogik ist in den verschiedenen Gesellschaftssystemen und den verschiedenen Ländern sehr unterschiedlich strukturiert. Da wir uns auf ausholendere vergleichende Darstellung nicht einlassen konnten, haben wir uns dazu entschlossen, uns auf Skizzen zur Situation in der Dritten Welt, in der UdSSR und der DDR, begleitet von einer Darstellung sozialistischer Sozialpädagogikdiskussion in westlichen Ländern, zu beschränken. Diskussionen und Erfahrungen der westlichen, kapitalistischen Länder bilden ja Voraussetzung und Bezugspunkt unserer eigenen Diskussion, wie sie sich in den vielfältigen Erörterungen dieses Handbuchs spiegelt.

– Schließlich: Daß wir uns in diesem Handbuch dazu entschlossen haben, Probleme der Theorie der Sozialarbeit/Sozialpädagogik in den Mittelpunkt zu stellen, fordert seinen Preis; detailliertes Wissen von Fakten und Rechtsregelungen wie sie zur Bewältigung des Alltags unabdingbar sind, bleiben eher im Hintergrund. Auch der Mangel an didaktischen und methodischen Erörterungen zu speziellen Arbeits-, Bildungs- und Spielaufgaben ist uns selbst bewußt, schien uns aber unvermeidlich.

Wir danken dem Lektor des Hermann Luchterhand Verlages, Karsten Fuchs, der die komplexen Redaktionsarbeiten verantwortlich begleitet hat, wir danken Gundela Müller und Hans Gängler für ihre Hilfe bei der Erstellung des Sachregisters. Die Arbeit an diesem Handbuch erwies sich als weitaus umfänglicher und zeitraubender, als wir es uns zunächst vorgestellt hatten. So hat sich die Fertigstellung über Gebühr verzögert. Das Projekt unseres Handbuchs hätte sich nicht verwirklichen lassen, ohne die tatkräftige, wohlwollende und mahnende Kollegialität, die wir durch Fritz Berger vom Luchterhand Verlag erfahren haben. Ihm und ebenso den Autoren danken wir für ihre Langmut und Geduld und dafür, daß sie im Interesse an der Sache nicht nachgelassen haben.

Hanns Eyferth/Hans-Uwe Otto/Hans Thiersch

Abweichendes Verhalten

Soziale Normen als Bezugspunkte

Eine Begriffsbestimmung abweichenden Verhaltens kann nur in Relation zu sozialen Normen geleistet werden. Im Hinblick auf diesen Bezugspunkt gilt es zu entscheiden, ob es sich um formal kodifizierte Normen (z. B. Gesetze) oder lediglich um informelle Normen (z. B. Sitten und Gebräuche) handelt. Die Toleranz gegen abweichendes Verhalten wird mit zunehmendem Grad der Institutionalisierung sozialer Normen geringer. Aber nicht nur der unterschiedliche Grad der Verbindlichkeit sozialer Normen ist von Belang, sondern auch ihr Geltungsbereich. Das Spektrum reicht von Normen, die für alle Mitglieder einer Gesellschaft gelten, bis zu solchen, die nur für Mitglieder einer spezifischen Gruppe von Bedeutung sind. Was im Kontext einer einzelnen Gruppe als abweichend gilt, kann für die Gesamtgesellschaft akzeptabel sein, während umgekehrt ein von den Mitgliedern der Gesamtgesellschaft mißbilligtes Verhalten in spezifischen Gruppen derselben Kultur gebilligt bzw. sogar gefördert werden kann.

So wie keine Gesellschaft ohne soziale Normen und kulturelle Regelungen denkbar ist, stellt auch abweichendes Verhalten ein universelles Phänomen dar. Schon *Durkheim* hob hervor, daß es keine Gesellschaft geben kann, »in der die Individuen nicht mehr oder weniger vom kollektiven Typus abweichen« (*Durkheim*, 1970). Abweichendes Verhalten ist aber nicht nur universell, sondern gleichzeitig auch relativ, da es im Hinblick auf den Verbindlichkeitsgrad und den Geltungsbereich sozialer Normen, in bezug auf die jeweilige Ebene des sozialen Kontextes und hinsichtlich des jeweils vorfindbaren sozialen Toleranzniveaus unterschiedlich zu gewichten und zu dimensionieren ist. Die Relativität bezieht sich auch auf den jeweiligen Zeitpunkt des abweichenden Verhaltens. »Wie oft ist das Verbrechen wirklich bloß eine Antizipation der zukünftigen Moral, der erste Schritt zu dem, was sein wird« (*Durkheim*, 1970).

Soziale Normen und kulturelle Übereinkünfte bestimmen nicht nur abweichendes Verhalten, sondern auch die angemessenen Reaktionen darauf. Die sozialen und gesellschaftlichen Mechanismen und Prozesse, die abweichendes Verhalten verhindern und einschränken, fallen unter die Rubrik der sozialen Kontrolle. Gerade in der neueren Diskussion (*Schur*, 1974; *Ericson*, 1975) wird zunehmend die enge Wechselwirkung von Devianz und sozialer Kontrolle betont und damit wieder das Ideengut der soziologischen Klassiker *Durkheim* und *Mead* aufgegriffen. Die Bedeutung der gesellschaftlichen Reaktion bei der Entstehung abweichenden Verhaltens wird insbesondere von *Lemert* anhand des Konzepts der sekundären Abweichung hervorgehoben. Dieser Begriff bezieht sich »auf jene besondere Kategorie sozialbestimmter Reaktionen, die bei den Betroffenen durch das Verhalten der Umwelt auf ihre spezifische Abweichung hervorgerufen werden« (*Lemert*, 1975). Formelle und informelle Reaktionen sozialer Kontrolle können unter bestimmten Voraussetzungen eine Verfestigung abweichenden Verhaltens zur Folge haben.

Ätiologisches Paradigma versus Kontrollparadigma

Während das Kontrollparadigma der »neuen« Devianzsoziologie es gerade für
unabdingbar hält, abweichendes Verhalten und soziale Kontrolle als voneinander
nicht zu trennende Elemente zu betrachten und Devianz als situativ bestimmte,
erfolgreiche Zuschreibung einer normativ bestimmten Qualität durch die gesellschaftlichen Kontrollinstanzen zu rekonstruieren (vgl. *Keckeisen*, 1974) wird die
Konstitution abweichenden Verhaltens durch informelle und formelle Reaktionen
sozialer Kontrolle vom ätiologischen Paradigma nicht näher problematisiert. Das
Grundproblem des ätiologischen Paradigmas besteht in der Frage, welche Bedingungen einem Sachverhalt, nämlich abweichendem Verhalten, ursächlich zuzurechnen sind, wobei das Merkmal der Normwidrigkeit des Verhaltens als »Gegebenheit« den theoretischen und empirischen Bemühungen vorausgesetzt wird (vgl.
Keckeisen, 1974).

Anomie

Als theoretisches Glanzstück des ätiologischen Paradigmas ist die Anomietheorie
von *Merton* (1938, 1957) anzusehen. Sie geht davon aus, daß zwischen den in der
Kultur verbreiteten Werten und Zielen »Erfolg« und »Wohlstand« und der über die
Sozialstruktur vermittelten ungleichen Verteilung der legitimen Mittel, finanziellen
Erfolg zu erreichen, eine Diskrepanz besteht, die auf die benachteiligten Mitglieder
der Gesellschaft einen Druck zur Abweichung ausübt. Anomie geht bei *Merton*
hervor aus einer Diskrepanz zwischen Kultur und Sozialstruktur.
Für *Durkheim* hingegen, der den Anomiebegriff in die Soziologie eingeführt hat,
bedeutet Anomie einen Zustand der Regellosigkeit, ein Fehlen oder Versagen
sozialer Regelmechanismen, die die Aufgabe haben, die ungerichteten Triebe und
Bedürfnisse des Menschen sozial zu limitieren. Wie er in der Selbstmordstudie
(1897) darlegt, ist Anomie charakteristisch für extreme soziale Krisenzustände. In
wirtschaftlichen Depressionen gelingt es vielen nicht, ihre Ansprüche an die
sozialen Situationen anzupassen und zu senken. In Phasen der Prosperität kommt
es zu übersteigerten Hoffnungen, die über jedes erreichbare Ziel hinausschießen.
In beiden Fällen versagt die moralische Autorität der »Conscience Collective«.
Merton geht über *Durkheim*, der Anomie als Zusammenbruch der kulturellen
Struktur interpretiert, hinaus und bezieht sich auf eine Diskrepanz von Kultur und
Sozialstruktur. »Wenn die kulturelle und die soziale Struktur schlecht integriert
sind, indem die erstere Verhalten und Einstellungen fordert, die die zweite
verhindert, besteht ein Druck zum Zusammenbruch der Normen, zur Normlosigkeit also« (*Merton*, 1968). Als Reaktion auf diese anomische Spannung sind
unterschiedliche Anpassungsformen möglich: Konformität (!), Innovation, Ritua-
lismus, Rückzug und Rebellion. Diese Typen ergeben sich aus der Kombination
zweier Dimensionen (Ziele und Mittel), entlang derer Rollenverhalten variieren
kann. Die Anomietheorie in ihrer ursprünglichen Version liefert allerdings keine
Hinweise darauf, worin die Bedingungen bestehen, unter denen die eine oder

andere Form der Anpassung auftritt. Bei aller Detailkritik, die an dieser Theorie vorzunehmen ist (*Bohle*, 1975), besteht ein unbestrittener Verdienst der Mertonschen Anomietheorie in der Unterstreichung der Grundannahme, daß die empirisch festgestellten Raten abweichenden Verhaltens eng mit der Stellung der abweichend Handelnden innerhalb der sozialen Struktur der untersuchten Gesellschaft zusammenhängen.

In einem wichtigen und vielbeachteten Beitrag zur Ergänzung der Anomietheorie, der Theorie der differentiellen Gelegenheiten, führen *Cloward* und *Ohlin* (1960) eine neue Variable ein: nämlich die unterschiedliche Verfügbarkeit über illegitime Mittel. Ebenso wie die legitimen Mittel in unterschiedlichem Maße für die Mitglieder eines Sozialsystems verfügbar sind, steht auch der Zugang zu den illegitimen Mitteln nicht jedem Individuum offen. Der Ansatz von *Cloward* und *Ohlin* stellt den Versuch dar, zwei Hauptrichtungen soziologischen Denkens über das Problem abweichenden Verhaltens, nämlich die bereits vorgestellte Anomietheorie und die Theorie der differentiellen Assoziation, zu verbinden.

Nach der Theorie der differentiellen Assoziation, die erstmals 1939 von *Sutherland* formuliert wurde, wird abweichendes Verhalten in Interaktion mit anderen Personen in einem Kommunikationsprozeß gelernt, der das Lernen a) der Techniken zur Ausführung der abweichenden Handlung und b) die spezifische Richtung von Motiven und Rechtfertigungen einschließt (vgl. *Sutherland*, 1968). Die zentrale These *Sutherlands* besagt, daß eine Person dann delinquent wird, wenn Gesetzesverletzungen begünstigende Einstellungen gegenüber den solche Handlungen negativ bewertenden Einstellungen überwiegen, wobei Bedingungen wie Häufigkeit, Dauer, Abfolge und Intensität der differentiellen Kontakte maßgeblich sind. Sozialstrukturelle Bedingungen werden von Sutherland nur am Rande erwähnt und nicht systematisch genug geklärt.

Um diesen Mangel auszugleichen, unternehmen *Cloward* und *Ohlin* den Versuch, diese Theorie in den sozialstrukturellen Ansatz der Anomietheorie einzubetten. Sie gehen davon aus, daß illegitime Zugangschancen teilweise aus Lernstrukturen bestehen, aber teilweise auch aus Situationen, die zur Ausübung abweichender Rollen reizen. Illegitime Gelegenheit schließt die Bedingungen, die das Ausüben einer abweichenden Rolle ermöglichen, genau so ein wie die Bedingungen, die das Erlernen einer solchen Rolle begünstigen. Beide Systeme der Zugangschancen sind eher begrenzt als unbegrenzt verfügbar und je nach der Position der Personen in der sozialen Struktur verschieden. Mitglieder abweichender Subkulturen haben den Glauben an die Legitimität bestimmter Normen der konformen Mehrheit aufgegeben. Das Resultat dieses kollektiven Kommunikationsprozesses des Legitimitätsentzuges umfaßt ein breites Spektrum von abweichenden Handlungssystemen: die kriminelle Subkultur, die Konfliktsubkultur und die Subkultur des Rückzugs.

Kriminelle Subkulturen werden begünstigt in einer Umgebung, in der verschiedene Altersgruppen (Jugendliche und Erwachsene) und verschiedene Wertsysteme (abweichende und konforme) integriert sind. Ein derartiges Lernmilieu, in dem kriminelle Erwachsene als Vorbilder dienen, bietet die Möglichkeit zum Erlernen und Ausüben stabiler krimineller Rollen als alternativen Weg zur Erreichung der

Erfolgsziele. In desorganisierten Slums, in denen sowohl die konventionellen als auch die kriminellen Gelegenheiten für die Jugendlichen nicht verfügbar sind und in denen nur eine schwache soziale Kontrolle ausgeübt wird, entstehen Konfliktsubkulturen. Gewalttätigkeiten werden in einem solchen Milieu zum einzigen Mittel des Statuserwerbs. Rückzugssubkulturen, insbesondere Drogenkulturen, entstehen als Folge eines fortgesetzten Fehlschlagens in der Benutzung sowohl legitimer als auch illegitimer Mittel.

Auch *Cohen* (1955), einer der wichtigsten Subkulturtheoretiker, setzt sich mit *Mertons* Ansatz auseinander. Er führt aus, daß *Mertons* Modell der Anpassungsformen den nichtutilitaristischen, bösartigen und negativistischen Verhaltensmustern innerhalb der delinquenten Subkulturen der Unterschicht nicht gerecht wird. Die Grundlage für eine deviante subkulturelle Bewältigung sieht *Cohen* nicht so sehr in der Anomie, sondern vor allem in den Statusproblemen der Heranwachsenden, die im normativen Kontext der Mittelschicht entstehen. »Die Kultur der Bande, an der sich der Junge aus der Unterklasse beteiligt, hat erstens die Funktion, ein System von Statuskriterien zu schaffen, an denen sich der Junge erfolgreich messen kann. Ihre zweite Funktion ist, an den Normen Vergeltung zu üben, unter denen sein Ich zu leiden gehabt hat, indem diese Kultur der Bande ›Tugend‹ und ›Verdienst‹ in Kategorien definiert, die den üblichen Normen entgegengesetzt sind« (*Cohen*, 1961). Das Wertsystem der Mittelschicht wird von der delinquenten Subkultur zurückgewiesen. Da sich die Unterschichtjugendlichen der »Elle der Mittelschicht« letztlich nicht entziehen können und ihre eigenen, durch die Unterschichtkultur vermittelten Orientierungsmaßstäbe immer in Frage gestellt werden, liegt es nahe, daß die delinquente Subkultur diesen kollektiven Ausweg aus gemeinsam erfahrenen Schwierigkeiten wählt.

Währen für *Cohen* subkulturelle Handlungsmuster noch als kollektive Lösungen von aus sozialstrukturellen Bedingungen resultierenden Statusproblemen anzusehen sind, also Subkultur als »fast unmittelbarer Reflex der Sozialstruktur und deren Einflüsse auf den Status der ihr ausgesetzten Individuen« (*Sack*, 1971) betrachtet wird, sind bei *Miller* Kultur und Sozialstruktur so ineinander verschränkt, »daß die Komponenten der Kultur eher eine Ursache für die Sozialstruktur darstellen als umgekehrt« (*Sack*, 1971).

»Kulturelle Devianz« und Subkulturen

Die Grundannahme dieses Ansatzes sieht abweichendes Verhalten als Konformität zu bestimmten Verhaltensstandards eines Subsystems der Gesellschaft, die von der Gesamtgesellschaft, insbesondere von ihrem mächtigeren Teil, nicht anerkannt werden. »Das Verhalten nach bestimmten kulturellen Erwartungen, die wesentliche Elemente des Lebensstils der Unterschicht in ihrer Gesamtheit ausmachen, verletzt automatisch gewisse gesetzliche Normen« (*Miller*, 1968). Die Konformität gegenüber den Kristallisationspunkten der Unterschicht, die gekennzeichnet sind durch die Betonung physischer Kraft und geistiger Cleverness, die Abneigung gegen Autoritäten, die Suche nach Spannung und Erregung und die Hoffnung auf das »Schicksal«, erhöht die Wahrscheinlichkeit, mit dem Gesetz in Konflikt zu geraten. Der Inhalt dieses zu abweichendem Verhalten motivierenden Kulturmusters wird also nicht als Funktion der gesellschaftlich dominierenden Mittelschichtkultur beschrieben, sondern als relativ autonomes System, das sich in reinster Form in den jugendlichen Eckenstehergruppen artikuliert. Abweichendes Verhalten dieser Gruppen stellt eine beinah unwillkürliche Begleiterscheinung von Handlungen dar, die der kulturellen Tradition der Unterschicht entsprechen (vgl. *Pfeiffer/ Scheerer*, 1979).

Wichtige neue Impulse für die subkulturtheoretische Forschung gingen in letzter Zeit insbesondere vom Centre for Contemporary Cultural Studies (CCCS) an der Universität Birmingham aus (vgl. *Brake*, 1981). Jugendliche Subkulturen werden von diesem Ansatz als generationsspezifische Subsysteme klassenspezifischer Stammkulturen verstanden. Im Rahmen eines gesamtgesellschaftlichen Beziehungsgeflechtes hierarchischer Klassenkulturen sind die jugendlichen Subkulturen »doppelt artikuliert«, nämlich im Verhältnis zu ihrer Stammkultur und zur dominanten bürgerlichen Kultur. Die latente Funktion der Subkultur besteht nun darin, die Widersprüche, die in der Stammkultur verborgen oder ungelöst bleiben, zum Ausdruck zu bringen und auf symbolisch expressive und »magische« Weise zu verarbeiten. In diesem Prozeß spielt die Stilbildung eine wichtige Rolle. Die Schöpfung subkultureller Stile umfaßt eine differenzierte Auswahl aus der Matrix des Bestehenden. Es kommt »zu einer Transformation und Umgruppierung des Gegebenen in ein Muster, das eine neue Bedeutung vermittelt; einer Übersetzung des Gegebenen in einen neuen Kontext und seiner Adaptation« (*Clarke*, 1979).

Generell können wir festhalten, daß es nach Auffassung der gängigen Subkulturtheorien zwar dominante Werte, die von gesellschaftlich bedeutenden Gruppen geteilt und unterstützt werden, gibt, zur dominanten Kultur jedoch unterschiedliche Normen als Verarbeitung unterschiedlicher sozialer Bedingungen entwickelt werden. Das, was von der dominanten Kultur als abweichendes Verhalten typisiert wird, ist teilweise auch Konformität mit den Normsystemen der jeweiligen Subkultur. Das Konzept der Subkultur relativiert die Zuschreibung der Abweichung. Im Gegensatz zur Anomietheorie kann die Subkulturtheorie nicht mehr einfach der einen Verhaltensweise das Merkmal konform und der anderen das Merkmal abweichend zuschreiben und nach den spezifischen Ursachen abweichenden Verhaltens suchen. »Die subkulturelle Konformitätserwartung erfordert die gesamtkulturell verstandene Abweichung, wobei einmal die sozialstrukturellen Bedingungen für die Entstehung von Subkulturen verantwortlich zu machen sind und zum anderen unmittelbar deutlich wird, daß abweichendes Verhalten ähnlichen Entstehungsbedingungen folgt, wie konforme Verhaltensweisen« (*Lamnek*, 1979).

Die Labeling-Theorie – eine neue Perspektive

Die zuletzt angesprochene Relativierung abweichenden Verhaltens wird vom Labeling-Ansatz, der einen radikalen Wandel in der soziologischen Betrachtung abweichenden Verhaltens eingeleitet hat, sogar zum Ausgangspunkt seiner theoretischen Überlegungen gemacht. Während die Definition bestimmter Handlungen als deviant im Rahmen ätiologischer Theorien kein zu erklärendes Problem darstellt und die Geltung sozialer Normen als unproblematisch angesehen werden, geht der Labeling-Ansatz davon aus, »daß wir erst dann wissen können, ob eine gegebene Handlung als abweichend einzuordnen ist, wenn die Reaktion anderer darauf erfolgt ist. Abweichendes Verhalten ist keine Qualität, die im Verhalten selbst liegt, sondern in der Interaktion zwischen einem Menschen, der eine Handlung begeht, und Menschen, die darauf reagieren.«

Die Grundaussage dieses Ansatzes meint, »daß gesellschaftliche Gruppen abweichendes Verhalten dadurch schaffen, daß sie Regeln aufstellen, deren Verletzung abweichendes Verhalten konstituiert, und daß sie diese Regeln auf bestimmte Menschen anwenden, die sie zu Außenseitern abstempeln« (*Becker*, 1981).

Im Folgenden soll versucht werden, zentrale Aussagen dieses Definitionsansatzes zusammenfassend vorzutragen (vgl. insbesondere *Keupp*, 1976; *Sagarin*, 1975), wobei es angesichts der verschiedenen Spielarten dieser Richtung nicht einfach ist, eine Kurzform zu liefern.

- Die Labeling-Perspektive stellt die Sicherheit, mit der ältere devianzsoziologische Positionen problemlos den Unterschied zwischen Abweichung und Nicht-Abweichung feststellten, in Frage und geht davon aus, daß die Bedeutung von Verhaltensqualitäten erst durch in Interaktionen entwickelte Interpretationen zugeschrieben wird.

- Die moralische Qualität einer Handlung wird entscheidend bestimmt durch die Art und Weise, wie sie durch andere Personen definiert wird. Einen besonderen Stellenwert bei der Einschätzung, Interpretation und Definition von Handlungen nehmen die Vertreter von Kontrollinstanzen ein, die die gesellschaftlichen Normen anwenden und für ihre Einhaltung Sorge tragen.

- Der Prozeß der Etikettierung hängt nicht nur von der Art der Handlung und ihren gesellschaftlichen Konsequenzen ab, sondern auch von dem sozialen Status des Regelverletzers und der Machtbeziehung zwischen dem regelverletzenden Individuum und den Initiatoren der offiziellen und inoffiziellen sozialen Kontrollreaktionen.

- Ein Hauptbrennpunkt des Labeling-Ansatzes richtet sich auf den Prozeß des Wechsels von primärer zu sekundärer Devianz. Infolge der stigmatisierenden Wirkungen einer Etikettierung als »abweichend« verändert sich möglicherweise die Identität des Betroffenen dergestalt, daß deviante Verhaltensweisen als Reaktion auf die Zuschreibung immer wahrscheinlicher werden. Das Individuum wird auf einen devianten Status festgelegt und verstärkt. Die Fremdtypisierung, abweichend zu sein, wird dann für das eigene Selbstbild übernommen.

- Ähnlich den Entwicklungen bei konventionellen beruflichen Statusgruppen können im Horizont abweichender Lebensmuster Karrieren entstehen. Deviante Karrieren werden durch die offiziellen gesellschaftlichen Reaktionen begünstigt, besonders dann, wenn durch Kontrollmaßnahmen die Möglichkeit zu konformen Karrieren völlig verbaut wird und zwangsläufig eine Umorientierung in einer devianten Subkultur erfolgt.

– Bei der »Produktion« abweichenden Verhaltens sind die handlungsleitenden Wissenssysteme der verschiedenen Vertreter der Kontrollinstanzen von Bedeutung. Mit den handlungsleitenden Wissenssystemen sind die praktischen Gebrauchslogiken gemeint, welche die Kontrolleure routinehaft einsetzen, um ihre »Fälle« zu bearbeiten. Art und Inhalt dieser handlungsleitenden Wissenssysteme führen dazu, daß soziale Kontrolle als Anwendung sozialer Normen gruppen-, situations- und personenspezifisch, also selektiv erfolgt.

– Das zum Teil verfahrensmäßig auf Dauer gestellte und durch Hierarchiegefälle gekennzeichnete Kooperationssystem verschiedener Kontrollinstanzen wird als selektives und zugleich sich selbst bestätigendes Filtersystem gekennzeichnet (vgl. *Ferchhoff/Peters*, 1981).

– Für die Analyse der Konstitution abweichenden Verhaltens ist die Frage von Bedeutung, wie die Gesellschaft beschaffen ist, die spezifische Normen als verhaltensrelevant durchsetzt und bestimmte Urteile verhängt, und die Personen oder Gruppen die Macht und den Einfluß gewinnen, andere Personen als abweichend zu etikettieren.

Als spezifische Variante des Labeling-Approach sollte die ethnomethologische Perspektive abweichenden Verhaltens erwähnt werden. Dieser Ansatz geht davon aus, daß normative Konstrukte oder Typisierungen von den Handelnden unter den Anforderungen der Bewältigung von Situationen konstruiert, interpretiert und modifiziert werden – und zwar innerhalb bestimmter interaktionslogischer Basisregeln. Von dieser Grundannahme ausgehend wird die routinemäßige Bewältigung der Interaktionen zwischen Instanzen sozialer Kontrolle und Kontrollierten untersucht. In Ergänzung der zentralen Aussagen des Definitionsansatzes wird dabei hinsichtlich der Anwendung sozialer Normen angenommen, »daß die Produktion und Anwendung oder Interpretation solcher Regeln bestimmten Bedingungen allgemeingültiger Art unterworfen sind, den Basisregeln oder der dokumentarischen Methode der Interpretation, deren Analyse unter Einbeziehung soziohistorischer gesellschaftlicher Bedingungen Aufschlüsse über den Prozeß der Zuschreibung des Etiketts ›abweichend‹ oder ›kriminell‹ geben kann« (*Bohnsack*, 1973). Eine mögliche Gefahr dieser Perspektive besteht darin, daß nicht der Prozeß des gegenseitigen Aushandelns von Bedeutung des in Frage stehenden abweichenden Handelns zum Gegenstand der Analyse wird, sondern eine Konzentration auf die Sinnkonstruktion der auf dieses Handeln Reagierenden erfolgt. Der Mangel, den einige Studien in dieser Hinsicht aufweisen, hat *von Trotha* (1977) zu der polemischen These Anlaß gegeben, daß durch die ethnomethologische Variante der Etikettierungstheorie der Abweichende zum »Reaktions- und Zuschreibungsdeppen« degradiert wird.

Die Labeling-Theorie in der Kritik

Bei der Kritik des Labeling-Ansatzes angelangt, sollen weitere Schwachstellen dieser »neuen« Perspektive abweichenden Verhaltens angeführt werden.

Wie schon angedeutet, bietet die relative Vernachlässigung der Subjektseite einen

durchschlagenden Ansatzpunkt für eine Kritik an diesem Ansatz. Es steht noch die
Vermittlung beider Seiten aus, »die sowohl die Dimension der ›sozialen Reaktionsform‹ (›social audience‹) als auch die Dimension der aktiven, spontanen und
innovativen Handlungsfiguration des Individuums einschließt« (*Ferchhoff/Peters*,
1981). Kritisiert wird ferner, daß die Bedingungen, unter denen bei einem
Normbrecher die Zuschreibung des Etiketts »abweichend« erfolgt, nicht näher
benannt werden (vgl. *Gibbs/Erickson*, 1975). Bemängelt wird auch, daß die
Bedingungen nicht näher ausgeführt werden, unter denen sich ein abweichendes
Selbstbild herausbildet und unter denen möglicherweise auch ein Abbruch einer
abweichenden Karriere erfolgt. Es seien keine Versuche festzustellen, eine allgemeine prozessuale Theorie zu konstruieren und zu testen (vgl. *Akers*, 1968). Die
systematische Vernachlässigung von Organisations-Variablen wird von *Davis*
(1975) negativ vermerkt. Die Organisationsweise von Kontrollinstanzen sowie die
Interaktionen zwischen ihnen im Hinblick auf Definitions- und Behandlungsvor-
gänge scheint generell noch unterschätzt zu werden. Trotz der programmatischen
Formulierung Beckers, daß soziale Gruppen Devianz schaffen, in dem sie Regeln
setzen, deren Nichtbefolgung Abweichung konstituiert, ist die Analyse der Normgenese und Durchsetzung bisher vernachlässigt worden.
Die mangelnde Auseinandersetzung mit Machtkonstellationen, Konflikten und
gesellschaftlicher Ideologie- und Normbildung wird von der konflikttheoretischen
Perspektive abweichenden Verhaltens auszugleichen versucht. Eine verstärkte
Konflikttheorieorientierung devianzsoziologischer Ansätze ist sicherlich auf den
normativen Wandel in den späten 60er Jahren zurückzuführen, seitdem die
vermeintlich festen Grenzen zwischen sozialer und politischer Abweichung zumindest fragwürdig geworden sind, das Strafrecht zunehmend als Produkt kollektiven
Handelns erkannt ist und auf dieser Basis Konflikte um die Legalität bestimmter
Normen zugenommen haben und wohl auch intensiver geführt werden. Trotz
einiger Fallstudien und verschiedener theoretischer Bemühungen um eine Klärung
der Zusammenhänge zwischen Konflikt, Normgenese und sozialer Kontrolle
bleiben die bisher erzielten Ergebnisse aber durchweg noch unbefriedigend (vgl.
Stallberg, 1977). Die hier angesprochenen Überlegungen verweisen darauf, daß die
Labeling-Theoretiker an Phänomenen wie Macht und Herrschaft nicht vorbeigehen können. Wegen der weitgehend noch fehlenden Einbeziehung solcher Variablen wird gegenüber diesem Ansatz der Vorwurf der »Strukturblindheit« vorgetragen (vgl. *Buchmann/Held*, 1979). Es ist die Rede von der astrukturellen Basis der
Labeling-Perspektive. »Daß sozialstrukturell unterschiedlich geprägte Lebenswelten eine differentielle Chancenverteilung zur Folge haben, ist ein so unbestreitbares
und offenkundiges Faktum, daß man sich nur wundern kann, daß eine Theorie den
Anschein zu erwecken versucht, ohne diesem Faktum Rechnung zu tragen,
trotzdem zureichende Erklärungen sozialen Handelns abgeben zu können«
(*Keupp*, 1976).
Als letzter zentraler Kritikpunkt sei der Vorwurf des Idealismus genannt, womit
gemeint ist, daß fälschlicherweise dem Bewußtsein oder dem prozessual-interakti-
ven Inkraftsetzen gesellschaftlicher Realität gegenüber objektiven, materiellen

Faktoren ein Primat eingeräumt wird (vgl. *Keupp*, 1976). Es liegt nahe, daß diese Kritik am nachhaltigsten aus Theoriepositionen formuliert wird, die in der Tradition der materialistischen Gesellschaftstheorie stehen. Dem Labeling-Ansatz wird ein Unvermögen attestiert, »über Oberflächenphänomene kapitalistischer Wirklichkeit hinaus zu einem wirklichkeitsadäquaten Verständnis von gesellschaftlichen Erscheinungen zu kommen« (*Werkentin* u. a., 1972). Stattdessen wird die kapitalistische Produktionsweise zum Ausgangspunkt der Analyse genommen. Notwendiges Resultat der durch den Widerspruch von Lohnarbeit und Kapital gekennzeichneten Verhältnisse muß es sein, «daß diejenigen, die gegen bürgerliche Gesetzesimperative verstoßen, im Prinzip bei den Schichten der Bevölkerung zu suchen sind, in denen die Umgehung der ökonomisch bestimmten und durch gesetzliche Normen reflektierten Distributionsmechanismen der kapitalistischen Produktionsweise die einzige Möglichkeit ist, an den Gratifikationen des von ihnen produzierten gesellschaftlichen Reichtums in größerem Ausmaß zu partizipieren als es ihre Klassenlage erlaubt« (*Werkentin* u. a., 1972).

Anders als eine orthodoxe marxistische Position, die die Labeling-Theorie kompromißlos ablehnt, versucht »kritische Kriminologie«, das interpretativ sinnverstehende Paradigma der interaktionistischen Devianztheorie unter Verwendung materialistischer Kategorien weiterzuentwickeln. Der theoretische Schwerpunkt liegt eindeutig auf einer die materielle Dimension mehr oder weniger berücksichtigenden Soziologie des Strafrechts. Als Aufgabe einer radikalen Devianztheorie wird gefordert »ein effektives und prognostisches ›Modell‹ der Kriminalisierungsmuster im Spätkapitalismus zu entwerfen« (*Taylor/Walton/Young*, 1974).

Von welcher theoretischen Couleur auch der Vorwurf vorgetragen wird, die Labeling-Theorie sei zur Berücksichtigung makrostruktureller Variablen nicht bereit und in der Lage, so hat doch diese Kritik Anlaß zu Anstrengungen gegeben, diese Defizite auszugleichen (vgl. *Sack*, 1978). Überhaupt könnte ein sorgfältiges Abwägen der vorgetragenen Kritikpunkte (vgl. *Conover*, 1976) dazu führen, das Potential dieser Perspektive stärker auszuschöpfen. Diese Weiterentwicklung dürfte aber nur durch eine Einbettung labelingtheoretischer Überlegungen in einen sozialstrukturellen Ansatz gelingen. In Anlehnung an aktuelle Diskussionen der allgemeinen Soziologie dürfte auch für den Bereich der Devianz eine theoretische Fortentwicklung nur durch eine Vermittlung von strukturtheoretischen und interaktionstheoretischen Perspektiven erreicht werden können.

Schwierigkeiten der Anwendung

Auch unter dem Gesichtspunkt der praktischen Anwendbarkeit sollte an der Behebung der Defizite der »neuen« Soziologie abweichenden Verhaltens gearbeitet werden. Es ist nämlich zu bemängeln, »daß dieser Ansatz bisher zwar eine radikale theoretische und empirische Kritik der Praxis geleistet, aber nur relativ wenige Anstrengungen unternommen hat, um theoretisch abgeleitete Alternativprojekte für die Praxis zu entwickeln« (*Albrecht*, 1982). Obwohl es im Prinzip möglich ist, dieses Defizit auszugleichen, sollte allerdings bedacht werden, daß die

Labeling-Theorie oft deutlich gegen das organisatorische Selbstverständnis und die handlungsleitenden Wissenssysteme der Organisationsmitglieder verstößt, so daß eine starke Sperre gegen diesen Ansatz zu erwarten ist. Aber auch für die anderen Theorierichtungen stellen sich hinsichtlich ihrer Anwendbarkeit Schwierigkeiten ein. Die strukturtheoretischen Ansätze sind in bezug auf ihre Anwendungsmöglichkeiten starken Beschränkungen unterworfen, da sie konsequent umfassendere strukturelle Veränderungen fordern müßten, die entweder von staatlich-politischer Seite für nicht wünschenswert oder nicht realisierbar gehalten werden. Die Subkulturtheorien haben schließlich den Mangel, daß sie solche Größen thematisieren, die allgemein als schwer veränderlich gelten: Normen und Werte (vgl. *Albrecht*, 1982).

Wenn auch der praktischen Umsetzung devianzsoziologischer Konzepte und Theorien spezifische Grenzen gesetzt sind, so sollte dies natürlich nicht zu einer völligen soziologischen Abstinenz seitens der Sozialarbeit führen. Überlegungen in der Logik sozialstruktureller Ansätze wie z. B. der Anomietheorie geben zumindest Anlaß zu gesellschaftspolitischen Aktivitäten und Programmen (vgl. *Bohle*, 1975). Die Erkenntnisse subkulturtheoretischer Konzepte fördern ein besseres Verstehen »anderer« Lebensstile und legen eine größere kulturelle Toleranz und eine relativierende Einstellung gegenüber Ansprüchen auf eine kulturelle Hegemonie nahe. Der Labeling-Ansatz impliziert, auf repressive Maßnahmen sozialer Kontrolle weitgehend zu verzichten und möglichen stigmatisierenden Nebenwirkungen sozialarbeiterischen Handelns Rechnung zu tragen. Auch wenn die »Nutzung« dieser Erkenntnisse nur innerhalb gewisser Grenzen möglich ist, sollte jedoch eines als Bilanz im Stil einer abgeklärten Aufklärung bedacht werden: Für den Fall, daß die hier erwähnten Umsetzungsmöglichkeiten soziologischer Erkenntnisse nicht »genutzt« werden, wird alles noch schlimmer.

Hans Hartwig Bohle

Literatur

Akers, R. L., 1968: Problems in the Sociology of Deviance, in: Social Forces, Vol. 46, S. 455-465 – *Albrecht, G.,* 1982: Muß angewandte Soziologie konforme Soziologie sein? Zum Verhältnis von Theorie und angewandter Soziologie im Bereich des abweichenden Verhaltens und der sozialen Kontrolle, in: *Beck, U.* (Hrsg.): Soziologie und Praxis. Erfahrungen, Konflikte, Perspektiven, Göttingen – *Becker, H. S.,* 1981: Außenseiter. Zur Soziologie abweichenden Verhaltens, Frankfurt/M. – *Bohle, H. H.,* 1975: Soziale Abweichung und Erfolgschancen. Die Anomietheorie in der Diskussion, Neuwied – *Bohnsack, R.,* 1973: Handlungskompetenz und Jugendkriminalität, Neuwied – *Brake, M.,* 1981: Soziologie der jugendlichen Subkulturen. Eine Einführung, Frankfurt/M. – *Buchmann, M./Held, Th.,* 1979: Zur Strukturblindheit der heutigen Devianzsoziologie, in: Schweizerische Zeitschrift für Soziologie, S. 5-19. *Clarke, J.,* 1979: Stil, in: *Clarke, J.* u. a., Jugendkultur als Widerstand, Frankfurt/M. – *Cloward, R. A./Ohlin, L. E.,* 1960: Delinquency and Opportunity. A Theory of Delinquent Gangs, New York – *Cohen, A. K.,* 1961: Kriminelle Jugend, Reinbek – *Conover, P. W.,* 1976: A Reassessment of Labeling Theory: A Constructive Reponse to Criticism, in: *Coser, L. A./Larsen, O. N.* (Hrsg.), The Uses of Controversy in Sociology, New York/London – *Davis, N. J.,* 1975: Sociological Constructions of Deviance. Perspectives and

Issues in the Field, Dubuque – *Durkheim, E.*, 1970[3]: Regeln der soziologischen Methode, Neuwied, (Original 1895). – *Durkheim, E.*, 1973: Der Selbstmord, Neuwied, (zuerst Paris 1897). – *Ericson, R. V.*, 1975: Criminal Reactions: The Labeling Perspective, Lexington – *Ferchhoff, W./Peters, F.*, 1981: Die Produktion abweichenden Verhaltens. Zur Rekonstruktion und Kritik des Labeling Approach, Bielefeld – *Gibbs, J. P./Erickson, M. L.* 1975: Major Developments in the Sociological Study of Deviance, in: Annual Review of Sociology, Vol. I, S. 21-42 – *Keckeisen, W.*, 1974: Die gesellschaftliche Definition abweichenden Verhaltens. Perspektiven und Grenzen des labeling approach, München – *Keupp, H.*, 1976: Abweichung und Alltagsroutine. Die Labeling-Perspektive in Theorie und Praxis, Hamburg – *Lamnek, S.*, 1979: Theorien abweichenden Verhaltens, München – *Lemert, E. M.*, 1975: Das Konzept der sekundären Abweichung, in: *Stallberg, F. W.* (Hrsg.), Abweichung und Kriminalität. Konzeptionen – Kritik – Analysen, Hamburg, – *Merton, R. K.*, 1968[2]: Continuities in the Theory of Social Structure and Anomie, in: *Merton, R. K.*, Social Theory and Social Structure, New York – *Merton, R. K.*, 1968[2]: Social Structure and Anomie, in: *Merton, R. K.*, Social Theory and Social Structure, New York – *Miller, W. B.*, 1968: Die Kultur der Unterschicht als ein Entstehungsmilieu für Bandendelinquenz, in: *König, R./Sack, F.* (Hrsg.). Kriminalsoziologie, Frankfurt/M. – *Pfeiffer, D. K./Scheerer, S.*, 1979: Kriminalsoziologie. Eine Einführung in Theorien und Themen, Stuttgart/Mainz – *Sack, F.*, 1971: Die Idee der Subkultur: Eine Berührung zwischen Anthrophologie und Soziologie, in: Kölner Zeitschrift für Soziologie und Sozialpsychologie, Bd. 23: S. 261-282 – *Sack, F.*, 1978[2]: Probleme der Kriminalsoziologie, in: *König, R.* (Hrsg.), Handbuch der empirischen Sozialforschung, Bd. 12, Stuttgart, – *Sagarin, E.*, 1975: Deviants and Deviance: An Introduction to the Study of Disvalued People and Behavior, New York. – *Schur, E. M.*, 1974: Abweichendes Verhalten und soziale Kontrolle. Etikettierung und gesellschaftliche Reaktionen, Frankfurt/ M./New York – *Stallberg, F. W./Stallberg, R.*, 1977: Kriminalisierung und Konflikt – Zur Analyse ihres Zusammenhangs, in: Monatsschrift für Kriminologie und Strafrechtsreform, S. 16-32 – *Sutherland, E. H.*, 1968: Die Theorie der differentiellen Kontakte, in: *Sack, F./König, R.* (Hrsg.), Kriminalsoziologie, Frankfurt/M. – *Taylor, I./Walton, P./Young, J.*, 1974: Aussichten für eine radikale kriminologische Theorie und Praxis, in: Arbeitskreis Junger Kriminologen (Hrsg.), Kritische Kriminologie. Positionen, Kontroversen und Perspektiven, München – *Trotha, T. v.*, 1977: Ethnomethologie und abweichendes Verhalten. Anmerkungen zum Konzept des »Reaktionsdeppen«, in: Kriminologisches Journal, S. 98-115 – *Werkentin, F./Hofferbert, M./Baurmann, M.*, 1972: Kriminologie als Polizeiwissenschaft oder: Wie alt ist die neue Kriminologie, in: Kritische Justiz, Bd. 5. –

→ Gesundheit und Krankheit → Psychoanalyse und Sozialarbeit → Randgruppen → Sozialarbeit und Therapie → Verhaltensstörungen

Abweichendes Verhalten: Kritische Kriminalitätstheorien

Die (traditionelle) Kriminologie widmet sich der Beschreibung und Erklärung kriminellen Verhaltens. Als »kriminelles Verhalten« gelten Handlungsweisen, die Tatbestände des Strafgesetzbuches und der strafrechtlichen Nebengesetze (z. B. Betäubungsmittelgesetz, Waffengesetz) verletzen. Von dieser Aufgabenbeschreibung der (traditionellen) Kriminologie ist die der kritischen Kriminologie abzuheben. Sie beschreibt und erklärt darüber hinaus die Handlungsprozesse, mit denen Gesetzesverstöße aufgedeckt, ermittelt und abgeurteilt werden (z. B. die Tätigkeit der Polizei, Staatsanwaltschaften, Gerichte), die Entstehungsprozesse der Gesetze, auf die sich Kriminalisierungen stützen (Genese der Strafnormen und des Prozeßrechts) und die Handlungssysteme, die – obwohl sie für einzelne Gesellschaftsmitglieder oder Gemeinschaften Schaden stiften – strafrechtlich nicht verfolgt werden (z. B. Korruption, Organisationsdelikte).

Die Erweiterung des Gegenstandsbereichs beruht nicht etwa auf bloßer Expansionstendenz, sondern auf einer tieferen Einsicht in den Gegenstandsbereich der Kriminalität. Die traditionelle Kriminologie will »das Rätsel Kriminalität« (*Lange*, 1970) lösen mit der Frage: warum hat Mensch X die Tat »a« begangen? Lösungsmethode für solche Fragen ist der (positivistischen = traditionellen) Kriminologie ein Vergleich von Menschen, die Straftaten begangen haben, mit Menschen, die solche Taten nicht begangen haben; alle gefundenen Unterschiede gelten als »kriminologene Faktoren«. Auf diese Weise kann man allerdings nur personengebundene Faktoren finden; wer kriminell handelt, erscheint als anders geartet. Der eingeschlagene Lösungsweg kann nur als Ergebnis haben, ein nuancenreiches Bild der Andersartigkeit des Kriminellen zu entwerfen.

Die kritische Kriminologie hält die Suche nach Unterschieden zwischen Straftätern und Konformen für unsinnig. Falls es überhaupt Unterschiede gibt, spiegeln sie nur die Selektionskriterien von Polizei und Justiz wider. Diese Instanzen beteiligen sich an einer Verneblung der wahren Umstände, unter denen Kriminalität hervorgebracht wird. Die Verletzung einer Strafnorm (= Kriminalität) liegt in einer Handlung, mit der ein Handelnder auf seine Lebensumstände reagiert. Zu fragen ist also: wie sind die Lebensumstände des Handelnden beschaffen? Welche Handlungsalternativen stehen ihm offen? Ist die inkriminierte Handlung eine sinnvolle Lösung seiner Situation gewesen? Aufgrund welcher Wertungen wurde die Handlung als Straftat beurteilt? Bestraft das Justizpersonal unterschiedslos alle oder nur einige Handlungen dieses Typs? Liegt in der Bestrafung solcher Handlungen eine Diskriminierung von Personengruppen, die in vergleichbaren Lebensumständen existieren müssen? Inwieweit begünstigt das Strafrecht die Personengruppen, die in anderen Lebensumständen existieren? Liegt darin Methode, d. h. hat das Strafrecht etwa die Aufgabe, Menschen in unzureichende Lebensverhältnisse hineinzudisziplinieren?

Ein so augenscheinlich anderes Untersuchungsprogramm beruht auf drei Erkenntnissen: Handlungen sind nicht per se kriminell, sondern diese Qualifikation wird ihnen zugeschrieben (sogenannter labeling approach, oder Etikettierungs- bzw. Definitionsansatz); die Zuschreibung erfolgt auf der Grundlage von Gesetzen (Strafrecht, Strafprozeßrecht), mit denen die bestehende Gesellschaftsformation konserviert werden soll (politökonomische Rechtserklärung); die Handlungen, an die solche Zuschreibungsprozesse geknüpft werden, sind sinnvolle Reaktionen auf die soziale Lage, in der sich die Handelnden befinden (soziologische Handlungstheorie). Demgegenüber ist die simple Forschungsfrage der traditionellen Kriminologie (warum hat X »a« getan und wie kann man ihn künftig daran hindern?) eine bloße Wiederholung der Fiktion, die das Strafrecht vorgibt: da in einer Gesellschaft von Gleichen jeder frei entscheiden könne, ob er gegen Normen (die ihrerseits in freier Übereinkunft der Gleichen festgelegt seien) verstoßen wolle oder nicht, sei die Entscheidung für den Normverstoß ein pathologisches Ereignis mangelnder Willenssteuerung der Person.

Stand der kritischen Kriminologie

Die Entfaltung einer kritischen Kriminologie hat in der BRD *Sack* (1968, 1969) eingeleitet. Dieser Autor gibt auch eine gründliche Darlegung der verschiedenen Ebenen der Auseinandersetzung zwischen kritischer und traditioneller Kriminologie, die im zurückliegenden Jahrzehnt stattgefunden hat (1978). Diese Auseinandersetzung durchlief verschiedene Phasen: von striktere Ablehnung über teilweise Integration und Absorption bis zur Entwicklung zweier getrennter Wissenschaftsmodi; sie ist im Grunde ein Prozeß sinkender wechselseitiger Kenntnisnahme. Wie gering der Diskurs zwischen Vertretern beider Richtungen ist, zeigen die anzügliche Frage *Kaisers* (1976) »Wie kritisch ist die kritische Kriminologie?« und deren Repliken von *Sack* (1978), *Schumann/Steinert* (1977) und *Treiber* (1979) sowie die Verteidigungen von *Albrecht/Villmow* (1978) und *Kaiser* (1979).
Nicht übersehen werden darf aber, daß die althergebrachte Allianz zwischen Strafrechtspraktikern und traditionellen Kriminologen sich weiterhin behauptet, wenn nicht gefestigt hat. Der Einfluß der traditionellen Kriminologie (verbrämt mit modischen Anleihen beim labeling approach) ist ungebrochen in Forschung und Lehre. Während sich Vertreter der kritischen Kriminologie verstärkt an der Gestaltung von reformierten Ausbildungen für Juristen, Sozialarbeitern, praxisfeldorientierte Soziologen, Sonderpädagogen usw. beteiligten, entwickelten sich zwischen Justizministerien, dem Bundeskriminalamt und kriminologischen Lehrstühlen, an denen die traditionelle Kriminologie betrieben wird, fruchtbare Arbeitsbeziehungen, die zu einer Monopolisierung der kriminologischen Forschung führten, so daß verfügbare Forschungsmittel zunehmend von traditionellorientierten Projekten absorbiert werden und zum Beweis positivistischer Hypothesen dienen (vgl. *Brusten,* 1981; European Group, 1981).
Die Befunde der kritischen Kriminologie lassen sich auf der Ebene der Gegenstandsbereiche, aber auch auf der Ebene der wissenschaftlichen Methodik charakterisieren. Den eingangs genannten Themen – Ermittlungs- und Verurteilungsprozeß, Strafrechtsentstehung und nicht-kriminalisierte Handlungen Mächtiger – sind

eine Reihe von Untersuchungen gewidmet worden. Gesammelte Darstellungen der Tätigkeiten von verschiedenen Kontrollinstanzen finden sich bei *Steinert* (1973) und bei *Brusten/Hohmeier* (1975). Polizeiarbeit wurde von *Feest/Blankenburg* (1972), dem Arbeitskreis Junger Kriminologen (1975) und seit 1978 vom Herausgeberteam der CILIP (1978 ff.) untersucht. Über die Entscheidungspraktiken von Staatsanwälten und Richtern gibt es Untersuchungen von *Peters* (1975), *Schumann* (1977) und *Mikinovic/Stangl* (1978). Der Strafvollzug ist vor allem von *Dürkop/Hardtmann* (1978), *Ortner* (1978) und *Voss* (1979) in seinem repressiven Potential studiert worden. Die Erforschung des Kontrollapparats wird komplettiert durch *Mosers* Darstellung der forensischen Psychiatrie (1970) und den Sammelband über Kriminalberichterstattung der Kriminalsoziologischen Bibliographie (1976).

Gemeinsam ist den genannten Studien eine Optik, die die Instanzen sozialer Kontrolle als Produzenten der Kriminalität auffaßt und die Herstellungsprozesse der Verurteilungen insbesondere in ihrer Beziehung zur Entfaltung des staatlichen Repressionsapparats und zur Sicherung eines hinlänglichen Angebots an Arbeitskraft studiert. Eine polit-ökonomische Analyse der Strafrechtsreformen haben darüber hinaus *Steinert/Pilgram* (1976) vorgelegt; zu nennen wäre hier auch *Chambliss* (1976) und die grundlegende Arbeit zur Funktion des Strafrechts von *Steinert* (1975).

Die historische Analyse des Strafrechts und seiner Institutionen ist vor allem durch die Pionierarbeit von *Rusche/Kirchheimer* (1974) befruchtet worden (engl. 1939; vgl. zur Diskussion Schumann 1981). Dem Studium des preußischen Strafvollzuges (*Berger,* 1974) und der Irrenhäuser (*Dörner,* 1969) – jenem repressiven Paar, das *Foucault* wiederkehrend in seiner gegenseitigen Abhängigkeit dargestellt hat (1969, 1975; 1976) – folgt die Untersuchung des Strafrechts (*Blasius,* 1976, 1978), Hier zu nennen ist aber auch die Geschichtsschreibung der Disziplinierung Jugendlicher (*Ahlheim* u. a., 1971). Erst in der historischen Analyse werden die politischen und ökonomischen Dimensionen der »Kriminalitätsbekämpfung« deutlich: sei es die Absicherung der Ansprüche der besitzenden Klassen durch Recht, sei es die Monopolisierung der Gewalt durch den Staat. Die in den Medien dramatisierte (Straßen-)Kriminalität lenkt ab von der Verquickung staatlicher und ökonomischer Interessen; sie aufzudecken, ist einigen Studien gelungen (*Chambliss,* 1978; Kriminologisches Journal, 1977; *Hess*, 1970).

Der hier recht grob abgesteckte Forschungsrahmen der kritischen Kriminologie hat seine theoretische Fundierung in folgenden Arbeiten erhalten: Einer ersten Darstellung des labeling approach (*Sack*, 1971) stellten *Werkentin/Hofferbert/Baurmann* (1972) eine materialistische Kritik entgegen. An dieser Kritik orientierten sich vielfache Bemühungen, den Ansatz auf eine gesellschaftstheoretische Grundlage zu stellen. Sie sind teilweise enthalten im Sammelband »Kritische Kriminologie« (AJK, 1974). Eine präzise theoretische Analyse gibt *Keckeisen* (1974). Auch darf nicht übersehen werden, daß die Entfaltung der kritischen Kriminologie (die bislang für den deutschen Sprachraum dargestellt wurde) in Theorie und Forschung stark beeinflußt ist durch europäische und amerikanische Arbeiten, die etwa erschienen sind in den Zeitschriften Crime and social justice

(Hefte 1–17), Contemporary Crises (Jg. 1977 ff.), La questione criminale (Jg. 1975 ff.) sowie durch die Arbeiten von *Taylor/Walton/Young* (1973, 1975) und *Bianchi/ Simondi/Taylor* (1975).

Praxisbezug

Das Spezifikum der kritischen Kriminologie ist neben der theoretischen Affinität zu marxistischen Positionen vor allem die andere Praxis: während traditionelle Kriminologen eine Symbiose mit den Funktionären der Kontrollinstanzen eingehen, stehen Vertreter der kritischen Kriminologie den von Kriminalisierung Betroffenen, den jugendlichen Kriminellen, den Gefangenen, den Obdachlosen, den Landstreichern usw. näher. Sie bemühen sich, ausgehend von den Konflikten der Betroffenen eine politische Perspektive zu entwickeln. Deutlich wird dies etwa bei *Reinke* (1976) und *Papendorf* (1977).

Paradigmatisch hierfür ist die Arbeit von *Mathiesen* (1979), in der die Entwicklung der norwegischen Bewegung KROM (Norwegischer Verein für Kriminalreform) geschildert wird. Die Organisation verfolgt eine abolistische (abschaffende) Politik; sie konnte unter anderem die Abschaffung des Arbeitshauses für Landstreicher und die Beseitigung der unbestimmten Jugendstrafe erreichen. Das abolistische Denkmodell besagt, daß die Einzelerscheinungen des Repressionsapparats (Gefängnis, bewaffnete Polizei, Erziehungsheime usw.) verschwinden müssen, ohne daß Alternativen, insbesondere solche mit verfeinertem Disziplinierungspotential, an ihre Stelle treten dürfen. Mit anderen Worten: nicht neue Repressionsvarianten, sondern neue Rechte auf positive Leistungen seitens des Staates müssen dem Abschaffungsprozeß folgen. Entsprechend wurde in Norwegen nach der Abschaffung des Arbeitshauses für Landstreicher die Forderung nach frei nutzbaren selbstverwalteten Wohnungen erhoben, in denen Nichtseßhafte, wenn sie dies wünschen, unterkommen können.

Die kritische Kriminologie arbeitet somit praktisch innerhalb einer Perspektive, die den Abbau der repressiven (= kriminalisierenden) Maßnahmen durch Veränderung gesellschaftlicher Strukturen mit dem Ziel der Beseitigung ökonomischer Ausbeutung und der Aufhebung gesellschaftlicher Ungleichheit anstrebt.

Karl F. Schumann

Literatur

Ahlheim u. a., 1971: Gefesselte Jugend. Fürsorgeerziehung im Kapitalismus. Frankfurt/M. – AJK (Arbeitskreis junger Kriminologen) (Hrsg.), 1974: Kritische Kriminologie, München – AJK (Hrsg.), 1975: Die Polizei. Eine Institution der öffentlichen Gewalt, Neuwied – *Albrecht, H. J./Villmov, B.*, 1978: Plädoyer für mehr Mut bei der deutschen kritischen Kriminologie, in: Kriminologisches Journal, Heft 4 – *Berger, T.*, 1974: Die konstante Repression, Frankfurt/M. – *Bianchi, H./Simondi, M./Taylor, I.* (Hrsg.), 1975: Deviance and Control in Europe, London – *Blasius, D.*, 1976: Bürgerliche Gesellschaft und Kriminalität, Göttingen – *Blasius, D.*, 1978: Kriminalität und Alltag, Göttingen – Boltzmann Institut (Hrsg.), 1976: Kriminalsoziologische Bibliographie, Heft 11-13, Kriminalität in den Massenmedien, Wien – *Brusten,*

M./Hohmeier, J., (Hrsg.), 1975: Stigmatisierung (2 Bände), Neuwied – *Brusten, M.,* 1981: Staatliche Institutionalisierung kriminologischer Forschung – Perspektiven und Probleme, in: *H. Kury,* (Hrsg.), Perspektiven und Probleme kriminologischer Forschung. Köln – *Chambliss, W.,* 1975: Machtpolitik mit Gesetzen. Kriminalsoziologische Bibliographie, Heft 6, Wien – *Chambliss, W.,* 1978: Eine kriminelle Vereinigung, Tübingen – European Group, 1981: State Control on Information in the Field of Deviance and Social Control. Leuven/Vienna/Wuppertal (zu beziehen: European Group, Secretary: *S. Klein-Schonnefeld,* Bremen, Auf dem Peterswerder 3) – *Dörner, K.,* 1969: Bürger und Irre, Frankfurt/M. – *Dürkop, M./Hardtmann, G.,* (Hrsg.), 1978: Frauen im Gefängnis, Frankfurt/M. – *Feest, J./Blankenburg, E.,* 1972: Die Definitionsmacht der Polizei, Düsseldorf – *Foucault, M.,* 1969: Wahnsinn und Gesellschaft, Frankfurt/M. – *Foucault, M.,* 1975: Der Fall Riviere, Frankfurt/M. – *Foucault, M.,* 1976: Überwachen und Strafen, Frankfurt/M. – *Hess, H.,* 1970: Mafia, Tübingen – *Kaiser, G.,* 1976: Wie kritisch ist die »kritische Kriminologie«? in: *Warda* u. a. (Hrsg.), Festschrift für Lange, Berlin/New York – *Kaiser, G.,* 1979: Strafrechtssoziologie – Dimension oder Partitur der Kriminologie, in: Monatsschrift für Kriminologie – *Keckeisen, W.,* 1974: Die gesellschaftliche Definition abweichenden Verhaltens, München – *Lange, R.,* 1970: Das Rätsel Kriminalität, Frankfurt/M. – *Mathiesen, T.,* 1979: Überwindet die Mauern, Neuwied – *Mikinovic, S./Stangl, W.,* 1978: Strafprozeß und Herrschaft, Neuwied – *Ortner, H.,* (Hrsg.), 1978: Normalvollzug, Tübingen – *Peters, D.,* 1974: Richter im Dienste der Macht, Stuttgart – *Papendorf, K.,* 1977: Für eine Strategie der Negation, in: Kriminologisches Journal – *Pilgram, A./Steinert, H.,* 1975: Ansätze zur politisch-ökonomischen Analyse der Strafrechtsreform in Österreich, in: Kriminologisches Journal – *Reinke, E. K.,* 1976: Aktionsforschung als politische Bewegung, in: *Lüderssen, K./Sack, F.* (Hrsg.), Seminar: Abweichendes Verhalten, Frankfurt/M. – *Rusche, G./Kirchheimer, O.,* 1974: Sozialstruktur und Strafvollzug, Frankfurt/M. – *Sack, F.,* 1968: Neue Perspektiven in der Kriminologie, in: Sack, F./König, R., (Hrsg.) Kriminalsoziologie, Frankfurt/M. – *Sack, F.,* 1969: Probleme der Kriminalsoziologie, in: *König, R.,* (Hrsg.), Handbuch der empirischen Sozialforschung, Stuttgart – *Sack, F.,* 1971: Selektion und Kriminalität, in: Kritische Justiz – *Sack, F.,* 1978: Probleme der Kriminalsoziologie, in *König, R. (Hrsg.), Handbuch der empirischen Sozialforschung, Bd. 12* – *Schumann, K. F.,* 1977: Der Handel mit Gerechtigkeit, Frankfurt/M. – *Schumann, K. F./Steinert, H.,* 1977: Zu diesem Heft, Kriminologisches Journal 4 – *Schumann, K.,* 1981: Produktionsverhältnisse und staatliches Strafen, in: Kritische Justiz 1 – *Steinert, H.* (Hrsg.), 1973: Prozesse der Kriminalisierung, München – *Steinert, H.,* 1976: Über die Funktion des Strafrechts, in: Festschrift für Christian Broda, Wien – *Taylor, I./Walton, P./Young, J.,* 1973: The New Criminology, London – *Taylor, I./Walton, P./Young, J.,* 1975: Critical Criminology, London – *Treiber, H.,* 1979: Des Kaisers neue Kleider, in: Kriminologisches Journal 2 – *Voss, M.,* 1979: Gefängnis – für wen?, Bielefeld – *Werkentin, F./Hofferberth, M./Baurmann, M.,* 1972: Kriminologie als Polizeiwissenschaft oder: Wie alt ist die Kriminologie? in: Kritische Justiz Bd. 3. –

Adoption/Adoptionsvermittlung

Adoption bezeichnet den legalen sozialen Prozeß, durch den ein Kind (in der Regel das nichtehelich geborene Kind einer alleinstehenden Mutter) zum ehelichen Kind einer annehmden Familie wird. Adoptionsvermittlung ist ein Arbeitsfeld der Jugendhilfe, in dem fachlich qualifizierte Sozialarbeiter mit der Auswahl, Zusammenführung und Beratung von Eltern und Kindern beauftragt sind.

Verfolgt man ihre historische Entwicklung in Deutschland (*Napp-Peters,* 1978), so hat die Adoption als Institution privater Erbengewinnung eine jahrhundertealte Bedeutung. Als familiales Erbinstrument war sie weitgehend ein Oberschichtenphänomen. Wo Adoptionen oder adoptionsähnliche Pflegeverhältnisse in den unteren Schichten auftraten, dienten sie vornehmlich der Beschaffung von Arbeitskraft und waren mit dem System der Verdingung gekoppelt. Dies änderte sich gegen Ende des 19. Jahrhunderts, als verschiedene Wohlfahrtsvereine in der Adoption ein Mittel erblickten, ein alleinstehendes Kind durch Vermittlung in eine fremde Familie von dem sozialen Stigma seiner Nichtehelichkeit zu befreien und damit zugleich seine Mutter in eine Situation »zurück«zuversetzen, die ihr Integration und Teilhabe am gesellschaftlichen Leben erlaubte.

Mit dem Bürgerlichen Gesetzbuch von 1896 wurde die Adoption in allen deutschen Ländern erstmals einheitlich geregelt. Obwohl nach den Vorstellungen des damaligen Gesetzgebers die Adoption nicht nur den Interessen der Annehmenden dienen, sondern auch ein Mittel sein sollte, um Versorgung und Erziehung alleinstehender Kinder durch Eingliederung in eine neue Familie dauerhaft zu sichern, bedurfte es jahrzehntelanger Anstrengungen reformorientierter Kreise, bevor sich dieses Ziel in Rechtspraxis und Jugendfürsorge durchsetzen konnte.

Adoption als Maßnahme der Jugendhilfe

Die historische Entwicklung der beruflichen Adoptionsvermittlung dokumentiert die veränderte gesellschaftliche Einstellung zum Kinde. In den rund 70 Jahren seit ihrer Entstehung haben sich bestimmte Grundannahmen herausgebildet, die im Jugendwohlfahrtsgesetz und in den am 1. Januar 1977 in Kraft getretenen Gesetzen über die »Annahme« und die »Vermittlung der Annahme als Kind« ihren Niederschlag gefunden haben und aus denen sich der gesellschaftliche Auftrag des Adoptionsvermittlers herleitet.

– An jeder Adoption sind drei Parteien – ein Kind und zwei Eltern(paare) – beteiligt, welche bestimmte, gesetzlich verankerte Rechte besitzen und zur Einhaltung dieser Rechte staatlichen Schutz und Fürsorge beanspruchen können. Die Gerichte, historisch die Institutionen, denen Schutz und Sorge für das Kind obliegen, haben behördliche und freie Träger der Jugendhilfe zunehmend mit der Wahrnehmung von Adoptionsaufgaben betraut.

– Damit wurde die Überzeugung zum Ausdruck gebracht, daß die Vorbereitung, Vermittlung und Durchführung von Adoptionen ein bestimmtes Verständnis und berufliche Fähigkeiten voraussetzen, die sich historisch im Berufsfeld der Sozialarbeit entwickelt haben. Die Erfüllung dieser Aufgaben wurde daher an beruflich ausgebildete Sozialarbeiter delegiert, die sie in verantwortlicher Kooperation mit anderen beteiligten Berufsgruppen wahrnehmen sollen.

– Die Errichtung von Adoptionsvermittlungsstellen geht folglich von der Annahme aus, daß die Adoption keine private Angelegenheit, sondern primär eine öffentliche Aufgabe sei und die Gesellschaft für den Schutz und die angemessene Erziehung eines jeden Kindes Sorge zu tragen habe. Kinder sollten daher nicht privat von Hand zu Hand weitergegeben, sondern nur unter verantwortlicher Teilhabe und Kontrolle durch gesellschaftliche Organe aus ihrem natürlichen Familienverband herausgelöst und in eine neue Familie eingegliedert werden.

– Dieser Annahme entgegen steht das Recht des Kindes auf seine eigenen Eltern. Es ist im Grundgesetz festgelegt und verpflichtet den Staat, jedem Kind das Aufwachsen bei seinen Eltern zu ermöglichen und dafür Sorge zu tragen, daß kein Kind unnötig von seinen natürlichen Angehörigen getrennt wird.

– Aus der Einsicht indes, daß nur eine kontinuierliche und liebevolle Zuwendung die gesunde Entwicklung eines Kindes gewährleisten und damit den Fortbestand der Gesellschaft sichern könne, ist die Forderung entstanden, daß jedes Kind ein Recht auf Erziehung und Entfaltung seiner Persönlichkeit habe, und daß dort, wo Eltern außerstande oder nicht bereit sind, sich diesen Erwartungen entsprechend zu verhalten, öffentliche Jugendhilfe für diesen Anspruch einzutreten habe.

In der Bundesrepublik werden jährlich rund 10 000 Kinder unter Mitwirkung kommunaler oder verbandlicher Träger der Jugendhilfe adoptiert; etwa ein Viertel wird von natürlichen Angehörigen oder Stiefeltern angenommen, während Dreiviertel dieser Kinder mit Hilfe von Adoptionsstellen in dafür ausgewählte Adoptivfamilien plaziert werden.

Beteiligte Eltern und Kinder

Zu natürlichen Eltern adoptierter Kinder liegen Sozialdaten vor aus Großbritannien (*Seglow* et al 1972), Schweden (*Bohman*, 1970), den Vereinigten Staaten (*Vincent,* 1961) und der Bundesrepublik (*Napp-Peters,* 1978). Danach sind die Mütter überwiegend ledig, verfügen nicht über eine abgeschlossene Schul- und Berufsausbildung und stehen wirtschaftlich ungesicherter da als alleinstehende Elternteile insgesamt. Abweichend von ausländischen Untersuchungen, in denen die Mehrheit der Mütter bei der Freigabe ihres Kindes für die Adoption unter 25 Jahre alt war, waren die meisten Mütter der deutschen Untersuchungsgruppe bereits zwischen 24 und 30 Jahre alt und hatten außer dem zur Adoption gemeldeten noch weitere Kinder zu versorgen. Für die meisten von ihnen stellte die Adoptionsentscheidung den Ausweg aus einer nicht mehr allein zu bewältigenden wirtschaftlichen und sozialen Notsituation dar; sei es, daß sie die Hoffnung aufgegeben hatten, ihr Kind noch einmal aus dem Heim herausholen zu können, sei es, daß sie keine Kraft mehr hatten, um Berufstätigkeit und Versorgung der Kinder weiterhin zu bewältigen. Mit Unterstützung durch den Vater des Kindes konnten nur die wenigsten dieser Mütter rechnen. Von den dazugehörigen Vätern waren 35 % unbekannt. Viele der festgestellten Väter kamen ihren Unterhaltsverpflichtungen nicht nach und hatten den Kontakt zur Mutter noch vor der Geburt des Kindes abgebrochen.

Die überwiegende Mehrheit adoptierter Kinder wurde demnach nichtehelich geboren und lebte seit der Geburt von den natürlichen Eltern getrennt. Rund ein Drittel hatte bereits mehrere Jahre in Heimen zugebracht und entsprechende psycho-physische Störungen erworben, bevor die Meldung zur Adoption erfolgte. Die empirische Untersuchung der Vermittlungspraxis (*Napp-Peters*, 1978) ergab, daß sich die soziale Plazierung des Kindes in der Adoptivfamilie nach zwei Kriterien bestimmt: soziale Herkunft und psycho-physische Merkmale. Dabei wirkt die soziale Herkunft des Kindes insofern statusqualifizierend, als Adoptionsvermittler bemüht sind, ein Kind möglichst »eine Schicht höher« zu plazieren. Die selektive Funktion bestimmter psycho-physischer Merkmale konnte in all jenen Fällen festgestellt werden, in denen die Plazierung nicht diesem sozialen Aufstiegsmuster gefolgt war: Kinder aus unteren Sozialschichten, die nicht nur eine Schicht höher, sondern zu Adoptiveltern oberer Mittelschichten vermittelt worden sind, waren bezeichnenderweise unter 6 Monate alt und ohne körperliche Auffälligkeiten. Kinder, für die mit der Plazierung in der Adoptivfamilie kein sozialer Aufstieg verbunden war, waren älter und zeigten besondere psycho-physische Störungen, die zumeist auf einen Heimschaden zurückgingen.

Im Vergleich mit der Gesamtbevölkerung im Bundesgebiet sind Adoptiveltern im gesellschaftlichen Schichtungssystem auf den höheren sozialen Positionen über-, natürliche Eltern dagegen weit unterrepräsentiert. Bei Ankunft des Kindes waren über die Hälfte (53 %) der Adoptivmütter über 35 Jahre alt und rund 50 % der Adoptivväter bereits 40 Jahre und älter. Für zwei Drittel der Adoptiveltern war das vermittelte zugleich ihr erstes Kind. In knapp 17 % der Familien der Untersuchungsgruppe lebten bereits ein oder mehrere adoptierte Kinder. Das heißt, die überwiegende Mehrheit der Adoptiveltern übernimmt die Elternrolle 10 Lebensjahre später als die durchschnittliche biologische Familie.

Zum Ergebnis von Adoption

Empirische Untersuchungen zur Adoption haben ihre Fragestellungen in erster Linie auf das Ergebnis von Adoptionen beschränkt, d. h. auf Fragen nach den Entwicklungsbedingungen in Adoptivfamilien und den Folgen, die fortgeschrittenes Alter, ethnischer Minoritätsstatus oder physische und psychische Handikaps für die soziale Einordnung und Entwicklung adoptierter Kinder hatten. Danach scheint in folgenden Punkten weitgehend Übereinstimmung zu bestehen:
– Die Plazierung eines Adoptivkindes sollte so früh wie möglich erfolgen. Doch gehen die Meinungen darüber, ob dies bereits in den ersten Lebenswochen oder nach dem ersten oder zweiten Lebensjahr erfolgen solle, auseinander (*Pringle*, 1967). Die Hypothese, daß späte Plazierung zu dauerhaften oder irreparablen

Schäden führt, wird von neueren Untersuchungen adoptierter Heimkinder (*Skeels,* 1965) und einer Follow-up-Studie von Kindern, die erst nach vollendetem 5. Lebensjahr adoptiert worden sind (*Kadushin,* 1970), nicht unterstützt.

- Die persönlichen Merkmale der Adoptiveltern sind für das Ergebnis einer Adoption ausschlaggebend, während Alter, sozioökonomischer Status und Bildung von sekundärer Bedeutung sind (*Brenner,* 1951; *Witmer* et al, 1963; *Jaffee/Fanshel,* 1970).

- Adoptiveltern fällt es offensichtlich schwer, mit dem Kind über seine Adoption zu sprechen. Obwohl Übereinstimmung besteht, daß das Kind über die Situation informiert werden soll, weichen die Meinungen darüber ab, wann und in welcher Form das Kind über seinen Adoptivstatus aufgeklärt werden soll (*Schapiro,* 1956; *Oeschger,* 1957; *zur Nieden,* 1963).

- Adoptivkinder sind in kinderpsychiatrischen Populationen überrepräsentiert, was auf ihre größere Anfälligkeit und Verletzbarkeit in Streßsituationen zurückgeführt wird (*Goodman* et al, 1963; *Toussieng,* 1962; *Humphrey/Ounsted,* 1963; *Sweeny* et al, 1963; *Schechter* et al, 1964; *Borgatta/Fanshel,* 1965). Verhaltensstörungen und Schulschwierigkeiten (vor allem adoptierter Jungen) werden in neueren Untersuchungen (*Seglow* et al, 1972; *Bohman,* 1970) auf die Adoptionssituation zurückgeführt, insbesondere auf die Unsicherheit der Adoptiveltern hinsichtlich des Adoptivstatus und ihrer Adoptivelternrolle.

Über die Konsequenzen von Rollenunsicherheit und Vorurteilen bei Adoptiveltern und sozialer Umgebung geben zwei Untersuchungen aus Großbritannien Aufschluß, die die persönlichen Erfahrungen adoptierter Erwachsener in den Mittelpunkt ihrer Arbeit gestellt haben (*McWhinnie,* 1967; *Triseliotis,* 1973). Von einem kalifornischen Forscherteam wurde 1978 ein Forschungsbericht vorgelegt, der die Wiedervereinigungserfahrungen adoptierter Erwachsener mit ihrer Geburtsfamilie behandelt (*Sorosky* et al, 1978). Die meisten Adoptierten hatten von der Wiedervereinigung profitiert und berichteten von einer spürbaren Verringerung ihrer Identitätsprobleme sowie von einem tieferen Gefühl der Liebe und der Zuneigung für ihre Adoptiveltern, die sie als ihre wahren »psychologischen« Eltern betrachteten. Sie fühlten sich durch die neu angebahnten Beziehungen zu ihren natürlichen Angehörigen bereichert, während die Wiedervereinigungserfahrung den natürlichen Eltern die Möglichkeit bot, alte Schuldgefühle loszuwerden und Jahre der Sorge und der Ungewißheit um das aufgegebene Kind zu tilgen. In amerikanischen Untersuchungen stellte *Kirk* (1964) fest, daß die biologische Fundierung der normalen Elternschaft als notwendige Bedingung für die optimale Ausübung der Elternrolle betrachtet wird und daß diese Einstellung der Öffentlichkeit auch das Selbstverständnis von Adoptiveltern beeinflußt. Sie tendieren dazu, Werte und Verhaltensmuster zu übernehmen, die der natürlichen Elternrolle angenähert sind, zumal die Adoptivelternrolle als Alternative zur biologischen Elternrolle gegenwärtig weder hinreichend definiert noch voll sanktioniert ist. Befriedigende Beziehungen in der Adoptivfamilie und eine gesunde Entwicklung und erfolgreiche soziale Einordnung des adoptierten Kindes sind jedoch nach Kirk nur mit einer realistischen Orientierung der Adoptiveltern zu erreichen (*Kirk,* 1981).

Vermittlungsstellen

Die empirische Analyse der Vermittlungspraxis in der BRD (*Napp-Peters,* 1978) verdeutlicht, daß wissenschaftliche Erkenntnisse über Adoption noch kaum Eingang in die berufliche Praxis gefunden haben. Die festgestellte Tendenz, die Adoptivelternrolle als der natürlicher Eltern entsprechend zu interpretieren und damit ihre besonderen Schwierigkeiten für die Betroffenen einfach zu ignorieren, veranlaßt die überwiegende Mehrheit der Vermittler zu der Annahme, Adoptiveltern bedürften weder fachlicher Unterstützung noch werde eine solche von ihnen gewünscht. In den meisten der 64 untersuchten Adoptionsvermittlungsstellen kommt es zu einem totalen Abbruch des Kontaktes zwischen Dienststelle und Adoptivfamilie, sobald die Adoption Rechtskraft erlangt hat. Mit den von den Vermittlungsstellen geforderten Aufgaben, wie Aufklärung des Kindes über seinen Adoptivstatus, sowie mit allgemeinen Erziehungsproblemen sind Adoptiveltern in der Regel völlig auf sich gestellt.

Die Ersatzerziehung eines Kindes wird von dem Adoptionsvermittler überwiegend nicht auf die wirtschaftliche Not, sondern auf die individuelle Fehlanpassung seiner Eltern zurückgeführt. Im Rollen-Set der Adoption ist die negative Typisierung und Sanktionierung der Rolle der natürlichen Eltern – insbesondere der Mutter – strukturell vorgegeben und insofern festgeschrieben, als erst die soziale Unterprivilegierung dieser Klientenrolle die strukturellen Bedingungen für das Handeln des Adoptionsvermittlers schafft. Der Vermittler ist gehalten, das Verhalten natürlicher Eltern normativ zu bewerten. Es wird daher nicht versucht, die soziale Situation von natürlichen Eltern durch Hilfen positiv zu verändern, sondern die Folge ihrer Abweichung zu eliminieren, indem das nichtehelich geborene Unterschichtkind durch Plazierung in Mittelschichtfamilien bestimmten gesellschaftlichen Wertvorstellungen eingepaßt wird.

Mit dem neuen Adoptionsrecht, das am 1. Januar 1977 in Kraft trat, wurde ein Teilbereich der Jugendhilfe neu geordnet, der zwar in jüngster Zeit viel öffentliche Aufmerksamkeit erlangt hat, aber seiner Konzeption nach nur eine relativ kleine Gruppe von Kindern und Jugendlichen in der Ersatzerziehung betreffen kann. Die bereits seit Mitte der fünfziger Jahre vergeblich angestrebte Gesamtreform der Jugendhilfe, das neue Jugendhilfegesetz, steht immer noch aus. Der Versuch, das Los von Heimkindern durch Adoption zu verbessern, muß unbefriedigend bleiben, solange weitgreifende gesellschaftliche Reformen fehlen, welche geeignet sind, zunächst die sozioökonomischen Bedingungen für alleinstehende Elternteile zu verbessern und dazu beizutragen, vorhandene Sozialisationsdefekte auszugleichen. Ersatzerziehungsinstitutionen wie Heime, Pflegestellen sowie heilpädagogische und psychotherapeutische Einrichtungen oder auch Adoptivfamilien können nur ihrer eigentlichen sozialen Aufgabe gerecht werden, wenn sie auf der Grundlage eines breitgefächerten Angebots materieller und unterstützender Hilfen für die natürlichen Eltern aufbauen können.

Anneke Napp-Peters

Literatur

Bohman, M., 1970: Adopted children and their families, Stockholm – *Borgatta, E./Fanshel, D.*, 1965: Behaviour characteristics of children known to psychiatric outpatient clinics with special attention to adoptionstatus, sex and age groupings, Child Welfare League of America, Inc. New York – *Brenner, R.*, 1951: A follow-up study of adoptive families, Child Adoption Research Comittee, Inc. New York – *Goodman, J. D./Silberstein, R./Mandell, W.*, 1963: Adopted Children brought to child psychiatric clinic, in: Archives of General Psychiatry, S. 451-456; *Humphrey, M./Ounsted, C.*, 1963: Adoptive families referred for psychiatric advice, Part I: The children, in: British Journal of Psychiatry 109, S. 599-608 – *Jaffee, B./ Fanshel, D.*, 1978: Now they fared in adoption. A follow-up study. Columbia University Press, New York – *Kadushin, A.*, 1970: Adopting older children, Columbia University Press, New York – *Kirk, H. D.*, 1967: Shared fate, The Free Press, New York 1964 – *Kirk, H. D.*, 1981: Adoptive Kinship, a modern institution in need of reform, Butterworths, Toronto – *McWhinnie, A. M.*, Adopted children, how they grow up, a study of their adjustment as adults, London – *Napp-Peters, A.*, 1978: Adoption, das alleinstehende Kind und seine Familien – Geschichte, Rechtsprobleme und Vermittlungspraxis, Neuwied – *Nieden, M. zur*, 1963[3]: Adoption und Adoptionsvermittlung, Köln – *Oeschger, W.*, 1957: Die Pflege- und Adoptivkinderversorgung, eine psychologisch-heilpädagogische Studie, Freiburg (Schweiz) – *Pringle, M. L./Kellmer* et al, 1967: Adoption – facts and fallacies, Studies in Child Development, Longmans, London – *Schechter, M. D.* et al, 1964: Emotional problems in the adoptee, in: Archives of General Psychiatry, S. 37–46 – *Seglow, J.* et al, 1972: Growing up adopted, National Childrens Bureau, London – *Skeels, H. M.*, 1965: Effects of adoption on children from institutions, in: Children, Vol. 12, S. 33 f. – *Sorosky, A. D.* et al, 1978: The Adoption Triangle, The Effects of the Sealed Record on Adoptees, Birth Parents, and Adoptive Parents, Anchor Press, New York – *Sweeny, D. M.* et al, 1963: A descriptive study of adopted children seen in a child guidance centre in: Child Welfare 42, S. 345-349, – *Toussieng, P. W.*, 1962: Thoughts regarding the etiology of psychological difficulties in adopted children, in: Child Welfare, S. 59-65 – *Triseliotis, J. P.*, 1973: In search of origins the experiences of adopted people, London – *Vincent, C. E.*, 1967: Unmarried mothers, New York – *Witmer, H. L.* et al, 1963: Independent Adoptions, New York. –

→ Elternarbeit → Familienhilfe → Familienrecht → Pflegekinder

Akten/Aktenanalysen

In allen bürokratisch strukturierten Organisationen sind Akten unerläßliche Hilfsmittel der Sicherung kontinuierlicher Handlungsmuster und wichtige Medien der
Kommunikation. Akten sind eine besondere Form schriftlicher Dokumente. Sie
sind das Produkt administrativer Buchführungssysteme, in denen das weitgehend
routinisierte Alltagshandeln ganz bestimmte »Spuren« (prozeßgenerierte Daten)
hinterläßt. Die Erhebung, Auswertung und Interpretation dieser Daten ist Gegenstand der unterschiedlichen Formen der Aktenanalyse. Die Bestimmung des
Erkenntniswertes der prozeßgenerierten Daten setzt eine mehrdimensionale Analyse ihrer Entstehungsbedingungen voraus. Dabei ist u. a. zu berücksichtigen, daß
die administrativen Buchführungssysteme ihrerseits auf das Handeln derjenigen
Personen zurückwirken, die die Akten produzieren bzw. mit ihnen umgehen.
Die Sozialadministration als Teil staatlicher Herrschaftsausübung ist durch unterschiedliche Grade der Bürokratisierung gekennzeichnet (vgl. *Müller/Otto*, 1980).
Ein wesentliches Merkmal aller bürokratisch strukturierter Organisationen ist das
Führen von Akten. In der Verwaltungslehre wird allgemein davon ausgegangen,
daß das Prinzip der Aktenmäßigkeit des administrativen Handelns auch dort gilt,
wo die mündliche Erörterung der Fall ist. Das bedeutet, daß sowohl die als relevant
erachteten Ergebnisse von rechtswirksamen Entscheidungsprozessen als auch
deren Vorerörterungen schriftlich zu fixieren sind. In den Akten als dem »Gedächtnis der Verwaltung« sollen alle Entscheidungsergebnisse wie die sie beeinflussenden Zwischenschritte und Vor-Informationen objektiv dokumentiert werden.
Schriftlichkeit, Objektivität und Vollständigkeit sind die zentralen Prinzipien der
bürokratischen Aktenführung. Sie werden damit begründet, daß das administrative
Handeln unabhängig von Inhalt und Wirkung immer ein Handeln innerhalb von
Rechtsbeziehungen zwischen Staat und Bürger ist. Die Rechtsförmigkeit staatlichen Handelns gilt für die Anwendung abstrakt-genereller Gesetze (Eingriffsverwaltung) ebenso wie für die konkret-problembezogenen Handlungsmuster (Leistungsverwaltung). Die Akte hat in diesem Zusammenhang die offizielle Funktion,
alle Informationen und Entscheidungsschritte objektiv zu dokumentieren. Mit
Bezug auf die Prinzipien der Vollständigkeit und Objektivität wird dabei davon
ausgegangen, daß bei den Eingriffen wie bei den Leistungen die interessierenden
Verhaltensweisen und Lebensbedingungen der Betroffenen in den schriftlichen
Dokumenten (Berichten, Gutachten, Stellungnahmen, Notizen etc.) adäquat
wiedergegeben werden. Die in den Akten fixierten Daten, Informationen, Wertun-
gen, Beschreibungen usw. werden als Tatsachen angesehen, als »Abbildungen« der
Wirklichkeit und nicht als Ergebnisse von wahrnehmungsverzerrten und interes-
sengesteuerten Selektions- und Konstruktionsprozessen. Bis zum aktenmäßigen
Gegenbeweis wird davon ausgegangen, daß die schriftlichen Fixierungen der
Wahrheit entsprechen. Was in den Akten festgehalten ist, und nur das, hat den
Charakter des offiziell Verbindlichen.
Die Akte kann ihre inter- und intraorganisationelle Funktion, Kommunikations-

medium und Entscheidungsgrund zu sein, nur erfüllen, solange die Fiktionen akzeptiert werden, daß die Aktenangaben vollständig, objektiv, eindeutig und intersubjektiv gültig sind. Die Inhalte müssen als eindeutig angesehen werden, damit der Verwerter der Dokumente sie in der gleichen Weise versteht wie der Produzent. Die Forderung nach intersubjektiver Gültigkeit der Aktenangaben ist eine Konsequenz des Objektivitäts- und Vollständigkeitspostulats. Die administrativ funktionalen Fiktionen werden zumeist erst dann problematisiert, wenn Differenzen zwischen der Administration und dem/den Betroffenen (z. B. Widerspruchsverfahren, verwaltungsgerichtliche Überprüfung), zwischen den einzelnen Administrationen oder innerhalb einer Administration auftreten. In diesen Fällen werden die Entscheidungen und/oder Entscheidungsgründe und damit auch die Akten als Beweissicherungsdokumente Gegenstand strittiger Auseinandersetzungen, bei denen der fiktive Charakter der o. g. Postulate deutlich wird. Die Antizipation der Wahrscheinlichkeit eines Widerspruchs führt bei den Aktenproduzenten dazu, daß sie ihre Entscheidungen aktenmäßig besonders gut absichern. Eine »gute Akte« im bürokratischen Selbstverständnis ist ein Beweissicherungsdokument für »revisionssichere« Entscheidungen. Aus ihr muß hervorgehen, daß die getroffene Entscheidung so und nicht anders getroffen werden mußte. Kritische Reflexionen hinsichtlich einer getroffenen Entscheidung entsprechen nicht dem bürokratischen Selbstverständnis, auch wenn sie aufgrund der vorliegenden Tatsachen angebracht sind.

Bürokratische Organisationen sind auf eine Entscheidungsproduktion hin programmiert. In dieser Funktion sind sie darauf angewiesen, die komplexe Realität in einer Weise zu reduzieren, die es ihnen ermöglicht, Entscheidungen zu treffen, die auch rechtlich Bestand haben. Ausführliche Beschreibungen der Lebensumstände von Betroffenen, abwägende Detailberichte über Sozialisationsverläufe, Ambivalenzen verdeutlichende Gutachten etc. tragen dagegen zu einer Erhöhung der Komplexität bei, die wieder auf juristisch relevante und administrativ eingespielte Schlüsselkategorien (z. B. Verwahrlosung, Gefährdung, schädliche Neigung, Sozialhilfebedürftigkeit) heruntertransformiert werden müssen. Erst solche »sozialen Stereotype« lösen innerhalb der Administration die intendierten Reaktionen aus. Dabei darf nicht übersehen werden, daß die Entscheidung (z. B. eine Heimeinweisung) oft schon vorher getroffen und anschließend mit Begründungen (z. B. Verwahrlosung) versehen wird, die diese und nur diese Entscheidung als problemadäquat und rechtmäßig darstellt. Die immer wieder registrierte Häufung von Verhaltensnegativa in den Jugendamtsakten (vgl. *Pirkowski-Wühr*, 1977) hat ihre Ursache nicht nur in den defizitlastigen Wahrnehmungsgewohnheiten der Sozialarbeiter, sondern auch in den administrativen Bedürfnissen nach der Produktion »revisionssicherer« Entscheidungen.

Sozialarbeiter und ihre Akten

Sozialarbeiter haben ein ambivalentes Verhältnis gegenüber den Anforderungen und Konsequenzen einer bürokratischen Aktenführung. Obwohl sie sich untereinander und über den »Fall« permanent anhand von Akten verständigen, empfinden sie die schriftliche Dokumentation des eigenen Handelns und die »Verschriftung« des Klienten als eine lästige und professionsferne Tätigkeit. Die sozialarbeiterische Definition der Akte unterscheidet sich in wesentlichen Punkten von der bürokratischen (vgl. *Lau/Wolff*, 1981). Hinter dieser ambivalenten Einstellung verbirgt sich ein struktureller Widerspruch sozialarbeiterischen Handelns, der mit der Kategorie des »doppelten Mandats« in seinen zentralen Dimensionen thematisiert worden ist. Danach ist Sozialarbeit immer zugleich bürokratisch strukturierte Sozialkontrolle und sozialpädagogisch orientierte Hilfe. Das bürokratische Buchführungssystem ist Dokument und Instrument der herrschaftlichen Sozialkontrolle. Eine kritische Distanz gegenüber den Anforderungen einer bürokratischen Aktenführung ist nicht nur eine arbeitsökonomische Frage (Begrenzung des Zeitbudgets), sondern auch ein mehrschichtiger Ausdruck der partiellen Abwehr vollständiger Domestizierung sozialpädagogischer Intentionen durch bürokratische Herrschaftsansprüche. An vier Problemkomplexen tritt diese Abwehrhaltung deutlich zutage.

1. Sozialarbeiter begreifen ihr Verhältnis zu den Klienten immer auch als ein persönliches Verhältnis, als eine Beziehung zwischen professionellem Helfer und hilfsbedürftigem Adressat. Diese Beziehungsdefinition ist nicht nur eine ideologische Hilfskonstruktion zur Aufrechterhaltung eines sozialpädagogischen Professionsverständnisses. Die Klientel der Sozialarbeit wird zwar weitgehend zwangsrekrutiert, doch determinieren diese Rahmenbedingungen die personelle Beziehungsstruktur zwischen Sozialarbeiter und Klient keineswegs vollständig. Mit der Veränderung des Adressatenkreises der Sozialarbeit und der Expansion personenbezogener Dienstleistungen kennzeichnen die Mechanismen der Zwangsrekrutierung ohnehin nur noch eine Teilpopulation der gesamten Klientel. Damit gewinnen jene Helferbeziehungen an Bedeutung, an denen sich Sozialarbeiter immer wieder orientieren und denen gegenüber die bürokratische Aktenführung eine Art Vertrauensbruch darstellt. Personenbezogene Dienstleistungen (z. B. Beratung, Therapie) setzen eine produktive Interaktion zwischen Sozialarbeiter und Klient voraus: Sozialarbeiter können bei der Bewältigung von »persönlichen« Problemen nur behilflich sein, wenn der Klient anwesend und bereit ist, etwas von sich, von seinen Lebensbedingungen, Schwierigkeiten, Hoffnungen, Ängsten, Wünschen etc. »preiszugeben«. Er wird dies aber nur dann tun, wenn er sicher ist, daß seine Äußerungen nicht gegen ihn verwendet werden. In einer von potentiellem Mißtrauen bestimmten Situation läßt sich keine helfende Beziehung herstellen. In der Sozialarbeit haben vertrauensvolle Beziehungen zwischen Sozialarbeiter und Klient jedoch keine rechtliche Basis. Nach einem Urteil des Bundesverfassungsgerichts (BVerfG 33, 381 ff.) unterliegt alles, was der Sozialarbeiter in Ausübung seines Berufes von dem Klienten erfährt, »zwangsläufig der Verfügungsgewalt seines Dienstherrn oder Arbeitgebers«. Sozialarbeiter, die sich dieser rechtlichen Basis ihrer Beziehungen zu den Klienten bewußt sind, neigen als bürokratisch gefesselte Professionals dann nicht selten dazu, den verbleibenden Handlungsspielraum subversiv zu nutzen.

2. Bei der Aktenführung lassen sich in diesem Zusammenhang zwei Strategien

voneinander unterscheiden: Die erste Strategie besteht darin, daß nur ein Teil des
beruflich erlangten Wissens dokumentiert wird. Dabei werden vorwiegend Sprach-
figuren und Begriffsinstrumentarien verwendet, die die klientelen Beziehungen
nicht per se belasten. Da wird dann nicht mehr von renitenten, verwahrlosten und
gefährdeten Personen gesprochen, sondern von Individuen mit Arbeitsstörungen,
mit einem gering ausgeprägtem Ich-Bewußtsein und mit gestörter Bindungsfähig-
keit. An die Stelle alltagssprachlicher Diskreditierungen (vgl. *Aich*, 1973) treten so
professionalisierungsorientierte »Pathologisierungen« und »Klinifizierungen«, die
das asymmetrische Herrschaftsverhältnis zwischen Sozialarbeiter und Klient jedoch nicht grundsätzlich verändern.

Die zweite Strategie besteht darin, daß Sozialarbeiter nach dem Muster der
doppelten Buchführung eine Handakte anlegen, in der sie dann alles das dokumentieren, was sie aus der Perspektive eines therapeutisch-pädagogischen Selbstverständnisses für wichtig erachten. Das Führen von Handakten erweist sich dann als
nachteilig, wenn die offiziellen Akten die interne Bewertungsgrundlage für die
geleistete Arbeit sind.

3. Konfrontiert man Sozialarbeiter mit ihren Akten, dann wird deutlich, daß sie sich
sowohl des Konstruktionscharakters der Dokumentationen als auch deren Selektivität durchaus bewußt sind. Obwohl sie wissen, daß zwischen den Lebensbedingungen und Verhaltensweisen der Klientel und deren aktenmäßiger Dokumentation
erhebliche Unterschiede bestehen, werden die Akten dennoch als zentrale Kommunikationsmedien über den »Fall« benutzt. Während es aus der Sicht der
Bürokratie gar nicht auf eine differenzierte Darstellung der Lebenslagen und
Verhaltensmuster ankommt, sind diese Daten für den Sozialarbeiter unabdingbar
für eine problemorientierte Kommunikation über den »Fall«. Eine derartige
Berichterstattung ist jedoch mit einer Reihe von – zum Teil unlösbaren – Problemen
verbunden, die hier nur angedeutet werden können (vgl. *Müller*, 1980). Angesichts
der komplexen Interaktionssituationen zwischen Sozialarbeiter und Klient (z. B.
nach einem Hausbesuch oder nach einer Beratungsstunde) stellt sich die Frage nach
den formalen und inhaltlichen Dokumentationskriterien. Konkret: Was soll dokumentiert werden? Welche Begriffe/Kategorien sollen verwendet und welche vermieden werden? Inwieweit sind die Selbstdeutungen der Betroffenen zu berücksichtigen, und wie lassen sich die Entscheidungen begründen? Die Fragen verdeutlichen, daß die Forderung nach einer sozialpädagogischen Berichterstattung verbunden ist mit der Offenlegung der theoretischen Prämissen sozialarbeiterischen
Alltagshandelns und daß eine solche Dokumentation über eine rechtlich orientierte
Betandsaufnahme hinausgeht.

Die immer wieder geforderte objektive Berichterstattung ist eine Fiktion: Berichte
sind immer Re-Konstruktionen der Wirklichkeit und nicht deren mehr oder
weniger adäquate Abbildung. Die ihnen zugrunde liegende hochkomplexe Wirklichkeit wird durch Wahrnehmungsgewohnheiten verzerrt und durch interessenbe-
zogene »Herstellungsaspekte« strukturiert. Insofern sind die Berichte in der
Sozialarbeit primär Dokumente darüber, was ihre Verfasser im Kontext administrativer Entscheidungsprozesse und institutionalisierter Deutungsmuster für wich-

tig erachten. Die realen Lebensbedingungen der Klientel und ihre tatsächlichen Verhaltensweisen und psychosozialen Beschädigungen lassen sich aus den Berichten zumeist nur interpretativ erschließen (vgl. *Clemenz* u. a., 1977). Das zentrale Problem einer theoretisch fundierten Entschlüsselung besteht darin, daß es sich bei den konstatierten Defiziten sowohl um Artefakte der bürokratischen Problemverwaltung als auch um Hinweise auf reale Beschädigungen handeln kann.

4. Akten sind nicht nur ein Instrument der Kontrolle der Klientel, sondern auch Dokumente der Überprüfung und Kritik bestimmter Dimensionen sozialarbeiterischen Alltagshandelns. Während sich die tatsächlichen Arbeitsbelastungen der Sozialarbeiter und die realen Interaktionsverläufe zwischen Sozialarbeiter und Klient nur unzureichend anhand von Akten rekonstruieren lassen, sind vor allem die intern produzierten Dokumente ergiebige Quellen für die Analyse institutionalisierter Deutungsmuster. Dabei ist u. a. zu berücksichtigen, daß die aktenmäßig immer wieder registrierten Stigmatisierungen der Klientel in der Interaktion Sozialarbeiter/Klient nur selten vorkommen (vgl. *Peters-Cremer-Schäfer*, 1975) und daß die schriftlich fixierten Deutungsschemata nicht ohne weiteres einen Rückschluß auf die Standards professionellen Handelns erlauben. Es ist zudem noch umstritten, ob mit einer an diesen methodischen Standards orientierten Sozialarbeit überhaupt bessere Effekte erzielt werden als durch pragmatische Erledigungsstrategien (vgl. *Wood*, 1978; *Goldberg/Warburton*, 1978).

Akten als Instrumente der Bewältigung von Widersprüchen

Die sozialarbeiterische Helferideologie (vgl. *Wolff*, 1981) und die Ambivalenz der Sozialarbeiter im Umgang mit Akten sind Bestandteile der professionellen »politics of uncertainty« (*Pearson*, 1975), d. h. Versuche der pragmatischen Bewältigung diffuser und divergierender Arbeitsanforderungen. Diese Unsicherheiten (uncertainty) sind Konsequenzen jener Inkompatibilitäten, die sich nicht auflösen lassen, sondern allenfalls unter Zuhilfenahme von Fiktionen und durch bestimmte Strategien pragmatisch-situativ bewältigt werden können. So ist die sozialarbeiterische Version der Akte (Wiedergabe einer verkürzten Realität) ebenso eine Fiktion wie die bürokratische Version (Realitätsabbildung). Das gleiche trifft für die bürokratische Version des Verhältnisses Sozialarbeiter/Klient (Beziehung zwischen Rechtssubjekten) und die sozialarbeiterische Version (helfende Beziehung) zu. Insgesamt handelt es sich dabei um einseitige Interpretationen (Fiktionen), die institutionell anerkannt sind.

Die bürokratische Unterstellung, daß die Akten die Realität abbilden, ist erkenntnistheoretisch zwar nicht haltbar, aber dennoch institutionell brauchbar. Das gleiche betrifft die Kennzeichnung des Verhältnisses Sozialarbeiter/Klient als eine Beziehung zwischen zwei Rechtssubjekten. Aber auch die sozialarbeiterische Version der Akte als Dokument einer verkürzten Realitätsabbildung ist eine Fiktion, mit der der Sozialarbeiter umgeht und die auch durch einen noch so detaillierten Bericht nicht aufgehoben werden kann. Berichte sind immer Konstruktionen bzw. Rekonstruktionen von Wirklichkeit und nicht einfach mehr oder weniger adäquate Abbildungen der Realität.

Ebenso einseitig ist die Typisierung des Verhältnisses Sozialarbeiter/Klient als eine helfende bzw. als eine rein rechtliche Beziehung. Obwohl die Beziehung zwischen Sozialarbeiter und Klient immer auch eine Beziehung zwischen zwei Rechtssubjekten ist, läßt sie sich nicht auf diese Dimension reduzieren: Sie ist eine Beziehung zwischen einer als hilfsbedürftig definierten Person und einem professionellen Helfer, bei der der Sozialarbeiter dem Klienten immer auch als personalisierter Interessenvertreter staatlicher Belange gegenübertritt. Die Bedeutung der einen oder anderen Fiktion variiert in Abhängigkeit mit der jeweils aktuellen Problemkonstellation. Die administrative Funktionalität der sozialarbeiterischen Realitäts-Fiktion läßt sich besonders an jenen Berichten verdeutlichen, die Sozialarbeiter anfertigen, um ganz bestimmte institutionalisierte Reaktionen relativ treffsicher auszulösen (z. B. bei Jugendgerichtshilfeberichten und Anträgen auf Fürsorgeerziehung).

Die Begriffe, die Sozialarbeiter in ihren Berichten verwenden, stehen in einem untrennbaren Zusammenhang mit den entscheidungsrelevanten Schlüsselkategorien der adressierten Instanz. Versuche, derartige Kategorien (z. B. Verwahrlosung, schädliche Neigung, Gefährdung) durch abwägende Berichte zu ersetzen, führen dazu, daß die entscheidende Instanz die Sache auf den Begriff bringt; auf die Übersetzungsleistungen haben die Verfasser der Berichte dann noch weniger Einfluß. Bei der Rekonstruktion der Bedeutung der Akten ist dieser Steuerungsaspekt ebenso zu berücksichtigen wie die Tatsache, daß die Akten ein Instrument der Bewältigung von Situationen sind, in denen sich der Sozialarbeiter in der Behörde und gegenüber den Klienten befindet. In diesen Situationen dienen die Akten der möglichst störungsfreien Bewältigung von Arbeitssituationen – und damit den Sozialarbeitern und der Behörde gleichermaßen. Dieses »Bündnis wider Willen« zwischen Sozialarbeit und Bürokratie (vgl. _Lau/Wolff_, 1981) läßt sich an mindestens sechs Punkten verdeutlichen:

1. Strukturelle Rationalisierung durch Typifikation und Selektion: In den Akten wird dokumentiert, was offiziell der »Fall« ist. Auf der Folie institutionell akzeptierter Deutungsschemata werden die zugelassenen Problemkonstellationen in brauchbare »Falltypen« eingeteilt. Diesem Transformationsprozeß ist die – von konjunkturellen Schwankungen abhängige – Filterung der an die Sozialadministration adressierten Ansprüche in zugelassene und abzuwehrende Probleme vorgeschaltet (Selektion durch Anspruchsabwehr). Bei der Einteilung in »Falltypen« fungiert z. B. die Beratung als eine Art strategischer Vorposten. Ihre Funktion besteht darin, aus der Klientel jene Personen herauszufiltern, die als therapie- bzw. rehabilitationsfähige Teilpopulation dann an den bürokratischen Bearbeitungsroutinen »vorbeigeleitet« werden.

2. Kritikimmunisierung durch Fallproduktion: Die Akte dokumentiert, daß gearbeitet wird, ohne allerdings deutlich machen zu können, was wirklich getan wird, und vor allem, was aus welchen Gründen unterlassen wurde. Die Akten erfüllen wie die Strichlisten (intern oft als Lügenstatistiken oder Wunschlisten bezeichnet) hier die Funktion von Tätigkeitsnachweisen. Eine im Bereich des Durchschnitts

liegende Fallzahl schützt vor einer internen Arbeitsumverteilung. Hohe Fallzahlen können als Argument für Stellenforderungen und als nach außen gerichtetes Symbol dafür genommen werden, daß sich die Behörde der an sie adressierten Probleme angenommen hat. Über dem – unter Fachleuten ausgehandelten – Durchschnitt liegende Fallzahlen haben zudem eine kritikimmunisierende Wirkung: Auf sie kann man verweisen, wenn die Ineffektivität administrativen Handelns Gegenstand öffentlicher Diskussion ist. So wird beispielsweise seit Jahren die sich in den hohen Rückfallquoten ausdrückende Erfolglosigkeit der Bewährungshilfe u. a. damit begründet, daß bei einer Probandenzahl von z. B. 60–70 pro Bewährungshelfer auch keine besseren Erfolge zu erwarten seien. Ob eine Bewährungshilfe mit einer wesentlichen geringeren Probandenzahl überhaupt in der Lage ist, die Rückfallquoten gravierend zu beeinflussen, ist zweifelhaft (vgl. *Lipton*, u. a., 1975).

3. Rationalisierung durch Verobjektivierung: In den Akten wird die Beziehung Sozialarbeiter/Klient verobjektiviert. Der Klient wird auf die administrativ interessierenden Dimensionen reduziert; er wird zu einem »Aktenmenschen«, zu einem administrativen Homunculus. Klienten, die während eines längeren Interventionszeitraumes mit Sozialarbeitern interagiert haben, machen immer wieder die Erfahrung, daß diese sie in einer administrativ reduzierten Weise wahrnehmen: als aktenmäßig registrierte Bündel von Problemen, Ansprüchen, Defiziten und als Objekte öffentlicher Interventionen. In den Auseinandersetzungen mit Behörden und im Erfahrungsaustausch mit anderen Betroffenen lernen sie, sich auf das Bild einzustellen, das die Behörde von ihnen hat. Sie lernen dabei auch jene Techniken und Strategien, die notwendig sind, um Ansprüche zu realisieren und Zugriffe abzuwehren.

4. Erfolgsdemonstration durch Erledigungsstrategien: Bei den Akten wird differenziert zwischen den »laufenden« und den erledigten Fällen. Solange ein »Vorgang« nicht als abgeschlossen definiert ist, bleibt die Akte im Geschäftsgang. Anhand von Wiedervorlagestrategien wird sie nach bestimmten Zeitintervallen bzw. aufgrund neuer Informationen wieder in Bearbeitung genommen: Es werden Vorladungen/ Einladungen verschickt, Hausbesuche vorgenommen, Anspruchsvoraussetzungen überprüft usw. Mit der Ablage einer Akte wird der Fall andererseits offiziell zunächst als erledigt betrachtet. Hohe Ablagezahlen suggerieren ein hohes Maß an Effektivität, obwohl sie lediglich ein Indikator effizienten Handelns sind. Die Gleichsetzung von Effektivität und Effizienz gehört zu den sorgsam gepflegten Trugschlüssen der politisch-administrativen Systeme, die den Aufwand öffentlich demonstrieren, wenn über die Wirkungen die notwendige Legitimation nicht zu beschaffen ist.

5. Absicherung durch Ratifizierung: Mitunter werden Akten lediglich zur Dokumentation von Entscheidungen produziert, an denen Sozialarbeiter nicht oder nur partiell beteiligt waren. So werden rund 90% der Familiengerichtsfälle, bei denen sich die Eltern über die Scheidungsfolgen (z. B. elterliche Sorge) geeinigt haben, durch Stellungnahmen des Jugendamtes oder der Familienfürsorge nur noch ratifiziert (*Simitis* u. a., 1979). Mit dieser Notariatsfunktion entziehen sich die

Sozialarbeiter der ohnehin schwierigen und sie oft professionell überfordernden Aufgabe der Entscheidung über das Kindeswohl.

6. Absicherung durch Antizipation von Konflikten: Mit der Dokumentation ihres Handelns sichern sich die Behörden nach innen und außen ab. Besonders akribisch ist die Außenabsicherung bei jenem kleinen Teil der Klientel, der eine überdurchschnittliche Definitionsmacht hat oder sich diese als advokatorische Dienstleistung kaufen kann. Mit einer genauen Dokumentation ihres Handelns versuchen die Behörden dann, sich gegen eine erwartete Kritik vorsorglich abzusichern. Je wahrscheinlicher eine Veröffentlichung der Ineffektivität administrativen Handelns ist, desto größer ist das Bedürfnis der einzelnen Behörden nach der dokumentarischen Absicherung ihrer Bemühungen und der schriftlichen Fixierung der nur segmentalen Verantwortlichkeiten.

Zusammenfassend lassen sich Akten als wichtige Elemente der Bewältigung von Arbeitsanforderungen innerhalb der Sozialarbeit bezeichnen. Ihre Produktion findet in einem Relevanzkontext statt, der nur mittelbar durch das Verhältnis Sozialarbeiter/Klient tangiert wird. Die Analyse von Akten wie der Umgang mit ihnen setzt die Kenntnis ihrer Entstehungsbedingungen voraus.

Aktensystematik

Unter quellenkundlichen Gesichtspunkten sind Akten die »im Zuge laufenden schriftlichen Geschäftsganges entstandenen Aufzeichnungen und Verhandlungen, die auf Rechtsgeschäfte hinführen oder sie ausführen und die jeweils aus mehreren in sich unselbständigen Schriftstücken bestehen« (*Brandt*, 1973). In der historischen Quellensystematik, die zwischen abstrakten, sachlichen und schriftlichen Überresten unterscheidet, werden die Akten (und Urkunden) jenen schriftlichen Dokumenten des »geschäftlichen Lebens« zugeordnet, in denen die rechtlichen, politischen und wirtschaftlichen Zustände und Prozesse einer Zeitepoche fixiert sind. Von den Akten sind die Urkunden zu unterscheiden.

Während die Urkunden eine von anderen Schriftstücken unabhängige Einheit bilden, sind Akten eine unter chronologischen und/oder sachlichen Gesichtspunkten angelegte Sammlung von zumeist sehr unterschiedlichen Einzelschriftstücken. Die Heterogenität der als Akten definierten Schriftstücke erfordert eine Systematisierung. Die folgenden Klassifikationen beziehen sich auf das die Sozialarbeitsforschung primär interessierende Schriftgut. Bezugspunkt der folgenden Aktensystematik ist das Schriftgut der Sozialadministration.

1. Der erste Systematisierungsgesichtspunkt bezieht sich auf den administrativen Geltungsbereich und auf die Gleichartigkeit des behördlichen Schriftgutes. Hier wird unterschieden zwischen Hauptakten, Einzelakten, Nebenakten und den sogenannten Weglegesachen. Hauptakten sind Schriftgut von allgemeiner Bedeutung wie Gesetze, Verordnungen, Erlasse, Satzungen, Dienstanweisungen und Geschäftsordnungen. Einzelakten und Nebenakten sind Schriftgut über gleichartige Vorgänge wie Personalangelegenheiten, Vormundschaftssachen und Sozialhilfeanträge. Wenn im Zusammenhang mit der Sozialbürokratie die Rede von Akten

ist, dann handelt es sich nahezu ausschließlich um Einzelakten. Als Weglegesachen wird das Schriftgut bezeichnet, das im Zusammenhang mit den administrativen Entscheidungsprozessen ohne Bedeutung ist und daher nach einer kurzen Aufbewahrungszeit vernichtet wird. Für die Aktenanalyse sind diese Unterscheidungen von Bedeutung, da in ihnen behördeninterne Hierarchisierungen des Schriftgutes vorgenommen werden, die in einem engen Zusammenhang mit der administrativen Entscheidungspraxis stehen. So sind die – das behördliche Handeln strukturierenden – rechtlichen Rahmenbedingungen vor allem in den Hauptakten zusammengefaßt, während in den Einzelakten und Nebenakten primär jene Daten enthalten sind, die der Vorbereitung und Absicherung rechtsrelevanter Entscheidungsprozesse dienen. Alle Schriftstücke, die keinen unmittelbaren Bezug dazu haben, werden der nachgeordneten Kategorie der Weglegesachen zugeordnet. Sie stehen damit für eine Aktenanalyse auch nur für einen begrenzten Zeitraum zur Verfügung, da die interne Hierarchisierung von Aktenschriftstücken mit den unterschiedlichen Aufbewahrungsfristen korrespondiert (vgl. *Müller*, 1980).

In manchen Organisationen existieren außerdem noch Handakten und sogenannte lose Vorgänge. In der Sozialbürokratie werden als Handakten jene Sammlungen von Schriftstücken bezeichnet, die von einzelnen Sachbearbeitern außerhalb der offiziellen Aktenführung angelegt werden und die zumeist Schriftstücke des Innenlaufs (Notizen, Gesprächsaufzeichnungen, informell erlangte Informationen etc.) enthalten. Die Handakten sind nicht zentral registriert und ihre Existenz wie ihr Inhalt ist abhängig von der Arbeitsweise der einzelnen Sachbearbeiter und deren Einstellungen gegenüber den »offiziellen« Akten. Als lose Vorgänge werden in manchen Behörden die Schriftstücke bezeichnet, die zwar zentral registriert, aber noch nicht Akten im verwaltungsinternen Sprachgebrauch sind. Mit dieser Unterscheidung sind wichtige forschungspragmatische wie methodologische Probleme der Aktenanalyse verbunden, die über den Systematisierungsaspekt hinausgehen. So wurden in dem von *Brusten/Müller* (1972) untersuchten Jugendamt zunächst alle Schriftstücke des Eingangs, Innenlaufs und Ausgangs als lose Vorgänge abgelegt, sofern es sich nicht um rechtlich so bedeutsame Dokumente wie Urkunden handelte. Die losen Vorgänge wurden unabhängig von ihrem Inhalt nach dem Buchstabenprinzip in einem Aktenordner gesammelt. Drei Anlässe führten in der Regel dazu, daß aus einem losen Vorgang eine Akte wurde: Erstens der Eingang eines weiteren Schriftstückes, das für sich genommen das Anlegen einer Akte begründet; zweitens die »Vermutung« des aktenführenden Sachbearbeiters, daß sich hier ein »Betreuungsverhältnis« von längerer Dauer anbahnt; drittens der Tatbestand, daß inzwischen eine »bestimmte« Anzahl von weiteren Schriftstücken eingegangen ist, die ebenfalls eine längere »Betreuung« als wahrscheinlich signalisieren. Diese vage formulierten, aber handlungssteuernden Kriterien haben neben der arbeitsökonomischen eine interventionsstrategische Dimension. Wenn man davon ausgeht, daß die Existenz einer Akte ein vergleichsweise gravierenderes Indiz bezüglich der Vermutung von Gefährdungen ist, als das Vorhandensein von losen Vorgängen (»da liegt schon eine Akte vor . . .«), dann ist die Entscheidung für das Anlegen einer Akte auch mit einer erhöhten Aufmerksamkeit gegenüber den betroffenen Personen verbunden. Wichtig sind in diesem Zusammenhang auch die Wiedervorlage-Strategien. Es kann davon ausgegangen werden, daß mit der Häufigkeit der Wiedervorlage (»Erinnerung an den Fall«) die Intensität der Kontrolle und damit die Wahrscheinlichkeit der Registrierung von Auffälligkeiten wächst. Werden nur die Akten an den Wiedervorlagemechanismus gekoppelt, dann wird die arbeitsökonomische Unterscheidung zwischen Akte und losem Vorgang interventionswirksam.

2. Der zweite Systematisierungsaspekt ergibt sich aus der Art und Weise der Ordnung bzw. der Ablage der Schriftstücke. Die Gesamtheit der Akten und der Inhalt einer Akte – also die Schriftstücke in einem Aktenordner –, die nach dem Prinzip der chronologischen Reihung angelegt sind, werden in der Aktenkunde als Serie bezeichnet. Weiter gegliederte Serien sind – vor allem wenn sie sich über einen längeren Zeitraum erstrecken – thematisch nur noch über einen zusätzlichen Sachindex zu erschließen. In der Sachakte, die mit zunehmender Bürokratisierung an die Stelle der Serie getreten ist, wird dem Bedürfnis nach Übersichtlichkeit und thematischer Strukturierung Rechnung getragen. Die Sachakte, mitunter auch als Dossier bezeichnet, enthält alle Schriftstücke eines bestimmten Sachbetreffs ohne Rücksicht auf Herkunft und Adressat. Zur Erschließung und Auswertung von Sachakten, bei denen die einzelnen »Betreffs« zusätzlich noch chronologisch geordnet sein können, ist ein Aktenplan notwendig. Diese Aktenpläne sind heute weitgehend standardisiert und auf die Strukturmuster kommunaler Organisationen abgestimmt. Serien und Sachakten eignen sich in unterschiedlicher Weise für die verschiedenen Typen von Aktenanalysen. Für Längsschnittuntersuchungen erweisen sich die Serien als ergiebiger, während die Sachakten eher den Forschungsbedürfnissen von Querschnittsuntersuchungen Rechnung tragen.

3. Der dritte Systematisierungsgesichtspunkt bezieht sich auf die Unterscheidung des Schriftgutes in Eingang, Innenlauf und Ausgang. Zum Eingang gehören alle bei der aktenführenden Stelle einer Organisation eingehenden Schriftstücke (Berichte, Anfragen, Meldungen, Urteile, Gutachten etc.). Als Innenlauf werden die »im Hause« angefertigten und verbleibenden Schriftstücke bezeichnet (Notizen, Entwürfe, Protokolle, Verfügungen, Vermerke etc.). Zum Ausgang gehören alle Kopien der ausgehenden Schriftstücke. Für die Aktenanalyse ist diese Unterscheidung insofern von Interesse, als über die eingehenden und ausgehenden Schriftstücke die formellen Interaktionen rekonstruiert werden können, während der Innendienst für die Analyse der binnenstrukturellen Verarbeitungsmuster von Bedeutung ist.

4. Das vierte Kriterium der Systematisierung schriftlicher Dokumente bezieht sich auf eine verwaltungsrechtliche Bewertung der in der Sozialadministration produzierten und verbleibenden Schriftstücke. Hier kann unterschieden werden zwischen Verfügungen, Vermerken und Niederschriften. Verfügungen sind Entwürfe für die Erledigung von Entscheidungen bzw. Festlegungen von Entscheidungen. Als Vermerke werden schriftliche Fixierungen wesentlicher Inhalte eines Vorgangs, einer Mitteilung oder einer Amtshandlung bezeichnet, die über die Bedeutung einer Gedächtnisstütze hinausgehen. Niederschriften sind dagegen förmliche Be-

weismittel, die unterschriftlich anerkannt werden müssen (z. B. Vernehmungsprotokolle, Verhandlungsaufnahmen). Die Unterscheidung der Schriftstücke des Innenlaufs in Verfügungen, Vermerke und Niederschriften erweist sich bei der Aktenanalyse als sinnvoll vor allem im Zusammenhang mit Forschungsfragen, die an rechtlich normierten Entscheidungsprozessen interessiert sind.

Aktenanalysen

Die Aktenanalyse ist eine besondere Form der Dokumentenanalyse. Sie gehört damit zu jenen Erhebungstechniken, deren wesentliches Merkmal eine – im Vergleich zu den Techniken der traditionellen empirischen Sozialforschung – geringe Verzerrung der zu untersuchenden Phänomene durch die Erhebungsinstrumente und Meßverfahren ist. In der empirischen Sozialarbeitsforschung wird die Auswertung schriftlicher Dokumente vergleichsweise häufig durchgeführt. Eine quantitative Auswertung der in zehn Jahren (1968–1978) publizierten Studien der empirischen Sozialarbeitsforschung belegt sowohl den besonderen Stellenwert der Aktenanalyse als auch die Dominanz von Einzelfallstudien (*Müller*, 1980). Der hohe Anteil von Einzelfallstudien korrespondiert stark mit der gängigen Auffassung, daß sich die spezifischen Probleme der Sozialarbeit besonders prägnant und mit einem relativ geringen Forschungsaufwand an einzelnen Fällen aufzeigen lassen.
Typen: Anhand des methodischen Instrumentariums, der Präsentationsform der Untersuchungsergebnisse und der Forschungsbedingungen lassen sich die vielfältigen Aktenanalysen in bestimmte Typen einteilen. Mit bezug auf den methodischen Ansatz kann erstens unterschieden werden zwischen den Längsschnitt- oder Verlaufsanalysen und den Querschnitt- bzw. Strukturanalysen. Bei den Längsschnittanalysen handelt es sich vorwiegend um die Rekonstruktion einzelner Fälle. Gegenstand der Querschnittanalysen sind dagegen immer mehrere Fälle. Ein Einzelfall kann sowohl eine einzelne Person sein als auch eine Gruppe von Personen, eine Institution, eine Organisation, eine geografische oder ethnologische Einheit oder eine Problemkonstellation. Das charakteristische Merkmal einer Einzelfallstudie ist der als Einheit betrachtete Untersuchungsgegenstand (vgl. *Alemann/Ortlieb*, 1975), der unter prozessualen (bei der Längsschnittanalyse) oder strukturellen Gesichtspunkten (bei der Querschnittanalyse) betrachtet werden kann. Ein zweites Differenzierungskriterium bezieht sich auf die Auswertungsstrategie, die Form der Darstellung und die Interpretation des Datenmaterials. In Anlehnung an *Lukas* (1978) lassen sich so – vor allem bei den Verlaufsanalysen – vier Typen von Aktenanalysen unterscheiden:
1. In der Fall-Dokumentation werden bestimmte Teile aus einer Akte ausgewählt und in ihrer zeitlichen Abfolge dargestellt (vgl. *Müller*, 1973 a). Die Auswahlkriterien können problembezogen (z. B. Kindesmißhandlungen) oder/und theorieorientiert sein (z. B. Stigmatisierungstheorien, Deklassierungsansatz). Streng genommen handelt es sich bei der Fall-Dokumentation um eine Vorstufe der Aktenanalyse, bei der die Interpretation des präsentierten Materials weitgehend den Rezipienten überlassen wird.

2. Eine Sonderform der Fall-Dokumentation ist das Dossier, bei dem alle verfügbaren Dokumente (Akten, Urkunden, Gutachten, Presseberichte, Selbstzeugnisse etc.) eines bestimmten Problemzusammenhangs zusammengefaßt und chronologisch präsentiert werden. Der Erkenntniswert eines breit angelegten – und damit die Fall-Dokumentation überschreitenden – Dossiers kann nicht hoch genug eingeschätzt werden. Zu den aufschlußreichsten Dossiers gehören die von *Foucault* (1975) herausgegebenen Materialien zum »Fall Revière«. Ein derartiges Dossier ermöglicht durch die Konfrontation von verschiedenen, sich überlagernden, kreuzenden und gegeneinander gerichteten Diskursen zugleich eine Analyse jener Machtstrukturen und Herrschaftsverhältnisse, in die die Diskurse eingebunden sind.

3. Das charakteristische Merkmal der Fall-Deutung ist die Explikation eines als typisch definierten Fallverlaufs, der in der Tradition des hermeneutischen Sinnverstehens interpretativ erschlossen wird. Grundlage der Interpretation ist der aktenmäßig registrierte Fallverlauf bzw. ein ausgewählter Teil davon. Zu den, oft mit der Intention der Institutionenkritik verbundenen, Fall-Deutungen (so: *Aich*, 1973) gehören auch die Kommentierungen von Aktenauszügen mit eingeblendeten statistischen Daten (z. B. *Müller*, 1973 b). Mit der Einblendung von statistischen Daten und Zusatzinformationen ist die Absicht verbunden, den dokumentierten Einzelfall ansatzweise wieder in jenen Verursachungszusammenhang zu stellen, den der Verfasser für wichtig erachtet, um einer individualistischen Einzelfallbetrachtung entgegenzuwirken. Die Fall-Dokumentation und die Fall-Deutung unterscheiden sich in vielen Punkten nur graduell voneinander; ihre zentralen Mängel bestehen in einer ungenügenden Quellenkritik, in einem teilweise überzogenen Anspruchsniveau (z. B. *Aich,* 1973), in der Beschränkung auf die einzelne Methode und in der mangelhaften Explikation ihrer theoretischen Prämissen.

4. Anspruchsvoller ist die Fall-Analyse. Sie bietet aufgrund ihres explizierten Theorierahmens die Möglichkeit einer begründeten Auswahl, Systematisierung und Interpretation von Aktenschriftstücken und besitzt damit die Voraussetzungen einer begrenzten Überprüfung von Hypothesen. Merkmal der Fall-Analyse ist die Auseinandersetzung mit bereits vorliegenden Untersuchungsergebnissen, die theoriegesteuerte Eingrenzung des Untersuchungsfeldes, die Explizierung von Hypothesen, die Bildung von Kategorien und Indices, die Reflexion über die Reichweite der Untersuchungsinstrumente, die Planung des Forschungsablaufs und die Klärung des Zugangs zu den Untersuchungsgegenständen. In den Fall-Analysen (z. B. *Bonstedt*, 1972; *Colla*, 1973) wird die Komplexität eines Einzelfalles auf die analyserelevanten Dimensionen reduziert und in ihren prozessualen Verflechtungen untersucht und interpretiert.

Gegenstand eines weiteren Klassifikationsgesichtspunktes, der quer zu den vorgenannten Unterscheidungen liegt, ist der Forschungskontext. Mit Bezug auf den Gebrauchswert der Aktenanalysen für den jeweiligen Praxisbereich der Sozialarbeit wird hier unterschieden zwischen internen und externen Analysen. Interne Aktenanalysen werden von denjenigen durchgeführt, die Akten produzieren bzw.

mit ihnen umgehen. Externe Aktenanalysen werden von Wissenschaftlern durchgeführt, deren eigene Interessen die Fragestellungen, den Untersuchungsverlauf und den Gebrauchswert beeinflussen. Zwischen den externen und internen Aktenanalysen gibt es Kombinationsmöglichkeiten (vgl. *Müller*, 1980). Hier gewinnen vor allem die Aktenanalysen an Bedeutung, die im Zusammenhang mit innovativen Handlungsforschungsprojekten durchgeführt werden. Sie bieten noch am ehesten die Möglichkeit, die Analyse und ihre Ergebnisse in einen strategischen Zusammenhang mit der Zielperspektive der Veränderung eines eingegrenzten Bereichs der sozialarbeiterischen Alltagspraxis zu bringen.

Auswertung: Vor Beginn der Aktenanalyse sind die zentralen Bedingungen des Produktions- und Verwendungszusammenhangs von Akten zu untersuchen. Dabei ist zu berücksichtigen, daß in der vertikalen und horizontalen Differenzierung einer Organisation unterschiedliche Relevanzkontexte bestehen, die u. a. zurückzuführen sind auf die organisatorisch verfestigten, problemparzellierenden Interventionsstrategien und die segmentalen Zuständigkeitsregelungen. Als Ausgangspunkt bietet sich eine ideologiekritische Ziel- und Aufgabenanalyse der betreffenden Untersuchungseinheit an. In einem weiteren Schritt können dann die wesentlichen Bestimmungsmomente der aktenmäßigen Reduzierung komplexer Sachverhalte erfaßt werden. Dabei ist insbesondere jener Spielraum zu berücksichtigen, der sich aus der Spannung zwischen administrativen Erfordernissen und professionellen Anforderungen ergibt. Die Vernachlässigung dieses Zusammenhangs führt zu unzulässigen Verallgemeinerungen, bei denen der administrative Entscheidungsprozeß entweder als bürokratisch-überdeterminiert oder als subjektiv-beliebig angesehen wird. Beide Sichtweisen begünstigen methodisch inadäquate Auswertungsstrategien.

Eine quellenkritische Auswertung von Jugendamtsakten hat außerdem zu berücksichtigen, daß die Rekonstruktion prozeßgenerierter Daten Teil eines mehrstufigen Prozesses der Reduktion und Selektion sozialer Komplexität ist.

Auf der ersten Ebene findet ein Reduktions- und Selektionsprozeß zwischen den Lebenslagen, Handlungs- und Bewußtseinsformen der Klientel einerseits und der Wahrnehmung dieser Komplexität durch die Instanzen andererseits statt. Aus der Summe der die Lebensverhältnisse der Klientel bestimmenden Daten werden der Sozialadministration immer nur bestimmte Ausschnitte bekannt. Die in den letzten Jahren intensivierten Bemühungen von Sozialwissenschaftlern, die Handlungsmuster und Bewußtseinsformen der Klientel durch verfeinerte Methoden (kommunikative Sozialforschung, Tiefeninterviews, teilnehmende Beobachtung etc.) immer akribischer auszuforschen, sind in ihren negativen Konsequenzen nicht mehr zu übersehen: Im Januskopf der Sozialadministration verwandeln sich Alltagsorientierung und Lebensweltbezug, sozialökologische Intervention und problemspezifische Prävention unterderhand zu einem dichter werdenden Netz subtiler Strategien der Kolonisierung von Lebenswelten.

Mit der zweiten Filterungsebene sind die Aktenproduzenten und ihre Produktion selbst angesprochen. Alle Instanzenvertreter besitzen einerseits weit mehr »Informationen«, als sie schriftlich fixieren, während sie andererseits oft nicht einmal die

Daten ermitteln, die vom Gesetzgeber als entscheidungsrelevant definiert sind (vgl. *Gillig*, 1976). Dazu einige Untersuchungsergebnisse:

In den Akten werden immer nur die Daten dokumentiert, die von den aktenführenden Stellen auch als dokumentationswürdig angesehen werden. Das Kriterium dokumentarischer Relevanz steht in einem engen Zusammenhang mit den Aufgaben und Arbeitstechniken der »ermittelnden« Instanz (vgl. *Bonstedt*, 1972; *Colla*, 1973).

Die sozialstatistischen Daten der Klientel (Alter, Einkommen, Wohnungsverhältnisse etc.) sind nur selten aktuell und mitunter falsch. Besonders bei den sogenannten Langzeitakten werden Aktualisierungen veralteter und Korrekturen falscher Daten selten vorgenommen (*Habekost* u. a., 1975: 215 ff.).

Die erhobenen Daten entsprechen weniger einem professionell bestimmten Erkenntnisinteresse als vielmehr dem Bedürfnis der pragmatischen Bewältigung von Arbeitssituationen. Es werden weit mehr Daten über Defizite und Verhaltensauffälligkeiten gesammelt als über »Verhaltensaktiva« (*Pirkowski-Wühr*, 1977).

In den Angaben über die Betroffenen wird in erster Linie das amtliche Wissen produziert und teilweise umgedeutet. Die Betroffenen kommen als Subjekte mit eigenen Situationsdefinitionen in den Akten nur selten vor. Ihr konkretes Verhalten spielt zumeist eine sekundäre Rolle (*Brusten/Müller*, 1972). Das »Aktenleben« der Betroffenen ist das Ergebnis von instanzenspezifischen Konstruktionsprozessen (*Cicourel*, 1968).

Die vor allem in zusammenfassenden Berichten (Entwicklungsberichte, Jugendgerichtshilfe-Berichte etc.) oft konstatierte »kriminelle Energie« der Betroffenen ist in erster Linie das Ergebnis der Addition defizitärer Merkmale unter Vernachlässigung der Zeitdimension und der Prozeßhaftigkeit biografischer Entwicklungen (*Brusten/Müller*, 1972).

Besonders in Entwicklungsberichten, die aus Anlaß einer aktuellen Auffälligkeit verfaßt werden, lassen sich zwei Tendenzen der retrospektiven Interpretation aufzeigen: Zum einen wird das aktuelle Ereignis auf der Folie der bisherigen Aktenbiografie gedeutet; umgekehrt wird die Vergangenheit aus der Sicht der aktuellen Abweichungstypisierung retrospektiv plausibilisiert. Während im ersten Fall die aktuelle Auffälligkeit als manifester Ausdruck einer latent schon immer vorhandenen Andersartigkeit gewertet wird, wird im zweiten Fall eine kontinuierliche Entwicklungslinie zwischen der aktuellen Abweichung und der Vor-Geschichte erst hergestellt. Beide Verfahren dienen dem gleichen Zweck: der nachträglichen Absicherung administrativen Handelns (vgl. *Aich*, 1973).

Die Informationsnetze der sozialen Kontroll- und der Dienstleistungsagenturen stellen ein relativ geschlossenes System der Binnenkommunikation mit Selbstversorgungstendenzen dar (*Bick/Müller*, 1975), in denen die Betroffenen nur geringe Chancen haben, die über sie kursierenden Vorurteile zu korrigieren.

Zwischen den Organisationen werden primär jene »Informationsbündel« ausgetauscht, die bei den ersten Kontakten die Aufmerksamkeit der Organisation strukturiert haben. Eine Anreicherung findet kaum noch statt. Diese Stabilisierung tritt um so stärker hervor, je zahlreicher die Institutionen sind, die eine Person durchlaufen hat. So enthalten vor allem Langzeitakten eine Summe redundanter Aussagen (*Beitzel/Killer*, 1975).

Die dritte Ebene des Filterungsprozesses bezieht sich auf die Aktenanalyse selbst. Hier werden theoretisch und forschungsmethodologisch begründete Selektionen vorgenommen. Angeleitet durch komplexitätsreduzierende Kategorien/Begriffe werden aus der Summe der aktenmäßig fixierten Informationen und Daten bestimmte Teile davon ausgewählt, in neue Zusammenhänge gebracht, gewichtet und bewertet.

Die Selektionsprozesse auf allen drei Ebenen lassen sich als eine fortschreitende Reduktion komplexer Zusammenhänge darstellen. Angesichts der doppelten Reduktion auf der ersten und zweiten Ebene wird deutlich, daß über die Auswertung von Akten der Sozialadministration nur in sehr begrenztem Maße Erkenntnisse zu gewinnen sind über das konkrete Verhalten der Betroffenen. Besonders problematisch ist dementsprechend der Versuch, Lebensläufe der Klientel allein auf der Basis von Akten zu rekonstruieren.

Einzelfallstudien und quantifizierende Aktenanalysen: In der Sozialarbeitsforschung werden vergleichsweise häufig Einzelfallstudien durchgeführt, die zu einem großen Teil allein auf der Auswertung von Akten der Sozialadministration basieren (vgl. *Müller*, 1980). Vielfach werden diese als Pilot-Studien, als explorative Analysen und als methodologische »Fingerübungen« für geplante Projekte ausgewiesen. Diese Selbsteinschränkung erlaubt – so gerechtfertigt sie mit Bezug auf die bisher vorgelegten Studien auch sein mag – keine Aussage über den möglichen Erkenntniswert von methodologisch reflektierten Einzelfallstudien. Die den Einzelfallstudien zugeschriebene Randstellung resultiert u. a. aus der Überschätzung der auf Quantifizierung ausgerichteten Sozialforschung. Dabei wird der Erkenntnisgewinn methodisch anspruchsvoller Einzelfallstudien bei der Analyse komplexer Zusammenhänge und prozessualer Abläufe in der Regel weit unterschätzt. Als gelungene Beispiele derartiger Fall- bzw. Einzelfallstudien können hier so unterschiedliche Studien wie die von *Shaw* (1966), *Colla* (1973) und *Cocurel* (1968) genannt werden.

Bei der Einzelfallstudie handelt es sich um einen besonderen Ansatz der Ordnung des Untersuchungsmaterials, bei dem es in erster Linie um eine ganzheitliche Betrachtung des Untersuchungsgegenstandes geht und bei der prinzipiell alle Techniken der empirischen Sozialforschung angewendet werden können. Der als Einheit betrachtete Untersuchungsgegenstand kann sein: eine Person, eine Personengruppe, eine Klasse von Personen, eine Organisation, eine soziale Institution, eine sozialökologische Einheit, eine Kultur, eine anthropologische Einheit, ein Problem oder eine Situation. Der Untersuchungsgegenstand kann sowohl unter »fotografischen« als auch prozessualen Aspekten analysiert werden, d. h. Einzelfallstudien sind als Längsschnitt- und Querschnittanalysen durchführbar. Die Ganzheit des Untersuchungsgegenstandes darf nicht mit der Einmaligkeit verwechselt werden: Hätten Einzelfallstudien lediglich einen einmaligen Sachverhalt zum Gegenstand, so wären ihre Ergebnisse nur gültig für den jeweils untersuchten Bereich. Ob durch die Untersuchung von einzelnen Fällen Erkenntnisse gewonnen werden können, die über den untersuchten Bereich hinaus Geltung haben, hängt nicht zuletzt auch davon ab, um was es sich bei dem einzelnen Fall handelt (Person, Gruppe, Kultur etc.). Alle Einzelfallstudien vermitteln sowohl verallgemeinerbare Ergebnisse als auch solche, die nur für den untersuchten Bereich Geltung haben. Die Identifizierung verallgemeinerbaren Erkenntnisse setzt eine dezidierte Bestimmung der gesellschaftlichen Repräsentanz des untersuchten Phänomens voraus. Die in diesem Zusammenhang gängige These, daß es sich bei den Ergebnissen um solche von »typischen« Zusammenhängen handelt, ist als alleinige Begründung nicht mehr als eine Plausibilitätsannahme. So wird in der Methodenliteratur nahezu einhellig gefordert, Einzelfallstudien in den Kontext quantifizierender Studien zu stellen bzw. ihre Verallgemeinerbarkeit auf der Folie derartiger Erhebungen zu überprüfen (vgl. *Aleman/Ortlieb*, 1975; *Goode/Hatt* 1968). Dies kann aber nicht bedeuten, daß sich der Erkenntnisgewinn von Einzelfallstudien darauf reduzieren läßt, Hypothesen für quantifizierende Massenerhebungen zu präzisieren bzw. deren Ergebnisse zu illustrieren.

Eine solche einschränkende Interpretation verkennt, daß Einzelfallstudien auf die Analyse komplexer Zusammenhänge und prozessualer Verlaufsmuster gerichtet sind, die den quantifizierenden Studien verborgen bleiben.

Quantifizierende Aktenanalysen sind dagegen grundsätzlich mit dem Anspruch der Repräsentativität ihrer Ergebnisse verbunden. Folglich richtet sich die methodische Aufmerksamkeit besonders auf die Adäquanz und Zuverlässigkeit der Forschungsinstrumente. Der in der Regel für quantifizierende Analysen reservierte Objektivitätsanspruch gilt aber auch für die sogenannten qualitativen Studien, da er sowohl durch die Beachtung der Kriterien der Zuverlässigkeit, Gültigkeit und Repräsentanz erfüllt werden kann als auch durch die intersubjektiv nachvollziehbare und damit überprüfbare Dokumentation des gesamten Forschungsprozesses. Spätestens bei der Interpretation der erhobenen Daten erweist sich die Unterscheidung zwischen quantifizierenden und qualitativen Studien ohnehin als wenig trennscharf.

Die dem Kriterium der Quantifizierbarkeit verpflichteten Erhebungs- und Meßinstrumente müssen zuverlässig (reliabel) und gültig (valide) sein. Sie sind zuverlässig, wenn andere Forscher bei gleichen Untersuchungsbedingungen zu den selben Ergebnissen kommen; sie sind gültig, wenn die Operationalisierungen der untersuchungsleitenden Kategorien den Objektbereich erschöpfend erfassen. Nach der theoretisch zu begründenden Auswahl der Kategorien und deren Operationalisierungen ist der zu untersuchende Objektbereich und die Untersuchungseinheit festzulegen. Da es zumeist aus zeitlichen, finanziellen und zugangsbezogenen Gründen nicht möglich ist, alle Akten einer bestimmten Grundgesamtheit (z. B. alle Akten eines Jugendamtes) vollständig zu untersuchen, werden aus der Grundgesamtheit bestimmte Teile (Stichproben) ausgewählt und analysiert. Von diesen wird dann auf die Grundgesamtheit geschlossen. Da die Ziehung von Stichproben auf bestimmten Modellvorstellungen basiert – und ihre Ergebnisse insofern methodenabhängig sind –, muß stets geprüft werden, ob die verwendeten Modelle der Struktur des Objektbereichs angemessen sind (vgl. *Lisch/Kriz*, 1978). Die meisten

Probleme bei der Ziehung von Stichproben ergeben sich dadurch, daß zum einen eine genaue Kenntnis über die Verteilung der interessierenden Merkmale in den Akten vorausgesetzt wird, und zum anderen dadurch, daß immer nur ein bestimmter Teil der Akten für die Auswertung zur Verfügung steht. Oft lassen sich diese Probleme nur durch eine Auswahl nach Gutdünken und durch eine mehrstufige Analyse lösen (vgl. *Müller*, 1980).

Akten als nichtöffentliche Quellen: Die Akten der Sozialbürokratie gehören zu jenen Quellen, die der allgemeinen Öffentlichkeit nicht zugänglich sind. Der Personenkreis, der einen gesetzlich geregelten und graduell abgestuften Zugang zu den Akten hat, ist eng begrenzt. Trotz der unterschiedlichen Regelungen (Datenschutzgesetze der Länder) muß davon ausgegangen werden, daß Sozialwissenschaftler – als Privatpersonen und als Angehörige wissenschaftlicher Institute – generell kein Einsichtrecht in die Akten der Sozialbürokratie haben. Im allgemeinen wird diese Zugangsbeschränkung mit dem Probandenschutz und dem Prinzip der Geheimhaltungspflicht der Behörde begründet. Die Zugangsbeschränkung zu nichtöffentlichen Quellen ist durch drei Interessenbündel bestimmt: Erstens durch das Interesse des Forschers an einem kodifizierten Zugangsrecht; zweitens durch das Interesse der Bürger an der Wahrung ihrer Privatsphäre und drittens durch das Interesse der Behörden an einer kontrollierten Weitergabe der von ihr verwalteten Daten.

Für die Sozialarbeitsforschung erweist sich die restriktive Handhabung des Prinzips der behördlichen Geheimhaltungspflicht und des Probandenschutzes als eine massive und ungerechtfertigte Behinderung der Analyse des Innenlebens staatlicher Apparaturen. Sie ist ungerechtfertigt, weil der Probandenschutz ein methodisch und forschungsethisch zu bewältigendes Problem darstellt. Zur Sicherung der Vertraulichkeit der unterschiedlichsten Datenbasen existieren eine Reihe von ausgeklügelten Verfahren, die weit über die einfache Anonymisierung hinausreichen (vgl. *Boruch*, 1976).

In Abwägung der drei genannten Interessenbündel lassen sich unterschiedliche Zugangsmöglichkeiten praktizieren. Bei der Auswertung personenbezogener Daten bietet sich – besonders bei großen Forschungsprojekten – das sogenannte »swearing in« als Kompromißformel an. Hier werden die Forscher und alle ihnen gleichgestellten Personen (Studenten, Praktikanten, Hilfskräfte etc.) ev. nach Ableistung eines Eides auf Zeit und für einen begrenzten Zweck »Funktionäre« der betreffenden Behörde (vgl. *Scheuch*, 1977). Dieses Verfahren kann auch bei Praktikanten angewendet werden, die an internen Aktenanalysen beteiligt sind. Bei kleinen Forschungsprojekten (z. B. Dissertationen, Diplomarbeiten) sind die sogenannten »public use samples« eine Möglichkeit des Zugangs zu personenbezogenen Daten. Diese Stichproben (samples) enthalten eine Auswahl aus den amtlichen Daten, bei denen die Anonymität dadurch gesichert wird, daß es von jedem gleichgelagrten Fall eine so große Mindestzahl gibt, daß kein Rückschluß auf einzelne Personen möglich ist.

Bei der Analyse von personenbezogenen Einzelfällen bietet sich das »Entpflichtungsmodell« an, d. h. die Verschwiegenheitsverpflichtung der Behörde entfällt aufgrund der Zustimmung des/der Betroffenen (so z. B. *Colla*, 1973). Umstritten ist hier jedoch, wer zu den zustimmungspflichtigen Betroffenen neben den Klienten gehört. Bei quantifizierenden Aktenanalysen ist dieses Modell nicht praktikabel. Hier ist jeweils mit Bezug auf die konkrete Forschungsfrage zu entscheiden, welche der abgestuften Regelungsmodelle (vgl. *Eser*, 1976) einen adäquaten Zugang zu den nichtöffentlichen Quellen bei maximalem Probandenschutz gewährleisten.

Resümee

In der Sozialadministration sind die Akten unerläßliche Hilfsmittel der Sicherung bürokratischen Handelns. Sie sind sowohl Medien der inter- und intraorganisationellen Kommunikation als auch Dokumente, in denen das administrative Handeln seine Spuren in verschlüsselter Form hinterlassen hat. Die Erhebung, Auswertung und Interpretation dieser prozeßgenerierten Daten ist Gegenstand der unterschiedlichsten Formen der Aktenanalyse. Die Bestimmung des Erkenntniswertes der prozeßgenerierten Daten setzt eine mehrdimensionale Analyse ihrer Entstehungs- und Verwertungsbedingungen voraus. Dabei ist auch zu berücksichtigen, daß die Akten ihrerseits das Handeln derjenigen Personen strukturieren, die die Akten produzieren bzw. mit ihnen umgehen. Bei der pragmatischen Bewältigung von Arbeitsanforderungen in der Sozialbürokratie »lösen« die Akten eine Reihe von Problemen der Bürokratie und der Sozialarbeit.

Die in den Akten der Sozialbürokratie fixierten Spuren geben in erster Linie Auskunft über diejenigen Personen, die die Schriftstücke angefertigt haben. Die meisten Probleme bereitet die inhaltliche Auswertung der Informationen, Bewertungen und Interventionen bezüglich der Adressaten sozialarbeiterischen Handelns. Die über sie dokumentierten sozialstatistischen Daten sind ungenau, interessenverzerrt und in einem hohen Maß selektiv; die sie charakterisierenden Eigenschaften sind das Ergebnis institutioneller Zuschreibungsprozesse, die von einem eklatantem Mangel gegenüber ihren psychischen Beschädigungen und ihren materiellen Benachteiligungen gekennzeichnet sind. Dennoch lassen sich aus den Akten bruchstückhafte Hinweise auf die Lebenswelt der Klientel und ihrer realen Probleme herausdestillieren. Dies setzt allerdings eine theoretisch fundierte – und die Aktenwelt transzendierende – Analyse voraus. Der Zugang zu den Problemen der Betroffenen über die Akten ist jenen Verfahren verschlossen, die allein auf die manifesten Inhalte fixiert sind und die lediglich quantifizierbare Merkmale registrieren.

Aktenanalysen können als Einzelfallstudien und als sogenannte quantifizierende Studien durchgeführt werden. Der besondere Erkenntnisgewinn von Einzelfallstudien bezieht sich auf die Prozeßanalyse der Interaktionsmuster sozialer Kontrollagenturen und ihres Beitrages bei der Konstitution krimineller Karrieren. Werden außer der Dokumentenanalyse noch andere Methoden der empirischen Sozialforschung angewendet (z. B. teilnehmende Beobachtung, narratives Interview), dann kann der Erkenntnisgewinn methodisch fundierter Einzelfallstudien nicht hoch genug eingeschätzt werden.

Der Gebrauchswert der Aktenanalyse für die Sozialarbeit läßt sich daran messen, inwieweit die Forschungsergebnisse dazu beitragen, die über die sinnliche Erfahrung hinausgehenden Zusammenhänge der Alltagspraxis zu erhellen, und ob die Ergebnisse zu einer Veränderung der Interventionsmuster im Sinne einer administrativen Selbstbeschränkung beitragen. Als integraler Bestandteil von Handlungsforschungsprojekten sind die »internen« Aktenanalysen geeignete Instrumente der Praxisevaluierung und der Initiierung berufsfeldezogener, kollektiver Lernprozesse.

Hartmut W. Müller/Siegfried Müller

Literatur

Aich, P., 1973: Da weitere Verwahrlosung droht, Reinbek – *Aleman, H. v./Ortlieb, P.,* 1975: Die Einzelfallstudie, in: *Koolwijk, J. v./Wieken-Mayser, M.* (Hrsg.): Techniken der empirischen Sozialforschung, Band 2, München/Wien – *Beitzel, T./Killer, B.,* 1975: Sozialarbeit und ihre Klienten, München – *Bick, W./Müller, J. P.,* 1977: Die Buchführung der Verwaltung als Sozialwissenschaftliche Datenbasis, in: *Müller, J. P.* (Hrsg.): Die Analyse prozeß-produzierter Daten, Stuttgart – *Bonstedt, C.,* 1972: Organisierte Verfestigung abweichenden Verhaltens. Eine Falluntersuchung, München – *Boruch, R. F.,* 1976: Statistische und methodische Prozeduren zur Sicherung der Vertraulichkeit, in: *Eser, A./Schumann, K. F.* (Hrsg.): Forschung in Konflikt mit Recht und Ethik, Stuttgart – *Brand, A. v.,* 1973[7]: Werkzeug des Historikers, Stuttgart – *Brusten, M./Müller, S.,* 1972: Kriminalisierung durch Instanzen sozialer Kontrolle, in: Neue Praxis, S. 174-189 – *Cicourel, A. V.,* 1968: The Social Organization ob Juvenile Justice, Wiley, New York/London/Sydney – *Clemenz, M./Habicht, W./Rudolph, B.,* 1977: »Verwahrlosung« – Sprache und Interaktion im System sozialer Kontrolle, in: Neue Praxis, S. 152-172, S. 251-271; *Colla, H. E.,* 1973: Der Fall Frank, Neuwied – *Eser, A.,* 1976: Risiken und Privilegien des Forschers, in: *Eser, A./Schumann, K. F.* (Hrsg.): Forschung in Konflikt mit Recht und Ethik, Stuttgart – *Foucault, M.* (Hrsg.), 1975: Der Fall Rivière. Materialien zum Verhältnis von Psychatrie und Strafjustiz, Frankfurt/M. – *Gillig, V. K.,* 1976: Staatsanwaltschaftliche Ermittlungstätigkeit und staatsanwaltliche Sanktionskriterien bei geringwertigen Ladendiebstahlverfahren, in: Kriminologisches Journal, S. 205-213 – *Goldberg, E. M.,/Warburton, R. W.,* 1979: Ends and means in social work, Allen & Unwin, London – *Goode, W. J./Hatt, P. K.,* 1968[6]: Die Einzelfallstudie, in: *König, R.* (Hrsg.): Beobachtung und Experiment in der Sozialforschung, Frankfurt/M. – *Habekost, E.,* u. a., 1975: 333 »Soziale Fälle«, Freiburg/Br. – *Lau, T./Wolff, S.,* 1981: Bündnis wider Willen – Sozialarbeiter und ihre Akten, in: Neue Praxis, S. 199-214 – *Lipton, D.* et al, 1975: The effectiveness of correctional treatment: A survey of treatment evaluation studies, Praeyer, New York – *Lisch, R./Kriz, J.,* 1978: Grundlagen und Modelle der Inhaltsanalyse, Reinbek – *Lukas, H.,* 1978: Aktenanalyse als Methode der Sozialarbeitsforschung, in: Archiv für Wissenschaft und Praxis der sozialen Arbeit, S. 259-280 – *Müller, S.,* 1973 a: Das Aktenleben des Jugendlichen Peter S., in: Vorgänge, S. 90-98 – *Müller, S.,* 1973 b: Als Frau K. die Nerven durchgingen. Dokumentation einer Kindesmißhandlung, in: Neue Praxis, S. 44-56 – *Müller, S.,* 1980: Aktenanalyse als Methode der Sozialforschung, Weinheim – *Müller, S./Otto, H.-U.,* (Hrsg.) 1980: Sozialarbeit als Sozialbürokratie? Sonderheft 5 der Neuen Praxis, Neuwied – *Pearson, G.,* 1975: The politics of uncertainly: A Study in the Socialization of the social worker, in: *Jones, H.* (Ed.): Towards a New Social Work, London/Boston – *Peters, H./Cremer-Schäfer, H.,* 1975: Die sanften Kontrolleure, Stuttgart – *Pirkowski-Wühr, J.,* 1977: Kritische Betrachtung der Aussagekraft von Jugendamtsakten, in: Zentralblatt für Jugendrecht und Jugendwohlfahrt, S. 145-151 – *Scheuch, E. K.,* 1977: Datenschutz und Sozialforschung, in: KZfSS, S. 822-828 – *Shaw, C. R.,* 1966: The Jack-Roller – a deliquent boy's own story, University of Chicago, Chicago/London (zuerst 1930) – *Simitis, S.* et al., 1979: Kindeswohl, Frankfurt/M. – *Wolff, S.,* 1981: Grenzen der helfenden Beziehung, in: *Kardorff, E. v./Koenen, E.* (Hrsg.): Psyche in schlechter Gesellschaft, München/Wien/Baltimore – *Wood, K. M.,* 1978: Casework effectiveness: A new Look at the research evidence, in: Social Work, S. 437-459. –

→ Jugendamt → Professionalisierung

Alkoholismus

Alkohol hat von allen Drogen die weiteste Verbreitung in der westlichen Welt (sofern man Kaffee und Tee unberücksichtigt läßt). Die Zahl der Abstinenten ist gering, es dominieren die gemäßigten Trinker und mit der Stärke des Konsums sinkt die Zahl der Konsumenten deutlich ab; es ergibt sich ungefähr eine logarithmische Normalverteilung. Infratest (1975) ermittelte für die Bundesrepublik 6% Abstinente bzw. 22% Abstinente und seltene Konsumente. 32% trinken gelegentlich und 47% trinken relativ regelmäßig. Alkoholkonsum muß nach den verschiedenen alkoholischen Getränken differenziert werden, deren Verbreitung sehr unterschiedlich ist. Am häufigten wird in der Bundesrepublik Bier getrunken und weit dahinter folgt erst der Konsum von Wein und hochprozentigen alkoholischen Getränken. Dementsprechend korreliert Bierkonsum bei jungen Männern am höchsten von den drei Getränkearten mit dem Erlebnis des Betrunkenseins (*Schenk*, 1979). Regionale Unterschiede sind in der Bundesrepublik und in Europa zu berücksichtigen. Im Süden der Bundesrepublik, wo Wein angebaut wird, ist dessen Konsum weiter verbreitet als im Norden; umgekehrt werden im Norden mehr harte Alkoholika getrunken. In Europa kann man zwischen typischen Weinländern (z. B. Italien und Frankreich) und Bierländern (z. B. Belgien und England) unterscheiden; der Alkoholkonsum in den typischen Weinländern ist am höchsten (*Sulkunen*, 1976).

Der Alkoholkonsum hat seit dem Zweiten Weltkrieg stark zugenommen. In der Bundesrepublik erhöhte sich der Alkoholkonsum zwischen 1952 und 1972 um 182 Prozent (Kommission der Europäischen Gemeinschaften, 1979). Die Ausweitung des Konsums erfolgte sowohl durch Intensivierung des Konsums wie durch Erschließung neuer Konsumentenkreise. Frauen trinken heute häufiger Alkohol; Männer neigen stärker zu exzessivem Konsum und bevorzugen im Vergleich zu Frauen das Bier, aber beim Konsum von Wein oder von Mix-Getränken beginnen Frauen gleichzuziehen (z. B. Ministerium f. Arbeit, Gesundheit u. Sozialordnung Baden-Württemberg, 1980). Bei Jugendlichen ist eine Vorverlagerung des Konsumbeginns zu beobachten, viele müssen bereits im Alter von 12–14 Jahren als regelmäßige Konsumenten angesehen werden (z. B. Bayer. Staatsministerium des Innern u. für Arbeit u. Sozialordnung, 1978).

Die weite Verbreitung des Alkohols kann nicht ohne eine entsprechende Bewertung dieser Droge gedacht werden. Während in der Welt insgesamt jede Einstellung zu Alkohol von deutlicher Ablehnung bis zu großer Toleranz zu finden ist (*Pittman*, 1970), überwiegt in der westlichen Welt die Bejahung des Alkoholkonsums, ist dieser Teil des Lebensstils. Alkoholische Getränke dienen dabei nicht nur der alltäglichen Flüssigkeitsaufnahme, sondern sie leisten ihren Beitrag zur Entspannung am Feierabend und zum Vergnügtsein bei Festen. Angetrunkensein wird bei besonderen Anlässen von der Bevölkerung akzeptiert (Institut für Demoskopie, 1974). Ein nicht unerheblicher Prozentsatz Jugendlicher trinkt, um betrunken zu werden (*Schukit/Morrissey/Lewis/Buck,* 1977). Alkohol wird somit nicht nur als Genußmittel benutzt, sondern ebenso als eine psychoaktive Droge.

Obwohl man um die stimmungsverändernde Wirkung des Alkohols weiß, versucht man, den Alkohol als Genußmittel abzugrenzen gegen Rauschmittel wie Cannabis und Opiate, was sachlich falsch ist, denn es hängt vom Umgang mit Alkohol ab, ob dieser Genuß- oder Rauschmittel wird. In Untersuchungen zum Drogenkonsum von Jugendlichen wurde der Alkohol nicht berücksichtigt oder getrennt registriert und damit ein falscher Eindruck über Drogenkontakte der Jugend erzeugt (*S chenk*, 1975). Am ehesten wird noch der Drogencharakter von harten alkoholischen Getränken gesehen, während Bier und Wein nicht als Drogen gelten (*Schenk*, 1979). So hat auch ein erheblicher Prozentsatz der Bevölkerung nichts dagegen, wenn bereits Jugendliche unter 14 Jahren ab und zu Bier und Wein trinken (Institut für Demoskopie, 1974).

Die ungebrochene Haltung zum Alkohol wird besonders deutlich, wenn man sie mit der Einstellung zur zweiten in der westlichen Welt weit verbreiteten Droge, dem Tabak, vergleicht. Die Haltung zum Rauchen wird immer kritischer, wobei selbst ein Teil der Raucher seiner Gewohnheit distanziert gegenübersteht. Ein großer Teil der Raucher versucht wieder aufzuhören, ohne daß dies den meisten gelingt; das Abhängigkeitsgefühl ist daher recht ausgeprägt (*Schenk*, 1979). Im Gegensatz dazu sind beinahe alle Alkoholkonsumenten mit ihrem Konsum zufrieden, sehen keinen Anlaß zur Korrektur und erleben auch keine Abhängigkeit. Wenn Reserven bestehen, dann zu hochprozentigen alkoholischen Getränken, die ohnehin nicht in großen Mengen getrunken werden. Unter konsumfördernden Bedingungen ist daher der Alkoholkonsum leicht steigerbar, nicht jedoch der Tabakkonsum (*Schenk*, 1979). Diese feste Verankerung des Alkohols in unserer Gesellschaft wird man immer berücksichtigen müssen.

Innerhalb des Alkoholkonsums gilt es, den problematischen Konsum zu identifizieren. Einzelne Organisationen favorisieren eine Abstinenzkultur und betrachten jeglichen Alkoholkonsum als unerwünscht. Der von WHO-Expertengruppen geprägte moderne Abhängigkeitsbegriff, der den alten Suchtbegriff ablöste, bestimmt die Abhängigkeitsform nur noch für eine bestimmte Droge (z. B. Abhängigkeit vom Alkohol), für die die beiden Komponenten psychische und physische Abhängigkeit ein jeweils besonderes Mischungsverhältnis eingehen können (*Schenk*, 1975). Die Anwendung dieses Ansatzes auf den Alkoholkonsum ist jedoch nicht ohne weiteres möglich, da man verschiedene Formen des mißbräuchlichen Umgangs mit Alkohol unterscheiden muß.

Weite Verbreitung hat eine Typologie von *Jellinek* (1960) gefunden, in der dieser z. B. zwischen Problemtrinkern, Gewohnheitstrinkern, süchtigen Trinkern u. a. unterschied. Die Erscheinungsbilder dieser Alkoholikertypen können höchst unterschiedlich sein. So kennzeichnet den in der Typologie von *Jellinek* als Alpha-Alkoholiker gekennzeichneten Problemtrinker, der trinkt um eine kritische Situation besser ertragen oder meistern zu können, allein eine psychische Abhängigkeit. Umgekehrt ist ein schwerer Gewohnheitstrinker (Delta-Typ) vor allem durch körperliche Abhängigkeit vom Alkohol gekennzeichnet; er trinkt, um einen bestimmten Alkoholspiegel zu erhalten, ohne dadurch notwendigerweise in seiner Handlungsfähigkeit erheblich beeinträchtigt zu sein. Von besonderer Bedeutung ist der Gamma-Alkoholiker, da er den »typischen« Alkoholiker darstellt; er ist durch psychische und physische Abhängigkeit gegenüber der Droge gekennzeichnet. Er durchläuft in seiner Drogenkarriere mehrere Phasen, wobei der Kontrollverlust entscheidend ist. Kontrollverlust bedeutet, daß ein begonnener Konsum bis zum Zustand der Intoxikation vom Trinker nicht mehr abgebrochen werden kann. Die Karriere des Gamma-Alkoholikers ist nach *Jellinek* gekennzeichnet durch zunehmende Konzentration auf den Alkohol, drastische Verminderung seiner Leistungs- und Erlebnisfähigkeit, sich steigernde Konflikte mit seiner sozialen Umwelt, charakterliche Verwahrlosung.

Mit dem Beta-Alkoholiker hat *Jellinek* einen Gewohnheitstrinker beschrieben, der weder psychisch noch physisch abhängig ist, aber aufgrund seines z. B. durch Trinksitten gesteuerten Verhaltens Komplikationen erleidet. Falsch wäre es, die Vorstellungen von dem sozial auffälligen (Gamma-)Alkoholiker auf alle Alkoholiker zu generalisieren.

Vorgeschlagen wurde stattdessen, neben dem engeren Begriff der Alkoholabhängigkeit einen zusätzlichen Begriff einzuführen, den der alkoholbedingten Unvermögen (»alcohol-related disability« nach *Edwards/Gross/Keller/Moser/Room*, 1977).

Die Differenzierung zwischen Alkoholikern und Alkoholkranken erscheint sinnvoll, da es sich um unterschiedliche Phänomene handelt. Es wäre jedoch gefährlich, sich bei der Bestimmung der Problemfälle nur an den auffälligeren Alkoholikern zu orientieren und dabei die vielen und oftmals schweren körperlichen Erkrankungen durch Alkohol zu vernachlässigen. Dies würde u. a. auch zu einem verzerrten internationalen Vergleich führen, da, abhängig von den Trinksitten, die alkoholbedingten Probleme in den einzelnen Ländern unterschiedlich sind. Der Gamma-Alkoholiker ist eher typisch für die USA, der Delta-Alkoholiker für Frankreich. In den letzten Jahren wurden in den USA und in der Bundesrepublik Skalen zur Messung der Alkoholabhängigkeit entwickelt, die eher auf den Gamma-Alkoholiker mit seinen sozialen Problemen abzielen (z. B. *Feuerlein/Ringer/Küfner/Antons*, 1977).

Nach dem Erhebungsverfahren von *Feuerlein* u. a. (mittels Fragebogen), wobei die unauffälligen Alkoholkranken nur schlecht erfaßt werden können, können zwischen 5 und 10% der Bevölkerung als alkoholgefährdet identifiziert werden (Ministerium für Arbeit, Gesundheit u. Sozialordnung Baden-Württemberg, 1980). Die Größenordnung wird durch eine ganz anders angelegte Untersuchung bestätigt (Infratest, 1979). Hier wurden die Personen identifiziert, die von ihrer Persönlichkeit oder Lebenssituation her den anerkannten Alkoholikern vergleichbar waren, ohne selbst bereits als solche klassifiziert worden zu sein.

Ursachen exzessiven Konsums

Da es sich beim mißbräuchlichen Alkoholkonsum um ein persönliches Fehlverhalten handelt, ist es naheliegend, die Ursache dafür in einem Persönlichkeitsdefekt des Konsumenten zu suchen. Weitverbreitet sind hier tiefenpsychologische Interpretationen, wonach es sich beim Alkoholiker z. B. um eine passiv-fordernde, auf der oralen Entwicklungsstufe fixierte Persönlichkeit handelt. Diese und andere Aussagen über den Charakter des späteren Alkoholikers sind bis heute nicht hinreichend abgesichert, die Ergebnisse zum Teil widersprüchlich, zum Teil methodisch unzulänglich gewonnen. Eines der Hauptprobleme ist die Unterscheidung zwischen dem, was bereits vor dem Konsum da war, und dem, was erst durch den Konsum bewirkt wurde; nur verbesserte Forschungsstrategien könten hier eine Abklärung herbeiführen (dazu u. a. UNESCO, 1978).

Will man zu einem adäquateren Verständnis der Verursachung von exzessivem Alkoholkonsum gelangen, so wird man zwei Dinge besonders berücksichtigen müssen: Alkoholkonsum ist in unserer Gesellschaft mehrheitlich nicht-pathologisches Verhalten und den sozialen Bedingungen ist ein weit größeres Gewicht beizumessen als dies bisher geschah. Man wird zunächst einmal davon ausgehen müssen, daß Alkoholkonsum normales, kulturübliches Verhalten ist. Man trinkt, weil in unserer Kultur die stimulierende Wirkung des Alkohols geschätzt wird, weil »alle« trinken und es auch vom Einzelnen, vor allem vom Mann erwartet wird (*Wieser*, 1973; *Schenk*, 1980). Im übrigen ist die Alkoholindustrie ein bedeutsamer Wirtschaftsfaktor und die Steigerung der Produktion gilt als Erfolg, was auch dem Staat höhere Steuereinnahmen beschert. Es wundert nicht, daß Jugendliche ganz offen alkoholische Getränke in Geschäften erwerben (*Fahrenkrug/Huber/Lehr*, 1977), obwohl dies gesetzlich untersagt ist, denn auch sie sorgen für besseren Umsatz.

Wo Alkohol so leicht verfügbar, ja sogar ein Druck zum Konsum vorhanden ist, kann Alkoholkonsum unschwer zur Gewohnheit werden.

Dies mag sich besonders bei Personen verfestigen, die ein hohes Stimulationsbedürfnis haben (*Schenk*, 1979), sich z. B. leicht langweilen und Abwechslungen benötigen. Gefährdet sind aber auch Personen, die in einer ungünstigen Situation leben, die durch Langeweile, Überforderung oder andauernde Spannung gekennzeichnet ist (*Armor/Polich/Stambul*, 1978). Spannungen in der Herkunftsfamilie oder der Ehe, Schwierigkeiten in der Schule oder im Beruf, die Entfremdung von unserer Gesellschaft unterstreichen die Bedeutung sozialer Faktoren für die Steigerung des Alkoholkonsums. Man könnte dies im Sinne der Lerntheorie als operante Konditionierung verstehen: durch das Trinken kann bei Personen mit entsprechender Persönlichkeitsstruktur oder in belastenden Lebensbedingungen ein negatives Gefühl vermieden und ein Gefühl der Beschwingtheit oder Überlegenheit erzeugt werden. Je häufiger diese Erfahrung gemacht wird, um so stärker wird die Gewohnheit des Trinkens. Ein solcher Lernvorgang muß nicht notwendigerweise mit Persönlichkeitsdefekten des Trinkers verbunden sein, sondern kann bei positiver Einstellung zum Alkohol von spezifischen Lebensbedingungen her erklärt werden, wie *Glatt* (1977) am Beispiel exzessiv trinkender Ärzte erläutert. Nach ihm sind Ärzte während ihres Studiums an den Konsum von Alkohol gewöhnt und setzen ihn zur Entspannung nach einem anstrengenden Arbeitstag ein. Dies wird durch die wohlwollend-duldende Haltung unserer Gesellschaft erleichtert, die nicht rechtzeitig Warnsignale setzt.

Man könnte den exzessiven Alkoholkonsum vielleicht als Versuch betrachten, Belastungen besser meistern zu können. In der Tat läßt sich zeigen, daß nach Überwindung der gröbsten Schwierigkeiten bei vielen Trinkern der Alkoholkonsum wieder etwas sinkt (*Cahalan*, 1978). Nach einer Hypothese von *Mendelsohn* (zit. nach *Häfner*, 1973) hängt die Drogenabhängigkeit generell von zwei Faktoren ab: der Bedeutung der Droge als einem wichtigen Faktor in der Lebensführung und der Dominanz der Drogeneinnahme als Anpassungsmechanismus im Vergleich zu anderen Anpassungsmechanismen. Je größer die absolute und relative Dominanz des Alkoholkonsums als Anpassungsmechanismus ist, um so mehr werden andere Anpassungsmechanismen wie z. B. Leistungsverhalten verkümmern bzw. erschwert und damit eine Alkoholikerkarriere wahrscheinlicher werden. Das kann jedoch entscheidend auch von dem Selbstverständnis des Konsumenten abhängen. Läßt er sich von der Umwelt auf die Rolle des Alkoholikers festlegen, sieht er sich selbst als Alkoholiker, so wird dies sein Verhalten verfestigen.

Dies sind gut begründete Denkmöglichkeiten, aber ein methodisch hinreichend abgesichertes kausales Modell für die Alkoholabhängigkeit gibt es bislang nicht. Sicher ist jedoch, daß man neben möglichen Persönlichkeitseigenschaften in hohem Maße auch soziale Faktoren als Bedingungen für exzessiven Alkoholkonsum wird berücksichtigen müssen.

Probleme bei der Konzeption des Gamma-Alkoholikers: In vielen Stellungnahmen wird in undifferenzierter Weise vom Alkoholiker gesprochen, während die einzelnen Alkoholikertypen (s. o.) durch höchst unterschiedliche Probleme gekennzeichnet sind. Gemeint dürfte damit wohl vor allem der Gamma-Alkoholiker sein, der das öffentliche Bild vom Alkoholiker bestimmt, von dem sich offensichtlich auch viele Therapeuten leiten lassen. Es soll daher etwas ausführlicher diskutiert werden.

Jellinek hat das Karrieremodell des Gamma-Alkoholikers im Sinne einer immer größeren Abhängigkeit vom Alkohol und zunehmender persönlicher und sozialer Probleme geschildert. Entscheidend war für ihn der Kontrollverlust, ab dem die Beziehung zum Alkohol eine andere Qualität erhält. Dieser Kontrollverlust gilt vielen Fachleuten als unumstößliche Gewißheit: so sei der Kontrollverlust »irreversibel« (*Gruner/Schulte*, 1974), »Kontrolliertes Trinken ist praktisch in keinem Fall möglich« (*Kruse*, 1978) und das erste Glas, das erste alkoholhaltige Medikament, die erste Kognakbohne leite »mit fast gesetzmäßiger Sicherheit« (*Pfeffer*, 1978) die nächste Sauftour ein. Bereits *Jellinek* vermutete als Ursache für diesen Kontrollverlust eine Veränderung des Stoffwechselprozesses beim Gamma-Alkoholiker, denn dieser Kontrollverlust ist nicht direkt gekoppelt an die Höhe des Konsums, so daß es naheliegt, eine individuelle physiologische Anfälligkeit anzunehmen. Es zeichnet die Karriere des Gamma-Alkoholikers aus, daß er sich seine Abhängigkeit sehr lange nicht eingesteht, kurzfristig auch Versuche zur Kontrolle seines Konsums unternimmt, letztlich aber dann doch kapituliert und sein Leben immer stärker vom Alkohol bestimmt sein läßt. Vernachlässigung von Pflichten, Verkümmerung von Fähigkeiten und sozialer Abstieg sind die Folge.

Diese Darstellung wird von vielen Therapeuten geteilt, in den Massenmedien verbreitet und ist Bestandteil von Wissenstests über Alkoholismus. Sie gilt es zu problematisieren. Trotz vieler Publikationen wird wenig auf diesem Gebiet geforscht, so daß die Arbeit von *Jellinek* auch heute noch Gewicht hat. Er gewann aber sein Karrieremodell aus Befragungen von Mitgliedern der »Anonymen Alkoholiker«, einer Vereinigung von Alkoholikern bzw. ehemaligen Alkoholikern, die sich ein eigenes Bild über den Alkoholismus gemacht hat. Wenn z. B. *Glatt* (1976) betont, daß die Ärzte von diesen über das Wesen des Kontrollverlusts informiert wurden, so kennzeichnet dies gerade die methodische Problematik: wie repräsentativ, wie methodisch abgesichert ist die Darstellung dieser »Anonymen Alkoholiker«?

Es wundert nicht, daß sich das Karrieremodell interkulturell nicht hinreichend reproduzieren läßt (*Schenk*, 1980) und bei der Unterscheidung der *Jellinek*schen Alkoholikertypen gerade der Gamma-Alkoholiker als ein sehr heterogenes Gebilde erscheint (*Demel*, 1979). Nach *Jellinek* (1968) ist Kontrollverlust kein Alles-oder-nichts Phänomen: ». . . the loss of control does not emerge suddenly but rather progressively and that it does not occur inevitably as often as the gamma alcoholic takes a drink«. Damit aber stellt sich für die Identifikation von Gamma-Alkoholikern das Problem der Operationalisierung dieses Begriffes; es müßten handfeste Kriterien benannt werden, nach denen ein Trinker als Gamma-Alkoholiker einzustufen ist.

Es ist hinreichend belegt, daß Gamma-Alkoholiker oder die als solche behandelt wurden, durchaus zu kontrolliertem Konsum fähig sind (*Pattison/Sobell/Sobell*, 1977). Beobachtungen und Experimente zeigen sehr deutlich, daß es keine Automatik des Trinkenmüssens gibt, die durch den ersten Schluck Alkohol in Gang gesetzt wird. Das Trinkverhalten des Alkoholikers wird oft in sehr starkem Maße von der Situation und dem Wissen, Alkohol zu trinken, gesteuert (*Schenk*, 1980). Aus diesem Grunde ist die These von dem totalen Kontrollverlust des Gamma-Alkoholikers heute unhaltbar (*Glatt*, 1976). Wer die Alkoholismus-Literatur durchblättert, wird feststellen, daß viele Autoren den Kontrollverlust als eine der zentralen Erkenntnisse herausstellen. Im Hintergrund steht dann wohl immer die Hypothese von einem biochemischen Defekt. Für eine sachliche Diskussion aber wäre es notwendig abzuklären, ob der Kontrollverlust immer oder nur häufig auftritt, und wenn nur gelegentlich, an welche Bedingungen er geknüpft ist. Es ist klar, daß zur Zeit nichts für eine entscheidende Bedeutung eines biochemischen Defekts spricht. Vielmehr zeigen die experimentellen Befunde, daß das Bedürfnis

nach Alkohol entscheidend von der Situation her bestimmt wird und daß die zu
erwartenden Konsequenzen einen wesentlichen Einfluß auf die Entscheidung des
Alkoholikers zu exzessivem Konsum haben.

Unterstellt man dem Alkoholiker außerhalb der Klinik Unvermögen zu kontrolliertem Konsum, so wird man daher auch die Bedingungen für dieses Unvermögen
konkret erwähnen müssen und nicht den Schluß suggerieren dürfen, dies läge allein
an dem Alkoholiker. Verläßt man den experimentellen Rahmen, so zeigt sich, daß
einige Alkoholiker zu kontrolliertem Konsum lange Zeit in natürlicher Umgebung
fähig sind (*Lloyd/Salzberg*, 1975; *Miller/Caddy*, 1977). Die Zahl ist unklar, nach
einer Untersuchung von *Armor/Polich/Stambul* (1978) ist sie jedoch erheblich und
dies, obwohl die Therapiebemühungen auf totale Abstinenz ausgerichtet waren.
Man hat u. a. gegen diese Untersuchung vorgebracht, es habe sich dabei nicht um
»echte« Gamma-Alkoholiker gehandelt. Dies mag sein, aber man wird dann auch
Konsequenzen daraus ziehen müssen: waren es keine »richtigen« Gamma-Alkoholiker, so hat man sie offensichtlich fälschlicherweise wie solche behandelt, was
Konsequenzen für die Zukunft haben sollte; waren es aber doch richtige Gamma-
Alkoholiker, so wird man das Konzept revidieren müssen.

Glatt (1976) hat eine entsprechende Revision vorgenommen, als er davon sprach,
daß der Alkoholiker nur noch eine erhöhte Wahrscheinlichkeit zu unkontrolliertem
Konsum habe. Der Alkoholiker mag danach unter günstigen Bedingungen zu
kontrolliertem Konsum fähig sein, unter ungünstigen Bedingungen wie z. B.
emotionaler Belastung aber sei der Rückfall wahrscheinlich. Dem entspricht eine
neuere Auffassung von Drogenabhängigkeit, wonach der Konsument nicht von der
Droge, sondern von der Droge in einer bestimmten Situation abhängig sei (zur
Alkoholabhängigkeit hierzu *Solomon/Marshall*, 1973). Diese wichtige Weiterentwicklung des Abhängigkeitsbegriffes bekommt aber bei Autoren wie *Glatt* eine
folgenschwere Interpretation, indem man jetzt den Rückfall des kontrolliert
Trinkenden nur mehr irgendwann erwartet. Damit wird dem ehemaligen Alkoholiker die Chance zur Rehabilitation genommen, da die bisherige gute Lebensführung
immer auf günstige Bedingungen zurückgeführt werden kann, die noch nicht die
eigentliche Bewährungssituation enthalten habe.

Man wird prüfen müssen, ob man nicht in massiver Form eine Sich-selbsterfüllende-Prophezeihung begeht. Es gibt Hinweise, daß unsere Gesellschaft die
Rolle des Alkoholikers stark mitträgt. Man könnte das *Jellinek*-Modell der
Alkoholikerkarriere auch als zunehmendes Versagen der sozialen Kontrolle interpretieren (*Bacon*, 1973), die zu spät einsetzt und sich dann allzu sehr auf das
Symptom des Trinkens konzentriert. Die Kommunikation zwischen dem Trinker
und seiner sozialen Umwelt wird immer mehr vom Thema Alkohol beherrscht
(*Gorard/McCourt/Cobb*, 1971). Man könnte daher sagen, daß nicht nur der
Alkoholiker, sondern auch die Umwelt diesen immer mehr auf die Rolle des
Alkoholikers reduziert. Kommen dann noch bei dem Trinker, der sozialen Umwelt
und den Therapeuten bestimmte Überzeugungen über die Natur des Alkoholismus
hinzu wie die vom ewigen Alkoholiker und von der Irreversibilität des Kontrollverlustes, so kann man gar nicht mehr abschätzen, in welchem Maße unsere Gesell-

schaft diese Alkoholikerkarriere mitzuverantworten hat. Lapidare Feststellungen über die Rückfälle bei Alkoholikern beweisen nicht, daß es ein »Wesen« des Alkoholikers gibt, man müßte hier konkret die einzelnen Faktoren diskutieren.

Therapie

Bei der Behandlung von Alkoholikern wurden beinahe alle üblichen Therapieverfahren eingesetzt. Man könnte sie in symptomorientierte Ansätze und problemorientierte Ansätze unterscheiden. Symptomorientierte Therapien konzentrieren sich auf das Symptom selbst und wollen nur dieses beseitigen. Hierzu gehören Versuche, die Wirkung von Alkohol chemisch abzublocken, beim Trinken unangenehme Unverträglichkeitsreaktionen zu erzeugen, das Trinken mit negativen Erlebnissen zu koppeln, um so eine Aversion gegen das Trinken zu erzeugen. Ein klassischer Ansatz ist hier die Gabe von Disulfiram (z. B. Antabus), das als tägliche Dosis eingenommen oder als längerwirkendes Depot eingepflanzt werden kann und zu Unverträglichkeitsreaktionen bei Alkoholgenuß führt (vor allem Übelkeit, aber auch Kreislaufkomplikationen). Das Verfahren ist wegen gesundheitlicher Risiken und Überwachungsproblemen bei der Einnahme bedenklich. Mit elektrischen Schocks, die beim Trinken verabreicht werden, kann man im Rahmen der Verhaltenstherapie versuchen, diese Gewohnheit zu unterbrechen. Der grundsätzliche Einwand gegen die symptomorientierten Therapien ist jedoch, daß sie die Ursachen nicht angehen und so nur eine oberflächliche Korrektur vornehmen.

Tiefergehend sind die problemorientierten Ansätze, zu denen zunächst die tiefenpsychologischen Psychotherapien zu zählen sind. Man versucht, dem Alkoholiker Einsicht in die Psychodynamik seines Verhaltens zu vermitteln und dadurch sein Verhalten zu verändern. Vielfach wird dies auch in der Gruppentherapie versucht, wobei allerdings darunter so unterschiedliche Vorgehensweisen verstanden werden, daß der Begriff beinahe inhaltsleer ist. Er deckt ebenso das konzeptionslose Gespräch mit Mehreren, wie tiefenpsychologische oder verhaltenstherapeutische Ansätze ab. In einem weiteren Sinne könnte man auch die Verhaltenstherapie dann unter die problemzentrierten Ansätze fassen, wenn sie als Breitbandtherapie ein ganzes Spektrum von therapeutischen Maßnahmen zur Verfügung stellt, wozu z. B. auch Selbstkontrollverfahren und der Erwerb alternativer Verhaltensweisen gehören. Besondere Bedeutung dürfte noch der Familientherapie zukommen, da Alkoholiker oftmals in gestörten Familien bzw. Ehen leben und der Therapieerfolg gesteigert werden kann, wenn der Alkoholiker in seiner Familie Unterstützung findet.

Zur Zeit kann noch kein endgültiges Urteil über die Effizienz der einzelnen therapeutischen Verfahren gemacht werden, da die Daten oft nicht miteinander vergleichbar sind. In Kliniken erfreut sich die Gruppentherapie großer Beliebtheit, nicht zuletzt wohl aus organisatorischen Gründen, weil hier gleich mehrere Patienten von einem Therapeuten betreut werden können. Disqualifiziert ist ein rein medikamentöses Vorgehen, weil damit nichts gelöst, sondern nur etwas verhindert wird (*Solms*, 1975) und es eigentlich das Ziel der Therapie sein muß, dem Patienten auch etwas zu geben und nicht nur etwas zu nehmen (*Chafetz*, 1970). Ganz im Gegensatz dazu und zu der eigenen Erkenntnis, daß hinter Alkoholproblemen immer Lebensprobleme stehen, behandeln praktische Ärzte vorwiegend medikamentös (*Jones/Helrich*, 1972, Infratest, 1979).

Für die Therapie des Alkoholismus wird von vielen Autoren ein Drei-Stufen-Modell vertreten, das sich untergliedert in Entwöhnung, Therapie und Rehabilitation. Wenn man will, kann man davor noch eine Stufe der Motivation zur Therapie setzen. Die Entwöhnung erfolgt in der Regel in einer Klinik, in der der Alkoholiker von der Droge abgesetzt wird. Diese Entzugsphase kann in wenigen Tagen abgeschlossen sein, in dieser Zeit sollte aber auch die Motivation zur weiterführenden Therapie gestärkt werden.

Die eigentliche Therapie erfolgt in der Regel als Langzeittherapie, oftmals in Fachkrankenhäusern. Sie dauert vier bis sechs Monate, Kurztherapien wären möglich, sind aber noch unüblich. Die wesentliche Therapieform ist hier die Gruppentherapie. Prinzipiell sind alle therapeutischen Verfahren hier einsetzbar, obwohl es verwaltungstechnische Grenzen gibt. Familientherapie, zu der die Ehepartner eingeladen werden, beschränkt sich oftmals auf mehrere Wochenendseminare, die sicherlich nicht den Ansprüchen genügen können. In der Klinik werden die Alkoholiker motiviert, sich nach der Therapie einer Selbsthilfegruppe anzuschließen. Diese sind die wesentlichen Träger der Rehabilitationsphase, am bekanntesten ist die Gruppe der »Anonymen Alkoholiker« (A. A.). Die Rehabilitation beginnt sofort nach der Entlassung aus der Klinik.

An diesem Modell muß Kritik geübt werden, vor allem was das Therapieverständnis anbelangt. Nach einem modernen Verständnis der Abhängigkeit kann diese nicht losgelöst von der Situation gedacht werden. Geht man bewußt aus dieser Situation heraus, indem man das Schonklima einer Klinik wählt, so ist die entscheidende Konfliktsituation vielleicht noch vorstellbar, aber sie ist nicht echt vorhanden. Daher wird in der Klinik oftmals das Verlangen nach Alkohol fehlen oder gering sein (*Appelt* u. a., 1978). Der Patient wird sich mit diesem Verlangen auch nicht auseinandersetzen, der Therapeut ihn nicht in seinem Widerstandsvermögen unterstützen können. Dies ist ein entscheidender Nachteil des Klinikaufenthalts. Der Vorteil ist zweifellos, daß damit die Regeneration des Alkoholikers und seiner sozialen Umwelt ermöglicht wird; man kann den Klinikaufenthalt nutzen, um die Einsicht in die Problemzusammenhänge zu entwickeln und den Aufbau neuer Verhaltensmöglichkeiten zu beginnen. Die Bewährungsprobe aber muß in der Situation bestanden werden, wie z. B. der täglichen Auseinandersetzung mit den Ehepartner, den Arbeitskollegen oder Vorgesetzten, der Bewältigung der Arbeit oder der Freizeit. Man kann versuchen, solche Situationen in der Klinikatmosphäre durchzuspielen, aber die Bewährungsprobe muß zur Therapie gehören und darf nicht, wie dies jetzt die Regel ist, zur Rehabilitationsphase zugerechnet und Laien überlassen werden.

Die Realitätsferne der therapeutischen Ortes kann teilweise überwunden werden, indem man an diesem Ort die entscheidenden Problemsituationen zu simulieren versucht. So haben *Sobell/Sobell* (1978) Gaststättenatmosphäre in einem besonders hergerichteten Raum der Klinik zu schaffen versucht und *Steinglass* (1976) holte auch den Ehepartner in die Klinik und ließ explizit Alkoholkonsum zu, um so die veränderte Interaktion unter Alkoholeinfluß in die Therapie einbeziehen zu können. Eine andere Möglichkeit stellt der Wochenendurlaub dar, in dem der Patient wieder in seine gewohnte Umgebung zurückkehrt und dann in der Klinik über seine Erfahrungen berichten kann. Letztlich aber wäre eine Fortführung der Therapie über den Klinikrahmen hinaus erforderlich. In der Regel aber gilt nach dem Klinikaufenthalt die Therapiephase als beendet und die Rehabilitationsphase beginnt.

Die Kritik zielt somit auf ein verkürztes Therapieverständnis, wo der therapeutische Fachmann in der entscheidenden Phase die Betreuung Laien überläßt. Eine Therapiekette in dem Sinne, daß eine am Individualfall orientierte Therapie, die in der Klinik begonnen wurde, außerhalb der Klinik fortgesetzt wird, gibt es kaum. Von vielen Fachleuten wird die Arbeit der Selbsthilfegruppen hochgelobt, doch es ist die Arbeit von Laien, die damit vielleicht nur einen entscheidenden Konstruktionsfehler bei der Betreuung von Alkoholikern verdecken helfen. Man wird sich daran erinnern müssen, daß Selbsthilfegruppen in den USA zunächst deshalb entstanden, weil die Betreuung der Alkoholiker völlig unzulänglich war. Auf sich allein gestellt haben die »Anonymen Alkoholiker« eine eigene Betreuungsorganisation und ein eigenes Verständnis vom Wesen des Alkoholismus entwickelt. Es war eine Bewegung, die angesichts des mangelnden ärztlichen Interesses außerhalb des medizinischen Rahmens entstand und nicht durch wissenschaftliches Denken geprägt ist. Es entstand eine Organisation, die von *Kalb/Propper* (1976) als doktrinär eingestuft wurde. Die »Anonymen Alkoholiker« vertreten ganz entschieden die Auffassung vom ewigen Alkoholiker, der sich höchstens zum trockenen Alkoholiker wandeln kann, aber wesensmäßig immer Alkoholiker bleibt. Man wird daran zweifeln müssen, ob alle Aktivitäten der Selbsthilfegruppen Gutes bewirken. Die Alternative dürfte allerdings nicht »keine Betreuung« sein, sondern die durch qualifizierte Mitarbeiter. Daran aber fehlt es.

Läßt man sich von einem moderneren Verständnis der Alkoholabhängigkeit leiten, so müßte man den Schwerpunkt auf die ambulante Behandlung legen, eine psychologisch orientierte Therapie, die verhaltenstherapeutische Bausteine enthalten muß und flankiert werden sollte durch Familientherapie. Eine solche Therapie hätte den Vorteil, daß sie die Probleme vor Ort angeht. Die Tätigkeit des »Instituts für Prävention und ambulante Abhängigkeitsbehandlung« (*Feldhege/Salzhuber*, 1981) zeigt, daß eine solche ambulante Betreuung erfolgreich sein kann.

Der Erfolg der Alkoholikertherapie wird bisher nicht sehr optimistisch beurteilt (z. B. *Mello/Mendelsohn*, 1975; *Kendell*, 1979). Legt man als Therapieziel Abstinenz fest, so wird dies langfristig nur bei einer Minderheit erreicht. Der Prozentsatz der wieder Trinkenden steigt mit zeitlichem Abstand von der Therapie drastisch an, die Erfolgsquote kann bis auf zehn Prozent bei einzelnen Institutionen absinken (*Schenk/Vogt*, 1980). Allerdings wird man fragen müssen, ob Abstinenz ein notwendiges Therapieziel ist. Ersetzt man es durch das Kriterium einer wesentlichen Verhaltensverbesserung, so steigt der Therapieerfolg deutlich an (*Wieser*, 1972).

Schuld an dem nicht befriedigenden Erfolg dürften mehrere Faktoren haben. Mangelnde Qualifikation auf Seiten der Therapeuten und Laienhelfer spielt hier ebenso eine Rolle wie unzulängliche Diagnostik und eine zu wenig problemorientierte Therapie. Eine ausreichende Beherrschung der verhaltenstherapeutischen Diagnostik und der verhaltenstherapeutischen Interventionstechniken sollte obligatorisch sein. Man wird überlegen müssen, ob in Einzelfällen (*Miller/Caddy*, 1977) das Therapieziel kontrolliertes Trinken sein sollte. Mit dem Konzept vom ewigen Alkoholiker, der abstinent leben müsse, setzt der Therapeut einen Stigmatisierungsprozeß fort, der in der Umwelt und später im Alkoholiker selbst seinen Ursprung hat. Er hält den ehemaligen Alkoholiker damit in großer Nähe zu seinem früheren Zustand. Den aktuellen und den ehemaligen Alkoholiker trennt nur der Umgang mit dem Alkohol, den letzterer meidet. Eine solche Therapie bereitet nicht auf den gemäßigten Umgang mit Alkohol vor, da dies ja als Rückfall definiert wird. Denkbar wäre wenigstens in einzelnen Fällen eine Therapie, die sich an den ursächlichen Problemen des Trinkers orientiert und ihm dadurch ein grundsätzlich anderes Leben ermöglicht, einen Neubeginn mit einem neuen Selbstverständnis.

Auf der Seite des Patienten ist es eines der besonderen Probleme, daß dieser mit dem Alkohol die Möglichkeit zur Selbstbelohnung hat, er sich also kurzfristig Lustgewinn verschaffen kann. Nachdem auch die beste Therapie kein Paradies auf Erden garantieren kann, wird die Therapie die Gewohnheit des Trinkens auch direkt angehen müssen, was ohne ein gewisses Maß an Selbstkontrolle und Beherrschung auf Seiten des Alkoholikers nicht möglich ist. Der Therapeut kann den Patienten durch ein Angebot entsprechender Techniken (besonders verhaltenstherapeutische Selbstkontrolltechniken) dabei unterstützen, aber ein Mindestmaß an Motivation wird bei dem ehemaligen Alkoholiker vorausgesetzt.

Erschwert wird dessen Situation allerdings durch das Verhalten vieler Mitmenschen: er kehrt in eine Gesellschaft zurück, die alkoholfreudig ist, seine engere soziale Umwelt ist häufig ambivalent, gleichgültig oder hilflos. Die klare Alternative, wie sie in einem Experiment von *Bigelow* u. a. (1972) vorhanden war, findet der ehemalige Alkoholiker in seiner normalen Lebenswelt selten. Die Selbsthilfegruppen bilden hier eine Ausnahme, aber sie sind auch in Gefahr, zu einer Subkultur zu werden. Bestehen dann noch bei einem symptomorientierten Vorgehen oder einer mißglückten therapeutischen Strategie die ursprünglichen Belastungsmomente fort, so ist ein Rückfall leicht möglich. Gleichzeitig aber wird man auch die Rahmenbedingungen berücksichtigen und zur Kenntnis nehmen müssen, daß die Gesellschaft die therapeutischen Bemühungen nicht immer unterstützt. Man sollte überlegen, ob in der Therapie immer das Abstinenzgebot gelten und damit ein Kontrastprogramm zur Gesellschaft formuliert werden muß, ob nicht auch die gesellschaftlichen Rahmenbedingungen verbessert werden können.

Prophylaxe

Angesichts der großen Zahl von Gefährdeten, die im gegenwärtigen Gesundheitssystem nicht zu bewältigen sind, und angesichts nicht überzeugender Therapieerfolge erscheint die Verhinderung des Problemfalles eine der vordringlichen Aufgaben.

In den letzten Jahren hat man dies verstärkt durch Aufklärung über die Gefahren des Drogenkonsums versucht, wobei der Alkohol einbezogen wurde. Am Wert solcher Aktionen hat man aus verschiedenen Gründen gezweifelt. Die Aussagen sind in ihrer pauschalen Formulierung oftmals nur halbrichtig und damit nicht überzeugend. In älteren Broschüren konzentrierte man sich auf die Darstellung der Drogenwirkung und tat so, als ob Drogenkonsum die Folge eines Wissensdefizits sei (*Schenk*, 1982). In neueren Broschüren wird der Akzent mehr von der Droge weg auf die Alltagsprobleme und deren Bewältigung gelegt. Das Problem bleibt, ob man die angezielte Population durch Broschüren erreicht. Die direkte Ansprache durch Multiplikatoren wie z. B. Lehrer scheint ein geeigneterer Weg. Von diesem wird man Sachwissen und Problembewußtsein erwarten müssen sowie ein Konsumverhalten, das mit seinem Aufklärungsansatz in Übereinstimmung steht. Da die Haltung der Gesellschaft zum Alkohol zweideutig ist, muß auch eine kritische Auseinandersetzung damit und mit dem Lebensstil unserer Kultur erfolgen. Dies ist eine derart anspruchsvolle Aufgabe, daß eine amerikanische Kommission (Drug task panel, 1978) sie für zu schwierig für die meisten Erzieher erklärte.

Letztlich ist Prophylaxe des Drogen- und Alkoholmißbrauchs keine Aufgabe, die man an einzelne Fachleute delegieren kann. Die Gesellschaft insgesamt muß sich diesem sozialen Problem stellen (*Kendell*, 1978). Aufgefordert sind somit alle Bürger, über einzelne Institutionen wie z. B. Erziehungswesen, Gesundheitswesen, Produktionsstätten bis hin zu den Regierungen. In neuerer Zeit hat man hervorgehoben, daß der Erfolg präventiver Maßnahmen entscheidend vom Zusammenspiel aller wichtigen gesellschaftlichen Kräfte abhängt (*Schenk*, 1982).

Eine besondere Aufgabe übernehmen hier die Eltern. Durch ihr Vorbild im Umgang mit Drogen können sie ihren Kindern den Griff zur Droge erleichtern oder erschweren, durch die Schaffung einer gespannten oder vernachlässigten Familienatmosphäre den Wunsch nach Betäubung oder dem Erleben einer Traumwelt verstärken. Sie, aber ganz wesentlich auch Kindergarten und Schule, können in den Kindern Kreativität und Offenheit für die Welt fördern und damit dem Bestreben, aus dieser mittels eines technischen Hilfsmittels zu entfliehen, entgegenwirken.

Verantwortlich für den Konsum sind selbstverständlich auch die Produzenten, die in der Werbung nicht die psychoaktive Wirkung alkoholischer Getränke anpreisen sollten. Soll Alkohol auch für die breite Masse ein Genußmittel sein, so muß dem bei der Qualität der Getränke Rechnung getragen werden. Gerade aber beim Trinken sind jedoch eindeutige Tendenzen zur Qualitätsnivellierung und zur Massenproduktion erkennbar: die neuen Weingesetze tragen vor allem ökonomischen Interessen Rechnung und das Hauptkontingent der Weinproduktion fällt in Europa in die Rubrik der geringwertigen Tafelweine. Prophylaxe muß man mit Augenmaß betreiben. Die bisherigen Prohibitionsbestrebungen scheiterten wegen zu weitgehender Forderungen; letztlich war es immer auch ein Krieg zwischen unterschiedlichen Lebensstilen (*Schenk*, 1982). Man wird daher den Alkohol in unserer Gesellschaft akzeptieren und sich auf die Bekämpfung von Auswüchsen konzentrieren müssen. Dies wird einem am besten gelingen, wenn man nicht nur vor falschen Wegen warnt, sondern auch den richtigen Weg positiv beschreibt und damit nicht nur von kontrolliertem, sondern auch von genußvollem Konsum spricht. Es müßte das Ziel sein, die vorhandenen Alkoholkonsumenten zu einem verfeinerten Konsum zu befähigen.

Diese Voraussetzungen auf seiten des Produkts und der Einstellung der Bevölkerung werden aber nicht verhindern können, daß ein zu kultiviertem Konsum fähiger Mensch Alkohol nicht auch einmal als Rauschmittel gebraucht und zur Bewältigung von Alltagsstreß einsetzt. Will man diesen Gebrauch von Alkohol verhindern, so wird man auch an den zugrunde liegenden Problemen ansetzen müssen, diese entweder auf ein erträgliches Maß mindern oder das Individium mit Fähigkeiten zu ihrer Bewältigung ausstatten müssen. Es ist daher eine gefährliche Halbwahrheit, wenn *Gerchow/Schrappe* (1980) als Regel für den Arzt formulieren: »Wenn Alkohol Probleme macht, dann ist Alkohol das Problem«. Selbstverständlich wird man immer die dahinterliegenden Probleme sehen müssen und deshalb muß Prophylaxe des Alkoholmißbrauchs immer auch allgemeine Prophylaxe sein. Daher wird sich bei Therapie und Prophylaxe der Blick von der Droge lösen und auf den Menschen und sein Leben richten müssen; nach *Bourne* (1977) war die Abkehr von der Droge und die Hinwendung zum Menschen die wichtigste Erneuerung in der Prophylaxe-Arbeit. Wo es dem einzelnen Menschen an Entfaltungsmöglichkeit, an Sicherheit und Liebe, aber auch an Begeisterungsmöglichkeit mangelt, ist menschliches Leben gefährdet und bedarf es der Unterstützung, gleichgültig, ob es durch ein offiziell anerkanntes abweichendes Verhalten auf seine Not aufmerksam macht. Man wird fragen müssen, ob die positiven Entwicklungsmöglichkeiten gegeben sind.

Prophylaxe muß eines der zentralen Anliegen unserer Gesellschaft sein. Fehlt sie, so stellt man auch die Therapie in Frage. Prophylaxe ist dabei nicht als eine Spezialaufgabe der Pädagogik mißzuverstehen, sondern fordert den Einsatz aller gesellschaftlichen Kräfte, die es zu koordinieren gilt. Eine in sich geschlossene, ausgewogene Haltung zum Alkoholkonsum aber gibt es bislang in unserer Gesellschaft nicht. Sie zu schaffen ist eine der dringendsten Aufgaben.

Josef Schenk

Literatur

Appelt, H./Cohen, R./Eckert, A./Olbrich, R./Watzl, H., 1978: Verhaltenstherapie bei Alkoholikerinnen. Verhaltens-Kongreß Hamburg, Manuskript – *Armor, D. J./Polich, J. M./Stambul, H. B.,* 1978: Alcoholism and treatment, John Wiley and Sons, New York – *Bacon, S. D.,* 1973: The process of addiction to alcohol. Quarterly Journal of Studies on Alcohol, S. 1-27 – *Bigelow, G./Cohen, M./Liebson, I./Faillace, L. A.,* 1972: Abstinence or moderation? Choice of alcoholics, Behaviour Research and Therapy, S. 209-214 – Bourne-Interview, 1977: Bourne en treatment, prevention, heroin, PCP, smoking – and more. Washington Drug Review, S. 6-11 – *Cahalan, D.,* 1978: Implications of American drinking practices and attitudes for prevention and treatment of alcoholics. In: *Marlatt, G. A., Nathan, P. E.* (Ed), Behavioral approaches to alcoholism, Rutgers Center of Alcohol Studies, New Brunswick –

Demel, I., 1979: Psychologische Aspekte des Alkoholismus. In: *Baumann, U./Berbalk, H./ Seidenstücker, G.* (Hrsg.): Klinische Psychologie, Trends in Forschung und Praxis, Bd. 2., Bern – *Edwards, G./Gross, M. M./Keller, M./Moser, J./Room, R.*, 1977: Alcohol-related disabilities, World Health Organization, Genf – *Fahrenkrug, H./Huber, M./Lehr, M.*, 1977: Zum Trinkverhalten von Jugendlichen, Kiel (hektographierter Berichtband) – *Feldhege, F.-J./Salzhuber, J.* 1981: Tätigkeitsbericht des Instituts für Prävention und ambulante Abhängigkeitsbehandlung vom 1. 1. bis 31. 12. 1980. München (hektographierter Bericht-band) – *Feuerlein, W./Ringer, Ch./Küfner, H./Antons, K.*, 1977: Diagnose des Alkoholismus. Münchner Medizinische Wochenschrift: 1275-1982 – *Gerchow, J./Schrappe, O.*, Alkoholis-mus. Eine Information für Ärzte, Deutsche Hauptstelle gegen die Suchtgefahren, Hamm – *Glatt, M. M.*, 1976: Alcoholism disease concept and loss of control revisited, British Journal of Addiction, S. 135-144 – *Gruner, W./Schulte, W.*, 1974: Alkoholismus als diagno-stisches und therapeutisches Problem für den praktischen Arzt, Psychotherapie und medizi-nische Psychologie, S. 224-232 – *Häfner, H.*, 1973: Zur Epidemiologie von Alkohol- und Drogenabhängigkeit, Fortschritte der Medizin, S. 617-621 – *Jellinek, E. M.*, 1968[4]: The disease concept of alcoholism, Hillhouse Press, New Haven – *Jones, R. W./Helrich, A. R.*, 1972: Treatment of alcoholism by physicians in private practice, Quarterly Journal of Studies on Alcohol, S. 117-131 – *Kendell, R. E.*, 1979: Alcoholism: a medical or a political problem? British Medical Journal – *Kalb, M./Propper, M. S.*, 1976 The future of alcoholo-gy; craft or science? American Journal of Psychiatry, S. 641-645 – *Kruse, W.*, 1978: Der Alkoholkranke aus der Sicht des Allgemeinarztes, Deutsches Ärzteblatt – *Lloyd, R. W./ Salzberg, H. C.*, 1975: Controlled social drinking: an alternative to abstinence as a treat-ment goal for some alcohols abusers, Psychological Bulletin 82: 815-842 – *Mello, N. K./ Mendelsohn, J. H.*, 1975[2]: Alcoholism: a biobehavioral disorder. In: *Arieti, S.* (Ed): American Handbook of Psychiatry. Bd. 4. New York – *Müller, W. R./Caddy, G. R.*, 1977: Abstinence and controlled drinking in the treatment of problem drinkers, Journal of Studies on Alcohol, S. 986-1003 – *Pattison, E. M./Sobell, M. B./Sobell, C. C.*, 1977: Emerging concepts of alcohol dependence, Springer, New York – *Pittman, D. J.*, 1970: Transcultural aspects of drinking and drug abuse. 16th. International Congress of the Prevention and Treatment of Alcoholism, Lausanne – *Schenk, J.*, 1975: Droge und Gesellschaft, Heidelberg – *Schenk, J.*, 1979: Die Persönlichkeit des Drogenkonsumenten, Göttingen – *Schenk, J.*, 1980: Drogenkonsum und Drogenabhängigkeit. In: *Wittling, W.* (Ed): Handbuch der Klinischen Psychologie, Bd. 4., Hamburg – *Schenk, J.*, 1982: Suchtmittelmißbrauch, in: *Brandtstädter, J., v. Eye* (Ed): Psychologische Prävention, Bern – *Schenk, J./Vogt, I.*, 1980: Therapie gestörten Verhaltens: Drogenabhängigkeit. In: *Wittling, W.* (Ed): Handbuch der Klinischen Psychologie, Bd. 5., Hamburg – *Schukit, M. A./Morrissey, E. R./Lewis, N. J./Buck, W. T.*, 1977: Adole scent problem drinkers. In: *Seixas, F. A.* (Ed) Currents in Alcoholism, Bd. 2., Grune and Stratton, New York – *Sobell, M. B./Sobell, L. C.*, 1978: Behavioral treatment of alcohol problems, Plenum Press, New York – *Solms, H.*, 1975: Grundprinzipien und aktuelle Sonderprobleme der Behandlung des chronischen Alkoholismus. In: *Steinbrecher, W./Solms, H.* (Ed): Sucht und Mißbrauch, Stuttgart – *Solomon, E./Marshall, W. L.*, 1973: A comprehensive model for the acquisition, maintenance and treatment of drug-aking behavior, British Journal of Addiction, S. 215-220 – *Sulkunen, P.*, 1976: Production, consumption and recent changes of consumption of alcoholic beverages, British Journal of Addiction, S. 3-11 – *Wieser, S.*, 1972: Psychotherapie und Sozialtherapie des Alkoholismus. In: *Kisler, K. P./Meyer, J. E./Müller, M./Strömgren, E.* (Ed): Psychiatrie der Gegenwart Bd. 2, Teil 2, Berlin – *Wieser, S.*, 1973: Das Trinkverhalten der Deutschen, Herford. –

→ Abweichendes Verhalten → Drogenhilfe → Gesundheit und Krankheit → Sozialpädagogik und Therapie

Alltagstheorien

Die (sozial-)pädagogische Rezeption und Kritik alltagstheoretischer Perspektiven und Befunde versprechen eine selbstreflexive Korrektur der geltenden Wissenschaftspraxis der SA/SP. Alltagstheoretische Ergebnisse zielen im Kontext eines sozialwissenschaftlich orientierten Verständnisses von primär handlungsbezogenen Disziplinen wie der SA/SP auf die Möglichkeiten der Fundierung ihrer wissenschaftlichen Handlungspraxis.

Grundsätzlich läßt sich alltagstheoretisch der Umstand plausibilisieren, daß der alltägliche Lebens- und Handlungszusammenhang der Adressaten von SA/SP nicht nur der Gegenstand ihrer Interventionspraktiken ist, sondern zugleich auch Basis der Kritik ihrer Theorien und Konzepte. Namentlich auf dem Hintergrund einer gesellschaftlichen Entwicklung, die durch den immer schärfer werdenden Kontrast zwischen der alltäglich erfahrenen Sozialwelt und der durch Verwissenschaftlichung von Alltagserfahrung bedingten sozialtechnischen Zerstörung der Autonomie der Lebenspraxis gekennzeichnet ist, wird die alltagstheoretische Relativierung wissenschaftsrationaler Problemdeutungen besonders zwingend. Doch scheint erst einmal die grundbegriffliche Problematik alltagstheoretischer Ansätze selbst klärungsbedürftig.

Die Mitte bzw. Ende der siebziger Jahre aufkommende Alltagswende in den Sozialwissenschaften hat sehr schnell Eingang in weite Teile der erziehungswissenschaftlichen Diskussion gefunden. Die Gründe für diese Hinwendung zum Alltag sind indes vielschichtig und differenziert zu betrachten.

Wissenschaftlich gesehen, kann Alltag(sorientierung) als – freilich erst in Ansätzen eingelöstes – Programm verstanden werden, das sich gegen die Hypostasierungsform theoretischen Bewußtseins richtet, inklusive seines analytisch-empirischen Methodenverständnisses und der professionellen Problemdeutungen und Interventionsstrategien.

Die folgenden »Einsichten« und Absichtserklärungen können als Indikatoren gedeutet werden. So breitete sich die Erkenntnis aus, daß der mangelnde Bezug zur »realen sozialen Welt« lange Zeit durch den Trend zur – die Verdünnung von Wirklichkeitserfahrung betreibende – Quantifizierung sowie durch die Abtrennung wissenschaftlicher Konstrukte von alltagsweltlichen Lebenszusammenhängen begünstigt wurde, in dessen Folge eine technologisch-instrumentelle, also »künstlich geschaffene Wirklichkeit« entstand, die mit der »sozialen Welt«, um die es eigentlich geht, kaum noch etwas zu tun hat. Dennoch scheinen die Kritiken zwar in ihren Analysen des Zustandes der gegenwärtigen Wissenschaftspraxis häufig zu konvergieren, aber in dem Maße, wie das Alltägliche wissenschaftlich zum Problem wird, scheint die Verwirrung darüber, was denn unter Alltag überhaupt zu verstehen ist und wie er angemessen rehabilitiert werden kann, bestehen zu bleiben (vgl. *Thiersch*, 1981).

Grundbegriffliche Dimensionen

Selbst dort, wo eine sozialwissenschaftliche Analyse gewagt wird, ergeben sich allzu häufig Unklarheiten. Von einer »Soziologie respektive Pädagogik des Alltags« ist man bislang noch weit entfernt (*Hammerich/Klein*, 1978; *Lenzen*, 1980; *Schründer*, 1982; *Thiersch*, 1978); das »Interesse am Alltag ist zunehmend zu einem »Nicht-Alltäglichen« geworden (*Joas*, 1978); »Alltag erweist sich im Gestrüpp weiterhin als labyrinthisch« (*Waldenfels*, 1978). Obwohl der Alltag als Wortprägung in den letzten Jahren zweifelsfrei »Karriere« gemacht hat, konnte der Begriff nicht hinreichend geklärt werden. Eingedenk des Umstandes, daß die Rede vom Alltag nur Sinn macht, wenn zugleich etwaige Vorstellungen von Dimensionen des »Nicht-Alltäglichen« explizit gemacht werden, haben sich in der Diskussion folgende »Bestimmungs- und Definitionsversuche des Alltagsbegriffs« mit den jeweiligen Antipoden herauskristallisiert:

Alltag	Versus
	– Festtag
Routine	– außergewöhnliche, nichtroutinisierte soziale Bereiche
Leben der Masse der Völker	– Leben der Hochgestellten und Mächtigen
Arbeitstag (besonders der Arbeiter)	– bürgerliche Lebensbereiche, Leben im Luxus, ohne zu arbeiten
Ereignisbereich des täglichen Lebens	– große relevante Ereignisse, Haupt- und Staatsaktionen
Privatleben (Familie, Liebe, Kinder)	– öffentliches oder berufliches Leben
Sphäre des natürlichen, spontanen, unreflektierten, wahren Erlebens und Denkens	– Sphäre des reflektierten, künstlichen, Insbesondere wissenschaftlichen Erlebens und Denkens
inbegriff des ideologischen, naiven, falschen Erlebens und Denkens	– richtiges, echtes, wahres Bewußtsein

(*Elias*, 1978: 26)

In einer sich mit den Eliasschen Begriffsbestimmungen auseinandersetzenden »typologischen Analyse« versucht *Bergmann* die vielschichtigen »Typen zeitgenössischer Alltagsbegriffe« gegenüber *Elias* weiter auszudifferenzieren, so daß nunmehr auch folgende Alltagsbegriffe (inklusive ihrer Antipoden) in der Diskussion Geltung beanspruchen:

Alltag	Versus
Sphäre des Handelns und Erlebens	– Sonder- oder Zweckwelten, in der bestimmte Handlungslogiken gelten
Welt des ›Jedermann‹ in der alle Gesellschaftsmitglieder Handlungskompetenz besitzen	– Bereiche mit spezifischer Handlungskompetenz
Sphäre, die jeweils subjektiv bzw. gruppenspezifisch ausgeprägt ist	– Institutionen, Organisationen

Alltäglich im Sinne einer in allen Sonder-
welten anzutreffenden Handlungs- und Wissensform (vgl. *Pieper,* 1979: 54 f)

– wissenschaftliches, technisches, wirtschaftliches Handeln und Wissen

(*Bergmann*, 1981: 54)

Diese von Bergmann erweiterte Liste »moderner Alltagsdefinitionen« scheint uns
dennoch unvollständig, da wesentliche Aspekte, die in der Rede über Alltag(ser-
fahrung, -wissen, -handeln, -rationalität etc.) immanent thematisiert werden und
zudem nicht unwesentlich zu einer Einlösung der Alltagsorientierung zwecks
Konstituierung einer »anderen Forschungspraxis« beitragen könnten, ausgeblendet bleiben. Vor diesem Hintergrund können die folgenden erweiterten Lesearten
als vergleichsweise umfassende Bestandteile einer Bestimmung des »Alltags« samt
seiner für Forschung folgenreichen Implikate gelten:

Alltag	Versus
Historisch sich verändernde Kategorie	– »Tagtäglichkeit« als historisch indifferente Kategorie zur Kennzeichnung von volun- taristischen, wiederkehrenden, immer- gleichen sozialen Handlungs- und Natur- prozessen
Bekanntsein mit anderen	– Anonymität, Fremdheit
Alltäglicher Handlungs- und Erfahrungszu- sammenhang sozialer Klassen und sozialer Bewegungen	– Entsubjektivierung des (Klassen-)Sub- jekts durch neokorporatistische Systeme, aber auch Vorhutorganisationen/Kader- parteien sowie das Programm des »scienti- fistischen Marxismus«
Inbegriff des gesellschaftlich »Partikularen«	– Gesellschaftlich induziertes »Gattungs- subjekt« in geschichtlicher »Totalität«
Gesellschaftlicher »Ort« hinsichtlich der Konstitution »notwendig falschen Bewußt- seins«	– Wissenschaftliche Reflexion als Durch- dringung des Mystifikationszusammen- hangs warenproduzierender Gesell- schaften
»Common-sense«	– Wissenschaft(spraxis) als Dekomposition bzw. »Verunstaltung« des »gesunden Menschenverstandes« von jederfrau/je- dermann
»Soziale Lebenswelt«	– System als »objektive Welt« (»materielles Substrat«) innerpsychische Repräsenta- tion als »subjektive Welt«
Ethnomethodologisches Zulassen »situati- vistischer Exzesse«	– Wissenschaft als Beschneidung/Begren- zung menschlicher Wirklichkeitserfahrung – Wissenschaft als methodengeleitetes und kontrolliertes systematisches Handeln
Forum eines an »Konventionen« des »Mi- lieus«, der (Sub)-Kultur etc. gebundenen »subjektiv rationalen Handelns«, zentrales Kennzeichen: Situationsbezogene Legitima- tion von Handeln in biographischen Ent- würfen	– gesellschaftliche Domänen der bürokrati- schen Handlungsrationalität (Kennzei- chen: Regelhaftigkeit); der utilitaristi- schen, auf ökonomische Zwecke gerichte- te Handlungsrationalität (zentrales Kenn- zeichen: tauschwertbezogenes Markthan- deln; kognitive Rationalität); wissen- schaftliche Erkenntnisweisen (Kennzei-

Handlungsfeld laisierter Handlungskompetenzen in »postmodernen Gesellschaften«/ Dienstleistungsgesellschaften

»Sinnprovinz« des »grenzziehenden Faktischen« bei angelegter »konkreter Utopie«

chen: intersubjektive Überprüfbarkeit von Handlungsprozessen)
– Wissenschaft, Politik, etc. als Handlungsfelder professionalisierter/expertenhafter Interventionspraxen (Entmündigung/Enteignung)
– Mystische, übersinnliche, transzendentale »Sinnwelten« hinsichtlich des »über den Zaun Blickens«/die Erkenntnisweisen des »mainstream Rationalismus« »hinter sich lassen«

Der Mehrzahl dieser Definitionsversuchen liegt die »Logik« zugrunde, Alltag in seiner – von Wissenschaft noch nicht verformten – grundlegenden Dimension in erster Linie als Gegeninstanz zu einem abstrakten Wissenschaftsverständnis zu begreifen.

Ungeachtet dieser Klärungsversuche findet häufig in »Objektbereichen«, beispielsweise in der (Sozial-)Pädagogik eine (theoretisch) voraussetzungslose Verwendung des Begriffs Alltag statt. Indem diesen Konzeptionen offenbar das Bemühen zugrundeliegt, den Alltag der Adressaten sowie der beruflich handelnden (Sozial)-Pädagogen aus »sich selbst heraus sprechen« zu lassen, stellen sie den Versuch dar, mit dem Rekurs auf »Alltagsphänomene« sich eine erhöhte Praxisrelevanz zu sichern. Diese folgenreiche Entscheidung übersieht aber die Differenz zwischen einer (irrtümlich angenommenen) Theorie-Praxis-Dichotomie einerseits und der (gemeinten) Dualität von Alltag und Wissenschaft andererseits. Bekanntlich ist in gewisser Hinsicht der Alltag selbst »hochgradig theoriehaltig«, wiewohl die institutionalisierte Wissenschaft »praktisch« bzw. ein gesellschaftspraktisches Handlungsfeld ist. Demnach darf die Kategorie »Alltag« nicht voreilig mit den praktischen Handlungsproblemen im pädagogischen Feld, also mit der Lebenspraxis der Betroffenen verwechselt werden. Der Rückgriff bzw. die Wiederentdeckung des Alltags bleibt ein wissenschaftlicher Versuch, (allerdings) geleitet von der Absicht, die Wissenschaftspraxis der SA/SP sowie deren Folgen für die Adressaten ernster und sensibler als bisher zu reflektieren (*Dewe/Otto/Sünker,* 1981).

Ein weiterer Problemkreis innerhalb der alltagstheoretischen Diskussionen besteht darin, daß die eigentlich »transzendental-philosophische« Kategorie der Lebenswelt, häufig umstandslos mit der empirischen Kategorie des Alltags in eins gesetzt wird. Besonders *Grathoff* (1978) und *Sommer* (1980) versuchen eine Bestimmung der Gegensätzlichkeiten vorzunehmen, die zwischen der auf *Husserl* zurückgehenden, in der »Eidetik« gewonnenen phänomenologischen Kategorie der Lebenswelt (als der »universale Horizont« »ursprünglicher Evidenzen«) und der etwa von *Schütz* in die soziologische Debatte eingeführten Kategorie Alltag samt seiner Komposita existieren. Quer hierzu liegt der Versuch von *Habermas* (1981), die Kategorie der »sozialen Lebenswelt« in Abgrenzung zu der des »Systems« in antiphänomenologischer Perspektive für die Soziologie und namentlich für die Rekonstruktion kommunikativer Handlungsprozesse fruchtbar zu machen. *Habermas* analysiert die möglichen Folgen der Substitution von lebensweltlich -verständigungsorientiertem Handeln durch »erfolgsorientiertes Handeln«, von kommunikativer durch systemische Rationalität: Durch das Eindringen der verselbständigten zweckrational strukturierten und systemisch integrierten Handlungsbereiche des »monetär-administrativen Komplexes« (wie Ökonomie und Staat) in kommunikativ strukturierte Handlungs- und Lebensbereiche werden – so die These – Störungen in der »symbolischen Reproduktion« der sozialen Lebenswelt hervorgerufen, da letztendlich sprachliche Verständigungsprozesse durch andere »Kommunikationsmedien« ersetzt werden (Verschiebung des Systems in die soziale Lebenswelt hinein).

Infolge der Divergenz von »systemisch-integrierendem Handlungssystem« und »sozialintegrierenden Lebenswelten« ist in wissenschaftstheoretischer Perspektive zwischen eher phänomenologisch und eher marxistisch orientierten Alltagstheorien unterschieden worden. Diese Differenzierung kann eine gewisse Plausibilität für sich reklamieren; etwa in dem Sinne, daß marxistisch orientierte Alltagstheorien an historisch genetischen sowie gattungstheoretischen Betrachtungen alltäglicher Lebens- und Bewußtseinsformen orientiert sind, die sich sozusagen »hinter dem Rücken« der Beteiligten vor allem über Markt- und Herrschaftshandeln herstellen, sowie an geschichtsträchtigen Potenzen des Alltagslebens in der Gesellschaft. Phänomenologisch-wissenssoziologische Betrachtungen des Alltags stellen ab auf das Zustandekommen von Intersubjektivität, auf Invarianzen im gesellschaftlichen Wissensvorrat, auf die Bedeutsamkeit von subjektiven Relevanzstrukturen, aber auch auf die überindividuellen Aufschichtungen der alltäglichen Lebenswelt.

Während also in phänomenologisch orientierten alltagsweltlichen Konzeptionen primär die Mehrdeutigkeit reflexiver Identitätsstrategien und die Intersubjektivitätsherstellung im mikro-sozialen Bereich, die (formalen) alltagsweltlichen Regelstrukturen intentionalen Handelns in Gesellschaften der »westlichen Moderne«, die Aufdeckung von Sozialitätsidealisierungen, die Rekonstruktion tradierter sprachlicher Deutungsschema sowie der Aufbau und die Handlungsrelevanz der subjektiven (realiter aber mehr oder weniger vergesellschafteten) Wissensbestände und Deutungsmuster im Mittelpunkt stehen, tritt bei marxistischen Analysen der Alltagswelt deren Einbindung in den gesellschaftlichen Reproduktionszusammenhang, der repetitive Zwang des Alltäglichen sowie die reale Mehrdeutigkeit des Alltags in den Mittelpunkt.

Interaktionistisch-phänomenologische Alltagstheorien

Als Basis ihrer Theoriebildung nehmen interaktionistisch-phänomenologische Ansätze die »alltägliche Welt« des Zusammenlebens von Individuen, deren Konzeptualisierungen, Interaktionen und Interpretationen, mit denen diese ihre gesellschaftliche Wirklichkeit zu bearbeiten, sicherzustellen oder zu verändern suchen. Die Konstruktion sozialer Wirklichkeit ist das Resultat eines mehrschichtig verlaufenden sinninvolvierten Interaktionsprozesses sozial Handelnder. Die Subjekte erzeugen auf interaktiver Ebene »soziale Verhältnisse« wie Familie, Recht, Kirche, Staat etc. sowie deren »Ideologien«, die als »strukturelle Größen« nicht unabhängig vom »sinnhaften Aufbau« der wechselseitigen Handlungen der Individuen existieren. Ein »subjektfrei konzipierter Strukturbegriff« würde hier zumindest zum Anstoß der Kritik herausfordern – gleichwohl werden interaktionstheoretisch Möglichkeiten einer Verselbständigung und Versachlichung von Interaktionsabläufen gesehen, wobei »Sinnverstehen bzw. Sinnverständigung« abgekoppelt wird, ein direkter Rekurs auf konkrete, alltagsweltliche Handlungsdeutungen der Individuen also nicht mehr vollzogen zu werden braucht und damit (doch) so etwas wie »Strukturabhängigkeit« durchzuschimmern scheint.

Diese Konstitution alltäglichen Handelns und Denkens ist der »grundlagentheoretische Basiszusammenhang« und methodologische Ausgangspunkt von interaktionistisch-phänomenologischen Alltagstheorien, die, in den letzten Jahren vor allem aus den USA übernommen, sich heute in verschiedenen sozialwissenschaftlichen Ansätzen finden.

Diese unter den Schlüsselbegriffen des Interaktionismus, der phänomenologischen Sozialtheorie und der Wissenssoziologie subsumierten Alltagstheorien gehen von der quasi formelhaften Voraussetzung aus, daß soziale Realität durch die tatsächlich vorfindbaren empirischen »Handlungskonfigurationen« auf »nicht-monologischer« Ebene konstruiert wird. Entsprechend richten diese Ansätze ihr Forschungsinteresse auf die realen Handlungsausführungen der Individuen und auf die jeweiligen, den Handlungen zugrundeliegenden Intentionen und Interpretationen – auch wenn sie in ihren Inhalten gegensätzlich sind.

Die Variationsbreite dieser Alltagstheorien kann man generell – wenn auch ein wenig schematisiert – von zwei gegenüberliegenden Eckwerten bestimmen:

a) Das handelnde Subjekt erzeugt das »Soziale« in kooperativ-interaktiver Weise mit anderen Individuen, wobei

b) Soziales immer schon als (vergesellschaftet) Konstituiertes vorausgesetzt wird, damit die dabei ablaufenden prozessualen Interaktionsvollzüge im Alltag reflexiv verfolgt werden können.

Als »grundlagentheoretisches Korrelat« verwenden diese Alltagstheorien die unmittelbare handlungsgenerierende und handlungsleitende »Idee« der »Alltagswelt/ Lebenswelt« mit ihrem zumeist »typifizierten und routinisierten alltagsweltlichen Wissensbestand« (»stock of knowlegde« *Schütz/Luckmann*, 1975) oder die »perspektivisch« soziale Handlung eines Individuums, wobei die individuelle Perspektive zwar durch die Stellung des Individuums relational zur Perspektive der Anderen mitbestimmt ist, – aber darüberhinaus noch vorgängig auf einen, die kooperative Aktivität betonenden gesellschaftlichen »Perspektiven-Bezugspunkt« verweist. (*Mead*, 1968).

Die interaktionistisch-phänomenologischen Alltagstheorien speisen sich aus mindestens zwei »philosophiegeschichtlichen Strömungen«.

1. Aus der auf *Husserl* zurückgehenden Phänomenologie, die ihren bedeutendsten sozialwissenschaftlichen Niederschlag in der genuin »phänomenologisch orientierten Soziologie« (*Schütz, Natanson, Zaner, Luckmann etc.*) und der Neueren Wissenssoziologie (*Berger, Kellner* etc.) findet, die ihrerseits »theoriesynthetisierend« verfährt, indem sie ältere wissenssoziologische, anthropologische,

sozialpsychologische, rollentheoretische und gesamtgesellschaftliche Theorie-
fragmente in einem »Sozialen Aufbau der sinnhaften Wirklichkeiten« im
Kontext von Handeln und Wissen konvergieren läßt, sowie schließlich in der an
»formalpragmatischen Strukturinvarianzen/Interaktionslogiken« und »Indexi-
kalisierungsphänomenen« bzw. am Verhältnis von »Oberflächen- und Tiefenstrukturen« interessierten Ethnomethodologie (*Garfinkel, Cicourel, Sacks*
etc.).

2. Aus der Philosophie des Pragmatismus (*Peirce, Dewey, Mead* etc.), der in den
   Sozialwissenschaften im heutigen Symbolischen Interaktionismus (*Blumer,
   Strauss, Kuhn* etc.) eine zentrale Rolle spielt.

Sowohl »phänomenologisch-soziologisch« orientierte, ethnomethodologische und
»neuere wissenssoziologische« als auch »pragmatische symbolisch-interaktionisti-
sche« sozialwissenschaftliche Grundlagentheorien konvergieren, wenn es gilt,
Interaktionen im Zusammenhang von Verhalten und Handeln zu thematisieren.
Jede Interaktion muß als symbolisch vermittelt angesehen werden: Interaktionen
sind Handlungen, die »soziale Produkte« durch die wechselseitig definierenden
Lebensaktivitäten miteinander in Beziehung tretender Subjekte hervorbringen.
Soziale Handlungen und deren Produkte verweisen schon im Handlungsvollzug
selbst oder in der Reflexion auf in Interaktionen entstandene »soziale Gebilde«, auf
Prozesse der Sinnstiftung bzw. sinnhaften Orientierung von Handlungen sowie
darauf, daß soziales Handeln von Absichten und Wirklichkeitsinterpretationen
geleitet ist und schließlich auf Bedeutungen rekurriert, welche Gegenstände,
Sachverhalte, aber auch Personen für dieses Handeln im Alltag besitzen. Der
Grundgedanke der interaktionistisch-phänomenologischen Alltagstheorien läßt
sich somit dahingehend umschreiben, daß soziale Handlungen die »Grundeinheit«
der sozialen Welt/Wirklichkeit« bilden. Alles »Nicht-Handeln«, also auch
»menschliches Verhalten«, das dem »reduktionistisch verfahrenden Modell von
Reiz und Reaktion« folgt, unterscheidet sich bedeutsam von sozialem Handeln. Der
im Handlungsvollzug ergriffene Sinn läßt »Verhalten« erst durch »Intentionali-
tät« zur »Handlung« werden. Dieses Grundaxiom der Sinnstiftung in sozialen
Handlungen gibt gleichzeitig auch den Modus der Erfassung an. Sowohl der
Gegenstand selbst als auch die auf den Gegenstand gerichtete spezifische Erkenntnisform sind durch »Sinn« konstruiert. Die Differenz von »Handeln« und »Verhalten« sowie die »verhaltenstheoretisch« ausgerichtete Substitution von »Handeln«
durch »Verhalten« hat sein »methodologisches Korrelat« in der Unterscheidung
von »Verstehen« und »Erklären« bzw. dem Auflösen von »Verstehen« in »Erklären«.

Interaktionistisch-phänomenologische Alltagstheorien

– ermöglichen eine differenzierte Analyse alltagsweltlich-mikrosozialer Hand-
  lungs- und Interaktionsabläufe wie deren Bedingungen, die »immer schon« von
  den Individuen vorausgesetzt werden (müssen);
– enthalten wesentliche Beiträge zur Klärung des Problems der gesellschaftlichen
  Herstellung von Intersubjektivität, i. e. der Frage, wie Individuen Intersubjektivität und Sinn »produzieren« und erhalten;

- gelangen zu einer exemplarisch-emphatischen Berücksichtigung des Subjekts und der Subjektleistungen des »objektive Faktizität« beanspruchenden (übergreifenden) Gesellschaftsprozesses;
- ermöglichen die detaillierte – wenngleich formale – Analyse normativ-struktureller Handlungsverfestigungen;
- können den Konstruktionsprozeß sozialer Gebilde als »Verobjektivierungsprozeß gesellschaftlicher Strukturverhältnisse« erklären sowie diesen in terms von Handlungen reformulieren und -konstruieren;
- demonstrieren nachhaltig – und dies ist für den Fortgang unserer Betrachtungen wesentlich –, daß der Alltag gegenüber gesellschaftlichen Sphären wie der der materiellen Produktion und Reproduktion, der Kunst, Politik und Wissenschaft eine eigene Handlungslogik, eine interne Differenzierung des Wissens, eine eigene Wissensform wie auch spezifische Erlebnis- und Verhaltensstile aufweist, die bezüglich der wissenschaftlichen Welterfassung keineswegs als irrational und damit als »minderwertig« aufgefaßt werden können, da alltägliches und wissenschaftliches Wissen als zwei verschiedene, dennoch gleichberechtigte Interpretationsformen von sozialer Realität wirken.

Als »Erklärungsgrenzen« kann man festhalten, daß interaktionistisch-phänomenologische Alltagsanalysen

- ein unzureichendes Verständnis »instrumentellen Handelns«, d. h. der Dimension gegenständlicher Aneignung von Natur als (primäres) Mittel menschlicher Bedürfnisbefriedigung (Arbeit) zeitigen;
- ein entsprechendes Defizit hinsichtlich der theoretischen Zugriffsmöglichkeit auf gesamtgesellschaftliche Strukturanalysen, sowohl auf funktionale Differenzierungen wie auf verschiedene Systemebenen der Vergesellschaftung (Gesellschaft, Organisation, Interaktion) als auch auf »materielle gesellschaftliche Verhältnisse« und sozio-ökonomische Strukturen (verstanden als nicht-normatives Substrat von Gesellschaft) aufweisen;
- eine lediglich formelle, nicht an die Organisationsform entfremdeter Arbeit gekoppelte und in diesem Sinne ahistorische Erfassung solcher gesellschaftlicher Phänomene wie »Verdinglichung« und »Verfestigung von Handlungen/Handlungsstrukturen« bzw. spezifischer Institutionalisierungen (z. B. Markt/Staat) ermöglichen, die diese im Sinn eines historisch invarianten kulturellen Phänomens erscheinen lassen;
- einen Strukturbegriff aufweisen, der zwar als handlungsleitend und handlungsbeschneidend gesehen wird, aber auf (gesamt-)gesellschaftlicher Ebene inhaltlich unabgeleitet bleibt, da er ausschließlich normativ gefaßt ist;
- zusammenfassend eine mangelhafte Rückbindung von Interaktionen, Sozialisationsvorgängen, kulturellen Reproduktionen (Ebene der »sozialen Integration«) und Interaktionssystemen an ihre sozialstrukturellen Bedingungen aufweisen (Ebene der »systematischen Integration«), womit die Genese interaktioneller Relationen und Bedeutungsgehalte historisch bestimmter Art ausgeblendet bleibt.

Materialistische Alltagstheorien

Erheben die materialistischen Ansätze von Alltagstheorien den Anspruch einer
(erkenntniskritischen) Darstellung der Vermittlung von (vergegenständlichten)
Makro- und Mikroprozessen im Bereich der Konstitution gesellschaftlicher
Formen, so verbleiben die phänomenologisch-wissenssoziologischen Ansätze im
Bereich der symbolischen Repräsentation von Alltagswelt. Dementsprechend
konzentrieren sich Kritiker diese Ansätze auf das Fehlen eines Begriffes von Arbeit
und einer Gesellschaftsanalyse: »Unterstellt man, daß die menschlichen Handlun-
gen/Tätigkeiten in einer objektivierten Relevanz-Struktur resultieren – wie es bei
dem Verweis auf Sprachsysteme und soziale Institutionen (. . .) gedacht werden
könnte/müßte –: objektivierte Struktur, die ihrerseits jedoch in sozio-historisch
spezifischer Relation durch subjektive Auslegung und Sinngebung immer erst
eingeholt werden muß: unterstellt man also diese (sozio)logisch naheliegenden
Konsequenzen, so wäre hier m. E. ein grundlegender Entwurf einer materialistischen Handlungstheorie greifbar gewesen« (*Hack,* 1977; vgl. *Joas,* 1978).
Auszugehen ist von der Frage nach den Bedingungen der Beschäftigung mit dem
Thema »Alltag«. Hier zeigen sich bei den Autoren *Heller, Kosik, Lefèbvre*
zumindest zwei Motivkreise, die ineinander greifen:
1. Ein Motiv (damit die Art und Weise der Rezeption des jeweiligen Ansatzes bei
   Freund und Feind bestimmend) liegt in dem Interesse an einer Veränderung des
   Alltagslebens im Nachkriegseuropa, in einer Auseinandersetzung mit den
   Nachwirkungen von Faschismus, Stalinismus, den Konsequenzen von ungebro-
   chener Kapital- oder (leninistischer) Parteiherrschaft;
2. ein anderes Motiv zielt auf den Versuch, die Marxsche Kapitalanalyse als
   Entfaltung des Kapitalbegriffs im allgemeinen nach »unten« hin zu verlängern,
   sich so den Auswirkungen und Möglichkeiten gesellschaftlicher Formbestimmung für die je konkrete Existenz des gesellschaftlichen Individuums zu
   versichern.
Auf den Begriff gebracht sind beide Motivkreise ein Plädoyer für die Auflösung von
festgefahrenen Strukturen des Alltagslebens in eine emphatisch verstandene
menschliche Praxis, so daß letztlich ein Begriff von »Kulturrevolution« ins Blickfeld
gerät mit dessen Hilfe nicht allein die Abschaffung von überkommenen Herrschaftsstrukturen gedacht werden kann, sondern gleichzeitig auf eine Entfaltung
emanzipatorischer Bedürfnisse abgezielt wird (*Heller,* 1976, 1978). Obgleich in
Ausgangspunkten und Durchführungen der jeweiligen Analyse verschieden, lassen
sich die genannten Vertreter von materialistischen Alltagstheorien einer Tradition
des kritischen Marxismus zuordnen, deren Kerngedanken mit dem Ziel der
Entfaltung der gattungsmäßigen Potenzen der Menschheit in ihrer Geschichte und
dem Projekt des »freien Menschen« benannt werden können: Alltagstheorie kann
dementsprechend verstanden werden als Reformulierung der in den Kategorien der
Marxschen Kapitaldiagnose bestimmten Revolutionstheorie.
Lefèbvres Bemühungen um eine Theorie des Alltags sind in seinem gesamten Werk
zu finden, liegen gebündelt vor in der Triologie »Kritik des Alltagslebens« (1977) und in

»Das Alltagsleben in der modernen Welt« (1972). Seine Arbeit am Thema vollzieht sich, wenn man die französischen Erscheinungsdaten heranzieht, auf über 30 Jahre. Er beginnt die Realisierung seines theoretischen und praktischen Programms mit einer Interpretation des Marxschen Werkes, es folgen kategoriale Skizzen zur Einleitung empirischer Forschungen, schließlich entwirft er eine Theorie des Alltagslebens in der modernen Welt des Spätkapitalismus. Seine Überlegungen bewegen sich dabei zwischen einer Position der Hoffnung aus der Nachkriegszeit – eine Konzeption des Alltagslebens als wenig entfremdetem, Kapitalstrategien widerstreitendem Bereich – bis zu einem desillusionierten Konzept der Alltäglichkeit als Kapitalzwängen unterworfenem, nahezu völlig entfremdetem Leben in einer »bürokratischen Gesellschaft des gelenkten Konsums« (1972).

Zu den Stärken seiner Theorie gehört die Bestimmung des historischen Charakters des Alltagslebens, das Aufzeigen seiner historischen Genese und seiner Veränderungen im Laufe gsellschaftlicher Entwicklungen und seiner notwendigen und möglichen Veränderung in der Zukunft. Problematisch wird eine solche, sich bei jeder tiefgreifenden gesellschaftlichen Veränderung notwendig modifizierenden Theorie, wenn sie ihre unterschiedlichen Konzepte begrifflich nicht sauber unterscheidet. Obwohl wir eine Charakteristik von *Lefèbvre's* Schriften als »essayistische Kulturkritik« (*Joas*, 1978 oder als »rhapsodisch« (*Waldenfels*, 1978) so nicht zustimmen können, scheint die Notwendigkeit einer größeren Systematik deutlich (auch gegen *Lefèbvre's* Intentionen, die auf eine Verteidigung von unsystematischem Denken abzielen).

Zu unterscheiden ist bei *Lefèbvre* zwischen dem (meta =) philosophischen Aspekt des Alltagsbegriffs und dem empirischen.

Ausgehend von dem weiten Produktionsbegriff der Marx'schen Frühschriften nimmt *Lefèbvre* die These von der Produktion des gesellschaftlichen Menschen durch sich selbst ernst. Diese vollzieht sich im Alltagsleben. Nicht die hohen Sphären der Gesellschaft (Wissenschaft, Kultur, Staat) bilden den Ort der Vereinigung der verschiedenen Elemente von Produktion und Reproduktion. Sollte sich der Reichtum der menschlichen Gattung in den höheren Sphären zeigen, so verweist dies nur auf einen entfremdeten Zustand, auf einen »Rückstand« des täglichen Lebens hinter seinen Möglichkeiten. Das Interesse *Lefèbvre's* ist dementsprechend gerichtet auf die Rehabilitierung dieses bislang von der Theorie vernachlässigten Ortes, an dem sich für ihn das Menschliche konstituiert, wo die unterschiedlichen gesellschaftlichen Sturkturen und Bereiche vorübergehend im Gleichgewicht gehalten werden. Das Alltagsleben als latenter Bereich der Produktion des Menschlichen wird aber nicht als außerhalb der gesellschaftlichen Strukturen stehend gedacht, sondern ist auf zweifache Weise gesellschaftlich determiniert: »Dieser verachtete und entscheidende Ort erscheint unter dem doppelten Gesichtspunkt: Einmal als Rückstand (aller determinierten und parzellären Aktivitäten, die man betrachten und von der gesellschaftlichen Praxis abstrahieren kann) und andererseits als Produkt des gesellschaftlichen Komplexes« (*Lefèbvre*, 1972). Dementsprechend schließt für ihn die Kritik des Alltagslebens die Kritik der politischen Ökonomie ein. Auch wenn er in seinem gesamten Bemühen an den

polaren Bestimmungen des Alltagslebens festhält – wie Armut und Reichtum,
Verkommenheit und Fruchtbarkeit –, so macht er doch selber deutlich darauf
aufmerksam, daß sich diese Polarität nicht gerade zugunsten der befreienden
Möglichkeiten des Alltagslebens verschiebt. Theoretisch gefaßt wird der Inhalt
dieser Veränderung von ihm in dem Begriff der »Alltäglichkeit«, der bereits bei
Heidegger einen negativen Gehalt hatte. Kennzeichen dieser gesellschaftlichen
Situation sind die »Zerstückelung« und die »Integration«. »Die Tendenz zur
Totalisierung und zur ›Integration‹ (in das gesellschaftliche Ensemble, d. h. den
Staat) kaschiert die Separationen. Die Zersplitterung der Alltäglichkeit, umfassen-
der noch als die der Arbeit, verschleiert die Unifizierung von oben und die
Unterdrückung der ursprünglichen Differenzen« (*Lefèbvre*, 1978).
Dem Problem der Integrationskraft des gesellschaftlichen Systems gelten auch
seine bisher zeitlich letzten Überlegungen (*Lefèbvre/Régulier*, 1979). Widerstands-
potentiale, damit die Möglichkeit zu veränderndem Denken und Leben, findet
Lefèbvre in der Kunst, wobei seiner Einschätzung nach für uns heute die Problemstellungen der Romantik wesentlicher sind als die der Klassik. Die Idee eines
Künstlerisch-werdens des Alltagslebens stammt bekanntlich von *Marx*. Dieser
hatte in seiner Konzeption einer künftigen Gesellschaft zwei Möglichkeiten angedeutet: Zum einen das ethische Projekt, basierend auf einer wechselseitigen
Anerkennung der Individuen und dem Verschwinden des Rätsels der Gesellschaft;
zum anderen das ästhetische Projekt, das die künstlerische Fantasietätigkeit und
Kreativität als Vorbild eines möglichen Verhältnisses des Menschen zur Welt und
zu sich selbst auffaßt (Alltag als vorhandene Welt des »Reichtums und der
Bildung«).
Eine Verbindung von Gesellschaftstheorie und Ästhetik, eine Rehabilitierung der
politischen Dimensionen der Romantik ergibt sich für *Lefèbvre* über die Bedeutung
der Symbole, die sowohl in der Romantik als auch im Alltagsleben eine spezifische
Rolle spielen. Im Symbol eröffnet sich die Möglichkeit, über die den Alltag
zunehmend bestimmenden Signale und Zeichen (als Ausdruck der Quantifizierung
von Erfahrung, Kumulierung von Zeit und damit Geschichte) hinauszugelangen.
Das dem Symbol zugeordnete Qualitative, Mehrdeutige, Bildhafte, Anschauungs-
kräftige muß neu konstituiert werden. Dies beinhaltet für *Lefèbvre* eine romantische Dimension, da hierin nicht – entfremdete Praxis gesehen wird. »Einige kühne
Denker sagen voraus, daß die Kunst, neue Städte zu bauen, nicht zuletzt die Kunst,
sie zu bewohnen, Stile, Situationen und Spiele erzeugen werden, die – außer dem
Vokabular vielleicht – nichts mehr mit dem gemeinsam haben werden, was wir
heute ›Kunst‹ nennen« (1978).
Sieht *Lefèbvre* in einer ästhetischen Positon Lösungspotentiale für die als notwendig begründete Veränderung von Alltag/Alltagsleben, so optiert *Heller* (1978) für
die ethische Lösung. Mit einer ethischen Positionsbestimmung endet der systema-
tischste unter den vorliegenden Ansätzen zu einer materialistischen Alltagstheorie.
In ihrem Werk »Das Alltagsleben. Versuch einer Erklärung der individuellen
Reproduktion« entwickelt *Heller* die allgemeinen und konkreten Bestimmungen
dessen, was für die Existenz des einzelnen Mitglieds der bürgerlichen Gesellschaft

notwendig ist; ergänzt bzw. erweitert wird diese Analyse durch Arbeiten Heller's zu den Themenkreisen »Bedürfnistheorie«, »Werttheorie«, »Theorie der Gefühle«. Ethik als Konsequenz ihrer Alltagstheorie hat für sie nicht den Beigeschmack des Moralismus, sondern bedeutet ein emphatisches Plädoyer für den Versuch, sein Leben sinnvoll zu gestalten. In diesem Zusammenhang spielen historische Analysen eine große Rolle, insofern hier darauf instituiert wird, daß es in der Geschichte unterschiedliche Stadien und Stufen der Entfremdung des Menschen von sich selber gegeben hat. Ihre Hoffnung gründet *Heller* auf das, was sie »die Unbesiegbarkeit der menschlichen Substanz« nennt. Materialiter bedeutet dies für sie, daß es in der Geschichte für die Menschen immer das Bedürfnis gegeben hat, zum Individuum zu werden. Dieses Bedürfnis resultiert für den Einzelnen in der Gesellschaft aus dem Status, der durch die partikulare Existenzweise (als Gegensatz zum Individuum) gekennzeichnet ist. Es gibt keinen Menschen, der nicht als partikulares Einzelwesen mit bestimmten Eigenschaften geboren wird, die er um des Überlebens willen kultiviert und den ihn umgebenden Lebensbedingungen anpaßt. Zentraler Zweck des partikularen Einzelnen ist die Selbsterhaltung. Zugleich gibt es keinen Einzelnen, der sich nicht über die Partikularität erhebt und sich in bewußter Weise auf die in der Geschichte der Gattung entwickelten Werte bezieht, worauf er seine Entscheidungen begründet. »Ein Individuum ist also ein Einzelner, der ein bewußtes Verhältnis zur Gattungsmäßigkeit eingegangen ist und auch sein Alltagsleben (. . .) aufgrund dieses bewußten Verhältnisses ordnet« (*Heller,* 1978). Das Verhältnis von Individualität und Partikularität wechselt mit den historischen Bedingungen. Alltagsleben ist kein durch einfache Definitionen abgrenzbarer Bereich, sondern ein sich auf ein Gegensatzpaar beziehendes Drittes. Um der Gefahr der Diffusität zu entgehen, grenzt Heller aber – im Gegensatz zu Lefèbvre, der alle institutionellen Verhältnisse ins Alltagsleben aufzulösen scheint – Alltäglichkeit und Nichtalltäglichkeit gegeneinander ab. Hierzu dient der Begriff der individuellen Reproduktion. »Das Alltagsleben ist die Gesamtheit der Tätigkeiten der Individuen zu ihrer Reproduktion, welche jeweils die Möglichkeit zur gesellschaftlichen Reproduktion schaffen« (1978). Alltagsleben als individuelle Reproduktion aufzufassen, bedeutet eine Abkehr von der deterministischen Vorstellung, man könne aus der Analyse der gesellschaftlichen Reproduktion Subjektstrukturen einfach »ableiten«. Vielmehr kommt dem Bereich der individuellen Reproduktion eine relative Autonomie zu. Alltagsleben ist Ausgangs- und Endpunkt aller menschlichen Handlungen, da ja die Menschen sich hier die grundlegenden Handlungs- und Deutungsmuster zum Überleben in einer historisch konkreten Situation aneignen. Die heterogenen gesellschaftlichen Anforderungen in verschiedenen Lebensbereichen müssen vom Einzelnen in einem aktiven Prozeß zu einem einheitlichen Zusammenhang synthetisiert werden. Ausgehend von der Bestimmung, daß ein Alltagsleben in jeder Gesellschaft existent ist, weist sie zugleich auf die Notwendigkeit einer radikalen Historisierung von Inhalt und Struktur des Alltagslebens hin. Historisch notwendig ergibt sich dieses Vorgehen aus ihrer Darstellung der Entwicklung bzw. Veränderung des Alltagslebens im Übergang von Formen des Gemeinschaftslebens zu Formen der menschlichen Existenz in von ihr sog. »reinen« Gesellschaften (*Heller,* 1978, 1980).

Dem Alltagsleben kommen in diesem Prozeß Bestimmungen zu, die *Heller* benennt mit »Basis der Geschichte«, »Geheime Hefe der Geschichte«.

Das Verhältnis von (partikularem) Einzelnen und Alltagsleben ist in dieser Entwicklung dadurch gekennzeichnet, daß jeder sich die Grundstruktur des Alltagslebens aneignen muß, um leben zu können. Oberster Gesichtspunkt für die Bewertung der Entwicklung der Menschheitsgeschichte ist die Frage nach dem Stand der Humanisierung der Gattung – von *Heller* festgemacht unter anderem an der »Wertentwicklung der Menschheit am Verhältnis zwischen Mann und Frau«. Wesentlicher Interpretationsgesichtspunkt bei der Feststellung des Humanisierungsgrades ist der der Freiheit – der ermöglichten als auch der verwirklichten. Eine besondere Relevanz kommt hier der von *Heller* getroffenen Unterscheidung zwischen »gattungsmäßigen Objektivationen an sich «und» gattungsmäßigen Objektivationen für sich« zu: Bilden jene mit dem Alltagsleben zusammen einen untrennbaren Verbund, so bauen diese auf den Objektivationen an sich auf, ja sie stellen eine Verkörperung der von der Gattungsmäßigkeit an sich ermöglichten Freiheit dar. Gattungsmäßige Objektivationen für sich sind Moral, Religion, Kunst, Wissenschaft und Philosophie; Elemente also, die nicht zum notwendigen, sondern zum historischen variablen Bestand der menschlichen Gesellschaft gehören. – Wesentliches Unterscheidungskriterium für die Sphären »an sich« und »für sich« ist die Frage nach dem Bezug zur Gattungsmäßigkeit: Im Rahmen des »an sich« kann sich dieses hinter dem Rücken der einzelnen durchsetzen, während es im Rahmen des »für sich« auf ein bewußtes Verhältnis zur Gattungsmäßigkeit ankommt. Dieses bewußte Verhältnis entspricht nach *Heller* dann auch einer gattungsmäßigen Repräsentanz.

Ist die Aneignung der gattungsmäßigen Objektivationen an sich die Grundvoraussetzung für das Leben der Einzelnen als partikulare Einzelne, so wird die Aneignung der gattungsmäßigen Objektivationen für sich zur Grundvoraussetzung, den Status eines Individuums zu erlangen. »Wir setzen auf eine Gesellschaft, in der jedes Subjekt in der Lage ist, sein Leben zu einem Leben für sich zu machen« (*Heller,* 1978).

Der Rekurs auf den Sinnbegriff in der Verbindung mit der Analyse des Grades von verwirklichter Freiheit in einer historisch konkreten Situation erlaubt es *Heller* – gegen alle Petrifizierungen von Lebensverhältnissen in Ost und West sowie gegen jede von Humanität und Subjektivität abgekoppelte scientifische Rationalisierung des Alltagslebens vehement für eine Pluralität der Lebensformen zu plädieren, die an der Notwendigkeit der Aneignung der gattungsmäßigen Objektivationen an sich festhält – Basis der individuellen Reproduktion –, zum entscheidenden Kriterium einer Übrewindung der bornierten Verhältnisse von Alltagsleben aber die Fähigkeit zur Aneignung der gattungsmäßigen Objektivationen für sich – als Ausdruck des gattungsmäßigen menschlichen Bewußtseins und Selbstbewußtseins – macht.

Trotz aller Differenzen klingt in materialistischen alltagstheoretischen Analysen und Entwürfen die – für die hier vorgenommene Betrachtung wesentliche – Distanz an zwischen der wissenschaftlichen Aneignungsweise der gesellschaftlichen Verhältnisse mit ihrer systematischen Erkenntnissuche und ihrem objektzentrierten Rückbezug auf das Alltagsleben einerseits und der »Produktion des Menschlichen«

im Alltagsleben samt seiner dominant subjektzentrierten Aneignungsformen gesellschaftlicher Verhältnisse andererseits.

Wissenschaftspraxis

Die dargestellten Argumentationsfiguren und Inhalte von interaktionistisch phänomenologischen wie auch materialistischen Alltagstheorien zielen auf das Problem einer Kritik gesellschaftlicher Praxis – verankert in der jeweiligen Alltagswelt –, dementsprechend auch auf Formen und Inhalte von Wissenschaftspraxis, die als Ergebnis spezifischer Konstitutionsprozesse von Theorien zu verstehen sind. Die Einbindung der vorgestellten (nicht positivistischen) Theorietraditionen soll die Basis für eine Kritik an der herrschenden Wissenschaftspraxis (und Wissenschaftstheorie) abgeben, richtet sich vor allem also gegen das, was in sog. etablierten Disziplinen vonstatten geht, sich als Borniertheit einer bestimmten »Sozialtechnik« verstehen läßt.

Es scheint wichtig zu sein, gerade zu einem Zeitpunkt, an dem die SA/SP sich wieder einmal als wissenschaftliche Disziplin etablieren möchte, Bedingungen und Notwendigkeiten von Theoriekonstitution zu reflektieren, die Fähigkeit zur Selbstkritik zu inthronisieren, um zu verhindern, daß die Sozialpädagogik entweder auf den Bahnen der verschiedenen Spielarten des zumeist herrschenden Positivismus und Scientismus oder in den Armen eines »theorielosen« nach »Daumenregeln« verfahrenden Praktizismus landet. Es zeigt sich ferner, daß die unter wissenschaftlichen Vertretern der sozialpädagogischen Disziplin gehegte Hoffnung mit der »Wende« zum »Alltag« alternative bzw. neuartige Interventions- oder gar Professionalisierungsmuster an die Hand zu bekommen, sich kaum erfüllten. Kurzschlüssig-pragmatische Instrumentalisierungsversuche von Alltagstheorien haben offensichtlich keine Aussicht auf Erfolg.

Wird die Rezeption alltagstheoretischer Ansätze als eine grundlegende Relativierung des vorherrschenden Universalitätsanspruchs wissenschaftlichen – und das heißt auch stets: expertokratischen – Wissens und Handelns verstanden, als eine Kritik der Verabsolutierung instrumenteller Rationalität und damit korrespondierender erfahrungsarmer Wissenschaftspraxis, dann wird der Alltagsorientierung eine besondere Relevanz nicht abzusprechen sein. Denn die Gleichung »Rationalität/Vernunft = Wissenschaft« wird immer fraglicher, es sei denn, man reduziert Rationalität auf die Fadheit der verkopften, kognitiv-instrumentellen Vernunft. Werden alltagstheoretische Einsichten zum Ausgangspunkt einer selbstreflexiven, sich somit selbst-begrenzenden sozialpädagogischen Wissenschaftspraxis gemacht, so impliziert dies im Kern, »daß nicht nur Fachleute (›professionelle Rationalisten‹) zur Praxis zugelassen werden, sondern jedermann – auch ›die laisierte Kennerschaft, statt nur traditionellem Expertentum‹ –, und daß auch jedermann bei der Praxisentwicklung mitwirken kann« (*Feyerabend,* 1978). Alltagstheoretische Hinweise sind gleichsam als Plädoyer für eine von vorwissenschaftlicher Lebenspraxis und Alltag korrigierte Wissenschaftlichkeit zu verstehen, wo, ausgehend von konkreten lebenspraktischen Handungsproblemen, die notwendigen Kompetenzen aufgesucht werden und nicht umgekehrt aus schon etablierter sozialpädagogischer Perspektive die »sozialen Probleme« definiert werden. Gerade weil Wissenschaft(lichkeit) und vernünftiges Handeln nicht identisch sind, bedarf die Wissenschaft eine Korrektivs; denn, »wenn es außerhalb der Wissenschaft keine Rationalität gäbe, dann gäbe es überhaupt keine Rationalität. Wenn es also um die vernünftige Einrichtung unserer Welt des Handelns geht, haben wir keinen Grund, von Wissenschaftlichkeit gering zu denken, aber noch weniger Grund, uns auf sie zu verlassen« (*Krüger,* 1981). Denn der Scientismus schaut notorisch an der Verfassung des Alltags vorbei (*Sloterdijk*).

Was in der Alltagswende thematisch wird und als bedrohliches Problem in das öffentliche Bewußtsein tritt, ist wohl der tiefsitzende, für die gegenwärtige gesellschaftliche Entwicklung immer schärfer werdende Kontrast zwischen der lebenspraktisch erfahrenen »eigenen Welt«, den subkulturellen und mileuspezifischen kulturellen Objektivationen des Alltagslebens einerseits und der durch Verwissenschaftlichung der Alltagserfahrung bedingten technokratischen Zerstörung der Autonomie der Lebenspraxis andererseits, der ein ›Verdampfen‹ der Deutungsmuster des Alltagslebens *(Oevermann)* zur Folge hat.

Die Unabdingbarkeit, Formen des sozialen und technischen Fortschritts in ihrem Zusammenhang mit gesellschaftlichen, d. h. allgemeinen Interessen zu reflektieren, ist sowohl in literarischen Werken (wie *Brecht:* Galilei; *Dürrenmatt:* Physiker; *Frisch:* Homo faber *Kipphardt:* Oppenheimer) anschaulich vorgestellt als auch in kritischen Theorien begrifflich ausgearbeitet worden. »Diese Folgen verweisen auf den geschichtlichen Horizont der sozialen Lebenswelt. In ihr sollen die wachsenden Chancen planmäßiger Verfügung realisiert werden. Die Aufgabe, die wissenschaftlich vergegenständlichten, d. h. in der Art von Dingen verfügbar gemachten Beziehungen in das Netz der gelebten Bezüge zurück zu übersetzen, fällt aber in erster Instanz der Wissenschaft selber zu« (*Habermas,* 1971). Alltagstheoretisch weitergedacht bzw. reformuliert, muß diese Art von »Rückübersetzung« jedoch jenseits des Scientismus, somit im Spannungsfeld von Wissenschaftsrelativismus und Hermeneutik eingelöst werden.

So ist die Überlegung entscheidend, daß sich die Alltagsorientierung nicht als ein Beitrag zur Debatte um das Theorie-Praxis-Verhältnis verkürzen läßt, sondern vielmehr auf die Frage nach Prozessen der Theoriekonstitution gerichtet ist, aus denen sich das Problem der institutionalisierten Wissenschaftspraxis stellt.

Alltagsorientierung und Wissenschaftsorientierung bilden folglich keine entgegengesetzten Perspektiven mit sich wechselseitig ausschließenden Geltungsbereichen. Wesentlich ist vielmehr, einen dialektischen Bezug zwischen diesen beiden wissenschaftstheoretischen Perspektiven zu erkennen, der aber an ein verändertes Verständnis der vorherrschenden (auch pädagogischen) Wissenschaftspraxis gebunden ist.

Die Verwechslung der Alltagstheorien mit vermeintlichen (unmittelbaren) »Praxis-Theorien« führt zu Reduktionismus und Theoriefeindlichkeit, auf die *Heydorn* (1979) mit der Kritik der »direkten Methode« aufmerksam machte:

»Die direkte Methode rückt in den Mittelpunkt, die reine Praxis, weil sie blind macht; die Welt kann nicht mehr über Sprache zum Gegenstand, nicht mehr analysiert, nicht mehr bewältigt werden.« Dies läßt sich mit einer weiteren Überlegung Haydorns verbinden: »Wer die Theorie abschneidet, damit auch die große bürgerliche Theorie, schneidet die Zukunft ab, indem er ihre Möglichkeit vernichtet. Die Prozesse, mit denen sich die Theorie gebildet hat, gehen auf die Möglichkeit zu, sie wird durch diese Theorie angezeigt. Der zivilisationslose Naturalismus vermittelt keine Erkenntnis; an einem Ende steht die Neurose als Hilflosigkeit des Subjekts«.

Festzuhalten ist daran, daß eine Kritik herrschender Wissenschaftspraxis nicht in eins gesetzt werden darf mit der Kritik der wissenschaftlichen Reflektionsweise überhaupt. Gerade der Bezug auf die genannten Theorietraditionen soll deutlich machen, daß in der Anbindung an die Potenzen der sozialen Lebenswelt oder an die in der gattungsgeschichtlichen Entwicklung herausgebildeten, aber von denen der Individuen abgespaltenen, eine entscheidende Möglichkeit besteht, diese für alternative Theoriebildungsprozesse fruchtbar zu machen. »Gegenüber dem autonom gewordenen System von Forschung, Technik, Ökonomie und Verwaltung scheint die vom neuhumanistischen Bildungsanspruch inspirierte Frage nach der möglichen Souveränität der Gesellschaft über die technischen Lebensbedingungen, die Frage nach deren Integration in die Praxis der Lebenswelt, hoffnungslos veraltet« (*Habermas*, 1971).

Dennoch scheint uns die Notwendigkeit einer (alltags-)theoriegeleiteten Selbstbegrenzung sozialwissenschaftlich rationalisierter Problemdeutungen, mithin lebenspraktischer Entscheidungen aktuell zu sein, will man als (sozialpädagogischer) Wissenschaftler die Folgen wissenschaftlichen Forschens und Handelns in moralisch-praktischer Hinsicht einer glaubwürdigen Legitimationsbasis zuführen.

Der erziehungswissenschaftliche Rekurs auf Alltagstheorien gibt den Blick frei für die Wiederentdeckung der reflexiven und aufklärerischen sowie innovatorischen Möglichkeiten von alltäglichen Sinngestalten, die in der konkreten Handungspraxis entstehen. Dies setzt allerdings auch die Kritik an wissenschaftlichen Verfahren voraus, die sich auf gesellschaftliche Wirklichkeit in prinzipiell gleicher Weise wie auf äußere Natur richten (Sozialtechnologie).

Wird nun die phänomenologisch- alltagstheoretische Perspektive verknüpft mit marxistischen alltagstheoretischen Einsichten und Erkenntnismitteln, wird es möglich sein, schablonenhaftes Wissen, geronnene Typisierungen von dem naiven, aber lernfähigen und nichterstarrten Alltagswissen zu unterscheiden.

Zwischen Konzepten, die den Alltag zum Gegenstand von Forschung und Kritik machen und denen, die Elemente alltäglichen Wissens als kritisches Korrektiv einer rationalistischen Wissenschaft begreifen, besteht Übereinkunft darüber, Theoriekonstitution und Wissenschaftspraxis der bisher noch vorherrschend betriebenen Form von Erziehungswissenschaft zu hinterfragen.

Denn bedauerlicherweise geben sich (Sozial-)Pädagogen – wie etwa Oevermann es formuliert – gern der Illusion hin, »direkt« praktisch, damit folgenreich die Veränderung der sozialen wie psychischen Handlungsbedingungen forcieren zu können. Sie nehmen damit allerdings an dem »allgemeinen Trend zur Pädagogisie-

rung als einem Hauptstrom der Scientifizierung unseres Alltagslebens« teil und
können sich fatalerweise der darin zur Geltung kommenden »professionellen
Verwaltung der guten Absicht« gewiß sein. Der gegenwärtig noch dominierende
Scientismus einer einseitig auf kognitiv-instrumentelle Rationalität begrenzten
Wissenschaftspraxis und namentlich das Bedürfnis nach einer Technisierung des
Fachwissens und nach Handlungsrezepten erfordert alltagstheoretische Kritik.

Bernd Dewe/Wilfried Ferchhoff/Heinz Sünker

Literatur

Bergmann, W., 1981: Lebenswelt, Lebenswelt des Alltags oder Alltagswelt? Ein grundbe-
griffliches Problem »alltagstheoretischer« Ansätze, in: Kölner Zeitschrift für Soziologie und
Sozialpsychologie 33: 50-72 – *Dewe, B./Otto, H.-U./Sünker, H.*, 1981 Alltagswende –
Korrektiv einer erfahrungsblinden Wissenschaftspraxis, in: Literatur Rundschau, Heft 5/6:
175-186 – *Elias, N.*, 1978: Zum Begriff des Alltags, in: *Hammerich, K./Klein, M.* (Hrsg.) –
Feyerabend, P., 1978: Der wissenschaftstheoretische Realismus und die Autorität der
Wissenschaften. Braunschweig – *Grathoff, R.*, 1978: Alltag und Lebenswelt als Gegenstand
phänomenologischer Sozialtheorie, in *Hammerich K./Klein, M.* (Hrsg.) – *Habermas, J.*, 1971:
Vom sozialen Wandel akademischer Bildung, in: ders., Theorie und Praxis. Frankfurt/M. –
Habermas, J., 1981: Theorie des kommunikativen Handelns, Frankfurt/M. – *Hack, L.*, 1977:
Sujektivität im Alltagsleben: Zur Konstitution sozialer Relevanzstrukturen, Frankfurt/M. –
Hammerich, K./Klein, M. (Hrsg.), 1978: Materialien zur Soziologie des Alltags. Kölner
Zeitschrift für Soziologie und Sozialpsychologie, Sonderheft 20 – *Heller, A.*, 1976: Theorie der
Bedürfnisse bei Marx. Hamburg – *Heller, A.*, 1978: Das Alltagsleben. Versuch einer
Erklärung der individuellen Reproduktion. Frankfurt/M. *Heller, A.*, 1980: Theorie der
Gefühle, Hamburg – *Heydorn, H.-J.*, 1979: Über den Widerspruch von Bildung und
Herrschaft, Frankfurt/M. – *Joas, H.*, 1978: Einleitung zu Agnes Heller: Das Alltagsleben.
Versuch einer Erklärung der individuellen Reproduktion, Frankfurt/M. – *Kosik, K.*, 1967:
Die Dialektik des Konkreten. Eine Studie zur Problematik des Menschen und der Welt,
Frankfurt/M. – *Krüger, L.*, 1981: Über das Verständnis von Wissenschaftlichkeit und
Rationalisierung, in: *Duerr, H. P.* (Hrsg.), Der Wissenschaftler und das Irrationale, Bd. 2,
Frankfurt/M. – *Lefèbvre, H.*, 1972: Das Alltagsleben in der modernen Welt, Frankfurt/M. –
Lefèbvre, H., 1977: Kritik des Alltagslebens. Mit einem Vorwort zur dt. Ausgabe, Kronberg –
Lefèbfre, H., 1978: Einführung in die Modernität. 12 Präludien, Frankfurt/M. – *Lefèbvre, H./
Regulier, C.*, 1979: Die Revolution ist auch nicht mehr, was sie mal war, München – *Lenzen,
D.* (Hrsg.), 1980: Pädagogik und Alltag, Stuttgart – *Lippitz, W.*, 1980: »Lebenswelt« oder die
Rehabilitierung vorwissenschaftlicher Erfahrung, Weinheim/Basel – *Mead, G. H.*, 1968:
Geist, Identität und Gesellschaft, Frankfurt/M. – *Schütz, A.*, 1974: Der sinnhafte Aufbau der
sozialen Welt, Frankfurt/M. – *Schütz, A./Luckmann, Th.*, 1975: Strukturen der Lebenswelt,
Neuwied – *Schründer, A.*, 1982: Alltagsorientierung in der Erziehungswissenschaft, Wein-
heim/Basel – *Sommer, M.*, 1980: Der Alltagsbegriff in der Phänomenologie und seine
gegenwärtige Rezeption in den Sozialwissenschaften, in: Lenzen (Hrsg.) – *Thiersch, H.*, 1978:
Alltagshandeln und Sozialpädagogik, in: Neue Praxis 8: 6-25 – *Thiersch, H.*, 1981: Der
mißverständliche Alltag – Rückfragen zum Konzept einer alltagsorientierten sozialen Arbeit,
in: Literatur Rundschau, H. 5/6: 90-97 – *Waldenfels, B.*, 1978: Im Labyrinth des Alltags, in:
Waldenfels, B./Broekmann, J./Pazanin, A. (Hrsg.), Phänomenologie und Marxismus,
Band 3: Sozialphilosophie, Frankfurt/M. –

→ Interaktionismus → Klasse und Schicht → Sozialpädagogik/Sozialarbeit: Theorie und Entwicklung → Sozialpädagogik und Therapie → Wissenschaftstheorie und
Sozialpädagogik

Altenarbeit

Die Darstellung der Konzeption und Funktion der Sozialarbeit mit älteren Menschen und die Einschätzung ihrer heutigen Realisierungsmöglichkeiten erfordert sowohl Fragen nach der bisherigen und gegenwärtigen sozialen und gesellschaftlichen Situation dieser Bevölkerungsgruppe in der Bundesrepublik als auch Fragen nach bestehendem Bedarf an Hilfestellung.

Vielfältige Aspekte des Alterns und Alters einschließlich seiner bedingenden und beeinflussenden Faktoren sind in den beiden letzten Jahrzehnten auch für den deutschsprachigen Raum (s. z. B. Basisliteratur zur Gerontologie und Altenarbeit, 1981; Zeitschriftenbibliographie Gerontologie 1977, 78, 79, 80, 81, 82) untersucht worden. Erst innerhalb der letzten zehn bis fünfzehn Jahre haben sich Ansichten über und Darstellungen von älteren Menschen entscheidend dadurch gewandelt, daß Altern und Alter nicht nur als biologisch-organisches, sondern ebenso als biographisches, soziales und gesellschaftliches Schicksal unter stärkerer Einbeziehung differentieller Aspekte gesehen wurde. Zu lange hatte die wissenschaftliche sowie die religiöse und philosophische Sicht dieser Lebensphase überwiegend ein Bild von einem konservativen, rigiden und lernunfähigen – sich im Sinne des Defizitmodelles nur noch in Richtung eines unabänderlich fortschreitenden organischen Abbaues entwickelnden, und damit unbehandelbaren – älteren Menschen vermittelt, der lediglich betreut, gepflegt und u. U. bewahrt werden mußte.

Aspekte der bisherigen Versorgung

Seit dem Mittelalter wurden alte Menschen, die keinem Familienverband mehr angehörten oder durch diesen nicht mehr versorgt wurden, zunächst durch Kirchen und Ordensgemeinschaften, später auch durch Handwerkergilden und Städte betreut. Aus religiös-caritativen Motiven oder entsprechender Bürgergesinnung wurden die »armen, siechen und alten« Menschen in den ersten öffentlichen Einrichtungen der geschlossenen Altenpflege (Spital, Pfründhaus, Siechenhaus, Armenhaus und Altersheim) untergebracht oder erhielten Almosen als gängige Form der offenen Hilfe. Damit war bis in das 19. Jahrhundert hinein die Altersfürsorge kaum von der Armenpflege zu trennen (*Polligkeit*, 1928). Das vorherrschende Prinzip der Eigenverantwortlichkeit und Selbstvorsorge im Alter wurde praktisch aber zur Aufrechterhaltung der Ordnung von den ordnenden Mächten: Kirche, Kommunen, Gilden und Gemeinde rasch durch das »Bewahrungsprinzip« ersetzt. Damit entstand öffentliche Fürsorge für Alte von vornherein aus dem Motiv der sozialen Kontrolle (*Fülgraff*, 1976).

Die durch den Industrialisierungsprozeß anschwellende Bedürftigkeit – Arbeitsunfähigkeit, Isolation durch abgerissene Familienbeziehungen, unzureichende persönliche Einkommen u. a. – wurde durch die Gesetzgebung des ausgehenden 19. Jahrhunderts (insbesondere Rentenversicherungsgesetze) zur Sicherung des physischen Existenzminimums zu kompensieren versucht.

Geschlossene Anstaltsfürsorge und offene Unterstützung einschließlich Hausar-
menpflege bilden in der ersten Hälfte des 20. Jahrhunderts weiterhin die Grundlagen der Altersfürsorge (s. u. a. Reichsfürsorgepflichtverordnung 1924). In der
Bundesrepublik haben die Rentenreform von 1957 und das BSHG von 1961 mit
späteren Erweiterungen diskriminierende gesetzliche Regelungen der Altenhilfe
ersetzt. Gleichzeitig wurde ein Rechtsanspruch auf öffentliche Fürsorge für diejenigen formuliert, die nicht durch die Rentengesetzgebung (Rentenversicherung)
gesichert waren. Dieser Rechtsanspruch umfaßt nunmehr ausdrücklich neben der
Altersrente weitgehende »persönliche Hilfe«.
Altenhilfe nach § 75 BSHG ist danach persönliche Hilfe für alle älteren Menschen,
die »dazu beitragen soll, Schwierigkeiten, die durch das Alter entstehen, zu
verhüten, zu überwinden oder zu mildern und alten Menschen die Möglichkeit zu
erhalten, am Leben in der Gemeinschaft teilzunehmen«. Als Maßnahmen der Hilfe
gelten u. a. Beschaffung und Erhaltung einer altersgerechten Wohnung, Beschaffung eines geeigneten Heimplatzes, Vermittlung und Inanspruchnahme altersge-
rechter Dienste, Unterstützung von Freizeit- und Bildungsinteressen, Hilfen zur
Kontaktverbesserung zu nahestehenden Personen und zur weiteren Betätigung
unter ausdrücklicher Einbeziehung von Maßnahmen der Vorbereitung auf das
Alter.
Diese erst innerhalb des letzten Jahrzehnts und damit gegenüber anderen sozialen
Bereichen um viele Jahre verspätet veränderte Zielsetzung spiegelt sich deutlich in
den benutzten Begriffen wider, die von der »Armen- und Altenpflege« über die
»Altersfürsorge«, »Altenhilfe« bis hin zur »Altenarbeit« oder »Bildungsarbeit mit
älteren und alten Erwachsenen« reichen.

Bedarf an Hilfestellung

Erstmals wurden 1982 in den beiden vom Deutschen Zentrum für Altersfragen,
Berlin, herausgegebenen Fachpublikationen »Altwerden in der Bundesrepublik
Deutschland: Geschichte – Situationen – Perspektiven« und »Basisdaten über
ältere Menschen in der Statistik der Bundesrepublik Deutschland« alle wichtigen
Daten für den Altersbereich gesammelt vorgelegt.
Am 31. 12. 1980 betrug die Einwohnerzahl der Bundesrepublik Deutschland
61,6 Mill. Davon waren 19,4% 60 Jahre und älter (davon 36,6% Männer und
63,4% Frauen); 15,5% waren 65 Jahre und älter (davon 35,8% Männer und 64,2%
Frauen).
1980 erhielten von 1000 Einwohnern im Alter von 65 oder mehr Jahren 63 Personen
Sozialhilfe, dabei bestanden ausgeprägte geschlechtsspezifische Unterschiede: Von
1000 65jährigen oder älteren Männern zählten 37 zu den Sozialhilfeempfängern, auf
1000 Frauen gleichen Alters entfielen mehr als doppelt soviel Sozialhilfeempfänge-
rinnen, nämlich 78. In der Regel lebten ¾ der Bezieher von Sozialhilfe außerhalb
und zu ¼ in Einrichtungen.
65jährige oder ältere Sozialhilfeempfänger waren 1979 insbesondere unter folgenden Hilfearten vertreten (Anteil der älteren Hilfeempfängern in %): Krankenhilfe

34,4%, Hilfe in anderen besonderen Lebenslagen 40,7%, Hilfe zur Weiterführung des Haushalts 47,7%, Blindenhilfe 55,6%, Hilfe zur Pflege 60,8% und Altenhilfe 92,5%.

Insgesamt waren 1979 28,3% aller Sozialhilfeempfänger 65 Jahre und älter.

Nach den Ergebnissen des Mikrozensus 1978 gaben 9,07 Mill. Personen zum Zeitpunkt der Befragung an, krank zu sein. Gut 36% davon waren im Alter von 65 Jahren oder darüber. Die Zahl der älteren chronisch Kranken bewegte sich zwischen 3,125 Mill. (1974) und 3,259 Mill. Personen (1978). Dazu tritt die für das Älterwerden zunehmende Krankheitshäufigkeit.

Außerdem zählten 1,397 Mill. 60jährige oder ältere Menschen zu den Behinderten, davon 723 625 Männer und 673 693 Frauen. Von den fast 3 Mill. Schwerbehinderten (MdE = 50–100%) entfielen allein auf die 55jährigen oder älteren 61,8% (Männer 60%, Frauen 64,2%) 4,4% aller über 65jährigen lebten 1981 in 5920 Heimen.

Bei 1,650 Mill (= 65,1%) zuhause lebender Pflegebedürftiger aller Hilfsbedürftigkeitsgrade (A, B, C, D) handelt es sich um 65jährige oder ältere Menschen.

Von besonderer Wichtigkeit sind die 634 000 Pflegebedürftigen, die auf erhöhte Pflege angewiesen sind, d. h. den Gruppen A und B der Hilfsbedürftigkeitsskala zuzurechnen sind. Mehr als ⅔ (72,2%) davon oder 458 000 Personen gehören der Altersgruppe »65 Jahre oder älter« an. Bezogen auf die entsprechende Altersgruppe der Wohnbevölkerung betrug ihr Anteil 1976 insgesamt 5,1%. Wie bekannt steigt mit zunehmenden Alter die Pflegebedürftigkeit an, so sind 15,8% aller 80jährigen oder älteren erhöht pflegebedürftig.

Von der Gruppe der Schwer- und Schwersthilfebedürftigen werden 4,6% in Institutionen versorgt und 5,1% (Gruppen A, B) zuhause. Damit überwiegt die Versorgung in der eigenen Häuslichkeit. Während 11,1% der über 65jährigen schwer, schwerst und mittel hilfebedürftig sind und zuhause leben, werden nur 1,5% durch professionelle ambulante Dienste erreicht. Es überwiegt die private/familiale Versorgung. Allerdings besteht auch ein völlig ungedeckter Hilfebedarf; 1980 erhielten 4% der 65–79jährigen, die als schwerst, schwer und mittel hilfebedürftig eingestuft wurden, keinerlei Hilfe. Es ist zu vermuten, daß viele Angehörige der Gruppe höheren Hilfebedarfs alleine leben. Unbekannt ist, wie sie dieses Leben bewältigen.

Die Psychiatrie-Enquête (1975) schätzt, daß ca. 25–30% der über 65jährigen an psychischen Störungen und psychischen Erkrankungen im weitesten Sinne leiden. Von ihnen bedürfen höchstens 1% einer stationären und ca. 14% einer ambulanten Behandlung.

Diese quantitativen Aussagen sind jedoch unzureichend, da bisher ungeklärt ist, welch qualitativer Versorgungsbedarf besteht, z. B. ist unbekannt in welchem Umfange die beschriebenen Problembereiche kumulativ auftreten und welche zusätzlichen schwerwiegenden Veränderungen der Lebenslage sich für die Betroffenen dadurch ergeben.

Zielsetzungen

Heutige Sozialarbeit orientiert sich an folgenden Zielvorstellungen:
– Ältere Menschen gestalten den Lebensabschnitt des Alterns gemäß ihren
   individuellen Wünschen möglichst selbständig und eigenverantwortlich;
– eine dabei gegebene Hilfestellung muß die soziale Teilhabe an der Gesellschaft
   im Rahmen der Möglichkeiten und Bedürfnisse alter Menschen sichern;
– dabei haben alle älteren Menschen einen Rechtsanspruch auf Hilfe unter
   verstärkter Einbeziehung von Information/Beratung.
Bei Erhaltung bzw. Rückgewinnung einer eigenständigen Lebensführung muß die
Abhängigkeit von organisierter Hilfe möglichst gering gehalten werden. Hilfestellung soll möglichst in Form offener Hilfe als »Hilfe zur Selbsthilfe« – d. h.
außerhalb einer stationären Betreuung – und nicht als totale Versorgung angeboten
werden.
Unter Berücksichtigung von Problemkumulationen im Alter (individuelle Entwicklung, soziale, physische und psychische Defizite, Leben in bestimmten Gruppen
und Institutionen, Umweltsituation mit wechselnden Beeinflussungen) muß Hilfe
entsprechend differenziert und flexibel organisiert sein.
Diese Zielvorstellungen bedürfen einer noch nicht ausreichend genug berücksichtigten Ergänzung in dem Sinne, daß die Hilfestellung vorhergehende Lebensphasen, besonders vor und während des Ausscheidens aus dem Arbeitsprozeß berücksichtigen muß. Dazu ist eine umfassende Prävention zur Verringerung von den den
Alternsprozeß und die soziale und psychische Isolation fördernde Faktoren erforderlich. Schließlich muß die Mitwirkung der Älteren bei Gestaltung des gesellschaftlichen Lebens durch Eigeninitiative, insbesondere durch Selbstorganisation/
Selbstverwaltung und Selbstvertretung möglich sein. Also müssen soziale Dienste
für drei Zielgruppen von älteren Menschen entwickelt werden:
– als Angebote für alle älteren Menschen, die nicht auf soziale Notlagen zielen,
   sondern der Verwirklichung von generellen Bedürfnissen und Rechten dienen;
– als komplementäre auch vorübergehende Hilfen für Problemsituationen, die
   mit dem Altern verbunden sind;
– als ständige Hilfen für diejenigen, deren Lebenslage sie nicht befähigt, Behinderungen aus eigener Kraft zu überwinden (*Radebold/Bechtler/Pina*, 1981; *Lowy*,
   1982).

Aufgaben und Arbeitsformen für eine Sozialarbeit mit Älteren

Sozialarbeit/Sozialpädagogik kann gegenüber anderen Berufsgruppen (medizinische, pflegerische und rehabilitative) eine umfassendere Gesamtsicht entwickeln
und damit die Auswirkungen lebenslanger Sozialisationsprozesse auf das Altern
und die Alterssituation erkennen und begreifen, daß »soziale Schwächen und
Unvermögen vielmehr das Resultat von Behinderungen sind, die den älteren
Menschen systematisch zugefügt werden. Solche Behinderungen sind teilweise
durch das Alter bedingt, teilweise werden sie im Alter auch subjektiv stärker

wahrgenommen, objektiv vergrößert, teilweise haben sie mit dem Alternsprozeß selbst noch kaum etwas zu tun, sondern liegen in der besonderen historischen und gesellschaftlichen Lage der heute älteren Menschen« (*Fülgraff*, 1976).

Praktische Aufgabe der Arbeiten mit alten Menschen ist es, Ursachen sozialer Mängel und Konflikte bei älteren Menschen aufzuzeigen, sie einzuschränken und nach Möglichkeit zu beseitigen. Es geht dabei um die Bedürfnisse des Klienten in seiner individuellen, institutionellen und gesellschaftlichen Situation. Dieses erfordert in der Regel eine langfristig gezielte Arbeit unter Einbeziehung des spezifischen Bedürfnismusters (Problemkumulation, individuelles Schicksal), der Biographie (äußerer Verlauf und innere Verarbeitung) sowie der umgebenden und bedingenden sozialen Felder.

Für die Umsetzung dieser Aufgabenstellung lassen sich folgende Bereiche unterscheiden:

- Sozialplanung für ältere Menschen im lokalen und regionalen Bereich (unter besonderer Berücksichtigung der Vernetzung mit dem geriatrischen, gerontopsychiatrischen und pflegerischen Bereich, sowie mit dem Bildungs- und Freizeitbereich)
- Allgemeine und soziale Dienste für Ältere (Aufbau, Organisation und Management sowie Überprüfung derartiger Dienste, die entweder durch professionelle Mitarbeiter oder professionell gestützt durchgeführt werden einschließlich entsprechender Fortbildung)
- Institutioneller Bereich (Aufbau, Verwaltung, Management und Kontrolle von Heimen unterschiedlicher Aufgabenstellung)
- Bildungsarbeit mit älteren Erwachsenen (in unterschiedlichen Institutionen der Erwachsenenbildung, wie Volkshochschulen oder Bildungsstätten mit Informations- und Kursangeboten für bestimmte Aufgabenstellungen während des Alterns und Alters, wie z. B. Vorbereiten auf das Ausscheiden aus dem Arbeitsprozeß, Umgang mit Partnerverlust, mit chronischer Krankheit als auch für unterschiedliche Gruppen Älterer wie z. B. ältere Frauen, Heimbeiräte, Altenklubleiter u. a. m.).
- Beratende, vermittelnde und therapeutische Hilfestellung (in Beratungsstellen, Ambulanzeinrichtungen und Tageskliniken, in geriatrischen, psychiatrischen und gerontopsychiatrischen Kliniken sowie in Rehabilitationseinrichtungen als Beratung, langfristige therapeutische Hilfestellung und Krisenintervention).
- Unterstützung im Selbsthilfebereich (Hilfestellung für den Aufbau und das Fortbestehen von Selbsthilfegruppen, bei Selbstorganisation und Selbstverwaltung Älterer, wie z. B. für Altenklubs, Altenzentren und Heimbeiräte)
- Fortbildung und Supervision (Praxisanleitung, Wissensvermittlung und Supervision für Sozialarbeiter/Sozialpädagogen und andere im Altersbereich professionell oder ehrenamtlich Tätige)
- Vermittlung, Transfer und Vertretung (Vermittlung zwischen Älteren und Behörden/Institutionen, Transfer sozialgerontologischer Kenntnisse und Erfahrungen an Behörden, Institutionen und kommunale Einrichtungen, sowie

Vertretung der Interessen Älterer im kommunalen Bereich und gegenüber der Öffentlichkeit)
– Praxisorientierte Forschung (selbständige Durchführung praxisorientierter Forschung oder Teilnahme an sozialgerotologischer Forschung als »Praxisexperten«)

Grundsätzlich kommen im Altersbereich diejenigen theoretischen und konzeptionellen Ansätze und Arbeitsformen der Sozialarbeit/Sozialpädagogik zur Anwendung, die auch für die Arbeit mit Erwachsenen anderer Altersphasen genutzt werden. Dennoch bedürfen diese der systematischen, praktischen Erprobung und Überprüfung für den Altersbereich und ggf. entsprechender Modifizierung. Exemplarisch sollen hier einige neuere Publikationen für die verschiedenen Bereiche benannt werden: Planung (*Bernstein/Dieck*, 1980) Bildungsarbeit mit älteren Erwachsenen (*Kallmeyer*, 1976; Pro Senectute, 1981; *Braun*, 1981; *Bubolz*, 1983), Beratung und Therapie (*Radebold/Bechtler/Pina*, 1981; *Bracker* u. a., 1982) und Selbsthilfe (*Kopf/Zeman*, *Radebold/Prinzing/Schwarz*, 1982).

Jetzige Arbeitssituation

Ein Vergleich dieser Aufgabenbereiche mit derzeit vorliegenden Tätigkeitsanalysen von Sozialarbeiter/Sozialpädagogen im Altersbereich unter Hinzuziehung von Aussagen von »Altenplänen« und Arbeitsbereichen zeigt jedoch eine erschreckende Diskrepanz.

Arbeit für oder mit älteren Menschen erfolgt zu einem großen Teil im Rahmen traditioneller Arbeitsfelder der Sozialarbeit (Familienfürsorge; Sozialarbeit im Krankenhaus, Gesundheitsamt oder im sozialpsychiatrischen Bereich; im Betrieb, bei der Versorgung von Straffälligen, Obdachlosen und weiteren »Randgruppen«). Dabei ist die Organisation der Altenarbeit in Städten und Kommunen aufgrund unterschiedlicher Zuständigkeiten für die Älteren oft undurchschaubar.

Arbeitsaufgaben werden mit sehr unterschiedlichen, teilweise sich widersprechenden Zielsetzungen übernommen, wie z. B. in der Leitung von Institutionen, bei der Heimaufsicht und Überprüfung des Heimgesetzes, der Beratung bei der Aufnahme, der Vermittlung von Heimplätzen, der individuellen Weiterbetreuung, Aktivierungsmaßnahmen für Heimbewohner (Organisation von Aktivitäten, Gruppengespräche u. a. m.) und der Mithilfe bei der Selbstorganisation (Heimbeirat).

Ein erster Versuch, Funktionen für Sozialarbeiter/Sozialpädagogen in diesem Bereich empirisch zu untersuchen, wurde an der Katholischen Fachhochschule Nordrhein-Westfalen, Abteilung Köln, unternommen (*Urlaub/Rüberg,* 1980). Auch wenn diese Analyse auf eine Großstadt (Köln) und umgebende Bereiche beschränkt war, so deuten anderweitige Erfahrungsberichte doch darauf hin, daß ihr exemplarischer Charakter zukommt: von 37 näher befragten Sozialarbeitern/Sozialpädagogen hatten rund 40% nur indirekten oder gelegentlichen Kontakt zur Zielgruppe »alte Menschen«. Überwiegend mit Koordinations- und Organisationsaufgaben beschäftigt, müssen sie »die« Bedürfnisse »der« älteren Menschen kennen und berücksichtigen, haben aber nur geringen unmittelbaren Kontakt zu ihnen.

Die nachfolgenden beiden Tabellen weisen auf die Rangfolge der Tätigkeitsbereiche und der Arbeitsformen im Altersbereich sowohl aus der Sicht der Sozialarbei-
ter/Sozialpädagogen als auch aus der Sicht der Trägervertreter hin:

Tab. 1: Rangfolge der Tätigkeitsbereiche von Sozialarbeitern/Sozialpädagogen

Sozialarbeiter Sozialpädagoge N = 37			Vertreter der Träger N = 20	
Rang	v. H.	Tätigkeiten	Rang	v. H.
1	19	Beratung	1	19
2	18	Planung	2	15
3	17	Organisation	5	12
4	14	Verwaltung	6	11
5	12	Bildung	4	13
6	12	Hilfe	3	14
7	7	Grundfragen des Lebens	7	9
8	1	Pflege	8	7
	100			100

Tab. 2: Rangfolge der Arbeitsformen von Sozialarbeitern/Sozialpädagogen

Sozialarbeiter Sozialpädagoge N = 37			Vertreter der Träger N = 20	
Rang	v. H.	Arbeitsform	Rang	v. H.
1	24	Organisation	3	18
2	24	Einzelhilfe	1	28
3	21	Verwaltung	4	17
4	16	Gruppenarbeit	2	22
5	15	Gemeinwesenarbeit	5	15

Hauptamtlich sind Sozialarbeiter/Sozialpädagogen tätig in:
– gerontopsychiatrischen, geriatrischen Kliniken und Rehabilitationseinrichtungen, in Sozialstationen und in Heimen; bei
– der Organisation und Durchführung sozialer Dienste, Freizeit- und Aktivitätsangeboten; bei
– Training und Fortbildung von ehrenamtlichen und hauptamtlichen Mitarbeitern: im

– Rahmen der Erwachsenenbildung, speziell Volkshochschulaktivitäten und Vorbereitung auf das Ausscheiden aus dem Arbeitsprozeß: bei
– psychosozialer und allgemeiner Beratung und als
– »Altersreferenten« für Kommunen, Landkreise und Wohlfahrtsverbänden.

Häufig wird diese Tätigkeit zum »Mädchen für alles im Altersbereich« und erhält
damit Alibifunktion mit Verschiebung von konzeptionellen oder institutionsbe-
dingten Defiziten auf das Personal. Dabei ist eine Selbstdefinition des Berufsauftra-
ges für die Gruppe der älteren Menschen ohne jeweilige Konkretisierung nicht
möglich. Ebenso ist eine Ableitung aus den Vorschriften des BSHG wenig hilfreich,
da ein konkreter Maßnahmenkatalog fehlt, die Spezifität sozialarbeiterischer
Handlungen nicht sichtbar wird und eine Professionalisierung auch nicht durch
Addition von wahrgenommenen Aufgabenbereichen zu erreichen ist.

Zusätzlich wird erfolgreiche Arbeit dadurch erschwert, daß sie bisher gegenüber
anderen Arbeitsfeldern wie z. B. Vorschulerziehung, Arbeit mit Jugendlichen, mit
psychisch Kranken, Drogensüchtigen oder Straffälligen einen niedrigen Stellenwert besitzt (gemessen an der bisherigen Institutionalisierung, der Aus- und
Weiterbildung, den Publikationen und den fehlenden Planstellen mit Aufstiegsmöglichkeiten). So sind bisher in diesem Bereich eher Sozialarbeiterinnen tätig, die
sich als »Einzelkämpferinnen«, teilweise mit dem Beigeschmack des »Abstellglei-
ses«, und ohne größere Resonanz im Kollegenkreis erleben.

Wie nachfolgend ausgeführt stehen an den Fachhochschulen/Gesamthochschulen
nur teilweise systematische Ausbildungsangebote und noch weniger Möglichkeiten
zur qualifizierten Weiterbildung bei bisher insgesamt relativ geringen Interesse von
Studenten und Dozenten zur Verfügung.

Außerdem werden Studenten und in die Praxis eintretende, jüngere Sozialarbeiter/
Sozialpädagogen oft durch ihr Erlebnis einer erheblichen seelischen Belastung
aufgrund der Konfrontation mit Krankheit, Pflegebedürftigkeit, sozialem Abstieg
bis hin zu Sterben und Tod beunruhigt und abgeschreckt. Gleichzeitig werden
durch die Arbeit mit Älteren die eigene Identität im Lebenszyklus und die eigenen
Vorstellungen und Ängste über das Älterwerden und Alter in Frage gestellt
(*Radebold/Gruber,* 1979; *Radebold/Bechtler/Pina,* 1981).

Schätzungen der Gesamtzahl der vorwiegend oder ausschließlich in der Altenarbeit
tätigen Sozialabeiter für die Bundesrepublik liegen nicht vor, doch muß ihre
Gesamtzahl mit Ausnahme einiger Großstädte wie Berlin, Frankfurt, Hamburg,
Hannover, München als relativ gering angenommen werden. Für den europäischen
Bereich wird geschätzt, daß zwischen 1% (Frankreich/Griechenland) und 16%
(Niederlande/Schweden) aller ausgebildeten Sozialarbeiter in diesem Bereich tätig
sind.

Informationsmöglichkeiten, Aus- und Weiterbildung, Forschung

In der Bundesrepublik Deutschland bestehen relativ günstige Möglichkeiten, sich
über sozialgerontologische Fragestellungen und die unterschiedlichen Aspekte der
Altenarbeit/Altenhilfe informieren zu lassen:

– Das Kuratorium Deutscher Altershilfe (KDA) (5000 Köln 1, An der Paulskirche 3) informiert über alle Fragen der Altenhilfe und stellt Medien- und Informationsmaterial zur Verfügung. Das angeschlossene Institut für Altenwohnbau berät in Wohnungs- und Heimfragen.
– Das Deutsche Zentrum für Altersfragen (DZA) (1000 Berlin 42, Manfred-von-Richthofen-Str. 2) dokumentiert u. a. alle Publikationen, informiert regelmäßig über alle Fort- und Weiterbildungsveranstaltung und veröffentlicht Forschungsberichte und Dokumentationen zu Einzelfragen.
– Das Zentralinstitut für Soziale Fragen (1000 Berlin 30, Miquelstr.) erteilt Auskunft zu allen das Alter betreffenden Fragen im sozialen Bereich.
– Weitere Informationen sind in der Publikation »altenhilfe« (herausgegeben vom DZA) und in der Zeitschrift »Soziale Praxis« (herausgegeben vom DZA zusammen mit dem Zentralinstitut für soziale Fragen) zu finden.
– Außerdem erscheint ab 1982 die Reihe »Praxisbezogene Alternsforschung« (Vincentz-Verlag, Hannover), herausgegeben von *Fülgraff* (Oldenburg), *Radebold* (Kassel) und *Schmitz-Scherzer* (Kassel) in Zusammenarbeit mit der »Interdisziplinären Arbeitsgruppe für Angewandte Soziale Gerontologie (ASG)« der Universität Kassel.

In Band II des Fachberichtes über Probleme des Alterns »Altwerden in der Bundesrepublik Deutschland: Geschichte – Situation – Perspektiven« (1982) werden nach einer eher deprimiert ausfallenden Bestandsaufnahme die Aus- und Weiterbildungsmöglichkeiten an den Fachhochschulen unter der Fragestellung spezialisierende gegen generalisierende Perspektive dargestellt.

Offensichtlich ist für den Bereich Gerontologie/Altenarbeit für Sozialarbeiter/Sozialpädagogen ein abgestuftes Programm mit einzelnen »Ausbildungsphasen« erforderlich, denen jeweils spezifische Lehr- und Lernziele zugeordnet werden:
– Alle Studenten benötigen eine eher theoretische Auseinandersetzung mit gerontologischen Themen/Literatur während des Grundstudiums im Sinne einer »Gerontologisierung des Lehrangebotes«.
– Speziell interessierte Studenten erhalten die Möglichkeit über Praxisprojekte in Verbindung mit fachspezifischen Lehrveranstaltungen eine Wissensvertiefung zu erreichen.
– Nach erfolgreichem Abschluß des Grundstudiums können besonders interessierte bzw. qualifizierte Sozialarbeiter/Sozialpädagogen durch ein Aufbaustudium (Vollzeitstudium oder berufsbegleitendes Studium) eine sozialgerontologische praxisorientierte Handlungs- und Forschungskompetenz erwerben.
– Die Nutzung obiger Lehrangebote der Fachhochschulen/Universitäten bietet gleichzeitig für Sozialarbeiter/Sozialpädagogen entsprechende Weiterbildungsmöglichkeiten zum Erwerb einer qualifizierten Berufskompetenz.

Ein derart »integriertes« sozialgerontologisches Lehrangebot im Rahmen einer Hochschule konnte jetzt erstmals in der Bundesrepublik im Fachbereich Sozialwesen an der Gesamthochschule Kassel (Universität des Landes Hessen) ab Wintersemester 1982/83 eingerichtet werden.

Bisher erfolgte kaum eine systematische curriculare Einbeziehung der Bereiche

Gerontologie/Altenarbeit in der Ausbildung von sozialen sowie pädagogischen, pflegerischen und rehabilitativen Berufen. Ebenso ist ein Projektstudium an einer Fachhochschule erst seit relativ kurzer Zeit möglich. Im Wintersemester 1978/79 bestanden 35 Praxisprojekte, die aber teilweise eine äußerst geringe Teilnehmerzahl aufwiesen. Inhaltlich waren sie überwiegend ausgerichtet auf »Praktische Arbeit mit älteren Menschen« sowie auf »Planung und Organisation« der Altenarbeit.

Im übrigen mangelt es weiterhin an qualifizierten Dozenten, die allgemeine Kenntnisse über Altern und Alter vermitteln und die spezifische Aspekte der Sozialarbeit/Sozialpädagogik aufgrund eigener Erfahrungen berücksichtigen können.

Fortbildungen – in der Regel eher kurzzeitige – werden in gewissem Umfang von freien Wohlfahrtsverbänden, kommunalen Trägern, dem Deutschen Verein und Institutionen der Erwachsenenbildung durchgeführt; meist sind sie auf das Gesamtthema Altern und Alter zentriert und seltener auf Spezialfragen der Arbeit mit älteren Menschen. Seltener besteht eine Kooperation mit einer Hochschule wie z. B. in Augsburg, Berlin, Dortmund, Kassel oder Oldenburg.

Das Defizit im Bereich der Aus- und Weiterbildung kontrastiert deutlich zur Ausbildungssituation in anderen Ländern. So boten z. B. bereits 1970 in den USA 16 von 60 Hochschulen für Sozialwesen spezifische Kurse für den Alternsbereich an und an mehreren Hochschulen wurden postgraduale Studiengänge in sozialer Gerontologie durchgeführt. Schon 1975 wurden in den USA über 3000 Gerontologen mit Hochschulabschluß, darunter zahlreiche Sozialarbeiter (*Pfeiffer*, 1976) gezählt.

Demgemäß bestehen auch entscheidende Defizite an praxisorientierter und praxisrelevanter Forschung (*Radebold/Gruber*, 1979). Diese reichen z. B. von der Analyse des Umfangs und der wechselseitigen Beeinflussung von Problemsyndromen Älterer und Fragen der Funktion, Selektion und Effizienz sozialer Dienstleistungen über die Entwicklung spezifischer Interventionsformen bis hin zur curricularen Umsetzung der Forschungsergebnisse in der Ausbildung. Fortschritte werden nur durch die Zusammenarbeit von Fachvertretern relevanter Wissensdisziplinen mit fachlich qualifiziert weitergebildeten Sozialarbeitern (»Praxisexperten«) zu erzielen sein.

Hartmut Radebold

Literatur

*Arbeitsgruppe Fachbericht über Probleme des Alterns, 1982: Altwerden in der Bundesrepublik Deutschland Geschichte – Situationen – Perspektiven, Bd. I, II, III, Deutsches Zentrum für Altersfragen, Berlin – Bericht zur Lage der Psychiatrie in der Bundesrepublik Deutschland, 1975: Zur psychiatrischen und psychotherapeutisch-psychosomatischen Versorgung der Bevölkerung, Deutscher Bundestag, 7. Wahlperiode, Drucksache 7/4200 – *Bernstein, R./ Dieck, M.* (Hrsg.), 1980: Arbeitstagung Walberg 1980 – Sozialplanung in der Altenhilfe, Deutsches Zentrum für Altersfragen, Berlin – *Bracker, M./Hackewitz, W. v./Pressel, I./ Radebold, H.*, 1982: Aspekte heutiger Altenberatung, Hannover – *Braun, W.* (Hrsg.), 1981: Die ältere Generation, Zum Problemfeld zwischen Gerontologie und Pädagogik, Bad

Heilbrunn – *Bubolz, E.*, 1983: Bildung im Alter, Freiburg – *Füllgraff, B.*, 1976: Offene Hilfen für Alte und Pflegebedürftige, in: *Blohmke, M.* et al. (Hrsg.), Handbuch der Sozialmedizin, Bd. III, Stuttgart – *Hinschützer, U./Momber, H.*, 1982: Basisdaten über ältere Menschen in der Statistik der Bundesrepublik Deutschland, Deutsches Zentrum für Altersfragen, Berlin – *Kallmeyer, G.*, u. a., 1976: Lernen im Alter, Lexika, Grafenau – *Knopf, D./Zeman, P.* (Hrsg.), 1981: Animation und Selbsthilfe, Deutsches Zentrum für Altersfragen, Berlin – *Lowy, L.*, 1982: Soziale Arbeit mit älteren Menschen, Freiburg – *Pfeiffer, E.*, 1976: Ausbildungsprogramme in den Vereinigten Staaten für die gerontologische Psychiatrie und die Gerontologie im allgemeinen, in: Gerontopsychiatrie 4, Janssen Symposien, Düsseldorf – *Polligkeit, W.*, 1928: Forderungen für den systematischen Ausbau der Altersfürsorge, Aufbau und Ausbau der Fürsorge, Heft 14, Deutscher Verein – Pro Senectute (Hrsg.), 1981: Vorbereitung auf das Alter im Lebenslauf, Paderborn – *Radebold, H./Gruber, F.*, 1979: Psychosoziale Gerontologie, Modell für ein Curriculum, Freiburg – *Radebold, H./Bechtler, H./Pina, I.*, 1981: Therapeutische Arbeit mit älteren Menschen, Bd. I, II, III, Freiburg – *Radebold, H./Prinzing, L./Schwarz, E.*, 1982: Altentreffpunkt Ulm/Neu-Ulm, Beschreibung und Analyse eines selbstorganisierten und selbstverwalteten Dienstleistungszentrums für Ältere, Hannover – *Thürkow, K.*, 1981: Basisliteratur zur Gerontologie und Altenarbeit, Deutsches Zentrum für Altersfragen, Berlin – *Urlaub, M./Rüberg, R.*, 1980: Funktionen für Sozialarbeiter/Sozialpädagogen in den Bereichen der Altenarbeit, Köln – Zeitschriftenbibliographie Gerontologie, 1977, 1978, 1979, 1980, 1981, 1982, Deutsches Zentrum für Altenfragen (Hrsg.), Berlin. –

Alter

Bestimmung der Altersphase

Die Problematik des Übergangs vom mittleren ins höhere Erwachsenenalter läßt sich erörtern erstens im Zusammenhang mit gesellschaftlichen Regelungen, zweitens vom Standpunkt der Biologie und drittens als ein Thema subjektiven Erlebens. Vom sozialen Feld aus wird der Beginn der Altersphase durch die Festlegung eines bestimmten (kalendarischen) Lebensalters geregelt: informell finden wir in allen Kulturen wirksame Ordnungen des Lebenslaufes vor, die z. B. in stereotypen Vorstellungen von einem »Lebensbogen« (Frühling, Sommer, Herbst und Winter) Ausdruck finden. Formell ist es aber in der Hauptsache der Austritt aus dem Berufsleben, sind es auch die Vergünstigungen (z. B. verbilligte Fahrkarten für Senioren), die »alten« Menschen, d. h. Menschen von einem bestimmten Lebensalter an, gewährt werden.

In der BRD besteht die Möglichkeit zum Bezug von Altersruhegeld für den Mann mit 65 Jahren (auf Wunsch mit 62), für die Frau mit 60 Jahren (bzw. 58). In einigen Ländern Osteuropas liegt die Grenze bereits bei 60 Jahren für Männer und bei 55 Jahren für Frauen.

Biologische Determinanten: Im 3. Lebensjahrzehnt erreicht die Muskelkraft des Menschen ihren Höhepunkt. Um die Lebensmitte nimmt die Herzmuskulatur an

Masse ab. Im 6. Lebensjahrzehnt atrophiert der Eierstock der Frau . . . doch durch kein Ereignis dieser Art kann der Beginn der Altersphase bestimmt werden. Dieser läßt sich nur in etwa markieren: »Alter beginnt da, wo der Abbau den Aufbau irreversibel überwiegt«. *Bürger* (1968) spricht deshalb von »Biomorphose«, also *einer lebenslang dauernden Wandlung. Es muß das Altern vom Alt-sein (das Bewußtwerden eines bestimmten Zustandes) und dieses vom Zu-alt-sein (dem Einordnen des Alt-seins an dem negativen Ende einer Wert-Skala) unterschieden werden.*
Subjektives Erleben: Forschungsarbeiten von *Giese* (1928), *Jones* (1953), *Lehr/ Puschner* (1968) scheinen zu bestätigen: »Jeder ist so alt, wie er sich fühlt«. Doch wodurch sind solche Gefühle bestimmt?
Lehr/Puschner eruierten bei einer Zufallsstichprobe (n = 500), daß in jedem Lebensjahrzehnt Ereignisse vorkommen können, die den Anstoß für subjektives Alterserleben geben können. Zeiterleben: die Zeit enteile, so wird angegeben, unter dem Eindruck von Erlebnissen (Heirat der Kinder, sich jährende Hochzeitstage). Persönlichkeit: unter 40jährige erleben häufiger als Ältere ein Zurückgehen der Begeisterungsfähigkeit und Erlebnistiefe und nehmen dies als Zeichen des Schon-alt-seins. Partnerschaft: wiederum sind Alterserlebnisse bei den unter 40-jährigen häufiger und intensiver: »Ich schau mich bereits deprimiert nach Heiratskandidaten um, aber ich bin wohl für alle zu alt (eine 30jährige). Intellektuelle Leistungsfähigkeit: die über 50jährigen geben signifikant häufiger als Jüngere an, durch schlechteres Gedächtnis und Nachlassen der Konzentration an das Alter erinnert zu werden. Vergleich mit anderen: vor allem Personen im 3. Lebensjahrzehnt vergleichen sich mit Jüngeren oder mit Gleichaltrigen. Im 5. und 6. Lebensjahrzehnt resultiert negatives Alternserleben dagegen aus dem Vergleich mit Kindern und Enkeln. Körperliche Beschwerden gerade im 5. und 6. Lebensjahrzehnt werden körperliche Symptome als Auslöser des Sich-alt-Fühlens genannt.
Bei einer derartigen Auflistung von Situationen, die mit »Alt-sein« assoziiert werden, bleibt ein grundsätzliches Problem: ein und dieselbe Situation kann offenbar bei verschiedenen Menschen (zu verschiedenen Zeiten auch beim gleichen Menschen) verschiedene Gefühle (alt zu sein, zu alt zu sein, oder auch nicht alt zu sein) wachrufen. Zur Klärung solcher intra- und interindividueller Varianzen wird man zahlreiche andere, das Altern beeinflussende Bereiche hinzuziehen und ein kompliziertes Variablennetz zu Hilfe nehmen müssen. Das einzelne Ereignis (eine Leistung, ein Gefühl, eine Einstellung) muß als in das Lebensgesamt (»life-span«) eingebettet gesehen werden. Die Altersphase wird so verständlich als eine Spanne im individuellen Lebenslauf. Alterswissenschaft ist Alternswissenschaft und ein Thema der Lebenslaufforschung: all das, was in der Wechselwirkung zwischen einem Individuum und seiner Umwelt im zeitlichen Verlauf sich ereignet hat und noch ereignet.
Demnach ergeben sich drei zusammenhängende Fragestellungen:
– Welche Bereiche sind für das Altern relevant? Zur groben Strukturierung lassen sich dann thematisch vier Schwerpunkte unterscheiden: Soziale Umwelt (z. B. sozio-ökonomische Verhältnisse); physikalisch-ökologische Umwelt (z. B. Klima, bauliche Gegebenheiten); biologisch-physiologische Prozesse (z. B. Atro-

phie bestimmter Gehirngewebe, Nachlassen von Organfunktionen); Reaktionstyp des Individuums (z. B. Selbstbild, psychomotorische Fähigkeiten, spezifische Verhaltensweisen).

- Wie verhalten sich diese Bereiche zueinander im Laufe eines individuellen
  Lebens? Nach *Bühler* (1973) werden Ereignisse eines Lebenslaufes nach den
  Dimensionen »Verhalten«, »Erlebnis«, »Werk« in Kategorien subjektiver
  Zustimmung (»Vollendung«) oder Ablehnung (»Verfehlung«) geordnet. (An-
  dere Ansätze stammen von *Goldstein*, 1939; *Fromm*, 1947; *Horney*, 1950;
  Havighurst, 1952; *Maslow*, 1954; *Pressey/Kuhlen*, 1957; *Erikson*, 1959; *Neugar-
  ten*, 1964; *Thomae*, 1968.)
- Wie kann Alternsforschung methodisch bewältigt werden? Hier liegen schwer-
  wiegende Probleme: Altern bedeutet Veränderung, diese wird deutlich nur im
  Vergleich. Eine Komparationslehre ist notwendig. Sie ist noch viel zu wenig
  ausgebaut.

An einem Gedankenexperiment sei das Problem verdeutlicht: wollen wir wissen,
ob Ältere ein schlechtes Gedächtnis haben, so müssen wir von einem bestimmten
Bezug ausgehen. Die Leistung wird z. B. gemessen an derjenigen Zahl sinnloser
Silben, die nach einmaligem Lesen reproduziert werden kann. Die gemessene
Leistung ist im höheren Lebensalter geringer. Schlußfolgerung: grundsätzliche
Verschlechterung des Gedächtnisses. Prüft man nun aber die Lebensdaten des
Probanden, so fällt möglicherweise seine extrem monotone Berufstätigkeit auf.
Aus der Forschung ist als Folge langjährig fehlender Stimulation ein Abfall der
Gedächtnisleistung bekannt. Statt von »Altern« muß man also jetzt von Umständen
sprechen, die geeignet sind, Hirnfunktionen zu beeinflussen. Altern ist dann nicht
mehr als eine »Chiffre« (*Riegel*), die jeweils im Blick auf konkrete biographische
Ereignisse aufgelöst werden muß.

Alternsforschung ist immer nur möglich von bestimmten Bezugssystemen aus. Das
Ergebnis des Vergleiches (und damit das, was als »alt« oder »altern« oder »zu alt
sein« bezeichnet wird) hängt ab von der Form, dem Inhalt und der Kompetenz des
verwendeten Systems. Was für die Beurteilung eines Einzelphänomens gilt (z. B.
Gedächtnis), trifft strukturell auch für die Gesamtsituation zu.

Es führt vom Bezugssystem der heutigen Gesellschaft aus der dynamische Typ des
Mannes im mittleren Erwachsenenalter und nicht der Alte. Des letzteren Erfah-
rung stammt aus einer Welt, die (bedingt durch raschen Wandel) heute nicht mehr
existiert. In anderen Kulturen, in denen andere Bezugssysteme gelten, mag der
Ältere dagegen in hohen Ehren stehen, z. B. deshalb, weil seine Erfahrung die
noch lebendige Tradition garantiert. Kann also ein betagter Mensch in der einen
Sozietät einen Höhepunkt durchaus im Alter erleben, so muß er in der anderen »das
Elend der alten Leute« (*Schenda*) spüren.

Theorieansätze

Theorien über das Altern pflegt jede der an der Alternsforschung partizipierenden
Wissenschaften abzuleiten (Anthropologie, Biologie, Medizin, Pädagogik, Psycho-

logie, Soziologie). Interne Schulen all dieser Disziplinen sorgen darüber hinaus noch für weitere Akzentsetzungen, so daß ein immenses Angebot an Erklärungsversuchen vorliegt. Zum anderen sind auch hier wissenschaftssoziologische Strömungen von Einfluß. Heute dominiert die Position, Altern sei primär soziales Schicksal. Jede theoretische Ausrichtung wird vereinfacht zur öffentlichen Parole und tritt damit in die Reihe der sich selbst erfüllenden Prophezeiungen.

Werden die publizierten Theorien nach eher praktischen Gesichtspunkten gesichtet (was im Altern zu tun und zu hoffen sei), so sind vor allem zwei Richtungen zu nennen: Inwieweit geschieht Altern (in dem Sinne »Ich werde gealtert«) und inwieweit lassen sich Chancen aktiver Gestaltung erkennen. Die erste Position deckt gesellschaftliche und biologische Zwänge auf, ordnet und gewichtet sie und stellt die Frage nach ihrem Einfluß und ihrer Vermeidbarkeit. Die zweite prüft, inwieweit es dem einzelnen in seiner Sozialisation möglich ist, ein Potential aktiver Gestaltung aufzubauen. Über längere Lebensabschnitte dürfte keine dieser beiden Kräfte rein zur Wirkung kommen.

Maddox (1965) untersuchte das Ausmaß sozialer Aktivitäten von Älteren und setzte es in Beziehung zur positiven Stimmungslage (Zufriedenheit). Bei einer Mehrzahl fand er eine hohe Korrelation dieser Variablen. Dieserart führten seine Ergebnisse zur Aktivitätstheorie: Glückliches Altern, so wird angenommen, sei gleichzusetzen mit einer möglichst langen Erhaltung von Aktivitäten. Wer nicht mehr aktiv sein kann, tritt aus dem Kreis der Glücklichen und Zufriedenen, verliert seine Funktionen und Rollen und letztlich auch seine Zufriedenheit. Diesem Ansatz liegt das Modell des »Glücksuchers« zugrunde, der im Gegensatz zum »Glücksbesitzer« in der Aktivität selbst und nicht in der Zufriedenheit mit deren Resultat sein Ziel sieht. Durch Aktivierungs- und Reaktivierungsprogramme versucht praktische Altenarbeit diesem Modell Rechnung zu tragen.

Die Disengagementtheorie (*Cumming/Henry*, 1961) setzt anders an: Einerseits, so wird zugegeben, können Rollen Ziele liefern, Strategien zu deren Verwirklichung und soziale Anerkennung. Andererseits kann die Pflicht, sie auszufüllen, zur Last werden, die abzuwerfen im Alter legitim ist. Die freigesetzte Energie kann dann für den Auf- und Ausbau eines inneren Selbst verwendet werden: Reziprok zur Verkleinerung der Außenwelt (z. B. durch Reduktion der Sozialkontakte) nehmen dann die inneren Räume an Größe, Differenziertheit und Bedeutung zu.

Bei der Komplexität der Konstrukte dürfte empirisch keine generelle Entscheidung zu treffen sein. Es kommt z. B. darauf an, wie einzelne Bestandteile der jeweiligen Theorie (z. B. »Lebenszufriedenheit«, »Aktivität« etc.) operational definiert werden. Nach Ergebnissen der Bonner Längsschnittstudie (1976) wäre die Disengagement-Theorie nur zum Teil zutreffend: als vorübergehendes Disengagement, kurz nach der Pensionierung, wird das Sich-Zurückziehen verstanden als notwendige Reaktion auf Belastungen, die durch Umorientierung und neuer Lebensphase entstehen. Habe sich der Ältere jedoch erholt, so wird ausgeführt, trete der Ältere wieder den »Glücksuchern« bei.

Überzufällig unzufrieden sind diejenigen, die Werte, Sinn und Ziele der Zeit des mittleren Erwachsenenalters entlehnen (*Wickert*, 1982). Ihnen gelingt es offenbar nicht, der gegenwärtigen Lebensphase eine eigene Qualität zu geben. Das Alter ist für sie Anhängsel oder kompromißvolle Fortsetzung früherer Jahre.

Grundlage für eine Neugestaltung sind Bedürfnisse, aber gerade hier steckt ein Problem: Bedürfnisse können nämlich im Laufe des Lebens »austrocknen«. Viele Ältere müssen darum neu lernen: zu hoffen, zu wünschen, an etwas zu glauben, an etwas interessiert zu sein . . . der neue Arbeitsplatz ist das eigene Ich. Er ist nicht leichter als der frühere.

In 500 Aufsätzen verbalisierten Jugendliche ihre Vorstellungen auf die Fragen: »Wenn ich 60 bin, dann . . .«, »Wenn ich 40 bin, dann . . .«. Die Analysen ergaben z. B.: Jungen sehen den 60jährigen als ein vereinsamtes, isoliertes, passiv dahin vegetierendes Wesen. In den Augen der Mädchen ist die 60jährige Frau im Kreise ihrer Enkel zwar von lästigen Pflichten befreit, doch sie verzichtet auf vieles und wird durch Haushalt und Kinder aufgezehrt (*Lehr*, 1974). Damit sei gesagt: Durch Erwartungen für sich und für andere werden bestimmte Verhaltensweisen in verschiedenen Lebensaltersstufen vorgezeichnet. Man meint zu wissen, wie »das Alter« in vielen Lebensbereichen aussehen wird. Dies konfrontiert einerseits die Älteren von heute mit einem Muster, das sie glauben übernehmen zu müssen. Gleichzeitig präformieren aber auch die noch nicht Betroffenen, die Jüngeren, ihr Altsein von morgen. – Derartige Stereotypien drücken summarisch die jeweils geltende öffentliche Meinung aus. Unkritisch und folgenreich werden sie von einem zum anderen weitergegeben.

Eine Präzisierung dieses Prozesses gibt ein am »labeling-approach« orientierter Ansatz. Wir unterscheiden zwei typische Schritte:
– Die »Primäre Abweichung«: Für Abweichungen in einem bestimmten, geringeren Ausmaß werden Systeme geschaffen, durch die ein Individuum oder auch eine Gruppe zur Anpassung an Standards der Umwelt gezwungen werden kann. Läßt z. B. ein 50jähriger Arbeiter in seinen Leistungen nach (gelegentliche Fehler), so »erzieht« der Vorgesetzte ihn etwa durch Strafe (»wenn Sie das nicht schaffen, dann . . .«) oder durch Lob (»Sie waren doch immer einer der Tüchtigsten!«).
– Die »Sekundäre Abweichung«: Solche Maßnahmen können von anderen, folgenschwereren abgelöst werden: Der Arbeitgeber gibt auf, einen Menschen zu verändern und verändert statt dessen Bereiche der Umwelt. So wird der nachlassenden Leistung durch Versetzung oder vorzeitige Pensionierung Rechnung getragen. Das zunächst nur temporär abweichende Verhalten wird dadurch endgültig und eine spätere Bewährung des Betroffenen ausgeschlossen. Er ist nun »krank«, »alt« . . . und bleibt es.

Die Angst vor einer Veränderung wirkt oft wie eine Hypothek bei deren Bewältigung. Die Angst z. B. vor dem Klimakterium wird oft belastender empfunden als die Menopause selbst. Institutionalisierungseffekte im Altersheim hängen stark von den subjektiven Einstellungen ab, die bereits vor der Heimaufnahme gegeben waren. Hierzu *Thomae* (1971): »Verhaltensänderung kovariiert stärker mit erlebter Veränderung als mit objektiver Veränderung«.

Wie etwas erlebt wird, ist entweder Ausdruck einer von innen kommenden (motivationalen) Tendenz oder einer solchen, die von außen her – als sozialer Zwang – wirkt. Als Analoge hierzu können *Piaget's* Begriffe dienen: durch »Assimilation« gleicht der Organismus Stimuli aus der Umgebung der ihm eigentümlichen Struktur an, mittels »Akkomodation« werden persönliche, kognitive Schemata durch äußere Inhalte verändert. Die Dominanz der Erwartungen des Individuums oder der Gruppe bestimmen die jeweilige Richtung.

Altern ist eine Funktion des Gleichgewichts zwischen kognitivem und motivationalem System. Beispiel: hat jemand im Leben nicht erreichen können, was er sich vornahm, so kann er die Diskrepanz entweder durch eine mögliche Identifikation mit dem Werdegang von Kindern und Enkeln aufheben, oder er wird eine »Retusche« an der eigenen Vergangenheit vornehmen, um subjektiv eine Kongruenz zwischen Wunsch und Wirklichkeit herzustellen. Tatsächlich getrennte positive Erlebnisse werden zeitlich und logisch zusammengebracht.

Was im Alterungsgeschehen Anpassung ist, läßt sich in die Begriffe »Verlust« und »Kompensation« fassen. Lebenslang dürfte die Vergänglichkeit des Einmalerreichten erlebt werden. Wessen man verlustig ging, kann entweder als Gleiches neu geschaffen oder durch Ähnliches ersetzt werden. Mit zunehmendem Lebensalter wächst jedoch die Erfahrung der Endgültigkeit von Verlusten: das Wissen um ihre Irreversibilität. Die Häufung von Verlusterlebnissen im Alter setzt aber einen sich verstärkenden Prozeß in Gang: seither Indifferentes wird stärker beachtet und hält der Kritik nicht mehr stand (z. B. die Ehe nach dem Weggang der Kinder). Eine Reduktion in mehreren Lebensbereichen fordert und überfordert die Qualität des jeweils noch Vorhandenen. Mit dieser Schrumpfung des Lebensraumes geht aber weiter eine Minderung auch der sozialen und der psychischen Resistenz einher. Gewohntes, das seither unbemerkt war oder akzeptiert wurde, kann jetzt negativ emotional getönt erscheinen und wird als Belastung empfunden (z. B. Lärmstörung durch Nachbarn).

Ein dem Verlusterleben gegenläufiger Vorgang ist die Kompensation in vielen Formen. Jedes Individuum verfügt über ein Kompensationspotential, das es entweder selbst zu besitzen glaubt oder das andere bereithalten. Nirgendwo zeigt sich deutlicher als hier die Bedeutung der Schichtzugehörigkeit bzw. des sozioökonomischen Status (Vermögen, Schulbildung, Interessenbereiche, Freundeskreis, Methoden zur Gesunderhaltung gehören u. a. zum Fremdpotential). Wesentlich für seine Beschaffenheit ist seine Streubreite: nicht die extreme Ausprägung einiger weniger Bereiche stellt offenbar ein Optimum dar, sondern die breite Fächerung des Angebots, das Ausweichen erlaubt. Die Technik der Kompensation versucht entweder einen Verlust rückgängig zu machen oder sie wendet sich vom Verlustobjekt ab und sucht eine Alternative: frühere Leistungen im Sport münden im Engagement für den Nachwuchs.

Veräußerlichung ist ein wesentliches Merkmal unserer Kultur. Jemand erscheint als das, was für andere sichtbar und objektivierbar wird. Wer sich für einen bestimmten Beruf entscheidet, setzt sich damit ein persönliches Ziel (er ist motiviert, da seine psychischen Kräfte eine Richtung erhalten). Aber indem er sich entscheidet, gibt er gleichsam seine Ziele nach außen an ein betriebliches System ab. Dies stabilisiert die Entscheidung und ermöglicht seine Realisation. Es erwachsen mit zunehmender Verbindlichkeit Rollen und Positionen, die ihrerseits als »äußeres Motivationssystem« wirksam werden – jedenfalls, solange sie bestehen. Altern heißt nun in diesem Kontext: die nach außen getragenen Ziele werden an das Individuum zurückgegeben. Durch Rollenreduktion, Schwächung und Aufhebung der betrieblichen Position, durch Pensionierung werden jahrzehntelang wichtige Attribute eines Menschen irrelevant.

Der Pensionär muß nun wieder selber wollen: er muß Ziele erstellen, Wege zu ihrer Verwirklichung in einer zeitlichen Organisation (Rhythmisierung) finden. Wer immer schon »Innenhalt« hatte, wird den Verlust des äußeren Motivationssystems weniger gravierend erleben. Der stark Außenorientierte verfällt in Hilflosigkeit. Er verliert die Kontrolle über sich selbst, weil andere aufgegeben haben, ihn zu kontrollieren. Rehabilitation heißt dann, entweder zu versuchen, die gewohnten Verhältnisse wieder herzustellen oder eine neue Motivation aufzubauen.

Als ein Beitrag zum Verständnis des Alterns ist auch das Grundwissen über biologische Vorgänge wichtig: zur Interpretation und Einordnung von Erscheinungen, die teilweise oder ganz im Biologischen verankert sind, zur Vorsorge und zur Therapie. Zu unterscheiden ist, was auf zellulärer Ebene abläuft, was die Funktionstüchtigkeit körperlicher Systeme betrifft und gegebenenfalls als Krankheit zutage tritt und was vom Betroffenen selbst bzw. seiner Umwelt als Zeichen des Alterns und Altseins interpretiert wird.

Der Bios im Ganzen. Das Maß der Anpassungsleistung ist nicht in jedem Abschnitt des Lebens das gleiche. Nach Anstieg und relativer Konstanz folgt Absinken und Rückgang (so wird von einem »progredienten Anpassungsdefizit« im Alter gesprochen). Zahlreiche Veränderungen sind – beurteilt vom Stand der heutigen Medizin – irreversibel. Biologisches Geschehen scheint in »Phasen« abzulaufen, deren Reihenfolge und Dauer weitgehend determiniert sind. Einfache Korrelationen zwischen biologisch-physiologischen Zuständen und psychologischen Erscheinungsformen gibt es nicht.

Trotzdem lassen sich oft Zusammenhänge erkennen. Beispiel: Degenerationen im extrapyramidalen System des Gehirns haben den »Altersparkinson« zur Folge. Zum Antagonistentremor tritt die Veränderung des Gesichtsausdrucks. Es kommt zu Auswirkungen auf das Selbstbild unserer negativen Reaktionen der Umwelt. Oder: Das Absinken der Muskelkraft, insbesondere der groben Kraft der Muskulatur, bewirkt Insuffizientgefühle und subjektives Alternserleben. Der Entmutigte packt nichts mehr an und zum altersbedingten Kraftverlust kommt der durch Inaktivität.

Rückbildung (»Bio-Involution«) erscheint als ein allgemeines Alterungsprinzip des Organismus. Es besteht – grob gesprochen – im Schwund: Substanzverlust der Zelle unter Verkleinerung ihres Volumens und/oder numerischer Rückgang der Zellzahl (Beispiele für solche biologische Veränderungen sind Atrophie und morphologischer Umbau der Purkinje-Zellen im Kleinhirn. Dies hat Zielunsicherheit, Gleichgewichtsstörungen und Gangunsicherheit zur Folge. Vermindert wird auch die sensible Leistung der Tastorgane an den Fingern. Es kommt zu einer Abnahme der

Akkomodationskraft des Auges. Die obere Hörschwelle und die Nervenleitgeschwindigkeit sinkt ab. Die Gefäßwände nehmen degenerativ an Dicke zu. Daraus folgt eine mangelhafte Sauerstoff- und Glukose-Versorgung des Gehirns, weil die Diffusion erschwert wird. Dadurch kann es zu Vitalitätsschwund, Sprachstörungen, Orientierungsstörungen wie überhaupt Abbau der gesamten intellektuellen Leistungsfähigkeit kommen. – Das Ovar nimmt eine Sonderstellung ein. Es bietet lange vor dem Eintritt anderer Rückbildungsvorgänge das Bild einer vollständigen Atrophie. Im Gegensatz dazu finden sich beim Mann funktionstüchtige Samenkanälchen samt Samenreifung bis ins hohe Alter.

Zahlreiche biologische Alternstheorien werden diskutiert. Reine »Abnutzungs«-Theorien wurden weitgehend verlassen. Solche, die Altersveränderungen von Blutgefäßen und damit Versorgungsschwierigkeiten der Organe in den Vordergrund rücken, befriedigen ebenfalls nicht. Kollagen-Theorie und Hystheresis konzentrieren sich auf Vorgänge auf feingeweblicher Ebene (Wasserverarmung). Neuerdings wird der genetischen Mutationstheorie viel Aufmerksamkeit gewidmet. Endgültige Aussagen lassen sich nicht machen.

Einzelprobleme (Auswahl)

Leistung im Alter: Als 1928 das erste Institut für Altersforschung von *Miles* gegründet wurde (Arbeitnehmer, die älter als 40 Jahre waren, fanden schwerer eine Anstellung als Jüngere), sollte mit dem Vorurteil aufgeräumt werden, Ältere seien weniger leistungsfähig als Jüngere. Das von *Miles* und seinen Mitarbeitern aufgestellte »Defizitmodell« erreichte jedoch das Gegenteil: das Vorurteil wurde zu einem fachlichen Urteil, insofern die Meßergebnisse einen Höhepunkt der intellektuellen Leistungsfähigkeit um das 30. Lebensjahr herum ergaben. Danach folgt ein deutlicher Abfall. Auch in zahlreichen anderen großangelegten Projekten wurde ein derartiges Defizit der intellektuellen Leistung hinsichtlich des Gesamt-Scores aufgefunden. In den Untertests zeigen sich allerdings (z. B. beim »Wechsler-Intelligenztest) altersstabile Fähigkeitsbereiche, wie Wissensumfang, Fähigkeit zu praktischer Lebensbewältigung, planende Phantasie, Aufmerksamkeit, Konzentration, Abwägen von Wesentlichem und Unwesentlichem. Dagegen sind eher alterslabil das Gedächtnis und die Merkfähigkeit, geistige Wendigkeit, Urteilsfähigkeit, abstrakt-logisches Denken, psychomotorische Geschwindigkeit. In neuerer Zeit (vgl. *Lehr*, 1974) wurde allerdings diesem Defizitmodell erhebliche Kritik entgegengebracht; Querschnittsuntersuchungen konnten keine verläßlichen Ergebnisse liefern, weil Jüngere und Ältere von heute verschiedene biographische Daten aufweisen, die sich notwendig auch in den Testleistungen ausdrücken müssen (Jüngere sind z. B. durch moderne Schulbildung viel eher darin geübt, Leistungen zu erbringen, die Testanforderungen ähnlich sind).

Tatsächlich wurde durch Längsschnittuntersuchungen die generelle Gültigkeit des allgemeinen Defizitmodells relativiert: die Ergebnisse bei Älteren hängen dann ab von der Schulbildung, dem Beruf, dem Ausgangsniveau bei der Erstmessung und dem Gesundheitszustand des Probanden. *Vernon* untersuchte bereits 1947 den

Einfluß der beruflichen Situation auf den Alterungsprozeß. Seinen Ergebnissen zufolge erreichen jene sehr gute Altersleistungen, deren berufliche Tätigkeit intellektuelle und soziale Aktivität erfordert. Die spezifische Stimulation einer Aufgabe wurde in spezifischen Testleistungen deutlich. So wiesen z. B. *Glanzer/ Glaser* (1959) auf die hervorragende Befähigung von Piloten hin, optische Figuren visuell aus einem größeren Zusammenhang zu isolieren.

Weinstock/Bennett (1968) untersuchten die Entwicklung von Zwillingspaaren, wobei diejenigen, die in einer anregenden Umgebung lebten, eine höhere Leistung aufwiesen. Ergebnisse dieser Art wurden von *Berkowitz/Green* (1962) als »Disuse-Hypothese« zusammengefaßt: weniger ein physiologischer Abbauprozeß als ein fehlendes Training würden zum Defizit führen. Nach *Welford* (1968) wird es dem Individuum mit Hilfe des »occupational-transfer-effect« möglich, im Beruf erworbene Fähigkeiten auf andere Lebensbereiche zu übertragen. Durch Übung der »flüssigen« Intelligenz wird dann eine »kristallisierte« aufgebaut (*Horn/Cattell*, 1966). Kommt es zu einer Umstrukturierung, zu einer »Faktoren-Metamorphose«, so imponiert ein im quantitativen Test festgestelltes Defizit nur noch als Verlagerung von Fähigkeiten (Umorganisation der Intelligenzstruktur).

Lernen im Alter: Trifft die Behauptung zu, Kinder würden leichter lernen als Erwachsene und Ältere? Weit mehr als die Hälfte von 180 Bewohnern eines Altenheimes vertraten in einer Untersuchung die Meinung (*Wickert*, 1976), man könne bereits im 6. Lebensjahrzehnt nichts Neues mehr lernen. Ein Urteil dieser Art könnte zustandekommen, weil die Befragten unter »Lernen« ein generelles, globales Konstrukt verstehen. In neuerer Forschung wird der Lernvorgang aber differenziert: Wahrnehmung, Kurz- und Langzeitspeicherung, Aktualisierung des gespeicherten Materials werden nun unterschieden. Alle Variablen des Lernvorgangs (wie Motivation, Art des Lernmaterials, Ängstlichkeit, Training, Gesundheitszustand etc.) müssen beachtet werden. In diesem Sinne sind einige Lerndefizite wie folgt zusammenzufassen:

- Mangelnde Übung: Inaktivität führt zu Atrophie. Lernerfolge, auch noch im hohen Alter, hängen hauptsächlich von der Art und dem Ausmaß des Trainings ab (vgl. Disuse-Hypothese). Das dürfte mit der Schulbildung, der Erwachsenenbildung, der Art des Berufes, den Lebensgewohnheiten, der Freizeitbeschäftigung und letztlich so mit dem sozio-ökonomischen Status in Verbindung zu bringen sein.
- Lernmaterial: Sinnloses Lernmaterial wird von Älteren schlechter gelernt. Läßt der Lernstoff jedoch eine sinnvolle Einstufung zu, so können ähnlich gute Leistungen als bei Jüngeren erreicht werden. Ein Zusammenhang mit der Lernmotivation liegt nahe.
- Lerntechniken (Lernen-lernen): Ältere brauchen Lernhilfen, kognitive Hilfen als Unterstützung. Sie können einen Lernstoff nur dann gut verschlüsseln, wenn er differenziert gegliedert ist und seine Einzelheiten ein sinnvolles Ganzes erkennen lassen. Wie *Löwe* (1971) zeigt, können Situationsanalysen den
- Lernerfolg Älterer steigern.
- Zeitfaktor: Von einigen Forschern (*Birren, Survillo*) wird die Verlangsamung

der Reaktion, der Informationsverarbeitung und des Problemlöseverhaltens als primärer Alterungsprozeß bezeichnet. Survillo fand sogar einen Zusammenhang zwischen der Geschwindigkeit des Alpha-Rhythmus im EEG und der Reaktionszeit. Wird nun aber bei einem Lernvorgang (wie auch bei »Denkleistungen«) der Zeitfaktor eliminiert, so treten Defizite weitgehend zurück. Pausen und Wiederholungen sind demnach für Ältere besonders wichtig.

– Hemmung durch Erfahrung: Erfahrung ist oft Voraussetzung zur Lebensbewältigung. Aber sie hat auch ihre Schattenseiten. Sie bindet mit starker Valenz an das Gewohnte und reduziert Entscheidungsfreudigkeit und Risikobereitschaft. Zweifel, und auch vorsichtiges Abwägen können (neben physiologischen Beeinträchtigungen) die obengenannte Verlangsamung erklären und dann auch zu »schlechteren« Lernleistungen im Vergleich zu Jüngeren führen.

– Störanfälligkeit: Bei Älteren ist die Ablenkbarkeit während eines Lernprozesses besonders stark. Möglicherweise ist dies auf einen Rückgang der akustischen Diskriminierungsfähigkeit (Richtungshören) zurückzuführen (vgl. *Birren*, 1974).

– Lebenssituation: Ältere werden weitgehend davor geschont, ihre Lernkapazität auf die Probe zu stellen. Ihre Lebensumstände wurden dem Stereotyp »im Alter kann man nichts mehr lernen« angepaßt. So fehlt es an Situationen, die Signale für intellektuelle Aktivitäten setzen. Es fehlen aber auch die Verstärker. Eine 70jährige geistig rege Frau fragt: »Mit wem soll ich denn über meine kunstgeschichtlichen Erfahrungen sprechen?« Auch Versuche der Aus- und Fortbildung im höheren Erwachsenenalter wenden sich meist an solche Personen, die sich bereits in gutem Trainingszustand befinden. So ist wohl wiederum die Statuszugehörigkeit das Zünglein an der Waage. Einige Volkshochschulen, Altenclubs, Altenheime, vor allem die Altersuniversität in Demontauban (Frankreich) versuchen, neue Wege zu gehen. Nach den ersten Ergebnissen halten die Alten aber mit ihren kognitiven Ressourcen zurück.

Sterben und Tod: Wir müssen lernen, den Tod in das Leben aufzunehmen (*Munnichs*). Wie die (»klassische«) Entwicklungspsychologie den Lebenslauf von der Geburt her (also vom Anfang) in die Zukunft hinein zu sehen pflegt, genauso läßt er sich von seinem Ende her erfassen. Eine die Thanatologie (Todesforschung) fundierende Arbeit liegt derzeit nicht vor. Nur einzelne Aspekte wurden erforscht (vgl. *Erlemeier*, 1972), so Untersuchungen zum Bedeutungsgehalt des Todesbegriffes. Es wurde der Frage nachgegangen, unter welchen Bedingungen sich Individuen mit dem Tod beschäftigen, wie sich Erleben und Verhalten in Todesnähe verändern und wie die Umwelt (die Angehörigen, die Ärzte, die Pfleger) in den Problemkreis einbezogen sind. In den letzten Jahren wurden bevorzugt das »Sterben in Institutionen«, die Probleme bei der Substitution des Verstorbenen in Familie, Betrieb und Gesellschaft und die Frage nach den Todesursachen untersucht. Für eine (nur kurz angedeutete) Systematik ergeben sich verschiedene Gesichtspunkte.

Alles, was über den Tod ausgesagt wird (auch Vorstellungen über Existenzformen nach dem Tode) sind Bilder aus dem Leben. Unsere Informationsquellen über den eigenen Tod sind nur Fremderfahrungen. Wir lernen den Tod kennen im Sterben des Nächsten. In ihm sterben wir ein Stück mit. Darüber hinaus existiert das Thema Tod in der Literatur oder in der Anonymität der Medien. Sodann erinnern uns täglich Symbole (Grabsteine, Todesnachrichten) an die eigene Sterblichkeit. Der Zeitpunkt des eigenen Todes ist (meist) ungewiß. Gegenwärtiges wirkt – sei es als Glück oder als Bedrohung – auf das Erleben und Verhalten des einzelnen immer am stärksten. Mit der zeitlichen Entfernung von Ereignissen schwindet auch deren Verhaltensrelevanz. Durch Schmerz und Lust werden dem Säugling Ecken und Rundungen der Welt vermittelt. Der eigene Körper wird so durch gegenwärtige Berührungen mit anderen zu einem »Raum«. Analoges gilt für die Zeit: sie ist zunächst gleichsam zusammengefaltet und wird im Laufe des Lebens metrisiert, graphisch-räumlich, veräußerlicht und in Zahlenfolgen geordnet. Ist nun aber ein Ereignis wie das des eigenen Todes zeitlich gar nicht determiniert, so wird Leugnen und Ausweichen leicht.

Antizipierte Ereignisse können entweder Verhaltensgebote oder Verbote enthalten. Sie wirken also entweder verstärkend und verhaltensaufbauend oder durch Strafe. Diese verbietet ein Verhalten ohne Alternative. Tod ist die absolute Nicht-Alternative zum Leben. Er ist eine Realität und nur durch Formen der Verdrängung »abzuschaffen«. Hier setzen zahlreiche Untersuchungen und Beobachtungen an: versteht sich die Institution Krankenhaus als lebenserhaltende und lebensrettende Einrichtung, so scheint der Tod, der sich täglich dort ereignet, diesem Ziel entgegen zu stehen. Der größere Teil der Ärzte verschweigt die Wahrheit am Krankenbett (vgl. z. B. *Sudnow*, 1973). Die Beziehung zu Sterbenden wird oft abgebrochen (»die letzten zwei Stunden überläßt der Arzt der Schwester«).

Pflegeheimbewohner, die fast täglich den Tod des Nächsten miterleben müssen, finden eher Formen der Bewältigung, Fremderfahrungen vermitteln offenbar zwischen dem »Jetzt« und dem »Später« und bewirken, daß das zukünftige Ereignis in gegenwärtigen Wahrnehmungsmustern erkannt werden kann. Aus dieser Sicht ist es zu verurteilen, daß Sterbende dem Zustand der Deprivation anheimgegeben werden. U. a. hat nämlich *Kübler-Ross* (1974) gezeigt, daß eine aktive Auseinandersetzung des Sterbenden vom Nichtwahrhabenwollen und Isolierung, vom Zorn, vom Verhandeln und von Depression zu Zustimmung und Hoffnung führen kann. Der andere, der Lebende, ist an diesem Kampf maßgeblich beteiligt und kann entscheidende Hilfen leisten.

Johannes Wickert

Literatur

Berkowitz, B./Green, R. F., 1962: Changes in intellect with ages: V. differential changes as functions of time interval and original score, in: J. Genet. Psychol., S. 189 ff. – *Birren, J. E.* (Hrsg.), 1958: Handbook of Aging and the Individual, Chicago – *Birren, J. E.*, 1974: Altern als psychologischer Prozeß, Freiburg – *Bühler, Ch./Ekstein, R.*, 1973: Anthropologische Resultate aus biographischer Forschung, in: *v. Gadamer/Vogler* (Hrsg.), Neue Anthropologie (Psycholog. Anthropologie), Bd. 5, Stuttgart – *Bürger, M.*, 1968[5]: Altern und Krankheit, Leipzig – *Cumming, E./Henry, W. E.*, 1961: Growing old – the process of disengagement,

New York – *Erlemeier, N.*, 1972: Psychologische Forschungen zum Todesproblem, in: Z. f. Geront., S. 32 ff. – *Giese, F.*, 1928: Erlebnisformen des Alterns, Halle – *Horn, J. L./Cattell, R. B.*, 1966: Age differences in primary mental ability factors, in: J. Gerontol., S. 210 ff. – *Jones, L. W.*, 1953: Personality and age, in: Nature Lond., S. 136 ff. – *Kübler-Ross, E.*, 1974: Interviews mit Sterbenden, Gütersloh – *Lehr, V./Puschner, I.*, 1968: Untersuchungen über subjektive Alterssymptome, in: *Thomae, H./Lehr, M.*, (Hrsg.), Altern. Probleme und Tatsachen, Frankfurt/M. – *Lehr, U.*, 1974[2]: Psychologie des Alterns, Heidelberg – *Löwe, H.*, 1971: Beiträge zur Erwachsenenqualifizierung, Leipzig – *Maddox, G. L.*, 1965: Fact and artifact: evidence bearing on disengagement theory from the Duke Geriatrics Project, in: Human Development, S. 117 ff. – *Munnichs, J. A.*, 1973: Endlichkeit und Sterben, in: Z. f. Geront., S. 351 ff. – *Radebold, H./Gruber, F. G.*, 1979: Psychosoziale Gerontologie, Freiburg – *Rosenmayr, L.*, 1976: Schwerpunkte der Soziologie des Alters, in: *König, R.*, (Hrsg.), Handbuch der empirischen Sozialforschung, Familie-Alter, Bd. 7, Stuttgart – *Schenda, R.*, 1972: Das Elend der alten Leute, Düsseldorf – *Schmitz-Scherzer, R.*, 1975: Alter und Freizeit, Stuttgart – *Schneider, H. D.*, 1974: Aspekte des Alterns. Ergebnisse sozialpsychologischer Forschung, Frankfurt – *Sudnow, D.* 1973: Organisiertes Sterben, Frankfurt/M. – *Survillo, W. W.*, 1966: The relation of automatic activity to age differences in vigilance, in: J. Geront., S. 257 ff. – *Theimer, W.*, 1973: Altern und Alter. Stand der experimentellen Gerontologie, Stuttgart – *Thomae, H./Lehr, U.*, (Hrsg)., 1968: Altern. Probleme und Tatsachen, Frankfurt/ M. – *Thomae, H.*, 1971: Die Bedeutung einer kognitiven Persönlichkeitstheorie für die Theorie des Alterns, in: Z. f. Geront., S. 8 ff. – *Thomae, H.* (Hrsg), 1976: Patterns of Aging. Findings from the Bonn Longitudinal Study of Aging, Basel – *Vernon, P. E.*, 1947: The variation of intelligence with occupation, age and locality, in: Brit. J. Psychol., S. 52 ff. – *Weinstock, C./Bennett, R.*, 1968: Problems in communications to nurses among residents of an recially homogeneous nursing home, in: Gerontologist, S. 72 ff. – *Welford, A. T.*, 1968: Ältere Menschen in der Industriearbeit, in: *Thomae, H./Lehr, U.*, (Hrsg.), Altern. Probleme und Tatsachen, Frankfurt/M. – *Wickert, J.*, 1976: Psychologische Gerontologie, Habil.-Schrift, Tübingen – *Wickert, J.*, 1982: Partnerverbindung im Alter, Forschungsbericht der Stiftung Volkswagenwerk, Stuttgart – *Wittkowski, I.*, 1978: Tod und Sterben. Ereignisse der Thanatopsychologie, Heidelberg. –

Antiautoritäre Erziehung

Kinderfeindlichkeit

Wenn die Emanzipation der Kinder ein Maßstab für den Grad der Emanzipation der Gesellschaft ist, schneidet die BRD nicht gut ab. Kinder in der BRD dürfen mit 0,5 qm weniger Spielraum beanspruchen als Hunde, die über 6 qm Auslauf verfügen dürfen. 55% aller Familien mit drei oder mehr Kindern leben in der BRD unter extrem beengten Wohnverhältnissen. Die in Grenzen bekanntgewordenen Fälle von Kindesmißhandlung und Kindesvernachlässigung steigen. Realistische Schätzungen sprechen von jährlich rund 1 Million mißhandelter Kinder in der BRD. Tausend Kinder werden jährlich in der BRD von ihren Eltern totgeschlagen (*Biermann*, 1969; *Petri/Lauterbach*, 1975; *Horn*, 1967; AG Kinderschutz, 1975; *Brückner*, 1973). Diese Fakten beleuchten nur den aktuellen Entwicklungsstand der problematischen Lage der Kinder in der Industriegesellschaft. Mit der Auflösung der bäuerlichen und handwerklichen Produktionsweise wurden nicht nur die Produzenten von ihren Produktionsmitteln getrennt, sondern auch Produktion und Reproduktion. Die Eltern, die in der Produktion fremden Bestimmungen unterworfen werden, nutzen das Familienleben, um ihre Unterdrückung an die Kinder weiterzugeben. In der isolierten Kleinfamilie erfährt das Kind oft die Gewalt, die den Eltern selbst angetan wurde. Die Privatheit der Familie, die Ideologie der heilen Kindheit verschleiert die Kinderfeindlichkeit der bürgerlichen Gesellschaft. Allerdings hat die Pädagogik da, wo sie nicht nur zur Gewalt gegen Kinder anstiftete, sondern sich als Reform- oder Revolutionspädagogik verstand, stets gegen die Kinderfeindlichkeit rebelliert (*Heydorn*, 1972; *v. Werder*, 1974; *Heydorn/ Koneffke*, 1975).

Die Kinderladenbewegung

In der BRD war dieser Protest gegen die repressive Vergesellschaftung der Kinder zuerst mit der antiautoritären Erziehungsbewegung, die auf die Reformpädagogik der Weimarer Zeit und Pädagogen wie *S. Bernfeld, V. Schmidt* und *N. S. Neill* zurückgriff, verbunden. Die antiautoritäre Erziehungsbewegung sah den Ursprung der Kinderfeindlichkeit in der Funktion der Kleinfamilie, autoritäre Charaktere für eine autoritäre Gesellschaft produzieren zu müssen (*W. Reich*, 1971; *Horkheimer/Fromm*, 1936). In der Kleinfamilie wird der Triebkonflikt zwischen Kindern und Eltern durch die Unterwerfung der Kinder gelöst. Diese Unterwerfung führt zur Verinnerlichung der Autorität bei den Kindern, es macht die Kinder für alle späteren Unterordnungsverhältnisse in Schule, Betrieb und Staat disponibel.

Die antiautoritäre Bewegung versuchte mit dem Aufbau von alternativen Erziehungsinstitutionen, wie Kinderläden, Schülerläden, freien Schulen, antiautoritären Jugendzentren (Kommune 2, 1969; *Breiteneicher*, 1971; *v. Werder*, 1972), auf der Basis herrschaftsfreier Erzieher-Kind-Verhältnisse, die Kinderfeindlichkeit zu

bekämpfen. An die Stelle von Befehlen, Vorschriften und Strafen trat beim Erzieher die Fähigkeit der Einfühlung und Respektierung kindlicher Interessen. Der Erzieher sollte auf seine Macht verzichten. Das Kind sollte als mündig akzeptiert werden, es sollte im Kollektiv dem Erzieher gleichberechtigt gegenüber treten können. Die Unterdrückung kindlicher Sexualität wurde verboten. Das Grundprinzip antiautoritärer Erziehung hieß Selbstregulierung. Sicher überschätzte die antiautoritäre Erziehungsbewegung die Fähigkeit der Kinder zur spontanen Selbstregulierung, die gesellschaftsverändernde Bedeutung pädagogischer Inseln und die freie Sexualität als Motor des aufrechten Ganges. Aber empirische Untersuchungen (*Henningsen*, 1973; *Dolezal*, 1974; *Friebel*, 1976) haben belegen können, daß die Kinder in antiautoritären Kinderläden weniger unterdrückt wurden und mehr Entfaltungsmöglichkeiten hatten als in traditionellen Vorschuleinrichtungen. Die antiautoritäre Erziehungsbewegung, die das autoritäre Erzieher-Kind-Verhältnis problematisierte, zwang die Erziehungswissenschaft zur Überprüfung des Problems pädagogischer Autorität. Im Streit um die Bedeutung der Autorität in der Erziehung sah die konservative Erziehungswissenschaft in der Problematisierung der Erzieherautorität nur den Weg ins Chaos und in die Zerstörung der Kultur (*Brezinka*, 1974; *Erlinghagen*, 1973; *Claßen*, 1973). Die emanzipatorische Erziehungswissenschaft dagegen versprach sich von der Zurücknahme der Autorität des Erziehers eine verbesserte Entwicklung der Kinder zur Selbständigkeit (*Weber*, 1974; *Schäfer/Schaller*, 1973; *Mollenhauer*, 1974).
Das Ende der antiautoritären Bewegung bedeutete nicht das Ende des Widerstands gegen die Kinderfeindlichkeit in der BRD. Die von der antiautoritären Pädagogik entwickelte Kritik autoritärer Erziehungspraktiken wurde von der nachfolgenden proletarischen Erziehung, der Entschulungsdebatte und der Antipädagogik aufgegriffen und modifiziert. Unter jeweils neuen Vorzeichen lebte das Erbe der antiautoritären Erziehungsbewegung als Widerstand gegen die Kinderfeindlichkeit weiter.

Die proletarische Erziehung

Als man erkannte, daß besonders die Arbeiterkinder unter der Kinderfeindlichkeit zu leiden hatten, versuchte man gegen ihre Unterdrückung im Rückgriff auf die Traditionen der Arbeiterbewegung vorzugehen. Die proletarische Erziehung, die auf Autoren der deutschen Arbeiterbewegung (*Hoernle*, 1974; *Rühle*, 1975; *Kanitz*, 1975; *Löwenstein*, 1976; *v. Werder*, 1974 und 1976) aufbaute, andererseits in neuen praktischen Erziehungsversuchen erprobt wurde, interpretierte die Gewalt im Erzieher-Kind-Verhältnis neu. Nicht die autoritäre Gesellschaft reproduzierte sich im Erziehungsverhältnis, sondern die Klassengesellschaft. Die gesellschaftliche Kinderfeindlichkeit wurde als das Resultat der Herrschaft der Kapitalistenklasse über die Arbeiterklasse verstanden. Nicht die Unterdrückung der Sexualität galt als das entscheidende Charakteristikum der Gewalt gegen Kinder, sondern die Verhinderung der Entwicklung eines richtigen gesellschaftlichen Bewußtseins bei den Arbeiterkindern. Die Kinderfeindlichkeit führte nun primär nicht zu libidinösen

Defiziten bei den Kindern, sondern besonders zu kognitiven Mängeln bei der Erkenntnis der Gesellschaft. Um den Arbeiterkindern ein richtiges Bewußtsein ihrer Lage zu vermitteln, sollten sie in Kindergruppen nicht nur zur Solidarität, sondern auch zur Einsicht in die Ursachen der Unterdrückung der Kinder und zur Überwindung sozialer Ungleichheit geführt werden. Die Kinder sollten zu solidarischen Trägern einer neuen Gesellschaft heranwachsen (Schülerladen Rote Freiheit 1971). Die proletarische Erziehung versuchte sich gegen die antiautoritäre Erziehung, die sie als bürgerlich-reformistisch einstufte, abzugrenzen. Sie wollte die pädagogischen Inseln überwinden und die Erziehungsbewegung mit sozialer Emanzipationsbewegung verbinden. Sie wollte keine Eliten-, sondern eine Massenerziehung sein. Diese Abgrenzung blieb aber, angesichts des Fehlens einer aktiven Arbeiterbewegung, rein verbal. In der Praxis entstanden nur einige wenige proletarische Erziehungsprojekte, die noch größeren Inselcharakter hatten, als die antiautoritären Projekte. Eine Verbindung von Erziehung und sozialer Bewegung konnte in der Bundesrepublik unter den gegebenen Umständen nicht stattfinden. Aus diesem Umstand resultierten ihre Fehler. Da das angestrebte Bewußtsein in der Arbeiterschaft nicht vorhanden war, sollte es pädagogisch produziert werden. Die proletarische Erziehung geriet in die Gefahr, die gesellschaftliche Herrschaft des Kapitals über die Lohnarbeit durch die Herrschaft der Erzieher über die Arbeiterkinder zu ersetzen. Sie erkannte zwar, daß die Aufhebung der Kinderfeindlichkeit mit dem Aufbau einer neuen Gesellschaft zusammenhing. Sie erkannte aber nicht, daß diese bessere Gesellschaft nur erreicht werden kann, wenn sie mit der Herrschaft über die Kinder noch in der bestehenden Gesellschaft bricht. Die proletarische Erziehung verfehlte eine realistische Analyse der Gewalt gegen die Kinder. Diese Gewalt läßt sich weder mit einem Klassenmodell aus der Zeit des Hochkapitalismus vollständig begreifen, noch mit einem veralteten Klassenkampfmodell aufheben.

Antiautoritäre Erziehung heute

Aus der kinderfeindlichen Erziehung verschwand in den 70er Jahren, mit der weiteren politischen Isolation der radikal-demokratischen Bewegung in der BRD, das politische und gesellschaftskritische Selbstverständnis. Heute formuliert die Entschulungstheorie bzw. die Antipädagogik das wenn auch entpolitisierte, antiautoritäre Erbe. Die Entschulungsdebatte (*Freire*, 1973, 1974; *Goodman*, 1975; *v. Hentig*, 1971, 1976; *Illich*, 1972/73; *Reimer*, 1972) zeigt, daß die weitgehende Institutionalisierung der Erziehung die Professionalisierung der Erzieher, die Abtrennung der pädagogischen Institutionen von der Gesellschaft und die Unterordnung der Kinder unter den erlebnisarmen Unterricht und unter die Lehrer zur Kinderfeindlichkeit führt. Die Unterwerfung der Individuen unter die bürokratisierte staatlich weitgehend gelenkte Gesellschaft wird schon im Schulsystem eingeübt. Die Curricularisierung abstrakten, praxisfernen Wissens stellt die Reproduktion elitärer Bildungsschichten sicher und stabilisiert das bürgerliche Bildungsmonopol. Das erfordert als Konsequenz die Entschulung der Schule, die Verbindung von Unterricht und Gesellschaft, die Vermittlung von Lehren, Lernen und sozialer Emanzipation. Diese Intentionen finden heute Eingang in die Lernper-spektiven nicht nur der Öko- und Alternativbewegung. Gegen die Kinderfeindlich-keit wird heute in bester antiautoritärer Tradition, in der Konzeption einer entschulten Vorschulerziehung vorgegangen (*Zimmer*, 1973; AG Vorschulerzie-hung, 1973/76; *Baumgartner/Geulen*, 1975; *Roth*, 1977; *v. Werder*, 1977). Bemü-hungen um die Entschulung der Schule greifen den Kampf gegen die Kinderfeind-lichkeit auf (*Winkel*, 1974; *v. Hentig*, 1976; *Negt*, 1976, 1977).

Radikalisiert erscheint der Wille zur Kinderfreundlichkeit in der Antipädagogik (*v. Braunmühl*, 1975; *Mannoni*, 1976). Nicht nur die mit der Erziehung gegebene Institution, auch die Rollenstruktur im Erzieher-Kind-Verhältnis wird von der Antipädagogik als Ursache der Gewalt gegen Kinder erkannt und abgelehnt. »Erziehung ist Gehirnwäsche, zunehmend trickreich veranstaltete, gewiß, um keinen Widerstand aufkommen zu lassen, kein Bewußtsein, aber eben Gehirn-(und Seelen)wäsche« (*v. Braunmühl*, 1975). An die Stelle der pädagogisch verbrämten Kinderfeindlichkeit in vom Leben abgehobenen Institutionen soll das gemeinsame Lernen der Generationen ohne »pädagogische« Einstellung, ohne »pädagogische« Erziehungsmittel und Erziehungsziele treten.

Lutz von Werder

Literatur

Arbeitsgruppe Vorschulerziehung, 1973-75: Anregungen, Bde 1-3, München – Arbeitsgruppe Vorschulerziehung, 1974: Vorschulische Erziehung in der BRD, München – Arbeitsgruppe Kinderschutz, 1975: Gewalt gegen Kinder, Reinbek – *Aries, P.*, 1975: Geschichte der Kindheit, München – *Autorenkollektiv, 1979: Berliner Kinderläden, Köln – Autorenkollek-tiv, 1971: Schülerladen Rote Freiheit, Frankfurt/M. – *Baumgartner, A./Geulen, D. (Hrsg.)*, 1975: Vorschulische Erziehung, Bd 1/2, Weinheim/Basel – *Braunmühl, E. v.*, 1975: Antipäd-agogik, Weinheim/Basel – *Breiteneicher, H. J.* u. a., 1971: Kinderläden: Revolution der Erziehung oder Erziehung zur Revolution?, Reinbek – *Biermann, G.*, 1969: Kindeszücht-igung und Kindesmißhandlung, Basel – *Brezinka, W.*, 1974: Erziehung und Kulturrevolution, München – *Brückner, P.*, 1972: Zur Sozialpsychologie des Kapitalismus, Frankfurt/M. – *Claßen, J.* (Hrsg.), 1973: Antiautoritäre Erziehung in der wissenschaftlichen Diskussion, Heidelberg – *Dolezal, U.*, 1975: Erzieherverhalten in Kinderläden, Wiesbaden – *Erlingha-gen, K.*, 1973: Autorität und Antiautorität, Heidelberg – *Freire, P.*, 1973: Pädagogik der Unterdrückten, Reinbek – *Freire, P.*, 1974: Erziehung als Praxis der Freiheit, Stuttgart – *Freire, P.*, 1974: Pädagogik der Solidarität, Wuppertal – *Friebel, H.*, 1976: Soziale Beziehung in Kinderläden, in: Päd extra, H. 3 – *Goodman, P.*, 1975: Das Verhängnis der Schule, Frankfurt/M. – *Henningsen, F.*, 1973: Kooperation und Wettbewerb, Antiautoritär und konventionell erzogene Kinder im Vergleich, München – *Hentig, H. v.*, 1971: Cuernavaca oder Alternativen zur Schule, Stuttgart – *Hentig, H. v.*, 1976: Was ist eine humane Schule?, München – *Heydorn, H. J.*, 1970: Über den Widerspruch von Bildung und Herrschaft, Frankfurt/M. – *Heydorn, H. J./Koneffke, G.*, 1973: Studien zur Sozialgeschichte und Philosophie der Bildung, Bde. 1-2, München – *Hoernle, E.*, 1974: Grundfragen proletarischer Erziehung, Frankfurt/M. – *Horkheimer, M./Fromm, E./Marcuse, H.*, 1936: Studien über Autorität und Familie, Paris – *Horn, K.*, 1967: Dressur oder Erziehung, Frankfurt/M. – *Illich, I.*, 1972: Schulen helfen nicht, Reinbek – *Illich, I.*, 1973: Entschulung der Gesellschaft, Reinbek – *Kanitz, O. F.*, 1974: Das proletarische Kind in der bürgerlichen Gesellschaft, Frankfurt/M. – Kommune 2, 1971: Versuch der Revolutionierung des bürgerlichen Individu-ums, Köln – *Kron, F. W.* (Hrsg.), 1973: Antiautoritäre Erziehung, Bad Heilbrunn –

Löwenstein, K., 1976: Sozialismus und Erziehung, Berlin – *Mannoni, M.,* 1976: Scheißerziehung, Frankfurt/M. – *Mause, L. de* (Hrsg.). 1977: Hört ihr die Kinder weinen? Frankfurt/M. – *Mollenhauer, K.,* 1974: Theorien zum Erziehungsprozeß, München – *Negt, O.,* 1976: Schule als Erfahrungsprozeß, in: Ästhetik und Kommunikation, H. 22/23 – *Negt, O.,* 1977: Grundschulversuch Glocksee, in: Päd extra, H. 6 – *Petri, H./Lauterbach, M.,* 1975: Gewalt in der Erziehung, Frankfurt/M. – Projektgruppe Brelohstraße, 1971: Proletarisches Vorschulprogramm, Bochum – *Reich, W.,* 1971: Die sexuelle Revolution, Frankfurt/M. – *Reimer, E.,* 1972: Schafft die Schule ab, Reinbek – **Roth, J.,* 1976: Eltern erziehen Kinder, Kinder erziehen Eltern, Köln – *Rühle, O.,* 1975: Zur Psychologie des proletarischen Kindes, Frankfurt/M. – *Schäfer, K. H./Schaller, K.,* 1973: Kritische Erziehungswissenschaft und kommunikative Didaktik, Heidelberg – *Weber, E.,* 1974: Autorität im Wandel, Danauwörth – *Werder, L. v.,* 1976: Erziehung und gesellschaftlicher Fortschritt, Berlin – *Werder, L. v.,* 1974: Sozialistische Erziehung in Deutschland, Frankfurt/M. – **Werder, L. v.,* 1972: Von der antiautoritären zur proletarischen Erziehung, Frankfurt/M. – **Werder, L. v.* (Hrsg.), 1977: Was kommt nach den Kinderläden?, Berlin – *Winkel, R.,* 1974: Das Ende der Schule, München – *Zimmer, J.* (Hrsg.), 1973: Curriculumentwicklung im Vorschulbereich, Bde. 1-2, München. –

→ Schulsystem: Alternativschulen → Sozialistische Erziehung

Arbeiterjugend

Entwicklung der Jugendforschung bezogen auf die Arbeiterjugend

Mit der wachsenden Zahl von arbeitenden Jugendlichen, Auflösung der bürgerlichen Form der Familie und der Entwicklung einer selbständigen Arbeiterjugendbewegung vollzieht sich seit 1900 ein stärkerer Staatseingriff in die Situation der Arbeiterjugend (Jugendfürsorge, Jugendpflegeeinrichtungen etc.). 1909 wird dazu die erste große Untersuchung über jugendliche Arbeitskräfte durchgeführt. Sie umfaßt die Lage von Arbeiterjugendlichen ganzer Industriezweige (Die jugendlichen Arbeiter in Deutschland, 1910).

In der Weimarer Republik wird bereits die soziale Lage der gesamten Arbeiterjugend durch direkte Befragung (Fragebogen) von repräsentativen Gruppierungen vorgenommen. Die bürgerliche Jugendforschung ist nicht in der Lage, grundlegende Jugendfragen zu erklären. Sie kennt kein wissenschaftliches Gesamtsystem der Jugendforschung; zunehmend entwickelt sich eine Trennung zwischen »reiner« theoretischer Soziologie und »angewandter« empirischer Soziologie im Bereich der Jugendforschung. Nach dem II. Weltkrieg dehnt sich die bürgerliche Jugendforschung rasch aus. Sie scheitert jedoch immer wieder, wesentliche Beziehungen und Gesetzmäßigkeiten in der bestehenden Gesellschaft zu erkennen.

Sie setzt sich am wenigsten mit den objektiven Arbeits- und Lebensbedingungen der Jugendlichen auseinander, sondern ist primär mit deren Verhaltensweisen beschäftigt. Abgeleitete Bereiche (z. B. Reproduktionsbereich) werden häufig jeweils für sich ohne zusammenhängende Grundlage betrachtet. Trotz einer

solchen unzulänglichen Verarbeitung, trotz ideologisch ausgerichteter Interpretationen erlangt die Jugendforschung umfangreiche Materialien über das Bewußtsein
und Verhalten dieser jungen Generation und gibt konkrete Hinweise für die
ideologische Beeinflussung und für jugendpolitische Maßnahmen. Ende der 60er
Jahre setzt eine Neuorientierung der Jugendsoziologie in der Bundesrepublik ein.
Die erste Krise in der Nachkriegszeit, die einen absoluten Rückgang der Produktion erbringt (1966/67), bewirkt eine steigende Arbeitslosigkeit und Unterbeschäftigung und führt zur Verschlechterung der Arbeitsbedingungen. In dieser Krise
werden primär ungelernte und ältere Arbeitskräfte arbeitslos. Eine Umschulungs-
welle setzt ein, um die vermeintliche Ursache der Arbeitslosigkeit zu beseitigen, die
Qualifikationsstruktur der Arbeitsplatzstruktur anzupassen.
Nach der Krise 1966/67 scheint also die wirtschaftliche Entwicklung entscheidend
vom Qualifikationsniveau der Arbeitskräfte abzuhängen, infolgedessen stellen sich
die empirischen Studien vor allem die Aufgabe, Diskrepanzen zwischen klein- und
mittelbetrieblicher Berufsausbildung und aktuelle Mobilitäts- und Qualifikationsanforderungen zu belegen. Die Erfahrungen mit den Auswirkungen der Krise, die
sich in einigen Wirtschaftsräumen (Nordrhein-Westfalen) durch die Kumulation
von energiewirtschaftlichem Strukturwandel (»Steinkohlenkrise«) und allgemeiner
Rezession noch wesentlich krasser zeigt, spielt für das Entstehen der späteren
Lehrlings- und Jungarbeiterbewegung eine entscheidende Rolle. 1968/69 beginnen
Lehrlinge und Jungarbeiter ihre Unzufriedenheit über ihre Arbeits- und Ausbildungsbedingungen öffentlich zu artikulieren (*Weiler/Freitag*, 1971; *Haug/Maessen*,
1971; *Michels/Pfeiffer*, 1971). Die geringe Verwertbarkeit der Berufsausbildung im
Handwerk und in Kleinbetrieben und die sich anbahnende Jugendarbeitslosigkeit
führen zu einer erheblichen politischen Aktivierung der Arbeiterjugend, insbesondere unter Auszubildenden, jungen Arbeitern und Angestellten. Viele Auszubildende werden als jugendliche Hilfsarbeiter in den Betrieben ausgenutzt, statt für
einen zukunftsreichen Beruf qualifiziert zu werden. Zwar erfaßt diese Bewegung
nur relativ geringe Teile der Auszubildenden, Jungarbeiter und jungen Angestellten, aber sie läßt Zweifel an der Behauptung aufkommen, nach der die »Arbeiter-
und Angestelltenjugend . . . das Rollenspiel der modernen« Gesellschaft so erlernt
hätte, wie dieses im Interesse der Herrschenden liegt (*Graf Blücher,* 1969: 122). Es
wird deutlich, in welch kritischer Weise diese Teile der Arbeiterjugend ihre Lage
einschätzen.
Die damalige Jugendforschung wird von den Veränderungen der objektiven Lage,
des subjektiven Verhaltens und der Einstellung der Jugend überrascht. Es gibt
keinen Ansatz, der auch nur annäherungsweise die neuartigen Entwicklungen
adäquat prognostiziert hat. Die überraschenden Erscheinungen jugendlichen Pro-
testverhaltens unter Studenten und die zunehmenden Aktivitäten der Arbeiterjugend Ende der 60er Jahre zieht eine beschleunigte Entwicklung verschiedener
jugendsoziologischer Ansätze nach sich. An den bisherigen Erklärungsversuchen
wird kritisiert, daß sie durch Theorielosigkeit, mangelnde Differenzierung und
geringen Erklärungswert charakterisiert sind. Gefordert werden präzisere, realitätsnahe Aussagen über bestimmte Schichten von Jugendlichen, um das Verhalten

dieser Jugendlichen prognostizieren zu können und um absehbare Entwicklungen jugendpolitisch und pädagogisch zu beeinflussen.

Ergebnisse empirischer Untersuchungen zur Arbeiterjugend

Als Reaktion auf die breite Kritik und auf die langwierigen Auseinandersetzungen um das Berufsbildungsgesetz werden bis Mitte der 70er Jahre empirische Studien über die konkrete Situation der jugendlichen Ungelernten und der Auszubildenden in der betrieblichen und schulischen Ausbildung, in ihren Arbeitsplatzbedingungen etc. in Auftrag gegeben bzw. unterstützt. Abgesehen von der DGB-Untersuchung *(Schelsky,* 1953) werden in der Bundesrepublik erstmals wieder Anfang der 70er Jahre materialreiche Ergebnisse empirisch-statistischer Erhebungen veröffentlicht.

Diesen Analysen haftet jedoch ein grundlegender Mangel an: Die empirischen Ergebnisse werden weder im Rahmen der vorhandenen jugendsoziologischen Ansätze *(Rosenmayr, Neidhardt* u. a.) verarbeitet noch in den gesamtgesellschaftlichen Rahmen eingebettet. Weder werden die gesamtgesellschaftlichen Probleme der Entwicklung des Kapitals, der technischen Entwicklung noch die damit zusammenhängenden politischen Veränderungen (Reform der Berufsausbildung, Berufsbildungsgesetz, Einführung der Stufenausbildung etc.) in ihren Intentionen und Grenzen berücksichtigt.

Ein weiterer Mangel dieser empirischen Untersuchungen besteht darin, daß die jugendspezifischen Probleme nicht nach schicht- und klassenspezifischen Differenzierungen entwickelt werden, ohne die realitätsgerechte und brauchbare Aussagen kaum zu gewinnen sind. Auszubildende werden vor allem über die Ausbildungsqualität im Betrieb und in der Berufsschule und jugendliche Arbeitnehmer unter 18 Jahren, über die Einhaltung der Jugendarbeitsschutzgesetz-Bestimmungen befragt. Ziel dieser Untersuchungen ist es, die vorhandenen Schwierigkeiten, die Vorschriften des Berufsbildungsgesetzes und des Jugendarbeitsschutzgesetzes in der Praxis durchzusetzen, zu ermitteln. Hintergrund dieser Studien sind die Aktivitäten der Arbeiterjugend und die Forderung der Gewerkschaften nach Mitentscheidung über Inhalt und Ziel der Berufsausbildung, nach der Kontrolle der unternehmerischen Entscheidungen durch die Arbeiterklasse und ihre Organisationen. Das neue Berufsbildungsgesetz entspricht in keiner Weise den Interessen der Arbeiterjugend. Ihre Aktivitäten führen zu einer öffentlichen Diskussion über die Misere der Lehrlingsausbildung und zu den genannten empirischen Untersuchungen. Die Untersuchungen beabsichtigen übereinstimmend, die reale Situation der Auszubildenden in Berufsschule und Betrieb ins Verhältnis zu den gesetzlichen Bestimmungen zu setzen, um Basismaterial für bildungspolitische Maßnahmen zu erhalten und Anhaltspunkte über eine Kritik unter den Arbeiterjugendlichen zu erfahren, die zu weiteren organisierten Auseinandersetzungen führen können. Es soll herausgearbeitet werden, unter welchen Ausbildungs- und Arbeitsbedingungen Auszubildende oder Ungelernte mit Zufriedenheit bzw. Unzufriedenheit reagieren. Dabei wird versucht, das Unzufriedenheitspotential »wissenschaftlich« als unbedeutend zu bewerten. Inwieweit diese Studien der objektiven Bedingungen und das Ausmaß der Ausbildungsmisere wiedergeben, wird nicht hinterfragt. Dabei muß noch berücksichtigt werden, daß die Befragten (trotz Hinweisen auf die anonymen Antworten) Angst vor Nachteilen und Repressalien haben (SAB-Studie, 1973). Dies gilt besonders für Auszubildende in Kleinbetrieben und in ländlichen Gebieten.

Obwohl diese Studien kein umfassendes realistisches Bild über die Situation der Auszubildenden geben können, beschreiben sie eine Reihe von wichtigen Tendenzen über die betriebliche und schulische Ausbildung und Arbeit dieser Jugendlichen, so daß einige Mißstände in der Berufsausbildung deutlich werden.

Die Studien Ende der 70er und Anfang der 80er Jahre haben andere Schwerpunkte: Sie untersuchen die Beseitigung des Jugendarbeitsschutzes unter dem Druck der Jugendarbeitslosigkeit (*Stark-von der Haar*, 1977; *Rath-Hörburger*, 1979), den Zusammenhang der Jugendarbeitslosigkeit mit der Qualifikation (*Baethge* u. a., 1980), insbesondere von Jungarbeiterinnen (*Dehler*, 1978) sowie die soziale Situation jugendlicher Arbeitsloser (*Heinemann*, 1978; *von der Haar/Stark-von der Haar*, 1982).

Für den größten Teil der Arbeiterjugend, der durch eine betriebliche Berufsausbildung qualifiziert wird, sind die nachfolgenden Ergebnisse von Interesse:

Betriebsgröße: Jugendliche werden überwiegend in handwerklichen und Kleinbetrieben ausgebildet, d. h. in der Ausbildung existiert eine stillschweigende Arbeitsteilung zwischen groß- und kleinkapitalistischen Betrieben bzw. einfachen Warenproduzenten (*Baethge* u. a., 1980). Die Betriebsgröße erweist sich für zahlreiche Momente der materiellen und sozialen Situation als wichtiger Faktor. Mit steigender Betriebsgröße wird die Qualität der Ausbildung besser, nehmen Verstöße gegen das Jugendarbeitsschutz-Gesetz ab (*Rath-Hörburger*, 1979), steigt die Ausbildungsvergütung, wächst der Einfluß der betrieblichen Interessenvertretung und werden die sozialen und ökonomischen Verhältnisse bewußter gesehen.

Bereits Anfang der 70er Jahre ist es den größeren Betrieben möglich, unter den Bewerbern um eine Ausbildungsstelle stärker auszuwählen: Es steigt der Anteil der Auszubildenden mit einer über die Hauptschule hinausführenden Schulbildung mit der Betriebsgrößenklasse (*Mittler*, 1972; *Daviter* u. a., 1973). Sonder- und Hauptschüler haben bei wachsender Jugendarbeitslosigkeit Ende der 70er Jahre am ehesten noch Ausbildungschancen in handwerklichen Kleinbetrieben (*Saterdag/Stegmann*, 1980).

Ausbildungsqualität: Nur knapp jeder zweite Auszubildende hat einen (gesetzlich vorgeschriebenen) Ausbilder und gut jeder dritte Auszubildende arbeitet entweder mit anderen Auszubildenden oder mit unqualifizierten Arbeitskräften zusammen oder arbeitet sogar allein (SAB-Studie, 1973). Für fast $^2/_3$ der Auszubildenden existiert kein betrieblicher Ausbildungsplan. Nur knapp $^1/_4$ der Auszubildenden erhält einen regelmäßigen theoretischen Unterricht im Betrieb, und zwar überwiegend in Großbetrieben (500 und mehr Beschäftigte). Als besondere Mängel in der Berufsausbildung werden von den Auszubildenden angeführt: Mangel an theoretischem Unterricht, zuviel Befehle, zuviel Routinearbeit und keine gleiche Bezahlung trotz gleicher Arbeit.

Arbeitszeit: Jeder zweite Auszubildende unter 18 Jahren überschreitet gelegentlich oder regelmäßig die gesetzlich festgelegte Wochenarbeitszeit, und zwar am stärksten in gewerblichen Ausbildungsberufen und in Kleinbetrieben. Mit zunehmender Betriebsgröße nimmt der Anteil derjenigen, die eine wöchentliche Arbeitszeit von 42 oder weniger Stunden aufweisen, zu. Wochenarbeitszeiten von 49 oder mehr Stunden finden sich nur noch in Betrieben mit 50 oder weniger Beschäftigten. Davon sind besonders folgende Ausbildungsberufe betroffen: Hauswirtschaftsgehilfe, Koch, Verkäufer(in) und gastronomische Berufe (SAB-Studie, 1973).

Kann schon jeder siebente Auszubildende die vorgeschriebenen täglichen Ruhepausen nur gelegentlich oder nie wahrnehmen, so ist dieser Verstoß bei den Jungarbeitern noch gravierender. Es wird festgestellt, daß die Bestimmungen über die Gesamtpausenzeiten überwiegend dann nicht eingehalten werden, wenn Auszubildende in den normalen Produktionsprozeß eingegliedert sind. Jungarbeiter sind mit ihrer stärkeren Integration in den Produktionsprozeß gleichfalls mehr von dieser Übertretung betroffen.

An Berufsschultagen mußte jeder 10. Auszubildende länger als 8 Stunden arbeiten und jeder 5. Auszubildende ein- bis zehnmal dem Berufsschulunterricht fernbleiben. An Sonn- oder gesetzlichen Feiertagen arbeitet jeder 13. Auszubildende gelegentlich oder regelmäßig länger als 4 Stunden. Dabei erhält von diesen Auszubildenden mehr als die Hälfte nicht den vorgesehenen freien Tag als Ersatz. Überstunden macht jeder 3. Auszubildende. Der Anteil der Belastung mit Überstunden steigt vom 1. bis zum 3. Ausbildungsjahr an. Der Extraprofit für den Unternehmer wird um so höher, je qualifizierter der Lehrling ist: Weniger als die Hälfte der Überstunden leistenden Auszubildenden werden für diese entlohnt.

Weniger Urlaubstage als gesetzlich vorgeschrieben erhält fast $\frac{1}{4}$ der Auszubildenden, und ein Teil der Auszubildenden kann seinen Urlaub nicht während der Berufsschulferien nehmen. Die Ausbildung des Auszubildenden ist gekennzeichnet durch einen hohen Anteil von ausbildungsfremden Arbeiten und Routinearbeiten. Es sind von den ausbildungsbezogenen Arbeiten ausbildungsfremde, aber berufsbezogene Arbeiten (Routine- und Nebenarbeiten) und ausbildungs- und berufsfremde Arbeiten (Hilfsarbeiten: Botengänge, Kaffeekochen, Bierholen, Hausarbeit etc.) zu unterscheiden. Ausbildungs- und berufsfremde Arbeiten kommen am häufigsten im 2. Ausbildungsjahr vor. Während sich der Umfang der ausbildungs- und berufsfremden Tätigkeiten bei kaufmännischen und Dienstleistungsberufen auf eine halbe Stunde pro Tag beschränkt, sind es bei den gewerblichen Auszubildenden bis zu drei Stunden.

Gelegentlich müssen die Auszubildenden sogar verbotene Akkordarbeiten machen. Von den Auszubildenden, die in Akkordabteilungen tätig sind, arbeitet ein gutes Drittel selbst im Akkord. In den Großbetrieben müssen gut zwei Drittel der Auszubildenden in der Produktion arbeiten. Durch die planmäßige Anstellung in der Produktion werden die in diesen Betrieben höheren Ausbildungskosten gesenkt, wenn nicht gar ausgeglichen. Diese ausbildungsfremde Arbeit nimmt mit höherem Ausbildungsjahr zu. In den Großbetrieben sind die Hilfsarbeiten nur noch halb so oft anzutreffen wie in Klein- und Mittelbetrieben. Es ist anzunehmen, daß

insbesondere in Kleinbetrieben Auszubildende sowohl Hilfsarbeiten (ausbildungs-
und berufsfremde) wie auch Routinearbeiten in der Produktion (ausbildungsfremd,
aber berufsbezogen) in umfangreichem Maße machen müssen, so daß der Auszubildende hauptsächlich eine billige profitable Arbeitskraft ist. Ende der 70er und
Anfang der 80er Jahre werden nur regionale und branchenmäßig beschränkte
Erhebungen zu den Verstößen gegen das Jugendarbeitsschutzgesetz überwiegend
von Einzelgewerkschaften durchgeführt (*Rath-Hörburger*, 1979; Gewerkschaft
Gartenbau, Land- und Forstwirtschaft NRW, 1981; Gewerkschaft Nahrung, Genuß, Gaststätten, Frankfurt, 1980 etc.).

Entlohnung: 1970 erhält jeder 10. Auszubildende eine Ausbildungsvergütung
unter 100 DM, gut ¾ der Auszubildenden erhalten zwischen 151 und 300 DM
(WEMA-Studie, 1972). Auf Basis ausgewählter Tarifverträge über Ausbildungsvergütungen erhält 1979 jeder 20. Auszubildende weniger als 250 DM und ⅔ aller
Auszubildenden erhalten 400 bis 550 DM (*Beicht* u. a., 1980). Industrielehrlinge
erreichen höhere Löhne als Handwerkslehrlinge: Auszubildende in größeren
Betrieben verdienen durchschnittlich mehr als in kleineren Betrieben. Da sie mit
geringerem Schulabschluß eher in Kleinbetrieben ausgebildet werden, erhalten
auch sie eine spürbar geringere Ausbildungsvergütung als ihre Vergleichsgruppe.
Die »Vergütung« in kaufmännischen und Dienstleistungsberufen liegt höher als bei
gewerblichen, insbesondere bei handwerklichen Berufen. Am untersten Ende der
Ausbildungsvergütung liegen Friseure und Hauswirtschaftsgehilfen. In diesen
Berufen werden überwiegend Mädchen ausgebildet.

Männliche Auszubildende erhalten 1981 monatlich durchschnittlich 502 DM und
weibliche 473 DM (Arbeitskammer des Saarlandes, 1981).

Die Ausbildungsvergütungen steigen mit den Ausbildungsjahren. Der Grund dafür
liegt nicht im Ausbildungsniveau, im steigenden Alter bzw. Ausbildungsjahr,
sondern darin, daß die Produktionsarbeit der Auszubildenden mit den Ausbildungsjahren extensiv oder/und intensiv zunimmt (*Stark-von der Haar*, 1977).

Jungarbeiter verdienen im Durchschnitt 50% mehr als Auszubildende, Jungarbeiterinnen verdienen rund 10% weniger als Jungarbeiter (*Schweikert*, 1979, 27). Die
niedrige Ausbildungsvergütung verweist auf eine starke Abhängigkeit von den
Eltern oder anderen Unterhaltspflichtigen. Die Auszubildenden interpretieren ihre
Lage als Zwischensituation zwischen elterlicher Familie und Betrieb. Sie haben
eine ambivalente Einstellung zu der fortbestehenden Bindung an die Eltern:
einerseits Zwang und Abhängigkeit – andererseits Schutz und Sicherheit.

Auszubildende geben im Durchschnitt monatlich 111 DM (33,5% ihres Verdien-
stes) ab. Fast die Hälfte der Auszubildenden geben an, sie könnten die gesamte
Ausbildungsvergütung für sich behalten. Anders bei Jungarbeitern: nur 28% bleibt
der gesamte Verdienst überlassen. Sie werden in einem beträchtlichen Maße als
Mitverdiener von der Familie herangezogen (*Schweikert*, 1979).

Interessenvertretung und Organisierung: Weil Jugendliche vorwiegend in Klein- und
Kleinstbetrieben ausgebildet werden, verringert sich auch ihre Chance, durch
Betriebsrat und Jugendvertretung ihre Interessen durchzusetzen. Je stärker die
Jugendlichen in Kleinstbetrieben ausgebildet werden, desto weniger ist eine

betriebliche Interessenvertretung vorhanden, was es erschwert, organisiert Interessen durchzusetzen. Soweit vorhanden, wird die Jugendvertretung als wirkungsvolle Interessenvertretung der Jugendlichen eingeschätzt. Danach gefragt, an wen sich Auszubildende im Falle einer Beschwerde über betriebliche Probleme (Ausbildungs-, Jugendarbeitsschutzverstöße etc.) wenden würden, zeigt sich, daß sich mit steigender Betriebsgröße die Jugendlichen relativ stärker an Betriebsrat, Jugendvertretung oder Gewerkschaften wenden.

Von den Hamburger Auszubildenden glaubt nur jeder 10., daß es eine Interessengleichheit von Unternehmern und Arbeitnehmern gibt; fast die Hälfte hat ein antagonistisches Gesellschaftsbild. Dennoch ist nur knapp $\frac{1}{5}$ der Auszubildenden gewerkschaftlich organisiert. Allerdings gibt es eine hohe Bereitschaft zu einer gewerkschaftlichen Organisierung. Auszubildende in Kleinstbetrieben sind kaum, aber gut $\frac{1}{3}$ der Auszubildenden in Größtbetrieben ist gewerkschaftlich organisiert (*Daviter* u. a., 1973). Die gewerkschaftliche Orientierung der Jugendlichen, die in Klein- und Kleinstbetrieben ausgebildet werden, ist nur schwach entwickelt. Nach dem Schulabgang sehen sie sich in einer neuen Situation: Einerseits sind sie z. T. noch stark dem Elternhaus verhaftet, verstehen sie den Vorgesetzten eher als einen Pädagogen und nicht als Vertreter der Betriebshierarchie. Andererseits werden sie rigoros im Betrieb diszipliniert (*Rath-Hörburger*, 1979).

Mitgliedsbereitschaft und Streikbejahung hängen offensichtlich auch von den Betriebserfahrungen ab. Auch im Unterschied zu jugendlichen Ungelernten zeigt sich dieser Einfluß: Letztere sind stärker gewerkschaftlich organisiert und eher in größeren Betrieben beschäftigt (*Dehler*, 1978; *von Heiseler*, 1978). Die gewerkschaftliche Organisierung der Auszubildenden zeigt sich in einer besseren Informiertheit über die betrieblichen Probleme. Jugendliche sind allerdings im Vergleich zu den erwachsenen Kollegen wesentlich geringer gewerkschaftlich organisiert. Es bestehen auch erhebliche Unterschiede zwischen gewerblichen (höherer Organisierungsgrad) und kaufmännisch/technischen Auszubildenden und innerhalb der Jungarbeiter zwischen den qualifizierten (höher organisiert) und unqualifizierten.

Jugendarbeitslosigkeit

Nach der Krise 1974/75 werden empirische Analysen zu Verhaltensweisen arbeitsloser Jugendlicher und Folgewirkungen der Jugendarbeitslosigkeit durchgeführt (*Heinemann*, 1978; *Wilhelm/Reiss*, 1980) sowie die Lebenssituation und sozialpädagogische Arbeit mit arbeitslosen Jugendlichen dargestellt (*Opaschowski*, 1976; *Stark-von der Haar/von der Haar*, 1977; *Burger/Seidenspinner*, 1977).

Die hohe Sockel-Jugendarbeitslosigkeit führt auch zu einer sozialen und materiellen Notlage. Es wird jetzt untersucht (*von der Haar/Stark-von der Haar*, 1982), ob und inwieweit das Netz der sozialen Sicherung für arbeitslose Jugendliche seine Aufgaben des Auffangens und der Abfederung erfüllt. Erstmals wird versucht, die materielle Lage arbeitsloser Jugendlicher in der Bundesrepublik systematisch und umfassend darzustellen und sozialpolitisch zu beurteilen. Bezugspunkt ist das Jahr 1980. Es zeigt sich, daß 1980 der Umfang der tatsächlichen Jugendarbeitslosigkeit

(570 000) das $2\frac{1}{2}$fache der arbeitslos registrierten (225 000) ausmacht. Auf dieser Basis wird die materielle Lage arbeitsloser Jugendlicher hinsichtlich ihrer verschiedenen Existenzquellen analysiert: Die Mehrzahl aller arbeitslosen Jugendlichen (55%) erhält keine öffentliche Förderung. Sie erhalten weder Arbeitslosengeld, Arbeitslosenhilfe, Sozialhilfe noch eine finanzielle Förderung in staatlichen Auffangmaßnahmen. Die familiäre Unterstützung ist eine zentrale Existenzgrundlage. Es zeigt sich, daß die meisten arbeitslosen Jugendlichen (65%) aus vielfach kinderreichen, un- oder angelernten Arbeiterfamilien stammen und daß eine Unterstützung daher nur in sehr engen Grenzen möglich ist. Der Verdienstausfall der Jugendlichen führt zu erheblichen familiären Belastungen. Gespart wird zuerst in Konsumbereichen. Damit verringern sich zugleich die sozialen Kontakte erheblich. Selbsthilfeprojekte und Gelegenheitsarbeiten, Betteln und Trebegang sowie Versorgungsdiebstähle sind infolge der unzureichenden öffentlichen und familiären Unterstützung relevante Existenzquellen. Aber diese relativ perspektivlosen Überwinterungsmöglichkeiten bieten keinen Schutz vor Armut, sondern beschleunigen vielfach noch eher den Prozeß der sozialen Isolierung und Resignation. Längere Arbeitslosigkeit bedeutet für Jugendliche heute wieder materielle Not bis hin zur Existenzgefährdung. Für das Erleiden materieller Not ist das Verhältnis von Erwartungen an den Lebensstandard einerseits und dem real Erreichten andererseits das entscheidende Kriterium.

Arbeiterjugend als Teil der Arbeiterklasse

Bei der Analyse der Lebens- und Arbeitsbedingungen der Arbeiterjugend ist von den Merkmalen auszugehen, die die Lage der gesamten Arbeiterklasse bestimmen. Ausgangspunkt sind die Bedingungen der Produktion und Reproduktion des Kapitals. Die Arbeiter sind ökonomisch bestimmt als Nichtbesitzer von Produktionsmitteln, die zum stets wiederholten Verkauf ihrer Arbeitskraft gezwungen sind, und zwar so, daß sie als Verwertungsobjekt möglichst viel unbezahlte Mehrarbeit für das Kapital leisten. Dieser Zwang, zur Existenzerhaltung seine Arbeitskraft verkaufen zu müssen, bestimmt konkret auch die Situation der Arbeiterjugend; die Arbeiterjugend ist generell – früher oder später – gezwungen, ihre Arbeitskraft unter kapitalistischen Bedingungen zu verkaufen und zu verausgaben.

Eine zweite Bestimmung unterscheidet sie jedoch von dem erwachsenen Teil der Arbeiterklasse: Sie wird erst noch für den kapitalistischen Produktionsprozeß »hergerichtet«. Dieser Prozeß macht die Arbeiterjugend besonders aufnahmebereit für neuere technische und soziale Entwicklungen und Verhaltensweisen. Eine aktuelle ökonomische Krise des Kapitals kann daher bei der Arbeiterjugend einen tiefergehenden und weiterreichenden Eindruck hinterlassen als bei den Erwachsenen, die bereits durch vielfältige Erfahrungen in besseren wirtschaftlichen Zeiten vorgeprägt sind. Hinzu kommt eine häufig vorhandene familiäre Ungebundenheit, die es der Arbeiterjugend teilweise ermöglicht, in die aktuellen politischen und gewerkschaftlichen Kämpfe stärker einzugreifen. »Bei dieser Definition ist es gleichgültig, ob sich der Jugendliche noch in der Ausbildung befindet oder bereits wie ein Erwachsener arbeitet (oder sich als ein Arbeitsloser auf dem Wartestand befindet, d. Verf.), ob sein Lohn hoch oder niedrig ist und ob er Klassenbewußtsein besitzt oder nicht« (*Ransch*, 1965, 229 f.). Zur Arbeiterjugend gehören also alle, die gezwungen sind, ins Lohnarbeiterdasein einzutreten, und zwar ihre Arbeitskraft als Verwertungsobjekt (nicht als Führungskraft) zu verkaufen, und dies bereits getan haben oder sich noch in Vorbereitung dazu befinden oder den Wartestand für das Lohnarbeiterdasein als Arbeitslose einnehmen. Realschüler aus Arbeiterfamilien gehören ebenso zur Arbeiterjugend wie etwa Auszubildende, junge Facharbeiter, ungelernte jugendliche Arbeiter oder Angestellte, Jugendliche aus Arbeiter- oder Angestelltenfamilien, die ihren Bundeswehrdienst (bzw. Ersatzdienst) ableisten, Schüler der Berufsfachschule, weibliche Jugendliche, die den Haushalt ihrer Arbeitereltern oder ihres Arbeiterehemannes führen oder jugendliche Arbeitslose etc.

Auch die Teile der Jugend, die sich über den Arbeitslohn, nicht selbständig ernähren können, gehören zur Arbeiterjugend als Teil der Arbeiterklasse, soweit ihr Lebensunterhalt aus dem Arbeitslohn des aktiven Teils der Arbeiterklasse mitgetragen wird. Dieser Teil der Jugend muß ebenso die Folgen der kapitalistischen Lohnarbeit mittragen, wenn z. B. das Einkommen der arbeitenden Familienmitglieder sinkt, wenn sie auch außerhalb des Produktionsprozesses stehen und deshalb die betrieblichen Herrschaftsverhältnisse nur in vermittelter Form erfahren. Ihre isolierte Existenzweise ist auch der Grund dafür, daß die weiblichen Jugendlichen Illusionen und Vorurteile schwerer abbauen und nur in geringerem Umfang von der sozialen und politischen Bewegung ergriffen werden. Die Zugehörigkeit der Jugendlichen zur Arbeiterjugend, also zur nachwachsenden Generation der Arbeiterklasse bestimmt sich nicht allein von der sozialen Herkunft her, obwohl diese einen wesentlichen Einfluß auf die spätere ökonomische und soziale Situation des Jugendlichen in der kapitalistischen Gesellschaft hat. Zur Arbeiterjugend gehören nicht nur die Jugendlichen, die Lohnarbeiter des industriellen, kaufmännischen und Bankkapitals sind oder werden, sondern auch die, die unter nichtkapitalistischen Bedingungen Werte produzieren, wie z. B. die Lohnarbeiter der isolierten Produktion (Landwirtschaft, Handwerk etc.).

Die gesetzliche Bestimmung der Volljährigkeit (18 Jahre), die gesetzliche Differenzierung in Jugendliche bis 18 Jahre und Heranwachsende bis 21 Jahre oder der geringere Verdienst von Jugendarbeitern oder die teilweise bestehende Abhängigkeit der Jugendlichen von ihren Eltern sind Umstände, die das Leben der Arbeiterjugend zweifellos beeinflussen.

Von diesen besonderen rechtlichen und politischen Benachteiligungen, von noch vorhandenen familiären Abhängigkeiten gegenüber den Eltern usw. soll hier bei der grundlegenden klassenspezifischen Bestimmung der Arbeiterjugend abgesehen werden.

Gruppierungen der Arbeiterjugend

Die Erfordernisse des Kapitals führen also zu unterschiedlichen Gruppierungen
innerhalb der Arbeiterjugend als Fraktion der Arbeiterklasse:

1. Für einen Teil der Arbeiterjugend führt der Zwang zum Verkauf ihrer Arbeitskraft unmittelbar nach Beendigung ihrer Kindheit dazu, sich als Jungarbeiter
   oder Jungangestellte zu verdingen. In diese Rubrik gehören auch jene ausge-
   lernten (angelernte, gelernte) jugendlichen Lohnarbeiter.
2. Ein zweiter Teil der Arbeiterjugend erhält eine verlängerte Schulbildung und/
   oder eine berufsspezifische Ausbildung, wozu diese entweder ganz – wie z. B.
   bei Berufsfachschulen – oder teilweise – wie z. B. größtenteils bei Auszubildenden – von Lohnarbeit freigestellt werden und demgemäß von der Gesellschaft
   (zum größten Teil von der Arbeiterklasse) versorgt werden. Von dieser zweiten
   Gruppierung muß also ein Teil über die Hauptschule hinaus eine weiterführende
   allgemeinbildende Schule (z. B. Realschule) besuchen. Die Ausbildung ist
   durch folgende widersprüchliche Momente gekennzeichnet: Einerseits bedingt
   die kapitalistische Produktionsweise Wechsel der Arbeit, Veränderung der
   Arbeitsfunktion, also allseitige Beweglichkeit der Arbeitskräfte. Für wechselnde Arbeitserfordernisse ist ein hohes Maß an Mobilität, an Können und Wissen
   notwendig. Andererseits wird die Entfaltung ihrer Qualifikationen gehemmt,
   weil ihre schulische und berufliche Ausbildung unter kapitalistischen Bedingungen vor sich geht. Von einer disponiblen Ausbildung entsprechend den Anforderungen der technischen Entwicklung des kapitalistischen Produktionsprozesses kann nicht immer gesprochen werden. Die betriebliche Ausbildung entspricht weder den gegenwärtigen noch den zukünftigen Qualifikationsanforderungen und damit auch nicht den Interessen der Jugendlichen, statt dessen ist sie
   an dem jeweiligen momentanen Arbeitskräftebedarf und dem gegenwärtigen
   technischen Stand der Produktionsanlagen sowie den Verwertungsbedürfnissen
   des Einzelkapitals oder des Produzenten angepaßt.
3. Ein dritter zunehmender Teil der Arbeiterjugend wird weder in der kapitalistischen Produktion unmittelbar noch in der berufsspezifischen Ausbildung für
   den Produktionsprozeß benötigt. Diese dritte Gruppe setzt sich aus Jugendlichen zusammen, die entweder unmittelbar nach der Sonder- oder Hauptschule
   arbeitslos werden oder aus Jugendlichen der 1. und 2. Gruppe, die also bereits
   gearbeitet haben oder/und ausgebildet worden sind.

Das Verhältnis dieser drei Gruppen der Arbeiterjugend hängt vom Entwicklungsstand des Kapitals, von zyklischen Schwankungen und von der Kampfkraft der
Arbeiterklasse ab: Da es vom Verwertungsbedürfnis des Kapitals abhängt, wie
viele Arbeitskräfte beschäftigt bzw. arbeitslos sind, unterliegen die Arbeiterklasse
und die Arbeiterjugend periodischen Schwankungen der relativen Sicherheit bzw.
Unsicherheit des Arbeitsplatzes. Für die Arbeiterjugend läßt sich nachweisen, daß
ihre Betroffenheit von Arbeitslosigkeit, ihre Entlohnung, ihr Gesundheitszustand,
ihre Arbeitsbedingungen, ihr quantitativer Anteil an betrieblicher Ausbildung und
deren Qualität, im Laufe des industriellen Zyklus Schwankungen unterliegen

(*Stark-von der Haar*, 1977). In Krisenzeiten verschlechtern sich ihre gesamten Arbeits- und Lebensverhältnisse.

Allerdings kann damit auch die Einsicht in die gesellschaftlichen Verhältnisse wachsen. Dieser Bewußtwerdungsprozeß zeigt sich auf dem Höhepunkt der Krise 1974/75 in der Teilnahme von mehr als 300 000 Jugendlichen in der BRD, mehrheitlich junge Arbeiter und Auszubildende, an Aktionen gegen Lehrstellenvernichtung, Jugendarbeitslosigkeit und für eine umfassende Bildungsreform. Er zeigt sich weiter in der wachsenden Bereitschaft, sich gewerkschaftlich zu organisieren. Immer mehr Arbeiterjugendliche stellen die Frage nach ihrer Perspektive und stellen Forderungen zur Lösung ihrer Probleme auf.

Bürgerliche Jugend und Arbeiterjugend

Jugend ist nach alledem keine eigenständige soziale Klasse oder Schicht. Auch die Jugend ist ein Produkt der Sozialstruktur der bestehenden Gesellschaft: Ihre soziale Zusammensetzung entspricht im wesentlichen der Sozialstruktur der Gesellschaft. Jeder Jugendliche gehört zu einer Klasse oder Schicht und nimmt damit eine bestimmte Position in der Sozialstruktur ein. Als Mitglied einer bestimmten Klasse teilt er auch deren spezifische Entwicklungsbedingungen, aus denen sich – allgemein betrachtet – spezifische Interessen, Verhaltensweisen, Wertvorstellungen, Persönlichkeitsmerkmale und Bewußtseinsstrukturen entwickeln.

Dies gilt im allgemeinen auch für den Durchschnitt. Im besonderen Einzelfall können die Entwicklungsbedingungen sehr unterschiedlich wirksam werden und sich im Persönlichkeitsverhalten ausdrücken.

Die systematische Bestimmung der Klassenlage der Jugendlichen erfordert die Charakterisierung ihrer gegenwärtigen Entwicklungsbedingungen: Davon zu trennen ist der Gesichtspunkt ihrer sozialen Herkunft, obgleich die Herkunft die spätere Klassenlage wesentlich beeinflussen kann.

Von der Arbeiterjugend als nachwachsende Generation der Arbeiterklasse sind die Jugendlichen aus Mittelschichten zu unterscheiden, sofern diese nicht in das Dasein der Arbeiterklasse herabsinken. Soweit es den Jugendlichen der Staatsbediensteten, der höheren Angestellten des Kapitals mit überwiegend Leitungs- und Herrschaftsfunktionen, der kleineren selbständigen Warenproduzenten (Handwerker, Kaufleute, Ärzte, Bauern etc.) gelingt, in diesen gesellschaftlichen Stellungen zu verbleiben, zählen sie auch nicht zur Arbeiterjugend als Teil der Arbeiterklasse. Teile der Jugendlichen der Mittelschichten sinken jedoch im Rahmen der Verringerung und Auflösung vieler Mittelschichten (z. B. Bauern, Handwerker etc.) in das Dasein der Arbeiterklasse herab und sind dann ebenso gezwungen, ihre Arbeitskraft an das Kapital oder isolierte Produzenten als Verwertungsobjekt zu verkaufen und zu verausgaben. Für einen kleineren Teil der Jugendlichen gilt, daß sie sich in fließenden Übergängen zwischen Mittelschichten und der Arbeiterklasse befinden. Diese können nicht umstandslos der Arbeiterjugend zugerechnet werden.

Die bürgerliche Jugend hat die gesellschaftliche Funktion, sich in besonders privilegierten Schonräumen auf ihre späteren Leitungs- und Herrschaftsaufgaben als Kapitalist oder als leitender Unternehmensdirektor etc. vorzubereiten. Der größte Teil der bürgerlichen Jugend ist schon der Herkunft nach Angehöriger dieser Klasse. Von den Jugendlichen der Mittelschichten gelingt es nur einem verschwindend geringen Teil, ihren eventuellen Traum vom großen Reichtum zu realisieren und damit in die Kapitalistenklasse aufzusteigen.

Elke Stark-von der Haar

Literatur

Alex, L. u. a., 1973: Das Berufsbildungsgesetz in der Praxis, in: Schriftenreihe Berufliche Bildung, Bd. 1, Bonn – Die jugendlichen Arbeiter in Deutschland, 1910-12, in: Schriften der Gesellschaft für soziale Reform, Bde. 1-6, Jena – *Baethge, M.* u. a., 1980: Ausbildungs- und Berufsstartprobleme von Jugendlichen unter den Bedingungen verschärfter Situationen auf dem Arbeits- und Ausbildungsmarkt, Göttingen – *Beicht, U.* u. a., 1980: Ausbildungsvergütungen nach Ausbildungsberufen, Berlin – *Crusius, R.* u. a., 1973: Der Lehrling in der Berufsschule, München – *Daviter, J.* u. a., 1973: Der Lehrling im Betrieb, München – *Dehler, J.*, 1978: Mädchen ohne Berufsausbildung, Lollar – *Diekershoff, K.-H.* u. a., 1972: Jugendarbeitsschutz aus der Sicht Jugendlicher, Essen – Gewerkschaft Gartenbau, Land- und Forstwirtschaft: aktuell – Information, 1981: Zusammenfassung der Auswertung, Wuppertal – Gewerkschaft Nahrung, Genuß, Gaststätten, 1980: Bericht über die Betreuung von Berufsschulen: Berufsschul-Aktionen, Frankfurt/M., Kassel, Ludwigshafen/Rh., Mainz, Saarbrücken – *Von der Haar, H./Stark-von der Haar, E.*, 1982: Jugendarbeitslosigkeit und soziale Sicherung, Berlin – *Haug, H.-J./Maessen, H.*, 1971: Was wollen die Lehrlinge?, Frankfurt/M. – *Heinemann, K.*, 1978: Arbeitslose Jugendliche, Darmstadt/Neuwied – *Heinen, J.* u. a., 1972: Lehrlingsausbildung – Erwartung und Wirklichkeit, Mainz – *von Heiseler, J.*, 1978: Jugendliche im Großbetrieb, Frankfurt/M. – *Laatz, W.*, 1974: Berufswahl und Berufszufriedenheit der Lehrlinge, München – *Michels, H.-J./Pfeiffer, W.*, 1971: Lehrlingsbuch, Frankfurt/M. – *Mittler, H.*, 1972: Arbeits- und Ausbildungsbedingungen saarländischer Lehrlinge, Saarbrücken – *Opaschowski, H. W.*, 1976: Soziale Arbeit mit arbeitslosen Jugendlichen, Opladen – *Rath-Hörburger, F.*, 1979: Jugendarbeitsschutz in der Krise, Düsseldorf – *Saterdag, H./Stegmann, H.*, 1980: Jugendliche beim Übergang vom Bildungs- in das Beschäftigungssystem, – in: Beitr. AB 41, Nürnberg – *Schweikert, K.*, 1979: Fehlstart ins Berufsleben, Hannover – *Stark, E.*, 1973: Die Lage der Arbeiterjugend in der Bundesrepublik nach 1960, Frankfurt/M. – *Stark-von der Haar, E.*, 1977: Arbeiterjugend – heute – *Stark-von der Haar, E./von der Haar, H.*, 1977: Jugendliche in berufsvorbereitenden Maßnahmen und sozialarbeiterische/sozialpädagogische Betreuung, in: Jugend – Beruf – Gesellschaft, H. 4 – *Wilhelm Reiss, M.*, 1980: Psychische Veränderungen bei Jugendlichen ohne Arbeit, Weinheim/Basel. –

→ Arbeitsbedingungen → Jugendarbeit → Jugendarbeitslosigkeit

Arbeitsbedingungen

Der Begriff »Arbeitsbedingungen« wird in der arbeitsrechtlichen, arbeitswissenschaftlichen, arbeitsmedizinischen und arbeits- bzw. industriesoziologischen Literatur nicht einheitlich gebraucht. Sogar innerhalb einzelner Disziplinen wird er inhaltlich in vielfältig differierender Weise bestimmt. Bevor Aussagen über Stand und Veränderungstrends von »Arbeitsbedingungen in der BRD« gemacht werden können, ist deshalb die Unschärfe des Begriffs durch definitorische Klärungen zu beseitigen.

Ein systematisch abgeleiteter und nicht nur summativer Begriff von »Arbeitsbedingungen« muß sich auf die gesellschaftlichen Bedingungen der Arbeit beziehen. Dies ist bislang nur in wenigen, zudem von unterschiedlichen gesellschaftstheoretischen Positionen ausgehenden Arbeiten versucht worden (vgl. etwa *Bornemann,* 1961; *Eichhorn* u. a., 1971; *Schumann,* 1974; *Mergner,* 1979).

Im kapitalistischen Wirtschafts- und Gesellschaftssystem sind »Arbeitsbedingungen« wesentlich Arbeitsbedingungen der abhängig Beschäftigten, d. h. der Gruppe, die mit inzwischen weit über 80 % den Großteil der Erwerbstätigen ausmacht (vgl. *Osterland* u. a., 1973). Für sie – die vom Besitz an Produktionsmitteln »freien« Lohnarbeiter – kann der Begriff nur die Gesamtheit der Bedingungen meinen, unter denen sie in diesem System ihre Arbeitskraft verkaufen, anwenden und verausgaben müssen.

Diese Bedingungen sind abstrakt bestimmt durch die Stellung des Lohnarbeiters im gesellschaftlichen Prozeß der Produktion und Reproduktion, etwa als Angewiesenheit auf den Verkauf der Arbeitskraft, als Arbeitsplatz- und Existenzunsicherheit, als Fremdbestimmtheit im Arbeitsprozeß. Konkret erfahrbar werden sie für den Arbeitenden an seiner eigenen Situation auf dem Arbeitsmarkt, im Betrieb und am Arbeitsplatz.

Diese konkrete Situation wird konstituiert durch ein Geflecht betrieblicher und gesamtgesellschaftlicher Faktizitäten (z. B. Arbeitsmarktlage, betriebliche Produktionsorganisations- und Herrschaftsstrategien, Produktionstechnik), das auf dem Hintergrund unterschiedlicher – z. B. betriebs-, branchen- oder regionalspezifischer – Verwertungs- und materieller Produktionsbedingungen unterschiedliche Gestalt annimmt und nur zum kleinen Teil tariflichen oder gesetzlichen Regelungen und Gestaltungsvorschriften unterliegt. Dadurch wird auch die Situation der Arbeitenden in je unterschiedlicher Weise geprägt, werden etwa die Konditionen für den Verkauf der Arbeitskraft bestimmt, werden die Möglichkeiten für den Erwerb, die Erhaltung und Entfaltung von Fähigkeiten und Kenntnissen gesetzt, werden mehr oder weniger begrenzte individuelle und kollektive Einflußmöglichkeiten im Arbeitsprozeß zugelassen, wird der Grad des Verschleißes der Gesundheit und Arbeitsfähigkeit bestimmt oder werden die zeitlichen und materiellen Spielräume für das Verhalten außerhalb der Arbeit abgesteckt.

Ein solcherart gefaßter Begriff von »Arbeitsbedingungen« grenzt sich einerseits ab gegen arbeitsrechtliche Definitionen (vgl. etwa *Hueck/Nipperdey,* 1963). Diese beziehen sich nämlich ausschließlich auf normativ faßbare und gefaßte Aspekte des Arbeitsverhältnisses im weitesten Sinn, unabhängig davon, ob die Normierungen aus dem Direktionsrecht des Unternehmers, aus einzel- oder kollektivvertraglichen Vereinbarungen oder aus staatlichen Setzungen (z. B. Arbeitsstättenverordnung, Arbeitszeitordnung, Jugendarbeitsschutzgesetz) resultieren. Damit ist von vornherein eine Einschränkung des Gegenstandsbereichs von »Arbeitsbedingungen« gegeben: unter solchen normativ regelbaren Aspekten werden nur Angelegenheiten der betrieblichen Ordnung, Probleme des Abschlusses und der Beendigung des Arbeitsverhältnisses, des Umfangs der zu erbringenden Arbeitsleistung (vorwiegend in zeitlicher Hinsicht) und der Arbeitsvergütung sowie schließlich – bei öffentlich-rechtlichen Regelungen – des Arbeitsschutzes verstanden. Die inhaltlichen Arbeitsanforderungen dagegen bleiben außer Betracht, weil sie als durch den Betriebszweck bzw. durch technische Notwendigkeiten unabdingbar gesetzt angesehen werden. Diese Einschränkung wird auch durch die Verankerung eines Beteiligungsrechts des Betriebsrates bei der Neugestaltung von technischen Anlagen, Arbeitsverfahren und -abläufen etc. im Betriebsverfassungsgesetz (BetrVG) von 1972 (§§ 90, 91) sowie durch die in den letzten Jahren zu beobachtende Ausweitung des Bereiches tarifvertraglich geregelter Bedingungen (vgl. *Mayr,* 1974) nicht grundsätzlich aufgehoben. Generell ist zudem noch darauf hinzuweisen, daß auch bestehende privat- wie öffentlich-rechtliche Regelungen bestimmter Grundbedingungen als normative Festlegungen nichts darüber auszusagen vermögen, wie sich diese Bedingungen faktisch im Rahmen der Normen oder über ihn hinaus entwickeln.

Andererseits grenzt sich die hier festgelegte Begriffsverwendung ab von einem Sprachgebrauch, der vor allem in den Arbeitswissenschaften üblich ist und der mit »Arbeitsbedingungen« ausschließlich auf die Rahmenbedingungen der Arbeit abstellt, auf »Umstände, die mit der Arbeit verbunden sind und ihre Aufnahme und Verrichtung beeinflussen, z. B. räumliche, klimatische, soziale Verhältnisse, vertragliche Vereinbarungen, Rechtsvorschriften« (Gesellschaft für Arbeitswissenschaften, 1964; vgl. auch *Lanc,* 1975). Auch mit solchen Bestimmungen bleiben wesentliche Bedingungen der betrieblichen und gesellschaftlichen Situation der abhängig Beschäftigten außer Betracht. Zudem erfolgt – Konsequenz des Fehlens einer strukturierenden Begrifflichkeit in solchen eher summativen Konzepten – die Eingrenzung des Gegenstandsbereiches, den der Begriff fassen soll, eher zufällig und willkürlich.

Probleme der empirischen Erfassung

Beim Versuch, die Entwicklung der Arbeitsbedingungen im Sinne der gegebenen Definition empirisch in Griff zu bekommen, stößt man auf erhebliche Schwierigkeiten. Sie liegen zum einen in der Vielfalt und internen Differenziertheit der mit dem Begriff gefaßten Aspekte, die ihre jeweils konkrete Form aus dem national-, regional-, branchen- oder betriebsspezifisch unterschiedlichen Zusammenspiel einer Vielzahl von Bedingungen erhalten. Da diese je spezifischen Bedingungskonstellationen in der Regel in unterschiedlicher Weise auf die Beibehaltung oder Veränderung bereits bestehender Produktionsstrukturen und Arbeitseinsatzbedingungen hinwirken, kann zudem davon ausgegangen werden, daß auch die unmittelbar wiederum davon abhängige Veränderung der Arbeitsbedingungen grundsätzlich ungleichzeitig vor sich geht, teils stagniert, teils sprunghaft vorangeht. Dies bedeutet, daß selbst vergleichsweise einfach zu erfassende Aspekte von Arbeitsbedingungen – wie z. B. die Regelungen von Dauer und Lage der Arbeitszeit – bei statischer Betrachtungsweise erhebliche Unterschiede erkennen lassen und unter dynamischen Aspekten sich stark ungleichzeitig entwickeln, je nachdem, welche soziale Bezugseinheit (Betrieb, Branche etc.) gewählt wird.

Zum anderen liegen erhebliche Erfassungsprobleme darin, daß sich viele Aspekte von Arbeitsbedingungen einer direkten und objektiven Messung entziehen und nur über die bewußtseinsmäßige Verarbeitung durch die Betroffenen bzw. über ihre physiologischen oder psychischen Auswirkungen dingfest gemacht werden können. Damit sind zwar Chancen gegeben, den Sachverstand der Betroffenen und ihre Reaktionen unmittelbar für die Erfassung der individuellen Auswirkungen von Arbeitsbedingungen – an denen sich deren Relevanz letztlich erweisen muß – nutzbar zu machen, doch zeigt die Kritik an den bisherigen Ergebnissen von Arbeitsphysiologie und Arbeitswissenschaft einerseits, Arbeitszufriedenheitsforschung andererseits (vgl. etwa *Mergner,* 1979), daß bei dieser Vorgehensweise häufig reale Probleme aus dem Blickfeld geraten bzw. unterschätzt werden.

Insgesamt muß die Materiallage zu Stand und Entwicklungen von Arbeitsbedingungen deshalb als schlecht bezeichnet werden. Erst in jüngerer Zeit sind einige breiter angelegte Arbeiten erschienen (vgl. etwa *Böhle/Altmann,* 1972; *Osterland* u. a., 1973; *Bunz* u. a., 1974; *Mergner* u. a., 1975; *Helfert,* 1976; *Kasiske,* 1976; *Zapf,* 1977; *Dähne/Priester,* 1978). Generell gilt jedoch, daß, so wie der Begriff bislang theoretisch noch kaum ausgearbeitet ist, auch der mit ihm umfaßte Gegenstandsbereich in seinen verschiedenen Aspekten in unterschiedlicher – nirgends jedoch hinreichender – Weise empirisch untersucht ist.

Im folgenden soll nun auf drei zentrale betriebliche Bedingungen der Verausgabung von Arbeitskraft und die im Hinblick darauf erkennbaren Veränderungstrends – zunächst allerdings nur bezogen auf die Industrie als quantitativ relevantestem und qualitativ paradigmatischem Bereich von Arbeitertätigkeiten – eingegangen werden: Qualifikationsanforderungen, Determinanten des Lohn-Leistungs-Verhältnisses und Belastungen durch Arbeit.

Die besondere Form dieser Bedingungen resultiert vor allem aus der betriebsspezifischen Gestaltung der technischen Arbeitsmittel und der Arbeitsorganisation. Jene wieder bildet sich nicht zufällig, naturwüchsig oder aufgrund außergesellschaftlicher Sachzwänge, sondern ist Resultat sozialer Prozesse (vgl. etwa *Mickler* u. a., 1976). D. h. sie wird wesentlich und bis in Einzelheiten determiniert von der herrschenden Macht- und Interessenstruktur privatwirtschaftlicher Unternehmungen, in der das Prinzip der Beherrschung und Verbesserung der betrieblichen Verwertungsbedingungen eine wesentliche Rolle spielt. Die Interventionsmöglichkeiten der Organisationen und der betrieblichen Interessenvertretungen der abhängig Beschäftigten und der Einfluß staatlicher Normierungen auf diese Prozesse sind dagegen allenfalls marginaler Art.

Qualifikationsanforderungen

Der Begriff »Qualifikationsanforderungen« bezeichnet die Gesamtheit der sensumotorischen, intellektuellen und arbeitsmotivationalen Fähigkeiten und Kenntnisse, die den abhängig Beschäftigten im betrieblichen Arbeitsprozeß abverlangt werden (vgl. dazu *Volpert,* 1974; *Mickler* u. a., 1976). Die Frage, wie sich diese im Verlauf der Prozesse der Mechanisierung, Automatisierung und arbeitsorganisatorischen Rationalisierung verändern, ist ein Grundthema industriesoziologischer Forschung. In älteren Ansätzen werden meist einfache Zusammenhänge zwischen »technischem Fortschritt« und Qualifikationsentwicklung postuliert. So wurde einerseits (z. B. von *Bright,* 1959) die Ansicht vertreten, durch steigende Mechanisierung und Automatisierung müßten notwendig, da die Maschinerie immer mehr menschliche Funktionen übertragen bekomme und selbständig ausführe, die dem Arbeitenden verbleibenden Funktionen immer unqualifizierter werden (Dequalifikationsthese). Andererseits wurde auch die umgekehrte (Requalifikations-)These vertreten: vor allem im Drei-Phasen-Modell der Entwicklung der industriellen Produktionsweise (vgl. etwa *Touraine,* 1955) wird behauptet, daß der Übergang von der Phase mechanisierter zu der automatisierter Produktion auch einen Anstieg des Qualifikationsniveaus industrieller Arbeit mit sich bringe.
Neuere empirische (*Kern/Schumann,* 1970) und sekundär-analytische Arbeiten (*Baethge* u. a., 1974) zeigen indes, daß die Entwicklung differenzierter verläuft: je nach arbeitsprozeßlichen Voraussetzungen und betrieblichen Verwertungsstrategien können unterschiedliche Gruppen der abhängig Beschäftigten von Qualifikationserhöhungs- oder Dequalifizierungsprozessen betroffen sein. Insgesamt gesehen ergibt sich für den größeren Teil der Industriearbeiterschaft eine Reduktion der Anforderungen an handwerkliche und intellektuelle Fähigkeiten und Kenntnisse. Durch zunehmende Arbeitsteilung und Spezialisierung auf der Basis weiterer Mechanisierung wird das qualifikatorische Niveau vieler Arbeitsplätze systematisch gesenkt. Ziel solcher Maßnahmen sind Kostensenkungen, die Effektivierung des Produktionsablaufs und die Beseitigung von Störungsmöglichkeiten und nicht zuletzt die Sicherung der herrschenden betrieblichen und gesellschaftlichen Ordnung (vgl. *Schumm-Garling,* 1972; *Mendner,* 1975).
Andererseits ergeben sich für einen kleineren Teil der Industriearbeiter aber auch Steigerungen der Qualifikationsanforderungen. Sie sind nur in zweiter Linie Konsequenz des Einsatzes neuer, komplexer technischer Arbeitsmittel: *Kern/Schumann* (1970) zeigen, daß auch auf höheren Mechanisierungsstufen die durchschnittlichen Qualifikationsanforderungen das Niveau komplexer Angelerntentätigkeiten kaum übersteigen. Vielmehr ergeben sich solche Erhöhungen wesentlich aus betrieblichen Strategien des Arbeitseinsatzes: In arbeitsintensiven Produktionsprozessen resultieren sie vornehmlich aus qualifikationsumverteilenden Maßnahmen; d. h. werden der Mehrzahl der Arbeitskräfte Qualifikationen entzogen,

müssen diese zum Teil an spezifischen Arbeitsplätzen, wie z. B. Einrichtungs-, Kontroll-, Wartungs-, Instandsetzungstätigkeiten, wieder gebündelt werden (vgl. *Mendner,* 1975); in kapitalintensiven Prozessen ergeben sie sich vorwiegend aus dem Ziel der Minimierung von Stillstandszeiten, das durch den begrenzten Einsatz höherqualifizierter Arbeitskräfte am ehesten zu erreichen scheint (vgl. *Mickler,* 1976).

Zusammenfassend kann die skizzierte Entwicklung als Polarisierung der Qualifikationsanforderungen gekennzeichnet werden. Gleichzeitig ist zudem eine generelle Verschiebung der Anforderungen von den klassischen handwerklichen auf eher allgemeine Qualifikationen zu konstatieren: Einerseits gewinnen sogenannte »prozeßunspezifische« Fähigkeiten (technische Intelligenz und Sensibilität, Flexibilität und Perzeption; vgl. *Kern/Schumann,* 1970; zur Kritik: *Volpert,* 1974; *Mickler* u. a., 1976) an Bedeutung, andererseits fordern gerade geringqualifizierte, sinnentleerte Arbeitsvollzüge die Fähigkeiten der Habitualisierung (vgl. *Popitz* u. a., 1957) und Routinisierung (vgl. *Mickler* u. a., 1976) der Abläufe und werfen Probleme der Aufrechterhaltung der Arbeitsmotivation auf. Für die Arbeitenden heißt das, daß häufig vorhandene Qualifikationen entwertet, neue gar nicht erst entwickelt werden bzw. nur betriebsspezifisch anwendbar sind. Damit stellt sich für viele Arbeitskräfte zentral das Problem der Bedrohung des Marktwerts und der Transferierbarkeit ihrer Qualifikationen.

Versucht man abschließend die generellen Trends der Qualifikationsentwicklung in den herkömmlichen Kategorien des betrieblichen Ausbildungsstandes zu fassen, so zeigt sich, daß die Prozesse der Mechanisierung und Automatisierung und der arbeitsorganisatorischen Rationalisierung die Bedeutung traditioneller Facharbeitertätigkeiten und -qualifikationen offensichtlich zunehmend einschränken und zur Herausbildung von Angelerntentätigkeiten im weitesten Umfang führen. Die Ungelerntentätigkeiten behalten ihre quantitative Bedeutung durchschnittlich bei (vgl. *Mergner* u. a., 1975).

Arbeitsbewertungs- und Lohnfindungsverfahren

Lange wurde im Zusammenhang der Lohn-Leistungs-Problematik vor allem auf die erhebliche Steigerung des Reallohnniveaus und damit des Lebensstandards der abhängig Beschäftigten sowie auf die Verringerung der tariflichen Arbeitszeit in der Nachkriegszeit hingewiesen. Abgesehen davon, daß diese Entwicklung durch die besonderen Bedingungen der Rekonstruktionsperiode begünstigt wurde und seit den Krisen der Jahre 1966/67, 1974/76 und vor allem nach 1978 nicht mehr ungebrochen ist, zeigt sie nur die eine Seite der Veränderungen des Verhältnisses von Lohn und Leistung. Die Entwicklung der von den abhängig Beschäftigten zu erbringenden Arbeitsleistung bleibt damit außer Betracht; auf sie ist bei der Darstellung des Wandels der Arbeitsbelastungen einzugehen. Zuvor muß jedoch die Entwicklung der Instrumente thematisiert werden, durch die beide, geforderte Leistung und Entlohnung in Relation gesetzt werden und die deshalb als zentrale Bedingungen des Verkaufs der Arbeitskraft angesehen werden müssen: Arbeits-

und Leistungsbewertungssysteme und Lohnformen. (Zu Einzelproblemen des im folgenden Skizzierten vgl. etwa *Weil,* 1969/70; *Schmiede/Schudlich,* 1976.)

Mit Hilfe dieser Systeme und Verfahren soll das Verhältnis von verausgabter Arbeitskraft und Entlohnung auf eine objektive Basis gestellt werden, indem die Löhne entsprechend der Vielfalt objektiver Arbeitsanforderungen und individueller Leistungsfähigkeit und -verausgabung ›gerecht‹ differenziert werden. Auf diesen Anspruch allein ist allerdings ihre ständige, teils sprunghafte Ausbreitung und stetige Verfeinerung und Ausdifferenzierung, die heute konstatiert werden kann, wohl kaum zurückzuführen. Wesentlich ist diese Entwicklung vor allem in ihrer betrieblichen Funktion begründet: denn die Verfahren der Arbeits- und Leistungsbewertung wie die Lohnformen stellen auch wichtige Instrumente der Produktionsplanung bzw. Effektivierung der Produktion dar.

Durch die analytische Arbeitsbewertung, die in der Nachkriegszeit immer größere Verbreitung findet, soll eine objektive, d. h. systematisch die Verschiedenheit der Anforderungen auf verschiedenen Dimensionen berücksichtigende Grundlohndifferenzierung ermöglicht werden. Doch ihre Anwendung verstärkt nicht nur – über die Vermehrung der Lohngruppen – das Moment der Konkurrenz unter den Arbeitenden, sondern erlaubt auch eine Anpassung der betrieblichen Lohnstruktur an durch technisch-organisatorischen Wandel bewirkte Dequalifikationsprozesse. Der Betrieb muß nun nämlich nicht mehr die mitgebrachte Qualifikation des Arbeitsplatzinhabers bezahlen, sondern lediglich die spezifischen Anforderungen des jeweiligen Arbeitsplatzes. Im Bereich der Leistungsbemessung, -ermittlung und -bewertung hat die zunehmende Anwendung und Verfeinerung der herkömmlichen Arbeits- und Zeitstudie und vor allem die Einführung und der rapide Bedeutungsgewinn der Verfahren vorbestimmter Zeiten (MTM, work factor) eine immer präzisere Vorbestimmung der Leistungsanforderungen – bereits bei der Gestaltung der Arbeitsplätze und -abläufe – und eine Verschärfung der Leistungskontrolle zur Folge. Für die Arbeitenden werden die Spielräume zur Anwendung und Entfaltung von Fähigkeiten und Kenntnissen und zur individuellen Gestaltung der Arbeitsvollzüge immer geringer, die Intensität der Arbeit jedoch steigt durch die Eliminierung ineffektiver Bewegungen und »toter« Zeiten.

Die Entwicklung der Entlohnungsformen schließlich zeigt, daß die zu Beginn der 60er Jahre behauptete »Krise des Lohnanreizes« allenfalls eine Krise spezifischer Leistungslohnformen (Stück- und Zeitakkord) ist. In bestimmten Bereichen dürfte zwar der Akkord langfristig durch Festlöhne abgelöst werden, bei denen das zu bewältigende Leistungspensum auf der Basis von Verfahren vorbestimmter Zeiten vorberechnet wird, was für den Betrieb nicht nur die Garantie größtmöglicher Arbeitsintensität, sondern vor allem die zusätzliche Garantie fixer Lohnkosten bedeutet. Zieht man aber demgegenüber die zunehmende Anwendung und Entwicklung von Prämienlohnsystemen sowie sonstiger Lohnformen, die unterschiedliche Leistungen mit differenziertem Lohn abgelten (Kontrakt-, Pensumlöhne) in Betracht, muß man wohl insgesamt von einem stürmischen Entwicklungsprozeß des Leistungslohns sprechen.

Generell kann man somit im Bereich der Arbeits- und Leistungsbewertung und der

Lohnformen eine nicht unwesentliche Verschärfung der Bedingungen des Verkaufs der Arbeitskraft konstatieren, die die Entwertung von Qualifikationen, eine Intensivierung der Arbeit und unabsehbare Konsequenzen für den gesundheitlichen Verschleiß der Betroffenen mit sich bringt.

Arbeitsbelastungen

Als »Arbeitsbelastungen« werden die objektiven physischen und psychischen Anforderungen definiert, die zum einen durch den vom Arbeitsvollzug i. e. S. gesetzten Leistungsanspruch konstituiert werden, zum anderen aus allgemeineren betrieblichen Faktizitäten und Normierungen – Arbeitsumgebungseinflüssen und Unfallgefahren, Dauer und Lage der Arbeitszeit, Verfahren zur Regelung des Lohn-Leistungs-Verhältnisses etc. – resultieren (vgl. z. B. *Rohmert/Rutenfranz*, 1975; *Mergner* u. a., 1975). Sie bewirken bei dem, der ihnen ausgesetzt ist, eine spezifische, individuell unterschiedliche Beanspruchung, das heißt einen reversiblen – z. B. Ermüdung – oder irreversiblen – z. B. akute oder langfristige Schädigung – Verschleiß der Arbeitskraft.
Auch in bezug auf die Reduktion der Arbeitsbelastungen knüpften sich an den ›technischen Fortschritt‹ erhebliche Hoffnungen. Sie haben sich nach dem heutigen Erkenntnisstand als falsch bzw. nur begrenzt richtig erwiesen: Zwar haben einige Belastungsmomente im Gefolge technisch-organisatorischen Wandels an Bedeutung verloren, doch haben andere dafür erheblich an Bedeutung gewonnen, bzw. sind erst neu entstanden (vgl. im folgenden *Mergner* u. a., 1975).
Hinsichtlich der Veränderungen der aus dem Arbeitsvollzug selbst resultierenden Belastungen besteht weitgehend Einigkeit darüber, daß schwere körperliche Belastungen an Bedeutung verlieren, psychische Belastungen dagegen immer größere Bedeutung gewinnen. Ersteres ist allerdings nicht zu verwechseln mit dem Verschwinden physischer Belastungen überhaupt. Denn einerseits ist die Ersetzung menschlicher Arbeitskraft durch Maschinen noch nicht so weit vorangeschritten, daß körperliche Schwerarbeit schon völlig der Vergangenheit angehörte. Vielmehr hat sich gezeigt, daß derzeit solche Arbeitsformen noch gleichsam inselartig in nicht unbeträchtlichem Ausmaß weiterbestehen. Andererseits entstehen aber gerade durch Mechanisierung und Arbeitsteilung ständig Tätigkeiten neu, die durch einseitige Überforderung bestimmter Muskelgruppen – z. B. durch ständige Wiederholung eng umgrenzter Bewegungen oder die Notwendigkeit bestimmter Körperhaltungen – gekennzeichnet sind und besondere Beanspruchungen und Verschleißerscheinungen hervorrufen. Ihre zahlenmäßige Bedeutung ist nicht bekannt, kann aber nicht hoch genug eingeschätzt werden.
Der rapide Bedeutungsgewinn psychischer Belastungen wird auf der Ebene des Arbeitsvollzugs i. e. S. in erster Linie durch Veränderungen der Arbeitsfunktionen und -inhalte verursacht. Mit der teilweisen Übernahme der unmittelbaren Produktionsfunktionen durch Maschinen und Anlagen fallen den Arbeitenden immer stärker mittelbare Produktionsfunktionen zu. Diese sind zwar physisch geringer belastend, bringen jedoch meist erhebliche nervliche und geistige Anforderungen

und psychische Belastungen i. e. S. (Monotonie, Leistungsstreß, Verantwortungs-druck etc.) mit sich. Ein weiterer Bedeutungsgewinn aufgabenspezifischer psychischer Belastungen ergibt sich aus der Zunahme einfacher informationsverarbeiten-der, aber auch planerischer und dispositiver Tätigkeiten.

Diese Tendenzen werden verstärkt durch die Veränderung allgemeiner betrieblicher Bedingungen, die – neben teilweise steigenden physischen Anforderungen – vor allem erhöhte psychische Belastungen im Sinne von Streß mit sich bringen. Zum einen ist dabei an Umstrukturierungen der Arbeitsorganisation und des Arbeitsein-satzes als Folge rentabilitätsorientierter Rationalisierungsmaßnahmen zu denken, die sich für die Arbeitenden zumeist als Arbeitsintensivierung auswirken – Steige-rung des Arbeitstempos, Vergrößerung der Aufgabenbereiche, Einführung leistungsorientierter Entlohnungssysteme u. ä. Zum zweiten dürfen die Konsequenzen negativer Arbeitsumgebungseinflüsse nicht vernachlässigt werden, von deren generellem Bedeutungsverlust wohl noch nicht gesprochen werden kann. Die rapide Zunahme der gesetzlich anerkannten Berufskrankheiten in den 70er Jahren – vor allem der Lärmschädigungen, der Hauterkrankungen, der Staublungen – ist ein Beleg dafür. Zum dritten entstehen auch durch Dauer und Lage der Arbeitszeit spezifische Belastungen: Das Ausmaß der täglichen und wöchentlichen arbeitsge-bundenen Zeit ist trotz aller Arbeitszeitverkürzungen immer noch erstaunlich hoch, wodurch Regenerationsmöglichkeiten und Verhaltensspielräume in der Freizeit stark beschnitten werden. Zudem nimmt die Bedeutung der Nacht- und Schichtarbeit rapide zu, obwohl ihre negativen Auswirkungen auf Gesundheit und Verhaltenschancen im familiären und außerfamiliären Bereich kaum noch bestrit-ten werden.

Das Zusammenwirken der bisher skizzierten Belastungsfaktoren untereinander und mit den allgemeinen belastenden Bedingungen der Lohnarbeitssituation (Existenzunsicherheit, Fremdbestimmtheit etc.) erst ergibt die Gesamtbelastung der abhängig Beschäftigten. Die Betrachtung der sie konstituierenden Einzelfakto-ren läßt ihren grundlegenden Strukturwandel erkennen, die Veränderungen ihrer Höhe lassen sich daraus jedoch nicht erschließen. Deshalb ist verschiedentlich versucht worden, allgemeinere, überindividuelle Indikatoren für den Verschleiß der Arbeitskraft zu finden. Vor allem die Veränderungen von Fluktuations- und Absenzraten, Berufskrankheiten- und Unfallzahlen, Zahl und Anteil wegen Berufs- und Erwerbsunfähigkeit bewilligter Renten sowie Ergebnisse der Todesur-sachen- und Lebenserwartungsstatistik sind dazu ausgewertet worden. Auf die Vielzahl der Einzelergebnisse kann hier nicht eingegangen werden, doch liefern sie – im Zusammenhang gesehen – schwerwiegende Belege für die These, daß die Gesamtbelastung der abhängig Beschäftigten in der Nachkriegszeit eher gestiegen, denn zurückgegangen sein dürfte. Zumindest muß von einem im Durchschnitt gleichbleibenden Niveau der Belastungshöhe bei gleichzeitigem grundlegenden Belastungsstrukturwandel gesprochen werden.

Veränderungen von Arbeitsbedingungen an Angestellten- und Frauenarbeitsplätzen

Zusammenfassend läßt sich zum bisher Ausgeführten sagen, daß für den größten Teil der Industriearbeiter der technisch-organisatorische Wandel bislang durchaus nicht die erhofften Verbesserungen hinsichtlich wesentlicher Aspekte ihrer betrieblichen Arbeitsbedingungen erbracht hat. Wie sieht nun demgegenüber die Entwicklung im Angestelltenbereich aus? Diese Frage erhält besondere Relevanz auf dem Hintergrund der absoluten und relativen Zunahme von Angestelltentätigkeiten nicht nur im Dienstleistungsbereich, sondern auch in der Industrie (vgl. *Osterland* u. a., 1973; zur Veränderung dieser Tendenz im Zusammenhang des Einsatzes entwickelter EDV-Systeme vgl. *Baethge* u. a., 1980). Allerdings sind die Angestelltentätigkeiten arbeitssoziologisch bisher vorwiegend in sehr einseitiger Weise untersucht worden: Schwerpunkt waren vor allem die Veränderungen der Arbeitsfunktionen, der Qualifikationsstruktur, der Arbeitsautonomie (vgl. *Bahrdt*, 1958; *Jaeggi/Wiedemann*, 1963; *Friedrichs*, 1971), die gerade in letzter Zeit durch die Einführung der EDV einschneidenden Veränderungen unterworfen sind (vgl. *Pöhler*, 1974). Hinsichtlich der Qualifikationsentwicklung zeigen die vorliegenden Studien vielfältig – je nach Arbeitsvollzugsbereich, Branche etc. – differenzierte Veränderungen, die auf eine Polarisation der Anforderungen hinauslaufen und für einen großen Teil der Angestellten eine Qualifikationsentwertung zur Folge haben (vgl. z. B. *Fehrmann/Metzner,* 1977). Zunehmend betroffen sind beträchtliche Teilgruppen der Angestellten von Verfahren der Arbeits- und Leistungsbewertung und von leistungsorientierten Lohnsystemen. Was schließlich die Belastungen anbetrifft – hinsichtlich derer Angestelltentätigkeiten bislang kaum untersucht wurden – ergeben sich durch technisch-organisatorischen Wandel erhebliche Verschlechterungen: Durch Normierung der Arbeitsabläufe und -gegenstände, verstärkte Arbeitsteilung und Spezialisierung, Einführung neuer Leistungsbewertungs- und -lohnsysteme sowie durch die partielle Einführung von Schichtarbeit nimmt vor allem die mentale und psychische Belastung wesentlich zu (vgl. *Pöhler,* 1974). Zudem gewinnen auch einseitige körperliche Belastungen für nicht unwesentliche Teilgruppen der Angestellten an Bedeutung. Insgesamt wandeln sich offensichtlich – modifiziert durch die Spezifika der Arbeitsabläufe und Arbeitsgegenstände – im Angestelltenbereich die Arbeitsbedingungen aufgrund verstärkter, technisch-organisatorischer Veränderungen in ganz ähnlicher Weise, wie bei den Industriearbeitern schon geschehen.

Die bisherigen Aussagen beziehen sich – ebenso wie der Großteil der Literatur – auf die Arbeitsbedingungen von Männern. Der Zusammenhang technisch-organisatorischen Wandels und seiner Gestaltungsprinzipien mit der Einrichtung bzw. Veränderung von Frauenarbeitsplätzen wurde dagegen erst in jüngster Zeit verstärkt diskutiert (vgl. *Friedrich* u. a., 1973) und untersucht (vgl. z. B. *Lappe/Schöll-Schwinghammer*, 1978). Will man Aussagen über den Wandel der Arbeitsbedingungen von Frauen machen, muß man von der grundlegenden strukturellen Benachteiligung jener ausgehen: Frauen haben durchschnittlich einen geringeren schulischen und beruflichen Ausbildungsstand als Männer, werden zum überwiegenden Teil geringqualifiziert eingesetzt, haben – auch bei gleicher Arbeit – ein niedrigeres Lohnniveau, stehen häufiger im Leistungslohn und sind schließlich spezifischen, vorwiegend körperlich einseitigen und vor allem nervlichen, mentalen und i. e. S. psychischen Belastungen unterworfen, die bei verheirateten Frauen noch durch die traditionell ihnen zugewiesene Arbeit im Haushalt verstärkt werden. In dieser Situation werden Frauen auch von technisch-organisatorischen Veränderungen in spezifischer Weise betroffen: Ihr niedrigqualifizierter Einsatz ist schon Ergebnis von Polarisierungsprozessen der Qualifikationsanforderungen, weitere Polarisierung ist kaum möglich; er setzt sie auch der Anwendung von Leistungsbewertungsverfahren und leistungsbezogenen Lohnsystemen in besonderer Weise aus (vgl. *Schneider*, 1970; *Herzog*, 1970). Ihr traditionell niedriges Lohnniveau wird mit Hilfe der analytischen Arbeitsbewertung »objektiv« gerechtfertigt; die spezifischen Qualifikationsanforderungen und Belastungen von Frauentätigkeiten werden nämlich durch die bestehenden Arbeitsbewertungsverfahren nicht ausreichend erfaßt, was in der Konsequenz zu niedrigen Arbeitswertzahlen und einer Einstufung in die untersten Lohngruppen führt (vgl. *Rohmert/Rutenfranz*, 1975). Schließlich dürften bei Frauentätigkeiten sowohl im Arbeiter- wie im Angestelltenbereich – aufgrund ihrer bereits bestehenden spezifischen Belastungsstruktur – Entlastungstendenzen wesentlich geringere Bedeutung haben als Tendenzen der Entstehung neuer oder der Verschärfung bestehender Belastungen. Das bedeutet: bei Frauentätigkeiten dürften sich in der Nachkriegszeit durch technischen und vor allem organisatorischen Wandel nicht zu unterschätzende Belastungsverschärfungen ergeben haben.

Ulrich Mergner

Literatur

Baethge, M./Gerstenberger, F./Kern, H./Schumann, M./Stein, H./Wienemann, E., 1974: Produktion und Qualifikation, Hannover – *Bahrdt, H. P.*, 1958: Industriebürokratie, Stuttgart – *Böhle, F./Altmann, N.*, 1972: Industrielle Arbeit und soziale Sicherheit, Frankfurt/M. – *Bornemann, E.*, 1961: Allgemeine Arbeitsbedingungen, in: *Mayer, A./Herwig, B.* (Hrsg.), Handbuch der Psychologie, IX. Band, Göttingen – *Bright, J. R.*, 1957: Automation and Management, Boston – *Bunz, A./Jansen, R./Schacht, K.*, 1974: Qualität des Arbeitslebens, Bonn/Bad Godesberg – *Dähne, E./Priester, K.*, 1978: Arbeitsbedingungen und gewerkschaftlicher Kampf, Arbeitsbericht Nr. 20 des IMSF, Frankfurt/M. – *Eichhorn, W.* u. a. (Hrsg.) 1971[2]: Wörterbuch der marxistisch-leninistischen Soziologie, Opladen – *Fehrmann, E./Metzner, U.*, 1977: Angestellte in der Sozialwissenschaftlichen Diskussion, Köln/Frankfurt/M. – *Friedrich, H./Lappe, L./Schwinghammer, I./Wege-Haupt-Schneider, I.*, 1973: Frauenarbeit und technischer Wandel, Frankfurt/M. – *Friedrichs, G.* (Red.), 1971: Computer und Angestellte, 2 Bd., Frankfurt/M. – Gesellschaft für Arbeitswissenschaft (Hrsg.), 1964: Arbeitswissenschaftliche Begriffe, Beiheft 2 zur ‚arbeitswissenschaft‘, Frankfurt/M. – *Helfert, M.*, 1976: Indikatoren für Arbeitsbedingungen in der Bundesrepublik, in: IG Metall (Hrsg.), Krise und Reform in der Industriegesellschaft, Frankfurt/M. – *Herzog, M.*, 1970: Akkordarbeiterinnen bei AEG-Telefunken, in: Kursbuch 21 – *Jaeggi, U./Wiedemann, H.*, 1963: Der Angestellte im automatisierten Büro, Stuttgart – *Kasiske, R.* (Hrsg.), 1976: Gesundheit am Arbeitsplatz, Reinbek – *Kern, H./Schumann, M.*, 1970: Industriearbeit und Arbeiterbewußtsein, 2 Bde., Frankfurt/M. – *Lang, O.*, 1975: Ergonomie, Stuttgart/Berlin/Köln/Mainz/

Lappe, L./Schöll-Schwinghammer, I., 1978: Arbeitsbedingungen und Arbeitsbewußtsein erwerbstätiger Frauen, Forschungsbericht des Soziologischen Forschungsinstituts Göttingen (SOFI), Göttingen – *Mayr, H.*, 1974: Humanisierung der Arbeit durch Tarifpolitik, in: *Vetter, H.-O.* (Hrsg.): Humanisierung der Arbeit als gesellschaftspolitische und gewerkschaftliche Aufgabe, Frankfurt/M. – *Mendner, J. H.*, 1975: Technologische Entwicklung und Arbeitsprozeß, Frankfurt/M. – *Mergner, U.*, 1979: Indikatoren zur Veränderung der Arbeitsbedingungen in der BRD, in: *Biervert, B.* u. a.: Institutionelle Reformen in der Krise, Frankfurt/M. – *Mergner, U./Osterland, M./Pelte, K.*, 1975: Arbeitsbedingungen im Wandel, Göttingen – *Mickler, O./Dittrich, E./Neumann, U.*, 1976: Technik, Arbeitsorganisation und Arbeit, Frankfurt/M. – *Osterland, M./Deppe, W./Gerlach, F./Mergner, U./Pelte, K./Schlösser, M.*, 1973: Materialien zur Lebens- und Arbeitssituation der Industriearbeiter, Frankfurt/M. – *Pöhler, W.*, 1974: Arbeitsbedingungen in der BRD – Analyse, Bestandsaufnahme und Entwicklungstrends im Verwaltungs- und Dienstleistungsbereich, in: *Vetter, H.-O.* (Hrsg.): Humanisierung der Arbeit als gesellschaftspolitische und gewerkschaftliche Aufgabe, Frankfurt/M. – *Popitz, H./Bahrdt, H. P./Jüres, E. A./Kesting, H.*, 1957: Technik und Industriearbeit, Tübingen – *Rohmert, W./Rutenfranz, J.*, 1975: Arbeitswissenschaftliche Beurteilung der Belastung und Beanspruchung an unterschiedlichen industriellen Arbeitsplätzen. Gutachten im Auftrag des BMAS, Darmstadt/Dortmund/Bonn – *Schmiede, R./Schudlich, E.*, 1976: Die Entwicklung der Leistungsentlohnung in Deutschland, Frankfurt/M. – *Schneider, P.*, 1970: Die Frauen bei Bosch, in: Kursbuch 21 – *Schumann, M.*, 1974: Arbeitsbedingungen in der BRD – Bestandsaufnahme, Analyse und Entwicklungstrends im Produktionsbereich, in: *Vetter, H.-O.* (Hrsg.): Humanisierung der Arbeit als gesellschaftspolitische und gewerkschaftliche Aufgabe, Frankfurt/M. – *Schumm-Garling, U.*, 1972: Herrschaft in der industriellen Arbeitsorganisation, Frankfurt/M. – *Touraine, A.*, 1955: L'évolution du travail ouvrier aux Usines Renault, Paris – *Volpert, W.*, 1974: Handlungsstrukturanalyse als Beitrag zur Qualifikationsforschung, Köln – *Zapf, W.* (Hrsg.), 1977: Lebensbedingungen in der Bundesrepublik, Frankfurt/M./New York. –

→ Arbeiterbewegung und Arbeitsrecht → Ausländer → Berufliche Bildung → Betrieb → Klasse und Schicht → Sozialstruktur

Arbeiterbewegung und Arbeitsrecht

Arbeitsrecht bezieht sich als Rechtsgebiet auf Inhalt und Ausgestaltung des Lohnarbeitsverhältnisses zwischen abhängig Beschäftigten (»Arbeitnehmern«) und der Kapitalseite (»Arbeitgeber«). Als vorherrschende Regelungsform gesellschaftlicher Arbeitsverhältnisse existiert Arbeitsrecht erst, seitdem es einen entwickelten Kapitalismus gibt. Vorher gab es noch nicht den Begriff des »Arbeitsverhältnisses« sowie des »Arbeitsvertrages«, also die Grundelemente dessen, was wir heute Arbeitsrecht nennen, weil Arbeit sich nur vereinzelt in Gestalt von Lohnarbeit vollzog. Im Römischen Recht z. B. gab es, da die Produktion wesentlich auf Sklavenarbeit beruhte, noch keinen speziellen Arbeitsvertrag. Es gab einen bestimmten Vertragstyp, der Miete, Pacht, Dienst- und Werkvertrag einschloß. Von diesem Vertragstyp wurden die relativ seltenen Dienste Freigelassener geregelt. Erst mit Heraufkommen des Kapitalismus entwickelte sich hieraus der Arbeitsvertrag, der die statusbedingte persönliche Arbeitspflicht ablöste und zur formalen Voraussetzung aller gesellschaftlichen Arbeit wurde.

Beim Abschluß des Vertrages, der das Arbeitsverhältnis begründet, dem Arbeitsvertrag, scheinen sich die beiden Seiten des Arbeitsverhältnisses, »Arbeitgeber« und »Arbeitnehmer«, gleich gegenüberzustehen. Jeder von beiden ist so frei, einen Arbeitsvertrag abzuschließen oder nicht; jeder kann auf die inhaltliche Gestaltung des Vertrages einwirken. So sieht das Arbeitsverhältnis in der formalen Sichtweite des bürgerlichen Rechts aus. In Wirklichkeit gehen die beiden Parteien des Arbeitsvertrages mit unterschiedlichen Ausgangsbedingungen zum Vertragsschluß. Die eine Seite verfügt über Kapital, d. h. Produktionsmittel, Geld und/oder Waren, für sie ist der Abschluß eines Arbeitsvertrages nur Mittel zur Vermehrung des eingesetzten Kapitals. Die Lohnabhängigen – und deshalb ist dieser Ausdruck zutreffender als der Ausdruck »Arbeitnehmer« – müssen sich einem Arbeitsverhältnis unterwerfen, weil sie ihre und ihrer Familie Existenz nur fristen können, wenn sie ihre Arbeitskraft gegen Lohn verdingen, also sich tagtäglich neu in ein Arbeitsverhältnis begeben. Für die Kapitalseite ist also das Arbeitsverhältnis Mittel zur Kapitalvermehrung, für die abhängig Beschäftigten Notwendigkeit zur Existenzsicherung. Dieser Unterschied macht das »arbeitsrechtliche Grundverhältnis« im Kapitalismus aus.

In diesem Grundverhältnis angelegt ist, daß das Arbeitsverhältnis kein reines Rechtsverhältnis, sondern immer auch ein verdecktes oder offenes Gewaltverhältnis ist. Die Lohnabhängigen haben erst durch ihren Zusammenschluß, durch die Entwicklung von Kampfformen – insbesondere die kollektive Vorenthaltung der Arbeitskraft, den »Streik« –, überhaupt ihr Überleben sicherstellen können: erst die erfolgreichen Kämpfe um die Verkürzung des Arbeitstages, um tarifliche Mindestlöhne, um bessere Arbeitsbedingungen verhinderten, daß die Lohnabhängigen unter dem kapitalistischen Joch verelendeten. So ist der Kampf – und mit ihm die Form der Kampfführung und Konfliktregulierung – von Anfang an konstituierendes Element von Arbeitsrecht gewesen.

Voraussetzung von Arbeitsrecht ist, daß der Lohnabhängige frei über seine Arbeitskraft als »Ware« verfügen kann. Dies wiederum setzt voraus, daß er an bürgerlicher Freiheit und Gleichheit teilhat in dem Sinne, daß niemand über ihn durch Zwang verfügen kann, daß aber zugleich er selbst wie jeder andere Bürger auch über sein spezifisches »Eigentum«, die Arbeitskraft, verfügen kann. Dies ist im Prinzip nur dann gewährleistet, wenn der Lohnabhängige als »vollwertiger Bürger« akzeptiert ist, was bekanntlich in der Entstehungsphase des Kapitalismus überhaupt nicht gegeben und was unter entwickelten kapitalistischen Bedingungen – besonders in Krisenzeiten – immer wieder in Frage gestellt ist.

Von hier aus erwächst der Arbeiterbewegung ein spezifisches Interesse am Bestand bürgerlicher Demokratie und republikanischer Freiheit. Bürgerliche Demokratie bietet zwar für die Lohnabhängigen nicht bereits Befreiung vom Joch kapitalistischer Lohnarbeit. Aber sie stellt sicher, daß die Interessen der Lohnabhängigen kommuniziert, formuliert und durchgesetzt werden können. Sie ist »Kampfboden« *(Seifert)* für die Arbeiterbewegung, den preiszugeben für jede Interessenorientierung, geschweige denn für eine sozialistische Perspektive tödlich wäre.

In der Spätphase kapitalistischer Entwicklung zeigt sich, wie prekär das Verhältnis von kapitalistischer Krise und bürgerlicher Demokratie ist. Der Gefahr offener oder schleichender Auflösung sind nicht nur die Institutionen bürgerlicher Demokratie, die Kommunikations- und Handlungsspielräume wie auch die sonstigen Grundrechtspositionen gerade auch der Arbeiterbewegung unterworfen, sondern auch das konstituierende Element von Arbeitsrecht, der freie Arbeitsvertrag. Kapitalistische Krisen und deren reaktionäre Lösungsversuche (wie Krieg oder Faschismus) haben immer wieder die Ersetzung des freien Arbeitsvertrages durch Dienstverpflichtung, Zwangsmitgliedschaften, Arbeitsdienst hervorgerufen. In der Bundesrepublik wird diese Gefahr erneut sichtbar, seitdem die Prosperitätsphase einer deutlichen Krisenneigung gewichen ist. Seit 1968 existiert in der Bundesrepublik eine Notstandsverfassung und eine Zahl einfacher Gesetze, welche die Möglichkeit von Dienstverpflichtungen für den Notstand vorsehen. Mehr und mehr Menschen werden heute – bei zunehmender Arbeitslosigkeit – der Pflichtarbeit, sei es in Gestalt der »Arbeitshilfe« nach Bundessozialhilfegesetz, sei es der »zumutbaren Arbeit« nach Arbeitsförderungsgesetz, ausgesetzt. Es ist nicht auszuschließen, daß in absehbarer Zeit der »freie Arbeitsvertrag« wieder Gegenstand gesellschaftlicher Auseinandersetzungen wird.

Koalitionsfreiheit

Es wurde bereits angedeutet, daß der gewerkschaftliche Zusammenschluß unter kapitalistischen Bedingungen die Voraussetzung dafür ist, daß die Reproduktion der Lohnabhängigen sichergestellt werden kann. So wie es zum Kapitalismus gehört, daß Unternehmen, Einzelkapitale, sich verschmelzen, mit anderen zusammenschließen, so ist es auch Bestandteil bürgerlicher Demokratie, daß die Lohnabhängigen nicht nur als einzelne tätig sein dürfen, sondern daß sie sich zusammenschließen und kollektiv handeln dürfen.

Daß nicht mehr einzelne (sog. »natürliche Personen«), sondern gesellschaftliche Zusammenschlüsse (meist sog. »juristische Personen«) tätig werden, ist mit Liberalismus vereinbar. Es stellt ihn vielmehr auf eine kollektive Grundlage, so wie es im Begriff des »kollektiven Liberalismus« *(Ramm)* gekennzeichnet ist.

Dem Leitbild des »kollektiven Liberalismus« entspricht auf arbeitsrechtlicher Seite: die Lohnabhängigen haben die Freiheit, sich zu Gewerkschaften zusammenzuschließen, dabei Organisationsstrukturen und Politikinhalte selbst zu bestimmen; die gewerkschaftlichen Organisationen haben das Recht, über die beschlossenen Forderungen mit der Gegenseite in freie Verhandlungen einzutreten; im Falle gelungener Einigung kommt es zum Abschluß eines »Friedensvertrages« oder »Waffenstillstandsabkommens« in Gestalt eines Tarifvertrages; im Falle mißlungener Einigung wird der Vertragsschluß so lange verweigert, die Arbeit so lange unterbrochen, bis eine der beiden Seiten auf Grund der Kräftekonstellation zum Nachgeben bereit ist und der gefundene Kompromiß (oder auch das Diktat) wiederum in Gestalt eines Tarifvertrages fixiert wird. Dergleichen arbeitsrechtliche Realität – ohne staatliche Intervention in Organisationsfreiheit und Kampfführung der Beteiligten – hat es nie gegeben, schon gar nicht in Deutschland. Ebenso wie der freie Arbeitsvertrag sind auch Koalitions-, Tarif- und Streikrecht mit dem Kapitalismus nicht schon automatisch gegeben. Sie bedürfen erst der kämpferischen Durchsetzung und sind auch stets wieder – und in der Krisenphase des Kapitalismus zunehmend – Aushöhlungsgefahren ausgesetzt, die es abzuwehren gilt.

Ursprünglich wurden Gesellen desselben Gewerbes, die sich zusammenschlossen, die gemeinschaftlich zur Erzielung besserer Arbeitsbedingungen ihre Arbeitskraft vorenthielten, deswegen straf- und zivilrechtlich verfolgt. Ihr Verhalten wurde als »Zusammenrottung«, als »Landfriedensbruch«, als »unerlaubte Wettbewerbsbeschränkung« oder ähnliches eingestuft. Im Verlauf der kapitalistischen Entwicklung ist es zu einer Umwertung von Koalitionen und Streiks gekommen, zu ihrer Legalisierung. Diese Umwertung dürfte mit zwei Umständen zusammenhängen. Die Zahl der Lohnabhängigen, die untereinander in der gleichen sozialen Lage standen und die sich gleichermaßen kämpferisch für bessere Reproduktionsbedingungen – und für die Organisationsfreiheiten, um diese Reproduktionsbedingungen durchsetzen zu können – einsetzten, vergrößerte sich. Zum anderen aber nahm der Kapitalismus einen wirtschaftlichen Aufschwung, im Zuge dessen er das Koalitions-, das Tarif- und Streikrecht wirtschaftlich tolerieren konnte, ja wo ihm selbst – »um des sozialen Friedens willen« – an der integrierenden Anerkennung der Arbeiterkoalitionen und an der juristischen Kanalisierung des sozialen Konflikts gelegen war.

Dies war in England phasenverschoben früher als in Deutschland der Fall; 1825 wurde dort das Koalitionsrecht, 1875 das Streikrecht gesellschaftlich anerkannt. In Deutschland, wo keine bürgerliche Revolution gelungen war, die auch den Lohnabhängigen Organisationsfreiheit eingeräumt hätte, geschah dies später und unter veränderten Vorzeichen. Als 1869 durch § 152 der Gewerbeordnung des Norddeutschen Bundes die Koalitionsverbote aufgehoben wurden, geschah dies unter sehr auffälligen Umständen. Eine großflächige Arbeiterbewegung gab es noch nicht, Streiks und Unruhen fanden punktuell und dezentral statt; der sozialistische Flügel der Arbeiterbewegung stand Gewerkschaften und Streiks eher ablehnend gegenüber; dagegen befürwortete das liberale Bürgertum die Koalitionsbildung, um einerseits die lokalen Arbeiterunruhen nach der 1857er Krise durch rechtliche Duldung kanalisieren, andererseits durch die Stabilisierung eines ökonomischen den politischen Flügel der Arbeiterbewegung entmachten zu können. Das zuletzt genannte Bestreben nach Stärkung und zugleich juristischer Kanalisierung der Gewerkschaften erwies sich in den Jahrzehnten bis zum 1. Weltkrieg als ungeheuer fruchtbar, indem der politische Einfluß der Sozialdemokratie auf die Arbeiterbewegung und deren Kampfmittel (vgl. Massenstreikdebatte 1905/6 – mit dem Resultat, Streiks praktisch den Gewerkschaften und ihren ökonomischen Zielen vorzubehalten) zunehmend zurückgedrängt wurde.

Nachdem die Gewerkschaften – nach dem Auslaufen des Sozialistengesetzes (1890) – in einer Phase sprunghaften Aufschwungs des deutschen Kapitalismus enorme Mitgliederzuwächse und zunehmenden gesellschaftlichen Einfluß zu verzeichnen hatten, waren Koalitions- und Streikrecht zwar faktisch durchgesetzt. Aber die rechtliche Anerkennung der Gewerkschaften fand erst gegen Ende des 1. Weltkrieges statt (Hilfsdienstgesetz 1916, in dem die Gewerkschaften um den Preis ihrer gesetzlichen Anerkennung freiwillige Einschränkungen des freien Arbeitsvertrages in Kauf nahmen; Zentrales Arbeitsgemeinschaftsabkommen 1918, in dem die Gewerkschaften um den Preis ihrer Zustimmung zu »partnerschaftlicher Zusammenarbeit« mit den Unternehmerverbänden die Anerkennung als allein zuständige Tarifpartner fanden). Diese Zugeständnisse bedeuteten aber nicht weniger, als daß die Gewerkschaften die imperialistische Kriegsführung unterstützten (1916) und daß sie in einer Zeit, wo eine revolutionäre Bewegung über Europa ging, jede Art von Rätebewegung das harmonische Einverständnis mit der Kapitalseite vorzog und entgegensetzte (1918). Die Geburtsstunde des juristisch fixierten Tarifwesens in Deutschland weist daher von Anfang an restaurative Züge auf.

Hier dominierte seit jeher – auch in der Arbeiterbewegung – ein staatsorientiert-autoritäres Arbeitsrechtskonzept; der Staat wurde weniger als ein Klasseninstrument, vielmehr als die Verkörperung einer imaginären »Gemeinschaft« aller am Produktionsprozeß Beteiligten angesehen, und gefordert wurde die Unterordnung aller als »partikular« (»egoistisch«) eingeschätzten Interessen unter diese übergreifende Gemeinschaft.

Deshalb waren – wie die Freiheit des Arbeitsvertrages – auch Koalitions- und Streikrecht gerade in Krisensituationen immer im Rückschreiten begriffen. Man kann dabei denken an die Zwangsschlichtungen während der Weimarer Republik. Vor allem aber ist zu erinnern an die schmähliche Selbstentmachtung der Gewerkschaften in der Spätphase der Weimarer Republik und an die schließliche Zerschlagung jeder kollektiven Interessenartikulation und -durchsetzung unter dem Faschismus, der in der ökonomischen und politischen Krisensituation nach der Weltwirtschaftskrise die einer bürgerlichen Demokratie entsprechenden Freiheiten der Lohnabhängigen aufhob und in eine staatliche Zwangsgemeinschaft von Arbeitenden und Unternehmern (Deutsche Arbeitsfront) überführte.

Arbeitsgerichtsbarkeit

Der von den deutschen Gewerkschaften wesentlich mitbetriebenen Verrechtlichung der Beziehungen zwischen Arbeit und Kapital entspricht ihr frühzeitiges Streben nach einer umfassenden staatlichen Arbeitsgerichtsbarkeit. Im Verlauf des 19. Jahrhunderts wurden einerseits Laiengerichte für die Schlichtung von Streitigkeiten zwischen selbständigen Gewerbetreibenden und Arbeitern – nach dem Vorbild der französischen Conseils des Prud'hommes mit Vertretern beider Seiten besetzt –, andererseits nicht als staatliche Gerichte einzustufende Schlichtungsstellen auf Gemeindeebene eingerichtet. Jedoch blieb deren Verbreitung vor dem 1. Weltkrieg sehr punktuell.

Die gewerkschaftliche Forderung nach einer umfassenden staatlichen Arbeitsgerichtsbarkeit ging einher mit dem sprunghaften Wachstum der Gewerkschaftsorganisationen, der Herausbildung einer bürokratischen Organisationsstruktur und – als einer von deren zentralen Dienstleistungen gegenüber der Mitgliedschaft – eines quasi-professionalisierten Rechtsschutzes. Bemerkenswerterweise ist die Forderung nach einer Arbeitsgerichtsbarkeit von den liberalen Gewerkschaften einerseits, dem Bürgertum andererseits ausgegangen, wohingegen sich die Sozialdemokraten etwa unter *Bebel* 1877 noch strikt dagegen aussprachen. So stimmten die Sozialdemokraten 1890 gegen das Gewerbegerichtsgesetz, das – wie das Kaufmannsgerichtsgesetz 1904 – Gemeindegerichte mit paritätischer Beteiligung (mit Berufungsmöglichkeit zum Landgericht, aber ohne Revisionsmöglichkeit) vorsah.

Die Auseinandersetzungen, die der Verabschiedung des Arbeitsgerichtsgesetzes 1926 vorausgingen, dürfen nicht über eines hinwegtäuschen: alle Kontrahenten waren sich in dieser Phase einig, daß an die Stelle des bisherigen lückenhaften, instanziell unvollständigen Rechtsschutzes eine umfassende lückenlose Arbeitsgerichtsbarkeit treten müsse. Alternative Überlegungen, die sozialen Beziehungen im Arbeitsbereich »rechtsfrei« zu halten – so wie etwa die englische Gewerkschaftsbewegung bis heute eine umfassende Verrechtlichung insbesondere des kollektiven Arbeitskonflikts und die Existenz einer lückenlosen Arbeitsgerichtsbarkeit abgelehnt und auch praktisch verhindert hat –, hatten zu dieser Zeit in Deutschland keine Relevanz mehr. Gegenstand der Kontroverse war vielmehr wesentlich die Organisationsform der Arbeitsgerichtsbarkeit. Sozialdemokratie und freie Gewerkschaften befürworteten eine selbständige einheitliche, auch rechtsprechende, Arbeitsbehörde außerhalb der ordentlichen Gerichtsbarkeit, insofern hielt sich das Mißtrauen in den juristischen Berufsstand. Unternehmer, Richter, Anwälte, christliche Gewerkschaften wollten die volle Eingliederung der Arbeitsgerichtsbarkeit in die ordentliche Gerichtsbarkeit. Der schließliche »Kompromiß« – eine selbständige Arbeitsgerichtsbarkeit in 1. Instanz, insoweit der Sozial- und der Justizverwaltung unterstellt, Eingliederung in die ordentliche Gerichtsbarkeit in 2. und 3. Instanz – lag auf der liberalen Linie.

Daß die Forderung nach einer umfassenden staatlichen Arbeitsgerichtsbarkeit ein bestimmtes bürokratisiertes verhandlungsorientiertes Politikverständnis impliziert, wird aus einem Umstand deutlich, auf den *Michel* aufmerksam gemacht hat.

In der Vorphase der Verabschiedung des Arbeitsgerichtsgesetzes 1926 fand dieser Gegenstand in der Presse der gewerkschaftlichen Angestelltenverbände weitaus stärkeres Interesse als in derjenigen der Arbeiter, ferner in den Funktionsorganen stärkeres Interesse als in den Mitgliederzeitungen; am aufmerksamsten diskutiert wurde er auf Kongressen der Spitzenorganisationen.

Das beschriebene Verhältnis der Gewerkschaften zur Arbeitsgerichtsbarkeit dürfte – zumal nach dem 2. Weltkrieg die Arbeitsgerichtsbarkeit erstmals in Deutschland selbständig organisiert und der Sozial- (im Einvernehmen mit der Justiz-)verwaltung unterstellt worden ist – eine wichtige Erklärung dafür bieten, warum das kollektive Arbeitsrecht hier wesentlich als Richterrecht ausgestaltet und durchgesetzt werden konnte. Erst in den letzten Jahren ist das Bundesarbeitsgericht in eine ansatzweise Legitimationskrise gegenüber abhängig Beschäftigten und Gewerkschaften geraten, wohingegen es in den ersten beiden Jahrzehnten bundesrepublikanischer Entwicklung ohne nennenswerten Widerspruch sein Konzept kollektiven Arbeitsrechts durchsetzen konnte.

Das Bundesarbeitsgericht reglementierte den Lohnkampf Stück für Stück und engte ihn rechtlich ein. Schon vor Gründung des Bundesarbeitsgerichts (1954) hatten die Landesarbeitsgerichte den politischen Streik der Lohnabhängigen illegalisiert. 1955 formulierte das Bundesarbeitsgericht die sog. »Ultima-ratio-Doktrin« (daß Streiks volkswirtschaftlich unerwünscht und deshalb nur als letztes Mittel zulässig seien) und die Doktrin der »Sozialadäquanz« (daß Streiks nur insoweit zulässig seien, wie sie mit den »geschichtlich gewordenen sozialethischen Ordnungen des Gemeinschaftslebens« in Einklang stehen), die seither der Tarifautonomie von Lohnarbeit und Kapital – praktisch gesehen dem Streikrecht der Lohnabhängigen – kontinuierlich einengend und regulierend entgegengesetzt werden. So ist z. B. ein Streik heute nur zulässig, wenn er 1. von einer Gewerkschaft gebilligt ist oder wird, 2. sich gegen einen Arbeitgeber oder Arbeitgeberverband richtet, 3. mit dem Streik die tarifliche Regelung von Arbeitsbedingungen erstrebt wird, 4. der Streik nicht gegen die tarifliche Friedenspflicht und 5. auch nicht gegen das Prinzip der fairen Kampfführung verstößt und 6., wenn vorher alle anderen Verständigungsmöglichkeiten ausgeschöpft worden sind. Seit einer Grundsatzentscheidung von 1971 ist ein Arbeitskampf auch dann rechtswidrig, wenn er nicht dem Grundsatz der »Verhältnismäßigkeit« entspricht, d. h. wenn nach herrschender Auffassung Streikziel und -mittel unangemessen erscheinen. In den 70er Jahren hat das Bundesarbeitsgericht sein auf »Ordnung und Befriedung des Arbeitslebens« gerichtetes Arbeitskampfkonzept um das Prinzip der »materiellen Kampfparität« ergänzt. Damit bleibt neben dem Streik prinzipiell auch die Aussperrung legal. Seit 1980 gewichtet das Gericht die Kampfmittel beider Seiten um der Konfliktvermeidung willen so präzise, daß die Arbeitskampffreiheit ihren ursprünglichen gesellschaftlichen Charakter einbüßt: der Arbeitskampf wird zum staatlich inszenierten Ritual (s. *Mückenberger*, 1980).

Koalitions- und Streikrecht stehen gerade unter diesen Bedingungen unter besonderer Bedrohung. Längst ist das staatliche einkommenspolitische Instrumentarium so weit entwickelt, daß von interventionsfreiem Tarifwesen keine Rede mehr sein kann. Der Lohn ist zu einer berechenbaren Größe innerhalb der volkswirtschaftlichen Gesamtrechnung geworden und wird durch formellen und informellen Druck (z. B. die »Lohnleitlinien« der konzertierten Aktion) entsprechend makroökonomischen Daten beeinflußt. Dieser Einfluß wird sich unter verschärften Krisenbedingungen auch auf formeller Ebene verstärken. Schon Mitte der 60er Jahre wurde von konservativer Seite – dann von dem späteren CDU-Generalsekretär Biedenkopf aufgegriffen – erwogen, die Lohnleitlinien der konzertierten Aktion verbindlich zu machen. Nach dem Streik im öffentlichen Dienst (1974) wurde ins Spiel gebracht, daß Tarifabschlüsse im öffentlichen Dienst durch Bundesgesetz zu bestätigen seien. Nach dem Druckerstreik (1976) wurden erneut Stimmen laut, Streiks in Zeitungsbetrieben überhaupt als Vorstoß gegen die Pressefreiheit der Verleger und die Informationsfreiheit der Leser einzustufen, wie auch Stimmen, die Streiks, bei denen es nur noch um 0,1 %, eine »6 vor dem Komma«, gehe, für »unverhältnismäßig« im Sinne des BAG-Beschlusses von 1971 und damit rechtswidrig zu erklären. Ferner zeichneten sich – aus Kreisen der CDU, aber auch zeitweilig Minderheitspositionen der FDP – Tendenzen ab, die interne gewerkschaftliche Organisationsfreiheit durch staatlichen Einfluß zu reglementieren. So sollen in einem »Verbändegesetz« die innerverbandlichen Willensbildungsprozesse reglementiert und kontrolliert werden können, die Finanzen (die ja für Gewerkschaften immer auch strategisch bedeutsamer »Kampffonds« sind) offengelegt und »Außenseiter« geschützt werden. Daß es um diese Versuche stiller geworden ist, liegt nicht zuletzt an der »freiwilligen« Zurückhaltung, die sich die Gewerkschaften in tarif- und gesellschaftspolitischen Aktivitäten seit der Spätphase der sozialliberalen Koalition auferlegt haben. Sollten sich solche Aktivitäten freilich – in den Fragen der Arbeitszeitverkürzung, des Abbaus von Sozialleistungen oder gar der weltpolitischen Friedenssicherung – spürbar steigern, so dürften auch weitere Versuche der formalen Restriktion von Koalitionsfreiheit und Streikrecht nicht lange auf sich warten lassen.

All diese Tendenzen geben der tarifpolitischen Auseinandersetzung eine neue Brisanz, die einerseits die Tarifautonomie zum stets gefährdeten und neu zu erringenden Gut macht, andererseits aber auch der offensiv geführten Tarifauseinandersetzung eine politische Bedeutung verleiht, die über diejenige der Prosperitätsperioden weit hinausreicht.

Betriebliche Mitbestimmung

Charakteristisch für die deutsche »Betriebsverfassung« – im Gegensatz zu anderen westeuropäischen Betriebsvertretungssystemen – ist die Verrechtlichung bei der Austragung betrieblicher Konflikte (s. *Erd,* 1978). Während in England, Frankreich und Italien z. B. in viel geringerem Umfang juristisch durchsetzbare Mitbestimmungsrechte für Belegschaftsrepräsentanten bestehen, wohingegen der gewerkschaftliche Handlungsspielraum, die »proletarische Öffentlichkeit« im Betrieb wesentlich mehr an Gewicht haben, sind in der Bundesrepublik die Gegenstände der Verhandlungen zwischen Betriebsrat und Geschäftsleitung wie auch die Wege zur Lösung von Konflikten juristisch genau festgelegt, wohingegen der gewerkschaftliche Handlungsspielraum im Betrieb wie auch die Kommunikation der Lohnabhängigen untereinander nachrangig sind. Charakteristisch für das bestehende Betriebsverfassungsgesetz ist, daß es in sozialen und personellen Fragen relativ weitgehende Mitbestimmungsrechte gibt, wohingegen es den wirtschaftlichen Bereich (der ja für Investitionsentscheidungen, Entwicklung der Arbeitsbedingungen, der betrieblichen Qualifikationsstruktur usw. ausschlaggebend ist) weitgehend mitbestimmungsfrei hält. Das heißt, in den entscheidenden Materien läßt das Gesetz die Beschäftigten und ihre Vertreter im Betrieb ohne durchsetzbare Lösung (z. B. garantiert es gegenüber krisenbedingten Arbeitsplatzbedrohungen keinen wirksamen Bestandsschutz); und dann wird es zur Fessel, weil es die gewerkschaftliche Mobilisierung im Betrieb klar behindert und den Betriebsrat dort, wo kollektive Machtaufbietung einziges Mittel wirksamer Interessenpolitik wäre, durch Einbindung in die Friedenspflicht und Sanktionen bei deren Verletzung beengt.

Die verrechtlichte Gestalt der deutschen Betriebsverfassung hat ihre Wurzel in einer Konfliktkanalisierung, wie sie bereits an der Anerkennung der Koalitionsfreiheit beobachtet wurde. Schon vor der Jahrhundertwende hatten Kaiser und Unternehmer die Bildung sog. Arbeiter- oder Fabrikausschüsse zugelassen, einmal als betriebliche Konkurrenzorganisation gegenüber den Berufsverbänden, aber auch, um auf betrieblicher Ebene Ansprechpartner zu haben und Unruhen frühzeitig abwenden zu können. Gewiß ohne dies zu wollen, begünstigten sie damit die Herausbildung nicht berufsbezogener Interessenvertretungen der Lohnabhängigen. Den politischen Durchbruch erzielte dieser Bereich von Arbeitsrecht mit der Rätebewegung, die am Ende des 1. Weltkrieges die kapitalistischen Industrienationen in ganz Europa erfaßte. Dort entwickelte sich eine autonome Organisationsform der Lohnabhängigen im Produktions- wie auch im Reproduktionsbereich, die die Keimform einer revolutionären Bewegung gegen das Kapital darstellte.

Doch schon binnen weniger Jahre wurde diese Bewegung in Deutschland zu dem kanalisiert – zwar rechtlich anerkannt, aber zugleich eingefriedet –, was wir heute »Betriebsverfassungsrecht« nennen. Nachdem die Novemberrevolution faktisch einer bürgerlichen Republik zum Durchbruch verholfen hatte, wurde der Rätegedanke nur noch formal in der Weimarer Reichsverfassung von 1919 (Art. 165) und im Betriebsrätegesetz von 1920 aufgenommen. Inhaltlich wurde er jedoch seiner systemsprengenden Bedeutung beraubt. Die Rätebewegung war nämlich gekennzeichnet von autonomer Organisierung der Lohnabhängigen mit imperativem Mandat und Rückrufrecht gegenüber Vertretern – wobei dem Betrieb als organisatorischer Keimzelle entscheidende Bedeutung zukam. Die Teilhabe der Belegschaftsvertreter an betrieblichen Entscheidungen hatte den Charakter der »Kontrolle« der Produktion, konzipiert als Vorstufe und Übergangsprozeß zur Sozialisierung der Industrie. Beide Elemente – autonome Organisierung und Sozialisierungsziel – mußten sich in dem Maße verlieren, wie das Rätewesen in ein wiedererstarktes kapitalistisches Wirtschaftssystem eingebaut wurde. »Betriebsverfassung« wurde unter diesen Umständen zum Integrationsinstrument. Kontrolle der Produktion zur »Mitverantwortung«, zu »Mitbestimmung« des kapitalistischen

Produktionsprozesses, der Betrieb und die Produktion zum über den Klassenfronten stehenden Wert, dem auch die Belegschaftsrepräsentanten verpflichtet waren. Diese Entwicklungslinie zieht sich wie ein roter Faden vom Betriebsrätegesetz 1920 über das Gesetz zur Ordnung der nationalen Arbeit 1934, zum Betriebsverfassungsgesetz 1952 und dessen Novellierung 1972. Doch verdient hervorgehoben zu werden, daß das faschistische Gesetz von 1934 – im Gegensatz zu den übrigen drei Gesetzen – den Partnerschaftsgedanken (mit der Vorstellung der »Gleichberechtigung« von Kapital und Arbeit sowie der »Mitbestimmung« der Arbeitenden an sie betreffenden Problemen) zurückdrängte und wieder eindeutig die Priorität für alle betrieblichen Entscheidungen dem »Betriebsführer« gab, dessen Weisungen die »Gefolgschaft« zu befolgen hatte. Dieser Rückschritt in eine (nur mystisch verkleidete) strikte Befehlsgewalt des Arbeitgebers ist insofern erklärlich, als die Betriebsverfassung selbst in ihrer juristisch eingefriedeten Form noch brisant ist: denn sie ist dem unmittelbaren betrieblichen Konfliktstoff, dem sich auf Betriebsebene darstellenden Klassenkonflikt am nächsten und entwickelt Integrationswirkungen nur durch ein gewisses Entgegenkommen gegenüber den Interessen der Lohnabhängigen. Sie kann damit – so sozialpartnerschaftlich und konfliktfeindlich sie im einzelnen auch ausgestaltet sein mag – Konflikterfahrung, betriebliche Öffentlichkeit und kollektive Lernprozesse nicht völlig ausschließen.

Verrechtlichung und gewerkschaftlicher Legalismus

Die industriellen Beziehungen weisen in der deutschen Entwicklung besonders markante Züge der Verrechtlichung auf. Auf das theoretische und strategische Problem, inwieweit solche Rechtspositionen einen materiellen Schutz und inwieweit sie eine Fessel darstellen, kann hier nicht zulänglich eingegangen werden. Jedenfalls sind mit Verrechtlichung drei Momente verbunden, auf die aufmerksam gemacht werden soll:

1. Wird ein sozialer und insoweit kollektiver Konflikt in verrechtlicher Form ausgetragen, so wird er regelmäßig aus seinem kollektiven sozialen Zusammenhang herausgerissen, individualisiert, formalisiert und unter Einschaltung professionalisierter Spezialisten auf das kanalisiert, was daran »juristisch wesentlich« ist.
2. Auf der subjektiven Seite geht mit der Verrechtlichung häufig das einher, was man den gewerkschaftlichen Legalismus nennt: der Glaube an Recht, die Verinnerlichung der staatlich gesetzten Normen, Hoffnung auf deren Geltungskraft unabhängig von gesellschaftlichen Kräfteverhältnissen, Hoffnung auf Fortschritt in und mit Gesetzen; dieser Legalismus kann der Entfaltung von Handlungspotentialen direkt entgegenstehen.
3. Schließlich ist mit der zunehmenden Verrechtlichung im Verhältnis von Arbeit und Kapital offenbar eine zunehmende innergewerkschaftliche Verrechtlichung, Ver(be)amtung verbunden mit der Folge, daß auch die innergewerkschaftlichen Verkehrsformen (Satzungs-, Zuständigkeits-, Antrags- und Beschlußwesen, »Parlament der Arbeit«) stark verrechtlichte Züge annehmen.

Historisch gesehen scheinen die Entwicklungsphasen gewerkschaftlichen Legalismus eng mit derjenigen des Reformismus zusammenzuhängen: das Verbindungsglied ist das Vertrauen in die Problemlösungskapazität des Staates. Die materielle Basis gewerkschaftlichen Legalismus dürfte jeweils in ökonomischen Prosperitätsperioden (z. B. 90er Jahre, die Jahre ab 1923, ab 1948) gelegen haben, die den Gewerkschaften innerhalb des bestehenden Systems Mitgliederzuwächse, Vermögen, hauptamtlichen Apparat, rechtliche Gewährleistungen und Zugeständnisse ermöglichten und daher der Ablehnung systembedrohender Initiativen (vgl. Massenstreikdebatte) einige Plausibilität gaben. Hinzu kommt unter den spezifisch deutschen Bedingungen, daß sich hier die bürgerlich-demokratischen Freiheiten und die bürgerliche Republik als Produkt der Kämpfe der Arbeiterbewegung darstellten (vgl. Revolution 1918), was der deutschen Arbeiterbewegung einen höheren Grad an Identifikation mit Recht und Staat nahelegte als solchen Arbeiterbewegungen, die Staat und Recht als bürgerliches Produkt und Instrument erfuhren. Der massive Widerstand der Gewerkschaften gegen »experimentierende«, außerlegale, gar illegale Politik dürfte Ausdruck der tradierten Erfahrung direkter Unterdrückung unter dem Sozialistengesetz, dem Krieg, dem Faschismus sein: einer Erfahrung, die »Illegalisierung« zum Trauma machte, das selbst um den Preis der Selbstaufgabe zu vermeiden gesucht wurde.

Es ist denkbar, daß die Wirksamkeit und mit ihr die Attraktivität gewerkschaftlichen Legalismus auf solche Prosperitätsphasen beschränkt bleibt. Wo Bestand und Fortschritt der Organisation durch Krisenbedingungen bedroht sind, ist verrechtlichter Konfliktaustragung weithin der materielle Boden entzogen, und dann werden Kampfkraft und Partizipation der Mitglieder selbst zu einer Voraussetzung interessenorientierter Gewerkschaftspolitik – wie sich heute punktuell am Problem rationalisierungsbedingter Arbeitslosigkeit oder dem der Aussperrungen zeigt. Es kommt dann gerade darauf an, die verrechtlichten Formen der Konfliktaustragung zu »re-politisieren«, den hinter diesen versteinerten und individualisierten Formen sich verbergenden sozialen Interessenzusammenhang neu sichtbar und kollektiver Veränderung zugänglich zu machen. Ein Schritt zu dieser Re-Politisierung ist die Rückbesinnung auf die Geschichte des Verhältnisses von Gewerkschaften und Recht, wie sie hier skizziert wurde.

Ulrich Mückenberger

Literatur

Blanke, T., 1972: Funktionswandel des Streiks im Spätkapitalismus am Beispiel des Lehrlingsstreikrechts, Frankfurt/M. – **Blanke, T./Erd, R./Mückenberger, U./Stascheit, U.,* 1975: Kollektives Arbeitsrecht. Quellentexte zur Geschichte des Arbeitsrechts in Deutschland, 2 Bd., roro studium Nr. 74/75, Reinbek – **Däubler, W.,* 1976: Das Arbeitsrecht. Von der Kinderarbeit zur Betriebsverfassung, roro aktuell Nr. 4057, Reinbek – **Däubler, W.,* 1979: Das Arbeitsrecht. Zum Arbeitsplatz, Arbeitslosigkeit, Kündigung, Arbeitsgerichtsbarkeit, roro aktuell Nr. 4275, Reinbek – *Erd, R.,* 1978: Verrechtlichung industrieller Konflikte. Normative Rahmenbedingungen des dualen Systems der Interessenvertretung, Frankfurt/M./ New York – *Hoffmann, R.,* 1963: Rechtsfortschritt durch gewerkschaftliche Gegenmacht, Frankfurt/M. – *Hoffmann, R.,* 1974: Der Grundsatz der Parität und die Zulässigkeit der

Aussperrung, in: *Kittner, M.* (Hrsg.): Streik und Aussperrung. Protokoll der wissenschaftlichen Veranstaltung der IG Metall vom 13.–15. 9. 1973 in München, Frankfurt/M./Köln – *Korsch, K.*, 1960: Arbeitsrecht für Betriebsräte, Frankfurt/M. – *Michel, B.*, 1978: Der Kampf der Gewerkschaften um die einheitliche Arbeitsgerichtsbarkeit (1926), in: *Feser, K.* u. a.: Arbeitsgerichtsprotokolle, Neuwied/Darmstadt – *Mückenberger, U.*, 1975: Das Betriebsverfassungsgesetz und die Möglichkeit einer basisorientierten Betriebsratspolitik, in: *Duhm, D./Wieser, E.* (Hrsg.): Krise und Gegenwehr. Ein Arbeitsbuch zum politischen Alltag in den Betrieben, Rotbuch 141, Berlin – *Mückenberger. U.*, 1977: Moderne Maschinenstürmerei? Zur Gegenwehr bei Rationalisierungen, in: *Duhm, D./Mückenberger, U.*: Arbeitskampf im Krisenalltag. Wie man sich wehrt und warum, Rotbuch 170, Berlin – *Mückenberger, U.*, 1980: Der Arbeitskampf als staatlich inszeniertes Ritual, in: Blätter für Steuer-, Sozial- und Arbeitsrecht: 243 ff., 257 ff. – *Mückenberger, U./Welteke, F.*, 1975: Krisenzyklen, Einkommenspolitik und Arbeitsrechtsentwicklung in der BRD, Kritische Justiz: 1 ff. – *Ramm, T.* (Hrsg.), 1966: Arbeitsrecht und Politik, Neuwied/Berlin – *Seifert, J.*, 1974: Kampf um Verfassungspositionen, Köln/Frankfurt/M. – *Sinzheimer, H.*, 1976: Arbeitsrecht und Rechtssoziologie. Gesammelte Aufsätze und Reden, Frankfurt/M./Köln – *Wahsner, R.*, 1972: Erfassung und Integration als System. Militär- und Zivildienstpflicht in der BRD, Köln – *Weller, B.*, 1969: Arbeitslosigkeit und Arbeitsrecht, Stuttgart. –

→ Arbeitsbedingungen → Betrieb → Sozialstruktur → Sozialstaat → Staat

Armut

Wenn wir in unserem Alltagsverständnis von Armut reden, so orientieren wir uns zumeist an den wenigen Erscheinungsbildern, in denen uns Armut begegnet. Mit Hilfe dieser Erscheinungsbilder legen wir fest, wovon wir reden, wenn wir von Armut reden. Zumeist reden wir alltagssprachlich über Armut in Ziffern, über den einen uns bekannten Fall oder darüber, wieviel Menschen bei uns denn nun in Armut leben. Wir verständigen uns über Armut in Maßzahlen und gehen einfach davon aus, uns ständen halt gültige Maßstäbe zur Verfügung, um Armut zu messen. In dieser Art pseudorationaler Verständigung über Armut unterscheidet sich unsere alltägliche Rede wenig von der ideologischen Rede der Politiker und der Fachleute. In Ermangelung staatlich garantierter Mindesteinkommen richten sich auch jene der Einfachheit halber nach den gerade geltenden Richtsätzen, wie sie uns aus der Sozialhilfe bekannt sind. Diese »Richt-« bzw. »Regelsätze«, wie sie seit 1961 im Rahmen des BSHG gehandhabt werden, sind schlicht konventionell durch Verordnungen festgesetzt worden. Staatliche bzw. halbstaatliche Instanzen (z. B. ein »Arbeitskreis« des »Deutschen Vereins für öffentliche und private Fürsorge«) ermitteln in bestimmten zeitlichen Abständen zum Zweck der Messung von Armut einen sogen. »Mindestbedarf«, über den ein Haushalt verfügen sollte, um ein physiologisch definiertes Existenzminimum zu decken. Dieser »Mindestbedarf« begegnet uns in einem je nach Größe und Zusammensetzung des Haushalts variablen und historisch veränderbaren »Warenkorb«. Dieser »Warenkorb« wird, wie es heißt, nach den jeweiligen »Anschauungen«, die die Mitglieder jenes »Arbeitskreises« – es handelt sich um Vertreter der kommunalen und privaten Spitzenverbände der Wohlfahrt sowie einige Wissenschaftler – »über die Art und das Maß eines notwendigen Lebensunterhalts« haben, »zusammengesetzt« und »ausgemessen. Er sei »eine Hilfe zur Ermöglichung einer Lebensführung«, von der eben dieser »Arbeitskreis« annimmt, er entspräche »der Würde des Menschen«; freilich jener Würde, wie die Vertreter der Wohlfahrt einschränkend hinzufügen, wie man sie bei den »unteren Verbrauchergruppen« glaubt empirisch festgestellt zu haben (gemäß den gewandelten »Anschauungen« jenes Arbeitskreises ist dem »Warenkorb« seit 1970 z. B. Toilettenpapier beigefügt).

Unseren alltäglichen, doch recht stereotypen Vorstellungen über Armut entspricht ein weiteres, diffuses aber mit hoher sozialer Normativität belastetes Erscheinungsbild der Armut. Wissenschaftler und Politiker haben die Öffentlichkeit in den kapitalistischen Industriestaaten bis weit in die 60er Jahre hinein davon überzeugt, daß sich mit wachsendem gesellschaftlichem Wohlstand das Erscheinungsbild und das Wesen der Armut von Grund auf geändert hätten. Armut bilde nun nicht mehr ein allgemeines, sondern ein isoliertes gesellschaftliches Phänomen (sogen. »Armutsinseln«); ja, es es gebe Armut nur noch als die Armut gesellschaftlich isolierter Randgruppen. Das Problem materieller Not trete gesellschaftlich bei uns nicht mehr auf; Armut sei folglich zu definieren als eine »individualspezifische Mangelsituation« oder als ein Phänomen zwar relativ homogener, aber insgesamt doch marginalisierter sozialer Gruppen. Das Problem Armut sei folglich als ein Problem des oder der Armen zu definieren.

Die Wissenschaft, gemeint ist hier v. a. die Sozialisationsforschung und die soziologische Lehre von der sozialen Schichtung, griff – im Vergleich zum wachsenden öffentlichen Interesse am Problem Armut Anfang der 60er Jahre – verspätet und mit einer erheblichen begrifflichen und methodischen Hypothek belastet in die Diskussion ein. Die »westliche Soziologie« der Nachkriegszeit hatte ihren begrifflichen und methodischen Bezugsrahmen in der empirischen Forschung eines für die US-Forschung geradezu »klassischen« Gegenstandes gewonnen: der strukturellen Probleme »westlicher Mittelschichten«. Die dort entwickelten Forschungsstrategien bestimmten weithin das Bild, das sich die soziologische Forschung lange Jahre auch von dem Phänomen Armut machte. Sie betrachtete Armut weniger sozial- denn handlungsstrukturell; sie betrachtete es als ein Problem des Klienten sozialer Organisationen der Hilfe, als ein Problem der Beteiligung der Armen an sozialpolitischen Entscheidungen und als ein Problem der sozialen Kontrolle der zu dissozialen Bewältigungstechniken greifenden Armen, kurz: nicht als ein Problem gesellschaftlicher Verhältnisse, sondern als einen Ausdruck differenter Lebenslage.

Beide uns geläufigen Erscheinungsbilder von Armut führen dem Grunde nach zur selben Konsequenz: die auf dem Verordnungsweg festgesetzte Armutsgrenze und die Definition von Armut als Sozialisationsmerkmal erleichtern politisch die Absicht, bestimmte Bevölkerungsgruppen selektiv von der gesellschaftlichen Gesamtentwicklung zu lösen und sie zu isolieren. Die Erklärung dessen, was gesellschaftliche Armut hervorbringt, wird durch die Definition von Merkmalen ersetzt, die dazu beitragen, den Armen gesellschaftlich zu identifizieren.

Negativität der Armut

Der Terminus »Negativität der Armut« umfaßt die Definitionsmerkmale, mit deren Hilfe Individuen oder soziale Gruppen identifiziert, von der gesellschaftlichen Entwicklung isoliert, nach ordnungspolitischen Maßstäben selektiert und schließlich als die Armen gesellschaftlich stigmatisiert werden. Der Inbegriff der Vorgänge, durch die der ideologische Gehalt von Armut gesellschaftlich fixiert wird, bezeichne ich als Negativität der Armut. Die sozial stereotypen Merkmale der Negativität von Armut lassen sich in zwei Klassen unterteilen: die Klasse der Pathologisierung von Armut und die Klasse der Messung von Armut.

Die pathologische Definition von Armut: Pathologisiert werden Handlungen und soziale Beziehungen von Menschen, indem sie gesellschaftlichen Reaktionen unterworfen und durch deren Sanktionsgewalt als abweichend von der geltenden Norm definiert sind. Pathologisiert sind Menschen, deren Handlungen nicht nach dem beurteilt werden, was sie tun, sondern nach dem, was mit ihnen getan wird. Pathologisiert sind Menschen, deren Privatheit aufgehoben, als Objekt öffentlicher Zwecke gesetzt ist und durch Eingriffe sozialer Kontrolle geregelt wird. Es gibt gegenwärtig drei Interventionsmodi, durch die Armut pathologisiert wird: durch Individualisierung des Armen, durch Typisierung des Armen und durch Autonomisierung des Armen.

Individualisierung: Jenseits der Formen sozialer Sicherung stellt sich die gesellschaftliche Anerkennung des Armen nicht über den verbürgten Rechtsanspruch auf Unterstützung, sondern über die ihm je einzeln gewährte faktische Hilfe dar. Gesellschaftlicher Hilfe stellen kapitalistische Gesellschaften seit den frühen Transformationsprozessen ihrer Entstehung im 16. und 17. Jahrhundert den unbedingten Nachweis der Bedürftigkeit voran. Nachweis (in der klassischen Terminologie der englischen Armenpolitik »needs test«) bzw. Überprüfung (»means test«) sind soziale Schwellen, die die gesellschaftliche Anerkennung eines Menschen als arm erheblich erschweren sollen. So sind der Wahrnehmung eines rechtlich durchsetzbaren, jedoch prinzipiell individualisierten Anspruchs unterschiedliche normative (Scham, Kontrolle des Selbsthilfepotentials) und administrative (Tests, Anlage einer Sozialakte) Schwellen vorgelagert. Diese Schwellen dienen der »Filtrierung« (*Leibfried,* 1976) des »manifesten Armutspotentials«. Mit ihrer Hilfe selektieren die Instanzen der Sozialhilfe ganz in der Tradition frühkapitalistischer Armenpolitik die »würdigen Armen« – zu denen gegenwärtig freilich auch die sogen. »Aktivisten« zählen, also jene unter den Sozialhilfeempfängern, die qua »Störung« den Verwaltungseingriff mitauslösen – von den »unwürdigen Armen«. Die Definition von Hilfe binden die Institutionen kapitalistischer Gesellschaft an die Definition von Not. Was Not ist, wird als »Mindestbedarf« durch den festgesetzt, der Hilfe gewährt. Moralisch gesehen ist Not mithin eine heteronome, weil abhängige, Hilfe jedoch eine autonome, weil selbst gesetzte Handlung.

Typisierung: Die Einteilung der Armen in besondere Gruppen von Armen ist eines der Ergebnisse, die die intensive sozialpädagogische Beschäftigung mit sozialen Randgruppen seit Ende der 50er Jahre hervorgebracht hat. Die Typisierung der Armen diente – nicht nur bei uns – ganz wesentlich der Handlungsorientierung der sozialen Arbeit. Solche Typisierungen gehen im allgemeinen von der Annahme aus, aus spezifischen Verhaltensweisen der Individuen ließen sich diskriminierende Merkmale normativer Lebensstile herleiten und sich in den Lebenslagen der Individuen als homogene Faktoren auffinden. Zu solchen Faktoren, denen gemäß sich Erscheinungen der Armut typisieren lassen, zählen vor allem Faktoren wirtschaftlicher und familialer Stabilität sowie der Faktor der Dauer gestörter Reproduktionsfähigkeit der Armen. Der Faktor »Zeit« spielt für die Einteilung der Armen in Gruppen eine herausragende Rolle. So kann man unter Berücksichtigung des »Zeitfaktors« nicht nur Lebenszyklen der Armut konstruieren, sondern gleichfalls die Armen unter den Gesichtspunkt der Dauer des »Lebens unter Armutsbedingungen«, wie es *Friedrich* und *Schaufelberger* tun, in drei Gruppen einteilen: die Gruppe derjenigen, die erst vor kurzem einen Deklassierungsprozeß erlitten haben bzw. virtuell von der Deklassierung bedroht sind (»subchronische Armut«); die sozialen Randgruppen, die unmittelbar und immer wieder von ökonomischen Krisen betroffen sind (»chronifizierte Armut«), und schließlich die Gruppe derjenigen, die schon immer Objekte öffentlicher Fürsorge oder privater Charitas waren (»chronische Armut«).

Autonomisierung: Dem Prinzip der Autonomisierung der Armut sind all jene Erscheinungen der Armut zuzuordnen, die zur Herausbildung subkultureller Erscheinungsformen von Armut führen. Zumeist wird in diesem Zusammenhang von der Annahme ausgegangen, subkulturelle Erscheinungsformen der Armut besäßen eigene gesellschaftliche Struktur und eine ihr eigene gesellschaftliche Logik. Gerade in der sozialen Arbeit mit Randgruppen hat dieses Prinzip eine erhebliche Attraktivität gewonnen. Man hat – möglicherweise sozialromantisch verblendet – oft nicht sehen wollen, daß es sich in Wirklichkeit zumeist um situationsindizierte Normen von Armut handelte, die durch Intervention von außen zu autonom tradierten Werten und Lebensstilen verkehrt wurden. Das Autonomisierungsprinzip ist den kulturanthropologischen Forschungen *Oscar Lewis* entnommen. Er hatte in ausgedehnten Enquêten, die in Form von Reportagen veröffentlicht wurden, soziale Subsysteme v. a. in New York, Puerto Rico und Mexiko-City untersucht. Ein Ergebnis seiner Untersuchung war die begriffliche Bestimmung einer Differenz zwischen Armut und Subkultur der Armut. Eine Subkultur der Armut impliziere – unabhängig von ihrer je konkreten Konstellation – ein festes Ensemble von Merkmalen. Zu diesen Merkmalen zählte er u. a. Lohnarbeit, konstant hoher Index an Arbeitslosigkeit und Unterbeschäftigung, Niedriglöhne sowie das Fehlen sozialer Organisationen zur Unterstützung der Hilfsbedürftigen. Unter dem Prinzip subkultureller Autonomie erhält Armut dem Schein nach eine positive Bestimmung: autonom sind jene Unterschichten einer sich transformierenden Gesellschaftsformation, die, weil ihrer Herkunft nach nur marginal betroffen von jenem Prozeß, an ihm naturwüchsig nicht teilhaben. Indessen, »wenn nun die

Armen Klassenbewußtsein erwerben oder sich gewerkschaftlichen Organisationen anschließen . . ., hören sie auf Teil der Kultur der Armut zu sein, obgleich sie weiterhin verzweifelt arm sein können« (*Lewis*, 1965).

Definition von Armut durch deren Messung: Messungen von Armut – oder wie man heute im technischen Jargon die Handlungen nennt: operationale Definitionen der Armut – haben eine vergleichsweise lange Tradition. Seitdem man Armut mißt, verfolgt man mit dieser Handlung die Absicht, Maßzahlen festzulegen, an denen dann mit einiger Genauigkeit abgelesen werden soll, welcher Haushalt und welche Person eine bestimmte numerisch ausgedrückte »Armutsgrenze« unterschreitet. Ende des 19. Jahrhunderts begannen *Charles Booth* mit einer Enquête in London und der Industrielle *Seebohm Rowntree* mit einer Enquête in York Maßzahlen festzulegen, mit deren Hilfe das Ausmaß jener besonderen Form von Armut quantifiziert werden sollte, die man als »Pauperismus« bezeichnete. Als »Pauper« bezeichnete man in der Tradition des 19. Jahrhunderts jene Personen bzw. sozialen Gruppen, die unfähig waren, ohne äußere Hilfe auf dem Niveau des physiologischen Existenzminimums zu subsistieren. Jene Maßzahlen sollten die Interventionsschwelle staatlicher Sozialhilfe festsetzen. Seither gilt im Sinne »absoluter« bzw. »primärer« Armut als arm derjenige, der unterhalb jener als Armutsgrenze bezeichneten Maßzahl fällt. Jene Maßzahl ist zumeist gleich dem Richtsatz der Sozialhilfe. Erst Mitte der 20er Jahre setzte sich behutsam die Einsicht durch, daß in die Berechnung des Lebensstandards auch Mittel sozialer Konsumtion einfließen mußten. Es erwies sich als unverzichtbar, den Lebensunterhalt gleichermaßen in bezug auf sich selbst (Minimum) als auch auf den durchschnittlichen Lebensstandard der Bevölkerung zu messen. Zu diesem Zwecke mußten neue Konventionen eingeführt werden, die um so schwieriger politisch festzulegen waren, als jede relative Festsetzung scheinbar die bestehende Verteilung der Einkommen berührte. Erst in der Gegenwart setzt sich indessen die Einsicht durch, daß es sich dabei nicht um einen realen, sondern um einen äußerst wirkungsvollen ideologischen Effekt handelt. Die Erhöhung des Soziallohns kann zwar den Lebensstandard in Zeiten der Prosperität festigen, läßt indessen die bestehende Ungleichheit in der Einkommensverteilung unberührt. Daß hier dennoch eine für bestimmte Institutionen der kapitalistischen Gesellschaftsordnung widersprüchliche Situation entstehen konnte, zeigte sich spätestens in dem Augenblick, als Ansprüche auf Leistungen aus der Sozialhilfe das Markteinkommen einiger unterer Lohngruppen in mehreren kapitalistischen Staaten überstieg. Die Mehrzahl der gegenwärtig verwandten Meßkonzepte orientieren sich an zwei, eindeutig quantifizierbaren Variablen. Sie orientieren sich normativ an der sozialpolitischen Festsetzung von »Mindestbedarf« und »Regelsätzen«, ökonomisch an der Variablen »Einkommen«. Während im ersten Fall Indikatoren von Armut gemessen werden, zielt das zweite Meßkonzept auf die Entwicklung von Koeffizienten, mit deren Hilfe Ungleichheiten in der Verteilung von Geld- und Sozialeinkommen gemessen werden.

Relativität der Armut und die gesellschaftliche Funktion des Armen

In der normativen Festsetzung von Armutsgrenzen durch die Instanzen staatlicher Sozialpolitik kommt zum Ausdruck, daß ein Zustand, den wir als Armut bezeichnen, gesellschaftlich anerkannt ist, und daß die Menschen, die von jenem Zustand betroffen sind, jene Anerkennung an sich selbst als soziale Kontrolle erfahren. Insofern soziale Anerkennung des Armen und soziale Kontrolle des Armen ein und dasselbe sind, fällt es der Gesellschaft leicht, jene Gruppen von Menschen zu identifizieren und damit von sich auszuschließen. Gleichwohl liegt in der sozialen Anerkennung der Armut eine Antinomie verborgen. Mit der Anerkennung eines gesellschaftlichen Zustandes der Armut wird zugleich mitanerkannt, daß sich die gesellschaftliche Bedürfnisse der Armen, zu deren Kontrolle man einen ganzen Sozialapparat in Gang setzt, nur innerhalb der Gesellschaft und ihrer sozialen Gliederung in Klassen entwickeln können. Die Gesellschaft muß also auch daran interessiert sein, mit der Relativität von Armut fertig zu werden. Um zu verhindern, daß sich in einer Gesellschaft im Laufe der Zeit ein immer größerer Abstand zwischen der Armutsgrenze und dem verfügbaren, ungleich verteilten Einkommen bildet, hat man aus sozialpolitischer Sicht vermehrt vorgeschlagen, Armutsgrenzen gleichsam »dynamisch« an die Entwicklung der Einkommen bzw. an die Entwicklung des gesellschaftlichen Lebensstandards – und nicht nur den der »unteren Verbrauchergruppen« – anzupassen. Anderenfalls, so die »Kommission für sozialen Wandel«, sei zu befürchten, »daß mit dem Ansteigen des Einkommens die relative Unterversorgung automatisch mitwächst«.

Der Begriff der relativen Armut umfaßt durchaus Merkmale von Klassenbeziehungen, wenngleich in einer eigentümlich begrenzten Weise. Er umfaßt Merkmale von Klassenbeziehungen nicht hinsichtlich deren Bestimmung, sondern hinsichtlich deren Bestimmtheit an der gesellschaftlichen Oberfläche. Er umfaßt Merkmale gesellschaftlicher Distributions- und Konsumtionsbeziehungen. In den Merkmalen dieser bereits bestimmten gesellschaftlichen Beziehungen wird denn auch die Relativität von Armut gemessen. Zur Messung der Relativität von Armut kann man sowohl Indikatoren der Distributionsbeziehungen wie auch Indikatoren der Konsumtionsbeziehungen heranziehen. Der bislang eindeutigste Distributionsindikator der Relativität von Armut ist in den letzten Jahren durch die OECD entwickelt worden, der sogen. »Konzentrationskoeffizient«. Den Konzentrationskoeffizienten erhalte ich, indem ich den Konzentrationsgrad der Einkommen des obersten Dezils durch den Konzentrationsgrad der Einkommen des untersten Dezils dividiere. Eine Berechnung des Konzentrationskoeffizienten, den man auch »Ungleichheitskoeffizienten« nennen kann, für zehn ihrer Mitgliedsstaaten, führte Mitte der 70er Jahre zu folgenden Ergebnissen:

	Verteilung der Einkommen auf die		Ungleichheitskoeffizient
	10% Reichsten der Bevölkerung	10% Ärmsten	
Frankreich	30,5	1,4	21,78
Spanien	28,5	1,5	19,00

	Verteilung der Einkommen auf die		Ungleichheits-koeffizient
	10% Reichsten der Bevölkerung	10% Ärmsten	
Australien	25,2	1,6	15,75
Kanada	24,7	1,6	15,43
USA	26,1	1,7	15,35
BRD	30,6	2,8	10,92
Japan	27,8	2,7	10,29
Großbritannien	23,9	2,4	9,95
Norwegen	18,6	2,6	7,12
Niederlande	21,8	3,2	6,81

Die Feststellung ist fast schon trivial: Armut ist ein relativer gesellschaftlicher Tatbestand. Was aber heißt relativ. Relativ ist z. B. das Einkommen des Armen im Verhältnis zum durchschnittlichen Verdienst eines Lohnarbeiters; relativ sind die für die Festsetzung des »Mindestbedarfs« erforderlichen Konsumtionsmittel im Verhältnis zum durchschnittlichen Wert der Ware Arbeitskraft; relativ ist die Kaufkraft der Menschen mit Bezug auf die Teuerungsrate der zum Lebensunterhalt erforderlichen Konsumtionsmittel; relativ ist schließlich auch die Wahrnehmung von Ansprüchen im Verhältnis zu den disponiblen Sozialleistungen.

Relativ ist Armut also im Verhältnis zur Gesamtheit gesellschaftlich verteilter Konsumtionsmittel, zu Umfang und Qualität der unter den Klassen verteilten Geld-, Dienst- und Sachleistungen. Armut ist mithin nicht bloß (»absolut«) ein Problem ökonomischen Mangels und sozialer Abhängigkeit, sondern grundlegend (»relativ«) ein Problem ökonomischer und sozialer Ungleichheit. Die gesellschaftliche Anerkennung der Relativität von Armut setzt freilich voraus, daß die individuelle Reproduktion der Arbeitskraft so weit vergesellschaftet ist, daß bestimmte Anteile des akkumulierten Reichtums gesellschaftlich vermittelt werden müssen. Als Ungleichheit wird Armut zwar noch nicht als Voraussetzung des Produktionsprozesses selbst, wohl aber als Resultat der Partizipation am Produktionsprozeß bestimmt. Die Definition von Armut wird erst mit Hilfe dieses Merkmals an den jeweiligen gesellschaftlichen Entwicklungsstand gebunden. Zur Messung von Armut müssen unter diesen Voraussetzungen Indikatoren solcher Faktoren von Armut herangezogen werden, die Ausdruck gesellschaftlicher Herrschaftsbeziehungen sein können: Arbeit, Netto-Einkommen, Kaufkraft, Distribution sozialer Dienstleistungen, soziale Sicherheit, Befriedigung sich gesellschaftlich entwickelnder Bedürfnisse, Wahrnehmung von Chancen etc. In diesen Faktoren soll sich äußern können, »in welchem Ausmaß der untere Teil der sozioökonomischen Hierarchie hinter den geltenden Maßstäben von sozioökonomischer und soziokultureller Reproduktion unter Berücksichtigung der Chancen des Zugangs zu den gesellschaftlichen Ressourcen angesichts des vorfindlichen Verteilungskonflikts der gesellschaftlichen Güter zurückgeblieben ist« (*Friedrich/Schaufelberger,* 1975).

Über Umfang und Höhe sozialer und ökonomischer Ungleichheit nehmen die Armen an der gesellschaftlichen Entwicklung teil. Sie erfüllen, so lautet eine funktionalistische These, im Hinblick auf den Erhalt des gesellschaftlichen status quo unverzichtbare Aufgaben; und zwar solche Aufgaben, deren Erfüllung eine Reduktion gesellschaftlicher Ungleichheit für die Nicht-Armen wenig attraktiv macht. So übernehmen die Armen bekanntlich schwere und schmutzige Arbeit zu niedrigen (Lohn-)Kosten; die Armen halten die Zirkulation bestimmter Waren aufrecht, die aufgrund mangelhafter Qualität oder hohen Verschleißes mit Gewinn schwierig absetzbar wären. Die relativ folgenlose Identifizierung ihres Verhaltens als abweichend stärkt die Legitimität sozialer Kontrolle. Die Chance, eine erhebliche Anzahl von Menschen moralisch zu disqualifizieren, nützt nicht nur der Aufrechterhaltung der Ideologie sozialer Marktwirtschaft (»arbeitsscheu«), sondern trägt auch zur emotionalen Befriedigung der übrigen Bevölkerung bei (*Gans*). Also nicht trotz, sondern aufgrund ihrer gesellschaftlichen Negativität stabilisiert Armut die Institutionen, durch die sie gesellschaftlich anerkannt wird, und perpetuiert sich selbst.

Armut ist nicht nur relativ mit bezug auf die Stellung der Armen innerhalb der sozialen Gliederung einer Gesellschaft in Klassen. Armut ist auch relativ mit bezug auf den Umfang und die Intensität, mit der die Armen ihre soziale Lage als gesellschaftlich ungleich wahrnehmen. Überlegungen zur Relativität der Armut können also auch davon ausgehen, daß eine Stabilisierung und Perpetuierung der Armut bei den Betroffenen Stereotypen subjektiven Verhaltens hervorbringe. Ein solches Verhalten kann sich einmal darin äußern, daß der Arme seine Lage hinnimmt, zum anderen darin äußern, daß er sie zurückweist. Hinnahme bzw. Ablehnung seiner Lage können Ausdruck jener Beziehung sein, die für den Betroffenen zwischen seiner eigenen materiellen Lage und deren subjektiver Wahrnehmung besteht. Damit ist gemeint, daß Stereotypen subjektiven Verhaltens der Armen einer Disproportionalität entspringen, die zwischen der Intensität der Armut und der Intensität der Wahrnehmung der Armut durch die Armen bestehe. Die Erwartungen, die der Arme an eine Veränderung seiner Lage richtet, können erheblich schwächer sein als seine materielle Lage vermuten läßt. Die Diskrepanz, die in dieser Beziehung zum Ausdruck kommt, kann man in grober Anlehnung an die sozialhistorischen und sozialpsychologischen Untersuchungen des Engländers *Runciman* als »relative Deprivation« bezeichnen. Relativ ist die Deprivation einzelner Bevölkerungsgruppen allerdings nicht mit bezug auf eine abstrakte soziale Gleichheit. Relativ ist sie vielmehr mit bezug auf die Wahrnehmung der sozialen Lage bestimmter, gegenüber der eigenen Lage als »solidarisch betroffen« beurteilter Bezugsgruppen, im Verhältnis zu deren Lage die eigenen Erwartungen und Ansprüche auf Veränderung als erfahrbar definiert werden können. Die Intensität und Frequenz »relativer Deprivation« kann sich steigern u. a. mit der Stabilisierung der eigenen Situation und der Eröffnung konkreter Perspektiven der Veränderung; mit der sozialen Nähe jener Bezugsgruppen sowie mit dem Grad politischer und gewerkschaftlicher Organisation. Zu jenen kollektiven Äußerungformen der eigenen Deprivation mag man auch die sozialen Bewegungen zählen, die wie die »Wohlfahrtsrechtsbewegung« in den USA mittels »disruptiver Strategien« in den Ghettos (Mietverweigerung, Besetzung von Sozialämtern) erzwangen, daß die Diskrepanz zwischen Anspruch auf Sozialleistungen

und faktischer Inanspruchnahme zumindest in Phasen sozial- bzw. wohlfahrtsstaatlicher Expansion anteilmäßig gemindert wurde.

Positivität und Entwicklung der Armut

Als in den 60er Jahren einige Sozialpolitiker und vereinzelt auch Sozialwissenschaftler »Armut inmitten des Überflusses« als gesellschaftliches Phänomen wiederentdeckten, sprach man noch von einem »Paradox«. Als man etwas später das
Ausmaß der von Armut betroffenen Bevölkerung etwas realistischer einzuschätzen
lernte, sprach man lieber von den gesellschaftlich unerläßlichen »Dysfunktionen«
des kapitalistischen Gesellschaftssystems. Als man schließlich erkannte, daß die
Mehrzahl der Armen nicht die Alten, Kranken und Behinderten, die Arbeitslosen
oder schlicht »drop outs« industrieller Leistungsgesellschaft waren, sondern Lohnabhängige, konnte man nicht ganz umhin zu vermuten, daß ein bestimmtes Ausmaß
an Armut und sozialer Ungleichheit eine positive Bedeutung für bestimmte
Institutionen haben mußte, deren Funktionen ein gewichtiges Element für die
Stabilität der bestehenden Herrschaftsverhältnisse besitzen. Die Antwort auf die
Frage, welcher Art diese positive Bedeutung der Armut für welche Institutionen
sei, verweist auf die historische Genese der Armut als Teil der Entwicklung der
kapitalistischen Gesellschaftformationen. Sie verweist institutionell auf einige
besondere Formen, in denen sich in der Struktur der Armut gesellschaftliche
Widersprüche äußern: auf die Bedeutung der Armen als Existenzformen relativer
Übervölkerung für den Arbeitsmarkt und auf die Bedeutung der Armut für die
Beziehungen zwischen der Wertentwicklung der Ware Arbeitskraft und der
staatlichen Sozialpolitik.
Armut ist kein Grundwiderspruch der kapitalistischen Produktionsweise. Ihrer
eigenen Gesetzmäßigkeit nach kann die kapitalistische Produktionsweise bestehen,
ohne daß Armut konkret existiert. Gleichwohl ist Armut kein zufälliges, sondern
ein virtuelles, historisch außerordentliches konstantes Merkmal der gesamten
Entwicklungsgeschichte kapitalistischer Gesellschaften. Die Virtualität der Armut
ist deren spezifisches, sich historisch immer deutlicher herauskristallisierendes
Merkmal. Unter Virtualität der Armut ist zunächst nicht mehr gemeint als die
Tatsache, daß die Arbeitskraft allein schon deshalb von Armut bedroht ist, weil sie
wie alle Waren grundsätzlich frei und gleich zirkuliert, ihre Nutzung indessen
unfreien und ungleichen gesellschaftlichen Verhältnissen unterworfen ist. Virtuelle
und faktische Armut fallen innerhalb der kapitalistischen Produktionsweise nicht
ineinander.
Indessen ist die Geschichte der Armut vorab die Geschichte der Armut in
vorkapitalistischen Gesellschaftsformationen. Es ist für uns die Geschichte der
Armut in einer langen historischen Entwicklung vom Ausgang der Antike bis zum
Ende der sogen. »Industriellen Revolution«; es ist die Geschichte der »Resistenz«
der Armut als sozialem Problem gegenüber den einander ersetzenden Gesellschaftsformationen; es ist die Geschichte einer langen Entwicklung von unterschiedlichen Regulierungen eines sozialen Problems durch sozialpolitische Eingrif-

fe in das Verhältnis von Bevölkerung und Arbeitsmarkt. In ihren wesentlichen Merkmalen ist Armut, historisch betrachtet, Teil der Geschichte der Transformation zwischen gesellschaftlichen Systemen, zwischen dem der antiken und der feudalen, dem der feudalen und dem der kapitalistischen Produktionsweise. Historische Entwicklungsprozesse können sich abrupt verändern; so zerfällt auch die Geschichte der Armut in einzelne herausragende Stadien des Übergangs zwischen den gesellschaftlichen Systemen. Weder ist es möglich, in der Geschichte der Armut scharfe Trennungsstriche zu ziehen, noch dem Gegenstand angemessen, die Geschichte der Armut als eine »kontinuierliche quantitative Variation« eines oder mehrerer an Bedeutung wachsender Faktoren wie Bevölkerung, Lebensmittelpreise oder Arbeitsmarkt zu betrachten (*Dobb,* 1972).

Seiner Begrifflichkeit nach kann das feudale Gesellschaftssystem als eine Produktionsweise betrachtet werden, in der Agrar- und Naturwirtschaft vorherrschen; in der sich der Großgrundbesitz, auf der Ausbeutung der Bauern gründend, als dominante Herrschaftsform herausgebildet hat. Gleichwohl erscheint Armut ihrer Struktur nach zunächst bestimmt durch jene sozialen Merkmale, denen man als präfeudalen Elementen während der langen Epoche der Entstehung des feudalen Gesellschaftssystems begegnet. Dabei handelt es sich um Elemente, die den Prozeß des Übergangs vom antiken zum feudalen System in einigen Gesellschaften beschleunigen, in anderen verzögern:

– Die Entwicklung einer relativ freien Bauernschaft im Zuge der fränkischen Eroberung West-Galliens und der Zerfall der römischen Domänen (4.–6. Jh.) beschleunigte jenen späteren Prozeß der Aneignung von Grundbesitz durch eine Minderheit von Nicht-Produzenten, der die soziologische Schwelle der Armut der unmittelbaren Produzenten am Verlust der Produktionsmittel (Boden, Werkzeug, Tier etc.) festmachte (7.–9. Jh.). Die Überschreitung jener Schwelle, deren ökonomische Struktur zumeist durch »biologische Ereignisse« »überdeterminiert« wurde (Krankheit, Epidemien, Hungersnöte), führte zum Verlust des »status«, zu Marginalität und Migration.

– Die Entwicklung relativ konsistenter Stadtstrukturen in Byzanz verzögerte die Herausbildung eines Feudalsystems im Ost-Römischen Reich erheblich und förderte die für das Feudalsystem atypische, der Sklavenhalterschaft der Antike entspringenden Elemente eines städtischen Subproletariats, dessen Subsistenzrevolten (6. Jh.) jene städtischen Institutionen der Armenhilfe wie Asyle (Xenodocheion) und Armenregister (matricula) entstehen ließen, auf die bei der spätfeudalen Herausbildung mittelalterlicher Städte im Nordwesten Europas zurückgegriffen wurde.

Armut, auf »erweiterter Stufenleiter« betrachtet, erwies sich spätfeudal als ein gesellschaftliches Problem, als die ökonomische Basis der statischen und hierarchischen Ordnung mittelalterlicher Gesellschaften Symptome ihres Verfalls zeigte: als im Zuge erster ursprünglicher Akkumulation Produzenten in erheblichem Umfang durch äußere Gewalt von ihren Produktionsmitteln getrennt wurden und erste Anzeichen einer sich regional zentrierenden relativen Übervölkerung auftraten. Zwei, politisch und ideologisch geprägte Ereignisse, brachten im Mittelalter große

Massen unmittelbarer Produzenten in Bewegung: Kreuzzüge und Wallfahrten. Die zumeist mittellosen »Migranten«, Pilger, Kranke, Waisen, Krüppel verfügten nur in den seltensten Fällen über eigene hinreichende Subsistenzmittel. Nach dem Vorbild der Spätantike wurden spezielle Institutionen, Asyle und Spitäler geschaffen, die zumeist von privaten Stiftungen bzw. bürgerlichen Orden getragen wurden. Als sich im 13. und 14. Jh. herausstellte, daß die Armen nicht bloß »vorüberziehen« bzw. »vorübergehend« aufgenommen werden mußten, sondern versuchten, sich in den Städten »niederzulassen«, erwiesen sich die privaten Träger unfähig, mit den neuen Belastungen fertig zu werden; die Städte übernahmen die vorhandenen Versorgungseinrichtungen unter ihre Verwaltung. Gegen Ende des folgenden Jahrhunderts (Nürnberg 1478) erließen dann die Städte gegen die zunehmende Verelendung (Bettel) ordnungspolizeiliche Verfügungen und ersetzten die ursprünglichen Versorgungsleistungen immer mehr durch repressive Maßnahmen.

Die materielle Lage einer Bevölkerung, deren Subsistenz in zunehmendem Maße von der Verfügung über ein festes Einkommen abhing, sollte sich drastisch verschärfen. Die sich während des gesamten 16. Jh. ständig entwickelnde Teuerungsrate wirkte sich v. a. auf die Getreidepreise verheerend aus. Die Reallöhne sanken rapid und reichten bald nicht mehr aus, um den Mindestbedarf eines Arbeiter- oder Gesellenhaushalts zu decken. Zugleich ging die wirtschaftliche Produktivität im Verhältnis zum Bevölkerungswachstum zurück, und der Arbeitsmarkt war zu Zeiten wirtschaftlicher Krisen um so weniger aufnahmefähig als die Zünfte sich hermetisch nach außen abschlossen. Da auch die öffentliche Gewalt, hier: der Fiskus aus den Menschen nichts mehr herauspressen konnte, und ein Menschenleben im Spätmittelalter sich nach seiner Zahlungsfähigkeit bemaß, wurde die Versorgung der Armen nun endgültig durch deren Repression ersetzt. Die Wandlungen im Strafvollzugssystem des 16. Jh. sind dafür ein beredter Ausdruck. Es wäre allerdings irreführend, würde man hinter den statistischen Globalzahlen nicht die erheblichen lokalen und regionalen Unterschiede sehen. Was für die Städte galt, brauchte für das Land und seine Bevölkerung nicht unbedingt zuzutreffen. In England hatte der Reallohnverfall zu einer »Gewinninflation« geführt, zur Bereicherung der Kapitaleigner auf Kosten des Lebensstandards der arbeitenden Klasse. Gleichwohl standen die Arbeitskräfte in überschüssiger Zahl nicht immer an jenen Orten zur Verfügung, »die sich für eine Konzentration der Industrie besonders eigneten« (*Dobb,* 1972: 232). Der lokale und regionale Arbeitsmarkt mußte wirtschaftlich häufig erst stabilisiert werden, und dazu brauchte man mehr als nur Repression: nämlich ausreichend sozialpolitische Maßnahmen. Die englische Armengesetzgebung unter der Regierung Elisabeths I. entwickelte zu diesem Zweck zwei Prinzipien, die – unter Modifikationen – bis in die Gegenwart Geltung behalten sollten:

1. das Prinzip der Arbeitsverpflichtung (»setting the poor on work«),
2. das Prinzip der Bedürftigkeitsüberprüfung (»means-test«) für all diejenigen Armen, die nicht durch ihre eigenen Angehörigen unterstützt wurden.

Hier kündigte sich bereits frühzeitig das Bestreben der staatlichen Arbeitsmarktpolitik während des Merkantilismus an, die Arbeitskosten – und sei es unter Zwangsmaßnahmen – so niedrig wie möglich zu halten. Arbeitslosigkeit, auch die von Frauen und Kindern, wurde durch staatliche Eingriffe beseitigt, mit dem Ziel, den Angebotspreis der Arbeitskraft extrem niedrig zu halten; denn den interpretierte man im Merkantilismus als eine Wirkung von zwei Faktoren: »Anzahl der Arbeiter und Effektivität des einzelnen Arbeiters« (*Heckscher* II, 139). Mit dem Beginn des 17. Jahrhunderts hatte man sozialpolitisch definitiv arbeitsfähige und arbeitsunfähige Arme voneinander geschieden. Erstere sah man, wie Rusche schrieb, als Objekte eines »rationellen Systems sozialer Fürsorge an«, letztere »lediglich als Subjekte der Kriminalpolitik« (*Rusche/Kirchheimer,* 1924: 57).

Solange der merkantilistische Staat arbeitsmarktpolitische und kriminalpolitische Maßnahmen als zwei Teile eines gegenüber dem Problem von Armut und Arbeit kohärenten Systems von Zwangseingriffen miteinander verband, solange die starke Nachfrage nach billigen Arbeitskräften anhielt, hatte man das Problem Armut insofern gelöst, als man die Armen »kasernierte«, virtuelle Armut nicht entstehen konnte. Die Situation änderte sich in England in der zweiten Hälfte des 18. Jahrhunderts. Seit etwa 1760 beschleunigte sich die Konzentration und Zusammenlegung des Grundbesitzes sowie die unter dem Stichwort »Einhebungen« bekannten Prozesse der Privatisierung kommunalen Bodens. Auf dem Lande entstand rasch eine »überzählige Bevölkerung« (*Hobsbawm,* 1968), die von dem Verkauf ihrer Arbeitskraft hätte leben müssen. Zum einen war der Arbeitsmarkt viel zu schwach entwickelt, um eine relative Überbevölkerung zu absorbieren, zum anderen galt der Lohn damals weniger als Netto-Einkommen denn vielmehr als Ergänzung zu dem primär aus natürlichen Subsistenzmitteln bestehendem Einkommen. Mißernten Anfang der 90er Jahre im Süden und Osten Englands, Preissteigerungen während des langen Krieges gegen das revolutionäre Frankreich und sicherlich auch die Angst davor, daß revolutionäre Bewegungen aus Frankreich auf England übergreifen könnten, kann man als Anlässe für jenes Unterstützungssystem nennen, das als »Speenhamland-act« in die Geschichte der Armut und Armenpolitik einging. Unter Bezug auf die Getreidepreise und die Familiengröße wurde eine Lohnskala entwickelt, auf der die jeweiligen staatlich garantierten Mindestlöhne festgesetzt wurden. Jeder Arbeiter, der diesen Lohn nicht durch seine und seiner Familie Arbeit verdienen konnte, erhielt die Differenz durch einen aus Gemeindesteuern finanzierten Zuschuß (allowance). Die Friedensrichter, die seit der Elisabethanischen Gesetzgebung für die Sozialpoltik zuständig waren, und dieses System 1795 in Speenhamland beschlossen, mußten offensichtlich eine Vorstellung davon gehabt haben, daß Lohn und Lohnarbeit nicht dasselbe waren, und von einer frei und gleich zirkulierenden Arbeitskraft noch keine Rede sein konnte. Möglicherweise mochten sie auch erkannt haben, daß in einer frühen Phase der Kapitalakkumulation, als diese vorrangig als Erwerb von Eigentumstiteln (Grundbesitz und Vermögen), noch nicht aber als deren Verwertung vor sich ging, die Arbeitskraft der von ihren Produktions- und ihren Subsistenzmitteln getrennten Menschen besonders schutzbedürftig war. Merkantilistisch war dieses System insofern, als die am Lebenskostenindex orientierten und staatlich garantierten

Mindestlöhne durch Arbeitsbeschaffungsmaßnahmen kontinuierlich ergänzt wurden.

Als rund eine Generation später dieses System aufgegeben wurde, hatte sich die wirtschaftliche und soziale Lage erheblich verändert. Die Kapitalakkumulation war nun endgültig in die Phase der Verwertung zuvor erworbener Eigentumstitel übergegangen. Das hatte zur Folge, »daß eine relative Ableitung des Volkseinkommens fort vom Konsum und hin zur Investition« (*Hobsbawm,* 1968: 92) stattfand: von den Armen zu den Reichen. Da man im übrigen überzeugt war, der Lohnfonds stelle eine vom Kapitalfonds abhängige fixe Größe dar, also die Löhne gerade nicht am Lebenskostenindex zu orientieren habe, die Arbeitskraft freizügig und überschüssig zu zirkulieren habe, legte man in der Armengesetzgebung von 1834 in England fest:

1. Jede Hilfe sei »weniger erstrebenswert« (less eligible) als der niedrigste Lohn;
2. Der kapitalistische Arbeitsmarkt trete an die Stelle staatlicher Sozialpolitik.

Diese 1834 institutionell vollzogene Trennung von Arbeit und Armut entsprach nicht nur dem Interesse frühkapitalistischer Kapitalakkumulation. Sie ist die ideologische Grundlage der gesellschaftlichen Negativität von Armut und gilt heute noch als »historischer Ursprung« sozialer Arbeit.

Im Deutschland des Vormärz lagen die Verhältnisse anders. Pauperismus als Massenarmut und Lohnarbeiterfrage fielen, nach neuern Erkenntnissen, auseinander. Die traditionelle Annahme, Pauperismus sei die »Verelendung breiter städtischer und ländlicher Bevölkerungsschichten in den Anfängen der modernen Industriekapitalismus« (*Stein*), legt eine Abhängigkeit der materiellen Lage der Bevölkerung von der industriellen Entwicklung nahe, die so unmittelbar nicht bestanden haben dürfte. Plausibler scheint die Überlegung, daß der Pauperismus des Vormärz seine Wurzeln in der »feudalen . . . Gesellschaftsstruktur« (*Abel,* 1974, S. 308), in »agrarisch-kleingewerblicher Wirtschaftsweise« habe. Die Faktoren, die zur Verarmung breiter Bevölkerungsteile führten, waren der Kaufkraftverfall der Löhne (gemessen an den Lebensmittel- d. h. Getreide- und Kartoffelpreisen) sowie Nahrungsbedarfskrisen (gemessen am Ernteumfang und an der Ernte-qualität). Da die Nominallöhne während der Restauration (1815–1848) konstant blieben, die Lebensmittelpreise zyklisch schwankten, aber durchschnittlich während der gesamten Periode kontinuierlich stiegen, mußte ein zyklischer Zusammenfall der beiden Faktoren von Armut für die Bevölkerung katastrophale Folgen haben. Das war in den Hungerjahren 1816/17 und 1846/47 der Fall. Der staatliche Aufwand zur Behebung der Not war, verglichen mit kommunalen und bürgerschaftlichen Leistungen (»Stiftungen«) eher bescheiden. Vor allem Preußen war an einer beschleunigten Kapitalverwertung der Produktionsgüterindustrie interessiert – und die war von den (Konsumtions-)Krisen des Vormärz unberührt geblieben. Erscheinungen wie Massenarmut konnten mithin Ursachen haben, die diesseits jener gesellschaftlichen Ursachen lagen, die die Lohnarbeiterfrage zum zentralen Problem des sich entwickelnden Kapitalismus machten.

Die sich in der zweiten Hälfte des vergangenen Jahrhunderts auch in Deutschland voll entwickelnde kapitalistische Produktionsweise hat ihre eigene Logik, auch in bezug auf das Problem der Armut und dessen Lösung. Für sie mußte sich soziale Gleichheit zunächst auf dem Markt herstellen, über den Tausch äquivalenter Wertgrößen. Dessen Ergebnis, ein über die »monetäre Äquivalenz« von Leistung und Gegenleistung erzieltes Markteinkommen, sollte der zureichende Grund für die gesellschaftliche Lösung des Problems Armut sein. Da sich indessen die allein auf den Tauschwert zurückgreifende Lösung als brüchig erwies, der Preis der Arbeitskraft starken zyklischen Schwankungen unterworfen war und nicht hinreichte, die individuelle Konsumtion zu sichern, mußte politisch Vorsorge getroffen werden, selbst den Geldlohn an die untere Grenze der durchschnittlichen Einkommensentwicklung anzupassen.

Gemäß dieser Logik ist der Lohnabhängige ohne ausreichende Ressourcen, wenn er aufgrund von Arbeitslosigkeit, Krankheit, Unfall, Alter u. a. keinen zureichenden Preis für seine Arbeitskraft erzielt. Angesichts der in solcher Situation – die man als soziale »Normalität« anerkannte – entstehenden Unsicherheit, auch angesichts der gerade dieses Problem unmittelbar tangierenden Klassenkämpfe, lag es sehr wohl im Interesse der kapitalistischen Akkumulation, den Unterhalt der Arbeitskraft langfristig zu sichern. Das geschah primär durch eine Stärkung der gesellschaftlichen Bedeutung, die dem Lohn für die Reproduktion der Arbeitskraft zukommt.

Dahinter verbargen sich erste Einsichten, daß die Erfordernisse einer erweiterten, von der extensiven auf die intensive Ausbeutung der Arbeitskraft historisch übergehenden Produktionsform nur noch allgemein und gesellschaftlich, kaum mehr aber über traditionell partikulare Netze individueller Unterstützung befriedigt werden konnten. In dem Maße, in dem sich die individuelle Reproduktion vergesellschaftete, mußten solche Maßnahmen als hinfällig erscheinen, die im wesentlichen auf eine Stärkung individueller Leistungen zielten, die sich prinzipiell innerhalb der Grenzen des Tauschwerts der Arbeitskraft bewegten. An die Stelle der indirekten, am Primat des Tauschwerts orientierten Anerkennung eines Mindestbedarfs sozialer Sicherung sollte langfristig die direkte Anerkennung sich historisch entwickelnder und erweiternder gesellschaftlicher Bedürfnisse der Arbeitskraft durch den Staat treten.

Zunächst jedoch hatten die sozialgesetzgeberischen »Innovationen« der 80er Jahre der Armutsfrage in Deutschland eine eigentümliche sozialkonservative Richtung gewiesen. Die Unterordnung der Arbeiterfrage unter die Frage der sozialen Sicherung sowie die Unterordnung dieser Frage unter die Geltung des Äquivalenzprinzips, hatte den ausdrücklichen Verzicht auf eine gesetzlich festgelegte Minimalisierung in Vorsorge und Versorgung zur Folge. Es erwies sich, daß, wenn Arbeiterfrage und Armutsfrage politisch auseinandergerissen werden, es insbesondere in Zeiten wirtschaftlicher Krise leichtfällt, den Erwerb der eigenen sozialen Sicherheit über ein wohlabgestuftes Verhältnis von Belohnung und Bestrafung zu regulieren. Das System schützt und belohnt den, der sich selbst hilft; es läßt schutzlos und bestraft den, der von Armut faktisch betroffen ist. Werden Arbeiter- und Armutsfrage auseinandergerissen, dann liegt es nahe, Armut als soziale Erscheinung und die Armen als Existenzformen relativer Übervölkerung auch

politisch zu marginalisieren. Seit dem Juni 1848 ist die lange Geschichte der
Konterrevolutionen zugleich die politische Geschichte der gegen die Arbeiterklasse
ins Feld geführten Armen.

Die Antinomie im Begriff der Armut

Wir sind gewohnt, von Armut zunächst unter dem Gesichtspunkt des konsumtiven
Individualbedarfs zu reden. Die erweiterte sozialpolitische Staatstätigkeit, das
Erfordernis, die Deckung des Mindestbedarfs individueller Reproduktion durch
soziale Sach- und Dienstleistungen vorzunehmen, hat uns damit vertraut gemacht,
Armut als relative soziale Ungleichheit, als eine besonders benachteiligte Form der
Teilhabe am Erwerb gesellschaftlich produzierter Güter und Leistungen anzuer-
kennen. Wenn wir Armut gesellschaftlich bestimmen, gehen wir paradigmatisch
vom Bild eines unproduktiven Empfängers von Konsumtionsmitteln aus. Wir
bestimmen Armut intransitiv. Unter intransitiv verstehen wir, Armut zwar in
Beziehung zu setzen zu der Gesamtheit gesellschaftlich produzierter Güter und
Leistungen und der ihre Verteilung regulierenden Herrschaftsformen. Intransitiv
bedacht aber gerade nicht, Armut in Beziehung zu setzen zur Produktion jener
Güter und Leistungen; bedeutet nicht, Armut als Resultat jener sozialen Gliederung zu sehen, in der sich die Individuen und Gruppen als Angehörige gesellschaftlicher Klassen zueinander in Beziehung setzen. Intransitiv bedeutet beispielsweise,
Armut durch »Einkommenseinheiten« oder »Einkommensdifferentiale« zu messen, also durch jene Einheiten, mit deren Hilfe nur allzu häufig die soziale
Schichtung individueller Bedürfnisbefriedigung standardisiert und festgeschrieben
wird. Nun spiegelt zwar der Umfang und die Qualität der individuellen und
produktiven Konsumtion Ausmaß und Höhe gesellschaftlicher Ungleichheit wider.
Sie fixiert die Perpetuierung von Armut lebenszyklisch über die konjunkturellen
Umstände hinaus, die sie hervorbringen. Sie gibt uns aber keinen Anhalt über jene
gesellschaftlichen Verhältnisse, denen Armut entspringt.
Wir wissen, daß die individuelle Konsumtion, in der Armut als Mangel subjektiv
empfunden wird, nur dem Schein nach unproduktiv ist. Tatsächlich bildet die
individuelle Konsumtion eine unverzichtbare Voraussetzung für die produktive
Nutzung der menschlichen Fähigkeiten. Die individuelle Konsumtion dient der
Herstellung und dem Unterhalt jener Fähigkeiten, durch die sich der Mensch die
Natur zu seiner eigenen sozialen Entwicklung aneignet. Die individuelle Konsumtion ist beides: die Aneignung gesellschaftlich produzierter Güter und Leistungen
auf dem Wege der Zirkulation und Distribution und die Aneignung der Natur im
Produktionsprozeß. Zwischen beiden Formen der gesellschaftlichen Aneignung
eines Gutes durch die individuelle Konsumtion liegt ein Grundwiderspruch, der die
gesellschaftliche Erscheinungsform von Armut determiniert. Faktisch erscheint
Armut im Modus des – relativen – Ausschlusses von den gesellschaftlich disponiblen, überwiegend tauschwertförmigen Gütern und Leistungen. Virtuell erscheint
Armut im Modus des nicht mehr relativen, sondern unbedingten Ausschlusses von
der gesellschaftlichen Verfügung über die Aneignung der Natur im Produktions-

prozeß. Faktisch drückt sich Armut in Differenzen individueller Konsumtion aus und ist in ihnen als relative Größe auch meßbar; nur, sie entspringt dort nicht. Armut entspringt dort, wo die gesellschaftliche Nutzung der menschlichen Fähigkeiten unter die Kontrolle nicht der sich verausgabenden Arbeitskraft, sondern unter die Kontrolle des sich selbst verwertenden Kapitals gestellt ist.

Mit dem Begriff der Virtualität der Armut soll die besondere Modalform bezeichnet werden, die den gesellschaftlichen Charakter von Armut, ihre reale Subsumtion unter die Bedingungen erweiterter Kapitalakkumulation ausmachen. Er begründet die latente Transitivität von Armut. Armut ist ein wesentliches Merkmal der spezifischen Zyklizität, in der sich die Bevölkerungsverhältnisse, die konkreten Existenzformen relativer Überbevölkerung entwickeln. Wenn wir Armut als virtuell bezeichnen, so wollen wir damit zum Ausdruck bringen, daß Armut kein Grundwiderspruch der kapitalistischen Produktionsweise ist. Sie ist eine besondere, virtuelle, aber nicht notwendige Existenzform der kapitalistischen Produktionsweise. Sie ist ein Indiz dafür, daß die kapitalistische Gesellschaft die Bedürfnisse, die dem Menschen aus seinen Arbeitsbeziehungen erwachsen, im wesentlichen nur indirekt, d. h. in der Form des Lohns anerkennt. In der primär indirekten Anerkennung der menschlichen Bedürfnisse in der Form des Lohns und der damit verbundenen Orientierung der Bedürfnisse auf die Funktionalität und den Unterhalt der Arbeitskraft liegt auch die Begründung für die Beharrlichkeit, mit der virtuelle Armut in unserer Gesellschaft auftritt. Nicht nur entspringen der Zyklizität des Lohnarbeitsverhältnisses periodische Störungen im Reproduktionszyklus der Arbeitskraft selbst. Sondern die Arbeitskraft selbst entwickelt sich sehr ungleich und zwischen der »Diversifizierung« von Bedürfnissen und der zeitlichen Dauer ihrer Befriedigung zum einen, der Periodisierung des Verkaufs der Arbeitskraft sowie der Berechnung ihrer Nutzung im Produktionsprozeß zum andern, klaffen, gerade in Perioden struktureller Krisen, immer größere Divergenzen. Darüber hinaus entspringen der Zyklizität der Lohnarbeitsverhältnisse verschiedene und uneinheitliche Formen der relativen Eliminierung lebendiger Arbeit im Produktionsprozeß, in denen die Virtualität von Armut sich institutionalisiert: in der gesellschaftlichen Form des ein ausreichendes Einkommen nicht deckenden Niedriglohns, in der Form von Kurz- und Teilarbeit, in der Form einer Hierarchisierung des Arbeitsmarktes, aus der periphere und irreguläre Arbeitsverhältnisse resultieren, in der Form der Entsynchronisierung von Produktions- und Konsumtionsprozeß, in der Form der Arbeitslosigkeit, in der Form einer geschichteten und regional abgestuften industriellen Reservearmee, schließlich in der Form des psychischen, sozialen und physischen Verschleißes der Arbeitskraft, der zu ihrer Degradierung innerhalb des Arbeitsverhältnisses führt – soziale Wirklichkeit, in der sich die Antinomie der Armut äußert: in der Intransitivität des individuellen Mindestbedarfs indirekt anerkannt, bleibt sie virtuell über das Lohnarbeitsverhältnis hinaus. Transitiv stellt Armut den Überfluß in Frage, dem sie entspringt.

Hartwig Zander

Literatur

Abel, W., 1974: Massenarmut und Hungerkrisen im vorindustriellen Europa, Hamburg/ Berlin – *Blaug, M.,* 1963: The Myth of the Old Poor Law and the Making of the New, in: The Journal of Economic History – *Bujard, O./Lange, U.,* Armut im Alter. Ursachen, Erscheinungsformen, politisch-administrative Reaktionen, Weinheim/Basel – *Dankwerts, D.,* 1978: Grundriß einer Soziologie der sozialen Arbeit und Erziehung, Weinheim/Basel – *Dobb, M.,* 1972: Entwicklung des Kapitalismus vom Spätfeudalismus bis zur Gegenwart (1946), Köln – *Friedrich, H./Schaufelberger, H. J.,* 1975: Armut und soziale Unterprivilegierung. Zum Verhältnis von sozialer Lage und Familiendynamik bei sozialen Randgruppen, in: *Osterland, M.* (Hrsg.): Arbeitssituation, Lebenslage und Konfliktpotential. Festschrift für Max E. Graf zu Solms-Roedelheim, Frankfurt/M./Köln – *Gans, H. J.,* 1972: The positive function of poverty, in: Amer. Journal of Soc.: 275–289 – *Hallam, R.,* 1974: The production of poverty, in: Economy and Society, III, 451–466 – *Heckscher, E. F.,* 1932: Der Merkantilismus, I/II, Jena – *Hobsbawm, E. J.,* 1968: Industrie und Empire. Britische Wirtschaftsgeschichte seit 1750, Frankfurt/M. – *Leibfried, St.* 1976: Armutspotential und Sozialhilfe in der Bundesrepublik, in: Kritische Justiz: 377–393 – *Lewis, O.,* 1969: La Vida. Una Familia Puertoriquena en la Cultura de la Pobreza, San Juan y New York, Mexico – *Mollat, M.,* 1978: Les Pauvres au Moyen Age. Etude Sociale, Paris – *Münstermann, J./Schacht, K./Young, M.,* 1975: Armut in Deutschland, in: Transfer. Gleiche Chancen im Sozialstaat, Opladen – *Piven, F. F./Cloward, R. A.,* 1977: Regulierung der Armut. Die Politik der öffentlichen Wohlfahrt. Mit einem Vorwort von Stephan Leibfried, Frankfurt/M. – *Rusche, G./Kirchheimer, O.,:* 1981[2]: Sozialstruktur und Strafvollzug, Frankfurt/M. – *Sachße, Ch./Tennstedt, Fl.,* 1980: Geschichte der Armenfürsorge in Deutschland. Vom Spätmittelalter bis zum 1. Weltkrieg, Stuttgart – *Scharf, B.,* 1977: Armut: Eine neue soziale Frage?, in: Soziale Sicherheit: 43–48 – *Wedderburn, D.* (Ed.), 1974: Poverty, Inequality & Class Structure, Cambridge – *Zander, H.,* 1975: Sozialarbeit und Armut. Der Begriff der Armut in seiner Bedeutung für eine marxistische Theorie der Sozialarbeit, in: *Otto, H.-U./Schneider, S.* (Hrsg.): Gesellschaftliche Perspektiven der Sozialarbeit I, Neuwied – *Zander, H.,* 1978: Armut und soziale Ungleichheit. Sozialpolitik und Arbeiterfragen am Beispiel der Diskussion in Großbritannien, in: Literatur-Rundschau: 8–21 –

→ Geschichte: Von der Armenpflege zum Sozialstaat → Klasse und Schicht → Sozialhilfe

Ausbildung für Diplompädagogen

Bis zum Jahre 1970 galt in der Bundesrepublik Deutschland, daß Studienräte an Universitäten, Haupt- und Realschullehrer an Pädagogischen Hochschulen und Sozialarbeiter und Sozialpädagogen an Höheren Fachschulen für Sozialarbeit oder an Erzieherfachschulen ausgebildet wurden. Daneben gab es an den Universitäten noch ein pädagogisches Hauptfachstudium, das zum Magister Artium (M.A.) oder zum Doktor der Philosophie (Dr. phil.) führte. Das Lehrer-, Sozialarbeiter- und Erzieher-Studium besaß zwar kein besonders hohes »wissenschaftliches« Ansehen, aber seine Absolventen kamen ohne größere Schwierigkeiten im Öffentlichen Dienst oder bei privaten Anstellungsträgern unter; das pädagogische Universitätsstudium besaß zwar ›wissenschaftliches‹ Ansehen, aber seine Absolventen wurden nicht unmittelbar in den Staatsdienst übernommen.

Seit Mitte der sechziger Jahre wurde dieses System der Ausbildung für pädagogische Tätigkeiten und Berufe zunehmend infrage gestellt. Es wurde erwartet, daß Sozialarbeiter, Sozialpädagogen und Lehrer auf wissenschaftlicher Grundlage ausgebildet und zu wissenschaftlichem Arbeiten befähigt werden sollten, und daß Studienräte und andere Universitäts-Pädagogen während ihres Studiums bereits auf die künftige Praxis in verschiedenen Erziehungsfeldern vorbereitet würden.

Gleichzeitig gab es – vor allem in sozialdemokratisch geführten Bundesländern – die Vorstellung, daß langfristig Höhere Fachschulen (später: Fachhochschulen), Pädagogische Hochschulen und Universitäten zu Gesamthochschulen zusammengeführt werden und daß im Zuge dieser Zusammenführung verschiedene Ausbildungsgänge vereinheitlicht oder zumindest aufeinander bezogen werden sollten.

Im Zusammenhang mit dieser Entwicklung erarbeitete eine Kommission von Hochschullehrern unter Leitung des Berliner (heute Hamburger) Erziehungswissenschaftlers Carl-Ludwig Furck eine »Rahmenordnung für die Diplomprüfung in Erziehungswissenschaft«, die im März 1969 von der Ständigen Konferenz der Kultusminister und der Westdeutschen Rektorenkonferenz verabschiedet wurde. Durch diesen neuen Studiengang sollten einige Fehler der traditionellen pädagogischen Studiengänge vermieden werden:

- die Ausbildung von Diplompädagogen sollte weniger an den traditionellen Geisteswissenschaften und mehr an den zeitgenössischen Sozialwissenschaften orientiert sein;
- die Ausbildung sollte auf konkrete Berufsfelder bezogen werden und auf diese Weise die Theorie und Praxis von Schulpädagogik, Sozialpädagogik, Erwachsenenbildung, beruflicher Ausbildung und Sonderpädagogik für Behinderte miteinander verbinden; die Studenten sollten sich nach der erfolgreich absolvierten Hälfte ihres auf 8 Semester berechneten Studiums für eines der genannten Berufsfelder entscheiden können;
- die Ausbildung sollte sowohl an Universitäten als auch an Pädagogischen Hochschulen eingerichtet werden; die Fachhochschulen für Sozialarbeit und

Sozialpädagogik würden – das war die Hoffnung – zu einem späteren Zeitpunkt in Gesamthochschulen integriert werden.

Ein altes reformpädagogisches, ja sozialistisches Ziel schien in greifbare Nähe gerückt: einheitlich ausgebildete Lehrer und Erzieher bilden eine junge Generation auf der Basis einer durch Empirie begründeten Erziehungswissenschaft, frei von den Fesseln kirchlicher Ideologie und bürgerlich-idealistischer Philosophie. Erziehungs- und Sozialwissenschaften waren Anfang der siebziger Jahre auf eine solche realistische, progressive Wende vorbereitet. Durch die Studentenbewegung waren die Auseinandersetzungen mit Erfahrungen und Erkenntnissen psychoanalytischer Erziehungslehre und sozialistischer Kollektiverziehung in die Vorlesungsverzeichnisse zahlreicher Hochschulen aufgenommen worden, die nordamerikanische Sozialisationsforschung hatte geholfen, die Bornierungen einer voluntaristischen Pädagogik aufzubrechen und den Erziehungsprozeß auf eine breitere, gesellschaftswissenschaftliche Basis zu stellen, und der neue Zweig der Bildungsökonomie half, das Geschäft des Erziehens und Bildens politisch und ökonomisch zu erläutern.

In den 70er Jahren besaß unter Studentinnen und Studenten »Erziehung als Beruf« einen hohen politischen Stellenwert. Viele hochmotivierte, intellektuell und politisch anspruchsvolle Studienanfänger schrieben sich in dem neuen Studiengang »Diplompädagogik« ein. Sie wählten »Erziehung als politischen Beruf«, aber sie wollten nicht (nur) als Lehrerin oder Lehrer arbeiten.

1969 war der neue Studiengang beschlossen worden. Sechs Jahre später hatten ihn bereits 55 Pädagogische Hochschulen und Universitäten mit insgesamt 20 000 Studierenden eingerichtet. »Sozialpädagogik« und »Schulpädagogik« zogen die meisten Studierenden an. Aber als die erste Generation dieser Diplomstudenten die Universitäten verließ, war die »Reformeuphorie« der sozialliberalen Koalition in Bonn verflogen, und im Bildungsbereich wurden weniger »Erneuerer« gebraucht, dafür aber umso mehr »Bewahrer« und »Verwalter«. Bildungspolitiker und Arbeitsmarktforscher redeten davon, daß der Studiengang »am Markte vorbei« eingerichtet worden wäre und daß seine Absolventen nicht hinreichend auf die vielfältigen praktischen Probleme vorbereitet worden seien. Diese Argumentation war vorherzusehen gewesen. Verschiedene Universitäten und Pädagogische Hochschulen hatten sich deshalb in den 70er Jahren zu einem Forschungsverbund zusammengeschlossen, um Jahr für Jahr die »Berufseinmündungsphase« der Diplomstudenten verfolgen und auswerten zu können. Die Ergebnisse ihrer kontinuierlichen Untersuchungen zeigten, daß mindestens bis zum Jahre 1978 die Berufschancen von Diplompädagogen nicht ungünstiger, sondern günstiger als die Berufschancen von Soziologen, Politologen oder Planern zu beurteilen sind. Zwar gilt auch für Diplompädagogen, daß Praxiserfahrungen und ein praxis-orientiertes Studium für den Berufseintritt bedeutsamer sind als überdurchschnittliche Examensnoten. Zwar müssen nahezu zwei Drittel aller Berufsanfänger zunächst Tätigkeiten annehmen, die mit finanziellen Bedingungen verbunden sind, die weder ihrer Ausbildung noch den von ihnen ausgeübten Tätigkeiten entsprechen. Angesichts dieser Situation fanden es die Forscher überraschend, daß die Diplompädagogen in nahezu allen Fällen ein ausgeprägtes professionelles Berufsverständnis im Sinne einer wissenschaftlichen Konzepten und Methoden verpflichteten Arbeitsauffassung an den Tag legen. Sie kamen zu dem Ergebnis, daß dieser Studiengang entgegen den Befürchtungen die erste Etappe auf dem langen Wege der Professionalisierung erfolgreich abgeschlossen habe (*Busch/Hommerich*, 1981).

Ein Problem des Studienganges besteht darin, daß er nach einem gemeinsamen Grundstudium in Erziehungs- und Sozialwissenschaften in fünf Studienschwerpunkte (Schule, Sozialpädagogik, Erwachsenenbildung, berufliche Ausbildung und Behindertenpädagogik) verzweigt wird, dessen erfolgreiches, praxisverbundenes und theoriegeleitetes Studium leistungsfähige, gut ausgebaute Hochschulen mit einer überdurchschnittlichen Infrastruktur von Service-Einrichtungen für Gruppenstudium, Projektstudium und Forschung voraussetzt. Ein anderes Problem besteht darin, daß die Berufsfelder, denen die fünf Studienschwerpunkte entsprechen, unterschiedliche Entwicklungen aufweisen. Ein Studium im Schwerpunkt »Schule« erscheint heute nur noch in Kombination mit einem Studium, das zur 1. Lehrerprüfung mit einem (oder noch besser: mit zwei) Wahlfächern führt, sinnvoll.

Auch in der Behindertenpädagogik, der Erwachsenenbildung und der Berufspädagogik scheinen die Forderungen nach einem Studium zuzunehmen, das neben Erziehungswissenschaft und Sozialwissenschaften die Aneignung mindestens eines Unterrichtsfaches enthält. Lediglich in der Sozialpädagogik ist diese zunehmende Bedeutung fachwissenschaftlicher und fachdidaktischer Studien nicht zu beobachten; dafür nimmt dort das Interesse der Studierenden an methodischer Vermittlung von Kommunikations- und Interaktionsfähigkeit zu.

Allgemein kann man sagen, daß der Diplomstudiengang eine wichtige Rolle bei der Neuorientierung der traditionellen Universitätspädagogik im Sinne einer erfahrungs- und sozialwissenschaftlich orientierten Erziehungswissenschaft gespielt hat und weiter spielt. Durch das Diplomstudium ist das bisherige Magister-Studium weitgehend zurückgedrängt worden, die Promotion als Regelabschluß eines berufsqualifizierenden Studiums kommt kaum mehr vor, sondern sie ist Teil eines post-gradualen, zur akademischen Forschungs- und Lehrtätigkeit qualifizierenden Weiterstudiums.

Gleichzeitig hat der Diplomstudiengang eine wichtige Rolle bei der Professionalisierung von pädagogischen und didaktischen Berufsvollzügen außerhalb des öffentlichen Schulwesens gespielt. Er hat hier einen, für Planungs- und Anleitungs-Funktionen qualifizierenden pädagogischen Ausbildungsgang geschaffen, dessen bisheriges Fehlen durch Juristen, Psychologen, Soziologen und in Einzelfällen auch durch Politologen kompensiert worden war.

Von Zeit zu Zeit trifft man auf das Argument, die Einführung des Diplomstudienganges habe zu einem Verdrängungswettbewerb formal »minderqualifizierter« Arbeitskräfte durch ›Vollakademiker‹ geführt. Berufseinmündungsuntersuchungen scheinen zu zeigen, daß dies mindestens bis zum Jahre 1978 nicht oder nur in Einzelfällen zutraf. Vielmehr führen die Folgen der expansiven Bildungsreform der späten 60er und der 70er Jahre zu einem intergenerativen Verdrängungswettbewerb, in dessen Zusammenhang die Anforderungen an außerschulische (und schulische) Pädagogen ganz allgemein deutlich angehoben werden.

C. Wolfgang Müller

Literatur

Baltes, P./Hoffmann, A., 1975: Berufsfelder des Diplompädagogen, Heidelberg – *Busch, D. W./Hommerich, Chr.,* 1981: Probleme der Berufseinmündung von diplomierten Sozialarbeitern/Sozialpädagogen. SYMPOSIUM Berlin – *Koch, H. R.,* 1977: Diplompädagogen im Beruf, in: Neue Praxis, Sonderheft – *Martin, R.,* 1974: Diplom-Pädagoge, Bielefeld – *Müller, C.* (Hrsg.), 1977: Sozialpädagogische Arbeitsplätze, Weinheim – Neue Praxis, Sonderheft 2 1977: Diplom-Pädagogen als Heftthema – *Nieke, W.,* 1978: Der Diplom-Pädagoge, Weinheim – *Pfaffenberger, H.,* 1981: Situation der Ausbildungsstätten für Sozialwesen/Sozialarbeit/Sozialpädagogik, SYMPOSIUM Berlin – *Treptow, R./Rauschenbach, T./Thiersch, H.,* 1981: Sozialpädagogen im Beruf, SYMPOSIUM Berlin – Zeitschrift für Pädagogik, 1970, 5; 1973, 2; 1974, 12. Beiheft; 1975, 4; 1976, 4 –

→ Ausbildung für Erzieher → Ausbildung für Sozialarbeiter/Sozialpädagogen → Berufl. Sozialisation in der Sozialarbeit → Professionalisierung → Weiterführung in sozialen Berufen

Ausbildung für Erzieher

Der Terminus »Erzieher« wird als Berufsbezeichnung für die Gruppe sozialpädagogischer Fachkräfte verwandt, die in der sozialpädagogischen Berufs- und Ausbildungshierarchie zwischen der Kinderpflegerin (ausgebildet an Berufsfachschulen für Kinderpflegerinnen) und den Sozialpädagogen (meist ausgebildet an Fachhochschulen) und Diplompädagogen (ausgebildet an Gesamthochschulen, Pädagogischen Hochschulen, Universitäten) liegt.

Die Diplom- und Sozialpädagogenausbildung wird in diesem Band in Beiträgen von *C. W. Müller* und *D. Oelschlägel* gesondert dargestellt. Auf die Ausbildung der Kinderpflegerinnen wird nicht eingegangen, da sie nach weitgehender Übereinstimmung nicht den Anforderungen qualifizierter Arbeit in sozialpädagogischen Einrichtungen genügt.

Die Erzieherausbildung ist aus einer Zusammenfassung ursprünglich getrennter Ausbildungsgänge zur Kindergärtnerin und Hortnerin an Kindergärtnerinnenseminaren und zur Heimerziehung an Schulen bzw. Seminaren für Heimerziehung entstanden. Diese Ausbildung berechtigt, in den verschiedenen sozialpädagogischen Bereichen tätig zu werden (ca. 55 % der Absolventen, die eine einschlägige berufliche Tätigkeit beginnen, werden gegenwärtig nach Ausbildungsabschluß in Kindergärten, -tagesstätten und Horten tätig, ca. 35 % in der Heimerziehung, Jugend- und Freizeitarbeit, in sonderpädagogischen und sonstigen sozialpädagogischen Einrichtungen).

Die hierarchische Struktur der Ausbildung hat erhebliche Konsequenzen für die sozialpädagogische und soziale Praxis sowie für die berufliche Sozialisation der Mitarbeiter. Unterschiede in Ausbildungsebene und -dauer und die damit verknüpften Unterschiede in Funktion, Status, Selbstverständnis und Bezahlung der Fachkräfte erschweren z. B. Kooperation und Teamarbeit: Nicht mit dem Ziel solidarischer und kooperativer Erziehungsarbeit im Interesse der Betroffenen beginnt der Berufsalltag, sondern oft mit Konkurrenzkampf oder Resignation. »Höhere« Qualifikationen führen zu praxisferneren Arbeitsplätzen, Weiterqualifikation oft zu einer Reduzierung der praktischen sozialpädagogischen Arbeit und kommt damit häufig indirekt einer teilweisen beruflichen Dequalifikation gleich.

Die historisch entstandene Ausbildungshierarchie läßt sich dabei in der Gegenwart kaum rechtfertigen. Nicht mehr bzw. weniger wissenschaftlich orientierte oder praxisfernere bzw. -nähere Ausbildungen sind sinnvoll und notwendig, eher unterschiedliche Qualifikationsprofile verbunden mit verschiedenartigen Zusatzqualifikationen. Ausgehend von einer Analyse der beruflichen Anforderungen sind Überlegungen zur Neugestaltung der sozialen, sozialpädagogischen und pädagogischen Berufsbildung notwendig.

Seit langer Zeit wird von Gewerkschaften und Interessenverbänden eine Vereinheitlichung der unterschiedlichen sozialen und sozialpädagogischen Ausbildungsgänge gefordert (vgl. dazu *v. Derschau*, 1976; GEW, 1978). Eine solche Vereinheitlichung muß nicht auf eine Nivellierung der Qualifikationsstruktur hinauslaufen, sondern sollte durch ein differenzierendes Angebot, besonders in der zweiten Studienhälfte, durchaus unterschiedliche Studienprofile und -schwerpunkte ermöglichen, ohne dabei jedoch den Anspruch einer breiten sozialpädagogischen Grundausbildung aufzugeben.

Zahlreiche der für viele Aufgaben, Funktionen, Tätigkeitsbereiche und Praxisfelder erforderlichen speziellen Qualifikationen, die meist als Begründung für die Beibehaltung unterschiedlicher Ausbildungsniveaus angeführt werden, könnten dann – aufbauend auf dem gemeinsamen Studiengang und ausreichender berufspraktischer Erfahrung – in entsprechenden Weiterbildungsangeboten bzw. postgraduierten Ausbildungen vermittelt werden (z. B. für die Arbeit mit Behinderten, für Supervision, Fachberatung, Leitungsfunktionen).

Gegenwärtig werden aber nicht einmal Minimalforderungen realisiert: Eine Abstimmung der Ausbildungsgänge unter dem Gesichtspunkt gemeinsamer Anforderungen der beruflichen Praxis fehlt, die Durchlässigkeit wurde einschneidend reduziert, es besteht sogar die Tendenz zu einer noch stärkeren Zersplitterung der sozialpädagogischen und sozialen Berufsbildung (z. B. durch die Neueinführung einer Ausbildung für Sozialassistenten und der Berufsakademien).

Entwicklung

Solange die außerfamilialen Erziehungseinrichtungen sich ausschließlich um die bloße Bewahrung und Betreuung besonders gefährdeter Kinder, die Erhaltung der physischen Existenz und die Eingliederung in eine relativ statisch vorgezeichnete

Arbeits- und Erwachsenenwelt bemühten, konnten zur Betreuung Laienkräfte, ggf. unter Aufsicht und nach kurzer Anleitung, eingesetzt werden. Bei zunehmender Ausweitung der Industrialisierung in der ersten Hälfte des 19. Jahrhunderts mit den sozialen Folgen von Entwurzelung, Verelendung und Verwahrlosung reichte die Sozialisationserfahrung der Mitarbeiter immer weniger aus, wurde eine umfassendere Ausbildung erforderlich. So richtete *Wichern* in dem 1834 gegründeten »Rauhen Haus« zwei- bis vierjährige Ausbildungskurse für Erziehungshilfen und »Brüder«, die später als Vorsteher von Rettungshäusern wirken wollten, ein, gründete *Fliedner* an der Diakonissenanstalt in Kaiserswerth 1836 das erste evangelische Seminar für »Kleinkinderlehrerinnen«, begann *Fröbel* 1839 in Blankenburg mit einer mehrmonatigen Ausbildung von Kindergärtnern (vgl. u. a. *v. Derschau, 1976*).

Die Ausbildung für den Kindergarten bzw. die Kleinkinderschulen, die ab 1850 auf ein Jahr verlängert wurden, blieb bis in das 20. Jh. hinein fast ausschließlich privater Initiative überlassen. 1908 wurde die Ausbildung erstmals staatlich geregelt und vereinheitlicht (in Preußen); in der Folge wurden zunehmend auch an staatlichen Frauenschulen Kindergärtnerinnenfachkurse bzw. -seminare eingerichtet. Die Zuordnung des Kindergartens zur Wohlfahrtspflege und damit die subsidäre Zuständigkeit konfessioneller und weltanschaulich gebundener Verbände für das Kindergartenwesen und die Heimerziehung sowie den dazugehörigen Ausbildungen wurde durch die Ergebnisse der Reichsschulkonferenz (1920) und das Reichsgesetz für Jugendwohlfahrtspflege (RJWG, 1922) bis in die Gegenwart hinein festgeschrieben. Ab 1928 erfolgte eine Umgestaltung der Kindergärtnerinnenausbildung und eine Verlängerung auf zwei Jahre, wobei die bis dahin getrennte Hortnerinnenausbildung integriert wurde.

Über die Entwicklung der Ausbildung der Heimerzieher in der zweiten Hälfte des 19. und Anfang des 20. Jh. fehlen weitgehend Materialien. Nach der Neuorganisation der Jugendfürsorge durch das RJWG richtete man angesichts des immer katastrophaler werdenden Personalmangels in Heimen ab 1922 einige längerfristige Kurse ein. Die fachliche Qualifikation der Anstaltserzieher durch Kurse und Kurzausbildung wurde aber schon bald als unzureichend erkannt. So entstand die Forderung nach einem eigenen Berufsstand des Heimerziehers und damit einer eigenständigen Seminarausbildung. Zwischen 1925 und 1930 und vor allem nach dem 2. Weltkrieg gründeten dann meist kirchliche Träger zahlreiche Seminare und Schulen, die sich auf die Ausbildung für die Heimerziehung, teilweise in berufsbegleitender Form, spezialisierten.

Eine Annäherung der Ausbildungsinhalte, insbesondere aber auch eine zunehmende Überlappung der Aufgabenbereiche in einem immer differenzierter werdenden System von Erziehungshilfe- und Jugendhilfeeinrichtungen führte – erstmals 1962 in Hamburg – zur Zusammenfassung beider Ausbildungen zu einer dreijährigen Erzieherausbildung, die gleichermaßen Frauen und Männern offenstand. Die anderen Bundesländer schlossen sich zwischen 1968 und 1972 weitgehend dieser Umgestaltung an.

Ein charakterisierendes Kennzeichen der Entwicklung sozialpädagogischer Ausbildungsgänge bis in die Gegenwart hinein ist – das gilt in besonderem Maße auch für die Erzieherausbildung –, daß die Ausbildung immer nur Abbild der jeweiligen Anforderungen sozialpädagogischer Praxis war. Die Ausbildung reagierte stets nur, meist zeitverzögert, auf diese Anforderungen und Entscheidungen; innovative Impulse gingen von ihr nicht aus. Damit beschränkte sie sich bis in die Gegenwart hinein weitgehend auf die Vorbereitung und Anpassung an die jeweils bestehende Praxis; eine planmäßige Qualifikation für eine antizipierte bessere Praxis fand und findet kaum statt.

Die lange Zeit deutlich sozialpflegerische Ausrichtung des Kindergartens mit seiner einseitigen Orientierung an der intakten Mittelschichtfamilie, seinen romantischen, oft antizivilisatorischen Zügen, seiner ideologischen Überhöhung des unbewußt ahnenden Kinderspiels und seiner bewußten Abgrenzung von der Schule hat eine Entsprechung in der Entwicklung der Ausbildung gefunden: Die inhaltliche Gestaltung blieb weitgehend sozialpädagogisch und pflegerisch orientiert, Niveau und Status der Ausbildung vergleichbar dem hauswirtschaftlich-pflegerischer Berufe, die Ausbildungsstätten wurden häufig an berufsbildende, besonders an hauswirtschaftlich-pflegerische Schulen angegliedert. Die Kindergärtnerin als »Tante« oder »Mutterersatz« brauchte demnach keine etwa der Lehrerin vergleichbare Ausbildung; eine Entfaltung der fraulich-mütterlichen Fähigkeiten, der Liebe zum Kind und des nachgebend beschützenden Umgangs, verbunden mit der Vermittlung eines reichen Repertoires an Beschäftigungsmöglichkeiten und musischen Fertigkeiten erschien für lange Zeit ausreichend. Erst im Zusammenhang mit der Wiederentdeckung des bereits von *Fröbel* beschriebenen Bildungsauftrages der sozialpädagogischen Einrichtung Kindergarten Ende der sechziger, Anfang der siebziger Jahre, fanden Fragen nach der Qualifizierung der Fachkräfte allmählich wieder Beachtung.

Ähnliches gilt für die Ausbildung der Heimerzieher, die erst nach der Neuorganisation der Fürsorge in den zwanziger Jahren institutionalisiert und durch die radikale Infragestellung von Heimerziehung in den sechziger Jahren problematisiert wurde. Nach wie vor ist aber noch ein erheblicher Teil der Mitarbeiter in Heimen nicht sozialpädagogisch ausgebildet, wird die Erzieherausbildung nicht als Mindestanforderung an die Qualifikation der sozialpädagogischen Mitarbeiter gestellt.

Auch in den letzten Jahren ist es nur unzureichend gelungen, den eingeleiteten Veränderungen der sozialpädagogischen Praxis und besonders den Erfahrungen aus Modelleinrichtungen (z. B. situationsorientiertes Arbeiten, offene Planung, Öffnung der Einrichtungen, Gemeinwesenorientierung, Alltagslernen, Wandel der Rahmenbedingungen) in der Gestaltung der Ausbildung hinreichend Rechnung zu tragen und damit die angehenden Erzieher zur Umsetzung und Weiterentwicklung der Reformansätze zu qualifizieren.

Gegenwärtige Erzieherausbildung

Die Ausbildung zum Erzieher ist in der Bundesrepublik nicht einheitlich geregelt. Die im Zusammenhang mit der Neugestaltung der Sozialpädagogen- und Erzieherausbildung 1967 von der Kultusministerkonferenz beschlossene »Rahmenvereinbarung über die sozialpädagogischen Ausbildungsstätten« führte nur vorübergehend zu einer gewissen Angleichung der Rahmenbedingungen und formalen Ausbildungsordnungen. Gegenwärtig gibt es in und zwischen den einzelnen Bundesländern wieder ganz erhebliche Unterschiede, z. B. hinsichtlich der Zugangsvoraussetzungen, der Dauer und Breite der Ausbildung, der Ausbildungsinhalte, ja sogar der Bezeichnung der Ausbildungsstätten. Die am 24. 9. 1981 von der Kultusministerkonferenz beschlossene neue »Rahmenvereinbarung über die Ausbildung und Prüfung von Erziehern/Erzieherinnen« bringt nach fünfjähriger Beratung kaum umfassendere Änderungen und scheint für eine Vereinheitlichung wenig geeignet.

Die Erzieherausbildung erfolgt an Fachschulen für Sozialpädagogik, in Bayern an Fachakademien, in Berlin an Berufs- und Fachschulen für Erzieher, in Rheinland-Pfalz an Fachschulen für Sozialwesen. Im Schlj. 1982/83 bildeten 303 Fachschulen/Fachakademien Erzieher aus. Die Zahl der jährlichen Absolventen hat sich in den letzten Jahren zwischen 15 000 und 16 000 eingependelt (vgl. *v. Derschau* u. a., 1981). Fast 50 % der Ausbildungsstätten sind privat (meist unter kirchlicher Trägerschaft), über zwei Drittel nicht selbständige Einrichtungen, sondern als Zweig oder Abteilung an andere Schulen (meist berufliche oder Berufsfachschulen) oder an soziale Institutionen angegliedert. Die meisten Fachschulen haben ohne Berufspraktikanten weniger als 100 Schüler, so daß nur sehr begrenzt hauptamtliche Dozenten für die durchschnittlich etwa 18 zu unterrichtenden Fächer eingestellt werden können, was für die Kontinuität der Ausbildung erhebliche Konsequenzen hat.

Eingangsvoraussetzung für die Erzieherausbildung sind in der Regel ein mittlerer Bildungsabschluß und eine einjährige praktische Tätigkeit in einer sozialen oder sozialpädagogischen Einrichtung oder eine abgeschlossene Berufsausbildung. Nach der oben zitierten neuen Rahmenvereinbarung der KMK soll jedoch zukünftig neben dem Realschul- oder gleichwertigen Bildungsabschluß eine abgeschlossene schulische oder betriebliche Berufsausbildung von mindestens zweijähriger Dauer, »bzw. eine nach Landesrecht angemessene Berufstätigkeit oder ein einschlägiges Praktikum« zur Zulassungsvoraussetzung werden. Die Ausbildung in Vollzeitform dauert drei, in Bremen und z. T. auch in Berlin vier Jahre. Sie gliedert sich meist in einen zweijährigen, mehr theoretischen Teil an der Fachschule bzw. Fachakademie mit kurzen Praktika und ein einjähriges Berufspraktikum in einer sozialpädagogischen Einrichtung, das durch wenige Unterrichtstage von der Ausbildungsstätte begleitet wird (zu den abweichenden Regelungen in Bremen, Hamburg und Berlin s. *v. Derschau/Scherpner,* 1983).

Daneben gibt es in einigen Bundesländern für bereits im sozialpädagogischen Bereich Tätige, aber noch nicht oder nur unzureichend ausgebildete Mitarbeiter verkürzte und/oder berufsbegleitende (Teilzeit-)Ausbildungsgänge (s. dazu *v. Derschau/Scherpner,* 1983), die aber z. T. auslaufen bzw. in den nächsten Jahren zum großen Teil auslaufen werden. Ein Teil der Fachschulen führt auch eine in der Regel einjährige heilpädagogische oder sonderpädagogische Zusatzausbildung für berufserfahrene Erzieher durch.

Im Gegensatz zu den Rahmenvereinbarungen von 1967 und 1982, die eine breit angelegte, einheitliche Befähigung, in den verschiedenen sozialpädagogischen Bereichen als Erzieher/in selbständig tätig zu werden, vorsehen, ist diese Ausweitung von über der Hälfte der Ausbildungsstätten nicht oder nur unvollständig realisiert worden: es wird weiterhin an der früheren Begrenzungen der Ausbildung für nur ein Praxisfeld (z. B. Kindergarten oder Heimerziehung) festgehalten. Nach Abschluß ihrer Ausbildung können die Absolventen jedoch unabhängig vom Ausbildungsschwerpunkt in allen den Erziehern offenstehenden Bereichen tätig werden. Eine Ausnahme macht hier das Land Baden-Württemberg, wo erneut gesonderte Fachschulen eingerichtet worden sind, deren Abschluß nur zur Arbeit in der Jugend- und Heimerziehung berechtigt.

Die Fachschulen sind weitgehend an das Organisationsmodell der traditionellen Schule angepaßt, wodurch die Erzieher-Ausbildung zunehmend einer Verschulung und Bürokratisierung unterliegt: Die Ausbildung ist nach »Schul«jahren mit standardisiertem Stundenplanschema, ständigen Leistungsüberprüfungen, Zeugnissen und Versetzung gegliedert; die Studierenden sind in starre Jahrgangsklassen eingeteilt mit durchschnittlich 25 »Schülern«, Klassensprechern, Klassenbüchern, Anwesenheitslisten u. ä.; es besteht meist ein für Schulen typisches autoritätsfixiertes Verhältnis zwischen »Lehrern« und »Schülern«, das seine Entsprechung in hierarchischen Schulleitungsstrukturen findet. Trotz schulischer Strukturen ist es, u. a. aufgrund der geringen Größe der meisten Fachschulen bzw. Fachschulzweige, jedoch oft nicht einmal möglich, differenzierte Angebote und Lehrformen, wie sie etwa in der Kollegstufe vorgesehen sind, anzubieten.

Angesichts solcher Rahmenbedingungen und der fehlenden bzw. unzureichenden didaktischen Ausbildung der Dozenten wird z. T. verständlich, daß für die Erzieherausbildung bisher kein geeignetes Ausbildungskonzept besteht: eine Didaktik der Erzieherausbildung wurde bisher nur in den Anfängen entwickelt (s. dazu *Fischer,* 1980), es gibt kaum qualifizierte Lehrbücher oder sonstige Medien, Curricula für einzelne Fächer oder thematische Einheiten liegen nur in vereinzelten Entwürfen vor, wenngleich in einigen Fachschulen sehr engagiert gearbeitet und experimentiert wird (z. B. Arbeitsgruppe, 1979; *Krüger* u. a., 1981) vor. Die vorhandenen Richtlinien und Lehrpläne sind meist nur unter fachspezifischen Gesichtspunkten zusammengestellte Stoffsammlungen, die tradierte Ausbildungsziele und herkömmliche, lehrerzentrierte Vermittlungsverfahren begünstigen und einem an den Problemen und Bedürfnissen der Fachschüler und der sozialpädagogischen Praxis orientierten interdisziplinären Arbeiten keinen Raum lassen.

Die Integration von Theorie und Praxis gelingt trotz der zahlreichen Praktika meist nur sehr unzureichend. Eine wechselseitige Durchdringung, etwa in Form einer flexiblen Transformation des Grundlagenwissens auf jeweils konkrete Praxissituationen, fehlt oft ebenso, wie umgekehrt die Reflexion solcher Situationen und Erfahrungen vor dem Hintergrund einer kritischen Theorie. Dies führt nicht selten dazu, daß praxisorientierte Ausbildungsfragen bzw. -fächer lediglich monokausal auf konkrete Phänomene und »Erfahrungen« der Berufspraxis in sozialpädagogischen Einrichtungen abheben, ohne jeweils die zugrundeliegenden gesellschaftlichen Ursachenzusammenhänge ausreichend einzubeziehen. Andererseits wird die Auseinandersetzung mit »Theorien« weitgehend auf die Übernahme von »Ergebnissen«, abgeleiteten Handlungsweisen und Erklärungsschemata verkürzt, ohne das Zustandekommen wissenschaftlicher Erkenntnisse, deren allgemeinerer Bedeutung und Praxisrelevanz auch im gesellschaftlichen Kontext umfassender zu problematisieren.

In den letzten Jahren mehren sich jedoch die Bemühungen und Versuche, durch flexiblere Arbeitsformen, vermehrtes fächerübergreifendes Unterrichten, Nutzung der Möglichkeiten von projektorientierten Arbeitsphasen die Ausbildung junger Erwachsener zum Erzieher angemessener zu gestalten und zu einem anderen Verhältnis von Theorie und Praxis in der Ausbildung zu gelangen.

Ausbildung als Sozialisationsfeld

Ein wesentlicher Mangel der Ausbildung besteht darin, daß komplexe Qualifikationen für die Berufspraxis vermittelt werden sollen, ohne daß das Ausbildungsarrangement entsprechend gestaltet werden könnte: so ist eine enorme Diskrepanz zwischen den Anforderungen der Berufspraxis an die Ausbildung und ihrer tatsächlichen Gestaltung zu diagnostizieren, ja sogar zwischen dem in der Ausbildung Gelehrten und den Formen der Vermittlung sowie den Organisations- und Strukturbedingungen der Ausbildung.

Wenn man etwa »Befähigung zu solidarischer Erziehungsarbeit im Interesse der Betroffenen« als oberstes Ziel der Ausbildung formuliert – über eine solche Zielsetzung besteht jedoch durchaus nicht Einigkeit –, so muß eine solche Zielstellung nicht nur Auswirkungen auf die Auswahl der Inhalte, ihre wissenschaftliche Fundierung und deren Bezug zur Berufspraxis haben. Mindestens ebenso bedeutsam erscheint eine zu dieser Zielsetzung kongruente Organisation und Gestaltung der Ausbildung und Lernprozesse.

Die Ausbildung muß auch als berufliche Sozialisationsinstanz interpretiert und bewußt dementsprechend ausgestaltet werden, als Lernfeld, in dem auch Einstellungen und Haltungen geprägt, aber ebenso bisherige Sozialisationserfahrungen im Blick auf die zukünftige sozialpädagogische Tätigkeit kritisch überprüft werden (z. B. Abbau früh erworbener Autoritätsfixierungen, von Unsicherheit, tiefverwurzeltem Konkurrenzverhalten). Die Ausbildung muß vielfältige Erfahrungsräume schaffen und ist als Erfahrungsfeld zu konzipieren, in dem z. B. eigene Ängste und Hemmungen, Isolierung und Bedürfnis nach Berücksichtigung eigener Interessen nicht nur begründet und hinterfragt werden, sondern durch eine entsprechende Gestaltung des Lernarrangements akzeptiert und als Ansätze zu Selbsterfahrung und zu beruflicher Identitätsentwicklung genutzt werden. Die Ausbildung ist also auch als Übungsfeld zu gestalten, in dem z. B. kooperative Verhaltensweisen, Eigeninitiative und kritisches Engagement als wichtige Momente solidarischer Berufsorientierung in vielfältigen Formen und Zusammenhängen entwickelt, erprobt und praktiziert werden können.

Damit wurde die Ausbildung selbst zum »Praxisfeld«. Sie begreift sich selbst als

Gegenstand von Lernen, als Feld für Erfahrung, experimenteller Auseinandersetzung, Erprobung und Übung von Qualifikationen, die der Erzieher später in der sozialpädagogischen Arbeit vermitteln soll. Nur wenn Ziele wie solidarische Berufsorientierung und berufliche Identitätsentwicklung nicht nur auf der kognitiven, sondern auch der affektiven und emotionalen Ebene, also auch auf der Erfahrungs- und Handlungsebene, angestrebt werden, kann die Ausbildung eher dazu qualifizieren, dem Druck der unzureichenden Rahmenbedingungen in den Arbeitsstätten, den hierarchischen Praxisstrukturen, der isolierten Arbeitssituation und den möglichen Sanktionen bei Veränderungsversuchen besser standzuhalten.

Eine entsprechende Gestaltung der Ausbildung erfordert u. a. den Abbau der schuladministrativen Organisationsprinzipien zugunsten einer Orientierung an den Qualifikationsanforderungen einer zu antizipierenden besseren Berufspraxis. Das bedeutet z. B. Verzicht auf Parzellierung der Praxisprobleme durch die herkömmliche Fächeraufteilung und starre Zweiteilung in mehr praktische und mehr theoretische Ausbildungsteile zugunsten einer problemorientierten Auseinandersetzung mit Berufspraxis unter Einbeziehung wissenschaftlicher Erkenntnisse und Theorien, Verfügbarmachung komplexer Lernerfahrungen bei gleichzeitiger Orientierung an den Bedürfnissen der Studierenden, zumindest partielle Umsetzung des Gelehrten in die Gestaltung der Lernprozesse, zunehmende Selbstorganisierung dieser Prozesse, flexiblere Gestaltung der Lernorganisation (z. B. Blockveranstaltungen, Wochenendseminare, Erkundungen, Projekte, Planspiele u. ä.), wobei dem forschenden und handelnden Lernen besondere Bedeutung zukommen wird.

Der skizzierte Ansatz deutet eine wichtige Perspektive zur Veränderung sozialpädagogischer Berufsbildung an, die eine Grundlage für die eingangs geforderte Vereinheitlichung werden sollte. In der Geschichte der Kindergärtnerinnenausbildung, in der die »Persönlichkeitserziehung« der Seminaristen immer wieder als wesentliche Aufgabe betont worden ist, gab es Bemühungen, Ausbildung auch als Erfahrungs- und Praxisfeld zu gestalten (z. B. verschiedene Formen der Gemeinschaftspflege und familienähnliche Schulatmosphäre, Betonung von Aktivitäten, die den Erlebnis- und Empfindungsbereich ansprechen). Diese Ansätze mündeten jedoch schon frühzeitig in eine unreflektierte Gemeinschaftsideologie, in romantische Verbrämung und Ausblendung von gesellschaftlicher Realität, in Theorie- und Wissenschaftsfeindlichkeit. Diese Entwicklung weist u. a. auf zweierlei hin: subjektive, unmittelbare Erfahrung und Handlungsorientierung erfordert in einer auch nach diesen Kriterien konzipierten Ausbildung die Ergänzung, Relativierung und Analyse durch eine wissenschaftliche Orientierung, kritische Theorie und reflektierte Übernahme von Erfahrungen anderer; eine wie auch immer verbesserte Ausbildung kann nicht die fertigen Erzieher produzieren. Organisierte Qualifizierungsprozesse müssen ihre Fortsetzung im Berufsfeld finden, in dem jeweils im regionalen Kontext eine Art Forschungspraxis hergestellt wird.

Dietrich von Derschau

Literatur

Arbeitsgruppe Niedersächsischer Lehrkräfte an Fachschulen für Sozialpädagogik, 1979: Erzieherausbildung – Berichte und Materialien aus der Praxis, Philipps-Universität, Marburg – Arbeitsgemeinschaft für Erziehungshilfe (AFET), 1977: Vorschläge des AFET zur aufgabenorientierten Ausbildung von Studierenden an der Fachschule für Sozialpädagogik unter besonderer Berücksichtigung der Heimerziehung, in: AFET Mitglieder-Rundbrief Nr. 3. – *Derschau, D. von,* 1976: Die Ausbildung der Erzieher für Kindergarten, Heimerziehung und Jugendarbeit an den Fachschulen/Fachakademien für Sozialpädagogik – Entwicklung, Bestandsaufnahme, Reformvorschläge, Gersthofen – *Derschau, D. von/Scherpner, M.,* 1982⁴: Erzieher (Blätter zur Berufskunde, Bd. 2, hrsg. v. d. Bundesanstalt für Arbeit), Bielefeld – *Derschau, D. von/Krause, H.-J./Richter-Langbehn, R.,* 1981: Ausbildung des pädagogischen Fachpersonal in Kindertagesstätten, in: *Derschau, D. von* (Hrsg.): Entwicklungen im Elementarbereich (Materialien zum Fünften Jugendbericht), Deutsches Jugendinstitut, München – *Eßer, H./Kaufmann, H.-B.* (Hrsg.), 1979: Erziehungspraxis und Erzieherrolle: Arbeitssituation-Ausbildung-Fortbildung, Comenius-Institut, Münster – *Fischer, H.,* 1980: Identität in der Erzieherausbildung, Düsseldorf – *Heun, H.-D.,* 1977: Zur Ausbildung der staatlich anerkannten Erzieher, Internationale Gesellschaft für Heimerziehung (IGfH), Frankfurt/M. – *Irle, G./Bloos, P./Witzel, G.,* 1976: Ausbildungsbereich: Sozialarbeit, Lollar – Forschungsgruppe Kein, 1978: Kindergärtnerinnen-Qualifikation und Selbstbild, Basel/ Weinheim – *Krause, H.-J.* 1978: Zur Aus- und Fortbildung von Erzieherinnen, Philipps-Universität, Marburg – *Kreutz, H. u. a.,* 1980: Ausbildung und Fortbildung für Fachkräfte der Jugendhilfe (Materialien zum Fünften Jugendbericht), Deutsches Jugendinstitut, München – *Krüger, H./Rabe-Kleberg, U./Derschau, D. von* (Hrsg.), 1981: Qualifikationen für Erzieherarbeit, Deutsches Jugendinstitut, München – Kultusminister-Konferenz, 1979: Entwurf der Kultusminister der Länder zur Rahmenvereinbarung über die Ausbildung und Prüfung von Erziehern, in: Neue Praxis aktuell, Dez.: 4-6 – *Martin, E./Wöbking, W.,* 1980: Sozialisation durch die Fachschule für Sozialpädagogik, in: Neue Praxis: 81-93 – Pestalozzi-Fröbel-Verband (Hrsg.), 1977: Zur Erzieherausbildung in der Bundesrepublik Deutschland, Berlin – *Zern, H.,* 1980: Berufswahlmotive von Erzieherinnen in der Ausbildung, Weinheim/Basel. –

→ Ausbildung für Diplompädagogen → Ausbildung für Sozialarbeiter/Sozialpädagogen → Verschulische Bildung und Erziehung

Ausbildung für Sozialarbeiter/Sozialpädagogen

Entwicklung

Um die Jahrhundertwende entstanden die ersten Ausbildungsstätten für soziale Berufe. Mit der zunehmenden Industrialisierung und den damit rapide wachsenden sozialen Problemen reichten die bisherigen Formen der öffentlichen Armenfürsorge nicht mehr aus. So gewannen in zunehmendem Maße private Trägerschaften, vornehmlich caritative und diakonische Gruppen der Kichen, aber auch Bürgervereinigungen, an Bedeutung. Die Basis ihrer Arbeit waren ehrenamtliche Helfer. Im Mittelpunkt der Arbeit standen zunächst Armenfürsorge, Bekämpfung der Säuglings- und Müttersterblichkeit, Sorge um »gefährdete« Jugendliche und Erwachsene. Die ehrenamtlichen Helfer, zumeist Frauen, sahen sich jedoch oft ihren Aufgaben nicht mehr gewachsen. Parallel dazu entwickelte sich zunehmend ein Bewußtsein einer staatsbürgerlichen Aufgabe und Verpflichtung bes. der bürgerlichen Frauen, die aus den familiären Zwängen des ausgehenden 19. Jahrhunderts hinausdrängten.

So wurde es notwendig, die ehrenamtlichen Helfer systematisch zu schulen. 1893 konstituierte sich der Verein »Mädchen- und Frauengruppen für soziale Hilfsarbeit«. Er übernahm eine »Ausbildung« zunächst durch Einzelvorträge. 1897 wurde der erste geschlossene Kurs über »Armenpflege« durchgeführt. 1899 veranstaltete der Verein erstmalig einen geschlossenen Jahreskurs zur Ausbildung für die berufliche Arbeit in der Wohlfahrtspflege.

Dieser Kurs stellt die Wurzel sozialer Berufsausbildung in Deutschland dar. Seine Inhalte waren: Tätigkeit in Krippen und Horten, praktische und theoretische Einführung in die Armenpflege, Erziehungs- und Volkswirtschaftslehre. Andere soziale Organisationen folgten diesem Beispiel.

Aus diesen Anfängen entwickelten sich die ersten Ausbildungsstätten für soziale Berufe der Frauen:

1905 die »Christliche-Soziale Frauenschule« des Evangelischen Frauenbundes in Hannover

1908 die von Alice Salomon geleitete »Soziale Frauenschule« Berlin

1909 die »Soziale Frauenschule der Inneren Mission« in Berlin-Spandau und die »Sozial-Caritative-Schulung« des Katholischen Frauenbundes in München.

Im Jahre 1912 gab es zwölf solcher Schulen in Deutschland mit einer im allgemeinen 2jährigen Ausbildung. Der erste Weltkrieg trieb allgemein die Entwicklung weiblicher Berufstätigkeit voran, besonders stieg die Nachfrage nach weiblichen Arbeitskräften in den öffentlichen Wohlfahrtseinrichtungen, deren Arbeit sich infolge des Krieges und der zunehmenden Verschlechterung der materiellen Lage weiter Bevölkerungskreise zunahm. So erweiterte sich bis 1918 die Zahl der sozialen Frauenschulen um weitere 13. Ihre Qualität war recht unterschiedlich, Koordination wurde notwendig. Auf Anregung von *Salomon* wurde 1917 die »Konferenz Sozialer Frauenschulen Deutschlands« gegründet. Diese Konferenz mußte sich sehr schnell gegen Eingriffe des Preußischen Innenministeriums und des Preußischen Ministeriums für geistliche und Unterrichtsangelegenheiten zur Wehr setzen, die vor allem eine Verkürzung der Ausbildungsdauer auf 18 Monate beabsichtigen. Eine staatliche Regelung der Ausbildung wurde dann aber durch den Erlaß einer Berufsverordnung durch das neugebildete Preußische Ministerium für Volkswohlfahrt im Oktober 1920 getroffen. Diese Prüfungsordnung bildete die Grundlage für die soziale Berufsausbildung in Deutschland bis nach dem zweiten Weltkrieg. Die gesellschaftlichen Veränderungen der Weimarer Republik wirkten sich auch auf die Praxis und Ausbildung der sozialen Berufe aus. In den Jahren 1922–24 werden gesetzliche Regelungen geschaffen, die auf Jahrzehnte die öffentliche soziale Hilfe regeln (1922 Reichsjugendwohlfahrtsgesetz; 1923 Jugendgerichtsgesetz; 1924 Fürsorgepflichtverordnung u. a.).

Damit wurde auch die Ausbildung konsolidiert. Vermehrt entstehen soziale Frauen- oder Wohlfahrtsschulen sowie Kindergärtnerinnen- und Jugendleiterinnenseminare. Zunächst überwogen in den Ausbildungsgängen Mädchen und Frauen, doch hatten sich die sozialen Aufgaben in Gefolge des Krieges und der Inflation dergestalt erweitert, daß die hauptberufliche Mitarbeit von Männern in den sozialen Diensten notwendig wurde. Diese Tendenz korrespondierte mit der Entwicklung der Volkshochschulbewegung und besonders der pädagogischen Jugendbewegung. Diese Generation der Jugendbewegung, geprägt durch die Kriegserfahrungen und die Begegnung mit dem Sozialismus, entwickelte gesellschaftskritisches Denken, das sich mit sozialem Engagement verband.

»Es ist nur folgerichtig, daß die Synthese aus den Ideen der Jugendbewegung und sozialem Engagement dazu führt, in sozialer Arbeit ein ihr gemäßes Arbeitsfeld zu suchen. Vor allem sind es Bereiche der Arbeit mit männlichen Jugendlichen, die Fürsorgeerziehung und die Arbeit mit Straffälligen, in denen diese jungen Männer eine Möglichkeit sehen, ihre reformpädagogischen Bemühungen zu realisieren« (*von Hackewitz*, 1977).

Entsprechend entwickelt sich die Ausbildung. 1923 ermöglicht an der Berliner Hochschule für Politik ein Seminar für Jugendwohlfahrt den Zugang von Männern zur Sozialen Arbeit. Einen ersten Erlaß über die staatliche Anerkennung von Männern für soziale Berufe gibt es in Preußen seit 1927.

Die nächsten wesentlichen Impulse zu Veränderungen kamen erst in den 60er Jahren. Der Stand der Ausbildung damals: von den Fachschulen für Sozialarbeit und Sozialpädagogik ist ein Drittel in der Hand öffentlicher Träger, der Rest wird von freien Trägern, vorwiegend konfessionellen, getragen. Bei den Schulen handelt es sich in der Regel um eine Größenordnung von 25 bis höchstens 200 Schülern mit 1–5 hauptamtlichen Dozenten bei einem hohen Anteil von nebenamtlichen Lehrenden, Honoratioren der Sozialen Bereiche und »erfahrenen Praktikern«. So müssen diese Schulen in ihrem Lehrangebot recht einseitig sein; Konzeption und Lehrangebot stellen für die Lehrenden eine stark personengebundene »Begegnung« mit Wissenschaft dar und ein »familiäres Klima« mit allen seinen Vor- und Nachteilen. Die Ausbildung dauert – abgesehen von eventuell erforderlichen Vorpraktika und Sozialpädagogik und dem Anerkennungsjahr nach der staatlichen Prüfung – zwei

Jahre, in die – je nach Art der Ausbildung – Praktika zwischen sechs Wochen bis zu einem Vierteljahr so eingeführt sind, daß der theoretische Unterricht insgesamt 1½ Jahre ausmacht« (*von Hackewitz, 1977*). Die Neuordnung der Ausbildung in der zweiten Hälfte der 60er Jahre behält unterschiedliche Ebenen bei. Die Ausbildungsstätten für Kindergärtnerinnen, Hotnerinnen und Heimerzieher werden in »Fachschulen für Sozialpädagogik« (zweijährige Ausbildung, staatliche Anerkennung nach einem Praxisjahr) umgewandelt, die Jugendleiterinnen-Ausbildung geht in die »Höheren Fachschulen für Sozialpädagogik bzw. Sozialarbeit« ein (dreijährige Ausbildung plus Anerkennungsjahr). Es gab in der BRD und West-Berlin damals etwa 45 Höhere Fachschulen für Sozialarbeit und eine geringere Zahl von Höheren Fachschulen für Sozialpädagogik.

Mitte der 60er Jahre nahm auch der Anteil männlicher Studierender bis hin zum Verhältnis 1:1 zu, um dann wieder zu einem eindeutigen Übergewicht weiblicher Studierender zu führen.

Auf der Ebene dieser Höheren Fachschulen hat sich im letzten Jahrzehnt eine rasche Entwicklung gezeigt:

– Umwandlung von Höheren Fachschulen in Fachhochschulen für Sozialwesen, Neugründungen von Fachhochschulen und Fachbereichen für Sozialwesen an Fachhochschulen und Gesamthochschulen.
– Graduierung der Absolventen, d. h. Verleihung des akademischen Grades Sozialarbeiter (grad.) bzw. Sozialpädagoge (grad.).
– Zusammenführung der getrennten Teilbereiche Sozialarbeit und Sozialpädagogik.
– Schaffung größerer und leistungsfähiger Ausbildungsstätten. Es fanden Kapazitätserweiterungen bis zu 1000% statt.
– Statusanhebung unter dem Schlagwort Professionalisierung.
– Qualifizierung der Ausbildung.

Im Jahre 1971 wurden allgemein die Höheren Fachschulen in den Status von Fachhochschulen eingestuft. 1974 begann der erste und bisher einzige integrierte Gesamthochschulstudiengang für Soziale Berufe an der Gesamthochschule Kassel (in der Regel wird sonst auch an den Gesamthochschulen zwischen Sozialarbeits- und Diplom-Studiengängen in Erziehungswissenschaft unterschieden) mit 6 Studiensemestern und 2 Halbjahren integrierter Berufspraktischer Studien mit den wichtigsten Merkmalen:

– das Grundstudium wird als intensive, problemorientierte Orientierungsphase durchgeführt;
– das Hauptstudium integriert einen allgemeinen Kernbereich, tätigkeitsfeldorientierte Studienschwerpunkte und die obligatorische Ausbildung in praxisbezogenen Studienprojekten,
– verstärkte Integration von Theorie und Praxis in einphasiger Ausbildung durch Berufspraktische Studien, die das bisherige Anerkennungsjahr ersetzen,
– Auswertungssemester nach den Berufspraktischen Studien und Examen im 9. Ausbildungshalbjahr (d. h. Studiendauer von 4½ Jahren),
– postgraduale Studiengänge zur Vertiefung und Erweiterung der beruflichen

Qualifikation, zu deren Eingangsvoraussetzungen mehrjährige Berufspraxis gehört (z. B. Supervision, Altenhilfe und Sozialtherapie).

Allerdings – mit zunehmender Rückwärtsentwicklung staatlicher Bildungsreform ist der Kasseler Studiengang allein geblieben und wird wie das Modell Gesamthochschule überhaupt gegen Angriffe konservativer Bildungspolitiker zu verteidigen sein. Relativ unabhängig von der Entwicklung der Fachhochschulen, eher anknüpfend an den vereinzelten Möglichkeiten in den 20 Jahren universitäre Ausbildungskurse im Bereich der sozialen Arbeit in Frankfurt/M., Berlin und Münster zu besuchen und aus Tendenzen der Selbstrekrutierung der Erziehungswissenschaft sowie unter dem Einfluß der sozialen Tendenzen der Studentenbewegung sind zu Beginn der 70er Jahre Diplomstudiengänge für Pädagogik (mit den Schwerpunkten Schulpädagogik, Sozialpädagogik, Erwachsenenpädagogik, Wirtschaftspädagogik, Sonderpädagogik etc.) eingerichtet worden.

Neben den bestehen gebliebenen Fachschulen für Erzieher sind neuerdings in einigen Bundesländern Berufsakademien eingerichtet worden, in denen Sozialassistenten kostensparend und »praxisnäher ausgebildet werden, da von vielen Ausbildungsträgern her eine Kritik an den als zu theoretisch angesehenen Fachhochschulen erfolgt.« (*Landwehr*, 1977). So ist im Moment die Situation die – und mit einer Veränderung ist vorerst wohl nicht zu rechnen, daß in absehbarer Zeit »auch weiterhin in der Jugend- und Sozialarbeit Unausgebildete, Angelernte, verbandsintern Ausgebildete, Fachhochschulabsolventen, Graduierte und Diplomierte nebeneinander arbeiten, da zumeist Kosten- vor Sachentscheidungen gehen (*von Hackewitz*, 1977).

Heutige Ausbildungsorganisation

Eine 1980 in Kassel angefertigte Synopse der sozialen Studiengänge an Fach- und Gesamthochschulen zeigt, daß die Studienorganisastion und -struktur nach Ländern und Trägern so heterogen ist, daß nur sehr allgemeine Aussagen gemacht werden können.

Die Ausbildung zum Sozialarbeiter/Sozialpädagogen erfolgt z. Z. in ca. 50 Fach- und Gesamthochschulen innerhalb dreier unterschiedlicher Organisationsformen:
- an Fachhochschulen für Sozialwesen (überwiegend kirchliche Ausbildungsstätten, außerdem Baden-Württemberg und Berlin)
- als Fachbereich Sozialwesen (15 mal) oder auch getrennt nach Sozialarbeit und Sozialpädagogik (14 mal) an Fach- und Gesamthochschulen
- als Fachbereich, Studiengang oder Ausbildungsrichtung z. T. integriert, an Gesamthochschulen (z. B. Kassel, Siegen, Essen).

Diese Tatsache zeigt, daß mit Ausnahme in Nordrhein-Westfalen, wo es weiterhin trotz einer gemeinsamen Ausbildung eine unterschiedliche Prüfungsordnung für diese beiden Bereiche gibt, eine Tendenz zur Integration von Sozialarbeit und Sozialpädagogik an den Fachhochschulen gegeben ist, in der Regel jeweils vom Gesetzgeber geschaffen. Es hat den Anschein, daß dort, wo die Differenzierung in

Sozialarbeit und Sozialpädagogik noch vorhanden ist, dies eher der Tradition und dem Beharrungsvermögen von Sozialarbeit und Sozialpädagogik zuzurechnen ist, nicht aber mehr von der Sache her gerechtfertigt werden kann.

Die Ausbildung dauert in der Regel sechs Studiensemester und zwei Praxissemester, die unterschiedlich angeordnet sind. Die Tendenz geht dahin, die Prüfung im siebten Semester abzulegen.

Das Studium gliedert sich in das Grundstudium, das zwei oder drei Semester dauert; das Hauptstudium, das dann entsprechend vier oder drei Semster dauert und die Praxissemester. Hier gibt es zwei grundsätzliche Möglichkeiten:

– Die zweiphasige Ausbildung: nach sechs Semestern wird die Prüfung abgelegt, es schließt sich ein Jahr praktische Ausbildung am Arbeitsplatz an. Die Benennungen dafür sind unterschiedlich: Berufspraktikum, Anerkennungsjahr. Danach wird die staatliche Anerkennung als Sozialpädagoge/Sozialarbeiter ausgesprochen.

– Die einphasige Ausbildung: mit dem Ziel einer engeren Verflechtung von Theorie und Praxis und der Intensivierung der praktischen Ausbildung werden hier zwei Praxissemester (Studium am Lernort Praxis, Berufspraktische Studien) in das Studium einbezogen. Prüfung und staatliche Anerkennung stehen dann beide am Ende des Studiums. Die Gesamtdauer des Studiums (4 bis 4½ Jahre) verändert sich dadurch nicht.

Das Grundstudium dauert in der Regel 2 Semester und wird an den meisten Hochschulen mit einer Zwischenprüfung abgeschlossen; nur erst in wenigen Fällen ist es als eine problemorientierte Orientierungsphase verfaßt.

Das Hauptstudium ist fast überall nach Schwerpunkten differenziert, wobei es den Anschein hat, daß die Schwerpunktbenennung bei vielen Hochschulen eher zufällig als von einem inhaltlichen Konzept her abgeleitet ist. Dieses Schwerpunktstudium wird nur an wenigen Hochschulen durch ein Kernstudium (allgemeine gesellschaftliche Grundlagen) und schwerpunktübergreifende Veranstaltungen (meist instrumentellen Charakters) ergänzt.

Im Studium finden verschiedene Formen des Praxisbezugs statt. Im wesentlichen sind zwei Formen der Praktika zu unterscheiden:

– Block- oder Vollpraktika, die während der vorlesungsfreien Zeit stattfinden. Ihre Dauer schwankt von Hochschule zu Hochschule zwischen ein und drei Monaten.

– Semesterbegleitende Praktika, die an einem halben oder ganzen Tag während der Semester durchgeführt werden.

In den letzten Jahren hat das Projektstudium in der Ausbildung für Sozialarbeiter/Sozialpädagogen an Bedeutung gewonnen. Unsere Untersuchungen von 1980 ergaben, daß es an fast allen Ausbildungsstätten Projekte gibt, daß bei etwa einem Drittel der Fachbereiche das Projektstudium obligatorisch ist.

Das Projektstudium in Kassel soll dafür als Beispiel dienen. Es dient der Vermittlung von Theorie und Praxis unter dem Aspekt berufspraktischer Problemlösungen. Demgemäß besteht es aus aufeinander bezogenen theoretischen und praktischen Anteilen; die Projekte sind entsprechend an der Hochschule und in Praxiseinrichtungen institutionalisiert. Sie werden von seiten der Hochschule durch verantwortliche Dozenten betreut; mit den Trägern der Praxiseinrichtungen werden Projektvereinbarungen abgeschlossen. Während des dritten Semesters findet eine Vorlaufphase zum Einstieg in ein Projekt statt. Handelt es sich um ein neuzugründendes Projekt, fällt die Erkundungsphase des Projekts mit dem Einstieg der einzelnen Studenten zusammen. In der Vorlaufphase finden Felderkundungen, Hospitationen, Kontaktaufnahme mit Vertretern der Praxis, Auseinandersetzung mit der Projektgeschichte statt. Die Vorlaufphase wird mit einer Dokumentation abgeschlossen. Im 4. und 5. Semester findet die praktische Tätigkeit der Studenten statt. Sie soll sich an den Erfordernissen des Projekts orientieren. Während seines Studiums nimmt der Student an folgenden Veranstaltungen des Projekts teil:

- Praxistätigkeit (in der Regel 4 Stunden pro Woche)
- ein Projektplenum zur Organisation der Praxisarbeit (in der Regel zwei Stunden pro Woche)
- ein Projektplenum zur Arbeit an Konzeption und Strategie des Projekts (in der Regel zwei Stunden pro Woche)
- Supervision bzw. Praxisberatung sowie Beratung und Anleitung durch Praktiker
- Projektbezogene Theorieveranstaltungen (in der Regel vier Stunden pro Woche)

Die praktische Ausbildung mündet in die Praxissemester bzw. das Berufsanerkennungsjahr. Je nach Bundesland erfolgen diese ca. 40wöchigen Praktika als Berufsanerkennungsjahr nach der Graduierung oder im 5. und 6. Semester (z. B. Bayern), im 4. und 7. Semester (z. B. Mannheim).

In Kassel wird ein einphasiges Konzept der Ausbildung in Form von Berufspraktischen Studien (BPS) erfolgreich erprobt: die Berufspraktischen Studien im Umfang von zwei Halbjahren dienen der Festigung und Erweiterung der bis dahin erworbenen Erfahrungen hinsichtlich der Interventionen, Methoden, Strategien der Sozialarbeit/Sozialpädagogik, der weiteren Information über institutionalisierte Berufspraxis der Sozialen Berufe und der Selbsterfahrung in beruflichen Organisationsstrukturen. Die praktische Tätigkeit beträgt 15–20 Stunden pro Woche.

Das zweite Halbjahr führt der Student außerhalb der Hochschule in einer Praxisstelle seiner Wahl durch, sofern diese die folgenden Bedingungen erfüllt:

- sie soll Supervision bzw. Praxisberatung ermöglichen,
- sie soll über die Projekterfahrung hinausgehende Interventionsformen enthalten, besonders im Verwaltungsbereich,
- es muß ein Rahmenausbildungsvertrag zwischen dem Träger der Praxisstelle und der Gesamthochschule abgeschlossen sein.

Die praktische Tätigkeit in dieser Zeit beträgt einschließlich Vor- und Nachbereitungszeit 32 Stunden pro Woche; von der Hochschule werden Begleitveranstaltungen im Umfang von 8 Stunden pro Woche angeboten. Über die Inhalte des Studiums können hier keine allgemeinen Aussagen gemacht werden. Einerseits ist die Gesamtentwicklung noch in schnellem Wandel, andererseits sind die Unterschiede zwischen den einzelnen Fachhochschulen wegen der Kulturhoheit der

Länder, der unterschiedlichen Trägerschaften und der Autonomie der Hochschulen selbst erheblich.

Probleme

Die schwerwiegendsten Probleme der Ausbildung für Soziale Berufe werden gegenwärtig »von außen« definiert. Die Ausbildung findet heute in einem Klima der »Gegenreform« statt. Durch die Bildungs- und Sozialverwaltungen drohen Sanktionen:

- die Ministerien verstärken ihre Fach- und Rechtsaufsicht, um möglichen Loyalitätsverlusten durch wissenschaftlich-kritische Studiengänge entgegenzuwirken;
- von Trägern und staatlichen Bürokratien wird häufiger Druck auf einzelne Personen ausgeübt. Kündigungen und Versetzungen, Nichteinstellungen kritischer Sozialarbeiter und Hochschullehrer verbreiten ein entpolitisierendes Klima der Angst,
- die rückläufige Bildungsfinanzierung trifft den Ausbau der neuen Studiengänge besonders stark.

Die Angriffe auf eine qualifizierte wissenschaftliche Ausbildung werden vor allem von der Lobby der Anstellungsträger (z. B. Deutscher Städtetag, Deutscher Verein für öffentliche und private Fürsorge) vorangetragen. Markierungspunkt war die Entschließung des Gesamtvorstandes der Bundesvereinigung Kommunaler Spitzenverbände 1976. Dort wurden aufgrund angeblicher Klagen von Anstellungsträgern wesentliche Vorwürfe gegen die jetzt ausgebildeten jungen Sozialarbeiter und Sozialpädagogen erhoben:

- sie seien »zu theoretisch«,
- hätten falsche Vorstellungen von den Pflichten, der Haltung und der Loyalität eines Mitarbeiters gegenüber dem Ausbildungsträger,
- hätten Schwierigkeit, sich an die praktische Arbeit anzupassen und verursachten dadurch in ihrer Arbeitsstelle Konflikte,
- hätten falsche Wertvorstellungen und Erfolgskriterien, bezogen auf die eigene professionelle Tätigkeit.

Daraus werden Forderungen an die Ausbildung abgeleitet, die die Interessen der Anstellungsbürokratien deutlich werden lassen: die »theoretisierende Verwissenschaftlichung« soll unterbleiben, statt dessen seien die »Grundlagen« der Berufspraxis verstärkt zu lehren. Das sind nach den Vorstellungen der kommunalen Spitzenverbände fast ausschließlich Rechtskenntnisse und methodisch-technisches Handwerkszeug.

In der Zwischenzeit verstärken sich die Bestrebungen, das Theorie-Praxis-Verhältnis in der Ausbildung nachhaltig zum Nachteil der Theorie zu beeinflussen:

- das Bestreben des Deutschen Städtetages, einen zweijährigen Vorbereitungsdienst für Sozialarbeiter/Sozialpädagogen zu fordern. Dabei sollte ein Jahr für die Einübung in Verwaltungshandeln und Rechtsanwendung bestimmt werden;

– die Bemühungen, in Fachhochschul- und Sozialarbeitergesetzen (Nordrhein-Westfalen, Berlin) Praxisämter – oft ohne Beteiligung der Ausbildungsstätten – einzurichten und damit die berufspraktische Ausbildung von der Trägerseite her zu kontrollieren und einer Praxisauffassung zu unterwerfen, für die Verwaltung und Recht zentrale Begriffe sind;
– die sogenannten Qualifizierungsangebote für arbeitslose Diplompädagogen, um sie an ein Feld praktischer Sozialarbeit »anzupassen«;
– die Versuche, z. B. in Frankfurt eine zusätzliche städtische Qualifikationsprüfung für Sozialarbeiter einzuführen und damit massiv Druck auf die Fachhochschule auszuführen.

Die Spitzenverbände sind darüber hinaus in Übereinstimmung mit dem Deutschen Verein für öffentliche und private Fürsorge für eine zweiphasige Ausbildung, die mit einem Berufspraktikum (Berufsanerkennungsjahr) nach Maßgabe der Empfehlungen des Deutschen Vereins 1976, d. h. unter Hauptverantwortung der vorgesetzten Praktiker, abschließt. Die Vertreter der Ausbildungsstätten, ihrer Studentenschaften, der Berufsverbände und Gewerkschaften befürworten dagegen eine einphasige Ausbildung, die auch die berufspraktischen Anteile unter gemeinsamer Anleitung von Hochschule und Praxis einschließt. Sie führen dafür im wesentlichen zwei Gründe an:

– die Trennung von theoretischen und praktischen Ausbildungsteilen wird durch die Zweiphasigkeit vertieft;
– die Einflußnahme der Praxisinstitutionen und ihrer pragmatischen, in der Regel auf Anpassung der Berufsanfänger gerichteten Interessen wird durch die Zweiphasigkeit übergewichtig. An der Verantwortung für die berufspraktische Ausbildung sollten die Ausbildungsstätten angemessen beteiligt sein.

Diese Konflikte, die ihre Entsprechungen jeweils »vor Ort« finden, deuten aber auf entscheidende Problempunkte hin.

Die Entwicklung zukünftiger Professionalisierung in den Feldern sozialer Arbeit wird davon abhängen, ob die Ausbildungsstätten als Hochschulen »ihren wissenschaftlichen Auftrag auch dahingehend wahrnehmen können, daß sie Modelle kritisch aufgeklärter und politisch engagierter Berufspraxis entwerfen, realisieren und dazu ausbilden« (*Leube,* 1976). Dabei erscheint eine Orientierung der Ausbildungsinhalte an spezielle verwaltungstechnische Arbeitsabläufe als sehr problematisch. Diese Skepsis wird durch Ergebnisse der Berufs- und Bildungsforschung bestätigt. Ihre Befunde weisen darauf hin, daß die Ausbildung in sozialen Berufen sich nicht nur an unmittelbar nützlichen Qualifikationen orientieren darf, vielmehr an der Gesamtfunktion von Sozialarbeit. Ihr »ist die Aufgabe gestellt, interdisziplinär und in engem Kontakt mit Einrichtungen der Berufspraxis die ökonomischen, politischen und psychosozialen Ursachen menschlichen Elends und sozialer Konflikte wissenschaftlich zu analysieren und daraus für verschiedene Organisationsebenen Kampfstrategien, Handlungskonzepte und Interaktionsweisen abzuleiten, für deren Durchführung professionelle Kompetenz erworben wird« (*Leube,* 1976).

Will man eine – wie oben in Ansätzen beschriebene – »solidarische Professionalität«

(*Kunstreich*) entwickeln und die Ausbildung der Sozialarbeiter nicht auf enge Anpassung reduzieren, dann geht es darum, Handlungsspielräume ausfindig zu machen und zu nutzen. Vor diesem Hintergrund wäre das »allgemeine Arbeitsvermögen« des Sozialarbeiters die Fähigkeit zur Reflexion
– der gesellschaftlichen Bedingungen und Perspektiven von Sozialarbeit und
– ihrer Funktion im gegenwärtigen Stadium der gesellschaftlichen Entwicklung.
Erfahrungsgemäß fällt es um so leichter, einen Absolventen unkritisch und reibungslos in die vorfindliche Praxis einzupassen, je kürzer und spezialisierter die Ausbildung ist (vgl. Sozialassistenten). Wenn also das berufliche Handeln des Sozialarbeiters nicht in eine blinde Wiederholung des Immergleichen verfallen soll, muß die Ausbildung eine kritische Distanz zur Berufspraxis vermitteln. Dies geschieht einmal durch die Vermittlung fächerübergreifender, problemorientiert gewonnener gesellschaftlicher Grundkenntnisse. Zum anderen gehört dazu die »Auseinandersetzung mit Problemen und Problembereichen beruflicher Praxis, die sich in dem problemorientierten Erwerb allgemeiner wissenschaftlicher und damit zugleich beruflicher Fähigkeiten, Fertigkeiten und Orientierungen niederschlagen muß« (*Hartung/Nuthmann*, 1974).
Curriculare Konsequenz dieser Erwägungen ist der Einbau eines gesellschaftswissenschaftlichen Kernstudiums, das »die Voraussetzungen und die Grenzen sozialarbeiterischer Tätigkeit unter kritischen und systematischen Gesichtspunkten zu thematisieren hat. Aufgabe des Kernstudiums muß es also sein, die allgemeinen Momente sozialarbeiterischer Tätigkeit zu vermitteln, wobei davon ausgegangen werden soll, daß Sozialarbeit eine spezifische Form staatlicher oder parastaatlicher Interventionen zur Sicherung des kulturellen und materiellen Lebensniveaus der Bevölkerung« ist (*Tennstedt,* 1976).
Diese gesellschaftsanalytische Dimensionen werden immer wieder durch den Verweis auf den Erwerb notwendiger Berufstechniken in Frage gestellt. Wenngleich sich oft dahinter massive Theorieabwehr verbirgt, so ist die grundsätzliche Berechtigung einer solchen Frage nicht zu bestreiten. »Diese Zwickmühle ließe sich vielleicht auflösen, wenn die praktischen Dimensionen einer kritischen Gesellschaftstheorie weder als purer Ableitungsschematismus noch als spontaner, letztlich theorieloser Handlungszusammenhang begriffen werden. Theorie wäre in die Methode sozialer Interventionen als systematische Reflexion von Praxis einzulagern. In einer solchen Konstellation wäre das ›spezielle Arbeitsvermögen‹ gegenüber dem ›allgemeinen‹ nicht subaltern, bloßes Handwerkszeug« (*Gaertner,* 1978).
In einem solchen Sinne plädieren wir für den Erwerb spezieller, berufsrelevanter Kompetenz im Projekt und in den Berufspraktischen Studien.

Integration von Theorie und Praxis

Festzuhalten ist, daß die Praxis in der Ausbildung (Projekt, Praktika) ihre Relevanz für Herausbildung einer »solidarischen Professionalität« nur erhält in enger curricularer Verknüpfung zu einem gesellschaftswissenschaftlichen Grundstudium.
Das Projekt bietet die Chance für Theorie und theoretische Arbeit in der

Hinwendung zum beruflichen Alltag, ohne jedoch in dessen Zwänge zu verfallen. Dazu sind didaktische Strukturen erforderlich, eine »Naturwüchsigkeit« von Projekten wird diesem Anspruch nicht gerecht. Im Kasseler Modellversuch »Soziale Studiengänge« ist eine solche didaktische Struktur für das Hauptstudium entwickelt worden. Auf einem Kontinuum zwischen praktischer Tätigkeit und Theorieerarbeitung sind unterschiedliche Veranstaltungstypen mit unterschiedlichen Lehr-Lernmöglichkeiten angesiedelt:

– Ausgangspunkt ist die konkrete Praxis im Projekt (z. B. im Strafvollzug, in der Familienfürsorge). Die »didaktische Kette« beginnt mit dem Glied »Praxisanleitung«, die sich auf das konkrete Arbeitsfeld bezieht und sich an den Institutionen und dem gesetzten Arbeitsrahmen, der Zielgruppe bzw. dem Problembereich und der professionellen sozialarbeiterischen Intervention orientiert; sie gibt den Studenten den notwendigen Rückhalt, um von der Komplexität der Arbeit nicht allzusehr verunsichert zu werden. Die Anleitung kann folgerichtig nur von praktisch tätigen Sozialarbeitern in der betreffenden Institution geleistet werden.

– In der »Supervision« werden bereits Handlungsvollzüge in ihrem strukturellen Zusammenhang als Fragen des Verhaltens von Sozialarbeiter und Betroffenen analysiert sowie die Funktion und die Handlungsmöglichkeiten (Strategien und Methoden) des Sozialarbeiters in einem bestimmten Projekt untersucht, um so die Gestaltung der Arbeit als soziale Praxis zu verstehen und eine Projektstrategie zu erarbeiten.

– Im dritten Glied der Kette, dem Projektplenum, werden die Erfahrungen der einzelnen, die auch aus verschiedenen Arbeitsfeldern des Projektes resultieren können, ausgetauscht und organisatorische Fragen geklärt, möglichst unter Teilnahme von Praktikern.

– Das Bindeglied zwischen Projekt und Kernstudium bilden die »Theorie-Praxis-Seminare«; sie orientieren sich im wesentlichen an gesellschaftlichen Funktionsbestimmungen konkreter Sozialarbeit und bilden das Scharnier zwischen Praxis und Theorie.

– Schließlich steht am Ende der »didaktischen Kette« die Erarbeitung der übergreifenden sozialpolitischen Grundlagen. Theorie nimmt hier die Aufgabe wahr, die Praxis des Projekts im gesamtgesellschaftlichen Zusammenhang zu reflektieren, zu beobachten, zu überprüfen und Alternativen zu entwickeln. Andererseits kann Theorie auch handlungsleitend sein für die Projektpraxis, muß sich dann aber auch von dieser überprüfen lassen.

Diese didaktische Struktur garantiert natürlich nicht eine gute Arbeit im Interesse der betroffenen Klientel, auch noch nicht eine optimale Ausbildung für eine solche Arbeit, solange sie nicht auf inhaltliche Zielsetzungen bezogen ist. Verantwortliche curriculare Entwicklungsarbeit für soziale Berufe kann nicht auf eine solche, das Theorie-Praxis-Verhältnis im Studium organisierende Inhaltlichkeit verzichten.

Theorie, die handlungsleitend für soziale Praxis sein soll, kann nicht mehr in starrer an den überkommenen akademischen Disziplinen orientierter Weise vermittelt werden. Vielmehr ist die »Problemorientierung« eine der wichtigste Forderungen an Curricula der Ausbildung. Gefordert wird ein System von Aussagen über soziale Sachverhalte, über ihre Bedingungen, ihr Funktionieren, ihre Entwicklung und ihre Aufgaben in der Gesamtgesellschaft. Das problemorientierte Vorgehen, die Problemformulierung und Problementfaltung schließt eine umfassende Darstellung des Problemgegenstandes und das Hinzuziehen verschiedener Wissenschaftsdisziplinen und Praxisvertreter ein (Interdisziplinarität).

Ebenso wie die traditionelle Fächerorientierung (Soziologie, Psychologie usw.) treten auch die herkömmlichen Methoden der Sozialarbeiter zu kurz (Einzelfallhilfe, Gruppenarbeit, Gemeinwesenarbeit), wenn es um die Entwicklung einer »solidarischen Professionalität« geht. Einerseits individualisieren sie soziale Probleme, andererseits bleiben sie leicht in der Erscheinungsebene verhaftet (z. B. Gemeinwesenarbeit). Notwendig ist das Ergebnis der Verknüpfung von gesellschaftlich-wissenschaftlichem, problemorientierten Kernstudium und Projektarbeit die Entwicklung fortschrittlicher Handlungsstrategien für Sozialarbeit.

Dieter Oelschlägel

Literatur

Berndt, E.-B., 1972: Erziehung der Erzieher. Das Bremer Reformmodell, Reinbek – Curriculumarbeitsgruppe an der GH Kassel, 1973: Studienmodell für Soziale Berufe, Neuwied – *Dümpelmann/Graf/Müller-Egloff/Terhorst*, 1977: Sozialpädagogisches Projektstudium, Weinheim – *Gaertner, A./Sachße, Ch.*, 1978: Politische Produktivität der Sozialarbeit, Campus, Frankfurt a. Main – *Hackewitz, W. von*, 1977: Zur Entwicklung der Ausbildung für soziale Berufe in: Prisma. Sonderheft 4, GH Kassel – *Hartung, D./Nuthmann, R.*, 1974: Tätigkeitsfeld und Praxisbezug, AHD, Blickpunkt Hochschuldidaktik 34, Hamburg – *Keil, S./Bollermann, G./Nieke, W.*, 1981: Studienreform und Handlungskompetenz im außerschulischen Erziehungs- und Sozialwesen, Neuwied – *Kreutz, H./Landwehr, R.*, 1977: Studienführer für Sozialarbeiter/Sozialpädagogen. Ausbildung und Beruf im Sozialwesen, Neuwied – *Leube, K.*, 1976: Berufssozialisation und Professionalisierung – Thesen zur Ausbildung künftiger Sozialarbeiter und Sozialpädagogen an der Hochschule, in: Neue Praxis – Modellversuch »Soziale Studiengänge« an der GHK, 1978: Evaluation des Modellversuchs für Soziale Berufe an der Gesamthochschule Kassel, GHK, Kassel – *Pfaffenberger, H.*, 1978: Zur Situation von Sozialarbeit/Sozialpädagogik heute, in: Neue Praxis – Projektgruppe Soziale Berufe (Hrsg.), 1981: Sozialarbeit: Ausbildung und Qualifikation. Expertisen I, München –

→ Ausbildung für Diplompädagogen → Ausbildung für Erzieher → Berufliche Sozialisation in der Sozialarbeit → Supervision → Weiterbildung in sozialen Berufen

Ausländer

Entwicklung der Ausländerbeschäftigung

Um dem entstandenen Mangel an einheimischer Erwerbsbevölkerung zu begegnen, wurden seit 1955 in der Bundesrepublik ausländische Arbeitskräfte angeworben. Zwischen 1955 (mit Italien) bis 1968 (mit Jugoslawien) wurden mit allen Arbeitskräfte abgebenden Staaten Anwerbevereinbarungen ausgehandelt und in diesen Ländern Vermittlungsbüros eingerichtet, ebenso in Spanien, Griechenland, Türkei, Marokko, Portugal und Tunesien. Die Arbeiter aus diesen »Anwerbeländern« – die »Gastarbeiter« – machen rund 83 % aller ausländischen Arbeitnehmer in der Bundesrepublik aus.

Die Zahl der ausländischen Beschäftigten lag 1960 bei 329 356 (1,5 % der unselbständigen Erwerbstätigen) und erreichte 1973 die 2,6-Millionen-Marke (11,9 % der unselbständigen Erwerbstätigen). Zusammen mit den Familienangehörigen dieser Arbeitnehmer hielten sich zu dieser Zeit 4,1 Millionen Ausländer im Bundesgebiet auf. Nach dem im November 1973 verhängten Anwerbestopp für ausländische Arbeitnehmer aus Staaten, die nicht der Europäischen Gemeinschaft angehören, hatte sich die Zahl der ausländischen unselbständigen Erwerbspersonen auf 2,01 Millionen (Ende 1979) verringert; die Zahl der im Bundesgebiet lebenden Ausländer ist jedoch fast gleich geblieben. Unter den im Bundesgebiet lebenden Ausländern sind 2 Millionen Nicht-Erwerbstätige, davon die Hälfte unter 16 Jahren.

Die ausländische Bevölkerung verteilt sich nicht gleichmäßig auf die Bundesländer; sie lebt zu 60 % in den zehn industriellen Ballungsgebieten Berlin (West), Hamburg, Bremen, Hannover, Rhein-Ruhr-Gebiet, Rhein-Main-Gebiet, Rhein-Nekkar-Gebiet, Stuttgart, Nürnberg, München. Innerhalb der Städte wiederum kann eine Konzentration auf bestimmte Bezirke festgestellt werden. Ein Ausländeranteil von 30 bis 40 % der Gesamtbevölkerung ist in einigen Bezirken Frankfurts, Offenbachs, West-Berlins und Münchens keine Seltenheit mehr.

Von großer Bedeutung ist auch die Verschiebung der verschiedenen Nationalitäten hinsichtlich ihres zahlenmäßigen Anteils. 1978 lebten in der Bundesrepublik Deutschland rund 1 165 100 Türken, 610 200 Jugoslawen, 572 500 Italiener, 305 500 Griechen, 188 900 Spanier, 109 900 Portugiesen (Statistisches Bundesamt III B, Auszählung vom 30. 9. 1978).

Die Aufenthaltsdauer ausländischer Familien hat ständig zugenommen: 50 % der Ausländer leben länger als acht Jahre in der Bundesrepublik, und 32 % seit zehn oder mehr Jahren. Die lange Verweildauer bewirkte nicht nur eine Verschiebung der Altersstruktur unter der ausländischen Bevölkerung, sondern auch eine Veränderung ihrer Probleme. In diesem Zusammenhang ist die Situation der rd. 260 000 ausländischen Kinder zwischen 3 bis 6 Jahren und die der rund 486 265 in den allgemeinbildenden Schulen hervorzuheben.

Rechtslage

Die Bundesrepublik hatte von Beginn an die Steuerung der ausländischen Arbeiter durch Rechtsvorschriften abgesichert. Die Erwerbstätigkeit eines Ausländers ist danach abhängig von zwei Voraussetzungen: der Gewährung der Aufenthaltsgenehmigung, die durch das Ausländergesetz (1965) geregelt wird (§ 2 Abs. 1, Satz 2: sie »darf erteilt werden, wenn die Anwesenheit des Ausländers Belange der Bundesrepublik Deutschland nicht beeinträchtigt«); der Erteilung einer Arbeitserlaubnis nach dem Arbeitsförderungsgesetz, für die die Arbeitsämter zuständig sind. »Die Erlaubnis wird nach Lage und Entwicklung des Arbeitsmarktes unter Berücksichtigung der Verhältnisse des einzelnen Falles erteilt« (§ 19 Abs. 1, Satz 2 AFG). Die Bundesanstalt für Arbeit hatte die Voraussetzungen zur Erteilung der Arbeitserlaubnis durch Runderlasse ergänzt, um die veränderte arbeitsmarktpolitische Situation zu berücksichtigen.

Die Energiekrise von 1973 und die steigende Zahl von Arbeitslosen führten zu einer restriktiven Anwendung des Ausländergesetzes. Am 23. 11. 73 wurde ein Anwerbestopp für ausländische Arbeitnehmer erlassen, aber die erwartete Verringerung der Ausländerbevölkerung trat nicht ein (vgl. *Langenohl-Weyer* u. a.; 1979). Auf diese Situation reagierte die Bundesrepublik zum einen mit der sogenannten »Stichtagsregelung«, mit der die Erteilung einer Arbeitserlaubnis für jene ausländischen Jugendlichen ausgeschlossen wurde, die nach einem bestimmten Stichtag eingereist waren – anfangs dem 1. 12. 74, dann dem 31. 12. 76 –, und zum anderen mit der verschärften Anwendung des § 19 AFG. Die Stichtagsregelung wurde mit Wirkung vom 1. April 1979 durch eine mehrjährige Wartezeit ersetzt. Eine weitere Maßnahme war die am 1. 4. 1975 erlassene Zuzugssperre: d. h. Ausländer dürfen seitdem nicht mehr in Gebiete ziehen, in denen der Anteil der ausländischen Bevölkerung bereits mehr als 12 % beträgt.

Die Bundesrepublik versucht, eine umfassende Konzeption für die Ausländerbeschäftigung zu entwickeln, ohne die bestehenden Vorschriften zu ändern. Dafür wurde von einer Bund-Länder-Kommission eine Reihe von Empfehlungen ausgearbeitet, durch die jedoch die Widersprüchlichkeit der Ausländerpolitik nicht beseitigt werden konnte. In diesen Empfehlungen wird als Ziel die soziale Integration hervorgehoben, ohne diesen Begriff zu bestimmen, und ohne zu beschreiben, wie sie erreicht werden soll. Die lange Verweildauer wird einerseits von der Kommission hingenommen, andererseits theoretisch bestritten, indem sie betont, »die Bundesrepublik ist kein Einwanderungsland«; zusätzlich wird für eine verstärkte Rückkehrbereitschaft der ausländischen Arbeitnehmer plädiert. Diese am 1. Oktober 1978 in Kraft getretene »Allgemeine Verwaltungsvorschrift zur Änderung der Allgemeinen Verwaltungsvorschrift zur Ausführung des Ausländergesetzes« kann zwar als eine Verbesserung der Rechtssicherheit der Ausländer angesehen werden; sie hebt jedoch die Anwendung der befristeten Aufenthaltserlaubnis und restriktive Maßnahmen bei der Erteilung von unbefristeten Aufenthaltsberechtigungen nicht auf (*Ewers/Lenz*, 1977; *Kanein*, 1973; *Katsoulis*, 1978; *Meyer-Braun*, 1979).

Die politische Behandlung der Ausländerproblematik wurde nach den Vorschlägen der Bund-Länder-Kommission weiter verfolgt und erlebte 1979/80 einen gewissen Höhepunkt: Die Empfehlungen des Koordinierungskreises »Ausländische Arbeitnehmer« beim Bundesministerium für Arbeit- und Sozialordnung, »Zur sozialen Integration ausländischer Kinder und Jugendlicher« wurden verabschiedet; der Bundesbeauftragte der Bundesregierung, *Heinz Kühn*, legt ein Memorandum zum »Stand und Weiterentwicklung der Integration der ausländischen Arbeitnehmer und ihrer Familien in der Bundesrepublik Deutschland« vor und das Bundeskabinett beschließt am 19. 3. 1980, neue Orientierungslinien für die Weiterentwicklung der Ausländerpolitik.

Kühns Memorandum verlangt eine Abwendung der bisherigen Maßnahmen in der Ausländerpolitik, die »offenbar zu sehr von der Priorität arbeitsmarktpolitischer Gesichtspunkte geprägt wurden, während ebenso die gewichtigen sozial- und gesellschaftspolitischen Postulate nachrangig erschienen« und spricht sich eindeutig für eine Integrationspolitik aus, die ausgehend von der tatsächlichen Entwicklung der Ausländerbeschäftigung – lange Verweildauer, hohe Geburtenrate ausländischer Frauen, kaum vorhandene Rückkehrchancen – die faktische Einwanderung anerkennt, schulische Förderungsmaßnahmen intensiviert, die »Nationale Klassen« als segregierende Maßnahmen ablehnt und eine Überprüfung des geltenden Ausländerrechts erforderlich macht neben der Erteilung des Kommunalwahlrechts.

Eine rege Diskussion ist um diese Probleme entstanden. Kern der Auseinandersetzung ist der Begriff Integration sowie der der »Wahrung der Identität«. Noch einmal, nach mehr als 20 Jahren Ausländerbeschäftigung, bleibe die öffentliche Diskussion an der Oberfläche stecken, und immer noch diskutieren andere »über die Ausländer« und sie selber, über ihre selbst gewählten Gremien, werden nicht gefragt. Deutsche Minister und Politiker sprechen sehr »betroffen« von den Gefahren einer Germanisierung einer Entfremdung und elaborieren mit der »sowohl Eingliederung als auch Rückkehr«-Politik an der Einführung der Formel, das die Quadratur des Zirkels lösen kann.

Die Orientierungslinien für die Weiterentwicklung der Ausländerpolitik bringen aber noch nicht den erwarteten Durchbruch. Sie sprechen hauptsächlich von Integration in die Bildungseinrichtungen, von Förderungsmaßnahmen, von Verbesserungen, aber die tatsächliche Einwanderungssituation sowie die Änderung der rechtlichen Vorschriften und die politische Partizipation der Ausländer bleibt unberücksichtigt. Die im Herbst 1982 neu gebildete Bundesregierung neigt zu einer Verringerung der ausländischen Arbeiterzahl und ihrer Angehörigen (vgl. den Artikel Ausländerrecht).

Probleme

Die Gründe für die Anwerbung von ausländischen Arbeitnehmern waren rein ökonomisch; Ziel und Zweck waren, den Arbeitskräftebedarf der Industrie anstatt durch Rationalisierungsmaßnahmen durch die Anwerbung neuer Arbeitskräfte auszugleichen. Bedingt durch die Wirtschaftsstruktur der Herkunftsländer kamen diese Arbeitskräfte aus den ländlichen Gebieten des Mittelmeerraums; die Einwanderungsquote schwankte in der gleichen Weise wie der Konjunkturverlauf der Wirtschaft in der Bundesrepublik.

Die Diskussion um die volkswirtschaftlichen Aspekte der Ausländerbeschäftigung setzte relativ früh ein. Neben der Erörterung der negativen bzw. positiven Auswirkungen auf die Produktionsentwicklung, die Entwicklung des Preisniveaus, den Beschäftigungsgrad und das finanzielle Gleichgewicht der öffentlichen Haushalte wurden auch die Folgen der Abwanderung für die Heimatländer analysiert. Im allgemeinen wird die Abwanderung für die betroffenen Länder als negativ bewertet, weil eine stärkere Abhängigkeit von den westeuropäischen Ländern, die in ähnlicher Lage sind wie die Bundesrepublik, in ökonomischer und technologischer Hinsicht entstand und zur Verödung ganzer Regionen innerhalb der Herkunftsländer führte. *Nikolinakos* hat bewiesen, daß die Geldüberweisungen der ausländischen Arbeitnehmer nicht zu einer Verbesserung der Zahlungsbilanz und zur Kapitalbildung in den Heimatländern beitragen; auch von einer besseren beruflichen Qualifikation der Ausländer nach ihrer Rückkehr kann kaum die Rede sein (*Geiselberger,* 1972; *Nikolinakos,* 1971 und 1973).

Die oben skizzierte Entwicklung der Ausländerbeschäftigung in der Bundesrepublik zeigte die Probleme auf: die lange Verweildauer der Ausländer; die starke Familienzusammenführung und die hohe Geburtenrate ausländischer Kinder; die Konzentration der Ausländer in einigen Stadtbezirken (und die sich daraus ergebende *Gettoisierung*); die große Zahl ausländischer Schüler und die Rechtsunsicherheit der Ausländer. Die dringendsten Aufgaben der nächsten Zeit werden sein, die Analyse der Familienstruktur und der sprachlichen, sozialen, politischen *Integration,* sowie die Integration der stetig wachsenden Anzahl ausländischer Kinder und Jugendlicher, die in der Bundesrepublik geboren werden bzw. seit langem hier leben. Es ist zu erwarten, daß die lange Verweildauer auch bei Beibehaltung des Anwerbestopps zunehmen wird, aus Furcht, nach der Rückkehr in die Heimat keine neue Aufenthaltserlaubnis in der Bundesrepublik zu erhalten. Außerdem erfahren die ausländischen Eltern – meist bei Urlaubsbesuchen in der Heimat –, daß es zu Hause keine Arbeitsplätze für sie gibt und daß das ersparte Geld für ihr geplantes Vorhaben nicht ausreicht. Der Wunsch nach einer dauernden Eingliederung in die bundesrepublikanische Gesellschaft wird deshalb weiter wachsen.

Familie: Die ausländische Familie ist keine »reine« ausländische Familie mehr, sie bildet eher einen neuen Typus von Familie – die »Gastarbeiterfamilie«, die häufig von Erinnerungen und Traditionen aus der Heimat lebt, ohne an deren gesellschaftlichen Wandel teilzunehmen. Viele der einst erlernten Strategien und Deutungsmuster besitzen in der Heimat keine Gültigkeit mehr. Ohne sich an einem bestimmten Plan für die Dauer ihres Aufenthaltes in der Bundesrepublik und die Rückkehr in die Heimat zu orientieren, lebt die ausländische Familie »einfach vor sich hin« und stellt eines Tages fest, daß ihre Anwesenheit in Deutschland, anfangs nur für kurze Zeit vorgesehen, bereits zehn und mehr Jahre beträgt. So kann sie dann oft nicht erkennen, daß ihre einst erlernten heimischen Verhaltensweisen inzwischen keine Gültigkeit mehr haben – weder für den Aufenthalt in der Bundesrepublik, noch im Hinblick auf eine mögliche Rückkehr.

Diese Verhaltensmuster sind für jedes Herkunftsland verschieden, so daß sich konkret nicht von »dem« »ausländischen Arbeitnehmer« sprechen läßt, sondern von Türken, Griechen, Spaniern usw. Wohl sind einzelne Elemente allen Gruppen gemein: ihre Heimatländer liegen durchweg im Mittelmeerraum, ihre Mitglieder sprechen zunächst ausschließlich die Heimatsprache und kommen zumeist aus ländlichen Gebieten. Gemeinsam haben diese Gruppen weiterhin, daß die ihnen Zugehörigen für die sie hier erwartenden technisch-beruflichen Aufgaben nicht oder nur dürftig vorbereitet sind und ihnen zumeist eine angemessene Schulbildung fehlt; viele von ihnen sind faktisch Analphabeten. Gleichwohl sind die Vorerfahrungen je nach Nation so unterschiedlich, daß die Ausländer sich in nationale Gruppen absondern, weil sie die Sprache der anderen nicht verstehen.

Ohne fremde Hilfen ist die ausländische Familie nicht in der Lage, mit adäquaten Mitteln auf die Konfrontation beider Gesellschaftsstrukturen zu reagieren. Sie spürt die Ohnmacht in ihrem eigenen Verhalten, ganz besonders jedoch in der Erziehung ihrer Kinder. Der Ausweg aus dieser Verunsicherung wird meist in Anlehnung an eine dieser beiden in Konflikt stehenden Gesellschaftsstrukturen gesucht; die Entscheidung beeinflußt in jedem Fall die Sozialisation der ausländischen Kinder und verursacht Konflikte: bei einer vollen Anpassung an die deutsche Umwelt werden Teile der Biographie, der Deutungsmuster der Familie und der heimatlichen Kultur negiert; es wird aber auch die rechtliche Unsicherheit des Aufenthalts verdrängt; bei einer Ablehnung der »Existenz« anderer als der heimatlichen Verhaltensweisen wird das Kind in einer gefährlichen Scheinwelt aufwachsen.

Die familiale Sozialisation verläuft somit in einem ständigen Widerspruch: ausländische Kinder werden in der Bundesrepublik, in einem für sie fremden Land, vorwiegend auf eine Gesellschaft vorbereitet, die sie kaum kennen und die sich ihrerseits mit Wandlungskonflikten beschäftigt und sich um die Probleme ihrer ins Ausland abgewanderten Arbeiter wenig kümmert.

Die Defizite, die die Familie in ihrem Kontakt zur Gesellschaft des Herkunftslandes hat, müssen kompensiert werden, ebenso die Defizite hinsichtlich der Lebensweise und der Kultur des Aufnahmelandes. Sowohl die Bindung zur Heimat als auch die Notwendigkeit, sich mit der neuen Umwelt auseinanderzusetzen, sind Bestandteile der Sozialisationsfunktion der ausländischen Familie. Aufgabe sozialpädagogischer Maßnahmen für und mit ausländischen Eltern und Kindern muß es deshalb sein, Antworten auf den interkulturellen Konflikt finden zu helfen, z. B.

– auf die existentielle Unsicherheit,
– auf die Nichtberücksichtigung der Kultur der Ausländer innerhalb der deutschen Gesellschaft,
– auf die Vermittlung der deutschen Sprache,
– auf das langsame Verdrängen der Muttersprache,
damit die ausländischen Familien eine neue Identität entwickeln können (*Akpinar,* u. a., 1979; *Langenohl-Weyer,* u. a., 1979).

Kinder und Jugendliche: Unter der Vielfalt der Aspekte und Probleme im Zusammenhang mit ausländischen Kindern und Jugendlichen soll der entscheidende Aspekt für Qualifikation und Auslese herausgegriffen werden: Schule und Beruf.
Schule: Weder Deutsch noch die Muttersprache. Die Beschlüsse der Kultusministerkonferenz vom 3. 12. 1971 und vom 8. 4. 1976, sowie die entsprechenden Erlasse der einzelnen Kultusministerien der Länder zum Unterricht ausländischer Kinder, verfolgen ein doppeltes Ziel: Die Eingliederung für die Dauer des Aufenthalts in der Bundesrepublik und zugleich die Vorbereitung auf ihre Rückkehr in die Heimatländer. Dieses Ziel ist eher als formal und deklamatorisch anzusehen, denn zu wenig wurde bisher unternommen, um es zu erreichen. Entweder wurde die »Eingliederung« in Angriff genommen oder die »Rückkehr«, ohne jedoch für die eine oder andere Entscheidung alle Förderungsmaßnahmen zur Verfügung zu stellen (zu wenig Förderungsunterricht, zu wenig Nachhilfeunterricht, zu wenige ausländische Lehrer, zu wenig Kontakt mit dem Herkunftsland usw.). Der Kompromiß des »Sowohl-Als-auch« bleibt uneffektiv. Die Erfüllung der allgemeinbildenden Schulpflicht liegt bei etwa 80 %.
Wird die Eingliederung angestrebt, erfolgen in erster Linie Angebote in Richtung deutscher Regelklassen, Angebote, die jedoch auf halbem Wege steckenbleiben: katastrophale Situation der Vorbereitungsklassen (*Hohmann,* 1976), hohe Durchfallquote – ca. 60 % der ausländischen Kinder eines jeden Jahrgangs erreichen keinen Hauptschulabschluß – der muttersprachliche Unterricht (durch ausländische Lehrer) läuft nebenher, am Nachmittag oder einmal in der Woche, keine Kontakte zwischen deutschen und ausländischen Lehrern, kaum Kontrolle über die Lehrmittel aus dem Herkunftsland; Überbelastung der Kinder. Wird dagegen in erster Linie die Rückkehr angestrebt, werden in einigen Ländern »muttersprachliche Klassen« angeboten, d. h. Klassen für Schüler jeweils einer Nationalität. In ihnen wird der Unterricht von ausländischen Lehrern abgehalten und das Fach Deutsch lediglich als Fremdsprache behandelt. Die Gefahren einer einseitigen Betonung der Muttersprache liegen dann auf der Hand: Bildung von nationalen Gettos; Entfremdung von der unmittelbaren Umwelt; Sublimierung der Heimat; der Zwang, nach Abschluß der Schule in die Heimat zurückzukehren. Bei den muttersprachlichen Klassen wird die deutsche Gesellschaftsstruktur nicht ausreichend berücksichtigt, der Deutschunterricht läuft nebenher. Die Isolation ausländischer Arbeitnehmer und ihrer Familien in gettoähnlichen Wohngebieten wird durch muttersprachliche Klassen zusätzlich gefördert.
Um der Realität Rechnung zu tragen, ist eine bildungspolitische Entscheidung dringend geboten für die ausländischen Kinder, die in der Bundesrepublik geboren sind, ohne die Heimat ihrer Eltern zu kennen, oder deren Eltern bereits sechs und mehr Jahre in der Bundesrepublik leben. Einerseits sollte versucht werden, diesen Kindern die Integration in die schulischen und außerschulischen Bildungsprozesse und -einrichtungen zu ermöglichen, andererseits, ihre soziale und kulturelle Eigenständigkeit anzuerkennen, sie einzubeziehen und zu stützen, z. B. durch die Integration in die deutsche Regelklasse, ohne damit die heimatliche Kultur zu verdrängen. Zweifellos ist dies für beide Seiten, für Ausländer und Deutsche, eine

schwierige Aufgabe; sie ist in keiner Weise so geklärt, daß das ausländische Kind ein festes Rollenkonzept vorfindet und die Umgangsformen, die komplexen Forderungen auch außerhalb der Schule, in Familie, Freizeit, peer-groups etc., sowie die Ansprüche versteht und bewältigt, die sich in einer Demokratie zwischen Bürger und Gesellschaft ergeben.

Beruf: Die mangelnde Qualifikation bewirkt, daß die ausländischen Jugendlichen angesichts des geringen Lehrstellenangebots ihren deutschen Mitbewerbern gegenüber in hohem Maße benachteiligt sind. Hier geht es nicht allein um die Bevorzugung eines Realschülers gegenüber einem Hauptschüler oder eines Schülers mit qualifiziertem Abschluß gegenüber einem ohne qualifizierten Abschluß, sondern darum, daß die deutschen Jugendlichen aufgrund der Rechtssituation (§ 19 AFG) bevorzugt werden.

Ausländische Jugendliche bedürfen zum Abschluß eines Ausbildungsverhältnisses einer Arbeitserlaubnis, die nur nach »Lage und Entwicklung des Arbeitsmarktes... erteilt wird«. Wie der Münchener Ausländerbeirat berichtet, sind aufgrund der zur Zeit geltenden Erlasse die Möglichkeiten gering, eine Arbeitserlaubnis zu erhalten, weil keine Aussicht auf Erteilung besteht, solange z. B. inländische Jugendliche arbeitslos sind.

Wegen der rechtlichen Rahmenbedingungen und der nicht erfaßten Zahlen der Rückwanderer ist die genaue Zahl der arbeitslosen Jugendlichen schwer zu ermitteln; sie wird auf über 100 000 geschätzt. Ein Beispiel für die lückenhafte statistische Erfassung: Im Bereich des Arbeitsamts München waren Ende September 1977 162 arbeitslose ausländische Jugendliche unter 20 Jahren gemeldet; angenommen aber wird, daß ihre Zahl bei 5000 liegt. Ein verstärkter Trend zu illegaler Arbeitsaufnahme, zur Brutalisierung und zur Kriminalisierung zeichnet sich ab. Diese »Zweite Generation« – auch als »Verlorene Generation« apostrophiert, als »Analphabeten in zwei Sprachen«, als »Halb-Analphabeten«, »Spätindustrielles Proletariat« oder als »Neu-Deutsche« bezeichnet – präsentiert sich, wie schon ihre Eltern, als Arbeitskräfte auf Abruf. Die Konsequenzen solcher Entwicklung können katastrophal sein: soziale Desintegration der ausländischen Familie, Stigmatisierung der ausländischen Bevölkerung, Beschleunigung der Segregationsprozesse und weitere Gettoisierung der ausländischen Familie, sowie eine zukunftslose zweite Generation, die in die Bandenbildung oder in die radikalen politischen Gruppierungen flüchten wird. Auf die Rückwanderung zu vertrauen ist aber keine Lösung. Erfahrungen wie die Zuwanderung der Polen ins Ruhrgebiet am Anfang des Jahrhunderts (ca. 400 000 Arbeitnehmer in kurzer Zeit) sind ein Beleg für die Möglichkeit einer Integration. Die Bundesrepublik kann sich der Verantwortung gegenüber den Menschen nicht entziehen, die sie zum Vorteil ihrer Wirtschaft aus dem Ausland geholt hat und die jetzt in bezug auf ihre Heimat entwurzelt sind.

Forschungsaufgaben

Bei der Vielfalt der Problematik ist die Forschung den Entwicklungen nachgerannt: erst als der Anteil der ausländischen Kinder an deutschen Schulen bereits sehr hoch war und der hohe Prozentsatz an Mißerfolgen der ausländischen Schüler bekannt wurde – etwa ab 1972 –, wurde die schulische Sozialisation ausländischer Kinder untersucht. Mittlerweile gibt es einen guten Einstieg in diese Problematik; die Curriculum-Entwicklung bei der Lehrerausbildung für solche Schüler jedoch steckt noch in den Anfängen. Noch kaum von den Sozialwissenschaften analysiert wurde die familiale Sozialisation der ausländischen Kinder, die Einflüsse des Aufenthalts in der Bundesrepublik, sowie die direkten Erfahrungen, die die Kinder in ihrem Stadtteil außerhalb der Familie machen. Die eigenen Probleme der ausländischen Jugendlichen in Freizeit und Beruf wurden bislang kaum untersucht. Über die berufliche Situation der ausländischen Jugendlichen gibt es auf Bundesebene keine statistische Erfassung. Noch eklatanter ist die Tatsache, daß in den seit 1975 initiierten Studien über Jugendarbeitslosigkeit in der Bundesrepublik Deutschland die Situation der arbeitslosen jugendlichen Ausländer weitgehend ausgeklammert wurde.

Vor allem folgende Themenkreise wären in konkreten Forschungsschritten anzugehen:

Familienforschung: Welche Veränderungen hat die Struktur der ausländischen Familie in der Bundesrepublik und in den Heimatländern erfahren, in der Form, der Zahl der Mitglieder, der Interaktionsstrukturen, der Situation der Frau, dem generativen Verhalten?

Wie läßt sich für die Familie und ihre Mitglieder die soziale Integration bei Wahrung der kulturellen Identität verwirklichen?

Welche Auswirkungen hat das Ausländerrecht auf die Familienpolitik für Ausländer; wie wirkt sich die gegenwärtige Konsolidierungspolitik aus?

Wie müßte Elternbildung bei ausländischen Familien aussehen?

Wie läßt sich erreichen, daß sozialisationsstützende Maßnahmen von der deutschen Bevölkerung mitgetragen werden, z. B. unter Einbeziehung von Schulen, Vereinen, Belegschaften etc.?

Forschung für die zweite Generation: Welche Innovationen sind im Hinblick auf die ausländischen Kinder in vorschulischen Einrichtungen notwendig?

Identitäts- und Anpassungsprobleme. Auswirkungen der mangelnden sozialen Integration.

Welche Funktion soll der Muttersprache beigemessen werden, und welchen Stellenwert haben die bereits erprobten Formen des Unterrichts in der Muttersprache und in den deutschen Regelklassen? Fragen der Mehrsprachigkeit.

Entwicklung von Kompetenz für berufstätige Frauen und Mädchen. Analyse der besonderen Situation der ausländischen Mädchen und Frauen.

Wie kann man die ausländischen Jugendlichen auf den Eintritt in das Berufsleben vorbereiten und das Defizit an Ausbildungsplätzen beheben?

Wie müßten ausbildungsbegleitende Stützmaßnahmen zum Abbau von Sprach- und Bildungsdefiziten gestaltet werden?

Welche Aufgaben ergeben sich aus der Notwendigkeit politischer und sozialer Partizipation in der Bundesrepublik?

Andrés López-Blasco

Literatur

Albrecht, P.-A./Pfeiffer, Ch., 1979: Die Kriminalisierung junger Ausländer. Befunde und Reaktionen sozialer Kontrollinstanzen, München – *Bischoff, D./Heintzl, M.* (Hrsg.), 1982: Deutsche und Ausländer. Arbeitsmigration und ihre sozialen Folgen: Der Beitrag der Wissenschaft zu ihrer Bewältigung, Fachhochschule für Verwaltung und Rechtspflege, Berlin – *Bundesminister für Arbeit und Sozialordnung* (Hrsg.), 1981: Situation der ausländischen Arbeitnehmer und ihrer Familienangehörigen in der Bundesrepublik Deutschland – Repräsentativuntersuchung '80 –, Bonn – *Dohse, K.*, 1981: Ausländische Arbeiter und bürgerlicher Staat. Genese und Funktion von staatl. Ausländerpolitik und Ausländerrecht. Vom Kaiserreich bis zur Bundesrepublik Deutschland, Königstein – *Geißler, H.* (Hrsg.), 1982: Ausländer in Deutschland – für eine gemeinsame Zukunft. Bd. I: Entwicklungen und Prognosen, München/Wien – *Heckmann, F.*, 1981: Die Bundesrepublik: Ein Einwanderungsland?. Zur Soziologie der Gastarbeiterbevölkerung als Einwanderungsminorität, Stuttgart – *Hoffmann-Nowotny, H.-J./Hondrich, K.-O.* (Hrsg.), 1982: Ausländer in der Bundesrepublik Deutschland und in der Schweiz. Segregation und Integration: Eine vergleichende Untersuchung, Frankfurt/New York – *Langenohl-Weyer, A./Wennekes, R./Bendit, R./López-Blasco, A./Akpinar, Ü./Vink, J.*, 1979: Zur Integration der Ausländer im Bildungsbereich. Probleme und Lösungen, München – *Meyer-Ingwersen, L./Neumann, R./Kummer, M.*, 1977: Zur Sprachentwicklung türkischer Schüler in der Bundesrepublik, Kronberg – *Nikolinakos, M.*, 1973: Politische Ökonomie der Gastarbeiterfrage. Migration und Kapitalismus, Reinbek – *Scheron, B./Scheron, U.*, 1982: Integration von Gastarbeiterkindern. Theoretische Grundlagen für eine Neuorientierung von Schulorganisation und Pädagogenausbildung für den (Deutsch-)Unterricht und für die außerschulische pädagogische Arbeit mit Gastarbeiterkindern, Frankfurt/Bern – *Schrader, A./Nikles, B./Griese, H.*, 1979[2]: Die zweite Generation. Sozialisation und Akkulturation ausländischer Kinder in der Bundesrepublik, Kronberg – *Skomroch, R.*, 1982: Berufliche Integration junger Ausländer. Befunde – Perspektiven – Lösungen, Düsseldorf – *Spies, U.*, 1982: Ausländerpolitik und Integration. Eine empirische Untersuchung der Rechtsprobleme von türkischen Arbeitnehmern und ihren Familienangehörigen, Frankfurt/Bern – *Weidacher, A.*, 1982: Ausländische Arbeiterfamilien und Jugendliche. Situationsanalysen und Maßnahmen. Bibliographie Teil I und II, München –

→ Ausländerrecht → Soziale Probleme

Ausländerrecht

Die anhaltende Arbeitslosigkeit, der insbesondere in großstädtischen Ballungsgebieten sichtbare Wohnungsmangel und nicht zuletzt die auf diesem Hintergrund immer unverhohlenere Ablehnung ausländischer Bevölkerungsgruppen durch große Teile der deutschen Bevölkerung haben seit 1982 zu einem grundlegenden Stimmungswandel gegenüber den Ausländern in der BRD geführt.

Bereits in den Jahren vorher hatten wirtschaftliche Krisen immer auch einen negativen Einfluß auf die Handhabung des Ausländergesetzes (AuslG). Liberal war die Handhabung dieses Gesetzes immer nur dann, wenn dies in das politische oder wirtschaftliche Kalkül paßte. Seit 1981/82 manifestiert sich aber eine wachsende Ablehnung einer liberalen Ausländerpolitik in der Bevölkerung, die jede Ausländerpolitik vor größte Schwierigkeiten stellt.

Hatte 1980 die Bundesregierung – damals durchaus noch im Konsens mit der Mehrheit der Bevölkerung – bei anhaltendem Anwerbestopp eine Integration der ausländischen Bevölkerung unter Duldung des Zuzugs von weiteren Familienangehörigen propagiert, so verlor sich diese Absicht vor ihrer Verwirklichung in einer parteipolitischen Auseinandersetzung über den Mißbrauch von »Familienzusammenführung« und die angebliche Nichtintegrierbarkeit bestimmter Ausländer (insbes. der Türken). Hinzu kam eine immer größer werdende Anzahl von Asylsuchenden aus Ländern der dritten Welt und Vorderasien. Die seit vielen Jahren auch politisch geforderte Anpassung des AuslG'es an Einwanderungssituation (Kühn-Memorandum) wurde nicht verwirklicht. 1982 hieß die Parole wieder: Die BRD ist kein Einwanderungsland. Am 3. Februar 1982 beschloß die damalige Bundesregierung folgende ausländerpolitische Grundpositionen (Auszug):

»Die Ausländerpolitik der Bundesregierung ist darauf gerichtet,
- die weitere Zuwanderung von Ausländern in die Bundesrepublik Deutschland zu begrenzen,
- die Rückkehrbereitschaft zu stärken sowie
- die wirtschaftliche und soziale Integration der seit vielen Jahren in der Bundesrepublik Deutschland lebenden Ausländer zu verbessern und ihr Aufenthaltsrecht zu präzisieren.«

Um letzteres zu erreichen, sollte das AuslG novelliert werden.

Die Ablösung der SPD/FDP-Koalition durch die neue CDU/CSU/FDP-Koalition im Herbst 1982 hat diese Entwicklung maßgeblich beeinflußt. Eine mit Vertretern der Bundesministerien, der Länder, der Städte und Gemeinden gebildete Kommission »Ausländerpolitik« hat Ende Februar 1983 einen umfassenden Bericht vorgelegt, der in seiner Grundtendenz entscheidende Verschlechterungen des derzeit gültigen Ausländerrechts (Stand März 1983) vorsieht.

Aus den umfangreichen, in der Kommission zum Teil selbst umstrittenen Empfehlungen sollen hier stellvertretend solche wiedergegeben werden, die insbesondere die Existenz ausländischer Arbeiterfamilien besonders hart treffen:
- Die Bundesregierung soll durch Gesetz eine Verordnungsermächtigung erhal-

ten, mittels derer sie die Erteilung oder Verlängerung von Aufenthaltserlaubnissen ausschließen kann;

– die Aufenthaltserlaubnispflicht soll auf Kinder unter 16 Jahren ausgedehnt werden;

– die Erteilung der unbefristeten Aufenthaltserlaubnis oder der Aufenthaltsberechtigung soll von gesteigerten Vorleistungen des Ausländers abhängig gemacht werden;

– bestimmte Gebiete sollen für den Zuzug von Ausländern gesetzlich gesperrt werden;

– das Nachzugsalter für ausländische Kinder soll auf sechs oder acht Jahre gesenkt werden;

– ausländische Eltern sollen verpflichtet werden, minderjährige Kinder, die unerlaubt im Bundesgebiet leben, in das Ausland zurückzubringen. Geschieht dies nicht, können auch die Eltern ausgewiesen werden;

– der Bezug von Sozialhilfe soll für Ausländer ohne verfestigten Aufenthaltsstatus Ausweisungsgrund sein;

– der Bezug von Arbeitslosenhilfe soll nach einem Jahr Ausweisungsgrund sein.

Sollten Empfehlungen, soweit sie mehrheitlich beschlossen wurden, Eingang in das Ausländerrecht finden, muß eine grundlegende Veränderung der Rechtsposition von Ausländern in der BRD befürchtet werden. Sie würden den Abschied von der »Ausländer-Integrationspolitik« und eine entschlossene Hinwendung zu einer »Ausländerverdrängungspolitik« rechtlich zementieren.

Auch auf die Gefahr hin, daß das noch geltende Ausländerrecht demnächst entscheidend verändert wird, ist eine Darstellung des gegenwärtigen Rechtszustandes geboten, um bisher erreichte rechtliche Standards zu markieren.

Aufenthaltsrecht

Der Aufenthalt von Ausländern in der BRD wird durch eine Vielzahl von unübersichtlichen Bestimmungen und eine kaum noch zu überschauende wechselnde Verwaltungspraxis in den Ländern und Kommunen bestimmt.

Sondergesetze privilegieren bestimmte Gruppen von Ausländern gegenüber anderen (z. B. EG-Ausländer, Flüchtlinge, heimatlose Ausländer, Asylanten). Zwischenstaatliche und internationale Abkommen schaffen zusätzlich zu beachtende Grundsätze und Begünstigungen.

Oberste gesetzliche Richtschnur ist das Ausländergesetz, das die Einreise und den Aufenthalt von Ausländern in die Bundesrepublik Deutschland regelt. Weil aber das AuslG gerade aufgrund einer Vielzahl von Ermessens- und Beurteilungsspielräumen weiterer Differenzierung und Verdeutlichung bedarf, gibt es eine Verordnung zur Durchführung des AuslG (DV AuslG), die ausführlicher als das im Gesetz selbst möglich ist, Rechte und Pflichten einzelner Ausländer (Touristen, Auszubildende, Arbeitnehmer etc.) festlegt.

Weil dies aber noch nicht garantiert, daß eine einheitliche Anwendung des Gesetzes und der Verordnung gegeben ist, sind vom Bundesminister des Inneren zusätzliche

»Allgemeine Verwaltungsvorschriften zur Ausführung des Ausländergesetzes«
(AuslVwV) erlassen worden. Wie die Praxis zeigt, sind gerade diese Verwaltungsvorschriften für den betroffenen Ausländer von besonderer Wichtigkeit, weil sie die
Ermessensspielräume ausfüllen und unbestimmte Rechtsbegriffe inhaltlich umschreiben. Die Verwaltungsvorschriften binden die Verwaltung, sie besitzen aber
keine unmittelbare rechtliche Wirkung gegenüber dem Ausländer im Gegensatz zu
dem AuslG selbst oder der Durchführungsverordnung.

Zu diesen komplizierten Bundesvorschriften kommen zahlreiche Erlasse der
Länder hinzu. Es liegt in der Natur dieser Erlasse, nur für den verwaltungsinternen
Gebrauch bestimmt und damit nicht öffentlich zu sein. Sie haben keine Gesetzes-
kraft und auch nicht die Verbindlichkeit von Rechtsverordnungen. Sie geben aber
dem einzelnen Beamten in der Ausländerbehörde Anweisung, wie er im Einzelfall
zu entscheiden hat.

Für den betroffenen Ausländer ist die Kenntnis solcher Erlasse von großer
Wichtigkeit, weil er auf diese Weise überprüfen kann, ob und in welcher Weise die
Behörde von dem ihr eingeräumten Ermessen Gebrauch gemacht hat und ob die
Anweisungen beachtet worden sind. Während diese Erlasse sich fachlich an den
einzelnen Aussagen und Tendenzen des AuslG orientieren, kommen für die
Beurteilungs- und Ermessensspielräume zusätzliche allgemeine Ermessensregelun-
gen zur Geltung, die sich im allgemeinen Verwaltungsrecht herausgebildet haben
(Verbote des Ermessensmißbrauchs und der Ermessensüberschreitung).

Neben dem Ausländergesetz bestimmt das Arbeitsförderungsgesetz (AFG), ob
und unter welchen Bedingungen ein ausländischer Arbeitnehmer in der BRD
arbeiten kann. Ohne daß es im Gesetzestext selbst deutlich wird, ist das AFG eng
mit dem AuslG verbunden.

Jeder ausländische Arbeitnehmer benötigt zur Arbeitsaufnahme in der BRD eine
Arbeitserlaubnis. Der erlaubte Aufenthalt und die erlaubte Arbeitsaufnahme sind
die beiden rechtlichen Grundvoraussetzungen für die Existenz ausländischer
Arbeitnehmer und ihrer Familien in der BRD.

Sowohl das Ausländerrecht als auch das Arbeitserlaubnisrecht stehen unter der
Geltungswirkung des Grundgesetzes, insbesondere der Grundrechte als übergeordneten nationalen Rechtsvorschriften z. B. von Art. 6 GG (Schutz von Ehe und
Familie) oder Art. 1 GG (Schutz der Menschenwürde). Damit ist aber das
Wirkungsfeld rechtlicher Bestimmungen für ausländische Arbeitnehmer noch nicht
abgeschlossen. Über die Grenzen nationaler Gesetzgebung hinaus wirken bilaterale und internationale Abkommen in die Praxis der Behörden hinein und beeinflussen unmittelbar die Anwendung der Gesetze. Der Beitritt der Bundesrepublik
Deutschland in die Europäische Gemeinschaft eröffnet jedem Angehörigen eines
EG-Staates eine hervorgehobene Rechtsstellung gegenüber Nicht-EG-Staatsangehörigen. Internationale Abkommen, wie die KSZE-Schlußakte von Helsinki oder
die Menschenrechtskonvention, das Europäische Niederlassungsabkommen und
das Europäische Fürsorgeabkommen sowie bilaterale Abkommen zwischen den
einzelnen Staaten schaffen zusätzliche Begünstigungsklauseln für die Angehörigen
der Unterzeichnerstaaten.

Der Aufenthalt von ausländischen Arbeitnehmern in der BRD

Die Beschäftigung mit den Rechten ausländischer Arbeitnehmer erfordert in der Praxis immer eine über die allgemeine Ausländersituation hinausgehende Differenzierung insbesondere zwischen EG- und Nicht-EG-Staatsangehörigen sowie innerhalb der einzelnen Nicht-EG-Staatsangehörigen aufgrund der jeweiligen bilateralen Abkommen zwischen der Bundesrepublik Deutschland und dem jeweiligen fremden Staat.

Prinzipiell benötigt jeder Ausländer, der in die Bundesrepublik Deutschland einreisen und sich darin aufhalten will, hierfür eine Aufenthaltserlaubnis.

Das AuslG kennt ein abgestuftes Erlaubnissystem:
– die befristete Aufenthaltserlaubnis
– die unbefristete Aufenthaltserlaubnis
– die Aufenthaltsberechtigung.

Keine Aufenthaltserlaubnis benötigen Ausländer, die sich bis zu 3 Monaten in der Bundesrepublik Deutschland aufhalten und keine Erwerbstätigkeit ausüben wollen, wenn sie aus Ländern kommen, die in der sog. »Positivliste« aufgeführt sind. Bei dieser Positivliste handelt es sich um einen Anhang zu der DV AuslG, in dem alle die Staaten aufgeführt sind, deren Angehörige nicht bereits vor der Einreise bei den bundesdeutschen Auslandsvertretungen die Einreise beantragen müssen. Drei Bedingungen müssen für eine erlaubnisfreie Einreise gegeben sein:
– maximal geplanter Aufenthalt 3 Monate,
– keine Arbeitsaufnahme,
– Staat der Positivliste.

Auf die typische Situation der ausländischen Arbeitnehmerfamilie trifft diese Regelung nicht zu. Sie muß den beschwerlichen Weg des Aufenthaltserlaubnisverfahrens beschreiten.

Die Erteilung der Aufenthaltserlaubnis in der Form des Sichtvermerks darf erst erfolgen, nachdem die Ausländerbehörde, in deren Bezirk der Ausländer sich aufzuhalten gedenkt oder in die er bei der Einreise zuerst gelangt, zugestimmt hat (§ 5 Abs. 5 DV AuslG, § 21 Nr. 4 AuslVwV). Das Ausländeramt wiederum kann der Erteilung des Sichtvermerks erst dann zustimmen, wenn bei einer geplanten Arbeitsaufnahme das Arbeitsamt eine Arbeitserlaubnis erteilt oder zugesichert hat (§ 21, B AuslVwV). Drüber hinaus fragt das Ausländeramt beim Bundesverwaltungsamt (Ausländerzentralregister) an, ob eine Ausländerakte existiert, die für jeden Ausländer, der einer Aufenthaltserlaubnis bedarf oder bei der Ausländerbehörde gemeldet ist, gesondert angelegt wird und ob diese Akte Eintragungen enthält, die einer Aufenthaltsgenehmigung im Wege stehen.

Auf die Erteilung einer Aufenthaltserlaubnis nach § 2 AuslG haben Ausländer grundsätzlich keinen Rechtsanspruch. Die Regelung besagt entsprechend ihrem Wortlaut, daß eine Aufenthaltserlaubnis von dem Ausländeramt erteilt werden kann, wenn die Anwesenheit der ausländischen Person die Belange der Bundesrepublik Deutschland nicht beeinträchtigt (sog. »Negativschranke«). Die Prüfung eines Einreiseantrages hat sich also inhaltlich zunächst darauf zu erstrecken, ob

Belange der Bundesrepublik Deutschland beeinträchtigt sind. Erst wenn dies verneint werden kann, setzt die pflichtgemäße Ermessensentscheidung an.

Die Rechtspraxis hat diesen unbestimmten Rechtsbegriff immer sehr weit gefaßt und darunter alle arbeitsmarkt- und ausländerpolitischen Aspekte zusammengefaßt (z. B. Anwerbestopp, Arbeitsmarktlage, kein Einwanderungsland, Entwicklungshilfepolitik, kein Familiennachzug, Rückwanderungsprinzip, Zuzugssperre) (*Heldmann*, 1980, S. 30). Angesichts dieser höchst unterschiedlichen Interessen ist in den letzten Jahren erhebliche Kritik an der Unbestimmtheit des Begriffes geäußert worden. Das BVerfG (E 4, 168) hat diese aufgegriffen und klargestellt, daß sowohl § 2 AuslG, der die erstmalige Erteilung der Aufenthaltserlaubnis nach Abs. 1 Satz 2 betrifft, wie auch § 7 Abs. 2 Satz 2 AuslG, der die Verlängerung einer Aufenthaltserlaubnis regelt, rechtsstaatlichen Anforderungen noch genügen.

Auch wenn die Voraussetzungen von § 2 AuslG zu bejahen sind, wird der Ausländerbehörde ein Ermessen für die Entscheidung zugestanden. Das Ermessen wird durch die allgemeinen Grundsätze Rechtsstaatsprinzip, Gleichheitssatz, Grundsatz der Verhältnismäßigkeit, Vertrauensschutz, Schutz der Familie nach Art. 6 GG, Sozialstaatsprinzip begrenzt.

Die Kompliziertheit des Ausländerrechts hält den Ausländer in Unsicherheit und sichert seine besondere Verfügbarkeit für den deutschen Arbeitsmarkt faktisch ab.

In der Regel wird bei der erstmaligen Einreise eines ausländischen Arbeitnehmers der Aufenthalt auf ein Jahr befristet mit der Möglichkeit der zweimaligen Verlängerung um jeweils zwei Jahre (§ 7 der Allgemeinen Verwaltungsvorschriften zur Ausführung des Ausländergesetzes).

Wesentlich schwieriger ist eine unbefristete Aufenthaltserlaubnis zu erreichen. Sie »kommt im allgemeinen nur für solche Ausländer in Betracht, bei denen besondere schutzwürdige Bindungen persönlicher, wirtschaftlicher oder sonstiger Art im Bundesgebiet bestehen. Ein längerer rechtmäßiger Aufenthalt und ein einwandfreies Verhalten des Ausländers reichen für sich allein nicht aus, eine unbefristete Aufenthaltserlaubnis zu erteilen« (§ 7 Nr. 9 AuslVwV). Die zunehmend längere Verweildauer ausländischer Arbeitnehmer und ihrer Familien hat aber in Ansätzen zu ersten Korrekturen der Verwaltungsvorschriften zum AuslG, wenn auch noch nicht des Gesetzes selbst geführt. Für ausländische Arbeitnehmer, die jahrelang eine jeweils nur auf 1 Jahr befristete Aufenthaltserlaubnis erhielten, sieht Nr. 4 zu § 7 AuslVwV seit 1978 eine Stufenregelung vor:

Bei der erstmaligen Erteilung wird die Aufenthaltserlaubnis auf ein Jahr befristet und anschließend um jeweils 2 Jahre verlängert. Eine unbefristete Aufenthaltserlaubnis soll dann erteilt werden, wenn der Arbeitnehmer

– eine besondere Arbeitserlaubnis nach § 2 Arbeitserlaubnisverordnung besitzt,

– sich auf einfache Art in deutscher Sprache mündlich verständigen kann,

– ihm und seiner Familie eine Wohnung zur Verfügung steht, die den ortsüblichen Maßstäben angemessen ist,

– die Kinder regelmäßig in die Schule gehen.

Ein Rechtsanspruch auf Erteilung der unbefristeten Aufenthaltserlaubnis ist mit der Neufassung der allgemeinen Verwaltungsvorschriften dennoch nicht gegeben. Zur Umsetzung der geänderten VwV haben die einzelnen Bundesländer Erlasse herausgegeben, die nicht unerheblich voneinander abweichen und die eine Verfestigung des aufenthaltsrechtlichen Status zum Inhalt haben. Befristete und unbefristete Aufenthaltserlaubnis können unter Auflagen und Bedingungen erteilt werden (§ 7 Abs. 3 AuslG). Die bekannteste Auflage ist die, mittels der einem Ausländer untersagt wird, eine Erwerbstätigkeit generell oder eine solche bestimmter Art (selbständige Erwerbstätigkeit) auszuüben. Ersteres wird bei studierenden Ausländern praktiziert, während angeworbenen ausländischen Arbeitnehmern die Ausübung eines selbständigen Gewerbes generell untersagt wird. Auflagen können aber auch zur Regelung der Familienzusammenführung gemacht werden. Darüber hinaus bietet § 7 Abs. 1 Satz 2 AuslG die Möglichkeit der räumlichen Aufenthaltsbeschränkung. Mit Hilfe der sogenannten »Zuzugsperren« versuchen die kommunalen Behörden, einen überproportionalen Ausländeranteil in bestimmten Stadtteilen zu verhindern. Gegen diese räumliche Beschränkung sind erhebliche verfassungsrechtliche Bedenken geltend gemacht worden. Das auch Ausländern zustehende Recht auf freie Binnenwanderung (MRK-Protokoll Nr. 4 Art. 2 l) kann nur durch Gesetz eingeschränkt werden. Die in § 7 Abs. 1 Satz 2 AuslG enthaltene Ermächtigung genügt nach dieser Rechtsauffassung nicht den Anforderungen des Gesetzesvorbehalts. Eine Rechtsgrundlage für die räumliche Zuzugsperre erxistiert daher z. Z. nicht.

Als Bedingung der Aufenthaltserlaubnis wurde in der Verwaltungspraxis häufig die Gültigkeit eines Arbeitsverhältnisses an einem bestimmten Arbeitsplatz angesehen. Wenn das Arbeitsverhältnis gelöst wurde, erlosch auch die Aufenthaltserlaubnis. Dies zeigt, wie abhängig der ausländische Arbeitnehmer einerseits vom Arbeitgeber und andererseits von der Ausländerbehörde war. Die gegenwärtige Ausländerpraxis ist von solchen Bedingungen abgekommen. Auflagen und Bedingungen sind grundsätzlich im Paß einzutragen und damit ohne weiteres überprüfbar.

Im Zuge der angestrebten »angemessenen gesellschaftlichen Eingliederung« ausländischer Arbeitnehmer und ihrer Familienangehörigen (Bundestagsdrucksache 71/78) hat die Aufenthaltsberechtigung eine entscheidende Bedeutung bekommen. Die Aufenthaltsberechtigung gewährt einen räumlich und zeitlich unbeschränkten Aufenthalt und kann nicht mit einer Bedingung versehen werden. Dagegen können Auflagen gemacht werden. Die Aufenthaltsberechtigung stellt damit die privilegierte Form der Aufenthaltserlaubnis dar. Ebenso wie bei der Aufenthaltserlaubnis gibt es aber auch auf die Aufenthaltsberechtigung keinen Rechtsanspruch. Ihre besondere Wirkung erhält die Aufenthaltsberechtigung im verstärkten Rechtsschutz bei möglichen Ausweisungen nach § 10 AuslG; Gründe für eine Ausweisung müssen besonders schwer wiegen.

Durch die Neuregelung der VwV hat auch § 8 eine entscheidende Aufwertung erfahren. Waren bis 1978 nur wenige Ausländer in den Genuß einer Aufenthaltsberechtigung gekommen, so ist nunmehr eine stärkere rechtliche Integration länger eingelebter ausländischer Arbeitnehmer beabsichtigt. Die Behörden sind verpflichtet, auf Antrag in der Regel nach 8 Jahren eine Aufenthaltsberechtigung dann zu erteilen, wenn die ausländischen Arbeitnehmer sich in das wirtschaftliche und soziale Leben in der Bundesrepublik eingefügt haben und über ausreichende Sprachkenntnisse verfügen. Diese neuen Grundsätze gelten auch für die Familienangehörigen eines ausländischen Arbeitnehmers. Nach wie vor sind die Bedingungen für die Erlangung einer Aufenthaltsberechtigung sehr hoch angesetzt.

Zur wirtschaftlichen Eingliederung muß ein Ausländer über eine gesicherte berufliche oder finanzielle Existenzgrundlage verfügen (durch eigene Erwerbstätigkeit, Vermögen, Rente oder sonstige Versorgungsansprüche), die nicht auf absehbare Zeit gefährdet ist und nicht befürchten läßt, daß der ausländische Arbeitnehmer für sich und seine Familie Sozialhilfe beantragen wird (vgl. § 10 Abs. 1 Nr. 10 AuslG). Häufiger Wechsel des Arbeitsplatzes, Ausübung von Aushilfs- und Gelegenheitsarbeiten und längere Arbeitslosigkeit sowie auch Überschuldungen sprechen im allgemeinen gegen eine Einfügung in das wirtschaftliche Leben. Damit wird die Abhängigkeit des ausländischen Arbeitnehmers von der wirtschaftlichen Entwicklung und den wirtschaftlichen Erfordernissen, auf die er keine Einflußmöglichkeiten hat, sehr nachhaltig bestätigt.

Eine soziale Eingliederung setzt nach Auffassung mancher Gesetzeskommentatoren eine positive Haltung zur Rechtsordnung der Bundesrepublik voraus, ohne daß geklärt wäre, wie sich diese positive Haltung äußern soll. Wie Ziff. 2 der VwV besagt, genügt es nicht, daß ein Ausländer sich straffrei geführt hat. Umgekehrt sollen Verstöße gegen Strafgesetze oder gegen das Ordnungswidrigkeitenrecht nur dann keine negativen Auswirkungen haben, wenn sie fahrlässig begangen wurden oder von geringem Gewicht waren und keine weiteren Verstöße zu erwarten sind. Im übrigen wird zwar keine vollständige Anpassung der eigenen Lebensgewohnheiten an die Bundesdeutschen verlangt, andererseits sollen aber keine Abweichungen vorliegen, die evtl. den Gemeinschaftsfrieden stören können.

Die Grundsätze erlangen keineswegs legale Verbindlichkeit, die aber im Interesse der ausländischen Arbeitnehmer einschließlich ihrer Familienangehörigen notwendig wäre. Darüber hinaus schaffen sie nicht die notwendige Klarheit für die erheblich interpretationsfähigen und -bedürftigen unbestimmten Rechtsbegriffe und Ermessensklauseln des Ausländergesetzes, auch wenn durch die Neuregelung der Ziff. 4 a der VwV zu § 8 der Ermessensspielraum weitgehend eingeschränkt ist. Die unbefristete Aufenthaltserlaubnis sowie die Aufenthaltsberechtigung müssen als solche beantragt werden, wird also nicht bei Erfüllung der Voraussetzungen von der Behörde gewährt.

Aufenthaltsrecht für Familienangehörige

Das AuslG enthält keine spezielle Bestimmung, unter welchen Voraussetzungen Ehegatten und Kinder einem ausländischen Arbeitnehmer in die Bundesrepublik nachfolgen können. Die Rechtslehre hat zunächst für die Kernfamilie die These vom abgeleiteten Aufenthaltsrecht zugunsten von Familienangehörigen entwickelt

(*Rittstieg*, 1979). Die Verwaltungspraxis hat in der Vergangenheit sehr viel stärker gezögert, dem Gedanken der Familienzusammenführung Rechnung zu tragen. In vielen Ländererlassen und Verwaltungsvorschriften wird bis in die jüngste Vergangenheit versucht, der faktischen Einwanderung durch verwaltungsinterne Anweisungen und entsprechende politische Richtlinien zu begegnen:

Der Nachzug eines Ehepartners wird gestattet, wenn sich der andere Ehepartner mindestens zwei Jahre in der Bundesrepublik aufgehalten hat und über einen angemessenen Wohnraum verfügt (Berlin). Ist die Wohnung nicht groß genug oder liegt sie in einem Gebiet mit Zuzugsperre, wird die Aufenthaltserlaubnis des anderen Ehepartners versagt (Grundsätze des bayerischen Staatsministeriums des Inneren vom 12. 1. 1976 zum Nachzug von Familienangehörigen). Gerade die Wohnraummisere ausländischer Arbeitnehmer und ihrer Familien bot den Behörden immer wieder die Möglichkeit, daraus negative Konsequenzen abzuleiten und den Familiennachzug zu verweigern, wenn etwa die vorgeschriebene Mindestgröße nicht erreicht wurde.

Dieser Praxis ist in den letzten Jahren immer wieder Kritik mit dem Hinweis entgegengebracht worden, daß die allgemeinen Grundrechte, insbesondere die Familienschutzgarantie des Art. 6 GG, auch für Ausländer gelten (*Heldmann*, 1980). Der Familienschutz tritt nicht hinter das AuslG zurück. Vielmehr existiert ein absoluter Vorrang der Grundrechtsgarantie des Familienschutzes gegenüber einschränkenden Bestimmungen des AuslG (*Kanein*, 1980). Diese Auffassung hat sich erst in letzter Zeit zugleich mit der Kenntnis gebildet, daß die Bundesrepublik entgegen früheren Erklärungen ein faktisches Einwanderungsland geworden ist. Auf diesem politisch veränderten Hintergrund ist auch der Begriff »Familie« neu interpretiert worden. Familie umfaßt nach Auffassung der Rechtsprechung daher nicht mehr nur die Kernfamilie (Ehegatten und minderjährige Kinder, auch Stief-, Adoptiv- und Pflegekinder), sondern auch andere Familienmitglieder (Großmutter und Tanten). In den von Art. 6 GG geschützten Personenkreis fällt sowohl die ausländische Großmutter, die ihre Enkelkinder betreuen soll, weil die Eltern arbeiten gehen, als auch die ausländische Tante zur Kinderbetreuung (vgl. BVerwGE 42, 148 und OVG Lüneburg DVBl. 78, 889).

Der Nachzug von minderjährigen Kindern, ist durch Sofortmaßnahmen der Bundesregierung vom 2. 12. 1981, die von den Bundesländern in entsprechende Erlasse umgesetzt wurden, neu geregelt worden. Im einzelnen ist vorgesehen:

– Der Nachzug ausländischer Jugendlicher ist nur noch bis zur Vollendung des 16. Lebensjahres zulässig; eine Herabsetzung der Grenze auf 6 Jahre wird inzwischen erwogen.
– Der Zuzug ausländischer Kinder zu einem allein in der BRD lebenden Elternteil wird – außer bei Halbwaisen oder Kindern von Geschiedenen und Ledigen – unterbunden.
– Der Zuzug von Familienangehörigen solcher Ausländer, die sich zur Aus- oder Fortbildung oder als Werkvertragsarbeitnehmer in der BRD aufhalten, wird unterbunden.
– Der Nachzug von Ehegatten derjenigen Ausländer, die als Kinder von Auslän-

dern eingereist oder hier geboren sind, wird eingeschränkt. Diesen Personen wird der Nachzug von Ehegatten nur gestattet, wenn sie selbst mindestens acht Jahre lang in der BRD gelebt haben, über achtzehn Jahre alt und wenigstens ein Jahr verheiratet sind.

Anderen Verwandten eines ausländischen Arbeitnehmers (Eltern, Großeltern, Tanten, Geschwistern, äteren Kindern) wird der Familiennachzug in der Regel nicht mehr gestattet. Der Familiennachzug ist auf die minderjährigen Kinder und die Ehegatten beschränkt. Dazu kommen noch weitere Bedingungen: Berlin sieht eine Wartefrist von zwei Jahren, Baden-Württemberg eine solche von drei Jahren vor. Der ausländische Arbeitnehmer muß in einem ungekündigten Arbeitsverhältnis stehen und die Lebenshaltungskosten der Familie tragen können. Für die Familienangehörigen muß ausreichender Krankenversicherungsschutz bestehen.

Eine Aufenthaltserlaubnis soll nicht erteilt werden, wenn von vornherein Leistungen der Sozial- oder Jugendhilfe in Anspruch genommen werden müssen oder wenn mit einer Inanspruchnahme gerechnet werden muß. Besondere Bedeutung erhält auch die Bestimmung über die Angemessenheit der Wohnung. Für jedes Familienmitglied, auch für solche, die im Auland leben, aber nachzugsberechtigt sind, ist eine bestimmte qm-Zahl (Berlin 9 qm, Baden-W. 12 qm) nachzuweisen.

Nach wie vor Gültigkeit besitzen die Regelungen, die in den VwV zum AuslG festgelegt sind:

Bei einer erstmaligen Erteilung der Aufenthaltserlaubnis für einen Ehegatten gilt in der Regel zunächst Nr. 4 Abs. 1 zu § 7 AuslVwV: Die Aufenthaltserlaubnis wird auf ein Jahr befristet und anschließend um jeweils zwei Jahre verlängert. Nach fünf Jahren kann der Ehegatte die unbefristete Aufenthaltserlaubnis beantragen, wenn er über ausreichende Kenntnisse der deutschen Sprache verfügt, um sich verständlich zu machen, wenn eine angemessene Wohnung zur Verfügung steht und wenn die Kinder der gesetzlichen Schulpflicht nachkommen. Bis auf das Ergebnis der besonderen Arbeitserlaubnis nach § 2 der AEVO entsprechen diese Voraussetzungen denen des erwerbstätigen schon vorher eingereisten Ehepartners. Das abgestufte Verfahren kann abgekürzt werden. Nr. 4 Abs. 2 zu § 7 AuslVwV: Wenn der Ehegatte ausreichend Deutsch kann und der andere Ehepartner bereits eine unbefristete Aufenthaltserlaubnis besitzt, soll dem Ehegatten schon vor Ablauf von 5 Jahren eine unbefristete Aufenthaltserlaubnis erteilt werden. Der Besitz einer Arbeitserlaubnis ist nicht erforderlich. Damit wird die stärkere Abkoppelung des AuslG vom Arbeitsvermittlungsrecht und der Beschäftigungspolitik deutlich. Erwägungen allgemeiner politischer Art wie Arbeitsmarktlage oder Infrastruktursituation dürfen daher bei diesen auf die Lage des Einzelfalles abgestellten Prüfungen keine Rolle spielen. Die Formulierung »in der Regel« weist darauf hin, daß nur noch in Ausnahmefällen für den Ehepartner die unbefristete Aufenthaltserlaubnis versagt werden kann. Ob eine solche Ausnahme vorliegt, muß in diesem Falle von der Behörde nachgewiesen werden.

Die grundsätzliche Bedeutung der VwV zu § 7 liegt darin, daß sie für die Erlangung der Aufenthaltsberechtigung nach § 8 und damit des stärker gesicherten unbegrenzten Aufenthalts und weiter für eine evtl. Einbürgerung wichtige Voraussetzungen schaffen. Zwar hat es in der Praxis wiederholt Klagen gegeben, daß das Erfordernis der ausreichenden Deutschkenntnisse von manchen Behörden sehr restriktiv ausgelegt und teilweise strenge Sprachprüfungen (Diktate) angestellt worden sind. Hier ist aber darauf zu verweisen, daß die ausreichenden Sprachkenntnisse der deutschen Sprache nicht mehr sein können, als die in Ziff. 4 der VwV zu § 7 geforderte Fähigkeit, »sich auf einfache Art in deutscher Sprache mündlich« (also nicht schriftlich) verständlich zu machen.

Die generelle Regelung der Nr. 4 Abs. 1 zu § 7 AuslVwV gilt auch für ausländische Kinder und Jugendliche. Nach Vollendung des 16. Lebensjahres benötigt ein ausländisches Kind, das zu seiner bereits in der Bundesrepublik Deutschland wohnenden Familie einreisen will oder das sich bereits in der Bundesrepublik aufhält, eine Aufenthaltserlaubnis. Diese wird zunächst für die Dauer eines Jahres ausgestellt und anschließend jeweils um 2 Jahre verlängert. Für lange vor Erreichung des 16. Lebensjahres eingereiste oder bereits hier geborene ausländische Kinder sind aber erheblich günstigere Regelungen als nach dem allgemeinen Verfahren vorgesehen: Nr. 4 Abs. 3 zu § 7 AuslVwV schreibt vor:

– Hat sich ein ausländisches Kind vor Vollendung des 16. Lebensjahres bereits ununterbrochen 5 Jahre lang in der Bundesrepublik aufgehalten, so ist schon die erste Aufenthaltserlaubnis in der Regel unbefristet zu erteilen.

– Hat das Kind das 18. Lebensjahr vollendet, so ist ebenfalls die unbefristete Aufenthaltserlaubnis in der Regel zu erteilen, wenn es sich ununterbrochen 5 Jahre in der Bundesrepublik aufgehalten hat und eine Aufenthaltserlaubnis besitzt.

– Besitzt bereits der arbeitsberechtigte Elternteil eine unbefristete Aufenthaltserlaubnis, soll einem ausländischen Kind, falls es über ausreichende Sprachkenntnisse verfügt, in der Regel schon vor Ablauf von 5 Jahren eine unbefristete Aufenthaltserlaubnis erteilt werden.

Aus diesen Regelungen folgt aber auch: Ist ein Kind über 18 Jahre alt und beabsichtigt es im Wege der Familienzusammenführung in die Bundesrepublik Deutschland einzureisen, so fällt es ausschließlich unter die Regelung von Nr. 4 Abs. 1 zu § 7 AuslVwV. Voraussetzung für die Erteilung der Aufenthaltserlaubnis ist, daß das volljährige Kind noch keine eigene Familie gegründet hat, sondern mit den Eltern im Verband der »Kleinfamilie« lebt. In diesem Falle wird ausdrücklich der Schutz von Art. 6 Abs. 1 GG auf die Familienzusammenführung auch durch die Rechtsprechung bejaht.

Sonderrecht für Angehörige aus EG-Staaten

Die Angehörigen von EG-Staaten genießen gegenüber allen anderen ausländischen Arbeitnehmern in der Bundesrepublik eine gesetzlich besonders geschützte Rechtsposition. Artikel 48, 49 EG-Vertrag gewähren jedem EG-Angehörigen als unmittelbar geltendes Recht in jedem Mitgliedstaat Freizügigkeit (EuGH DVBl. 1975, 778). Dieses Recht der Freizügigkeit ist durch die EWG-Verordnung 1612/68 zu einem umfassenden Gleichbehandlungsgebot der Familien von EG-Angehöri-

gen mit inländischen Arbeitnehmerfamilien ausgestaltet worden. Jeder Arbeitnehmer aus einem EG-Land hat das Recht, in jedem anderen Mitgliedsland eine
Tätigkeit aufzunehmen. Die Familienangehörigen absteigender und aufsteigender
Linie können mit den EG-Angehörigen ungehindert zusammenziehen, wenn
letztere über den nach örtlichen Gegebenheiten normalen Wohnraum verfügen
(Artikel 10, EWG-Verordnung 1612/68). Kinder oder Enkelkinder (Verwandte
absteigender Linie) zahlen dann zur Familie, wenn sie noch nicht 21 Jahre alt sind
oder ihnen Unterhalt gewährt wird. Eltern und Großeltern von Mann und Frau
zählen ebenfalls dann zum berechtigten Personenkreis, wenn ihnen von dem
ausländischen Arbeitnehmer Unterhalt gewährt wird. Ehegatten und Kinder, die
noch nicht 21 Jahre alt sind oder denen Unterhalt gewährt wird, können ebenso wie
der Staatsangehörige eines EG-Landes eine Arbeitnehmertätigkeit ausüben, selbst
wenn sie nicht die Staatsangehörigkeit des Mitgliedstaates besitzen (Artikel 11 EG-
Verordnung 1612/68). Ergänzend zu dieser Verordnung hat der Rat der EG die
Richtlinie 360/68 zur Aufhebung der Reise- und Aufenthaltsbeschränkungen für
Arbeitnehmer der Mitgliedstaaten und ihre Familienangehörigen innerhalb der
Gemeinschaft erlassen. Aufgrund dieser Richtlinie sind für eine Arbeitstätigkeit
weder Sichtvermerke noch sonstige Nachweise mit Ausnahme eines Personalaus-
weises oder Reisepasses erforderlich.

Das Gesetz über die Einreise und Aufenthalt von Staatsangehörigen der Mitgliedstaaten der Europäischen Wirtschaftsgemeinschaft (Aufenthaltsgesetz/EWG) bestimmt in § 2 Absatz 1, daß bei einer Einreise eine Aufenthaltserlaubnis für EG-
Angehörige nicht erforderlich ist. Der Angehörige eines EG-Staates erhält auf
Antrag eine Aufenthaltserlaubnis, wenn er in einem Arbeitsverhältnis steht (§ 3).
Ihre Gültigkeitsdauer beträgt 5 Jahre und kann um mindestens 5 Jahre verlängert
werden. Bei dieser Aufenthaltserlaubnis handelt es sich dem Charakter nach um
eine »Aufenthaltsbescheinigung«, allgemein auch »EG-Karte« genannt. Sie unterscheidet sich von der Aufenthaltserlaubnis nach dem AuslG durch ihren deklarato-
rischen Charakter, d. h. das Aufenthaltsrecht entsteht nicht erst aus der Erlaubnis,
sondern es besteht schon aufgrund des EWG-Vertrages.

Unter der Vielzahl internationaler Abkommen, die den Aufenthalt von Ausländern in der BRD regeln, verdient das Europäische Niederlassungsabkommen
(ENA) vom 13. 12. 1955 (BGBl. I 1959 II S. 997) besondere Aufmerksamkeit.

Nach Art. 1 und 2 Europäisches Niederlassungsabkommen (ENA) sind die Ver-
tragspartner verpflichtet, den Staatsbürgern der anderen Vertragsstaaten die
Einreise zu ermöglichen und einen längeren oder dauernden Aufenthalt im eigenen
Land zu gewähren, sofern nicht bestimmte Gründe (öffentliche Ordnung, Sicherheit, Volksgesundheit oder Sittlichkeit) entgegenstehen. Die erleichterten Einrei-
semöglichkeiten korrespondieren mit erschwerten Ausweisungsvorschriften:

– Nach Art. 3 ENA dürfen ausländische Staatsangehörige eines Vertragsstaates
  bei ordnungsgemäßem Aufenthalt in der Bundesrepublik nur ausgewiesen
  werden, wenn sie die Staatssicherheit gefährden oder gegen die öffentliche
  Ordnung oder Sicherheit verstoßen.
– Befindet sich solch ein Ausländer länger als 2 Jahre ordnungsgemäß in der

Bundesrepublik, so kann er nur ausgewiesen werden, wenn er eine Gegenvorstellung erheben, Rechtsmittel einlegen und vor der Behörde vertreten lassen konnte.

– Bei mehr als 10jährigem ordnungsgemäßem Aufenthalt darf nur aus Gründen der Sicherheit des Staates oder wenn die unter 1. genannten Gründe besonders schwer wiegen, ausgewiesen werden.

Für die Arbeitsaufnahme ist Art. 7 ENA von Bedeutung. Die Mitgliedstaaten sind verpflichtet, den ausländischen Arbeitnehmern bei jeder auf Erwerb gerichteten Tätigkeit die gleichen Bedingungen wie den eigenen Staatsangehörigen einzuräumen, wenn nicht wichtige Gründe wirtschaftlicher oder sozialer Art der Erteilung der Erlaubnis entgegenstehen.

Im Protokoll zum ENA wird allerdings jedem Vertragsstaat das Recht eingeräumt, nach seinen innerstaatlichen Grundsätzen die im ENA genannten unbestimmten Rechtsbegriffe wie »Gründe der öffentlichen Ordnung, der Sicherheit, wirtschaftliche und soziale Verhältnisse« sowie »besonders schwerwiegend« zu beurteilen. Damit ergibt sich für die Vertragsstaaten die Möglichkeit, wesentliche Grundsätze des eigenen Verwaltungshandelns in das internationale Vertragsrecht zu übertragen.

Rechtsmittel

Hat ein Ausländer nach der Einreise in die Bundesrepublik die Aufenthaltserlaubnis oder die Aufenthaltsberechtigung beantragt, so gilt sein Aufenthalt bis zur Entscheidung der Ausländerbehörde als vorläufig erlaubt. Lehnt die Behörde die Erteilung ab, ist der Ausländer gem. § 12 AuslG verpflichtet, auszureisen. Gegen eine solche Ablehnung stehen ihm die Rechtsmittel Widerspruch und Anfechtungsklage und/oder Verpflichtungsklage zur Verfügung.

Im Gegensatz zu den sonst üblichen Grundsätzen haben diese Rechtsmittel keine aufschiebende Wirkung, § 21 Abs. 3 AuslG. Damit soll vermieden werden, daß jemand unter Ausnutzung des gesamten Rechtsmittelweges für eine längere Zeit dauernden Aufenthalt in der Bundesrepublik erzwingt, obwohl in der Hauptsache selbst keine Aussicht auf Erfolg besteht.

Ist Widerspruch gegen den ablehnenden Bescheid eingelegt, kann die Widerspruchsbehörde selbst gem. § 80 Abs. 4 VerwGO anordnen, daß keine Vollzugsmaßnahmen, die sich im Regelfall an die Ablehnung einer Aufenthaltserlaubnis anschließen, wie etwa die Ausreisepflicht, Ausweisung und Abschiebungsandrohung, eintreten sollen, bis das Gericht in der Hauptsache, d. h. über die Aufenthaltserlaubnis, entschieden hat. Ordnet die Behörde nicht von sich aus eine solche Aufschiebung an, kann sie auch direkt vor dem zuständigen Verwaltungsgericht in Eilfällen beantragt werden. Dies ist von besonderer Bedeutung, weil ein Ausländer nach seiner Ausreise oder Abschiebung erfahrungsgemäß seine Angelegenheit sehr viel schlechter vor dem Verwaltungsgericht weiter betreiben kann.

Arbeitserlaubnis

Ausländer, die in der BRD arbeiten wollen, benötigen hierfür eine Arbeitserlaubnis. Einzelheiten sind in der Arbeitserlaubnisverordnung (AEVO) geregelt. Die AEVO unterscheidet zwischen der einfachen und der besonderen Arbeitserlaubnis. Die einfache Arbeitserlaubnis, die allen Ausländern bei erstmaliger Anwerbung erteilt wird, sieht einen Vorrang inländischer Arbeitnehmer bei der Vermittlung in eine Arbeitsstelle vor, d. h. die Interessen deutscher Arbeitnehmer werden als vorrangig eingestuft. Damit konnte in der Vergangenheit der Arbeitskräftemarkt durch die Erteilung/Versagung von Arbeitserlaubnissen gesteuert werden. Die künftige wirtschaftliche Entwicklung läßt befürchten, daß dieser Inländervorrang durch entsprechende Änderung des § 19 AFG ausdrücklich gesetzlich festgeschrieben wird.

Die einfache Arbeitserlaubnis nach § 1 AEVO wird auf längstens zwei Jahre erteilt. Voraussetzung ist, daß der Arbeitnehmer im Besitz einer Aufenthaltserlaubnis oder Aufenthaltsberechtigung ist. Die Arbeitsaufnahme ist somit an den legalen Aufenthalt gekoppelt. Fällt die Aufenthaltserlaubnis fort, kommt auch eine weitere Beschäftigung nicht mehr in Betracht, wenn nicht erneut eine Aufenthaltserlaubnis erteilt wird. Auch die Kopplung ermöglicht den Verwaltungsbehörden Steuerungsmöglichkeiten für den Arbeitsmarkt.

Erst die besondere Arbeitserlaubnis nach § 2 AEVO verschafft dem ausländischen Arbeitnehmer größere Unabhängigkeit. Sie wird unabhängig von der Lage und Entwicklung des Arbeitsmarktes dann erteilt, wenn der Arbeitnehmer

- im Bundesgebiet und in West-Berlin seit 5 Jahren ununterbrochen eine unselbständige Tätigkeit rechtmäßig ausgeübt hat oder
- mit einem/einer Deutschen mit gewöhnlichem Aufenthalt in der Bundesrepublik bzw. West-Berlin verheiratet ist oder
- als Asylberechtigter anerkannt ist oder als ausländischer Flüchtling einen von deutschen Behörden ausgestellten Reiseausweis besitzt.

Im Unterschied zur allgemeinen Arbeitserlaubnis haben ausländische Arbeitnehmer auf die besondere Arbeitserlaubnis einen Rechtsanspruch, der unabhängig vom Inländervorrang ist.

Für Familienangehörige ausländischer Arbeitnehmer wurden mit der immer länger andauernden Anwesenheit Sonderregelungen entwickelt. Seit 1974 sollte durch die sog. Stichtagsregelung der verstärkten Zuwanderung von Familienangehörigen dadurch Einhalt geboten werden, daß all diejenigen, die nach dem 30. 11. 1974 in die BRD einreisten, keine Arbeitserlaubnis bekommen sollten. Die Stichtagsregelung rief allgemeinen Protest hervor und wurde nicht zuletzt wegen ihrer mangelnden Wirksamkeit von der Wartezeitregelung mit Wirkung zum 1. 4. 1979 abgelöst: Das prinzipielle Beschäftigungsverbot für Ehegatten wurde unter der Voraussetzung gelockert, daß in bestimmten Bereichen personelle Engpässe bestehen und die Ehegatten sich 4 Jahre im Bundesgebiet aufgehalten haben. Jugendlichen, die vor Vollendung des 18. Lebensjahres ihren Eltern/Elternteil ins Bundesgebiet gefolgt sind, kann eine Arbeitserlaubnis ohne die sonst vorgesehene Wartezeit von 2 Jahren dann erteilt werden, wenn sie an berufsorientierenden Vollzeitmaßnahmen von mindestens halbjähriger Dauer teilgenommen haben.

Der Wartezeiterlaß wurde durch eine Änderung der AEVO mit Wirkung zum 1. 6. 1980 in seinen Auswirkungen für ausländische Jugendliche noch weiter eingeschränkt, während die Regelungen für die Ehegatten (4 Jahre Wartezeit) weiter bestehen und durch eine Neufassung von § 19 Abs. 1 Satz 3 AFG erstmals auch gesetzlich abgesichert sind. § 2 AEVO wurde in Abs. 2 entscheidend verändert. Kinder von Ausländern haben nach § 2 Abs. 2 AEVO einen Rechtsanspruch auf Erteilung der besonderen Arbeitserlaubnis, wenn

– sie vor Vollendung des 18. Lebensjahres ihren Eltern in das Bundesgebiet gefolgt sind und hier

– einen Abschluß einer allgemeinbildenden Schule oder den Abschluß einer staatlich anerkannten oder vergleichbar geregelten Berufsausbildung erworben haben oder

– an einem beruflichen Vollzeitschuljahr oder einer außerschulischen berufsvorbereitenden Vollzeitmaßnahme von mindestens zehnmonatiger Dauer regelmäßig und unter angemessener Mitarbeit teilgenommen haben oder

– einen Ausbildungsvertrag für eine Berufsausbildung in einem staatlich anerkannten oder vergleichbar geregelten Ausbildungsberuf abschließen.

Durch diese neuen Bestimmungen wird ausländischen Kindern und Jugendlichen ein Rechtsanspruch auf Erteilung einer besonderen Arbeitserlaubnis zugestanden, ohne daß es sich bei der Tätigkeit der Eltern um eine unselbständige Arbeitnehmertätigkeit handeln muß. Auch die Kinder von ausländischen Gewerbetreibenden haben somit ein Recht auf Erteilung einer besonderen Arbeitserlaubnis. Damit ist eine wichtige und sachlich nicht vertretbare Unterscheidung für all die Fälle beseitigt, in denen eine angemessene bildungsmäßige Integration oder eine Berufsausbildung erreicht bzw. durch Abschluß eines Ausbildungsvertrages angestrebt wird.

Jugendliche, die von dieser besonderen Regelung erfaßt werden, erhalten nach § 2 Abs. 3 AEVO nur dann eine besondere Arbeitserlaubnis, wenn Mutter oder Vater ununterbrochen 5 Jahre als Unselbständige beschäftigt sind und der Jugendliche selbst sich ununterbrochen 5 Jahre rechtmäßig in der BRD aufgehalten hat.

Auslandsaufenthalte von nicht mehr als 3 Monaten gelten nicht als Unterbrechung der 5 Jahresfristen. Da diese komplizierte Fristenregelung vielen Ausländern nicht bekannt ist, kommt es immer wieder zu Überschreitungen dieser Fristen, so daß die betroffenen Jugendlichen diese Rechtspositionen verlieren bzw. immer neu erwerben müssen. Sonst bleibt nur die Möglichkeit der allgemeinen Arbeitserlaubnis mit dem Handicap des Inländervorrangs.

EWG-Recht

Angehörige von EG-Staaten benötigen für eine Arbeitstätigkeit im Bundesgebiet keine Arbeitserlaubnis (Art. 1 und 3 EWG-VO 1612/68). Sie besitzen die volle Freizügigkeit auf dem Arbeitsmarkt der EG, d. h. jeder Angehörige eines EG-

Staates kann sich in jedes andere EG-Land begeben und dort eine Arbeit aufnehmen. Rechtlich ist er dabei jedem Angehörigen eines solchen Landes gleichgestellt. Gleiches gilt auch für die Kinder solcher ausländischer Arbeitnehmer.

Von besonderer Bedeutung ist das Gleichbehandlungsgebot. Hierbei muß der Arbeitsplatz freigehalten werden, wenn ein Angehöriger eines EG-Mitgliedstaates in seinem Heimatland zum Wehrdienst herangezogen wird. Eine solche Arbeitsplatzsicherung findet bei Nicht-EG-Angehörigen keine Anwendung.

Griechische Arbeitnehmer und ihre Angehörige erhalten bis zum vollen Anschluß Griechenlands 1988 für die Zwischenzeit die besondere Arbeitserlaubnis ohne eine zeitliche Befristung erteilt (*Lauer* u. a., 1980).

Auch für türkische Arbeitnehmer und ihre Familienangehörigen wurden im Rahmen des EWG-Rechts besondere Voraussetzungen ausgehandelt (*Lauer* u. a., 1980). Der Rechtsschutz im Arbeitserlaubnisrecht ist in ähnlicher Weise wie im Aufenthaltsrecht durch die Klagemöglichkeit beim Sozialgericht garantiert.

Ausweisung/Abschiebung

Ein Ausländer kann durch das Erlöschen oder Versagen der Aufenthaltserlaubnis oder durch die Ausweisung zum Verlassen der BRD gezwungen werden. In diesem Falle sieht das Gesetz die zwangsweise Abschiebung mit einer möglichen Abschiebungshaft vor. § 10 AuslG normiert eine Reihe von Tatbeständen (z. B. Gefährdung der freiheitlich demokratischen Grundordnung, Verurteilung wegen einer Straftat, Verstoß gegen das Aufenthaltsrecht, Inanspruchnahme von Sozialhilfe, Beeinträchtigung erheblicher Belange der BRD), bei deren Vorliegen das Ausländeramt eine Ausweisung anordnen kann.

Die einzelnen Ausweisungstatbestände und ihre praktische Handhabung sind sehr umstritten, gerade weil sie auch für politische Wertungen offen sind (*Lauer* u. a., 1980). Einen größeren Schutz vor Ausweisung bietet die Aufenthaltsberechtigung. Hier kann nur dann ausgewiesen werden, wenn

– die freiheitliche demokratische Grundordnung der BRD gefährdet oder
– eine Verurteilung wegen einer Straftat erfolgt ist oder
– ein Ausweisungstatbestand nach § 10 AuslG besonders schwer wiegt.

Ehe und Familie genießen auch im AuslG einen besonderen Schutz. Auch ausländische Arbeitnehmer und ihre Familienangehörigen stehen unter dem besonderen Schutz von Art. 6 GG und können sich auf dieses Grundrecht berufen. Im Rahmen der Ermessensentscheidung muß die Ausländerbehörde gesondert prüfen, inwieweit der Schutz der Familie nach Art. 6 GG dem Verlangen nach Verlassen der BRD vorgeht.

Eine gesonderte Regelung haben die Verwaltungsorgane bei straffälligen Jugendlichen und Heranwachsenden getroffen. Den Resozialisierungsbemühungen wird bis auf einige Ausnahmen grundsätzlich ein Vorrang vor einer Ausweisung eingeräumt. Diese Regelung hat Eingang in entsprechende Verwaltungserlasse der Länder gefunden (*Lauer* u. a., 1980).

Einbürgerung

Je länger der Aufenthalt ausländischer Arbeitnehmer und ihrer Familien andauert, um so intensiver werden in der Öffentlichkeit unterschiedliche Möglichkeiten der Integration diskutiert. Als eine Möglichkeit wird die Einbürgerung angesehen, obwohl von politischer Seite nach wie vor die Auffassung vertreten wird, daß die BRD kein Einwanderungsland ist. Die einzige Möglichkeit für einen Ausländer, die volle rechtliche Gleichstellung mit Deutschen zu erreichen, bietet die Einbürgerung nach dem Reichs- und Staatsangehörigkeitsgesetz.

Ein Ausländer kann eingebürgert werden, wenn er die nachfolgenden Voraussetzungen erfüllt:

– Nach den Gesetzen eines Herkunftslandes oder nach den Gesetzen der Bundesrepublik Deutschland muß der Antragsteller unbeschränkt geschäftsfähig sein oder der Antrag von seinem gesetzlichen Vertreter oder mit dessen Zustimmung gestellt werden.
– Der Antragsteller muß einen unbescholtenen Lebenswandel führen.
– Am Ort der Niederlassung muß eine eigene Wohnung oder eine entsprechende Unterkunft zur Verfügung stehen.
– Der Antragsteller muß sich und die Familie ernähren können.

Die genannten Voraussetzungen sind Mindestvoraussetzungen, ohne die eine Einbürgerung nicht vorgenommen werden darf. Die durch die »Kann-Bestimmung« eröffnete Ermessensentscheidung bei einer Einbürgerung hat sich an dem öffentlichen Interesse auszurichten, das an einer Einbürgerung besteht. Als öffentliches Interesse wird in den Richtlinien ein staatliches oder ein gesellschaftliches Interesse von gleichem Rang verstanden. Zur Verdeutlichung ist in den Richtlinien ausdrücklich festgestellt, daß die Bundesrepublik kein Einwanderungsland ist und nicht anstrebt, die Anzahl der deutschen Staatsangehörigen gezielt durch Einbürgerung zu vermehren (Nr. 2.3 der Einbürgerungsrichtlinien).

Politische Rechte der Ausländer

Die Einwanderung vieler Ausländer und der zunehmend längere Aufenthalt und die damit verbundene Verlagerung aller persönlichen Lebensbezüge in der BRD haben den Ruf nach politischen Rechten wachsen lassen. Von den Politikern verneint und nur in einzelnen Vorschlägen aufgegriffen, vrstärkt sich bei ausländischen Interessengruppen die Forderung nach der Einräumung des politischen Wahlrechts, insbesondere im kommunalen Bereich.

Der Versuch der Kommunen, durch die Bildung sog. Ausländerbeiräte eine politische Interessenvertretung der Ausländer zu erreichen, muß als gescheitert angesehen werden, da solche Beiräte nur Empfehlungen für die Kommunalverwaltungen aussprechen könnten, keineswegs aber ein Beschluß- oder Vetorecht besitzen. Eine echte Interessenvertretung konnten solche Beiräte auch schon deswegen nicht bilden, weil die Zusammensetzung heterogen ist und neben gewählten Vertretern der verschiedenen Ausländergruppen auch Vertreter der

Wohlfahrtsverbände und sonstiger Institutionen Sitz und Stimme haben. Als echte politische Interessenvertretung konnten sich solche Gremien deshalb nie begreifen. Insoweit ist die Einführung politischer Beteiligungsrechte längst überfällig.

Fraglich ist, ob das aktive und passive Wahlrecht an den Erwerb der deutschen Staatsbürgerschaft gekoppelt ist und ob das Wahlrecht lediglich für den kommunalen Teil eingeräumt werden kann. Zwei Rechtsauffassungen stehen sich gegenüber. Die Ablehnung sieht in der Staatsbürgerschaft die wichtigste Voraussetzung für die politische Mitbestimmung in der staatlichen Gemeinschaft, die Befürwortung beruft sich darauf, daß das bestimmende Element die Zugehörigkeit zum Staatsvolk ist, die nicht unbedingt durch die Staatsbürgerschaft, sondern auch durch langjährige Anwesenheit und durch die soziale, kulturelle und berufliche Integration garantiert ist.

Ausländische Beispiele (z. B. Schweden, Schweiz, Kanton Neuenburg und Jura) belegen diese zweite Auffassung, lassen aber auch erkennen, daß die Einführung des politischen Wahlrechts letztlich vom politischen Wollen, nicht aber von Rechtsfragen abhängig ist. Darin eingeschlossen ist auch eine Abstimmung mit den übrigen Ländern der EG, weil ein einzelnes Land in dieser wichtigen politischen Frage nicht allein vorgehen sollte.

Asylrecht

Die Diskussion über den Aufenthalt von Ausländern in der BRD, insbesondere von ausländischen Arbeitnehmern, wird belastet durch das Problem von ausländischen Asylsuchenden und Flüchtlingen, die im Rahmen internationaler Hilfsabkommen in die BRD einreisen. Die weltweite Zunahme ökonomischer Krisen und die politische Instabilität vieler Länder, insbesondere der dritten Welt, haben einen nie gekannten Flüchtlingsstrom in die Industrieländer der westlichen Welt ausgelöst.

Als scheinbarer Rettungsanker erweist sich für viele Ausländer Art. 16 Abs. 2 GG: »Politisch Verfolgte genießen Asylrecht.« Entsprechend differenzierte Verfahrensvorschriften sind in das AuslG aufgenommen. Sie haben sich in den letzten Jahren als zunehmend unwirksam erwiesen, mit dem »Massenproblem« der Flüchtlinge und Asylsuchenden fertigzuwerden. Die vorgeschriebenen individuellen Prüfungen jedes einzelnen Schicksals und ein mehrstufig ausgebauter Rechtsweg haben zwar für eine gewisse Zeit zu einem faktischen Aufenthalt in der BRD auch über mehrere Jahre geführt, sie haben aber keineswegs rechtliche Klarheit und Sicherheit im Sinne verbindlicher Leitnormen für die Asylsuchenden erbracht. Mehr noch als das generelle Ausländerrecht unterliegen die speziellen Asylrechtsbestimmungen dem unmittelbaren Einfluß durch die jeweilige politische Lage. Das zeigt sich besonders in dem neuen Typus des »Wirtschaftsasylanten«, der aus Gründen des Überlebens um Asyl nachsucht und in einer Auffassung die einen prinzipiellen Unterschied zwischen politischer Verfolgung einerseits und existentieller Vernichtung aufgrund wirtschaftlicher Katastrophen andererseits aufrechterhält.

Die Hilflosigkeit der Politik, solche Massenkrisen zu meistern, zeigt sich am augenfälligsten in dem neuen Asylverfahrensgesetz vom 1. 8. 1982, welches das Ziel

hat, dem »Mißbrauch« vorzubeugen. Es muß befürchtet werden, daß der Begriff
der »politischen Verfolgung« eine rechtliche Interpretation erfährt, die den humanitären Aspekt dieses Grundrechts zugunsten tagespolitischer Erfordernisse verdrängt. Auf Dauer werden sich solche rechtlichen Schranken gegenüber der
unverschuldeten Notsituation von Hunderttausenden in den Ländern der dritten
Welt als unwirksam erweisen, wenn es nicht gleichzeitig gelingt, Einfluß auf jene
politischen und wirtschaftlichen Strukturen zu gewinnen, die solche vielfache Not
erst produzieren. Die BRD als Industriestaat sollte ihre Mitverantwortung in
solchen Notlagen nicht zu klein einschätzen.

Hubertus Lauer

Literatur

Albrecht, G., 1976: Das Düsseldorfer Reformprogramm zum Ausländerrecht, Bonn –
Albrecht, P.-A./Pfeiffer, Ch., 1979: Die Kriminalisierung junger Ausländer in der Bundesre-
publik, München – *Bagana, E./Burgsmüller, C.*, 1980: Mißhandelte ausländische Frauen –
Ihre soziale und rechtliche Situation, Informationsdienst zur Ausländerarbeit, 1980, H. 3:
83 ff., Frankfurt/M. – *Beitz, W./Wollenschläger, M.*, 1980: Handbuch des Asylrechts, Baden-
Baden – *Heldmann, H.-H.*, 1980: Ausländergesetz, Köln – *Kanein, W.*, 1980: Ausländerge-
setz, München – *Kimminich, O.*, 1980: Der Aufenthalt von Ausländern in der Bundesrepublik
Deutschland, Baden-Baden – *Marx, R.*, 1982: Ausländergesetz, Asylverfahrensgesetz,
Baden-Baden – *Minta, H./Wohlleben, R./Weichen, H.*: Ausländer in der Bundesrepublik
Deutschland – Ratgeber zum Ausländerrecht, Frankfurt/M. – *Lauer, H./Oberloskamp, H.*,
1981: Kinder ausländischer Arbeitnehmer, Bonn – Otto Benecke Stiftung, 1981: Praktizierte
Humanitas: Weltproblem Flüchtlinge – eine europäische Herausforderung, Baden-Baden –
Rittstieg, H., 1979: Zur Rechtslage junger Ausländer, Zeitschrift für Rechtspolitik, H. 1: 13 ff.,
München –

→ Ausländer → Staat

Behinderung

Behinderung als gesellschaftliches Problem

Behinderung als allgemeiner Begriff des Zustandes in ihrer Sozialisation geschädigter Individuen hat im Wissenschafts- wie Alltagssprachgebrauch gegenwärtig durchaus noch verschiedene Bedeutungsdimensionen. Historisch ist der Begriff zunächst im Zusammenhang von Körper- und Sinnesschäden zu finden, wie sie insbesondere nach Ende des 1. Weltkrieges zum allgemeinen sozialpolitischen Problem wurden, darüber hinaus erfährt er – so z. B. im Bundessozialhilfegesetz (BSHG) – eine Ausdehnung von körperlichen auf »geistige« und »seelische Behinderungen«. Als Kern der Behinderung in sozialrechtlicher Hinsicht wird die Fähigkeit zur »Teilnahme am Leben in der Gemeinschaft« verstanden, die durch Eingliederungshilfe geschaffen werden soll: »Hierzu gehört vor allem, dem Behinderten die Ausübung eines angemessenen Berufs oder einer sonstigen angemessenen Tätigkeit zu ermöglichen oder ihn wenigstens unabhängig von Pflege zu machen« (BSHG § 39,3). Soweit neben dem Bereich der Sozialhilfe weitere Gesetze eine Definition von Behinderung vornehmen, steht im Mittelpunkt die Minderung der Erwerbsfähigkeit nach dem Schwerbehindertengesetz (SchwbG § 1) oder noch deutlicher die »wirtschaftlich verwertbare Arbeitsleistung« (ebendort § 52,3). Die historische Entwicklung der sozialen Leistungen für Behinderte orientiert sich bis vor kurzem vorwiegend am Verursacherprinzip, wobei sich die »Güte« der Versorgung über Kriegsopfer, Arbeitsunfälle bis zu außerhalb des Arbeitsprozesses geschädigten Menschen sinkend staffelt. Insbesondere erweist sich das Anerkennungsverfahren der Minderung der Erwerbsfähigkeit als eine außerordentlich schwer zu überwindende Hürde. Nach einer Studie des Instituts für Arbeitsmarkt- und Berufsforschung sind insgesamt von 12,6 % der erwerbstätigen Männer in der BRD, nach eigenen Aussagen als Behinderte ermittelt, 10,5 % anerkannt und 2,0 % nicht anerkannt, wobei die höchste Quote der nichtanerkannten Behinderung bei Volksschulabschluß (2,4 %) und dort bei »ohne abgeschlossene Lehre« (3,7 %) festgestellt wird. Das gesellschaftliche Sichtbarwerden von Behinderung unterliegt zahlreichen Filterungsprozessen (z. B. Anerkennung von Berufskrankheiten gemäß Reichsversicherungsordnung (RVO), die weitgehend nicht gegebene Feststellung von »seelischer« Behinderung – vgl. hierzu die Schätzungen in der Psychiatrie-Enquete, die Feststellungspraxis der Ärzte und der einschlägigen Ämter, die mit dem Offensichtlichwerden von Behinderung verbundenen Nachteile und Vorurteile), so daß mit weitaus höheren als gegenwärtig bekannten Behindertenquoten gerechnet werden muß. Hochrechnungen aufgrund amtlicher Daten ergeben gegenüber den 1966 in der Microzensus-Erhebung des Statistischen Bundesamtes festgestellten 6,8 % Anteil an der Gesamtbevölkerung 10–12 %. Der Anteil der psychisch Kranken ist hierbei als bei weitem zu niedrig geschätzt zu betrachten. Dies hat unter anderem seine Ursache in dem sozial- und arbeitsrechtlichen Behinderungsbegriff, der von der wirtschaftlich verwertbaren

Arbeitskraft ausgeht, nicht jedoch von der real existierenden physischen und psychischen Verelendung großer Bevölkerungsteile in der BRD. So ergab z. B. eine in der Krise 1966/67 in Baden-Württemberg durchgeführte Untersuchung der Gesundheitsämter bei 64% der arbeitenden Männer und 71% der arbeitenden Frauen behandlungsbedürftige Störungen, 21% bzw. 18% wurden als sanatoriumsreif eingestuft. Obwohl in Medizin und Pädagogik noch eine am physischen Defekt orientierte Sichtweise von Behinderung vorherrscht, belegen zahlreiche ökologische Studien den Zusammenhang von Behinderung und sozialer Schicht. Dies gilt im Bereich der frühen Kindheit, wo niedrige soziale Schicht als Indikator eines größeren Anteils an Risikofaktoren bei Schwangerschaft, Geburt und Verlauf der frühen Kindheit anzusehen ist, im schulischen Bereich, in dem für alle schulisch unterschiedenen Behinderungsformen ein über dem Erwartungswert liegender Zugang aus unteren sozialen Schichten anzutreffen ist, wie auch für die folgenden Altersbereiche (in den meisten Fällen ermittelt mit der Skala von *Kleining* und *Moore*). Der weitaus größte Anteil von Behinderung findet sich auch hier in den verschiedenen Schichten der Arbeiterklasse, insbesondere – wie auch schon in der Kindheit – in der Reservearmee und den Lazarusschichten. Daneben sind auch vorrangig jene Schichten betroffen, die im Bereich der extensiv erweiterten Reproduktion des Kapitals (durch Einbezug neuer Arbeitskräfte bei erhaltenem technischen Niveau des fixen Kapitals) in der materiellen Produktion beschäftigt sind: Frauen, ungelernte Arbeiter, ausländische Arbeiter, die in Krisenzeiten vorzugsweise in den Bereich der Reservearmee gestoßen werden. Darüber hinaus ist auch durch Technisierung und Automatisierung eine Zerstörung von Arbeitskraft jenseits des 40. Lebensjahres insbesondere im Bereich mittlerer Qualifikationen innerhalb der materiellen Produktion feststellbar. Hinzu kommt ein überproportional großer Zufluß an Behinderten aus dem Bereich der im Prozeß der Proletarisierung begriffenen Mittelschichten des Handwerks und der Landwirtschaft.

Im Alter von 60–65 Jahren können gegenwärtig 40–45 % der Männer als behindert betrachtet werden. Für den Bereich des Alters findet das Prädikat »Behinderung« sozialrechtlich kaum noch Anwendung (so wird der Tatbestand Behinderung im Zusammenhang von Alter im Bayerischen Landesrehabilitationsplan ausdrücklich ausgeschlossen), obwohl von der Seite der konkreten Individuen her betrachtet enorm hohe Behinderungsquoten angenommen werden dürfen. Auch hier sind untere soziale Schichten in höherem Maße betroffen.

Mit dem Eintreten von Behinderung, betrachtet als auf konkrete Individuen bezogener Tatbestand, sind Prozesse der Proletarisierung, Pauperisierung und Deklassierung, der physischen und psychischen Verelendung festzustellen. Dies ist z. B. abzulesen aus den hohen Quoten gesundheitlich geschädigter langfristig Arbeitsloser wie aus den Versorgungsleistungen für Behinderte. Selbst da, wo eine spezifische Behinderungsform sich vor allem auf Mittelschichten bezieht, wie bei den thalidomid-, d. h. contergangeschädigten Kindern, treten eindeutig feststellbare Verelendungsprozesse in den Familien auf.

Im Rahmen des Übergangs von der vorwiegend extensiv erweiterten zur vorwiegend intensiv erweiterten Reproduktion des Kapitals zu Beginn der 60er Jahre im Zusammenhang der wissenschaftlich-technischen Revolution, verbunden mit enormen Engpässen in der nunmehr notwendig intensiv erweiterten Reproduktion der Arbeitskräfte (Mauerbau 1961 beendet die Abwerbung qualifizierter Arbeitskräfte aus der DDR, die Infrastruktur des Bildungssektors ist in keiner Weise den veränderten Reproduktionen mehr adäquat) setzt die Diskussion um die durch systematische Rehabilitation wiederherzustellenden Arbeitskräfte ein. Auf diesem ökonomischen Hintergrund vermögen sich die ersten Initiativen von Verbänden und Organisationen (z.B. Lebenshilfe für geistig Behinderte) durchzusetzen, entstehen die ersten Rehabilitationskliniken und Berufsförderungswerke, im Rahmen derer die Anwendung des wissenschaftlich-technischen Fortschritts auf die Behebung von Behinderungen im Sinne wirtschaftlich verwertbarer Arbeitskraft an alters- und qualifikationsmäßig ausgelesenen Menschen erfolgt.

Gesetzgebung seit 1969

Nach Überwindung der Krise 1966/67 setzt mit dem Arbeitsförderungsgesetz, der Regierungserklärung der sozialliberalen Koalition, dem Aktionsprogramm Rehabilitation, dem Schwerbehindertengesetz, dem Sozialversicherungsgesetz für Behinderte, dem Rehabilitationsangleichungsgesetz sowie verschiedenen Landesrehabilitationsplänen eine zunehmende Politik staatlicher Formierung ein; d. h. der Staat übernimmt Aufbau und Gewährleistung einer Infrastruktur der Wiederherstellung zerstörter Arbeitskraft, die im Rahmen technischen Wandels zunehmend erforderlich ist. Der weitaus erfolgsintensivere Weg über eine Verbesserung des Arbeitsschutzes, eine Verringerung der Arbeitshetze, einen Ausbau eines vorsorgeorientierten integrierten medizinischen Gesamtversorgungssystems wurde freilich nicht beschritten, da dies die Positionen des Kapitals ebenso tangiert wie die einer nach »Freiheit« schreienden Ärzteschaft. Soweit die Maßnahmen sich auf die Rehabilitation selbst bezogen, erfolgte vor allem eine Koordination, die ihre Grenze in den nichtangetasteten Privilegien der freien Träger fand. Werkstätten für Behinderte, Berufsförderungswerke und Berufsbildungswerke wurden nicht unter der Trägerschaft des Staates aufgebaut, vielmehr erreichten die staatlichen Finanzhilfen häufig nach privatwirtschaftlichen Gesichtspunkten arbeitende Institutionen. Das letztlich nur an den unmittelbaren Notwendigkeiten der Arbeitskräftesicherung für das Kapital erfolgende Vorgehen des Staates wird insbesondere in der Festsetzung der Ausgleichsabgabe für nichtbesetzte Arbeitsplätze nach dem Schwerbehindertengesetz entsprechend den Vorstellungen der Unternehmerverbände deutlich. Entgegen ursprünglich diskutierten Werten von DM 800,– pro Kopf und Monat erfolgte die Festlegung im Gesetz auf DM 100,–. Zwei Ergebnisse illustrieren die Folgen: Ende 1976 waren mehr als 40 000 nach dem SchwbG amtlich anerkannte Schwerbehinderte arbeitslos; die BASF zahlte 1976 zwei Millionen DM Ausgleichsabgabe, d. h. über 1600 Arbeitsplätze für Behinderte waren nicht besetzt.
Im schulischen Bereich zeigte sich im Rahmen der Bildungsreformdebatte und der

folgenden Planungsschritte im Sonderschulbereich ein verzögerter Reflex auf die veränderten Bedingungen des Arbeits- und Verwertungsprozesses. Nachdem im Strukturplan und Bildungsgesamtplan die Sonderschulfrage noch weitgehend ausgeklammert war, legte die Bildungskommission des Deutschen Bildungsrats im Oktober 1973 ihre Empfehlung »Zur pädagogischen Förderung behinderter und von Behinderung bedrohter Kinder und Jugendlicher« vor. Diese Empfehlung trägt zwar den Bedingungen der notwendigerweise zunehmenden Vergesellschaftung der Reproduktion der Arbeitskraft nunmehr auch im Sonderschulbereich Rechnung, die Einbettung der Maßnahmen in das Regelschulsystem im Sinne weitgehender Integration wie in ein therapeutisches Gesamtversorgungssystem ist vorgesehen; Ansätze zur Realisierung erfolgen aufgrund der krisenhaften Entwicklung jedoch nicht mehr. Wenn auch nicht in gleicher Weise offen, ereilt diese Empfehlung das gleiche Schicksal wie die Psychiatrie-Enquete, die durch die Beauftragung eines privaten Instituts mit der Errechnung der Kostenimplikationen und einem minimalen Modell-Programm nach erneuter Beratung zu den Akten gelegt wurde.

Psychische Entwicklung, Isolation und Behinderung

Untersucht man das Auftreten von Behinderung auf der Erscheinungsebene, so wird folgender Sachverhalt deutlich: Sie wird als sozialer Gegenstand sichtbar und damit überhaupt als Behinderung erst existent, indem Merkmale und Merkmalskomplexe eines konkreten Individuums (z. B. physische Defekte, Schädigungen im Sinne eines Psychosyndroms u. ä.) aufgrund sozialer Interaktion und Kommunikation in Bezug gesetzt werden zu jeweiligen gesellschaftlichen Minimalvorstellungen über individuelle und soziale Fähigkeiten. Um die in dieser Phänographie von Behinderung benannten verschiedenen Ebenen miteinander zu vermitteln, ist eine begrifflich richtige Fassung des Verhältnisses von Individuum und Gesellschaft Voraussetzung. Diese liegt vor in der 6. Feuerbachthese von *Marx* »Aber das menschliche Wesen ist kein dem einzelnen Individuum innewohnendes Abstraktum. In seiner Wirklichkeit ist es das Ensemble der gesellschaftlichen Verhältnisse.« Das konkrete Individuum ist damit zwar einmaliges, von anderen unterschiedenes Individuum, jedoch seinem Wesen nach nur bezogen auf die gesellschaftlichen Verhältnisse denkbar, die sich in seinen Fähigkeiten seiner sinnlich-praktischen Tätigkeit konkretisieren und sie in Umfang und Möglichkeit bestimmen. Die Herausbildung der Persönlichkeit, die Gestaltung des Bewußtseins ist in doppelter Weise materiell bedingt. Einmal ist Bewußtsein nichts anderes als der materielle, biophysische und biochemische Prozeß der Nerventätigkeit, auf der anderen Seite ist es die Widerspiegelung gesetzmäßiger Zusammenhänge in Natur und Gesellschaft. Dies schließt ein die durch den gesellschaftlichen Entwicklungsstand determinierte, teilweise noch nicht erfolgte Erkenntnis, wie die individuelle oder durch gesellschaftliche Gruppen oder Klassen spezifisch vermittelte mystifizierende Realitätsbeschreibung. Diese Widerspiegelung erfolgt entsprechend der spezifisch-menschlichen Form des Lernens. Neben der beim Tier vorhandenen Möglichkeiten der Sammlung von Erfahrung durch genetische Vererbung und durch die

Fähigkeit, individuell Erfahrung in Form bedingter Reflexe zu erfassen, die beide in der frühen Kindheit beim Menschen eine besondere Rolle spielen, tritt eine dritte Erfahrungsart. Es sind soziale Erfahrungen, die von vorhergegangenen Generationen gesammelt wurden; es ist ein Prozeß nicht-biologischer Vererbung. Im Prozeß der aktiven Tätigkeit, insbesondere auch im gesellschaftlich organisierten Arbeitsprozeß, werden die als »Dinge für uns« bisher bekannten Gesetzmäßigkeiten der objektiven Realität angeeignet, sie werden als gesetzmäßige Zusammenhänge für Planung und Handlung verfügbar und sind im Prozeß der Praxis überprüfbar. Gleichzeitig mit der Hereinnahme der Beziehungen in der objektiven Realität über die Gebrauchswertantizipation, d. h. die Gegenstandsbedeutung der Produkte gesellschaftlicher Arbeit, wie ihre Repräsentation in den Symbolbedeutungen der Sprache, erfolgt die Entwicklung des Bewußtseins in einem Prozeß der sich zunehmend entfaltenden psychischen Regulation. Dabei erweist sich die biophysische und biochemische Seite dieses Prozesses als in Form und Inhalt gesellschaftlich determiniert. Die Entfaltung der höheren kortikalen Funktionen erfolgt über im Aneignungsprozeß erworbene hochstabile und -komplexe Reflexsysteme, die bei verschiedenen Individuen unter Einbezug hochspezifizierter Zellgruppen des gesamten Gehirns strukturell unterschiedlich lokalisiert sind. Die räumliche Struktur dieser funktionellen Organsysteme der Großhirnrinde ergibt sich entsprechend dem Prinzip der dynamischen Lokalisation; d. h. entsprechend den Gesetzmäßigkeiten unterschiedlicher Aneignungsprozesse (z. B. voll sinnestüchtiger Mensch, blinder Mensch, gehörloser Mensch) kann die Aneignung der in der objektiven Realität vorgefundenen und über das gesellschaftliche Erbe vermittelten Zusammenhänge einen je unterschiedlichen, wenn auch in Schwerpunktbereichen lokalisierten, organischen Niederschlag finden. Hieraus resultieren die Kompensationsmöglichkeiten bei Organdefekten (wie daraus resultierenden Schädigungen des konkreten behinderten Individuums), indem über andere Sinnesbereiche erneut der Aufbau funktioneller Organsysteme erfolgen kann. Die Aufbaumöglichkeiten finden dabei ihre organische Grenze in dem Eingriffszeitpunkt entsprechend der biologischen Reifung des Organismus. Erfolgen Aneignungsprozesse über lange Zeit nicht, so wächst das Individuum unter Bedingungen der Isolation vom gesellschaftlichen Erbe auf. Die entwicklungslogisch aufeinander folgenden Phasen des psycho-biologischen Prozesses verschieben und verkürzen sich. Hospitalismussyndrom, Reduzierung der Lebenserwartung bei in gettoartigen Anstalten asylierten Behinderten, Prozesse vorzeitigen Alterns (z. B. erforscht im Zusammenhang von KZ-Haft bzw. körperlich stark beanspruchenden Arbeitsprozessen) erfolgen. Eine biologische Schädigung hat damit zum je unterschiedlichen Zeitpunkt ihres Eintretens in den entwicklungslogischen aufeinander folgenden Phasen des Organismus je unterschiedliche Effekte, die je unterschiedlich kompensierbar sind. Alle Kompensationsprogramme müssen jedoch von den Gesetzmäßigkeiten des spezifisch-menschlichen Lernens und von der zentralen Bedeutung der Tätigkeit (insbesondere Arbeit) ausgehen. Behinderung in ihrer konkret-individuellen Seite ist somit auf die Gesetzmäßigkeiten des Aneignungsprozesses zurückzuführen. Sie kommt zustande durch die Isolation vom gesellschaftlichen Erbe, von den Möglichkeiten seiner Aneignung und Vergegenständlichung. Diese Isolation kann im innerorganismischen Bereich begründet sein, so z. B. durch den Ausfall von Sinnesfunktionen, Störungen des Zentralnervensystems, sonstige Organ- und Gliedmaßenschädigungen; d. h. aufgrund von organischen Schäden ist der Aneignungsprozeß erschwert oder verunmöglicht. Sie kann jedoch ebenso im Verhältnis zur Welt der Objekte liegen, indem über fehlende Lernchancen oder stumpfsinnige Arbeit die in der Objektwelt vergegenständlichten Naturzusammenhänge dem Individuum vorenthalten werden, wie über Isolation im Verhältnis zu anderen Menschen, die dem Individuum anders nicht zugängliche wesentliche Bereiche des kulturellen Erbes zu vermitteln vermögen. Innerhalb der kapitalistischen Gesellschaft ist das Verhältnis der Isolation von Teilen des gesellschaftlichen Erbes ein für die gesamte Arbeiterklasse zutreffendes, indem sie von Prozessen gesellschaftlicher Planung durch die Vorenthaltung des Eigentums an den Produktionsmitteln ausgeschlossen ist. Indem der Kern der Arbeiterklasse jedoch in der großen Industrie sowohl die gesellschaftlichen Verhältnisse wie die fortentwickelsten Produktivkräfte, wie die Kampferfahrungen der Arbeiterklasse, ihrer Gewerkschaften und Parteien, am ehesten aneignen kann, behält er seine Handlungsfähigkeit bzw. erreicht diese um so mehr, je mehr er die Anatomie der bürgerlichen Gesellschaft begreift. Insofern ist Isolation nicht mit Behinderung gleichzusetzen. Sie ist jedoch wesentlicher Kern der individuellen Seite von Behinderung, indem, wenn auch nicht jedes von der Aneignung des gesellschaftlichen Erbes isolierte Individuum behindert ist, andererseits jedes behinderte Individuum in extremer Weise von der Aneignung des gesellschaftlichen Erbes isoliert ist. Aufhebung von Behinderung heißt somit Aufhebung der isolierenden Bedingungen. Insofern diese, auch wenn sie organischen Ursprungs sind, wesentlich gesellschaftlich determiniert sind (dies belegt das schichtenspezifische Auftreten von Behinderung), zielt die Frage der Aufhebung von Behinderung prinzipiell zugleich auf die Bedingungen ihres gesellschaftlichen Entstehungszusammenhanges, heißt es diese Frage mit *Sève* formuliert so zu stellen: »Sind die großen Menschen Ausnahmen einer Epoche insofern, als die gewaltige Mehrheit der übrigen Menschen durch die gesellschaftlichen Bedingungen verkrüppelt wird, nicht in gewissem Sinn die normalen Menschen dieser Epoche, und ist der Regelfall der Verkrüppelung nicht gerade die Ausnahme, die Erklärung verlangt?« Behinderung ist somit in ihrer konkreten Seite als Isolation von der Aneignung des gesellschaftlichen Erbes zu begreifen, in ihrer abstrakten, werttheoretischen Seite als nicht verwertbare Arbeitskraft, als »Arbeitskraft minderer Güte«. Ihre Aufhebung verlangt die Aufhebung der isolierenden Bedingungen im Allgemeinen wie im Besonderen, die Aufhebung der kapitalistischen Gesellschaftsstruktur wie die der das konkrete behinderte Individuum isolierenden Bedingungen im organischen wie psychischen Bereich.

Wolfgang Jantzen

Literatur

Bericht über die Lage der Psychiatrie in der Bundesrepublik Deutschland – Bundestagsdrucksache 7/4200 und 7/4201 – Bildungskommission des Deutschen Bildungsrats, Empfehlung, 1974: Zur pädagogischen Förderung behinderter und von Behinderung bedrohter Kinder und Jugendlicher, Stuttgart – *Danckwerts, D.*, 1981: Grundriß einer Soziologie der sozialen Arbeit und Erziehung, Weinheim – *Derleder, P./Winter, G.*, 1976: Entschädigung für Contergan, Argument-Sonderband 12: 111–147, Berlin-West – Ein beispielloses Experiment sowjetischer Psychologen, Gesellschaftswissenschaften (1976). H. 2: 204–235 – *Gaedt, Chr.*, 1976: Ein Lehrstück bundesdeutscher Reformpolitik: Der Bericht über die Lage der Psychiatrie in der Bundesrepublik Deutschland. Jahrbuch für Kritische Medizin, Bd. 1, Berlin-West – *Hautsch, G.*, 1982: Operation '82, '83 usw. – Sozialer Besitzstand wird amputiert, Frankfurt/M. – *Henkel, D./Roer, D.*, 1976: Häufigkeit, Sozialverteilung und Verursachung psychischer Störungen in der BRD. Argument-Sonderband 12: 148–189, Berlin-West – *Jantzen, W.*, 1974: Sozialisation und Behinderung, Gießen – *Jantzen, W.*, 1979: Grundriß einer allgemeinen Psychopathologie und Psychotherapie, Köln – *Luria, A. R.*, 1973: The working brain – an introduction to neuropsychology, Harmondsworth/Middlesex – *Runde, P./Heinze, R. G.* (Hrsg.), 1979: Chancengleichheit für Behinderte, Neuwied – *Seve, L.*, 1972: Marxismus und Theorie der Persönlichkeit, Frankfurt/M. – *Stadler, M./Seeger, F./Raeithel, A.*, 1975: Psychologie der Wahrnehmung, München – *Tennstedt, F.*, 1981: Sozialgeschichte der Sozialpolitik in Deutschland, Göttingen – *Wygotski, L. S.*, 1972: Zur Psychologie und Pädagogik der kindlichen Defektivität, Die Sonderschule H. 2: 65–72 –

→ Gesundheit und Krankheit → Heilpädagogik → Rehabilitation → Sozialpädagogik und Sonderpädagogik

Berufliche Bildung

Der Begriff »berufliche Bildung« orientiert sich an wissenschaftlichen Bezugsdisziplinen (v. a. Berufsbildungsforschung, Berufspädagogik, berufliche Curriculumforschung) oder an politischen Interessen (z. B. Berufsbildungspolitik, Berufsbildungsstatistik). Während die ältere Berufspädagogik in bildungstheoretischer Tradition den Gedanken zu begründen versuchte, bei der Berufsbildung (auch Berufserziehung, Arbeitserziehung) handele es sich um genuine Menschenbildung, die sich lediglich durch ihren Ort, nämlich den Erwerbsbetrieb, und ihren Gegenstand, die Arbeit, von anderen Bildungsgattungen unterscheide, verzichten jüngere Arbeiten aus dem sozialwissenschaftlichen Kontext der Berufsbildungsforschung zumeist auf solche normativen Konstrukte und gehen eher deskriptiv-klassifikatorisch vor. Sie beschreiben berufliche Bildung durch den mit ihr verbundenen Zweck, häufig noch in Abgrenzung zu »allgemeiner Bildung«, durch ihre Institutionen Schule, Betrieb und Lehrwerkstatt, durch ihren Adressatenkreis (Jugendliche: berufliche Erstausbildung; Erwachsene: berufliche Weiterbildung), durch biographische Stationen im Leben des einzelnen, in denen sie sich entfaltet (Berufsausbildung, berufliche

Fortbildung, berufliche Umschulung – so § 1 Berufsbildungsgesetz) oder durch ihre curriculare Systematik (vorberufliche Bildung, berufliche Grundbildung, berufliche Fachbildung). Aus pragmatischen Gründen und in Anlehnung an den konventionellen Sprachgebrauch wird im folgenden unter »beruflicher Bildung« die berufliche Erstausbildung Jugendlicher verstanden, die in schulischen Bildungseinrichtungen außerhalb des tertiären Bereichs (Hochschulen), in Betrieben und überbetrieblichen Bildungsstätten stattfindet und die Vermittlung der für einen »Beruf« konstitutiven Kenntnissen, Fertigkeiten und sozialen Orientierungen anstrebt.

Institutionelles Gefüge

Mit der Eingrenzung des Gegenstandsbereiches auf die Erstausbildung Jugendlicher unter Ausschluß beruflicher Weiterbildung und der Berufsausbildung im tertiären Bereich konzentriert sich berufliche Bildung auf das »duale System« und auf das weitere berufsbildende Schulwesen.

Berufliche Bildung im dualen System: Der Begriff »duales System« kennzeichnet die historisch entstandene Interessen- und Beteiligungsverflechtung in dem quantitativ bedeutendsten Bereich der beruflichen Bildung. Die Grundform besteht in der Verbindung der staatlichen ausbildungsbegleitenden Teilzeitpflichtberufsschule mit der Ausbildung im Betrieb (privat; in geringem Umfang öffentlich). Erst in den letzten Jahren setzen sich Tendenzen zum Ausbau des schulischen Ausbildungsanteils in Form des Berufsgrundbildungsjahrs (BGJ) und zur Vervollständigung der fachtheoretischen und -praktischen Ausbildung in überbetrieblichen Lehrwerkstätten durch, ohne jedoch die Grundkonzeption des dualen Systems, die Aufteilung der Ausbildung zwischen Betrieb und Schule in Frage zu stellen. So bestehen getrennte Zuständigkeiten fort für Theorie und Praxis der Ausbildung nach staatlichen Lehrplänen und betrieblichen Ausbildungsordnungen an Ausbildungs- bzw. Arbeitsplätzen bei Unterweisung durch Berufsschullehrer bzw. betriebliche Ausbilder.

Die älteste Wurzel der dualen Berufsbildung ist die Ausbildung Jugendlicher an betrieblichen Erwachsenenarbeitsplätzen. Diese Form des Lernens und der Unterweisung durch betriebliche Ausbilder auf der Grundlage von Ausbildungsordnungen ist als Beistehlehre oder »learning on the job« auch heute noch die verbreitetste Lern- und Lehrform im Betrieb, begegnet allerdings wegen ihrer mangelhaften Ausdifferenzierung von genuinen Lernsituationen und -sequenzen aus dem Arbeitsprozeß sowie der Vermischung von Ausbildungs- und produktiven Arbeitsfunktionen und der darin begründeten prinzipiellen Verwendbarkeit von Auszubildenden als unterbezahlten Arbeitskräften einer zunehmenden berufspädagogischen Kritik. Unabhängig von diesen normativ-rationalistisch begründeten Einwänden, die sich bereits gegen das »imitatio«-Prinzip der mittelalterlichen Meisterlehre richteten, legt die fortschreitende Mechanisierung und Rationalisierung von Produktionsprozessen weitere materielle Grenzen dieser betrieblichen Ausbildungsform frei. Diese werden erreicht, wo eine zunehmende Organisierung und

Standardisierung von Arbeitsabläufen Lernen durch eingreifendes Verändern ausschließen, wo Mechanisierung und Automatisierung initiative Steuerungsfunktionen nicht mehr zulassen oder wegen der Kapitalintensität solcher Anlagen aus Kostengesichtspunkten verbieten, und wo schließlich fortgeschrittene Arbeitsteilung der praktisch-anschaulichen Rekonstruktion des Arbeitsganzen zu Lernzwecken die Grundlage entzieht. Diese Tendenzen greifen heute über den industriellen Sektor immer weiter auch auf Arbeitsprozesse im Verwaltungs- und Dienstleistungsbereich über (vgl. *Lenhardt*, 1979).

Die abnehmende Eignung von Erwachsenenarbeitsplätzen als Ausbildungsplätzen für Jugendliche unter Gesichtspunkten der Lerneffizienz und der betrieblichen Kostenökonomie hat bereits im letzten Viertel des 19. Jahrhunderts zu einer Auslagerung der betrieblichen Lehre in Lehrwerkstätten geführt (erste Lehrwerkstatt 1821; Durchbruch ab 1878 mit den preußischen Staatseisenbahn-Lehrwerkstätten); Die Lehrwerkstatt-Ausbildung ergänzt den betrieblichen Ausbildungsprozeß in den Phasen, in denen Arbeitssituationen nicht oder nicht effizient als Lernsituationen organisierbar sind, aus »erzieherischen« Gründen auf die Vermittlung von Grundfertigkeiten nicht verzichtet werden soll (»Eisen erzieht«), oder die unter Kostengesichtspunkten eine Ernstfall-Ausbildung nicht zulassen (Materialkosten, Anlagekosten). Daten über den Gesamtumfang und die Verteilung betrieblicher Lehrwerkstätten auf Wirtschaftsbereiche lassen erkennen, daß diese Ausbildungsform eine Domäne der Industrie, und hier vor allem der Metall- und Elektroindustrie ist.

Die finanzielle Förderung überbetrieblicher Ausbildungsstätten und damit die Subventionierung vor allem der handwerklichen Berufsbildung stellt einen der Schwerpunkte staatlicher Berufsbildungspolitik dar. In einem seit 1973 laufenden Programm haben Bund, Länder und Bundesanstalt für Arbeit dafür nahezu 1,6 Mrd. DM bereitgestellt.

Als Grundform des berufsbildenden Schulwesens vereinigt die Berufsschule Jugendliche auf sich, die nach Vollendung der Sekundarstufe I in einem Ausbildungs- oder Arbeitsverhältnis stehen und nicht in eine weiterführende Vollzeitschule des allgemein- oder berufsbildenden Zweigs eingetreten sind. Ihr Charakter als »Restschule« erhellt auch aus der Heterogenität des von ihr erfaßten Schülerkreises: Auszubildende und Praktikanten, Jungangestellte (v. a. weiblich), mithelfende Familienangehörige, Jungarbeiterinnen und -arbeiter sowie Arbeitslose.

Der Unterricht erfolgt nach Rahmenlehrplänen, die auf einer 1972 zwischen Bund und Ländern vereinbarten Grundlage mit den staatlichen Ausbildungsordnungen für die betriebliche Ausbildung abgestimmt werden. Bis Ende 1981 waren davon 77 Lehrpläne betroffen.

Mit der Berufsschule teilt das BGJ (in einigen Ländern: Berufsgrundschuljahr) die Orientierung auf das duale System. In seiner vollzeitschulischen (überwiegenden) Form ersetzt es dort, wo es eingeführt ist, das erste Ausbildungsjahr und vermittelt neben allgemeinbildenden Fächern fachtheoretische und -praktische Grundkenntnisse und Fertigkeiten in einem Berufsfeld. Voraussetzung für die Anrechnung des BGJ ist allerdings, daß der spätere Ausbildungsberuf unter das Berufsfeld fällt, das im BGJ gewählt wird. In einer KMK-Rahmenvereinbarung wurde später die Zahl der Berufsfelder von 11 auf 13 erhöht bei gleichzeitiger Bildung von Schwerpunkten innerhalb der wichtigsten Berufsfelder (KMK-Mitteilungen, 3/78). Mit dieser Änderung sollte Einwänden von Unternehmerverbänden begegnet werden, die die Anrechnung des BGJ als erstes Ausbildungsjahr als undurchführbar und »ausbildungshemmend« bezeichnet hatten. Aber auch für die Auszubildenden ergeben sich aus den Anrechnungsmodalitäten des BGJ Probleme, sei es, daß Interessen und Neigungen einen Ausbildungsberuf außerhalb des gewählten Berufsfeldes nahelegen, oder sei es, daß das verfügbare Ausbildungsplatzangebot eine vom Berufsfeld abweichende Ausbildungsentscheidung notwendig machen. So konnten nach einer 1977 veröffentlichten Befragung von BGJ-Absolventen 56,8% das BGJ nicht auf die Ausbildungszeit anrechnen lassen (Berufsbildungsbericht, 1978).

In seiner »kooperativen« Variante setzt das BGJ den Abschluß eines Ausbildungsvertrages voraus und beinhaltet eine Verlängerung des schulischen Ausbildungsanteils im dualen System auf 2 bis 2½ Tage (1. Ausbildungsjahr).

Der Ausbau des BGJ in seiner vollzeitschulischen Variante, also mit ausbildungsplatzsparendem Effekt, ist einer der Schwerpunkte der staatlichen Berufsbildungspolitik der letzten Jahre (Bund-Länder-Kommission, 1975). So stieg die Zahl der Jugendlichen im BGJ von ca. 13 000 (1973/74) auf ca. 78 000 (1980) und erhöhte sich der Anteil der BGJ-Teilnehmer an den Auszubildenden im 1. Ausbildungsjahr von ca. 3 auf fast 14% (Berufsbildungsbericht 1982; Grund- und Strukturdaten 1982/83).

Durch die Bereitstellung erheblicher finanzieller Mittel durch Bund und Länder soll der Ausbau des BGJ in den kommenden Jahren intensiviert werden. Alle Bemühungen in dieser Richtung können jedoch nicht darüber hinwegtäuschen, daß das BGJ den strukturellen Mängeln der Berufsbildung aus einer Position der Schwäche begegnet. Das läßt sich zum einen an dem erfolgreichen Widerstand des KFZ-Handwerks, dem Spitzenanbieter von Ausbildungsplätzen für Jungen, ablesen, das BGJ in der vorgesehenen Länge auf die Ausbildungszeit anzurechnen. In der 1978 novellierten Anrechnungsverordnung hat es, zusammen mit den Ausbildungsberufen Verkäufer(in), KFZ-Elektriker und Radio- und Fernsehtechniker eine Reduzierung der allgemeinen Anrechnungspflicht auf ein halbes Jahr durchgesetzt. Zum anderen ist das BGJ auch aus der Perspektive der Schüler nur wenig geeignet, um ihre Marktsituation auf dem Ausbildungsstellen- und später dem Arbeitsmarkt zu verbessern. Während bei einer Kultusminister-Befragung von Absolventen allgemeinbildender Schulen im Sekundarbereich I (1977) von den Absolventen des Gymnasiums bzw. der Realschule mit mittlerem Abschluß nur 2,1% bzw. 2,4% die Absicht äußerten, in das BGJ einzutreten, waren es bei den Hauptschülern 16,4% und bei Sonderschülern 25,6%. Das BGJ, im Berufsbildungsgesetz berufspädagogisch mit dem Hinweis auf eine breite, theoretisch begründete Basierung jeglicher spezialisierter Berufsbildung begründet (§ 26, Abs. 2), hat sich unter dem Einbruch der ökonomischen und Ausbildungskrise zu einem primär ausbildungsstellen- und arbeitsmarktpolitischen Auffangbecken für Jugendliche entwickelt, die in der Konkurrenz unterlegen sind. Zugleich erfüllen Sonderformen des BGJ, vor

allem das Berufsvorbereitungsjahr (BVJ), eine über die Parkfunktion hinausrei-
chende Absorptionsfunktion: hier werden Schüler nicht auf eine anschließende
Berufsausbildung im dualen System vorbereitet, sondern an die Stelle einer
Berufsausbildung (und oft auch einer berufsschulischen Ausbildung bis zum
18. Lebensjahr) tritt eine einjährige Kurz»ausbildung« für eine »Helfertätigkeit in
Produktions- und Dienstleistungsbetrieben«, wie das KM Rheinland-Pfalz diese
neue Variante der Hilfsarbeitervorbereitung nennt (vgl. *Petzold*, 1981). Immerhin
befanden sich 1980 46 000 Jugendliche in solchen Sonderformen des BGJ.
Vollzeitschulische Berufsbildung: Neben dem Verbund von Schule und Betrieb
vermitteln auch Vollzeitschulen eine berufliche Bildung. Insgesamt kann von einer
Tendenz zur Erhöhung des Anteils von Jugendlichen ausgegangen werden, die ihre
Ausbildung in vollzeitschulischen Einrichtungen, vor allem in Berufsfachschulen
(einschl. BGJ) erhalten:

- Berufsfachschulen mit 1-3jähriger Schulzeit bereiten auf eine Berufstätigkeit
  ohne qualifizierten Abschluß vor (v. a. 1jährige Handelsschule), auf eine
  Berufstätigkeit, für die es keinen anerkannten Ausbildungsberuf gibt, oder
  ersetzen eine betriebliche Ausbildung ganz oder teilweise. Die Zahl der
  Berufsfachschüler stieg von 197 000 (1967) auf 352 000 (1980) und weist eine
  jährlich hohe kontinuierliche Steigerung auf, dem ein entsprechender Ausbau
  auf seiten des Staates (Länder) entspricht.
- Berufsaufbauschulen werden neben oder nach einer beruflichen Ausbildung
  besucht und vermitteln in einem vollzeitschulischen Lehrgang von mindestens
  einem Jahr (Teilzeit entsprechend länger) die Fachschulreife. Der Lehrplan
  enthält allgemeine und fachtheoretische Bildung.
- Fachoberschulen bereiten auf der Grundlage eines mittleren Abschlusses durch
  Vermittlung allgemeiner, fachtheoretischer und fachpraktischer Kenntnisse und
  Fähigkeiten auf den Fachhochschulbesuch vor.
- Fachschulen führen auf der Grundlage einer einschlägigen Berufsbildung zu
  einer vertieften beruflichen Fachbildung in einem mindestens einjährigen
  vollzeitschulischen Kurs.

Geschichte

Die betriebliche Berufsbildung mit der Aneignung allgemeiner Fachkenntnisse auf
empirischer Grundlage ist der älteste Zweig der heutigen Berufsbildung im dualen
System. Seine Wurzel reicht in die mittelalterliche Handwerksausbildung zurück, in
der der Lehrling als Glied des meisterlichen Haushaltes in einem langjährigen
Sozialisationsprozeß in die »Geheimnisse« des Handwerks wie in die Normen der
Zunft eingeführt wurde. Die Ausbildung zielte auf die Vermittlung von Kenntnissen und Fertigkeiten durch Imitation der meisterlichen Arbeit.
Mit der Zersetzung der feudalen Ökonomie durch den aufkommenden (Handels-)
Kapitalismus zerbricht das gemeinsamkeitsstiftende Fundament der handwerklichen Produktion und zieht die Ausbildung des Nachwuchses in den Strudel des
ökonomischen Überlebenskampfes. Der Lehrling verwandelt sich in den hand-

werklichen Detailarbeiter, dessen »Ausbildungszeit« umso länger dauert, je weniger finanzielle Mittel er für seine Ausbildung aufbringen kann. Mit der faktischen Durchbrechung und schließlich rechtlichen Aufhebung der Barrieren, die den handwerklichen Arbeits- und Gütermarkt gegen die Konkurrenz der Manufakturen und Fabriken abschirmten, brach die handwerkliche Meisterlehre im Übergang zum 19. Jahrhundert zusammen. Das 19. Jahrhundert spiegelt diesen Zusammenbruch in protektionistischen Nachhutgefechten gegen das Vordringen des Kapitals und in Abwehrkämpfen gegen die massenhafte Proletarisierung ehemals handwerklicher Schichten. An diesem letzteren Interesse, dem Aufbau eines »Bollwerks« gegen die gewerkschaftliche und sozialdemokratische Arbeiterbewegung, kann im letzten Drittel des 19. Jahrhunderts die preußisch-deutsche Politik und die sie tragende feudal-kapitalistische Koalition anknüpfen. Im Mittelpunkt der Handwerksschutzgesetzgebung (1897 und 1908) steht die ökonomische Absicherung des Handwerks gegen ungehemmte Konkurrenz durch die Statuierung von Zugangsbedingungen und die Verleihung des Prüfungsmonopols für gewerblich-technische Fachkräfte. Erst 1935 erhält die Industrie das Recht auf Abnahme industrieller Facharbeiterprüfungen. Der deutsche Faschismus, als Retter vom alten Mittelstand nachhaltig begrüßt, gab der Rationalisierung der handwerklichen Ausbildung entscheidende Impulse: durch die Abstufung der Ausbildung nach gelernten, an- und ungelernten Tätigkeiten, die Lockerung des zeitlichen Rahmens, innerhalb dessen die Jugendlichen den Betrieben zu Arbeit und Ausbildung zur Verfügung standen und durch die »Bedarfsprüfung« für (kriegs)wirtschaftlich überflüssige Ausbildungsverhältnisse u. a. m. (*Wolsing*, 1977; *Seubert*, 1977). Die Wiederaufnahme einer Mittelstandspolitik in der Nachkriegszeit ist dann Restauration in doppeltem Sinn: durch die Korrektur kriegswirtschaftlicher Lenkungsmaßnahmen des Faschismus wie durch das Interesse an einer sozialen Stabilisierung der antisozialistischen Koalition nach 1945.

Anders als die betriebliche Ausbildung ist die Teilzeitpflichtberufsschule jüngeren Ursprungs. Mit der älteren Realschule, der Industrieschule oder der Gewerbeschule hat sie kaum etwas gemeinsam. Auf der Suche nach ihren Vorläufern stößt man am ehesten auf die Sonntagsschule, die in Preußen 1846 mit dem Ziel eingeführt wurde, die schulentlassene arbeitende Jugend zwecks Allgemeinbildung, d. h. Wiederholung des Volksschulpensums von den verderblichen Vergnügungen des arbeitsfreien Sonntags abzuhalten. Da der preußische Staat jedoch nicht in der Lage bzw. bereit war, für die finanzielle Einrichtung und Unterhaltung zu sorgen, blieb es bei einer Empfehlung an die Gemeinden, Sonntagsschulen zu errichten. Erst 1874 erklärte sich die Regierung unter bestimmten Bedingungen zur Übernahme von Kostenanteilen bereit. 1869 wurden in die Gewerbeordnung des Norddeutschen Bundes eine Vorschrift aufgenommen, wonach männliche Gesellen, Gehilfen und Lehrlinge unter 18 Jahren durch Ortsstatut zum Besuch einer Fortbildungsschule verpflichtet werden konnten. Bei dieser ortsabhängigen Regelung blieb es bis 1919, als der Fortbildungsschulbesuch in die allgemeine Schulpflicht einbezogen wurde (Art. 145 Reichsverfassung). Außerhalb Preußens hatten die deutschen Länder ab 1870 eine allgemeine Fortbildungsschulpflicht eingeführt, auch hier in der Absicht der Festigung der religiösen und staatsbürgerlichen Erziehung. Erst mit der Handwerks-Novelle der Gewerbeordnung 1897, die einen protektionistischen Zug trug, erhielt der liberale, ökonomisch am Markt orientierte Teil der deutschen Bourgeoisie mit seiner Forderung nach einer gewerblichen-fachlich geprägten Fortbildungsschule neuen Auftrieb (*Greinert*, 1975). 1911 führte Preußen die fachlich ausgerichtete Fortbildungsschule ein.

Die Weimarer Reichsverfassung hatte eher in einem Vorgriff auf zu schaffende Zustände mit der Tradition gebrochen, die Errichtung von Fortbildungsschulen den Gemeinden zu überlassen, und die allgemeine Fortbildungsschulpflicht ausgesprochen. Die Berufsschule – diese Bezeichnung setzte sich nach der Reichsschulkonferenz 1920 durch – harrte während der Jahre der Weimarer Republik einer reichseinheitlichen gesetzlichen Regelung, weil weder das Reich noch die Länder die Finanzmittel zu ihrem Ausbau aufzubringen vermochten. So blieb die Berufsschule, vor allem auf dem Land, auf Ansätze beschränkt und kaum auf die Belange der in der Berufsbildung stehenden Jugendlichen bezogen.

Rechtliche Regelungen

Wie oben bei der Abstimmung zwischen betrieblichen Ausbildungsordnungen und schulischen Rahmenlehrplänen bemerkt, bedarf die rechtliche Vereinheitlichung der beruflichen Bildung aufgrund verschiedener Rechtsansprüche eines komplizierten Verfahrens zwischen Ländern (zuständig für das berufsbildende Schulwesen) und Bund (zuständig für die außerschulische berufliche Bildung). Die materielle Regelungskompetenz des Bundes wird allerdings durch den von den Unternehmerverbänden erhobenen Anspruch auf Selbstverwaltung der betrieblichen Berufsausbildung in Frage gestellt. Im Gegensatz zu verfassungsmäßig geschützten Selbstverwaltungsrechten von Gemeinden und Kirchen enthält das Grundgesetz für die Bundesrepublik jedoch keine Selbstverwaltungsgarantie für »die Wirtschaft«. Rechtlich stellt daher die Berufsbildung eine frei zu gestaltende Rechtssphäre dar; die Grenzen des rechtlichen Gestaltungsspielraums ergeben sich daher auch eher aus den Strukturgesetzen einer kapitalistischen Ökonomie denn aus mangelnden Rechtsquellen (*Richter*, 1974).

Berufsbildungsgesetz (BBiG): Nach jahrzehntelangen, durch den Faschismus und die Nachkriegsphase unterbrochenen Kämpfen kommt es 1969 zu der ersten Regelung der beruflichen Bildung in einem Berufsbildungsgesetz. Breite Teile des Gegenstandsbereiches blieben jedoch ausgeklammert: kompetenzmäßig die schulische Berufsbildung, sektorenspezifisch Bereiche des Handwerks (§ 73), ordnungssystematisch die Finanzierung. Schwerpunktmäßig werden im BBiG geregelt das Berufsbildungsvertragsrecht, die Ordnung der Berufsbildung (personelle und sachliche Bedingungen, Ausbildungsordnungen als Grundlage der Ausbildung, Prüfungswesen, Überwachung der beruflichen Bildung, berufliche Fortbildung und Umschulung) und die Institutionen zur Überwachung und Regelung der Berufsbildung sowie zur Berufsbildungsforschung (Bundesinstitut für Berufsbildungsforschung). Auf eine Kurzformel gebracht vereinheitlicht das BBiG rechtliche Grundlagen und schreibt wie z. B. für die Stufenausbildung Entwicklungen fest, mit denen vor allem in den 60er Jahren die Betriebe die Ausbildung ihrem gewandelten Ausbildungsbedarf angepaßt hatten. Eine gesetzliche Entscheidung über eine neue Finanzierungsregelung für den Bereich der betrieblichen Ausbildung wurde dagegen unter Hinweis auf mangelnde Faktenkenntnis vertagt (Sachverständigenkommission, 1974).

Das BBiG, ein Produkt der Großen Koalition aus CDU/CSU und SPD, stieß von Anfang an auf den Widerstand der Wirtschaftsverbände, der sich an bestimmten »überzogenen Anforderungen« des Gesetzes festmachte. Die Geschichte der Ausbildungseignungsverordnung (auf der Grundlage von § 21 BBiG) spiegelt die Grenzen, auf die der Vollzug des Gesetzes in der betrieblichen Ausbildungspraxis stieß. Um personell (und sachlich, vgl. § 22 BBiG) ungeeignete Grenzbetriebe vom Ausbildungsmarkt auszuschließen, sollte durch RVO der Nachweis der Ausbilder-Eignung geregelt werden. Die bisher erlassenen Rechtsverordnungen enthalten jeweils Ausnahmeregelungen, die »angesichts der wachsenden Nachfrage nach Ausbildungsplätzen« auch Ausbildern ohne Eignungsprüfung die Fortsetzung der Ausbildung erlauben (Berufsbildungsbericht, 1978).

Entwicklung und Determinanten des betrieblichen Ausbildungsplatzangebots

Statistische Daten über den Gesamtumfang der verfügbaren betrieblichen Ausbildungsplätze liegen erst seit wenigen Jahren vor. Für längere Zeitreihenanalysen ist man dagegen auf Daten angewiesen, die bei den Arbeitsämtern als Angebot an und Nachfrage nach Ausbildungsstellen zusammengelaufen sind.

Die Entwicklung von Ausbildungsplatzangebot und -nachfrage in der BRD seit Beginn der 50er Jahre läßt sich in 4 Phasen einteilen:

- 1. Phase 1951–1957: demographische Welle der 50er Jahre; erhöhtes Ausbildungsplatzangebot bei geringem Anteil unbesetzt bleibender Stellen; hoher Bestand an Auszubildenden; geminderte Ausbildungchancen (»Jugendberufsnot der 50er Jahre«).
- 2. Phase 1958–1969: geringe Jahrgangsstärken der 15jährigen; hohes Ausbildungsplatzangebot bei hohem Anteil unbesetzt bleibender Stellen; relativ niedriger Bestand an Auszubildenden (Anstieg in den Rezessionsjahren um 1967); genereller Mangel an Lehrstellenbewerbern.
- 3. Phase 1970–1973: Beginn der demographischen Welle, gleichzeitig Rückgang der gemeldeten und unbesetzt bleibenden Stellen; durch die anhaltende Expansion im schulischen Sektor werden die geburtenstarken Jahrgänge jedoch noch aufgefangen; keine wesentliche Zunahme des Bestandes der Auszubildenden.
- 4. Phase ab 1974: Zunahme der geburtenstarken Jahrgänge; Rückgang der gemeldeten Stellen; Zahl der unversorgt bleibenden Bewerber übersteigt Zahl der offenen Ausbildungsstellen; Kapazitätsgrenzen im schulischen Sektor; erheblich geminderte Ausbildungchancen der Jugendlichen (*Werner,* 1977).

Auf der Suche nach den Ursachen des Ausbildungsplatzrückgangs stößt man auf ein höchst differenziertes Bild in der wirtschaftsstrukturellen und branchenmäßigen

Entwicklung von Ausbildungsquoten. Die Ursachen des Rückgangs der Ausbildungsaktivität in weiten Bereichen der gewerblichen und kaufmännischen Ausbildung in der Industrie sind in folgenden Entwicklungen zu suchen:

1. Trend zu kapitalintensiver Produktion;
2. Zunahme von Serienproduktion und Automation;
3. Standardisierung von Arbeitsvorgängen und Spezialisierung der betrieblichen Produktion;
4. wirtschaftsstrukturelle Verschiebungen zum Dienstleistungsbereich mit geringerer Ausbildungsintensität;
5. Konzentrationsprozesse mit a) Aufgabe »ausbildungsintensiver Kleinbetriebe« und b) Verdrängung ausbildungsintensiver Betriebstypen (z. B. Drogerie) durch ausbildungsarme Konzentrationsformen (z. B. Drogeriemarkt mit geringem Fachkräfteanteil) (*Werner*, 1977; *Fritz*, 1977).

Die Untersuchungen des Instituts für Arbeitsmarkt- und Berufsforschung über die Veränderung der Ausbildungsintensität von Industriebetrieben (*v. Henninges/ Schwarz*, 1975) und Bestimmungsgründe für die Veränderung des Umfangs der Facharbeiternachwuchsbildung in der Industrie (*v. Henninges*, 1975) erbrachten folgende Resultate:

1. Die Industrie bildet nur etwa die Hälfte der bei ihr beschäftigten Fachkräfte (Facharbeiter und »Fachangestellte«) selbst aus und bezieht die andere Hälfte vom Handwerk (42%) und vom Dienstleistungsbereich (9%).
2. Die industriezweigspezifische Verteilung der Ausbildungsintensität weist eine hohe Streuung auf bei einer insgesamt stabilen Rangfolge der Industriezweige nach Ausbildungsintensität. Die Gesamtabnahme der Ausbildungstätigkeit in der Industrie entfällt jedoch überproportional auf die bislang ausbildungsintensivsten Industriezweige.
3. Unter den Ursachen für den Rückgang der Ausbildung in der Industrie haben sich in einer empirischen Untersuchung die folgenden als erklärungsträchtigste herausgestellt:
   – Verringerung des »Bedarfs« an Facharbeitern,
   – zunehmende Technisierung von Arbeitsplätzen, die einer betrieblichen Ausbildung wachsende Widerstände entgegenstellt
   – Beschleunigung dieser Faktoren durch einen Entwicklungsknick ab 1969/ 70.

Konnte die staatliche Berufsbildungspolitik die seit Mitte der 70er Jahre durchschlagenden Krisenerscheinungen der Wirtschaft und des Arbeitsmarktes durch ein breit gefächertes Ausbildungsplatzförderungsprogramm (schulisch und betrieblich; finanzielle Anreize und Zurücknahme bildungspolitisch kontroverser Themen) noch in gewissen Grenzen kompensieren, so deuten die Entwicklungen seit Beginn der 80er Jahre auf einen Trendbruch hin. Die politisch erwünschte »Ausbildung auf Vorrat« entwickelte über die Jahre einen Rückstau qualifizierter Arbeitskräfte, der angesichts eines insgesamt reduzierten Beschäftigungsvolumens (hohe Arbeitslosigkeit) eine Anpassung des betrieblichen Ausbildungsniveaus an den effektiven Ersatzbedarf hervorrufen mußte.

Im Rahmen dieser Entwicklung haben sich Ausbildungsstrukturen mit erheblichen wirtschaftssektoralen, geschlechtsspezifischen, regionalen und sozialen Verzerrungen herausgebildet und verschärft.

Nutznießer der sinkenden Ausbildungsspielräume der letzten Jahre sind das Handwerk (»Schwammfunktion«), Dienstleistungsberufe und der Einzelhandel, die mit dem Wohlwollen der öffentlichen Meinung und teils neben BBiG und Jugendarbeitsschutzgesetz eine erhebliche Steigerung ihrer Ausbildung durchsetzen konnten. Da bei der Ausbildungskapazitätsproblematik die Qualität und Zukunftsaussicht der Ausbildung zum nachrangigen Kriterium wird, bleiben auch die Einsichten in die Mängel der handwerklichen Überschußausbildung mit hoher Berufswechselquote (Berufsbildungsbericht 77; *Hofbauer/Kraft*, 1974; *Hofbauer/Stooß*, 1975) ohne Folgen für die staatliche Berufsbildungspolitik. So konzentrierte sich die Ausbildungsplatzexpansion im Dreijahreszeitraum 1976/79 (insgesamt: + 29,1%) auf folgende Ausbildungsberufe (Neuabschlüsse): Maurer (+ 159,3), Verkäuferin im Nahrungsmittelhandwerk (+ 71%), Bäcker (+59%), Fleischer (+ 41,9%), Tischler (+ 67,8%), Angestellter im öffentl. Dienst (+ 42,5%), Koch/Köchin (+ 56,2%), Maler und Lackierer (+ 58,9%) (Berufsbildungsbericht). Unter den absolut sinkenden oder stark unterproportional wachsenden Bereichen befinden sich dagegen anspruchsvolle Ausbildungsberufe mit breiter Verwendungsfähigkeit wie Fernmeldehandwerker (– 15,1%), Radio- und Fernsehtechniker (+ 8,8%) und Werkzeugmacher (+ 12,8%) (Berufsbildungsbericht 1980). Schon für den Zuwachs 1977 war festzustellen, »daß drei Viertel (79%) der zusätzlichen Ausbildungsverhältnisse (bei den 25 am häufigsten besetzten Ausbildungsberufen) in Ausbildungsberufen zustande kamen, in denen ein kontinuierlicher Berufsverlauf für die Zukunft sehr unsicher erscheint. Es zeigt sich auch, daß in den Ausbildungsberufen Elektroinstallateur und Werkzeugmacher eine rückläufige Zahl an Ausbildungsverhältnissen festzustellen ist, obwohl Metall- und Elektroberufe eine hohe Wirtschaftsbereichsflexibilität aufweisen« (*Stegmann/Holzbauer*, 1979).

Durch alle statistische Unterlagen zieht sich ein als roter Faden die Diskriminierung der Frauen und Mädchen im beruflichen Bildungssystem wie auf dem Arbeitsmarkt: Frauen stellen einen relativ größeren Anteil an jugendlichen Arbeitslosen und sind durchschnittlich länger arbeitslos als Männer. Sie befinden sich besonders häufig in ein- und zweiklassigen Berufsfachschulen ohne anerkannten berufsqualifizierenden Abschluß sowie in Kurzausbildungsgängen im dualen System (z. B. Verkäuferin, Arzthelferin) und stellen 60% der Jugendlichen ohne Ausbildungsvertrag. Ein großer Teil der gewerblichen Ausbildungsberufe in Industrie und Handwerk ist ihnen verschlossen. 1975 vereinigten die 20 am stärksten besetzten Ausbildungsberufe bei Mädchen 86% aller Ausbildungsverhältnisse auf sich (Jungen 65%).

Der Verzicht auf einen hohen Überschuß des Ausbildungsplatzangebots über die Nachfrage bedeutet vor allem für Jugendliche in sogenannten strukturschwachen Gebieten den faktischen Ausschluß von einer beruflichen Bildung. Zwar richten sich spezielle Fördermaßnahmen der Berufsbildungspolitik auf den Ausgleich des

Gefälles zwischen den Regionen unterschiedlicher Wirtschafts- und Ausbildungs-kraft, jedoch liegt eine Evaluation dieser Programme bislang nicht vor.

Angesichts der anhaltenden Verknappung des Ausbildungsplatzangebots kommt es unter den Bewerbern zu einem von der betrieblichen Einstellungsstrategie forcierten Verdrängungswettbewerb: Hauptschüler mit Abschluß verdrängen Son-derschüler und solche ohne Abschluß, Realschulabsolventen Hauptschüler, Hoch-schulberechtigte Realschüler und Hauptschüler. So stieg unter den Auszubilden-den zum Bankkaufmann der Anteil der Abiturienten von 8,8% (1972) auf 47,1% (1980) (Berufsbildungsbericht 1981).

Ergebnis der Entwicklung der Ausbildungsplatzsituation der letzten Jahre ist die Heranbildung einer schlecht oder gar nicht ausgebildeten industriellen Reservear-mee von morgen, die sich aus ausländischen Jugendlichen, Schulentlassenen ohne Hauptschulabschluß, Sonderschulabsolventen und solchen Jugendlichen zusam-mensetzt, die der Diffamierung ihres Ausbildungswunsches als »Traumberuf« und der Empfehlung zu einem »Nebentraum« Widerstand entgegengesetzt haben. Für ein Anwachsen gerade der letzten Gruppen spricht, daß unter den Ende 1978 statistisch bei den Arbeitsämtern erfaßten unversorgten Bewerbern um eine Ausbildungsstelle 90% mindestens einen Hauptschulabschluß hatten (ANBA 1979). Insgesamt betrug Ende 1978 die Zahl der gemeldeten Arbeitslosen unter 20 Jahren ca. 80 000; dabei herrscht weitgehend Konsens, daß die Dunkelziffer mindestens nocheinmal dieselbe Zahl erreicht.

Berufsbildungsforschung und berufliche Curricula

Berufliche Bildung in Schule und Betrieb vollzieht sich auf der Basis von Lehrplä-nen und Ausbildungsordnungen, die a) empirisch begründet, b) auf eine in der Zukunft liegende Verwendung bezogen und c) curricular stimmig sein müssen. Diesen drei Problembereichen der Berufsbildungsforschung soll abschließend kurz nachgegangen werden.

Die in der traditionellen Arbeitswissenschaft erarbeiteten Konzepte der »Auf-gabenanalyse« bemühen sich um eine möglichst naturgetreue Abbildung der an einem Arbeitsplatz anfallenden Arbeitsaufgaben in der Terminologie von Verhal-tensweisen. Aus den durch Beobachtung und/oder Befragung gewonnenen analyti-schen Daten werden Ausbildungsqualifikationen konstruiert, indem die häufigsten (beobachtbaren) Verhaltensweisen tautologisch in »Fähigkeit zu . . .« oder »Ver-mögen zu . . .« umgewandelt werden (vgl. kritisch *Volpert*, 1974; *Rüger*, 1974). Diese statistisch-atomistische Betrachtungsweise mit ihrer ausgeprägten Orientie-rung am Status quo aktuell beobachtbaren Arbeitshandelns zumeist manueller Art stieß angesichts ihrer Untauglichkeit für die Prognose zukünftiger Verwendung auf wachsende Kritik, die sich in der Einführung empirisch nicht mehr begründeter und konzeptionell nicht mehr angebundener »Zuschläge« ausdrückte, etwa zur Entspe-zialisierung der entwickelten Anforderungen (*Krause*, 1965) oder zur Deklarierung von »Schlüsselqualifikationen« (*Mertens*, 1974).

In den letzten Jahren hat der handlungspsychologisch begründete Ansatz der

Arbeits- und Qualifikationsanalyse an Bedeutung gewonnen, der die Oberflächlichkeit der traditionellen Arbeitsanalyse sowie ihr Scheitern an der Entwicklung curricular brauchbarer Aussagen über Qualifikationsentwicklung und -bedarf kritisiert. Gegenüber dem Konkretismus solcher Arbeitsanalysen sei die Gewinnung einer Abstraktionsebene erforderlich, die in der psychischen Struktur individueller Handlungen gesehen wird. Es werden drei Regulationsebenen von Arbeitshandeln unterschieden, die sensumotorische, perzeptiv-begriffliche und intellektuelle, die hierarchisch ineinander übergreifen (*Volpert*, 1974; *Hacker*, 1978). Diese Ebene löst mit der Allgemeinheit und Transferierbarkeit ihrer Kategorien das doppelte Problem, prognostische Aussagen zuzulassen wie Aussagen über (kognitive) Lernprozesse, die zum Vollzug von Arbeitshandlungen grundlegend sind. Handlungsstrukturanalyse erfüllt damit eine »Gelenkfunktion« zwischen Arbeitsanalyse und (beruflicher) Curriculumentwicklung.

Während die Handlungsstrukturanalyse das Prognoseproblem der Berufsbildungsforschung dadurch löst, daß sie Aussagen über psychische Strukturen und ihre Dynamik trifft, dabei jedoch im Kontext individuellen Handelns verbleibt, versuchen andere Konzepte der Qualifikationsforschung makrostrukturell begründete Antworten auf das beschriebene Problem zu geben. Seit der Beschleunigung von Automatisierungs- und Rationalisierungsprozessen in den hochentwickelten kapitalistischen Industriestaaten steht in diesem Rahmen die Frage im Vordergrund, in welcher Richtung sich zukünftig die lebendige Arbeit im Produktionsprozeß entwickelt. In den letzten zwei Jahrzehnten hat sich um die beiden theoretischen Hauptpositionen Lagermentalität entwickelt, es geht um die Frage »Höherqualifizierung« vs. »Dequalifizierung« bzw. als wichtigste Variante der letzten These »Polarisierung der Qualifikationsverteilung«. Die These, wonach die Entwicklung der Arbeit in den kapitalistischen wie sozialistischen Industriestaaten einer Tendenz zu höheren, vor allem intellektuellen Anforderungen an die Arbeitenden folge, hat zunächst für sich, eine durch die ökonomischen Strukturen selbst geforderte Bildungsexpansion begründen zu können. Sie entwickelt sich am Paradigma der »wissenschaftlich-technischen Revolution«, die sich selbst gegen den Widerstand interessierter Herrschaftsgruppen in Verfolgung ihrer zwieschlächtigen Interessen am gesellschaftlichen Status quo und technischer Innovation durchsetzt (Projektgruppe, 1975; *Alt*, 1978). Dagegen wendet die andere Seite, die sich eher in Tradition einer herrschaftsbezogenen Industriesoziologie entwickelt hat, ein, daß die Impulse zu technisch-wissenschaftlicher Innovation durch vielfältige, im Herrschaftsinteresse des Unternehmers zusammenlaufende Vermittlungsvariablen so gebrochen werden, daß von durchschnittlich höheren Qualifikationsanforderungen an die Arbeitskräfte keine Rede sein könne. In einer 1977 vorgelegten Untersuchung über »Produktion und Qualifikation« weist ein Göttinger Forschungsteam nach, daß mit geringeren Ausnahmen (v. a. industrielle Instandhaltung) in den untersuchten Industriebranchen eher eine Polarisierung der Arbeitskräfte nach mehrheitlich abgesunkenen und einer Minderheit aufgewerteter Fachqualifikationen stattgefunden hat (*Mickler*, u. a., 1977). Auf jeden Fall lasse sich aus Befunden der Qualifikationsforschung kein Anhaltspunkt für eine Quasi-

Automatik expandierender Bildungsnachfrage ableiten. Die Begründung für eine fortschrittliche Berufsbildungspolitik müssen daher aus sozialen Normen der Partizipation, der Verbindung von Arbeit und Lernen und der Humanisierung der Arbeit gewonnen werden.

Trotz der vielfältigen noch offenen theoretischen und methodologischen Probleme hat die Berufsbildungsforschung pragmatische Verfahren für die Konstruktion beruflicher Curricula entwickelt. Das Bundesinstitut für Berufsbildung, für die Vorbereitung von Ausbildungsordnungen zuständig, geht dabei nach einem vierstufigen Modell vor: a) Problemaufriß (Sammlung von einschlägigen Daten und Informationen), b) Fallstudie zur Präzisierung von Hypothesen und Untersuchung repräsentativer Arbeitsplätze, c) Tätigkeitsanalysen zur Ermittlung des Anforderungsspektrums und Zusammenstellung von Ausbildungseinheiten, Curriculumformulierung mit Entscheidung über Ausbildungsinhalte, deren zeitliche Gliederung und Berücksichtigung bildungspolitischer Vorgaben. Daneben entwickeln die Tarifparteien eigene Aktivitäten, um sich über die strittigen politischen Probleme von Ausbildungsordnungen und Lehrplänen abzustimmen. Im Metallbereich ist es erst nach dreijährigen Verhandlungen zwischen der IG-Metall und Gesamtmetall, dem Zusammenschluß der metallindustriellen Arbeitgeberverbände, zu einem Kompromiß über die Neuordnung der industriellen Metallberufe gekommen (1978). Geregelt werden hier die grundsätzlichen Fragen nach den schulischen Ausbildungsvoraussetzungen, der zeitlichen Dauer und Stufung der Ausbildung sowie nach ihrer Einheitlichkeit bzw. Differenzierung – Probleme also, die auf grundsätzliche Interessen von abhängig Beschäftigten und Unternehmern in diesem Bereich verweisen und durch curriculares Routinehandeln nicht gelöst werden können.

Dirk Axmacher

Literatur

Alt, R., 1978: Das Bildungsmonopol, Berlin (DDR) – *Axmacher, D.*, 1982: Arbeiterklasse im Betrieb. Sozialgeschichtliche Grundzüge der betrieblichen Berufsausbildung in der deutschen Industrialisierung, in: *Axmacher* u. a., Beiträge zur sozialwissenschaftlichen Begründung von Bildungstheorie. Schriftenreihe des FB Sozialwissenschaften der Universität Osnabrück, Bd. 4, Osnabrück – *Berufsbildungsbericht, Hrsg. Bundesminister für Bildung und Wissenschaft (erscheint jährlich ab 1977) – Bund-Länder-Kommission für Bildungsplanung, 1975: Stufenplan zu Schwerpunkten der beruflichen Bildung, Stuttgart – *Fritz, W.*, 1977: Sektorale Analyse der Ausbildungsplatzsituation am Beispiel des Einzelhandels, in: Bundesinstitut für Berufsbildungsforschung: Ausbildungsplatzsituation, Ursachen, Folgen, Maßnahmen, Berlin – *Greinert, W.-D.*, 1975: Schule als Instrument sozialer Kontrolle und Objekt privater Interessen. Der Beitrag der Berufsschule zur politischen Erziehung der Unterschichten, Hannover – *Hacker, F.*, 1978: Allgemeine Arbeits- und Ingenieurpsychologie, Bern/Stuttgart/Wien – *Henninges, H. v.*, 1975: Bestimmungsgründe für die Veränderung des Umfangs der Facharbeiternachwuchsausbildung in der Industrie, in: MittAB 8, H. 4 – *Henninges, H. v./Schwarz, U.*, 1975: Zur Ausbildungsintensität von Industriebetrieben. Eine vergleichende Analyse für den Zeitraum von 1962–1972, in: MittAB 8, H. 2 – *Hofbauer, H./Kraft, H.*, 1974: Betriebliche Berufsausbildung und Erwerbstätigkeit. Betriebs- und Berufswechsel bei männlichen Erwerbspersonen nach Abschluß der betrieblichen Berufsausbildung, in: MittAB 7,

H. 1 – *Hofbauer, H./Stooß, F.*, 1975: Defizite und Überschüsse an betrieblichen Ausbildungsplätzen nach Wirtschafts- und Berufsgruppen, in: MittAB 8, H. 2 – *Kell, A./Lipsmeier, A.*,
1976: Berufsbildung in der Bundesrepublik Deutschland. Analyse und Kritik, Hannover –
Krause, E., 1965: Automation und Berufsausbildung, Ratingen – *Lehnhardt, G.*, 1979:
Jugendliche Arbeitslose zwischen Arbeitsmarkt- und Bildungspolitik, in: ders. (Hrsg.), Der
hilflose Sozialstaat, Frankfurt/M. – *Mertens, D.*, 1974: Schlüsselqualifikationen. Thesen zur
Schulung für eine moderne Gesellschaft, in: MittAB 7, H. 1 – *Mickler, O./Mohr, W./
Kadritzke, U.*, 1977: Produktion und Qualifikation. Bericht über die Hauptstudie, Teil I
und II, Göttingen – *Offe, C.*, 1975: Berufsbildungsreform. Eine Fallstudie über Reformpolitik, Frankfurt/M. – *Petzold, H.-J.*, 1981: Schulzeitverlängerung: Parkplatz oder Bildungs-
chance?, Bensheim – Projektgruppe Automation und Qualifikation, 1975: Automation in der
BRD. Probleme der Produktivkraftentwicklung II, Argument Sonderband 7, Berlin – *Richter, I.*, 1974: Die Stellung der Berufsausbildung im Verfassungssystem der Bundesrepublik
Deutschland, in: *Crusius, R.* u. a. (Hrsg.), Berufsausbildung – Reformpolitik in der Sackgasse?, Reinbek – *Rüger, S.*, 1974: Tätigkeitsanalysen zur Erhebung beruflicher Bildungsinhalte,
in: Zeitschrift für Berufsbildungsforschung, H. 3 – *Seubert, R.*, 1977: Berufserziehung und
Nationalsozialismus. Das berufspädagogische Erbe und seine Betreuer, Weinheim – *Steg-
mann, H./Holzbauer, I.*, 1979: Der Ausbildungsstellenmarkt unter qualitativem Aspekt, in:
MittAB 12, H. 2 – *Volpert, W.*, 1974: Handlungsstrukturanalyse als Beitrag zur Qualifikationsforschung, Köln – *Werner, R.*, 1977: Bestimmungsfaktoren des Ausbildungsplatzangebots, in: Bundesinstitut für Berufsbildungsforschung: Ausbildungsplatzsituation, Ursachen,
Folgen, Maßnahmen, Berlin – *Wolsing, T.*, 1977: Untersuchungen zur Berufsausbildung im
Dritten Reich, Kastellaun –

→ Arbeiterbewegung und Arbeitsrecht → Arbeiterjugend → Arbeitsbedingungen
→ Betrieb → Jugendarbeitslosigkeit → Schulsystem und Bildungspolitik

Berufliche Sozialisation in der Sozialarbeit

Vergegenwärtigt man sich den Diskussionsprozeß um die Sozialisationsforschung,
so fällt auf, daß Sozialisation in besonderem Maße als Prozeß der Verarbeitung und
Aneignung familialer und schulischer Erwartungen unter je spezifischen Bedingungen thematisiert wurde. Eine Diskussion zum dem Stichwort »berufliche Sozialisation« wurde vergleichsweise zurückhaltend geführt und erfolgte in einer ersten
Phase unter einer arbeits- bzw. berufssoziologischen Fokussierung. Ihr struktur-
funktionalistischer Zugang erlaubte es zunächst noch, berufliche Sozialisation im
wesentlichen als Übernahme des Normen- und Regelsystems der Berufsarbeit zu
thematisieren. Als funktional wurde der Prozeß beruflicher Sozialisation verstanden, wenn die Sozialisation für den Beruf und die Sozialisation durch den Beruf
vermittelt, und d. h., die durch unterschiedliche Wertorientierungen, Leistungs-
standards und Statusgruppenzugehörigkeit auftretenden Konflikte beim Eintritt in
das Berufsleben überbrückt und die Identifikation mit der Berufsrolle erreicht ist
(vgl. insbesondere *Lüscher*, 1968; *Fürstenberg*, 1972).

Eine zweite Phase der Diskussion zur beruflichen Sozialisation ist dadurch gekennzeichnet, daß die Einübung in die Berufsrolle nicht mehr allein als Prozeß der Anpassung an vorgegebene Normen verstanden wird, sondern mit ihm ganz wesentlich Hoffnungen auf Prozesse emanzipatorischen Handelns verbunden wurden (vgl. *Lempert*, 1974; *Lempert/Thomssen*, 1975; *Lempert/Franzke*, 1976). Grundposition dieser Sichtweise war der Versuch einer Analyse des Zusammenhangs konkreter Tätigkeitsanforderungen mit spezifischen Persönlichkeitsmerkmalen unter den Bedingungen gesellschaftlicher Arbeitsteilung. Erst mit der von *Beck/Brater* (1977 und 1978) pointiert aufgeworfenen Frage nach der gesellschaftsstrukturellen Vordefinition konkreter Berufsarbeit wurde der Blick darauf gelenkt, daß die jeweils biographisch bedingten Voreinstellungen für die Berufswahl ebenso gesellschaftlich konstituiert sind, wie die strukturellen und konkreten Bedingungen der Berufsarbeit und d. h., die soziale Ungleichheit im Zusammenhang mit der Dichotomisierung zwischen sogenannter geistiger und sogenannter manueller Tätigkeit als wesentliche Bedingungsfaktoren der beruflichen Sozialisation anzusehen sind.

Theoretische Analysen der Auswirkungen objektiver Strukturen des Produktionsprozesses auf die Identität manuell beruflich Tätiger haben *Krovoza* (1976) und *Volmerg* (1976) vorgelegt. Berufliche Sozialisation – so ihre These – vollzieht sich als Verinnerlichung der Normen abstrakter Arbeit; die Kontinuität biographisch gewachsener Identität ist nur durch individuelle Abwehr dieser identitätszerstörenden Erfahrungen möglich. Pointiert gesagt hieße das, daß Emanzipation nicht durch Lohnarbeit zu erreichen ist, sondern trotz Lohnarbeit.

Übertragen wir die Diskussion zur beruflichen Sozialisation auf das Berufsfeld der Sozialarbeit/Sozialpädagogik muß zunächst festgestellt werden, daß in der Berufs- und Sozialisationsforschung zwar die berufliche Sozialisation von Beschäftigten in industrieller Produktion thematisiert wird, nicht aber die von Sozialarbeitern/Sozialpädagogen. Um im folgenden die Specifika der Sozialarbeit/Sozialpädagogik zu konturieren, wird in einem ersten Schritt die sozialpädagogische Literatur daraufhin befragt, inwieweit disziplinen-immanent Aussagen zur beruflichen Sozialisation gemacht werden. In einem zweiten Schritt wird dann versucht zu umreißen, welche Bedingungen eine Analyse der beruflichen Sozialisation von Sozialarbeitern/Sozialpädagogen zu thematisieren hat, die an die von *Beck/Brater* (1977 und 1978), *Krovoza* (1978) und *Volmerg* (1976) anknüpft. Um die Bedeutung der institutionellen Bedingungen beruflicher Sozialarbeit/Sozialpädagogik dabei hervorzuheben, beschränken wir uns auf eine Diskussion der Sozialisation durch den Beruf.

Wo das Thema Sozialisation in der Sozialarbeit/Sozialpädagogik angesprochen wird, fällt auf, daß Sozialpädagogik/Sozialarbeit in erster Linie verstanden wird als Organisation und Realisierung der Sozialisation der Handlungsadressaten von Sozialarbeitern und Sozialpädagogen. Daß Sozialarbeiter/Sozialpädagogen in ihrer Berufsarbeit selbst Sozialisationseinflüssen ausgesetzt sind und diese Einflüsse auf die Herausbildung von Einstellungen und Handlungen eine nicht geringe Bedeutung haben, wurde und wird im deutschsprachigen Raum im wesentlichen diskutiert als Professionalisierung von Sozialarbeit/Sozialpädagogik. Unter dieser Perspektive der Berufs- und Professionsentwicklung, die letztlich das Ziel gesehen hatte, zur Fundierung der Wissensbasis beizutragen und eine Verwissenschaftlichung des Berufsfeldes zu erreichen, gewannen insbesondere der Labelingapproach und solche sozialisationstheoretischen Erkenntnisse an Bedeutung, die die Ausarbeitung methodischer Konzepte der Arbeit versprachen. Der Bogen sozialisationstheoretischer Fragestellungen ging aus von der Analyse der Bedeutung jeweiliger Milieueinflüsse auf die Entwicklung des menschlichen Nachwuchses bis hin zu gegenwärtig diskutierten Untersuchungen über die Repräsentation gesellschaftlicher Strukturen in den Mustern sozialer Interaktionen bzw. ihrer subjektiven Legitimierungen. Zentraler Bezugspunkt der frühen sozialisationstheoretischen Kontroverse war insbesondere die Diskussion abweichenden Verhaltens einschließlich Stigmatisierungs- und Etikettierungsphänomene, die dazu anregten, die Ziele sozialpädagogischen Handelns zu überdenken. Stichworte, die diesen kritischen Diskussionsprozeß markieren, sind z. B. die Figur der »sanften Kontrolleure« (*Peters/Cremer-Schäfer*, 1975), die These vom »doppelten Mandat« (*Otto/Utermann*, 1971) sowie das Theorem der Klientifizierung der Adressaten (*Knieschewski*, 1978). Gerade diese Thematik war es, die die Sozialpädagogik im Kontext ihrer Theorieentwicklung besonders herausforderte und die Disziplin nachhaltig beeinflußte. Sie rief auf zu einer ersten kritischen Reflexion der Professionalisierung (*Otto/Utermann*, 1971) problematisierte die Formen der Verberuflichung und thematisierte die Ziele und Perspektiven für die Arbeit mit Klienten (*Otto/Schneider*, 1973). Diese Diskussion machte wesentlich darauf aufmerksam, daß Sozialarbeit/Sozialpädagogik immer im Spannungsfeld zwischen Adressatenorientierung und institutionell gesetzten Kontrollfunktionen steht und die divergierenden Ansprüche ausbalancieren muß. Mit dieser Reflexion der institutionellen Bedingungen von Sozialarbeit/Sozialpädagogik wurde auch immer implizit die Bedeutung beruflicher Sozialisation für das Handeln und das Selbstverständnis von Sozialarbeit/Sozialpädagogik thematisiert. Explizit finden sich erste Untersuchungen zur beruflichen Sozialisation bei *Helfer* (1971), *Blinkert* u. a. (1976) und *Knieschewski* (1978).

Während *Helfer* die Diskrepanz zwischen Anspruch und Wirklichkeit sozialpädagogischen Handelns beschreibt, analysieren *Blinkert* u. a. den Einfluß spezifischer Kontrollerwartungen sozialpädagogischer Institutionen aus der Sicht davon betroffener Sozialarbeiter/Sozialpädagogen. Zentrales Ergebnis dieser Untersuchung ist, daß Sozialarbeiter/Sozialpädagogen mit zunehmender Berufsdauer dazu neigen, sich der geforderten »Vollzugs-Kontrolleur-Perspektive« anzupassen je stärker die bürokratische Kontrollerwartung ist. Resultat dieses Prozesses ist ein Plausibilitätsverlust ihrer ursprünglichen Berufsmotivation, der je nach beruflichem Selbstverständnis und faktischen Arbeitsbedingungen, ob in Vollzugs- oder Helferrollen, unterschiedlich ausgeprägt ist. Dieser Plausibilitätsverlust und die Veränderungen der Handlungsorientierungen werden in dieser Studie auf Sozialisationseffekte wie Anpassungsneigung und Kontrollerwartung zurückgeführt. Dabei wird übersehen, daß diese Phänome selbst Resultate beruflicher Sozialisation sind, die erst auf ihre

Bedingungen und ihren Entstehungszusammenhang hin rekonstruiert werden müßten. Durch diese Studie entsteht ebenso wie bei *Knieschewski,* der den Sozialisationseinfluß sozialpädagogischer Institutionen auf die Interaktionsperspektiven zwischen Sozialarbeitern und Klienten thematisiert, ein Bild, das Sozialarbeiter/Sozialpädagogen von den Bedingungen ihrer Arbeit artikulieren, nicht jedoch eine Rekonstruktion der Strukturen, unter denen diese Einschätzungen zustandekommen. Obschon *Böhnisch/Schefold* zur »Sozialisation durch sozialpädagogische Institutionen« (1980) die Sozialisationseffekte sozialpädagogischer Institutionen thematisieren und zu Recht feststellen, daß sozialpädagogisches Handeln selbst in bezug auf die Handlungsadressaten in der Literatur kaum sozialisationstheoretisch behandelt wird, bleibt in ihren programmatischen Folgerungen, die sie für eine sozialisationstheoretisch fundierte Sozialpädagogik ziehen, unberücksichtigt, daß die Bedingungen sozialpädagogischer Institutionen auch den Sozialarbeiter/Sozialpädagogen sozialisieren, d. h., er in dem gleichen Wirkungszusammenhang sozialisiert wird, in dem er Sozialisationsprozesse für andere organisiert.

Losgelöst von sozialisationstheoretischen Überlegungen finden wir in der Diskussion um die Veränderung der sozialpädagogischen Berufsfelder als Neuorganisation sozialer Dienste Aussagen, die sehr bedeutsam für die Analyse der beruflichen Sozialisation von Sozialarbeitern und Sozialpädagogen sind, weil sie im Kontext der Kritik bestehender, ineffizient gewordener Formen der Organisation sozialer Arbeit stehen (vgl. *Japp/Olk,* 1980). Um gewandelten oder sich verändernden Anforderungen an die Sozialarbeit gerecht zu werden und gleichzeitig zu kostengünstigen Arrangements zu gelangen, umfassen die Konstruktionsprinzipien der bisherigen Reform-Modelle die »Bildung von regionalisierten, dekonzentrierten sozialen Diensten, die Zusammenfassung von Innen- und Außendienst, die Einführung von Teamarbeit und die Herunterstufung von Entscheidungskompetenzen sowie die Neuregelung von Zuständigkeiten von Sozialarbeitern und Verwaltungsfachkräften« (ebd. S. 7). Obwohl noch wenig verbreitet, können sie doch Richtung oder Tendenzen der Veränderung der Berufssituation im Sozialisationssektor markieren: Individualisierte Arbeit als Gegenkonzept zur Teamarbeit hat sich als ineffektiv oder der Tendenz nach sogar dysfunktional herausgestellt. Die hierarchische Organisation und die damit einhergehende Entscheidungsstruktur wurde ebenso zum Problem wie die Aufspaltung des Arbeitsinhalts der Betreuung der Adressaten oder Klienten in einen von Verwaltungsfachkräften und einen von Sozialarbeitern je eigen zu bearbeitenden Anteil (»Innen- und Außendienst«).

Für die hier zu diskutierende Frage heißt das, daß mit der »problematisch« gewordenen Organisation sozialer Arbeit auch entscheidende Bedingungen der Berufssituation und Tätigkeit von Sozialarbeitern/Sozialpädagogen als »problematisch« benannt sind; Bedingungen, die in der hier vertretenen Lesart gleichzeitig ihre berufliche Sozialisation entscheidend beeinflussen.

Einen weiteren Zugang zum Problem beruflicher Sozialisation finden wir in der Hinwendung zum »Alltag«. Die Konzeptionen der »Alltagsorientierung« umfassen in der aktuellen Diskussion eine facettenreiche und vielschichtige Programmatik, sie reichen von einem pragmatischen Bezug auf Alltag als der Versicherung, daß sich Sozialarbeit und Pädagogik als wirklichkeitsnah verstehen und bereit sind, sich über ein neues »Sensibelwerden« für den Alltag ihrer Adressaten auf deren unmittelbaren Erfahrungen einzulassen, bis hin zur Inanspruchnahme soziologischer Paradigmen der Alltagssoziologie einschließlich ihrer Verlängerung in Erziehungswissenschaft. Das Ziel »alltagsorientierter Sozialarbeitstheoriebildung« (*Thiersch*, 1978) ist es überwiegend, dem Vorwurf fehlender »Praxis- und Handlungsrelevanz« der Theoriebildung entgegenzuwirken und einen neuen Zugang zu eben dieser Praxis pädagogischen Handelns zu verschaffen.

Gegenüber solcher »In-Dienst-Nahme« von Alltagsorientierung ist einzuwenden, daß sie in Gefahr steht, zu einer pragmatisch-verkürzten Handlungstechnologie zu verkommen (*Dewe/Otto*, 1980), weil in ihr die je unterschiedlichen Konstitutionsbedingungen und die Erkenntnislogik von Wissensformen des Alltags und der Sozialwissenschaften unberücksichtigt bleiben und im pädagogischen Programm »instrumentell umgemünzt« werden. Zur Überwindung dieses Problems versteht sich die im Kontext der Begriffe »Alltag und Deutungsmuster« angesiedelte Diskussion als Beitrag zu einer theoretischen Grundlegung und zunächst kategorialen Bestimmungen der Herausbildung von Wissens- und Praxisformen, wie sie sich unter den Bedingungen von öffentlich organisierter Sozialarbeit/Sozialpädagogik darstellen. Programmatisch geht es um die methodologische Fundierung eines Forschungskonzeptes, das zum Gegenstand die Analyse der Wirkweise und der symbolischen Funktion institutionalisierter Problemdeutungen und mit ihnen korrespondierender Praxisformen der Organisation der Sozialarbeit hat (*Dewe/Otto*, 1981). Zwar diskutieren *Dewe* und *Otto* ihre methodologischen Überlegungen nicht explizit im Kontext der beruflichen Sozialisation von Sozialarbeitern/Sozialpädagogen, so kritisieren sie doch zu Recht die theoretischen und empirischen Arbeiten, die sich auf das Sozialarbeiter-Klient-Verhältnis beschränken. Das in diesen Arbeiten analysierte Verhältnis zwischen Handlungsabsichten und konkreten Berufsvollzügen läßt nämlich außer acht, daß diese auch Produkte spezifischer Sozialisationsprozesse sind (vgl. *Birke* u. a. und *Jungblut/Schreiber*, 1981), z. B., daß Sozialarbeiter Perfektionsansprüche ausbilden, ihre Handlungen in routinemäßiger Selbstbeschränkung pragmatisch absichern und in dem Definitionskonflikt zwischen Klient, eigenem Normalitätsstandard und institutioneller Problemdefinition stecken. Die Wirkungen, Brüche, Probleme und Kognitionen, ja selbst das Bewußtsein oder die Irritation des Bewußtseins werden als normative Dissonanz auf singuläre Erlebnisse des Arbeitsalltags zurückgeführt und darin beschrieben. Nicht genug berücksichtigt wird die Frage, durch welche Bedingungsfaktoren und ihre wechselseitige Verflechtung diese Sozialiationsphänomene Bedeutung für das Handeln von Sozialarbeitern/Sozialpädagogen gewinnen.

Als Folgerung für die Diskussion beruflicher Sozialisation ist die Entwicklung einer Forschungsperspektive erforderlich, die das Verhältnis der Organisationsformen der Sozialarbeit, der gesellschaftlichen und individuellen Vordefinition des Berufs im Wirkungszusammenhang von beruflicher Selbsteinschätzung und konkretem beruflichen Handeln zu rekonstruieren trachtet. Denn erst hierdurch entgeht man der Gefahr, eine bestimmte Form der Sozialarbeit bereits vorauszusetzen und dadurch entscheidende Dimensionen beruflicher Sozialisation unberücksichtigt zu lassen. Dann würde nämlich deutlich werden, daß

– die Berufsfelder der Sozialarbeit selbst Ausdruck eines gesellschaftlichen Verhältnisses und hier begründeten Definitions-Prozesses sind, und daß

– die so konstituierten Bedingungen beruflicher Sozialisation im Sozialisationssektor selbst einem Aneignungsprozeß durch den Sozialarbeiter unterliegen und Produkt der Wirkungsverflechtung objektiver Bedingungen und subjektiver Deutung sind.

Diese Dimensionen bedeuten für die Analyse beruflicher Sozialisation, daß der Prozeß, in dem Sozialarbeit als gesellschaftliche Funktion als bestimmbar ist und begründet werden kann, bezogen werden muß auf eine Analyse der Form, in der sich die dann verberuflichte Funktion als Berufsfeld konstituiert. So müßte man beispielsweise fragen, was es bedeutet, daß Sozialarbeit sich historisch als Frauenberuf mit bestimmten emotionalen Ansprüchen herausgebildet hat, in ihrer Realisierung aber von Männern verwaltet und den Zielen zweckrationaler Organisationen unterworfen ist.

Bedingungen sozialer Arbeit und berufliche Sozialisation

Die hier diskutierte grundsätzliche Überlegung, daß die Bedingungen sozialpädagogischer Institutionen nicht nur für ihre Handlungsadressaten eine sozialisierende Bedeutung haben, sondern auch und gerade für die in diesen Institutionen Arbeitenden, wurde bereits in der Auseinandersetzung um die »Lohnarbeitsthese«, von *Heinsohn/Knieper* (1975) in die Reformdiskussion der Elementarerziehung eingebracht. Damit wurde auf ein bis dahin kaum berücksichtigtes Merkmal von Erziehertätigkeit aufmerksam gemacht. Erziehungstätigkeit – so ihre These – müsse als Lohnarbeit verstanden werden und in dieser Bestimmung in ihren Auswirkungen auf das Erziehungshandeln und das erzieherische Verhältnis zum Kind im Rahmen institutioneller Sozialisation reflektiert werden. Damit wurde der Blick auf die Bedingungen der Erziehungsarbeit gelenkt, die aus dem institutionell konstituierten und präformierten Kontext dieser Arbeit hervorgehen. Die konkreten Arbeitsbedingungen sowie die strukturell-organisatorischen Merkmale vergesellschafteter Sozialisationsarbeit wurden für das Verhältnis zwischen Sozialarbeitern/Sozialpädagogen und ihren Handlungsadressaten als konstitutiv erkannt. Die Einsicht, Strukturaspekte institutioneller Sozialisation in die wissenschaftliche Betrachtung aufzunehmen, machte somit auf die Arbeitssituation für Erzieher, auf ihre Berufssituation aufmerksam oder anders, auf die Bedingungen ihrer beruflichen Sozialisation.

Die Analyse, die zu einer Entfaltung dieser Lohnarbeitsthese hätte folgen können bzw. müssen, wurde jedoch weder bei *Heinsohn/Knieper*, noch in ihrer Rezeption für die Diskussion zu einer Theorie der Sozialarbeit ausführlich geleistet. Während *Heinsohn/Knieper* selbst »von einem strukturell verursachten Desinteresse des Lohnerziehers reden und keine Aussagen über die subjektive Motivation eines Lohnerziehers machen, . . .« (*Heinsohn/Knieper* 1975: 191) wird der problematisch gewordene Zusammenhang von Arbeitsform in Institutionen und dem über Lohnarbeit strukturierten Verhältnis von Sozialarbeitern und Adressaten in die Sozialarbeitsdiskussion nur unter Einzelaspekten aufgenommen als Interessen von Sozialarbeitern/Sozialpädagogen zu Adressaten (*Blanke/Sachße*, 1978: 46). Da Sozialarbeiter-Interessen an verbesserter Arbeitssituation und Klienten-Interessen an zeitlich und motivationaler intensiver Betreuung einander eher ergänzen denn widersprechen, wäre, so ihre Argumentation – nicht die Lohnerzieher-Tatsache das eigentliche Problem, sondern die ökonomischen Grenzen staatlicher Sozialpolitik, die die institutionelle Organisation von Prozessen vergesellschafteter Sozialisation strukturieren. So wichtig es ist, Sozialarbeit im Kontext sozialstaatlicher Sozialpolitik zu diskutieren, so vorschnell wurde die über die Lohnarbeiterthese begonnene Diskussion über die Wirkungen der institutionellen Strukturen auf das sozialarbeiterische Handeln umgelenkt; das Berufsfeld als Sozialisationsort der Sozialarbeiter sowie die Analyse der in beruflicher Sozialisation sich herausbildenden Wissensformen und Handlungsdispositionen geriet zunehmend aus dem Blick.

Wenn man die Lohnarbeitsthese für eine Analyse der beruflichen Sozialisation von Sozialarbeitern/Sozialpädagogen aufnimmt, so bedeutet dies, daß Sozialarbeit als Lohnarbeit zu analysieren ist im Hinblick auf seine Funktion und die Formen ihrer Realisierung. In der sozialwissenschaftlichen Literatur, die sich um eine Theoriebildung in der beruflichen Sozialarbeit/Sozialpädagogik bemüht, herrscht insoweit Konsens, als Sozialarbeit/Sozialpädagogik gekennzeichnet wird durch die Funktion zunehmender Vergesellschaftung von Sozialisation, also Sozialisationsprozesse für tendenziell alle Kinder und Jugendlichen zu leisten sind (*Blanke/Sachße,* 1979; *Dankwerts,* 1978). In dieser Diskussion wurde bisher weitgehend übersehen, daß Sozialarbeit/Sozialpädagogik als beruflicher Sozialisationsprozeß unter den gleichen Kontextbedingungen stattfindet, wie sie in bezug auf die Handlungsadressaten, die Kinder und Jugendlichen, diskutiert und kritisiert werden: Sozialarbeit ist hierarchisch, bürokratisch und unpersönlich. Eine wichtige Linie der Analyse basiert auf der Einschätzung, daß die Arbeitsbedingungen und damit die Sozialisationsbedingungen der Sozialarbeiter/Sozialpädagogen ein Resultat der Tatsache sind, daß Sozialarbeit/Sozialpädagogik eine staatliche Veranstaltung ist, die in bestimmten Organisationsformen von Erziehungsinstitutionen realisiert wird, wobei den institutionellen Realisierungsbedingungen gleichzeitig den individuellen Arbeitsplatz und das Berufsfeld der Sozialarbeit ausmachen (Verhältnis Staat zu Organisation). Pointiert gesagt bedeutet dies, daß die sozialpolitische Programmatik und die institutionelle Organisation der Sozialarbeit implizit und explizit Definitionen darüber beinhalten, wie vermittelt über die berufliche Tätigkeit die berufliche Sozialisation der Sozialarbeiter/Sozialpädagogen gestaltet ist (Verhältnis Organisation zu Sozialarbeiter). Dabei ist zu berücksichtigen, daß die Organisationen, mit denen staatliche Funktionen eingelöst werden sollen, in der prinzipiellen Schwierigkeit stehen, keine gradlinige Umsetzung von Funktionsbestimmung in hier pädagogisches – Handeln einer staatlichen Organisation leisten zu können, sondern in einem Spannungsverhältnis stehen zwischen Vorgaben, die für die Organisation – über rechtliche, organisationsspezifische Anforderungsbestimmungen und direkte Verpflichtungen der in der Institution Angestellten – formuliert werden und denen gegenüber sich die situativen Bedingungen der Arbeit mit Adressaten in der Institution qualitativ anders gestalten. *Th. Lau* (1979) hat in Auseinandersetzung mit staatstheoretischen Argumentationen darauf hingewiesen, daß es unerheblich ist, wie die Staatsform inhaltlich bestimmt werden kann, da jeder Staat »die Schwierigkeit der Übersetzung/Verwirklichung/Anwendung seiner Funktionsbestimmung mit Hilfe staatlicher Organisationen und in staatlichen Arbeitssituationen« lösen muß . . . Die Folge ist, »daß dieser Transformationsprozeß – so die Behauptung – von oben her nicht vollständig bestimmbar ist, sondern immer Funktionslücken und damit Organisationsspielräume enthält« (*Lau,* 1979: 17/18), eine Unsicherheit, in die der Sozialarbeiter/Sozialpädagoge im beruflichen Sozialisationsprozeß eingeübt wird.

Funktionsbestimmung und Form unterliegen Entwicklungsprozessen, die aus dem Verhältnis des Sozialstaates zur Realisierung sozialstaatlicher Programmatik sowie aus dem Verhältnis der Organisation der Sozialarbeit zur Konkretisierung ihrer Aufgaben unter diesen Bestimmungen herauszuarbeiten sind. Funktionsentwicklung und Formentwicklung sind dabei zwar ein gleichzeitiger, aber nicht notwendig gleichartiger Prozeß, so daß berufliche Sozialisation auch immer in diesem Spannungsverhältnis und Wirkungszusammenhang zu diskutieren ist. Als Beispiel kann die Neuorganisation sozialer Dienste genannt werden, mit der über eine Formveränderung der sozialstaatlichen Programmatik eine Verbreitung bürgernaher Betreuungsformen erreicht werden sollte. Die Organisationsform sozialer Dienste, die möglichst nah an den Problemen der Adressaten ansetzen soll, bietet gleichzeitig eine große Kontrollmöglichkeit über deren Lebensbereiche. Eine zunehmende Vergesellschaftung von Sozialisation wird auch in diesen neuen Formen aufrechterhalten. Obschon sich die Arbeitssituation des Sozialarbeiters verändert (Aufhebung von Innen- und Außendienst), bleibt seine Funktion unverändert erhalten.

Bei der Diskussion dieses Wirkungszusammenhangs werden ihre subjektiven Verarbeitungs- und Aneignungsformen im Sinne der Genese beruflicher Identität (vgl. *Gildemeister,* 1981) noch unberücksichtigt gelassen. Diese Konzentration der Diskussion beruflicher Sozialisation gründet auf der These, daß Formen subjektiver Verarbeitung objektiver Bedingungen, d. h. Deutungsmuster, nur im Zusammenhang mit der Analyse der sie generierenden Handlungsmuster entwickelt werden können. Besonders bedeutsam für die Analyse von Handlungsmustern ist die Reflexion der institutionellen Bedingungen, unter denen Sozialarbeit als Lohnarbeit geleistet wird: Sozialarbeit findet sowohl in kommunalen, als auch in trägerspezifischen Einrichtungen in bürokratischen Organisationen statt.

Die Institutionalisierung der Sozialarbeit/Sozialpädagogik als Problem beruflicher Sozialisation

Zur näheren inhaltlichen Bestimmung von Arbeitsplätzen in sozialadministrativen Institutionen ist auf Diskussionsbeiträge zurückzugreifen, die die sozialpädagogischen Institutionen als Rahmenbedingung beruflicher Sozialisation skizzieren (vgl.

Graf, 1980 und *Lau,* 1979). Über die Aufnahme der Arbeit in einer nach den Regeln eines formalen Systems organisierten Einrichtung der Sozialadministration wird der Sozialarbeiter festgelegt auf den bürokratischen Charakter des Arbeitsplatzes und die Übernahme des »entpersönlichten« Handlungsprinzips, das möglichst alle, in der Arbeit mit Menschen eigentlich normalen Unwägbarkeiten ausschaltet und Handlungsziele, Handlungsabsichten und das Handeln den formal geltenden Regeln der bürokratischen Institution unterwirft. Er wird zu deren Mitglied und erkennt damit die Bedingungen dieses formalen Systems an (vgl. *Luhmann* 1976: 24 f.). »Die Mitgliedsregeln ist eine doppelte, invariant gesetzte Grenze, die Gründe für den Eintritt und Austritt festlegt. Mit dem Eintritt in das System verpflichtet sich das Individuum pauschal, die an es gestellten Erwartungen als für sich verbindlich geltend zu akzeptieren« (*Graf,* 1980: 35 f.).

Mit der Mitgliedschaft ist in bürokratischen Institutionen nicht nur die Unterwerfung unter die formalen Regeln gegeben, sondern auch die »Loyalitäts- und Verschwiegenheitspflicht« verbunden. Damit ist zu erklären, daß es in der Regel aus der Sicht der Verwaltung nachrangig ist, welche genuin sozialpädagogische Qualität die Arbeit hat, denn die Formalisierung des Arbeits- und Organisationszusammenhangs erlaubt es, »von natürlichen Personen zu abstrahieren« und im Regelzusammenhang der Organisation als Personal- oder Sachmittelausstattung zu verhandeln.

Die Art der Leistung wird folglich dadurch bestimmt, Widersprüche der Anforderungen des Arbeitsplatzes auszuhalten und entsprechend internalisierter Regeln zu handeln. Die inhaltliche Seite des Arbeitsprozesses, z. B. Sozialarbeit mit Adressaten tritt zurück, entscheidend wird die Erhaltung des organisatorischen Systems. Es geht nur noch darum, den Ablauf des Systems von Störungen freizuhalten; dies geschieht wesentlich durch eine Entschärfung widersprüchlicher Anforderungen (vgl. oben). *Lau* hat dies als Zusammenhang von widersprüchlichen Anforderungen an den Arbeitsplatz bestimmt, die für einen öffentlichen Bediensteten dadurch gekennzeichnet sind, daß er sich gleichzeitig »identifizieren und gleichgültig verhalten soll« (*Lau,* 1979: 40). Identifikation bedeutet in seiner Argumentation, sich »ganz und ungeteilt« zur Verfügung zu stellen bei gleichzeitiger Bereitschaft, instrumentelle und innovatorische Qualifikationen in den Dienst einzubringen. Hierbei wird aber z. B. »Innovationsbereitschaft durch eine Mäßigungs- und Zurückhaltungspflicht bei politischer Betätigung partiell zurückgenommen« (ebd., S. 38). Das Absehen von natürlichen Personen, ihren Bedürfnissen und Handlungen im Rahmen eines formalen Systems ist einer der Gründe, aus denen das Verhältnis von Leistungs- und Mitgliedsmotivation gedeutet werden kann. Nicht zuerst die erbrachte Leistung, sondern das Realisieren der Mitgliedsregeln, die Einhaltung von Treue und Loyalitätsverpflichtung, die insbesondere für Beamte, leicht abgeschwächt ebenso für Angestellte im öffentlichen Dienst, wie z. B. Sozialarbeiter gilt (der graduelle Unterschied wird durch das Eintrittsritual: »Eid« und »geloben« dokumentiert), wird honoriert und durch ein System von Vergünstigungen gratifiziert. Ganz ähnliche Forderungen werden von anderen, nicht staatlichen aber als »öffentlich« erfahrenen Institutionen gestellt.

Eingebunden in Verwaltungshandeln und in soweit zur »Un-Persönlichkeit« (*Graf,* 1980) gemacht, muß sich der Sozialarbeiter selbst zurücknehmen, er muß das Menschenbild der »Bürokratie« mit und in sein berufliches Selbstbild integrieren und es dabei mit seinen vorberuflichen Erfahrungen vermitteln. Dies bedeutet nach *Luhmann*, daß alle Aspekte des Handelns unter die Rationalität des sozialen Systems und der sozialen Organisation, dessen Mitglied die Person ist, fallen: »Soweit das Handeln des Menschen in die Organisation hineingezogen wird, dient es nicht mehr ohne weiteres seiner Selbstdarstellung. Der Mensch muß auf die Rationalisierung des sozialen Systems mit eigenen Formen der Selbstrationalisierung und Selbstabstraktion, mit Vertagung von Gefühlen und Ausdrucksbedürfnissen parieren durch neuartige Strategien des Selbstbewußtseins und vielleicht durch eine neuartige Ethik antworten, die mit ›mehrfachen Systemreferenzen‹ zu rechnen lernt und kompliziertere Formen der Koordination von bewußten Systeminteressen der Personen und der Sozialsysteme benötigt« (*Luhmann,* 1976: 26).

Da damit nicht die Wirklichkeit, die realen Personen oder faktisches Verhalten einer Person oder einer sozialen Organisation verhandelt werden, sind die Erwartungen an die Person lediglich Konstrukte, die aus der gegenseitigen Interpretation der Regelvorgaben in (Selbst-)Rationalisierungen resultieren. Die Internalisierung solcher fiktiver Erwartungen, die das »Menschenbild der Bürokratie« bestimmen, wird dabei nach außen, zur Rechtfertigung der Mitgliedschaft, wie auch nach innen als interne Orientierung des eigenen Handelns verwandt. Die externen Orientierungen wirken sich als implizite Handlungsorientierungen des Organisationsmitgliedes, also des Sozialarbeiters, aus. Dieser formale, bürokratischen Organisationen unterliegende Zwang, sich nach innen und außen über Fiktionen abzusichern und alle Faktoren, Verhaltensweisen und Tatbestände, die nicht unterzuordnen sind, als »Störung von außen« zu begreifen, letztlich aber das idealisierte Selbstbild unbeeinflußt und unerschüttert lassen, ist eine besondere sozialisationsrelevante Bedingung. Als »Struktur des Sollens« in einer scheinbar unangefochtenen Abgeschlossenheit korrespondiert auf individueller Ebene damit eine »Tyrannei des Sollens« (*Horney,* 1975), die internatisiert, das Muster der bürokratiekonformen Identitäts- und Bewußtseinsbildung darstellt und so bei dem Menschen, Sozialarbeiter, dazu führt, Fehler, Schwierigkeiten und Widersprüche nicht in den Regelungen, in der bürokratischen Verfaßtheit der Institution und seine Arbeitsplatzes zu suchen, sondern in seiner Person. Die inhaltlichen Folgen sozialpädagogischer Arbeit in bürokratischen Organisationen bekommen für die dort Arbeitenden demnach vorbereitende ergänzende und richtungsweisende Bedeutung für eine Analyse des gesellschaftlichen Prozesses, der heute unter dem Stichwort »Kolonialisierung der Lebenswelt« (*Narr,* 1979: 245) diskutiert wird und die zunehmende Überformung aller Lebens- und damit Sozialisationsbereiche durch technische und administrativ-bürokratische Rationalisierungsformen meint.

Gegenüber dem von *Hegener* unterstellten Trend, daß »die fachlichen Komponenten der Sozialarbeit gegenüber den administrativen an Gewicht gewinnen« (1980: 5), muß einige Skepsis formuliert werden, ob dieser Trend sich im Handel der Sozialarbeiter in ihrem Berufsfeld wird realisieren können. Denn, obschon die in

der genannten Untersuchung befragten Sozialarbeiter im Allgemeinen sozialen
Dienst, in der Gesundheitsfürsorge und im psychiatrischen Dienst in ihrer Selbstwahrnehmung und Selbstdarstellung den Anteil ihrer administrativen Tätigkeiten
gegenüber ihren klientenbezogenen Tätigkeiten vom Umfang her gering veran-
schlagen und für Berufsfelder in der offenen Arbeit sogar als unbedeutsam
einschätzen, so besagt dies noch nicht, daß Muster bürokratiekonformen Handelns
nicht über den zeitlichen Rahmen direkt-administrativer Tätigkeiten hinaus,
handlungsregulierend wirken. *Hegeners* Ergebnisse erscheinen vielmehr als ein
Beleg dafür, daß nur das Handeln, das unmittelbar als administrativ oder bürokratisch identifiziert werden kann, auch als solches wahrgenommen wird, während das
Regelwerk der Bürokratie, weil eher verborgen, unreflektiert bleibt und zu einer
›Blindheit‹ gegenüber den Regulationsmechanismen des eigenen Handelns führt,
die selbst als ein Produkt des Sozialisationsprozesses identifiziert werden kann.
Blindheit gegenüber dem Kontext des eigenen Handelns ist somit ein Sozialisationseffekt, der dem implizierten Regelwerk der Sozialarbeit/Sozialpädagogik
zuzuschreiben ist; positiv gewendet ist es allerdings genau jene Verhaltensdisposi-
tion, die den Sozialarbeiter/Sozialpädagogen schützt, in der Widersprüchlichkeit
zwischen Anspruch und Wirklichkeit seines Handelns zu verzweifeln. Wenn in dem
Prozeß beruflicher Sozialisation aber immer die Gefahr der unkritischen Übernahme der impliziten Orientierungen, Regelmechanismen und Handlungsvorgaben
liegt, dann ist, will man auf diesen Prozeß Einfluß nehmen, nach den Konstitutions-
merkmalen des beruflichen Sozialisationsprozesses zu fragen, die die gesellschaftlichen, bürokratischen und subjektiven Vermittlungsprozesse ausmachen. Anders
gesagt ist die Formbestimmtheit beruflicher Sozialarbeit/Sozialpädagogik zu befragen nach den Mustern, die die Handlungsorientierungen der Praktiker repräsentieren. Diese besondere Formbestimmtheit sehen wir darin, daß Sozialarbeit eine
besondere Form von Lohnarbeit, nämlich Lohnarbeit in bürokratischen Organisa-
tionen/Administrationen ist. Diese Lohnarbeitsorientierung als Leitlinie sozialpädagogischer Handlungsmuster geht in die berufliche Sozialisation von Sozialarbeit/
Sozialpädagogik in doppelter Weise ein: Einerseits befaßt sich Sozialarbeit mit den
Folgen, die sich für ihre Handlungsadressaten aus wechselnden und sich verändernden Strukturen im Produktionsbereich oder dem Bereich erwerbswirtschaftlicher
Arbeit oder dem Dienstleistungssektor ergeben; andererseits stellt Sozialarbeit
selbst eine nicht unerhebliche Anzahl von Arbeitsplätzen zur Verfügung, d. h., daß
Sozialarbeit selbst Verausgabung von Arbeit für die in ihr tätigen Sozialarbeiter ist
und sich in dieser Arbeit auf die Probleme und die sozialen Ansprüche ihrer
Klienten, die diese wiederum zum großen Teil aus ihrem Arbeitszusammenhang
beziehen, ausrichtet. Eine Funktions- und Formbestimmung von Sozialarbeit/
Sozialpädagogik kann sich folglich nicht allein auf die Problematisierung der
Arbeitsorientierung ihrer Handlungsadressaten beziehen, sondern muß Sozial-
beit als Verausgabung konkreter Arbeit mitreflektieren, die zur Sozialisation
anderer Subjekte in vergesellschafteten Institutionen zu leisten ist. In diesem
(Erziehungs-)Prozeß sind zwei widersprüchliche Funktionen der Sozialarbeit/
Sozialpädagogik zu vereinigen, die auf die Sozialisation der Sozialarbeiter zurück-

wirken: Sozialarbeit hat im Selbstverständnis ihrer Professionals die optimale Entwicklung der Persönlichkeit zu Mündigkeit, intellektueller und sozialer Kompetenz und individueller Subjektivität zu gewährleisten; gleichzeitig sind unter den Bedingungen bürokratischer Organisationen diese Qualifikationen über die Vermittlung von »Bewußtseinsschranken«, so einzugrenzen, daß jedenfalls ihre funktionale Nutzung im Arbeitsprozeß und Erwerbsrollen gewährleistet ist. Durch institutionelle Vorgaben wird darüber hinaus versucht, sicherzustellen, daß die Qualifikationen von den Adressaten nicht dysfunktional ausgenutzt werden, z. B. daß mit Unterstützung von Betriebssozialarbeitern die Arbeiter Ansprüche an die Gestaltung ihres Arbeitsplatzes stellen, die über das allgemein erreichte Reproduktionsniveau hinausgehen oder daß der Wunsch von Jugendlichen zu selbstorganisierter und selbstbestimmter Freizeit sich auf ein Jugendzentrum konzentriert. Obwohl *Blanke/Sachße* nicht im Kontext beruflicher Sozialisation argumentieren, wird auch dort deutlich, daß die Sozialisationsfunktion der Sozialarbeit die problematische Aufgabe hat, gleichzeitig sozialstaatlich gebotene Verkehrsformen (z. B. Chancengleichheit) unter Beibehaltung tauschwertorientierter Verkehrsformen auszubilden und das hierin liegende Konfliktpotential abzuschwächen durch soziale Sicherungs- und Kontrollinstanzen. Entwickelt man diesen Gedanken auf der Basis sozialisationstheoretischer Überlegungen weiter, so lassen sich zwei gegenläufige aber ergänzende Linien zeichnen, die die heutige Situation der Sozialarbeit als Sozialisationsarbeit kennzeichnen: Einerseits eine zunehmende Tendenz der Vergesellschaftung von Sozialisation nach dem Muster der Produktion und andererseits eine zunehmende Organisation dieser Vergesellschaftung und ihrer pädagogischen Realisierung der Sozialisationsziele nach dem Muster der Bürokratie.

In Anschluß an *Krovoza* (1976) lassen sich folgende Strukturmerkmale der beruflichen Sozialisation von Sozialarbeitern/Sozialpädagogen ausmachen:

- Es findet eine zunehmende arbeitsteilige Aufgliederung des kontinuierlichen Lebensprozesses in Einzelinstitutionen von der Kinderkrippe über Schule bis zum Altenheim statt.
- Sozialisation als Arbeitsaufgabe konstituiert Objektbeziehungen zu den Subjekten des Sozialisationsprozesses.
- Entemotionalisierung und Entsinnlichung der Erfahrungsmöglichkeiten in der Subjekt-Subjekt-Beziehung sind als Folgen zu benennen.

Sozialisationstheoretisch gewendet kann vermutet werden, daß diese Strukturmerkmale den »heimlichen Lehrplan« darstellen, der in jedem Sozialarbeiter/ Sozialpädagogen wirkt und der, quasi »unter der Hand« im Prozeß der beruflichen Sozialisation angeeignet wird. Dieser Prozeß beruflicher Sozialisation von Sozialarbeitern/Sozialpädagogen konfrontiert sie mit unpersönlichen, antiemotionalen, technologisch-verkürzenden und die Subjektivität zurückweisenden Sichtweisen, die ein Sozialarbeiter/Sozialpädagoge mit dem Anspruch zu vermitteln sucht, die Persönlichkeit des Kindes, Klienten oder Alten zu achten und als pädagogisches oder normatives Ziel gegenüber der Institution einzuklagen.

Konkrete Folge dieser Balance ist das Dilemma, die zweckrationalen Strukturbedingungen mit einem menschenfreundlichen Anspruch verbinden zu wollen oder zu müssen. Was auf der Seite des Verhältnisses zwischen Sozialarbeitern/Sozialpädagogen und Klienten Emotionalität, Wärme, Zuwendung und Interesse ist, nach bisherigem Wissen alles Vorbedingungen für einen gelingenden Sozialisations- und/oder Beratungsprozeß, ist nach den Maximen bürokratischer Verwaltung ihrer Effektivitäts- und Ablaufkriterien »irrationaler«, kostenträchtiger Ballast. Da aber das eine unter den Bedingungen des anderen zu vollziehen ist, ist der Sozialarbeiter/Sozialpädagoge gehalten, den »paradoxen Erwartungszyklus« in seinem Handlungskonzept auszuhalten bei gleichzeitig »ordnungsgemäßer« Erledigung seiner Amtsgeschäfte. Es ist somit kaum verwunderlich, wenn Sozialarbeiter/Sozialpädagogen all die Veränderungen wie z. B. die Neuorganisationsmodelle, die Formen institutioneller Sozialarbeit/Sozialpädagogik, die versprechen, diesen belastenden Erwartungskomplex zur einen Seite, und sogar zu derjenigen, die seinem Anspruch entgegenkommt, auszurichten, nur zu gerne aufnehmen. Dies bedeutet indes noch nicht, daß damit eine wirkliche Veränderung der institutionellen Sozialisation des Sozialarbeiters/Sozialpädagogen und des Adressaten stattfindet.

Da Sozialisation unter institutionellen Bedingungen immer gleichzeitig den Prozeß der Ausbildung und Verkümmerung von Erfahrungen umfaßt (*Negt/Kluge,* 1968) und als Prozeß der aktiven Aneignung widersprüchlicher Bedingungen durch das Subjekt konstituiert ist, umfaßt der institutionell-bürokratisch verfaßte Sozialisationsprozeß von seiten der Sozialarbeit/Sozialpädagogik nie nur die Unterwerfung des Subjektes unter diese institutionellen Strukturen, sondern läßt die Aneignung der Negation und Kritik der institutionellen Bedingungen und ihrer Überwindung ebenso zu. Von der organisatorischen Form her tendieren dabei aber Institutionen eher zum Versuch der Eingliederung des Subjektes, d. h. hier, des Sozialarbeiters/Sozialpädagogen, über den Prozeß seiner beruflichen Sozialisation.

Soll die Analyse beruflicher Sozialisationsprozesse dazu beitragen, Veränderungen des Berufsfeldes zu ermöglichen bzw. Rahmenbedingungen zur Abschätzung von Veränderungsmöglichkeiten zu erhalten, wäre eine bürokratietheoretisch orientierte Analyse von Sozialarbeit/Sozialpädagogik voranzutreiben und empirisch zu fundieren. Nur so ist ein differenziertes Bewußtsein dafür zu gewinnen, wie sich der Einfluß der Institution auf das Handeln der Sozialarbeiter auswirkt und ihre eigenen biographisch angeeigneten Ausdrucksformen verändert. Arbeits- und Handlungsbedingungen der Sozialarbeiter sind gleichzeitig die Bedingungen ihrer beruflichen Sozialisation und der Sozialisation ihrer Adressaten; sie fordern sie zugleich zu Stellungnahmen und eigenen beruflichen Entscheidungen.

Alle Fortschritte, die in der Bestimmung der beruflichen Sozialisation von Sozialarbeitern/Sozialpädagogen gemacht werden, bilden gleichzeitig die Basis für die Entwicklung der Perspektiven in ihrer Arbeit mit Kindern, Jugendlichen oder Erwachsenen.

Maria-Eleonora Karsten/Hans-Werner Klusemann

Literatur

Beck, U./Brater, M. (Hrsg.), 1977: Die soziale Konstitution der Berufe, 2 Bde., Frankfurt/M. – *Blanke, Th./Sachße, Ch.*, 1978: Theorie der Sozialarbeit, in: *Gaertner, A./Sachße, Ch.* (Hrsg.): Politische Produktivität der Sozialarbeit, Frankfurt/M. – *Blinkert, B.* u. a., 1976: Berufskrisen in der Sozialarbeit, Weinheim/Basel – *Dewe, B./Otto, H.-U.*, 1980: Über den Zusammenhang von Handlungspraxis und Wissensstrukturen in der öffentlichen Sozialarbeit, in: Neue Praxis, H. 2: 127–149 – **Fürstenberg, F.*, 1972: Normenkonflikt beim Eintritt in das Berufsleben, in: *Luckmann, T./Sprondel, W. M.* (Hrsg.): Berufssoziologie, Köln – *Graf, D.*, 1980: Bürokratische Erziehung, Strukturen, Funktionen und Folgen, unveröff. Diplomarbeit, Berlin – *Hegner, F.*, 1980: Sozialarbeit als Verwaltungshandeln. Expertise zum Symposium der DGfE v. 22.–24. 9. 1980 in Berlin – *Heinsohn, G./Knieper, B.*, 1975: Theorie des Kindergartens und der Spielpädagogik, Frankfurt/M. – **Helfer, I.*, 1971: Die tatsächlichen Berufsvollzüge der Sozialarbeiter, Daten und Einstellungen, Frankfurt/M. – **Hurrelmann, K./Ulich, D.*, 1980: Handbuch der Sozialisationsforschung, Weinheim/Basel – *Japp, K./Olk, Th.*, 1980: Problematik der Neuorganisation sozialer Dienste. Expertise im Rahmen des Symposiums zum Berufsfeld von an Fachhochschulen und Hochschulen ausgebildeten Sozialpädagogen und Sozialarbeitern, 22.–24. 9. 1980 in Berlin – *Knieschewski, E.*, 1978: Sozialarbeiter und Klient, Weinheim/Basel – **Krovoza, A.*, 1976: Produktion und Sozialisation, Frankfurt/M. – *Lau, Th.*, 1979: Wie macht man Verwaltungsarbeit – Ein allgemeiner Bezugsrahmen zur Untersuchung administrativer Prozesse im öffentlichen Dienst, in: *Wolff, S.* u. a.: Arbeitssituationen in der Öffentlichen Verwaltung, Frankfurt/M. – **Lempert, W./ Thomssen, W.*, 1974: Berufliche Erfahrung und gesellschaftliches Bewußtsein, Stuttgart – **Luhmann, N.*, 1976: Funktion und Folgen formaler Organisation, Berlin – *Narr, W.-D.*, 1979: Eine Gesellschaft bedingter Reflexe, Anm. zur geistigen Situation der Zeit, Frankfurt/ M. – **Otto, H.-U./Schneider, S.*, 1973: Gesellschaftliche Perspektiven der Sozialarbeit, 2 Bde., Neuwied – **Peters, H./Cremer-Schäfer, H.*, 1975: Die sanften Kontrolleure, Stuttgart – *Volmerg, U.*, 1976: Zum Verhältnis von Produktion und Sozialisation am Beispiel industrieller Lohnarbeit, in: *Leithäuser, T./Heinz, W.:* Produktion, Arbeit, Sozialisation, Frankfurt/M. –

→ Professionalisierung → Supervision → Weiterbildung in sozialen Berufen

Betrieb

Betrieb als Gegenstand soziologischer Analyse

Historisch ist die Entwicklung des neuzeitlichen Betriebes – das heißt die Verbreitung industrieller Fertigungsweisen und moderner Verwaltungsverfahren – nicht abzutrennen vom Prozeß der sog. »Industriellen Revolution«.

Rationalisierung, Bürokratisierung und Technisierung erscheinen als allgemeine Entwicklungsmerkmale der Industrialisierung – als Tendenzen, die sich seit Ende des 18. Jahrhunderts bis heute vor allem in der fortlaufenden Veränderung der Produktionstechnik in Betrieben hinsichtlich der Organisation von Produktionsprozessen (zentrales Problem: Verhältnis Arbeit/Technik) und schließlich hinsichtlich der sozialen Struktur des Betriebes (zentrales Problem: Hierarchie und Herrschaft) in den verschiedenen Wirtschaftsbereichen mit unterschiedlicher Geschwindigkeit und Konsequenz durchsetzen. Diese Tendenzen repräsentieren allerdings keine natürlich-objektive Entwicklungsgesetzlichkeit, sondern vermitteln über Handeln und dessen sozialstruktureller Bedingtheit hergestellte historische Objektivität gesellschaftlicher Entwicklung. Der Prozeß der Industrialisierung kann seinerseits nur im Zusammenhang mit der Herausbildung der politisch-ökonomischen und sozialen Struktur der bürgerlich-kapitalistischen Gesellschaft begriffen werden.

Der moderne Industriebetrieb (industrielle Produktion und moderne Verwaltung) ist in verschiedenen inhaltlichen und analytischen Bezügen Gegenstand soziologischer Fragestellung:

Zunächst ist der Betrieb der heute vorherrschende Ort menschlichen Arbeitens. Menschliche Arbeit in der Industriegesellschaft ist in der überwiegenden Zahl der Fälle »betriebsmäßiges« Arbeiten (d. h., Betrieb ist ein Stück »Lebenswelt« und für viele zentraler Ort des Berufslebenslaufes). Entscheidendes Merkmal ist dabei die Fremdbestimmtheit des Arbeitshandelns – eine Fremdbestimmtheit, die im Gegensatz von Kapital und Arbeit und im hieraus bestimmten Doppelcharakter der Arbeit als konkret nützliche Tätigkeit auf der einen Seite und als wertzusetzende Tätigkeit auf der anderen Seite ihre gesellschaftlich strukturelle Grundlage hat. Die zeitliche, sachliche und soziale Konditionierung des individuellen und kollektiven Arbeitshandelns und die hierüber entscheidend geformte Erfahrung der Arbeitssituation durch die Arbeitskräfte kennzeichnet eine erste Problemebene soziologischen Interesses am Betrieb. Arbeit im Betrieb ist typischerweise skalar (hierarchisch) und funktional arbeitsteilig organisiert. Der Betrieb ist ein in sich gegliedertes soziales Gebilde mit relativ festen Kooperations- und Herrschaftsbeziehungen. Hiermit ist eine zweite Ebene soziologischen Interesses am Betrieb benannt. Bemühungen, den Betrieb als soziales System und als soziale Organisation zu fassen, setzen regelmäßig auf dieser Ebene an. Schließlich ist der Betrieb in vielfacher Weise verknüpft mit der gesamtgesellschaftlichen Ordnung und mit sozialen, ökonomischen und politischen Entwicklungen der Gesellschaft. Betriebe stehen immer in einem wechselseitigen Funktionsverhältnis mit der Gesellschaft. Betriebe sind rechtsanerkannte Institutionen und einerseits etwa als Niederschlag des Eigentumsrechtes und als anerkannter legitimer Herrschaftsbereich von sozialer Bedeutung, andererseits aber sind Betriebe auch rechtlichen Normen unterworfen (Jugendarbeitsschutzgesetz, Arbeitsstättenverordnung, Berufsbildungsrecht, Wettbewerbsordnung etc.). Es sind Betriebe also nicht nur Produktionsstätten, sondern auch ordnungspolitische Größen. Betriebe sind, auf dieser Problemebene gesehen, Ausdruck historisch relativ invarianter, aber prinzipiell veränderbarer sozio-politischer Strukturbedingungen. Der Betrieb ist schließlich als Institution und Produktionsstätte zugleich gesellschaftliche Handlungs- und Entscheidungseinheit – womit eine weitere Ebene soziologischen Interesses am Betrieb aufgenommen ist. Das Verhältnis von Kapital zu Arbeit und hiermit die Struktur und der Prozeß der gesellschaftlichen Reproduktion konstituieren sich in einem entscheidenden Maße über den Betrieb als handlungsaktiven Interessenten und Strategen im Sinne der Kapitalverwertung einerseits wie als Ort der Herausbildung und konkreten Umsetzung von Gegeninteressen und Gegenstrategien der Arbeitnehmerschaft andererseits.

Entwicklung der Betriebssoziologie

Obgleich industrielle Probleme bereits am Anfang der Soziologie in den USA und in Europa das inhaltliche Interesse von Forschung und Lehre beherrschen (Soziale Frage, die Folgen von Urbanisierung und Industrialisierung etc.) und insbesondere in Deutschland die Herausbildung einer wissenschaftlichen Sozialforschung eng mit dem Interesse an betriebs- und industriesoziologischen Fragen verbunden ist (vgl. etwa die Enquêten des Vereins für Socialpolitik unter dem Einfluß von *Weber* zu Anfang des Jahrhunderts), wird in der gegenwärtigen Literatur der Beginn einer Betriebssoziologie als spezieller Soziologie um 1930 angesetzt – mit den berühmten »Hawthorne-Studies« in den USA (unter der wissenschaftlichen Leitung von *Mayo*) und mit der Gründung des Institutes für Betriebssoziologie und soziale Betriebslehre an der Technischen Hochschule zu Berlin und den Arbeiten von *Briefs, Jost, Geck* u. a. in Deutschland.

Das fachspezifische soziologische Interesse am Betrieb wurde nach Mayo, Röthlisberger und anderen Mitarbeitern der Hawthorne-Untersuchungen vor allem mit der Entdeckung des »Group-Factors« und dem Begriffspaar »formelle und informelle Organisation« verbunden. Von den Ergebnissen dieser Forschung ausgehend, wurden manchmal die informellen Sozialbeziehungen im Betrieb als der im engeren Sinne soziologische Gegenstandsbereich einer Betriebssoziologie angesehen. Bei Anerkennung der großen Bedeutung von informellen Beziehungen, von Cliquenbildungen und von nichtformalisierten Gruppenbildungen im Betrieb darf jedoch nicht übersehen werden, daß es sich hierbei nur um einen Bereich der soziologisch relevanten Erscheinungen im Industriebetrieb handelt und daß die Sozialbeziehungen im Betrieb selbst in hohem Maße Ausdruck objektiver Arbeitsbedingungen und betrieblicher Normensysteme sind (vgl. z. B. *Mayntz*, 1958).

In Deutschland wurde durch *Briefs*, *Michel, Rosenstock-Hussey* u. a. die soziologische Perspektive zunächst sehr stark im Hinblick auf die sogenannte »Doppelgesichtigkeit des Betriebes als Arbeits- und Lebensraum« entwickelt. Erste betriebssoziologische Analysen sind dabei sehr häufig verknüpft mit einem romantisch-idealistisch begründeten sozialpolitischen Reformwillen (*Hellpach*, 1922; *Winschuh*, 1923 u. a.). In Konzeptionen der »Werkstattaussiedlung« (*Rosenstock-Hussey*, 1922) und der »Gruppenfabrikation« (*Hellpach*, 1922) wie auch in der Auseinandersetzung um »Taylorismus« und »Fordismus« (z. B. *Gottl-Ottlilienfeld*, 1926) offenbart sich der Wunsch nach einer Verbindung von industrieller Rationalisierung mit der Verwirklichung und Aufrechterhaltung zentraler Werte einer gemeinschaftlich gegliederten sozial und kulturell integrierten Gesellschaft.

In den Schriften von *Lechtape* (1929) und von *Briefs* und seinen Mitarbeitern Ende der zwanziger Jahre werden allerdings Umrisse einer analytisch ausgerichteten Betriebssoziologie deutlich. Zum Objekt einer Betriebssoziologie stellt *Briefs* (1934) fest: »Die Soziologie, sofern sie sich auf den Betrieb bezieht, kann mit den üblichen Betriebsbegriffen nicht operieren. Ihr Erkenntnisobjekt ist der Betrieb, der als soziales Gebilde auftritt, als ›Kooperation‹, d. h. zusammen überlegen, zusammen planen und zusammen wirken mehrerer Menschen umschließt.« Und er definiert Betrieb als ». . . räumlich gebundene, zeitlich normierte mit technischer Apparatur ausgestattete, zweckbewußte Kooperation von Menschen. Der Betrieb ist gleichzeitig Flamm- und Schnittpunkt solcher sozialer Vorgänge und Gebilde, die bei Kooperation von Menschen an der technischen Apparatur, dem organisierten Werkvorgang und unter raum-zeitlicher Einheit des Betriebes entstehen«.

In der Entwicklung der Betriebssoziologie in Westdeutschland nach 1945 sind diese Differenzierungen kritisch aufgenommen worden. Im Verlaufe der Etablierung von Soziologie als Lehrfach an den Hochschulen hat sich unter Einfluß der Rezeption der amerikanischen Soziologie eine weitgehend akzeptierte Begrifflichkeit und eine Systematik soziologischer Fragestellung im Hinblick auf den Betrieb herausgebildet.

Als Standardgliederung von Einführungen in die Industrie- und Betriebssoziologie ergibt sich:
Der Betrieb als soziales System
Die formale Organisation
Funktionale Organisation
Skalare Organisation
Das Statussystem des Betriebes
Informelle Beziehungen im Betrieb
Die Einstellung der Arbeitnehmer zum Betrieb und das Betriebsklima
Betrieb und Gesellschaft
(vgl. *Dahrendorf*, 1962; *Lepsius*, 1967; *Kluth*, 1968 – zusammenfassend vgl. *Lutz/Schmidt*, 1977).

Immer wieder ist der soziale Doppelcharakter des Betriebes als Herrschaftsgefüge einerseits und Kooperationsgefüge andererseits thematisiert worden. Als Herrschaftsgefüge ist der Betrieb durch ein System von Anordnungen und bewußt gesetzten Normen gekennzeichnet, die einem hierarchischen System von Aufsicht und Unterstellung entsprechen und deren Einhaltung durch Disziplinarmaßnahmen, Belohnungen und Bestrafungen erzwungen wird.

Als Kooperationsgefüge hingegen gründet sich der Betrieb auf ein nicht nur materielles, sondern auch psychisches und soziales Bedürfnis des Menschen, tätig zu sein und in Zusammenarbeit mit anderen tätig zu sein! Das Interesse an betrieblichen Herrschafts- und Kooperationsbeziehungen wird in spezifischer Weise in der Perspektive des Betriebes als sozialem Spannungsfeld – als Bereich sozialer Konflikte – aufgegriffen (vgl. *Dahrendorf*, 1962; siehe auch *Burghardt*, 1974 und *Brock/Hindrichs* u. a., 1975).

In der industrie- und betriebssoziologischen Forschung nach 1945 steht in Westdeutschland zunächst das Bemühen um Bestandsaufnahme und die Auseinandersetzung mit der stark sozial-psychologisch orientierten amerikanischen »industrialsociology« im Vordergrund. Eine große Anzahl von Untersuchungen wird in Anlehnung an angelsächsische Vorbilder durchgeführt. Der Einfluß der »Human-Relations-Bewegung« auf viele dieser Untersuchungen ist unverkennbar (*Paul/Steinmetz*, 1953; *Stirn*, 1952), während andere Arbeiten vor allem um eine begrifflich-analytische, methodische und theoretische Konsolidierung betriebssoziologischer Mikroanalyse bemüht sind (z. B. *Krönlein*, 1960; *Krüsselberg*, 1958 – zusammenfassend zu dieser Perspektive vgl. *König*, 1961).

Im Zentrum der industrie- und betriebssoziologischen Forschungen nach dem Zweiten Weltkrieg in Westdeutschland stehen aber ohne Zweifel die umfangreichen Forschungsprojekte dreier größerer Forschungsgruppen:

– der Gruppe *Popitz/Bahrdt/Jüres/Kesting* – »Technik und Industriearbeit« und »Das Gesellschaftsbild des Arbeiters«, beide 1957;

– der Gruppe *Pirker/Braun/Lutz/Hammelrath* – »Arbeiter, Management, Mitbestimmung«, 1955

– und des Forschungsteams des Instituts für Sozialforschung in Frankfurt, wozu insbesondere *v. Friedeburg/Weltz/Teschner* gehörten – »Betriebsklima« 1955

Die Untersuchungen dieser drei Forschungsgruppen bilden gewissermaßen den Kristallisationskern der westdeutschen Industrie- und Betriebssoziologie. Sowohl thematisch wie methologisch und theoretisch sind die Untersuchungen dieser Gruppen richtungweisend gewesen.

Die Hauptthemen der westdeutschen Industrie- und Betriebssoziologie bis etwa 1960 sind:

– Die gesellschaftlichen und betrieblichen Aspekte der Arbeiter- und Angestelltenproblematik (*Bahrdt*, 1958; *Braun*, 1964; *Stammer*, 1960; *Jaeggi/Wiedemann*, 1963 und 1966).

– Die Mitbestimmungsfrage (*Neuloh*, 1960; *Pirker/Braun* u. a., 1955; zusammenfassend *Dahrendorf*, 1960).

– Die sozialen Aspekte verschiedener Entlohnungsformen unter den Bedingungen zunehmender Technisierung (*Lutz/Willener*, 1962; *Lutz*, 1962/1975).

– Das Thema »Betriebsklima« (Institut für Sozialforschung Frankfurt, 1955; *Götte*, 1962; *v. Friedeburg*, 1963).

– Die Stellung und Funktion unterer und mittlerer Vorgesetzter und deren
  Veränderung im Zuge von Technisierung und Organisierung (*Lepsius*, 1954;
  Weltz, 1964).

Die zunehmende Mechanisierung und Rationalisierung in Produktion und Verwaltung und deren Folgen für die Zusammenarbeitsbeziehungen, die Arbeitsplatzstruktur und das betriebs- und gesellschaftsbezogene Verhalten der Arbeitnehmer
– kurz: das Thema des technischen Fortschritts – ist im Verlaufe der zweiten Hälfte
der fünfziger Jahre und zu Anfang der sechziger Jahre immer stärker zum
Generalthema industrie- und betriebssoziologischer Forschung in der Bundesrepublik geworden (vgl. z. B. IFO, 1961; *Neuloh/Wiedemann*, 1960 sowie insbesondere
Zimmermann, 1960). Während *Dahrendorf* (1967) ein deutliches Nachlassen des
Interesses von Soziologen an Fragen der Industrie feststellen konnte – Probleme
der Bildungssoziologie und der politischen Soziologie traten in den Vordergrund –,
nahm Ende der sechziger Jahre und Anfang der siebziger Jahre die Industrie- und
Betriebssoziologie in Westdeutschland einen Aufschwung, der nur von wenigen
erwartet worden war. Der technische Fortschritt bleibt auch beherrschendes
Thema der sog. »Renaissance der Industriesoziologie« in Westdeutschland am
Ende der sechziger Jahre. Neben empirische Studien zur Frage des Wandels von
Industriearbeit und der Entstehung neuer Arbeitsformen und zur Problematik der
Veränderung betrieblicher Sozialbedingungen durch technischen Fortschritt (*Kern/
Schumann*, 1970/1974; *Fürstenberg*, 1969; *Schultz-Wild/Weltz*, 1973) sowie zu
Fragen des Einflusses gesellschaftlicher Veränderungen auf die Arbeits- und
Berufsorientierung von Arbeitskräften einerseits und die betriebliche Arbeitskräf-
teeinsatzpolitik andererseits (zur Weiterbildungsproblematik siehe etwa *Weltz/
Schmidt/Krings*, 1973; *Sass/Sengenberger/Weltz*, 1974; zur Auswirkung des Arbeits-
förderungsgesetzes vgl. *Böhle/Altmann*, 1972 und *Baethge* u. a., 1970) treten
Versuche, die theoretische Basis betriebs- und industriesoziologischer Forschung
zu erweitern (vgl. *Altmann/Bechtle*, 1971; *Ötterli*, 1971; *Littek*, 1973; *Oppolzer*,
1976).

Auf dem Hintergrund der viel diskutierten »Krise der Soziologie« Ende der
sechziger Jahre ist die Wiederbelebung von betriebs- und industriesoziologischer
Arbeit in Westdeutschland auch als »Antwort« zu verstehen auf die Forderung an
Sozialwissenschaft nach neuer thematischer Orientierung, kritischer Reflexion der
methodologischen und theoretischen Orientierung und korrigiertem Selbstverständnis der Soziologen.

Mit der Wiederaufnahme der Problematik der Konstitution und Entwicklung der
Arbeiterklasse rückten gesellschaftliche Tatbestände in den Vordergrund soziologischen Interesses, die während der fünfziger Jahre tendenziell ausgeklammert
bzw. »wegthematisiert« worden waren (vgl. zum erneuten Interesse an der Klassen-
frage beispielsweise *Deppe* u. a., 1970). In eine, Marxsche theoretische Ansätze
aufgreifende Rekonstruktion von Problemen der gesellschaftlichen Produktion
scheint sich zumindest für eine Reihe von Soziologen die aktuelle Konfrontation
der Soziologie umsetzen zu lassen. Dies betrifft insbesondere auch die neueren
Studien der Sozialforschungsstelle Dortmund zu Problemen der Entstehung und

Konstitution von »verdeckten« und »offenen« Konflikten im Betrieb (Sozialforschungsstelle Dortmund, 1974), gilt ebenso aber für eine Reihe von neueren Studien zum Arbeiterbewußtsein, speziell für die Arbeiten der Gruppe um *Hack* zur »doppelten Konstitution« des Bewußtseins, der Frage der Beziehung zwischen der subjektiven Erfahrung der objektiven Bedingungen individueller und kollektiver Situation und der subjektiven Rekonstruktion jener objektiven Bedingungen (vgl. *Hack/Krause* u. a., 1972; *Hack* u. a., 1977).

In den neueren Arbeiten des Instituts für sozialwissenschaftliche Forschung München wurde im Bemühen um gesellschaftstheoretische Begründung empirischer und theoretischer Einzelforschung der »Betrieb« (analytisch verstanden) als konkrete Instanz gesellschaftlich durchgesetzter Kapitalverwertungsprinzipien zum Ansatzpunkt einer Reihe von Untersuchungen (*Bechtle*, 1974). Von hier aus ergibt sich eine durchaus neue, von der traditionellen Betriebssoziologie (im Sinne von Briefs oder Mayo) und ihrer Perspektive abweichende, industriesoziologische Interessensperspektive (*Bechtle*, 1980).

In den letzten Jahren hat sich das Forschungsinteresse der Industriesoziologen, angeregt durch entsprechende Forschungsförderung des Bundes, verstärkt dem Problembereich »Humanisierung des Arbeitslebens« zugewandt. Dieser neue Themenschwerpunkt hat die Betriebsorientierung von Industriesoziologie bedeutend verstärkt (vgl. z. B.: RKW, 1976; *Altmann/Böhle*, 1976). Die wichtigsten systematischen Fragen sozialwissenschaftlicher Industrie- und Betriebsforschung wie auch die gegenwärtig vertretenen unterschiedlichen theoretischen und methodologischen Ansätze der Industrie- und Betriebssoziologie in Westdeutschland (*Mickler* u. a. 1975; *Bechtle* 1974) werden seit einigen Jahren insbesondere auf dem Hintergrund der Humanisierungsforschung diskutiert (*Fricke*, 1975; *Kern/Brumlop* u. a., 1976; *Preiß* 1977; *Altmann* u. a., 1982 – zur neueren Entwicklung industrie- und betriebssoziologischer Forschung, vgl. *Schmidt*, 1980 und *Schmidt* u. a., 1982).

Entwicklungstendenzen: technischer Fortschritt und gesamtgesellschaftliche Veränderungen

Die Veränderungen der technisch-organisatorischen Bedingungen des Arbeitens im Industriebetrieb und die Veränderungen der gesellschaftlichen Rahmenbedingungen betrieblichen Handelns erscheinen als die beiden entscheidenden Momente des Wandels der Sozialprobleme im Betrieb. Zwei Fragestellungen wurden und werden immer wieder aufgegriffen:

– Der Wandel der industriellen Arbeitsformen und der Kooperationsbeziehungen (Verhältnis von Technik und Arbeit).

– Der Wandel des betrieblichen Herrschaftsgefüges (Hierarchie, Führung, Leistungskontrolle etc.).

Die beiden genannten Momente sind allerdings nicht unabhängig voneinander. Der technische Fortschritt im Betrieb ist keine autonome Entwicklungsgröße, sondern Resultat strategischer Entscheidungen, in die nicht nur Marktkalkulationen, sondern auch die normative Einbindung des Betriebes in die »umgebende« Gesellschaft mit eingehen. Andererseits ist staatliche Gesetzgebung nicht unabhängig von jeweils vorherrschenden einzelunternehmerischen Kapitalverwertungsstrategien.

Als wichtigster Faktor der Veränderung industrieller Arbeitsverhältnisse erscheint der technische Fortschritt. Technischer Fortschritt ist hierbei nicht zu verstehen als ein eigenständiger Entwicklungsprozeß, sondern als Resultat strukturell bedingter betrieblicher Entscheidungen (vgl. *Lutz/Schmidt,* 1977). Im Verlaufe »technischer Fortschritte« verändern sich nicht nur betriebliche technisch-organisatorische Strukturen des Produktionsprozesses und hiermit verbunden die Arbeitsanforderungen an einzelne. Indem die individuellen und kollektiven Formen der Industriearbeit und vor allem auch die Beziehung zwischen menschlicher Arbeit und Produktionsergebnis entscheidend verändert werden, bewirkt der »technische Fortschritt« einen Wandel betrieblicher Herrschafts- und Kooperationsbeziehungen, worüber immer wieder auch die Frage der Möglichkeiten und Grenzen betrieblicher Verfügung über Arbeitskräfte gestellt ist.

Wiederholt haben Sozialwissenschaftler auf eine phänomenografisch-extrapolierende Weise versucht, die Entwicklung des technischen Fortschritts in seiner Auswirkung auf den Betrieb und in seiner Auswirkung auf die Berufsstruktur in sog. Phasenmodellen auszudrücken (*Touraine*, 1955; *Blauner*, 1964 – vgl. auch *Kern/Schumann*, 1974). In der Regel werden drei Stufen unterschieden:

In einer ersten Phase überwiegen in noch nicht oder gering technisierten Betrieben auf der einen Seite qualifizierte, handwerklich ausgebildete Arbeitskräfte, auf deren Arbeitsvermögen und Leistungsbereitschaft der Betrieb in hohem Maße angewiesen ist, auf der anderen Seite Hilfsarbeiter, denen lediglich unqualifizierte und körperlich schwere Arbeit abverlangt wird.

In der zweiten Phase ersetzt die Rationalisierung der industriellen Arbeit den früher personal ausgeübten Druck durch einen technisch-organisatorischen »Sachzwang« (z. B. Fließband). Herrschaft wird immanenter Bestandteil der Arbeits- und Produktionsorganisation. Diese Phase ist durch hochgradige Arbeitseinteilung und Arbeitszerlegung sowie durch weitgehendste Dequalifizierung der Mehrheit der Arbeitnehmer gekennzeichnet (Taylorisierung).

In einer dritten Phase (Vollmechanisierung und beginnende Automatisierung) wird menschliche Arbeit aus dem Produktionsprozeß zunehmend zurückgezogen und auf dessen Vorbereitung, Initiierung, Kontrolle und Steuerung konzentriert. Die individuelle menschliche Arbeitsleistung schlägt sich in immer geringerem Maße unmittelbar im Produktionsergebnis nieder – sie wird immer weniger »meßbar«. In dieser Phase steigt tendenziell auch der Bedarf an höherqualifizierten Arbeitskräften.

Während die sozialen Probleme der Automation im engeren Sinne noch kaum empirisch Bedeutung haben, bleibt in der Diskussion einmal die Frage der Gültigkeit der Stufenfolge kontrovers, insbesondere außerhalb des Bereichs der Industriefertigung im engeren Sinne, sowie die Frage, ob mit zunehmender Vollmechanisierung und der Einführung von Teilautomaten in der Fertigung und im Bereich von Datenverarbeitung in der Verwaltung eher mit einer Nivellierung der Arbeitskräftestruktur im Hinblick auf die Qualifikationsanforderungen und somit dem Abbau des Einsatzes von niederqualifizierten Arbeitskräften zu rechnen ist (*Blauner*, 1964) oder ob diese Entwicklungen eher zur Verstärkung der bereits in der zweiten Phase deutlich werdenden Polarisierungstendenzen in der Arbeitskräftestruktur führt *(Kern/Schumann*, 1970/1974).

Die tatsächlichen betriebsinternen »Konsequenzen« der technisch-organisatorischen Entwicklung müssen auf dem Hintergrund übergreifender sozio-politischer Entwicklungen gesehen werden. Diese sind vor allem:

– Das Verschwinden einer »industriellen Reservearmee« von einheimischen Arbeitskräften, die nur geringe Qualifikationen besitzen, aber bereit sind, jede Arbeit zu fast jedem Lohn zu übernehmen.

– Nicht zuletzt im Zusammenhang mit dem wachsenden politischen Einfluß der Arbeitnehmerschaften bzw. ihrer Interessenorganisationen sind in zahlreichen Industriegesellschaften Systeme der sozialen Sicherheit institutionalisiert worden, die tendenziell die Situation des Arbeitnehmers gegenüber dem Betrieb verbessern. In Westdeutschland haben Gesetze wie das Arbeitsförderungsgesetz, das Berufsbildungsgesetz, das neue Betriebsverfassungsgesetz und andere Maßnahmen staatlicher Sozialpolitik den Verfügungsspielraum des einzelnen Betriebes gegenüber der Arbeitskraft eingegrenzt – wenngleich nicht prinzipiell aufgehoben.

– Die Gewerkschaften, die in der Frühzeit der Industrialisierung außerhalb der Rechtsordnung standen, wurden in fast allen Industrieländern zu mächtigen Gegenmacht-Organisationen.

– Schließlich haben steigender Lebensstandard, wachsende Freizeit und wachsende Möglichkeit des einzelnen, auch in späteren Jahren noch seine beruflichen Chancen zu beeinflussen (Weiterbildung), die klassische proletarische Lebenssituation für viele Arbeiter entscheidend verändert. Die gesellschaftlichen Veränderungen haben auch die Motivationsansprüche dem Betrieb gegenüber gewandelt.

Die skizzierten Entwicklungen haben insbesondere Konsequenzen für den Herrschaftsanspruch im kapitalistischen Betrieb, dessen Durchsetzung als konstitutives Moment der gegenwärtigen Wirtschafts- und Gesellschaftsordnung erscheint. Der konstitutionelle Interessengegensatz zwischen Arbeitnehmern und Arbeitgebern ist nicht aufgehoben (die jüngsten rezessiven Wirtschaftsentwicklungen haben die Asymmetrie des Machtverhältnisses auf vielfältige Weise deutlich gemacht); er erscheint jedoch in weiten Bereichen »versachlicht« und tritt heute offenbar neben konkrete Interessenkonvergenzen, deren sich beide Seiten (Gewerkschaften und Unternehmer) bewußt sind und die sich in erster Linie auf die technisch-organisatorische Effizienz des Betriebes als Grundlage für wirtschaftliches Wachstum und gesellschaftspolitische Stabilität beziehen (vgl. etwa *Bergmann* u. a., 1975). Formen des physischen und materiellen Zwanges sind schon in den letzten Jahrzehnten zunehmend durch psychologische Führungstechniken und auf sozialpsychologische Überlegungen gegründete betriebliche Kooperationsformen abgelöst worden.

Auch die sog. Versachlichung der Herrschaft ist freilich als Instrument der Stabilisierung der strukturellen Asymmetrie der betrieblichen Sozialverhältnisse zu verstehen.

Verfrüht erscheint gegenwärtig auch eine abschließende Anwort auf die Frage, ob sich im Zuge der neueren »Humanisierungsforschung« qualitativ neue Ansprüche an Arbeit und hierüber auch eine qualitativ veränderte politische Thematisierung des Betriebes gesellschaftlich durchsetzen werden (*Matthöfer*, 1977; *Kern* u. a., 1976, *Kern*, 1979). Diskussion, Streik und Abschluß des Lohnrahmentarifs II für Nordwürttemberg-Nordbaden kann allerdings als Beispiel einer thematischen Neuorientierung der sozialen Interessenauseinandersetzung gesehen werden. Insgesamt macht eine möglicherweise zunehmende Politisierung des betrieblichen Herrschaftsverhältnisses – vgl. insbesondere die Mitbestimmungsdiskussion – die enge Verknüpfung von Entwicklungen betrieblicher Sozialverhältnisse mit gesellschaftlichen Strukturproblemen deutlich. Am Problem des Wandels betrieblicher Herrschaft zeigen sich immer wieder auch Legitimitätsschranken gesellschaftlicher Ordnungs- und Verteilungsprinzipien.

So läßt sich in gewisser Weise die Geschichte des Industriebetriebes (bzw. die Geschichte seiner sozio-politischen Ordnung) mit der Geschichte der politischen Verfassung vergleichen. An die Stelle der »Absoluten Monarchie« trat im Verlaufe der historischen Entwicklung eine Art konstitutionelle Herrschaft, die an bestimmte Garantien, an mehr oder minder formalisierte Mitspracherechte (Betriebsverfassungsgesetz §§ 90, 91 etc.) gebunden ist. Ob auch der Übergang von der »Konstitutionellen Monarchie« zur »Demokratie« eine Analogie in der Entwicklung des Betriebes finden wird, bleibt umstritten. Bisher sind Sozialwissenschaftler in dieser Hinsicht eher skeptisch: Die zunehmende Konzentration der großen wirtschaftlichen Entscheidungen läßt die Vorstellung einer Demokratisierung des betrieblichen Lebens im Sinne einer Selbstbestimmung der Belegschaft über das Geschick »ihres« Betriebes im System einer hochindustrialisierten Volkswirtschaft (noch) als Utopie erscheinen.

Die auf dem Hintergrund der jüngsten ökonomischen Krisen vielfältig diskutierten – und mancherorts auch praktizierten – Formen alternativer Arbeitsorganisation und Betriebsorganisation machen aber deutlich, daß auch der »moderne Industriebetrieb« eine historische Erscheinung ist (*Benseler* u. a., 1982).

Gert Schmidt

Literatur

Altmann, N./Bechtle, G., 1971: Betriebliche Herrschaftsstruktur und industrielle Gesellschaft, München – *Altmann, N./Binkelmann, P./Düll, K./Stück, H.*, 1982: Grenzen neuer Arbeitsformen, Frankfurt/M. – *Atteslander, P.* (Hrsg.), 1959: Konflikt und Kooperation im Industriebetrieb, Köln/Opladen – *Baethge, M.*, 1970: Ausbildung und Herrschaft, Frankfurt/ M. – *Baethge, M./Münch, J.* u. a., 1970: Probleme der Umschulung von Arbeitskräften in Wirtschaftszweigen und Regionen mit besonderen Strukturproblemen, Göttingen – *Bahrdt, H.-P.*, 1958: Industriebürokratie, Stuttgart – *Bechtle, G.*, 1980: Betrieb als Strategie, Frankfurt/M. – *Benseler, F./Heinze, R. G./Klönne, A.* (Hrsg.), 1982: Zukunft der Arbeit; Eigenarbeit Alternativökonomie, Hamburg – *Bergmann, J./Jacobi, O./Müller-Jentsch, W.*,

1975: Gewerkschaften in der Bundesrepublik, Frankfurt/M. – *Blauner, R.*, 1964: Alienation and Freedom, Chicago/London – *Böhle, F./Altmann, N.*, 1972: Industrielle Arbeit und soziale Sicherheit, Frankfurt/M. – *Braun, S.*, 1964: Zur Soziologie der Angestellten, Frankfurt/M. – *Briefs, G.*, 1934: Betriebsführung und Betriebsleben in der Industrie, Stuttgart – *Burghardt, A.*, 1974: Einführung in die Betriebssoziologie, Wien/Köln/Graz – *Burisch, W.*, 1973: Industrie- und Betriebssoziologie (7. Auflage des in den ersten 4 Auflagen 1955–1967 von *Ralf Dahrendorf* verfaßten Bandes), Berlin – *Dahrendorf, R.*, 1960: Das Mitbestimmungsproblem in der deutschen Sozialforschung, Hamburg – *Dahrendorf, R.*, 1967: Pfade aus Utopia, München – *Deppe, F./Lange, H./Peter, L.* (Hrsg.), 1970: Die neue Arbeiterklasse, Frankfurt/M. – *Fricke, W.*, 1975: Arbeitsorganisation und Qualifikation, Bonn-Bad Godesberg – *Friedeburg, L. v.*, 1963: Soziologie des Betriebsklimas. Studien zur Deutung empirischer Untersuchungen im industriellen Großbetrieb, Frankfurt/M. – *Friedrichs, G.* (Hrsg.), 1963: Automation und technischer Fortschritt in Deutschland und den USA, Frankfurt/M. – *Friedrichs, G.* (Hrsg.), 1965: Automation – Risiko und Chance. Beiträge zur 2. internationalen Arbeitstagung der Industriegewerkschaft Metall über Rationalisierung, Automatisierung und technischen Fortschritt, 2 Bde., Frankfurt/M. – *Götte, M.*, 1962: Betriebsklima, Göttingen – *Hack, L./Krause, W./Schmidt, U./Wachuta, W.*, 1972: Klassenlage und Interessenorientierung, in: Zeitschrift für Soziologie – Ifo-Institut für Wirtschaftsforschung, 1961: Soziale Auswirkungen des technischen Fortschritts, München – Institut für Sozialforschung, Betriebsklima, 1955: Frankfurter Beiträge zur Soziologie, Bd. 3, Frankfurt/M. – *Jaeggi, U./Wiedemann, H.*, 1963: Der Angestellte im automatisierten Büro. Betriebssoziologische Untersuchung über die Auswirkung elektronischer Datenverarbeitung auf die Angestellten und ihre Funktionen, Stuttgart – *Jaeggi, U./Wiedemann, H.*, 1966: Der Angestellte in der Industriegesellschaft, Stuttgart – *Kern, H./Schumann, M.*, 1974: Industriearbeit und Arbeiterbewußtsein, Frankfurt/M. – *Kern, H./Brumlop, E.*, u. a., 1976: Neue Formen betrieblicher Arbeitsgestaltung, Bonn – *Kern, H.*, 1979: Kampf um Arbeitsbedingungen, Frankfurt/M. – *Kluth, H.*, 1971[2]: Soziologie der Großbetriebe, Stuttgart – *König, R.*, 1961: Die informellen Gruppen im Industriebetrieb, in: Organisation, TFB-Taschenbuchreihe, Bd. 1, Berlin/Baden-Baden – *Krönlein, E. D.*, 1961: Vertikale und horizontale Mobilität im Industriebetrieb, in: Kölner Zeitschrift für Soziologie und Sozialpsychologie, Bd. 13 – *Krüsselberg, H. G.*, 1964: Betriebsstruktur und Lohnanreizsystem, in: Kölner Zeitschrift für Soziologie und Sozialpsychologie, Bd. 16 – *Lepsius, M.*, 1976[16]: Industrie und Betrieb, in: Das Fischer-Lexikon, hrsg. von René König, Frankfurt/M. – *Lepsius, M.*, 1960: Strukturen und Wandel im Industriebetrieb, München – *Littek, W.*, 1973: Industriearbeit und Gesellschaftsstruktur, Frankfurt/M. – *Littek, W./Rammert, W./Wachtler, G.*, (Hrsg.), 1982: Einführung in die Arbeits- und Industriesoziologie, Frankfurt/M. – *Lutz, B.*, 1975: Krise des Lohnanreizes, Frankfurt/M. – *Lutz, B./Schmidt, G.*, 1977: Industriesoziologie, in: *König* (Hrsg.): Handbuch der empirischen Sozialforschung, Band 8, Stuttgart – *Matthöfer, R.*, 1977: Humanisierung der Arbeit und Produktivität in der Industriegesellschaft, Frankfurt/M. – *Mayntz, R.*, 1966[2]: Die soziale Organisation des Industriebetriebes, Stuttgart – *Mickler, O.* u. a., 1975: Technik, Arbeitsorganisation und Arbeit, Göttingen – *Neuloh, O.*, 1960: Der neue Betriebsstil, Untersuchungen über und Wirkungen der Mitbestimmung, Tübingen – *Neuloh, O./Wiedemann, H.*, 1960: Arbeiter und technischer Fortschritt, Köln-Opladen – *Oetterli, J.*, 1971: Betriebssoziologie und Gesellschaftsbild, Berlin/New York – *Oppolzer, A. A.*, 1976: Hauptprobleme der Industrie- und Betriebssoziologie, Köln – *Paul, H./Steinmetz, P. H.*, 1953: Die Gruppe im Betrieb, Dortmund – *Pirker, T./Braun, S./Lutz, B./Hammelrath, F.*, 1955: Arbeiter, Management, Mitbestimmung, Stuttgart/Düsseldorf – *Pirker, T.*, 1963: Bürotechnik – Zur Soziologie der maschinellen Informationsbearbeitung, Stuttgart – *Popitz, H./Bahrdt, H.-P.* u. a., 1957 a: Das Gesellschaftsbild des Arbeiters, Tübingen – *Popitz, H./Bahrdt, H.-P.* u. a., 1957 b: Technik und Industriearbeit, Tübingen – *Preiß, C.*, 1977: Humanisierung der Arbeitswelt, Köln – RKW, 1976: Menschengerechte Arbeit – Erfahrungsaustausch zwischen Forschung und betrieblicher Praxis, Frankfurt/M. – *Sass, F./Sengenberger, W./Weltz, F.*, 1974: Betriebliche Weiterbildung und Arbeitskräftepolitik, Köln – Sozialforschungsstelle Dortmund, Zwischenbericht und Materialberichte zum Projekt »Offene und verdeckte

Konflikte im Betrieb« (hektogr. Forschungsberichte), Dortmund 1972, 1973, 1974 und 1975 – *Schmidt, G.*, 1980: Zur Geschichte der Industriesoziologie in Deutschland, in: Soziale Welt, H. 2 – *Schmidt, G./Braczyk, H./Knesebeck, J. v. d.* (Hrsg.), 1982: Materialien zur Industriesoziologie, Kölner Zeitschrift für Soziologie und Sozialpsychologie, Sonderheft 24 – *Schultz-Wild, R./Weltz, F.*, 1973: Technischer Wandel und Industriebetrieb. Die Einführung numerisch gesteuerter Werkzeugmaschinen in der Bundesrepublik, Frankfurt/M. – *Stammer, O.* (Hrsg.), 1960: Angestellte und Arbeiter in der Betriebspyramide von D. Claessens, J. Fuhrmann, G. Hartfiel, H. Zirwas, Berlin – *Stirn, H.*, 1952: Die informelle Arbeitsgruppe, Dortmund – *Brock, A./Hindrichs, W./Hoffmann, R./Negt, O./Pöhler, W./Sund, O./Welteke, R.* (Hrsg.), 1969: Themenkreis Betrieb, Bd. 1: Industriearbeit und Herrschaft, Frankfurt/M. – *Touraine, A.*, 1955: L'evolution du travail ouvrier aux usines Renault, Paris – *Weber, M.*, 1924: Zur Psychophysik der industriellen Arbeit (1908/09), in: Gesammelte Aufsätze zur Soziologie und Sozialpolitik, Tübingen – *Weltz, F./Schmidt, G./Krings, J.*, 1973: Facharbeiter und berufliche Weiterbildung, Hannover – *Weltz, F./Schmidt, G./Sass, J.*, 1974: Facharbeiter im Industriebetrieb, Frankfurt/M. – *Winschuh, J.*, 1923: Praktische Werkpolitik, Berlin – *Zimmermann, H.* (Hrsg.), 1960: Aspekte der Automation, Tübingen –

→ Arbeitsbedingungen

DDR: Jugendkriminalität und Jugendhilfe

Gesellschaftliche Verhältnisse und abweichendes Verhalten im Sozialismus

Auch unter der Voraussetzung, daß in gesamtgesellschaftlicher und historischer Perspektive in der Übergangsgesellschaft der DDR grundlegende Veränderungen stattgefunden haben, müssen gleichwohl Widerständigkeit und »Nachhinken« der vorfindbaren sozialen Alltäglichkeit und Realität gesellschaftlicher Teilbereiche wie auch des konkreten Verhaltens der Individuen gegenüber den vollzogenen ökonomischen und politischen Umwälzungen konstatiert werden.

Diese Disparität manifestiert sich auch in der fortdauernden Existenz von Kriminalität als sozialer Erscheinung in einer – wiewohl im Übergang begriffen – sozialistischen Gesellschaft. Es stellt sich also die Frage, wie die marxistische Kriminalitätsforschung in der DDR das Verhältnis von abweichendem Verhalten und (sozialistischen) gesellschaftlichen Verhältnissen erklärt.

Die von *Engels* und *Marx* übernommene allgemeine Erkenntnis, Kriminalität habe ihre historischen Wurzeln in der Ausbeutung des Menschen durch den Menschen, in den entfremdeten Lebensbedingungen einer auf privatem Eigentum an Produktionsmitteln basierenden Gesellschaft, reicht einerseits nicht völlig aus zur Erklärung von Kriminalität im heutigen Spätkapitalismus, andererseits noch viel weniger zur Interpretation des Verhältnisses von Kriminalität und Sozialismus. Folgt man der These, daß in der sozialistischen Gesellschaft mit ihren veränderten Produktions-, Eigentums- und Machtverhältnissen Kriminalität nicht länger – wie im

Kapitalismus – als Spielart ausgebeuteten Verhaltens begriffen werden kann, jedoch auch nicht »als Produkt lediglich schlechten Bewußtseins, das allein durch Aufklärung und Erziehung zu beseitigen wäre, was schon längst geschehen sein müßte« (Kriminalitätsursachen, 1976), steht die DDR-Kriminologie vor dem Grundproblem, die spezifische soziale Bedingtheit abweichenden Verhaltens historisch-materialistisch zu erklären als Ausdruck von Widersprüchen »in gesellschaftlichen Verhältnissen einer nicht voll ausgereiften sozialistischen Gesellschaftsordnung, die mehr oder weniger mit Relikten der alten Gesellschaft durchdrungen sind« (*Hennig*, 1974).

Die Entwicklung der Kriminalitätstheorien

In den ersten Jahren nach dem 2. Weltkrieg fand auf dem Gebiet der heutigen DDR keine wissenschaftliche Thematisierung oder gar Untersuchung kriminologischer Probleme statt. Neben personellen Gründen (vgl. *Lekschas*, 1967) spielten hier, ähnlich wie in der Sowjetunion (vgl. *v. Beyme*, 1975), mit dem Stalinismus verbundene dogmatische Auffassungen eine Rolle, die in der Existenz von Kriminalität lediglich ein Produkt des Kapitalismus und Imperialismus und folglich in der Kriminologie »eine Zweckkonstruktion reaktionärer Justizpolitik« (*Lekschas*, 1967) sahen. Die Konstituierung einer eigenständigen marxistischen kriminologischen Disziplin neben der sozialistischen Strafrechtswissenschaft wurde daher zu diesem Zeitpunkt für zumindest überflüssig, wenn nicht schädlich erachtet.

Der erste Versuch, die Existenz von Kriminalität unter nicht mehr kapitalistischen Lebensbedingungen materialistisch zu erklären, war die »Klassenkampftheorie« (*Lekschas*, 1952): auf die Stalinsche These vom verschärften Klassenkampf in der Übergangsperiode rekurrierend, verstand sie jede strafbare Handlung als Ausdruck des Klassenkampfes und antagonistischer Widersprüche in der DDR und zwischen kapitalistischer und sozialistischer Welt. Materialistisch ist dieser Ansatz deshalb zu nennen, weil Kriminalität prinzipiell als Produkt sozialökonomischer Verhältnisse, gesellschaftlicher Konflikte und damit als Bestandteil der historisch-politischen Entwicklung interpretiert wurde.

Die Unzulänglichkeiten dieses Theorems lagen darin, daß es unternommen wurde, Kriminalität als vieldimensionales, komplexes Phänomen analytisch ausschließlich mit dem Klassenkampfbegriff zu erklären. Von diesem Ansatz her war es nicht möglich, die vielfältigen gesellschaftlichen Widersprüche, unter denen sich der Aufbau der sozialistischen Gesellschaft vollzieht, als mögliche kriminogene Determinanten in Betracht zu ziehen und zu untersuchen.

Auch wurden weder Verhaltensdispositionen in der individuellen Persönlichkeitsstruktur als mögliche Bedingungen abweichenden Verhaltens noch die selektive, »brechende« Funktion des Bewußtseins im Prozeß der Umsetzung von Materiellem in verhaltensauslösendes Ideelles reflektiert.

Eine entscheidende Wende stellte die Anerkennung der »Freund-Feind-Theorie« (*Streit*, 1956) dar – Kriminalität ist auch Resultat nichtantagonistischer Widersprüche in der sich entwickelnden sozialistischen Gesellschaft, folglich müsse unterschieden werden zwischen »Feinden« (Gegnern des Umwandlungsprozesses) und »Freunden« (ideologisch zurückgebliebenen Bürgern) – und deren Weiterentwicklung zur heutigen Ursachentheorie der DDR-Kriminologie. Die Definition der Ursachen abweichenden, kriminellen Verhaltens als Komplex gesellschaftlicher und individueller Erscheinungen materieller, ideologischer und individuell-bewußtseinsmäßiger Natur (*Hartmann/Lekschas*, 1964) schien die undialektische Einseitigkeit der vom konkreten Individuum völlig abstrahierenden »Klassenkampftheorie« zu überwinden. Zudem wurden auf der Grundlage dieses theoretischen Ansatzes erstmals konkrete, empirische Untersuchungen der sozialen und personalen Bedingungen (vor allem der Jugendkriminalität) in Angriff genommen.

Die Kongruenz dieses Ursachenbegriffs mit den Grundannahmen marxistischer Persönlichkeits- und Handlungstheorie war jedoch allenfalls formal vorhanden; real setzte sich die Tendenz durch, Ursachenanalyse auf Bewußtseinsforschung zu reduzieren. Im Prozeß der Genese kriminellen Verhaltens wurde den gesellschaftlichen Verhältnissen lediglich der Charakter von Bedingungen (vgl. *Friebel* u. a., 1970) zugestanden, die Ursachen wurden begriffen als durch »Rudimente der alten Gesellschaft« provozierte Widersprüche im individuellen Bewußtsein und festgemacht an der Diskrepanz zwischen diesem und den gesellschaftlich herrschenden Normen, wie sie sich im gesellschaftlichen Bewußtsein widerspiegeln.

Heutige Theorie der Kriminalitätsursachen

An dieser ursachentheoretischen Konzeption hat sich bis heute nichts Grundsätzliches geändert. Nach wie vor gehen die führenden Kriminologen davon aus, daß »die Kriminalität im ganzen wie auch die einzelne Straftat eine individualistische, spontan-anarchische, sozialnegative, destruktive Äußerung von Individuen ist, die nur in einer sehr vermittelten, von vielen Zufälligkeiten überlagerten Beziehung zu den gesellschaftlichen Grundprozessen steht« (*Buchholz/Harrland*, 1977). Dieses Axiom »sozialistischer« Kriminologie beruht offensichtlich auf einer kaum materialistisch zu nennenden Bestimmung des dialektischen Verhältnisses von gesellschaftlicher Totalität und Verhalten, objektivem Sein und individuellem Bewußtsein, gesellschaftlichen und individuellen Interessen und Bedürfnissen.

Eine derart subjektivistische, täterorientierte Betrachtungsweise, die abweichendes Verhalten und seine Ursachen primär zurückführt auf »falsches« Bewußtsein, steht dabei vor dem Problem, zwar objektive Entstehungsbedingungen für vom herrschenden gesellschaftlichen Bewußtsein abweichende Inhalte des Bewußtseins von Individuen und Gruppen benennen zu müssen, sich aber gleichzeitig davor zu hüten, diese objektiven Bedingungen auch in der materiellen und ideologischen sozialen Wirklichkeit der eigenen Gesellschaft zu identifizieren. Folglich wird die Genese »kriminogenen« Bewußtseins fast ausschließlich mit Fern- oder Nachwirkungen, also ideologischen Einflüssen aus den kapitalistischen Ländern und der Reproduktion bürgerlich-kleinbürgerlicher Moral und Ideologie im (gegenüber der Entwicklung der ökonomischen Grundlagen der sozialistischen Gesellschaft und dem Niveau des gesellschaftlichen Bewußtseins) »zurückgebliebenen« individuellen Bewußtseins erklärt. Die unter veränderten sozialistischen Lebensbedingungen möglich werdende neue Qualität des Bewußtseins und Handelns der gesellschaftlichen Subjekte macht diese jedoch nicht weniger abhängig von den objektiven Bedingungen als zuvor: Nicht nur das bewußte Handeln, welches sozialistisches gesellschaftliches Bewußtsein, Klassenbewußtsein verkörpert, wird durch diese Bedingung determiniert, sondern auch abweichendes, »spontanes« Verhalten, das »nichtsozialistisches« Bewußtsein ausdrückt.

Eine Kriminalitätstheorie, die die Genese abweichenden Verhaltens vornehmlich aus Widersprüchen zwischen gesellschaftlichem und individuellem Bewußtsein herleitet, die »Produktionsbedingungen« des abweichenden individuellen Bewußtseins zudem – soweit die Entstehungsbedingungen in der DDR zur Diskussion stehen – letztlich allein in überlebter Ideologie ausmacht und das materielle Substrat dieser Ideologie außerhalb der sozialistischen Gesellschaft – im imperialistischen Ausland – ansiedelt, muß sich den Vorwurf des Ökonomismus gefallen lassen.

Die These, mit der Etablierung sozialistischer Produktionsverhältnisse in der Form der Verstaatlichung der Produktionsmittel und der Einführung der Planwirtschaft sei kriminellem Verhalten im Sozialismus die ökonomische Grundlage entzogen worden, Kriminalität als historisch mit der Ausbeutergesellschaft verwachsene Erscheinung sei der sozialistischen Gesellschaft »wesensfremd« (*Buchholz/Hartmann/Schaefer*, 1969), harmonisiert zunächst einmal die tatsächlich und – nach *Marx* – in der Übergangsgesellschaft per definitionem noch vorhandenen und von den Individuen und Gruppen erlebten »Muttermale der alten Gesellschaft«, wie Klassendifferenzen, Arbeitsteilung, Verteilung des Einkommens nach dem Leistungsprinzip (und nicht, wie für den Kommunismus anvisiert, nach den Bedürfnissen) sowie relative Knappheit der Konsumgüter und hieraus resultierende Schranken der Befriedigung individueller Konsumwünsche. Innerhalb der sozialistischen Gesellschaft befinden sich die in ihren Konsum- und materiellen Erfolgschancen eingeschränkten Individuen zwar in einer kollektiven Mangelsituation (läßt man einmal die möglichen Privilegien einzelner außer acht), sind daher weniger sozialstrukturell unterschiedlichem »Druck« ausgesetzt, sich abweichend zu verhalten; die zumindest heute noch im Alltagsleben zu beobachtende Orientierung an Konsumstandards und Lebensgewohnheiten in der westlichen »Überflußgesellschaft« vermag dennoch Bedingungen der Genese abweichenden Verhaltens herzustellen, wie sie *Bernfeld* (1969) mit dem Begriff »Tantalussituation« umschrieben hat.

Ein weiterer Einwand bezieht sich auf die unterstellte Symmetrie von ökonomisch-technischem Fortschritt und Veränderungen des Bewußtseins, der Moralvorstellungen, der Interessen und Lebensperspektiven der Gesellschaftsmitglieder. Die hier konstruierte prinzipielle Interessenkongruenz von Individuen und Gesellschaft unterschlägt, daß sich Bedürfnisse und Lebensvorstellungen der Menschen nicht einfach aus den Imperativen des sozialistischen Aufbaus deduzieren lassen, vor allem dann nicht, wenn ökonomisches Wachstum, ideologische Maximen und Alltagsrealität weiterhin disparat sind. Die offensichtliche Kluft zwischen dem

»wirklichen Leben« und der von *Marx* skizzierten »Konzeption des Möglichen« begünstigt Tendenzen des Rückzugs ins Private, der Apathie, die auch begriffen werden müssen als Ausfluß einer Rigidität und Inflexibilität der herrschenden Wertsysteme, der herrschenden Normen, der postulierten gesellschaftlichen Bedürfnisse, die auf den Alltag durchschlägt: Reglementierungen und Sterilität in Bereichen des Zusammenlebens, der politischen Diskussion, der Sexualität, Kunst, Literatur etc. provozieren Passivität, Frustration, Aggressivität, Disloyalität und Abweichungen – Erscheinungen, die den Individuen angelastet werden, da sich die politisch definierten herrschenden Normen im Gewand der »sozialistischen Moral« bescheinigen, Ausdruck verallgemeinerungsfähiger Interessen zu sein.

Gemessen an ihrer eigenen Prämisse, das Verhältnis von sozialistischer Gesellschaft und abweichendem Verhalten materialistisch zu erklären, können Status und Ergebnisse kriminologischer Wissenschaft in der DDR nur als defizitär bezeichnet werden. Gesellschaftstheoretische Fehleinschätzungen, eine eher als Programm denn als ausgearbeitete Theorie der Genese von Verhalten im Ensemble der gesellschaftlichen Verhältnisse zu verstehende marxistische Persönlichkeitstheorie, mangelnde Distanz zur eigenen gesellschaftlichen Realität, verbunden mit fehlender Ideologie- und Gesellschaftskritik und wohl auch Legitimationsprobleme gegenüber Staat und Partei führten zu Blockaden gegenüber bestimmten Fragestellungen. Da die DDR-Kriminologie ihre eigene Theoriebildung zudem defensiv, als Abwehr bürgerlicher Theorien verstanden hat, zugleich jedoch einzelne bürgerliche Erklärungsmuster und Methoden unkritisch übernommen hat, ist es für sie schwierig, eine Theorie der Kriminalitätsursachen außerhalb des Residualschemas zu diskutieren.

Untersuchungen zur Jugendkriminalität

Diese Mängel prägen auch die verfügbaren empirischen Untersuchungen zur Jugendkriminalität, die sich offensichtlich in Anlage und Methode an den klassischen amerikanischen kriminalsoziologischen Vergleichsuntersuchungen orientieren. Ziel der in einer Arbeitsgruppe um *Szewczyk* durchgeführten Analysen (zusammenfassend *Szewczyk* 1972 und 1974) war es, über den Nachweis statistisch signifikanter Korrelationen zwischen abweichendem Verhalten und einer Vielzahl sozialer und personaler Merkmale (Familiensituationen, Heimerziehung, Schule, Ausbildung und Beruf, Freizeitverhalten, konstitutionelle Faktoren, Alkoholkonsum, Sexualverhalten etc.) auch »das Verhältnis der gegebenen Gesellschaftsordnung zur Kriminalität und die sich darin ausdrückenden sozialen Tendenzen« zum Gegenstand jugendkriminologischer Ursachenforschung zu machen. Dieses – für marxistische Sozialforschung eigentlich selbstverständliche – Postulat wurde kaum eingelöst.

Die Analyse der sozialen Ursachen kriminellen Verhaltens Jugendlicher blieb reduziert auf unmittelbare Lebensfelder wie Familie, Schule, Beruf und Freizeit, wobei Erscheinungen defizienter Sozialisation in diesen Bereichen so gut wie gar nicht in ihrem jeweiligen institutionellen und sozialstrukturellen Kontext begriffen wurden. Ähnlich wie jahrzehntelang dile bürgerliche Kriminologie scheint die DDR-Kriminologie vor allem der Familie eine hervorragende Rolle im Prozeß der Genese abweichenden Verhaltens zuzuschreiben, obwohl gerade im Sozialismus – unterstellt man eine im Vergleich zum Kapitalismus zunehmende Politisierung und Planbarkeit aller gesellschaftlichen Bereiche, also auch der öffentlichen Erziehung – den staatlichen und gesellschaftlichen Sozialisationsagenturen (Vorschulerziehung, Schule, Jugendverband, Arbeitskollektive, politische Organisationen etc.) zunehmend Sozialisationsfunktionen übertragen werden.

Wenn dennoch dem Zusammenhang von Familiensituation und Kriminalität eine derart zentrale Bedeutung zugemessen wird, während andere mögliche Ursachenkomplexe abweichenden Verhaltens nur beiläufig untersucht oder nicht einmal thematisiert werden, wie z. B. klassen- und schichtenspezifisch unterschiedliche Lebenszusammenhänge mit je unterschiedlichen Selbstverwirklichungschancen, so hat eine solche Auswahl der Untersuchungsgegenstände offensichtlich die Funktion, sowohl gesellschaftspolitisch brisante soziale Widersprüche in ihrer kriminogenen Relevanz zu kaschieren als auch die öffentliche Verantwortung für abweichendes Verhalten Heranwachsender zu Lasten der Familie und der Individuen gering zu halten.

Neben der Vermeidung aller Fragestellungen, die die durch die Übernahme vorgegebener »offizieller« Deutungsmuster zum Zusammenhang von Kriminalität und sozialistischer Gesellschaft auferlegte Selbstbeschränkung hätten aufbrechen können, freilich möglicherweise mit für das herrschende Selbstverständnis »dysfunktionalen« Ergebnissen, scheinen die Untersuchungsergebnisse auch präjudiziert durch die durchgängige, schon auf der terminologischen Ebene unzureichende Unterscheidung von Ursache und Symptom, Beschreibung und Interpretation. Während die kritische bürgerliche Devianzforschung längst erkannt hat, daß die Verwendung eher umgangssprachlicher, oft vorurteilsbefrachteter und ideologieverdächtiger Vokabeln wie »Verwahrlosung« zu Faktualisierungen führen kann, bedient sich die DDR-Kriminologie nach wie vor Terminologien und Klassifikationen abweichenden Verhaltens, die tautologischen Erklärungsversuchen Vorschub leisten: die eine Form abweichenden Verhaltens wird aus der anderen erklärt – »sexuelle Verwahrlosung« aus »Alkoholismus« oder umgekehrt, »Schulschwänzen« aus »asozialen Familienverhältnissen« – die Erscheinungsform, obwohl selbst nur Reflex auf anderes, Symptom anderer Probleme, wird, obschon eher Anlaß institutionellen Eingreifens und anderer gesellschaftlicher Reaktionen, vorschnell als unmittelbare Ursache abweichenden Verhaltens identifiziert.

Als Ursachen der Jugendkriminalität in der DDR aber dürften nicht lediglich Bedingungskomplexe wie problematische Familienbeziehungen, Schulschwierigkeiten, abgebrochene Berufsausbildung, von den tradierten Normen abweichendes Sexualverhalten, sozial auffälliges Freizeitverhalten jugendlicher peer-groups etc. untersucht werden, sondern deren Zusammenhang mit historisch-konkreten gesellschaftlichen Verhältnissen und Widersprüchen einer sozialistischen Übergangsgesellschaft, die noch mehr oder weniger geprägt ist durch vielfältige »Muttermale« der alten Gesellschaft, müßte grundlegender Gegenstand der Analyse sein.

Trotz dieser gravierenden Mängel sind die empirischen Studien aufschlußreich. Aus einer Vielzahl von Daten (*Theek*, 1969 und *Hall/Hall*, 1969) läßt sich, entgegen der offiziellen Leseart, extrapolieren, daß abweichendes Verhalten Jugendlicher in der DDR keineswegs primär als Indiz inividuellen Versagens interpretiert werden kann. Die gesellschaftlichen Ursachen werden vor allem sichtbar in den Bereichen Ausbildung und Beruf: der hohe Anteil ungelernter Arbeiter (42,6%) und Hilfsschüler (21,5%) in der Gruppe der kriminellen Jugendlichen, die Daten zu Formen verdeckter Arbeitslosigkeit (9,2%) und abgebrochener Berufsausbildung (19%) verweisen auf die auch in der Übergangsgesellschaft je nach sozialem Ort unterschiedliche Chance, kriminell zu werden.

Funktion und Organisation der Jugendhilfe

Wie in anderen modernen Industriegesellschaften fungiert Jugendhilfe auch in der DDR als eine Variante institutionalisierter sozial- und jugendpolitischer Reaktionen der Gesellschaft auf sozial auffällige Auswirkungen defizienter Sozialisation; Jugendhilfe meint also einen Ausschnitt derjenigen präventiven und nachgehenden staatlichen und gesellschaftlichen Interventionen, die »die rechtzeitige korrigierende Einflußnahme bei Anzeichen der sozialen Fehlentwicklung und die Verhütung und Beseitigung der Vernachlässigung und Aufsichtslosigkeit von Kindern und Jugendlichen, die vorbeugende Bekämpfung der Jugendkriminalität, die Umerziehung von schwererziehbaren und straffälligen Minderjährigen sowie die Sorge für elternlose und familiengelöste Kinder und Jugendliche« zum Ziel haben (Jugendhilfeverordnung, § 1 Abs. 1).
Jugendhilfemaßnahmen in der DDR beziehen sich somit nach § 18 der Jugendhilfeverordnung auf die Interventionsfelder »Erziehungshilfe«, »Vormundschaftswesen« und »Rechtsschutz für Minderjährige«, Teilbereiche, die sich, in der Tradition von Jugendwohlfahrtspolitik in Deutschland, unter den Begriff »Fürsorge« subsumieren lassen, »Jugendpflege« ist ausschließlich Aufgabe anderer staatlicher Instanzen, vornehmlich der FDJ als Trägerin sozialistischer Jugendpolitik (vgl. Jugendgesetz der DDR vom 28. 1. 1974).
Trotz ihrer eindeutig fürsorgerisch-kompensatorischen Aufgaben wird Jugendhilfe in der DDR seit ihrer Neustrukturierung Mitte der sechziger Jahre (vgl. *Hoffmann*, 1967 und 1972; *Freiburg*, 1972) als integraler Bestandteil der Bildungs-, Familien- und Jugendpolitik betrachtet. Ziele und Aufgaben der Jugendhilfe und ihrer Einrichtungen werden grundlegend in § 20 des Bildungsgesetzes (Gesetz über das einheitliche sozialistische Bildungssystem v. 25. 2. 1965) geregelt, die Jugendhilfeverordnung vom 3. März 1966, die das Reichsjugendwohlfahrtsgesetz formell ablöste, präzisiert Zielsetzungen, Organisationsstruktur, Zuständigkeiten und Verfahrensweisen der Organe der Jugendhilfe. Im Gegensatz zur Funktionsweise der bürgerlichen Jugendhilfeinstitutionen definiert die Jugendhilfeverordnung Jugendhilfe nicht als Katalog weitgehend isolierter Maßnahmen staatlicher, kommunaler, halböffentlicher und privater Instanzen, sondern als gesamtgesellschaftliche Aufgabe: die Organe der Jugendhilfe sollen erst dann tätig werden, »wenn die

Erziehung und Entwicklung oder die Gesundheit Minderjähriger gefährdet und auch bei gesellschaftlicher und staatlicher Unterstützung der Erziehungsberechtigten nicht gesichert sind« (Jugendhilfeverordnung, § 1 Abs. 4). Ihre spezielle Aufgabe ist dann fachliche Beratung und Hilfe im Einzelfall bei gleichzeitiger Mitwirkung anderer staatlicher und gesellschaftlicher Institutionen und Gruppen, vor allem »durch Mobilisierung der Kraft der Kollektive, in denen die Erwachsenen und Kinder leben und arbeiten« (*Mannschatz,* 1976).

Mit der Einführung der Jugendhilfeverordnung wurde auch die institutionelle Struktur der Jugendhilfe neu organisiert (vgl. Jugendhilfeverordnung, § 4): Die Organe der Jugendhilfe sind

a) die Jugendhilfekommissionen bei den Räten der Städte, Stadtbezirke und Gemeinden,

b) die Referate Jugendhilfe, die Jugendhilfeausschüsse und die Vormundschaftsräte bei den Räten der Kreise, Stadtkreise und Stadtbezirke,

c) die Referate Jugendhilfe und die Jugendhilfeausschüsse bei den Räten der Bezirke sowie

d) die Abteilung Jugendhilfe und der Zentrale Jugendhilfeausschuß im Ministerium für Volksbildung.

Der Schwerpunkt der Jugendhilfearbeit liegt bei den auf kommunaler Ebene und in den Stadtteilen tätigen und ausschließlich aus ehrenamtlichen Jugendhelfern bestehenden Jugendhilfekommission. Die Jugendhilfekommissionen haben primär Beratungsfunktionen, Entscheidungs- und Beschlußfassungskompetenzen sind auf die übergeordneten Instanzen und die Gerichte beschränkt. Während *Freiburg* (1972) deshalb den Jugendhilfeausschüssen eine »schwache Stellung« attestiert – ohne zu reflektieren, ob die Trennung von Beratung und Entscheidung nicht auch positive Aspekte beinhaltet – geht die Tendenz in der DDR dahin, staatlich-formalisiertes Verwaltungshandeln zugunsten »gemeinwesenorientierter«, auf Kooperation aller Beteiligten angewiesener sozialpädagogischer Beratung zurückzunehmen. *Funke* (1976) z. B. fordert, daß schrittweise damit begonnen werden sollte, die Vollmachten der Kommissionen zu erweitern und daß die Zuständigkeit der Jugendhilfeausschüsse »auf die schwierigsten Fälle beschränkt bleibt, die häufig mit der Herausnahme des Kindes oder Jugendlichen aus seinen bisherigen Erziehungsverhältnissen verbunden sind«.

Abschließend soll erörtert werden, inwieweit in der DDR die »schrittweise Überwindung der Traditionen des bürgerlichen Jugendamtes« (*Mannschatz*, 1964) gelungen ist.

Im Gegensatz zu den historisch überkommenen Strukturprinzipien westdeutscher Jugendpolitik und Jugendhilfe ist Jugendhilfe in der DDR rechtlich und organisatorisch in die allgemeine Bildungs- und Jugendpolitik integriert und wird als gesamtgesellschaftliches Anliegen begriffen. Dennoch ist eine gewisse Randständigkeit nicht zu übersehen: Jugendhilfe konzentriert sich auf die Arbeit mit bereits sozial auffällig gewordenen Heranwachsenden und deren Familien, beschränkt sich also auf jene nachgehenden fürsorgerischen Funktionen, die im Zentrum der Kritik an der Jugendhilfepraxis der Jugendämter in der Bundesrepublik stehen. Das im

Sinne einer strikten Trennung der Jugendarbeit mit »normalen« Kindern und
Jugendlichen von Jugendhilfe für »sozial Fehlentwickelte«, eher ausgrenzend-
arbeitsteilige Verhältnis der Jugendhilfe vor allem zur Jugendpolitik dokumentiert
sich schließlich auch darin, daß »Jugendhilfe« im Jugendgesetz der DDR vom
28. Januar 1974 explizit nicht mehr erwähnt wird.

Jugendhilfe in der DDR ist prinzipiell gemeinwesenorientiert: sie setzt an den
unmittelbaren Lebenszusammenhängen der Betroffenen – Familie, Schule, Beruf,
Freizeit – an, fördert das Zusammenwirken von Freunden, Nachbarn, Lehrern,
Erziehern und Arbeitskollegen ihrer Adressaten, betont also beratende Funktionen im Vorfeld sanktionierender Eingriffe, wobei allerdings offen bleibt, inwieweit
sie der in dieser »Lebensweltorientierung« angelegten Versuchung zu verstärkter
sozialer Kontrolle entgeht. Problematisch erscheint ebenfalls, wie die strukturell
mögliche Gemeinwesenorientierung zugunsten individualisierender Ursachenanalyse und Maßnahmen vernachlässigt wird: im Mittelpunkt des Jugendhilfehandelns
steht nach wie vor der einzelne »Fall« und die Veränderung der Familiensituation;
sozialstrukturelle Entstehungsbedingungen defizienter Lebenslagen werden nicht
thematisiert, ebensowenig kommt die Rolle der Jugendhilfeinstitutionen im Prozeß
der Zuschreibung von Hilfsbedürftigkeit und Devianz in den Blick, wie dies in der
bürgerlichen Jugendhilfeforschung inzwischen üblich ist.

Günther Sander

Literatur

Bernfeld, S., 1969: Antiautoritäre Erziehung und Psychoanalyse. Bd. II, Darmstadt – *Beyme,
M. von*, 1975: Abweichendes Verhalten in der UdSSR. Diplomarbeit in Erziehungswissen-
schaft, Tübingen – *Buchholz, E./Harrland, H.*, 1977: Gedanken zur Entwicklung der
Kriminalitätsvorbeugung in der DDR, Neue Justiz: 321–325 – **Buchholz, E./Hartmann, R./
Lekschas, J./Stiller, G.*, 1971²: Sozialistische Kriminologie. Ihre theoretische und methodologische Grundlegung, Berlin – *Buchholz, E./Hartmann, R./Schaefer, I.*, 1969: Zum Wesen der
Kriminalität in der DDR, Neue Justiz: 162–168 – *Freiburg, A.*, 1972: Die Jugendhilfe in der
DDR. Ein Bericht der Forschungsstelle für Jugendfragen, Hannover. In: Dritter Jugendbericht. Hrsg. v. Bundesminister für Jugend, Familie und Gesundheit, Bonn – **Freiburg, A.*,
1980: Kriminalität in der DDR, Wiesbaden – *Friebel, W./Manecke, K./Orschekowski, W.*,
1970: Gewalt- und Sexualkriminalität. Erscheinungsformen, Ursachen, Bekämpfung, Berlin – *Funke, H.*, 1976: Durch effektive Verfahrensweise die Wirksamkeit der Erziehungshilfe
erhöhen! Jugendhilfe: 200–208 – *Hall, M. L./Hall, E.*, 1969: Vergleichende Untersuchung
einer Gruppe sozial unauffälliger Jugendlicher im Alter von 14–25 Jahren mit gleichaltrigem
Begutachtungsmaterial straffälliger Jugendlicher aus der Abteilung für Gerichtspsychiatrie
der Universitätsnervenklinik aus den Jahren 1961–1965. Ein Beitrag zur Erforschung der
Ursachen der Jugendkriminalität, Med. Diss. Humboldt-Universität, Berlin – *Hartmann,
R./Lekschas, J.*, 1964: Zur Theorie der Ursachen, Bedingungen und Anlässe der Kriminalität
in der DDR, Berlin – *Hennig, W.*, 1974: Zu einigen Grundfragen jugendkriminologischer
Forschung in der DDR. Staat und Recht: 290–305 – *Hoffmann, J.*, 1967: Jugendhilfe als
gesamtgesellschaftliche Aufgabe. Pädagogik und Schule in Ost und West. H. 2: 59–64 –
Hoffmann, J., 1972: Jugendhilfe für elternlose und familiengelöste Kinder und Jugendliche in
der DDR, Recht der Jugend und des Bildungswesens, H. 7: 200–214 – **Hoffmann, J.*, 1981:
Jugendhilfe in der DDR. Grundlagen, Funktionen und Strukturen, München – Jugendhilfe-

verordnung vom 3. März 1966 (Verordnung über die Aufgaben und die Arbeitsweise der Organe der Jugendhilfe – Jugendhilfeverordnung –). In: Gesetzblatt der DDR, Teil II, Nr. 34, 215 ff. – * Institut für Strafrecht der Humboldt-Universität zu Berlin (Hrsg.). 1965: Jugendkriminalität und ihre Bekämpfung in der sozialistischen Gesellschaft, (Beiträge zum internationalen Symposion »Jugendkriminalität und ihre Bekämpfung in der sozialistischen Gesellschaft, veranstaltet vom Institut für Strafrecht der Humboldt-Universität zu Berlin vom 23.–28. September 1964) – Kriminalitätsursachen und Probleme der Kriminalitätsforschung in der DDR. Red.: *Schüßler, G.*, Berlin, 1976 (Abhandlungen der Akademie der Wissenschaften der DDR: Abt. Veröffentl. d. Wiss. Räte; Jg. 1975, Nr. W 3) – *Lekschas, J.*, 1952: Zum Aufbau der Verbrechenslehre unserer demokratischen Strafrechtswissenschaft, Berlin (Kleine Schriftenreihe des Deutschen Instituts für Strafrechtswissenschaft H. 1) – *Lekschas, J.*, 1967: Neue Probleme der sozialistischen Kriminologie, Berlin (Sitzungsberichte der Deutschen Akademie der Wissenschaften zu Berlin. Klasse für Philosophie, Geschichte, Staats-, Rechts- und Wirtschaftswissenschaften. Jahrgang 1967, Nr. 6) – *Mannschatz, E.*, 1964: Bildungskonzeption und Jugendhilfe. Jugendhilfe: 145–154 – *Mannschatz, E.*, 1967: Anforderungen und Maßstäbe auf die Arbeitsweise auf dem Gebiet der Erziehungshilfe. Jugendhilfe: 198–199 – *Sander, G.*, 1979: Abweichendes Verhalten in der DDR. Kriminalitätstheorie in einer sozialistischen Gesellschaft, Frankfurt/M./New York – *Streit, J.*, 1956: Klassenkampf und Verbrechen. Neue Justiz: 494–496 – *Szewczyk, H.*, 1972: Dissoziale und asoziale Familien als Disposition zur kriminellen Fehlentwicklung Jugendlicher. In: Aktuelle Beiträge der Staats- und Rechtswissenschaft, H. 88: 130–136, Potsdam-Babelsberg – *Szewczyk, H.* (Hrsg.), 1974²: Kriminalität und Persönlichkeit. Psychiatrisch-psychologische und strafrechtliche Aspekte, Jena – *Szewczyk, H.*, 1974: Untersuchungen zur kriminellen Entwicklung Jugendlicher. In: Kriminalität und Persönlichkeit, Jena – *Theek, B.*, 1969: Untersuchungen zur Asozialität krimineller Jugendlicher und Heranwachsender. Med. Diss. Humboldt-Universität Berlin.

→ Abweichendes Verhalten → Jugendamt → Jugendgerichtsbarkeit → Jugendhilferecht

Dritte Welt: Erziehungsprobleme

Pädagogik sei hier einschränkend verstanden als ein wissenschaftliches System formaler und nicht-formaler Erziehung und Bildung. Ein System, das sich im Selbstverständnis als wissenschaftlich anspricht, muß damit mindestens zwei Bedingungen erfüllen: es muß rational begründet sein und seine systematischen Interpretationen der Wirklichkeit müssen sich an intersubjektiven Maßstäben der kollektiven und individuellen Erfahrungen nachprüfen lassen.

Ein solches System wissenschaftlicher Überprüfung der Bedingungen, Bedürfnisse und Zielsetzungen tritt erst zu einem bestimmten, historischen Zeitpunkt gesellschaftlicher Entwicklung überhaupt in Erscheinung und zwar in Europa und den USA ebenso wie in der 3. Welt. Darum sind zwei Selbsttäuschungen zu vermeiden:

- Die Entfaltung pädagogischer Reflexionen sei ein logischer Prozeß geistiger Entwicklung in einem als selbständig vorgestellten Gebäude objektiver Wissenschaft, ein Prozeß, der sich also wesentlich in der mündlichen und schriftlichen Kommunikation unter Pädagogen abspiele,
— Pädagogik sei eine reine »Anwendung« von wissenschaftlichen Erkenntnissen, ein Art Technologie der Menschenführung, die die Ergebnisse der Gesellschaftswissenschaften und der Psychologie verwerte.

In der Tat verdankt die Pädagogik ihre Entstehung einer gesellschaftlich notwendig gewordenen Funktion wissenschaftlicher Überprüfung der Möglichkeiten, die in der Ausbildung produktiver Fähigkeiten stecken, sowie der Absichten der Erzieher und der Bildungsinstitutionen. Notwendig wird diese Funktion der Pädagogik unter eindeutig festmachbaren Bedingungen ökonomisch-sozialer und damit politischer Kultur. Das ist historisch nachweisbar, sowohl in der europäisch-amerikanischen Entwicklung als in der heutigen Umbruchsituation in den Ländern der 3. Welt.

Diese »Verflochtenheit des Geistes in den geschichtlichen Prozeß der Gesellschaft«, wie *Marcuse* sagt, macht es notwendig, jedwede pädagogische Untersuchung mit der Reflexion ihres gesellschaftlich-funktionalen Standorts beginnen zu lassen. Pädagogik ist als Teil einer klassengespaltenen Kultur sowohl eines ihrer Mittel zur Durchsetzung der materiellen und geistigen Zwecke der sie beherrschenden Gruppen als kontrafaktisches Bewußtsein von ihrer Veränderbarkeit. Die fundamentalen Widersprüche zwischen Produktion und Aneignung, zwischen physicher und geistiger Arbeit, zwischen Herrschaft und Abhängigkeit, zwischen denen, die planend handeln können und der ungeheuren Mehrzahl der anderen, die als Mittel verplant werden, drücken sich in dem jeweiligen Gegenstand der pädagogischen Wissenschaft ebenso aus wie in der Wahl ihrer Quellen und Methoden. Es ist also im vornherein der historische Standort jenes Zweiges pädagogischer Wissenschaft auszumachen, von dem aus sie als »Pädagogik der 3. Welt« wirksam wird, und von daher die Wahl ihrer Ziele, Quellen und Methoden.

So wie die historische Ortung des philosophisch-pädagogischen Gedankenguts von Renaissance und Aufklärung auf die gesellschaftliche Entfaltung des Handels-, Manufaktur- und Industriekapitalismus und ihren Träger, das Bürgertum, verweist, so kann die Pädagogik in der 3. Welt der Periode der Entwicklung zugeordnet werden, in der Kolonialismus und Imperialismus die Macht ausgeformt haben, die sich heute gegen die Fortdauer seiner ökonomisch-politischen und seiner geistig-kulturellen Herrschaft wenden. Sie ist schon ebenso in die universale pädagogische Bewegung einbezogen wie die 3. Welt ökonomisch, sozial, politisch und kulturell am weltgesellschaftlichen Wandel teil hat, der von der Entwicklung Europas aus eingeleitet wurde. Sie ist in zweifachem Sinne Bestandteil der Pädagogik schlechthin:

– zum einen ist sie ein Importprodukt des europäischen Kolonialismus und bleibt diesem eingleisigen Kulturtransfer und seinen marginalisierenden Folgen auch – und gerade dann – verpflichtet, wenn sie sich heute gegen die Tendenzen wendet, die von ökonomisch und technisch fortgeschrittensten Zentren der privat- oder staatskapitalistischen Industrienationen ausgehen,

– ein andermal, weil sie in Abwehr dieser wissenschaftlich-kulturellen Bevormundung zur Erschütterung und Neuorientierung der Zielsetzung, Didaktik und Methodik überall in der Welt beiträgt, im gleichen Maße wie die Gesellschaften der 3. Welt insgesamt auf den Gebieten der Wirtschaft und der politischen Macht.

Allein aus dieser historisch-gesellschaftlichen Ortung ergeben sich eine Reihe grundlegender und widersprüchlicher Probleme.

Ohne Aneignung der Ergebnisse der Forschung, der Lehre und der Praxis der Pädagogik in den industriell fortgeschrittenen Ländern, die eben diese Ergebnisse zur Verbreitung und Sicherung ihres Einflusses und ihrer Macht zu nutzen bestrebt sind, kann sich eine eigenständige Wissenschaft und Praxis der Pädagogik in der 3. Welt nicht entwickeln. Diese Aneignung ist aber an materielle Bedingungen der Forschung und Lehre in den Drittweltländern gebunden, die eine belastende Abhängigkeit von den Universitäten, wissenschaftlichen Veröffentlichungen, Kommunikationsmöglichkeiten der Industrieländer (bis hin zur Beherrschung der metropolen Weltsprache) einschließen, so daß die selbständige kritische Nutzung von deren Inhalten und Methoden außerordentlich erschwert werden. Die Aneignung der in den industriellen Zentren entwickelten pädagogischen Theorie und Praxis unterliegt somit den gleichen Widersprüchen wie der Transfer von Wissenschaft und Technologie in die Länder der 3. Welt.

Die Kluft wissenschaftlicher Kompetenz zwischen den alten Metropolen und den abhängigen Peripherien ist auch pädagogisch durch einen wie immer politisch berechtigten Willensakt allein nicht mehr aufhebbar.

Gleichzeitig aber mit eben diesem wissenschaftlich-technologischen Vorsprung der Industrieländer, mit der Aneignung des dort entfalteten Niveaus formaler und non-formaler Erziehung und Bildung wird den Pädagogen in der 3. Welt deutlich, daß die Kultur der Industrienationen schon deshalb nicht unbesehenes Vorbild sein kann, weil sie selbst, ökonomisch-sozial ebenso wie geistig-normativ eine tiefe Krise durchmacht, die Theorie und Praxis formaler und non-formaler Bildung generell erschüttert. Die Dritte-Welt-Pädagogen geraten damit in einen besonderen – und ihren Kulturen eigenen – Widerspruch, nämlich zwischen der Weiterentwicklung und Ausdifferenzierung des Bildungswesens, so wie es sich aus den Zielsetzungen des ökonomischen, technischen, konsumorientierten Wachstum ergibt und der eigenen kulturellen Tradition, die – so reich sie immer sein mag – in ihren Werten, Normen und Kommunikationsstrukturen einer unwiederbringbaren Vergangenheit der internationalen und damit auch der eigenen Geschichte angehören.

Der historische Standort der Pädagogik der 3. Welt beinhaltet damit bereits einen Grundantagonismus, dessen Überwindung nur gleichzeitig in den Industrie- wie den Dritte-Welt-Ländern möglich ist, und der bislang nur andeutungsweise ins Blickfeld geraten kann. Es ist der Antagonismus zwischen der notwendigen Entfaltung der Produktivkräfte und damit der produzierenden Menschen selbst einerseits und andererseits der Umwälzung und Zerstörung der ökonomischen und sozialen Grundlagen agrarischer und handwerklicher Subsistenzwirtschaft, auf der sich bislang Sozialisation, Erziehung und Bildung dieser Gesellschaften erhoben hatten. Erst mit der kolonialistischen und imperialistischen Herrschaftsausbreitung über die 3. Welt drangen dorthin auch jene geistigen Ausformungen kontrafaktischen Denkens ein, jene Begriffe und Ideen von Entwicklung, Gestaltbarkeit der Natur, gesellschaftlicher Beziehungen, von Wert und Recht des Individuums gegenüber dem Kollektiv, von der Selbstbestimmung von Nation und Individuum, der Gleichberechtigung der Geschlechter und der prinzipiell gleichen Bildungsfähigkeit aller Individuen, die mit den ökonomisch-sozialen Grundlagen der eigenen Gesellschaft und ihren kulturellen Traditionen, damit aber auch der Erziehung und Bildung – unvereinbar erschienen. Die gleichen Wertorientierungen wie Individualismus, Nationalismus, Sozialismus, die dem Kampf um Unabhängigkeit vom Imperialismus dienten, entstammten dessen – und nicht dem eigenen – gesellschaftlichen und historischen Hintergrund.

Der Widerspruch zwischen Christentum und Sklavenhandel, philosophischer Toleranz und zynisch-grausamer Unterdrückung fremder Kulturen und Ideen, zwischen Entfaltung kollektiver Möglichkeiten des Reichtums und tiefstem Massenelend, der Antagonismus vom Entwurf des allseitig gebildeten vernunftgeleiteten Individuums und seiner Erniedrigung und Entfremdung als Ware im industriellen Arbeitsprozeß wurde nirgend so deutlich, schmerzhaft und unerträglich empfunden wie in den Ländern, die vom Kolonialismus und Imperialismus zwangsweise in die gesellschaftliche Dynamik der europäisch-nordamerikanischen Zivilisation einbezogen wurden. Aber auf Begriffe gebracht und rational planend behandelt wurde er nur von einer sehr kleinen Minderheit, die selbst in den Schulen und Armeen des Kolonialismus erzogen wurde. Sozial und im affektiven Erleben ist diese Minderheit der eigenen, unterdrückten Sprache und Kultur verhaftet, rational, politisch und pädagogisch planend der Sprache und Begrifflichkeit der industriellen Kultur.

Gewinnen schon hier, und auf dem Boden ihrer eigenständigen gesellschaftlichen Geschichte, die großen Ideen der Aufklärung und des Sozialismus schnell den Charakter von Werkzeugen der Verschleierung und Manipulation alter oder neuer Herrschaftseliten, so erst recht auf dem historischen Hintergrund stammeseigener, islamischer, hinduistischer oder buddhistischer Kulturen. Eine gewisse Abweichung von diesem Grundwiderspruch, wenn auch nur was die Verarbeitung des kolonialistischen Sprach- und Kulturerbes anbelangt, bilden die gebildeten Eliten Lateinamerikas, sofern sie sich weitgehend mit den aufeinanderfolgenden Ideologien des Katholizismus, der bürgerlichen Aufklärung, des Marxismus und der modernen Humanwissenschaften identifizierten und aktiven Anteil an ihrer Ausbreitung und politischen Umsetzung in den Sprachen und Begrifflichkeiten des spanisch-portugiesischen Kolonialerbes nahmen.

Dieser Grundwiderspruch ist zweifellos stärker in den Ländern ausgeprägt, die in der politisch-ökonomischen Einflußsphäre der westlichen Industrienationen existieren als in denen, die sich nach gewaltsamen Befreiungskämpfen und unter der Führung marxistisch orientierter Eliten in die Abhängigkeit der sowjetischen Industriegesellschaft begegeben haben. Er durchzieht auch die großen internationalen Gremien der UNO und der UNESO mit ihren Entwicklungsprogrammen auf dem Bildungssektor. Praktisch äußert er sich in der Tatsache, daß alle Programme funktionaler Alphabetisierung und aufbauender Bildung in den Ländern der 3. Welt mit der unbestreitbaren Zielsetzung konzipiert sind und relativ gewaltige Mittel für die Erreichung des Zieles eingesetzt werden, den Anschluß an die technische und gesellschaftliche Kompetenz der arbeitenden Bevölkerung der Industrienationen zu erlangen. Andererseits aber werden diese Programme von oben nach unten dekretiert und durchgeführt, den zu bildenden Massen aufgestülpt, so als ginge es nur darum, aus ihnen die besser zu nutzenden Träger der Pläne zu machen, die die neuen Herrschaftseliten in Anlehnung an die westlichen oder östlichen Entwicklungsplaner entwickelt haben.

Die von *Freire* analysierte »Kultur des Schweigens« der ungeheuren Mehrheit der Bevölkerung der 3. Welt wird in diesem Widerspruch eher zementiert als überwunden. Wie *Hanf* u. a. überzeugend nachweisen, ist die Erziehung in Afrika und Asien zum Entwicklungshindernis geworden. Dort »(sind) die Erziehungsziele auf die Rezeption westlichen Gedankenguts und auf den Erwerb von solchen Kenntnissen und Fertigkeiten ausgerichtet, die in westlichen Gesellschaften als relevant angesehen werden . . .«. Ferner »(trägt) die geistige wie physische Isolierung der Erziehungssituationen vom Rest der Gesellschaft in hohem Maße zum Entstehen einer spezifischen Erziehungssubkultur bei . . .«. Aber auch in sozialistisch orientierten Ländern wie Vietnam, Cuba oder Sambia, bzw. in den Ländern der islamischen Welt, die einen eignen Weg sozialistischer Emanzipation einzuschlagen suchen, führen Ziel und Weg der Pädagogik und Andragogik fast eingleisig von oben nach unten, durchlöchern, aber durchbrechen nicht die Wand des Schweigens der Massen, wagen keine gesellschaftlich-politische Kompetenz zu entwickeln, die dem Führungsanspruch gefährlich werden könnte, den die herrschenden Eliten in der anti-imperialistischen Bewegung erworben haben und den sie nicht durch die Bildung neuer junger und kritischer Eliten in Gefahr bringen wollen.

Das Fazit der Bestimmung des historischen Standortes der Pädagogik und Andragogik in der Dritten Welt kann also etwa so lauten: in dem Kampf der Dritte-Welt-Länder um ihre politische und wirtschaftliche Unabhängigkeit und um einen ökonomisch-sozialen Ausweg aus dem steigenden Elend ihrer Völker suchen die

eher rezeptiv als kritisch gebildeten Eliten Anschluß an die Erkenntnisse und
Ergebnisse eines Bildungsprozesses zu finden, der sich auf einer völlig anderen
gesellschaftlich-historischen Basis in Europa und den USA, und auch dort im
Widerspruch von Herrschaft und Abhängigkeit, von Bildungsprivilegien und
Kampf um ihre Durchbrechung, in der harten Auseinandersetzung von dogmati-
scher Unterjochung und kritischer Mobilisierung, im Laufe von mehr als vier
Jahrhunderten entwickelt hat. Bei diesem Bemühen durchleiden und verkörpern
sie den Widerspruch zwischen den ökonomisch-sozialen Zielsetzungen und Interessen der Industrienationen einerseits und den eigenen Bedürfnissen ihrer nationalen
Gesellschaften nach Dissoziation *(Senghaas)* andererseits, von Ideen der Innovation und Emanzipation, die aus eben den Ländern stammen, deren Herrschaft sie
sich zu entwinden anschicken und Vorstellungen der Tradition ihrer eigenen
Kulturen, die zum größten Teil mit dem Ballast jahrhundertealter, gesellschaftlich
oppressiv und steril gewordener Einstellungen und Vorurteile beladen sind.
Vergleichbar, weil von demselben Grundwiderspruch durchzogen, stellen sich die
Konflikte von Lehre und Forschung in den kulturellen Zentren der Industrienationen dar. Einerseits im Bemühen, die Bedingungen des Kulturtransfers so zu
verändern, daß die emanzipativen Bestrebungen der Dritte-Welt-Pädagogen zum
Zuge kommen können, andererseits in der Befangenheit durch die eigenen
Ideologien von Entwicklung und Fortschritt der Individuen und der Gesellschaft,
von Ziel und Weg der Pädagogik, so wie sie die gleichzeitig zerstörerische und
kreative Geschichte der europäisch-amerikanischen Klassengesellschaften ausgebildet hat.

Zielsetzungen

Von dieser Standortbestimmung aus können und sollten die Aufgaben der Pädagogik der Dritten Welt, die Themen ihrer Forschung und die Entwicklung ihrer
Theorien und Strategien entwickelt werden. In besonders präziser und eindrucks-
voller Weise formuliert *Bastide*, einer der bedeutendsten Anthropologen in seiner
»Angewandten Anthropologie« das zentrale Anliegen der Pädagogik in der
3. Welt: »Die neue Entwicklungspsychologie, die auf der Dynamik der Persönlichkeit gründet, erheischt einen doppelten Wandel: den der familialen ebenso wie den
der schulischen Erziehung. Beide sind dazu bestimmt, nicht die Anpassung an die
bestehende kulturelle Umgebung (was familiale Gruppen betrifft) noch die Anpassung an eine moderne, fortschrittliche Gesellschaft (was die schulische Gruppe
angeht), sondern vielmehr einen Menschentyp zu schaffen, der fähig ist Änderungen zu bewirken, zu wählen, zu entwickeln, sich selbst zu verändern, indem er sein
Milieu verändert, fähig, sich zu entfalten und sich in einer den anderen offenen
Kooperation selbst anzureichern . . . Die Anthropologie . . . muß eine andere
»Anthropologie der Erziehung« entwerfen als die, die der Westen bislang expor-
tiert und die Bankrott gemacht hat«.
Das normative Ziel ist somit definiert als Befähigung der Völker der 3. Welt, die
Strukturen des Empfindens und Denkens – und damit der Einstellung und des

Handelns – so zu verändern, daß sie statt Anpassung an eine nicht mehr operative Tradition oder an eine importierte und manipulierte Innovationsstrategie der fernen und der nahen Herren und Meister, den Mut und die Kompetenz erwerben, selbst mitzubestimmen, an der Basis wie an der Spitze ihrer Gesellschaft.

Einem solchen normativen Ziel kann sich die Pädagogik als Handlungswissenschaft nicht nähern, ohne selbst zwei Voraussetzungen zu erfüllen: Einmal muß sie den Ist-Zustand von Erziehung und Bildung empirisch und kritisch mit den Methoden der vergleichenden Pädagogik überprüfen. Dazu gehört vor allem die Untersuchung der Wirkung bislang angewandter Bildungsprogramme. Diese Wirkung kann nicht an quantitativen Daten der Einschulung oder der Abschlüsse abgelesen werden. Entscheidend bleibt die effektive Beziehung der Adressaten zu den Inhalten und Techniken die vermittelt werden. Motivationsanalysen des Bildungsbedürfnisses bei den verschiedenen sozialen Gruppen vermögen leicht Erkenntnisse zu bringen, die die bestgemeinten kompetent angelegten Programme ad absurdum führen. So zeigt sich bereits im Grobraster der Analyse der bisherigen formalen Bildungsbemühungen, daß sie die chaotische Verstädterung ebenso fördern wie soziale Aufstiegsillusionen und Verachtung der körperlichen Arbeit. Statt einer technischen und gesellschaftlichen Kompetenz für eine eigenbestimmte wirtschaftliche und soziale Entwicklung schaffen sie – besonders in der mittleren und höheren Bildung – Ziel-, Wert- und Normenvorstellungen und Ambitionen, die die wirtschaftliche und politische Abhängigkeit von den Industrieländern zementieren und die Heranbildung breiter parasitärer »Dienstleistungsgruppen« begünstigen. Zusätzlich wird damit das Primarschulwesen für die Massen der agrarischen und subproletarischen Bevölkerung seiner ökonomisch-sozial intendierten Entwicklungsförderung weitgehend entkleidet, da es an der weiterführenden mittleren Bildung und ihren mittelständischen Aufstiegillusionen ausgerichtet bleibt.

Interdisziplinäre Aufgaben

Die empirische Bildungsforschung in den Ländern der Dritten Welt kann nicht bei Untersuchungen der geeigneten Methoden des Unterrichts oder der Erwachsenenalphabetisierung stehen bleiben. Didaktik und Lernzielbestimmung erheischen gründliche, kritische Untersuchungen der ökonomisch-sozialen, ebenso wie der historischen Bedingungen des Lernprozesses und ihrer effektiven Wirkungen. Diese Untersuchungen mögen dem sich neubildenden Dritte-Welt-Establishment ebenso zuwider sein wie seinen mächtigen Protektoren in den nationalen und internationalen Gremien der Entwicklungshilfe, sie erweisen sich dennoch als unerläßlich, schon weil bildungsökonomisch die Kluft zwischen Anspruch und Wirklichkeit des formalen Bildungswesens immer breiter und damit die unproduktive Last verfehlter Bildungsinvestitionen immer unerträglicher wird.

Zugleich muß die Pädagogik interdisziplinär und international kritische Theoriebildung betreiben, will sie das oben aufgeführte normative Ziel der Befähigung der Adressaten zu eigenständiger Handlungskompetenz anvisieren.

Ohne ökonomische Forschung und neue Theoriebildung, z. B. zur Problematik der

Technologien und Betriebsgrößen oder zu der der Maßstäbe der Produktivität und der Ausrichtung der nationalen Produktion auf den Weltmarkt (s. insbesondere Hamburger Autorenkollektiv sowie *Combe/Petzold,* 1977) kann eine sinnvolle und effektive Bildungsplanung nicht erfolgen. Die ökonomische Werttheorie erfährt durch das wirtschaftliche Gewicht der Bildung und des Bildungswesens ebenso bedeutende theoretische Anstöße wie umgekehrt die Erziehungswissenschaften von der kritischen Auseinandersetzung mit den Widersprüchen der verschiedenen Schulen der Wirtschaftswissenschaften.

Die Soziologie, insbesondere die Sozialisationsforschung, bislang eingebettet in die Empirie und Theoriebildung der Industrienationen, erfuhr bereits vor 40 Jahren durch Ethnologie und Anthropologie erste Anstöße zur Revision ihrer umfassenden Theoriegebäude, muß aber heute, mit entsprechenden Forschungen in den Gesellschaften der 3. Welt ganz neue Wege der Interaktionsforschung und der Bestimmung des »fait social« als ihres eigentlichen Objektes beschreiten, um das planvolle pädagogische Handeln mit emanzipativem Anspruch zu ermöglichen.

Weit mehr noch als in den Industrienationen gehört politologische Forschung zur Pädagogik in der 3. Welt, weil hier in noch direkterer Weise die internationalen und nationalen Herrschaftsverhältnisse Anspruch und Wirklichkeit des Erziehungs- und Bildungsprozesses bestimmen und zwischen den Formen der Herrschaft und denen der Bildungssituationen noch unmittelbarere Beziehungen bestehen als in den Ländern der entwickelten Gesellschaften. Genauer: die gegenseitige Abhängigkeit von Bildungseliten und Herrschaftsbürokratien ist enger und der Rahmen für kritische, kontrafaktische bildungspolitische Theorien beschränkter.

Schließlich ist die bisherige Pädagogik ohne anthropologische und philosophische kritische Theorie wissenschaftlich nicht haltbar. Eine Auseinandersetzung mit den religiösen und weltanschaulichen Anschauungs- und Denksystemen der 3. Welt ist schon darum unerläßlich, weil eine Zielbestimmung des Erziehungsprozesses ohne sie und ohne Wertentscheidungen diesen gegenüber das Erziehungs- und Bildungswesen zu einer Technologie der Ausbildung degradieren würde. Das Weltbild, auf dem die Pädagogik Europas und Nordamerikas fußt, kann nicht ohne tiefgreifende Infragestellung zur Grundlage asiatischer, afrikanischer und latein-amerikanischer Erziehung und Bildung werden.

Die internationale und interdisziplinäre Theoriebildung kommt dabei den Erziehungswissenschaften der Industrienationen ebenso zugute wie den Dritte-Welt-Ländern selbst. Es sei hier nur an die befruchtende Wirkung der Ideen *Freires* und *Illichs* erinnert, die die gesamte Forschung auf den Gebieten kompensatorischer Erziehung und curricularer Ausrichtung international in neue Bewegung gebracht haben.

Wie oben bereits angedeutet bedarf die Forschung der Pädagogik der 3. Welt auch methodisch neuer Anstöße, will sie nicht den sterilisierenden Einwegtransfer von Resultaten der Industrieländer in die Dritte Welt fortsetzen. Hier sind die Ansätze der Handlungsforschung von ebenso großer Bedeutung wie die praktischen Erfahrungen Cubas und Chinas. Der Pädagoge als Forscher und Bildner wird nicht mehr als der »Wissende« dem »Educandus« gegenübergestellt, sondern als ein Teil des

Kommunikationsfeldes betrachtet, dessen Strukturen (als Objekt der Forschung) sich in dem Maße verändern als Interaktion zwischen Erzieher und Adressaten zustandekommt (als Erziehungs- bzw. Lernprozeß). Diese von Lewin ausgehende Methode der Handlungsforschung ist für die Erziehungswissenschaften allgemein von größter Bedeutung, aber im Kontext der Emanzipation der Dritte-Welt-Wissenschaft geradezu grundlegend. Ebenso wie in Cuba und China (trotz der dortigen dogmatischen Verengung) wird durch das methodische Herangehen des Pädagogen an das Feld seiner Forschung und seiner Tätigkeit gleichzeitig der gefährlichen Tendenz vorgebeugt, *für* statt *mit* den Betroffenen zur Erkenntnis der makro- und mikrogesellschaftlichen Interaktionsprozesse aufzusteigen und die Planung ihrer Veränderung selbst in die Hand zu nehmen. Vorläufig steht man noch am Anfang dieses methodischen Umdenkens und eine Reihe von romantischen Illusionen über die »Gleichheit von Erzieher und Adressat«, über den »Wahrheitsgehalt, der der kindlichen, bzw. abhängigen und unterdrückten Existenz als wahres Humanum immanent sei«, verstellt die wissenschaftliche und praktische Entwicklung des theoretisch fruchtbaren Ansatzes der Handlungsforschung, der Pädagogik der 3. Welt.

Will die Pädagogik der 3. Welt zu einem emanzipativen Faktor der selbstbestimmenden Entwicklung der Dritte-Welt-Länder werden, so muß sie sehr kritisch mit einer Reihe von Vorurteilen umgehen, die sich im Laufe des anti-imperialistischen Kampfes herausgebildet haben und die während der Periode der politischen Organisation der Befreiung- bzw. Widerstandsbewegungen eine sehr positive, mobilisierende Wirkung ausgeübt hat, heute aber erzieherisch hemmende und demobilisierende Folgen haben kann und hat.

Zu diesen Vorurteilen gehört die starre (»manichäistische«) Vorstellung von der prinzipiell »bösen« Essenz der Herrschaft und der »guten« der von ihr abhängigen Massen. Verdrängt wird die einfache Einsicht, daß Macht und Herrschaft ebenso wie Abhängigkeit keine eigene Essenz, kein metaphysisches Wesen besitzen und ethisch nicht ohne Rückbezug auf ihre konkrete Ausformung in Wirtschaft, Staat, Recht und Bildung bewertet werden können.

So besitzen Klassen, Gruppen und Individuen, die zur Herrschaft drängen, bzw. an ihr teilhaben, ihre politische und kulturelle Autorität nur so lange als sie effektiv zur Entfaltung der Produktivkräfte beitragen. Insofern ist die Wirkung ihrer Herrschaft »gut«, auch und gerade wenn sie das Existenzgleichgewicht der Massen stören und damit Leid erzeugen. Gleichzeitig ist diese Wirkung »böse«, insofern diese Entwicklung nur im Interesse und gemäß den Bedürfnissen eben jener Gruppen oder Individuen vorangetrieben und die Ausübung von Macht und Autorität im wesentlichen nur zur Verteidigung dieser Interessen eingesetzt wird. Darum können revolutionäre Eliten gleichzeitig »gut« und »böse« sein.

Demgegenüber kann die Tradition, in der die abhängigen Massen zusammenleben, unendlich oppressiv und leidvoll sein, die Vorstellungswelt und Praxis der Männer gegenüber den Frauen, der Erwachsenen gegenüber den Kindern, der Eigengruppe gegenüber der Fremdgruppe »böse« und der Versuch der herrschenden Eliten, diese Traditionen niederzureißen, »gut« sein.

Mit einem Wort: Weder Macht und Autorität, noch Abhängigkeit und Ohnmacht verbleiben ethische Adelstitel oder erheischen moralische Verdammung. Nur die konkrete Analyse des tendenziellen Charakters der Beziehung von Herr und Knecht, von Bildungseliten und Analphabeten, vermag die unerläßliche moralische Stellungnahme zur gesellschaftlichen Wirklichkeit des Bildungsprozesses zu begründen. Der emanzipative Pädagoge wird der sein, der sich auf Seiten derjenigen einsetzt, unabhängig ob Minderheiten oder Mehrheiten, machtvoll oder ohnmächtig, denen es um die Entfaltung der kollektiven Bedürfnisse der Betroffenen geht und nicht um ihre Manipulation, einschließlich der ihrer manifesten Bedürfnisse.

So gilt es, die antagonistische Dynamik der Entwicklungsländer und ihres Bildungs- und Lernprozesses zu erfassen, um die irrationalen und antihumanen Wirkungen der Wissenschaften und Technologien zu erkennen, soweit sie zum Instrument gruppenegoistischer Interessen werden, um sie durch eben diese Wissenschaften und eine aus ihren Erkenntnissen fließende, verändernde Praxis aufzuheben.

Dazu gehört in erster Linie auch die Einsicht, daß in der Interaktion zwischen entwickelten und unterentwickelten Gesellschaften, zwischen Kompetenteren und weniger Kompetenten, zwischen Erziehern und Adressaten die Kluft weder materiell noch im Bewußtsein der Menschen durch einen Willens- oder Erkenntnisakt überbrückbar ist. Die Pädagogik in der 3. Welt kann ihre Zielsetzungen und Didaktik, kann die Planung von Erziehung und Bildung weder aus romantisch-egalitären und anti-autoritären Idealen, noch aus dem naiven Glauben an die spontan fortschrittliche Bedürfnis- und Motivationsstruktur des Kindes oder der abhängigen Massen beziehen.

Was konkret die Auflösung tradierter Kommunikations- und Interaktionsstrukturen bedeutet, was die Einführung der allgemeinbildenden Schule, der Alphabetisierungskampagnen und der non-formalen Erziehungs- und Bildungskampagnen für marginalisierende oder entwicklungsfördernde Wirkungen erzielt, kann nicht primitiv danach bewertet werden, ob die Maßnahmen von der »Herrschaft« getragen oder von »den Massen entwickelt« wurden. So unerläßlich die kritische Einstellung und politische Standfestigkeit der Pädagogen gegenüber den Interessen und der Praxis aller herrschaftsgebundener Bildung – sowohl in den Industrie- als in den Dritte-Welt-Ländern – auch ist, so sterilisierend wird jede pauschale, positive oder negative Beurteilung der Erziehungs- und Bildungstrends sich auswirken, die nur von der Zuordnung zur vorfindlichen politischen Macht hier oder dort ausgeht, die für sie verantwortlich zeichnet.

Die Dialektik zwischen gesellschaftlicher Wirklichkeit und Bewußtseinsstrukturen, in die die Pädagogik um so tiefer verstrickt ist, je heftiger die gesellschaftlichen Widersprüche zum Tragen kommen, auf die sie aber gerade objektiv einwirkt, durchzieht sämtliche pädagogischen Bemühungen und formt auch das Bewußtsein der Pädagogen. Sie entgehen selbstverständlich nicht den Widersprüchen, die aufzuheben sie angetreten sind. Aber die Beschränktheit ihrer Theorie und Praxis ist nicht durch die Konstruktion einer Utopie überwindbar. Erst dialektische Theoriebildung, affektive Sensibilität für die verborgenen Möglichkeiten und das Leiden der Adressaten ermöglicht eine emanzipative Praxis in den Ländern der 3.

Welt, die weder der jeweiligen politischen Macht hörig bleibt noch ideologisch ausflippend wirkt.

Voraussetzungen für das Durchhalten einer solchen Linie ist internationale Zusammenarbeit und kritische Solidarität unter den Erziehern.

Hauptaufgaben

Die Forschung Pädagogik in der Dritten Welt hat sich im Laufe der letzten fünf Jahre als selbständiger Bereich der pädagogischen Forschung herauskristallisiert. Der wesentliche Grund dieser wissenschaftlichen Entwicklung liegt in den gesamtgesellschaftlichen Verhältnissen, die im Weltmaßstab den jetzigen Standort und die Entwicklungsdynamik der Entwicklungsländer charakterisiert.

Die kolonialistische und neoimperialistische Abhängigkeit der Dritten Welt von den westlichen Industrienationen und der Sowjetunion hat in der Erziehung und Bildung mit der ökonomischen auch die kulturelle Abhängigkeit mit sich gebracht, die insbesondere dadurch gekennzeichnet war und bleibt, daß die weltanschaulichen- und Erziehungsnormen sowie die Organisation des Bildungswesens im wesentlichen entlang den Vorstellungen der westlichen und östlichen Industrienationen erfolgte. Das Scheitern der weltweiten Bemühungen gemäß diesen Konzeptionen der Entwicklung und der Bildung durch die gängige bloße Alphabetisierung der Erwachsenen und Kinder, das »Humankapital« der Dritten Welt zum selbständigen »take-off« zu bringen, so wie es sich in dem generellen Fehlschlag der gängigen bloßen Alphabetisierungskampagnen der Erwachsenen und Kinder der 60iger und Anfang der 70iger Jahre niederschlägt, hat dazu geführt, daß in den Ländern der Dritten Welt selbst ebenso wie in den pädagogischen Forschungsgremien der westlichen Industrienationen grundlegende Überlegungen und empirische Forschungen zur Neubestimmung der Ziele und Methoden der Erziehung und Bildung der Dritten Welt erfolgten.

Zunächst galt es zu untersuchen, welche grundlegende Fehler aus welchen Gründen zu der blinden Übertragung europäisch-amerikanischer Erziehungs- und Bildungsvorstellungen in die Dritte Welt geführt haben. Dazu haben die gesellschaftswissenschaftlichen Forschungen über die Abhängigkeitsverhältnisse der Entwicklungsländer und die sich daraus ergebende innere Struktur von Herrschaft und Abhängigkeit wesentlich beigetragen. Ebenso haben *Freire* und *Illich* die pädagogische Konzeption des Westens einer grundlegenden Kritik unterzogen und aufgezeigt, daß die Bildungsbemühungen bislang nur die Herrschaft des Schweigens für die überwiegende Masse der Bevölkerung der Dritten Welt mit sich gebracht haben. Andere wesentliche Bemühungen gingen um die Untersuchung des Verhältnisses von Grundbedürfnissen der Bevölkerung der Dritten Welt und der Ausbildung der gesamtgesellschaftlichen, spezifisch-individuellen Fähigkeiten zur selbständigen Befriedigung dieser Bedürfnisse auf ökonomischem, sozialem, politischem und kulturellem Gebiet. Ein weiterer Strang der Forschung beschäftigte sich mit dem bestehenden und dem möglichen Stellenwert, den Erziehung als Subsystem des gesellschaftlichen Gesamtsystems für die Erziehungsdynamik einnehmen kann und einnehmen soll. Die Forschungen ergaben eine grundlegende Revision von der Vorstellung über die erforderlichen Bildungsmethoden sowohl in den bäuerlichen Gemeinden, die über 80% der Bevölkerung der Dritten Welt umfassen, als jener dauernd wachsenden Elendsviertel, die sich als Peripherie um die Metropolen der Dritten Welt herausbilden. Diese neuen Ansätze sind gekennzeichnet

- durch die Verbindung formaler und non-formaler Bildung
- durch die Ausrichtung der Bildungsinhalte und der pädagogischen Methoden an den Grundbedürfnissen der bäuerlichen und subproletarischen Klassen und Schichten
- an der Notwendigkeit, systematisch rationales Denken und Planen zu entwik- keln, um fatalistische und anarchisch-zerstörerische Reaktionen auf Umbruch und Elend zu verhindern
- und um im Gegenteil eine selbsttätige, bewußte Selbststeuerung der eigenen Verhältnisse gegen die bestehenden Strukturen der Abhängigkeit und Unter- entwicklung durchzusetzen.

Zusammenfassend kann also gesagt werden, daß Pädagogik in der Dritten Welt als Handlungsforschung und partizipierende Sozialforschung dabei ist, eine umfassen- de Bewußtseinsbildung und Ausbildung der Fähigkeiten zum beruflichen, sozialen und politischen Handeln zu entwickeln. Sie steht damit im Konfliktfeld der politischen Kräfte in der Dritten Welt selbst und in der Auseinandersetzung zwischen den Industrienationen und den Entwicklungsländern. Jede Initiative auf dem Gebiet der Bildung und Erziehung greift dort in besonders markanter Weise in die Entwicklung der bestehenden Abhängigkeitsstrukturen hinein, hat weitgehen- de ökonomische und soziale Folgen, wie z. B. die Erzeugung eines intellektuellen Proletariats bzw. einer von der Masse der Bevölkerung abgehobenen formal gebildeten aber wirtschaftlich und sozial unwirksamen Schicht. Ebenso sollte sie wesentlich dazu beitragen, daß Alphabetisierung nicht im technischen und ökono- mischen Bereich steckenbleibt, sondern eine umfassende Mobilisation der mensch- lichen Produktivität in Gang setzt. Diese politisch besonders exponierte Funktion der Pädagogik in den Entwicklungsländern legt der Forschung zwei grundlegende Aufgaben nahe:

- Sie muß engagiert und kritisch gegenüber den Versuchen bleiben, die Ergebnis- se europäischer oder amerikanischer Pädagogik einfach zu übertragen und damit einer neuen Form des Kulturimperialismus zu dienen.
- Sie muß sich vor jeder simplifizierenden oder gar dogmatischen Theoriebildung dadurch bewahren, daß sie empirische, partizipierende Handlungsforschung treibt und die Ergebnisse mit denen der Industrienationen in vergleichender Analyse auswertet.

Ernest Jouhy

Literatur

Bohnet, M. (Hrsg.), 1971: Das Nord-Süd-Problem. Konflikte zwischen Industrie- und Entwicklungsländern, München – *Danckwortt, D.,* 1981: Bildungshilfe der Bundesrepublik Deutschland. Organisation – Leistungen – Mängel in der Kommunikation mit der Wissenschaft, in: Zeitschrift für Pädagogik, 16. Beiheft: Die Dritte Welt als Gegenstand erziehungswissenschaftlicher Forschung, hrsg. von D. Goldschmidt – *Dias, P. V.*, 1981: Erziehungswissenschaft, Bildungsförderung und Entwicklung in der Dritten Welt, in: Zeitschrift für Pädagogik, 16. Beiheft – *Dittmann-Kohli, F.:* Die Bedeutung psychologischer Konzepte für Bildungsprogramme in der Dritten Welt, in: Zeitschrift für Pädagogik, 16. Beiheft – *Erny, P.*, 1972: L'enfant et son milieu en Afrique noire, Paris – *Faure, E.* u. a., 1972: Apprendre à être. UNESCO, Paris – *Gerhardt, H.*, 1981: Lehrerrolle und Lehrerbildung in der Dritten Welt. Ihre Bedeutung für den Aufbau des Erziehungswesens in Afrika, in: Zeitschrift für Pädagogik, 16. Beiheft – *Goldschmidt, D.*, 1981: Ortsbestimmung und Aufgaben erziehungswissenschaftlicher Forschung über die Dritte Welt, in: Zeitschrift für Pädagogik – *Jolly, R./Seers, D.*, 1970: The Brain Drain and the Development Process, in: *Robinson, E. A. G.* (Hrsg.): The Gap between the Rich and the Poor Countries, London – *Jouhy, E.:* Die Dialektik von Herrschaft und Bildung in der Dritten Welt. Anmerkungen zu den Beiträgen von *Dias* und *Laaser,* in: Zeitschrift für Pädagogik, 16. Beiheft – *Laaser, U.*, 1981: Bildung und Systemwandel in der Dritten Welt. Perspektiven einer entwicklungsbezogenen Bildungsforschung, in: Zeitschrift für Pädagogik, 16. Beiheft – *Leys, C.* (Hrsg.), 1969: Politics and Change in Developing Countries. Studies in the Theory and Practice of Development, Cambridge/London – *Nohlan, D./Nuscheler, F.*, 1974: Entwicklungstheorien und Entwicklungsbegriff, in: *Nohlan, D.* u. *Nuscheler, F.* (Hrsg.): Handbuch der Dritten Welt, Band 1, Theorien und Indikatoren von Unterentwicklung und Entwicklung, Hamburg – Nouvel Observateur (Hrsg.), 1979: Le tiers monde et la gauche, Paris – *Senghaas, D.*, 1977: Weltwirtschaftsordnung und Entwicklungspolitik. Plädoyer für Dissoziation, Frankfurt/M. –

Drogenhilfe

Wenn heutzutage von Drogen die Rede ist, so sind zumeist illegale Rauschmittel, insbesondere Haschisch, Heroin und LSD gemeint. Insbesondere diese illegalen Drogen haben bei uns seit Beginn der sog. Drogenwelle Ende der sechziger Jahre unter jungen Menschen stärkere Verbreitung gefunden. Am Anfang war der Drogenkonsum mit einer spezifischen Ideologie und einer gesellschaftspolitischen Komponente eine Protestbewegung, ähnlich der Hippie- oder auch der Studentenbewegung (»Turn on, tune in, drop out«, *Leary*, 1970); zu erheblichen Teilen überlappten sich diese Gruppen. Das Experimentieren mit Drogen hatte die Aura des Intellektuellen und Progressiven. So wie sich dann aber der Konsum vertikal von Studenten- und Künstlerkreisen über höhere Schulen bis heute zu den unteren sozialen Schichten ausbreitete, so änderte sich auch die Intention von Bewußtseinserweiterung hin zu Betäubung und chemisch induzierter Entspannung (*Kindermann*, zit. n. *Huncke*, 1981).

Als hauptsächliches Drogenproblem wird der Mißbrauch und die Abhängigkeit von Heroin, das eine sehr starke Suchtpotenz besitzt, angesehen. Auf diesen Konsumentenkreis konzentrieren sich Aufmerksamkeit und Bemühungen staatlicher Stellen und anderer Sozialagenturen. Im Vergleich zu geschätzten 2 Mio. Haschischkonsumenten und einer unbekannt großen Zahl von deutlich Drogengefährdeten ist die offiziell bekanntgegebene Zahl der Heroinabhängigen mit 60 000 vergleichsweise klein; ihre tatsächliche Zahl dürfte erheblich größer sein, wie insbesondere eine neuere Untersuchung nahelegt (*Skarabis u. Patzak*, 1981). Stärker und schneller als andere Drogen führt Heroin in die psychische und soziale Verelendung und zur Auffälligkeit.

Am Beginn der Drogenwelle waren die traditionellen Einrichtungen dem besonderen Phänomen des jugendlichen Drogenkonsums gegenüber recht hilflos. Die Unterbringung in psychiatrischen Kliniken erwies sich angesichts ihrer autoritär-repressiven Struktur und den mangelnden therapeutischen Möglichkeiten als ineffektiv. Dies wurde auch deutlich aus den geringen Erfolgen psychiatrischer Spezialstationen mit z. T. hervorragender personeller und materieller Ausstattung. Der Fehlschlag war zum einen auf die Drogenabhängigen zurückzuführen mit ihrer passiv-konsumatorischen Haltung und ihrer mißtrauischen und aggressiv-unsicheren Ablehnung der Erwachsenenwelt, zum anderen auf die Institutionen und ihre Mitarbeiter, die strafrechtliche und verwaltungsmäßige Sachzwänge in den Vordergrund stellten und vielfach mit erheblichen Ressentiments die Schaffung einer vertrauensvollen Atmosphäre, die Voraussetzung jeder Therapie ist, verhinderten.

Ebenso hilflos reagierte der Staat, der zwar 1971 das Betäubungsmittelrecht neu faßte, sich aber im Wesentlichen auf die Verschärfung von Strafbestimmungen beschränkte; »humanitäre Gesichtspunkte waren ausgeblendet« (*Heckmann*, 1982). Der repressive Apparat wird begründet mit Generalprävention, Schutz der Rechtsordnung und Ausübung eines Druckes, der den einzelnen Mißbraucher oder Abhängigen motivieren soll, den Drogenkonsum aufzugeben. Die Diskussion, ob diese vehemente Strafverfolgung mehr nützt oder mehr schadet, wird anhaltend kontrovers geführt (ausf.: *Wöbcke*, 1977; *Kreuzer*, 1978; *Thomas*, 1982). Sicher ist, daß Strafandrohung oder Haftstrafen nicht allzu viele Abhängige vor dem Rückfall bewahrten. Nicht nur, daß in den meisten Haftanstalten die Drogenabhängigen weiter an Drogen herankamen und andere Gefangene dort erstmals zu Drogenkonsumenten wurden, es mußte sogar festgestellt werden, daß längere Haftstrafen sich negativ auf die Bereitschaft zum Drogenverzicht auswirkten und antisoziale Haltungen förderten.

Ein erster Ansatz, Abhängige durch Gesetz nicht mehr nur zu verfolgen, sondern auch Hilfe möglich zu machen, ist im neuen Betäubungsmittelgesetz von 1982 vorgesehen durch die Möglichkeit, Therapie anstatt Haftstrafe durchzuführen. Um zu bewerten, ob dieses Gesetz den gewünschten Erfolg hat, müssen praktische Erfahrungen abgewartet werden. Aber auch in diesem neuen Gesetz zeigt sich die Ambivalenz des Staates und der Gesellschaft Abhängigen gegenüber, die sie sowohl als kriminell als auch als krank ansieht. So behindern Gesetzgebung, Polizei und Justiz zwangsläufig den notwendigen offenen Umgang mit dem Drogenproblem, was auch die in der Drogenhilfe Tätigen von Beginn der Drogenwelle an in eine komplizierte Zwitterrolle zwischen Staat und Gesellschaft auf der einen und Drogenszene auf der anderen Seite brachte.

In dieser Situation, die von vollständiger Irritation aller Seiten gekennzeichnet war, entstanden Ende der sechziger Jahre die ersten Selbsthilfe- und Laieninitiativen, dem Beispiel von Release in England folgend (*Heuer* u. a., 1971), in denen man bei Drogenproblemen half oder bei Schwierigkeiten mit der Polizei und Justiz. In Brennpunkten des Drogenkonsums wurden Beratungszentren und sog. Therapiehöfe nach dem Release-Modell geschaffen. Mit reformerischem Eifer versuchte man, »emanzipatorische« Therapie zu machen, die stark ausgerichtet war auf Ideen der Selbsthilfe, antiautoritären Erziehung, des Hedonismus und der Selbstverwirklichung. Die Vorstellung war, daß es ausreiche, einen repressionsfreien Rahmen zu schaffen, da dann der Drogenkonsum gegenstandslos würde. Das Release-Experiment scheiterte an gesellschaftlichen Realitäten und weil mangelnde Erfahrung den Blick für das Ausmaß der Störungen der Drogenabhängigen und die Komplexität des Ursachengefüges verkürzte.

Das Scheitern dieser laissez-faire-Modelle ebnete den Weg für die Übernahme insbesondere amerikanischer Konzeptionen, wie z. B. Synanon und Daytop (hierzu: *Vormann/Heckmann*, 1980). Konsequente Ablehnung jeglicher Drogen und eine stark autoritäre Hierarchie versuchte man mit der Idee der therapeutischen Gemeinschaft (*Jones*, 1953) zu verbinden. Jeder – Drogenabhängiger wie Mitarbeiter – sollte die Geschicke der Therapiegemeinschaft und jedes Einzelnen mitverantwortlich sein können. Diese Modelle haben sich in weiterentwickelten Formen in der Bundesrepublik weitgehend durchgesetzt und stellen mit rund 1800 Therapieplätzen das größte Kontingent von Möglichkeiten zur Langzeittherapie.

Eine Übersicht über Therapieeinrichtungen gibt die Broschüre »Drogenberatung – wo?« des BMJFG (1978[4]). So hat eine gewisse Vereinheitlichung stattgefunden, die besonders durch Auflagen von Behörden und Kostenträgern forciert wurde. Nahezu alle Einrichtungen arbeiten heute mit einem multiprofessionellen Team (Sozialarbeiter, -pädagogen, Psychologen, Lehrer, Ärzte, Handwerker und Ex-User) auf Pflegesatzbasis, d. h. die Gemeinschaft erarbeitet nicht ihren finanziellen Unterhalt selbst. Als Regeltherapiedauer gelten 18 Monate, wobei es eine deutliche Tendenz zur Verlängerung gibt. Alle Programme setzen Drogenfreiheit voraus, d. h. daß körperliche Abhängigkeit vorher überwunden sein muß; Verstöße gegen das Abstinenzgebot während der Therapie werden in der Regel mit Ausschluß beantwortet. In letzter Zeit lebt Kritik wieder auf (*Scheerer*, 1980), die diese Bedingungen als zu hoch für die meisten Abhängigen hält. Erneut kommen sog. Drogenersatzprogramme in die Diskussion (*Swoad*, 1978), die es hierzulande ohne großen Erfolg gab und die heute noch insbesondere in den USA und den Niederlanden bestehen. Ihre Berechtigung ist in der Fachwelt sehr umstritten (*Moebius*, 1980).

Als Ergebnis langjähriger Erfahrungen lassen sich mehrere Grundvoraussetzungen für eine erfolgversprechende Therapie aufstellen:

– Therapie muß die Sache des Abhängigen selbst sein bzw. werden. Ernsthaft etwas gegen die eigene Drogenabhängigkeit tun zu wollen, setzt nach *Kindermann/Schneider* (1982) voraus: der Abhängige muß sich selbst als süchtig wahrnehmen können, muß prinzipiell Möglichkeiten zum Ausstieg aus der Sucht sehen, er muß sich die Leistung selbst zutrauen können, er muß sich selbst für den Ausstieg aus der Sucht verantwortlich fühlen und der Ausstieg aus der Sucht muß sich subjektiv lohnen. Diese Voraussetzungen sind selten vollständig gegeben und unterliegen starken Schwankungen. Die Motivation zum Ausstieg aus der Sucht (und auch später die Motivation drogenfrei zu bleiben) wird durch starke Ambivalenzen belastet, da z. B. Abhängige oft glauben, sich der Drogenbindung nicht aus eigener Kraft entziehen zu können und während des Entzugs weiterfixen wollen (*Deissler* u. a., 1977). Weil man um diese Ambivalenz weiß und auch, daß der endgültige Entschluß, sich in eine Behandlung zu begeben, meistens erst durch Außendruck ausgelöst wird, wurden in den Therapiestätten Aufnahmerituale und Motivationsprüfungen weitgehend abgeschafft. Heute wird nur noch die Bereitschaft verlangt, sich auf eine Therapie einlassen zu wollen. Ob die zunehmende Tendenz staatlicher Stellen, verstärkt Zwangsmaßnahmen zum Therapieantritt (und ihrer Fortsetzung) einzuführen, die adäquate Antwort auf das Problem der schwankenden Therapiemotivation ist, wird angezweifelt, da Zwang – auch wenn er als »helfender Zwang« gemeint sein sollte – das Erkennen und Ergreifen einer Zukunftsperspektive versperren kann und demotivierend wirkt (vgl. *Grote*, 1981; *Heckmann*, 1982).

- Drogentherapie muß auf Aktivierung und Verselbständigung abgestellt sein; der Abhängige muß in Abkehr vom totalen kustodialen Prinzip der Psychiatrie in Aktivitäten und Verantwortungsbereiche einbezogen werden. Dabei muß das subjektiv und objektiv vorhandene Leistungspotential differenziert berücksichtigt werden, um Reifung und Wachstum zu fördern, ohne sie durch Unter- oder Überforderung zu behindern.
- Therapie muß sich am Reifestand der Abhängigen, ihrer Erfahrungswelt und ihren subjektiven Bedürfnissen orientieren, »die Abhängigen dort abholen, wo sie stehen«.
- Therapie drogenabhängiger junger Menschen ist zu allererst eine sozialpädagogische und sozialtherapeutische Arbeit, da es um Nachsozialisierung, Aufbau von Handlungskompetenz und um Erarbeitung einer sinnvollen, drogenfreien Lebensperspektive geht. Erst nachrangig werden klassische psychotherapeutische und medizinische Fragestellungen wichtig. Wenn auch Störungen individuell unterschiedlichen Ausmaßes behoben werden müssen, so ist doch vorrangig die Vermittlung von Kenntnissen und Fertigkeiten, die man in unserer Sozialordnung zur selbständigen Lebensführung benötigt. In nahezu allen Einrichtungen wird daher Freizeitgestaltung, körperliche Arbeit und die Erlangung notwendiger Schul- und Berufsabschlüsse einbezogen.
- Therapie muß sich an den gesellschaftlichen Realitäten orientieren, den Klienten eine Lebensplanung ermöglichen, die sie zur selbständigen Lebensführung und zum Bestehen in der Gesellschaft befähigt.
- Nachreifung braucht Zeit.
- Therapie muß eine behutsame, stufenweise Reintegration in die Gesellschaft ermöglichen, will sie nicht durch Überforderung einen Rückfall vorprogrammieren. Dazu gehört die Einübung in selbständiger Lebensführung und Einbindung in neue soziale Bezüge auch in Schule und Arbeitswelt.

Die individuelle Therapie Drogenabhängiger ist nur ein Bereich der Drogenhilfe; sie hat grundsätzlich drei Zielrichtungen zu verfolgen. Sie muß,

1. präventiv wirken, um den Beginn von Drogenmißbrauch zu verhindern (Primärprävention);
2. das Fortschreiten einer massiven Gefährdung zu einer Abhängigkeit aufhalten (Sekundärprävention);
3. individuelle Hilfen leisten, um eine bestehende Abhängigkeit zu beheben, Verschlimmerungen zu verhindern und Rückfällen vorzubeugen (Tertiärprävention).

Stützt sie sich schwerpunktmäßig auf die Tertiärprävention in der Hoffnung auf Reduzierung des Drogenproblems, so wird sie als Sisyphusarbeit scheitern. Gegenwärtig ist allerdings dieser Bereich noch am weitesten ausgebaut, da zu Beginn der Drogenwelle vorrangig den vielen bereits Abhängigen geholfen werden mußte.

Im Bereich der Sekundärprävention liegt die Hauptarbeit der Drogenberatungsstellen. Die früher stark separierte Drogenszene ist heute stark vermischt mit anderen Jugendströmungen (Punker, Rocker, Trebegänger, um nur einige zu nennen). Gleichzeitig beobachten wir mehr polyvalenten Drogenkonsum; die Abhängigen sind nicht mehr auf eine Droge spezialisiert, sondern konsumieren alles, was »anmacht«, also auch Haschisch, Alkohol und Medikamente. Die wesentliche Aktivität liegt nicht mehr auf der Beratung und Vermittlung von Heroinabhängigen in Therapiestätten, sondern schnell, unbürokratisch, flexibel und anonym Hilfen für Gefährdete zu geben. So haben sie sich mehr und mehr zu Anlaufstellen für Jugendliche mit Kommunikationszentren für alternative Freizeitgestaltung entwickelt (*Bäuerle* u. a., 1979). Hier wird versucht, jugendgemäße Beratung zu vielen Problemkreisen (so: Drogen, Elternhaus, Schule, Lehre, Beruf, Arbeitslosigkeit, Freizeit, Krankheit, Beziehungen, Sexualität) zu verwirklichen und andere Hilfen zu geben, um einen Einstieg in Kriminalität und Drogenszene oder insbesondere eine tiefere Verstrickung zu verhindern. Dahinter steht die Auffassung, daß Drogen nicht an sich das Problem junger Menschen sind, sondern nur äußeres Zeichen anderer Schwierigkeiten. Bereits bei beginnendem Mißbrauchsverhalten sollen die Drogenberater intervenieren können. Dazu müssen sie die Attraktivität ihrer Jugend- und Drogenberatungsstellen für die Jugendlichen sicherstellen und angemessene Angebote machen können (so: Freizeitgruppen, Teestube, Notschlafstellen, Einzel-, Gruppen- und Familienberatung, Selbsterfahrungsgruppen, ambulante Betreuung usw.). Sie dürfen sich nicht darauf beschränken, aufgesucht zu werden, sondern müssen ihrerseits Abhängige und Gefährdete in ihren Lebenszusammenhängen aufsuchen, z. B. durch Streetwork, Arbeit in Jugendfreizeitstätten, Kneipen, Krankenhäusern, Schulen, Justizvollzugsanstalten oder Erwachsenenbildungsstätten.

Es hat sich heute weitgehend durchgesetzt, daß verschiedene Hilfsangebote regional oder funktional im Sinne einer therapeutischen Kette, wie sie z. B. *Petzold* (1972, 1974) konzipierte, zusammenarbeiten:

- Kontaktphase: Streetwork, Teestube, Notschlafstelle
- Eingangsstufe: Drogenberatungsstelle, Beratung in Gefängnissen und Psychiatrie
- 1. Behandlungsstufe: körperliche Entgiftung in Krankenhäusern mit Entzugsstation
- 2. Behandlungsstufe: Langzeittherapie in therapeutischen Gemeinschaften oder Fachkliniken zur psychischen Entwöhnung
- (Re-)Integrationsstufe: Berufsförderung, Schulprogramme, Nachsorge, Übergangswohnungen, Reha-Werkstätten

Solche Therapieketten oder Verbundsysteme entstanden an verschiedenen Orten in mehr oder weniger vollständiger Stufung, wie z. B. die Therapiekette Niedersachsen.

Primäre Prävention will verhindern, daß Jugendliche zu massiv Drogengefährdeten werden. Dies ist eine unspezifische Aufgabe aller gesellschaftlichen Kräfte; als präventive Maßnahme hat sich jedoch Aufklärung über Drogen in Medien, Schulen und Freizeitstätten – durchgeführt durch unerfahrene Lehrkräfte oder Polizei – als wenig geeignet erwiesen. Für zielgerichtete Interventionen ist eine genaue Kenntnis von Risikogruppen und den vielfachen Problemen von Drogenkonsum und -abhängigkeit notwendig. Trotz vieler Hypothesen läßt sich weder ein eindeutiges Ursachengefüge angeben, noch eine bestimmte individuelle, für Sucht disponierende Persönlichkeitsstruktur ausmachen (*Antons/Schulz*, 1976); eher gilt ». . ., daß sich eine süchtige Fehlhaltung prinzipiell in jedem Menschen ausbilden, daß jede menschliche Tätigkeit auch süchtig entarten kann« (*Solms/Steinbrecher*, 1975[2]). Das, was allen Fachleuten als typisches Persönlichkeits- und Verhaltensrepertoire von Süchtigen bekannt ist, ist viel eher eine Folge der Abhängigkeit, denn ihre Voraussetzung.

Als begünstigend für eine Anfälligkeit für Drogenmißbrauch und -abhängigkeit werden grundsätzlich die gleichen Faktoren angenommen, wie sie für andere Formen devianten Verhaltens Jugendlicher auch gelten (*Seitz/Götz*, 1979). Zusätzlich muß nach *Heckmann* (1980) ein erreichbares Drogenangebot bestehen und im sozialen Nahraum eine gewisse Affinität vorbereitet sein durch Verleitung zum Konsum, allgemeine liberale Haltung gegenüber Rauschmitteln und Medikamenten, Erziehung zur scheinbaren Befriedigung von Bedürfnissen durch apersonale Mittel, Erziehung zur Unselbständigkeit. Medizinische und psychologische Wissenschaft haben bislang außer Einzelbefunden (z. B. wurde eine erhöhte Psychosebereitschaft bei Drogenmißbrauchern festgestellt) keine wesentlichen Beiträge zur Erklärung des massenhaften Drogenkonsums geleistet und auch keine praxisrelevanten Strategien zu seiner Eindämmung entwickelt.

Die dargestellten Bereiche der Drogenhilfe – freie Therapie- und Drogenberatungsstellen – erreichen maximal 20% der Drogenabhängigen (*Kindermann/Schneider*, 1982 a. a. O.) und sicherlich meist einen noch geringeren Teil der Gefährdeten. Viele von diesen kommen vorrangig nur, weil sie infolge ihrer Sucht und damit verbundenen Sanktionen in das System staatlicher Interventionen gerieten (z. B. Jugendamt, Noteinweisung ins Krankenhaus, polizeiliche Verfolgung, Bestrafung, Haft, Therapieauflagen, Zwangseinweisungen in Psychiatrie usw.). Daß sich so wenige melden, liegt sicher auch zu einem Großteil an den Hilfseinrichtungen und ihren Angeboten. Die Heroiniker fühlen sich vielfach nicht verstanden. Sie empfinden sich sogar von denen, die für sie da sein wollen, abgelehnt oder bevormundet. Von einer Lanzeittherapie versprechen sie sich überwiegend wenig oder empfinden die Anforderungen und Beschränkungen dort als unnötig oder zu hoch oder halten eine längere stationäre Therapie für sich selbst für unnötig. Die Vorstellung, nach der Therapie verändert, drogenfrei und angepaßt zu sein, »stumpfsinnig malochen zu gehen«, demotiviert eher. Das, was sie über das Leben in Therapiestätten wissen, gehört haben oder vermuten, läßt vielfach die Bereitschaft, sich freiwillig dorthin zu begeben, verschwinden. Und in der Tat verlangen die therapeutischen Gemeinschaften ein vergleichsweise hohes Maß an Engagement, Frustrationstoleranz und Unterordnungsbereitschaft. Dazu birgt das Prinzip der Gemeinschaft bei allen seinen Vorzügen die große Gefahr systemimmanenter zerstörerischer Mängel in sich (*Vormann*, 1980). Schwierige oder mißliebige Klienten werden konzeptionell ausgeschlossen oder durch gruppendynamische Prozesse ausgegliedert. Die Zahl der Therapieabbrecher ist mit durchschnittlich 50% vergleichsweise hoch. Außerdem empfindet sich ein nicht unerheblicher Teil der Drogenmißbraucher und -abhängigen nicht als so gestört oder defizitär, als daß sie um institutionelle Hilfe nachsuchen würden, bei der – zu Recht – zu vermuten wäre, daß ihr Ziel die Abstinenz sei.

Der zu Beginn der Drogenarbeit bestehende weite Fächer der Angebote und Strategien hat sich so sehr verengt, daß es heute nicht mehr genügend situations- und problemgerechte Hilfen gibt. Aus dieser Ausgangslage kommen wieder deutlicher Bemühungen ingang, die eine bedarfsgerechte Differenzierung von Angeboten und therapeutischen Zugängen zum Ziele haben, um möglichst viele Mißbraucher und Abhängige zu erreichen (*Kindermann*, 1982 a. a. O.) Sowenig, wie eine Dichotomisierung von Heroinikern und Nicht-Abhängigen möglich ist, kann der Dualismus: Beratung für Gefährdete – Langzeittherapie für Abhängige aufrechterhalten bleiben. Es sind Zwischenstufen erforderlich, wie es zum Beispiel durch erste Versuche außerstationärer Therapie (*Marx*, 1982) oder spezielle Schulprojekte oder Werkstätten realisiert wird. Man wird aber auch über die nachdenken müssen, die seit langen Jahren den Kreislauf Szene–Gefängnis–Therapie durchwandern (sog. Altfixer).

Ganz besonders zu verstärken ist der Bereich der Primär- und Sekundärprävention, zum einen eine allgemein verbesserte Jugendarbeit mit der Reduzierung von Randgruppen produzierenden Risikofaktoren bzw. Schaffung entwicklungsförderlicher Bedingungen für Jugendliche und Heranwachsende, zum anderen eine Verstärkung von Angeboten für diejenigen, die gerade erst an der Schwelle zum manifesten Drogenmißbrauch stehen. Hierzu wird die Entwicklung von speziellen Drogenberatungsstellen wegführen hin zu offenen Angeboten und psychosozialen und Jugendberatungsstellen.

Alle Innovationen setzen aber eine veränderte Schwerpunktsetzung staatlicher Drogen- und Sozialpolitik voraus, die gegenwärtig sehr stark auf Kontrolle,

Bestrafung und Ausgrenzung ausgerichtet ist. Es muß primär darum gehen, positive Ansätze und Kräfte der Jugendlichen zu fördern und zu unterstützen, anstatt negativ Störungen zu sanktionieren. Im Mittelpunkt des Denkens sollte der Jugendliche, seine Bedürfnisse und seine Entwicklung stehen.

Gernot Vormann

Literatur

Antons, K./Schulz, W., 1976: Normales Trinken und Suchtentwicklung, Band 1, Göttingen – **Bäuerle, D./König, H./Pedina, H.*, 1979: Praxis der Drogenberatung, Stuttgart – BMJFG (Hrsg.) 1978[4]: Drogenberatung – wo?, Bonn – *Deissler, K. J./Feller, W./Riesen, M.*, 1977: Freiheit und Zwang in der Rehabilitierung Heroinsüchtiger, Vierteljahresschr. für Heilpädagogik und ihre Nachbargebiete – *Eberth, A./Müller, E.*, 1982: Betäubungsmittelrecht: Kommentar und Anleitung für die Praxis, München – *Grote, D.*, 1981: Wie freiwillig muß Drogentherapie sein? Kriminalpäd. Zschr., H. 11/12 – **Heckmann, W.* (Hrsg.), 1982: Praxis der Drogentherapie, Weinheim – *Heuer, R./Prigann, H./Witecka, Th.* u. a., 1971: Helft Euch selbst! Der Release-Report gegen die Sucht, Reinbek – *Huncke, W.* (Hrsg.), 1981: Drogenjugend, Berlin – *Jones, M.*, 1953: The Therapeutic Community, Basic Books Inc., New York – *Kindermann, W.*, 1982: Materialien für die Entwicklung eines Verbundsystems in Berlin, Weinheim – *Kindermann W./Schneider, W.*, 1982: Auf der Suche nach neuen Wegen in der Drogenarbeit, Suchtgefahren, H. 1 – *Kreuzer, A.*, 1978: Jugend-Rauschdrogen-Kriminalität, Wiesbaden – *Leary, T.*, 1970: Politik der Extase, Hamburg – *Marx, H.*, 1982: Teilstationäre Therapie mit Opiatabhängigen, in: *Heckmann*, Praxis der Drogentherapie, – *Moebius, M.*, 1980: Pro und Contra Methadon, Psychologie heute, H. 11 – *Petzold, H. G.*, Methoden der Behandlung Drogenabhängiger, Vierstufentherapie, Kassel – *Petzold, H. G.* (Hrsg.), 1974: Drogentherapie, Modelle, Methoden, Erfahrungen, Paderborn – *Petzold, H. G./Vormann, G.* (Hrsg.), 1980: Therapeutische Wohngemeinschaften, München – *Schmidbauer, W./Scheidt, J. v.*, 1975[5]: Handbuch der Rauschdrogen, München – *Seitz, W./Götz, W.*, 1979: Familiäre Erziehung und jugendliche Delinquenz, Stuttgart – **Sickinger, R.*, 1982: Drogenhilfe, München – *Solms, H./Steinbrecher, W.*, 1975[2]: Allgemeine Probleme um Mißbrauch und Abhängigkeit von Medikamenten, Drogen und Genußmitteln, in: *Steinbrecher/Solms* (Hrsg.): Sucht und Mißbrauch, Stuttgart – *Skarabis, H./Patzak, M.*, 1981: Die Berliner Heroinszene, Weinheim – *Swoad*, 1978: Verabreichung von Heroin und Methadon, Herrhugowaard – *Thomas, N.*, 1982: Drogenkriminalität, Stuttgart – *Vormann, G.*, 1980: Probleme der Therapiemotivation bei Drogenabhängigen, in: *Petzold/Vormann*, Therapeutische Wohngemeinschaften – *Wöbcke, M.*, 1977: Rauschmittelmißbrauch: Prävention und Therapie, München –

→ Alkoholismus → Gesundheit und Krankheit → Sozialpädagogik und Therapie

Einzelfallhilfe

Die Aufnahme des Stichworts »Einzelfallhilfe« in ein Handbuch für Sozialarbeit/
Sozialpädagogik könnte – trotz all der bislang veröffentlichten punktuellen Kritik
an dieser »Methode« – die Verpflichtung rechtfertigen, eben diese kritisierte
»Methode« weiterhin zu lehren, zu lernen und anzuwenden. Andererseits könnte
aus einer bloßen Ablehnung dieser »Methode« gefolgert werden, therapieorientierte, personenzentrierte Beratungskonzepte seien für sozialpädagogische Berufsfel-
der grundsätzlich unbrauchbar.
Wir halten beide Konsequenzen angesichts der Probleme, mit denen sich Sozialarbeiter im Berufsalltag auseinandersetzen müssen, für unangemessen. Der Begriff
»Probleme im Berufsalltag« läßt sich weder auf »Probleme mit Klienten« noch
»Probleme des Klienten« reduzieren. Eine derartige Eingrenzung der Probleme
enthält immer auch schon eine (z. T. unausgesprochene) Stellungnahme zu den
Ursachen der Probleme und eine selektive Entscheidung für Ziele und Mittel zur
Problemlösung (vgl. *Gottwald,* 1978). Die Bearbeitung des Stichwortes »Einzelfallhilfe« erfolgt deshalb mit dem Ziel, einen Bezugsrahmen zu beschreiben, in dem
zumindest der Stellenwert therapieorientierter Interventionsformen veranschau-
licht werden kann.
Besonders breiten Raum nimmt hierbei die Darstellung und Diskussion der
psychoanalytisch orientierten Einzelfallhilfe ein. Dies vor allem deshalb, weil die
»klassische Methode« der Einzelfallhilfe, wie sie vor allem in den USA entwickelt
wurde, maßgeblich durch die Psychoanalyse beeinflußt wurde. In letzter Zeit
werden in zunehmendem Maß auch verhaltenstherapeutische, klientenzentrierte
und kommunikationstheoretische Konzepte sozialpädagogischen Handelns diskutiert (vgl. *Weber,* 1974; *Mees-Jacobi,* 1977; *Fiedler/Hörmann,* 1977; *Hoffmann,*
1977; *Geissler/Hege,* 1978). So wichtig die Vermittlung und Anwendung adäquater
Interventionsstrategien in der Sozialpädagogik ist, läßt sich doch nicht übersehen,
daß die Diskussion von Methoden und Verfahren eine Auseinandersetzung mit
Problemen, Zielen und Inhalten sozialpädagogischer Arbeit vielfach in den Hintergrund drängt. Diese Entwicklung, die zweifellos auch von dem Streben nach
professioneller Anerkennung getragen wird, scheint uns zumindest problematisch;
zumal sowohl die Vielschichtigkeit der Probleme, mit denen sich Sozialarbeit zu
befassen hat, als auch die institutionellen Bedingungen sozialer Arbeit die Anwendung therapeutischer Verfahren ohnehin nur sehr begrenzt zulassen. Unser Anliegen ist es daher, nach einer Darstellung der Merkmale, Mittel und Ziele der
»klassischen Methode« der Einzelfallhilfe, diese auf ihre Brauchbarkeit hin zu
überprüfen und schließlich einige Möglichkeiten zu diskutieren, wie über »mehrdimensionaler Problemdefinition« die Arbeit mit einzelnen nicht ausschließlich zu
einer Arbeit an einzelnen werden muß.

Grundlagen

Richmond wird das Verdienst zugesprochen, mit ihrem Buch »Social Diagnosis« (1917) »die Grundlage zur Anwendung wissenschaftlicher Methoden in der sozialen Einzelhilfe gelegt zu haben« (*Germain,* 1974). Wissenschaftliche Fundierung bedeutete hier eine Orientierung am medizinischen Modell, wobei z. B. Massenarmut als »Krankheit« und der Sozialarbeiter als »Sozialarzt« verstanden wurde. Die Orientierung an einer bereits etablierten Wissenschaft ermöglichte es, Fähigkeiten und Kenntnisse zu vermitteln, die die berufsständischen Bestrebungen des noch um seine Anerkennung ringenden »social workers« rechtfertigten.

In den 30er Jahren gewann die psychoanalytische Theorie *Freuds* Einfluß auf die Einzelfallhilfe, wodurch eine Entwicklung eingeleitet wurde, in der dem Klienten in zunehmendem Maße eine aktive Rolle zugeschrieben und die Einzelfallarbeit nicht mehr als »Dienst am Kranken«, sondern als »Hilfe zur Selbsthilfe« definiert wurde. Gleichwohl bleibt der Bezugsrahmen für die Definition des Problems und die Ziele der Einzelfallhilfe das Individuum. Ansätze, wie sie bereits von *Hamilton* (1923) vertreten wurden, der in Anlehnung an die Gestaltpsychologie die »Person-in-der-Situation-Konfiguration« hervorhob (vgl. *Germain,* 1974), bleiben zunächst in der weiteren Entwicklung unberücksichtigt.

Wesentliche theoretische Grundlagen der Einzelfallhilfe in der neueren amerikanischen Literatur ist die psychoanalytische Ich-Psychologie. Im Unterschied zur Orientierung an der klassischen Psychoanalyse bedeutet dies:

– »Abwendung von der einseitigen Beschäftigung mit der innerpsychischen Struktur des Klienten und Zuwendung zum ›Ich‹ als Anpassungsorgan und Vermittler mit der Realität, d. h. der sozialen Umwelt des Klienten . . .
– Der Fokus der Hilfe richtet sich auf das Hier und Jetzt der täglichen sozialen Realität des Klienten . . .
– Der Sozialarbeiter arbeitet auf der bewußten, evtl. vorbewußten Ebene mit dem Klienten . . .
– Übertragungsphänomene in der Beziehung Sozialarbeiter – Klient werden wohl erkannt . . ., aber nicht interpretiert und vor allem nicht gefördert, wie dies in der psychoanalytischen Behandlung der Fall ist« (*Zeller,* 1971).

Merkmale und Phasen

In der Mehrzahl der zur Einzelfallhilfe vorliegenden Literatur wird die Unterteilung in drei Phasen betont, die den Prozeß strukturieren. In der ersten Phase, die auch »Fallaufnahme«, »Anamnese« oder »Initialphase« genannt wird, bestehen die Hauptaufgaben nach *Hollis* (1974) darin,

– Einverständnis über die Kontaktaufnahme zu erreichen,
– eine Beziehung zum Klienten herzustellen, die es ihm ermöglicht, die Hilfe des Sozialarbeiters zu akzeptieren,
– den Klienten in die Behandlung einzuschalten und

– die Informationen einzuholen, die für die psychosoziale Diagnose und die Planung der Behandlung nötig sind.

Das Einholen von Information wird in den kritischen Beiträgen zur Einzelfallhilfe besonders problematisiert, wobei vor allem hervorgehoben wird, daß

– aus einer Fülle komplizierter Zusammenhänge nur die Daten herausgefiltert werden, »die Aussicht haben, durch die Methode behandelt zu werden« (*Hege,* 1974), d. h. die gemäß der individualpsychologischen Orientierung in den Blick geraten,

– in der Regel zwischen Datenerhebung und Interpretation der Daten nicht klar unterschieden wird, d. h. in der Phase der Datenerhebung bereits unausgewiesen Beurteilungskriterien einfließen, die geeignet sind, den Prozeß der Stigmatisierung und Kriminalisierung eines Klienten zu fördern (vgl. *Brusten,* 1973),

– die Faktenerhebung (d. h. das Sammeln von Information) grundsätzlich dazu beiträgt, die Macht des Sozialarbeiters über den Klienten zu erhöhen, da der Klient keinen Einfluß darauf hat, was mit den erhobenen Daten geschieht; ob sie nicht sogar gegen ihn verwandt werden.

Dies ist vor allem dann zu befürchten, wenn der Klient nicht freiwillig den Sozialarbeiter aufsucht, sondern dieser »durch Auftrag tätig wird«, z. B. zur Anordnung von Fürsorgeerziehung. In der amerikanischen und bis auf den Beitrag von *Hege* (1974) auch in der deutschsprachigen Methodenliteratur wird davon ausgegangen, daß die Klienten von sich aus eine soziale Dienststelle aufsuchen, also eher mit den »Selbstmeldern« einer psychologisch-pädagogischen Beratungsstelle als mit dem Klientel der Sozialämter und Fürsorgestellen zu vergleichen sind; somit wird der oben beschriebene Konflikt nicht thematisiert.

Der von der Initial-Phase unterschiedene Diagnoseprozeß wird von *Hollis* (1974) wie folgt charakterisiert: »Der Diagnose-Prozeß besteht aus einer kritischen Durchleuchtung des Komplexes ›Klient-in-seiner-Situation‹ und der Schwierigkeiten, die zur Kontaktaufnahme mit der Sozialstelle führten. Zweck dieser Untersuchung ist, die Natur des Problems genauer und deutlicher zu erkennen. Der spezifische Komplex dieses Klienten in seiner Situation muß dabei wiederholt mit einer Reihe von ungefähren Normen verglichen werden.« *Karberg* (1973) nennt zu Recht die Diagnose einen der »schwammigsten Begriffe«, den es in der Einzelfallhilfe gibt. Es werden weder die diagnostischen Mittel (theoretische Grundlagen, Datenerhebungsverfahren etc.) eindeutig benannt, noch wird eine klare Trennung zwischen Datenerhebung, Diagnose und Behandlung vorgenommen.

Die Behandlung wird von der »helfenden Beziehung« getragen, die der Sozialarbeiter zum Klienten aufbaut. Die Sozialarbeiter-Klient-Beziehung ist – in Analogie zur Therapeut-Patient-Beziehung in der psychoanalytischen Therapie – der zentrale Aspekt der Einzelfallarbeit, und ihm wird in der Literatur ein dementsprechender breiter Raum gewidmet.

Ohne daß im einzelnen die Merkmale der »helfenden Beziehung« konkretisiert werden, läßt die Anlehnung an die Psychoanalyse vermuten, daß auch in der Sozialarbeiter-Klient-Beziehung Prozesse der Übertragung und Gegenübertragung nutzbar gemacht werden sollen. Die Grenzen der Ausbildung von Sozialarbeitern und die institutionellen Bedingungen des sozialpädagogischen Handelns lassen allerdings bezweifeln, daß dies möglich ist (vgl. *Geissler/Hege,* 1978). Doch die Beziehung zwischen Therapeut und Klient wird nicht nur im Rahmen der Psychoanalyse für besonders wichtig erachtet; auch in allen anderen therapeutischen Verfahren spielt das Verhalten des Therapeuten gegenüber dem Klienten eine besonders große Rolle (vgl. z. B. die Gesprächspsychotherapie). Wenn wir also den Stellenwert therapieorientierter Interventionsformen in der Sozialarbeit diskutieren, so müssen wir auch fragen, ob die spezifischen Bedingungen sozialpädagogischen Handelns den Aufbau einer tragfähigen und vertrauensvollen Beziehung überhaupt zulassen, d. h. ob therapieorientierte Verfahren unter den bestehenden institutionellen Bedingungen überhaupt Eingang in die Sozialarbeit finden können. Es gibt einige Gründe, die dagegen sprechen:

– Der Sozialarbeiter ist nicht nur zu klientenorientierter Hilfe, sondern auch zu sozialer Kontrolle verpflichtet; der in der Literatur als »doppeltes Mandat« beschriebene Auftrag (vgl. *Böhnisch/Lösch,* 1973) des Sozialarbeiters führt zu Loyalitäts- und Rollenkonflikten, die den Aufbau einer Sozialarbeiter-Klient-Beziehung nach dem Muster psychoanalytischer Therapeut-Patient-Beziehung ausschließt.

– Fallzahlen und der große Anteil administrativer Aufgaben machen die für den Aufbau einer Beziehung notwendige kontinuierliche Kommunikation mit dem Klienten nahezu unmöglich.

– Die Erwartungsstruktur des Klienten läßt üblicherweise den Aufbau einer solchen Beziehung nicht zu. Besonders Klienten sozioökonomisch benachteiligter Bevölkerungsgruppen wenden sich nur dann an Institutionen der Sozialhilfe, wenn sie nach dem Buchstaben des Gesetzes Unterstützung erwarten können, bzw. wenn sie konkrete Anliegen haben, die ein schnelles Handeln erfordern, nicht aber um sie in ihrer beratenden Funktion in Anspruch zu nehmen. Das hängt vor allem mit dem Charakter dieser Institutionen zusammen sowie mit dem Charakter von Beratungssituationen, denen sich Angehörige unterer sozialer Schichten weniger gewachsen fühlen (vgl. *Koschorke,* 1973). Auch für den Klienten gilt, daß er zwar Hilfe, aber auch Kontrolle durch die Institution zu erwarten hat, was den Aufbau eines Vertrauensverhältnisses zum die Institution vertretenden Sozialarbeiter zumindest erschwert.

– Man könnte sogar mutmaßen, daß die Sozialarbeiter-Klient-Beziehung insoweit gegenstandslos bleibt, als Hilfsprogramme fehlen, die der Lebenswirklichkeit des Klienten angemessen sind (vgl. *Kasakos,* 1980).

Hege (1974), die in einem feldorientierten Ansatz von Einzelfallhilfe sowohl die Interdependenz psychologischer, sozialer und ökonomischer Faktoren bei der Problemanalyse als auch die institutionellen Bedingungen der Arbeit zu berücksichtigen versucht, schlägt in diesem Zusammenhang vor, »die wechselseitigen Erwartungen, die Art der Sprache, die Normenvorstellungen und die Abhängigkeiten durch die Position des Sozialpädagogen in der Institution« zum Gegenstand der Kommunikation zwischen Sozialpädagogen und Klient zu machen, um über eine derartige Offenlegung die Abhängigkeit des Klienten im Kontakt mit dem Sozialarbeiter zu reduzieren. *Seibert* (1978) plädiert dagegen für eine Trennung von Kontroll- und Hilfsfunktionen, d. h. von administrativen und beratenden Aufgaben in der Sozialarbeit, da er nur so gewährleistet sieht, daß »die Klienten volles Vertrauen zu den Beratern haben können«.

Ziele

Es wurde bereits darauf hingewiesen, daß der theoretische Bezugsrahmen der Einzelfallhilfe nicht nur die Handlungsvollzüge des Sozialarbeiters, sondern auch die Definition des Problems und die Ziele bestimmt. Gemäß der individuellen Orientierung werden die Probleme des Klienten mit seiner mangelnden Anpassungsfähigkeit und inadäquaten Reaktionsweise auf Anforderungen der Umwelt erklärt, und somit ist es ein Ziel der Einzelfallhilfe »einzelnen Menschen... (zu) helfen, eine Schwierigkeit zu bewältigen, die ihnen zur Zeit unüberwindlich erscheint, und zwar durch eine Steigerung ihrer bewußten Bemühungen und ihrer Fähigkeiten« (*Pearlman,* 1974).

Die immer wieder betonte »Stärkung der Ich-Funktionen« des Individuums ist sicherlich ein wesentliches Ziel der Einzelfallarbeit. Sie ist jedoch in der Regel nicht hinreichend zur Bewältigung der bestehenden Problemlagen. Diese umfassen nicht selten die gesamte Lebenssituation des Klienten und machen nicht nur psychologische, sondern auch materielle und instrumentelle Unterstützung notwendig. In der Einzelfallhilfe-Literatur wird statt dessen als Ziel vordringlich eine Veränderung des Klienten im Sinne von Anpassung an die gegebene Lebenssituation formuliert. Doch auch die Zielformulierungen sind widersprüchlich. So könnte die »Stärkung von Ich-Funktionen« auch zur Folge haben, daß der Klient sich an die bestehende Lebenssituation weniger gut anpassen kann, womit ein Ziel erreicht ist, was in der benannten Literatur kaum intendiert ist, auf das jedoch *Hege* (1974) hinweist, wenn sie betont, daß man bei Veränderungsprozessen nicht voraussetzen könne, »daß derjenige, der sich verändert, in der gleichen Umgebung besser funktioniert (im Sinne von Anpassung)«.

Zur Kritik bisheriger Einzelfallhilfe

In der hier besprochenen Literatur werden zwei unterschiedliche Ansprüche deutlich: einerseits wird vorgegeben, mit dem zugrundeliegenden theoretischen (individualpsychologischen) Bezugsrahmen und dem zur Verfügung gestellten Analyseinstrumentarium die Probleme, ihre Ursachen und zu verfolgende Ziele sozialpädagogischen Handelns hinreichend bestimmen zu können; andererseits wird angenommen, daß das vorgeschlagene Handlungskonzept problemadäquat ist und die Erreichung definierter Ziele ermöglicht. Beide Ansprüche werden jedoch nicht eingelöst. Der individualpsychologische Ansatz kann immer nur auf das Individuum verweisen, muß daher die Entstehung von Problemen auf individuelles Verhalten oder bestenfalls auf Intergruppenbeziehungen (z. B. in der Familie) zurückführen. Die gesellschaftliche Verursachung von Notlagen, die Entstehung von Deklassierungsprozessen oder auch die psychologischen Auswirkungen dieser Phänomene können individualpsychologisch nicht erklärt werden.

Die Kritik an diesem Ansatz sollte jedoch nicht dahingehend mißverstanden werden, daß die Arbeit mit dem Einzelnen als überflüssig erachtet würde. Hier muß zwischen Individualisierung der Probleme und individueller Behandlung von Problemen unterschieden werden. Als nächstes wäre also zu fragen, ob die beschriebene Methode der Einzelfallhilfe ein adäquates Handlungskonzept für die Sozialarbeit darstellt. Es wurde bereits auf die Schwierigkeit, psychologische Beratung im Sinne sozialer Einzelfallhilfe unter gegebenen institutionellen Bedingungen der Sozialarbeit durchzuführen, hingewiesen. Eine weitere Voraussetzung ihrer Anwendbarkeit ist jedoch bereits ihre Kommunizierbarkeit, d. h. ihre Erlernbarkeit (vgl. *Guski,* 1977). In der Methodenliteratur werden eher Werthaltungen, Grundprinzipien und abstrakte Zielvorstellungen vermittelt, jedoch keine konkreten Handlungsschritte. Das methodische Vorgehen wird vor allem an Fallbeispielen verdeutlicht, die jedoch beliebig bleiben; eine systematische Darstellung von Handlungsschritten wird dagegen nicht versucht. Dieser Mangel ist zwar prinzipiell überwindbar, wie eine zunehmende Orientierung der Einzelfallhilfe an systematischen, ausformulierten Therapiekonzepten zeigt. Damit ist aber das eingangs erwähnte Grundproblem »methodischer« Sozialarbeit nicht zu lösen: Auch die überprüfbare Lehrbarkeit einzelner gesprächs- oder verhaltenstherapeutischer Vorgehensweisen garantiert nicht automatisch deren Brauchbarkeit im sozialarbeiterischen Alltag. Der Sozialarbeiter könnte sich allerdings derartige Techniken brauchbar machen, wenn er über Kriterien verfügte, nach denen sich die Wahl einzelner therapeutischer Interventionsformen aus einer Reihe anderer Interventionen begründen ließe.

Problemorientierter Ansatz: Sozialarbeiterische Interventionen, Handlungen, Aktivitäten sind unter dem Begriff »Methode« subsumiert: »Methode« als Sammelbegriff für Wege, Mittel und Verfahren, um bestimmte Ziele erreichen zu können (vgl. *Einsiedler,* 1976). Die Annahme über wechselseitige Abhängigkeiten von Methoden und Zielen ist Bestandteil der meisten pädagogischen Modelle; als Beispiel hierfür kann der Bereich der Didaktik genannt werden (vgl. *Blankertz,* 1975). Diese Annahme bedeutet aber nicht, daß in der Praxis methodisches Vorgehen den (verbal) proklamierten Zielen auch tatsächlich angemessen ist. Hierfür können mehrere, z. T. bereits erwähnte Gründe verantwortlich gemacht werden. Ein wesentlicher Grund betrifft die Isolation der Zielsetzungen und gewählten Methoden vom anstehenden Problem:

Das allgemeine Ziel von Einzelfallhilfe, »dem einzelnen Menschen zu helfen« (*Pearlman,* 1974), unterstellt einem Einzelnen Hilfsbedürftigkeit, bevor überhaupt erwogen wurde, ob nicht notwendige Veränderungen der Gruppe, des Gemeinwesens, der Institution, in denen sich der betroffene Einzelne bewegt, vorrangig wären. Hier bestimmten Methoden und Zielsetzung das Problem.

In Problembeschreibungen fließen individuelle und konventionelle Vorannahmen und Theoriestücke ein. Der Sozialarbeiter wird gewöhnlich einen Klienten in einen von mehreren möglichen Problemzusammenhängen einordnen können, je nach seinen eigenen Wertvorstellungen, seinem Wissensstand und seiner aktuellen Befindlichkeit. Er könnte den Klienten z. B. als »Schulversager« beschreiben. Er könnte aber auch eine »versagende Schule« oder »unzureichende Freizeiteinrichtungen« als Problem benennen. Da über die Entscheidung für eine bestimmte Problemdefinition immer auch schon die Wahl möglicher Interventionsformen eingeschränkt wird, sollte der Sozialarbeiter grundsätzlich zu mehrdimensionalen Problemdefinitionen befähigt und bereit sein, d. h. ein Problem auf unterschiedlichen Ebenen ansiedeln können. Im Rahmen einer Arbeit mit einzelnen Klienten könnte das Problem z. B. beschrieben werden

- als Problem der Lebensumstände eines Klienten, also seiner ökonomischen Situation, der Arbeits- und Wohnverhältnisse;
- als Problem seiner Interaktionspartner (Arbeitskollegen, Familie, Freunde, Vorgesetzte);
- als Problem infrastruktureller Gegebenheiten des Gemeinwesens, in dem der Klient lebt;
- als Problem der Institutionen, deren Forderungen der Klient zu erfüllen hat;
- als Problem der Handlungsstrategien und Ängste des Klienten;
- als Problem des Sozialarbeiters, der sich den berechtigten Forderungen des Klienten nicht gewachsen fühlt.

Mehrdimensionale Problemdefinitionen sind demnach immer nur dann zu leisten, wenn der weitere (gesellschaftliche) und engere (regionale und institutionelle) Bedingungszusammenhang von Sozialabeit berücksichtigt wird (vgl. *Hollstein,* 1977). Das Ergebnis mehrdimensionaler Problemdefinitionen liegt nicht in dem unmöglichen Unterfangen, das Problem schließlich einem einzigen der genannten Bereiche zuzuschreiben. Die vorliegenden (möglichen) Problemdefinitionen liefern dem Sozialarbeiter lediglich eine Grundlage, um nach einer weiteren Bedingungsanalyse zu entscheiden, in welchen Bereichen – im Rahmen seiner Möglichkeiten – über bestimmte Interventionen Veränderungen erreichbar sind, Veränderungen, die sich von einer Verschleierung über eine Milderung bis zur Beseitigung des Problems erstrecken können.

Problemdefinitonen und Bedingungsanalysen bilden eine Grundlage für Zielsetzungen. Konkrete Zielbeschreibungen verdeutlichen zunächst die Widersprüchlichkeit sozialarbeiterischer Ziele, sofern die Zielbeschreibungen zumindest folgende Ziele darlegen:

- Persönliche Ziele des Sozialarbeiters, wie z. B.: den Fall abzuschließen, keine Mahnungen wegen versäumter Stellungnahmen zu erhalten, sein Selbstbild als das eines Angehörigen »helfender« Berufe zu bestätigen (vgl. *Preusser/Völkel,* 1977).
- Ziele, die der Sozialarbeiter für den Klienten setzt: Allen Beteuerungen über gemeinsame Zielfindungen zum Trotz dürfte die Annahme realistisch sein, daß die Wertvorstellungen von Sozialarbeiter und Klient vielfach unvereinbar sind. Die unbestritten sinnvolle Zielsetzung eines Sozialarbeiters für eine intelligente, 16jährige ledige Mutter »den Realschulabschluß erreichen«, sollte angesichts der Lebensumstände dieser Klientin (eine erträgliche Arbeitsstelle; die Mutter

der Klientin betreut das Kind) und den Wertvorstellungen all ihrer Bezugspersonen zumindest in Frage gestellt werden können. Eine konkrete Beschreibung
der Ziele verdeutlicht deren Widersprüchlichkeit auch dann, wenn der Sozialarbeiter das Umfeld des Klienten miteinbezieht: Der verhaltenstherapeutisch
orientiert arbeitende Sozialarbeiter setzt z. B. für eine Alkoholikerin die
folgenden Ziele: Die Anzahl der Situationen, in denen die Klientin zum Trinken
angeregt wird, soll verringert werden (die Klientin soll also nicht mehr in einer
Kneipe arbeiten; sie soll den Kontakt zu trinkenden Personen abbrechen). Die
Klientin soll in ihrer Kontaktbereitschaft und -fähigkeit unterstützt werden. Die
Bedingungsanalyse ergibt allerdings, daß die meisten der Freunde und Verwandten, an die sich die Klientin emotional gebunden fühlt, ihrerseits alkoholgefährdet sind (vgl. auch widersprüchliche Zielsetzungen bei *Hunt/Azrin,*
1977).
– Ziele des Klienten: Aufgrund seiner Kenntnisse über die Lebensbedingungen
   des Klienten könnte der Sozialarbeiter unabhängig von seinen eigenen Zielsetzungen auch Vermutungen über die Ziele des Klienten anstellen. Dieses dürfte
   leichter sein, wenn der Klient unter einem Leidensdruck den Sozialarbeiter
   aufsucht, als wenn der Sozialarbeiter zum Eingreifen gezwungen ist. Aber auch
   der erstere Fall schließt eine Widersprüchlichkeit von Klientenzielen nicht aus:
   Die Klientin, die von ihrem Mann mißhandelt worden ist, möchte eine eigene
   Wohnung haben, will allein leben, will von ihrem Mann fort – will zu ihrem
   Mann hin, will nicht allein leben.

An konkreten Zielbeschreibungen werden sich Nahziele von Fernzielen, allgemeine von eher speziellen Zielen unterscheiden lassen. Ein allgemeines Ziel, wie die
»Verselbständigung des Klienten« wird sich – wenn überhaupt – nur längerfristig
realisieren lassen. Das spezielle Teilziel: »der Klient soll selbständig Lebensmittel
einkaufen können«, dürfte unter bestimmten Voraussetzungen in absehbarer Zeit
zu erreichen sein. – Die Untergliederung der Ziele in Nah- und Fernziele kann nicht
ausschließlich nach den Regeln einer Fachdisziplin erfolgen (z. B. der Psychologie),
sondern wird sich auch an den aus der Bedingungsanalyse ersichtlichen Realitäten
zu orientieren haben. Das theoretisch begründete Nahziel: »die Klientin soll in eine
eigene Wohnung einziehen«, kann bei realitätsgerechter Einschätzung der Woh-
nungsmarktlage sehr schnell zu einem Fernziel werden.
Eine stringente Ableitung von Interventionsstrategien aus der Analyse von Kon-
fliktfeldern ist bisher nicht geleistet worden, wie *Haag* (1973) festgestellt hat. Es
bleibt zu fragen, wieweit ein derartiges Unterfangen möglich und erforderlich ist.
Die Entwicklung der Diskussionen um Methodenvergleiche im Bereich der Schulpädagogik (vgl. *Einsiedler,* 1976) bestärkt vielmehr den Verdacht, daß der Sozialarbeiter seinen Interventionen zwar mittel- oder längerfristige Wirkungen zuschreiben kann, ohne dabei begründen zu können, ob oder warum seine vermuteten Ziel-
Mittel-Ergebnis-Zusammenhänge realitätsangemessen sind. Selbst wenn der
Klient über ein relativ konkretes, verhaltenstherapeutisch orientiertes Programm
(vermutlich) dazu befähigt wird, eine Woche lang selbständig pünktlich auf seiner
Arbeitsstelle zu erscheinen, könnte dieser Effekt auch ganz anderen Bedingungen

zuzuschreiben sein: z. B. einer liebevollen Arbeitskollegin oder Veränderungen im Arbeitsverlauf. Aus der Vielschichtigkeit des Zusammenhanges wird erkennbar: Die Interventionen des Sozialarbeiters werden immer nur eine unter mehreren anderen Variablen sein, die Veränderungen bewirken können. Eine solche Feststellung könnte den Sozialarbeiter entlasten, wenn er sich für die »Hilfsbedürftigkeit« des Klienten persönlich verantwortlich fühlt. Er könnte sich allerdings auch veranlaßt sehen, resignierend nur noch unvermeidbare, weil angeordnete Interventionen durchzuführen. Diese Strategie könnte in all den Fällen berechtigt sein, wo Bedingungsanalyse und mehrdimensionale Problembeschreibung verdeutlicht haben, daß der Stellenwert sozialarbeiterischer Interventionen hier ein untergeordneter ist (oder die Interventionen sogar problemverstärkend wirken). Andererseits wird es Situationen geben, wo die Interventionen des Sozialarbeiters einen wesentlichen Beitrag zur Veränderung der Problemlage leisten können. Solche Problemlagen müßte der Sozialarbeiter von anderen Problemlagen unterscheiden können und zu ihrer Bewältigung über problemspezifische Kompetenzen verfügen. Problembezogene Kompetenzen beinhalten u. a. eine Reihe von Interventionsformen, die sich den folgenden drei Bereichen zuordnen lassen:

– Materielle Unterstützung des Klienten, z. B. Beantragung von Wohngeld; dies setzt u. a. Wissen über Rechtsanspruch und Beantragungsverfahren voraus, bzw. die Fähigkeit, die Notwendigkeit der Unterstützung zum Nutzen des Klienten zu begründen. Hierbei fällt auch dem – im Rahmen von »Einzelfallhilfe« – vielfach beschworenen »Beziehungsaspekt« große Bedeutung zu – soweit er die Beziehungen der Sozialarbeiter zu anderen Sachbearbeitern betrifft.

– Instrumentelle Unterstützung des Klienten, z. B. bei der Unterbringung eines Kindes während eines Krankenhausaufenthaltes der Mutter. Diesem Interventionsbereich können zu großen Teilen auch jene präventiven Maßnahmen zugeordnet werden, die etwa die Anwerbung von Laienhelfern oder die Bereitstellung von Möglichkeiten zur Selbstorganisation potentieller Klienten beinhalten, wie sie in Konzepten von Gemeindepsychologie vorgeschlagen werden (vgl. *Sommer/Ernst*, 1977).

– Psychologisch-pädagogische Unterstützung: Solche Interventionsformen werden dann angezeigt sein, wenn Klienten derartige Unterstützung wünschen. Dies könnte z. B. dann der Fall sein, wenn der Klient durch materielle und instrumentelle Unterstützung des Sozialarbeiters bereits dessen greifbare Hilfe erfahren hat. Welche Formen psychologisch-pädagogischer Unterstützung der Sozialarbeiter dabei schließlich wählt, wird einmal von seinen Kenntnissen abhängen. Zum zweiten wird der jeweilige Krankheitsbegriff des Sozialarbeiters dafür ausschlaggebend sein, ob er mehr zu »kausalen« oder »kompensierenden« Therapieformen neigt (vgl. *Linden/Hoffmann*, 1977).

Insgesamt dürfte es den Arbeitsbedingungen des Sozialarbeiters angemessen sein, wenn seine Veränderungsstrategien auf die folgenden Bedingungen in der genannten Reihenfolge zielen: a) Bedingungen in der aktuellen Lebenssituation des Klienten; z. B. einem unkonzentriert arbeitenden Schüler einen ruhigen Arbeitsplatz sicherstellen. b) Bedingungen, die durch die Sozialisation des Klienten geschaffen wurden. Dies können einmal spezielle, »falsch« gelernte Gewohnheiten und Erwartungen des Klienten betreffen. Sie können aber auch auf globaleren, länger zurückliegenden, unverarbeiteten Konflikten des Klienten beruhen. Während die erstgenannten Handlungsstrategien beispielsweise über verhaltenstherapeutisch orientierte Interventionen prinzipiell anzugehen sind (vgl. *Fiedler/Hörmann*, 1977), kann die Kenntnis über tieferliegende Konflikte allenfalls das Repertoire von Erklärungen zu widersprüchlichem Klientenverhalten erweitern. Eine psychoanalytische Grundorientierung des Sozialarbeiters als einziges oder primäres Interventionsinstrument – so wie es sich in den klassischen Annahmen zur Einzelfallhilfe widerspiegelt – dürfte weder den Lebenslagen der Klienten noch den Arbeitsbedingungen des Sozialarbeiters gerecht werden. Psychologische Interventionen, die an nicht-direktiver Gesprächstherapie orientiert sind (*Minsel*, 1974; *Weber*, 1974), werden vor allem dann zur Anwendung kommen, wenn der Sozialarbeiter mittels Gesprächsführung die Ziele des Klienten kennenlernen will oder auch, wenn dem Klienten die Widersprüchlichkeit eigener Zielsetzungen erfahrbar gemacht werden sollen. Allerdings »helfen« Gespräche gewöhnlich nur denen, die ohnehin viel sprechen.

Wenn bei der Beschreibung »psychologisch-pädagogischer« Unterstützungen die therapieorientierten Konzepte breiten Raum einnehmen, spiegelt das nicht etwa deren hervorragenden Stellenwert wider, sondern vielmehr eine Realität, in der unter »psychologisch-pädagogischer Unterstützung« noch quasi-therapeutisches Vorgehen verstanden wird. Die sich anbahnende Aufhebung der Trennung von Sozialarbeit und Sozialpädagogik wird wohl endlich auch pädagogische Interventionsformen (wie z. B. pädagogische Medienarbeit, Theaterspiel etc.) in diesen Bereich Eingang finden lassen.

Zusammenfassung

Unsere Ausführungen sollten Argumente dafür liefern, wie wenig sinnvoll es sein dürfte, weiterhin an Fachhochschulen und Sozialpädagogischen Instituten eine »Methode« zu lehren, die mehr an der Anzahl der zu betreuenden Personen als an deren Problemlagen orientiert ist. Die dargestellten mehrdimensionalen Problemdefinitionen, Zielbeschreibungen und Interventionsformen werden am sichersten im Rahmen einer Arbeit in konkreten Problembereichen erlernbar sein (vgl. *Meinhold*, 1977). Das schließt eine partielle kognitive Einübung einzelner Interventionsformen nicht aus. Allerdings wird die Arbeit in konkreten Problembereichen gleichzeitig emotionale Erfahrungen vermitteln können (vgl. *Gottwald*, 1978). Das Lernen, mit der eigenen Betroffenheit durch ein Problem umzugehen, dürfte einen wertvolleren Beitrag zur praxisbezogenen Ausbildung leisten, als Kurse in Selbsterfahrung »an sich«.

Marianne Meinhold/Elin Guski

Literatur

Blankertz, H., 1975[9]: Theorie und Modelle der Didaktik, München – *Böhnisch, L./Lösch, H.*, 1973: Das Handlungsverständnis des Sozialarbeiters und seine institutionelle Determination. In: *Otto/Schneider* (Hrsg.) – *Brusten, M.*, 1973: Prozesse der Kriminalisierung – Ergebnis einer Analyse von Jugendamtsakten. In: *Otto/Schneider* (Hrsg.) – *Fiedler, P. A./Hörmann, G.*, 1977: Therapeutische Sozialarbeit. Sonderheft Mitteilungen der GVT e. V., Münster – *Geissler, K. A./Hege, M.*, 1978: Konzepte sozialpädagogischen Handelns, München/Wien/Baltimore – *Germain, C.*, 1974: Soziale Einzelhilfe und Wissenschaft: eine historische Auseinandersetzung. In: *Roberts/Nee* (Hrsg.) – **Gottwald, P.*, 1978: Forschung in der Verhaltenstherapie. In: *Pongartz, L. J.* (Hrsg.), Handbuch der Psychologie, Bd. 8, Göttingen – *Guski, E.*, 1977: Probleme und Perspektiven der sozialen Einzelfallhilfe und Gruppenarbeit. In: *Lukas, H./Mees-Jacobi, J./Schmitz, I./Skiba, E. G.* (Hrsg.) – *Haag, F.*, 1973: Projektorientierte Sozialarbeit. In: *Otto/Schneider* (Hrsg.) – **Hege, M.*, 1974: Engagierter Dialog, München – *Hoffmann, N.*, 1977: Therapeutische Methoden in der Sozialarbeit, Salzburg – *Hollis, F.*, 1974: Die psycho-soziale Arbeitsweise als Grundlage sozialer Einzelhilfe-Praxis. In: *Roberts/Nee* (Hrsg.) – *Hollstein, W.*, 1977: Grenzen und Möglichkeiten sozialpädagogischer Interventionen. In: *Hollstein, W./Meinhold, M.* (Hrsg.). – *Hollstein, W./Meinhold, M.* (Hrsg.), 1977: Sozialpädagogische Modelle, Frankfurt/M. – *Hunt, G. M./Azrin, N. H.*, 1977: Ein gemeindepsychologisches Verstärkungsprogramm zur Behandlung von Alkoholismus. In: *Sommer, G./Ernst, H.* (Hrsg.) – *Karberg, W.*, 1973: Soziale Einzelfallhilfe – Methode als Beeinflussungsinstrument. In: *Otto/Schneider* (Hrsg.) – *Kasakos, G.*, 1980: Familienfürsorge zwischen Beratung und Zwang, München – *Koschorke, M.*, 1975[2]: Unterschicht und Beratung. Untersuchungen aus dem ev. Zentralinstitut für Familienberatung Berlin Nr. 7, Göttingen – *Linden, M./Hoffmann, N.*, 1977: Erhöhter therapeutischer Anspruch und verschenkte therapeutische Chance: Kausale, kompensierende und konkretisierte Therapie. In: *Fiedler, P. A./Hörmann, G.* (Hrsg.) – *Lukas, H./Mees-Jacobi, J./Schmitz, I./Skiba, E. G.* (Hrsg.), 1977: Sozialpädagogik/Sozialarbeit – Eine Einführung, Berlin – *Meinhold, M.*, 1977: Die Ausbildung zum Sozialarbeiter – Bedingungen, Wirkungen, Veränderungen. In: *Hollstein/Meinhold* (Hrsg.) – *Mees-Jacobi, J.*, 1977: Zur Bedeutung psychologischer Beratungskonzepte für die Einzelfallhilfe. In: *Lukas, H./Mees-Jacobi, J./Schmitz, I./Skiba, E. G.* (Hrsg.) – *Minsel, W. R.*, 1974[2]: Praxis der Gesprächspsychotherapie, Wien/Köln – *Otto, H. U./Schneider, S.* (Hrsg.), 1973: Gesellschaftliche Perspektiven der Sozialarbeit, Bd. 1 und 2, Neuwied – *Perlman, H. H.*, 1974: Das Modell des problemlösenden Vorgehens in der sozialen Einzelfallhilfe. In: *Roberts/Nee* (Hrsg.) – **Preusser, N./Völkel, R.*, 1977: Der Sozialarbeiter und sein Klient – Momente einer verwirrenden Interaktion. In: *Hollstein, W./Meinhold, M.* (Hrsg.) – **Roberts, R. W./Nee, R. H.* (Hrsg.), 1974: Konzepte der sozialen Einzelfallhilfe, Freiburg – *Seibert, U.*, 1978: Soziale Arbeit als Beratung, Weinheim/Basel – *Sommer, E./Ernst, H.* (Hrsg.), 1977: Gemeindepsychologie – Therapie und Prävention in der sozialen Umwelt, München/Wien – **Weber, W.*, 1974: Wege zum helfenden Gespräch – Gesprächspsychotherapie in der Praxis, München/Basel – **Zeller, D.*, 1971: Soziale Einzelhilfe, eine Standortbestimmung. Schriftenreihe Schule für Soziale Arbeit Zürich 7, Sonderdruck aus »Sozialarbeit«, H. 1. –

→ Akten/Aktenanalyse → Familie → Gemeinwesenarbeit → Gruppenarbeit → Psychoanalyse und Sozialarbeit → Sozialarbeit und Therapie → Supervision

Empirische Sozialforschung

Die empirische Sozialforschung stellt die Brücke zwischen sozialwissenschaftlichen Theorien (Theoriestücken, Theorieentwürfen) einerseits und der Vielfalt der konkret wahrnehmbaren Erscheinungen andererseits dar. Empirische Sozialforschung hat somit die Aufgabe, das unmittelbar Vorfindbare gezielt zu sammeln, zu systematisieren, überschaubar zu machen und damit die Grundlage für die Entwicklung und Ausarbeitung empirisch gehaltvoller Theoriestücke zu schaffen. So nützlich es zuweilen ist, in großen Zusammenhängen zu denken und spekulativ Theorien zu entwerfen, das entscheidende Kriterium für die Nützlichkeit von Theorien bleibt allemal, wie weit es möglich ist, mit diesen Theorien oder Theoriestücken die Vielzahl der Erscheinungen, die wir unmittelbar wahrnehmen, zu strukturieren und aus dieser Strukturierung Einsichten in unsere Handlungsmöglichkeiten und Anleitungen für unser praktisches Handeln zu gewinnen. Der empirischen Sozialforschung kommt deshalb entscheidende Bedeutung zu, wenn es darum geht, die relative Nützlichkeit konkurrierender theoretischer Erklärungen oder die Gültigkeit eines Erklärungsversuches ganz allgemein zu beurteilen.

Mit derartigen theoretischen Erklärungsversuchen bzw. daraus abgeleiteten Handlungsanweisungen kommt der Sozialarbeiter ständig in Berührung. Gleichgültig in welchem Problemfeld er arbeitet, sein berufspraktisches Handeln stellt immer einen Eingriff in einen sozialen Prozeß dar. Wie erfolgreich – relativ zum angestrebten Ziel – ein solcher Eingriff ist, hängt entscheidend davon ab, wie angemessen die sein Handeln steuernde Hintergrundtheorie den sozialen Prozeß beschreibt, auf den dieser Eingriff gerichtet ist. Der Erfolg seiner praktischen Tätigkeit ist – neben anderem – bestimmt von der Gültigkeit des dahinterstehenden theoretischen Erklärungsansatzes und somit wird das Problem der Konstitution von Erklärungsmustern für ihn unmittelbar bedeutsam.

Empirische Sozialforschung ist für den Sozialarbeiter aber in zweifacher Hinsicht relevant. Zum einen sind ihre Methoden und Techniken Hilfsmittel, die Angemessenheit von theoretischen Erklärungen zu überprüfen bzw. die Entwicklung derartiger Erklärungen zu ermöglichen, zum anderen aber – und diese These soll später näher erläutert werden – ist der Sozialarbeiter durch seine Tätigkeit im Berufsfeld unmittelbar selbst Sozialforscher oder kann es zumindest sein, wenn er bereit ist, diese Rolle anzunehmen.

Erhebungsmethoden

Das Instrumentarium der empirischen Sozialforschung läßt sich zunächst grob in zwei Teile zerlegen, in die auf Erhebung von Daten gerichteten Methoden und die Analysetechniken. Sozialwissenschaftliche Erhebungen unterscheiden sich von alltäglicher Wahrnehmung generell dadurch, daß sie gezielt und systematisch erfolgen. Gezielt bedeutet, daß nur ganz bestimmte, vorher abgegrenzte thematische Bereiche Gegenstand der Sammlung von Informationen sind; systematisch bedeutet, daß die Auswahl des festzuhaltenden Materials nach bestimmten Regeln erfolgt.

Lange Zeit war die Befragung die dominierende Methode, der »Königsweg« der empirischen Sozialforschung. Insbesondere in standardisierter Form – unter Benutzung eines Fragebogens mit ausformulierten Fragen und gewöhnlich auch fest vorgegebenen Antwortkategorien – bietet diese Methode den Vorteil, eine Vielzahl von Personen in eine Untersuchung einbeziehen zu können, die bei geschickter Auswahl so etwas wie ein verkleinertes Spiegelbild der eigentlich interessierenden Gesamtheit darstellen. Solche Untersuchungsgesamtheiten nennt man auch repräsentative Stichproben. Es hat zum Beispiel seit den fünfziger Jahren in regelmäßigen Abständen groß angelegte Untersuchungen über die Jugend in der Bundesrepublik gegeben, mit denen die Lebenssituation der Bevölkerungsgruppe der unter 25jährigen ermittelt werden sollte. Obwohl durch die Standardisierung des Erhebungsvorgangs gewährleistet wird, daß sowohl ein repräsentativer Querschnitt befragt werden kann als auch daß von allen Befragten die gleichen Informationen in etwa gleicher Art erhoben werden, ist diese Methode in den letzten Jahren verstärkt der Kritik ausgesetzt. Die Kritik richtet sich schwerpunktmäßig darauf, daß durch die Vorgabe von festen Antwortkategorien die Befragten zu Antworten veranlaßt werden, die ihre tatsächliche Sicht der Dinge nur unzureichend widerspiegeln. Daß weiterhin es fraglich ist, ob alle Befragten Fragen sowohl wie Antwortvorgaben in gleicher Weise interpretieren, daß also nicht sichergestellt ist, daß zwei Befragte übereinstimmen, nur weil ihr Kreuz im Fragebogen an der gleichen Stelle steht. Die Eindeutigkeit der Ergebnisse und damit verbunden ihre relativ einfache Auswertung und Analyse mag also nur Schein sein, die erzielten Ergebnisse mithin möglicherweise nicht gültig.

Ein zusätzliches Problem bei der Technik der standardisierten Befragung, die schriftlich oder mündlich mit Hilfe von Interviewern durchgeführt werden kann, besteht darin, daß die Bereitschaft zur Mitwirkung selbst schon von bestimmten Einschätzungen des Befragten abhängt, also durch die Antwortverweigerungen eine systematische Verzerrung der Ergebnisse bewirkt wird. Will man etwa Heroinabhängige untersuchen, also versuchen, Aufschluß über den Prozeß des Abhängigwerdens zu gewinnen, so wird man vermutlich nur wenige Drogenkranke finden, die bereit sind einen längeren Fragebogen auszufüllen. Es wird zuweilen versucht, eine solche mangelnde Antwortbereitschaft durch materielle Anreize zu erhöhen, aber damit ist dann die Gefahr verbunden, daß der Befragte weniger seine persönliche Sicht in den Antworten widergibt, als das, was er meint, man von ihm hören will. Die standardisierte Befragung bleibt wegen ihrer Vorzüge, repräsentative Stichproben befragen zu können und zu Daten zu führen, die unter Einsatz von EDV-Programmen sehr differenziert ausgewertet werden können, eine wichtige Methode der empirischen Sozialforschung; andererseits sind mit diesem Verfahren gerade bei der Untersuchung von Randgruppen eine Vielzahl von Problemen verbunden, die es zweifelhaft erscheinen lassen, ob auf diese Weise gültige Resultate und damit letztendlich adäquate theoretische Erklärungen entstehen können.

Neben der standardisierten Befragung werden eine Reihe von weiteren Befragungsformen benutzt, um den oben angedeuteten Problemen besser gerecht zu werden. So verzichtet man beim sogenannten Leitfadeninterview (Tiefeninterview) auf die Vorgabe fester Antwortkategorien und protokolliert die Antworten der Befragten so genau wie möglich mit. Derartige Interviews sind bei gleichem thematischem Umfang natürlich zeitaufwendiger, zudem stellt sich das Problem der Auswertung der jeweils unterschiedlich formulierten Antworten. Will man die erhobenen Daten auch quantitativ auswerten, also zum Beispiel feststellten, mit welcher Häufigkeit bestimmte Antworten oder Antworttypen auftreten, so müssen die unterschiedlichen Formulierungen nach gemeinsamem Bedeutungsinhalt zusammengefaßt werden, kodiert werden. Erneut ein erheblicher Zeitaufwand, der um so größer wird, je mehr man sich gegen willkürliche Kodierungen abzusichern versucht, etwa dadurch, daß mehrere Kodierer unabhängig voneinander arbeiten und man dann deren Ergebnisse vergleicht und aneinander anzupassen versucht.

Bei sogenannten narrativen Interviews versucht man, durch bestimmte Erzählanreize die untersuchte Person zum Erzählen einer geschlossenen Geschichte zu bewegen, anstatt wie auch noch beim Leitfadeninterview eine ›Abfragesituation‹ herzustellen. Man erhofft sich, auf diese Weise zu einem faktenreicheren Bild zu kommen, und darüberhinaus die Gefahr auszuschalten, daß der Befragte sich ›darzustellen‹ versucht, also seine Äußerungen auf den Gesprächspartner, den Interviewer, abstellt.

Schließlich versucht man im soziobiographischen Ansatz (Life History Method) ganze Lebensgeschichten zu erfassen und aus der Analyse solcher Lebensgeschichten Aufschlüsse über allgemeiner vorfindbare soziale Prozesse zu gewinnen. Je differenzierter man jedoch eine Befragung gestaltet, je facettenreicher also das von dem einzelnen erhobene Material ist, um so schwieriger wird es, im Nachhinein feste Regeln anzugeben, nach denen die erhobenen Daten dann weiter analysiert werden können. Zudem wird durch eine sehr differenzierte Erhebung natürlich die Zahl der Befragten drastisch beschränkt; so wird es in der Regel aus pragmatischen Gründen (Zeit, Geld) nicht möglich sein, narrative Interviews mit z. B. 1000 Personen durchzuführen.

Die zweite grundlegende Erhebungsmethode ist die Beobachtung. Bei dieser Methode werden also nicht die verbalen Reaktionen der Befragten erfaßt, sondern vielmehr ihr tatsächliches Handeln, insofern erscheint diese Methode als weitaus bedeutsamer. Nur ist es in einer Vielzahl von Fällen nicht möglich, bestimmte Handlungen auch tatsächlich zu beobachten, entweder weil sie zeitlich zurückliegen und gar nicht anders als über verbale Berichte aktualisiert werden können oder weil der Sozialforscher nicht anwesend sein kann; sei es aus ganz pragmatischen Gründen oder deshalb, weil durch seine Anwesenheit der Handlungskontext verändert wird, also Handlungen anders ablaufen, als wenn er nicht anwesend wäre.

Je nach der Rolle, die der Sozialforscher einnimmt, unterscheidet man zwischen teilnehmender und nicht-teilnehmender, verdeckter und offener Beobachtung. Jede dieser Formen hat spezifische Vor- und Nachteile, so daß es entscheidend von der inhaltlichen Fragestellung und der zu beobachtenden Gruppe abhängt, welcher dieser Formen man den Vorzug geben wird. Entscheidend für den Erfolg dieser Methode ist jedoch, daß die prinzipiellen Anforderungen an eine wissenschaftliche Datenerhebung, nämlich Gezieltheit und Systematik, erfüllt werden. Diese Methode ist alltäglichem Verhalten oberflächlich betrachtet sehr ähnlich, und sie hat von daher auch stets mit Vorbehalten der Art zu kämpfen, daß auf diese Weise nur »Vorstudien« betrieben werden könnten, aber keine wissenschaftlich abgesicherten Resultate entstehen können. Wir werden auf diese Problematik weiter unten noch zurückkommen.

Neben diesen beiden grundlegenden Erhebungsmethoden, der Befragung und der Beobachtung, sind eine Reihe von weiteren Methoden entwickelt worden wie etwa das Gruppendiskussionsverfahren, das Experiment sowie die Soziometrie und die Einstellungsmessung. Dabei sind die beiden letztgenannten Verfahren keine reinen Erhebungsmethoden, sondern Mischformen aus Erhebungs- und Analysetechniken mit einem bestimmten thematischen Ansatz. In der Soziometrie untersucht man Zusammenhangsstrukturen – zum Beispiel Freundschaftsbeziehungen – in Kleingruppen auf Grundlage der von jedem einzelnen Gruppenmitglied geäußerten Präferenzen; in der Einstellungsmessung versucht man Beurteilungen, Einschätzungen des einzelnen in Hinblick auf bestimmte »Objekte« (Erziehung, Drogenabhängige, Staat etc.) aus der Reaktion auf eine Vielzahl von vorgelegten Anreizen (meist verbal formulierten Statements) zu rekonstruieren. Solche Einstellungsskalen sollen die wahre Haltung des Befragten zutreffender erfassen, als dies mit einer direkten Frage möglich wäre. Die damit erhaltenen Meßwerte sollen auch eine Aussage über Handlungstendenzen ermöglichen, also mehr ausdrücken als nur eine momentane verbale Reaktion, wie man sie als Antwort auf eine einzelne Frage erhielte. Es ist in der Literatur allerdings stark umstritten, inwieweit derartige Einstellungsmessungen verläßliche Indikatoren für tatsächliches Handeln darstellen. Auch herrscht wenig Einigkeit über die theoretische Definition des Konzepts »Einstellung« (Attitüde). Dem Experiment kommt besondere Bedeutung für die Evaluierungsforschung zu; es wird an dieser Stelle näher diskutiert.

Mit dem Gruppendiskussionsverfahren versucht man mögliche Verzerrungen durch das »Künstliche« der Interviewsituation dadurch zu vermeiden, daß schwergewichtig die untersuchten Personen miteinander diskutieren, wobei freilich durch den Sozialforscher sowohl in der Regel das Thema vorgegeben als auch die Diskussion strukturiert wird. Der Vorteil besteht darin, daß trotz der Strukturierungsvorgaben die Erhebungssituation mehr durch gleichberechtigte Diskussion geprägt wird und die tatsächlichen Meinungen deutlicher – durch Nachfragen, Erklärungswünsche etc. der anderen Teilnehmer – hervortreten. Als Gefahr bei diesem Verfahren ist jedoch in Rechnung zu stellen, daß durch die – im allgemeinen vom Forscher zusammengestellte, sonst in anderen Zusammenhängen nicht existente – Gruppe ein Druck erzeugt wird, durch den die Äußerung von abweichenden Meinungen behindert wird, so daß insgesamt ein falsches Bild entsteht. Dieser Methode, die eine gewisse Ähnlichkeit mit bestimmten therapeutischen Verfahren hat, kommt gerade im Bereich der Sozialarbeit besondere Bedeutung zu; wenn

nämlich zum einen die Methode der Beobachtung (zum Beispiel bei zeitlich
zurückliegenden Ereignissen, etwa: Entstehung von Drogenabhängigkeit bei schon
Suchtkranken) nicht angewendet werden kann und die Methode der Einzelbefragung
wegen mangelnder Fähigkeit oder Bereitschaft, Probleme zu verbalisieren,
nicht erfolgversprechend erscheint. Dieses Verfahren ist lange Zeit vernachlässigt
worden, so daß es nur wenig methodische Literatur zu insbesondere den mit dieser
Methode verbundenen Auswertungsproblemen gibt.

Qualitative versus quantitative Methoden

Die bisherige Diskussion dürfte schon hinreichend deutlich gemacht haben, daß die
nicht-standardisierten Methoden – auch qualitative Methoden genannt – sehr viel
eher in der Lage sind, komplexe soziale Vorgänge differenziert zu erfassen, damit
also auch eine differenziertere Theoriebildung zu ermöglichen. Andererseits
bedingt der Einsatz solcher Methoden eine erhebliche Beschränkung hinsichtlich
des Umfangs der untersuchten Gruppe. Es wäre also falsch, die traditionellen
Methoden – hier insbesondere die standardisierte Befragung – ganz über Bord zu
werfen, wie dies in manchen »methodenkritischen« Darstellungen geschieht. Im
Rahmen einer umfassenderen Untersuchung, zum Beispiel der Drogenproblematik,
erschiene es durchaus sinnvoll, eine auch regional repräsentative Befragung
von Lehrern durchzuführen, um Aufschluß darüber zu erlangen, in welchem Maße
diese Problematik bereits bis in den Schulalltag durchschlägt. Sicher könnte man
hiervon nicht erwarten, detaillierte Aufschlüsse über den Prozeß zu bekommen,
der zur Drogenabhängigkeit führt, wohl aber wertvolle Informationen darüber, wie
mit derartigen Problemen – wenn sie auftreten – von seiten der Institution Schule
umgegangen wird. Standardisierte Befragungen werden also stets ein wichtiges
Instrument der Sozialforschung bleiben, nur dienen sie eher gröberen Bestandsaufnahmen
als feinschichtigen Analysen. Die Frage, welche Erhebungsmethode
vorzuziehen ist, ist eng verbunden mit dem Problem, wie sozialwissenschaftliche
Theorie überhaupt entsteht oder allgemeiner formuliert, welches die richtigen
Regeln für die wissenschaftliche Methode sind. In der Bundesrepublik ist die
empirische Sozialforschung lange Zeit von den Vertretern des sogenannten logischen
Empirismus (Kritischer Rationalismus, Neopositivismus) bestimmt worden,
die grob dadurch charakterisiert werden können, daß sie zwischen Sozial- und
Naturwissenschaft keine prinzipiellen Unterschiede sehen, soweit es die Art des
Vorgehens betrifft. Von daher leitet sich das Bestreben ab, empirische Sozialforschung
so quantifiziert wie möglich zu betreiben. Qualitative Verfahren haben
innerhalb dieses Wissenschaftsverständnisses lediglich den Charakter von Vorstudien,
deren Ergebnisse mit standardisierten Verfahren überprüft werden müssen,
ehe sie als wissenschaftliche Resultate anzusehen sind. Folgerichtig wird von den
Vertretern dieser Schule dann zum Beispiel der Versuch unternommen, auch
Beobachtungsverfahren zu standardisieren; im Idealfall also gar nicht mehr selbst
zu beobachten, sondern nach vorgegebenen Schemata beobachten zu lassen.
Diesem Verständnis diametral entgegengesetzt sind mehrere Ansätze, die grob

zusammenfassend als verstehende Ansätze bezeichnet werden können. In den zwanziger und dreißiger Jahren war dieses Verständnis in der amerikanischen Sozialforschung dominierend und hat sich in einer Reihe von klassischen Studien der sogenannten Chicago-Schule niedergeschlagen (»The Polish Peasant«, »Street Corner Society«, u. v. a. m.). Zumindest was konkrete empirische Forschungen anbetrifft, hat dieses Wissenschaftsverständnis erst in den letzten Jahren wieder an Bedeutung gewonnen, in denen eine Reihe von Arbeiten entstanden sind, die sich dem Symbolischen Interaktionismus oder der Ethnomethodologie zurechnen lassen. Sie sind prinzipiell dadurch gekennzeichnet, daß Datenerhebung und zum Teil auch -analyse im Rahmen einer umfassenderen Feldforschung betrieben wird. Der Sozialforscher nähert sich also seinem Untersuchungsbereich nicht schon mit fertig formulierten Hypothesen, die es nur noch zu überprüfen gilt, sondern entwickelt – selbstverständlich ausgehend von spezifischen Fragestellungen – Hypothesen und vorläufige Theoriestücke im Prozeß des immer tieferen – besser verstehenden – Eindringens in das Feld.

Am krassesten wird der Unterschied zur Position des logischen Empirismus am Beispiel der Ethnomethodologie. Eines ihrer grundlegenden Postulate besagt, daß es prinzipiell keinen Unterschied zwischen der Wissensaneignung im alltäglichen Leben und der Wissensaneignung durch den Sozialforscher gibt. Unterschiede bestehen nur hinsichtlich des Systematisierungsgrads der Wahrnehmung von empirischen Tatbeständen. Es kommt also für den Forscher viel mehr darauf an, das Handeln (die Normen, Vorstellungen etc.) der untersuchten Personen zu verstehen, zu erschließen, statt diese Personen gewissermaßen objekthaft in einen Überprüfungsprozeß für fertige Hypothesen einzubeziehen.

Selbst wenn man der teilweise sehr extremen und objektive Gesellschaftsstrukturen weitgehend ausklammernden Position der Ethnomethodologie nicht zu folgen bereit ist, bleibt für alle verstehenden Ansätze die Notwendigkeit bestehen, sich sehr intime Kenntnisse über das untersuchte Feld zu verschaffen, ganz ähnlich wie dies etwa ein Anthropologe bei der Untersuchung fremder Kulturen tun muß. Dem Einstieg in das Feld kommt also wesentliche Bedeutung zu, und genau hierin liegt für den Sozialarbeiter die Chance, die aufgrund seines berufspraktischen Handelns ohnehin bestehende Vertrautheit mit dem Feld – etwa einer Obdachlosensiedlung, einem Treffpunkt für Drogenabhängige etc. – dazu zu benutzen, selbst als Sozialforscher tätig zu werden, selbst Feldforschung zu betreiben, indem er beginnt, gezielt und systematisch zu beobachten, zu erfragen, aufzuzeichnen, was er in weniger systematischer Form ohnehin durch sein Alltagshandeln wahrnimmt.

Der Vergleich zwischen quantitativen und qualitativen Methoden wäre jedoch unvollständig, wenn wir nicht zugleich auf die mit qualitativen Methoden verbundenen Schwierigkeiten bei der Auswertung der gesammelten Daten noch einmal explizit hinweisen würden. Es ist in der Tat so, daß es kaum feste Regeln für die Auswertung derartiger Daten gibt, jedenfalls keine die in kleine Schritte zergliedert angeben, was man zu tun hat. So ist die Skepsis der Vertreter des logischen Empirismus gegenüber diesen Verfahren sicher nicht völlig unbegründet, erscheinen auch dem diesen Verfahren gegenüber positiv Eingestellten die entsprechenden Hinweise in einschlägigen Methodenlehrbüchern als relativ vage. Wenn man so will, erscheint die Auswertung derartiger Daten beim heutigen Stand der Methodenentwicklung eher als Kunst denn als Handwerk, was man auch jedem weniger Begabten mit Mühe zwar, aber schließlich doch beibringen kann. Man sollte sich jedoch immer vor Augen halten, daß die scheinbar ganz objektiven, völlig der Überprüfung offenstehenden standardisierten Verfahren, faktisch ebensowenig einer allgemeinen Kontrolle zugänglich sind; gewöhnlich kann man Veröffentlichung von Forschungsergebnissen in einem Zeitschriftenaufsatz nicht mehr entnehmen, wie genau denn die Auswahl der Befragten erfolgt ist, welche Personen die Antwort verweigert haben, wie der Interviewer durch sein Verhalten die Antworten möglicherweise beeinflußt hat, wie die Antworten von den Befragten tatsächlich gemeint waren usw. usw.

Analysetechniken

Aus den oben dargelegten Gründen beschränken wir uns in diesem Abschnitt auf die Analyse von Daten, die in quantifizierbarer Form vorliegen, sei es, daß sie aus einer standardisierten Befragung stammen oder sie durch nachträgliche Kodierung frei formulierter Antworten gewonnen wurden. Die Analyse derart erhobener Daten wird durch zwei miteinander im Widerspruch stehender Prinzipien bestimmt: Zum einen will man den zu untersuchenden Sachverhalt (zum Beispiel die Frage, von welchen Faktoren Drogenabhängigkeit beeinflußt wird) so detailliert wie möglich beschreiben, zum anderen möchte man aber auch nicht in der Fülle der Details »ertrinken«, also die Daten soweit komprimieren, daß das Wesentliche klar heraustritt. Detaillierung und Komprimierung sind somit die beiden Prinzipien, zwischen denen jeweils in Abhängigkeit von einer bestimmten Frage, die man mit Hilfe der Daten beantworten möchte, ein Kompromiß zu finden ist. Aus diesem Grund sind auch für die Analyse quantifizierter Daten eine ganze Reihe von statistischen Techniken entwickelt worden, von denen keine universell die beste ist.

Es würde den Rahmen dieses Handbuchartikels sprengen, einen allgemeinen Überblick über statistische Auswertungstechniken zu geben. Wir wollen vielmehr versuchen, einige grundsätzliche Probleme zu beleuchten, die für die Einschätzung von empirischen Studien bzw. die Auswertung von Daten mit Hilfe statistischer Verfahren besonders relevant sind.

Das erste Problem ist die Aussagekraft von statistischen Analysen generell. Statistische Verfahren liefern niemals automatisch inhaltlich belangvolle Ergebnisse; schlimmer noch: In vielen Fällen ist die inhaltliche Interpretation von in statistischen Kennziffern ausgedrückten Ergebnissen nicht eindeutig, sondern sind mehrere inhaltliche Erklärungsmuster denkbar, die zwar einander widersprechen, aber alle in Einklang – besser ausgedrückt: nicht im Widerspruch – zu dem empirischen Befund – ausgedrückt in gewissen Kennzahlen – stehen. Mit dem Vordringen der Computer-Technologie und der leichten Zugänglichkeit von EDV-Anlagen und Programmen für den sozialwissenschaftlichen Benutzer ist die Gefahr immer größer geworden, daß statistische Techniken benutzt werden, die der Forscher selbst nicht zureichend versteht und die dem Leser seines Forschungsberichts in der Regel noch viel weniger zugänglich sind. Wird in einem Forschungsbericht, einem Zeitschriftenaufsatz die Logik des Auswertungsverfahrens nicht zureichend erklärt, dann ist in der Regel davon auszugehen, daß der Verfasser selbst nicht genau weiß, was er da gerechnet hat oder den Computer hat rechnen lassen. Folglich ist gegenüber derartigen Ergebnissen Mißtrauen am Platze, auch wenn die benutzten Techniken noch so beeindruckende Namen haben (z. B. Faktorenanalyse).

Das zweite Problem ist die Gleichsetzung von einer Assoziation oder Korrelation zweier Merkmale mit einer Ursache-Wirkung-Beziehung (kurz: kausale Beziehung). Unter einer Assoziation (Korrelation) versteht man das überproportionale Auftreten von bestimmten Kombinationen von Charakteristika der betrachteten Merkmale. Untersucht man zum Beispiel eine Gruppe von Jugendlichen und stellt fest, daß das Charakteristikum »nimmt Drogen« überdurchschnittlich häufig zusammen mit dem Charakteristikum »kommt aus unvollständiger Familie« auftritt, so bezeichnet man dies als eine Assoziation zwischen den Merkmalen »Drogengebrauch« und »Familientyp«. Wenn tatsächlich eine kausale Beziehung zwischen dem Familientyp und dem Drogengebrauch besteht, dann äußert sich dieses in einer empirisch feststellbaren Assoziation. Der Umkehrschluß ist jedoch nicht notwendig richtig: die Assoziation kann auch durch dritte Faktoren bewirkt sein. Vielfach wird die Analyse solcher Zusammenhangsstrukturen auf die simultane Betrachtung von nur zwei Merkmalen beschränkt, mit der eine nähere Untersuchung der Quelle für die aufgefundene Assoziation nicht möglich ist. Vielmehr müssen bei solchen Problemstellungen multivariate Analyseverfahren benutzt werden, mit der auch komplexe Zusammenhänge erkannt werden können.

Das dritte Problem schließlich ist die Gleichsetzung von statistischer Signifikanz mit inhaltlicher Relevanz. Mit sogenannten Signifikanzbetrachtungen versucht man, die erzielten Ergebnisse dagegen abzusichern, daß sie nur Resultat zufälliger Schwankungen (Fehler) sind. »Hochsignifikante« Ergebnisse im statistischen Sinne sind also solche, bei denen man mit großer Sicherheit ausschließen kann, daß der berechnete Wert (zum Beispiel eine Maßzahl für die Stärke des Zusammenhangs, der Assoziation zweier Merkmale) nur durch Zufall von einem hypothetisch gesetzten Wert – meist dem Wert Null – abweicht. Ob die errechneten Ergebnisse »signifikant« sind hängt von einer Reihe von technischen Einzelheiten – wie etwa der Anzahl der Befragten – ab und vor allem davon, ob die jeweils benutzten Inferenzmethoden überhaupt in Anbetracht der Gestalt und der Zahl der empirischen Datenangemessen sind. Daß eine Maßzahl vom Computer als signifikant ausgewiesen wird, besagt noch nichts darüber, ob sie auch inhaltlich relevant ist. Und damit schließt sich der Kreis hin zum ersten Problem. Die Güter einer quantitativen Analyse – einer statistischen Auswertung – hängt entscheidend ab von den theoretischen Überlegungen, die diese Analyse steuern.

Manfred Küchler

Literatur

Alemann, H. v., 1977: Der Forschungsprozeß, Stuttgart – Arbeitsgruppe Bielefelder Soziologen (Hrsg.), 1981[5]: Alltagswissen, Interaktion und gesellschaftliche Wirklichkeit, Wiesbaden – Arbeitsgruppe Bielefelder Soziologen (Hrsg.), 1976: Kommunikative Sozialforschung, München – *Benninghaus, H.*, 1982[4]: Deskriptive Statistik, Stuttgart – *Bodgan, R. C./Biklen, S. K.*, 1982: Qualitative Research for Education: An Introduction to Theory and Methods, Allyn and Bacon, Boston – *Friedrichs, J.*, 1981[9]: Methoden empirischer Sozialforschung, Wiesbaden – *Friedrichs, J.* (Hrsg.), 1973: Teilnehmende Beobachtung abweichenden Verhaltens, Stuttgart – *Friedrichs, J./Lüdtke, H.*, 1973: Teilnehmende Beobachtung. Einführung in die sozialwissenschaftliche Feldforschung, Weinheim – *Handel, W.*, 1982: Ethnomethodology. How People Make Sense, Prentice-Hall, Englewood Cliffs, N. J. – *Hopf, Chr./Weingarten, E.* (Hrsg.), 1979: Qualitative Sozialforschung, Stuttgart – *König, R.* (Hrsg.), 1973/74: Handbuch der empirischen Sozialforschung, Bd. 1–4, Stuttgart – *Koolwijk, J. v./Wieken-Mayser, M.*, 1974 ff.: Techniken der empirischen Sozialforschung 1–8, München – *Kriz, J.*, 1980: Statistik in den Sozialwissenschaften, Wiesbaden – *Küchler, M.*, 1979: Multivariate Analyseverfahren, Stuttgart – *Niessen, M.*, 1977: Gruppendiskussion, München – *Schatzmann, L./Strauss, A.*, 1973: Field Research: Strategies for a Natural Sociology, Prentice-Hall, Englewood Cliffs, N. J. – *Spradley, J. P.*, 1979: The Ethnographic Interview, Holt, Rinehart and Winston, New York – *Steinert, H.* (Hrsg.), 1973: Symbolische Interaktion: Arbeiten zu einer reflexiven Soziologie, Stuttgart – *Webb, E. J.* et. al., 1981[2]: Nonreactive Measures in the Social Sciences, Houghton Mifflin, Boston – *Zeisel, H.*, 1970: Die Sprache der Zahlen. Statistik und Wirklichkeit, Köln – *Zimmermann, E.*, 1972: Das Experiment in den Sozialwissenschaften, Stuttgart –

→ Alltagstheorien → Evaluationsforschung → Interaktionismus → Soziale Indikatoren → Wissenschaftstheorie und Sozialpädagogik

Erwachsenenbildung/Weiterbildung

Die realen Erscheinungsformen von Erwachsenenbildung/Weiterbildung (EB/WB) sind in verschiedenen gesellschaftlichen Bereichen äußerst komplex, die historisch gewachsenen institutionellen Ausprägungen entsprechend heterogen. Das Spektrum der Träger von EB/WB reicht von den Volkshochschulen im kommunalen Bereich über den kirchlichen Bereich mit verschiedenen Formen regionaler und überregionaler EB, den Bereich der staatlichen Bildungsinstitutionen (Kindergärten, Schulen, Hochschulen, Fernstudienlehrgängen etc.), den Bereich der Wirtschaft, in dem Unternehmen, Unternehmerverbände und Gewerkschaften berufliche und politische Weiterbildung betreiben bis hin zum gesellschaftlich-öffentlichen Bereich, in dem die verschiedensten Massenmedien, Verbände, Parteien und kommerziellen Institute miteinander konkurrieren. Diese Heterogenität von Trägern und Adressaten spiegelt sich auch in kaum vergleichbaren Zielen, Inhalten, Organisations- und Finanzierungsformen. Die vorliegenden theoretischen und konzeptionellen Arbeiten zu EB/WB reflektieren zunächst die Unübersichtlichkeit und Widersprüchlichkeit ihres Gegenstandsfeldes.

Den meisten dieser Ansätze ist jedoch gemeinsam, daß sie weiterhin eher an der kurzfristigen Anpassung, Legitimation und Fortschreibung bestehender sozialer und ökonomischer Strukturen (z. B. Verbands-, Beschäftigungs- und Arbeitsplatzstruktur) als an der Entwicklung kritischer Alternativen interessiert sind, daß sie in der Regel eher traditionellen ideologischen Zielformeln (z. B. Chancengleichheit) verhaftet bleiben als sich an politisch-gesellschaftlichen Zukunftsmodellen (vgl. *Edding* u. a., 1973; *Bengtson* u. a., 1975; *Fragnière*, 1976) zu orientieren und zumeist eher auf bürokratisch-professionelle Planungskonzepte (z. B. flächendeckende Versorgung) vertrauen als auf Modelle dezentraler, informaler Selbstlernzentren, die durch die Betroffenen selbst nach ihren Interessen organisierbar sind.

Diese Tendenzen spiegeln den historisch-gesellschaftlichen Trend einer zunehmenden äußeren und inneren Vergesellschaftung von Sozialisations- und Lernprozessen (*Lenhart/Hamburger*, 1977), der wiederum selbst als eine Antwort auf die politische und ökonomische Strukturkrise der kapitalistischen Industriegesellschaften zu verstehen ist. Dies zeigt sich nicht nur in der (äußeren) Ausbreitung und Verlängerung formalisierter und institutionalisierter Ausbildungsprozesse vor und nach der Pflichtschule, durch die ökonomisch verwertbare und politisch loyale Verhaltensqualifikationen produziert werden sollen, sondern auch in der umfassenden (inneren) Disziplinierung, sich als Konsument bereitwillig den Wachstumsraten und Expansionstendenzen kapitalistischer Märkte anzupassen, d. h. in immer weiteren Bereichen (von den traditionellen Konsumgütern über Umwelt, Freizeit und soziale Beziehungen) von industriell produzierten Dienstleistungen abhängig zu werden (*Gorz*, 1977, 1980). Insoweit sich die Praxis der (institutionellen) EB/WB dieser gesellschaftlichen Tendenz (und der daraus entspringenden sozialen Nachfrage) unkritisch anpaßt, orientiert sie sich – zumeist unausgesprochen – an Leitbildern des »Lohnarbeiters«, des »Konsumenten« und des »Klienten« in der

Industriegesellschaft. Am Rande und im Rücken etablierter Erwachsenenbildungs-
institutionen breitet sich eine historische Lernbewegung aus, in der es um die
Aneignung von Wissen und Fähigkeiten für Eigenarbeitsprojekte (im Gegensatz zu
bezahlten Lohnarbeitsverhältnissen), um (zumindest) partielle Selbstversorgung
(im Gegensatz zu marktabhängigen Konsumgütern) und um entprofessionalisierte
Selbsthilfe (im Gegensatz zur Abhängigkeit von professionellen Dienstleistungen)
geht (*Dauber/Simpfendörfer*, 1981).

Die von diesen »wilden Lerngruppen« ausgehende Herausforderung der institutionalisierten Erwachsenenbildung wirkt auf diese zurück und schlägt sich weltweit
nieder in der Propagierung teilnehmer- und lebensweltorientierter Konzepte
(*Peccei*, 1979; *Breloer/Dauber/Tietgens*, 1980).

Der damit angedeutete systematische Hintergrund der gegenwärtigen Expansion
von EB/WB läßt sich historisch als Zusammenwirken verschiedener Motive
verstehen.

Historische Motive und gegenwärtige Tendenzen

Die geschichtliche Entwicklung von den Bildungsvereinen des ausgehenden 18. und
19. Jahrhunderts, der Volksbildungsbewegung des 19. und beginnenden 20. Jahrhunderts über die nationalsozialistische Gleichschaltung zur Erwachsenenbildung
nach dem zweiten Weltkrieg, der Weiterbildung der Gegenwart und dem »lebenslangen Lernen« der Zukunft ist bei unterschiedlicher historischer Akzentuierung
durchgängig von drei sich überlappenden Grundmotiven bestimmt und durch
entsprechende Begründungen legimiert:

– arbeitsmarktpolitisch: den »industriellen und technischen Fortschritt« durch
  Bereitstellung eines geeigneten Arbeitskräftepotentials zu sichern (moderne
  Begründungen: gestiegene Qualifikationsanforderungen, erhöhte berufliche
  Mobilität),
– gesellschaftspolitisch: politische Spannungen und ökonomische Ungleichheiten
  durch verstärkte soziale Integration und Partizipation abzufangen (moderne
  Begründung: Chancengleichheit, Mitbestimmung) und
– sozial-kulturell: soziokulturelle Benachteiligungen durch kompensatorische Bildungsangebote abzubauen (moderne Begründung: Kompensation von Bildungsdefiziten).

So verbindet sich schon früh die bürgerliche Aufklärung als soziale und politische
Emanzipation mit Bestrebungen, die unteren sozialen Schichten mit technischen
Mindestqualifikationen für den industriellen Produktionsprozeß auszustatten und
sie gleichzeitig mit ihrer lohnabhängigen Lage politisch auszusöhnen. In der ersten
Hälfte des 19. Jahrhunderts organisiert sich das liberale Bürgertum, seinem Selbstverständnis nach in unpolitischen, geselligen Bildungsvereinen; parallel entstehende Handwerker- und Arbeiterbildungsvereine dienen der kompensatorischen
Aufarbeitung von Bildungsdefiziten und der sozialen Integration verschiedener
sozialer Schichten.

Mit der Gründung der »Gesellschaft zur Verbreitung von Volksbildung« (1871) und der Universitätsausdehnungsbewegung (1896 ff.) setzen sich staatstragende Bestrebungen durch, die unwissende Masse durch Wissensbildung gegen die Verführungen der organisierten Arbeiterschaft und der Sozialdemokratie zu immunisieren. Erst nach 1890 gibt es eigenständige Arbeiterbildungsschulen, in denen die Sozialdemokratie politische, zunehmend auch kulturelle und berufliche Bildungsarbeit mit politischer Praxis zu verbinden sucht.

Die sog. »neue Richtung« der Volksbildung *(v. Erdberg, Flitner, Hofmann, Rosenstock)* nach dem 1. Weltkrieg wendet sich von der bloßen neutralen Wissensvermittlung ab und propagiert eine individualisierte, gestaltende Persönlichkeitsbildung mit dem Ziel der bürgerlichen und nationalen Pflichterfüllung.

Ob »verbreiternde« oder »gestaltende« Richtung: ein paternalistischer Zug vom gebenden Bürgertum zum empfangenden Volk ist unübersehbar. Dieser pädagogische Missionsgedanke, andere durch Bildung zu befreien und zur wahren Einsicht zu führen, durchzieht als Ideologie alle bildungsbürgerlichen Programme bis zur Gegenwart.

Das »Gutachten des Deutschen Ausschusses zur Erwachsenenbildung« (1960) steht mit seinem kulturkritischen weiterhin unpolitischen und eliteorientierten Bildungsbegriff noch deutlich in dieser Tradition, leitet jedoch gleichzeitig die sog. realistische Wende in der EB ein, indem es die traditionelle Polarisierung zwischen Bildung und Ausbildung überwindet, was in der Folge – insbesondere im Volkshochschulbereich –, zu einem ständigen Anwachsen berufsbezogener Angebote führt.

Der Strukturplan für das Bildungswesen (1970) versteht EB als integralen Bestandteil des öffentlichen Bildungswesens, spricht daher von WB als ›Fortsetzung oder Wiederaufnahme organisierten Lernens nach Abschluß der ersten Bildungsphase und dem Eintritt in die Erwerbstätigkeit‹.

Die moderne Weiterbildungsdiskussion verbindet die verschiedenen (arbeitsmarktpolitischen, gesellschaftspolitischen und soziokulturellen) Motive und Begründungen (Qualifikations- und Mobilitätsargument, Chancengleichheitsargument, Kompensationsargument) und leitet daraus im Kontext einer expansiven Bildungspolitik die Notwendigkeit verstärkter gesamtgesellschaftlicher Planung und staatlicher Finanzierung ab (Zielrichtung: flächendeckende Versorgung, Dienstleistung). Die damit verbundenen und für die Zukunft vorgeschlagenen Organisationsprinzipien »lebenslangen Lernens« (recurrent education, Bausteinprinzip, Zertifikatswesen etc.) schaffen die Grundlage für sich lebenslänglich wiederholende berufliche und soziale Zuweisungsprozesse (OECD (CERI), 1973; *Dauber,* u. a., 1976; *Schmitz,* 1975).

Eine klare Tendenz zur Steuerung von der Angebotsseite hat sich in den letzten Jahren in einer Reihe von Ländergesetzen zur EB/WB und zum Bildungsurlaub sowie von Bundesgesetzen (Arbeitsförderungsgesetz 1969, Ausbildungsförderungsgesetz 1969, Berufsbildungsgesetz 1969, Betriebsverfassungsgesetz 1972) niedergeschlagen. Insgesamt sind die gesetzlichen Regelungen jedoch uneinheitlich und widersprüchlich (*Palm,* 1974; *Gernert,* 1975; *Lüers,* 1977). Trotz des Versuchs von reinen Finanzierungshilfen für einzelne Institutionen zu strukturierenden

Maßnahmen für eine staatlich-öffentlich geplante WB zu kommen, ist es nicht gelungen, ein überall erreichbares, durch öffentliche Träger repräsentiertes Mindestangebot durchzusetzen. Statt dessen bleibt es im wesentlichen bei der gleichberechtigten Förderung einzelner Institutionen, was die lokal-regionale und überregionale Kooperation im Blick auf ein zwar breitgefächertes, aber gemeinsam abgestimmtes Angebot bei der moralischen Verpflichtung beläßt. Faktisch bleibt die angestrebte Integration aus. Verbandsinteressen setzen sich gegen den öffentlichen Planungszugriff durch.

Im Blick auf den gegenwärtigen Trend herrscht weitgehende Übereinstimmung (*Feidel-Mertz,* 1975):

– EB wird zunehmend mehr von einer privaten Freizeitbeschäftigung zur systematisch organisierten Weiterbildung im Wechsel von Lern- und Arbeitsphasen,

– die quantitative und qualitative Struktur des Weiterbildungssystems muß durch öffentlich-rechtliche Entscheidungen legitimiert werden,

– der propagierten curricularen Integration von allgemeiner, politischer und beruflicher Weiterbildung entspricht eine verstärkte Systematisierung und Institutionalisierung des Lehrangebots nach Art eines Baukastensystems,

– der Anspruch einer stärkeren Teilnehmerorientierung soll nicht zuletzt durch Verberuflichung und Professionalisierung der Tätigkeit des Erwachsenenbildners eingelöst werden.

Ähnliche Tendenzen zeigen sich in der internationalen Diskussion: Ökonomische Engpässe und soziale Disparitäten sollen angesichts des offensichtlichen Versagens der öffentlichen Pflichtschule gegenüber den wirtschaftlichen und gesellschaftlichen Problemen der überentwickelten wie der unterentwickelten Länder durch umfassende Weiterbildungssysteme gelöst werden.

Dabei wird zunehmend deutlich, daß quantitativ-expansive Bildungsstrategien rasch auf finanzielle Grenzen stoßen, die eigentlichen Ursachen von Arbeitslosigkeit und mangelnder Mitbestimmung, von sozialer Ungleichheit und politischer Entmündigung nicht tangieren und selbst eine Reihe widersprüchlicher Folgen nach sich ziehen (*Faure,* 1973; Council of Europe, 1970).

Die innere Widersprüchlichkeit der historischen Entwicklung und die Ambivalenz der gegenwärtigen Trends zeigt sich bei einer systematischen Analyse der wichtigsten Begründungen für EB/WB. Dabei wird im folgenden versucht, Anspruch und Realisierung kritisch abzuschätzen, wobei die wichtigsten Träger von EB/WB beispielhaft bestimmten Argumenten zugeordnet werden.

Systematische Hauptprobleme

In systematischer Perspektive stellen sich derzeit folgende Hauptprobleme:

Die Notwendigkeit von WB wird damit begründet, daß der technische Fortschritt zu einer raschen Veränderung der Produktions-, Berufs- und Arbeitsplatzstruktur und in der Folge steigenden Qualifikationsansprüchen an die Arbeitnehmer führe (Qualifikationsargument). Tatsächlich sind unter den gegebenen Produktionsverhältnissen weder eindeutige Aussagen über künftig benötigte Berufsqualifikationen möglich, noch führen technologische Innovationen an sich zu einer generellen Anhebung des Qualifikationsbedarfs – eher zu einer Polarisierung in hochqualifizierte planende und wenig qualifizierte ausführende Tätigkeiten (*Baethge/Schumann*, 1973; *Sass* u. a., 1974). Dem entspricht die Praxis der betrieblichen WB, in der junge Arbeitnehmer mit hohem Bildungsstand, mittlere und höhere Angestellte, Ausbilder, ganz allgemein: Führungskräfte weit überrepräsentiert, ältere, un- und angelernte Arbeitnehmer (5 %) und insbesondere Frauen stark unterrepräsentiert sind (z. B. *Axmacher*, 1974; *Lenhardt*, 1974).

Eine zentrale Rolle in der betrieblichen WB spielt die ideologische Ausrichtung im Interesse der Unternehmer (*Johannson*, 1975).

Im Bereich der betrieblichen und überbetrieblichen WB wurden im Jahr 1974 2,13 Milliarden DM ausgegeben (EDDING-Kommission). Dabei stehen der Wirtschaft fast 90 000 Weiterbildungsplätze zur Verfügung. Jährlich nehmen etwa 1,5 Millionen Teilnehmer an solchen Veranstaltungen teil (*Johannson*, 1975). Demgegenüber ist die gewerkschaftliche WB vergleichsweise bescheiden. Der DGB unterhält 15 Bundesschulen und drei Akademien (Akademie für Arbeit/Frankfurt, Akademie für Wirtschaft und Politik/Hamburg, Sozialakademie/Dortmund), Einzelgewerkschaften weitere 15 Schulen. Daneben gibt es noch eine eigenständige Einrichtung, das Berufsfortbildungswerk. Jährlich werden für 150 000 Teilnehmer an gewerkschaftlichen Schulungskursen knapp 6 Millionen DM aufgewendet. Die gewerkschaftliche Bildungsarbeit ist dreistufig organisiert: einführende und weiterführende Veranstaltungen sowie Spezialkurse.

Die Unternehmen und Unternehmerverbände kooperieren vielfach mit kommerziellen Weiterbildungs-Instituten, aber auch – ebenso wie die Gewerkschaften – mit öffentlichen Einrichtungen wie den Volkshochschulen (Arbeitsgemeinschaft zwischen Volkshochschulen und Gewerkschaften: Arbeit und Leben) oder den Universitäten.

Die staatliche Förderung für Umschulungs- und Weiterbildungsmaßnahmen ist stark konjukturabhängig (Rückgang um mehr als 40 % 1975–76) und benachteiligt in der Praxis wiederum die unteren Berufs- und Einkommensgruppen.

Wenn berufliche Weiterbildung – zumindest als innerbetriebliche Weiterbildung – nicht zu einer Verschlechterung der Arbeitsbedingungen für die Mehrheit der Arbeitnehmer führen soll, muß sie mit Strategien zur verstärkten Mitbestimmung, zur Abschaffung unqualifizierter Tätigkeiten und Humanisierung der Arbeitswelt verbunden werden (*Vilmar*, 1973, 1975; vgl. das italienische 150-Stunden-Modell im Gegensatz zum deutschen Bildungsurlaub, *Weick*, 1976). Diese Forderung ergibt sich auch daraus, daß die Weiterbildungsbereitschaft von Arbeitnehmern mit dem Ausmaß an Kontrolle und Einflußnahme im Blick auf den eigenen Arbeitsplatz wächst (*Weingart*, 1975).

Weiterbildung wird als Strategie zum Ausgleich entgangener Bildungschancen vorgeschlagen, zur Verbesserung beruflicher Mobilität, als Schutz vor drohender Arbeitslosigkeit und als Mittel zu ihrer Überwindung (Chancengleichheits- und Mobilitätsargument). Unbestreitbar gibt es starke soziale Disparitäten innerhalb und zwischen den Generationen, sowie zwischen den Geschlechtern und verschiedenen Regionen, die in enger Verbindung zu vorangegangenen Bildungschancen und vorhandenen WB-Möglichkeiten stehen.

So zeigen übereinstimmend alle Untersuchungen, auch über den Hörerkreis der Volkshochschulen, daß die Wahrnehmung von WB-Chancen mit steigendem Bildungs- und Beschäftigungsniveau wächst und selbst einen Echo-Effekt hervorruft. Wer hat, dem wird gegeben.

Aufs Ganze gesehen kommt es dadurch – finanziert durch die Mehrheit – zu einer weiteren Privilegierung einer bildungsmäßig und sozial bevorzugten Minderheit. Dabei unterscheiden sich auch die WB-Motive: Jüngere Berufstätige und Arbeiter erhoffen sich von WB vorwiegend sozialen Aufstieg, ältere Berufstätige und Angestellte wollen durch WB vor allem drohende berufliche und soziale Deklassierung verhindern (*Gottwald/Brinkmann,* 1973).

Da es sich in Wirklichkeit jedoch nicht um das Nachholen entgangener Bildungschancen, sondern um den Erwerb höherer Berechtigungsansprüche handelt, führt eine generelle Expansion von WB-Angeboten nicht zu einem Abbau sozialer Ungleichheiten, sondern allenfalls zu einer Verbreiterung der allgemeinen Konkurrenz auf höherem Niveau. Die selektiven Funktionen des Schulsystems verlagern sich teilweise in das Weiterbildungssystem. (Ideologisch wird diese Tatsache durch die Formel von der »hochmobilen Leistungsgesellschaft« verschleiert.)

Auch die berufliche Mobilität wird durch WB an sich nicht generell verbessert, zumindest solange dabei eher arbeitsplatz- und betriebsspezifische Bindungen verstärkt und keine polyvalenten Qualifikationen vermittelt werden.

Indem Arbeitslosigkeit auf mangelnde Bildungsqualifikationen zurückgeführt und damit individualisiert wird, werden deren strukturelle und konjunkturelle Ursachen, die Akkumulationszwänge des Kapitals, verschwiegen. Staatliche Umschulungsangebote für Arbeitslose dienen somit eher der Entlastung des Arbeitsmarktes durch institutionelle Versorgung der Arbeitslosen als einem realen Abbau von Arbeitslosigkeit (*Offe,* 1975; *Lenhardt,* 1975).

Langfristig kann die soziale Chancengleichheit nur verbessert werden, wenn die enge (spezifisch deutsche) Verkoppelung von Bildungsabschlüssen, Ausbildungs- und Berufskarrieren gelöst wird. Darüber hinaus müssen für bildungsungewohnte Gruppen alternative, an ihren Interessen und Erfahrungen ansetzende Lern- und Kommunikationszentren entwickelt werden (vgl. Modellversuche des BMBW in Wuppertal und Dillingen), muß der 2. Bildungsweg verstärkt ausgebaut, sowie nicht durch Schulzeugnisse zertifizierte Lebens- und Berufserfahrungen als gleichwertige Zugangsvoraussetzungen für weiterführende Bildungsinstitutionen (Hochschulen etc.) anerkannt werden (vgl. Baukasten-Gesamthochschule, *E. v. Weizsäcker* – Ontario-Report/Toronto als kanadisches Modell). Die Volkshochschulen bieten in regional unterschiedlichem Umfang Kurse zum Nachholen des Hauptschul-Abschlusses an, die von den Teilnehmern bezahlt werden und deren Einnahmen teilweise zur Finanzierung anderer kultureller Veranstaltungen verwendet werden.

Als Ergänzung und Alternative zu schulischem Lernen soll EB/WB vor allem angesichts der vielbeschworenen »Wissensexplosion«, die genauer als zunehmende

Verwissenschaftlichung gesellschaftlicher Praxis in allen Bereichen zu beschreiben ist (*Weingart*, 1976), soziokulturelle und politische Defizite von Erwachsenen abbauen (Kompensationsargument).

Auf diesem Feld arbeiten die verschiedensten Träger. Während die Volkshochschulen sich mit ihrem Themenangebot stärker an der öffentlichen Nachfrage orientieren (1974 allein in Baden-Württemberg 6,7 Millionen Teilnehmer bei verstärkter Nachfrage nach autogenem Training, Yoga, Gymnastik, Gesundheitspflege, Elternbildung, Hauswirtschaft), wenden sich die Kirchen vorwiegend an ihre Mitglieder und ausgewählte Zielgruppen.

Die kirchliche EB hat eine lange Tradition und ist heute durch ein breites Spektrum von religiösen (Erwachsenenkatechumenat), sozialen und politischen Bildungsaktivitäten bestimmt (von örtlichen Aussprachekreisen über regionale Seminare, überregionale Akademien – 1945 Gründung von Bad Boll als erster ev. Akademie, 1953 Stgt.-Hohenheim auf katholischer Seite –, Bildungswerken und Einrichtungen des Zweiten Bildungsweges, vgl. *Lott*, 1975).

Damit sind heftige Kontroversen über ihren spezifisch kirchlichen/christlichen Charakter verbunden (z. B. Funktion der Akademie als neutrales Forum in einer pluralistischen Gesellschaft oder als kirchlich und/oder politisch wirksamer Faktor). In ihrer fortschrittlichen Ausprägung wird (ev.) EB als konfliktorientierte Parteinahme *(Lange)* für unterdrückte Gruppen verstanden, die sich nicht selbst artikulieren können: Behinderte, Alte, alleinstehende Mütter, ausländische Arbeiter, Gefangene etc.

Beide Kirchen betreiben eine intensive WB ihrer Mitarbeiter (u. a. durch Fernstudienlehrgänge zur EB).

Eine Reihe weiterer öffentlicher Träger (z. B. Familienbildungsstätten mit über 700 000 Kursteilnehmern und über 3 Millionen Veranstaltungsbesuchern im Jahr 1972), Verbände und Parteien arbeiten mit verschiedenen Zielgruppen, von denen sie sich die Durchsetzung ihrer Interessen erhoffen. Daneben unterhalten verschiedene Träger eine Vielzahl von Beratungsinstitutionen (Ehe-, Familien-, Lebensberatung etc.).

Obzwar durch diese Angebote – mit Ausnahme der auf Mitglieder i. e. S. beschränkten Veranstaltungen – besonders bildungsferne Gruppen angesprochen werden sollen, gelingt es nur z. T. sozio-kulturelle Bildungsbarrieren zu überwinden, am wenigsten dort, wo verschiedene Barrieren akkumulieren: un- und angelernte Arbeiter, Landbevölkerung, Frauen (*Strzelewizc* u. a., 1966, 1977). Dies hängt einerseits damit zusammen, daß Bildungsdefizite nur eine Dimension sozio-kultureller und politischer Unterprivilegierung sind und ohne die Veränderung der materiellen und sozialen Lebensverhältnisse nicht kurzfristig abgebaut werden können (*Bronfenbrenner*, 1975), hängt andererseits aber auch mit der eher an den institutionellen Interessen als an der Lebenssituation der Betroffenen anknüpfenden Veranstaltungsstruktur zusammen, nicht zuletzt auch mit dem zugrundeliegenden pädagogischen Konzept, in dem soziale Vorurteile und gesellschaftliche Unterprivilegierung als individuelle Defizite verstanden werden. Kompensatorische EB gerät dann in die Nähe von Sozialfürsorge.

Die wachsende Nachfrage nach sozio-kulturellen Orientierungshilfen und institutionellen Dienstleistungen spiegelt die zunehmende Unfähigkeit von Individuen und Gruppen, sich in autonomer Entscheidung gemeinsam die Bedingungen zu schaffen, unter denen sie ihre Bedürfnisse gleich und gerecht befriedigen können.

In dieser Richtung bewegt sich eine heterogene, aber langsam wachsende Subkultur von alternativen Projekten: Wohngemeinschaften, Agrarkommunen, ökologische Gruppen etc. (vgl. diverse alternative Adresskataloge, Vorlesungsverzeichnisse und Untergrundzeitschriften). Inwieweit es sich um entmodernisierende Rückzugsbewegungen oder zukunftsträchtige Modelle handelt, ist noch nicht entscheidbar (s. *Jungk,* 1976).

Auch wenn individuelle Stabilisierung und Hilfe zur Identitätsfindung sinnvoll ist, kann langfristig angelegte kompensatorische EB nur Hilfe zur Selbsthilfe bedeuten, was. u. U. den jeweiligen Verbandsinteressen zuwiderlaufen kann.

Eine »Didaktik« der politischen Selbstorganisation von Lerngruppen und der dazu passenden institutionellen Strukturen liegt bislang nur in Ansätzen vor. Sicherlich von Bedeutung sind in diesem Zusammenhang die Analysen und Vorschläge von *P. Freire,* 1971 und *I. Illich,* 1973; vgl. auch z. B. *Bahr/Gronemeyer,* 1977. Die angestrebte Integration des WB-Bereichs in ein öffentliches Dienstleistungssystem mit gleicher Versorgung für alle führt – zumindest im VHS-Bereich –, zu einer »konvergenten Entwicklung« von Schule und Erwachsenenbildung *(Tietgens).*

Zwar ist das stoffliche Angebot der Volkshochschulen in den letzten Jahren verhältnismäßig konstant geblieben (politische und sozio-kulturelle Bildung 10 %, berufliche Bildung 16 %, Sprachen 31 %, manuelles und musisches Arbeiten 14 %, Hauswirtschaft, Gesundheits- und Körperpflege 15 %, sonstiges, einschließlich Vorbereitung auf Schulabschlüsse 14 %, insgesamt über 2,68 Millionen durchgeführte Doppelstunden im Jahr 1974), der überproportionale Zuwachs insbesondere im Sprachbereich, der als Erfolg des in den letzten Jahren aufgebauten Zertifikatsprogramms gewertet werden kann, spiegelt jedoch eine gewisse Verschiebungstendenz von der »zweckfreien Bildung der Person« zu mehr berufsbezogenen Angeboten.

Hinter dem in letzter Zeit verstärkt propagierten Planungsmodell »flächendeckender Versorgung« (BMBW, 1973; *Schulenberg* u. a., 1975) stehen vor allem die Expansions- und Kontrollinteressen progressiver Bürokratien. Dabei verbinden sich die institutionellen Interessen einzelner Träger mit staatlichen Ordnungsvorstellungen zu der Perspektive, durch eine »kräftigere Durchgestaltung der Organisationsform«, ein »kräftiges, institutionalisiertes und programmiertes WB-System« (*Spies,* 1973) zu installieren – ein verlockendes neues Tätigkeitsfeld für die arbeitslose pädagogische Intelligenz (vgl. zur ähnlichen Entwicklung in Frankreich: *Verne,* 1976).

Durch ein solches Modell, dessen institutionelle Basis die Volkshochschulen bilden sollen, wird es möglich, die bisherige nachträgliche Bezuschussung durch einen »planmäßigen investiven Mitteleinsatz« abzulösen. Damit breitet sich auch im WB-Bereich ein bildungsökonomisches Denken aus, in dem Bildungsprozesse als Investitionsprozesse zur Produktion von Qualifikationen verstanden werden.

Durch derartige, zumeist systemtheoretische Planungsmodelle ist zwar eine ökonomische Rationalisierung des Finanz-, Personal- und Sachmitteleinsatzes bis zum letzten Besenschrank möglich, Sinn- und Zielperspektiven fallen dabei jedoch heraus.

Die Selbst- und Mitbestimmung der Betroffenen wird durch Partizipationsziffern ersetzt. Die Partizipationsformel stellt eine Weiterentwicklung der Formel für die Angebotsdichte dar. Sie ist das Produkt der Angebotsdichte und der durchschnittlichen Teilnehmerzahl:

$$\frac{U \text{ (nterrichsstundenzahl)} \times T \text{ (eilnehmerbelegungszahl)} \times 1000}{E \text{ (inwohnerzahl)} \times V \text{ (eranstaltungszahl)}}$$

Auf diese Weise verbessert sich die Partizipationsteilhabe der Bevölkerung von Baden-Württemberg von 1966 bis 1972 um 84 %! (*Hamacher,* 1976).

Die Lebens- und Arbeitserfahrungen der Betroffenen werden durch eine totale Verschulung ihrer Lerninteressen überfremdet; mit Hilfe sechsstufiger Lernmatrices werden bundesweit die gleichen operationalisierten Lernziele standadisiert (Baustein-Systeme, *Tietgens* u. a., 1975). Bildung wird zum Tauschwert, Lernerfolgsrückmeldungen pervertieren mit Unterstützung interessierter Wirtschaftskreise zu schleichenden Berechtigungen; Noten, deren Abschaffung die wissenschaftliche Schulkritik seit Jahrzehnten fordert, werden zu Disziplinierungsinstrumenten lebenslänglicher Beschulung.

Die verheerenden Wirkungen derartiger Planung für die Motivation und das Verhalten der Lernenden lassen sich leicht in den nach solcher Rationalität organisierten Lernfabriken im Schulbereich beobachten. Eine solche Infantilisierung von Erwachsenen ist nur angesichts gestiegener Arbeitsplatzunsicherheiten durchsetzbar. Derartige Tendenzen verlängern den »heimlichen Lehrplan« verschulten Lernens (*Dauber/Verne,* 1976) und schließen die Sozialisierungslücke zwischen Schule und Arbeitsplatz: »Klassen«verhältnisse werden auf Dauer gestellt.

Eine gegenläufige Tendenz spiegelt sich u. a. im »Perspektivplan der öffentlichen EB in Frankfurt am Main« (1975): Orientierung an den Interessen und Bedürfnissen der arbeitenden Bevölkerung und nicht am kurzfristigen Bedarf des Arbeitsmarktes, Überqualifikationen zur verstärkten Mitbestimmung und Humanisierung der Arbeitswelt, Erprobung neuer Lehr- und Lernformen durch Mitbestimmung der Teilnehmer, Veränderung und Öffnung der eigenen Praxis als Lernfeld.

Lernverhalten Erwachsener

Wenn auch verschiedentlich von professionellen Erwachsenenbildnern vor einer Idealisierung des »mündigen« selbstverantwortlichen Erwachsenen gewarnt wird, so zeigen die vorliegenden Untersuchungen zum Lernverhalten Erwachsener doch eindeutig, daß Erwachsene vor allem daran interessiert sind, ihre eigene Person und Situation besser zu verstehen, um sie mit dem Ziel zu verändern, mehr selbstbestimmte Kontrolle darüber zu gewinnen (*Hubermann,* 1974).

Wurde in früheren entwicklungspsychologischen Studien (z. B. *Spranger,* 1971) eine abnehmende Lernfähigkeit von Erwachsenen behauptet (Adoleszenz-Maximum-Hypothese), so zeigt die wachsende Zahl vorliegender Untersuchungen, daß die Lernbereitschaft und die Lernfähigkeit von Erwachsenen von einer Reihe sozioökonomischer, sozio-kultureller und sozio-ökologischer Faktoren abhängig sind (*Olechowski,* 1969; *Verres-Muckel,* 1974; *Brim/Wheeler,* 1974; *Siebert/Gerl,* 1975; *Löwe,* 1976; *Harke,* 1977). Generalisierend läßt sich sagen, daß Erwachsene unter folgenden Bedingungen erfolgreich lernen:
- hoher Erfahrungsbezug (subsumierende Integration vorangegangener Erfahrungen und Vorstellungen);
- hohe Selbstbestimmung im Blick auf die Ziele des Lernens;
- keine hierarchischen oder konkurrenzorientierten Sozialbeziehungen;
- stark individualisierte, differenzierende Methoden;
- Bevorzugung aktiver statt reaktiver Lernformen bei unterschiedlichen Strukturierungsangeboten (stärkere Strukturierung bei größerer Unsicherheit);
- freier Zugang zu und leichte Abrufbarkeit von Hilfsmitteln aller Art;
- Wahl der eigenen Lerngeschwindigkeit;
- selbstbestimmtes, konkretes Feed-back über den eigenen Lernerfolg.

Die »erzieherische« Dimension von Lernsituationen liegt demnach weniger im pädagogisch geschaffenen und professionell legitimierten Arrangement, z. B. »Lernen in Freiheit« zu ermöglichen (*Rogers,* 1974), als vielmehr in der Möglichkeit, das eigene Leben selbst zu bestimmen, die eigene Situation selbst zu kontrollieren, also in der realisierten »Freiheit zum Lernen« (*Dauber/Verne,* 1976).

Tätigkeitsfelder und Professionalisierung

Auf dem Hintergrund derartiger grundlegender pädagogischer Lernkonzepte ist auch die Diskussion um die Tätigkeitsfelder in der EB und die Kriterien der Verberuflichung/Professionalisierung erwachsenenbildnerischen Handelns zu sehen.

Dabei hat sich das Interesse an der Person des Erwachsenenbildners als kulturell und sittlich gebildeter Persönlichkeit, als »Volksbildner« (*Rosenstock,* 1922; *Weniger,* 1952) verlagert auf eine Analyse der institutionellen und sozialen Bedingungen eines sich langsam konsolidierenden Berufsfeldes (*Blascher,* 1977; *Erlinghagen/Vath,* 1977). Insgesamt zeigt sich eine wohl nicht mehr umkehrbare Tendenz von der nebenamtlichen zur hauptamtlichen Tätigkeit. (An den Volkshochschulen arbeiteten 1974 mehr als 62 500 nebenamtliche Mitarbeiter, über 50 % davon Lehrer, und 770 hauptamtliche Mitarbeiter, unter denen neuerdings die Zahl der Akademiker – vor allem der Sozialwissenschaftler –, stetig zunimmt.) Die Richtung dieser Entwicklung – der Strukturplan veranschlagte 65 000 hauptberufliche Mitarbeiter für das Jahr 1980! –, spiegelt sich treffend in folgender Gegenüberstellung: »Es gibt in der BRD fast 300 000 hauptamtliche Lehrer für Kinder und Jugendliche, rund 100 000 Polizeibeamte, rund 90 000 Beamte der Finanzverwaltung, rund

12 000 hauptamtliche Richter, mehr als 7000 Professoren, aber es gibt immer noch nicht mehr als 1500 hauptamtliche pädagogische Kräfte in der EB« (*Schulenberg u. a.*, 1972).

Einer Professionalisierung des Erwachsenenbildners als Beruf steht die Heterogenität des Tätigkeitsfeldes entgegen (eine baden-württembergische Bestandsaufnahme von 1970 listet 23 Tätigkeitsfelder auf), die Unklarheit der berufsspezifischen Aufgaben (einschließlich der Arbeitszeiten), vor allem aber auch die Offenheit der gesetzlichen Regelungen im Blick auf die Besoldungs- und Laufbahnfragen.

Gemessen an den klassischen Kriterien professionalisierter Berufe (klar definierter, in der Öffentlichkeit hochgeachteter Aufgabenbereich; akzentmäßig intellektuelle Tätigkeit; Spezialausbildung; großer Entscheidungsspielraum bei persönlicher Verantwortlichkeit; ausformuliertes Berufsethos mit explizitem Normkodex; eigene Berufsorganisation mit Zugangskontrolle zum Beruf) kann also nur von einer Tendenz zur Professionalisierung gesprochen werden. Diese Tendenz wird unterstützt durch die Ausbildung formalisierter institutioneller Strukturen und ist mit einem Zuwachs an sozialer Definitionsmacht (Definition eines Klientensystems) verbunden (*Freidson*, 1975).

Unter diesem Gesichtspunkt lassen sich zwei grob abgrenzbare Tätigkeitsfelder mit unterschiedlichen Professionalisierungsakzenten unterscheiden:

– Die Arbeit innerhalb fest etablierter Bildungsinstitutionen im EB/WB-Bereich (z. B. Volkshochschulen, Akademien, Bildungswerke) orientiert sich tendenziell an den Strategien schulisch organisierter Bildungsprozesse (Zielgruppenanalyse, Programmplanung, Veranstaltungsdidaktik), wobei eine unaufhebbare Spannung zwischen institutioneller Vorplanung und situativer Teilnehmerorientierung entsteht (vgl. u. a. *Tietgens*, 1967; *Siebert*, 1977; sowie als neueren situationsdidaktisch orientierten Ansatz *Mader/Weymann*, 1975).

– Die Arbeit mit unterschiedlichen Gruppen im außerinstitutionellen Feld bzw. in losem Kontakt mit Institutionen orientiert sich tendenziell an Modellen der Gemeinwesenarbeit und offenen Beratung (Lebensweltanalyse, Aufbau eigenständiger organisatorischer und politischer Strukturen), wobei vor allem Fragen der Kontinuität, systematischen Wissensvermittlung und der politischen Parteilichkeit zum Problem werden (vgl. u. a. im gewerkschaftlichen Bereich *Negt*, 1971; sowie *Bahr/Gronemeyer*, 1974; *Bahr/Seippel*, 1975; *Gronemeyer*, 1976; *Günter/Hasse*, 1976; *Bergmann/Frank*, 1977).

Dabei tendiert die Arbeit innerhalb formalisierter Institutionen zum Berufsbild des Lehrers (fachlicher Referent bis Gruppenleiter), der die Aufgabe hat, Lernprozesse zu planen, zu organisieren und zu evaluieren.

Die Arbeit im außerinstitutionellen Feld tendiert zum Berufsbild des Sozialarbeiters (Beraters bis ›Bildungsarbeiter‹), der sich als Animateur von Gruppen versteht. (Dieses Konzept ist vor allem in Frankreich und den Niederlanden stark vertreten.)

Während im einen Fall die Professionalisierungstendenz auf Funktionsdifferenzierung, fachliche Spezialisierung und Hierarchisierung von Entscheidungsmacht hinausläuft, zeigt sich im anderen Fall eine relative Entprofessionalisierungsten-

denz, die mit dem Anspruch auftritt, rollenspezifische Arbeitsteilungen zu überwinden und sozial getrennte Bereiche zu re-integrieren (Einheit von Lernen-
Leben-Arbeiten).

Parallel dazu liegt der Akzent einmal eher auf einer professionsbezogenen Professionalisierung (Autonomie der Professionellen gegenüber dem Anstellungsträger
durch starke Betonung der eigenen Fachkompetenz als Herrschaftswissen), im
anderen Fall eher auf einer klientenbezogenen Professionalisierung (Betonung der
Autonomie der Klienten und institutioneller Kontrolle durch diese, vgl. *Holzapfel*,
1975).

Interessanterweise läuft die Professionalisierung der EB umgekehrt wie in den
klassischen Professionen. Inzwischen kann an 32 Hochschulen ein Studiengang EB
absolviert werden, obwohl es noch keinen systematischen Wissensbestand über das
Tätigkeitsfeld gibt (vgl. die laufenden Informationen des Arbeitskreises universitäre Erwachsenenbildung/aue, 1973 ff. sowie die einschlägigen Veröffentlichungen
der Arbeitsgemeinschaft für Hochschuldidaktik, AHD, 1971 ff.).

Die Motive der Studierenden dieses Ausbildungsgangs sind widersprüchlich:
negative eigene Erfahrungen mit schulischem Lernen verbinden sich mit gesellschaftskritischen Zielperspektiven, wobei z. T. innere Konflikte auf äußere Mißstände projiziert werden (*Richter*, 1976).

Auch unter der Professionalisierungsperspektive »fachlicher Kompetenz für einen
parteilich aufgeklärten Alltag« (*Münchmeier/Thiersch*, 1976) ist durchaus fraglich,
ob die beschriebenen Tendenzen eher einer Professionalisierung der eigenen
Berufstätigkeit als Privilegierung Vorschub leisten oder zu einer Professionalisierung von ›Laiensystemen‹ und damit einer politischen Alternative zu professionell
verordneter, industriell produzierter und bürokratisch kontrollierter Versorgung
führen (vgl. die Diskussion in Nordamerika *Ohliger*, 1974; *Carlson*, 1976).

Heinrich Dauber

Literatur

Arbeitskreis Strukturplan Weiterbildung (*Schulenberg, W.* u. a.), 1975: Strukturplan für den
Aufbau des öffentlichen Weiterbildungssystems in der BRD, Köln – *Axmacher, D.*, 1974:
Erwachsenenbildung im Kapitalismus, Frankfurt/M. – *Baethge, M./Schumann, M.*, 1973:
Weiterbildung und die Verfassung gesellschaftlicher Arbeit, in: Neue Sammlung, H. 2:
142–152 – *Bahr, H.-E./Gronemeyer, R.*, 1974: Konfliktorientierte Gemeinwesenarbeit,
Darmstadt – * *Bahr, H.-E./Gronemeyer, M.*, 1977: Erwachsenenbildung – Testfall 3. Welt,
Opladen – *Bahr, H.-E./Seippel, A.-S.* (Hrsg.), 1975: Soziales Lernen, Stuttgart – *Bengtsson,
J.* u. a., 1975: Zukünfte der Erziehung, München – *Blaschek, H.*, 1977: Zum Berufsbild des
Erwachsenenbildners, in: *Eggers/Steinbacher:* Soziologie der Erwachsenenbildung, Hand-
buch der Erwachsenenbildung, hrsg. Pöggeler, Bd. 6, Stuttgart – BMBW, 1976: Weiterbil-
dung, Chance für Arbeitnehmer, Bonn – *Breloer, G./Dauber, H./Tietgens, H.*, 1980:
Teilnehmerorientierung und Selbststeuerung, Braunschweig – *Brim, O. G./Wheeler, S.*,
1974: Erwachsenen-Sozialisation, Stuttgart – *Bronfenbrenner, U.*, 1974: Wie wirksam ist
kompensatorische Erziehung?, Stuttgart – *Carlson, R. A.*, 1976: Professionalisierung der
Erwachsenenbildung: Ein nordamerikanischer Streitfall, in: Bildung und Erziehung, H. 1:
61–70 – Council of Europe, 1970: Permanent education, Strasbourg – *Dauber H.* u. a., 1976:

Lebenslanges Lernen – lebenslängliche Schule? Analyse und Kritik des OECD-Reports »Recurrent Education«, in: *Dauber/Verne* (Hrsg.) – *Dauber, H./Verne E.* (Hrsg.), 1976: Freiheit zum Lernen, Reinbek – *Dauber, H./Simpfendörfer,* (Hrsg.), 1981: Eigener Haushalt und bewohnter Erdkreis, Wuppertal – Deutscher Ausschuß für das Erziehungs- und Bildungswesen, 1964: Zur Situation und Aufgabe der Erwachsenenbildung, Stuttgart – *Edding, F.* (Hrsg.), 1973: Über die Zukunft des europäischen Bildungswesens, Frankfurt/M. – *Erlinghagen, K./Vath, R.,* 1977: Die Professionalisierung der Erwachsenenbildung, in: *Eggers/Steinbacher* (Hrsg.): Soziologie der Erwachsenenbildung, Handbuch der Erwachsenenbildung, hrsg. Pöggeler, Bd. 6, Stuttgart – *Feidel-Mertz, H.,* 1975: Erwachsenenbildung seit 1945, Köln – *Freidson, E.,* 1975: Dominanz der Experten, Göttingen – *Freire, P.,* 1971: Pädagogik der Unterdrückten, Stuttgart – *Gernert, W.,* 1975: Das Recht der Erwachsenenbildung als Weiterbildung, München – *Gorz, A.,* 1977: Ökologie und Politik, Reinbek – *Gorz, A.,* 1980: Ökologie und Freiheit, Reinbek – *Gottwald, K./Brinkmann, C.,* 1973: Determinanten der Weiterbildungsmotivation, in: Deutscher Bildungsrat, Gutachten und Studien der Bildungskommission, Bildungsurlaub als Teil der Weiterbildung, Bd. 28, Stuttgart – *Gronemeyer, M.,* 1976: Motivation und politisches Handeln, Hamburg – *Günter, R./Hasse, R.,* 1976: Handbuch für Bürgerinitiativen, Westberlin – *Hamacher, P.,* 1976: Entwicklungsplanung für Weiterbildung, Braunschweig – *Harke, D.,* 1977: Lernprobleme in der beruflichen Erwachsenenbildung, Bundesinstitut für Berufsbildungsforschung, Berlin – *Holzappel, G.,* 1975: Professionalisierung und Weiterbildung bei Lehrern und Ausbildern, Weinheim – *Huberman, A. M.,* 1974: Some Models of Adult Learning and Adult Change, Council of Europe, Studies on Permanent Education 22, Strasbourg – *Illich, I.,* 1973: Entschulung der Gesellschaft, Reinbek – *Johannson, K.,* 1975: Anpassung als Prinzip, Frankfurt/M. – *Jungk, R.,* 1976: Der Jahrtausendmensch, Reinbek – *Knirsch, H./Nickolmann,* 1976: Die Chance der Bürgerinitiativen, Wuppertal – *Lenhardt, G.,* 1974: Berufliche Weiterbildung und Arbeitsteilung in der Industrieproduktion, Frankfurt/M. – *Lenhardt, G.,* 1975: Berufliche Qualifikation und Arbeitslosigkeit, in: Leviathan, H. 3: 370–391 und 594–607 – *Lenhart, U./Hamburger, F.,* 1977: Weiterbildung als gesellschaftliche Institution, in: *Eggers/Steinbacher* (Hrsg.): Soziologie der Erwachsenenbildung, Handbuch der Erwachsenenbildung, hrsg. Pöggeler, Stuttgart – *Löwe, H.,* 1976: Einführung in die Lernpsychologie des Erwachsenenalters, Berlin – *Lott, J.,* 1975²: Erwachsenenbildung, in: *Otto* (Hrsg.): Handbuch der Praktischen Theologie, Hamburg – *Mader, W./Weymann, A.,* 1975: Erwachsenenbildung, Regensburg – *Münchmeier, R./Thiersch, H.,* 1976: Die verhinderte Professionalisierung – Zwischenbericht zu Ausbildungsproblemen im erziehungswissenschaftlichen Hauptstudium, in: *Haller/Lenzen* (Hrsg.): Jahrbuch für Erziehungswissenschaft 1976, Lehrjahre in der Bildungsreform, Stuttgart – *Negt, O.,* 1971: Soziologische Phantasie und exemplarisches Lernen, Frankfurt/M. – OECD (Ceri), 1973: Recurrent Education: A Strategy for Lifelong Learning, Paris – *Offe, C.,* 1975: Bildungssystem, Beschäftigungssystem und Bildungspolitik – Ansätze zu einer gesamtgesellschaftlichen Funktionsbestimmung des Bildungssystems, in: Bildungsforschung, Deutscher Bildungsrat, Gutachten und Studien der Bildungskommission, Bd. 50, Stuttgart – *Ohliger, J.,* 1974: Is Lifelong Adult Education a Guarantee of Permanent Inadequacy, Saskatoon – *Olechowski, R.,* 1969: Das alternde Gedächtnis, Bern – *Palm, H.,* 1974: Synopse der gesamtstaatlichen Planung und Ländergesetzgebung zur Weiterbildung in der BRD, in: Außerschulische Bildung, Hrsg. Arbeitskreis deutscher Bildungsstätte e. V., Bonn – *Peccei, A.* (Hrsg.), 1979: Das menschliche Dilemma, Zukunft und Lernen, Wien – *Richter, H. E.,* 1976: Flüchten oder Standhalten, Reinbek – *Sass, J./Sengenberger, W./Weltz F.,* 1974: Weiterbildung und betriebliche Arbeitskräftepolitik, Frankfurt/M. – *Schmitz, E.,* 1975: Zur Begründung von Weiterbildung als einer »recurrent education«, in: Deutscher Bildungsrat, Gutachten und Studien der Bildungskommission, Umrisse und Perspektiven der Weiterbildung, Bd. 46, Stuttgart – *Schulenberg, W.* u. a., 1972: Zur Professionalisierung der Erwachsenenbildung, Braunschweig – *Schulenberg, W.* u. a., 1978: Soziale Faktoren der Bildungsbereitschaft Erwachsener, Stuttgart – *Siebert, H./Gerl, H.,* 1975: Lehr- und Lernverhalten bei Erwachsenen, Braunschweig – *Siebert, H.* (Hrsg.), 1977: Praxis und Forschung in der Erwachsenenbildung, Opladen – *Siebert, H.* (Hrsg.), 1979: Taschenbuch der Weiterbildungforschung,

Baltmannsweiler – *Spies, W.* u. a., 1973: Verschulung oder Befreiung?, Braunschweig – *Spranger, E.*, 1971: Zur Psychologie der Bildsamkeit des Erwachsenen, in: *Pöggeler*, Erwachsenenbildung im Wandel der Gesellschaft, Frankfurt/M. – Stadt Frankfurt/Main, 1975: Dezernat Kultur und Freizeit, Perspektivplan der öffentlichen Erwachsenenbildung, Frankfurt/M. – *Strzelewicz, W.* u. a., 1973: Bildung und gesellschaftliches Bewußtsein, Stuttgart – *Strzelewicz, W., 1977: Die Erwachsenenbildung als Gegenstand soziologischer Forschung, in: *Eggers/Steinbacher* (Hrsg.): Soziologie der Erwachsenenbildung, Handbuch der Erwachsenenbildung, hrsg. Pöggeler, Bd. 6, Stuttgart – *Tietgens, H.*, 1967: Lernen mit Erwachsenen, Braunschweig – *Tietgens, H./Boulboullé H./Simon, S.*, 1975: Baustein-System für die Weiterbildung, in: Deutscher Bildungsrat, Gutachten und Studien der Bildungskommission, Umrisse und Perspektiven der Weiterbildung, Bd. 46, Stuttgart – *Tietgens, H., 1979: Einleitung in die Erwachsenenbildung, Darmstadt – *Verne, E.*, 1976: Die Kosten lebenslänglicher Erziehung, in: *Dauber, H./Verne, E.* (Hrsg.), Reinbek – *Verres-Muckel, M.*, 1974: Lernprobleme Erwachsener, Stuttgart – *Villmar, F.* (Hrsg.), 1973: Menschenwürde im Betrieb, Reinbek – *Villmar, F.* (Hrsg.), 1975: Industrielle Demokratie in Westeuropa, Reinbek – *Weick, E.* (Hrsg.), 1976: Arbeit und Lernen, Beiträge zum italienischen Modell des Bildungsurlaubs, Berlin – *Weingart, P.*, 1975: Verwissenschaftlichung und Reflexivität der Praxis als Strukturprinzipien von Lernprozessen – zur Begründung der Notwendigkeit von Weiterbildung, in: Deutscher Bildungsrat, Gutachten und Studien der Bildungskommission, Umrisse und Perspektiven der Weiterbildung, Bd. 46, Stuttgart – *Weingart, P.*, 1976: Wissensproduktion und soziale Struktur, Frankfurt/M. –

→ Erwachsenensozialisation → Freizeit → Sozialisationstheorie → Weiterbildung in sozialen Berufen

Erwachsenensozialisation

Wer die sozialwissenschaftliche Literatur zum Thema »Erwachsenensozialisation« sichten soll, sieht sich in einer paradoxen Lage. Daß Erwachsene sich unter dem Einfluß sozialer Bedingungen laufend verändern, daß also laufend Erwachsenensozialisation stattfindet, müßte eigentlich jedem kritischen Betrachter des gesellschaftlichen Alltags deutlich sein – aber in der Soziologie sind diese Prozesse bisher nur am Rande thematisiert worden. An Angeboten unter dem Markenzeichen »Sozialisation« besteht auf dem wissenschaftlichen Markt kein Mangel, die Beiträge zur Theorie der Erwachsenensozialisation sind dagegen ungemein spärlich. Der übliche – wenn auch nicht immer zutreffende – Stoßseufzer über den »tiefen Stand der Theorie« ist hier besonders passend. Auch die empirische Forschung ist noch wenig entwickelt und schlecht auf die theoretischen Grundfragen bezogen.

In der folgenden Darstellung liegt das Schwergewicht auf der soziologischen Konzeptualisierung; die psychologischen Beiträge werden nur kurz erwähnt, auf die institutionalisierte Erwachsenenbildung wird nicht eingegangen. Trotz der Spärlichkeit der direkt einschlägigen Literatur gibt es doch – vor allem zu einzelnen Aspekten und Bereichen der Erwachsenensozialisation – bereits viel mehr Untersuchungen, als hier aufgeführt werden können. Die genannten Titel sind deshalb als exemplarische Hinweise (und Grundlagen für die Weiterarbeit) zu verstehen.

»Erwachsene« – »Sozialisation«?

Die Schwierigkeiten mit der Erwachsenensozialisation hängen mit einer gewissen Widersprüchlichkeit der beiden Komponenten dieses Begriffs zusammen. Die vorliegenden Fragmente zu einer soziologischen Umschreibung des Erwachsenen – eine ausgeführte »Erwachsenensoziologie« gibt es bisher nicht (vgl. *Pieper,* 1978) – stimmen darin überein, daß sie ihn als denjenigen charakterisieren, der voll am gesellschaftlichen Leben teil hat, der somit seine »Vorbereitungszeit« hinter sich hat und jetzt ein »fertiger« Mensch ist. Zwar ist inzwischen viel von Weiterbildung die Rede, und sie wird zumindest von den oberen Schichten als wesentlicher Bestandteil des beruflichen Alltags eingestuft. Aber eine – erst noch zu leistende – phänomenologische Analyse des Erwachsenenlebens würde wahrscheinlich zeigen, daß für Erwachsene doch in weiten Bereichen ein selbstverständlicher Anspruch auf stabile Lebensverhältnisse besteht und daß von ihnen über alle äußeren Wechselfälle des Lebens hinweg eine stabile Grundorientierung erwartet wird.

Der Sozialisationsbegriff ist für solche »fertigen« Personen schlecht geeignet. Wo dennoch von Erwachsenensozialisation gesprochen wird, versucht man den Unterschied zwischen dem »Aufbau« der Person und ihrer bloßen »Veränderung« mit der Entgegensetzung von »primärer« und »sekundärer« Sozialisation oder von »Sozialisation« und »Resozialisation« zu fassen (*Kohli,* 1980). Die Problematik einer solchen Entgegensetzung wird schon an der Frage deutlich, wo denn die zeitliche Grenze im Lebenslauf liegt, von der an eine Person fertig bzw. handlungsfähig ist. Die Problematik geht darauf zurück, daß in diesen Umschreibungen eine sozial geltende Typisierung (der Erwachsene als fertige Person) unbefragt als wissenschaftliche Konzeptualisierung übernommen wird. Die Folge davon ist ein Alterszentrismus, von dem aus der (aktive) Erwachsene als der selbstverständliche »Normale« und die anderen Altersphasen als »Probleme« oder gar »Abweichung« erscheinen.

Zu diesen theoretischen Schwierigkeiten kommen solche der praktisch-empirischen Forschung. Sozialisationsprozesse bei Erwachsenen sind aus mehreren Gründen dem empirischen Zugriff bedeutend weniger leicht zugänglich als solche in Kindheit und Jugend. Sie finden zu einem kleineren Teil in formalen Bildungsinstitutionen statt; das Leben von Erwachsenen ist stärker durch eine gleichzeitige Teilhabe an allen institutionellen Bereichen der Gesellschaft gekennzeichnet. Sie sind entsprechend weniger häufig die Folge von geplantem erzieherischem Handeln. Sie laufen tendenziell langsamer ab, und ihre empirische Erfassung ist deshalb aufwendiger. Schließlich stehen Erwachsene – abgesehen von Insassen geschlossener Institutionen, die keine Möglichkeit haben, sich einer verordneten Forschung zu entziehen – dem Forscher weniger leicht zur Verfügung.

Forschung ist bisher vor allem im Zusammenhang mit praktisch zu bewältigenden Problemen angesetzt worden. Dazu gehören die notwendige berufliche Weiterbildung und Umschulung sowie die – allerdings eher kurzfristig orientierte – Werbung für Konsumgüter oder in Wahlkampagnen, aber auch politische Umschulung und die Anpassung an Kulturwandel (sei es in gesellschaftlichen Modernisierungsprozessen oder beim Übergang in fremde Kulturen, z. B. bei den europäischen Arbeitsemigranten).

Persönlichkeitsveränderung im Erwachsenenalter

Wie weit verändern sich Erwachsene (noch)? Wie weit sind sie (noch) lernfähig? Diese Fragen können zunächst an die Entwicklungs- und Lernpsychologie gerichtet werden. Auch die Entwicklungspsychologie hat sich weit überwiegend auf die frühen Lebensphasen konzentriert; seit einigen Jahren hat sich jedoch zum Teil eine Neuorientierung auf den ganzen Lebenslauf vollzogen (*Baltes/Eckensberger,* 1979; *Brim/Kagan,* 1980). Die bisherigen psychologischen Untersuchungen über Persönlichkeitsentwicklung sind allerdings mit großen konzeptuellen und methodologischen Schwierigkeiten behaftet. Wenn viele von ihnen zum Schluß kommen, daß ein erhebliches Maß an Kontinuität der Person besteht, so ist das deshalb mit Vorsicht aufzunehmen. Außerdem ist nicht geklärt, wie weit eine empirisch gefundene Kontinuität im Verhalten auf eine »innere« Kontinuität der Person oder auf eine Kontinuität der sozialen Verhältnisse, in denen sie lebt, zurückzuführen ist; eine rein psychologische Betrachtungsweise genügt somit nicht.

Der Bereich, der am umfangreichsten untersucht worden ist, ist die Entwicklung der Intelligenz im Erwachsenenalter (*Baltes* et al. 1980; *Lehr,* 1979). Das ursprünglich herrschende »Defizitmodell« des Alterns – wonach schon bald nach Beginn des Erwachsenenalters eine massive Abnahme einsetzt – ist inzwischen aufgegeben worden. Um die Tatsache einer gewissen Abnahme scheint man nicht herumzukommen; sie umfaßt aber nur einen Teil der Intelligenzfunktionen (vorwiegend diejenigen der »flüssigen« Intelligenz) und beginnt später im Leben. Auch hier sind soziale Bedingungen wesentlich; ausschlaggebend für den Entwicklungsverlauf ist vor allem, wie weit die vorhandenen Fähigkeiten in den alltäglichen (v. a. beruflichen) Tätigkeiten »gefordert« bzw. angeregt oder unbenutzt gelassen bzw. unterdrückt werden. Dies gilt ähnlich für die Lernfähigkeit von Erwachsenen. Der lernpsychologische Ansatz schlägt die Brücke zu den praktischen Problemen der Erwachsenenbildung und ihrer Didaktik.

Theoretische Modelle der Erwachsenensozialisation

Für die Theorie der Erwachsenensozialisation können auch Untersuchungen aus den einzelnen Forschungsbereichen herangezogen werden. Die Diskussion in diesem Abschnitt soll aber auf allgemeine Modelle der Erwachsenensozialisation beschränkt bleiben (vgl. dazu auch die Sammelbände von *Griese,* 1979, und *Nave-Herz,* 1981). Als erste Beiträge dieser Art können die beiden Arbeiten von *Brim* (1966, 1968) gelten (wovon die erste – leider in einer verheerenden Übersetzung – inzwischen auch deutsch vorliegt); vom gleichen Autor stammt der Artikel »Adult socialization« in der »International Encyclopedia of the Social Sciences« (erschienen 1968). Auch die deutsche Rezeption bezieht sich hauptsächlich darauf (*Griese,* 1976). Die Arbeiten von *Brim* stützen sich überwiegend auf ein Rollenmodell, das in den Grundzügen auf *Parsons* zurückgeht. Das trifft auch für einige weitere Beiträge zu, die – von gerontologischen Fragestellungen ausgehend – die Probleme der Erwachsenensozialisation am Beispiel der späteren Lebensphasen entwickeln (etwa *Rosow,* 1974). Im folgenden soll dieses Modell vorwiegend mit Bezug auf den Essay von *Brim* (1966) dargestellt werden.

Hinsichtlich der Notwendigkeit von Erwachsenensozialisation weist *Brim* einerseits auf die Abfolge von unterschiedlichen Positionen im Lebenslauf und die damit gegebenen Veränderungen in den gesellschaftlichen Erwartungen an das Individuum hin, andererseits auf den sozialen Wandel. Ersteres ist schon durch die Abfolge von Lebensphasen mit ihren unterschiedlichen normativen Erwartungen gegeben, wie sie systematisch in der »Theorie der Altersschichtung« (*Riley* et al., 1972) analysiert worden sind. Auch innerhalb der einzelnen Lebensbereiche lassen sich solche Abfolgen erkennen (z. B. im Familienzyklus). Damit rücken die Übergänge zwischen Positionen als Problemstellen ins Blickfeld. Gewisse Diskontinuitäten im Lebenslauf – z. B. zwischen Kinder- und Elternrolle – sind universell gegeben, wie schon *Benedict* (1978, Orig. 1938) aus kulturanthropologischer Sicht gezeigt hat; Erwachsenensozialisation – als Verlernen von bisher gültigen und Lernen neuer Verhaltensanforderungen – ist deshalb auch in einfachen Gesellschaften nötig. In komplexen Gesellschaften kommen soziale Mobilität und sozialer Wandel hinzu. Es wird immer weniger voraussehbar, auf welche zukünftigen Erwartungen hin das Kind sozialisiert werden soll; die Möglichkeiten zu antizipatorischer Sozialisation sind eingeschränkt. Ein Mittel zur Vorbereitung auf noch nicht antizipierbare Anforderungen ist die Erziehung zu Flexibilität. Auch das genügt aber nicht, sondern es braucht auch Sozialisation bzw. Resozialisation im Erwachsenenalter.

Brim nimmt dafür bestimmte Grenzen an. Sie sind zum einen biologischer Art, zum anderen folgen sie aus der Last des früheren Lernens (bzw. aus dem Fehlen von früheren Lernprozessen, die die Voraussetzung für spätere bilden). Aufgrund dieser Grenzen kommt es nach *Brim* in der Erwachsenensozialisation zu einer Verlagerung der Inhalte: sie beschäftigt sich vorwiegend mit manifestem Rollenverhalten und weniger mit den dazu notwendigen Grundlagen, nämlich Werten und Motivationen. Wo diese den Rollenerwartungen nicht entsprechen, werden manchmal ». . . Bemühungen um Resozialisation in Gang gesetzt, aber meistens hält man korrigierende Maßnahmen bei diesen Personen für eine aussichtslose Sache und sperrt sie ein oder ignoriert sie oder drängt sie in unbedeutende Außenseiterpositionen ab . . . Die Gesellschaft ist bei Erwachsenen im Gegensatz zu Kindern kaum bereit, Zeit auf die Beeinflussung von Werten und Motiven zu verschwenden«.

Die wichtigste Veränderung im »Verhältnis zum Sozialisationsagenten« ist diejenige in Richtung auf geringere Affektivität und Abhängigkeit. Als eine der seltenen Ausnahmen, in denen Erwachsenensozialisation in einer ebenso affektiv und durch Abhängigkeit geprägten Beziehung abläuft wie Sozialisation in der Kindheit, erwähnt *Brim* das Beispiel der religiösen Bekehrung; nur unter solchen Bedingungen können seiner Auffassung nach noch grundlegende Veränderungen – ähnlich denen in der Kindheit – auftreten (zum gleichen Schluß – wenn auch auf anderer, nämlich phänomenologisch-wissenssoziologischer Grundlage – kommen *Berger/Luckmann*, 1969; für empirische Befunde dazu vgl. *Brim/Kagan*, 1980).

Das Rollenmodell erlaubt es, Persönlichkeitsveränderungen in einen soziologischen Bezugsrahmen zu stellen. Es ist aber inzwischen – analog zur allgemeinen Ablehnung der funktionalistischen Rollenkonzeption – auf zunehmende Kritik gestoßen. Es sollen hier nur drei Kritikpunkte erwähnt werden. Erstens wird die Rollenstruktur als gegeben vorausgesetzt; Fragen der sozialen Bedingungen, die zur Entstehung und Veränderung von Rollen führen, werden in allen hier behandelten Arbeiten (*Brim,* 1966; *Riley* et al., 1972; *Rosow,* 1974) explizit ausgeklammert. Die Erwähnung von Gründen für die funktionale Notwendigkeit von Erwachsenensozialisation reicht als Ersatz dafür nicht aus. Die gesellschaftstheoretische Analyse bleibt damit leer. Als zweites wird ausgeklammert, daß im Sozialisationsprozeß selber auch Einflüsse vom »Sozialisanden« zurück auf den »Sozialisator« zu verzeichnen sind, besonders deutlich unter Erwachsenen (»Reziprozität«). Schließlich führt das Rollenmodell auch zu einem verkürzten Persönlichkeitsbild; die Person kann nur als Ergebnis der Internalisierung von Rollenerwartungen aufgefaßt werden. Daß dies nicht genügt, erweist sich soziologisch u. a. daran, daß Rollen keineswegs vollständig und widerspruchsfrei normiert sind – daß also persönliche Vermittlungsleistungen erforderlich sind, die z. B. mit dem Begriff »Identität« gefaßt werden können – und daß die Person auch aktiv an der Wahl der Rollen beteiligt ist, auf die hin sie dann sozialisiert wird. Überdies wird mit dem Rollenbegriff der größere Teil dessen, was die Handlungsfähigkeit der Person ausmacht, ausgeklammert.

Die Frage nach den gesellschaftlichen Bedingungen für Erwachsenensozialisation steht in den historisch-materialistischen Ansätzen im Zentrum. Dabei geht es vor allem um die gesellschaftliche Organisation der Arbeit. Die Kritik der politischen Ökonomie wird als theoretischer Rahmen für die Bestimmung der sozialen Funktion von Persönlichkeitsdispositionen als Sozialisationsergebnissen und – nicht immer mit der notwendigen analytischen Trennung – ihrer sozialen Entstehungs- und Veränderungsbedingungen herangezogen. So wird z. B. untersucht, in welcher Weise Flexibilität bzw. Gleichgültigkeit als allgemeines Persönlichkeitsmerkmal unter kapitalistischen Produktionsbedingungen funktional notwendig ist und sozial erzeugt wird (*Bammé* et al., 1976). Hinsichtlich des sozialen Kontextes, in dem Sozialisation abläuft, wird – wie in den übrigen sozialisationstheoretischen Ansätzen – auf Familie und Schule verwiesen, daneben aber gilt die berufliche Arbeit selber als wesentliche Sozialisationsinstanz, womit Sozialisation im Erwachsenenalter stärker als sonst üblich in den Blick rückt. Die Lernprozesse werden mit dem Konzept der »Aneignung« sozialer Strukturen durch (Arbeits-)Tätigkeit gefaßt, was gewisse Berührungspunkte zu den Konzepten der kognitiven Entwicklungspsychologie (*Piaget*) ergibt.

Während die historisch-materialistische Theorie der Erwachsenensozialisation erst in den Anfängen steckt, weist diejenige des Symbolischen Interaktionismus bereits eine gewisse Tradition auf. Die sozialstrukturellen Bedingungen werden darin nicht thematisiert, dagegen geht sie ausführlich auf den situativen Kontext ein, in dem Sozialisation abläuft (z. B. in Hochschule und Klinik). Dabei wird das Schwergewicht auf den Nachweis gelegt, daß alles »im Fluß« ist und von den Beteiligten ständig neu ausgehandelt werden muß. Die Auffassung von Sozialisation als einem einseitigen Prozeß wird damit verworfen; es ergibt sich die Möglichkeit, die Aktivität aller Beteiligten zu sehen. Allerdings wird dies teilweise bis zu unfruchtbaren »situationistischen« Exzessen getrieben, in denen Persönlichkeit als überdauerndes Handlungspotential kaum mehr faßbar ist (z. B. bei *Becker,* 1964).

Hinsichtlich der Inhalte und Ergebnisse von Erwachsenensozialisation stehen hier nicht einzelne Fähigkeiten und Dispositionen im Vordergrund, sondern das, was mit »Identität« bezeichnet wird. So ist z. B. untersucht worden, wie sich bei Studenten im Lauf der Sozialisation an der Hochschule eine berufliche Identität aufbaut und verändert oder welche Identitätsveränderungen sich auf den verschiedenen Stationen einer »abweichenden« Laufbahn ergeben.

Erwachsenensozialisation in den verschiedenen Lebensbereichen

Ein zentrales Problem für die Erwachsenensozialisationsforschung ist das Verhältnis von allgemeinen Dispositionen, die für alle Lebensbereiche relevant sind, zu spezifischen für einen bestimmten Bereich (z. B. Arbeit/Beruf). Die Sozialisation bereichspezifischer Dispositionen kann bereits vor Eintritt in diesen Bereich (antizipatorisch) oder erst im Vollzug der darin zu leistenden Handlungen selber stattfinden. Im folgenden soll aber nicht nach der Sozialisation für die einzelnen Bereiche, sondern nach der Sozialisation durch sie, d. h. ihrem Einfluß auf die Person gefragt werden; die Lebensbereiche des Erwachsenen werden somit als Sozialisations»instanzen« aufgefaßt.

Die Untersuchung der beruflichen Sozialisation beschränkte sich lange auf die Phasen vor und während des Eintritts in den Beruf, vor allem auf die Sozialisation in der Hochschule. Neben anderen waren für diese Beschränkung wohl die gleichen forschungspragmatischen Gründe maßgebend wie in weiten Bereichen der experimentell-psychologischen Forschung: die besonders leichte Verfügbarkeit von Studenten als Forschungsobjekte. Hochschulsozialisation ist insofern berufliche Sozialisation, als es um den Erwerb von beruflich relevanten Fähigkeiten oder den Aufbau einer beruflichen Identität geht; darüber hinaus enthält sie natürlich auch über- und außerberufliche Komponenten.

Unter dem Gesichtspunkt, daß Hochschulsozialisation zur Reflexion bisher unbefragter Selbstverständlichkeiten und damit zu einem »kritischen« oder »emanzipatorischen« Verständnis der künftigen beruflichen Praxis führen soll, ist der Übergang in den Beruf als problematische Phase in den Blick gerückt. Die Anpassungsprobleme in den Anfangsphasen der Berufstätigkeit sind unter dem Stichwort »Praxisschock« thematisiert worden (z. B. für Lehrer: *Müller-Fohrbrodt* et al., 1978), wobei einerseits nach beruflichen Bedingungen gefragt wird, die einen solchen Schock vermeiden lassen, andererseits nach Möglichkeiten der Hochschul-sozialisation, die Absolventen »resistent« zu machen.

Auf die Sozialisation durch berufliche Arbeit wurde bereits bei der Diskussion der historisch-materialistischen Ansätze zur Theorie der Erwachsenensozialisation eingegangen. Zu diesem Bereich liegt eine umfassende Literaturübersicht von *Lempert* (1977) vor, so daß hier einige kurze Hinweise genügen können (vgl. auch *Beck* et al., 1980; *Kohn*, 1981). Das Problem der Sozialisation durch den Beruf tauchte schon bei der Beschäftigung mit Kindheitssozialisation im Rahmen der »schichtspezifischen Sozialisationsforschung« auf, nämlich bei der Frage nach den Ursachen für die schichtspezifischen Unterschiede im Erziehungsverhalten und den Erziehungseinstellungen. Der Nachweis eines Sozialisationseffekts des Berufs setzt den Ausschluß alternativer Erklärungsmöglichkeiten über Selektionsprozesse vor-aus. Wichtige Beiträge zu dieser Frage kommen auch aus der Arbeitspsychologie.

Für den Bereich der Familie verspricht das Konzept des »Familienzyklus« als der typischen Abfolge von personellen Konstellationen in der Entwicklung einer Familie (vgl. *Kohli,* 1978) einen geeigneten Zugang zur Frage der Sozialisation. Darüber hinaus seien hier drei besonders interessante Forschungsansätze genannt. Hinsichtlich der Interaktion zwischen Eltern und Kindern nimmt man nun immer mehr auch die Einflüsse der Kinder auf die Eltern wahr – zunächst unter dem Aspekt, wie Kinder die Zuwendung ihrer Eltern stimulieren und damit ihre eigene Sozialisation mit determinieren, dann auch unter der Frage nach Persönlichkeits-veränderungen der Eltern. Hinsichtlich der Sozialisation in der Ehe ist auf die phänomenologisch-wissenssoziologische Analyse von *Berger/Kellner* (1965) hinzu-weisen, in der die gegenseitige Sozialisation als Problem der Konstruktion einer gemeinsamen Wirklichket gesehen wird. Die verschiedenen empirischen Befunde deuten darauf hin, daß die Ehepartner sich mit der Zeit in ihren psychischen Dispositionen immer näher kommen. *Gutmann* (1975) versucht darüber hinaus eine generelle (interkulturell gültige) Tendenz zur Ausgleichung der Geschlechter-differenzen nachzuweisen: während bei den Männern Aggression und Aktivität im mittleren und höheren Alter einer zunehmenden Passivität weichen, ist es bei den Frauen umgekehrt, was zum »normalen Unisex des späteren Lebens« führe. Als Begründung dafür nennt *Gutmann* den Zwang, unter der Belastung durch die Elternschaft die Geschlechtertypisierungen im Interesse einer funktionierenden Arbeitsteilung zu vertiefen; dieser Zwang könne sich erst in der nachelterlichen Phase lösen, was dann das Auftauchen der bisher unterdrückten Persönlichkeitsan-teile erlaube.

Eine Behandlung der Sozialisation im Rahmen von »Freizeit«, Konsum, Rezeption von Massenmedien, politischen Aktivitäten u. ä. würde den Rahmen dieses Bei-trags sprengen. Ein besonderer Bereich von Erwachsenensozialisation ist diejenige in totalen Institutionen (z. B. im Militär: *Treiber,* 1973; in psychiatrischen Kliniken: *Goffman,* 1973). Zumindest unter solchen Bedingungen werden von manchen Autoren auch im Erwachsenenalter noch tiefgreifende Veränderungsprozesse erwartet. Sie gehen allerdings kaum in die Richtung, die den offiziellen Zielen der Resozialisation »Abweichender« entspricht; die Ergebnisse zeigen eher, daß es hauptsächlich zu einer (zumindest äußerlichen) Anpassung an die Bedingungen der totalen Institution kommt. Unbestritten bleibt, daß in manchen Fällen umfassende Veränderungen – etwa bei der Konversion zu religiösen oder psychotherapeutischen Sekten – stattfinden.

Grundfragen zu einem allgemeinen Modell der Erwachsenensozialisation

Es ist nicht zu verkennen, daß manche zentralen Fragen einer Theorie der Erwachsenensozialisation noch keineswegs richtig gestellt und angegangen worden sind. Einige davon sollen hier zum Abschluß in Form von grundlegenden Alternativen skizziert werden.

– »Ereignissozialisation« – »Alltagssozialisation«: Wie weit findet Erwachsenensozialisation im Zusammenhang mit hervorstechenden Ereignissen statt, wie weit im Vollzug der alltäglichen Routinen? Spektakulärer ist der erste Typ von Sozialisation (z. B. im Zusammenhang mit Rollenübergängen, »stressauslösenden« Lebensereignissen oder Krisen). Möglicherweise ist aber der zweite Typ, nämlich Sozialisation im Zusammenhang mit alltäglichem Handeln, das dem Handelnden nicht weiter problematisch ist, bedeutungsvoller – wenn er auch theoretisch und empirisch weniger leicht zugänglich ist (etwa die erwähnten Effekte langjähriger Arbeitstätigkeit).

– »Primäre« – »sekundäre« Sozialisation: Diese Trennung erweist sich, wenn man sie auf die einzelnen Sozialisationsdimensionen zu beziehen oder mittels einer schematischen zeitlichen Abgrenzung (etwa zwischen Kindheit/Jugend und Erwachsenenleben) zu fassen sucht, als problematisch – dennoch scheint sie bis zu einem gewissen Grad plausibel. Können theoretische Modelle entwickelt werden, in denen sie einen systematischen Stellenwert hat – unabhängig von der geltenden sozialen Typisierung der Kindheit/Jugend als Vorbereitungsphase und des Erwachsenen als »fertig«? Zu denken wäre etwa an die Unterscheidung von Tiefen- und Oberflächenstruktur und die entsprechende Unterscheidung von Kompetenz- und Performanzebene oder an Entwicklungslogiken (z. B. diejenige von *Piaget*).

– Aufbau – Abbau der Person: Für die Sozialisation in Kindheit, Jugend und frühem Erwachsenenalter ist die Aufbauperspektive unproblematisch. Dann aber stellt sich immer mehr auch die Notwendigkeit der Bewältigung von Abbauprozessen (der körperlichen Leistungsfähigkeit, des sozialen Status, der Verfügung über Ressourcen etc.). Ohne daß hier ein »Defizitmodell« des Alterns zugrunde gelegt werden soll, kann doch nicht bestritten werden, daß Abbau stattfindet. Bereits früher setzen z. B. Prozesse der (erzwungenen) Rücknahme von Aspiration ein, also ein Abbau der subjektiven Zielperspektive für die Entwicklung der eigenen Person. Für die Sozialisationstheorie rücken damit Konzepte wie dasjenige des »Auskühlens« (*Goffman*), d. h. der Gewöhnung an Mißerfolg und Einschränkung, in den Vordergrund.

– Sozialisation – Selektion: Die gefundene Korrespondenz zwischen Personen und ihrer Umwelt (z. B. den Arbeitsplatzbedingungen) kann die Folge entsprechender Sozialisationsprozesse sein, sie kann aber auch darauf beruhen, daß Personen sich ihnen entsprechende soziale Milieus aussuchen und von diesen ausgesucht werden (sowie sich die vorgefundenen Milieus nach ihren Bedürfnissen umzugestalten versuchen). Die empirischen Befunde deuten darauf hin, daß gewöhnlich sowohl Selektion wie Sozialisation geschieht (vgl. für die Arbeitsplatzbedingungen die Untersuchungen von *Kohn*, 1981). Für den Bereich der Hochschulsozialisation ist dabei ein »Akzentuierungsprozeß« nachgewiesen worden: die Hochschulen sind bei der Rekrutierung von Studenten hinsichtlich gewisser Persönlichkeitsmerkmale selektiv und verstärken diese dann noch in ihrer Sozialisation.

– Kumulation – Kompensation: Hinsichtlich der Unterschiede zwischen den Individuen stellt sich die Frage, ob diese im Verlauf des Erwachsenenlebens sich vertiefen oder abgebaut werden, ob also – bzw. unter welchen Bedingungen – Erwachsenensozialisation kumulierend oder kompensatorisch wirkt. Die erwähnte These von *Gutmann* postuliert für die Geschlechtsunterschiede einen kompensatorischen Verlauf. Andere Befunde – z. B. diejenigen über die Akzentuierung der zu Anfang bestehenden Unterschiede im Verlauf der Hochschulsozialisation und über die Auswirkungen der Arbeitstätigkeit auf die intellektuelle Entwicklung – weisen auf kumulative Effekte (nach dem Prinzip »Wer da hat, dem wird gegeben«) hin.

Diese modellhaften Alternativen bezeichnen einige der Dimensionen, die in einer allgemeinen Theorie der Erwachsenensozialisation berücksichtigt werden müssen.

Martin Kohli

Literatur

Baltes, P. B./Eckensberger, L. (Hrsg.), 1979: Entwicklungspsychologie der Lebensspanne, Stuttgart – *Baltes, P. B./Reese, H. W./Lipsitt, L. P.,* 1980: Life-span developmental psychology, Annual Review of Psychology 31 – *Bammé, A./Deutschmann, M./Holling, E.,* 1976: Erziehung zur beruflichen Mobilität, Hamburg – *Beck, U./Brater, M./Daheim, H.,* 1980: Soziologie der Arbeit und der Berufe, Reinbek – *Becker, H. S.,* 1964: Personal change in adult life, Sociometry 27 – *Benedict, R.,* 1978: Kontinuität und Diskontinuität im Sozialisationsprozeß, in: *Kohli, M.* (Hrsg.): Soziologie des Lebenslaufs, Bd. 109, Darmstadt – *Berger, P. L./Kellner, H.,* 1965: Die Ehe und die Konstruktion der Wirklichkeit, Soziale Welt, H. 16 – *Berger, P. L./Luckmann, Th.,* 1969: Die gesellschaftliche Konstruktion der Wirklichkeit, Frankfurt/M. – *Brim, O. G.,* Jr., 1968: Adult socialization, in: *Clausen, J. A.* (Hrsg.): Socialization and society, Bosten, Little, Brown – *Brim, O. G.,* Jr., 1974: Sozialisation im Lebenslauf, in: *Brim, O. G., Jr./Wheeler, S.:* Erwachsenensozialisation, Stuttgart – *Brim, O. G. Jr./Kagan, J.* (Hrsg.), 1980: Constancy and Change in Human Development, Cambrigde, Harvard Univ. Press – *Goffman, E.,* 1973: Asyle, Frankfurt/M. – *Griese, H.,* 1976: Erwachsenensozialisation, München – *Griese, H.* (Hrsg.), 1979: Sozialisation im Erwachsenenalter, Weinheim – *Gutmann, D.,* 1975: Parenthood: A key to the comparative study of the life cycle, in: *Datan, N./Ginsberg, L. H.* (Hrsg.): Normative life crises, Academic Press, New York – *Kohli, M.* (Hrsg.): 1978: Soziologie des Lebenslaufs, Darmstadt – *Kohli, M.,* 1980: Lebenslauftheoretische Ansätze in der Sozialisationsforschung, in: *Herrelmann, K./ Ulrich, D.* (Hrsg.): Handbuch der Sozialisationsforschung, Weinheim – *Kohn, M. L.,* 1981: Persönlichkeit, Beruf und soziale Schichtung, Stuttgart – *Lehr, U.,* 1979[4]: Psychologie des

Alterns, Heidelberg – *Lempert, W.,* 1977: Untersuchungen zum Sozialisationspotential gesellschaftlicher Arbeit, Max-Planck-Institut für Bildungsforschung, Berlin – *Müller-Fohrbrodt, G./Cloetta, B./Dann, H.-D.,* 1978: Der Praxisschock bei jungen Lehrern. Formen, Ursache, Folgerungen, Stuttgart – *Nave-Herz, R.* (Hrsg.), 1981: Erwachsenensozialisation, Weinheim – *Pieper, M.,* 1978: Erwachsenenalter und Lebenslauf, München – *Riley, M. W./ Johnson, M./Forner, A.,* 1972: Aging and society Vol. 3: A sociology of age stratification, Rusell Sage, New York – *Rosow, I.,* 1974: Socialization to old age, Univ. of California Press, Berkeley – *Treiber, H.,* 1973: Wie man Soldaten macht. Sozialisation in »Kasernierter Vergesellschaftung«, Düsseldorf. –

→ Altenarbeit → Alter → Erwachsenenbildung/Weiterbildung → Frauen → Jugend: Strukturwandel und Problemlagen → Klasse und Schicht → Persönlichkeitsentwicklung

Evaluationsforschung

Evaluationsforschung (EF) ist angewandte Forschung und verfolgt somit weniger theoretische als praktische Fragestellungen wie die, ob bzw. in welchem Maß vorgegebene Ziele durch eine bestimmte Maßnahme (»Programm«) erreicht werden und welche nichtbeabsichtigten Nebenwirkungen u. U. auftreten. Sie kann ferner untersuchen, durch welchen Prozeß die beobachteten Wirkungen zustandekommen.

Im Gegensatz zur Aktionsforschung, bei der die Erarbeitung und Durchsetzung von Zielen einen weiten Raum einnehmen kann, betrachtet die EF die Untersuchungsziele als gegeben. Nicht die Ziele stehen zur Diskussion, sondern die technischen Fragen ihrer Messung. EF wird somit als reine Auftragsforschung aufgefaßt, bei der die Forscher gegenüber dem zu evaluierenden Programm eine weitgehend neutrale Haltung einnehmen sollen. Während Aktionsforscher eher einer »Verantwortungsethik« zuneigen und im Extremfall die Wissenschaftlichkeit ihrer Forschung dem Ziel unterordnen, bestimmte praktisch-politische Programme oder Veränderungen durchzusetzen, soll der Evaluationsforscher einer »Gesinnungsethik« huldigen und die tatsächliche Wirkung von Programmen ohne Vorbehalte aufzeigen.

EF als Wirkungsforschung will es Praktikern ermöglichen, die Entscheidung für die eine oder andere Programm-Alternative von ihrer jeweils ex post beobachteten Effizienz oder Effektivität abhängig zu machen. Damit unterscheidet sich EF auch von der politischen Planungsanalyse, die auf der Grundlage von bereits vorhandener Information alternative Pläne mit konkreten Zielen und Erfolgskriterien zu entwickeln versucht, um ex ante, d. h. über geschätzte Kosten/Nutzen Berechnungen die jeweils günstigste Entscheidungsalternative zu finden. Im Idealfall wären zumindest einige der zuvor geschätzten Kosten-Nutzen-Funktionen durch E-

Studien empirisch bestimmt, wodurch das Risiko einer im Endergebnis falschen
Planungsanalyse erheblich vermindert, obzwar nicht ganz ausgeschlossen würde,
da Effektivität nur ein Entscheidungskriterium neben anderen ist.

Demonstrationsprojekte oder Modellversuche, denen in der Umgangssprache auch
bisweilen das Attribut »Experiment« zugestanden wird, bemühen sich dagegen
eher um eine Art »social engineering«, indem sie sozialwissenschaftliches Wissen
für die Verbesserung existierender Programme oder für Neuentwicklungen heranziehen und damit den Nachweis der Institutionalisierbarkeit solcher Maßnahmen zu
erbringen suchen. EF setzt diese voraus und fragt, wie bereits ausgeführt, entweder
nach den Wirkungen solcher Programme oder zumindest danach, welche
Programmaspekte die Höhe der Wirkungen in entscheidender Weise beeinflussen
und zum Zweck einer Erhöhung der Programmeffektivität verändert werden
können. In ihrer Hinwendung auf die Bewertung von Programmen unterscheidet
sich EF letztlich auch von der Begleitforschung, die zum Teil der Beurteilung von
Personen dient oder darüber Auskunft geben soll, wie ein Programm in der Praxis
tatsächlich implementiert wurde.

Diese Abgrenzungen machen zugleich deutlich, wie sehr sich diese teilweise recht
unterschiedlichen Tätigkeiten aufeinander beziehen. Da ferner mehrere solcher
Aufgaben oft in demselben Forschungsprojekt bearbeitet werden, ist es nicht
verwunderlich, daß der Begriff EF eine gewisse Erweiterung erfahren hat und
mehrere dieser Tätigkeiten unter ihm subsumiert werden können. In diesem Sinn
werden neuerdings auch die Begriffe Programm- oder Implementationsforschung
verwendet.

Anwendungsgebiete

EF und politische Planungsanalysen wurden erst in den 60er Jahren und in Amerika
in größerem Umfang durchgeführt, obzwar die Forderung nach einer Integration
von Wissenschaft und Politik bis auf *Saint-Simon* (1760–1825) zurückgeht und sich
schon die Kameralisten des 17. Jahrhunderts um für ihre Herrscher gewinnbringen-
de, technische und soziale Investitionen bemühten.

Als von Sozialwissenschaftlern bewußt unternommene und methodologisch entwickelte Forschungstätigkeit findet sich EF zuerst im Erziehungswesen, wo *Thorndike* und *Giddings* um 1918 in New Yorker Oberschulen die Wirkung des
sogenannten »Gary Plan«, einer neuen Lehrmethode, durch die Analyse quantifizierter Leistungsindices zu ermitteln suchten. Ein weiteres Beispiel einer frühen E-
Studie ist die von privater Seite initiierte und finanzierte »Cambridge-Somerville
Youth Study«, ein 1937 begonnenes zehnjähriges Feldexperiment zur Verminderung von Jugendkriminalität, doch könnten auch die 1927 von *Roethlisberger* und
Dickson begonnenen Hawthorne Studien« als EF interpretiert werden.

Im politischen Sektor dagegen taucht EF wesentlich später auf. Die von Präsident
Roosevelt initiierten Reformprogramme des »New Deal« zum Beispiel wurden
weder evaluiert, noch irgendwelchen Kosten/Nutzen-Analysen unterzogen, so daß
über den tatsächlichen Erfolg dieser vielgepriesenen Programme wenig bekannt ist.

Erst ab 1961 wurden unter dem amerikanischen Verteidigungsminister *McNamara* Kosten/Nutzen-Analysen mit Erfolg angewandt und 1966 in modifizierter Form als Program, Planning and Budgeting System (PPBS) auf die ganze Exekutive ausgedehnt. Auch wenn sich viele Erwartungen in das PPBS als politisches Planungsinstrument nicht erfüllten, so daß es 1971 von der amerikanischen Bundesregierung wieder weitgehend abgeschafft wurde, weckte das PPBS nicht zuletzt ein Interesse an EF, weil über die von Forschern entwickelten Datensysteme zuverlässige Parameter für Kosten/Nutzen-Berechnungen gewonnen werden können.

Die EF kam ursprünglich vor allem in den Aktionsprogrammen von Präsident *Johnson's* »War on Poverty« zur Anwendung, in Programmen, deren Evaluierung sogar gesetzlich vorgeschrieben war. Diese Verbindung ist bis heute aus dem ersichtlich, was sich mittlerweile zu Schwerpunkten der EF in den USA herauskristallisiert hat: die Evaluierung der Programme für kompensatorische Erziehung, Programme für Berufsausbildung, Programme der Einkommenssicherung, Programme der Verbesserung des Gesundheitswesens und Programme zur Verminderung von Kriminalität und der Verbesserung des Justizwesens.

Nachdem die Vielzahl der Programme, der angetroffenen Probleme und der benutzten Methoden selbst die Kommunikation unter Evaluationsforschern erschwerte, wurden in jüngster Zeit in den USA verstärkte Anstrengungen unternommen, die methodologischen und theoretischen Probleme der EF darzustellen, um auf diese Weise Grundlagen für einheitliche Lösungen zu schaffen. Ferner wurden viele der wichtigen Evaluations-Studien zusammengestellt und damit auch für interessierte Leser außerhalb Nordamerikas zugänglicher gemacht (*Weiss*, 1972; *Rossi/Freeman*, 1982; *Struening/Guttentag*, 1975; *Patton*, 1980). Darüber hinaus wurde mit den Zeitschriften »Evaluation Magazine« und »Evaluation Review« ein Forum für den Informations- und Meinungsaustausch geschaffen. Gleichwohl bleiben die Forschungsergebnisse der meisten Studien Bestandteil der »grauen Literatur«.

In der BRD war die Evaluationsforschung als eine sozialwissenschaftliche Disziplin noch bis in die siebziger Jahre hinein weitgehend unbekannt: in den bis dahin gängigen deutschsprachigen Lehrbüchern zur sozialwissenschaftlichen Methodenlehre und in den üblichen Nachschlagewerken oder Handbüchern fanden sich kaum nennenswerte Kurzbeschreibungen; meist fehlten sogar die Definition oder das Stichwort.

Es mag für die eigentümliche Zwitterstellung der Evaluationsforschung als sozialwissenschaftliches Instrument im Dienste konkreter (sozial-)politischer oder pädagogischer Praxis durchaus typisch sein, daß die Evaluationsforschung erst so spät eine gewisse Aufmerksamkeit seitens der akademischen Lehrstätten und Verlage auf sich ziehen konnte; denn ihre Entwicklung und Erprobung in der BRD vollzog sich zunächst außerhalb der Universitäten.

Die ersten deutschsprachigen Monographien, die sich ausführlich mit der Methodik und Anwendung der Evaluationsforschung befassen, zeigen drei, offenbar voneinander unabhängige, Entwicklungsströme, die sich bis in die sechziger Jahre zurückverfolgen lassen:

- In einer der ersten deutschsprachigen geschlossenen Abhandlungen über Evaluationsforschung stellen *Musto* (1972) und später *Büchi* (1976), *Bodemer*
  (1977) und *Kantowski* (1977) den Einsatz der EF im Dienste der deutschen
  Entwicklungshilfe dar, wobei es zum selben Anwendungsgebiet sogar schon
  1966 eine lexikalische Kurzbeschreibung von *Joerges* zur sogenannten »Erfolgskontrolle« gab.
- Auch spätere Veröffentlichungen, insbesondere die Untersuchung von *Derlien*
  (1976) zur Verbreitung und Anwendung der Evaluationsforschung in der
  staatlichen Planung auf Bundesregierungsebene sowie die Recherchen von
  Wollmann/Hellstern (1977) belegen, daß seit den großen Verwaltungsreformen
  1968/69 im öffentlichen Dienst die Evaluationsforschung auf vielfache Weise
  Eingang in die politischen Institutionen gefunden hat. Schrittmacher auf diesem
  administrativen-politischen Sektor waren u. a. das »Deutsche Institut für Entwicklungspolitik« (DIE) und der damals neu eingesetzte Planungsstab im
  Bundeskanzleramt.
- Eine parallele Entwicklung vollzog sich im pädagogischen Bereich, wobei u. a.
  die Aktivitäten des »Deutschen Institutes für internationale pädagogische
  Forschung« (DIPF) eine wesentliche Rolle spielten. Wichtige Publikationen
  sind hier insbesondere die Arbeiten von *Wulf* (1972) und *Frey* et al. (1975).

Es war den erst später dazugestoßenen Soziologen vorbehalten, das methodische
und theoretische Resümee zur Evaluationsforschung einzuleiten. 1974 veröffentlichte *Küchler* die deutsche Bearbeitung der amerikanischen Einführung von *Weiss*,
das in anschaulicher Weise einen umfassenden Bogen über das gesamte Fachgebiet
spannt; zusammen mit den tendenziell nachdenklich stimmenden Aufsätzen zur
Evaluationsforschung in den Sammelbänden von *Naschold/Väth* (1973), *Badura*
(1976) und *Wollmann/Hellstern* (1983) ist auch dem deutschen Publikum eine
weitgehend vollständige Information über das gesamte Spektrum an Evaluations-
methoden gegeben. Zu nennen sind weiterhin die Werkstattberichte der 1979
gegründeten Gesellschaft für Programmforschung in der öffentlichen Verwaltung
e. V., München.

Methodik

Bei gleichen Verfahrensweisen in der Forschungspraxis liegen die wesentlichen
Unterschiede zwischen Evaluations-Forschung und Sozialwissenschaften in der
andersartigen Zielsetzung der Arbeit. Während die Sozialwissenschaften empirische Forschung vorrangig als ein Mittel zur Theorienbildung einsetzt, dient die
Empirie in der Evaluations-Forschung in erster Linie der Entscheidungshilfe bei
sozial-planerischen Aufgaben.

Angenommen, das Sozialministerium eines Bundeslandes will mit Hilfe eines
therapeutischen Programms die Rückfallquote ehemaliger Drogenabhängiger senken. Bevor dieses Programm auf Landesebene eingesetzt wird, soll es in einigen
Sozialstationen erprobt werden und Verminderung der Rückfallquote im ersten
Jahr nach Abschluß einer Entziehungskur um 25% bewirken.

Das hier skizzierte Anliegen ist summativer Art: es soll ein Urteil über die Zielerreichung des Programms ermöglichen und über etwaige unbeabsichtigte Nebeneffekte informieren. Diese Art von Fragen kann mit Hilfe von verschiedenen experimentellen oder quasi-experimentellen Methoden untersucht werden, doch haben auch statistische oder qualitative Untersuchungsstrategien ihre Berechtigung (vgl. *Weiss/Rein*, 1970; *Patton*, 1980; *Levine* et. al. [Hrsg.] 1981).

Im Idealfall bildet man durch Auswahl aus dem Kreise der Klienten nach dem statistischen Zufallsprinzip eine Versuchs- und eine Kontrollgruppe, die sich systematisch nur durch die Teilnahme am Programm unterscheiden. Wichtig ist weiterhin, daß die Rückfälligkeit in beiden Gruppen in gleicher Weise registriert wird; so kann man sich beispielsweise darauf einigen, daß nur polizeilich aktenkundig gewordene Drogendelikte berücksichtigt werden. Obwohl mit einem solchen Verfahren sicherlich eine Dunkelziffer mit in Kauf genommen wird, gilt die – meist berechtigte – Erwartung, daß Meßfehler und andere Störfaktoren (Zeiteinflüsse, biologisch-psychologische Veränderungen usw.) in der Versuchs- und Kontrollgruppe annähernd gleich sind, so daß Unterschiede zwischen beiden Gruppen auf die Wirkung des getesteten Programms zurückgeführt werden müssen. Die Loslösung vom Einzelfall zugunsten eines Vergleichs von Gruppen-Durchschnitten einerseits und die Standardisierung der Meßverfahren (Intersubjektivität) andererseits sind neben einer gleichförmigen Durchführung des Programms innerhalb der Versuchsgruppe wichtige Voraussetzungen für jegliche experimentelle Evaluations-Forschung.

Diese Maßnahmen sollen die »interne« Validität gewährleisten, d. h. andere Erklärungsmöglichkeiten für Unterschiede in der Rückfallquote zwischen der Versuchs- und der Kontrollgruppe ausschalten, was natürlich nur insofern möglich ist, als bis auf das Vorhandensein des Programmes alle anderen Bedingungen für beide Gruppen wirklich gleichartig geblieben sind.

Ob der beobachtete Erfolg eines Programmes allerdings bedeutet, daß die Wirkung dauerhaft ist und daß sich ein ähnlicher Effekt mit demselben Programm auch in anderen Sozialstationen des Bundeslandes A oder gar im Bundesland B erzielen ließe, ist gleichbedeutend mit der Frage nach der »externen« Validität des Experiments. Zunächst setzt die externe die interne Validität voraus; darüber hinaus muß die Bedingung erfüllt sein, daß der Effekt des Programmes kein experimentelles Artefakt ist und daß der Effekt von regionalen oder anderen Besonderheiten der noch nicht erfaßten Sozialstationen unabhängig ist – ein Aspekt, der nur graduell und in gewissen Grenzen erfüllbar ist.

Bei längerfristigen Programmen kommt der Evaluierung sog. Zwischenziele eine erhebliche Bedeutung zu. In unserem Beispiel könnte ein Zwischenziel sein, daß ein bestimmter Mindestprozentanteil der Rückfallgefährdeten im Einzugsgebiet der jeweiligen Sozialstationen am angebotenen Programm teilnimmt, weil ohne eine gewisse Beteiligungsquote das Programm insgesamt sozialpolitisch irrelevant wird.

Die summative Evaluation ist generell für Planungsinstanzen von größter Wichtigkeit. Sie müssen entscheiden, wieviel Geld für ein Programm ausgegeben werden soll; es interessiert nicht so sehr, wie das Programm im Detail ausgeführt wird, sondern ob es im Prinzip effektiv ist. Die formative Evaluation dagegen ist insbesondere für die programmausführenden Instanzen, in unserem Beispiel die zuständigen Sozialpädagogen, interessant: für sie stellt sich die Frage, wie sie das therapeutische Programm konkret gestalten sollen; ob es z. B. effektiver wäre, die Versuchsgruppe von Psychologen oder aber von ehemaligen Drogensüchtigen leiten zu lassen. Weiterhin könnten die Strukturierung der Programminhalte oder gar Persönlichkeitsmerkmale des Programmleiters mit untersucht werden.

Solche Fragestellungen erfordern jedoch erheblich aufwendigere, teurere – und damit unpraktikable – Methoden und setzen überdies voraus, daß die summative Frage im Prinzip bejaht werden kann, was oft nicht der Fall ist. Hinzu kommt, daß in der Regel auch die theoretischen Voraussetzungen für entsprechend komplexe quantitativ ausgelegte Forschungsdesigns fehlen. Sozialwissenschaftliche Theorien sind selten spezifisch genug, um anzugeben, welche Aspekte eines Programms seine Effektivität beeinflussen und welche überflüssig sind. So zielt formative Evaluation weniger ab auf das Testen von (bekannten) Hypothesen, sondern dient mehr der Exploration, der Suche nach bisher unbekannten theoretischen Zusammenhängen. Deshalb sind für sie oft qualitative Methoden der Datenerhebung und -analyse vorzuziehen, Methoden, die auch bei summativen Evaluationen zur Anwendung gelangen, wenn auf Grund diffuser Zielvorstellungen eine objektive Messung der abhängigen Variablen und damit eine statistisch vergleichende Datenanalyse nicht möglich ist.

Problembereiche

Die obige Darstellung verdeutlicht, daß EF alles andere als einfach ist. Zu aufreibend, turbulent und konfliktgeladen ist die Arbeitssituation des Evaluations-Forschers; zu groß sind die Möglichkeiten, die zur Verfügung stehenden Forschungmethoden falsch anzuwenden oder sie so zu manipulieren, daß bestimmte Ergebnisse gleichsam vorprogrammiert sind (vgl. *Campbell*, 1969; *Gordon/Morse*, 1975). Darüber hinaus gibt es noch zu viele technische Probleme des Designs, der Messung und der Datenanalyse als hier auch nur aufgelistet werden können, Probleme, welche die EF mit anderen Arten empirischer Sozialforschung teilt.

Ganz anders gelagert sind in der EF jedoch die politischen Probleme, die dadurch entstehen, daß EF im Gegensatz zur von Wissenschaftlern initiierten, akademischen Forschung unmittelbar für die Praxis verwertet und u. U. als Instrument des politischen Kampfes eingesetzt werden soll. Selbst negative Erkenntnisse wie die, daß das Programm X keinen »signifikanten« Beitrag zum Erreichen des Zieles Y macht, kann einschneidende Auswirkungen für weite Bevölkerungskreise haben. Unter diesem Gesichtspunkt ist es höchst bedeutsam, daß Verwaltungsbürokratien über die Formulierung des Forschungsauftrags nicht nur die Art des Programms und der zu untersuchenden Variablen (Ziele, Bedingungen usw.) bestimmen können, sondern durch die Höhe ihrer finanziellen Aufwendungen auch die Art des Forschungsdesigns, die Größe der Stichprobe und die Methodik ihrer Auswahl.

Nachdem solche Vorgaben die Ergebnisse in erheblicher Weise beeinflussen, braucht der für die Qualität der Forschung verantwortliche Wissenschaftler ein umfassendes Mitspracherecht – was nicht auf einen uneingeschränkten Autonomieanspruch hinausläuft. Der Evaluations-Forscher kann nicht politisch abstinent bleiben und dem (oben skizzierten) Modell von EF als kurzfristiger Auftragsarbeit folgen, wenn er nicht seine berufliche Ethik – die ihm sowohl die Pflicht zur Suche nach Wahrheit auferlegt als auch die, das Vertrauen der untersuchten Personen nicht zu mißbrauchen – verletzen und sich zum Handlanger (oder Sophisten) machen lassen will. EF erbringt ihren wirklichen Nutzen nicht, wenn sie singuläre Ergebnisse produziert, sondern indem sie im Rahmen kontinuierlicher Entscheidungsprozesse eingesetzt wird.

Ausblick

Daß der EF-Boom in den Vereinigten Staaten anhalten wird und EF auch in der BRD verstärkt zum Einsatz kommen wird, erscheint kaum zweifelhaft. Wie in den USA wird auch in der BRD EF vorwiegend von kommerziellen Forschungsinstituten ausgeführt werden, mit vielfältigen Beschäftigungsmöglichkeiten für methodologisch gut ausgebildete Sozialwissenschaftler. Die Entwicklungsrate wird wesentlich davon mitbestimmt werden, inwiefern Verwaltungsbürokratien ihre Maßnahmen normativ oder eher verhaltenswissenschaftlich legitimieren wollen. Auch wenn verstärkt Aufträge vergeben werden, ist über die Umsetzung oder Umsetzbarkeit der Forschungsergebnisse in die Praxis keineswegs automatisch gegeben. Es ist vielmehr anzunehmen, daß die Beurteilung der Nützlichkeit konkreter Evaluations-Studien in den einzelnen Anwendungsgebieten unterschiedlich ausfällt und daß die Resultate wohl teils ignoriert, teils angewandt, teils bewußt oder unbewußt mißbraucht werden. Insgesamt gibt es keinen Anlaß zur Euphorie: trotz Vergabe von Evaluations-Aufträgen im Wert von Hunderten Millionen US-Dollar erscheinen die erzielten Ergebnisse selbst bedeutender Evaluations-Studien eher dürftig und sind überdies oft umstritten.

Andererseits besteht auch kein Grund zur Verzweiflung: es darf weder der methodologische Wert der aus vielen Anwendungsbereichen stammenden Forschungserfahrungen unterschätzt werden noch der Nutzen der EF bei der Klärung der Programmziele, der Entwicklung geeigneter Entscheidungsregeln und Organisationsstrukturen zur Administration des untersuchten Programms, sowie bei der Formulierung alternativer Programme und Programmziele. Welchen Beitrag auch immer EF zu leisten in der Lage war oder sein wird: in kargen oder kontroversen Ergebnissen spiegeln sich nicht nur die Begrenztheit von sozialwissenschaftlicher Forschung im allgemeinen und von EF im besonderen, sondern auch die Begrenztheit der untersuchten Programme und dessen, was im Rahmen von »Reformen« überhaupt erreicht werden kann.

Gerhard Hofmann/Matthias Fargel

Literatur

Badura, B. (Hrsg.), 1976: Seminar: »Angewandte Sozialforschung«, Frankfurt/M. – *Bode-mer, K.*, 1977: Erfolgskontrolle der deutschen Entwicklungshilfe, Meisenheim – *Büchi, R.*, 1976: Erfolgsevaluierung von Entwicklungsprojekten, Bern/Frankfurt/M. – *Campbell, D. T.*, 1969: Reforms as Experiments, American Psychologist, Bd. 24: 409– 429 – *Derlien, H.-U.*, 1976: Die Erfolgskontrolle staatlicher Planung, Baden-Baden – *Frey, K.* et al. (Hrsg.), 1975: Curriculum Handbuch, 3 Bde., München – *Gordon, G./Morse, E. V.*, 1975: Evaluation Research, in: *Inkeles, A./Coleman, J./Smelser, N.* (Hrsg.), Annual Review of Sociology (Vol. 1), Palo Alto, Cal. – *Joerges, B.*, 1966: Erfolgskontrolle, in: *Besters, H./Boesch, E. E.* (Hrsg.), Entwicklungspolitik, Handbuch und Lexikon, Berlin/Stuttgart/Mainz – *Kantowski, D.* (Hrsg.), 1977: Evaluierungsforschung und -praxis in der Entwicklungshilfe, Zürich – *Levine, E. A.* et al., 1981: Evaluation Research and Practice, Sage Publications, Inc., Beverly Hills – *Morris, L. L.*, 1981: Program Evaluation Kit, Sage, Beverly Hills – *Musto, S. A.*, 1972: Evaluierung sozialer Entwicklungsprojekte, Berlin (Schriften des Deutschen Instituts für Entwicklungspolitik, »DIE« Band 9) – *Naschold, F./Väth, W.* (Hrsg.), 1973: Politische Planungssysteme, Opladen – *Patton, M. O.*, 1980: Qualitative Evaluation Methods, Sage, Beverly Hills – *Rossi, P. H./Freeman, H.*, 1982²: Evaluation, Sage, Beverly Hills – *Struening, E. L./Guttantag, M.* (Hrsg.), 1975: Handbook of Evaluation Research (2 Bde.), Sage Publications, Ltd., London – *Weiss, C. H.*, 1974: Evaluierungsforschung, Opladen – *Weiss, R. S./Rein, M.*, 1970: The Evaluation of Broad-Aim-Programs. Experimental Design: Its Difficulties and an Alternative, Administrative Science Quarterly: 97 ff. – *Wollmann, H./Hellstern, G.-M.* (Hrsg.), 1983: Experimentelle Politik – Reformstrohfeuer oder Lernstrategie, Opladen – *Wollmann, H./Hellstern, G.-M.*, 1977: Sozialwissenschaftliche Untersuchungsregeln und Wirkungsforschung, in: *Haungs* (Hrsg.), Res Publica, München – *Wulf, Ch.* (Hrsg.), 1972: Evaluation, München. –

→ Empirische Sozialforschung → Soziale Indikatoren → Wissenschaftstheorie

Familie/Familienerziehung

Es ist sicher kein Zufall, daß die historische Krise der Familie, die mit der Auflösung des »Hauses« durch die Entstehung der großen Industrie im 18. Jahrhundert begonnen hat, gleichsam begleitet wird von der Entstehung einer wissenschaftlichen Pädagogik und von der Entwicklung eines öffentlichen Erziehungs- und Bildungswesens. Von allem Anfang an scheint Pädagogik unter dem Ziel angetreten zu sein, die Erziehungskraft der durch die gesellschaftliche Entwicklung als gefährdet betrachteten Familie durch Fürsorge, Aufklärung, Bildung und soziale Kontrolle wiederherzustellen oder, soweit sich dies als undurchführbar erweist, die Planung eines familienergänzenden und familienersetzenden öffentlichen Systems der Fürsorge, Erziehung und sozialen Sicherung zu etablieren. Öffentliche Erziehung, insbesondere öffentliche Erziehung in außerschulischen Einrichtungen (welchen sich die Sozialpädagogik widmet) kann daher in ihrem historischen Ursprung gewissermaßen als »Nothilfe« bzw. als »Krisenintervention« gelten, die Mängel und Lücken in der als »normal« definierten Leistung der Familie aufzufangen hat. Auch wenn es heute ein weitgehend verselbständigtes, bürokratisch durchorganisiertes Erziehungssystem gibt, das immer mehr junge Menschen für immer längere Phasen ihres Lebens erfaßt, und auch wenn geplantes pädagogisches Handeln zunehmend in alle Bereiche des Lebens (auch der Familie) eingreift und soziale Sicherung und Kontrolle als staatliche Aufgabe anerkannt ist, so scheint doch nach wie vor alle veranstaltete Erziehung nichts zu vermögen gegen den Einfluß der Familie; scheint sich sowohl die Allmacht wie auch die Ohnmacht der Erziehung nirgends so sehr wie an der Familie zu erweisen.

Familie als gesellschaftliche Institution und als soziale Gruppe

Daß die Familie die Pädagogik und die zunehmende Vergesellschaftung (Institutionalisierung) der Erziehung überlebt hat und die wohl einflußreichste gesellschaftliche Institution geblieben ist, hat verschieden Gründe: Zum einen hat der faktische oder vermeintliche Zerfall der Familie rechtliche, sozialpolitische und pädagogische Maßnahmen des Staates provoziert, die auf den Schutz und die Unterstützung der Familie gerichtet waren (vgl. z. B. Elternrecht, Eherecht, Familienfürsorge, Kindergeld, Elternpädagogik); insofern sind die vier Grundfunktionen, welche der Familie, unabhängig von ihrer jeweiligen historischen Ausprägung, zugeschrieben werden – die Legitimierung sexueller Beziehungen, die Erzeugung des Nachwuchses, die wirtschaftliche Versorgung im Rahmen eines Haushalts und die Sozialisation des Nachwuchses –, nicht naturgegeben, sondern Ergebnis der Allokation gesellschaftlicher Aufgaben. Zum anderen scheint gerade der strukturelle Widerspruch, der zwischen der Zweckrationalität gesellschaftlicher Arbeit und bürokratischer Organisationen und den im Kern irrationalen Beziehungen zwischen Mitgliedern einer Familie besteht, den Zusammenhalt und die Wirksamkeit der Familie mit zu begründen: die gesellschaftliche Isolierung der Familie, ihre Definition als private Lebenswelt, sind selbst das Produkt einer durch Zweckrationalität, bürokratischer Organisation und Entfremdung gekennzeichneten Gesellschaft, in welcher sinngebende Erfahrungen aus dem weiteren Rahmen des gesellschaftlichen Lebens ins Private gedrängt werden. Schließlich aber kann die Familie aufgrund ihrer Eigenschaften als kleine Gruppe, die auf potentiell dauerhaften Sympathiebeziehungen zwischen den Geschlechtern und zwischen den Generationen beruht, als eine besonders geeignete Umwelt für das Aufwachsen von Kindern gelten.
Obgleich die soziologische Familienforschung eine Reihe von allgemeinen Merkmalen der modernen Familie herausgearbeitet hat – z. B. die Tendenz zur Zweigenerationenfamilie mit durchschnittlich zwei Kindern (Kernfamilie, Kleinfamilie), die Tendenz zur gesellschaftlichen Isolierung der Familie und zur Emotionalisierung der innerfamiliären Beziehungen, die Zunahme der außerhäuslichen Erwerbstätigkeit der Frauen und partnerschaftlicher Beziehungen zwischen Mann und Frau –, hat die Familie als gesellschaftliche Institution keine einheitliche Gestalt; nicht nur Kultur und soziale Schicht, sondern auch die konkreten

Lebensverhältnisse, der Lebenszyklus und die Persönlichkeitsmerkmale der Familienmitglieder modifizierten die Strukturen und Prozesse in der Familie. Auch die Rede vom allgemeinen Funktionsverlust der Familie verdeckt die vielfältigen Formen, in welchen Familien an der materiellen Versorgung, an der Betreuung und Erziehung, an den schulischen Leistungen und an der beruflichen Plazierung des Nachwuchses, an der Versorgung von Kranken und Alten etc. einen bestimmenden Einfluß ausübt.

Insofern entgehen verallgemeinernde Aussagen häufig nicht der Gefahr, bestimmte Stereotype in der Kennzeichnung der Familie als gesellschaftliche Institution — »die« Kernfamilie, »die« Unterschichtfamilie, gesellschaftliche Isolierung, Funktionsverlust etc. – als Tatbestände zu unterstellen, ohne den komplexen und widersprüchlichen historischen und gesellschaftlichen Charakter der Familie und die komplexen Wechselbeziehungen zwischen Gesellschaft, Familie und Individuum in Rechnung zu stellen.

Für den Praktiker (Sozialarbeiter etc.) ist es wichtig, die gesellschaftlichen Rahmenbedingungen zu kennen, welche auf die Familie als gesellschaftliche Institution einwirken; gleichzeitig muß er jedoch berücksichtigen, daß diese Rahmenbedingungen jeweils durch konkrete Erfahrungen am Arbeitsplatz und in den Lebensverhältnissen (z. B. Wohnung) vermittelt werden, und daß die Mitglieder einer Familie ihre Beziehungen in Abhängigkeit von Erfahrungen, Situationen und individuellen Einstellungen definieren und gestalten. Umgekehrt verweisen die Entwicklungen im Bereich von Beratung und Therapie – von individualistisch orientierten zu familien- und gruppenorientierten und von diesen zu gemeinwesenorientierten Ansätzen – auf die richtige Einsicht, daß einzelne Familienmitglieder und Familien, ihre Beziehungen und Erfahrungen, nur unter Berücksichtigung des über die Familie hinausgreifenden gesellschaftlichen Kontextes von Beziehungen, Erfahrungen und Einflüssen angemessen verstanden, beraten und behandelt werden können.

Erforschung der Familie als Sozialisationsumwelt

Eine Fülle von theoretischen Ansätzen und Fragestellungen betrifft die Strukturen und Funktionen der Familie in Abhängigkeit von der gesellschaftlichen Umwelt (Familie als gesellschaftlich beeinflußte Umwelt), Beziehungen und Prozesse innerhalb der Familie (Familie als eigenständiges Gruppenhandlungsfeld) sowie deren Auswirkungen auf die Persönlichkeitsentwicklung der Kinder (Familie als beeinflussende Umwelt). Die häufig beobachtbare Trennung dieser Sichtweisen entspringt unterschiedlichen Forschungstraditionen und muß unter der Zielsetzung umfassender und praxisrelevanter Erkenntnis überwunden werden. Die historische und vergleichende Familien- bzw. Sozialisationsforschung untersucht insbesondere die Abhängigkeit des Erziehungsgeschehens in der Familie, der Rolle des Kindes etc. von den gesellschaftlichen Rahmenbedingungen in bestimmten Kulturen und Epochen (vgl. *Hausen*, 1975; *Lüschen/Lupri*, 1970; *Mitterauer* 1979). In der soziologischen Familien- bzw. Sozialisationsforschung sind verschiedene Ansätze nachweisbar. Der strukturfunktionale Ansatz (*Parsons*, 1973), verbindet rollen-theoretische und psychoanalytische Annahmen und untersucht, wie gesellschaftli-che Erwartungen an das Verhalten durch Indentifizierung des Kindes mit den Eltern vermittelt werden. Die schichtspezifische Sozialisationsforschung (vgl. *Abrahams/Sommerkorn*, 1976; *Steinkamp*, 1979) untersucht den Einfluß von Merkmalen der sozialen Schicht (Stellung im Produktionsprozeß, Einkommen, Bildungsgrad) auf Sozialisation und Erziehung in der Familie, aber auch die Auswirkungen der sozialen Herkunft auf den Schulerfolg, auf den beruflichen Werdegang und auf abweichendes Verhalten (vgl. z. B. *Wurzbacher*, 1977); beide Ansätze wollen die Familie als gesellschaftlich beeinflußte Umwelt, aber auch als Vermittlungsinstanz zwischen Individuum und Gesellschaft erfassen. Demgegen-über steht für den systemtheoretischen (z. B. *Neidhardt*, 1975) und den symbolisch-interaktionistischen Ansatz (z. B. *Stryker* in *Lüschen/Lupri*, 1970) die Frage nach den Prozessen innerhalb der Familie als Handlungsfeld im Vordergrund; der system-theoretische Ansatz geht dabei von Merkmalen der Wechselbeziehungen im System Familie (z. B. Komplexität, Hierachisierungsgrad, Kohäsion) und von einer unterschiedlich ausgeprägten Gruppengrenze gegenüber der Umwelt aus; mithilfe des symbolisch-interaktionistischen Ansatzes werden Formen und Wirkun-gen des symbolisch (insbesondere sprachlich) vermittelten Umgangs zwischen den Familienmitgliedern (Interpretations- und Definitionsprozesse) untersucht, wobei neben Aspekten der individuellen Lebensgeschichte, des Familienzyklus und verschiedener Alltagssituationen auch gesellschaftliche Rahmenbedingungen in die Analyse einbezogen werden (vgl. auch *Claessens/Milhoffer*, 1973; *Mollenhauer* u. a., 1975; *Wurzbacher*, 1977[2]).

Auch innerhalb der psychologischen Familien- bzw. Sozialisationsforschung wird mit einer Vielzahl von Ansätzen und Fragestellungen gearbeitet (vgl. *Baumgärtel*, 1979; *Schneewind/Lukesch*, 1978). Im ganzen steht hier, im Gegensatz zur soziolo-gischen Forschung, die Frage nach der Familie als beeinflussende Umwelt im Vordergrund, d. h. die Untersuchung von Einflüssen der Einstellungen und des Verhaltens (bzw. bestimmter Einstellungs- und Verhaltensmerkmale) der Eltern auf das Verhalten (bzw. bestimmte Verhaltensmerkmale) von Kindern im Rahmen von Ursache-Wirkungs-Modellen bzw. des Nachweises statistischer Zusammen-hänge. Daneben ist in der psychologischen Forschung die Familie auch als (eigenständiges) Handlungsfeld phänomenologisch beschrieben (z. B. *Hess/Han-del* 1975) und als durch kulturelle Systeme und soziale Schichten beeinflußte Umwelt analysiert worden (vgl. *Thomae*, 1972). Als wichtigste Bezugspunkte der psychologischen Sozialisationsforschung können psychoanalytische Theorien und Lerntheorien gelten (vgl. *Christensen*, 1964; *Goslin*, 1969). Im Mittelpunkt der psychoanalytisch orientierten Forschung steht die Untersuchung der Entstehung und der Formen emotionaler Beziehungen zwischen den Familienmitgliedern, insbesondere aber der Entstehungsbedingungen von Angst, Aggression und seeli-scher Krankheit (vgl. z. B. *Laing/Esterson*, 1975; *Richter*, 1970). Im Mittelpunkt der lerntheoretisch orientierten Forschung steht die Untersuchung der Entste-hungsbedingungen von Fähigkeiten, Einstellungen und überdauernden Handlungsmotiven, die sich im »Lernmilieu« der Familie, z. B. an den Erziehungsstilen der Eltern und an Strukturmerkmalen der Familiengruppe (Berufstätigkeit der Frau, Vaterabwesenheit, Familiengröße, Geschwisterkonstellation) festmachen lassen (vgl. *Lehr*, 1973; *Schneewind/Lukesch*, 1978), insbesondere aber die Auswirkungen der Sozialisationsbedingungen in der Familie auf die Entwicklung der Intelligenz und auf die Schulleistungen der Kinder. Eine Reihe von Fragestellungen, wie z. B. die Sozialisation geschlechtsspezifischer Verhaltensweisen, sind sowohl mithilfe psychoanalytischer als auch mithilfe lerntheoretischer Erklärungsansätze erforscht worden (vgl. *Degenhardt/Trautner*, 1979; *Lehr*, 1972).

Die erziehungswissenschaftliche Familien- und Sozialisationsforschung hat so gut wie alle erwähnten Forschungsrichtungen und theoretischen Ansätze aufgegriffen. Eine eigenständige »Pädagogik der Familie« gibt es bislang nicht (zum Stand der Diskussion vgl. Bildung und Erziehung 1977; *Cloer*, 1979; Vierteljahrsschrift für wissenschaftliche Pädagogik, 1978). Die reiche Literatur zur Elternbildung und Elternpädagogik (vgl. *Bäuerle*, 1971; *Schmitt-Wenkebach*, 1977) deutet indes auf ein spezifisches praktisches Erkenntnisinteresse der Erziehungswissenschaft hin. Die gesellschaftlichen Rahmenbedingungen (vgl. die historische, die vergleichende und die schichtspezifische Familien- und Sozialisationsforschung), das alltägliche Kommunikationsgeschehen in der Familie (vgl. den symbolisch-interaktionistischen Ansatz) und die Bindungs- und Lernprozesse (vgl. die psychoanalytischen und lerntheoretischen Ansätze) werden nicht nur als Tatsachen erforscht, sondern im Blick auf eine allseitige Entwicklung der Kinder auf ihre Wünschbarkeit bzw. Veränderbarkeit hin untersucht. Da normative und ideologiekritische Analysen und daraus abgeleitete Programme der Veränderung von den verschiedensten Standpunkten her vorgetragen werden, besteht hier freilich auch die Gefahr, daß Grundsatzdiskussionen über den »Wert« bzw. »Unwert« der Familie geführt werden, die sich von gesellschaftlichen Tatsachen entfernen. Eine verschiedene Ansätze verbindende, im besonderen an den symbolischen Interaktionismus anschließende Analyse der Familie haben *Mollenhauer* u. a. (1975) vorgelegt. Auf diese erste zusammenfassende Darstellung aus erziehungswissenschaftlicher Sicht wird im folgenden häufiger zurückgegriffen.

Ebenso vielfältig wie die theoretischen Ansätze sind die Methoden, die bei der Erforschung der Familie verwendet werden. Von verschiedenen Befragungs- und Beobachtungsverfahren über testpsychologische Verfahren bis hin zu klinischen Fallanalysen haben alle üblichen Forschungstechniken Eingang in die Familienforschung gefunden. Im Gegensatz zu der allgemein vertretenen Überzeugung, daß sich Sozialisation und Erziehung in einem Prozeß wechselseitiger Interaktion und Kommunikation vollzieht, sind Untersuchungen, die nicht nur einzelne Familienmitglieder (und deren Verhalten, Einstellungen etc.), sondern das komplexe alltägliche Interaktion- und Kommunikationsgeschehen in der Familie zu erfassen suchen, bislang erst selten angestellt worden; dies mag einerseits mit dem dabei notwendigen Forschungsaufwand zusammenhängen, andererseits mit dem Charakter der Familie als Intimgruppe mit deutlicher Gruppengrenze gegenüber der Außenwelt (vgl. *Kreppner* 1980).

Familie als Sozialisationsumwelt

Der Charakter der Familie als gesellschaftliche Institution erweist sich insbesondere an der Tatsache, daß so gut wie alle Kinder im Rahmen eines Familienhaushalts aufwachsen; gegenwärtig leben in der Bundesrepublik über 90% der minderjährigen Kinder mit beiden Elternteilen und etwa 7% mit einem Elternteil (meistens der Mutter) zusammen; ein verschwindend geringer Teil der Kinder ist in einer Pflegefamilie oder im Heim untergebracht. Auch wenn man die zunehmende Zahl von Ehescheidungen in Rechnung stellt, ist damit die Familie als die beständigste Umwelt zu betrachten, in welcher Kinder einen großen Teil des Alltags verbringen und im alltäglichen Umgang mit Erwachsenen und Geschwistern geprägt werden. Da sich fast zwei Drittel der verheirateten Frauen mit Kindern (unter 15 Jahren) ausschließlich den familiären Aufgaben widmen und sich die Männer in ihrer Freizeit relativ wenig mit den Kindern beschäftigen, kann man von einer starken Mutterzentriertheit der Sozialisationsumwelt Familie sprechen. Insbesondere bei außerhäuslicher Erwerbstätigkeit von Müttern treten als weitere Mitglieder des Haushalts, zumindest aber als Betreuer und Bezugsperson der Kinder Großeltern hinzu: der Anteil der Dreigenerationenfamilien (1968 hatten 28% der Kinder unter 15 Jahren, bei Berufstätigkeit der Mutter 40% der Kinder Großeltern im gleichen Haus) hat allerdings in den letzten Jahren abgenommen.

Im Vergleich zu institutionalisierten Erziehungsumwelten (z. B. Krippe, Heim, Kindergarten, Schule) ist die Familie nicht nur durch ihre geringe Größe und große Beständigkeit der Bezugspersonen, sondern auch durch die emotionale Grundlage der Beziehungen zwischen verschiedengeschlechtlichen Erwachsenen, zwischen Eltern und Kindern und zwischen Geschwistern sowie durch den Alltagscharakter der Aktivitäten gekennzeichnet. Diese Konzentration der Familie auf individuelle und gemeinsame Bedürfnisbefriedigung, die durch die Auslagerung der Arbeitsprozesse ihre materielle Grundlage innerhalb der familiären Handlungsfelder verloren hat, macht sie zu einer prekären, zugleich hoffnungsvollen wie gefährdeten Gruppe. Wie der Abbau der ökonomischen Abhängigkeit der Frau vom Mann einerseits die Verbreitung der Liebesehe ermöglicht, andererseits jedoch Konfliktfelder, Enttäuschungen und Ehescheidungen vermehrt hat, so hat auch die Entwicklung zur gegenwärtigen Familienform die tiefgreifende Individualisierung der Eltern-Kind-Beziehung und die Emanzipation des Kindes aus der Rolle des kleinen Erwachsenen ermöglicht, gleichzeitig aber die Folgen des Verlustes von Liebe und Zuwendung, die Möglichkeiten der Pervertierung der Bindungen, des Mißbrauchs der emotional aufgeladenen Macht der Erwachsenen (vgl. Kindesmißhandlungen) vergrößert. Diese in der Familie wirksame Dialektik der Aufklärung wird von den grundsätzlichen Kritikern der heutigen Familienform nicht gesehen, wenn sie ihr die Fähigkeit zur Erziehung und Sozialisation des Nachwuchses generell absprechen; während von konservativer Seite in diesem Zusammenhang Zerfall und Auflösung der Familie durch Vergesellschaftung der Erziehung und Entlastung der Eltern (insbesondere der Mütter) von ihren »natürlichen Pflichten« beklagt werden, stempeln dogmatische linke Kritiker »die isolierte Kleinfamilie«

einmal als Anpassung und Konformität erzwingende, ein andermal als krankma-
chende Lebensform ab. Da aber die Familie ebenso wie institutionelle Erziehungsumwelten von den gleichen gesellschaftlichen Rahmenbedingungen bestimmt
werden, erscheint es wenig sinnvoll, diese gegeneinander auszuspielen; es gibt
keinen Grund zur Annahme, daß in einer durch Bürokratisierung, Zentralisierung
und Hierarchisierung gekennzeichneten Gesellschaft institutionelle Erziehungsumwelten weniger anpassungsorientiert oder auch krankmachend wirken sollten als
die Familie, zumal in dieser der individuelle Interpretationsspielraum von Beziehungen strukturell größer ist; es gibt aber auch keinen Grund zu der Annahme, daß
in einer Gesellschaft, wo Kinder eine ökonomische Belastung für die Familie
darstellen und die Ungleichheit der Lebensbedingungen in vielen Fällen die
ganztägige Erwerbstätigkeit beider Elternteile erzwingt, eine auf den Abbau
mütterlicher Erwerbstätigkeit zielende Familien- und Sozialpolitik die erzieherische Potenz der Familie vergrößern würde.

Die Tatsache, daß in allen, auch in kollektivistisch orientierten Gesellschaften, der
Eltern-Kind-Beziehung eine zentrale Bedeutung insbesondere für den Erwerb
sozialer Handlungsfähigkeit in den ersten Lebensjahren (»primäre Sozialisation«)
zugeschrieben wird, deutet darauf hin, daß die Familie grundsätzlich über Fähigkeiten verfügt, die in anderen Gruppen bzw. Institutionen nicht ohne weiteres
»herstellbar« sind: die Vermittlung von Gefühlen der Zugehörigkeit, des Vertrauens etc., die Toleranz gegenüber Lebensäußerungen wie Angst, Aggression und
Sexualität; die Möglichkeit, akute Spannungen und Konflikte, gegensätzliche
Erwartungen und Bedürfnisse auf dem Hintergrund dauerhafter Sympathiebeziehungen auszuhalten und auszuhandeln. Gleichzeitig läßt sich nachweisen, daß sich
die Bedeutung der Familie als Sozialisationsumwelt entsprechend dem Lebenszyklus der Familie und ihrer Mitglieder wandelt (vgl. z. B. die mit dem Alter der
Kinder wachsende Bedeutung der öffentlichen Erziehungsinstitutionen und der
Beziehungen zu Gleichaltrigen). Schließlich kann die Familie als Sozialisationsumwelt nicht im Sinne einer eindeutig festgelegten Gruppenstruktur mit eindeutigen
Wirkungen z. B. in der Hervorbringung von einheitlichen Persönlichkeitsstrukturen aufgefaßt werden; Sozialisation und Erziehung in der Familie werden nicht nur
durch unterschiedliche genetische Ausstattungen der Kinder modifiziert (vgl. z. B.
die Veränderung des gesamten Familienlebens durch die Geburt eines schwerbehinderten Kindes), sondern auch durch die Vielfalt von gesamtgesellschaftlichen
(Formen der Arbeitsteilung, Herrschaftsstrukturen, kulturelle Werte) und subkulturellen (materielle Rahmenbedingungen, Wohnverhältnisse, Bildungsgrad, Sprache) Einflüssen, die den Kindern jeweils durch die Interpretations- und Handlungsmuster der Eltern vermittelt werden (Geschlechtsrollendifferenzierung, Autori-
tätsstruktur, Erziehungsstile, Kommunikationsformen) und die von den Kindern
selbst aktiv interpretiert werden (vgl. *Schneewind* u. a., 1983).

Der Sozialarbeiter, der wie andere Mitarbeiter in helfenden Berufen, Familien in
der Regel als »Problemfamilien« wahrnimmt, muß sich auf die vielen Einflußfaktoren und Handlungsdimensionen einlassen, die das Geschehen in einer Familie
prägen. Dazu gehören die durch Arbeit und Beruf sowie durch kulturelle bzw.

subkulturelle Normen und Wertorientierungen etablierten Rahmenbedingungen ebenso wie die von diesen beeinflußten konkreten Lebensverhältnisse, die sich z. B. in den Wohnbedingungen und im Zeitbudget ausdrücken; im Rahmen dieser gesellschaftlichen und ökologischen Bedingungen definieren und deuten Familienmitglieder ihre Rollen und Beziehungen. Rollen und Beziehungen werden innerhalb des Familiensystems im Ehe-System, im Eltern-Kind-System sowie im Kind-Kind-System in je unterschiedlicher Weise ausgehandelt, und alle drei Teilsysteme sind für den Prozeß der Sozialisation und Erziehung von wesentlicher Bedeutung, z. B. wird durch die Anzahl der Kinder und die Geschwisterkonstellation (nach Alter und Geschlecht) das Sozialisationsgeschehen in der Familie erheblich modifiziert (vgl. *Lehr*, 1973; *Toman*, 1974). Eine weitere Dimensionierung der Rollen und Beziehungen, die von *Mollenhauer* u. a. (1975) vorgeschlagen wird, betrifft die Unterscheidung von Dominanzsystem (insbesondere das hierarchische Verhältnis zwischen Eltern und Kindern, aber auch zwischen den Geschlechtern), Sympathiesystem (die Art der affektiven Beziehungen) und sachbezogenem System (Organisation des Alltags, Lernen der Kinder etc.). Derartige Kategorien führen zunächst zu einer analytischen Aufgliederung der »ganzheitlichen« Lebenswelt der Familie, sie sind indes für die Bestandaufnahme von Familiensituationen und für die Planung familienunterstützender Maßnahmen wichtige Hilfsmittel.

Sozialisationsprozesse in der Familie

Sie sind in Alltagssituationen eingelagert wie Mahlzeiten, Mithilfe im Haushalt, Freizeitaktivitäten (Spiele, Spaziergänge, Fernsehen etc.), Zubettgehen/Aufstehen etc. in sie gehen Definitionen und Deutungen der Elternrolle und der Kindesrolle, Definitionen von Erlaubtem und Unerlaubtem, Erstrebenswertem und zu Verurteilendem ein. Die innerfamiliären Kommunikationsstrukturen, die häuslichen Szenen und Rituale sind in Abhängigkeit von den Lebensverhältnissen der Familie, vom Zusammenhalt bzw. Konfliktpotential im Ehesystem sowie von Persönlichkeitsmerkmalen der Eltern in unterschiedlichem Maße formalisiert; dementsprechend räumen sie dem Kind unterschiedliche Freiheitsgrade der Selbstdefinition, Selbstdarstellung und Entwicklung ein. Während die aktive Rolle des Kindes, die Charakterisierung des Sozialisationsprozesses als Wechselwirkungsprozeß (und damit auch die Erziehung der Eltern durch das Kind) erst in jüngster Zeit in den Blickpunkt der Forschung gerät (vgl. *Leichter*, 1974), ist das Erziehungsverhalten der Eltern (Erhiehungsstile) sehr häufig untersucht worden (vgl. *Stapf* u. a., 1972), insbesondere im Blick auf Zusammenhänge zwischen Formen der Autoritätsausübung und sozialer Schichtzugehörigkeit. Der »heimliche Lehrplan der Familienerziehung« (*Strotbeck*) weist in diesem Zusammenhang eine starke Abhängigkeit von den materiellen und psychischen Belastungsfaktoren der Lebensverhältnisse auf. Gleichzeitig läßt sich nicht übersehen, daß trotz der geringen Bedeutung von Außenkontakten für die Sozialisationsprozesse in der Familie (»gesellschaftliche Isolierung der Familie«) zunehmen außerfamiliäre Probleme der Kinder (z. B. Leistungsanforderungen der Schule) Themen und

Konflikte im Familienleben bestimmen (z. B. Hausaufgabenbetreuung bzw. -kontrolle).

Die Erfassung der Sozialisationsprozesse in der Familie ist deshalb außerordentlich schwierig, weil sie keinem festen und rationalen Bestand von Regeln unterworfen sind, andererseits aber einer Vielzahl von belegbaren Einflüssen der gesellschaftlichen Umwelt und der individuellen Biographie unterliegen; weil sie in Abhängigkeit von Situationen des Alltags, Einstellungen, Stimmungen und Verhaltensweisen der Mitglieder, Alter der Kinder (Familienlebenszyklus) etc. eine kaum erfaßbare Vielfalt von Prozessen der Definition von Situationen und der Selbstdarstellung, der Verständigung und gegenseitigen Beeinflussungen betreffen, andererseits aber in Traditionen des Handelns (Handlungsmuster) und der Wertorientierung stehen, die von Generation zu Generation weitergegeben worden sind; weil jede Familie ihre eigene innere Dynamik von Beziehungen entwickelt, gleichzeit aber von Lebensverhältnissen und von Ansprüchen außerfamiliärer Institutionen geprägt wird.

Sozialisationsprozesse sind Lernprozesse. Die Lernprozesse in der Familie unterscheiden sich von formalisierten Lernprozessen in Bildungsinstitutionen durch einige Merkmale: sie beruhen weniger auf Belehrung als auf Teilhabe und strukturierten Erfahrungen im Alltagshandeln; sie werden weniger durch objektivierte Leistungsanforderungen als durch Nachahmung von und Identifizierung mit individuellen Bezugspersonen sowie deren Verhalten und Verhaltenserwartungen gefördert; mehr als formalisierte Lernprozesse sind die Lernprozesse in der Familie durch die Verbindung von kognitiven und affektiven Komponenten bestimmt; auch wenn im Sinne von Geboten und Verboten, Belohnung und Bestrafung ähnliche Sozialisationstechniken zur Anwendung kommen, so stehen diese in der Familie doch immer unter der für das Kind entscheidenden Bedingung, ob sie zur Bestätigung der elterlichen Zuneigung oder zum Liebesverlust führen. Diese Merkmale machen die Tiefen- und Langzeitwirkungen der Lernprozesse in der Familie aus und lassen sie als besonders geeignet für die Frühsozialisation (›primäre Sozialisation‹) des Nachwuchses erscheinen; der Erwerb von Vertrauen in die Umwelt und in sich selbst, der Erwerb von Triebkontrolle (Reinlichkeitserziehung etc.), der Erwerb von Grundfähigkeiten des Handelns (Sprache, Perspektiven von Raum und Zeit), die Auseinandersetzung mit Rollenerwartungen (z. B. Alter, Geschlecht) und die Entwicklung von überdauernden Handlungsmotiven (z. B. Leistungsmotivation, Umgang mit Aggression) sind Beispiele von Lernprozessen im Rahmen der primären Sozialisation, die eine dauerhafte und personalisierte Lernumwelt voraussetzen.

Grundsätzlich werden Eigenaktivität, eigene Zeitplanung, Möglichkeiten der Erkundung, der Befriedigung von kognitiver Neugier und emotionaler Bedürfnisbefriedigung Kindern im Rahmen der Familie eher zugestanden als in formalen Bildungsinstitutionen; andererseits erfahren alle diese Aktivitäten ihre Bewertung, Verstärkung bzw. Einschränkung durch Erwachsene, von welchen das Kind dauerhaft abhängig ist. Die kognitiven Lernprozesse des Kindes können insofern im Zusammenspiel mit den Autoritätsbeziehungen (vgl. »Dominanzsystem«) und mit den affektiven Beziehungen (vgl. ›Sympathiesystem‹) zwischen Eltern und Kindern ebenso zu einer fortschreitenden Entfaltung wie zu einer fortschreitenden Verkümmerung der Lernbereitschaft und -fähigkeit des Kindes beitragen; die affektiven Bindungen können, im Zusammenspiel mit den Autoritätsbeziehungen zwischen Eltern und Kindern und mit den kognitiven Lernprozessen, zur Entwicklung einer flexiblen Identität beitragen, sie können aber auch zu einem unausweichlichen »Gefängnis« werden, das die Entwicklung von Identität, Selbstvertrauen und Selbständigkeit verhindert.

Sozialisationsprozesse sind außerdem als Kommunikationsprozesse zu begreifen (mit dem Begriff Lernprozesse kann insbesondere die inhaltliche Ebene, mit dem Begriff Kommunikationsprozesse die Beziehungsebene von Sozialisation und Erziehung beschrieben werden). Die wechselseitige Beeinflussung von Eltern und Kindern vollzieht sich in erster Linie im Rahmen einer symbolisch (durch Sprache, Mimik und Gestik) vermittelten Verständigung. Es ist vielfach nachgewiesen worden, daß die Häufigkeit und der Stil der sprachlichen Kommunikation, die Häufigkeit des Lächelns etc. erhebliche Bedeutung für die kognitive und sozial-emotionale Entwicklung haben; ähnliches gilt für die Frage, ob Gebote und Verbote begründet werden oder nicht, ob Verhaltensweisen, Erwartungen und Deutungen einer wechselseitigen Aufklärung offenstehen. Formen und Stile der Kommunikation, Techniken der Belohnung und Bestrafung werden von Eltern in der Regel aus ihrem subkulturellen Milieu und den Erfahrungen ihrer Herkunftsfamilie mehr oder weniger unbewußt übernommen; sie können aber auch, wie das Beispiel der antiautoritären Erziehungsbewegung zeigt, bewußt geplant werden. Im Anschluß an den Psychologen *Lewin* werden häufig drei typisierte Erziehungsstile unterschieden: der autokratische, der demokratische und der laissez-faire-Stil.

In einem umfassenderen Modell unterscheiden *Mollenhauer* u. a. (1975) die folgenden Dimensionen der Kommunikation in der Familie:
– personale vs. funktionale Beziehungsdefinition;
– gleichberechtigte vs. herrschaftsbestimmte Beziehungen;
– inhaltlich vs. formal bestimmte Interaktion;
– subjektive versus mechanische Zeitschemata;
– problematisierende vs. konventionalistische Interaktionsmuster.

Die Struktur der Lern- und Kommunikationsprozesse in der Familie sowie die in ihnen verarbeiteten Themen und Konflikten sind nicht nur von »Verkehrsformen« in der Gesellschaft (vgl. Mollenhauer u. a. 1975), von den Lebensverhältnissen der Familie und von Persönlichkeitsmerkmalen der Eltern, sondern auch von den jeweiligen Problemen abhängig, welche die Entwicklung des Kindes und damit die Entwicklung der Familie (Familienlebenszyklus) kennzeichnen. Beispiele dafür sind die Beherrschung des eigenen Körpers (Reinlichkeitserziehung), der Erwerb von Symbolsystemen (Sprache), die Einbeziehung in Gruppe von Gleichaltrigen im Rahmen von Bildungsinstitutionen.

Sozialisationswirkungen der Familie

Nichts hat die Forschung, aber auch die Familien-, Bildungs- und Sozialpolitik mehr beschäftigt als die Frage nach den Wirkungen der Familie auf die Entwicklung der Kinder. Für die besondere Aufmerksamkeit, welche die Frage der Wirkungen gefunden hat, lassen sich mehrere Gründe nennen. Zum einen scheint es für Forscher immer faszinierend zu sein, mit gleichsam naturwissenschaftlicher Exaktheit Gesetzmäßigkeiten der menschlichen Entwicklung und entsprechende Ursache-Wirkungs-Zusammenhänge zu konstatieren; das Bestreben, meßbare Effekte unterschiedlicher Sozialisations- und Erziehungseinflüsse nachzuweisen, das auch für den Qualifikationsnachweis im Wissenschaftsbetrieb zunehmend Bedeutung erlangt hat, kann sich freilich nur selten auf eine verläßliche theoretische und empirische Fundierung berufen. Verschiedene Ansätze, in welchen zumeist ein einziger Einflußfaktor (»unabhängige Variable«) mit einem bestimmten Verhaltensmerkmal (»abhängige Variable«) in einen korrolationsstatistischen Zusammenhang gebracht worden ist, haben dann auch vollkommen widersprüchliche und zum Teil groteske Ergebnisse erbracht. So resumiert *Musgrove* (1976) die Forschungen über Zusammenhänge zwischen der Qualität der Eltern-Kind-Beziehung und Schulerfolg mit der ironischen Bemerkung, daß das Kind, wenn seine Beziehungen zu den Eltern eng, warm und zärtlich sind, mit großer Wahrscheinlichkeit für sein ganzes Leben geschädigt ist. Damit wird in überspitzter Form auf drei Probleme der Wirkungsforschung hingewiesen: die Tatsache, daß das, was gemessen wird (z. B. Schulerfolg, abweichendes Verhalten) gesellschaftlichen sowie individuellen Definitionen unterliegt, die meist nicht aufgeklärt werden; die verhängnisvolle Praxis, eine gemessene Verhaltenstendenz auf einen bestimmten Einflußfaktor zurückzuführen (monokanale Erklärung); und das häufige Fehlen von Ansätzen, die das Zustandekommen der vermuteten bzw. gemessenen Zusammenhänge erklären könnten.

Die Forschung über Sozialisationswirkungen der Familie hat sich u. a. mit folgenden Faktoren beschäftigt:

Einflußfaktoren in der Familie (›Unabhängige Variable‹)	Persönlichkeitsmerkmale und Verhaltenstendenzen von Kindern (›Abhängige Variable‹)
Familiengröße und Geschwisterkonstellation	Allgemeine Intelligenz einzelne Fähigkeiten
Familienstruktur	Lernen und Gedächtnis
Unvollständigkeit der Familie	Wahrnehmen und kognitive Stile
uneheliche Geburt	Kreativität
Berufstätigkeit der Frau	Leistungsmotivation
Kommunikationsstrukturen	Schulleistungen
Sprachstile	Aggressivität
Erziehungsstile	Abhängigkeit, Selbständigkeit und Konformität
Formen der Bestrafung	Ängstlichkeit
Harmonie im Ehesystem	psychische Krankheiten
Arbeitsteilung	

Einflußfaktoren in der Familie (›Unabhängige Variable‹)	Persönlichkeitsmerkmale und Verhaltenstendenzen von Kindern (›Abhängige Variable‹)
Lebensverhältnisse Einkommen Soziale Schicht Bildungsgrad Wohnverhältnisse Arbeitsplatzsituation	Sozialverhalten und Sozialkontakte abweichendes Verhalten

Trotz der erwähnten Einwände hat die Wirkungsforschung eine Fülle von Einsichten zutagegefördert; es kann kein Zweifel daran bestehen, daß das Lebensschicksal von Kindern nachhaltig von den Lebensverhältnissen und Strukturen der Herkunftsfamilie beeinflußt wird (vgl. *Lehr*, 1973; *Richter*, 1970; *Thomae*, 1972 c; *Wurzbacher*, 1977[2]). Tendenzen zu Schulversagen, psychischer Krankheit und abweichendem Verhalten werden jeweils von einem Bündel familialer Einflußfaktoren (Spannungen und Störungen im Ehesystem, mangelnde Ausbildung von Vertrauen und mangelnde bzw. übertriebene soziale Kontrolle im Verhältnis zwischen Eltern und Kindern, bedrückende und anregungsarme Lebensbedingungen etc.) gefördert. Problematisch erscheint es jedoch, einzelne Einflußfaktoren zu isolieren. So konnte z. B. nachgewiesen werden, daß nicht nur die strukturelle Unvollständigkeit (Fehlen eines Elternteils), sondern auch »funktionelle Unvollständigkeit« der Familie (Spannungen und Störungen im Ehesystem) im Zusammenspiel mit anderen Faktoren die Tendenz zu abweichendem Verhalten bei Jugendlichen fördert (vgl. *Württemberger*, 1968, 1977), daß nicht die Berufstätigkeit der Frau als solche zu Fehlentwicklungen bei Kindern führt, sondern daß ein Bündel von »intervenierenden Variablen« (Einstellungen des Mannes und der Frau selbst zur Berufstätigkeit etc.) über die Sozialisationswirkung dieses Merkmals der Familienstruktur entscheidet (vgl. *Lehr*, 1972).

Ein zweiter Grund für den besonders hohen Stellenwert der Frage nach den Sozialisationswirkungen der Familie ist darin zu sehen, daß staatliche Instanzen, die sich mit alarmierenden Daten über die Zunahme von Verhaltensstörungen, Kriminalität und Schulversagen konfrontiert sehen, nach Ursachen für diese Entwicklung fragen und im Rahmen einer staatlichen Familienpolitik nach Möglichkeiten einer sozialen Steuerung dieser Probleme suchen. Je nach den Ursachen für Grenzen und Defizite familialer Sozialisationsleistungen werden Interventionen im Sinne familienunterstützender (z. B. materielle Hilfen, Elternbildung), familienergänzender (z. B. Tagesmütter, Tagheime, Kindergärten, Horte) oder familienersetzender Maßnahmen (z. B. Heime) gefordert und geplant (vgl. Zweiter Familienbericht, 1975).

Schließlich gewinnt die Wirkungsforschung Bedeutung angesichts der zunehmenden Nachfrage nach Beratung und Therapie; eine erfolgversprechende Familienberatung und -therapie kann sich jedoch nicht auf die Behandlung von Symptomen beschränken, sondern muß zu den Ursachen der Störungen der menschlichen

Beziehungen in der Familie und zwischen Familie und Umwelt vorstoßen. Wenn auch auf diesem Felde eine Vielzahl von Erklärungsansätzen und daraus abgeleiteten Beratungs- und Therapiekonzepten miteinander konkurrieren, so ist doch auch hier eine Abkehr von monokausalen Erklärungsansätzen und die Hinwendung zu Konzepten festzustellen, welche die Einbindung des Individuums in Lebenszusammenhänge der Familie (Familien- statt Einzeltherapie) und der Gemeinde (präventive und sozialpsychiatrische Ansätze) berücksichtigen (vgl. Familientherapie 1975).

Ludwig Liegle

Literatur

Abrahams, F. F./Sommerkorn, I. N., 1973: Arbeitswelt, Familienstruktur und Sozialisation. In: *Hurrelmann, K.* (Hrsg.), Sozialisation und Lebenslauf, Reinbek – *Bäuerle, W.*, 1971: Theorie der Elternbildung, Weinheim – *Baumgärtel, F.* (Hrsg.), 1979: Familiensozialisation, Braunschweig – Bildung und Erziehung, 1977, Heft 4: Die Familie – Sozialisation und Leistung wiederentdeckt? – *Christensen, H. T.* (ed.), 1964: Handbook of Marriage and the Family, Rand McNally, Chicago – *Claessens, D./Millhoffer, P.* (Hrsg.), 1973: Familiensoziologie, Frankfurt/M. – *Cloer, E.* (Hrsg.), 1979: Familienerziehung, Bad Heilbrunn – *Degenhardt, A./Trautner, H. M.* (Hrsg.), 1979: Geschlechtstypisches Verhalten. Mann und Frau in psychologischer Sicht, München – Familientherapie, 1975: Theorie und Praxis, 2 Bände, Reinbek – *Goslin, D.* (ed.), 1969: Handbook of Socialization Theory and Research, Rand McNally, Chicago – *Hausen, K.*, 1975: Familie als Gegenstand Historischer Sozialwissenschaft. In: Geschichte und Gesellschaft, H. 2/3: 171–209 – *Hess, R. D./Handel, G.*, 1975: Familienwelten, Düsseldorf – *Kreppner, K.*, 1980: Sozialisation in der Familie. In: *Hurrelmann, K./Ulich, D.*, Handbuch der Sozialisationsforschung, Weinheim – *Laing, R. D./ Esterson, A.*, 1975: Wahnsinn und Familie, Köln – *Lehr, U.*, 1972: Das Problem der Sozialisation geschlechtsspezifischer Verhaltensweisen. In: Handbuch der Psychologie Band 7/2, Göttingen – *Lehr, U.*, 1973: Die Bedeutung der Familie im Sozialisationsprozeß, Stuttgart – *Leichter, H. J.* (ed.), 1974: The Family as Educator, Teachers College Press, New York – *Lüschen, G./Lupri, E.* (Hrsg.), 1970: Soziologie der Familie, Opladen – *Mitterauer, M.*, 1979: Faktoren des Wandels historischer Familienforschung. In: *Pross, H.* (Hrsg.), Familie wohin? Reinbek – *Mollenhauer, K.* u. a., 1975: Familienerziehung, München – *Musgrove, F.*, 1976: The Family, Education, and Society, Routledge & Kegan Paul – *Neidhardt, F.*, 1975: Systemtheoretische Analysen zur Sozialisationsfähigkeit der Familie. In: ders. (Hrsg.), Frühkindliche Sozialisation, Stuttgart – *Parsons, T.*, 1973: Das Verwandtschaftssystem in den Vereinigten Staaten. In: ders., Soziologische Theorie, Neuwied – *Richter, H. E.*, 1970: Patient Familie, Reinbek – *Schmitt-Wenkebach, B.*, (Hrsg.), 1977: Elternbildung als sozialpädagogische Aufgabe, Neuwied – *Schneewind, K./Lukesch, H.* (Hrsg.), 1978: Familiäre Sozialisation, Stuttgart – *Schneewind, K.* u. a. 1983: Eltern und Kinder. Umwelteinflüsse auf das familiäre Verhalten, Stuttgart – *Steinkamp, G.*, 1979: Selegierende Sozialisationsprozesse in der Familie. In: *Cloer*, 1979 – *Strodtbeck, F. L.*, 1967: The Hidden Curriculum in the Middle-Class Home. In: *Passow, A. H.* et. al., Education of the Disadvantaged, Holt, Rinehart & Winston, New York – *Stryker, Sh.*, 1970: Die Theorie des Symbolischen Interaktionismus. In: *Lüschen/Lupri*, 1970 – *Thomae, H.*, 1972 a: Kulturelle Systeme als Sozialisationsvariablen. In: Handbuch der Psychologie Band 7/2, Göttingen – *Thomae, H.*, 1972 b: Soziale Schichten als Sozialisationsvariablen. In: Handbuch der Psychologie Band 7/2 Göttingen – *Thomae, H.*, 1972 c: Familie und Sozialisation. In: Handbuch der Psychologie Band 7/2, Göttingen – *Toman, W.*, Familienkonstellation, München – Vierteljahrsschrift für wissenschaftliche Pädagogik, 1978, H. 2: Themenheft

Familie – *Württemberger, Th.,* 1977[2]: Familie und Jugendkriminalität. In: *Wurzbacher,* 1977[2] – *Wurzbacher, G.* (Hrsg.), 1977[2]: Die Familie als Sozialisationsfaktor, Stuttgart – Zweiter Familienbericht, 1975, hrsg. vom Bundesminister für Jugend, Familie und Gesundheit, Stuttgart. –

→ Familienhilfe/Elternarbeit → Familienrecht → Familienrecht: Alternativen → Sozialisationstheorie

Familienhilfe/Elternarbeit

Die Gestaltung von Lebensbedingungen, welche den Menschen- und Grundrechten der Kinder zur Geltung verhelfen, ist bis heute eine Aufgabe vor allem der Familie und familienähnlicher Lebensgemeinschaften. Besonders kleine Kinder brauchen Erwachsene mit Wärme und Beziehungsfähigkeit, brauchen eine gesunde, sichere und anregungsreiche Umwelt, brauchen gesicherte Rechte und Selbstentfaltungsmöglichkeiten. Um dies bieten zu können, muß Familie über soziale und materielle Voraussetzungen verfügen, die über den Durchschnittsbedarf von Haushalten ohne Kinder weit hinausgehen. Die Gesellschaft hätte diese Voraussetzungen zu schaffen und zu sichern.

Dies ist heute erst in Ansätzen der Fall. Eltern (besonders die Mütter) werden für die Übernahme der gesellschaftlichen Aufgabe des Großziehens von Kindern heute eher bestraft als gefördert. Familien mit Kindern haben nach Einkommen und Wohnfläche nicht etwa einen höheren, sondern einen merklich geringeren Lebensstandard. Die im Haus arbeitende Mutter ist mit ihren Kindern in eine materielle, zeitliche und psychische Zwangsgemeinschaft eingebunden, die wenig Spielraum läßt. Frauen, die auf Berufstätigkeit bestehen oder darauf angewiesen sind, bezahlen mit Doppelbelastung und Schuldgefühlen. Erst wenigen Vätern wird, verstärkt seit dem Anwachsen der Frauenbewegung, ihre marginale Rolle in der Familie oder ihre Abhängigkeit von einem familienfeindlichen Arbeitsmarkt bewußt. Haushalte mit Kindern haben den Anpassungs- und Leistungsdruck der Gesellschaft, wie er über die Schule und die Arbeitswelt vermittelt wird, quasi »privat« zu verkraften. Durch die Akkumulation dieser Anforderungen wird es der Familie extrem schwer gemacht, jene förderlichen Beziehungs- und Kommunikationsstrukturen zu entwickeln, welche Kinder wie Eltern zur Selbstentfaltung brauchen.

Symptome für diese Situation der Familie sind u. a. die Gewalt gegen Kinder und Frauen, Depressionen bei den Müttern, Verhaltensstörungen bei den Kindern, viele Formen der Verweigerung und Rebellion bei Kindern und Jugendlichen. Die Scheidungsrate steigt, die Heiratsquote und die Geburtenziffer sinken; es gibt schon mehr »Familien« ohne Kinder als solche mit Kindern – Kinderhaben scheint allmählich zur Sache einer Minderheit zu werden. Bei denen, die (noch) Kinder haben, steigt die Unsicherheit darüber, wie weit sie den zunehmend härter werdenden Kampf um Ausbildungs- und Berufschancen mitkämpfen und ihre Kinder dafür fit machen sollen. Nach dem Scheitern der Bildungsreform scheinen die Ausläufer der Liberalisierung in der Erziehung der letzten zehn Jahre durch eine Welle der Restauration der autoritären Familienerziehung abgelöst zu werden, wofür die Diskussion um den »Mut zur Erziehung« und die Opposition gegen die Reform des Eltern- und des Jugendhilferechts erste Anzeichen sind. Daß das »Jahr des Kindes« daran etwas ändern konnte, muß bezweifelt werden.

Die Komplexität in der Familie auftretender Probleme verlangt nach komplexen Hilfen. Grundlage dafür ist eine Rechts-, Steuer-, Wohnungs- und Sozialpolitik, welche die Hilfen für Eltern und Kinder als Rechtsanspruch formuliert, die Einbußen der Eltern an sozialer Mobilität, beruflichen Erfolgschancen, Lebensstandard, Freizeit usw. materiell ausgleicht und besonders die gesellschaftliche Leistung der Mütter durch soziale Sicherung honoriert. Zu diesem materiellen Bereich gehören auch Dinge wie kinderfreundliche Wohnungen, kommunikationsfördernde Wohnanlagen, anregende Spielplätze, sichere Schulwege und dergleichen »Rahmenbedingungen« mehr, die für ein ersprießliches Zusammenleben von Eltern und Kindern Voraussetzung sind.

Ein zweiter Kreis von Hilfen richtet sich auf die Strukturschwächen der Familie, ihre Enge und Isolierung und besonders auf die belastete Hausfrau. Hierzu gehören wohnungsnahe Unterstützungssysteme (Wohnungspolitik) qualifizierter und flexibler Tagesbetreuung (Kindergarten, Hort, Tagesmütter, Mutter-Kind-Gruppen, Nachbarschaftshilfe, Babysitter-Dienst), im Stadtteil angesiedelte Beratungsdienste für Fragen des Umgangs mit Behörden, des Rechts, der Gesundheit, der Erziehung usw., sowie besondere Angebote für Familien mit besonderen Problemlagen (Alleinerziehende, Familien mit Behinderten, Pflegefamilien u. ä.). Alle diese Hilfen sollten möglichst im Verbund angeboten werden (Familien- oder Mütterzentren) und nicht nur das Gespräch Experte – Familie, sondern gerade auch das Gespräch unter den Eltern und die Kommunikation zwischen den sonst isolierten Familien, besonders den Müttern, ermöglichen.

Ein dritter Kreis von Angeboten zielt auf allgemeinere Bildungs- und Beratungsbedürfnisse der Familienmitglieder sowie auf die Erhaltung und Verbesserung des innerfamilialen affektiven und kommunikativen Balancesystems. Gemeint sind hier problem- und adressatenorientierte Angebote für Eltern- und Familiengruppen, in denen Erfahrungen in der eigenen Familie (z. B. mit der Schule oder mit Konflikten) ausgetauscht und neue Erfahrungen gemacht werden können. Angebote des Elterntrainings und der Familientherapie in kompakten Formen (Familienwochen oder -wochenenden) oder über längere Zeit ermöglichen intensive Arbeit an der Familiendynamik. Wichtig ist auch bei diesen Hilfen die Erschließung von Kommunikation außerhalb der eigenen Familie und die Einbeziehung des weiteren gesellschaftlichen Kontexts (Arbeitswelt, Schule, Stadtteil usw.), der die familialen Probleme mit konstituiert und der durch gemischte Bürger-Experten-Gruppen (z. B. Elterninitiativen an Kindergärten, Schulen, im Stadtteil usw.)

mitverändert werden muß, wenn sich die Situation der einzelnen betroffenen Familie verbessern soll.

Nicht zuletzt ist schließlich der Kreis jener Hilfen zu nennen, die angeboten werden müssen, wenn Familien wegen unzureichender Unterstützung die von ihnen verlangten Bildungs- und Anpassungsleistungen nicht erbringen können und durch abweichendes Verhalten einzelner Mitglieder oder der ganzen Familie auffallen (z. B. Gewaltprobleme, Leistungsverweigerung oder Kriminalität der Kinder, Alkoholismus, Drogeneinnahme, Durchbrennen der Jugendlichen usw.). Da die oben genannten Hilfen oft zu spät kommen oder nicht zur Verfügung stehen, bleiben dann nur fragwürdige »Hilfen« wie die Einweisung ins Heim, in die Klinik oder ins Gefängnis. Der sozialbürokratische Apparat des Staates und der Kommunen, welcher diese gesetzlich abgesicherte Ausfallbürgschaft der Gesellschaft realisieren soll, kann infolge chronischer Knappheit an Mitteln und Fachkräften sowie infolge seines späten Eingreifens den »Problemfamilien« meist nicht mehr zur Selbsthilfe verhelfen, sondern neigt eher zur Verfestigung abweichender Karrieren und verwaltet diese »Randgruppen« mehr als daß ihre Chancen verbessert werden.

Geschichte

Entsprechend der grundlegenden gesellschaftlichen Bedeutung der Familie (auch ihrer Variationen) war Gesellschaftspolitik immer auch Politik für die Familie (vgl. Familienpolitik). Wie oben angedeutet, entscheiden sich in einer ganzen Reihe sektoraler Politiken die rechtlichen und finanziellen Möglichkeiten aller Arten von Hilfe für Eltern und Kinder. Institutionell hat Familienhilfe im wesentlichen zwei historische Wurzeln: in der Familienfürsorge (heute: Allgemeiner Sozialer Dienst o. ä.) und in der Volksbildung (heute: Erwachsenenbildung).

Die Familienfürsorge entwickelte sich in diesem Jahrhundert zum zentralen Organ der Sozialarbeit in Deutschland. Sie ist das Bindeglied zwischen Familien und Leistungsbehörden des Staates (Gesundheits-, Sozial- und Jugendamt) und sowohl für materielle Hilfe wie für Beratung aller Art zuständig. Rechtliche Grundlagen sind heute BSHG und JWG, nach deren Bestimmungen den Sozialarbeitern neben helfenden auch kontrollierende Funktionen zukommen (Überprüfung von Berechtigungen und Anlässen zum amtlichen Eingriff). Die Hilfen dieser Behörden müssen über ein ausgefeiltes Antragssystem erkämpft und mit der Stigmatisierung als Klient der Fürsorge bezahlt werden, was die Beziehung zwischen Familie und Ämtern belastet. Die Sozialarbeiter in der Familienfürsorge versuchen deshalb nicht selten, sich verstärkt dem Jugendhilfebereich zuzuwenden, ihre Abhängigkeit von der Verwaltung zu problematisieren und ihre im Gesetz vorgesehene Beratungsfunktion zu stärken und durch Fortbildung zu professionalisieren. Neuester Trend ist die Einbeziehung von Methoden der Familienberatung und -behandlung als Weiterentwicklung des klassischen Casework. Äußeres Zeichen dieser Entwicklung sind Umbenennungen (statt Familienfürsorge jetzt: Familienhilfe, Familien- und Jugendberatung, Sozialer Dienst u. ä.). Es kann jedoch kein Zweifel daran bestehen, daß nach wie vor der Kontroll-Auftrag der Familienhilfe eine wirklich klientenorientierte Beratung erschwert.

Eine solche Beratung ist eher möglich in den spezialisierten Beratungsdiensten, die sich als Ergänzung und Entlastung der Familienfürsorge entwickelt haben. Neben den Ehe-, Familien- und Erziehungsberatungsstellen, die sich auf familiale Problemlagen aller Art richten, gibt es wenigstens in den Städten gesondert Stellen, etwa für Sexual- und Schwangerschaftsberatung, Gesundheits- und Suchtberatung, Bildungs- und Berufsberatung, die von einer Vielzahl von Trägern, insbesondere den Konfessionen, eingerichtet sind, zunehmend – zumindest als Modellversuch – aber auch von der öffentlichen Hand getragen werden. Die Zerrissenheit des Beratungswesens widerspricht allerdings der Komplexität familialer Problematik, weshalb die Entwicklung integrierter Modelle oder zumindest eine bessere Koordinierung zu den dringendsten Aufgaben gehören.

Die Arbeit der Familienberatungsstellen richtet sich auf Hilfen bei massiven Störungen der Psychodynamik in Familien. Sie ist gekennzeichnet durch einen hohen Professionalisierungsgrad im Sinne elaborierter, theoriegeleiteter Methodik (Gesprächspsychotherapie, Verhaltenstherapie, Spieltherapie u. ä.), was die Breitenwirkung der Familienberatung stark einschränkt: diese Methodik in Verbindung mit langen Wartezeiten stellt für Familien aus den Unterschichten, aber auch für weite Teile der Mittelschicht eine hohe Zugangsschwelle dar. Die verbreitete individualpsychologische Diagnostik definiert den Klienten als unfähig oder krank, jedenfalls als defizitär, was die Selbsthilfepotentiale eher schwächt als aufbaut. Dazu kommt häufig eine gewisse Blindheit für die Systembedingungen außerhalb der Familie, oft begründet in der Kulturdifferenz zwischen Berater und Ratsuchendem, was leicht zur Fehleinschätzung der Beratungs- und Therapieerfolge führt.

Die Familienberatung versucht, diese Defizite durch Angebote von Familientherapie und Gruppenarbeit, durch Bereitschaftsdienst und Kooperation mit anderen Einrichtungen, auch durch Hausbesuche zu reduzieren. Für die mehrfach belasteten »Problemfamilien« wird eine Beratungsstelle dann interessant, wenn sie die proklamierte Klientenorientierung auch sichtbar institutionell umsetzt. Wegweisend sind Modellversuche in Berlin, wo Beratungsstellen in Stadtteilläden untergebracht sind und praktische Hilfsangebote, Beratung aller Art und intensive Therapie oder Krisenintervention je nach Bedarf anbieten können.

Auch quantitativ ist die derzeitige Erziehungs- und Familienberatung nicht ausreichend. Nach Richtzahlen der Weltgesundheitsorganisation für vergleichbare Industrieländer wären in der Bundesrepublik doppelt bis dreimal so viele Einrichtungen nötig.

Neben den genannten Angeboten der Sozial- und Jugendhilfe sind die Einrichtungen der Eltern- und Familienbildung der zweite große Bereich institutioneller Arbeit mit Familien. Historische Vorläufer waren die Mütterschulen, als Träger sind bis heute die Kirchen und konfessionell orientierten Verbände vorherrschend. Die traditionelle Vermittlung konservativer Mutter- und Familienbilder weicht in jüngerer Zeit zögernd einem liberaleren Familienbegriff, auch Gedanken der Frauenbewegung finden Eingang. Als ihre Aufgabe betrachtet es die Eltern- und

Familienbildung, für die Erziehung von Kindern Ziele und Werte zu vermitteln, wissenschaftliche Erkenntnisse weiterzugeben, den Austausch von Erfahrungen zu ermöglichen und dadurch insgesamt die Stabilität und »Erziehungskraft« der Familie zu erhöhen. Infolge der wachsenden Einsicht in die geringe Verhaltensrelevanz vortragsartig vermittelten Wissens über Erziehung und Familie wird in jüngster Zeit mehr dazu übergegangen, erfahrungsorientierte Gruppenarbeit und verschiedene Formen von Kommunikations- und Verhaltenstraining in das Angebot aufzunehmen. Für die Frauen werden spezifische Angebote gemacht, die sie nicht allein als Mütter, sondern in ihrer gesamten Situation ernster nehmen.

Dennoch gelingt es den Einrichtungen der Familienbildung bisher kaum, ihr Kurssystem in ein Unterstützungsnetz für bedürfnisorientiertes Lernen und Kommunizieren von Eltern zu überführen. Neben dem Festhalten an überholten Bildungsbegriffen liegt der Grund dafür vor allem im Subventionierungssystem, das nach Quantitäten rechnet (Teilnehmerstunden) und den Erfordernissen längerfristiger sozialer Prozesse nicht Rechnung trägt. Hauptamtliche Mitarbeiter für die Entwicklung einer kontinuierlichen, wohnbereichsnahen Elternarbeit sind deshalb sehr selten; meist ist Elternarbeit die Domäne engagierter Honorarkräfte. Besonders schwierig ist die Situation in den Volkshochschulen, die nur in den Großstädten über hauptamtliches Personal und über eigene Räume verfügen können. Daß unter diesen institutionellen und konzeptionellen Bedingungen die Familienbildung nur einen schmalen Ausschnitt der Bevölkerung anspricht, verwundert nicht.

Funktionelle Elternarbeit

Mit diesem Begriff wird die Elternarbeit an jenen Institutionen zusammengefaßt, die für die Kinder da sind und wo Elternarbeit als ergänzende Aufgabe verstanden wird: vor allem in Kindergarten und Schule. In den meisten Bundesländern bestehen Kindergarten- und Schulgesetze, die den Eltern durch gewählte Vertreter gewisse Anhörungs- und Mitwirkungsrechte, aber keine echte Mitbestimmung einräumen. Es kommt also sehr auf die beteiligten Leiter, Erzieher, Lehrer und Eltern an, ob die Eltern für die Ziele der Institution eingesetzt werden oder ein Dialog zustande kommt, der das Verständnis zwischen Kindergarten, Schule und Familie erweitert, Frontstellungen abbaut und Innovationen zuläßt.

Neben der Arbeit in den Beiräten gibt es regelmäßige Elternabende und Elternsprechstunden, für welche dieselbe Grundfrage gilt: Lassen sich die Eltern nur informieren und im übrigen für die Ziele der Institution und als Ausfall-Bürgen für deren Defizite einspannen, oder können sie im Interesse ihrer Kinder auch zu kompetenten Kritikern und Mitstreitern gegen reformunwillige Träger und Bürokratien werden? Die Schulung von Beiräten und Elternsprechern, wie sie etwa von der Evangelischen Erwachsenenbildung Frankfurt durchgeführt wird, kann die Eltern bei dieser wichtigen Aufgabe unterstützen.

Nach Aussagen von Erziehungsberatern und Ärzten muß die Schule mit ihrem rigiden Anpassungs- und Leistungsdruck heute als eine Hauptursache für Verstörungen von Kindern und Familien gelten. Elternarbeit kann hier in zwei Richtungen wirksam werden. Zum einen können die Eltern lernen, im Umgang mit der Schule selbstbewußter zu werden und mit den Anforderungen der Schule in einer Weise umzugehen, die Kinder und Eltern entlastet. Zum anderen können Eltern durch gesetzliche Vertretungen und überregionale Zusammenschlüsse mit entsprechenden Forderungen Druck auf die Politik ausüben. Die Erfahrungen von Initiativen wie der »Aktion kleine Klasse« oder der »Aktion Humane Schule« zeigen freilich, daß nur sehr begrenzte Erfolge möglich sind.

Eltern- und Fraueninitiativen

Unabhängig von den Institutionen der Familienhilfe und der Elternbildung und -beratung greifen Eltern zur Selbsthilfe. Durch lose oder vereinsmäßig organisierte Eltern-Initiativen erweitern Familien ihr soziales Unterstützungsnetz und verbessern die Aufwachsbedingungen ihrer Kinder. Die Initiativen haben zwei Hauptfunktionen: In erster Linie füllen sie Lücken im öffentlichen sozialen System zugunsten der Kinder und besonders auch der Mütter, mit dem Schwerpunkt in der Nachbarschaft und im Stadtteil. Andererseits proklamieren und erproben sie alternative Formen der Erziehung und des Lebens und Arbeitens mit Kindern und geben damit Impulse für eine kinder- und elternfreundlichere Sozialpolitik auf kommunaler und staatlicher Ebene.

Folgenreich war auf diesem Gebiet vor allem die Kinderladenbewegung der späten 60er Jahre, die in Wissenschaft und Öffentlichkeit den Blick für die gesellschaftlichen Bedingungen von Kindheit geschärft hat. Die heutigen selbstorganisierten Krabbelstuben, Kinderhäuser, Horte und freien Schulen treten nur noch zum Teil mit explizit alternativem Anspruch auf; sie sehen ihre Aufgabe eher in der immanenten Kritik und Reform des Sozialstaats.

Eine weitere außerinstitutionelle Entwicklung innerhalb der Elternarbeit ist die Entstehung eines spezifischen »Frauenansatzes«. Die Erziehungs- und Beziehungsarbeit in der Familie ist immer noch überwiegend die Aufgabe der Frauen, und Elternarbeit/Elternbildung ist bis heute zu ca. 80% Arbeit mit Müttern. Der Frauenansatz vollzieht nicht den Rückfall in überwundene Mütterideologie; er nimmt die Mütter nicht mehr nur in ihrer Erziehungsfunktion ernst, sondern in ihrer gesellschaftlichen Gesamtsituation, z. B. als Hausfrau mit stark reduzierten sozialen Bezügen und wenig Anerkennung, als berufstätige Mutter mit Doppelbelastung und Schuldgefühlen oder als Alleinerziehende mit materiellen Problemen und Diskriminierungen. Aus dieser erweiterten Fragestellung entwickelt der Frauenansatz in der Elternarbeit spezifische Kommunikations- und Unterstützungsangebote, welche auf die Gesamtproblematik der Mütter reagieren. Dazu gehören nicht zuletzt auch die Frauenhäuser, welche Frauen und Kindern die Flucht aus untragbar gewordenen Familienverhältnissen ermöglichen.

Der vielfache Ruf nach Einbeziehung der Väter wird, gemessen an der heutigen Situation der Mütter und Familien, noch lange ideologisch erzeugter Wunsch bleiben. Ändern kann sich hier nur etwas, wenn zunehmend die Väter die allseitige Reduzierung der Lebensmöglichkeiten ihrer Frauen erkennen, ein eigenes Interesse am Zusammenleben mit Kindern entwickeln und in ihrer Berufs- und Karriereplanung die entsprechenden drastischen Änderungen vornehmen – oder wenn sie von den Frauen zu alldem gebracht werden.

Professionalisierung der Eltern?

Als zentrales Motiv für Angebote der Elternbildung kann die Frage gelten, warum eigentlich in einer Gesellschaft mit zunehmender Professionalisierung und Spezialisierung vieler Berufe ausgerechnet das Wichtigste und Schwierigste, die Erziehung der nachwachsenden Generation, von »Laien« gemacht werde – den Eltern. Als Indizien für die Berechtigung dieser Frage werden die fast allgemeine Unsicherheit der Eltern im Umgang und in der Lebensplanung mit ihren Kindern und das immer häufiger auffallende Mißlingen kindlicher und jugendlicher Sozialisation ins Feld geführt. Vorgeschlagen wird der flächendeckende Ausbau der Elternbildung, die Einführung eines Faches »Erziehungslehre« in der Schule oder gar die allgemeine Elternschulpflicht für alle angehenden Mütter und Väter – kurz: die »Professionalisierung der Elternrolle«.

Die Hoffnung, solcherart die »Erziehungskraft« der Familie stärken zu können, dürfte sich indes nicht erfüllen, da sie, historisch und soziologisch gesehen, auf einer falschen Annahme beruht. Unsicherheit und Unfähigkeit um Umgang mit Kindern entsteht nicht in erster Linie aus Mangel an Liebe oder an Kenntnissen oder an Erziehungstechniken, sondern entsteht durch die strukturellen Dauerbelastungen, denen die Beziehungen von Eltern und Kindern heute ausgesetzt sind und die von der Arbeitswelt, der Schule und der Unwirtlichkeit unserer Städte auf die Familie einwirken. Die Familie ist seit der Industrialisierung zunehmend ihrer einst vielfältigen Funktionen beraubt worden; die reichen Spiel-, Arbeits- und Lernanregungen für die Kinder sind geschrumpft und wurden durch organisierte Lernangebote wie Schule ersetzt; die einst vielfältigen Rollen- und Beziehungsangebote sind heute reduziert auf wenige Bezugspersonen. Die Schwierigkeit, heute mit Kindern und in Familien zu leben, beruht also eher auf der psychosozialen Enge und Isolierung der Kleinfamilie als auf dem individuellen Unvermögen der Eltern. Eine »Professionalisierung der Elternrolle« würde demnach bedeuten, daß die Eltern die Pathologie der Kleinfamilie zu akzeptieren und besser mit ihr umzugehen lernen müßten; die Folge wäre eine weitere Verdinglichung der Beziehungen zwischen Eltern und Kindern. Eine Lösung muß vielmehr in einer anderen Richtung gesucht werden: in der Erweiterung des sozialen Bezugssystems für Mütter und Kinder, in der erneuten Verknüpfung von Lernen, Arbeiten und Leben, in der Aufhebung künstlicher Ghettos für Kinder, Frauen und Familien, in der Wiedergewinnung eines lustvollen und anregungsreichen Lebenszusammenhangs.

Elternarbeit kann zu diesem umfassenden Vorhaben weniger durch erziehungstechnologische Kurse beitragen als vielmehr durch die Bereitstellung eines nachbarschaftsbezogenen Rahmens, in dem Eltern und Kinder Gelegenheit zu Kommunikation, zur Entwicklung gemeinsamen Lernens und Lebens, zur Erweiterung ihrer sozialen Kompetenzen finden. Institutionen mit bildungs- und inhaltsbezogener Struktur müßten sich dazu freilich gründlich umorientieren und auch neu organisieren.

Professionalisierung der Fachkräfte

Für die Fachkräfte in den Institutionen öffentlicher Erziehung (Kindergarten, Schule, Heim) ist zur Zeit kennzeichnend, daß sie in der Ausbildung auf Elternarbeit kaum vorbereitet werden und ihre Arbeitszeitregelung Raum für Elternarbeit nur am Rande vorsieht. Die Elternarbeit ist in diesen Bereichen noch stark beherrscht von Ängsten, Abgrenzungsbestrebungen und Konkurrenzdenken zwischen Erziehern, Lehrern und Eltern. Beispiele aus der Praxis zeigen jedoch, daß diese Schwierigkeiten überwunden werden können und dann eine für alle Beteiligten anregende und entlastende Zusammenarbeit entstehen kann.

Bei den hauptamtlichen Fachkräften für Familienhilfe, -beratung und -bildung zeichnet sich eine Tendenz zur methodisch-klinischen und gruppendynamischen Spezialisierung ab, manifest etwa in der steigenden Nachfrage nach Fortbildungsmöglichkeiten in Familientherapie und -beratung. So sehr solche Spezialkompetenzen im Einzelfall nötig und hilfreich sein können, so deutlich ist andererseits, daß für die Breite der Arbeit mit Eltern allgemeinere soziale Kompetenzen nötig sind: die Fähigkeit, Selbsthilfekräfte der Eltern zu erkennen und zu unterstützen; einen kommunikativen Rahmen für die Entstehung sozialer Kontakte zu schaffen; Elterngruppen zu stiften, materiell zu unterstützen und bei Bedarf zu beraten; Einzelprobleme von Familien in ihrem sozialen Entstehungszusammenhang zu sehen und anzugehen; die Ressourcen und Spielräume der Institutionen entsprechend zu nutzen und auszuweiten; die Arbeit von Laien mit Laien in ihrer Bedeutung zu erkennen und zu fördern.

Zu den Professionellen vom Typ »wissenschaftlicher Experte« oder »methodischer Spezialist« müssen also Helfer vom Typ »solidarischer Selbsthilfe-Berater« kommen, wenn sich Familienhilfe und Elternarbeit dem oben skizzierten Ziel annähern will. Auch die institutionellen Bedingungen müssen dafür verändert werden. Die gegenwärtige Zersplitterung des Beratungs- und Bildungssystems für Eltern muß zugunsten integrierter Angebote abgebaut werden, und diese sollten nicht in zentralen Einrichtungen, sondern dezentral im Wohnbereich angeboten werden. Solche Arbeit läßt sich nur zum Teil in Kurseinheiten durchführen und abrechnen oder von nebenamtlichen Dozenten bewältigen, da sehr viel Kontaktarbeit vor Ort dazu nötig ist, die nur hauptamtliche Mitarbeiter leisten können. Es gehört mit zur Qualifikation solcher neuen Professionellen, daß sie die notwendigen Veränderungen in ihrer Träger-Einrichtung fachlich begründen und politisch durchsetzen können.

Gesetzliche Grundlagen der Familienhilfe und Elternarbeit

Die gesetzlichen Grundlagen für Angebote der Familienhilfe und Elternbildung finden sich in den Sozialgesetzen (BSHG, JWG) und in den Bildungsgesetzen der Länder. Die Bildungsgesetze geben durch ihre Vorschriften zur Finanzierung nach Veranstaltungstypen und Besucherquoten einen Rahmen ab, der für eine bevölkerungsnahe und kontinuierliche Elternarbeit mit den dafür notwendigen hauptamtlichen Mitarbeitern enge Grenzen setzt. Zumindest für Kompaktangebote (Elternwochen, Wochenenden, Familienbildungsurlaub) bieten neuerdings gesetzliche Regelungen zum Bildungsurlaub zusätzliche Möglichkeiten.

Neben den materiellen Hilfen bieten BSHG und JWG eine Grundlage für beratende und therapeutische Hilfe für Familien und Eltern. In den verschiedenen Entwürfen eines reformierten Jugendhilferechts war vorgesehen, den präventiven Bereich der Familienarbeit stark auszubauen und das Beratungsnetz zu erweitern. Dem Versuch, im Rahmen der Jugendhilfe Familienbildung als legitime Aufgabe vorbeugender Arbeit zu etablieren, stieß bei einigen Bundesländern auf den Einwand, Familienbildung falle in die Kompetenz der Länder. Was bei einer Novellierung des JWG von den Reformansätzen übrigbleiben wird, ist noch nicht abzusehen; einen Rechtsanspruch auf Familienhilfe zu einem Zeitpunkt, wo noch keine massive Störung in der Familie vorliegt, wird es jedoch voraussichtlich nicht geben.

Konrad Leube

Literatur

*Arbeitsgruppe Elternarbeit / Frühkindliche Sozialisation am Deutschen Jugendinstitut, 1981: Orientierungsmaterialien für die Elternarbeit. Elternarbeit mit sozial benachteiligten Familien, Schriftenreihe des Bundesministers für Jugend, Familie und Gesundheit, Band 94, Stuttgart – *Bundesminister für Jugend, Familie und Gesundheit (Hrsg.), 1975: Zweiter Familienbericht der Bundesregierung, Bonn – ders., 1979: Dritter Familienbericht der Bundesregierung, Bonn – *ders., 1980: Fünfter Jugendbericht der Bundesregierung, Bonn – Deutsches Jugendinstitut München, Reihe Materialien für die Elternarbeit. Bis 1982 10 Bände, wird fortgesetzt – *Koschorke, M.* (Hrsg.), 1975: Zur Praxis der Unterschichtberatung, *Göttingen – Leube, P. K.*, 1982: Professionalisierung und Laienkompetenz in der Elternarbeit. In: *Müller, S.* u. a. (Hrsg.): Handlungskompetenz in der Sozialarbeit/Sozialpädagogik I, Bielefeld – *Moeller, M. L.*, 1981: Anders helfen. Selbsthilfegruppen und Fachleute arbeiten zusammen, Stuttgart – *Nielsen, H.* und *K.*, 1980: 12 Jahre Familienhelfereinsätze in Berlin. In: Soziale Arbeit, H. 12 – *Richter, H. E.* u. a. (Hrsg.), 1976: Familie und seelische Krankheit, Reinbek – *Schneewind, K./Lukesch, H.* (Hrsg.), 1978: Familiäre Sozialisation, Stuttgart – *Seibert, U.*, 1978: Soziale Arbeit als Beratung, Weinheim – *Seifert-Schröder, B.*, 1981: Bildung und Beratung zur Stützung familialer Sozialisation. Eine Bibliographie, München – Sozialarbeit und Therapie. Neue Praxis, Sonderheft 1978 – *Stolleis, M.*, 1978: Eltern- und Familienbildung als Aufgabe der Jugendhilfe. Schriftenreihe des Bundesministers für Jugend, Familie und Gesundheit, Band 60, Stuttgart – *Wahl, K./Tüllmann, G./Honig, M.-S./Gravenhorst, L.*, 1980: Familien sind anders!, Reinbek. –

→ Familientherapie → Frauen → Kindheit → Professionalisierung → Sozialpädagogisches Handeln

Familienrecht

Problemstellung

Die sozialwissenschaftliche Forschung hat zwar vielschichtige verallgemeinerbare, aber auch strittige Strukturmerkmale der Familie herausgearbeitet, ohne jedoch die Familie als gesellschaftliche Institution abschließend definieren zu können. Dem entspricht auch die Ausprägung der Familie im Rechtssystem der BRD, das keine einheitliche Familienverfassung kennt, sondern die Regelung wichtiger partieller Aspekte additiv zusammenstellt. Übereinstimmung herrscht jedoch insoweit, daß der Familie von Staat und Gesellschaft Grundfunktionen zugeschrieben werden, die sich nicht als naturgegebenes vorstaatliches Phänomen, sondern als Ergebnis gesellschaftlicher und historischer Prozesse beschreiben lassen. Zu diesen Grundfunktionen gehören die Legitimierung der Partnerbeziehung in ihrer Universalität, die Erzeugung und Sozialisation des Nachwuchses in einem geschützten Raum der Eltern-Kind-Beziehung sowie die wirtschaftliche gegenseitige Versorgung der Mitglieder der Kernfamilie in einem Familienhaushalt. Die Zuschreibung dieser Grundfunktionen an die Familie bringt es mit sich, daß der Staat die Institution Familie in ihrem Bestand grundgesetzlich garantiert und sowohl mit einem weitreichenden rechtlichen Schutzsystem als auch mit einem umfassenden sozialen Hilfesystem versieht. Dazu gehören u. a. die Unterstützung und Förderung der Familie im Bereich der sozialen Sicherung (SGB) und die Stützung und Ergänzung der Sozialisationskraft der Familie durch Leistungen der Jugendhilfe.

Für die Praxis der Sozialen Arbeit sind daher Kenntnisse über alle die Familienwirklichkeit bestimmenden Faktoren unerläßlich. Zu diesen Faktoren gehören als institutionelle Rahmenbedingungen für die soziale Arbeit mit Familien auch die privatrechtliche Ausgestaltung der Familienbeziehungen im Familienrecht des BGB sowie die Stellung und Förderung der Familie im geltenden Sozialrecht und in der Sozial- und Familienpolitik.

Das geltende Familienrecht ist gekennzeichnet durch ein umfangreiches System von »offenen Tatbeständen«. Diese unbestimmten Rechtsbegriffe sind elastisches Recht, das erst durch die Rechtsanwendung des Richters zur geprägten juristischen Form wird. In der Universalität der Familienbeziehungen sind eben überwiegend »nicht formulierbare Elemente des Lebens« (*Gernhuber*, 1980) enthalten, die sich einer Beschreibung durch einen konkreten Rechtssatz entziehen.

Das elastische Recht will zwar eine weitgehende Einzelfallgerechtigkeit durch die Rechtssprechung erzielen; es enthält jedoch die große Gefahr, besonders in einer pluralistischen Gesellschaft, daß die Interpretation der Rechtslage von persönlichen Bekenntnissen und Ideologien der Richter nicht unbeeinflußt bleiben. Hierin kann eine erhebliche Rechtsunsicherheit liegen, wie die Analyse von *Finger/Troje* zur »scheidungsfreundlichen« bzw. »scheidungsfeindlichen« Rechtssprechung der

Obergerichte zeigt. Weiterhin haben sozialwissenschaftliche Untersuchungen nachgewiesen, daß über diesen Weg auch eine unterschiedliche Behandlung von gesellschaftlichen Gruppen möglich wird.

Eine positiv beschreibbare Familienstruktur des Familienrechts zeigt sich daher erst im Negativbild, d. h. in der Pathologie von Familienbeziehungen, die Gegenstand von Rechtsstreitverfahren waren (*Huhn*, 1977).

Eine Analyse der Familienwirklichkeit und ihrer Probleme muß daher sowohl im Hinblick auf sachgerechte Regelung im Einzelfall als auch für generelle politische Lösungen von Problemlagen der Familie eine Bewertung der Rechtslage enthalten. Dies geschieht durch Anpassung der Rechtslage an die sich verändernde Wirklichkeit, einerseits durch Reformen des Gesetzgebers, andererseits als Rechtsfortbildung durch die Rechtsprechung der Gerichte. Bei den Anpassungsprozessen durch die Rechtsanwendung werden unbestimmte Rechtsbegriffe durch Gerichte im Zusammenwirken mit Institutionen der Sozialen Arbeit neu definiert (Kindeswohl – Wesen der ehelichen Lebensgemeinschaft u. a.). An diesem Definitionsprozeß (z. B. Erfüllung des Anspruchs auf Erziehung eines Kindes in der Familie orientiert am Kindeswohl) wirken Sozialarbeiter/Sozialpädagogen als Fachkräfte entscheidend mit.

Um diese wichtige Funktion von professionellen Fachkräften der Sozialen Arbeit nicht in die Randständigkeit abdrängen zu lassen, ist es notwendig, die Definitions- und Anpassungsprozesse der Rechtsreformen und deren Anwendung in der Praxis der Rechtsprechung zu kennen, um so auch den Stellenwert sozialer Arbeit mit Familien im geltenden Rechtssystem besser bestimmen zu können.

Historisches: Die Familie als soziales Phänomen ist älter als der Staat. Der positiven Ausgestaltung der Familie in einer staatlichen oder kirchlichen Rechtsordnung geht also eine lange historische Entwicklung im gesellschaftlichen Bereich voraus. Mehr als andere Rechtsgebiete ist das Familienrecht ein Schnittpunkt der verschiedensten Interessenlagen einer Gesellschaft; so spiegeln sich in der Ausprägung des positiven Familienrechts Einflüsse der jeweils herrschenden ökonomischen Bedingungen ebenso wider, wie die verschiedenen ideologischen Positionen und soziokulturellen Traditionen.

Die Geschichte des Familienrechts ist gleichzeitig eine Geschichte des faktischen Zerfalls der Familie in ihren ursprünglich umfassenden Funktionen. Ursprünglich läßt sich die Familie als eine umfassende Genossenschaft beschreiben, die kraft ihrer patriarchalischen (oder matriarchalischen) Organisationsformen einem Herrschaftsverband ähnelt (*Engels*, 1973). Mit Entstehung des Privateigentums und erster Staatsformen geht die weitgreifende Bedeutung der Familie zurück. Der Beginn der Industrialisierung im 18./19. Jahrhundert bedeutet eine historische Krise für die Familie hinsichtlich ihrer langfristig stabilen Verfassung.

Produktionsfunktionen, Erziehungsaufgaben, Kontrollfunktionen sowie der Schutz und die soziale Sicherungsfunktion werden zunehmend vergesellschaftet und bekräftigen damit die Tendenz zur Kleinfamilie.

Für diese Entwicklung ist der Einfluß individualistischer Denkansätze von entscheidender Bedeutung. Schon sehr früh wurde aus dem römischen Recht die Vorstellung übernommen, daß eine Eheschließung nur von der privaten Entscheidung der Partner abhängig sein soll. Unter Mitwirkung der Kirche ist dieser Aspekt in das deutsche Recht schon vor der eigentlichen Rezeption des römischen Rechtes aufgenommen worden und hat so bewirkt, daß die Kaufehe abgelöst wurde. Die Weiterführung dieser Denkansätze in der Aufklärung hat schließlich auch den Gedanken einer einverständlichen Ehescheidung gefördert.

Am Ende dieser angedeuteten Entwicklungslinien stehen am Ende des 18. Jahrhunderts, Anfang des 19. Jahrhunderts die großen Kodifikationen des Zivilrechts in Europa, in denen auch die Regelungen der Rechtsverhältnisse der Familie aufgenommen wurden. (vgl. u. a. Code Civil/Frankrich 1804)

Das heutige Familienrecht basiert weitgehend auf der Kodifikation des Zivilrechts im BGB. Es umfaßt im vierten Buch folgende Bereiche:

- das *Eherecht* als umfassende Regelung der Partnerbeziehung in der bürgerlichen Ehe (§§ 1297–1588 in Verbindung mit dem Ehegesetz vom 20. 2. 1946)
- das *Kindschaftsrecht* als zwingendes Recht hinsichtlich der Regelungen des familienrechtlichen Status mit den gesamten Folgerechten: Abstammung (§ 1589–§ 1600 BGB), Unterhalt (§ 1601–1615 BGB),
- die *Regelungen des Eltern-Kind-Verhältnisses* mit dem Schwerpunkt des Rechts der elterlichen Sorge (§ 1626–§ 1711 BGB) und die Legitimation und Ehelichkeitserklärung nichtehelicher Kinder (§ 1719–1740 BGB) sowie das *Adoptionsrecht* (§ 1741–§ 1772 BGB) in Verbindung mit dem Adoptionsvermittlungsgesetz und das Vormundschafts- und Pflegschaftsrecht (§ 1773–§ 1921 BGB).

Der Zusammenhang dieser Rechtsgebiete des Familienrechts geht zurück auf die tradierte Schutzgewalt des Familienoberhaupts, welche sich universell auf alle Familienmitglieder und weitere Schutzbefohlene erstreckte. Dieser Zusammenhang geht zwar mit dem Verfall des patriarchalischen Familienrechtssystems im Rahmen der aufgezeigten Entwicklung weitgehend verloren, bleibt aber in Relikten sowohl im Rechtssystem als auch in der Praxis der Rechtsanwendung als traditioneller Bezug erkennbar; so etwa in der Stellung der Eltern und des Vormunds gegenüber den Kindern, sowie bei Sorgerechtsregelungen gegenüber potentiell gleichberechtigten Partnern bei Trennung und Scheidung, wenn die Sorgerechtsregelung dem Leitbild der »vollständigen Familie« folgt.

Die Inhalte des Familienrechts des BGB zeigen deutlich den Kompromißcharakter hinsichtlich der verschiedenen Interessenlagen, die sich aus dem Einfluß von Kirche und Staat sowie aus den gesellschaftlich-ökonomischen Bedingungen ergeben.

Die Rechtsinstitute des Familienrechts waren konzipiert ausgehend vom Standpunkt der Besitzenden. Dies zeigt sich in der umfangreichen Ausgestaltung der vermögensrechtlichen Beziehungen des ehelichen Güterrechts, des Familien- und Verwandtenunterhalts, der Verwaltung des Kindesvermögens und der wirtschaftlichen Ausrichtung des Adoptionsrechts sowie der Vormundschaft. Das Familienrecht entsprach damit der sich entwickelnden bürgerlichen Gesellschaft mit ihrem Streben nach individueller Freiheit gegenüber dem Staat. Damit ist aber auch der Grundstein für eine schichtenspezifische Determinante des Familienrechts gelegt. Das bedeutet, daß sich die Garantien der individuellen Freiheiten nur für den besitzenden Bürger auswirkten, da nur er über die ökonomischen und sozialen Bedingungen verfügte, die eine individuelle Selbstbestimmung ermöglichten. Für den größeren Teil der Bevölkerung blieben viele dieser Gestaltungsmöglichkeiten unerreichbar. Mit Inkrafttreten des BGB war daher die Reform bereits veraltet und bedingte, daß die Sozialpolitik quasi ein Jahrhundertthema aufgriff, nämlich die Weiterentwicklung der sozialrechtlichen Komponente der Familienrechtsbeziehungen.

Die Kodifizierung des Familienrechts im BGB zeigt auch trotz der konfessionsneutralen Verfassung ein deutliches Interesse der Kirchen an der Ausgestaltung und Weiterentwicklung der Familienrechtsbeziehungen. Mit der Einführung der vor dem Standesbeamten zu schließenden obligatorischen Zivilehe durch den Code Civil und das Reichspersonenstandsgesetz von 1875 hat der Staat die Regelung des seit dem 10. Jahrhundert als ureigenes Gebiet von der Kirche geregelten Eherechts übernommen. In sogenannten Kaiserparagraphen (§ 1588 BGB) ist aber bestimmt, daß die kirchlichen Verpflichtungen in Ansehung der Ehe unberücksichtigt bleiben. So sind kirchliches und staatliches Eherecht nebeneinander wirksam. Die Kirche, insbesondere die katholische Kirche, hat ihren Anspruch auf Regelung des Eherechts bis hin zur Ausgestaltung einer eigenen Ehegerichtsbarkeit aufrechterhalten (vergleiche dazu den Codex Juris canonici von 1917 can 1012 ff.).

Darüber hinaus wird deutlich, daß hinsichtlich der weiteren Reformen aller personalen Rechtsbeziehungen in der Familie ein Anspruch der Kirchen neben anderen Interessengruppen und politischen Parteien auf inhaltliche Mitbestimmung besteht und durchgesetzt wird. Dies zeigt sich besonders bei den Reformen zur Adoption, zur Ehescheidung, zur Neuregelung des Sorgerechts sowie in zahlreichen anderen Gesetzen; erstmals nach Inkrafttreten des BGB zum Beispiel im Gesetz über die religiöse Kindererziehung (1921).

Die Familienrechtsreformen seit 1900: Der Kompromißcharakter der ersten umfassenden Kodifizierung des Familienrechts führte zu ständigen Anpassungsvorgängen des Familienrechts an soziale und ökonomische Veränderungen.

Erste weitreichende Veränderungen im Hinblick auf die Eltern-Kind-Beziehung wurden durch das Reichsjugendwohlfahrtsgesetz von 1922 und zu bestimmten inhaltlichen Fragen der Erziehung auch durch das Gesetz über die religiöse Kindererziehung (1921) bewirkt. Die familienrechtlichen Beziehungen bleiben auch in der ausgehenden Weimarer Zeit und in der NS-Zeit Kernbereiche der Sozial- und Familienpolitik. Beim Aufbau der nationalsozialistischen Rechts- und Gesellschaftsordnungen nahmen familienrechtliche Fragen, insbesondere Fragen des Eherechts, sowie Regelungen über die Erziehung in und außerhalb der Familie Schlüsselstellungen ein. Für das heutige Familienrecht sind jedoch nur die Reformen der vergangen 25 Jahre von Bedeutung. Das Grundgesetz formuliert 1949 durch Artikel 3 als verbindliche Aufgabe an den Gesetzgeber die Gleichberechtigung von Mann und Frau und damit die Gleichberechtigung der Partnerbeziehung in der Familie zu institutionalisieren.

Erste Konsequenzen ergaben sich aus dem Gleichberechtigungsgesetz vom 18. 7. 1957. Das erste Gesetz zur Reform des Ehe- und Familienrechts vom 14. 6. 1976 führt diese Neustrukturierung der Familienbeziehungen fort. Es werden Ehewirkungen und Scheidungsfolgen neu geregelt, das Verschuldensprinzip wird durch das Zerrüttungsprinzip ersetzt und der Versorgungsausgleich als Ergänzung zur vermögensrechtlichen Auseinandersetzung bei Scheidung wird neu eingeführt.

Damit ist die traditionelle Rollenverteilung in der Familie, die Zuschreibung bestimmter Funktionen von Mann und Frau, aufgehoben. Es können nunmehr alle Funktionen der Familie grundsätzlich gleichberechtigt wahrgenommen werden bzw. sind in gegenseitigem Einvernehmen zu entscheiden. Diese Reform stellt auch einen Anpassungsprozeß der Rechtsordnung an gesellschaftlich und ökonomisch vollzogenen Veränderungen dar, da die Emanzipation der Frau im Produktionsbereich (Doppelverdienerehe) nicht ohne Auswirkung auf die Rollen und Funktionsverteilungen im Reproduktionsbereich der Familie bleiben konnten.

Eine zweite Veränderung der Eltern-Kind-Beziehung begann mit der Diskussion um die Herabsetzung der Volljährigkeit auf 18 Jahre und der langfristig geplanten Reform der Jugendhilfe (*Schäfer,* 1977, und Neue Praxis, Sonderheft 1973). Hier wurden die Interessenkonflikte um die Vorrangigkeit des Elternrechts im Verhältnis zu den Emanzipations- und Partizipationsansprüchen des jungen Menschen sowie des Schutzgedankens für Minderjährige deutlich. Gegenwärtig wird das Kind in der Familie zunehmend als Person mit eigenen Interessen gesehen, die vom Recht anerkannt sind und notfalls auch gegen die Interessen der Eltern durchsetzbar sind. Markierungspunkte für diese veränderte Rechtslage waren vor allem auch das Nichtehelichengesetz vom 19. 8. 1969, das Adoptionsgesetz (mit Adoptions-VermG) vom 2. 7. 1976 sowie die Neuregelung des Rechts der elterlichen Sorge vom 10. 3. 1979 (in Kraft seit 1. 1. 1980).

Das neue Sorgerecht formuliert neue inhaltliche Positionen im Eltern-Kind-Verhältnis mit weitgehend offenen Tatbeständen, jedoch lassen sich deutlich folgende Leitlinien erkennen: Die Eltern-Kind-Beziehung in der Familie soll nach partnerschaftlichen Prinzipien gestaltet werden, d. h. es besteht eine Verpflichtung zur gegenseitigen Achtung und Rücksichtnahme (§ 1618 a BGB) sowie zum gegenseitigen Beistand. Eltern sollen Kinder je nach Entwicklung an Entscheidungen über persönliche Lebenskonzepte beteiligen (§§ 1626 II, 1627 ff. BGB). Insbesondere bei Fragen der Ausbildung und der Berufswahl können auch Interessen des Kindes notfalls durch gerichtliche Entscheidung durchgesetzt werden. Leitlinie ist hier der Begriff des Kindeswohls, der auch bei Erziehungskonflikten der Eltern untereinander Entscheidungsgrundlage ist. In schwerwiegenden Fällen der Beeinträchtigung des Kindeswohls und Gefährdung kann auch in das Elternrecht ohne Verschulden der Sorgeberechtigten eingegriffen werden (§ 1666 BGB).

Systematischer Standort der Familie im Rechtssystem

Zivilrechtliche Dimension: Ausgangspunkt für die systematische Bestimmung der Familie in Recht und Politik sind die verfassungsrechtlichen Institutionsgarantien von Ehe und Familie (Art. 6 Abs. 1 GG). In dieser Grundsatznorm werden allein die bürgerliche Ehe und die Kleinfamilie in ihrer Universalität geschützt. Daraus ist jedoch kein Verbot nichtehelicher »freier« Lebensgemeinschaften abzuleiten, die rechtlich weitgehend anerkannt sind. Der Umfang der Garantie nach Art. 6 I GG erstreckt sich vielmehr auf die Fundamentalstruktur von Ehe und Familie in ihren konstituierenden Merkmalen (*Gernhuber*, 1980). Daraus abgeleitete Interpretationsmaximen binden Gesetzgeber und Rechtsprechung. Charakteristisch für das an Art. 6 I GG zu messende geltende Familienrecht im engeren Sinne ist eine Nominierung in der Form von Dauerrechtsverhältnissen überwiegend als zwingendes Recht. Soweit Begründung und Veränderung von Familienrechtsverhältnissen überhaupt in den Bereich der Privatautonomie gehören (z. B. Scheidungs-, Adoptions- und Sorgerechtsregelungen), fallen sie unter einen Typenzwang, d. h. die Änderungsmöglichkeiten sind vorgegeben.

Andererseits sind jedoch die wesentlichen Inhalte der Lebenskonzepte in einer Familie, d. h. der persönlichen Partnerbeziehung und der Eltern-Kind-Beziehung (Familiensozialisation) als Auswirkung der grundgesetzlich geschützten Privatautonomie im Rahmen der unbestimmten Rechtsbegriffe des BGB (z. B. Wesen der ehelichen Lebensgemeinschaft – Erziehungsverantwortung – elterliches Sorgerecht u. a.) frei gestaltbar. Schranken für diese Gestaltungsfreiheit ergeben sich nur aus dem Vorbehalt des Art. 2 I GG, dem Art. 3 GG, sowie den Einschränkungen des Elternrechts durch die Instanzen der sekundären Sozialisation (Art. 7 GG – Schule –).

Dem geschützten Elternrecht entspricht eine Elternpflicht. Das daraus abgeleitete Wächteramt des Staates Art. 6 II/III GG rechtfertigt alle zum Schutz des Kindes und seiner Rechte auf Erziehung (§ 1 JWG) dienenden Normen des geltenden Rechts (vgl. insbes. § 1666 BGB). Die staatliche Überwachung hat dem Prinzip des mildesten Eingriffs zu folgen. Auf dieser Grundlage ist das System der Jugendhilfe des JWG bis zum JGG aufgebaut. Diese zivilrechtliche Dimension des Familienrechts entspricht den liberalen rechtsstaatlichen Prinzipien des Grundgesetzes und zeigt deutlich die »Einbruchstelle« für öffentlich-rechtliche Regelungen, die aus dem Sozialstaatspostulat des GG abzuleiten sind.

Sozialrechtliche Dimension: Art. 6 I GG erweist sich weiterhin als Grundsatznorm, die den Staat verpflichtet, für Ehe und Familie bewahrend und fördernd tätig zu sein. Aus dem Normenkern (allgemeines Schädigungsverbot) des Art. 6 I GG läßt sich ein System von familienschützenden Rechten (z. B. Abwehrrechte gegen Eingriffe des Staates und Dritter, Strafgesetze, Mutterschutz, Kinder- und Jugendschutzgesetze) ableiten. Neben diesem Schutzaspekt enthält Art. 6 I GG ein positives Förderungsgebot mit unbestimmtem Pflichtengehalt für den Gesetzgeber. Diese »sozialrechtliche Dimension« des Rechtes der Familie ist im gesamten Sozialrecht zu einer Leitlinie geworden. Insbesondere im SGB (§§ 11–28) sind soziale Rechte formuliert, die nach Maßgabe der speziellen Vorschriften der besonderen Teile des SGB konkretisiert werden. Das in Art. 6 I GG und § 1 SGB postulierte Gebot, die Familie zu schützen und zu fördern, soll u. a. durch folgende Ansprüche realisiert werden:

– Recht auf Ausbildungsförderung nach dem Bundesausbildungsförderungsgesetz,

– Recht auf Minderung des Familienaufwandes für den Unterhalt an Kinder nach dem Bundeskindergeldgesetz,
– Recht auf Zuschüsse für eine angemessene, familiengerechte Wohnung nach dem Bundeswohngeldgesetz,
– Recht auf Hilfen zur Erziehung nach dem JWG,
– Recht auf Sozialhilfe nach dem BSHG einschließlich der Eingliederung Behinderter (Rehabilitation),
– Recht auf öffentliche Unterhaltssicherung für alleinerziehende Väter und Mütter nach dem Gesetz zur Einführung von Unterhaltsvorschußkassen.

Die der Familie zugeschriebene zentrale Sozialisationsfunktion wird flankiert durch ein System von familienunterstützenden und familienergänzenden Hilfen, die in den letzten Jahren stärker präventiv und bedürfnisorientiert ausgebaut wurden. Neben den Modellprogrammen z. B. der Tagesmütter, Familienhelfer wurden vor allem Beratungsangebote, Erholungsmaßnahmen und Familienbildungsangebote weiterentwickelt. Deutlich erkennbar sind ganzheitliche Ansätze, die persönliche Hilfen (Beratungsangebote) und materielle Hilfen (Anspruch auf Sozialleistungen) im Hinblick auf die Familie und ihr soziales Umfeld (stadtteilbezogene Sozialarbeit) koppeln. Diese Hilfen können schon jetzt aus dem geltenden JWG und BSHG realisiert werden. Eine Verbesserung der Grundlage zur Förderung familienbezogener Hilfen soll durch die umstrittene Reform des Jugendhilferechtes angestrebt werden.

In vielen weiteren Gebieten des öffentlichen Rechts ist die Leitlinie des Art. 6 I GG erkennbar. Das Bundesbaugesetz und das Städtebauförderungsgesetz enthalten Erwartungen zur Förderung familiengünstiger Wohnbedingungen und Planung der Umwelt (Erholung – Spielplätze u. a.). Im Arbeits- und Sozialversicherungsrecht wird die Doppelbelastung von berufstätigen Müttern mehr und mehr berücksichtigt (vgl. Möglichkeit der Pflege kranker Kinder durch Mutter und Vater – Haushaltshilfe letztlich die Verbesserung des Mutterschutzes, des Mutterschaftsurlaubs durch Gesetz vom 25. 6. 1979 in Verbindung mit der Diskussion um die Einführung eines Familien-, Erziehungs- bzw. Muttergeldes).

Aufgaben der Sozialen Arbeit mit speziellen familienrechtlichen Fragestellungen

In der Praxis werden Sozialarbeitern und Sozialpädagogen vom Gesetzgeber vielschichtige Aufgaben zugewiesen, bei denen Fragen des Familienrechts in seiner privatrechtlichen und sozialrechtlichen Dimension Bestandteil eines Beratungs- oder Hilfeansatzes sind.

Der Gesetzgeber verpflichtet die Träger von Sozialleistungen im Rahmen der Familienhilfen und der Jugendhilfemaßnahmen und damit letztlich Sozialarbeiter/ Sozialpädagogen als Fachkräfte zu umfassender Beratung über die die Familie unterstützenden und fördernden Leistungen.

Der Rechtsanspruch auf familienbezogene Sozialleistungen umfaßt persönliche und materielle Hilfen nach §§ 11 ff. SGB/§ 4 und § 8 II BSHG/§ 3 Abs. I, § 5 JWG in Verbindung mit landesrechtlichen Programmen zur Förderung von Familien.

Die zivilrechtlichen Fragen des Familienunterhalts (§§ 1360 ff./1601 ff. BGB) sind hier wegen des Nachrangs von einigen öffentlich-rechtlichen Sozialleistungen von entscheidender Bedeutung (Überleitungsansprüche, Kostenbeteiligung in der Jugendhilfe §§ 80 ff. JWG/§ 90 ff. BSHG). Bei der Beratung von Erziehungsproblemen nach § 5 JWG sowie bei Problemen der Gestaltung von Lebenskonzepten in Familien, Teilfamilien (alleinerziehenden Eltern) und in nichtehelichen Lebensgemeinschaften sind familienrechtliche Fragestellungen aufgrund der differenzierten Wirkungen des dargestellten Rechtssystems unumgänglich. Konsequenzen aus den Leitbildern der Familie und seiner Ausformungen im Recht zeigen sich bis in die Ausgestaltung des Strafrechts. Im Rahmen der vorgeschriebenen Sozialen Beratung nach §§ 218/219 StGB werden Ziele und Inhalte durch den Gesetzgeber mit entsprechenden landesrechtlichen Richtlinien festgelegt, die sich an dem herkömmlichen Leitbild der Familie und der Absicherung auch der Teilfamilie im Sozialrecht orientieren.

Im Rahmen der Ausgestaltung des Art. 6 II GG werden den Institutionen der Jugendhilfe als Sozialisationsinstanz zwischen Familie und Schule gemäß §§ 1, 3, 4 und 5 JWG weitreichende konkrete Aufgaben zugewiesen, die bis zur notwendigen fachlichen Mitwirkung bei familienrechtlichen Entscheidungen reichen (§ 48 a JWG). Die Mitwirkung von Fachkräften der Sozialen Arbeit bei familienrechtlichen Entscheidungen soll an den folgenden Praxisproblemen exemplarisch verdeutlicht werden.

Beratung und Behandlung von Partnerproblemen: In der Praxis der Ehe- und Familienberatung beinhalten die Bearbeitung von Beziehungsproblemen sowie die Möglichkeit einer konfliktfreien Trennung mit nachfolgender einverständlicher Scheidung immer auch familienrechtliche Probleme. Diese reichen von vermögensrechtlichen (Zugewinnausgleich und Hausratsteilung) und unterhaltsrechtlichen Problemen (§ 1567 ff., § 1601 ff. BGB) bis zu den zentralen Fragen der Sorgerechtsregelung (§ 1671 BGB) und des Umgangsrechts (§ 1632 BGB) des nicht sorgeberechtigten Elternteils nach Scheidung. Die Ehe- und Familienberatung muß erste Informationen über diese familienrechtlichen Probleme einschließlich der entsprechenden verfahrensrechtlichen Regelung vor der Einbeziehung von Anwälten und Gerichten in ihr Beratungskonzept integrieren können, da dies in der Regel von den Ehepartnern als Bestandteil der Beratung erwartet wird. In diesem Zusammenhang werden immer häufiger auch Partnerprobleme in gemischtnationalen Ehen Gegenstand von professioneller Ehe- und Familienberatung. Die unterschiedlichen Normen und kulturellen Bezüge erschweren in der Regel nicht nur ein Zusammenleben und das Finden einer gemeinsamen Identität im Rahmen der frei gestaltbaren Ehebeziehungen (§ 1353 BGB), sondern diese gesellschaftlichen Bezüge des Familienrechts werden besonders deutlich bei Fragen der Eheschließung und der Ehescheidung mit der Regelung der Scheidungsfolgen (insbesondere Sorgerecht und Umgangsrecht).

Die damit zusammenhängende Rechtsunsicherheit wird noch verstärkt durch unklare Regelungen des internationalen Privatrechts (Art. 13 ff. EGBGB) und durch eine unsichere Entscheidungspraxis über Scheidungsfolgesachen, die meistens zu Lasten der Kinder ausgehen, etwa im Fall der immer häufiger werdenden »legalen« Kindesentführung des nicht sorgeberechtigten geschiedenen Ausländers, der mit Hilfe einer unklaren Regelung des Umgangsrechts die Möglichkeit nutzt, sein Kind zu entführen, um es in seinem Heimatland in seiner Familie unterzubringen, ohne Chance der sorgeberechtigten Mutter, auf dem Rechtsweg ihr Kind zurückzuerhalten.

Die Praxis der Scheidungsverfahren auf der Basis der Scheidungsreformgesetze zeigt deutlich die Fortsetzung der Leitlinien des BGB, die nur den ökonomischen und sozial abgesicherten Familien Gestaltungsfreiheiten garantieren. Das komplizierte »sozialrechtliche Ausgleichssystem« von der Prozeßkostenhilfe bis zu den sozialen Leistungen stellt zwar »de jure« eine Gleichbehandlung sicher, erweist sich aber »de facto« als Sperrwirkung für die überwiegende Mehrheit der Bevölkerung.

. Probleme in der Eltern-Kind-Beziehung: Der Sozialisationsprozeß eines Kindes in seiner Ursprungsfamilie bzw. in einer Ersatzfamilie (Pflegefamilie/Adoption) ist Kernstück der familienrechtlichen Regelungen mit vielschichtigen Konfliktebenen im Eltern-Kind-Verhältnis. Das grundgesetzlich garantierte Elternrecht ist nach einer Entscheidung des BVerfG (BVerfG 24, 119 n. F.) ein »Pflichtrecht« das treffender mit »Elternverantwortung« zu kennzeichnen ist. Diesem Elternpflichtrecht korrespondiert das Recht des Kindes auf Erziehung (§ 1 JWG). Zivilrechtlich bedeutet nach herrschender Meinung der Erziehungsanspruch des Kindes nur ein Reflexrecht des Elternrechts, bewirkt aber, daß bei der Ausübung der elterlichen Sorge gemäß der Leitnorm des § 1626 II BGB mit zunehmendem Lebensalter des Kindes auf Bedürfnisse sowie Emanzipations- und Partizipationsansprüche des Kindes Rücksicht genommen werden muß. Können sich beide Eltern nicht über Fragen des Sorgerechts (1627/1626 II) (Erziehungsziele, Erziehungsstile, Aufenthalt, Berufsausbildung des Kindes u. a.) im Einvernehmen mit dem Kind einigen, so kann als Konfliktregelung eine Entscheidung des Gerichts (1628 BGB) beantragt werden. Dieser Erziehungsanspruch eines Kindes wird durch das »subsidiäre« System der sozialen Leistungsrechte (z. B. der Erziehungshilfen des JWG) gewährleistet. Da die Ausübung des Elternrechts sich – pflichtgemäß – an der unscharfen obersten Maxime »Kindeswohl« zu orientieren hat, sind viele Konflikte im Eltern-Kind-Verhältnis vorprogrammiert.

Statusprobleme – Abstammungsprobleme: In der Praxis beginnen die Probleme bereits mit der Geburt eines Kindes, zumindest dann, wenn die Frage der Abstammung bestritten ist. Bei im Rahmen einer gültigen bürgerlichen Ehe geborenen Kinder wird zwar der Status »eheliches Kind« gemäß § 1591 BGB fixiert, es bleibt aber die Möglichkeit einer Anfechtungsklage gegen das Kind hinsichtlich seiner Abstammung gem. §§ 1593 ff./1599 BGB.

Tiefgreifende Auswirkungen für das Kindeswohl können Probleme nichtehelicher Abstammung mit sich bringen, wenn die Interessen der Mutter (z. B. Nichtangabe eines möglichen Vaters) mit den Kindesinteressen kollidieren. Hier ist zwar im Regelfall die Interessenvertretung des Kindes über den »Amtspfleger« (§ 1709 BGB/§ 41 JWG) gesichert, jedoch auf ein Minimum der Einflußmöglichkeiten reduziert (vgl. § 1706 BGB). Die öffentliche Kontrolle kann auf Antrag der Mutter, wenn es dem Kindeswohl nicht widerspricht, sogar ganz entfallen (§ 1709 mit Anhörung des Vaters und des Kindes §§ 50 a FGG, 48 a I Nr. 8 JWG).

Weitere Interessenkonflikte ergeben sich hinsichtlich des Umgangsrechtes des nichtehelichen Vaters mit seinem Kind, dessen Umfang und Gewährung allein vom Willen der sorgeberechtigten Mutter abhängt und nur auf Antrag oder gegebenenfalls von Amts wegen vom Vormundschaftsgericht gem. § 1711 BGB zugesprochen werden kann; weiterhin hinsichtlich der einverständlichen Absprache über Sorgerechtsfragen zwischen dem n. e. Vater und der n. e. Mutter eines Kindes, wenn diese in einer n. e. Lebensgemeinschaft nicht nur das Elternpflichtrecht gemeinsam ausüben, sondern auch »de jure« dazu berechtigt sein wollen. In beiden Konfliktfällen hat das BVerfG kürzlich entschieden, daß dem n. e. Vater kein Umgangsrecht wie geschiedenen nicht sorgeberechtigten Vätern zusteht, und daß n. e. Väter kein gemeinsames Sorgerecht mit der n. e. Mutter ausüben können (BVerfGE vom 24. 3. 1981, in NJW 81/S. 1201 ff.).

Sorgerechtsregelungen bei Getrenntleben und bei Scheidung: Bei zerfallenen Familienstrukturen ist die Gefahr besonders groß, daß Konflikte der Ehepartner zu Lasten der Kinder »gelöst« werden. Bei Trennung und Scheidung sind den auseinanderstrebenden Ehepartnern durch Gesetze viele Hindernisse in den Weg gelegt, die als Scheidungsfolgesachen gekoppelt, d. h. alle in einem Verfahren gelöst werden müssen (§§ 1565 BGB, § 623 ZPO). Die materiellen Problemlagen einer Scheidung vom Unterhaltsproblem über Vermögens- und Hausratsteilung bis zum Zugewinn- und Versorgungsausgleich bringen es oft mit sich, daß die zentralen Beziehungsprobleme zwischen Partnern, Eltern und Kindern (§ 1671 BGB) instrumentalisiert werden, so daß Kinder Objekte einer »Vermögensauseinandersetzung« werden. Im Interesse des Kindeswohls ist hier eine Beratung über die Fragen der Sorgerechtsregelung und des damit inhaltlich verbundenen Umgangsrechtes des nicht sorgeberechtigten Partners angezeigt. Die nach §§ 1671 und 1636 BGB i. V. m. § 48 a JWG zu erbringende fachliche Stellungnahme des Jugendamtes steht gelegentlich in Konkurrenz zu einer Sorgerechtsvereinbarung (gemeinsamer Vorschlag zum Sorgerecht) der Eltern.

Diese fachliche Stellungnahme kommt in der Regel zu spät. Richtiger wäre über eine fachliche Beratung unter altersentsprechender Einbeziehung des Kindes eine tragfähige und pädagogisch verantwortbare Vereinbarung der Eltern über Verteilung des Sorgerechts sowie über Art und Umfang des Umgangsrechts (»Besuchsrecht«) zu erwirken. Nur im Fall einer ergebnislosen Beratung der Eltern sollte streitig die Sorgerechtsfrage nach § 1671 II BGB entschieden werden. Für diesen Fall sind die Entscheidungskriterien nach pädagogischen Gesichtspunkten, orientiert am Kindeswohl, oft fragwürdig, zumindest dann, wenn wirtschaftliche und soziale Absicherung eines Partners vor die gewachsenen Beziehungen des Kindes zum anderen Partner gesetzt werden (*Lempp*, 1976).

Ein weiteres Problem ergibt sich aus der zwingenden Vorschrift des § 1671 Abs. 4 Satz 1 BGB, wonach das Sorgerecht einem Elternteil zugesprochen werden muß, auch wenn bei einverständlicher Scheidung der Wunsch der Eltern besteht, für ihr Kind auch künftig gemeinsam sorgen zu wollen. Das Bundesverfassungsgericht hat

in einer Entscheidung im Oktober 1982 (AZ: 1 BVL 25/80) diese Vorschrift für
verfassungswidrig erklärt, da ein ausnahmsloser Ausschluß einer Elternverantwortung nach Scheidung ein Eingriff in die durch Art. 6 GG geschützte Rechtsposition
der Eltern darstellt. Bei einem gemeinsamen Sorgerecht sei die Kontinuität der
Beziehungen der Kinder zu ihren Eltern besser gewährleistet als bei der zwingenden Regelung, nur einem Elternteil das Sorgerecht, dem anderen ein Umgangsrecht zuzusprechen.

Sorgerechtsbeschränkungen und öffentliche Ersatzerziehung: Die schwerwiegend-
ste Problematik zeigt sich in der Praxis in den Fällen, in denen der Erziehungsanspruch eines Kindes in seiner Familie nicht zu gewährleisten ist, und damit für die
Entwicklung des Kindes Gefährdungen oder Schädigungen ausgelöst werden.

Die öffentliche Jugendhilfe muß hier zunächst über präventive Beratungsangebote,
dann über familienunterstützende und -ergänzende Maßnahmen versuchen, die
Sozialisationskraft der Familie zu stärken, oder auf freiwilliger Basis »in Zusammenarbeit mit den Eltern« eine Maßnahme der Hilfe zur Erziehung nach dem JWG
(§§ 5, 6 JWG, §§ 55, 62 JWG) einzuleiten. Führt dies nicht zur Absicherung des
Anspruchs auf Erziehung, so kann gegen den Willen der Eltern in deren Elternrecht
eingegriffen werden (§§ 1666/1666 a BGB/Ersetzung der Freiwilligkeit bei FEH
u. a. bis zur teilweisen oder vollständigen Entziehung des Sorgerechts oder zur
Ersetzung einer notwendigen Adoptionserklärung). Aufgrund der gesicherten
Erkenntnisse über die Bedeutung der Familie für die Entwicklung eines Kindes
(familiale Sozialisation) und dem dargestellten Familienleitbild neigt die Praxis
heute dazu, eine gescheiterte oder gefährdete Familiensozialisation eines Kindes in
seiner Ursprungsfamilie durch eine Ersatzfamilie (Pflegefamilie/Adoptionsfamilie/
familienähnliche Wohngemeinschaften/Kinder- und Jugenddörfer) zu kompensieren. Eine notwendige Fremdplazierung wird daher also überwiegend in Pflegefamilien vollzogen. Hier stellt sich ein weiteres exemplarisches Praxisproblem des
Familienrechts in seiner zivilrechtlichen und sozialrechtlichen Dimension: Das
Problem des »natürlichen Elternrechts« im Verhältnis zum »erworbenen Elternrecht«. Das Kind, das sich länger in Familienpflege befindet, erlebt die Pflegeeltern
entsprechend den gesellschaftlichen Normen als Eltern, und seine leiblichen Eltern
oft als fremde Personen. Die personensorgeberechtigten Eltern können auch nach
langer Familienpflege einen Herausgabeanspruch gegenüber den Pflegeeltern
geltend machen, wenn sie erklären, künftig wieder selber für das Kind sorgen zu
wollen. Diese Rechtslage (§ 1632 a. F. BGB) führte zu Kämpfen um das Kind, die
meistens zu Lasten des Kindes von den leiblichen Eltern »gewonnen« wurden. In
oft grausamen Verfahrensritualen wurden dann Herausgabebeschlüsse vollstreckt
und das Kind mit Gewalt (durch Gerichtsvollzieher mit Polizeischutz und »hilflosen
Sozialarbeitern«) von den Pflegeeltern entfernt. Die neue Rechtslage enthält einen
verbesserten Pflegekinderschutz, der es den Pflegeeltern ermöglicht, auf Antrag
oder durch Entscheidung von Amts wegen durch das Vormundschaftsgericht zu
bewirken, daß das Kind so lange in der Pflegefamilie bleibt, bis ein Herausgabever-
langen der leiblichen Eltern ohne schädigende Wirkungen realisiert werden kann.
Die neue Rechtslage enthält damit auch die Verpflichtung, durch die Institutionen

der sozialen Arbeit mehr für eine Zusammenarbeit zwischen leiblichen Eltern und Pflegeeltern zu tun, um diese Jugendhilfemaßnahmen im Sinne des Kindeswohls zu verbessern.

Rechtsfortbildung: Diese exemplarisch dargestellten Praxisprobleme markieren eine »Vegetationszone« der Rechtsfortbildung des Familienrechts in seiner zivil- und sozialrechtlichen Dimension. In der Pathologie von Partnerbeziehungen und Eltern-Kind-Beziehungen zeigen sich Negativbilder heutiger Familienstrukturen. Über die Interpretation und Bewertung von Verhalten im Rahmen dieser Beziehungen durch die Instanzen des Rechts und der professionellen Sozialarbeit werden traditionelle Leitbilder und Lebensbedingungen der Familie reflektiert und weiterentwickelt und in die Entscheidungsprozesse der Gerichte eingebracht. Es können so neue Familienleitbilder als Orientierungsrahmen für die Rechtsanwendung entstehen, so daß Anpassungsprozesse sowohl über die Rechtsprechung als auch über Reformen des Gesetzgebers initiiert werden. Die Praxis der sozialen Arbeit hat einen zumindest vom Anspruch her bedeutenden Stellenwert, da Veränderungen sowohl in die Rechtsanwendung der Gerichte (§ 48 a JWG) als auch in Reformvorhaben des Gesetzgebers eingebracht werden können.

Die Verteilung von Macht und Herrschaft in der pluralistisch strukturierten Staats- und Gesellschaftsordnung der BRD bewirkt jedoch, daß diese Einflußnahme auf die Rechtsfortbildung oft gering, zumindest aber sehr beschwerlich ist, gleichwohl zeigt die Praxis ermutigende Beispiele von Einflußnahme der sozialen Arbeit auf die Rechtsfortbildung. Notwendige Voraussetzung für ein Gelingen dieses Zusammenwirkens sind aber nicht nur die allgemeine Einsicht über die Veränderbarkeit von Recht auf der Basis sich verändernder gesellschaftlicher Bedingungen, sondern genaue Kenntnisse der Stellung der Familie im System der Rechtsordnung in der BRD einschließlich der historischen Leitlinien, die noch heute das Familienrecht determinieren.

Jost Bauer

Literatur

*Alternativkommentare, 1981: Kommentar zum BGB, Band 5, Familienrecht, Neuwied/ Darmstadt –*Beitzke, G.*, 1981[21]: Familienrecht, Kurzlehrbuch, München – *Bienwald, W.*, 1982: Vormundschafts- und Pflegschaftsrecht in der sozialen Arbeit, Heidelberg – *Claessens, D./Milhoffer, P.*, 1973: Familiensoziologie, Frankfurt/M. – *Danzig, H.*, 1980[2]: Kindschaftsrecht, Neuwied – *Engels, Fr.*, 1973: Der Ursprung der Familie des Privateigentums und des Staates, Berlin (Ost) – *Finger, P.*, 1979: Familienrecht mit familiensoziologischen und familienpolitischen Schwerpunkten, Königstein/Ts. – *Firsching, K.*, 1979[4]: Familienrecht (Handbuch der Rechtspraxis Band 5), München – *Frankfurter Kommentar, 1981[2]: Kommentar zum JWG, Weinheim/Basel – *Gastiger, S./Oswald, G.*, 1978: Familienrecht, Stuttgart – *Gernhuber, J.*, 1980: Lehrbuch des Familienrechts, München – *Heinsohn, G./Knieper, R.*, 1976[2]: Theorie des Familienrechts. Geschlechtsrollenaufhebung, Kindesvernachlässigung, Geburtenrückgang, Frankfurt/M. – *Huhn, D.*, 1977: Der Fall Familie, Recht und Unrecht einer bürgerlichen Einrichtung, Neuwied – *König, R.* (Hrsg.), 1976[2]: Handbuch der empirischen Sozialforschung, Band 7, Stuttgart – *Lempp, R.*, 1976: Die Ehescheidung und das Kind, München – *Münder, J.*, 1980: Familien und Jugendrecht, Weinheim – Münchener Kommentar zum BGB 1978/1981: Band 5, Familienrecht, München – Neue Praxis, Sonderheft 1973:

Kritik am Diskussionsentwurf eines neuen Jugendhilfegesetzes, Neuwied – *Schäfer, H.*, 1977: Die Herabsetzung der Volljährigkeit. Anspruch und Konsequenzen, DJI Dokumentation, München – *Simitis, Sp./Zenz, G.* (Hrsg), 1975: Seminar Familie und Familienrecht, 2 Bände, Frankfurt/M. – Sozialpädagogisches Institut Berlin (Hrsg.), 1983: Das Recht der elterlichen Sorge (bearbeitet: *Kreft, D./Münder, J./Najda, D./Oys, G./Winter, H.*), Neuwied. –

→ Familie/Familienerziehung → Familienrecht → Familienrecht: Alternativen → Jugendhilferecht

Familienrecht: Alternativen

Probleme jeden Familienrechts

Stabilität versus Dynamik: Recht schreibt Positionen fest, tendiert zur Fixierung starrer Strukturen. Familie ist immer ein dynamisches System, das ständige »Neukalibrierung« (*Watzlawick*) erfordert. Zudem gib es kritische Übergangsschwellen, den Übergang von einer Stufe des »Family-Development« (*Duval*, referiert bei *Däumling*, 1975) zu anderen, die eine Umorientierung aller Familienmitglieder verlangen. Doch gilt auch: »Die starre Ehestruktur ist . . . mehr von einem Zerbrechen bedroht als die flexible, innerlich partnerbezogene Struktur . . . (*Däumling*,1975).

Familie als Konfliktsystem: Familie ist aus ihrer eigenen Dynamik Konfliktsystem. Die Illusion der Dauerharmonie hat die Familie zur Stätte von Neurosen (Aggressions- und damit auch Erotikhemmung) gemacht (*Sprey*, zit. bei *Däumling*, 1975). Recht und Rechtsformen beinhalten stets einen Überschuß an Konfliktdämpfungspotential. Recht ermöglicht Konfliktaustragung ohne äußerliche Gewaltanwendung in geordneten Verfahren mit staatlicher Durchsetzungsgarantie. Gewalttätigkeit ist – das beweisen Zeitungsmeldungen immer wieder eindringlich – ein in Familien verbreitetes, bitteres Ereignis, aber vielleicht gerade als Folge der Ausspielung rechtlich fixierter Dominanzen, eher weniger schlicht aus körperlicher Überlegenheit oder drückender (gar nicht zu bestreitender) sozialer Defizite. Jedenfalls: Damit Ehefähigkeit erlernt werden kann, damit in der Familie die ständige Neukalibrierung gelingt, muß Aggression von allen Seiten in jede Richtung geübt werden können und darf nicht von vornherein durch juristische Fixierung unterbunden sein oder aussichtslos erscheinen

Machtspruch versus Einigung: Familie ist einerseits der Ort primärer Machtausübung: Kein System hat vergleichbar große Differenzen im Kräftepotential. Kinder sind ihren Eltern zunächst hilflos ausgeliefert. Eltern (der Vater) haben alle Macht (und müssen sie bei Heranwachsen der Kinder schrittweise abgeben – ein Kampf um Positionen, der Gelingen wenigstens als Möglichkeit in sich trägt, durch rechtliche Fixierung aber eher blockiert wird). Familie tendiert so dazu, die

scheinbar einfachste Form der Entscheidungsfindung, das Akzeptieren eines Machtspruchs, festzulegen. Andererseits ist Familie mehr als jedes andere System dazu disponiert, Ort möglicher Einigungen zu sein und Einigungen einzuüben. Der autoritären Entscheidung ist Einigung in jedem Fall überlegen: Die konsentierte Absprache wird von den Beteiligten getragen, die oktroyierte Form wirkt nach als unterdrückte Aggression. Das Konfliktlösungspotential bei Einigungsprozessen ist nachweisbar dem der autoritären Entscheidungsinstanz überlegen: Die Betroffenen finden Lösungen, die sich keine externe Instanz je hätte ausdenken können.
Emanzipation und Widerstand: Emanzipation ist nur gegen Widerstand denkbar. Die Einigung muß von denen, die in Emanzipationsprozessen wachsen und reifen, erkämpft werden. Freiheit darf nicht geschenkt, sie muß erstritten werden. Kinder müssen ihre Eltern als eigennützige Personen erleben können. Rechtliche Einbindung bietet falsche Verstecke. »Ich möchte es dir gerne erlauben, aber von Rechts wegen darf ich es nicht«. Statt des Hasses auf den konkret Verbietenden und seine eigenen Bedürfnisse durchsetzenden Elternteil, den das Kind erlernen muß (vgl. *Däumling*, S. 37 – »kontinuierliche Reproduktion familiärer Wechselbeziehungen erfordert einen . . . Lernprozeß in . . . Aggression«), lernt es nur den Haß auf die »unschuldige« Rechtsstruktur. Die Emanzipation, die nicht konkreten menschlichen Widerstand findet und ihn nur in den objektiven Verhältnissen entdeckt, bleibt ihrerseits abstrakt und mißlingt (wie umgekehrt Widerstand, der sich allein am verweigernden Partner ausrichtet, die gesellschaftlichen Ursprünge nicht erkennt und zu kurz greift).
Bindung und Freiheit: Das Grundproblem Bindung (Abhängigkeit, Sicherheit) versus Freiheit (Emanzipation, Selbstverwirklichung) kann durch rechtliche Festschreibungen und Rechtsverfahren nicht gelöst werden. Recht beseitigt nie die Angst, die es bannen will, Recht ersetzt nicht die verlorene oder gesuchte Liebe.
Diese Probleme sind Probleme jeden Familien*rechts*. Sie stellen sich immer dann, wenn Menschengruppen den Weg von Gewaltsystemen zu Rechtssystemen beschreiten. Recht verbaut den Weg zur Gewalt, aber es verbaut zugleich den Weg zur Liebe. Wer zur personalen Liebesbeziehung mit ausreichendem Eigenspielraum kommen, das Problem Freiheit versus Bindung in jeder Situation neu angreifen und lösen will, muß sich stets neu entscheiden und auf den Gebrauch aller ihm zugeschriebenen Rechte verzichten (wobei man auf Rechte allerdings nicht schlicht verzichten kann, sie stören die Kommunikation schon durch ihr bloßes Vorhandensein); er muß alle starren Gebote, Verbote und Verhaltensorientierungen preisgeben und sie abzuschaffen wenigstens versuchen. Die Probleme sind aber auch Probleme jeden *Familien*rechts, weil und soweit sie sich aus den generationszyklischen Veränderungen (*Däumling*, 1975) herleiten. Doch kann Familie nur aus dem Generationszyklus begründet und gedacht werden.

Probleme heutigen Familienrechts

Probleme heutigen Familienrechts leiten sich her aus dem »epochalen Strukturwandel«, aus dem Übergang von einer historischen Epoche zur anderen und den damit

verbundenen Krisen und Konzeptunsicherheiten. *Däumling* zählt als Merkmale
dieses epochalen Wandels auf:
- standesbedingte – standesfreie Gattenwahl,
- elternvermittelte Gattenwahl – eigene Liebeswahl,
- Heirat mit Sicherungen (Mitgift, Kaution) – selbständiger Existenzaufbau,
- patriarchalische Ehestruktur – gleichberechtigte Partnerstruktur,
- kinderreiche – kinderarme Familie,
- Mehr-Generationen-Wohngemeinschaft – Zwei Generationen-Wohnung.

Simitis versucht, um die »Gesellschaftlichkeit von Familie und Familienrecht«
erkennbar zu machen, in einigen Punkten die Geschichte familienrechtlicher
Normen beispielhaft nachzuzeichnen. Er zeigt, daß sich hinter den Beschwörungs-
formeln »Wesen der Ehe« und dem Anspruch, die Familie aller Menschen zu
verteidigen, in Wahrheit höchst partikuläre (Klassen-)Interessen verbergen. »Das
Wesen der Familie ist das Gegengewicht gegen die befürchtete und abgelehnte Veränderung des geltenden Familienrechts. Es soll die vorhandenen Normen fest-
schreiben, aber auch immunisieren« (*Simitis*, 1975). Als Beispiele, die belegen, wie
weit das historische Familienrecht nicht universalen, humanistischen Menschheits-
interessen sondern Klasseninteressen dient, sind (ohne Anspruch auf nur annä-
hernde Vollständigkeit) zu nennen:
- Eheliches Güterrecht ist bezogen auf die Interessen der Unternehmerfamilie in
  Sorge, bestehendes Vermögen zu erhalten und zu vermehren; das Frauenver-
  mögen wird vom Mann verwaltet (= Verwaltung und Nutznießung des Mannes
  am eingebrachten Gut der Frau, der ursprüngliche Güterstand des BGB bis zum
  31. 3. 1953, Art. 117 GG), so daß ihm das für sein Unternehmen erforderliche
  Kapital zugeführt werden kann.
- Nicht-Ehelichenrecht; als Folge gefürchteter Ächtung wird die Flucht in Fami-
  lienzusammenhänge gewählt.
- Elterliche Einwilligung in die Eheschließung der Kinder, mit den auf der Hand
  liegenden Steuerungsmöglichkeiten;
  Erschwerung der Ehescheidung. »Für eine strengere Gestaltung des Scheidungsrechts sprechen aber auch vom staatlichen Standpunkt aus die gewichtig-
  sten Gründe. Der Staat hat ein gewichtiges Interesse daran, daß die Ehe als die
  Grundlage der Gesittung und Bildung so sei, wie sie sein soll . . .« (Motive IV
  S. 563); die Scheidung wird damit zum Privileg der Besitzenden, unter Berücksichtigung der Verfahrenskosten und der Unterhaltslasten insgesamt ein »Schei-
  dungsverbot der Pauperität« errichtet, eine schöne Parallele zum Eheverbot der
  Pauperität (vgl. *Simitis*, 1975, Heinsohn/Knieper, 1974) mit nochmaligen,
  meßbaren Verschärfungen nach Inkrafttreten des 1. EheRG am 1. 7. 1977.

Aus den durch den epochaltypischen Strukturwandel aufgeworfenen Einzelproblemen verdienen besondere Hervorhebung der Wandel der Gattenbeziehung und der
Eltern-Kind-Beziehung.
Gattenbeziehung: Die Arbeitsteilung der bisherigen Ehemodelle (Schillers Glok-
ke; innen – außen etc.) hat den Vorteil einer klaren Abgrenzung. Wo Grenzen
unsicher sind oder werden, entsteht neues Konfliktpotential. Die Rollentrennung

sicherte insofern auch Stabilität. Doch schafft sie tatsächlich mehr Probleme als sie löst. Sie läßt jeden der Gattenteile auf spezifische Art und Weise verdummen und verkümmern – die Frau als »Außenweltidiot«, den Mann als »Innenweltidiot« (vgl. *Enke-Ferchland/Enke*, 1975). Systeme können aber nur auf bestimmten Lernfeldern lernen, wenn mehr oder weniger gleichzeitig alle Beteiligten lernen. Deshalb wird es nötig, daß beide Partner auf beiden Lernfeldern (innen – außen) möglichst weit vorankommen; sie müssen dazu ihre Bisexualität bzw. die an den jeweils anderen Teil delegierten Partien komplexer Gefühlswelten, die nach bisherigen Rollenzuweisungen als natürliche Attribute nur und allein des anderen Geschlechts erscheinen, zurückerobern, sie müssen, um überhaupt die Eigenarten und spezifischen Reaktionen des anderen Geschlechts erkennen und akzeptieren zu können, zunächst ihr eigenes Geschlecht entdecken. Arbeitsteilung, Delegation, gegenseitige Erwartungen, Vertrauen etc. wird es weiterhin in hinreichendem Maße geben; anzustreben ist allein ein Abbau der fixierten Delegationsverhältnisse unter bewußter Inkaufnahme der Folgeprobleme der Geschlechtsrollendiffusion.

Eltern-Kind-Beziehung: Heutige Kinder können von den Eltern nicht mehr lernen, was bisher mehr oder weniger alle Kinder von ihren Eltern lernen konnten: wie man das Leben aushält und wie man die Erde gemeinsam bewohnbar gestaltet (oder erst wieder bewohnbar macht). Die Probleme, die sich der jugendlichen Generation heute stellen, sind einzigartig und ohne Vorbild. Die Eltern haben keine Nachkommen, die Kinder keine Vorfahren (vgl. *Mead*, 1974).

Folgeprobleme

Die Folgeprobleme deutet *Däumlings* These 4 an: »Die durch staatliche und kirchliche Festlegung geschützten Institutionen ›Ehe‹ und ›Familie‹ unterliegen einem epochaltypischen und generationszyklischen Strukturwandel, der Konzeptunsicherheit und Krisen auslöst«. Die Konzeptunsicherheit gegenüber der herkömmlichen Ehe- und Familienstruktur entstammt sowohl dem Geschichtsprozeß (ist insofern Problem heutiger Familie) wie dem Generationszyklus (ist danach Problem jeder Familie). In ihrer Kombination sind sie einzigartig. Lösungsvorbilder existieren nicht: Jeder handelt auf eigene Gefahr, jeder muß seine Kräfte einschätzen. Bestenfalls lassen sich allgemeine Sicherheitsvorschriften aufstellen und verteidigen. Notwendig ist jedenfalls Kenntnis der Gefahr. Die Gefahren, die dem Individuum wie der Gesellschaft bei einem Zusammenbruch der Institution drohen, die bisher als Festungen und Waffen im Kampf gegen die Verlassenheitsangst und als Versuch, Sicherheit zu erringen, gedient haben, hat *Mentzos* (insbes. S. 97 ff.) beschrieben. »Während umgreifender geschichtlicher Wandlungen . . . breitet sich bei der Mehrzahl der Individuen eine tiefgreifende Verunsicherung aus. Bei vielen sind regelrechte Krisen zu erwarten« (S. 99). Dennoch hat auch gerade *Mentzos* davor gewarnt, bei der Verteidigung des status quo zu verharren oder das schlichte Kenntlichmachen der Gefahr gar schon als Verteidigung zu deuten (*Mentzos*, 1976).

Der Weg in die Alternativen muß jedenfalls gegangen werden. Die Welt ringsum ist schon verändert. Die Rückständigkeit der Familienstruktur verschlimmert dabei die Unfähigkeit der in Familien Sozialisierten, zu Konzepten gemeinsamer und besserer Gestaltung der Möglichkeiten solidarischer, friedlicher Nutzung der Ressourcen dieser Welt zu gelangen.

Alternativen zum Familienrecht?

Für die letzten Generationen war die Lebensform Familie an die Wahl der Rechtsform »bürgerliche Familie« gebunden. Alternativen waren verpönt, durch die Ächtung des außerehelichen Geschlechtsverkehrs und die Diskriminierung nichtehelicher Geburt auch rechtlich sanktioniert. Harsche Moralvorschriften übten noch schärferen Druck als staatliche Gesetze aus. Die nichteheliche Paarbeziehung blieb entweder verheimlicht oder wurde bestimmten Außenseiterexistenzen überlassen. Die hohe Wiederverheiratungsrate geschiedener Gatten (»Die Ehe ist tot, es lebe die Ehe«) beweist die Unwiderstehlichkeit dieser juristisch-moralischen Zwänge anschaulich.

Doch hat sich die Situation in den westlich-protestantischen Gesellschaften in jüngster Zeit deutlich verändert. Juristisch ist die Sanktion auf außerehelichen Geschlechtsverkehr und die nichteheliche Geburt weitgehend entfallen oder jedenfalls erträglicher geworden. Der Mut, sich dem Druck zur ritualisierten Paarbildung und zur Unterstellung unter die Rechtsform »bürgerliche Ehe« zu verweigern, wächst in dem Maße, wie soziales Verhalten in wachsenden Gruppen das Individuum bestärkt. Die nichteheliche Paarbeziehung und Geburt, die jetzt keinen oder kaum noch einen Makel begründet, ist aber, solange sie eben allein Negation von Ehelichkeit ist, keine echte Alternative.

Die Alternative heißt – wenn sie benannt werden muß – Wohngruppe, Wohngemeinschaft oder Wohnkollektiv (und bleibt in dieser Benennung vage). Wohngruppen in ihrem bisher gängigsten Erscheinungsbild: einer Gruppe noch nicht verheirateter, kinderloser Heranwachsender, die hier die Peer-Group und Rückhaltgruppe zur Lösung aus dem Elternhause findet, weil sie sich lösen wollen, ohne selbst in die Früh-Ehe zu stolpern, sind nicht Alternative zur Familie, solange sie sich dem Problem der Geburt und der Kindererziehung nicht stellen. Kinderlose Wohngruppen junger Menschen in verlängerter Adoleszenz, insbesondere von Studenten, sind nur das funktionale Äquivalent für Studentenverbindung, Burschenschaft und Militär, Einrichtungen, die bisher zwischen Elternhaus und eigener Familiengründung standen. Alternative zur rechtsförmigen Familie wird die Wohngruppe erst, wenn sie das Kinder- und Altenproblem mitbearbeitet. Unter diesem Aspekt hat *Fengler* (1975) die Funktionen der Wohngruppe wie folgt zu benennen versucht:

– Verbesserung der Nutzen-Kosten-Proportion der Lebensgestaltung,
– Hilfe zur persönlichen Weiterentwicklung und Reife,
– Korrektur für Konsum- und Leistungsverhalten,
– Lernen emanzipatorischen Verhaltens,
– psychotherapeutische Institution,
– politisches Instrument.

Alle diese Funktionen, die auf einer Skala von bescheidenen bis zu übersteigerten Ansprüchen geordnet sind, lassen sich nach *Fenglers* (1975) Bestandsaufnahme in der Kernfamilie entweder gar nicht oder nur unzureichend verwirklichen. Indessen sind zahlreiche Probleme der Familie durch den Weg in die »Alternativen« nicht ohne weiteres lösbar; sie kehren vielmehr in Wohngruppen wieder. Nach *Fenglers* Aufzählung sind es:

- Probleme der Heterogenität der Zusammensetzung; bei zu großer Heterogenität beobachtet er folgende Reaktionen: Dissoziation des nicht akzeptierten Teils, Gruppenspaltung, Rollenfixierung und überhöhte Leistungs- und Erfolgsansprüche,
- Kinder im Wohnkollektiv,
- Stabilität und Veränderung.

»Im Wohnkollektiv steht die Veränderung gegenüber der Stabilität im Vordergrund«. *Fengler* mahnt, den Veränderungsanspruch nicht zu überziehen und die Veränderungsprozesse der Weiterentwicklung dem langsamsten Mitglied anzupassen. *Däumling* hat in diesem Zusammenhang die These aufgestellt: »›Zusammenleben ohne Standesamt‹ oder ›Ehe auf Zeit‹ stehen vor dem gleichen Grundproblem der ›Lebenszeit-Ehe‹: Bindung (Abhängigkeit, Sicherheit) versus Freiheit (Emanzipation, Selbstverwirklichung)«. Bislang ist – *Däumling* zufolge – aufgrund empirischer, differenzierter Untersuchungen die Frage, wo personale Liebe besser gedeihe, in einer normfixierten, unauflöslichen Ehe oder in einer freien Entscheidung stets neu anheimgegebener Freundschaft, nicht zu beantworten. Diese aus der Wiederkehr des Problems gewonnene Unentscheidbarkeit wird von *Fenglers* Auflistung teils bestätigt, teils verfeinert. *Fengler* zufolge kehren auch die Probleme von »Individuum und Gruppe«, »pairing und Gruppe«, und »Gruppe versus Außengruppe« im Wohnkollektiv wieder. Seine Schlußfolgerung lautet: »Wenn wir als Bedingung nennen, daß das Wohnkollektiv in einem vertretbaren Verhältnis von Konflikt und Harmonie leben, gemeinsame Ziele persönlicher und politischer Art erreichen und Kinder verantwortlich erziehen soll, um als erfolgreich zu gelten, so weist diese Definition kaum über eine solche des Familienerfolgs hinaus. Die Chancen des Wohnkollektivs, sie zu verwirklichen, sind unter Umständen etwas größer«. Nicht aber um dieser, unter Umständen etwas vergrößerten Chance willen, sondern aus einem ganz anderen Grund wirkt die Gründung von Wohngruppen und der anwachsende, um nicht zu sagen massenhafte Auszug bzw. die Verweigerung der rechtsförmigen Lebensgemeinschaft wie ein Fanal: »Das Wohnkollektiv setzt ein Beispiel für die Artikulation eines Leidensdruckes, von dem andere in gleicher Weise betroffen sind, ohne ihn deutlich machen zu können«. Die Verweigerung des rechtsförmigen Familienlebens ist dieser Interpretation zufolge nur Ausdruck einer Leidenssituation in und an der Gesellschaft und in und an der von ihr alternativenlos bereitgestellten Lebensform »bürgerliche Ehe«, weiter wohl auch an der rechtsförmigen Regulierung von Lebensprozessen in Primärgruppen überhaupt.

Wenn die Verweigerung und der Weg in die Alternative lediglich einen allgemeinen Leidensdruck signalisieren, so werden sie, so lange die freiheitlich-demokratische

Grundordnung erhalten bleibt, zunehmen und sich auf bisher familienrechtstreue Kreise erstrecken. Die Zahl der geschiedenen Eheleute, die nach der Scheidung nicht wieder heiraten, sowie die Zahl derer, die schon keine Erstehe mehr eingehen und damit den Restmakel von nichtehelicher Paarung und Geburt nicht scheuen, wird wachsen; erste Erfahrungen, die sich statistisch belegen lassen, deuten in diese Richtung: Die Zahl der Heiraten nimmt ab (obwohl gerade in letzter Zeit, aber vielleicht eher kurzfristig, der Trend auch umschwenkt), die Quote der Wiederheirat nach der Scheidung sinkt (dazu *Wingen*, FamRZ 1981, 331, 333). Die Alternative wird nicht auf Randgruppen oder privilegierte Gruppen beschränkt bleiben; Familienrecht wird vielmehr insgesamt weiter an Boden verlieren.

In dieser Situation antwortet das System »Recht« mit dem Versuch, sein Terrain durch verschiedene, gleichwohl wenig aufeinander abgestimmte und insgesamt vermutlich aussichtslose Strategien zu halten; die Versuche sind danach eher als Rückzugsgefechte, nicht als bleibende Rückeroberungen zu betrachten:

Zunächst zu nennen – und vielleicht als weniger gefährlich einzustufen, wenn auch bedrückend genug – ist die weitere Verteidigung des Familienmonopols, damit die Behinderung und Zerstörung der Alternativversuche mit einer Wiedereinführung von Sanktionen und Zurücksetzungen. Dabei ist die Beseitigung der (offiziellen) Ächtung nichtehelichen Geschlechtsverkehrs und nichtehelicher Geburt durch (offiziellen) Widerruf in der Bundesrepublik Deutschland wohl wenig wahrscheinlich; doch lassen manche Ermahnungen, manche trüben Alltagserfahrungen Schlimmes befürchten (erinnern dürfen wir lediglich an die Weigerung kirchlicher Arbeitgeber, in »wilder Ehe« lebende Arbeitnehmer in festbesoldete Arbeitsverhältnisse zu übernehmen, weiter den Ausschluß einer verwitweten Frau, die mit einem Partner zusammenlebt, vom Empfang der kirchlichen Sakramente). Als Teilfronten mit unterschiedlicher Kampflinie sind im Moment im Auge zu behalten:

– die Rechtsprechung zum »Mätressentestament« oder ähnlichen Figuren; sie ist inzwischen von der gänzlichen Verwerfung entsprechender letztwilliger Verfügungen zugunsten der Geliebten (BGH, JZ 1968, 466) abgerückt und zur teilweisen Aufrechterhaltung sogar neben der Ehefrau (BGH, FamRZ 1961, 123) gelangt, eine allerdings eher gefährliche Entwicklung, ist doch damit der grundsätzlichen richterlichen Überprüfung einer Vergabe durch den Erblasser ein erstes Tor aufgestoßen (dazu *Ramm* JZ 1970, 129; vgl. jetzt OLG Hamm, JurBüro 1979, 1812),

– (die Reste der) Benachteiligung nichtehelich Geborener,

– der Kampf um die Möglichkeit, die elterliche Gewalt nach Scheidung auf entsprechenden Antrag auch gemeinsam ausüben zu können. Durch das am 1. 1. 1980 in Kraft getretene neue elterliche Sorgerecht ist das Problem nur äußerlich erledigt; § 1671 IV 1 BGB untersagt zwar den Fortbestand elterlicher (gemeinsamer) Sorge nach der Scheidung, doch stellt sich die Frage nach der verfassungsrechtlichen Gültigkeit dieser Regelung (dazu KG, FamRZ 1980, 821 und die AGe Königstein, FamRZ 1980, 483, Bergisch-Gladbach, FamRZ 1980, 1156, Offenbach, 313 F 1190/79 und Groß-Gerau, NJW 1981, 1279; aus dem

Schrifttum *Fehmel*, FamRZ 1980, 756 und FamRZ 1981, 116; *Neuhaus*, FamRZ 1980, 1089 und *Finger*, Nachtrag 1981, S. 403).

– Der Kampf gegen die Herabsetzung der Mündigkeitsgrenze von der Vollendung des 21. auf die Vollendung des 18. Lebensjahres verlagert sich nach dem Fall dieser Position auf die Ablösung und den Auszug der 18jährigen Jugendlichen mittels »patriarchalischer« Auslegung des § 1612 II BGB (vgl. dazu LG Bremen, NJW 1976, 1750, aufgehoben durch OLG Bremen, FamRZ 1976, 642; OLG Köln, FamRZ 1974, 265; BayObLG, FamRZ 1979, 950 und 952; OLG Frankfurt, FamRZ 1979, 955 sowie BGH, JZ 1981, 192 m. Anm. *Schwerdtner* 399; zum Problem *Finger*, S. 288 ff.).

– Die starre Handhabung des Scheidungsrechts des 1. EheRG nimmt die eigenen Ziele nicht ernst; eine Scheidung vor Ablauf des Trennungsjahres wird mit äußerst zurückhaltender Interpretation von § 1565 II BGB verhindert (Beispiele: OLG Frankfurt, NJW 1978, 645 und NJW 1978, 892; zum Problem *Finger*, S. 177 f. und DRiZ 1980, 329), die Härteklausel aus § 1568 BGB wird »ausgedehnt« dazu *Finger*, S. 180 f. Die zeitliche Begrenzung dieser Härteklausel in § 1568 II BGB ist inzwischen vom BVerfG, NJW 1981, 108 sogar ausdrücklich verworfen worden; vor allem aber dient der Ausschluß nachehelicher Unterhaltsansprüche über § 1579 I Nr. 4 BGB als Disziplinierungsmittel, die Frau, die sich aus einer durchschnittlich harmonisch verlaufenden Ehe (was ist das?) ohne Grund (d. h. ohne akzeptablen Grund) löst, zu benachteiligen, da sie sich ihren Unterhaltsanspruch gegenüber dem geschiedenen Ehegatten verscherzt (dazu OLG Hamburg, NJW 1978, 545 als Vorläufer; zum heutigen Stand *Finger*, S. 205 f. und JR 1981, 397), und sie in neue Abhängigkeiten gegenüber ihrem jetzigen Lebenspartner zu zwängen (dazu *Limbach*, NJW 1980, 871), überdies die neue Beziehung beträchtlichen Belastungen auszusetzen.

– Die Nebenschauplätze sind vielfältig; sie reichen von der Versagung des Zugewinnausgleichs – wegen grober Unbilligkeit – bis zum Ausschluß des Versorgungsausgleichs aus den gleichen Gründen (vgl. §§ 1381 und 1587 c BGB), der einschränkenden Gewährung von Kostenbefreiung (Prozeßkostenhilfe) bis zu den Erhöhungen der Anwaltsgebühren nach dem 1. EheRG (die von berufener Seite immer noch gerne bestritten wird.)

– Allerdings darf nicht der Irrtum entstehen, der Schwerpunkt für Veränderungen sei im Familienrecht des BGB angelegt; wichtiger sind vielmehr die Nachbargebiete (JWG, BSHG als Beispiele), vor allem aber die »Schaffung familiengerechter Wohnverhältnisse über kompensatorische Erziehungseinrichtungen bis zu einer elementaren Neuorganisation der realen Arbeitsbedingungen« (vgl. dazu *Finger*, S. 90) als begleitende Maßnahmen.

Wirksame Gegenstrategie kann jedenfalls nur sein: den Kampf aufnehmen und aushalten und die Einschüchterungen (Materialschlachten in Gutachten, Fabrikation herrschender Meinungen in Kommentaren und Zeitschriften etc.) aufzufangen, abzuwehren und ihnen durch den Aufbau sachlicher Gegenpositionen zu begegnen; Gruppenbildung ist dabei sicherlich hilfreich.

Ein zweiter Versuch der Einflußnahme ist subtiler, gleichzeitig aber wohl aussichtsreicher und auch gefährlicher – der Versuch, nun ihrerseits wieder die Alternative rechtsförmig zu gestalten, wobei schwerlich ein Zwangsmodell allein eingesetzt wird, wie es die bürgerliche Familie darstellt, vielmehr ein breites Angebot von Muster- und Einheitsverträgen sowie generell von Aufforderungen zur minutiösen vertraglichen Ausgestaltung der Rechte und Pflichten der Mitglieder ausgebreitet wird, die die alternative Lebensform für sich gewählt haben. Dieser Versuch, für den etwa in den USA die Studie von Weitzman repräsentativ ist und eindrucksvolle Praxisbelege gibt, der inzwischen auch bei uns Anhänger gefunden hat (vgl. dazu *Kunigk*, Die Lebensgemeinschaft und die dort besprochenen Vertragsmuster, vor allem der Leidener Vertrag, der in den Niederlanden verbreitet sein soll), ist gefährlich durch scheinbar offenkundige Vorzüge: Die Beschreibung möglicher Probleme eines Projekts ist immer erstrebenswert, scheint den Konfliktstoff und damit die Auseinandersetzung zwischen den Parteien zu kanalisieren und zu beschränken.

Probleme, die entstehen können, sollen in der Tat herausgearbeitet werden; insoweit sind vertragliche Absprachen sicherlich von Nutzen. Die Beteiligten sollen lernen, Bedürfnisse und Interessen bei sich auszumachen, angemessen zu benennen und öffentlich darzustellen, schließlich für ihre Befriedigung im Rahmen des konkret Erreichbaren eindeutig einzutreten. Verhängnisvoll für alternatives Leben wäre indessen die allgemeinen Grenzen eines entsprechenden Versuchs zwar eben nicht durch ein staatliches Einheitsmodell, wohl aber durch staatlich kontrollierte und im Streitfall auch durchsetzbare Vertragsmodelle verbindlich festzulegen, verhängnisvoll deshalb, weil damit Entwicklungen von vornherein abgeblockt und durch Versteinerungen »ersetzt« werden. Bedrückend ist schließlich auch die Ausrichtung auf rechtsförmige Konfliktschlichtungsverfahren, Verfahren, die in formalistischen Reduktionen eben nicht zur Einigung auf eine für alle akzeptable Regelung finden, sondern die Einigung gerade planmäßig verhindern (Nachweise jetzt bei *Derleder*, NJW 1980, 545 und Finger, JZ 1981, 498).

Zum Stand der Diskussion

Gesetzgebung: Als Reformen sind aufzuzählen die Novellierung des Nichtehelichenrechts (19. 8. 1969, in Kraft seit 1. 7. 1970), die Neufassung des Sexualstrafrechts durch das 1. StrafRG (4. 8./14. 8. 1969) und das 4. StrafRG (2. 3. 1974), die Änderung des Adoptionsrechts – in Kraft seit dem 1. 1. 1977 – mit den Änderungen der Adoptionsvermittlung, die neben dem erklärten Ziel der vollen Integration des Adoptivkindes in die neue Familie im wesentlichen technische Verbesserungen bringt (und das Pflegekindverhältnis nicht regelt), die Ersetzung der »elterlichen Gewalt« durch die »elterliche Sorge« (in Kraft seit dem 1. 1. 1981) sowie die Neufassung des JWG, die wohl inzwischen allerdings einen stillen Tod gestorben ist. Das 1. EheRG vom 14. 6. 1976 bleibt weit hinter den selbstgesteckten Zielen zurück. Die Trennungsfristen sind unzumutbar lang, bis zu 5 Jahren nach § 1568 II BGB, inzwischen durch das BVerfG – NJW 1981, 108 – sogar noch ausgedehnt, so daß über die Härteklausel des § 1568 BGB längst überholt geglaubte Schuldgesichtspunkte ohne größere Mühen wieder aufgenommen werden können; vom Prinzip der Eigenverantwortlichkeit beim Unterhalt ist ohnehin nicht allzu viel übriggelassen. Der dürre Kern der Reform – bisweilen als ihr Prunkstück gefeiert –, die Einführung des Versorgungsausgleichs, ist schließlich weitgehend nur die rücksichtslose Durchsetzung der Interessen des verarmten Sozialstaats: die Alterssicherung des Partners – regelmäßig der Frau –, der nach der Scheidung als Folge einer verfehlten Familien- und Gesellschaftspolitik – Förderung der Hausfrauenehe – unterhaltslos und mittellos dastände, wird durch die Aufteilung so gesichert, daß nun in vielen Fällen beide Betroffene hungern (zum Versorgungsausgleich vgl. sonst BGH, NJW 1979, 1289 und 1300 und BVerfG, FRES 1980, 1 und 47). Das »Ehescheidungshindernis der Pauperität« wird noch einmal spürbar verschärft. Die Kosten steigen beträchtlich, auch als Auswirkung des Entscheidungsverbunds. Durch scheinbare Freigabe der innerfamiliären Rollengestaltung wird versucht, der Verweigerungsbewegung entgegenzukommen und potentielle Ehewillige wieder einzufangen. Im übrigen wird als programmatisches Bekenntnis vorangestellt: »Die Ehe wird auf Lebenszeit geschlossen«, § 1353 I BGB; das spricht für sich und wirkt sich aus (oder kann sich auswirken).

Der Stand der Familienrechtsdiskussion in der Bundesrepublik ist, verglichen mit anderen nichtkatholischen westlichen Ländern, insbesondere den USA, erschreckend niedrig. Aktionen der »betroffenen« Generation kritischer Juristen fehlen, falls es diese Juristen überhaupt gibt. Einige Beiträge setzen eher Blitzlichter, erhellen jedenfalls nicht dauerhaft das Bild. Die Standardwerke patriarchalischen Typs dominieren, die Redaktionen der Fachzeitschriften sind fest in den Händen derer, die nach wie vor dem väterlichen und männlichen Alleinentscheidungsrecht mehr oder weniger verhüllt das Wort reden. Eine Zusammenarbeit von Rechts- und Sozialwissenschaften, die gerade im Bereich des Familienrechts erforderlich und erfolgversprechend wäre, ist nicht institutionalisiert; die wenigen interdisziplinären Forschungsprojekte versanden. Die einzigartige Chance, die Bildung und Besetzung der Familiengerichte in der Unter- wie insbesondere der Oberinstanz mit der Forderung einer Sonder- und Zusatzqualifikation zu beeinflussen, ist vertan, ganz abgesehen von der schon bald gestrichenen Möglichkeit der Heranziehung von Nichtjuristen in diese Gerichte. Die neuen Planstellen in den erstinstanzlichen Familiengerichten sind wenig attraktiv (durch die inzwischen erfolgte Herabstufung), die Stellen in den Familiensenaten der Oberlandesgerichte erhalten Richter, die hinreichend ihre Treue zum Rechtssystem durch Bekenntnisse zu patriarchalischen Familienbildern bewiesen haben.

Peter Finger/Hans-Erich Troje

Literatur

*Däumling, A. M., 1975: Psychologische Ehe- und Familienkonzepte in: *Pflüger, P.-M.*: Konflikt Familie – zwischen Anpassung und Illusion, Fellbach – *Derleder, P.*, 1980: Vermögenskonflikte zwischen Lebensgefährten bei Auflösung ihrer Gemeinschaft, NJW: 545 – *Enke-Ferchland, E./Enke, H.*, 1975: Emanzipation – Rollenkonflikte in der Kleinfamilie, in: *Pflüger*, Konflikt Familie – zwischen Anpassung und Illusion, Fellbach – *Evans-von*

Krbek, F.-S., 1975: Gemeinsame elterliche Gewalt über das Kind nach der Scheidung? FamRZ: 20 – *Fengler, J.*, 1975: Familie und Wohnkollektiv, in: *Pflüger*, Konflikt Familie – zwischen Anpassung und Illusion, Fellbach – *Finger, P.*, 1979: Familienrecht, Kronberg – *Finger, P.*, 1980: Eine Umfrage bei den hessischen Familiengerichten über die Anwendung des § 1565 II BGB, DRiZ: 329 – *Finger, P.*, 1981: Wohngemeinschaft. Partnerschaft. Lebensgemeinschaft. »Alternative Formen« des Zusammenlebens, JZ: 498 – *Finger, P.*, 1981: Vier Jahre 1. EheRG. Erfahrungen aus anwaltlicher Sicht, JR: 397 – *Finger, P.*, 1981: Reform der Rechtsberatung. Rechtsberatung als Sozialarbeit – Alternativen zum Recht, Kronberg – *Heinsohn, G./Knieper, R.*, 1974: Theorie des Familienrechts, Frankfurt/M. – *Kunigk, F.*, 1978: Die Lebensgemeinschaft, Stuttgart/Berlin/Köln/Mainz – *Limbach, J.*, 1980: Unterhalts- verlust wegen grober Unbilligkeit bei Getrenntleben, NJW: 871 – *Mead, M.*, 1974: Der Konflikt der Generationen, München – *Mentzos, S.*, 1976: Interpersonale und institutionali- sierte Abwehr, Frankfurt/M. – *Pawlowski, H.-M.*, 1976: Entwicklungen und Entwicklungs- tendenzen im Ehe- und Familienrecht in der Bundesrepublik Deutschland und in der DDR, DRiZ: 101 – *Ramm, T.*, 1970: Abschied vom »Mätressentestament«, JZ: 129 – *Ramm, T.*, 1975: Der Funktionswandel der Ehe und das Recht, JZ: 505 – *Rasehorn, T.*, 1976: Die Familie von heute in Gesellschaft und Recht, RuP: 169 – *Simitis, S.*, 1975: Zur Situation des Familienrechts, in: *Simitis/Zenz*, Seminar – Familie und Familienrecht, Band I, Frankfurt/M. – *Wingen, M.*, 1981: Der soziologische Tatbestand der nichtehelichen Lebensgemeinschaft, FamRZ: 331. –

→ Familie/Familienerziehung → Familienrecht: Alternativen → Frauen → Jugend: Strukturwandel und Problemlagen → Sozialisationstheorie

Familientherapie

Familientherapie ist ein mehrdeutiger Begriff. Familientherapie kann zunächst heißen: ein Therapeut/Berater arbeitet mit Familien, statt mit einzelnen Klienten. Die psychoanalytisch orientierte Familientherapie betont die Bedeutung der Beratung und Behandlung des einzelnen im Kontext der Bindungen an seine Familie. In der systemischen Familientherapie nimmt Beratung/Therapie im Falle bestimmter psychosozialer Defizite seinen Ausgangspunkt beim sozialen System Familie.

Eine Fehlbezeichnung liegt m. E. da vor, wo klinisch-psychologische und/oder sozialpädagogische Arbeit mit Familien als »Familientherapie« bezeichnet wird, ohne daß dabei ein bestimmter theoretischer Hintergrund und ohne daß eine spezifische methodische Vorgehensweise erkennbar sind. Die bloße Tatsache, daß ein Sozialpädagoge, Psychologe oder Arzt eine Familie als ganze zu sich einbestellt hat bzw. mit ihr zusammen arbeitet, sollte nicht mit dem Begriff »Familientherapie« bezeichnet werden.

Psychoanalytisch orientierte Familientherapie

Als Familientherapie, genauer als Familien-Psychotherapie kann jene Konzeption bezeichnet werden, die – von einer tiefenpsychologischen Orientierung ausgehend – psychosoziale Konflikte eines einzelnen als persönliche Probleme mit bestimmten Familienmitgliedern erklärt und auf dieser Basis Beratung und Behandlung aufbaut. Es handelt sich um jene Konzepte, die sich in der Weiterentwicklung der Psychoanalyse hinwandten »zu den zwischenmenschlichen Beziehungen, zu dem, was zwischen Menschen vor sich geht, wie sie aufeinander wirken und reagieren, wie das Feld beschaffen ist, das entsteht, wenn Menschen zusammen leben« (*Fromm*, 1981). Familientherapie bedeutet in diesem Kontext die Berücksichtigung der emotionalen Beziehungen in der Familie für die psychotherapeutische Behandlung eines Mitglieds dieser Familie. Ein psychoanalytisch orientierter Familientherapeut versucht, »die chronischen Übertragungen der Familienmitglieder aufeinander zu erfassen . . . Dazu gehört etwa der Wunsch eines Vaters, sein Sohn möge ihn wie ein großer Bruder betreuen, oder seine Tochter immer ein kleines Mädchen bleiben, der Wunsch einer Mutter, ihr Sohn solle sie gegenüber dem ungeliebten Gatten rechtfertigen und rächen, oder der Wunsch einer Tochter, ihre Eltern so ins Ausgedinge zu schicken, wie es ihre Mutter mit deren Eltern gemacht hat« (*Toman*, 1979).

In der psychoanalytischen Familientherapie rücken die unbewußten Austauschprozesse in einer Familie in den Blickpunkt des Interesses. *Richter* hat für Eltern-Kind-Beziehungen eine »Rollentheorie« entworfen, wobei er Rolle »sozialpsychologisch-psychoanalytisch definiert als das strukturierte Gesamt der unbewußten und bewußten Erwartungen, die Partner aufeinander richten« (*Richter*, 1970). So kann beispielsweise die Mutter von ihrem Sohn unbewußt verlangen, in die Rolle eines »Partner-Substituts« einzutreten. Der Sohn soll dann kompesierend die unerträgliche Enttäuschung wettmachen, die aus einer unerfüllten oder gescheiterten Partnerbeziehung resultierte.

Richter geht noch einen Schritt weiter, wenn er sagt, viele psychogene Störungen ließen sich erst zutreffend erfassen, wenn man sie überhaupt nicht als individuelle Krankheiten, sondern als »Ehepaarneurosen« oder »Familienneurosen« beschreiben würde. Er unterscheidet dabei zwei Typen von neurotischen Familienstörungen:

– familiäre Symptomneurosen
– familiäre Charakterneurosen.

Das Hauptmerkmal einer familiären Symptomneurose bestünde darin, daß die Familie bzw. ein Teil der Familie ein Mitglied der Familie für »krank« erkläre: »Auf dieses Mitglied wird so lange ein überlastender Druck ausgeübt, bis der Betreffende dekompensiert, meist unter Produktion von medizinischen Symptomen, manchmal auch von Verwahrlosungszügen. Die übrige Familie verschafft sich durch das provozierte Scheitern ihres ›Opfers‹ Entlastung.«

Für die symptomneurotische Familie ist nach *Richter* charakteristisch, daß sich in der Familie eine Spaltung vollzieht. Gegen das Familienmitglied, das Symptome produziere oder sozial scheitere, grenze sich die übrige Familie in der Weise ab, daß das »Opfer« innerhalb der Familie mehr oder weniger isoliert werde, ein Prozeß, der im schlimmsten Fall zur »Ausstoßung« führen könne. Es ist evident, daß solche Erklärungsmuster psychologischer Konflikte erhebliche Konsequenzen für die Praxis in sozialpädagogischen Tätigkeitsfeldern haben.

Stierlin (1975) verknüpft den Modus der »Ausstoßung« in der familiären Beziehungsdialektik theoretisch mit dem Modus der »Bindung«: »Ausstoßung« als zentrifugale Variante im Ablösungsprozeß der Kinder von den Eltern steht dem zentripetalen Modus der »Bindung« gegenüber. »Die Interaktionsmodi lassen uns erkennen, wie Eltern und Kinder den wechselseitigen Trennungsprozeß gestalten.«

Vermengt sind bindende und ausstoßende Elemente im Modus der »Delegation«: »Dem Kind wird hier gestattet, sich aus dem elterlichen Feld herauszubewegen – jedoch nur in Grenzen! Es wird gleichsam an der langen Leine gehalten.«

So kann beispielsweise ein solcher Beauftragungsmodus von einem Kind verlangen, daß es ein berühmter Künstler oder Wissenschaftler wird, der unerfüllte Ich-Ideale seiner Eltern realisiert. Entscheidend sind nun das Maß und die Umstände, unter denen die Interaktionsmodi von Bindung, Delegation und Ausstoßung wirksam werden. Nach *Stierlin* schädigen sie das Kind dann, wenn sie zu intensiv, zum falschen Zeitpunkt oder in einem ungünstigen Mischungsverhältnis zum Zuge kommen.

Über die Generationen hinweg werden solche Interaktionsmodi wie Vermächtnisse weitergegeben, wobei nach *Stierlin* Scham- und Schuldgefühle gleichsam wie Konten in der Familiengeschichte geführt werden. Konsequent ist *Stierlins* Ansatz der Mehrgenerationen-Therapie (z. B. Einbeziehung der Großeltern in die Familientherapie). Familientherapeutisch bedeutsam ist auch das Ehekonflikt-Konzept der »Kollusion« von *Willi* (1975), in dem ebenfalls beziehungsstörende symbiotische Verflechtungen – charakteristisch auch für Familiensysteme – zum Tragen kommen. (Zur psychoanalytischen Familientherapie vgl. auch *Gerlicher*, 1977).

Systemorientierte Familientherapie

Ein in Theorie und Methode von den bisher genannten Familientherapiekonzeptionen differierendes Konzept stellt die Familientherapie auf der Basis der System- und Kommunikationstheorie dar. In Analogie zur Allgemeinen Systemtheorie wird dabei Familie als ein soziales System definiert, dessen Mitglieder auf solche Weise miteinander verbunden sind, daß die Veränderung in der Befindlichkeit eines Systemmitglieds eine Veränderung im gesamten System Familie nach sich zieht: die Mitglieder des Systems Familie stehen derart in Abhängigkeit zueinander, daß sie einander wechselseitig gleichzeitig beeinflussen. Beratung und Therapie bedeuten auf diesem Hintergrund, daß eine Veränderung des gesamten Systems Familie angestrebt wird.

Da die theoretischen und methodischen Aussagen der systemorientierten Familientheorie nicht nur für das soziale System »Familie« gültig sind, sondern auch für jedes andere soziale System mit entsprechender Bedeutung für menschliches Zusammenleben (z. B. offene Ehen, Wohngemeinschaften), müßte man statt von »Familientherapie« besser von »Interaktionstherapie« (*Luthman* und *Kirschenbaum*, 1974) oder von »System- oder Ökotherapie« (*Welter-Enderlin*, 1980) sprechen.

Die systemorientierte Familientherapie geht im wesentlichen auf eine Entdeckung *Batesons* zurück, der zusammen mit *Weakland* und *Haley* von 1952 bis 1962 in Palo Alto eine system- und kommunikationstheoretische Erklärung der Entstehung von Schizophrenie entwickelte. Das »double-bind«-Konzept wurde von *Bateson* u. a. publiziert (*Bateson* u. a., 1956). Eine zweite Gruppe in Palo Alto um *Jackson* hat sich dann um eine Ausarbeitung der Double-bind-Theorie zu einer dezidierten Kommunikationstheorie bemüht (*Watzlawick* u. a., 1967; deutsch 1969). Die Entwicklung einer spezifischen Kommunikationstheorie zeichnet sich schon früh ab in Beobachtungen, die der Anthropologe *Bateson* in ethnographischen Studien in den Dreißiger Jahren auf Neu-Guinea machte (vgl. *Bateson*, 1979) und in Anregungen, die *Bateson* dem führenden Kybernetiker *Wiener* gab (vgl. *Wiener*, 1961).

Die Bedeutung systemtheoretischer Annahmen für die Entwicklung der Familientherapie läßt sich an einem Zitat von *Haley* verdeutlichen: »Früher wurde erklärt, daß, wenn eine Familie Probleme mit einem schizophrenen Angehörigen hatte, dies die ›Schuld‹ des Schizophrenen sei, der mittels individueller Therapie verändert werden müsse. Dann wurde behauptet, eine schizophrenogene Mutter verursache Schizophrenie des Kindes, weshalb sie sich ändern müsse. Noch später wurde gesagt, die wirkliche Ursache sei ein sich unangemessen verhaltender Vater, und wenn dieser zu einer Veränderung gebracht werden könne, verändere sich das ganze System. Die neueste Sicht zu diesem Problem ist nun, daß das ganze System verändert werden muß, wenn sich eines seiner Elemente verändern können soll« (zitiert nach *Gunsing* und *Storcks,* 1978). Außer der Palo Alto-Gruppe um *Bateson* haben auf dem Gebiet der Familientherapie Pionierarbeit geleistet *Lidz* u. a. in Yale sowie *Wynne* und *Singer* am National Institute of Mental Health.

Was es bedeutet, im Falle einer psychosozialen Störung nicht ein einzelnes Individuum, sondern das gesamte soziale System (z. B. eine Familie) in Betracht zu ziehen, mag exemplarisch am Begriff der Homöostase verdeutlicht werden, den *Jackson* 1957 in die Diskussion einführte. Offenbar besteht eine Tendenz, ein Gleichgewicht zu wahren, so daß selbst stark pathogene Familienstrukturen und/oder dysfunktionale Kommunikationsmuster in der Familie erhalten bleiben. Würde beispielsweise ein Symptom durch Therapie beseitigt, wo würde sich die Störung im Familiensystem anderweitig manifestieren. Diese Tendenz zur Erhaltung eines Familien-Gleichgewichts könnte man für die Familie als einem offenen, labilen System als Schutzmechanismus interpretieren, gegenüber inneren und äußeren Einflüssen eine Kontinuität zu wahren; diese Tendenz wäre dann allerdings auch bei dysfunktionalen Familiensystemen wirksam.

Ein ausbalanciertes Familiensystem bietet offensichtlich eine optimale Gewähr dafür, daß die Familie ihre Funktion, für die Mitglieder einen psychosozialen Schutz bereitzustellen, erfüllen kann. Sowohl innere Ereignisse (z. B. Geburt eines

Kindes) als auch äußere (z. B. plötzliche Arbeitslosigkeit des Ernährers in der Familie) können das Familiengleichgewicht stören. Nach familientherapeutischer Auffassung spielt der Grad, wie weit eine solche (von innen oder außen bedingte) Störung der Familienhomöostase von den Familienmitgliedern adäquat verarbeitet werden kann, eine zentrale Rolle für die psychosoziale Befindlichkeit des gesamten Systems. Die Befindlichkeit der einzelnen Familienmitglieder spiegelt die Verarbeitung der Turbulenz durch dieses System lediglich wider.

Konsequent liegt der Schwerpunkt beraterischer oder therapeutischer Intervention auf dem gesamten Beziehungsgefüge des in Frage kommenden sozialen Systems. Art, Komplexität und Intensität der Beziehungen der Familienmitglieder untereinander werden am wechselseitigen Austausch von Informationen und Energien sichtbar. Der bevorzugte Zugang zum Beziehungsgefüge einer Familie wird in der Familientherapie in der Art und Weise gesehen, wie die Familienmitglieder miteinander umgehen. Der Schlüssel zum Verständnis eines Familiensystems liegt in der möglichst minutiösen Beobachtung der verbalen, nonverbalen und paraverbalen Kommunikationsabläufe in der Familie. Nach familientherapeutischer Erfahrung geben besonders die diskrepanten Kommunikationen (z. B. Diskrepanzen zwischen verbaler und nonverbaler Kommunikation) in einem sozialen System Hinweise auf ein gestörtes Beziehungsgefüge. Ein weiterer Indikator sind unvollständige Kommunikationsbeiträge. Ein Kommunikationspartner kann eine Beziehung auch auf die Weise definieren, daß er bestimmte Elemente in einem Kommunikationsablauf wegläßt. Nach *Haley* (1969) besteht eine vollständige Kommunikation aus folgenden 4 Elementen:

»1. Ich
2. sage etwas
3. zu dir
4. in dieser Situation.

Ein Mensch kann die Definierung seiner Beziehung vermeiden, indem er eines der vier Elemente oder auch sie alle negiert. Er kann 1. leugnen, daß er etwas mitgeteilt hat, 2. leugnen, daß etwas mitgeteilt wurde, 3. leugnen, daß dem anderen etwas mitgeteilt wurde, 4. den Rahmen leugnen, in dem das Mitgeteilte gestanden hat.«

Insofern bedeutet Familientherapie, Mitgliedern eines sozialen Systems bewußt zu machen und sie dafür zu sensibilisieren, wie klar, eindeutig und vollständig ihre Kommunikationen sind. Dies geschieht in der Regel über Rollenspiele bzw. Einüben in entsprechende kommunikative Fähigkeiten (*Satir,* 1973; 1975).

Wichtig ist, daß die wechselseitige Verzahnung der Kommunikations- und Verhaltenselemente der verschiedenen Beteiligten am Kommunikationssystem beachtet wird. Jedes Mitglied im sozialen System trägt auf seine spezifische Art und Weise zu gelingender bzw. mißlingender Kommunikation bei. Familientherapeuten tragen dem insofern Rechnung, als sie stets das gesamte Kommunikationsgefüge im Auge behalten und die Abhängigkeit einzelner Kommunikationsbeiträge von ihrer inhaltlichen und kontextuellen Verzahnung mit dem gleichzeitig ablaufenden Interaktionsgeschehen mit berücksichtigen (z. B. »Während A redet, versucht B ihn zu unterbrechen«; »A entwertet den Kommunikationsbeitrag von B, indem A nicht auf B's Kommunikationsinhalt eingeht und mit einem anderen abweichenden Thema ablenkt«).

Veränderungen, die der Familientherapeut im System induzieren will, beziehen sich entsprechend auf das Verhalten aller Familienmitglieder. So kann der Familientherapeut z. B. eine neue, für alle Beteiligten gültige Verhaltensregel implementieren (z. B. »Jeder darf reden, ohne daß er unterbrochen wird«). Der Familientherapeut kann auch sehr direkt versuchen, eine struktuelle Änderung des Familiensystems über Verhaltensänderungen der Familienmitglieder herbeizuführen (*Haley,* 1977; *Minuchin,* 1977). So könnte der Therapeut den in der Familie relativ außerhalb stehenden Vater mehr in das Familiensystem einbeziehen, indem er dem Vater genau spezifizierte Erziehungsfunktionen überträgt, von denen dieser sich bislang fernhielt bzw. sich fernhalten ließ. Aufgabe der Ehefrau und Mutter wäre es hierbei, diese Erziehungsaufgaben an ihren Gatten abzugeben; sie könnte bei dieser Intervention dadurch profitieren, daß sie von übergroßer pädagogischer Verantwortung entlastet wird und einen intensiveren Kontakt zu ihrem Gatten gewinnt. Auf der Basis fachlicher Autorität und des Vertrauens, das ihm von allen Familienmitgliedern entgegengebracht wird, arbeitet der Therapeut direkt auf die Veränderung bestimmter Verhaltensstrukturen hin, von denen er annimmt, sie wären geeignet, dysfunktionale Kommunikationsmuster in der Familie abzubauen. Zu diesem Zweck ordnet er Einübung in neue Verhaltensweisen bei bestimmten Interaktionspartnern eines Systems an und setzt die übrigen Mitglieder dieses Systems als Helfer und »Kontrolleure« zur Verhaltenseinübung ein. Versucht er, auf diese Weise bei einem dysfunktionalen Familiensystem zu intervenieren, muß er mit Widerständen rechnen, da ja sein Eingreifen eine Neu-Kalibrierung der Familien-Homöostase beinhaltet. Eine Möglichkeit für den Therapeuten, mit dem Widerstand umzugehen, besteht darin, paradoxe Anweisungen zu geben (*Selvini Palazzoli* u. a., 1978).

Familientherapeuten machen häufig die Beobachtung, daß eheliche Probleme über das Kind (die Kinder) umgeleitet werden; das Kind entwickelt dann Symptome, die die Eltern von ihrem Konflikt ablenken bzw. hält durch seine Symptome das Familiensystem in Balance. Der Familientherapeut wird in diesem Fall den Schwerpunkt in Beratung und Therapie auf die Beziehung der Eheleute untereinander legen und das Kind (die Kinder) als Symptomträger entlasten. Die Bedeutung der Generationengrenze wird von allen Familientherapeuten unterstrichen. Koalitionen über die Generationengrenze hinweg (z. B. die Mutter verbündet sich mit der Tochter gegen den Vater) werden als Indikatoren für ein gestörtes Familiensystem angesehen. Ein besonderes Augenmerk legen Familientherapeuten darauf, ob die Eltern-Kind-Beziehungen dem Alter der Kinder gemäß gestaltet sind. Dem wachsenden Autonomiebedürfnis der Kinder mit zunehmendem Alter sollte adäquat Rechnung getragen werden. Bei diesem Konzept der Individuation bestehen enge theoretische Verknüpfungen zu den psychoanalytischen Vorstellungen vom Ablösungsprozeß der Kinder von den Eltern. *Olson* (1979) versucht mit Hilfe seines Circumplex-Modells die Vielfalt familientherapeutischer Entwürfe auf eine Formel zu bringen: Familiensysteme unterscheiden sich durch einen verschieden hohen Grad an Kohäsion und – unabhängig davon – durch einen verschieden hohen Grad an Adaptibilität voneinander.

Haben Vertreter der systemorientierten Familientherapie auch einerseits in den kommunikations- und systemtheoretischen Grundannahmen eine gemeinsame theoretische Basis, so besteht doch auch andererseits ein ziemlich großes Spektrum an speziellen Ausgestaltungen der familientherapeutischen Vorgehensweise (vgl. z. B. die Familientherapiekonzepte, die humanistisch-psychologisch orientiert sind und Elemente entsprechender Therapieformen übernehmen. Einige Ansätze legen durch ihre Struktur eine solche Verschmelzung nahe, wie dies bei der Transaktionsanalyse der Fall ist).

Indiziert kann Familientherapie in allen drei Bereichen der Prävention *(Caplan)* sein. Sozialpädagogische Interventionen nach familientherapeutischem Muster sind dabei am ehesten bei der primären Prävention sozialer Störungen (z. B. bei Verhaltensstörungen) angezeigt. Dem familientherapeutischen Konzept kommt dabei zugute, daß es nicht rein mittelschichtorientiert ist (vgl. schon *Minuchins* Arbeit mit Slum-Familien: *Minuchin* u. a., 1967). Eine goldene Regel in der Familientherapie lautet, daß Familientherapeuten nicht ihr Wertsystem den Klienten aufoktroyieren. Im klinisch-psychologischen Bereich erscheint die familientherapeutische Vorgehensweise bei verschiedenen psychosomatischen Erkrankungen (z. B. Anorexia nervosa) besonders erfolgreich zu sein (*Minuchun*, 1981).

Die Arbeit des Familientherapeuten bedarf der ständigen Supervison. Die Teilnahme an Fort- und Weiterbildungsprogrammen erweist sich auf diesem Sektor als ebenso wichtig wie die Ausbildung zum Familienberater/Familientherapeuten selbst. Voraussetzungen für die Teilnahme an einem mehrjährigen Ausbildungsprogramm ist in der Regel eine abgeschlossene Berufsausbildung in Sozialarbeit/Sozialpädagogik, Psychologie oder Medizin und eine Tätigkeit in einer Institution, in der Arbeit mit Familien möglich ist (z. B. Erziehungsberatungsstelle; sozialpsychiatrische Ambulanz etc.). Neben dem Besuch von Ausbildungsseminaren ist häufig die Mitarbeit in Peer-Supervisionsgruppen Pflicht. Unabdingbar für eine qualifizierte Ausbildung zum Familienberater/Familientherapeuten ist neben der fachlichen Arbeit die Selbsterfahrung und die Aufarbeitung der eigenen Familienerfahrungen (z. B. im Rahmen einer psychotherapeutischen Behandlung).

Ewald Johannes Brunner

Literatur

Bateson, G., 1979: Mind and nature. A necessary unit, Wildwood House, London – *Bateson, G./Jackson, D. D./Haley, J./Weakland, J.*, Towards a The ry of Schizophrenie. Behavioral Science, 1956, p. 251–264 – *Brunner, E. J.* (Hrsg.), 1983: Praxis der Familientherapie, München – *Fromm, E.*, 1981: Gesamtausgabe. Band 8: Psychoanalyse, Stuttgart – *Gerlicher, K.* (Hrsg.), 1977: Familientherapie in der Erziehungsberatung, Weinheim/Basel – *Gunsing, H./Storcks, R.*, 1978: Familienbehandlung in den USA und in den Niederlanden. Geschichte – Strömungen – Ausbildung. In: *Crolla-Baggen, M.* u. a. (Hrsg.): Partner- und Familienberatung, Freiburg – *Haley, J.*, 1969: Die Interaktion von Schizophrenen. In: *G. Bateson* u. a., Schizophrenie und Familie, Frankfurt/M. – **Haley, J.*, 1977: Direktive Familientherapie.

Strategien für die Lösung von Problemen, München – *Luthman, S. G./Kirschenbaum, M.*, 1977: Familiensysteme. Wachstum und Störungen. Einführung in die Familientherapie, München – *Minuchin, S.* u. a., 1967: Families of the Slums. An Exploration of their Structure and Treatment, Basic Books, New York – *Minuchin, S.*, 1977: Familie und Familientherapie. Theorie und Praxis struktureller Familientherapie, Freiburg – *Minuchin, S.* u. a., 1981: Psychosomatische Erkrankungen in der Familie, Stuttgart – *Richter, H.-E.*, 1970: Patient Familie. Entstehung, Struktur und Therapie von Konflikten in Ehe und Familie, Reinbek – *Satir, V.*, 1973: Familienbehandlung. Kommunikation und Beziehung in Theorie, Erleben und Therapie, Freiburg – *Satir, V.*, 1975: Selbstwert und Kommunikation. Familientherapie für Berater und zur Selbsthilfe, München – *Selvini Palazzoli, M./Boscolo, L./Cecchin, G./ Prata, G.*, 1978: Paradoxon und Gegenparadoxon. Ein neues Therapiemodell für die Familie mit schizophrener Störung, Stuttgart – *Stierlin, H.*, 1975: Von der Psychoanalyse zur Familientherapie, Stuttgart – *Toman, W.*, 1979: Familientherapie: Grundlagen, empirische Erkenntnisse und Praxis, Darmstadt – *Watzlawick, P./Beavin, J. H./Jackson, D. D.*, 1969: Menschliche Kommunikation. Formen, Störungen, Paradoxien, Bern/Stuttgart/Wien – *Welter-Enderlin, R.*, 1980: Anstelle eines Vorworts: Gedanken zur Situation der Familientherapie. In: *Duss-von Werdt, J./Welter-Enderlin, R.* (Hrsg.): Der Familienmensch. Systemisches Denken und Handeln in der Therapie, Stuttgart – *Willi, J.*, 1975: Die Zweierbeziehung. Spannungsursachen – Störungsmuster – Klärungsprozesse – Lösungsmodelle, Reinbek. –

→ Familie/Familienerziehung → Familienrecht: Alternativen → Psychoanalyse und Sozialarbeit → Sozialpädagogik und Therapie

Forschung/Forschungspolitik

Die Forderung nach »Verwissenschaftlichung« gesellschaftlicher Praxis im Sinne der Anwendung wissenschaftlicher Erkenntnisse für die Lösung von Praxisproblemen gehört zwar einerseits zu den festen Bestandteilen öffentlicher Diskussionen; sie ist zugleich jedoch auch auf der anderen Seite einem Prozeß zunehmender Problematisierung unterworfen, der bis zu der skeptischen Frage reicht, ob und wieweit Wissenschaft überhaupt etwas Vernünftiges und Hilfreiches zur Lösung von Praxisproblemen beitragen kann.

Die Forderung nach »Verwissenschaftlichung« wie gleichzeitig auch die Problematisierung dieser Forderung betrifft seit einiger Zeit auch die Bereiche Sozialarbeit/ Sozialpädagogik. Sie ist allerdings, ähnlich wie im Bildungsbereich – vgl. dazu die Entwicklung der Bildungsforschung (Deutscher Bildungsrat, 1975), die erst spät, im Vergleich etwa zu Ökonomie und Technik, primär durch politische Impulse entstand – historisch zu einem relativ späten Zeitpunkt erhoben worden und bisher – dies als vorwegformulierte These – auch nur sehr bedingt wirksam geworden.

Am stärksten scheint die Forderung in jener Epoche erhoben worden zu sein, die allgemein durch Reformdruck, eine teilweise scharfe Kritik herkömmlicher Arbeitsformen und eine dadurch bedingte Verunsicherung der Praxisträger am Ende der sechziger und zu Beginn der siebziger Jahre charakterisiert war.

In der Gegenwart scheint aus vielerlei Gründen nicht nur generell der Glaube daran, daß wissenschaftliche Erkenntnisse Entscheidendes zur Lösung von Problemen beitragen könnten, geschwunden zu sein und einer tiefen Skepsis Platz gemacht zu haben; wictig scheint darüber hinaus auch, daß in vielen Feldern konkrete Enttäuschungen darüber, daß Erwartungen nicht erfüllt, Versprechungen nicht eingelöst wurden, unübersehbar sind. Von seiten der Politik wie der Praxis hat die Bereitschaft, sich mit »Wissenschaft« einzulassen, sicher erheblich nachgelassen – nicht zuletzt auch als Folge davon, daß der Veränderungs- und Reformdruck, der für die vorher genannte Epoche bestimmend war, nicht mehr vorhanden ist.

Im Gegensatz zu der eher abnehmenden Bereitschaft politischer Instanzen und der Träger der Praxis, sich der Hilfe der Wissenschaft zu bedienen, ist zu beobachten, daß die Quantität des derzeit produzierten relevanten Wissens, zumindest soweit sie die theoretische Reflexion und Diskussion über Fragen der Sozialarbeit/ Sozialpädagogik betrifft, eindeutig gestiegen ist. Vor allem die Sozialwissenschaften haben sich dem genannten Gegenstandsbereich neu zugewandt (vgl. dazu die Übersichten bei *Bauer/Berg/Kuhl,* 1976 im Vergleich etwa zu den Materialien, die *Fluk* für den Zeitraum von 1950–1970 zusammengestellt hat). Die Gründe für diese Intensivierung der Befassung mit dem Bereich der Sozialarbeit/Sozialpädagogik dürften zunächst im Ausbau der sozialwissenschaftlichen Fachbereiche und Lehrstühle in der Bundesrepublik, ferner im Eindringen vieler an den Fragen der Sozialarbeit engagierter Studenten in die Studiengänge des Diplom-Pädagogen liegen. Eine wichtige Rolle haben darüber hinaus auch die von staatlicher Seite ausgehenden »Wissenschaftlichen Begleituntersuchungen« im Zusammenhang mit Modellprojekten vor allem im Bereich des Kindergartens, aber auch in anderen Feldern gespielt. Schließlich ist als Hintergrund auch einzubeziehen die für diese Epoche charakteristische Sensibilität für soziale und pädagogische Fragen, vor allem im politischen Zusammenhang sozialer Diskriminierung, sozialer Ungleichheit, sozialer Randgruppen usw. Dem entspricht, daß die neue intensivierte Beschäftigung mit Fragen dieses Praxisbereichs sehr stark die Dysfunktionalitäten des bestehenden Praxissystems (z. B. in den Analysen des Fünften Jugendberichts, 1979), die Fragwürdigkeit der Wirkung von Institutionen (in Forschungen zum sog. Labeling-Ansatz *Brusten/Hohmeier,* 1975) zum Gegenstand hatte. Demgegenüber hat sich, vor allem in den traditionellen Arbeitsfeldern der Sozialpädagogik, z. B. in den Heimen, eine eigentliche Entwicklungsforschung, die wissenschaftliche Analyse zum Zwecke der Verbesserung und Weiterentwicklung sozialpädagogischer Handlungsformen zum Gegenstand gehabt hätte, nicht so recht etablieren können. Hier hat höchstens die Modellbewegung in Form von »Modellinseln« Ansätze gebracht, die aber nicht Jugendhilfeprozesse im Ganzen, z. B. von der Zuweisung der Klienten über die Kontrolle der Verläufe bis hin zu den Effekten zum Gegenstand hatten (*Böhnisch/Schefold,* 1980).

Diskussionsstand

Eine genauere Bewertung der Entwicklung in den letzten Jahren wird erschwert durch das fast völlige Fehlen einer systematischen wissenssoziologischen und wissenschaftssoziologischen Diskussion in dem hier zur Erörterung anstehenden Bereich – wie denn die Wissenschaftsforschung als Metareflexion der wissenschaftlichen Entwicklungsprozesse in der Bundesrepublik Deutschland im Vergleich zu anderen Ländern wenig entwickelt ist (*Weingart*, 1976). Die für die Wissenschaftsforschung zentralen Fragen nach der Rolle interner und externer Entwicklungsdeterminanten der Wissenschaften, wie sie gerade neuerdings unter den Stichworten »Finalismus« und »Externalismus« (s. dazu vor allem *Böhme* u. a., 1978) diskutiert werden, die Frage nach den Beziehungen zwischen Wissenschaftsentwicklung und Wissenschaftspolitik sind bisher für den hier genannten Bereich noch nicht einmal als Fragestellungen formuliert, so daß es schwer ist, die wissenschaftliche Entwicklung in diesem Bereich überhaupt mit vorhandenen »Entwicklungsmustern« von Wissenschaften (*Weingart*, 1976) in Verbindung zu bringen. Mit anderen Worten: der Bereich hat den Anschluß an die wissenschaftssoziologische Diskussion kaum national, und schon gar nicht international gefunden. Die vorhandenen Reflexionen und Auseinandersetzungen mit Forschungsproblemen im Bereich von Sozialpädagogik und Sozialarbeit sind häufig punktuell und zufällig, stellen oft reine Bestandsaufnahmen dar oder aber sie betreffen Teilaspekte bzw. Teilprobleme. Da wo strategische Vorschläge und Impulse zur Weiterentwicklung zur Diskussion gestellt wurden, sind diese kaum einmal aufgegriffen worden, so daß insgesamt der weiter oben genannte Stand gilt.

Für den Bereich der Sozialarbeit hat *Hanhart* (1973) die Etablierung einer eigenen Sozialarbeitsforschung gefordert. Organisatorisch sollte sie seiner Meinung nach an den Ausbildungseinrichtungen verankert sein, zugleich jedoch in einem »überregionalen Lehr- und Forschungsinstitut für Sozialarbeit« ihr Zentrum haben. Inhaltlich sollte sich diese Forschung mit den Themenbereichen »Sozialarbeit und Gesellschaft«, »Klientensysteme im sozialen Spannungsfeld«, mit dem Problembereich »Der Sozialarbeiter in seiner Institution« und schließlich mit dem »Interventionsprozeß« befassen.

1978 konstatierte *Kreutz*, daß es bis heute »keine kontinuierliche empirische Forschung im Bereich der Sozialarbeit-Sozialpädagogik« gebe; die vorliegenden wenigen Befunde seien »punktuell und gestatten keine ausreichende Orientierung«. Auch er fordert, an den Fachhochschulen einen eigenen Lehrbereich »Empirische Sozialarbeitsforschung« einzurichten. Als Aufgaben der Sozialarbeitsforschung werden herausgestellt: Analyse sozialer Probleme, Evaluation der Arbeit von Sozialarbeitern bzw. Sozialpädagogen, Aufklärung und Information des Sozialarbeiters über Problemzusammenhänge, Bereitstellung von Techniken der empirischen Sozialforschung, Verbesserung der Ausbildung von Sozialarbeitern, Analyse der Berufsposition, ideologiekritische Analysen (*Kreutz*, 1978).

Zum Bereich der Jugendhilfe liegen eine ganze Reihe von Vorschlägen, entweder zur Jugendhilfe insgesamt oder aber zu Teilbereichen vor, die wiederum allerdings entweder mehr kritisch-analytischen oder aber punktuellen Charakter haben. Zugleich fällt auf, daß die Herausstellung von Forschungsaufgaben und die Akzentuierung von Forschungsschwerpunkten nicht frei von modischen Gesichtspunkten ist.

1967 wird in einem Aufsatz über »Die wissenschaftlichen Grundlagen der Jugendhilfe und Jugendpolitik« (*Hornstein,* 1967) der Umstand beklagt, daß wissenschaftliche Erkenntnisse im Vergleich zu anderen Orientierungen in der Jugendhilfe einen bescheidenen Platz einnehmen; zugleich wird vor einer unkritischen, naiven Wissenschaftsgläubigkeit gewarnt, die lediglich die Anwendung wissenschaftlich begründeter Arbeitsverfahren als Gradmesser für eine wissenschaftliche Praxis sieht – ohne gleichzeitig die kritische Reflexion der Ziele zu betreiben, überhaupt einen kritisch reflektorischen Bewußtseinsstand auch gegenüber wissenschaftlichen Erkenntnissen zu entwickeln. 1972 sieht *K. Mollenhauer* im Vorwort zu einer Fallanalyse (*Bonstedt,* 1972) erste Ansätze einer Profilierung der Jugendhilfeforschung. Seiner Meinung nach zeichnet sich »zum ersten Mal ein konsistenter sozialwissenschaftlicher Zugang ab, der sich bedeutsam von dem bis dahin praktizierten Verfahren der unsystematischen Addition der Forschungsresultate heterogener Disziplinen unterscheidet«. Als entscheidende Beiträge zur Herausarbeitung dieses Zusammenhangs sieht *Mollenhauer* die Arbeiten zu Funktion und Struktur des Jugendhilfesystems, die neuen Fragestellungen der Kriminalsoziologie, Ansätze und Rezeption der amerikanischen Sozialisationsforschung, die Renaissance der pädagogisch orientierten psychoanalytischen und psychotherapeutischen Arbeiten und schließlich die Forschungen zum »Funktionieren des Systems der Behandlung von Jugenddelinquenz« und die Untersuchungen *Goffmans* zu Problemen der »totalen Institution« und zum Problembereich der Stigmatisierung. Als zentrale Aufgabe der Forschung wird die »Ausarbeitung eines differenzierten und gesellschaftlich präzisierten Begriffs der Lebenswelt« bezeichnet.

In dieser Epoche wächst auch die Sensibilität für die Frage, wie eine Jugendhilfeforschung organisiert und verankert werden muß, damit sie bestimmte Funktionen erfüllen kann. Unmittelbar aus den Erfahrungen eines Forschungsprojekts heraus entwickeln *Birke* u. a. (1975) Vorschläge dazu, wie ihrer Meinung nach Jugendhilfeforschung organisiert werden muß: nämlich in einer sehr engen Verbindung von Fortbildung und Forschung; dies soll sicherstellen, daß Praktiker und Forscher gemeinsam in wissenschaftlich geleitete Reflexionsprozesse eintreten.

Mit Fragen der Organisation der Forschung befassen sich auch mehrere Veröffentlichungen des Deutschen Jugendinstituts. Im Zusammenhang mit einer Bestandsaufnahme derzeitiger »Forschung zu Problemen der Jugendhilfe« (*Bauer/Berg/Kuhlen,* 1976) wird in einem Abschnitt »Zur Organisation der Jugendhilfeforschung«, ausgehend von Überlegungen zur Funktion der Forschung für die Praxis, ein Organisationsmodell vorgeschlagen, das vor allem auf ein enges Zusammenwirken zentraler und regionaler Forschungseinrichtungen zielt und Vorschläge aufgreift, die bereits zu einem früheren Zeitpunkt vom Deutschen Jugendinstitut im Zusammenhang mit dem Diskussionsentwurf für ein neues Jugendhilfegesetz vorgebracht wurden (Deutsches Jugendinstitut, 1976). Auch hier wird eine möglichst praxisnahe Organisation der Forschung vorgeschlagen.

Demgegenüber befassen sich die Beiträge zur Problematik der Jugendhilfeforschung, die im Zusammenhang mit der Tätigkeit des Deutschen Bildungsrates entstanden sind (Deutscher Bildungsrat 1975), fast ausschließlich mit der Darstel-

lung von Forschungsinhalten, die für vordringlich gehalten werden. Dies betrifft
den Problemkreis »Familie und Jugendamt« (in dem Beitrag von *Mollenhauer/
Kasakos*), den Komplex »Abweichendes Verhalten« (in dem Beitrag von *Thiersch*)
und schließlich den Themenbereich »Kompensatorische Erziehung« (in dem
Beitrag von *Ortmann*). Lediglich in dem Beitrag von *Thiersch* werden Vorschläge
zur Organisation der Forschung gemacht. Sie laufen auf die Forderung hinaus, die
»Verbindung von Forschung, Praxis, Beratung, Aus- und Fortbildung« zu einem
konstitutiven Prinzip für die Jugendhilfe insgesamt zu machen.
Im ganzen betrachtet zeigen sich also auch in bezug auf die für wichtig erachteten
Forschungsprobleme und Forschungsstrategien, hinsichtlich der Frage der Priorität
von Forschungsinhalten, des Problems der Forschungsorganisation zwar an einigen
Punkten aufeinander beziehbare Diskussionsansätze und auch Entwicklungen;
insgesamt gesehen kann jedoch nicht davon ausgegangen werden, daß für Fragen
dieser Art ein kontinuierlicher Diskussionsprozeß vorhanden oder gar ein einiger-
maßen konsistenter Forschungszusammenhang bereits etabliert wäre.
Bei genauerer Prüfung des derzeitigen Diskussions- und Entwicklungsstandes
zeichnen sich einige Probleme ab, die nachfolgend in einer etwas systematischeren
Weise erörtert werden sollen.
-   Der erste Problempunkt betrifft die grundsätzliche Frage nach den Chancen,
    Barrieren und Einflußmöglichkeiten systematischen Wissens – im Vergleich zu
    anderen, etwa tradierten ideologischen, religiösen Wissensbeständen im Feld
    der Sozialarbeit/Sozialpädagogik.
-   Der zweite Problempunkt betrifft die Frage der Inhalte und Verfahren der
    Forschung; hier geht es im wesentlichen um eine Bewertung derzeit vorhande-
    ner inhaltlicher Schwerpunkte der Forschung und im Vordergrund stehender
    Forschungstypen (z. B. Handlungsforschung u. a.)
-   Der dritte Problempunkt betrifft die Analyse und Kritik derzeitiger Vermitt-
    lungs- und Organisationsformen von Forschung und Praxis, also Probleme der
    Kooperation zwischen Wissenschaft und Praxis.

Kooperation Wissenschaft/Praxis

Für die Behandlung der in diesem Zusammenhang zu erörternden Probleme ist es
notwendig, wenigstens knapp zu charakterisieren, von welchem Begriff von
Forschung und Wissenschaft im folgenden ausgegangen wird. Es läßt sich beim
gegenwärtigen Diskussions- und Entwicklungsstand unterscheiden einerseits ein
Begriff von Forschung und Wissenschaft, der sich im wesentlichen auf empirisch-
analytische Verfahren zur Prüfung oder Entwicklung einzelner Hypothesen oder
aber auf die Entwicklung theoretischer Modelle bezieht; diese zielen im wesentlichen auf die Entwicklung von Technologien, die dann in pädagogischen Programm-
men einsetzbar sind. Demgegenüber wird hier ein Wissenschafts- und Forschungs-
begriff zugrundegelegt, der nicht nur auf die Entwicklung pädagogischer Technologie zielt, sondern im Sinne »kritischer Theorie« entschieden die Kritik und Analyse
bestehender Praxis, gemessen an pädagogisch-politischen Zielsetzungen im Sinne

und Interesse individueller und kollektiver Emanzipation, zum Gegegenstand hat.
Dazu gehört vor allem auch die kritische Reflexion der antreffbaren Ziele und der
jeweils bereits erfolgten, in der Regel aus institutionellen Interessen abgeleiteten
Problemdefinitionen, die die Praxis bestimmen. Forschung und wissenschaftlich
angeleitete Reflexion haben insofern eine wesentliche Funktion darin, diese in allen
Formen der Praxis bereits enthaltenen interessegeleiteten Problemdefinitionen
kritisch zu befragen und sie unter dem Kriterium des Interesses der Betroffenen zu
problematisieren. Damit spitzt sich die Frage nach den Chancen und Barrieren für
Wissenschaft und Forschung in diesem Bereich zu auf die Frage nach solchen
Formen und Inhalten von Forschung, die die Sichtweisen, die Perspektiven und
Probleme der von Jugendhilfe und Sozialarbeit Betroffenen und die Lösung ihrer
Probleme zum Gegenstand haben und weniger die möglichst verwaltungskonforme
und reibungslose Abwicklung von »Vorgängen».
Auch die Fragen wissenschaftstheoretischer und wissenschaftsorganisatorischer
Art erhalten von einer derartigen inhaltlichen Bestimmung her erst ihre Brisanz
und Gewichtung. Sie geben Kriterien her, an Hand derer sich Formen wünschens-
werter Wissenschaftsprozesse ableiten lassen, die ihrerseits an Vorbedingungen
gebunden sind (s. dazu weiter unten).
Auf der anderen Seite, nämlich der der Praxis, ist dann nach den Bedingungen für
die Rezeption und das Sicheinlassen auf Prozesse kritischer Überprüfung und der
Revision eingefahrener Problemdefinitionen und der daraus möglicherweise resultierenden Veränderungsnotwendigkeiten zu fragen. Dabei zeigt sich, daß in den
Struktur- und Interessenbedingungen des Feldes der Jugendhilfe und Sozialarbeit
Faktoren wirksam sind, die zu einer außerordentlich großen Selektivität bezüglich
der Aufnahme aufklärender, bewußtseinserweiternder, eingefahrene Praxisvollzü-
ge problematisierender Impulse wissenschaftlicher Kritik führen. Diese These soll
im nachfolgenden kurz erläutert und – soweit dies möglich ist – belegt werden.
Sie läßt sich auf drei Ebenen untersuchen:
a) auf der Ebene ideologischer Bestände;
b) auf der Ebene der strukturellen und institutionellen Bedingungen des Feldes der
    Sozialarbeit/Sozialpädagogik und schließlich
c) auf der Ebene der gesamtgesellschaftlich-politischen Funktion dieses Bereichs.
Entscheidend ist also die Frage, welche ideologischen Momente als Selektionsfilter
wirken, innerhalb welcher institutioneller Rahmenbedingungen dies geschieht und
schließlich innerhalb welchen politisch-gesellschaftlichen Rahmengefüges sich dies
abspielt.
Ideologische Ebene: Ausgangspunkt kann hier die wohl generell geltende Beobachtung sein (vgl. dazu auch *Weingart*, 1976), daß die Aufnahmefähigkeit für
wissenschaftlich-kritische Erkenntnisprozesse neben zahlreichen anderen Faktoren
(Ausbildungsstand der Mitarbeiter u. a.) vor allem auch durch die in einem
bestimmten Bereich vorhandenen und »herrschenden« Ideologien, Werte und
Normen bestimmt ist. Sie filtern die Aufnahme systematischen Wissens, und zwar
nach Kriterien, die sich aus den jeweiligen Ideologien ergeben. Daß auch das in
einem bestimmten Entwicklungsstand bereits vorhandene Wissen seinerseits dann

wiederum mit darüber entscheidet, welche Erkenntnisse und weiteren Wissensbestände kumulativ aufgenommen werden, sei zumindest am Rande erwähnt.

Bei einer genaueren Analyse stellt sich die Frage der ideologisch bedingten Barriere
in dem hier zu erörternden Bereich in recht differenzierter Form dar. Wenn davon
ausgegangen wird, daß die einzelnen Funktionsbereiche etwa der Jugendhilfe ihre
historisch mitgebrachten Ideologien (z. B. im Bereich der Erziehungshilfe diejenige
der Hilfe) haben, muß sofort ergänzend hinzugefügt werden, daß diese rechtferti-
gend und legitimierend zugleich in einen größeren, politisch bedingten und von
daher in Anspruch genommenen ideologischen Rechtfertigungszusammenhang
gerückt werden, innerhalb dessen sie verstärktes Gewicht erhalten und praktisch
kaum mehr – zumindest nicht mehr in öffentlich wirksamer Form – kritisierbar
werden. Zu solchen ideologischen Beständen, die in dieser Form wirksam sind,
gehören etwa die Ideologie der Partnerschaft zwischen freien und öffentlichen
Trägern, die ideologisch überhöhten Vorstellungen von der »Eigenständigkeit«
und den Möglichkeiten der Jugendarbeit, die Vorstellung von dem Wirklichkeitsge-
halt und der Angemessenheit einer am Einzelfall orientierten Hilfeleistung,
schließlich die Vorstellung von der grundsätzlich intakten Familie, die geeignet sei,
auch unter den heutigen Bedingungen ihre Erziehungsaufgabe selbständig und
ohne öffentliche Hilfe zu erfüllen. Gerade das zuletztgenannte Beispiel zeigt das
Ineinandergreifen ideologischer Bestände, die im Felde selbst ihre Tradition haben
mit verschleiernden Behauptungen, die aktuell Interessen des politischen Systems
dienen (z. B. auf Reduzierung öffentlicher Leistungen für die Familie). Da, wo
beides so lückenlos wie im vorliegenden Beispiel ineinandergreift, sind die Abwehrmechanismen gegenüber wissenschaftlichen Erkenntnissen derart groß (wobei in
den Auseinandersetzungen der Wissenschaft ihrerseits Ideologie vorgeworfen
wird), daß eine reelle Chance für das Wirksamwerden entsprechender Erkenntnisse so gut wie nicht besteht (*Wahl* u. a., 1980).

Auf der Ebene der institutionellen Bedingungen des Feldes sind einige Momente,
die die Struktur und Verfassung des Bereichs bestimmen, von besonderer Bedeutung. Hierher gehören die vorherrschenden Organisationsformen der Praxisvollzü-
ge und die darin herrschenden Machtverhältnisse, ferner der Stand und die Art der
Professionalisierung der Mitarbeiter.

Zum erstgenannten Punkt ist etwa für den Bereich der öffentlichen Träger der
Jugendhilfe auf die nach wie vor bestehende Vorherrschaft der administrativ-
bürokratischen Momente gegenüber fachlich-pädagogischen hinzuweisen. In einer
derartigen Verfassung bestehen relativ ungünstige Voraussetzungen für die Rezeption von Erkenntnissen, die auf alternative Problemdefinitionen, auf die Priorität
sozialer und pädagogischer Gesichtspunkte gegenüber administrativen Interessen
hinauslaufen.

Ähnlich ungünstig, wenn auch in anderer Ausprägung und aus anderen Gründen,
erweist sich die Situation in bestimmten Bereichen der Jugendarbeit. Soweit auf der
Ebene der Funktionen die Notwendigkeit der Orientierung an den Zielsetzungen
der Erwachsenenorganisation bestimmend ist (gewerkschaftliche Jugendarbeit,
konfessionelle, politische Jugendarbeit), ergibt sich auch hier ein konflikthaftes

Spannungsverhältnis zwischen Ansprüchen, die sich aus Forschungserkenntnissen aus der Sicht der Jugendlichen ergeben und Zielsetzungen, die sich aus dem Interesse der jeweiligen Erwachsenen-Organisation ergeben (*Schefold*, 1972).

Ähnliche Probleme zeigen sich, wenn der Stand und die spezifische Form der Professionalisierung der Mitarbeiter ins Auge gefaßt werden. Die für den Bereich allgemein konstatierte »mißlungene Professionalisierung« (*Peters*, 1971) zeigt auch hier Auswirkungen: soweit und solange ein großer Teil der Mitarbeiter in diesem Bereich überhaupt über keine wissenschaftlich fundierte Ausbildung verfügt, ein anderer Teil in Ausbildungsgängen ausgebildet wurde, die sporadisch aneinandergereihtes Einzelwissen aus unterschiedlichen Wissenschaften ohne Praxisbezug zum Gegenstand hatten (*Kreutz*, 1978; zum aktuellen Stand vgl. Projektgruppe Soziale Berufe, 1981) und solange schließlich die Arbeitsvollzüge dieser Mitarbeiter so organisiert sind, daß autonome Handlungsvollzüge, die Gestaltung von Praxis nach eigenen Erkenntnissen nur in Ausnahmefällen möglich ist, bestehen auch hier von daher gesehen schlechte Voraussetzungen für die Rezeption wissenschaftlicher Erkenntnisse.

Die Chancen der Anwendung wissenschaftlicher Erkenntnisse im Bereich der Sozialarbeit und Sozialpädagogik sind schließlich auch auf einer gesamtgesellschaftlich-politischen Ebene, und zwar im Zusammenhang mit der gesellschaftlich-politischen Funktion dieses Bereichs, in der jeweiligen konkreten historisch-politischen Situation zu sehen.

Sozialarbeit und Jugendhilfe finden in Praxisbereichen statt, die als gesellschaftliche Subsysteme konzipiert sind und in denen arbeitsteilig bestimmte Aufgaben erledigt werden und zwar in der Regel nach dem Prinzip der Trennung von Problementstehung und Problembearbeitungsfeld (*Hornstein*, 1977). Daraus ergibt sich, daß Erkenntnisse, die durch Aufweis der Entstehungsbedingungen sozialer und pädagogischer Probleme dieses Muster problematisieren, nur dann »gefragt« sind, wenn im Rahmen der politischen »Großwetterlage« Ansatzpunkte und Bewußtseinsvoraussetzungen für strukturelle, gesellschaftlich-politische Problemlösungen an der Tagesordnung sind. Andernfalls besteht die Tendenz, nur dasjenige Wissen zuzulassen, das geeignet erscheint, innerhalb des bestehenden institutionellen, nach dem allgemeinen gesellschaftlichen Problemlösungsmuster konstruierten Rahmens zur Optimierung von Problemlösungen beizutragen (vgl. dazu die Analyse der Rezeptionsprobleme für Erkenntnisse der Jugendforschung im politisch-administrativen System bei *Hornstein*, 1982 a und 1982 b).

Gerade der Rückblick auf die Entwicklung der vergangenen zehn Jahre bietet dafür eindrückliche Beispiele: soweit und solange die Lösung anstehender Probleme nur auf neuen Wegen möglich schien, ist die Wissenschaft, vor allem in Form von »Wissenschaftlichen Begleituntersuchungen«, in die entsprechenden meist an »Modellen« orientierten Prozesse einbezogen worden. Nachdem Reformdruck und neue Problemlösungen nicht mehr gefragt sind, ist auch Wissenschaft in diesen Bereichen nicht mehr in diesem Maße erwünscht.

Im Ergebnis zeigt sich also, daß von der ideologischen Situation, den Strukturverhältnissen und der Art der gesamtgesellschaftlichen Verflochtenheit des Bereichs her gesehen die Voraussetzungen für die Aufnahme wissenschaftlicher Erkenntnisse relativ ungünstig sind.

Die Frage, ob denn die wissenschaftlichen Erkenntnisse und Forschungsprozesse von einer Art sind, die für die Praxis, und zwar für die konkret antreffbare, nicht für eine gedachte, gewünschte Form von Praxis überhaupt verwertbar sind, soll im Zusammenhang mit den im nächsten Abschnitt zu behandelnden Fragen nach den derzeit vorherrschenden Forschungsinhalten und Forschungstypen behandelt werden.

Forschungsinhalte, Forschungstypen

Die kritische Bewertung und Analyse des derzeitigen Standes hinsichtlich der Forschungsfragen, die im Vordergrund stehen, der Forschungsverfahren, die angewandt werden und schließlich der Forschungstypen, die antreffbar sind, muß zunächst von folgendem Sachverhalt ausgehen: ein erheblicher Teil der Forschung, die grundsätzlich für den Bereich nützlich sein könnte, wird in Institutionen produziert, die dem Wissenschaftssystem angehören, also in einem Bereich, der von den Feldern der Praxis und Politik, in denen solche Erkenntnisse angewandt werden sollen, getrennt ist. Sie werden in einem sozialen Zusammenhang produziert, der im wesentlichen durch eigene, eben wissenschaftliche Standards, ferner durch die Rücksichtnahme auf Erfordernisse der wissenschaftlichen Karriere usw. bestimmt ist. Es ist von daher gar nicht zu erwarten, daß die solcherart produzierten Erkenntnisse ohne weiteres als hilfreich für die ganz anders gelagerten Praxisprobleme gelten können. Mit anderen Worten: die von disziplinimmanenten Theorie-Interessen geleiteten und an Theorie-Produktion einer bestimmten Art orientierten Forschungsprozesse haben eine andere Richtung und Struktur als die Praxisprobleme, mit denen es der Praktiker, der administrativ Handelnde oder der Politiker zu tun haben. Dies heißt auch: das, was von einzelnen wissenschaftlichen Disziplinen, der Psychologie, Soziologie, Wirtschaftswissenschaft usw. an einschlägigen bzw. verwertbarem Wissen produziert wird, ist immer nur partiell und segmentär gegenüber der Komplexität der konkreten Praxisprobleme. Nirgends betrifft ein solchermaßen disziplinorientiertes Wissen das Praxisproblem insgesamt.

Forschungs- und Wissenschaftsprozesse, die von vornherein auf Praxisprobleme bezogen sind – etwa in Form von Entwicklungsprojekten –, gibt es nur in beschränktem Umfang (z. B. im Zusammenhang mit Modellentwicklungen, bei praxisbegleitender Forschung, im weitesten Sinn bei Handlungsforschung), im wesentlichen von den wenigen Forschungseinrichtungen getragen, die von Zielsetzung und Struktur her der Vermittlung wissenschaftlicher Erkenntnisse in die Praxis dienen sollen (Deutsches Jugendinstitut, Institut für Sozialarbeit und Sozialpädagogik).

Der Versuch, einen möglichst aktuellen und umfassend angelegten Überblick über die inhaltlichen Schwerpunkte derzeitiger Forschung im Bereich Sozialpädagogik und über die vorherrschenden Forschungstypen zu geben, steht vor einer Reihe von Schwierigkeiten: zunächst ist zu konstatieren, daß die letzte Bestandsaufnahme praktisch die Forschungssituation des Jahres 1974 repräsentiert (*Bauer/Berg/ Kuhlen,* 1976).

Die Entwicklung von 1975–1980 ist bislang nicht so aufbereitet dokumentiert, daß sie eine verläßliche Basis für eine qualitiative (und nicht nur rein statistische) Darstellung und Bewertung abgeben könnte (die regelmäßige Erfassung von Forschungsprojekten durch das Informationszentrum Sozialwissenschaften Bonn bietet für eine solche Aufarbeitung ebenso wie die Dokumentationsveröffentlichungen des Deutschen Jugendinstituts zwar eine unentbehrliche Grundlage, stellt sie aber selbst noch nicht dar).

Die zweite Schwierigkeit, verallgemeinerungsfähige Aussagen zu machen, rührt daher, daß die Forschungssituation sich in den verschiedenen Bereichen der Jugendhilfe und Sozialarbeit jeweils unterschiedlich darstellt – auch dies unter anderem eine Folge der Tatsache, daß die Entwicklung von Forschungsschwerpunkten unter anderem ein Reflex öffentlicher Aufmerksamkeit und Thematisierungen ist, die ihrerseits wechseln. Dies führt dazu, daß Bereiche zeitweise in den Vordergrund treten, dann wieder verschwinden und so ein außerordentlich heterogenes Bild entsteht.

In grober Vereinfachung läßt sich vielleicht folgendes konstatieren (zu einzelnen Entwicklungen s. weiter unten):

- eine allmähliche Ablösung der traditionellen ätiologischen Klientenforschung durch Untersuchungen, die stärker die Handlungsformen und Institutionen der Sozialarbeit und Jugendhilfe zum Thema machen; dies gilt vor allem für den Bereich der Erziehungshilfen;
- eine allmähliche Ablösung, zumindest Akzentverlagerung, von empirisch-analytischen Untersuchungen (Erhebungen deskriptiver, statistischer Art) durch Entwicklungsforschungen, die vor allem im Zusammenhang mit Modellförderung durchgeführt werden; dies gilt beispielsweise sehr stark für den Bereich der Kindergartenerziehung;
- hinsichtlich der Forschungstypen haben zwei neuartige Typen zunehmende Bedeutung erhalten: einmal der Typus der Handlungsforschung in vielfältigen Varianten, dann aber auch der Typus der Projektforschung, der sich vor allem im Zusammenhang mit sogenannten Qualifikationsarbeiten (= Diplom-, Promotionsarbeiten) ausgebreitet hat.

Diese generellen Entwicklungstendenzen gelten für die einzelnen Bereiche in unterschiedlich ausgeprägter Form: für den Bereich der Erziehungshilfe treffen die skizzierten Entwicklungstendenzen vielleicht am stärksten zu (*Bauer/Berg/Kuhlen,* 1976).

Die Forschungssituation im Bereich des Kindergartens ist sehr stark durch seine Einbeziehung in die staatliche Bildungsförderung bestimmt, die ihrerseits mit zahlreichen Modell- und Erprobungsprogrammen verbunden war (Arbeitsgruppe Vorschulerziehung des Deutschen Jugendinstituts München, 1974). Dies hat allerdings auch die vorhandenen und neu geschaffenen Forschungskapazitäten in weitgehendem Maße in Anspruch genommen; Fragestellungen, die sich aus den durch staatliche Maßnahmen veränderten Institutionen selbst ergeben haben, sind dadurch so gut wie nicht bearbeitet worden, so daß hier ein ausgesprochenes Defizit vorliegt (Fünfter Jugendbericht, 1979; *Hornstein* u. a. 1982).

Die Jugendarbeit ist zwar in ihren Modellen und Projekten immer wieder zum Gegenstand wissenschaftlicher Reflexion und Überprüfung geworden, doch bisher kaum in ihrer alltäglichen Praxis durchreflektiert und untersucht worden; einen fruchtbaren Versuch, die Darstellung des Alltäglichen in der Lebenswelt der Jugendlichen wie der Jugendarbeit mit der Beschreibung von »Modellhaftem« zu verbinden, stellen die Veröffentlichungen von *Damm* (1980 und 1981) dar.

Am Beispiel des Bereichs familialer Erziehungsprobleme und darauf bezogener Formen der Eltern- und Familienarbeit zeigt sich – ähnlich wie im Bereich des Kindergartens (vgl. Projektgruppe Eroberungsprogramm, 1981) – wie stark die Aktivierung von Forschung und wissenschaftlichen Diskussionen davon abhängig ist, ob und in welcher Form ein Bereich in den Blickpunkt öffentlich-politischer Diskussion tritt. Hier hat, ausgelöst durch die Diskussion zur Problematik einer tageweisen Betreuung von Kindern durch Tagesmütter (Arbeitsgruppe Tagesmütter, 1978), eine stärkere öffentliche Förderung eingesetzt, die in gewisser Weise erzwungen war durch den kontroversen Charakter der Fragen, die hier diskutiert wurden. In den gleichen Zusammenhang gehören die Arbeiten zur Entwicklung von Materialien zur Elternarbeit (Arbeitsgruppe Elternarbeit/Frühkindliche Sozialisation, 1981).

Die sozialpädagogischen Praxisfelder, die sich innerhalb der oder aber in enger Beziehung zu Bildungs- und Ausbildungsinstitutionen entwickelt haben (als Schulsozialarbeit, als Jugendsozialarbeit, als sozialpädagogische Arbeit mit arbeitslosen Jugendlichen usw.), sind bisher kaum Gegenstand breiter angelegter wissenschaftlicher Untersuchungen geworden; sie sind zumeist nur in einzelnen Fällen als »Modelle« oder »Versuche«, etwa im Zusammenhang von Projekten für arbeitslose Jugendliche, in Prozesse wissenschaftlicher Überprüfung einbezogen worden (*Braun/Weidacher*, 1976); zur Entwicklung der Schulsozialarbeit vgl. die vom Deutschen Jugendinstitut herausgegebenen »Materialien zur Schulsozialarbeit«, bisher 6 Bde.).

Analyse und Kritik

Die Organisationsformen, in denen die für die sozialpädagogische Praxis relevante Forschung produziert wird, und die Prozesse, in denen die notwendige Vermittlung erfolgt, sind in ihrer Problematik vor dem Hintergrund der skizzierten Bedingungen zu sehen; darüber hinaus wirken Faktoren, die generell durch die für heutige Verhältnisse geltende Arbeitsteilung von Theorie und Praxis verursacht werden. Sie machen sich in dem hier erörterten Bereich mit besonderem Gewicht bemerkbar. Die erwähnte Bestandsaufnahme von *Bauer/Berg/Kuhlen* belegt, daß in der Tat der größte Teil des »theoretisch« für die Praxis relevanten Wissens in wissenschaftlichen Einrichtungen und im Rahmen einer scientific community entsteht, die für die Wissenschaftsprozesse in vielfältiger Weise den Bezugs- und Orientierungsrahmen darstellt. Für den dort bearbeiteten Zeitraum gilt dies für

74 % der Forschungsprojekte (*Bauer/Berg/Kuhlen,* 1976). Insofern derartige Forschungen nicht zuletzt auch dem Aufbau einer wissenschaftlichen Karriere des jeweils Forschenden dienen sollen, beziehen sie ihre Orientierung in der Regel in dezidierter Form aus einem Bezugssystem, das außerhalb des Praxisfeldes liegt. Insofern ist es eher ein Zufall, wenn Praxisrelevanz zustandekommt.

Die Praxis ihrerseits ist in ihren Erwartungen durch ein allgemeines Dilemma bestimmt: einerseits der Hilfe, des Rats durch Wissenschaft zu benötigen, andererseits aber von den Arbeitsbedingungen der Mitarbeiter, von den geltenden institutionellen, rechtlichen Rahmenbedingungen und vom alltäglichen Problemdruck her kaum in der Lage zu sein, derartige Erkenntnisse aufzunehmen. Daraus ergibt sich, daß erst die Veränderung derzeitiger Praxisbedingungen im weitesten Sinn des Wortes die Voraussetzungen dafür schafft, daß wissenschaftliche Erkenntnisse in diesem Feld praktisch wirksam werden können. Dafür ist es auch notwendig, neue Kooperationsformen zwischen Forschung und Praxis zu erproben und zu etablieren.

In diesem Zusammenhang kommt den Veränderungen in der Ausbildung (Anhebung ehemaliger Fachschulausbildungsgänge zu Fachhochschulgängen, die Etablierung der Diplomstudiengänge für Pädagogen!) eine besondere Bedeutung zu (zum derzeitigen Stand vgl. Projektgruppe Soziale Berufe, 1981).

Auf der strukturellen Ebene, d. h. auch auf der Ebene der Politikberatung läßt sich konstatieren, daß kaum irgendwo wissenschaftliche Beratung institutionalisiert anzutreffen ist. Dies gilt insbesondere für den Bereich der Jugendförderung im Rahmen der Fondsverwaltung; hier ist in den entsprechenden Gremien, derer sich die finanzierenden Stellen bedienen, ein eigentlich wissenschaftlicher Einfluß nicht vorgesehen (*Keil,* 1969; *Hornstein,* 1970). Dies gilt sowohl für die Zusammensetzung des Bundesjugendkuratoriums, das die Bundesregierung in Fragen der Jugendpolitik und Jugendförderung beraten soll wie auch für die Praxis der Besetzung des Ausschusses, in dem im Rahmen des seit 1970 bestehenden Experimentalprogramms über Mittel für die Förderung neuer Wege der Jugendarbeit beraten wird – wie schließlich auch für die Zusammensetzung von Ausschüssen, die konzeptionelle Arbeiten als Gegenstand haben (*Hornstein,* 1974; *Stackebrandt,* 1979).

Die für die Struktur der Jugendhilfe und Sozialarbeit vor allem hinsichtlich ihrer Trägerschaft charakteristische starke Besetzung des Feldes durch Interessenverbände führt in der Regel zu einer für so gut wie alle Gremien der Politikberatung charakteristischen Mischung von Expertentum und Interessenvertretung. Häufig gibt es kaum Experten, die nicht zugleich Interessenvertreter sind. So ist es bezeichnend, daß das zuständige Bundesministerium zwar über einen »Wissenschaftlichen Beirat für Familienfragen« verfügt, daß die entsprechende Aufgabe im Bereich der Jugendhilfe und Jugendpolitik jedoch von dem nach dem oben genannten Muster zusammengesetzten Bundesjugendkuratorium wahrgenommen wird.

Einen gewissen Ersatz für das Fehlen eines eigentlich wissenschaftlichen Beratungsgremiums stellt die Institution der Jugendberichte dar. Nach der derzeit geltenden Regelung (§ 25 Jugendwohlfahrtsgesetz) wird der Bericht durch ein Gremium unabhängiger Sachverständiger erarbeitet und vorgelegt. Die Bundesregierung fügt dem Bericht eine Stellungnahme mit den von ihr für notwendig gehaltenen Maßnahmen bei. Die klare Trennung von Empfehlungen der Sachverständigen-Kommission einerseits und der Stellungnahme der Regierung andererseits erhöht die Transparenz politischer Entscheidungsprozesse in diesem Bereich und stellt eine Chance dar für eine rationale, an den Problemen und Bedürfnissen der Jugend orientierte Jugendpolitik (Deutscher Bundestag, 1979; *Hornstein* u. a. 1982).

Einzelne Länder haben in der Zwischenzeit ebenfalls Jugendberichte herausgebracht; soweit sie von der Verwaltung erstellt werden, besteht die Gefahr, daß sie zu reinen Leistungsberichten werden oder aber zur Propagierung partikularer, gerade aktueller politischer Zielsetzungen dienen.

Demgegenüber fallen die Projekte, die von Landesjugendämtern, obersten Jugendbehörden oder örtlichen Jugendbehörden in Auftrag gegeben werden, weniger in Erscheinung – was allerdings auch darin seine Ursache haben mag, daß es an einer kontinuierlichen Erfassung dieser Art von Forschung, wie sie z. B. im Zusammenhang mit regionalen Planungsprozessen vermutlich häufiger vorkommen, fehlt.

Als Ergebnis muß konstatiert werden, daß von einer institutionell gesicherten Mitwirkung wissenschaftlicher Beratung auf den verschiedenen Ebenen der Jugendhilfe und Jugendpolitik nur sehr bedingt gesprochen werden kann. Als Hauptursache scheint die starke Besetzung dieses Feldes mit partikularen Interessen der unterschiedlichen Träger zu wirken und die Tendenz der politischen Entscheidungsträger, die Problemdefinitionen der Träger der Praxis einfach zu übernehmen, ohne danach zu fragen, ob und inwieweit sie der Problemsicht der Adressaten entsprechen; »zusätzliche« wissenschaftliche Untersuchungen scheinen dann nicht notwendig.

Perspektiven

Folgerungen aus der Analyse der derzeitigen Situation können, sollen sie nicht nur rein formaler, organisatorischer Art sein, nur im Rahmen inhaltlicher Aussagen über die wünschenswerte Richtung der Weiterentwicklung in den entsprechenden Praxisfeldern gezogen werden. Wenn nicht alles täuscht, zeichnen sich derzeit zwei grundlegende Alternativen für die Weiterentwicklung des Feldes ab: Auf der einen Seite steht die Vorstellung einer Jugend- und Sozialarbeit, die nach dem Muster einer modernen Dienstleistung organisiert und vor allem mit einer von Experten und Administration beherrschten Infrastruktur ausgestattet ist. Sie setzt auf Expertentum, handhabbares technologisches Wissen, auf Institutionen. Ihr Ziel ist, Jugendhilfe und Sozialarbeit möglichst nach dem Muster anderer Bereiche einer modernen Leistungsverwaltung zu organisieren (Deutsches Jugendinstitut, 1973; Deutscher Bundestag, 1979).

Dieser Zielvorstellung entspricht im wesentlichen das Konzept einer »Reform von oben«, das zu seiner Unterstützung einer entsprechend inhaltlich orientierten und organisierten Forschung bedarf. Ihre Aufgabe besteht im wesentlichen in der Beschaffung der für die entsprechenden Planungsprozesse erforderlichen Daten; dies sind vor allem Bedarfszahlen für die für notwendig erachteten Investitionen, Hinweise auf notwendige Qualifizierungsprozesse, die erforderliche Infrastruktur, Anhaltspunkte für Modernisierungs- und Innovationsprozesse, soweit sie innerhalb des skizzierten Modells ablaufen.

Ganz andere Perspektiven für inhaltliche Schwerpunkte, Verfahren, Organisationsform der Forschung ergeben sich aus der Vorstellung einer Praxis, die sich von der Zielsetzung leiten läßt, Problemgruppen, sozial deprivilegierte Gruppen, Benachteiligte nicht – und wenn auch noch so effektiv – durch ein Versorgungsangebot zu versorgen und zu befrieden, sondern das darauf zielt, in einer bedürfnis- und interessenorientierten Weise soziale Mobilisierung, Prozesse der Bedürfnis- und Interessenartikulation in Gang zu setzen und institutionelle, rechtliche, administrative Rahmenbedingungen unter dem Gesichtspunkt zu kritisieren, wie weit sie derartige Prozesse ermöglichen oder aber blockieren und verhindern.

So wie sich aus einem solchen Konzept völlig unterschiedliche Konsequenzen für die konkrete Form beruflicher Qualifikation ergeben, stellen sich auch die Folgerungen für inhaltliche Schwerpunkte, theoretisch-konzeptionelle Orientierung und Organisationsformen der Forschung völlig anders dar. Im Gegensatz zu einer an den Interessen der Verwaltung und an der Optimierung von Institutionen orientierten Forschung geht es hier um eine Forschung im Interesse sozialer Gruppen, die die Strategie verfolgt, Prozesse zu unterstützen, zu fördern, die die soziale Kompetenz der Betroffenen verstärken sollen.

Unter anderem ergeben sich aus einem solchen Konzept Konsequenzen für die Ebenen, auf denen Forschung stattfinden und auf die sich Forschung beziehen sollte. Gerade auch bei der Verfolgung der Zielsetzung einer bedürfnisorientierten Sozialarbeit und Jugendhilfe können allerdings die Ebenen der Administration und der politischen Entscheidungsprozesse nicht ausgeklammert werden. Forschungen stehen, wenn sie im Rahmen des hier favorisierten Konzepts erfolgen, dann allerdings unter anderen Fragestellungen; sie dienen anderen Interessen als im Falle einer reinen Verwaltungsforschung.

Inhaltliche Schwerpunkte: Wenn im folgenden ganz grob inhaltliche Bereiche genannt werden, dann von der Vorstellung aus, daß die Forschungsbedürfnisse dieses Bereichs nur in Kooperation vieler, vor allem in Zusammenarbeit von eher unmittelbar praxisbezogen arbeitenden Forschern und mehr »grundlagenorientierten« Forschungen befriedigt werden können.

Als sinnvoll könnte sich erweisen eine aus forschungsökonomischen Gründen sich anbietende Unterscheidung zwischen Fragestellungen, -bereichen, Forschungsthemen, die unmittelbar zum Gegenstand sozialpädagogischer Forschung gemacht werden sollten und solchen Forschungsgebieten, die zwar anderweitig bearbeitet werden, aber für die Weiterentwicklung der Praxis fruchtbar gemacht und in Anspruch genommen werden sollten. Die damit vorgeschlagene Arbeitsteilung ist schon deshalb notwendig, weil ganz ausgeschlossen scheint, daß in absehbarer Zeit eine eigene sozialpädagogische Forschungskapazität von einem Ausmaß und einer Kapazität vorhanden ist, die die kontinuierliche und systematische Erforschung aller für die Praxis relevanten Bereiche sichert.

Zu solchen, vor allem in Kooperation zu lösenden Forschungsaufgaben gehören vor allem die sozialpädagogische Kinder- und Jugendforschung und die Forschungen zu Bedingungszusammenhängen und Problemkonstellationen, innerhalb derer soziale Problemgruppen entstehen und Prozesse von Deprivilegierung stattfinden.

Ähnliches gilt für Forschungen zur Entwicklung des staatlichen und administrativen Handlungssystems, also zur Entwicklung der Leistungsverwaltung, zu Weiterentwicklungen und Funktionswandlungen des staatlich-öffentlichen Handelns.

Im Mittelpunkt einer eigentlich sozialpädagogischen Forschung müßten »Entwicklungsforschungen« im Sinne praxisbezogener Grundlagenforschung stehen. Sie betreffen im wesentlichen:

- Entwicklung, Erprobung, Überprüfung sozialpädagogischer und sozialarbeiterischer Arbeitsformen, und zwar nicht nur punktuell, »modellhaft«, sondern es müßten stärker als bisher im Rahmen breiter angelegter Vorhaben auch Jugendhilfeprozesse in ihrem Verlauf zum Gegenstand gemacht werden. Dazu würden auch gehören Forschungen zu Möglichkeiten der Innovation, Klärung der konzeptionellen Fragen;
- ein wichtiger Aspekt dieser Fragen betrifft schließlich die Problematik der professionellen Entwicklung im gesamten Bereich, die Fragen einer spezifisch sozialpädagogischen Handlungskompetenz (etwa im Vergleich und in Abhebung zu therapeutischen, psychologischen usw.), Probleme der Kooperation von Laien und Experten, Fragen der Ausbildung und Fortbildung.

Ebenen und Organisationsformen des Wissenschaftsprozesses: Die Organisationsform muß sicherstellen, daß sie die Erreichung der skizzierten Zielsetzungen befördert und nicht behindert. Zu berücksichtigen sind dabei Gesichtspunkte, die sich aus den Ansprüchen wissenschaftlicher Forschung und den für Wissenschaft geltenden Standards ergeben ebenso wie die für die Erreichung der inhaltlichen Zielsetzungen notwendigen Anforderungen.

Im Prinzip kann diese Zielsetzung nur erreicht werden durch Organisationsformen, in denen die Entwicklung und Durchsetzung einer gegenüber den institutionellen Problemdefinitionen konträren Problemsicht im Interesse der Betroffenen möglich ist. Dies setzt eine relativ freigesetzte, insbesondere von unmittelbaren Verwertungs- und Legitimationsinteressen befreite institutionelle Verankerung voraus; auf der anderen Seite muß ein möglichst enger Kontakt zur Praxis gesichert sein, und es müssen Kooperationsformen entwickelt und erprobt werden, in denen die durch die Arbeitsteilung von Praxis und Theorie immer schon vorhandenen Probleme gelöst werden können.

Diesen Kriterien dürfte die von mehreren Seiten (u. a. *Bauer/Berg/Kuhlen,* 1976) bereits vorgeschlagene Kombination von zentralen Forschungseinrichtungen mit regionalen, praxisnahen, dezentralisierten »Stützpunkten« am ehesten entsprechen. Zu verweisen ist in diesem Zusammenhang auf die vom Deutschen Bildungsrat vorgeschlagenen Regionalen pädagogischen Zentren (RPZ), die in etwa in

Struktur und Arbeitsform dem hier vorgeschlagenen Arrangement entsprechen. Damit dies funktioniert, müssen sowohl die regionalen wie die zentralen Einrichtungen allerdings eine Verfassung haben, die autonome wissenschaftliche Problemdefinition erlaubt. Weiterhin wäre es wichtig, Institutionen der Aus- und Fortbildung in derartige Arbeits- und Entwicklungszusammenhänge einzubeziehen.

Steuerbarkeit von Wissenschaftsprozessen: In diesem Zusammenhang muß ein Problem mitreflektiert werden, das mit dem Stichwort der Steuerbarkeit von Wissenschaftsprozessen und der Eigendynamik wissenschaftlicher Prozesse angedeutet ist (*Weingart*, 1976). Es muß berücksichtigt werden, daß wissenschaftliche Prozesse unter den gegenwärtigen Bedingungen im wesentlichen von den von der öffentlichen Hand zur Verfügung gestellten Mitteln abhängen. Diese werden aufgrund von Entscheidungen in dieser oder jener Form, für dieses oder jenes Projekt, selten als Globalförderungen zur Verfügung gestellt.

Die Realisierung der hier vorgestellten Zielsetzungen hängt also davon ab, daß die Entscheidungen der Wissenschafts- und Projektförderung so fallen, daß sie die Erreichung der Ziele fördern aber nicht behindern.

In derartige Entscheidungsprozesse gehen vielerlei Momente ein: häufig eine kaum reflektierte Kontrollabsicht, das Interesse daran, Forschung sowohl in ihren Fragestellungen und in ihren Verfahren als auch in ihren Ergebnissen dem eigenen Institutionen-Interesse verfügbar zu halten und nicht außer Kontrolle geraten zu lassen.

Daneben spielt aber auch eine wichtige Rolle die Art des bereits vorhandenen Wissens – und zwar hinsichtlich seiner Art wie seinem Umfang nach. Mit anderen Worten:

Vorhandene Wissensbestände bestimmen und strukturieren neue Anforderungen, die an wissenschaftliche Prozesse gerichtet werden. Damit erweist sich der Zusammenhang von bereits vorhandenem Wissen, öffentlicher Förderung von Wissenschaft und erwartetem Ertrag von Forschungsprozessen als in vielfältiger Richtung wirksame Wechselwirkung. Genauere Analysen darüber, wie es sich damit im Bereich Sozialarbeit/Sozialpädagogik verhält, fehlen (für den Bereich Umweltforschung s. *Weingart*, 1976); sie stellen eine wichtige Forschungsaufgabe für die Zukunft dar, weil die wünschenswerten Fortschritte im Prozeß innovativer Entwicklungen in diesem Bereich unter anderem auch von genaueren Einsichten zu diesem Punkt abhängen dürften.

Walter Hornstein

Literatur

Arbeitsgruppe Elternarbeit/Arbeitsgruppe Frühkindliche Sozialisation, 1981: Orientierungsmaterialien für die Elternarbeit. Elternarbeit mit sozial benachteiligten Familien (Schriftenreihe des Bundesministers für Jugend, Familie und Gesundheit, Bd. 94), Stuttgart/Berlin/Köln/Mainz – Arbeitsgruppe Tagesmütter, 1980: Abschlußbericht der wissenschaftlichen Begleitung. Hrsg. vom Bundesminister für Jugend, Familie und Gesundheit, Stuttgart/Berlin/Köln/Mainz – Arbeitsgruppe Vorschulerziehung des Deutschen Jugendinstituts, 1973: Vorschulische Erziehung in der Bundesrepublik Deutschland, München – *Bauer, H. G./Berg, R./Kuhlen, V.*, 1976: Forschung zu Problemen der Jugendhilfe. Bestandsaufnahme und

Analyse, München – *Birke, P./Hüppauff, H./Funk, D./Beneke, E./Kasakos, G.*, 1975: Jugendhilfeforschung. Ansätze, Prozesse, Erfahrungen, München – *Böhme, G.* u. a. (Hrsg.), 1978: Starnberger Studien I. Die gesellschaftliche Orientierung des wissenschaftlichen Fortschritts, Frankfurt/M. – *Böhnisch, L./Schefold, W.*, 1980: Sozialisation in sozialpädagogischen Institutionen. In: *Hurrelmann, K./Ulich, K.* (Hrsg.), Handbuch der Sozialisationsforschung, Weinheim/Basel – *Bonstedt, Ch.*, 1972: Organisierte Verfestigung abweichenden Verhaltens. Eine Falluntersuchung, München – *Braun, F./Gravalas, B.*, 1980: Bibliographie Jugendarbeitslosigkeit und Ausbildungskrise. Hrsg. vom Deutschen Jugendinstitut und vom Bundesinstitut für Berufsbildung, Bd. I: Situationsanalysen, Maßnahmen, Politische Diskussionen; Bd. II: Die Diskussion um die Berufsbildungsreform, München – *Brusten, M./ Hohmeier, J.* (Hrsg.), 1975: Stigmatisierung 1. Zur Produktion gesellschaftlicher Randgruppen, Neuwied – *Damm, D.*, 1980: Die Praxis bedürfnisorientierter Jugendarbeit. Projekte und Anregungen, München – *Damm, D.*, 1981: Wenn der Alltag zur Sprache kommt. Die Lebenswelt der Jugendlichen als Inhalt der Jugendarbeit, München – *Deutscher Bildungsrat, 1975: Gutachten und Studien der Bildungskommission. Bildungsforschung. Probleme – Perspektiven – Prioritäten, im Auftrag der Bildungskommission herausgegeben von *H. Roth* und *D. Friedrich*, Stuttgart, darin insbesondere die unter der Überschrift »Forschungen im Bereich der Jugendhilfe« zusammengefaßten Beiträge von *Mollenhauer/Kasakos/Thiersch/ Ortmann* – Deutscher Bundestag (Hrsg.), 1965: Bericht über die Lage der Jugend und die Bestrebungen auf dem Gebiet der Jugendhilfe. Erster Jugendbericht, Bundestagsdrucksache IV/3535, Bonn – Deutscher Bundestag (Hrsg.), 1968: Aus- und Fortbildung der Mitarbeiter in der Jugendhilfe – Zweiter Jugendbericht, Bundestagsdrucksache V/2453, Bonn – Deutscher Bundestag (Hrsg.), 1971: Aufgaben und Wirksamkeit der Jugendämter in der Bundesrepublik Deutschland. Dritter Jugendbericht, Bundestagsdrucksache VI/3170, Bonn – Deutscher Bundestag (Hrsg.); 1978: Sozialisationsprobleme der arbeitenden Jugend in der Bundesrepublik Deutschland. Konsequenzen für Jugendhilfe und Jugendpolitik. Vierter Jugendbericht, Bundestagsdrucksache 8/210, Bonn – *Deutscher Bundestag (Hrsg.), 1979: Bericht über Bestrebungen und Leistungen der Jugendhilfe. – Fünfter Jugendbericht, Bundestagsdrucksache 8/3685, Bonn (auch im Buchhandel erschienen und um eine Nachbemerkung von *W. Hornstein* erweitert unter folgendem Titel: *Hornstein, W./Bäuerle, W./Greese, D./Mollenhauer, P./Lempp, R./Prott, J./Sommerkorn, I.*, 1982: Situation und Perspektiven der Jugend. Problemlagen und gesellschaftliche Maßnahmen. Fünfter Jugendbericht der Bundesregierung, Weinheim/Basel – Deutsches Jugendinstitut, 1967 ff.: Jahresberichte, München – Deutsches Jugendinstitut (Hrsg.), 1973: Zur Reform der Jugendhilfe. Analysen und Alternativen, Juventa-Verlag, München – Deutsches Jugendinstitut / Arbeitsgruppe Dokumentation, 1976 ff.: Bibliographie Sozialisation und Sozialpädagogik. Eine periodische Literaturdokumentation, erscheint jährlich viermal – Deutsches Jugendinstitut / Arbeitsgruppe Dokumentation, 1980: Eine Dokumentation geplanter, laufender und abgeschlossener Projekte 1978/ 79, München (für Projekte 1980 ebenfalls) / Deutsches Jugendinstitut (Hrsg.), 1981 ff.: Materialien zur Schulsozialarbeit, München – *Fluk, E.*, 1972: Jugendamt und Jugendhilfe im Spiegel der Fachliteratur. Analyse und Kritik der Diskussion 1950–1970, München – *Hanhart, D.*, 1973: Sozialarbeitsforschung. Defizite. Notwendigkeiten. Perspektiven. In: *Hollstein, W./ Meinhold, M.* (Hrsg.), 1973: Sozialarbeit unter kapitalistischen Produktionsbedingungen, Frankfurt/M. – *Hornstein, W.*, 1967: Die wissenschaftlichen Grundlagen der Jugendhilfe und Jugendpolitik. In: deutsche jugend, H. 11. u. 12 – *Hornstein, W.*, 1970: Die Wissenschaft im Bundesjugendplan. In: deutsche jugend, H. 11 – *Hornstein, W.*, 1974: Strukturbedingte Probleme innovativer Politikberatung in der Jugendpolitik. In: Mehr Chancen für die Jugend – zu Inhalt und Begriff einer offensiven Jugendhilfe, Stuttgart – *Hornstein, W.*, 1982 (a): Jugendprobleme, Jugendforschung und politisches Handeln. In: Beilage zur Wochenzeitung das Parlament B 3/82, Bonn – *Hornstein, W.*, 1982 (b): Jugendforschung und gesellschaftliche Praxis. In: Sonderband 1 der Zeitschrift »Soziale Welt« – Institut für Sozialarbeit und Sozialpädagogik, 1976 ff.: Jahresberichte 1976 ff., Frankfurt/M. – *Keil, A.*, 1969: Jugendpolitik und Bundesjugendplan. Analyse und Kritik der staatlichen Jugendförderung, München – *Kreutz, H.* (Hrsg.), 1978: Empirische Sozialarbeitsforschung. Sozialwissenschaftliche Grund-

lagen für die Praxis des Sozialarbeiters und Sozialpädagogen. In Verbindung mit dem
Deutschen Institut für wissenschaftliche Pädagogik, Rheinstetten – *Kuhn, T.*, 1976[2]: Die
Struktur wissenschaftlicher Revolutionen (Originalausgabe unter dem Titel: The structure of
scientific Revolution, 1962), Frankfurt/M. – *Müller-Stackebrandt, J.*, 1980: Bundesjugendplan – Verteilungsplan oder Instrument zur Qualifizierung von Jugendarbeit. In: *Böhnisch,
L./Müller-Stackebrandt, J./Schefold, W.* (Hrsg.), 1980: Jugendpolitik im Sozialstaat. Befunde
und Perspektiven, München – Projektgruppe Erprobungsprogramm (Deutsches Jugendinsti-
tut), 1981: Das Erprobungsprogramm im Elementarbereich. Teil 1: Bericht zur überregiona-
len wissenschaftlichen Begleitung. Teil 2 und 3: Materialien zum Bericht, München –
Projektgruppe Soziale Berufe (Hrsg.), 1981: Sozialarbeit: Ausbildung und Qualifikationen.
Expertisen I; Bd. II Sozialarbeit: Problemwandel und Institutionen. Expertisen II; Bd. III
Sozialarbeit: Professionalisierung und Arbeitsmarkt. Expertisen III, München – *Schefold,
W.*, 1972: Die Rolle der Jugendverbände in der Gesellschaft. Eine soziologische Analyse,
München – *Wahl, K.* u. a., 1980: Familien sind anders. Wie sie sich selbst sehen: Anstöße für
eine neue Familienpolitik, Reinbek – *Weingart, P.*, 1976: Wissensproduktion und soziale
Struktur, Frankfurt/M. –

→ Alltagstheorien → Empirische Sozialforschung → Evaluationsforschung →
Interaktionismus → Normenprobleme: Zur Theoriegeschichte → Professionalisierung → Sozialpädagogik/Sozialarbeit: Theorie und Entwicklung → Wissenschaftstheorie und Sozialpädagogik

Frauen

Dieser Artikel handelt von Frauen, von geschlechtsspezifischer Sozialisation und
Arbeitsteilung, insbesondere in der Sozialpädagogik. Das Thema ist in den letzten
Jahren vor allem durch die Frauenbewegung ins öffentliche Bewußtsein gerückt
worden. Zuvor schienen die Probleme geschlechtsspezifischer Lebensbedingungen
und Verhaltensweisen seit dem Gleichberechtigungsparagraphen im Grundgesetz
eigentlich kein Thema mehr zu sein. Pädagogische Lexika und Handbücher der
60er und 70er Jahre enthalten keine Stichworte wie Frau oder Geschlechtsrolle; das
Stichwort »Mann« fehlt auch in diesem Band.
Für die hier notwendig zusammengedrängte Darstellung war es wichtig, das
außerordentlich komplexe Thema auf einige Aspekte zu beschränken: die Lebenswelt der Frauen soll genauer betrachtet werden als eine besondere Lebenswelt, die
aus der geschlechtsspezifischen Arbeitsteilung zu erklären ist; die Ausprägung
männlichen und weiblichen Verhaltens soll als Prozeß geschlechtsspezifischer
Erziehung und – parallel dazu – entsprechende Aneignung durch die Kinder
untersucht werden. Schließlich soll genauer nach den Frauen in der Sozialpädagogik gefragt werden, nach den Klientinnen ebenso wie nach den Mitarbeiterinnen.
Die Worte »weiblich« und »männlich« bezeichnen zunächst die biologische Zugehörigkeit zu einem der beiden Geschlechter. Diese Zugehörigkeit wird im allgemei-

nen an den Geschlechtsorganen festgemacht (genauer dazu: *Money/Erhardt,* 1976);
»männlich« und »weiblich« sind also primär biologische Kategorien. Gleichzeitig
aber bezeichnen wir damit auch die Eigenschaften und Verhaltensweisen, die
Männer und Frauen in unserer Gesellschaft überwiegend zeigen bzw. die von ihnen
erwartet werden. Unsere Alltagssprache läßt uns mit vielen Eigenschaften und
Fähigkeiten ein bestimmtes Geschlecht assoziieren: männliche Stärke und Durchsetzungsfähigkeit, weibliche Einfühlungsgabe und manuelle Geschicklichkeit; wir
schicken »Frauen in Männerberufe«. Damit werden die Worte »weiblich« und
»männlich« als soziale Kategorien verwendet. Weitere Probleme ergeben sich aus
dem eher politischen Gebrauch der Begriffe »Matriarchat« und »Patriarchat«,
wenn sie nicht nur bestimmte Herrschaftsformen kennzeichnen, sondern gedacht
werden als wesensmäßig den Frauen bzw. Männern zugehörig. Der Zusammenhang zwischen biologisch männlichen bzw. weiblichen Anlagen, männlichen und
weiblichen Verhaltensweisen und Eigenschaften sowie den Herrschaftsformen, die
von Männern oder Frauen ausgeübt werden, ist nicht so einlinig, wie es unsere
Sprache uns nahezulegen scheint.

Nun wird immer wieder danach gefragt, welches das »normale« weibliche oder
männliche Verhalten sei, welche Eigenschaften biologisch begründet seien. Aussagen über die Natur des männlichen bzw. weiblichen Wesens sind jedoch fast
unmöglich, da kaum je zwischen den biologisch festgelegten und den anerzogenen,
erworbenen Verhaltensweisen unterschieden werden kann. In der Ethologie
(Verhaltensforschung bei Tieren) wird das Problem der Übertragbarkeit auf den
Menschen heute mit großer Zurückhaltung behandelt (z. B. *von Cranach*, 1979). In
der Humanmedizin und -genetik werden aus der Untersuchung von Geschlechtsanomalien wichtige Aufschlüsse über den Verlauf der Entwicklung körperlicher
Merkmale und bestimmter Verhaltensweisen gewonnen. In der empirischen Psychologie werden die Verhaltensweisen von männlichen und weiblichen Personen
beobachtet, in experimentellen Situationen untersucht, mit Fragebogen und pro-
jektiven Tests wird versucht, Einstellungen und Geschlechtsrollenidentität zu
messen (methodologische Überlegungen bei *Degenhardt/Trautner*, 1979). Überall
jedoch treten Ererbtes und Erworbenes miteinander zutage; der Mensch als
Gattungswesen ist auf Lernen, auf Erwerb von Sozialverhalten hin angelegt. Er
kann sich nicht auf seine instinkthafte Ausstattung berufen. Aus der Frage nach
dem natürlichen Geschlechtsrollenverhalten spricht – außer dem bloßen Verste-
hen-wollen – oft auch eine fatale Gleichsetzung von normalem, natürlichem
Verhalten mit biologisch verankerten Anlagen, wenn nicht gar der Versuch, die
historisch entstanden Ideologie von der Überlegenheit des Mannes zu rechtfertigen: seine aktive, dominante Position scheint sich herzuleiten aus der größeren
Körperkraft (als wenn nicht in vielen Gesellschaften hauptsächlich die Frauen die
körperlich anstrengende Arbeit machen müßten), aus der Schutzbedürftigkeit der
Frau (als wenn es nicht oft Männer wären, die Frauen bedrohten, z. B. durch
Vergewaltigung), oder aus der Befähigung des Mannes zu Verwaltungs- und
Regierungsaufgaben wegen seiner höheren Rationalität (als wenn nicht immer
wieder Frauen diese Eigenschaften erworben hätten, wenn sie Gelegenheit dazu

hatten). Es gibt keinen Grund, biologische Begründungen für soziale Verhältnisse
zu akzeptieren.

Gesellschaftliche Situation von Frauen und Männern

Die Ursprünge der Geschlechtsrollendifferenzierung liegen im vorgeschichtlichen
Dunkel. Die Fähigkeit der Frauen, Kinder zu gebären und zu stillen, wurde lange
Zeit als stillschweigende Rechtfertigung für die uns bekannte Form der Rollenfest-
legung angesehen. Doch ist keineswegs selbstverständlich, daß damit den Frauen
insgesamt weniger Macht und Kompetenz zugestanden wird, ja, daß sie aus
bestimmten gesellschaftlichen Bereichen jahrhundertelang systematisch ausgeschlossen wurden. Zwar kennt jede uns bekannt gewordene Gesellschaft Regeln
zur Geschlechtsrollendifferenzierung, doch kann keine der bisher vorliegenden
Theorien – z. B. die von *Engels* über den Zusammenhang von Geschlechtsrollen
und der Entstehung des Privateigentums – zweifelsfrei die Herausbildung der bei
uns gültigen Macht- und Arbeitsteilung erklären.
Unsere abendländische Überlieferung stellt uns eine durch Männer erschaffene und
beherrschte, eine patriarchalische Welt dar. Ganz pauschal gesagt, sahen die
Rollenerwartungen vor, daß die Männer jeweils politische Macht ausübten, Besitz
und Kompetenzen erwarben; Frauen übernahmen die Pflege der Kinder und die
Arbeit im Hause. Frauen war es in vielen Staaten nicht möglich, als eigene
Rechtsperson Geschäfte abzuschließen oder Besitz zu verwalten; Väter, Männer
oder Brüder mußten sie hier vertreten. Bis 1918 besaßen Frauen in Deutschland
kein Wahlrecht. In der christlichen Kirche war die Stellung der Frau geringer als die
des Mannes, Frauen konnten (in der katholischen Kirche bis heute) kein Kirchen-
amt ausüben.
Eine solche pauschale Darstellung vernachlässigt freilich die historischen Prozesse,
die die Arbeitsteilung, Machtausübung und die Familienform ständig veränderten.
Historische Forschungen über das Leben von Frauen im Mittelalter und in der
frühen Neuzeit zeigen, daß Frauen nicht nur Hausarbeit verrichtet haben, sondern
durchaus auch eigenständig erwerbstätig waren, ja daß sie eigene Zünfte hatten
(*Shahar*, 1981), daß sie Kompetenzen in der Geburtshilfe und Medizin besaßen.
Eine solche pauschale Darstellung läßt auch außer acht, daß im Feudalstaat die
klassenspezifischen Unterschiede natürlich auch für Frauen sehr bedeutend waren,
daß für adlige und bürgerliche Frauen, Tagelöhnerinnen oder Mägde sehr unterschiedliche Lebensbedingungen herrschten. Die Arbeitsteilung der vorindustriellen Gesellschaft war auf Klassen und Geschlechter bezogen; eigene Kompetenzen
besaßen unter den Frauen nur die der höheren Stände. Freilich hatten die Frauen in
der Hausarbeit einen vergleichsweise produktiven Bereich, da sie von Stoffen bis zu
Nahrungsmitteln wesentliche Güter selbst herstellten.
Die heutige Geschlechtsrollendifferenzierung hat sich freilich erst seit etwa 1800
herausgebildet, im gleichen Zeitraum, in dem sich auch Erwerbsarbeit und
Haushaltsführung, Produktion und Reproduktion räumlich stärker voneinander

trennten, in der sich die Familie privatisierte, die bürgerliche Gesellschaft entstand. Damals wurde die Arbeitsteilung zwischen Männern und Frauen in Produktions- und Reproduktionsbereich legitimiert durch eine biologisch-psychologisch begründete Ideologie vom natürlichen Wesen von Mann und Frau (*Hausen*, 1976). Die Form der Mutterliebe, die uns selbstverständliches weibliches Leitbild ist, hat sich erst damals als neuzeitliches Ergebnis eines historischen Prozesses herausgebildet (*Badinter*, 1981).

Frauen haben sich dieser an sie gerichteten Rollenzuweisung nicht immer bewußtlos unterworfen, seit 200 Jahren haben einige von ihnen immer neue Versuche unternommen, ihre Rechte durchzusetzen. Die Frauenbewegungen spielten jedoch in der offiziellen Geschichtsschreibung kaum je eine Rolle, so etwa die Frauenbewegung während der Französischen Revolution, die Frauenbewegung in den USA, die die Declaration of Rights auch für Frauen einklagte, die englischen Souffragetten, die durch ihr vehementes Eintreten für das Frauenwahlrecht in der Männergesellschaft zum Ärgernis wurden. In Deutschland entstanden starke und wirksame Frauenbewegungen seit etwa 1848. Die bürgerlichen Frauen konzentrierten sich vor allem darauf, das Recht auf Bildung und Berufstätigkeit durchzusetzen. Ein radikaler Flügel engagierte sich vor allem für die Gleichberechtigung und das Frauenstimmrecht. Während die bürgerlichen Frauen ihren Kampf gegen die Männer und ihre Herrschaftsformen richteten, fühlten sich die proletarischen Frauen hauptsächlich durch die bürgerliche Klasse insgesamt ausgebeutet. Sie kämpften zusammen mit den Arbeitern und beriefen sich dabei auf die theoretischen Schriften von *Engels* und *Bebel*. Die proletarische Frauenbewegung organisierte Schulungen und Selbsthilfeorganisationen, ihre Anführerin *Zetkin* vertrat die Interessen der Arbeiterinnen im Reichstag (Zusammenfassend dazu z. B.*Twellmann*, 1976). Sowohl das Frauenstimmrecht wie auch die Zulassung zu einem breitgefächerten Angebot von Berufsausbildungen wurde in der Weimarer Republik realisiert. Dennoch blieb eine geschlechtsspezifische Arbeitsteilung sowie die Dominanz der Männer im öffentlichen Leben bestehen.

Im ersten und zweiten Weltkrieg wurden Frauen in Berufen eingesetzt, die ihnen bis dahin fremd waren (z. B. Rüstungsindustrie, Verwaltungsarbeit); die in solchen Krisenzeiten wie in jeder Zeit des Arbeitskräftemangels geweckten und entwickelten Fähigkeiten wurden den Frauen allerdings regelmäßig in Zeiten der Arbeitsplatzknappheit wieder abgesprochen. Stattdessen wurden in den Zwischenkriegszeiten, vor allem aber von den Nationalsozialisten nach 1933, die mütterlichen Aufgaben betont (wie auch jetzt wieder in der Rezession, insbesondere von der CDU). Frauen sind in diesem Jahrhundert zur industriellen Reservearmee geworden.

Von Beginn der Industrialisierung an wurde – dem konservativen Leitbild geschlechtsspezifischer Arbeitsteilung entsprechend – der Verdienst der Frau als Zusatzverdienst angesehen; das schien eine niedrigere Entlohnung von Frauen zu rechtfertigen. Noch heute müssen Frauen für gleiche Löhne bei gleicher Arbeit kämpfen. Frauen sind bis heute in unteren Lohngruppen und unteren Positionen überrepräsentiert, sie machen überproportional oft Akkordarbeit und ebenso

Teilzeitarbeit (*Menschik*, 1971; *Brandt/Kootz/Steppke*, 1973; Berufliche Bildung
von Frauen, 1980). Die Berufswahl von Frauen beschränkt sich auf die sog.
Frauenberufe; diese finden sich für un- oder angelernte Arbeiterinnen in der Textil-
und Bekleidungsindustrie, in der Nahrungs- und Genußmittelindustrie und in der
Elektro- und Metallbranche; unter den Lehrberufen sind vor allem Verkäuferin
und Friseuse gefragt, außerdem noch Schreib- sowie Erziehungsberufe. *Beck-
Gernsheim* (1976) hat darauf hingewiesen, daß damit ein »geschlechtsspezifischer
Arbeitsmarkt« besteht, durch den die Mädchen durch entsprechende Erziehung
und Berufsmotivation gelenkt werden. Frauenberufe enthalten häufig Elemente,
die denen der Hausarbeit sehr ähnlich sind.
Für Männer ist die Berufsarbeit mit ihren Merkmalen wie Rationalität, Arbeitsteilung, Spezialisierung und ihre Ausrichtung an Aufstieg und Bezahlung das hauptsächliche Orientierungssystem. Für Frauen gilt neben dem beruflichen Orientierungssystem ein zweites, durch die Sozialisation vermitteltes, das durch die
Hausarbeit geprägt ist (*Ostner*, 1978). Die gilt fast durchgängig für diejenigen
Frauen, die erwerbstätig sind (für die Nur-Erwerbstätigen ebenso wie für die
berufstätigen Mütter) und für die sogenannten »Nur-Hausfrauen«. Hausarbeit
enthält verschiedene Elemente: die Hausarbeit im engeren Sinne, Pflege und
Erziehung der Kinder, Kontakte mit Nachbarn, Verwandten und Freunden,
Bemühung um eine angenehme Atmosphäre, die der Erholung der Familienmitglieder dient. Diese letzten Aspekte werden neuerdings unter dem Gesichtspunkt
der Gefühlsarbeit analysiert (Sozialarbeiterinnengruppe Frankfurt, 1978).
Das Orientierungssystem der Hausarbeit ist dadurch von Berufsarbeit unterschieden, daß Hausarbeit der unmittelbaren Bedürfnisbefriedigung der nächsten Angehörigen dient und relativ selbstbestimmt erledigt werden kann; daß sie nur in
einigen Bereichen von Rationalisierung und Technologie durchdrungen ist, ansonsten aber der zyklischen Zeitstruktur vorindustrieller Tätigkeiten unterliegt und
nicht der linearen Zeitstruktur industrieller Arbeit folgt (*Lefebvre*, 1972). In dieser
Arbeitsweise machen Frauen viele positive Erfahrungen; diese werden jedoch
überlagert von den negativen: jemand, der Hausarbeit tut, erfährt sehr geringe
soziale Anerkennung, besitzt keinen eigenen Status, verdient kein eigenes Geld,
sondern ist abhängig von dem erwerbstätigen Partner (oder von Sozialhilfe) und ist
stark auf die Kinder verwiesen. Die Beziehungen zwischen Eltern (d. h. vor allem
Müttern) und Kindern haben sich in den letzten Jahrzehnten verdichtet. Die
heutige Kleinfamilie ist in ihren Lebensformen (Wohnen, Einkaufen, Freizeit usw.)
selbständig, d. h. jede Familie erledigt ihre Hausarbeit isoliert von der anderen.
Zudem dienen die modernen Haushaltsgeräte nur z. T. der Arbeitsersparnis, zum
anderen Teil werden durch sie neue Ansprüche geweckt, die die Hausfrau durch
vermehrten Arbeitseinsatz zu befriedigen sucht. Alle diese Faktoren machen die
Zwiespältigkeit aus, in der sich Hausfrauen momentan befinden, und die sie z. T.
zu widersprüchlichen Aussagen über ihre Situation bringen (z. B. *Pross*, 1976;
Ostner, 1980).
Solange Männer und Frauen noch keine Kinder haben, leben sie häufig ähnlich und
relativ gleichberechtigt, abgesehen von geschlechtsspezifischen Verhaltensweisen

wie z. B. der beschriebenen Hausarbeitsorientierung, die Frauen nicht selten an beruflicher Karriere hindert. Aber während für Männer die Berufsarbeit im allgemeinen durch ein Kind relativ wenig berührt wird, ergeben sich für Frauen mit Schwangerschaft und Geburt eines Kindes spezifische Probleme. Frauen fühlen sich im allgemeinen für die Versorgung und Pflege ihres Kindes stärker zuständig als Männer; es wird von ihnen auch stärker erwartet als von den Männern. Frauen müssen sich also entscheiden, ob sie ganz ihren Beruf leben wollen – dann werden sie es vermeiden, Kinder zu bekommen –, oder ob sie ein Leben mit Kindern führen wollen. Dann gibt es für sie die Möglichkeit, »vorübergehend« ihren Beruf aufzugeben, sie entsprechen dann dem oft zitierten 3-Phasen-Modell, das *Myrdal/Klein* (1956) beschrieben haben, das aber angesichts knapper Arbeitsplätze sehr unrealistisch ist. Wenn sie ihre Berufstätigkeit aus Interesse am Beruf oder aus finanziellen Zwängen fortsetzen wollen, müssen sie in irgendeiner Weise Berufsarbeit und Kindererziehung (und die dabei anfallende Hausarbeit!) miteinander verbinden. Dann sind sie auf Teilzeitarbeit und/oder Ersatzbetreuung der Kinder angewiesen. Angesichts gestiegener Scheidungsquoten wächst der Anteil der alleinerziehenden Mütter (ebenso der der Väter, die in diesem Fall in ähnliche Situationen geraten wie die Frauen). Doppelbelastung verlangt Frauen (und Männern) viel ab; wenn jedoch, wie es bei vielen Arbeiterinnen der Fall ist, die Arbeit schlecht bezahlt und ungern ausübt wird, ist die Situation für die Frau fast unerträglich. Nur wenigen Frauen gelingt es aus eigener Kraft, die Ansprüche der Kindererziehung und die eigenen Vorstellungen vom selbständigen, gleichberechtigten Leben zu vereinbaren, denn das Leben mit Kindern braucht Zeit und Kraft. Es gelingt erst allmählich, die Verantwortung der Männer für die Erziehung einzufordern. Die herrschende Ideologie der Mütterlichkeit läßt Ersatzbetreuung verdächtig erscheinen, deren Ausbau als öffentliche Institution wird nur halbherzig gefördert. Mutterschaft haftet noch immer als Idealvorstellung der Frau an; unerwünschte Schwangerschaft kann auch heute nicht ohne Schwierigkeiten abgebrochen werden.

Die Lebenssituation von Frauen ist freilich durch die Arbeits- und Hausarbeitssituation noch nicht zureichend beschrieben. Mir ist es wichtig, als weiteren Gesichtspunkt die Sexualität zu untersuchen; dieser Bereich bleibt bei der Darstellung der Geschlechtsrollen häufig ausgeblendet.

War Sinnenfreude und sexuelle Lust im Laufe der abendländischen Geschichte wechselnden Bewertungen unterworfen, so läßt sich doch generell für die letzten 500 Jahre eine eher körper- und lustfeindliche Einstellung konstatieren, die ihren Grund wohl in spezifisch christlichen Traditionen, ebenso aber auch in der Entstehung von Privatheit und Intimität im Zusammenhang mit der bürgerlichen Gesellschaft hatte (*Elias*, 1969; *van Ussel*, 1979). Dabei wurden seit je Unterschiede gemacht zwischen der Sexualität der Frau und der des Mannes. Frauen waren begehrt, gefürchtet und verachtet als animalische Verführerinnen (Huren, Hexen); sie wurden geliebt und verehrt als sittsame Gattinnen und Mütter der Kinder. Anständigen Frauen wurden sexuelle Bedürfnisse eigentlich abgesprochen, sie hatten sie, wenn überhaupt, der Befriedigung des Mannes unterzuordnen und zur

Zeugung von Kindern zu nutzen. Auch die Wissenschaften über Sexualität im 20. Jahrhundert vermitteln ein reduziertes Bild der weiblichen Sexualität, wie z. B. Psychoanalyse und die empirische Sexualforschung, die eine sexuell zurückhaltende, fast masoistisch angelegte passive Frau beschreiben. Männern als den aktiv Gestaltenden wurde mehr sexuelle Betätigung zugestanden, legitimiert durch die Annahme einer größeren sexuellen Potenz. Für Männer galt eine Doppelmoral, die ihnen erlaubte, wechselnde sexuelle Kontakte zu haben, von den Frauen aber Jungfräulichkeit beim Eintritt in die Ehe und dauernde Monogamie verlangte.

Diese Bewertung der weiblichen Sexualität ist in südeuropäischen und islamischen Gesellschaften wesentlich ausgeprägter als bei uns. Daraus ergeben sich für die Frauen und Mädchen, die bei uns als Gastarbeiterinnen leben, viele spezifische Konflikte. – Frauen, die ohne Trauschein schwanger wurden, galten als Sünderinnen und wurden verachtet; gleichzeitig gilt es bis heute (BGH-Urteil, 1981) als normal, daß ein Mann eine Frau ohne Gefahr von Strafe vergewaltigen darf, wenn sie sich nicht mit aller Kraft zur Wehr setzt. Die unterschiedliche Bewertung der Sexualität von Männern und Frauen spiegelt sich auch in der sexuellen Sozialisation: die Sexualorgane kleiner Mädchen sind stärker tabuisiert als die kleiner Jungen (*Belotti*, 1977), die Mädchen erfahren zuerst, daß ihre Sexualität übersehen und negiert wird, später erleben sie eine Reduktion ihrer gesamten Person auf die Körperlichkeit und Sexualität, finden sich als Objekt männlicher Begierde eingestuft und in der Werbung z. T. schamlos vermarktet. Aus einer solchen Entwicklung gelingt sexuelle Selbstbestimmung und positive Einstellung zur eigenen Sexualität nur schwer.

In der Sexualmoral hat sich in den letzten Jahren, angestoßen durch die antiautoritäre Bewegung, eine Liberalisierung vollzogen, die Frauen gleichberechtigter werden ließ, ihnen mehr Initiative zugesteht. Vorehehelicher Geschlechtsverkehr für Männer und Frauen und Ehe auf Probe sind erlaubt. Nicht zuletzt basieren solche Veränderungen auf den technischen Möglichkeiten der Empfängnisverhütung. Damit ist die jahrhunderteiang gegebene Verbindung zwischen Geschlechtsverkehr und Fortpflanzung potentiell unterbrochen. Insbesondere für Frauen ist mit dem Geschlechtsverkehr nicht ständig das Risiko von Schwangerschaft verbunden. Allerdings hat diese neue Entwicklung auch Probleme: die neuen Verhütungsmittel sind bisher allein Sache der Frauen, und sie sind nicht immer unproblematisch und ohne Risiko für die Gesundheit der Frauen. Frauen und Männer werden z. T. mit höheren Ansprüchen an Sexualität konfrontiert, die sich bis zum Leistungsstreß steigern können. Sexualität wird durch die Medien enttabuisiert und damit ausbeutbar gemacht.

Frauen aus der Frauenbewegung (und auch einige Männer) versuchen nun in letzter Zeit, dieses Muster zu durchbrechen und ein neues Verhältnis zu ihrem Körper und zu ihrer Sexualität zu finden, sensibler zu werden für die eigenen Bedürfnisse und die anderer. Für einige ist der Ausbruch aus heterosexuellen Rollenmustern eine Möglichkeit dazu. Wie weit sich allerdings von einem neuen Verständnis der Körperlichkeit aus tatsächlich neue, dauerhafte Verhaltensmuster für Männer und Frauen entwickeln lassen, wird sich erst in einem längeren Prozeß zeigen können.

Geschlechtsspezifische Sozialisation

Gewöhnlich beginnen Darstellungen zur geschlechtsspezifischen Sozialisation mit einem Überblick über unterschiedliche Eigenschaften von Jungen und Mädchen, die als Ergebnis vergleichender psychologischer Untersuchungen gewonnen wurden. Solche Untersuchungen ergeben eine breite Vielfalt von Ergebnissen; allgemein läßt sich für unseren Kulturraum feststellen, daß Mädchen bessere verbale Fähigkeiten, Jungen ein besseres räumliches und mathematisches Denkvermögen zeigen, Jungen werden als aggressiver geschildert, Mädchen als abhängiger; sie haben mehr Fähigkeiten zu sozialer Wahrnehmung. Solche Ergebnisse sind freilich immer nur Aussagen über männliche und weibliche Eigenschaften unter ganz bestimmten gesellschaftlichen und erzieherischen Bedingungen, da sie Ergebnisse von Sozialisationsprozessen unter bestimmten Bedingungen sind. Deshalb hat sich die neuere Diskussion von der statistischen Untersuchung verschiedener Eigenschaften bei Jungen und Mädchen verlagert auf die Frage nach den geschlechtsspezifischen Lebensbedingungen und Aneignungsweisen der Kinder (z. B. *Scheu*, 1977). Wir müssen davon ausgehen, daß die Kinder sich die Verhaltensweisen und Interpretationsmuster aneignen, die sie in ihrer Gesellschaft vorfinden. Die Lebensbedingungen der Kinder werden schon vor der Geburt geschlechtsspezifisch strukturiert, denn jeder Erwachsene besitzt Vorstellungen darüber, was in seiner Gesellschaft bzw. seiner Subgruppe weibliches und männliches Verhalten ist. Im Rahmen der kognitiven Entwicklungstheorie thematisiert *Kohlberg* (1974) diese Geschlechtsrollenkonzepte bzw. kognitive Schemata (die er problematischerweise für universell hält). Diese kognitiven Schemata bestimmen auch die Erwartungen und Vorstellungen, die die Eltern ihren neugeborenen Kindern entgegenbringen. Zwar orientieren sich Eltern heute nicht mehr an blauer oder rosa Babywäsche, aber sie besitzen im allgemeinen unausgesprochen bestimmte Wahrnehmungsmuster für kleine Jungen und kleine Mädchen (*Rubin* u. a., 1974).

In eine durch Geschlechtsrollenschemata vorstrukturierte Umwelt wird nun ein Kind hineigeboren, mit seiner Konstitution, seinem Temperament und seinen Lebensäußerungen paßt es unterschiedlich gut zu den Erwartungen seiner Eltern und anderer Personen seiner Umgebung; diese lernen unterschiedlich gut, mit den ganz persönlichen Ausdrucksweisen des Kindes umzugehen. Der Prozeß der Auseinandersetzung von kindlichen Bedürfnissen und elterlichen Antworten darauf prägt auch die Geschlechtsrollenentwicklung. Eine Reihe von Untersuchungen zeigen hier allgemeine Trends in der unterschiedlichen Behandlung von Jungen und Mädchen z. B. im Stillverhalten, in der Reinlichkeits- und Selbstständigkeitserziehung, im Umgang mit der Sprache und den sozialen Beziehungen. Deutlich wird dabei jeweils, daß den Knaben mehr Aktivität und Autonomie zugestanden, ja abverlangt wird, während Mädchen eher zur Anpassung, zur Anlehnung angehalten werden. Kleine Mädchen werden häufig weniger beachtet.

Freilich ist der elterliche Umgang mit dem Kind nicht einfach Abbild gesellschaftlicher Normen, wie es einige Geschlechtsrollenforscher nahe legen (so z. B. *Scheu*, 1977), sondern die Eltern differenzieren diese immer auch entsprechend den ganz

konkreten eigenen Erfahrungen und den Einstellungen, die ihnen in ihrer Lebensgeschichte zur männlichen bzw. weiblichen Rolle vermittelt wurden. Die psychoanalytische Familientheorie zeigt, daß die Eltern häufig eigene Wünsche, Vorbilder
oder enttäuschte Hoffnungen in bezug auf ihre eigene Geschlechtsrolle auf ihre
Söhne und Töchter projizieren (*Richter,* 1973). Viele elterliche Reaktionen, etwa
die Ablehnung bestimmter Verhaltensweisen des Kindes wie Aggression oder
Unselbständigkeit (»Wie meine Mutter«), haben für die Kinder einschneidende
Wirkungen.

Den überindividuellen Erziehungsprozessen folgend versuchen Wissenschaftler,
den Geschlechtsrollenerwerb von verschiedenen Sozialisationstheorien, z. B.
Lerntheorie, kognitiver Entwicklungstheorie und Psychoanalyse zu erklären. Im
Rahmen der Lerntheorie (z. B. *Mussen,* 1969; *Mischel,* 1966) werden die Reaktionen der Erwachsenen auf das Verhalten der Kinder als System von Sanktionen
verstanden, durch die das Kind lernt, ein Verhalten häufig zu zeigen, das der
Geschlechtsrolle angemessen ist, nicht angemessenes Verhalten dagegen zu vermeiden. Gleichzeitig wird das Verhalten der Erwachsenen als Modell für das Kind
gesehen, allerdings weist *Kohlberg* (1974) darauf hin, daß Kinder eher andere
Kinder als Modell benutzen, da sie sich ihnen ähnlicher wissen als den Erwachsenen. Solches Lernen durch Sanktionen und am Modell spielt sicher eine große
Rolle; wir können uns den Prozeß der Aneignung geschlechtsspezifischer Verhalten aber nicht so vorstellen, daß das Kind etwa nur durch die Erwachsenen
gesteuert wird, sondern müssen davon ausgehen, daß das Kind schon früh eine
eigenständige Geschlechtsrollenorientierung erwirbt und damit selbständig an der
Ausprägung des Verhaltens mitwirkt. *Money/Erhardt* (1976) schließen aus ihren
Untersuchungen an Kindern mit Geschlechtsanomalien, daß mit etwa 18 Monaten
beim Kind so etwas wie ein elementares Bewußtsein darüber besteht, ob es selbst
männlich oder weiblich ist. Diese sogenannte »Kerngeschlechtsidentität« läßt sich
zwar noch nicht in Worte fassen, doch setzen Kinder im allgemeinen von diesem
Alter ab einer Geschlechtsumwandlung entschiedenen Widerstand entgegen.

Im Rahmen der kognitiven Entwicklungstheorie verfolgt *Kohlberg* (1974) näher,
wie das Kind mit etwa drei Jahren eine eigene Vorstellung, ein genaueres Konzept
seiner Geschlechtsrolle entwickelt und dabei auch beurteilt, welche Verhaltensweisen, Spielsachen und Kleidungsstücke zu ihm passen. Es erweitert allmählich seine
Beurteilungsgrundlage über die engere Familie hinaus. *Kohlberg* konnte zeigen,
daß ein Kind Vorstellungen von der Konstanz des Geschlechts (wie anderer
Begriffe) mit etwa fünf bis sechs Jahren erworben hat; bis dahin hat es zwar bereits
inhaltliche Vorstellungen über männliches und weibliches Verhalten, ist sich aber
noch nicht über die Unveränderbarkeit dieses Geschlechts gewiß. Die Vorstellungen des Kindes über männliches und weibliches Verhalten wirken sich auf sein
Geschlechtsrollenverhalten aus, sie sind eng verbunden mit der Entwicklung der
kindlichen Identität. Je stärker die Umwelt geschlechtsspezifisch strukturiert ist,
um so wichtiger sind solche Merkmale auch für das Selbstkonzept des Kindes, um so
stärker ist eine Veränderung des Geschlechtsrollenverhaltens mit Angst besetzt.
Money/Ehrhardt machen übrigens darauf aufmerksam, daß das Kind im Laufe der

Entwicklung aus dem großen Bereich männlichen und weiblichen Verhaltens in seiner Umgebung nicht nur seine eigenen Geschlechtsrollenvorschriften lernt, sondern auch die Regeln für das Gegengeschlecht, quasi als verborgenen Code. So lernt z. B. ein Junge auch immer mit, was sich für ihn nicht gehört, was mädchenhaftes Verhalten ist, und umgekehrt. –

Die psychoanalytische Theorie leitet die Herausbildung der Geschlechtsrolle aus dem Triebgeschehen ab, das durch die Entwicklung der erogenen Zonen und der Phasen der sexuellen Entwicklung beschrieben werden kann. Grundlage der triebhaft-emotionalen Verläufe ist dabei der Penisneid bzw. die Kastrationsangst, die für *Freud* zum Ausgangspunkt aller sexuellen, sittlichen und Geschlechtsrollen-Entwicklung wurde. Die ödipale Phase löst sich beim Jungen durch Identifikation mit dem Vater und Herausbildung eines Über-Ichs, das die normative Orientierung der Erwachsenenwelt repräsentiert. Das Mädchen dagegen ist aufgrund seiner andersartigen Entwicklung auf die Identifikation mit der Mutter verwiesen; hier kommt es zu keiner so dramatischen ödipalen Phase. In den letzten Jahren ist der psychoanalytische Ansatz der Geschlechtsrollenentwicklung z. T. kritisiert und entschieden zurückgewiesen worden; insbesondere Frauen aus der Frauenbewegung haben *Freuds* Ausgehen vom Penisneid als Naturkonstante kritisiert; sie haben ihm unterstellt, er halte einen gesellschaftlich bedingten Tatbestand für einen naturhaften Vorgang. Dennoch geht von der Psychoanalyse gerade für Frauen eine besondere Faszination aus, und sie versuchen, die Bedeutung psychoanalytischer Gedanken für eine feministische Denkweise zu klären (*Hagemann-White*, 1979).

Die verschiedenen theoretischen Modelle zur Erklärung des Geschlechtsrollenerwerbs wurden unabhängig voneinander entwickelt; sie heben unterschiedliche Gesichtspunkte eines ganzheitlichen, sehr komplexen Vorgangs hervor. Ob und wie sie miteinander ergänzend verbunden werden können, muß die weitere Entwicklung zeigen. Es ist nun aber wichtig, neben den allgemeinen Erklärungen genauer die Lebensfelder von Jungen und Mädchen zu betrachten. Bereits im ersten Lebensjahr differenzieren sich die Spielinteressen von Jungen und Mädchen; im Kleinkindalter zeigen sich – bedingt durch den erzieherischen Umgang mit den Kindern – bestimmte Vorlieben der Jungen (z. B. für Konstruktionsspiele und weiträumige Bewegungsspiele) und bei den Mädchen (z. B. für Rollenspiele, auch mit Puppen). Dabei zeigt sich, daß gegenwärtig Kinder in unteren sozialen Schichten stärker geschlechtsdifferenzierend erzogen werden, Kinder der höheren Schichten größere Spielräume zugestanden bekommen, was sich vor allem bei den Mädchen bemerkbar macht. Allen individuellen Erfahrungen der Jungen und Mädchen überlagert sich jedoch die »Erfahrung allgemeinerer Prinzipien der gesellschaftlichen Realität« (*Bilden*, 1980); diese gesellschaftliche Realität vermittelt sich den Kindern heute zunächst hauptsächlich über die Medien, von Bilderbüchern angefangen bis zum Fernsehen. Hier werden Geschlechtsrollenmodelle vermittelt, die häufig traditionellen Vorstellungen entsprechen (*Weitzmann*, 1972; *Karsten*, 1976). Diese normierenden Rollenmodelle können in ihrer Auswirkung gar nicht ernst genug genommen werden; in letzter Zeit bemühen sich vor allem

Frauen darum, diesen Klischees entgegenzuwirken, indem sie Leistungen der Frauen in der Geschichte und das wirkliche Leben darstellen, damit sie nicht sprach- und bildlos untergehen.

Bereits im Vorschulalter bilden die Kinder auch Freundschaftsgruppen, diese haben für die Entwicklung der Geschlechtsrolle eine große Bedeutung, denn dort machen die Kinder Erfahrungen darüber, was andere Jungen bzw. Mädchen ihres Alters und ihrer sozialen Zugehörigkeit für angemessen halten und was nicht. Das entspricht bereits bei Vorschulkindern häufig nicht den Vorstellungen der Erwachsenen. Im Schulalter haben sich häufig schon feste Spielpräferenzen gebildet; in einigen Schulklassen gibt es Jungencliquen und Mädchencliquen, das Verhältnis zwischen den Geschlechtern verschlechtert sich im allgemeinen in der Vorpubertät bis zu einer Art Geschlechterfeindschaft. In diesem Alter stehen Freundschaftsbeziehungen zwischen Jungen und Mädchen ständig im Verdacht, eine Liebesbeziehung zu sein, was durchaus als diskriminierend erfahren wird.

Mädchen werden allgemein als weniger verhaltensauffällig beschrieben als Jungen, weil sie ihre Schwierigkeiten eher als Schüchternheit, Ängstlichkeit oder Kontaktarmut zeigen. Jungen fallen eher durch Aggressivität und Disziplinlosigkeit auf, ihr Problemverhalten provoziert stärkere Beachtung. Sie werden häufiger als Mädchen weiter verwiesen an Beratungsstellen, aber auch in Sonderschulen und Erziehungsheime.

Wesentliche Veränderungen in der Geschlechtsrollenentwicklung geschehen schließlich in der Pubertät. Diese Phase ist leider bisher viel weniger beachtet worden als die Kleinkindphase; Jugend wurde als allgemeines Problem betrachtet und in der Forschungspraxis waren Jugendliche allzuoft männliche Jugendliche, inzwischen wird das Problem allerdings zunehmend bewußt.

Viele weibliche Biographien berichten, daß Mädchen in der Pubertät einen einschneidenden Bruch ihrer Mädchenidentität erfahren. Aktive, selbständige, ja jungenhafte Mädchen erleben eine verwirrende Veränderung der an sie als eine »junge Dame« gerichteten Erwartungen. Für sie gelten in den meisten gesellschaftlichen Schichten Maßstäbe wie Attraktivität, gepflegtes Äußeres, Emotionalität und Interesse an jungen Männern. Das körperliche Wachstum mit der Herausbildung der weiblichen Formen ist ein sichtbares Zeichen der Entwicklung zur Frau, mit dem sich das Mädchen auseinandersetzen muß. Der entsprechende Prozeß verläuft bei den Jungen im allgemeinen zwei Jahre später. – Die Pubertät ist auch eine Phase, in der die Heranwachsenden sich bewußter mit den Normen, auch den geschlechtsspezifischen, ihrer sozialen Umwelt auseinandersetzen. Viele Jugendliche finden dabei in der peergroup, in den Lebensweisen der jugendlichen Subkulturen neue Wege, als Mann oder als Frau zu leben, die z. T. sehr verschieden sind von der Verhaltensweise ihrer Eltern.

Mädchen erfahren häufig in dieser Zeit eine besonders starke Belastung der Beziehung zu ihrer Mutter. Die Vorstellung, eine Frau wie ihre Mutter zu werden, erschreckt Mädchen häufig, da sie sich selbst ganz andere Zukunftsvorstellungen gemacht haben. Gleichzeitig sehen Mütter ihre Töchter oft mit Mißtrauen eigene Wege gehen, z. B. auch sexuelle; überhaupt fällt es ihnen schwer, ihr Kind

»herzugeben«. Die »Mutter-Tochter-Beziehung« ist erst in den letzten Jahren genauer untersucht worden (klassisch bei *de Beauvoir*, 1960; neuerdings bei *Franck*, 1979; *Friday*, 1979; *Hammer*, 1978), nachdem das sog. Autoritätsproblem, die Auseinandersetzung zwischen Väter und Söhnen, längst ausführlich diskutiert worden war.

Mädchen wenden sich nach der Schule heute im allgemeinen zuerst einer Berufsausbildung zu, genau wie die jungen Männer. Freilich ist ihnen deutlicher als den Jungen bewußt, daß ihr beruflicher Weg durch Heirat und Kinder unterbrochen werden kann (vgl. Jugend '81). Gerade die Mädchen mit schlechten oder unbefriedigenden Berufsaussichten stellen sich die Ehe und das Kinderkriegen als angenehmen Ausweg vor, ohne sich über die realen Schwierigkeiten einer Ehe heute klar zu sein.

Wenn nun auch diese Darstellung der weiblichen Sozialisation fast so wirkt, als seien Mädchen eingeschränkt erzogen, geistig wenig entwickelt und werden nur auf ihre spätere Rolle als Hausfrau und Mutter dressiert, so ist dazu zweierlei zu bemerken.

In den letzten Jahren hat sich, zumindest in den bildungsmäßig engagierten Schichten, die Mädchenerziehung wesentlich verändert; das Selbstbewußtsein von Frauen und Mädchen hat sich – nicht zuletzt durch die Frauenbewegung – gefestigt. Mädchen ergreifen heute fast durchgehend selbstverständlich einen Beruf, ihre Schulleistungen sind im Durchschnitt so gut oder besser als die der Jungen. Es bleibt offen, ob die nächste Frauengeneration noch mit den oben angeführten Ergebnissen gekennzeichnet werden kann, oder ob sie nicht ganz andere Eigenschaften und Fähigkeiten aufweisen wird; es wäre zu hoffen, daß diese neuen Frauen stark genug sein werden, ihre Rechte durchzusetzen.

Den scheinbaren Defiziten von Frauen, z. B. bei der Durchsetzung ihrer beruflichen Karriere, entsprechen wesentliche Fähigkeiten im emotionalen Bereich: soziale Wahrnehmung, Auf-andere-eingehen-können, Sich-zuständig-fühlen für das Wohlergehen anderer, ästhetisches Empfinden und ein näherer Bezug zum eigenen Körper. Diese Fähigkeiten, so dysfunktional und ausdeutbar sie nach den öffentlichen Werten unserer modernen Gesellschaft auch erscheinen mögen, gehören jedoch unverzichtbar zum Repertoire menschlichen Lebens. *Fromm* (1978), *Richter* (1973) oder *Lefebvre* (1972) z. B. beschreiben diese Fähigkeiten als notwendig komplementäre Fähigkeiten in der modernen Gesellschaft. Die Erziehung müßte diese Fähigkeiten rehabilitieren und sie insbesondere in der Erziehung der Jungen wichtig nehmen. Die Veränderung des männlichen Leitbildes ist eine notwendig komplementäre Entwicklung, die in einigen Bereichen alternativer Bewegungen bereits zu erkennen ist.

Frauen in der Sozialpädagogik

Frauen sind in spezifischer Weise von Sozialarbeit betroffen und wirken auf spezifische Weise in ihr mit. Unter beiden Gesichtspunkten möchte ich Frauen im folgenden näher betrachten, als Klientinnen und als Mitarbeiterinnen der Sozialarbeit.

Zunächst aber: es sind Frauen, die heute in spezifischer Weise als Ursache für das Eingreifen von Sozialarbeit angesehen werden. Ein Blick z. B. auf die populäre, tiefenpsychologisch orientierte Literatur zu Verhaltensstörungen bei Kindern (z. B. *Meves*, 1971) zeigt, daß hauptsächlich die Mütter verantwortlich gemacht werden für die Probleme ihrer Kinder. Bei der berufstätigen Mutter wird nicht nach der Arbeit des Vaters gefragt; bei der überfürsorglichen oder der vernachlässigenden Mutter nicht nach der Art, wie sich der Vater um die Kinder kümmert; bei der Mutter, deren Kinder stellvertretend eigene Wünsche erfüllen müssen, nicht nach der emotionalen Unterstützung des Mannes für seine Frau. Indem die Probleme bei der Mutter festgemacht werden und nicht nach der Verantwortung des Vaters gefragt wird, spiegelt ein solches theoretisches Konstrukt die traditionelle geschlechtsspezifische Arbeitsteilung und kann daher auch nicht zu ihrer Überwindung beitragen. Vor allem aber erschwert der latente Schuldvorwurf an die Mütter die Zusammenarbeit zwischen ihnen und den Pädagogen von der Schule und vom Kindergarten bis zum Jugendzentrum und zum Erziehungsheim. In allen diesen Bereichen wird über Elternarbeit geredet, aber in den wenigsten Fällen wird dabei realisiert, daß es sich überwiegend um »Mütterarbeit« handelt, da sich Frauen im allgemeinen stärker für die konkrete Kindererziehung interessieren und sich darin zuständig fühlen (*Enders-Dragässer*, 1981). Die spezifischen Erwartungen und Wahrnehmungsmuster der Mütter werden in der Literatur zur Elternarbeit kaum reflektiert. Einen Versuch in dieser Richtung stellen etwa die Überlegungen zu Bildungs- und Weiterbildungsmaßnahmen für Mütter dar, die die Arbeitsgruppe Elternarbeit am Deutschen Jugendinstitut ausgearbeitet hat (*Jaeckel*, 1978). Daß daneben aber weiterhin Väter bei der Kindererziehung in ihre Pflicht genommen werden müssen, deshalb auch die Wahrnehmungsmuster und Erwartungen von Vätern genauer untersucht werden sollten, muß nach dem oben Gesagten deutlich sein.

Frauen als Klientinnen: Die pädagogische Literatur, auch wo sie bestimmte Praxisfelder betrifft, hat häufig außer acht gelassen, daß bestimmte pädagogische Institutionen vor allem Männer, andere vor allem Frauen als Klientel haben. Im Bereich der Erziehungsberatungsstellen melden sich wesentlich mehr Mütter mit ihren Kindern zur Beratung an als Väter. In den methodologischen Überlegungen der Beratungsarbeit wird zwar reflektiert, daß Beratung mit Unterschichtsangehörigen besondere Verfahren und Organisationsformen braucht, es wird aber einstweilen nicht bedacht, daß Männer und Frauen aus ihrer Sozialisation und Lebensgeschichte her oft unterschiedliche Wahrnehmungsmuster haben. Mütter, die bei der Erziehung ihrer Kinder Schwierigkeiten haben, fühlen sich oft als schlechte Mütter mit entsprechend geringem Selbstwertgefühl; andererseits erfahren sie sich in Konkurrenz mit den Professionellen die im entlasteten therapeutischen Raum z. T. so leicht mit ihren schwierigen Kindern zurechtkommen.

Als Klienten der Beratungsstellen für Erwachsene und unter den Patienten psychiatrischer Kliniken finden sich mehr Frauen als Männer. Wie *Richter* beschrieben hat, können Frauen ihre Leiden eher zeigen als Männer und reagieren bei Streß und anderen Schwierigkeiten eher mit psychischen Störungen, während die Männer verstärkt körperliche Krankheiten (wie Magen-, Darm- und Herzerkrankungen) zeigen. Ein bedeutender Grund für die psychischen Krankheiten, insbesondere für Depressionen von Frauen, sind aber wohl vor allem die Einschränkungen der Autonomie, das oft wenig entwickelte Selbstgefühl und die z. T. paradoxen Anforderungen, die Frauen sowohl im Beruf wie in der Hausarbeit erfahren (*Chesler*, 1974).

Überwiegend Frauen als Klienten gibt es auch in der Altenarbeit, da Frauen bei uns im allgemeinen ein höheres Lebensalter erreichen als Männer. Ältere Frauen bewältigen – wegen der traditionellen geschlechsspezifischen Arbeitsteilung – gewöhnlich die alltäglichen hauswirtschaftlichen Verrichtungen besser als Männer. Aber ältere Frauen sind oft sehr unselbständig in der Öffentlichkeit und haben durch ihre Familienorientierung besondere emotionale Probleme. Zwar wird allgemein beschrieben, daß sich im Alter die Charaktere von Männern und Frauen annähern, dennoch sollte die lebensgeschichtlich bedingten unterschiedlichen Erfahrungen von Frauen und Männern für die Theorie der Altenarbeit stärker beachtet werden (*Lehr*, 1978).

Schließlich sollen noch zwei Projekte erwähnt werden, in denen Frauen zu Selbsthilfe gegriffen haben: Frauen, die ihrer Kinder allein erziehen wollen oder müssen, haben sich zu einer eigenständigen Organisation zusammengeschlossen, dem Verein alleinerziehender Mütter (inzwischen: und Väter), der für die Betroffenen Beratung, gegenseitige Unterstützung und Öffentlichkeitsarbeit leistet. Die von ihren Männern und Freunden oft brutal mißhandelten Frauen können sich selbst nicht helfen. Frauen aus der Frauenbewegung haben das Problem der Gewalt in der Ehe öffentlich bewußt gemacht und Frauenhäuser als Zufluchtstätten für Frauen und Kinder eingerichtet (z. B. *Benard/Schlaffer*, 1978).

In den bisher genannten Bereichen überwiegen die Frauen, während in den meisten anderen Bereichen der Sozialarbeit und Sozialpädagogik die Männer als Klienten in der Mehrzahl sind. In den Erziehungsberatungsstellen, so stellte *Langenmayr* (1980) fest, werden mehr Jungen als Mädchen vorgestellt (und auch aufwendiger und länger behandelt). In Sonderschulen für Verhaltensgestörte und in Erziehungsheimen gibt es mehr Jungen; auch die pädagogischen Fallberichte sind überwiegend Jungenberichte. Wir können davon ausgehen, daß Jungen mehr auffallen, weil sie stärker beachtet werden, weil ihnen mehr Aktivität und Autonomie zugebilligt wird und weil zu ihrem Rollenverhalten mehr Aggressivität und Gewalt gehört. Jungen handeln ihre Probleme eher in aggressiver und destruktiver Weise aus und beunruhigen und bedrohen damit ihre soziale Umwelt wesentlich stärker als Mädchen, deren Problemverhalten sich hauptsächlich in Kontaktstörungen und Depressivität äußert.

Abweichendes Verhalten von Mädchen wurde – bis vor wenigen Jahren – hauptsächlich am Sexualverhalten gemessen. Die Tatsache wechselnder Sexualpartner genügte, um ein Mädchen als gefährdet oder verwahrlost abzustempeln. Neuerdings wird in einigen Untersuchungen nach den genaueren Formen weiblichen abweichenden Verhaltens gefragt; vor allem wird mit Hilfe von Interviews die Einstellung der beurteilenden Instanzen (Polizei, Jugendamt) und die Interpretation der Mädchen selber erhoben (*Kieper*, 1980). Für die Erziehung auffällig gewordener Mädchen muß dringend ein neues Konzept entwickelt werden, da allmählich bewußt wird, daß auch die Heimerziehung bisher hauptsächlich auf die »Resozialisierung« von Jungen ausgerichtet war und für Mädchen z. T. nur traditionelle Frauenrollen und -berufe anzubieten hatte.

Jungen sind auch in den Jugendhäusern stärker vertreten als Mädchen; die Theorie der Jugendarbeit ist in den letzten Jahren öfters als eine der »Jungenarbeit« bezeichnet worden. Die Mädchen erscheinen als wenig aktive Gruppe im Hintergrund oder als »Anhängsel« an bestimmte Jungen, die ihrerseits meist in einer Clique eingebunden sind. Erst in allerjüngster Zeit haben Frauen dieses Problem erkannt und versuchen z. T. erfolgreich, Gruppenarbeit auf die Lebensweise der Mädchen zu beziehen und deren positive Möglichkeiten freizusetzen (*Savier/Wildt*, 1979; Berliner Pädagoginnengruppe, 1979). Hier ebenso wie in der politischen Bildung zeigt sich, daß das Konzept einer gemischten Arbeit mit Jungen und Mädchen die aktiveren Jungen oft stärker anspricht, unter dem Mantel der Koedukation also mit jungenhaften Inhalten und Arbeitsformen die Mädchen in Randpositionen gedrängt werden. Diese Überlegungen sollen nun nicht auf Abschaffung der Koedukation zielen, sondern darauf, die Bedingungen auch für Mädchen genauer zu reflektieren und geeignete Formen der Zusammenarbeit zu entwickeln. Dabei können reine Mädchen- bzw. Jungengruppen eine wichtige Funktion haben.

Weitere Felder der Sozialpädagogik mit überwiegend männlichem Klientel sind die Arbeit mit Straffälligen, Nichtseßhaften und Alkoholabhängigen, neuerdings auch mit Drogenabhängigen. Auch hier müßten die Karrieren von Männern und Frauen genauer untersucht und Lösungen entworfen werden, die auch auf die geschlechtsspezifischen Erfahrungen bezogen sind.

Frauen als Mitarbeiterinnen: Frauen haben als Mitarbeiterinnen in der Sozialpädagogik eine besondere Rolle gespielt. Im 19. Jahrhundert waren in der Wohlfahrtspflege Frauen tätig: Frauen aus gehobenen Schichten waren ehrenamtlich in der Armenfürsorge, Krankenversorgung, Kinderbetreuung und bei der hauswirtschaftlichen Ausbildung der Armen tätig. Diese Frauen handelten sicherlich entsprechend den Mustern weiblicher Fürsorge; bürgerliche Frauen, die ja keiner Erwerbsarbeit nachgehen konnten, hatten diese Funktion schon seit jeher als Verpflichtung wahrgenommen. Die Frauen waren wohl angerührt von der unmittelbaren Not, die durch die Industrialisierung und die frühkapitalistischen gesellschaftlichen Verhältnisse erzeugt waren, z. T. handelten sie aus christlicher Verantwortung und insgesamt gewiß nicht zuletzt, um eine Radikalisierung der Arbeiterinnen und deren Zuwendung zu sozialistischen Ideen zu verhindern. In den neuen sozialen Tätigkeiten sahen die Frauen der bürgerlichen Frauenbewegung eine Möglichkeit für sich, eine spezifisch weibliche Berufstätigkeit zu finden. So engagierten sich Frauen wie Berta von *Marentholtz-Bülow* und *Henriette Schrader-Breymann* in der Kleinkindererziehung, führten die Gedanken *Fröbels* weiter und gründeten Fröbelvereine und -kindergärten. Die Frauen versuchten seit 1872 (*Goldschmidt*), eigene Ausbildungseinrichtungen zu etablieren, die schließlich 1909 staatlich anerkannt worden sind. Aus der damaligen Situation heraus waren die bürgerlichen Frauen sehr an einer Regelung der Ausbildungs- und Einstellungsfragen, also an der

Professionalisierung ihrer Arbeit, interessiert. Eine ähnliche Entwicklung ist im Bereich der Wohlfahrtspflege zu beobachten. Neben den männlichen Ehrenbeamten, die nach dem Elberfelder System die Armen versorgten, gab es Frauenvereinigungen, die konkrete Hilfe leisteten, indem sie Armenspeisungen organisierten oder z. B. Strick-, Näh- und Haushaltskurse für arme Frauen einrichteten. Auch sie bemühten sich um Ausbildung und staatliche Anerkennung. *Salomon*, eine der Initiatorinnen dieser Ausbildung, formulierte den damals für die bürgerliche Frauenbewegung bestehenden Zusammenhang von Frauenarbeit und Sozialpädagogik: »Die Frauen finden in der sozialen Arbeit ein Feld, auf dem sie zu besonderen Kulturleistungen fähig sind und auf dem sie ihr Bedürfnis nach einer Arbeit, die vom Zentrum der Seele aus bestimmt ist, befriedigen können« (*Salomon*, 1927).

Die Frauen konnten diese Form der Sozialarbeit für sich reklamieren, nachdem die soziale Sicherung durch die Sozialgesetzgebung geregelt war. Die Arbeit in diesem Bereich ist bis heute eine Domäne von Männern. Die von den Frauen übernommenen Tätigkeiten entsprachen und entsprechen zum großen Teil der traditionellen Hausfrauentätigkeit: Hilfeleistungen in Notfällen, Unterstützung des Familienlebens durch praktische Vorschläge, Pflege und Betreuung der Kinder, Sorge für die Gesundheit. Mit einem solchen Anspruch als spezifisch weibliche Tätigkeit grenzte sich diese weibliche Sozialpädagogik freilich gegen die Sozialarbeit, gegen die Pädagogik ihrer Zeit und gegen die anderen Wissenschaften ab. In den 60er und 70er Jahren unseres Jahrhunderts wurde dieses Defizit schmerzlich bewußt. – Sozialpädagoginnen verstanden ihre Arbeit als Verpflichtung zum Dienst am Nächsten und sahen sie immer noch in der Nähe zur ehrenamtlichen Tätigkeit; mit dieser Einstellung konnten natürlich keine hohen Löhne oder gesellschaftliches Prestige durchgesetzt werden. Die Frauen sahen ihre Tätigkeiten stets als unmittelbar auf das Alltagsleben der Betroffenen bezogen. Unter dieser Ideologie erkannten sie oft die durch sie ausgeübte Kontrolle und Bevormundung nicht.

Anfangs drängten vor allem bürgerliche Frauen in sozialpädagogische Berufe. Für diese Frauen war eine staatlich anerkannte Ausbildung und eine eigene Erwerbstätigkeit die Möglichkeit zur Emanzipation von ihrer traditionellen Rolle. Im Laufe der Zeit veränderte sich die Situation entscheidend, denn die Frauen setzten ihre Zulassung zu vielen anderen Ausbildungsgängen durch und nahmen sie in großer Zahl wahr. So waren die weiblichen Berufe schließlich hauptsächlich für eher traditionell orientierte Frauen attraktiv, die die Nähe zur Hausarbeit schätzten. Heute zeigt sich eine neue Wendung zu sozialpädagogischen Tätigkeiten aus einem veränderten weiblichen Selbstbewußtsein heraus.

Männer wurden erst 1928 zur Ausbildung als Wohlfahrtspfleger zugelassen. Nach 1945 wurden Ausbildungsstätten für Sozialarbeit und für Sozialpädagogik (Erzieherinnen und Fürsorgerinnen) eingerichtet, wobei die Männer stärker für die verwaltende Arbeit, Frauen eher für die pflegerische und pädagogische Arbeit ausgebildet wurden. Dennoch waren von Anfang an Männer in der Sozialpädagogik tätig: In den Leitungspositionen gab es Juristen und Verwaltungsbeamte (z. B. Jugendamt), Pfarrer (kirchliche Einrichtungen), Mediziner und Psychologen bzw.

Soziologen. Die Hierarchie war von Anfang an deutlich und ist es meist bis heute geblieben. Im direkten Umgang mit den Klienten arbeiten überwiegend Frauen, während die Vorgesetzten-Stellen vorwiegend von Männern besetzt sind, die Verwaltungs- oder akademische Qualifikationen haben (*Drake*, 1980).

Ausblick

Frauen haben sich in den letzten Jahren zusammengefunden, um ihre Situation zu begreifen und öffentlich bewußt zu machen. Sie haben zunächst ihre Benachteiligung gegenüber den Männern in Ausbildung und Beruf eingeklagt, sie haben auch die Einschränkungen und Abhängigkeiten der Hausfrauen und Mütter aufgezeigt. Viele fordern das Recht der Frauen auf Abbruch ungewollter Schwangerschaften, viele prangern öffentlich die Mißhandlungen von Frauen durch ihre Männer und Freunde an, viele kämpfen gegen ein entwürdigendes Frauenbild in der Werbung und gegen die Diskriminierung von Frauen im Beruf und in der Öffentlichkeit.

Seit einiger Zeit jedoch versuchen die Frauen ihre Weiblichkeit nicht nur als defizitär zu begreifen, sondern entdecken ihre Lebensformen und Verhaltensweisen als positive Möglichkeiten neu: Kinder gebären und aufziehen, mit ihnen leben; Tätigkeiten, die sich auf die unmittelbaren Bedürfnisse beziehen; die Konzentration auf emotionale Beziehungen, diese Dinge erscheinen als Möglichkeit, dem entfremdeten, von Produktionszwängen, Technologie und Bürokratie bestimmten Leben zu entkommen. Darin haben Frauen Anteil an den neuen Alternativbewegungen, für die eine »neue Wertorientierung« beschrieben wird. Gemeinsam mit jenen engagieren sich Frauen für Frieden und Umweltschutz. Mit der Betonung der weiblichen Fähigkeiten stehen Frauen indessen bereits wieder in der Gefahr, z. B. auf ihre mütterliche Rolle festgelegt zu werden (bei *Blüm*, 1981). Damit werden sie von öffentlicher Einflußnahme und selbständigem Leben abgeschnitten. Frauen müssen für sich die Teilhabe am öffentlichen und beruflichen Leben zugleich mit der Teilhabe am Leben mit Kindern einfordern und nach Möglichkeiten suchen, dies gleichberechtigt mit den Männern zu realisieren.

Renate Thiersch

Literatur

Badinter, E., 1981: Die Mutterliebe. Geschichte eines Gefühls vom 17. Jahrhundert bis heute, München/Zürich – *Beauvoir, S.*, 1960: Memoiren einer Tochter aus gutem Hause, Hamburg – *Bebel, A.*, 1911: Die Frau und der Sozialismus. Stuttgart 1911 – *Beck-Gernsheim, E.*, 1976: Der geschlechtsspezifische Arbeitsmarkt. Zur Ideologie und Realität von Frauenberufen, München/Frankfurt/M. – Berliner Pädagoginnengruppe 1979: Feministische Mädchenarbeit. In: Beiträge zur feministischen Theorie und Praxis 2, München – *Belotti, E. G.*, 1975: Was geschieht mit kleinen Mädchen? München – *Benard, Ch./Schlaffer, E.*, 1978: Die ganz gewöhnliche Gewalt in der Ehe, Reinbek – *Bilden, H.*, 1980: Geschlechtsspezifische Sozialisation. In: *Hurrelmann, K./Ulich, D.* (Hrsg.): Handbuch der Sozialisationsforschung, Weinheim – *Blüm, N.*, 1981: Rede bei der 19. Bundestagung der Christlich-Demokratischen Arbeitnehmerschaft in Mannheim. In: Frankfurter Rundschau, 14. Okt. 1981; gekürzt abgedruckt in: Neue Praxis aktuell, Dez. 1981 – *Brandt, G./Kootz, J./Steppke, G.*, 1973: Zur Frauenfrage im Kapitalismus, Frankfurt/M. – Brownmiller, S., 1978: Gegen unseren Willen. Vergewaltigung und Männerherrschaft, Frankfurt/M. – *Chesler, Ph.*, 1974: Frauen – das verrückte Geschlecht? Reinbek – *Cranach, M. von*, 1979: Methoden der Schlußfolgerung vom tierischen auf menschliches Verhalten. In: *Degenhardt/Trautner* (Hrsg.): Geschlechtstypisches Verhalten, München – *Degenhardt, A./Trautner, H. M.* (Hrsg.), 1979: Geschlechtstypisches Verhalten. Mann und Frau in psychologischer Sicht, München – *Drake, H.*, 1980: Frauen in der Sozialarbeit, Neuwied – *Elias, N.*, ²1969: Über den Prozeß der Zivilisation. 2 Bde., Bern/München – *Engels, F.*, ⁷1964: Über den Ursprung der Familie, des Privateigentums und des Staats, Berlin (DDR) – *Franck, B.*, 1979: Ich schau in den Spiegel und sehe meine Mutter. Gesprächsprotokolle mit Töchtern, Hamburg – *Friday, N.*, 1979: Wie meine Mutter, Frankfurt/M. – *Fromm, E.*, 1978: Haben oder Sein. Die seelischen Grundlagen einer neuen Gesellschaft, Stuttgart – *Hagemann-White, C.*, 1979: Frauenbewegung und Psychoanalyse, Basel/Frankfurt/M. – *Hammer, S.*, 1978: Töchter und Mütter – über die Schwierigkeiten einer Beziehung, Frankfurt/M. – *Hausen, K.*, 1976: Die Polarisierung der »Geschlechtscharaktere« – Eine Spiegelung der Dissoziation von Erwerbs- und Familienleben. In: *Conze, W.* (Hrsg.): Sozialgeschichte der Familie in der Neuzeit Europas, Stuttgart – *Janssen-Jurreit, M.*, 1976: Sexismus. Über die Abtreibung der Frauenfrage, München – Jugend '81, 1981: Lebensentwürfe, Alltagskulturen, Zukunftsbilder. 3 Bde. Studie im Auftrag der Deutschen Shell, Frankfurt/M. – *Karsten, G.*, 1976: Mariechens Weg ins Glück? Die Diskriminierung von Mädchen in Grundschullesebüchern, Berlin – *Kieper, M.*, 1980: Lebenswelten »verwahrloster« Mädchen. Autobiographische Berichte und ihre Interpretation, München – *Kohlberg, L.*, 1974: Analyse der Geschlechtsrollen-Konzepte und -Attitüten bei Kindern unter dem Aspekt der kognitiven Entwicklung. In: ders.: Zur kognitiven Entwicklung des Kindes, Frankfurt – *Langenmayr, A.*, 1980: Diskriminierung von Mädchen in Erziehungsberatungsstellen, Frankfurt/M. – *Lefebvre, H.*, 1972: Das Alltagsleben in der modernen Welt, Frankfurt/M. – *Lehr, U.* (Hrsg.), 1978: Seniorinnen, Darmstadt – *Menschik, J.*, 1973: Gleichberechtigung oder Emanzipation? Die Frau im Erwerbsleben der Bundesrepublik, Frankfurt/M. – *Meves, Ch.*, 1971: Verhaltensstörungen bei Kindern, München – *Money, J./ Ehrhardt, A.*, 1975: »Männlich-Weiblich«. Die Entstehung der Geschlechtsunterschiede, Reinbek – *Mussen, P. H.*, 1969: Early Sex-Role Development. In: *Goslin, I. A.* (Ed.): Handbook of Socialization Theory and Research, Chicago – *Myrdal, A./Klein, V.*, 1956: Die Doppelrolle der Frau in Familie und Beruf, Köln/Berlin – *Ostner, I.*, 1978: Beruf und Hausarbeit. Die Arbeit der Frau in unserer Gesellschaft, Frankfurt/M. – *Ostner, I./Pieper, B.* (Hrsg.), 1980: Arbeitsbereich Familie. Umrisse einer Theorie der Privatheit, Frankfurt/M. – *Pross, H.*, 1975: Die Wirklichkeit der Hausfrau, Reinbek – *Richter, H. E.*, 1973: Konflikte und Krankheiten der Frau. In: *Claessens, D./Milhoffer, P.* (Hrsg.): Familiensoziologie, Frankfurt/M. – *Rubin, J. Z./Provenzano, F. J./Luria, Z.*, 1974: The Eye of the Beholder: Parents' View on Sex of Newborns. In: American Journ. Orthopsychiatry 44; 512–579 – *Salomon, A.* 1927: Die Ausbildung zum sozialen Beruf, Berlin – *Savier, M./Wildt, C.*, ²1979: Mädchen zwischen Anpassung und Widerstand. Neue Ansätze zur feministischen Jugendarbeit, München – *Scheu, U.*, 1977: Wir werden nicht als Mädchen geboren – wir werden dazu gemacht, Frankfurt/M. – *Shahar, Sh.*, 1981: Die Frau im Mittelalter, Königstein – *Simmel, M.*, 1979: In der Hauptsache ist der Sozialpädagoge eine Frau. Historische Überlegungen zum Selbstverständnis der Weiblichkeit als Beruf. In: Jahrbuch der Sozialarbeit 3, Reinbek – Sozialarbeiterinnengruppe Frankfurt, 1978: Gefühlsarbeit. In: Sozialmagazin – *Twellmann, M.*, 1972: Die deutsche Frauenbewegung. Ihre Anfänge und erste Entwicklung 1843–1889, Meisenheim – *Ussel, J.* van, 1970: Sexualunterdrückung. Geschichte der Sexualfeindschaft, Reinbek – *Weitzmann, L.* u. a., 1972: Sex Role Socialization in Picture Books for Preschool Children. In: Americ. Journ. of Sociology. –

→ Alter → Erwachsenensozialisation → Familienhilfe/Elternarbeit → Jugend → Kindheit

Freizeit

Theorie und Geschichte

Sobald vergesellschaftet lebende Menschen nicht mehr ihre gesamte Arbeitskraft (d. i. die gesamte Zeit, in der sie, ohne die natürliche Regenerationsfähigkeit ihres biologischen Systems zu zerstören, physische und nervliche Kraft verausgaben können) zur Sicherung ihres Lebensunterhaltes brauchen, entsteht gesellschaftliches Mehrprodukt in Form von disponiblen Gütern oder von disponibler Zeit: »Gemeinschaftliche Produktion vorausgesetzt, bleibt die Zeitbestimmung natürlich wesentlich. Je weniger Zeit die Gesellschaft bedarf, um Weizen, Vieh etc. zu produzieren, desto mehr Zeit gewinnt sie zu anderer Produktion, materieller oder geistiger. Wie bei einem einzelnen Individuum, hängt die Allseitigkeit ihrer Entwicklung, ihres Genusses und ihrer Tätigkeit von Zeitersparung ab.« »Die wirkliche Ökonomie – Ersparung – besteht in Ersparung von Arbeitszeit«; »freie Zeit« ist »sowohl Mußezeit als Zeit für höhere Tätigkeit« (*Marx*, o. J.).

Bezogen auf die Gesellschaft ist freie Zeit disponible Zeit zum Genuß und zu einer nicht für die Produktion lebensnotwendiger Güter gebrauchten Entfaltung der menschlichen Wesenskräfte. Unter vorindustriellen Bedingungen wurde die disponible Zeit (der gesellschaftliche Reichtum) in Form von Künsten, Festen usw. konsumiert (weitgehend als Privileg der herrschenden Klassen; nur in ökonomisch prosperierenden Zeiten und Gegenden hatten auch Bauern und Handwerker derartige Möglichkeiten, und zwar in höherem Maße als später die Arbeiter). Arbeitszeit und Nichtarbeitszeit wurden von der Zugehörigkeit zum Stand (mit ererbten unterschiedlichen Rechten und individuell nicht überwindbaren Schranken) bestimmt. Der Kapitalismus tendiert dazu, das gesellschaftliche Mehrprodukt als Kapital einem als Selbstzweck gesetzten wachstumsorientierten Produktions- und (in seiner Folge) Kapital-Konzentrationsprozeß zu widmen, während disponible Zeit, Genuß und Konsum zweitrangig werden oder diesem ökonomischen Prozeß untergeordnet werden.

Arbeitsfreie Zeit: Der so gesellschaftlich und politisch-ökonomisch deduzierte Begriff der freien Zeit als gesellschaftlich disponibler Entfaltungs- und Genuß-Zeit ist zu unterscheiden von dem formalen Freizeit-Begriff, der in der neueren Diskussion vorherrscht: Ausgangspunkt für ihn ist die Trennung von Arbeitszeit und Freizeit (»arbeitspolarer Freizeitbegriff«, *Opaschowski*, 1976). Mit der massenhaften Durchsetzung der Trennung von Wohn- und Arbeitsplatz in der Lohnarbeit wird es möglich, für größere Teile der Gesellschaft eindeutig zwischen Arbeitszeit und Freizeit zu differenzieren. Die in rudimentärer Form in allen einschlägigen Denksystemen von der Antike an erkennbare, in der Reformationszeit intensivierte und in der Aufklärungsphilosophie vollzogene Trennung zwischen berufs- bzw. pflichtenorientierter Zeitverwendung und »freier« Zeit zur Entfaltung der Persönlichkeit (*Nahrstedt*, 1972), die auch im Sprachgebrauch der Pädagogik realisiert ist (*Opaschowski,* 1976), konkretisiert sich mit der massenhaften Realisierung der nicht mehr ständisch gebundenen Lohnarbeit auf breiter Basis im Zeitbudget der Menschen.

Mit der Entstehung der »sozialen Frage« und der Arbeiterbewegung wird die arbeitsfreie Zeit des Lohnarbeiters im doppelten Sinne zum gesellschaftlichen (und nicht mehr nur philosophischen) Problem: erstens im Kampf um die Länge des Arbeitstages, zweitens in der Sorge um die »richtige« Verwendung der freien Zeit.

Die Länge des Arbeitstages: Der freie Lohnarbeiter bietet seine Arbeitskraft, sein einziges Vermögen, dem Unternehmer zum Kauf an. Der Käufer der Ware Arbeitskraft kauft die gesamte Arbeitsleistung für die entsprechende Zeit. Der Arbeiter erhält aber nur den Tauschwert für jene Waren, die er und seine Familie brauchen, um Leben und Arbeitsfähigkeit zu erhalten und wiederherzustellen. Über den Rest, den »Mehrwert«, verfügt der Unternehmer. Der Kampf um die Länge des Arbeitstages ist natürliche Folge des Lohnarbeitsverhältnisses. Der Kapitalist als Käufer der Ware Arbeitskraft sucht, wie jeder andere Käufer einer Ware, »den größtmöglichen Nutzen aus dem Gebrauchswert seiner Ware herauszuschlagen«. »Der Kapitalist behauptet so sein Recht als Käufer, wenn er den Arbeitstag so lang als möglich . . . zu machen sucht. . . . der Arbeiter behauptet sein Recht als Verkäufer, wenn er den Arbeitstag auf eine bestimmte Normalgröße, beschränken will« (*Marx,* 1961). Beider Interessen sind antagonistisch.

Bei der Bestimmung der Länge des Arbeitstages wirken jedoch auch objektive Faktoren mit. Es gibt für seine Verlängerung eine »natürliche« (auch von der Art des Arbeitsprozesses abhängige) Schranke, jenseits derer eine sinnvolle Arbeitsleistung nicht mehr möglich ist. Gleichzeitig bestimmen die Größe bzw. das Fehlen der industriellen Reservearmee, welches Maß an Raubbau mit der menschlichen Lebenskraft getrieben werden kann (ob man ein Arbeiterleben in 20, 30 Jahren verschleißen kann, wie im Frühkapitalismus, oder ob man dem biologischen System des Menschen angemessenere Erholzeiten einplanen muß). Je größer die Reservearmee und je geringer das Ausbildungsniveau, desto extensiver die unmittelbare Ausbeutung der Arbeitskraft; umgekehrt wird versucht, bei höherem Qualifikationsniveau und knappen Arbeitskräften den Arbeitsprozeß stärker zu intensivieren. Ferner bestimmt die für den Arbeitsprozeß notwendige Qualifikation das Maß an Zeit für Ausbildung und tätigkeitsparallele Bildung. Die noch nicht abgeschlossene Diskussion darüber, ob die mit der wissenschaftlich-technischen Revolution einhergehenden Veränderungen der Arbeitswelt eine höhere, umfassendere und vielseitigere Qualifikation notwendig machen (Requalifikationsthese), oder ob die damit verbundene Vereinfachung der Tätigkeiten einen Bedeutungsverlust der Qualifikation nach sich zieht (Dequalifikationsthese), hat auch Konsequenzen für die Bedeutung, die man der in der arbeitsfreien Zeit stattfindenden allgemeinen Bildung und Entfaltung zubilligt. Bezieht man die »lebenspraktischen Grundqualifikationen« (*Opaschowski,* 1976), die sowohl bei der Arbeit als auch außerhalb notwendig oder von Nutzen sind, mit ein, und berücksichtigt man die Bedeutung, die Bildung und Entfaltung von emotionalen und sozialen Fähigkeiten für Demokratie und Zusammenleben besitzen, so läßt sich die Forderung nach mehr arbeitsfreier Zeit für mehr Entfaltung leicht gesellschaftlich und politisch rechtfertigen.

Statistisch hat sich die Arbeitszeit vor allem in den letzten Jahren nicht mehr in dem früher erwarteten Maße verkürzt. Nach extrem langen Arbeitszeiten im Frühkapitalismus ist inzwischen in vielen Bereichen erst jene Länge der Arbeitszeit wieder erreicht, die im Mittelalter und der frühen Neuzeit vielfach üblich war (*Wilenski* in *Scheuch/Meyersohn,* 1972). Die Zahl der geleisteten Arbeitsstunden der männlichen Arbeiter in der BRD fiel nach dem Mikrozensus von 45,3 (1957) auf 40,8 (1974) Wochenarbeitsstunden; die der männlichen Angestellten in der gleichen Zeit von 46,6 auf 42,5 Stunden. Die durchschnittlich geleistete Wochenarbeitszeit der Industriearbeiter sank von 1957 bis 1972 von 43,6 auf 38,0 Stunden. Beim häufigsten Typ der Zeitverteilung bei abhängig Arbeitenden bleiben ca. 3½ Stunden Tagesfreizeit am Werktag. Die Statistik weist im einzelnen eine breite Streuung in den verschiedenen Gruppen der Arbeiterschaft und eine starke Konjunkturabhängigkeit der Entwicklung nach (*Maase,* 1977).

Reproduktion der Arbeitskraft: Arbeitsfreie Zeit ist nicht identisch mit freier Zeit. Außerhalb der Arbeit findet zunächst die Wiederherstellung des Arbeitsvermögens statt (*Kramer,* 1975). Dazu gehören die physische und psychische Regeneration der Arbeitskraft; Essen, Trinken, Körperpflege, Schlafen, Sport, Gesundheitspflege genauso wie der Ausgleich der zunehmenden psychischen Belastungen der Arbeitswelt (auch die nicht-erwerbstätige Bevölkerung muß diejenigen physischen und psychischen Belastungen kompensieren, die aus dem alltäglichen Lebensprozeß resultieren). Bei der psychischen Regeneration spielen entspannende Unterhaltung (z. B. Fernsehen), aber auch zwischenmenschliche Beziehungen eine bedeutende Rolle. Liebe, Familie und Kindererziehen sind nicht nur ein wichtiger Bestandteil der für die seelische Gesundheit (und damit Arbeitsfähigkeit) notwendigen zwischenmenschlichen Beziehungen, sondern auch Teil der biologischen Art-Erhaltung, somit der Gewährleistung ausreichenden Nachschubs für die verbrauchte Arbeitskraft. Die ihnen gewidmete Zeit ist also ebenfalls Zeit, die in die (biologische) Wiederherstellung (Reproduktion) der Arbeitskraft eingeht. Sozialisation, Ausbildung und lebenslanges Lernen sind weitere Bestandteile der Reproduktion. Aber auch die Zeit, die für die gewerkschaftliche und politische Organisation aufgewendet wird, ist indirekt notwendig für die Sicherung des individuellen Arbeitsvermögens.

Die Freizeit-Forschung arbeitet aus diesen Gründen meist mit differenzierten Definitionen und spricht von Brutto-/Netto-Freizeit bzw. gliedert »Teilfreizeit« oder »Sekundärarbeit« (*Agritellis,* 1976) aus. *Opaschowski* (1976) unterscheidet, bezogen auf das ganze Zeitbudget (Arbeitszeit eingeschlossen), festgelegte Determinationszeit (Arbeit, Ausbildung), mit moralischen oder sonstigen Verpflichtungen gebundene Obligationszeit (Familienleben, Regeneration), und allein wirklich frei verfügbare Dispositionszeit. Die Gesetzgebung (z. B. das Urlaubsrecht) betrachtet arbeitsfreie Zeit vorerst noch nur unter dem Gesichtspunkt der Regeneration.

Man kann heute nicht mehr unterstellen, die arbeitende Bevölkerung brauche ihre arbeitsfreie Zeit voll zur Reproduktion und Regeneration. Es bleibt »disponible« Zeit zur Entfaltung und zum Genuß. Ob allerdings die gesellschaftlichen Möglichkeiten dafür vorhanden sind, ist eine andere Frage (z. B. eine der Kulturpolitik, vgl. *Hoffmann*, 1981).

Die Einheit der Lebenstätigkeit: Aus analytischen Gründen ist es notwendig, sich darüber Klarheit zu verschaffen, daß produktive Tätigkeit, Reproduktion und Entfaltung jeweils besondere Aspekte des Lebenszusammenhanges repräsentieren. In der Praxis sind sie jedoch miteinander verwoben. Regeneration und Reproduktion sind in vielen Fällen mit Entfaltung oder Genuß verbunden bzw. lassen sich damit verbinden. Die Entfaltung der berufsunspezifischen (z. B. schöpferischen) Fähigkeiten und Fertigkeiten in der freien Zeit hat direkte und indirekte Wirkungen auf die Arbeit. »Die freie Zeit... hat ihren Besitzer natürlich in ein anderes Subjekt verwandelt und als dies andre Subjekt tritt er dann auch in den unmittelbaren Produktionsprozeß« (*Marx*, o. J.). Und auch die Arbeit selbst wird als schöpferische Verausgabung von Kraft von vielen (besonders von den in der gegenwärtigen Verteilung der Arbeit privilegierten) positiv erlebt (*Höbermann*, 1975). Indem bei ihrer Ausübung immer neue Fertigkeiten erworben werden, erweitern sich durch sie auch die subjektiven intellektuellen und physischen Voraussetzungen zur berufsunspezifischen Entfaltung des Menschen. Würde man dies nicht berücksichtigen, so beginge man den gleichen Fehler wie manche Theoretiker der »Freizeitgesellschaft«: Bei ihnen wird die Zeit der Arbeit, bei der der Mensch seine besten Lebenskräfte verausgabt, aus dem Sinngefüge des individuellen Lebens ausgeklammert. Entfaltung findet aber in der Arbeit und in der Freizeit statt – es gibt eine Einheit des Lebensprozesses bzw. der Lebenstätigkeit, bezogen sowohl auf das Individuum als auch auf die Gesellschaft. Daran ändert auch der gesellschaftliche Zwangscharakter der entfremdeten Arbeit in der Klassengesellschaft nichts: Seine Arbeitstätigkeit (und nicht seine Freizeit) ist zu wesentlichen Teilen Grundlage der historischen Rolle des Arbeiters (*Maase*, 1977).

Opaschowski kritisiert zu Recht, daß die Freizeittheorie nicht berücksichtigt, daß nur 44 % der Bevölkerung erwerbstätig sind (und also wirklich zwischen Arbeits- und Nichtarbeitszeit unterscheiden können). Geht man von dem »holistischen« Begriff der ganzheitlichen Lebenszeit aus, dann verliert ein Begriff der Freizeit, der gewonnen ist aus der formalen Trennung zwischen Arbeitszeit und Nichtarbeitszeit, überhaupt seine Bedeutung. Analytisch unterscheiden kann man dann noch zwischen produktiver, reproduktiver oder entfaltungsorientierter Zeit, zwischen determinierter obligatorischer oder disponibler Zeit, zwischen Zeit, die für die Kultur (bzw. Entfaltung) der sozialen Beziehungen, des Körpers, der manuellen, geistigen und ästhetischen Fähigkeiten (oder welches Ordnungsprinzip auch immer man wählt) verwendet wird bzw. nützlich ist. Keine dieser Differenzierungen aber deckt sich mit derjenigen zwischen Arbeits- und Freizeit. Lebenstätigkeit (oder, mit wertendem Akzent, Entfaltung der menschlichen Wesenskräfte), verbunden mit mehr oder weniger intensiver Verausgabung von Kraft, findet in allen Bereichen statt.

Dies wird auch übersehen von den Theorien, in denen die individuelle Freiheit in der Freizeit fetischisiert wird. Sicherlich ist Charakteristikum der Freizeit ein höheres Maß an Wahlfreiheit als bei der Arbeit, und sicherlich gehört Freiheit zu den zentralen Werten des Menschen. Aber Lebenstätigkeit und Entfaltung sind nicht Produkt des isolierten, sondern des gesellschaftlichen Menschen, für den Arbeitsteilung und soziale Organisation mit ihren Folgen unverzichtbar sind (wenn auch ihre jeweilige Gestalt veränderbar ist). Freizeit ist Mittel zum glücklichen Leben, nicht Selbstzweck.

Freizeit wäre somit die nicht durch Arbeit und unmittelbare Reproduktion okkupierte Zeit der Erwerbstätigen; freie Zeit aber jene Zeit, in der erwerbstätige und nichterwerbstätige Menschen sich der nicht berufs-, ausbildungs- und pflichtenbezogenen Entfaltung der menschlichen Wesenskräfte sowie dem aktiven genuß- und glücksorientierten Lebensvollzug widmen.

Freizeit-Rahmenbedingungen und Freizeitpolitik

Zeitbudget-Studien, bei denen die Verwendung der gesamten Lebenszeit repräsentativ erfaßt wird, eignen sich am besten als empirisches Material zur Analyse der konkreten Zeitverwendung. Da sie nur das Vorhandene wiedergeben, ohne nach dem Zustandekommen oder der Veränderbarkeit zu fragen, können sie jedoch nicht unmittelbar Grundlage politischer Entscheidungen sein. War empirische Freizeitforschung früher zu großen Teilen Marktforschung für die Freizeitindustrie, so spielt sie heute in allen Gesellschaften als Grundlage für Politik und Planung zunehmend eine Rolle (_Werner_, 1975; _Gordon/Klopow_, 1976).

In jüngerer Zeit lenkt die Forschung besondere Aufmerksamkeit auf benachteiligte Gruppen (_Kohl_, 1976; _Christiansen/Lehmann_, 1976). Soziale Lage, Stellung in der Familie und Position im Lebenszyklus sind die für die Verminderung der Freizeitchancen maßgeblichen Aspekte. Die kumulative Wirkung von Benachteiligungen wird besonders deutlich bei berufstätigen Frauen mit Kindern; besonders unzufrieden sind jüngere verheiratete Personen. Aufgrund der räumlichen Situation sind die Bewohner von Orten unter 5000 Einwohnern deutlich benachteiligt. Formal ergibt sich auch eine Benachteiligung von Selbständigen und freien Berufen sowie an- und ungelernten Arbeitern.

Verhaltensweisen, Interessengebiete, »Hobbys« und kulturelle Betätigungsmöglichkeiten werden überwiegend im Jugendalter entwickelt. So wird über die Zeitverwendung im Rentenalter in hohem Maße bereits in der Zeit bis zum 19. Lebensjahr entschieden, solange man nicht die auch für Erwachsene möglichen Maßnahmen späterer Entfaltung verbessert. Bildung aber ist nicht unabhängig von der sozialen Lage. Im dreigliedrigen Klassen-Bildungssystem werden Lebenschancen, bezogen auf Beruf, Einkommen und Freizeit weitgehend durch das Bildungsschicksal zugewiesen. _Habermas_ (1958) hatte noch im Arbeitsschicksal den entscheidenden Faktor gesehen; aufgrund neuerer Forschungen wird dieser Zusammenhang relativiert (_Prahl_, 1977).

Vergleichsweise wenig entwickelt ist die Analyse der weiteren gesellschaftsspezifischen Rahmenbedingungen (_Agritellis,_ 1976). Zu ihnen gehört das (kommerzielle) Angebot von Waren und Dienstleistungen. Der Markt schafft zwar neue Bedürfnisse nicht autonom, leistet aber einen wichtigen Beitrag zur spezifischen Entwicklung der vorhandenen und somit zur Gestalt der zukünftigen Bedürfnisstruktur. Analysen über die materielle Struktur von Freizeit-Märkten (*Haug,* 1971) und die daraus resultierenden Konsequenzen sind wichtig, ebenso der Vergleich der unterschiedlichen Dynamik von öffentlichen, kommerziellen und gemeinnützig-kostendeckenden Angeboten. Eine große Bedeutung für das Zeitbudget besitzen die Massenmedien (*Rudinger* in *Schmitz-Scherzer,* 1974), und zwar nicht nur quantitativ, sondern auch dadurch, daß sie aufgrund der besonderen Form ihres Angebotes die Zeitverwendung strukturieren und die Bedürfnisstruktur entwickeln.

Ziele der Freizeitpolitik: Bevormundende Freizeitpolitik entstand, als die Arbeiter ihre freie Zeit nicht mehr nur zur Reproduktion ihrer Arbeitskraft verwenden mußten (*Böhmert* in *Giesecke,* 1971). Aus politischen Gründen und zwecks Erhaltung der Arbeitskraft versuchte man den arbeitenden Menschen unpolitische und nicht gesundheitsgefährdende Freizeit-Verhaltensweisen nahezubringen und schränkte so ihr Recht auf Persönlichkeitsentfaltung und ihre kollektiven Handlungsmöglichkeiten ein. Im Faschismus spielte die Konditionierung der Bevölkerung für die besonderen Bedürfnisse des Herrschaftssystems eine ausgeprägte Rolle (*Huck,* 1980).

Die konservative kulturkritische Freizeitforschung (*Weber,* 1963), in der bevormundende Tendenzen weiterleben, arbeitet zwar, bezogen auf die Konsumorientierung und die formationsspezifischen Besonderheiten, wichtige Aspekte heraus, bezieht sich aber insgesamt auf ein traditionelles, benachteiligende Strukturen und Privilegien bestätigendes Konzept. Ihr entgegen stehen oberflächlich hedonistische Konzeptionen, die behaupten, den »Massen« in nicht-bevormundender Weise ihren »Freizeit«-Spaß zu lassen, sie aber in Wirklichkeit dem Markt und den potentesten Einflüssen überlassen. Gleichzeitig wird dabei die Scheidung zwischen »Kultur« für die Eliten und »Freizeit« unverbindlicher Art für die Massen verfestigt (*Maase* in *Friesel/Timm,* 1973).

Inhalte der Freizeitpolitik: Öffentliches Handeln im Freizeitbereich, also Freizeitpolitik, bezieht sich auf verschiedene Aspekte. Zunächst müssen geeignete Bedingungen zur Reproduktion und Regeneration geschaffen werden (Sportstätten, Infrastrukturausstattung, Humanisierung der Arbeitswelt zwecks Reduzierung der Belastungen am Arbeitsplatz usf.). Der Anspruch auf darüber hinausgehende Entfaltungsmöglichkeiten in allen relevanten Bereichen resultiert ähnlich wie in der Kulturpolitik aus dem Charakter des demokratischen und sozialen Rechtsstaates (*Pappermann,* 1980). Die Entfaltung von körperlichen, intellektuellen, sozialen und emotionalen Kräften und Fähigkeiten in einem Freizeitangebot, das nicht nur der Regeneration dient, sondern Teil der aktiven Mitwirkung an der Gestaltung der Lebenswelt ist, gehört zu den Programmpunkten demokratischer Kultur- und Freizeitpolitik, die als Einheit gesehen werden muß (*Hoffmann,* 1981). Die zunehmende Bedeutung des Kultur- und Freizeitbereiches wird heute von Politikern aller Richtungen anerkannt. »Steigende Freizeitbedürfnisse werfen Probleme auf, die weder vom einzelnen noch vom freien Spiel der Kräfte allein zufriedenstellend gelöst werden können« (*Focke* in Freizeitpolitik, 1975). In mehreren Bundesländern gibt es Pläne und Programme für den Bereich Freizeit und Erholung (*Lenz-Romeiß*, 1976; *Laufer* u. a., 1976).

Fragt man nach den tieferen Gründen für diese seit ca. 1970 allgemein anerkannte Bedeutung des Freizeitbereiches, so erhält man keine eindeutigen Aussagen. An der Oberfläche erscheint als Motiv vielfach der »Freizeitwert« der Städte und Regionen. Kultur- und Freizeiteinrichtungen werden mit dem Argument befürwortet, mit ihrer Hilfe könne man den »Freizeitwert« einer Stadt verbessern. Dadurch sollen qualifizierte Arbeitskräfte, Industrie und Kaufkraft in eine Stadt oder Region gelockt werden, damit sich die Wanderungsbilanz verbessert oder sich die Finanzkraft erhöht. Überläßt man die Entwicklung des Kultur- und Freizeitangebotes jedoch nur dem Konkurrenzprinzip, würden erstens die Bewohner finanzschwacher Regionen immer stärker benachteiligt, und zweitens käme man einseitig nur den Interessen der im Erwerbsleben befindlichen Teile der Bevölkerung nach. Kontakt-, Spiel- und Bewegungsmöglichkeiten, die früher in einer Gesellschaft mit weniger intensiver Verdichtung gleichsam »naturwüchsig« vorhanden waren, müssen heute angesichts komplexerer Sozialstruktur, differenzierterer Anforderungen und gewachsener Ansprüche an eine gesunde und befriedigende Wohnumwelt bewußt und planvoll bereitgestellt werden.

Die Planung tendiert dazu, das Schwergewicht auf flächen- und infrastrukturorientierte Freizeiteinrichtungen zu legen. Dadurch wird der gängige arbeitspolare Freizeitbegriff bestätigt. *Lenz-Romeiß* spricht in diesem Zusammenhang von der »Infrastrukturfalle« (1975). Die »einseitig raumbezogene Sichtweise« trägt bei zu einer »Unterbewertung der sozialen und politischen Möglichkeiten von Freizeit sowie vielleicht erforderlicher nicht-materieller Freizeitinfrastruktur« (*Affeld* in Freizeit '74). Zur Freizeitpolitik gehört auch die Planung des gesellschaftlichen Zeitbudgets, z. B. Arbeitsverteilung als arbeitsmarkt- und bildungspolitisches Instrument (*Külp/Müller,* 1973), oder die Planung von Arbeits- und Urlaubsrhythmen als verkehrs- und nachfragelenkende Maßnahme (*Teriet,* 1976).

Qualitative Freizeitpolitik: *H. v. Hentig* (1970) hat darauf hingewiesen, daß in der freien Zeit auch jene gesellschaftlichen Tätigkeiten fällig werden, die für das Funktionieren eines demokratischen gesellschaftlichen Systems notwendig sind. So sind die Beteiligung an Politik und Selbstverwaltung und der aktive Beitrag zur Gestaltung der Lebenswelt zeitlich weitgehend an die arbeitsfreie Zeit gebunden. Je entwickelter das demokratische System ist, desto mehr Zeit wird dafür aufgewendet. Notwendig ist eine tragfähige qualitative Freizeitpolitik aber auch angesichts langfristiger gesellschaftlicher Probleme. Wenn eine Untersuchung über das Freizeitverhalten zu dem Ergebnis kommt, daß man »Anzeichen einer wachsenden Orientierung auf den privaten Lebensbereich hin« erkennen kann (*Wippler* in *Schmitz-Scherzer,* 1974), andererseits »ein Interesse an öffentlichen Fragen eine notwendige Bedingung für das Funktionieren eines demokratischen politischen Systems ist«, dann wird daraus die Notwendigkeit der Freizeit- und Kulturpolitik deutlich. Manche Kulturpolitiker schreiben Kultur und Freizeit sogar ausdrücklich eine »Steuerungsaufgabe« zu (*Glaser/Stahl,* 1974).

Notwendig wird es auch, das System der divergierenden Werte im kommerziellen und im gesellschaftlichen Bereich (z. B. Konkurrenz und Konsumbereitschaft im Gegensatz zu Partnerschaft und ökonomischem Einsatz von Kräften und Mitteln) zum Gegenstand bewußten Eingreifens zu machen. Geschieht das nicht, so werden im System der Bedürfnisse die gleichen Disproportionalitäten auftreten wie im System der Flächennutzung: Diejenigen Bereiche, in denen Profit erwartet werden kann, werden so intensiv entwickelt, daß die übrigen Bereiche an den Rand gedrängt werden und verkümmern.

Wenn von unterschiedlichsten Seiten her qualitative Eingriffe in die Entwicklung der Freizeit und damit der Bedürfnisstruktur für notwendig gehalten werden, dann wird die Frage um so wichtiger, in wessen Interesse mit welchen Inhalten geplant bzw. eingegriffen wird. Nicht, daß geplant wird, bedeutet eine Vergewaltigung der Menschen, sondern daß Freizeit- und Kulturplanung sich nicht primär an den Interessen der Mehrheit der Bevölkerung orientiert und nicht unter Beteiligung der Betroffenen stattfindet, vielmehr nur als technokratisches Hilfsmittel für die ökonomischen und gesellschaftspolitischen Ziele eines zum Selbstzweck gewordenen Wachstums benutzt wird. Damit treten Genuß und Entfaltung in der freien Zeit (als neben der bloßen Reproduktion einzig sinnvoller Zweck der gesellschaftlichen Produktion) in den Hintergrund zugunsten einer sich als Selbstzweck behauptenden profit- und konkurrenzorientierten Produktion. Hier liegt auch die partielle Berechtigung des Insistierens der Freizeitpädagogen auf der Autonomie der Freizeit: Sie besitzt diese Autonomie jedoch nur gegenüber der gesellschaftlichen Produktion (und der Politik), nicht aber als abgelöster Bereich der individuellen Lebenstätigkeit.

Notwendig ist nicht der Ausbau eines isolierten Feldes »Freizeit«, sondern eine integrierte Freizeit- und Kulturpolitik, die die Chancen vielseitiger umfassender kultureller Entwicklung für alle schafft und Bedingungen herstellen hilft, unter denen die Lebenstätigkeit gesellschaftlicher Individuen Naturbeherrschung und gesellschaftlichen Lebensprozeß zum Gegenstand bewußten, koordinierten Handelns macht, mit dem Ziel der Entfaltung menschlicher Lebens- und Glücksmöglichkeiten unter Wahrung der Voraussetzungen für die Fortexistenz der Gattung Mensch auch für zukünftige Generationen.

Dieter Kramer

Literatur

Agritellis, G. u. a., 1976: Der Zusammenhang von freizeitpolitischen Rahmenbedingungen und Freizeitinhalten (Schriften des BMfJFG Nr. 102), Stuttgart – *Andritzky, W./Bormann, W.*, 1978: Bessere Freizeitmöglichkeiten – Angebote und Rahmenbedingungen (Schriften des BMfJFG Nr. 116), Stuttgart – *Armbruster, H./Leisner, R*, 1975: Bürgerbeteiligung in der Bundesrepublik. Zur Freizeitaktivität verschiedener Bevölkerungsgruppen . . ., Göttingen – *Christiansen, G./Lehmann, K. D.*, 1976: Chancenungleichheit in der Freizeit (Schriften des BMfJFG Nr. 101), Stuttgart – *Friesel, U./Timm, U.*, 1973: Lesebuch 4: Freizeit, München – *Glaser, H./ Stahl, K. H.*, 1974: Die Wiedergewinnung des Ästhetischen. Perspektiven und Modelle einer neuen Soziokultur, München – *Gordon, L./Klopow, E.*, 1976: Der Mensch in seiner Freizeit, Moskau – *Haug, W. F.*, 1971: Kritik der Warenästhetik, Frankfurt/M. – *Hentig, H. v.*, 1977: Freizeit als Befreiungszeit, in: *Opaschowski*, 1977 –

Höbermann, F., 1975: Zur Polarisierung von Arbeit und Freizeit, Göttingen – *Hoffmann, H.*, [2]1981: Kultur für alle, Frankfurt/M. – *Huck, G.* (Hrsg.), 1980: Sozialgeschichte der Freizeit, Wuppertal – *Klemp, A./Klemp, J.*, 1976: Arbeitszeitverteilung und Freizeitgestaltung, Göttingen – *Kohl, H.*, 1976: Freizeitpolitik. Ziele und Zielgruppen verbesserter Freizeitbedingungen, Frankfurt/M. – *Kramer, D.*, 1975: Freizeit und Reproduktion der Arbeitskraft, Köln – *Külp, B./Mueller, R.*, 1973: Alternative Verwendungsmöglichkeiten wachsender Freizeit, Göttingen – *Laufer, H.* u. a., 1976: Freizeitpolitik von Bund, Ländern und Gemeinden, Göttingen – *Lenz-Romeiß, F.*, 1975: Freizeitpolitik in der Bundesrepublik, Göttingen – *Maase, K.*, Arbeitszeit – Freizeit – Freizeitpolitik, Frankfurt/M. – *Nahrstedt, W.*, 1972: Die Entstehung der Freizeit. Dargestellt am Beispiel Hamburgs, Göttingen – *Nahrstedt, W.*, 1974: Freizeitpädagogik in der nachindustriellen Gesellschaft, 2 Bde, Neuwied – *Opaschowski, H. W.*, [3]1977: Freizeitpädagogik in der Leistungsgesellschaft – *Opaschowski, H. W.*, 1976: Pädagogik der Freizeit. Grundlegung für Wissenschaft und Praxis, Bad Heilbrunn – *Pankoke, E.* u. a., 1975: Neue Formen gesellschaftlicher Selbststeuerung in der Bundesrepublik Deutschland, Göttingen – *Pappermann, E.*, 1980: Grundzüge eines kommunalen Kulturverfassungsrechts. Deutsches Verwaltungsblatt: 701–711 – *Prahl, H.-W.*, 1977: Freizeitsoziologie. Entwicklungen – Konzepte – Perspektiven, München – *Scheuch, E. K.*, 1969: Soziologie der Freizeit, in *König* (Hrsg.), Handbuch für empirische Sozialforschung Bd. II, Stuttgart – *Scheuch, E. K./Meyersohn, R.* (Hrsg.), 1972: Soziologie der Freizeit. Köln – *Schmitz-Scherzer, R.* (Hrsg.), 1974: Freizeit. Eine problemorientierte Textsammlung, Frankfurt/M. – *Schmitz-Scherzer, R.*, 1974: Sozialpsychologie der Freizeit, Stuttgart – *Schulze, H. M.* (Projektl.), 1976: Finanzierung, Trägerschaft und Organisation von Freizeitangeboten (Schriften des BMfJFG Nr. 107), Stuttgart – *Teriet, B.*, 1976: Neue Strukturen der Arbeitszeitverteilung, Göttingen – *Weber, E.*, 1963: Das Freizeitproblem. Anthropologisch-pädagogische Untersuchung, München – *Werner, A.*, 1975: Freizeit in der Bundesrepublik Deutschland. Freizeitverhalten, Freizeitplanung, Freizeit in politischen Theorien, Wiesbaden. –

→ Erwachsenenbildung/Weiterbildung → Erwachsenensozialisation → Jugend: Strukturwandel und Problemlagen → Kommunikation/Medienpädagogik → Theaterpädagogik

Gemeinwesenarbeit

Der Begriff Gemeinwesenarbeit (GWA) ruft eine Vielzahl von Assoziationen hervor, die alle schon zu diesem Gegenstandsbereich ausgeführt oder gedacht und je nach historischer Phase und gesellschaftspolitischem Standort unterschiedlich beantwortet worden sind. Gemeinwesen: Ist damit jede Form des menschlichen Zusammenlebens in Städten und Dörfern gemeint, oder welche Minimalansprüche an die inhaltliche Ausgestaltung des Zusammenlebens werden damit ausgedrückt? Werden sie erfüllt, oder wenn nicht, warum nicht? Gibt es Gemeinwesen oder sind sie eine ideologische Konstruktion? Arbeit in einem Gemeinwesen: Bedarf jedes Gemeinwesen dieser Arbeit, oder ist es eine spezielle Arbeit für oder mit benachteiligten Menschen in benachteiligten Gebieten? Soll diese Arbeit Lohnarbeit oder freiwillige solidarische Arbeit sein? Von welchen gesellschaftlichen Bedingungen und historischen Konstellationen ist diese Arbeit abhängig? Wann nimmt sie zu, und wann geht sie zurück? Welche Ziele verfolgt sie? Die Vielfältigkeit der Frage- und Antwortmöglichkeiten geben Anhaltspunkte dafür, die unterschiedlichen historisch stattgefundenen Ansätze, die literarische Auseinandersetzung und die heutige praktische Entwicklung von GWA verstehen und beurteilen zu können.

Die Wurzeln der Gemeinwesenarbeit

Die historische Entwicklung zur GWA läßt sich grob in drei Phasen gliedern, die in den einzelnen Ländern unterschiedliche Ursachen und Verlaufsformen hatten. Gemeinsam war ihnen der Versuch, neu entstandene oder aufgebrochene gesellschaftliche Konflikte zu bewältigen, für die keine gesellschaftlichen oder staatlichen Lösungen vorhanden waren.

In England entstand ab 1884 und in Deutschland ab 1911 (Soziale Arbeitsgemeinschaft Berlin-Ost) eine von ehrenamtlich arbeitenden, humanistisch gesonnenen Intellektuellen und Vertretern der Kirche initiierte soziale Bewegung in den Arbeitervierteln. Diese Bewegung organisierte Nachbarschaftszentren, genannt settlements, und wollte durch materielle und soziale Hilfeleistungen – wie Durchsetzung der Einhaltung sozialgesetzlicher Bestimmungen, Kinder- und Jugendgruppen, Freizeiten usw. – zur Versöhnung zwischen den Klassen beitragen. Das Ziel dieser Aktivitäten war die Aktivierung im Rahmen demokratischer Verhaltensweisen anhand nachbarschaftlicher Selbstorganisation. Der gemeinsame Ursprung dieser Bewegung in England, später dann auch in den USA und Deutschland, war das allgemeine Elend der Arbeiterklasse (das es aber schon etwa seit einem halben Jahrhundert gab) und das Engagement aufgeklärter Bürger, das durch die nicht mehr ignorierbare Stärke der Arbeiterbewegung Unterstützung fand (in England mehr als in Deutschland). Dieses mitmenschliche Engagement wollte die Notlage der Arbeiterklasse beseitigen, ohne deren Ursache in der auf Konkurrenz- und Profitstreben beruhenden kapitalistischen Produktionsweise voll zu erkennen. 1886 entstand die erste Nachbarschaftseinrichtung in New York, in

Anlehnung an das englische Vorbild. Große Bedeutung erlangte die Bewegung in den Einwanderervierteln im Osten der USA, wo sie erste Hilfestellungen für Neuankömmlinge bot, die zu der Zeit nur noch schwer Arbeitsplätze und Wohnungen fingen konnten. Gleichzeitig entstanden im Westen der USA, wo die noch verbliebenen weniger fruchtbaren Gebiete oft von berufsfremden Siedlern urbar gemacht wurden, ›agricultural colleges‹, die sowohl landwirtschaftliche Kenntnisse wie auch Fähigkeiten zum Aufbau demokratischer Gemeinden (communities) vermittelten. In diesen neugegründeten Siedlungen entwickelten sich auf private Initiative Gemeindeorgane (community councils) zur Koordination aller vorhandenen sozialen Bedürfnisse. Die Notwendigkeit gemeinschaftlichen Handelns und Gründung entsprechender Organe ergab sich aus dem für diese neubesiedelten Gebiete fehlenden staatlichen Rahmen (*Vogel/Oel,* 1966; *Gramm,* 1965). Die Zielgruppen der Settlementbewegung und der community organization waren in Europa die Arbeiterklasse als ganzes und noch nicht ihre marginalisierten Teile. In den USA galt dies für aktive Bürger unterschiedlicher Herkunft, die noch nicht einem festen Sozialgefüge zugeordnet waren und die Initiativen für einen neuen Lebenszusammenhang ergriffen hatten. Besonders die amerikanische Bewegung war an die spezifische Situation einer Gesellschaft im Aufbau gebunden.

Nach dem 1. Weltkrieg wurde in den USA die Idee der community organization zur Lösung der Kriegsfolgeprobleme wieder aufgegriffen, diesmal aber als sozialwissenschaftliche Strategie und verallgemeinerte Methode zur Slumsanierung und sozialen Landreform angesichts wachsender Verelendung. Die Idee der Selbstorganisation wurde jetzt verengt auf Koordinierung und Reformierung erstarrter Sozialeinrichtungen und Verwaltungsorgane, die dem Ansturm der sozialen Probleme – Umstellung auf Friedensproduktion, Regulierung neuer Einwandererströme, Zunahme landwirtschaftlicher Not durch sinkende Erzeugerpreise – hilflos gegenüberstanden. Einen neuen Impuls erhielt diese soziale Reformbewegung durch die Weltwirtschaftskrise, ihre eigentliche Bedeutung gewann sie aber erst durch die soziale Misere nach dem 2. Weltkrieg. Die allgemein notwendig gewordenen staatlichen Interventionen hatten auch im sozialen Bereich Konsequenzen, nämlich die Planung z. B. durch wirtschaftliche und pädagogisch-soziale Regierungsförderungsprogramme. Die ursprünglichen Ansprüche von Selbstorganisation der eigenen Bedürfnisse gingen nach gesellschaftlichen und staatlichen Transformationsprozessen weitgehend durch Planung und Absicherung von Wirtschafts- und Machtinteressen verloren.

In Deutschland führten die massiven sozialen Probleme Ende der 20er/Anfang der 30er Jahre, die weder von staatlichen noch von privaten Wohlfahrtsmaßnahmen aufgefangen werden konnten, zu Gemeinwesenaktivitäten (Stadtteilarbeit) der KPD in Form von sozialpolitischen Selbsthilfeorganisationen und Straßenzellen. Die übergeordnete Organisation war dabei die Ende 1927 gegründete Arso (Arbeitsgemeinschaft proletarischer Organisationen), die gegen den Abbau der Sozialversicherungen, Wohnungselend, Mietwucher, Kürzung der Wohlfahrtsleistungen und Verschärfung der Repression im Fürsorgewesen kämpfte. Die Arso bildete einen Zusammenschluß kleinerer Gruppen wie Mieterverbände, IAH

(Internationale Arbeiterhilfe), IB (Intern. Bund der Opfer des Krieges und der Arbeit), Rote Hilfe, Erwerbslosenausschüsse usw. Gegliedert war sie in Orts- und Fachausschüsse und versuchte mit Hilfe der KPD-Abgeordneten Einfluß auf die Kommunalpolitik zu nehmen. Auf dem 1. Reichskongreß der Arso 1930 wurde die Errichtung unentgeltlicher Beratungsstellen beschlossen, die der Aufklärung über die dem einzelnen zustehenden Rechte dienen und gleichzeitig auf die Möglichkeiten juristischer, ärztlicher, Erziehungs- und allgemeiner sozialer Hilfen hinweisen sollten. Diese Beratungsstellen entstanden in kleinen wie großen Städten. In Berlin gab es 1930 allein 5, die hauptsächlich mit Mietfragen und Exmittierungen beschäftigt waren. Resultat dieser Beratungen waren nicht selten solidarische Aktionen bei den Behörden. Daneben gab es in Berlin 20 Beratungsstellen der »Roten Wohlfahrt«, die sich in der Nähe staatlicher Ämter ansiedelten und Gegenauskünfte über Unterstützungsberechtigungen usw. gaben. 1932 existierten in Berlin bereits 60 Beratungsstellen, teils von der Arso, teils von einzelnen Gruppen. In mehreren Städten wurden in Neubauvierteln mit Sozialbauwohnungen Mietstreiks organisiert (1930 streikten in Breslau 4000 Mieter) oder Mieterhöhungen nicht gezahlt (1930 von 700 städtischen Mietern in Spandau). Bei diesen Wohnungskämpfen spielten die kommunistischen Straßenzellen (Organisationseinheiten der KPD neben den Betriebszellen angesichts zunehmender Arbeitslosigkeit) eine wichtige Rolle. Die IAH organisierte außerdem Streikhilfen und Kinderhilfsmaßnahmen wie Speisungen und Verschickungen (Proletarische Sozialpolitik, Jg. 1930–32). Eine wesentliche Differenz zwischen diesen Basisaktivitäten der KPD und den anderen Formen von Gemeinwesenorganisation liegt in der Zielsetzung der Arbeit: erstere waren Bestandteil des Klassenkampfes, während letztere sich auf eine partielle gesellschaftliche Demokratisierung bezog. Nach dem 2. Weltkrieg griffen amerikanische und englische Wohlfahrtsorganisationen die Ideen der Settlementsbewegung als Teil des »reeducation – programs« (Erziehung der Deutschen zur Demokratie) in ihren deutschen Besatzungszonen wieder auf. Organisationskern waren Nachbarschaftsheime, die zusammen mit den Deutschen in Selbsthilfeaktionen (meistens gegen Mahlzeiten) aufgebaut wurden und beschränkt materielle Hilfe leisteten, vor allem aber pädagogische Programme mit dem Ziel der Erziehung zur demokratischen Gemeinschaft auf Gemeindeebene aufstellten. Gleichzeitig wurden von den Besatzungsmächten die Forderungen deutscher Arbeiter nach Produktionskontrollen und Sozialisierungen massiv unterdrückt. Mit voranschreitendem Wiederaufbau verloren die Heime ihre Bedeutung. Hatte die Settlementsbewegung in ihrem historischen Ursprung das Ziel der Klassenversöhnung, verliert sie in der Phase ihres Wiederauflebens jeden Bezug zu einer gesellschaftspolitischen Analyse (*Oestrich*, 1965).

Community Action, Stadtteilarbeit, Gemeinwesenarbeit

Das Ende der Konsolidierungsphase der Nachkriegszeit zeichnete sich in den USA Anfang der 60er Jahre durch wirtschaftliche Stagnation ab. Wachsende Arbeitslosigkeit führte zum verschärften Protest in den schwarzen Ghettos – zum Marsch auf

Washington mit *M. Luther King* 1963, zum Beginn der Kämpfe in den Ghettos in
Watts 1964, zur Gründung der Black Panther Party Ende 1966. Aufgeschreckt
durch diese Gegenwehrmaßnahmen setzte die Johnson-Regierung das schon in der
Kennedy Ära ausgearbeitete Konzept des »war on poverty« gegen die Konservativen unter der Parole »verwandelt Steueresser in Steuerzahler« durch, allerdings mit
Abstrichen (kurze Laufzeit der einzelnen Sonderprogramme und Zahlung der
Gelder an schon existierende staatliche Organisationen und Unternehmer). Die
gesellschaftliche Brisanz des Konzepts lag trotz der Abstriche in seinem antibüro-
kratischen Charakter und der Maxime der »most feasible participation« der
Betroffenen. Entsprechend beteiligten sich viele Aktivisten der Bürgerrechtsbewegung an den progressiven, neu entwickelten Programmen. Es umfaßte (Vor)schul-,
Ausbildungs-, Umschulungs- und Arbeitsmaßnahmen, Darlehen für kleine Selbständige und einige direkte Fürsorgeprogramme, in deren Rahmen ›community
action‹ zu den wichtigsten zählte. »Community action« war ein erneuter Versuch,
soziale Probleme mit Hilfe von Gemeinwesenorganisation zu lösen, die jetzt
erstmals im engeren Sinne ein Arbeitsfeld der Sozialarbeit wurde, angereichert um
radikale Aktionsformen der Bürgerrechtsbewegung. Die Maßnahmen der »community action« reichten von der Koordination der Wohlfahrtsagenturen bis zu
Versuchen des Machttransfers auf die Ärmsten. Besonders in der radikal-demokratischen Variante gewann »community action« seine Popularität: Macht soll den
Politikern genommen und an das Volk zurückgegeben werden. Die Programme
beschäftigten sich mit arbeitslosen Jugendlichen, Vorschulkindern, Rechtshilfe,
Ausbildungshilfen, Stadtteilzeitungen, »neighbourhood councils«, Mietergruppen
usw. Ihnen war gemeinsam, daß ein Drittel der an Organisation und Durchführung
der Aktivitäten Beteiligten Bewohner des Stadtteils sein mußten (als Finanzie-
rungsvoraussetzung). Allerdings beinhaltete die Zusammenarbeit mit den »informellen Führern« *(Alinsky)* das Problem, daß diese sich vom Stadtteil entfremdeten,
daß militante Führer durch Verwaltungsaufgaben integriert wurden und community action generell mit den Bewohnern Kontakt hielt, die am leichtesten zu erreichen
waren, d. h. motiviert genug, um sich am ehesten noch selber helfen zu können
(James, 1970). Der größte Teil des anti-poverty-programs war auf 1970 begrenzt,
faktisch aber war ihm seit 1968 durch die law and order-Politik im Zuge des
Vietnamkriegs (der zynischerweise vielen Armen zu Arbeitsplätzen verholfen hat)
der Todesstoß versetzt worden. Daß die amerikanischen Slums heute strukturell
bessere Lebensmöglichkeiten bieten als 1964 ist zu bezweifeln; einzelnen geholfen
hat das Programm sicher.

Mit dem Ende des kontinuierlichen Wirtschaftswachstums in der BRD (1966/67)
entstand eine breite außerparlamentarische Opposition, die etwa ab 1968/69 auch
im Sozial- und Jugendbereich zu einer erheblichen Kritik z. B. an der Situation der
Heimjugendlichen, Obdachlosen und der öffentlichen Kindererziehung führte. Die
sich verschlechternde Wohnsituation wurde besonders in der Verslumung profit-
trächtiger Altstadtgebiete, dem Neubau von riesigen Schlafstädten und den vollen
Obdachlosenquartieren deutlich. Sie war bedingt durch die schrittweise Einführung
der »weißen Kreise« mit der Aufhebung der Wohnraumbewirtschaftung (1960) und

dem Spekulations- und Bauboom (Mitte bis Ende der 60iger Jahre). In dieser Situation entstanden Initiativen in Stadtteilen (ab 69/70), die sich vor allem mit der Wohnsituation beschäftigten. Sie unterstützten ausländische Arbeiter im Kampf um menschenwürdige Wohnungen, arbeiteten in Obdachlosensiedlungen, berieten Mieter über ihre Rechte und leisteten Aufklärungsarbeit über Spekulanten. In Zusammenhang mit dieser Bewegung organisierten in den 70er Jahren einzelne Gruppen Hausbesetzungen von aus Spekulationsgründen leerstehenden Häusern, um Jugendzentren oder Wohngemeinschaften zu errichten. In diese Häuser wurden häufig auch Ausländer und Obdachlose aufgenommen. Die ebenfalls entstehende Mietstreikbewegung erfaßte z. B. in Frankfurt Ausländer, die in Abbruchhäusern skandalöse Mieten zahlten, außerdem nach drastischen Mieterhöhungen 1973 zeitweise bis zu 4000 Mieter der ABG (gemein. Aktienbaugesell. f. kleine Wohnungen) und Hellerhof AG.

Die durch diese breite Bewegung im Sozial- und Wohnbereich politisierten Sozialarbeiter brachten den Ansatz der Stadtteilarbeit als Gemeinwesenarbeit in die Sozialarbeit ein. Zudem waren die Mängel im Wohnbereich so offensichtlich, daß sich reformfreundlich gebende Kommunen, Sozialverwaltungen und Verbände angesichts des Scheiterns der traditionellen Sozialarbeit von GWA eine zeitgemäße und adäquatere Problemlösung versprachen. Diese Reformbewegung in der Sozialarbeit, die ihren Anstoß von unten erhielt und von oben bruchstückhaft in ihrer spezifischen Funktionalität gebilligt wurde, ist mit dem Ende der Reformperiode und erneuter Krise weitgehend gedrosselt worden; denn dieser Ansatz führte auch zu erhöhten Forderungen und Ansprüchen der Betroffenen und nicht nur zur reibungslosen Eingliederung (AG GWA der V. Gollancz Stiftung, 1973).

Die meisten der neueren Konzepte zur GWA beziehen sich auf eine oder einige der historischen Wurzeln der GWA – zumeist allerdings ohne zu reflektieren, ob deren besondere historische Entwicklung auf die heutigen gesellschaftlichen Bedingungen übertragbar sind.

Theoretische Ansätze

Handlungsleitendes Interesse aller Positionen zur GWA waren Ideen von Humanität und Demokratie. Unterschiede resultierten aus dem jeweiligen theoretischen und ideologischen Hintergrund sowie aus der Einschätzung von Durchsetzungsmöglichkeiten demokratischer Strukturen. Im folgenden soll die Entwicklung von GWA-Konzeptionen dargestellt werden, die sich in der BRD im wesentlichen in zwei Phasen vollzogen hat: akademische Rezeption von amerikanischer und holländischer Literatur sowie eigenständige Entwicklung von Ansätzen in Verbindung mit praktischem Engagement und sozialkritischer Literatur. In einem zweiten Schritt werden die kommunalpolitischen Bedingungen von GWA und ihre unterschiedlichen Einschätzungen beschrieben, da sie für das Verständnis der einzelnen Positionen von Bedeutung sind. Und drittens werden die unterschiedlichen Konzeptionen daraufhin untersucht, ob sie GWA als Methode oder neuen Ansatz von Sozialarbeit sehen.

Der Fehler der traditionellen und am meisten verbreiteten Lehrbücher zur GWA (*Friedländer/Pfaffenberger*, 1966; *Ross*, 1968 –USA–; *Boer/Utermann*, 1970 –Niederlande–) liegt in der mangelnden Beantwortung der Frage nach den gesellschaftlichen Rahmenbedingungen und führt damit unweigerlich zu ahistorischen idealistischen Annahmen über GWA. Anstatt von gesellschaftlichen Realitäten auszugehen, beziehen sich die Autoren auf harmonisierende Gemeinschaftsideologien. Dieser Ansatz vernachlässigt klassenbedingte Ungleichheiten, vorhandene Machtstrukturen und bürokratische Verfestigungen zugunsten einer Ideologie der nivellierten Mittelstandsgesellschaft. Eine solche Sichtweise reduziert GWA auf Aktionen wie Koordinierung der sozialen Dienste, Verhinderung der Geldstreichung für ein Nichtseßhaftenheim, Verbesserung des Straßenzustands usw., ohne die Begrenztheit dieser – an sich sinnvollen – Maßnahmen zu erkennen (Zur Kritik *C. W. Müller* in: *Müller/Nimmermann*, 1971).

Erst in einer zweiten Phase der Rezeption von GWA Ende der 60er Jahre, die von kritischen Sozialarbeitern getragen wurde, wurden auch der strikt reformpädagogische Ansatz *Spechts* und der radikaldemokratische *Alinskys* bekannt. Als zentrales Problem der Gesellschaft der USA sieht *Specht* (in: *Müller/Nimmermann*, 1971) Gewalt und Gesetzlosigkeit in den Gemeinden, die eine Reaktion auf das ungesetzliche Verhalten vieler Politiker seien. Zur Bekämpfung dieses Problems sollen »disruptive« Techniken eingesetzt werden. Darunter versteht *Specht* öffentlichkeitswirksame Aktionen, die zu größerer gesellschaftlicher Gerechtigkeit beitragen sollen. Der GWAer wird zum Organisator, der mit konfliktorientierten Mitteln (disruptiven Techniken) von öffentlichen Stellungnahmen über Boykotts bis zur Verweigerung – unter Vermeidung von Gewalt – versucht, zur Kooperation mit den verantwortlichen Instanzen vorzustoßen. *Alinsky* hingegen stellt die Frage der Macht ins Zentrum seiner Überlegungen. Da Macht auf zwei Säulen beruht – Geld und Menschen – und die Armen nur letzteres besitzen, müssen sie sich organisieren. Wesentliche Aspekte dieser Strategie sind genaue Kenntnis des Problems als Teil des Organisierungsprozesses, Auskundschaftung der Machtkonstellation, Suche nach unterstützenden Organisationen und Gruppen in und außerhalb des Stadtteils, Klarheit darüber, von und für wen die Organisation aufgebaut wird und schließlich die Organisierung von Aktionen wie Streiks, Demonstrationen, sit-ins usw. (*Alinsky,* 1974). Die erste und schwierigste Aufgabe des GWAers besteht in der Mobilisierung von informellen Führern im Stadtteil, um über sie gemeinsam mit den Betroffenen das Problem anzugehen und sich zu organisieren (*Alinksy* in: *Müller/Nimmermann,* 1971).

Seit Beginn der 70er Jahre werden auch in der BRD eigenständige, auf die hiesigen Verhältnisse zugeschnittene Konzeptionen entwickelt, die sich überwiegend dem »reformpädagogischen« oder dem »aggressiven GWA-Ansatz« (*C. W. Müller*) zuordnen lassen. Im wesentlichen kristallisieren sich zwei Positionen heraus, die beide vom »Dilemma des GWAers« ausgehen, der im Konflikt zwischen den Interessen seines Anstellungsträgers und den Bedürfnissen der Betroffenen steht. Er ist entweder von Entlassung bedroht oder wird gegenüber den Betroffenen als Bündnispartner unglaubwürdig. Trotz oder wegen des nicht lösbaren Dilemmas kann sich der GWAer nicht neutral verhalten, sondern muß sich entweder stärker auf das »Institutionenbein« oder stärker auf das »Basisbein« *(Raiser)* stützen. In der Kontroverse zwischen *Graf* und *Raiser* (in: *Graf/Raiser/Zalfen,* 1976) legt die radikalere Position *(Raiser)* das Schwergewicht der Arbeit auf die Aktivierung der Bewohner, die sie als zentrale Chance der Interessendurchsetzung sieht, während sich die andere Auffassung stärker als »Anwalt der Betroffenen« *(Graf)* versteht, der versucht, für die Betroffenen in den Sozialinstitutionen zu vermitteln. Hinter der letzteren Konzeption steht die Vorstellung einer möglichen Doppelstrategie, d. h., daß Reformen antikapitalistischen Charakter annehmen können und damit kommunalpolitische Intervention strategische Bedeutung gewinnt. Die erste Position verwendet die Institutionen nur taktisch. Hingegen sind die politischen Annahmen in der Kontroverse *Adams/Oelschlägel* (in: AG GWA, 1978) verdeckter. *Adams* Plädoyer für die Anwaltsplanung beruht (im Gegensatz zu *Graf*) auf der Überzeugung, daß »randständige Gruppen« von ihrer Persönlichkeitsstruktur her nicht fähig sind, Basisaktivitäten zu entwickeln, sondern nur zu solchen benutzt werden können. *Oelschlägel* versteht GWA als Strategie politisch-pädagogischen Handelns mit dem Ziel der Organisierung und Durchsetzung der Interessen der Betroffenen und der Organisierung der gemachten Erfahrungen. Skeptischer ist *Dickerhoff* (1974); sie sieht für GWA als »Veränderungsstrategie von unten« nur dann eine Chance, wenn sie stärker die Haltung der Bevölkerung und deren Wahrnehmung von GWA einbezieht, mit der Fachbasis in den Institutionen kooperiert und gegen die eigenen bürokratischen Tendenzen der Arbeitsorganisation angeht.

Gemeinwesenarbeit und Kommunalpolitik

Ein zentraler Unterschied zwischen den institutionellen Möglichkeiten der amerikanischen und holländischen GWA einerseits und der deutschen GWA andererseits liegt in der kommunalen Organisationsstruktur. In der amerikanischen und holländischen Kommunalstruktur ist Raum für bürgerschaftliche Selbstverwaltung angelegt. Hingegen kennt das deutsche Gemeinderecht die prinzipielle Allzuständigkeit der Gemeinde für die Belange der Bürger. Damit sind in Amerika und Holland in weitaus stärkerem Maße auf Gemeindeebene staatlich nichtorganisierte Bereiche vorhanden, innerhalb deren GWA als Bürgeraktivität stattfinden kann (*W. Müller* in: *Bahr/Gronemeyer,* 1974). Die strukturellen Veränderungen in der BRD seit Ende der 60er Jahre – Zerfall gewachsener städtischer Strukturen auf dem Hintergrund der kapitalistischen Konzentrationsbewegungen – förderte die Tendenz zur Sozialplanung. Sie soll einerseits das Chaos von Einzelmaßnahmen durch Zentralisierung beheben, andererseits durch Dezentralisierung (»Bürgernähe«) wachsende defizitäre Bereiche abdecken, um Folgekosten und Zerfallserscheinungen einzudämmen, beides auf dem Hintergrund von wachsender Abhängigkeit kommunalpolitischer Entscheidungen von finanz- und wirtschaftspolitischen Maßnahmen von Bund und Ländern wie auch des Erfordernisses, für neue soziale Infrastrukturprobleme Lösungen zu finden. Aus dieser widersprüchlichen Situation entwickeln die Träger kommunaler und verbandlicher Einrichtungen und die Sozialverwaltung ein ambivalentes Interesse für die GWA. Sie müssen sich einerseits hinreichend für präventive und tatsächlich problemlösende Maßnahmen öffnen; andererseits könnte diese Öffnung in Richtung Demokratisierung durch Mitbestimmung von Fachbasis und Bevölkerung einen nicht mehr kontrollier- und steuerbaren Machteinbruch bedeuten. Die Kernfrage ist also, geht die Kommune dieses Risiko einer problemadäquateren Sozialplanung ein oder ist dieses zu gefährlich. Dann muß sie sich weiterhin mit einer Feuerwehrfunktion in defizitären Bereichen begnügen. Für letzteres spräche sowohl die allgemeine öffentliche Finanzlage wie auch die Zunahme politischer Repression (s. zum Überblick: *Bianchi*, 1975; mit skeptischer Einschätzung: *Hübner/Siebel*, 1976; mit optimistischer Einschätzung: *Heiner*, 1975).

Gemeinwesenarbeit als Methode?

Von der konservativen und teilweise von der reformpädagogischen Seite her wird GWA als Methode, d. h. als »formale Beteiligungstechnik« *(W. Müller)* gesehen, die sich neben die älteren Methoden Einzelfallhilfe und Gruppenarbeit einreihen läßt. Der Methodenbegriff in der GWA wird so inhaltsentleert verwandt, daß diese Definition offenläßt, welche Ziele, Möglichkeiten und Interessen hinter den neuen Techniken zur Befähigung und Aktivierung stehen. Von den kritischen Positionen wird GWA als stadtteilbezogene Interventionsstrategie der Sozialarbeit – oder als entwickelte Form kommunaler Fürsorge (*C. W. Müller* u. a. in: AG GWA, 1978) begriffen, die die Sozialarbeit zu präventiv-kollektiven Alternativen führt und bei traditionellen Methoden auf eine Umweltorientierung hinwirken soll (ökologischer Ansatz). Dementsprechend muß GWA alle Methoden der Sozialarbeit verwenden und noch um weitere (direkte Aktionen, go-in, Besetzungen etc.) ergänzen, um mit den Betroffenen zusammenarbeiten zu können und sichtbare Wirkungen zu erzielen (*Oelschlägel* in: AG GWA, 1978; *W. Müller* in: *Bahr/Gronemeyer,* 1974; *Wichmann/C. W. Müller* in: AG GWA, 1978). Faktisch bahnt sich leider eher eine rückwärtsgerichtete Entwicklung an, die einem ökologischen Ansatz von Sozialarbeit widersprechen: Schließung von Stadtteilzentren, GWA-Projekten, Jugendzentren, autonomen Frauenhäusern u. a.
Die Vertreter des »aggressiven Konzepts« von GWA sehen eine enge Verbindung zwischen GWA und anderen eher politisch ausgerichteten Aktivitäten wie Bürgerinitiativen und Stadtteilgruppen. Obwohl die Grenzen zwischen den drei Begriffen fließen, läßt sich als Abgrenzungskriterium die berufliche Tätigkeit in der GWA im Vergleich zur unabhängigen selbständigen politischen Betätigung in Bürgerinitiativen und Stadtteilgruppen nennen. GWA als sozialarbeiterischer Beruf ist sowohl durch die Abhängigkeit vom Träger wie auch durch die Schwierigkeit der Mobilisierung marginalisierter Gruppen begrenzt, während freie Initiativen nur an ihr Programm und ihre Überzeugungschance gebunden sind. Dabei können durch GWA durchaus Bürgerinitiativen angeregt und unterstützt werden, was zu einem größeren Spielraum für GWA und Verbesserungen für die Betroffenen führen

kann. Stadtteilgruppen als politisch aktive Gruppen, im Gegensatz zu politisch weniger festgelegten Bürgerinitiativen, können ebenfalls wichtige Bündnispartner für GWA werden, da sie eine politisch weiterführende Perspektive bieten können (*Höbel/Seibert,* 1973; *Hauss* und *C. W. Müller* u. a. in: AG GWA, 1978). Jenseits der Kontroverse über den Stellenwert von GWA im Arbeitsfeld der Sozialarbeit, bleibt das zugrundeliegende Problem – Aufhebung der strukturellen Benachteiligung marginalisierter oder von Marginalisierung bedrohter Gruppen – ungelöst. Selbst das weitreichendste Modell von GWA bleibt eine Sisyphosarbeit, da es immer nur an der bestehenden Not und Diskriminierung einzelner Gruppen ansetzen kann. Die verursachenden Faktoren von Ungleichheit im Produktions- und Reproduktionsprozeß der Gesellschaft können durch GWA nicht beseitigt werden.

Praktische Ansätze

Die »Blütezeit« von GWA in der BRD – voller Hoffnungen auf weitreichende Veränderungen und strukturelle Reformen im Sozialbereich – dauerte etwa von 1969–1973. Heute sind viele Projekte reduziert (München-Hasenbergl), liquidiert (Frankfurt-Bockenheim), integriert (GWA-Teams in Frankfurt), Fortbildungsmöglichkeiten eingeschränkt (Auflösung der V. Gollanczstiftung), Studiengänge zur GWA trotz Ausweitung und Konkretisierung in Gefahr (Interesse an Abschaffungen Bayr. Städtetag). Statt dessen wendet sich das fachliche, literarische und öffentliche Interesse den Alten und Behinderten (also einzelnen Problemgruppen) zu, die es sicher bitter brauchen, aber das dahinterstehende Motiv ist, daß Ruhe ins Land einkehre.

Es ließen sich in der ersten Hälfte der 70er Jahre zwei generelle Tendenzen der Integration der GWA in die Sozialarbeit feststellen: als spezialisierte Berufspraxis in neu entwickelten Projekten (z. B. Stuttgart, Bereich Sozialplanung) oder als erweiterter Arbeitsansatz in bereits institutionalisierter Sozialarbeit (z. B. Ausländerarbeit, Pforzheim). Daneben entstand eine Reihe Projekte als Hochschulinitiativen (Berlin, Märkisches Viertel; Hannover-Linden; Hamburg, Karolinenviertel; Hamburg-Sonnenland), die teilweise später als eingetragene Vereine weitergeführt werden. Die Hauptpraxisfelder der GWA sind Obdachlosenquartiere, Neubauviertel und Sanierungsgebiete in Altstadtvierteln als den wesentlichen lokal benachteiligten Bereichen, ergänzt durch einige Arbeitsplätze in kommunalen Sozialverwaltungen oder in neu geschaffenen Gremien zur Wahrnehmung von Planungs- und Koordinierungsaufgaben. *W. Müller* (in: *Bahr/Gronemeyer,* 1974) unterscheidet zwei Praxisphasen der GWA: die 1. Phase (Anfang der 60er Jahre, die eher aus einzelnen Projekten bestand) hatte sich lokale Verbesserungen durch Selbsthilfeinitiativen und/oder Einflußnahme auf Planungsprozesse zum Ziel gesetzt, während in der 2. Phase über die Protestbewegung Ende der 60er Jahre neue – GWA auf eine überlokale Dimension hebende – Handlungsmodelle der sozialen Aktion (*Hessel,* 1973; *Reckmann,* 1971) und Formen von Stadtteilarbeit als Ausdruck eines erweiterten Konfliktbewußtseins hinzugenommen wurden (z. B. überreg. Obdachlosenarbeit in NRW durch die Förderergemeinschaft Kinder in Not; München-Haidhausen). Aufgrund der gesellschaftskritischen Dynamik von GWA sind die großen Trägerorganisationen von Sozialarbeit eher zurückhaltend in der praktischen Förderung von GWA-Projekten geblieben, so daß viele von kleinen Trägern (manchmal im Zusammenhang mit Hochschulen und Fortbildungseinrichtungen) finanziert werden. Eine wichtige Rolle spielt die Kirche als Träger von GWA, besonders in Neubaugebieten und als Fortbildungsinstanz (Burckhardthaus Gelnhausen, ev. Akademie Bad Boll). Das Interesse der Kirche liegt in einer aktiven christlichen Gemeindetätigkeit, die den Anforderungen der heutigen Gesellschaft gerecht wird (zur Tätigkeit der Kirche vgl.: *Dennig/Kramer*, o. J.; *Seippel*, 1976; *Oelschlägel* in: AG GWA, 1978).

Eine empirische Untersuchung über GWA in der BRD, die allerdings keine systematische Erfassung aller Projekte enthielt, wurde Mitte 1971 von der V. Gollancz-Stiftung (Materialien 4, 1973) durchgeführt. Die Untersuchung beruht auf Erhebungen bei 38 Projekten, von denen 16 in Neubaugebieten, 11 in Obdachlosensiedlungen, 7 in Sanierungsgebieten und 4 in sonstigen Bereichen (Dorf, Ausländergemeinde, Wohnungsbaugesellschaft, Planungsberatung) arbeiteten. Die meisten Projekte wurden von regionalen kirchlichen Einrichtungen (13) oder kirchlichen Wohlfahrtsorganisationen (9), 7 von kleinen lokal verankerten Vereinen getragen, und für 3 Münchener Projekte (Hasenbergl, Haidhausen, Perlach) hatten sich mehre Träger zusammengeschlossen. Die Projekte konzentrierten sich auf drei Problembereiche: deklassierte Gruppen (am häufigsten Kinder und Jugendliche), schlechte Lebensbedinunen und Probleme der Kommunikationsstruktur, wobei die letzteren zwar selten als verursachende Probleme gesehen wurden, aber ihre Veränderung vorrangig angestrebt wurde (20 Projekte).

7 Projekte (davon 5 im Obdachlosenbereich) vertraten explizit einen aggressiven Ansatz durch Konflikt- und Konfrontationsstrategien. Die meisten Projekte leisteten sowohl funktionale, d. h. auf Koordination und Kooperation der traditionellen Träger gerichtete Arbeit wie auch lokale, d. h. therapeutische Arbeit, Bildungs-, Aufklärungs- und politische Aktivierungsarbeit, die schwergewichtig unterschiedlich verteilt wurde. In der Schlußeinschätzung ordnen die Autoren ebenso wie *Mesle* (1977) die Mehrzahl der Projekte einer eher konservativen Strategie *Rossscher* Prägung zu. Auch an diesen Ansätzen von GWA zeigt sich das Problem, daß GWA sich an diejenigen wendet, die noch am ehesten in der Lage sind, sich für eine Veränderung ihrer Situation einzusetzen. Alle diejenigen werden nicht erfaßt, die aufgrund passiv-resignativer Haltung solchen Aktivierungsangeboten schwer zugänglich sind.

Strukturelle Probleme

Zu leicht wird vergessen, daß GWA mit Beziehungen zwischen Menschen zu tun hat, die nicht nur als Gemeinwesenarbeiter und Betroffene, sondern als Personen mit Gefühlen, Ängsten und Bedürfnissen miteinander in Verbindung treten. Die Situation, in der GWA stattfindet, ist deshalb für alle Beteiligten so schwierig, weil sie nicht durch eindeutig definierte und begrenzte Erwartungen festgelegt ist. Daß dieses Dilemma der GWA immanent ist, zeigt sich schon zu Beginn der Arbeit. Da es keine konkrete gesetzte Aufgabe gibt, hinter der man sich verstecken kann, erweckt GWA für die in ihr Tätigen das ungute Gefühl, die eigene Existenz und Anwesenheit den Bewohnern – vor allem aber auch sich selbst gegenüber – nicht legitimieren zu können. Zudem stellt sich die Frage, ob man es schafft, bei den Bewohnern Aktivierungsprozesse einzuleiten, was immer auch als Unsicherheit der eigenen Person erlebt wird. Diese anfängliche Offenheit der Situation, die dazu dienen sollte, im Stadtteil oder in der Siedlung Untersuchungsarbeit zu leisten, um Anknüpfungspunkte vernünftig auszuwählen, wird aufgrund der eigenen Unsicherheit und Hilflosigkeit nur zu schnell dadurch ›gelöst‹, daß mit großer Erleichterung – auch aufgrund des Bewährungsdrucks gegenüber dem Träger – die am leichtesten herstellbaren Kontakte dankbar aufgegriffen werden. Ein weiteres Problem ergibt sich daraus, daß von einem Gemeinwesenarbeiter verlangt wird, daß er (oder sie) als »bezahlter Berufsbürger« *(Berger)* in der Lage ist, professionelle, an Arbeitszeit gebundene Kontakte zu Menschen zu knüpfen, die außerhalb des eigenen ›privaten‹ Gesichtsfeldes stehen. Daraus erwächst die Schwierigkeit, sowohl ein für sich akzeptables und konsequentes Verhältnis von beruflicher Anforderung und eigenen Ansprüchen zu schaffen, als auch eine sinnvolle Abgrenzung vom Beruf gegenüber einem ›Privatleben‹ zu finden. Häufig muß dies gegen die eigenen Schuldgefühle und gegen die Wünsche und Bedürfnisse der Bewohner durchgesehen werden. Ein engagierter Kontakt zu Menschen erfordert aber immer etwas mehr als rein routinehaftes Umgehen. Entsprechend entsteht die Tendenz zu unbezahlten Zusatzleistungen, sowohl zeitlich wie vom Engagement her. Eine kaum greifbare Belastung entsteht für den Gemeinwesenarbeiter aus dem Dilemma, daß die Umstände, die GWA nötig machen, durch sie nicht prinzipiell abschaffbar sind. Mit den daraus erwachsenden Ohnmachtsgefühlen müssen die Gemeinwesenarbeiter – jenseits der Einsicht in die Verursachung von Benachteiligung – umgehen und das angesichts des eigenen übermäßigen Einsatzes, der nach einiger Zeit sein Äquivalent in Erfolg und Anerkennung fordert. Sichtbare Erfolge und Anerkennung bleiben jedoch gemessen am Aufwand scheinbar gering. Trotz der vorhandenen Einsicht, daß Veränderungen nur sehr langsam vonstatten gehen, können solche fehlenden Erfolgserlebnisse zur Resignation führen. Entsprechende Prozesse können sich auch bei den Bewohnern abspielen, die ihre Frustration an den Gemeinwesenarbeiter weitergeben und damit dessen Resignation steigern. Die konventionelle Reaktion von in diesem Bereich Tätigen ist die des sich Unentbehrbarmachens durch unreflektierte Ausübung der eigenen Versorgungsmacht gegenüber der ›Klientel‹. Heute scheint diese Reaktion durch Aufgabe und Flucht aus Enttäuschung über die objektiven und subjektiven Hindernisse abgelöst zu werden. Ein Ansatzpunkt zur Bewältigung der eigenen Subjektivität und der der Menschen, mit denen man zu tun hat, liegt möglicherweise in der Bewußtwerdung über die Existenz dieser Ebene und in der Ehrlichkeit sich selbst und anderen gegenüber und darin, dieser Seite von GWA einen Platz in der Konzeption und Reflexion einzuräumen (vgl. das introspektive Konzept von *Richter,* 1977; *Berger,* 1975).

Gemeinsame Probleme aller drei Hauptgebiete von GWA – Obdachlosensiedlungen, Sanierungsgebiete und Neubauviertel – sind die Wohnsituation und mangelnde soziale Infrastruktur, fehlende Einrichtungen für Kinder und Jugendliche und Hilflosigkeit der Bewohner gegenüber diesen Benachteiligungen. Aus diesen verallgemeinerbaren Problemen leiten sich gemeinsame Ansatzpunkte für GWA ab: Intervention bei den jeweils zuständigen Stellen zur Verbesserung der Miet- und Wohnsituation, ergänzt durch Initiierung von Kampagnen der Bewohner durch Einberufung von Versammlungen und Gründung von Bewohnergruppen, die ihrerseits Aktionen von Unterschriftensammlungen bis zu Protestkampagnen organisieren; Anregungen zu Bewohnerzeitungen, Zielgruppenarbeit (kategoriale GWA), besonders Organisierung von Kinder- und Jugendarbeit (Spielstuben, Schularbeitshilfen, Jugendclubs) oftmals unter Beteiligung der Bewohner, Eintreten für Gemeinschaftsräume zur Durchführung der von den Bewohnern entwickelten Aktivitäten, Anregung von Festen, Ausflügen usw. zum Kennenlernen und zur Schaffung von Gefühlen von Gemeinsamkeit unter den Bewohnern. Diese direkten Gemeinwesenaktivitäten werden ergänzt durch eher traditionelle Formen von Sozialarbeit wie Einzelberatungen und konkrete Hilfeleistungen bei individuellen Problemen (ausgewählte Projektberichte s. AG GWA, 1978; *Bahr/Gronemeyer,* 1974; Betroffene . . ., 1974; *Dressel/Wagner,* 1977; *Graf* u. a., 1976; *Haidhauser . . .,* 1972 und 73; *Pohlmann,* 1974; Zwischenbericht . . ., 1975).

Ergänzend zu diesen allgemeinen Problemen und Ansätzen ergeben sich Spezifika aus den besonderen Bedingungen in den einzelnen Bereichen. Typisch für Probleme im Bereich Obdachlosigkeit sind absolute Wohnraumnot und restriktive Unterkunftssatzungen, denen die Gemeinwesenarbeiter durch ihren Einsatz für Senkung der Belegungszahlen und liberale Hausordnungen zu begegnen suchen (München-Hasenbergl). Angesichts der Enge kommt dem Kampf für Gemeinschaftsräume besondere Bedeutung zu (M.-Hasenbergl). Zur Verhinderung von Obdachlosigkeit in der zweiten Generation werden Spielstuben und Schularbeitshilfen eingerichtet (Frankfurt-Wegscheidestr.) und subjektive Folgeerscheinungen von Deprivierung durch therapeutische Bearbeitung angegangen (Gießen-Eulenkopf). Zeitungsprojekte dienen der Stärkung kollektiven Selbstbewußtseins und solidarischer Aktionsfähigkeit (Bellenäcker Kurier, Karlsruhe). Bei geplanten Auflösungen von Obdachlosensiedlungen und Umsetzungen in Sozialbauwohnungen wird durch GWA den Bewohnern – oft gegen den Widerstand der Kommunalbehörden – ermöglicht, gemeinsame Interessen zu formulieren und Bedingungen zu stellen. (Frankfurter GWA in allen Siedlungen, Förderergemeinschaft »Kinder in Not« Köln). Dennoch zeigt sich an dem in Frankfurt inzwischen abgeschlossenen Vorhaben die begrenzte Möglichkeit von Sozialplanung und von Gemeinwesenarbeit. Die Obdachlosensiedlungen wurden zwar durch Sozialwohnungen ersetzt, führten aber durch Umsetzungen und Neueinweisungen in diesen umgebauten oder neuen Siedlungen wieder zur Entstehung »sozialer Brennpunkte«. Sie unterscheiden sich von Obdachlosensiedlungen positiv durch verbesserte Wohnqualität und negativ durch verminderte soziale Leistungen wie fehlende Spielstuben, keine Schulaufgabenhilfen, verminderte oder keine Gemeinwesenarbeit. Die Zielsetzung des Programms erweist sich so lange als wenig dauerhaft, wie die alten Verhältnisse durch Privateigentum an Grund und Boden und mangelnden sozialen Wohnungsbau sich als mächtigere durchsetzen können. Binnen weniger Jahre taucht das alte Problem in neuer Form wieder auf, weil die Ursachen der Wohnungslosigkeit nicht durch Maßnahmen im Sozialsektor beseitigt werden können.

Die besondere Situation in Sanierungsgebieten ist gekennzeichnet durch Verslumung, Bevölkerungsfluktuation durch Auszug deutscher Familien und Einzug von ausländischen Arbeitern, wobei die Alten und Einkommensschwachen als immobile Gruppe zurückbleiben. Falls der Stadtteil zum offiziellen Sanierungsgebiet nach dem 1971 verabschiedeten Städtebauförderungsgesetz erklärt werden soll, versucht GWA die Bewohner gegenüber dem Sanierungsträger abzusichern und gegebenenfalls auf die Erstellung des nach dem Gesetz erforderlichen Sozialplans zusammen mit den Bewohnern wirksamen Einfluß zu nehmen, zumindest so weit, daß sich die Wohnsituation nicht verschlechtert. Aktivierende Möglichkeiten sind Hausbesuche, Informationsstände, Mieterberatung, Versammlungen u. ä. (München-Haidhausen, Frankfurt-Bockenheim). Für die besonderen Probleme der ausländischen Bewohner, die in den allerschlechtesten Wohnungen leben, sind eigene Aktivitäten wie Hausbesuche, Zusammenarbeit mit Behörden und Versammlungen nötig (Ffm-Bockenheim). Geschlossene Siedlungen wie Eisenheim im Ruhrgebiet mit gewachsenen Nachbarschaftsstrukturen und billigen Wohnungen gilt es vor dem Abriß zu bewahren, was in diesem Beispiel durch intensive Öffentlichkeitsarbeit auch gelungen ist. Kindern und Jugendlichen fehlen in den meisten Sanierungsgebieten eigene Räume und Angebote, so daß ein großer Bedarf vorhanden ist (Clubarbeit in Essen-Vogelheim, Hortinitiative in Mü.-Haidhausen, Arbeitsgemeinschaft Karolinenviertel in Hamburg). Seit Mitte der 70er Jahre ist GWA in Sanierungsgebieten seltener, da sowohl für breitangelegte Sanierungen die Gelder fehlen (was nicht heißt, daß damit auch die unkontrollierte Zerstörung z. B. durch Bau von Büro- und Geschäftskomplexen gestoppt würde) wie auch die Gelder für GWA und das Interesse möglicher Träger sichtbar gesunken ist, da sie in der Bevölkerung »nicht erfüllbare Bedürfnisse weckt« (z. B. Ffm-Bockenheim, Mü.-Haidhausen, Osnabrück-Innenstadt). Die besonderen Probleme in Neubausiedlungen rühren aus den – nach Umzug sprunghaft angestiegenen – Mietkosten, den fehlenden Nachfolgeeinrichtungen von Kindergärten bis zu den öffentlichen Verkehrsmitteln, dem überdurchschnittlich hohen Anteil an Kindern und Jugendlichen, die durch Berufstätigkeit beider Eltern häufig sich selbst überlassen sind und der Anonymität der neuen Umgebung. Auf diese Schwierigkeiten beziehen sich auch die Aktivitäten der Gemeinwesenarbeiter: Mitwirken in Bewohnerinitiativen, bei Protestaktionen gegen steigende Mietkosten und zur Verhinderung von Exmittierungen (Berlin, Märkisches Viertel), Bildung von Eltern- und Kind-Gruppen und Schülerläden (Berlin, Heerstr. Nord) und Versuch der Verhinderung von Kriminalisierungsprozessen bei Jugendlichen durch kontinuierliche Arbeit (Hamburg-Sonnenland), Förderung des Kommunikationszusammenhangs durch Zeitungen (Märkisches Viertel).

Mittlerweile hat sich die Zahl der Projekte, die sich explizit als GWA begreifen, sehr verringert, obwohl die Probleme – Obdachlosigkeit unter verändertem Etikett, Neubaugebiete mit unzureichenden Sozialeinrichtungen, Sanierungsgebiete – nicht beseitigt wurden. Der Bereich der Sozialplanung wurde insgesamt aufgrund der reduzierten Reformmaßnahmen eingeschränkt. Darüber hinaus nimmt GWA in der verbleibenden Planung einen immer geringeren Stellenwert ein.

Gleichzeitig findet eine Ausweitung der Versuche statt, GWA als ökologischen Ansatz und als Stadtteilorientierung in traditionelle Bereiche der Sozialarbeit (z. B. Sozialfürsorge, Jugendarbeit) einzubeziehen. Daneben entwickeln sich innerhalb und außerhalb offizieller Sozialarbeit viele kleinere Initiativen, z. B. Frauengruppen in Neubausiedlungen und Obdachlosengebieten oder Protestgruppen gegen Straßenlärm.

Aus der Literatur seit 1974 läßt sich nach *Oelschlägel* (in: AG GWA, 1978; *Oelschlägel,* 1979) folgende Entwicklung aufzeigen: 1. GWA-Elemente werden in die Diskussion um die Neustrukturierung sozialer Dienst einbezogen, 2. Kategoriale GWA als Bestandteil gruppenbezogener Sozialarbeit nimmt zu, 3. GWA gewinnt an Bedeutung für Aufbau und Organisation von Einrichtungen außerhalb des engeren Bereichs von Sozialarbeit (Volkshochschule, Gemeindepsychiatrie), 4. im »vorprofessionellen Raum« wird GWA zunehmend berücksichtigt (z. B. Aufbau von Kommunikationszentren). Diese Entwicklung – einerseits Abnahme von GWA Projekten, die einen umfassenden politischen Anspruch verfolgten, andererseits Ausweitung stadtteilorientierter Gruppen, die sich an einzelnen Problembereichen orientieren – erschwert die Übersicht und eine genaue Abgrenzung des Bereichs von GWA. Nicht die Anlässe für GWA sind beseitigt, sondern GWA ist als gesonderte politische Reformmaßnahme abgeschafft worden, da die Zerstörungen der lokalen und überlokalen Lebenszusammenhänge benachteiligter und »normaler« Gemeinwesen keinen organisierten Protest hervorrufen und weil die Reformen in dieser Phase gesellschaftlicher Verhärtung und wirtschaftlicher Krisen erheblich eingeschränkt wurden.

Margrit Brückner

Literatur

Alinsky, S., 1974: Die Stunde der Radikalen, Gelnhausen/Berlin – Arbeitsgruppe Gemeinwesenarbeit der Victor-Gollancz-Stiftung (AG GWA), 1973: Entwicklung und Tendenzen in der Gemeinwesenarbeit in der Bundesrepublik, in: Theorie und Praxis der sozialen Arbeit, H. 8 – *Arbeitsgruppe Gemeinwesenarbeit der Victor-Gollancz-Stiftung (AG GWA), 1978: Reader zur Theorie und Strategie von Gemeinwesenarbeit. Materialien zur Jugend- und Sozialarbeit 8, Bonn – *Bahr, R./Gronemeyer, W.* (Hrsg.), 1974: Konfliktorientierte Gemeinwesenarbeit, Darmstadt/Neuwied – *Berger, A.*, 1975: Sozialklempner oder Anwalt der Betroffenen? Bericht aus der Sozialarbeitspraxis: Familienfürsorge und Gemeinwesenarbeit, in: Kursbuch 40 – Betroffene des Märkischen Viertels, 1974: Wohnste sozial haste die Qual, Reinbek – *Bianchi, J.*, 1975: Tendenzen der Berufspraxis von Sozialarbeit im Bereich der Sozialplanung bei Stadtsanierungsmaßnahmen, in: Theorie und Praxis der sozialen Arbeit, H. 9 – *Boer, J./ Utermann, K.*, 1970: Gemeinwesenarbeit, Stuttgart – *Boulet, J./Krauss, J./Oelschlägel, D.,*

1980: Gemeinwesenarbeit als Arbeitsprinzip – eine Grundlegung –, Bielefeld – *Dickerhoff, U.*, 1974: Gemeinwesenarbeit – Veränderungsstrategie von unten?, in: Neue Praxis, H. 3 – *Dressel, E./Wagner, D.*, 1977: Stadtteilprojekt Sonnenland, in: *Gronemeyer/Bahr* (Hrsg.), Nachbarschaft im Neubaublock, Weinheim/Basel – *Gramm, E.*, 1965: Die soziale Arbeitsgemeinschaft Berlin-Ost, in: Lebendige Ökumene – Friedrich Siegmund Schultze zum 80. Geburtstag, Witten – Haidhauser: Verteidigt eure Lebensbedingungen!, GWA in München-Haidhausen, Arbeitsbericht 70/71 und Arbeitsbericht 71/72 vom Haidhausenbüro, Materialien zur Jugend- und Sozialarbeit 2 + 7, Victor-Gollancz-Stiftung – *Heiner, M.*, 1975: Mobilisierung der Betroffenen – Grenzen einer Strategie der Gemeinwesenarbeit, in: Theorie und Praxis der sozialen Arbeit, H. 9 – *Hessel, D. T.*, 1973: Fibel für soziale Aktion, Gelnhausen/Berlin/Freiburg – *Höbel, B./Seibert, U.*, 1973: Gemeinwesenarbeit und Bürgerinitiativen, in: diess., Bürgerinitiativen und Gemeinwesenarbeit, München – *Hübner, H./ Siebel, W.*, 1976: Emanzipation oder Kompensation – die politische Funktion der Grundsätze für den Sozialplan nach dem Städtebauförderungsgesetz in der Sozialarbeit, in: Neue Praxis, H. 2 – *James, E.*, 1970: America against poverty, London – *Mesle, K.*, 1977: Orientierungsdaten zur Gemeinwesenarbeit, in: Theorie und Praxis der sozialen Arbeit, H. 2 – *Müller, C. W.*, 1973: Das Dilemma der Gemeinwesenarbeiter, in: *Otto/Schneider* (Hrsg.), Gesellschaftliche Perspektiven der Sozialarbeit, Neuwied/Berlin – *Müller/Nimmermann*, 1971: Stadtplanung und Gemeinwesenarbeit – Texte und Dokumente, München – *Oelschlägel, D.*, 1979: Gemeinwesenarbeit – eine Problemskizze, in: *Brockmann, A. D./ Liebel, M./Rabatsch, M.* (Hrsg.), Jahrbuch der Sozialarbeit 3, Reinbek – *Oestrich, G.*, 1965: Nachbarschaftsheime, gestern, heute – und morgen?, München/Basel – *Pohlmann, M.*, 1974: Initiativen der Wohnbevölkerung und Gemeinwesenarbeit, in: Theorie und Praxis der sozialen Arbeit, H. 11 – *Raiser, Chr./Bianchi, J.*, 1973: Auswertung der Befragung von 38 Projekten der Gemeinwesenarbeit in der BRD und in West-Berlin, in: Materialien zur Jugend- und Sozialarbeit 4, Gemeinwesenarbeit in der BRD, Praxis und Ausbildung, Victor-Gollancz-Stiftung – *Reckmann, P.*, 1971: Soziale Aktion – Strategie und Methodik, Stichwörter zur Schalombewegung, Stein-Nürnberg/Freiburg – *Richter, E. H.*, 1977: Randgruppenarbeit und »introspektives Konzept«, in: *Barabas* u. a. (Hrsg.), Jahrbuch der Sozialarbeit 1978, Reinbek – *Ross, M.*, 1968: Gemeinwesenarbeit – Theorie, Prinzipien, Praxis, Freiburg – *Seippel, A. S.*, 1976: Handbuch aktivierende Gemeinwesenarbeit – Konzepte, Bedingungen, Strategien, Methoden, Fallstudien, Gelnhausen – *Vogel/Oel*, 1966: Gemeinde und Gemeinschaftshandeln, Stuttgart. –

→ Gruppenarbeit → Organisationsberatung → Partizipation und Selbsthilfe → Sozialpädagogisches Handeln

Geschichte: Von der Armenpflege zum Sozialstaat

Die Geschichte des menschlichen Zusammenlebens ist notwendig eine Geschichte gegenseitiger Bindungen, Verpflichtungen, Hilfserwartungen, die sich – historisch und räumlich mannigfach verschieden – als konkrete Regeln und Traditionen verfestigen, zunächst in unmittelbaren verwandtschaftlichen oder nachbarlichen Familien, Sippen, Siedlungsgemeinschaften, in denen sich allmählich Funktionsebenen und Schichten der Ordnung und Herrschaft ausbilden können. Eine meist bescheidene Sicherheit im Lebensalltag wird in gegenseitiger Hilfe erwartet, auch beansprucht, ohne daß schon ein System gegenseitiger Hilfen entstehen müßte. Große Erschütterungen, Hungersnöte, Vertreibungen durch natürliche Katastrophen oder Vernichtungen, Versklavungen durch andere Menschengruppen sprengen die begrenzten Sicherungen; auch Fortschritte in Lebenstechniken und politischen Ordnungen pflegen bei den Unterliegenden, aber auch den Gewinnern Bindungen aufzulösen, die nur allmählich durch Neubildungen ersetzt werden können; Klassen, Kasten, Schichten differenzieren sich. Mit dem Auftreten von Hochkulturen ergeben sich Großordnungen von Herren- und Sklavenvölkern oder Klassenordnungen und Leistungsansprüche oder -pflichten gegenüber neuen Aufgaben – etwa der Sicherung der Siedlungsebenen gegen die Gewalt von Meer und großen Strömen oder Städte vor Hungersnöten durch Eintreibung und Speicherung von Nahrungsreserven. Herrschende, Priester, vielleicht Beamte und die Sicherung eines Nachwuchses für die Städte und die Fürsorge für die Lebensnöte der Arbeitenden führen zu ersten Systemen von Pflichten und Ansprüchen, die Teile rituell-religiöser Ordnungen werden. Hilfserwartungen an die Nächststehenden, aber mehr und mehr an die verfügenden »Oberen« treten deutlichen Gegenerwartungen auf Gefügigkeiten und »Dank« gegenüber.

Vom Mittelalter zur Neuzeit

Aus den verschiedenen Realisierungen solcher sozialer Gefüge haben sich schließlich komplexe soziale Systeme entwickelt – entscheidend jedoch wurde für alle die Geschichte abendländischer Gesellschaftsbildung, wie sie sich zunächst in Europa, dann aus dessen den Erdkreis umgreifender Macht in ihrer zunächst mittelalterlich-christlicher Ausprägung in dem letzten Halbjahrtausend als Kapitalismus entwickelte. Im frühen europäischen Mittelalter gab es eine städtische Bevölkerung nur dort, wo römische Siedlungen sich erhalten hatten, vor allem in West- und Südeuropa: Im späteren Deutschland gab es nur eine dünne Landbevölkerung in überschaubaren Sippen, Nachbarschaften und Kleinsiedlungen. Diese trugen die in Not geratenden Mitglieder mit, ohne daß eine geordnete übergreifende Armenfürsorge nötig wurde; nur in Herrensitzen und Klöstern entwickelten sich kleine Gruppen von Armen, für die mit Almosen und bescheidenen Sachhilfen gesorgt wurde; in den sich bildenden Städten konnte sich ein »Stand« von Armen herausbilden, für den zu sorgen christliche Pflicht der Mitbewohner wurde. Im ganzen blieben ländliche Gemeinschaften mit Sicherung von Nahrung und Behausung durch Jahrhunderte die Lebensform der Mehrzahl; die zugehörigen Armen wurden schlecht und recht mitgetragen. Erst im späten Mittelalter bildeten sich in allmählich wachsenden, nur selten heutige Kleinstadtgröße überschreitenden Städten Mitteleuropas neue differenziertere Ordnungen. Die Masse der städtischen Handwerker gliederte sich in Zünfte mit festen begrenzenden Traditionen. Für Reste damit nicht eingegliederter Stadtarmer bildeten sich um Kirchen und Klöster, hier und da um Spitäler, ein immer noch überschaubar bekannter und lenkbarer Anhang, der – bis auf seltene Unruhen – sich bescheiden und »dankbar« einfügte.

Mit Übergang zur Neuzeit – in Süd- und Westeuropa vom 13., in Mitteleuropa erst im 15. und 16. Jahrhundert – verlor diese ständische Ordnung ihre Kraft. Seuchen, Kriege, Mißernten spielten zunächst mit; die Handwerker dichteten sich gegen Nachwuchs ab; neben ihnen entstanden Handels- und Verlagsunternehmen ohne ständische Verpflichtungen gegen fluktuierende Heimarbeiter. Verstärkter Geld- und Warenhandel machte die Verhältnisse unsicherer; es bildeten sich z. B. Textilbereiche aus, die Absatzkrisen unterlagen und dann Arme und Bettler in hohen Zahlen abstießen (England, Flandern, später auch z. B. Schlesien). Diese schwer einzugliedernden neuen Arbeiter- und Bettlergruppen ohne bergenden Schutz (Heimat, Zunft) bewirkten Unruhe: der Arme wurde Gegenstand armenpolizeilichen Arbeitszwangs (Kasernierung der Bettler in Zucht- und Arbeitshäusern; harte Strafgesetze, später Waisenhäuser und Industrieschulen).

Während große überseeische Handelswege und leistungsfähige Staatsbildungen Westeuropa aktivierten, stagnierte Mitteleuropa in Geburtenzahl und Wirtschaftskraft: große Schichten auf dem Lande und in nicht mehr wachsenden Städten lebten hier von Ende des 16. Jahrhunderts ab in dürftigster Lage. Zahlreiche Zwergstaaten mit Zoll- und Währungsschranken und dürftigen Verkehrswegen hielten Mitteleuropa in alten, begrenzenden Wirtschaftsweisen, die weiter auf bloße Erhaltung tradierter dürftiger Lebensansprüche der Stände zielten, während in Westeuropa längst Gewerbe, Technik und kapitalistisches Gewinnstreben sich durchsetzten. Mangels eines aufnahmefähigen Marktes, der sich auf Höfe, Heeresbedarf und dünne Kaufmannsschichten einiger größerer Städte beschränkte, lagen Initiativen fast nur in der Merkantilpolitik einiger größerer Länder.

Bis gegen Ende des 18. Jahrhunderts blieb der Anteil ländlich-bäuerlicher Bevölkerung bei 80 %; der geringe Außenhandel (Rohstoff- und Getreideexporte) kümmerte um 1800 gänzlich (Napoleonische Kriege, Kontinentalsperre), während die Bevölkerung rasch zu wachsen begann und die Grundbesitzer große Zahlen abhängiger, nun »befreiter« und nicht mehr ständisch gesicherter Bauern abstießen. In der ersten Hälfte des 19. Jahrhunderts entwickelte sich so eine Massennot ungesicherter Landbevölkerung und Handwerker, da auch der Staat seine merkantile Fürsorge zugunsten liberaler Erwartungen an die bürgerlichen Aufstiegskräfte zurücknahm. Bis zur Jahrhundertmitte blieb für Deutschland eine noch vorkapitalistische Stagnation herrschend. Erste, nach dem Vorbild und mit der Technik einer frühkapitalistischen »Entwicklungshilfe« des Westens (England, Frankreich, Belgien) entstehende Industrieansätze (Gruben, Eisen- und Textilunternehmen) und

Verkehrswege (Bahnbauten) vermochten Vorsprung und Vormacht der englischen
Industrie zunächst nicht zu brechen.

Industriekapitalismus in Deutschland

Erst in den fünfziger Jahren des 19. Jahrhunderts setzten sich neue industriekapita-
listische Wirtschafts- und Gesellschaftsformen auch hier rasch durch; es entsteht ein
Bankwesen, das die wachsenden Kapitalien sammelte und organisierte, der Staat
(besonders Preußen und der Norddeutsche Bund) schuf ein einheitliches liberales
Wirtschaftsrecht, das die ständischen Hemmungen radikal ausräumte (Handels-
recht, Münzeinheit, Zolleinheit, Gesellschaftsrecht), die Verkehrswege wurden
ausgebaut (Bahnsystem) und in einigen Branchen ein expandierendes Fabrikwe-
sen; fluktuierende Arbeitskräfte standen zur Verfügung. Die Reichsgründung mit
den Kapitalzuflüssen aus dem Frieden von 1871 schloß Industriegründungen und
Kapitalorganisation zunächst ab. Diese neue Welt belastete vor allem jene Massen,
die durch Jahrhunderte als Abhängige von den ständisch für sie Verantwortlichen
(Grundbesitzer, Gemeinden, städtische Innungen usw.) auch in Alter und Krankheit notdürftige Sicherheit erhalten hatten. Hatte der Staat den Gemeinden die
Pflicht zur Armenfürsorge auferlegt, so galt das zunächst nur für deren »eigene
Armen« mit Heimatrecht, für die auch Verwandtschaft, Nachbarschaft und kirchliche Einrichtungen noch für letzte Nothilfen sorgten. Dieses System brach zusammen, als mit der Wanderung in die Städte und in sich bildende Industrieräume fern
des Herkunftsortes eine Fluktuation entstand, mit der auch die neuen Industrie-
städte nicht fertig wurden. Die Massenwanderung aus den Orten Deutschlands
nach dem Westen (Berlin, Sachsen, Ruhrgebiet) überließ Sicherung des Obdachs,
Kranken- und Altenfürsorge und den Zusammenhalt der Familien sich selbst. Vor
allem die Unsicherheit der Zukunft und der Verlust der Heimat mit ihren formellen
und informellen Sicherungen brachte die neue Klasse des Industrieproletariats in
ihre besondere Not. Auch wenn bescheidenste Schutzregelungen (z. B. 1839 in
Preußen für die Arbeitszeit von Frauen und Kindern) getroffen wurden und wenn in
großen Städten eine Neuregelung der Armenpflege (mit kommunalen Armenbezir-
ken, ehrenamtlichen Pflegern und »Vorstehern«) versucht wurde, orientierte sich
die Hilfe doch an einem Existenzminimum in der Erwartung, daß dem Arbeitsbe-
reiten in der wachsenden Wirtschaft ein Platz zufallen würde; der Rest wurde
weitgehend der christlichen »Liebestätigkeit« überlassen, die gegenüber vielen
Einzelnen Hilfe bot, auch zahlreiche Einrichtungen schuf (Rettungshäuser, Sie-
chen- und Krankenhäuser, Krippen, Diakonissenschulen), aber nicht allgemein die
notwendige Sicherheit geben konnte. Kein Wunder, daß sich Selbsthilfeorganisationen der wachsenden Arbeiterschaft bildeten (Hilfskassen und Hilfsgenossen-
schaften) und daraus Anfänge einer umfassenden Arbeiterbewegung (Allgemeiner
Deutscher Arbeiterverein, Sozialdemokratie).

»Soziale Sicherung«

Der liberale Optimismus, den selbst *Bismarck* für seine frühe nationale Politik in seinen ersten, den 60iger Jahren genutzt hatte, brach mit der ersten großen kapitalistischen Krise im Jahre 1873 zusammen. Firmenzusammenbrüche waren die erste, Preisstürze die durch Jahre weiterwirkende Folge; Schwerindustrie und Großlandwirtschaft verlangten die Aufgabe des liberalen Handelssystems (Schutzzölle). Im Bündnis mit ihnen (1879) brachte *Bismarck* die staatliche Wirtschaftspolitik wieder in die Vorhand und fügte die »Abwehr der Sozialdemokratie« – als einer staatsbedrohenden Kraft – in seine neue konservative Gesamtpolitik ein. Während er einerseits die neue Bewegung (mit geringem Erfolg) polizeilich zu unterdrücken suchte, nahm er den Schutz auch der Arbeitskraft zu seinen staatlichen Schutzzielen, in der Absicht, die sich ihrer Klassenlage bewußter werdende Arbeiterschaft damit innerhalb des kapitalistischen Systems seinem Staat zu »versöhnen«, die »Arbeiterfrage« von oben her zu lösen. Von 1881 bis 1889 entstanden die ersten großen Institutionen der Sozialversicherung der Arbeiter: Die Kranken-, Unfall- und Altersversicherung, denen sich erheblich später die Angestelltenversicherung (1911) und die Arbeitslosenversicherung (1927) anschlossen.

Damit waren die größten Standardnöte im Leben zunächst der gewerblichen Arbeiter aus der örtlichen Armenpflege hinausgenommen, einheitlich von Staats wegen geordnet und großen öffentlich-rechtlichen Sozialversicherungsträgern übergeben, eignen Selbstverwaltungskörpern, in denen Arbeitgeber- und Arbeitnehmervertreter saßen. Freilich mußten bis heute immer neue Zusatzleistungen entwickelt werden, um einmal weitere »bedürftige Kreise« an den Regelungen teilnehmen zu lassen (Angehörige der Versicherten, nach 1918 und 1945 Kriegsopfer, schließlich auch Selbständige mit nur begrenzter Vorsorgekraft, insbes. Bauern und Handwerker), und um zugleich die Leistungen über die Grenzen der dürftigsten Existenzminima emporzuheben und neuen Problemen anzupassen (z. B. neue Formen von Arbeitslosigkeit als Folge technischer Revolutionen; Kriegsfolgen; Flüchtlinge und Ausländer). Im Lauf von fast 100 Jahren sind die Leistungen dieser sozialpolitischen Selbstverwaltungskörper bei weitem die wichtigsten Sozialleistungen geworden; heute tragen die Institutionen der »Sozialarbeit«, die am ehesten als Nachfolger der Armenfürsorge gelten können, die Sozialämter und Jugendämter, noch etwa 5 % der Sozialaufwendungen, während neben der größten Organisationsgruppe, der geschilderten sozialpolitischen »Versicherung und Versorgung«, für neue Aufgaben (Wohn- und Kindergeld, Ausbildungs- und Gesundheitshilfen) immer wieder neue Behördenapparate geschaffen worden sind.

Mehrfach ist versucht worden, das fast unübersehbare Gebiet aller dieser Sozialbürokratien zusammenzuführen (Reichsversicherungsordnung 1911, Sozialenquete 1966, Sozialgesetzbuch mit ersten Teilen seit 1976); doch erscheint die Vielfalt der Interessen von Bürokratien, Verbänden usw. an der Erhaltung der zahlreichen Sonderregelungen zu einflußreich und für bestimmte Wählergruppen so gewichtig, daß das »deutsche System« mit seinen zahlreichen historischen Vorgaben aufwendiger und undurchsichtiger blieb als das von Ländern, die (meist sehr viel später –

England 1908, USA seit den dreißiger Jahren) von Anfang an einheitlichere
Sozialleistungen einführen konnten (z. B. Volkspension Schweden 1946; für die
europäischen Staaten vgl. *Guldimann* in Starnberger Studien, 1979). Neue Aufga-
ben wurden als Geldleistungen oder Sachleistungen (medizinische Behandlung,
Rehabilitation) möglichst den Systemen der »sozialen Sicherung« eingepaßt, soweit
Ansprüche mit großer Sicherheit (Rentenzahlungen, ärztliche Behandlungen) sich
formulieren ließen und behördliches Ermessen weitgehend auszuschalten war.
Andere, als »Hilfen« bezeichnete, schwerer abgrenzbare Ermessensentscheidungen wurden der Sozialhilfe überlassen. Besonders seit 1961 wurden aber auch in der
Sozialhilfe, wo irgend möglich, feste Regelsätze und detaillierte Abgrenzungen
eingeführt, wodurch auch hier das Ermessen erheblich eingeschränkt und damit die
»persönliche Hilfe«, bis dahin Hauptmerkmal der Sozialhilfe, zurückgedrängt
wurde. Mit der Gründung der Arbeiterversicherung hat sich so eine Zweiteilung
des deutschen Sozialwesens herausgearbeitet; trotz vielfacher Verknüpfungen, ja
Überschneidungen ist die soziale Grundsicherheit in den großen Versicherungs-
und Versorgungsanstalten unter Mitwirkung der Sozialpartner geordnet; das Erbe
der Armenpflege, die Fürsorge oder Sozialhilfe aber lebt aus der Kooperation von
kommunaler Verwaltung und »freier« Wohlfahrtspflege: Bis heute stehen die 1883/
1889 entwickelten sozialpolitischen Versicherungs- und Versorgungssysteme neben
der heute finanziell vergleichsweise gering zu nennenden, aus der alten Armenpflege herkommenden Sozialhilfe.

Stellung der freien Wohlfahrtspflege

Diese war im 19. Jahrhundert – in der Zeit des liberalen Rückzuges des Staates –
von kirchlichen und anderen privaten Organisationen (Vereinen, Stiftungen)
kräftig entwickelt durch die Gründung zahlreicher Anstalten (Krankenhäuser,
Alten- und Pflegeheime, Einrichtungen für Obdachlose und »verwahrloste« Jugend) und die Einrichtung von Hilfs- und Betreuungsstationen der Ordens- und
Diakonieverbände; diese haben die zunächst in den Großstädten wiederbelebte
kommunale Armenpflege wesentlich gestützt und auch nach deren Ausbau in den
letzten Jahrzehnten des 19. Jahrhunderts wesentliche Leistungen erbracht. Auch
nach erheblichen Vermögensverlusten bei den Inflationen gelang es den Verbänden, eine abgesicherte, selbständige Partnerschaft in den Gesetzgebungswerken
von 1924 an bestätigt zu erhalten (Reichsjugendwohlfahrtsgesetz und Fürsorgepflichtverordnung 1924, erneut in der Bundesrepublik durch Jugendwohlfahrtsgesetz und Sozialhilfegesetz 1961, Bundesverfassungsgericht 1967). Während die
öffentlichen (kommunalen) Träger die jeweils vorgesehenen sozialen Aufgaben
»gewährleisten« sollten, lagen große Teile besonders der Einrichtungen in der
Hand der freien Verbände. Sie stützten sich dabei auf den Begriff der »Subsidiarität« des katholischen Kirchenrechts, mit der These, daß die »gesellschaftlichen
Eigenkräfte« Vorrang haben vor den staatlichen Regelungen (siehe Artikel Subsidiarität). Aber auch Ansprüche auf Besitzwahrung fanden in unserer Gesellschaft
erhebliche Resonanz. Das beidseitige Verhältnis führte bis heute regelmäßig bei

der Vorbereitung parlamentarischer Entscheidungen zu heftigen staatspolitischen Diskussionen (auch zwischen Bund und Ländern im Bundesrat); in der Sache scheint die Stellung der Verbände durch Gewohnheitsrecht auch heute unangefochten, obwohl die Aufwendungen längst nicht mehr von freien Organisationen getragen werden konnten und die Hergabe großer Steuermittel erzwangen. Die sozialpolitischen großen Apparaturen der Versicherung und Versorgung sind dagegen in der Regel als Selbstverwaltungskörper eigener Prägung unter Beteiligung der Arbeitnehmer und Arbeitgeber gestaltet; die Entscheidungen fallen hier durchweg zentral, und soweit nicht Gesetzgebungsverfahren nötig sind, in den zentralen Bürokratien; so spricht angesichts der großen Steuer- und Beitragsmittel und der wachsenden Bedeutung genereller Entscheidungen *von Ferber* von einer bestimmenden, bürokratischen »Machtelite«, zu der er rechnet »die sozialpolitischen Experten der Bundestagsparteien, der Tarifparteien, Geschäftsführer und Vorstände der Spitzenverbände, die Richter am Bundessozialgericht. Sie machen die Sozialpolitik. Nicht beteiligt, weil mehrfach durch Verbandsmacht mediatisiert, sind dagegen die Klienten der Sozialpolitik« (vgl. auch Starnberger Studien, 1979).

Auf dem Weg zum Sozialstaat

Während so die Grundstruktur einer zweifachen Organisation von »Sozialhilfe« und »Sozialer Sicherung« durch die 100 Jahre seit 1881 fast unverändert blieb, ist das Gesamtfeld immer ausgedehnter und differenzierter geworden; die ursprüngliche begrenzte Sorge um Kranke und erwerbsunfähige Fabrikarbeiter und Arme erweiterte sich um immer neue Personenkreise und Leistungsarten und infolgedessen um neue oder erweiterte Organisationen, Mittel und Mitarbeiter:

1. In einer schwer zu beschreibenden Wechselwirkung haben die Entwicklung der politischen und gewerkschaftlichen Arbeiterbewegung zu einer den demokratischen Staat mittragenden Kraft (zuerst nach 1918, deutlich nach 1949 und 1969) und der jeweils verstärkte Ausbau der Sozialpolitik den heutigen Sozialstaat erst ermöglicht. Die sozialen Leistungen sind der größte öffentliche Aufwandsposten überhaupt geworden; Sozialpolitik wurde Gesellschaftspolitik *(Achinger),* von deren Gestaltung die ganze Bevölkerung (als Steuern oder Beiträge Leistende, in der großen Mehrheit als Teilhaber an ihren Leistungen) abhängt. Beratung, Gesundheitshilfe, Unterstützung der Familienstruktur, Ausbildungshilfe mögen praktisch von Bevölkerungsteilen, die ohnhin zur Selbsthilfe fähig sind, nicht beansprucht werden; grundsätzlich halten sich Staat und Gesellschaft für verpflichtet, im Bedürfnisfall allen Hilfe zur Verfügung zu stellen. Der Begriff des Sozialstaats wurde 1949 im Grundgesetz verankert; bestimmte Gruppen warnen bereits vor einem allmächtigen »Versorgungsstaat«, obwohl sie gleichzeitig von ihm neue Leistungen und Subventionen fordern.

2. Dieser Sozialstaat ist über die »nachgehende« Fürsorge und über eine Absicherung des Existenzminimums in vielfacher Richtung hinausgegangen. Die gesellschaftliche Vorsorge und die Zubilligung einer Teilhabe an wachsendem

Lebensniveau, auch an Gütern der Bildung und Kultur, an Freizeit, an »kinder- und familiengerechten« Wohnungen usw., vor allem aber auch die Festlegung von Rechtsansprüchen und deren Sicherungen durch unabhängige Sozialgerichte lassen die Leistungen nicht mehr als Almosen und den größten Teil auch der Abhängigen nicht mehr als »Bürger zweiter Klasse« erscheinen; so sehr für einzelne Randgruppen ein solches Ziel noch nicht erreicht ist. Abgesehen vom wirtschaftlichen und technischen Wandel, der immer neue Probleme aufwirft, muß der Sozialstaat die Prioritäten beachten, die die politische Entwicklung aufwirft (Bedeutung von Gruppen, vor denen der Staat sich legitimieren muß; in der Produktion, als Parteien oder Verbände organisierte Interessen, Wählerschaft usw.). Interessen, die sich nicht erfolgreich repräsentieren lassen, bleiben ganz oder auf lange Zeit Randgruppen (Frauen, Kinder, Alte, Behinderte u. a.).

3. Die sozialpolitischen Leistungen sind damit breiter und differenzierter geworden. Jeder Schritt von der Fürsorge für Geschädigte und Kranke zur Vorsorge bringt neue Aufgaben mit sich, beginnend mit der Mutter- und Säuglingsfürsorge und der »Jugendwohlfahrt« in der ersten Jahrhunderthälfte, heute bei analogen Bemühungen um eine vorbeugende Sozialpsychiatrie, mit der allgemeinen Altenhilfe oder – sehr charakteristisch – mit dem großen Abschnitt der »Besonderen Lebenslagen« im Bundessozialhilfegesetz 1961, dessen immer umfassender beschriebene Aufwendungen weit überproportional steigen oder den sich ausbreitenden Beratungsdiensten verschiedenster Art.

4. In diesem allmählichen Aufbau der Sozialpolitik sind neue Aufgaben in der Regel durch neue Institutionen abgedeckt worden, oft auch für kleine, ergänzende Hilfen. Diese Institutionen sind kaum zu überblicken; sie sind vor allem in den letzten Jahren neu geschaffen worden. Zugleich ist das Personal dieser Stellen immer mehr differenziert und angewachsen. Zunächst stand hauptberufliches Personal nur für die Verwaltung zur Verfügung (und für die Aufgaben der Krankenversorgung). Das zwanzigste Jahrhundert ist gekennzeichnet durch Entstehung und Ausbau immer neuer hauptberuflicher sozialer Ausbildungsberufe mit wachsenden Ansprüchen an die Professionalisierung. Auch hier ist ein Überblick immer schwieriger geworden. Neben den medizinischen Berufen und Hilfsberufen ist es die Jugendhilfe, für die letzthin (1974) eine Statistik eine Viertelmillion beruflicher Kräfte verschiedenster Art neben ebensovielen ehrenamtlichen Kräften ermittelte. Aber auch Gesundheitspolitik und Altenarbeit fordern immer mehr spezifisch vorbereitete Kräfte.

Bei solchem materiellen Wachstum der öffentlichen Apparate und Leistungen und obwohl überall mindestens Anfänge umfassender, frühzeitiger Hilfe sichtbar werden (besonders in den überall herausgestellten speziellen Beratungsdiensten) bleiben gewichtige Probleme: zunächst ist es nicht gelungen, das als Makel empfundene Hauptmerkmal alter Armenpflege völlig auszuschalten; trotz vielfachen gesetzlich festgelegten Ansprüchen auf Hilfe und Versorgung bleibt »nachrangig« die Sozialhilfe mit der individuellen, das ganze Dasein der »Bedürftigen« aufdeckenden Bedürfnisprüfung und dem behördlichen (noch so sehr durch detaillierte Regeln und durch gerichtliche Nachprüfungen eingeschränkten) »Ermessen«. Immer wieder ergeben sich neue, noch nicht völlig regelbare, Formen von Notlagen und Gruppen von Betroffenen (z. B. Suchten, Behinderte, Asylanten, ausländische Arbeiter), die die fürsorgerischen Prüf- und Kontrollapparate weiter wachsen lassen. –

Partizipation

In Wechselwirkung damit erweisen sich die Versuche, die Betroffenen an der Gestaltung sozialer Leistungen zu beteiligen, als schwer vereinbar mit den zentralen Entscheidungen (bis in überraschende Details in Gesetzesform oder durch Urteile des Bundessozialgerichts) und der bürokratischen Arbeitsform der Sozialverwaltungen. Viele Versuche zu demokratischer Mitwirkung bleiben formal (wie etwa in Altersheimen); andernfalls stoßen sie auf hartnäckige Gegenwehr wie die Bemühungen im Entwurf eines Jugendhilfegesetzes, die Minderjährigen als Rechtssubjekte anzuerkennen. Nur in Randgebieten gibt es einzelne wirkliche eigenständige Initiativen der Betroffenen (Kindergarteneltern, Vereine der Anstaltsentlassenen, Mieter- und Bürgerinitiativen), die aber vom Apparat nur eben toleriert werden. Es bleibt dabei, daß die Abhängigkeit von öffentlicher Hilfe vielfache Stigmatisierung nach sich zieht oder doch befürchten läßt. Wenn in den letzten Jahrzehnten, zumal in den letzten 10 Jahren, die Sozialpolitik der Bundesrepublik darauf besteht, in den vorgegebenen Grenzen eines Sozialstaates sich nicht mehr auf die klassischen Empfängergruppen zu beschränken, sondern umfassende Gesellschaftspolitik zu werden, so werden ihre Fragen Gesellschaftsprobleme und ein wesentlicher Teil staatlicher Politik insgesamt. Sie wird dichter als je mit anderen Politikbereichen (Arbeits- und Wirtschaftsverfassung, Strukturpolitik, Gesundheitspolitik, Bildungspolitik, Finanzpolitik) und den pluralistischen politischen Grundauffassungen und (schon wegen der Größe ihres Aufwands und ihres Anteils am Sozialprodukt) den systembedingten Konflikten und Grenzen staatlichen Handelns ausgesetzt. Damit werden künftig ihre Stellung in Staat und Gesellschaft und ihre Probleme noch wichtiger, aber auch erheblich schwieriger sein.
Schon in den zwanziger Jahren hatten sich gegen das Vordringen bürokratischer und etatischer Merkmale in Deutschland, aber auch in USA, Nord- und Westeuropa die sich professionalisierenden Sozialarbeiter gewehrt: Anstelle der bürokratisch bevormundenden Einstellung zum Bedürftigen suchten sie sich ihm »mitmenschlich« und »partnerschaftlich« zuzuwenden. Nach 1945 erhielten die in USA daraus entwickelten Methoden der Sozialarbeit (casework, groupwork, counseling, guidance u. a.) auch in Deutschland starken Einfluß. Man erhoffte sich eine neue, offene Form sozialer Beziehung zwischen Sozialarbeiter und Klientel anstelle der paternalistischen »Liebestätigkeit« und »Fürsorge«. Dabei erweist sich eine nur individuelle, ja privatistische Haltung nicht mehr zulänglich: Der gewaltige Umfang und die Vielfalt heutiger Sozialleistungen bedarf großer Institutionen und Bürokratien. Mit ihnen sind zweifellos Leistungen ermöglicht worden, die die alte und enge Armenpflege weit hinter sich gelassen haben. Dem Anspruch, die Ziele des Sozialstaates emanzipativ und partnerschaftlich zu verwirklichen, steht bis heute

die Tatsache im Wege, daß ihr Handeln noch immer weitgehend sich als obrigkeitliche mit Stigmatisierung verknüpfte Hilfe versteht.

Hanns Eyferth

Literatur

Die deutsche Geschichtsschreibung zur Armenpflege hat eine Fülle farbiger Bilder seit dem Mittelalter zusammengetragen: eine erste Gesamtdarstellung hat *Scherpner* (1962, 1966) vorgelegt. Bisher fehlte aber ein Werk, das das Thema in den notwendigen Zusammenhang mit der deutschen Sozial- und Wirtschaftsgeschichte brachte; auch in neueren Beiträgen aus marxistischer Sicht gelang das nicht, weil man sich zumeist auf die von *Marx* und *Engels* gegebene Darstellung der englischen Sozialgeschichte stützte. *Sachsse* und *Tennstedt* legen jetzt eine auf Deutschlands vielfach anders gelaufene Geschichte bezogene Darstellung vor, die die Geschichte der Armenfürsorge in Deutschland auf diesem ihrem Hintergrund umfassend schildert; auf sie ist jede Forschungsarbeit am Thema zu verweisen. Da sie wie die übrige Literatur mit dem Ersten Weltkrieg abschließt, müßte dieser kurze Beitrag die Brücke zu den heutigen Problemen zu schlagen suchen und dazu einige Literatur der letzten Jahre benennen, die den Wandel von der Armenfürsorge zur Sozialarbeit und Sozialpolitik belegt.
Zur Geschichte der Armenpflege und Sozialpolitik:
Uhlhorn, G., 1895: Die christliche Liebestätigkeit, Stuttgart – *Ratzinger, G.*, 1884: Geschichte der kirchlichen Armenpflege, Freiburg – *Münsterberg, E.*, 1897: Die Armenpflege, Berlin – *Herkner, H.*, 1923: Die Arbeiterfrage, 2 Bände – *Scherpner, H.*, 1962: Theorie der Fürsorge, Göttingen – *Scherpner, H.*, 1966: Geschichte der Jugendfürsorge, Göttingen – *Luhmann, N.*, 1972: Formen des Helfens im Wandel gesellschaftlicher Bedingungen. In: *Otto, H. U.*/ *Schneider, S.*: Gesellschaftliche Perspektiven der Sozialarbeit, Neuwied – *Hasenclever, Chr.*, 1978: Jugendhilfe und Jugendgesetzgebung seit 1900, Göttingen – *Nowicki, M.*, 1973: Zur Geschichte der Sozialarbeit. In: *Hollstein, W.*/*Meinhold, M.*: Sozialarbeit unter kapitalistischen Produktionsbedingungen, Frankfurt – **Sachße, C.*/*Tennstedt, F.*, 1980: Geschichte der Armenfürsorge in Deutschland, vom Spätmittelalter bis zum Ersten Weltkrieg, Stuttgart/ Köln/Mainz – *Münchmeier, R.*, 1981: Zugänge zur Geschichte der Sozialarbeit, München. – Zur deutschen Sozialgeschichte.
**Abel, W.*, 1972: Massenarmut und Hungerkrisen im vorindustriellen Deutschland, Göttingen – **Böhme, H.*, 1968: Prolegomena zu einer Sozial- und Wirtschaftsgeschichte Deutschland im 19. und 20. Jahrhundert, Frankfurt/M. – *Mottek, H.*, 1973: Wirtschaftsgeschichte Deutschlands, 3 Bände, Berlin – *Mehring, F.*, 1897/8: Die Geschichte der deutschen Sozialdemokratie, Berlin – *Jantke, C.*/*Hilger, D.*, 1965: Die Eigentumslosen. Der deutsche Pauperismus in Darstellungen und Deutungen der zeitgenössischen Literatur, Freiburg/ München – *Wehler, H.-U.*, 1976: Moderne Deutsche Sozialgeschichte, Köln – *Kuczynski, J.*, 1948: Die Geschichte der Lage der Arbeiter in Deutschland von 1800 bis in die Gegenwart, Berlin. –
Literatur zum Wandel der Sozialpolitik (seit 1958):
Achinger, H., 1958: Sozialpolitik als Gesellschaftspolitik, Hamburg – *Ferber, Chr. von*, 1967: Sozialpolitik in der Wohlstandsgesellschaft, Hamburg – *Habermas, J.*, 1973: Legitimationsprobleme im Spätkapitalismus, Frankfurt/M. – *Badura, B.*/*Gross, P.*, 1976: Sozialpolitische Perspektiven, München – *Ferber, Chr. von*/*Kaufmann, F. X.*, 1977: Soziologie und Sozialpolitik. Sonderheft 19 der Kölner Zeitschrift für Soziologie und Sozialpsychologie, Opladen – *Hentschel, V.*, 1983: Geschichte der Deutschen Sozialpolitik 1880–1890, Frankfurt/M. – **Strasser, F.*, 1979: Grenzen des Sozialstaates? Soziale Sicherung in der Wachstumskrise, Köln/ Frankfurt/M. – Starnberger Studien 2: Sozialpolitik als soziale Kontrolle, 1979, Frankfurt/M. –

→ Armut → Normenprobleme → Sozialpädagogik/Sozialarbeit: Theorie und Entwicklung → Sozialhilfe → Sozialstaat → Subsidiarität → Wohlfahrtsverbände

Gesundheit und Krankheit

Während für das Alltagsverständnis die Fragestellung, was Krankheit oder Gesundheit ist, unproblematisch erscheint, ist sie dies für eine wissenschaftliche Beschäftigung mit dem Thema keineswegs. Bei genauer Betrachtung erschließt sich, daß die Art und Weise, wie gesundheitliche Vorgänge wahrgenommen und interpretiert werden, von grundlegender Bedeutung ist für individuelles und gesellschaftliches Handeln.

Im Folgenden sollen daher wissenschaftliche Erklärungsversuche behandelt werden, die die Phänomene Gesundheit und Krankheit zu entschlüsseln suchen. Die gesellschaftlich und wissenschaftlich vorherrschende Sichtweise der naturwissenschaftlich orientierten Biomedizin ist hierbei Orientierungspunkt und Kritikgegenstand zugleich für eine Reihe von humanwissenschaftlichen Bemühungen der Erklärung und Neuorientierung. Untersucht werden hier Ansätze der Streßforschung, sozialwissenschaftliche Konzepte und ökologisch-kulturanthropologische Interpretationsversuche von Gesundheit und Krankheit. Gegenstand sind nicht so sehr die Forschungsergebnisse der einzelnen Ansätze, sondern ihre Konzeptualisierungen, ihre Erklärungssystematik. Die Auseinandersetzung mit ihnen begründet sich dadurch, daß in unserer Kultur, die in mancher Hinsicht schon eine globale Kultur ist, wissenschaftlich erzeugte Erklärungssysteme für das gesellschaftliche Verständnis und Verarbeiten von Realität vorherrschend sind.

Die Betonung theoretischer Erklärungsansätze von Krankheit (im Gegensatz zu Gesundheit) resultiert daher, daß unter den Prämissen wissenschaftlich beeinflußter gesellschaftlicher Praxis sich Erkenntnisse vorrangig aus Problemlösungszusammenhängen bestimmen: Gesundheit wird sich bei den gegebenen Formen der Erkenntnisgewinnung erst differenziert verstehen lassen, wenn das Phänomen Krankheit erfaßt ist. Die vorgestellten Konzepte werden hier einerseits verstanden als Orientierungsraster für Theoriebildung und Forschungspraxis. Andererseits werden sie als Deutungssysteme für Natur- und Gesellschaftsphänomene, also selbst als kulturell organisierte Sinnstrukturen interpretiert, die in ihren Konsequenzen individuelle und gesellschaftliche Entstehungs-, Wahrnehmungs- und Bewältigungsvorgänge von Krankheiten beeinflussen.

Die Biomedizin und ihre Krise

Krankheiten sind nach der Logik der Biomedizin substanzielle Einheiten, die zurückführbar sind auf objektivierbare organische Struktur- und Funktionsveränderungen, prozeßhaften biochemischen Gesetzmäßigkeiten unterliegen und spezifizierbare Ursachen aufweisen (*Rothschuh,* 1975). Die bis heute gültigen Grundannahmen beruhen auf verschiedenen – sich durchaus widersprechenden – Konzepten, die im 19. Jahrhundert naturwissenschaftlich konkretisiert wurden und gemeinsam in die Biomedizin eingingen. Insbesondere die anatomischen Erkenntnisse begünstigen eine morphologische Sichtweise, die Krankheiten als Veränderungen der Organe, des Gewebes und der Zellen begriff und eine ontologische Auffassung von Krankheiten durch den Nachweis ihres organischen Substrats förderte. Die Entwicklung der experimentellen Grundlagen in den Naturwissenschaften schlug sich in der physiologischen Sichtweise nieder, die Krankheiten als Regulationsstörungen von Körper- und Organfunktionen auffaßte. Seit der Entdeckung spezifischer Mikroorganismen als Erreger für Infektionskrankheiten orientiert sich die Biomedizin stark an spezifischen Kausalitäts- und Gesetzesannahmen für Krankheiten.

Abstrahierend von den internen Widersprüchen läßt sich das System von Annahmen der naturwissenschaftlichen Medizin folgendermaßen klassifizieren:

- Krankheiten sind morphologische Veränderungen (Organ-, Gewebsläsionen) und physiologische Funktionsstörungen bzw. Normabweichungen.

- Krankheiten beruhen auf spezifischen endogenen oder exogenen Ursachen, denen spezifische Krankheitseinheiten entsprechen (ontologische Krankheitsauffassung und Spezifitätsthese).

- Krankheit ist als rein biologisches Körperphänomen zu betrachten. Letztlich läßt sich Krankheit auf die zugrundeliegenden physikalischen und chemischen Prozesse zurückführen.

- Der Organismus kann als separates Phänomen auf der Basis seiner Naturgesetzlichkeit verstanden werden. Die komplexen Beziehungen zwischen Gesellschaft, Natur und Individuum sind nicht konstitutiv für das Krankheitsphänomen. Die Umwelt spielt nur durch exogene Krankheitsursachen eine Rolle.

Dieses biomedizinische Modell ist seit Jahrzehnten und zunehmend systematisch seit Mitte dieses Jahrhunderts der Kritik ausgesetzt (*Canguilhem*, 1977; *Fabrega*, 1974; *Illich*, 1977; *Keupp*, 1979; *McKeown*, 1982; *v. Uexküll*, 1979). Sie resultiert aus den Unzulänglichkeiten des naturwissenschaftlichen Medizinparadigmas, die theoretische und praktische Bewältigung der realen Krankheitsphänomene konsistent zu organisieren. Die Auseinandersetzung verläuft dabei auf verschiedenen Ebenen: Biologischer Reduktionismus, Organismus-Umwelt-Trennung sowie die Kausalitätsvorstellungen des biomedizinischen Modells werden von den im folgenden referierten Ansätzen der Streßforschung, der Sozialwissenschaften und der ökologisch-kulturanthropologischen Betrachtung je spezifisch revidiert. Darüberhinaus bezieht sich die Auseinandersetzung mit zunehmender Heftigkeit auf die gesundheitlichen, soziopolitischen und soziokulturellen Auswirkungen des biomedizinischen Modells und des nach ihm strukturierten Gesundheitswesens (vgl. hierzu insbesondere *Dubos*, 1965; *Illich*, 1977; *McKeown*, 1982; Gesundheit im gesellschaftlichen Konflikt, 1980; *Timm*, 1980).

Die Biomedizin begründet ihre Postulate und Handlungsstrategien in einer Phase der Mensch-Umwelt-Beziehung, die durch eine expansive Entwicklung der technologischen Ressourcen des Menschen gekennzeichnet ist. Grundlage und Ergebnis dieser Veränderungen ist die kapitalistische Produktionsweise und Sozialorganisation einerseits und die analytische Erkenntnisform der Naturwissenschaften andererseits. Die Medizin überträgt deren Sichtweise mit Erfolg auf den Körper, der als ein System von Gewebestrukturen und Zellfunktionen, von mechanischen und

hydraulischen Vorgängen, von Prozessen des Energieaustausches und des Stoff-
wechsels, von elektro-chemischen und biochemischen Steuerungsprozessen sichtbar wurde. Ebenso entwickelt sich damit praktische Medizin als ein technologisches
Konzept der Beeinflussung von Körpervorgängen.

Diese Umwälzung des auf Gesundheit und Krankheit bezogenen gesellschaftlichen
Deutungs- und Handlungssystems brachte enorme Strukturveränderungen und
Expansionsprozesse im Gesundheitswesen mit sich. Die dadurch ausgelöste ökonomische Krise des Gesundheitswesens in den Industrieländern macht sich zugleich
als Legitimations- und Effektivitätskrise geltend. Die Entwicklung erklärungskräf-
tiger Ansätze durch andere humanwissenschaftliche Disziplinen ist ein deutliches
Zeichen für die Grenzen des biomedizinischen Paradigmas.

Das Streßparadigma

Seit den 30er Jahren des 20. Jahrhunderts hat sich ein enorm breites, aber auch
äußerst heterogenes Forschungsfeld unter dem Rahmenbegriff »Streß« entwickelt
(*Selye*, 1956; *Lazarus*, 1966; Society, Streß and Disease, 1971, 1975; *Moss*, 1973;
Bösel, 1978). Inzwischen spielt der Begriff in den verschiedensten humanwissenschaftlichen Disziplinen eine Rolle, so z. B. in der Medizin (u. a. Physiologie,
Innere Medizin, Psychosomatik, Psychiatrie), der Biologie, Psychologie, Soziologie und Erziehungswissenschaft. Für die Erweiterung des Verständnisses von
Krankheit und Gesundheit haben die Ergebnisse der verschiedenen Ansätze
wesentliche Impulse gebracht. Theorieentwicklung und begriffliche bzw. methodische Systematisierungen haben mit der angewachsenen Einzelforschung jedoch
keineswegs Schritt gehalten. Der Streßbegriff wird daher ganz uneinheitlich
verwendet: er dient gleichermaßen zur Bezeichnung von belastenden Ausgangsbedingungen oder zur Benennung des Gesamtzustandes eines Systems (Organismus,
Individuum) ebenso wie zur Kennzeichnung von bestimmten Reaktionen oder
Reaktionstypen.

Er wird außerdem in den verschiedenen Disziplinen zur Analyse unterschiedlicher
Gegenstandbereiche der »Systemebenen« angewandt: Organismus; psychophysi-
sche Zusammenhänge; kognitive, emotionale und Verhaltensaspekte; soziale
Interaktionsebene; soziophysische Zusammenhänge usw. Damit eröffnet sich die
Chance, nicht nur formale Analogien der Belastung zwischen den Betrachtungs-
ebenen, sondern auch inhaltliche Beziehungen zu entschlüsseln. Integrative Versu-
che werden jedoch erheblich erschwert durch die jeweilige Theoriestruktur der
Disziplinen.

Die physiologische Streßtheorie: Der Endokrinologe *Selye* (1956) entwickelte im
Anschluß an *Cannons* psychophysiologische Theorie der Organismushomöostase
(»The Wisdom of the Body«, 1939) seit den 30er Jahren seine physiologische Streß-
Theorie, die bis heute einen wesentlichen Bezugspunkt der Streßforschung in
verschiedenen Disziplinen darstellt (vgl. *Bösel*, 1978; *Moss*, 1973; *v. Uexküll*,
1979). Im Gegensatz zu dem inzwischen in der Alltagssprache verbreiteten
Streßverständnis bezeichnet Streß in der physiologischen Theorie den allgemeinen

Zustand eines Organismus, der durch ein typisches biologisches Reaktionsmuster gekennzeichnet ist. Streß wird als relativ stereotype Adaptationsreaktion des Organismus verstanden, und zwar auf die Wirkungen noxischer Einflüsse (»Stressoren«) verschiedenester Art, also z. B. Hitze, Kälte, Infektionen, Injektionen von Adrenalin oder Tuberkelbazillen, Verletzungen, Reizung des Nervensystems, affektive Erregung usw. Diese unspezifischen Abläufe im Organismus bei Belastungen bezeichnete *Selye* als »Allgemeines Adaptationssyndrom« (AAS).

Die einzelnen vegetativ-endokrinen Komponenten des AAS werden vom Hypothalamus, einem Gebiet im Zwischenhirn, gesteuert. Das Streßgeschehen verläuft dabei im wesentlichen auf zwei miteinander zusammenhängenden Bahnen: auf hormonalem Wege über die Hypophyse, die das Hormon ACTH produziert, das die Nebennierenrinde zur Freisetzung von Kortikoiden (z. B. Cortisol, Aldosteron) veranlaßt, und auf nervalem Wege über den Sympathikus, der das Nebennierenmark zur Produktion von Katecholaminen (Adrenalin, Noradrenalin) aktiviert. Die Wirkung der Kortikoide ist z. B. in allen lebensbedrohenden Situationen von großer Bedeutung. Sie greifen in die Stoffwechselprozesse ein und unterstützen die aktivierenden Einflüsse des Sympathikus und Herz und Gefäße. Einige spezifische Wirkungen sind: Erhöhung der Zahl der roten Blutkörperchen, Hemmung von Entzündungen. Die Katecholamine bewirken z. B. insgesamt eine Aktivierung des Sympathikus, eine Steigerung der Herztätigkeit und des Blutdrucks und eine vermehrte Blutzufuhr zur Skelettmuskulatur; sie steigern den Stoffwechsel und den Gesamtenergieumsatz und erhöhen damit die Leistungsbereitschaft des Körpers. Die Katecholamine fördern also eher die Energiemobilisierung des Organismus, die Kortikoide sind eher an langfristigen Heilungsprozessen beteiligt.

Gelingt es dem Organismus durch den aktivierten physiologischen Prozeß nicht, die Wirkungen des Stressors zu bewältigen und den erhöhten Mobilisierungszustand zu balancieren, reduzieren sich die mobilisierten adaptiven Mechanismen drastisch, und der Organismus befindet sich im »Erschöpfungsstadium«. Neben den spezifischen Wirkungen des Stressors, die sich jetzt entfalten können, kann der Körper durch die anhaltende Aktivierung des vegetativ-endokrinen Systems zusätzliche Schädigungen erfahren, bis hin zu bleibenden »Adaptionskrankheiten« im Herz-Kreislauf-System und Magen-Darm-Trakt, an Nieren, Leber, Lymphsystem usw.

Bei dem physiologischen Streßkonzept geht es, im Gegensatz zu der biomedizinischen Forschungslogik, um die Überwindung der reduktionistischen Spezifitätsannahmen in bezug auf Krankheit. Die Streßtheorie stellt die Gesamtreaktion des Organismus in den Vordergrund. Diese Reaktion ist relativ komplex und stereotyp, sie überlagert die spezifische Reaktion des Individuums auf einen bestimmten Reiz. Streß wird in diesem Konzept also keineswegs primär als schädigendes Ereignis, sondern als restabilisierende Aktivität des neurophysiologischen Systems betrachtet. Damit besitzt es Relevanz für ein erweitertes Verständnis von Gesundheit und gleichermaßen von Krankheit. Gesundheit erscheint dann als umfassende Fähigkeit des Organismus, mit Herausforderungen umzugehen. Krankheit stellt sich nicht als Eigenschaft bestimmter Stressoren dar, sondern als Überforderung der körperlichen Kompensationskapazität, und zwar in einem doppelten Sinne. Krankheit entsteht nicht nur in spezifischer Form (ausgelöst durch konkrete Noxen) durch die Überforderung physiologischer Mechanismen. Krankheit ist ebenso möglich durch intensive oder extensive Belastung des Adaptionssystems selbst mit dem Resultat von Systemerkrankungen (Herzkreislauf-, Verdauungs-, Immunsystem usw.). Krankheit wird durch diese Theorie also explizit in Beziehung gesetzt zu dem Gesamtzustand des Organismus und seiner Dynamik sowie zu seiner Auseinandersetzung mit der Umwelt. Trotz der medizinisch-experimentellen Beweisführung geht es bei Selyes Theorie letztlich um den Nachweis allgemeiner Adaptionsprozesse mit relativ hohem Abstraktionsgrad; gleichwohl bleibt die Konzeption auf die physiologische Systemebene beschränkt, da die Analyse des menschlichen Organismus und seiner Umweltbeziehung weder die gesellschaftliche noch die ökologische Existenzweise des Menschen einschließlich und ebenso wenig die Rolle von Bewußtsein und Sinninterpretation für die Auseinandersetzung mit der Umwelt thematisiert.

Streß als psychophysiologisches Geschehen: Die psychophysiologische Forschung brachte eine Erweiterung der physiologischen Streßforschung um die psychische Dimension, die Phänomene und ihre Interpretation wurden damit jedoch auch komplexer (vgl. zusammenfassend *Moss*, 1973; *Bösel*, 1978; *Joraschky/Köhle*, 1979). Schon *Selyes* Studien demonstrieren, daß das AAS von affektiven Stimuli ausgelöst werden kann. Eine breite Palette von psychophysiologischen Untersuchungen belegt die Rolle emotionaler Prozesse für die Aktivierung der Hirnrinde, des autonomen Nervensystems und der Hypophysen-Nebennierenrinden-Achse bzw. der Hypothalamus-Nebennierenrinden-Achse. Der Zusammenhang zwischen Emotion und Körperreaktion stellt sich dabei weniger uniform dar als die physiologischen Adaptionsvorgänge bei physischen Reizen. Die interindividuellen (und vermutlich auch die intraindividuellen) Unterschiede sind relativ hoch. Die Vieldeutigkeit der Untersuchungen lassen sich am sinnvollsten durch die Annahme von mehreren relativ unabhängigen somatischen Aktivierungssystemen interpretieren, die in Abhängigkeit von Anforderungssituationen, Affekt- und Motivkonstellation und Persönlichkeitsstruktur unterschiedlich, unter bestimmten Bedingungen jedoch auch gemeinsam aktiviert werden (*Moss*, 1973; *Bösel*, 1978).

Die psychologische Streßforschung versucht die Beziehungen zwischen streßauslösender Situation, Wahrnehmungs- und Interpretationsvorgängen, emotionalen und verhaltensbezogenen Reaktionen, sowie physiologischen Prozessen aufzuzeigen und zu verallgemeinern. Vorherrschend sind relationale Streßkonzeptionen, die die Überforderung des verfügbaren kognitiven, emotionalen und handlungsbezogenen Bewältigungsprozesses (»coping capacities«) in Bezug auf bestimmte Situationen als Kriterien hervorheben.

Eine relativ differenziertes psychologisches Streßkonzept wurde von *Lazarus* (1966) und Mitarbeitern entwickelt. Das Modell betont die entscheidende Rolle von Situationswahrnehmung und -einschätzung sowie des Bedrohungserlebnisses. Körperliche Erregungsmuster, wie Muskelspannung, Herzfrequenz, Hormonausschüttung usw. sowie emotionale Zustände resultieren nach dieser Theorie aus Handlungsimpulsen, die vermittelt über kognitiv-emotionale Deutungsvorgänge

(»appraisal«) entstehen. Die gegebene Situation wird durch das Individuum im Hinblick auf sein Motivationssystem bewertet, wobei biographische wie situative Komponenten in diese primäre Einschätzung eingehen. Gleichzeitig finden sekundäre Interpretationsvorgänge statt, welche Handlungsmöglichkeiten und potentielle Ergebnisse zur Bewältigung der Situation zur Verfügung stehen. Diese – auch unbewußten und unstrukturierten – Deutungsvorgänge bestimmen über die Handlungstendenzen des Individuums, die wiederum die physiologischen Aktivierungsvorgänge und die begleitenden Emotionen steuern.

Eine Auseinandersetzung des Individuums mit seiner Umwelt wird dann durch den Begriff »Streß« charakterisiert, wenn die Wahrnehmung der Gegebenheiten und ihrer physischen, psychischen und verhaltensmäßigen Verarbeitung das Element von Bedrohung für das Individuum enthält. D. h. psychologischer Streß wird durch die subjektiv wahrgenommene Überforderung von Bewältigungsmöglichkeiten gegenüber – wiederum interpretierten – Umweltanforderungen definiert.

Festzuhalten bleibt, daß die Streßtheorie von *Lazarus* prinzipiell als Modell der Transaktion, der Auseinandersetzung von Individuen mit Umweltbedingungen konzipiert ist (*Lazarus*, 1971). Weder Situationsbedingungen, noch Reaktionsmuster, noch individueller (Belastungs-) Zustand reichen für sich als konstitutive Merkmale für die Streßdefinition aus. Weiterhin bedeutet die Hervorhebung der Einschätzungsvorgänge, daß individuelle Deutungsprozesse, also Symbolisierungen, der entscheidende Mechanismus für Mensch-Umweltbeziehungen sind. *Lazarus* hat bislang kein spezifisches Modell der Beziehungen von psychischer Belastungsverarbeitung und Krankheiten entworfen, etwa im Sinne sozio-psychologischer Gesetzmäßigkeiten. Demgegenüber wirft er die Frage auf, ob auf einer allgemeinen Betrachtungsebene, Krankheiten als eine Form der Belastungsregulation in dem Auseinandersetzungsprozeß des Menschen mit seiner Umwelt betrachtet werden könnten, neben anderen, sozial positiv (z. B. Kreativität) oder negativ sanktionierten (z. B. Aggressivität) Formen.

Streß als Metapher: Im Gegensatz zu der Vielzahl der Untersuchungen, die Streß vor allem zum Bezugspunkt für die Untersuchung pathologischer Prozesse machen, entwerfen die hier vorgestellten Theorien von *Selye* und *Lazarus* allgemeine Konzepte der Auseinandersetzung von Organismus bzw. Individuum und Umwelt. Derartige Konzeptualisierungsversuche, wie auch die Streßforschungsansätze allgemein, haben sich als eines der fruchtbarsten Paradigmen für ein über die Biomedizin hinaus erweitertes Verständnis von Krankheit und Gesundheit erwiesen, trotz oder auch wegen der Heterogenität der Ansätze, Bezugsebenen und Ergebnisse. Nicht nur eine Konkretisierung der verschiedenen Mechanismen auf physiologischer, psychischer und interaktioneller Ebene ist der Streßforschung zu verdanken – mit weitgreifenden Konsequenzen für die Entwicklung und Systematisierung soziopsychobiologischer Erklärungsansätze. Der Streßbegriff eröffnet auch die Sichtweise auf Gesundheit und Krankheit als Phänomenen der Auseinandersetzung mit der Umwelt.

Auffallend ist jedoch die weitgehende Außerachtlassung übergreifender gesellschaftlicher Bezüge der Prozesse, die die Streßforschung sich zum Gegenstand macht. Das trifft auch auf die sozialwissenschaftlichen Streßansätze zu (vgl. unten z. B. Studien zu Arbeitswelt und Krankheit oder die »life-event«-Forschung). Situativer Zusammenhang (Stimulusbedingen), kognitive Einschätzungsvorgänge, körperliche, emotionale und verhaltensmäßige Bewältigungsmuster – diese Aspekte verbergen unaufgedeckte gesellschaftliche Zusammenhänge, die die Streßforschung mit ihrer spezifischen Sichtweise und methodischen Orientierung nicht zu analysieren vermag.

Die Fruchtbarkeit des Streßkonzepts liegt also – so ist zu vermuten – nicht allein an seiner wissenschaftlichen Erklärungskraft für eine Reihe von Phänomenen, sondern auch an seiner metaphorischen Dimension. Das Streßkonzept erschließt intuitiv, abseits aller begrifflichen und empirischen »Bewältigungsbemühungen« der realen Welt einen wesentlichen Aspekt der kulturellen Existenzweise der technologisch entwickelten Gesellschaften des 20. Jahrhunderts. Die Auseinandersetzung mit den Existenzbedingungen, die mehr als jemals zuvor selbst dem sozial- und physikotechnologischen Zugriff unterliegen, sowie die Bewältigung der durch dieses Verhältnis gesetzten Anforderungen an Individuen, gesellschaftliche Organisation und Ökosystem erscheinen als die historischen Konstitutionsbedingungen für die wissenschaftliche Durchdringung der scheinbar individuellen Streß- und Adaptationsphänomene.

Das Gewand einer laborexperimentellen Belastungsforschung trägt die Streßforschung hierbei durchaus mit realem Bezug. Die Formen der alltagsweltlichen Belastungsverarbeitung, deren unabhängige und abhängige Variablen sie in der Schutzzone des Labors herauszuarbeiten versucht, weisen auch in der sozialen Realität laborähnliche »Versuchsbedingungen« auf (vgl. zu dieser These auch *Karmaus*, 1979).

Sozialwissenschaftliche Ansätze einer Krankheitstheorie

Die sozialwissenschaftlichen Ansätze erklären das am Beispiel der Infektionskrankheiten entwickelte mechanistische und monokausale Ursachenmodell der Biomedizin für obsolet, insbesondere für die in der 2. Hälfte des 20. Jahrhunderts vorherrschenden chronischen Krankheiten. Sie setzen prinzipiell, angesichts der weitgehenden Unklarheit der Phänomene von Gesundheit und Krankheit, ein methodisches Vorgehen voraus, das von einem offenen Denkmodell ausgeht und multikausale bzw. multikonditionale Zusammenhänge sowie mehrere Analyseebenen (kulturelles System, Sozialstruktur, Verhaltensebenen, psychologische und somatische Ebene) einbezieht. Die Forschungspraxis ist allerdings von diesen methodischen Anforderungen an ein sozialwissenschaftliches Paradigma häufig noch weit entfernt.

Zwei wesentliche Arbeitsbereiche der sozialwissenschaftlichen Analyse von Gesundheit und Krankheit lassen sich unterscheiden. Der eine beschäftigt sich mit den gesellschaftlich vermittelten Entstehungsbedingungen von Krankheiten, der andere thematisiert die psychischen, psychosozialen und gesamtgesellschaftlichen Aus-

wirkungen von Krankheiten. Die Forschungsrichtungen, die die sozialen Aspekte
für Entwicklung und Verlauf von Krankheiten zum Gegenstand machen, sind
erstaunlich variantenreich hinsichtlich der Fragestellung, methodischer Vorgehensweise und Ergebnisformulierung. Damit liegt eine Fülle von – theoretisch bislang
allerdings wenig systematisierten – Erkenntnissen über die gesellschaftliche Vermittlung von Krankheit und Gesundheit vor.

Die Mehrzahl der Ansätze zum sozialen Entstehungszusammenhang von Krankheiten arbeitet mit der Methodik der Sozialepidemiologie bzw. benutzt vorrangig
epidemiologische Ergebnisse als Ausgangsbasis für die Theoriebildung (*Susser*,
1973; *Geissler/Thoma*, 1979). Krankheit (Entstehung, Verbreitungsgrad, Verlauf,
Krankheitsverhalten usw.) wird in Beziehung zu sozialen Phänomenen gesetzt, die
ganz unterschiedlichen Inhalts, Abstraktions- und Vermittlungsgrades sein können, z. B.: Schichtzugehörigkeit, Urbanisierungsgrad, Mobilität, Familienstruktur, sozialkultureller Wandel, ethnische Herkunft, also Variablen mit relativ
hohem Abstraktionsgrad, aber auch spezifischere Variablen, wie z. B. Statusin-
konsistenz, belastende Lebensereignisse, Berufsunzufriedenheit, Persönlichkeitsstruktur, Rollenkonflikte.

Für eine Vielzahl von Krankheiten oder krankheitsbezogenen Aspekten haben die
Forschungen soziale Bedingungszusammenhänge deutlich gemacht: Säuglings- und
Müttersterblichkeit, Lebenserwartung, Frühinvalidität, physiologische Prozesse,
Streßerleben, körperliche und geistige Behinderung, Infektionskrankheiten, psy-
chische Krankheiten, Herzkreislaufkrankheiten (z. B. Bluthochdruck, Herzinfakt),
Krebskrankheiten, rheumatische Erkrankungen, Altersmorbidität, Schmerzemp-
findung, Krankheitsverhalten, Rekonvaleszens, psychogener Tod (für das erforschte
Spektrum sozialer Entstehungsbedingungen vgl. Society, Stress und Disease, 1971,
1975). Während an der statistisch gesicherten Beziehung zwischen sozialen Variablen
und Gesundheits- bzw. Krankheitsphänomenen kein Zweifel besteht, ist die
Interpretation dieser Zusammenhänge Gegenstand erheblicher Kontroversen innerhalb und zwischen den sozial- und biomedizinischen Wissenschaften. Einige der
spezifischen Fragestellungen und Forschungsrichtungen zur sozialen Ermittlung von
Krankheiten sollen exemplarisch im folgenden charakterisiert werden.

Soziale Ungleichheit und Krankheit: Die Mehrzahl der Untersuchungen weist eine
überzufällige Morbidität (Krankheitsrate) und Mortalität (Sterberate) in den
unteren Schichten gegenüber den höheren Schichten aus, und zwar in Bezug auf
nahezu alle untersuchten Krankheiten (Überblicke bei *Abholz*, 1976; *Novak*,
1980). Lebenslage und Lebensbedingungen haben also tiefgreifende Bedeutung für
individuelle Lebensmöglichkeiten, für das Risiko, krank zu werden und für die Art
und den Zeitpunkt des Todes. Auf einer allgemeinen Ebene belegt dieser Ansatz
die sozioökonomische Vermitteltheit von Gesundheit und Krankheit. Die Argumentation dieses Ansatzes ist jedoch letztlich undynamisch und wenig komplex.
Die statistisch sehr gut nachweisbaren Zusammenhänge zwischen Schicht und
Krankheit haben nur Indikationswert: der Schichtbegriff verdeckt eher, welche
Wechselwirkungen auf physiko-ökologischer, gesellschaftlicher, psychologischer
und organischer Ebene an dem Phänomen Krankheit beteiligt sind.

Arbeitswelt/Beruf und Krankheit: Zum Teil stellt diese Richtung eine Konkretisierung zum Thema »Soziale Ungleichheit und Krankheit« dar, da berufliche Anforderungen und Belastungen einen wichtigen Aspekt der globalen Kategorie Schicht ausmachen: Berufs- und Arbeitsplatzsituation schlagen sich in berufsspezifischen oder branchenspezifischen Krankheitshäufigkeiten, Krankheitsarten sowie Invaliditäts- und Sterberaten nieder (*Schaefer/Blohmke*, 1978). Einzelne Untersuchungsansätze versuchen spezifische soziale Dimensionen auf ihre pathogenetische Rolle zu analysieren. Derartige Aspekte beziehen sich auf »objektive« wie »subjektive« Komponenten der Arbeitssituation, also z. B. Arbeitslosigkeit, Berufsposition, Arbeitsbelastung, Rollenkonflikte und Rollenambiguität, Verantwortungsgrad, Restriktivität der Arbeitssituation, Fremd- oder Eigenkontrolle der Arbeitsbedingungen (*Karmaus* u. a., 1979; *Frese* u. a., 1978; *McLean*, 1974). Emotionaler Streß, Bluthochdruck, allgemeine Krankheitsanfälligkeit, psychosomatische Krankheiten (Herzkreislaufsystem, Verdauungssystem) sind z. B. im Zusammenhang mit derartigen Aspekten der Arbeitssituation nachweisbar. Solche Studien decken zwar die Relevanz von Arbeit und Beruf für Gesundheitsphänomene mehr oder minder detailliert auf. Die Arbeitswelt der Industrieländer hat jedoch weitreichendere Wechselwirkungen mit dem gesellschaftlichen Wertsystem, mit der gesellschaftlichen Organisation der sozialen und emotionalen Beziehungen, mit demographischer Struktur wie mit Sozialisation und Ausbildung (vgl. hierzu ansatzweise *Großkurth*, 1979). Erst auf diesem Hintergrund kann die Berufstätigkeit bzw. Arbeitsplatzsituation ihre spezifischen pathogenen (oder gesundheitsfördernden!) Wirkungen entfalten.

Psychosoziale Lebensereignisse und Krankheit: Dieses Konzept versucht Beziehungen zwischen belastenden Lebenssituationen und Krankheitsgeschehen aufzuzeigen. Einschneidende Lebensereignisse aus verschiedenen Lebensbereichen (Partnerbeziehungen, Familienbeziehungen, Arbeit, finanzielle Situation, Lebensgewohnheiten, soziale Beziehungen, Mobilität etc.) werden mit Hilfe unterschiedlicher Verfahren erfaßt. Die Annahmen sind: gravierende Lebensereignisse erfordern soziale, emotionale und kognitive Bewältigungsleistungen und erzeugen psychosozialen Streß. Bei hoher Belastung besteht – durch die Überforderung der sozialen, psychischen und physiologischen Resistenzfaktoren – ein erhöhtes Risiko für Krankheitsentwicklung. Retrospektive und prospektive Studien ergeben bei hohem Ausmaß von Belastungen statistisch signifikante Beziehungen zu einer Vielzahl von Krankheiten psychischer, psychosomatischer und organischer Art (bis hin zu Unfällen). Bei psychischen und Herzkrankheiten ist der Lebensereignis-Ansatz besonders aussagefähig; so bestätigt die »life-event«-Forschung die Bedeutung von psychosozialen Faktoren für die Entstehung des Herzinfarktes, in Kombination mit, aber auch unabhängig von den »traditionellen« Risikofaktoren (vgl. hierzu die Auswertung der internationalen Literatur bei *Schaefer/Blohmke*, 1977). Gesamtgesellschaftliche Bedingungen und Entwicklungen werden – obwohl relevant für Art, Zeitpunkt und Ausmaß belastender Lebensereignisse – mit diesem Ansatz nicht erfaßt. Ebensowenig werden die subjektiven Bedeutungen, Streßreaktionen und Verarbeitungsformen von Lebensveränderungen berücksichtigt.

Schließlich ergibt der Ansatz keinen Aufschluß über die konkreten Wirkungsmechanismen; er stützt allerdings die Plausibilität von Erkenntnissen, die durch andere Untersuchungsansätze (z. B. die Streßforschung) gewonnen wurden.

Soziale Immunität und soziale Krankheitsanfälligkeit

Ausgangspunkt für den theoretischen Integrationsversuch von *Moss* (1973) in seiner Theorie der »biosozialen Resonation« ist die von den verschiedenen sozialwissenschaftlichen Ansätzen dokumentierte Rolle sozialer Aspekte für die Entstehung von Krankheiten. Die These, nach der vorrangig spezifische Faktoren sozialer oder biophysikalischer Art spezifische Krankheiten hervorrufen, wird als unzureichend zurückgewiesen. Demgegenüber geht *Moss* davon aus, daß generelle soziale Bedingungen eine maßgebliche, jedoch krankheitsunspezifische Rolle spielen. Krankheit wird zu einer allgemeinen Kategorie – und auf dieser Ebene erscheint die Schlußfolgerung legitim, Krankheitserreger und -faktoren etc. nicht als Ursache, sondern als Symptom zu betrachten.

Art und Ausmaß von Krankheiten werden bei *Moss* mit gesellschaftlichen Systembedingungen in Zusammenhang gebracht, die den relativen Grad an »sozialer Immunität« oder »sozialer Krankheitsanfälligkeit« bestimmen. Gesellschaftliche Prozesse werden dabei als ständige Informationsübermittlung aufgefaßt: die Teilnahme an diesen Kommunikationsnetzen hat, vermittelt durch das zentrale Nervensystem und neuroendokrine Prozesse, ihre physiologischen Korrelate (»biosoziale Resonation«). Dieser Prozeß funktioniert nach beiden Seiten: der somatische Zustand beeinflußt ebenfalls Informations- und Interaktionsprozesse und wirkt auf die Kommunikationsnetze zurück. In Fortsetzung dieser relativ abstrakten Argumentation werden soziale Krankheitsbedingungen in Ausmaß und Art von Informationsinkongruenzen gesehen. Bestimmte Bewältigungsmuster (»Identifikation«, »Autonomie«, »Entfremdung«, »Anomie«) lassen sich typisieren, wobei Formen der Entfremdung und Anomie anhaltende physiologische Veränderungen (»Tuning« – Einstimmung) und somatische Erkrankungen wahrscheinlich machen. Wie soziale Systeme (und die beteiligten Individuen) die von ihnen produzierten Informationen organisieren und systematisieren, entscheidet danach über die soziale Immunität oder Pathogenität dieser Systeme.

Diese Konzeption ist kompatibel mit den verschiedenen sozialwissenschaftlichen Forschungsergebnissen zu den sozialen Aspekten von Gesundheit und Krankheit. Insbesondere die Ergebnisse über die Zusammenhänge zwischen sozialstrukturellem Wandel oder Rollenkonflikten und Krankheit bzw. umgekehrt über die Bedeutung von stabilen und akzeptierten Sozialbeziehungen und Wertsystemen für die Existenz relativer Gesundheit unterstützen die These von der sozialen Immunität (*Badura*, 1981).

Die Konzeption integriert weiterhin die Ergebnisse der physiologischen und psychologischen Streßforschung. Ein Verdienst der Theorie ist ebenfalls, daß sie ein sozio-biologisches Rückkopplungsmodell entwirft, für das nicht, wie bei den meisten sozialwissenschaftlichen Ansätzen, körperliche Vorgänge als exterritoriales Gebiet aufgefaßt werden, die keiner sozialwissenschaftlichen Modellbildung bedürften. Dennoch ist die Konzeption in ihrer Reichweite begrenzt, da sie Menschen und soziale Systeme ausschließlich unter dem Aspekt der Informationsverarbeitung und Kommunikation betrachtet. Gesellschaftliche Existenz des Menschen bedeutet nicht nur einen Austausch mittels Symbolen, sondern auch einen realen Austausch mit der Welt. Theoriekritisch oder aus der Perspektive einer Ethnologie der Industriekultur betrachtet scheint der aktuelle Kern der informationstheoretischen Überlegungen von *Moss* in dem rapiden technologischen und soziokulturellem Wandel des 20. Jahrhunderts zu liegen, der eine rasche Entwertung der jeweils geltenden wissenschaftlichen Paradigmen, Wertsysteme, sozialen Verhaltensregulative und Wissensformen des Alltagsbewußtseins mit sich bringt. Die kulturelle Erfahrung einer beständigen Entwertung geltender Interpretationen wird selbst zum Ausgangspunkt für die Grundlegung einer informationstheoretischen soziobiologischen Theorie.

Soziopsychophysiologische Modelle

Die durch die sozialwissenschaftlichen, psychologischen, psychophysiologischen und physiologischen Untersuchungen aufgezeigten Zusammenhänge und Einzelaspekte von Gesundheit und Krankheit stellen Herausforderungen an eine integrative Theoriebildung dar, die von den Einzelwissenschaften bislang kaum aufgegriffen werden. Auf einer mittleren Integrationsebene bewegen sich Versuche, die vorliegenden empirischen Ergebnisse in einem formalen Modell von Bedingungs- und Wirkungskonstellationen zu systematisieren. *Kagan/Levi* (1975, vgl. Abbildung) z. B. haben ein allgemeines Faktoren- und Prozeßmodell für sozial und

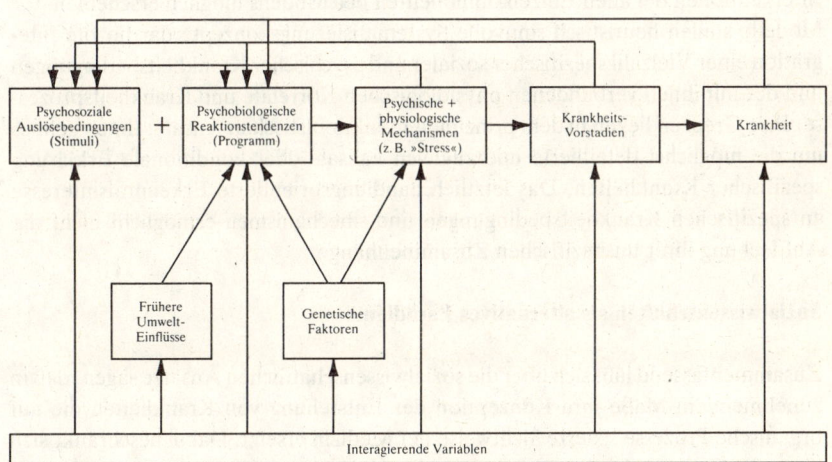

Modell für psychosozial vermittelte Krankheit. (Nach: *A. Kagan/L. Levi*)

psychisch vermittelte organische Krankheiten entwickelt. Ausgangspunkt des als Rückwirkungssystem konzipierten Geschehens, sind soziale Bedingungskonstellationen für Krankheiten, wie sie durch die epidemiologischen Ansätze aufgezeigt werden. Diese Reizsituationen treffen auf individuelle psychobiologische Reaktionstendenzen, die durch genetische und biographische Momente spezifisch strukturiert sind. Diese Bedingungskonstellation kann unter bestimmten Bedingungen psychische und physiologische Mechanismen auslösen. Hiermit sind insbesondere die durch die psychologische und physiologische Streßforschung untersuchten Aktivierungsprozesse gemeint. Bei Vorliegen entsprechender Voraussetzungen können sich Vorstadien von Krankheiten, also körperliche Funktionsveränderungen, und schließlich organische Krankheiten entwickeln. Psychophysiologische Mechanismen, Krankheitsvorstadien und Krankheiten selbst wirken ständig auch auf die Konstellation der psychosozialen Bedingungen und psychobiologischen Reaktionstendenzen zurück. Von besonderer Bedeutung sind schließlich die als interagierenden Variablen bezeichneten Momente, die den gesamten Prozeßverlauf wesentlich strukturieren. Hierunter wird ein breites Spektrum krankheitverhindernder oder -fördernder Faktoren verstanden, z. B. psychische Variablen (Gewöhnung, Coping, Lernen, Ambiguitätstoleranz usw., bzw. Abwesenheit solcher Faktoren), psychosoziale Faktoren (Gruppenzugehörigkeit, Hilfsquellen, Erziehung usw., bzw. Mangel derartiger protektiver Bedingungen sowie weitere schädigende psychosoziale Stimuli) und physikosoziale Faktoren (Ernährung, Bekleidung, Gesundheitsversorgung und andere Schutzfaktoren bzw. schädigende Faktoren, wie Lärm, Ernährungsmängel, physikalische oder chemische Substanzen usw.).

Dieses Modell soll die uferlose Einzelforschung zu den sozialen Entstehungsbedingungen und Vermittlungsstufen von Krankheiten systematisieren. Zugleich wird es von den Autoren auch als Handlungsmodell verstanden, da präventive und kurative Interventionen bei allen Einzelkomponenten des Modells möglich erscheinen.

Modelle stellen heuristisch sinnvolle Systematisierungskonzepte dar für die Integration einer Vielzahl spezifischer sozialer und psychischer Krankheitsbedingungen und der mit ihnen verbundenen physiologischen Korrelate und Krankheitsprozesse. Ihre Grenzen liegen in dem prinzipiell reduktionistischen Ansatz. Ihnen geht es um die möglichst detaillierte und zugleich kausale oder konditionale Erklärung spezifischer Krankheiten. Das letztlich handlungsorientierte Erkenntnisinteresse an spezifischen Krankheitsbedingungen und -mechanismen ermöglicht nicht die Aufdeckung ihrer unspezifischen Zusammenhänge.

Sozialwissenschaften als alternatives Paradigma

Zusammenfassend läßt sich über die sozialwissenschaftlichen Ansätze sagen, daß in zunehmendem Maße ihre Konzeption der Entstehung von Krankheiten die auf organische Prozesse fixierte Sichtweise der Medizin ersetzt. Dabei beschränkt sich diese Konzeption in der Regel darauf, ein Erklärungsmodell für soziale und soziopsychische Entstehungsbedingungen zu liefern, während die damit zusammenhängenden Körperprozesse und pathogenen Verläufe weiterhin als Gegenstand einer naturwissenschaftlichen Medizin und ihrer Basisdisziplinen betrachtet werden. Die Anfänge einer sozialmedizinischen Betrachtungsweise in der Medizin lassen sich weit zurückverfolgen (vgl. *Deppe/Regus*, 1975). Dennoch hat sich die sozialwissenschaftliche Interpretation von Gesundheitsphänomenen erst im Verlauf des 20. Jahrhunderts zu einem Konzept entwickelt, das die naturwissenschaftliche Begrenzung der Medizin in Frage stellen konnte.

Das sozialwissenschaftliche Paradigma machte sich in einer Periode tiefgreifender sozialstruktureller Veränderungen geltend, die die Sozialwissenschaften selbst als Auswirkungen soziotechnischen Wandels thematisieren konnten. Mit der Veränderung des Krankheitsspektrums von den Infektionskrankheiten und anderen akuten Erkrankungen hin zu den chronisch-degenerativen und soziopsychischen Krankheiten entfiel weitgehend die Basis für die medizinische Konzeption spezifischer, naturwissenschaftlich isolierbarer Umwelturachen für spezifische Krankheiten (*Novak*, 1980; *McKeown*, 1982; *Schaefer/Blohmke*, 1978). Die sozialwissenschaftliche Betrachtungsweise bot sich zudem in breitem Maße als alternatives Erklärungssystem an, das nicht nur gesellschaftliche Verteilungsmuster und Entstehungsbedingungen von Krankheiten erfaßte, sondern ebenso eine Reihe weiterer gesundheitlicher Phänomene thematisieren konnte, wie z. B. Krankheitsverlauf, sozial strukturiertes Krankheitsverhalten, Interaktionsformen von Gesundheitspersonal und Patienten, Organisationsstrukturen im Gesundheitswesen. Derartige Aspekte ließen sich im Rahmen der bisherigen Medizin nicht hinreichend erfassen; sie sind jedoch für die Steuerung des Gesundheitswesens, die nicht zuletzt aufgrund der enormen Entwicklungen der Biomedizin erforderlich wurde, von großer Bedeutung. Das sozialwissenschaftliche Paradigma entwickelte sich also zu einem erklärungskräftigen Ansatz, der sich in Auseinandersetzung mit sozialstrukturellen Veränderungen und neuen soziomedizinischen Aufgaben einerseits und den Defiziten biomedizinischer Theorie bzw. den Resultaten biomedizinischer Gesundheitsversorgung andererseits inhaltlich ständig modifiziert und handlungspraktisch erweitert.

Ökologisch-kulturanthropologische Ansätze

Eine Vielzahl von kulturanthropologischen, ökomedizinischen und epidemiologischen Studien kulturvergleichender Art unterstreicht die Bedeutung ökologischer Bedingungen und der kulturellen Organisation von Sozialsystemen für die Menschheitsgeschichte und die gegenwärtigen biokulturellen Zusammenhänge von Gesundheit und Krankheit (Überblicke bei *Canguilhem*, 1977; *Dubos*, 1965; *Fabrega*, 1974). Die Analysen erstrecken sich beispielsweise auf die Relevanz von ökologischen Bedingungen (klimatische, geophysikalische und biologische Umwelt); kultureller Struktur des Sozialsystems; Produktionsformen; Sozialbeziehungen und -institutionen; Wissens-, Glaubens- und Wertsystemen sowie demographischen Faktoren für die humanbiologische Situation der betreffenden ethnischen Gruppe und für die kulturspezifischen Gesundheits- und Krankheitsformen. Die kulturelle

Vermittlung von Gesundheit und Krankheit zeigt sich noch unmittelbarer durch kulturtypische Gesundheits- und Krankheitsvorstellungen („Theorien"), Ursachenzuschreibungen („Diagnosen"), gesundheitsbezogene Praktiken (Ernährung, Hygiene, Säuglingspflege, Tabus etc.), Reaktions- und Verarbeitungsmustern von Krankheiten im jeweiligen sozialen Kontext und durch die soziale Organisation von Behandlung und Heilkunde. Die Logik der ökologisch-kulturanthropologischen Ansätze läßt diese eine gewisse Sonderstellung im Rahmen der Sozialwissenschaften einnehmen. Kennzeichnend ist für sie, daß die ökologische und sozialkulturelle Umwelt in ihren gegenseitigen Bezügen als wesentliche Erkenntnisebene betrachtet wird, gerade auch unter evolutionsgeschichtlichem Gesichtspunkt. Die ethnologische Perspektive betont zudem die Betrachtung eines Sozialsystems als einen kulturellen Gesamtzusammenhang, der nicht auf seine einzelnen Struktur- und Funktionsmerkmale reduziert werden kann. Ohne Zweifel nähert sich nur eine Minderheit der Studien in allen Aspekten dieser Theoriestruktur an.

Untersuchungen aus diesem Bereich vermitteln faszinierende Erkenntnisse und Fragestellungen, die viele der kulturellen Selbstverständlichkeiten in den Humanwissenschaften in Frage stellen, indem sie auf die elementare Verknüpfung menschlicher Lebensformen und ihrer biosozialen Korrelate mit den ökokulturellen Bedingungen und ihren historischen Verläufen hinweisen.

Reflexe und psychophysiologische Aktivitäten von Neugeborenen werden in biomedizinischer Sicht als weithin kulturinvariant betrachtet. Vergleichende Untersuchungen zwischen neugeborenen Nordamerikanern nordeuropäischer und asiatischer Abstammung demonstrieren jedoch deutliche Unterschiede in der Reagibilität und reflektorischen Aktivität (z. B. Körperbewegungen und spontane Beruhigung nach störenden Außenreizen), die weitgehend als kulturgeschichtlich erworben interpretiert werden können (Society, Stress and Disease, 1975)

Bluthochdruck, als ein physiologischer Parameter, dessen Zusammenhang mit sozialem Streß belegt scheint, weist eine erhebliche ethnische Varianz auf, die nicht nur mit Ernährungsgewohnheiten, sondern auch mit der unterschiedlichen Lebenspraxis erklärt werden kann. Zunehmende Arteriosklerose und steigender Blutdruck, die in der westlichen Biomedizin als humanbiologische Konstante des Alterns behandelt werden, sind durchaus nicht in allen Kulturen belegt (*Dubos*, 1965).

Die erstaunliche biologische Plastizität des Menschen, z. B. hinsichtlich anatomischer und physiologischer Merkmale, hinsichtlich Wachstumsvorgängen, Pubertät und Alterungsprozessen und hinsichtlich biochemischer Körpervorgänge kann als Resultat und Voraussetzung der Auseinandersetzung des Menschen mit seiner physischen und sozialen Umwelt verstanden werden.

Die Annahme, daß z. B. die Physiologie des Menschen sowohl historisch als auch aktuell durch den kulturellen Lebenszusammenhang und die Auseinandersetzung mit der physischen Umwelt grundlegend geprägt wird, wirft für die biologische und medizinische Sichtweise theoretische Herausforderungen auf. Physiologische Störungen lassen sich dann nicht nur als auf internen Regulationsdefiziten oder externen Faktoren beruhende biologische Phänomene verstehen, sondern als eine

Störung zwischen Individuum und sozialer bzw. physikalischer Umwelt oder allgemeiner noch als kulturtypische Störung des Adaptationszusammenhanges eines gesellschaftlichen Systems und seiner ökologischen Bedingungen.

Die kulturvergleichende Betrachtungsweise deckt darüber hinaus durch eine Vielzahl von dokumentierten Phänomenen die Bedeutung von kulturspezifischen Wahrnehmungs- und Interpretationsstrukturen auf. Die jeweilige Erkenntnis- und Deutungsweise, die Weltsicht einer Kultur gewissermaßen, prägt das Gesundheits- und Krankheitsgeschehen in viel tiefgreifenderer Weise als das biomedizinische Paradigma bereit ist zu ahnen. Ein eklatantes Beispiel ist die umfassende, bewußte Steuerung von „unwillkürlichen" Körperfunktionen (Atmung, Stoffwechsel, Herzaktivität, Schlaf, Wachheit) durch hinduistische Yogis (*Canguilhem,* 1977). Am Extremfall der philosophisch-religiös fundierten umfassenden Körperkontrolle läßt sich verallgemeinern, daß die durch die Lebenspraxis der Menschen entwickelten Deutungs-, Wissens- und Handlungsformen in sehr weitgehendem Sinne die humanbiologische Funktionsebene determinieren.

Von ähnlicher Evidenz sind die Formen von Voodoo-Tod, psychogenem Tod oder Todesfluch in verschiedenen Kulturen (z. B. bei den australischen Ureinwohnern), die ohne äußere Gewalt oder spezifische Krankheitseinwirkung geschehen – allein auf der Basis gesellschaftlich etablierter Deutungsmuster (also symbolisch vermittelter Prozesse), die den Betroffenen quasi ihre Existenzmöglichkeit und -berechtigung nehmen (vgl. *Dubos,* 1965).

Ein weiteres Beispiel in diesem Zusammenhang stellen die Placebo-Effekte von medizinischen Prozeduren dar. Dabei zeigt sich, daß Bewußtseinsvorgänge (z. B. Vertrauen in die Wirksamkeit therapeutischer Substanzen) auf der Basis gemeinsam akzeptierter Wert- und Handlungssysteme (Biomedizin und institutionalisiertes Gesundheitswesen) oft ebenso organische Prozesse in Gang zu setzen oder auf sie einzuwirken vermögen, wie stärkste Arzneimittel (*Frank,* 1981).

Gesundheits- und Krankheitssituation einer konkreten Bevölkerungsgruppe sind also auf viel komplexere Weise mit der gesellschaftlichen Existenzweise dieses Sozialsystems verknüpft, als sich aus der Verbreitung von Noxen, Mikroorganismen, gesundheitsgefährdenden Stoffen und sonstigen spezifischen Gesundheitsgefahren ableiten ließe. Medizinökologische, ethnomedizinische und medizinhistorische Untersuchungen belegen, wie ökologische Bedingungen und soziokulturelles System die biologische Funktionsweise des Menschen beeinflussen.

Gesundheit als kreative Adaptation: *Dubos* (1965) entwickelte im Vergleich zu anderen Medizintheoretikern schon relativ früh eine breite und kenntnisreiche Argumentationsbasis, mit der er Krankheit und Gesundheit aus interdisziplinärer Perspektive zu verstehen sucht. Als Mikrobiologe und immunologischer Grundlagenforscher geht er weit über die reduktionistische Logik seiner Disziplin hinaus und diskutiert empirische und theoretische Erkenntnisse z. B. der Sozialgeschichte der Krankheiten und der Medizingeschichte, der Sozialmedizin, der Bevölkerungswissenschaft, der Genetik, der Ethnomedizin, der Wissenschaftsgeschichte und -theorie und nicht zuletzt der Mikrobiologie für ein ganzheitliches Konzept von Gesundheitsphänomenen.

Die Kernthese *Dubos'* postuliert, ähnlich wie bei *Fabrega* (1974), daß gesundheitliche Prozesse auf den Entwicklungszusammenhang von Organismen und Umwelt zu beziehen sind. Art und Ausmaß dieses Zusammenspiels bestimmen über Gesundheitsformen und vorherrschende Krankheitsmuster. Dabei sind die Adaptationsbeziehungen des Menschen, im Gegensatz zu denen der Tierwelt, einerseits durch die geringe genetische und anatomisch-physiologische Spezialisierung und daher durch ein flexibles Potential an Handlungsformen gekennzeichnet. Zum anderen gestaltet der Mensch mittels seiner Symbolisierungsfähigkeit diese Beziehung aktiv und kreativ. Das Verhältnis des Menschen zur Umwelt und entsprechend auch körperliche Prozesse charakterisiert Dubos daher nicht als Reaktions-, sondern als Antwort-Beziehungen. Diese Konzeption ist die Grundlage für Überlegungen zu verschiedenen Phänomenen.

Am Beispiel der Infektionskrankheiten weist *Dubos* etwa nach, daß die meisten Infektionen nicht auf neu auftretende oder besonders virulente Erreger zurückzuführen sind, sondern auf ubiquitäre Mikroben, die ständig in der Umwelt oder im Körper vorhanden sind. Infektionskrankheiten erscheinen daher weitgehend als endogene Mikroben-Krankheiten, die nicht aus den Erregern per se, sondern aus Veränderungen im Systemzustand des Organismus resultieren (Resistenzabbau durch Belastung des Mensch-Umwelt-Verhältnisses).

Die historischen Epidemien (Pest, Cholera, Tuberkulose etc.) beruhen ebenfalls nicht vorrangig auf der Eigenschaft der Erreger, sondern kennzeichnen in einer Phase tiefgreifender sozialer und ökologischer Umwälzungen das Zusammentreffen einer Bevölkerung mit Organismen, zu denen vorher keine Kontakte und folglich auch keine Resistenzmöglichkeiten bestanden. Virulenz ist daher kein objektives Merkmal des Erregers, sondern eine relationale Größe im Bezug auf die »Antwort« – Bedingungen der Bevölkerung.

Die dramatische Verbreitung der Tuberkulose im 19. Jahrhundert im Zusammenhang mit den sozialstrukturellen Veränderungsprozessen der kapitalistischen Industrialisierung ist ein weiteres Beispiel für die soziale Vermitteltheit von Infektionskrankheiten. Dies gilt ebenso für den kontinuierlichen Rückgang der Sterblichkeit an dieser Krankheit auf ein Zehntel im Verlauf von hundert Jahren seit der letzten Jahrhundertmitte. Nicht medizinische Entdeckungen (Tuberkelbazillus) und kurative Erfolge (Sanatorien, Chemotherapie) haben den Rückgang ermöglicht, sondern Veränderungen der Lebensbedingungen (Ernährung, Hygiene, Wohnbedingungen).

Die komplexe Interaktion von sozialkulturellem System und biophysikalischer Umwelt, ihr mehr oder minder ausgeglichenes Verhältnis und die Relevanz dieser Beziehungen für das, was nach naturwissenschaftlichen Kriterien als Gesundheit erscheint, demonstriert Dubos eindrucksvoll am Beispiel einiger »extrem« gesunder Stammeskulturen (Xavantes, Brasilien; Meban, Ostafrika). Die erhöhte Krankheitsanfälligkeit dieser Kulturen nach Aufhebung der Isolation resultiert gleichermaßen aus den soziokulturell-ökologischen Umbrüchen des Adaptationssystems, wie aus den eingeschleppten Krankheiten. Dasselbe gilt für die rapide Dezimierung der Maya, Inka und nordamerikanischen Indianer, bei denen, neben der physischen Vernichtung durch die Eroberer, die Destruktion des kulturellen Systems und seiner ökologischen Lebensgrundlagen die Basis wurde für den Resistenzverlust gegenüber verschiedensten Krankheiten.

Anhand derartiger immunologischer und ethnomedizinischer Analysen entwickelt *Dubos* seine These von der Verknüpfung der Krankheitsformen mit dem kulturell strukturierten öko-sozialen Austauschprozeß. Die soziale Evolution der Menschheit ist zugleich eine Evolutionsgeschichte der Krankheiten. Jäger- und Sammlerkulturen waren aufgrund ihrer Existenzbasis vor allem durch Verletzungen, Unfälle und Mangelzustände charakterisiert. Das Aufkommen agrarischer Produktionsformen ermöglichte die Verbreitung von Infektions- und parasitären Krankheiten. Verstädterung, Eroberungs- und Handelsbeziehungen förderten Krankheitsepidemien (Pest, Cholera, Syphilis in der frühkapitalistischen Periode). Die kapitalistische Epoche ging einher mit einer Vielfalt von Infektions-, Mangel- und Verschleißkrankheiten, während die hochentwickelten Industriestaaten inzwischen durch chronische Systemerkrankungen und psychische Störungen charakterisiert sind. Dieses moderne Krankheitspanorama beginnt sich durch ökophysische und ökopsychische Belastungen zu überlagern.

Gesundheit und Krankheit werden bei *Dubos* also nicht als objektive Kategorien definiert, die durch eine optimale genetische Ausstattung, eine Kombination optimaler körperlicher Normwerte, ein Höchstmaß an sozialer Leistungsfähigkeit und psychischer Stabilität bzw. durch Abweichungen in diesen Bereichen gekennzeichnet sind. Gesundheit wird auch nicht begriffen als ein Geschichte außer Kraft setzender »Zustand vollständigen körperlichen, geistigen und sozialen Wohlbefindens« (WHO-Definition). Gesundheit und Krankheit werden vielmehr bezogen auf das Austauschverständnis Mensch-Umwelt, das einen ständigen in seinen Zielen, Formen und Komponenten sich verändernden Adaptationsprozeß impliziert. Gesundheit und Krankheit verweisen für Dubos darauf, daß öko-soziale Adaptationsbeziehungen kein mechanischer sozial-historischer Balanceakt sind, sondern entscheidend durch die symbolische Dimension der sozialkulturellen Interpretation und Erfahrungsverarbeitung geprägt ist. Sozialkulturell strukturierte Symbolisierungen haben nicht nur unmittelbare Bedeutung für Körperprozesse, die durch Bewußtseinszustände gesteuert werden (vgl. Streßforschung, Yogis, Placebo-Effekte, Hypnose). Sozialkulturelle Adaptation enthält auch die Möglichkeit der symbolischen Vergegenwärtigung der Mensch-Umwelt-Beziehungen. Während individuelle Gesundheit nicht nur biologische Funktionsfähigkeit, sondern ebenso bewußte Zielformulierung und eine kreative Antwort des gesamten Organismus beinhaltet, bestehen die sozio-ökologischen Bedingungen von Gesundheit in sozialkultureller Erkenntnis und Bewältigung des menschlichen Adaptationszusammenhangs.

Gesundheit und Krankheit im transkulturellen Verständnis: *Fabrega* (1974), Psychiater und sozialwissenschaftlicher Medizintheoretiker mit ethnomedizinischen Erfahrungen, entwirft einen transkulturellen Ansatz für die interdisziplinäre Analyse gesundheitlicher Phänomene. Seine Argumentation, die er in Auseinandersetzung mit Forschungen zur Sozialepidemiologie, Kulturanthropologie, Medizinethnologie und -ökologie entwickelt, läßt sich folgendermaßen zusammenfassen.

Jedes Sozialsystem wird duch seine Wechselbeziehungen mit einer je spezifisch kulturell vermittelten Umwelt charakterisiert. Biologische Merkmale (biogenetische Struktur, Systemprozesse des Organismus) sind ebenso wie sozialkulturelle Strukturen (gesellschaftliche Organisation der Lebensweise) und ökologische Bedingungen (geophysikalische und klimatische Verhältnisse, Flora und Fauna) Elemente dieses Austauschprozesses. Krankheiten werden als Element der Adaptation von sozialkultureller Gruppe und Umwelt verstanden, das gleichzeitig die zukünftigen Beziehungsformen mitdeterminiert. Die kulturtypischen Austauschbeziehungen geben dabei den Hintergrund ab für die konkreten Krankheitsmuster eines Sozialsystems sowie für deren kulturelle Deutung und Verarbeitung.

In dem Hinweis auf die sozialkulturelle Dimension liegt die besondere Orginalität von *Fabregas* Argumentation. Kulturelle Deutungsmuster erklären z. B. wie Individuen, als Organismus und als soziales Wesen, strukturiert sind und in ihrem kulturellen Lebenszusammenhang existieren und existieren sollen; wie die soziale und nichtsoziale Umwelt aufgebaut sind, in welcher Beziehung die Menschen zu diesen Welten (einschließlich der übernatürlichen Welt) stehen, bzw. stehen sollen und wie wiederum diese Welten sich untereinander und zu den Einzelnen verhalten. Weiterhin stehen diese Muster des Weltverständnisses in Wechselbeziehungen zu den kulturtypischen Organisationsformen, Praktiken und Wertsystemen der gesellschaftlichen Produktion und Reproduktion der Existenz. Diese Deutungsmuster schließen auch spezifische Sinn- und Handlungsstrukturen in bezug auf Phänomene ein, die als Krankheit definiert werden. Das Wissens- und Glaubenssystem entwirft Interpretationsmuster, welche »Kräfte« in der spirituellen Welt, in der sozialen und nichtsozialen Umwelt und im Individuum Krankheiten hervorrufen können, welche gefühls- und bewußtseinsmäßigen, welche körperlichen und verhaltensmäßigen Ausdrucksformen diese Krankheiten finden und es stellt Sinnstrukturen zur Verfügung, die dem Individuum wie dem Sozialsystem zu erfahren und verstehen erlauben, was Krankheit für sie bedeutet.

Auch die kritischen Ansätze sozialwissenschaftlicher und ethnomedizinischer Herkunft, die die individuelle, soziale und kulturelle Vermitteltheit des Krankheitsgeschehens eindrucksvoll demonstrieren, greifen bei der Definition von Krankheiten auf die westliche biomedizinische Krankheitstypologie zurück. Diesem verdeckten Ethnozentrismus stellt *Fabrega* ein transkulturelles Krankheitsverständnis gegenüber, das auch die biomedizinischen oder sozialwissenschaftlichen Erklärungssysteme als kulturell vermittelt verstehbar macht, als Sinn- und Handlungssystem des ökosozialen Adaptationsprozesses industrieller Kulturen.

Das Dilemma des Bezugspunktes für medizintheoretische Analysen versucht *Fabrega* zu lösen, indem er postuliert, daß »Krankheit« eine evolutionsgeschichtliche Kategorie, eine transkulturelle »Sprache« sei, die die Menschheit entwickelt hat in Auseinandersetzung mit individuell und sozial beeinträchtigenden und störenden Phänomenen der Mensch-Umwelt-Beziehungen. Diese Sprache, so schlägt er vor, sei in Form von allgemeinen »Verhaltensprogrammen« zu entschlüsseln, die ihre jeweilige kulturelle Ausprägung erfahren. Damit lehnt Fabrega es ab, die medizinischen und alltagsweltlichen Deutungsmuster einer konkreten Kultur zum ausschließlichen Interpretationsraster für Gesundheitsphänomene zu machen, die in je spezifischen öko-kulturellen Zusammenhängen entstehen und nur unter diesen Bedingungen erfahrbar sind bzw. bewältigt werden. Andererseits: mag die These der transkulturellen Verhaltensprogramme auch heuristisch wertvoll sein – deren Decodierung wird nicht ohne kulturell gebundene Theorien und »Grammatiken« möglich sein.

Das Spezifische bei Fabrega liegt darin, daß er konsequent die sozialkulturelle Entstehung, Interpretation und Verarbeitung von Krankheit hervorhebt und dieses Postulat auch gegenüber dem biomedizinischen Modell aufrechterhält. Seine Theorie reflektiert daher die globale Erfahrung der kulturellen Heterogenität und der hegemonialen Rolle westlicher Naturwissenschaften. *Dubos* und *Fabrega* erscheinen damit als Theoretiker einer Phase der kulturellen Entwicklung, die durch globale ökologische Bedrohung gekennzeichnet ist. Die Veränderungen des Ökosystems, der soziotechnischen und sozialkulturellen Existenzbedingungen erzwingen für die Sozialsysteme neue Erkenntnisformen, die die Krankheitsphänomene durch evolutionstheoretische, transkulturelle und ökomedizinische Konzepte umfassender interpretierbar machen. Eine natur- und sozialwissenschaftliche Erklärungslogik bzw. Praxis, die Krankheiten auf spezifische Ursachen biologischer, physikalisch-chemischer oder sozio-psychischer Art zurückführt, kann daher als unzureichend zurückgewiesen werden. Die Formulierung der aktiven Rolle des Menschen und damit der Bedeutung kultureller Wahrnehmungs- und Handlungssysteme erscheint heute möglich aufgrund der erfahrbaren Grenzen und Widersprüche in dem ökologisch-gesellschaftlichen Austauschprozeß. Sie lassen Lösungen nur durch bewußte Erkenntnis der öko-sozialen Adaptationsvorgänge und deren kreative Gestaltung möglich erscheinen.

Wolfgang Timm

Literatur

Abholz, H.-H. (Hrsg.), 1976: Krankheit und soziale Lage. Befunde der Sozialepidemiologie, Frankfurt/M./New York – *Abholz, H.-H.*, u. a. (Hrsg.), 1982: Risikofaktorenmedizin. Konzept und Kontroverse, Berlin/New York – *Badura, B.* (Hrsg.), 1981: Soziale Unterstützung und chronische Krankheit. Zum Stand sozialepidemiologischer Forschung, Frankfurt/M. – *Bösel, R.*, 1978: Streß. Einführung in die psychosomatische Belastungsforschung, Hamburg – *Canguilhem, G.*, 1977: Das Normale und das Pathologische, Frankfurt/M./Berlin/Wien – *Deppe, H.-U.*, 1980: Vernachlässigte Gesundheit, Köln – *Deppe, H.-U./Regus, M.* (Hrsg.), 1975: Seminar: Medizin, Gesellschaft, Geschichte. Beiträge zur Entwicklungsgeschichte der Medizinsoziologie, Frankfurt/M. – *Dohrenwend, B. S./Dohrenwend, B. P.*, 1974: Stressful Life Events: Their Nature and Effects, Wiley, London/Sydney/Toronto – *Dubos, R.*, 1965: Man adapting, New Haven, Yale University Press – *Fabrega, H.*, 1974: Disease and Social Behavior: An Interdisciplinary Perspective, MIt Press, Cambridge (Mass.)/London – *Frank, J. D.*, 1981: Die Heiler: Wirkungsweisen psychotherapeutischer Beeinflussung, Stuttgart – *Frese, M./Greiff, S./Semmer, N.* (Hrsg.), 1978: Industrielle Psychopathologie, Bern/Stuttgart/Wien – *Geissler, B./Thoma, P.* (Hrsg.), 1979: Medizinsoziologie. Eine Einführung für medizinische und soziale Berufe, Frankfurt/M./New York –

Gesundheit im gesellschaftlichen Konflikt, 1980. Vergleichende Analyse von Gesundheitssystemen. Hrsg. *v. W. Schönbäck*. München/Wien/Baltimore – *Groskurth, P.* (Hrsg.), 1979: Arbeit und Persönlichkeit. Berufliche Soziation in der arbeitsteiligen Gesellschaft, Reinbek – *Illich, I.*, 1977: Die Nemesis der Medizin, Reinbek – *Joraschky, P./Köhle, K.*, 1979: Maladaptation und Krankheitsmanifestation. Das Streßkonzept in der Psychosomatischen Medizin, in: *v. Uexküll*, 1979 – *Kagan, A./Levi, L.*, 1975: Health and Environment – Psychosocial Stimuli: A. Review. In: Society, Stress and Disease – *Keupp, H.* (Hrsg.), 1979: Normalität und Abweichung. Fortsetzung einer notwendigen Kontroverse, München/Wien/ Baltimore – *Karmaus, W.*, 1979: Das Streßkonzept. Medizinsoziologische Überlegungen zu einem Erklärungsmodell der Krankheitsgenese. In: Psychosozial H. 2: 84–103 – *Karmaus, W./ Müller, V./Schienstock, G.*, 1979: Streß in der Arbeitswelt, Köln – *Lazarus, R. S.*, 1966: Psychological Stress and the Coping Process, McGraw Hill, New York/London – *Lazarus, R. S.*, 1971: The Concept of Stress and Disease. In: Society, Stress and Disease, 1971 – *McKeown, T.*, 1982: Die Bedeutung der Medizin. Traum, Trugbild oder Nemesis, Frankfurt/M. – *McLean, A.* (Hrsg.), 1974: Occupational Stress, Thomas, Springfield, (Ill.) – *Moss, G. E.*, 1973: Illness, Immunity and Social Interaction. The Dynamics of Biosocial Resonation, Wiley, New York – *Nowak, P.*, 1980: Entwicklungen und Perspektiven des Krankheitspanoramas. In: Gesundheit im gesellschaftlichen Konflikt, – *Rothschuh, K. E.* (Hrsg.), 1975: Was ist Krankheit? Darmstadt – *Schaefer, H./Blohmke, M.*, 1977: Herzkrank durch psychosozialen Streß, Heidelberg – *Schaefer, H./Blohmke, M.*, ²1978: Sozialmedizin, Stuttgart – *Selye, H.*, 1956: The Stress of Life, McGraw-Hill, New York – Society, Stress and Disease, 1971/ 1975. L. Levi (ed.): London/New York/Toronto: Oxford University Press. Vol. 1: 1971/Vol. 2: 1975 – *Susser, M.*, 1973: Causal Thinking in the Health Sciences. Concepts and Strategies of Epidemiology, Oxford University Press, London/New York/Toronto – *Timm, W.*, 1980: Ansätze für ein »soziales Gesundheitswesen«. In: Neue Praxis, H. 2: 208–224 – *v. Uexküll, T.* (Hrsg.), 1979: Lehrbuch der Psychosomatischen Medizin, München/Wien/Baltimore. –

→ Behinderung → Heilpädagogik → Psychosoziale Versorgung

Gruppenarbeit

Entstehung und Diskussionstand

Begriff und methodische Konzepte der »Sozialen Gruppenarbeit« tauchten Anfang der 50er Jahre in der deutschen Sozialarbeit auf. Zusammen mit der »Sozialen Einzelhilfe« und der »Gemeinwesenarbeit« wurden damit Ansätze methodischen Arbeitens bekannt, wie sie im Ausland, vorwiegend in den USA entwickelt worden sind. Versucht wurde so an die methodische Entwicklung in der Sozialarbeit Anschluß zu finden, die in Deutschland durch die Weltwirtschaftskrise der 20er Jahre und die Herrschaft des Nationalsozialismus abgebrochen worden war. – Historisch gesehen hat die Soziale Gruppenarbeit in den USA ihre Quellen in den ›social movements‹ der Zeit vor der Jahrhundertwende bis zum 2. Weltkrieg, der Arbeiterbewegung und den settlement-houses, den Jugendorganisationen und Freizeitaktivitäten, sowie den verschiedenen nationalen und kulturellen Zusammenschlüssen. Diese Bewegungen waren ausgerichtet auf die Erreichung sozialer Ziele und Reformen (z. B. die Integration von Einwanderern und sozialen

Minoritäten, die Verbesserung von Wohnbedingungen, der Arbeits- und Lohnsituation), oder sie waren bestimmt durch die Ideen des Lernens aus Erfahrung, durch Tun mittels gemeinsamer Aktivitäten und Programme (beeinflußt durch die Philosophie *Deweys*,), oder sie wurden gesehen als Mittel auf dem Weg zu einer gerechteren, demokratischen Gesellschaft. Alle diese Bewegungen waren primär handlungsorientiert. Gruppen waren in den social movements Zusammenschlüsse zu gemeinsamem Handeln, Instrument bei der Veränderung unmittelbarer Lebensbedingungen, der politischen Beeinflussung und Reform. Der Umgang mit Gruppen war in dieser Periode Mittel zum Zweck, er war ohne besondere Methode und Theorie mehr zufällig und informell.

Die Wende von dieser eher naiven Gruppenarbeit der sozialen Bewegungen hin zum bewußten methodischen Umgang mit Gruppen in der Sozialarbeit ist markiert durch die Bildung einer Sektion »Soziale Gruppenarbeit« in der Amerikanischen National Conference for Social Work im Jahre 1935. Hier identifizierte, definierte sich eine Gruppe von Sozialarbeitern im Zuge der zunehmenden Professionalisierung dieses Berufsstandes mit und durch eine Arbeitsform. Die weitere theoretische und methodische Entwicklung geht nur langsam vor sich. 1946 wird ein erster Ausbildungskurs in Sozialer Gruppenarbeit an einer School of Social Work durchgeführt. Vor allem in den Jahren zwischen 1950 und 1960 kommt es zur Veröffentlichung jener Konzepte Sozialer Gruppenarbeit, die dann gemeinsam mit dem Casework und der Gemeinwesenarbeit als »Die Methodenlehre in der Sozialarbeit« (*Friedländer/Pfaffenberger* 1969) auch in die europäischen Länder Eingang finden. Auch heute sind Konzepte Sozialer Gruppenarbeit, d. h. theoretische und methodische Überlegungen, die explizit auf die Gruppenarbeit im Rahmen von Sozialarbeit bezogen sind, vorwiegend Übersetzungen ausländischer, vor allem amerikanischer Autoren (*Konopka*, 1971, *Vinter*, 1971, *Bernstein/Lowy*, 1975, *Northen, Praag*). Diese Modelle sind sogenannte Praxistheorien, Kompendien aus Praxiserfahrung und Theorie-Anteilen aus verschiedenen wissenschaftlichen Disziplinen, verbunden mit als für die Sozialarbeit als allgemein verbindlich postulierten Zielvorstellungen und ethischen Normen. Abgehoben von der konkreten Arbeit mit spezifischen Adressatengruppen werden in diesen Konzepten theoretische und methodische Elemente (z. B. über Gruppenphasen, Diagnose, Aktivitäten und Programme) relativ abstrakt und formalisiert dargestellt, vielfach ohne daß die zugrundeliegenden normativen und theoretischen Aspekte explizit ausgewiesen und begründet würden. Gruppe wird zumeist als Instrument und Mittel betrachtet, um individuelle Reifung und Entwicklung zu fördern, um Defizite bei der Ausübung sozialer Rollen (*Vinter,* 1971) hinsichtlich des Sozialen Funktionierens (*Northen,* 1973) zu überwinden. Gruppenarbeit ist im wesentlichen individuum – und »behandlungs«-orientiert, während Gruppe als einem zu fördernden System nur mittelbar Bedeutung als Mittel zukommt. Die vorherrschend funktionalistischen Zielvorstellungen gehen zumeist mit einem nicht thematisierten, unkritischen Gesellschaftsverständnis einher. Unterstellt und nicht reflektiert wird die Kongruenz von Zielen und Bedürfnissen der Betroffenen mit denen der Sozialarbeiter und der sozialen Institutionen.

Dem Gruppenleiter kommt in der Regel eine dominante, herausgehobene Position zu. – Kritischere Ansätze Sozialer Gruppenarbeit (z. B. *Schwartz/Zalba*, 1971), die stärker an den Bedürfnissen und Interessen der Betroffenen orientiert sind, in denen die Rolle des Sozialarbeiters eher als begleitender »Ermöglicher«, denn als Leitender begriffen wird, dessen Funktion es auch ist, zwischen den Betroffenen und den sozialen Institutionen zu vermitteln, deren Veränderung notfalls zu initiieren, solche Ansätze von Sozialer Gruppenarbeit wurden bezeichnenderweise bisher nicht (oder nur gekürzt) ins Deutsche übertragen. Die Durchsicht amerikanischer Fachzeitschriften der letzten Jahre läßt vermuten, daß auch in den USA die Orientierung an therapeutischen, tendenziell psychologisierenden Ansätzen in der Gruppenarbeit in der Sozialarbeit zunehmend starkes Gewicht hat.

In die Praxis der Sozialarbeit in Deutschland fanden die Konzepte »Sozialer Gruppenarbeit« nicht in gleichem Maße Eingang wie dies für die Soziale Einzelhilfe der Fall war. Erst Ende der 60er Jahre, mit der einsetzenden kritischen Reflexion von Sozialarbeit, kam Gruppenarbeit stärker in das Blickfeld. Zwei Strömungen sind es, durch die Gruppenarbeit in der Folgezeit mehr Beachtung und Bedeutung gewinnt: zum einen durch die zunehmende Forderung, Solidarität unter den Betroffenen zu stärken, Selbsthilfe, Initiativen und soziale Aktionen zu fördern, zum anderen wirkt sich in der Sozialarbeit der allgemeine Gruppen–»Boom« aus, wie er u. a. in der Ausbreitung der Gruppendynamik, den sogenannten »neuen« Gruppentherapien (*Ruitenbeek*), der Familientherapie etc. zum Ausdruck kommt.

Die Situation der Gruppenarbeit in der Sozialarbeit ist heute unübersichtlich und diffus. Es gibt bisher keine systematischen Untersuchungen oder Veröffentlichungen über die praktische Arbeit mit Gruppen im Rahmen von Sozialarbeit. Es liegen nur verstreute veröffentlichte Berichte über Gruppenarbeit mit verschiedenen Zielgruppen, bzw. in unterschiedlichen Arbeitsfeldern vor. Demnach wird Gruppenarbeit z. B. gemacht im Freizeitbereich (in Jugendzentren, auf Abenteuerspielplätzen, in Clubs für Ältere Menschen), in öffentlichen und freien Sozialen Diensten und Beratungseinrichtungen (z. B. für alleinerziehende Väter und Mütter, für Adoptiv- und Pflegeeltern, mit Suchtgefährdeten), in Einrichtungen des Gesundheitswesens und im Strafvollzug. In stationären Einrichtungen wird (neben den spezifischen Therapie-Gruppen) immer mehr die Bedeutung von Wohn- und Lebensgruppen gesehen (in der Heimerziehung, der Psychiatrie etc.). Jedoch erlauben die vorliegenden Informationen weder einen Überblick über das wirkliche Ausmaß in dem heute Gruppenarbeit in der Sozialarbeit praktiziert wird, noch geben sie hinreichend Auskunft darüber, aufgrund welcher Kriterien Gruppenarbeit als Arbeitsform gewählt wird, mit welchen Zielen und Inhalten, welche methodischen und theoretischen Ansätze dabei zum Tragen kommen, insbesondere, in welcher Weise Elemente aus Therapie-Modellen und Trainigsprogrammen in die Sozialarbeit »übersetzt« und integriert werden. Welche Funktionen haben diese vorrangig psychologisch orientierten Verfahren im Hinblick auf die spezifischen Aufgaben der Sozialarbeit? In welcher Weise kommen sozialpsychologische, soziologische und der Sozialarbeit eigene Gesichtspunkte zum Tragen? Was ist die

Rolle und Stellung des Sozialarbeiters als Gruppenleiter im Verhältnis zu den Gruppenmitgliedern? Wie ist Gruppenarbeit in den unterschiedlichen Institutionen und Arbeitsfeldern zu realisieren? Was sind die Möglichkeiten und Widerstände gegenüber Gruppenarbeit bei Sozialarbeitern, Betroffenen, Institutionen? All dies sind offene Fragen zur Praxis der Sozialen Gruppenarbeit.

Darüber hinaus besteht ein ausgesprochener Mangel an Transparenz über die Art und Weise in der in Ausbildungsstätten, an Fachschulen, Hochschulen und Fortbildungseinrichtungen auf Gruppenarbeit als Arbeitsform in der Sozialarbeit vorbereitet wird. Gruppenarbeit wird gelehrt, doch ist kaum etwas über die entsprechenden Curricula bekannt (von einigen Berichten über Selbsterfahrungs- und psychoanalytische Lerngruppen, z. B. *Kutter, Loewe*, abgesehen). Versuche eines gegenseitigen Austauschens, der Diskussion zwischen Lehrenden gibt es neuerdings in Ansätzen. Auch hier ist vieles offen.

Ansätze und Aufgaben

Diese unklare und offene Situation in der gegenwärtigen Diskussion über Soziale Gruppenarbeit fordert zu einigen thesenhaften Überlegungen heraus.

Die Begründung und Legitimation einer reflektierten und methodisch begleitenden Arbeit mit Gruppen in der Sozialarbeit liegt in der Tatsache, daß der Mensch als soziales Wesen auf Gruppen angewiesen ist und durch Gruppen in die Gesellschaft integriert wird. Vor allen methodischen Arrangements der verschiedenen helfen- den, pädagogischen und therapeutischen Berufe bestimmen Gruppen des Leben von Individuen, vollzieht sich Leben und Handeln von Individuen in und durch Gruppen. Vermittels einer Vielzahl unterschiedlicher Gruppierungen sind Men- schen in die gesellschaftlichen Prozesse der Produktion und Reproduktion einge- bunden, diese reichen von quasi naturwüchsigen Gebilden (z. B. Familie) über lockere, mehr oder weniger strukturierte Gruppierungen (z. B. im Freizeitbereich) hin zu streng formal organisierten, zweckorientierten Gruppenstrukturen (z. B. im Arbeitsprozeß). Ausbildung und Aufrechterhaltung von Persönlichkeit und Identi- tät sind ebenso an Austausch und Interaktion in sozialen Beziehungen geknüpft, wie die Befriedigung individueller elementarer Lebensbedürfnisse (im Sinn von Nahrung, Wohnen, Sexualität) und die Formen gesellschaftlicher Arbeit und Organisation.

Der Begriff »Gruppe« wird im Alltag wie im wissenschaftlichen Sprachgebrauch für sehr unterschiedliche soziale Beziehungssysteme verwandt, die sich nach Merkma- len wie Größe, Struktur, Dauer, Gruppenkultur, Zielen und Zwecken, ihrem Verhältnis zur sozialen Umwelt u. a. m. unterscheiden. Unter sozialpsychologi- schen Gesichtspunkten werden soziale Verbindungen dann als Gruppe bezeichnet, wenn in ihnen Menschen in überschaubarer Zahl miteinander interagieren und sich in ihren Einstellungen, ihrem Verhalten, ihrer psychischen Struktur beeinflussen entsprechend den verschiedenen kulturellen und sozialen Bedingungen, unter denen diese Gruppen leben. Durch diese Vermittlungsfunktion zwischen Individu- en und Gruppen entstehen Bedingungen sozialen Handelns und sozialer Interaktion in Abhängigkeit übergreifender gesellschaftlicher Zusammenhänge und Widersprüche. Soziale Gruppenarbeit knüpft an die Funktion von Gruppen als Sozialisationsinstanz, als Systeme, in denen Bedürfnisbefriedigung und soziales Handeln geschieht; wie es andererseits zu ihren Aufgaben gehören sollte, zerstörerische Impulse, Irrationalitäten und Zwänge in Gruppen (z. B. Aggressionen, gestörte Kommunikation, Konformitätsdruck etc.) aufzuspüren und zu bearbeiten.

Gruppenarbeit als methodischer Ansatz in der Sozialarbeit erscheint angebracht, wo eine mehr oder minder große Zahl von Personen vergleichbare Situationen, Aufgaben oder Probleme zu bewältigen hat. Sei es, daß Veränderungen in sozialen Systemen und Strukturen besondere Unsicherheiten und Belastungen mit sich bringen, Umorientierungen erforderlicher machen (im mikrosozialen Bereich etwa im Falle von Ehescheidungen, Aufnahme eines Pflege- oder Adoptivkindes in den Familienverband, im makrosozialen Bereich z. B. durch Phänomene wie Mobilität, Arbeitslosigkeit). Gruppenarbeit kann darüberhinaus sinnvoll sein, wo es gilt, individuelle und/oder sozial bedingte Beschädigungen, Defizite, Unzulänglichkeiten auszugleichen, zu heilen (z. B durch Maßnahmen der Re-Sozialisation/Re-Habilitation). In all diesen Fällen geht es darum, individuell und sozial relevante Handlungsfähigkeit herzustellen; Individuen und Gruppen zu helfen, alltägliche soziale Situationen und Beziehungen adäquat zu bewältigen. So kann es beispielsweise Aufgabe einer Gruppe sein, ausgehend von der besonderen Situation alleinerziehender junger Frauen, neue soziale Beziehungen aufzubauen, Formen der gegenseitigen Entlastung von Erziehungs- und Haushaltspflichten zu entwikkeln, Möglichkeiten der Freizeitgestaltung, Austausch von Informationen, Umgang mit sozialen Institutionen zu erkunden und einzuüben u. a. m. Soziale Gruppenarbeit in diesem Sinne ist primär situations- und aufgabenorientiert; sie unterscheidet sich darin von den psychologisch orientierten Gruppentherapien wie von den meisten Konzepten Sozialer Gruppenarbeit amerikanischer Provenienz, für die Arbeit an der Persönlichkeit der Gruppenmitglieder zentral ist. Diese wird in der Regel nur dann und nur soweit direkt Gegenstand von Sozialer Gruppenarbeit sein, als dies für die zu bearbeitende Situation oder Aufgabe erforderlich ist. Es ist evident, daß eine so verstandene Gruppenarbeit immer auch Rückwirkungen auf die Person der Gruppenmitglieder hat und diese beeinflußt. Soziale Gruppenarbeit in diesem Sinne kann immer auch therapeutische Elemente und Funktionen haben, doch ist dies nicht ihr primärer Ansatz, dieser zielt auf Vermittlung und Erweiterung sozialer Kompetenz. Dabei kommt der aktiven Zusammenarbeit der Gruppenteilnehmer, ihrer wechselseitigen Beratung und Hilfe, dem gemeinsamen Tun (neben dem Gespräch) als Mittel der Interaktion eine wichtige Rolle zu.

Situationen, Probleme mit denen Betroffene (und Sozialarbeiter) konfrontiert werden, sind vielfältig und komplex. Soziale Gruppenarbeit als ein einheitliches methodisches Konzept ist daher undenkbar. Gruppenarbeit in der Sozialarbeit kann nicht methodenorientiert, sondern muß adressatenbezogen sein. Das meint, Soziale Gruppenarbeit muß nicht nur ausgehen von einer differenzierten Kenntnis der Klienten, ihren objektiven Lebenszusammenhängen und den damit vermittelten Schwierigkeiten, Ressourcen, subjektiven Einstellungen und Erfahrungen. Soziale Gruppenarbeit muß auch die spezifische Art und Weise, die Bedeutungen und Wirkung der Formen sozialer Interaktion und Beziehungen in Abhängigkeit vom sozialen Umfeld in Rechnung stellen. So wird es z. B. notwendig sein, bei einer geplanten Gruppenarbeit mit Frauen im Gefängnis die unerschiedlichen Erfahrungen und Einstellungen zu Beziehungen zwischen Frauen und zu Gruppen einerseits und im Hinblick auf die besonderen institutionellen Bedingungen der Strafanstalt andererseits zu bedenken. Neben Wissen und Sensibilität für die Adressatengruppe braucht der Sozialarbeiter Erfahrung im Umgang mit der eigenen Person ebenso wie Wissen und Erfahrung um Beziehungen und Prozesse in Gruppen. Gruppendynamische und psychoanalytisch orientierte Selbsterfahrungsgruppen können dazu Möglichkeiten bieten, sie müßten jedoch um die Befähigung zur Reflexion institutioneller Faktoren und gesellschaftlicher Vermitteltheit erweitert werden. Eine methodische Ausbildung kann solche Erfahrungen theoretisch reflektieren, fundieren und strukturieren. Neben dem Einüben in kontrollierten Umgang mit anderen bietet eine solche Ausbildung eine (zu reflektierende) Orientierung, von der aus andere Theorien und methodische Modelle erschlossen und eingeordnet werden können. Eine solche methodische Ausbildung (sei es z. B. in einer der Psycho- oder Gruppentherapien oder in Methoden wie Rollenspiel, Psychodrama, Konzentrative Bewegungstherapie, TziM) ist – ob ihrer konzeptionellen und anwendungsmäßigen Begrenztheit – im Hinblick auf die Aufgaben, wie sie sich in der Sozialarbeit stellen, notwendig aber nicht ausreichend. Nicht nur, daß die situativen, aufgabenbezogenen, institutionellen und sozialen Aspekte darin zu kurz kommen; vielmehr fordert die Komplexität der Aufgaben eine Methoden-Offenheit und Flexibilität, die sich an der konkreten Situation, an den von ihr Betroffenen orientiert.

Soziale Gruppenarbeit steht in der Spannung zwischen Selbsthilfe und professionellem Handeln, die bereits in ihrer Entwicklungsgeschichte deutlich geworden ist. Der therapeutische, behandelnde Aspekt von Gruppenarbeit in der Sozialarbeit wurde in den Konzepten der Sozialen Gruppenarbeit der jüngsten Zeit stark betont. Daneben mehrten sich die Beispiele dafür, daß Gruppen selbst Möglichkeiten und Potentiale adäquater gegenseitiger Beratung und Hilfe entwickeln, wenn Arrangements getroffen werden, die es ermöglichen Kontakte aufzunehmen, Beziehungen aufzubauen, wenn begleitend und ermöglichend Kompetenz im Umgang mit Gruppen und mit sozialen Institutionen durch den professionellen Helfer zur Verfügung gestellt wird. So verstandene Gruppenarbeit setzt nicht nur ein kritisches Bewußtsein des Sozialarbeiters von seiner Rolle und im Umgang mit Methoden voraus, sondern eine Sichtweise, die der Gruppe und ihren Mitgliedern wie der sie bedingenden sozialen Realität angemessen Rechnung trägt.

Kreszentia Barth

Literatur

Bepperling, E. u. a., 1978: Gruppenarbeit mit Frauen, in: *Dürkop, M./Hardtmann, G.* (Hrsg.): Frauen im Gefängnis, Frankfurt/M. – *Bernstein, S./Lowy, L.*, 1975: Neue Untersuchungen zur Sozialen Gruppenarbeit, Freiburg – *Coyle, G. L.:* 1948: Group work with American Youth, New York – *Friedländer, W. A./Pfaffenberger, H.*, 1969: Grundbegriffe und Methoden der Sozialarbeit, Neuwied – *Goldstein, H.*, 1973: Social work practice, Columbia – *Müller, C. W.*, 1970: Gruppenpädagogik, Weinheim – *Müller, C. W.*, 1982: Wie Helfen zum Beruf wurde, Weinheim – *Nijkerk, Y. J./van Praag, Ph. H.*, 1977: Die Arbeit mit Gruppen, Freiburg – *Northen, H.*, 1973: Soziale Arbeit mit Gruppen, Freiburg – *Richter, H. E.*, 1972: Die Gruppe, Hamburg – *Rittelmeyer/Baacke/Parmentier/Fritz*, 1980: Erziehung und Gruppe, München – *Schwartz, W./Zalba, S.*, 1971: The practice of group work, Columbia – *Shaffer, J.B.P./Galinsky, M. D.*, 1974: Handbuch der Gruppenmodelle, 2 Bde., Gelnhausen – Victor-Gollancz-Akademie für Jugendhilfe, 1969: Zur Theoriebildung der Gruppenpädagogik, München – *Vinter, R. D.*, 1971: Beiträge zur Praxis der Sozialen Gruppenarbeit, Freiburg – *Weber, G.*, 1973: Kritische Anmerkungen zur sozialpädagogischen Gruppenarbeit, in: *Otto, H.-U./Schneider, S.* (Hrsg.): Gesellschaftliche Perspektiven der Sozialarbeit, Bd. 2, Neuwied. –

→ Einzelfallhilfe → Familienhilfe/Elternarbeit → Sozialpädagogik und Therapie

Gruppendynamik

Der Begriff Gruppendynamik wird in einer verwirrenden Fülle von Bedeutungen gebraucht, so daß es notwendig ist, zunächst einige begriffliche Unterscheidungen vorzunehmen. Unter Gruppendynamik können erstens die Bewegung und die Funktionsmechanismen von alltäglichen oder »natürlichen« Gruppen verstanden werden. Alltagsleben vollzieht sich in einem Netz von Primärgruppen (*Cooley*, 1955) – Familie, Gleichaltrige, Nachbarn – in das der Einzelne eingebettet ist. Aus der Interaktion mit diesem primären Bezugsgruppensystem gewinnt der Einzelne seine soziale Identität (*Mead*, 1968; *McCall/Simmons*, 1974). Aber auch im Zusammenhang technisch-rationaler Organisationen, z. B. in Industrie oder Militär, spielen solche natürlichen Gruppen, die ihren eigenen Funktionsmechanismen folgen, nicht nur Untergliederung oder Organisation sind, eine große Rolle (vgl. *Homans*, 1960). Vor allem seit der Entdeckung, daß auch das künstliche Netzwerk der organisierten Gesellschaft mit naturwüchsig entstandenen, emotional geprägten Gruppenbeziehungen durchsetzt ist (*Roethlisberger/Dickson*, 1939; *Shils/Janowitz*, 1945), hat die Erforschung von Gruppenprozessen, insbesondere Kleingruppenprozessen, sich zu einem unübersehbar gewordenen Forschungsfeld ausgeweitet. Gruppendynamik in diesem Sinne bezeichnet also den Gegenstand sozialpsychologischer Kleingruppenforschung.

Nach *Krege* (1977) ist eine Gruppe durch drei Merkmale zu definieren:

»1. Es ist eine Mehrzahl von Personen, die in geregelten Formen interagieren.

2. Die Personen betrachten sich selbst als ›Mitglieder‹, andere Personen dagegen als ›Nicht-Mitglieder‹.

3. Die Personen werden von anderen als ›zu dieser Gruppe gehörig‹ betrachtet – sowohl von anderen ›Mitgliedern‹ als auch von ›Nicht-Mitgliedern‹«.

Von diesen Merkmalen ist das erste am besten erforscht; nämlich die Formen, in denen Gruppenbeziehungen ablaufen, und die Folgen unterschiedlicher Interaktionsformen. Berühmte Beispiele sind etwa die Untersuchungen von *Lewin* u. a. (1939) über die Auswirkungen unterschiedlicher »Führungsstile« (»autoritär«, »demokratisch«, »laissez faire«) auf Gruppen oder die Arbeiten von *Moreno* (1954) zur »Soziometrie« von Gruppen.

Wie *Homans* (1960) anhand von Untersuchungen industrieller Produktionsgruppen entwickelt hat, läßt sich eine Gruppe als ein soziales System beschreiben, das aus folgenden Elementen besteht:

- Eine »Aktivität« oder Sache, Aufgabe, die die Gruppenmitglieder gemeinsam haben,
- regelmäßige Interaktionen zwischen den Gruppenmitgliedern, die sich aus den gemeinsamen Aktivitäten ergeben,
- wechselseitige Gefühlsbeziehungen, die sich aus den Interaktionen ergeben.

Alle drei Elemente stehen in enger Wechselwirkung zueinander. Homans beschreibt die Gruppe nicht als isolierten »Mikrokosmos«, sondern als Teil einer Umwelt, genauer, als Doppelstruktur eines »äußeren« und eines »inneren« Systems. Das »äußere« System der Gruppe bilden die Aktivitäten, Interaktionen und Gefühle, die die Gruppe von außen her konstituieren (z. B. die Arbeitsaufgabe, die Arbeitsplatzstruktur, die Arbeitsmotivation durch Lohn und Prämien). Das »innere System« bilden diejenigen Aktivitäten, Interaktionen und Gefühle, die sich auf der Grundlage des »äußeren Systems«, aber inhaltlich relativ unabhängig davon als Gruppenstruktur ausbilden. Das sind die gleichsam »privaten« Beziehungen der Gruppenmitglieder, die sich z. B. in den Pausenaktivitäten einer Arbeitsgruppen, aber auch in den informellen Mechanismen des Umgangs ausdrücken, welche in Grenzen verhindern, daß Gruppenmitglieder vom »äußeren System« her gegeneinander ausgespielt werden.

Die Wechselwirkungen zwischen »äußerem« und »innerem« System stehen im Mittelpunkt vieler Untersuchungen, bes. derer, die den Zusammenhang zwischen der von außen vorgegebenen Form der Interaktion (bes. der Arbeitsorganisation), der emotionalen Zufriedenheit und der Produktivität von Gruppen zu klären suchen (*Secord/Backmann,* 1976). Die Produktivität der Gruppe und ihre Steigerung i. S. der Normen des äußeren Systems ist dabei gewöhnlich das erkenntnisleitende Interesse.

Die beiden anderen von *Krege* genännten Merkmale, die mit »Mitgliedschaft« und ihrer Unterscheidung von »Nicht-Mitgliedschaft« zu tun haben, sind subjektiver Natur. Sie sind weniger gut erforscht, was damit zusammenhängen mag, daß sie im vorherrschenden Denkschema sozialwissenschaftlicher Forschung, das *Wilson* (1973) das »normative Paradigma« genannt hat, nicht recht erfaßt werden können.

Mitgliedschaft bzw. Nicht-Mitgliedschaft zu verstehen setzt voraus, den Sinn zu verstehen, den die Zugehörigkeit oder auch das Ausgeschlossenheit-Sein zu bzw. von Gruppen für die einzelnen Menschen hat. Dies macht ein interpretierendes Vorgehen notwendig. Nicht die (organisierte) Umwelt und ihre (Produktions)-Normen, sondern die eigenen Sinn- und Zieldefinitionen der Gruppe legen sich dann als erkenntnisleitendes Interesse nahe.

Markt der Gruppen

In seiner zweiten Grundbedeutung bezeichnet der Begriff Gruppendynamik ein breites Spektrum von pädagogischen und therapeutischen Methoden und Techniken, das sich seit dem 2. Weltkrieg entwickelt hat. Es reicht von harmlosen didaktischen Spielen bis zu weitgesteckten therapeutischen Ansprüchen oder gar ganzen Weltanschauungen. Es handelt sich nicht um Gruppen, die naturwüchsig vorhanden sind oder von Organisationen zu irgendeinem Arbeitszweck zusammengestellt wurden, sondern um Gruppen, die zu dem Zweck zusammenkommen, aus der Gruppenerfahrung als solcher in irgendeinem Sinn zu profitieren. Soziologisch gesprochen sind diese Gruppen Organisationen, die auf kurze Zeit begrenzt sind. Sie haben eigentlich nicht Mitglieder, sondern Teilnehmer. Sie bestehen nicht, sondern sie werden »gemacht«, wobei der umgangssprachliche Ausdruck »ich mache eine Gruppe« sowohl die Teilnehmerschaft als auch die Leitung einer Gruppe bezeichnet.

Nur ein Teil dieser Gruppenveranstaltungen haben das Studium bzw. das Verändern von emotionalen Gruppenprozessen zum Ziel und sind insofern als Gruppendynamik i. e. S. zu bezeichnen. Die meisten, insbesondere die explizit als »Gruppentherapie« bezeichneten Angebote, sind dagegen auf die einzelnen Teilnehmer und ihr individuelles Verhalten orientiert. Im ersten Fall gilt »die Gruppe« als Gegenstand und zugleich als handelndes Subjekt eines kollektiven Lernprozesses. Im zweiten Fall ist Gegenstand und lernendes Subjekt der Einzelne, während der »Gruppe« co-therapeutische Funktionen – neben dem Leiter der Gruppe – zugeschrieben werden.

Beides wird umgangssprachlich als »Gruppendynamik« bezeichnet, und ich schließe mich hier dieser weitgefaßten Definition an. Demnach sind unter »Gruppendynamik« i. w. S. alle Lern- und/oder Therapie-Arrangements zu fassen, in denen »die Gruppe« – und nicht die Dyade (Therapeut – Patient, Erzieher – Zögling) – das Interaktionsfeld bildet, und die darauf abzielen, emotionale Beziehungen – und nicht nur kognitive Lerninhalte – in irgendeiner Weise zu verarbeiten.

Was in diesem Sinn »Gruppendynamik« heißt, stellt sich näherer Betrachtung als ein zunehmend unübersichtliches Gewirr der unterschiedlichsten Methoden-Angebote dar. Dem entspricht eine ebenso undurchsichtige, aber große und offenkundig wachsende Nachfrage. Eine treffende Bezeichnung dieses Phänomens ist die Rede vom »gruppendynamischen Markt«. Darin kommt zum Ausdruck, daß Angebot von und Nachfrage nach »Gruppendynamik« fast ausschließlich privater Natur sind. Während andere pädagogische oder therapeutische Felder – z. B. die Schule,

die Sozialarbeit, z. T. auch das Gesundheitswesen – in starkem Maße »öffentlichen«
Charakter haben, d. h. in ihrer Entstehung und ihrem Zustand von staatlichen
Interessen und Eingriffen geprägt sind, hat sich der gruppendynamische Markt
weithin wildwüchsig und ohne öffentliche Einflußnahme entwickelt. Weder öffentliche Mittel (wie z. B. im Erziehungswesen) noch rechtliche Kontrollen (wie z. B.
im Gesundheitswesen) haben diesen Markt bisher voll erreicht. Er ist im wesentlichen von der Nachfrage bestimmt, einer Nachfrage von Organisationen mit
Gruppenproblemen auf der einen Seite und von Individuen mit beruflichen und/
oder persönlichen Problemen auf der anderen Seite, wobei das nachfragende
Publikum gewöhnlich nicht zu den unteren Bevölkerungsschichten gehört.

Die Unübersichtlichkeit und Verwirrung auf dem Markt zeigt sich u. a. in dem
wachsenden Bedarf nach »Marktführern«. Zunehmend erscheinen Bücher, die
dem uninformierten potentiellen Verbraucher einen Überblick über die unterschiedlichen Verfahren, Zielsetzungen und mutmaßlichen Wirkungen versprechen. Solche Marktüberblicke gibt es besonders im Blick auf die therapeutisch
orientierten Formen von Gruppenarbeit (beispielsweise *Bödiker/Lange,* 1975;
Ruisenbeek, 1974; *Nagel/Seifert*, 1979). Solche »Führer« sind zwar selbst an einer
der konkurrierenden Schulen orientiert (*Bödiger/Lange* z. B. an der Verhaltenstherapie; *Ruitenbeek* an der Psychoanalyse): sie versuchen aber trotzdem ein
einigermaßen objektives Bild zu geben. Eine fundierte Beurteilung ist dadurch
erschwert, daß es Untersuchungen über die pädagogischen oder therapeutischen
Wirkungen der einzelnen Methoden kaum gibt, vor allem keine methodenverglei-
chenden Untersuchungen (vgl. *Back*, 1973 a; *Liebermann*, 1974). Potentielle
Verbraucher können sich auf dem Markt fast nur durch persönliche Erfahrungen
und subjektive Eindrücke anderer, die bereits eine oder mehrere Gruppen
»gemacht« haben, orientieren. Die Mund-zu-Mund-Propaganda scheint der wichtigste Regulationsmechanismus zu sein.

Da eine ausführliche Darstellung, theoretische Einordnung und Kritik des überaus
vielfältigen Angebots in der hier notwendigen Kürze nicht möglich ist, verspricht
eine Analyse der Nachfrage mehr an Klarheit. Trotzdem versuche ich zunächst,
einen knappen Überblick über das Angebot zu geben.

Drei Arten von Angeboten kann man einigermaßen voneinander unterscheiden,
obwohl es selbstverständlich alle Arten von Überschneidungen gibt. Der eine
Typus ist am klarsten durch die sogenannte Laboratoriumsmethode repräsentiert,
die in der Schule *Lewin's* (*Bradford/Benne/Lippitt* u. a., 1972) seit 1947 entwickelt
wurde. Die Methode arbeitet mit 1–3wöchigen Intensivkursen. Das »gruppendynamische Laboratorium« versucht die emotionalen Probleme von Gruppen innerhalb
formaler Organisationen zu simulieren und einer Bearbeitung zugänglich zu
machen. Dominierend sind zumeist die emotionalen Probleme, die mit Führer-
schaft und Gefolgschaft in Gruppen zusammenhängen. Kernstück des Konzepts ist
die sogenannte T-Gruppe (Training-Group), eine unstrukturierte Kleingruppe, in
der durch Selbsterfahrung unbewußte Prozesse der Steuerung von Gruppen bewußt
gemacht werden sollen. Daneben enthält das gruppendynamische Laboratorium
Übungen und Informationen, die die Zusammenarbeit zwischen Gruppen zum

Gegenstand haben. Wichtigste Weiterentwicklung des Konzepts sind unterschiedliche Methoden der Organisationsentwicklung (organisational devellopment [OD]), die auf unterschiedliche Weise versuchen, innerhalb bürokratischer Organisationen ein höheres Maß an demokratischer Entscheidungsbeteiligung mit organisatorischer Effizienz zu verbinden (*Sievers*, 1977).

Lewin und seine Schüler waren sehr stark mit dem Problem beschäftigt, das sich ihnen aus der Erfahrung des Faschismus aufdrängte. Es war die Frage, wie es möglich sei, demokratisches Verhalten so in der organisatorischen Basis einer Gesellschaft zu verankern – also gleichsam das feine Netzwerk der Gesellschaft zu demokratisieren –, daß von hier aus eine Zerstörung der Demokratie in der politischen Makrostruktur nicht unterstützt, sondern notfalls verhindert würde. Gerade auch die Übertragung gruppendynamischer Methoden nach Europa – besonders nach Deutschland – stand zu Beginn sehr stark im Zeichen eines Programms der Reedukation im Sinne amerikanischen Demokratieverständnisses. Zum anderen war diese Methode eine Reaktion auf die Schwierigkeiten, die viele bürokratische Organisationen in zunehmendem Maße mit Blick auf die Motivation ihrer Mitarbeiter haben. Rein hierarchische Führungstechniken scheinen zunehmend ineffektiver zu werden, zumindest in Organisationsbereichen die von eigenen Motivationen der Mitarbeiter relativ stark abhängig sind. Die Nachfrage nach gruppendynamischen Laboratorien geht häufiger von Organisationen als von privaten Individuen aus (von den Ausbildungskandidaten abgesehen), insbesondere von solchen Organisationen, die einem gewissen Demokratisierungsdruck ausgesetzt sind. Ob solche Laboratorien ein »Spiel ohne Folgen« (*Giere*, 1970) bleiben oder Organisationen dauerhaft verändern können, hängt weniger von den angewandten Methoden, als von den Machtverhältnissen in den Organisationen ab. Die Analyse dieser Machtverhältnisse hat sich besonders eine von Franzosen (*Lapassade,* 1973; *Loureau,* 1970) entwickelte Variante von Gruppendynamik zum Ziel gesetzt, die als »institutionelle Analyse« bezeichnet wird. Diese Entwicklung stellt ein negatives Pendant zum »OD« dar. Auch hier stehen nicht mehr Gruppen, sondern Organisationen und Institutionen (zur Unterscheidung dieser Begriffe vgl. *Lapassade,* 1972) im Mittelpunkt dieses Interesses. Ziel ist aber nicht die demokratisierende Reform dieser Strukturen, sondern »die Erschütterung der Gesellschaft in ihren Institutionen«. Dieses Ziel kann, wie *Lapassade* konsequent bemerkt, nur so verfolgt werden, daß die Institutionsanalyse auch »ihre eigenen Grundlagen beständig untergräbt«.

Als zweiten Typus auf dem gruppendynamischen Markt kann man die Angebote zusammenfassen, die Variaten oder Weiterentwicklungen »klassischer« therapeutischer Verfahren für Gruppen anbieten. Dazu gehören psychoanalytisch orientierte Gruppen, verhaltens-therapeutische Gruppen, Gruppen in klientenzentrierter Gesprächstherapie nach Rogers, Psychodrama-Gruppen, Transaktionale Analyse, Familientherapie u. a. m. Daß heute Therapie zunehmend in Gruppenform angeboten wird, hat nur zum Teil konzeptionelle Gründe (wie z. B. Familientherapie). Zum Teil sind es einfache ökonomische Gründe, da Gruppentherapie einem größeren Personenkreis zugänglich gemacht werden kann als Einzeltherapie und sich dabei außerdem besser verdienen läßt. Manche dieser Gruppenangebote sind nicht rein therapeutischer Natur, sondern beanspruchen zur gleichen Zeit ein allgemein anwendbares pädagogisches Prinzip »lebendigen Lernens« zu sein: dazu gehört z. B. die Methode der themenzentrierten Interaktion nach *Cohn* (1975) und die Encounter-Gruppen nach *Rogers* (1974). Am Rand gehören in diesen Rahmen auch noch die zunehmend wichtiger werdenden Selbsthilfe-Gruppen, die, ohne eine direkte professionelle Anleitung, Menschen mit ähnlichen Problemen zur gegenseitigen Hilfe zusammenführen (*Moeller*, 1978). Bekanntestes Beispiel sind die Gruppen der »Anonymen Alkoholiker«.

Als dritte Hauptgruppe kann man schließlich die Bewegung der sogenannten »Neuen Gruppentherapien« (*Ruitenbeek*, 1974) unterscheiden. Zum Teil sind die Methoden dieser Gruppenbewegungen (z. B. die Gestalt-Therapie, *Perls* u. a., 1979) ebenfalls Abwandlungen herkömmlicher therapeutischer Verfahren, insbesondere der Psychoanalyse. Das Besondere dieses Typus ist aber, daß es sich hierbei nicht nur um eine neue Spielart therapeutischer Angebote, sondern zugleich um eine sozio-kulturelle »Bewegung« mit teilweise religiösen Zügen handelt (*Back*, 1973). Die Bewegung ging Anfang der 60er Jahre vor allem von Kalifornien aus und stellt einen Teil der anti-industriellen und anti-bürokratischen Bewegungen dar (Studentenbewegung, Ökologiebewegung), die sich seit Beginn der 60iger Jahre in den westlichen Ländern entwickelt haben. Natürlich gibt es mancherlei Überschneidungen sowie vielfältige Methodenmischungen. Relativ eindeutig kann man die Gestalt-Therapie nach *Perls* und die »bioenergetischen« Konzepte der *Reich*-Schüler *Lowen* und *Janov* (Primärtherapie) dieser Bewegung zuordnen. Dazu kommen Konzepte, die unter dem Einfluß östlicher Meditationstechniken entwickelt wurden. Ein gemeinsamer Nenner ist, daß die »Befreiung des Körpers« (*Pagès*, 1973) und die Entsprechungen von körperlichen und psychischen Befindlichkeiten bzw. Störungen eine große Rolle spielen (z. B. die Entsprechungen von gestauter Aggressivität und Muskelverspannung).

Versucht man die Nachfrage nach gruppendynamischen Angeboten zu erklären – und sie bedarf als relativ neue und wachsende Nachfrage einer Erklärung – so bieten sich u. a. folgende Ansätze einer »Kritik der Gruppendynamik« an: Die »gruppendynamische Bewegung« wird

- entweder als neue säkularisierte Form religiöser Gemeinschaftsbewegungen interpretiert (*Back*, 1977 a + b; Kursbuch 55)
- oder als eine der Spielarten verstanden, in der das von Identitätsverlust bedrohte bürgerliche Individuum seine Flucht aus der herrschenden gesellschaftlichen Wirklichkeit zu organisieren trachtet (*Cohen/Talyor*, 1977)
- oder als Ausdruck der »Misere des Kleinbürgers« verstanden, – der die Zerrissenheit zwischen Träumen und Hoffnungen auf ein besseres Leben und seinen realen Existenzbedingungen am eigenen Leibe erfährt, aber sich der »zentralen Aufgabe, die Politisierung ihrer eigenen Klasse zu besorgen« noch nicht zu stellen wagt (*Vinnai* in *Nagel/Seifert*, 1979).

Diesen Interpretationen steht das Selbstverständnis der Anbieter des Gruppenmarktes gegenüber. Hier stößt man auf zwei typische Erklärungen der Nachfrage, die den skizzierten Angebotsarten entsprechen. Die eine ist geprägt vom Reformoptimismus der 60iger Jahre, der von der Überzeugung getragen war, daß eine Reform der Gesellschaft möglich sei, wenn innerhalb der gesellschaftlichen Organisationen (Industrie, Verwaltung, Schule usw.) mehr »Demokratie gewagt« und mehr auf individuelle Bedürfnisse und Gefühle Rücksicht genommen würde. Die Nachfrage nach Gruppendynamik wird also aus dem Innovationsdruck einer demokratischen Gesellschaft erklärt.

Die andere Erklärung, die eher dem »Bewegungs«-charakter der Gruppenlandschaft entspricht, orientiert sich mehr am Individuum. Die Erfahrung individueller Entfremdung von den eigenen Gefühlen, dem eigenen Körper, von der organischen Natur läßt das Verlangen nach einer Art individueller Konterrevolution entstehen. Als adäquate Antwort auf die Leidenserfahrung des in der industriebürokratischen Gesellschaft sich selbst entfremdeten Menschen gilt die Veränderung des individuellen Lebensstils, insbesondere die Veränderung des Verhältnisses zum eigenen Körper. Dieser Veränderung hat schon *Reich,* einer der Väter der heutigen Gruppenbewegung, systemsprengende Wirkungen zugeschrieben.

Von diesen Erklärungen zu einer Beurteilung konkreter gruppendynamischer Angebote zu kommen ist deshalb nicht einfach, weil die Erklärungen auf sehr allgemeiner Ebene bleiben. Über den individuellen Sinn einer Nachfrage nach einem solchen Angebot ist damit noch nicht entschieden. Ich möchte diese Erklärungen deshalb zur Diskussion stellen, ohne ein eindeutiges »pro« oder »contra« zur Gruppendynamik daraus abzuleiten. Damit wäre nicht viel an Klarheit gewonnen. Wichtiger scheint mir zu sein, daß die Kriterien, die zu einer autonomen Reaktion gegenüber den Angeboten des gruppendynamischen Marktes helfen, gewonnen werden.

Ich versuche im folgenden einen Beitrag zur Entwicklung solcher Kriterien zu leisten, indem ich einen besonders wichtigen Teilbereich der Nachfrage nach Gruppendynamik genauer betrachte: die Nachfrage aus dem Feld der sogenannten »helfenden Berufe«.

Gruppendynamik und soziale Berufe

Die Angehörigen und Anwärter der »Helferberufe« – Sozialarbeiter, Therapeuten, Erzieher, Freizeitpädagogen und Teile der Lehrer-Pfarrer- und Ärzteschaft – stellen nicht nur den vermutlich größten Teil der Kundschaft des Gruppenmarktes. Es gibt auch kein anderes Berufsfeld, in dem die Auseinandersetzung über die moralischen und politischen Gefahren, die verändernde Kraft oder auch schlicht die Nützlichkeit und Brauchbarkeit gruppendynamischer Methoden und Lernerfahrungen einen so hohen Stellenwert hat.

Wie sehr diese Diskussion den Nerv des Selbstverständnisses sozialer Berufe berührt, zeigt sich u. a. in folgendem: Erklärungen der Motivationen zum Ergreifen sozialer Berufe – und des wachsenden Zustroms in diesen Berufen – eignen sich ebensogut oder noch besser als Erklärungen dafür, warum gerade in diesen Berufen die Nachfrage nach Gruppendynamik unterschiedlicher Spielarten so stark geworden ist. *Dießenbacher* (1977) hat drei Erklärungstypen für die Berufsmotivation von Sozialpädagogen nebeneinander gestellt. Der eine ist die Erklärung *Richters* (und neuerdings *Schmidbauers*), den Angehörigen sozialer Berufe eine besondere Neigung zuzuschreiben, eigene Isolationsängste mittels ihrer Helfermotivation zu kompensieren, also im Beruf eine psychische Ergänzung ihrer Selbst zu suchen. Die andere Erklärung ist die des Holländers *Zijderveld,* der die Motivation zum Sozialberuf als Form einer protestierenden Reaktion auf die »Heimatlosigkeit«, die »Inauthentizität« und den »Sinnverlust«, die den Menschen in der rationalisierten und entzauberten modernen Welt bedrohen, beschreibt. »Im therapeutischen, beratenden, betreuenden, erzieherischen und fürsorgerischen Umgang mit der Klientel erhoffen sie sich tiefe menschliche Verbindung und authentische Erfahrung, in der Gefühle gezeigt werden können und nicht in die Irrationalität abgedrängt zu werden brauchen.« Die dritte Erklärung ist *Schelskys* These, daß die sozialen Berufe Teil einer neuen Herrschaftskaste seien, deren Herrschaftsmittel und Herrschaftssicherung sich im Medium von Weltverkündung und Sinnproduktion vermittle.

An allen drei Erklärungen ist vermutlich etwas Wahres. Ob aber solche Motivationen zum Ergreifen eines sozialen Berufes sich in der alltäglichen Wirklichkeit dieser Berufe auch befriedigen lassen, ist eine andere Frage. Vieles spricht dafür, daß der Berufsalltag in den meisten Fällen für alle drei Motivationslagen mehr Frustration als Befriedigung zu bieten hat. Ob z. B. im Beruf des Sozialarbeiters Bedürfnisse nach Zärtlichkeit und Zuwendung oder nach eindeutig »sinnvoller« Arbeit und »authentischen« zwischenmenschlichen Beziehungen, oder gar Machtgelüste, mehr Befriedigungschancen als in anderen Berufen haben, erscheint zumindest fraglich.

Gerade diese Diskrepanz aber zwischen Berufsmotivation und Alltagswirklichkeit in den sozialen Berufen könnte die Attraktivität und Virulenz gruppendynamischer Angebote in diesem Feld erklären.

– Ohne Zweifel ist die Nachfrage nach Gruppendynamik häufig geprägt von dem Wunsch nach Zuwendung, »Gestreichelt-Werden«, aber auch von dem Wunsch nach Zugang zu verschütteter eigener Emotionalität.

– Ohne Zweifel ist die Nachfrage nach Gruppendynamik von dem Wunsch nach mehr Authentizität in der zwischenmenschlichen Begegnung, nach weniger Abtrennung der zweckhaft-rationalen von den persönlich-emotionalen Beziehungen bestimmt.

– Ohne Zweifel ist die Nachfrage nach Gruppendynamik auch von Machtmotiven bestimmt: dem Wunsch, die Beziehungen zu Klientel wirklich unter Kontrolle zu bringen, über wirksame Techniken zu verfügen, die eine klare Linie in die Diffusität und Undurchsichtigkeit des beruflichen Alltags bringen. Dazu kommen gewiß auch, besonders bei Angehörigen weniger anerkannter sozialer Berufe (z. B. Sozialpädagogen, Sozialarbeiter), der Wunsch nach sozialem Aufstieg und nach Teilhabe an der Macht etablierter Helferberufe (Ärzte, klinische Psychologen).

Wer vor der Entscheidung steht, an Veranstaltungen einer bestimmten gruppendynamischen Methode teilzunehmen oder gar eine entsprechende Ausbildung zu beginnen, sollte seine Motivation auch im Hinblick auf diese drei Gesichtspunkte prüfen, d. h. er sollte vor allem prüfen

- wie realistisch die Erwartung ist, solche Bedürfnisse im Rahmen gruppendynamischer Veranstaltungen befriedigt zu bekommen und
- wie realistisch die Erwartung ist, diese Befriedigung auch auf den Alltag des eigenen Berufs übertragen zu können.

Von solcher Überprüfung her könnte die Diskussion über das Für und Wider von Gruppendynamik an Sachlichkeit gewinnen. Es könnte dann sein, daß ein Sozialarbeiter, der ab und zu mal emotional »auftanken« muß und dazu eine emotional wärmende Gruppenerfahrung sucht, deswegen nicht gleich der Flucht aus der harten Wirklichkeit beschuldigt wird. Es könne dann andererseits sein, daß die teilweise überzogenen Heilserwartungen, die gruppendynamischen Angeboten immer wieder entgegengebracht werden, (was sich merkwürdigerweise häufig mit extremer Skepsis auf rationaler Ebene sehr gut verträgt) auf ein realistisches Maß reduziert werden.

Kriterien gegenüber den fragwürdigen (Flucht-)tendenzen in Angebot und Nachfrage des Gruppenmarktes zu haben, ist ohne Zweifel wichtig für jeden, der an der Entwicklung humaner und gesellschaftsbezogener Konzepte sozialpädagogischen und (therapeutischen) Handelns interessiert ist. Andererseits sollte nicht vergessen werden, daß solche Konzepte ohne gewisse »gruppendynamische« Elemente gar nicht mehr vorstellbar sind. Ähnlich wie die Psychoanalyse hat auch die Gruppendynamik Einsichten gebracht, die tief ins Gewebe, d. h. ins Alltagswissen, sozialpädagogischer Theorie und Praxis eingedrungen und daraus nicht mehr wegzudenken sind – auch wenn der Weg zu einer Praktizierung dieses Wissens manchmal noch weit ist.

Zu diesen Einsichten gehört *Lewins* »feldtheoretische« Betrachtungsweise, »die Gruppe« als Schnitt- und Angelpunkt individueller wie sozialer Veränderungsprozesse zu betrachten. Den naiven Optimismus, eine Demokratisierung der Gesellschaft sei durch Demokratisierung ihrer Kleingruppen-Struktur möglich, kann man ebenso mit Gründen bezweifeln (*Horn,* 1972) wie die Hoffnung, die Veränderung individueller Bedürfnisbefriedigung in Gruppen könne gesellschaftlicher Entfremdung an die Wurzel gehen (*Dahmer,* 1973).

Diese Kritik entwertet aber nicht die Einsicht, daß Gruppen der soziale »Ort« sind, an dem die Möglichkeiten, daß Veränderungen für den Einzelnen real werden, eröffnet und versagt, erkämpft und verspielt werden. Hinter dieser Einsicht können weder »interaktionistische« Konzepte zurück, die das »Aushandeln« von Situationsdefinitionen in den Mittelpunkt stellen, noch Konzepte, für die »Selbstorganisation der Betroffenen« das Kardinalproblem sozialpädagogischer Arbeit darstellt. »Aushandeln« von Situationen genau wie »Selbstorganisation« sind Gruppenprozesse, Gruppenentscheidungen. Ihr Gelingen oder Scheitern hängt nicht nur von gesellschaftlichen und in der Umwelt der Gruppe institutionalisierten Machtverhältnissen ab, sondern auch von den Fähigkeiten einer Gruppe, ihre »internen« Probleme zu lösen (*B. Müller,* 1982). Soweit solche Fähigkeiten erlernbar sind, bleiben die genannten Konzepte auf die Entwicklung adäquater Methoden gruppendynamischen Lernens angewiesen. Sie können, trotz aller Kritik am gruppendynamischen Markt, nicht »die Gruppendynamik« als solche ablehnen.

Eine zweite Einsicht betrifft den selbstreflexiven Charakter sozialpädagogischer und – allgemein – sozialwissenschaftlicher Kompetenz. Die Einsicht, daß »Selbstbetroffenheit« und Reflexion von »Selbstbetroffenheit« zentrales Moment eines kompetenten Umgangs mit zwischenmenschlichen Problemen ist, verdanken wir nicht der Gruppendynamik, sondern der Psychoanalyse. Gruppendynamik hat aber das Prinzip des Lernens von Selbstbetroffenheit (d. h. die eigene Betroffenheit von Problemen und Personen, die Gegenstand meines Handelns sind, wahrzunehmen, zu reflektieren und emotional zu verarbeiten) über den therapeutischen Bereich hinaus zu einem allgemeinen Prinzip für einen kompetenten Umgang mit sozialen Problemen gemacht. Ohne Zweifel kann auch das Lernen von Selbstbetroffenheit bei entsprechenden Angeboten und Nachfragen auf dem Gruppenmarkt umfunktioniert werden, z. B. in den Dienst von regressiven und/oder Macht-Wünschen gestellt werden. Dies ändert aber nichts daran, daß institutionalisierte Möglichkeiten zum Lernen von Selbstbetroffenheit, wie sie von der Gruppendynamik – in z. T. fragwürdigen Formen – entwickelt worden sind, ihren notwendigen Platz im sozialpädagogischen Aus- und Fortbildungssystem haben müssen.

Eine dritte Einsicht wurde von der Gruppendynamik nicht so sehr theoretisch formuliert, als praktisch-methodisch entwickelt. Es ist die von *Habermas* formulierte Erkenntnis, daß die Möglichkeit herrschaftsfreier Kommunikation zwar eine notwendige axiomatische Voraussetzung für vernünftiges gesellschaftliches Handeln sei, daß aber diese Voraussetzung immer nur als »kontrafaktische Antizipation« realisiert werden könne (*Habermas*, 1971).

Der Widerstand der gegebenen hierarchischen Verhältnisse gegen diese Voraussetzung vernünftigen Handelns gewinnt aber seine Zähigkeit nicht nur aus den bestehenden Machtverhältnissen, sondern auch aus emotionalen (Abhängigkeits-) bedürfnissen, die diese Verhältnisse unterstützen und reproduzieren. Gruppendynamik ist, wenigstens in ihrer »klassischen«, von der Lewin-Schule entwickelten Form, der Versuch, den Abbau emotionaler Barrieren gegen herrschaftsfreien Diskurs lehrbar zu machen. Der Versuch besteht darin, Gruppenprozesse aus ihrer Machtabhängigkeit ein Stück weit herauszunehmen und auf der »gruppendynamischen Spielwiese« eines äußerlich herrschaftsfreien Übungsfeldes (Laboratorium) zu simulieren, um so die emotionalen Seiten irrationaler Herrschaftsausübung dem rationalen Diskurs zugänglich zu machen und zugleich einen Abbau von Herrschaft in antizipierendem Problemhandeln einzuüben. Gruppendynamik ist in dieser Hinsicht eine Methode, die das Prinzip der »kontrafaktischen Antizipation« herrschaftsfreien Diskurses für die emotionalen Dimensionen des Diskurses wirksam zu machen sucht. Die Geschichte dieser Methode zeigt, daß sie darin umfunktioniert wird, daß Abbau von Herrschaft im Kleinen einer Herrschaftsstabilisierung im Großen dienen kann. Dies war um so leichter möglich, je mehr Gruppendynamiker das »kontra-faktum« in ihrer Methode vergessen ließen, d. h. Machtprobleme auf Probleme technischen Konfliktmanagements reduzierten.

Trotzdem sollte nicht ernsthaft bestritten werden, daß der demokratisch-aufkläreri-
sche Impuls, der am Anfang der Gruppendynamik stand, auch heute noch in ihr
wirksam sein kann. Ebensowenig sollte bestritten werden, daß das Problem einer
»Erziehung der Gefühle«, das von der Gruppendynamik nicht grundsätzlich, aber
im praktisch-methodischen Sinn, neu gestellt worden ist, gerade aus einer sich
politisch verstehenden Pädagogik und Sozialpädagogik nicht ausgeklammert werden kann.

Burkhard Müller

Literatur

Back, K. W., 1973 a: Beyond words, Penguin, New York – **Back, K. W.*, 1973 b: Die
Erlebnisgruppe und die Gesellschaft, in: Gruppendynamik, 323 ff. – **Bödiker, M.-L.*/Lange,
W., 1975: Gruppendynamische Trainingsformen, Reinbek – *Bradford, L. P.* (Hrsg.), 1972:
Gruppentraining, Stuttgart – *Cohen, St./Taylor, L.*, 1977: Ausbruchsversuche, Frank-
furt/M. – *Cohn, R.*, 1975: Von der Psychoanalyse zur themenzentrierten Interaktion,
Stuttgart – *Dahmer, H.*, 1973: Libido und Gesellschaft, Frankfurt/M. – *Dießenbacher, H.*,
1977: Zur Berufsmotivation des Sozialpädagogen, in: Neue Praxis, Sonderheft 1977 – *Giere,
W.*, 1970: Gruppendynamik, ein Spiel ohne Folgen, in: Gruppendynamik: 280 ff. – *Haber-
mas, J.*, 1971: Vorbereitende Bemerkungen zu einer Theorie der kommunikativen Kompe-
tenz, in: *Habermas/Luhmann*: Theorie der Gesellschaft oder Sozialtechnologie, Frankfurt/M. –
Homans, G. C., 1960: Theorie der sozialen Gruppe, Köln/Opladen – *Horn, K.*, 1973:
Gruppendynamik und der »subjektive Faktor«, Frankfurt/M. – **Krege, W.*, 1977: Begriffe der
Gruppendynamik, Stuttgart – **Kursbuch 55*, 1979: Sekten, Berlin – *Lapassade, G.*, 1972:
Gruppen, Organisationen, Institutionen, Stuttgart – *Lapassade, G.*, 1973: Institutionsanalyse
und Sozioanalyse, in: Gruppendynamik: 377 ff. – *Liebermann, M. A.* u. a., 1974: Die
Wirkung von Encounter-Gruppen auf ihre Teilnehmer – einige vorläufige Hinweise, in:
Gruppendynamik: 231 ff. – *Lourau, R.*, 1970: L'analyse institutionelle, Paris – *McCall, G. J./
Simmons, J. L.*, 1974: Identität und Interaktion, Düsseldorf – *Mead, G. H.*, 1968: Geist,
Identität und Gesellschaft, Frankfurt/M. – *Moreno, J. L.*, 1954: Die Grundlagen der
Soziometrie, Köln/Opladen – **Müller, B.*, 1982: Was Gruppen lernen müssen um
Institutionen zu verändern, in: *Scheilke, Ch. T.* (Hrsg.), Lerntheorie – Lernpraxis, Reinbek –
*Nagel, H./Seifert, M., 1979: Inflation der Therapieformen, Reinbek – *Pagès, M.*, 1973: la
libération du corps, in: l'homme et la société Nr. 29/30; 153 ff. – *Perls, F. S./Hefferline, R. E./
Goodman, P.*, 1979: Gestalt-Therapie Bd. 1 u. 2, Stuttgart – *Rogers, C.*, 1974: Encounter-
Gruppen, München – **Ruitenbeek, H. M.*, 1974: Die neuen Gruppentherapien, Stuttgart –
Secord, P. F./Backman, C. W., 1976: Sozialpsychologie, Frankfurt/M. – *Sievers, B.* (Hrsg.),
1977: Organisationsentwicklung als Problem, Stuttgart. –

→ Gruppenarbeit → Sozialarbeit und Therapie

Heilpädagogik

Traditionelles Verständnis von Heilpädagogik

Wurde der Begriff Heilpädagogik auch erst 1861 von *Georgens* und *Deinhardt* verwandt, so gab es Überlegungen zum pädagogischen Umgang mit gestörten und behinderten Kindern bereits wesentlich früher. »Die Heilpädagogik entstand als Konglomerat unterschiedlicher und auch verschieden weit gediehener, vorwiegend praktizistischer Bemühungen um jene Problemfälle, die sowohl von der Medizin als auch von der Pädagogik ausgestellt wurden, weil sie deren Zielen kaum mehr entgegenzukommen versprachen« (*Kobi* in: *Bürli,* 1977). Zu den bedeutendsten und einflußreichsten Dokumenten heilpädagogischer Bemühungen gehören die 1801 und 1806 erschienenen Berichte des französischen Arztes und Pädagogen *Itard* über seine Arbeit mit dem zu Beginn etwa zwölfjährigen Victor, der als »Der Wilde von Aveyron« in die Geschichte einging (*Itard* in: *Malson* u. a., 1972). Victor war ein Kind, das etwa seit seinem fünften Lebensjahr allein in der Wildnis gelebt und jegliche Fähigkeit zur menschlichen Kommunikation verloren hatte. *Itard,* der an der Pariser Taubstummenanstalt tätig war, bot sich für Erziehung und Förderung dieses Kindes an. Die alltägliche Betreuung übernahm Madame *Guérin,* während er sich für das davon strikt abgegrenzte Lernen zuständig hielt. Auf der Basis des Sensualismus *Condillacs* suchte er Wege zu finden, um die für die Orientierung in der Zivilisation nicht geschulten Sinne Victors zu trainieren und ihm Sprache zu vermitteln. *Itard* ist in seinen Bemühungen, insbesondere hinsichtlich des Spracherwerbs seines Zöglings gescheitert, vielleicht weil er auf seine Theorie und seine Methode so festgelegt war, daß er darüber übersah, was ihm sein Zögling von sich mitteilte (vgl. *O. Mannoni* in: *Malson* u. a., 1972; *Leber,* 1981). An Konzept und Vorgehen *Itards* läßt sich die Problematik einer traditionellen Heilpädagogik aufzeigen, die von theoretischen Vorstellungen ausgeht, den behinderten Zögling zum Objekt des pädagogischen Handelns macht, Wissen und Verhaltensnormen an ihn heranträgt, ohne seine aktuellen eigenen Äußerungen als Ausdruck seiner Vorerfahrung und seiner derzeitigen psychosozialen Situation zu verstehen. Damit werden Wege der Entwicklung, die eigentlich begehbar wären, versperrt.

Die Zusammensetzung der Worte Heil(en) und Pädagogik zu »Heilpädagogik« erfolgte im Hinblick auf das Zusammenfallen medizinischer und pädagogischer Zielgruppe, die im Zuge der Entwicklung von Medizin (speziell Psychiatrie) und Pädagogik als Wissenschaften unter deren gemeinsame Verantwortung zu gehören schien. Allerdings hat sich dies bisweilen so ausgewirkt, daß die Silbe »Heil« im Sinne von Heilung in der Vorstellungsweise des gängigen medizinischen Modells einer Kausaltherapie betrachtet wurde, die ähnlich wirkt wie Antibiotika gegen Infektionskrankheiten (*Kobi* in: *Bürli,* 1977). So galt für einige Ärzte Heilpädagogik als »angewandte Psychopathologie« (vgl. *Bleidick* in: *Reinartz/Kluge,* 1971), ja Jugendpsychiatrie wurde (z. B. von *Asperger* u. *Meinertz*) als Heilpädagogik deklariert. Daraus ergab sich, daß der Heilpädagoge als »ärztliches Hilfspersonal«

gesehen wurde, das nach Vorschriften und Anweisungen der Psychiater Anwendungen verabreicht oder durchführt, ähnlich wie Masseure und Krankengymnasten usw. Psychiater verfaßten lange »Gutachten« über behinderte und gestörte Kinder und Jugendliche in der Annahme, deren Lehrer und Betreuer in Schulen, Heimen und Tagesstätten würden das, was sie darin diagnostizierten, beherzigen und was sie vorschlugen in die Tat umsetzen (können). An einer solchen Auffassung mag hier und da noch festgehalten werden. In der Heilpädagogik als integralem Teil der Erziehungswissenschaften bekommen Neurologie und Psychopathologie bei aller Anerkennung ihrer Bedeutung die Rolle einer Hilfswissenschaft zugewiesen. Die Silbe »Heil« sollte aber nicht länger eine Illusion ausdrücken, zumal der originäre Schaden in den seltensten Fällen behoben und Heilpädagogik eben nicht mehr als Kausaltherapie verstanden werden kann. Mehr aus dem theologisch-seelsorgerischen Bereich kommende Pädagogen wie *Bopp* und *Hengstenberg* gaben der Silbe die esoterische Bedeutung einer »Heilspädagogik«, bei der angesichts der geringen Chancen Behinderter im Diesseits auf ein jenseitiges Heil gesetzt wurde, das sich vor allem auch der Heilerzieher durch seinen »selbstlosen« Einsatz verdienen sollte.

Heilpädagogik, Rehabilitation oder Sonderpädagogik?

Bach, der sich um Begriffsklärung auf diesem Gebiet verdient gemacht hat, bestimmt (in: *Heese/Wegener,* 1969) Heilpädagogik als Oberbegriff, mit dem »die Theorie und Praxis der Erziehung all jener zu verstehen (ist), deren seelisch-geistiges Werden und deren Eingliederung durch individuale Faktoren gestört, fehlgeleitet oder dauernd beeinträchtigt sind«. Das Wort Heilpädagogik gilt nach *Bach* für die Erziehung bei psychischen oder physischen Beeinträchtigungen. Eine ähnliche Definition bringt er dann mit dem Wort Sonderpädagogik in Verbindung, nachdem dies Wort inzwischen allgemein gebräuchlicher geworden ist. Er fügt jedoch in Klammern hinzu »auch – mißverständlich – Heilpädagogik oder Rehabilitation« (*Bach,* 1975).

Es ergibt sich aber die Frage, ob man Rehabilitation nicht gerade von Heilpädagogik unterscheiden sollte. »Mit Rehabilitation bezeichnet man die (Wieder-)Gewinnung (des oder eines) Funktionswertes einer Person, wozu eine Heilung oder Reparation nicht unbedingt erforderlich sind. Das Ziel einer Rehabilitation gilt als erreicht, wenn ein Behinderter in übergeordneten Produktionsabläufen – vor allem in der Arbeitswelt – wieder einsetzbar ist und als Glied in einer Funktionskette gesellschaftlicher Bedürfnisse (wieder) seinen Platz und seine Rolle gefunden hat (sog. Eingliederung)« (*Kobi,* 1977).

»Es ist Aufgabe eines jeden Rehabilitationsverfahrens, den Patienten trotz Schädigung und Ausfall von Funktionen bzw. Organen wieder leistungsfähig zu machen. Vom leistungsphysiologischen Standpunkt aus ist es dabei ein grundsätzlicher Unterschied, ob man sich entschließen muß, den Funktionsausfall durch künstliche Hilfsmittel zu ersetzen, oder ob man das Schwergewicht seiner Maßnahmen darauf ausrichten kann, die verbliebenen Funktionsreste und Fähigkeiten durch systema-

tisch gesteigerte Beanspruchung so zu entwickeln, daß eine hinreichende Leistungsfähigkeit erreicht wird« (*Engel/Hildebrandt*, 1977). So gesehen ist mit Rehabilitation allerdings die Gefahr verbunden, den Behinderten zu »verdinglichen« und auf
seinen Funktionswert zu reduzieren. *Bach* spricht von individualen, nicht aber von
gesellschaftlichen Faktoren, die das Subjekt beeinträchtigen, auch dies bedarf der
Ergänzung. Darauf komme ich noch zurück.
Obwohl der Begriff Sonderpädagogik geprägt wurde, um die besondere, dem
Gestörten und Behinderten angemessene Pädagogik zu bezeichnen, wird mit der
Vorsilbe »Sonder« Absonderung nicht nur assoziiert, sondern auch gemeint. »Die
Umbenennung in Sonderpädagogik ist demnach keine linguistische Verfeinerung,
sondern Ausdruck einer der Sonderschule zukommenden gesellschaftlichen Not-
wendigkeit« (*Gerspach* in: *Leber*, 1980). Es geht darum, daß Kinder, bei denen ein
Abweichen von der Norm der körperlichen, der geistigen, der sinnlichen Fähigkeiten auch im Hinblick auf Lernen und Verhalten in der Schule festgestellt wurde, in
spezielle Bildungs- und Erziehungsinstitutionen abgesondert werden.
Die Absonderung lernbehinderter Kinder, die ja die Mehrzahl der Behinderten
bilden – allerdings ohne auch deren gesellschaftlichen Schutz zu erhalten –, stellt
sich noch einmal als besonderes Problem. Ganz abgesehen davon, daß sogenannte
Lernbehinderung weithin Folge sozialer Benachteiligung ist, handelt es sich darum,
daß sie leicht als dem jeweiligen Kind anhaftende, irreversible Eigentümlichkeit
angesehen wird. Erziehung und Unterricht werden so gestaltet, daß sie dem, was als
unveränderbar unterstellt wird, Rechnung tragen. So spricht man nach *Bleidick* (in:
Reinartz/Kluge, 1971) von defektspezifischem Unterricht, wo erstens der Defekt
angegangen, beseitigt oder kompensiert oder zweitens der Defekt umgangen wird,
indem andere Restfunktionen ausgleichend gefördert werden, wie z. B. die noch
bildbare Motorik der Schwachsinnigen.
Das Kind wird darauf festgelegt, was es nach einer bestimmten Lerngeschichte in
einer bestimmten psychischen Verfassung, unter den für es gegebenen Umständen
in der Schule und/oder beim Intelligenztest nicht zu leisten vermochte. Man
unterstellt, daß der Schaden in ihm liegt. Mit dieser Behinderung muß es funktionabel werden, das heißt später die seinen Voraussetzungen entsprechenden (beruflichen) Funktionen erfüllen können und damit gesellschaftlich integriert, also
rehabilitiert werden. Es wird kaum nach den Bedingungen gefragt, die zu den
aktuellen oder dauernden Minderleistungen führten, wozu auch eine Lehrbehinde-
rung, ein unangemessener, an der Lage und den Interessen des jeweiligen Kindes
vorbeigehender Unterricht zählen kann. Die Behinderung wird nur auf das Kind
bezogen und nicht auf die »beeinträchtigten Erziehungsverhältnisse« *(Kobi).* Das
Kind wird als minderbegabt »etikettiert« und als Objekt bürokratischer und
pädagogischer Maßnahmen in eine Sonderschule überwiesen. Die Gefahr ist groß,
daß es eher, weil es den Unterricht stört, Lehrer und Kameraden anscheinend
behindert, als weil es selbst dessen bedarf, in die Sonderschule überwiesen wird.
Unter dem Vorwand, »wir machen Unterricht und keine Therapie«, wird es auch
dort nur allzuoft gehindert, seine Wünsche, seine Probleme selbst zur Sprache zu
bringen und über einen fördernden Dialog an Kompetenz zu gewinnen, so daß die

Absonderung rückgängig gemacht werden könnte. Trotz neuer Erkenntnisse und erfolgreicher Versuche, solches in Grundschulen z. B. mit »Heilpädagogischen Spielgruppen« (vgl. *Reiser* in: *Leber, 1980; Büttner/Köster,* 1979) zu realisieren, bleibt die ausführende Sonderpädagogik unter dem Druck gesellschaftlicher Interessen und der Angst vor institutionellen Veränderungen noch weitgehend auf »Reedukation« festgelegt. Man setzt am Symptom, z. B. der Legasthenie, und an der manifesten Behinderung funktional rehabilitierend an und ergründet nicht, welche Bedeutung diese bezogen auf die gesellschaftliche Situation und den Lebenszusammenhang des Betroffenen haben, was er damit chiffriert von sich mitteilt.

Die junge und sich als solche eigentlich erst konstituierende Wissenschaft Heilpädagogik befindet sich in einer Phase des Umbruchs. Die Auseinandersetzung konzentriert sich heute mehr und mehr darauf, ob man weiterhin den Behinderten als »Objekt« der wissenschaftlichen Forschung und des heilpädagogischen Handelns sieht und herausfinden möchte, wie gut er »geheilt« oder rehabilitiert, das heißt funktionabel gemacht werden kann – oder ob wir uns auf den Dialog mit ihm einlassen, um mit ihm herauszufinden, was seine Behinderung im gesellschaftlichen Zusammenleben bedeutet, wozu er sie selbst braucht und wozu sie von anderen benutzt wird. Es ist die Frage, ob es für eine Wissenschaft, die sich mit der Überwindung von gestörten und beeinträchtigten Bildungs- und Erziehungsverhältnissen befaßt, ein besseres Wort als Heilpädagogik gibt; deshalb plädiere ich mit *Iben* (1975) und *Kobi* (1975) für die Beibehaltung dieses Begriffs, zumal andere wie Rehabilitation, Sonderpädagogik, Behindertenpädagogik, Defektologie, Reedukation nicht weniger mißverständlich oder doch nicht so eindeutig sind, als daß sie bezeichnen könnten, was meines Erachtens den Kern dieser Wissenschaft ausmachen müßte. Erst wenn wir mit *Kobi* (in: *Leber,* 1980) den »Gegenstand der Heilpädagogik« nicht in der Behinderung als solcher sehen »und auch nicht das behinderte Kind, sondern beeinträchtigte Erziehungsverhältnisse sowohl beim Einzelnen wie auch im Gesellschaftsganzen«, wird dem Wortsinn entsprochen und zugleich eine medizinische wie auch eine eschatologische – auf ein jenseitiges Seelenheil bezogene – Mißdeutung vermieden. Die so verstandene Wissenschaft Heilpädagogik konzentriert sich weniger auf die dem Individuum scheinbar anhaftenden Gebrechen und Merkmale als auf Sozialisations- und Interaktionsprozesse in der Gesellschaft wie in Institutionen, in Gruppen, in denen Behinderung erzeugt oder doch mit einer negativen Bedeutung belastet wird.

Heilpädagogik als Versuch, gesellschaftlich vermitteltes »Unheil« abzuwenden

Es sind Beziehungs- und Erziehungsverhältnisse, die Kinder stören, krankmachen, ihre Bildung blockieren. Originäre Beeinträchtigungen, das heißt Abweichungen von der biologischen Normausstattung in bezug auf Körper-, Sinnes- und Geistestätigkeit beeinflussen immer die Beziehungs- und Erziehungsverhältnisse. Es ist nicht der organische Mangel als solcher, der für den betroffenen Menschen »Unheil« bringt, sondern die auf ihn und damit auf seinen Entwicklungs- und Bildungsprozeß, auf sein Selbstverständnis, seine Identitätsfindung zurückwirkende gesellschaftliche Anforderung, die an ihn gestellt wird und die Resonanz, die er erfährt, z. B. als Verdikt nicht vollständig, nicht vollwertig, hilflos, abhängig zu sein. Das ist das eigentliche Unglück, das ihm widerfährt und nur zu oft sein Leben vergiftet.

In seinem Aufsatz »Überlegungen zum Narzißmus und zur narzißtischen Wut« geht *Kohut* in dem Abschnitt »Organminderwertigkeit und Scham« auf *Freud* (1933) ein, wo dieser sich mit einer Biographie über Kaiser Wilhelm den II. auseinandersetzt und dem Autor vorhält, daß es nicht die »Organminderwertigkeit« im Sinne von *Alfred Adler*, nicht der verkümmerte Arm des Kaisers als solcher war, was – wie nach *Kohut* jener Biograph *Ludwig* meinte – »für die spezifische Gestaltung seiner Persönlichkeit verantwortlich« und damit »einer der wichtigsten Faktoren war, die zum Ausbruch des Ersten Weltkrieges führten«. Nach *Freuds* Auffassung war es »nicht der Geburtsschaden an sich, der Kaiser Wilhelm gegenüber narzißtischen Kränkungen empfindlich machte, sondern die Zurückweisung von seiten seiner stolzen Mutter, die ein unvollkommenes Kind nicht ertragen konnte« (*Kohut,* 1975).

Wie das Kind mit seinem Schaden und seiner Behinderung in seiner Familie, überhaupt in der Gesellschaft aufgenommen, welche Rolle ihm dabei zugeschoben und welche Teilhabe ihm zugestanden wird, hängt von dem jeweiligen Stand des Gemeinwesens ab. So kann es bei den Beeinträchtigungen nicht allein darum gehen, Restfunktionen zu erhalten, durch Training zu verbessern und nach Kompensationsmöglichkeiten für die Schädigung zu suchen, sondern auch darum, sich mit deren sozialer, gesellschaftlich vermittelter Bedeutung auseinanderzusetzen. Im Grund fühlen wir uns als Menschen überhaupt behindert und auf die engen Grenzen unseres Denkens und Handelns verwiesen. So bleibt uns nichts anderes übrig, als von klein auf zu lernen, das Realitätsprinzip *(Freud)* anzuerkennen. Vor allen Dingen kommen wir mit erheblichen Einschränkungen der Sinnestätigkeit, der Geistestätigkeit und der Handlungsfähigkeit zur Welt. Die dabei erfahrene Ohnmacht, die Hilflosigkeit und Abhängigkeit geht uns ein Leben lang schmerzhaft nach und beeinflußt unser Erleben und Verhalten. Es gibt kaum etwas, das uns wichtiger wäre, als uns von dieser Kränkung zu befreien. Eine der Möglichkeiten, Befreiung illusionär zu suchen, ist, sich groß, stark und mächtig über andere zu fühlen, anderen das, was in uns selbst an Hilflosigkeit erinnern könnte, zuzuschieben und sie in unsere Abhängigkeit zu bringen oder sie abzusondern. Dies zeigt sich um so mehr, je stärker Abhängigkeit und Hilflosigkeit erfahren wurden. Das neugeborene Kind bringt – wie es die psychoanalytische Forschung immer deutlicher herausarbeiten konnte – aus seinem intrauterinen Dasein das Gefühl mit, der Mittelpunkt eines umfassenden Systems zu sein und dies durch leiseste Bekundung von Bedürfnissen auch in Gang zu halten (*Leber,* 1976). Die auf es empathisch eingestellte hellhörige Mutter sucht dieser Illusion zu entsprechen, bis das Kind unter dem Schutz einer guten Beziehung immer fähiger wird, die Grenzen der omnipotent erlebten Mutter-Kind-Einheit und die Trennung von der Mutter zu akzeptieren und mit dem allmählichen Erwerb von Kompetenz bei Identifikation mit der Mutter dennoch Selbstvertrauen und Zuversicht zu gewinnen. Das gelingt immer nur mehr oder weniger. Wie *Trescher* (1979) evident herausgestellt hat, tritt in der gelingenden Sozialisation an die Stelle archaischer Omnipotenzvorstellungen die Aussicht, einmal so kompetent zu werden wie die Erwachsenen (Eltern). Dies hängt wesentlich davon ab, ob die Erwachsenen das Kind als gleichwertig achten und ihm die Zuversicht vermitteln, in ähnlicher Weise wie sie einmal selbständig und handlungsfähig zu werden. Dadurch kommt es zur »Versöhnung« zwischen den als allmächtig erlebten Erwachsenen und dem mit ihnen wegen seiner Abhängigkeit und Hilflosigkeit hadernden Kind.

Es dürfte zum Leiden unserer Zeit gehören, daß das Zusammenspiel zwischen primärer Bezugsperson und Kind oft schlecht gelingt, da unter der bürokratischen und technischen Beherrschung des gesamten Lebens und bei den gesellschaftlichen Machtverhältnissen der Einzelne so eingeengt wird, daß er aus dem kindlichen Wunsch, selbst omnipotent zu sein, nie herauswächst und sich andere sucht, über die er verfügen kann. Dazu eignet sich das Kind, in besonderer Weise das in seinen körperlichen und geistigen Funktionen eingeschränkte, das seine Ohnmacht doppelt erfahren muß. Es gibt schwere Behinderungen – wie z. B. den sogenannten frühkindlichen Autismus – die auf diese Weise überhaupt erzeugt werden (vgl. *Bettelheim,* 1977; *Schmauch,* 1977).

Behinderung kann zwar durch eine biologische Abweichung von der Norm der körperlichen Ausstattung des Menschen bedingt sein; ihre Bedeutung gewinnt sie aber immer erst aus dem Zusammenleben mit anderen Menschen und aus den Verhältnissen, von denen dieses in einer Gesellschaft bestimmt wird.

Es ist historisch zu verfolgen, wie Behinderte und sogenannte Irre in den jeweiligen Gesellschaften behandelt wurden. Im alten Sparta wurden z. B. kranke und mißgestaltete Kinder auf Anweisung des Ältestenrates in eine Schlucht geworfen. Wir Älteren haben in einem Staatswesen leben müssen, in dem in einer bestimmten historischen und gesellschaftlichen Situation eine Clique von Terroristen die Macht an sich riß und eine allgemein empfundene gesellschaftliche und politische Ohnmacht in einen Rausch von Großartigkeit und Allmacht verkehren konnte. Dabei stellten Menschen mit angeblich ererbten »Minderwertigkeiten« eine Bedrohung dieser im Grunde sehr labilen Allmachtsillusion dar. Sie mußten deshalb ausgerottet werden. Der Behinderte erinnerte an die eigene Ohnmacht. Ihm wurde sie projektiv angehängt. Indem man ihn als »lebensunwertes Leben« beseitigte, wollte man die eigene Ohnmacht loswerden. Am Beispiel der Behandlung Behinderter im Nationalsozialismus sehen wir im Extrem, welche Provokation der Behinderte in der Gesellschaft darstellen kann.

Behinderung ist in erster Linie eine Herausforderung an die primären »Sozialisationsagenten«, speziell an die Mutter, wie es oben am Beispiel Kaiser Wilhelms II. bereits gezeigt wurde. Über sie werden gesellschaftliche Anforderungen und Einstellungen gegenüber Behinderten vermittelt. Die Eltern, besonders die Mütter, sind als erste bei Eintritt oder Erkennen der körperlichen oder geistigen Beeinträchtigungen vor allem in ihrem Selbstwert betroffen. Das geht in ihre Beziehung zum Kind von Anfang an ein. Alles, was sich zwischen dem beeinträchtigten Kind und seinen engsten Bezugspersonen abspielt, steht unter der Last dieser

Betroffenheit. Unter der Enttäuschung, daß das Kind ihre Erwartungen nicht nur nicht erfüllen kann, sondern ihren Wert in der Öffentlichkeit mindert, sie mit dem Gefühl der Scham erfüllt und sie nur allzu oft der Schande ausliefert, gestalten Eltern ihre Beziehung zu ihm. Das ist es, was primär sein Leiden erzeugt und seine Grenzen nochmals erheblich einengt. Das organisch geschwächte und geschädigte Kind kommt besonders leicht in die Situation, daß es in die »Phantasmen« bzw. narzißtischen Projektionen seiner Eltern von einem armen, hilflosen, immer auf die Mutter angewiesenen Wesen oder auch von einem verstockten, unzugänglichen Charakter eingefangen wird. Gleichzeitig wird es damit belastet, daß es normentsprechende, d. h. gesellschaftlich erwartete Leistungen nicht erbringen kann. Es wird umhegt und gepflegt, gerade weil der Tod – wie es *M. Mannoni* (1972) ausdrückt – d. h. die bewußten oder unbewußten Todeswünsche der Eltern ihm gegenüber in der Beziehung immer gegenwärtig sind.

Ohne verstehende und mitbedenkende Unterstützung von außen hat das Kind wohl kaum Gelegenheit, sich aus seiner »Beziehungsfalle«, aus einer für es unverstehbaren und unaufhebbaren widersprüchlichen (Double-bind-)Situation (*Bateson*) zu befreien. Es wird gleichzeitig bewußt oder unbewußt abgelehnt, in symbiotischer Verstrickung abhängig gehalten, in die Sündenbockrolle gedrängt und mit unangemessenen Erwartungen belegt. Da es von klein auf in dieser Paradoxie leben muß und sich mit niemand darüber verständigen kann, hat es eine verwirrte Selbsteinschätzung.

Indem sich Heilpädagogik auf die Abwendung dieser sozialen Fehlentwicklung konzentriert, erhält sie ihre eigene Bedeutung. Diesen Aspekt – wenn auch nicht im Zusammenhang mit dem Wort Heilpädagogik, sondern dem der »Defektologie« – hat bereits *Wygotski* in seinem 1924 erstmals in Moskau, 1975 in der DDR erschienenen (jetzt in *Leber,* 1980 aufgenommenen) Aufsatz »Zur Psychologie und Pädagogik der kindlichen Defektivität« herausgestellt. »Das Problem der kindlichen Defektivität muß man in der Psychologie und in der Pädagogik als ein soziales Problem erkennen und durchdenken, vor allem weil sich das bisher übersehene soziale Moment, das gewöhnlich als zweitrangig und abgeleitet angesehen worden ist, in Wirklichkeit als primäres Moment, als Hauptmoment erweist. Man muß es an die erste Stelle setzen. Man muß kühn und unerschrocken diesem Problem als sozialem Problem ins Auge schauen« (a. a. O., S. 127).

Meines Erachtens fordert eine solche Heilpädagogik auch die Hinwendung der Psychoanalyse zu (geistig) Behinderten. Dazu gab *M. Mannoni* (1972) einen entscheidenden Anstoß. *Mannoni* suchte aus der Lebensgeschichte des behinderten Kindes dem Ursprung des Leidens auf die Spur zu kommen. Indem sich mit psychoanalytischem Vorgehen die gestörten Beziehungsverhältnisse und deren Niederschlag im Subjekt des behinderten Kindes verändern, und es überhaupt als Subjekt mit Wünschen und nicht mehr als Objekt der Pflege für oktroyierte Phantasmen und bürokratische Maßnahmen in Erscheinung treten lassen, werden ungeahnte Entwicklungsmöglichkeiten freigesetzt. So werden plötzlich Lebensinteressen geweckt, aus denen Lernen motiviert, eine funktionale Ertüchtigung erst sinnvoll wird. Konkret ist damit gemeint, daß in der Arbeit mit dem Behinderten sowie mit seinen Angehörigen und Betreuern erreicht werden muß, daß er sich aus jenen widersprüchlichen zuerst äußeren und dann auch inneren Verstrickungen befreit, relative Unabhängigkeit und Selbständigkeit als erstrebenswertes Ziel anvisieren kann. Erst danach begreift er, welche Bedeutung z. B. das Erlernen der Kulturtechniken im Hinblick auf dieses Ziel hat.

So gesehen untersucht Heilpädagogik den Sozialisations- und Bildungsprozeß deformierende und beeinträchtigende gesellschaftlich vermittelte Beziehungs- und Erziehungsverhältnisse. Sie entwickelt Vorgehensweisen, die vom Verstehen des Gestörten und Behinderten aus seiner Lebenssituation und aus dem Verhältnis zu seinen Angehörigen und Betreuern zu einem förderlichen, aus festgefahrenen Beziehungsstrukturen und Beziehungsfallen lösenden Dialog führen. Aus der Bewältigung zwischenmenschlicher affektiver Probleme werden Sozialisationsdefizite überwunden und Bildungsblockaden abgebaut, Selbstwertgefühl und Lernmotivation gewonnen, Grundfähigkeiten entwickelt und damit Voraussetzungen für konstruktives Lernen auch in bezug auf die unmittelbar behinderten Funktionen geschaffen (vgl. *Leber* in: *Schneeberger,* 1979).

Ich hatte bereits darauf verwiesen, wie sich Heilpädagogik nicht auf die Arbeit mit den unmittelbar Gestörten oder Behinderten beschränken kann. Wenn sie ihnen wirksam helfen will, muß sie die mitbetroffenen Angehörigen einbeziehen und auf die Familiendynamik eingehen.

Wie es *Jacob* und Mitarbeiter in ihrem Beitrag »Heilpädagogik und Familiendynamik« (in: *Leber,* 1980) formulieren, weckt »der Defekt oder das Problem des Kindes leicht die eigenen Konflikte der Eltern und ist eine Herausforderung für ihre Gefühle, als Eltern kompetent zu sein. An diesem Punkt angelangt, untergraben die eigenen Bedürfnisse der Eltern nach positiver Selbsteinschätzung ihre Fähigkeit Gebende zu sein, was wiederum die Gefühle inkompetent zu sein fördert.« Dieser Gruppe amerikanischer Heilpädagogen kommt es darauf an, die Eltern zu unterstützen, daß sie sich ihrer Aufgabe gewachsen fühlen.

Heilpädagogik als Integration von förderndem Dialog und funktionaler Ertüchtigung

Auch wenn wir mit *Wygotsky* und *M. Mannoni* die psycho-soziale Seite, den über die primären Bezugspersonen vermittelten gesellschaftlichen Einfluß auf die Sozialisation des (originär) Behinderten als das zentrale Problem der Heilpädagogik ansehen, so verkennen wir doch keineswegs, daß sie sich der funktionalen Ertüchtigung nicht verschließen kann. Selbstverständlich müssen Restfunktionen »mobilisiert«, »Kompensationen« für nicht gewinnbare geistige, sinnliche, motorische und sprachliche Fähigkeiten im Rahmen des Möglichen angebahnt werden. Aber es ist die Frage, ob dies mechanistisch antrainiert oder in den fördernden Dialog einbezogen wird, indem die jeweilige subjektive Befindlichkeit des zu betreuenden Behinderten wahrgenommen, in der Interaktion mit ihm berücksichtigt und danach gefragt wird, was das Symptom, die Behinderung für ihn und seine Bezugsgruppe (Familie) darstellt.

Bei der Anwendung lerntheoretisch orientierter Verfahren ist zu befürchten, daß es anstatt zur Entfaltung der Subjektivität lediglich zu Dressureffekten kommt. So werden z. B. autistische Kinder, die – wie uns vor allem Bettelheim und Mahler gelehrt haben (vgl. *Bettelheim, 1977; Mahler, 1972; Schmauch, 1977*) – Gründe für ihren Rückzug und ihre extreme Abkapselung haben, mit Hilfe von technologisch eingesetzten »Verstärkern« dazu verführt, »Kontakt« aufzunehmen und fern von ihrer subjektiven Befindlichkeit zu sprechen. Mir scheint, daß dies eher der Beruhigung der Angehörigen als den Kindern selbst dient. Demgegenüber bringt *M. Mannoni* (1972) eines der eindrucksvollsten Beispiele heilpädagogischer Literatur. Der geistig behinderte Xavier hatte bei der ersten Zusammenkunft mit ihr ein Kind ohne Kopf gezeichnet. Im Verlauf der folgenden psychoanalytischen Behandlung gab er selbst die Interpretation nicht nur für dieses Bild, sondern auch für seine Behinderung: »Dieses Kind hatte keinen Kopf, denn wenn es einen Kopf gehabt hätte, wäre es verrückt vor Schmerz geworden.« Wird einem solchen Kind geholfen, wenn man versucht, es mit »Verstärkern« zu »konditionieren«?

Ich meine, daß auch bei der Anwendung heilpädagogischer Verfahren dieser dialogische Aspekt, mit dem der Person des Kindes ermöglicht wird, sich mitzuteilen und auch verstanden zu werden, nicht übersehen werden kann, wie dies *Schäfer* (1976) und *Friedrich-Barthel* (1979) am Beispiel Rhythmik dargelegt haben (vgl. auch *Friedrich-Barthel/Schäfer* in *Leber, 1980*).

Was nun die große Gruppe der durch sozio-kulturelle bzw. durch soziale Benachteiligung der Kategorie lernbehindert zugeordneten Kinder, sowie ein Großteil sogenannter Verhaltensgestörter, angeht, so haben wir es hier in den seltensten Fällen mit organischen Ursachen zu tun. Vielmehr werden durch die deprivierende Situation vom Lebensstart an Lernmotivation und Selbststeuerung nicht entwickelt. Die mangelnde Basiskompetenz wird durch die normale Schule nicht nur nicht gefördert, sondern ihr an anderen Normen orientierter Unterricht geht einfach an den Interessen und Fähigkeiten dieser Kinder vorbei. Der Unterricht erreicht bei ihnen genau das nicht, was durch ihn angestrebt wird. Sie werden unverhältnismäßig häufig in Sonderschulen überwiesen, in denen entsprechend ihrer fehlenden Leistungsfähigkeit das Pensum reduziert und der Stoff nachhaltiger angeboten wird. Aber es wird noch kaum begriffen, daß die Sozialisationsbedingungen der Kinder so waren, daß sie die Grundvoraussetzungen zur Mitarbeit, wie z. B. die Frustrationstoleranz, die Fähigkeit, die Belange anderer wahrzunehmen und die realen Gegebenheiten von ihren Phantasien zu unterscheiden, nicht erwerben konnten. Um dies nachzuholen, muß sich der Heilpädagoge als verläßlicher Partner auf ihre Befindlichkeit, ihre Grundbedürfnisse, ihre Leiden erst einstellen, um ihnen eine Nachsozialisation zu ermöglichen. Was aussteht, ist die integrative Verbindung von im emotionalen Bereich ansetzenden Verfahren mit einer mehr auf kognitive Lernprozesse bezogenen Didaktik. Der Heilpädagoge muß auch zurückgehen »zu den Grundlagen des Wissens und Könnens, zu den elementaren Vorstellungen und Funktionen, aus denen heraus sich alle höheren Leistungen erst entwickeln. Er muß versuchen, jene Grundleistungen heranzubilden, auf denen schulisches Lernen und Wissen aufbaut« (*Radigk* in: *Iben, 1975*). Zieht man dabei die detaillierte Beschreibung der kognitiven Entwicklung durch *Piaget* und seine

Mitarbeiter heran, so heißt dies, daß man gegebenenfalls bei behinderten Kindern an deren urtümlicher »sensomotorischer Intelligenz« ansetzt, um ihnen mit solchen grundlegenden Erfahrungen auch jene Basis zu vermitteln, von der aus sie zum Stadium des symbolisch-anschaulichen Denkens, zu den »konkreten Operationen« voranschreiten können.

Viele als lernbehindert eingestufte Kinder bleiben durch ihre überaus belastenden und frustrierenden, wenig Anregung bietenden Lebensumstände auf das Stadium des symbolisch-anschaulichen Denkens fixiert. Über den fördernden Dialog mit dem Heilpädagogen kann es aber auch ihnen gelingen, sich aus der extremen Befangenheit des (frühkindlichen) »Egozentrismus« zu befreien und einen Zugang über die konkreten zu den formalen Operationen, zum abstrakten Denken zu finden. Das setzt allerdings voraus, daß dieser anders vorgeht als *Itard* und die ihm folgende Heilpädagogik, in der einerseits Erleben und Lernen aufgespalten, der Unterricht vom Lebenszusammenhang des Kindes getrennt und von seinen Grunderfahrungen abgelöst war und wo andererseits die Struktur der geistigen Entwicklung nicht gesehen wurde.

Wichtig scheint mir zu sein, daß Kinder nicht voreilig in Sonderschulen abgeschoben werden, sondern daß man ihnen vorher Gelegenheit gibt, sowohl in psychosozialer als auch in kognitiver Hinsicht, den Anschluß an ihre Altersgruppe zu finden. *Reiser* (in: *Leber,* 1980 mit weiterer Literatur) bemüht sich seit Jahren heilpädagogische Gruppenarbeit in Grundschulen zu initiieren und künftige Sonderschullehrer im Rahmen eines Projektstudiums darauf vorzubereiten, Kindern so bei der Überwindung ihrer Schwierigkeiten zu helfen, daß die Überweisung in eine Sonderschule nicht mehr notwendig wird. *Büttner* und *Köster* (1979) haben im Rahmen eines Forschungsprojekts Spielgruppen als therapeutische Hilfen an einer Grundschule erprobt. *Radigk* (1978) hat den Beweis dafür erbracht, daß in der Grundschule mit Hilfe eines Angebots Interesse weckender Medien, die alle Wahrnehmungsbereiche einbeziehen, die Mitarbeit gerade der sozio-kulturell benachteiligten Kinder erheblich verbessert werden kann.

Zur Ausbildung des Heilpädagogen

Wenn der künftige Heilpädagoge lernen soll, einen fördernden Dialog zu führen, muß er »sensibilisiert« werden für die psycho-soziale Situation Gestörter und Behinderter. Er muß mit den theoretischen und methodischen Voraussetzungen der Arbeit auch die Fähigkeit gewinnen, die affektiven Probleme Behinderter zu verstehen und mit seiner Person auf sie einzugehen. Da er meist mit Gruppen bzw. Schulklassen konfrontiert ist, muß er die vorherrschende Stimmung erfassen können und bereit sein, sich auf die Grundströmung, die gemeinsame Phantasie einzustellen und sie für einen Emanzipationsprozeß zu nutzen. Dafür braucht er selbst Gelegenheit, sich auch mit seiner »eigenen verbliebenen Kindlichkeit« auseinanderzusetzen. »Es geht um die Qualifizierung der Personanteile der Betroffenen hinsichtlich ihres persönlichen Umgangs miteinander und mit ihren Schülern« (*Brück,* 1978).

Ich versuche in »Projektseminaren« (vgl. in: *Leber,* 1980 mit Literatur), die sich über mehrere Semester erstrecken, ein psychoanalytisches Gruppenverfahren einzuführen. Dabei wird versucht, zugleich auf den Interaktionsprozeß der Projektgruppe selbst als auch auf die Interaktion der einzelnen Teilnehmer mit von ihnen betreuten Kindern und Jugendlichen einzugehen und vor allem die Betroffenheit der Betreuer durch die Kinder zu reflektieren.

Während sich im schulischen Bereich die Benennungen Sonderpädagogik, Sonderschule und Sonderschullehrer durchsetzten, werden im Außerschulischen eher die Bezeichnungen Heilpädagogik, heilpädagogische Einrichtung und Heilpädagoge verwandt. Das hängt m. E. nicht zuletzt damit zusammen, daß nach dem zweiten Weltkrieg die (Zusatz-)Qualifikation in Heilpädagogik für Sozialarbeiter und Sozialpädagogen nur an den traditionsreichen heilpädagogischen Ausbildungsstätten der Schweiz – in Zürich und Fribourg – erworben werden konnte. Dort hatte man an den Worten Heilpädagogik und Heilpädagoge festgehalten. Als dann seit 1963 auf der Grundlage der »Richtlinien für die heilpädagogische Zusatzausbildung« des Allgemeinen Fürsorgeerziehungstages (jetzt Arbeitsgemeinschaft für Erziehungshilfe AFET e. V.) von 1962 auch in der Bundesrepublik Deutschland Institute entstanden, die Erziehern und Sozialarbeitern eine entsprechende Qualifikation vermitteln, wurde diese Terminologie weitgehend beibehalten (vgl. *Martin,* 1979).

Inzwischen werden neben Sonderschullehrern Diplompädagogen der Fachrichtung Heil- und Sonderpädagogik an Universitäten und Pädagogischen Hochschulen ausgebildet. Auch in Studiengängen an Fachhochschulen kann der Schwerpunkt auf Heil- und Sonderpädagogik gelegt werden.

Die qualifiziert aus- und weitergebildeten Heilpädagogen hatten sich zunächst im Berufsverband der Heilpädagogen in der Bundesrepublik Deutschland (BHD) zusammengeschlossen. Inzwischen bilden sie eine Fachgruppe der Heilpädagogen im Berufsverband der Sozialarbeiter, Sozialpädagogen, Heilpädagogen (BSH).

Aloys Leber

Literatur

Aab, J./Pfeifer, T./Reiser, H./Rockemer, H. G., 1974: Sonderschule zwischen Ideologie und Wirklichkeit. Für eine Revision der Sonderpädagogik, München – *Asperger, H.*, 1952: Heilpädagogik. Einführung in die Psychopathologie des Kindes für Ärzte, Lehrer, Psychologen, Richter und Fürsorgerinnen, Wien – *Bach, H.*, 1975: Sonderpädagogik im Grundriß, Berlin – *Bettelheim, B.*, 1977: Die Geburt des Selbst. The Empty Fortress. Erfolgreiche Therapie autistischer Kinder, München – *Brück, H.*, 1978: Die Angst des Lehrers vor seinem Schüler, Reinbek – **Bürli, A.* (Hrsg.), 1977: Sonderpädagogische Theoriebildung – Vergleichende Sonderpädagogik, Luzern – *Büttner, Ch./Köster, U.*, 1979: Spielgruppen – therapeutische Hilfen für Grundschüler, in: Kindheit, Zeitschrift zur Erforschung der psychischen Entwicklung, H. 4 – *Engel, P./Hildebrandt, G.*, 1977: Die Rehabilitation Körperbehinderter unter arbeitsphysiologischen Gesichtspunkten, in: internationale zeitschrift für rehabilitationsforschung – *Freud, S.*, 1933: Neue Folge der Vorlesungen zur Einführung in die Psychoanalyse, in: Gesammelte Werke Bd. XV, Frankfurt/M. – *Friedrich-Barthel, M.*, 1979: Rhythmik zwischen Pädagogik und Psychotherapie, Frankfurt/M. – *Georgens, J. D./Dein-*

hardt, H. M., 1861: Die Heilpädagogik mit besonderer Berücksichtigung der Idiotie und der Idiotenanstalten. Bd. 1: Zwölf Vorträge zur Einleitung und Begründung einer heilpädagogischen Gesamtwissenschaft, Leipzig. Neuauflage 1979: Giessener Dokumentationsreihe Heil- und Sonderpädagogik; Bd. 3, Hrsg.: Inst. f. Heil- und Sonderpäd, Giessen – *Gerspach, M.*, 1981: Kritische Heilpädagogik, Frankfurt/M. – *Heese, G./Wegener, H.* (Hrsg.), 1969: Enzyklopädisches Handbuch der Sonderpädagogik und ihrer Grenzgebiete, Berlin – *Iben, G.* (Hrsg.), 1975: Heil- und Sonderpädagogik, Einführung in Problembereiche und Studium, Kronberg/Ts. – *Kobi, E. E.*, 1975: Grundfragen der Heilpädagogik und der Heilerziehung, Bern/Stuttgart – *Kobi, E. E.*, 1973: Heilpädagogik im Abriß, München/Basel – *Kohut, H.*, 1975: Die Zukunft der Psychoanalyse, Frankfurt/M. – *Leber, A.*, 1976: Rückzug oder Rache – Überlegungen zu unterschiedlichen milieuabhängigen Folgen früher Kränkung und Wut, in: Jahrbuch der Psychoanalyse Bd. IX, Bern – *Leber, A.* (Hrsg.), 1980: Heilpädagogik, Darmstadt – *Leber, A.*, 1981: Der Wilde von Aveyron und sein Lehrer, in: Kindheit, Zeitschrift zur Erforschung der kindlichen Entwicklung, H. 1 – *Leber, A./Reiser, H.*, 1972: Sozialpädagogik, Psychoanalyse und Sozialkritik, Neuwied/Berlin – *Leber, A.* u. a., 1983: Reproduktion der frühen Erfahrung, Frankfurt/M. – *Mahler, M.*, 1972: Symbiose und Individuation, Stuttgart – *Malson, L./Itard, J./Mannoni, O.*, 1972: Die wilden Kinder, Frankfurt/M. – *Mannoni, M.*, 1972: Das zurückgebliebene Kind und seine Mutter, Frankfurt/M. – *Martin, K. R.*, 1979: Die Ausbildung von Heilpädagogen in der Bundesrepublik Deutschland, in: Blätter der Wohlfahrtspflege, H. 8 – *Meinertz, F.*, 1962: Heilpädagogik, Bad Heilbrunn – *Moor, P.*, 1965: Heilpädagogik – Ein pädagogisches Lehrbuch, Bern/Stuttgart – *Radigk, W.*, 1978: Lesenlernen ohne Versagen – ein Grundschulversuch, Hannover – *Reinartz, A./Kluge, K. J.*, 1971: Die Sonderpädagogik als Forschungsproblem in Deutschland, Darmstadt – *Schäfer, M.*, 1976: Musiktherapie als Heilpädagogik bei verhaltensauffälligen Kindern, Frankfurt/M. – *Schmauch, U.*, 1977: Ist Autismus heilbar? Zur Psychoanalyse des frühkindlichen Autismus, Frankfurt/M. – *Schneeberger, F.* (Hrsg.), 1979: Erziehungserschwernisse, Luzern – *Trescher, H. G.*, 1979: Sozialisation und beschädigte Subjektivität, Frankfurt/M. –

→ Abweichendes Verhalten → Behinderte → Gesundheit und Krankheit → Heimerziehung → Rehabilitation → Sozialpädagogik und Sonderpädagogik

Heimerziehung

Geschichte

Schon im europäischen Mittelalter sind Formen der Sammlung und Betreuung elternloser, verlassener, streunender Kinder in Heimen (Asylen, Waisenhäusern) bekannt, zumal Kriege, Seuchen und andere Katastrophen oft große Zahlen solcher Kinder freisetzten und die Unterbringung in Familienpflege für noch nicht arbeitsfähige Kinder nicht ausreichend möglich war. Damals wurden Kinder schon sehr früh – oft vom sechsten Jahr an – als »kleine Erwachsene« angesehen; ältere Kinder wurden bereits zur Arbeit genötigt – als Hütekinder bei Bauern, in der weitverbreiteten Heimarbeit oder in Heimen, in denen ihre »Willigkeit« und Geschicklichkeit ausgenutzt wurde: aus Waisenhäusern wurden Spinn- und andere Industrieschulen; Erziehung und Unterricht traten dagegen weit zurück. Besonders in und nach Kriegszeiten wurden große Kinderscharen dem Bettel überlassen und erst, wenn sie lästig wurden, aufgegriffen.

Ende des 18. Jahrhunderts gerieten die Heime in eine erste Krise: die hohe Sterblichkeit in den Heimen (durch Pflegemängel verschlimmerte Seuchen) beunruhigte; die Ausnutzung der Arbeitskraft, die noch kurz zuvor Heimgründungen gefördert hatte, mißlang infolge der Mechanisierungen im Textilgewerbe und langdauernder Absatzkrisen (Revolutionskriege, Kontinentalsperre). Hinzu kam, daß sich Staat und Gemeinde unter dem Einfluß liberaler Staatstheorien aus der Fürsorge vielfach zurückzogen. Heimgründungen wurden seltener, Schließungen häufig.

Die Neubelebung der Heimerziehung im 19. Jahrhundert geht daher von den Kirchen aus. In der Rettungshausbewegung wird zum ersten Mal das einzelne »verwahrloste« Kind als erziehungsbedürftig erkannt; es galt, diese Kinder, die aus der sonst noch weitgehend intakten kirchlich-patriarchalischen Familienerziehung herausgefallen waren, durch moralisch-religiöse Erziehung zu retten (Rettungshausbewegung). Hatten *Pestalozzi* (in Stans) und *Falk* (in Weimar) zunächst noch vorwiegend elternlose Kinder als Folge von Kriegen betreut, so hat Pestalozzi und später Wichern die Entstehung einer neuen Schicht von proletarisierten Kindern vor Augen – als Folge industrieller Revolution und der explosiven Entstehung großer Städte und Slumgebiete, wie wir sie ähnlich heute überall in der Dritten Welt beobachten.

Unter den zahlreichen, durchweg kirchlichen Rettungshäusern, wie sie nun überall entstanden, wurde das Rauhe Haus Johann Hinrich Wicherns (Hamburg 1833) zum bis heute nachwirkenden Muster: eine in kirchlicher Sitte geformte Heimgemeinde, bestehend aus Familienhäusern, christliche Schule mit möglichst sich anschließender ländlicher oder handwerklicher Berufsschulung (die an die Stelle der Fabrikarbeit treten soll); Erzieherauswahl aus Handwerker- und Bauernkreisen mit einer ersten Erzieherausbildung (Brüder, Diakone). Das Doppelziel ist die Einführung in eine (noch durchaus vorkapitalistisch verstandene) Standes- und Berufsordnung

und in das kirchliche Familien- und Gemeindeleben. Der raschen Gründung
kirchlicher Erziehungsanstalten verdankt sich bis heute das Übergewicht konfessioneller Heimerziehung mit etwa 75% aller Plätze.

Während Wichern und die frühen Rettungshäuser zunächst ohne Unterstützung
durch den liberalen Staat mit wenigstens im Prinzip freiwilliger Mitarbeit der Eltern
arbeiteten, haben in der zweiten Hälfte des 19. Jahrhunderts die Massennotstände
in den wachsenden Städten und Industriegebieten den Staat veranlaßt, gegen die
sich ergebende Verwahrlosung und Kriminalität Jugendlicher polizeilich vorzugehen. Daß die Gefängnisse dafür schlechthin ungeeignet waren, erwies sich rasch; so
wurden die Grenzen strafrechtlichen Eingriffs 1876 auf 12, später auf 14 Jahre
heraufgesetzt. Die jüngeren, aber großenteils auch ältere Jugendliche wurden in
den kirchlichen Heimen untergebracht (»Zwangserziehung«, seit 1900 »Fürsorgeerziehung«). Diese Heime gerieten damit in wachsende Schwierigkeiten mit
Gruppen, denen die tradierten Erziehungsnormen völlig fremd waren: die christlichen kleinbürgerlichen oder bäuerlichen Erzieher standen vielfach hilflos proletari-
sierter Randgruppenjugend aus den Elendsvierteln der Großstädte gegenüber.
Umso stärker wurden Gehorsam, Arbeitsamkeit und Gottesfurcht betont; die
Mittel dazu waren Isolierung in großen Anstalten, straffe Disziplin und scharfe
Strafsysteme und dennoch unbefriedigende Resozialisierungsergebnisse sowie
immer wieder aufflackernde Konflikte (Fortlaufen, Revolten, Prozesse wegen
Mißhandlungen, sich zeitweilig häufend – so um 1890, 1930 und 1970). Wurden
zunächst die Folgen der großstädtischen »Zuchtlosigkeit« mit der hier sich manifestierenden Sündhaftigkeit des Menschen zur Erklärung herangezogen, so unterstützte auch die um 1900 in die Heimerziehung eindringende, auf Anlagemängel
eingestellte Psychiatrie zunächst verwandte Erklärungen: der Masse der Zöglinge
wurden individuelle oder familiäre Defekte zugeschrieben (»Psychopathie«). Aus
dem Rettungshaus ist die weit inhumanere »Besserungsanstalt« geworden.

Das zwanzigste Jahrhundert hat zahlreiche Einzelbemühungen um eine Verbesserung der Heimerziehung gebracht – in der Ausstattung, in der Verkleinerung der
Erziehungsgruppen, auch im Strafsystem und der Berufsausbildung. Aber noch in
den sechziger Jahren zeigt sich *(Wenzel)*, daß die überkommene Institution – das
große isolierte Erziehungsheim mit repressiven Ordnungsvorstellungen und Ge-
wöhnungsmethoden – wenig erschüttert dominiert. Die in den zwanziger Jahren
von demokratischen Parteien und einer neuen Erziehergeneration aus der Jugendbewegung durchgesetzten Änderungen im Erziehungsstil einiger Heime (vgl.
Herrmann, Simonsohn) endeten ebenso wie die ersten individualpsychologischen
und psychoanalytischen Versuche *(Aichhorn, Bernfeld)* spätestens mit der nationalsozialistischen Machtergreifung. Nach 1945 sind vor allem für Kinder zahlreiche
kleinere, oft therapeutisch oder heilpädagogisch sich begründende Heime und
Kinderdörfer entstanden. Doch bleibt zunächst die Vorherrschaft des großen
undifferenzierten Erziehungsheims ungebrochen.

Heutige Lage

Erst seit etwa 1965 setzt sich schrittweise die Kritik jenes Erbes durch, so daß zwar noch nicht von einer neuen, aber doch von einem Ende der alten Heimerziehung zu reden ist. Anlaß dazu ist weniger ein neues Verständnis von pädagogischen Aufgaben und Möglichkeiten einer Heimpädagogik als Enttäuschung über die vielfachen Mißerfolge, die Erkenntnis der nicht nur unwirksamen, sondern sogar schädigenden Stigmatisierung der »Zöglinge« (*Thiersch,* auch in diesem Band), der politische Protest (Heimkampagnen: *Brosch/Ahlheim* u. a.) gegen eine schwer zu rechtfertigende Gewaltanwendung (schon bei der »Einweisung«), der Mangel an qualifizierten Erziehern als Folge überwiegender Beschäftigung unausgebildeten Personals und nicht zuletzt die Größe der immens mit jedem Verbesserungsversuch erwachsenden Kosten.

Untergebracht in Heimen waren in:

	Fürsorgeerziehung	Freiwillige Erziehungshilfe	in loseren Formen
1969	11 224	17 867	62 092
1973	5 405	14 612	65 488
1980	2 248	12 851	47 108

Es sind offenbar die Jugendämter selbst, die aus sehr verschiedenen Gründen die Heimunterbringung stoppen und andere Formen der Jugendhilfe erproben. Am stärksten geht die Fürsorgeerziehung (nach Beschluß des Vormundschafts- oder Strafrichters) als diskriminierendste Form zurück, aber auch die auf Vereinbarung mit den Eltern beruhende »Freiwillige Erziehungshilfe«; andere Einweisungen (bes. nach §§ 5 und 6 JWG), teils mit Erziehungsnotständen, teils anders begründet (z. B. Krankenhausaufenthalt der Mutter), blieben trotz gleichfalls hoher Kosten fast unberührt. Wenn es nur um die Heimkosten ginge, wäre diese Entwicklung nicht verständlich (zumal die beiden zuerst genannten Einweisungsarten meist nicht die Kommune, sondern das Landesjugendamt zum Kostenträger machten). Nicht das Heim schlechthin, sondern das überkommene Fürsorgeerziehungsheim wird hier abgewählt, und zumal – schon vor der Herabsetzung der Volljährigkeit (1975) – die Erziehungsanstalten für Jugendliche.

Kleinheime

In der Tat – die ersten Änderungen der Heimerziehung seit 1945 sind von Kleinformen der Heime – in bewußter Absetzung von den Großinstitutionen – ausgegangen: vom dezentralen Kinderheim und von der Wohngemeinschaft. Kurz nach dem Weltkrieg schuf *Conti* in der Schweiz das erste Kinderdorf, und zugleich baute *Mehringer* das Münchener Waisenhaus als Verbund verselbständigter Gruppen neu auf. Sie wurden durch die Erfahrung bestätigt, daß ein großer Teil der institutionellen Zwänge fortfiel, die die große Anstalt zu einem Hemmnis persönlicher Entwicklung gemacht hatten: bürokratische Hierarchie und Überordnung in tradierter Isolierung, die monotone Massenordnung in Schlaf- und Eßsälen, angeordnete Beschäftigung bis in die »Freizeit« und Verlust persönlicher Eigenwelt. Sie wurden erneut bestätigt, als gleichzeitig psychoanalytische Forscher *(Spitz)* die zentrale Bedeutung intimen persönlichen Kontakts für die Sozialisation des Kleinkinds vermittelten (Hospitalismus als Gefahr unpersönlicher Verwaltung des Kinderlebens). Bei allen Akzentunterschieden zeigen dezentrales Kinderheim und Kinderdorf wesentlich Gemeinsames in der Erprobung »familienähnlicher« Lebensformen, denen schrittweise die Eigenformen der Heime hinzugefügt wurden, deren das Schulkind bedarf: die Loslösung aus den Intimformen mit wachsendem Alter, die Kindergruppe, die geübte Bewältigung der Umwelt.

Allmählich entstanden (zunächst auf analytischer Grundlage, eher auf amerikanische Vorbilder wie *Redl* zurückgreifend als auf *Aichhorn*) auch therapeutische Heime als kleine Heime intensiver Kommunikation und reflektierter Zuwendung (während die Einrichtung von Therapeutenstäben in großen Anstalten kaum Aussicht bietet, das Anstaltsgefüge aufzubrechen). Heute gibt es eine Fülle von Gründungen kleinster Heime, so daß bereits für bestimmte Aufgaben (schulische Einzelförderung, therapeutische Beschäftigungen, auch Supervision) wieder Verbundsysteme nötig werden. Hier sind Entwicklungen im Gang, die sich mit neuen Versuchen in der Familienpflege (Pflegenester) berühren und weiterer Erprobungen bedürfen; doch wird das Kleinheim seinen Beitrag zur Heimreform behaupten können *(Bonhoeffer/Widemann)*.

Die Wohngemeinschaft für Jugendliche ist vor allem seit 1968 als Gegenmodell gegen die Anstalt entstanden: als autonome Initiative, als Zuflucht für jene »Trebegänger«, die aus allen Anstalten entwichen. Mit der Beschränkung der Heimerziehung durch die Volljährigkeitsgrenze von 18 Jahren werden Wohngemeinschaften als eigenständige Formen der Jugendhilfe an Wirksamkeit verlieren; sie dienen heute vielfach der Ablösung von Heimkindern aus dem Kinderheim, sobald dies ihnen altersgemäß (bes. nach der Schulentlassung) nicht mehr gerecht werden kann.

Heimerzieher

Wahrscheinlich ist heute das schwierigste generelle Problem der Heimerziehung die Erzieherfrage. Ihre Zahl ist in den letzten Jahren erheblich gewachsen; nach einer Erhebung für 1974 kommt auf 1,3 Plätze (Beobachtungsheim) bis 2,5 Plätze (Kinderheim) ein Mitarbeiter (Wirtschaft und Statistik 11/76). Ist jedoch gemäß den üblichen Arbeitszeitregelungen die Gruppe im Heim im Schichtdienst mit vier und mehr Erziehern besetzt (auch für Urlaubs- und sonstige Vertretungen), so braucht vor allem das Kinderheim eine so nicht zu gewinnende engere persönliche Beziehung zwischen Erziehern und Kindern; hier müssen neue Formen des Ausgleichs sonst wahrscheinlicher Überforderungen der Mitarbeiter gefunden, aber auch Vorstellungen von minutiöser Aufsichtspflicht hinterfragt werden. Sicher wird der Erzieher im kleinen Heim durch Aus- und Fortbildung – letztere auch und gerade am Arbeitsplatz – eine andere Qualität der Zuwendung, des Verständnisses und helfender Phantasie entwickeln müssen als der bisherige, vielfach nicht oder unzureichend (z. B. als Kinderpflegerin) vorbereitete »Gruppenerzieher«. Hierbei bedarf es intensiver Hilfen auch bei den für die Heimaufsicht verantwortlichen Landesjugendämtern, vor allem in der Fortbildung.

Heimdifferenzierung

Zugleich sind einige Heimformen, mit denen man die Vorherrschaft der »Erziehungsanstalt« zu überwinden suchte, selbst unter Kritik geraten. Die nicht nur vorübergehende Unterbringung von Säuglingen und Kleinkindern in Säuglingsheimen, die vorwiegend Pflegecharakter haben, bleibt schwer zu verantworten. Tagesheime oder Tagespflegestellen sind vorzuziehen, wenn nicht eine Unterstützung der Familie den Verbleib in ihr erhalten kann.

Beobachtungsheime, lange als notwendige Diagnosestationen für weitere Heimerziehung gefordert, treten heute zurück: Der wiederholte Bezugs- und Umweltwechsel bleibt gefährlich, zumal die erhoffte Sicherung der Indikation für die nächsten Schritte kaum zu versprechen ist (s. u.).

Von den Hoffnungen auf systematisierte Heimdifferenzierung nach Heimarten ist ebenfalls wenig geblieben als die Einrichtung von Sonderheimen für Behinderte, die dort getrennt von den Anregungen durch andere Kinder doppelt stigmatisiert werden. Sie sollten auf Kinder und Zeiten beschränkt werden, wo klinische Sonderbehandlung oder schwierigste Pflegeansprüche das erzwingen. Das Anwachsen der Zahl »heilpädagogischer« Heime, die professionell besser ausgestattet (und mit höheren Pflegesätzen bedacht!) werden, ist auch deshalb eine Fehlentwicklung, weil alle Heime ein »heilpädagogisches« oder »therapeutisches« Klima und dafür ausgebildete Kräfte brauchen. Statt dessen hat man die notwendigen Verbesserungen auf einen Teil der Kinder beschränkt, um so die Tradition der alten »Erziehungsheime« zu erhalten.

Besonders heftig tobt immer noch die Diskussion um die »geschlossenen Anstalten« oder Abteilungen für »schwierigste« Jugendliche, besonders Ausreißer. Es gibt keine eindeutige Indikation für sie; es erweist sich, daß die absolute Einsperrung sich auf keine Diagnose stützen kann (und die eingewiesenen Jugendlichen fast wahllos nach freien Plätzen dort untergebracht worden sind). Resozialisierung unter Protest (mit der Aussicht, bei jeder Möglichkeit erneut »auszubrechen«) durch bloßen Isolierungszwang ist unmöglich; andererseits zeigt sich, daß bei intensiver Zuwendung und Behandlung alte »Ausreißer« gerade in offenen Heimen gefördert werden können. Einzelne besondere Gefahren (z. B. akute Suizidgefährdung) bedürfen spezieller, sehr differenzierter Behandlung.

Indikatoren

Praktische Erfahrung zeigt, daß zulängliche Diagnosen und Indikationen zur Heimerziehung oder gar für Einweisungen in konkrete Heime kaum entwickelt und noch weniger in »Erziehungspläne« eingebaut sind. Statt dessen dienen Aufzählungen von Auffälligkeiten der Kinder oder der Familie zur Stigmatisierung als »heimbedürftig«. Auch ihre Übersetzung in eine dürftige psychiatrische Fachspra-

che bessert nichts. Deshalb stehen bei den Entwürfen für ein neues Jugendhilfegesetz die Forderungen nach Beratung, Indikation und Planung im Mittelpunkt der
Reform der Erziehungshilfen. Diese sind aber mit bloßer Einrichtung von neuen
Beratungsdiensten (z. B. Erziehungsberatung) allein nicht zu schaffen. Jede Entwicklung eines Erziehungsplans und seine »Fortschreibung« in der Folge fordert,
zumal wenn eine Trennung von der Familie anzustreben oder in der Planung
vorgesehen ist, eine enge Kooperation der Beteiligten und eine vielschichtige
Kenntnis der Vorbedingungen und Möglichkeiten beim Jugendlichen selbst, in
seiner Familie und deren Eigenkräften, in Schule, Beruf und Jugendgesellschaft,
zugleich aber auch ein breites Angebot von offenen Entwicklungshilfen für den
Einzelnen, für seine Familie auch z. B. ökonomisch, wohnungsmäßig, kulturell,
aber schließlich auch eine genaue Kenntnis und Einschätzung der Angebote von
Heimen und heimähnlichen Einrichtungen, die den offenen Beratungsstellen sehr
oft fehlen. Nur eine enge Zusammenarbeit von offener Jugendhilfe und Heim kann
zu begründeten Erziehungsplänen führen, wobei die Zusammenführung von Amt,
Eltern, Jugendlichen und Heim schon deshalb nötig ist, damit alle Beteiligten mit
einem Höchstmaß von freiwilliger Mitarbeit ihre Beziehungen aufnehmen können.
Das ist in der Regel nicht durch Anrufe und Aktenübersendung möglich, sondern
fordert Vorbegegnungen vor der Entscheidung, wie sie zunehmend üblich werden.
Auch weiter ist eine enge Kooperation während der Heimzeit und danach nötig.
Solche Kooperation sollte regelmäßig und geplant eingerichtet werden, auch in
Form gemeinsamer Fortbildung.

Familienpflege

Wie die Heimerziehung neue, beweglichere Formen auszubilden versucht, so
haben sich auch Modelle einer örtlichen Jugendhilfe entwickelt, die die scharfen
Grenzen zwischen der Abschiebung ins Heim und einer Betreuung in der gewohnten Umwelt erheblich auflockern. Eine Unterbringung in geeigneten Pflegestellen –
tagsüber, während der Arbeitswoche oder in Vollpflege – schafft vielfach Lösungen, die die bisherige Praxis den Heimen vorbehielt. Eine Einzelbetreuung, die
nicht ganz leicht den Charakter der Kontrolle abstreift (Erziehungsbeistand,
Jugendgerichtshilfe, Bewährungsaufsicht usw.), sollte sich mit Gruppenformen
verbinden, die der Jugend Rückhalt unter Gleichaltrigen und Lebenserfahrungen
anderer junger Menschen vermitteln (Heime der offenen Tür, Jugendzentren,
mobile Jugendarbeit – »street work« – oder Übungs- und Erfahrungskurse), die
Beziehungen zu Eltern, Schule, Beruf und die informellen Bindungen der Szene
nicht einfach zerstören. Beratungsdienste richten für Einzelne oder Gruppen (z. B.
bei Sucht, Anstaltsentlassenen oder sozialpsychiatrischen Problemen), für junge
Menschen wie für Eltern (Elternarbeit, Pflegemütter-Kreise), therapeutische und
andere Hilfen ein. Vielfach handelt es sich um Versuche, die oft noch spezialisiert
und ohne Verbindung zueinander arbeiten; eine Verknüpfung im Wohnbezirk oder
Stadtteil sollte versucht werden, um Zersplitterung und Überspezialisierung zu
überwinden. Hier sind auch Wohngemeinschaften und Voll- und Teilunterbringun-

gen im Wohnbezirk selbst einzufügen, die die bisherige Abtrennung der »stationären« Hilfen vermeiden.

Forderungen

Dies alles ist wünschenswert. Doch kann auch eine gesetzliche Neuregelung allein – zumal der Bundesgesetzgeber viele Einzelregelungen den Ländern überlassen muß – für die Heimerziehung in ihrem Verhältnis zu den gesamten Erziehungshilfen wie in ihrer inneren Struktur das notwendige Umdenken höchstens in Gang setzen. Für die künftige Praxis sind ganz bestimmte, bis heute nicht erfüllte Forderungen durchzusetzen, um ihr den immer noch ausgeprägten repressiven Charakter zu nehmen:

1. Die notwendige stärkere Beteiligung qualifizierter, wissenschaftlich ausgebildeter Spezialisten wird nur dann nicht zu neuen Mißverständnissen und Stigmatisierungen führen, wenn alle Mitarbeiter durch Aus- und Fortbildung eine den schwierigen Aufgaben angemessene Qualifikation besitzen und eine gemeinsame Sprache entwickeln. Der Psychologe, der Mediziner, der Richter, der Erzieher bewegen sich in verschiedenen Fachsprachen, die den Anderen – und erst recht den Jugendlichen und ihren Eltern – weitgehend unverständlich sind. Es ist z. B. bekannt, daß bisher die Erziehungsberatung weitgehend nur von Mittelschuleltern aufgesucht wird, während die besonderen Bedingungen der Unterschichtfamilie und besonders der Randgruppen kaum angemessen erfaßt werden. In der Praxis führt das zum Scheitern der »sozialen Diagnosen«, die vom einzelnen Sozialarbeiter kaum gefordert werden können. Fremdbegriffe werden unkritisch übernommen und wirken dann nur als stigmatisierende Schlagworte.

2. Wenn auch die bisher vorherrschenden negativ fixierenden Begriffe wie »verwahrlost« oder »kriminell« in der Gesetzgebung und Praxis mehr und mehr als unzutreffend erkannt sind, so können an ihre Stelle medizinische Stigmatisierungen treten, die in der Praxis kaum weniger diskriminierend wirken können (neurotisch, seelisch behindert, pathologisch usw.). Eine Diagnose, die formelhaft dem Einzelnen seine Defekte zuschreibt, ohne den gesellschaftlichen Ort *(Bernfeld)* anzugeben, aus dem die Einzelbiographie und ihr Scheitern hervorgehen, schreibt gewollt oder ungewollt weiter individuelles Versagen, ja Schuld zu.

3. Daraus ergibt sich, daß die Lebenssituation und ihre psychische Verarbeitung auch bei den getroffenen Entscheidungen (»Maßnahmen«) zu kurz kommen: die isolierte zeitweilige Herausnahme statt der Ausräumung behindernder Soziallagen (z. B. Obdachlosensiedlungen) läßt es kaum zu, daß bei späterer Rückkehr in die alten Umgebungen eine etwa im Heim sich entwickelnde positive Identität verteidigt werden kann: das Hauptproblem aller Rückfälle nach »erfolgreicher« Entlassung! Von hier aus sind die Eingliederung der Familie und des sozialen Feldes in die Erziehungshilfe immer noch notwendige, aber noch kaum begriffene Elemente des Helfens.

4. Das fordert eine Aufhebung der Isolierung der Heimerziehung und eine enge (immer wieder geforderte, aber kaum realisierte) Kooperation zwischen offener und stationärer Sozialpädagogik. Die vorgesehene Zuständigkeit der Jugendämter für die Heimeinweisungen kann ein Ansatz dafür werden und sollte nicht auf den Verwaltungswegen verschüttet werden.

5. Noch ernster als diese Probleme ist die Sorge um die Entwicklung einer den Bedürfnissen der Heranwachsenden entsprechenden Heimpädagogik. Nach dem Ende der alten disziplinierenden Heimerziehungslehren gibt es entweder Resignation: als einziges eingreifendes Mittel gilt vielfach die Drohung mit der Abschiebung, an deren Ende die geschlossene Anstalt steht oder der Verzicht auf eine nicht nur auf künftiges straffreies Verhalten hinwirkende Sozialisation. Oder es wird von therapeutischen Spezialkräften und Spezialmaßnahmen weit mehr erwartet als diese leisten können, zumal wenn sie selbt innerhalb der Heime isoliert bleiben.

6. Die Entwicklung eines pädagogischen oder »therapeutischen Klimas« im Heim ist zweifellos schwieriger als es früher die Ausrichtung an vorgegebenen Normen war, die heute von der Gesellschaft nicht mehr getragen werden. Zwischen den Gefahren des Rückzugs auf fraglich gewordene Autorität und des Laissez-faire ist weiter die Aufgabe eines demokratischen Erziehungsstils *(Lewin)* gestellt, wobei dies Stichwort konkret die täglichen Umgangsformen bestimmen muß: die alltägliche, soweit möglich gleichberechtigte Kommunikation zwischen Erwachsenen und Jugendlichen, die Förderung des Aufbaus eigener Identität, die Bereitschaft, Emanzipation zu wagen, die Offenheit der Institution für die Bedürfnisse der Einzelnen und der Gruppe und den Umgang mit der Welt außerhalb der Zäune.

Eine solche Erneuerung ist – wegen der keineswegs nach solchen Idealen gelenkten Gesellschaft – zweifellos außerordentlich schwierig. Aber billiger ist die Aufgabe, die der Heimerziehung gestellt ist, nicht zu leisten. Sie dem Erzieher abzufordern, ist nur statthaft, wenn die Öffentlichkeit und besonders die Erziehungswissenschaft seine Aufgabe mitträgt.

Hanns Eyferth

Literatur

Aichhorn, A., 1974[8]: Verwahrloste Jugend (1925), Bern – Autorenkollektiv *(Ahlheim, R. u. a.),* 1971: Gefesselte Jugend/Fürsorgeerziehung im Kapitalismus, Frankfurt/M. – *Bäuerle, W./Markmann, J.* (Hrsg.), 1974: Reform der Heimerziehung, Weinheim – *Bernfeld, S.,* 1974[4]: Antiautoritäre Erziehung und Psychoanalyse. Frankfurt/M. – *Bonhoeffer, M./Widemann, P.* (Hrsg.) 1974: Kinder in Ersatzfamilien, Stuttgart – *Brosch, P.,* 1971: Heimterror und Gegenwehr. Frankfurt/M. – *Colla, H. E.,* 1981: Heimerziehung. München – *Gutenberger, B./ Spran-Kahlen, V.,* 1980: Erziehungshilfen (Materialien zum 5. Jugendbericht), München – *Herrmann, G.,* 1956: Die sozialpädagogische Bewegung der zwanziger Jahre, Weinheim – *Korczak, J.,* 1969: Wie man ein Kind lieben soll, Göttingen – *Kupffer, H:* (Hrsg.), 1977: Einführung in die Theorie und Praxis der Heimerziehung, Heidelberg – *Makarenko, A. S.,* 1959: Werke, Berlin – *Mehringer, A.,* 1976: Heimkinder, München/Basel – *Moser, T.,* 1970: Jugendkriminalität und Gesellschaftsstruktur. Frankfurt/M. – *Papanek, E.,* 1983: Die Kinder von Montenorency, Frankfurt/M. – *Redl, F.*, 1971: Erziehung schwieriger Kinder, München – *Scherpner, H.*, 1966: Geschichte der Jugendfürsorge, Göttingen – *Spitz, R.*, 1957: Die Entstehung der ersten Objektbeziehungen, Stuttgart – *Simonsohn, B.* (Hrsg.), 1968: Fürsorgeerziehung und Jugendstrafvollzug, Bad Heilbrunn – *Steinvorth, G.*, 1973: Diagnose Verwahrlosung, München – *Thiersch, H.*, 1977: Kritik und Handeln. Interaktionistische Aspekte der Sozialpädagogik, Neuwied – *Wenzel, H.*, 1970: Fürsorgeheime in pädagogischer Kritik, Stuttgart – Statistisches Bundesamt (jährlich): Fachserie 13/6. Öffentliche Jugendhilfe, Stuttgart/Mainz – Statistisches Bundesamt, 1976: In der Jugendhilfe tätige Personen (Erhebung 1974). Wirtschaft und Statistik H. 11. –

→ Jugendamt → Jugendhilferecht → Jugendstrafvollzug → Wohlfahrtsverbände

Interaktionismus

Erziehungswissenschaft und Alltag

Theoretische Konzepte der SA/SP haben als Gegenstandsbereich die Erziehungs- und Beratungswirklichkeit von SA/SP.
Ihre Intention schien es bisher zu sein – gleichsam als »Dienerin der Praxis« – für die in Aufgaben und Arbeitsbereiche der SA/SP auftretenden Problemlagen Lösungsmöglichkeiten und Verbesserungsvorschläge zu erarbeiten.
Diese Funktionsbestimmung von Theorie in dem hier zur Rede stehenden Arbeitsbereich scheint brüchig geworden zu sein. Brüchig, da die Fragwürdigkeit der Intention von Theorie, als kritisches Korrektiv sozialpädagogischer Praxis wirksam werden zu können, zunehmend deutlich wird durch die Ohnmacht einer Theorie, die auf deprimierende Zustände der Wirklichkeit von Adressaten und Berufsvollzügen institutionalisierter Praxis nicht anders als konstatierend reagieren kann.
Aber auch die Definition der Praktiker, mit denen sie versuchen, ihren Gegenstandsbereich handhabbar zu machen, Definitionen die bestimmt werden:
– durch Mittel, Ziele und Konzepte institutionalisierter Praxis,
– durch Denkmodelle und Deutungsschemata, die sich in anderen Problemzusammenhängen bewährt haben und im Berufsalltag der Praktiker der SA/SP auf Stereotype reduziert wurden,
– durch Handlungsvollzüge, die der Problemsicht von Praktikern genügen müssen,
sind ebensowenig geeignet auf die Probleme des Gegenstandsbereiches von SA/SP anders als hilflos zu reagieren. Mit anderen Worten: anstatt Konzepte und Handlungsstrategien sozialpädagogischer Praxis aus ihrem Gegenstandsbereich heraus zu entwickeln, wird eben dieser durch die Definitionspraktiken der professionellen SA/SP konstruiert.

Dieser Vorwurf wiegt schwer, um so mehr als mit dieser Problemsicht die SA/SP ihren Gegenstandsbereich um Sachverhalte verkürzt, die unabhängig von theoretischen Entwürfen und Handlungsvollzügen noch konstitutiv wirksam sind. Indem die theoretischen Konzepte der SA/SP immer nur auf die formulierten Probleme der Praktiker Bezug nehmen, Probleme, die handlungsanleitende Konstrukte der Praktiker sind, klammert sie die Alltäglichkeit von Adressaten und SA/SP aus.

– Eine Alltäglichkeit, die im Rahmen der jeweils unterschiedlichen Lebenswelten und der damit verbundenen unterschiedlichen Sozialisationsverläufe geprägt ist durch Alltags-Wissen, also durch – wie Thiersch formuliert – »Verständigungsmuster, die nur den Mitgliedern der jeweiligen Alltagswelt verständlich sind, durch Selbstverständlichkeiten also, die nicht beredet werden müssen und oft auch nicht können« (*Thiersch* u. a., 1978 a).

– Eine Alltäglichkeit, die geprägt ist durch Alltagshandlungen, die orientiert sind an der Erledigung unmittelbar anfallender Aufgaben und Problemlösungen, in der zeitlichen und räumlichen Überschaubarkeit von Arbeit, Freizeit und Familie.

– Eine Alltäglichkeit aber auch, die nicht von den Individuen geprägt ist, sondern strukturiert ist durch gesellschaftliche Zwänge und Produktionsverhältnisse und nur im Bewußtsein der handelnden Individuen als durch sie bestimmt erlebt wird.

Theoretische Grundlagen eines alltagsorientierten Interaktionismus

Will sozialpädagogische Theoriebildung die Alltagsrealität in den hier skizzierten Zusammenhängen in ihren Begriff von sozialpädagogischer Praxis hereinholen, dann muß sie, an den alltäglichen Erfahrungszusammenhängen von Adressaten und Praktikern anknüpfend, ihr Erkenntnis-Interesse alltagsweltlich orientieren. Indem sie diesem Postulat Rechnung trägt, fragt sie nach den Handlungsformen und Deutungsschemata (*Schütz*, 1971), nach den bewußten und unbewußten Handlungszwängen, nach den Routinepraktiken des Alltags von SA/SP und denen der Adressaten sowie ihrer Verschränkung unter den spezifischen Bedingungen und Zwängen von Institutionen der SA/SP.

Um diese Fragestellungen theoretisch zu fundieren, läßt sich so verstandene SA/SP – anknüpfend an die Diskussion um die Konstituierung einer sozialwissenschaftlich orientierten, hermeneutisch pragmatisch verfahrenden Erziehungswissenschaft (*Thiersch*, 1978) – leiten von Theoriegehalten der phänomenologischen Soziologie (*Schütz, Berger-Luckmann, Cicourel, Garfinkel*), des symbolischen Interaktionismus (*Mead, Goffman, Strauß*) und des phänomenologischen Marxismus (*Kosik, Heller*). Die drei hier benannten Theoriestränge thematisieren mit jeweils unterschiedlichem Erkenntnisinteresse die Konstitution alltäglichen Handelns und Denkens.

Die phänomenologische Soziologie: thematisiert Deutungsschemata des Alltags an denen die Individuen sich handelnd orientieren. Ihr Interesse ist vornehmlich an der Rekonstruktion tradierter sprachlicher Deutungsschemata und ihrer Anwendung in der Dialektik von Wissen und Handeln orientiert.

Der symbolische Interaktionismus: ihn interessiert die Genese von Persönlichkeit (Identität) im Spannungsverhältnis von Handeln und Wissen. Handeln wird begriffen als – sozial vermittelter – Prozeß aufeinander bezogene Wahrnehmung, Interpretation und Planung.

Der phänomenologische Marxismus: sein Erkenntnisinteresse ist gerichtet auf die Bestimmung des Verhältnisses alltäglichen Handelns und Denkens und gesellschaftlicher Totalität. Sowohl die Strukturen alltäglichen Handelns (Sprachmuster, Verkehrsformen, Typik) wie auch die Bewußtseinsinhalte der Individuen werden als konstitutiv für und konstituiert durch gesellschaftliche Wirklichkeit begriffen.

Die Verknüpfung von Erkenntnisinhalten der phänomenologischen Soziologie, des symbolischen Interaktionismus und des phänomenologischen Marxismus zur Analyse von Lebensfeldern scheint plausibel, gleichwohl müssen Schwierigkeiten angemeldet werden, die insbesondere angelegt sind in unterschiedlichen Erkenntnisinteressen der hier formulierten Theoriestränge.

In der erziehungswissenschaftlichen Diskussion wird zunehmend konstatiert, daß Marxsche Theorie zwar die Struktur historisch veränderlichen Gesellschaftsformen und die historisch veränderlichen Formen materieller Produktion aufeinander bezieht, daß im gleichen kategorialen Rahmen (von wenigen verstreuten Andeutungen in den Schriften *Marx'* abgesehen) kein Modell interpersonaler Prozesse, keine Ansätze einer Theorie historisch-konkreter Subjektivität herausgearbeitet wird (*Mollenhauer,* 1972; *Schreiber,* 1977).

Die an der Interpretation subjektiver Sinndeutungen interessierten Ansätze zur Analyse von Deutungsmustern der Lebenswelt (phänomenologische Soziologie) und Ansätze zur Analyse der Interpretationsleistungen von Individuen (symbolischer Interaktionismus) gehen zwar aufgrund ihrer grundlagentheoretischen und erkenntnistheoretischen Gehalte von einer Dialektik sozialer Wirklichkeit und der jeweils erfahrenen und subjektiv interpretierten Realität aus. Dem Einfluß gesellschaftlicher Produktionsverhältnisse auf diese Wirklichkeit wird hier jedoch nicht Rechnung getragen.

Eine hermeneutisch-pragmatische Sozialpädagogik/Sozialarbeit, die ihr Erkenntnisinteresse am Alltag von SA/SP und Adressaten orientiert, ist zunächst auf die Konzepte und Kategorien phänomenologischer, symbolisch-interaktionistischer Theoriebildung angewiesen.

Ein solches Konzept aber, das allein die unmittelbare Wirklichkeit, das praktisch-utilitaristisch orientierte Handeln thematisiert, unterschlägt, so könnte vorgeworfen werden, in der Vernachlässigung der gesellschaftlichen und historischen Dimension von Alltagspraxis, die Entwicklungsgeschichte von alltäglichen Lebensfeldern, Bewußtseins- und Verkehrsformen. Eine solche Schlußfolgerung greift jedoch zu kurz. Wenn der Alltag, auf den SA/SP sich einlassen muß, auch ein historisch bedingter entfremdeter Alltag ist, so muß er doch in seiner Komplexität verstanden werden, weil sich das Handeln der Individuen auf ihn bezieht. Denn: »Die Wirklichkeit tritt dem Menschen nicht primär in der Form eines Objektes des Anschauens, Prüfens und Theoretisierens gegenüber . . . sondern als Bereich der sinnlich-praktischen Tätigkeit, auf deren Grundlage die unmittelbar, praktische Anschauung der Wirklichkeit erwächst« (K. *Kosik*, 1973).

An den Wissensinhalten, Handlungsmustern und Routinehandlungen des Alltags deutend und verstehend anzuknüpfen bedeutet aber auch, dessen Borniertheit und ideologischen Verstellung Rechnung zu tragen. Aufgabe kritischer SA/SP ist dieses oft »autistische Milieu von Alltagssituation« (*Leithäuser* u. a., 1977) und das damit korrespondierende, gegenüber alternativen Erfahrungen abgeschottete Bewußtsein von Adressaten aufzubrechen. Eine solche Aufgabe erschöpft sich freilich nicht in Negation bestehender Alltagspraxis. Die darin befindlichen und aufspürbaren Widersprüche dieser Praxis können, mit *Bloch* formuliert, »im Dunkeln des gelebten Augenblickes«, Hoffnungen zur Veränderung gesellschaftlicher Zwänge freisetzen. Denn: Über die bloße wissenschaftliche Neugierde am Verständnis der Bedingungen und Formen unmittelbarer interaktiver Prozesse in Situationskontexten hinaus hat eine an Emanzipation interessierte SA/SP den Anspruch, den Alltag dort zu verändern, wo er durch nicht legitimierbare Zwänge und Repressionen bestimmt wird; wo also konkrete Erwartungen, Rollen, Sprach- und Handlungsmuster die Möglichkeiten von Individuen reduzieren. Die im Verlauf von Sozialisationsprozessen jeweils lebensgeschichtlich vermittelten Erfahrungen und Deutungsschemata der Individuen müssen daher zwar zum Ausgangspunkt pädagogischer Überlegungen werden, müssen aber ebenso als Momente gesellschaftlicher Wirklichkeit begriffen werden, wie es in den Ansätzen eines phänomenologisch orientierten Marxismus (*Kosik*, 1973; *Heller*, 1978) geschieht.

Erkenntnisinteresse und alltagsorientierter Interaktionismus

Das Interesse sozialpädagogischer Theorie richtet sich diesen Überlegungen zufolge und – analog der oben skizzierten Struktur des Alltags – auf:

- Deutungsschemata und Handlungsroutinen von Adressaten, die sie im Nach- und Nebeneinander unterschiedlicher Lebensfelder und in komplexen Interaktionsprozessen erlernen und auf die erfahrungsorganisierende Struktur ihrer unmittelbaren und gesellschaftlich vermittelten Lebenszusammenhänge, d. h. auf typische Sozialisationsverläufe von Adressaten, auf typische Handlungsroutinen und Deutungsschemata in typischen Lebenswelten von Adressaten wie Drogenscene, Slums, Heimen, Gefängnissen etc. und auf die historisch gesellschaftlichen Bedingungen der Entstehung solcher Lebenswelten.
- Deutungsschemata und Handlungsroutinen von professionellen SA/SP, die sie im Nach- und Nebeneinander unterschiedlicher Lebensfelder und in komplexen Interaktionsprozessen erlernen und auf die erfahrungsorganisierende Struktur ihrer unmittelbaren und gesellschaftlich vermittelten Lebenszusammenhänge; d. h. auf typische Sozialisationsverläufe die spezifischen Berufsidentitäten von SA/SP herausbilden, auf typische Handlungsroutinen und Deutungsschemata professionalisierter SA/SP in Institutionen von SA/SP wie Heime, Jugendämter, Sozialämter, Beratungsstellen, Jugendzentren etc. und auf die historisch gesellschaftlichen Bedingungen der Entstehung solcher Institutionen.

– Es richtet sich auf die konfliktträchtige Verschränkung, der durch unterschiedli-- che Sozialisationsverläufe und Interessen gekennzeichneten Perspektiven und Selbstverständlichkeiten von SA/SP und Adressaten im Berufsalltag der Jugend- und Sozialhilfe, also auf Begegnungsformen, die sich durch konfligierende Interessen, unterschiedliche Deutungsmuster, verbunden mit unterschiedlich starkem Macht- und Herrschaftsanspruch konstituieren; wie Beratungssituationen (*Thiersch*, 1977), Erziehungssituationen, adressat-orientierten Situationen der Sozialadministration (*Jungblut*).

Zur Rekonstruktion des Gegenstandsbereiches von Theorie und Praxis der SA/SP müssen die sich daraus ergebenden Probleme thematisiert und systematisch aufeinander bezogen werden.

Im abbreviatorischen Vorgriff auf Rekonstruktionen und Analysen solcher Gegenstandsbereiche soll exemplarisch der hier in Rede stehende Sachverhalt konkretisiert werden. Von der methodischen Lizenz der Vereinfachung und Ausklammerung wird dabei Gebrauch gemacht. Thematisiert werden im Folgenden Kategorien von Deutungsschemata und Handlungsroutinen sowie die Struktur der gesellschaftlich vermittelten Lebenszusammenhänge

– des Alltags von Sozialarbeitern im Jugendamt,

– des Alltags von Adressaten,

– der Alltag, der durch Verschränkungen der unterschiedlichen Alltäglichkeiten beider Bereiche und aufgrund spezifischer Macht und Herrschaftskonstellationen in ihren typischen Begegnungsformen gebildet wird.

Im Mittelpunkt der Praxis des Jugendamts – insbesondere der Jugendfürsorge – stehen Familien oder Personen von Familien von Unterprivilegierten und Randgruppen. Gemeinsamer Bezugspunkt dieser Praxis ist, provozierend geredet, die Regulierung von Armut (*Zander*, 1972). Armut verstanden als Erscheinungsform sowohl materieller als auch sozialer Unterprivilegiertheit. Diese doppelte Bestimmung von Armut fundiert die Deutungsschemata und Handlungsroutinen der Adressaten, mit denen sie ihre sozialen und materiellen Verhältnisse handhabbar machen. Deutungsschemata und Handlungsroutinen, die geprägt werden aus der Erfahrung von Besitzlosigkeit, Ausbeutung, Abhängigkeit und Machtlosigkeit, die sich formieren zu Problemlösungsverhalten aus der Erfahrung rigider Vorschriften, geringer Entscheidungsspielräume, direkter Überwachung und Sanktionierung im Arbeits- und Freizeitbereich; die sich herausformen in situativ und aktionistisch orientierten Handlungsperspektiven aus der Erfahrung von Unsicherheit, Existenzbedrohung und Gefährdung der Lebenssituation; aber auch Deutungsschemata und Handlungsroutinen, die sich formieren zu Überlebensmechanismen in Form von Anpassung sowie Überidentifikation mit Unterdrückern einerseits und einer »Ethik der Gegenseitigkeit« (*Koschorke*, 1972) wie Solidarität, Kameradschaftlichkeit, Hilfsbereitschaft andererseits.

Deutungsschemata und Handlungsroutinen von SA/SP sind zunächst abhängig von ihrem Verständnis der Berufsrolle, als Erzieher, Helfer und Berater, von ihrer Deutung von Adressaten, als sozial geschädigte, hilflose und bedürftige Individuen, von ihrem Verständnis über die Aufarbeitung von Problemen und Konflikten, die

sie in der Auseinandersetzung – sei es durch »Enttäuschung« oder »Widerstand« –
mit ihren Adressaten haben, von ihrer mittelschichtstypischen Art und Weise,
Sprache zu gebrauchen, Konflikte auszutragen, zu erziehen, Zukunft zu entwerfen.
Deutungsschemata und Handlungsroutinen von SA/SP in Jugendämtern sind
darüber hinaus abhängig von der spezifischen Organisation des Amtes und den
damit zusammenhängenden Formen der Arbeitsteilung und Hierarchisierung.
Deutungsmuster können gebildet werden über die soziale Sinnhaftigkeit (Werte,
Normen) und über die soziale Rationalität (Gesetze) des Arbeitsprozesses, über die
Vorstellung der Beeinflussung gesellschaftlicher Abläufe, über die Vorstellung
vom Verhältnis zu den Adressaten.
Daraus ergeben sich spezifische Handlungsroutinen. Einmal bezogen auf interne
Komunikation im Amt, durch Parzellierung und Hierarchisierung von Fällen der in
Akten geronnenen Einzelschicksale, durch Aktenführung, durch Kollegengesprä-
che, durch Teambesprechungen, durch Berichterstattung etc., zum anderen,
bezogen auf die Adressaten des Jugendamtes, Handlungsroutinen zur Einleitung
oder Durchführung von Erziehungsbeistandschaften, Freiwilliger Erziehungshilfe,
Fürsorgeerziehung etc. Die Struktur der Institution und die spezifische Sozialisation gibt den SA/SP ein Problemlösungsverhalten vor, das als planend und
situationsüberschauend bezeichnet werden kann. Planend insofern, als die Institutionen Verfahrensrahmen zur Herstellung von Entscheidungen fordern, die nur
über verschiedene Arbeitsschritte erreicht werden können. Situationsüberschauend insofern, als SA/SP, im Hinblick auf einzuleitende Maßnahmen und unter
Einbeziehung fehlgeschlagener Sozialisationsverläufe, Handlungsstrategien erarbeiten und anbieten müssen, um Probleme von Adressaten in den Griff zu
bekommen.
Im adressat-orientierten Berufsalltag von SA/SP im Jugendamt werden Deutungsschemata und Routinehandlungen produziert, die sich überwiegend an den Vorstellungen und Denkweisen von SA/SP orientieren. Gründe für dieses Handeln sind
den SA/SP nur indirekt anzulasten, da sie einerseits den institutionellen Regelstrukturen und Deutungsschemata des Jugendamtes verpflichtet sind, andererseits
Loyalitätsverpflichtungen gegenüber ihren Anstellungsträgern haben, die gerade
solche Verfahrensrahmen fordern, in denen SA/SP als Sachwalter bürokratischer
Interessen zu fungieren haben. In Unkenntnis des für die Adressaten bedeutungsvollen Systems an Deutungsschemata, Problemlagen und Verkehrsformen setzen
SA/SP im Jugendamt aufgrund des vorliegenden Machtgefälles zwischen ihnen und
den Adressaten ihre eigenen Normen und Wertvorstellungen in Form von Stigmatisierungsprozessen und Degradierungsprozessen »erfolgreich« durch. In diesem
adressatbezogenen Berufsalltag werden – wie *Schütze* schreibt »Personen typisiert
sowie sinnkonstituierende Verfahrensrahmen hergestellt und aufrechterhalten.
Sachverhalte werden ausgehandelt, rekonstruiert, definiert und kodiert; Bewertungen und Beurteilungen werden vorgenommen und auf ihrer Grundlage Entscheidungen gefällt. Instruktionen werden gegeben bzw. Instruktionsprogramme werden verabschiedet. Betroffene werden in all den genannten Vorgängen von den
Verfahrenswaltern der Sozialadministration »prozessiert« (*Schütze*, 1978). Dies

geschieht zum überwiegenden Teil mit Mitteln strategischer Interaktion, aber stets in zwangskommunikativ fundierten Handlungskontexten.

Erscheinungsformen und Strukturen unmittelbarer Erfahrungen und Probleme – in den Berufsvollzügen von SA/SP ebenso wie in den Lebensfeldern von Beruf, Familie, Wohnbereich und Freizeit – sind Momente der Totalität kapitalistisch strukturierter Gesellschaft und können daher nicht losgelöst von ihrer sozio-ökonomischen und sozio-politischen Dimension thematisiert werden. Die Struktur der jeweiligen Erscheinungsform, ihre Funktion als Bestandteil kapitalistischer Produktionsverhältnisse, erscheint im Bewußtsein der Individuen ebenso ausge-löscht wie ihre historische Entwicklung.

Wenn also – wie *Thiersch* schreibt – »Alltagswelten geprägt sind durch die Produktions- und Herrschaftsstruktur unserer Gesellschaft, also durch ihre Klas-senlage, die darin bestimmten Ressourcen, durch Armut, Kontrollmechanismen, Gesetze, Erwartungen und Vorurteile« (*Thiersch*, 1978 a), dann kann von den tatsächlichen und potentiellen Adressaten der SA/SP nicht die Distanz gefordert werden, die nötig ist, um organisierte Formen solidarischer und selbstbestimmter Praxis zu entwickeln, denn Hoffnungen, Bedürfnisse und Perspektiven werden unter der alltäglichen Erfahrung von Versagungen und Niederlagen zugeschüttet.

Der Anspruch einer an Emanzipation interessierten SA/SP, durch Politisierung des Alltags, d. h. durch Aufklärung, Kritik, Problematisierung von ihm zu befreien, Widersprüche sichtbar zu machen, neue Formen gelungenen Handelns in ihm freizusetzen, kann daher weder an Adressaten noch an Praktiker unvermittelt weitergegeben werden. Denn wie auf der einen Seite unter den Bedingungen sozialer und psychischer Verelendung das Interesse an Konflikt und Formen kollektiven Widerstandes nicht entstehen kann, so ist der SA/SP in seinem Berufsalltag – als wesentlichem Teil seiner »Sphäre individueller Reproduktion« (*Heller*, 1978) – an die Interessen und Ressourcen seines jeweiligen Anstellungsträ-gers gebunden, sowie an dessen Funktionen im Gesamtzusammenhang staatlicher Sozialpolitik. Andererseits kann nicht übersehen werden, daß ein »kolonialisti-sches« (*Mollenhauer/Kasakos*, 1975) Verhältnis von institutionalisierter SA/SP zu ihren Adressaten Moment eines Unterdrückungszusammenhanges ist, daß sich administrative Handlungsvollzüge hinter dem Rücken von SA/SP durchsetzen, ohne daß ihnen die stigmatisierende und degradierende Funktion solcher Hand-lungsvollzüge bewußt ist.

Die hier vorgestellten und diskutierten Ansätze bieten in ihrer Gesamtheit einen strukturellen Bezugsrahmen, der auf Handlungsmuster und Deutungsschemata von Praktikern und Adressaten in sozialpädagogisch relevanten Situationen auf-merksam machen kann; er sensibilisiert zunächst für das subjektive Lageverständ-nis der Handelnden, kann es aber nicht einholen.

Methodologische Aspekte eines alltagsorientierten Interaktionismus

Wenn wir hier fordern, bewußt sinnverstehend, deutend an den gesellschaftlich vermittelten Strukturen des Alltags anzusetzen, dann wirft das die Frage nach

methodologisch abgesicherten methodischen Instrumentarien auf, mit deren Hilfe
eine hermeneutisch pragmatische Sozialpädagogik sich dem Alltag von Adressaten
und Praktikern in aufklärerischer Absicht annähern kann.

In der neueren Diskussion werden – im Anschluß an die ausführliche Erörterung
methodologischer Positionen des symbolischen Interaktionismus und phänomenologischer Soziologie (ABS 1973) – unterschiedliche methodische Zugangsformen zu
Bedeutungen von Handlungen im sozialen Kontext alltäglicher Situationen vorgeschlagen. Wir möchten aber betonen, daß die Problematik des Verhältnisses von
Methodologie und Methode einer auf Alltag gerichteten Forschungspraxis keineswegs so abgeklärt ist, daß wir hier eine ausgearbeitete Methodenlehre vorstellen
könnten.

Eine emanzipatorische Methodologie steht vor der zusätzlichen Aufgabe die
situationsgebundenen Interaktionsleistungen der Handelnden, ihre sozialen Haltungen – als »Einheit von Kognition, wertender Stellungnahmen und Interak-
tionsbeziehungen zwischen Personen« (*Berger*, 1974) – in sozialen Situationen im
Horizont eines gesellschaftlich produzierten Lebenszusammenhanges interpretieren und aufbrechen zu müssen; eines Zusammenhanges der nicht allein Sprache
und Sprachmuster, Verkehrsformen und Wissensbestände umfaßt, sondern die
Erfahrungsmöglichkeiten der Individuen bis in ihre Triebstruktur hinein organisiert. Angesichts dieser doppelten Verstellung des Alltags (und unter Berücksichtigung des skizzierten methodologischen Dilemmas), die eine an Emanzipation
interessierte SA/SP zu überwinden hat, wollen wir die Frage von Handlungsstrategien, die diese verkrusteten sozialen und psychischen Strukturen einerseits thematisieren, andererseits aber aufbrechen können, zumindest andiskutieren. Wenn es
richtig ist, daß das pädagogische Handeln, das an Alltagserfahrungen anknüpft,
solange nicht problematisch ist, wie das Individuelle mit dem Gesellschaftlichen
vermittelt wird, dann liegt es nahe, daß die Methodologie, die aufgrund des
Erkenntnisanspruches von phänomenologischer Soziologie und symbolischer Interaktionismus formuliert wurde, durchaus als Einstieg in die Thematisierung von
Handlungsstrategien benutzt werden kann. Denn wenn das Alltagsleben als Sphäre
individueller Reproduktion angesehen werden muß, dann muß auch seine Veränderung, d. h. die Zerstörung schlechter Routine, letztlich durch das Individuum
realisiert werden. Demzufolge müssen die bedeutsamen Aspekte der gesellschaftlichen Wirklichkeit durch die Perspektive des alltagspraktisch handelnden Gesell-
schaftsmitgliedes erfaßt werden, und die Regeln des Kommunikationsprozesses im
Forschungsprozeß sind an die Regeln der alltagspraktischen Kommunikation
anzupassen. Für diese methodologische Maxime sind von den Vertretern phänomenologischer Soziologie und des symbolischen Interaktionismus eine Anzahl von
Techniken und Methoden bereitgestellt worden, die in das Konzept einer »hermeneutisch-pragmatischen Pädagogik« (*Thiersch*, 1978) aufgenommen werden
können.

Wenn hier ein Unterschied zwischen Techniken und Methoden gemacht wird, so
soll damit dem Vorwurf entgegengetreten werden, »die Perspektive der Handelnden zu erschließen hieße gleichzusetzen mit Introspektion und Intuition, mit

ungeprüften Generalisierungen und Erkenntnissen, die durch Selbstbeobachtung der Forscher gewonnen wurden« (*Meinefeld* in ABS, 1976).

Techniken im weitesten Sinne dienen der Exploration (*Blumer* in ABS, 1973) des Gegenstandbereiches. Unerläßliche Bedingung eines explorativen Vorgehens ist, sich einzulassen auf den Gegenstand der Untersuchung, ihn von innen her zu beschreiben, ihn gleichsam in allen seinen Schattierungen kennenzulernen. Schwerpunktmäßig geht es darum, die konkreten, faktisch erlebbaren und beobachtbaren Interaktionsprobleme zu beschreiben, Interpretationen, die von den Individuen durch gestische und sprachliche Handlungsfiguren angeboten und vollzogen werden festzuhalten, Handlungsorientierungen und Wissensbestände zu protokollieren. Im einzelnen können direkte Beobachtungen, Teilhabe an Kommunikationen, Beschaffung von Autobiographien und deren Auswertung, Gebrauch von Briefen und Tagebüchern – soweit dies ethisch zu verantworten ist – Gruppendiskussionen, Tonbandaufnahmen von Gesprächen und Interviews etc. der Bekanntmachung und Vorstrukturierung des Gegenstandsbereiches dienen. Hier wird primär intuitiv und introspektiv vorgegangen.

Methoden knüpfen an diese Phase der Forschung an. Ihnen obliegt die analytische Auswertung der Exploration. Ausgehend von der Tatsache, daß pädagogische Forschung primär Kommunikation ist, können Methoden der Kommunikations- und Wissensanalysen benutzt werden:
- die Bedeutungsfeldanalyse
- die Konversationsanalysen
- die phänomenologisch-deskriptive Analyse von Situationsarrangements

Die Analyse sozialen Wissens übernimmt ihr methodisches Inventar von der ethnotheoretischen Feldforschung *(Frake)*. Durch Bedeutungsfeldanalysen *(Meinefeld)* können typische Felder assoziativer Verknüpfungen von Deutungsschemata festgestellt werden. Bedeutungsfeldanalysen zielen nicht so sehr auf Wörter oder Sprache, sondern auf die mit ihr gemeinte Sache, »die das verbale Vehikel braucht, um sich zu artikulieren« *(Plessner)*. Zum Beispiel kann so das typische Argot, das typische symbolische Universum einer Gruppe durch intrinsische Analysen *(Berger, Berger, Kellner)* festgestellt werden.

Die Konversationsanalyse *(Sacks/Schütze*, 1976, 1978) ist eine Analyse des Sprechhandlungsverlaufes sowohl von Gesprächen zwischen zwei oder mehreren Teilnehmern als auch unstrukturierter Interviews. In jedem Falle können die durch Transkribierung auf Texte reduzierten Gesprächsverläufe hinsichtlich der sprachlichen Aktivitäten der Interaktionsteilnehmer, hinsichtlich ihrer Bedeutungszuschreibungen, hinsichtlich ihrer Bestände an elementarem Orientierungswissen, hinsichtlich ihrer individuellen Einschätzung von Ereignissen und Handlungsorientierungen transparent gemacht werden.

Die phänomenologisch-deskriptive Analyse von Situationsarrangements ist eine Methode, die vor allem von *Goffman* und seinen Schülern angewandt wird *(Goffmann* 1967, 1973, 1975). Indem Techniken, Regeln, Übereinkünfte und Verhaltensweisen im alltäglichen Leben durch deskriptive Analysen herausgefiltert werden, ergeben sich Hinweise auf das Aushandeln sozialer Positionen und den ihnen inhärenten Normen und Verhaltensmaximen. Insbesondere können die Handlungsstrategien, die Individuen im Kontext eines sozialen Feldes anwenden (die sich von der intimen Face-to-Face-Beziehung bis hin zur hoch anonymen Beziehung erstrecken), um ihre Interessen und Bedürfnisse durchzusetzen, in minutiöser Darstellung beschrieben und analysiert werden.

Der hier vorgestellte Weg: Exploration – methodische Analyse kann – so vermuten wir – die Thematisierung eines Gegenstandbereiches durchaus leisten, wobei Thematisierung als systematische Analyse sozialer und psychischer Situationen von Adressaten der SA/SP verstanden wird. Was er nicht leisten kann, ist Perspektiven aufzuzeigen, Handlungsstrategien anzubieten, die über die Thematisierung von Problemen hinausgeht. In diesem Zusammenhang auf Konzepte der Handlungsforschung/Aktionsforschung zu rekurrieren scheint uns fatal angesichts der Brüche und Inkonsistenzen, die diese heterogenen Ansätze vermitteln. Wir schließen uns in der Einschätzung dieser Problematik Thiersch an: »Da Analysen konkreter pädagogischer Handlungsformen und Institutionen noch . . . fehlen . . . scheinen zunächst Beobachtungen, Beschreibungen, Fallstudien notwendig. Solche Ansätze müssen wohl einhergehen mit einer zurückhaltenen Vorsicht in bezug auf allzu ausholende Theorieansätze oder einengend strenge methodologische Auflagen. Das Postulat einer zugleich gesellschaftskritischen und praktisch konkreten Erziehungswissenschaft wird erhoben, ist aber einstweilen noch nicht plausibel eingelöst« *(Thiersch, 1978)*.

Wir haben, in der kritischen Entfaltung des Verhältnisses von Alltag, sozialpädagogischer Theorie und Berufspraxis, Ansätze phänomenologischer Soziologie, symbolischem Interaktionismus und phänomenologischem Marxismus zu einem Interaktionistischen Paradigma zusammengefaßt. Dadurch haben wir den Gesamtbereich sozialpädagogisch/sozialarbeiterisch relevanter Problemstellungen auf den Wissensbereich eingegrenzt, der durch die interaktionistisch beeinflußte Forschungstradition in der SA/SP definiert worden ist. Hier sind die Bereiche zu nennen, die im begrenzten Rahmen des »Labeling-approachs«, des »Stigmatisierungsansatzes«, Eingang in die sozialpädagogische Diskussion gefunden haben (Resümierend dazu *Thiersch,* 1977 b):

– Im Modell des Stigmatisierungsprozesses ist die Definitionspraxis der Jugendhilfe (insbesondere des Jugendamtes) als Repräsentant struktureller Gewalt und sozialer Kontrolle aufgedeckt und auf ihre institutionellen (Aktenführung, Personalstruktur, Selbstverständnis der Mitarbeiter) und rechtlichen (JWG, JGG, BGB) Voraussetzungen hin überprüft worden.

– Im Modell der »abweichenden Karriere« ist die Verfestigung abweichenden Verhaltens von Jugendlichen durch eben diese Definitionspraxis sowie durch den Zwangscharakter von Erziehungs- und Behandlungsprozessen in den isolierten, von Außenwelt abgeschotteten Lebensfeldern totaler Institutionen wie Gefängnissen, Anstalten und Heimen nachgewiesen worden *(Quensel, Haferkamp)*.

Die hier sichtbar gewordenen Probleme haben Fragen aufgeworfen. Fragen nach Konzepten, Modellen einer im Alltag von Adressaten integrierten, für Adressaten verständlichen und annehmbaren Sozialarbeit. Fragen aber auch nach einer Ausbildung, die für die Bedürfnisse von Adressaten in ihrer konkreten Lebenspraxis sensibilisiert und Chancen eröffnet, Emanzipationsziele von SA/SP in alltägliche Handlungsvollzüge zu integrieren, anstatt sie gegen Alltag auszuspielen.

Hans-Joachim Jungblut/Werner Schreiber

Literatur

Arbeitsgruppe Bielefelder Soziologen (Hrsg.), 1973: Alltagswissen, Interaktion und gesellschaftliche Wirklichkeit, Reinbek – *Berger, L./Luckmann, T.,* 1970: Die gesellschaftliche Konstruktion der Wirklichkeit, Frankfurt/M. – *Cicourel, E.,* 1967: Stigma, Frankfurt/M. – *Goffman, E.,* 1977: Rahmen-Analyse, Frankfurt/M. – *Heller, A.,* 1978: Das Alltagsleben, Frankfurt/M. – *Jungblut, H. J.,* 1981: Entalltäglichung durch Nicht-Entscheidung. Eine konversionsanalytische Studie zur Konstitution von Sprechhandlungen im Kontext der Jugendhilfeadministration, Dissertation, Tübingen – *Kosik, K.,* 1973: Dialektik des Konkreten, Frankfurt/M. – *Mead, G. H.,* 1969: Sozialpsychologie, Neuwied – *Mollenhauer, K.,* 1972: Theorien zum Erziehungsprozeß, München – *Otto, H. U./Schneider, S.* (Hrsg.), 1973: Gesellschaftliche Perspektiven der Sozialarbeit, 2 Bde., Neuwied – *Schreiber, W.,* 1977: Interaktionismus und Handlungstheorie, Weinheim – *Schütz, A.,* 1971, 1972: Gesammelte Aufsätze, 3 Bde., Den Haag – *Schütz, A./Luckmann, T.,* 1975: Strukturen der Lebenswelt, Neuwied – *Schütze, F./Kallmeyer, W.,* 1976: Konversationsanalyse im Studium Linguistik, 1. Bd. – *Soeffner, H. G.* (Hrsg.), 1979: Interpretative Verfahren in den Sozial- und Textwissenschaften, Stuttgart – *Thiersch, H.,* 1977: Kritik und Handeln, Neuwied/Darmstadt – *Thiersch, H.,* 1978: Alltagshandeln und Sozialpädagogik, in: Neue Praxis, H. 1 – *Treutner/Wolff/Bonß,* 1978: Rechtsstaat und situative Verwaltung, Frankfurt/New York – *Weingarten, E./Sack, F./Schenkein, J.,* 1976: Ethnomethodologie, Beiträge zu einer Soziologie des Alltagshandelns –

→ Alltagstheorien → Empirische Sozialforschung → Sozialpädagogik/Sozialarbeit: Theorie und Entwicklung → Sozialpädagogisches Handeln → Sozialpädagogik und Therapie → Wissenschaftstheorie

Jugend: Strukturwandel und Problemlagen

In der pädagogischen Praxis wie auch in der Öffentlichkeit häufen sich in den letzten Jahren Beobachtungen und Klagen, die Probleme und Schwierigkeiten einer qualitativ neuen Art im Verhältnis von Jugend und Erwachsenen signalisieren. Es wird in diesen Zusammenhängen hingewiesen auf das Phänomen der Sprachlosigkeit zwischen den Generationen, auf die Tatsache, daß sich große Teile der heranwachsenden Generation den gesellschaftlich geltend gemachten Erwartungen durch vielfältige Formen des Aussteigens in Drogen, Alkohol, religiöses Sektierertum entziehen oder aber in ebenso vielfältigen Formen Protest und Widerstand gegen etablierte und herrschende Meinungen und gesellschaftliche Tatbestände anmelden: etwa in Hausbesetzungen, in den Protesten gegen Atomkraftwerke, durch Engagement bei alternativen und grünen Listen.

Auf der anderen Seite, aber im gleichen Zusammenhang, kritisieren vor allem Lehrer, Sozialarbeiter und Eltern bei den Heranwachsenden Motivationsmangel, Apathie, vielfältige Form ritualistischer Anpassung an Anforderungen ohne innere Beteiligung und ähnliches.

Derartige Phänomene fordern dazu auf, neben der Darstellung der grundsätzlichen Prozesse und Beziehungen, die Jugend generell ausmachen, auch die konkreten Ausprägungen und Problemkonstellationen, die sich in der gegenwärtigen historischen Situation ergeben, in den Blick zu nehmen und nach den Zusammenhängen zu fragen, die hier eine Rolle spielen. Der nachfolgende Beitrag widmet sich diesem Versuch und läßt sich dabei von folgendem Gedankengang, der zugleich die zentralen Thesen des Beitrags enthält, leiten:

1. Die eingangs kurz angedeuteten Phänomene können auf die Tatsache eines weitreichenden epochalen Strukturwandels von Jugend zurückgeführt werden; die damit verbundene Veränderung des Lebenszuschnitts von Jugend kann ihrerseits nur im Zusammenhang übergreifender gesamtgesellschaftlicher Wandlungsprozesse verstanden werden.

2. Innerhalb der neuen Strukturform von Jugend entstehen spezifische, für die gegenwärtige und absehbar zukünftige Situation charakteristische Problemlagen, die sich aus dem Zusammenprall historisch überkommener und in gewisser Weise fragwürdig gewordener gesellschaftlich-institutioneller Formen der Problemlösung einerseits und der neuen Bewußtseinslage und Wertorientierung der Jugend andererseits ergeben; die konkrete Ausprägung dieser Problemlagen ist dabei je nach sozialer Lebenslage der Jugendlichen sehr unterschiedlich.

3. Die dadurch entstehende Konstellation stellt eine noch kaum wahrgenommene und kaum bewältigte Herausforderung für die pädagogisch-politische Praxis dar; es ist notwendig, die daraus resultierenden Aufgaben der Praxis darzustellen und die Dilemmata und Konflikte zu verdeutlichen, die sich in dieser Situation ergeben.

Zerstörung des gesellschaftlichen und individuellen Sinns des Jugendalters

In allen hochentwickelten Gesellschaften, die die Phase des Jugendalters für die Heranwachsenden als eine Zeit der Vorbereitung für das spätere Leben in eigens für diesen Zweck eingerichteten gesellschaftlich organisierten Bildungsinstitutionen organisieren, beruht diese Organisation auf einem grundlegenden Mechanismus, der den »Transport« der Heranwachsenden in die Erwachsenengesellschaft sichert; dieser Mechanismus ist es, der sowohl den gesellschaftlichen Sinn des Jugendalters ausmacht, als auch dem einzelnen Jugendlichen die notwendige Motivation verleiht, um die gesellschaftlichen Anforderungen dieser Lebensphase zu erfüllen; dieser Mechanismus ist derjenige des Aufschubs aktueller Bedürfnisse zugunsten in Aussicht gestellter späterer Gratifikationen. Dies heißt: wer sich jetzt fleißig und mit Anstrengungsbereitschaft auf später vorbereitet, wird dann im Leben dafür durch eine gute soziale Position und durch ein entsprechendes Einkommen entschädigt. In der Gegenwart scheint gerade dieser Mechanismus zerstört, zumindest brüchig geworden. Viele Jugendliche erfahren heute, daß auch noch so große Anstrengung nicht den erhofften »Lohn« bringt. Die jungen Leute erleben, daß sie unter den gegebenen Bedingungen eines »enger« gewordenen Ausbildungs- und Arbeitsmarktes – auch wenn sie sich noch so sehr anstrengen – eben nicht jenen Beruf ergreifen, jene Arbeit finden, jene Ausbildung machen können, die sie ihren Neigungen und Interessen entsprechend wählen möchten. Dies heißt, daß der zentrale Mechanismus der Positionszuweisung und Positionsfindung in der Erfahrung der Jugendlichen nicht mehr funktioniert.

Es ist etwas in die Brüche gegangen, auf das sich die Gesellschaft bisher verlassen konnte, dies nämlich, daß die Aussicht auf ein gutes Einkommen, auf einen halbwegs befriedigenden Job ausreicht, um die Heranwachsenden für diese Gesellschaft, für ein Leben in dieser Gesellschaft zu motivieren. Das betrifft vor allem Selbstverständnis und Funktion des Bildungswesens: spätestens seit Mitte der sechziger Jahre hat sich in der Bundesrepublik nämlich ein Verständnis von Schule und Bildungswesen durchgesetzt, dessen wesentlicher Bestandteil gerade in der Vorstellung liegt, daß schulische Leistung, nachgewiesen durch Zeugnisse, Abschlüsse, die entscheidende und auch sichere Voraussetzung für soziale Chancen, für befriedigende berufliche Aufstiegsmöglichkeiten darstelle (Vgl. dazu die Formulierung *Schelskys*: Schule als »Zuteilungsapparatur sozialer Chancen«). Der erste zentrale Kristallisationspunkt der gegenwärtigen Problematik besteht nun darin, daß dieser Zusammenhang objektiv, real brüchig geworden ist und daß diese »Funktionslüge« hinsichtlich der Rolle des Bildungssystems für soziale Chancen und Fortkommen von den Heranwachsenden selbst durchschaut wird, daß aber »offiziell« an der Vorstellung, daß dies noch so sei, festgehalten wird. Es ist dieses »als ob«, mit allen seinen Konsequenzen, das als einer der tieferliegenden Kerne gegenwärtiger Problematik identifiziert werden muß.

In der sozialwissenschaftlichen Diskussion zur Frage danach, woher es kommt, daß wir es in der Gegenwart in den Erziehungs- und Bildungsinstitutionen mit einer Generation von Heranwachsenden zu tun haben, die sich in ihrer Bewußtseinslage und in ihren Norm- und Wertorientierungen von derjenigen früherer Generationen unterscheidet (z. B. von der politisch aktiven der frühen 70er Jahre), lassen sich gegenwärtig im wesentlichen zwei Erklärungsversuche konstatieren.

Der erste Erklärungsversuch geht von den oben beschriebenen Sachverhalten aus; er verweist auf die im Zusammenhang mit den Stichworten »Geburtenberg«, »Ausbildungskrise«, »Verschlechterung der beruflich-sozialen Lebensperspektiven« gemeinten Entwicklungen, also auf die für die Jugendlichen dieser Auffassung zufolge mittelbar oder unmittelbar direkt erfahrbare Verschlechterung der Ausbildungs- und Arbeitssituation. Es wird ein direkter Zusammenhang hergestellt zwischen Erfahrungen der beruflichen Perspektivlosigkeit, der Enttäuschung über nicht realisierbare Berufs- und Arbeitswünsche auf der einen Seite und daraus resultierenden Einstellungen, Verhaltensweisen, Motivstrukturen, die als resignativ, apathisch, interessenlos, demotiviert bezeichnet werden. Die »opportunity structure« hat sich diesem im wesentlichen soziologischen Erklärungsansatz zufolge verschlechtert, und daraus resultieren die skizzierten Folgen in der Bewußtseinslage und Wertorientierung der heranwachsenden Generation.

Der zweite Erklärungsversuch ist im Bereich der Psychoanalyse lokalisiert und geht von der Annahme einer ganz grundlegenden und neuen »Motivationskrise« aus (*Ziehe*, 1975). Diese Erklärung verweist darauf, daß es einen Wandel in der Selbstdefinition der Jugendlichen gebe, und daß dies weniger eine Reaktion auf aktuell erfahrene problematische Lebensumstände sei, sondern eine Folge von bereits in der frühkindlichen Sozialisation angelegten Wandlungen in der Persönlichkeitsstruktur. Man hat in diesem Zusammenhang von einem »neuen Sozialisationstypus« (*Ziehe*) gesprochen, einem Typus von Jugend, der sich durch Gegenwartsbezogenheit anstatt zukunftsbezogenem Planen und Handeln, durch bestimmte Formen von Vermeidungsverhalten gegenüber sachlichen Anforderungen, durch narzißtische, empfindsame Selbstbezogenheit, durch Rückzug auf innere Erlebnisse auszeichne und sich dadurch von früheren Jugendgenerationen unterscheide. Nach der entsprechenden Theorie ist dies die Folge der bereits erwähnten Wandlungen in der frühkindlichen Sozialisation – genauer: die Folge einer ambivalenten Motivation der Mutter dem Kinde gegenüber. Solche Ambivalenz ergibt sich – nach *Ziehe* – daraus, daß die Beziehungen der Mutter gerade zum sehr kleinen Kind durch eine widersprüchliche Motivstruktur gekennzeichnet sind: es geht einerseits in dieser Beziehung um den Versuch der Eigenstabilisierung der Mutter; andererseits wird aber auch unterschwellig Liebesunfähigkeit erfahren.

Aus dem erstgenannten Motiv ergibt sich die Funktionalisierung des Kindes für die Zwecke der Selbststabilisierung der Mutter. Sie drückt sich in übertriebener Fürsorglichkeit aus, die zwar zunächst den narzißtischen Bedürfnissen des Kindes entspricht, aber wegen ihrer Funktion für den psychischen Haushalt der Mutter von ihr auch dann nicht aufgegeben werden kann, wenn für das Kind bei fortgeschrittenem Alter eine andere Form der sozialen Beziehung notwendig wäre.

Das Kind erfährt – wiederum nach dieser Theorie – die ambivalente Motivation der Mutter als »narzißtisch traumatisierend«. Das Symbiose-Erlebnis als entscheidendes Element dieser Konstellation wird in einer gegen seine Gefährdung geschützten Weise fortgesetzt: nämlich als Rückzug auf die psychische Realität.

Damit entstehen in einem von den Prozessen psychischer Reifung abgekoppelten Bereich »archaisch-narzißtische Bedürfnisse«, die sich als Verlangen nach Verschmolzenheit, nach Auflösungseuphorie, nach Allmacht aufbewahren. Daraus resultiert, so folgert diese Theorie, das Unvermögen der Heranwachsenden, sich mit objektiven Sachanforderungen auseinanderzusetzen. Hieraus erklärt sich, daß die Heranwachsenden das, was ihnen gegenübertritt, in höchst selektiver Weise wahrnehmen: nach der jeweiligen Bedeutsamkeit, die die Welt, die Natur, Menschen, Gegenstände für sie haben. Daraus erwächst die Abwehr gegenüber allem, was als Bedrohung dieser Grundbedürfnisse empfunden wird. Daraus entstehen Rückzug und Aggressivität, also phänomenologisch ganz unterschiedliche Verhaltensmuster. Sie lassen sich dieser Theorie zufolge beide – ebenso wie die Hinwendung zu Drogen, Jugendreligionen oder Rockertum – auf die skizzierte Motivstruktur zurückführen.

Allerdings: die beiden Theorien reichen offensichtlich nicht aus, die veränderte Bewußtseinslage der heutigen Jugendlichen und jungen Erwachsenen, die daraus resultierenden Phänomene von Ratlosigkeit und Sprachlosigkeit im Verhältnis der Generationen, das stumme, die Erwachsenen oft fassungslos zurücklassende Weggehen der Jugendlichen aus dem Feld, in Drogen, Alkohol und Selbstmord zu erklären. Es spielt offensichtlich auch anderes eine Rolle. Besonders deutlich wird dies bei dem ersten der beiden Erklärungsversuche. Es zeigt sich nämlich, daß die beobachtbaren Veränderungen in der Motivations- und Bewußtseinslage der Jugend auch, vielleicht sogar gerade, Angehörige von Gruppen betreffen, die durch die aktuelle Verschlechterung faktisch nicht betroffen sind, also die Angehörigen traditionellerweise privilegierter Schichten. Darüber hinaus gibt es die Beobachtung, daß viele Jugendliche, denen theoretisch alle Möglichkeiten offenstünden, von diesen keinen Gebrauch machen; das, was die Erwachsenen als Chance verstehen, erscheint ihnen als gar nicht erstrebenswert. Die Weigerung vieler Heranwachsender, sich auf die Anforderungen der Erwachsenen einzulassen, muß demnach auch andere Gründe haben.

Auch gegenüber dem Erklärungsversuch, wie er in der These vom »neuen Sozialisationstyp« steckt, sind Einwände erhoben worden (*Bopp*, 1979); z. B. scheint ja durchaus offen, warum die zentrale Veränderung im Vater-Mutter-Kind-System genau zu jenem in der Theorie behaupteten Zeitpunkt erfolgte, der etwa zu Beginn der sechziger Jahre liegen müßte. Ferner: die als bedingende Ursache unterstellten familiären Konstellationen stellen sich ja in Wirklichkeit, je nach sozialer Lage und Lebensverhältnissen, sehr unterschiedlich dar; in dem, was wir herkömmlich und problematisch Unterschicht nennen, sind die Verhältnisse, gerade was die Rollen und das Selbstverständnis von Vater und Mutter betrifft, wie wir wissen, ganz anders als in der Mittel- und Oberschicht — dennoch scheint sich die Theorie ja auf umfassende, die Jugend als Ganzes betreffende Sachverhalte zu beziehen.

Aus derartigen Feststellungen ergibt sich die Notwendigkeit, für die Erklärung der eingangs erwähnten Phänomene zusätzliche Faktoren einzubeziehen und sie in den Zusammenhang übergreifender gesamtgesellschaftlicher Wandlungsprozesse zu stellen.

Von besonderer Wichtigkeit sind hier folgende Entwicklungen:
- die Zunahme vergesellschafteter Sozialisation im Verhältnis zur privaten,
- die Tatsache eines epochalen Wertwandels (mit der Folge, daß im Verhältnis von Jung und Alt unterschiedliche Wertsysteme konkurrieren und zusammenprallen),
- die Art der gesellschaftlichen Reaktion auf die aus dieser Lage resultierenden Konflikte.

Kinder und Jugendliche verbringen heute, im Vergleich etwa zur Situation vor etwa zehn Jahren, einen sehr viel größeren Anteil ihrer Zeit in Formen öffentlich organisierter Erziehung, in Abhebung von privaten, informellen. Sie befinden sich weitaus früher und für längere Zeit, und sicher auch mit größeren Ansprüchen, in Formen öffentlich organisierter, vergesellschafteter, geplanter und damit auch institutionalisierter Erziehung. Auf der einen Seite geraten sie früher in solche hinein; schon die frühkindliche Erziehung scheint auf dem Wege über die Massenmedien und auf Grund des von dort ausgehenden Drucks in einer anderen Weise »öffentlich« zu sein als früher; dann folgen Kindergärten, Schulen, Ausbildungsstätten. Sie bleiben aber auf der anderen Seite auch länger in Institutionen der Bildung und Ausbildung.

Damit ist aber auch eine qualitative Veränderung der sozialen Situation der Kinder und Jugendlichen verbunden: an die Stelle frei gewählter und individuell geprägter Kommunikations- und Sozialformen treten in starkem Maße solche, die durch eben diese staatlich geplanten und öffentlich organisierten Institutionen bestimmt sind, also weniger durch das Handeln selbständiger Persönlichkeiten. Damit sind soziale Beziehungen einer bestimmten Art nahegelegt: solche nämlich, wie sie durch den Organisationszweck, die Funktion der Organisation bestimmt sind – wenn sich auch gleichsam hinter ihrem Rücken – und in bezug auf Schule auch hinter dem Rücken des Lehrers – persönlich bestimmte, private Beziehungen entwickeln und versuchen, sich geltend zu machen. Damit sind aber weitere Folgeprobleme verknüpft: Gesellschaftlich organisierte Erziehungsprozesse sind durch Merkmale gekennzeichnet, die sich, gemessen an Erfordernissen der Persönlichkeitsentwicklung, als Mängel identifizieren lassen: sie reduzieren soziale Beziehungen zwischen Erwachsenen und Heranwachsenden, etwa in der Lehrer-Schüler-Rolle, in einer Weise, die es den Heranwachsenden schwer macht, Prozesse persönlicher Identitätsfindung, persönlicher Orientierung und die Lösung von Sinn- und Wertfragen zu leisten (*Wellendorf*, 1973).

Sie erzeugen eher Gefühle der Entfremdung, der Bedrohung durch Leistungsanforderungen schwer nachvollziehbarer, abstrakter, allgemeiner, aber eben darin häufig kaum auf sich beziehbarer Art; die Institutionen werden eher als identitätszerstörend und -bedrohend erfahren denn als identitätsfördernd (*Rumpf*; 1976 *Bietau* u. a., 1981).

Dies alles ist nun aber auch vor dem Hintergrund der gesamten Lebenssituation der

Kinder und Jugendlichen zu sehen; zunächst wäre ja denkbar, daß die in den skizzierten vergesellschafteten Formen der Sozialisation offensichtlich schwer realisierbaren Prozesse der Identitätsbildung, der Sinn- und Wertorientierung in den anderen Lebensfeldern gesichert sind. Dies scheint aber schwer möglich angesichts der Tatsache, daß herkömmliche Traditionsbestände, die die Legitimation von Werten und Normen sichern, und damit sinn- und motivstiftend wirken könnten, im historischen Prozeß weithin ihre Verbindlichkeit verloren haben (*Döbert/Nunner-Winkler*, 1975). Angesichts der Tatsache, daß bei den Eltern pragmatische Alltagsorientierung anstatt identifizierbarer Lebensentwürfe vorherrscht, bestehen verhältnismäßig ungünstige Voraussetzungen dafür, wenn man bedenkt, daß die Klärung und Bearbeitung von Sinnfragen für die Heranwachsenden an Prozesse der Auseinandersetzung mit identifizierbaren Lebensentwürfen der Erwachsenen gebunden ist.

Die öffentlichen Institutionen des Bildungswesens müßten deshalb heute etwas leisten, wozu sie schwerlich in der Lage sind: nämlich für die Heranwachsenden einen individuell erfahrbaren und zugleich auch gesellschaftlich gestützten Sinn, also eine Antwort auf die Frage vermitteln, was das Ganze eigentlich soll. Weil dies aber offensichtlich, zumindest unter den heutigen schulischen und gesellschaftlichen Rahmenbedingungen, kaum »geht«, müssen die Jugendlichen die Sinnfrage für sich selbst lösen, auf eigene Faust sozusagen; und sie tun dies in den vielfältigen Formen jugendlicher Subkultur – davon soll an einer späteren Stelle noch die Rede sein.

Darüber hinaus ist es notwendig, die Tatsache zu reflektieren, daß Aufwachsen heute unter den Bedingungen eines epochalen Wertwandels erfolgt. Die These besagt zunächst, daß es in den westeuropäischen Ländern – nur dafür liegen vergleichbare Untersuchungen vor – einen langfristig zu beobachtenden Wandel in den vorherrschenden Normen und Wertorientierungen gibt, der sich als Wandel von einer »materiellen« Wertorientierung zu einer »postmateriellen« charakterisieren läßt, und daß sich dieser Wandel, dies ist der zweite Teil der These, vor allem bei den Angehörigen der jüngeren Generation deutlich konstatieren läßt (*Inglehart*, 1977).

Materielle Werte sind dabei Sicherheit betonende Werte wie starke Verteidigung, Ordnung und Ruhe, Kampf gegen Verbrechen, dann aber vor allem wirtschaftliches Wachstum, Kampf gegen steigende Preise, für eine stabile Wirtschaft. Postmaterielle Werte sind dieser Auffassung zufolge: Hochschätzung der Persönlichkeit und Selbstverwirklichung, verstärktes Mitspracherecht in Betrieb, Gemeinde, Politik, in der Gestaltung gesellschaftlicher Verhältnisse; dann im intellektuell-ästhetischen Bereich: Betonung einer dem Menschen dienenden, schönen Umwelt, freie Meinungsäußerung, die Hochschätzung von Ideen, geistigen Gehalten gegenüber Geld und anderen materiellen Werten.

In den gleichen Zusammenhang gehört die Feststellung, daß es in den letzten Jahren ganz allgemein so etwas wie einen »Zerfall von Berufs- und Leistungsorientierung« gebe und daß privatistisch-hedonistische Haltungen an deren Stelle getreten seien; der Wunsch nach Befriedigung persönlicher Bedürfnisse nehme an

Bedeutung zu (*Kmieciak*, 1976; *Noelle-Neumann*, 1978); man hat in diesem Zusammenhang ja auch vom Hedonismus der »neuen Linken« gesprochen. *Fromms* Unterscheidung von »Haben« oder »Sein« (*Fromm*, 1976) gehört ebenfalls in diesem Zusammenhang.

Derartige Wandlungsprozesse sind nicht nur durch viele qualitative Schilderungen beschrieben, sondern auch in vergleichenden Studien durch Umfragen erhoben worden (*Inglehart*, 1977). Bei aller Kritik (vgl. dazu vor allem *Herz*, 1979) scheinen die Befunde doch so stabil, daß das Phänomen eines gesellschaftlichen Wertwandels identifizierbar zu sein scheint und als belegt gelten kann. Dies gilt auch für den zweiten Teil der These, daß nämlich dieser Wertwandel offensichtlich bei Jüngeren stärker feststellbar ist als bei Angehörigen der heute erwachsenen, älteren Generation (*Inglehart*, 1977).

Diese Beobachtung hat zu einem Erklärungsversuch geführt, der auf die unterschiedlichen Lebensbedingungen der verschiedenen Generationen abhebt: materielle Orientierung entsteht dieser Erklärung zufolge immer dann, wenn eine Generation unter kärglichen Bedingungen aufwuchs, d. h., wenn ihre prägende Phase in eine Zeit materieller Armut und Not fiel. Umgekehrt: eine Generation, die im Überfluß aufwächst, tendiert dieser Theorie zufolge dazu, postmaterielle, ideelle Werte zu betonen, also Ziele der Selbstverwirklichung, der emotional befriedigenden Beziehungen usw. Während am Sachverhalt eines historischen Wertwandels wohl kaum Zweifel bestehen können, ist die eben referierte Theorie in ihrer Erklärungskraft problematisiert worden. Es ist darauf hingewiesen worden, daß es neben diesem durch Zyklen wirtschaftlicher Prosperität bzw. Krisen zustandekommenden Verlauf auch so etwas wie einen langfristigen, gleichsam unterhalb der so identifizierbaren wirtschaftlich bestimmten Zyklen einen Prozeß der Korrosion bürgerlicher Sinn- und Deutungssysteme gebe, wie er von *Habermas* und seinen Schülern vor allem unter dem Aspekt der damit verbundenen Krisenphänomene beschrieben und im Rahmen einer Theorie des Spätkapitalismus erörtert wurde (*Habermas*, 1973; *Döbert/Nunner/Winkler*, 1975). Vor welchem theoretialen Erklärungshintergrund die hier skizzierten Entwicklungen immer gesehen werden – in jedem Fall wäre die Gegenwart zu charakterisieren als Schnittpunkt zweier konkurrierender Wertsysteme, als historischer Ort, an dem sich konkurrierende Systeme gegenüberstehen. Sie sind nicht identisch mit den herkömmlichen politischen Konfliktlinien, wie sie sich in der traditionellen Unterscheidung von »links« und »rechts« ausdrücken; es entstehen vielmehr infolge konkurrierender Wertorientierungen neue »Hauptspannungslinien« (*Pappi* in *Matthes*, 1979) die quer zu den alten liegen; während es sich bei diesen um ökonomisch motivierte Verteilungskämpfe handelte, geht es nun primär um Fragen der Lebensqualität und um die Gestaltung des gesellschaftlichen Lebens (vgl. dazu die Diskussion um die sogenannte »Neue Politik«; das Aufkommen der »Bunten Listen« und der »Grünen« gehört ebenfalls in diesen Zusammenhang).

Die Wandlungen betreffen dabei auch den Bereich der Moral: die traditionelle, bürgerliche Moral, wie sie etwa seit der Aufklärung herrscht, ist die Moral einer »utilitaristischen Wirtschaftsgesellschaft« (*Weber*). Handle so, so könnte ihr oberstes Prinzip formuliert werden, daß daraus ein möglichst großes Maß allgemeinen wirtschaftlichen Wohls entsteht. Die »postmaterielle« Moral ist im Gegensatz dazu eine Moral der individuellen Selbstverwirklichung im Hier und Jetzt, im Augenblick; sie ist keine Moral langfristig ökonomisch planender, rational vorausschauender wirtschaftlicher Vernunft.

In unseren Zusammenhang interessieren vor allem die konflikthaften Auswirkungen, die die skizzierten Prozesse gesellschaftlichen Wertwandels für die heranwachsende Generation und ihre Situation in der Gesellschaft haben. Sowohl aus den Untersuchungen zum gesellschaftlichen Wertwandel von *Inglehart* als auch aus Analysen zum Wahlverhalten der Erstwähler ergibt sich eindeutig, daß die heute Heranwachsenden in weit stärkerem Maße als ihre Eltern zu postmateriellen Orientierungen tendieren und dieser Präferenz auch in ihrem Wahlverhalten konkreten Ausdruck verleihen (*Hornstein*, 1982 a). Dabei liegt auf der Hand, daß postmaterielle« Orientierungen in einem scharfen Gegensatz zur herkömmlichen gesellschaftlichen Definition des Jugendalters stehen; d. h. sie kollidieren in schroffer Weise mit den Erwartungen, die »die Gesellschaft« gegenüber den Heranwachsenden geltend macht.

Dieser gesellschaftlich vorgeschriebene Sinn des Jugendalters ist bereits beschrieben worden: er liegt darin, daß man sich unter Mühen und Anstrengungen auf etwas Späteres vorbereitet. Der Sinn des Jugendalters liegt – der offiziellen, herrschenden Version zufolge – in den Gratifikationen, die als Belohnung für Verzicht und Anstrengung in der Gegenwart in der angestrebten Karriere winken – und es ist klar, wie eng diese Vorstellung mit dem allgemeinen Denkmuster einer »materiellen« Grundorientierung in dem vorher beschriebenen Sinn zusammenhängt – ja der auf die Jugend gewendete Ausdruck dieser Orientierung ist.

Es ist bereits an einer früheren Stelle aufgezeigt worden, daß heute für viele Jugendliche dieser gesellschaftliche Sinn des Jugendalters in der beschriebenen Weise nicht mehr nachvollziehbar ist; neben den bereits an einer früheren Stelle genannten Gründen spielen die im Zusammenhang mit dem skizzierten Wertwandel stehenden sicher auch eine entscheidende Rolle: weil ihnen eben aus gewandelter Wertorientierung der Sinn dieses »Späteren«, so wie er sich ihnen am abschreckenden Beispiel der vor allem materiellem Wohlstand nachjagenden Erwachsenen darstellt, nicht einleuchtet, weigern sie sich das zu tun, was die Gesellschaft von ihnen verlangt; sie können eben aus einer anderen Grundorientierung heraus, den Sinn der Anforderungen nicht einsehen. Für sie ist der gesellschaftlich zugeschriebene Sinn der Jugendphase, der vor allem durch dieses Moment der Vorbereitung auf Späteres und des Verzichts in der Gegenwart zugunsten einer späten Prämie bestimmt ist, nicht mehr nachvollziehbar.

Alternative Orientierungen haben aber für Jugendliche in der Regel andere Konsequenzen als für Erwachsene; letztere haben zumindest eher die Möglichkeit des Ausweichens gegenüber als inadäquat empfundenen Anforderungen (etwa durch Berufswechsel). Jugendliche dagegen stehen unter einem starken Anpassungsdruck; gerade der Jugend gegenüber werden die herrschenden Normen, nicht die »alternativen«, geltend gemacht. Und wo sie dem nicht entspricht, wo sie alternative Lebensentwürfe den herrschenden entgegenstellt, ist es für die Erwachsenen ein leichtes, gerade unter Berufung auf »pädagogische Notwendigkeiten« und darauf, daß man ja nur »das Beste« wolle, dies als Abweichung zu entwerten und zu disqualifizieren. Dieser Reaktionsweise unterliegen die meisten Jugendlichen, wenn sie für sich die Brüchigkeit des etablierten Leistungssystems mit seinen Ansprüchen spüren und daraus für sich die Konsequenz ziehen, aus diesem System »auszusteigen«.

Es liegt deshalb die Annahme nahe, daß die Verständigungsschwierigkeiten zwischen den Generationen heute in starkem Maße durch den eben beschriebenen Wertwandel bestimmt sind – in den unterschiedlichsten Institutionen in unterschiedlicher Form, ohne daß die miteinander Agierenden diesen Kontext reflektieren. Sie handeln so, als ob sie sich im gleichen Wertsystem bewegen; in Wirklichkeit argumentieren sie aber (wo überhaupt argumentiert wird) von verschiedenen Wertsystemen her und sie leiten daraus jeweils andere Prioritäten und Wertsetzungen her. Ein Großteil der Konflikte, Mißverständnisse, das Aneinander-Vorbei-Reden hat hier seine – nicht erkannten – Wurzeln. Viele Verständigungsprobleme zwischen den Generationen, gerade auch wie sie sich in der Schule, aber auch in der Universität niederschlagen, sind Ergebnis der Tatsache, daß hier unterschiedliche Orientierungssysteme miteinander konkurrieren, sind eine Folge der Tatsache, daß es eine tiefe, kaum zu überbrückende Kluft zwischen Jugendlichen und Erwachsenen in der Bewertung dessen gibt, was wichtig ist. Es liegt auf der Hand, daß daraus Probleme und Konflikte resultieren: Während Erwachsene (Lehrer, Eltern) hinsichtlich der zeitlichen Struktur des Jugendalters immer noch davon ausgehen, daß die Phase des Jugendalters eine Zeit der Vorbereitung, des Sichanstrengens für Späteres, für »das Leben« sei, stoßen bei den Jugendlichen auf eine Orientierung, die genau dies nicht will: Jugendzeit ist nach dem Selbstverständnis der heute Heranwachsenden zunächst nicht Vorbereitung auf ein Späteres, sondern Leben, jetzt zu lebendes, gegenwärtiges Leben. Deshalb wird anderes wichtig als es in den Augen der Erwachsenen scheint!

Zweitens scheint es auch eine tiefe Kluft zu geben in der Bewertung von Inhalten durch die Heranwachsenden einerseits und durch die Erwachsenen andererseits. Dies ist eine Folge der Tatsache, daß es unterschiedliche Bewertungssysteme sind, die hier miteinander ins Spiel kommen; Erwachsene und Jugendliche leben in vieler Hinsicht in verschiedenen Welten.

Und drittens schließlich: viele Beobachtungen zeigen, daß Ansprüche auf emotionales Aufgehobensein, auf erfülltes, gegenwärtiges Leben aufs schärfste kontrastieren mit den Leistungsanforderungen von Institutionen, die als bürokratisch und fremd empfunden werden. Es treffen Vorstellungen und Forderungen der Erwachsenen, die sich aus dem ableiten, was in ihren Augen auf der Grundlage ihres Wertsystems Jugend »ist« und zu sein hat, auf konkrete junge Menschen, die das, was ihnen zugeschrieben und von ihnen verlangt wird, auf Grund alternativer Wertorientierung ablehnen: sie haben eine andere innere Erfahrung von der Zeitstruktur des Jugendalters als die Erwachsenen; ihnen ist anderes inhaltlich wichtig als den Erwachsenen und schließlich: sie sind sich selbst in ihrer eigenen

Subjektivität so bedeutsam, und auf eine andere Art bedeutsam, daß sie die Anforderungen der Institutionen als fremd und bedrohlich erfahren, und die Erwachsenen sich ihrerseits demgegenüber fremd und ausgeschlossen vorkommen. Offensichtlich sind es gerade diese drei Momente (also: Zeitstruktur, neue Wertorientierung, neues Verhältnis zum eigenen Ich = Subjektivität), die eine neue historische Erscheinungsform von Jugend konstituieren, angesichts derer sich die etablierten und herkömmlichen Formen des Umgangs mit Jugend, vor allem in den gesellschaftlichen Institutionen des Bildungswesens, als unangemessen erweisen (*Ziehe*, 1976; *Ziehe/Stubenrauch*, 1982).

Vielfältige Beobachtungen zeigen, daß es in der pädagogischen und politischen Praxis vor allem folgende Formen des Umgangs mit den aus dieser Konstellation resultierenden Problemen gibt:

- Es gibt zunächst als die am weitesten verbreitete Reaktion den resignativen Verzicht der Erwachsenen darauf, so etwas wie erzieherische Forderungen anzumahnen. Eine scheinbare Legitimation verschafft sich diese Reaktionsform dadurch, daß sie Heranwachsende, die sich nicht für das interessieren, was den Erwachsenen und den gesellschaftlichen Institutionen wichtig ist (sondern für anderes) als »uninteressiert«, »demotiviert« hinstellt; häufig begnügt man sich dann damit, auf der Einhaltung äußerlich kontrollierbarer Verhaltensweisen und meßbarer Leistungen zu bestehen.

- Es gibt zweitens das Verfahren der Diskriminierung und Diffamierung alternativer Lebensentwürfe und ihre Uminterpretation zu »abweichendem Verhalten«, zu Aufmüpfigkeit und disziplinar zu ahndender Widersetzlichkeit. Hier wird in einer höchst problematischen Weise ausgeblendet, daß hier konkurrierende Wertsysteme im Hintergrund stehen; es wird so getan, als ob alle von einer gemeinsam geteilten Grundüberzeugung heraus, z. B. über den Sinn von Schule und Leistung, über die Bewertung von Inhalten schulischen Lernens, ausgingen. In Wirklichkeit ist dies überhaupt nicht der Fall. Das zeigt sich an den ganz konkreten und alltäglichen Problemen und Auseinandersetzungen in der Schule, bei der Berufswahl, bei der Gestaltung des Alltags.

- Weiter: es sieht so aus, als ob aus solchen Prozessen und aus den dahinterstehenden Gründen immer wieder neue Problemgruppen erzeugt und auch traditionelle wie z. B. die der »Schulversager« in neuen Ausprägungen hervorgebracht würden. Gerade am Beispiel des »Schulversagens« wird dies deutlich: die neue Ausprägung besteht darin, daß hier nicht mehr diejenigen »versagen«, die aus Gründen mangelnder intelligenzmäßiger Ausstattung den Anforderungen nicht gerecht werden, sondern diejenigen, die eben aus grundlegend anderer Wertorientierung heraus keinen motivationsmäßigen Zugang zu den gesellschaftlichen Anforderungen haben.

- Schließlich: es gibt heute gelegentlich eine problematisch zu nennende Inanspruchnahme von Bindungsbereitschaft Jugendlicher, die als Rückkehr zu den »alten Werten« auch mißverstanden bzw. in einer bestimmten Weise politisch in Anspruch genommen wird. Auch dies ist eine problematische gesellschaftlich-politische Reaktion auf die skizzierte Situation. Wenn Jugendliche sich heute stärker als früher in vielfältigen Formen, z. B. vereinsmäßig engagieren, dann muß dies interpretiert und kritisch-pädagogisch bewertet werden. Hier liegt gelegentlich auch Rückzug, auch der Versuch, den Anforderungen der Gegenwart zu entgehen, zugrunde. Es muß die Frage gestellt werden, ob hier nicht mangelnde Ich-Stärke, Orientierungslosigkeit, ungelöste Sinnfragen zur Flucht in kollektive Bindungen oder in Heilslehren der verschiedensten Art führen (*Nipkow*, 1981; *Siebert* 1981).

Reaktionsformen der Jugend

Die Heranwachsenden selbst setzen sich in sehr unterschiedlichen Formen mit dieser Situation auseinander. Neben den »Aussteigern« und Protestierenden darf die Tatsache nicht übersehen werden, daß die Mehrzahl der Jugendlichen keineswegs dramatische, äußerlich spektakuläre Antworten auf die geschilderte Situation wählt, sondern den »stillen« Weg, der sich am ehesten durch drei Sätze charakterisieren läßt:

– Erstens: Es setzt sich angesichts der skizzierten Lage eine strategisch-berechnende und selektive Art des Umgangs mit den Institutionen und Ansprüchen der Erwachsenengesellschaft durch; weil sich niemand mit einem wirklich einläßt, hat es auch keinen Sinn, sich selbst über das notwendige Maß hinaus zu engagieren.

– Zugleich wird zweitens die jugendliche Subkultur kompensatorisch gegenüber den Frustrationen und Sinnlosigkeiten der offiziellen Institutionen zum Ort der eigentlichen, wirklichen Existenz (*Clarke* u. a., 1979).

– Die Erwachsenen schließlich tun drittens alles, um dieses Muster zu verstärken. Sie können es sich erlauben, dies zu tun, und es bringt für sie Vorteile – wenn es auch pädagogisch und gesellschaftspolitisch betrachtet mit höchst fragwürdigen Konsequenzen verknüpft ist.

»Strategisch-berechnender Umgang mit den Institutionen und den Anforderungen der Erwachsenenwelt« – das heißt: Sich-Einlassen höchstens in dem Maße, wie es unbedingt erforderlich ist, um die individuell notwendigen, für das »Überleben« unerläßlichen Ziele zu erreichen. Es handelt sich um ein Sich-Einstellen auf das Unausweichliche, um ein ritualistisches Sich-Anpassen an die Verhaltens- und Leistungsanforderungen für eine begrenzte Zeit, um sich dann – und dies ist die andere Seite der Medaille – innerhalb der Gruppe der Gleichaltrigen in der Disco, in der Band, an der Straßenecke seinen eigentlichen Bedürfnissen hinzugeben. Die jugendliche Subkultur wird unter diesen Bedingungen so etwas wie ein »sozialer Uterus«, der in idealer Weise die Bedürfnisse erfüllt, die für diesen neuen Jugendlichen-Typus vor allem wichtig sind.

Die jugendliche Subkultur erfüllt erstens die Voraussetzungen für die Realisierung des Vermeidungsverhaltens, das, wie wir gesehen haben, für die heute Heranwachsenden in starkem Maße charakteristisch ist. In der jugendlichen Subkultur gibt es keine Leistungsanforderungen von der Art, wie sie von gesellschaftlichen Institutionen und von seiten der Eltern gestellt werden.

Zweitens: Die jugendliche Subkultur befriedigt die Bedürfnisse nach einem bestimmten Kommunikationsmuster; sie erlaubt Zustände rauschartiger Wir-Erfahrung in extremer Form – aber qualitativ durchaus nur als Steigerung einer in der subkulturellen Situation jederzeit angelegten Dimension.

Und drittens schließlich: Die jugendliche Subkultur ermöglicht Formen der Sexualität und Erotik, die nicht mit Überbeanspruchung verbunden sind, der man sich nicht gewachsen fühlt. Diffusität, wortloses Verschmelzen in rauschartigen Zuständen – dies sind die Elemente auch in diesem Bereich (*Ziehe*, 1976).

In dieser Skizze liegt nun allerdings nicht nur eine Darstellung jugendlichen Verhaltens; es wird bei näherem Zusehen deutlich, wie Jugendliche in ihrem Verhalten fragwürdige Muster des Erwachsenenlebens widerspiegeln und zugleich einüben, nämlich jene weithin dominierende Zweiteilung in »entfremdete«, widerwillig erbrachte »Arbeit« einerseits und in eine den eigentlichen Bedürfnissen entsprechende Freizeit andererseits.

Dieses Verhalten ist also funktional im Hinblick auf die Anforderungen und Lebensmuster des Erwachsenenlebens, wie es sich tendenziell in unserer Gesellschaft darstellt. Dennoch kann man es nicht bei dieser Feststellung bewenden lassen; der geschilderte Sachverhalt bedeutet ja den weitgehenden Verzicht auf alle jene pädagogisch angeleiteten Prozesse der Auseinandersetzung und Bearbeitung der zahllosen Konflikte und Probleme, mit denen Jugendliche im Prozeß des Heranwachsens angesichts der Widersprüche gesellschaftlicher Art konfrontiert sind; heißt Verzicht auf Prozesse der Identitätsentwicklung, soweit sie der emotionalen, sozialen Beziehungen mit Erwachsenen bedürfen. Es heißt dies: Radikalisierung jener von *Tenbruck* schon vor Jahren konstatierten »Sozialisation der Jugend in eigener Regie« in einer Zuspitzung, wie sie damals, als dieser Begriff geprägt wurde, noch längst nicht vorhanden war (*Tenbruck*, 1962).

Es scheint deshalb auch nicht überspitzt, zu sagen, daß angesichts dieser Situation – also forcierte Anpassungsforderungen in zunehmend sozialstaatlichen Verkehrs- und Sozialformen und Kompensation in subkulturellen Sozialformen – die gesellschaftlichen Voraussetzungen für Prozesse gelungener Identitätsfindung ungenügend sind; die Orientierungsmuster, die Erwachsene ganz allgemein bieten, sind in der Regel Versatzstücke, die – in pädagogischen Situationen! – mühsam zusammen- und hochgehalten werden, an denen sich jedoch kaum Prozesse der Auseinandersetzung um alternative Lebensentwürfe entzünden können.

Als Fazit aus dem Vorausgegangenen läßt sich herausstellen, daß die hinter dem beobachtbaren Verhalten liegenden Motivstrukturen und Wertorientierungen eine »Gemengelage« höchst komplexer Art darstellen; sie resultieren aus Anpassungen an vorherrschende Muster des Erwachsenenlebens ebenso wie an gesellschaftlich erzwungene, spezifisch jugendliche Anpassungserwartungen; in diesem »Gemenge« sind jedoch auch enthalten Elemente alternativer, neuer Wertorientierungen, die im Zusammenhang des skizzierten epochalen Wertwandels zu sehen sind; und schließlich sind Orientierungen junger Menschen immer auch ein Resultat der Auseinandersetzung mit dem, was sie erfahren haben in den Konflikten, die ihren bisherigen Lebensweg bestimmt haben. Gerade im Hinblick auf die Aufgabenfel-

der der Sozialpädagogik und Sozialarbeit schließlich ist es wichtig, noch einmal zu
betonen, daß unter den gegebenen Bedingungen die Tendenz sich verstärkt,
diejenigen Gruppen der Heranwachsenden, die unter den verschärften Bedingungen nicht »mithalten« können, als Rand- und Problemgruppen zu definieren.

Konsequenzen und Probleme pädagogischen Handelns

Der geschilderte Strukturwandel der Jugend mit seinen weitreichenden Konsequenzen für das Verhältnis der Generationen stellt nicht nur für Sozialarbeit und
Sozialpädagogik, sondern in einer umfassenderen Weise gesellschafts- und erzie-
hungspolitisch eine neue Situation und Herausforderung dar (*Böhnisch*, 1982). Sie
kann nicht mit den hergebrachten Formen pädagogischen und politischen Handelns
und im Rahmen des hergebrachten Selbstverständnisses der Institutionen bewältigt
werden, sondern verlangt neue Antworten. Die Analysen zwingen zu dem Schluß,
daß die eingangs skizzierte Sprach- und Verständnislosigkeit zwischen den Generationen die Grundlagen erzieherischer Prozesse, insofern diese immer auf Verständigung angewiesen sind, in frage stellt (*Hornstein*, 1982 c). Die Beziehungen
zwischen den Generationen gleichen derzeit einem Zustand, in dem die »Geschäfts-
grundlagen« entfallen sind. Die daraus resultierenden Probleme sind nicht primär,
schon gar nicht ausschließlich und vor allem, im Bereich der sozialpädagogischen
Praxis zu lösen; sie sind von gesamtgesellschaftlicher Art und müssen insofern auch
als gesellschaftliche diskutiert, erörtert und gelöst werden. Dennoch ist die
sozialpädagogische Praxis von den skizzierten Problemen in besonders gravierender Weise betroffen; in den weiter oben herausgestellten Punkten (Verstärkung der
Bedeutung öffentlich organisierter Sozialisation, Artikulation neuer Wertorientierungen, zunehmende Bedeutung jugendlicher Subkultur, die Produktion neuer
gesellschaftlicher Problemgruppen) zeigt sich die spezifische Form, in der die
skizzierte Problematik, – in vielfältigen Formen und in den verschiedenen Praxisfeldern sicherlich in unterschiedlichen Ausprägungen – wirksam wird.
Die Praxis der Sozialarbeit und Sozialpädagogik ist nun aber mit den aus diesen
Entwicklungstendenzen resultierenden Folgeerscheinungen selten in gleichsam
unverstellter Form konfrontiert; sie sieht sich so gut immer bereits einer vorausgegangenen Definition der Probleme gegenübergestellt, die sich aus den institutionellen Interessen derer ergeben, die die Probleme bereits definiert haben. Diese
wiederum aber sind in starkem Maße Kontroll- und Disziplinierungsinteressen
(*Böhnisch/Schefold*, 1976, 1980).
So sind Probleme, die sich aus der Zunahme vergesellschafteter Sozialisation und
dem damit zusammenhängenden Mangel an Sinn und Motivation ergeben, meist,
wenn sie zur Jugendhilfe kommen, vordefiniert als Erscheinungen von Lern- und
Motivationsstörungen, von Apathie und Desinteresse, oder aber – im Falle
alternativer Wertorientierungen – als Widersetzlichkeit.
Darüber hinaus ist in der vorausgegangenen Analyse die generelle Richtung der
Problemdefinitionen und der Problembearbeitung, die gesellschaftlich praktiziert
wird und deshalb auch eine Rahmenbedingung sozialer Arbeit darstellt, bereits

angedeutet worden. Sie geht einmal dahin, Problemgruppen sozialpolitisch zu versorgen, dabei aber die problemverursachenden Strukturen und Faktoren unberührt zu lassen (*Hornstein*, 1979).

Zum anderen zielen sie im Zusammenhang allgemeiner Entwicklungstendenzen auf Disziplinierung, Einschränkung von Abweichungen und daraus resultierenden Prozessen der Umdefinition alternativer Wertorientierung.

Die wichtigste Konsequenz aus den dargestellten Analysen liegt darin, daß sozialpädagogische Praxis sich der vielfältigen Formen der Problemumdeutung und -definitionen bewußt sein und sie auf der Grundlage ihrer pädagogisch-kritischen Kriterien in Frage stellen muß. Ein besonders deutliches Beispiel für derartige Umdefinitionen liegt vor im Bereich der Förderung sogenannter »berufsschwacher« Jugendlicher; hier müssen sozial bedingte Lerndefizite zunächst den Jugendlichen als »Berufsunreife« o. ä. attestiert und zugeschrieben werden, damit sie in den Genuß sozialpädagogisch begleiteter Förderungsmaßnahmen kommen (*Hornstein* u. a., 1982).

Diese allgemeinen Prinzipien lassen sich in bezug auf die weiter oben herausgestellten zentralen Konfliktpunkte zumindest an einigen Beispielen wie folgt konkretisieren; zugleich soll damit der Bezug zu einigen wichtigen etablierten Arbeitsfeldern und Institutionen der Jugendhilfe hergestellt werden:

1. Mit den an erster Stelle genannten Problemen, die sich aus der Zunahme öffentlich organisierter Sozialisation ergeben und vor allem auch aus der zunehmenden Selektionsfunktion des Bildungswesens wird Sozialpädagogik und Sozialarbeit vor allem in den vielfältigen Formen der Schulsozialarbeit konfrontiert; die zunehmende Unfähigkeit des Bildungswesens, die in ihm selbst und auf Grund sich problematischer gestaltender Außenbedingungen erzeugten Probleme zu lösen, haben zu einem verstärkten Engagement der Sozialarbeit im öffentlichen Bildungswesen geführt. Aus den hier skizzierten Überlegungen ergibt sich als wichtige Forderung, daß Schulsozialarbeit ihrer Arbeit eine Definition der Problem- und Aufgabenstellung zugrunde legt, die nicht einfach eine Verdoppelung der schulischen Problemdefinitionen ist, sondern die die aus der veränderten Lebenssituation und Bewußtseinslage der Heranwachsenden sich ergebenden Sichtweisen und Wertorientierungen aufgreift und sie als legitime Ansprüche zu ihrem Recht kommen läßt.

2. Mit der veränderten, qualitativ verstärkten Bedeutung der jugendlichen Altersgruppe und zwar sowohl in Richtung auf kompensatorische Entlastung von den Leistungs- und Anpassungsforderungen der Institutionen des Bildungs- und Ausbildungsbereiches einerseits wie auch in ihrer Funktion als sozialer Ort alternativer Wert- und Sinnorientierungen wird vor allem die Jugendarbeit betroffen. Wenn auch die hergebrachten Formen der Jugendarbeit weiterbestehen, so liegen doch in den geschilderten neuen Situationen auch weitreichende Herausforderungen, die zur Überprüfung herkömmlicher Formen und Funktionsverständnisse der Jugendarbeit zwingen, wie sie sich in der Praxis auch längst abzeichnen (*Böhnisch* u. a., 1980).

3. In besonders gravierender Weise ist die sozialpädagogische Praxis in der

Erziehungshilfe mit dem Sachverhalt konfrontiert, daß verstärkte Leistungsanforderungen, Disziplinierungs- und Selektionsdruck und verschlechterte Chancen auf dem Arbeits- und Ausbildungsmarkt die Produktion von Problemgruppen begünstigen,die in vielfältigen Formen sozialpädagogischer Institutionen
zur Bearbeitung überwiesen werden. Auch hier kommt es vor allem darauf an,
daß die sozialpädagogischen Institutionen, soweit sie sich mit diesen Problemgruppen befassen, nicht unkritisch die mitgelieferten Etikettierungen übernehmen (»verhaltensgestört«, »berufsunreif«, »lernschwach« usw.), sondern in
ähnlicher Weise, wie dies in bezug auf Schulsozialarbeit angedeutet wurde,
versuchen, den Ansprüchen und Selbstdeutungen der Jugendlichen gerecht zu
werden.

Walter Hornstein

Literatur

Bietau, A./Breyvogel, W./Helsper, W., 1981: Zur Selbstkrise Jugendlicher in Schule und
Subkultur. In: Z. f. Päd.: 339–362 – *Böhnisch, L.*, 1982: Der Sozialstaat und seine Pädagogik.
Sozialpolitische Anleitungen zur Sozialarbeit, Neuwied – *Böhnisch, L./Schefold, W.*, 1976:
Sozialisationsforschung und Jugendpolitik. In: *Hurrelmann, K.* (Hrsg.), 1976: Sozialisation
und Lebenslauf. Empirie und Methodik sozialwissenschaftlicher Persönlichkeitsforschung,
Reinbek – *Böhnisch, L./Schefold, W.*, 1980: Sozialisation durch sozialpädagogische Institutio-
nen. In: *Hurrelmann, K./Ulich, K.* (Hrsg.): Handbuch der Sozialisationsforschung, Wein-
heim/Basel – *Böhnisch, L.* u. a., 1980: Abhauen oder Bleiben? Berichte und Analysen aus der
Jugendarbeit, München/Zürich – *Bopp, J.*, 1979: Vatis Argumente. Apo-Generation und
heutige Jugend. In: Kursbuch 58 – *Clarke, J./Cohen, Ph./Corrigan, P.*, 1979: Jugendkultur als
Widerstand. Milieus, Rituale, Provokation, Frankfurt/M. – *Döbert, R./Nunner-Winkler, G.*,
1975: Adoleszenzkrise und Identitätsbildung, Frankfurt/M. – *Fromm, E.*, 1976: Haben oder
Sein. Die seelischen Grundlagen einer neuen Gesellschaft, Stuttgart – *Habermas, J.*, 1973:
Legitimationsprobleme im Spätkapitalismus, Frankfurt/M. – *Häsing, H./Stubenrauch, H./
Ziehe, Th.*, 1979: Narziß – Ein neuer Sozialisationstyp, Bensheim – *Herz, Th.*, 1979: Der
Wandel von Wertvorstellungen in westlichen Industriegesellschaften. In: Kölner Zeitschrift
für Soziologie und Sozialpsychologie: 282–302 – *Hornstein, W.*, 1979: Jugend als Problem. In:
Z. f. Päd., H. 5: 671–696. – *Hornstein, W.*, 1982: Nachbemerkung zum Fünften Jugendbe-
richt. In: *Hornstein, W./Bäuerle, W./Greese, D.* u. a.: Situation und Perspektiven der
Jugend. Problemlagen und gesellschaftliche Maßnahmen – Fünfter Jugendbericht der Bun-
desregierung, Weinheim/Basel – *Hornstein, W.*, 1982 (a): Jugendprobleme, Jugendfor-
schung und politisches Handeln. In: Beilage zur Wochenzeitung Das Parlament B 3/82, Bonn
– *Hornstein, W.*, 1982 (b): Jugendforschung und gesellschaftliche Praxis. In: Sonderband 1 der
Zeitschrift »Soziale Welt« – *Hornstein, W.*, 1982 (c): Unsere Jugend. Über Liebe, Arbeit,
Politik, Weinheim/Basel – *Inglehart, R.*, 1977: The silent revolution. Changing values and
political styles among Western Publics, Princeton University Press, Princeton, New Jersy –
*Jugendwerk der Deutschen Shell (Hrsg.), 1981: Jugend '81. Lebensentwürfe – Alltagskultu-
ren – Zukunftsbilder, 3 Bde., Jugendwerk der Deutschen Shell, Hamburg – *Kmieciak, L.*,
1976: Wertstrukturen und Wertwandel in der Bundesrepublik Deutschland, Göttingen –
Nipkow, K. J., 1981: Neue Religiosität, gesellschaftlicher Wandel und die Situation der
Jugendlichen. In: Z. f. Päd.: 379–402 – *Noelle-Neumann, E.*, 1978: Werden wir alle
Proletarier? Wertewandel in unserer Gesellschaft, Zürich – *Pappi, F.*, 1979: Konstanz und
Wandel der Hauptspannungslinien in der Bundesrepublik. In: *Matthes, J.* (Hrsg.): Sozialer
Wandel in Westeuropa, Frankfurt/M./New York – *Rumpf, H.*, 1976: Schulisches Lernen und
Identität. Perspektiven für ein humanes Lernen, München – *Siegert, M. T.*, 1981: Neoreligiö-

se Bewegungen unter Jugendlichen. Eine Kränkung des herrschenden wissenschaftlichen Weltbildes? In: Z. f. Päd.: 403–419 – *Tenbruck, F. H.*, 1962: Jugend und Gesellschaft. Soziologische Perspektiven, Freiburg i. Br. – *Wellendorf, F.*, 1973: Zur Sozialpsychologie der Schule als Institution, Weinheim/Basel – *Ziehe, Th.*, 1975: Pubertät und Narzißmus, Frankfurt/M. – *Ziehe, Th./Stubenrauch, H.*, 1982: Plädoyer für ungewöhnliches Lernen. Ideen zur Jugendsituation, Reinbek. –

→ Arbeiterjugend → Jugendarbeit → Jugendarbeitslosigkeit → Kindheit → Persönlichkeitsentwicklung

Jugendamt

Obwohl der Begriff »Jugendamt« scheinbar Eindeutiges beschreibt und bestimmt, zerbröselt dieses homogene Bild bei näherer Betrachtung in eine schillernde Vielzahl unterschiedlicher Teilaspekte (z. B. Jugendfürsorge und Jugendpflege, Verwaltung des Jugendamtes und Jugendwohlfahrtsausschuß) mit weit auseinanderklaffenden Bezugsfeldern (von Heimeinweisung bis politische Bildung) und Definitionsmerkmalen (Jugendamt als rechtliches, pädagogisches, organisatorisches Begriffskonstrukt). Diese Vielschichtigkeit wird noch vergrößert durch die Heterogenität der faktischen Jugendamtsgebilde und -strukturen, wie sie sich in der Behördenlandschaft als jeweils lokal-spezifische Konkretisierung der landesrechtlichen und kommunalen Gestaltungsspielräume herausgebildet haben.
Vor diesem Hintergrund kann im Rahmen dieses Artikels die zureichende Skizzierung der »Wirklichkeit« des Jugendamtes weder vollständig gelingen noch überhaupt beansprucht werden. Es ist deshalb beabsichtigt, die historische »Gewordenheit« nachzuzeichnen, die organisatorisch-institutionelle »Gestalt« des heutigen kommunalen Jugendamtes zu beschreiben und schließlich der Frage nach sozialpädagogischen Handlungsmöglichkeiten und -perspektiven in diesem spezifischen Arbeitsfeld nachzugehen.
Diese Reduktion des Jugendamtes auf seine »behördliche Dimension« ist zum einen unter dem Aspekt zu rechtfertigen, daß sich in den letzten Jahren zentrale Diskussionen genau auf diese Ebene bezogen (Stigmatisierungsdebatte, Neuorganisationsüberlegungen/-modelle). Zum anderen ist nach dem Abschieben der Jugendhilferechtsdiskussion aufs reformpolitische Abstellgleis zum Ende der 70er Jahre keine konzeptionelle Neubestimmung des kommunalen Jugendamtes in Sicht.

Geschichte

Die sich seit Anfang des 19. Jahrhunderts im deutschen Raum durchsetzende Industrialisierung bewirkte einen Funktionsverlust der traditionellen Erziehungs-

und Sozialisationsinstanz Familie und produzierte insbesondere für Kinder und
Jugendliche katastrophale Lebens- und Ausbeutungsverhältnisse (vgl. statt anderer
Kuczynski/Hoppe, 1958). Zur Eindämmung dieser Mißstände wurden staatlicherseits Kontroll- und Schutzregelungen erlassen (z. B. Einschränkung und Verbot
gewerblicher Kinderarbeit) und im Bereich schulischer und beruflicher Sozialisation erste allgemein verbindliche Normierungen eingeführt (Schulpflicht, Lehrlingsausbildung). Hintergrund dieser staatlichen Interventionen waren vor allem
das Interesse an längerfristiger Sicherung von Arbeitskraft, die Kontrolle und
Reduzierung »sittlicher Verwahrlosung« und nicht zuletzt militärpolitische Überlegungen wie »Erhaltung und Ausbau der Wehrtüchtigkeit«.

Parallel zu dieser Entwicklung schälten sich im engeren Bereich der sog. Kinder-
und Jugendfürsorge rechtliche Grenzziehungen in den Feldern des Pflegekinder-
schutzes, des Vormundschaftswesens und der Fürsorgeerziehung heraus. Die
extensive Ausbeutung der »Zieh-, Halte- oder Kostkinder«, die sich in hohen
Sterberaten niederschlug, bewirkte in Preußen 1840 eine »Königliche Zirkularver-
fügung zur Aufnahme von Haltekindern«, die für alle Pflegeverhältnisse gegen
Entgelt (betreffend die Kinder unter vier Jahren) erstmals eine polizeiliche
Erlaubnis vorschreibt. Analog zu dieser Verbesserung der Situation der Pflegekinder veränderte sich das Vormundschaftswesen von der ehrenamtlichen »Einzelvor-
mundschaft« über die »Anstaltsvormundschaft« zur heute noch gültigen hauptbe-
ruflichen »Amtsvormundschaft« (*Hasenclever*, 1978). Die rechtliche Normierung
der Zwangserziehung für Kinder und Jugendliche (Fürsorgeerziehung) nahm mit
dem preußischen Zwangserziehungsgesetz von 1878 ihren Anfang. Erweitert und
spezifiziert wurde diese Regelung mit dem »Gesetz über die Fürsorgeerziehung
Minderjähriger« (1900).

Neben dem Tätigwerden des Staates in diesen Kinder- und Jugendfürsorgeberei-
chen, wobei durchgehend eine polizeiordnungsgemäße Regelungsintention erkennbar bleibt, begann er am Anfang des 20. Jahrhunderts auch auf dem Feld der
Jugendpflege aktiv zu werden.

Dieses »stufenweise Bewußtwerden« spezifischer Kinder- und Jugendprobleme,
führt im Zuge der institutionellen »Umsetzung« und Realisierung zu unterschiedlichen Organisationsmustern und Trägerstrukturen. Es entstehen einerseits als
»Reaktion« auf örtliche Notstände viele private, insbesondere auch religiös motivierte Hilfsorganisationen. Diese lokal begrenzten »Organisationen der freien
Liebestätigkeit« (*Scherpner*) gründen und betreiben Erziehungsanstalten, Fürsorgeheime (Rettungshausbewegung), Behindertenanstalten (Bethel) und werden in
der Kleinkindfürsorge aktiv (Kinderbewahranstalten, Fröbel's Kindergartenbewe-
gung). Auf der anderen Seite müssen der Staat und die Kommunen neben dem
Erlassen von Gesetzen und Verordnungen zunehmend selbst bei der Durchführung
und Überwachung dieser Regelungen tätig werden. In der Praxis führt dies dazu,
daß eine Vielzahl von Behörden mit-, neben- und sogar gegeneinander arbeiten.
Beispielsweise »die Polizei in ihren verschiedenen Funktionen, als Gewerbeauf-
sichtsbehörde beim Kinderarbeitsschutz, als Pflegekinderaufsichtsbehörde, als
antragsberechtigte Behörde bei der Einleitung der Fürsorgeerziehung, die Armen-

und Waisenämter der Städte, die Ortsbehörden der Landgemeinden als Ortsarmenverbände, die in den einzelnen Ländern sehr unterschiedlich organisierten Fürsorgeerziehungsbehörden, die kommunalen Gesundheitsämter, die mancherort errichtet worden waren, die Vormundschaftsgerichte, die Strafgerichte usw. (*Scherpner*, 1966 S. 172).

Gegen diese behördliche Zersplitterung und die Unübersichtlichkeit der privaten Hilfsorganisationen beginnt sich um die Jahrhundertwende eine Reformbewegung zu bilden, die neben dem Wunsch nach einer organisatorischen Neuordnung immer stärker von der Überzeugung getragen wird, »daß alle Fürsorge für Kinder und Jugendliche ihrem Wesen nach Erziehung sein muß« (*Scherpner*, 1966). Entscheidenden Anteil an diesem »Motivwechsel« vom Kontroll- und Schutz- zum Erziehungsgedanken hat die pädagogische Reformbewegung in Gestalt von Personen wie *Klumker, Bäumer, Fischer* und *Nohl*, die im Rahmen der sozialen und pädagogischen Strömungen seit der Jahrhundertwende und während der Weimarer Republik erste Grundlegungen eines Jugendamtes als »sozialpädagogischer Institution« entfalten.

Im Gesamtspektrum dieser ›Jugendfürsorge-Reformbewegung‹ polarisieren sich zwei Strömungen mit unterschiedlich-weitgefaßten »Reformzielen« heraus (vgl. *Münchmeier*, 1981). Der einen Gruppe (Hauptvertreter: *Simon, Felisch*) geht es vorrangig um die Schaffung eines umfassenden und eigenständigen Jugend- und Erziehungsrechtes. Dem anderen Teil, der sich hauptsächlich aus Praktikern der Jugendhilfe zusammensetzt und der seine Interessen vor allem im 1916 vom Deutschen Verein gemeinsam mit dem Archiv deutscher Berufsvormünder und der Deutsche Zentrale für Jugendfürsorge gebildeten »Ausschuß für reichsgesetzliche Regelungen der öffentlichen Jugendfürsorge« zu Wort meldet, liegt besonders an effektiveren Organisationsformen zur Behebung der Notstände. Als bessere und anzustrebende organisatorische Lösung wird von dieser Gruppe zunehmend die Vereinheitlichung der öffentlichen Jugendhilfe im Sinne einer reichsgesetzlichen Einführung von Jugendämtern propagiert (Jugendbehördengesetz). Dieser auf die »Kommunalisierung der Jugendhilfe« ausgerichtete Reformflügel konnte sich dabei an Organisationen schon existierender Jugendämter orientieren (Mainz seit 1909, Hamburg seit 1910) und auf Erfahrungen mit bereits realisierten kommunalen Konzepten im allgemeinen Fürsorgebereich zurückgreifen (»Elberfelder System«, »Straßburger System«, vgl. *Sachße/Tennstedt* 1980).

Durch den Deutschen Fürsorgetag 1918, dessen Thema »Jugendämter als Träger der öffentlichen Jugendfürsorge im Reich« ausdrücklich die gewünschte »Marschrichtung« der Basis anzeigt, wie insbesondere durch die Zuspitzung und Ausweitung der vielfältigen Notlagen von Kindern und Jugendlichen während und nach dem 1. Weltkrieg wird der Weg für eine schnelle »pragmatische Lösung« im Sinne einer vorrangig auf organisatorische Neustrukturierung zielenden reichsgesetzlichen Regelung geebnet (vgl. *Hasenclever*, 1978). Zwar kommt im Untergang des Kaiserreichs auf der legislativen Ebene nur noch der »Entwurf eines Jugendfürsorgegesetzes« zustande; aber die Diskussion führt zur Realisierung von zwei Landesgesetzen (Preuß. Entwurf eines Jugendfürsorgegesetzes 1918, württembg. Jugend-

Amts-Gesetz 1919), die wichtige »Vorläufer« des schließlich 1922 verabschiedeten Reichsjugendwohlfahrtsgesetzes (RJWG) sind.

Dieses RJWG versucht im Sinne eines »Kompromisses« den widerstreitenden Reformorientierungen gerecht zu werden, indem es zwei Neuansätze postuliert:

1. In § 1 wird programmatisch ein Recht jeden deutschen Kindes »auf Erziehung zur leiblichen, seelischen und gesellschaftlichen Tüchtigkeit« festgelegt.
2. Als »Organe für die Verwirklichung des öffentlich-rechtlichen Anspruchs auf Erziehung« werden besondere Jugendbehörden geschaffen. Das kommunale Jugendamt wird als Zentralstelle der örtlichen Jugendhilfe und als gesetzlich festumrissener »sozialpädagogischer« Praxisbereich begründet. Als konstitutive Bestandteile dieses neugeschaffenen kommunalen Jugendamtes, das in allen Städten und Landkreisen eingerichtet werden soll, werden gleichzeitig bestimmt:
   – das Jugendamt soll eine Erziehungsbehörde sein. Es hat die vorher von ganz unterschiedlichen Behörden eher nebenbei wahrgenommenen Tätigkeiten im Bereich der Jugendhilfe unter dem Leitgedanken der Erziehung neu zu strukturieren, zu gestalten und zu beleben.
   – das Jugendamt soll als ›kollegiale Behörde‹ organisiert sein, was bedeutet, daß es durch eine spezifisch ›demokratische Konstruktion‹ mit lokalen Initiativen und bestehenden Einrichtungen verknüpft sein muß.

Erstmals wird hier ein öffentlich-rechtlicher Anspruch auf Erziehung als Prinzip verankert und werden alle gesellschaftlichen Hilfeleistungen für Kinder und Jugendliche dem Gesichtspunkt der Erziehung zugeordnet. Gleichwohl kann das RJWG die Forderung nach einem eigenständigen Jugend- und Erziehungsrecht wie auch die Forderung nach einer effizienteren Neugestaltung der öffentlichen Jugendhilfe nur ansatzweise erfüllen, da entscheidende Problembereiche ausgeklammert bzw. ungeklärt bleiben (vgl. *Hasenclever* 1978):

– das Verhältnis der Rechte des Kindes auf Erziehung zum Elternrecht
– das Verhältnis der öffentlichen Jugendhilfe zu den freien Trägern (»Subsidiarität«)
– der Umfang und die »Einheit der Jugendhilfe« sowie die Abgrenzung des Jugendhilferechts von benachbarten, schon existierenden oder geplanten Rechtsmaterien (z. B. die Exklusion des 1923 verabschiedeten Reichsjugendgerichtsgesetzes).

Auch die mit der Einführung des kommunalen Jugendamtes bezweckte Reorganisation der öffentlichen Jugendhilfestrukturen bleibt unvollständig: noch vor dem Inkrafttreten des RJWG wird auf dem Hintergrund zunehmender finanzpolitischer Engpässe den Ländern im Rahmen einer Notverordnung die Ermächtigung eingeräumt, Befreiung von zentralen Bestimmungen des RJWG zu gewähren. Diese können sowohl von der Einrichtung eigenständiger Jugendämter wie auch der Durchführung neu festgesetzter Aufgaben (Jugendarbeitsschutz, Jugendpflege) entbinden. In der Folge führt dies neben einer Reduzierung der Jugendamtsarbeit »auf die verwaltungsmäßigen Pflichtaufgaben der Jugendfürsorge« (3. Jugendbericht, 1972) zu einer völlig heterogenen Organisierung dieser Tätigkeiten innerhalb des kommunalen Behördenapparates.

In der Zeit des Nationalsozialismus wird die ursprüngliche Idee des Jugendamtes als einer autonomen Erziehungsbehörde weiter »ausgeblutet«, indem alle Aufgaben der Jugendpflege 1934 von der Hitlerjugend übernommen (»gleichgeschaltet«) sowie ab 1937 viele Jugendfürsorgeaufgaben nach § 11 RJWG (Möglichkeit der Aufgabendelegation) der Nationalsozialistischen Volkswohlfahrt (NSV) übertragen werden. Damit verstärkt sich »auch im Bewußtsein der Öffentlichkeit die Einschränkung des Jugendamtes auf die Aufgaben einer reinen Eingriffsbehörde« (3. Jugendbericht, 1972 S. 29), womit sich zugleich das Negativ-Image des Jugendamtes als einer »Jugendverfolgungsbehörde« verfestigt.

Erst mit der Novelle zum RJWG von 1953 wird dieser »Auslaug-Prozeß« gestoppt und zum Teil revidiert. Die Jugendämter werden wieder als selbständige Behörden rekonstituiert und die Befreiung von erweiterten Jugendamtsaufgaben (insbesondere Jugendpflege) wird aufgehoben. Erst seit diesem Zeitpunkt kann man eigentlich davon sprechen, daß das 1922 beschlossene RJWG die generelle »Praxisprämisse« der öffentlichen Jugendhilfe darstellt. Auch das »Gesetz für Jugendwohlfahrt« von 1961 (JWG) bringt keine Verstärkung und Absicherung der pädagogischen Leistungsbereiche; es hat lediglich den Charakter einer Novelle, die einen marginalen Aufgabenzuwachs, etwa Einführung der Freiwilligen Erziehungshilfe (FEH) sowie der Heimaufsicht, und eine Erweiterung des Katalogs der Pflichtaufgaben des Jugendamtes beinhaltet. Mit ihm werden aber auch die Mängel des RJWG erneut festgeschrieben.

In der Regierungserklärung von 1969 findet sich erstmals die Ankündigung einer umfassenden Jugendhilferechtsreform. Am 8. 3. 1973 wird ein Diskussionsentwurf zur Jugendhilferechtsreform veröffentlicht, der von einer dafür 1970 vom Bundesministerium für Jugend, Familie und Gesundheit (BMJFG) eingesetzten trägerpluralistischen Sachverständigenkommission erstellt wurde. Ihm folgen 1974, 1977, 1978 und 1979 Referenten- und Kabinettsentwürfe, in denen ein steter Zerfall fortschrittlicher Reformideen verfolgt werden kann und die zum derzeitigen absoluten Tiefpunkt in der Reform der Jugendhilfe führen. Gegenwärtig scheint eine Jugendhilferechtsreform sowohl als Resultat der »restriktiven« Verformung im Verlauf der bisherigen Diskussion von vielen Fachleuten nicht mehr erwünscht wie auch durch sich verschärfende fiskalische Krisen der öffentlichen Hand kaum mehr durchsetzbar.

Das Jugendamt heute

Die Aufgabenvielzahl des Jugendamtes bestimmt sich gegenwärtig aus unterschiedlichen gesetzlichen Rahmenbedingungen wie z. B. JWG, Jugendgerichtsgesetz (JGG), Bundessozialhilfegesetz (BSHG) und BGB, wobei jedoch das JWG den organisatorischen Rahmen darstellt. Dort ist in den §§ 4 und 5 ein eingegrenzter Aufgabenkatalog festgelegt. Zuvor wird im § 1 JWG der »Generalauftrag« des Jugendamtes benannt; »(1) Jedes deutsche Kind hat ein Recht auf Erziehung zur leiblichen, seelischen und gesellschaftlichen Tüchtigkeit«. »(2) Insoweit der Anspruch des Kindes auf Erziehung von der Familie nicht erfüllt wird, tritt, unbeschadet der Mitarbeit freiwilliger Tätigkeit, öffentliche Jugendhilfe ein«.

Diese oberste Zielprämisse öffentlicher Jugendhilfe, nämlich den kindlichen Rechtsanspruch auf Erziehung zu ermöglichen und ggf. im Sinne eines »Ausfallbürgen« zu garantieren, wird mit den §§ 4 und 5 näher bestimmt. In § 4 JWG werden als »Aufgaben des Jugendamtes« der Schutz der Pflegekinder, die Mitwirkung im Vormundschaftswesen, bei der Erziehungsbeistandsschaft, bei der Freiwilligen Erziehungshilfe (FEH) und der Fürsorgeerziehung (FE) festgelegt. Weiterhin hat es die Fürsorge für Kriegswaisen und Kinder von Kriegsbeschädigten mitzugestalten und bei der Beaufsichtigung der Arbeit von Kindern und Jugendlichen wie auch »in der Jugendhilfe bei den Polizeibehörden, insbesondere bei der Unterbringung zur vorbeugenden Verwahrung«, mitzuwirken. Die Jugendgerichtshilfe vervollständigt die Aufgaben nach § 4 JWG.

In § 5 JWG sind demgegenüber als »weitere Jugendamtsaufgaben« aufgeführt: die Anregung, Förderung und ggf. Schaffung der für die Wohlfahrt der Jugend erforderlichen Einrichtungen und Veranstaltungen. Dabei umfaßt die nachfolgende Aufzählung ein unsystematisiertes Vielerlei von Zuständigkeitsbereichen und Tätigkeiten wie etwa: Beratung in Fragen der Erziehung; Hilfen für Mutter und Kind vor und nach der Geburt; Pflege und Erziehung von Säuglingen, Kleinkindern und von Kindern im schulpflichtigen Alter außerhalb der Schule; allgemeine Kinder- und Jugenderholung; Freizeithilfen; politische Bildung und internationale Begegnung; erzieherische Maßnahmen des Jugendschutzes. Im Gegensatz zu § 4, der »hoheitliche« Pflichtaufgaben des Jugendamtes benennt, gilt für alle in § 5 JWG angesprochenen Aufgaben sowohl das Subsidiaritätsprinzip auf lokaler Ebene (Vorrang für die Träger der Freien Jugendhilfe) wie auch die notwendige inhaltliche Konkretisierung im Rahmen landesrechtlicher Ausführungsbestimmungen.

Mit diesen in §§ 4 und 5 JWG gesetzten »Teilzielen« des Jugendamtes, die oft auch mit den Begriffen »Jugendfürsorge« bzw. neuerdings »Erziehungshilfe« und »Jugendpflege« bzw. neuerdings »Jugendarbeit« gefaßt werden, ist zugleich der zentrale und charakteristische »Konstruktionsfehler« (*Nohl*) des Jugendamtes angezeigt: denn die mit dieser Zieldivergenz implizierte Sichtweise unterscheidet zwischen »sozial kranken« und »sozial gesunden« Jugendlichen, indem zwischen individueller Erziehungssicherung bei auffälligen, »verwahrlosten« und abweichenden Jugendlichen und allgemeiner Förderung der »gesunden« Jugendlichen ein Trennungstrich gezogen wird (vgl. *Fluk*, 1972). Diese »Zerschneidung« des Adressatenkreises der öffentlichen Jugendhilfe wird durch die ungleichgewichtige Konkretisierung und Verbindlichkeit der »Teilziele« im Rahmen des JWG weiter verschärft. Während die in § 4 aufgeführten Aufgaben sich auf eindeutige »Rechtsinstitute« beziehen und durch detaillierte Ausführungsbestimmungen als Handlungsanweisung für die Jugendamtstätigkeit verbindlich geregelt werden, begnügt sich der § 5 JWG mit einer vagen Nennung der Hilfen, die weder genauer bestimmt noch vorgeschrieben sind (vgl. Subsidiaritätsklausel, landesrechtlichen Interpretationsspielraum). Diese Aufspaltung der Tätigkeiten in »unbedingte« und »bedingte« Pflichtaufgaben bedeutet eine Bevorzugung der Jugendfürsorgebereiche mit gleichzeitigem Primat der Einzelfallhilfe und einen »tendenziellen Nachrang« (*Jordan/Sengling*, 1977) der Jugendpflegeaufgaben.

Organisation des Jugendamtes

In den §§ 12–26 JWG ist der Organisationsaufbau der öffentlichen Jugendhilfe festgelegt. Neben Bestimmungen zur behördlichen Organisation auf Landesebene (Landesjugendamt, oberste Landesbehörden; §§ 19–22) und Bundesebene (Anregung und Förderung, Jugendberichtspflicht, Bundesjugendkuratorium; §§ 25 und 26) wird die Zentralität des kommunalen Jugendamtes für die Ausgestaltung und Durchführung der öffentlichen Jugendhilfeaufgaben herausgestellt (§§ 12–18). Ein flächendeckendes Netz von kommunalen Jugendämtern, das schon mit dem RJWG 1922 beabsichtigt aber durch die »Notverordnung« von 1924 wieder ausgesetzt wurde, ist durch die §§ 11 und 12 gesichert, die vorschreiben, daß:
– das Jugendamt für alle Minderjährigen, die in seinem Bezirk ihren gewöhnlichen Aufenthaltsort haben, zuständig ist (örtliche Zuständigkeit, § 11 JWG)
– mindestens in jeder kreisfreien Stadt und in jedem Landkreis ein Jugendamt eingerichtet werden muß (§ 12 JWG)
Als einmalige »behördliche« Besonderheit des Jugendamtes wird mit dem § 13 Abs. 2 in Anlehnung an das Konstrukt der »kollegialen Behörde« im RJWG seine Zweigliedrigkeit festgeschrieben. Dies bedeutet, daß das Jugendamt rechtlich aus dem Jugendwohlfahrtsausschuß und der Verwaltung des Jugendamtes besteht. Diese Zweiteilung knüpft an die Idee eines »lebendigen Jugendamtes« an, dessen Vitalität im Sinne von Offenheit, Flexibilität und Problemnähe entscheidend durch die institutionalisierte Einbeziehung bürgerlicher Mitverantwortung und Mitgestaltung freier Träger der Jugendhilfe garantiert werden soll. Diese »organisatorische Besonderheit« problematisiert jedoch das Verhältnis zu anderen kommunalen Behörden und Ausschüssen und wird in der Jugendhilfeliteratur als »Randstellung des Jugendamtes auf kommunaler Ebene« allseits beklagt (3. Jugendbericht, *Jordan/Sengling*, 1977).
Mit dieser Zweigliederung ist eine explizite Aufgabentrennung intendiert. So bestimmt § 15 als wesentliche Aufgabe des Jugendwohlfahrtsausschusses (JWA) vor allem die Beschäftigung mit grundsätzlichen Problemen der Jugendhilfe (Anregung und Förderung) sowie die Koordination der öffentlichen und freien Träger auf lokaler Ebene. Demgegenüber hat nach § 16 die Verwaltung des Jugendamtes nur die »laufenden Geschäfte« wahrzunehmen und durchzuführen.
In der Praxis der Jugendämter zeigt sich, daß wesentliche Impulse für die Ausgestaltung und Weiterentwicklung der örtlichen Jugendhilfe zunehmend von der Verwaltung des Jugendamtes selbst kommen. Erklärt wird diese Tatsache mit dem Hinweis auf die größere Sachkompetenz der hauptamtlichen Mitarbeiter des Jugendamtes (Professionalisierung) gegenüber den heterogen, oft ehrenamtlichen Mitgliedern des JWA.
Abhängigkeit von kommunalen Rahmenbedingungen: Da nach dem JWG das Jugendamt als Angelegenheit der kommunalen Selbstverwaltung konzipiert ist, hängt sein Leistungsniveau und sein Ausstattungsumfang von kommunalpolitischen Rahmenentscheidungen ab, wie sie durch die zuständige Vertretungskörperschaft (kommunales Parlament) gesetzt werden. Entsprechend unterschiedlicher

Finanzkraft (»Leistungsfähigkeit«) und divergierender kommunalpolitischer Prioritätensetzung (»Leistungswilligkeit«) existiert in der BRD eine sehr heterogene »Jugendamtslandschaft«. Neben großstädtischen Ämtern mit mehreren hundert Mitarbeitern sowie einem differenzierten System von Angeboten gibt es kleine, überwiegend ländliche Jugendämter, deren Tätigkeitsfeld sich notgedrungen mehr oder weniger auf die »unbedingten« Pflichtaufgaben beschränken muß. In jüngster Zeit hat sich dieses »Stadt-Land-Gefälle der kommunalen Jugendämter« insofern etwas verringert, als in den 70er Jahren im Zuge der Gebiets- und Verwaltungsreformen größere Grundeinheiten (Städte/Landkreise) und damit auch leistungsfähigere Jugendämter geschaffen wurden; 1973 gab es 630 kommunale Jugendämter, 1976 nur noch 433. Heute gibt es in den Ländern aber auch Gegentendenzen (insbes. NRW).

Innendienst-Außendienst: Traditionell war allgemein die Trennung der Aufgabendurchführung in einen Innen- und einen Außendienst. Der Innendienst, überwiegend aus Verwaltungskräften bestehend, prüft die im Zusammenhang mit dem sog. »Fällen« angestellten Ermittlungen und Anträge und entscheidet nach amtlichen Relevanzkriterien (Rechtmäßigkeit). Der Außendienst, der sich weitgehend aus Sozialarbeitern und Sozialpädagogen zusammensetzt, ermittelt in direktem Kontakt mit den Klienten deren Hilfsbedürftigkeit, überprüft die Voraussetzungen für die Gewährung von Jugendhilfeleistungen, verfaßt Berichte und Stellungnahmen an die zuständigen Institutionen (vor allem den eigenen Innendienst) und praktiziert, soweit möglich, methodische Sozialarbeit. Die Kommunikation zwischen Innen- und Außendienst beinhaltet vorwiegend den Austausch schriftlicher Berichte und Anträge. Da der Außendienst wesentlich darüber mitentscheidet, wie und warum jemand zum »Fall« wird und er den direktesten Kontakt zum Klientel pflegt, bestimmt er in besonderem Maße die sozialpädagogische Qualität des jeweiligen Jugendamtes. Entsprechend ist seine organisatorische Gestaltung, personelle und fachliche Besetzung sowie institutionelle Anbindung für die »sozialpädagogische Dimension« eines Jugendamtes von zentraler Bedeutung. Über lange Zeit wurde der Außendienst überwiegend von der sog. »Familienfürsorge« mitwahrgenommen, die hauptsächlich dem Gesundheitsamt angegliedert war. Neuerdings gewinnt die organisatorische Anbindung der »Familienfürsorge« (bzw. des Allgemeinen Sozialen Dienstes) an das Jugendamt bzw. deren Einrichtung als eigenständiges Amt in Theorie und Praxis an Bedeutung (vgl. *Japp/Olk* in: *Müller/Otto*, 1980).

Neuere Entwicklungen

Auf dem Hintergrund der Vorrangstellung der »unbedingten« Pflichtaufgaben (Jugendfürsorgebereich) entsprach das Image wie auch die faktische Behördenstruktur des Jugendamtes über lange Zeit mehr oder weniger einer traditionellen Ordnungsverwaltung (»Eingriffs- und Kontrollbehörde«). Wichtige Indikatoren dieses Tatbestandes waren die »Randständigkeit der Jugendpflege« sowie die Wahrnehmung von sozialpädagogischen Aufgaben außerhalb der »Einrichtungen« durch größtenteils nur verwaltungsmäßig ausgebildete Mitarbeiter. Entsprechend bestimmten Verwaltungsleute sowohl quantitativ als auch qualitativ im Sinne des letztlichen Entscheidungsmonopols über lange Zeit das Gepräge des Jugendamtes. Parallel dazu verfestigte sich die »interne Unterbewertung des Außendienstes und damit auch der Sozialarbeit« (*Flamm*, 1967 S. 35). Konflikte zwischen Sozialarbeitern und Verwaltungsfachleuten blieben im Rahmen der Innendienst-Außendienst-Segregation organisations-strukturell nahezu ausgeschlossen. Die damit »programmierte« Trennung von Informationssammlung und Entscheidungsbefugnis bewahrte dem Innendienst die Möglichkeit, alle Vorgaben des Außendienstes nachträglich im Hinblick auf »amtliche« Definitionsraster zu selektieren und zu gewichten, während sich die Sozialarbeiter im Außendienst durch Verweis auf ihren beschränkten Zuarbeiter-Status (»Briefträger-Rolle«) gegenüber den Klienten von Entscheidungen des Innendienstes distanzieren konnten (»Alibi-Funktion«).

Ab Mitte der 60er Jahre ließen verschiedene Entwicklungen diese »ordnungsverwaltungsgemäße Bearbeitungsstruktur« des Jugendamtes zunehmend obsolet werden. Wichtige Veränderungen im Umfeld des Jugendamtes, die dies (mit-)bewirkten, waren:

- Erweiterung und Verschiebung des Aufgabenkataloges: Im Zuge der zunehmenden »Vergesellschaftung von Erziehung« entstanden für das Jugendamt neue und erweiterte Handlungsbereiche wie z. B. Kindergartenwesen, Beratungsstellen, offene und ambulante Hilfen (vgl. sog. »Jahrbuchthese« in: *Barabas* u. a., 1977). Daneben wandelten und differenzierten sich traditionelle Bezugsfelder des Jugendamtes (z. B. Veränderung der Heimstrukturen). Aktuell aufbrechende Probleme (Drogenwelle, Jugendarbeitslosigkeit, zunehmender Schulstreß) und gesetzliche Reformen (Adoptionsrecht 1977, Scheidungsrecht 1977, Neuregelung des Rechts der elterlichen Sorge 1980) forderten und verstärkten den sozialpädagogisch-fachlichen Schwerpunkt des Jugendamtes. Dabei hat sich das Jugendamt zumeist mit veränderten Problemen und »Wirklichkeiten« auseinanderzusetzen, bevor adäquate gesetzliche (»Verrechtlichung«) oder verwaltungsbezogene Handlungsgrundlagen geschaffen sind.
- Modifikation der Klientel: Parallel zu den Aufgabenerweiterungen und -verschiebungen wurden verstärkt auch Mittel- und Oberschichtangehörige in bestimmten Teilbereichen zu Klienten des Jugendamtes (Kindergarten, Erziehungsberatung) bzw. zu einer Kooperation mit diesem genötigt (Adoption, Ehescheidung). Damit erwuchsen neue und gewandelte Ansprüche an die Leistungen und »Problemlösungskapazitäten« des Jugendamtes (»Dynamisierung der Ansprüche«).
- Effizienzkrise: Die Kostensteigerungen im sozialen Bereich führten bei gleichzeitiger Verknappung der öffentlichen Haushalte (»fiskalische Krise der Kommunen«) auch für die Jugendämter zu Überlegungen im Hinblick auf effektivere Organisierung und »billigere« Lösungen. So ist die Expansion des Pflegestellenwesens als auch kostengünstigere Verfahrensweise gegenüber institutioneller Fremdplacierung zu sehen.
- Reformdruck: Im Rahmen sozialwissenschaftlicher Forschungen wurden im Jugendamt Stigmatisierungsprozesse und der »Überhang bürokratischer Struk-

turelemente« festgestellt und problematisiert. Neben Versuchen zur Entwicklung alternativer Gesamtkonzepte und neuer Grundlegungen der Jugendhilfe (vgl. etwa »Mehr Chancen für die Jugend«, BMFJG, 1974) wurde verstärkt eine »Pädagogisierung des Jugendamtes« mit entsprechender personeller u. organisatorischer Ausstattung eingeklagt und gefordert.

- Professionalisierung: Durch die Ausdifferenzierung und Aufwertung der Ausbildung von Sozialarbeiter/-pädagogen sowie die Entwicklung eigenständiger Theorie- und Praxisansätze (Methodenentwicklung, Beratungsmodelle) erweiterte und veränderte sich für das Jugendamt das Angebot an qualifizierten sozialpädagogischen Fachkräften. Gleichzeitig wandelten sich auf seiten der Sozialarbeiter/-pädagogen das professionelle Selbstverständnis und die Ansprüche an Arbeitsbedingungen und Arbeitsinhalte.

Neben neuen Zielbestimmungen und Prinzipien für eine moderne Jugendhilfe in der programmatischen Diskussion – wie etwa: Leistung statt Eingriff, Prävention statt Reaktion, Flexibilität statt Bürokratisierung, Demokratisierung statt Bevormundung – bewirkten diese strukturellen Wandlungen in bestimmenden Bezugsfeldern des Jugendamtes das Aufbrechen spezifischer Ziel- und Rollenkonflikte. Zu den traditionellen Kontroll- und Eingriffsbereichen gesellten sich vermehrt problemorientierte Handlungsstrukturen und -orientierungen. Präventive und ambulante Leistungsangebote wurden auf- und ausgebaut (Beratungsstellen, offene und halboffene Hilfen, Gruppenarbeit). Dies führte zu Verschiebungen innerhalb der Jugendamtsorganisation und seiner Mitarbeiterstruktur. Neben Abteilungen mit klassischer »Ordnungsverwaltungs-Struktur« (z. B. Amtsvormundschaft), die sich nur unwesentlich veränderten, erweiterten und differenzierten sich sozialpädagogische Leistungsbereiche des Jugendamtes (Einrichtung von Sonder- und Spezialdiensten wie z. B. Erziehungsbeistandschaft, Adoptiv- und Pflegestellenwesen, Jugendgerichtshilfe; Ausbau des Allgemeinen Sozialen Dienstes, der Jugendpflege, der Familienhilfe und der Beratungsstellen). Die Janusköpfigkeit gleichzeitiger Ordnungs- und Leistungsverwaltung bildete sich im Jugendamt zunehmend in einer »Doppelung« der Personalstruktur ab. Neben bislang dominierenden Verwaltungsfachkräften, die von ihrer Ausbildung her vor allem auf juristisch verwaltungsmäßig korrekte Verarbeitungsformen geschult sind, wuchs die Anzahl problemorientierter sozialpädagogischer Fachkräfte und gewann an »institutionellem Gewicht«.

Dies führte zur Infragestellung bisheriger institutioneller Gestaltungs- und Interventionsmuster und der Handlungsorientierungen der Sozialarbeiter. Auf eine »Entschärfung« dieses Spannungsverhältnisses von Verwaltung und Sozialarbeit zielten verschiedene Neustrukturierungsmodelle (vgl. *Müller/Otto*, 1980): etwa Zusammenlegung des Innen- und Außendienstes in den Verantwortungsbereich von Sozialarbeitern. Diese Verlagerung institutioneller Widersprüche in die Handlungsebene des Sozialarbeiters führte zur zunehmenden Problematisierung seiner alltäglichen Praxis und seiner beruflichen Identität. Entsprechend avancierte diese Ebene in den letzten Jahren immer mehr zum Gegenstand sozialwissenschaftlicher Untersuchungen und fachlicher Diskussionen.

Sozialpädagogisches Handeln

Es gab in den 50er und 60er Jahren bezogen auf das Jugendamt »kaum ernsthafte sozialwissenschaftliche Untersuchungen und pädagogische Reflexionen, die mehr als pragmatisch-praxisorientierte Erörterungen aktueller Fragen« (*Hornstein*, 1972) darstellten (Ausnahme: *Vogel*, 1960). Im Zusammenhang mit der Studentenbewegung setzte eine intensive Auseinandersetzung und Kritik der gesellschaftlichen Funktion und des gesellschaftlichen Standortes des Jugendhilfesystems ein (vgl. »Heimkampagne«, 3. Jugendhilfetag 1970 in Nürnberg). Mit dem 3. Jugendbericht wurde 1972 erstmals der Versuch einer umfassenden Bestandsaufnahme und Erörterung der Strukturen und »Tätigkeiten« der Jugendämter in der BRD unternommen, wobei insgesamt eine unbefriedigende Leistungsfähigkeit aufgezeigt werden mußte. Auch im Zusammenhang mit Überlegungen und Entwürfen zu einem neuen Jugendhilferecht gerieten die Jugendämter ins öffentlich-politische Diskussionsspektrum (vgl. als Überblick: *Jordan*, 1975). Im Verbund mit allgemeinen Professionalisierungstendenzen der Sozialarbeit zielten viele Forderungen auf eine Intensivierung und Qualifizierung der pädagogischen Leistungen der Jugendhilfe. Parallel zu diesen »Professionalisierungshoffnungen« sowie zur »Politisierung« des Jugendhilfebereichs wandten sich seit Anfang der 70er Jahre die Sozialwissenschaften vermehrt dem Praxisfeld »Jugendhilfe« zu (vgl. *Birke* u. a., 1975; *Bauer* u. a., 1976). Auf den engeren Bereich des Jugendamtes bezogen kristallisierten sich vor allem zwei Forschungsschwerpunkte heraus:

– In der Rezeption angloamerikanischer Theorieansätze zur Devianz- und Kriminalitätsforschung (z. B. »labeling approach«) führte die Untersuchung der Effekte des Jugendamtes bezogen auf die betroffenen Kinder und Jugendlichen zu differenzierteren Aussagen über das Jugendamt als »Instanz sozialer Kontrolle«, die mit bestimmten dort praktizierten Arbeitsformen implizierten Etikettierungs- und Stigmatisierungsprozesse sowie die (unter-)schichtsspezifische Rekrutierung seiner Klientel (vgl. *Haferkamp/Meier*, 1972; *Bonstedt*, 1972; *Brusten/Müller*, 1972; kritisch dazu *Müller*, 1980).

– Mit Fragen nach dem Zustandekommen dieser »Effekte« rückten verschiedenste Ebenen der tätigen (Mit-)Verursachung und damit auch die alltäglichen Handlungsbedingungen und -möglichkeiten des Sozialarbeiters im Jugendamt in den Brennpunkt sozialwissenschaftlicher Untersuchungen.

In den Ansätzen zur Analyse der spezifischen Arbeitssituation des Sozialarbeiters wurden wichtige Formen und Grenzen seiner Handlungsmöglichkeiten herausgearbeitet und damit zugleich Chancen und Defizite des gegenwärtigen Jugendamtes als »sozialpädagogischer Institution« (*Bäumer*) bestimmt. Diese Analysen leisten oft wegen methodischer Unzulänglichkeiten, zu kurz gegriffener Fragestellungen und nicht zuletzt infolge inkompatibler theoretischer »Referenzstrukturen« zunächst nur eine »bruchstückhafte« und eher »exemplarisch-explorative« Darstellung der spezifischen Handlungssituation und -weise des Sozialarbeiters im Jugendamt. Grundsätzlich brechen sich »verallgemeinernde Aussagen« zu diesem Bereich an örtlich unterschiedlichen Arbeitsbedingungen wie auch an Ungleichzeitigkeiten im

Entwicklungsprozeß der einzelnen Jugendämter. Diese Problematik vorliegender Forschungsergebnisse hat entscheidenden Anteil an einer immer noch nur »sporadischen Diskussion über die theoretische Erschließung des Jugendamtes als pädagogische Institution« (*Schmitz/Lukas*, 1981 S. 34). Auf dem Hintergrund dieser Einschränkungen können jedoch wichtige Ergebnisse dieser Untersuchungen dargestellt werden.

Institutionelle Determinanten

Da öffentliche Jugendhilfe neben den primären Institutionen der Erziehung wie Familie, Schule und Betrieb nur als »begleitende Sozialisationshilfe« in Erscheinung tritt, besteht ihr Auftrag letztlich in der Abschwächung und Behebung defizitärer Erscheinungen innerhalb des ansonsten von anderen Instanzen gestalteten und verantworteten Erziehungsprozesses, ohne dabei selbst auf die ursächlichen Entstehungsbedingungen solcher Defizite Einfluß nehmen zu können. Dieses aus der gesamtgesellschaftlichen »Randstellung der Jugendhilfe« abgeleitete Funktionskonstrukt einer »nachrangigen Sozialisationsagentur« führt zu einem prinzipiellen »Interventionsnachhang« (*Böhnisch*), der jegliche Aktivität zu einer notwendig nachhinkenden Reaktion herabstuft (»Feuerwehr-Funktion«). Diese fundamentale Handlungsverengung des Jugendamtes spiegelt sich in seiner Abhängigkeit von den »Zubringerdiensten« vorgeschalteter Institutionen wie Polizei, Gerichte, Schulen, denen damit großer Einfluß auf Problemdefinitionen und Problemlösungen zugestanden wird. Vielfach bedeutet dies eine Begrenzung der Problemsicht und des Problemzugangs des Jugendamtes auf die schon als »abweichend« vordefinierten Symptome des einzelnen »Falles«. Auf seiten der Sozialarbeit korrespondiert damit das Vorherrschende der Einzelfallhilfe als methodisches Konzept. In der verwaltungsgeprägten Verarbeitungsstruktur des Jugendamtes wird diese Problemkomplexität zusätzlich durch verschiedene Zuständigkeiten (»Segmentierung«) und gestufte Kompetenzen (»Hierarchisierung«) zersplittert. Dieser Problemzurichtungs- und Problemverarbeitungsmodus, der auch die »Zerfaserung« des sozialpädagogischen Interventionsrahmens bewirkt (z. B. Aufteilung in »Fallkontingente« entsprechend abteilungs- und/oder bezirksmäßiger Zuständigkeit), bedeutet für den Sozialarbeiter eine weitgehende Isolation am Arbeitsplatz. Da problem- und arbeitsbezogene, kollegiale Kooperationsformen meist fehlen, wird die Etablierung eines gemeinsamen »professionellen Konsensus« (*Etzioni*) sehr erschwert. Im Zuge der Herausbildung sozialwissenschaftlich fundierter Problemsichten sowie der Entwicklung klientenorientierter Handlungsmuster vergrößert sich für den Sozialarbeiter im Jugendamt die Spannung und Diskrepanz zwischen seiner zunehmenden sozialwissenschaftlichen Kompetenz und seinen unverändert restriktiven Handlungsbedingungen. Er kann »die Konsequenzen, die sich aus dem ›Wissen‹ über die Verursachungsfaktoren der Lage der Klienten ergeben, nicht selber ziehen, weil der Handlungsspielraum, über den die Jugendhilfe und das Jugendamt verfügen, dafür nicht ausreicht« (3. Jugendbericht, 1972 S. 110). Handlungsnäher ausgedrückt: »Der Zwang zu alltäglicher, konkreter

Fallbearbeitung ist also begleitet vom Zweifel an der Zulänglichkeit der mit dieser Bearbeitung getroffenen Entscheidung« (*Kunstreich*, 1975 S. 72).

Das damit angesprochene, grundsätzliche Handlungsdilemma des Sozialarbeiters im Jugendamt, »sich in der Divergenz professioneller und bürokratischer Verhaltenskodizes bewegen und zurechtfinden zu müssen« (*Böhnisch/Lösch* in: *Otto/ Schneider*, 1973 S. 27) führt in den 70er Jahren zur Problematisierung der zwei tragenden Begrenzungen dieser Handlungssituation:

- Verwaltungseingebundenheit: Vor dem Hintergrund der spezifischen Einbettung jeglichen sozialpädagogischen Handelns in den administrativen Kontext des Jugendamtes werden die »bürokratischen Handlungsbarrieren« herausgearbeitet (vgl. AKS Berlin in: *Hollstein/Meinhold*, 1973; DJI, 1973). In der Folge nimmt die Spannung zwischen amtlicher und professioneller Ausrichtung der Jugendamtsarbeit in alternativen Praxisansätzen und theoretischen Diskussionen (vgl. etwa *Otto/Schneider*, 1973) eine zentrale Stellung ein.

- Unzureichende »professionelle« Eigenständigkeit: Nach der kritischen Durchleuchtung traditioneller Interventionsmuster und eindimensional-caritativer Sozialarbeiter-Selbstverständnisse werden auch für das Jugendamt alternative und erweiterte Methoden (z. B. Ausbau der Gruppenarbeit, Stadtteilorientierung, sozialpädagogische Beratung), neue professionelle Standards und Bezugsgrößen (etwa »politische Sozialarbeit«, sozialwissenschaftliche Begründung) sowie neue Formen der Klienteneinbeziehung und -vertretung (»Parteilichkeit«) gefordert, konzeptionell entworfen und in der Praxis erprobt.

Hoffnungen auf wesentliche Veränderungen dieser »begrenzten« Handlungssituation und damit auch des spezifischen »Berufsschicksals« des im Jugendamt tätigen Sozialarbeiters verknüpfen sich in den 70er Jahren vor allem mit den in der Diskussion um ein neues Jugendhilferecht anvisierten Ziel- und Organisationsmodifikationen und den sich ausbreitenden Reformimpulsen und -modellen der kommunalen Sozialadministrationen (vgl. sog. »Neustrukturierung sozialer Dienste«).

Individuelle Handlungsformen

Parallel zur Erforschung institutioneller Handlungstederminanten bemühen sich sozialwissenschaftliche Analysen um Beschreibung und Deutung möglicher und empirisch nachweisbarer Handlungsformen von Sozialarbeitern im Jugendamt. Diese Untersuchungen zentrieren sich im wesentlichen um die Frage, wie die Spannung zwischen den in der Ausbildung vermittelten professionellen Maßstäben und den in der Praxis nur beschränkt vorhandenen Möglichkeiten ihrer Umsetzung vom Sozialarbeiter vor Ort »gelöst« und auf Dauer »verarbeitet« wird. Dabei schälen sich als quasi-idealtypische, gegenpolige »Endpunkte« des Kontinuums möglicher individueller Handlungsstrategien zwei »Lösungsmuster« heraus:

- Anpassung an administrative Handlungsprämissen: Besonders innerhalb stark verwaltungsmäßig determinierter Arbeitsrollen (»Vollzugsrollen«) mit bürokratischen Kontrollstrukturen durchläuft der Sozialarbeiter nach anfänglichem

»Praxisschock« eine on-job-Sozialisation in Richtung auf ein restriktives Handlungsverständnis. Er »löst« sein Dilemma, indem er allmählich seinen professionellen Rollenanteil aufgibt und verstärkt amtliche Orientierungs- und Kontrollraster übernimmt (»Konfliktreduzierung durch Anpassung«). Mit diesem Verarbeitungsmuster korrespondieren ein unpolitisches Selbstverständnis (»helfende Professionalität« bei *Kunstreich*, 1975), erhöhte Konformitätsbereitschaft gegenüber Verwaltungsregeln und spezifisch verkürzte Interpretationen der Klientenprobleme (*Blinkert*, 1976).

– Verabsolutierung professioneller Maßstäbe: In diesem Fall versteht sich der Sozialarbeiter als fachlicher Experte, dessen Handeln an professionellen Methoden und Standards ausgerichtet ist (»Traum vom unabhängigen Sachverständigen«). Dies bedingt die größtmögliche »Abschirmung« der eigenen Aktivitäten gegenüber amtlicher Kontrolle. Denn indem er sich am »Ideal einer repressionsfreien Beratungspraxis« (*Kasakos*) ausrichtet, unterstellt er die Möglichkeit von »freier Verhandelbarkeit« (*Beneke*) und die adäquate Erfassung der Problemlage des Klienten mit Kriterien und Begriffen beratungsorientierter Diagnostik. Gleichzeitig setzt er die mögliche Behebung der Klientenprobleme auf der Ebene einer zwischenmenschlichen Beratungsbeziehung voraus. Mit diesen Verkürzungen bleiben Einflüsse und Einwirkungen der »amtlichen« Rahmenbedingungen weitgehend ausgeblendet. Praxisprobleme, die aus diesem behördlichen Setting resultieren, werden damit nicht dieser Handlungssituation, sondern dem Klienten angelastet (vgl. *Kasakos*, 1980). Dieser »therapeutisierenden« Handlungsorientierung entspricht eine selektive Ausrichtung der Sozialarbeiter auf »gewünschte Klienten«, für die sie sich zuständig halten und mit denen sie umgehen wollen. Dies kann Verschiebungen der Klientenpopulation zur Folge haben (»gezüchtete Klienten«, *Beneke*, 1979; »Klientifizierungstheorem«, *Knieschewski*, 1978). Für den Klienten überlagert sich damit das »alte« Problem der Abhängigkeit vom Amt durch das »neue« Problem der Machtlosigkeit gegenüber der unkalkulierbaren Redefinition seiner Bedürfnisse durch den professionell-legitimierten Sozialarbeiter (vgl. *Beneke*, 1979; *Kasakos*, 1980).

Neben diesen »Grenzlösungen« des »doppelten Mandats« im Sinne der unkritischen Vereinseitigung des Spannungsverhältnisses, die zugleich zentrale Muster problematischer sozialpädagogischer Handlungsweisen markieren, zeigen sich durchaus Ansätze und »Wegweiser« konstruktiver sozialpädagogischer Handlungsweise und -ausrichtung. In diesen wird die scheinbar unauflösliche Klammer des »doppelten Mandats« nach zwei Richtungen ausgeweitet: mit Bezug auf bewußte Klientenorientierung (Adressatenbezogenheit, »Parteilichkeit«) und durch die Einbindung des alltäglichen Tuns in institutionelle und überinstitutionelle Erklärungszusammenhänge (politischer Aspekt) wird eine kritische Distanz des Sozialarbeiters sowohl gegenüber einem »primär methodisch agitierten Professionsverständnis« (*Böhnisch/Lösch* in: *Otto/Schneider*, 1973, S. 28) als auch gegenüber bürokratischen Herrschaftsverformungen ermöglicht. Zugleich wird damit auf die Vermittlungs- und Durchsetzungschancen von Klientenbedürfnissen gegenüber amtlichen Problemdefinitionen bestanden. Die prinzipielle Notwendigkeit für dieses – nach wie vor prekäre und widersprüchliche – sozialpädagogisches Handeln bezieht sich auf bereits existierende, potentiell-nutzbare »sozialpädagogische Handlungsräume« innerhalb gegenwärtiger Gegebenheiten (vgl. etwa Leistungs- und Beratungsbereiche, Unbestimmtheitszonen im JWG, Definitionsspielräume des Sozialarbeiters, lokale Gestaltungsfreiheiten . . .) und die Hoffnung auf den Ausbau sozialpädagogischer Jugendhilfeleistungen.

Diese Ausweitung der sozialpädagogischen Handlungsbezüge von engen Professionsstandards zum betroffenen Klienten und dessen Lebenslage wie auch von amtlichen Rahmenbedingungen zu deren gesamtgesellschaftlicher Begründung erleichtert zwar dem Sozialarbeiter die »Verortung« seiner Rollen- und Handlungskonflikte. Gleichzeitig vergrößert sie aber möglicherweise den individuellen »Rollenstreß« (vgl. *Kunstreich*, 1975; *Blinkert*, 1976; *Böhnisch*, 1972).

Vor diesem Hintergrund werden flankierende Maßnahmen zur Stabilisierung der »professionellen« Identität des einzelnen Sozialarbeiters und zur Absicherung »eigener« institutioneller Handlungsräume entscheidende Voraussetzung für die Durchsetzungs- und Tragfähigkeit solch »kritisch-emanzipatorischer« Handlungsorientierungen. Damit gewinnt die Konstruktion »abstützender« sozialpädagogischer Konzepte und Kompetenzprofile, aber auch die Veränderung der institutionellen Arbeitssituation für die Zukunft sozialpädagogischer Handlungspraxis große Bedeutung. Konsequenterweise stützen sich, insbesondere nach dem Hinauszögern der Jugendhilferechtsreform, die mittelfristigen Hoffnungen für weiterführende Handlungskonzepte im Jugendamt zur Zeit auf die Neubestimmung traditioneller Arbeitskonzepte, -methoden und -selbstverständnisse (»Neustrukturierung sozialer Dienste«).

Mit diesen mittelfristigen Chancen für die kritische Weiterentwicklung sozialpädagogischer Praxis und analoger Berufsverständnisse müssen jedoch immer auch mögliche »kontra-produktive« Effekte im Auge behalten werden. Zu denken ist an die Gefahr politischer Instrumentalisierung – etwa die »Neutralisierung« von kritischen Sozialarbeitern und Klienten –, die Ausweitung »sozialer Kontrolle« ins alltägliche Lebensfeld der Klienten (soft control) sowie die Möglichkeit administrativer »Rationalisierung« der Sozialarbeit im Zuge der Intensivierung und »Verdichtung« arbeitssteuernder Vorschriften (vgl. z. B. *Bronke/Wenzel* und *Damman* in: *Barabas* u. a., 1977; *Kunstreich* in: *Müller/Otto*, 1980). Damit gewinnen die außerhalb des Organisationsgebildes Jugendamt liegenden Bestimmungsgrößen an Bedeutung. Die sozialökonomische »Randstellung« des Jugendamtes, die Prägung durch eine spezifische historische Formung, die Verfestigung konstitutiver Ziel- und Strukturkonflikte und auch die derzeitige »Randständigkeit« innerhalb pädagogischer Forschung konstituieren nach wie vor grundsätzliche Barrieren für die Entwicklung des Jugendamtes zu einer eigenständigen und »leistungsstarken« Fachbehörde.

Gleichwohl dürfen aber die Möglichkeiten nicht unterschätzt werden, die für das Jugendamt selbst in der Herausbildung neuer Handlungs-Strukturen liegen, die nicht ohne weiteres der Kontroll- und Stigmatisierungsebene zuzuordnen sind und auch nicht einfach wieder »zurückgenommen werden können«. Besonders im

Zusammenhang mit neueren Handlungsentwürfen, die verstärkt die Wichtigkeit solch »mittelfristiger« und »lokaler« Ansätze postulieren (vgl. etwa den »Trend zur kommunalen Reorientierung« in den Konzepten zur »Sozialarbeit als soziale Kommunalpolitik« bei *Müller/Olk/Otto*, 1981) eröffnen sich dem Sozialarbeiter im Jugendamt erweiterte Handlungsperspektiven in bezug auf

– überinstitutionelle, kollegiale Solidarisierung (vgl. etwa psychosoziale Arbeits-kreise)
– veränderte Ausrichtung und Form sozialpädagogischer Aktivitäten (vgl. etwa Stadtteilorientierung)
– das Verhältnis zum und die Kooperation mit Klienten (vgl. Initiierung und Unterstützung von Selbsthilfegruppen)
– die Herstellung eines »professionellen Konsensus« und damit erhöhter inner-wie außerorganisatorischer Konfliktfähigkeit (vgl. Teamarbeitsansätze).

Erste sozialwissenschaftliche Untersuchungen bestätigen die Relevanz solch orga-nisationeller und konzeptioneller Veränderungen für die alltäglichen Handlungs-möglichkeiten des Sozialarbeiters (vgl. *Schmitz/Lukas*, 1981). Für die nahe Zu-kunft des Jugendamtes sind damit aus pädagogischer Sicht wichtige und notwendige Felder praktischer Erprobung und kritischer wissenschaftlicher »Durchdringung« genannt.

Günther Wagner

Literatur

Barabas, F./Blanke, Th./Sachße, Chr./Stascheit, U. (Hrsg.), 1977: Jahrbuch der Sozialarbeit 1978. Analysen, Berichte, Materialien, Reinbek – *Bauer, H.-G./Berg, R./Kuhlen, V.*, 1976: Forschung zu Problemen der Jugendhilfe. Bestandsaufnahme und Analyse, München – *Beneke, E.*, 1979: Selbstverständnis und Handlungsrealität von Sozialarbeiter. Eine Fallstu-die über Funktion und Praxis einer kommunalen Dienststelle, Weinheim/Basel – *Birke, P./ Hüppauff, H./Funke, D./Beneke, E./Kasakos, G.*, 1975: Jugendhilfeforschung. Ansätze, Prozesse, Erfahrungen, München – *Bonstedt, Chr.*, 1972: Organisierte Verfestigung abwei-chenden Verhaltens. Eine Falluntersuchung, München – *Böhnisch, L.*, 1972: Bedingungen sozialpädagogischen Handelns im Jugendamt. Zeitschrift für Pädagogik, H. 2; 187–212 – *Brusten, M./Müller, S.*, 1972: Kriminalisierung durch Instanzen sozialer Kontrolle. Analysen von Akten des Jugendamtes, Neue Praxis, H. 1: 174–189 – *Bundesministerium für Jugend, Familie und Gesundheit (Hrsg.), 1972: Dritter Jugendbericht. Aufgaben und Wirksamkeit der Jugendämter in der Bundesrepublik Deutschland, BT-Drucks. VI/3170, Bonn/Bad Godesberg – *ders., 1974: Mehr Chancen für die Jugend. Zu Inhalt und Begriff einer offensiven Jugendhilfe, Stuttgart – Deutsches Jugendinstitut (Hrsg.), 1973: Zur Reform der Jugendhilfe. Analysen und Alternativen, München – *Flamm, F.*, 1967: Koordination und Kooperation als Arbeitsprinzip beim Vollzug der öffentlichen Hilfen, Frankfurt/M. – *Fluk, E.*, 1972: Jugendamt und Jugendhilfe im Spiegel der Fachliteratur. Analyse und Kritik der Diskussion 1950–1970, München – *Haferkamp, H./Meier, G.*, 1972: Sozialarbeit als Instanz sozialer Kontrolle. Kriminologisches Journal, H. 4; 100–114 – *Hasenclever, Chr.*, 1978: Jugendhilfe und Jugendgesetzgebung seit 1900, Göttingen – *Hollstein, W./Meinhold, M.* (Hrsg.), 1973: Sozialarbeit unter kapitalistischen Produktionsbedingungen, Frankfurt/M. – *Hornstein, W.*, 1972: Bezugspunkte einer pädagogischen Theorie des Jugendamtes, Zeit-schrift für Pädagogik, H. 2; 153–185 – *Jordan, E.* (Hrsg.), 1975: Jugendhilfe. Beiträge und Materialien zur Reform des Jugendhilferechts, Weinheim/Basel – *Jordan, E./Sengling, D.*, 1977: Einführung in die Jugendhilfe, München – *Kasakos, G.*, 1980: Familienfürsorge zwischen Beratung und Zwang. Analysen und Beispiele, München – *Knieschewski, E.*, 1978: Sozialarbeiter und Klient. Eine empirische Untersuchung, Weinheim/Basel – *Kunstreich, T.*, 1975: Der institutionalisierte Konflikt. Eine exemplarische Untersuchung der Rolle des Sozialarbeiters in der Klassengesellschaft am Beispiel der Jugend- und Familienfürsorge, Offenbach – *Kuczynski, J./Hoppe, R.*, 1958: Geschichte der Kinderarbeit in Deutschland 1750–1939, 2 Bde., Berlin/DDR – *Müller, S.*, 1980: Aktenanalyse als Methode der Sozialarbeitsforschung, Weinheim – **Müller, S./Otto, H.-U.* (Hrsg.), 1980: Sozialarbeit als Sozialbürokratie? Zur Neuorganisation sozialer Dienste, Neue Praxis Sonderheft 5, Neuwied – *Müller, S./Olk, Th./Otto, H.-U.* (Hrsg.), 1981: Sozialarbeit als soziale Kommunalpolitik. Ansätze zur aktiven Gestaltung lokaler Lebensbedingungen, Neue Praxis Sonderheft 6, Neuwied – *Münchmeier, R.*, 1981: Zugänge zur Geschichte der Sozialarbeit, München – *Otto, H.-U./Schneider, S.* (Hrsg.) 1973: Gesellschaftliche Perspektiven der Sozialarbeit, 2 Bde., Neuwied – *Sachße, Chr./Tennstedt, F.*, 1980: Geschichte der Armenfürsorge in Deutschland. Vom Spätmittelalter bis zum 1. Weltkrieg, Stuttgart – *Schmitz, I./Lukas, H.* (Hrsg.), 1981: Familienfürsorge im Stadtteil. Konzepte kommunaler Jugendhilfe im Vergleich, Berlin – *Viernstein, N./Gaensslen, H.*, 1972: Der Jugendwohlfahrtsausschuß im Urteil seiner Mitglieder. Zeitschrift für Pädagogik, H. 2; 213–226 – **Vogel, R. M.*, 1960: Das Jugendamt im gesellschaftlichen Wirkungszusammenhang, Köln/Berlin. –

→ Jugendarbeit → Mobile Jugendarbeit → Jugendhilferecht → Jugendpolizei → Jugendverbände

Jugendarbeit

Jugendarbeit als Problembereich

Will man einen Überblick über das vielgestaltige komplexe Feld Jugendarbeit gewinnen, so könnte sich eine Orientierung an den Institutionen und Organisationen (z. B. Verbände, Jugendpflege, Jugendbildungsstätten), Arbeitsweisen (z. B. offene Arbeit, Gruppenarbeit) oder Konzeptionen nahelegen. Damit würde aber eine Systematik und Eindeutigkeit unterstellt, die dem Feld selbst nicht eigen ist. Jugendarbeit muß vielmehr als Problembereich denn als geschlossener Erziehungsbereich gelten. Je nach den verschiedenen Zugängen und Darstellungsebenen stellen sich diese Probleme jeweils verschieden dar und müssen verschiedene Zusammenhänge angesprochen werden.

Es soll deshalb hier versucht werden, die Bestimmungselemente von Jugendarbeit auf verschiedenen Zugangsebenen herauszuarbeiten, ohne daß dabei Vollständigkeit oder Systematik unterstellt wären. Dabei wird Jugendarbeit v. a. im kommunalen Zusammenhang von Problemlagen Jugendlicher und Angeboten der Jugendarbeit im kommunalen Bereich dargestellt. (Zu den besonderen Problemen verbandlicher Jugendarbeit Artikel: »Jugendverbandsarbeit«).

Das gesellschaftliche Interesse an der Jugendarbeit

Daß Struktur und Funktion der Jugendarbeit in der BRD maßgeblich durch bestimmte gesellschaftliche und gesellschaftspolitische Entwicklungen geprägt sind, wird im Alltag der Jugendarbeit nicht ohne weiteres deutlich. Denn diese gesellschaftspolitische Prägung äußert sich entweder vermittelt in den Legitimationsbemühungen der Träger der Jugendarbeit, in ihrer Organisationsstruktur oder in ihrer Randständigkeit gegenüber anderen Institutionen des Erziehungs- und Bildungsbereichs, wie vor allem der Schule. Sichtbar und einschätzbar wird die gesellschaftspolitische Abhängigkeit der Jugendarbeit aber vor allem in der jeweiligen Rekonstruktion ihrer historischen Entwicklung.

Jugendarbeit ist in der zunehmenden Differenzierung der sozialen und politischen Struktur moderner Industriegesellschaften entstanden. Staatlich geförderte und öffentlich veranstaltete Jugendarbeit in Deutschland hat ihre Anfänge um die Jahrhundertwende, als die durch die rasche unkontrollierte technisch-ökonomische Entwicklung entstandene massenhafte soziale Unsicherheit besonders innerhalb der schulentlassenen Jugend durch das von Familie und Schule geprägte traditionelle bürgerliche Erziehungssystem nicht mehr aufgefangen werden konnte. Die damit verbundenen krisenhaften Entwicklungen (z. B. hohe Jugendkriminalitätsraten), der sich in der bürgerlichen Jugendbewegung manifestierende Protest gegen das bürgerliche Wertsystem und vor allem die in der proletarischen Jugendbewegung organisierte kollektive Auflehnung gegen die Lebens- und Ausbildungsverhältnisse von Arbeiterjugendlichen wurden als Signale einer tendenziellen Bedrohung der herrschenden bürgerlichen Gesellschaftsordnung von der staatlichen Ordnungsmacht aufgenommen und unter anderem mit der Etablierung einer staatlichen Jugendpolitik und Jugendpflege beantwortet. Jugendarbeit als geplante und staatlich geförderte »Jugendpflege« (historisches Dokument: »Erlaß für die Jugendpflege in Preußen«, 1911) war also in den Anfängen vor allem ordnungspolitisch ausgerichtet.

Diese ordnungspolitische Orientierung der Jugendarbeit ist heute in dem Maße zurückgegangen, als mit dem Ausbau des Bildungs- und Ausbildungswesens und des Systems der sozialen Sicherheit materielle und kulturelle Bedingungen für die soziale Integration Jugendlicher geschaffen wurden.

Damit war die gesellschaftspolitische Funktion der Jugendarbeit aber keineswegs geringer geworden, sondern sie hat heute durch weitere gesellschaftliche Differenzierungsprozesse, durch Folgelasten der Intensivierung des Bildungs- und Ausbildungssystems, durch die Ausweitung des Sozialstaates und der sozialstaatlichen Funktionen im kommunalen Bereich, aber auch im Gefolge der Krisenerscheinungen spätkapitalistischer Vergesellschaftung neue Dimensionen erhalten.

So ist der grundsätzliche Konflikt zwischen einer gesellschaftlich geplanten und organisierten und einer von jugendlichen Interessen und Selbstorganisation getragenen Jugendarbeit bis heute zwar nicht mehr als strikt ordnungspolitisches, so aber doch als Problem der Loyalitätsbindung der Jugendarbeit erhalten geblieben. Gerade in den Auseinandersetzungen um die Richtlinien des Bundesjugendplans, der staatlichen Förderungs- und Subventionsinstitution der Jugendarbeit, ist dieser Aspekt immer wieder virulent geworden.

Weiter muß Jugendarbeit heute in ihrer bildungspolitischen Funktion thematisiert werden. Bei den Diskussionen um die Bildungsreform stand dabei nicht nur die Frage im Vordergrund, inwieweit Jugendarbeit die sozialpädagogischen Probleme einer geplanten Extensivierung des schulischen Bildungssystems (Verlängerung der Schulbildung, Verbreiterung weiterführender schulischer Ausbildungsgänge, Ganztagsschule) innerhalb (Schulsozialarbeit) und außerhalb der Schule (außerschulische Jugendbildung) auffangen könnte. Vielmehr wurde in diesem Zusammenhang auch diskutiert, wieweit die Jugendarbeit als ein im Vergleich zur Schule differenzierteres und repressionsfreieres Lernfeld mit »eigenständigen« Sozialisationsleistungen auf die Mängel der Schule korrektiv antworten könnte.

Gegenwärtig sieht sich die Jugendarbeit allerdings einer Schul- und Bildungslandschaft gegenüber, die durch steigenden Leistungs- und Auslesedruck, zunehmendes Aggressionspotential und abnehmende Lernmotivation Jugendlicher gekennzeichnet ist. Schulische Überforderungs- und Konfliktsituationen sind von der Schule selbst nicht mehr zu bewältigen. »Schüler sein« wird immer mehr vom Rollen- zum allgemeinen Existenzproblem. In dieser strukturellen Situation geraten Angebote der Jugendarbeit, die wie z. B. die Schulsozialarbeit auf die Schule bezogen sind, immer mehr in die Gefahr, ihre bildungsreformerischen »Korrektiven« und eigenständigen Einwirkungsmöglichkeiten auf die Schule zu verlieren, um nur noch kompensatorisch eingesetzt zu werden.

Diese Entwicklung zur sozialpolitischen Funktionalisierung der Jugendarbeit im Sinne der sozialpolitischen Vorsorge und Befriedung jugendlicher »Problemgruppen« wird durch die gegenwärtigen Folgeprobleme gesellschaftlicher Krisenerscheinungen, wie der Jugendarbeitslosigkeit und der Jugendkriminalität, noch verstärkt aktualisiert. Sie findet ihren Niederschlag vor allem auch im Bereich der gesellschaftlichen und öffentlichen Förderung der Jugendarbeit und ihrer staatlichen Legitimation: kompensatorische Programme für »Problemgruppen« sind zu Förderungsschwerpunkten im Bundesjugendplan und in Landesjugendplänen und zum Ausweis der gesellschaftlichen »Nützlichkeit« von Jugendarbeit geworden.

Der gesellschaftspolitische Bezug der Jugendarbeit muß schließlich auch unter kommunalpolitischen Aspekten behandelt werden. Die zunehmende sozialstaatliche Aufgabenverflechtung (Ausweitung des öffentlichen Sektors) im Bereich der Gemeinden hat u. a. einen steigenden kommunalen Aufwand an Sozial- und Jugendhilfeplanung zur Folge, in den die Jugendarbeit zunehmend verortet wird. Sozialplanerische Gesichtspunkte überformen pädagogisch motivierte Orientierungen an den Interessen und Bedürfnissen Jugendlicher (planerischer Bedarf versus Bedürfnisse). Angebote und Einrichtungen der Jugendarbeit geraten immer mehr unter den Druck der Anpassung an das System kommunaler Versorgungsleistungen.

Die gesellschaftspolitische Abhängigkeit der Jugendarbeit in ihren verschiedenen Ausprägungen ist vor allem auch in ihrem Einfluß auf die Entwicklung der

Angebotsstrukturen der Jugendarbeit genauso wie auf die Art und Richtung der Professionalisierung der in der Jugendarbeit Tätigen zu untersuchen. Festzuhalten bleibt allgemein, daß Jugendarbeit als pädagogisches Feld allein nicht zu begreifen ist. Vielmehr ergeben sich aus den vielfältigen gesellschaftspolitischen Druck- und Vereinnahmungstendenzen für die Jugendarbeit dauernd pädagogische und politische Konflikte, welche ihre Entwicklung maßgeblich beeinflussen.

Jugendarbeit und Problemlagen von Jugendlichen

Die bildungs- bzw. sozialpolitischen Funktionszuschreibungen an die Jugendarbeit bedeuten keineswegs, daß diese einen auch nur einigermaßen erkennbaren und einheitlichen Kanon von Lern- und Sozialisationszielen entwickelt hätte. Die Angebote der Jugendarbeit zeichnen sich im Gegenteil durch große Offenheit und ihre Arbeitsweisen durch vergleichsweise hohe Flexibilität aus.

Da Jugendarbeit nahezu ausschließlich in der Freizeit stattfindet und die Teilnahme an ihr dem Prinzip der Freiwilligkeit unterliegt, kommen bei der Gestaltung ihres Angebots den aktuellen Wünschen und Interessen der Jugendlichen große Bedeutung zu. Deshalb hat Jugendarbeit immer einen notwendigen Bezug zu den Interessen und Bedürfnissen Jugendlicher.

Diese prinzipielle Bedürfnisorientierung der Jugendarbeit ist jedoch vieldeutig. Sie bedarf der Präzisierung im Hinblick auf die Art, Qualität und Reichweite dieser Bedürfnisse wie auch auf die Bedingungen und Möglichkeiten der Jugendarbeit, diese Bedürfnisse aufzunehmen. Beide Aspekte bilden insofern einen Zusammenhang, als die Interessen und Probleme Jugendlicher gegenüber den in der Jugendarbeit vorhandenen Möglichkeiten, diese aufzugreifen, zu bewerten und zu beantworten, kein Eigenleben führen, da Jugendliche weder Bedürfnisse »an sich« (d. h. losgelöst von ihrer Befriedigungsmöglichkeit) artikulieren, noch Jugendarbeit als beliebige formale Antwort (d. h. abstrahiert von ihren konkreten Handlungsbedingungen) zur Disposition steht.

In der Hauptsache drei Ebenen dieses Bedürfniszusammenhangs der Jugendarbeit müssen unterschieden werden:

- Jugendarbeit muß die Interessen und Bedürfnisse der Jugendlichen als Motivationszusammenhang für deren Teilnahme ernst nehmen und aufgreifen. Auf dieser Ebene erscheinen Bedürfnisse lediglich als didaktisch-methodische Anknüpfungspunkte bei der Festlegung von Themen- oder Aktivitätsangeboten (interessenorientierte Arbeitsgruppen, Neigungsgruppen usw.).

  Die Möglichkeiten, an solche Interessen anzuknüpfen, sind bei verschiedenen Trägern und Arbeitsformen durchaus unterschiedlich weit gesteckt. So gibt es Träger mit relativ freiliegendem Angebotsprofil und solche mit stärker festgelegten Aktivitäten. Die Form der »offenen Arbeit« ist hinsichtlich der Interessen Jugendlicher weniger festgelegt als etwa in den Neigungsgruppen. Immer jedoch gilt, daß die Angebote der Jugendarbeit zumindest teilweise die Wünsche der Teilnehmer berücksichtigen oder sich damit verbinden lassen müssen.

– Jugendarbeit muß die Lebensverhältnisse der Jugendlichen, die überhaupt erst so etwas wie einen Bedarf an Jugendarbeit hervorbringen, ernst nehmen. Der Bedarf an Jugendarbeit ist für die Jugendlichen je nach den Lebensverhältnissen, in denen sie verkehren, und den dort gegebenen alternativen Möglichkeiten sehr verschieden. Für Jugendliche, die in der elterlichen Wohnung keinen Raum als ungestörten Treffpunkt haben, die nicht über die finanziellen Mittel zur Teilnahme am durchschnittlichen Freizeitkonsum verfügen und die in ihrer sozialen Umgebung wenig Anregungen zur Freizeitgestaltung vorfinden, wird sich der Bedarf an Jugendarbeit als Ausfallbürgen für nicht vorhandene Möglichkeiten weit höher darstellen als für ihre privilegierten Altersgenossen. Ähnliches gilt für die Lebensverhältnisse der Jugend auf dem Land im Vergleich zu den Möglichkeiten in der Stadt.

– Jugendarbeit muß sich schließlich zu den allgemeinen Problemen der Jugendphase im gegenwärtigen gesellschaftlichen Funktionszusammenhang – insbesondere des Berufs – in Beziehung setzen. Diese Problemlagen lassen sich als objektive gesellschaftlich bestimmte Widersprüche der Jugendphase darstellen, die aber gleichwohl von jedem Jugendlichen als Subjekt »verarbeitet« und bewältigt werden müssen. Als Beispiel seien hier angeführt: die Notwendigkeit, Leistungsmotivation und Integrationsbereitschaft aufrechtzuerhalten bei gleichzeitig sinkenden Chancen auf berufliche und gesellschaftliche Zukunftsaussichten (»Jugendarbeitslosigkeit«); der Anspruch auf Selbstverwirklichung und Individualität bei gleichzeitiger Objektivierung und Verdinglichung der Arbeitsvollzüge (»stumpfsinnige, mechanische Arbeit«); die Notwendigkeit zu gesellschaftlicher Solidarität bei gleichzeitiger Verschärfung des Leistungs- und Konkurrenzprinzips usw.

Unstreitig stellen solche Probleme für die Jugendlichen, deren gesellschaftliche Integration in dieser Altersphase zentral ist, besondere Verarbeitungsaufgaben dar, die darum auch besonders problematisch und konflikthaft verlaufen. Auf dieser Ebene können deshalb die Problemlagen Jugendlicher nicht einfach als Anknüpfungspunkte für Jugendarbeit definiert werden, sondern müssen zunächst als Produkt gesellschaftlicher Bedingungen begriffen werden. Dies hat konstitutive Bedeutung für die Möglichkeiten der Jugendarbeit, diese Problemlagen aufzunehmen: sie wird insbesondere auf solche Bedürfnisse bezogen, die in den zentralen gesellschaftlichen Sozialisations- und Qualifikationsinstitutionen nicht mehr artikulierbar oder integrierbar sind und die deshalb in den marginaleren Bereich von »Freizeit« abgedrängt werden. Dadurch, daß Jugendarbeit solche Bedürfnisse wiederum in der Freizeit aufgreift, leistet sie immer auch einen Beitrag zu der gesellschaftlichen Parzellierung von Lebensbereichen und zu der Restriktion von Befriedigungsmöglichkeiten (z. B. erzwungener Bedürfnisaufschub) im Arbeits- und Leistungsbereich.

Fragt man nun, was für die Jugendarbeit auf diesen verschiedenen Ebenen ein »Aufgreifen« von Problem- und Bedürfnislagen Jugendlicher bedeuten könnte, so zeigt sich ein doppeltes Dilemma: obwohl Jugendarbeit auf Bedürfnisse Jugendlicher als didaktisch-methodische Anknüpfungspunkte bezogen werden muß, kann doch nicht präzise definiert werden, in welcher Weise die Jugendarbeit eindeutige Lösungen hierfür bereitstellt. Sie ist bei ihrem Versuch, Problemlagen »aufzugreifen«, auf Umdefinitionen und Transformationen angewiesen.

Das Bedürfnis nach Individualität und Selbstentfaltung kann sie nur transformiert innerhalb eines durch sie organisierbaren »Schonraums« als »Geselligkeit« adaptieren. Und das Problem jugendlicher Chancenungleichheit kann sie zunächst nur als individuell-subjektives Problem einzelner Teilnehmer, z. B. in der Bearbeitung der Folgeprobleme wie Motivationsschwund, Leistungsverweigerung, Orientierungslosigkeit und Apathie, aufgreifen usw. Mit anderen Worten: Jugendarbeit kann aufgrund ihrer marginalen gesellschaftlichen Position und ihrer Freizeitorientierung keine Lebensbereiche organisieren; sie kann weder die soziale Situation (Lebensverhältnisse) Jugendlicher ändern, noch hat sie Zugang zu den generellen gesellschaftlichen Problemen des Jugendalters.

Jugendarbeit als Handlungssystem

Keine andere Tendenz in der Jugendarbeit trat in den letzten Jahren so prägnant hervor wie ihre zunehmende Professionalisierung. Damit ist nicht gesagt, daß ehrenamtliche Jugendarbeit zunehmend durch berufliche ersetzt würde. Vielmehr findet sich in fast allen Praxisbereichen der Jugendarbeit ein Anteil von fast 90% ehrenamtlichen Mitarbeitern an der Gesamtheit aller Jugendarbeiter, Professionalisierung soll hier ein verändertes qualitatives Verständnis bezeichnen, daß Jugendarbeit als pädagogische Intervention auf gesellschaftliche, bildungspolitische oder ökonomische Erfordernisse zu beziehen sei und ihre »Leistungen« zunehmend einschlägige Qualifikationen der Mitarbeiter erfordern.

Diese Professionalisierung aber trifft die Professionellen in einer Situation, wo ihre Handlungs- und Entscheidungsspielräume im Vergleich zur sog. Reformphase vor einigen Jahren enger geworden sind: Auf seiten der gesellschaftlichen Träger wird in zunehmendem Maße die Loyalität von Jugendarbeitern gegenüber den Auftraggebern gefordert; experimentelle-politische Ansätze der Jugendarbeit treten insgesamt gesehen hinter abgeschwächtere Formen der Intervention, wie z. B. Beratung und Einzelfallhilfe, zurück: das »Machbare« ist gefragt. Die verschärfte politische Kontrolle der professionellen Jugendarbeiter bereits bei ihrer Einstellung oder auch bei der Entlassung von Jugendarbeitern im Zusammenhang mit Auseinandersetzungen um Inhalte und Ziele der Jugendarbeit bedeutet für viele Jugendarbeiter ein Berufsverbot und führt zunehmend zu Resignation, Pragmatismus oder auch zu einem Wechsel des Arbeitsfeldes. Die hohe Fluktuation in der Jugendarbeit mag hierfür ein Symptom sein. Sowohl die genauere Mittelkontrolle seitens der Träger (auch als Folge von Mittelknappheit), als auch die damit verbundenen Erfolgserwartungen an die Jugendarbeiter hat den klassischen Rollen- und Zielkonflikt zwischen pädagogischen Erfordernissen einerseits und administrativer Kontrolle und Legitimationserwartungen andererseits eher verschärft als gelöst.

Auch das Verständnis der Jugendlichen zur Jugendarbeit und deren Protagonisten hat sich verändert: die Jugendlichen vertrauen längst nicht mehr so ungebrochen den professionellen Jugendarbeitern, wie dies noch vor kurzem der Fall war. Die Jugendlichen haben eine Menge von Negativerfahrungen mit den Ausbildungsinstitutionen dieser Gesellschaft, der Schule, dem Betrieb und auch mit denjenigen gesammelt, die dort die Ausbildung betreiben, den Lehrern und den Ausbildern. Das verbreitete Mißtrauen der Jugendlichen gegenüber diesen Einrichtungen rührt daher, daß sie oftmals erst gegen den Widerstand dieser Institutionen und ihrer Protagonisten ihre Vorstellungen von Lernen und Leben durchsetzen mußten. Diese Erfahrungen werden nicht einfach durch den erklärten Anspruch und den subjektiven Willen der Jugendarbeiter außer Kraft gesetzt, die zwar zugeben, daß sie objektiv als bezahlte Mitarbeiter eines Trägers Kontrollfunktionen ausüben und bestimmte Kompetenzen besitzen, aber gegenüber den Jugendlichen erklären, daß sie sich als Bündnispartner für deren Interessen einsetzen wollen.

Selbst das scheinbar rückhaltlose Eintreten für die Interessen der Jugendlichen – bis zum Risiko, die eigene Stelle zu verlieren – verschleiert allenfalls die besonderen professionellen Interessen der Jugendarbeiter. Das Problem der objektiven Interessengegensätze zwischen Jugendlichen und Professionellen bzw. Trägern wird durch Propagierung gemeinsamer Interessen und Ziele nicht gelöst. »Der Verzicht auf eigene Intentionen, die Verdrängung eigener Interessen und der Zwänge, unter denen er selbst arbeiten muß, schlagen auf ihn zurück, indem er im entscheidenden Moment unglaubwürdig wird« (Info-Sozialarbeit, Nr. 13, 1976: 26). Die Kritik an den professionellen Jugendarbeitern hat sich vor allem im Zusammenhang mit dem Entstehen von selbstorganisierten Jugendzentren artikuliert: als Beispiel für viele sei hier die Neu-Isenburger Zentrumsinitiative zitiert, die folgende Kritikpunkte an einer Tätigkeit des Sozialarbeiters in ihrem selbstverwalteten Jugendzentrum vorbringt:

– »Aufgabe, die ihm (dem Sozialarbeiter im Jugendzentrum — d. Verf.) zugedacht waren, können von Fachkräften besser ausgeführt werden: z. B. Rechtsberatung von Juristen, Fahrzeugreparatur von Mechanikern u. a.«
– »Die Einstellung einer von der Stadt bezahlten pädagogischen Fachkraft steht im Zusammenhang mit den inhaltlichen Kontrollmöglichkeiten, die ein Sozialarbeiter von der Stadt im Jugendzentrum hätte.«
– »Auch ein Sozialarbeiter, der im Interesse der Jugendlichen arbeitet, stellt ein Jugendzentrum vor Probleme: weil der Sozialarbeiter den ganzen Tag da ist, läuft unheimlich viel über ihn, z. B. technische Organisation (wo auch inhaltliche Entscheidungen mit eingehen) wird weitgehend auf ihn übergehen, er hat dann als einziger Durchblick, d. h. auch die inhaltliche Kontinuität wird langsam sich an seiner Person festmachen. Außerdem wird er bezahlt, d. h., viele Sachen will keiner mehr machen – der wird ja bezahlt dafür. Das alles unterhöhlt die Selbstverwaltung«.

Diese antiprofessionellen und antipädagogischen Tendenzen in der Jugendzentrumsbewegung *(Lessing)* haben bei vielen professionellen Jugendarbeitern Verunsicherung ausgelöst bzw. einen Lernprozeß in Gang gesetzt. Grob beschrieben lassen sich zwei Tendenzen unterscheiden:

1. Einerseits eine Belebung von traditionellen Zielen der Sozialarbeit und der Jugendarbeit, vor allen Dingen formuliert als unpolitische Hilfe und Fürsorge für einzelne Jugendliche.
2. Andererseits eine große Zahl von Pädagogen, die verstärkte Zweifel am Nutzen ihrer Arbeit haben, Kritik an den traditionellen Trägern der Jugendarbeit üben und nach neuen Ansatzpunkten für ihre Jugendarbeit suchen. Die Diskussion wird vor allen Dingen dadurch forciert, daß sich im Bereich der Jugendarbeit bzw. der Jugendhilfe eine ganze Reihe von selbstorganisierten Projekten ohne hauptamtliche Sozialarbeiter gebildet hat, von denen eine starke Verunsicherung auf die professionellen Sozialarbeiter ausgeht.

So gibt es also eine Tendenz in Richtung auf eine stärkere, perfektere und qualifiziertere, ausdifferenziertere Professionalisierung der Jugendarbeit, die vor allen Dingen auch in ihren Zieldefinitionen sich pragmatisch gibt, das Machbare betont und auf einen definierten Set von Instrumentarien und Interventionsstrategien ausgerichtet ist (vgl. z. B. die Bemühungen um Beratungsstrategien).

Auf der anderen Seite gibt es eine Reihe von Einzelprojekten von Jugendarbeitern und Profis, die versuchen, sich an den Lebensverhältnissen der Jugendlichen zu orientieren, mit ihnen gemeinsam zu leben und Strategien zu finden, wie deren Alltag kollektiv bewältigt werden kann.

Es ist das Verdienst der proletarischen Jugendbewegung im Kampf gegen bürgerliche Erziehungsinstitutionen und Normen den gesellschaftspolitischen Bezug der Probleme von Jugendlichen deutlich gemacht zu haben. Jugendarbeit muß sich immer zu den Lebensverhältnissen von Jugendlichen und ihrer jeweiligen Klassenzugehörigkeit, d. h. zu gesellschaftlichen Widersprüchen in Beziehung setzen: entweder affirmativ – indem sie die Lebensverhältnisse als Erziehungsdefizite der einzelnen Individuen umdefiniert. Damit werden die Lebensverhältnisse von Jugendlichen auf individuelle Einzelschicksale und Verhaltensmuster reduziert und als »abweichendes« Verhalten definiert. Diese Definitionen ermöglichen eine Stigmatisierung und Vergegenständlichung von jugendlichem Verhalten als Objekt von Jugendpflegemaßnahmen. Ein Prozeß der Entmündigung der Jugend durch eine Ausweitung von öffentlichen Versorgungssystemen nimmt hier seinen Ausgang.

Oder Jugendarbeit erkennt den Klassencharakter von Jugendproblemen und orientiert sich an den Lebensverhältnissen der Jugendlichen. Die Probleme von Jugendlichen können dann nicht als Einzelschicksale definiert werden, sondern als Widersprüche, die auf gesamtgesellschaftliche Widersprüche verweisen. So ist nicht zuletzt schon die zur Zeit der Weimarer Republik geführte Diskussion um die Selbständigkeit der Jugendorganisationen von den Parteien ein Hinweis auf die politische Verknüpfung der Jugendarbeit mit der »Erwachsenenwelt«.

In diesem Konflikt ist die Frage nach dem Standort der Pädagogen als Vertreter der Erwachsenenwelt und ihrem Verhältnis zu den Jugendlichen zu stellen: unterstellen die Pädagogen den Jugendlichen Unfähigkeit und Unselbständigkeit bei der Lösung ihrer Probleme, ist der Schritt zu Ideologien öffentlicher Jugendpflege schnell getan: Jugendarbeit für die Jugendlichen unterstellt allemal deren Bedürftigkeit und Hilflosigkeit, was in der Praxis der Jugendarbeit zur Entmündigung und der Unterordnung unter pädagogische Erziehungsziele und Inhalte wird. Parteinahme im Interesse der Jugendlichen heißt somit zuerst: Aufgabe von Hilfe-Ideologien und pädagogischen Rezepten für die Probleme von Jugendlichen.

Festzuhalten bleibt, daß zum Verständnis heutiger Probleme von Jugendarbeit eine genaue Kenntnis bzw. eine Weiterentwicklung und Aufnahme der Erfahrungen aus der proletarischen Jugendbewegung bzw. der Erkenntnisse der sozialistischen Pädagogen der Weimarer Zeit wichtig ist. So haben bereits die sozialistischen Pädagogen der Weimarer Zeit, wie z. B. *Kanitz, Rühle, Hoernle*, erkannt, daß Jugendarbeit, die sich in den Lebensverhältnissen der Jugendlichen realisiert, nicht nur auf das intellektuelle Lernen, den Kopf, beziehen kann, sondern alle Lebensbereiche umfassen müßte: Leben, Wohnen, Arbeiten, Lernen. Das Vorhandensein einer sozialen Identität, einer Infrastruktur des Zusammenlebens und Zusammenarbeitens ist konstitutiv für die Entfaltung der proletarischen Jugendbewegung gewesen.

Angesichts der heute gegebenen zersplitterten und entpolitisierten Lebenszusammenhänge kann sich freilich die Jugendarbeit nicht mehr auf eine solche Infrastruktur des Zusammenlebens beziehen. Wenn Jugendarbeit nicht bloß programmatisch an ihrer Tradition zur Weimarer Zeit anknüpfen will, muß sie heute emanzipatorische Strategien entwickeln, die an dem Problem der zerstörten alltäglichen Erfahrungszusammenhänge anzusetzen hätten.

Jugendarbeit in der Sozialwissenschaftlichen Forschung

Die sozialwissenschaftliche Beschäftigung mit der Jugendarbeit genauso, wie die Anstrengungen der wissenschaftlich orientierten Begründung und Erschließung ihrer Aktivitäten durch die Jugendarbeit selbst haben nicht nur die Entwicklung des Handlungssystems Jugendarbeit mitbestimmt. Sie haben vor allem auch ein bestimmtes »Bild« von der Jugendarbeit geprägt, das vor allem durch ein problematisches Auseinanderklaffen zwischen Theorieentwürfen und Praxischancen der Jugendarbeit gekennzeichnet ist.

Die von der Jugendarbeit für sich reklamierten Prinzipien der Freiwilligkeit der Teilnahme an ihren Veranstaltungen, der Leistungsfreiheit und Spontaneität im Gegensatz etwa zur Schule sowie ihr Freizeitbezug haben es der Jugendarbeit früher immer gestattet, eine systematische pädagogische Reflexion abzuwehren und sich vielmehr mit pädagogischen Alltagstheorien und verschiedenen methodisch-didaktischen Formen vor allem der Gruppenarbeit zu begnügen. Dem entsprach auch der hohe Anteil von Ehrenamtlichen in der Mitarbeiterstruktur. Ebenso garantierten die gesellschaftspolitischen Prinzipien der Pluralität und Subsidiarität der Jugendarbeit eine automatische Legitimationsbasis genauso, wie ihre (im funktionalen Sinn) gesellschaftliche Disparität nahezu beliebigen Spielraum für individuell, verbandsspezifisch oder subkulturell bestimmte Lernziele und Inhalte bietet.

Die tendenzielle Ablösung von solchen Alltagstheorien und die Versuche wissenschaftlicher Begründung und Erschließung der Jugendarbeit gingen in den letzten zehn Jahren mit bestimmten gesellschaftlichen Entwicklungen einher: mit einem – wenn auch begrenzten – gesellschaftspolitischen Legitimationsdruck, der vor allem in der Bildungsreform-Diskussion artikulierten Frage einer Standortbestimmung der Jugendarbeit im Verhältnis zu anderen Erziehungs- und Bildungsinstitutionen, einer zunehmenden Professionalisierung der Jugendarbeit und nicht zuletzt einer Zunahme der lebenspraktischen Anforderungen an die Jugendarbeit seitens der Jugendlichen.

Die Jugendarbeit hatte sich bis dahin in ihrer wissenschaftlichen Rezeption lediglich mit dem Jugendlichen als Objekt der Erziehung beschäftigt. Die ältere »jugendpsychologische« (entwicklungspsychologische) Tradition der Jugendarbeit, die sich auf das Jugendalter als Phase individueller Krisenbewältigung bezogen hatte, wurde erst in den 60er Jahren abgelöst, als sich auch bei den Trägern der Jugendarbeit eine Diskussion um die gesellschaftliche Funktion der Jugendarbeit (»vergesellschaftete Jugendarbeit«: Erklärung von St. Martin 1962) entwickelte. In ihrem wissenschaftlichen Legitimationsbezug orientierten sich diese Vorstellungen vor allem an den jugendsoziologischen Arbeiten von *H. Schelsky* (Die skeptische Generation, 1957) und *S. N. Eisenstadt* (Von Generation zu Generation, 1966).

Zwei gesellschaftspolitische Entwicklungen aber scheinen in der Folgezeit die Richtung der wissenschaftlichen Beschäftigung mit der Jugendarbeit am stärksten geprägt zu haben: die Jugendproteste und die Diskussion um die Bildungsreform.

Unter dem Eindruck der Jugendproteste erscheint die Jugendphase nun auch in der der Jugendarbeit zugeordneten wissenschaftlichen Diskussion nicht mehr einfach als individuelle »Übergangsphase«, sondern als gesellschaftsbezogene Lernphase, welche durch das Spannungsverhältnis zwischen selbstbestimmter Interessenverwirklichung des Jugendlichen und dem Anpassungsdruck von seiten der Gesellschaft bestimmt ist: »Emanzipation« im politischen und pädagogischen Sinne der Abschaffung einseitiger Abhängigkeiten auf der Grundlage von Lernprozessen wird zum zentralen Begriff in der konzeptionellen Diskussion der Jugendarbeit. Jugendarbeit wird gegenüber den durch einseitige Abhängigkeitsstrukturen weitgehend »emanzipationsfeindlichen« Institutionen wie Familie, Schule und Betrieb als »korrigierende Instanz« verstanden, die für den Jugendlichen Lernfelder zur Einübung emanzipatorischer Tugenden (z. B. kritisches Bewußtsein) und Handlungsvoraussetzungen (z. B. Konflikt- und Aktionsfähigkeit) bereitstellen kann (vor allem *Giesecke*, 1971). Gleichzeitig hatten aber auch die Jugendproteste gezeigt, daß nicht nur allgemein das »Jugendalter«, sondern auch die konkreten Sozialbeziehungen Jugendlicher als Schüler, Studenten, Lehrlinge und junge Arbeiter im Mittelpunkt der von den Jugendlichen selbst erhobenen Forderungen standen. Diese Erfahrung kommt vor allem in den Konzeptionen antikapitalistischer Jugendarbeit zum Tragen, welche nicht nur davon ausgehen, daß Jugend keine übergreifende soziale Kategorie darstellt, sondern daß vielmehr die soziale Lage des Jugendlichen ausschließlich durch seine sozioökonomische Klassenlage bestimmt ist (*Liebel/Lessing*, 1970/1971/1975; vgl. ferner die Diskussion in: deutsche jugend, Jg. 1970/71).

Bezog sich diese Theoriediskussion nun vor allem auf die Lernziele und die politische Aktionsbasis von Jugendarbeit, so stellte sich ihr im Gefolge der Diskussion zur Bildungsreform zunehmend die Frage, welche realen Sozialisationsleistungen sie denn im Verhältnis und Vergleich zu Erziehungsinstitutionen vor allem der Schule aufweisen könne. Daß hier kaum Untersuchungen vorliegen, welche Sozialisationsprozesse in der Jugendarbeit nachweisen und erklären können, nimmt bei der heterogenen und offenen Struktur der Jugendarbeit nicht wunder (vgl. das Bildungsratsgutachten: Lernen im Jugendalter, 1975). Untersuchungen, die partiell Aussagen zu Sozialisationswirkungen der Jugendarbeit machen, beziehen sich dabei auf Meinungs-Einstellungsänderungen bei längerfristigen Veranstaltungen (wie Jugendreisen, Zeltlager, kontinuierliche Wochenendseminare), auf spezifische »Sozialisationsmodi« in der Jugendarbeit (vgl. etwa *Mollenhauer* u. a., 1969) oder auf Präferenzen und Einschätzungen seitens der Jugendlichen selbst (etwa *Grauer/Lüdtke*, 1973; *Werner*, 1974). Daneben lassen sich bis heute eine Fülle von Dokumentationen von praktischen Versuchen und ihre theoretische Aufarbeitung anführen, in denen der eigenständige Wert der Jugendarbeit als korrektives Lernfeld zu anderen Erziehungsinstitutionen herausgearbeitet werden soll (vgl. die Jahrgänge der Zeitschrift deutsche jugend seit 1970).

Die Grenzen solcher Ansätze liegen vor allem immer darin, daß Jugendarbeit ein politisch sozial separiertes und marginales Lernfeld mit minimaler Übertragungsfähigkeit auf zentrale Sozialisationsagenturen wie Schule und Betrieb darstellen. Diese Erfahrungen, aber auch der immer wieder auftretende Widerspruch zwischen Definitionsversuchen des Funktionsverständnisses von Jugendarbeit von seiten der Theoretiker und den faktischen Erwartungen Jugendlicher an die Jugendarbeit haben sicher die gegenwärtige Entwicklung der Jugendarbeit mitgestaltet, ihren emanzipatorischen Anspruch nun über die stärkere Orientierung an den Bedürfnissen und der Lebenswelt Jugendlicher zu strukturieren (vgl. etwa *Damm*, 1975). Mit dieser Bedürfnisorientierung ist gerade die Jugendarbeit zu einem Bezugsfeld sozialwissenschaftlicher Handlungsforschung geworden (vgl. Deutsches Jugendinstitut: Wissenschaftliche Begleitung von Jugendzentren, 1978; Projektgruppe Jugendbüro und Schülerarbeit, 1975).

Jugendarbeit muß sich aufgrund ihrer Strukturprinzipien einer geschlossenen »Theoriebildung« versagen, wenn auch manche Theorieversuche eine solche Geschlossenheit suggerieren und der laufende Professionalisierungsprozeß nach wissenschaftsorientierter Systematik drängt. Jugendarbeit kann allerdings einen Zugang zur Analyse der Lebenspraxis Jugendlicher und der kommunalen Verkehrsform erschließen; insofern liegt hier ihre sozialwissenschaftliche Bedeutung eher als in der Erforschung und Systematisierung ihres eigenen Handlungssystems.

Lothar Böhnisch/Richard Münchmeier, Ekkehard Sander

Literatur

Böhnisch, L., 1973: Jugendarbeit in der Diskussion, Pädagogische und politische Perspektiven, München – *Böhnisch, L./Müller-Stackebrandt, J./Schefold, W.*, 1980: Jugendpolitik im Sozialstaat, München – *Böhnisch, L./Münchmeier, R./Sander, E.*, 1980: Abhauen oder bleiben? Berichte und Analysen aus der Jugendarbeit, München – *Damm, D.*, 1977: Politische Jugendarbeit. Grundlagen, Methoden, Projekte, München – *Damm, D.*, 1980: Die Praxis der bedürfnisorientierten Jugendarbeit, München – *Damm, D.*, 1982: Wenn der Alltag zur Sprache kommt. Die Lebenswelt der Jugendlichen als Inhalt der Jugendarbeit, München – Deutsches Jugendinstitut, 1982: Die neue Jugenddebatte, München – *Funk, H./Lösch, H.*, 1980: Freizeit im Alltag von Jugendlichen, München – *Giesecke, H.*, 1971: Die Jugendarbeit, München – *Grauer, G.*, 1973: Jugendfreizeitheime in der Krise. Zur Situation eines sozialpädagogischen Feldes, Weinheim/Basel – *Hornstein, W./Schefold, W./Schmeiser, G./ Stackebrandt, J.*, 1975: Lernen im Jugendalter. Ergebnisse, Fragestellungen und Probleme sozialwissenschaftlicher Forschung (Deutscher Bildungsrat. Gutachten und Studien der Bildungskommission Nr. 54), Stuttgart – Jugendzentren, 1973: Themenheft Erziehung und Klassenkampf 10/11, Marxistische Blätter, Frankfurt/M. – *Kraußlach, J./Düwer, F. W./ Fellberg, G.*, 1976: Aggressive Jugendliche. Jugendarbeit zwischen Kneipe und Knast, München – *Lessing, H.*, 1976: Jugendpflege oder Selbsttätigkeit. Eine historische Untersuchung zum Verhältnis von Reformismus und Jugendarbeit, Köln/Frankfurt/M. – *Lessing, H./ Liebel, M.*, 1974: Jugend in der Klassengesellschaft, München – *Schefold, W.*, 1972: Die Rolle der Jugendverbände in der Gesellschaft. Eine soziologische Analyse, München – Sozialarbeit im Jugendfreizeitheim, 1976: Informationsdienst Sozialarbeit Nr. 13, Offenbach – *von Werder, L.*, 1974: Sozialistische Erziehung in Deutschland. Geschichte des Klassenkampfes um den Ausbildungssektor 1848–1973, Frankfurt/M. –

→ Arbeiterjugend → Jugendverbände → Jugend: Strukturwandel und Problemlagen → Mobile Jugendarbeit → Politische Bildung

Mobile Jugendarbeit

Das Konzept der mobilen Jugendarbeit als ein gruppen- und lebensfeldbezogener Jugendberatungsansatz entstand zum einen als eine praktische Kritik an den im Bereich der Jugendhilfe dominanten individualisierenden Hilfskonzepten und zum anderen als Versuch einer Kompensation von Teilaspekten der Krise in der offenen Jugendhausarbeit, die aus jugendpolitischen und damit auch aus strukturellen und konzeptionellen Gründen gefährdete Jugendliche nur sehr begrenzt erreicht oder aber vielfach gezwungen scheint, diese aus ihrem Ansatz durch indirekte oder direkte Hausverbote auszugrenzen. Die Frage nach der Kontaktmöglichkeit des Pädagogen mit aggressiven, delinquenzbelasteten oder drogengefährdeten Jugendlichen beispielsweise stellt sich damit in gleicher Weise sowohl für die meist wohnbereichsfernen und mittelschichtorientierten Beratungsstellen als auch für die von »auffälligen« Jugendlichen eher unberührten oder entleerten Jugendhäuser.

In diesem Bereich einer aufsuchenden, nachgehenden und mit den gefährdeten Jugendlichen parteilichen Jugendarbeit liegt also der Ansatzpunkt des Konzeptes der mobilen Jugendarbeit; einer Arbeit mit Jugendlichen, die häufig keiner mehr haben will, einer Arbeit, die an das löcherige Netz der Jugendhilfe erst noch richtig angeknüpft werden muß.

Klar ist hierbei, daß diese angedeutete Problem- und Aufgabenstellung nicht losgelöst von gesellschaftlichen Bedingungen und Veränderungen betrachtet werden kann, denn die etwa während der letzten Jahre sich verschärfenden sozialen Probleme wie Drogenkonsum, Jugendalkoholismus, lebensperspektivische Sinnkrisen, Jugendarbeitslosigkeit, Alleingelassensein (z. B. jugendliche Trebegänger, Stadtstreicher, Nichtseßhafte) können letztlich nur vor dem Hintergrund allgemeiner gesellschaftlicher Entwicklungen und Krisenerscheinungen verstanden werden. Dennoch gilt es im Bereich der Jugendhilfe ständig an Entwürfen und Handlungskonzepten zu arbeiten, die innerhalb gesellschaftlicher Widersprüche realisiert werden können und aktuelle Problem- und Bedürfnislagen von Jugendlichen aufgreifen und die zudem konzeptionell so angelegt sind, daß sie ein Höchstmaß an Partizipation und Selbstorganisation von Jugendlichen oder allgemein, von Bewohnern, zulassen. Dies entbindet freilich nicht von der Verpflichtung, in der Öffentlichkeit und in politischen Gremien kontinuierlich auf die Zusammenhänge zwischen sozialen Mängellagen und ihren gesellschaftlichen Ursachen hinzuweisen. Denn erst die öffentliche Benennung von Ängsten und Bedürfnissen bildet die Voraussetzung für die Überwindung ihrer Ursachen.

Je mehr sich nun aber diese die Jugendhaus- und Freizeitheimarbeit ergänzenden Ansätze ausweiten, um so größer wird die Gefahr ihrer sozial-politischen Funktionalisierung, die dann die Gewichtung weg von Bedürfnisorientierung, emanzipativen Strategien und Parteilichkeit mit Jugendlichen hin zu vermehrter staatlicher Kontrolle, zu erwartetem Wohlverhalten statt Wohlbefinden und zu Befriedungsstrategien von jugendlichen Subkulturen und Randgruppen legen könnte. Von daher kommt den strukturellen Rahmenbedingungen, die solche bedürfnisorien-

tierten und emanzipatorischen Jugendarbeitsansätze zulassen, entscheidende Bedeutung zu. Deshalb sollen im folgenden einige Aspekte der Entwicklung mobiler
Jugendarbeitsansätze aus dem Stuttgarter Raum aufgezeigt werden, die für vergleichbare Räume wichtig sein können.

Rahmenbedingungen und begriffliche Fragen

Ansatzpunkt für die Bildung einzelner Stadtteilinitiativen und nachfolgender
Stadtteil-Trägergruppen für mobile Jugendarbeit war in fast allen Fällen eine
öffentlich verhandelte »hohe Jugendkriminalität« in bestimmten Wohnvierteln und
die bewußt gewordene Erkenntnis der Ineffektivität und Inhumanität repressiver
und ausgrenzender Lösungsstrategien gegenüber einer Großzahl gefährdeter und
bedrohter Kinder und Jugendlichen. Auf die damit verknüpfte Frage nach der
Erreichbarkeit gerade dieser »verhaltensauffälligen« Jugendlichen durch schon
bestehende Jugendhilfeeinrichtungen wurde oben bereits eingegangen. Sozial-
planerisch waren diese Ansätze also nicht das Ergebnis von festgestellter Bedürftigkeit, Problemdichte und daraus abgeleiteten Jugendhilfemaßnahmen, sondern sie
mußten in jedem Einzelfall seit 1967 vom jeweils betreffenden Wohngebiet aus
kommunalpolitisch durchgesetzt, erkämpft werden. Meist handelte es sich um eine
Interessengruppe, die sich aus Stadtteilbewohnern, Jugendarbeitern, Pfarrern und
Sozialarbeitern des Jugendamtes und freier Träger zusammensetzte. Die offizielle
Förderpolitik des Jugendamtes und die der freien Jugendhilfeträger »Evangelische
Gesellschaft« und »Caritasverband Stuttgart Stadt« kann hierbei als durchgehend
unterstützend bezeichnet werden, wenn auch stets unter der Voraussetzung, daß
auf der Stadtteilebene, also lokalpolitisch und hier besonders bei den engagierten
Kirchengemeinden sich ein starker Durchsetzungswille und die Bereitschaft zur
Mitträgerschaft des »neuen« Jugendarbeitsansatzes artikuliert hatte.
Heute sind es in 7 Stadtregionen Stuttgarts jeweils voneinander unabhängige freie
Träger, die in 6 Fällen als Zusammenschlüsse (BGB-Gesellschaft oder Verein) der
lokalen Kirchengemeinde (evangelisch und katholisch) unter Beteiligung der
beiden Jugendhilfeträger Evangelische Gesellschaft und Caritasverband die einzelnen Stadtteilinitiativen tragen. Ihre Finanzierung läuft zu 50% über das Jugendamt
der Stadt Stuttgart und zu ca. 20% über das Regierungspräsidium; die verbleibenden Restmittel werden von den Kirchen aufgebracht. Ein weiteres Stadtteilprojekt
wird seit 1979 zu 100% vom Landesjugendamt Württemberg-Hohenzollern gefördert. In diesem Fall ist die örtliche evangelische Kirchengemeinde alleiniger
Träger.
Zu Beginn des ersten Projektes im Jahre 1967 wurde noch von »sozialer Gruppenarbeit« als einem der drei Methodenschwerpunkte der Sozialarbeit gesprochen. Dies
war teilweise der Versuch, aus einer relativ offenen und unstrukturierten Arbeitssituation herauszukommen und konzeptionellen Halt in »bewährten« Methoden der
Sozialarbeit zu finden. Die praktische Arbeit hat diesen Ansatz jedoch weiterentwickelt, weil die Arbeit auf der Straße, also Street Work und Bewohnermobilisie-
rung, also Gemeinwesenarbeit hinzukamen. Denn wollte man tatsächlich mit

ausgegrenzten und aggressiven Jugendlichen arbeiten, mußte zwangsläufig der Beraterschreibtisch verlassen und das Arbeitsfeld an die Trefforte der Jugendlichen – zumindest zur Kontaktaufnahme – verlegt werden. Die im Stadtteil vorgefundenen natürlichen Cliquen, »Banden« oder – wie es meist der Fall ist – lose zusammenhängenden jugendlichen Straßengruppen wurden so mehr und mehr zum akzeptierten Ausgangspunkt der nachfolgenden Clubarbeit und die Zusammenstellung der »sozialen Gruppe« nach eher therapeutischen Gesichtspunkten, nach Verhaltensauffälligkeiten trat in den Hintergrund. Hierbei waren sicherlich auch Erkenntnisse der Sozialisationsforschung ausschlaggebend, wonach für ein Großteil von Jugendlichen, meist Arbeiterjugendlichen, die Straßen- oder Freundesgruppe (peer group) eine bedeutsame Sozialisationsinstanz darstellt.

Andere Bezeichnungen für diesen Jugendarbeitsansatz, die während der letzten Jahre ebenfalls verwendet wurden, sind »zielgruppenorientierte«, »bedürfnisorientierte« oder »lebensfeldbezogene« Jugendarbeit. Eine Gemeinsamkeit mit dem oft sehr verkürzten Lernkonzept von »Straßensozialarbeit« ist in dem Bereich gegeben, wo der Jugendarbeiter auch – aber eben nur auch – auf die Straße geht. Denn bei der Bezeichnung »Straßensozialarbeit« handelt es sich um eine wenig treffende Übersetzung des aus den USA stammenden Begriffs »Street Work«, der ausschließlich in der Arbeit mit jugendlichen Banden entwickelt wurde. Findet heute in der Bundesrepublik »Sozialarbeit auf der Straße« statt, dann handelt es sich zunächst lediglich um die Frage des Zugangs, der Kontaktaufnahmemöglichkeit zu ganz bestimmten Zielgruppen (Straßenbanden, Drogenabhängige, Nichtseßhafte, Treber, Arbeitslose, Stricher), an die man anders offensichtlich nicht herankommt. Neben der Kontaktaufnahme gelingt es hierbei häufig, wichtige Informationen über Hilfemöglichkeiten weiterzugeben. Dennoch bleibt die Realisierung von Beratung, Unterstützung oder gar Therapie vor Ort sehr begrenzt oder ist unmöglich. »Warme Gespräche« allein reichen meist nicht aus. Entscheidende Handlungen, die Bestandteil eines umfassenderen Jugendarbeits-, Beratungs- oder Therapiekonzeptes darstellen, müssen daher folgen.

Street Work

Street Work als eine professionelle Arbeitsweise von Sozialarbeitern hat seinen Ursprung in den USA, wo entsprechende sozialpädagogische Programme Ende der 20er Jahre besonders in den Großstädten im Zusammenhang mit einer ständig wachsenden Jugendkriminalität eingerichtet wurden. Für die Entwicklung dieses von der sozialen Einrichtung (Jugendbehörde, Beratungsbüro etc.) räumlich losgelösten Hilfeansatzes »auf der Straße« galt stets die youth gang (lose strukturierte jugendliche Straßengruppe, Clique oder Jugendbande) als typische Zielgruppe. Meist handelt es sich um altersstrukturierte und unterschiedlich kohäsive Gruppen, die sich auf Grund gemeinsamer Lebensbedingungen (Armut, Arbeitslosigkeit, sozial-ökologische Mängellagen) innerhalb ihres Gemeinwesens gebildet haben.

In den USA hat dieser Jugendarbeiter, der seinen Arbeitsplatz an die Trefforte der

Jugendlichen, in deren Lebensfeld verlegt hatte, neben der Bezeichnung Street Worker auch die folgenden Namen, die zum Teil von unterschiedlichen Konzepten (z. B. gang work, area approach) herrühren: street corner worker, street gang worker, street club worker, detached worker, area youth worker, outreach youth worker. Dieser ambulante Beratungsansatz brachte es weiter mit sich, daß neben dem Ort des Beratungsgeschehens auch meist die Zeit (nach Schulschluß, abends, am Wochenende) von den Jugendlichen bestimmt wurde. *Spergel* (1966) unterteilt die Rolle des Street Workers in vier spezifische, jedoch einander ergänzende Teilrollen, die auf Schwerpunkte seiner Arbeit hinweisen: Gruppenberater, Einzelberater, Familienberater und Gemeinwesenarbeiter. Die wichtigste Rolle bleibt hierbei die des Gruppenberaters, da das hauptsächliche Interesse des Street Workers sich auf die Sozialisation der ganzen Straßengruppe (gang) richtet. Dies schließt nicht aus, daß der Street Worker einen wesentlichen Teil seiner Zeit für die Beratung einzelner Gruppenmitglieder und deren Familienangehörige verwendet, sowie für Verhandlungen mit Bewohnern, Nachbarschaftsgruppen, Bürgerinitiativen, sozialen und kontrollierenden Instanzen des Gemeinwesens.

Seit dem 2. Weltkrieg werden auch in verschiedenen Städten Europas Street Work-Ansätze realisiert; in der Bundesrepublik etwa seit Ende der 60er Jahre (Stuttgart, Hamburg, München, Berlin). Ähnlich wie in den USA kann ab diesem Zeitpunkt allerdings nicht mehr davon gesprochen werden, daß Street Work sich ausschließlich an delinquent handelnde Straßengruppen in geographisch abgrenzbaren Wohngebieten wendet. Die bereits erwähnten neuen oder sich verschärfenden sozialen Probleme wie Drogenkonsum, Jugendarbeitslosigkeit, Alleingelassensein u. a. führten in den entsprechenden Bereichen der Sozialarbeit auch zu ambulanten Beratungsformen, die von den Trägern der Maßnahmen z. T. auf den Begriff Street Work gebracht werden. Hierbei wird deutlich, daß keineswegs von einem einheitlichen Verständnis dessen ausgegangen werden kann, was unter Street Work verstanden werden soll. Sicher ist lediglich, daß diejenigen, die Sozialarbeiter anstellen und »auf die Straße« schicken, oder diejenigen Sozialarbeiter, die von sich aus – falls sie den erforderlichen Handlungsspielraum dazu haben – auf die Straße gehen, daß all diese Träger, Berater oder Planer bestimmte Problem- bzw. Zielgruppen vor Augen haben, die mit den bisherigen Methoden der Sozialarbeit nur sehr unzulänglich oder gar nicht erreicht und versorgt werden können. Damit ist Street Work zunächst nichts mehr als eine veränderte Form der Kontaktaufnahme, der Zugangsweise zu den genannten Zielgruppen. Keineswegs sicher ist hingegen, daß es sich bei Street Work an sich schon um eine fortschrittliche Sozialarbeit handelt: Parteilichkeit mit Jugendlichen ist nicht an einer Methode festzumachen. Eine der entscheidenden Grundlagen für eine solidarische und damit auch potentiell erfolgreiche Arbeit des Street Workers, ein gegenseitiges Vertrauen, kann z. B. nur dann erreicht werden, wenn der Street Worker von allen obrigkeitlichen Kontrollaufgaben befreit bleibt. Die Diskussion um die Einführung der Jugendpolizei hat beispielsweise ziemlich klar gezeigt, daß Street Work genauso unter dem Aspekt von verstärkter Überwachung und Kontrolle durch die Polizei mißbraucht werden kann.

Weiter ist erforderlich, daß Street Work-Ansätze – wollen sie nicht in einer Überbetonung der Kontaktaufnahmefrage stecken bleiben und den, wie oben bereits angemerkt, ein kurzatmiges Lernkonzept propagierenden Spezialisten für Drogenabhängige, Arbeitslose, Delinquenzgefährdete usw. hervorbringen – generell im Kontext von breiter und längerfristig angelegten sozialpädagogischen oder therapeutischen Konzepten diskutiert, beschrieben und weiterentwickelt werden müssen (*Specht*, 1982).

Ausgangslagen

Anlässe für die Gründung der verschiedenen stadtteilbezogenen Trägergruppen (»Gesellschaft bzw. Verein für soziale Jugendarbeit«) gaben fast immer – je nach Standpunkt – »gefährliche« oder »gefährdete« Jugendliche. Die oben erwähnte Interessengruppe aus Bewohnern, Jugendarbeitern usw. versuchte hierbei dem Aspekt von Gefährdung ein klares Übergewicht zu verleihen, um so repressive Lösungsstrategien (z. B. Ruf nach mehr Polizei) zurückzudrängen. Entsprechende Berichte in lokalen Tageszeitungen, nicht selten begleitet von direkten oder indirekten Vorwürfen des Versagens der offenen Jugendhausarbeit, verstärkten den Druck zur Einrichtung ergänzender offensiver Jugendberatungsansätze. Dies entweder, weil relativ zahlreiche Jugendliche aus den entsprechenden Wohngebieten durch schwerwiegende delinquente Handlungen (Raubüberfälle, Einbrüche, ein Polizistenmord) einzeln oder als Mitglieder von Jugendbanden kriminalisiert wurden, oder weil lose strukturierte Straßengruppen oder Cliquen in Schulen, Freizeitstätten, Parks, Kneipen und auf der Straße durch Herumhängen, Provozieren von Passanten, übermäßigem Alkoholgenuß, Arbeitslosigkeit, Rauschgiftkonsum, Schwarzfahren, Ladendiebstähle u. a. auf ihre soziale und ökologische Mängelsituation aufmerksam machten.

Zu Beginn der Arbeit in den einzelnen Stadtteilen wußten sowohl Bewohner als auch die Vertreter sozialer Kontrollinstanzen meist ziemlich genau um die Existenz von jugendlichen Straßengruppen. Bestimmte Trefforte, einzeln bekannte Jugendliche und spektakuläre Handlungen hatten nicht selten Stigmatisierungsprozesse im Wohnviertel bereits in Gang gesetzt. Die alltägliche Lebenswirklichkeit und die Bedürfnisstruktur der betreffenden Jugendlichen war allerdings nur sehr oberflächlich bekannt. Dadurch wurde das Problem von sozialen Kontrollinstanzen häufig nur an den öffentlich bekannt gewordenen Erscheinungsformen abweichenden Verhaltens angegangen. Entsprechend den bei Polizei, Justiz und Jugendhilfe dominanten individualisierenden Strafverfolgungs- bzw. Hilfsmaßnahmen wurden jeweils einzelne Jugendliche von ihren Bezugsgruppen isoliert und für ihre Taten auch einzeln verantwortlich gemacht. Der Gruppencharakter der meisten delinquenten Handlungen wurde in einzelnen Fällen durchaus gesehen, führte aber kaum – besonders beim Jugendamt, das dafür die notwendige Kompetenz gehabt hätte – zu entsprechenden gruppenbezogenen und stadtteilorientierten Beratungsansätzen. Kurzfristig konnten mit dem polizeilichen Zugriff und entsprechenden juristischen Strafmaßnahmen zwar einzelne Straßengruppen oder »Banden« ge-

schwächt oder gar aufgelöst werden, doch schon nach relativ kurzer Zeit war die so
entstandene »Friedhofsruhe« vorüber und neue virulente Straßengruppen waren
nachgewachsen.

Diesen Kreislauf zu erkennen, öffentlich zu diskutieren und gemeinsam mit
Bewohnern an einer alternativen, nicht-repressiven Lösungsstrategie zu arbeiten,
war das verbindende Ziel von Sozialarbeitern, Pfarrern, aktiven Stadtteilbewohnern
und Jugendarbeitern. Bei der Gründung der ersten »Gesellschaft für soziale
Jugendarbeit« in Stuttgart im Jahre 1969/70 war dies noch relativ schwierig, da es
keinen »Vorgang« gab und die Polizei zu Beginn der öffentlichen Diskussion heftig
gegen einen solchen Ansatz votierte (ein Revierpolizist war von Jugendlichen im
Sommer 1969 ermordet worden). Ausschlaggebend für eine letztlich positive
Entscheidung waren dann wohl die folgenden 3 Punkte:

- Die Forderung der beiden Kirchen nach Aufnahme mobiler Jugendarbeit;
- der relativ starke öffentliche Druck zur Angehung des Jugendproblems auf eine
  nicht-repressive Weise und
- die von Sozialarbeitern des Jugendamtes vorgelegten Daten über eine überdurchschnittliche hohe Jugendkriminalitätsrate im betreffenden Wohngebiet.

Von 1972 bis 1980 folgten dann in verschiedenen Stadtregionen Stuttgarts weitere
stadtteilbezogene Jugendarbeitsansätze.

Zielgruppen

In den Satzungen der einzelnen Stadtteil-Trägergruppen wird in der Regel von
sozialpädagogischer Arbeit mit gefährdeten Jugendlichen gesprochen. Neben
Street Work, Einzelberatung und Clubarbeit wird von Beginn an versucht, durch
Gemeinwesenarbeit den gesamten Ansatz im Stadtteil zu verwurzeln. Dies bedeutet u. a., daß auch von Definitionsmustern der Stadtteilbewohner über Gefähr-
dungssituationen bei Kindern und Jugendlichen und von deren Beschreibung
situativer Bedingungen auszugehen ist. So allgemein nun die Zielgruppen aller
Einrichtungen von Bewohnern oder von Vertretern sozialer Kontrollinstanzen als
»gefährdet« bezeichnet werden, so konkret sind in den einzelnen Stadtteilen ganz
bestimmte Jugendlichen gemeint. Die Sozialpädagogen vor Ort entscheiden zunächst einzeln oder im Team, »der« Junge oder »das« Mädchen braucht – allein
oder im Kontext seiner bzw. ihrer Clique – eine intensivere Zuwendung oder
Betreuung. Da ein Schwerpunkt der Arbeit auf einer attraktiven Gruppen- bzw.
Clubarbeit liegt und diese meist sinnvollerweise an Räume angebunden ist, findet
häufig die Arbeit so lange an den Trefforten der Jugendlichen statt, so lange eine
Ansiedlung an Räumlichkeiten noch nicht gelungen ist. Das »mobile« Element
besteht für uns u. a. darin, daß wir im Team für ganz bestimmte gefährdete
Jugendliche ein nachgehendes und längerfristig angelegtes Interesse entfalten; dies
bedeutet etwa, wenn die Andrea, der Jürgen oder der Ali eines Tages nicht mehr
zum Club kommen, daß wir es damit nicht bewenden lassen und ihnen notfalls
wieder »nachsteigen«, der Sache auf den Grund gehen.

Der weit überwiegende Teil der betreuten Jugendlichen stammt aus der Unterschicht, aus Arbeiterfamilien (Deutsche und Ausländer), unvollständigen Familien und Obdachlosenquartieren. Die Herkunftsfamilien der Jugendlichen sind meist gekennzeichnet durch Besitzlosigkeit, Machtunterworfenheit und politische Einflußlosigkeit.

Kontaktaufnahme, Gruppenarbeit und Gemeinwesenarbeit

Die Herstellung des Kontaktes zu einzelnen Jugendlichen oder Cliquen läuft zwar über höchst unterschiedliche situative Bedingungen ab, ist aber in der Regel nicht schwierig. Früher oder später gelingt es, durch Street Work etwa direkt, oder durch die Vermittlung von Schlüsselpersonen oder von Kollegen mit den Zielgruppen in Kontakt zu kommen. Entscheidend ist hingegen die Qualität des Kontaktes, denn für den Pädagogen stellt sich die Frage: Wie gewinne ich das Vertrauen der nicht selten äußerst mißtrauischen Jugendlichen? Für den einzelnen Jugendlichen hingegen oder für seine Bezugsgruppe ist von zentraler Bedeutung: Was bringt mir bzw. uns der Kontakt zum Sozialarbeiter? Erst wenn die letztere Frage von den Jugendlichen positiv beantwortet wird, wenn etwa einzelne einflußreiche Jugendliche in der Gruppe eine gewisse »Nützlichkeit« oder »Brauchbarkeit« des Sozialpädagogen feststellen und diese Meinung sich durchsetzt, kann der noch unverbindliche »Hallo-Kontakt« in Richtung einer gegenseitig vertrauensvollen und belastbaren Beziehung – die sicherlich Störungen immer wieder verkraften können sollte – ausgebaut werden.

In einem weiteren Stadium der Arbeit folgt dann meist eine Ansiedelung der Straßengruppe in feste Räume, in ein Clubhaus oder Jugendzentrum. Hierbei geht es um die Weiterentwicklung und -erschließung von neuen bedürfnisorientierten Lernfeldern, in denen der Jugendliche nicht-destruktive, gelingende Kommunikationsweisen in seinem Alltag erproben kann. Im Rahmen einer attraktiv zu gestaltenden Clubarbeit, wobei meist die bereits bestehenden Straßengruppen einen Club bilden, wird von den Clubberatern gemeinsam mit den Jugendlichen ein Programm ausgehandelt, das Bedürfnisse nach Zugehörigkeit, Sicherheit, »action«, Status und Solidarität berücksichtigt und für den einzelnen Jugendlichen ich-stabilisierende Funktionen hat. Die nicht selten stigmatisierte Straßengruppe soll also mit Hilfe des Sozialpädagogen im Gemeinwesen eine qualitative Veränderung erfahren, so daß zu den in der Gruppe vor der sozialpädagogischen Betreuung schon erfahrbaren Bedürfnisbefriedigungen (Zugehörigkeit etc.) nun auch die öffentliche Wertschätzung hinzukommt oder zumindest negative Zuschreibungen unterbleiben.

Im Kontext dieser Clubarbeit werden neben den notwendigen Einzelbetreuungen daher sehr unterschiedliche Freizeitaktivitäten geplant und durchgeführt (Tagesausflüge, Wochenendfreizeiten, Sommerfahrten, Zeltlager, öffentlich veranstaltete Musik- und Tanzfeste, Theaterarbeit, Sportgruppen, Diskussionsveranstaltungen über politische Themen, themenbezogene Gelände- oder Stadtspiele u. a.).

Der damit schon angedeutete Schwerpunkt der Gemeinwesenarbeit hat in diesem Jugendarbeitskonzept einen unverzichtbaren Stellenwert. Durch kontinuierliche

Öffentlichkeitsarbeit sollen die Bewohner des Stadtteils mit dem Problem benachteiligter Jugendlicher, besonders auch der ausländischen Jugendlichen, konfrontiert werden, gleichzeitig aber auch die Möglichkeit erhalten, sich für die Belange der Jugendlichen einzusetzen und etwa als nicht-professionelle Jugendarbeiter konkret mitzuarbeiten. Stadtteilfeste, öffentliche Diskussionen über Jugendprobleme im Wohnviertel, Elternarbeit, Mitarbeit in Bürgerinitiativen (z. B. zu den Themen: Mieterschutz, Spielplätze, Jugendräume, Tierfarm, Fahrradwege, Verkehrsberuhigung, Lärmschutz u. a.) sollen auf der Stadtteilebene dazu dienen, die Verantwortung etwa der unmittelbaren Nachbarn von gefährdeten Kindern und Jugendlichen oder anderer Mitbewohner anzusprechen und sie zur Nachbarschaftshilfe anzuregen.

Neuere Entwicklungen

In unserem gegenwärtigen Projekt versuchen wir zwei Arbeitsbereiche neu zu gewichten: Stadtteilbezogene Drogenberatung und das Konzept von Laienberatern bzw. nicht-professionellen Jugendarbeitern. Als erstes soll also die Zielgruppe der drogengefährdeten und drogenabhängigen Jugendlichen nicht länger aus unserem Jugendarbeitsansatz ausgeblendet bleiben. Nach vierjähriger Erfahrung in dem spezifischen Bereich von jugendlichem Heroinkosum glauben wir nicht mehr, daß Jugendarbeiter keine Drogenarbeit machen können. Drogenberatung in der Bundesrepublik läuft ja bislang überwiegend über spezialisierte und meist wohnbereichsferne Beratungsstellen durch »Experten«. *Kurzweg* (1980) hat die damit zusammenhängenden Schwierigkeiten in seiner mit einer »Anerkennung« durch den »Hermine-Albers-Preis« versehenen Arbeit über »Mobile Drogenberatung im Stadtteil« ausführlich erörtert und vor allem aufgezeigt, welche Möglichkeiten, aber auch Gefahren im Bereich der Jugendarbeit bestehen. Hier soll daher nur noch angemerkt werden, daß der »Komm-her-Beratungsansatz« einer zentralen Beratungsstelle den Mangel an Nähe zum Lebensbereich – und der ist eben nicht nur die »scene« – des drogengefährdeten Jugendlichen auch nicht durch den Einsatz von Street Workern entscheidend aufheben kann. Wir versuchen daher im Hinblick auf die realen Entstehungsbedingungen von Drogenabhängigkeit im alltäglichen Lebensfeld von Jugendlichen, also im Wohnbereich, in den Familien und vor allem in den Gleichaltrigengruppen (Freundesgruppen, Cliquen) ein stärker lebensfeldbezogenes Beratungskonzept zu entwickeln (*Specht/Kurzweg* 1983).
Bei den erwähnten Laienberatern handelt es sich überwiegend um meist junge, interessierte Bewohner aus dem Stadtteil (Deutsche und Ausländer), die in ihrer bisherigen Lebensgeschichte einer vergleichbaren Sozialisationsstruktur unterworfen waren, wie es gegenwärtig die gefährdeten Jugendlichen sind. Als sog. »Ehemalige« aus dem Viertel haben sie umfangreiche und differenzierte Kenntnisse der situativen Bedingungen im Stadtteil, seiner Bewohner und Strukturen, sowie – aus eigener praktischer Erfahrung – Erkenntnis über jugendliche Ausweichstrategien, die es ihnen ermöglichen, häufig direkter und »gekonnter« als Professionelle zu intervenieren.

Gegenwärtig gibt es bereits 25 engagierte Stadtteilbewohner im Alter zwischen 17 und 32 Jahren, von denen einige bereits konkret mitarbeiten. Ein Vorbereitungskurs über 10 Seminarabende und 2 Wochenendveranstaltungen, in dem Grundkenntnisse zur Einzelbetreuung, Gruppenarbeit und Mitarbeit in Stadtteilinitiativen vermittelt werden, soll den Laienberatern eine gewisse zusätzliche Qualifikation geben. Erste Praxiseinsätze zeigen hierbei, daß das Prinzip der solidarischen Hilfe von Älteren für Jüngere besonders im Bereich der Gruppenarbeit und im offenen Teestubenbetrieb relativ unproblematisch umsetzbar scheint. Verläßlichkeit und Kontinuität sind allerdings Punkte, an denen Professionelle noch stützen müssen. Hier zeigt auch die Erfahrung aus vorangegangenen Projekten, daß uns ein Einsatz von Laienberatern bei konkreten Problemfällen nur dann gerechtfertigt scheint, wenn eine kontinuierliche Praxisreflexion im Kontext gemischter Gruppen, die sich aus Sozialpädagogen und Laienberatern zusammensetzen, gewährleistet ist.

Walter Specht

Literatur

Fellberg, G./Dressler, U. (Hrsg.), 1982: Hartes Pflaster, Lesebuch zur Straßensozialarbeit, Bensheim – dies., 1982: Das Jugendhaus muß besser werden, in: päd. extra sozialarbeit, H. 6 – *Held, J.*, 1974: Jugendclubs als Feld der Sozialarbeit, Stuttgart – *Klein, M. W.*, 1971: Street Gangs and Street Workers, Englewood Cliffs – *Kraußlach, J./Düwer, F./Fellberg, G.*, 1976: Aggressive Jugendliche, München – *Kurzweg, K.*, 1980: Mobile Drogenberatung im Stadtteil, Evang. Fachhochschule Reutlingen, Diplomarbeit – *Miltner, W.*, 1982: Street Work im Arbeiterviertel, Neuwied – *Miltner, W./Specht, W.*, 1978: Street Work in den USA – Sozialpädagogische Ansätze mit Jugend-Gangs, Neue Praxis, H. 1 – *Sherif, M./Sherif, C. W.*, 1964: Reference Groups, Chicago – *Specht, C./Neukamm-Würthele, R./Miehle, W.*, 1982: Arbeit mit Mädchen in der mobilen Jugendarbeit, Tagungsbericht Landesjugendamt Württ.-Hohenzollern – *Specht, W./Thiersch, H.*, 1981: Polizei und Sozialarbeit – Aus sozialpädagogischer Sicht, in: *Kreuzer/Plate*, Polizei und Sozialarbeit, Wiesbaden – *Specht, W.*, 1979: Jugendkriminalität und mobile Jugendarbeit, Neuwied – ders., 1979: Street Work – Stein der Weisen oder progressiver Tarnanstrich für Jugendpolizisten? Blätter d. Wohlf., H. 9 – ders., 1982: Street Work, in: *Petzold/Speichert* (Hrsg.): Handbuch pädagogischer und sozialpädagogischer Praxisbegriffe, Reinbek – *Spergel, I. A.*, 1966: Street Gang Work, Theory and Practice, Reading Mass. – ders., 1969: Community Problem Solving, Chicago/London – *Trotha v., T.*, 1974: Jugendliche Bandendelinquenz, Stuttgart. –

→ Gemeinwesenarbeit → Jugendamt → Jugendarbeit → Jugendpolizei → Partizipation und Selbsthilfe

Jugendarbeitslosigkeit

Im folgenden soll Jugendarbeitslosigkeit unter dem Blickwinkel der Gesellschaft als ganzer erörtert werden. Es soll gezeigt werden, wie sich die sozialstrukturellen Bestimmungsgründe von Jugendarbeitslosigkeit entwickelt haben und welche Einrichtungen der Staat als Antwort auf Jugendarbeitslosigkeit schafft.

Das Beschäftigungsrisiko von Jugendlichen hängt von zwei wesentlichen Bestimmungsgründen ab: zum einen vom Konjunkturzyklus, dem auch die erwachsenen Arbeitskräfte unterworfen sind. Ein zweiter Bestimmungsgrund ergibt sich aus den besonderen Merkmalen kapitalistischer Arbeitsorganisation. Seine Wirksamkeit ist zwar nicht auf den Teilarbeitsmarkt für Jugendliche beschränkt, sie ist hier jedoch besonders ausgeprägt.

Beschäftigung und Konjunkturzyklus

Der wirtschaftliche Fortschritt hat dazu geführt, daß immer mehr Arbeit in der Form unselbständiger Arbeit verrichtet wird, also von Arbeitern, Angestellten und Beamten. Das läßt sich daran ablesen, daß die Zahl der Selbständigen im Zuge der Kapitalkonzentration abnimmt und daß der Umfang der Arbeiten schrumpft, die noch in der Familie von Hausfrauen bewältigt werden: Kinder wachsen in Kindergärten und Schulen auf, Alte leben außerhalb der Familie in Heimen, Kranke werden in Krankenhäusern versorgt, Essen wird in Kantinen gekocht. Das Personal in diesen Einrichtungen, die traditionelle Aufgaben der Familie übernommen haben, verrichtet unselbständige Arbeit. Unselbständigkeit der Arbeit bedeutet, daß die Arbeitenden über die Mittel, ohne die sie ihre Aufgaben nicht bewältigen können, nicht frei verfügen können, weil sie ihnen nicht gehören. Ihre Beschäftigungsmöglichkeiten hängen folglich auch nicht von ihrer eigenen Entscheidung ab, sondern von der Entwicklung des Marktes, auf die sie keinen Einfluß haben. Das gilt nicht nur für die Arbeiter und Angestellten in der Privatwirtschaft, sondern bis zu einem gewissen Grad auch für die Beschäftigten des öffentlichen Dienstes. Denn die Steuereinnahmen, mit denen der Staat sein Personal entlohnt, hängen der Höhe nach von den wirtschaftlichen Wachstumsraten ab. Knappe Steuereinnahmen in der wirtschaftlichen Krise beeinträchtigen auch die staatliche Nachfrage nach Arbeitskräften.

Nach einer langen Periode der Vollbeschäftigung hat sich gezeigt, daß der Markt nicht störungsfrei funktioniert und daß auch die staatliche Wirtschaftspolitik nicht in der Lage ist, Wirtschaftskrisen abzuwenden. Seit 1974 hat es Vollbeschäftigung in der Bundesrepublik nicht mehr gegeben. Warum die Nachfrage auf dem Arbeitsmarkt schwankt, können wir nicht erörtern; wir begnügen uns mit der Feststellung, daß es offenkundig so ist. Hier soll etwas über die Angebotsseite auf dem Arbeitsmarkt gesagt werden. Das Angebot an Arbeitskräften ist in dem Maße unelastischer geworden, in dem Existenzmöglichkeiten außerhalb des Lohnarbeitsverhältnisses zerstört wurden. Für die übergroße Mehrheit der Erwerbsbevölkerung ist Lohnarbeit zu einer zwar unsicheren, aber unentrinnbaren Form der Existenz geworden. Wer keinen Arbeitgeber findet, hat kaum eine Möglichkeit, sich selbst eine Arbeitsmöglichkeit zu schaffen. Von dieser Entwicklung sind nicht zuletzt die Jungarbeiter betroffen, die hier deswegen von besonderem Interesse sind, weil sie häufiger als andere arbeitslos sind.

Jungarbeiter, die Lohnarbeit nicht finden können, haben heute nur noch viel seltener eine Möglichkeit, Arbeit außerhalb des Arbeitsmarktes zu finden als früher. Vor 1940 kam jeder dritte Jungarbeiter aus einer Bauernfamilie. Wer von diesen arbeitslos war, konnte sich auf den elterlichen Hof zurückziehen und sich hier in irgendeiner Weise nützlich machen. Nach 1965, also 25 Jahre später, als Hunderttausende von bäuerlichen Betrieben verschwunden waren, kamen nur noch 6,6 Prozent der Jungarbeiter aus Bauernfamilien. Entsprechend ist der Anteil derjenigen gestiegen, die aus Arbeiterfamilien stammen, die derartige Rückzugsmöglichkeiten kaum bieten, im genannten Zeitraum von 40 auf 60 Prozent (*Hofbauer/Kraft*, 1973). Verringert haben sich auch die Rückzugsmöglichkeiten für Mädchen. In dem Maße, wie es für Mädchen nicht mehr selbstverständlich ist, Hausarbeit zu verrichten, und sie auf Berufsarbeit bestehen, ist es ihnen auch nicht zuzumuten, im Falle von Arbeitslosigkeit in den elterlichen Haushalt auszuweichen. Schließlich ist es auch kaum mehr möglich, der Arbeitslosigkeit dadurch zu entgehen, daß man eine selbständige ökonomische Existenz gründet. Das Startkapital, dessen man dazu bedarf, ist zu groß geworden, als daß es von einer relevanten Zahl von Arbeitslosen noch aufgebracht werden könnte.

Mit der Ausdehnung der Lohnarbeit im Zuge der Kapitalkonzentration sind für die Erwerbstätigen Nachfrageschwankungen auf dem Arbeitsmarkt also zu einem größeren beruflichen Existenzrisiko geworden. Die krisenerzeugenden Schwankungen der Nachfrage nach Arbeitskräften betreffen in unterschiedlicher Stärke den gesamten Arbeitsmarkt. Es gibt daneben jedoch Bestimmungsgründe von Arbeitslosigkeit, die vor allem auf dem Teilarbeitsmarkt für Jugendliche wirken. Die Beschäftigung von jugendlichen Lohnarbeitern unterliegt besonderen Bedingungen. Diese ergeben sich ebenfalls aus dem Umstand, daß die Produktionsmittel den Arbeitenden nicht gehören.

Arbeitsorganisation und Berufsstart

Daß die Arbeitenden eigentumslos sind, bedeutet, daß nicht sie nach Maßgabe eigener Interessen, sondern letztlich die Zwänge des freien Marktes festlegen, wie die Arbeit im Innern der Betriebe organisiert wird (*Lenhardt*, 1974). Die Form der Arbeitsorganisation, die der Markt erzwingt, ist der persönlichen Entwicklung der Arbeitenden im hohem Maße abträglich. Und von diesen Belastungen sind Jugendliche in viel destruktiverer Weise betroffen als erwachsene Arbeitskräfte. Unter dem Druck des Marktes müssen die Betriebe die Arbeit so organisieren, daß mit möglichst niedrigen Lohnkosten ein Maximum an Gütern produziert wird. Dieser Notwendigkeit verdanken wir nicht nur den technischen Fortschritt, sondern auch den Taylorismus, dessen Grundsätze in die entwickelten Formen wissenschaftlicher Arbeitsorganisation eingegangen sind (*Schmiede/Schudlich*, 1976).

So empfahl *Taylor* (1971), mit Hilfe wissenschaftlicher Untersuchungsmethoden solle sich die Betriebsleitung darüber informieren, wie man die Arbeit so einteilen könne, daß sie sich in minimaler Zeit verrichten lasse. Auf der Grundlage dieser Informationen sollten detaillierte Arbeitsvorschriften entwickelt und Leistungsnormen vorgegeben werden. Um die Arbeit zu intensivieren, regte er programmatisch an: »Alle Kopfarbeit unter dem alten System wurde von dem Arbeiter mitgeleistet und war ein Resultat seiner persönlichen Erfahrung. Unter dem neuen System muß sie notwendigerweise von der Leitung getan werden in Übereinstimmung mit wissenschaftlich entwickelten Gesetzen.« Das Management »bestimmt nicht nur, was, sondern auch wie es getan werden soll, und setzt genau die Zeit fest, die zur Vollbringung der Arbeit gestattet ist«.

Den Arbeitern die Kopfarbeit abzunehmen, heißt aber nichts anderes, als sie rein ausführenden, geistig anspruchslosen Aufgaben zu unterwerfen. Mit dieser Strategie läßt sich nicht nur eine Intensivierung der Arbeit erzwingen, sondern Arbeit wird auch so vereinfacht, daß sie von unqualifizierten Arbeitskräften, die niedrigere Löhne erhalten als qualifizierte, verrichtet werden kann. Ein dritter Vorteil dieses Systems ergibt sich für die Betriebe daraus, daß unqualifizierte Arbeitskräfte leicht austauschbar sind. Sie können in der Krise leicht im Vertrauen darauf entlassen werden, daß man im wirtschaftlichen Aufschwung ohne Schwierigkeiten gleichwertiges Personal auf dem Arbeitsmarkt findet. Daß die Arbeitskräfte austauschbar sind, entlastet die Betriebe schließlich von Kosten, die Vorkehrungen zum Schutz ihrer Gesundheit verursachen würden.

Diese Tendenzen der betrieblichen Arbeitsorganisation sind in den vergangenen Jahren in den Auseinandersetzungen um die Humanisierung der Arbeit zu einem politischen Thema geworden (*Kern/Kern*, 1975). Die Auseinandersetzungen um den Schutz der Arbeitskräfte reichen aber viel weiter zurück. Seit Beginn der kapitalistischen Entwicklung gibt es Versuche, die Arbeitskräfte auf gesetzlichem Wege gegen die Zwänge des Marktes zu schützen.

Diese Maßnahmen richten sich vor allem auf den Schutz der jugendlichen Arbeitskraft. Sie liegen nicht nur im Interesse der Jugendlichen, sondern auch im Interesse des Staates. Es hatte sich nämlich sehr bald gezeigt, daß die Erfahrung von Lohnarbeit die Arbeitsfähigkeit und die Arbeitswilligkeit der Jugendlichen zerstörte. Der Raubbau an der jugendlichen Arbeitskraft ließ die Jugendlichen verwahrlosen, so daß sie, wie man in England und Preußen klagte, nicht einmal mehr für den Wehrdienst taugten. Sie verstießen gegen Gesetze und wurden so zu einem Problem für den Staat, der mit Polizei und sozialpolitischen Mitteln für die gesellschaftliche Integration derjenigen sorgen muß, die aus dem Lohnarbeitssystem herausfallen. Dieses Interesse des Staates und entsprechende Forderungen der Arbeitenden haben dazu geführt, daß der Übergang der Jugendlichen aus Schule und Familie in die Arbeitswelt durch gesetzliche Vorschriften geschützt wird. Kinder unter einem bestimmten Kindesalter dürfen überhaupt nicht mehr eingestellt werden, Jugendliche dürfen an Arbeitsplätzen, die besonders destruktiv sind, nicht beschäftigt werden, ihre Arbeitszeit ist zeitlich begrenzt und wird zum Beispiel durch gesetzlich vorgeschriebene Pausen und das Verbot von Schichtarbeit strukturiert. Um dem drohenden Ausbruch von Jugendlichen aus dem Lohnarbeitssystem zu begegnen, stärkt der Staat auch die Integrationskraft der Familie. So wird die Familie nicht nur ideell, sondern in vielfältiger Weise auch materiell gestützt.

Die Maßnahmen, die die Jugendlichen schützen sollen, belasten die Betriebe freilich mit Kosten, was zur Folge hat, daß ihre Verwendung als Lohnarbeiter an Profitlichkeit verliert. Da die Betriebe sich auf dem Markt aber nur halten können, wenn sie mit möglichst niedrigen Kosten produzieren, müssen sie dann auf die Beschäftigung von Jugendlichen verzichten, wenn die Vorkehrungen, die zu ihrem Schutz zu treffen sind, zu kostspielig werden. Der Staat gerät dadurch in ein Dilemma, das wir am Beispiel der Berufsbildungsreform in den vergangenen zehn Jahren erörtern wollen. Die Ursachen der Jugendarbeitslosigkeit sind vor allem im Bereich des »dualen« Ausbildungssystems zu suchen. Denn von Arbeitslosigkeit sind vor allem die Jugendlichen betroffen, die ihre berufliche Laufbahn mit einer Lehre oder ohne eine Berufsausbildung beginnen wollen. Wer dagegen weiterführende Schulen oder Hochschulen besucht, hat ein vergleichsweise geringes Beschäftigungsrisiko. Etwa die Hälfte der Jugendlichen der entsprechenden Altersjahrgänge bewirbt sich um eine Lehrstelle, rund jeder zehnte um ungelernte Arbeit.

Die Ausbildung außerhalb schulischer Einrichtungen war im vorindustriellen Handwerk einmal die Form beruflicher Ausbildung schlechthin. Nicht bloß manuelle, sondern auch intellektuelle Fähigkeiten sind hier in vielfältiger Ausprägung einmal vermittelt worden, darüber hinaus Berufsethik und Normen einer ständischen Lebensführung, die das Handeln innerhalb und außerhalb des Betriebes anleiten. Nun ist jedoch der Erfahrungswert von Arbeit an bestimmte sozialstrukturelle Bedingungen geknüpft. Berufliche Qualifikationen erwirbt man nur auf solchen Arbeitsplätzen, die Kenntnisse und Fertigkeiten, Initiative und Intuition bis zu einem gewissen Grade herausfordern. Mit diesen Bedingungen kann unter den Bedingungen moderner Produktion jedoch nicht mehr gerechnet werden. Wo die Arbeiter engmaschigen Normen unterworfen sind, die von außen kontrolliert werden, geht zwar die Arbeit nicht spurlos an ihnen vorbei, eine Ausweitung von Kenntnissen und Fertigkeiten ermöglicht sie ihnen jedoch nicht.

Das Alltagsbewußtsein spiegelt diese Tendenz in der abnehmenden sozialen Wertschätzung, die der auf Praxis beruhenden Erfahrung noch zuteil wird, und auf dem Arbeitsmarkt ist längst das Urteil über erfahrene Arbeitskräfte gesprochen: sie beziehen einen niedrigeren Lohn als jüngere.

Wenn Arbeit und Ausbildung aus Gründen kapitalistischer Rationalität nicht mehr zusammenfallen, dann bedarf es zusätzlicher Einrichtungen, wenn in modernen Betrieben überhaupt noch Fachkräfte ausgebildet werden sollen. Unter den Bedingungen fortgeschrittener privatwirtschaftlicher Rationalität gibt es also nicht mehr die Wahl zwischen schulischen oder betrieblich-praktischen Ausbildungsformen, die Alternative lautet lediglich: private oder öffentlich kontrollierte Ausbildung in Schulen.

Die zu Beginn der siebziger Jahre verabschiedeten oder lediglich vorbereiteten
gesetzlichen Regelungen zum Berufsbildungssystem zielten denn auch darauf, die
Betriebe zu veranlassen, Vorkehrungen zu Ausbildungszwecken außerhalb des
eigentlichen Arbeitsprozesses zu treffen: die Ausbilder-Eignungs-Verordnung
etwa hat Personal mit bestimmten Qualifikationen gefordert, die im Arbeitsprozeß
selbst nicht benötigt und deswegen von den Betrieben aufgrund ihrer spezifischen
Interessenlage auch kaum bereitgestellt wurden. Die strengere Beurteilung der
Eignung der Ausbildungsstätten ist Ausdruck dessen, daß moderne Betriebe kaum
mehr eine Ausbildung im Arbeitsprozeß gestatten. Ausbildungsordnungen werden
notwendig, weil die allein von den Interessen der Betriebe gesteuerte Teilnahme
am Arbeitsprozeß zu wenig Kenntnisse und Fertigkeiten vermittelt. Es sollten also
arbeitsexterne Vorkehrungen für Ausbildungszwecke geschaffen werden. Sie
haben schulischen Charakter und verursachen Kosten. Und diese Kosten fallen um
so stärker ins Gewicht, je weniger mit einer Mitarbeit der Lehrlinge in der
Produktion und folglich mit entsprechenden Erträgen gerechnet werden kann.

Aus rein betriebswirtschaftlicher Sicht ist es kaum zu rechtfertigen, daß die
Betriebe Ausbildungskosten auf sich nehmen. Denn hier können sie, anders als bei
Investitionen in Sachmittel, nur bedingt auf eine langfristige Rendite hoffen. Es
steht den ausgebildeten Lehrlingen ja frei, den Ausbildungsbetrieb nach Abschluß
der Lehre zu verlassen und anderswo nach Arbeit zu suchen. Die Betriebe müssen
also in dem Maße auf die Einstellung von Lehrlingen verzichten, wie das Ausbil-
dungswesen an Profitlichkeit einbüßt oder sogar Nettokosten verursacht. Das
haben sie auch getan. Die Reform der beruflichen Bildung, die den Ausbildungsin-
teressen der Jugendlichen nützen sollte, hat für viele von ihnen das Gegenteil
bewirkt und sie arbeitslos gemacht. An der Statistik der Jugendarbeitslosigkeit läßt
sich das ablesen.

Bis Ende der sechziger Jahre waren die Jugendlichen im Alter bis zu 20 Jahren
gegen Arbeitslosigkeit relativ zuverlässig geschützt. So waren nur 0,8 Prozent der
Jugendlichen während der Rezession von 1967/68 als arbeitslos gemeldet, während
die Arbeitslosenquote aller Altersjahrgänge 1,6 Prozent betrug, also das Doppelte.
Das relativ hohe Maß an Beschäftigungssicherheit verdankten die Jugendlichen
dem Umstand, daß viele Betriebe, vor allem die Kleinbetriebe, das duale System als
Möglichkeit nutzen konnten, Jugendliche als billige Arbeitskräfte zu beschäftigen,
statt sie auszubilden.

Als zu Beginn der siebziger Jahre die Bundesregierung versuchte, die Qualität der
Ausbildung zu verbessern, unterminierte sie faktisch die Beschäftigungschancen
der Jugendlichen. Die Auseinandersetzungen um die Reform und die tatsächlich
erlassenen Verordnungen verursachten Unsicherheit und Aufwendungen, die vor
allem von Kleinbetrieben kaum aufgebracht werden konnten. Die Nachfrage nach
Lehrlingen, die in den sechziger Jahren bei weitem nicht befriedigt werden konnte,
sank unter das Angebot. Die Arbeitslosenquote für Jugendliche überholte die
Arbeitslosenquote aller Altersjahrgänge im Jahre 1972. Die Jugendlichen haben
seitdem ein größeres Beschäftigungsrisiko zu tragen als die Erwachsenen. In den
Zahlen der amtlichen Statistik kommt das nur teilweise zum Ausdruck, denn die

Dunkelziffer ist bei den jugendlichen Arbeitslosen besonders groß. Der tatsächliche Umfang der Jugendarbeitslosigkeit ist eingehenden Untersuchungen zufolge mehr als doppelt so hoch wie der amtlich ermittelte (*Lenhardt/Schober*, 1980).

Staatliche Reaktionen

Der Staat hat also, indem er der Forderung nach Verbesserungen der Berufsausbildung entsprach, sich das Problem der Jugendarbeitslosigkeit geschaffen (vgl. dazu *Offe*, 1975). Jugendarbeitslosigkeit wird zum politischen Problem, weil sie Wählerstimmen kostet, die staatlichen Ordnungsorgane, also Polizei, Justiz, Jugendfürsorge und Sozialarbeiter, mit zusätzlichen Aufgaben belastet und das Risiko politischer Radikalisierung birgt. Der Regierung erschien das Problem der Jugendarbeitslosigkeit gravierender als das einer unbefriedigenden Berufsausbildung. Die Berufsbildungsreform ist deswegen über Ansätze nicht hinausgekommen. Beabsichtigte Maßnahmen wurden nicht weiter verfolgt oder abgeschwächt, die Geltung bereits erlassener Maßnahmen, wie zum Beispiel die Ausbilder-Eignungs-Verordnung, in eine ferne Zukunft verschoben. Unternehmen, deren Ausbildungsaktivitäten noch zu Beginn der siebziger Jahre viel Kritik fanden, werden jetzt aufgefordert, wieder mehr Lehrlinge einzustellen. Der Klimawechsel läßt sich daran ablesen, daß es jetzt als Erfolg der Ausbildungsbemühungen von Staat und Unternehmern gefeiert wird, wenn Bäcker, Metzger und Friseure ganz im Widerspruch zu dem Bedarf des Arbeitsmarktes an Fachkräften wieder mehr Lehrlinge ausbilden. Dieser Umschwung in der Berufsbildungspolitik ist nicht durch einen abgesprochenen Boykott von seiten der Unternehmer erzwungen worden; die Regierung ist mit der Reform an den Gesetzmäßigkeiten der Marktwirtschaft gescheitert, die sich auch ohne Absprachen und ohne den Druck von Lobbyisten durchsetzen. Der Staat ist in einer Weise von den Funktionsbedingungen der Marktwirtschaft abhängig, die die Anpassung der Politik an Unternehmerinteressen erzwingen, da andernfalls die Funktionsfähigkeit staatlicher Einrichtungen selbst gestört wird.
Die staatlichen Reaktionen auf Jugendarbeitslosigkeit haben sich in der Rücknahme der Berufsbildungsreform nicht erschöpft (*Braun/Weidacher*, 1976). Eine zweite Strategie von Bund und Ländern besteht darin, Jugendliche in schulischen Bildungsveranstaltungen zusammenzufassen. So wurde in verschiedenen Bundesländern die Pflichtschulzeit ausgedehnt. Ein zehntes Pflichtschuljahr, darüber besteht weitgehend Einigkeit, kann aus der Misere der Jugendarbeitslosigkeit herausführen. Wer der Schulpflicht unterliegt, unterliegt auch dem Verbot der Kinderarbeit und darf daher auf dem Arbeitsmarkt nicht in Erscheinung treten. Aus potentiellen Arbeitslosen werden Schüler. Der Arbeitsmarkt wird dadurch in mehrfacher Hinsicht entlastet: Die Jugendlichen, die in den Schulen bleiben, sind gegen das Schicksal der Arbeitslosigkeit für die Dauer eines Jahres zuverlässig geschützt. Der Einwand, die Verlängerung der Schulpflicht schiebe die Konfrontation mit der Krise lediglich um ein Jahr hinaus, greift in arbeitsmarktpolitischer Hinsicht zu kurz, denn wenn der jüngste Altersjahrgang der Arbeitnehmer in

Schulen festgehalten wird, dann wird die Erwerbsbevölkerung um diese Altersgruppe dauerhaft verkleinert. Dem Mißverhältnis zwischen Angebot und Nachfrage nach Arbeitskräften läßt sich also durchaus entgegenwirken. Dadurch verbessern sich zugleich auch die Arbeitsmarktchancen der älteren Arbeitskräfte. Denn die Arbeitsplätze, die von den in Schulpflicht genommenen Jugendlichen besetzt worden wären, bleiben vakant und können mit Älteren besetzt werden.

Die Ausdehnung der Schulpflicht verursacht auf seiten des Staates nicht nur Kosten, sondern ermöglicht auch Einsparungen an anderer Stelle der öffentlichen Budgets: Einen Platz in einer Schule bereitzustellen, kostet nur rund ein Viertel dessen, was für den Unterhalt eines Arbeitslosen aus der Arbeitslosenversicherung aufzubringen ist (*Reyher*, 1975).

Schließlich wird für die Verlängerung der Schulpflicht ins Feld geführt, daß eine bessere Ausbildung auch bessere Karrierechancen eröffnet, daß mehr Bildung also mehr Arbeitsplatzsicherheit schafft. Die Arbeitslosenstatistik scheint diese Vorstellung zu bestätigen. Sie zeigt nämlich, daß einer um so leichter seinen Arbeitsplatz verliert, je schlechter seine Ausbildung gewesen ist. So betrug die amtlich ermittelte Arbeitslosenquote für Hochschulabsolventen im September 1976 nur etwa 2,1 Prozent, während die gesamte Arbeitslosigkeit etwa 4 Prozent ausmachte, also fast das Doppelte. Die Bildungsinvestitionen, so scheint es, sind deswegen Investitionen in zukünftige Beschäftigungssicherheit.

Daß Bildungsinvestitionen gesamtgesellschaftlich gesehen die Beschäftigungssicherheit und wirtschaftliches Wachstum erhöhen, ist eine Vorstellung, die seit den sechziger Jahren viel Aufmerksamkeit gefunden hat und zur Rechtfertigung der Bildungsexpansion immer wieder herangezogen wurde. Der statistische Zusammenhang zwischen Ausbildung und Arbeitslosigkeit scheint sie zu bestätigen. Eine genauere Analyse zeigt indessen, daß Bildungsanstrengungen lediglich für den einzelnen ein sinnvolles Mittel sind, der Arbeitslosigkeit und den repressiven Arbeitsbedingungen am Fuß der beruflichen Statuspyramide zu entgehen, daß sich aber eine arbeitsmarktpolitische Strategie damit nicht begründen läßt. Daß die besser Ausgebildeten seltener arbeitslos sind als ihre schlechter qualifizierten Kollegen, beweist nämlich lediglich, daß die Arbeitsplätze für hochqualifizierte Arbeitskräfte weniger konjunkturempfindlich sind als die Arbeitsplätze in der eigentlichen Produktion, in den mechanisierten Büros oder an den Verkaufsständen und Kassen des Einzelhandels (*Lenhardt*, 1979). Wer aufgrund seiner Ausbildung in die höheren Bereiche der Arbeitswelt aufsteigt, wer Meister, Filialleiter oder Beamter wird, hat eine Stelle, die die Krise so leicht nicht vernichtet. Der Versuch, auf dem Wege einer längeren Ausbildung den unsicheren und repressiven Arbeitsplätzen zu entgehen, empfiehlt sich also für den einzelnen. Derartige Karriereinteressen haben sicher auch wesentlich zur Bildungsexpansion in den vergangenen Jahren beigetragen.

Was in der Perspektive des einzelnen als eine sinnvolle Karriereplanung erscheinen muß, ist freilich noch lange keine zureichende Arbeitsmarktpolitik. Denn die Struktur der verfügbaren Arbeitsplätze mit ihrer Krisenabhängigkeit wird nicht dadurch verändert, daß die Arbeitnehmer länger die Schulbank drücken. Wird lediglich die Schulpflicht verändert, die krisenhafte Struktur der Marktwirtschaft dagegen konserviert, dann wird es nicht weniger, sondern lediglich besser ausgebildete Arbeitslose geben. Der Arbeiterschaft als Ganzes nutzt die Bildungsexpansion insofern also wenig.

Daß die Jugendarbeitslosigkeit mit bildungspolitischen Initiativen beantwortet wird, ist insofern erstaunlich, als die Friktionen auf dem Arbeitsmarkt durch berufliche Qualifikationen nicht bedingt sind. Gemessen an betrieblichen Qualifikationsansprüchen ließ sich bislang ein Mangel an beruflicher Leistungstüchtigkeit auch bei denjenigen nur selten beobachten, die Sonderschulen oder die Hauptschule ohne Abschluß verlassen hatten. Die wissenschaftlich-technische Entwicklung wird auch in Zukunft kaum zu einem Anstieg der Qualifikationsansprüche führen, so daß die Bildungspolitik auch nicht als Frucht weitsichtiger politischer Planung erklärt werden kann. Zudem hat sich gezeigt, daß der Staat Ausbildungsmöglichkeiten nicht nur geschaffen, sondern bei der Rücknahme der Berufsbildungsreform auch eingeschränkt hat. Diese Umstände legen den Verdacht nahe, daß die Bildungspolitik nicht wegen der zu erwartenden Ausbildungseffekte zu einem bevorzugten Instrument der Arbeitsmarktpolitik wird, sondern weil sie Jugendliche unter die Kontrolle systemkonformer Institutionen bringt und die Herausbildung abweichender Subkulturen verhindert. Die Bildungsmaßnahmen dienen also weniger dazu, die Voraussetzungen für wirtschaftliches Wachstum und Vollbeschäftigung herzustellen oder zu verbessern, sondern sie sollen einer Folge der freien Marktwirtschaft so begegnen, daß deren Dysfunktionen nicht den Charakter von politischen Krisen annehmen.

Daß jugendliche Arbeitslose in der Öffentlichkeit immer wieder als lernschwach oder berufsunreif bezeichnet werden, wenn ihre Beschulung gerechtfertigt werden soll, rückt anstelle des krisenhaften Verlaufs der marktwirtschaftlichen Entwicklung die individuelle Beschaffenheit seiner Opfer in den Mittelpunkt des politischen Interesses. Nicht die Veränderung der Wirtschaftsstruktur, sondern die Veränderung der Individuen ist das politische Programm, mit dem der Staat die Krise beantwortet. Für einen Teil der betroffenen Jugendlichen bedeutet diese Interpretation der Krise, in der aus einem wirtschaftlichen ein Qualifikationsproblem gemacht wird, eine persönliche Kränkung. Indem er beschult wird, wird er als unqualifiziert deklariert. Wer dagegen, wie vor allem Angehörige der Mittelschicht, auf individuellen Karriereerfolg setzt, dem mag es gelingen, in vermehrten Bildungsanstrengungen einen Beitrag für bessere persönliche Berufschancen zu sehen. Er muß sich dann nicht als Opfer des Arbeitsmarktes verstehen, sondern er erlebt sich als Schüler, also als jemand, der optimistisch für seine Zukunft sorgt.

Gero Lenhardt

Literatur

Baethge, M. u. a., 1978: Ausbildungs- und Berufsstartprobleme von Jugendlichen unter den Bedingungen verschärfter Situationen auf dem Arbeits- und Ausbildungsstellenmarkt, Soziologisches Forschungsinstitut (SOFI), Göttingen – *Braun, F./Weidacher, A.*, 1976: Materialien zur Arbeitslosigkeit und Berufsnot Jugendlicher, München – Bundesminister für Bildung und Wissenschaft: Berufsbildungsbericht 1977, 1978, 1979, 1980, 1981, 1982, Bonn – *Harten, H. C.*, 1977: Strukturelle Jugendarbeitslosigkeit, München – **Harten, H. C./Flitner, E.*, 1980: Arbeitslosigkeit. Didaktisches Sachbuch zu Analysen, Kontroversen und Lösungsversuchen der Arbeitsmarktpolitik, Reinbek – *Heinemann, K.*, 1978: Arbeitslose Jugendliche. Ursachen und individuelle Bewältigung eines sozialen Problems, Neuwied – *Hofbauer, H./Kraft, H.*, 1974: »Betriebliche Berufsausbildung und Erwerbstätigkeit«. In: Mitteilungen aus dem Arbeitsmarkt und Berufsforschung, H. 7 – *Lenhardt, G.*, 1974: Berufliche Weiterbildung und Arbeitsteilung in der Industrieproduktion, Frankfurt/M. – **Lenhardt, G.*, 1979: Berufliche Qualifikation und Arbeitslosigkeit. In: Der hilflose Sozialstaat. Jugendarbeitslosigkeit und Politik. Frankfurt/M. – *Lenhardt, G./Schober, K.*, 1980: »Der schwierige Berufsstart«. In: Projektgruppe Bildungsbericht (*Baumert* u. a.): Bildung in der BRD. Daten und Analysen, Reinbek – *Liebel, M.*, 1976: Produktivkraft Jugend, Frankfurt/M. – *Offe, C.*, 1975: Berufsbildungsreform. Eine Fallstudie, Frankfurt/M. – *Reyher, L.*, 1975: »Beschäftigungspolitische Alternativen zu hoher Arbeitslosigkeit«. In: WSI-Mitteilungen, H. 2 – *Schmiede, R./Schudlich, E.*, 1976: Die Entwicklung der Leistungsentlohnung in Deutschland, Frankfurt/M. – *Taylor, F. W.*, 1971: Die Grundsätze der wissenschaftlichen Betriebsführung, München/Berlin. –

→ Arbeiterjugend   → Arbeitsbedingungen   → Berufliche Bildung   → Sozialstruktur

Jugendgerichtsbarkeit

Entwicklung

Erst zu Beginn dieses Jahrhunderts wurde man sich in Deutschland bewußt, daß die überkommenen Strafzwecke – Sühne, Vergeltung, Abschreckung oder sichernde Isolierung – wenigstens für jugendliche Rechtsbrecher unzulänglich waren. Man begann zu hoffen, daß ein Eingehen auf Entwicklung und Entwicklungsbedingungen, daß ein Angebot helfender Erziehung kriminellen Gefährdungen junger Menschen erfolgreicher begegnen könnten als die Einsperrungen nach dem Muster der herrschenden Freiheitsstrafen in Zuchthaus und Gefängnis. Die Forderung eines »Erziehungsstrafvollzugs« wurde aufgestellt und weitgehend akzeptiert, ohne daß man – mangels Erfahrung – schon erkennen konnte, daß sich Erziehung in der Unfreiheit des Gefängnisses kaum realisieren ließ. Es entstanden die ersten Jugendgerichte 1908 – über einfache Geschäftsverteilung, die schon im Verfahren den jungen Menschen besser gerecht werden wollten; 1912 wurde das erste gesonderte Jugendgefängnis in Wittlich a. d. Mosel eingerichtet. Erst nach dem Krieg wurde 1923 ein Jugendgerichtsgesetz beschlossen, das spürbar den Erziehungsgedanken Rechnung trug, indem es den strafenden Zugriff im Prozeßverfahren wie im Strafvollzug erheblich lockerte und statt der Freiheitsstrafe »Erziehungsmaßnahmen« erlaubte. Nicht entschließen konnte man sich, die Behandlung der

Jugendlichen völlig von der Strafverfolgung der Erwachsenen zu trennen und die Jugendlichen ganz der zugleich entstehenden Jugendwohlfahrt (Jugendwohlfahrtsgesetz 1922) zu überlassen, wie dies in Fachkreisen gefordert wurde (zusammenfassend *Webler,* 1929). Immerhin konnte das neue Jugendgerichtsgesetz als erster, entscheidender Fortschritt gebucht werden:

- Das Alter der Strafmündigkeit wurde von 12 auf 14 Jahre angehoben; Jugendliche bis zu 18 Jahren, die das Unrecht ihrer Tat »noch nicht einzusehen oder nach dieser Einsicht zu handeln noch nicht vermochten«, wurden ebenfalls strafrechtlich noch nicht verantwortlich gemacht.
- Zugleich wurden die Strafverfahren gegen Jugendliche eigenständigen Jugendgerichten übertragen, die vor oder anstelle von Strafen Erziehungsmaßregeln oder »Zuchtmittel« einsetzen konnten, wobei die Durchführung der Erziehungsaufgaben dem Vormundschaftsrichter und über diesen der kommunalen Jugendfürsorge überlassen wurde.
- Zur Differenzierung des Verfahrens, des Urteils und der Betreuung wurde dem neuen Gericht die Jugendgerichtshilfe zugeordnet, die in die Jugendämter eingegliedert wurde.
- Die Jugendstrafe konnte in geeigneten Fällen und gegebenenfalls unter Auflagen ausgesetzt werden, so daß Häufigkeit und Dauer des Freiheitsentzugs wesentlich zurückgingen.
- Auch die Untersuchungshaft für Jugendliche sollte möglichst (z. B. durch andere Heimunterbringung) vermieden werden.
- Die Jugendgefängnisse (heute »Jugendvollzugsanstalten« genannt) waren als geschlossene Anstalten vorgesehen, sollten aber durch ein Bewährungssystem wachsender Verantwortung schrittweise auf ein Leben in Freiheit vorbereiten. Ihr Alltag (Schule, Berufsausbildung, Freizeit) sollte von den Repressionen des Gefängnissystems (Hausstrafen wie Karzer) befreit und pädagogisch durchformt werden. Einige Musteranstalten erreichten eine Verbesserung des Sozialklimas *(Bondy, Herrmann),* doch erwies sich die »geschlossene Anstalt« *(Goffman, Foucault)* als schwer zugänglich für durchgreifende Reformversuche.

In der Folgezeit hat die vergrößerte Entscheidungsfreiheit der Jugendgerichte zu weiteren Auflockerungen des Verfahrens geführt (Novellen von 1943 und 1953): Verzicht auf das Strafverfahren in Bagatellfällen, Absehen von Strafe, deren Aussetzung zur Bewährung unter Auflagen, in der Regel Bewährungsaufsicht. Die Verurteilung zur Jugendstrafe konnte schließlich beschränkt werden auf »eine besondere Schwere der Schuld« oder auf »schädliche Neigungen« – einen Restbegriff für den einst als »geborener Verbrecher« angesehenen Typus. Die Zahl der Gefangenen ging erheblich zurück; anstelle des Streits um die Strafzwecke Sühne, Vergeltung, gesicherte Einsperrung und Abschreckung trat die Einigung auf das bescheidenere Vollzugsziel der »Resozialisierung«. Voraussetzung und oberste Leitlinie der Vollzugsorganisation blieb jedoch fast unbefragt die absolute Sicherung; auch das Jugendgefängnis trug weiter die Merkmale der »totalen Institution« *(Goffman,* 1972).

Die wichtigste Entwicklung war die erweiterte Zuständigkeit des Jugendgerichts auf die »Heranwachsenden« von 18–21 Jahren (nach der Festsetzung der Mündigkeit auf 18 Jahre die »jungen Erwachsenen«), soweit sie »nach ihrer Entwicklung noch einem Jugendlichen gleichstanden« oder »typische Jugendverfehlungen« vorlagen. Das galt bald für die große Mehrheit der Heranwachsenden, in der Regel auch für die Gefangenen, die bis zum Alter von 24 oder 25 Jahren großenteils ihre Strafe als »Jugendstrafe« im Jugendgefängnis absolvierten.

Einige zunächst als pädagogische Fortschritte begrüßte Maßnahmen haben nicht die Bedeutung gewonnen, die man von ihnen erwartete:

– Die »unbestimmte Verurteilung«, die Strafen von mittlerer Dauer dem Behandlungsfortschritt anpassen sollte, erwies sich den elastischer gewordenen Formen der Strafaussetzung usw. unterlegen, ließ aber die Haftdauer in vielfach verunsichernder Weise offen; sie wird nur noch selten ausgesprochen.

– Ähnliches gilt vom Stufenstrafvollzug, der von sehr engen und anregungsarmen Formen des Anfangsvollzugs durch Bewährung in der Anstalt zu Stufen mit wachsenden »Vergünstigungen« führen sollte. Er bewirkte eher eine Anpassung an das Haftleben als eine schrittweise Vorbereitung auf die Rückkehr in die Freiheit und ihre Probleme.

– Auch der Jugendarrest (von einer Freizeit bis zu 4 Wochen), von dem man sich eine energische, der Tat rasch folgende »Schockwirkung« versprach, hat sich nur selten als pädagogisch qualifizierte und wirksame Einwirkung organisieren lassen; als nützlicher erwiesen sich Arbeitsauflagen (zumal für soziale Zwecke) in der Freizeit, deren Inhalt an das Vergehen anknüpfen konnte, neuerdings auch »Lern- und Erfahrungskurse« in der Freizeit in ambulanten Formen.

– Nicht gelungen ist es bis heute, die Strafmündigkeit auf 16 und 18 Jahre heraufzusetzen, obwohl sich die Jugendstrafe in ihrer heutigen Form immer noch als durchaus ungeeignet für die Vierzehn- und Fünfzehnjährigen erwiesen hat und nur wenig verhängt wird.

Im ganzen ist das Jugendstrafrecht – trotz der Auflockerungen und Ausweitungen der letzten Jahrzehnte – auf der 1923 geschaffenen Basis stehengeblieben. Wie das Jugendhilferecht bis heute auf eine gründliche Erneuerung seiner gesetzlichen Grundlagen von 1922 wartet, steht seit längerem (seit den Vorschlägen der Arbeiterwohlfahrt von 1967) eine Neuordnung wenigstens der Jugendstrafe zur Diskussion, und zwar um so dringender, als auf Forderung des Bundesverfassungsgerichts ein Strafvollzugsgesetz für erwachsene Straftäter seit 1977 einen neuen Rahmen liefert. Zwar sind wichtige Reformen dieses Gesetzes noch nicht in Kraft getreten; dennoch droht der Jugendstrafvollzug hinter dem der Erwachsenen bereits zurückzubleiben. Neue Entwürfe für den Jugendvollzug liegen vor (Kommissionsentwurf 1977, Arbeitsentwurf der Bundesregierung 1980) und werden lebhaft diskutiert.

Aussichten

Die Hoffnungen sind gedämpft. Das gilt in einer Zeit der Wirtschafts- und Finanzkrise ohnehin für alle Reformen, die Investitionen und andere Kostensteigerungen mit sich bringen, zumal wenn sie nicht unmittelbar wirtschaftliche Verbesserungen erwarten lassen. Auch wenn die genannten Gesetze und Gesetzesvorhaben die Strafrechtspflege als staatliche Pflichtaufgabe verankern, wenn daneben auch das Bundessozialhilfegesetz die Hilfen für »aus Freiheitsentziehung Entlassene« bindend vorsieht (BSHG § 72 und VO zur Durchführung dieses Paragraphen), so ist eine sozial und finanziell wirksame Hilfe von der weiteren rechtlichen Verankerung abhängig. Gerade für diese Hilfen »in besonderen Lebenslagen«, für produktiv nicht ergiebige »Randgruppen«, ist die Bereitschaft der Öffentlichkeit zur Aufbringung von Mitteln zur Zeit gering, besonders aber für die Straffälligen und hier deutlich für die jungen Straffälligen.

So haben die Medien in den letzten Jahren vielfach Angaben aus den polizeilichen Kriminalitätsstatistiken gebracht, nach denen der Anteil Jugendlicher ständig und bedrohlich zu wachsen scheint. Kritische Untersuchungen stellen fest, daß solche generellen Befürchtungen unnötig sind; doch die Öffentlichkeit läßt sich von bedrohlichen Einzelzahlen in Sorgen versetzen (vgl. *Albrecht/Lamnek*, 1979). Ähnlich wirken die Meldungen über Demonstrationskonflikte unbedacht als Belege einer allgemein wachsenden Jugendkriminalität. Schon die Strafverfolgungsstatistik der Justiz läßt völlig andere, wesentlich weniger erregende Ergebnisse zu. Hier zeigen sich sehr verschiedene Grundhaltungen und Interessen der Polizei, der Justiz und der sozialen Ressorts, die z. B. eine Überlassung der Kriminalpolitik und des Strafvollzugs an Jugendlichen an die Jugendhilfe – auch bei den Parteien und ihren Wählergruppen erheblich erschweren.

Würden die Bestimmungen des Strafvollzugsgesetzes in Kraft treten und der Jugendvollzug entsprechende – längst in der Diskussion befindliche – Änderungen erfahren, so müßte die bisherige repressive und isolierende Verfassung des Vollzugs entscheidend gewandelt werden. Die Verschiebungen im Inkrafttreten wesentlicher Punkte des Strafvollzugsgesetzes und die Ungewißheit der künftigen Gestaltung der Jugendstrafe lassen Schlechteres befürchten. Fehlende Geldmittel und die Widerständigkeit der alten, großen und für eine Erziehungsumwelt kaum geeigneten Anstalten lassen allenfalls langfristig auf durchgreifende Reformen hoffen.

Forderungen

Offene Anstalten (wie sie das Strafvollzugsgesetz als Regel vorsieht!) müssen gebaut, die Gliederung in überschaubare Wohngruppen muß baulich ermöglicht werden; förderliche Arbeits- und Ausbildungsstätten und die Verbesserungen in der Lohngestaltung sind unvermeidlich. Die Kräfte des »allgemeinen Vollzugsdienstes«, die in offenen Anstalten differenziertere Aufgaben als die bisherige Überwachung übernehmen müßten, sind dafür noch auszubilden, will man die jetzigen Hierarchien der Mitarbeiter durch Gruppenentscheidungen (z. B. über die Fortschreibung der »Behandlungspläne«) ablösen.

Problematisch und auch aus finanziellen Gründen kaum leistbar wären Sonderanstalten ähnlich den Sozialtherapeutischen Anstalten für Erwachsene; ihre Zielgruppe und ihre Behandlungsmethoden sind ohnehin noch völlig kontrovers. Stärker als im Erwachsenenvollzug ist eine geplante und persönlich akzeptierte Behandlung für alle jungen Gefangenen das Ziel, nicht qualifiziertere Sondereinrichtungen für kleine, schwer abgrenzbare Minderheiten (Borderline-Fälle, schwere Neurosen). Man wird gut tun, neue kleine Einrichtungen vorerst als langfristige Erprobungsmodelle für neue Vollzugsformen mit großer Gestaltungsfreiheit zu schaffen. Wichtiger, aber noch durchaus klärungsbedürftig ist die Frage, ob (und wie) für Drogenabhängige, für Mädchen oder für ausländische Jugendliche besondere Einrichtungen nötig sind.

Am wichtigsten ist es, den Blick der Anstalten mit aller denkbaren Einseitigkeit nicht auf ihren sicheren und geordneten Betrieb zu lenken, sondern auf die Zeit nach der Entlassung der Gefangenen in die Freiheit. Vielfach ohne Stützung in ihren alten Kreisen, nach Jahren der Einstellung auf ein durchaus von Anderen versorgtes und reguliertes Haftdasein, ohne Basis für Wohnen und Arbeit, dafür mit Unterhaltspflichten und Entschädigungsansprüchen konfrontiert, bedürfen sie vielfach des Rates und der materiellen ersten Hilfen (z. B. für Kontaktaufnahmen aller Art, Arbeitsvermittlungen, Wohnung und einstweilige Unterbringung, Schuldenregelung), aber auch der Stabilisierung gegenüber den Angeboten ihrer fremden oder nur allzu vertrauten Umwelt (vgl. *Kersten/Wolffersdorf* in diesem Band). Die bei Strafverkürzungen automatisch einsetzende Bewährungsaufsicht, die ihre Arbeit schon in der Anstalt aufnehmen muß, wird um so weniger wirksam sein, als sie bloße Spezialeinrichtung für »Strafentlassene« bleibt (und deren Sonderschicksal über das Strafende hinaus stigmatisierend weiter verlängert) und sich selbst vor allem als Aufsicht versteht. Die vielfach geforderten »Sozialzentren« dürfen nicht nur Wartehallen für »Ehemalige« werden, mit allen Aussichten, in neuen Straffälligkeiten sich zu verlieren. Eine enge Kooperation, besser noch eine Eingliederung in eine umfassende soziale Stadtteilorganisation, muß das verhindern. Es droht sonst eine neue verstärkte Unfreiheit, alter Polizeiaufsicht entsprechend. Auch hier ist noch viel zu tun, zumal, wo das Personal vor der Anzahl zugewiesener »Fälle« zu produktiver Arbeit nicht kommt. Die Öffentlichkeit aber wird ihr Unbehagen gegenüber dieser Randgruppe nicht durch Wegblicken, sondern nur durch teilnehmende Beobachtung und helfendes Zugreifen überwinden lernen.

Hanns Eyferth

Literatur

Albrecht, P. A./Lamnek, S., 1979: Jugendkriminalitäten im Zerrspiegel der Statistik, München – Arbeiterwohlfahrt, Bundesverband, Vorschläge für ein erweitertes Jugendhilferecht, Bonn – Bundesministerium der Justiz, 1980: Schlußbericht der Jugendstrafvollzugskommission – Bundesministerium der Justiz, 1980: Arbeitsentwurf Jugendstrafvollzug – *Driebold, R.,* 1981: Der gebremste Fortschritt – Zur Lage der Sozialtherapie im Justizvollzug, Neue Praxis, H. 4 – *Foucoult, M.,* 1976: Überwachen und Strafen, Frankfurt/M. – *Goffman, E.,* 1972: Asyle, Frankfurt/M. – *Kaiser, G.* u. a., 1982³: Strafvollzug, Heidelberg – *Kersten, J./ von Wolffersdorf, C.,* 1980: Jugendstrafe. Innenansichten aus dem Knast, Frankfurt/M. – *Simonsohn, B.,* 1969: Jugendkriminalität, Strafjustiz und Sozialpädagogik, Frankfurt/M. –

Kommentar zum Strafvollzugsgesetz, Reihe Alternativkommentare, 1980, Neuwied – *Voss, M.:* Reform zum Schlechten? Eine Kritik zum Schlußbericht der Jugendstrafvollzugskommission, Neue Praxis, H. 3/81.–

→ Abweichendes Verhalten → Heimerziehung → Jugendpolizei → Jugendstrafvollzug → Strafvollzug

Jugendhilferecht

Die Bestimmung des Gegenstandes des Jugendhilferechts ist mit ähnlichen Problemen belastet wie die theoretischen wie praktischen Ansprüchen genügende Definition von Jugend, Jugendhilfe oder Sozialpädagogik. Jugend erscheint im derzeitigen Rechtssystem nicht als einheitlicher, zusammenhängend kodifizierter Lebensbereich; Jugend erfährt ihre gesetzliche Regelung vielmehr im Zusammenhang mit der Regelung unterschiedlicher Institutionen, in denen Jugend vorkommt: als Teil der Familie im Familienrecht des Bürgerlichen Gesetzbuchs, als Schüler und Hochschüler im Schul- und Hochschulrecht, als Auszubildender und Arbeitnehmer im Berufsbildungsrecht, Arbeitsrecht und Arbeitsschutzrecht, als jugendlicher Straftäter im Jugendstrafrecht, als Adressat von Leistungen und Maßnahmen der Jugendhilfe im Jugendwohlfahrtsrecht. Mangels systematischer Bearbeitung und Ordnung des gesamten Jugendrechts läßt sich der Gegenstand des Jugendhilferechts nur pragmatisch bestimmen: Jugendhilferecht umfaßt diejenigen gesetzlichen Regelungen, die Aufgaben und Organisation der Träger der Jugendhilfe im Sinne des Jugendwohlfahrtsgesetzes bestimmen und regeln.

Das Reichsjugendwohlfahrtsgesetz von 1922

Das »Reichsgesetz für Jugendwohlfahrt« (RJWG), als erste reichseinheitliche Kodifikation des Jugendhilferechts, wurde am 14. 6. 1922 vom Reichstag verabschiedet und trat am 1. 4. 1924 in Kraft. Tragende und im wesentlichen bis heute gültige Strukturprinzipien des Gesetzes waren:
- Die Einheit der Aufgabe von Jugendhilfe: Ziel und Aufgabe der Jugendhilfe ist die Verwirklichung und Gewährleistung des Rechts des Kindes auf Erziehung zur leiblichen, seelischen und gesellschaftlichen Tüchtigkeit. Jugendpflege und Jugendfürsorge werden als Teilbereiche einer als Einheit verstandenen Jugendhilfe auf dieses Ziel bezogen.
- Die Einheit der Organisation: Von den Gemeinden und Gemeindeverbänden sind Jugendämter als öffentliche Träger der Jugendhilfe zu errichten. Es sind Landesjugendämter und ein Reichsjugendamt zur Sicherung der landes- bzw. reichseinheitlichen Wahrnehmung der Aufgaben zu schaffen.

- Der Nachrang der Jugendhilfe und die Mitwirkung freier Träger: Jugendhilfe ist nachrangig gegenüber dem Recht und der Pflicht der Eltern zur Erziehung. Die Mitwirkung der freien Träger der Jugendhilfe wird gewährleistet; öffentliche und freie Träger arbeiten im Jugendwohlfahrtsausschuß zusammen.
- Die Trennung von Jugendhilferecht und Jugendstrafrecht: Jugendhilferecht und Jugendstrafrecht sind getrennte, unterschiedlichen Prinzipien und Zielen folgende Rechtsbereiche. Parallel zum RJWG wurde 1923 das Reichsjugendgerichtsgesetz (RJGG) als eigenständiges, an strafrechtlichen Kategorien orientiertes Gesetz verabschiedet.

Die Chance einer Verwirklichung der Ziele des RJWG, insbesondere die Entwicklung der Jugendämter zu leistungsstarken Erziehungsämtern wurde wesentlich behindert durch die Notverordnung vom 14. 2. 1924. Aufgrund dieser Verordnung trat das RJWG nur in einer erheblich eingeschränkten Fassung in Kraft: Im Hinblick auf die finanzielle Belastung der öffentlichen Haushalte wurden die Länder ermächtigt, die Gemeinden und Gemeindeverbände von der Übernahme neuer, zusätzlicher Aufgaben zu befreien. Einzelne, im RJWG den Jugendämtern zugewiesene Aufgaben konnten anderen Ämtern übertragen werden; auf eine Pflicht zur Errichtung von Landesjugendämtern wurde verzichtet, ebenso auf die Verpflichtung zur Wahrnehmung von jugendpflegerischen Aufgaben. Die den Jugendämtern zugewiesene Aufgabe der wirtschaftlichen Jugendhilfe wurden den Bezirksfürsorgeverbänden übertragen. Auf das Reichsjugendamt wurde verzichtet.

In den Auseinandersetzungen um das RJWG im Rahmen der Reichstagsdebatten und in der Geschichte seines Inkrafttretens werden bis in die Gegenwart andauernde politische Konflikte deutlich:

- Jugendhilfegesetzgebung betrifft den Konflikt zwischen dem Erziehungsanspruch des Kindes, dem Anspruch der Eltern auf Autonomie in ihrer Familienerziehung und der Aufgabe des Staates, Erziehung zu kontrollieren und zu korrigieren (staatliches Wächteramt). Die politische Entscheidung über die Regelung dieses Konfliktes ist abhängig von dem Verständnis der Funktion und der Möglichkeiten von Familienerziehung in der jeweiligen gesellschaftlichen Situation.
- Jugendhilfegesetzgebung betrifft ferner das Verhältnis von öffentlichen Trägern der Jugendhilfe zu Kirchen und freien Vereinigungen hinsichtlich ihrer Legitimation zur Wahrnehmung von Aufgaben der Erziehung und Bildung. »Verstaatlichung freier Liebestätigkeit« auf der einen Seite, »Konfessionalisierung und Privatisierung von Erziehung« auf der anderen Seite kennzeichnen in Schlagworten den Konflikt. Die politische Entscheidung ist abhängig von dem Verständnis des Verhältnisses von Staat und Gesellschaft und der Form der Vergesellschaftung von Erziehung.
- Jugendhilfegesetzgebung betrifft die Frage nach der Einheit der Jugendhilfe. Die Entscheidung, ob Jugendförderung (Jugendpflege), Erziehungshilfe (Jugendfürsorge) und Reaktion auf Jugendkriminalität hinsichtlich ihrer Aufgaben, Ziele und Organisation eine Einheit darstellen oder ob sie je unterschiedli-

che Ziele zu verfolgen haben, ist abhängig von der Interpretation jugendlichen Verhaltens und der jugendliches Verhalten bestimmenden gesellschaftlichen Faktoren.

– Jugendhilfegesetzgebung stößt – sobald sie den Bereich programmatischer Sätze überschreitet – auf das politische Problem der Verteilung öffentlicher Mittel. Die Leistungen der Jugendhilfe gehören nicht zu den als staatliche Pflichtleistungen bewerteten öffentlichen Aufgaben. Eine Verknappung der öffentlichen Mittel führt regelmäßig zu einer Beschränkung oder einem Verzicht auf Leistungen insbesondere der Jugendförderung (Jugendpflege) und einer Begrenzung der Jugendhilfe auf den Bereich der Jugendfürsorge, d. h. auf Maßnahmen gegenüber auffälligen, störenden Kindern und Jugendlichen.

Jugendhilfe war und ist somit auch nachrangig in der Skala der notwendigen öffentlichen Aufgaben.

Während der Zeit des Nationalsozialismus bleibt der Text des RJWG im wesentlichen unverändert. Nach Auflösung der freien Jugendverbände und freien Wohlfahrtsorganisationen werden deren Aufgaben weitgehend von der »Nationalsozialistischen Volkswohlfahrt« (NSV) und der »Hitlerjugend« (HJ) wahrgenommen. Das Jugendamt wird nach dem »Führerprinzip« organisiert. Nach dem Ende der nationalsozialistischen Herrschaft wird 1953 durch eine Novelle die Verpflichtung zur Errichtung von Landesjugendämtern wieder eingeführt, die Organisation der Jugendämter als »duale Behörden«, bestehend aus Verwaltung und Jugendwohlfahrtsausschuß, geregelt und es werden die jugendpflegerischen Aufgaben zu bedingten Pflichtaufgaben der Jugendämter. 1961/62 erfolgte entgegen der ursprünglichen Absicht einer Gesamtreform erneut nur eine Novellierung des JWG. Die jugendpflegerischen Aufgaben wurden konkretisiert, Erziehungsbeistandschaft und freiwillige Erziehungshilfe wurden als Formen der Erziehungshilfe eingeführt, das Verhältnis von öffentlicher zu freier Jugendhilfe wurde neu formuliert in Richtung auf einen Nachrang der öffentlichen Jugendhilfe gegenüber Aktivitäten freier Träger. Insbesondere diese Regelungen lösten mehrere Normenkontrollverfahren aus: es wurde die Gesetzgebungskompetenz des Bundes im Bereich der Jugendpflege bestritten und die Verfassungsmäßigkeit des sog. Subsidiaritätsprinzips bezweifelt. Das Bundesverfassungsgericht entschied, daß der Bund gem. Art. 74 Nr. 7 GG kraft Sachzusammenhangs die Kompetenz für die Bereiche der Jugendfürsorge und Jugendpflege habe, und ferner, daß das Verhältnis von öffentlicher zu freier Jugendhilfe durch die Prinzipien der Gesamt- und Planungsverantwortung der öffentlichen Träger, der sachgerechten, partnerschaftlichen Zusammenarbeit von öffentlichen und freien Trägern bestimmt sei.

Von den Novellen der Folgejahre (Anpassung des JWG z. B. an die Änderungen des Nichtehelichenrechts, des Volljährigkeitsalters) kann die Einbeziehung des JWG in das Sozialgesetzbuch von grundsätzlicher, die Entwicklung der Jugendhilfe zu einem eigenständigen Leistungsbereich der Erziehung und Bildung vereitelnder Bedeutung werden.

Grundzüge des geltenden Rechts

Jugendhilferecht gehört zu dem Bereich der sog. konkurrierenden Gesetzgebungskompetenz des Bundes (Art. 74 Nr. 7: Recht der öffentlichen Fürsorge). Die
bundesrechtlichen Regelungen des JWG werden ergänzt durch landesrechtliche
Ausführungsgesetze zum JWG und landesgesetzliche Regelungen von Teilbereichen der Jugendhilfe wie Spielplatzgesetze, Kindergartengesetze, Jugendbildungsgesetze. Materielle verfassungsrechtliche Grundlagen des Jugendhilferechts sind
die Wertentscheidungen des Grundgesetzes, insbesondere des Grundrechtskata-
logs und das Sozialstaatgebot der Art. 20 und 28 GG. Die Leistungen der
Jugendhilfe haben das Recht des Kindes auf freie Entfaltung seiner Persönlichkeit
(Art. 2 GG) zu unterstützen und Chancenungleichheiten (Art. 3 GG) zu verringern. Das grundrechtlich geschützte elterliche Erziehungsrecht (Art. 6 GG) darf
grundsätzlich durch die Leistungen und Maßnahmen der Jugendhilfe nicht eingeschränkt werden; gegen den Willen des Inhabers der elterlichen Sorge kann
Jugendhilfe nur tätig werden, wenn der Eingriff durch gesetzliche Regelung
gestattet ist. Innerhalb der Regelungen des JWG ist ein solcher Eingriff in die
elterliche Sorge nur im Rahmen der angeordneten Erziehungsbeistandschaft
(§§ 55 ff.) und der Fürsorgeerziehung (§§ 64 ff.) möglich; sind sonstige Leistungen
der Jugendhilfe im Interesse des Kindes, aber gegen den Willen der Inhaber der
elterlichen Sorge erforderlich, so ist zuvor die elterliche Sorge durch entsprechende
Maßnahmen des Vormundschaftsgerichts nach § 1666 BGB einzuschränken oder
zu entziehen. Gegenüber den Eltern haben die Leistungen der Jugendhilfe sonst
regelmäßig den Charakter eines Angebots.
Ein Recht auf Jugendhilfe als gerichtlich durchsetzbares subjektives öffentliches
Recht besteht nach der noch überwiegenden Ansicht nicht. Trotz seiner einen
Rechtsanspruch nahelegenden Formulierung wird § 1 JWG überwiegend als Pro-
grammsatz, Zielbestimmung und Auslegungsmaxime verstanden. Die Jugendhilfe-
leistungen werden vom JWG weitgehend als Aufgaben der öffentlichen Träger
(Jugendämter) geregelt, die wahrzunehmen zwar deren Pflicht ist, ohne daß die
Erfüllung aber vom jungen Menschen oder den Eltern erzwungen werden kann.
Die Leistungen der Jugendhilfe richten sich grundsätzlich an Minderjährige.
Einzelne Leistungen, insbesondere im Bereich der Jugendarbeit, Jugendbildung
und Heimerziehung können auch jungen Volljährigen gewährt werden. Ein
Einverständnis des jungen Menschen mit den Leistungen der Jugendhilfe im
Einzelfall ist rechtlich nur bei jungen Volljährigen erforderlich.
Das JWG enthält keine systematische Ordnung und Regelung der Leistungen der
Jugendhilfe nach Zielsetzung und Inhalt; es regelt Aufgaben und diese vorrangig im
Hinblick auf die Zuständigkeiten der Träger der Jugendhilfe. Unabhängig von der
gesetzlichen Gliederung lassen sich die Leistungen der Jugendhilfe gliedern in

– Leistungen der allgemeinen Jugendförderung (insbesondere: Erziehung in
  Kindertagesstätten, Jugendarbeit, außerschulische Jugendbildung)
– Leistungen der allgemeinen Familienförderung (insbesondere: Familienbildung
  und Familienberatung)

– Leistungen der individuellen erzieherischen Hilfen (insbesondere: Beratung, Pflegekinderziehung, Erziehungsbeistandschaft, Heimerziehung)
– Vormundschafts- und Gerichtshilfen.

Allgemeine Jugendförderung: Die Aufgaben der allgemeinen Jugendförderung werden im JWG nur in Stichworten als Aufgaben der Jugendämter genannt (vgl. § 5 Abs. 1, Nr. 3, 5, 6), ohne daß Ziele, Mittel und Formen der Wahrnehmung dieser Aufgaben näher beschrieben werden. Für die Erziehung in Kindertagesstätten sind in einer Reihe von Bundesländern spezielle landesrechtliche Regelungen erlassen (Kindergarten- oder Kindertagesstättengesetz), die neben Regelungen über Ziele, Aufgaben, Planung und Organisation der Einrichtungen insbesondere Regelungen zur Finanzierung und Förderung enthalten. Der Bereich der Jugendarbeit und Jugendbildung (§ 5, Abs. 1, Nr. 5, 6) umfaßt die Arbeit der Jugendverbände, der Jugendbildungsstätten, die jugendpflegerische Tätigkeit der Jugendämter, Spielplatzbetreuung, Ferienerholung, Jugendhäuser und Jugendzentren, internationale Begegnung. Ziele, Aufgaben und Methoden regelt das JWG nicht – die Entscheidungen hierüber werden regelmäßig in den jeweiligen Trägerorganisationen getroffen. Einzelne Bundesländer haben den Teilbereich der außerschulischen Jugendbildung in eigenen Jugendbildungsgesetzen geregelt.

Allgemeine Familienförderung: Zu den Aufgaben der allgemeinen Familienförderung gehört die Durchführung von Familienerholungsmaßnahmen, Familienbildung und Familienberatung. Familienbildung geschieht insbesondere durch Medien (Elternbriefe), in Familienbildungsstätten und im Rahmen von Elternarbeit etwa des Kindergartens. Familienberatung als Hilfe zur Problemlösung geschieht insbesondere in institutionalisierten Familienberatungsstellen und im Rahmen der Tätigkeit der sozialen Dienste (Familienfürsorge).

Individuelle Erziehungshilfen: Innerhalb der individuellen Hilfen werden Beratungsformen, Formen der offenen Hilfen, sozialen Gruppenarbeit u. ä. im Gesetz nicht genannt; eine ausführliche Regelung erfahren lediglich die Bereiche Pflegekinderschutz, Erziehungsbeistandschaft, freiwillige Erziehungshilfe und Fürsorgeerziehung. Aufgaben der Adoption sind im wesentlichen im Adoptionsvermittlungsgesetz geregelt. Pflegekinderschutz (§§ 27 ff.) gehört zu den Pflichtaufgaben des Jugendamtes. Die Aufnahme eines Pflegekindes bedarf der Erlaubnis, die Pflegestelle unterliegt der Aufsicht des Jugendamtes, das Jugendamt hat die Pflegeeltern zu beraten. Im Interesse des Kindes kann die Erlaubnis widerrufen werden und das Kind aus der Pflegestelle genommen werden. Erziehungsbeistandschaft, freiwillige Erziehungshilfe und Fürsorgeerziehung sind Maßnahmen zur Abwendung einer Gefährdung oder Schädigung der Entwicklung junger Menschen. Der Erziehungsbeistand (§§ 55 ff.) wird vom Jugendamt auf Antrag der Personensorgeberechtigten oder auf Anordnung des Vormundschaftsgerichts bestellt. Er unterstützt die Eltern bei der Erziehung und berät den Minderjährigen. In der Praxis der Jugendhilfe hat sich die Erziehungsbeistandschaft nur teilweise durchgesetzt, überwiegend wird die mit der Erziehungsbeistandschaft angestrebte intensive sozialpädagogische Beratung von den Jugendämtern im Rahmen sog. formloser erzieherischer Betreuungen, gestützt auf § 5 Abs. 1, Ziff. 1 und 8, wahrgenommen. Freiwillige Erziehungshilfe (§§ 62 ff.) und Fürsorgeerziehung (§§ 64 ff.) sind Maßnahmen, die Heimerziehung eines Minderjährigen ermöglichen, aber auch in einer Familie durchgeführt werden können. Freiwillige Erziehungshilfe setzt eine Gefährdung oder Schädigung der leiblichen, geistigen oder seelischen Entwicklung voraus und wird auf Antrag der Personensorgeberechtigten vom Landesjugendamt gewährt. Fürsorgeerziehung setzt drohende oder bestehende Verwahrlosung voraus und wird vom Vormundschaftsgericht angeordnet. Über die Durchführung von freiwilliger Erziehungshilfe und Fürsorgeerziehung, insbesondere im Rahmen von Heimerziehung, enthält das Gesetz kaum Regelungen. Inhalte, Zielsetzungen und Methoden sind z. T. von den Ländern durch Richtlinien (Heimrichtlinien) geregelt, im übrigen vom Träger innerhalb der durch den Begriff des »Kindeswohls« gesetzten Grenzen zu bestimmen. In der Praxis haben sich unterschiedliche Formen entwickelt: FEH und FE werden in eigener oder fremder Familie, in besonders qualifizierten Familien (Erziehungsstellen), in Wohngruppen und in Heimen unterschiedlicher therapeutischer und pädagogischer Zielsetzung durchgeführt. Neben der Unterbringung in Heimen im Rahmen der FEH und FE erfolgt Heimunterbringung auch – und zahlenmäßig überwiegend – aufgrund der allgemeinen Aufgabenzuweisung an die Jugendämter im Rahmen der §§ 5 und 6 JWG. Im Unterschied zur FEH und FE, bei denen regelmäßig die Landesjugendämter die Kosten tragen, trägt bei der Unterbringung nach §§ 5, 6 das unterbringende Jugendamt die Kosten. Die Heime der öffentlichen und freien Träger der Jugendhilfe unterliegen der Aufsicht des Landesjugendamtes (§§ 78 ff.).

Vormundschafts- und Gerichtshilfen: Die Aufgaben im Bereich der Vormundschafts- und Gerichtshilfen betreffen im wesentlichen Aufgaben des Jugendamtes als Amtsvormund oder Amtspfleger insbesondere für nichteheliche Kinder, der Beratung und Unterstützung alleinerziehender Elternteile, der Mitwirkung bei vormundschaftsgerichtlichen Verfahren und jugendgerichtlichen Verfahren im Rahmen der Jugendgerichtshilfe.

Die Art und Weise der Regelung der Aufgaben der Jugendhilfe durch das JWG führt dazu, daß Qualität und Intensität der Aufgabenerfüllung weitgehend von der Leistungsfähigkeit (Finanzkraft) und Leistungswilligkeit (politische Prioritätensetzung) des jeweiligen öffentlichen Trägers der Jugendhilfe abhängig ist. Da die Aufgaben im Gesetz weitgehend offen und unverbindlich formuliert sind und – wenn auch Pflichtaufgaben – ihre Erfüllung doch nicht erzwingbar ist, steht die Intensität ihrer Wahrnehmung praktisch im Belieben des Trägers. Die Beliebigkeit der Formulierungen des § 5 bedingt ferner die Vernachlässigung von Leistungen der allgemeinen, nicht auf Gefährdungstatbestände reagierenden Jugendhilfe zugunsten jugendfürsorgerischer Maßnahmen. Das Fehlen von Aussagen über Ziele und Aufgaben einzelner Leistungen, über Mittel und Einrichtungen zur Verwirklichung der Aufgaben führt endlich dazu, daß die Qualität der Jugendhilfeleistungen von der Bereitschaft des jeweiligen Trägers abhängt, problemadäquate Lösungen zu schaffen.

Organisation

Die Organisation der Jugendhilfe ist bestimmt durch das Nebeneinander von öffentlichen und freien Trägern der Jugendhilfe. Organe der öffentlichen Jugendhilfe sind die Jugendämter, Landesjugendämter und obersten Landesbehörden. Jugendämter sind in jeder kreisfreien Stadt und in jedem Landkreis zu errichten. Ihre Aufgaben regeln die §§ 4 ff. Die Jugendämter sind Teil der Verwaltung der jeweiligen Gebietskörperschaft, weisen jedoch gegenüber den sonstigen Ämtern insofern eine Besonderheit auf, als sie aus der Verwaltung des Jugendamtes und dem Jugendwohlfahrtsausschuß bestehen. Durch den Jugendwohlfahrtsausschuß, der kein Ausschuß der Vertretungskörperschaft, sondern Teil der Behörde »Jugendamt« mit bestimmten, gesetzlich festgelegten Kompetenzen ist, sollen die freien Träger der Jugendhilfe und die in der Jugendhilfe erfahrenen Bürger unmittelbar an der Gestaltung der Arbeit des Jugendamtes beteiligt werden (vgl. §§ 12 ff.). Die Regelung der inneren Struktur des Jugendamtes, die Gliederung seiner Verwaltung ist der Organisationshoheit der jeweiligen Gebietskörperschaft überlassen.

Landesjugendämter sind für das Gebiet oder Teile eines Bundeslandes zu errichten. Ihre Aufgaben regelt § 20. Wie die Jugendämter bestehen auch die Landesjugendämter aus der Verwaltung und dem Landesjugendwohlfahrtsausschuß. Die Stellung der Landesjugendämter im Verwaltungsaufbau der Länder ist unterschiedlich: in einigen Ländern sind die Landesjugendämter als staatliche Behörden organisiert, in anderen sind sie Kommunalverbänden zugeordnet. Organe der öffentlichen Jugendhilfe sind endlich die obersten Landesbehörden (§ 22). Ihre ressortmäßige Zuordnung ist unterschiedlich, überwiegend sind sie Teil der Sozial- oder Kultusministerien, in einigen Ländern sind die Aufgaben auf verschiedene Ministerien verteilt. Die Aufgaben der Bundesregierung regelt § 25; wesentliches Instrument der »Anregung und Förderung« ist der Bundesjugendplan, dessen Förderungsmaßnahmen sich jedoch auf Vorhaben von überregionaler Bedeutung und Modelle beschränken müssen.

Freie Träger der Jugendhilfe sind im wesentlichen die Kirchen, die freien Wohlfahrtsverbände und die Jugendverbände, § 5 Abs. 4. Bis auf wenige, wegen ihres hoheitlichen Charakters dem öffentlichen Träger vorbehaltene Aufgaben, können die freien Träger alle Aufgabenbereiche wahrnehmen. Sie werden nicht im Auftrag oder nach Weisung des öffentlichen Trägers tätig, sondern nehmen die Aufgaben aus eigenem Auftrag und in eigener Verantwortung wahr, wenn auch gebunden an die Zielsetzung des § 1. Das Verhältnis der öffentlichen zu den freien Trägern ist bestimmt durch den Grundsatz der partnerschaftlichen Zusammenarbeit: dem öffentlichen Träger obliegt die Gesamt- und Planungsverantwortung für ein ausreichendes Angebot; ob eine Aufgabe von einem öffentlichen oder freien Träger wahrzunehmen ist, ist im Hinblick auf die Art des Bedarfs, die fachliche Qualifikation und den sachgerechten Einsatz der Mittel zu entscheiden. Soweit freie Träger Jugendhilfeaufgaben wahrnehmen, hat der öffentliche Träger den anerkannten freien Träger zu fördern (§ 5 Abs. 3 und § 9). Ein Rechtsanspruch auf finanzielle Förderung besteht jedoch nicht.

Reformdiskussion

Das JWG ist als Behördengesetz konzipiert und trotz des programmatischen Anspruchs des § 1 als ein Gesetz, das vorrangig korrigierend auf Auffälligkeiten von Kindern und Jugendlichen reagiert. Es entspricht in seinen Formulierungen weder der gesellschaftlichen Aufgabe von Jugendhilfe als einem eigenständigen Erziehungsträger neben Familie und Schule, noch den Anforderungen, die an ein Erziehungsgesetz in einem sozialen Rechtsstaat zu stellen sind. Anstoß und Grundlage der Reformdiskussion der letzten 10 Jahre bildeten die »Vorschläge der Arbeiterwohlfahrt für ein erweitertes Jugendhilferecht« (1967): Sie konzipieren ein künftiges Jugendhilfegesetz als Leistungsgesetz für junge Menschen mit Leistungen der allgemeinen Jugendförderung und der individuellen Erziehungshilfen; die Trennung von Jugendhilfe und Jugendstrafrecht wird weitgehend aufgehoben; die Aufgaben von Vormundschaftsgericht und Jugendgericht werden in einem neuen »Jugendgericht« zusammengefaßt.

Den Vorschlägen der Arbeiterwohlfahrt folgte der »Diskussionsentwurf eines Jugendhilfegesetzes« einer von der Bundesregierung eingesetzten Sachverständigenkommission (1973) und ein Referentenentwurf eines Jugendhilfegesetzes des Bundesministers für Jugend, Familie und Gesundheit (1974). Ein Regierungsentwurf wurde mit Rücksicht auf die finanziellen Belastungen von Bund, Ländern und Gemeinden durch die beabsichtigte Reform nicht erstellt.

Nachdem die Reform des Jugendhilferechts in der Regierungserklärung von 1976 erneut angekündigt wurde, legte das Bundesministerium für Jugend, Familie und Gesundheit im Oktober 1977 einen neuen Referentenentwurf vor, auf dessen Grundlage das Bundeskabinett im November 1978 den Regierungsentwurf eines »Sozialgesetzbuches – Jugendhilfe« (Bundesratsdrucksache 517/78) verabschiedete. Der Bundesrat lehnte diesen Entwurf ab und forderte die Bundesregierung auf, einen neuen Entwurf vorzulegen. Auf Initiative des Landes Baden-Württemberg brachte der Bundesrat im März 1979 mehrheitlich einen eigenen »Entwurf eines Gesetzes zur Verbesserung der Jugendhilfe« (Bundesratsdrucksache 100/79) in das Gesetzgebungsverfahren ein. Der Bundestag verabschiedete im Mai 1980 das Gesetz auf der Grundlage des Regierungsentwurfs (Bundestagsdrucksache 187/80), der Bundesrat lehnte das Gesetz erneut ab. Da das Jugendhilfegesetz der Zustimmung des Bundesrats bedarf, ist die Reform damit erneut gescheitert.

Wesentliche Ziele des vom Bundestag verabschiedeten Gesetzes waren:
– Gestaltung des Jugendhilferechts als Leistungsrecht für junge Menschen und Gewährung von Rechtsansprüchen auf bestimmte Leistungen,
– Ausbau der Leistungen der allgemeinen Jugendförderung und der vorbeugenden offenen erzieherischen Hilfen,
– Stärkung der Rechtsstellung der Minderjährigen durch Gewährung von Antragsrechten, Beteiligungs- und Mitwirkungsrechten,
– Regelung des Verhältnisses von öffentlichen und freien Trägern als ein Verhältnis der »partnerschaftlichen Zusammenarbeit« und Sicherung der Trägervielfalt und Angebotspluralität,

– Konzentration der Leistungen bei den Jugendämtern, Ausbau der Planungsverantwortung der Jugendämter, Stärkung der Fachlichkeit insbesondere im
Bereich der Erziehungshilfen.

Zentrale Kritik der Bundesratsmehrheit war, daß das Gesetz zu sehr in Einzelheiten gehe, anstatt Generalklauseln zu verwenden, Familienerziehung über das
gebotene Maß hinaus in unzulässiger Weise beeinträchtige, Regelungen – insbesondere im Bereich der Jugendarbeit – enthalte, für die der Bund keine Gesetzgebungskompetenz besitze, den Vorrang der freien Träger beschneide und finanziell
nicht gesichert sei.

Seitens der großen freien Träger ist entscheidende Kritik an der vom Bundestag
verabschiedeten Fassung nicht mehr geäußert worden, insbesondere, nachdem im
Bereich des Antragsrechts Minderjähriger und der Beratung die Stellung der Eltern
verstärkt und im Verhältnis der öffentlichen und freien Träger der Bestands- und
Funktionsschutz der freien Träger verbessert wurde.

In der fachpolitischen Diskussion betraf die Kritik u. a.:

– das Verhältnis von öffentlicher Erziehung zur Familienerziehung: der Entwurf
sei eher ein Familienhilfegesetz als ein Jugendhilfegesetz, er beschränke Jugendhilfe auch künftig auf die Rolle eines Ausfallbürgen gegenüber der Familienerziehung;

– den unzulänglichen Ausbau der Rechtsstellung des Minderjährigen: eigenständige, unabhängig von den Eltern wahrzunehmende Rechte werden nicht
gewährt,

– das eher sozialintegrative, kompensatorische Verständnis von Jugendhilfe
anstelle einer politisch-emanzipatorischen Konzeption.

Als Ergebnis der mehr als 10jährigen, erfolglosen Reformdiskussion ist festzustellen:

– die gesellschaftlichen Konflikte, die eine Reform der Jugendhilfe betrifft
(Familienerziehung und öffentliche Erziehung, freie und öffentliche Träger,
Jugendpflege und Jugendfürsorge, Verteilung begrenzter öffentlicher Mittel)
bestehen seit 1920 fort;

– insbesondere das Verhältnis von gesellschaftlicher zur privaten Erziehung
scheint von einem Konsens weit entfernt zu sein, dementsprechend sind auch die
rechtlichen Fragen des Verhältnisses von Elternrecht – Kindesrecht – Recht des
Staates im Hinblick auf Art. 6 des Grundgesetzes offen;

– die Konsequenzen aus dem programmatischen Satz von der Einheit der
Jugendhilfe sind umstritten insbesondere dann, wenn für den Bereich der
Jugendarbeit Folgerungen gezogen werden;

– die Umsetzung der programmatischen Sätze von einer offensiven, emanzipatorischen Jugendhilfe in konkrete rechtliche Regelungen fehlt.

Peter Mollenhauer

Literatur

Arbeiterwohlfahrt, 1970: Vorschläge für ein erweitertes Jugendhilferecht, Bonn – *Bundesminister für Jugend, Familie und Gesundheit: Dritter Jugendbericht 1972; Fünfter Jugendbericht 1980, Bonn – Deutscher Verein für öffentliche und private Fürsorge, 1961: Materialien zum RJWG, Frankfurt/M. – *Münder, J.* u. a., 1981²: Frankfurter Kommentar zum Gesetz für Jugendwohlfahrt, Weinheim – *Friedeberg/Polligkeit/Giese*, 1972: Das Gesetz für Jugendwohlfahrt, Köln – *Hasenclever, C.*, 1978: Jugendhilfe und Jugendgesetzgebung seit 1900, Göttingen – *Jordan, E.* (Hrsg.), 1975: Jugendhilfe, Weinheim – *Mollenhauer, P.*, 1976: Jugendhilferecht I, Stuttgart – *Münder, J.*, 1980: Familien- und Jugendrecht, Weinheim – *Scherpner, H.*, 1966: Geschichte der Jugendfürsorge, Göttingen. –

→ Abweichendes Verhalten → Heimerziehung → Jugendamt → Jugendarbeit → Jugendverbände → Subsidiarität

Jugendpolizei

Das Verhältnis zwischen Jugendarbeit und Polizei unterliegt in seinen historischen Veränderungen verschiedenen gesellschaftlichen Einflußfaktoren. Während sich in diesem Verhältnis zum einen das jeweils herrschende Beziehungsmuster zwischen Staat und Bürgern manifestiert und in diesem Zusammenhang die Polizei eine staatlich definierte bevölkerungspädagogische Bedeutung beansprucht, berührt dieses Verhältnis zum anderen die besondere Zuspitzung der Beziehungen zwischen Staat und ausgegrenzten oder potentiell ausgegrenzten Teilen der Bevölkerung. Diese Beziehungsmuster werden besonders in der Sozialarbeit zum Problem, da sich hier staatlich intendierte Ordnungsfunktionen mit dem Interesse der selbständigen Entfaltung der materiellen Existenzbedingungen und der persönlichen Existenz widersprüchlich begegnen. Dies betrifft um so mehr die Jugendarbeit, indem hier über die genannten Faktoren hinaus auch das herrschende gesellschaftliche Verhältnis zwischen den Generationen sichtbar wird, das sich vor allem an auffällig werdenden oder deklassierungsbedrohten Jugendlichen festmacht.

Die an der polizeilichen Tätigkeit rekonstruierbaren Interventionsformen des Staates gegenüber Bevölkerung und Bevölkerungsteilen haben eine pädagogische Komponente, die gerade im Verhältnis zwischen Polizei und Jugendarbeit konkret wird. Die verschiedenen Aufgabenstellungen von Polizei und Jugendarbeit werden, wenn sie in der Praxis der Jugendarbeit aufeinanderstoßen, nicht nur als mögliche politische Konflikte manifest, sondern sie treten auch als konkurrierende und widersprüchliche pädagogische Auffassungen in Erscheinung.

Diese Problematik beginnt gegenwärtig eine größere Bedeutung zu gewinnen. War in der bisherigen Geschichte der Bundesrepublik und der Weimarer Republik polizeiliches Handeln an die Voraussetzungen gebunden, daß ein Eingreifen gegenüber Personen oder Personengruppen mit einem konkretisierbaren Verdacht gerechtfertigt wurde, tritt dies unter einem präventiv legitimierten polizeilichen Handeln zunehmend in den Hintergrund. Unter dem Gesichtspunkt der Prävention wird der Verdachtsvorbehalt ausgedehnt, und dafür werden besondere Organisationsformen innerhalb der Polizei gebildet. Von diesen stellt die Jugendpolizei ein besonders markantes Beispiel dar; wir stellen sie im folgenden ins Zentrum unserer Untersuchung, um daran die Zusammenhänge zwischen Jugend, Erziehung, Bürger und Polizei exemplarisch darstellen zu können.

Die Jugendpolizei

In Nordrhein-Westfalen kam es auf der Grundlage eines Runderlasses des Innenministers, der die Zusammenfassung von »Jugendsachen« in einem Kriminalkommissariat und die Schaffung von speziell ausgebildeten Jugendsachbearbeitern angeordnet hatte, zunächst in Köln zu dem Versuch, in jedem der 9 Schutzbereiche einen »Jugendbeamten« einzusetzen. Nach einer Verfügung des Kölner Polizeipräsidenten sollte es zu den Aufgaben des Jugendpolizisten gehören, für die Kontrolle »kriminogener Örtlichkeiten« zu sorgen, worunter Diskotheken, Gaststätten, Aufenthaltsräume von Jugendlichen, Jugendfreizeitheime, erkannte Treffpunkte von Jugendlichen, Grünanlagen u. ä. verstanden werden; »Erkenntnisse über Jugendkriminalität und Jugendgefährdung . . . zu sammeln, auszuwerten und an das 2. Kommissariat/Jugendkommissariat weiterzuleiten«; zu anderen Ämtern, Jugendverbänden und Jugendpflegeorganisationen ständigen Kontakt zu halten und Erfahrungen auszutauschen.

Die »Erkenntnisse« sollen in einer »Jugendkartei« gespeichert werden, die das Jugendkommissariat der Kriminalpolizei über alle strafunmündigen, tatverdächtigen Minderjährigen bis zum 14. Lebensjahr (also Kinder) und alle gefährdeten Minderjährigen bis zum 18. Lebensjahr führt. Als gefährdet gelten dabei alle Jugendlichen, die sich an den sog. kriminogenen Örtlichkeiten aufhalten. Aufgrund der Proteste wird heute amtlicherseits nicht mehr von »Jugendbeamten« und »Jugendkartei«, sondern von »Jugendschutzbeamten« und »Jugendschutzkartei« gesprochen. Nennenswerte Änderungen in der Aufgabenstellung sind in diesem Zusammenhang nicht zu erkennen.

In Baden-Württemberg wurden aufgrund einer Verfügung des Innenministeriums in den Städten Stuttgart, Freiburg und Reutlingen »Jugenddezernate« bei der Kriminalpolizei eingerichtet. Darüber hinaus wurde »zur Erlangung umfassender Informationen über die Jugendszene und die Jugendkriminalität und zur Durchführung örtlich wirksamer Präventivmaßnahmen (. . .) bei jedem Polizeirevier ein besonders geeigneter, an der Jugendarbeit interessierter, möglichst jüngerer Beamter als Jugendbeamter eingesetzt«. Zu ihren Aufgaben sollte die »Kontaktaufnahme und -pflege an von Jugendlichen bevorzugten Plätzen« und »Erfassung und Auswertung aller Jugendvorgänge (. . .) im Revierbereich«, d. h. imgrunde ungeachtet besonderer konkreter Verdachtsmomente eine umfassende Kontrolle der »Jugendszene« gehören.

Nach Ansicht des Bundes Deutscher Kriminalbeamter wurden die Jugenddezernate »fast optimal ausgestattet«. Es sollte keine Einmannarbeit sein, die den Wert eines speziellen Dezernats testen sollte. Heftig beklagt der Bund, daß die Einführung der Jugendpolizei auch in Baden-Württemberg ins »Kreuzfeuer« der Kritik geraten sei. Die Kritik, die als »hart, häßlich, diffamierend, kriminell« charakterisiert wird, sei überraschend gekommen, »sonst wäre man seitens der Polizei wohl besser vorbereitet gewesen oder hätte alles meiden können, was unnötiges Aufsehen erregt, wie große Amtseinsetzungen, Begrüßungen, öffentliche Vorstellungen u. ä.«.

Unmittelbares Vorbild der Jugendpolizei-Konzepte bilden die bereits 1971 in Bayern ohne große Beachtung bei der Schutzpolizei geschaffenen »Jugendbeamten«. Nach einer Information des Polizeipsychologen _Salewski_, der als »geistiger Vater« des Konzepts gilt, verfügte 1976 jedes der 31 Münchener Polizeireviere über zwei Jugendpolizisten. Insgesamt »betreuen« sie 166 Freizeitheime, haben Kontakt zu Schulen und Vereinen und nehmen an den meisten Veranstaltungen teil (_Salewski_, 1976). Ihr »unauffälliges« Kennzeichen: sie sind verhältnismäßig jung und agieren in Zivil.

Zu ihren Aufgaben gehört, »Informationen über Jugendgruppen, Anführer und Mitglieder von Jugendbanden zu gewinnen und diese für Strafverfolgungszwecke zur Verfügung zu stellen«. Inzwischen hat das Stadtjugendamt München parallel dazu 7 Street-Worker eingesetzt, die eng mit der Münchner Jugendpolizei zusammenarbeiten. Auch in anderen bayerischen Städten und Gemeinden gehören Jugendpolizisten mittlerweile zum Alltag der Jugendarbeit (vgl. _Brockmann u. a._, 1979).

Polizeiliche Jugendarbeit

Neben dem Jugendpolizisten existiert bereits seit Jahren ein weites Spektrum von Ansätzen »polizeilicher Jugendarbeit«. Selbst aus der sonst wohlinformierten Warte eines Abteilungsleiters beim Bundeskriminalamt (BKA) können die vielfach bestehenden Praxisansätze »zur Beratung und Betreuung von Jugendlichen nicht annähernd vollständig aufgezählt und gewürdigt werden«, da »Initiativen dieser und jener Art oft im stillen wirken« (_Gemmer_, 1976). Bemühen wir uns, mit Hilfe der Schriften der Polizei in diese Stille einzudringen, so ergibt sich folgendes Bild: Der zentrale Punkt »polizeilicher Jugendarbeit« besteht darin, die Polizei zum selbstverständlichen und akzeptierten Bestandteil des Alltags potentiell aller Kinder, Jugendlichen und ihrer Eltern werden zu lassen. Um besser an die Jugendlichen heranzukommen, ist sie bemüht, ihre repressiven Funktionen hinter dem Bild des »Freundes und Helfers« zu verbergen oder die Arbeit von Sozialpädagogen, Sozialarbeitern, Lehrern etc. für sich nutzbar zu machen.

Bei den 1964 in Hamburg geschaffenen »Jugendschutztrupps«, die 1975 auf 10 angewachsen waren, zeichnen sich bereits die wesentlichen Aufgaben und Arbeitsweisen ab, die heute realisiert werden sollen. Über sie wird auf einer Tagung des BKA berichtet, ihre Mitglieder seien »orts- und milieukundig, kennen die Häuser der Jugend und deren Leiter, sind je nach Lage auch einmal als Besuch dort. So versuchen sie, immer ›mittendrin‹ zu bleiben, auch dann, wenn kein aktueller polizeilicher Anlaß vorliegt« (*Frommhold*, 1976). Auch die Kollegen des Hamburger »Rockerdezernats« (es ressortiert bei der Kriminalpolizei) »sind wahrlich voll ausgelastet. Sie kennen nicht nur ihre alten Stammkunden, sondern jeden einzelnen polizeilich Bekanntgewordenen mit Namen und Spitznamen, seine Stellung innerhalb der jeweiligen Gruppe, seine Verkehrslokale und sonstigen Gewohnheiten. Sie sind bemüht, regelmäßig, auch ohne besonderen Anlaß, bei den verschiedenen Treffs zu erscheinen«.

Eine weitere, unseres Wissens bislang nur in Mannheim existierende Form polizeilicher Alltagspräsenz besteht in der Einrichtung polizeieigener Jugendclubs. Dem Mannheimer Polizeipräsidenten verdanken wir die Information, daß der seit 1965 bestehende »Polizei-Jugendclub . . . eine offiziöse Aktivität der Mannheimer Polizei mit Unterstützung der Stadt Mannheim (ist). Räume und Sachmittel werden von der Stadt Mannheim zur Verfügung gestellt; personell organisiert und arrangiert wird der Club von Freiwilligen der Schutzpolizei« (*Menz*, 1976). Um das Vertrauen der Jugendlichen zu erlangen, treten Polizisten hier nicht nur in ziviler Kleidung auf, sondern die Polizei benutzt direkt den materiellen Mangel an Freizeiteinrichtungen für die Jugendlichen, ein Mangel, für den die städtische Behörde gleichsam selbst sorgt.

In gewissem Sinne vergleichbar sind die »Freizeitangebote«, die die Polizei in Bremen den Jugendlichen offeriert. »Neben der Möglichkeit, z. B. polizeitechnische Einrichtungen zu besichtigen, Film- und Diskussionsabenden beizuwohnen u. a., wird vor allen Dingen das Kursangebot zur Vorbereitung auf den Erwerb der Fahrerlaubnis der Klassen 4 oder 5 von Jugendlichen gern an genommen« (*Lüken/ Schmidt*, 1976). Zu diesem Zweck hat die Polizei selbst die Kontaktpolizisten mit einer Prüfberechtigung ausgestattet, so daß das in den Kursen erworbene Wissen, anders als in den »zivilen« Fahrschulen, vor demselben Lehrer bei der Fahrprüfung nachgewiesen werden kann. Hier besteht gewiß »ein erheblicher Anreiz für junge Menschen, sich den Jugendclubs anzuschließen, die ein derartiges polizeiliches Programm anzubieten haben«.

Der Wunsch der Polizei, an die Jugendlichen heranzukommen, kommt auch darin zum Ausdruck, daß die Polizei ihren potentiellen Objekten bereits im Kindesalter nachspürt. Um »kriminellen Neigungen« möglichst frühzeitig auf die Spur zu kommen, versucht sie bereits bei Kindern »Antihaltungen abzubauen und durch helfende Eingriffe in den Sozialisationsprozeß vorbeugend zu wirken« (*Stümper*, 1978). In Bremen z. B. finden »vom 3. Lebensjahr ab die ersten mehrstündigen Begegnungen Kind und ›Schutzmann‹ in den Kindergärten statt. Hier wird versucht, . . . ein Vertrauensverhältnis aufzubauen, das bei späteren Begegnungen weiter gefestigt und primär die Grundlage für eine erfolgreiche polizeiliche Jugendschutztätigkeit werden soll.« (Lüken/Schmidt, 1976).

Die »Arbeit mit dem Kind« wird in der Schule »durch die Polizei-Verkehrslehrer und Jugendschutzsachbearbeiter ausgebaut«. Hier werden »nach Vorbereitung, Unterricht und Prüfung die auch heute noch vielgeliebten Radfahrer-Führerscheine ausgegeben«. Die Polizisten unterrichten in den Schulen »im Regelfall über mehrere Wochen, um nicht nur einen guten Kontakt zu den Schülern, sondern auch zu den Pädagogen herstellen zu können«. Eine weit über den Verkehrsunterricht hinausgehende Erziehungsmaßnahme soll wohl auch die Ausgabe von Kinderpolizei-Ausweisen dienen, die, mit Foto und Polizeistempel versehen, in Bremen-Hemelingen ausgegeben werden (FAZ v. 7. 2. 1979). Einer Lehrerin, die diesen Vorgang an die Öffentlichkeit gebracht hatte, hatte ein Schüler »in herrschaftsträchtigen Gebärden (wie stramme Haltung)« über sein Aufgabenfeld berichtet: »Wir, d. h. meine Freunde und ich sorgen dafür, daß die Kinder die Verkehrsregeln einhalten. Wenn nicht, gibt es eine Verwarnung. Beim zweiten Mal ertappt, drohen wir mit einer Meldung. Außerdem beobachten wir alles . . . ob Kinder z. B. klauen. Gestern haben wir einige am Fahrradstand gesehen. Wir haben da sofort unseren Ausweis gezeigt und da sind sie abgehauen. In der Telefonzelle hat neulich ein älterer Junge einige Seiten aus dem Telefonbuch gerissen. Das haben wir gemeldet« (Bremer Blatt, Jan. 1979). Auf Anfrage ließ ein Polizeisprecher wissen, bei der inzwischen auf 20 Mann angewachsenen Kinderpolizeitruppe handele es sich um »eine Art Polizeifreundeskreis aus Schülern«. Die »im Vorschul- und Schulbereich geschaffenen Kontakte« würden, so erfahren wir aus anderer Quelle, »im außerschulischen Bereich in den Jugendgruppen fortgesetzt« (*Lüken/Schmidt*, 1976). Auch in anderen Städten, wie Berlin, Karlsruhe, Hamburg, sind vergleichbare pädagogische Bemühungen der Polizei bekanntgeworden.

Kaum eine der von uns aufgefundenen Äußerungen von Repräsentanten der Polizei begnügt sich damit, die pädagogischen Handlungsdimensionen der Polizei auszumalen: in den meisten Beiträgen wird von den pädagogischen Institutionen, von Lehrern und Sozialarbeitern verlangt, die polizeiliche Jugendarbeit vorbehaltslos zu unterstützen. Die Jugendarbeit der Polizei werde »zur Sinnlosigkeit verurteilt, wenn sie nicht rundherum von entsprechenden Maßnahmen anderer Institutionen, insbesondere der Jugendämter ergänzt« (*Wehner-Davin*, 1977) »und durch Erziehung in Elternhaus und Schule begleitet wird« (*Gemmer*, 1976).

Dem dient auch das »Präventionsprogramm Polizei/Sozialarbeiter« (PPS), das unter Regie des niedersächsischen Justizministeriums seit 1979 in Hannover praktiziert wird. Nach einem Vorbild in Chicago werden 6 Sozialarbeiter in Wechselschichten von 8 Uhr morgens bis 2 Uhr nachts in den Diensträumen eines Polizeireviers stationiert. Sozialarbeiter haben die Aufgabe, auf Personen einzuwirken, »die selbst oder deren Umfeld Signale setzen für eine mögliche spätere kriminelle Karriere« bzw. »die eine erhöhte Wahrscheinlichkeit für unmittelbar bevorstehende Straftaten aufweisen«. Ca. 38 Prozent der Klienten sind jünger als 21 Jahre, ca. 25 Prozent zwischen 21 und 30 Jahre alt. Der Kontakt wird in der Regel über Polizisten vermittelt, häufig begleiten die Sozialarbeiter die Polizisten bereits im Streifenwagen. Die Arbeitsteilung zwischen ihnen ist hierarchisch strukturiert: Ermittlungen der Polizei dürfen durch die Interventionen der Sozialarbeiter »selbstverständlich nicht behindert oder verhindert werden. Sozialarbeit schließt sich grundsätzlich erst an die polizeilichen Ermittlungen an« (*Steinhilper*, 1981, S. 67; zur Entwicklung und Kritik des PPS vgl. *Mekelburg*, 1983).

Geschichte polizeilicher Jugendarbeit

Versuche, die Polizei zum Erzieher der Jugend werden zu lassen, haben in Deutschland eine recht lange Tradition. Bereits in den Jahren 1903 bis 1912 verfügten 19 deutsche Städte über sog. Polizeiassistentinnen (auch »Fürsorgedamen« genannt), deren Aufgaben dem niedersächsischen »PPS« recht ähnlich waren. Darüber hinaus wird von Bestrebungen berichtet, bei den Polizeibehörden allgemeine »Fürsorgeabteilungen« einzurichten. Diese sollten sich »möglichst fern von der Polizei im engeren Sinne halten« und nicht »mit der Arbeit des polizeilichen Überwachungs- und Aufspürdienstes« beauftragt werden (Einen Überblick vermittelt *Apolant*, 1913; *Wieking*, 1958).

Unschwer lassen sich hier die Anfänge der späteren weiblichen Kriminalpolizei (WKP) erkennen, die in Preußen 1928 eingeführt wurde. Als Aufgaben werden genannt: »die Mitwirkung in Ermittlungsverfahren, die Erfassung Gefährdeter und die Einleitung erzieherischer und fürsorgerischer Maßnahmen« (*Wehner-Davin*, 1977; zu den ersten Bestrebungen einer Kinder- und Jugendpolizei in der Weimarer Republik vgl. auch *Degenhardt/Hagemann*, 1926).

Als 1936 unter der Naziherrschaft die Polizei »verreichlicht« wurde, war der Aufbau der WKP noch nicht abgeschlossen und zeitweise schien ihr Fortbestehen in Frage gestellt zu sein. Wehner-Davin konstatiert rückblickend aus der BRD des Jahres 1977: »Es ging aber weiter. 1937 hatten alle größeren Kriminalpolizeistellen ihre WKP. Beim Reichskriminalpolizeiamt (RKPA) entstand das Referat WKP, 1939 ergänzend dazu die ›Reichszentrale zur Bekämpfung der Jugendkriminalität‹«. *Wehner-Davin* weist darauf hin, daß die heute noch grundlegende Polizeidienstvorschrift (PDV) 382.1, »Bearbeitung von Jugendsachen bei der Polizei« ebenfalls eine Errungenschaft der Nazis darstellt. Sie entspricht dem Runderlaß der Reichsregierung vom 3. Januar 1944, der auch erstmals die Institution eines »Beauftragten für Jugendsachen« einführte.

Auch nach dem Krieg wurden die WKP-Beamtinnen wieder zur Stütze bei den Wiederbelebungsversuchen polizeilicher Jugendarbeit. Wo sie »schon wieder dabei waren, planten und versuchten sie, teils gegen die Intentionen der Siegermächte, den Wiederaufbau von WKP-Dienststellen nach altem Muster«. Deren eigentlicher Wiederaufbau konnte erst in den 50er Jahren erfolgen. 1958 waren die WKP-Dienststellen der bundesdeutschen Länder auf 700 Mitarbeiterinnen angewachsen. Eine übergreifende polizeiliche Jugendarbeit entstand freilich noch kaum. Zwar ist Sozialarbeit »keine Domäne der Frau mehr. Aber zur Polizeijugendarbeit findet der Sozialarbeiter noch keinen Zugang« (Ebd.). Erst Mitte der 60er Jahre kam es im Zeichen der beginnenden Wirtschaftskrise zu einem neuen Aufschwung der polizeilichen Jugendarbeit.

Die schließlich 1971 in München eingeführte und danach auch in anderen Städten geplante Jugendpolizei signalisiert ein neues Stadium polizeilichen Zugriffs auf die in der Jugendphase sich entwickelnde Subjektivität und damit verbundene Anspruchshaltungen und Verkehrsformen unter Jugendlichen. Es ist wohl nicht aus der Luft gegriffen, die verstärkten Bemühungen der Polizei um die präventive soziale Kontrolle der »Jugendszene« in Zusammenhang zu sehen mit den in anderen Bereichen vordringenden repressiven Bestrebungen. Wie im folgenden gezeigt wird, können sie als Ausdruck der Versuche gelten, die mit den geschwundenen Lebensperspektiven gerade in der Arbeiterjugend entstandenen Probleme in den Griff zu bringen: polizeiliche Jugendarbeit als Ausdruck des Wehgeschreis, wieder »Mut zur Erziehung« zu finden (vgl. *Schwinghammer, 1980*).

Legitimationsprobleme

Wie aus unseren bisherigen Ausführungen hervorgeht, wird in der Polizeiliteratur diese Jugendarbeit durch ihre wirksame Prävention gegenüber den Gefahren der Jugendkriminalität legitimiert. Durch ein Eindringen der Polizei in die Jugendszene sollen »kriminogene Örtlichkeiten« und die Genese von kriminellen Handlungen frühzeitig erkannt und der Kriminalität durch jugendgemäße Interventionsformen begegnet werden.

Dies ist jedoch nur die Oberfläche des Begründungszusammenhanges; dahinter steht eine Vorstellung von Prävention, die in zweierlei Weise von Bedeutung ist. Hier zeichnet sich einmal ein generell verändertes Verhältnis zwischen Polizei und Bevölkerung ab; zum anderen ist damit eine bestimmte Pädagogik gemeint, die freilich ihre repressive Funktion verschleiert, aber unmittelbar in die Praxis von Sozialarbeit und vor allem der Jugendarbeit einzugreifen beginnt.

Der polizeiliche Begriff der Prävention stellt mit seinem derzeitigen Inhalt nur einen bestimmten Aspekt des Prozesses dar, der die Veränderungen des innerstaatlichen Gewaltapparates in der Bundesrepublik im vergangenen Jahrzehnt kennzeichnet. Er kann als der Versuch bezeichnet werden, das Eindringen der Polizei in die Alltagsverhältnisse der Bürger zu gewährleisten, um auf diese Weise Informationen über »auffällige« Personengruppen zu erlangen. Diese Informationen können mittels elektronischer Datenverarbeitung systematisch bearbeitet und ausgewertet werden, bis zur Erstellung von »Täterkarrieren« vom Kindesalter an.

Diese Veränderung wird von einem veränderten innerstaatlichen Feindbild begleitet, wie ein Blick auf die »Bedrohungsanalyse« der Polizei zeigt. Die Hauptgefahr geht nicht mehr von »vom Osten gesteuerten« Gruppierungen aus, wie es nach Gründung der Bundesrepublik unterstellt worden war, sondern inzwischen überwiegt ein Verständnis des Bürgers, der generell zum »staatlichen Sicherheitsrisiko« werden kann (vgl. *Lessing/Liebel*, 1979 und die dort angegebene Literatur). Daher ist es nur konsequent, wenn die Polizei versucht, in die Alltagsverhältnisse aller Bürger einzudringen und sich Informationen über sie anzueignen, denn es entspricht der Logik dieses Systems, daß nur dann wirksame Prävention geleistet werden kann, wenn Verdächtige und Unverdächtige voneinander geschieden werden können; um diesen Effekt zu erreichen, müssen zunächst einmal alle als verdächtig angesehen werden.

Dieses sicher nicht neue Prinzip gewinnt unter den technischen Möglichkeiten der elektronischen Datenverarbeitung eine neue Qualität, da ein prinzipiell nicht begrenzbares Reservoir von Informationen über jeden Bürger gespeichert und mit diesen Daten kombiniert werden kann. In welcher Weise ein solches Prinzip realisiert werden kann, hat Horst Herold bereits als Polizeipräsident von Nürnberg 1970 dargestellt: »Auf dem Gebiet der Verbrechensbekämpfung ist die Erfassung der örtlichen Kriminalitätsdichte von vorrangiger Bedeutung. Um diese Aufgabe bewältigen zu können, war es erforderlich, zunächst ein Erfassungssystem zu entwickeln, das in der Lage ist, die kartographische Darstellung der Kriminalitätsdichtewerte der Datenverarbeitungsanlage selbst zu übertragen . . . Der Computer ist also in der Lage, über den Schnelldrucker jederzeit Dichtekarten über Tatorte, Täterwohnsitze, Verkehrsunfälle oder andere in den Dateien gespeicherte lokalisierte Ereignisse zu liefern . . . Mit Hilfe der Datenverarbeitung läßt sich aber auch der vorbeugenden polizeilichen Tätigkeit, die bisher mehr oder weniger von der Intuition und dem Zufall gelenkt war, eine Erkenntnisgrundlage geben, die ihr in zweckmäßiger Form Ziel und Richtung zu verleihen mag . . . Sobald ein prognosefähiger Datenbestand vorhanden ist, werden . . . Hochrechnungen für künftige Kriminalitätsdichtwerte . . . vorgenommen, um auf diese Wiese zu weit vorausschauenden Kriminalitätstrendbeobachtungen zu gelangen, die die Grundlage künftiger organisatorischer, personeller und haushaltsmäßiger Planungen bildet« (*Herold*, 1977; zur Kritik vgl. *Cobler,* 1981).

Was hier als eine komplexe Verbindung von Polizei, Datenverarbeitung und Kriminalität beschrieben wird, erweist sich als ein System versuchter polizeilicher Allmacht. »Die polizeiliche Arbeit mit EDV setzt die Erkenntnis frei, daß die Polizei in Zukunft nicht mehr in der Starre historisch und politisch bedingter organisatorischer Zwänge verharren kann, sondern sich gleichsam als lebender Organismus mit einem elektrischen Nervensystem zu verstehen haben wird, als ein kybernetisches System, das sich in Regelkreisen selbst steuert und organisiert« (*Herold,* 1973). Da so mittels der Polizei die Gesellschaft und ihre Menschen geregelt werden sollen, die Vision einer verpolizeilichten Gesellschaft, äußerte Herold wenig später: »Von allen Staatsorganen der Wirklichkeit am unmittelbarsten und realsten konfrontiert, besitzt die Polizei ein einzigartiges Erkenntnisprivileg, Einsichten zu gewinnen in eine Vielzahl und Vielfalt gesellschaftlich abweichender und gesellschaftsfeindlicher Verhaltensweise, in Strukturdefekte der Gesellschaft und die Gesetzmäßigkeiten ihres Massenverhaltens.« Sie müsse daher »zum Subjekt gesellschaftlicher Veränderungen« werden als eine gleichsam »gesellschaftssanitäre« Einrichtung (*Herold*, 1973; s. auch *Schwind* u. a., 1980; zur Kritik vgl. *Hirsch,* 1980).

Die Polizei präsentiert sich im Alltag und will den Alltag repräsentieren – Prävention als Verankerung der Polizei an der Basis. Dieser Transformationsprozeß des innerstaatlichen Gewaltapparates hat in verschiedenen Städten, wie etwa in West-Berlin, bereits die Gestalt des »Kontaktbereichsbeamten« angenommen. Zu dessen Aufgaben u. a. zählt, in seinem jeweiligen Abschnitt eine Strukturkartei zu erstellen, »Erkenntnisse« für polizeiliches Handeln zu gewinnen, andere Dienststellen und Institutionen auf seine Informationen hinzuweisen sowie mit »polizeilich relevanten Personen und Personengruppen« Kontakt aufzunehmen oder zu pflegen (vgl. *Ehrig*, 1979).

Die angestrebte Allgegenwart der Polizei sowie die Legitimation dieser Entwicklung durch eine alle Personen umfassende Prävention ist begleitet von einer Reihe gesetzlicher Veränderungen in den letzten Jahren, denen gemeinsam ist, den Verdachtsvorbehalt vorzulagern und zu verallgemeinern. Polizeiliches Handeln ist nicht mehr an einen konkreten Tatverdacht gegen eine Person gebunden, sondern es beginnt schon vor der Tat — und jede Person ist ein potentieller Täter. (Auf die gesetzliche Entwicklung kann hier nicht näher eingegangen werden, vgl. aber _Lessing/Liebel_, 1979 und die dort angegebene Literatur). Dabei wird ein weiteres wesentliches Merkmal dieser Prävention erkennbar: mit den präventiven Maßnahmen des polizeilichen innerstaatlichen Apparates wird eine bevölkerungspädagogische Absicht verfolgt; die fließende Grenze dessen, was als »abweichendes Verhalten« definiert wird, wird fixiert und verschärft. Normales Verhalten soll von der im Alltag verankerten Polizei gewährleistet werden können, und ihre Präsenz soll pädagogisch wirken: jeder soll sich selbst präventiv kontrollieren; da aber die Grenzen des normalen Verhaltens fließend sind, werden Einstellungen erzeugt, wie sie Ergebnis einer jeden Zensur-Pädagogik sind (vgl. Negt, 1978).

Die vielfältigen Versuche, die Jugendpolizei bzw. die polizeiliche Jugendarbeit einzuführen, stellen die »jugendmäßige« Variante dieser allgemeinen Entwicklung dar: besonders geschulte Polizisten jüngeren Alters sollen in die Jugendszene eindringen, Vertrauen erwecken, Kontakt schließen, sich informieren und bei polizeilichen Eingriffen möglichst nicht selbst in Erscheinung treten: der Jugendpolizist als pädagogisch verlängerter Arm von »Vater Staat«. Um Herrschaft und Vertrauen miteinander verbinden zu können, hält er die Grenze abweichenden Verhaltens selbst fließend: er gibt nicht alle Informationen weiter, nicht jedes Vergehen führt zur Ahndung, sondern es scheint seiner Entscheidung überlassen zu sein, wann gestraft werden muß. Die Erklärung, warum gegen Jugendliche spezielle Beamte eingesetzt werden, ergibt sich aus der Einschätzung, daß diese nicht durch ihre Familien ausreichend kontrolliert werden können, sich häufig außerhalb von Wohnungen aufhalten, räumlich sehr mobil und damit potentiell auffällig sind. Der Polizei wird die Chance eingeräumt, an der »Sozialisierung der Jugend mit(zu)wirken« (_Lüken/Schmidt_, 1976) und den Jugendlichen wird die »Chance« geboten, der ihnen drohenden Kriminalität zu entgehen.

Wie sehen nun die einzelnen Elemente dieser jugendpolizeilichen Prävention aus? Unter Vernachlässigung von Unterschieden zwischen den einzelnen Bundesländern sind die folgenden konzeptionellen und teilweise praktizierten Präventionsformen erkennbar:

– Hat schon die die Polizeireform insgesamt kennzeichnende Präventionsabsicht eine auf die Bevölkerung »erzieherisch« einwirkende Komponente, so ist dieses pädagogische Präventionsverständnis gegenüber Jugendlichen noch ausgeprägter. Eben weil Jugendliche sich in einem »moralischen Reifungsprozeß« befinden, soll ihnen der Staat nicht nur abstrakt, sondern persönlich durch den Jugendpolizisten oder andere polizeiliche Jugendarbeit nahegebracht werden. Prävention zielt in diesem Zusammenhang auf die persönlich erfahrbare Präsenz der Staatsgewalt.

– Ein persönliches Verhältnis zwischen Jugendlichen und Polizei soll möglichst frühzeitig entwickelt werden. Daher wird bereits bei Kindern vor allem durch Angebote der polizeilichen Verkehrserziehung ein Vertrauensverhältnis zu vermitteln versucht. Das Kind soll lernen, zum Schutzmann ein angstfreies, offenes und persönliches Verhältnis herzustellen.

– Diese Absicht wird bei Jugendlichen in ähnlicher Weise zu realisieren versucht. »Die im Vorschul- und Schulbereich geschaffenen Kontakte werden . . . in den Jugendgruppen fortgesetzt. Auch hier wartet die Polizei nicht ab, bis es in einer Jugendgruppe zu Schwierigkeiten . . . gekommen ist, sondern sie sucht von sich aus Kontakte . . . und bietet ihre Mitarbeit an. Das sieht im Einzelfall so aus, daß die staatlichen Jugendfreizeitheime, die Jugendtreffs der Kirchengemeinden oder Wohlfahrtsverbände und sonstige bekannte Jugendclubs durch Beamte . . . aufgesucht und Freizeitangebote unterbreitet werden« (*Lüken/Schmidt*, 1976). Gezielt wird auf den »Anreiz«, daß sich Jugendliche den Jugendclubs anschließen, »die ein derartiges polizeiliches Programm anzubieten haben«. Es wird an konkreten Bedürfnissen der Jugendlichen anzuknüpfen versucht. Das Ziel ist freilich, im Vergleich zu den Kindern, schon weitergehend; es soll nicht nur ein bestimmtes, die repressive Funktion der Polizei kaschierendes Helferbild vermittelt werden, sondern die Kontaktaufnahme geschieht, um an Informationen über die Jugendszene heranzukommen, wobei die Jugendlichen über die Verwendung der Informationen im unklaren gelassen werden.

– Die polizeiliche Prävention erreicht ihr Ziel im polizeilichen Eingriff. Sobald genügend Informationen vorliegen, wird der hinter der polizeilichen Jugendarbeit stehende Gewaltapparat tätig. »Eine der Hauptaufgaben war es jetzt . . ., den kriminellen Kern von den Mitläufern zu isolieren . . . Wichtig war, daß die Jugendbeamten selbst keine Festnahmen tätigten. Es gelang jedoch einigen von ihnen, Jugendliche davon zu überzeugen, daß es für deren weitere Entwicklung sinnvoll sei, sich selbst anzuzeigen, damit ein Schlußstrich unter die kriminellen Aktivitäten gezogen wird« (*Salewski*, 1976). Die Jugendlichen werden gespalten, der pädagogische Schleier der polizeilichen Jugendarbeit wird für einen Moment gelüftet, und es wird erkennbar, was die polizeiliche Prävention bezweckt: effektive und »jugendgemäße« Repression.

Polizei als Erzieher

Unsere bisherigen Aussagen zum Verhältnis zwischen Polizei und Jugend bzw. Jugendarbeit lassen sich als spezifische pädagogische Auffassungen verallgemeinern. Mittels repressiver Organe versuchen staatliche Instanzen präventiv und damit erzieherisch auf die Bevölkerung und besonders auf tendenziell ausgrenzbare Bevölkerungsteile einzuwirken. Die in diesem Kontext wirksamen Mechanismen gleichen einem pädagogischen Verhältnis, das dem Prinzip verpflichtet ist, Machterhalt zu gewährleisten. Den Ausgangspunkt bildet die gesetzlich abgesicherte, dem Staat verpflichtete Souveränität des Erziehers. Dieser sucht das Vertrauen des Zöglings, schafft eine persönlich wirkende Beziehungsebene und wirkt als Ratgeber. Die Regeln dieser Erziehung überschaut nur der professionelle Erzieher, der dafür besonders qualifiziert wird und das Geheimhaltungsprinzip verstärkt. Ebenso geheim sind die Informationen, die der Erzieher über den Zögling erhält, wie und woraufhin er sie verarbeitet. Es ist das Ziel, den Zögling durch die potentiell ständige Präsenz des Erziehers zum Teil des Erziehungssystems zu machen; in der Herausbildung von Moral, Angst und Selbstzensur soll der Zögling in einen Erziehungsprozeß integriert werden und diesen durch seine, auch ungewollte, Teilnahme bestätigen.

In diesem System wird der Zögling notwendigerweise als Gegner des Erziehers angesehen. Neben dem Versuch, den Zögling zur freiwilligen Einordnung zu »motivieren«, ist die Herrschaft des Erziehers durch Eingriffsmöglichkeiten gegenüber dem Zögling abgesichert, vor allem dadurch, daß er Entscheidungen treffen kann, die sich unmittelbar auf das Leben des Zöglings auswirken. Der Erzieher kann aufgrund seines Informationsmonopols seine Machtausübung individualisieren und auf diese Weise dem Zusammenschluß der Zöglinge vorbeugen oder ihn zu zerschlagen versuchen. Ein Auflehnen, gar mit körperlicher Gewalt, wird mit Gewalt sanktioniert. Die Erziehung ist erfolgreich, wenn das Leben des Zöglings geordnet erscheint, die Regeln ritualisiert wurden, die Präsenz des Erziehers nicht länger notwendig ist, der Erzieher sich also überflüssig gemacht hat.

Kritik

Wir haben gezeigt, daß die Legitimation polizeilicher Arbeit die fließenden Übergänge von »Normalität und Abweichung« von »Gesundheit und Krankheit«, von »Hygiene und Schmutz« in kategorisierbare und unverrückbare Zustandsbeschreibungen umdeuten muß, sollen unter der allgemeinen Zielsetzung der Überwachung aller durch alle die Grenzen von Prävention und Repression im eigenen Selbstverständnis erhalten bleiben.

Der Begriff Hygiene, der *Herolds* Definition von Polizei als einer »gesellschaftssanitären« Einrichtung zugrunde liegt (*Herold*, 1973), enthält die innerstaatliche Feinderklärung gegen alles Unhygienische, Abweichende und Schmutzige. Die Assoziationskette Sauberkeitserziehung – Sexualunterdrückung (Verwandlung von Lust in Angst) – irrationale Autoritätsbindungen – Reproduktion der Reinerhaltungsideologie liegt nahe.

Polizeiliche »Hygiene« wird damit zum Selbstschutz, zur pädagogischen Aufgabe. Die Definition von Krankheit, Abweichung oder von Normalität macht alle Gesellschaftsmitglieder zu potentiellen Tätern. Um nicht massenhaft mit diesen potentiellen Tätern in Konflikt zu geraten, muß Herrschaft auch individuell über irrationale Selbstzensur, Denk- und Phantasieverbote »als Mangel im Überfluß (als Verbot, zu benutzen, was man hat) im Körper der Beherrschten« verankert werden (*Theweleit*, 1978); wobei zu ergänzen wäre: auch im Körper der Herrschenden selbst. *Brückner* (1971) bringt diesen politischen Zusammenhang treffend auf die Formel: »Nur als verinnerlichte Könige sind Könige vor der Guillotine sicher« (S. 132).

Hier wird eine problematische Entsprechung zwischen den Erziehungsansprüchen der Polizei und der Pädagogen deutlich, denn zur Internalisierung jeweils herrschender gesellschaftlicher Normen beizutragen, war seit jeher die vornehmste Aufgabe der Pädagogik als derjenigen Wissenschaft, die in dem ständigen Widerspruch von Trieb und Abwehr, von Wunsch und Versagung, von Ich und Es, die professionelle Zurichtung auf das Realitätsprinzip betreibt. Das erzieherisch-präventive Selbstverständnis der Polizei und die pädagogischen Ansprüche der Erzieher und Sozialarbeiter sind in diesem Zusammenhang solange identisch, wie beide den gesellschaftlich verordneten Zurichtungspostulaten (jemanden zu etwas erziehen, was er nicht ist) verhaftet bleiben.

Vor dieser problematischen Parallele schützt den Erzieher auch keine Identifikation mit den Jugendlichen, keine Initiative »Stoppt die Jugendpolizei« und kein »linkes« Selbstverständnis. Denn während das übergreifende Ziel der Polizei, die gesamte »›Jugendszene‹ besser als bisher zu beobachten und in den Griff zu bekommen« (*Vermander*, 1978), konsequent verfolgt wird, bleibt demgegenüber die berechtigte Reaktion fortschrittlicher Pädagogen in Form der Forderung »keine pädagogische Zusammenarbeit mit der Polizei« für die praktische Jugendarbeit erst einmal hilflos. Die in diesen Äußerungen formulierte Kritik an der zunehmenden staatlichen Kontrolle des gesamten Jugendbereiches ist zwar berechtigt, zugleich verkürzt sie sich jedoch auf die Behauptung, gegenüber den polizeilichen Erziehungsansprüchen die »bessere« Pädagogik zu betreiben. Eine Art »Alleinvertretungs«-Selbstverständnis wird sichtbar, das vor der zu erwartenden Störung des Vertrauensverhältnisses zwischen Jugendlichen und Sozialarbeitern warnt, in dem jedoch die berechtigten Autonomieansprüche der Jugendlichen nicht mehr erscheinen. Es wird eine verkürzte Kritik geübt, wobei die Sozialpädagogen so tun, als könnten sie beliebig aus der sie prägenden Funktionsbestimmung im gesellschaftlich organisierten Erziehungssystem heraustreten. Der Staat wird pädagogisch kritisiert von einer Person, die die zunehmende Kontrolle der Polizei über Jugendliche nicht auf sich selbst bezieht (vgl. *Lessing/Liebel*, 1979).

Es wird also für Pädagogen darum gehen müssen, die Kritik an den Maßnahmen polizeilicher Jugendarbeit als Kritik an dem herrschenden Erziehungsverhältnis zu führen, zu dessen Aufrechterhaltung sie als professionelle Pädagogen selbst beitragen. Zugleich gilt es, die jeweils besondere Ausprägung des Herrschaftsverhältnisses Erziehung auf den Kontext der gesellschaftspolitischen Entwicklung insgesamt zu beziehen. Dabei wird deutlich, daß im Rahmen des strukturellen Verhältnisses von Erziehung und Herrschaft polizeiliche Jugendarbeit nur als eine weitere Spielart des bereits existierenden Über- und Unterordnungsverhältnisses zwischen Erwachsenen und Jugendlichen in der bürgerlichen Gesellschaft aufzufassen ist. Denn der Erziehungsbegriff bezeichnet seit jeher zielgerichtete Eingriffe in den Lebenszusammenhang anderer, die immer Subjekt – Objekt – Strukturen aufweisen, in denen also ein oder mehrere in der Regel erwachsene Erzieher einer oder mehrerer physisch und psychisch schwächeren und abhängigen Personen gegenüberstehen. D. h. vor jeder praktischen Pädagogik setzt jede Erziehung die Erhaltung und Anerkennung existierender Gewalt- und Machtverhältnisse voraus (vgl. *Nowicki*, 1979).

Ein offensives Vorgehen gegen die vielfältigen Formen polizeilicher Jugendarbeit hat also dreierlei zur Voraussetzung:
- die Absage an die pädagogisierende Kritik und an das bloße Lamento der Sozialpädagogen, die »bessere« Pädagogik zu betreiben;
- die Erzieher und Pädagogen müssen im Rahmen des Herrschaftsverhältnisses Erziehung ihr Verhältnis zur Staatsgewalt klären;
- sie müssen die gesellschaftspolitische Funktion und die Grenzen und Möglichkeiten praktischer Sozialarbeit in diesem Verhältnis orten.

Betrachtet man die gesellschaftliche Entwicklung der letzten zehn Jahre, so ist neben der gesellschaftlichen Krisenhaftigkeit, der wachsenden Zahl von Bürgerinitiativen, Selbsthilfegruppen und den unterschiedlichsten selbstorganisierten Projekten als staatliche Reaktion unter den Stichworten »Innere Sicherheit«, »Generalprävention« und innerstaatliche »Feinderklärung« eine zunehmende Repressivität und der gewalttätige Anspruch auf staatliche Kontrolle aller Lebensbereiche zu verzeichnen (vgl. *Cobler*, 1976; *Funk/Werkentin*, 1977; *Nowicki*, 1978).

Die Rolle der Polizei als Teil des innerstaatlichen Apparates und als Garant dieser gesellschaftlichen Entwicklung verdeutlicht für unseren Diskussionszusammenhang der polizeilichen Jugendarbeit jetzt sehr deutlich die politische und die pädagogische Differenz zu fortschrittlicher Sozialarbeit:

Während die Pädagogik der Polizei die Zurichtung der Individuen, ihre Integration, die Akzeptation von lückenloser Überwachung und die Produktion von Selbstzensur zum Ziel hat, besteht die Aufgabe kritischer Erziehung gerade in der Emanzipation der Individuen gegen diese Entwicklung. Der herrschaftsmäßig abgesicherten Trennung von Politik (als Sphäre des Staates und als Beruf einiger dazu Beauftragter) und Arbeit/Alltag (als Lebenspraxis aller anderen) ist das allen Autonomiebewegungen eigene Politikverständnis »Politik heißt selbermachen« entgegenzusetzen.

Für die Jugendarbeit bedeutet dies, gegenüber den erzieherischen Nivellierungsversuchen der Polizei, gegenüber jeder Form organisierter Uniformität und gegenüber der aufgezwungenen Einsamkeit der Individuen in der gleichen und gleichgültigen Masse die Vielfalt, die Abweichung und die Minderheit in der Arbeit mit Jugendlichen zu verteidigen. Denn Autonomieversuche zu unterstützen heißt den Unterschied gegen paranoide und gewalttätige Zwangszusammenhänge in der Gesellschaft zu vertreten.

Ein derartiges Selbstverständnis von Pädagogik erscheint uns die Basis dafür zu sein, sich hartnäckig dem Ziel anzunähern: die hilflosen eigenen Ansprüche ebenso wie die Hilflosigkeit im Verhältnis zur Staatsgewalt zu überwinden, um Jugendliche in ihren Bemühungen um politische Identität, Selbstorganisation und Autonomie unterstützen zu können.

Hellmut Lessing/Manfred Liebel/Michael Nowicki

Literatur

Brockmann, A. D./Liebel, M./Rabatsch, M. (Hrsg.), 1979: Jahrbuch der Sozialarbeit 3, Reinbek – *Brückner, P.,* 1971: Nachruf auf die Kommunebewegung, in: *Krebs, D.* (Hrsg.): Die hedonistische Linke, Neuwied – *Cobler, S.,* 1976: Der vorverlegte Staatsschutz. Die Gefahr geht von den Menschen aus, Berlin – *Cobler, S.,* 1981: DAZUSY, PSI und MOPPS. Computer auf den Spuren von »Risikopersonen«, in: Kursbuch 66, Berlin – *Degenhardt, H./Hagemann, M.,* 1926: Polizei und Kind, Berlin – *Ehrig, H.-J.,* 1979[2]: Der Kontaktbereichsbeamte – wichtiger Mosaikstein eines Systems umfassender polizeilicher Kontrolle, in: Initiative gegen das einheitliche Polizeigesetz (Hrsg.): Materialien zu KoBs, Berlin – *Frommhold, R.,* 1976: Kriminalpolizeilicher Jugendschutz in Hamburg, in: Bundeskriminalamt (Hrsg.): Polizei und Prävention, Wiesbaden – *Funk, A./Werkentin, F.,* 1977, Nr. 73: Materialien zur Entwicklung des innerstaatlichen Gewaltapparates, in: links – *Gemmer, K.-H.,* 1976: Zur Problematik polizeilicher Prävention, in: Bundeskriminalamt (Hrsg.): Polizei und Prävention, Wiesbaden – *Herold, H.,* 1977: Die EDV im Dienst der Verbrechensbekämpfung, Auszüge in: *Nettelbeck, U.* (Hrsg.): Die Republik, I. Jahr, Nr. 10–15 – **Herold, H.,* 1973: Gesellschaftlicher Wandel – Chance der Polizei?, in: *Schäfer, H.* (Hrsg.): Grundlagen der Kriminalistik, Bd. 11, Hamburg – **Hirsch, J.,* 1980: Der Sicherheitsstaat, Frankfurt/M. – JW-Dienst: Exclusiv-Bericht Nr. 194 v. 15. 8. 1979: Zur Diskussion um die Einführung einer Jugendpolizei. Dokumente und Materialien, Wiesbaden – *Lessing, H./Liebel, M.,* 1979: Verpolizeilichung des Alltags und Pädagogisierung der Polizei. Ein Wegweiser durch die polizeiliche Jugendarbeit, in: *Brockmann, A. D.* (Hrsg.): Jahrbuch der Sozialarbeit 3., Reinbek – *Lüken, R./Schmidt, H.,* 1976: Polizeilicher Jugendschutz in Bremen. Modell der Bremer Schutzpolizei, in: Kriminalistik H. 4: 161–163 – *Menz, W.,* 1976: Jugendschutz (Gruppendiskussion), in: Bundeskriminalamt (Hrsg.): Polizei und Prävention, Wiesbaden – *Mekelburg, H.,* 1983: Zum Verhältnis von Polizei und Sozialarbeit am Beispiel des »Präventionsprogramms Polizei/Sozialarbeit« in Hannover, in: päd. extra Sozialarbeit, H. 2 – *Negt, O.,* 1979: »Zensur trägt Züge einer Hydra« – in: 3. Internationales Russell-Tribunal. Zur Situation der Menschenrechte in der Bundesrepublik Deutschland, Bd. 3. Gutachten, Dokumente, Verhandlungen der 2. Sitzungsperiode/Teil 1, Zensur, Berlin – *Nowicki, M.,* 1978: Zum Verhältnis von Staatsgewalt und Jugendpolitik – eingemacht werden oder selber machen?, in: *Damm, D.* u. a.: Jugendpolitik in der Krise, Frankfurt/M. – *Nowicki, M.,* 1979: Gegen die »neuen« Erziehungsansprüche in der Jugendarbeit, in: *Brockmann, A. D.* u. a. (Hrsg.): Jahrbuch der Sozialarbeit 3., Reinbek – *Salewsky, W. D.,* 1976: Jugendkriminalität im Vorfeld bekämpfen!, in: Kriminalistik, H. 4: 159–160 – **Schwind, H.-D./Berckhauer, F./Steinhilper, G.* (Hrsg.), 1980: Präventive Kriminalpolitik, Heidelberg – **Schwinghammer, T.,* 1980: Die Jugendpolizei in der BRD – ein weiterer Schritt zur »gesellschaftssanitären« Polizei, in: Kriminologisches Journal, H. 2: 98–107 – *Steinhilper, G.,* 1981: Schließt oder schafft das »Präventionsprogramm Polizei/Sozialarbeiter« (PPS) eine Lücke im System der psychosozialen Versorgung?, in: *Kreuzer, A./Plate, M.* (Hrsg.): Polizei und Sozialarbeit – Bestandsaufnahme theoretischer Aspekte praktischer Erfahrungen (Tagungsbericht), Wiesbaden – *Theweleit, K.,* 1978: Männerphantasie, 2 Bde., Frankfurt/M. – *Vermander, E.,* 1978: Prävention durch Repression? Ergebnisse einer Analyse der Arbeitsgruppe »Jugendkriminalität« in Baden-Württemberg, in: PFA-Schriftenreihe der Polizeiführungsakademie, H. 3: 208–221 – *Wehner-Davin, W.,* 1977: Theorie und Praxis der »Bearbeitung von Jugendsachen bei der Polizei«, in: Kriminalistik, H. 7: 302–309 – *Wieking, F.,* 1958: Die Entwicklung der weiblichen Kriminalpolizei in Deutschland, Lübeck. –

→ Abweichendes Verhalten → Jugendgerichtsbarkeit → Jugendstrafvollzug

Jugendstrafvollzug

Rechtsgrundlagen

Die Jugendstrafe wird als einzige im Jugendgerichtsgesetz (1923) vorgesehene
Strafsanktion in besonderen Jugendstrafanstalten vollzogen. Sie soll nach dem
Selbstverständnis des JGG nur dann verhängt werden, wenn das Spektrum der
sonstigen jugendrichterlichen Sanktionen – nämlich Weisungen, Erziehungsmaßregeln und Jugendarrest – erschöpft ist und die »besonderen erzieherischen Möglichkeiten« geschlossener Anstalten herangezogen werden müssen. Die Wirksamkeit
der Jugendstrafe im Hinblick auf eine verbesserte soziale Integration verurteilter
junger Menschen ist in der Fachdiskussion nicht weniger umstritten als die des
Erwachsenenstrafvollzugs. Selbst ihre generalpräventive Funktion wird häufig
bezweifelt. Dem Glauben an die Machbarkeit einer Reform des Jugendstrafvollzugs (Deutsche Vereinigung für Jugendgerichte und Jugendgerichtshilfen 1981)
steht in der sozialwissenschaftlichen, kriminologischen und zum Teil auch in der
juristischen Diskussion eine wachsende Skepsis an der prinzipiellen Reformfähigkeit und Reformwilligkeit dieser Institution gegenüber (*Ortner*, 1981).
Der Jugendstrafvollzug hat keine eigene gesetzliche Grundlage, während der
Strafvollzug für Erwachsene seit 1977 durch das Strafvollzugsgesetz geregelt ist.
Der 1980 vom Bundesminister der Justiz vorgelegte »Entwurf einer Verordnung
zum Vollzug der Jugendstrafe und zur Wiedereingliederung junger Straffälliger«
wird von Fachkreisen und Verbänden der Jugendhilfe als unzulänglich kritisiert und
hat in seiner vorliegenden Form kaum Chancen, realisiert zu werden.
Bis zur Verabschiedung eines entsprechenden Gesetzes (bzw. Rechtsverordnung)
ist der Vollzug der Jugendstrafe in den Anstalten durch Verwaltungsvorschriften
geregelt. Diese Vorschriften lehnen sich in wesentlichen Teilen an die Bestimmungen des Strafvollzugsgesetzes an, die sich jedoch in den zentralen Belangen des
Inhaftierten (z. B. wirtschaftlich ergiebige Arbeit, Gelegenheit zur Berufsausbildung, berufliche Fortbildung, Umschulung oder Teilnahme an anderen ausbildenden oder weiterbildenden Maßnahmen) durch Sollbestimmungen einer einklagba-
ren Veränderung der bestehenden Unzulänglichkeiten entziehen. Die Verpflichtung des Jugendstrafvollzugs zur »Erziehung« des jungen Verurteilten wird in § 91
JGG mit den Begriffen »Ordnung, Arbeit, Unterricht, Leibesübung und sinnvolle
Beschäftigung« umschrieben, im übrigen jedoch an keiner Stelle des Gesetzes
näher definiert. Die unverbindliche Fassung der Kriterien für die Durchführung des
»Erziehungsvollzugs« täuscht notdürftig darüber hinweg, daß in den Anstalten
zentralen pädagogischen Absichtsbekundungen ständig zuwidergehandelt und
sogar gegen explizite Vorschriften (Einrichtung von Lehrwerkstätten, berufliche
Förderung, ausschließliche Beschäftigung erzieherisch qualifizierten Personals,
Schaffung offener Anstalten etc.) verstoßen wird (Vgl. auch *Schumann* u. a. in:
Ortner, 1981).
Während die Abgrenzung zwischen erziehendem und strafendem Anteil der

Jugendstrafe auch ein halbes Jahrhundert nach *Radbruchs* Utopie von einer Überwindung des Strafvollzugs durch Pädagogik (*Radbruch*, 1957) noch immer »ungeklärt« ist, haben wachsende finanzielle Engpässe die Reformdiskussion mehr und mehr zum Erliegen gebracht. Die konsequente Neugestaltung des Jugendstrafvollzugs, vor einigen Jahren noch als unabdingbares Ziel hochgehalten, ist zu den Akten gelegt worden. Die Reform ist – darin bleibt sich die Geschichte des Strafvollzugs auch im gegenwärtigen Stadium treu – zwar wünschenswert, aber »zur Zeit nicht realisierbar«.

Daten

Insgesamt verbüßen in den Jugendstrafanstalten der Bundesrepublik knapp 6500 Jugendliche und Heranwachsende eine Jugendstrafe (Statistisches Bundesamt Wiesbaden 1981, S. 23); das sind ca. 7% der zur Jugendstrafe verurteilten 14–18jährigen und 17% der zur Jugendstrafe verurteilten Volljährigen bis zum Alter von 24 Jahren. Die Strafe kann von bestimmter oder unbestimmter Dauer sein; die Mindeststrafe beträgt 6 Monate, die Höchststrafe 10 Jahre. Die Höchstdauer einer auf unbestimmte Zeit (»Gummistrafe«) verhängten Jugendstrafe ist auf 4 Jahre festgelegt (Zum Jugendstrafrecht vgl. *Schaffstein*, 1972 und 1975).

Im Jugendstrafvollzug herrscht Arbeitspflicht bei einer gleichzeitig äußerst beschränkten Möglichkeit beruflicher Ausbildung und einer minimalen Belohnung, die keine materielle Basis für die Begleichung vorhandener Schulden und für den Start nach der Entlassung schafft. Eine 1976 durchgeführte Umfrage bei den Jugendstrafanstalten der BRD ergab, daß nur etwa 13% der jungen Gefangenen innerhalb der Anstalt eine Schule besuchte und nur 26% von ihnen dort eine berufliche Ausbildung erfuhr (*Kentler*, 1977).

Die Anstaltsbauten sind zum überwiegenden Teil alt (z. B. Klosteranlagen aus dem 17. und 18. Jahrhundert mit Teilumbauten); ausgesprochene Neubauten mit einer auf Behandlung, Ausbildung und graduellen Öffnung (»Freigängerabteilungen«) ausgerichteten Architektur sind die Ausnahme (z. B. Hameln-Tündern). Es gibt in der Bundesrepublik etwa 20 Justizvollzugsanstalten für männliche Jugendliche und Heranwachsende. Die wenigen weiblichen Strafgefangenen (259 im Alter von 14–24 Jahren) werden fast ausschließlich in gesonderten Abteilungen des Strafvollzugs für erwachsene Frauen eingewiesen. Die Größe der Anstalten variiert. Eine Reihe kleinerer Anstalten hat eine Belegung zwischen 100 und 200 Gefangenen. In den meisten sind zwischen 200 und 500 Gefangene untergebracht. In der größten Jugendstrafanstalt (Siegburg) sind es sogar ca. 850 (Stand: Juni 1981).

In der Statistik werden etwas mehr als 600 Haftplätze als »offener Vollzug« geführt. Die »Offenheit« bestimmt sich nach unterschiedlichen Kriterien, die kaum zu generalisieren sind. So gibt z. B. die Hamburger Jugendanstalt Hahnöfersand ihre gesamte Belegung als offenen Vollzug an (die Anstalt befindet sich auf einer Elbinsel westlich von Hamburg). Für weibliche Gefangene im Jugendstrafvollzug wird kein offener Vollzug angeführt.

Die folgende Tabelle gibt einen Überblick über die Altersverteilung der im

Jugendstrafvollzug inhaftierten jungen Menschen zwischen 14 und 24 Jahren (Statistisches Bundesamt 1981, S. 21–23).

Alter	männlich		weiblich
14 und 15	(ca.)	57	4
16 und 17	(ca.)	671	28
18 bis einschl. 20		3383	111
21 bis 24		2120	116
		6231	259

Darüber hinaus verbüßen 5430 männliche und 180 weibliche Personen im Alter von 18 bis 25 eine Freiheitsstrafe.

Bei den zu Jugendstrafe Verurteilten beträgt die Strafdauer in den meisten Fällen zwischen 1 und 2 Jahren (ausschließlich angerechneter Untersuchungshaft, aber einschließlich eines unter Umständen zur Bewährung ausgesetzten Strafrests – des sogenannten Drittels). Von den insgesamt abzubüßenden Jugendstrafen sind bei den 14- bis 18jährigen männlichen Jugendlichen fast ein Viertel, bei den 18- bis 21jährigen etwa ein Zehntel und bei den über 21jährigen nur noch 3% als unbestimmte Strafen verhängt. Bei den zu Jugendstrafe verurteilten weiblichen Gefangenen wird sehr selten unbestimmte Strafdauer verhängt. Ausländische Gefangene machen in den einzelnen Altersgruppen zwischen 5 und 10% aus.

Die Bestimmung der Rückfallquote unterliegt beim Jugendstrafvollzug wie auch beim Erwachsenenstrafvollzug definitorischen und statistischen Schwierigkeiten. Einige Autoren geben Rückfallquoten um 50–60% an (vgl. *Böhm*, 1979), andere Untersuchungen kommen auf 70–75% (*Lange*, 1973; *Vehre*, 1975). Die meisten der erneut zu Jugendstrafe verurteilten Jugendlichen und Heranwachsenden werden innerhalb eines Jahres nach ihrer Entlassung wieder eingewiesen.

Die der Statistik entnehmbaren Daten über die jeweils schwerste Straftat bestätigen das bekannte Bild. Jugendstrafe wird gegen männliche Jugendliche und Heranwachsende zu 70% wegen Eigentums- und Vermögensdelikten verhängt. Diebstahl, Unterschlagung, Raub, Erpressung etc. überwiegen eindeutig alle anderen Straftatsbestände. Bei den 14- bis 18jährigen männlichen Gefangenen sind Eigentums- und Vermögensdelikte zu 85% als schwerstes Delikt angeführt. Mit zunehmendem Alter sinkt der Anteil dieser Straftatsbestände etwas ab.

Bei den weiblichen Gefangenen von 21 bis 24 sind als häufigstes Delikt Straftaten nach dem Betäubungsmittelgesetz angegeben (57%); bei den 18- bis 21jährigen weiblichen Gefangenen sind es 40%. Bei den gleichaltrigen Frauen im Erwachsenenvollzug liegen die Zahlen etwas niedriger, aber auch hier wird deutlich, daß Heroinabhängigkeit offensichtlich eine der hauptsächlichsten Ursachen für die Inhaftierung junger Frauen ist. Bei den älteren männlichen Jugendlichen liegt bei steigendem Alter der Anteil dieser Delikte bei etwa 10%. Allerdings sind diese

Zahlen für den Jugendstrafvollzug sehr undifferenziert. Das Drogenproblem wird stellenweise als eines der Hauptprobleme des Jugendstrafvollzugs angesehen. In Berlin sind schätzungsweise etwa ein Viertel, zeitweise sogar ein Drittel der Gefangenen heroinabhängig (*Leschhorn*, 1980, 1981). Die Folgen für den Vollzug (starke Kontrolle für Besucher, Zurücknahme bereits eingeführter Vollzugslockerungen) und für die Gefangenen selbst werden als schwerwiegend eingeschätzt. Dabei wird die Befürchtung, daß Jugendliche im Strafvollzug erst süchtig werden (»angefixt werden«), mittlerweile selbst von Jugendrichtern geäußert (Deutsche Vereinigung für Jugendgerichte und Jugendgerichtshilfen, 1981). Als Konsequenz daraus wird in Erwägung gezogen, für Heroinabhängige spezielle »Drogenknäste« zu errichten, um den Jugendstrafvollzug »clean« zu bekommen. Demgegenüber wird von Kritikern geltend gemacht, daß heroinsüchtige Personen grundsätzlich nicht in den Vollzug gehören, sondern als Kranke (nach der Definition der Weltgesundheitsorganisation) behandelt werden müssen. Die Formel »Therapie statt Strafe« läßt jedoch außer acht, daß die wenigen Therapieplätze, die zum Teil auch noch Gegenstand fachlicher Kritik sind (vgl. auch *Coignerai-Weber/Hege*, 1981), für die große Zahl der Abhängigen nicht ausreichen und daß die Wirksamkeit jeder Therapie gegen Heroinabhängigkeit empirisch momentan außerordentlich fragwürdig ist. Das Argument, die Haft könne als »beste Möglichkeit des Entzuges« dienen (zum Teil sogar in rechtswidriger Verwendung der U-Haft bei Jugendlichen und Heranwachsenden als unbestimmte Strafe), um die Motivation zur Drogenfreiheit und zur Therapie zu steigern, wird mittlerweile bei Fachleuten und in der Vollzugspraxis nicht mehr für vertretbar gehalten (vgl. *Graalmann*, 1981).

Der Anteil der Straftaten gegen das Leben liegt bei den männlichen Gefangenen im Jugendstrafvollzug bei 6,5%, bei den 14- bis 18jährigen unter 5%; bei den 18- bis 21jährigen unter 5% und bei den älteren Gefangenen bei 10%. Bei den weiblichen Gefangenen liegt er insgesamt unter 5%.

Die Straftatbestände der Körperverletzung liegen bei männlichen Gefangenen in etwa der gleichen Größenordnung von 6,5%; bei weiblichen Gefangenen gibt es insgesamt nur 6 Fälle. Die in der Statistik aufgeführten Straftaten gegen die sexuelle Selbstbestimmung (Vergewaltigung, Nötigung, sexueller Mißbrauch von Kindern etc.) liegen bei den männlichen Inhaftierten unter 10% der insgesamt aufgeführten Delikte, bei den weiblichen Inhaftierten noch erheblich darunter.

Biographischer Hintergrund

Obwohl sich die Forschung, insbesondere die kriminologische und soziologische, seit langem mit Jugenddelinquenz und Jugendstrafvollzug beschäftigt, gibt es, was die Biographien jugendlicher Straftäter angeht, nur wenig greifbares Material. Ein Großteil der vorhandenen Untersuchungsergebnisse unterliegt aufgrund der jeweils verwendeten Erhebungstechniken (Fragebögen, Aktenanalysen, Beobachtung, Interview etc.) Verkürzungen, mit denen die subjektiven Erfahrungen und Sichtweisen der betroffenen Jugendlichen selbst ausgeblendet werden. Die Forderung, von der »Perspektive der Betroffenen« selbst auszugehen, wird gerade in diesem Bereich häufig gestellt und selten erfüllt. Auch aus den sozialwissenschaftlichen Debatten um die Erklärung abweichenden Verhaltens, um gesellschaftliche Definitionsprozesse und Kontrollinstanzen ist wenig über die Entwicklung von verurteilten Jugendlichen zu erfahren. Aufschlußreich sind manche der literarischen (Selbst-)Berichte von Gefangenen bzw. ehemaligen Gefangenen, die über Kindheit, Jugend und das Erleben der Knastrealität häufig mehr vermitteln als theoretische oder theoretisierende Erörterungen (z. B. *Werner*, 1969; neuerdings *Seibt* 1981; *Homes* 1981).

Wir beziehen uns im folgenden auf unsere von 1975 bis 1977 durchgeführte Untersuchung, in der wir wöchentlich bzw. 14tägig Gruppengespräche mit männlichen Insassen von zwei Jugendanstalten führten. In diesen Gesprächen ging es uns unter anderem darum, Einsicht in die biographische Entwicklung und die Hafterfahrung jugendlicher Straffälliger zu erlangen (*Kersten/Wolffersdorff-Ehlert,* 1980). Die Jugendlichen dieser Gruppen stellten ihre vorgängigen Erfahrungen als den Prozeß einer kontinuierlichen Zerstörung wichtiger Lebensbereiche dar. Wenn von der eigenen Familie, dem Wohnquartier, der Gleichaltrigengruppe (Clique) und von Beziehungen zu Freunden oder Freundinnen die Rede war, so verbanden sich damit kaum noch Hoffnungen auf eine mögliche Rückkehr in diese Struktur. Die dort gemachten Erfahrungen bestimmten in hohem Maße die Perspektive der Gefangenen in bezug auf Familie, Freundschaft und Partnerbeziehung, und zwar als Negation von Lebenschancen, Erwartungen und Hoffnungen.

Die Familie spielt höchstens noch als Wohnsitz im Rahmen von Bewährungsauflagen eine Rolle; vom Zusammenleben mit den Eltern erwartet man sich keine positiven Anstöße; im Gegenteil: die Jugendlichen und Heranwachsenden wollen nicht mehr damit »belastet« werden. Ihre emotional prägenden Erlebnisse in der eigenen Familie sind vorwiegend von Kontrollen, Verboten, Einschränkungen, Ärger und Gewalt bestimmt. Sofern beim Thema »Familie« die Existenz eigener Kinder der Gefangenen behandelt wurde, zeichnet sich auch hier eine negative Orientierung ab: Alimentverpflichtungen als zusätzliche finanzielle Belastung für das »Leben in Freiheit« nach der Entlassung, aktuelle oder antizipierte Auseinandersetzungen mit Personen oder Institutionen (Heim, Jugendamt). Der Zusammenhang zwischen einem gefangenen Vater und seinem Kind ist der einer unpersönlichen Belastung im Rahmen institutioneller Ansprüche.

Die Gleichaltrigengruppe (Clique) stellt, sofern sie als Perspektive überhaupt noch in Frage kommt, ebenfalls eine ambivalente und von Belastungen bedrohte Lebensform dar. Die Erfahrung der Jugendlichen zeigt, daß die Wahrscheinlichkeit einer Konfrontation mit Polizei, Gericht und Strafvollzug oft schon durch die bloße Zugehörigkeit zu einer Clique extrem gesteigert wird. Die fortwährende Aufsplitterung ihrer Cliquen durch Verhaftungen und Gefängnisstrafen und die damit verbundene Gefahr eines wachsenden gegenseitigen Mißtrauens (z. B. durch die dauernde Angst, jederzeit »verpfiffen« werden zu können) bedrohen immer mehr die soziale Funktion der Clique als Ort für Vertrauen und gegenseitige Unterstützung. Ihre illegalen Aktivitäten (Einbrüche, Zuhälterei etc.) bringen weitere

Konflikte mit sich – nicht nur mit Polizei und Gericht, sondern auch mit anderen Angehörigen der Szene (z. B. wenn sich »Zuhälterkreise« überschneiden).

Die positiven Möglichkeiten der Clique, die in den Berichten der Gefangenen immer wieder beschrieben werden, unterliegen trotz der Tatsache, daß sie von den Gefangenen nach der Entlassung besonders stark benötigt werden, einem andauernden Transformationsdruck: aus der mehr oder minder »freien Assoziation« von Jugendlichen im sozialen Schonraum Clique und dem Gleichgewicht zwischen Füreinander-Einstehen und Aufeinander-Angewiesen-Sein formt sich ein Gefüge persönlicher und materieller Abhängigkeiten, in dem Vertrauen zunehmend als Tauschwert bestimmt wird (»verpfeifst du mich, verpfeif ich dich«). Nur die männlichen Mitglieder haben in diesem Gefüge tatsächliche Geltung, während Mädchen und Frauen ausgeschlossen sind und nur als Tausch- und Gewaltobjekte einen manipulierbaren Gebrauchswert besitzen. Die Verteilung von Ansehen und Einfluß wird zunehmend durch Gewalt- und Machtausübung festgeschrieben (der »Boß«), so daß die Flexibilität der Cliquenstruktur als gemeinsamer Raum für die individuelle Wertfindung und als gemeinsam anerkannter Maßstab für die Beurteilung von Verhaltensweisen schwindet. Damit bricht jedoch auch die Nachvollziehbarkeit und Durchsichtigkeit der Gruppennormen zusammen. Es entsteht der wachsende Zwang, Normen für Brutalität, Unberechenbarkeit, Waghalsigkeit und Warenkonsum (Motorrad, Kleidung, Alkohol) konkurrent aufzustellen (»King-Sein«) und gewaltsam durchzusetzen. Darin werden »Sich-Respekt-verschaffen« und »Anderen-Angst-machen« immer mehr zwei Seiten desselben Vorgangs. Auf diese Weise wird die ursprünglich »besondere« Moral der Clique in eben die allgemeine Verdinglichung und Verregelung persönlicher Beziehungen transformiert, die auch den herrschenden Beziehungs-, Familien-, Arbeits- und Konsum-Alltag prägt – und aus der sie eigentlich einen Ausweg sucht.

Trotz dieser Belastungen und Ambivalenzen bleibt die Clique für den jungen Strafgefangenen häufig die wichtigste Verknüpfung zu seiner früheren Existenz – und sei es nur in ihrer symbolischen Bedeutung als Ort für verläßliche und verteidigenswerte Lebensformen (vgl. *Kraußlach* u. a., 1976). Je mehr sie infolge der Haftsituation und im Zusammenhang mit dem oben beschriebenen Außendruck an Integrationsfähigkeit verliert, desto größer wird das daraus resultierende Vakuum in der sozialen Orientierung junger Gefangener.

Die Erfahrungen der Jugendlichen mit Institutionen wie Schule, Erziehungsheim – zum Teil auch Freizeitheim –, Polizei und Jugendgericht vermitteln so gut wie nichts von deren »pädagogischer Intention«, sondern zeigen sie in ihrer strafenden Routine – in der Funktion also, in der institutionelle Übermacht mit Hilfe persönlicher und instrumenteller Durchsetzungsmittel gegen Kinder und Jugendliche ausgeübt wird. Die wichtigsten Stützen zur Sicherung dieser Machtverhältnisse sind physische oder psychische Gewaltanwendung (Prügeln, Einsperren, Ausschließen, Abschieben); daneben gibt es ein unpersönlich verwaltendes Vorgehen, das Instanzen mit immer größeren Durchsetzungs- und Eingriffsmöglichkeiten (Schule, Jugendamt, Polizei, Gericht) einschaltet, wenn die Schwierigkeiten mit dem betreffenden Kind als nicht mehr handhabbar erscheinen.

Das von den Gefangenen entworfene Bild kennzeichnet diese mit erzieherischem
Anspruch ausgestatteten Institutionen vor allem als Apparaturen der sozialen
Resteverwertung, deren pädagogische Zielsetzungen nur an wenigen Stellen
sichtbar werden. Für sie, die »öffentliche Erziehung« und »Erziehungsvollzug« als
ein mehr oder weniger nahtloses Nacheinander erleben, haben sich die Erfahrungen in diesen Einrichtungen nicht als »Erziehung« im Sinne des pädagogischen
Auftrags eingeprägt, sondern als Erfahrungen des Überlebens, des Sich-Durchset-
zens, kurz als »Durchblick«. Nur »Durchblick« vermittelt die Fähigkeiten, um die
es in diesem Zusammenhang geht: sich Teile des institutionellen Machtgefüges zum
eigenen Vorteil zunutze zu machen – und d. h. nahezu immer: zum Nachteil
anderer.

Die Strafverfolgungsinstanzen dienen – nach dem, was die Gefangenen über sie
berichten, vornehmlich dem Zweck, Verbrechen aufzuklären, die jugendlichen
Täter dingfest zu machen und sie ihrer Bestrafung zuzuführen. Von einer Klärung
der Person des Jugendlichen zum Zweck der Verhinderung künftiger Straftaten
kann in der Prozedur der Strafverfolgung keine Rede sein. Seine Geständigkeit
vereinfacht den Vorgang der Verurteilung und Strafzuführung. Mit Einsicht in
persönliche Hintergründe und in die Ursachen strafbarer Handlungen haben weder
die Vernehmungs- noch die Verurteilungsvorgänge viel zu schaffen. Genau das
wäre aber notwendig, wenn diese Verfahren tatsächlich einen erzieherischen
Zweck – und nicht nur eine böse Tat und den zugehörigen Bösewicht verfolgen
sollen. Mit der Aufstülpung psychologisch-psychiatrischer Prozeduren auf eine im
Kern unangetastet bleibende Strafverfolgung wird zwar eine Trennung von Tat und
»Täterpersönlichkeit« herbeigeführt. Eine gründliche Auseinandersetzung mit der
Person des Angeklagten ist damit aber noch lange nicht erfolgt.

Zusammenfassend gilt für die Erfahrung der Gefangenen mit institutioneller
Erziehung, daß sie keine grundsätzlich anderen Qualitäten und Strukturen aufweist
als ihre Erfahrungen mit kontrollierenden Institutionen (zentral: die Polizei); das
Interesse an der Person von Kindern und Jugendlichen bschränkt sich im wesentli-
chen auf deren Sicherstellung (z. B. bei aufgegriffenen Kindern und Jugendlichen)
und auf die Strafzuführung bei Tatverdächtigen. Was uns die Gefangenen über ihre
Vorerfahrungen berichteten, zeigt, daß Vertrauen, persönliche Orientierung und
Kennenlernen anderer Personen in dieser »Erziehung« höchstens punktuell möglich waren. Die Orientierung an anderen Personen erfolgt gemäß institutioneller
Gegebenheiten, die eine konstruktive Auseinandersetzung und ein gegenseitiges
Verstehen in der Regel nicht zulassen. Wenn ein solches Verstehen in den
Solidargemeinschaften gefährdeter Kinder und Jugendlicher (innerhalb und außerhalb von Institutionen) trotzdem zustande kommt, dann zumeist als Folge ihrer
gemeinsamen Orientierungslosigkeit. Gerade dadurch sind diese Gruppierungen
jedoch einem starken Druck ausgesetzt, der sie a priori sozial ächtet und kriminalisiert, damit zu ihrer negativen Entwicklung beiträgt und ihr inneres Gefüge
langfristig zerstört.

Knastalltag

Eine Vielzahl von Darstellungen in der Fachliteratur über Jugendstrafvollzug beschwört das Bild einer helfenden und erziehenden Institution, deren strafender Anteil entweder stillschweigend übergangen oder hinter euphemistischen Umschreibungen versteckt wird. Der Jugendstrafvollzug ist »konsequent erzieherisch, heilpädagogisch und therapeutisch zu gestalten«; man bemüht sich »um die Schaffung eines günstigen sozialtherapeutischen Klimas in den Anstalten« . . . »Wenn es für die Erziehung bzw. Behandlung des Klienten nötig ist, muß das Sicherungsdenken bis an die Grenze des Vertretbaren zurücktreten. Es kann und darf ausschließlich darum gehen, die Insassen der Jugendanstalten zu erziehen . . .« (*Bulczak*, 1976). Es soll nicht bestritten werden, daß solche beschwörenden Formulierungen auch der Sorge engagierter Reformvertreter entspringen, das öffentliche Wiedererstarken von Sicherheits-, Ordnungs- und Vergeltungsvorstellungen könne allmählich auch den letzten verbleibenden Reformansätzen den Garaus machen. Tatsache ist jedoch ebenfalls, daß die dehnbare Terminologie von Hilfe und Behandlung schon immer den Blick für die Beibehaltung althergebrachter Strukturen der strafenden Institution verstellt hat und nach wie vor weder in der Erfahrung inhaftierter Jugendlicher noch in deren materieller Lage eine Entsprechung findet. Daran können kosmetische Glättungsversuche, wie die Verbannung des Wortes »Strafe« aus dem Diskurs über Vollzugsziele und Vollzugsmethoden oder die Stilisierung des Jugendstrafvollzugs zum »Jugendvollzug« durchaus nichts ändern. Trotz der verbreiteten appellativen Definition dieses Vollzugs als »Hilfe« oder der rührseligen Gleichsetzung des Anstaltsalltags mit einem partnerschaftlichen »Gemeinschaftsleben« mit Zeltlagerromantik hat der Vorrang zentraler Prinzipien des herkömmlichen Verwahrungsvollzugs auch die jüngste Reformdiskussion unbeschadet überstanden (so etwa im neuen »Arbeitsentwurf« des BMJ, 1980): Sicherung des Gewahrsams, Isolation, Vorbereitung des Jugendlichen auf die unterste Qualifikationsebene des Arbeitsmarkts – und nicht selten sogar darunter. »Jenen, denen durch die Kette jugendrichterlicher Weisungen, Arbeitsauflagen und schließlich Arreste nicht beigebracht werden kann, daß es besser wäre, die hochfliegenden Lebenserwartungen an das bereitgestellte tiefe Niveau der Lebenschancen anzupassen, stehen in den Jugendgefängnissen dann Nachhilfestunden in der Einübung von Hilfsarbeit bevor« (*Schumann*, 1981).

Während es zur Beschreibung der Verkehrsformen zwischen Gefangenen in der Vollzugsliteratur eine auffallend breite Rezeption des Subkulturbegriffs gibt, sind entsprechend gründliche Analysen der materiellen Lage (junger) Strafgefangener und ihrer Bedeutung für die pädagogischen Zielsetzungen des Vollzugs sowie die gesellschaftliche Zukunft seiner Insassen eher die Ausnahme. Die Gründe für diese Einseitigkeit ergeben sich unschwer aus der Verwendbarkeit des Subkulturbegriffs für eine ahistorische und »ästhetische« Betrachtungsweise des Gefängnisses. Die Herleitung der Perversion zwischenmenschlicher Beziehungen, des Leidens und der persönlichen Deformation aus einer »Subkultur des Gefängnisses« ist bequem und fließt besonders dem phänomenologisch orientierten Betrachter leicht aus der

Feder. Und nicht zuletzt erlaubt die Heraushebung der Subkultur zur »unabhängigen Variablen« des Knastalltags die scheinbar wissenschaftlich legitimierte Ausklammerung der Frage, ob nicht ihr erschreckendes und zerstörerisches Potential gesellschaftlich durchaus willkommene Funktionen besitzt. Gerade die periodische Anprangerung von »Mißständen«, die dem verderblichen Wirken der Subkultur angelastet werden können, erlaubt dem Gefängnis immer wieder den Ruf nach Perfektionierung seiner selbst (vgl. auch *Jervis*, 1978).

Eine realistische Antwort auf die Frage, wie inhaftierte Jugendliche selbst das Gefängnis erfahren und wie sie es für ihre Zukunft verarbeiten, muß also über das Subkulturkonzept hinausgehen; sie setzt eine Untersuchung der Wechselwirkungen zwischen der allgemeinen gesellschaftlichen Plazierung des jungen Gefangenen, seinem persönlichen Lernprozeß und den auf ihn einwirkenden Verkehrsformen des Knasts voraus. Als wichtigste Bezugspunkte kommen dabei drei Themenkreise in den Blick, die sich nach den Stichworten: Entwertung der Arbeitskraft, soziale Ökonomie der Gefangenengesellschaft und subjektive Bewältigung des Vollzugs ordnen lassen.

Arbeit

Eine Auswertung der von uns gesammelten Gefangenenaussagen zum Thema Arbeitssituation im Jugendstrafvollzug (vgl. *Kersten/v. Wolffersdorff-Ehlert*, 1980) macht deutlich, worin die Betroffenen selbst das Hauptproblem der Vollzugsarbeit sehen – nämlich in der Wertbestimmung ihrer Arbeitsleistung: Sie empfinden es als ungerecht, daß der Wert ihrer Tätigkeit nicht als Lohn in Relation zum Marktwert ihrer Produkte und Dienstleistungen, sondern nach verschwommenen ideellen Maßstäben bemessen wird, die nicht das Produkt der Arbeit, sondern die »sekundären Tugenden« ihrer disziplinierten Verrichtung bewerten: Fleiß, Pünktlichkeit, Ausdauer, Zuverlässigkeit etc. (*Kaiser* u. a., 1974).

Die Reaktion der Gefangenen auf diese Wertverschiebung der Vollzugsarbeit, die für sie als Entwertung ihrer Arbeitskraft wirksam wird, sind unterschiedlich. Sie reichen von der spontanen Arbeitsverweigerung bis zur stillschweigenden Gewöhnung, von der Fügung ins Unabänderliche bis zur Flucht durch Selbstbeschädigung (vgl. die Berichte strafentlassener Jugendlicher bei *Wortmann*, 1978). Aber auch für diejenigen, die sich das Aufbegehren abgewöhnt haben, bleibt die Entwertung ihrer Arbeitskraft zum Maßstab für Disziplin und Folgsamkeit eine Provokation, an der sie die Widersprüche zwischen Vollzugszielen und Vollzugswirklichkeit ablesen können. Da diese Provokation zugleich ein Angriff auf das Selbstbild der Gefangenen ist, bleibt ihnen subjektiv kaum ein anderer Ausweg, als gegen den unpersönlichen Mechanismus dieser Entwertung ihren persönlichen Haß zu entwickeln. Gefängnisarbeit, so erfahren sie nicht zuletzt an der Vorenthaltung des angemessenen Lohns, soll ihnen den Unwert ihrer Handlungen anschaulich machen und ihnen als Bestrafungsmittel ihre Rückstufung vom abhängigen Lohnarbeiter zum subalternen Belohnungsempfänger zu Bewußtsein bringen.

Am Arbeitsverhältnis macht sich die Empörung der Gefangenen über ihre Lebensbedingungen im Strafvollzug, aber auch das ihnen verbliebene Widerstandspotential (Arbeitsverweigerung, Meuterei etc.) daher in besonderer Weise fest. Zugleich ist es der Punkt, an dem sich eine intern differenzierte Hierarchie zwischen den Gefangenen herauskristallisiert. Das Positionssystem des Knasts begünstigt nicht nur bestimmte Gefangenengruppen (Kalfaktoren, Kostträger, Gangsprecher etc.) durch Sonderfunktionen; darüber hinaus richtet es innerhalb des subalternen Sozialgefüges noch einmal verschiedene Stufen ein, auf denen sich angesichts der Knappheit an Positionen eine bestimmte Loyalität zur Anstalt entwickelt – die Loyalität der relativ Privilegierten. Was das Arbeitsverhältnis auf der einen Seite durch Zwang produziert, nämlich Wut und Widerstand, zerstreut es auf der anderen Seite durch Differenzierung und Privilegierung (vgl. hierzu *Popitz*, 1968).

Selbst wenn man weitergehende Überlegungen zur ökonomischen Funktion der Gefängnisarbeit ausklammert und nur der Frage nachgeht, inwieweit Arbeit im Strafvollzug wenn schon nicht als Lohnverhältnis, so doch wenigstens gemäß dem gesetzlichen Auftrag als pädagogisches Verhältnis realisiert ist, bleibt der Befund negativ. Im Gegensatz zu den normativen und leerformelhaften Bestimmungen in Gesetz und Vollzugsordnung empfinden die Gefangenen die Eintönigkeit der zumeist unqualifizierten Arbeit, den Arbeitszwang, hauptsächlich aber die in der Bezahlung objektivierte Entwertung ihrer Arbeitskraft als Bestandteil und Ausdruck von Strafe. Indem die Vollzugsarbeit den Gefangenen nicht zum Wert des Produkts, sondern nur zur Disziplin seiner Erstellung – also zum »pädagogisch« umschriebenen Ordnungsinteresse der Anstalt – in Bezug setzt, entfremdet sie ihn von seiner Tätigkeit über das in der allgemeinen Lohnabhängigkeit gesetzte Maß hinaus. Sie fördert einen Lernprozeß, in dem Arbeit ausschließlich als fremdbestimmte und zwangsgesteuerte Verrichtung erscheint. »Was bezweckt die Arbeit im Gefängnis? Nicht Gewinn und auch nicht die Formierung einer nützlichen Fähigkeit, sondern die Bildung eines Machtverhältnisses, einer leeren ökonomischen Form, eines Schemas der individuellen Unterwerfung und ihre Anpassung an einen Produktionsapparat« (*Foucault*, 1977). Vorbereitet wird so das genaue Gegenteil aller erzieherischen Ansätze, die die offiziellen Absichtserklärungen zur Problematik von Gefängnis und Arbeit durchziehen: Beim Gefangenen entsteht eine Haltung der Passivität und Resignation, in der er sich notgedrungen mit einer Zukunft verminderter sozialer Vertragsfähigkeit abfinden muß. Am Ende dieses Lernprozesses steht nur zu oft die reduzierte Lebensperspektive des Versorgungsempfängers, dessen Fähigkeiten zu eigenständiger Lebensbewältigung unentwickelt bleiben und sich dann auch in Einrichtungen nachgehender Betreuung (sofern überhaupt verfügbar) nur noch in Ausnahmefällen entfalten können.

Zwangsläufig wirkt sich diese Verkettung negativer Lernprozesse besonders für diejenigen folgenreich aus, die im Strafvollzug überhaupt zum erstenmal mit der Verpflichtung zur Arbeit konfrontiert werden. Für sie entstehen zusätzliche Gefährdungen daraus, daß ihre Anfangserfahrung mit Arbeit zeitlich und sachlich gleichbedeutend ist mit der Erfahrung ihrer objektiven Wertlosigkeit. Zum Mangel an gesellschaftlich verwertbarer Qualifikation kommen bei ihnen Mangel an Selbständigkeit, Gewöhnung an nur äußerlich stabile Versorgungsverhältnisse,

Abhängigkeit von fremden Entscheidungen. Arbeit im Gefängnis wird zum Erziehungsmittel für junge Sozialrentner.

Verkehrsformen

Es sind gerade diese prägenden Grunderfahrungen, die sich in den internen Verkehrsformen der Gefangenengesellschaft widerspiegeln. Hier erscheint der vom Anstaltssystem auf die Gefangenen ausgeübte Vereinzelungs- und Spaltungsdruck vor allem als Zwang zu permanenter Konkurrenz: Dem Konkurrenzzwang unterliegt sowohl der durch Knappheit begrenzte und durch Verbote eingeschränkte Besitz von Dingen (wie er im knastinternen Tauschhandel zum Ausdruck kommt) als auch die Versuchung, durch Verfügung über Dienstleistungen, Einflußchancen und schließlich (gestützt auf Gewalt oder Sexualität) über den Körper von Mitgefangenen eigene Positionen zu verbessern. Für einen konstruktiven Umgang der Gefangenen untereinander, der die Grundbedingung einer sozialen Erziehung im Gefängnis wäre, fehlt es vor diesem Hintergrund an den wesentlichen Voraussetzungen. Daher kann der konsequente Rückzug auf eigene Interessen und Bedürfnisse, der im Verhalten der Gefangenen vielfach die Form eines zynischen Egoismus annimmt, nicht als »Charakterfrage« abgetan werden. Ein soziales Klima, in dem sich in erster Linie Gegner, Konkurrenten oder Geschäftspartner und allenfalls in zweiter Linie Mitgefangene gegenüberstehen, begünstigt Reizbarkeit und Feindseligkeit. Jeder Versuch, die darin angelegte Atomisierung der sozialen Beziehungen (die die räumliche Atomisierung der Gefangenen im Zellensystem der Anstaltsbauten fortsetzt) durch alternative Verhaltensweisen zu überwinden, produziert für den einzelnen schwer überschaubare Risiken, vor denen er sich so gut wie möglich schützen muß.

Verbreitete Reaktionen darauf sind Rückzugstendenzen und Abgrenzungszwänge. Die vom Gefangenen im Knastalltag erfahrene Bedrohung persönlicher Identität führt zu kompensatorischen Einstellungen, zu denen vor allem die Entwicklung und Verfestigung negativ besetzter Feindbilder gehört. Besondere Intensität besitzt in diesem Zusammenhang das aggressive Stereotyp des ausländischen Gefangenen und darüber hinaus des ausländischen Arbeiters in der BRD (»Kanaken«) schlechthin. Auf dem Projektschirm »Kanaken« bilden sich sowohl Reflexe vorgängiger persönlicher Erfahrungen der Gefangenen als auch Einflüsse der »psychischen Ökonomie« des Gefangenendaseins, nicht zuletzt aber auch tiefverwurzelte Ängste vor sozialer Deklassierung ab. Die Kasernierung ausländischer Arbeiter in Massenquartieren, der Entzug gewohnter Kommunikation, Sexualität und Kultur, der Zwang zu nahezu völlig entfremdeter und subalterner Arbeit – all dies sind keine zufälligen Parallelen in der Situation von ausländischen Arbeitern und deutschen Strafgefangenen. Das Eingesperrt-Sein und die Angst vor der Entlassung in eine ungewisse Zukunft werden in einem Akt projektiver Abwehr gegen »den Kanaken«, gewendet. Das Problem der zukünftigen Einordnung des Strafgefangenen in unverändert schwierige Lebensumstände und eine Umwelt, die gegenüber dem Entlassenen ähnliche Vorurteile hegt wie dieser gegenüber dem »Kanaken«, wird so verdrängt und dem konstruierten Feindbild zugeschoben. Insgesamt sind es nicht die Unterschiede zwischen »Kanaken« und »normalen Gefangenen«, die Haß erzeugen, sondern vielmehr die Ähnlichkeiten der sozialen Lage sowie die niedrigen Zukunftsaussichten beider Gruppen (vgl. hierzu die Gesprächsauszüge in: *Kersten/v. Wolffersdorff–Ehlert*,1980; weiterhin: *Albrecht/Pfeiffer*, 1979).

An Feindbildern wie diesen, die sich in ähnlicher Form auch in der Bewertung von drogenabhängigen Strafgefangenen wiederholen, kann zumindest ein Teil der Aggressionen abgearbeitet werden, die sich im Grunde gegen die Anstalt und ihre Zwänge richten. Es gehört zu den destruktiven Begleiterscheinungen des Strafvollzugs, daß die Gefangenen diese Zwänge noch einmal gegeneinander verwenden müssen, um selbst möglichst wenig unter ihnen zu leiden. Der Gefangene, der einen anderen zu seinem »Butler« macht, ihn durch Wucherzinsen übervorteilt oder auf andere Weise Verfügungsgewalt über ihn zu erlangen sucht, erreicht kurzfristig die Kompensation eigener Ohnmachtserfahrungen. Aber er bestätigt damit zugleich den Regelkreis von Macht und Ohnmacht, auf dem das Funktionieren des Gefängnisses im großen wie im kleinen basiert. Er setzt durch sein Verhalten fort, was in der Struktur des Knasts angelegt ist: die Gewöhnung an Gewalt.

Insgesamt bringt die Alltagsrealität des Gefängnisses eine persönliche Leere mit sich, die entscheidende Orientierungspunkte des gewohnten Lebens außer Kraft setzt und ihrer stabilisierenden Funktionen entkleidet. Die so erzeugte Verwirrung bedingt ein passives Abwarten und Dahinleben, das allmählich die Proportionen der Erfahrung verändert. Und es ist eben dieses Vakuum, diese Diffusion, in die das Regelsystem der Anstalt verstößt, um gemäß seiner administrativen Logik die Bedingungen für eine »persönliche Reorganisation« des Insassen zu diktieren. Dieser Vorgang ist der eigentliche Kern des »Prisonisierungsprozesses«, der oft mit einer einfachen passiven Gewöhnung an die Haftsituation verwechselt wird. Die Prisonisierung des Gefangenen beinhaltet zwar auch die Abstumpfung und Verflachung seiner Individualität, deren Symptome in der Gefängnisliteratur ausführlich beschrieben worden sind (*Clemmer*, 1958; *Wheeler* 1961; *Sykes* 1958). Über den psychologischen Aspekt hinaus stellt sie sich jedoch wesentlich als normativer Vorgang dar, dessen Wirksamkeit vor allem darin besteht, daß sie dem Gefangenen einen neuen sozialen Code einverleibt, der ihn mit der Zeit mehr und mehr in den Regelkreis des Gefängnisses hineinzwingt. »Es muß betont werden, daß bisher in den Jugendstrafanstalten durch die Organisation Probleme geschaffen werden, deren Bewältigung die gesamte Kraft des Personals erfordert. Es werden nur die Probleme bearbeitet, die durch die Vollzugsorganisation neu für die Insassen geschaffen worden sind. Auch für die Mitarbeiter bringt die Organisation Probleme mit sich, deren Bewältigung sehr viel Zeit und Energie erfordert. Eine eigentliche Behandlung darüber hinaus steht lediglich auf dem Papier. Es gibt in der Bundesrepublik Deutschland kaum eine Anstalt, die über die Bewältigung der vom Vollzug erst geschaffenen Problematik hinaus eine Bearbeitung der persönlichen und sozialen Schwierigkeiten ermöglicht, die die Insassen in die Anstalt mitgebracht haben. Man kann also vereinfachend sagen, die Organisation Strafvollzug schafft erst die Probleme, die sie dann versucht zu bearbeiten« (*Eisenhardt*, 1978).

In den Erfahrungen der Gefangenen dominiert das Bild einer verwaltenden, verwahrenden und versorgenden Apparatur, die ihre Verfügungsmacht mit dem immer gleichen Anspruch auf Erziehung und Hilfe untermauert und rechtfertigt. Eine für sie selbst überzeugende Praxis von Hilfe und Erziehung im Strafvollzug gibt es aber nur in Ausnahmefällen. Die zwischen Resignation, Haß und Rachegefühlen angesiedelten Schlußfolgerungen, die sie aus diesem Widerspruch für sich ableiten, verhindern eine reale Auseinandersetzung mit verfestigten aggressiven Haltungen und erschweren die notwendige Bearbeitung ihrer Ursachen. Sie verstärken die negativen Lernprozesse, die sie in früheren Zeitabschnitten durchlaufen haben und setzen sich als Projektionen in ihren Zukunftsvorstellungen und in ihren sozialen Orientierungen fest.

Personal im Strafvollzug

Wie die Insassen der Gefängnisse unterliegt auch das in ihnen arbeitende Personal einem Prozeß mehrfacher Marginalisierung, in Jugendgefängnissen nicht anders als im Erwachsenenvollzug. Im Berufsalltag von Vollzugsbeamten, Sozialarbeitern, Psychologen, Lehrern, Seelsorgern etc. wird diese Marginalisierung als Widerspruch zwischen unvereinbaren Handlungsimperativen schmerzhaft spürbar. Entgegen dem organisatorisch und strukturell festgelegten Strafcharakter der Institution (mit »Sicherheit und Ordnung« nur sehr verkürzt umschrieben) wird an das Gefängnispersonal der Auftrag gerichtet, den persönlichen Umgang mit den Jugendlichen und Heranwachsenden in Richtung auf Behandlung und Resozialisierung zu gestalten. Während der Strafcharakter durch Beaufsichtigung, Routine und Architektur umfassend gewährleistet ist, sind die Ansatzpunkte für den »persönlichen Umgang« zwischen Personal und Jugendlichen schon von den Arbeitsbedingungen des Personals her nur vage bestimmt. Zugleich sind sie Gegenstand von Konflikten zwischen den verschiedenen Berufsgruppen des Gefängnisses, indem etwa die Wahrung des beaufsichtigenden Anteils in der Funktion der Vollzugsbeamten festgeschrieben ist und die behandelnde Intention des Strafvollzuges den sogenannten Sonderdiensten zugewiesen wird.

Behandlungskonzepte definieren den zu Jugendstrafe verurteilten jungen Menschen zumeist als »besonders benachteiligt« und durch defizitäre Sozialisation psychisch und im Sozialverhalten »geschädigt«. Sie versuchen sich so der moralischen Vorwurfshaltung, des Sühne- und Vergeltungsdenkens zu entledigen, die im Bewußtsein der Gefängnisaußenwelt tief verwurzelt sind und nach »harter Bestrafung des Täters« verlangen. Allerdings wird damit zugleich ein sehr problematisches Bild von gestörten und behandlungsbedürftigen Persönlichkeiten gefertigt, die eben nur noch diagnostischer und therapeutischer Bemühungen bedürfen, um im Gefängnis hilfreich behandelt zu werden. Die ganz konkreten schwierigen Verhaltensweisen, die die Jugendlichen in den Vollzug mitbringen, und ihre bisherigen Erfahrungen im Umgang mit Erwachsenen und Institutionen, all dies bewirkt vom ersten Tag der Einweisung an das Gegenteil eines »therapeutischen Milieus«. Im Knastalltag kollidieren die Bedürfnisse und Schwierigkeiten der

Gefangenen, führen zu persönlichen Krisen oder summieren sich zu schweren Konflikten. Unter diesen Voraussetzungen sind ihre Umgangsformen – untereinander und gegenüber dem Vollzugspersonal – nicht die von ratsuchenden Klienten oder behandlungswilligen Patienten, wie dies das »Reformvokabular« (*Sarodnik*, 1981) häufig zu suggerieren sucht. Der Umgangston im Gefängnis entspricht dessen innerer Logik und Struktur: Er ist von offener und verdeckter Feindseligkeit, Gewaltandrohung und -anwendung geprägt, drückt sich in emotionsloser Routine aus und spiegelt menschliche Beziehungen unter Zwangsbedingungen – z. B. auf der Ebene der Sexualität.

Die Sinnentleerung dieses Alltags schließt für die Gefangenen auch die Vollzugsbeamten mit ein. Aus ihrer Sicht sind die Beamten zugleich die einzigen Ansprechpartner außerhalb der Gefangenengesellschaft und die Hauptrepräsentanten der strafenden Gewalt – und damit die »natürlichen Gegner« der Gefangenen. Kein Gefangener wird seinen Bewacher ausschließlich als Vertrauten oder Hilfstherapeuten wahrnehmen. Der Beamte schließt die Zellentür auf und zu, guckt durch den Spion kontrolliert den Gang (die »Wohngruppe«), den Hof, begleitet den Gefangenen auf dem Weg zur Arbeit, zum wöchentlichen Duschen, zur Krankenstation, zum Sozialarbeiter oder Psychologen. Seine Uniform kennzeichnet ihn als Inhaber öffentlicher Gewalt und legitimiert diese Gewalt als Ausdruck gesetzlicher Vorschriften. Für den Gefangenen ist der Beamte mit seiner Uniform, seinem Schlüssel und seinen Vorschriften der Garant des eigenen unfreien, verregelten und hassenswerten Zustandes.

Im persönlichen Verhältnis zwischen Gefangenen und Beamten, das »neben« den Sicherungsaufgaben des allgemeinen Vollzugsdienstes stattfindet, liegt die einzige Möglichkeit, die unerläßliche Mindestbedingung für Behandlung und Erziehung aufzubauen, nämlich gegenseitiges Vertrauen und Verständnis zwischen Beamten und Gefangenen. Gerade dieser »persönliche Umgang« im Rahmen einer unpersönlichen Maschinerie zeigt aber auch die Ideologieträchtigkeit von Behandlungskonzepten und ihre immanenten Grenzen. Das Wie und vor allem das Wieweit der »menschlichen« Auseinandersetzung und des Eingehens auf die Person des Gefangenen bleibt zwangsläufig unbestimmt – und muß fast immer gegen Prinzipien der Sicherheit und Ordnung durchgesetzt werden. Es ist ein Charakteristikum der Behandlungskonzepte im Strafvollzug, daß sie die Notwendigkeit einer Basis für Verständnis und Vertrauen (als Grundvoraussetzungen für soziales Lernen) völlig personen- und situationsunabhängig fassen und die Widersprüche zwischen einem solchen Behandlungsanspruch und den fortbestehenden Sicherheits- und Gewahrsamsprinzipien nicht klären.

Aus diesen Widersprüchen resultiert auch der in die Vollzugsstruktur einprogrammierte Konflikt zwischen Beamten und Sozialarbeitern. In der Person des Sozialarbeiters steht der allgemeinen Straffunktion des Gefängnisses eine vereinzelte fürsorgerische Komponente gegenüber. Der Sozialarbeiter soll sich, dem Anspruch seiner Berufsbezeichnung gemäß, um die »sozialen« Belange des Gefangenen kümmern, die Zerstörung seiner Beziehungen nach draußen in Grenzen halten und Zukunftsperspektiven mit ihm erarbeiten. Abgesehen von den noch immer sehr

hohen Fallzahlen (bis zu 100 Jugendliche pro Sozialarbeiter) liegen die Haupt-
schwierigkeiten sozialarbeiterischer Tätigkeit im Jugendstrafvollzug in der Überforderung begründet, die ein so weitreichendes Aufgabenfeld – bei so dürftiger
Grundausstattung – mit sich bringt: Die wesentlichen Ursachen der Verelendung
von Kindern, Jugendlichen und Erwachsenen, die auch zu ihrer Kriminalisierung
führten, können vom Sozialarbeiter der Anstalt weder grundsätzlich in Angriff
genommen noch über den Einzelfall hinaus positiv geändert werden. Der Mangel
an Arbeit, Wohnung und Geld, die Auswirkungen deklassierter Lebensbedingungen und pathologischer Familienstrukturen – all dies kann vom Gefängnis-Sozial-
arbeiter höchstens kurzfristig gelindert, aber nicht behoben werden. Auf die soziale
Realität, in die der Gefangene nach seiner Entlassung zurückkehrt, hat er so gut wie
keinen Einfluß. Er kann weder Arbeitsplätze für schlecht ausgebildete und mäßig
motivierte Strafentlassene beschaffen, noch kann er entsprechend preiswerte und
gute Wohnungen für sie finden; auch auf die Einstellung von Unternehmern,
Arbeitskollegen, Nachbarn, Polizisten und »Bürgern« gegenüber Gefangenen und
Strafentlassenen hat er kaum Einfluß. Er unterliegt in seiner Sorge für die
Gefangenen ebenso den Bedingungen der Realität außerhalb des Gefängnisses wie
die Gefangenen selbst.

In der Anstalt selbst repräsentiert die Position des Sozialarbeiters vor allem den
»Besserungszweck« der Jugendstrafe. Je nach den individuellen Voraussetzungen
des Gefangenen soll er im Gefängnis die Linderung des durch die Strafe selbst
bedingten Entzugs bewerkstelligen – also die Reduktion der Reduktion bewirken.
Sozialarbeit im Gefängnis – gerade im Jugendstrafvollzug – kann nicht an der
Tatsache vorbeigehen, daß die Folgen der Haftstrafe die Voraussetzungen für eine
soziale Existenz des Gefangenen außerhalb des Gefängnisses praktisch mit jedem
Tag verschlechtern. Es liegt also im Interesse von Gefängnissozialarbeit, die Haft so
kurz wie möglich zu halten. Gleichzeitig müssen aber die individuellen Bedingungen des Gefangenen bei der Entlassung (Arbeit, Wohnung, emotionaler Zustand,
Kontaktmöglichkeiten etc.) so gut wie möglich sein, damit der Entlassene überhaupt eine halbwegs realistische Chance hat, längere Zeit außerhalb des Gefängnisses zu bleiben. Er soll ja in der Freiheit »Fuß fassen«. Hieraus ergibt sich der
Hauptwiderspruch sozialarbeiterischer Tätigkeit im Gefängnis: Tut der Sozialarbeiter das eine, so muß er das andere lassen.

In der Hierarchie verwaltender, verwahrender, bewachender und behandelnder
Berufe im Vollzug nimmt auch der Psychologe eine Grenzstellung ein. Er ist
einerseits Teil der Anstalt und bezieht seine berufliche Identität aus seiner
Zuständigkeit für die menschliche Restkategorie des Gefängnisses, die der Normalvollzug als Fremdkörper ausblendet: die »Persönlichkeit« des Gefangenen. Aber
zugleich bildet der Psychologe innerhalb dieser Routine selbst einen Fremdkörper:
Seine organisatorische Zuordnung zu den anderen Vollzugsdiensten, zu Aufsichts-
beamten, Betreuungsbeamten, aber auch zu Sozialarbeitern und Pädagogen, ist
weitgehend ungeklärt und auf Konflikt programmiert. Sein professionelles Image
als Inhaber eines wissenschaftlich fundierten, methodisch ausgewiesenen Instrumentariums zur Beurteilung und Behandlung der Gefangenenpersönlichkeit (über

das die »einfachen« Vollzugsdienste nicht verfügen) verleiht ihm einerseits eine scheinbar herausragende Bedeutung für die Verwirklichung der »höheren« Vollzugsziele: Erziehung, Behandlung, Therapie. Andererseits ist es die ungeklärte Funktion der Psychologie wie auch der anderen Sonderdienste, die gerade für Aufsichtsdienstbeamte offenkundig wird. Nicht selten reagieren sie darauf mit Verachtung für die Art von Fachlichkeit, die der Betreuungsarbeit der Sonderdienste (aber auch der ehrenamtlichen Betreuung durch Vollzugshelfer) ihr angeblich besonderes Gewicht verleiht. Worin z. B. die »therapeutischen« Aufgaben des Psychologen jenseits einer globalen Verpflichtung auf Behandlung, Besserung, Resozialisierung etc. bestehen sollen, wie sie unter den widersprüchlichen Bedingungen des Vollzugs realisiert und zu den Aufgaben der übrigen Vollzugsdienste abgestimmt sein sollen, darüber schweigen sich die Vorschriften aus. Während er den administrativen Interessen der Anstalt an einer reibungslosen, unaufwendigen »Persönlichkeitsforschung« zuarbeitet und in der Öffentlichkeit den Glauben an eine gründliche Betreuung der Gefangenen hochzuhalten hilft, schmälert sich seine Position an der »Basis« des Vollzugs bis zur Karikatur des hohen professionellen Anspruchs.

Ähnlich wie die gescheiterte Reform des Jugendhilferechts hinterlassen auch die Reformansätze im Bereich des Jugendstrafvollzugs vor allem Unklarheit und Widersprüchlichkeit. Grundlegende Fragen, wie die nach dem Verhältnis von Hilfe und Strafe, von Arbeit und Lohn, Therapie und Zwang sind zum gegenwärtigen Zeitpunkt ebenso ungelöst wie vor Jahren – es sei denn, man legt eine veränderte Sichtweise zugrunde und wertet eben diese Tatsache selbst als das eigentliche »Ergebnis« und die latente Funktion der zurückliegenden Reformperiode (vgl. hierzu *Mathiesen*, 1979). Einmal mehr dienen offizielle Reformkonzepte mehr der Aufrechterhaltung eines Anscheins von Behandlung und Erziehung in den Gefängnissen als materiellen Veränderungen in der Lage ihrer Insassen.

Auch die Ergebnisse der 1977 vom Bundesminister der Justiz eingesetzten Jugendstrafvollzugskommission (BMJ, Hrsg., 1980) erhärten die Befürchtung, daß sich die Reformdiskussion endgültig in den Überbau unverbindlicher Terminologien zurückgezogen hat und dem Fortbestand des Knasts herkömmlicher Prägung kaum noch etwas in den Weg legt. Die in den Gefängnissen nach wie vor stattfindende Verschlechterung der Lebensaussichten junger Gefangener schließlich ist ein weiteres Indiz dafür, daß die meisten der offiziellen Reformversprechungen aus derselben Werkstatt stammen, in der auch des Kaisers neue Kleider geschneidert werden.

Joachim Kersten/Christian von Wolffersdorff-Ehlert

Literatur

Albrecht, P. A.,/Pfeiffer, C., 1979: Die Kriminalisierung junger Ausländer, München – *Böhm, A.,* 1979, H. 4: Zur institutionellen Situation des Jugendstrafvollzugs, betrifft: erziehung – *Bulczak, G.,* 1976: Jugendanstalten, in: *Schwind, H. D./Blau, G.* (Hrsg.), Strafvollzug in der Praxis, Berlin – Bundesministerium der Justiz, 1980: Arbeitsentwurf einer Verordnung zum Vollzug der Jugendstrafe, Bonn – Bundesministerium der Justiz, 1980: Schlußbericht der

Jugendstrafvollzugskommission, Bonn – Bundesministerium der Justiz, 1980: Arbeitsentwurf einer Verordnung über den Vollzug der Jugendstrafe und die Eingliederung junger Straffälliger, Bonn – *Clemmer, D.,* 1958: The Prison Community, New York – *Coignerai-Weber, C./ Hege, H.,* 1981, H. 3: Drogenabhängigkeit und Straffälligkeit – Die unvollständige Reform des Betäubungsmittelgesetzes, Monatsschrift für Kriminologie und Strafrechtsreform – Deutsche Vereinigung für Jugendgerichte und Jugendgerichtshilfen (Hrsg.), 1981: Die jugendrichterlichen Entscheidungen – Anspruch und Wirklichkeit, München – *Düwer, F./ Fellberg, G./Kraußlach, J.,* 1976: Aggressive Jugendliche – Jugendarbeit zwischen Kneipe und Knast, München – *Eisenhardt, Th.,* 1978: Strafvollzug, Stuttgart – *Foucault, M.,* 1978: Überwachen und Strafen, Frankfurt – *Graalmann, K.,* 1980: Von der Drogenszene in die Knastszene – Drogentherapie im Strafvollzug?, in: *Ortner, H.* (Hrsg.), Freiheit statt Strafe, Frankfurt/M. – *Jervis, G.,* 1977: Kritisches Handbuch der Psychiatrie, Frankfurt/M. – *Kaiser, G./Schöch, H./Eidt, H. H./Kerner, H. J.,* 1975: Strafvollzug – Eine Einführung in die Grundlagen, Karlsruhe – *Kersten, J./v. Wolffersdorff-Ehlert, Ch.,* 1980: Jugendstrafe – Innenansichten aus dem Knast, Frankfurt/M. – *Lange, P.,* 1973: Rückfälligkeit nach Jugendstrafe, Göttingen – *Leschhorn, W.,* 1981: Drogenabhängigkeit im Strafvollzug, in: Zeitschrift für Strafvollzug und Straffälligenhilfe, H. 1 – *Mathiesen, T.,* 1979: Überwindet die Mauern, Neuwied/Darmstadt – *Ortner, H.,* 1980: Freiheit statt Strafe – Plädoyers für die Abschaffung der Gefängnisse, Frankfurt/M. – *Radbruch, G.,* 1957: Der Mensch im Recht, Göttingen – *Sarodnik, W.,* 1981, H. 12: Jugendstrafe und Jugendvollzugs-Anspruch und Wirklichkeit, in: Deutsche Vereinigung für Jugendgerichte und Jugendgerichtshilfen e. V. (Hrsg.), Die jugendrichterlichen Entscheidungen, Neue Folge, München – *Schaffstein, F.,* 1972[4]: Jugendstrafrecht, Stuttgart – *Schaffstein, F.,* 1975: Reformpläne im Bereich des Jugendkriminalrechts, in: Kriminalpädagogische Praxis, H. 5 – *Schumann, K. F.,* 1981: Produktionsverhältnisse und staatliches Strafen, in: Kritische Justiz, H. 1 – *Schwind, H. D./ Blau, G.* (Hrsg.), 1976: Strafvollzug in der Praxis, Berlin – Statistisches Bundesamt, 1980, Fachserie 10, Reihe 4: Strafvollzug, Wiesbaden – *Sykes, G.,* 1958: The Society of Captives. A Study of Maximum Security Prisons, Princeton – *Vehre, E.,* 1975: Noch Hoffnung für den Jugendstrafvollzug?, Theorie und Praxis der sozialen Arbeit – *Voß, M.,* 1981: Reform zum Schlechten? Eine Kritik am Schlußbericht der Strafvollzugskommission, Neue Praxis, H. 3 – *Werner, W.,* 1969: Vom Waisenhaus ins Zuchthaus – ein Sozialbericht, Frankfurt/M. – *Wheeler, S.,* 1961: Socialisation in Correciconol Institutions, American Sociological Review: 697 ff. – *Wortmann, R.,* 1978: Heim, Knast – und dann?, Frankfurt/M. –

→ Abweichendes Verhalten → Jugendgerichtsbarkeit → Jugendpolizei

Jugendverbände

Jugendverbände sind in der Bundesrepublik Deutschland neben kommunalen Ämtern und lokalen Initiativgruppen die bedeutsamsten Träger von Jugendarbeit. Unter dem unscharfen Begriff »Jugendverband« werden im allgemeinen Sprachgebrauch eine Vielfalt christlicher, gewerkschaftlicher, berufsständischer, politischer und freizeitbezogener Organisationen, Jugendwerke und Abteilungen von »Erwachsenenverbänden« zusammengefaßt, über die zahlreiche gesellschaftliche Gruppen ihre Interessen an Jugendliche weiterzuvermitteln suchen. Nur wenige Jugendverbände sind nicht zugleich Gliederungen oder Veranstaltungen einer Erwachseneninstitution oder -organisation (z. B. die traditionellen wie auch die progressiven Pfadfinderverbände, Gruppen der bündischen Jugend). Die Vielfalt von Zielen, Inhalten und Arbeitsformen der Jugendverbände verdankt sich sehr unterschiedlichen geschichtlichen Traditionen, die hier kurz dargestellt werden sollen.

Geschichte

Die Prozesse der Industrialisierung und Urbanisierung konstituierten im 19. Jahrhundert neue soziale Kategorien von »Jugendlichen« – Schüler, jugendliche Arbeiter, Lehrlinge – und schwächten zugleich traditionelle Formen der sozialen Verortung und sozialen Kontrolle dieser Jugendlichen durch Familie, Gemeinde, Kirchen und Militär. Um die häufigen Integrationsprobleme zu steuern und zugleich ein funktionales Äquivalent für die nachlassende Wirksamkeit familial beeinflußter, ortsgebundener Formen der Nachwuchsgewinnung und sozialen Kontrolle zu schaffen, gründeten vor allem kirchliche Gruppen und Personen neue Formen sozialer Organisation für Jugendliche – Gesellenvereine, Jugend- und Jünglingsvereine etc. Diese in der Regel konservativen Gesellungsformen, denen nationalistische und militaristische Gruppierungen folgten, bilden eine geschichtliche Wurzel »freier« Jugendarbeit.

Eine zweite geschichtliche Wurzel der Jugendverbände ist die bürgerliche Jugendbewegung. Ende des letzten Jahrhunderts entstand vornehmlich unter der Jugend des deutschen Bildungsbürgertums eine soziale Bewegung, die als Reaktion auf die Bedrohung der gesellschaftlichen Stellung dieser Schicht durch neue, technisch-ökonomisch orientierte Eliten und als Reaktion auf die Aushöhlung kultureller, den Kapitalismus zu verstehen ist. Die Jugendbewegung suchte Werte wie Natürlichkeit, Unmittelbarkeit, Freundschaft, künstlerische Sublimierung, kulturell fundierte Sinnhaftigkeit des Lebensvollzugs durch das intensive Leben in der kleinen Freundesgruppe, durch den Auszug aus den Städten, durch die Hinwendung zu Natur und Innerlichkeit herzustellen. Ihre hervorstechenden Stilelemente wie Wandern, Singen, Fahrten, vor allem die Betonung des gruppenbezogenen Lebens prägen auch heute noch Arbeitsformen der Jugendverbandsarbeit, wenn auch die Jugendbünde selbst fast bedeutungslos geworden sind.

Anders als die bürgerliche Jugendbewegung zielten die ersten Zusammenschlüsse der proletarischen Jugendbewegung, spontane Gruppen von Lehrlingen und jungen Arbeitern in den Jahren vor dem 1. Weltkrieg darauf, die teilweise unmenschlichen Arbeits- und Lebensbedingungen in ausbildenden Handwerksbetrieben, Fabriken und Kasernen öffentlich anzuprangern und die Jugendlichen selbst im politischen Kampf zu vereinen. Diese spontanen Gruppen lösten alsbald bei Parteien und Gewerkschaften der Arbeiterbewegung Reaktionen aus, die zu verstärkter Jugendarbeit führten. Die spontanen Gruppen gingen in den Organisationen auf oder wurden von diesen vereinnahmt. Jugendorganisationen sind seitdem für die Parteien und Gewerkschaften in der Tradition der Arbeiterbewegung integrierte Teile der Gesamtorganisation. Das für die erste Phase der proletarischen Jugendbewegung bereits kennzeichnende Dilemma zwischen Selbstorganisation oder Zu- und Unterordnung unter Parteien und Gewerkschaften, politischem Handeln aus der Unmittelbarkeit empfundener Unterdrückung als Lehrling und Jungarbeiter oder Unterordnung unter disziplinierende Organisationsstrategie und aufschiebende, auf spätere politische Erfolge vertröstende Bildungsarbeit beschäftigt die Jugendorganisationen der Arbeiterbewegung noch heute.

Strukturen und Aufgaben der Jugendverbände?

Vielfältige und widersprüchliche Intentionen und Strukturprinzipien kennzeichnen auch in der Gegenwart die gesellschaftliche Situation der Jugendverbände. Jugendverbände sind Zusammenschlüsse junger Menschen, in die Erwartungen auf ein Stück selbstbestimmbarer Zeit eingehen, sie sind zugleich Veranstaltungen und Gliederungen von Institutionen der Erwachsenenwelt, denen Ziele und Arbeitsformen vorgegeben sind. Jugendverbände bieten in Kleingruppen und offenen Angeboten die Chance, ein Stück gegenwärtigen Lebens außerhalb von Schule und Arbeitswelt zusammen mit anderen Jugendlichen zu realisieren, sie tragen aber auch Erziehungs- und Bildungsaufgaben, die vom Interesse der Institutionen und Organisationen bestimmt sind, durch Rekrutierung und Sozialisation junger Menschen sich selbst zu reproduzieren. Jugendverbände sind Plattformen, auf denen Interessen von Jugendlichen diskutiert und formuliert und ins politische Tagesgeschäft eingebracht werden können, sie sind aber auch operative Größen im politischen Kalkül gesellschaftlicher Gruppen, die Jugendarbeit machen und finanzieren. Jugendverbände sind ebenso Pressure-Groups für Interessen, die Jugendliche betreffen, wie sie im Feld der Jugendpolitik politische Objekte, nämlich zu fördernde und zu unterstützende Organisationen sind. Jugendverbände bieten Jugendlichen die Chance, Probleme in Familie, Schule und Arbeitswelt sowohl durch Gespräche als auch Aktionen anzugehen, zur Emanzipation von vorgegebenen Rollenidentitäten, zu einer tendenziell selbst reflektierten Indentität zu kommen. Sie können diesen im Jugendalter angelegten Prozeß aber auch durch Angebote partikularer Sinn- und Lebensentwürfe (Sportler, »Berufsjugendlicher«, Feuerwehrmann) blockieren.

Jugendverbände sind Handlungsfelder, in denen junge Menschen sich untereinander über Probleme und Konflikte verständigen, das know-how kollektiven politischen Handelns lernen können. Zugleich weisen die meisten Verbände eine durch die Erwachseneninstitution bestimmte Hierarchie von Funktionären und gegebenenfalls Professionellen auf, die nicht selten den demokratischen Gremien der Jugendlichen selbst enge Grenzen von Wirksamkeit und Einfluß stecken. Bedürfnisbefriedigende Geselligkeit unter Gleichaltrigen und partikaler Erziehungsauftrag, Selbstbestimmung und Eingebundensein in funktionärsbestimmte Strategien, Interessenvertretung und Subventionsabhängigkeit, Emanzipation und partikulare Integration, unter sich sein und Überformung von Beziehungen und Erfahrungen durch vorgegebene Verbandsstrukturen – diese Merkmale stecken die Bedingungen ab, unter denen Jugendverbandsarbeit in der Bundesrepublik stattfindet. Jugendverbandsarbeit ist immer Praxis, die zwischen diesen Bedingungen balanciert, Kompromiß zwischen widersprüchlichen Vorgaben, die Jugendverbände selbst nicht aufzulösen imstande sind – etwa in dem Sinne, daß Erwachsenenverbände, professionelle Pädagogen stets als Agenten der Integration, Bestrebungen zur Selbstorganisation von Jugendlichen hingegen per se als emanzipationsfördernd zu betrachten wären. Die Widersprüche, mit denen Jugendverbände zu tun haben, sind nicht generationsspezifisch, sie bleiben auch gelingender Praxis immanent: Die Diskussion über die eigene Lebenssituation unter Lehrlingen kann ebenso Voraussetzung gelingender politischer Aktivität sein wie die Unterstützung solchermaßen formulierter Interessen durch den Apparat der Gewerkschaften. Bei der Überwindung sozialisierter Verkehrsformen in der Freizeit oder der Vorbereitung und Durchführung politischer Bildung und Aktionen kann die solidarische Unterstützung einer Jugendgruppe durch qualifizierte Gruppenberater eine wichtige Voraussetzung für Emanzipationsprozesse sein.

Jugendverbände – das sind die beiden großen konfessionellen Gruppen, die evangelischen Verbände, Arbeitsgemeinschaften und Jugendwerke der Landeskirchen, zusammengefaßt in der »Arbeitsgemeinschaft der evangelischen Jugend in der Bundesrepublik Deutschland und Berlin (West) e.V.«, kurz AEJ, und die katholischen Jugendverbände und Jugendgemeinschaften, zusammengeschlossen im »Bund der deutschen katholischen Jugend« (BDKJ). Die Gewerkschaftsjugend des DGB (DGBJ) vereint die bis zu 25 Jahren alten Mitglieder der im DGB zusammengeschlossenen Einzelgewerkschaften; die Jugend der Deutschen Angestelltengewerkschaften (DAGJ), des Deutschen Beamtenbundes (DBBJ), des Deutschen Bauernverbandes, der Bund der deutschen Landjugend (BDL) sind als berufsständisch fundierte politische Jugendverbände zu betrachten.

Politische Jugendverbände von ihrer Tradition her sind die der SPD nahestehende Sozialistische Jugend Deutschlands (SJD), die Falken, sowie der Bund Demokratischer Jugend (BDJ), ein Zusammenschluß des Rings Bündischer Jugend und des Bundes Deutscher Pfadfinder (BDP). Ein aus der Arbeiterbewegung entstandener politischer Freizeitverband ist die Naturfreundejugend Deutschlands (NFJD); die Deutsche Jugend des Ostens, heute Deutsche Jugend in Europa – DJO genannt, organisiert die Jugend der heimatvertriebenen Verbände. Freizeitbezogene Jugendverbände sind die Jugend des Deutschen Alpenvereins (DAVJ), die Deutsche Wanderjugend (DWJ), die Solidaritätsjugend Deutschlands, die traditionellen Pfadfinderbünde, die Deutsche Schreberjugend sowie, in besondere Aufgaben eingebunden, das Deutsche Jugendrotkreuz (DJRK), die Jugend des Deutschen Roten Kreuzes. Diese Dachorganisationen und Jugendverbände sind Mitglieder des Deutschen Bundesjugendrings (DBJR), der Bundesarbeitsgemeinschaft der Jugendverbände in der Bundesrepublik. Diese Arbeitsgemeinschaft vertritt gemeinsame Interessen der Jugendverbände in eigener Sache (Jugendförderungspolitik, jugendpolitische Gesetzgebung); sie hat sich in den letzten Jahren zunehmend zu einer Plattform für politische Stellungnahmen der Jugendverbände, nach eigenem Selbstverständnis zum Sprecher der gesamten jungen Generation, entwickelt. Nahezu zu allen gewichtigen politischen Themen der letzten Jahre, wie z. B. zum Problem der Energieversorgung, des Friedens, der friedlichen Nutzung von Atomkraft, der Jugendarbeitslosigkeit u. a. liegen vom DBJR wie auch von vielen anderen Jugendverbänden und Landesjugendringen fundierte Stellungnahmen vor.

Dem Deutschen Bundesjugendring (DBJR) gehören außerdem die Landesjugendringe sowie über den Arbeitskreis zentraler Jugendverbände (AzJ) eine Reihe kleinerer Jugendverbände an.

Die Deutsche Sportjugend (DSJ), Dachorganisation der Jugendorganisationen der einzelnen Fachverbände des Deutschen Sportbundes, also etwa des Deutschen Fußballbundes (DFB), des Deutschen Leichtathletikverbandes (DLV) gehört nicht dem DBJR an. Sie ist nach der Zahl der in den Sportvereinen Sport treibenden Kinder und Jugendlichen der größte »Jugendverband« in der Bundesrepublik.

Die Frage, wie viele Jugendliche von Jugendverbänden erreicht werden, ist deswegen schwer zu beantworten, weil »Mitgliedschaft« in einem Jugendverband kein ausreichendes Kriterium für die Abschätzung der quantitativen Reichweite von Jugendverbandsarbeit ist. Mehr – und auch weniger – Jugendliche mögen Mitglieder in Jugendverbänden sein, als von der Arbeit dieser Jugendverbände tatsächlich sozial beeinflußt werden. Die DGB-Jugend hat etwa 1,23 Millionen Mitglieder, jedoch nur ein Bruchteil dieser »Jugendlichen« (bis zu 25 Jahren) ist in aktiver Gewerkschaftsjugendarbeit engagiert. Offene Arbeitsformen wie Diskotheken, Diskussionen, die Einrichtung von ad-hoc-Arbeitsgemeinschaften zu aktuellen Problemen erreichen andererseits viele Jugendliche, die nie formal Mitglied eines Jugendverbandes werden; der traditionelle Begriff des Mitgliedes mit Mitgliedsbuch, Beitragszahlung, formellen Rechten und Pflichten schien aufgrund eines neuen Selbstverständnisses im Gefolge der Protestbewegung weitgehend überholt (vgl. *Hornstein* u. a., 1976), wird jedoch im Zuge der Restauration traditioneller Ziele und Organisationsformen in den letzten Jahren sowohl von seiten der staatlichen Administration als auch von seiten einiger großer Verbände wieder verstärkt zum Kriterium erhoben.

Anhaltspunkt für eine Einschätzung der Reichweite der Jugendverbände gibt eine bundesrepräsentative Emnid-Umfrage unter 14–24jährigen »Jugendlichen«, die 1976 im Auftrag des Landesjugendrings Rheinland-Pfalz durchgeführt worden ist.

Danach bezeichneten sich rund 31% der befragten Jugendlichen als Mitglieder
eines Jugendverbandes, 11% als Mitglied mehrerer Verbände. Jugendverbände
organisierten nach dieser Studie rund 4,2 Millionen Jugendliche. Die Prozentzahl
der Jugendlichen, die nach eigenem Bekunden darüber hinaus an Veranstaltungen
der Jugendverbände teilnahmen, lag sogar noch etwas höher.

Diese Emnid-Studie bestätigt auch Ergebnisse älterer Untersuchungen (zusammengefaßt in *Hornstein* u. a., 1976), wonach die Mitgliedschaft in Jugendverbänden
mit steigendem Alter (von 14–24) abnimmt, Jungen stärker als Mädchen in
Verbänden engagiert sind (38% gegenüber 24%). Auch die alte These, daß
Jugendverbandsarbeit ein Mittelschichtunternehmen sei, wird im Groben bestätigt:
die Prozentzahl der Engagierten steigt mit zunehmender Schulbildung, Hauptschüler sind nur zu 17% Mitglieder in Jugendverbänden.

Die grundlegende Organisations- und Arbeitsform der Jugendverbände ist die
Jugendgruppe: Jugendliche in überschaubarer Zahl, die sich regelmäßig, meist
wöchentlich, über Jahre hinweg treffen und über einen Kern von verbandlich-
traditionellen Aktivitäten hinaus, ein breites Spektrum von Aktivitäten verfolgen –
Geselligkeit, Diskussionen, Feten, Basteln, Ausflüge, Aktionen etc. Diese Jugendgruppen sind die Basis einer formalen, durch Satzung bestimmten Organisation,
deren Positionen und Gremien den Verband auf Landes- und Bundesebene
ausmachen und von Delegierten der jeweils unteren Ebene gewählt werden.

Jugendgruppen haben in der Regel auch einen Gruppenleiter: einen meist ehrenamtlich in der Verbandsarbeit tätigen Jugendlichen oder einen in der Erwachseneninstitution mit Jugendarbeit Befaßten, z. B. einen Sozialarbeiter, Pfarrer, Diakon
oder Funktionär. In basisdemokratischen Verbänden wird der Gruppenleiter von
den Jugendlichen gewählt, in anderen von der Erwachsenenorganisation oder
älteren Mitarbeitern bestimmt. Manche Verbände verfügen auch über Doppel-
strukturen: einen von den Jugendlichen gewählten Gruppenleiter und einen von
der Erwachsenenorganisation bestimmten.

Häufig gewährleisten insbesondere Angehörige der Erwachsenenorganisationen
oder ältere Mitglieder, zum geringen Teil auch professionell Tätige die Kontinuität
des Verbandes bei stetig wechselnden Mitgliedern. Denn gerade für Jugendverbände ist es charakteristisch, daß die normalen Mitglieder des Verbandes nach ihrer
lebensalterspezifischen Entwicklung nur einige Jahre dem Verband angehören.

Neben der Arbeitsform der Jugendgruppe haben offene Veranstaltungen, also
Angebote an Jugendliche, die nicht notwendigerweise »Mitglied« des Verbandes
sein müssen, seit Mitte der 60iger Jahre kontinuierlich an Bedeutung gewonnen.
»Offene« Angebote sind etwa Diskotheken in Gemeindehäusern, Pfarrheimen,
Sportheimen, Diskussionsforen, Filmabende, Bildungsveranstaltungen etc. Diese
offenen Angebote werden häufig im Rahmen der »halboffenen« Arbeitsformen
eines Jugendclubs oder problemorientierter ad-hoc-Gruppen organisiert. Diese
Gruppen sind stärker als traditionelle Jugendgruppen auch außenstehenden, nicht-
verbandlich gebundenen Jugendlichen zugänglich. Sie sollen andererseits mehr
Möglichkeiten des Engagements als periodische Veranstaltungen bieten. Im Rahmen dieser beiden Hauptformen der Jugendarbeit – Gruppenarbeit und offene

Arbeit – finden vielfältige Einzelaktivitäten statt und unterschiedliche Methoden Anwendung. Das reicht von Tanz und Spiel über Fahrten und Lager bis zu politischen Aktionen, von Festen und Feiern über Seminare politischer und kultureller Bildung bis zu sozialem Engagement, von Arbeitskreisen, Projektarbeit und Diskussionsgruppen über internationale Begegnungen bis zu Kulturveranstaltungen und politischen Veranstaltungen.

Jugendverbandsarbeit als Veranstaltung setzt einen Kern von Mitarbeitern voraus, die Jugendarbeit machen. Einer Untersuchung von *Sielert* (1978) über Jugendverbandsmitarbeiter in Dortmund handelt es sich hierbei zu mehr als zwei Drittel um männliche und zu weniger als ein Drittel um weibliche Mitarbeiter, deren Hälfte noch keine 22 Jahre und etwa zwei Drittel noch keine 30 Jahre alt war. Die Gymnasiasten waren verglichen mit den Hauptschülern überrepräsentiert, desgleichen Mittelschichtangehörige im Vergleich zu Unterschichtsangehörigen. 62% aller Jugendarbeiter übten ihre Tätigkeit maximal drei Jahre aus und 88% nahmen ihre Aufgabe ehrenamtlich wahr. Während der Prozentsatz der Hauptamtlichen ansonsten vermutlich eher geringer ist, dürften diese Angaben bundesweit gelten, wobei von diesem statistischen Mittel die Verhältnisse in Einzelverbänden naturgemäß drastisch abweichen können. Insbesondere seit Mitte der 60er Jahre sind auch bei den Jugendverbänden mehr Hauptamtliche eingestellt worden. Man kann diese Entwicklung nur mit Vorsicht als »Professionalisierung« der Jugendverbandsarbeit bezeichnen, da der ganz überwiegende Teil aller Aktivitäten nach wie vor von Ehrenamtlichen getragen wird. Bei den Hauptamtlichen handelt es sich zum einen um Organisationssekretäre und zum anderen um pädagogische Mitarbeiter. Während die ersteren nur selten direkt mit Jugendlichen arbeiten, sondern eher Verwaltungsarbeiten abwickeln, Programme aufstellen und allenfalls Mitarbeiterschulungen durchführen, ist die zweite Gruppe häufig für die politische Bildungsarbeit oder die Betreuung bestimmter Zielgruppen zuständig (Arbeitslose, Drogenabhängige, Jugendarbeit in sozialen Brennpunkten etc.).

Die Positionen der hauptamtlich tätigen Funktionäre und Pädagogen sind, wie bei einem Teil der kirchlichen Jugendverbände oder auch der Gewerkschaftsjugend, zugleich Positionen der Erwachseneninstitutionen Kirche oder Gewerkschaft, also Jugendseelsorger eines bischöflichen Jugendamtes, Jugendpfarrer oder der Jugenddiakon einer Pfarrgemeinde, eines Dekanats, Jugendsekretär der Kreis- oder Bezirksleitung einer Gewerkschaft. Sie sind durch ihre hauptamtliche Tätigkeit also in Funktions- und Rechtfertigungszusammenhänge eingebunden, die den Bereich des Jugendverbandes selbst überschreiten. Sie sind den Gremien der »Erwachsenenorganisation« verantwortlich und in der Regel in Fragen ihres Lohnerzieherstatus auch von diesen abhängig.

Gesellschaftlichen Bedeutung der Jugendverbände

Bei der Beantwortung der Frage, was Jugendverbandsarbeit für Jugendliche und, in Zusammenhang damit, für die Gesellschaft bedeutet und bewirkt, wird man angesichts der unterschiedlichen Inhalte und Formen von sozialen Beziehungen, die Jugendverbände für Jugendliche konstituieren, nur zögernd allgemeine Antworten geben können. An Jugendverbandsarbeit teilzunehmen, kann ebenso eine belang- und folgenlose Freizeitbeschäftigung sein, wie dies bedeuten kann, daß Kindern und Jugendlichen in der Erfahrung mit anderen Kindern, Jugendlichen und Erwachsenen, durch gemeinsames Handeln etwa im Rahmen von Kirche, Gewerkschaften oder Feuerwehr, eine dauerhafte Synthese im Prozeß der Identitätsfindung gelingt.

Kern aller Jugendverbandsarbeit ist, daß Jugendlichen und Kindern die Chance des Zusammenseins mit Gleichaltrigen in Formen geboten wird, welche die in diesem Alter spezifischen Bedürfnisse nach Interaktion in der Gleichaltrigengruppe hinreichend aufnehmen. Jugendverbände als eine Form institutionell abgesicherter, gleichwohl zumindest teilweise selbstbestimmter, personenbezogener, egalitärer Interaktion mit Gleichaltrigen haben gegenüber Schule und Arbeitswelt, die primär hierarchisch, zweckbezogen und fremdbestimmt organisiert sind, eine Funktion sozialer Versorgung. Sie organisieren und gewährleisten für einen Teil von Jugendlichen ein altersspezifisch besonders bedeutsames Beziehungsgefüge.

Jugendverbände befriedigen, wenn auch in traditioneller Jugendarbeit oft nur als unbeabsichtigte Begleiterscheinung festgeschriebener Aktivitäten, zentrale Bedürfnisse nach sozialer Anerkennung, Sicherheit, Verständigung (vgl. *Damm,* 1975 und 1980; *Lange/Müller/Ortmann,* 1980). Sie ermöglichen Freizeitaktivitäten, sie versorgen dadurch und darüber hinaus einen Teil der Bedürfnisse nach Erholung, Entspannung, Erlebnissen in der Freizeit und leisten damit einen Beitrag, daß Jugendliche die schwierige Balance zwischen den Anforderungen in Schule, Berufsausbildung und Arbeit und ihren persönlichen Bedürfnissen herstellen können.

Diese Versorgungsleistungen der Jugendverbände für Jugendliche bilden zwar die Grundlage für jede gesellschaftliche Wirkung der Jugendverbände, begrenzen diese jedoch nicht. Ihrem Selbstverständnis nach sind Jugendverbände soziale Systeme, die Aufgaben der Sozialisation- und Interessenvertretung übernehmen. Hier sei für viele, ähnlich lautende Zielformulierungen der Verbände eine Formulierung des Deutschen Bundesjugendrings zitiert: Durch Jugendarbeit sollen »junge Menschen in die Lage versetzt werden, ihren gesellschaftlichen Standort zu erkennen, zu eigenständigem Denken und solidarischem Handeln befähigt werden« (vgl. Stellungnahme des DBJR zum Diskussionsentwurf der Perspektiven zum Bundesjugendplan, 1976).

Der Beitrag der Jugendverbandsarbeit zur Sozialisation der jungen Generation ist, von den Strukturen der Jugendverbände her betrachtet, in zwei Dimensionen zu sehen: Einmal ermöglichen Jugendverbände soziales Lernen unter Gleichaltrigen, die Einübung in Interaktionsformen, die in anderen Handlungsfeldern wie Schule und Arbeit nicht strukturbestimmend sind und in der Jugendarbeit demokratischer, selbstbestimmbarer, solidarischer sein können; zum anderen machen Jugendverbände Jugendliche mit partikularen »Subwelten« der Gesellschaft bekannt, mit den Traditionen und Aktivitäten der Kirchen, Gewerkschaften, oder auch nur mit bestimmten Hobbys wie Fußballspielen, Bergsteigen oder Schachspielen. Diese

gesellschaftlichen Subwelten organisieren Segmente des normalen Erwachsenen-
daseins; Jugendarbeit führt Jugendliche in diese segmentalen Lebensmuster ein.
Gesellschaftliche »Subwelten« bergen jedoch auch Sinnentwürfe und Interpretationsmuster, die weder in Familie noch Schule in der Regel vermittelt werden und
Jugendlichen eine wesentliche Stütze bei der Versicherung ihrer eigenen Identität
sein können. Die Bewertung dieser Sozialisationsfunktionen kann nur von einem
Standpunkt aus erfolgen, der in der Auseinandersetzung mit dem Wertgehalt und
den Perspektiven der Subwelten selbst zu gewinnen ist.

Soziales Lernen und die Aneignung partikularer Subwelten geben nur die Richtung
an, in der Sozialisationswirkungen von Jugendverbandsarbeit zu suchen sind. Offen
bleibt die Frage, ob die Übernahme einer Rolle in einem Jugendverband eine
lebensphasenspezifische Episode, Einübung eines im Lebenszusammenhang seg-
mentierten Wissens- und Handlungspotentials bleibt, oder ob die Übernahme
dieser Rolle strukturierend für die persönliche Identität eines Jugendlichen wird.

Fragen nach der Sozialisationswirkung von Jugendverbandsarbeit lassen sich
mithin nur durch die Rekonstruktion der Erfahrungen von Jugendlichen in
Jugendgruppen, mit Angeboten von Jugendverbänden beantworten. Ob solche
Erfahrungen zur überdauernden politischen, kulturellen, religiösen Disposition
werden, hängt von der Dauer, der Intensität der sozialen Beziehungen in der
Gruppe ab, vom lebensgeschichtlichen Kontext, also der Bedeutung, die einem
gesonderten Interaktionszusammenhang wie Jugendarbeit im ganzen eines Lebensvollzugs in einer bestimmten Lebensphase zukommt (vgl. *Böhnisch/Schefold*,
1980).

In der Regel werden Erfahrungen, die Jugendliche in der Jugendarbeit machen,
nicht sehr different von Erfahrungen in anderen Lebensbereichen sein; Jugendverbände sind in ihren Wert- und Normenmustern gegenüber den »normalen«,
institutionellen und privaten Lebenswelten von Jugendlichen nicht sehr selektiv.

- Jugendverbände sind in der Regel keine abweichenden altersbezogenen Gruppen (im Sinne *Eisenstadts*, 1966), sondern integrale Bestandteile der Erwachsenengesellschaft, gewährleistet durch Funktionäre, professionelle Pädagogen.
  Untersuchungen (*Mollenhauer*, 1969; *Sielert*, 1976) attestieren Mitarbeitern der
  Jugendverbände durchaus gewöhnliche Bezüge zu gesellschaftlich anerkannten
  Werten und Normen. Selbst Mitarbeiter von Verbänden mit relativ progressiver
  politischer Zielsetzung zählen in ihren persönlichen politischen Einstellungen
  eher zur Mitte (*Sielert*, 1976).
- Jugendverbände haben kaum Bedeutung im Qualifikations- und Plazierungs-
  prozeß junger Menschen. Ohne aus diesen Prozessen ableitbare Sanktionsmöglichkeiten, ohne die daraus ableitbaren Möglichkeiten der Organisation des
  Alltags können Verbände kaum Sozialisationswirkungen erzwingen.
- Jugendverbände ergänzen durch Lern- und Erfahrungsangebote schulische und
  berufliche Sozialisation. Die Angebote beziehen sich auf Segmente von Kompetenzen, Wissen, Sinndeutungen. Jugendarbeit vermag so im Prozeß der Selbst-
  findung vor allem Hilfestellungen zu leisten: über die Kommunikation mit
  Peers, die ähnliche soziale Situationen und Rollenzumutungen zu bewältigen

haben, über die Kommunikation mit Erwachsenen, die Sinndeutungen im Rahmen der Tradition ihrer Institution zu geben vermögen.

– Progressive Jugendarbeit vermag ein Stück kritischer Reflexion des eigenen Lebenszusammenhangs zu leisten, Kommunikation über Erfahrungen in Schule und Betrieb, die Thematisierung von Konflikten, Bewußtmachen der eigenen Situation durch Medien, ohne daß jedoch die alltägliche Zwangsläufigkeit dieser Erfahrungen aufgehoben werden könnte.

Jugendverbände vermögen in der Gegenwart dem normalen »Mitglied« nur wenige Angebote zu machen, die für das Entstehen persönlicher Identität konstitutiv werden könnten. Der kirchlich engagierte Christ, der Gewerkschaftler, der Sportler, der Feuerwehrmann sind Rollen, die neben anderen stehen, deren Geltung nicht universal, sondern partikular, zeitlich, sozial und sachlich im Lebenszusammenhang begrenzt ist. Eine besondere identitätsstiftende Rolle dürfte die Jugendverbandsarbeit daher vor allem für die aktiven Gruppenleiter und Funktionäre spielen, die oft einen beträchtlichen Teil ihres Zeitbudgets in diese Arbeit investieren und zumindest teilweise über diese Rolle im Gemeinwesen definiert werden.

Die Chancen alterspezifischer Geselligkeit sind in weiten Bereichen traditioneller Verbandsarbeit gebunden und strukturiert durch die Vorgaben von Aktivitäten – Sport, Freizeit, Hobbys, kirchliches Engagement, gewerkschaftliche Schulungsarbeit. Diese Aktivitäten laufen in formellen, oft verbandstraditionellen Beziehungsritualen ab oder sie folgen den allgemeinen Beziehungsritualen von Leitungsaktivitäten oder Wissensvermittlung. Jugendverbandsarbeit reproduziert dergestalt wohl weitgehend Verhaltensmuster, die gesellschaftlich »normal« sind. Sie bietet Jugendlichen darüber hinaus die Chance, abgekoppelt von den Qualifizierungs- und Plazierungsprozessen im Bildungs- und Ausbildungssystem Erwachsenenrollen (Gruppenleiter, Funktionär, Feuerwehrmann etc.) zu übernehmen und damit emotional befriedigende, wenn auch nicht immer emanzipatorische Gegenerfahrungen zum Schüler- oder Lehrlingsdasein zu machen. In dieser Chance liegt gewiß ein Teil der Anziehungskraft, die Jugendverbände auf Jugendliche ausüben. Die Funktion sozialer Reproduktion überschreiten Verbände nur dann, wenn innerverbandliche Werte wie Solidarität oder christliche Nächstenliebe zu einer bewußten Thematisierung sozialer Beziehungen und gesellschaftlicher Verhältnisse, zu sozialen Lernen und gesellschaftlichem Engagement führen. Gruppenpädagogische und -dynamische Methoden haben in der Jugendverbandsarbeit, vor allem im kirchlichen Bereich (vgl. *Steinkamp*, 1978) weithin Verbreitung gefunden, die Zielvorstellungen der »reflektierten Gruppe« ist für die katholische Jugendarbeit sogar verbindlich geworden (vgl. »Ziele und Aufgaben katholischer Jugendarbeit«). Ob diese Methoden der Alltagsrealität in Familien, Schule, Betrieb entgegengesetzte Selbsterfahrung und Fremderfahrung ermöglichen – oder nur als Hilfen zum Funktionieren von Gruppen im Verband verwandt werden –, ist aufgrund der Bedingungen von Jugendverbandsarbeit offen.

Ebenso gehört der Anspruch, politische Bildungsarbeit zu betreiben, die aktives Engagement einschließt, zum Zielkatalog nahezu jedes Jugendverbandes, insbe-

sondere natürlich der politischen und gewerkschaftlichen Organisationen. Inwieweit dabei jeweils von den Jugendlichen durchsetzbare Veränderungsperspektiven
entwickelt und umgesetzt werden können, ist dabei nicht nur abhängig von der
Qualität der Jugendarbeit, sondern auch von der jeweiligen gesellschaftlichen
Situation und ihrer Veränderungsmöglichkeiten.

Gegenwärtige Entwicklung

Jugendverbände waren seit ihrem Neubeginn in der Bundesrepublik allgemein
anerkannte, integrierte Organisationen, deren Ziele und Aktivitäten im Rahmen
eines abgesteckten Pluralismus kaum öffentliches Aufsehen oder politische Konflikte produzierten. Diese im großen und ganzen wohl-integrierten Verbände
wurden von der Protestbewegung der Studenten, Lehrlinge und Schüler, von der
Jugendzentrumsbewegung überrascht und überfahren. Deutlich lassen sich in
Zielformulierungen, in geringerem Ausmaß auch in der Praxis der Jugendverbände
sowohl Ende der 60er Jahre als auch Anfang der 70er Jahre Anpassungen an die
jeweiligen »Jugendbewegungen« feststellen.
Zweifelsohne haben dabei die Jugendverbände insgesamt Ende der 60er Jahre eine
Politisierung erfahren. Die gesellschaftliche Aufgabe, Interessen der Jugendlichen
zu vertreten, wurde reklamiert. Emanzipation wurde zum Leitbegriff pädagogischer wie politischer Konzepte. Diese konzeptionelle, teilweise auch praktisch
wirksame Veränderung wurde als Öffnung gegenüber den Interessen und Bedürfnissen der Jugendlichen selbst verstanden, Emanzipation zum Spezifikum der
Sozialisationsleistungen und Partizipationsangebote, die gerade Jugendverbände
im Gegensatz zu anderen, mit Jugend befaßten Institutionen zu leisten imstande
seien (vgl. *Giesecke*, 1971).
Diese programmatischen Verallgemeinerungen entsprechen einer Öffnung der
verbandlichen Praxis für Interessen und Bedürfnisse von Jugendlichen, oft im
Gegensatz zu traditionellen verbandlichen Leitbildern. Verstärkt wurde dieser
Trend durch eine deutliche pädagogische Qualifizierung der Mitarbeiter, die
emanzipatorischen, pädagogischen und sozialpädagogischen Leitbildern und Methoden gegenüber verbandlichen Traditionen stärkeren Einfluß verschaffte. Die
kontinuierliche Gruppe als Arbeitsform verlor zugunsten offener Arbeitsformen –
problembezogener Projektgruppen, Clubarbeit, Bildungsarbeit – an Attraktivität.
Dieser Trend, über die Zeiten der politischen Jugendbewegung hinaus durch die
Jugendzentrumsbewegung in Gang gehalten, scheint seit Mitte der 70er Jahre
rückläufig, ja ins Gegenteil verkehrt.
Als die Tendenzen zur Selbstorganisation von Jugendlichen schwächer wurden,
gewannen die gesellschaftlich deutlich verorteten und vorstrukturierten Partizipationsangebote bei Jugendlichen relativ an Attraktivität. Traditionelle Jugendverbände, die feste weltanschauliche Deutungsangebote und institutionalisierte Sozialbeziehungen bieten, sind wieder stärker gefragt. Darin zeigt sich gewiß ein
vielleicht generationsspezifisches Bedürfnis nach Sicherheit, Orientierung in einer

Zeit, die Jugendlichen selbst in Unsicherheit beläßt, was Berufs- und Zukunftschancen anbelangt. Damit im Zusammenhang gewinnen kontinuierliche Gruppen
als Arbeitsform der Jugendverbandsarbeit gegenüber offenen Formen wiederum
an Gewicht.

Partikulare, verbandsspezifische Ziele und Traditionen sind auf die Praxis der
Jugendverbände wiederum bestimmender geworden; ihr Einfluß läßt sich auch in
der Rekrutierung und verbandsinternen Sozialisation der professionellen Mitarbeiter aufzeigen. Schienen im ersten »Professionalisierungsschub«, den Jugendverbände erlebten, allgemeine sozialpädagogische Orientierungen in Zielen und
Inhalten der Verbandsarbeit gegenüber den Traditionen der Verbände Vorrang zu
erhalten, so verstärkten sich Ende der 70er Jahre verbandliche Momente (kirchliche Traditionen, weltanschauliche Positionen, traditionelle Aktivitäten) gegenüber
einem sozialpädagogisch konstituierten und legitimierten Lern- und Erfahrungsbe-
reich. Mitarbeiter werden wiederum stärker nach ihrem Verhältnis zu dem
»Eigentlichen« rekrutiert und sozialisiert.

An Bedeutung gewonnen im Rahmen der Jugendverbandsarbeit haben auch
Arbeitsansätze, die der Bewältigung spezifischer Problemlagen der Jugendlichen
dienen. Hauptamtlich besoldete Dienststellen der Erwachseneninstitutionen übernehmen, durch Trends der öffentlichen Förderung angehalten (vgl. *Stackebrandt*
u. a., 1976) sozialpädagogische Maßnahmen mit Arbeitslosen, Behinderten, Randgruppen in sozialen Brennpunkten, Ausländern, Kindern.

Politische Bedeutung der Jugendverbände

Nicht allein die politischen, gewerkschaftlichen und berufsständischen, auch die
konfessionellen und freizeitbezogenen Verbände erheben seit der Auseinandersetzung mit der Protestbewegung den Anspruch, Interessenvertreter der Jugend zu
sein. Die von den Verbänden traditionell reklamierte Aufgabe staatsbürgerlicher
Erziehung wurde unter dem Leitgedanken »Emanzipation« auf die Zielvorstellung
hin konkretisiert, Jugendliche durch Lernen und Handeln im Verband zu kriti-
schem politischem Bewußtsein, politischer Handlungsfähigkeit zu bringen.

Auch wenn die Jugendverbände sich nach dieser der Protestbewegung folgenden
Welle der »Politisierung« weitgehend wieder »normalisiert« haben – bilden sie
vielerorts Plattformen politischer Aktionen gegen Jugendarbeitslosigkeit, Ausbildungsmisere, Einschränkungen demokratischer Freiheiten, die Bedrohung des
Friedens, die Zerstörung der natürlichen Umwelt. Neben diesen regional sehr
unterschiedlichen politischen Aktivitäten von Gruppen-Verbänden hat sich auch
die Handlungsfähigkeit der Jugendverbände gegenüber dem politischen System auf
institutionalisierten Wegen entwickelt.

Jugendverbände haben häufig allgemeine politische und jugendpolitische Programme, sie nehmen auf Landes- und Bundesebene regelmäßig zu politischen Fragen
Stellung. Die Jugendringe, insbesondere der Deutsche Bundesjugendring sowie
einzelne Landesjugendringe haben ihren Anspruch, Sprachrohr der jungen Generation zu sein, durch zahlreiche Veranstaltungen, Resolutionen und Aktionen zu

Fragen der Kernenergie, des Friedens, der Jugendarbeitslosigkeit dokumentiert. Ein etabliertes System von Beziehungen zu Regierung, Parteien, Fraktionen zeigt, daß zumindest die Darstellungsformen einer parlamentarischen Lobby auch von den Jugendverbänden erreicht worden sind.

Jugendverbände wie auch Jugendringe sind in ihrem Verhältnis zum politisch-administrativen System jedoch nicht adäquat einzuschätzen, wenn man allein ihre Funktion der Interessenvertretung sieht. Sie sind materiell von den Förderungsleistungen der zuständigen Ministerien und obersten Landesjugendbehörden abhängig; ohne öffentliche Subventionen könnten insbesondere die Zusammenschlüsse auf Landes- und Bundesebene ihre zunehmend fachkompetente und daher an Dienstleistungsapparate gebundene Tätigkeit nicht aufrechterhalten. Dies führt gewiß zu einer manifesten wie auch latenten Einengung der Konfliktbereitschaft und Konfliktfähigkeit, die Jugendverbände und Jugendringe aufbringen können. Dies führt auch dazu, daß im Spektrum politischen Handelns die eigenen Reproduktionsprobleme breiten Raum einnehmen.

Diese in den 70er Jahren erworbene »Präsenz« im politischen Alltag ist zu Beginn der 80er Jahre teilweise überholt und entwertet worden. Das Aufkommen der großen sozialen Bewegungen, wie der Friedensbewegung, der Ökologiebewegung, der Frauenbewegung, hat die basis-demokratischen Fähigkeiten der Verbände, den Bedürfnissen, Interessen und Ängsten der Jugendlichen Ausdruck zu geben und Gehör zu verschaffen angefragt. Hier zeigt sich ein buntes Bild. So sind die Jugendverbände zwar nicht als Verbände im »Jugendprotest im demokratischen Staat« präsent (wie auch der Schlußbericht der gleichnamigen Enquetekommission des Bundestages zeigt) aber viele Initiativgruppen, Aktionsgruppen, Arbeitsgemeinschaften im Rahmen der sozialen Bewegungen sind auch aus den Jugendverbänden und deren Umwelt hervorgegangen – wie etwa viele kirchliche Gruppen belegen, die sich zum Thema Frieden und Abrüstung engagiert haben. Weitere Bereiche der Jugendverbandsarbeit, öffentlich finanziert, professionell geleitet, pädagogisch gerichtet, sind freilich von den sozialen Bewegungen die gerade bei Jugendlichen hohe Unterstützung und Sympathie finden (Jugend '81 des Jugendwerks der Deutschen Shell AG) wieder einmal überrollt worden, verunsichert. Dieses Los teilen sie jedoch mit vielen Institutionen der Gesellschaft.

Das »Menschenleben« angesichts fundamentaler Bedrohungen, die dramatische Verschlechterung sozialer Chancen von Jugendlichen durch den Mangel an Ausbildungs- und Arbeitsplätzen in der »Krise des Industrialismus« bilden den politischen Hintergrund, vor dem die gesellschaftspolitische Bedeutung der Jugendverbände gegenwärtig gefragt ist. Persönliche, gemeinschaftliche, gesellschaftliche Lösungen sowohl im Bereich des Zurechtkommens im Alltag wie auch im Bereich gesellschaftlicher Entwicklungen sind gefragt. Welche Antworten Jugendliche von »ihren« Verbänden in Fragen des individuellen und kollektiven Überlebens erhalten, wird in Gegenwart und Zukunft besser Auskunft auf die Frage nach der gesellschaftlichen Bedeutung der Jugendverbände geben, als dies alle historischen oder soziologischen Analysen vermögen.

Werner Schefold/Diethelm Damm

Literatur

Affolderbach, M. (Hrsg.), 1978: Praxisfeld: Kirchliche Jugendarbeit. Soziales Umfeld, Arbeits- und Lebensformen, Beiträge zur Konzeption, Gütersloh – *Bierhoff, B.,* 1976²: Theorie der Jugendarbeit. Zur Begründung einer kritisch-emanzipativen Theorie und Praxis der Arbeit mit Jugendlichen, Lollar/Lahn – *Böhnisch, L.* (Hrsg.), 1973: Jugendarbeit in der Diskussion. Pädagogische und Politische Perspektiven, München – *Böhnisch, L./Münchmeier, R./Sander, E.* (Hrsg.), 1980: Abhauen oder Bleiben? Berichte und Analysen aus der Jugendarbeit, München – *Bott, W./Sauter, R.,* 1974: Hauptamtliche Mitarbeiter in der Jugendarbeit. Schriftenreihe des Bayerischen Jugendrings, Nr. 4., München – *Damm, D.,* 1975: Politische Jugendarbeit. Grundlagen, Methoden, Projekte, München – *Damm, D.,* 1980: Die Praxis bedürfnisorientierter Jugendarbeit, München – *Damm, D.,* 1981: Wenn der Alltag zur Sprache kommt, München – *Deppe-Wolfinger, H.,* 1972: Arbeiterjugend. Bewußtsein und politische Bildung, Frankfurt/M. – Deutsches Jugendinstitut (Hrsg.), 1982: Die neue Jugenddebatte, München – *Gaiser, W./Rathgeber, R.,* 1975: Bestand und Struktur öffentlicher und öffentlich geförderter Freizeitangebote für Jugendliche, München – *Giesecke, H.,* 1971: Die Jugendarbeit, München – Jugendarbeit – Mädchen in der Jugendarbeit – Gewerkschaftliche Jugendbildung. Materialien zum Fünften Jugendbericht der Bundesregierung. Deutsches Jugendinstitut München, 1980 – Jugendwerk der Deutschen Shell AG (Hrsg.), 1981: Jugend '81 – Lebensentwürfe, Alltagskulturen, Zukunftsbilder, Hamburg – Landesjugendring Rheinland-Pfalz, 1977: Ergebnisse der Untersuchung des Landesjugendrings Rheinland-Pfalz zur Frage der Mitgliedschaft in den Jugendverbänden, der Teilnahme an ihren Veranstaltungen und des Grades der Bekanntheit der Landesjugendringe, Informationen des LJR Rheinland-Pfalz – *Lange, K./Müller, B./Ortmann, F.,* 1980: Alltag des Jugendarbeiters. An welchen Bedürfnissen orientiert sich die Jugendarbeit, Neuwied/Darmstadt – *Lessing, H.,* 1976: Jugendpflege oder Selbsttätigkeit. Eine historische Untersuchung zum Verhältnis von Reformismus und Jugendarbeit, Frankfurt/M. – *Mollenhauer, K.* u. a., 1969: Evangelische Jugendarbeit in Deutschland, München – *Schefold, W.,* 1972: Die Rolle der Jugendverbände in der Gesellschaft, München – *Schirmer, D./Schirmer, E.,* 1976: Deklassiert? Arbeiterjugendliche in der Kirche, München – *Sielert, U.,* 1978: Die Mitarbeiter in den Jugendverbänden, München – *Steinkamp, H.,* 1977: Jugendarbeit als soziales Lernen. Ziele und Aufgaben kirchlicher Jugendarbeit, München – *Wissmann, M./Hauck, R.* (Hrsg.), 1983: Jugendprotest im demokratischen Staat, Bonn. –

→ Arbeiterjugend → Jugend → Jugendarbeit → Mobile Jugendarbeit

Kindheit

Kindheit ist zunächst ein Abschnitt des eigenen Lebens, der mit starken Emotionen und nachhaltigen Erinnerungen jedem gegenwärtig ist. Kindheit ist, sodann, eine Altersstufe in der Abfolge der Lebensalter, die gewöhnlich noch in Säuglingszeit, frühe Kindheit, Vorschulzeit, Schulalter (bis hin zur Vorpubertät und Jugendzeit) unterteilt wird. Kindheit ist auch ein Sozialstatus, dem bestimmte Vergünstigungen und bestimmte Abhängigkeiten zugeordnet sind und der durch eine zunehmende Anzahl von Rechtsregelungen bestimmt wird. Kindheit ist ein Zustand der Erziehungs- und Lernbedürftigkeit, dem in unserer Gesellschaft durch bestimmte Institutionen und Berufsgruppen entsprochen wird. Kindheit ist ein Feld politischer, ökonomischer, weltanschaulicher Auseinandersetzungen, Gegenstand von Interessen, in denen nicht nur um gegenwärtigen Einfluß, sondern um die Sicherung zukünftiger Anhängerschaft gerungen wird. Kindheit ist, weiter, Gegenstand wissenschaftlicher Forschung, der Biologie und Medizin, Psychologie und Pädagogik, Soziologie, Medienwissenschaften, Jurisprudenz und anderer wissenschaftlicher Disziplinen. Kindheit ist aber vor allem die eigene Wirklichkeit der Kinder, ihres Lebens, Treibens und Denkens, die sich allen Interessen und allen Vereinnahmungen immer wieder entzieht.

Im folgenden werden solche und andere Definitionen unter dem leitenden Interesse der pädagogischen und sozialpädagogischen Fragestellung ein Stück weit entfaltet, wobei auf das Spiel- und Vorschulalter ein Schwerpunkt gelegt wird.

Das Kind in der Neuzeit

Einen Zugang zum Verständnis und zur Kritik der Stellung des Kindes in unserer Gesellschaft vermag die historische Betrachtung zu eröffnen. Eine Sozialgeschichte des Kindes in unserem Kulturkreis ist allerdings noch nicht geschrieben. Aber es gibt doch mehrere Untersuchungen, die es erlauben, einige Grundlinien einer solchen Sozialgeschichte zu zeichnen und damit die Entstehung einer Reihe von Problemen, die für die heutige Stellung des Kindes ausschlaggebend sind, verständlich zu machen.

Das Kind ist erst im Laufe der neueren Geschichte zum Kind geworden – so hat der holländische Anthropologe *van den Berg* (1959) behauptet. Er meint damit, daß alle Merkmale und spezifischen Ausdrucksformen der Kindlichkeit erst in neuerer Zeit ins Bewußtsein gekommen und damit zum Teil auch bei den Kindern erst eigentlich ausgeprägt worden sind. In der abendländischen Lebenswelt hat sich erst seit dem 17. Jahrhundert eine Beobachtung und Einschätzung des Kindes angebahnt, die ihm ein besonderes, pädagogisch geschütztes und angeleitetes »kindgemäßes« Leben ermöglichen.

Diese These *van den Bergs* ist gewiß übersteigert. Einmal hat jede Gesellschaft ein Bewußtsein von der Eigenart der Kinder, wie es sich schon aus ihrer Pflegebedürftigkeit und ihrer nur begrenzten Brauchbarkeit für den Lebenskampf der Erwachsenen ergibt. Zum anderen haben die beiden großen Traditionsströme der europäischen Geschichte schon bedeutende Momente der neuzeitlichen Auffassung vom Kind enthalten: Die Antike hat durch ihr Bildungswesen das Lernen des Kindes und damit seine Rolle in der Übertragung einer literarisch-intellektuellen Kultur schon erstaunlich weit organisiert und bereits die entsprechenden Sozialformen eines Kinder- und Jugendlebens entwickelt, das berufsentlastet und dem Lernen gewidmet ist. Und das Christentum hat, freilich in herausforderndem Gegensatz zu den bestehenden gesellschaftlichen Wertungen, ein schwaches, elend geborenes Kind zum eigentlichen Herrscher der Welt ausgerufen und damit die spirituelle Umwertung aller sozialen Machtverhältnisse angebahnt, die seither auch die Geschichte des Kindes stark beeinflußt hat.

Gleichwohl haben auch in Europa bis in die Neuzeit hinein die Wertungen und Regelungen der archaischen Gesellschaften fortbestanden, die nur eine kurze Kindheit erlauben, dem Kind als Nachwuchs zwar einen symbolischen Wert zumessen, der in der künftigen Stärkung der Familie und ihrer Wirtschaftskraft begründet ist, dem gegenwärtigen Kind selber aber nur einen niedrigen Sozialrang zuerkennen. Wenn wir von den Lebensverhältnissen der Aristokratie absehen, ist das Kind bis tief in die Neuzeit hinein ein nur durch seine Geringfügigkeit unterschiedenes Mitglied der Gesellschaft geblieben. Es nahm unauffällig teil am Leben der Gesellschaft, an der Arbeit, dem großfamiliären Alltag, an der Geselligkeit, auch den Spielen der Erwachsenen, die sich von denen der Kinder ohnehin nicht unterschieden. Es wurde für Vergehen bestraft, in Erbe und Ämter eingesetzt, im Kindesalter auch verlobt oder verheiratet. Knaben nahmen an Feldzügen und Schlachten teil und saßen neben den Erwachsenen im Rat oder in hohen Schulen. Eines besonderen rechtlichen und sozialen Status, aber auch einer besonderen Schutzbedürftigkeit des Kindes war man sich, wie gerade die gegen allzu frühe Belehnung einschreitenden Rechts- und Ämterregelungen zeigen, nur wenig bewußt. Auch der Sprachbestand im Lateinischen und in den Volkssprachen ist in der Bezeichnung der Altersstufen, in der Unterscheidung von Kindern, Jugendlichen und jungen Erwachsenen merkwürdig unscharf. Wo Unterscheidungen getroffen werden, da scheinen sie mehr bestimmte soziale Funktionen zuzuweisen als das Alter abzugrenzen. Die vollzogene Schwertleite, die zugesprochene Rechtsfähigkeit, der Eintritt der »Mannbarkeit«, eine ererbte Sozialstellung oder die auch schon im frühen Alter verliehenen akademischen Grade scheinen dabei ausschlaggebend, nicht aber das Lebensalter oder gar die »seelische Reife« des Kindes.

Die Einzelstufen und geistesgeschichtlichen Gründe für die Neubewertung des Kindesalters sind von *Ariès* (1961, dt. 1975) in einer vorzüglichen Untersuchung dargestellt worden. Eine Neubewertung der Lebensalter, die Aufmerksamkeit auf die individuelle Biographie, die Entdeckung des Kindes in den darstellenden Künsten, eine Welle der »mignotage«, des Spiels mit der Herzigkeit des Kindes, wie sie sich auch in der Bevölkerung der Barockkirchen mit Putten kundtut, gehören in diesen Zusammenhang. Für die stärkere Gliederung der Gesellschaft nach dem Lebensalter und für die soziale Verselbständigung der Kindes- und Jugendstufe scheint die Ausbreitung des Schulbesuchs und die Organisation der Schule nach Altersstufen eine große Rolle gespielt zu haben. Überhaupt stellt der pflichtmäßige Schulbesuch die größte und einschneidendste Maßnahme der Gesellschaft dar, welche die Stufe des Kindesalters aus dem sonstigen Tätigkeits- und Interessenfluß des Lebens heraushebt und durch eine eigene, aufwendige Institution dafür sorgt, daß diese Altersstufe einer bestimmten gesellschaftlichen Aufgabe vorbehalten wird: das Kind muß nun, ob es und seine Eltern wollen oder nicht, viele Jahre lang mehrere Stunden täglich lernen. Die Pflichtschule stellt zugleich einen starken Eingriff der Gesellschaft in die Familie dar, einen ersten großen Schritt der Organisation des Kinderlebens in einer Einrichtung, die von vornherein gleichermaßen im Namen des Kindes – seines Rechts auf Bildung – und im Namen der Gesellschaft – des öffentlichen Interesses an der Aufklärung der Bürger – gegründet wurde. Das menschenrechtliche und das staatsökonomische Motiv haben, teils gleichsinnig, teils einander widersprechend, diese Einrichtung regulierten Kindeslebens von vornherein bestimmt.

Die Pflichtschule wurde an vielen Stellen schon im frühen 19. Jahrhundert ergänzt durch »Kleinkinderschulen« (in Preußen seit 1827), die zunächst nach dem Vorbild der englischen Kindertagesstätten in den Industriequartieren eingerichtet wurden und die Kinder mit Vorschul- und Arbeitsübungen und mit Katechismus-Unterricht beschäftigten. Eine eigene pädagogische Gestalt bekamen sie erst in dem von *Fröbel* begründeten »Kindergarten«. Sein Zentrum bildete die Neuentdeckung des Spiels, nicht nur als einer kindertümlichen Beschäftigung, sondern als des zentralen Mediums für die Aneignung, Entdeckung und symbolische Deutung der Welt, für die psychische Bewältigung komplizierter Aufgaben, für die Entlastung vom Druck der Erwachsenenforderungen. *Fröbel* ging von der Einsicht aus, daß durch einfaches Mitlebenlassen im Strom der Erwachsenenwelt oder gar durch einfache Ordnungs- und Anpassungsübungen im Sinne der Kinderschulen den elementaren Bedürfnissen der Kinder nicht mehr entsprochen werden könne. Deshalb konstruierte er eine eigene Welt des Kinderlebens und kindlicher Tätigkeiten und verhalf damit der Einsicht zum Durchbruch, daß das Kind in dem Lebensalltag, wie er sich unter dem Einfluß von Industrie und Verwaltung in der Neuzeit ausbildet, die grundlegenden Erfahrungen nicht mehr machen und seine Identität nicht mehr gewinnen könne, wenn ihm nicht eigene Freiräume und strukturierte Lernfelder dafür geschaffen werden.

Diese Grundidee bot eine inhaltliche und eine institutionelle Lösung für ein gesellschaftliches Problem. Nicht zufällig wurden die Fröbelschen Kindergärten von der liberalen Bewegung von 1848 in ihr Bildungsprogramm aufgenommen und mit dieser Bewegung 1851 verboten. Und nicht zufällig hat sich die Fröbelsche Idee, oft auch zusammen mit dem als Fremdwort übernommenen Ausdruck »Kindergarten«, in alle Industrienationen der Welt verbreitet. Dabei ist ihr gewiß noch hinderlich gewesen, daß sie in die Sprache und Philosophie der deutschen Romantik eingebunden war und von späteren Generationen nur noch mühsam entschlüsselt werden konnte. Im englischen Sprachgebiet hat sich diese Idee auch bald mit anderen Einsätzen der Pädagogik und Gesellschaftslehre verschmolzen (*Weber*,

1969) und dadurch viele weitere Anregungen bekommen. In Deutschland scheint die Spannung zu dem philanthropischen Typus der »Kinderschule« maßgebend geblieben zu sein. Schon die didaktische Ausformung und Umdeutung des Fröbelschen Spielgabensystems durch das Handbuch und durch die organisatorische Aktivität *B. von Marenholtz-Bülows* (1886) brachte einen Rückfall in die Idee der Arbeitserziehung für das »arme Volk«. Erst die Reformpädagogik seit der Jahrhundertwende und in den zwanziger Jahren hat die Fröbelsche Idee der Sicherung eines Kinderlebens, das dem Spielen, der Lernerfahrung, der Identitätsgewinnung gewidmet ist, wieder deutlich gemacht und zugleich durch ein reiches Repertoire von Einrichtungen, Spielen und Aktivitäten weiterentwickelt.

Neben der Schule ist die Organisation und Bewertung der Kinderarbeit ein wichtiges Kennzeichen für die gesellschaftliche Stellung des Kindes geworden und bis heute geblieben. In den vorindustriellen Gesellschaften war die Mitarbeit der Kinder und die – jeweils ihren Kräften entsprechende, sie oft auch überfordernde – Teilnahme an den Haus- und Berufsarbeiten der Eltern selbstverständlich. Der Übergang zur außerhäuslichen, industriellen und ökonomisch kontrollierten Arbeit macht diese einstige Selbstverständlichkeit zu einer Absurdität. Die Teilnahme der Kinder am Broterwerb, auf die die großen Familien der Unterschicht angewiesen sind, wird in der industriellen Arbeitsform bedenkenlos in 10- bis 12stündige Fabrikarbeit auch kleiner Kinder überführt. Wohl keine Epoche hat, außer in Kriegszeiten, Kinder solchen quälenden Einschränkungen und solcher Ausnutzung unterworfen wie das beginnende Industriezeitalter. Erst diese radikale Verelendung der Kinder hat das Bewußtsein von ihren leiblich-seelischen Bedürfnissen, von ihrem Recht auf ein kindliches Leben und von ihrer Schutzbedürftigkeit hervorgebracht. Freilich verging fast ein Jahrhundert, bis wirksame Schutzgesetze unter Dach waren, und bis heute hält die Auseinandersetzung über die Schutzbedürftigkeit des Jugendalters und über die Kontrolle und das Ausmaß entsprechender gesetzlicher Regelungen an.

Die Gesetze für den Kinder-Arbeitsschutz bildeten nur den Anfang einer ausgedehnten Gesetzgebung, mit deren Hilfe die besonderen Ansprüche der Kinder und Jugendlichen gesichert und ihre besondere Rechtsstellung in der Gesellschaft festgelegt werden. Diese Gesetze betreffen einmal die Pflege- und Schutzbedürftigkeit des kleinen Kindes und treffen Regelungen für solche Kinder, die nicht in ihren Familien aufwachsen können. Sie betreffen den Schutz der Kinder und Jugendlichen in der Öffentlichkeit. Sie schaffen besondere Rechtsverfahren für das Vergehen von Kindern und setzen an die Stelle des Strafrechts ein Interventionsrecht, bei dem die erzieherische Fürsorge und damit der Gedanke verstärkter Erziehung an die Stelle der Bestrafung treten soll. Sie schaffen als eine kommunale Behörde das Jugendamt, das alle Rechte der Kinder und Jugendlichen wahrzunehmen hat und darüber hinaus eine Fülle von Sozialleistungen zu ihren Gunsten erbringen oder ermöglichen soll.

So kann man, seit der zweiten Hälfte des 19. Jahrhunderts, eine zunehmende Reihe von öffentlichen und nichtöffentlichen Regelungen feststellen, die den Sonderstatus von Kindern und Jugendlichen in unserer Gesellschaft bestimmen. Sie reichen vom Rechts- und Fürsorgesystem über Spielplatzanlagen, Jugendhäuser und Schülerlotsendienste bis zu ganzen Industriezweigen, die der Spielzeug- und Buchproduktion, der Kinderkleidung, der Herstellung besonderer Nahrungs- und Genußmittel oder auch spezieller Kindersendungen im Seh- und Hörfunk dienen. Für Kinder gibt es eigene Behörden und Gerichte, eigene Kliniken, eigene Gottesdienste, staatliches Kindergeld und erhebliche Anteile der öffentlichen Etats. Aus dieser Perspektive scheinen die Kinder aus ihrer niedrigen Sozialstellung und Unbeachtetheit steil aufgestiegen zu sein zu einem umsorgten und bedienten, anspruchsvollen und kostspieligen Teil unserer Gesellschaft. Diese zunehmende Entlastung der Kinder und ihre Ausgliederung aus den Arbeitszwängen und den Geselligkeitsformen der Erwachsenen stellen aber nur die eine Seite dieser Entwicklung dar. Von der anderen, dem steigenden gesellschaftlichen Zugriff auf die Kinder, soll unten noch die Rede sein.

Wandlungen

Als im Jahre 1900 von der schwedischen Schriftstellerin *Kay* das »Jahrhundert des Kindes« ausgerufen wurde, stand das Viktorianische Zeitalter mit seinem patriarchalischen Familienmodell noch in voller Blüte. Freilich, das Selbstbewußtsein einer nur einfügenden und traditionsbewußten Vaterherrschaft hatte gerade in der dominanten Schicht des höheren Bürgertums seine ersten Sprünge erhalten. Dramatische Auseinandersetzungen zwischen Eltern und Kindern, Schülerselbstmorde und reiche Schilderungen des Generationenkonflikts in der Literatur sind dafür kennzeichnend. Die Jugendbewegung stellt eine Sozialerscheinung jugendlichen Selbstbewußtseins und kulturellen Sendungsgefühls dar, wie vorausgehende Bewegungen sie nicht gekannt haben. Sie steht auch in unmittelbarem Austausch mit bedeutenden kulturellen Strömungen, etwa den Kunstbewegungen (Jugendstil und Expressionismus), der Architektur, Raumplanung und Umweltgestaltung (Bauhaus), mit den Impulsen zu einer gesünderen und konsumdistanzierten Lebensform und vor allem mit einer experimentierfreudigen und gesellschaftskritischen Pädagogischen Bewegung, die durch eine lebhafte literarische Diskussion und durch originelle Erziehungseinrichtungen auch auf das allgemeine Erziehungsinteresse und den Stil der Familienerziehung bedeutenden Einfluß nahm.

Kind-zentrierte Schulen wie *Berthold Ottos* Hauslehrerschule oder die um kindliche Ausdrucksform bemühten Schulen der Kunsterziehungsbewegung, die Landerziehungsheime von *Lietz, Wyneken* oder *Geheeb*, die psychoanalytisch orientierten Kinderrepubliken *Bernfelds* oder *Vera Schmidts* legen davon ebenso Zeugnis ab wie die Kinderkolonie *Flanagans* in Amerika, *Lanes* »Little Commonwealth«, *Neills* »Summerhill« oder *Susan Isaacs* »Malting House School« (*Flitner/Kudritzki*, 1961; *Röhrs*, 1963).

Sie alle versuchen, Erziehungseinrichtungen von den Bedürfnissen der Kinder her aufzubauen. Sie gehen dabei mehr oder weniger von der Annahme aus, daß diese Bedürfnisse eindeutig bestehen und klar erkennbar sind, und daß die Vermittlung dieser Bedürfnisse mit den Anforderungen der Gesellschaft ein untergeordnetes

Problem darstellt gegenüber der vorrangigen Herausarbeitung und Befriedigung der eigenen Kindesnatur. Allerdings ließe sich in Einzelanalysen wohl für jedes dieser Konzepte nachweisen, wie bestimmte Vorstellungen einer erwünschten anderen und besseren Gesellschaft sich der Orientierung an den Kindesbedürfnissen beigemischt haben. Das kann auch nicht anders sein, den gesellschaftsfrei, rein aus der Kindesnatur, lassen sich solche Bedürfnisse nun einmal nicht ableiten und nicht befriedigen.

Wie sich der familiäre Erziehungsstil unter dem Eindruck dieser Erziehungsmodelle und einer zunehmend kinderpsychologisch orientierten Erziehungsdiskussion gewandelt hat, ist schwer generell zu beurteilen. Für einige westliche Länder liegen mindestens für die letzten 40 Jahre Untersuchungen über die Pflege- und Erziehungspraxis vor, die eine Darstellung des epochalen Wandels erlauben. So hat *Bronfenbrenner* (1961) 30 Studien über amerikanische Erziehungsgewohnheiten aus verschiedenen Jahrzehnten einer Sekundäranalyse unterzogen und dabei einen solchen Wandel im Hinblick auf Stillgewohnheiten, Sauberkeitserziehung, Sexualerziehung, generelles Selbständigkeitstraining und Freiheit für jugendliche Ausdrucksformen festgestellt. In England haben die *Newsons* (1965) durch eine gründliche Untersuchung der Pflege- und Erziehungsgewohnheiten in einer städtischen Bevölkerung dokumentiert, wie die puritanischen Erziehungstraditionen ins Wanken geraten sind und einer stärker kindzentrierten und permissiven, freilich auch oft sehr unsicheren Erziehungspraxis weichen.

Sprechender noch als solche allgemeinen Trends sind die Vorgänge in bestimmten Sozialschichten. So hat etwa die Kleinkinderziehung im amerikanischen Bildungsbürgertum in den vierziger Jahren einen Höhepunkt psychoanalytischer Einwirkung, auch mißverstandener Psychoanalyse, erlebt – eine geradezu kultische Beachtung aller Bedürfnisregungen des Kindes, in der durchaus vernünftige Pflegetendenzen ad absurdum geführt wurden: das Kind mußte um jeden Preis bei der Mutter liegen (rooming-in), jederzeit auf Wunsch gefüttert werden (self-demand), das Sauberkeitstraining und die Abstimmung mit anderen gesellschaftlichen Bedürfnissen so behutsam nahegelegt bekommen, daß daraus keinerlei Einschränkungsgefühle entstehen können (non-frustration); es sollte Aggressionen jederzeit ausleben dürfen und in jeder Spontanäußerung von den Erwachsenen verstanden und unterstützt werden. Erwachsene, die nicht ihre eigenen Bedürfnisse nach Schlaf und Erholung, nach Regelmäßigkeit und Tagesordnung, gar nach eigener Berufstätigkeit und Geselligkeit aufgeben und sich nicht völlig den Ansprüchen der Kinder widmen, waren nach dieser Pflege-Ideologie geradezu Raben-Eltern und durften nur mit schlechtem Gewissen – das freilich wiederum den Kindern schadet – existieren. Gerade von psychoanalytischer Seite ist dieses Mißverständnis dann auch wieder korrigiert worden; man hat gezeigt, daß mit einem solchen Versuch, die Realität im Leben der Kinder aufzuheben, nicht nur den Kindern selber Erfahrungen genommen werden, die für die Ich-Bildung wesentlich sind, sondern daß damit auch den Eltern und Erziehern eine Vollkommenheitspose nahegelegt und eine seelische Zwangsperfektion abgefordert wird, die ihre eigenen Bedürfnisse grob vernachlässigt und ihnen auch schwerlich ein positives und entspanntes Verhältnis zu den Kindern ermöglichen kann.

Auf der anderen Seite zeigen aber die amerikanischen Untersuchungen, daß in Unterschicht-Familien der autoritäre Erziehungsstil und uneingeschränkte Hörigkeitsforderungen gegenüber Frau und Kindern noch am häufigsten anzutreffen sind und oft mit starken Frustrationen innerhalb der gesamten Lebenslage der Eltern zusammenhängen. Hier stellen sich auch für alle Versuche kompensatorischer Erziehung die schwierigsten Probleme. Die *Newson*-Studie zeigt allerdings in der englischen Arbeiterschicht ebenfalls einen starken Einbruch in diesen Erziehungsstil und die entsprechende Bewertung des Kindes. Was von diesen Veränderungen als eine tatsächlich neue erzieherische Haltung gegenüber den Kindern, was jedoch als ein reines »Laisser-faire«, als ein bloßes Sich-selbst-und-der-Öffentlichkeit-Überlassen des Kindes zu deuten ist (*Bronfenbrenner*, 1970), müssen weitere Untersuchungen und künftige Entwicklungen lehren.

Soziale Benachteiligung

Neben den Fragen des Erziehungsstils hat die jüngere Kinderforschung die kognitive und soziale Qualität der Erziehung untersucht und ist dabei auf die enormen Unterschiede in den sozialen Lebensbedingungen und damit in der erzieherischen Begünstigung oder Benachteiligung der Kinder gestoßen. Man ist zwar nicht berechtigt anzunehmen – wie es die viel zitierten, aber doch wissenschaftlich recht ungesicherten Entwicklungskurven von *Bloom* (1964; vgl. *Hopf*, 1971) nahezulegen schienen –, daß alle Entscheidungen über das Bildungsschicksal in den ersten Lebensjahren fallen und später nicht mehr korrigiert werden können. Die große Bedeutung der frühen Jahre für die kognitive wie für die emotionale Entwicklung steht aber, nach übereinstimmenden Ergebnissen der jüngsten Kleinkinderforschung, außer Zweifel. Insofern als nun die Fähigkeit zu einer günstigen und anregenden Erziehung in der Mittelschicht verbreitet ist und in der Unterschicht sehr oft fehlt, und insofern als die finanziellen Mittel für Spielmaterial, Bücher, Unterricht, Reisen usw. auf der einen Seite zur Verfügung stehen, auf der anderen mangeln, wird die Erziehung zum Stabilisator der gesellschaftlichen Verhältnisse. Jedes Kind wird – Begabungsdifferenzen selbstverständlich vorausgesetzt – mit einem großen Spielraum von Möglichkeiten geboren. Aber die soziale ›Konstellation‹ entscheidet meist schon in der frühen Kindheit über einen Großteil seines Bildungsschicksals: ob es überhaupt eine Familie vorfindet, welchen Grad von Stabilität, von Erziehungswilligkeit und -fähigkeit diese hat, welche Erziehungshilfen, welche Wohn- und Schulsituation, welche Sozialkontakte zur Verfügung stehen, welche Lebenschancen das Sprachniveau, die Werthaltungen und die soziale Stellung der Eltern dem Kind bieten.

In drei Dimensionen scheint sich die soziale Benachteiligung (Armut, Unvollständigkeit der Familie, Zugehörigkeit zu ethnischen Minderheiten, allgemein: die Unterschicht-Situation), so wie sie in den sechziger und siebziger Jahren schwerpunktartig erforscht worden ist, besonders auszuwirken:

– Die erste ist die unmittelbare Auswirkung der Sozialsituation der Eltern oder Pfleger des Kindes, das Gefühl, abhängig, eingeschränkt und gedrückt zu sein, nicht selber über irgend etwas verfügen zu können (*Hess/Bear*, 1968). Die Abhängigkeit von Arbeitgebern, von Wohlfahrtsbehörden oder kommunalen Ämtern gilt dabei gleich viel. Amerikanische Untersuchungen zeigen, daß dieses Gefühl der Ohnmacht und der Nutzlosigkeit eigener Kräfte und Handlungen – bei gleicher äußerer Lage – in der Stadtbevölkerung stärker ausgebildet ist, und wiederum besonders stark bei Bevölkerungsgruppen, die vom Land in die Stadt gezogen sind und damit die Sozialstützung eines, wenn auch schwachen, Kommunallebens verloren haben (*Graves*, 1969; *Bruner*, 1970). Die Auswirkung auf die Kinder ist eine doppelte: Hoffnungslosigkeit und Ohnmachtshaltung übertragen sich direkt: als Nachahmung einer Haltung der Eltern; und sie übertragen sich indirekt: als geringe Erwartung der Eltern und der sonstigen Umgebung an die Kinder, als geringe Liebesfähigkeit, Geduld und Ermutigung, als vermehrte Repression, sei es zur Kompensierung der eigenen Ohnmachtserfahrungen, sei es zur Einfügung der Kinder in den engen Lebensspielraum, der die Bewegung, den Lärm und den Kleider- und Materialverschleiß nicht zuläßt, den Kinder für ihre Entfaltung brauchen. Diese emotional-soziale Einschränkung und Entmutigung findet sich zwar auch in anderen Sozialschichten, nimmt aber zur städtischen Unterschicht hin eindeutig zu.

– Ein zweites Moment hängt damit unmittelbar zusammen: Benachteiligung in der geistigen Anregung. Auf diesem Gebiet hat freilich eine etwas primitive Lerntheorie, die das klassische Konditionieren in beliebige Lernsequenzen umzusetzen versucht, in Verbindung mit geschäftstüchtigen Buch- und Spielzeugherstellern manche falschen Vorstellungen erzeugt. Die frühesten und wichtigsten geistigen Anregungen liegen in der Art und Weise, wie die Umgebung des Kindes auf seine frühe Aktivität und seine Neugier reagiert. Die grundsätzliche Ermutigung seiner eigenen Handlungen, seiner Umwelterforschung, seines Übens und Probierens, und damit die Sensibilität für die geistigen und praktischen Aktivitäten des Kindes sind wohl ausschlaggebend für das geistige Wachstum des Kindes (*Hess/Shipman*, 1968; *Bruner*, 1970). Und gerade diese Fähigkeit, auf das Lernen des Kindes von früh an einzugehen, es zu ermutigen und anzuregen, ist in der Erziehungspraxis von Unterschicht-Eltern noch wenig entwickelt.

– Das dritte Moment der Benachteiligung bzw. Begünstigung stellt die sprachliche Entwicklung des Kindes dar. Dabei scheint es nicht so sehr – wie es die bekannten Arbeiten von *Bernstein* (1961) zunächst nahelegten – die eingeschränkte Syntax oder der geringe Informationsgehalt der Unterschicht-Sprache zu sein, als vielmehr die eingeschränkten Formen des Umgangs von Erwachsenen mit Kindern, was ihre Verarmung und Begrenztheit vor allem ausmacht. Die Sprache im Unterschicht-Milieu ist vor allem ich-bezogen, normativ oder befehlend, die Sprache der Mittelschicht diskutierend, Alternativen erwägend, Abstufungen suchend, eine Vielzahl möglicher Meinungen und Beziehungen abschattierend; sie erfaßt einen Reichtum von Erfahrungen und Sozialbeziehungen, der in der Unterschicht – auch dort, wo die Möglichkeiten sprachlicher Operation zur Verfügung stünden – meistens nicht zum Ausdruck kommt.

Die soziale und erzieherische Benachteiligung von Unterschicht-Kindern ist, gerade im Zusammenhang mit der Diskussion um die Vorschulerziehung, oft allzu simpel dargestellt und mit Vorschlägen für eine ›kompensatorische Erziehung‹ verknüpft worden. Benachteiligung ist nicht zu begreifen als ein schieres Defizit, als ein »Leiden an kulturellem Vitaminmangel, den man durch eine richtig dosierte Kompensation unter Kontrolle bekommen kann« (*Bruner*, 1970). Sie ist vielmehr ein komplexer Tatbestand, der mit der Situation der Gesamtgesellschaft, ihrer Schichtung und Chancenverteilung eng verbunden ist und im wesentlichen auch nur im Zusammenhang mit deren Wandlungsfähigkeit angegangen werden kann.

Aktuelle Probleme

In den sozialwissenschaftlichen Auseinandersetzungen der sechziger Jahre über Förderung und Benachteiligung im Kindesalter ist die generelle Frage nochmal akut geworden, ob das Kinderleben und die Kindererziehung nur Ausdruck jeweiliger gesellschaftlicher Verhältnisse und der darin üblichen und zulässigen Meinungen sind oder ob sie einen eigenen Faktor der gesellschaftlichen Entwicklung bilden können. Das ist ein altes Thema, das von den Rationalisten des 17. Jh. – *Ratke* und *Comenius* – aufgeworfen und von den Erziehungsentwürfen innerhalb der französischen Revolution radikalisiert worden ist und das seither in allen progressiven Gesellschaftsentwürfen wieder auftaucht. Kann nicht – so lautet die Frage – auf der Basis einer besseren Erziehung mit den Kindern ein Neuanfang für die Gesellschaft gemacht werden? Kann man die Kinder nicht durch Schulen und sozialpädagogische Einrichtungen herausnehmen aus den Ungleichheiten, Unzuträglichkeiten, aus der Schlechtigkeit und Dummheit der gegenwärtigen Erwachsenengeneration? Kann man nicht durch kluge Erziehung eine bessere, herrschaftsfreie, brüderlich-kooperative, dem Konkurrenzkampf entzogene, freiheitlich-friedliche Generation schaffen?

Ein Stück dieses pädagogisch-utopischen Denkens hat auch die bundesrepublikanische Reformbewegung der 60er Jahre bestimmt: die Hoffnung auf Abbau der Klassengesellschaft, der erzieherischen Benachteiligung, der familiären Fortzeugung von Vorurteilen und antiquierten Einstellungen, kurzum die gesellschaftliche Nutzung des Neuanfangs, den jedes Kind mit seiner Offenheit und Lernbereitschaft ermöglicht. Voraussetzung dafür wäre freilich, daß die Berufserzieher, die mit dieser Aufgabe betraut werden müßten, auf Grund ihrer pädagogischen und politischen Bildung selber der überkommenen Sozial- und Vorurteilsstruktur enthoben wären und von da aus eine solche neue Generation begründen könnten. Und eine weitere Voraussetzung wäre, daß diejenigen Eltern, Lehrmeister, Kirchen- und Hochschullehrer, die andere Gesellschafts- und Wertvorstellungen haben, nicht ihrerseits die junge Generation als die Sicherung der von ihnen gewünschten Zukunft ansähen und auf die Kinder, deren Erziehung und deren Wert- und Vorstellungswelt ebenfalls einzuwirken suchten.

Man braucht es nur so zu formulieren, um den utopischen Charakter dieser Hoffnung sichtbar zu machen. Gesellschaftswandel oder gar Revolution der Wert-

und Sozialvorstellungen nach dem Motto »Wer die Kinder hat, hat die Zukunft« sind nicht möglich. Dennoch werden sich Wandlungen der Wertvorstellungen und des gesellschaftlichen Lebens in den Erziehungseinrichtungen stärker und unübersehbarer ausdrücken als in anderen Sozialbereichen. Ein idealistisches und reformerisches Element gehört zur Erziehung und zum Umgang mit Kindern und Jugendlichen dazu. Nach *Schleiermachers* klassischer Formulierung (1826) muß die Jugend tüchtig gemacht werden, »einzutreten in das, was sie vorfindet, aber auch tüchtig, in die sich darbietenden Verbesserungen mit Kraft einzugehen«. Seine Grenzen findet ein solches »Tüchtigmachen« durch öffentliche Erziehung im Bestimmungsrecht der Eltern, das in unserer Verfassung und Rechtsprechung wirksam verankert ist.

Die Familienerziehung ist freilich in Anbetracht dessen, daß die Gesellschaft überall in Bewegung gekommen und der künftige Platz des Kindes in ihrem Gefüge ganz und gar unsicher geworden ist, nicht leichter geworden. Eine Reihe traditioneller Aufgaben und Funktionen hat die Familie in den letzten Generationen eingebüßt; die Aufgabe der Erziehung, der Stützung und Förderung der Kinder und der Hilfe in den vorverlegten sozialen Ausleseprozessen, sind jedoch angewachsen. Das heißt aber auch, daß sie in der Regel nicht nebenbei erledigt werden können, sondern mindestens in den Jahren bis zur Einschulung intensiven persönlichen Umgang erfordern und emotionale wie kognitive Hilfen bei der Deutung der divergenten Welt nötig machen. Die Einbettung der heute oft kleinen (oder unvollständigen) Familie in eine Gemeinschaft miterziehender Verwandter, Freunde oder anderer Familien ist für die Kinder von großer Bedeutung. Auch der Besuch von Kindergarten- bzw. Vorschulgruppen wird heute als wichtige Ergänzung nicht nur des Anregungspotentials, sondern vor allem der Sozialerfahrungen für das Kind angesehen.

In der Schulzeit verändert sich das Weltverständnis der Kinder einschneidend. Sie werden aus ganzheitlich-erlebnishaften Denkformen, in denen soziale, gegenständliche und phantastisch-mythische Weltbezüge noch eng verbunden sind, in diskursives und realistisches Denken eingeführt. Ihre allseitige und erlebnishafte Interessenorientierung wird zugleich gefördert wie auch kanalisiert. Die Zeiteinteilung des Tages wird zwingend über die erlebnisakzentuierten Zeitverläufe gestülpt. Mit den schulischen Lern- und Leistungsbereichen sind Bewertungsprozesse verbunden, die stark in das Selbstbild des Kindes eingreifen und die oft durch die Klassengemeinschaft noch verstärkt werden.

Daß unsere Grundschule als »Schule für Kinder« eingerichtet werden und eine breite, kindnahe Leistungs- und Ausdrucksförderung anstreben solle, unter Zurückstellung der schädlichen Bewertungsprozesse, das wird von den verschiedenen Reformbewegungen seit der Jahrhundertwende gefordert. In der deutschen Grundschule sind diese Forderungen aber erst teilweise verwirklicht. Die verbalen Verfahren und die alten lehrerzentrierten Unterrichtsformen beherrschen weithin noch das Feld. Und die überholten »Zensuren« mit ihren irrationalen und nachteiligen Folgen werden innerhalb eines verschärften Auslesesystems und zunehmender Verrechtlichung der Schule immer wieder stabilisiert. »Praktisches

Lernen«, »Erfahrungslernen«, »Soziales Lernen«, Verbreiterung der Ausdrucksmöglichkeiten des Kindes lauten die Forderungen für eine kindgemäßere Schulerziehung; sie sollte zugleich die Leistungsfähigkeit breit ansprechen (statt den
Kindern einen verengten Leistungsbegriff aufzwingen) und die elementaren Bedürfnisse und Entwicklungsmöglichkeiten des Kindes ausloten und unterstützen.
Eine neue Situation für die Kinder ist entstanden durch den verstärkten Zugriff der
Konsumwelt, der Werbung, der Medienprodukte. Sie scheinen in Zukunft viel
mehr noch als in den vergangenen Jahrzehnten den Alltag der Kinder zu beeinflussen und selber zu gestalten. Von der gegenständlichen Ausstattung der Kinderwelt
bis zu den Denkweisen und Umgangsformen sind der Kindermarkt und die
Kindermedien dabei, die tägliche Existenz der jüngsten Generation in Anspruch zu
nehmen und zu verändern. Es ist sicher noch zu früh, um das Ausmaß dieser
Veränderungen abzusehen. Man kann noch nicht beurteilen, welche Formen
produktiven Umgangs mit den Medien die Kinder entwickeln (*Bauer/Hengst*,
1980). Sicher aber ist, daß durch die Fertigwaren, durch das Fernsehen und die
anderen optischen und akustischen Medien die eigenen Aktivitäten der Kinder
zunehmend eingeschränkt werden. Es drohen Handlungserfahrungen, die aktiven
Spiele, die Teilnahme an den Handlungen der Erwachsenen, die gemeinsame
Geselligkeit von Erwachsenen und Kindern weiter abzunehmen. Erfahrungen über
Konsum und Medien sind »Wirklichkeit aus zweiter Hand«, – sie werden von den
Anbietern gewöhnlich nach dem Lustprinzip – Drolligkeitssignalen, Thrill, Rhythmus – zur Steigerung des Konsums oder der Einschaltquote produziert und
übergehen die wahren Aktivitäts-, Lern- und Orientierungsbedürfnisse der Kinder
(*Bronfenbrenner*, 1972).
Angesichts der wachsenden Schwierigkeiten, einen Lebensraum für Kinder zu
erhalten, ist die Kritik an allen pädagogischen Unternehmungen und an der
Erziehung generell (z. B. *Kupffer*, 1980; *Miller*, 1980; vgl. *Winkler*, 1982) einigermaßen naiv. Wir können uns aus der Situation, daß Kinder sich nicht mehr im
einfachen Mitleben mit den Erwachsenen hinreichend für ihr eigenes künftiges
Leben vorbereiten können, nicht durch Anti-Parolen befreien. Aber wir können
und müssen unermüdlich daran arbeiten, das Kinderleben vor Zerstörung, vor
Abdrängung in Kinderghettos, vor funktionalistischer Vereinnahmung zu bewahren und unsere Gesellschaft für die Ansprüche und den Reichtum kindlichen
Lebens zu öffnen (*Flitner*, 1982).

Andreas Flitner

Literatur

Ariès, Ph., 1975: Geschichte der Kindheit. Mit einem Vorwort von H. v. Hentig, München –
Bauer, K. W./Hengst, H., 1980: Wirklichkeit aus zweiter Hand, Reinbek – *van den Berg,
J. H.*, 1959: Metabletica. Über die Wandlungen des Menschen, Göttingen – *Bernstein, B.*,
⁹1978: Sprache und Lernen im Sozialprozeß. In: *Flitner, A./Scheuerl, H.* (Hrsg.): Einführung
in pädagogisches Sehen und Denken, München – *Bittner, G.* (Hrsg.), 1981: Selbstwerden des
Kindes. Ein neues tiefenpsychologisches Konzept, Fellbach – *Bloom, B. S.*, 1964: Stability
and Change in Human Characteristics, Wiley, New York – *Bronfenbrenner, U.*, 1965: Wandel
der amerikanischen Kindererziehung. In: *L. v. Friedeburg* (Hrsg.): Jugend in der modernen

Gesellschaft, Köln – *Bronfenbrenner, U.*, 1972: Erziehungssysteme – Kinder in den USA und der Sowjetunion, Stuttgart – *Bronfenbrenner, U.*, 1974: Wie wirksam ist kompensatorische Erziehung? Stuttgart – *Bruner, J. S.*, 1970: Poverty and Childhood, Merrill-Palmer-Institute, Detroit – *Fatke, R.*, 1980: Heilende und erziehende Kräfte in der kindlichen Phantasie. In: Die Psychologie des 20. Jahrhunderts, Bd. XII, Zürich – *Flitner, A.*, 1972: Das Kind in der Gesellschaft. In: *Hundertmarck, G./Ulshoefer, H.* (Hrsg.): Kleinkinderziehung, Lehrbücher für Sozialpädagogen, Bd. I, München – *Flitner, A.*, 1982: »Konrad, sprach die Frau Mama . . .«. Über Erziehung und Nicht-Erziehung, Berlin – *Flitner, W./Kudritzki, G.* (Hrsg.), ³1982: Die deutsche Reformpädagogik. Band I: Die Pioniere der pädagogischen Bewegung, Stuttgart – *Graves, N. B.*, 1969: City, Country and Child Rearing in Three Cultures, University of Colorado Press, Boulder – *Herrmann, U./Renftle, S./Roth, L.*, 1980: Bibliographie zur Geschichte der Kindheit, Jugend und Familie, München – *Hess, R. D./Bear, R. M.* (Hrsg.), 1968: Early Education, Aldine Publishing Co., Chicago – *Hess, R. D./Shipman, V. C.*, 1968: Maternal Influences on Early Learning: The Cognitive Environments of Urban Pre-School Children. In: *Hess/Bear*, 1968 – *Hoffmann, E.*, 1971: Vorschulerziehung in Deutschland. Historische Entwicklung im Abriß, Witten – *Hopf, D.*, 1971: Entwicklung der Intelligenz und Reform des Bildungswesens. In: Neue Sammlung: 33–51 – *Hurrelmann, K./Ulich, D.* (Hrsg.), 1980: Handbuch der Sozialisationsforschung, Weinheim – *Kupffer, H.*, 1980: Erziehung – Angriff auf die Freiheit, Weinheim – *Liegle, L.*, 1979: Kindheit und Familie im interkulturellen Vergleich. In: Neue Sammlung: 471–488 – *Mahrenholtz-Bülow, B.* von, 1886: Theoretisch und praktisch Handbuch der Fröbelschen Erziehungslehre. Erster Teil: Die Theorie der Fröbelschen Erziehungslehre, Kassel – *Miller, A.*, 1980: Am Anfang war Erziehung, Frankfurt/M. – *Newson, J./Newson, E.*, 1965: Patterns of Infant Care in an Urban Community. Penguin, Harmondsworth – *Röhrs, H.* (Hrsg.), ²1982: Die Reformpädagogik des Auslandes, Stuttgart – *Weber, E.*, 1969: The Kindergarten: Its Encounter with Educational Thought in America, Teachers College Press, New York – *Winkler, R.*, 1982: Stichworte zur Antipädagogik, Stuttgart. –

→ Familie/Familienerziehung → Familienhilfe/Elternarbeit → Jugend: Strukturwandel und Problemlagen

Klasse und Schicht

»Klasse« und »Schicht« sind Begriffe, die eine Gliederung unserer Gesellschaft theoretisch ermöglichen und verdeutlichen. Beide Begriffe illustrieren mit unterschiedlichem Inhalt und differenter Intention die Struktur unserer Gesellschaft (Sozialstruktur/Gesellschaftsordnung). Sie machen damit direkt und indirekt Aussagen über das soziale Oben und Unten, über Reichtum, Wohlstand und Armut, über Macht und Herrschaft und über Gerechtigkeit und Ungerechtigkeit der gegebenen Gesellschaftsordnung; damit haben sie auch die soziale Funktion der Legitimation oder der Kontestation des Bestehenden.

Dieser Erkenntniswert von »Klasse« und »Schicht« setzt sich auch praktisch um, indem er politische Konsequenzen nahelegt, sozialpolitische Schlußfolgerungen erlaubt, Reformen oder gesellschaftliche Verfestigungsstrategien stimuliert, Einsichten und Ideologien ermöglicht, den Menschen ihren objektiven sozialen Standort zeigt und ihre subjektiven Interessen und Ziele verdeutlicht. Die Beschreibung/Analyse unserer Gesellschaft mittels der Begriffe »Klasse« und »Schicht« führt damit schließlich auch – zumeist allerdings in der Alltagswirklichkeit vielfach vermittelt – zu unserem Gesellschaftsbild, das wiederum zu einem wichtigen Teil unser soziales Handeln bestimmt, unser Verhalten gegenüber Vorgesetzten und Untergebenen prägt, unsere politische Einstellung determiniert und das Verstehen unserer Um- und Mitwelt strukturiert.

Klasse

Der Begriff »Klasse« ist im wesentlichen an das Arsenal der marxistischen Soziologie geknüpft; er erhebt den Anspruch, nicht nur die Gliederung einer Gesellschaft terminologisch zu ermöglichen, sondern sie auch zu erklären und damit eine analytische Kategorie zu sein. Der Begriff »Klasse« geht von einem sozio-ökonomischen Grundsachverhalt aus, der sich unter besonderen historischen Bedingungen (Auflösung der egalitären Sozialstruktur der archaischen Gesellschaften) entwickelte und darin kulminiert, daß die Produzenten (besitzmäßig) von ihren Produkten und Produktionsmitteln getrennt werden. Diese Separation begründete die Klasse der Besitzenden und Herrschenden und jene der Besitzlosen und Beherrschten und leitet die Geschichte als »Geschichte von Klassenkämpfen« (*Marx/Engels,* 1960, I) ein. Auf unsere Gesellschaft bezogen, konstatiert Marx in der »Kritik des Gothaer Programms«: »Die kapitalistische Produktionsweise beruht darauf, daß die sachlichen Produktionsbedingungen Nichtarbeitern zugeteilt sind unter der Form von Kapitaleigentum und Grundeigentum, während die Masse nur Eigentümer der persönlichen Produktionsbedingungen, der Arbeitskraft ist« (*Marx,* 1960 II).

Nachdem der arbeitende Mensch von seinen Produktionsmitteln getrennt wurde, besitzt seine Arbeitskraft für ihn keinen Gebrauchswert mehr. Er kann sie nicht mehr für sich benützen, weil er jedwede materielle Möglichkeit verloren hat,

Produkte für sich zu erarbeiten. Um seinen Lebensunterhalt zu sichern, kann er seine Arbeitskraft nur noch als Tauschwert einsetzen, d. h. er verkauft seine Fähigkeit zu arbeiten an den Besitzer von Produktionsmitteln und erhält von diesem dafür das nötige Geld, um sich seine Lebensmittel zu erwerben. Die Produktionsmittel erlauben es also dem Produktionsmittelbesitzer, den Arbeiter unter seine Macht zu bringen; erst die Arbeitskraft des Arbeiters (»Proletariers«) ermöglicht es aber dem Produktionsmittelbesitzer zum »Kapitalisten« zu werden, indem er den Arbeiter länger und mehr arbeiten läßt als es dem Lohn entspricht, den er ihm ausbezahlt (Mehrwertproduktion). In »Lohnarbeit und Kapital« schreibt Marx dazu: »Der Arbeiter verkauft seine Arbeitskraft zu ihrem Wert und realisiert ihren Tauschwert in Lohn (. . .). Der Kapitalist kauft den Gebrauchswert der Arbeitskraft für eine bestimmte Zeit. Der besondere Gebrauchswert der Arbeitskraft besteht aber gerade in der Fähigkeit, mehr Wert zu produzieren, als sie selbst verkörpert, also Mehrwert zu schaffen« (*Marx*, 1960, I).
Diesen Mehrwert eignet sich der Kapitalist an und vergrößert dadurch sein Kapital, das sich durch den ständigen Austausch mit der lebendigen Arbeitskraft nicht nur erhält, sondern vermehrt. Die wirtschaftlichen Konstitutionsbedingungen von (beherrschter/herrschender) Klassen setzen damit auch sozio-politische Bedingungen: Das ökonomische Verhältnis von Besitz und Nicht-Besitz an Produktionsmitteln zeigt sich auch als politisches, juristisches und kulturelles Machtverhältnis, indem es den Arbeiter vielfältig unter die Herrschaft des Kapitals zwingt. Daran ändern in der Optik der marxistischen Klassiker auch die Verbesserungen von Arbeitsbedingungen, die Erhöhung des Lohns oder sozialpolitische Maßnahmen nichts. »Vermehrt sich (. . .) die Einnahme des Arbeiters mit dem raschen Wachstum des Kapitals, so vermehrt sich gleichzeitig die gesellschaftliche Kluft, die den Arbeiter vom Kapitalisten scheidet, so vermehrt sich gleichzeitig die Macht des Kapitals über die Arbeit, die Abhängigkeit der Arbeit vom Kapital (. . .). Selbst die günstigste Situation für die Arbeiterklasse, möglichst rasches Wachstum des Kapitals, so sehr sie das materielle Leben des Arbeiters verbessern mag, hebt den Gegensatz zwischen seinen Interessen und den Bourgeoisinteressen, den Interessen des Kapitals, nicht auf (. . .). Je rascher die Arbeiterklasse die ihr feindliche Macht, den fremden, über sie gebietenden Reichtum vermehrt und vergrößert , unter desto günstigeren Bedingungen wird ihr erlaubt, von neuem an der Vermehrung des bürgerlichen Reichtums, an der Vergrößerung der Macht des Kapitals zu arbeiten, zufrieden, sich selbst die goldnen Ketten zu schmieden, woran die Bourgeoisie sie hinter sich herschleift« (*Marx,* 1960, I).
Der Begriff »Klasse« greift demnach auf die sozio-ökonomischen Konstitutionsbedingungen von Gesellschaft zurück und impliziert eine Gesellschaftsanalyse. Erst aufgrund letzterer gliedert er Gesellschaft und differenziert er zwischen spezifischen Gruppierungen von Personen. Auf diesem analytischen Hintergrund definiert Lenin: »Als Klassen bezeichnet man große Menschengruppen, die sich voneinander unterscheiden nach ihrem Platz in einem geschichtlich bestimmten System der gesellschaftlichen Produktion, nach ihrem (größtenteils in Gesetzen fixierten und formulierten) Verhältnis zu den Produktionsmitteln, nach ihrer Rolle

in der gesellschaftlichen Organisation der Arbeit und folglich nach der Art der Erlangung und der Größe des Anteils am gesellschaftlichen Reichtum, über den sie verfügen« (*Lenin*, 1956, 29).

Der Begriff »Klasse« wird freilich auch in nicht-marxistischen Theorien verwendet. So sprechen viele Vertreter einer bürgerlichen amerikanischen Soziologie von Klassen und unterscheiden eine je zweigeteilte Ober-, Mittel- und Unterklasse (*Warner* u. a., 1949) nach Kriterien wie Status, Prestige etc. Ein solches Klassenverständnis hat mit dem vorgängig geschilderten nichts gemein, sondern basiert auf dem darzulegenden Grundverständnis der Schichtentheorie. Insofern bietet sich hier sinnvoller (als Übersetzung des englischen »class«) der Begriff »Schicht« an.

Aktuell geworden ist auch wieder der Webersche Klassenbegriff. Insbesondere die Arbeiten der SPES (Sozialpolitisches Entscheidungs- und Indikatorensystem, Frankfurt/Mannheim) über Sozialstruktur, Lebensbedingungen u. a. in der Bundesrepublik rekurrieren auf den Klassenbegriff von *Weber*: »Wir wollen da von einer ›Klasse‹ reden, wo 1. einer Mehrzahl von Menschen eine spezifisch ursächliche Komponente ihrer Lebenschancen gemeinsam ist, soweit 2. diese Komponente lediglich durch ökonomische Güter-, Besitz- oder Erwerbsinteressen, und zwar 3. unter den Bedingungen des (Güter- oder Arbeits-)Marktes dargestellt wird (Klassenlage)« (*Weber*, 1964).

Die marxistische Gesellschaftswissenschaft kritisiert an beiden Auffassungen, daß sie eine Analyse der Sozialstruktur aussparen und, statt die für Sozietät konstitutiven Produktionsbedingungen zu berücksichtigen, sich auf nur sekundär und tertiär bedeutsame Faktoren der Verteilung (Distribution) und des Sozialprestiges konzentrieren.

Schicht und Schichtung

Der Begriff »Schicht« ist wesentlich mit der bürgerlichen Soziologie verbunden. Er gliedert Gesellschaft hierarchisch, indem er Gruppierungen von Menschen nach bestimmten Merkmalen wie Einkommen, Beruf, Bildung, Prestige u. a. zusammenfaßt und so einen sozialen Aufbau von der unteren Unterschicht bis zur Oberschicht konstruiert. Einen verbindlichen Schichtbegriff gibt es allerdings bislang ebensowenig wie Einigkeit über die entscheidenden Merkmale einer Schichtzuordnung.

Eine vergleichsweise elaborierte Auffassung von Schicht vertreten *Bolte* u. a. (1967): »Der von uns verwendete Schichtbegriff geht von folgendem aus: Generell wird in der soziologischen Terminologie eine Anzahl von Menschen, die im Hinblick auf ein oder mehrere ›sozial relevante‹ (d. h. das gegenseitige Verhalten beeinflussende) Merkmale gleich (oder ähnlich) erscheinen – wie z. B. Menschen gleichen Alters und/oder gleichen Einkommens und/oder gleichen Berufs usw. – als eine Sozialkategorie bezeichnet. Verbinden sich mit den Abstufungen des jeweiligen Merkmals Wertungen im Sinne von höherer oder geringerer sozialer Wertschätzung und liegt den Abstufungen nicht eine mehr oder weniger willkürliche ›statistische‹ Gliederung zugrunde, sondern handelt es sich um wirklich verhaltensrelevante Abgrenzungen, dann soll von Schichten gesprochen werden. Je nach der am Verhalten ablesbaren ›Schärfe‹ der Grenzen und der sich im Verhalten der Schichtzugehörigen abzeichnenden ›sozialen Kluft‹ zwischen den Schichten lassen sich unterschiedliche Grade der Schichtausprägung erkennen. Interessiert man sich lediglich für Differenzierungen dieser Art, die z. B. auf Grund des Merkmals Einkommen entstehen, so haben wir es mit Einkommensschichten zu tun, interessieren Differenzierungen dieser Art, die sich in einer Gesellschaft auf Grund aller hier die soziale Wertschätzung beeinflussenden Merkmale zeigen (Einkommen, Berufsposition usw.), so haben wir Gesellschaftsschichten vor uns usw.«.

Dieser Schichtensoziologie wird von ihren Kritikern entgegnet, weithin theorielose Statistik zu sein. Dieser Vorwurf übersieht, daß der Schichtensoziologie eine Reihe theoretischer Prämissen teils zugrundeliegt, teils als Konsequenzen folgt. Dazu gehören vor allem jene Aussagen, die in der für die Schichtensoziologie zentralen Auseinandersetzung mit der marxschen Klassentheorie erarbeitet würden. In Konfrontation mit letzterer behauptet die Schichtensoziologie die Komplexität und den Pluralismus unserer gegenwärtigen Gesellschaftsordnung, deren einstige (sozio-ökonomische) Gegensätze eingeebnet sind und deren Tendenz auf die Stärkung des Mittelstandes zielt. »Unsere heutige Gesellschaft kennt keine formell gesetzten (durch Gesetze fixierten) Ränge, in die jemand bereits durch seine Geburt hineinwächst. Es zeigen sich in den verschiedensten Bereichen unserer Gesellschaft Tendenzen, eine Gleichheit der sozialen Chancen nicht nur rechtlich zu garantieren, sondern auch faktisch zu ermöglichen. Der Zugang zu gesellschaftlichen Positionen soll in unserer demokratischen Industriegesellschaft nicht von sozialen Vorgegebenheiten (wie soziale Herkunft, Rassenzugehörigkeit usw.), sondern durch die Aktivität, Leistungsbereitschaft und Leistungsfähigkeit des einzelnen bestimmt werden. Rechtlich gesehen haben wir eine sogenannte ›offene‹ Gesellschaft, und es gibt zahlreiche Bemühungen, diese auch faktisch zu erreichen (z. B. Lehr- und Lernmittelfreiheit, Stipendien usw.). Unsere Gesellschaft ist gegenüber früheren Jahrhunderten also insofern nivelliert, als sich die politischen Rechte, die Rechte des Zugangs zu Positionen, das Angebot an Konsumgütern (Kaufhäuser, Versandgeschäfte) sowie die Informationsangebote und Informationschancen (Massenmedien) für immer mehr Menschen einander angeglichen haben« (*Bolte* u. a., 1967).

Zu dieser demokratischen Offenheit unserer Gesellschaft kommt deren grundsätzliche Transparenz (Durchschaubarkeit) und deren Mobilität (sozialer Auf- und Abstieg). Dadurch, daß gesellschaftliche Positionen nicht mehr durch Herkunft vorgegeben sind, sondern mit Fleiß und Leistung erworben werden müssen, kann der als arm Geborene in der sozialen Hierarchie auf- und der als reich Geborene absteigen. Die Schichtsoziologie verneint dabei ausdrücklich den Besitz oder Nicht-Besitz an Produktionsmitteln als eindeutiges Merkmal sozialer Zuordnung als eindimensional ab.

Diese Prämissen kulminieren im entscheidenden Ergebnis der Schichtensoziologie, daß die von Marx behauptete Polarisierung der Klassen (Bourgeoisie – Proletariat) sich zugunsten einer sozialen Vereinheitlichung in der gesellschaftlichen Mitte

verändert hat. »Im Hinblick auf die Prognosen von K. Marx hat es keine
Aufspaltung der Gesellschaft nach unten und oben, also ein Verschwinden der
Mitte, sondern vielmehr eine ständige Ausdehnung der Mitte in unserer Gesellschaft gegeben (. . .). Unsere Gesellschaft zeigt vor allem insoweit eine Tendenz
zur Mitte, als sich im Hinblick auf die materielle Ausstattung und den gesellschaftlichen Status immer mehr Menschen (über 50 v. H.) in den Mittellagen zusammenge-
ballt haben. Mit Gesetzen und Maßnahmen der verschiedensten Art wird versucht,
den Weg in materielle Extrempositionen zu erschweren, u. a. durch Sozialversicherung und Sozialfürsorge nach unten und durch die progressive Besteuerung nach
oben« (*Bolte* u. a. 1967).
Auch die marxistische Soziologie kennt den Begriff »Schicht« sie versteht darunter
– in ihrer orthodoxen leninistischen Ausformung – Gruppierungen wie etwa
Jugend, die sich durch demographische Gemeinsamkeiten erfassen lassen oder
Gruppierungen von Menschen wie etwa Angestellte, die identische Arbeitsfunktionen erfüllen. Qualitativ sind diese Schichten dabei innerhalb von Klassen verortet;
quantitativ transzendieren sie Klassenschranken (z. B. Jugend der herrschenden
und der beherrschten Klasse; Angestellte mit Verfügungsmacht über Produktionsmittel in der herrschenden Klasse und Angestellte in der beherrschten Klasse).

Klassen- und Schichtsoziologie

Die Auseinandersetzung zwischen (marxistischer) Klassensoziologie und (bürgerlicher) Schichtsoziologie hält an (*Kirchberger*, 1975); sie charakterisiert sich zumeist
durch eine dezidierte Konfrontation, in der die Schichttheoretiker (z. B. *Bolte*
u. a., 1967) der Klassensoziologie Eindimensionalität und Anachronismus vorwer-
fen und die Klassentheoretiker (z. B. *Tjaden-Steinhauer/Tjaden*, 1973) den Schicht-
soziologen Formalismus und Theorielosigkeit entgegenhalten. Gerechtfertigt im
Arsenal der wechselseitigen Kritikpunkte erscheint uns, daß die Schichtsoziologie
auf eine Gesellschaftsanalyse verzichtet, sozial Handelnde nach vergleichsweise
willkürlich gewählten Merkmale (aus dem Bereich von Distribution und Konsumtion) klassifiziert, diese Merkmale nicht die entscheidenden Produktions- und
Herrschaftsverhältnisse von Gesellschaften widerspiegeln, sie mit bloßer Deskription der Auseinandersetzung um die primären gesellschaftlichen Widersprüche (im
ökonomischen Bereich) aus dem Wege geht, ja sie kaschiert; umgekehrt ist der
Grundbegriff »Klasse« der Klassensoziologie zwar geeignet, makrostrukturelle
Tendenzen im Produktions- und Herrschaftsbereich zu umreißen, aber zu grob, um
erfolgte Differenzierungen in der Sozialstruktur allein zu erfassen; er legt in seiner
Allgemeinheit die Vereinheitlichung der Arbeits- und Lebensbedingungen nahe,
die realiter aber nicht erfolgt ist; er vermag weder die Unterschiede in der
lohnabhängigen Bevölkerung zu erfassen und noch weniger spezifische Differenzen
in abgeleiteten Bereichen wie Sozialisation, Erziehung, abweichendes Verhalten,
Kriminalität u. a..
Wichtiger als der ziemlich unfruchtbare Streit zwischen Schicht- und Klassensoziologie sind jene Versuche, die beide Kategorien für ein differenziertes Verständnis

der Sozialstruktur verbinden. Auf marxistischer Seite wird der Schichtbegriff neuerdings vermehrt und deutlicher zur Gliederung von Klassen verwendet und vor allem benutzt, um objektive Funktions- und Entlohnungsunterschiede in der lohnabhängigen Bevölkerung zu markieren. »In einer Klassenanalyse kann der Begriff der Schicht nur in jeweils genau zu benennender eingeschränkter Weise Verwendung finden, wenn man sich den Assoziationen der Umgangssprache und des Alltagsbewußtseins nicht unkontrolliert aussetzen will. Wird der Schichtbegriff, wie hier als einzig wissenschaftlich zutreffend postuliert, aus den ökonomischen Formbestimmungen von Kapital und Arbeit hergeleitet, so dient er als Ausdruck für die an der Oberfläche der erscheinenden Bewegung in einer konkret-historischen Gesellschaft sichtbare Abstufung der Bevölkerung nach dem jeweiligen Anteil am gesellschaftlichen Reichtum. Als eine Kategorie des objektiv begründeten Scheins, als Bezeichnung für die wirklich existierenden vielfältigen Übergänge und graduellen Abstufungen, die den antagonistischen Gegensatz der Klassen im Bewußtsein der einzelnen mindestens zeitweilig verdecken können, bleibt er also angewiesen auf die vorgängige Aufdeckung der verborgenen Kerngestalt der bürgerlichen Gesellschaft als eines ökonomisch bestimmten Klassenverhältnisses« (*Herkommer*, 1975).

Auf nicht-marxistischer Seite ist vor allem die implizierte Verknüpfung von Klasse und Schicht im Begriff der Klassenlage zu beachten, wie ihn die Forschungsgruppe SPES (Sozialpolitisches Entscheidungs- und Indikatorensystem) vornimmt und in einigen wichtigen empirischen Arbeiten auch schon konkretisiert hat. Das SPES geht dabei in starker Anlehnung an Max Weber (Weber 1964) von Klassenlagen aus, die als unterschiedliche Lebenschancen durch Variablen wie Besitz, Stellung im Beschäftigungssystem, Qualifikation, Einkommen u. a. erfaßt werden. »Dabei wird im Gegensatz zur Klassenanalyse wie zur Schichtungsforschung ein Analysenmodell verfolgt, in dem die Bevölkerung gerade nicht eindimensional aufzugliedern ist, sondern nach einer Mehrzahl von Lebenschancen bestimmenden Faktoren. Die Verteilung der Bevölkerung auf soziale Lagen wird in einer Weise gesehen, in der einerseits typische Muster der Kumulation von Vorteilen oder Nachteilen in den verschiedenen Dimensionen, andererseits typische Muster der Diskrepanz von besonderem Interesse sind« (*Handl* u. a., 1977).

Sicher gerät in den Arbeiten der SPES – schon vom Ansatz her – die Formbestimmung unserer Gesellschaft zu kurz; andererseits dokumentieren die bislang vorgelegten Ergebnisse eine Ergänzung und Korrektur vieler Erkenntnisse, die Schicht- und Klassensoziologie gewonnen haben (s. u.).

Wir selbst (*Meinhold/Hollstein*, 1975) gehen davon aus, daß sich im Widerspruch zur Schichtensoziologie, aber im Einklang mit den empirischen Ergebnissen der Klassensoziologie und SPES (*Handl* u. a., 1977), der Antagonismus von Lohnarbeit und Kapital immer mehr verdeutlicht. Entgegen manchen Theoremen, insbesondere der Klassensoziologie, impliziert solches jedoch nicht die Vereinheitlichung der Lebensbedingungen und auch nicht die Verschärfung sozialer Auseinandersetzungen. Die gesellschaftliche Position der Individuen ergibt sich nämlich nicht direkt aus den (antagonistischen) Produktionsverhältnissen, sondern wird durch Stellung,

Funktion und Entlohnung im betreffenden Arbeitsprozeß vermittelt. Insbesondere in den Großunternehmen ist das Verhältnis der beiden sozialen Pole durch Aufgaben der Leitung und Kontrolle, die die Arbeitenden mehr oder minder in die Nähe der Kapitalseite rücken, kompliziert worden. Prinzipiell gleiche Positionen wie all jene ohne Eigentum an Produktionsmitteln fraktionieren sich konkret gesellschaftlich in Lohnhöhe, sozialem Status, Wertorientierungen etc. aus.

Die Entwicklung der Produktivkräfte und die dadurch bedingte Arbeitsteilung erklären diese Differenzierungen in der Berufs- und Sozialstruktur. Primär bedeutsam für Konstitution und Reproduktion des Kapitals sind dabei zunächst jene manuell Tätigen, die produktive Arbeit leisten, d. h. deren Arbeitsprodukte sich in Waren umsetzen lassen. Mit der wachsenden Produktivität der Arbeit zeigen sich indessen wichtige Änderungen in der Berufs- und Sozialstruktur. An der Basis bewirkt die industrielle Produktivitätssteigerung eine Differenzierung der Arbeitstypen. *Kern* und *Schumann* (1977) unterscheiden zwischen der handwerklichen Arbeit am Produkt, den repetitiven Teilarbeiten (Bandarbeit, Maschinenbedienung), den Steuer- und Führungsarbeiten (Maschinen- und Anlagenführung), der Automatenkontrolle, den qualifizierten Automationsarbeiten und die Meßwartentätigkeit. Diese Arbeitstypen differieren im Grade des Dispositionsraumes, der Qualifikation, der Belastung und der Verantwortung für den Schaffenden. Neben dieser »qualifikatorischen« Unterscheidung industrieller Arbeit ist jene andere zu nennen, derzufolge bestimmbare Gruppierungen von Schaffenden Kapitalfunktionen in der Hierarchie des Arbeitsprozesses (Meister, Vorarbeiter, Kontrolleure u. a.) übernehmen. Schließlich gliedert sich die Arbeiterschaft in industriell und nicht-industriell Tätige; letztere arbeiten im Staatssektor, im Baugewerbe, im Handwerk u.a..

Der Einsatz hochentwickelter Produktionsmaschinen, insbesondere die Automatisierung von Herstellungsvorgängen, führt zur Reduktion der produktiv Arbeitenden und zur Konzentration der unternehmerisch Tätigen. Gleichzeitig wächst die Bedeutung der technischen Intelligenz, die Invention und Konstruktion der produktionsfördernden Maschinen leitet. Die mit dieser Entwicklung verbundene Zunahme der Warenproduktion benötigt Menschen, die für Zirkulation und Distribution der Produkte sorgen; also vermehren sich die Angestellten in den Sektoren des Handels, des Verkehrs, des Geldwesens, der Wartung, des Marketing u. a.. Andererseits vermindert der Konzentrationsprozeß die Bedeutung mittelständischer Berufskreise in Handwerk, Landwirtschaft und Handel. Die zunehmende Wichtigkeit der globalen Regulierung für die monopolistische Industrie fördert schließlich die Staatsaktivitäten in Planung, Administration, Ausbildung, Verkehr u. a. (Zunahme der Beamten). Diese allgemeine Entwicklung der Sektoren und Berufe muß indessen noch in sich unterschieden werden. Der Konzentrationsprozeß hat zur Differenzierung der Einzelkapitale geführt. Da die besonders hohen Profite der Großunternehmen die Profitraten der mittleren und kleinen Unternehmen schmälern, haben sich partielle Gegensätze zwischen dem Monopolkapital (Großbankiers, Großunternehmer, Groß-Großaktionäre) und der Fraktion der mittleren und kleineren Kapitalherren herausgebildet. Die Trennung von Kapitaleigentum und Kapitalfunktion hat überdies eine Gruppierung von Spitzenangestellten (Management) geschaffen, deren jeweilige Stellung von der Streuung der Aktienbesitzer (Minderheits- oder Mehrheitsbesitz) abhängt.

Opfer der Polarisierung von Kapital und Lohnarbeit wurden insbesondere die traditionellen Berufskreise des Mittelstands. So reduzierten sich beispielsweise von 1960 bis 1968 die Handwerksbetriebe um 74 000; in der gleichen Zeitspanne gaben ca. 30 000 Einzelhandelsbetriebe auf.

Um die dergestalt angedeuteten sozialen Entwicklungen begrifflich zu fassen, benutzen auch wir die Termini Klasse und Schicht. Klasse bedeutet für uns – in Erweiterung der ökonomisch eingeschränkten marxistischen Auffassung – das Ensemble von Menschen, das aufgrund des Besitzes, der Verfügung und der direkten Verteidigung wirtschaftlicher Macht herrscht oder aufgrund wirtschaftlicher Machtlosigkeit beherrscht wird. Realer Ausdruck dieser Definition sind die Personifizierungen von Kapital auf der einen und lohnabhängiger Arbeit auf der anderen Seite. Dieses unmittelbare Klassenverhältnis wird aber aufgrund der in den bestehenden Produktionsverhältnissen vorgegebenen Arbeitsteilung und deren Verstärkung durch die Delegierung von Herrschaftsfunktionen durch die je Mächtigen in sich hierarchisch gegliedert. Erscheinen diese Abstufungen im sozialen Aufbau der Gesellschaft in einer spezifischen Präsenz, die sich durch Indikatoren wie Funktion (Aufsicht, Befugnisse), Qualifikation (Ausbildung, Bildung), Arbeitsplatzsituation und Einkommen (Lohn, Lebensniveau) vermittelt, sprechen wir von Schichten. Schichten fraktionieren also durch bestimmbare Gemeinsamkeiten die Klassen.

Entscheidendes Kriterium von Klasse ist die Verfügungsmöglichkeit über die systemprägenden Produktionsmittel unserer Gesellschaft. Die Qualität der Verfügungswirklichkeit (exklusiver Besitz; beschränkter Besitz; delegierte Verfügungsdisposition; offensive Verteidigungsbereitschaft u. a.) bestimmt dabei den Grad von Macht. Dabei müssen wir generell jenen Individuen, die die für eine Gesellschaft strukturierenden Systementscheidungen treffen, das Maximum an Macht zumessen. An qualitativ erster Stelle wären hier jene Großbankiers, Großunternehmer und Großaktionäre zu nennen, die exklusiv oder in Form von Mehrheitsbeteiligungen über die wichtigsten Produktionsmittel verfügen. Aufgrund ihrer ökonomischen Privilegien können diese Personen Machtbefugnisse in Form von Kapitalfunktionen (z. B. Management) verteilen und Machtinteressen in Form von Systemfunktionen (z. B. wirtschaftliches Wachstum; Stabilität) gegenüber dem Staatsapparat so vertreten, daß dieser seine Herrschaft mit der Macht des Kapitals stimmig koordinieren muß und dabei eine Position offensiver Verteidigungsbereitschaft für das Kapital bezieht. In bezug auf die Kapitalfunktion bildet sich eine Machtkette, die vom Management über die Direktion bis zu den Aufsehern und Vorarbeitern der Arbeiterklasse selber reicht. Wir unterscheiden in dieser »Kette« indessen zwischen wesentlicher Macht, die eine Verfügungsdisposition über die Produktionsmittel gewährleistet (z. B. für das Management), und akzidentieller Macht, die den Kontrolldruck nach unten verstärkt, ohne prägenden Einfluß im Arbeitsprozeß zu haben. Auch derart akzidentielle Macht bleibt allerdings im

Aneignungsprozeß nicht folgenlos, in welchem die Stellung/Funktion des Schaffenden im arbeitsteiligen Produktionsprozeß der Gesellschaft materiell vergolten wird. Innerhalb der Arbeitsteilung der Betriebe werden dabei Kapitalfunktionen nach der Qualität ihrer Wirksamkeit honoriert, was nicht nur die verfügende Klasse gliedert, sondern auch Angestellte und Arbeiter gegen- und ineinander (Einkommen/Sparfähigkeit/Vermögen/Status).

Entsprechend unserer allgemeinen Differenzierung der Gesellschaftsstruktur stellt sich die vergleichsweise konkrete soziale Verortung in der BRD folgendermaßen dar: Ein Teil der Bevölkerung, der etwa 800 000 Personen umfaßt, ist aus der produzierenden Gesellschaft herausgefallen und lebt als sozial Verachtete und Deklassierte randständig. Zur großen Grundklasse der lohnabhängigen Bevölkerung zählen etwa 19 Millionen der erwerbstätigen Bevölkerung (Arbeiter, Angestellte, Beamte); sie differieren schichtmäßig aufgrund der angegebenen Kriterien (Qualifikation; Funktion u. a.) und der sich daraus ergebenden Position im gesellschaftlichen Aneignungsprozeß. Als Mittelschichten abgehoben zählen wir zu dieser Grundklasse schlußendlich auch die Intelligenz sowie die selbständig agrarisch und gewerblich Tätigen, da sie nicht über die für die Macht- und Herrschaftsverhältnisse unserer Gesellschaft konstituierenden Produktionsmittel verfügen. Insgesamt macht der numerische Anteil dieser »Mittelschichten« an der erwerbstätigen Bevölkerung etwa 8 Millionen aus. Beide Großgruppierungen der beherrschten Grundklasse gliedern sich in temporär Arbeitende, das Gros der ausländischen Arbeitnehmer, Hilfs- und Landarbeiter; an- und ungelernte Arbeiter und Angestellte; unqualifiziert ausführende Angestellte und untere Beamte; Facharbeiter. In den Mittelschichten unterscheiden wir hierarchisch: qualifiziert ausführende Angestellte und Beamte; »Arbeiteraristokratie« (Arbeiterspezialisten mit Beaufsichtigungsfunktionen; kontrollierende Angestellte und Beamte); kleinere Selbständige in Landwirtschaft und gewerblicher Wirtschaft; gehobene Beamte und Angestellte der Leistungsklasse II; lohnabhängige Intelligenz; selbständige Intelligenz; höhere Beamte und höhere (leitende) Angestellte; mittlere Selbständige in Handel und Industrie.

Die Grundklasse der Herrschenden zählt rund 700 000 Personen und umfaßt die planenden Gruppen im Staatsapparat; die Kapitalisten in Landwirtschaft und gewerblicher Wirtschaft; die Spitzen des Staatsapparates; das Management des Großkapitals; das Großkapital (Großaktionäre und Großbankiers).

Empirische Klassenanalysen

Tjaden-Steinhauer/Tjaden, die sich auf die Zahlen der Volkszählung von 1970 beziehen, beziffern den Umfang des erwerbstätigen Teils der Arbeiterklasse auf rund 22 Millionen, d. h. 83% der erwerbstätigen Bevölkerung. Davon waren 12 Millionen Arbeiter und etwa 10 Millionen Angestellte und Beamte. »Die restlichen Erwerbstätigen gehören den sozialökonomischen Sondergruppen und -schichten der nichtkapitalistischen oder halbkapitalistischen Warenproduktion, Warenzirkulation und privaten Dienstleistungstätigkeit an. Hierzu zählten jahresdurchschnittlich im Jahre 1970 schätzungsweise 2,1 Mill. (1971: 1,9 Mill.) nichtabhängige Erwerbstätige in der Land- und Forstwirtschaft, Tierhaltung und Fischerei. Im (nicht- oder halbkapitalistischen) Gewerbe-, Handels- und Dienstleistungsbereich gehörten hierzu 1970 schätzungsweise 1,8 Mill. nichtabhängige Erwerbstätige. Insgesamt gehörten zu diesen Sondergruppen und -schichten etwa 15% der erwerbstätigen Bevölkerung, davon sind 6,3% mithelfende Familienangehörige und 8,6% nicht- oder halbkapitalistische Selbständige« (*Tjaden-Steinhauer/Tjaden*, 1973). Auf 1,8% beziffern sie die Kapitalistenklasse, d. h. exakter bei ihnen: »die Eigentümer und Manager der kapitalistischen Unternehmen und Unternehmensverbindungen mitsamt dem oberen Leitungspersonal des politischen, sozialen und kulturellen Überbaus der kapitalistischen Produktionsweise« (ds.).

Das Institut für Marxistische Studien und Forschungen (IMSF) zählt cirka 20,5 Millionen Erwerbstätigen zur Arbeiterklasse (75,6%) und 44,16 Millionen zur Arbeiterklasse in der Gesamtbevölkerung (72,8%). Die Mittelschichten werden auf 6 Millionen bei den Erwerbstätigen (22,3%) und 14,5 Millionen in der Gesamtbevölkerung (24%) beziffert. Der Umfang der Kapitalistenklassen beträgt bei den Erwerbstätigen 0,579 Millionen (2,1%) und in der Gesamtbevölkerung 1,9 Millionen (3,2%). Im Vergleich zu 1950 hat die Arbeiterklasse zugenommen, die Kapitalistenklasse stark abgenommen, und die Mittelschichten sind ebenfalls quantitativ schwächer geworden. Innerhalb der Arbeiterklasse ist allerdings »der Anteil der Arbeiter (. . .) von 1950 = 78% auf 1970 = 63% zurückgegangen. Daran zeigt sich auch ein Rückgang des traditionellen Typs manueller Arbeitsverausgabung in der Arbeiterklasse« (IMSF, 1972).

Empirische Schichtanalysen

Scheuch rechnet 2,5% zur Oberschicht, 6,1% zur oberen Mittelschicht, 14,6% zur mittleren Mittelschicht, 20,7% zur unteren Mittelschicht, 36,6% zur oberen Unterschicht und 19,5% zur unteren Unterschicht; die Kriterien für die Bestimmung der Schichtzugehörigkeit sind dabei: Beruf des Haupternährers, Einkommen und Schulbildung (*Scheuch*, 1961). *Bolte* beziffert die Oberschicht auf 2%, die obere Mitte auf 5%, die mittlere Mitte auf 14%, die untere Mitte auf 29%, die unterste Mitte/das obere Unten auf 28%, das Unten auf 17% und die sozial Verachteten auf 4% (*Bolte* u. a., 1967). *Dahrendorf* weist eine Elite von 1% der Bevölkerung nach (Inhaber von Führungspositionen), einen traditionellen Mittelstand von 20% (z. B. Selbständige), einen falschen Mittelstand von 12% (Dienstleistungsverrichtende), eine Dienstklasse von 12% (Verwaltungsapparat von Staat und Wirtschaft), eine Arbeiterschicht von 45%, eine Arbeiterelite von 5% (z. B. Meister) und eine Unterschicht von 5% (z. B. Dauererwerbslose, Rückfallkriminelle).

Die daraus abgeleiteten und vorgängig erwähnten Resultate sind Mittelstandsgesellschaft, Nivellierung, Demokratisierung, Chancengleichheit, Mobilität u. a. Neuere empirische Untersuchungen, die vor allem auch den Vorteil haben, mit einem methodisch zweifelsfreien Instrumentarium zu arbeiten, widerlegen freilich diese Ergebnisse der Schichtanalysen fast durchgängig: »Nach der herrschenden

Ideologie leben wir in einer ›offenen Mittelschichtgesellschaft‹, in der der Großteil der Bevölkerung einen Nichtarbeiterstatus besitze und selbst ein Arbeiterkind oder Arbeiter relativ leicht in die Mittelschicht aufsteigen könne. Selbst wenn Chancengleichheiten eingeräumt werden – so vornehmlich im Bildungsbereich –, gelten sie mindestens mittelfristig als überwindbar. Wer davon abweichende Vorstellungen vertritt und gar in die Lehrpläne der öffentlichen Schulen einführen will, wird als wirklichkeitsfremder Ideologe abgestempelt. Der Tatbestand der Unterprivilegierung wird allenfalls den Mitgliedern einiger weniger Randgruppen, den Obdachlosen, Fürsorgeempfängern, Geisteskranken und Gastarbeitern zuerkannt. Die oben dargestellten Materialien hingegen belegen drei Tatbestände überdeutlich. Erstens, berücksichtigte man auch die Rentnerhaushalte, so gehören noch immer die Hälfte aller Personen in der Bundesrepublik zur ›Arbeiterbevölkerung‹. Wenn es also überhaupt sinnvoll ist, eine Gesellschaft nach ihrer modalen sozio-ökonomischen Kategorie zu kennzeichnen, so ist die Bundesrepublik noch immer von ihrer Sozialstruktur her eine ›Arbeitergesellschaft‹, obgleich dies weder im öffentlichen Bewußtsein noch im politischen Prozeß einen entsprechenden Ausdruck findet. Zweitens, – für die Chancen im Zugang zu sozialen Positionen gibt es eine Struktur der Privilegierung und Unterprivilegierung, die nicht nur einzelne kleine Gruppen betrifft, sondern durch die gesamte Gesellschaft hindurch wirkt. Zwar bedingen soziale Auf- und Abstiegsprozesse über kurze soziale Distanzen und Bewegungen, die durch strukturelle Veränderungen der Größe sozio-ökonomischer Kategorien verursacht werden, eine insgesamt hohe Mobilitätsrate. Gleichzeitig sind jedoch die relativen Chancen etwa zwischen Kindern mit einer Arbeiterherkunft und Kindern aus der gehobenen Mittelschicht durch eine krasse Ungleichheit gekennzeichnet. Drittens, die Zunahme von Angestellten- und Beamtenpositionen hat zwar die Chancen vor allem eines kleinen Teils der Facharbeiterkinder verbessert, aus dem Arbeiterbereich aufzusteigen. Der Vergleich der Jahrgangsgruppen zeigt jedoch auch, daß diese sicherlich subjektiv bedeutsamen Veränderungen auf den relativen Grad der Chancenungleichheit trotz verbesserter Bedingungen im Bildungssystem und beim Eintritt in den Arbeitsmarkt und trotz der Übernahme unqualifizierter Tätigkeiten durch ›Gastarbeiter‹ kaum einen Einfluß gehabt haben. Die beschwichtigende politische Rhetorik der Gleichheit dient damit der Rechtfertigung des status quo und zum Teil des status quo ante der bestehenden Ungleichheiten« (*Zapf*, 1977).

Die Untersuchungen der SPES weisen auch nach, daß der »wohlhabende Arbeiter unter den Arbeitern eher als Ausnahmefigur zu betrachten (ist)«. Überdurchschnittlich hohe Arbeitseinkommen werden »in der Regel nur durch Überstunden, Erschwerniszuschläge oder Auswärtstätigkeit erreicht«. »Geradezu im Gegensatz zu Vorstellungen vom wohlhabenden Arbeiter ist festzustellen, daß große Teile der Arbeiterschaft mit sehr niedrigem Eikommen zu leben haben« (*Handl* u. a., 1977). Gerade in den unteren Schichten erweist sich der Mobilitätsbefund der Schichtensoziologie als Ideologie; Arbeitersöhne werden fast ausnahmslos wieder Arbeiter (*Zapf*, 1977). SPES konstatiert in diesem Kontext auch deutlich, »daß der Grad der Abhängigkeit der Lebenschancen der Kinder von der sozialen Lage der Eltern (*Handl* u. a., 1977).

Gesellschaftsanalyse und Sozialisation

Anders ausgedrückt: »Je vorteilhafter die soziale Lage der Eltern ist, um so günstiger stellen sich die Lebenschancen der Kinder dar« (*Handl* u. a., 1977). Die Klassen- und Schichtzugehörigkeit hat damit – in einem weiten Sinne – Auswirkungen auf Entwicklung, Lernen, Erziehung, »normales« und abweichendes Verhalten usw. (*Caesar*, 1972); beide schaffen aufgrund ihrer qualitativ verschiedenen materiellen Möglichkeiten auch unterschiedliche Sozialisationsbedingungen (*Meinhold/Hollstein*, 1975). Grob läßt sich feststellen, daß die herrschende Klasse in einer Umwelt ohne materielle Einschränkungen sozialisiert, während die vielen anderen, die im Sinne der Herrschenden die Ausführenden sind, in einem gesellschaftlichen Raum voller Beschränkungen erziehen. Während die Kinder der Herrschenden schon früh lernen, was Macht sozial bedeutet, wie sie Unabhängigkeit erlaubt und wie befreiend sie wirkt, verspüren die Kinder der beherrschten Klasse bald die sozio-ökonomischen Grenzen ihrer Biographie, müssen Unterordnung akzeptieren und können ihr Begabungspotential in vielen Fällen nur reduziert entfalten.

Diese pauschalen Unterschiede klassenspezifischer Sozialisation differenzieren sich schichtspezifisch aus. So erziehen z. B. die mittelständischen Familien in einem ambivalenten Milieu von Beschränkung und Offenheit. Ihre materiellen Möglichkeiten sind im Vergleich zu den über ihnen sich befindlichen Schichten der Herrschenden ebenso eingeengt wie ihre sozio-politischen Dispositionschancen, im Vergleich zu den unter ihnen liegenden Schichten der Angestellten und Arbeiter aber bedeutend. Dementsprechend zeigen sich die ›äußeren‹ Bedingungen für Erziehungsklima und Erziehungsstil in diesen mittelständischen Familien relativ günstig (Wohngebiet, Infrastruktur, Wohnung, Konsumniveau etc.). Ihre Sozialbeziehungen sind vielfältig und zumeist ebenso aufstiegsorientiert wie ihre Werte. Ihren Kindern ermöglichen sie eine gute Ausbildung. Unterhalb des Mittelstandes haben sich soziale Angleichungstendenzen im materiellen Bereich vollzogen, die vor allem die strikte Unterscheidung der Sozialisationstheorie zwischen Arbeitern und Angestellten als fragwürdig erscheinen läßt (*Meinhold/Hollstein*, 1975). So muß z. B. konstatiert werden, daß sich innerhalb der Polarisierung der Arbeitertätigkeiten (*Kern/Schumann*, 1977) Qualifikation, Dispositionsraum, Verantwortung und Interaktionsmöglichkeiten für viele so sehr verbessert haben, daß die Qualität ihrer Tätigkeit jene von vielen unteren und mittleren Angestellten — z. B. in Großraumbüros – übersteigt.

Eigentlich destruktiv wirkt sich die materielle Deprivation jedoch erst in den unteren Unterschichten aus (an- und ungelernte Arbeiter, Hilfsarbeiter, Sozialhilfeempfänger, Deklassierte). »Die Untersuchungen über die innerfamiliären Ausgangsbedingungen delinquenter Charakterentwicklung haben gezeigt, daß sozialstruktureller Druck auf die Sozialisationsfähigkeit der Familie und die Kumulation seelisch gestörter Menschen die Unterschicht in erhöhter Weise belasten. Diese Belastung wird nicht erst, wie die Anomietheoretiker annehmen, wirksam als Mangel an objektiven ökonomischen Chancen für Jugendliche beim Eintritt in die

Erwachsenenwelt. Sie beeinflußt ihre psychische Entwicklung in frühester Kindheit dadurch, daß sie Reifung und Entfaltung der Eltern einschränkt, aufhält oder zerstört. Und selbst diese Eltern mögen ihrerseits Deformationen ihrer Persönlichkeitsstruktur ausgesetzt gewesen sein in einem über mehrere Generationen hinwegreichenden Prozeß der Icheinschränkung, (*Moser*, 1972).

Dieser Zusammenhang von äußeren und inneren Bedingungen präsentiert sich nur in der Deprivationswirklichkeit der unteren Unterschicht so zwingend. Ansonsten bilden die materiellen Verhältnisse (äußeren Bedingungen) zunächst nicht mehr als objektiv strukturierende Voraussetzungen für Sozialisationsprozesse; sie sind aber keine Determinanten (Meinhold/Hollstein, 1975). Das heißt z. B., daß die materiell uneingeschränkten Bedingungen eines Unternehmers keine direkte Gewähr für die optimale kognitive Entwicklung seiner Kinder geben; umgekehrt kann das Kind eines mittleren Angestellten mit bescheidenem Einkommen trotz der eingeschränkten materiellen Möglichkeiten gerade die inneren Bedingungen erwerben, die ihm einen größeren Ausbildungserfolg als dem Unternehmersohn sichern. Diese Bemerkungen sollen nicht den Bedeutungswert sozioökonomischer Komponenten für die Erklärung von Sozialisationsprozessen vermindern, aber doch demonstrieren, daß äußere Bedingungen für bestimmte soziale Gruppierungen aufgrund verbindender Gemeinsamkeiten wie Lohn oder Arbeitsbedingungen zwar kollektiv beschrieben werden können, in ihren Auswirkungen aber immer individuell gebrochen und also empirisch in ihrem Sozialisationseffekt nur am Einzelfall aufzeigbar sind.

Gesellschaftsanalyse und Sozialarbeit/Sozialpädagogik

Das Wissen um das Klassen- und Schichtengefüge unserer Gesellschaft und die damit verbundene Analyse unserer sozialen Umwelt ermöglicht auf der objektiven Ebene die Klärung der gesellschaftlichen Perspektiven von Sozialarbeit/Sozialpädagogik (*Otto/Schneider*, 1972) und deren Funktionsbestimmung (*Hollstein/Meinhold*, 1972); diese Klärung erlaubt die Ableitung konkreter Interventionsstrategien aufgrund der gegebenen sozio-ökonomischen Bedingungen (*Hollstein/Meinhold*, 1977) und das Verständnis von Entstehung und Ablauf sozialer Probleme. Auf der subjektiven Ebene bestimmt die Gesellschaftsanalyse das Gesellschaftsbild und damit auch das soziale Handeln des Sozialarbeiters; sie prägt das Verhalten zum Klienten, indem sie z. B. die Biographien von Deklassierten als sozial verursacht und nicht als individuell verschuldet verständlich macht; sie läßt bürokratische Strukturen, Vorschriften und Vorgesetzte in ihrer soziopolitischen Interessenkonstellation begreifbar werden. Die Gesellschaftsanalyse formt wesentlich das Berufsbild des Sozialarbeiters (*Otto/Utermann*, 1971) und eröffnet Perspektiven für die konkrete Arbeit mit den Klienten, die eigene politische Haltung und das eigene (berufspolitische, allgemeinpolitische und gewerkschaftliche) Engagement.

Walter Hollstein

Literatur

Bolte, K. M./Kappe, D./Neidhardt, F., 1975: Soziale Ungleichheit, Opladen – *Bolte, K. M.* u. a., 1967: Deutsche Gesellschaft im Wandel, Opladen – *Caesar, B.*, 1972: Autorität in der Familie, Reinbek – *Dahrendorf, R.*, 1971: Gesellschaft und Demokratie in Deutschland, München – *Dahrendorf, R.*, 1966: Über den Ursprung der Ungleichheit unter den Menschen, Tübingen – *Handl, J./Mayer, K. U./Müller, W.*, 1977: Klassenlagen und Sozialstruktur, Frankfurt/M./New York – *Herkommer, S.*, 1975: Soziologie der Sozialstruktur, in: *Krysmanski, H. J./Marwedel, P.*, Die Krise der Soziologie, Köln – *Hollstein W./Meinhold, M.*, 1972: Sozialarbeit unter kapitalistischen Produktionsbedingungen, Frankfurt – *Hollstein, W./ Meinhold, M.*, 1977: Sozialpädagogische Modelle, Frankfurt/M./New York – IMSF, 1972: Klassen- und Sozialstruktur der BRD 1950–1970, Frankfurt/M. – *Jung, H.* u. a., 1971: BRD – DDR. Vergleich der Gesellschaftssysteme, Köln – *Kern, H./Schumann, M.*, 1977: Industriearbeit und Arbeiterbewußtsein, Frankfurt/M. – *Kirchberger, S.*, 1975: Kritik der Schichtungs- und Mobilitätsforschung, Frankfurt/M./New York – *Mauke, M.*, 1971: Die Klassentheorie von Marx und Engels, Frankfurt/M. – *Marx, K./Engels, F.*, 1960: Ausgewählte Schriften Band 1 und 2, Berlin (DDR) – *Meinhold, M./Hollstein, W.*, 1975: Erziehung und Veränderung, Neuwied – *Meschkat, K./Negt, O.*, 1973: Gesellschaftsstruktur, Frankfurt/M. – *Moser, T.*, 1972: Jugendkriminalität und Gesellschaftsstruktur, Frankfurt/M. – *Otto, H. U./Schneider, S.*, 1973: Gesellschaftliche Perspektiven der Sozialarbeit, 2 Bde., Neuwied – *Ottomeyer, K.*, 1977: Ökonomische Zwänge und menschliche Beziehungen, Reinbek – Projekt Klassenanalyse, 1974: Materialien zur Klassenstruktur der BRD – Grundriß der Klassenverhältnisse, Berlin – *Scheuch, E. K.*, 1967: Sozialprestige und soziale Schichtung, in: *Glass, D. W./König, R.*, Soziale Schichtung und soziale Mobilität, Köln/Opladen – *Tjaden-Steinhauer, M./Tjaden, K. H.*, 1973: Klassenverhältnisse im Spätkapitalismus, Stuttgart – *Weber, M.*, 1964: Wirtschaft und Gesellschaft, Köln/Berlin – *Werner, W. L.* u. a., 1949: Social class in America, Chicago – *Zapf, W.*, 1977: Lebensbedingungen in der Bundesrepublik, Frankfurt/M./New York. –

→ Arbeiterjugend → Randgruppen → Sozialstruktur

Kommunikation/Medienpädagogik

Kompetenz und Störungen

Das sozialwissenschaftliche Verständnis von »Kommunikation« (K.) geht über eine Deutung des Kommunikationsvorgangs als Zeichenübertragung und Encodierungsleistung des Senders sowie Decodierungsleistung des Empfängers (bis zur Entzifferung der Bedeutung und ihrer Verarbeitung im internen Deutungsmuster-Repertoire) hinaus (*Shannon/Weaver*, 1949; *Reimann,* 1968). Eine auf das eben Skizzierte beschränkte Analyse würde sich zentral beschäftigten mit der Ver- und Entschlüsselung von Zeichen und dem kognitiven Prozeß, der aus ihnen symbolische Aggregate als Bedeutungsträger macht (Semiotik). Darüber hinaus ist jedoch K. immer eine Interaktion zwischen Personen, die sich etwas mitteilen wollen. Damit dies gelingt, sollten nicht nur die K.-Partner über vergleichbare Äußerungs-Strategien und eine möglichst gemeinsame Zeichenmenge verfügen; darüber hinaus haben sie immer schon eine Vorstellung davon, wie der Partner einzuschätzen ist und wie er dementsprechend auf kommunikative Äußerungen reagieren würde. Diese internen Vorstellungsbilder bestimmen die Art und Weise der Äußerung (als Verschlüsselung von Aussagen wie deren verstehende Rezeption) entscheidend mit. Des weiteren haben K.-Prozesse, wenn sie als soziales Handeln verstanden werden, eine intentionale Struktur: ihnen liegen Zwecke und Absichten zugrunde, die den Prozeß des Zeichenaustausches in Gang setzen. Schließlich ist zu beachten, daß K. bestimmten Regeln unterliegt, die sicherstellen helfen, daß sie gelingt. Hier zu beachtende Regeln betreffen nicht nur die Zeichen-Ebene – so wäre bei der Sprache auf deren Grammatizität sowie sachangemessene Wortwahl zu achten. Vielmehr legen K.-Regeln auch fest, worüber in bestimmten Zusammenhängen gesprochen werden darf, welche Redeweise als »angemessen« zu gelten hat, was man dem Partner zumuten kann usf. K. gelingt nur insoweit, als die Partner bereit sind, ihren Austauschprozessen in etwa gleiche Regelungen zugrunde zu legen. Schon Kinder lernen sehr früh, was sich auch in dieser Hinsicht gehört und was nicht: Sie sollen vollständige Sätze bilden; sie sollen nicht plappern, sondern sich deutlich artikulieren; sie sollen bei vielen Gelegenheiten nur reden, wenn sie gefragt sind oder Redeerlaubnis erteilt wurde (so in der Schule); sie sollen ihre Redestrategien gegenüber unterschiedlichen Partnern unterschiedlich einrichten und beispielsweise akzeptieren, daß Erwachsene sie »dummer Junge« titulieren können, ohne daß sie eine ähnliche Bezeichnung dem Erwachsenen zurückgeben können. Im Bereich der K. sind viele Regeln durch institutionelle Vorkehrungen festgelegt, so daß wir gar nicht mehr entscheiden müssen, wie wir uns kommunikativ verhalten: Anredeformulare, Feststellungsbescheide, Darstellung und Begründung von Gerichtsurteilen, fiskalische Bekanntmachungen, politische Programme – dies alles läuft gemeinhin nach gebräuchlichen Codes ab, über die die Mehrzahl der K.-Partner zwar keinesfalls aktiv verfügt, die aber zumindest verstehen soll (unter der Voraussetzung grundsätzlicher Akzeptanz). Beim Ausfüllen vorgedruckter Formulare hat jeder Bürger schon erlebt, welche oft kaum leistbare Anstrengung es bedeutet, die leergelassenen Stellen im Sinne der hinter dem Formular stehenden unausgesprochenen Erwartungen auszufüllen.

Die Zeichen, durch die Menschen miteinander verkehren, sind mannigfach. An erster Stelle steht die Sprache in der Form mündlicher Äußerung, persönlicher Handschrift oder Druck. Bedeutsam sind aber auch leibgebundene Expressionen durch Gesten und Gebärden, deren analoger Charakter (eine aggressive Drohgebärde wird, verbunden mit dem entsprechenden Blick, interkulturell angemessen aufgenommen, während die Buchstabenaneinanderreihung DROHUNG allenfalls mit Hilfe entsprechender Abstände als »Drohung« gelesen wird, aber nur von dem verstanden werden kann, der die Bedeutung dieses Wortes kennt) sie besonders bedeutsam erscheinen lassen.

Kognitive wie affektive Gehalte werden durch K. in gleicher Weise wiedergegeben. Auch hier kann es zu Konflikten kommen, wenn beispielsweise ein Arbeitsloser nicht in der Lage ist, »auf dem Amt« affektive Dispositionen zu unterdrücken und sich allenfalls »auf dem Antragsweg« zu artikulieren. Es entstehen zumindest Peinlichkeiten, die dem Träger eines Gefühlsausbruches seine Isolation möglicherweise um so deutlicher machen. Gerade in sozialpädagogischen Aufgabengebieten spielt die unablösbare Verbindung affektiver Äußerungen in kognitiv gemeinten Beratungs- und Informationsmaßnahmen eine wesentliche Rolle. Professionalisierung, im Bereich der Sozialpädagogik angestrebt, kann hier zu kommunikativen Engpässen führen: wenn sie nämlich eng geführt wird im bürokratischen Amtshandeln, professionellem Rollenverständnis und expertenhaftem Auskühlen eigener Beteiligung. Während das Kommunikationsmaterial, das Menschen insgesamt zur Verfügung steht, die durch Wahrnehmung und Deutung erschlossene Welt umfaßt, akzentuiert sozialpädagogisches Handeln die Betroffenheit des Partners, psychische und materielle Nöte in besonderem Maße. Schon diese Auswahl aus dem schier unbegrenzten Arsenal möglicher K.-Punkte läßt keine kommunikative Interaktion zu, in der unter Verleugnung der affektiven Komponente lediglich »Maßnahmen verfügt« werden, weil auf diese Weise zumindest die Basis kommunikativer Verständigung zwischen Sozialarbeiter und Klient von vornherein zerstört wird.

K. als intentional gesteuerter Übertragungsvorgang in der regelgeleiteten Interaktion von Personen, Personengruppen oder auch Institutionen und deren Rollen-Sprechern geschieht, wie eben durch das Ansprechen sozialpädagogischer K.-Probleme deutlich wurde, in konkreten Situationen, die einen oder mehrere kommunikative Akte umfassen. Als Faktoren sind an diesen beteiligt

- der Sender: er verschlüsselt (encodiert) die Zeichen und eröffnet auf diese Weise den K.-Akt;
- der Empfänger (Rezipient): er decodiert die Zeichen und ist Adressat der Äußerung;
- der Kontext: er umfaßt die situationalen (von den Partnern sinnlich wahrnehmbaren) Bestimmungsmomente eines Sprechereignisses;
- der CODE: er umfaßt das gewählte Ausdrucksmedium, Sprache (als Druck

oder Ton) oder Bild oder, wie beim Fernsehen, die Doppelcodierung von Ton und bewegtem Bild (»audiovisueller CODE«);
- der Code: als Verfügung über eine Sprachschicht, Sprechweise usf. (elaborated/restricted Code; Jargon, Dialekt usf.);
- der Kanal: die Dimension der physikalischen Übertragungsweise (Sprechen, Schreiben, Lichtzeichen, Trommeln, elektrische Wellen, Empfangsgeräte usf.);
- Inhalt: der Gegenstand, über den gesprochen wird;
- der Formcharakter: als formale Gestaltung einer Aussage, ästhetische Dimension, Stil, Sachangemessenheit usf.

Diese Faktoren sind situativ gebunden und bei der Analyse jedes kommunikativen Aktes auffindbar. Situationen sind jedoch ihrerseits keine sozial und historisch autonomen Momente gesellschaftlichen Lebens. In sie gehen vielmehr ein
- die soziobiographische Verortung der je miteinander Sprechenden mit der lebenshistorisch generierten Ansammlung von Erwartungen, Einstellungen, Hoffnungen usf.;
- die gesellschaftliche Position der Sprechenden, insbesondere die Klassenlage, die etwa über die Verfügbarkeit von Sprachmustern auf allen Ebenen, der phonologischen, morphologischen, syntaktischen, lexikalischen und stilistischen bestimmt;
- der persönliche Status einer Person, wozu auch Alter und Geschlecht gehören;
- die lokal-geographische Besonderheit der Sprechsituation;
- die institutionellen Rahmenbedingungen (wer »aufs Amt zitiert« wird, unterliegt schon hier bestimmten K.-Erwartungen und -Regeln).

Nimmt man die erstgenannte Faktorenreihe als dem K.-Akt unmittelbar inhärent und die eben genannte als den K.-Akt bedingend zusammen, erhält man das, was oft als »gesellschaftliche Determiniertheit« apostrophiert wird. Jeder K.-Akt ist insofern Ausdruck gesamtgesellschaftlicher Zustände: er wird nicht aus ihnen »abgeleitet«, ist auch nicht die Konkretion einer Abstraktion, die im metakommunikativen Begriffssystem der Wissenschaft geleistet wird; er stellt vielmehr in seiner jeweiligen Komplexität dar, wie jemand sich in gesellschaftlichen Zuständen ausdrückt, wie er sie erlebt und – aktiv handelnd oder hinnehmend – artikulieren kann. Die Konkretheit von K. ist nicht hintergehbar.

Dies hat einen wesentlichen Grund darin, daß K. eine anthropologisch zu deutende Konstante menschlichen Handelns ist: Der Mensch kann verstanden werden als »homo communicator«. Dabei kann keine historische Rekonstruktion eindeutig ausmachen, in welchem genetischen Zeitverhältnis Arbeit, Interaktion und kommunikatives Handeln (durch Sprache) stehen. *Watzlawicks* (1969) erstes Axiom, »man kann nicht nicht kommunizieren«, gilt grundsätzlich (sogar wer schweigt, teilt dem anderen dadurch etwas mit: daß er nichts sagen will, verstimmt ist, sich als Unterlegener fühlt – je nach Situation). Was *Watzlawick* nur für die Beziehungsebene zwischen Menschen expliziert, gilt jedoch auch in Hinsicht auf menschliches Tun, sofern es nicht einsames ist: nur aufgrund von Verständigungsprozessen leisten wir das Maß an Arbeit, das wir uns kommunikativ auftragen.

Die grundlegende Bedeutung der K. wird durch die Annahme verstärkt, der

Mensch besitze kommunikative Kompetenz (*Baacke*, 1973). Dieser Begriff wurde entwickelt zunächst an linguistischen Grundlagenüberlegungen (*Chomsky*), der Sprecher einer Sprache besitze die Fähigkeit, nicht nur über die Sprachrichtigkeit von Sätzen zu entscheiden, sondern eine potentiell unbegrenzte Anzahl von Aussagen zu produzieren. Einleuchtend gemacht wird dies beispielsweise durch die Überlegung, wie ein Kind die Sprachfähigkeit erwirbt. Dies ist ein langdauernder Prozeß: vom Lallen ohne artikulatorische Konsistenz über die Anrede einzelner Personen bis zu Ein-Wort-Sätzen und schließlich einer Vielzahl von Äußerungen, die zunehmend grammatikalisch (im jeweiligen Sprachcode) akzeptabel sind. Die dabei ablaufenden kognitiven Prozesse sind offenbar nicht beobachtbar; die Annahme, daß Kinder Sprache durch Nachahmung lernen, ist längst nicht ausreichend, weil dann ja jeder Satz, den sie sprechen, vorher gehört worden sein müßte. Kinder kommen aber zunehmend auch zu Ideen und Aussageformen, die durch imitative Übernahme nicht zu erklären sind. So gibt es offenbar »Tiefenstrukturen« im kognitiven Apparat des Menschen (Verfügung über Grammatikalität im Zusammenhang mit einem entsprechenden semantischen Potential), die dann in konkreten Äußerungen zur Erscheinung (Performanz) gebracht werden.

Kommunikative Kompetenz bezieht sich jedoch nicht nur auf Sprache, sondern auch auf andere mögliche Arten des Verhaltens: Gesten, Expressionen durch leibgebundene Gebärden, schließlich auch Handeln. Kommunikatives wie überhaupt soziales Handeln »wird damit nicht nur als Verhalten innerhalb vorfindlicher und im Sozialisationsprozeß übernommener Verhaltensmuster verstanden, die im Abweichungsfalle Sanktionen unterliegen, sondern dieser Begriff impliziert zugleich wenn keine Verhaltensbeliebigkeit, so doch Verhaltensfreiheit. Es wird behauptet, der Mensch könne auch seine Verhaltensschemata ›generieren‹, und zwar in der Aktualisierung einer Verhaltenskompetenz, die den inneren motivationalen Lagen des Individuums zur Verfügung steht. Ebenso wie Sprache soziokulturellen Überformungen unterliegt, so auch Verhalten in der Kommunikation; aber selbst diese sind nur als das in Systemen institutionalisierte Resultat von kommunikativen Handlungen zu verstehen« (*Baacke*, 1973). Ein derartiger Ansatz entfernt sich beträchtlich von behavioristischen Annahmen und Lerntheorien, die allein auf Verhaltensbeobachtung rekurrieren.

Die Folgerungen aus diesem Konzept sind nicht unerheblich. »Nicht gekonnte« K. ist dann nicht als mißglückte Verhaltenssteuerung deutbar, sondern als Vorenthalt der Ausarbeitung kommunikativer Kompetenz durch mißglückte Lernprozesse. Der Band »Begabung und Lernen« (*Roth*, 1969), zwar nicht auf Sprache und Kommunikation bezogen, gibt hinreichend Belege für diese Annahme. Sie hat besondere Bedeutung für die Sozialpädagogik. Denn man kann behaupten, daß sie es insbesondere mit Gruppen von Personen zu tun hat, bei denen nicht nur die soziale Existenz gefährdet ist, sondern auch die kommunikative Kompetenz häufig eingeschränkt oder andersartigen Mustern unterliegt. »Andersartig« meint, daß mittelständisches Rede- und Ausdrucksverhalten als normgebende Instanz oft nicht in der Lage ist, andere Strategien kommunikativer Explikation angemessen zu erfassen. Häufig freilich handelt es sich auch um kommunikative Deprivation, die

durch psychische Belastungen verstärkt wird. Insofern ist einsichtig, daß gerade
Sozialpädagogik besonders interessiert sein muß an Analyse, Verständnis und
produktiver Bewältigung von Kommunikations-Störungen. Allgemein gesprochen
handelt es sich dabei jeweils um Fälle, in denen kommunikative Kompetenz nicht
zur höchstmöglichen Ausarbeitung gelangt, so daß nicht nur Selbstkonzept und
Identität von Einzelpersonen betroffen sind, sondern in gleicher Weise die Beziehungen zwischen Personen. Die Familientherapie hat dies (unter anderen Akzen-
ten) inzwischen hinreichend wahrgenommen.

Störungen der Kommunikation sind vielfältig. Systematisch kann man »technische
Störungen« (verursacht etwa durch zu leises Sprechen eines Partners), »semantische Störungen« unter Einbeziehung von Code, Inhalt und Aussageform (unangemessene Wahl des Ausdrucks, Kommunikationsschwierigkeiten durch Dialekt,
Ablenkung durch die visuelle Komponente des audio-visuellen Codes) und »pragmatische Störungen« (als Beziehungsstörung, die die umgreifenden Faktoren einer
Situation mit einbezieht) unterscheiden. Gestörte K. führt um so mehr zu krisenhaften Situationen, je stärker Menschen aufeinander angewiesen sind. Dies gilt
beispielsweise für Familien, so daß sie ein zentraler Ort für die Untersuchung von
K.-Störungen wurden. Ein vielzitiertes Beispiel ist die double-bind-Situation, die
entsteht, wenn eine Mutter etwa ihrem Kind durch analoge Symbole genau das
Gegenteil von dem mitteilt, was sie digital vermittelt. Die scheinbar freundlich
gemeinte Aufforderung »Komm doch auf meinen Schoß« kann mit Aversions-
Signalen derart verbunden sein, daß das Kind nicht weiß, wie es sich verhalten soll.
Kommt es nicht, ist es nicht dem Wunsch der Mutter willfährig; kommt es,
übersieht es die Tatsache, daß es »eigentlich« nicht willkommen ist.

Auch sozialpädagogisches Handeln findet häufig dann statt, wenn Menschen
besonders »angewiesen« sind. Sie brauchen Rat, Hilfe, Orientierung; sie sind in
tatsächlicher materieller Not, psychisch verelendet, in ihren Beziehungen verunsichert. Das heißt: ihre lebensweltlichen K.-Beziehungen sind gestört, sowohl in
Hinsicht auf den internen psychischen Selbstverständigungs-Apparat wie auch in
Hinsicht auf externe Beziehungen zu anderen Personen. Häufig stellt sich nun
Sozialarbeit als »präventives Eingreifen«, als weiterer Störfaktor in ohnehin sensibler
Situation dar, so daß die kommunikative Deprivation verstärkt wird. Der labeling-
approach ist, kommunikationsanalytisch betrachtet, ein Beispiel für die Tatsache, daß
getrennte kommunikative Prozesse ablaufen. Die durch Instanzen sozialer Kontrolle
erstellte »Aktenbiographie« ist zur tatsächlich erlebten und erfahrenen Biographie
eines »Klienten« diskrepant, besitzt gleichzeitig die entscheidende Definitionsmacht
über diese. Ohnmachtserfahrung bei einzelnen führen dann selten zur Rebellion,
sondern zu Unterwerfung, Verstummen, zur Hinnahme des »Verordneten«.

Ein anderes Beispiel für kommunikative Verstörungen im sozialpädagogischen
Bereich stellen Heimeinweisungen Jugendlicher dar. Herausgenommen aus ihrer
Milieuidentität und konfrontiert mit Hausordnungen, Regelungen und fremden
kommunikativen Mustern, potenziert sich die ohnehin mitgebrachte Verstörung,
die sich selten über einen »heilsamen Schock« hinweg auflöst. Eine Sprechakt-
Analyse sozialpädagogischer Handlungen unter Berücksichtigung der komplizier-

ten Verschränkung analoger und digitaler Faktoren tut dringend not. Biographisch bestimmte K.-Störung (der Patient entwickelt eine ihn vor anderen schützende Privatsprache, verdrängt problematische Gehalte aus der normalfungiblen Erinnerung) bedarf des therapeutischen Diskurses, beispielsweise durch die Rekonstruktion verdrängter Bedeutungsgehalte durch »szenisches Verstehen« (*Lorenzer*); häufig jedoch werden K.-Störungen in der Aktion verstärkt oder erzeugt. Hier bedarf es weniger komplizierter Therapien als angemessener Interaktionsmuster, unter denen die kommunikative Komponente eine hervorragende Rolle spielt. Ihre Bedeutung ist bis heute in der Sozialpädagogik zwar praktisch anerkannt, wissenschaftlich-analytisch aber kaum aufgearbeitet.

Massenkommunikation

Habermas (1962) hat den Wandel von »Öffentlichkeit« in der Untersuchung »Strukturwandel der Öffentlichkeit« pointiert dargestellt. In der griechischen Polis, in der römischen res publica und noch in den nachfolgenden Jahrhunderten sind private Macht des »Hausherrn« mit Verfügungsgewalt über Grundbesitz und Menschen, die in ihm zusammengehören, auf ihm leben und arbeiten, und öffentliche Herrschaft schwer zu trennen. Erst die aristokratische Gesellschaft, die aus der Renaissance-Gesellschaft hervorgeht, hat nicht mehr in erster Linie die eigene Grundherrschaft zu repräsentieren. Die sich bildende höfisch-adlige Herrenschicht lebt am Hofe und dient der Repräsentation des Monarchen. Dies tat sie auch noch, als auf der Basis der frühkapitalistischen Verkehrswirtschaft die nationalen und territorialen Machtstaaten entstanden. Der »Hof« war das letzte Reservat einer vom Adel beherrschten Öffentlichkeit, gegen die sich das Private des bürgerlichen Lebens, das zugleich ökonomisch zunehmend erfolgreich wurde, immer mehr behauptete. Damit trennten sich »private« und »öffentliche« Sphäre. In der bürgerlichen Gesellschaft des 18./19. Jahrhunderts ist die Trennung zwischen Privatsphäre (Familie) und literarischer (Salons) wie politischer (Clubs) Öffentlichkeit vollzogen. Ideen der Humanität wurden gepflegt, Aufklärung befestigte das bürgerliche Selbstbewußtsein. Aber sie fand Grenzen an einer neuen Klasse: der Arbeiter. Deren Aufklärung würde die Entmachtung des Bürgertums bedeuten. Schon *Hegel* bezweifelte, ob der einzelne Bürger noch für das Ganze sprechen könne, da er doch Partikularinteressen vertrete. Das »Wohl des Staates« kann entsprechend nicht mehr beim einzelnen Bürger (auch nicht bei einer Summe solcher Bürger) liegen. *Marx* griff diesen Gedanken auf, radikalisiert ihn aber und interpretiert ihn materialistisch. Die sogenannte öffentliche Meinung ist falsches Bewußtsein, weil sie den wahren Charakter bürgerlichen Klasseninteresses verschleiert. Öffentlichkeit wird nun durch die sich mit Industrialisierung und Verstädterung ausbreitenden Massenmedien produziert und »hergestellt«, da sie als selbstverständliche nicht mehr vorhanden ist. Öffentlichkeit wird zu einem speziellen Produkt allgemeiner gesellschaftlicher Arbeit, die sich Kommunikation nennt. Dieses Produkt wird kontrolliert von der herrschenden Klasse und vertritt darum vorwiegend deren Normen: bürgerliche.

Es entsteht eine »Pseudoöffentlichkeit« und dies in mehrfacher Weise:

- Öffentlichkeit ist Schein, weil es keine gemeinsame Basis von Überzeugungen mehr gibt; diese differieren vielmehr nach Klassenzugehörigkeit; wenn bestimmte Überzeugungen sich durchsetzen, so als Oktroi der herrschenden Klasse über die beherrschte durch Ideologisierung;
- Öffentlichkeit ist Schein, weil sie gegenseitige Information nicht mehr erlaubt, das System der Massenmedien vielmehr von professionellen Kommunikatoren bestimmt wird, die »Kommunikation kommunizieren«, also das eigentlich Selbstverständliche, jedem Zugängliche (kommunikative Kompetenz!) als Spezialauftrag verwalten;
- die anscheinend umfassende Neutralität von Öffentlichkeit ist Schein, weil sie zunehmend von bestimmten Interessengruppen beherrscht wird.

Für letzteres ist ein empirischer Beleg die ökonomische Pressekonzentration. Im Jahr 1954 gab es 501 selbständige Zeitungsverlage, während deren Zahl bis heute fast auf die Hälfte geschmolzen ist. Einige »Gruppen« schränken mit entsprechend großen Marktanteilen die Zeitungs-Vielfalt in der BRD ein (Springer-Konzern, Heinrich Bauer Verlag, Burda-Gruppe, Gantzke-Gruppe, Gruner & Jahr). Dabei führt das Interesse an einer größtmöglichen Wachstumsrate der einzelnen Gesellschaften zu Medien-Konzernen, die eine Vielzahl von Medien verwalten (multamedia-approach): Bertelsmann etwa produziert nicht nur Bücher, sondern auch Schallplatten und Cassetten, vertreibt Filme usf.

Die Probleme, die sich ergeben, sind nicht nur solche kapitalistischer, sondern Strukturprobleme moderner Industriegesellschaften insgesamt, die in kapitalistischen Gesellschaften nur besonders deutlich zutage treten.

Überregionale funktionale Differenzierung gesellschaftlicher Subsysteme hebt erfahrungsoffenen Partikularismus oder Regionalismus auf; der Teil ist nicht mehr das Ganze, das Ganze dem einzelnen nicht mehr verfügbar: das Alltagsleben zerfällt in die Privatsphäre (Familie, Freizeit, Urlaub), die Arbeit, die Politik, vermittelt über Massenmedien, reduziert auf die Vorherrschaft geltender Parteien und den Wahlakt als minimales Mitbestimmungskalkül, die ökonomische Grundlegung der Lebensprozesse, die nur in Krisenzeiten noch auf privates Erleben und berufliches Handeln bewußt bezogen wird.

Die Produktion auf der einen Seite, Dienstleistungen (von den Service-Leistungen der Kaufhäuser bis zum differenzierten Angebot des Bildungssystems) auf der anderen Seite stellen sich dar als eigene Sektoren gesellschaftlicher Arbeit. Die Massenkommunikation gehört in den Dienstleistungsbereich; »produktive« Arbeit ist sie nur für diejenigen, die professionell in ihrem System tätig sind.

Der mediale Dienstleistungsbereich ist in sich noch einmal mannigfach untergliedert: Buch, Zeitung und Zeitschrift (Presse), Schallplatte, Film, Rundfunk, Fernsehen sind je eigene Aussagen-Systeme mit unterschiedlichen Produktionsbedingungen und -apparaturen sowie Rezeptionsanforderungen (Hörfunk kann man nebenbei aufnehmen, das Fernsehen fokussiert die Aufmerksamkeit intensiver, stärker noch ist die erforderliche Konzentration beim Lesen).

Es gibt keine umfassende, für alle gemeinsame Wirklichkeit mehr, wenn auch die

Medien suggerieren, es gebe sie: auf der Ebene einer von ihnen vermittelten Realität, die sich jedoch kaum auf konkrete Erfahrungen der Mehrzahl von Rezipienten zurückbezieht, sondern erzeugt wird durch Gestaltungsmodi und die thematischen Selektionen der meisten Medien. Diese produzieren ihre Sendungen nach dem industriellen Fließbandschema (»Kulturindustrie«, *Adorno*; »Bewußtseinsindustrie«, *Enzensberger*).

Funktionalistisch betrachtet, haben die Medien den Auftrag, den Bürger über Aktualitäten zu informieren, ihm durch Kommentierungen die Meinungsbildung zu erleichtern, ihm Orientierungshilfen zu geben usf. Diese ihre »Funktion« erfüllen sie durch die Pluralität des Angebots und seine Allgegenwärtigkeit: der Rundfunk sendet rund um die Uhr, die Vielzahl von Zeitungen und Zeitschriften ist immer noch überwältigend, das Fernsehen tendiert dazu, die Zahl seiner Programme zu erhöhen, die Sendezeiten auszudehnen: »Wie man außerhalb der Arbeitszeit kaum mehr einen Schritt tun kann, ohne über eine Kundgebung der Kulturindustrie zu stolpern, so sind deren Medien derart ineinandergepaßt, daß keine Besinnung mehr zwischen ihnen Atem schöpfen und dessen inne werden kann, daß ihre Welt nicht die Welt ist« (*Adorno*, 1963).

Solche Sätze enthalten, formuliert von einem Sprecher der Kritischen Theorie, schon die Kritik an einem rein funktionalistischen Verständnis der Massenmedien, das auf der Oberfläche bliebe, weil es eben nicht thematisiert, was das eigentliche Problem ist: daß die überwiegende Mehrzahl der Massenmedien plausibel und sinnlich leicht auffaßbar bestätigt, was immer schon ist. In *Adornos* Worten: »Je vollständiger die Welt als Erscheinung, desto undurchdringlicher die Erscheinung als Ideologie.«

Die marxistisch orientierte Medientheorie radikalisiert diese Überlegungen und versucht, sie theoretisch zu fundieren. Die gesellschaftliche Funktionsdifferenzierung unter den Bedingungen kapitalistischer Produktionsweise verwertet die Medien-Aussagen primär als Unterhaltungsware zur Regeneration der Arbeitskraft, wobei jene einen nur noch fiktiven Tauschwert darstellt, da der denkbare Gebrauchswert – die Verbesserung der Arbeitsbedingungen durch Umstrukturierung der einseitig organisierten Besitzverhältnisse – nicht gedeckt wird (*Dröge*, 1974). Eine proletarische Gegen-Kultur, die es freilich nicht gibt, würde die Ausbeutungsverhältnisse im Kapitalismus zum Thema machen und, anknüpfend an Krisenlagen (Arbeitslosigkeit, Auspowerung der Arbeitskraft etc.) auf solidarisches Handeln drängen (*Negt/Kluge*). Damit wäre eine proletarische Öffentlichkeit eine Widerstandsform »gegen die reelle Subsumption unter das Kapital« (*Dröge*, 1974).

Bisher ist es freilich nicht gelungen, eine kollektive proletarische Erfahrung so zu organisieren, daß sie als politisches Handeln sich darstellte, geschweige denn, daß sie im Überbau der Massenmedien Fuß gefaßt hätte. Dabei ist bis heute strittig, worin dies seinen Grund hat: in dem Faktum, daß eine den Klassengegensatz längst aufgehoben habende Mittelstandsgesellschaft mit relativem durchschnittlichem Wohlstand das marxistische Theorem des Klassenantagonismus historisch überholt hat, oder in dem Faktum, daß der Verblendungszusammenhang mit Hilfe massenmedialer Verstärkung von derart stringenter Dichte ist, daß eine total ideologisierte Gesellschaft gegen ihre wirklichen Interessen und befreienden Bedürfnisse zu leben sich gewöhnt hat. Solcherlei gesellschaftstheoretisch (funktionalistisch oder kritisch-marxistisch) begründete Global-Hypothesen konfrontieren die Medienforschung freilich mit der Schwierigkeit, eine Fülle empirischer Details, die vorhanden sind (z. B.: Bildung von Medienkonzernen, fundierende Bedeutung des Werbeetats beim ZDF, Einkaufsusancen der Fernsehanstalten im Sinne marktgängiger Einheitsware vor allem im unterhaltungsträchtigen Bereich der Serien) auf gesellschaftstheoretische Annahmen so zu beziehen, daß die dargestellten Zusammenhänge mehr als plausibel, nämlich schlüssig ableitbar sind. Dies ist bis heute nicht möglich.

Es ist anzunehmen, daß jemand, der im sozialpädagogischen Bereich tätig ist, aufgrund alltäglicher Beobachtungen und Erfahrungen mit Klienten der medienkritischen Hypothese den Vorrang gibt. Er muß feststellen, welche hervorragende Bedeutung das Fernsehen gerade für relativ einkommensschwache und im Bildungsstandard nicht privilegierte Familien hat; wie gerade psychisch Beschädigte, Alte und Alleingelassene die Medien als Surrogate für Trost und mitmenschliches Handeln benutzen; daß gerade bei Obdachlosen, Arbeitslosen und auf andere Art nicht sozial gesicherten Personen eine Vorliebe für eine im höchsten Maße tauschwertbesetzte Unterhaltungsware im Medienbereich festzustellen ist, usf. Die häufig gestörten direkten Kommunikationsbeziehungen führen zu verstärktem Medienkonsum als Ersatzkommunikation, wobei die unterschiedlichen Medien nicht kritisch gegeneinander bewertet werden, sondern der Schein der Anschauung gerade des Fernsehens (und bebilderter Illustrierter und Blättchen) zu hypnotischen Wirkungen beiträgt, die handlungsunfähig machen und damit die Ohnmacht verstärken. Eben dies nennt die Kritische Theorie »Verblendungszusammenhang«, den die Massenmedien, eigentlich zur Aufklärung bestimmt, eher verstärken als durchbrechen helfen.

Solche Annahmen werden durch Untersuchungen bestätitgt. So fragen *Kohli* u. a. (1976), wie »Arbeiterfilme« des Fernsehens »von Industriearbeitern beurteilt werden und ob sie ihre Ziele erreichen, nämlich die Arbeiter zu einer intensiveren Reflexion über ihre Lage und über die Wege zu deren Veränderung mittels solidarischen Handelns anzuregen«. *Kohli* u. a. befragten in Hinsicht auf »Die Wollands« (1972) und »Schneeglöckchen blühen im September« (1974) eine Stichprobe von 54 Arbeitern und Arbeiterinnen aus zwei Großbetrieben zum Teil durch Einzelinterviews, zum Teil in Gruppendiskussionen nach der Einschätzung dieser Filme. Leitende Frage war dabei die Fähigkeit der »Vermittlung zwischen Film und eigener Lage«. Eine »niedrige Vermittlung« kennzeichnet Rezipienten, »die nur von einer Seite her argumentieren: entweder von seiten des Films, indem sie ihn ohne Bezugnahme auf die eigene Lage behandeln, oder von seiten ihrer Erfahrungen, ohne den Film einzubeziehen«. Dagegen werden der Kategorie »hohe Vermittlung« Rezipienten zugeordnet, »die sich spontan mit ihrer eigenen Lage unter den Perspektiven, die der Film entwirft, auseinandersetzen«. Die Untersuchung führt zu skeptisch stimmenden Ergebnissen. Die überwiegende

Mehrzahl der Befragten ist der Kategorie »niedrige Vermittlung« zuzuordnen (Untergliederung: die Desinteressierten/die oberflächlich Vermittelnden/die zurückhaltend Vermittelnden). Die Mehrzahl der Befragten findet die Filme zu wenig unterhaltend, sieht keinen Anlaß, sich mit ihnen ernsthaft auseinanderzusetzen. Die Filme werden allenfalls als Stichwort genommen, das dann zu eigenen Erfahrungen führt, die mit den vorgeführten Filminhalten (Solidarisierung von Arbeitern, Bewältigung von Krisen) kaum noch etwas zu tun haben. Rezipienten mit »hoher Vermittlung« fanden sich vor allem in Gruppendiskussionen, die in der Nähe des Arbeitsplatzes, nicht in der Privatwohnung, durchgeführt wurden und durch diesen räumlichen Bezug wie die sinnlich erfahrbare Kollegialität zu angemessenen Aufnahmen der filmischen Absicht führen. Hier wurde dann durchaus gesehen, daß die Filme nicht nur die Arbeitswelt so abbilden, wie sie ist, sondern daß sie auch kritisch machen, Strategien zeigen, wie man sich verhalten kann. Ansonsten wird den Filmen zwar durchweg attestiert, sie seien »realistisch«, sie »regten zum Denken an«; andererseits will man dem »grauen Alltag« nicht noch am Feierabend ausgesetzt sein. Im übrigen gilt auch für die »hoch vermittelnden« Rezipienten, daß sie ihre eigenen Meinungen und Handlungserfahrungen durch die Filme allenfalls bestätigt fanden; andernfalls gingen sie – aufgrund gewerkschaftlich erprobten Selbstbewußtseins etwa – nicht von ihren eigenen Meinungen ab. Insofern haben auch hier die Filme keine Meinungsänderung erzielt. Es kommt also in keinem Fall zu einer grundlegenden Veränderung, »sondern allenfalls zu einer ›Verstärkung‹ der bisherigen Einstellungen, nicht zu einer ›Strukturauflösung‹ oder ›Neustrukturierung‹ des Bewußtseins, sondern allenfalls zu ›Komplettierungen‹ und ›Detaillierungen‹«. Damit bestätigt die Untersuchung, was marxistisch orientierte Medientheorie formuliert: daß Filme mit kritischen und neuen Inhalten kaum Wirkung erzielen können, da die Medien »in demselben Blockierungszusammenhang stehen wie das Bewußtsein der empirischen Subjekte« *(Dröge)*. Eine verändernde Medienwirkung ist also aus sozialstrukturellen Gründen kaum zu erwarten. Durchaus in diesem Sinne hat der amerikanische Kommunikationsforscher *Klapper* (1960) bereits die Ergebnisse empirischer Untersuchungen zusammengefaßt. Danach verursachen Massenmedien sozialen Wandel nur dann, wenn entweder die Bezugsgruppen als Selektionsfilter ausfallen (was selten ist) oder aber gesamtgesellschaftliche Krisen auf eine Neuordnung der Zustände drängen, die dann von den Medien kommentierend thematisiert wird.

In diesen Diskussionszusammenhang gehört auch die Frage nach den Sozialisationsleistungen der Massenmedien. Will man sie aufzählen, kann man den Medien eine Vielzahl von »Funktionen« zuordnen. Man könnte sie unterscheiden nach »originären« und »subsidiären«. Zu den erstgenannten gehören diejenigen, die im Programmauftrag enthalten sind oder das Selbstverständnis von Massenmedien artikulieren wie

- Informationen für das Publikum schnell und umfassend verfügbar machen;
- Unterhaltung anbieten, die entspannt, amüsiert, die Lebensfreude erhöht;
- die Gegenwart interpretieren;
- Orientierungshilfen geben;

- Hilfestellungen bei der Meinungsbildung (durch Kommentierungen und Hintergrundberichte etwa) anbieten;
- geschlossene Sinnwelten entwerfen und verbindliche Deutungsmuster anbieten (Gesinnungsblätter, aber auch die BILD-Zeitung);
- Weiterbildungsangebote für ein breites Publikum zugänglich machen;
- kulturelle Tradition wie ästhetische Innovationen einem breiteren Publikum vermitteln;
- als Sprachrohr gesellschaftlicher Gruppen und institutioneller Angebote eine Pluralität von weiteren Orientierungen erschließen (Kirchenfunk, Landfunk, sog. Minderheitenprogramme).

Zu den »subsidiären« Funktionen sind solche zu zählen, die gleichsam den heimlichen Lehrplan der Medien darstellen wie

- Ersatz für zwischenmenschliche Beziehungen anbieten;
- Probleme vergessen machen (Escape-Material);
- Materialien, Themen für direkte Gespräche bereitstellen;
- soziales Prestige herstellen (»Spiegel-Leser wissen mehr«);
- die Zeit durch Dauerberieselung totschlagen (Rezeption als Selbstzweck).

Der Grund für die Tatsache, daß Massenmedien sehr viel mehr Funktionen übernehmen als ihnen offiziell zugewiesen sind, ist darin zu sehen, daß Massenrezeption vorwiegend in der Freizeit erfolgt. Medienmärkte sind also gleichzeitig Freizeitmärkte. Zeitungen werden fast in jedem Haushalt gehalten. Die Ausstattung mit Radiogeräten (häufig bereits mehrere) und Fernsehapparaten strebt der 100%-Grenze zu. Dabei gehen eine Verlängerung der Freizeit und eine Ausdehnung des Medienkonsums Hand in Hand. Ein Medienkonsum von durchschnittlich $3\frac{1}{2}$ Stunden, der etwa 40% des gesamten Freizeitdeputats ausfüllt, stellt quantitativ die wichtigste Freizeitbeschäftigung dar, und zwar in allen Bevölkerungsteilen. Dabei dominiert das Fernsehen. Offenbar ist gerade der Konsum dieses Mediums eine der angenehmsten, weil sinnlich scheinbar erfüllten und ohne Aufwand zu bewerkstelligenden Freizeitbetätigungen. Freizeit insgesamt wird nun aufgefaßt als ein Bereich, »in dem ich tun und lassen kann, was ich will«. Sie wird subjektiv erfahren als Kompensation der Arbeitszeit, als Angebot »abzuschalten«. Dem entspricht, daß man von den Medien vorwiegend Unterhaltendes, Erleichterndes erwartet. Die privatisierte, die Arbeitswelt ausklammernde Freizeit und der in ihr eingeschlossene Medienkonsum entsprechen sich also konsequent und führen dazu, daß die Absichten (zumindest einiger) Massenmedien, öffentliche Beteiligung zu verstärken, nur sehr mangelhaft erfüllt werden. Dabei sind insbesondere unterprivilegierte Gruppen der Gesellschaft, die Medien bevorzugen, die die »subsidiären Funktionen« zu ihren eigentlichen gemacht haben. Hausfrauen sind sehr häufig Konsumenten der Regenbogenpresse (»Grünes Blatt«, »Goldenes Blatt«, »Tina«, »Freizeitrevue« usf.). Die dezidierten Aussage-Absichten dieser Zeitschriftengruppe sind: keine Politik; Darstellung von beispielhaften Schicksalen der Mitglieder von Königshäusern oder Adelsgeschlechtern; Lebenshilfe für Unglückliche und Unverstandene; viel Sentimentalität zur Gefühlsanregung, die keine Folgen haben darf (*Baacke*, 1978). Auch Jugendliche sind zu den Unterprivilegierten zu rechnen, wie die seit Jahren marktbeherrschende Zeitschrift »BRAVO« zeigt. Bevorzugt werden Geschichten über (meist jüngere) Interpreten der Pop-Musik, Sexualaufklärung, Informationen (mit indirekter Werbung) über den Plattenmarkt, Hinweise auf Kosmetika und auf Möglichkeiten zur Freizeitgestaltung.

Es liegt auf der Hand, daß sozialpädagogisches Handeln die hier dargestellte Bedeutung der Medien in unserer Gesellschaft, aber auch für den einzelnen bedenken muß. Wenn Sozialpädagogik von der inzwischen wohl akzeptierten Prämisse ausgeht, daß soziale Interventionen am erfolgreichsten sind, wenn die Klienten selbst zu ihren Trägern werden, so führen die Massenmedien häufig zum »Handlungsentzug« (*Baacke*, 1978). Gleichzeitig führt die Analyse zu wichtigen Begriffserweiterungen sozialpädagogischen Handelns. Dies darf sich nicht nur als (nachgehende) Hilfe, aber auch nicht nur als (vorbeugende) Prävention verstehen. Gerade die Funktion der Massenmedien und die Probleme ihrer Wirkungen macht deutlich, daß es sich hier um Probleme politischer Bildung handelt sowie um Fragen medienpädagogischer Strategien. Hierauf ist nun einzugehen.

Medien und Pädagogik

Pädagogische Einstellungen gegenüber den Massenmedien gibt es, seitdem diese sich als Marktangebot darstellen. Während Kommunikation, zentrales Vehikel auch pädagogischer Praxis (z. B. wird bei allen »Bildungsprozessen« vorwiegend gelesen und gesprochen) erst in neuerer Zeit überhaupt beachtet wird (»Interaktion im Klassenzimmer« usf.), sind die Massenmedien sofort in den Fokus pädagogischer Aufmerksamkeit geraten. Versucht man, die medienpädagogischen Konzepte, im Ablauf ihrer Geschichte, knapp zu skizzieren, ergeben sich unterschiedliche Auffassungen:

– Um die Jahrhundertwende wandte sich die Pädagogik vor allem der Massenpresse, der Trivialliteratur und dem Film zu. Alle drei galten als »Schund und Schmutz«, als antiliterarisch, geschmacks- und sittenverderbend, zugehörig dem einfachen Volk, dessen intellektuelle und moralische Kapazität ohnehin geringer sei. Solcherlei Urteile setzten sich derart durch, daß auch die Arbeiterbewegung kaum auf den Film als ein ihr zugehöriges Aufklärungs- und Agitationsmedium zurückgriff.

– In den 20er Jahren wurde dann insbesondere der Film durch die Schulfilmbewegung rehabilitiert. Reformpädagogische Überzeugungen wandten sich gegen einseitigen Rationalismus, gegen die Ausdörrung des Unterrichts. Filme konnten Anschauung, Konkretheit einbringen, den Heranwachsenden auch emotional berühren. Darüber hinaus konnten sie sichtbar machen, was nicht alltäglich erfahrbar war (für das Stadtkind das Landleben; – mit Hilfe von Zeitlupe – die Entwicklung einer Pflanze).

– Der Nationalsozialismus bemächtigte sich aller Medien, um sie als Instrumente der Propagandaerziehung im Sinne seiner Ideologie einzusetzen. Filme wie »Hitlerjunge Quex« oder »Kopf hoch, Johannes« zeigten, wie schon Jugendliche als Gefährten nationalsozialistischen Kampfes »ihren Mann« stehen können oder wie sie in entsprechenden Erziehungsanstalten (Napola) in eine bejahte und bejahenswerte völkische Zukunft hineinwachsen.

– Nach dem Zweiten Weltkrieg erst wurden die Massenmedien, verstärkt vor allem durch das Fernsehen, zum beherrschenden Freizeitangebot. Diese Ballung führte wieder zu einer Distanzierung pädagogischer Reflexion wie zu Beginn des Jahrhunderts. Zwar schien es nun nicht mehr möglich zu sein, die Medien aus dem Leben der Menschen auszuschalten, zumal sie auch durchaus »Wertvolles« anboten. Es ging also darum, »in den rechten Umgang mit den Medien« einzuführen im Sinne einer Bewahrpädagogik, die das »Gute und Echte« auswählte und dem Heranwachsenden helfen wollte, selbst den entsprechenen ästhetischen und sittlichen »Geschmack« zu entwickeln. Kriterien-Diskussionen darüber, was »gut« oder »echt« eigentlich sei, wurden kaum geführt; hier vertraute man traditionellen Wertmaßstäben und aus ihnen abgeleiteter, nicht weiter überprüfter Intuition.

– Der pädagogische Nutzen der Medien wurde ebenfalls ein zweites Mal entdeckt durch eine auch vom Markt gewollte und gesteuerte Unterrichtstechnologie (computergestützter Unterricht, programmierter Unterricht usf.). Eine daraus erwachsende, technologische Medienpädagogik führte zu mehr Nüchternheit – und Empirie. Die Bedeutung der Medien für Lernprozesse wurde untersucht und erprobt, wobei die anfängliche Medien-Euphorie bald wieder zunehmender Skepsis wich (die Auffassung des Lehrers als purem »Arrangeur von Lernsituationen« erwies sich bald als ebenso problematisch wie die unterrichtstechnologische Nötigung, mit vorgefertigten, standardisierten Curriculum-Materialien zu arbeiten).

– Inzwischen hat sich der Medienmarkt gespalten: in der Unterrichtstechnologie handelt es sich um »handhabbare« Medien, also solche, deren Inhalte – jedenfalls prinzipiell – vom Lehrer mitbestimmt werden können. Anders die Massenmedien, die dem Massenkommunikations-System zugehören. Infolge vor allem der Studentenbewegung (Ende der 60er Jahre) entwickelte sich eine Ideologiekritik in der Medienpädagogik, die die Medien als Agenten einer kapitalistischen Gesellschaft aufzufassen lehrte, die das Bewußtsein vernebeln. Nunmehr sollte der Heranwachsende die »Manipulationsmechanismen« durchschauen und eine kritische Haltung gegenüber marktkonformer Bewußtseinsware gewinnen, aus der dann möglicherweise auch alternative Handlungsimpulse sich ergeben könnten. Auch hier zeigte sich bald, daß Ideologiekritik zu stark vom Kognitiv-Verbalen ausging, allenfalls für die Oberstufe von Gymnasien geeignet war, aber auch dort schnell zu Überdruß und Übersättigung führte: Die Bemühung fortschrittlicher Lehrer, vor »Medienmanipulation« zu bewahren, wurde häufig selbst als Manipulation aufgefaßt, Ideologiekritik ihrerseits als Ideologie verdächtigt.

Damit ist die Medienpädagogik in eine Krise geraten, die aber insofern fruchtbar zu nennen ist, als der Durchgang durch Irrwege schließlich in eine Richtung wies, die als handlungsorientierte Medienpädagogik sich allmählich verdeutlicht. In diesem

Konzept sind bisherige Erfahrungen, sofern brauchbar, aufgehoben und weitergeführt. Die wesentlichen Leitlinien dieser Medienpädagogik sind folgendermaßen zu
benennen:

– Medien sind nicht nur Gegenstand kognitiv orientierter Unterweisung, sondern
  auch Mittel des Handelns. Sie sind – in leichter Variation der Formulierung von
  Brechts Radiotheorie – nicht nur Rezeptions-, sondern auch Produktionsinstru-
  mente.
– Danach genügt es nicht, Medien als Institution oder die von ihnen produzierten
  Aussagen ideologiekritisch zu betrachten. Darüber hinaus sollten vielmehr
  alternative Handlungsmöglichkeiten mit Medien aufgewiesen werden – unter
  der ernstgenommenen Voraussetzung, daß Massenmedien im Dienst des Bürgers stehen sollen, nicht aber im Dienst einer Partei, eines Parteienstaates oder
  überhaupt des Staates.
– Alle Handlungen mit Medien müssen verstanden werden als nicht zufällig-
  partikulare Interaktionen; sondern ein mit ihnen aufgebauter Handlungszusammenhang ist jeweils Bestandteil eines gesellschaftlichen Ganzen, beeinflußt das
  gesellschaftliche Klima: etwa, wenn Bürgergruppen Stadtteilzeitungen heraus-
  geben; wenn Videofilme produziert und manchmal auch im Fernsehen gezeigt
  werden; wenn Kulturfestivals, Straßenfeste, Open-Air-Konzerte und andere
  Veranstaltungen stattfinden, in denen auch Medien – Wandzeitung, Filme,
  Dias, Bilder, alle Formen elektronischer »Verstärkung« – eine wesentliche
  Rolle spielen.
– Handlungsorientierte Medienpädagogik hat sich mit einem Bruch zu beschäftigen: Medien gibt es einmal als Massenmedien, mächtige Institutionen mit
  professionellen »Machern«. Dann gibt es sie als Medien, mit denen Gruppen
  selbst etwas machen können. Medien stehen also sowohl der Interaktion in
  Gruppen wie der Massenkommunikation zur Verfügung. Deutlich muß werden,
  daß beispielsweise das öffentlich-rechtliche Fernsehen ganz andere Wirkungs-
  möglichkeiten hat, auch nach ganz anderen Produktionsroutinen verfährt als
  etwa eine Bürgerinitiative, die Medien einsetzt. Daß hier ein bis auf weiteres
  schwer ausgleichbarer Unterschied besteht, sollte problematisiert werden, wenn
  wir uns *Brechts* Devise, damals auf das Radio bezogen, zu eigen machen wollen:
  daß die Medien von einem Distributionsapparat in einen Kommunikationsappa-
  rat zu verwandeln seien.
– Selbst mit Medien arbeiten – das heißt schließlich: Die Formen direkter
  Interaktion und die den Medien zugewiesenen Formen indirekter Interaktion
  rücken wieder nahe zusammen. Entscheidend für Analyse wie handlungsorientierte Interventionen sind soziale Situationen, von denen aus sich Medienhandeln ergibt.

Die letztgenannte Konzeption ist auch für Sozialpädagogik brauchbar. Die Untersuchung *Kohlis* u. a., bezogen auf die Wirkung von Arbeiterfilmen, hat bestätigt,
was Medienforschung seit Jahrzehnten weiß: die Art der Rezeption und der Grad
der Vermittlung (niedrig oder hoch) ist von den situativen Bedingungen entscheidend abhängig. So hat sich gezeigt, daß die Filme in Gruppendiskussionen und

dann, wenn sie in engem Bezug zum Arbeitsfeld, das sie thematisieren, gezeigt werden, zu weitergehenden Betroffenheiten führen. Das Prinzip der Handlungs- und Erfahrungsnähe als Basis medienpädagogischer Arbeit führt in die lokalen subkommunikativen Bereiche, in den Nahraum regionaler Sozialbetroffenheit.

Dieser Prozeß wird durch die Entwicklung neuer Technologien unterstützt. Zwar müssen technologische Weiterentwicklungen keinesfalls einem dringenden gesellschaftlichen Bedürfnis entsprechen, wie etwa die Einführung des Farbfernsehens zeigte. Die Elektronik-Industrie mußte sehen, wie sie sich neue Absatzmärkte erschließen konnte, und in diesem Fall hat das öffentlich-rechtliche Fernsehen in der BRD ihr in gewisser Weise entgegengearbeitet. Inzwischen gibt es jedoch eine Reihe von technischen Verbesserungen und Innovationen, die die Struktur des massenkommunikativen Feldes selbst beeinflussen können.

Schon in kurzer Zeit werden Video-Recorder für ein breiteres Publikum erschwinglich sein. Es gibt Video-Kameras, die dem »Rezipienten« die Möglichkeit geben, selbst etwas zu produzieren und über den »privaten« Bildschirm wiederzugeben. Satelliten erlauben, Bilder aus anderen Erdteilen fast ohne Zeitverschiebung verfügbar zu machen (für die Ausnutzung des Satellitenfernsehens bestehen freilich viele völkerrechtliche und kommunikationspolitische Probleme, da Satelliten nicht an Grenzen von Ländern oder ideologischen Systemen gebunden sind).

Eine vieldiskutierte Rolle spielt das Kabelfernsehen, das ebenfalls erlaubt, eine Vielzahl von Programmen zu übertragen. Damit ist es möglich, regionale Sender einzurichten. Hier stellen sich neue kommunikationspolitische Probleme: Soll ein regionaler Kabelfunk auch von den öffentlich-rechtlichen Medien kontrolliert werden? Stellt er eine Konkurrenz zur regional ausgerichteten Zeitung dar? Wer kann sonst Träger regionaler Kabelsysteme sein? Wer finanziert sie? Sollte das Publikum für spezielle Programme mehr bezahlen? Wenn nicht, sollte dann Sendezeit durch Werbung finanziert werden und auf diese Weise der Privatwirtschaft Zugang zum Kabelfernsehen gegeben werden?

Medien und sozialpädagogisches Handeln

Die Leitideen handlungsorientierter Medienpädagogik können in Hinsicht auf sozialpädagogisches Handeln folgendermaßen reformuliert werden:

- Dezentralisierung: Wiederentdeckung sozial gewachsener Regionen und verstärkte Berücksichtigung ihrer kommunikativen Bedürfnisse.
- Soziale Relevanz: Informationen werden danach ausgewählt, inwieweit sie für die Mehrzahl der Rezipienten wesentlich sind; sozialer Austausch zwischen Menschen wird gefördert; die Selbstdarstellung nicht prominenter Politiker, sondern mit der Alltagsbewältigung befaßter Bürger steht im Mittelpunkt.
- Demokratisierung: Partizipationschancen werden erhöht dadurch, daß Selbstartikulation durch Selbstproduktion von Aussagen möglich ist.
- Kommunikationsgleichberechtigung: Entprofessionalisierung des Kommunikationsberufes in regionalen Netzwerken; Abbau des Fetisch-Denkens in Hinsicht auf Apparate durch ihre Veralltäglichung.

- Kommunikationsrekonstruktion: Gestörte Kommunikationen (unterdrückte Wünsche und Forderungen) werden durch aktives Medienhandeln zu heilen versucht; Kommunikation ist ein wesentliches Mittel, soziale Infrastrukturen wieder aufzubauen oder zu festigen.
- Identität von Inhalt und Ästhetik: Aussageziel und »Machart« fallen nicht wie bei marktorientierten Medienproduktionen auseinander (hier: Perfektion, Glätte gegen soziale Irrelevanz), sondern das darzustellende Problem führt zu den Ausdrucksformen, die von den Produzenten als authentisch erfahren werden können.
- Soziale Veränderung: Regionale Kommunikation hebt die »Stummheit« der Bewohner auf, verhilft zur politischen Selbstartikulation und stellt damit eine Form kommunikativer Gegenwehr dar.

Damit wird deutlich, daß Medieneinsatz gebunden ist an die sozialpädagogische Interventionsform der Gemeinwesenarbeit. Auch diese ist orientiert an einem infrastrukturell zusammengehörenden sozialen Feld (z. B. Stadtteil); in ihr geht es darum, die Arbeit aus Ämtern und Institutionen in die zu betreuenden oder selbst Konflikte erzeugenden sozialen Aggregate zu verlagern; soziale Brennpunkte sind bevorzugte Interventionsregionen; das Ziel der Arbeit besteht darin, den Betroffenen zur Selbstorganisation zu verhelfen und sie möglichst von professionell-pädagogischer Bevormundung zu emanzipieren; es geht um den Versuch, durch überregionale Verflechtung von Projekten eine Basis demokratischer Neuorientierung kommunalen Lebens durchzusetzen (*Baacke*, 1977). Handlungsorientierte Medienpädagogik im Rahmen von Gemeinwesenarbeit stellt eine kommunikativ orientierte pädagogisch-politische Handlungsstrategie dar. Dabei geht es darum, in der Stadtteilarbeit mit Medien die vermittelte Realität (das, was die Massenmedien »ins Haus« bringen und was nicht deckungsgleich ist mit den alltäglichen Sorgen und Erfahrungen der Rezipienten) und die erfahrene Realität (das, was der Alltag als Routine, als Problem oder Krise »einbringt«) zu verwandeln in bearbeitete Realität (eine aktiv bewältigte Realität, die aus Opfern sozialer Prozesse Agenten macht). Realitätsbearbeitung mit Hilfe lokaler Medien ist dabei in einer Vielfalt von Formen denkbar (*Bubenik*, 1978):

- Wandzeitung, Wandmalerei, Aushänge: Auf diese Weise können Bewohner eines Viertels Beton in Farbe verwandeln, öffentlich mitteilen, was sie bewegt, anklagen, fordern, irritieren.
- Bücher, lokale Literatur: In Londons Eastend, Stadtteil Hackney, gibt es als neuen Typ eines »Community Centres« die Unternehmung »Centerprise«: Hier wird Literatur zur Verfügung gestellt, die die Stadtteilbewohner selbst produziert haben. Der Initiator des Centerprise-Projekts: »Wir haben vor fünf Jahren angefangen, 1973, damals war ich Lehrer an einer Schule hier. Ich war Englischlehrer und immer schon tief beeindruckt von der Qualität dessen, was die Schüler schrieben. Ich war immer sehr traurig darüber, daß hier Kinder aus der Arbeiterklasse sehr gute Sachen schreiben (oft viel besser als das, was sie in den Schulbüchern lesen mußten, die für sie gemacht waren), ihre Gedichte waren besser – über die Erfahrungen der Arbeiterklasse. Mit ein, zwei anderen

Lehrern begannen wir ganz klein, kleine Broschüren zu machen. Die wurden dann sehr populär, und viele Leute interessierten sich dafür. (. . .) In den letzten Jahren haben wir zwei Gruppen aufgebaut, die sich jeweils an den Abenden treffen. Eine davon ist die lokale Geschichtsgruppe, die andere ist die Arbeiter-Autoren-Gruppe.«

– Lieder, Chansons, Folklore: Einrichtung akustischer Archive, Veranstaltung von regionalen Folkfestivals, Förderung des (oft traditionell vorhandenen) Kneipengesangs, des Straßenmusikantentums, Förderung von Musikern und Musikergruppen und Ermunterung, konkrete Erfahrungen und Probleme zu artikulieren.

– Lokale Zeitungen und Zeitschriften: Diese Medien sind am weitesten ausgebaut, auch in der BRD (vgl. BLATT, eine 14tägig in einer Auflage von etwa 8000 Heften erscheinende Stadtzeitung von München; das »Ruhr-Volksblatt«, das »Kölner Volksblatt« oder die »märkische viertel zeitung« [autorengruppe stadtteilzeitung 1974]). Wesentlich ist, daß diese Zeitungen finanziell und inhaltlich unabhängig sind und damit als lokale Gegeninformation funktionieren.

– Fotographie: Von der Sozialdokumentation durch Fotoserien (alte Tradition, etwa Lewis Hine, mit Fotoserien über arme Einwanderer in die USA oder Kinderarbeit nach 1900) bis zur Selbstdokumentation von Anliegen und Wünschen als Mittel, Selbstbetroffenheit auszudrücken.

– Toncassetten, Tonbänder: sie sind leicht zu produzieren und zu multiplizieren; sie können über regionale Verteilernetze (z. B. in Italien) oder über Lautsprecher in Straßen, auf Marktplätzen über fahrende Autos abgespielt werden.

– Lokales Radio: In Italien beispielsweise gibt es 600 und mehr entsprechender Stationen, von denen etwa 20% versucht, nicht primär kommerziell zu arbeiten und die Bevölkerung zu beteiligen (z. B. »Radio popolare« in Mailand, über das sein »Chefideologe« Piero Scaramucci berichtet: »Wir haben ein Netz geschaffen von Betriebskorrespondenten, Stadtviertelkorrespondenten, Schulkorrespondenten, denen wir folgendes gesagt haben: Radio popolare gehört euch, von heute an verwalten wir den Sender gemeinsam. Ihr ruft uns an, von zu Hause, von eurem Arbeitsplatz, von unterwegs und gebt uns Nachrichten durch; ihr organisiert Sendungen, sprecht über Dinge, über die zu sprechen wichtig ist, weil ein Bedürfnis danach besteht. Setzt einen Kommunikationsprozeß in Gang, natürlich in organisierter, nicht in punktuell-individueller Form. (. . .) Natürlich bleibt noch viel zu tun, aber die Massen haben sich dieses Werkzeug bereits angeeignet. Und nicht nur die Avantgarde, sondern die Massen im allgemeinen, das Proletariat. Die Leute, die zuhören, haben wirklich das Gefühl, daß es ihr Sender ist, weil er auf ihre speziellen Bedürfnisse zugeschnitten ist.«

– Film, Video, lokales Fernsehen: Beispiel USA (*Tauchert*, o. J.): Selbstorganisiert lokale Gemeindearbeit machende Bürgerinitiativgruppen heißen dort »Grassrouts«. Sie verfügen zum Teil über lokale Kabelfernsehstudios (»Public access-channels«) mit einer Vielfalt von Themen: Neues aus der Gemeinde, Verkehrsprobleme, Sicherheitsfragen, lokale Ratssitzungen, Unterhaltungssendungen und Talkshows mit Bürgern, Erziehungsratschläge, Programme zur Gesundheit, Vorstellen von lokalen Musikern, Künstlern oder Filmemachern usf. Solange freilich das Kabelfernsehen vom Teilnehmer besondere Aufwendungen erfordert, bleibt es ein Fernsehen der Mittelklasse.

– Archivierung und Dokumentation von Medien: Ein Beispiel ist das Centro di documentazione in der toscanischen Provinzstadt Pistoia; hier wird als Gegeninformation der »Noticiario« mit 10 000 Auflage herausgegeben; außerdem werden Zeitschriften, Broschüren und andere Medien aus allen Bereichen alternativer Information gesammelt und auch – über die regionalen Grenzen hinaus – zur Verfügung gestellt (*Rauen/Bubenik*, o. J.).

Die Vielfalt lokaler Medien birgt für die Sozialpädagogik bisher kaum genutzte Möglichkeiten. Mediale Arbeitsformen sind weder in der sozialpädagogischen Theoriebildung noch in der Praxis der BRD durchgesetzt. Die meisten Erfahrungen kommen von unabhängigen Bürgerinitiativen oder freien Videozentren (z. B. Medienladen Hamburg, Medienpädagogisches Zentrum Hamburg, medienoperative Berlin, Münchner Medienzentrum etc.). Medien, derart verbunden mit direkter Kommunikation und ihren Bedürfnissen, erschließen ein sozialpädagogisches Handlungsfeld, das zu den Interventionsformen Hilfe und Beratung diejenige solidarischen Handelns hinzufügt. Sozialarbeit, Medienpädagogik und politische Bildungsarbeit können, wie Beispiele zeigen, traditionellen Interventionsstrategien produktive Ressourcen erschließen.

Dieter Baacke

Literatur

Adorno, Th. W., 1964: Prolog zum Fernsehen, in: Eingriffe. Neun kritische Modelle. Frankfurt/M. – *Ashauer, G.*, 1980: Audiovisuelle Medien – Handbuch für Schule und Weiterbildung, Bonn – Autorengruppe »märkische viertel zeitung«, 1974: Stadtteilzeitung, Reinbek – *Baacke, D.*, 1974: Kritische Medientheorien, München – *Baacke, D.*, [2]1975: Kommunikation und Kompetenz, München – *Baacke, D.*, 1977: »Projekt Stieghorst« oder: Medien als Instrumente der Aufklärung – Zu einem Stadtteilprojekt, in: *Hollstein, W./ Meinhold, M.* (Hrsg.): Sozialpädagogische Modelle, Frankfurt/M./New York – *Baacke, D.*, 1978: Massenkommunikation, Stuttgart – *Baacke, D.*, 1978: Fernsehen als Handlungsentzug, in: Merkur, Deutsche Zeitschrift für europäisches Denken, H. 4: 390–406 – *Baacke, D./ Kluth* (Hrsg.), 1980: Praxisfeld Medienarbeit. Beispiele und Informationen, München – *Bubenik, A. u. M.*, 1978: Lokale Medienarbeit in Beispielen, network Broschüre 13, Reithofen – *Bubenik, A./Fröling, H.*, o. J.: Medienarbeit in den Niederlanden, network Broschüre 10, Reithofen – *Cockcroft, E. u. J./Weber, J.*, 1977: Towards a people's art – the contemporary mural movement, New York – *Diel, A.*, 1974: Kritische Medienpraxis, Köln – *Dröge, F.*, 1972: Wissen ohne Bewußtsein – Materialien zur Medienanalyse, Frankfurt/M. – *Frayman/Griffiths/Chippendale*, 1975: Into print – a guide to publishing non – commercial newspapers and magazines, St. Pauls House, London – *Günther, R.*, 1977: Fotografie als Waffe – Geschichte der sozialdokumentarischen Fotografie, Hamburg – *Habermas, J.*, 1962: Strukturwandel der Öffentlichkeit, Neuwied – *Haufe, U./Orbke, E./Seidenberg, G.*, 1982: Videoarbeit mit Kindern. Darstellung u. Analyse eines medienpädag. Projekts, Tübingen – *Kohli, M./Dippelhofer/Stiem, B./Pommerehne, B.*, 1976: Arbeiter sehen »Arbeiterfilme«, in: Leviathan, H.: 328–367 – *Lipton, L.*, 1974: Independent filmmaking, Studio Vista, London – *Negt, O./Kluge, A.*, 1972: Öffentlichkeit und Erfahrung. Zur Organisationsanalyse von bürgerlicher und proletarischer Öffentlichkeit, Frankfurt/M. – *Plausch, R.*, 1978: Videopraxis, Köln – *Rauen, B./Bubenik, A.*, o. J.: Die Praxis der Gegen-Information, network Broschüre 9, Reithofen – *Reimann, H.*, 1968: Kommunikationssysteme, Tübingen – *Ronneberger, F.*, 1982: Neue Medien. Vorteile und Risiken für die Struktur der demokr. Gesellschaft u. den Zusammenhalt der sozialen Gruppen. Eine Literaturstudie, Konstanz – *Roth, H.* (Hrsg.): 1969: Begabung und Lernen, Stuttgart – *Tauchert, M.*, o. J.: Medienarbeit in den USA, network Broschüre 12, Reithofen – *Watzlawick, P./Beavin, J. H./Jackson, D. D.*, 1969: Menschliche Kommunikation, Bern/Stuttgart – *Wodraschke, G.* (Hrsg.), 1979: Medien-Pädagogik und Kommunikationslehre, München. –

→ Interaktionismus → Öffentlichkeit → Theaterpädagogik → Wissenschaftstheorie und Sozialpädagogik

Nichtseßhaftigkeit

Definitionen und Erklärungsansätze

Der Begriff Nichtseßhaftigkeit bedeutet eine Neutralisierung der früheren Bezeichnungen Vagantentum und Landstreicherei. Seit der Strafrechtsreform 1974 ist Nichtseßhaftigkeit mangels hinreichenden kriminellen Gehalts kein Straftatbestand mehr, sondern fällt in die Zuständigkeit der Sozialhilfe. In der Rechtssystematik des Bundessozialhilfegesetzes (BSHG) in der Fassung vom 9. 6. 1976 zählen Nichtseßhafte zu den Personen, »bei denen besondere soziale Schwierigkeiten der Teilnahme am Leben in der Gemeinschaft entgegenstehen« (§ 72 BSHG). Noch bis zur Novellierung des BSHG im Jahre 1976 wurden Nichtseßhafte vom Gesetzgeber generell als Personen definiert, die aus Mangel an innerer Festigkeit ein geordnetes Leben in der Gemeinschaft nicht führen können.

Im Zuge der Neufassung des § 72 BSHG wurde auch die »alte« Definition verändert. In der Durchführungsverordnung (DVO) zu § 72 BSHG werden Nichtseßhafte neben anderen betroffenen Personengruppen und zu deren Abgrenzung folgendermaßen bestimmt: »Nichtseßhafte . . . sind Personen, die ohne gesicherte wirtschaftliche Lebensgrundlage umherziehen oder die sich zur Vorbereitung auf eine Teilnahme am Leben in der Gemeinschaft oder zur dauernden persönlichen Betreuung in einer Einrichtung für Nichtseßhafte aufhalten« (§ 4 der DVO zu § 72 BSHG).

Die administrativen Überlegungen folgende Legaldefinition des § 4 der DVO zu § 72 BSHG beinhaltet jedoch nur eine halbherzige Abkehr von einer individualisierenden Sichtweise und Deutung des Problems Nichtseßhaftigkeit. Sie unterstellt nämlich, daß alle Nichtseßhaften, die sich nicht in einer Einrichtung für Nichtseßhafte aufhalten, immer auf Wanderschaft sind und von Ort zu Ort ziehen; sie entspricht damit der traditionellen Theoriebildung und landläufigen Meinung vom Nichtseßhaften. Typisch für dererlei Auffassungen sind definitorische Festlegungen wie z. B. die von *Weber* (1976): »Als Nichtseßhafte werden hier Menschen angesprochen, bei denen das ›Wandern‹ zu einem festen Lebensmuster geworden ist, die über keine gesicherte Existenzgrundlage verfügen und keine festen sozialen Bindungen aufrechterhalten«.

Einigkeit besteht auch weitgehend darüber, daß das Wanderverhalten der Nichtseßhaften seine Ursachen in der jeweiligen Person hat; diese können im Sinne des Gesetzgebers nur durch den Aufenthalt in einer speziellen Hilfeeinrichtung behandelt oder kompensiert werden. Mit dieser Folgerung aber wird sowohl die traditionelle Theoriebildung wie auch die traditionelle Hilfepraxis fort- und festgeschrieben.

Nach *Albrecht* (1979) bediente sich die Forschung zur Nichtseßhaftigkeit von ihren Anfängen um die Jahrhundertwende an in der Regel einer essentialistischen Definition von Nichtseßhaftigkeit, die darauf hinauslief, daß Nichtseßhaftigkeit a priori als pathologisches Phänomen und Nichtseßhafte als pathologische Fälle erscheinen mußten (vgl. *Wilmanns*, 1906). In den 30er Jahren wurde die Nichtseßhaftigkeit dann »endgültig« als soziales Fehlverhalten aufgrund einer abnormen Persönlichkeitsstruktur festgeschrieben und mit nosologischen Kategorien erklärt, deren Zuverlässigkeit und theoretische Begründbarkeit schon damals international durchaus in Frage gestellt war (*Albrecht*, 1979). Bis weit in die 60er Jahre hinein hat die psychologisch-psychiatrische Forschung keine entscheidende Loslösung von ihrem klassischen pathologisierenden Paradigma leisten können (vgl. hierzu *Ritzel*, 1965; *Veith* et al., 1976). Erst in jüngster Zeit haben sich neben der Vielzahl von essentialistischen Erklärungs- und Deutungsversuchen soziologische und interdisziplinäre Ansätze entwickelt, die sich um eine multifaktorielle Erklärung bemühen und eine Krise des klassischen pathologisierenden Paradigmas ausgelöst haben (*Wickert*, et al., 1976; *Albrecht* et al., 1979; *Weber*, 1983; *Holtmannspötter,* 1980).

Ein weiterer wesentlicher Anstoß zur Ablösung von rein individuellen Erklärungsmustern und Hilfeansätzen wurde durch die soziale Realität der 70er Jahre selbst ausgelöst. Gerade in dieser Zeit beantwortete die seit 1974 hohe und anhaltende allgemeine Arbeitslosigkeit die Frage nach den sozialen Determinanten dieses Problems durch ein erschreckend hohes und der Entwicklung der Arbeitslosigkeit folgendes Ansteigen der Zahl der erstmals nichtseßhaft gewordenen und dann in der Nichtseßhaftigkeit verbleibenden Menschen.

1974 wurden von der Bundesarbeitsgemeinschaft für Nichtseßhafte (BAG) über ihr zentrales Meldeverfahren 30% mehr Neuauftritte im Bundesgebiet registriert als im Vorjahr. Die 1977 und 1978 von der BAG durchgeführten Stichproben an den der Zentralkartei gemeldeten nichtseßhaften Personen haben eine Reihe stabiler, die generelle Entwicklung kennzeichnender Trends ergeben: nachdem 1976 ein Rückgang zu bemerken war, ist die Zahl nichtseßhafter Personen wieder auf den bisher höchsten Stand von 1974 angestiegen. Diese Zunahme ist fast ausschließlich auf die höhere Anzahl der erstmalig nichtseßhaft gewordenen Personen zurückzuführen. Von diesen Neuauftritten bleiben mehr als früher nichtseßhaft. So blieb jeder Vierte, der 1977 zum ersten Mal nichtseßhaft geworden war auch 1978 in der Nichtseßhaftigkeit hängen. Dies betrifft vor allem die über 40jährigen Personen.

Personenkreis

Derzeit muß die Zahl der jährlich von Nichtseßhaftigkeit betroffenen Personen auf ca. 80 000 geschätzt werden (BAG, 1980). Sie sind zu 97% männliche Erwachsene, überwiegend im erwerbsfähigen Alter, wobei die Altersgruppe der 35–45jährigen am stärksten vertreten ist. Deutlich jünger sind diejenigen, die neu im Abstiegskarussell der Nichtseßhaftigkeit auftauchen. Etwa 6% sind 65 Jahre alt und älter.
Bei einem allgemeinen Durchschnittsalter von ca. 39 Jahren sind außergewöhnlich viele, nämlich 54% ledige Personen. Wieder außergewöhnlich viele haben eine gescheiterte Ehe hinter sich. 61% sind in der heutigen BRD, 29% in ehemals deutschen Gebieten außerhalb der heutigen Bundesrepublik und ca. 6% im Ausland geboren. Rund 60% erlebten in Kindheit und Jugend z. T. drastische Veränderungen ihres sozialen Milieus. Auffällig ist auch der hohe Anteil von ehemaligen Heimzöglingen. Bei rund 40% existierten problematische Familienverhältnisse mit früher Entfremdung und Desorganisation.
Das Risiko nichtseßhaft zu werden trifft vor allem Angehörige der unteren sozialen Schichten. So stammen rund 70% der Nichtseßhaften aus Familien der Unterschicht und sind in Lebensverhältnissen aufgewachsen, die als unzureichend, wenn nicht als ärmlich zu bezeichnen sind (*Albrecht*, 1977; *Specht*, 1979). So war nur bei 50% der Herkunftsfamilien eine in Höhe und zeitlicher Stabilität ausreichende finanzielle Versorgung gewährleistet; rund 20% der Familien waren schon damals auf staatliche Transferleistungen angewiesen (vgl. hierzu Grundlagenstudie der BAG, 1979), so daß bei einem Teil der Nichtseßhaften Armut bereits in der zweiten Generation auftritt. Entsprechend diesen Benachteiligungen ist es nicht verwunderlich, daß von den nichtseßhaften Personen lediglich ca. 45% über eine abgeschlossene berufliche Ausbildung verfügen; in der Gesamtbevölkerung liegt dieser Anteil bei rund 75%.
Aufgrund ihrer Schul- und Berufsausbildung zählt die Mehrzahl der Nichtseßhaften zu den am Arbeitsmarkt benachteiligten Arbeitnehmergruppen und arbeitete vorwiegend in Tätigkeiten, die am unteren Ende der betrieblichen Hierarchie liegen und als »Jedermannsarbeitsplätze« bezeichnet werden können (*Lutz/Sengenberger*, 1974). Von den gelernten Arbeitskräften wiederum haben viele einen Beruf erlernt, der heute kaum noch Existenzmöglichkeiten bietet wie etwa landwirtschaftliche und handwerkliche Berufe oder sind in Berufssparten tätig gewesen, die starken saisonalen Schwankungen unterliegen oder die stark rezessionsempfindlich sind wie das Baugewerbe oder die Investitionsgüterindustrie. Dies sind allgemeine Handicaps, die die Alternativen zur Überwindung einer Notsituation, wie die Nichtseßhaftigkeit sie darstellt, über Ausbildung, Beruf und unterschichtspezifische Mobilitätsbarrieren vermindern.
Entsprechend der überwiegenden Zugehörigkeit dieser Personen zum sekundären Arbeitsmarkt (*Offe*, 1977; *Buttler* et al., 1978) und als unmittelbare Folge der sich

veränderten Arbeitsmarktlage waren viele von ihnen bereits vor Beginn der Nichtseßhaftigkeit überdurchschnittlich von der Arbeitslosigkeit betroffen, insgesamt fast ⅔ und 45% mehrmals (*Großkopf*, 1979).

Risikofaktoren und Rekrutierungsmechanismen

Das Problem der Nichtseßhaftigkeit ist, wie Längsschnittuntersuchungen und die laufenden Erhebungen der BAG nachweisen, eng mit dem der Arbeitslosigkeit verbunden. Die Zahl der jährlich neu von Nichtseßhaftigkeit betroffenen Personen verläuft parallel zur Quote der Arbeitslosigkeit. Der Zusammenhang wird auch daran deutlich, daß die Dauer und das Verbleiben in der Nichtseßhaftigkeit wie in der Arbeitslosigkeit außer mit der Berufsqualifikation mit Behinderungen, mit dem Alter und anderen negativen Selektionskriterien des Arbeitsmarktes korrelieren und daß sie von nichtseßhaften Personen zuletzt ausgeübten Tätigkeiten dort stattgefunden haben, wo diese Selektionskriterien sich am wenigsten auswirken; am Gelegenheitsarbeitsmarkt, vor allem im Baugewerbe und in den saisonalen Dienstleistungsgewerben. *Holtmannspötter* (1980) kommt daher zu dem Ergebnis, daß der Weg von regulärer, versicherungspflichtiger Beschäftigung über arbeitslose Zeiten zur Gelegenheitsarbeit und versicherungsloser Beschäftigung eine der wesentlichen Rekrutierungsmechanismen in die Nichtseßhaftigkeit darstellt. Bei anderen beginnt der ökonomische und soziale Abstieg in die Nichtseßhaftigkeit, wenn diese Personen aus dem Gefängnis, aus einer stationären psychiatrischen Behandlung oder nach einem klinischen Entzug entlassen werden und nicht auf eigene finanzielle Mittel oder die Hilfe von Angehörigen zurückgreifen können oder in eine Komplementäreinrichtung dieser Institutionen vermittelt werden. Dies trifft auch für Männer zu, bei denen eine Inhaftierung, eine Scheidung oder Trennung von ihrer Ehefrau und Familie zum Verlust der eigenen Wohnung führten. Wer darüber hinaus mit Schulden und Unterhaltsverpflichtungen belastet ist, sucht nicht selten als Lösung seiner Probleme die sozial-anonyme Existenz des unangemeldeten Gelegenheitsarbeiters. Wenn sich keine Arbeit und Unterkunft findet oder diese wieder verloren geht, bedeutet dies unmittelbare Nichtseßhaftigkeit. Auch alleinstehende Arbeitnehmer in regulären Arbeitsverhältnissen sind von Nichtseßhaftigkeit bedroht, wenn ihre Arbeit mit einer Betriebsunterkunft gekoppelt ist und mit dem Arbeitsverlust unmittelbar Wohnungslosigkeit einsetzt. Angewiesen auf diese Kombination und ohne ausreichende finanzielle Reserven sind die Betroffenen ohne Arbeitseinkommen nicht in der Lage, auf dem Wohnungsmarkt eine Wohnung anzumieten.

Zunehmend gefährdet sind auch ausbildungs- und beschäftigungslose Jugendliche und junge Erwachsene. Ihr Anteil unter den nichtseßhaften Personen ist in den letzten Jahren rapide nach oben geschnellt. Andere haben körperliche, seelische und geistige Behinderungen, die schon von sich aus als Minderung der Erwerbsfähigkeit die Chancen zur Überwindung der Nichtseßhaftigkeit vermindern; solche Personen haben häufig außer der Sozialhilfe keinen Anspruch auf staatliche Transferleistungen.

Entscheidende Stationen und Risikofaktoren beim Abstieg in die Nichtseßhaftigkeit sind – wie Forschungsergebnisse (BAG, 1979; *Wickert* et. a., 1976; Innovationsprojekt Nichtseßhaftenhilfe, 1980) zeigen: Herkunft aus den unteren Schichten und damit zusammenhängend eine wenig qualifizierte Schul- und Berufsausbildung. Diese setzen sich über Arbeitslosigkeit, Armut und Lebenskrisen in einer deutlichen Abwärtsmobilität fort. Hier ist dann etwa der Punkt erreicht, von dem aus die Betroffenen auf unterschiedliche Devianzkategorien konditioniert werden (*Albrecht*, 1977).

Der Abstiegsprozeß in die Nichtseßhaftigkeit gleicht einem Trichter, an dessen Ende fast nur noch Angehörige der unteren Schichten zu finden sind mit der zusätzlich negativen Merkmalauslese gestörter Familienverhältnisse, dem Sonderschulbesuch, der abgebrochenen Lehre, der Arbeitslosigkeit, körperlicher oder seelischer Behinderung und dem Fehlen einer eigenen Familie.

Albrecht (1977) kommt daher zu dem Ergebnis, »daß die Nichtseßhaftigkeit zum erheblichen Teil auch das Produkt mißlungener Sozialarbeit in den klassischen Bereichen wie Familienfürsorge, Suchtkrankenfürsorge, Strafvollzug, Bewährungshilfe usw. ist«.

Auch die sozialmedizinischen Zusammenhänge von Krankheit und sozialer Lage, von sozialem Abstieg und psychischen und somatischen Leiden, von fehlenden sozialen und materiellen Ressourcen und zielorientiertem Handeln – die mit der Nichtseßhaftigkeit konstituiert werden, finden im gegenwärtigen System der Gesundheitsversorgung und Sozialhilfe kaum Beachtung.

Interventionsformen und Hilfeangebote

Nahezu einhellige Praxis kommunaler Obdachlosenhilfe bei nichtseßhaften Personen ist die der Einweisung über das Ordnungsamt in die entsprechenden Obdachlosenunterkünfte. Diese wird verbunden mit der Auflage, sich selbst eine Wohnung oder ein Zimmer zu besorgen, was von den Betroffenen in der Regel nicht realisiert werden kann. Nicht ortsansässige nichtseßhafte Personen müssen meist nach wenigen Tagen wieder weiterziehen, wenn sie nicht zwischenzeitlich wieder Arbeit und eine Unterkunft gefunden haben: das Übernachtungsangebot ist zeitlich meist auf wenige Tage befristet. Andere, die nicht von außerhalb kommen oder nicht rasch eine Wohnung oder ein Zimmer finden, laufen Gefahr, Dauerbewohner solcher Einrichtungen zu werden; von ihrer Konzeption und ihrem kommunalpolitischen Auftrag aber sind die ordnungsrechtlich geführten Obdachlosen- und Übernachtungsunterkünfte auf eine langfristige Unterbringung nicht eingestellt: in der Regel müssen die Bewohner die Einrichtungen in aller Frühe am Morgen verlassen und können sie erst wieder am Abend aufsuchen. Viele sind zudem menschenunwürdig ausgestattet (vgl. *Klee*, 1979). In ihnen werden die Betroffenen unmittelbar einem depravierenden Sondermilieu ausgesetzt. Dort treffen sie auf Menschen, die sich schon länger in derselben Situation befinden und die sich als Rollenmodelle und »Verstärker« anbieten. Dies ist der typische, ordnungs- und sozialhilferechtlich vorgezeichnete Weg in die offiziell gewordene Nichtseßhaftigkeit. Wer das Asyl meiden will und kein Zimmer und keine Betriebsunterkunft findet, der muß entweder erst recht auf der Straße leben oder aber in einer Einrichtung für Nichtseßhafte, die auf längerfristigte Unterbringung eingerichtet ist, Unterkommen suchen,

Der Hinweis auf eine solche Einrichtung ist häufig das einzig weiterführende Angebot der Sozialämter.

Die Institution Nichtseßhaftenhilfe blickt ihrerseits auf eine fast hundertjährige Tradition zurück. Sie entstand Anfang der 80er Jahre des 19. Jahrhunderts im Zeichen der ersten großen Massenarbeitslosigkeit als private Arbeitslosenhilfe der Kirchen, vor allem der Inneren Mission.

Ihren Begründern ging es unter der Devise: »Arbeit statt Almosen« (*v. Bodelschwingh*) um ein sozialpolitisches und pädagogisches Aktionsprogramm, das die bisherige Almosenhilfe ablösen sollte. Es fand seinen Niederschlag in der Gründung von »Arbeiterkolonien«, »Herbergen zur Heimat« und »Wanderarbeitsstätten«. Diese sollten die auf der Suche nach Arbeit umherziehenden gesunden und arbeitsfähigen Wanderarmen durch Heranziehung zur Arbeit (als Gegenleistung für Unterkunft und Verpflegung) vor Arbeitsentwöhnung und vor dem Abgleiten in die »Vagabundage« bewahren. Aus dieser ursprünglichen Wanderarmenhilfe wurde in den 20er und 30er Jahren die Wanderfürsorge und nach dem 2. Weltkrieg die Nichtseßhaftenhilfe. Sie blieb bis in die heutige Zeit hinein das absolute Stiefkind kommunaler Sozialarbeit. Sie ist, für sich gesehen, so schlecht ausgestattet, so lückenhaft präsent und in so starkem Maße klassischen Fürsorgeprinzipien verhaftet, daß von den dort tätigen Mitarbeitern eine notlagengerechte und rasche Hilfe kaum verwirklicht werden kann. Ihre seit Jahren ziemlich konstante Kapazität von ca. 13 000 Plätzen in etwa 130 Einrichtungen führt zu einer unspezifischen, lediglich symptomorientierten Krisenhilfe mit entsprechend weitreichenden Folgen.

Wie die verschiedenen Forschungsergebnisse (BAG-Grundlagenstudie, 1979; Innovationsprojekt Nichtseßhaftenhilfe, 1980) deutlich machen, hat die Praxis traditioneller Nichtseßhaftigkeit folgende Auswirkungen auf die Erscheinungsform Nichtseßhaftigkeit: unter der Maxime Heimunterbringung führt das beschränkte Unterbringungsangebot zu einer künstlich erzeugten hohen Mobilität von Personen, auf die die äußeren Merkmale der Nichtseßhaftigkeit (kein fester Wohnsitz, keine feste Arbeit) zutreffen. Die Mobilität dieser Personen wird durch fehlende Wohnungs- und Arbeitsangebote sowie durch die regionale Arbeitslosigkeit weiter aufrechterhalten: wer die Heim- und Anstaltshilfe nicht in Anspruch nehmen will, zieht der Arbeit und der Unterkunft nach.

Aufgrund erheblicher Unterschiede in der Praxis der Sozialhilfegewährung wird die Mobilität der Betroffenen ebenfalls künstlich hoch gehalten. Das zahlenmäßig nicht ausreichende und einseitig als stationäre Hilfe vorgehaltene Hilfeangebot kann den unterschiedlichen Problemlagen und Bedürfnissen nichtseßhafter Personen nicht gerecht werden. Da aber andere Angebote in der Regel fehlen, müssen die Betroffenen darauf eingehen; zumindest dann, wenn es gilt, Phasen äußerster materieller und seelischer Not zu überbrücken. Dabei werden diejenigen, die sich dem Mangel an Alternativen fügen, gänzlich hospitalisiert oder zu ständig wiederkehrenden Gästen. Bei dieser Klientel zeigt sich die Nichtseßhaftigkeit als »mobiler Hospitalismus« (*Holtmannspötter*) und damit als Produkt einseitig strukturierter Interventionsformen.

Da die derzeitigen Hilfe- und Interventionsformen nichtseßhafte Personen vom Wohnungs- und Arbeitsmarkt und auch von der Möglichkeit, die Gesetze voll in Anspruch zu nehmen, abtrennen, gewöhnen diese sich daran, von der Sozialhilfe und in deren Institutionen zu leben.

Die Hilfsorgane treten den Betroffenen zudem als ein soziales Netzwerk *von Kontrollinstanzen* gegenüber. Entsprechend wird das System der Obdachlosenund Sozialhilfe von den Betroffenen in der Weise verarbeitet, daß sie ihnen entweder so weit wie möglich aus dem Weg gehen oder entsprechende Anpassungsstrategien entwickeln, um allen »pädagogischen« und kontrollierenden Zugriffen zu entgehen und dennoch ein Höchstmaß an Unterstützung zu erhalten. Das wechselseitige Bedingungsgefüge aus unterstützenden und sanktionierenden Maßnahmen bewirkt auf Dauer eine Chronifizierung substantieller Abhängigkeit.

Personen, die auch in einer Notsituation, wie die Nichtseßhaftigkeit sie darstellt, das Leben in einem Heim sowie Sozialhilfe überhaupt ablehnen oder aufgrund von Ängsten und Negativerfahrungen nicht mehr annehmen können oder wollen, müssen auf der Straße leben und hierfür spezifische Überlebenstechniken entwickeln. Sie gelten dann als »Stadtstreicher« (vgl. *Weber* 1983).

Sich in der Nichtseßhaftigkeit zu behaupten, erfordert ein Verhalten, das eher an die momentane Situation bindet, denn zu ihrer Überwindung und Veränderung beiträgt. Die Betroffenen müssen lernen, Amtskontrolle und -kritik so weit als möglich zu umgehen: Nebeneinkünfte aus Gelegenheitsarbeit und Betteln dürfen dem Sozialamt nicht bekannt werden. Schlafplätze müssen vor der Polizei und Grundstücksbesitzern geheim gehalten werden. Auch das Betteln ist verboten und wird ordnungsbehördlich verfolgt. Die Kontakte von Nichtseßhaften sind nahezu ausschließlich auf Mitglieder der eigenen Randgruppe begrenzt. Einige existieren auf diese Art völlig isoliert für sich alleine, andere haben sich zu Gruppen zusammengeschlossen, die zahlreiche Parallelen zu tierisch sozialen Gruppen wie Rudel, Schwärme und Herden aufweisen.

Unfreiwillige Randständigkeit unter ruinösen Lebensbedingungen reduziert das Handeln auf ein perspektivloses Sich-im-Kreise-drehen. Nichtseßhafte sind hochsignifikant depressiver als der Durchschnittsbürger (*Hannak,* 1976). Das Leiden der Nichtseßhaften an den Lebensverhältnissen der Nichtseßhaftigkeit resultiert nicht zuletzt daraus, daß sich diese zu Verhaltensweisen gezwungen fühlen, die sie selbst nicht akzeptieren und als abweichend von gesellschaftlichen Normen empfinden, die sie aber in der Auseinandersetzung mit anderen Betroffenen übernehmen und für ihre materielle und soziale Existenzsicherung einsetzen. Der anhaltende Umgang mit chronischen Mangellagen und diskreditierenden Statuszuweisungen schlägt sich in stabilen Existenz- und Identitätsformen nieder. Diejenigen, die noch nicht so weit unten angelangt sind, verdingen sich als mobiles Subproletariat in der sozialanonymen Existenzform des unangemeldeten, berufslosen Gelegenheits-,

Saison- und Wanderarbeiters. Diese Betroffenen versuchen ihrerseits, sich solange wie möglich an diesem Arbeitsmarkt zu halten und nur in Notfällen von der Sozialhilfe und den instituionalisierten Unterbringungsformen der Nichtseßhaftenhilfe Gebrauch zu machen.

Diejenigen, die von diesem Arbeitsmarkt abgekoppelt sind, sind auf andere Existenz- und Identitätsformen verwiesen: zur Prostitution ihrer Armut durch aktives und passives Betteln und zur Sozialhilfeabhängigkeit in der Existenzform behördlich verwalteter Nichtseßhaftigkeit. Die Betroffenen werden hier auf eine zur Passivität führende Einstellung »erlernter Hilflosigkeit« konditioniert (*Seligmann,* 1979). Sie gewöhnen sich daran, in einer Einrichtung und von Fremdhilfe zu leben.

Folgerungen für die Praxis

In den letzten Jahren ist es infolge der Einführung sozialwissenschaftlicher Erklärungsansätze und Forschungsergebnisse zu einer selbstkritischen Bewertung des Problems Nichtseßhaftigkeit als einer durch unzureichende materielle und methodische Hilfe hervorgerufene Erscheinungsform von Armut sowie zu einer Hinterfragung traditioneller Interventionsformen gekommen. Innerhalb der stationären Nichtseßhaftenhilfe zeichnet sich inzwischen ein Wandel ab, der zu einer Differenzierung von Inhalten und Methoden und zu einer Abstoßung unspezifischer, ordnungsrechtlicher »Versorgungsangebote« führt. Andere Bemühungen gehen stärker in Richtung auf eine Öffnung und Integration stationärer Einrichtungen in das soziale Umfeld und in die Gemeinde. Zusätzlich ist in den letzten Jahren mit der Kritik totaler Institutionen und der Kenntnisnahme der gravierenden Lücken im Vorfeld der Nichtseßhaftigkeit die ambulante Nichtseßhaftenhilfe entstanden (vgl. *Hardege* et al., 1980). Derzeit bestehen etwa 20 Fachberatungsstellen im Bundesgebiet. Während die stationäre Nichtseßhaftenhilfe nach § 100 Abs. 5 BSHG eindeutig durch den überörtlichen Sozialhilfeträger finanziell abgesichert ist, ist die Kostenzuständigkeit für die ambulante Hilfe nach wie vor umstritten. Auch hier ist die Diskussion über die Inhalte und die Ausgestaltung der Arbeit noch längst nicht abgeschlossen.

Die Umstrukturierung sozialer Hilfen für Personen in der Nichtseßhaftigkeit wird durch das unzulängliche Arbeitsangebot für Arbeitnehmer mit beruflichen und gesundheitlichen Handicaps und das unzureichende Wohnungsangebot für einkommensschwache Mieter erheblich behindert. Daß sich die Beratungs- und Therapieangebote zudem nach wie vor schichtspezifisch sehr einseitig auf die Gruppen beschränken, die in ihren Wertsystemen und Verhaltensweisen den altgewohnten Diagnose-, Therapie- und Prognosekriterien entgegenkommen, gilt mittlerweile als Allgemeinplatz, wirkt sich aber aufgrund der zahlreichen gesundheitlichen und seelischen Schädigungen und Elendskrankheiten, die durch den sozialen Abstieg massiert auftreten (*Weber,* 1980; *Wickert,* 1977; *Albrecht,* 1977; *Dollhausen,* 1977), besonders gravierend aus und führt zu einer Situation chronischer Unterversorgung.

Auf dem Hintergrund dieser Probleme und der zu erwartenden Entwicklung des sozialen Problems Nichtseßhaftigkeit (vgl. hierzu *Holtmannspötter*, 1980) zeichnet sich mittlerweile eine Diskussion ab, die die Nichtseßhaftenhilfe als eigenständige Hilfedisziplin in Frage stellt und sich um eine generelle Reorganisation und Integration in ein gemeindenahes sozialpolitisches Aktionsprogramm für Menschen in oder am Rande von Armut bemüht.

Roland Weber

Literatur

Aderhold, D., 1970: Nichtseßhaftigkeit, Stuttgart – *Albrecht, G.*, 1977: Nichtseßhaftigkeit – das Phänomen und die Anforderungen an die Hilfe. In: Gefährdetenhilfe, Sonderheft 1: 7–22 – *Albrecht, G.*, 1981: Nichtseßhaftigkeit und Sucht. In: *Feuerlein, W.* (Hrsg.): Sozialisationsstörungen und Sucht, Wiesbaden – *Bundesarbeitsgemeinschaft für Nichtseßhaftenhilfe e. V.* (Hrsg.), 1979: Grundlagenstudie. Erscheinungsweisen, Verlaufsformen und Ursachen der Nichtseßhaftigkeit, Bielefeld-Bethel – *Girtler, R.*, 1980: Vagabunden in der Großstadt. Teilnehmende Beobachtung in der Lebenswelt der »Sandler« Wiens, Stuttgart – *Holtmannspötter, H.*, 1974: Nichtseßhaftigkeit und Nichtseßhaftenhilfe in der BRD. In: *Bellebaum, A./Braun, H.* (Hrsg.): Reader Soziale Probleme, Bd. 2, Frankfurt/M. – *Holtmannspötter, H.*, 1980: Nichtseßhafte. In: Deutscher Verein für öffentliche und private Fürsorge (Hrsg.): Fachlexikon der sozialen Arbeit, Frankfurt/M. – *Klee, E.*, 1979: Pennbrüder und Stadtstreicher. Nichtseßhaftenreport, Frankfurt/M. – *Kögler, A.*, 1976: Die Entwicklung von Randgruppen in der Bundesrepublik Deutschland, Göttingen – *Lutz, R.* (Hrsg.), 1980: Heimatlose Gesellen. Ein Buch über »nichtseßhafte« Männer, Darmstadt – *Bahr, H. M.*, 1973: Skid Row. An Introduction to Dissaffiliation, New York/London/Toronto – *Ritzel, G.*, 1974: Entwicklung und gegenwärtiger Stand der Nichtseßhaftenforschung, Psychiatr. Clin.: 26–49 – *Schwindt, W./Veith, G.*, 1976: Von den Krankheiten der Nichtseßhaften. Beiträge aus der Arbeit der von Bodelschwingh'schen Anstalten in Bielefeld-Bethel, Bielefeld-Bethel – *Trappmann, K.* (Hrsg.), 1980: Landstraße, Kunden, Vagebunden, Frankfurt/M./Wien/Zürich – *Wallace, S. E.*, 1968: The Road to Skid Row, Sc. Prob. 92–105 – *Weber, R.*, 1983: Lebensbedingungen und Alltag der Stadtstreicher in der Bundesrepublik Deutschland, Bielefeld. –

→ Armut → Randgruppen → Soziale Probleme

Normenprobleme: Zur Theoriegeschichte

Norm, lat. norma, bedeutet Richtschnur, Maßstab oder Regel. Soweit in bezug auf die menschliche Praxis die Frage nach den Normen gestellt wird, ist damit die Frage nach den Maßstäben oder Regeln gemeint, an denen sich das Handeln orientiert oder orientieren sollte. Normen sind so alt wie die menschliche Praxis selbst, die in Sitte und Gewohnheit ihr Leben auslegt. Aber die explizite Frage nach den richtigen Normen und Maßstäben setzt den Anerkennungs- und Geltungsverlust derjenigen Handlungsregeln voraus, die vormals als geltende Sitte und Tradition das Leben und Handeln orientierten. Mit *Hegel* kann dieser Vorgang als »Entzweiung« bezeichnet werden, in deren Folge das »Bedürfnis der Philosophie«, das Bedürfnis nach vernünftiger Orientierung des Lebens erwächst.

Der folgende theorie- und argumentationsgeschichtliche Überblick möchte die Verankerung der Normenproblematik in der Philosophie nicht auflösen, sondern in der Frage nach der Binnenstruktur des Zusammenhangs von Politik, Ethik und Pädagogik offenlegen. Obwohl die nachfolgende Darstellung perspektivisch auf die pädagogische Normenproblematik bezogen ist, verbietet sich nicht zuletzt im Hinblick auf die gegenwärtig allerorts aufbrechende Norm- und Wertdebatte eine ressortspezifische rein pädagogische Aufarbeitung. Die Verbesonderung der Pädagogik zu einer eigenständigen Disziplin, mit der die Diskussion einer speziell pädagogischen Normenproblematik erst möglich wird, ist ein geschichtlich spätes Produkt und hat ein verändertes Ethik- und Politikverständnis zur Voraussetzung. Der Verfasser ist davon überzeugt, daß eine Einzelpraxis wie die Pädagogik erst dann zu ihrem Recht kommt, wenn die Reflexion den Zusammenhang der Pädagogik mit Ethik und Politik wahrt; denn der pädagogische Fortschritt ist abhängig vom Fortschritt in Ethik und Politik so wie umgekehrt die Humanisierung ethischen und politischen Handelns von einer Humanisierung erzieherischen Handelns begleitet sein muß. (*Schmied-Kowarzik*, 1969)

Platons Ideenlehre

Das Ereignis, das im 5. Jh. v. Chr. den Zweifel an der überlieferten Sitte auslöst, wird gemeinhin als der Anfang der Philosophie bezeichnet. Zum ersten Mal werden die Maßstäbe des Handelns zum Gegenstand bewußter Reflexion erhoben. Die griechische Aufklärung gibt auf den Zerfall der tradierten Rechtsnormen eine radikale Antwort. Die Sophisten *Thrasymachos* und *Kallikles* entwerten alles geltende Recht zur bloßen Satzung, zur Konvention *(Platon, Politeia; Gorgias)*. Da ihm ein überzeitlicher Geltungsanspruch nicht zukomme, sei das Gerechte das Recht des Stärkeren. Platon dagegen unternimmt den Versuch, durch Philosophie und Vernunft diejenigen Normen zu rechtfertigen, unter denen die Wiederherstellung und Erneuerung der gesellschaftlichen Ordnung vollzogen werden kann. Er ist der erste, der auf die sokratische Frage nach dem Wesen des Guten eine systematisch begründete Antwort gibt. Jedwedes Fragen nach den Rechtsgründen unseres Handelns, auch unser heutiges, hat den Horizont des platonischen Denkens zur Voraussetzung.

Zu Recht wird als das Kernstück der platonischen Philosophie die Ideenlehre bezeichnet. Der Zugang zur Ideenlehre wird allerdings erschwert durch die Tatsache, daß Platon im Begriff der »Idee« verschiedene Bestimmungen, nämlich erkenntnistheoretisch-logische, normative und paradigmatische, zusammengefaßt hat, Bestimmungen, die wir heute voneinander unterscheiden (vgl. *Bröcker*, 1964). Im Blick auf die Frage nach den handlungsorientierenden Normen läßt sich der sachliche Gehalt der Ideenlehre etwas vereinfachend folgendermaßen zusammenfassen: So wie wir – in erkenntnistheoretisch-logischer Hinsicht –, wenn wir etwas als »gleich« erkennen (z. B. zwei gleiche Blätter) immer den Maßstab des »Gleichen« an die Gegenstände herantragen, insofern also vorgängig etwas von dem »Gleichen« wissen, so nennen wir – in normativer Hinsicht – verschiedene Handlungen deshalb gerecht und tugendhaft, weil wir von einer allgemeinen Norm des Guten, die wir in mannigfaltigen Handlungen verwirklicht finden, immer schon wissen. Platon nennt dieses Allgemeine (das Gleiche, das Eine, das Gute, das Schöne etc.), dem im Gegensatz zur Mannigfaltigkeit der sinnlichen Erscheinungen allein »wahres Sein« zukommt, Idee. Diese Unterscheidung von Idee und Sinnenwelt bedeutet freilich im Selbstverständnis Platons keine radikale Trennung. Im Gegenteil, die Welt der Erscheinungen hat an den Ideen Anteil (Methexis) und nur aufgrund dieser Anteilnahme ist Erkennen überhaupt möglich.

Erkenntnis richtet sich somit nicht auf das stets Wandelnde und Wechselnde der Erscheinungen, sondern auf das, »was immer gleichbleibt«, auf die Ideen. Die Erkenntnis der Ideen, um die der Mensch gleichsam vorbewußt immer schon weiß, erschließt sich ihm freilich nicht von selbst. Allein durch beharrliches Philosophieren erreicht die Seele die Wiedererinnerung (Anamnesis) der Ideen, die sie, vor der Geburt des Menschen, in ihrer ewigen Wahrheit geschaut hatte. Der Seele ist darum trotz ihrer Verstrickung in die Sinnenwelt die Teilhabe (Methexis) am »wahren Sein« möglich.

Platon faßt die Vielfalt der Ideen, die sich als Antwort auf die Frage nach dem Allgemeinen ergeben, in der »Idee des Guten« zusammen. Sie ist gewissermaßen die Zentralinstanz, in der sich die Strahlen aller Ideen bündeln. Die Annahme einer transzendenten Ideenwelt ist die Platonische Antwort auf die sophistische Willkür, die aus der Leugnung einer allgemeingültigen Vernunftnorm resultiert. Platon ist überzeugt davon, mit der »Idee des Guten« eine objektive Norm und ein überzeitliches Maß allen Denkens und Handelns gefunden zu haben. Diese Idee muß gesehen haben, »wer vernünftig handeln will, sei es in eigenen oder in öffentlichen Angelegenheiten« (*Platon,* Politeia; 517). Der Vorbehalt, daß nicht jeder in der Lage ist, der Idee teilhaftig zu werden, begründet die Konzeption des Philosophenkönigs: In Platons Entwurf eines idealen, der Idee des Guten gemäßen Staates regieren die Philosophen. Der Gedanke einer Philosophenherrschaft ergibt sich zwanglos aus der Anlage der Ideenlehre. Da das Gute und das Wahre zusammenfallen, Tugend und Gerechtigkeit also ein Wissen um Tugend und Gerechtigkeit bedeuten, kann nur derjenige regieren, der im Besitz dieses Wissens ist. Von daher ist der Staat Platons Erziehungsstaat: Platons Politik ist pädagogisch. Die Erziehung der Bürger der Polis richtet sich nach dem gesellschaftlichen Ort, den sie im Gefüge der Polis, deren Gesamtheit im Blick auf die Idee des Guten entworfen ist, einnehmen sollen.

Die platonische Metaphysik hat die Vernunft, nach einem Wort *Heydorns* (1970, 14), »am Himmel aufgehängt«. Von ihm mußte sie heruntergeholt werden. Die Philosophie des *Aristoteles* hat diese Aufgaben übernommen und damit die Wegstrecke markiert, auf dem die Geschichte der Frage nach den Normen und Orientierungen des Handelns gegangen ist.

Aristoteles' Hermeneutik der Polis

Aristoteles beantwortet die Frage nach den Normen und Maßstäben des Handelns nicht mit Hilfe einer das Schattendasein der Wirklichkeit überragenden ewigwahren Ideenwelt. Er hat seine Kritik der platonischen Ideenlehre so tief angesetzt, daß mit der Auflösung der Trennung (Chorismos) von Idee und Sinnenwelt auch die Trennung von Norm und Wirklichkeit aufgegeben werden mußte. Zweifellos begründet Aristoteles, im Einklang mit *Platon*, eine Ethik der Polis, die auf das Territorium des griechischen Stadtstaates bezogen bleibt und darum nicht, wie später in der Stoa und in den universalistischen Ethiken der Neuzeit, auf die Idee der Menschheit insgesamt gerichtet ist. Aber er setzt im Unterschied zu *Platon* innerhalb und auf der Basis der geschichtlichen Polis an, auf deren entwickelten Zustand er sich angesichts des durch die sophistische Kritik angezeigten Legitimitätsverfalls zurückbeugt (vgl. *Ritter*, 1975).

Mit der Wahl des Ausgangspunktes von der wirklichen Polis ist die Unterscheidung von theoretischen und praktischen Wissenschaften (theoretischer und praktischer Philosophie) verbunden. Während die theoretischen Wissenschaften (Physik, Mathematik und Metaphysik) nach der Wahrheit des Unveränderlichen fragen, nach dem, was notwendig so und nicht anders ist, thematisieren die praktischen Wissenschaften der menschlichen Angelegenheiten, das Handeln oder die Praxis, einen Bereich, der nicht notwendig so und nicht anders, sondern veränderlich ist, also auch anders sein kann und dessen Erfahrung nicht Erkenntnis (wie bei *Platon*), sondern Handeln zum Ziel und Zweck hat (*Aristoteles,* Nikomachische Ethik, 1133 b 1).

Aristoteles hat die praktische Philosophie in drei systematisch miteinander in Zusammenhang stehende, gleichwohl differenziert behandelte Bereiche gegliedert:

– in die »Ethik«, die sich dem Handeln des einzelnen (in der Polis) widmet,
– die »Ökonomie«, die Lehre vom Haus und der Hauswirtschaft und in
– die »Politik«, die nach dem Wesen und Ziel politischen Handelns fragt (als Politik im engeren Sinne) und die die beiden Disziplinen Ethik und Ökonomie in sich vereint (als Politik im weiteren Sinne).

Sowohl ethische wie ökonomische Praxis können ihren Sinn nur aus der Perspektive der Polis und der Politik verstehen. So fehlt denn auch in der »Nikomachischen

Ethik«, die die antiken Tugenden (Gerechtigkeit, Tapferkeit, Weisheit etc.) kodifiziert, gleich zu Anfang nicht der Hinweis, daß sie ein Teil der politischen Wissenschaft sei und sich erst in ihr vollende. Die »Politik« schließlich, die mit der Lehre vom Haus beginnt, endet mit der Pädagogik, die der Frage nach den Erhaltungsbedingungen der Polis angesichts der Generationenfolge nachgeht. Sowohl Ethik (und Ökonomie) sowie die noch nicht ausdifferenzierte Pädagogik haben zu ihrer Mitte die Politik. Die Ethik des Aristoteles ist politische Ethik. Sie orientiert das Handeln (in der Polis), dessen oberster Zweck für Aristoteles das »Gut-Leben« oder die »Glückseligkeit« ist.

Mit dieser Sinnbestimmung des Handelns stellt Aristoteles zugleich die Frage, wie ein Handeln beschaffen sein muß, damit es dieses Ziel oder diesen Zweck erreicht; denn nicht jede Tätigkeit dient diesem Ziel gleichermaßen. Aristoteles führt darum eine begriffliche Unterscheidung ein, die in den letzten Jahren wieder an Bedeutung gewonnen hat: die Unterscheidung von Poiesis und Praxis, Herstellen und Handelns, eine Unterscheidung, die in jüngster Zeit, ohne mit der aristotelischen völlig deckungsgleich zu sein, in der Differenzierung von Technik und Praxis, Arbeit und Interaktion die Theorie-Praxis-Debatten in den Sozial- und Handlungswissenschaften bestimmt hat. Den unterschiedlichen Modus von Poiesis und Praxis entwickelt Aristoteles am Verhältnis von Zielen bzw. Zwecken und Mitteln. Während für das Herstellen eines Produktes charakteristisch ist, daß es sein Ziel außer sich hat und in einem Werk (ergon) seinen natürlichen Abschluß findet, gilt für das Handeln, daß wir es um seiner selbst willen tun. Im Handeln stehen Zweck und Mittel in keinem äußerlichen Verhältnis, vielmehr müssen Ziel und Zweck im Handeln gegenwärtig sein (_Aristoteles_, Metaphysik, 1048 b 20). Das Handeln findet sein Ende nicht in einem Werk (Produkt), es ist ein beständiges »am-Werke-sein« (energeia).

Gerade am Modus des Handelns, um dessen Bestimmung sich Aristoteles intensiv bemüht hat, läßt sich der politische Charakter seiner Ethik wie seiner Erziehungslehre aufzeigen. Die Kennzeichnung des Handelns als beständiges »am-Werke-sein« darf nicht so verstanden werden, als sei mit ihm ein gleichsam spielerischer Selbstzweck gemeint. Zwar sagt Aristoteles ausdrücklich, das Handeln sei »Zweck an sich«. Das »Gut-Leben«, die zweckhaft-selbstzweckhafte Praxis, wird aber nicht durch das isolierte Handeln einzelner ermöglicht, sondern nur im Gesamtzusammenhang der Polis. Die Polis ist die Gemeinschaft der freien Bürger, die in Aussprache und Beratung ihr Leben, ihre Praxis bestimmen. Politisches Handeln meint ein bestimmtes Herrschaftsverhältnis, eben das von Freien über Freie, das sich den dem des Herrn über den Sklaven, der zur politischen (Selbst-)Herrschaft unfähig ist, unterscheidet.

Von diesem politischen Herrschaftsverhältnis unterscheidet Aristoteles dasjenige über die »freigeborenen« Heranwachsenden. Das erzieherische Verhältnis der Polis gegenüber der nachfolgenden Generation, dem sich der letzte Teil der aristotelischen Politik widmet, trägt von vornherein politischen Charakter. So wie es die Aufgabe der Polis ist, über die Tugend der Bürger zu wachen, so ist es Aufgabe des Staates, die Heranwachsenden zur Tugend zu erziehen. Das entscheidende Medium, über das die Erziehung erfolgt, erblickt Aristoteles im »Ethos«, in der geltenden Sitte und Gewohnheit der Polis, demgegenüber die natürlichen Anlagen der Heranwachsenden sowie Vernunft und Unterweisung (logos) nur untergeordneten Rang einnehmen (*Lichtenstein*, 1963).

Die Bedeutung des Ethos in der praktischen Philosophie des Aristoteles ist freilich nicht nur auf das Erziehungshandeln beschränkt. Seine spezifische Funktion wird erst deutlich, wenn man sich ihres Zusammenhangs mit der Naturteleologie des Aristoteles vergewissert, den seine praktische Philosophie voraussetzt. Die ethischen Tugenden, so Aristoteles, »entstehen in uns . . . weder von Natur noch gegen die Natur. Wir sind vielmehr von Natur dazu gebildet, sie aufzunehmen, aber vollendet werden sie durch die Gewöhnung« (*Aristoteles,* Nikomachische Ethik, 1103 a 23). Der Mensch ist aufgrund seiner anthropologischen Organisation auf Ethos, auf Gewöhnung angewiesen. Dieser Hinweis wäre nun nicht weiter bemerkenswert, wenn Aristoteles das anthropologische Argument nicht mit der Beantwortung der Frage nach den Erhaltungsbedingungen der Polis koppelte. Er geht davon aus, daß Brauch und Sitte sich in den Gesetzen und Institutionen der Polis objektiviert und damit eine höhere Stufe eingenommen haben. In der Polis verwirklicht sich die Einheit von Nomos und Ethos. Vor diesem Hintergrund kann Aristoteles sagen, die Polis sei »von Natur« (*Aristoteles*, Politik, 1253 a). Die Polis hat als das Ganze Vorrang vor den Teilen (den einzelnen); sie ist genetisch Letztes und logisch Erstes. Allein in der politischen Gemeinschaft der Polis kann der Mensch (als Bürger) seine Möglichkeiten und sein Glück verwirklichen.

Mit dieser teleologischen Rekonstruktion ist freilich eine Aporie gesetzt, auf die die politische Philosophie des Aristoteles keine Antwort weiß. Diese kann, so läßt sich die Aporie formulieren, ihre handlungsorientierende Funktion nur dort entfalten, wo sie nicht nötig ist – eben in der Polis, in der die Einheit von Nomos und Ethos anerkannte Grundlage des Handelns ist. Sobald diese Anerkennung entzogen wird und die Einheit des einzelnen mit dem Allgemeinen zerbricht, wird der Hinweis auf diese Einheit überflüssig. Der analoge Einwand trifft auch die Erziehungslehre. Die Einordnung des einzelnen in das vorausgesetzte Ganze kann nur solange Selbstverständlichkeit beanspruchen, wie die behauptete Einheit auch gilt. Die Frage nach einer darüber hinausgehenden Rechtfertigung erzieherischen Handelns setzt somit den Zweifel an jener Einheit voraus. Dieser Zweifel ist im modernen Naturrecht ausgesprochen worden. Es hat das Verhältnis des einzelnen zum Allgemeinen nicht mehr unter dem Vorrang des Allgemeinen, sondern umgekehrt unter dem Vorrang des einzelnen neu zu bestimmen versucht. Aber gleichzeitig hat es die Rekonstruktion des Allgemeinen in dem begrifflichen Rahmen der überlieferten praktischen Philosophie des Aristoteles übernommen.

Zwischen Tradition und Moderne: Christian Wolff

Die politische Philosophie des *Aristoteles* hat in Deutschland, vermittelt über die christliche Interpretation im Mittelalter, längeren Einfluß ausgeübt als im übrigen Europa (vgl. *Maier*, 1963). So verlief hier die politische Philosophie noch in den von der Überlieferung bereiteten Bahnen, während in England *Hobbes* in bewußter Frontstellung zur Tradition die Sozialphilosophie »demonstrativ«, d. h. nach dem Muster der modernen Naturwissenschaften zu begründen unternahm. Gleichwohl konnte die Herausforderung durch das neue naturwissenschaftliche Weltbild und den dadurch verursachten Zusammenbruch der alten teleologischen Naturanschauung auch für das ethische und politische Denken in Deutschland nicht folgenlos bleiben. Wolff, das Oberhaupt der deutschen Aufklärungsphilosophie, hat diese Herausforderung gefühlt und ihr zu begegnen versucht, indem er auf dem Boden der alten praktischen Philosophie die axiomatisch-deduktive Methode der neuzeitlichen Naturrechts- und Sozialphilosophie zu adaptieren und fortzubilden unternahm (vgl. *Wundt*, 1964; *Joesten*, 1931). Aber gerade der Versuch einer Versöhnung des klassischen und des modernen Denkens hat letztlich zur Auflösung der Tradition geführt (*Riedel*, 1975 a: 218–236). Die ambivalente Stellung, die Wolff zwischen Tradition und Moderne einnimmt, läßt sich an seiner Behandlung des Normenproblems besonders deutlich machen.

Wolff faßt zu Beginn des 18. Jh. das alte System der praktischen Philosophie als Einheit von Ethik, Ökonomie und Politik noch einmal zusammen. Seine »Ethik« wird ergänzt durch seine »Politik«, die, ganz im Sinne der aristotelischen Überlieferung zugleich eine Lehre vom »Haus« und vom »gemeinen Wesen« (Staat bzw. bürgerliche Gesellschaft) enthält. Das »Haus« faßt die »Herrschaftliche Gesellschaft« (Gesinde etc.), »Ehestand« sowie »väterliche Gesellschaft« (Erziehung) zusammen. (vgl. *Brunner*, 1956). Die Erziehungslehre ist also auch für Wolff Teil der »Politik«. Die Rezeption der Grundstruktur der alten praktischen Philosophie kann allerdings nicht den Einfluß des modernen Naturrechts und damit die Differenz überdecken, in der Wolff zur Überlieferung steht. Denn anders als *Aristoteles* geht Wolff nicht vom Vorrang des Ganzen vor seinen Teilen, sondern umgekehrt, vom Vorrang der Teile aus, aus denen es sich zusammensetzt: Gesellschaft und gemeines Wesen entstehen durch den Vertrag der einzelnen. Die vertragstheoretische Konstruktion der Gesellschaft dokumentiert im Vergleich mit der Antike die veränderte Stellung der Ethik (und damit des einzelnen) zur Politik (und damit zum gemeinen Wesen). Im Einklang mit den naturrechtlichen Strömungen seiner Zeit bestimmt Wolff als Gegenstand der Ethik »den natürlichen Stand, oder den Stand der Freyheit«, während, »was den bürgerlichen Stand betrifft, . . . die Politik« zuständig ist. Die Berufung auf den »natürlichen Stand« als »Stand der Freyheit« bedeutet eine entscheidende Verschiebung im Vergleich zu Aristoteles. Während dessen Hermeneutik der Polis diese als »von Natur« qualifiziert, so daß jenseits der Polis kein Recht, sondern umgekehrt nur in der Polis Recht sich entwickeln kann, behauptet Wolff vor jeder Art der Vergemeinschaftung ein »im Wesen und der Natur des Menschen und der Dinge« begründetes Recht (*Wolff,* 1973: 389; 1976 a: § 161).

Die theoretische Grundlegung dieses Rechts glaubt Wolff in einer »allgemeinen praktischen Philosophie« geleistet zu haben, die er den Einzeldisziplinen Ethik, Ökonomie und Politik vorordnet und die die »Unterschiede aller menschlichen Handlungen und die Prinzipien allen Rechts und aller Verpflichtung a priori demonstriert«. Diese Abspaltung der allgemeinen Grundsätze und Prinzipien vor ihrer Auslegung in den jeweiligen Einzeldisziplinen soll die kritische Funktion seiner »allgemeinen praktischen Philosophie« gegenüber dem geschichtlichen und positiven Recht begründen. So dürfen dem Wolffschen Naturrecht zufolge weder Eltern ihren Kindern noch der Herr dem Gesinde befehlen, »was dem Gesetze der Natur zuwiderläuft«. Für jeden Menschen gilt die Selbstverpflichtung, »das zu tun, was moralisch möglich, und das nicht zu tun, was moralisch unmöglich ist« (*Wolff,* 1976 a: § 156).

Durch diese Zurückführung der Moralität auf die innere Bestimmung des Menschen entfernt sich Wolff in gleichem Maße von der Tradition wie er sich der modernen Ethik, etwa im Sinne *Kants*, nähert. Die Klammer, die diesen Bruch wieder rückgängig machen soll, stellt das ontologische Prinzip der Vollkommenheit dar. Dieses Prinzip ist die oberste Norm, vor der sich das Handeln des einzelnen rechtfertigen muß. Wolff definiert Vollkommenheit in seiner »Politik« als »Zusammenstimmung des Mannigfaltigen« im gemeinen Wesen (vgl. *Wolff,* 1975: § 226). Sie ist das Prinzip, das die Ordnung alles Seienden, der Natur wie der Menschen zusammenhält. Die Einsicht in »Wesen und Natur« alles Seienden verpflichtet den Menschen, sein Handeln am allgemeingültigen Zweck der Vollkommenheit zu orientieren. An die Verpflichtung, für die eigene Vollkommenheit Sorge zu tragen, ist korrelativ die Pflicht gebunden, die »Wohlfahrt« des gemeinen Wesens, eben die Vollkommenheit des Ganzen zu befördern, wobei er die inhaltlichen Bestimmungen des Ganzen den vorhandenen politisch-gesellschaftlichen Verhältnissen seiner Zeit entnimmt (vgl. *Wieacker,* 1952: 192).

Wolff gelangt auf diese Weise zwar nicht zu einer Versöhnung des klassischen mit dem modernen Naturrecht, wohl aber zur Versöhnung der praktischen Philosophie mit dem geschichtlichen und positiven Recht. Das übergeschichtliche Naturrecht, das er sich als Prüfstein allen bestehenden Rechts denkt, enthält in sich bereits die materiellen geschichtlichen Bestimmungen, nach deren Rechtsgründen er doch fragt. Wolffs These ist, daß erst die Einsicht in den »Zusammenhang des Mannigfaltigen« vor Schuld und Irrtum bewahrt – und genau diese Einsicht glaubt er in seinen Schriften vermitteln zu können. Allerdings setzt die Einsicht in die Vollkommenheit als Zusammenstimmung des Mannigfaltigen die Vernunft und Moralität dieser Zusammenstimmung immer schon voraus, obwohl doch jene Einsicht erst zur Moralität führen soll. Wolff folgt an dieser entscheidenden Stelle seiner Theorie der aristotelischen Prämisse vom Vorrang des Ganzen vor seinen Teilen. Gleichzeitig soll aber die geschichtliche Existenz des vernünftigen Allgemeinen (Staat, bürgerliche Gesellschaft) elementaristisch aus den vertraglich miteinander verbundenen Individuen hervorgehen. Dieser Widerspruch konnte nur solange zugedeckt werden, wie die gesellschaftlichen und politischen Verhältnisse die Applikation der überlieferten Begriffe gerade noch zuließen. Die Gesellschafts- und Kulturkritik, die Rousseau an das vorrevolutionäre Frankreich richtet, hat der These der geschichtlichen Existenz des vernünftigen Allgemeinen an Boden entzogen und damit die Voraussetzungen geschaffen, an die der deutsche Idealismus anknüpfen konnte.

Transformation der praktischen Philosophie: Rousseau und der deutsche Idealismus

Bis weit ins 18. Jh. hinein gilt die für die alteuropäische Gesellschaftsordnung typische Identität von bürgerlicher Gesellschaft und Staat (politike koinonia/ societas civilis = polis/res publica). Die bürgerliche Gesellschaft ist als bürgerliche Gesellschaft politische Gesellschaft, d. h. ein herrschaftlich gegliederter, Bürger von Nicht-Bürgern unterscheidender politischer Körper. Dieser Identität macht realgeschichtlich die Französische Revolution und theoriegeschichtlich vor allem die Philosophie *Hegels* ein Ende. Die bürgerliche Gesellschaft konstituiert sich durch ihre Emanzipation vom Staat als politikferner Raum, in dem die bürgerlichen Privatleute, als Personen durch die Prinzipien der Freiheit und der Gleichheit geschützt, ihren Eigeninteressen nachgehen (vgl. *Riedel*, 1975 b; *Conze*, 1961).

Die begrifflich-theoretische Voraussetzung für diese Entwicklung hat durch die antinomische Unterscheidung von Mensch und Bürger Rousseau geschaffen. Es gehört zu den Paradoxien einer theoriegeschichtlichen Betrachtung, daß die Wirkungsgeschichte eines Autors dessen eigentlichen Intentionen gänzlich zuwiderlaufen kann. Nichts hat Rousseau ferner gestanden als der bürgerlichen Privatisierung das Wort zu reden. Im Gegenteil: Den eigentlichen Adressaten seiner Gesellschafts- und Kulturkritik bildet die moderne, sich erst entwickelnde bürgerliche Gesellschaft mit ihrem Individualismus und Egoismus der einzelnen, also gerade nicht jene feudal gewordene ältere Herrschaftsordnung, zu deren Überwindung er doch beitrug. Aber indem er die im Schoße der älteren Gesellschaftsordnung sich entwickelnde bürgerliche Gesellschaft angreift, hat er die theoretischen Fundamente der alten, Staat und Gesellschaft umfassenden Ordnung zerstören helfen. Man muß die eigentümliche Stellung Rousseaus sehen, um die gänzlich neue Aufnahme des Normenproblems durch in zu verstehen und die im Vergleich mit der bisherigen Geschichte der praktischen Philosophie eine Transformation, eine Überwindung und Weiterentwicklung bedeutet. Rousseaus Interesse gilt weder der ontologischen Begründung eines existierenden Allgemeinen noch der naturrechtlichen Begründung der Gesellschaft aus den Pflichten (*Wolff*) oder den Naturzwängen (*Hobbes*) der sich vergesellschaftenden Individuen. Das Zentrum der Philosophie Rousseaus ist das Problem der Freiheit und die beiden normativen Kriterien, unter denen er dieses Problem entfaltet hat, heißen Natur und Polis (*Schauss*, 1977: 264 ff.).

Rousseau versteht unter dem Naturzustand jenes idealisierte »goldene Zeitalter«, in dem der Mensch, im vorgesellschaftlichen Raum und daher unabhängig von jeder Moral und jedem Recht, nur sich selbst, seinem Selbsterhaltungsbedürfnis, gehört und daher ein »Ganzes« ist. Demgegenüber stellt die Polis eine Vergemeinschaftungsform dar, in der der Mensch seine natürliche »absolute Existenz« zugunsten einer tugendhaften »relativen Existenz«, die ihn als Glied und Teil eines Ganzen bestimmt, aufgegeben hat. Beides, Natur und Polis, sind die normativen Bezugspunkte, vor denen er seine Kritik der bestehenden Gesellschaft entfaltet und nach Orientierungen für eine neue Praxis fragt. Die bürgerliche Gesellschaft ist ihm zufolge dadurch charakterisiert, daß die Menschen in ihr »unmöglich zusammenleben können, ohne sich zu übervorteilen« (vgl. *Fetscher*, 1975: 22). Die bürgerliche Gesellschaft steht in einem falschen Verhältnis zum Staat, so daß der einzelne weder Mensch im Sinne des Naturzustandes noch Bürger (citoyen) im Sinne der antiken Polis sein kann, sondern »bourgeois« ist. Die egoistische Verfolgung der Einzelinteressen, die durch die Ausweitung von Marktbeziehungen notwendig wurde, ist sowohl im Naturzustand wie in der Polis unbekannt: im Naturzustand, weil der Mensch völlig unabhängig von anderen lebt, in der Polis, weil der einzelne unselbständiges Teil des Ganzen ist.

Es ist das Anliegen Rousseaus, den in der Gesellschaft seiner Zeit unvereinbaren Gegensatz von Mensch und Bürger (citoyen) zu überwinden (*Cassirer,* 1975). Die Möglichkeit dieser Überwindung hat Rousseau in zwei Abhandlungen erkundet: Im Erziehungsroman »Emile«, der nach den orientierenden Normen einer vernünftigen Erziehungspraxis fragt, und im »Contrat social«, der die Grundbegriffe und -prinzipien einer vernünftigen politischen Praxis untersucht. Das Grundproblem, um dessen Lösung es ihm im »Contrat social« geht, hat Rousseau dahingehend formuliert, daß es darauf ankomme, eine Gesellschaftsform zu finden, »in der jeder einzelne, mit allen verbündet, nur sich selbst gehorcht und so frei bleibt wie zuvor« (*Rousseau,* 1977: 73). Der Übergang von Naturzustand zum gerechten gesellschaftlichen Zustand darf also nicht mit einem Verzicht auf Freiheit verbunden sein. Ein solcher Verzicht wäre »mit der menschlichen Natur unvereinbar«. Aus der Vereinigung der Bürger, in der jeder einzelne seine Rechte vollständig veräußert, entsteht die Republik, deren Geschicke von dem einen gesetzgebenden Willen (der volonté générale im Gegensatz zur volonté particulière) gelenkt werden. Die Veräußerung aller Rechte ist somit für Rousseau kein Verzicht auf Freiheit, sondern ihre Ermöglichung im Gesellschaftszustand, so daß, wer der volonté générale gehorcht, stets »nur sich selbst gehorcht«.

Da der erwachsene Mensch auf seine eigene Freiheit nicht verzichten darf, muß ihm auch die Freiheit des Kindes unantastbar sein. Die Freiheit des Kindes gehört nicht ihm, sondern allein dem Kind selbst. Wie Rousseaus politische Theorie so steht auch seine Erziehungstheorie unter dem Prärogativ der Freiheit. Da die bürgerliche Gesellschaft weder Menschen noch Bürger kennt, ist innerhalb dieser Gesellschaft eine Erziehung zur Freiheit nicht möglich. Rousseau zieht deshalb mit seinem imaginären Zögling Emile aufs Land. Wenn Rousseau zu Beginn des Romans vom »natürlichen Menschen« spricht, so will er damit nicht den Gegensatz zum gesellschaftlichen Menschen im Sinne des »Contrat social« betonen – am Ende des Romans lernt Emile, und zwar weil er es selbst für richtig hält, »die beste (Regierung; F. B.) zu finden«. Die natürliche Erziehung, deren Prinzipien er in seinem Roman begründet, ist Erziehung zu Freiheit. Erziehung zu Freiheit kann aber nie durch Normierung und Bestimmung des Heranwachsenden erreicht werden, sondern nur »negativ«, indirekt, durch Ausrichtung an der Selbst- und Welterfahrung des Heranwachsenden, erfolgen. Nicht die normative Bestimmung des Urteils, sondern allein die Befähigung zum eigenen Urteil kann dann Aufgabe erzieherischen Handelns sein: »Um einen jungen Menschen urteilsfähig zu machen, muß man sein Urteil bilden, statt ihm unseres aufzudrängen (*Rousseau*, 1975: 183).«

Ob Rousseaus Versuch, die Antinomie von Mensch und Bürger handlungsorientierend aufzulösen, gelungen ist, darf man wohl in Frage stellen (vgl. *Benner*, 1978²: 43 f.). Aber mit Rousseau erreicht die praktische Philosophie eine neue Stufe der Reflexion. Im Gegensatz zur älteren Lehre hat neben der Politik nun die Pädagogik einen gleichberechtigten Anteil am humanen Fortschritt der Menschheit. Voraussetzung für diese Ausdifferenzierung der pädagogischen Fragestellung war der Zusammenbruch der alteuropäischen Gesellschaftsordnung und ihrer Lehre, die die Sinnbestimmungen der Politik denen der Pädagogik vorordnete. Der Idee der Freiheit, die in Rousseaus Beschwörung der Natur hervorbricht, hat die ältere praktische Philosophie nicht standhalten können. Die im Umkreis des deutschen Idealismus ausgebildeten Systeme stellen eine Antwort auf die u. a. durch Rousseau veränderte theoretische Problemlage dar.

Kant

Kant sagt einmal, es sei »das letzte Ziel der sittlichen Bestimmung der Menschengattung«, daß »vollkommene Kunst wieder Natur wird« (*Kant*, 1975, VI: 95). Der Begriff der Kunst ist hier im Sinne von Kultur, als Können und Tun des Menschen gebraucht. Die zivilisatorische Selbstschöpfung der Gattung soll in ihrer vollkommenen Ausgestaltung »wieder Natur« werden, d. h. dem Menschen als freiem und moralischem Wesen angemessen sein. Die Systematik der Argumentation wie der Kontext, in dem das angeführte Zitat steht, verweisen unzweideutig auf Rousseau. Weniger unzweideutig ist zunächst der Begriff der Natur, den Kant hier im Anschluß an Rousseau gebraucht, während er sich sonst den Naturbegriff von der neuzeitlichen Naturwissenschaft vorgeben läßt und demzufolge er »Natur« als das »Dasein der Dinge, sofern es nach allgemeinen Gesetzen bestimmt ist«, bezeichnet (Kant, 1975, III: 159).

Kant unterscheidet zwischen der »sinnlichen« und der »übersinnlichen Natur«. Alle Erscheinungen der sinnlichen Natur stehen unter Gesetzen, deren Möglichkeitsbedingung die theoretische Philosophie untersucht. Die übersinnliche oder »intelligible« Natur, und in diesem Sinn hat Kant an der eingangs zitierten Stelle von »Natur« gesprochen, ist nach der Lehre der theoretischen Philosophie nicht erkennbar und steht daher auch nicht unter Gesetzen der Natur, sondern unter Gesetzen der Freiheit. Eine intelligible Natur muß angenommen werden können, damit der Mensch sich als praktisches, d. h. als frei handelndes Wesen denken kann. Der Mensch gehört sowohl der sinnlichen wie der übersinnlichen Welt an. Als Erscheinung steht der handelnde Mensch unter den Gesetzen der Natur, ohne die er nicht Gegenstand der Erfahrung sein könnte; insofern ist sein (sinnlich wahrnehmbares) Handeln grundsätzlich »bedingt«. Aber gleichzeitig steht er als intelligibles Wesen jenseits des Gesetzesmechanismus der Natur; insofern besteht die Möglichkeit einer »unbedingten«, d. h. freien Handlung. Mit der Möglichkeit der freien Handlung unabweisbar verbunden ist die Frage nach der moralischen Willensbestimmung des Handelns. Freiheit ist für Kant kein ontisches Prädikat des Menschen, sondern eine praktische Aufgabe: Der Mensch soll in der sinnlichen Natur die intelligible vergegenwärtigen und hervorbringen (vgl. *Kaulbach*, 1977). Angesichts der Möglichkeit eines vernünftigen und freien Willens hat die praktische Philosophie die Aufgabe, »das Gesetz zu finden, welches ihn (den Willen; F. B.) zu bestimmen tauglich ist«. Dieses Gesetz ist der Kategorische Imperativ: »Handle so, daß die Maxime deines Handelns jederzeit zugleich als allgemeines Gesetz gelten könne (*Kant,* 1975, IV: 138, 140).«

Die Frage nach den vernünftigen Beweggründen des Handelns beantwortet Kant nicht mit einem Rousseauischen Rückgriff auf eine vorgesellschaftliche Naturidylle. Die übersinnliche Natur, deren Grundgesetz der Kategorische Imperativ ausspricht, begreift er »als eine Natur unter der Autonomie der reinen praktischen Vernunft«. Aber wie *Rousseau* für Pädagogik und Politik, so verzichtet auch die Ethik oder praktische Philosophie Kants auf eine inhaltlich-materiale Bestimmung des Willens und des Handelns. Eine solche Bestimmung läge vor, wenn dem Menschen konkrete Handlungsnormen und -zwecke auferlegt wären, die ihn verpflichteten. Eine solche »Materie« des Willens kann aber Kant zufolge zur »empirisch« und damit »bedingt« gegeben werden. Die Frage nach der Moralität von Normen und Zwecken ist für Kant keine solche, die unter Hinweis auf die Existenz eines gegebenen Allgemeinen, einer vorhandenen Sitte, beantwortet werden könnte. Sie ist der sittlichen Begründungsleistung des einzelnen überlassen, der sich seines Verstandes »ohne Leitung eines anderen« bedient. Diese Differenz zwischen dem »reinen Willen«, der moralischen Selbstbestimmung des einzelnen, und dem empirischen Willen, der sich an Vorgegebenem orientiert, ist konstitutiv für den nicht-normativen Charakter der gleichwohl normativen, weil letztbegründenden Ethik Kants. Auch in seiner Pädagogik läßt sich, bei allem, was gegen sie gesagt werden kann und muß, diese Differenz nachweisen. Er deutet sie an in der Forderung, daß »Kinder denken lernen« sollen, um »aus eigenen Maximen« und nicht bloß der überlieferten Sitte und Tradition gemäß zu handeln (*Kant,* 1975, VI: 707).

Kant reduziert den Anspruch praktischer Philosophie auf eine Orientierung des individuellen Willens mit der unvermeidlichen Konsequenz, daß die ehemals zum Corpus der praktischen Philosophie gehörenden Disziplinen wie Politik und Ökonomie von ihm ausgeschlossen werden und den Charakter technisch-pragmatischer Klugheitslehren annehmen. Der Zerfall des normativen Allgemeinen, der die Abkehr der Moderne von der klassischen Tradition markiert, erlaubt es nicht mehr, das Handeln im Sinne der politischen Gesamtpraxis zu thematisieren. *Wolff* war der letzte gewesen, der diese Einheit theoretisch wiederherzustellen versucht hatte. Aber gerade an der »Propädeutik des berühmten Wolff« war Kant bewußt geworden, daß sich die praktische Philosophie nicht der »Vermengungen« empirischer mit rationalen Argumenten schuldig machen durfte. Mit Kant (und *Rousseau*) sind die Fundamente der alten praktischen Philosophie erschüttert. Aber die Freisetzung der Subjektivität auf die Ebene der Moralität allein genügt nicht. *Hegel* hat das gesehen und die bei Kant aufgelöste umfassende Dimension menschlichen

Handelns im Rückgang auf die antike Polissittlichkeit zu rehabilitieren versucht – freilich auf Kosten jener Differenz, die Kant der Preisgabe eines sittlichen Systems gerade abgerungen hatte.

Hegel

Die Reduktion der Sittlichkeit auf die Moralität des reinen Willens ist der Preis, den die handlungsorientierende Ethik Kants bezahlen muß, will sie dem Vorwurf des legitimatorischen Zirkels, den sie gegen *Wolff* erhebt, entgehen. Dieser Preis ist Hegel zu hoch. Nachdem er in seinen theologischen Jugendschriften selbst noch kantisch-rousseauisch argumentiert hatte, erkennt Hegel mit dem Erscheinen von *Kants* »Metaphysik der Sitten« die unzureichenden bzw. fehlenden politischen Implikationen der Kantischen Ethik. Dieser Mangel hat zur Folge, daß *Kant* in seiner Rechtsphilosophie das »Rechthandeln« nur auf die »äußeren Handlungen« beschränken muß, so daß Legalität und Moralität, Politik und Moral, schroff einander gegenüberstehen. Hegels Versuch einer Überwindung dieses Gegensatzes veranlaßt ihn zu einer Kritik der praktischen Philosophie *Kants*, die im Kern auch diejenige *Rousseaus* trifft (vgl. *Hegel,* 1970, 2: 434 ff.). Beide machen für Hegel letztlich den Fehler, daß sie das Allgemeine vom einzelnen her denken, *Rousseau* vom natürlichen Menschen, *Kant* vom sich sittlich selbstbestimmenden Individuum. Die Freisetzung und Überhöhung der Subjektivität gegenüber der Objektivität des Allgemeinen ist der Grund dafür, daß die praktische Philosophie *Kants* wie *Rousseaus* »es vergebens zu einer positiven Organisation zu bringen« versuchen. Hegel anerkennt, daß *Rousseau* die Freiheit als »Begriff des Menschen« hervorgehoben hat. Allerdings habe er gleichzeitig den »allgemeinen Willen« nach dem vertragsmäßigen Zusammenschluß der Individuen aufgefaßt – und damit der Willkür und dem Zufall anheimgestellt. Ebenso bringe auch der Kategorische Imperativ *Kants* nichts außer Tautologien hervor.

Hegel hat den Standpunkt, den Rousseau und Kant einnehmen, als den Standpunkt der Moralität in seine Rechtsphilosophie eingearbeitet. Er allein reicht aber nicht aus und bleibt ein »vollkommen Kraftloses«, wenn der (moralische) Wille nicht die vorgegebenen Inhaltlichkeiten und Objektivationen in sich aufnimmt, die Hegel in der Rechtsphilosophie in der Gestalt der Familie, der bürgerlichen Gesellschaft und des Staates als »Sittlichkeit« und höheren Standpunkt der Moralität entwickelt. Hegel geht von der geschichtlich realisierten Trennung von bürgerlicher Gesellschaft und Staat aus. Die Freiheit des einzelnen objektiviert sich in der bürgerlichen Gesellschaft darin, daß er als Privatperson sein »eigenes Interesse zum Zweck hat«, eben »bourgeois« ist. Der »bourgeois«, den *Rousseau* in der Auflösung des Gegensatzes von Mensch und Bürger (citoyen) abschaffen wollte, erlebt in Hegels Philosophie seine Rehabilitierung. Für Hegel haben *Rousseau* und *Kant* zwar die richtigen Fragen gestellt, aber die falschen Antworten gegeben. Hegel glaubt in der Existenz des modernen »bourgeois« die Voraussetzung für die Freiheit des einzelnen erkannt zu haben. Die zweckrationale Verfolgung der Einzelinteressen sichert allerdings noch keine »Vereinigung«. Diese wird erst durch den Staat erreicht, in dem die subjektive Freiheit des einzelnen objektiv und wahr wird: »Der Staat ist die Wirklichkeit der sittlichen Idee.« Erst im Staat werden die besonderen Interessen der einzelnen zu einem Allgemeinen vereinigt, so daß Hegel es als »höchste Pflicht« der einzelnen ansieht, »Mitglieder des Staates zu sein« (*Hegel*, 1970, 7: § 258).

In der substantiellen Bestimmung des Staates als »Wirklichkeit der sittlichen Idee« spiegelt sich das Vorbild der antiken Polissittlichkeit wider, die Hegel als normative Folie für die Rekonstruktion des modernen Staates benutzt (vgl. *Riedel*, 1969; *Löwith*, 1969). Im Einklang mit der aristotelischen Philosophie bestimmt er den Staat als das »Erste«. Diesen logischen Vorrang des Allgemeinen dokumentiert auch Hegels Pädagogik. In der 4. Gymnasialrede fragt er nach dem Verhältnis von Schule und Erziehung »zur sittlichen Bildung des Menschen überhaupt« (*Hegel*, 1970, 4: 345 f.). Er unterscheidet zwei Medien, die besonderen Anteil an der sittlichen Bildung haben. Zum einen ist es die »formelle« oder die »wissenschaftliche Bildung«, die den Geist von sich selbst trennt und ihn dadurch von der Herrschaft des Gefühls und des Triebes befreit. Zum anderen betont Hegel, daß die Grundsätze und Handlungsweisen des Menschen weniger durch »bewußte Reflexion«, etwa infolge von Belehrung und Unterweisung, an den Geist herangetragen werden, sondern der Mensch seine Orientierungen und Handlungsnormen dadurch gewinnt, daß »die Grundsätze mehr als Sitte an ihn kommen und Gewohnheit werden«. Zwischen der sozialisierenden Wirkung der Sitte und dem Geist der formalen Bildung besteht aber nicht nur kein Gegensatz. Die Sitte ist nicht konventionalistisch zu deuten, sie ist vielmehr der Geist selbst. Wie für *Aristoteles* die Möglichkeit des Menschen, die Entfaltung von Geist und Vernunft, nur in der geltenden Sitte der Polis Wirklichkeit werden kann, so kommt für Hegel das heranwachsende Individuum erst dadurch zu seinem Recht, daß es »Bürger eines Staates von guten Gesetzen ist«. Die Sitte, die den Geist gebiert und der Geist, der sich zur Sitte emporentwickelt, sind dann auch die Grenzbestimmungen, an die sich die Pädagogik in Theorie und Praxis gebunden wissen muß: »Die Pädagogik ist die Kunst, die Menschen sittlich zu machen: sie betrachtet den Menschen als natürlich und zeigt den Weg, ihn wiederzugebären, seine erste Natur zu einer zweiten geistigen umzuwandeln, so daß dieses Geistige in ihm zur Gewohnheit wird (*Hegel*, 1970, 7: § 1517).«

Rousseau und *Kant* hatten angesichts einer nicht existierenden Sittlichkeit die Frage nach den Maßstäben humanen Fortschritts gestellt und Handlungsorientierungen zu begründen versucht, die die Verantwortlichkeit des Handelnden respektieren und ernst nehmen. Hegel stellt diese handlungstheoretische Auffassung des Normenproblems wieder auf den Kopf, indem er die geltende Sitte im Staat zu einer Norm erhebt, die nicht weiter hintergangen werden kann. Hegel kennt nur affirmative Freiheit. Sowenig man sich seiner Kritik an Rousseau und Kant entziehen kann, sowenig ist es andrerseits möglich, seiner »Auflösung« des Normenproblems zuzustimmen und der bei Rousseau und Kant schon überwundenen Unterordnung der Pädagogik unter die Politik zu folgen. Weder der Ausstieg aus der vorhandenen Gesellschaft, wie ihn *Rousseaus* »Emile« nahelegt, noch

Hegels Affirmation des Staates scheinen für die Pädagogik eine sinnvolle Grundlage zu liefern. *Friedrich Schleiermacher* hat vor diesem Hintergrund für die Pädagogik den Versuch einer Lösung unternommen, die beide Extreme vermeidet.

Schleiermacher

In den pädagogischen Vorlesungen aus dem Jahre 1826 sagt Schleiermacher: »Beide Theorien, die Pädagogik und die Politik, greifen auf das vollständigste ineinander ein; beide sind ethische Wissenschaften und bedürfen einer gleichen Behandlung. Die Politik wird ihr Ziel nicht erreichen, wenn nicht die Pädagogik ein integrierender Bestandteil derselben ist, oder als ebenso ausgebildete Wissenschaft neben ihr besteht . . . Die Pädagogik ist eine rein mit der Ethik zusammenhängende, aus ihr abgeleitete angewandte Wissenschaft, der Politik koordiniert (*Schleiermacher*, 1966[2], 1: 12).«

Schleiermacher betont die Gleichrangigkeit von Politik und Pädagogik. Beides sind »Künste« (technai), deren Theorien zwei Praktiken betreffen, welche gleichermaßen zum humanen Fortschritt der menschlichen Gattung beitragen sollen. Die Differenz zu *Rousseau, Kant* und *Hegel* wird deutlich an der Stellung der Ethik, die Schleiermacher als »Grundwissenschaft« von Politik und Pädagogik begreift. In der Beziehung der Ethik zu Politik und Pädagogik liegt der Schlüssel zum Verständnis der praktischen Philosophie Schleiermachers.

Ethik oder Sittenlehre ist für ihn »spekulatives Wissen um die Gesamtwirksamkeit der Vernunft auf die Natur«. Die Einwirkung der Vernunft auf die Natur objektiviert sich in Sitten, Erziehungsregeln, Religion, Staatsverfassung etc. Er bezeichnet diese (geistigen) Objektivationen als »Güter«, die in ihren wandelbaren geschichtlichen Ausgestaltungen (als »Dasein der Vernunft«) den Inhalt der (theoretischen) Sittenlehre bilden. Die Ethik kann somit für Schleiermacher keine reine Sollensethik wie bei *Kant* sein. Das sittliche Handeln wie die ethische Reflexion vollziehen sich in der geschichtlichen Zeit und dokumentieren damit ihre Veränderlichkeit. Mit der Absage an eine reine Sollensethik verbindet sich aber nicht die Hegelsche Konsequenz einer Identität von Vernunft und Wirklichkeit im Staat. Da weder das reine Sollen dem Sein gegenübersteht noch Sein und Sollen letztlich identisch sind, ist alles »ethische Wissen ein Ausdruck des immer schon angefangenen aber nie vollendeten Naturwerdens der Vernunft«. Den nie erreichbaren, gleichwohl aber »immer schon angefangenen« Zustand der »gesamten Einheit von Vernunft und Natur« nennt er »das höchste Gut«. In ihm sind alle Güter, d. h. Sitte, Politik, Erziehung etc. vollständig integriert und ohne Widerspruch durchdrungen (*Schleiermacher*, 1835, III/5; 1838, III/2; 397 ff., 446 ff.).

Vor dem Maßstab des höchsten Gutes beweisen Schleiermacher zufolgen die gesellschaftlichen Verhältnisse zu Beginn des 19. Jh. ihre »Unvollkommenheit«. Da aber die Vernunft immer schon vorausgesetzt werden muß, ohne aber im Sinne der höchsten Vereinigung schon wirklich zu sein, »so ist alles, was von jenem ersten aus zu diesem letzten hinzieht, das Werden des höchsten Gutes«. Alles Handeln steht darum unter der allgemeinen »sittlichen Aufgabe«, an diesem Werden produktiv teilzunehmen und den Progreß seiner sittlichen Vervollkommnung voranzutreiben.

Schleiermachers These von der angefangenen, aber noch nicht realisierten höchsten Sittlichkeit ist der Hintergrund, vor dem die eingangs erwähnte Beziehung der Pädagogik zur Ethik verstanden werden muß. Denn aus der These von der Unvollkommenheit der sittlichen und gesellschaftlichen Zustände folgt zwanglos, warum die Pädagogik weder angewandte Ethik im Sinne einer einfachen Übertragung ethischen Wissens auf die Pädagogik noch angewandte Politik im Sinne einer Unterordnung der Pädagogik unter die Politik aufgefaßt werden kann. Angewandte Ethik kann sie nicht sein, weil ein »von allen anerkanntes ethisches System« nicht existiert. Da jedwede Ethik aber auf die geschichtlich vorhandene Sitte verwiesen ist, die Nicht-Existenz einer anerkannten Ethik ein Indikator für eine defizitäre sittliche Praxis, eben für die Unvollkommenheit der vorhandenen Zustände. Zugleich entfällt damit die Möglichkeit einer Unterordnung der Pädagogik unter die Politik; denn diese setzt die Existenz anerkannter politischer Verhältnisse voraus. In dieser Situation haben Pädagogik und Politik einen gleichberechtigten Anteil an der durch Handeln noch zu verwirklichenden Vernunft. So wie aber die ethische Reflexion auf die geschichtliche Sitte verwiesen ist, aus der sie hervorgeht, so muß auch die Pädagogik als Theorie von der geschichtlich gewordenen Erziehungspraxis ihren Ausgangspunkt nehmen. Dies meint Schleiermachers vielzitierter Satz: »Die Dignität der Praxis ist unabhängig von der Theorie; die Praxis wird nur mit der Theorie eine bewußtere« (*Schleiermacher*, 1966[2], 1: 11).

Vor diesem Hintergrund ergibt sich Schleiermachers Lösung des pädagogischen Normenproblems, die Elemente der Theorien *Rousseaus* und *Kants* aufnimmt. Die Erziehung der heranwachsenden Generation kann weder durch die jeweils gegebenen gesellschaftlichen Verhältnisse noch durch einen in der Theorie ideal entworfenen Zustand normiert und bestimmt werden. Jenes nicht, weil dadurch die Unvollkommenheiten »verewigt und dadurch keine Verbesserung herbeigeführt« würde, dieses nicht, weil dadurch die Jugend ins »Revolutionäre« getrieben würde. Erst ein erzieherisches Selbstverständnis, dessen Handeln beides, das »Erhalten« und das »Verbessern« der gesellschaftlichen Zustände dialektisch miteinander verschränkte, kann ein verantwortliches Handeln an der heranwachsenden Generation begründen: »Die Erziehung soll so eingerichtet werden, daß beides in möglichster Zusammenstimmung sei, daß die Jugend tüchtig werde einzutreten in das, was sie vorfindet, aber auch tüchtig, in die sich darbietenden Verbesserungen mit Kraft einzugehen« (*Schleiermacher,* 1966[2], 1: 31).

Schleiermachers Ethik und damit zugleich Pädagogik und Politik sind von einem optimistischen Fortschrittsdenken getragen, das geschichtsphilosophisch begründet ist (vgl. *Sünkel*, 1963; *Benner*, 1978[2]). Das »Werden des höchsten Gutes« ist die konstitutive Voraussetzung, unter der alle geschichtliche Erfahrung und alles ethische Wissen steht. Nur so erhält die These von der »Dignität der Praxis« ihren handlungsorientierenden Sinn. Mit Schleiermacher erreicht in der klassischen deutschen Philosophie die Frage nach den Normen erzieherischen Handelns einen ihrer Höhepunkte. Eine neue Situation entsteht, als im 19. Jh. die Erfahrungswissenschaften beginnen, sich des gegenständlichen Bereichs zu bemächtigen, den vormals die praktische Philosophie innehatte. Damit ist kein Ende der Normenproblematik eingeleitet. Wohl aber verschiebt sich der Ort der Normendiskussion von der Philosophie auf die Theorie der Wissenschaften. Der inzwischen verebbte »Positivismusstreit« zu Beginn der 60er Jahre dieses Jahrhunderts ist nur ein später Ausläufer von Kontroversen, die ihren Ursprung in der zweiten Hälfte des 19. Jh. haben. An _Diltheys_ Hermeneutik als Theorie der Geisteswissenschaften läßt sich der Versuch aufzeigen, den modernen Erfahrungswissenschaften einen »praktischen« Gehalt, einen handlungsorientierenden Sinn abzugewinnen.

Hermeneutik als praktische Philosophie: Dilthey und Flitner

Diltheys Bemühungen um eine theoretische Grundlegung der Geisteswissenschaften reflektieren in der sozialen und geschichtlichen Situation des letzten Drittels des 19. Jh. die veränderte Wissenschaftslage. Nach dem Zerfall der Philosophie als Metaphysik haben sich zahlreiche Einzelwissenschaften von der Philosophie gelöst und als Geisteswissenschaften Selbständigkeit gewonnen. Als Berufswissenschaften (z. B. für Verwaltung, Ökonomie, Bildungswesen) greifen sie in den gesellschaftlichen Prozeß ein so wie sie umgekehrt ihre Aufgaben aus den an sie herangetragenen gesellschaftlichen Anforderungen und Bedürfnissen erfahren. Sie haben unter den Bedingungen der modernen arbeitsteiligen Gesellschaft das Erbe der alten praktischen Philosophie angetreten, indem sie als Praxis die »umfassende Wirklichkeit der menschlichen Gesellschaft« zum Gegenstand haben, eine Wirklichkeit, die Dilthey auch »Leben« nennt (_Dilthey,_ 1959, I: 3 ff.).

Nun hat aber gerade die Loslösung der Geisteswissenschaften von der Philosophie, ihre Befreiung vom »metaphysischen Dogma«, das Normenproblem nicht gelöst, sondern noch verschärft. Denn die Befreiung wurde ermöglicht durch die historische Erfahrung von der Geschichtlichkeit allen Denkens und damit aller Versuche, das Handeln vor dem Maßstab einer übergeschichtlichen Norm zu begründen. Zwar hatten bereits _Hegel_ und _Schleiermacher_ um die geschichtliche Vermittlung handlungsorientierender Normen gewußt, aber sie hatten die Geschichte von einem nur metaphysisch zu rechtfertigenden Ziel her verstanden – _Hegel_ von einem verwirklichten, _Schleiermacher_ von einem zu verwirklichenden. Wenn aber die sich historisch verstehenden Geisteswissenschaften »bewußt mitgestaltendes Organ« des gesellschaftlichen Lebens sein wollten, dann konnte ihnen die Frage nach den Zwecken und Normen des Handelns nicht gleichgültig sein.

Dies ist die geschichtliche und theoriegeschichtliche Situation, vor der Dilthey auf die allgemeine Auslegungs- und Verstehenslehre (Hermeneutik) zurückgreift und sie als Theorie der geisteswissenschaftlichen Erfahrung zu begründen sucht (_Dilthey,_ 1973, VII). »Verstehen« vollzieht sich im »Rückgang auf ein geistiges Gebilde von einer ihm eigenen Struktur und Gesetzmäßigkeit«. Das Subjekt des Verstehens ist freilich nicht »unbedingt«; nur durch die Transposition der erlebten Gegenwart in »jede Art von Ausdruck eigenen und fremden Lebens« kann es zum Verständnis seiner selbst und anderer gelangen. Die eigenen Erlebnisse sind somit nicht das trübende Element, welche die Erfahrung des Neuen verhindern, sondern machen im Gegenteil Verstehen erst möglich. Dieser Vorgang des ist auch dem alltäglichen Verstehen zu eigen; die Geisteswissenschaften bilden es nur methodisch aus. In diesem Wechselspiel von Erlebnis, Ausdruck und Verstehen erhellt sich die geschichtliche Welt ebenso wie das verstehende Subjekt sich über sich selbst und seine Geschichtlichkeit aufklärt. »Der Mensch erkennt sich nur in der Geschichte . . .« (*Dilthey*, 1973, VII: 179). Diese dem alltäglichen wie dem wissenschaftlichen Verstehen eigentümliche Zirkelstruktur gibt aber offenkundig keine befriedigende Antwort auf die auch von Dilthey gestellte Frage nach den Maßstäben des Handelns. Denn der Rückverweis auf die geschichtliche Entstehung und Entwicklung von Handlungsorientierungen vermag zwar zur Aufklärung über die normative Struktur einer Gegenwart beitragen – eine Rechtfertigung zukünftigen Handelns ist damit noch nicht gegeben. Dilthey hat diesen Widerspruch zweifellos gefühlt, ihn aber nur dann für auflösbar gehalten, »wenn es unbedingte Normen, Zwecke oder Werte gäbe«. Da ein solcher Weg unweigerlich den Rückfall in die überwunden geglaubte Metaphysik zur Folge hätte, bleibt der hermeneutischen Sinnfindung nur noch die Aufforderung an den Menschen, »mit Bewußtsein ein Bedingtes« zu sein (*Dilthey*, 1957, V: 364).

Einer der führenden Vertreter der im Kontext der Hermeneutik Diltheys begründeten geisteswissenschaftlichen Pädagogik, *Wilhelm Flitner*, hat das normative Defizit der Hermeneutik gesehen und für die Pädagogik zu überwinden versucht, indem er zwischen einer historischen und einer engagierten Hermeneutik (*Flitner*, 1966[4]) unterscheidet. Als historische Hermeneutik klärt die Pädagogik die Geschichte des »pädagogischen Raumes« auf und bemüht sich um einer Strukturanalyse des jeweiligen Erziehungssystems und seiner Bildungsideale. So unersetzlich diese Arbeit ist, so hält Flitner sie doch für eine »vordergründige Aufgabe« der Pädagogik. Die Klärung der »Sinn- und Gültigkeitsfragen des ›normativen Geistes‹«, wie er eine Gegenwart auszeichnet, ist damit noch nicht schon geleistet. Mit der Analyse dessen, was ist, ist Flitner zufolge nicht zugleich die Frage nach den pädagogischen Handlungsorientierungen beantwortet. Über deren Neubestimmung einen vernünftigen Konsens herbeizuführen, hält Flitner für die »vornehmste Aufgabe der wissenschaftlichen Pädagogik« (*Flitner*, 1966[4]: 24).

Mit der Unterscheidung zwischen historischer und engagierter Hermeneutik hat Flitner den handlungsorientierenden Gehalt der idealistischen Pädagogik, insbesondere derjenigen *Schleiermachers*, auf dem Boden der Hermeneutik Diltheys zu wahren gesucht. Erziehung ist eine nicht-normative Praxis in gleichwohl immer normativen Situationen. Der erzieherische Versuch, zu Mündigkeit und verantwortlicher Selbstbestimmung zu befähigen, findet unter Bedingungen statt, die durch die geschichtliche Gegenwart vorgegeben sind. Allerdings birgt die Synthese der Theorien Diltheys und *Schleiermachers* neue Probleme, nicht wegen ihrer Unvereinbarkeit, sondern wegen ihrer Nähe. In der Tat läßt sich in gewisser Weise *Schleiermachers* Diktum von der »Dignität der Praxis« mit der geisteswissenschaftlichen Hermeneutik vereinen. Damit wiederholt sich aber beider Schwäche. Der

Konstruktivismus hat das gesehen und im Anschluß an *Kant* eine prinzipientheoretische Lösung des Normenproblems gesucht.

Konstruktivismus als methodische Ethik: Lorenzen und Schwemmer

Unter Konstruktivismus wird ein wissenschaftstheoretischer Ansatz verstanden, der Grundlagenprobleme der exakten Wissenschaften, vor allem von Logik und Mathematik, durch methodische, d. h. schrittweise und zirkelfreie argumentative Vorgehensweise zu lösen versucht. Dieses wissenschaftstheoretische Grundmuster haben in Deutschland Paul Lorenzen und Oswald Schwemmer auf die praktische Philosophie angewandt und damit die Fundamente einer konstruktiven Ethik entwickelt, die sie als lehrbare »Methode zur Rechtfertigung von Normen« auffassen (*Schwemmer*, 1971: 21). Sie bestimmt keine konkreten Handlungsnormen, sondern fragt nach dem Prinzip, unter dem die Rechtfertigung konkreter Handlungsnormen im Dialog mit anderen ermöglicht werden kann. In bewußter Anknüpfung an den Kategorischen Imperativ Kants formuliert die konstruktivistische Ethik als »erste Norm« oder »Supernorm« das »Prinzip der Transsubjektivität«: »Laßt uns unsere Subjektivität überschreiten.« (*Lorenzen*, 1969: 82) Dieses Prinzip, dem sich jeder, der an einem Dialog zur Rechtfertigung von Normen teilnimmt, unterwerfen muß, verlangt, daß jeder Dialogteilnehmer nicht bei seinen subjektiven Zwecksetzungen verbleibt, sondern bereit sein muß, im Dialog zu gemeinsamen Zwecksetzungen zu gelangen.

Während der Konstruktivismus bis hierher *Kant* zu folgen glaubt, soll das weitere Vorgehen über ihn hinausführen. Die Gründe oder Zwecksetzungen, die vor dem Transsubjektivitätsprinzip zunächst standhalten, können nicht eo ipso handlungsorientierende Geltung beanspruchen. Dieses Prinzip legt zwar fest, »welche Art von Sätzen als Gründe – als ›gerechtfertigte Normen‹ – für Zwecksetzungen oder Handlungen anerkannt werden sollen, nicht aber werden durch dieses Prinzip schon bestimmte Gründe, ›gerechtfertigte Normen‹, angegeben«. Es besteht die Gefahr, daß die Gründe in ihrer geschichtlich-gesellschaftlichen Vermittlung nicht reflektiert und dann als ›ideologische‹ zu Richtschnur des Handelns werden. Um dies zu vermeiden, werden die faktischen gesellschaftlichen Normen in einer »normativen Genese« am Transsubjektivitätsprinzip überprüft, so daß sie als ethisch legitim oder illegitim beurteilt werden können (*Lorenzen/Schwemmer*, 1975: 89).

Die methodische Ethik des Konstruktivismus geht von der richtigen Annahme aus, daß jede ethische Reflexion ihren Grund in einer fragwürdig gewordenen sittlichen Praxis hat. Sie macht freilich, und dies ist von weitreichender Bedeutung, die zusätzliche Annahme, daß die Aufgabe der Ethik darauf zu beschränken sei, »das Prinzip der Normenbegründung zum Zwecke der Konfliktbeseitigung aufzustellen«. Konflikte erhalten dadurch ethische Relevanz, daß die Wirkungen zweckrationaler Handlungen miteinander kollidieren. Der Konstruktivismus versteht unter (ethisch relevantem) Handeln grundsätzlich zweckrationales, da nur ein solches, so lautet das wechselseitige Erklärungsschema, zu Konflikten führen kann. Tritt ein solcher Konflikt nicht auf, kann auch kein Bedürfnis nach handlungsorientierender Theorie entstehen. Ein Zweifel an Zwecken und Normen, der sich auf ihren Verlust an sittlicher Legitimität beruft, ist von daher ausgeschlossen. Hier liegt einer der fragwürdigsten Punkte der konstruktivistischen Ethik. Gewiß, viele der Konflikte moderner Gesellschaften haben ihren Ursprung in Zweckkollisionen. Aber es ist die Frage, ob die Beseitigung von Konflikten mit dem Gut-Leben (*Aristoteles*), mit vernünftiger Praxis schon identisch ist, m. a. W., ob die konstruktivistische Interdependenz von Konfliktbeseitigungsethik und Zweckrationalität nicht von vornherein die Aufgabe handlungsorientierender Theorie unterläuft (vgl. zur Kritik *Kambertel* 1978).

Zweckrationales Handeln bezeichnet einen Handlungsmodus, der, analog zur Naturbeherrschung durch naturwissenschaftliches Wissen, die Verfügbarmachung von Handlungsprozessen durch sozialwissenschaftliches Wissen ermöglicht. Von daher ist »zweckrationales Handeln seiner Struktur nach die Ausübung von Kontrolle« (*Habermas*, 1968, 49). Die zweckrationale Deutung ›schematisiert‹ den Gegenstand, z. B. Heranwachsende und ihre Verhaltensprozesse, von vornherein auf die »beabsichtigte Wirkung« von Handlungen, die als »Mittel« zur Erreichung von Zielen und Zwecken eingesetzt bzw. verwendet werden (*König*, 1975: 20, 74). Als Folge eines solchen normativen, auf Zweckrealisierung bezogenen Handlungsbegriffs ergibt sich im Hinblick auf die Pädagogik unweigerlich eine normative Erziehungspraxis. Denn die zweckrationale Sicherung normiert das Handeln des Erziehers, dessen Tun sich an der erfolgreichen Anwendung zweckrationaler Handlungssequenzen bemißt, ebenso wie das Handeln des Heranwachsenden, das auf die erwarteten Dispositionen und Verhaltensänderungen bezogen und entsprechend beurteilt werden muß. Der Konstruktivismus hält zwar am Postulat von Mündigkeit und Selbstbestimmung als oberster Sinnorm fest, aber er verkennt, daß der Typus zweckrationalen Handelns der erzieherischen Initiierung von Selbstbestimmungs- und Selbstfindungsprozessen nicht nur unangemessen ist, sondern gänzlich zuwiderläuft. Im erzieherischen Handeln darf zwischen Zielen und Mitteln, zwischen Zwecken und Methoden kein äußerlicher Zusammenhang bestehen. Ziele und Zwecke müssen vielmehr »methodisch« ausgelegt werden, wie umgekehrt die Anwendung von Mitteln einen Vorgriff auf das Handlungsziel darstellen muß.

Der Konstruktivismus dokumentiert auf seine Weise den Implikationszusammenhang von Ethik und Pädagogik (und Politik); denn jede Sitte und jedes sittliche Selbstverständnis enthält eine Deutung des Verhältnisses von erziehender Generation und heranwachsender. Der Konstruktivismus hat seinen Vorzug darin, daß er, in der Nachfolge *Kants*, an einer prinzipientheoretischen Lösung des Normenproblems festhält. Aber das Normenproblem hat es nicht bloß mit Zielen und Zwecken, sondern zugleich mit Handeln, seiner Struktur und seinem Modus zu tun, der sich von anderem Tun, etwa zweckrationaler Verfügung, unterscheidet. Angesichts des Freiheitsproblems war insbesondere *Rousseau* und *Schleiermacher* die dialektische Kommunikations- und Handlungsstruktur der Erziehung bewußt geworden: Wenn Freiheit und vernünftige Selbstbestimmung Ziel und Zweck erzieherischen Handelns sind, dann stellt sich zugleich das Problem, wie ein Mensch durch äußere Einwirkung veranlaßt werden kann, sich nicht durch äußere Einwirkung beeinflussen zu lassen (*Nelson*, 1929: 28 ff.). Diese paradoxe Aufgabenstellung enthält noch nicht schon die Lösung des Normenproblems, aber sie steckt den Horizont ab, vor dem Lösungen gesucht werden müssen. Nur insofern bleibt die Frage nach den Normen des Handelns weiterhin eine offene.

Friedhelm Brüggen

Literatur

Aristoteles, 1974: Metaphysik, Stuttgart – *Aristoteles,* 1975: Nikomachische Ethik, München – *Aristoteles,* 1965: Politik, Berlin – *Benner, D.,* 1978²: Hauptströmungen der Erziehungswissenschaft, München – *Bröcker, W.,* 1964: Platos Gespräche, Frankfurt/M. – *Brunner, O.,* 1956: Das »ganze Haus« und die alteuropäische »Ökonomik«, in: *Brunner, O.*: Neue Wege der Sozialgeschichte, Göttingen – *Cassirer, E.,* 1975: Das Problem Jean Jacques Rousseau, Darmstadt – *Conze, W.,* 1961: Staat und Gesellschaft in der frührevolutionären Epoche Deutschlands, in: Historische Zeitschrift, Bd. 186: 1–34 – *Dilthey, W.,* 1957: Gesammelte Schriften, Stuttgart – *Fetscher, I.,* 1975: Rousseaus politische Philosophie, Frankfurt/M. – *Flitner, W.,* 1966⁴: Das Selbstverständnis der Erziehungswissenschaft in der Gegenwart, Heidelberg – *Habermas, J.,* 1968: Technik und Wissenschaft als »Ideologie«, Frankfurt/M. – *Hegel, G. W. F.,* 1970: Werke in zwanzig Bänden, Frankfurt/M. – *Heydorn, H.-J.,* 1970: Über den Widerspruch von Bildung und Herrschaft, Frankfurt/M. – *Joesten, C.,* 1931: Über Christian Wolffs Grundlegung der praktischen Philosophie, Naumburg a. S. – *Kambartel, F.,* 1978: Universalität als Lebensform. Zu den (unlösbaren) Schwierigkeiten, das gute und gerechte Leben über formale Kriterien zu bestimmen, in: *Oelmüller, W.* (Hrsg.): Materialien zur Normendiskussion, Bd. 2: Normenbegründung – Normendurchsetzung, Paderborn – *Kant, I.,* 1965: Werke in sechs Bänden, Darmstadt – *Kaulbach, F.,* 1977: Kants Theorie der Handlung, in: *Lenk, H.* (Hrsg.): Handlungstheorien – interdisziplinär II, München – *König, E.,* 1975: Theorie der Erziehungswissenschaft, Bd. 2 – *Lichtenstein, E.,* 1963, *Aristoteles:* Über Erziehung, in: Behauptung der Person, Weinheim – *Lorenzen, P.,* 1969: Normative Logics and Ethics, Mannheim/Zürich – *Lorenzen, P./Schwemmer, O.,* 1975: Konstruktive Logik, Ethik und Wissenschaftstheorie, Mannheim/Wien/Zürich – *Löwith, K.,* 1969: Von Hegel zu Nietzsche. Der revolutionäre Bruch im Denken des neunzehnten Jahrhunderts, Frankfurt/M. – *Maier, H.,* 1963: Ältere deutsche Staatslehre und westliche politische Tradition, in: *Maier, H.:* Politische Wissenschaft in Deutschland. Aufsätze zur Lehrtradition und Bildungspraxis, München – *Nelson, L.,* 1929: Die sokratische Methode, Göttingen – *Platon,* 1975: Sämtliche Werke, Hamburg – *Riedel, M.,* 1969: Studien zu Hegels Rechtsphilosophie, Frankfurt/M. – *Riedel, M.,* 1975: Metaphysik und Metapolitik, Frankfurt/ M. – *Riedel, M.,* 1975: Art.: Gesellschaft, bürgerliche, in: *Brunner, O./Conze, W./Koselleck, R.:* Geschichtliche Grundbegriffe. Historisches Lexikon zur politisch-sozialen Sprache in Deutschland, Bd. 2, Stuttgart – *Ritter, J.,* 1875: Metaphysik und Politik. Studien zu Aristoteles und Hegel, Frankfurt/M. – *Rousseau, J.-J.,* 1975: Emil oder über die Erziehung, Paderborn – *Rousseau, J.-J.,* 1977: Politische Schriften, Bd. 1, Paderborn – *Schleiermacher, F.,* 1966²: Pädagogische Schriften, Bd. 1, hrsg. von E. Weniger, Düsseldorf/München – *Schleiermacher, F.,* 1835 ff.: Sämtliche Werke, III. Abteilung: Zur Philosophie, Bd. 1–9, Berlin – *Schmied-Kowarzik, W. D.,* 1969: Die Selbstbestimmung des Menschen als Voraussetzung von Ethik, Pädagogik und Politik, in: Pädagogische Rundschau: 24–36 – *Schwemmer, O.,* 1971: Philosophie der Praxis, Frankfurt/M. – *Schwemmer, O.,* 1974: Grundlagen einer normativen Ethik, in: *Kambartel, F.* (Hrsg.): Praktische Philosophie und konstruktive Wissenschaftstheorie, Frankfurt/M. – *Strauss, L.,* 1977: Naturrecht und Geschichte, Frankfurt/M. – *Sünkel, W.,*

1964: Friedrich Schleiermachers Begründung der Pädagogik als Wissenschaft, Ratingen – *Wieacker, F.*, 1952: Privatrechtsgeschichte der Neuzeit, Göttingen – *Wolff, Ch.*, 1976: Philosophia practica universalis, Bd. 1, Hildesheim/New York – *Wolff, Ch.*, 1973: Ausführliche Nachricht von seinen eigenen Schriften, hrsg. von H. W. Arndt, Hildesheim/New York – *Wolff, Ch.*, 1975: Vernünftige Gedanken vom gesellschaftlichen Leben der Menschen und insonderheit dem gemeinen Wesen (Deutsche Politik), hrsg. von H. W. Arndt, Hildesheim/New York – *Wolff, Ch.*, 1976: Vernünftige Gedanken von der Menschen Tun und Lassen zur Beförderung ihrer Glückseligkeit (Deutsche Ethik), hrsg. von H. W. Arndt, Hildesheim/New York – *Wundt, M.*, 1964: Die deutsche Schulphilosophie im Zeitalter der Aufklärung, Hildesheim. –

→ Geschichte: Von der Armenpflege zum Sozialstaat → Jugend: Strukturwandel und Problemlagen → Wissenschaftstheorie und Sozialpädagogik

Obdachlosigkeit

Bei dem Wort »Obdachlosigkeit« haben wir es nicht mit einem systematischen wissenschaftlichen Terminus zu tun, der in seiner Definition eindeutig und analytisch tauglich wäre. Dies beweisen allein schon die unterschiedlichen statistischen Angaben zur Obdachlosigkeit. »Die Zahl der Obdachlosen in der Bundesrepublik wird mit 300 000 bis 1 000 000 angegeben« (*Vaskovics/Weins*, 1979). Sie reicht von schätzungsweise 260 000 Personen, »die derzeit in der Bundesrepublik in Not-, Schlicht- und Einfachwohnungen ohne Mietvertrag leben« (ebd.), über rund 500 000, deren Haushalte »nach ordnungs- und mietrechtlichen Bestimmungen nicht als obdachlos (gelten), obwohl deren Wohnverhältnisse sich von jenen der ›echten‹ Obdachlosen kaum unterscheiden« (ebd.), bis hin zu Schätzungen über 800 000 (vgl. Spiegel-Redaktion, 1973).
Obdachlosigkeit meint so Verschiedenes wie:
- den juristischen Tatbestand, ohne Obdach zu sein;
- Gegenstand und Folge behördlichen Verwaltungshandelns;
- eine soziale Merkmalszuschreibung;
- ein Problemfeld für situative Interventionen und regulative Aktivitäten der Sozialarbeit/-pädagogik und ihrer Träger.
Das Oberverwaltungsgericht Münster hat Obdachlosigkeit bezeichnet als den »Zustand, kein Dach über dem Kopf zu haben und Tag und Nacht auf der Straße zubringen zu müssen« (ZMR 55, 381; zit. nach Deutscher Verein, 1967). Diese Definition erweist sich aber einerseits für die Verwaltungspraxis als zu eng, andererseits leistet sie keine Abgrenzung gegenüber den Nichtseßhaften (in der Alltagssprache: Penner, Stadt- bzw. Landstreicher, Tippelbrüder usw.).
Der »Gemeinsame Runderlaß des Innenministers, des Ministers für Wohnungsbau und öffentliche Arbeit und des Kultusministers des Landes Nordrhein-Westfalen«

vom 15. 1. 1970 klassifiziert als obdachlos: 1. »a) wer ohne Unterkunft ist; b) wem der Verlust seiner ständigen oder vorübergehenden Unterkunft unmittelbar bevorsteht; c) wessen Unterkunft nach objektiven Anforderungen derart unzureichend ist, daß sie keinen menschenwürdigen Schutz vor den Unbilden der Witterung bietet oder die Benutzung der Unterkunft mit Gefahren verbunden ist, und wer dabei nach seinen Einkommens-, Vermögens-, Familienverhältnissen sowie aus sonstigen Gründen nicht in der Lage ist, sich und seinen engsten Angehörigen mit denen er gewöhnlich zusammenlebt (Ehegatte, Kinder), aus eigenen Kräften eine Unterkunft zu beschaffen«; 2. »wer ohne eine Wohnung zu haben in den der öffentlichen Hand gehörenden, nur der vorübergehenden Unterbringung dienenden (Not-)Unterkünften untergebracht oder . . . in eine Normalwohnung eingewiesen worden ist« (zit. nach *Vascovics/Weins*, 1979).

Obdachlosigkeit bezeichnet somit ein rechtliches Verhältnis, treffender: ein rechtloses, weil wohnungs- und besitzloses. »Obdachlosigkeit ist die Bezeichnung für den Tatbestand, daß kein mietrechtliches Verhältnis besteht, ist also die juristische Definition eines ökonomischen Nicht-Verhältnisses: eine Person oder eine Gruppe von Personen (Familie) ist nicht Käufer/Mieter der Ware Wohnung, die auf dem Wohnungs- und Immobilienmarkt gegen ein Geldäquivalent angeboten wird. Der Möglichkeit nach ist jedermann/-frau von der Auflösung seines mietrechtlichen Verhältnisses bedroht (potentielle Obdachlosigkeit), wenn das Geld als Tauschmittel seinen Wert verringert, wenn die Geldausgaben steigen oder wenn sich der Umfang der Geldsumme verkleinert. Dem Sinn nach ist jeder obdachlos (latente Obdachlosigkeit), der die Miete seiner Wohnung nicht aus eigenen Mitteln begleicht, sondern auf öffentliche Mittel (Wohnungsgeld, Sozialhilfe) angewiesen ist, um das mietrechtliche Verhältnis ökonomisch bestreiten zu können. In der Tat obdachlos (manifeste Obdachlosigkeit) ist, wer weder über genügend eigene noch fremde Mittel verfügt, um als Käufer der Ware Wohnung ein mietrechtliches Verhältnis begründen zu können« (*Bauer*, 1980).

Der in der juristischen Definition von Obdachlosigkeit verborgene ökonomische Kern gerät vollends aus dem Blick, wenn der rechtlich definierte Tatbestand im Vollzug eines Verwaltungsaktes durch behördliche Einweisung in eine Obdachlosenunterkunft vollstreckt wird und wenn dann als Folge der Unterbringung Obdachlosigkeit als ein bestimmtes Verhalten erscheint, das in Verkennung der ihm eigentümlichen Sozialität als »a-soziales« diskriminiert wird. Daraus resultiert eine phänomenologische Oberflächenbeschreibung der Obdachlosigkeit, auf die sich entsprechende Maßnahmen der kommunalen Obdachlosenpolitik sowie der sozialpädagogischen Obdachlosenhilfe beziehen. Nachdem im folgenden zunächst deskriptiv über Unterbringungsarten, deren Auswirkungen und die dagegen gerichteten Maßnahmen berichtet wird, soll versucht werden, die Obdachlosigkeit ökonomisch und klassenanalytisch in einen theoretischen Bezug zu setzen, der – wie abschließend zu zeigen sein wird – in der sozialwissenschaftlichen Obdachlosenforschung bisher weitgehend vernachlässigt worden ist.

Obdachlosigkeit und Obdachlosenhilfe

Bei manifester Obdachlosigkeit erfolgt die »klassische« anstaltsmäßige Unterbringung unter typischen äußeren Bedingungen in primitiv ausgestatteten kommunalen Notunterkünften. »Sie hausen verloren, abgeschrieben und vergessen, oder numeriert, gruppiert, etikettiert und verwaltet an den Rändern von Kiesgruben und Müllkippen, im Schatten alter Schießstände, in ausgedienten Kasernen und Tanzsälen, in Baracken und Wohnwagen, die einmal bessere Zeiten gesehen haben, ›dort hinten am Bahndamm‹, ›im Gleisdreieck‹, ›auf dem Hügel‹, ›am schwarzen Weg‹, ›am Sandberg‹ oder ›am grauen Stein‹« (Deutscher Verein, 1967).

Die topographische Lage von städtischen Arealen mit Asylbauten ist isoliert, ein »Puffergelände« oder eine Grenzzone mit der spezifischen »Anfälligkeit . . . für Verödung und Verfall« (*Jacobs*, 1963). »In den Asylen mit den ihnen typischen Raum- und Gebäudemerkmalen – über den gemeinsamen Flur zu erreichende, miteinander nicht verbundene Einzelräume, gemeinsame Abortanlagen, kein Wasseranschluß in den Räumen, keine Heizung, keine Dusch- oder Bademöglichkeit, feuchte Wände und keine isolierten Außenmauern, keine Trockenspeicher und Keller – herrscht Anstaltsrecht mit Nachtkontrollen und jederzeitiger Verlegbarkeit. Die Räume sind eng, ungemütlich, ohne Lärmschutz. Sie sind überbelegt und dienen zum Schlafen, Kochen, Essen, Waschen, Schularbeitenmachen, Wäschetrocknen, Heimarbeit verrichten usw. Die Asylareale sind unterversorgt mit Geschäften für den täglichen Gebrauch, ohne Arztpraxis, ohne Freizeitangebote, ohne Post, ohne Straßenreinigung, ohne öffentliche Verkehrsmittel, ohne Telefonzelle, ohne Zeitungskiosk, ja selbst ohne Plakatwand« (*Bauer*, 1980).

Die beschriebenen Merkmale der Unterkunftsräume, Bauten und der Umgebung »haben einen sozialen Symbolgehalt. Negativ bewertete Eigenschaften von Wohnobjekten sind für die Bewohner diskreditierend. Die Wahrnehmung diskreditierender Objektmerkmale (. . .) führt zur Stigmatisierung der Bewohner und erhöht die Diskriminierungsbereitschaft gegenüber den Bewohnern dieser Wohnobjekte. Die räumliche Verdichtung diskreditierender Wohnungs-, Haus- und Umgebungsmerkmale (das heißt die räumliche Ballung diskreditierender Wohnungen und Häuser) schafft Voraussetzungen für die Kategorisierung, Typisierung, Etikettierung und Identifizierung der Bewohner. . . . Das Wohnen der relativ Armen in diesen räumlich konzentrierten diskreditierenden Wohnobjekten schafft die Voraussetzung für die Verdrängung dieser in die Position sozialer Randgruppen« (*Vaskovics*, 1976). Die räumlich-topographische und soziale Segregation in Verbindung mit den unmittelbaren gesundheitlichen, psychischen, moralischen, intellektuellen und zwischenmenschlichen Folgen des beengten und kontrollierten Asylaufenthalts führt zu gravierenden Verhaltensabweichungen der Erwachsenen und Kinder/Jugendlichen in ihren Beziehungen zueinander sowie nach außen, gegenüber Nachbarn und Dritten (Mitarbeitern der Verwaltung, Arbeitskollegen, Lehrern, gewöhnlichen »Leuten auf der Straße« etc.).

Als durch manifeste Obdachlosigkeit bewirkte Veränderungen gelten: »Zunahme von Anomie (Orientierungsunsicherheit), Senkung des Anspruchsniveaus im Relevanzbereich der beruflichen Ausbildung, Abnahme der siedlungsübergreifenden Sozialbeziehungen, Zunahme der siedlungsinternen (nachbarlichen) Sozialbeziehungen oder vollkommener Abbruch der Sozialbeziehungen in der Siedlung, Erhöhung der gegenseitigen Absetzungsbereitschaft, Rückzug aus wichtigen Relevanzbereichen (insbesondere Rückzug aus Organisationen und Vereinen), Zunahme negativer Einstellung gegenüber Behörden, Sozialisationsdefizite und Fehlsozialisation bei Kindern (insbesondere retardierte Sprachentwicklung, mangelnde kognitive Fähigkeiten, abnehmendes Leistungsstreben), Verhaltensstörungen im Relevanzbereich der Schule, Zunahme von Krankheitsanfälligkeit (bei Kindern)« (*Vaskovics/Weins*, 1979). Als weitere Abweichungen wurden nachgewiesen: »Entwicklung eines negativen Selbstbildes, Zunahme von Apathie, Resignation und Hoffnungslosigkeit, Senkung des Anspruchsniveaus hinsichtlich schulischer Ausbildung der Kinder, Zunahme von Delinquenz und Verhaltensauffälligkeiten, Zunahme der Arbeitslosigkeit, Veränderung des Fortpflanzungsverhaltens, Gefährdung der psychischen Gesundheit« (ebd.).

Während die allgemeine Gesetzgebung in der Wohnungs-, Familien- und Jugendpolitik auf der Ebene des Staates beschlossen wird, ist es Aufgabe der lokalkommunalen Sozialpolitik, dem Problem der manifesten Obdachlosigkeit auf der Ebene der Städte und Gemeinden zu begegnen. Dies erfolgt durch die Unterbringung und damit verbunden durch spezifische Maßnahmen der Problempartialisierung und der Individualisierung. Die Gemeinden, der Deutsche Städtetag oder die Dachverbände der öffentlichen und der privaten Wohlfahrtspflege vermeiden alles, wodurch die Obdachlosigkeit als kollektives Problem erkennbar und durch kollektiven Interessenkampf zu beseitigen wäre. Als hauptsächliche Ursachen des Verlustes der Wohnung und der Entstehung von manifester Obdachlosigkeit werden die von den betreffenden »persönlich zu verantwortenden« behördlichen Einweisungsgründe herangezogen. Die reaktive Obdachlosenpolitik setzt den Aufenthalt in Notunterkünften gleich mit asozialem Milieu, dem durch fürsorgerische Erziehungsarbeit und mit der »Resozialisierungs«-Strategie des Bewährungsaufstiegs beizukommen sei – wenn auch nur in Grenzen. Die von manifester Obdachlosigkeit betroffenen wurden und werden an manchen Orten auch heute noch in die mit unterschiedlich minderer Qualität erbauten und ausgestatteten Unterkünfte des sog. Drei-Stufen-Modells aufgeteilt: 1. »Sozial unangepaßte, nicht oder nur mit besonderem Aufwand eingliederungsfähige Familien; 2. sozial unangepaßte, in der Regel mit sozialen Hilfen eingliederungsfähige Familien; 3. sozial angepaßte Familien« (Deutscher Verein, 1967; Deutscher Städtetag, 1968). Bei diesem »Definitionsversuch« handelt es sich um eine nachträglich rechtfertigende Verbrämung der Mitte der 60er Jahre vollzogenen Obdachlosenpolitik und ihrer mit minderer Bauqualität erstellten Asyle, zugleich aber um die Offenlegung ihres repressiv-disziplinierenden Charakters (vgl. *Haag*, 1971).

Die Entstehung der außerparlamentarischen Opposition, die Studentenbewegung und die Arbeit von studentischen Basis- und Stadtteilgruppen, eine gewisse Verlagerung des politischen Kräfteverhältnisses und in den vergangenen Jahren die Aktivitäten von Bürgerinitiativen mit partizipatorischem Anspruch wirkten sich auch auf die kommunale Obdachlosenpolitik, ihre Terminologie, die bereitgestellten Unterbringungsarten und die Verwaltung aus. So ist nicht mehr von Asylen die Rede, sondern von »Sozialen Brennpunkten« und von »(Multi-)Problemfamilien«, neuerdings von »den Armen«. Für die ehemals Obdachlosen wurden in vielen Städten Mietverhältnisse begründet und das Anstaltsverhältnis aufgehoben. »Die Obdachlosenpolitik schlüpft aus der Uniform der ordnungspolizeilichen Eingriffsverwaltung in das modische Dienstleistungsangebot von Sozialhilfe und -pädagogik« (*Bauer*, 1980). Manche Verwaltungen begannen, die Bewohner durch Sprecherräte an der Verwaltung des Mangels zu beteiligen.

Der Sozialarbeit war es zunächst in fürsorgerischer Kontrolle darum gegangen, mit Hilfe des »katalytischen Ansatzes« (vgl. *Adams*, 1966 und 1971; *Haas*, 1966; *Karlstetter*, 1969) »die Obdachlosen« zu verändern, nicht aber ihre soziale und materielle Lage, mit der sich zu befassen der »Selbsthilfe« der Betroffenen anheimgegeben wurde. Mittlerweile wird mit Hilfe sozialpädagogischer Fachkräfte und ehrenamtlicher Helfer der Versuch praktiziert, situativ bei Kindern, Jugendlichen oder Frauen »anzusetzen« und — etwa durch Spielstuben, Haushaltsaufgabenhilfen oder Beratung über Empfängnisverhütungsmittel – »kompensatorisch Sozialisationsdefizite auszugleichen«. Die Hauptaufgabe der Sozialarbeiter verlagerte sich von reaktiven Maßnahmen hin zu Interventionen zur Beendigung der manifesten Obdachlosigkeit und nachgehender Betreuung bei latenter Obdachlosigkeit, die oft bei beendeter manifester weiterbesteht. Inzwischen wurden auch Erfahrungen der Gemeinwesenarbeit in Obdachlosenquartieren gemacht und ausgewertet (*Graf* u. a., 1976; *Iben* u. a., 1981).

In einigen Städten wurden obdachlos gewordene Familien nicht mehr geschlossen in Notunterkünften, sondern in Sanierungsgebieten untergebracht; in anderen Städten wurde Obdachlosigkeit durch die Übernahme der Mietschulden abgewendet. Ferner wurden zweijährige Mietzahlungsgarantien geleistet oder ein gewisser Prozentsatz der Neubauwohnungen gemeinnütziger Wohnungsbaugesellschaften für die Unterbringung von Familien aus Obdachlosenlagern bereitgestellt. Außerdem wurden Wege gesucht, die Zahl der Einweisung von Obdachlosen in die Notunterkünfte zu verringern und das Obdachlosenproblem quantitativ unter Kontrolle zu bringen. Z. B. bietet § 15 a BSHG die Möglichkeit, daß Betroffenen, die aufgrund von Mietschulden in Notunterkünfte eingewiesen werden sollen, durch Wohngeld die Beibehaltung der bisherigen Wohnung ermöglicht wird.

Auf die »Sozialoptik« zielten gewöhnlich auch Maßnahmen ab, die dadurch eine Bereinigung der Obdachlosenstatistik herbeiführten, daß die Bewohner der Notunterkünfte zwar nicht in eine normale Wohnung umziehen, sondern für ihre bisherige Unterkunft einen Mietvertrag erhalten. Völlig ungekärt ist die »Dunkelziffer« von ausländischen Arbeitern, die einen Teil der industriellen Reservearmee in der Bundesrepublik bilden, bei Obdachlosigkeit aber in ihre Heimatländer abgeschoben werden. Das Obdachlosenproblem der Bundesrepublik verlagert sich über deren Grenzen hinaus und erscheint auf diese Weise nicht mehr als unmittelbares soziales Problem.

Klassenanalyse und soziale Lage

Konstitutiv für eine Theorie der Obdachlosigkeit, die ihren Gegenstand nicht aus der Unterbringungsart und den am Verhalten zu beobachtenden Folgen von deren Auswirkungen erklärt, also nicht das Ergebnis zur Ursache macht, ist die Wohnungsfrage (*Engels*, 1973). Sie ist eine soziale Folge der, bei zugleich gesellschaftlicher Produktion, aus der wirtschaftlichen Gewinnorientierung des privaten Aneignungskapitalismus resultierenden ungleichen Zugangsmöglichkeiten zum produzierten Reichtum auf dem Wohnungssektor. Das von wenigen akkumulierte Kapital sucht Verwertungsmöglichkeiten auch in für die gesellschaftliche Reproduktion lebensnotwendigen Bereichen wie in Grund und Boden, in der Bauwirtschaft, in Immobilien, in Wohnungsbauten, bei Finanzierungsgeschäften und Sanierungsvorhaben etc. Dabei gelten die Gesetze der Konkurrenz und des Marktes, das Knappheits- und das Gewinnprinzip. Diese Gesetzmäßigkeiten bestimmen auch das Vermieterverhalten des »kleinen« Hausbesitzers oder sogar des Untervermieters, deren Mieteinkommen über Steuern, Hypotheken oder sonstige Zahlungsverpflichtungen weitgehend absorbiert werden. Neben der kalkulierten Verknappung von Wohnraum, der von der großen Mehrheit der Bevölkerung aus dem Einkommen der Lohnarbeit gemietet wird, entstehen unkalkulierte Wohnraumverringerungen durch Natur- oder andere Katastrophen (Erdbeben, Sturmflut, Brand), durch Kriege bzw. durch Immigration und die Entwicklung der Heirats- und Geburtenrate. Auch diese Entwicklungen werden in den kapitalistischen Verwertungsprozeß einbezogen und können deshalb nicht als Sonderfälle der Wohnungsnot analysiert werden, die den prinzipiellen theoretischen Rahmen sprengen.

Objekt der kommunalen Obdachlosenpolitik und der Maßnahmen der Sozialarbeit/-pädagogik sind von ihrer Klassenherkunft bzw. -zugehörigkeit her Arbeiter, Kleinbürger und Deklassierte (»Lumpenproletariat«). Aus bestimmten Schichten dieser Klassen setzen sich die von manifester Obdachlosigkeit betroffenen Bewohner kommunaler Notunterkünfte zusammen. Man kann deshalb nicht von einer homogenen sozialen Schicht oder Gruppe »der Obdachlosen« ausgehen. Die im folgenden vorgenommene Aufzählung und Charakterisierung von Obdachlosen-Gruppen (siehe ebenso *Bauer*, 1980) bezieht sich auf bestimmte materiell-strukturelle Merkmale ihrer jeweiligen sozialen Lage. Die jeweilige Klassenlage der diesen Gruppen zugehörenden Obdachlosen bedarf einer gesonderten Analyse und kommt darin zum Ausdruck, daß in der Regel mehr als eines der im folgenden verwendeten Unterscheidungsmerkmale kumulieren oder sich überschneiden. Die unterste Stufe des Deklassierungsprozesses und damit ein Herausfallen aus dem Zusammenhang der Herkunftsklasse wird an der vierten Gruppe deutlich, der anzugehören vielfach das Ergebnis einer viele Jahre dauernden Obdachlosen-»Karriere« ist.

Eine erste Gruppe von Obdachlosen läßt sich durch spezifische Merkmale der Familienstruktur kennzeichnen: frühe Eheschließung, jung verheiratete Ehepaare, Kinderreichtum etc. Die Angehörigen dieser Gruppe von Obdachlosen unterliegen der marktgesetzlichen Entwicklung der Wohnungsangebote des Haus- und Grund-besitzerkapitals, das über Wohnungsbau- und Finanzierungsgesellschaften mit den Finanzmonopolen und dessen ökonomischen Interessen verbunden ist. Um sicher-zustellen, daß am Mietzins profitiert werden kann, ist das Angebot an Wohnraum, der bedürfnisgerecht und vom Mietpreis her den Löhnen oder Einkommen angemessen ist, knapp gehalten und es übersteigt auf keinen Fall die Nachfrage; eher bleiben Wohnungen leerstehend (vgl. *Brede* u. a., 1975; *Zöllner*, 1973). Der Mechanismus des »freien«, zum Gewinnemachen freigegebenen Wohnungsmark-tes bewirkt, daß familienstrukturell zu kennzeichnende Schichten mit Wohnraum unterversorgt oder obdachlos sind.

Die Statistiken bestätigen den hohen Anteil junger und/oder kinderreicher Fami-lien in Notunterkünften. Z. B. waren in Nordrhein-Westfalen 41,5% aller Obdach-losen-Haushalte als kinderreich anzusehen (Statistisches Landesamt Nordrhein-Westfalen, 1975). In Hamburger Notunterkünften lebten 1973 34% Fünf- und Mehrpersonen-Haushalte (Arbeits- und Sozialbehörde Hamburg, 1974). Von 1971 in Trier untersuchten Obdachlosen-Familien bestand fast die Hälfte aus sechs und mehr Personen (*Menges*, 1971). In Düsseldorfer Notunterkünften lag der Anteil von Familien mit drei und mehr Kindern bei 51,4% (Statistische Informationen des Statistischen Amts der Landeshauptstadt Düsseldorf, 1972), 1969 in Offenbach/Main bei 54% (*Bauer*, 1970 und 1980).

Eine zweite Gruppe von Obdachlosen weist bestimmte Merkmale in der Qualifika-tionsstruktur der Haushalte auf. Es handelt sich um Haushalte, deren Ernährer wenig oder nicht ausgebildet sind: an- oder ungelernte Arbeiter, Hilfs- oder Lagerarbeiter, Boten, Fernfahrer usw., oder die handwerkliche bzw. technologisch veraltete Qualifikationen erworben haben: Bäcker, Schuster, Schlachter usw. Sie sind auf dem Arbeitsmarkt Teil der »industriellen Reservearmee« (*Marx*, 1962), deren Mitglieder bei Bedarf zu relativ ungünstigen Bedingungen eingestellt und in Zeiten wirtschaftlicher Krisen aus der Beschäftigung entlassen werden. Aufgrund der Arbeitslosigkeit verschlechtert sich das auch sonst schon geringe Einkommen dieser Haushalte, die dadurch in Mietzahlungsschwierigkeiten geraten. Arbeitslo-sigkeit und extreme Unterversorgung wirken sich auch psychisch aus, wodurch in Ausnahmesituationen Verhaltensweisen, wie sie bei Streitigkeiten, Zerstörungen etc. auftreten, die Betreffenden als »mietunwürdig« erscheinen lassen. Die Folge sind Kündigungsklage und Exmittierung: der Verlust der Wohnung als Folge der Arbeitslosigkeit.

Selbst in Zeiten der vorübergehenden Beschäftigung wirkt sich auf die Mitglieder der industriellen Reservearmee die stetige Bedrohung durch Arbeitslosigkeit psychisch und auch gesundheitlich belastend aus, abgesehen vom körperlichen und geistig-moralischen Verschleiß am jeweiligen Arbeitsplatz. Hinzukommt, daß die Löhne in der Regel unterhalb der durchschnittlichen Reproduktionskosten ihrer Arbeitskraft liegen, weshalb sie entweder zur Einschränkung ihres materiellen Existenzniveaus gezwungen sind, was eine weitere Gefährdung ihrer Gesundheit und Arbeitskraft zur Folge hat, oder sie geraten bei den Mietzahlungen in Verzug. Bekannte Gruppen der industriellen Reservearmee bilden ausländische Arbeiter und die Frauen. Für letztere verschärft sich die materielle Lage, wenn sie als unverheiratete, getrennt lebende, geschiedene oder verwitwete oder aufgrund der Strafverbüßung ihres Ehegatten einer »unvollständigen« Familie vorstehen — ein Beispiel für die Kumulation qualifikations- und familienstruktureller Merkmale.

Nahezu alle sozialstrukturellen Untersuchungen, die sich mit den Zusammenhängen von Dequalifikationsprozessen und Obdachlosigkeit befassen, bestätigen die Gefahr des Wohnungsverlustes bei den Angehörigen der industriellen Reservearmee (*Adams*, 1971; *Blume*, 1960; *Däumling*, 1967; *Krebs*, 1971). Die Befragung der Bewohner des Mariothgebiets in Offenbach/Main ergab, daß 61% der Haushaltsvorstände einen Beruf erlernt hatten, daß aber nur noch jeder zehnte in dem von ihm erlernten Beruf tätig war (*Bauer*, 1970). Eine Statistik, die zugleich den beruflichen und sozialen Abstieg von Obdachlosenfamilien deutlich erkennen läßt, zeigt auf, daß bei befragten Obdachlosen 16 bzw. 12% der Väter derselben un- bzw. angelernt beschäftigt waren, 30 bzw 20% der Interviewten und bereits 53 bzw. 33% ihrer berufstätigen Kinder; demgegenüber sank der Anteil der gelernten Arbeiter von 32% auf 14% einschließlich der Lehrlinge (*Höhmann*, 1976). 1971/72 Befragte, die noch nicht länger als ein halbes Jahr obdachlos waren, ließen die Feststellung zu, daß 30% von ihnen zum Zeitpunkt der Einweisung in Notunterkünfte eine massive berufliche Krise erlebten: 18% waren »ohne Beruf«, 12% arbeitslos; 56% der Befragten hatten zwar eine Berufsausbildung abgeschlossen, aber lediglich 25% übten zum Zeitpunkt der Einweisung noch einen »Vollberuf« aus (*Zöllner*, 1973).

Eine dritte Gruppe von Obdachlosen setzt sich aus Angehörigen der Arbeiterklasse und auch des Kleinbürgertums zusammen, deren Qualifikation zwar auf dem Arbeitsmarkt nachgefragt ist und die ferner über ein absolut betrachtet durchschnittliches Einkommensniveau verfügen. Sobald ihre Familienverbände aber außergewöhnlichen Belastungen ausgesetzt sind, fällt ihr Lohn unter den Durchschnitt des zur Reproduktion notwendigen Niveaus. Diese Gruppe zeigt Merkmale spezifischer extremer Belastungssituationen wie z. B. bei ungeplanter Schwangerschaft, bei längeren Krankheiten mit hohem Betreuungsaufwand, bei »verschuldeten« Unfällen, bei Feuer- oder Überschwemmungskatastrophen etc. Außerdem unterlassen es diese Familien oft aus Unkenntnis oder weil sie behördliche Einflußnahme ablehnen, Sozialhilfe in besonderen Lebenslagen zu beantragen.

Von befragten Familien in Köln, die wegen Mietschulden obdachlos wurden, führten dies 29% auf größere Kosten durch Krankheit oder Unfall zurück und weitere 6% auf den Tod des Haupt- oder eines Mitverdieners (*Blume*, 1960). Auch andere Studien bestätigen diesen Zusammenhang (*Bauer*, 1970; Erweiterter Arbeitskreis Sozialer Brennpunkt, 1972; *Zöllner* 1973; Institut für Sozialforschung und Gesellschaftspolitik, o. J.). Aus der Untersuchung von Akten obdachloser Mietschuldner des Mannheimer Sozialamts geht hervor, daß bei 34,3% der Familien die Krankheit des männlichen Verdieners vorlag, bei 10% dessen eingeschränkte Erwerbsfähigkeit, ferner bei 41,5% die Krankheit oder Arbeitsunfähigkeit der Frau und bei 14,3% Krankheiten der Kinder (*Krebs*, 1971).

Bei einer vierten Gruppe von Obdachlosen handelt es sich um Alleinstehende, Familienverbände oder Familien mit Angehörigen, die aus ihren jeweiligen klassenmäßigen Herkunftszusammenhängen lebensgeschichtlich oder auch schon seit Generationen herausgefallen sind. Allgemeines Merkmal der Gruppe der Deklassierten in den Notquartieren der Obdachlosen ist, daß sie kein Einkommen aus Lohnarbeit beziehen. Sie sind entweder den Anforderungen der Fabrikdisziplin im Rahmen eines Lohnarbeitsverhältnisses nicht oder nicht mehr gewachsen oder verweigern sich ihnen durch die verschiedenartigsten Ausflüchte infolge meist leidvoller Erfahrungen bzw. aufgrund nicht-industrieller Kultur- und Verhaltenstraditionen (Beispiel: »Zigeuner«). Ihre Aufzählung beschreibt ein buntscheckiges Bild: es sind Opfer von Scheinidealen und des Terrors der Leistungs- und Konsumgesellschaft; Krüppel autoritärer Erziehung zu Hause, in Sonderschulen und Erziehungsheimen; »gescheiterte Existenzen«; ehemalige Prostituierte, Strafgefangene, Fremdenlegionäre; kleine Kriminelle oder Gewalttäter; Alkoholiker, Drogensüchtige; Invalide, Behinderte, Früh- und Kleinrentner; Empfänger von Sozialhilfe zum Lebensunterhalt; ehemalige Stadt- und Landstreicher; auch Kleingewerbetreibende, sogenannte Selbständige, die sich als Schrottler, Lumpensammler, Vertreter, Scherenschleifer, Schausteller usw. an den kleinbürgerlichen Traum der »eigenen Existenz« klammern.

Die Deklassierten stoßen auf heftige Ablehnungsreaktionen sowohl der übrigen Obdachlosen (*Bauer*, 1970; *Iben*, 1971; *Haag*, 1971; *Richter*, 1972; Institut für Sozialforschung und Gesellschaftspolitik, o. J.) als auch seitens der Arbeiterklasse und des Kleinbürgertums (*Albrecht*, 1974; *Sack*, 1974; *Vascovics*, 1976), wobei die Obdachlosen oft insgesamt als »Asoziale« mit den Deklassierten gleichgesetzt werden. Die Ablehnungsreaktionen lassen sich als bewußtseinsmäßig-subjektive Abwehr einer Deklassierungsperspektive deuten, ohne daß dadurch die eigenen objektiven Deklassierungsprozesse aufgehoben werden können. In Untersuchungen und Forschungsberichten über Obdachlose und die »Umweltreaktionen« darauf wird dieser Zusammenhang verkannt. In neueren Arbeiten wird allerdings auf Formen der Solidarität und des gegenseitigen Vertrauens auf der Grundlage der Klassenzugehörigkeit eingegangen (*Bauer*, 1970 und 1980; *Hubbertz*, 1973; *Preusser*, 1976; *Bura*, 1979).

Obdachlosenforschung

Empirische Untersuchungen haben in der Bundesrepublik sehr bald nach einer Phase, in der Obdachlosigkeit noch als unmittelbare Kriegsfolge betrachtet wurde (*Sobotschinski/Reichling*, 1958), phänomenologische Beschreibungen vorgelegt (*Blume*, 1960), in denen gesellschaftliche Bezüge strikt ausgeklammert wurden. Die Arbeiten der Folgezeit (*Däumling*, 1967; *Hevert*, 1967; Landeshauptstadt München, o. J.; Landeshauptstadt Hannover, 1967) sind »soziale Bestandsaufnahmen«, denen das Theorem der Selbstverschuldung von Obdachlosigkeit durch die Betroffenen zugrundeliegt. Diese Arbeiten stellen weitgehend den Versuch einer »wissenschaftlichen« Legitimation der durch die Behörden praktizierten Obdachlosenpolitik dar, die dann allerdings Ende der sechziger Jahre mancherorts durch den Widerstand von Obdachlosen sowie Forderungen von Teilen der außerparlamentarischen Opposition und der Studentenbewegung in Bedrängnis geriet. Aus dem Umkreis der Studentenbewegung und fortschrittlicher Sozialarbeiter wurde das »Randgruppenkonzept« (*Marcuse*, 1969) propagiert, das zu theoretischen Erklärungsansätzen und praktischen Strategien (*Brühl*, 1970; *Aich/Bujard*, 1972) führte, in deren Verlauf Solidarisierungen zwischen Teilen der Studentenbewegung und den Obdachlosen stattfanden.

Die sozialwissenschaftliche Forschung beginnt die Untersuchung der Obdachlosigkeit auf sozialpsychologischer Ebene (*Iben*, 1971; *Haag*, 1971; *Krebs*, 1971). Gleichzeitig beginnt sich aber auch Kritik an der bisher praktizierten Forschungspolitik zu äußern (Arbeitskreis Junger Kriminologen, 1973), und das Forschungsinteresse wendet sich von ausschließlich deskriptiven Untersuchungen der Analyse des Obdachlosenproblems zu. Die Ursachen der Obdachlosigkeit werden im Zusammenhang unterschiedlicher theoretisch-analytischer Ansätze erörtert. Dabei wird u. a. Bezug genommen auf die Klassenanalyse (*Bauer*, 1970 und 1980; *Graf/Raiser/Zalfen*, 1975), auf Theorien der Armut (*Hess*, 1972 und 1973; *Hess-Mechler*, 1973; *Christiansen*, 1973) und der Subkultur (*Albrecht*, 1969 und 1973), auf den Aspekt gesellschaftlich ungleicher Chancenverteilung (*Abels/Keller*, 1974), auf Wohnungsmarkt und Wohnungsnot (*Zöllner*, 1974), auf die Bedeutung wirtschaftlicher Krisen (*Dottke*, 1974; *Khella*, 1974), auf die Folgen der Sanierungs- und Stadtentwicklungspolitik (*Schweinitz*, 1974) sowie auf die Folgen der Einweisung in Notunterkünfte vom Definitionsansatz her (*Höhmann*, 1976). Daneben gibt es eine unbekannte Fülle »grauer Literatur«, die von einzelnen Kommunen in Auftrag gegeben oder erstellt worden ist, aber keine öffentliche Verbreitung findet (vgl. *Abels-Keller*, 1974; *Bura*, 1979). In jüngster Zeit wurden Sekundäranalysen eines großen Teils dieser Arbeiten vorgelegt (GEWOS, 1976; *Kögler*, 1976; *Vascovics/Weins*, 1977 und 1979; *Vascovics/Weins/Buba*, 1978). Ferner wurde mit der exemplarischen Untersuchung einer Obdachlosensiedlung im Rahmen kommunaler Sozialpolitik und Geschichte ein erster Versuch vorgelegt, Obdachlosenpolitik aufzuarbeiten (*Bauer*, 1980).

Die Wohnungsfrage, deren besonders krasse Erscheinungsform die Obdachlosigkeit bildet, ist als soziales Problem ein Handlungsfeld für die Praxis der Sozialarbeit/ -pädagogik und Gegenstand der sozialwissenschaftlichen Forschung. Der Stand letzterer ist Ausdruck der Verdrängung, die das Obdachlosenproblem in der Öffentlichkeit tabuisiert. Die Mängel der Obdachlosenforschung in der Bundesrepublik werden von den Wissenschaftlern selbst vor allem darin gesehen, daß nur sehr wenige aus teilnehmender Beobachtung gewonnene Erkenntnisse über die wirkliche Situation und das tatsächliche Verhalten der Obdachlosen vorliegen, daß die meisten Analysen statischen und unhistorischen Charakter haben und nicht die Wirkungen von Aktionen der Sozialarbeiter und Sozialpolitiker zu erfassen vermögen und daß die Berücksichtigung der gesellschaftlichen Zusammenhänge sowie deren Einordnung in eine umfassende Gesellschaftstheorie nahezu fehlt (*Albrecht*, 1973).

Rudolph Bauer

Literatur

Abels, H./Keller, B., 1974: Obdachlose. Zur gesellschaftlichen Definition und Lage einer sozialen Randgruppe, Opladen – *Adams, U.*, 1966: Kommunitäre Entwicklungsarbeit in einer Obdachlosensiedlung, in: Blätter der Wohlfahrtspflege, H. 7 – *Adams, U.*, 1971: Nachhut der Gesellschaft. Untersuchung einer Obdachlosensiedlung in einer westdeutschen Großstadt, Freiburg – *Aich, P./Bujard, O.*, 1972: Soziale Arbeit: Beispiel Obdachlose. Eine kritische Analyse, Köln – *Albrecht, G.*, 1969: Die »Subkultur der Armut« und die Entwicklungsproblematik, in *König, R.* (Hrsg.), Aspekte der Entwicklungssoziologie, Köln-Opladen – *Albrecht, G.*, 1973: Soziologie der Obdachlosigkeit: Konsequenzen für die Praxis der Sozialarbeit, in: Neue Praxis, H. 4 – *Albrecht, G.*, 1974: Randseiter oder Außenseiter, in: *Kaiser, G./Sack, F./Schellhoss, H.* (Hrsg.), Kleines Kriminologisches Wörterbuch, Freiburg – Arbeitsgemeinschaft Sozialpolitischer Arbeitskreis AG SPAK (Hrsg.), 1977: Obdachlosenpolitik in der BRD. Trendlinien kommunaler Obdachlosenpolitik. Projekterfahrungen. Handlungsanleitungen zur Zusammenarbeit mit Obdachlosen, Berlin – Arbeitskreis Junger Kriminologen (Hrsg.), 1973: Randgruppenarbeit. Analysen und Projekte aus der Arbeit mit Obdachlosen, München – Arbeits- und Sozialbehörde Hamburg, Amt für Verwaltung, Planungsreferat, 1974: Sozialstrukturelle Untersuchung der Obdachlosen in Hamburg. Erste Auswertung, Hamburg – *Bauer, R.*, 1970: Studie für einen Sozialen Entwicklungsplan im Bereich der Mariothsiedlung (Lohwaldsiedlung), Offenbach – *Bauer, R.*, 1980: Obdachlos in Marioth. Von der Notunterkunft zum »modernen Asyl«, Weinheim/Basel – *Blume, O.*, 1960: Die Obdachlosen in Köln. Sozialstrukturelle Untersuchung der Bewohnerschaft von Obdachlosen-Unterkünften im Kölner Raum, Göttingen – *Brede, H./Kohaupt, B./Kujath, H.-J.*, 1975: Ökonomische und politische Determinanten der Wohnungsversorgung, Frankfurt/M. – *Brühl, M.*, 1970: Benachteiligte Kinder als pädagogische Provokation, Frankfurt/M. – *Brühl, A.*, 1977: Rechtliche Hilfen für Obdachlose, München – *Bura, J.*, 1979: Obdachlosigkeit in der Bundesrepublik: Ursachen und Entwicklung. Ein Beitrag zur Theoriebildung, München – *Christiansen, U.*, 1973: Obdachlos weil arm. Gesellschaftliche Reaktionen auf die Armut, Gießen – *Däumling, A. M.*, 1967: Zur Motivation der Familienobdachlosigkeit, in: Nachrichtendienst des Deutschen Vereins für öffentliche und private Fürsorge: 101–108 – Deutscher Städtetag (Hrsg.), 1968: Hinweise zur Obdachlosenhilfe, Köln – Deutscher Verein für öffentliche und private Fürsorge (Hrsg.), 1967: Obdachlosigkeit. Ursachen – Folgen – Maßnahmen. Bericht über die Hauptausschußtagung am 13. und 14. April 1967 in Köln, Frankfurt/M. – *Dottke, B.*, 1973: Armut und Wohnung, in: Arbeitskreis Junger Kriminologen, 1973 – *Engels, F.*, 1973: Zur Wohnungsfrage, in: Marx-Engels-Werke Bd. 18, Berlin (Ost) – Erweiterter Arbeitskreis Sozialer Brennpunkt, 1972: Obdachlosigkeit als soziales Problem, in: Rundbrief 4 – GEWOS – Gesellschaft für Wohnungs- und Siedlungswesen e. V. Hamburg (Hrsg.), 1976: Obdachlosigkeit in der Bundesrepublik Deutschland. Eine Analyse der sozialen Situation Obdachloser, der Ursachen und Folgen von Obdachlosigkeit und der bisherigen Maßnahmenprogramme sowie Empfehlungen für die kommunale Praxis und die gemeinnützige Wohnungswirtschaft zur Reintegration von Obdachlosen und zur Verhinderung von Obdachlosigkeit. Forschungsbericht, Hamburg – *Graf, P./Raiser, Ch./Zalfen, M.*, 1976: Sozialarbeit in Obdachlosenbereich. Gemeinwesenarbeit zwischen Betroffenen und Institutionen, Berlin (West) – *Haag, F.*, 1971: Wohnungslose Familien in Notunterkünften. Soziales Bezugsfeld und Verhaltensstrategien, München – *Haas, Th.* 1966: Erfahrungen in der Spielstube einer Obdachlosensiedlung, in: Jugendwohl, H. 7–8: 289–292 – *Hess, H.*, 1972: Die Lazarusschicht – Vorbemerkungen zum Problem der Armut, in: Kriminologisches Journal, H. 3: 163–170 – *Hess, H.*, 1973: Zur Soziologie der Obdachlosen: Elemente strukturellen Zwanges in der Reproduktion von Armut, in: W. Hollstein/M. Meinhold (Hrsg.), Sozialarbeit unter kapitalistischen Produktionsbedingungen, Frankfurt/M. – *Hess, H./Mechler, A.*, 1973: Ghetto ohne Mauern. Ein Bericht aus der Unterschicht, Frankfurt/M. – *Hevert, L.*, 1967: Eine soziographische Befragung der Bewohner von städtischen Obdachlosenunterkünften, in: Nachrichtendienst des Deutschen Vereins für öffentliche und private Fürsorge: 108–110 – *Höhmann, P.*, 1976: Wie Obdachlosigkeit gemacht wird. Die Entstehung

und Entwicklung eines sozialen Problems, Neuwied – *Hubbertz, K.-P.*, 1975: Die Entstehung
und Verfestigung von Obdachlosigkeit – Zum Verhältnis von Armut und Subkultur, in: Neue
Praxis, H. 4: 289–300 – *Jacobs, J.*, 1963: Tod und Leben großer amerikanischer Städte,
Frankfurt/M. – *Iben, G.*, 1971: Randgruppen der Gesellschaft. Untersuchungen über
Sozialstatus und Erziehungsverhalten obdachloser Familien, München – **Iben, G./Drygala,
A./Bingel, I./Fritz, R.*, 1981: Gemeinwesenarbeit in sozialen Brennpunkten. Aktivierung,
Beratung und kooperatives Handeln, München – Institut für Sozialforschung und Gesell-
schaftspolitik e. V. (Hrsg.), o. J.: Die Situation der Obdachlosen in Duisburg, Köln –
Karlstetter, St., 1964: Sanierung von städtischen Obdachlosensiedlungen als Versuch in
Gemeinwesenarbeit, in: Blätter der Wohlfahrtspflege, H. 1: 12–16 – *Khella, K.*, 1974:
Theorie und Praxis der Sozialarbeit und Sozialpädagogik, Hamburg – *Kögler, A.*, 1976: Die
Entwicklung der »Randgruppen« in der Bundesrepublik Deutschland, Göttingen – *Krebs, D.*,
1971: Obdachlosigkeit. Eine soziologische Untersuchung, Mannheim (Diss.) – Landeshaupt-
stadt Hannover (Hrsg.), 1967: Das Obdachlosenproblem in Hannover, Hannover – Landes-
hauptstadt München (Hrsg.), o. J.: Wohnungen für Obdachlose, München – *Marcuse, H.*,
1969: Versuch über die Befreiung, Frankfurt/M. – *Marx, K.*, 1962: Das Kapital, Bd. 1, Marx-
Engels-Werke Bd. 23, Berlin (Ost) – *Menges, W.*, 1971: Die Umsetzung von Obdachlosen.
Bericht über eine Untersuchung in Trier, in: Nachrichtendienst des Deutschen Vereins für
öffentliche und private Fürsorge; 243–244 – *Preußer, N.*, 1976: Empirie einer Subkultur,
Berlin – *Richter, H. E.*, 1972: Die Gruppe. Hoffnung auf einen neuen Weg, sich selbst und
andere zu befreien. Psychoanalyse in Kooperation mit Gruppeninitiativen, Reinbek –
Sabotschinski/Reichling, 1958: Lager und Lagerbewohner in Hamburg, in: Hamburg in
Zahlen 3 – **Sack, F.*, 1974: Minderheiten und Vorurteile, in: G. Kaiser, F. Sack, H.
Schellhoss (Hrsg.), Kleines Kriminologisches Wörterbuch, Freiburg – *Schweinitz, H. v.*, 1974:
Obdachlosigkeit – ein gesellschaftlicher Zustand, in: Neue Praxis, H. 4: 372–382 – Spiegel-
Redaktion (Hrsg.), 1973: Unterprivilegiert. Eine Studie über sozial benachteiligte Gruppen in
der Bundesrepublik Deutschland, Neuwied – Statistische Informationen des Statistischen
Amts der Landeshauptstadt Düsseldorf, 1972: Nr. 166, Obdachlose in Düsseldorf, Düssel-
dorf – Statistisches Landesamt Nordrhein-Westfalen, lfd.: Die Obdachlosigkeit in Nordrhein-
Westfalen, Düsseldorf – *Vaskovics, L. A.*, 1976: Segregierte Armut. Randgruppenbildung in
Notunterkünften. Unter Mitarbeit und mit einem Beitrag von *Hans-Peter Buba*, Frankfurt/
M./New York – *Vaskovics, L. A./Weis, W.*, 1977: Stand der Forschung über soziale
Randgruppen – Obdachlose, Bamberg – *Vaskovics, L. A./Weins, W. / Buba, H.-P.*, 1978:
Hilfen für soziale Randgruppen – Obdachlose, Bamberg – **Vaskovics, L./Weins, W.*, 1979:
Stand der Forschung über Obdachlose und Hilfen für Obdachlose, Stuttgart/Berlin/Köln/
Mainz – *Zöllner, W.*, 1973: Obdachlos durch Wohnungsnot. Ein Beitrag zur Differenzierung
der Obdachlosigkeit, Reinbek. –

→ Nichtseßhaftigkeit → Randgruppen → Sozialstruktur → Wohnungspolitik

Öffentlichkeit

Organisationsstrukturen

Der Begriff der »Öffentlichkeit« bezeichnet den Bereich gesellschaftlicher Kommunikation, der sich nach Ausgrenzung sowohl der Arbeit im Betrieb als auch der Familie ergibt und der als das Zusammentreffen (real oder fiktiv) freier Personen zur Diskussion von Angelegenheiten charakterisierbar ist, die von allgemeinem Interesse sind. Öffentlichkeit umfaßt Phänomene von der Verbandstagung bis zur Geselligkeit. Zur Strukturanalyse der Öffentlichkeit sind zwei Unterscheidungen zu treffen.

1. Die Öffentlichkeit der Verbände (im weitesten Sinn), der Parteien und Unternehmen: historisch ist dies die Öffentlichkeit des Bürgertums, das sich Rechtsgleichheit und freien Waren- und Nachrichtenverkehr erkämpfte. Bürgerliche Öffentlichkeit entwickelt sich in der Differenzierung von Parlament und Gerichtsbarkeit und in den Berufsständen als »öffentliche Gewalt«. Sie ist zugleich als politische Öffentlichkeit auf das Funktionieren des Staates bezogen, ist der Bereich der informellen und (bei Wahlen) formellen »öffentlichen Meinung«. Öffentlichkeit, als bürgerliche Öffentlichkeit, ist charakterisiert durch eine formale Freiheit der Subjekte, eine im Prinzip uneingeschränkte Freiheit der Meinungsäußerung, einen freien Zugang zu den Mitteln hierzu und durch die Chance einer realen Einflußnahme. Die Öffentlichkeit der Verbände, der Parteien und der Unternehmen hat, entsprechend der Veränderung zu oligopolistischen und monopolistischen Markt- und Machtstrukturen eine strukturelle Veränderung erfahren: die Entwicklung zum Zwei- oder Dreiparteiensystem, die Organisation mächtiger Interessenverbände der »gesellschaftlich relevanten Gruppen« und die Ausbildung oligopolistischer und monopolistischer Marktformen und damit von Großkonzernen. Demgegenüber die relative Ohnmacht jener Gruppen – auch der »bürgerlichen« –, deren Interessen sich nicht effektiv verallgemeinert haben oder gar sich aus strukturellen Gründen nicht verallgemeinern lassen.

2. Die nichtorganisierte Öffentlichkeit des Publikums, der Massen, der Kleinbetriebe, der Vereine, der Künstler, der Journalisten etc.: In dieser Form der Öffentlichkeit mischen sich bürgerliche und proletarische Momente. Diese Formen von Öffentlichkeit haben eine alte Tradition. Sie entstanden immer in Phasen revolutionärer Veränderung: Bauern und Handwerker, städtische Kleinproduzenten, das plebejische Element in den bürgerlichen Revolutionen schufen in Armee (die »Independenten«, die »Leveller« in der englischen Revolution) und Stadtteil (die Sansculotten in der französischen Revolution) politische Öffentlichkeit und eigene Organisationsformen der »direkten Demokratie«. Dieser Begriff bezeichnet den Versuch dieser Öffentlichkeiten, Praktiken und Institutionen zu finden, die die Kontrollfunktion der Basis garantieren sollen. Politische Entscheidungen werden öffentlich in der Versammlung der Urwähler getroffen; die gewählten Vertreter sind in ihren Entscheidungen nicht frei, sondern an Mandate ihrer Wähler

gebunden; sie unterliegen dauernder Kontrolle durch die Urwähler und können jederzeit durch diese abberufen werden; an Positionen werden keine Privilegien geknüpft. Diese Organisationsformen gaben sich auch die politischen Öffentlichkeiten, die von Arbeitern bestimmt waren (Pariser Kommune, 1871, Rätebewegungen von 1905, 1917). Das Selbstverständnis der proletarischen Öffentlichkeiten läßt sich zusammenfassen in den Forderungen: Dezentralisierung der Staatsmacht, Arbeiterselbstverwaltung in den Betrieben bei demokratischer Planung des Wirtschaftsprozesses. Als wesentliche Probleme der Öffentlichkeit der direkten Demokratie erwiesen sich von Anfang an: die notwendige Permanenz der Aktivität und die Frage der Zentralisation (*Allgemeiner Kongreß*, 1919; *Naschold*, 1969). Aber auch die Öffentlichkeiten eines Arbeiterviertels, wie sie *Hoggart* (1958) oder *Jackson* (1968) beschreiben, sind Formen proletarischer Öffentlichkeit: Verkehrsformen des Proletariats. Zu diesem Typus von Öffentlichkeit gehören aber auch die Einkaufsöffentlichkeit von Hausfrauen, die nach der Studie von *Pross* (1975) ein wichtiges Moment im Alltagsleben der Hausfrauen darstellt; die »Street Corner Societies« von Jugendlichen (*Whyte*, 1955); Formen der Geselligkeit, wie *Simmel* (1911) sie charakterisierte etc. Im künstlerischen und journalistischen Bereich gab es die Versuche des sowjetischen Proletkults, neuerer Zeit die Etats Généraux du Cinéma vom Pariser Mai 1968 und die Redaktionsstatutenbewegung in der Bundesrepublik; vielleicht weniger theoretisch artikuliert, gehören hierzu ebenfalls die Versuche von Schmalfilm- und Videogruppen, Künstler-, Autoren- und Verlagssyndikaten, etc. Aber auch die unzähligen Grassroots-Gruppen, vor allem in den USA, die Nachbarschaftsgruppen, landwirtschaftlichen Genossenschaften, Selbsthilfe-Wohnbauprojekte, Frauenzentren, Selbsthilfe-Kliniken, Genossenschaften für den Lebensmitteleinkauf, Kreditgenossenschaften, Konsumenten-Hilfsorganisationen und deren spezifische Öffentlichkeiten gehören hierzu (*Perlman*, 1976). Das Strukturproblem dieser Öffentlichkeiten ist die »Lagerbildung« (*Negt/Kluge*, 1972): die durch relative Machtlosigkeit bedingte Ausbildung sektiererischer Abgrenzung innerhalb der Gruppe und nach außen.

Diese unterschiedlichen Strukturen bezeichnen historisch unterschiedliche, wenn nicht sogar entgegengesetzte Qualitäten der institutionellen, kulturellen Formen. Beide Formen der Öffentlichkeit unterscheiden sich nicht nur organisatorisch, sondern auch »institutionell«: zur Analyse der Öffentlichkeit und ihrer Dynamik sind zwei Elemente zu unterscheiden: das der »Organisation« und das der »Institution«. Die Ebene der Organisation ist die Form der sanktionierten, gesellschaftlich zugelassenen Kooperation der Produzenten; sie betrifft sowohl die Verfügungsrechte (im privatwirtschaftlichen Bereich) bzw. Kontrolle (im öffentlich-rechtlichen Bereich) über die Produktionsmittel als auch die Anweisungsstruktur der innerorganisatorischen Hierarchie. Institution bezieht sich dagegen auf die kulturellen Produkte, deren Inhalte und Formen, die produzierten Standardisierungen und Stereotypen, wie sie nicht zuletzt aufgrund des Verhältnisses der Produzenten zum Publikum zustande kommen. Notwendigerweise wird ein bestimmter Typus von Organisation auch bestimmte, kalkulierbare kulturelle Muster erbringen.

Institutionelle Qualitäten bürgerlicher Öffentlichkeit

Die feudale Öffentlichkeit war eine Öffentlichkeit der Repräsentation feudaler Macht (Fürst, Adel, Kirche), häufig aber auch feudaler Aufgeklärtheit. In der Architektur *Palladios*, dem Vorbild auch der bürgerlichen Repräsentationsarchitektur, ist dieses aufgeklärte Moment deutlich vorhanden (vgl. *Ackermann*, 1972; *Puppi*, 1973). Die »institutionelle Qualität« der bürgerlichen Öffentlichkeit war dagegen nicht Repräsentation, sondern die öffentliche Diskussion: die freie, rationale Kommunikation gleichberechtigter, autonomer Warenbesitzer. Die zum Publikum versammelten Privatleute vertreten gegen die obrigkeitlich reglementierte Öffentlichkeit den Anspruch des öffentlichen Räsonnements – mit dem Zweck, sich mit der öffentlichen Gewalt über die Organisation des Warenverkehrs und der gesellschaftlichen Arbeit auseinanderzusetzen (*Habermas*, 1973). Öffentliches Räsonnement ist einerseits eine, wenn auch folgenreiche, theoretische Fiktion, ausgehend von *Locke* (1690), dann von der amerikanischen Unabhängigkeitsbewegung und in Frankreich (mit unterschiedlicher Bewertung) von *Montesquieu* (1748), *Rousseau* (1762), *Robespierre* – eine Fiktion, die von Anbeginn an (von unterschiedlichen Voraussetzungen her) mit Skepsis bedacht war. Die liberale Verkehrsform ist durch eine Parität des »bloß Menschlichen« charakterisiert; Macht, Ansehen, wirtschaftliche Abhängigkeiten sind im öffentlichen Diskurs im Prinzip ausgeschlossen (*Habermas*, 1965). Die in der Warenwelt vorherrschende Verkehrsform wird zur progressiven – wenn auch nicht realisierten, so doch wirksamen – Fiktion des rationalen Diskurses: Das Prinzip, von Fragen der Herkunft und des Status abzusehen und allein die Qualität der präsentierten Waren und Argumente gelten zu lassen – deren Verkäuflichkeit und Durchsetzungskraft sich im Zustand freier Konkurrenz (anders als unter heutigen Monopolbedingungen) auf dem Markt praktisch erweisen kann. Faktisch hatten die Diskussionen der Rechtsgelehrten, der City-Leute, der Geistlichen, der Soldaten, der Tories und der Whigs, der Spieler, der Künstler, der führenden Schöngeister, der reichen Kaufleute, der Gesandten und Bankleute, der Kunstfreund etc. in den englischen Kaffeehausgesellschaften und den Pariser Salons des 18. Jahrhunderts eher die Funktion von Meinungs-, Geschäfts- und Standard-Börsen. Die »gescheiten Diskurse« waren wohl eher Statuskämpfe der Konkurrenten. Die permanente Diskussion unter den Privatleuten, die sich in den Tischgesellschaften, Salons und Kaffeehäusern institutionalisierten, fanden eher um der Legitimationsproduktion und der Geschäfte als um der Reflexion willen statt. Die Kommunikationsform der Warenbeziehungen ist jedoch prinzipiell formal bestimmt. Sie impliziert zwar keine Unterschiede des Standes, des Ansehens und der Macht, sie impliziert jedoch auch nichts Qualitatives. Die institutionellen Formen, die kulturellen Muster, die im Rahmen der bürgerlichen Öffentlichkeit entstanden, waren stets eher *Formen* als Artikulationsmittel lebendiger Erfahrung. *Lefebvre* (1958) hat einige dieser formalisierten bürgerlichen Topoi genannt, in denen sich eine intellektuelle Form gegenüber deren lebendigem Inhalt verselbständigt: formaler Rationalismus, der auf der Ebene des Verstandes verharrt und sich gegen die lebendige, dialektische Vernunft richtet; der klassische Nationalismus, der sich gegen die lebendige Nation richtet, die sich demokratisch und sozialistisch entwickelt; der Individualismus als Form, das sich isolierende Privatbewußtsein im Gegensatz zum wirklichen Individuum, das handelt, lebt und seine Probleme löst; der Objektivismus der formalen Neutralität, der isolierten Fakten, der die begründete Objektivität des Denkens ignoriert, das die widersprüchliche Realität erfaßt; der Ästhetizismus der reinen Form als eine allein auf Stil und Anschaulichkeit beschränkte Untersuchungsmethode, in der sich die Form »formalistisch« verselbständigt. Dies sind, auf der institutionellen Ebene, gleichsam die kulturellen »Warenformen« des rationalen Diskurses.

Trotz aller Tendenz zur Formalisierung des rationalen Diskurses sichert jedoch der freie Markt der Meinungen, die Chance zu differenziertem Rollenspiel und damit die Chance zur Entfaltung von Individualität und Subjektivität. Diese ist ja nur in einer Öffentlichkeit als Markt gegeben, in der die Fähigkeit zu wechselnden Besetzungen (im psychologischen Sinne) und damit das Entstehen eines hochsublimierten Kontaktvermögens (*Lorenzer*, 1969) möglich ist.

Institutioneller Wandel der Öffentlichkeit

Die Veränderungen der bürgerlichen Öffentlichkeit lassen sich knapp als »Refeudalisierung« (*Habermas*) bezeichnen: große Organisationen streben mit dem Staat und untereinander Kompromisse unter Ausschluß der Öffentlichkeit an; Publizität erhält die Funktion der Einhandlung von Support (*Parsons*). Institutionell impliziert dies das Eindringen von »public relations«, von »Öffentlichkeitsarbeit«, das Vorherrschen der »Überredungskommunikation«, der Ausrichtung »öffentlicher Diskussion« auf sozialpsychologische Wirkungen hin, auf die Verstärkung oder Veränderung von Einstellungen, auf Imagepflege, auf die Dispersion von Information. Auch Information ist hier nicht mehr im Sinne eines durch Kenntnis und rationale Diskussion erworbenen Wissens zu verstehen, sondern als bloßes Kennen von Marken, Informationsstücken, Standpunkten etc. Die Entwicklung von Urteilsfähigkeit, der Bezug auf ein autonomes Subjekt, war der emphatische Bezug der klassischen bürgerlichen Öffentlichkeit zum Publikum. Die heutige bürgerliche Öffentlichkeit der Großverbände, der »Massenparteien«, der Großkonzerne bezieht sich auf das Publikum als »empathisches«. In der Modernisierungsforschung (*Lerner*, 1958; *Rostow*, 1962; *Etzioni*, 1968) wird Empathie zu einem der wichtigsten Kriterien entwickelter Gesellschaften: die durch Wahlbeteiligung, Investitionen in Konsumgüter und im Freizeitbereich meßbare Bereitschaft, stets wechselnde, vorgegebene Modelle des Konsums, der Politik, der Freizeit ohne weiteren Diskurs zu übernehmen. Die Durchsetzung dieser institutionellen Qualität erfolgt nicht, wie häufig angenommen wird, kraft Verteilung subjektiver Rechte – also durch »Willkür Herrschenden« oder kraft subjektiver Verschwörung mehrerer Herrschender. Die Kontrollfunktionen sind in den Erfolgsbedingungen der politischen und ökonomischen Organisationen – hierauf hat vor allem *Offe* (1972) hingewiesen – strukturell eingebaut. Sie sind wiederum im Zwei- oder Dreiparteiensystem oder in den Formen oligopolistischer und monopolistischer Konkurrenz bedingt, die die Organisationen zu bürokratischer Kontrolle und Durchsetzung »generalisierter« Programme zwingt. Die Qualität der Öffentlichkeit der Großverbände, Parteien und Großkonzerne wird durch ein eher kategoriales Interesse bestimmt: Dem Interesse, die Bedürfnisse der Bevölkerung lediglich unter administrativem Gesichtspunkt kategorial (Arbeitnehmer, Jugendliche, weibliche Berufstätige, Alte, Esser, Trinker, rechts, Mitte, links) und in zerstückelter und generalisierter Form (U-Programme, E-Programme, Zielgruppenprogramme etc.) zusammenzufassen. »Generalisierung« bedeutet: die Formalisierung und Entspezifikation kultureller Symbole auf einer derart allgemeinen Ebene, daß jene als projektions- und identifikationsfähige Integrationssymbole selbst für divergierende Interessengruppen dienen können (*Luhmann*, 1971; *Negt/Kluge*, 1972; *Parsons*, 1969). Im Rahmen innerbürokratischer Befehlshierarchien wird die künstlerische und journalistische Arbeit zugunsten der Techniken und Fähigkeiten der effektiven Publikumsfixierung, in einem System der Anpassungsbereiten, kontrolliert. Was heißt Fixierung? Die Großkonzerne und »Massenparteien« müssen – gerade weil das Verhältnis der Angebote zu den Bedürfnissen prekär ist, gerade weil das Interesse schnell erlahmt – immer neue Bedürfnisse herausfinden, um immer neue Attraktionen und »Wellen« zu produzieren. Dies tun sie, indem sie die unbewußten Wünsche bzw. die halbbewußten Tagträume und Phantasien der Individuen, so wie sie sind, nach außen kehren, in ihre Produkte aufnehmen. In dieser scheinbaren Demokratisierung der Kulturproduktion bleiben die Wünsche selbst unmündig. Denn die Wünsche, Phantasien und Meinungen sind, für sich belassen, ja nicht vernünftig. Eine vernünftige Entwicklung und Bearbeitung ihrer Phantasie wird den Individuen jedoch im allgemeinen verweigert. Statt dessen werden sie dazu veranlaßt, es bei der bloßen Projektion ihrer je irrationalen Wünsche und Vorstellungen zu belassen. Es wird ihnen also nicht gestattet, ein vernünftiges Realitätsprinzip aufzubauen. Die erfolgreichen »Kommunikatoren«, die Fachleute in »Publikumsfixierung«, zeichnen sich dadurch aus, daß sie für dreierlei sensibel sind: für die Strömungen an der Basis, für die Wetterwandlungen des Markts und für das, was ihnen die herrschenden Kontrollgremien gestatten. Ihre Existenzchance und ihr Talent bestehen darin, die aus diesen drei Komponenten hervorgehenden Zwänge als »Zeichen der Zeit« in Formeln zu fassen, so daß sie marktgerecht und plausibel den Konsumenten nahegebracht werden können. Auf diese Weise entsteht eine bloße Zeichenhaftigkeit (*Barthes*, 1957) der Inhalte und Kategorien. Hier nur kurz, essayistisch, ein Beispiel: Diskussionsbeiträge im Fernsehen, in Podiumsdiskussionen oder in Interviews wirken oft äußerst aggressiv. Es wird verdammt, zurückgewiesen, verworfen und geschimpft. Diese Aggressivität ist das solchen Diskussionen adäquate Zeichen von Diskurs, selbst wenn die Beteiligten es ehrlich meinen. Denn die Äußerungen selbst halten sich meist im Rahmen der begrenzten »Standpunkte«, die jeder zu vertreten hat: der Sozialdemokrat betont die Verbundenheit mit der Mehrheit der Bevölkerung; manche Frauen – nicht alle, nicht immer – rufen »elitär«, sobald eine Diskussion interessant wird; der Künstler betont, daß Sinnlichkeit notwendig sei, und verweist auf seine seherische Kraft; der

Fachmann verweist auf die Sachzwänge; dem Anhänger der Orthodoxie liegt vor allem an der Verfolgung von Renegaten; der Journalist will alles in knappe Thesen zusammengefaßt haben. Die Aggressivität, mit der das ohnehin zu Erwartende vorgetragen wird, ist pures Design, das dem Zuschauer Springquellen der Innovation signalisieren soll. Eine Stromlinienform überdeckt einen ganz technischen, funktionalen Mechanismus . . .

Allerdings muß man zwei Probleme beachten: Es wäre falsch, die monopolkapitalistischen Verhältnisse von der Fiktion des »Räsonnements«, des »rationalen Diskurses« her zu betrachten. Im Konkurrenzkapitalismus waren zwar auch die Chancen der Realisierbarkeit der Fiktion gering. Es bestand jedoch die strukturell angelegte Möglichkeit, auf dem Markt, aus dem Gegensatz von Warenbeziehungen und autonomer kultureller Produktion, Identität zu gewinnen. Im Monopolkapitalismus dagegen geht etwas verloren – jedoch nicht die ohnehin kaum existent gewesene räsonierende Öffentlichkeit, sondern die vom Gegensatz von Warenform und Gebrauchsform her bestehende Chance der Herstellung von Identität und damit die Voraussetzung des Räsonnements. Von daher ist es kaum möglich, von den Fiktionen der bürgerlichen Öffentlichkeit her kritische Kriterien für die Analyse der Kommunikationsweisen und Verkehrsformen im Monopol zu erhalten. Es gibt die dargestellten Strukturen der Öffentlichkeit und es gibt das daraus hervorgehende institutionelle, kulturelle Angebot mit der hier knapp skizzierten institutionellen Form. Dem entspricht aber das Verhalten der Mehrheit der Bevölkerung nicht durch und durch. Die Bedürfnis- und Verhaltensstruktur des »Publikums« ist nicht so eindimensional wie es die Analyse des institutionellen Angebots suggeriert. Die Mehrheit der Bevölkerung verhält sich zwar »empathisch« insofern, als sie tatsächlich Informationen übernimmt, sich einem »Meinungsklima« unterwirft. Das Alltagsleben ist jedoch, wie empirische Studien zeigen, nicht durch und durch von »Empathie« beherrscht.

Institutionelle Qualitäten nichtorganisierter Öffentlichkeit

Die nicht (oder nicht dauerhaft) organisierten Öffentlichkeiten des Publikums, der Massen, der Kleinbetriebe, der Vereine, der Künstler, der Journalisten setzen sowohl der (häufig zur Formalisierung tendierenden) Fiktion und der Chance des öffentlichen Räsonnements und den heutigen institutionellen Formen der Überredungskommunikation ein anderes institutionelles Interesse entgegen: das produktiver Arbeit am Objekt. Ein nur dort vorhandenes handwerkliches Interesse kann sich produktiv äußern: Interesse an der Artikulation und Verarbeitung von Ereignissen, Erfahrungen, Bedürfnissen und Interessen, also ein Interesse an lebendiger Aneignung statt am Markt der Legitimation. Ihr Produktionspotential sind künstlerische und handwerkliche Fähigkeiten, journalistische Reflexion, kritische Fähigkeiten beim Publikum. Als Fiktion richtet sich dieses institutionelle Interesse auf zwei Momente: 1. Auf die gebrauchsorientierte Verarbeitung von Bedürfnissen, häufig unter Ablehnung generalisierter Bedürfnisbefriedigung; strukturell impliziert dies häufig die Ablehnung bürokratischer Kontrolle und die

Befürwortung räteartiger Strukturen. 2. Auf die Entfaltung bedürfnis- und interessenspezifischer Kooperation.

Es wäre allerdings falsch, das produktive Potential dieser Öffentlichkeiten zu idealisieren. Ebenso notwendig ist die Analyse der strukturbedingten Probleme dieser Formen von Öffentlichkeit, ohne deren produktive Momente zu vergessen. Ein prädisponiertes Publikum, das ein Interesse an einer gebrauchsorientierten Verarbeitung von Bedürfnissen hat, ist nicht selbstverständlich. Die Öffentlichkeiten des Publikums, der Massen, der Kleinbetriebe, der Vereine, der Künstler, der Journalisten sind nicht von den allgemeinen gesellschaftlichen Mechanismen ausgenommen. Ein Interesse, Qualität zu produzieren oder nichtkonkurrierend zu kooperieren, gibt es nicht von vornherein. Auch hier ist eine Tendenz zur Zeichenproduktion vorhanden. Es besteht häufig zugleich das Interesse, die Öffentlichkeit der Verbände, Parteien und Unternehmen zu imitieren und deren Mechanismen zu übernehmen: formal-kategoriale Organisationsformen oder institutionell die Wiederholung von Legitimationsproduktion oder eines »professionellen Stils«. Man möchte es »genauso gut machen« wie die professionellen Politiker oder die professionelle Unterhaltungsmaschinerie. Nicht immer bilden die Basisöffentlichkeiten etwas Eigenes aus. Häufig sind sie lediglich Experimentierfeld dessen, was *Pareto* (1955) die Elitenrotation nennt: Probierfeld für nachrückende Eliten, die neue Produkte, neue Legitimationen erproben. *Marx* und *Engels* sahen die strukturelle Chance für ein »Produktionsinteresse« – für ein Interesse an der aktiven Aneignung der Umwelt – in den Erfahrungen gegeben, die die industrielle Arbeit, die Lohnarbeit bewirkt. Andererseits stammten die Arbeiter, die ihnen hierfür modellhaft waren, aus bäuerlichen und handwerklichen Traditionen. Bäuerliche und handwerkliche Tradition aber bedeutet: ein Eigeninteresse an Solidität der Arbeit, an Produktion, an Selbstbestimmung auch innerhalb der gegebenen Ressourcen etc. »Der ganze Zunftbetrieb«, so heißt es bei *Marx*, »ist darauf eingestellt, daß bestimmte Qualität geliefert wird«. Auch die Arbeiter, die die Rätestrukturen der russischen und der deutschen Revolution stützten, stammten wohl noch aus bäuerlichem Hintergrund. Das gleiche gilt für die Formen der Gebrauchsorientierung, wie sie *Hoggart* und *Jackson* für die englische Arbeitersubkultur beschrieben haben. Abgesehen davon, daß es fraglich ist, ob man allein aus der Struktur der industriellen Arbeit auf das »Bewußtsein« schließen kann, ergaben die Studien von *Goldthorpe* et al. (1968) und von *Zweig* (1952, 1962) – der dieselben Arbeiter im Zehnjahresabstand untersuchte –, daß bei den »modernen« Industriearbeitern, den Facharbeitern gegenüber der eigenen Arbeit kein »Produktionsinteresse«, sondern eine »instrumentelle«, lohnorientierte und auf das »Privatleben« ausgerichtete Einstellung besteht. Allerdings gehen vor allem *Goldthorpe* et al. von einem formalisierten Begriff von Politisierung aus. »Bewußtsein« bedeutet darin: Gewerkschaftsmitgliedschaft, politische Partizipation, Streikbereitschaft. Von diesem Begriff her erscheint dann das faktische Bewußtsein und Verhalten als Lohnfixierung und »Privatisierung«. Wie jedoch die Studien zur sozialen Topik und über Sprachverhalten (*Popitz* et al., 1957; *Bernstein*, 1972 usw.) zeigen, gibt es bei den Arbeitern, aber auch bei Angestellten und auch bei den freien Berufen, durchaus Formen eines »Produktionsbewußtseins«: Sinn für gesellschaftliche Widersprüche, utopische Vorstellungen, Sinn für Spiel und Kritik. Auf diese Bewußtseinsformen geht allerdings vor allem die Massenkultur in der oben beschriebenen generalisierten Form ein.

Ebenso ist die historische Bedingtheit künstlerischer und journalistischer Traditionen zu beachten. Diese sind häufig mehr Ergebnis glücklicher gesellschaftlicher Umstände (Akrobatik, Vaudeville, Jahrmarkt) als struktureller Hintergrund für praktisch erfahrene Künstler oder spezielle Ausbildungsstätten wie Filmschulen, Journalistenschulen etc. Es muß außerdem ein Stand der kommunikationstechnischen Entwicklung gegeben sein, der auch einem Individualkünstler und Individualjournalisten oder kleinen Teams eine fortgeschrittene Verarbeitung von Information und Erfahrung ermöglicht. Das Problem von Videogruppen heute besteht darin, daß ihnen sowohl eine informelle Öffentlichkeit fehlt, wie sie z. B. die Filmemacher des Slapstickfilms in den USA in den eingewanderten, sprachunkundigen Arbeitern bis in die 1920er Jahre hinein hatten. Es fehlt ihnen meist auch an der zweiten Voraussetzung: an entwickelter künstlerischer oder journalistischer Ausbildung.

Abhängigkeiten

Selbst wenn beide Momente, ein »prädisponiertes« Publikum und die Voraussetzungen für Produktivität gegeben sind, so bleibt die Öffentlichkeit des Publikums, der Massen, der Kleinbetriebe, der Vereine, der Künstler, der Journalisten stets doch noch von der Verbands-, Parteien- und Unternehmensöffentlichkeit abhängig.

1. Die Öffentlichkeit der Verbände, Parteien und Firmen ist in ihrer institutionellen Produktion kraft struktureller Mechanismen zur Realitätstüchtigkeit der Herrschaftsausübung gezwungen. Die Strategien, die im Rahmen dieser Öffentlichkeit entworfen und legitimiert werden, müssen effektiv sein: sie müssen Wählern nützlich erscheinen, den Firmen Profite, den Parteien und Verbänden »Legitimationsprofite«, d. h. Unterstützung einbringen. Der bereits dargestellte Formalismus der »Organisation nach Köpfen« *(Negt)*, d. h. nach Sozialkategorien, der in diesem Bereich organisatorisch und institutionell vorherrscht, hat darin seine Ursache, daß er auf dem aufgrund überregionaler Herrschaftszusammenhänge real Machbaren aufbaut. Die nichtorganisierte Öffentlichkeit ist derartigen Mechanismen der Realitätskontrolle häufig nicht ausgesetzt. Dies eröffnet ihr die Chance, ihr produktives Potential zur Geltung zu bringen, zu entwickeln. Dies ist jedoch auch die strukturelle Ursache dafür, daß aus eigener Lebensperspektive oder in verabsolutierung der eigenen Produktionsweise gewonnene Anschauungen sich verselbständigen; daß sie institutionell zur von den realen Problemen (die die Parteien und Verbände wenigstens pragmatisch in den Griff bekommen) abgelösten Legitimationsideologie, strukturell zur Sektenbildung oder zur Übernahme der Organisationskategorien der Verbands-, Parteien- und Unternehmensöffentlichkeit führen.

2. Die Basisöffentlichkeiten stoßen auf die von der Verbands-, Parteien- und Unternehmensöffentlichkeit gesetzten Grenzen und die dort vorherrschenden »strukturellen Zwänge«: kleinere Gruppen, die die Strategie der direkten Aktion, des Drucks auf die bestehenden (vor allem kommunalen) Instanzen verfolgen, verlaufen sich, bei Erfolg wie Mißerfolg, schnell; die Strategie der Abwahl bestehender Einrichtungen, der Versuch, selbst Gremienarbeit zu leisten, stößt auf die überregionalen Strukturen, von denen eine Verbesserung des Lebenszusammenhangs abhängt (Konjunkturpolitik, Raumordnung, Energiepolitik etc.); der Versuch, eigene profitable Kleinunternehmen aufzubauen, macht die entsprechenden Gruppen von öffentlichen Subventionen gerade der bekämpften Verbände abhängig (*Perlman*).

3. Zur Bedingung der Artikulation der Öffentlichkeit des Publikums, der Massen, der Kleinbetriebe, der Vereine, der Künstler, der Journalisten gehört immer auch eine Struktur der Verbands-, Parteien- und Unternehmensöffentlichkeit, die eine freie Artikulation und Konkurrenz zuläßt – selbst wenn das Spektrum der zugelassenen Meinungen historisch immer begrenzt war. Hierzu gehört auch eine gewisse, strukturell gesicherte Toleranz, ein gewisses Interesse (oder auch nur eine gewisse Machtlosigkeit, z. B. in Nachkriegszeiten) der herrschenden, effektiv in Verbänden organisierten Publikumsgruppen. Nur unter diesen Bedingungen gelang es Bürgerinitiativen, die sachlichen, zeitlichen und sozialen Restriktionen, die die Politik der Parteien und Verbände setzen, zu durchbrechen.

Dieter Prokop

Literatur

Ackermann, J. S., 1972: Palladio, Baltimore – Allgemeiner Kongreß der Arbeiter- und Soldatenräte Deutschlands 1919, vom 16.–21. Dez. 1918: Stenogr. Berichte, Berlin – *Barthes, R.*, 1957: Mythen des Alltags, Frankfurt/M. – *Berstein, B.*, 1972: Studien zur sprachlichen Sozialisation, Düsseldorf – *Etzioni, A.*, 1975: Die aktive Gesellschaft, Opladen – *Goldthorpe, J. H.*, 1970: Der »wohlhabende« Arbeiter in England, 3 Bde., München – *Habermas, J.*, 1965²: Strukturwandel der Öffentlichkeit, Neuwied – *Habermas, J.*, 1973: Legitimationsprobleme im Spätkapitalismus, Frankfurt/M. – *Hegel, G. W. F.*, 1821: Grundlinien der Philosophie des Rechts, Berlin – *Hoffmann, H.*, 1979: Kultur für alle, Frankfurt/M. – *Hoggart, R.*, 1958: The Uses of Literacy, Harmondsworth – *Jackson, B.*, 1968: Working Class Community, Harmondsworth – *Jefferson, Th.*, 1955: Political Writings, Ed. Eduard Dumbauld, Indianapolis/New York – *Lefebvre, H.*, 1975: Kritik des Alltagslebens, 3 Bde., München – *Lerner, D.*, 1958: The Passing of Traditional Society, New York – *Locke, J.*, 1913: Versuch über den menschlichen Verstand, Leipzig – *Lorenzer, A.*, 1969: Städtebau: Funktionalismus und Sozialmontage?, in: *Berndt, H.*: Architektur als Ideologie, Frankfurt/M. – *Luhmann, N.*, 1971: Öffentliche Meinung, in: Politische Planung, Opladen – *Marx, K.*, 1970: Resultate des unmittelbaren Produktionsprozesses, Frankfurt/M. – *Mill, J. St.*, 1869/73: Gesammelte Werke, 2 Bde., Leipzig – *Montesquieu, Ch.*, Secondat Baron de la Brède, 1951: Vom Geist der Gesetze , Ed. *Forsthoff, E.*, Tübingen – *Naschold, F.*, 1969: Organisation und Demokratie, Stuttgart – *Negt, O./Kluge, A.*, 1972: Öffentlichkeit und Erfahrung, Frankfurt/M. – *Negt, O.*, 1976: Keine Demokratie ohne Sozialismus, Frankfurt/M. – *Noelle-Neumann, E.*: Massenmedien und Meinungsklima, 30. 8.–4. 9. 1976, Vortrag, International Association for Mass Communication Research, Leicester – *Offe, C.*, 1972: Strukturprobleme des kapitalistischen Staates, Frankfurt/M. – *Paine, Th.*, 1962: Die Rechte des Menschen (1791/92), Berlin –

Pareto, V., 1955: Allgemeine Soziologie, Ed. Brinkmann, C., Tübingen – *Parsons, T.,* 1969: Politics and Social Structure, Glencoe – *Perlman, J. E.,* 1976: Cowboydemokratie, Basisbewegungen in den Vereinigten Staaten, in: Neues Forum Nr. 276 – *Popitz, H.,* 1957: Das Gesellschaftsbild des Arbeiters, Tübingen – *Prokop, D.,* 1974[2]: Soziologie des Films, Darmstadt – *Prokop, D.,* 1974: Massenkultur und Spontanität, Frankfurt/M. – *Prokop, D.* (Hrsg.), 1976[4]: Massenkommunikationsforschung 1: Produktion, Frankfurt/M. – *Prokop, D.* (Hrsg.), 1975[2]: Massenkommunikationsforschung 2: Konsumtion, Frankfurt/M. – *Prokop, D.* (Hrsg.), 1977: Massenkommunikationsforschung 3: Produktanalysen, Frankfurt/M. – *Prokop, D.,* 1979: Faszination und Langeweile. Die popularen Medien, Stuttgart/München – *Prokop, D.,* 1980: Einführung in die Medien-Produktanalyse, Tübingen – *Prokop, D.,* 1981: Medien-Wirkungen, Frankfurt/M. – *Pross, H.,* 1975: Die Wirklichkeit der Hausfrau, Reinbek – *Puppi, L,* 1973: Andrea Palladio, Milano – *Robbespierre, M.:* Ausgewählte Texte, Hamburg – *Rostow, W. W.,* 1960: Stadien wirtschaftlichen Wachstums, Göttingen – *Rousseau, J. J.,* 1958: Der Gesellschaftsvertrag, Stuttgart – *Simmel, G.,* 1911: Soziologie der Geselligkeit, Verhandl. d. Ersten Dt. Soziologentages, Tübingen – *Tocqueville, A.,* 1835: De la démocratie en Amérique, 2 Bde., Paris – *Whyte, W. F.,* 1955: Street Corner Society, Chicago – *Zweig, F.,* 1952: The British Worker, London – *Zweig, F.,* 1962: The Worker in an Affluent Society, London –

→ Kommunikation/Medienpädagogik

Organisationsberatung

Vor dem Hintergrund der Konzepte der Organisationstheorie, der Organisationsänderung und Organisationsentwicklung wird hier Organisationsberatung als ein Typus sozialpädagogischen Handelns bestimmt und begründet.

Der Begriff »Beratung«, eine »originäre Kategorie« (*Arimond*, 1966) und ein »integrierendes Moment« von Kommunikation (*Frommann* et al, 1976), umschreibt Interaktionsphänomene »vom unverbindlichen Auskunfterteilen bis hin zur Überredung, Überwachung und Kontrolle« (*Hruschka*, 1966), er bedarf also der Begründung und Erläuterung.

Beratungshandeln ist auf die Änderung eines Zustandes der Hilfsbedürftigkeit im Lebensfeld eines Ratsuchenden gerichtet. Die Grundfiguren dieses dynamisch-interpersonalen Prozesses sind nur in Funktionsbegriffen beschreibbar: es sind Problemschilderungen, Lösungsanstrengungen, Verhaltensveränderungen. Der Prozeß zielt auf die Überwindung von Problemen unterschiedlicher Eskalation: auf Schwierigkeiten, Konflikte, Entfremdungserlebnisse, Störungen, Krisen usw.

Das Spezifische eines Beratungsprozesses läßt sich an seiner Indikation und seinem Inhalt, seiner Interaktionsform und seinen Rollenbeziehungen aufzeigen.

Beratung ist nur dort angezeigt, wo die Probleme ein mittleres Maß nicht überschreiten; wo es eher darum geht, die in Umwelt und Person des Ratsuchenden ruhenden Ressourcen besser wahrzunehmen, mit Diskrepanzerfahrungen mündiger und wissender umzugehen. Die Beratung will befähigen, sie will primär nicht

Kranke heilen oder Leidende behandeln, sie verzichtet auf das Modell »Krankheit«. Das zu beratende Individuum muß noch so funktionsfähig sein, daß es die überwiegend kognitiv vermittelten Lösungsangebote und die Lernerfahrungen der Beratung in das Alltagshandeln umsetzen kann.

Eine Entscheidung darüber, ob im einzelnen Fall Beratung, Behandlung, Therapie oder anderes angezeigt ist, kann mit der obigen Bestimmung allein noch nicht klar getroffen werden. Besonders erschwert ist die theoretische Abgrenzung gegenüber der Therapie. Beide Ansätze verweisen bei psychosozialen Problemen auf dieselben sozialwissenschaftlichen Änderungskonzepte; *Rogers* (1973) sieht in der Beratung einen Spezialfall der therapeutischen Beziehung, andere halten die Therapie für den Spezialfall der Beratung. In der Praxis wird diese Frage durch den Vorgang der Kompetenzattribuierung entschieden, das heißt, daß ein Problem dann in Beratungsformen verhandelt wird, wenn die Beteiligten meinen, es könne dadurch eine bedeutsame konstruktive Veränderung erfahren.

Beratung ist eine handlungsartige Auseinandersetzung, die überwiegend im »Medium des Gesprächs« stattfindet. Insofern sind Beratungen als »semantische Übungen« verstehbar, bei denen Veränderungen »im Sprechen selbst« stattfinden. Problematische Bereiche der Lebenswelt werden definiert und geordnet, Neudefinitionen finden statt. Die Sinndeutungen, die Interaktanten vornehmen, sind aber immer auch von den nonverbalen Anteilen der Kommunikation bestimmt, nach Meinung vieler Sozialwissenschaftler wird durch die Signale der Körpersprache, des äußeren Rahmens der Interaktion, des Sprechmodus usw. die Folie der Beziehung gebildet, auf der die Partner die verbalen Botschaften lesen.

Kennzeichnend für Beratung ist, daß sich die für das jeweilige Problem signifikanten Erfahrungen, Empfindungen und Handlungen im Hier und Jetzt der Beratungsinteraktion repräsentieren müssen. Die überdauernde kognitive Organisation, an der in der Beratung gearbeitet wird, muß erlebnishaft so vorhanden sein, daß dann »in aktuellem Geschehen modifizierend auf sie eingewirkt werden kann« (*Kaminski*, 1970).

Nach dem üblichen Verständnis wendet sich der Ratsuchende in freier Entscheidung an einen Berater, dem er sachliche und/oder personale Kompetenz zuschreibt, und den er vertrauensvoll als ein »Mittel der Veränderung« akzeptiert.

Aus altruistischen Motiven oder aus Gründen professioneller Zuständigkeit läßt sich der Berater zeitlich begrenzt auf die Lebenswelt des Ratsuchenden ein. Er setzt sich so mit den Problemen in dieser Lebenswelt auseinander, als ob sie seine eigenen wären. Der Berater darf also insofern nie neutral bleiben; das wäre gleichbedeutend mit einer Entfremdung von den Schwierigkeiten des Ratsuchenden. Beratung ist immer auch solidarische Begleitung für eine gewisse Wegstrecke (temporäre Solidarität).

Die Rollenbeziehung in der Beratung ist durch dialektische Spannungen gekennzeichnet:

– Der Ratsuchende will Wahrheit und Klarheit über die Struktur der Schwierigkeiten, die ihn beschäftigen. Er will die Meinung des Beraters hören. Er will neue Lösungen. Er sucht aber auch Bestätigung. Er will sich nicht in Frage

stellen lassen, nicht einer Verführung anheimfallen; er will sich frei entscheiden.
– Der Berater will nicht manipulieren, aber will verändern, er will »Lösungen« verwirklicht sehen. Der Berater will, daß das Feuer brennt, aber daß es der Ratsuchende in freier Entscheidung entzündet.

Probleme und Kennzeichen

Wo in einer Organisation die formellen und alltäglichen Strategien des Umgangs mit Diskrepanzerfahrungen nicht mehr ausreichen und sich die Schwierigkeiten zu sozialen Problemen sortieren, ist die Organisationsberatung angefragt. Derartige Konflikte verweisen auf die Notwendigkeit von Veränderungen in der Organisation, insofern liegt in ihnen nicht nur destruktives Material, sondern auch eine »schöpferische Kraft« (*Dahrendorf*, 1968), die in der Beratung zur Weiterentwicklung der Organisation genutzt wird.
Probleme können in einer Organisation an den unterschiedlichsten Themen aufbrechen, an Diskrepanzerfahrungen, die sich auf Personen, die ganze Organisation oder einzelne Situationen beziehen. Diese Probleme lassen sich je nach Blickwinkel kategorisieren: als Bedürfnis- oder Rollenkonflikte, als Kämpfe um Macht und Einfluß, als Folge pathologischer Persönlichkeitsstrukturen, als Streit um Werte und Wahrheit, als Auseinandersetzung zwischen Sachverstand und Dummheit.
Eine Organisation ist jedoch keine starre Größe, kein sich selbst regulierendes System; sie wird aus eigenständigen Individuen konstituiert, Probleme gehören genuin zur Organisation.
Der Änderungsanspruch der Organisationsberatung bleibt hinter dem der Organisationsentwicklung zurück. Mit Formulierungen wie »betriebsumfassendes Verfahren« (*Beckhard*, 1972) und »totale Systemveränderung (*Houssaye*, 1975) weckt die Organisationsentwicklung Erwartungen an die »Runderneuerung« von Organisationen, die in der Praxis nicht einzulösen sind. Auch mit der von *Greenfield* (1975) vorgelegten Formulierung des Änderungsanspruches kann sich die Organisationsberatung nicht abfinden: »Wenn ein Individuum seinen Bezugsrahmen für Entscheidungen ändert, ändert es die Organisation«. Der Änderungsanspruch der Organisationsberatung liegt in der Mitte: die Organisationsberatung begleitet Einzelne und Gruppen bei der Klärung von problematischen Situationen und bei Innovationen in den Handlungsfeldern der Organisation; da die Handlungsfelder einer Organisation aufeinander bezogen sind, wird die Veränderung in einem Feld meist auch Auswirkungen auf die anderen haben.
Der soziale Charakter der Probleme legt es nahe, sie nach Möglichkeit auch in den Gruppen zu bearbeiten, in denen sie entstanden sind.
Sieht man die Probleme unter dem Aspekt der Interaktionsform, dann ist zu registrieren, daß die bisherigen Formen des Umganges mit dem Problem nicht ausreichten, um es befriedigend zu bearbeiten. Die Beratung hat nun die Aufgabe, eine neue, konstruktivere Interaktionsform innerhalb der Gruppe zu schaffen, eine

Form, die Problemlösungen und Verhaltensänderungen erleichtert. Die Beratung muß ein Klima der Veränderungsbereitschaft zustandebringen, das im Grenzgebiet zwischen traditioneller Erziehung und Therapie angesiedelt ist.

Das Hier und Jetzt dieser Beratungsinteraktion unterscheidet sich in einem Punkt grundsätzlich von dem üblicher gruppendynamischer Verfahren: im Hier und Jetzt dieser Interaktion sind die Strukturen und oft auch die Personen leibhaftig vertreten, die das Leiden des Alltags ausmachen. Diese relative Alltagsnähe der Beratungsinteraktion engt einerseits die Handlungsspielräume ein, andererseits erhöht sie die praktische Relevanz der Verhandlungen.

Sozialpädagogische Organisationsberatung orientiert sich am Leitbild einer wissenschaftlich kontrollierten Praxis. Diese Praxis verweist ihrerseits wieder auf wissenschaftlich kontrollierte Interaktionen. Dieser Anspruch realisiert sich in zweifacher Weise: durch die explizite Einbringung sozialpädagogischer und sozialpsychologischer Erkenntnisse, Theorien und Begriffe und die Anwendung und Erprobung sozialwissenschaftlich erzeugter und begründeter Vorschläge.

Die bisherigen Bestimmungsversuche legen die Arbeitsform der Organisationsberatung nicht fest. Sie ist in unterschiedlichsten Formen realisierbar: als Beratung durch »Außenstehende«, als Beratung von Organisationsmitgliedern untereinander, als Beratung durch »Fachdienste« in der Organisation, als kollegiale Besprechung usw. Sie kann sich an die Organisationsspitze wenden, an die »mittlere Führungsebene«, an die Basismitarbeiter, an einzelne Teams oder Gruppen, die miteinander interagieren. Die äußeren Formen der Rollenbeziehungen reichen von der Begleitung eines Teams bei regelmäßigen Arbeitsbesprechungen in der Institution, über Sitzungen zur Lösung von Konflikten und eigens angesetzten Klausuren bis zu spezifischen Fortbildungsangeboten für die Organisationsmitglieder.

Aus diesen Beziehungsformen resultieren verschiedene Beraterrollen: der Berater als Quasi-Therapeut, als Spezialist für Gruppenprozesse und für Problemlösung, als Forscher an Problemursachen, als Vertreter moralischer Positionen, als solidarischer Begleiter für schwierige Wegstrecken, als Animateur und Moderator, als Lehrer und Trainer, als Organisations- und Strukturspezialist, als Erwachsenenbildner und Vermittler wissenschaftlicher Erkenntnisse, als unparteiischer Außenstehender, als Entdecker individueller Ressourcen.

Der Berater muß sich in diesen vielfältigen Erwartungsmustern zurechtfinden, er muß fähig sein, Rollen zu wechseln. Von der marginalen Rolle des Beraters, von »seiner Kontaktfähigkeit, seinem diagnostischen Geschick und seiner kommunikativen Kompetenz« hängt der Erfolg der Organisationsberatung mehr ab »als von der Verwendung sozialwissenschaftlicher Instrumente und Methoden« (*Sievers*, 1975).

Mandat

Organisationsberatung hat als sozialpädagogisches Handeln Auskunft darüber zu geben, woher sie ihr Mandat hat. Es ist nichtssagend und deshalb unzulässig, bei dieser Frage nur auf die »Organisation als Ganzes« oder auf »diejenigen, die mich gerufen haben«, zu verweisen.

Grob typisierend lassen sich drei mögliche Mandantengruppen ausmachen: die Mitarbeiter, die Leitung, die Klienten. Wir zeigen die Probleme auf, die sich ergeben, wenn man einer dieser Gruppen einen exklusiven Mandatsanspruch zuweist und plädieren für das Konzept des situativ verantworteten Mandats.

Die Mitarbeiter: Das Engagement sozialpädagogischen Handelns müsse bei der »lohnabhängigen Bevölkerung« liegen, das Lohnabhängigkeitsverhältnis ist für alle Mitarbeiter sozialpädagogischer Einrichtungen evident; Kapitaleigner finden sich nicht unter ihnen. Die Mitarbeiter fordern auch deshalb beraterischen Beistand, weil es vielerlei subjektive und objektive Hinweise auf ihr Leiden in und an der Organisation gibt: Aussagen über Ohnmachtserfahrungen und Resignation, starke Fluktuation, starke Tendenzen zu den Alternativen der vorhandenen Organisation, Aussagen über die Sinnlosigkeit der eigenen Arbeit, Ausweichtendenzen im pädagogischen Alltag.

Eine genauere Betrachtung zeigt jedoch, daß diese Argumente, die für den Mitarbeiter als abhängiges und leidendes Opfer der Organisation sprechen und ihn deshalb zum Auftraggeber der Organisationsberatung prädisponieren, bei der Lösung der Mandatsfrage kaum weiterhelfen. In der Praxis zeigen sich nämlich die Mitarbeiter nicht als homogene Solidargemeinschaft, sondern meist als heterogene, oft auch zerstrittene Gruppen. Bei genauer Betrachtung wird offenbar, daß auch viele Probleme durch die Mitarbeiter selbst ausgelöst sind; was viele als Leiden an der Organistion hypostasieren, ist oft durch die Handlungen der leitenden Mitarbeiter oder der Kollegen verursacht. Hinsichtlich der Inhalte und Ziele der Beratung ist keine Klarheit dadurch zu gewinnen, daß man einfach die Mitarbeiter zu den Mandanten der Organisationsberatung erklärt, ihre Lösungsvorschläge divergieren ebenso wie ihre Beschreibungen der Konfliktursachen. Ihre Ziele und Forderungen sind nicht immer fortschrittweisend, auch sie sind anfällig für kleinkariertes Denken, Gruppenegoismen, Ideologien und Mythen.

Das Management: Die vielfältigen Erfahrungen der Organisationsentwicklung und die Postulate vieler Organisationsberater weisen darauf hin, daß letztlich eine weitreichende Veränderung in Organisationen nur dann möglich ist, wenn Leitung und Management – aus welchen Gründen auch immer – die Veränderung mittragen. Dafür spricht auch, daß die Organisationen ihre Handlungsfelder meist so strukturiert haben, daß die verantwortlichen Mitarbeiter bei Abweichung von den Zielen diszipliniert werden können, daß sie hierarchisch kontrollierbar sind. Für sozialpädagogische Organisationen sind in der Regel auch die formalen Bestimmungen der Organisationszwecke (etwa die Zielsetzung »Hilfe ermöglichen«) einsichtig und ehrenwert; Leitung und Management verstehen sich und ihre Funktion als aufs engste an diesen Zielen orientiert. Das Effektivitätskalkül der Organisationsberatung und auch die Definition, die Leitung und Management für Ziele und Zwecke der Organisationen vornehmen, lassen es plausibel und vertretbar erscheinen, die hierarchische Spitze als den eigentlichen Mandanten der Organisationsberatung zu verstehen.

Einer kritischen Betrachtung hält auch diese Lösung nicht stand. Organisationsberatung im Auftrag von Leitung und Management kann leicht zur Psychotechnik pervertieren, die mit sanften Methoden Kontroll- und Disziplinierungsfunktionen der Organisation übernimmt. Sie ist dann deshalb attraktiv, weil ihre »soziale Steuerung in homöopathischen Dosen« (*Popper*, zit. nach *Halmos*, 1972, 49) auch dort noch greift, wo die eher autoritären Kontroll- und Disziplinierungsinstrumente der Organisation versagen. Kritisch ist ein Mandat durch Leitung und Management auch deshalb zu sehen, weil sich die Pazifizierungsverpflichtungen der hierarchischen Spitze und die Pazifizierungstendenzen in den Organisationsberatungsansätzen gegenseitig verstärken und damit die weiterführenden und kritischen Momente des Konfliktes einem »zahnlosen« Betriebsfrieden opfern. Die emanzipative Funktion des Konfliktes wird verfehlt.

Die Klienten: Wenn sich, wie die bisherigen Überlegungen zeigen, weder die Mitarbeiter noch die Leitungen als adäquate Auftraggeber der Organisationsberatung erweisen, richtet sich alle Hoffnung auf den Klienten. Er, der Hilfebedürftige, die Person, für die das jeweilige sozialpädagogische Treatment organisiert wird, soll im Mittelpunkt stehen; er ist der eigentliche, wenn auch ungefragte, für den Berater kaum konkret erfahrbare Auftraggeber der Organisationsberatung. Der emanzipative Berater ist sein Anwalt gegenüber den an eigenen Bedürfnissen orientierten Mitarbeitern und gegenüber den bürokratischen Interessen der Leitungen. Seiner Sozialisation soll die Organisation förderlich sein, für ihn werden nach idealtypischer Betrachtung durch Institutionalisierung Freiheitsräume und »geschützte« Handlungsmöglichkeiten geschaffen, sein Leiden an und in der Organisation hat die stärkste existentielle Relevanz. Er ist in der Regel mit seinen ganzen Lebensvollzügen der Organisation ausgeliefert.

Bei näherer Betrachtung erweist sich aber auch diese Version des Mandatsverständnisses als schwierig: Es gibt nicht den Klienten, sondern eben eine Vielzahl von Klienten mit sehr unterschiedlichen Bedürfnissen. Diese Bedürfnisse sind mit den bislang vorhandenen Methoden nicht objektiv erhebbar, sie stellen sich erst im Lebensfeld der Organisation dar. Sie artikulieren sich im Bezug auf die sozialpädagogischen Helfer und die von diesen Helfern und ihrem Management organisierten Ressourcen. Die Mitarbeiter und das Management der Organisation liegen meist auch bereits darüber im Streit, wer wohl stärker und »richtiger« die Interessen des Klienten vertritt. »Wohl« und »Heil« des Klienten sind auf die Fahnen der kämpfenden Parteien geschrieben. –

Situativ verantwortetes Mandat: Die bisherigen Überlegungen zeigen, daß gute Gründe gegen ein bilaterales, auf eine Gruppierung bezogenes Mandatskonzept sprechen. Damit bietet sich die Möglichkeit an, das Mandat multilateral zu begreifen, das heißt, alle Beteiligten als Auftraggeber zu verstehen.

Die Organisationsberatung will die Emanzipationschancen aller Beteiligten nützen; sie muß sich deshalb auf die mühselige Arbeit einlassen, ihre Handlungsintentionen und Ziele, die mal für die Einen, mal für die Anderen Entwicklungsmöglichkeiten eröffnen, situativ zu verantworten. Der Berater muß seine Intentionen immer wieder argumentativ vertreten und immer wieder neue Kontrakte schließen. Die Sicherheiten, die aus einem einfachen Mandatsverhältnis hervorgehen, entfallen. Der Berater muß häufig gegen den Verdacht ankämpfen, er bevorzuge »die anderen«.

Diese »Allparteilichkeit«, die der Organisationsberater mit dem Familienberater teilt, gelingt nur, wenn zur Kompetenz noch der Glaube an die Integrität des Beraters tritt. Das Konzept des situativ verantworteten Mandats verlangt von den Partnern des Beraters die Bereitschaft, mit dem Berater Wegstrecken zu gehen, die schwierig und unangenehm sind und eventuell negative Folgen für sie haben können. Diese Bereitschaft, Wege mit ungewissem Ausgang zu gehen, ist der Ausdruck von Vertrauen (*Deutsch*, 1973; *Irle*, 1975). Ohne dieses Vertrauen ist Organisationsberatung nicht möglich. Sie ist mehr als das einfache Tauschgeschäft »Information gegen Information« üblicher Einzelberatung. In der Organisationsberatung sind häufig Wege zu beschreiben, die über die momentanen Neigungen der Betroffenen und die vordergründigen Interessen ihrer Gruppierungen hinausführen. Der Berater wird dann für seine Partner zu einem Garanten dafür, daß Wege und Handlungen, obwohl sie mehrdeutig sind, letztlich doch zu einem befriedigenden Ergebnis führen.

Der Entschluß, dem Berater Vertrauen zu schenken, ist nach der »Theorie des Vertrauens« (*Deutsch*, 1973) von dem Bemühen begleitet, weitere Begründungen für diese Entscheidung zu finden. Diese Begründungen müssen aus weiteren Informationen über die Person des Beraters resultieren: aus der Einschätzung seiner Werthaltungen, seiner gesellschaftlichen Ziele, seiner Abhängigkeit beziehungsweise Unabhängigkeit von institutionellen Einbindungen. Das Vertrauen in den Berater, der sein Mandat situativ verantworten will, ist demnach wesentlich davon abhängig, ob es dem Berater gelingt, die übergreifenden Gründe seines situativ parteilichen Handelns allen Partnern durchsichtig zu machen. Wo der Berater nicht mehr in dieser Weise verstehbar ist, wird sich das Mißtrauen einstellen. Meist werden die für das Gelingen von Beratung so wichtigen Informationen nicht direkt erfragt, vielmehr wird in Akten sozialer Wahrnehmung, die verbale, nonverbale und situative Schlüsselreize verarbeiten, eine Alltagstheorie der übergreifenden Ursachen des Handelns eines Beraters, eine »naive Verhaltenstheorie« (*Laucken*, 1974) erstellt.

Ziele und Dimensionen

Der Beratungskontrakt stellt Fragen, die über die Alltagssichtweisen von Problemen hinausreichen; er ist nicht nur als ein Binnengeschäft zwischen den Organisationsmitgliedern und dem Berater zu betrachten. Die aus dem Anspruch des »situativ verantworteten Mandats« ableitbaren Anfragen an die Ziele und Dimensionen der Organisationsberatung verlangen vom Berater zwar keine »vollständige Gesellschaftsanalyse« (*Adam* et al, 1977), aber eine mit den Lebenshorizonten der Organisationsmitglieder vermittelbare »gesellschaftliche« Bestimmung seines Handelns. Für die Organisationsberatung verbindet sich diese Bestimmung mit dem Begriff »Emanzipation«: Mündigkeit der Betroffenen ist das Ziel sozialpädagogischen Handelns. Dies ist nun für den Bereich der Beratungsinteraktion zu präzisieren:

Die Organisationsberatung will zu einem mündigen Umgang mit der Organisation verhelfen. Leben und Arbeit in der Organisation sind aber eher von Erfahrungen des Ausgeliefertseins bestimmt. Die Organisation wird als objektive Größe erfahren, Mythen werden über sie gebildet, archetypische Vorstellungen an sie herangetragen: sie wird als verständnisvolle Mutter gewünscht, als harter Vater erlebt (s. auch *Hege*, 1980; *Wellendorf*, 1980).

Organisationsberatung interpretiert Organisationen als »Kategorien zum Verständnis der Welt sozialen Handelns«, die, »von Individuen aufgestellt«, »der Anerkennung und Rechtfertigung« bedürfen (*Greenfield*, 1975) und deren bedrohliche Objektivität daher kommt, »daß sie nicht durchschaut sind« (*Habermas*, 1971 a). Organisationsberatung will zum »aufrechten Gang« in der Organisation verhelfen und zur aktiven Gestaltung des Handlungsfeldes »Organisation« durch die Betroffenen. Es ist evident, daß sich die Organisationen und die konstituierenden Individuen nur durch »Kritik und Handeln« aufschließen. Eine Interaktion, die »Kritik und Handeln« zum Inhalt haben soll, bedarf bestimmter Bedingungen, die sich in den Dimensionen des Beratungshandelns widerspiegeln müssen.

Die Kennzeichnung sozialpädagogischen Handelns als Bezogensein auf den Alltag und die Möglichkeiten des Alltags nützend, wie sie von *Thiersch* (1978 a, 1978 b) dargelegt ist, bedeutet nicht nur, daß sich der Sozialpädagoge in die Niederungen des Alltags handelnd hineinbegibt, sie bedeutet auch, daß er die Alltagsdefinition seiner Partner als für diese gültig berücksichtigt. Der emanzipatorische Anspruch kann diese Alltagsdefinitionen und mit ihnen die Alltagswirklichkeit nicht »auf einer höheren Ebene« ordnen, in »abstrakte Begriffe« fassen, so als seien sie bestenfalls relevant »für das Weitertreiben neuer Denkmodelle, nicht aber für den Aufbau von Handlungskompetenz des Menschen in seinem Alltag« (*Abels*, 1975). Eine emanzipatorische Organisationsberatung muß daher Situationen bieten, in denen sich die Alltagsdefinitionen der Betroffenen ungebrochen artikulieren können, Gehör finden, in einen Kommunikationsprozeß gelangen und letztlich zu neuem Handeln führen.

Für den wissenschaftlichen Umgang mit der Alltagswirklichkeit hat *Abels* Prinzipien formuliert:

– Das Prinzip der Offenheit des Denkens verlangt für das Beratungshandeln durchsichtige Sprach- und Darstellungsformen. Die Erfahrungen der Organisationsmitglieder müssen so verhandelt werden, daß dies zu keiner Trennung der Menschen von den Situationen führt, »die sie konstruieren, nicht die Wissenschaft«! Die Betroffenen müssen sich in den Beschreibungen der Beratungssituation und des Beraters wiederfinden.

– Das Prinzip der Orientierung am Ungewöhnlichen, nicht am Generalisierbaren. Eine emanzipativ orientierte Organisationsberatung muß sich von den »systemischen« Betrachtungsweisen darin unterscheiden, daß sie ihre Aufmerksamkeit den äußerst subjektiven Erfahrungen der Organisationsmitglieder zuwendet, den Erfahrungen und Eindrücken, die gewöhnlich versteckt werden, »weil es wohl nur mir so geht«. Die Aufmerksamkeit gilt auch den Erfahrungen, die von der Organisation absorbiert oder adaptiert und in der Kommunikation oft weggeblendet sind, die aber Leiden verursachen: »tagsüber gelassen und nachts nicht schlafen«.

– Das Prinzip der Formulierung erkenntnisleitender Interessen. Dies ist nicht nur,
  wie oben ausgeführt, für den Berater bedeutungsvoll, sondern für alle Beteiligten am Beratungsgeschehen. Wenn es gilt, die unbegriffenen Bedingungen des
  Handelns in der Organisation verfügbar zu machen, dann muß das erkennende
  Bewußtsein »sich ideologiekritisch auch gegen sich selbst richten« (*Habermas*,
  1968). Die Beratung muß Situationen schaffen, in denen die Organisationsmitglieder lernen können, ihre »inneren Bedürfnisse, Wertvorstellungen, Wahr-
  nehmungen und Fähigkeiten« zu verstehen (*Benne* et al, 1972) und ihnen die
  Gelegenheit bieten, die lebensgeschichtlichen und gesellschaftlichen Bedin-
  gungshintergründe dieser Phänomene zu reflektieren (*Haag*, 1972).

Soweit Beratung als ein Aufklärungsvorgang verstanden wird, ist offensichtlich,
daß es dabei nur Beteiligte geben kann (*Habermas*, 1971): der Berater darf nicht
alleiniger Bezugspunkt der Reflexion und Problemaufarbeitung sein (*Böhnisch/
Lösch*, 1973). Indem die Organisationsmitglieder durch die Beratung Gelegenheit
bekommen, das Problemerleben anderer zu teilen, entstehen neue Beziehungen,
die das Organisationserleben oft grundlegend verändern. Wo die Betroffenen in
wacher Anteilnahme ihre Rahmenkonzepte austauschen, entstehen neue Möglichkeiten des Alltagshandelns, es entstehen gemeinsame Sichtweisen für Schwierigkeiten und Probleme, gemeinsame Handlungskonzepte und damit Solidarität. Diese
Solidarität zwischen Berater und Organisationsmitgliedern und zwischen Organisationsmitgliedern untereinander ist erforderlich, um die Gefahr zu reduzieren, die
Handlungseinengung und das Leiden in der Organisation unkritisch als objektiv
notwendig, quasi schicksalhaft auferlegt, zu erleben. »Je tiefer die Innovation greift
und je mehr Angst sie erzeugt, um so kooperativer und enger muß die Beziehung
sein« (*Bennis*, 1975).

Für einen sozialpädagogischen Beratungsansatz sind nicht alle Probleme, wie dies
anscheinend bei der Psychoanalyse möglich ist (vgl. *Lüders*, 1976), auf Beziehungsprobleme reduzierbar. Die von *Thiersch* postulierte Alltagsorientierung sozialpädagogischen Handelns meint auch die konkrete Berücksichtigung der »Sachen« und
Sachstrukturen im Erlebnisraum der handelnden Partner, der »quasi-physikali-
schen Fakten« (*Lewin*, 1969). Inhalte von Organisationsberatung sind auch die
Fragen nach sachgerechten Organisationsstrukturen, Informations- und Entschei-
dungswegen, materiellen Ressourcen, nach dem Wissen und Können, das für eine
sachgerechte Durchführung von Aufgaben erforderlich ist. In der Organisationsberatung muß Gelegenheit sein, Konzeptionen zu planen, formale Ordnungen zu
erstellen, Stellenpläne und Stellenskizzen auszuarbeiten, über wirtschaftliche
Fragen der Organisation zu diskutieren. Unter dem emanzipatorischen Ansatz
werden diese Anliegen ernst genommen; sie sind nicht als Einstieg oder Anlaß zur
Beratung zu verstehen, sondern als wichtige Elemente alltagsweltlicher Wirklichkeit. Ein Beratungsansatz, der nur über die innerpsychische Entwicklung der
Organisationsmitglieder Veränderungen erreichen will, ist bei diesen konkreten
Problemen ideologisch (*Koschorke*, 1975). Dies heißt aber nicht, daß sich nun der
Berater blind in die Rolle des Experten hineinbegibt und die Emanzipationschan-
cen, die für die Organisationsmitglieder auch in diesem Bereich liegen, dadurch

vergibt, daß er mit fertigen Lösungen die Ängste und Erregungen dämpft (*Kelly*, 1975; *Lennerlöf*, 1977). Er muß vielmehr auch mit seinen Fachkenntnissen dazu beitragen, daß die Möglichkeiten der materiellen Umwelt erkannt und von den Betroffenen unter seiner solidarischen Begleitung zu Lösungen verarbeitet werden (*Benne* et al, 1975; *Kubicek* et al, 1979).

Das Ziel einer sozialpädagogischen Organisationsberatung ist der mündige Umgang mit den Diskrepanzerfahrungen, die aus dem Alltag der Organisationsmitglieder hervorgehen. Wenn dieser »mündige Umgang« als Ziel erreicht werden soll, dann muß er seine Entsprechung in der Beratungsinteraktion selbst haben. Wo die Beratungsinteraktion, der Umgang zwischen dem Berater und den Organisationsmitgliedern, durch einen diskursiven Bezug gekennzeichnet ist, und wo man in diesem Bezug verantwortlich mit den Organisationsproblemen umgeht, wird eine Organisationsberatung mehr sein als eine »Aktion Betriebsfrieden« und mehr als eine psychohygienische Reinigungshandlung. Sie wird auch ein mündiges Alltagshandeln zu Organisationsproblemen hervorbringen. Wenn wir also nach den Effekten der Organisationsberatung fragen, dann muß sich diese Frage sowohl an die Beratungsinteraktion selbst als auch an den Alltag der Organisation richten.

Die Möglichkeiten und Grenzen der Beraterrolle und die Chancen und Schwierigkeiten beraterischen Engagements in den Lebens- und Sozialwelten der Organisationsmitglieder sind mit der auf Alfred Schütz verweisenden allegorischen Figur des Fremden vergleichbar. Die Besonderheiten der Organisationsberatung legen eine Weiterführung der Metapher nahe: Organisationsberatung scheint dort besonders erfolgversprechend zu sein, wo der Berater als ein aus der Fremde heimgekehrter Sohn interpretierbar ist. Er gehört zur jeweiligen Lebens- und Sozialwelt, hat diese Welt mitzugestalten, er will die »Probleme« angreifen und die Entwicklung weitertreiben.

Er macht sich zusammen mit den Betroffenen daran, die Wertentscheidungen in den sozialpädagogischen Institutionen offensiv auf ihre Auswirkungen auf den Alltag der institutionellen Interaktionen zu untersuchen und kritische sozialwissenschaftliche Kenntnisse in die Institutionen einzubringen. – Da sich die sozialpädagogischen Institutionen in den Sinndefinitionen der vielen handelnden Mitarbeiter und im Bezug dieser Mitarbeiter zu ihren »Klienten«, den behinderten, den heranwachsenden und den alten Menschen konstituieren, richtet sich die parteinehmende Praxis einer sozialpädagogischen Organisationsberatung in erster Linie auf diese Sinndefinitionen und auf diesen Bezug. Abhilfe gegen eine falsche Anpassung werden nicht die großen Lösungen weitgespannter Theorien schaffen, sondern die vielen situationsgebundenen Handlungskonzepte des organisatorischen Alltags und ein Konzept der Gesamtorganisation, das diese Vielfalt der handlungsrelevanten Definitionen aufnimmt und, falls nötig, kritisch befragt: »Die Wahrheit ist konkret« (*Brecht*, 1961).

Wenn wir diesen Gedankengang zugrunde legen, dann lautet die Frage nach der Effektivität der Beratungsinteraktion: schafft diese Interaktion Freiräume, in denen kreative, organisationsbezogene Alltagstheorien solidarisch entwickelt werden können, Alltagstheorien und damit Handlungskonzepte die an emanzipatorischen Zielsetzungen orientiert sind? Wir wollen diese Frage für die sozialpädagogische Organisationsberatung bejahen, in dieser Beratungsbeziehung lassen sich nach unserer Erfahrung und Beobachtung derart weiterführende Handlungskonzepte entwickeln. Wo sich die Sozialpädagogik gegen restaurative Tendenzen und falsche Anpassung wehren will, sollte sie sich darauf konzentrieren, ihre Beratungsmöglichkeiten und Beratungskonzepte zu kultivieren.

Voraussetzungen für das Gelingen einer sozialpädagogischen Organisationsberatung sind neben der Offenheit, Veränderungsbereitschaft, Solidarität, Kompetenz und dem Vertrauen der beteiligten Organisationsmitglieder unseres Erachtens auch noch folgende Faktoren:

– Die Art der institutionellen Anbindung der Berater: Auf die Beraterinteraktion wird sich konstruktiv auswirken, wenn der Berater bei den institutionsübergreifenden Fachverbänden angestellt ist, die auch die fachlichen Standards der sozialpädagogischen Arbeit formulieren und nach »außen« vertreten.

– Die Unabhängigkeit der Berater: Die Berater sind in der oben angeführten Anbindung keine zum Erfolg verdammten Angestellten einer kommerziellen Beratungsfirma, die bei ihren »Kunden« die Illusion aufrecht erhalten müssen, sie, die Berater, seien »ihr Geld wert«. Die von Fachverbänden angestellten Berater können, das hat unsere Erfahrung gezeigt, frei Kontakte schließen und abbrechen oder verändern. Wir meinen, daß solche Berater dort, wo sie gezielt herangezogen werden, effektiver sind als die »1000-Mark-pro-Tag-Berater«, mit denen einige Institutionen bereits experimentiert haben, und die sich den Spezifika sozialpädagogischer Einrichtungen nicht gewachsen zeigen.

– Die Nähe zur Fortbildung: Daß die Verbindung von Lern- und Fortbildungsansätzen einerseits mit Organisationsberatung und -entwicklung andererseits eine wirkungsvolle Symbiose darstellt, wird in der Literatur immer wieder erwähnt (s. z. B. *Chin/Benne*, 1971; *Lennerlöf*, 1977). Wir können dies nur bestätigen: der »Fortbildner« gewinnt dort, wo er sich beraterisch engagiert, an Glaubwürdigkeit: er unterwirft sich zusammen mit den Betroffenen der Mühe, die Modelle und Inhalte der Fortbildung in die Alltagssituation zu übertragen. Der »Berater« gewinnt aus dieser Koppelung vertrauensvolle Beziehungen, detaillierte Kenntnisse der »Mikroprozesse« der Organisation und vor allem die persönliche Sicherheit und Unabhängigkeit, die wir oben bereits angesprochen haben.

– Der Werte-Konsens zwischen Beratern und Organisationsmitgliedern: wir haben den Handlungstypus »Beratung« als ein Problemlösehandeln bestimmt, das, will es seine Ziele erreichen, auf die freiwillige Übernahme der gemeinsam erarbeiteten Lösungen durch die Betroffenen angewiesen ist. Dies bedingt wiederum, daß hinsichtlich der Werte und Ziele zwischen allen Betroffenen ein gewisser Konsens vorhanden sein muß; wo dies nicht möglich ist, sind andere Problemlöse- und Änderungsstrategien angezeigt: Überredung, Manipulation, Machtstrategien. Wo sich der Berater auf derartige Strategien einläßt, verliert er zumindest für die jeweilige Problemlage seine Handlungsmöglichkeiten als Berater. Wir haben die Erfahrung gemacht, daß die »offiziellen« Wert- und Zielentscheidungen der Sozialpädagogik und die in Satzungen und Ordnungen der Einrichtungen festgeschriebenen Ziele genügend Ansatzpunkte für den Wert-Konsens einer emanzipatorischen Beratung liefern. Allerdings verlangt dies vom Berater, daß er nicht als von außen kommender »Emanzipator« gegen diese Werte kämpft, sondern daß er sich als Zugehöriger um eine offensive und kritische Interpretation dieser Werte bemüht, das heißt, daß er Berater sein muß und nicht »Missionar« oder »Revolutionär«.

Wie ist aber bei so viel Nähe und Zugehörigkeit noch Kritik möglich? Wir gehen davon aus, daß dort, wo es in der Beratung gelingt, einen Raum für eine herrschaftsarme Kommunikation über Diskrepanzerfahrungen in der Organisation zu schaffen, sich auch eine qualifizierte und fundierte Kritik äußert. Die kritischen Positionen zur Institution bis hin zu der Position, die die Institution selbst infrage stellt, sind in der Institution meist bereits vorhanden, durch Gruppen und Personen repräsentiert, sie sind nur zugedeckt durch Machtstrukturen. Aber auch dem Berater selbst werden kritische Positionen abgenommen, ja sie werden häufig geradezu von ihm erwartet. »Sie müssen sagen, was wir falsch machen!«. Dort, wo sich der Berater solidarisch engagiert, wird diese Kritik die Arbeitsbeziehung festigen. Die kritischen Positionen des Beraters müssen sich auf die fachlichen Fragen, den Umgang und die gesellschaftliche Funktion der Institution beziehen, aber nach unserer Erfahrung sehr häufig auch darauf, daß sich Organisationstheorien und Menschenbilder in den Institutionen verhärtet haben, die weder mit den Wertsetzungen der Sozialpädagogik noch mit emanzipativen Zielsetzungen vereinbar sind. Der Berater muß dort kritisch intervenieren, wo in den sozialpädagogischen Institutionen Modelle aus Industrie und Bürokratie übernommen werden sollen, aus Bereichen, in denen angeblich viele der in sozialpädagogischen Einrichtungen noch anstehenden Probleme bereits gelöst sind, die aber nur zu einer weiteren Entfremdung der Mitarbeiter von ihrer Arbeit, zu weiterer Verrechtlichung und Bürokratisierung und zur Sinnentleerung sozialpädagogischen Handelns führen. Kritik muß vor allem dort ansetzen, wo der »Glaube« an die Gesetzmäßigkeiten der Organisation dazu führt, die Institution »objektiv« und nicht als von Menschen geschaffen und aufrechterhalten (s. auch *Hege*, 1980) zu erleben. Dieser »Glaube«, der sich häufig auch noch wissenschaftlich ausweisen will und der meist in Resignation und Innovationsfeindlichkeit führt (*Shephard*, 1971), bringt weitere Mythen der Organisation und manchmal auch »bühnenreife« Merkwürdigkeiten zustande. Nur in bedrohlichen Krisen, dann also, wenn die »Mythen« selbst bedroht sind, scheint hier noch Innovation möglich; die Aufklärungswirkung der Organisationsberatung muß sich vor allem gegen derartige Mythologisierungen richten, in der sich die unterschiedlichsten Fraktionen treffen:

- »Reine Subjektivisten«, die meinen, sie könnten ohne äußere Bedingungen, »ohne die Institution leben« (*Hege*, 1980).
- Resignierte Romantiker, die, weil die vorhandenen Institutionen ihre Sehnsucht nach »Heimat« nicht einzulösen vermögen, die Institution nur noch als menschenfeindliche Maschine definieren.
- Fromme, deren »Reich« absolut nicht von dieser Welt ist und die Institutionen als auferlegte Leiden auffassen.

- Technokraten, die sich unter dem Postulat der Rationalität blind den Sachzwangideologien ausliefern.
- Materialisten, die merkwürdigerweise gerade in der Institutionenfrage »immens idealistisch« sind.

Wir haben uns hinsichtlich der theoretischen Konzepte zur Erklärung der Phänomene »Organisation« und »Beratung« im wesentlichen an den Ansätzen der Handlungstheorie, des symbolischen Interaktionismus, des Modells »Veränderung durch Beteiligung« und der sozialpädagogischen Rezeption des Alltagsbegriffes orientiert, die mit den Namen *Silverman, Goffman, Lewin* und *Thiersch* verbunden sind. Vor diesem Hintergrund lautet die Frage nach der Effizienz der Beratung für den Alltag in der Organisation: Gelingt es der Beratung, die entwicklungshemmenden Mythologisierungen der Organisation so zu entschleiern, daß neues, kritisch hinterfragtes Handeln möglich wird?

Wir meinen, daß auch diese Frage nach der praktischen Relevanz im Alltag bejaht werden kann. Auf diesen Bedarf nach Entmythologisierung deuten nicht nur die Selbstaussagen der Betroffenen und die Rückmeldungen über konkrete, den institutionellen Alltag betreffende Veränderungen hin, sondern auch die starke Nachfrage nach weiterer Organisationsberatung.

Wundersame Heilungen und spektakuläre Erlösung kann die in dieser Arbeit entwickelte und bestimmte sozialpädagogische Organisationsberatung allerdings nicht zustande bringen; »Angst, Abwehr und mühsamer Fortschritt« (*Thiersch*, 1979) kennzeichnen diesen Bereich sozialpädagogischen Handelns. In der Organisationsberatung liegt für die Sozialpädagogik eine Chance zur »Wiedergewinnung des Politischen«, das sich als »Anstrengung zur Institutionalisierung und Regelung einer Kommunikation, die jeweils zwischen den Beteiligten die Handlungsstrategien klärt und verbindlich macht«, definieren läßt (*Thiersch* unter Verweis auf *von Hentig*).

Sozialpädagogische Organisationsberatung ist aber nicht nur durch »mühsamen Fortschritt«, sondern auch durch unübersehbare Grenzen gekennzeichnet:

- Sie realisiert sich in der dialektischen Spannung zwischen der »Veränderung des Interaktionsrahmens«, die neue für die bisherige Interaktion unzugängliche Möglichkeiten eröffnet, als dem einen Pol und der »Alltagsnähe«, die die Gefahren der »Traumfabrik Gruppendynamik« (*Bachmann*, 1980) sieht, als dem anderen Pol. Sozialpädagogische Organisationsberatung darf zwischen diesen Polen nicht einseitig akzentuieren, sie ist deshalb sehr störanfällig.
- Sie kann keine materiellen Ressourcen schaffen; diese sind jedoch für die Realisierung institutionalisierter Sozialpädagogik unentbehrlich. Die Organisationsberatung ist in ihren Lösungsmöglichkeiten durch ökonomische Bedingungen eingegrenzt, sie resigniert aber nicht an dieser Grenze.
- Sie operiert mit den Neudefinitionen der Handlungsmöglichkeiten durch die Organisationsmitglieder. Sie kann nur in begrenztem Umfang »quasitherapeutische« Erfahrungsmöglichkeiten bereitstellen, aus denen Kraft für Neudefinitionen und die Überwindung rigider persönlicher Verfestigungen geschöpft werden kann. Irgendwann kommt auch die Organisationsberatung an solche persönlichen Grenzen der Beteiligten.

- Sie ist ein zeitlich begrenztes Engagement in fremder Lebenswelt; sie versucht, gesellschaftspolitische Kriterien auf diese Lebenswelt anzuwenden. Sie erreicht ihre Grenzen, wo die Lebenshorizonte der Betroffenen bedroht sind. Dort muß sie, wenn dies für die Adressaten sozialpädagogischen Handelns, für die »Klienten« der Einrichtungen, notwendig erscheint, andere Problemlösestrategien nicht zur zulassen, sondern als notwendig verfolgen.
- Sie kann einen kleinen Ausschnitt gesellschaftlicher Wirklichkeit in mühsamem Fortschritt verändern, nicht aber die Strukturen der Gesellschaft; dies ist aber auch nicht ihr Mandat.

Organisationsberatung und Wissenschaft

Sozialpädagogische Organisationsberatung ist weder eine »strenge« noch eine »reine« Wissenschaft; sie ist ein praktisches Handeln, das sich auf bestimmte Wertpositionen bezieht. Die zentralen Figuren unseres Ansatzes »verantwortlicher Umgang mit Organisationsproblemen«, »Änderung des Interaktionsrahmens«, »Orientierung am Alltagshandeln« sind nicht oder nur schwer operationalisierbar. Die »konzeptionelle Eleganz« einer sozialpädagogischen Theorie des Änderns von Organisationen durch Beratung ist nicht gerade bestechend, die Theorie zielt darauf ab, daß sich der Berater von den »Objekten« der Beratung betroffen machen läßt. Wir sehen die Organisationsberatung als angewandte Verhaltenswissenschaft, als ein an wissenschaftlichen Theorien orientiertes Handeln, das sich sozialer Belange annimmt, und damit als ein sozialpädagogisches Konzept. Wir schließen uns für die Organisationsberatung der Argumentation *Lewins* (1953) an: »Für die sozialen Belange genügt es nicht, daß Universitätseinrichtungen eine neue wissenschaftliche Erkenntnis hervorbringen. Es wird nötig sein, tatsachenfindende Organe, soziale Augen und Ohren zu schaffen, und zwar unmittelbar an den Körperschaften, die Sozialarbeiter treiben.«
Auch wir betrachten »Handeln, Forschung und Erziehung als ein Dreieck«, »das um jeder seiner Ecken willen zusammenzuhalten ist«:
- Das sozialpädagogische Handeln bedarf der wissenschaftlichen Aufklärung, der kritischen Anfrage und der beraterischen Begleitung.
- Die Forschung, vor allem die an sozialpädagogischen Fragestellungen, bedarf der Praxis, in deren Komplexität sich ihre Theorien zu bewähren haben; sie ist, will sie ihre eigenen Ziele erreichen, auch als angewandte Wissenschaft zu betreiben.
- Daß das sozialpädagogische Beratungshandeln der Forschung und der Wissenschaft bedarf, ist bereits belegt (s. auch *Thiersch*, 1978 a).
Die Konzepte zum Wandel in Organisationen sind (mit *Bennis* et al. 1975) als Elemente einer Theorie angewandter Verhaltenswissenschaft anzusehen, einer Theorie, »die aber erst noch entwickelt werden muß«. Wir meinen, daß bis zur Entwicklung einer derartigen Theorie noch vielerlei Praxiserfahrung zu sammeln und Forschung zu treiben ist, und daß diese Theorie, falls sie zustande kommt, bestimmt nicht durch konzeptionelle Eleganz ausgezeichnet sein wird. Wenn

Alltagshandeln, Wissenschaft und sozialpädagogische Organisationsberatung inzwischen zusammengehalten werden sollen, dann stellen sich für Praxis und Forschung folgende Aufgaben:

- Weiterentwicklung und weitere Erprobung des in dieser Arbeit vorgestellten Konzeptes sozialpädagogischer Organisationsberatung.
- Weiterentwicklung und präzisere Bestimmung der Interventionsstrategien und ihrer Indikation.
- Erstellung von Konzepten zur Ausbildung beraterischer Handlungskompetenz.
- Weiterentwicklung und Erprobung von Evaluationsinstrumenten der Beratung.
- Längsschnittuntersuchungen zur Auswirkung der Beratung.
- Entwicklung von Organisationsmodellen für den Austausch von Beratern zwischen sozialpädagogischen Einrichtungen.
- Wissenschaftliche Unterstützung für den Ausbau von »Kollegial-Beratungsdiensten«.
- Beschreibung von Beratungshandlungen, die besser als die vorliegende Arbeit auf die Mikroprozesse der Veränderung eingehen.
- Strukturierter Austausch über Erfahrungen mit Konzepten formaler Organisation in sozialpädagogischen Einrichtungen und deren Auswirkungen auf den Alltag.

Dieter Schramm

Literatur

Abels, H., 1975: Alltagswirklichkeit und Situation, In: Soziale Welt, H. 2: 227–249 – *Adam, I./ Glänzer, H./Schmidt, E. R.*, 1977: Grundannahmen und Zielvorstellungen der Gemeindeberatung (GB). In: Wege zum Menschen, H. 10: 392–397 – Akademie für Jugendfragen, Münster (Hrsg.), 1979: Supervision im Spannungsfeld zwischen Person und Institution, Freiburg – *Arimond, H.*, 1966: Zeitgemäße Berufsaufklärung. In: Psychologische Beiträge, H. 9: 181–196 – *Bachmann, C. H.*, 1980: Traumfabrik Gruppendynamik? In: Frankfurter Hefte, H. 6: 34–44 – *Beckhardt, R.*, 1972: Organisationsentwicklung – Strategien und Modell, Baden-Baden/Bad Homburg – *Benne, K. D./Bradford, L. P./Lippitt, R.*, 1972: Die Laboratoriumsmethode. In: *Bradford* et al. – *Bennis, W. G.*, 1972: Organisationsentwicklung, Baden-Baden – *Bennis, W. G./Benne, K. D./Chin, R.* (Hrsg.), 1975: Änderung des Sozialverhaltens, Stuttgart – *Böhnisch, L./Lösch, H.*, 1973: Das Handlungsverständnis des Sozialarbeiters und seine institutionelle Determination. In: *Otto/Schneider*, 1973 – *Bolte, K. M.*, 1978: Materialien aus der soziologischen Forschung. Verhandlungen des 18. Deutschen Soziologentages, München – *Bradford, L. P./Gibb, J. R./Benne, K. D.* (Hrsg.), 1972: Gruppen-Training – Trainings-Gruppentheorie und Laboratoriumsmethode, Stuttgart – *Brecht, B.*, 1961: Gedichte und Lieder, Berlin/Frankfurt/M. – *Chin, R./Benne, D.*, 1971: Strategien zur Veränderung sozialer Systeme. In: Gruppendynamik, H. 4: 341–374 – *Dahrendorf, R.*, [3]1974: Pfade aus Utopia, München – *Deutsch, M.*, 1973: The Resolution of Conflict, New Haven, Connect – *French, W. L./Bell, C. H.*, 1977 (a): Organisationsentwicklung, Bern/Stuttgart – *Frommann, A./Schramm, D./Thiersch, H.*, 1976: Sozialpädagogische Beratung. In: Zeitschrift für Pädagogik, H. 5: 715–741 – *Glasl, F./Houssaye, L. de la* (Hrsg.), 1975: Organisationsentwicklung – Das Modell des Instituts für Organisationsentwicklung (NPI) und seine praktische Bewährung, Bern/Stuttgart – *Goffman, E.*, 1977: Rahmenanalyse, Frankfurt/M. –

Greenfield, B. T., 1975: Organisationen als soziale Erfindungen: Annahmen über Veränderungen – neu überdacht. In: Gruppendynamik, H. 1: 2–21 – *Haag, D./Krüger, H./Schwärzel, W./Wildt, J.*, (Hrsg.), 1972: Aktionsforschung – Forschungsstrategien, Forschungsfelder und Forschungspläne, München – *Habermas, J.*, 1968: Erkenntnis und Interesse, Frankfurt/M. – *Habermas, J.*, 1971: Theorie und Praxis, Frankfurt/M. – *Hege, M.*, 1979: Engagierter Dialog, München/Basel – *Hege, M.*, 1980: Individuelle und institutionelle Faktoren im Praxisfeld von Supervisanden. In: Akademie für Jugendfragen, a. a. O. – *Heyse, H./Arnhold, W.* (Hrsg.), 1978: Texte zur Schulpsychologie und zur Beratung, Band 3, Braunschweig – *Houssaye, L. de la*, 1975: Das Organisations-Entwicklungsmodell des NPI. In: Glasl/Houssaye, a. a. O. – *Hruschka, E.*, 1969: Versuch einer theoretischen Grundlegung des Beratungsprozesses, Meisenheim – *Irle, M.*, 1975: Lehrbuch der Sozialpsychologie, Göttingen/Toronto/Zürich – *Kaminski, G.*, 1970: Verhaltenstheorie und Verhaltensmodifikation, Stuttgart – *Kelly, G. A.*, 1975: Der Experte als historisches Subjekt. In: Bennis et al., a. a. O. – *Koschorke, M.*, 1976: Fragestellungen zum theologischen Verständnis von Beratung. In: Wege zum Menschen, H. 4; 130–136 – *Kubicek, H./Leuck, H. G./Wächter, H.*, 1979: Organisationsentwicklung: entwicklungsbedürftig und entwicklungsfähig. In: Gruppendynamik, H. 5: 297–318 – *Laucken, U.*, 1974: Naive Verhaltenstheorie, Stuttgart – *Lennerlof, L.*, 1977: Organisationswandel: Die schwedische Variante. In: Gruppendynamik, H. 6: 388–404 – *Lewin, K.*, 1953: Die Lösung sozialer Konflikte, Bad Nauheim – *Lewin, K.*, 1969: Grundzüge der topologischen Psychologie, Bern/Stuttgart – *Lüders, W.*, 1974: Psychotherapeutische Beratung, Theorie und Technik. In: Wege zum Menschen, H. 4: 142–178 – *Otto, H. U./Schneider, S.*, 1973: Gesellschaftliche Perspektiven der Sozialarbeit, 2 Bände, Neuwied – *Rogers, C. R.*, 1975 a: Die klient-bezogene Gesprächstherapie, München – *Schein, E. H.*, 1980: Organisationspsychologie, Wiesbaden – *Shephard, H. A.*, 1971: Innovationshemmende und innovationsfördernde Organisationen. In: Gruppendynamik, H. 4: 375–382 – *Silverman, D.*, 1972: Theorie der Organisationen – Soziologische Aspekte zu System, Bürokratie und Management, Wien/Köln/Graz – *Thiersch, H.*, 1973: Institution Heimerziehung – Pädagogischer Schonraum als totale Institution. In: Giesecke: 1973 – *Thiersch, H.*, 1977: Kritik und Handeln, Neuwied – *Thiersch, H.*, 1978 a: Alltagshandeln und Sozialpädagogik. In: Neue Praxis, H. 1: 6–25 – *Thiersch, H.*, 1978 b: Zum Verhältnis von Sozialarbeit und Therapie. In: Neue Praxis, Sonderheft: 6–24 – *Thiersch, H.*, 1979: Angst, Abwehr und mühsamer Fortschritt – Zur gegenwärtigen Kontroverse in der Erziehungspolitik. In: Neue Praxis, H. 3: 234–245 – *Thiersch, H.*, 1980: Wissenschaft – Praxis – Handlungskompetenz: Aufgaben und Probleme einer wissenschaftlichen Ausbildung. In: Neue Praxis Aktuell (September) – *Türk, K.*, 1976 b: Grundlagen einer Pathologie der Organisation, Stuttgart – *Wellendorf, F.*, 1978 a: Zur Praxis der Beratung pädagogischer Institutionen – Konzeptionelle und methodische Probleme. In: Heyse/Arnhold, 1978 – *Wellendorf, F.*, 1978 b: Sozioanalyse und Beratung pädagogischer Institutionen – einige Probleme angewandter Sozialwissenschaft. In: Bolte, 1978 – *Wellendorf, F.*, 1980: Supervision als institutioneller Prozeß. In: Akademie für Jugendfragen, 1980. –

→ Evaluationsforschung → Partizipation und Selbsthilfe → Sozialpädagogisches Handeln → Supervision

Partizipation und Selbsthilfe

Im Jahr 1973 hatten zwischen 3 % und 12 % aller Bürger der BRD, d. h. zwischen 1,8 und 7,2 Millionen Menschen in einer Bürgerinitiative mitgearbeitet (*Mayer-Tasch,* 1976). Die politischen Parteien hatten zu dieser Zeit zusammengenommen etwa 1,5 Millionen erwachsene Mitglieder. Zur Mitarbeit in einer Partei erklärten sich 12 %, in einer Bürgerinitiative dagegen 34 % und unter bestimmten Umständen sogar 60 % aller Bürger bereit.

Seit Ende der 60er Jahre artikulierte sich in der BRD verstärkt ein Unbehagen an Parteien, Verbänden und Verwaltungen, die nach offiziösem Auftrag und Selbstverständnis die ökonomischen, sozialen und kulturellen Interessen der Bürger vertreten sollten. Allenthalben wurde die Forderung nach erweiterter Partizipation bei Planungen und Entscheidungen erhoben, von denen die Bürger ihre eigenen Arbeits- und Lebensbedingungen nachhaltig bestimmt sahen. Hinsichtlich zahlreicher und sehr verschiedenartiger Probleme schlossen sich Menschen zu Initiativen zusammen, die sich von einem Mißstand oder einer Fehlentwicklung gemeinsam betroffen fühlten und die Abhilfe in die eigene Hand nehmen wollten.

Die Sozialpädagogik blieb von dieser Bürgerbewegung nicht unberührt. Die Struktur und Funktion ihrer etablierten Institutionen wurden kritisch untersucht, die geringen Partizipationsmöglichkeiten ihrer Adressaten beanstandet.

Unabhängig von der Verwaltung und der professionellen Sozialpädagogik und zum Teil direkt gegen diese entstanden vielfältige Selbsthilfe-Initiativen. Eine breite Fachdiskussion entspann sich um ein neues professionelles Selbstverständnis.

Partizipation

Das verstärkte Partizipationsbegehren seit Ende der 60er Jahre in der Bundesrepublik Deutschland signalisierte einen neuen Anspruch der Bürger, an der gesellschaftlichen Willensbildung und Entscheidung teilzuhaben. Umgekehrt legte auch die Entwicklung der Organisation von Produktion und Verwaltung unter Gesichtspunkten der Effizienz und Funktionalität eine stärkere Einbeziehung des Einzelnen nahe. Aus dieser Konstellation resultierten lebhafte Diskussionen über Notwendigkeit und Möglichkeit der Demokratisierung verschiedener gesellschaftlicher Bereiche sowie vereinzelte Versuche ihrer praktischen Erprobung.

Partizipation am Arbeitsplatz: Zu der traditionellen Forderung der Arbeiterbewegung nach Mitbestimmung im Betrieb und am Arbeitsplatz (*Deppe,* 1970) traten Bestrebungen, die Partizipationsmöglichkeiten der Betriebsangehörigen aus arbeitsorganisatorischen Erwägungen, zum Zweck der Leistungssteigerung durch Aktivierung im Rahmen des betrieblichen Interesses (etwa durch Erfolgsbeteiligung) und zur Konfliktvermeidung im Sinn sozialer Partnerschaft zu erweitern (*Hillmann,* 1970; *Gronemeyer,* 1973). Partizipationsangebote mit integrativer Absicht deuten darauf hin, daß die Erfordernisse der vergesellschafteten Produktion – die kontinuierliche, autonome und kreative Mitarbeit der Produzenten – auf

Dauer nicht durch Herrschaft und finanzielle Stimulation sicherzustellen sind. Praktische Versuche mit größerer Autonomie am Arbeitsplatz (Caltex, Volvo) sowie Betriebsübernahmen durch die Belegschaft (Süssmuth, Lip) haben sowohl explorative als auch entmystifizierende Bedeutung. Sie erkunden weitere Integrationsstrategien und offenbaren gleichzeitig die behauptete Notwendigkeit unternehmerischer Initiative und die Unfähigkeit der Arbeiter zur Selbstverwaltung als Ideologie.

Planung sozialer Dienste: Die Anarchie kapitalistischer Entwicklung bedarf planerischer Kompensation. Planung und Herstellung sozialer Dienstleistungen sind ohne die Mitwirkung jener, auf die sie sich beziehen, nicht möglich (*Badura/Gross,* 1976). Planung ohne Bürger verfehlt deren Bedürfnisse, produziert Fehlentscheidungen, Apathie oder Protest. Dem Partizipationsbegehren der Bürger begegnete das Interesse der planenden Verwaltung an hinreichender Informationsbeschaffung, rechtzeitiger Krisenwarnung, allgemeiner Konfliktvermeidung und an der Legitimation ihrer Entscheidungen durch Bürgerbeteiligung. Dieses Interesse manifestiert sich in einem technologischen Planungsmodell (*Ortmann,* 1976), das wissenschaftlich auf einer Reihe fragwürdiger Voraussetzungen beruht und insbesondere die Bürger als Datenlieferanten benutzt, sie aber nicht real in den Prozeß der Planerstellung und -ausführung einbezieht. Dieser Interessenwiderspruch bildet die Pole des Spektrums, innerhalb dessen Modelle für die Planungsbeteiligung von Bürgern mit wachsendem Partizipationsgrad formuliert wurden (*Gronemeyer,* 1973; *Ortmann,* 1976): Information über Entscheidungen, die anstehen oder bereits getroffen worden sind; Einbeziehung in die planungsrelevante Datenerhebung; Beteiligung an der Zielformulierung der Planung; Beteiligung an Zielformulierung, Planerstellung und -realisierung. Letzteres ist als pädagogisch-politischer Prozeß vorstellbar, in dem die Betroffenen ihre gesellschaftlichen Bedürfnisse im Kontext anderer ermitteln und in Kooperation mit den Anwaltsplanern durchzusetzen versuchen. Bedürfnisartikulation, die Verständigung über Ziele und die Möglichkeiten ihrer Realisierung sind dabei keine separaten Phasen, sondern verschränken sich zu einem permanenten Lernprozeß aller Beteiligten. Auf überregionale Bedingungen übertragen, zielen diese Überlegungen auf rätedemokratische Strukturen (*Gollwitzer,* 1977; *Gottschalch,* 1970).

Organisationen: Aus der Untersuchung von Leistungsdefiziten bürokratischer Organisationen ergab sich (*Naschold,* 1971; *Gronemeyer,* 1973): Mit steigender Komplexität der Aufgabenstellung, Informationsverarbeitung und Entscheidungsfindung wird zunehmend eine zentralisierte Kommunikations- und eine hierarchische Entscheidungsstruktur disfunktional. Die Mängel beziehen sich insbesondere auf die Informationsbeschaffung und -verarbeitung, auf die Schwerfälligkeit der internen Kommunikation, auf die Unfähigkeit zur Korrektur durch fehlendes feed back und auf die apathisierende Wirkung auf die Mitarbeiter. Partizipations- und funktionsorientierte Überlegungen stellen mithin die Legitimität des *Weber*schen Bürokratietypus in Frage. Besonders deutlich traten diese Mängel in denjenigen Organisationen hervor, deren Aufgabe in der Erbringung personenbezogener sozialer Dienstleistungen besteht. Die Konflikte zwischen dem verwaltungsorientierten Innendienst und dem eher adressatenorientierten Außendienst nahmen an Heftigkeit zu. Vor allem aber zeigte sich, daß es zwischen den realen sozialen Problemlagen und der Problemdefinition bzw. -bearbeitung der Organisationen erhebliche Differenzen gab, die ihrerseits aus der Verrechtlichung, Bürokratisierung und Zentralisierung der sozialen Arbeit zu begründen waren. Die Neuorganisation der sozialen Dienste, die seit etwa zehn Jahren in verschiedenen Modellen ausgearbeitet und erprobt wurde, ist mithin der Versuch einer grundlegenden Neustrukturierung des Verhältnisses von Klientel, professioneller Sozialarbeit und Sozialverwaltung. Neben unmittelbaren Effektivierungsbestrebungen soll er insbesondere die genannte Unangemessenheit institutionalisierter sozialer Hilfe überwinden durch ihre Öffnung gegenüber den Problemlagen, durch ihre Dezentralisierung und Regionalisierung, durch größere Bürgernähe und Betroffenenbeteiligung und die Stärkung von Selbsthilfekräften der Klienten (*Müller/Otto*, 1980).

Selbsthilfe

Der Beginn der neueren Bürgerinitiativbewegung in der BRD wird allgemein mit dem Ende der 60er Jahr angesetzt (*Mayer-Tasch*, 1976; *Beer*, 1976; *Gollwitzer*, 1977; *Gronemeyer*, 1977; *Badelt*, 1980). Als Vorläufer gelten die Studentenbewegung, insbesondere die Außerparlamentarische Opposition, die sich denselben, die Bereitschaft zu kritischer Reflexion und politischer Aktion fördernden gesellschaftlichen und historischen Konstellationen und Erfahrungen verdanken. Die Rezession von 1966/67 erschütterte erstmals nachhaltig das Vertrauen in eine dauerhaft krisenfreie Entwicklung der »sozialen Marktwirtschaft« in der Bundesrepublik. Hochkonzentriertem privatem Reichtum, so zeigte sich zunehmend, standen Defizite in der Bildungs-, Gesundheits-, Sozial-, Verkehrs- und Wohnungsversorgung gegenüber, von denen die Mehrheit der Bevölkerung empfindlich getroffen wurde. Gefährdet waren mithin jene Reproduktionsbedingungen, die nicht durch private Kaufakte auf dem Markt zu erwerben, sondern nur in vergesellschafteter Form aufzubringen und zu organisieren sind.

Zu dieser Erfahrung der Bedrohung des Alltags kam der wachsende Zweifel an der Wahrnehmung der Interessen der Bevölkerung durch die dazu legitimierten Organe. Die Parteien erwiesen sich als unsensibel neuen Bedürfnissen gegenüber; ihre programmatische Konvergenz gipfelte in der Großen Koalition von 1968. Statt der Probleme bekämpfte sie die Unruhe, die diese hervorriefen (Notstandsgesetze). Dieser Pazifizierungsstrategie schlossen sich die Gewerkschaften in weiten Bereichen an. Der Verbändepluralismus bot kein Bild sozialer Gleichberechtigung; die mächtigen Interessen der Minderheit dominierten über die schwach artikulierten der Mehrheit. Die Verwaltung wurde zunehmend als allgegenwärtig erlebt, gleichzeitig als unflexibel, ineffizient, undurchschaubar, arrogant und obrigkeitlich.

Die gesteigerte Bereitschaft zur Selbsttätigkeit, zur selbständigen Besorgung eigener Angelegenheiten steht in einer Tradition, die über die Geschichte der BRD hinausweist. Bringt man die Selbsthilfe-Initiativen systematisch in Zusammenhang mit den typischen Reproduktionsrisiken des Lohnarbeiters in der bürgerlichen Gesellschaft, sind beachtliche Selbsthilfe-Aktivitäten in Deutschland bereits in der ersten Hälfte des 19. Jahrhunderts zu verzeichnen (*Balser,* 1959; *Kuczynski,* 1961). Produktions- und Konsumgenossenschaften, Hilfs-, Kranken- und Sterbekassen, Kreditgemeinschaften, Betreuungs- und Pflegevereinigungen, Lesegesellschaften und Bildungsvereine sind Selbsthilfe-Aktivitäten, die die bedrohlichen Folgen der Industrialisierung kollektiv und solidarisch abwehren und zum Teil eine bessere gesellschaftliche Ordnung vorbereiten sollten. In der Folgezeit entwickelten sich viele dieser Initiativen zu festen, teilweise staatlichen Institutionen und Programmen, die nach Aufgabe, Struktur und Träger wesentlicher Bestandteil sozialpolitischer Klassenauseinandersetzungen waren. Dabei ist als Tendenz zu beobachten, daß mit steigender Verrechtlichung, Bürokratisierung und Professionalisierung die Verfügungsgewalt der Lohnarbeiter oder »residualen Arbeitskräfte« *(Offe)* über die Möglichkeit ihrer direkten Partizipation an den Institutionen, die sich mit ihren Reproduktionsrisiken befassen, abnehmen (*Heymann,* 1973). Soziale Sicherheit um den Preis gesellschaftlicher Entmündigung.

Erscheinungsformen: Die Literatur, die sich mit der Bürgerinitiativbewegung seit Ende der 60er Jahre befaßt, stellt eine Reihe von Merkmalen zusammen, die zur Kennzeichnung des Phänomens dienlich sind (vgl. u. a. *Bahr,* 1972; *Höbel/Seibert,* 1973; *Butz,* 1974; *Beer,* 1976; *Knirsch/Nickolmann,* 1976; *Mayer-Tasch,* 1976; *Badelt,* 1980; *Hollstein/Penth,* 1980): Bürgerinitiativen sind locker organisierte Zusammenschlüsse von Menschen, die ein Defizit, Problem oder Bedürfnis als gemeinsames erkannt haben und sich in Selbsthilfe oder Auseinandersetzung mit einer als zuständig identifizierten Institution gemeinschaftlich für seine Beseitigung bzw. Befriedigung einsetzen. Die Initiativen richten sich auf unterschiedliche, meist konkrete gesellschaftliche Problembereiche: Erziehung und Bildung; Kultur; Wohnen, Verkehr und Umwelt; Gesundheit; Alter; Soziales; Freizeit; Arbeit und Arbeitslosigkeit. Allein in Berlin (West) gab es im Jahr 1980 mehr als 1800 solcher Initiativen (Stadtbuch 2, 1980). Die Initiativen sind politisch und organisatorisch unabhängig; sie finanzieren sich teils durch Eigenbeiträge, teils durch Spenden, teils durch Subventionen. Ihre soziale und altersspezifische Zusammensetzung ist heterogen. Sie sind offen für alle, die ihre Zielsetzung anerkennen und etwas zu ihrer Verwirklichung beitragen wollen. Sie sind nicht auf Dauer angelegt, mitunter aber recht beständig. In verschiedenen Bereichen haben sich überregionale Zusammenschlüsse der Initiativen herausgebildet, die dem Erfahrungsaustausch, der Koordination und Absicherung der Aktivitäten dienen.

Die interne Organisation der Initiativen ist im Grundsatz egalitär, demokratisch, antihierarchisch. Der Willensbildungs- und Entscheidungsprozeß wird von allen Beteiligten getragen, so daß sich für den Einzelnen hohe Partizipations- und Mitbestimmungschancen und ein konkretes, überschaubares Betätigungsfeld ergeben. Es gibt keine formalisierten und mit Sanktionen gekoppelten Machtmechanismen der Aufgabendelegation; wer eine Aufgabe übernimmt, tut dies freiwillig und aus Einsicht in ihre Notwendigkeit im Zusammenhang des angestrebten Ziels.

Die Taktiken, die die Initiativen zur Erreichung ihres Ziels einsetzen, stehen mit diesem Ziel in einem erkennbaren Zusammenhang, sind aber ansonsten von äußerster Vielfalt. In ihrer Gesamtheit richten sie sich an drei Adressatengruppen: an die allgemeine Öffentlichkeit, darunter auch an die Meinungs-Macher, um die lokale oder überregionale öffentliche Meinung für sich zu gewinnen; an potentielle Mitstreiter, denen es insbesondere ihre eigene Betroffenheit von dem in Frage stehenden Problem und die Notwendigkeit zu verdeutlichen gilt, sich selbst aktiv für ihre Belange einzusetzen; schließlich an die jeweils zuständige kommunale oder staatliche Entscheidungsinstanz, auf deren Willensbildung und Entscheidung im eigenen bzw. allgemeinen Interesse Einfluß genommen werden soll. Zum Zweck der Einflußnahme auf diesen drei Ebenen gehen die Initiativen Koalitionen mit geeigneten Organisationen ein, die sich ihre Zielsetzung ganz oder teilweise zueigen machen und sie dadurch unterstützen. Solche Koalitionspartner sind vor allem andere Bürgerinitiativen mit ähnlicher Zielsetzung, aber auch Parteien und ihre Unterorganisationen, die Gewerkschaften und die Kirchen. (Nicht selten spielt bei diesen das taktische Kalkül eine Rolle, die Mitglieder der unterstützten Initiativen nach und nach der eigenen Organisation einzuverleiben.)

Ihrem Charakter nach lassen sich die konkreten Taktiken der Initiativen folgendermaßen zusammenfassen:

- Durch die Darstellung des Problems beabsichtigen und betreiben die Initiativen Aufklärung; unterschiedliche Adressaten werden dabei unterschiedlich angesprochen (Flugblätter, Plakate, Zeitungen, Broschüren, Theater, Transparente, Ausstellungen, Vorträge, Versammlungen, Demonstrationen etc.).

- Des weiteren üben sie Pressionen aus – verstanden als Einwirkung auf die politischen Entscheidungsträger und als Beeinflussung der herrschenden Definitionen des Gemeinwohls (Protestbriefe, -resolutionen, Androhung von Beschwerden, Streiks, Boykott, Verweigerungen etc.).

- Schließlich wenden sie »disruptive Taktiken« *(Specht)* an, begrenzte Regelverletzungen, die der Gegenseite signalisieren sollen, daß man sich durch ihre Verhandlungsstrategien und -formen nicht von seinen Forderungen abbringen läßt. Sie demonstrieren die Ernsthaftigkeit und Legitimität des eigenen Anliegens und antizipieren seinen intentionalen Gehalt (»Der Bauplatz muß wieder Wiese werden!«, »Das Jugendzentrum gehört uns!«). Hierher gehören Aktionen, Blockaden, Besetzungen etc.

Die verallgemeinerbaren Erfahrungen der Initiativen mit den aufgeführten Taktiken sind mittlerweile auch in »Handbüchern« für den praktischen Gebrauch zusammengestellt worden (z. B. *Günter/Hasse,* 1976).

In ihrer Entwicklung durchlaufen die Initiativen bestimmte Phasen, die für ihre Mitglieder mit intentionalen ebenso wie mit unwillkürlichen Lernprozessen verbunden sind. Am Anfang steht die Identifizierung des Problems, von dem man betroffen ist, also des Defizits, das beseitigt, oder des Bedürfnisses, das befriedigt werden soll. Sodann ist auszumachen, wem die Verantwortung für das Problem zufällt, wie groß seine Bereitschaft zur Abhilfe ist und wie darauf eingewirkt werden kann. Hieran schließt sich eine (meist längere) Etappe der Auseinandersetzung mit Behördenvertretern u. a. Interessenten, in der Erfahrungen über deren Verhältnis zum Bürger, über bürgernahe Verwaltung, über Demokratie in Anspruch und Wirklichkeit anfallen. Auch wird in dieser Phase viel über Interessenzusammenhänge und Machtstrukturen gelernt.

Der Ausgang des Prozesses ist offen: Die Initiative kann ihr Ziel erreichen und sich auflösen; sie kann angesichts der Übermacht der Hemmnisse resignieren und sich auflösen; sie kann sich neuen Problemen zuwenden; ihre Mitglieder können andere Prioritäten setzen und sich anderswo engagieren; sie können aufgrund ihrer Erkenntnisse über gesellschaftliche Zusammenhänge einer (im traditionellen Sinn) politischen Organisation beitreten.

Die Bürgerinitiativbewegung löste ein sehr unterschiedliches Echo aus und fand unterschiedliche Beurteilungen. Während die Bevölkerung überwiegend Sympathie bezeugte, reagierte die ins Visier genommene Administration verunsichert und mißtrauisch; ihr Repertoire umfaßte Hinhalten, Pseudo-Umarmung und repressive Abwehr der begehrlichen Bürger. Die Positionen, die von Politikern, der Presse und einigen Wissenschaftlern vertreten wurden, weisen Entsprechungen auf: In liberaler Manier wurden die Initiativen als lebendiger Bestandteil des demokratischen Lebens belobigt, insofern sie die legitime Ordnung nicht in Zweifel zogen und in ihrer Praxis die Staatstätigkeit zu optimieren versprachen (*Scheel, Meyer-Tasch,* die »Zeit«). Konservative sahen in ihnen hingegen eine systemsprengende Kraft und eine Gefahr für die repräsentative Demokratie (*Filbinger, Hennis,* die »FAZ«).

Auch die Linke in der BRD hat sich mit dem Phänomen Bürgerinitiativen schwergetan. Sie hat zunächst eher Bedenken formuliert als ihre Bedeutung erforscht; inzwischen haben sich verschiedene Bewertungen verändert. So wurden die Initiativen anfangs häufig nur als »Zweitorganisationen« (*Grossmann,* 1971) anerkannt, während sie nunmehr eher in ihrer eigenständigen Bedeutung gewürdigt werden. Ihre Beschränktheit auf den Reproduktionssektor (*Offe,* 1971) hat sich durch die Arbeitslosen-Initiativen und Erprobungsversuche alternativer Produktion nicht bewahrheitet. Vor allem ist die vielfach beschworene Gefahr ihrer Integration in eine flexible Verwaltung (*Offe,* 1971; *Faßbinder,* 1972) nicht eingetreten. Eher hat die Bürgerinitiativbewegung im Kampf gegen Atomanlagen eine neue Qualität gewonnen: Ihr Charakter als Ein-Punkt-Bewegung ist beibehalten und gleichzeitig in die Formulierung eines allgemeinen Ziels – einer lebenswerten Umwelt – überführt worden. So hat sich die Zielsetzung jeder zweiten Umweltschutz-Initiative während ihres Bestehens insgesamt erweitert und zwei Drittel der Initiativgruppen verfolgen politisch anspruchsvolle Ziele (*Andritzky,* 1978, S. 88). Dem enormen Breitenzuwachs entsprechen die Fortschritte der Ökologie-Bewegung auf der Ebene überregionaler Koordination und Organisation.

Es scheint deshalb weder erforderlich noch erwünscht, auf eine analytische Bestimmung der Selbsthilfe-Initiativen, deren ausgeprägteste Erscheinung gegenwärtig die Bürgerinitiativen sind, zu verzichten oder sich auf eine nur formale Definition zurückzuziehen. Selbsthilfe-Initiativen lassen sich vielmehr analytisch zusammenfassend bestimmen als eine Erscheinungsform der Vergesellschaftung allgemein gewordener Reproduktionsrisiken im Kapitalismus, bei welcher die Betroffenen längst delegierte Kompetenzen zurückzufordern beginnen und die Frage nach der realen Verfügungsgewalt in Staat und Gesellschaft stellen. Ihre Wirksamkeit liegt auf drei Ebenen: Im Kampf um konkrete Sachziele, in denen die eigene Betroffenheit und die eigenen Bedürfnisse mit dem Interesse des Ganzen sich vermitteln; sodann in der eigenen politischen Re-Sozialisation, in welcher die Routine des Alltags, die hingenommene Zumutung, die mystifizierte Oberfläche der Gesellschaft durchstoßen wird, Alternativen ins Blickfeld geraten und neues Zutrauen zu den eigenen Fähigkeiten gefaßt wird; schließlich in der Information der Öffentlichkeit, d. h. in der Weitergabe des Erkannten an die anderen potentiellen oder faktischen Mit-Betroffenen und Mitstreiter (*Kuby/Marzahn,* 1977; *Gollwitzer,* 1977; *Gronemeyer,* 1977; *Badelt,* 1980).

Gleichwohl können auch die Selbsthilfe-Initiativen nicht den gesellschaftlichen Widersprüchen entrinnen, gegen die sie angetreten sind (*Huber,* 1980; *Schwendter,* 1980). Sie setzen auf Basisdemokratie und geraten mit zunehmender Institutionalisierung erneut unter den Druck von Arbeitsteilung und Hierarchie. Auch wenn sie das gegebene gesellschaftliche System zu überwinden trachten, bleiben sie doch Teil desselben. Sie sind Abbild des Bestehenden und gleichzeitig Vorgriff auf das Mögliche, das »Noch nicht« *(Bloch).*

Partizipation, Selbsthilfe und Sozialpädagogik

Auf die Theorie und Praxis der Sozialpädagogik hatte die Selbsthilfe-Bewegung, die in unterschiedlicher Ausprägung eine Erscheinung der gesamten kapitalistischen Welt ist (*Katz/Bender,* 1976), erhebliche Auswirkungen. Sie war ein Anstoß, die selbstsichere Auffassung zu überprüfen, die Institutionalisierung der Sozialpädagogik sei gleichbedeutend mit ihrer immer umfassenderen Etablierung und diese wiederum mit einer immer angemesseneren und effektiveren Lösung sozialer Probleme. Es erschien zunehmend zweifelhaft, ob denn die Institutionen überhaupt erreichten, was zu erreichen oder erreichen zu wollen sie vorgeben.

Die Untersuchung der Struktur totaler Institutionen (*Goffman,* 1972) im Strafvollzug, der Psychiatrie, der Fürsorgeerziehung machte die außerordentlichen und restringierten Lebensbedingungen sichtbar, denen die Insassen oder Adressaten dieser (und potentiell auch offenerer) Einrichtungen unterworfen sind. Nicht an den Lebensinteressen der Betroffenen, sondern an ihrer Verwaltbarkeit innerhalb der Institution orientieren sich die Normen und Verhaltensregeln, die hier tatsächlich wirksam werden. Statt sozialer Stabilisierung, dem offiziellen Ziel dieser Einrichtungen, bewirkt diese passive Form der »Besorgung« eine pathologische Verformung der persönlichen und sozialen Identität der Insassen, die sich je länger desto mehr nur noch innerhalb dieser Subsysteme, nicht mehr im sozialen Alltag bewegen können.

Ebenso grundsätzlich war die Kritik an den Institutionen der Sozialpädagogik, wo ihnen nachgewiesen wurde, daß sie in ihren Definitionen wie in ihren Verarbeitungsformen die Gesellschaftlichkeit sozialer Probleme in individuelle Defizite verwandeln. Ihre Praxis erschöpft sich damit in dem Zirkel, eben jene Lohnarbeiter-Normalität immer erneut herzustellen, deren Widersprüchlichkeit gerade Ursache und Anlaß sozialpolitischer Intervention ist (*Ahlheim* u. a., 1978). Damit war allgemein das Verhältnis von Institution und Interesse und die Frage nach der Herrschaftsfunktion der Sozialpädagogik thematisiert.

Am nachhaltigsten erfolgte die Kritik der unangemessenen administrativen Bearbeitung sozialer Probleme durch die Praxis selbst, durch die Selbsthilfe-Initiativen, die in zahlreichen Gebieten der Sozialpädagogik aufkamen: Kinderläden, Kleinstheime, Schülerläden, Jugendzentren; Selbsthilfezentren für Entlassene, Behinderte, Ausländer, mißhandelte Frauen (Frauenhäuser); Selbsthilfe-Gruppen für Drogenabhängige, psychisch Kranke, Alte, Arbeitslose, Anstaltsentlassene; Kultur-, Kreativitäts- und Kommunikationszentren; Initiativen zu Wohn-, Verkehrs- und Siedlungsproblemen; Wohngemeinschaften verschiedener Bevölkerungsgruppen (*Schwendter,* 1980). Viele dieser selbstorganisierten Ansätze entstanden vor jeder professionellen Befassung oder sogar ausdrücklich gegen diese; einige – wie etwa die Kinderladen- oder Jugendzentrenbewegung – gelangten zu beträchtlicher Breitenwirkung und entwickelter überregionaler Kooperation. In der Struktur dieser Initiativen war die im Lernprozeß vermittelte Dialektik des Punktuellen – des jeweiligen Anliegens – mit dem Allgemeinen ebenso angelegt wie ein neuer, auf mehr als die bloße Reproduktion des Bestehenden gerichteter Sinn der »Hilfe zur Selbsthilfe« (*Marzahn* u. a., 1975).

Diese theoretische und praktische Kritik brachte eine Vielzahl konzeptioneller Überlegungen hervor, die die Partizipationsmöglichkeiten der Adressaten von Sozialpädagogik erweitern sollten. Situationsorientiertes Lernen in der Vorschule, offene und erfahrungsbezogene Jugend- und Erwachsenenbildung, entschulte Schule, gemeinwesenorientierte Beratung, extramurale Psychiatrie, dezentralisierte und bürgernah umorganisierte soziale Dienste – überall sollten die Betroffenen durch sozialpädagogische Intervention nicht aus ihrem sozialen Lebenszusammenhang herausgerissen und für sie fremden, von anderen vorformulierten und verfügten, stigmatisierenden Handlungen unterworfen werden, sondern ihre eigenen Bedürfnisse, ihre Problemsicht und ihre Lösungsvorstellungen zur Geltung bringen können (*Marzahn,* 1978).

Diese Überlegungen hatten Rückwirkungen auf das professionelle Selbstverständnis der Sozialpädagogik (*Otto/Utermann,* 1971). Die klassische und mit der eigenen Professionalisierungsgeschichte eng verbundene Orientierung an einem klinischen Paradigma erschien zunehmend als problematisch; die einseitig vom Experten beanspruchte Fachkompetenz, seine Geheim-/Fachsprache, sein Monopol auf Erstellung einer Diagnose und Verordnung einer Therapie, das soziale Gefälle und die Herrschaftsbeziehung zwischen ihm und seinem Klienten (*Illich* u. a., 1979).

Über die Notwendigkeit einer professionellen Neuorientierung der Sozialpädagogik besteht auch in Fachkreisen weithin Übereinstimmung. Über ihre Ausgestaltung und Zielrichtung gehen die Meinungen auseinander. Auf der einen Seite steht das Plädoyer für eine »neue Fachlichkeit« (Kommission 1977, S. 65), die eine ihrer Hauptaufgaben in der Stärkung der Selbsthilfekräfte der Betroffenen sieht; in der sich die Beziehung zwischen dem Sozialarbeiter und den Menschen, mit denen er zu tun hat, als dialogisch und gleichberechtigt darstellt; in der die Ermittlung des vorliegenden Problems, seiner Implikationen und seiner Lösungsmöglichkeiten als gemeinsame Aufgabe verstanden wird; die für die benachteiligten Unterdrückten und Bedrohten Partei ergreift und sich für ihre vorenthaltenen Rechte, Chancen und Glücksmöglichkeiten solidarisch einsetzt (*Höbel/Seibert*, 1973; *Kunstreich*, 1975; *Pankoke* u. a., 1977; *Leube*, 1976). Auf der anderen Seite steht die Forderung nach einer weitgehenden oder sogar prinzipiellen Deprofessionalisierung der sozialen Arbeit (*Binswanger*, 1979; *Heiner*, 1979). Die Klientifizierung der Betroffenen, ihre gesellschaftliche Ausgrenzung und institutionelle Sonderbehandlung lassen sich im Grundsatz nur dann vermeiden, wenn die Identifizierung und Bearbeitung sozialer Probleme konsequent wieder in die Sozialeinheiten und das soziale Handeln der Menschen zurückgeholt werden. Soziale Nachbarschaft, dezentrale Netze wechselseitiger Unterstützung und Hilfeleistung, die Entwicklung neuer Sozialformen sind ein Plädoyer für eine neue Form der Vergesellschaftung, die perspektivisch nicht nur auf eine entprofessionalisierte Bearbeitung sozialer Probleme, sondern auf die Veränderung oder Beseitigung ihrer Entstehungsbedingungen zielt.

Christian Marzahn

Literatur

Ahlheim, R. u. a., 1975: Gefesselte Jugend. Fürsorgeerziehung im Kapitalismus, Frankfurt/M. – *Andritzky, W.*, 1978: Bürgerinitiativen, in: Bild der Wissenschaft 2: S. 84–94 – *Badura, B./Reese, J.*, 1977: Thesen zur Volksmedizin und Gesundheitssicherung, Ms., Bonn – *Bahr, H.-E.* (Hrsg.), 1972: Politisierung des Alltags – Gesellschaftliche Bedingungen des Friedens, Darmstadt/Neuwied – *Balser, F.*, 1959: Die Anfänge der Erwachsenenbildung in Deutschland in der ersten Hälfte des 19. Jahrhunderts. Eine kultursoziologische Deutung, Stuttgart – *Beer, W.*, 1976: Bürgerinitiativen. Möglichkeiten und Grenzen, Berlin (West) – *Butz, W. H.* u. a., 1974: Bürger initiativ, Stuttgart – *Deppe, F.* u. a., 1970: Kritik der Mitbestimmung, Frankfurt/M. – *Faßbinder, H.*, 1972: Bürgerinitiativen und Planungsbeteiligung im Kontext kapitalistischer Regionalpolitik, in: Kursbuch 27: 68–83 – *Gladitz, N.* (Hrsg.), 1976: Lieber aktiv als radioaktiv. Wyhler Bauern erzählen, Berlin (West) – *Goffman, I.*, 1972: Asyle. Über die soziale Situation psychiatrischer Patienten und anderer Insassen, Frankfurt/M. – *Gollwitzer, H.*, 1977: Citoyen oder Bourgeois. Über neue Abenteuer des bürgerlichen Bewußtseins, in: Kursbuch 50: 23–34 – *Gottschalch, W.*, 1970: Parlamentarismus und Rätedemokratie, Berlin (West) – *Gronemeyer, M.*, 1977: Aufgewacht aus dem Tiefschlaf. Von der Unzufriedenheit zum Protest, in: Kursbuch 50; 81–98 – *Gronemeyer, R.*, 1973: Integration durch Partizipation? Arbeitsplatz/Wohnbereich: Fallstudien, Frankfurt/M. – *Großmann, H.* (Hrsg.), 1971: Bürgerinitiativen – Schritte zur Veränderung? Frankfurt/M. – *Günter, R./Hasse, R.*, 1976: Handbuch für Bürgerinitiativen. Argumente, Berichte, Erfahrungen, Berlin (West) – *Heymann, H.*, 1973: Bürokratisierung der Klassenverhältnisse im Spätkapitalismus, in: *Meschkat, K./Negt, O.* (Hrsg.): Gesellschaftsstrukturen, Frankfurt/M. – *Hillmann, G.*, 1970: Die Befreiung der Arbeit. Die Entwicklung kooperativer Selbstorganisation und die Auflösung bürokratisch-hierarchischer Herrschaft, Reinbek – *Höbel, B./Seibert, U.*, 1973: Bürgerinitiativen und Gemeinwesenarbeit, München – *Katz, A., H./Bender, E. I.*, 1976: The Strength in US. Self-Helps-Groups in the Modern World, New York/London – *Knirsch, H./Nickelmann, F.*, 1976: Die Chance der Bürgerinitiativen. Ein Handbuch, Wuppertal – Kommission Sozialpädagogik der DGfE: Das Diplomstudium in Erziehungswissenschaft mit dem Schwerpunkt Sozialpädagogik, Sozialarbeit – Informationen über Studienstruktur und berufliche Praxis, in: Neue Praxis, Sonderheft 1977: 63–72 – *Kuby, Th./ Marzahn, Chr.,* 1977: Lernen in Bürgerinitiativen gegen Atomanlagen, in: Kursbuch 48: 153–172 – *Kuczynski, J.,* 1961: Darstellung der Lage der Arbeiter in Deutschland von 1789 bis 1849, Berlin (DDR) – *Kunstreich, T.,* 1975: Der institutionalisierte Konflikt. Eine exemplarische Untersuchung zur Rolle des Sozialarbeiters in der Klassengesellschaft am Beispiel der Jugend- und Familienfürsorge, Offenbach – *Leube, K.,* 1976: Berufssozialisation und Professionalisierung – Thesen zur Ausbildung künftiger Sozialarbeiter und Sozialpädagogen an der Hochschule, in: Neue Praxis: 101–106 – *Marzahn, Chr.* u. a., 1975: Konflikt im Jugendhaus, Reinbek – *Marzahn, Chr.* (Hrsg.), 1978: Sozialpädagogik – Institution, Partizipation, Selbstorganisation, Bremen – *Mayer-Tasch, P. C.,* 1976: Die Bürgerinitiativbewegung. Der aktive Bürger als rechts- und politikwissenschaftliches Problem, Reinbek – *Naschold, F.,* 1971²: Organisation und Demokratie, Stuttgart – *Nössler, B./de Witt, M.* (Hrsg.), 1976: Wyhl. Betroffene Bürger berichten, Freiburg – *Offe, C.,* 1971: Bürgerinitiativen und Reproduktion der Arbeitskraft im Spätkapitalismus, in: *Grossmann* – *Otto, H.-U./ Utermann, K.* (Hrsg.), 1971: Sozialarbeit als Beruf. Auf dem Weg zur Professionalisierung? München – *Ortmann, F.* (Hrsg.), 1976: Sozialplanung für wen? Gesellschaftsstruktur, Planung und Partizipation, Neuwied. –

→ Sozialpädagogisches Handeln → Subsidiarität

Persönlichkeitsentwicklung

»Persönlichkeit« – ein problematischer Begriff

Die Begriffe »Persönlichkeit« und »Persönlichkeitsentwicklung« sind in vielerlei Hinsicht problematisch und sollten mit Vorsicht gebraucht werden.

Der Ausdruck »Persönlichkeit« hat im Sprachgebrauch des Alltags die Mitbedeutung von »Reife«, »Erwachsenheit«, »Bildung«, »Stärke«, »Einzigartigkeit« usw., ist also stark positiv wertgeladen und impliziert somit mehr oder weniger unerfüllbare Forderungen an alle im Sinne herrschender Idealvorstellungen Unreifen, Nicht-Erwachsenen, Ungebildeten, Schwachen und Durchschnittlichen bzw. deren Diskriminierung. Im wissenschaftlich-psychologischen Sprachgebrauch spielen diese Mitbedeutungen bzw. Implikationen dem ersten Anschein nach keine große Rolle, werden aber nur selten explizit ausgeschlossen und verraten sich oft recht deutlich einerseits in dem Pathos, mit dem über die »reife Persönlichkeit«, andererseits in der herablassenden Art, in der über Kinder und Jugendliche geschrieben wird, und/oder in der Tendenz, den angeblich so differenzierten und durchgeistigten Verhaltensstil der gehobenen Mittel- und der Oberschicht als Norm darzustellen; man betrachte unter diesen Gesichtspunkten beispielsweise die Werke von *Spranger* (1914/1950 und 1924/1960), *Lersch* (1938/1962), *Wellek* (1950/ 1966) oder *Arnold* (1957/1969).

Die meisten, insbesondere die älteren »Persönlichkeitspsychologien« und »Charakterkunden« entwachsen, auch wenn oft ausdrücklich das Gegenteil beteuert wird, einem Bedürfnis nach Simplifizierung unseres Begriffs von jenem komplexesten aller Naturgebilde, das wir »Mensch« nennen. Am deutlichsten manifestiert sich das in den – entsprechend populären – Lehren von *Freud* (z. B. 1923/1940), *Rothacker* (1938/1965) und *Eysenek* (1953) sowie in all den vielen »Typologien«, von *Spranger* (1914/1950) über *Jung* (1921/1960), *Jaensch* (1929), *Pfahler* (1929/ 1943) *Kretschmer* (1931/1977) und *Sheldon/Stevens* (1942) bis *Lüscher* (1977).

Neben diesem Bedürfnis nach Simplifizierung des Begriffs vom Menschen überhaupt verrät sich in den meisten einschlägigen Lehren auch die Suche nach Möglichkeiten, den einzelnen Menschen möglichst einfach zu verstehen oder, wie es bezeichnenderweise heißt, zu »erfassen« bzw. eine Vielzahl von Menschen bequem über einen Kamm zu scheren. Das Individuum soll möglichst als einem bestimmten »Typus« zugehörig klassifiziert oder zumindest durch ein »Persönlichkeitsprofil« – z. B. *Guilford/Zimmermann* (1956), *Cattell* (1957), *Eysenck* (1959) – mit wenigen Angaben beschrieben und bewertbar gemacht und sein Verhalten entsprechend einfach erklärt und vorhergesagt werden können. In dem Maß, wie sie diese Ansprüche anscheinend erfüllen, können Persönlichkeitspsychologien und Typologien in den Händen von Lehrern, Erziehern, Psychiatern, Richtern, Personalchefs usw. rasch zu Herrschaftsinstrumenten werden und im Einzelfall sehr leicht Unrecht und Schaden stiften.

Der Begriff »Persönlichkeit« impliziert des weiteren bei vielen Autoren die Vorstellung einer relativen Stabilität (in der Zeit) und Generalität (im Sinne von Situationsunabhängigkeit) der »Eigenschaften«, »Strukturen«, »Triebe«, »Motive« oder »Faktoren«, die sie ausmachen. Sofern dieses »relativ« stark genug betont wird, ist hiergegen auch nichts weiter einzuwenden, außer daß es sachgerechter wäre, gerade die Veränderlichkeit und Situationsabhängigkeit der »Eigenschaften« etc. hervorzuheben, wie es vereinzelte Autoren, z. B. *Allport* (1937), *Dollard/ Miller* (1950) oder *Mowrer* (1950), denn auch tun.

Nicht zuletzt sollte beim Gebrauch des Wortes »Persönlichkeit« auch darauf geachtet werden, daß nicht etwas im Menschen Hausendes, ein Homunkulus, etwas außerhalb der gewöhnlichen Naturgesetzlichkeiten Agierendes, den »äußeren« Menschen »von innen her« autonom Steuerndes konstruiert wird. Diesen Fehler, diesen Rückgriff auf »mentalistische« Denkweisen, die neuzeitlichem wissenschaftlichem Denken zuwiderlaufen, vermeiden hinreichend konsequent eigentlich nur behavioristisch orientierte Autoren wie *Dollard/Miller* (1950), *Mowrer* (1950), *Bandura/Walters* (1963), *Lundin* (1969) und vor allem *Skinner* (1953 und 1971), während viele andere, darunter so prominente wie *Jung* (1921/1960), *Freud* (1923/ 1940), *Allport* (1937) oder *Murray* (1951), ihn ganz explizit vollziehen.

Neue Definitionen

Es ist klar, daß es angesichts all dieser Probleme und Fallstricke einigermaßen schwierig wird, den Ausdrücken »Persönlichkeit« und »Persönlichkeitsentwicklung«, sofern man sie nicht kurzerhand aus dem wissenschaftlichen Sprachgebrauch verbannen will, eine einigermaßen unanfechtbare Definition zu geben. Man könnte aber immerhin sagen: »Persönlichkeit« bezeichnet die Gesamtheit der ein Individuum auszeichnenden, auf der Grundlage angeborener Reaktionsbereitschaften in lebenslanger Interaktion mit der Umwelt, namentlich mit der sozialen, d. h. ganz überwiegend durch Lernen, speziell »soziales Lernen«, entwickelten und ständig sich entwickelnden situationsbezogenen Verhaltenstendenzen.

In dieser Definition wird bewußt von einer »Gesamtheit« gesprochen und nicht etwa von einer »organisierten Gesamtheit« oder gar einer »Struktur«. Denn angesichts der Vielfalt und Widersprüchlichkeit der einzelne Menschen auszeichnenden Verhaltenstendenzen ist es durchaus fraglich, ob Ordnung, Organisiertheit, Strukturiertheit etc. tatsächlich typische Merkmale menschlichen Verhaltens sind oder nicht vielmehr lediglich – aus einem Vereinfachungsbedürfnis heraus – in es hineingesehen werden bzw., wo sie sich tatsächlich nachweisen lassen, bloß die Ordnung und Strukturiertheit der Umwelt widerspiegeln.

»Verhalten« bezeichnet hier alle beobachtbaren oder aufgrund von Beobachtungen einigermaßen sicher erschließbaren Lebensprozesse, soweit sie unmittelbare oder vermittelte Antworten auf Erregungsprozesse in Sinnesorganen – vor allem in den »höheren«, nach außen gerichteten – darstellen. Verhaltensprozesse sind also sowohl einzelne einfache und komplexe Muskelbewegungen und integrierte, zeitlich länger erstreckte Abläufe von solchen bzw. die ihnen vorausgehenden zentralnervösen Prozesse, als auch Vorstellungen, Erinnerungen und Gedanken sowie emotionale Reaktionen (Gefühle, Affekte), nicht aber (in aller Regel) »rein physiologische«, also etwa Stoffwechsel-, Wachstums- oder Heilungsprozesse. (Dabei sei allerdings eingeräumt, daß eine klare Grenzziehung zwischen »Verhaltens«- und »rein physiologischen« Prozessen, wie sie hier durch Bezugnahme auf die vermittelnde Beteiligung »höherer« Sinnesorgane versucht wird, letzten Endes nicht möglich ist.)

Die vorgeschlagene Definition trägt den oben genannten Problemen Rechnung. Allerdings sind »Verhaltenstendenzen« streng genommen durchaus etwas ins Individuum Hineingesehenes. So muß man, wenn eine mentalistische Fehlinterpretation dieses Wortes vermieden werden soll, sehr betonen, daß »Verhaltenstendenzen« nichts real Existierendes oder gar Beobachtbares sind, sondern bloß etwas Erschlossenes und Gedachtes; daß sie nichts bewirken und auch nichts erklären und daß die Rede von einer »Verhaltenstendenz« lediglich in abgekürzter Form ausdrückt, daß ein Individuum sich in einer bestimmten Situation wiederholt in bestimmter Weise verhalten hat und deshalb erwartet wird, daß es sich auch fürderhin in derartigen Situationen so verhalten wird. Natürlich haben »Verhaltenstendenzen« in diesem Sinn neurophysiologische, d. h. materielle und somit reale Grundlagen; da über diese aber beim heutigen Stand unseres Wissens so gut wie nichts Genaueres ausgesagt werden kann, behält das, was damit bezeichnet wird, vorerst seinen »Konstrukt«-Status und damit einen leichten Geruch nach Mentalismus. »Persönlichkeitsentwicklung« kann nunmehr einfach definiert werden als die Gesamtheit der (ganz überwiegend Lern-)Prozesse, deren immer vorläufiges Produkt das ein Individuum kennzeichnende »Verhaltensrepertoire« ist.

Wie kann nun diese »Persönlichkeitsentwicklung« in einer möglichst einfachen, aber doch das Wesentliche enthaltenden Skizze beschrieben werden?

»Triebe«, »Antriebe«, »Reflexe«

Der neugeborene Mensch ist, um nur das hier Interessierende zu nennen, zunächst einmal ausgestattet mit einer begrenzten Anzahl von »Trieben«, genauer gesagt: von zentralnervösen, Organen vergleichbaren Strukturen (»Triebzentren«), die, wenn sie durch äußere oder innere Reize aktiviert werden, emotionale Zustände wie Hunger, Durst, Stimulationshunger, sexuelle Erregung, Zorn oder Angst und zugleich mehr oder weniger organisierte Aktivitäten in Gang setzen, die normalerweise – außer im Falle von Angst – durch eine dem Trieb spezifisch zugeordnete »Endhandlung« zum Abschluß kommen.

Jedem dieser »Triebe« entspricht sehr wahrscheinlich ein »Antitrieb«, genauer gesagt: eine zentralnervöse Struktur, die, wenn in geeigneter Weise (namentlich durch die Ausführung der entsprechenden Triebendhandlung) aktiviert, ebenfalls einen emotionalen Zustand erzeugt, und zwar den dem betreffenden Trieb entsprechenden entgegengesetzten (z. B. Sättigung oder Ekel, Indifferenz, sexuelle Befriedigung, Friedlichkeit, Sicherheitsgefühl) und in eins damit eine Triebhemmung und Aktivitätsreduktion, damit allerdings oft auch den Weg freigibt für durch einen anderen Trieb gesteuerte Aktivitäten (vgl. *Konorski*, 1967).

Da Triebe und Antitriebe in diesem Sinn eine neurophysiologische Basis haben und ihre Entwicklung somit genetisch vorprogrammiert ist (was nicht heißen soll, daß Erbfaktoren sie selbstmächtig »produzieren«, denn jede sog. »Reifung« vollzieht sich als Interaktion zwischen Erb- und Umweltfaktoren), ist anzunehmen, daß hinsichtlich ihrer Funktionsweise, namentlich der Leichtigkeit, mit der sie erregt werden, sowie der Intensität und Dauerhaftigkeit, mit der sie agieren, erbbedingte interindividuelle Unterschiede bestehen, daß sich also in dem, was gemeinhin »Temperament« genannt wird, in gewissem Maß der Einfluß interindividuell variabler Erbfaktoren niederschlägt.

Des weiteren ist der neugeborene Mensch ausgestattet mit einer in der Literatur gern als vernachlässigbar klein hingestellten, tatsächlich aber kaum überschaubaren Anzahl von »Reflexen« unterschiedlichsten Komplexitätsgrades bzw. von zentralnervösen Reflexzentren, die durch geeignete Stimuli ausgelöst bzw. aktiviert werden können, wobei nicht selten ein dem betreffenden Reflex übergeordneter Trieb unterstützend wirksam ist (vgl. *Thompson,* 1962: 74–77; *Bijon/Baer* 1965: 32–40).

Lernfähigkeit

Hierzu kommen nun noch zwei überaus wichtige Funktionsmerkmale des zentralen Nervensystems, nämlich die Fähigkeit zum »assoziativen« und zum »instrumentellen« Lernen.

Insofern als es sich um Fähigkeiten des unter dem Einfluß genetischer Faktoren entwickelten Nervensystems handelt, gilt hier das über die genetische Bedingtheit des »Temperaments« Gesagte ganz entsprechend: es muß auf jeden Fall angenommen werden, daß bei der Entwicklung dieser Fähigkeiten, die sich im weiteren dann als intellektuelle und sonstige »Begabungen« bzw. »Fertigkeiten« darstellen, interindividuell variable Erbfaktoren eine Rolle spielen. Daß über Art und Ausmaß des Einflusses von Erbfaktoren auf die Entwicklung intellektueller und sonstiger Begabungen bzw. Fertigkeiten bis auf weiteres nichts Gesichertes ausgesagt werden kann und daß es vom gesellschaftlichen, pädagogischen und nicht zuletzt moralischen Standpunkt aus gesehen gefährlicher ist, ihre Bedeutung zu über- als zu unterschätzen, steht auf einem anderen Blatt.

Assoziatives Lernen

Assoziatives Lernen (AL) besteht darin, daß infolge wiederholten Auftretens zweier aufeinanderfolgender Reize (oder Reizkonstellationen) der zuerst aufgetretene wie auch jeder ihm ähnliche Reiz die Fähigkeit erlangt, alle die Reaktionen auszulösen, die ursprünglich nur der zweite auslöste. Diese durch den zweiten Reiz ausgelöste Reaktion kann eine kognitive, eine emotional-motivationale oder eine Reflexreaktion sein, und entsprechend können drei Varianten von AL unterschieden werden:
a) Bedingen kognitiver Prozesse,
b) Bedingen emotiver Prozesse und
c) Bedingen von Reflexreaktionen (»klassisches Bedingen«).
Oder anders gesagt: durch AL können Menschen so ziemlich vom ersten Tag ihren extrauterinen Lebens an lernen, auf zunächst »neutrale« Reize mit »bedingten kognitiven Prozessen« (Vorstellungen, Erinnerungen, Erwartungen) und/oder »bedingten emotiven Prozessen« (bedingten Trieb- oder Antitriebreaktionen) und/ oder »bedingten Reflexen« zu reagieren.
Auf AL beruht es beispielsweise, wenn (a) ein Kind beim Hören der Schritte der Mutter ihr Auftauchen erwartet, wenn es (b) beim Anblick der gefüllten Milchflasche mit (bedingter) hungriger Erregung, auf den Anblick eines bösen Gesichtsausdrucks mit (bedingter) Angst, auf eine freundliche Stimme mit (bedingter) Beruhigung (= Sicherheitsgefühl) reagiert oder (c) beim Rufen seines Namens unwillkürlich aufhorcht (bedingter Orientierungsreflex).
Es kann nun nicht in der gebotenen Detailliertheit dargestellt werden, wie, sondern nur festgestellt werden, daß AL der Variante a verantwortlich ist vor allem für die Entwicklung unserer individuellen Vorstellungs- und Begriffswelten, unseres Wissens, unserer Anschauungen, unseres Weltbildes, daß AL der Variante b verantwortlich ist vor allem für die Entwicklung unserer individuellen Zu- und Abneigungen, unserer Ängste, sowie unserer Neigungen, auf bestimmte Reize mit Appetit oder Ekel, mit sexueller Erregung oder Abwehr, mit Neugier oder Gleichgültigkeit usw. zu reagieren und daß AL der Variante c unter dem Gesichtspunkt der »Persönlichkeitsentwicklung« von untergeordnetem Interesse ist.
»Einstellungen« zu bestimmten Personen, Gruppen, Vorgängen, Meinungen etc.

enthalten immer eine kognitive und eine emotive Komponente, für ihre Entwicklung sind also AL der Variante a und b gleichermaßen verantwortlich.

Dasselbe gilt für »motivationale Konstellationen« (*Fürntratt,* 1976 a). Damit sind unter der Einwirkung bestimmter Reize oder Reizkonstellationen infolge individueller Lernprozesse bei einzelnen Personen regelmäßig, aber von Person zu Person unterschiedlich oft und intensiv auftretende, in der Regel in bestimmte instrumentelle (sprich: zielgerichtete) Verhaltensweisen einmündende kognitiv-emotive Reaktionen gemeint, wie beispielsweise Wißbegierde, Geltungsstreben, Erfolgszuversicht, Mißerfolgsangst, Eifersucht, Minderwertigkeitsgefühl, Ruhmsucht, Empörung, Neid, Haß usw. An dieser Stelle sind nicht zuletzt auch die einzelne Personen auszeichnenden »Interessen« und »Desinteressen« zu nennen.

Bestrafung und ihre Folgen

Eine Erscheinungsform des AL der Variante b verdient ganz besondere Aufmerksamkeit, und zwar das Bedingen von Angst. Dieses vermittelt nämlich unter anderem die Wirkung von »Bestrafungen«, d. h. die verhaltenshemmende und oft (auf Umwegen) -modifizierende Wirkung aversiver Konsequenzen eines Verhaltens: Hat ein Verhalten beispielsweise eine Verletzung, einen Tadel, eine Ohrfeige, einen »Liebesentzug« und damit eine Angstreaktion zur Folge, so wird diese in der Regel bedingt, d. h. kann späterhin durch alle Reize und Vorstellungen, die dem betreffenden Verhalten vorausgegangen sind, ausgelöst werden, namentlich durch die Situation, in der es stattgefunden hat, die Objekte, auf die es gerichtet war sowie die Vorstellungen und propriozeptiv verspürten Muskelaktivitäten, die es begleiteten; und diese bedingte Angstreaktion kann dann (da Verhaltensweisen, deren Ausführung beim handelnden Subjekt Angst produziert oder steigert, normalerweise nicht zu Ende geführt werden) das Verhalten hemmen. Häufig wird es dann allerdings in modifizierter Weise, als »Vorsichts-Verhalten«, ausgeführt, und wenn dieses unbestraft bleibt und außerdem Erfolg hat, kann es – gemäß dem Prinzip des instrumentellen Lernens (s. u.) – an die Stelle des bestraften Verhaltens treten (»bestrafungsinduzierte Verhaltensmodifikation«).

Diese beiden Sachverhalte verdienen deshalb besondere Aufmerksamkeit, weil Bestrafungen, insbesondere soziale Bestrafungen, verantwortlich sind einerseits unmittelbar für alle unsere Hemmungen, Verzichte, passiven Anpassungen, Mißerfolgsängste usw., andererseits mittelbar für unsere »Kompensationen«, »Sublimationen«, Anstandsrituale, Lügen, Hinterhältigkeiten, verkappten Aggressionshandlungen und nicht zuletzt für das, was gemeinhin »Gewissen« genannt wird (vgl. *Fürntratt,* 1974, 1976 b).

Instrumentelles Lernen

Instrumentelles Lernen (IL) besteht darin, daß ein Individuum, das – in einer bestimmten Situation und durch einen bestimmten Trieb aktiviert – eine bestimmte Reaktion ausgeführt hat und dafür »belohnt« worden ist, d. h. eine im Hinblick auf den vorhandenen Trieb »positive« Konsequenz erfahren ist, bei Wiederkehr der gleichen oder einer ähnlichen Konstellation diese Reaktion wieder auszuführen neigen wird.

Die auf diese Weise »verstärkte« bzw. »gelernte« oder »instrumentalisierte« Reaktion kann dabei zunächst auf recht verschiedenartige Weise zustandegekommen sein, namentlich

a) als triebbedingte »erratische Aktivität« (ein Fall, der allerdings nur in den allerfrühesten Phasen der Verhaltensentwicklung eine nennenswerte Rolle spielt),

b) als Ereignis von Versuch-und-Irrtum-Verhalten, d. h. eigentlich: als mehr oder weniger modifizierte Reproduktion einer in einer ähnlichen Situation schon einmal erfolgreich gewesenen Reaktion,

c) als Nachahmung eines beobachteten Verhaltens (ein Fall, der besonders in späteren Phasen der Verhaltensentwicklung und vor allem bei der Entwicklung sozialer Verhaltensweisen eine hervorragende Rolle spielt – »Lernen am Modell«),

d) als Ergebnis eigenen Nachdenkens oder, wie man auch sagen könnte: »mentalen Versuch-und-Irrtum-Verhaltens«.

Besondere Beachtung verdient die Tatsache, daß nach dem genannten Prinzip gelernte »instrumentelle Reaktionen« oder »Verhaltensweisen« immer an die Situation und den Trieb gebunden sind und in der Regel bleiben, die in der ursprünglichen Lernsituation gegeben waren, wobei allerdings die »Situationsgebundenheit« nur eine relative ist, insofern nämlich auch der ursprünglichen bloß ähnliche Situationen nach Maßgabe des vom Subjekt wahrgenommenen Ähnlichkeitsgrades die gleiche Wirkung haben können (»Transfer«, »Generalisation«).

»Fertigkeiten« als Merkmale der »Persönlichkeit«

Durch IL wird die Bewältigung zunächst einfacher, dann immer komplexer werdender Problemsituationen und schließlich die Bewältigung ganzer Klassen von Problemsituationen gelernt. Man kann auch sagen: durch IL werden »Fertigkeiten« entwickelt, sofern man dabei sowohl an einfachste Fertigkeiten wie das Umgehen mit einem Löffel denkt als auch an so komplexe wie etwa die Fertigkeit, sich sprachlich auszudrücken oder sich Geltung zu verschaffen oder einen Computer zu programmieren oder eine medizinische Operation auszuführen.

Die durch IL lernbaren Fertigkeiten können, um eine gewisse Ordnung zu bringen in die Vielfalt der Erscheinungen, an die zu denken ist, nach den (Problem)situationen, auf die sie sich beziehen, in zwei große Klassen unterteilt werden.

Da sind einmal alle die unzähligen Fertigkeiten, die sich auf mehr oder weniger greifbare Gegenstände der nicht-sozialen Umwelt beziehen; hierunter fallen alle den Umgang mit den Gebrauchsgegenständen des Alltags ermöglichenden Fertigkeiten sowie alle spezielleren handwerklichen, sportlichen, künstlerischen und intellektuellen Fertigkeiten.

Im vorliegenden Zusammenhang von größerem Interesse sind jedoch die ebenso unzähligen auf die soziale Umwelt bezogenen Fertigkeiten, wie sie sich etwa manifestieren im Umgang mit ganz bestimmten Personen und deren wechselnden Verhalten sowie mehr allgemein mit Gleichgestellten oder Über- oder Untergeordneten, mit Freunden oder Fremden, mit Gleich- oder Andersgesinnten, mit Hilfesuchenden oder potentiellen Helfern, mit Vertretern des andern Geschlechts, mit Konkurrenten, Unterdrückern, Feinden usw. sowie mit in den genannten Hinsichten homogenen oder heterogenen Gruppen.

Für jede der hiermit angesprochenen (Problem)situationen gibt es natürlich eine Vielfalt von mehr oder weniger effektiven Verhaltensweisen. Welche davon ein Individuum bevorzugt gebraucht, hängt vor allem davon ab, welche Verhaltensweisen es – namentlich aufgrund früherer Praxis in ähnlichen Situationen sowie unter dem Einfluß eventueller »Modelle« – ausprobieren konnte und welchen Erfolg es mit ihnen hatte, namentlich von der relativen Häufigkeit belohnender und bestrafender Konsequenzen. Hat ein Individuum in ein und derselben oder in einer Reihe ähnlicher Situationen mit mehreren Verhaltensweisen Erfolg, so kann es sich für Situationen dieser Art bzw. Klasse ein ganzes Repertoire von Verhaltensweisen aneignen und sie gegebenenfalls flexibel einsetzen; es erscheint in dem betreffenden Bereich kompetent. Gelingt es ihm umgekehrt auch mit wiederholten und immer wieder variierten Versuchen nicht, eine bestimmte Situation oder eine ganze Klasse von Situationen zu meistern, so wird es sich am Ende unvorhersagbarerratisch oder passiv verhalten, d. h. auf dem betreffenden Gebiet als mehr oder weniger unfähig erscheinen.

Instrumentelles Lernen unter Angst

Die größte Aufmerksamkeit unter dem Gesichtspunkt der »Persönlichkeitsentwicklung« und insbesondere der Entwicklung von Problemverhaltensweisen bzw. problematischer »Persönlichkeitseigenschaften« gebührt dem instrumentellen Lernen unter Angst bzw. der großen Vielfalt angstmotivierter und – zumindest kurzzeitig – angstreduzierender Verhaltensweisen und unter diesen wiederum den auf »sozialer« Angst beruhenden. Dabei ist sowohl zu denken an Ängste vor Autoritätspersonen, Konkurrenten und Feinden aller Art, als auch an die Angst, die sich aus einer »ambivalenten« Beziehung zu einer einerseits Sicherheit gebenden, andererseits ausgesprochener- oder unausgesprochenermaßen mit dem Entzug dieser Sicherheit drohenden Person ergeben kann.

Es kann keinem Zweifel unterliegen, daß die allermeisten problematischen Verhaltensweisen, vor allem diejenigen, mit denen Menschen ihren Mitmenschen und/ oder sich selbst das Leben schwer machen, wie z. B. Aggressivität in allen möglichen Erscheinungsformen, Herrschsucht, Intoleranz, Wichtigtuerei, Habgier, Pedanterie, Wettstreiterei, aber auch Konformismus, blinder Gehorsam, Kriecherei sowie Rückzug vor Menschen und Aufgaben, auf Angst beruhen – technisch gesprochen: als Vermeidungs- oder Fluchtverhalten (vgl. *Fürntratt,* 1974) zu verstehen sind – und, zumindest kurzzeitig, der Angstbewältigung dienen.

Situationsübergreifende »Persönlichkeitseigenschaften«

Es gilt nun noch, verständlich zu machen, wie es kommt, daß Menschen sich oft – wenn auch ganz sicher nicht so regelmäßig, wie gemeinhin angenommen wird – in recht unterschiedlichen Situationen gleichartig verhalten, etwa allen Fremden mit Mißtrauen oder Aggressivität oder anbiedernder Freundlichkeit begegnen oder – um eine andere Klasse von Problemsituationen zu betrachten – Aufgaben recht unterschiedlicher Art erfolgszuversichtlich-zupackend oder mißerfolgsängstlich-meidend gegenübertreten, wie also so etwas wie eine situationsübergreifende »Persönlichkeitseigenschaft« entstehen kann.

Eine solche Entwicklung wird immer dann in Gang kommen, wenn ein Individuum in einer (relativ) neuen Problemsituation auf ein in einer schon bekannten und als ähnlich wahrgenommenen Situation bereits bewährtes Verhalten probierend zurückgreifen kann und damit Erfolg hat.

Das erstere geschieht aufgrund der Tendenz zur Generalisation (die nicht gelernt zu werden braucht) mit einer gewissen Zwangsläufigkeit, vorausgesetzt eben, daß das Individuum jene schon erlebte Situation wenigstens einigermaßen hat bewältigen können.

Was das zweite betrifft, so gibt es zwischen verschiedenen Umwelten und innerhalb ein und derselben Umwelt zwischen verschiedenen Bereichen beträchtliche Unterschiede hinsichtlich der Vorhersagbarkeit der Konsequenzen bestimmter Verhaltensweisen; so gibt es Umwelten, in denen beispielsweise Aggressivität oder Streberei oder Kontaktsuche fast immer belohnt wird, und andere, in denen dasselbe Verhalten fast immer bestraft wird, und wieder andere, in denen mal das eine, mal das andere geschieht. Je konsistenter eine Umwelt reagiert, desto größer ist die Chance, daß das Individuum ein relativ gleichbleibendes, vorhersagbares Verhalten entwickelt. Als beispielhaft für konsistent bzw. inkonsistent reagierende Umwelten mögen etwa die eines preußischen Beamten oder eines Rekruten in einer beliebigen Armee einerseits und die eines Kindes in einer antiautoritär sich verhaltenden Erwachsenenwelt andererseits gelten; im ersteren Fall wird sich beim »Sozialisanden« mit hoher Wahrscheinlichkeit – zumindest in gewissen Bereichen – ein konsistent-vorhersagbares, im letzteren Fall ein inkonsistent-unberechenbares Verhalten entwickeln.

Selbstkontrolle

An dieser Stelle sollte erwähnt werden, daß – insbesondere in einer konsistent reagierenden Umwelt – die »Kontrolle« des Verhaltens nicht unbedingt und dauernd direkt durch diese besorgt werden muß. Vielmehr kommt das Individuum früher oder später fast zwangsläufig dazu, die – selbst erfahrenen oder auch nur an anderen beobachteten – belohnenden und bestrafenden Reaktionen der Umwelt (mehr oder weniger bewußt) vorstellungsmäßig vorwegzunehmen, d. h. sich im Einklang mit den »Normen« der Umwelt selbst zu kontrollieren und sich anscheinend freiwillig an sie anzupassen; es erscheint dann als »selbstkontrolliert« oder »innengesteuert«.

»Phasen« der Persönlichkeitsentwicklung

Nicht zufällig war bisher mit keinem Wort von »Phasen« oder »Stadien« der »Persönlichkeitsentwicklung« die Rede. Dies, weil nach inzwischen ziemlich allgemeiner Auffassung (vgl. *Nickel,* 1980) die menschliche Entwicklung vom Augenblick der Zeugung an kontinuierlich verläuft und Phasen und Stadien nur vom jeweiligen Beobachter unter der Leitung seiner besonderen Interessen und Voreingenommenheiten in sie hineingesehen werden (was unter anderem auch aus der Tatsache hervorgeht, daß es ebenso viele Phasentheorien der Persönlichkeitsentwicklung gibt wie Autoren, die sich dazu ausgesprochen haben). Insoweit tatsächlich in einer bestimmten Kultur bei bestimmten Altersgruppen bestimmte Verhaltensweisen gehäuft auftreten, beispielsweise oppositionelles oder geltungsstrebiges Verhalten in der Vorpubertät und Pubertät, so spiegelt sich darin nichts weiter als die Tatsache, daß die soziale Umwelt diese Altersgruppe vor bestimmte Forderungen stellt, sie bestimmten Zwängen aussetzt, auf die mehr oder minder zwangsläufig in bestimmter Weise reagiert wird. Und wenn – um einen anderen Aspekt dieses Themas anzusprechen – bestimmte Verhaltensweisen und namentlich Fertigkeiten in einer bestimmten Regelhaftigkeit aufeinanderfolgen, so beruht dies schlicht darauf, daß jede komplexe Verhaltensweise bzw. Fertigkeit die Beherrschung einfacherer voraussetzt, woraus sich dann diese Regelhaftigkeit des Entwicklungsverlaufs ergibt, eine Regelhaftigkeit, die aber keinesfalls als genetisch vorprogrammiert betrachtet werden darf.

Persönlichkeitsentwicklung als lebenslanger Prozeß

Es gibt im übrigen auch keine überzeugenden Grundlagen für jene weitverbreitete Ansicht, nach der es für die «Persönlichkeitsentwicklung« als ganze oder bestimmte ihrer Aspekte so etwas wie kritische Phasen gäbe, in denen sozusagen ein für alle Male bestimmte Weichen gestellt werden. Vielmehr spricht vieles dafür, daß entscheidende Entwicklungsschritte in jedem Alter getan, Weichen jederzeit gestellt und – wenn auch nicht ganz so leicht – umgelegt werden können.

Das wird deutlich, wenn etwa ein Mensch in einem Alter, in dem er im großen und ganzen als »fertig« gilt, in eine völlig neue Situation kommt, beispielsweise den Beruf wechselt oder in ein fremdes Land zieht oder sich plötzlich einer stark veränderten ökonomischen Situation gegenübersieht.

Dasselbe gilt auch für den Fall, daß jemand im Zuge einer intendierten (und möglichst mit ihm abgesprochenen) therapeutischen »Verhaltensmodifikation« neue Verstärkungskontingenzen erfährt, d. h. für bisher belohntes »Problemverhalten« (z. B. egoistische Streberei, Rechthaberei, ständiges Hilfesuchen oder Herumkommandieren) nicht mehr belohnt und/oder für bisher unbeachtetes »erwünschtes« Verhalten (z. B. offenes Kommunizieren, lernerische Anstrengungen, selbständiges Entscheiden, Gefälligsein) belohnt wird.

Allerdings muß eingeräumt werden, daß in dem Maße wie bereits erfolgtes Lernen die Möglichkeiten des Neu- und Umlernens einschränkt, radikale Verhaltensänderungen mit zunehmendem Alter immer unwahrscheinlicher bzw. schwerer erreichbar werden, was dann doch darauf hinausläuft, daß den früheren Lebensjahren, namentlich den Jahren bis zum Berufseintritt, eine besonders große Bedeutung für die »Persönlichkeitsentwicklung« zugesprochen werden muß.

Ernst Fürntratt

Literatur

Allport, G. W., 1937: Werden der Persönlichkeit (Fischer Taschenbuch), Frankfurt/M. — *Arnold, W.*, 1975[4]: Person, Charakter, Persönlichkeit, München – *Bandura, A/Walters, R. H.*, 1963: Social learning and personality development, New York/Winston – *Bijou, S. W./ Bear, D. M.*, 1965: Child development II, New York – *Cattell, R. B.*, 1978[3]: Die empirische Erforschung der Persönlichkeit, Weinheim/Basel – *Dollard, J./Miller, M. W.*, 1950: Personality and psychotherapy, New York – *Eysenck, H. J.*, 1953: The structure of human personality, New York – *Eysenck, H. J.*, 1959: Manual of the Maudsley Personality Inventory, London – *Freud, S.*, 1940: Das Ich und das Es, London – *Fürntratt, E.*, 1974: Angst und instrumentelle Aggression. Eine Analyse auf der Grundlage experimentell-psychologischer Forschungsbefunde, Weinheim/Basel – *Fürntratt, E.*, 1976 a: Motivation sehnlichen Lernens, Weinheim/ Basel – *Fürntratt, E.*, 1976 b: Zwang und Repression im Schulunterricht, Weinheim/Basel – *Guilford, J. P./Zimmermann, W. S.*, 1956: Fourteen dimensional temperament factors. Psychological Monographs, Nr. 10: 1–26 – *Guilford, J. P.*, 1964[6]: Persönlichkeit, Logik, Methodik und Ergebnisse ihrer quantitativen Erforschung, Weinheim/Basel – *Jaensch, E.*, 1929: Grundformen menschlichen Seins, Berlin – *Jung, C. G.*, 1960[9]: Psychologische Typen, Zürich/Stuttgart – *Konorski, J.*, 1967: Integrative activity of the brain, Chicago – *Kretschmer, E.*, 1977[26]: Körperbau und Charakter, Heidelberg/Berlin – *Lersch, P.*, 1970[11]: Aufbau der Person, Heidelberg/Berlin – *Lundin, R. W.*, 1969: Personality, London – *Lüscher, M.*, 1977: Der 4-Farben-Mensch, München – *Mowrer, O. H.*, 1950: Learning theory and personality dynamics, New York – *Murray, H. A.* 1951: Toward a classification of interaction, in: *Parsons, T./Shils, E. A.* (Eds.): Toward a general theory of action, Cambridge – *Nickel, H.*, 1980: Entwicklungstheorien und ihre Bedeutung für den Grundschullehrer, in: *Rost, D. H.* (Hrsg.): Entwicklungspsychologie für die Grundschule, Bad Heilbrunn – *Pfahler, G.*, 1943[4]: System der Typenlehre, Leipzig – *Rothacker, E.*, 1965[6]: Die Schichten der Persönlichkeit, Bonn – *Sheldon, W. H./Stevens, S. S.*, 1942: The varieties of temperament, New York – *Skinner, B. F.*, 1971: Beyond freedom and dignity, New York – *Skinner, B. F.*, 1971: Erziehung als Verhaltensforschung, Grundlagen einer Technologie des Lehrens, Bad Honnef – *Spranger, E.*, 1979[29]: Psychologie des Jugendalters, Heidelberg – *Thompson, G. G.*, 1962[2]: Child psychology, Boston – *Wellek, A.*, 1963[3]: Die Polarität im Aufbau des Charakters, Bern/ München. –

→ Jugend → Kindheit → Klasse und Schicht → Sozialisationstheorie

Pflegekinder

»Die grundsätzliche Schwäche des Familienpflegesystems beruht auf der Tatsache, daß dasselbe auf zwei entgegengesetzten Prinzipien aufbaut. Das eine ist das Vertrauen in die Wohltätigkeit und Ehrenhaftigkeit der menschlichen Natur, das andere das Mißtrauen vor ihrer Selbstsüchtigkeit und Unehrenhaftigkeit. Ersteres findet seinen Ausdruck in dem liebevollen Begriff ›Pflegeeltern‹, letzteres in dem ausgeklügelten Kontrollsystem, mit dem deren Verhalten beobachtet und an die Vormundschaftsorgane weitergegeben wird. Ich bin mir bewußt, daß alles menschliche Verhalten mehr oder weniger von Prinzipien des Vertrauens und Mißtrauens geleitet wird, gestehe aber, daß mir kein Verhalten bekannt ist, in dem diese Prinzipien eine stärkere und antagonistischere Rolle spielen als in der Familienpflegepraxis für die Kinder der Armen« (*Bowyer,* 1874, zitiert bei *Chance,* 1897, Children under the Poor Law).

Obwohl diese Feststellung bereits vor 100 Jahren getroffen wurde, besitzt die angesprochene Problematik nach wie vor Gültigkeit. Die Skandalisierung der Heimerziehung hat viele Jugendämter dazu veranlaßt, verstärkt Kinder, die aus verschiedensten Gründen nicht bei ihren natürlichen Angehörigen aufwachsen können, als Pflegekinder in fremden Familien unterzubringen, denen für Versorgung und Erziehung ein Pflegegeld gezahlt wird. Erst in jüngster Zeit wurde der überstürzte Ausbau des Familienpflegesystems zum Gegenstand kritischer Erörterungen. Es wurde bemängelt, daß die Schwächen familialer Ersatzerziehung kaum reflektiert werden, es aber den Jugendämtern auch um eine Entlastung ihres Jugendhilfebudgets gehe, da die Unterbringung von Kindern in Pflegefamilien weit billiger erscheint als eine wirkungsvolle Unterstützung ihrer natürlichen Familien und sich als weitaus kostensparender erweist als die Unterbringung in Heimen.

Entwicklung des Familienpflegesystems

Die Ersatzerziehung von Kindern vollzog sich historisch immer in den gleichen Grundformen, die wir heute noch kennen: Familienpflege und Anstalts- bzw. Heimerziehung. In den mittelalterlichen Armenanstalten wurden alleinstehende Kinder oft mit Siechen, Obdachlosen und fremden Reisenden gemeinsam versorgt, deren soziales Elend sie teilten. In einigen Städten gab es bereits gesondert eingerichtete Findel- und Waisenhäuser. Durch die Unterbringung vieler Kinder auf engem Raum und mangelhafte Ernährungs- und Pflegebedingungen war die Säuglingssterblichkeit in den Anstalten jedoch so groß, daß nur wenige Kinder sie lebend wieder verließen. Ein Kind, das nicht in einer Waisenanstalt Aufnahme fand, brachte man in dürftigen Koststellen auf dem Lande unter, wo es von Gemeindemitgliedern umschichtig nur mit dem Lebensnotwendigsten versorgt wurde und später mit seiner Arbeitskraft abzubezahlen hatte, was ihm an Versorgung zuteil geworden war (vgl. *Lange,* 1965; *Scherpner,* 1966).

Einstellungswandel und institutionelle Veränderungen in den herkömmlichen

Formen der Ersatzerziehung markieren zwei große Reformbestrebungen. Die eine ist uns als »Waisenhausstreit« historisch überliefert, die andere trat mit der Forderung »Holt die Kinder aus den Heimen« vor rund 10 Jahren an die Öffentlichkeit und setzte sich seitdem aktiv für die Verbesserung der Lebenssituation von Kindern in Ersatzerziehung ein. Obwohl sich beide Reformbewegungen in einer zeitlichen Differenz von rund 200 Jahren ereignet haben, weisen sie sowohl in der Zielsetzung als auch in dem, was unmittelbar durch sie bewirkt wurde, eine bedeutsame Parallele auf:

Die jahrzehntelang vorwiegend literarisch ausgetragenen Auseinandersetzungen im ersten Waisenhausstreit führten in der zweiten Hälfte des 18. Jahrhunderts zu einer neuen Orientierung der Familienkonzeption für Ersatzerziehung. Sie kulminierte in der Forderung, alleinstehende Kinder nicht in den Massenunterkünften der Waisenanstalten, sondern von erzieherisch befähigten Pflegefamilien versorgen zu lassen, die dafür mit einem angemessenen Pflegegeld entlohnt werden sollten. Pädagogische Konsequenzen wurden hieraus aber nicht gezogen. Was die Auseinandersetzungen unmittelbar bewirkten, war, daß viele Kommunen ihre Waisenhäuser leerten und die Kinder in Koststellen auf dem Lande unterbrachten. Den Anfang machte das Waisenhaus in Gotha (vgl. *Scherpner*, 1966), das der öffentlichen Armenpflege den Nachweis erbrachte, durch die Unterbringung seiner Zöglinge als »Haltekinder« auf dem Lande etwa die Hälfte der anfallenden Versorgungskosten einsparen zu können. Aus Gründen der Kostenersparnis wurden in der Folgezeit viele versorgungsbedürftige Kinder in bäuerlichen oder handwerklichen Familien untergebracht, die einen Alimentationskontrakt mit der städtischen Waisenhausdirektion abgeschlossen hatten. Vormundschaft und rechtliche Befugnisse lagen in der Regel bis ins 19. Jahrhundert hinein bei der Waisenanstalt, später bei einem bestellten Einzelvormund in der Stadt. Die persönliche Sorge für Wohlergehen und Erziehung wurde der Pflegefamilie überlassen, in der das Kind oft ohne verantwortliche Aufsicht und ohne irgendeine persönliche Bindung an seinen Vormund heranwuchs. Die besondere Gefährdung der Pflegekinder lag in der häufig einsetzenden »Pflegestellenwanderung«, da die sparsamen Armenämter auf jeden Kostgeldaufschlag mit einem Wechsel des Pflegeortes antworteten und die Pflegestellen bei ungenügender Alimentierung immer schlechter wurden. Hinzu kam, daß trotz der zum Ausgang des 19. Jahrhunderts sukzessive eingeführten Berufsvormundschaft über nichteheliche Kinder (vgl. *Napp-Peters,* 1978) die Mißstände in der Versorgung alleinstehender Kinder in kleinen, finanzschwachen Gemeinden unverändert geblieben waren. Seit dem Unterstützungswohnsitzgesetz von 1870 war zwar der Ortsarmenverband am Wohnort des Kindes endgültig zu seiner Unterstützung verpflichtet, man ließ jedoch die Kinder oft erst verwahrlosen, damit die Voraussetzungen der Fürsorgeerziehung erfüllt wurden und so die Lasten einem anderen Kostenträger zufielen.

An dieser Grundstruktur der Ersatzerziehung hat sich bis heute wenig geändert. Nicht nur die Armenpflege des 19., sondern auch die Jugendhilfe des 20. Jahrhunderts haben versäumt, über größere finanzielle Anreize, eine klar definierte Rechtsbasis und vor allem berufliche Anerkennung für Pflegeeltern, sich neue gesellschaftliche Gruppen zu erschließen, für die diese Arbeit nicht nur willkommenes »Zubrot« ist, sondern eine attraktive Berufsmöglichkeit darstellt.

Der jüngste »Waisenhausstreit«, der Mitte der 60er Jahre einsetzte, zeigt, wie wenig sich die gegenwärtige Jugendhilfe vom Rollenverständnis und armenfürsorgerischen Interventionspraktiken des 18. und 19. Jahrhunderts entfernt hat. Als gesellschaftspolitisch vertretbare erzieherische Lösung wird nach wie vor die »Fremdplazierung« des Kindes angestrebt, und die Tatsache, daß die überwiegende Mehrheit der Kinder in Ersatzerziehung eigene Eltern hat, die bei ausreichender finanzieller und sozialpädagogischer Unterstützung am besten für die Erziehung des Kindes geeignet sind, wird weitgehend aus allen Erwägungen ausgeschlossen, wenn nicht gar bewußt ignoriert.

Außer in der gemeinsamen Zielsetzung läßt sich zwischen erstem und zweitem Waisenhausstreit auch eine Parallele in den Mitteln feststellen, mit denen Veränderungen in der Ersatzerziehung bewirkt wurden. Während das Argument der Kostenersparnis in der Folgezeit des ersten Waisenhausstreits zu einem Ausbau des »Haltekindersystems« geführt hatte, verhalf die gleiche Argumentation im 20. Jahrhundert vor allem dem Adoptionssektor zu Aufbau und Entfaltung. Den beiden traditionellen Institutionen, den Heimen und den Pflegefamilien, brachten die jüngsten Auseinandersetzungen um die Ersatzerziehung dagegen keine merklichen Verbesserungen. Die Familienkonzeption für Ersatzerziehung, die der öffentlichen Armenpflege im ausgehenden 18. Jahrhundert noch als Alibi gedient hatte, um Kinder kostensparend versorgen zu lassen, konnte sich erst im 20. Jahrhundert auf dem jugendfürsorgerisch neuen, zahlenmäßig aber weniger bedeutenden Adoptionssektor voll durchsetzen. Sie wurde dort zum entscheidenden Impetus für alle Reformbestrebungen, die bis in die Gegenwart hineinreichen.

Betroffene von Familienpflege

Laut Jugendhilfestatistik (Stat. Bundesamt, Fachserie 13, Reihe 6 Öffentliche Jugendhilfe) waren am Jahresende 1980 70746 Pflegekinder in Familienpflege untergebracht. Bei den Pflegekindern handelt es sich um Minderjährige unter 16 Jahren, die sich dauernd oder nur für einen Teil des Tages, jedoch regelmäßig, außerhalb des Elterhauses in Familienpflege befinden. Gemäß §§ 31 und 32 JWG unterstehen sie der Aufsicht des Jugendamtes.

Der Anteil der nichtehelichen Kinder unter den statistisch erfaßten Pflegekindern betrug Ende 1980 37,3 %. Dieser Anteil ist in den letzten Jahren beständig zurückgegangen (1970 noch 67 %), obwohl die Zahl der nichtehelich geborenen Kinder seit 1965 von 45,6 auf 62,7 (1973) auf 1000 Lebendgeborene gestiegen ist (Stat. Bundesamt, Fachserie A, Reihe 2/1). Die Bundesstatistik gibt einen Hinweis darauf, daß die Situation der unverheirateten Mutter weniger als früher alleiniger Grund für die Unterbringung des Kindes in Familienpflege ist, daß vielmehr das Problem der Ersatzerziehung heute in erster Linie das der unvollständigen Familie (für 80,2 % aller Kinder in Ersatzerziehung) und der nach Trennung oder Ehescheidung notwendig werdenden Erwerbstätigkeit der alleinstehenden Mutter ist.

Aus der Bundesstatistik ist ferner die Tendenz erkennbar, Kinder und Jugendliche nicht mehr in Heimen, sondern in Familien unterzubringen. Die Zahl der (im Rahmen der Hilfe zur Erziehung) in Familien – außerhalb der eigenen – untergebrachten Kinder und Jugendlichen war 1975 erstmals größer als die Zahl der in Heimen untergebrachten Minderjährigen, während noch vor 5 Jahren zwei Drittel aller Kinder und Jugendlichen in Ersatzerziehung in Heimen untergebracht waren.

Detaillierte Aussagen zur Situation der Familienpflege lassen sich aus der Jugendhilfestatistik nicht gewinnen. Insbesondere fehlen Angaben zum Alter der Pflegekinder, der Dauer ihrer Unterbringung und der Häufigkeit ihres Wechsels zwischen Heim und Pflegestelle. Bei der Pflegekinderstatistik ist ferner zu berücksichtigen, daß sie aufgrund der engeren Definition des Jugendwohlfahrtsgesetzes nur einen Teil der Erziehung in Ersatzfamilien abdeckt. Erfaßt sind nicht die im Rahmen der FE und FEH in Familienpflege untergebrachten Kinder und Jugendlichen, die über 16jährigen in Familienpflege sowie Kinder und Jugendliche, die sich in Verwandtenpflege befinden.

Die Mängel der Pflegekinderstatistik sind um so gravierender, als im deutschsprachigen Raum noch keine repräsentativen sozialwissenschaftlichen Untersuchungen zu Pflegefamilien vorliegen. In den beiden bislang bekannten Untersuchungen von *Dührssen* (1958) und *Blandow* (1972) wurde mit kleinen Stichproben gearbeitet, deren Aussagen wegen ihrer sachlichen, zeitlichen und regionalen Begrenztheit nicht ohne weiteres verallgemeinert werden können.

Blandows Untersuchungsgruppe umfaßt 320 in Dauerpflege untergebrachte Kinder eines großstädtischen Jugendamtes, die in den Jahren 1954/55 und 1959/62 in Familienpflege vermittelt worden sind. Das Untersuchungsmaterial wurde durch Auswertung von Jugendamtsakten gewonnen und konnte in 50 % aller Fälle durch ein Interview mit den Pflegeeltern ergänzt werden. Die Untersuchung erbrachte im wesentlichen folgende Ergebnisse:

– Zum Zeitpunkt der Vermittlung waren 33 % der Kinder unter 2 Jahre alt, 43 % zwischen 2 und 6 Jahre und 24 % 6 Jahre und älter.
– Der größte Teil der Kinder kam nichtehelich zur Welt (70 %), 10 % waren entweder nominell ehelich geboren oder wurden nach der Geburt für nichtehelich erklärt. 20 % wurden als eheliche Kinder geboren oder durch nachfolgende Eheschließung legitimiert.
– Bis zum Zeitpunkt der Untersuchung erlebten annähernd vier von zehn Kindern mindestens einen Abbruch eines Pflegeverhältnisses, eines von sieben Kindern mindestens zwei Abbrüche.
– Zwei Drittel aller Kinder lebten schon fünf Jahre und länger in den untersuchten Pflegefamilien.
– 55 Kinder (17 %) wurden von ihren Pflegeeltern adoptiert. Hierbei handelt es sich jedoch überwiegend um solche Kinder, die vor dem ersten Lebensjahr bereits mit dem Ziel der Adoption in die Familie vermittelt worden sind.
– Unter Berücksichtigung des Abbruchkriteriums (in 28 % aller Fälle) und der Einschätzung des bestehenden Pflegeverhältnisses wurde die Vermittlung in die untersuchten Pflegefamilien für 3 von 5 Kindern als erfolgreich beurteilt.

- Im Vergleich mit der Gesamtbevölkerung im Bundesgebiet sind die Pflegeeltern auf den unteren sozialen Positionen (gelernte und ungelernte Arbeiter, kleine Angestellte) weit überrepräsentiert; auffallend die 14 % bäuerlicher Pflegefamilien.
- 47 % aller Pflegemütter nannten als Hauptmotiv für die Aufnahme eines Pflegekindes den Wunsch nach einem Kind (weil kinderlos 30 %, das eigene Kind erwachsen oder ein weiteres Kind nicht mehr zu erwarten ist 17 %). Von 14 % wurde ein Spielkamerad für das eigene oder ein Pflegekind gewünscht, bei 7 % der Pflegemütter sollte das Pflegekind eheliche Schwierigkeiten kompensieren. In 16 % aller Fälle wurden von den Pflegemüttern persönliche Gründe genannt, bei denen oft ein neurotischer Hintergrund sichtbar wurde. 11 % wünschten eine landwirtschaftliche- oder eine Haushaltshilfe.
- Gegenüber der Gesamtbevölkerung sind bei den Pflegemüttern die jüngeren Jahrgänge (bis 40 Jahre) unterrepräsentiert, während die mittleren Jahrgänge (41 bis 50 Jahre) deutlich überrepräsentiert sind. Der Altersabstand zwischen den Ehepartnern in den Pflegefamilien ist bei rund einem Viertel beträchtlich, der Abstand zum Pflegekind liegt weit über dem natürlicher Eltern. Bei zwei Drittel der Pflegekinder unter 2 Jahren war die Pflegemutter zwischen 35 und 50 Jahren alt.

In ihrer vergleichenden Untersuchung von 150 6 bis 7jährigen Heim-, Pflege- und Familienkindern stellte *Dührssen* (1958) fest, daß 64 % der von ihr untersuchten Pflegekinder bei Pflegemüttern im Alter zwischen 50 und 70 Jahren aufwuchsen. Nach *Dührssen* trägt der große Altersunterschied zwischen Pflegemutter und Pflegekind wesentlich dazu bei, daß in Pflegefamilien häufig eine »Großmutter-Erziehung«, d. h. eine stark motorisch einengende Erziehung bei gleichzeitig erfolgender »kompensatorischer Verwöhnung in Besitzdingen«, praktiziert wird.

Erfolg von Familienpflegeverhältnissen

In Deutschland und im Ausland haben empirische Untersuchungen zur Familienpflege ihre Fragestellungen in erster Linie auf den Erfolg von Pflegeverhältnissen gerichtet. Bei genauerer Betrachtung erweisen sich die Konzepte von Erfolg und Mißerfolg in der Familienpflege jedoch als sehr relativ und entziehen sich weitgehend eindeutiger Festlegung.

In den vorliegenden empirischen Untersuchungen wurde versucht, Erfolg oder Mißerfolg methodisch mit drei unterschiedlichen Verfahren festzustellen. *Theis* (1924), *Baylor/Monachesi* (1939), *Meier* (1966) und *Ferguson* (1966) bewerteten den Erfolg von Pflegeverhältnissen danach, inwieweit ehemaligen Pflegekindern die soziale Einordnung als Erwachsene gelungen war. Als Material dienten in der Regel Strafregisterauszüge, Akten von Jugendämtern, Schulverwaltungen, Krankenanstalten, Sozial- und Arbeitsämtern. In den meisten dieser Untersuchungen liegt die Erfolgsquote bei rund 60 %, die Mißerfolgsquote variiert von 27 % *(Theis)* bis 39 % *(Meier)*.

Kadushin (1958) und *Jenkins* (1965) beschränkten sich in ihren Untersuchungen auf bestehende Pflegeverhältnisse und maßen den Erfolg daran, ob es Pflegeeltern und Pflegekind gelungen war, befriedigende Beziehungen aufzubauen. Bei *Jenkins* waren 67 % der Pflegebeziehungen für das Kind befriedigend, die übrigen unbefriedigend. Eine Pflegestelle wurde als unbefriedigend eingestuft, wenn Pflegeeltern, zuständiger Sozialarbeiter und Interviewer der Meinung waren, daß die Plazierung nicht hätte stattfinden dürfen.

In beiden Forschungsansätzen wurde der Erfolg von Familienpflege anhand subjektiver Bewertungen gemessen, wobei der Einfluß, den Aktenberichte, zuständige Sozialarbeiter, Interviewer und andere Personen auf das Ergebnis ausübten, nicht kontrolliert wurde. In beiden wird auch nichts über solche Kinder ausgesagt, die wieder aus der Pflegestelle herausgenommen und ins Heim zurückverlegt oder in einer anderen Pflegestelle untergebracht wurden.

Die dritte Methode, mit der versucht wurde, Erfolg und Mißerfolg von Familienpflege festzustellen, bedient sich hierfür des Kriteriums des Abbruchs eines Pflegeverhältnisses. Dabei wird eine Plazierung, die über eine bestimmte Zeitspanne hinweg, zumeist 5 Jahre, Bestand hatte, als Erfolg betrachtet. Plazierungen, die mit der Herausnahme des Kindes enden, gleich ob die Probleme beim Kind, seinen Pflegeeltern oder anderen Beteiligten lagen, werden als Mißerfolg bewertet. Mit dieser Methode wurde von *Trasler* (1960), *Parker* (1966), *George* (1970) und *Blandow* (1972) gearbeitet. Obwohl, wie *Parker* betont, die Festlegung auf 5 Jahre willkürlich ist, weil einige Kinder für längere Zeit in einer Pflegestelle verbleiben mögen, auch wenn diese ihren besonderen Bedürfnissen nicht adäquat entspricht, und für andere Kinder auch eine abgebrochene Pflegebeziehung von gewissem Wert gewesen sein mag, bietet diese Methode den Vorteil klarer Abgrenzung.

Mit 40 % liegt die Erfolgsquote in der Untersuchung von *George* (1970) am niedrigsten (*Parker* 52 %; *Blandow* 60 %). In der Frage der Dauer von Pflegeverhältnissen, die zum Abbruch führten, stimmen alle genannten Untersuchungen darin überein, daß das Risiko des Abbruchs im ersten Jahr nach der Vermittlung am größten ist, im zweiten Jahr noch beträchtlichen Umfang besitzt, dann aber wesentlich abnimmt. Diese Ergebnisse sollten Sozialarbeiter, die für Beratung und Aufsicht zuständig sind, dazu veranlassen, Pflegefamilien im ersten Jahr nach der Vermittlung häufiger aufzusuchen als es in Richtlinien und landesrechtlichen Ausführungsbestimmungen von ihnen verlangt wird.

Die Plazierung in Familienpflege ist für ein Kind immer mit Trennung verbunden, Trennung von den Eltern, von den Geschwistern, von der gewohnten familiären Umgebung. Für ein Kind bedeutet die Trennung ein traumatisches Erlebnis, es empfindet sie als persönliche Niederlage. Wie sehr ein Kind unter diesen traumatischen Erfahrungen zu leiden hat, ist uns noch weitgehend unbekannt. In der Fachliteratur (*Bowlby,* 1966; *Kadushin,* 1967) werden die Auswirkungen als abhängig vom Alter, der Intensität der Beziehungen zu den Eltern und der bisherigen Umgebung angenommen. *Weinstein* (1960) gelangte in seiner Studie über Selbstbild und Selbstverständnis von 61 Pflegekindern zu den folgenden Ergebnissen: Der durchschnittliche Entwicklungsstand von Kindern, deren natürliche Eltern sie regelmäßig in der Pflegestelle besuchten, war signifikant höher als derjenige der Kinder, die keinen Kontakt zu ihren natürlichen Eltern hatten. Kinder, die sich vorrangig mit ihren natürlichen Eltern identifizierten, hatten im Vergleich mit allen übrigen Untersuchungsgruppen die höchste Einschätzung auf der Skala körperlichen und seelischen Wohlergehens. Kinder, deren natürliche Eltern sie regelmäßig besuchten, die aber auch dazu tendierten, sich mit ihren Pflegeeltern zu identifizieren, zeigten eine günstigere Entwicklung als Kinder mit entsprechenden Identifikationsmustern, die nicht von ihren Eltern besucht wurden. Das ungünstige Abschneiden der 17 Kinder, die nie von ihren Eltern Besuch erhielten, erklärt Weinstein damit, daß sich bei ihnen möglicherweise das Gefühl eingestellt hat, von ihren natürlichen Eltern unerwünscht und deswegen irgendwie minderwertig und unwürdig zu sein.

Obwohl in der Fachliteratur die Bedeutung hervorgehoben wird, die das Aufrechterhalten des Kontakts zu den natürlichen Eltern für die gesunde Entwicklung des Kindes besitzt, und betont wird, daß dieses die wichtigste Aufgabe sei, die Sozialarbeiter und Pflegeeltern gemeinsam zu leisten haben, bleibt es in den empirischen Untersuchungen zumeist bei der bloßen Akklamation. Von keinem Forscher wurde bislang empirisch untersucht, warum es zum Abbruch des Kontakts zu den natürlichen Eltern kommt, wie es um deren soziale und wirtschaftliche Situation bestellt ist und welche Chancen für das Kind bestehen, wieder zu seinen natürlichen Eltern zurückzukehren. Diese Fragen werden lediglich bei *George* (1970) angeschnitten, der sein Pflegekindersample nicht allein, wie sonst üblich, aus dem Fallmaterial einer einzigen Dienststelle, sondern von drei Jugendämtern mit regional unterschiedlichen Zuständigkeiten gewonnen hat. Er stellte fest, daß viele Eltern ihr Kind lieber im Heim untergebracht wissen wollten, weil sie befürchteten, den Kontakt zum Kind zu verlieren. Wie berechtigt die Ängste der Mütter waren, zeigte sich in den feindseligen, diskriminierenden und ablehnenden Verhaltensweisen, mit denen man ihnen in Pflegefamilien und bei Jugendhilfedienststellen begegnete. Der Wunsch, den Kontakt zu dem Kind aufrechtzuerhalten, wurde für die Mütter dadurch nicht nur erheblich erschwert, sondern in vielen Fällen unmöglich gemacht. Es gab viele Kinder »where the parents were not merely excluded quietly from any plans made for their children but where the departments showed active hostility towards natural parents«.

Ablehnende und diskriminierende Verhaltensweisen gegenüber alleinstehenden Müttern, deren Kinder in Ersatzerziehung untergebracht sind, bestätigt auch eine deutsche Untersuchung über Adoption (*Napp-Peters,* 1978). Natürliche Eltern konnten nur in Ausnahmefällen mit wirtschaftlichen und sozialen Hilfen rechnen, die ihnen ausreichend Alternativen geboten hätten, um zu einer freien Entscheidung über das Schicksal ihres Kindes zu gelangen. Wie gering ihre Chancen waren, normativen Erwartungen zu entsprechen und die Aufrichtigkeit ihrer Bemühungen um das Kind Sozialarbeitern glaubhaft zu machen, ließen Prozesse sozialarbeiterischer Stigmatisierung erkennen. Kennzeichnend für diese war, daß bestimmte, den natürlichen Eltern zugeschriebene Qualitäten sich nicht nur in einzelnen Verhaltensdiagnosen niederschlugen, sondern zu einer global bewerteten, negativen Typisierung des Klienten führten.

In der Adoptionsuntersuchung wurde auch festgestellt, daß viele Sozialarbeiter Pflegeeltern noch als eine Art »zweiter Klasse« Ersatzeltern betrachten. Knapp die Hälfte der Sozialarbeiter in den 64 untersuchten Dienststellen, die überwiegend auch Pflegestellenaufgaben wahrnehmen, versuchten, die von ihnen für die Adoption abgelehnten Bewerber als Pflegeeltern weiterzuvermitteln. Dies hatte zur Folge, daß gerade solche Kinder, deren Störungen sie in vielen Fällen nicht für die Adoption geeignet erscheinen ließen, Menschen anvertraut wurden, deren Fähigkeit, Erziehungsaufgaben wahrzunehmen, von Adoptionsvermittlern bereits in Frage gestellt war.

Reformvorschläge und Alternativen

Die gegenwärtige Diskussion um eine Reform der Familienpflege wird von pragmatischen und ideologischen Argumenten bestimmt. Zum einen werden die unzureichende Regelung des Pflegegeldes, die schwache Rechtsstellung von Pflegeeltern sowie kostensparende, aber die Kindesinteressen vernachlässigende Praktiken von Jugendämtern bemängelt (vgl. *Bonhoeffer/Widemann,* 1974). Zum anderen wird die blinde Voreingenommenheit kritisiert, mit der Familienerziehung als »natürliche« Form der Ersatzerziehung postuliert, in Familie und Pflegefamilie angelegte strukturelle Defizite aber weitgehend ignoriert werden. Den Kritikern einer »Überprivatisierung« öffentlicher Erziehung geht es dabei keineswegs um eine pauschale Kritik an der Erziehung in Ersatzfamilien schlechthin. Auf Unverständnis stößt vielmehr die einseitige Hervorhebung der Erziehungsleistungen von Kleinfamilien, da deren Sozialisationsschwächen – ihre emotional überlastende und neurotisierende Wirkung – gerade der Jugendhilfe täglich begegnen. Es wird die Gefahr gesehen, daß das Votum für Familienpflege die »negative Voreingenommenheit gegenüber kollektiver Erziehung« (*Thiersch,* 1977) insgesamt verstärkt und positive Ansätze der Erziehung im Kollektiv, in Großfamilien und in bestimmten Heimformen wieder verschüttet. Von daher wird gefordert, eine solidarische Zusammenarbeit von Pflegeeltern zu unterstützen, die fachliche Betreuungs- und Beratungsarbeit in der Familienpflege zu intensivieren, eine vorurteilsfreie Diskussion der Honorierung von Pflegepersonen in Gang zu setzen sowie die Institution Pflegefamilie zivilrechtlich abzusichern, um sie vor unbedachter oder willkürlicher Herausnahme des Kindes durch seine natürlichen Eltern zu schützen.

So berechtigt die Kritik an der gegenwärtigen Familienpflegepraxis auch sein mag, birgt sie doch die Gefahr in sich, daß die notwendige Neudefinition der Rolle von Pflegeeltern und die professionelle Aufwertung familialer Ersatzerziehung einseitig auf die Dimension rechtlicher und sozialer Absicherung von Pflegeverhältnissen und ihrer angemessenen Umsetzung innerhalb des vorgegebenen institutionell-organisatorischen Rahmens eingeengt wird. Bevor jedoch einschneidende Veränderungen in Angriff genommen werden, sollten zunächst einige fundamentale Voraussetzungen von Familienpflege geklärt werden, nämlich welchen Anteil natürliche Eltern an der Familienpflege haben und welche Rolle ihnen im Leben ihrer Kinder, die in Pflegefamilien untergebracht sind, zukommt.

Der Ausbau des Familienpflegesystems im 19. und 20. Jahrhundert vollzog sich vor dem Hintergrund jenes weitreichenden Prozesses, der sich als staatliche Intervention in die Eltern-Kind-Beziehung beschreiben läßt. In Industriegesellschaften haben sich die Rollenpflichten der Eltern gegenüber ihren Kindern beständig vergrößert, ohne daß ausreichend Hilfen zur Verfügung standen, die Eltern zur Ausübung ihrer Pflichten befähigt hätten. Folgeprobleme dieser Entwicklung sind:

– Die Zahl der Eltern, die ihren Elternaufgaben nicht ausreichend nachkommen, ist – gemessen an der Zahl delinquenter, von ihren Eltern verlassener oder mißhandelter Kinder – nicht zurückgegangen, sondern Schätzungen über Dunkelziffern zufolge eher im Ansteigen begriffen.

– Die Gesellschaft belegt Eltern, die ihre Rollenpflichten nicht angemessen erfüllen, mit einem sozialen Stigma. Bezogen auf die Gruppe alleinstehender Elternteile, deren Kinder in Ersatzerziehung untergebracht sind, äußert sich dieses in dem repressiven Charakter von Gesetzen, der Einrichtung spezifischer Kontroll- und Sanktionsinstanzen und in der oft abwertenden und herablassenden Haltung, mit der Jugendhilfeorganisationen und ihre Beamten der alleinstehenden Mutter gegenübertreten.

Elterliches Rollenversagen wird dabei nicht mit kulturellen, sozialen und wirtschaftlichen Faktoren in Verbindung gebracht, die sich als Strukturschwächen unserer Gesellschaft herausgestellt haben, sondern abweichendes Verhalten von Eltern wird als persönliches, psychologisches oder moralisches Fehlverhalten interpretiert. Historisch ist diese Einstellung vergleichbar der gesellschaftlichen Einstellung gegenüber dem Armen im 19. Jahrhundert, dessen Armut als individuelles Versagen und nicht als strukturelle Folge frühkapitalistischen Wirtschaftens verstanden wurde. Bei uns hat sich heute das Wissen um das Konzept struktureller Arbeitslosigkeit, die Menschen ohne eigenes Verschulden aus dem Arbeitsprozeß ausgliedert, weitgehend durchgesetzt. Ebenso muß unsere Gesellschaft zu akzeptieren lernen, daß im Falle elterlichen Versagens oft analoge Prozesse am Wirken sind. Die längst überfällige Neuorientierung in der Jugendhilfe kann daher nicht bedeuten, die Rechte natürlicher Eltern weiter einzuschränken, sondern Hilfen zur Verfügung zu stellen, die Eltern dazu befähigen, ihre Rollenpflichten angemessen zu erfüllen. Solche Hilfen müssen vor allem ein adäquates Familieneinkommen – etwa in Form eines Erziehungsgeldes – sicherstellen und Gesundheits-, Bildungs- und Wohnungsprogramme und andere allgemein akzeptierte soziale Dienste umfassen, sie müssen darüber hinaus auch neue, auf die Bedürfnisse alleinstehender Eltern ausgerichtete Serviceeinrichtungen einschließen. Das von dem Bundesministerium für Jugend, Familie und Gesundheit unterstützte Modellprojekt »Tagesmütter« ist zwar ein erster Schritt in diese Richtung, er ist aber nicht ausreichend und lenkt, da es sich hierbei um die Tagesfremdbetreuung von Kindern berufstätiger Mütter handelt, von dem hier behandelten Hauptproblem zunächst ab.

Anneke Napp-Peters

Literatur

Baylor, E./Monachesi, E., 1939: The Rehabilitation of Children, New York – **Blandow, J.,* 1972: Rollendiskrepanzen in der Pflegefamilie, Analyse einer sozialpädagogischen Institution, München – **Blandow, J./Frauenknecht, B.,* 1980: Dauerpflege, Adoption und Tagesbetreuung, Trends der sozialen und rechtlichen Entwicklung, in: Materialien zum Fünften Jugendbericht, München – **Bonhoeffer, M./Widemann, P.* (Hrsg.), 1974: Kinder in Ersatzfamilien, Stuttgart – **Bowlby, J.,* 1966: Maternal Care and Mental Health und Deprivation of Maternal Care, New York – *Chance, W.,* 1897: Children under the Poor Law. Their Education, Training and After-Care, London – *Dührssen, A.,* 1958: Heimkinder und Pflegekinder in ihrer Entwicklung, Göttingen – **Fanshel, D.,* 1966: Foster Parenthood, A Role Analysis, University of Minnesota, Minneapolis – *Ferguson, T.,* 1966: Children in Care – and After, Oxford University Press, London – **George, V.,* 1970: Foster Care, Theory and Practice, London – *Jenkins, R.,* 1965: The Needs of Foster Parents, in: Case Conference, Vol. 11, No. 7 – Junker, R. et al., 1978: Pflegekinder in der Bundesrepublik Deutschland, ein Forschungsbericht, in: Schriften des Deutschen Vereins für öffentliche und private Fürsorge, Schrift 259 – *Kadushin, A.,* 1958: The Legally Adoptable, Unadopted Child, in: Child Welfare, Vol. 37 – *Kadushin, A.,* 1967: Child Welfare Service, New York – *Lange, U.,* 1965: Das alleinstehende Kind und seine Versorgung, in: Psychologische Praxis, H. 38, Basel – *Mandell, B. R.,* 1973: Where Are the Children, A Class Analysis of Foster Care and Adoption, Toronto/London – **Maas, H./Engler, R.,* 1959: Children in Need of Parents, Columbia University Press, New York – *Meier, E. G.,* 1966: Adults Who Were Foster Children, in: Child Care News – **Napp-Peters, A.,* 1978: Adoption – Das alleinstehende Kind und seine Familien, Geschichte, Rechtsprobleme und Vermittlungspraxis, Neuwied – *Parker, R. A.,* 1966: Decision in Child Care, A Study of Prediction in Fostering, London – *Scherpner, H.,* 1966: Geschichte der Jugendfürsorge, Göttingen – *Theis, S.,* 1924: How Foster Children Turn Out, New York – *Thiersch, H.,* 1977: Kritik und Handeln, Interaktionistische Aspekte der Sozialpädagogik, Neuwied – *Trasler, G.,* 1960: In Place of Parents, A Study of Foster Care, London – *Weinstein, E.,* 1960: The Self-Image of the Foster Child, Russel Sage Foundation, New York – *Wolins, M.,* 1963: Selecting Foster Parents, The Ideal and the Reality, Columbia University Press, New York. –

→ Heimerziehung → Jugendamt → Jugendhilferecht → Kindheit

Politische Bildung

Begriff

Im Alltag sozialpädagogischer Praxis werden vor allem solche Aktivitäten als Veranstaltungen politischer Bildung bezeichnet, bei denen Gruppen von Jugendlichen und/oder Erwachsenen in Form von meist eigens zu diesem Zweck arrangierten Seminaren, Arbeitsgruppen oder Aktionen, beraten durch speziell dafür qualifizierte pädagogische Mitarbeiter, über politische und gesellschaftliche Probleme aufgeklärt werden. Politische Bildung in diesem engeren Sinne ist nach 1945 insbesondere für die Institutionen außerschulischer Jugendarbeit zu einem ständigen Aufgabenbereich neben anderen geworden; um dieser zunächst von den alliierten Jugendoffizieren, dann von den staatlichen Jugendbehörden geforderten und geförderten Aufgabe gerecht zu werden, wurden seitdem spezifische Förderungsprogramme, Veranstaltungstypen (wie z. B. Wochenend- oder Bildungsurlaubsseminare), institutionelle (wie z. B. Jugendbildungsstätten) wie personelle (wie etwa Referenten für politische Bildung) Voraussetzungen geschaffen.

Eine Eingrenzung des Begriffs politische Bildung auf diese spezifischen Programme ist allerdings problematisch, legt sie doch die Vorstellung nahe, daß es eine nichtpolitische Bildung gäbe oder daß die in anderen sozialpädagogischen Arbeitsfeldern geleistete Arbeit keine politischen Sozialisationswirkungen erziele. Hingegen ist für politisches Lernen nicht nur die direkte politische Beeinflussung von Bedeutung, sondern mindestens ebenso bewußtseins- und verhaltensprägend dürften jene Sozialisationseinflüsse sein, im Zusammenhang mit denen von Politik zunächst gar nicht die Rede ist. Dies wird augenfällig, wenn man den Begriff der politischen Bildung nicht einengt beispielsweise auf eine politische Institutionenkunde, sondern darunter die Beeinflussung jener Lernprozesse versteht, die die politischen Einstellungen und Handlungen der Individuen steuern (vgl. dazu *Schulze,* 1977).

So weist z. B. das folgende Zitat aus der »Deutschen Turnerzeitung« der Kaiserzeit zurecht auf die Möglichkeiten hin, durch »Turnen, Spiel und Sport« Jugendliche davon abzulenken, über ihre soziale Situation und ihre Interessen nachzudenken und auf Möglichkeiten der Veränderung zu sinnen: »Man muß die arbeitende Jugend so mit Turnen, Spiel und Sport beschäftigen, daß sie gar nicht mehr an ihre elende Lage denkt.« Und sicherlich ist es kein Zufall, daß viele Angehörige nationaler, sportlicher und bündischer Jugendgruppen der Weimarer Zeit relativ bruchlos in die nationalsozialistischen Organisationen überführt werden konnten, waren sie doch – weniger durch gezielte politische Bildungsarbeit als durch die politisch normative Kraft der alltäglichen Verfahrensweisen und Ideologien dieser Gruppen – auf den Faschismus vorbereitet, zumindest nicht gegen ihn immunisiert worden; so z. B. durch das vorherrschende Führerprinzip und die häufig paramilitärische Disziplin, die Selbstorganisationsmöglichkeiten Jugendlicher blockieren, abweichende Meinungen und Verhaltensweisen unterdrücken und zu blinder

Gefolgschaft verführen soll; durch die Verpflichtung der Jugendlichen auf nicht hinterfragbare Rituale und Traditionen wie uniformähnliche Kluft, geheimbündlerische Grußformen, Fahnen, Initiations- u. a. Aufnahme- und Proberituale, die darin einüben, sich fremdgesetzten Normen unkritisch zu unterwerfen; durch Härteideale und Apelle zu lustfeindlicher körperlicher Ertüchtigung und Askese, die dazu auffordern, legitime eigene Bedürfnisse und Empfindungen zu unterdrükken, Schmerz, Angst und Lust zu verdrängen statt angemessen zu verarbeiten; durch eine Ideologie des Einordnens, Unterordnens, Dienens, des Fetischisierens von Gemeinschaft unter Absehung eigener Interessen, die eine blinde Identifikation mit dem Kollektiv, dem »gesunden Volksempfinden« und den Institutionen sozialer Kontrolle leisten soll; durch Intoleranz, Tabuisierung und Ausgrenzung ganzer Lebens- und Problembereiche als »hier nicht hingehörend« im Gruppenleben – wie z. B. Sexualität, vom Herkömmlichen abweichende politische Positionen, Probleme in Schule, Betrieb, Familie – die eine rationale Auseinandersetzung verhindern und der Segmentierung von Erfahrungen Vorschub leisten . . .

Politisch bildend ist also nicht nur die politische Bildung im engeren Sinne, sondern entsprechende Wirkungen erzielen auch Organisationsstrukturen, Leitungsstile, alltägliche Verfahrensweisen der Jugend- und Sozialarbeit, wie es für die schulische Sozialisation insbesondere die Diskussion um den heimlichen Lehrplan verdeutlicht hat. Nach gleichen Kriterien ließen sich die Strukturen der Heimerziehung der Resozialisierung und anderer Bereiche der Sozialarbeit daraufhin befragen, in welcher Weise sie zur politischen Bildung der von ihren Interventionen Betroffenen beitragen. Die o. g. Strukturmerkmale antiemanzipatorischer Bildung treffen nicht nur für manche reaktionären Organisationen des Kaiserreichs und der Weimarer Republik zu, sondern lassen sich noch heute in der Jugend- und Sozialarbeit vieler Organisationen finden.

So lautet noch heute ein internationales Pfadfindergesetz: »Ein Pfadfinder gehorcht seinen Eltern, seinem Sippenführer, seinem Feldmeister ohne Widerspruch;« noch 1976 zwang die Deutsche Bischofskonferenz den Bundesjugendleiter der katholischen Jungen Gemeinde (KJG) zum Rücktritt, weil »an der Spitze des größten katholischen Jugendverbandes in der BRD nicht ein Mann stehen könne, dessen Verhalten im Widerspruch zu grundlegenden Normen der katholischen Kirche stehe« (einziger Grund: der KJG-Bundesjugendleiter hatte bei seiner Wahl zu diesem Amt schon mit seiner späteren Frau zusammengelebt). Man denke weiter an die paramilitärischen Aufmärsche und Übungen der Jugendfeuerwehr, die Härte-, Leistungs- und Konkurrenzideologien der Leistungssportorganisationen etc.

Geschichte

Politische Bildung in diesem indirekten Sinne hat also eine lange und bis heute ungebrochene Tradition. Doch ist auch politische Bildung im engeren Sinne keine Erfindung unserer Tage, sondern Bestandteil der Jugend- und Sozialarbeit seit deren Existenz. Intensive Bildungsarbeit, die theoretische Schulung und praktisches Engagement stets zu verbinden suchte, zeichnete von Anfang an insbesondere die Organisationen der sozialistischen Arbeiterjugendbewegung aus, die sich seit 1903 entwickelten. So beschrieb *Peters,* Mitbegründer der »Vereinigung der freien Jugendorganisationen Deutschlands«, diese als »Vorschule für die sozialdemokratische Partei und die Gewerkschaften«, die »die geistige Aufklärung und die Erziehung der Jugendlichen zu Sozialisten als einzige Aufgabe auf ihr Banner geschrieben« hätten. Diese Bildungsarbeit vollzog sich vor allem bei Vorträgen und Diskussionen über geschichtliche, volks- und naturwissenschaftliche Fragen sowie in der täglichen Arbeit der Organisation.

Jedoch betrieben nicht nur die naturgemäß mit Politik befaßten Organisationen stets politische Bildung im engeren Sinn, vielmehr findet man in der Geschichte bei fast allen Jugend- und Sozialarbeit betreibenden Organisationen ähnliche Intentionen: »Nur dadurch auch, daß man die jungen Leute frühzeitig sozial belehrt, werden sie davor bewahrt, von religionsfeindlichen, sozialdemokratischen Bestrebungen eingenommen zu werden;« so ein Repräsentant der katholischen Jugendbewegung 1907.

»Wir bewahren die Jugendlichen, die uns angehören, vor politischer Parteitreiberei, was aber nicht ausschließt, daß wir sie nachdrücklich warnen vor den verderblichen Irrlehren der Sozialdemokratie. Politik, d. h. Parteitreiberei, ist ausgeschlossen aus unseren Vereinen, aber unsere Pflicht ist es, unsere Mitglieder mit dem staatlichen und sozialen Leben vertraut zu machen, damit sie wissen, was sie an ihrem deutschen Vaterland haben. Unsere berechtigte unpolitische Beeinflussung der jungen Männerwelt geht dahin, ihr die Größe, den Segen und die großen Vorzüge deutscher Staatsverfassung, deutscher Gesetzgebung und der Verhältnisse im Allgemeinen lieb und wert zu machen und sie zur Zufriedenheit zu führen.« So das Ziel der »Nationalvereinigung der evangelischen Jugendbündnisse« der gleichen Zeit.

»Das Interesse der Führer an der staatspolitischen Lage müßte verstärkt wachgerufen werden und besonders müßte sich die Erkenntnis durchsetzen, daß eine kleine Insel von ›Elite‹ in einem Meer radikaler Massen untergehen muß, wenn es ihr nicht gelingt, diese Massen unter ihren Einfluß zu bekommen. Die politische Lage in Europa fordert heute ein Zusammengehen aller positiven Kräfte, um eine Bolschewisierung zu verhindern.« So ein Bundeskanzler des Bundes Deutscher Pfadfinder 1951.

Diese Zitate belegen die lange Tradition politischer Bildung in der Jugendarbeit seit der Mitte des 19. Jahrhunderts. Während sie bis Ende der Weimarer Republik bei den konfessionellen, nationalen und Arbeiterjugendverbänden durchaus zielgerichtet war und sich hier insbesondere an der sozialen Frage einerseits und an der Propagierung klar umrissener Weltanschauungen andererseits orientierte, geschah die politische Bildung bei den Gruppen der Wandervogel- und bündischen Bewegung impliziter, weniger festgelegt und eher durch Strukturen und Geist des Gruppenlebens bestimmt, was z. T. auch demokratische und sogar sozialistische Orientierungen (wie z. B. die Gruppe um *Tusk*) zuließ.

Auf die verschiedenen Versuche politischer Bildungsarbeit reagierte von Anfang an die staatliche Jugendpolitik repressiv gegenüber den Organisationen der sozialistischen Arbeiterjugendbewegung und fördernd gegenüber den staatstragenden Verbänden. So verbot die Reichsregierung 1908 im Rahmen des Vereinsgesetzes Jugendlichen jegliche organisierte Beschäftigung mit Politik und machte damit eine Regelung reichseinheitlich, die in Preußen bereits seit 1850 galt. Die Jugendpflegeerlasse von 1901, 1905, 1908 und 1911 ergänzten diese Verbote »pädagogisch« und erläuterten die staatlichen Lernziele politischer Bildung: »Aufgabe der Jugendpflege ist die Mitarbeit an der Heranbildung einer frohen, körperlich leistungsfähigen, sittlich tüchtigen, von Gemeinsinn und Gottesfurcht, Heimat- und Vaterlandsliebe erfüllten Jugend. Sie will die Erziehungstätigkeit der Eltern, der Schule und Kirche, der Dienst- und Lehrherren unterstützen, ergänzen und weiterführen« (Grundsätze und Ratschläge für Jugendpflege 1911).

In gewissem Sinne hat sich diese klassische Intervention des Staates bis zur Gegenwart erhalten, wie die Praxis der Berufsverbote, das Verbot der kommunistischen FDJ und der Mittelentzug für als linksradikal eingestufte Organisationen wie Sozialistischer Deutscher Studentenbund, Verband Deutscher Studentenschaften, Sozialistischer Hochschulbund, Ring bündischer Jugend und zeitweise der Naturfreundejugend andeutet. Im ganzen sind die staatlichen Interventionen der Gegenwart jedoch ungleich differenzierter. Nach *Münzfeld/Karlsson* (1974) lassen sich gegenüber der politischen Bildungsarbeit folgende Phasen staatlicher Jugendpolitik unterscheiden: bis ca. 1956 Versuche der Entpolitisierung verbunden mit direkter polizeilicher Unterdrückung; mit Einführung der allgemeinen Wehrpflicht und im Zusammenhang mit dem KPD-Verbot Verstärkung der Förderungsprogramme zur politischen Bildung im Sinne antikommunistischer Ideologievermittlung, ab Ende der sechziger Jahre unter dem Eindruck der Jugendrevolte eine »Kombination von Mitwirkungsangeboten und Repressionsdrohungen«, d. h. zum einen werden emanzipatorische Bildungsprogramme staatlich gefördert und zum anderen emanzipatorische Praxis mit Berufsverboten, Mittelentzug etc. bedroht.

Ziele und Inhalte

Politische Bildung im engeren Sinne findet im Bereich der Jugendhilfe vor allem im Sektor außerschulischer Jugendbildung statt. Unter direkter staatlicher Regie wird sie vor allem im Rahmen der kommunalen Jugendpflege sowie in kommunalen oder staatlichen Jugendbildungsstätten geleistet, bei den freien Trägern vor allem von den Jugendverbänden und Jugendbildungsstätten und seit Anfang der siebziger Jahre auch von selbstorganisierten Jugendzentrumsinitiativen. Seit Mitte der siebziger Jahre haben sich zudem vor allem im Kontext der Alternativbewegung zahlreiche meist lokal arbeitende Initiativen z. B. für autonome Tagungshäuser, Kultur-, Gesundheits- oder Kommunikationszentren etc. gebildet, die sowohl im Bereich der Sozial- wie der Jugendarbeit versuchen neue Wege zu erproben (vgl. *Huber,* 1980). In jedem Fall werden die jeweiligen Ziele, Inhalte, Methoden und Bedingungen der politischen Bildungsarbeit durch den jeweiligen Träger definiert, der bei seiner Zieldefinition außer den eigenen Interessen die Situation und Bedürfnisse der Jugendlichen berücksichtigen muß, die Adressaten der Bildungsar-

beit sein sollen und Anforderungen daran stellen, sowie die Legitimationsmöglich-
keiten gegenüber den gesellschaftlichen Gruppen, vor denen der jeweilige Träger
seine Arbeit vertreten muß (wie z. B. staatliche Zuschußgeber, örtliche Opposition, Presse etc.).

Die beiden letzten Faktoren sind dabei durchaus nicht unwichtig. So waren z. B.
infolge der allgemeinen Verunsicherung der traditionellen Institutionen der Jugendhilfe durch die Jugendrevolte Ende der sechziger Jahre viele Träger bemüht,
ihren offensichtlich gesunkenen Einfluß bei der politisch aufbegehrenden Jugend
durch verstärkte Angebote progressiver politischer Bildungsarbeit wieder herzustellen. So liefen Ende der sechziger und Anfang der siebziger Jahre neue staatliche
Förderungsprogramme zur politischen Bildung an, viele Jugendverbände stellten
progressive Bildungsreferenten, viele Kommunen neue Jugendpfleger ein, mit dem
Auftrag, emanzipatorische Jugendbildung zu leisten, wobei zum Teil beachtliche
Spielräume eigener Gestaltung zugestanden wurden. In dem Maße, in dem der
Druck von seiten kritischer Jugendgruppen nachließ, hingegen der konservativer
Kräfte zunahm, wurden auch die emanzipatorischen Möglichkeiten politischer
Bildung wieder eingeschränkt, zum Teil ganze Institutionen, die Träger von
Innovationsstrategien waren, liquidiert – wie z. B. die Victor-Gollancz-Stiftung –
und die politische Bildungsarbeit wieder stärker den Interessen der jeweiligen
Träger untergeordnet (vgl. *Damm* u. a., 1978). So sind Ziele und Möglichkeiten
politischer Bildung stets von den gesamtgesellschaftlichen Bedingungen und Kräf-
teverhältnissen abhängig. Dabei zeichnet sich insbesondere der Bereich außerschulischer Jugendbildung verglichen mit der institutionalisierteren und verregelteren
Bildungsarbeit der Schule, die aufgrund ihrer besonderen Bedingungen hier nicht
thematisiert wird, oder gar der totaler Institutionen wie der geschlossenen Heime
oder Strafanstalten durch die Möglichkeit eines hohen Maßes an Flexibilität der
Arbeit aus, deren Hauptvoraussetzung die Freiwilligkeit der Teilnahme ihrer
Adressaten ist.

Eine differenzierte öffentliche Diskussion und Theoriebildung über politische
Bildung in der außerschulischen Jugendarbeit begann in der BRD eigentlich erst
Anfang der sechziger Jahre. Bis dahin dominierten traditionelle jugendpflegerische
Angebote, die im Namen einer Ideologie der Entideologisierung ihren Beitrag zur
Restauration und Absicherung kapitalistischer Herrschaftsverhältnisse leisteten.
Erst als seit Ende der Rekonstruktionsperiode des bundesrepublikanischen Kapita-
lismus massiver auftretende wirtschaftliche und politische Krisen die traditionellen
Legitimationsmuster der privatwirtschaftlich organisierten Gesellschaft erschüt-
ten und die nach wie vor existierenden sozioökonomischen Widersprüche wieder
sichtbar hervortraten und daraufhin protestierende Jugendliche massenhaft auch
die Institutionen außerschulischer Jugendbildung in Frage stellten, wurde sowohl
die theoretische als auch praktische Bemühung um politische Bildung ein relevanter
Schwerpunkt dieses Bereichs. Dies gilt sowohl für die traditionell »unpolitischen«
Organisationen, wie etwa die konfessionellen, sportlichen oder scoutistischen
Verbände als auch für die Masse der traditionell »politischen«, wie etwa die
Jugendorganisationen der Parteien und Gewerkschaften: »Eine entscheidende

Ausweitung der Betriebsgruppen sowie betrieblicher und überbetrieblicher Arbeitskreise, die Bildung von Lehrlingszentren und Jugendclubs (im Rahmen der DBG-Jugend – D.D.) fand . . . erst nach 1968 infolge der Lehrlingsbewegung statt« (*Deppe-Wolfinger,* 1972).

In einer durch antagonistische Widersprüche gekennzeichneten Gesellschaft wie der BRD existiert naturgemäß keine gesamtgesellschaftliche Übereinstimmung über die Ziele politischer Bildung. Das Bildungswerk der deutschen Wirtschaft vertritt notwendig andere Interessen und Bildungsziele als etwa eine sozialistische Betriebsgruppe, die Junge Union andere als die Jungsozialisten . . . In die Definition von Bildungszielen gehen stets gesellschaftliche Interessen und Wertsetzungen ein, Bildungsziele sind nie neutral, sondern stets parteilich.

Allerdings sieht man das Zieldefinitionen zumindest auf den ersten Blick oft kaum an. Man denke nur an die schier inflationäre Verwendung des Zielbegriffs »Emanzipation« für völlig unterschiedliche inhaltliche Konzeptionen. Das rührt daher, daß nicht nur unterschiedliche gesellschaftliche Interessen und daher auch Bildungsziele existieren, sondern auch oft das Interesse daran, diesen Sachverhalt zu verschleiern, um auch Partikularinteressen als allgemeine, Geschäftsinteressen als Menschheitsbedürfnisse ausgeben zu können.

Zur Begründung von Zielen politischer Bildung im Bereich der Jugend- und Sozialarbeit scheint es mir drei Hauptzugänge zu geben: die Ableitung der Ziele aus den Interessen und Intentionen der jeweiligen Jugend- und Sozialarbeit betreibenden Institution, aus gesetzlichen oder verfassungsmäßigen Vorgaben (z. B. Jugendwohlfahrtsgesetz, Jugendbildungsgesetze etc.) und sozial- und erziehungswissenschaftlichen Theorien. Für die politische Bildung im weiteren Sinne entsprechen die sozialpädagogischen Zielsetzungen dem weiten Spektrum gesamtgesellschaftlich existierender Zielorientierungen – von der autoritären Verpflichtung der Adressaten auf nicht hinterfragbare Gesetz- und Ordnungsprinzipien bis hin zum Aufruf zur Gesellschaftsveränderung.

In der öffentlichen Diskussion über die politische Bildung im engeren Sinne besteht seit der Jugendrevolte breite Übereinstimmung darüber, daß die – in der Praxis oft geleistete – unkritische Anpassung an das Bestehende nicht Aufgabe politischer Bildung sein dürfe. Vielmehr gehen viele Zieldefinitionen seitdem vom Begriff der Emanzipation aus, der allerdings sowohl von Institutionen in Anspruch genommen wird, die lediglich eine individuelle Befreiung von Bevormundung, z. B. durch Familie oder Massenmedien, anstreben, als auch von solchen, die für einen kollektiven Prozeß der Aufhebung jeglicher Fremdbestimmung, Unterdrückung und Ausbeutung kämpfen. Die im folgenden noch zu erläuternde Zielformulierung folgt der letzten Position.

Für die Analyse von Konzeptionen politischer Bildung ist ein wichtiges Kriterium, welche Inhalte, Probleme, Bedürfnisse und Handlungsmöglichkeiten der Betroffenen vorrangig, welche zweitrangig thematisiert, welche ausgegrenzt werden und welche Vorstellungen von politischem Lernen vorherrscht. Dies im einzelnen an verschiedenen Konzepten nachzuweisen kann hier nicht der Ort sein. Deshalb sollen nur einige wichtige Probleme verdeutlicht werden.

Politische Bildung im engeren Sinne findet im außerschulischen Bereich z. Zt. vorwiegend in Seminaren und Arbeitsgruppen in der Freizeit statt, veranstaltet von Trägern, die die verschiedensten Zielsetzungen verfolgen. Dabei liegt es nahe, daß hier Parteien, Gewerkschaften, konfessionelle, ständische u. a. Organisationen versuchen, die Adressaten in ihrem Sinne zu beeinflussen und für die eigene Organisation zu werben. Solange dabei den Teilnehmern nicht die Auffassung des jeweiligen Trägers aufgezwungen, sondern in einem rationalen und diskursiven Prozeß eine eigene Meinungsbildung ermöglicht wird, sind solche trägerinteressenorientierten Bildungsveranstaltungen im Rahmen einer durch unterschiedliche Interessen und Wertvorstellungen geprägten Gesellschaftsverfassung sicher legitim, wenngleich sie zu vielen Orientierungsbedürfnissen, die sich aus der jeweiligen sozialen Situation der Teilnehmer ergeben, unvermittelt sein werden und diese demgemäß von vornherein ausgrenzen.

Nun erheben jedoch spätestens seit Ende der sechziger Jahre die meisten Institutionen politischer Bildung den Anspruch, nicht an den Interessen und Problemen der Träger, sondern an denen der Teilnehmer sich zu orientieren. Dazu ist zunächst wichtig zu bestimmen, was man als Probleme und Interessen der Betroffenen definiert:

Eine Möglichkeit besteht darin, den oben als trägerinteressenorientierten Ansatz dadurch als teilnehmerorientiert auszugeben, daß behauptet wird, die Trägerinteressen seien identisch mit denen der Teilnehmer. Nach wie vor werden die Teilnehmer dann gezwungen, sich mit den Interessen des Trägers auseinanderzusetzen, wobei dieser Ansatz offensichtlich borniert bleibt, da die Teilnehmer keine reale Chance haben, an der Definition eigener Interessen sowie der Gegenstände der politischen Bildung mitzuwirken.

Objektivistisch könnte man einen Ansatz nennen, der Interessen und Probleme der Teilnehmer und die diesen gemäßen Bildungsinhalte und Ziele fast ausschließlich aus einer »objektiven« Analyse der sozialen Situation der Adressaten ableitet und ohne Berücksichtigung der jeweils konkreten Verhältnisse und ihrer subjektiven Verarbeitung durch die Teilnehmer diese auf objektive Einsichten und Ziele zu orientieren versucht. Zwar vermag eine z. B. politökonomische Analyse, etwa der Lage jugendlicher Lohnabhängiger in der Situation einer wirtschaftlichen Krise des Kapitalismus, wichtige Rahmenbedingungen für die Definition objektiver Probleme, Interessen, Forderungen und Handlungsbedingungen zu vermitteln. Eine solche Analyse ist deshalb wichtige Vorbedingung politischer Bildung. Allerdings lassen sich daraus allein keine Kriterien für konkrete Bildungsveranstaltungen entwickeln, da diese, wollen sie teilnehmerorientiert sein, naturgemäß nicht nur die objektiv allgemeinen, sondern auch gerade die subjektiv besonderen Interessen und Probleme der Teilnehmer berücksichtigen müssen.

Subjektivistisch hingegen wäre ein Ansatz, der sich ausschließlich an der subjektiven Willensbekundung der Teilnehmer festmacht, die Qualifikationen der Veranstalter nicht zur Vorbereitung und Strukturierung der Veranstaltungen zur Verfügung stellt, sondern alles naturwüchsig sich entwickeln läßt. Auch bei solchen Veranstaltungen kann etwas herauskommen. Es handelt sich hierbei um eine künstliche Alltagssituation, die sich nach Zufallsprinzipien strukturiert und der politischen Bildung im engeren Sinne nicht mehr zuzurechnen ist.

Unter einer politischen Bildungsarbeit, die an den Interessen und Problemen der Teilnehmer ansetzt und hier bedürfnisorientiert genannt wird, soll eine Jugendarbeit verstanden werden, die die Betroffenen befähigt, ihre Bedürfnisse und Probleme selbst zu benennen, die emanzipatorischen Elemente dieser Interessen unter Zuhilfenahme erziehungs- und sozialwissenschaftlicher Kategorien in einem Prozeß forschenden Lernens herauszuarbeiten und im Rahmen der Handlungsbedingungen und Möglichkeiten, die für die Teilnehmer realistisch sind, entsprechende interessenadäquate Durchsetzungsstrategien zu entwickeln und anzuwenden. In diese Definition gehen verschiedene Voraussetzungen ein, die einer näheren Klärung bedürfen.

Die Betroffenen: zentrale Zielgruppe politischer Bildung waren für viele Organisationen lange Zeit vor allem Gymnasiasten und Studenten. Dies hatte seinen wesentlichen Grund in der generellen Mittelschichtorientierung zahlreicher Organisationen. Mit der Einführung eines Bildungsurlaubs in mehreren Bundesländern haben sich die institutionellen Voraussetzungen der Arbeiter- und Arbeiterjugendbildung verbessert (vgl. *Hafeneger/Kesselgruber* (Hrsg.), 1976). Daß auf der Bildungsarbeit mit dieser »Zielgruppe« der Schwerpunkt politischer Bildung liegen muß, ergibt sich nicht nur daraus, daß Arbeiterjugendliche aufgrund kürzeren Schulbesuchs meist nur geringe Möglichkeiten zu politischer Bildung erhalten, sondern vor allem daraus, daß es sich hierbei um die absolute Majorität der Bevölkerung handelt, die zudem tagtäglich dem kapitalistischen Verwertungsprozeß unterworfen ist, ohne auf das wer, wo, wie, was und wozu produziert wird und die Verteilung der geschaffenen Werte Einfluß ausüben zu können. Diese Bestimmung schließt naturgemäß politische Bildungsarbeit mit anderen Zielgruppen nicht aus, zumal immer größere Teile der Bevölkerung dem Kapitalverwertungsprozeß unterworfen werden, sollte jedoch die für manche Institutionen immer noch übliche Ausgrenzung der Lohnabhängigen ausschließen.

Bedürfnisse und Probleme selbst benennen: politische Bildungsarbeit, die sich nicht an abstrakten Zielen oder partikularen Interessen, sondern an den Bedürfnissen und Problemen der Teilnehmer orientiert, muß zunächst einmal offen sein für alle Bedürfnisse und Probleme, die die Betroffenen an sie herantragen. Sie wird nicht nur die Orientierungsbedürfnisse der Individuen bei der Bildungsarbeit berücksichtigen müssen, sondern auch deren vielfältigen sonstigen Interessen, wie die nach sozialer Anerkennung, Selbstbestimmung, Anregung, Solidarität, etwas zu bewirken etc. (vgl. *Damm*, 1975). Sie wird die Teilnehmer nicht auf ein für allemal vordefinierte Erkenntnis- und Handlungsziele festlegen, sondern gerade für aktuelle und situative Probleme offen sein müssen. Von daher verbieten sich festgelegte Stoffkataloge und kanonisierte Leitfäden, vielmehr muß stets gemeinsam mit den Betroffenen herausgefunden werden, zu welchen Interessen und Problemen auf dem Hintergrund ihrer jeweiligen Sozialsituation politische Bildung etwas beitragen kann. Entsprechende Orientierungsbedürfnisse reduzieren sich erfahrungsgemäß nicht auf nur einen Lebensausschnitt der Betroffenen, wie etwa

auf Betrieb, Freizeit, ein Hobby o. ä., sondern beziehen sich stets auf die Totalität der Lebensverhältnisse, wenn auch die Erfahrungen aufgrund der Segmentierung der Lebensbereiche oft gegeneinander abgedichtet, zersägt und vielfach gebrochen werden (vgl. *Negt/Kluge,* 1972). Das Orientierungsinteresse von Jugendlichen und Erwachsenen richtet sich erfahrungsgemäß zunächst auf die Fragen, die zur Bewältigung des Alltags wichtig sind. Das sind zuvörderst jene hautnahen und aktuellen Probleme, zu denen man sich zu verhalten gezwungen ist; wie z. B. schulische oder betriebliche Anforderungen, aber auch solche der Meinungsbildung und Verhaltensorientierung, die durch die für den einzelnen wichtigen sozialen Bezugsgruppen wie Kollegen, Freunde etc. aufgeworfen werden. Die Notwendigkeit, sich zu verhalten und dies sowohl vor sich als auch anderen zu rechtfertigen, erzeugt ein Problemlösungsbedürfnis, das auf Einstellungs- und Verhaltenssicherheit zielt. Aufgrund der vielfältigen Anforderungen ist ein Bedürfnis nach einem Orientierungsrahmen zu unterstellen, der es zuläßt, die unterschiedlichen Erfahrungen so zu strukturieren und zu bewerten, daß ein eigenes Verhalten möglich wird. Die Aufgabe politischer Bildung besteht meines Erachtens darin, die Individuen zur Entwicklung eines von ihren Bedürfnissen und ihrer Klassenlage ausgehenden Interpretationsrahmens sowie eines Kommunikationszusammenhangs zu befähigen, mit dessen Hilfe sie ihre täglichen Erfahrungen so verarbeiten können, daß ein der eigenen Klassenlage angemessenes Verhalten möglich wird.
Emanzipatorische Elemente der Interessen herausarbeiten: Dabei gehe ich davon aus, daß aufgrund der Erfahrungen einer von antagonistischen Widersprüchen geprägten Gesellschaft sowohl die psychische als auch die kognitive Verfassung und demgemäß auch die Bedürfnisstruktur der Individuen widersprüchlich ist und daß diese widersprüchliche Bedürfnisstruktur in der Regel auch emanzipatorische Elemente enthält. Daraus folgt, daß das Ziel einer egalitären und humanen Gesellschaft, die allen ihren Mitgliedern ein Maximum an Selbstbestimmung, sozialer Anerkennung, Anregung, Solidarität etc. ermöglicht, nicht durch Überredung oder gar Erziehungsdiktatur erreicht werden kann, sondern durch die Weiterentwicklung jener emanzipatorischen Fähigkeiten und Bedürfnisse, über die die Individuen, wie keimhaft auch immer, bereits verfügen. Deshalb hätte politische Bildung nicht fremdgesetzte und von wenigen ausgedachte Ideale den Menschen als etwas ganz anderes von außen entgegenzusetzen, sondern die emanzipatorischen Gehalte jener Wünsche, Phantasien, Fähigkeiten und Bedürfnisse und jenes Potential an Interessen, das in der bestehenden Gesellschaft nicht aufgeht, produktiv fortzuentwickeln (vgl. *Damm,* 1975, 1980 u. 1981).
Dabei meint der in der o. g. Definition angeführte Prozeß forschenden Lernens einen Handlungs-/Reflexions-/Handlungsprozeß, in dem sowohl mit Hilfe einer kritischen Gesellschaftsanalyse als auch durch gesellschaftsverändernde Aktion versucht wird, unter produktiver Aufarbeitung eigener wie fremder Erfahrungen den emanzipatorischen Interessen gemäßere gesellschaftliche Verhältnisse theoretisch zu entwickeln, praktisch durchzusetzen und aus der Reflexion dieses Prozesses wie seines Ergebnisses neue Konkretisierungen für den weiteren Emanzipationsprozeß zu gewinnen. Eine entsprechende politische Bildungsarbeit wird nur dann

als Bestandteil praktischer Politik wirksam werden können, wenn sie sich jeweils sehr konkret auf den Rahmen der Handlungsbedingungen und Möglichkeiten bezieht, die für die jeweiligen Teilnehmer realistisch sind. Nicht schematisierte Patentrezepte helfen Wirklichkeit verändern, sondern jede Strategie bedarf der genauen Analyse der jeweiligen konkreten örtlichen Verhältnisse, der Kräftekonstellationen und der objektiven wie subjektiven Hemmnisse zur Interessendurchsetzung.

Struktur und Methoden

Struktur und Methoden interessenorientierter politischer Bildungsarbeit müssen dabei den o. g. Prinzipien folgen. D. h.: Arbeiterjugendliche als Zielgruppe politischer Bildung gewinnt man normalerweise nicht über anonyme Ausschreibung oder Plakatierung, sondern vor allem über direkte Ansprache, am besten über Kollegen, die für den Gebrauchswert der Veranstaltung »bürgen«. Arbeiterjugendliche als Zielgruppe politischer Bildung zu wählen, setzt beim Träger eine Informiertheit über ihre Lebenswelt und Möglichkeiten von deren interessenorientierter Veränderung voraus.

Am intensivsten geschieht politische Bildung im Rahmen eines kontinuierlichen Lebens- und Erfahrungszusammenhangs, der eine beständige kritische, theoretische und praktische Auseinandersetzung mit der täglichen Realität zuläßt – z. B. im Rahmen einer entsprechend arbeitenden Betriebsgruppe, Jugendgruppe, Wohngemeinschaft, Freizeitclique, eines Jugendzentrums etc. (vgl. *Damm,* 1975; *Diemer,* 1975). Wichtig ist dabei nicht die Institutionalisierung z. B. einer ständigen Arbeitsgruppe im Jugendzentrum, sondern die Entwicklung von solidarischen Beziehungen in einer Gruppe und handlungsorientierten Projekten, die diese kritische Auseinandersetzung ermöglichen und fördern (vgl. *Damm,* 1980). Bei kurzzeitpädagogischen Veranstaltungen, wie z. B. Seminaren, ist es wichtig, daß möglichst vor dem, spätestens jedoch zu Anfang des Seminars gemeinsam mit den Betroffenen Ziele und Bedürfnisse sowie der Stellenwert des Seminars für deren Realisierung geklärt werden. Wenn bei Seminaren konkrete Handlungsperspektiven erarbeitet werden sollen, setzt dies Teilnehmergruppen voraus, die auch über das Seminar hinaus über einen gemeinsamen Erfahrungs- und Lebenszusammenhang verfügen.

Wenn, wie eingangs dargestellt, nicht nur die Inhalte politischer Bildung politische Bildungseffekte erzielen, sondern gerade auch die impliziten Strukturen, Beziehungen und Normen, müssen auch die Bedingungen und Strukturen der Bildungsarbeit, wie z. B. die der Bildungsstätten, Hausordnungen, Entscheidungsabläufe, Verkehrsformen etc., den demokratischen und solidarischen Maßstäben genügen.

Um möglichst vielfältige Bedürfnisse aufzunehmen, nicht nur an verbalen Fähigkeiten anzuknüpfen und politische Bildung zum Bestandteil politischer Praxis zu machen, sind Methoden notwendig, die es allen Teilnehmern gestatten, sich selbst und möglichst viele Fähigkeiten, Sinne und Bedürfnisse einzubringen, z. B.: Probleme vor Ort selbst erkunden, d. h. sie auch ein Stück weit erleben und sich dazu verhalten, anstatt nur im Seminar darüber zu diskutieren (vgl. *Projektgruppe Frankfurter Berg,* 1981; *Lecke,* 1982); Medienproduktionen erstellen als Instrument politischer Aktion (vgl. *Baacke/Kluth,* 1980; *Bienewald* u. a., 1978; *Fritz,* 1981[2]); die produktiven Möglichkeiten aufgabenorientierter Spiele und Projekte (vgl. *Damm,* 1980; *Damm/Mehelburg,* 1981) und des forschenden Lernens (vgl. *Judek,* 1980; *Hafeneger* u. a. 1981) nutzen.

Politische Bildung in diesem Sinne vermag den gesellschaftlichen Emanzipationskampf zu unterstützen, nicht ihn zu ersetzen. Erst als Bestandteil dieses Emanzipationskampfes erfüllt sie allerdings ihren Anspruch.

Diethelm Damm

Literatur

Baacke, D./Kluth, S., 1980: Praxisfeld Medienarbeit, München – *Belardi, N.,* 1975: Erfahrungsbezogene Jugendarbeit, Lollar – *Bienewald, E.* u. a., 1978: Offene Jugendarbeit im Arbeiterviertel, Bensheim – *Brock, A.* u. a., 1978: Arbeiterbildung, Reinbek – *Böhnisch, L.* u. a. (Hrsg.), 1980: Abhauen oder bleiben, München – *Damm, D.,* 1975: Politische Jugendarbeit, München – *Damm, D.,* 1980: Die Praxis bedürfnisorientierter Jugendarbeit, München – *Damm, D.,* 1981: Wenn der Alltag zur Sprache kommt, München – *Damm, D./ Mekelburg* (Hrsg.), 1981: Selbstbestimmen macht Spaß, Frankfurt/M. – *Deppe-Wolfinger, H.,* 1972: Arbeiterjugend – Bewußtsein und politische Bildung, Frankfurt/M. – *Diemer, A.,* 1975: Gemeinsam leben, lernen, kämpfen, in: betrifft: erziehung, H. 7 – *Dudek, P.,* 1980: Hakenkreuz und Judenwitz, Antifaschistische Jugendarbeit in der Schule, Bensheim – *Fiege, J.,* 1981: Jugendverbände ohne Jugend?, Frankfurt/M. – *Giesecke, H.,* 1968[3]: Didaktik der politischen Bildung, München – *Hafeneger, B./Kesselgruber, K.* (Hrsg.), 1976: Bildungsurlaub in der BRD, Gießen – *Hafeneger, B.* u. a., 1981: Dem Faschismus das Wasser abgraben, München – Haus der Gewerkschaftsjugend, 1982: Die Wüste lebt, Neue Formen gewerkschaftlicher Jugendarbeit, Frankfurt/M. – *Huber, J.,* 1980: Wer soll das alles ändern, Berlin – *Giesecke, H.,* 1976: Politische Bildung in der Jugendarbeit München – *Lecke, D.* (Hrsg.), 1982: Handbuch Spurensicherung: Lebensorte als Lernorte, Frankfurt/M. – *Lessing, H.,* 1976: Jugendpflege oder Selbsttätigkeit, Frankfurt/M. – *Liebel, M./Lessing, H.,* 1974: Jugend in der Klassengesellschaft, München – *Lüers, U.,* 1979: Jugendarbeit im Zugriff von Verwaltung und Politik, Frankfurt/M. – *Münzfeld/Karlsson,* 1974: Zur Kritik staatlicher Jugendpolitik und Jugendpflege in der BRD, in: Erziehung und Klassenkampf 15/16 – *Negt, O./Kluge, A.,* 1972: Öffentlichkeit und Erfahrung, Frankfurt/M. – Projektgruppe Frankfurter Berg, 1981: »Eigentlich hatten wir null Bock«, Jugendbildungsarbeit im Stadtteil, Frankfurt/ M. – *Schulze, G.,* 1976: Jugend und politischer Wandel, München – *Schulze, G.,* 1977: Politisches Lernen in der Alltagserfahrung, München. –

→ Berufliche Bildung → Erwachsenenbildung → Jugendarbeit → Jugendverbände

Professionalisierung

Die gegenwärtige Problematik professioneller Orientierung schlägt sich in der Art und Weise ihrer wissenschaftlichen Thematisierung nieder. Die professionalisierungstheoretische Diskussion um die Bedingungen und Möglichkeiten einer »professionellen Handlungskompetenz« sowie der Professionalisierung der »helfenden Berufe«, die damit in Zusammenhang gebrachte Kritik der zunehmenden Expertisierung und Szientifizierung des Alltagslebens, aber auch die Forderung nach De- oder gar Entprofessionalisierung, Rehabilitierung von Laienkompetenzen und Selbsthilfe tragen letztendlich weder zu der notwendigen Klärung des Professionsbegriffs noch zu der Frage nach den Voraussetzungen der Professionalisierbarkeit bestimmter beruflicher Tätigkeiten bei, im Gegenteil: Sie sind in weiten Teilen eher konfus und mißverständlich und in politisch-praktischer Hinsicht stark legitimationsbedürftig.

In der Kontroverse um die Professionalisierbarkeit der sozialen Arbeit wie aber auch der sozialen Dienstleistungsberufe überhaupt wurden und werden in aller Regel auf einer konkretistischen Ebene der Analyse die jeweils empirisch nachweisbaren institutionellen Erscheinungsformen einer sich professionalisierenden SA/SP gegenüber dem materiellen Inhalt der Logik des beruflichen Handelns überbewertet und dementsprechend Implikate des Professionalisierungsprozesses hervorgehoben, aber kaum präzisiert:

So steht »Professionalisierung« begrifflich für eine Fülle von gesellschaftlichen/ strukturellen Entwicklungen und sozialen Phänomenen:

- als Strukturelement im gesellschaftlichen Rationalisierungsprozeß;
- als Prozeß, der zwangsläufig Expertentum hervorbringt;
- als Indikator für die Informationsdistanz zwischen Spezialisten und Laien;
- als allgemeine Bezeichnung für die Absolvierung einer wissenschaftlichen Berufsausbildung;
- als Bezeichnung für besondere institutionelle Erscheinungen und Arrangements beruflich gebündelter Tätigkeiten;
- als Indikator für die autonome Etablierung einer wissenschaftlichen Disziplin;
- als empirisch orientierte Sammelbezeichnung, mit der sich soziale Attribute und Personenmerkmale der professionalisiert Handelnden klassifikatorisch erfassen lassen;
- als objektive Hervorbringung einer spezifischen (wissenschaftlichen und therapeutischen) Kompetenz der stellvertretenden Bearbeitung und Kritik von Alltagserfahrungen;
- als Bezeichnung für die Herausbildung einer »Fach- und Sachautorität«, die in Widerspruch gerät zu bürokratisch-administrativen Normen und zur »Amtsautorität«;
- als Bezeichnung für die Konstituierung einer besonderen (ideologischen) Form von sozialer Kontrolle.

Es bleibt somit fraglich, ob »Professionalisierung« angesichts der neueren (latenten) Deprofessionalisierung auch in sog. »klassischen Professionen« (vgl. *Weingart*, 1981; *Bollinger/Hohl*, 1981) und angesichts der Unschärfe und differenten Anwendung dieses Begriffs sowie der allenthalben feststellbaren Kritik (vgl. etwa *Glazer*, 1978; *Illich*, 1979; *McKnight*, 1979) an der Dominanz der Experten auf dem Hintergrund einer sich ausbreitenden Selbsthilfe- und Laienbewegung überhaupt ein zutreffendes Explikationsmuster (vgl. *Habenstein*, 1963; *Barber*, 1963) der Entwicklung in den personenbezogenen Dienstleistungsberufen sein kann, oder ob nicht vielmehr die Gefahr besteht, daß dieser (ungeklärte) Begriff die Diskussion in immer weitere Aporien verstrickt?

Als aktuelle Problemaspekte können hier gelten:

- Technokratisierung der wissensbegründeten Berufe;
- Szientifizierung professioneller Tätigkeiten;
- Expertisierung von Dienstleistungen;
- Institutionalisierung von Handlungskompetenzen;
- Juridifizierung von Handlungsregeln;
- interne Deprofessionalisierung und Erosion der Außenlegitimität professionellen Handelns, verursacht durch die Ausdehnung von Politikformen des Sozialstaates;
- externe Deprofessionalisierung, verursacht durch vielfach erzwungene Rehabilitierung von Laienkompetenzen;
- Verlust professionellen Konsensus und Aufweichen der professionellen Binnenlegitimität, verursacht durch die Aktivitäten von »Häretikern«;
- Politisierung des professionellen Handelns unter dem Druck sich ausbreitender Öffentlichkeitsarbeit und partizipatorischer Bewegungen.

Hinter den erwähnten Problemaspekten steht die Krise der tradierten Professionalisierungstheorie selbst. Es ist im Prinzip die Krise eines Konzeptes, welches die Professionalisierung im wesentlichen über die Akkumulation exklusiven wissenschaftlichen Fachwissens sowie die Herausbildung bzw. die Spezialisierung von Sozialtechniken anstrebte und in der praktischen Folge den Professionalisierten als eine »funktionale Autorität« (*Hartmann*, 1964) mit Domäneanspruch kreierte, die den Adressaten professioneller Intervention seiner eigenen Handlungs- und Entscheidungskompetenz beraubt und ihn lediglich zum Objekt, nicht aber zur Legitimationsinstanz des professionellen Handelns macht.

Aporien »klassischer« Professionalisierungsmuster

Der Versuch der Herausbildung eines konventionellen Musters klassischer Professionalisierung und die damit verbundene Absicht, Sozialarbeit als eine Form von Sozialtechnologie zu installieren, muß – im nachhinein, unabhängig von dem in der Bundesrepublik damit zweifelsfrei verbundenen berufs-, ausbildungs- und forschungspolitischen Entwicklungsschub im Bereich der sozialen Dienste – als problematisch angesehen werden. In diesen Professionalisierungsbestrebungen, die sich im Versuch der Institutionalisierung einer typischen Problemlösungsstruktur als besondere Form einer Experten-Laien-Beziehung (vgl. *Sprondel*, 1979;

Richan, 1980) niederschlagen, ist der Keim des Scheiterns insofern angelegt, als derartige Intentionen auf zunehmenden Widerstand der Adressaten stoßen und sich zudem nicht mit der objektiven Handlungssituation und den Motiven der Sozialarbeiter in Einklang bringen lassen, da die damit einhergehende rollenspezifische Monopolisierung eines »legitimen Wissens« (i. S. eines »tacit knowledge« vgl. *Collins,* 1974) für die Deutung und die daraus ableitbare sozial verbindliche Lösung objektiver Handlungsprobleme zwangsläufig zu einer weiteren Laisierung der Adressaten sozialer Arbeit führt. Bei derartigen Versuchen wird übersehen, daß die Sozialwissenschaften ein Wissen produzieren, das sich der erhofften Professionalisierung nach dem Muster der Medizin, Rechtswissenschaften etc. weitgehend entzieht, und daß systematisches Wissen über soziale Tatbestände – im relativen Gegensatz zu naturwissenschaftlichem Wissen – nicht davor gefeit ist, in den laienhaften Interpretationen mit gegenläufigen Deutungen belegt zu werden und so qua technokratischer Verschleierung (*Gikas,* 1980) einer Legitimierung institutionalisierter Problemlösungsstrategien zu dienen (*Otto,* 1973)

Der Versuch einer klassischen Professionalisierung sozialarbeiterischen Handelns – über die zunehmende Verwissenschaftlichung von Erfahrungswissen – hat nämlich zur Folge, daß das allgemein-relevante Deutungswissen, mit dem sich die Adressaten der Sozialarbeit in ihrer Lebenspraxis mehr oder weniger erfolgreich orientieren, in einem entscheidenden Maß einer Revision unterworfen wird, an deren Ende – nicht zuletzt vermittels der Deklarierung des Laienwissens als eine Form »inkompetenten Wissens« – die gezielte Verhaltenssteuerung der Adressaten, zumindest aber der strukturelle Zwang steht, sich bei der Bewältigung alltäglicher Handlungsprobleme an den externen Problemlösungsstrategien der institutionalisierten Sozialarbeit zu orientieren (*Reiff,* 1974; *Knieschewski,* 1978).

Dabei verbürgen diese rationalisierten Problemdeutungen gegenüber den lebensweltlichen und in subkulturellen Milieus angeeigneten Sinnstrukturen sowie den von ihnen geprägten Vorstellungen von der eigenen Realität, nun keineswegs ein höheres Maß an Aufgeklärtheit und erfolgreicher Konfliktbewältigung im praktischen Lebenszusammenhang der Adressaten. Sozialpädagogische Intervention nimmt hier den Charakter eine Institution zur Durchsetzung von kommunikativen Regeln der Selektion und Eliminierung von Realität konstituierenden Bedeutungszusammenhängen an (vgl. *Dewe/Otto,* 1980).

Bezogen auf das Verhältnis von Erzeugung und Verarbeitung sozialer Probleme im Handlungsfeld sozialer Arbeit, rühren die entscheidenden Restriktionen einer am Beispiel klassischer Professionen sich orientierenden Organisierung und Systematisierung rollenspezifischen Wissens der Sozialarbeiter u. E. also eher von der spezifischen Wirkweise des Prozesses der Problemverarbeitung her, der – allgemein betrachtet – als ein Prozeß der Bürokratisierung von sozialen Handlungszusammenhängen durch Verrechtlichung und Verwissenschaftlichung gekennzeichnet werden kann (vgl. zur Verwissenschaftlichung aller Bereiche der gesellschaftlichen Praxis, *Böhme,* 1980; *Weingart,* 1983).

Rückblickend betrachtet setzte die Verberuflichung der sozialen Arbeit im Kontext der Wandlung der Wohlfahrtspflege zu einem Teilbereich der personenbezogenen

sozialen Dienstleistungen ein. Seit ihren Ursprüngen weist die Verberuflichungs-
und Professionalisierungsbewegung im Bereich der sozialen Arbeit nun eine starke
Abhängigkeit von staatlicher Regulierung und öffentlicher Finanzierung auf und
fügt sich schon dieses historischen Umstands willen kaum dem Entwicklungsmodell
der klassischen Professionen. Auf die strukturelle Besonderheit, daß professionalisiertes Handeln im Kontext der sozialen Arbeit im wesentlichen in staatlichen und
privaten Dienstleistungsorganisationen verausgabt wird, ist verschiedentlich hingewiesen worden (vgl. *Luhmann*, 1973). Doch besteht eine Bedingung für die
Verberuflichung von personenbezogenen Dienstleistungen nach dem klassischen
Modell der Professionalisierung darin, daß sie sich innerhalb einer Gesellschaft mit
relativ geringer Staatätigkeit vollzieht. Eine weitere fördernde Bedingung für die
gesellschaftliche Konstitution von wissensorientierten Berufen ist in einem hohen
und prägenden kognitiven Einfluß der institutionalisierten Wissenschaft auf die
weitere Gesellschaft zu sehen, d. h. also in einem konfliktfreien Verhältnis
zwischen Wissenschaftsentwicklung und allgemeiner gesellschaftlicher Entwicklung. »Unter diesen Bedingungen baut die Elite eines Berufs einen Verband und
eine Ausbildungsstätte auf und versucht, mit langen Ausbildungszeiten den Markt-
zugang zu kontrollieren. Sie propagiert flankierend eine Ideologie der gesellschaftlichen Verantwortlichkeit, die wegen der Distanz zur Mehrwertproduktion bzw.
Universalität der Dienstleistung den Schein für sich hat. Im Prozeß der Etablierung
ist die Profession auf die Verbindung zur herrschenden Klasse angewiesen; aber
auch nach der Etablierung handeln die professionals nicht klassenneutral: Sie sind
traditional oder technokratisch orientiert, was sich zugunsten der bestehenden
Machtverhältnisse auswirkt« (*Daheim*, 1982).
»Sozialtechnologie« bedeutet hier, daß durch die Steuerung gesellschaftlicher
Handlungs- und Meinungsbildungsprozesse das Spektrum möglicher Deutungen
auf ein mit der gegebenen Institutionenstruktur konformes Maß eingeschränkt
wird. Das systematische Wissen kann nur dann für soziales Handeln regulativ
werden, wenn es über Vermittlungsprozesse einsichtig, wenn es also für die
Adressaten erfahrbar und für Regeln und Entwürfe ihres Handelns verwendbar
gemacht werden kann.
Solche Vermittlungsprozesse hat es schon auf einer frühbürgerlichen Entwicklungsstufe gegeben und sie sind idealtypisch festgehalten im Begriff der Profession.
Mitglieder von Professionen besaßen stets die Reputation, mit ihrem Fachwissen
über die exklusive Fähigkeit zu verfügen, mit der man die Angemessenheit von
sozialen Situationen und einzelnen Entscheidungen bewerten kann. Ausgestattet
mit dem gesellschaftlichen Mandat, in die Privatsphäre anderer einzugreifen bzw.
für die Öffentlichkeit verbindliche Deutungen zu erbringen, haben Professionsmitglieder im Umgang mit Menschen und Symbolen eine wesentliche Funktion im
System gesellschaftlicher Herrschaft inne. Dies gilt der sozialen Funktion nach
sowohl für die vor-modernen Zauberer, Medizinmänner, Schamanen usw. als auch
für die Berufe der Priester, Rechtsanwälte, Ärzte, Psychologen, Schriftsteller und
Wissenschaftler, auch wenn sich die hier jeweils zugrunde gelegten Wissenssysteme
kaum noch miteinander vergleichen lassen.

Die Verwaltung solchen Wissens ist für die Stabilität von gesellschaftlicher Herrschaft so lange nicht problematisch, wie die soziale Organisation der Profession, der Berufsverband, eine konsensuale Anwendung von Wissen und Verfahren überwacht. Auch wenn »kompetente Kritik« (*Lepsius*, 1964) an den Bedingungen gesellschaftlicher Herrschaft historisch häufig insbesondere von Vertretern der Professionen geübt wurde, so war die Mehrheit der Professionsmitglieder aufgrund ihrer innerprofessionellen Sozialisation (*Oleson/Whittaker*, 1970) und ihrer berufsständischen Organisierung doch zumeist so eng mit den herrschenden Interessen verbunden, daß professionelle Deutungen normalerweise hinreichend affirmativ blieben. Historisch betrachtet folgt daraus: »Professions entstanden danach zugleich mit der Wirtschaftsgesellschaft: spezialisiertes Wissen wurde vermarktbares Eigentum. Professionalisierung ist der kollektive Versuch der Besitzer dieses Wissens, die entsprechenden Märkte zu kontrollieren. Gleichzeitig ist es ein ›Mittelschichtprojekt‹, wegen des Versuchs, durch Arbeit, nicht durch Sacheigentum, sozialen Status zu gewinnen, was mit Autonomie bei und Selbstverwirklichung in der Arbeit verbunden ist« (*Daheim*, 1982). *Weingart* hat nun darauf hingewiesen, daß in Gesellschaftssystemen mit einer stärkeren Tradition zentralistischer Verwaltungsbürokratien und/oder extensiver staatlicher Regulierungen die Professionen nie eine besonders hohe Autonomie genossen und politische Kontrolle der und Eingriffe in die professionelle Selbstregulierung nicht als ungewöhnlich galten (*Weingart*, 1981).

Die Gegenwart und Tradition eines »starken Staates« und die sich daraus hierzulande ergebende – die Professionalisierungsabsichten in Richtung auf professionelle Autonomie konterkarierende – Bedeutung, sind bei der Rezeption der amerikanischen Professionalisierungssoziologie in ihren konkret-historischen Auswirkungen für Verberuflichungsprozesse der sozialen Arbeit jedoch nicht adäquat eingeschätzt worden. So ist nicht zuletzt auch unter dem Gesichtspunkt der staatlichen Kontrolle und der gegenwärtig aktuellen Tendenz einer zunehmenden Durchstaatlichung aller gesellschaftlichen Sphären bereits mit *Kairat* (1969) davon auszugehen, daß Begrifflichkeit und klassisches Entwicklungsmuster professionalisierten Handelns angesichts der neuen Problemlagen im quartiären Sektor und ausgehend von der Handlungsproblematik der personenbezogenen sozialen Dienstleistungsberufe als obsolet zu betrachten sind. Deshalb scheint es notwendig, »ein theoretisches Konzept zu finden, in dem gegenwärtiges professionelles Handeln interpretierbar ist«.

Die historische Überholtheit des klassischen Professionalisierungsmusters konstatieren bekanntlich schon *Weber* (1972) und – bezogen auf die dort vollzogene Hypostasierung der Wissensdimension professionellen Handelns – *Rüschemeyer*, (1972). *Weber* widmet sich explizit der Problemstellung, den Verberuflichungsprozeß sozialer Arbeit im Sinne einer Professionalisierung nach Maßgabe des Konzeptes der »old established professions« voranzutreiben. Er sieht jedoch in einer derartigen Entwicklung der sozialen Arbeit einen Anachronismus. »Profession (respektive Professionalisierung d. V.) könnte in diesem Kontext (gemeint ist der der sozialen Arbeit – d. V.) als Anachronismus oder als Attrappe einer in hochkultivierten, d. h. funktional weniger differenzierten Gesellschaften entwik-

kelten Berufsrolle gelten. Dieser Aussage liegt die Prämisse zugrunde, mit der
Differenzierung der Gesellschaft habe auch ein Strukturwandel der Hilfe stattgefunden, den man plakativ markieren könnte mit reziprok, schichtenspezifisch,
organisiert« (*Weber*, 1978). Er weist darauf hin, daß nahezu sämtliche sozialen und
psychosoziale Aktivitäten, die gegenwärtig in der Berufsrolle des Sozialarbeiters/
Sozialpädagogen auf Dauer gestellt sind, sich nicht zu einer expliziten Profession
bündeln lassen. Denn: »Der hohe Grad gesellschaftlicher Differenzierung . . .
verhindert . . . für Professionen (wie die der sozialen Arbeit – d. V.) die typische
Kombination von Problembezug, Freiheit der Entscheidung und Bindung an die
Berufsmoral. Vielmehr kommt es lediglich zur Institutionalisierung der sozialen
Hilfe in Form des Berufs und selbst dieser Prozeß vollzieht sich ungewollt über die
Köpfe der ›Erfinder‹ hinweg. Der hohe Differenzierungsgrad der Gesellschaft
fordert und fördert . . . aber nicht die Weiterentwicklung des Berufs zur Profession
– wie von der sozialen Arbeit betrieben –, sondern die Sicherstellung der sozialen
Hilfe in Organisationen. Daraus ergibt sich neben der konditionalen Programmierung der sozialen Hilfe eine Fülle von Folgeproblemen . . . Auf jeden Fall
verändert sich mit dem gesellschaftlichen Differenzierungsprozeß auch die System-
referenz sozialer Arbeit, was wiederum Konsequenzen für die Professionalisie-
rungsproblematik hat«. Diese veränderten gesellschaftlichen Ausgangskonstella-
tionen der Verberuflichung von sozialer Arbeit bedingen es *Weber* zufolge, daß sich
die Sozialarbeit als eigenständige Organisation im Dienstleistungssektor der Gesellschaft herauskristallisiert, die – bezogen auf das gesamte Handlungsspektrum
der sozialen Arbeit – die Struktur klassischer Professionen sowie ihre typische
Kombination von Problembezug, Autonomie und beruflicher Ethik nicht mehr
aufweist. Entsprechend lautet sein Fazit: »Unter diesen neuen strukturellen
Bedingungen, die auch die Struktur der klassischen Professionen verändern . . .
erscheinen das Festhalten an der Hilfe als einer ›Sache des Herzens‹ und die
vorausgesetzte Automatik des Helfens beim Anblick von Not . . . sowie das
Streben nach Prestige und Anerkennung, wie sie den »old established« professions
noch zuteil werden, als anachronistische Bemühungen. Von diesen gesellschaftlichen Bedingungen her dürfte sich ein Teil jener beobachteten Diskrepanzen
zwischen Anspruch und Wirklichkeit heutiger sozialer Arbeit erklären lassen«.
Für die im engeren Sinne auf die Verberuflichungstendenzen der Sozialarbeit
gerichtete Analyse wird es u. E. nach in Zukunft darauf ankommen, das institutionalisierte und formalisierte Arbeitskraftmuster *(Daheim)* des Sozialarbeiters bzw.
des Sozialpädagogen inhaltlich empirisch konkret zu bestimmen. Diese Analyse
steht jedoch immer noch erst am Anfang.

Semiprofession

Ein weiterer Mangel der Anfang der siebziger Jahre auf dem geistigen Hintergrund
der primär struktur-funktionalistischen Literatur über die Herausbildung und
Etablierung von ›professions‹ orientierten und zumeist sehr apologetisch geführten
Diskussion liegt darin, daß der Verberuflichungsprozeß von Sozialarbeitern zwar

als Professionalisierung gedeutet wurde, aber dieser in wesentlichen Hinsichten wie vornehmlich der der beruflichen Unabhängigkeit von bürokratisch strukturierten Organisationen und ihrer materiellen Sicherung nur wenig ähnelte. Dieses durchaus erkannte Problem hat man versucht dadurch zu umgehen, indem man Bemühungen anstellte, zu einer genaueren Gewichtung bürokratischer, professionell-autonomer und marktorientierter Anteile am beruflichen Handeln (vgl. *Sorenson/Sorenson*, 1979) von Sozialarbeitern zu gelangen. In diesem Zusammenhang gelangte das von *Austin* (1978), *Toren* (1972) und *Etzioni* (1969) entwickelte Konzept der »semiprofessions« zu einer zeitweiligen und relativen Bedeutung, was seine mögliche Erklärungskraft für berufliche Handlungsvollzüge im Bereich der sozialen Arbeit anbelangt (vgl. *Blau/Scott*, 1971; *Böhnisch/Lösch*, 1973).

Als Quasi-Professionen bzw. Semi-Professionen werden üblicherweise soziale Gebilde bezeichnet, die nur teilweise und unvollkommen durch soziale Mechanismen eine eigene Kompetenz gegenüber dem Laienpublikum wie auch gegenüber der Gesellschaft durchsetzen können. Hier ist beispielsweise »kompetente Kritik des Alltagshandelns« weit weniger durch eine sozial garantierte Kompetenz geschützt. Es mangelt Semi-Professionen an einer sozial eindeutigen Durchsetzungsfähigkeit, dies heißt im einzelnen, daß sie

- über keine festen Zugangsregeln verfügen, um Berufszugehörigkeit festzulegen;
- keinen klar umrissenen Geltungsbereich der Berufsautonomie besitzen;
- kein Standesgericht haben, welches über die notwendigen Sanktionen bei Mißachtung der Berufsmoral verfügt;
- keine oder nur geringe soziale Immunität besitzen;
- kein Monopol an Kompetenz für die Interpretation bestimmter gesellschaftlicher Werte haben;
- keine internalisierte Wertloyalität ausweisen;
- kein Interpretationsmonopol gegenüber konkurrierenden Professionen wie auch gegenüber dem Laienpublikum durchsetzen können (vgl. hierzu *Lepsius*, 1964; *Dewe/Ferchoff/Peters*, 1983).

Als Folge resultiert hieraus endlich eine diffuse Allzuständigkeit (vgl. u. a. *Bohle/Grunow*, 1982) und ein geringes Maß an Spezialisierung. Im Vorwort des 1969 von ihm herausgegebenen Bandes »The Semi-Professions and Their Organizations« beschreibt Etzioni die Semi-Professionen als »a group of new professions whose claim to the status of doctors and lawyers is neither fully established nor fully desired. Lacking a better term, we shall refer to those professions as semiprofessions. Their training is shorter, their statur is less legitimated, their right priviliged communication less established, their is less of a specialized body knowledge, and they have less autonomy from supervision or societal control than ›the‹ professions«.

Als empirische Fälle solcher Semi-Professionen werden die Berufsgruppen der Lehrer, der Krankenschwestern und der Sozialarbeiter untersucht. Gezeigt wird darin, wie diese Berufsgruppen in den sie beschäftigenden Organisationen der Schulen, Krankenhäuser und Sozialadministrationen bei dem Versuch, die genannten Merkmale professioneller Arbeit für sich durchzusetzen, mit den zumeist bürokratischen Kriterien der Organisationen in Konflikt geraten.

Es wird dargestellt, wie sich dabei Berufsrollen herausbilden, die sich zwar von
denen der Verwaltungsangestellten durch ein höheres Maß an Entscheidungsspiel-
räumen und -zwängen unterscheiden, die aber gleichwohl unter der bürokratischen
Kontrolle niemals eine den klassischen Professionen entsprechende Autonomie
erlangen können (vgl. *Toren*, 1969). Diese Beobachtung hat nun keinesfalls einen
bestimmten Neuheitswert; denn ganz im Gegenteil kann dieser Konflikt zwischen
professionellem Autonomiebestreben und bürokratischer Kontrolle (*Hall*, 1968;
Kudera, 1976) auch in sehr vielen anderen Organisationen beobachtet werden und
wird dort von einer wachsenden Zahl von Beschäftigten zumeist leidvoll erfahren.
Dies gilt häufig für die in den Angestelltenstatus versetzten Krankenhausärzte und
auch für jene Wissenschaftler, die außerhalb der Handlungsspielräume klassischer
Forschungsautonomie in Großinstituten, verwaltungs- und industrieinterner Forschung und in der Auftragsforschung nach Anweisung handeln müssen, über deren
professionelle Angemessenheit sie nicht mitzubestimmen haben. Diese Erfahrung
ist gleichfalls gemeinsam den Sozialpädagogen und Erziehern in öffentlichen oder
verbandskontrollierten Kindergärten, den Berufsberatern in den Arbeitsämtern
und Mitarbeitern in den Stäben großer Organisationen, aber auch vielen Erwachsenenpädagogen. Und diese Erfahrungen machen ebenfalls jene Beschäftigten,
deren Tätigkeiten erst ansatzweise semi-professionelle Charakteristika annehmen,
so die Betriebsräte, die Betriebsärzte, die Personalsachbearbeiter großer Unternehmen und die betrieblichen Ausbilder (vgl. *Schmitz*, 1978).
So gesehen bezeichnet der Begriff »Semi-Profession« den Rollenkonflikt einer
offenkundig immer größeren Zahl von Beschäftigten (vgl. *Blinkert*, 1976; *Dewe/
Otto*, 1980).
Aus einer etwas weitergreifenden organisationssoziologischen Sichtweise (etwa
bei *Schmitz*, 1979) und unter einem wissenssoziologischen Vorzeichen (etwa bei
Dewe/Otto, 1981) beinhaltet der Begriff Semi-Profession noch eine weitere Frage:
Professionen und Semi-Professionen bezeichnen – wie gezeigt wurde – Personen
bzw. ihre Rollen, die Träger eines Fachwissens sind, das sich zumindest dem
Anspruch nach für die Lösung spezieller Probleme eignet. Die Ausbildung und die
Tätigkeit dieser Personen bewirken also vor allem zunächst einmal eine berufliche
Sozialisation, in der sich Identitäten von Subjekten über die individuelle Zurechnung eines exklusiven Wissens und entsprechender Handlungspotentiale herausbilden.
Für die Organisationen heißt dies, daß sie die so professionell sozialisierten
Subjekte als Träger von Fachwissen, sozusagen als Medien für jeweils bestimmte
innerorganisatorische Aufgaben und Probleme rekrutieren und damit zugleich eine
bestimmte soziale Verteilung von Wissen in der innerorganisatorischen Arbeitsteilung bewirken. Gegenüber fachlich nicht entsprechend geschulten anderen Mitgliedern der Organisation beziehungsweise Klienten treten Semi-Professionellen als
Experten auf und definieren die anderen zu Laien (vgl. *Schmitz*, 1978). Diese
Arbeitsteilung ist aber zu unterscheiden von Formen einer Arbeitsteilung, wie sie
durch die Verteilung von Besitz/Nicht-Besitz von Produktionsmitteln (Kapitalist –
Arbeiter) oder durch die Einordnung in vorgegebene technische Handlungsmuster

von Fabrikarbeit oder in Kompetenzverteilungen von Verwaltungen zustande kommen (vgl. *Jehenson,* 1979).

Semi-Professionen müssen den ihnen mit der Zuteilung eines expertenhaften Wissens zugewiesenen Status in ihrer laufenden Kooperation mit Nicht-Experten ständig legitimieren, indem sie die Kompetenz ihres Wissens anschaulich machen. So ist die Schulverwaltung für die Aufrechterhaltung ihres eigenen Ordnungssystems darauf angewiesen, daß in den einzelnen Schulen der Lehrer als Experte seine pädagogische Autorität gegenüber den Schülern und auch gegenüber den Eltern seine höhere Kompetenz in der Beurteilung von Erziehungsfragen erfolgreich demonstriert (siehe etwa *Radtke*, 1983). Nur so lange ist nämlich sichergestellt, daß die Schule als eine politisch kontrollierte und nach festen Regeln verwaltete Form der Erziehung über die »Sozialtechnik« der semi-professionellen Arbeit des Lehrers funktioniert. Semi-professionelle Arbeit und die damit etablierte soziale Verteilung von Wissen wirft aber noch ein zweites Legitimationsproblem mit umgekehrtem Vorzeichen auf. Indem die Spitzen der betreffenden Organisationen Problemlösungen (einschließlich oft weitreichender Ermessensentscheidungen) an ihre semi-professionellen Beschäftigten delegieren, sind sie – um ihre hierarchische Anweisungs- und Herrschaftsstruktur zu erhalten – gezwungen, eine Grenze zu ziehen, jenseits deren semi-professionelle Kompetenz nicht mehr zur Mitsprache über Organisationsziele berechtigt. An dieser Grenze, die nie fest gezogen ist, sondern an jeweils einzelnen konkreten Problemen immer wieder neu definiert wird, stoßen das berufliche Engagement und die Forderung nach sachlicher Angemessenheit von seiten der Experten mit den bürokratischen Restriktionen und Disziplinierungsmaßnahmen der Verwaltung in einer tagtäglich erfahrbaren Härte zusammen (vgl. *Harries-Jenkins,* 1970).

Und an dieser Grenze werden von seiten der Organisation in umgekehrter Richtung Legitimationen erzeugt, die begründen sollen, wo die Kompetenz der Semi-Professionen endet (vgl. *Lepsius*, 1964). In seiner Beschreibung der Semi-Professionen meint Etzioni die Folgen dieser Grenzziehung dadurch charakterisieren zu können, daß er jene Merkmale aufzählt, bei denen per definitionem die Semi-Professionen gegenüber den Professionen benachteiligt sind. Abgesehen, daß sie im sozialen Status und Ansehen niedriger stehen, sind die Semi-Professionen danach vor allem in ihrer Fachkompetenz beschnitten: Sie haben eine kürzere Ausbildung, sie haben nicht die gleichen Rechte, Interessen ihrer Berufsgruppe und Standards ihres gemeinsamen Fachwissens in einer nach außen hin abgeschirmten Kommunikation zu regeln, ihr Fachwissen ist gegenüber anderem Fachwissen und Laienwissen nicht spezifisch abgegrenzt, kann also eher von dort kritisiert oder gar ersetzt werden und die Semi-Professionen müssen insbesondere in ihrer Organisation ein höheres Maß an externer Kontrolle über ihre Arbeit akzeptieren.

Was beinhaltet diese reduzierte Autonomie im Umgang mit dem beruflichen Fachwissen? Läßt sich dieser Unterschied bildungsökonomisch quantifizieren in einem geringeren Qualifikationsniveau? Drückt er sich aus in den psychischen Leiden der in ihrem Aufstiegs- und Prestigestreben enttäuschten Lehrer, Sozialarbeiter, Erwachsenenpädagogen und Krankenhausärzten? Oder läßt sich der Unterschied organisationssoziologisch ausdrücken in der Intensität der Konflikte zwischen den anweisungsorientierten Linienorganisationen und den semi-professionell orientierten Stabsabteilungen? Aus den verschiedenen Problemsichten sind diese Operationalisierungen sicherlich jeweils angemessen. Sie operieren allerdings alle mit einer gemeinsamen Grundannahme, nämlich: daß die Reduzierung und rigidere äußere Kontrolle des Fachwissens von Semi-Professionen nicht zu Veränderungen in der internen Struktur dieses Fachwissens führen, die ihrerseits soziale Folgen zeitigen. Diese Grundannahme wird allerdings nicht durchweg geteilt. So argumentieren zum Beispiel Vertreter von Semi-Professionen, wie Lehrer und Erziehungswissenschaftler, daß veränderte Inhalte der Lehrerausbildung (Verwissenschaftlichung, kritische Erziehungswissenschaften usw.) Rückwirkungen auf die Schulpraxis und die Erziehungsstile der Lehrer hätten. Ähnliche Argumentationen lassen sich im Fall der Sozialpädagogik bzw. der Sozialarbeit aufweisen.

Eine ursächliche Beziehung zwischen den internen Strukturen semi-professionellen Fachwissens und den Arbeitsleistungen dieser Berufsgruppe unterstellen auch die Vertreter der Organisationen, die über Berufsverbote selektiv in die Vermittlung des Fachwissens intervenieren. Am Falle der semi-professionellen Handlungsbedingungen von Sozialarbeitern der behördlichen Sozialarbeit ist der Versuch unternommen worden, den sich aus der intermediären Handlungssituation in der Sozialbürokratie ergebenden Intra-Rollenkonflikt durch eine Differenzierung von zwei Handlungsebenen nun wissenssoziologisch und handlungsstrukturell zu bestimmen:

(1) Die Ebene der bürokratischen Organisationsstrukturen der Sozialadministration mit den institutionellen Legitimationsmustern, die gemeinsame Ziele der arbeitsteilig kooperierenden Mitglieder begründen. Es ist davon auszugehen, daß die, die faktische Durchsetzung von sozialadministrativen Entscheidungen begleitenden symbolischen Strukturen der öffentlichen Legitimierung eine wesentliche Dimension im Prozeß der Realisierung ihrer Problemlösungsstrategien ausmachen. Die faktische Durchsetzung und ihre symbolische Inszenierung bezeichnen zwei grundlegende, oft im Widerspruch zueinander stehende Realitätsbereiche institutionalisierter Praxisformen der Sozialbürokratie. Die institutionalisierten Problemdeutungen der Sozialbürokratien und die aus ihnen ableitbaren Sozialtechniken können als ein die Wahrnehmungsstrukturen von Sozialarbeitern regulierendes Organisationswissen verstanden werden. Sie stellen ein Potential zur Generierung von Handlungsregeln dar. Die institutionellen Problemdeutungen repräsentieren also rollenübergreifende Relevanzstrukturen, aus denen für die Sozialadministration verbindliche Erfolgskriterien, Prioritäten und Motive für das praktische Handeln ihrer Mitarbeiter abgeleitet werden. Indem unter Rückgriff auf die Bestände eines systematischen Wissens die faktischen Strukturen legitimiert werden (Prozeß sekundärer Objektivation), integrieren die institutionellen Problemdeutungen partikulare Handlungskontexte und das in sie eingebundene Erfahrungswissen. Die Beherrschung von Kooperations- und Kommunikationssystemen sowie der dazugehörigen Sozialtechniken und Interpretationspotentiale ist jedoch stets krisenanfäl-

lig (latente Akzeptanzkrise). Dies ist ein Grund dafür, daß die Organisationsstrukturen und Kooperationsprozesse der sozialwissenschaftlichen Aufrüstung unterworfen sind. Die zunehmende Verwissenschaftlichung hat aber zur Folge, daß soziale Prozesse mit Kategorien besetzt werden, die interpretative Funktionen haben und über Mechanismen symbolischer Gewalt andere konkurrierende Interpretationen ausschließen bzw. nicht zulassen (zur Herausbildung derartiger Symbolstrukturen siehe unter anderem die Arbeiten von *Foucault*, 1976 und *Basaglia*, 1980). Die Beherrschung instrumenteller Anforderungen stellt demgegenüber in den Institutionen der Sozialarbeit einen geringeren Engpaß dar.

(2) Die Ebene der routinisierten Handlungsvollzüge und das sie anleitende Berufswissen der Sozialarbeiter, welches immer aus einer spezifischen Interpretation und Selektion des Organisationswissens wie auch aus auf ihre Tätigkeit bezogenen subjektiven Intentionen und Wertvorstellungen der Sozialarbeiter besteht, die Prozessen primärer und sekundärer Sozialisation geschuldet sind. Die Sozialarbeiter müssen sich mit begrenzten und auf die Organisationszwecke fixierten Interpretationsmonopolen begnügen. Organisationsintern, bedingt durch die Wirkweise der institutionellen Legitimationsmuster, und organisationsextern, bedingt durch die Definitionsmacht der offiziösen Problemdeutungen sozialer Sachverhalte, ist es den Sozialarbeitern erschwert, ihre eigenen Erfahrungen aufzuarbeiten und in Interessenstrategien umzusetzen. Die offiziösen Sprachmuster setzen sich gegen die eigenen Erfahrungen durch; diese werden immer schon in Begriffen der herrschenden Interpretationsmuster gedeutet. Es kommt zu einer Reduktion von interessenorientierten Handlungsmustern auf seiten der beruflich Handelnden. Die Verwissenschaftlichung in gestalteter Ausbreitung von sinnstiftenden Symbol- und instrumentellen Regelsystemen forciert den Abkopplungsprozeß zwischen primärer Erfahrung und institutionalisierten Praxisformen (*Dewe/Otto*, 1981). Die handlungstheoretische Reformulierung und wissenssoziologische Rekonstruktion der internen Struktur des Fachwissens von Semi-Professionellen stellt jedoch eine Problemverschiebung gegenüber dem ursprünglichen Konzept von Etzoni u. a. dar, das für die SA/SP in diesem Sinn als analytisch gescheitert gelten kann.

Ein weiteres Manko der damaligen Professionalisierungsdiskussion bestand schließlich darin, daß hier die Prozesse der »Schneidung« der sozialarbeiterischen Berufsrollen, der Aushandlung der Arbeitsteilung in den sozialbürokratischen Organisationen konzeptionell nicht erfaßt wurden. Um diesen Mängeln zu entgehen, aber die vermeintliche Erklärungskraft des klassischen Professionalisierungskonzeptes zu bewahren, ist in jüngerer Vergangenheit der Versuch unternommen worden, sich eher vorsichtig an professionalisierungstheoretischen Ansätzen aus dem Kontext der Chicagoer Schule (*Hughes* u. a.) und mehr noch an neueren makro-soziologischen Diskussionen des symbolischen Interaktionismus zu orientieren. Nun tritt neben die eindeutig vorherrschende struktur-funktionalistischen Perspektive zur Soziologie der Professionen, die sich in erster Linie mit »der Mechanik des Zusammenhaltes und der Aufgliederung von Sozialstrukturen (und/ oder sozialen Organisationen) von gegebenen Professionen befaßt« (*Bucher/*

Strauss, 1972), hier ein handlungstheoretischer bzw. interaktionstheoretischer Bezugsrahmen in die Debatte. Gegenüber struktur-funktionalistischen Positionen wird dabei zudem der Aushandlungsprozeß von sich professionalisierenden Berufspositionsinhabern hervorgehoben, indem prozeßhaft-dynamische Interaktionen wie beispielsweise zwischen – wahrscheinlich mit sehr unterschiedlichen Interessen ausgestatteten – Positionsinhabern einer Profession, aber auch zwischen Positionsinhabern verschiedener Professionen, Berufsverbänden und Professionellen, Laien und Professionellen usw. untersucht werden. Das »Prozeß-Modell« zur Analyse von Professionen (*Bucher/Strauss,* 1972) löst die soziale Determiniertheit des Rollen-Norm- und Erwartungshandelns auf und fokussiert statt dessen nicht nur Bereiche der Unterdeterminiertheit professionellen Handelns, sondern segmentiert eine Art professionelle »Mindest-Struktur«, die ihrerseits aber auch nicht einfach »da es«, sondern vielmehr ständig neu ausgehandelt wird und somit auch ständigen Veränderungen unterliegt. Die handlungstheoretische Position dynamisiert gleichzeitig die Entstehung und Existenz solcher vielschichtig und -fältig ablaufenden Vorgänge einerseits als nicht ein für allemal abgrenzende Segmente der Gesamtheit der Profession und andererseits als »soziale Bewegungen innerhalb der Profession« (*Bucher/Strauss,* 1972). Diese Position »übersieht« aber tendenziell die Dimension der Legitimität dieses Handelns, wohingegen die angesprochene *Parsons*sche Richtung (im engeren Sinne) – so *Joas* Kritik – den legitimationsideologischen Charakter von Teilen des Selbstverständnisses der »professions« einfach für bare Münze (*Joas,* 1980) nimmt.

In der Folge gelangte man zu der Einsicht, daß das Professionalisierungskonzept eben wegen seiner möglichen Nachteile differenziert zu sehen ist; nicht zuletzt auch wegen seiner gesellschaftspolitischen Ambivalenz. Entscheidender als der jeweilige Grad der Professionalisierung selbst ist hier der Inhalt und die Orientierung der Professionalisierung. Es darf nicht dazu kommen, daß die Autonomie der Professionals erkauft wird mit der Unmündigkeit und Abhängigkeit der Klienten. Abgesehen davon, dürfte es fast unmöglich sein, berufliche Positionen, die in starke übergeordnete, organisatorisch-institutionelle Zusammenhänge eingebunden sind, nach dem Muster vollprofessionalisierter, freier Berufe (z. B. Ärzte) zu professionalisieren. Als These formuliert: es ist weder möglich noch auch gesellschaftspolitisch wünschenswert, sozialpädagogische Berufe im klassischen Sinn zu professionalisieren (*Otto,* 1978).

Professionstheoretisch interessant ist nun die Frage nach Inhalt und Struktur sozialarbeiterischen Handelns deshalb, weil Sozialarbeiter zwei unterschiedlichen Handlungsbereichen und -logiken gleichzeitig angehören. Wenn man diesen Sachverhalt professionalisierungstheoretisch rekonstruiert, gehören sie sowohl dem administrativ-rechtspflegerischen Bereich der sozialen Kontrolle und sozialpolitischen Interventionen als auch dem professionellen Bereich der Beratung, Bildung und Therapie an. Juristische und hermeneutische Handlungslogiken stoßen aufeinander. Bei letzterer geht es um die Respektierung der Autonomie der Lebenspraxis der Klienten. Im administrativ-bürokratischen Bereich der rechtspflegerischen sozialen Kontrolle geht es darum, eine öffentlich festgestellte und begründete

Nicht-Aufgabe der Autonomie durch erfolgreiche Normenverletzung zu destitu-
ieren, sozusagen auf der Ebene des Normensystems zu restituieren. Beides
gleichzeitig zu tun, zeichnet typischerweise Sozialarbeitshandeln aus (vgl. *Oevermann*, 1981; *Dewe*, 1982).
Die handlungsverpflichtende gleichzeitige Gültigkeit der hermeneutisch-therapeu-
tischen Handlungslogik und der des normensichernden Rechtshandelns führt in
beruflichen Handlungsabläufen von Sozialarbeitern dazu, daß sich beide Orientierungen mit Notwendigkeit gegenseitig begrenzen müssen. »Mangelbeseitigung«
und Wiederherstellung subjektiver Handlungsfähigkeit – gemessen an der autonomen, je spezifischen Lebenspraxis des Klienten – läßt sich mit verhaltenskontrollie-
render sozialer Integrationsleistung – beurteilt nach juristischen Maßgaben zur
Aufrechterhaltung des Normenkonsens – nur schwer und kaum auf Dauer vereinbaren. Das Problem der Transformation des in der beziehungskonstitutiven
widersprüchlichen Einheit von Spezifität und vager kontextgebundener Diffusität
eingelagerten Einzelfalls bzw. der subjektiv-lebensgeschichtlichen Problembeson-
derung in generalisierte Normen wie aber auch das Problem des für Sozialarbeiter
nicht existenten Zeugnisverweigerungsrechts verdeutlichen anschaulich das für
professionelle Sozialarbeit konstitutive handlungslogische Dilemma. Die der am
tradierten Professionalisierungsmuster orientierten Organisationsdiskussion Sozialarbeit zugrunde gelegten Lokalisierungsversuche sozialarbeiterischen Handelns, wie sie sich in den Konzeptionen vom »doppelten Mandat«, der sog.
intermediären Handlungssituation, dem Intrarollenkonflikt und dem Verhältnis
von Binnen- und Außenlegitimität festmachen lassen, sind vom materiellen Inhalt
des beruflichen Handelns und seiner internen Logik her betrachtet als systematisch
verkürzt zu bewerten, da die institutionelle Form des professionellen Handelns zum
Gegenstand der Analyse gemacht wurde (vgl. das »semi-professional«-Konzept),
und nicht die handlungsdeterminierenden Strukturen. So sind professionstheoretisch inspirierte Forderungen nach dem »Sozialarbeiter als autonomem Sachverständigen« bzw. »Sozialarbeit als Gefühlsarbeit« oder aber »Sozialarbeit ohne
Institution« abwegig, solange nicht das für SA/SP geltende prinzipielle professions-
logische Handlungsstrukturproblem einer eingehenderen Reflexion unterzogen
wird. Daß eine auf Expertenmacht gerichtete Verwissenschaftlichung des beruflichen Handelns das genannte Handlungsstrukturproblem nochmals verschärft, hat
die Entwicklung der letzten Jahre bereits deutlich gemacht.
– Was macht also in diesem Kontext professionalisiertes Handeln aus?
– Welche spezifischen Merkmale werden professionellem Können im Unterschied
  zu nichtprofessionellem Können zugeschrieben?
– Läßt sich die strikte Trennung von »Professionellen« und »Laien« in den
  (sozial)pädagogischen und psychosozialen Berufen angesichts der immer problematischer werdenden Beziehung zwischen beiden Personengruppen noch
  aufrechterhalten?
Um diese Fragen einer Klärung zuzuführen, gilt es zuvor, die widersprüchlichen
systemfunktionalen und handlungslogischen Bedingungen professionalisierten
Handelns zu diskutieren.

Systemfunktionale und handlungslogische Dimension professionalisierten Handelns

Begreift man also die Existenz von »Professionen« sowohl als Strukturmerkmal und Spezifikum spätkapitalistischer Gesellschaften auch als Handlungstyp, stellt sich die Frage, was denn die Einheit des professionellen Komplexes ausmacht (vgl. *Parsons*, 1978). Ohne hier die Schwierigkeiten zu reproduzieren, die sich im Umgang mit dem Professionsbegriff ergeben, wenn man versucht, eine eindeutige »Definition« des Begriffs und eine brauchbare Bestimmung seines Anwendungsbereiches vorzunehmen, *Cogan,* 1955, listet beispielsweise 23 verschiedene Definitionselemente auf; vgl. auch *Hesse*, 1972; *Elliot*, 1972; *Klegon*, 1978; *Moore*, 1970; *Nau*, 1981), soll hier gleichsam als zentrales Strukturprinzip professionalisierten Handelns der Umgang mit Personen und Symbolen gelten, also: ein personenbezogenes, kommunitativem Handeln verpflichtetes stellvertretendes Agieren auf der Basis und unter Anwendung eines relativ abstrakten, »dem Mann auf der Straße« nicht verfügbaren Sonderwissensbestandes sowie einer praktisch erworbenen hermeneutischen Fähigkeit der Rekonstruktion von Problemen defizitären Handlungssinns. Ziel professioneller Intervention ist es, über eine sozial legitimierte sowie institutionalisierte Kompetenz eine »bessere« Problemwahrnehmung und in deren Folge eine (Verhaltens-)Veränderung bei den betroffenen Personen herbeizuführen. Das hier mögliche Spektrum von Verhaltensänderung ist allerding sehr breit: von der Übernahme einzelner Handlungsorientierungen bei Handlungsregeldefiziten bis hin zu tiefgreifenden »Resozialisierungsprozessen« im Sinne eines »brain-washing«. Dieses »Operieren« ist typischerweise auf komplexe, prinzipiell ganzheitlich zu betrachtende soziale (also nicht technische) Problemfälle bezogen, die sich wegen ihrer situativen Dichte, Spezifität usw. grundsätzlich nicht standardisieren lassen. Prägnant läßt sich dieses Strukturprinzip auch als Einheit von »Wissensbasis« und »Fallverstehen« kennzeichnen. Wir bezeichnen das professionelle Handeln zudem als »stellvertretendes« Handeln, weil nahezu sämtliche Dienstleistungen, die vom professionellen Komplex (*Parsons*) erbracht werden, sich faktisch auf Probleme beziehen, die ursprünglicher – bzw. normalerweise in primären Lebensbereichen bearbeitet und »gelöst« bzw. bewältigt werden. Die nachfolgende Definition des (professionellen) »stellvertretenden« Handelns von *Goode* stellt allerdings bereits reduktionistisch auf die gleichsam handlungsenteignende und deshalb expertokratische Variante des Professionshandelns ab. Sie begreift professionalisiertes Handeln der Tendenz nach weniger als (stellvertretende) Auslegung/Interpretation und Aufklärung eines Handlungsproblems, sondern vielmehr als (stellvertretende) »Lösung« dieses Problems, was einschließt, daß die Freiheit zum Handeln oder Nicht-Handeln dem Adressaten nicht mehr zur Disposition gestellt wird: »The professional must symbolically or literally ›get inside the client‹, become privy to his personal world, in order – to solve the problem that is the mandate of the profession« (*Goode*, 1973).
Versucht man zum Zwecke der Präzisierung eine wissenssoziologische Funktionsbestimmung professionellen Handelns zu geben, so ist hervorzuheben, daß Profes-

sionen in bezug auf ausgegrenzte bzw. ausgrenzbare soziale Handlungsprobleme ein gewissermaßen »legitimes Wissen« für deren Deutung und aus ihr abgeleitete Lösungen verwalten: Das heißt, für spezifische Handlungsprobleme wie Gesundheit, psychische Normalität, Rechtsprobleme, Erziehung und soziale Abweichung sind in der Gesellschaft spezialisierte Wissensbestände definiert, die festlegen, wie diese Handlungsprobleme kognitiv in sozial verbindlicher Weise zu bearbeiten sind. »Kognitive Verarbeitung meint hier, in welcher Begrifflichkeit das Handlungsproblem wahrzunehmen und zu beschreiben ist, welcher Verfahren zu seiner Erklärung (Analyse) zulässig sind und schließlich drittens, welche Regeln und Techniken zur Lösung (Therapie) des Problems gewählt werden dürfen« (*Schmitz*, 1979, vgl. auch *Lepsius*, 1973).

Der Typ der wissensbegründeten Berufe hat – so gesehen – einige besondere Merkmale: Er verfügt über ein Quasi-Monopol, d. h. spezialisiertes Wissen, zu dem Laien nur über ausgedehnte Ausbildungsprozesse Zugang haben. Die Zugangsbedingungen werden ebenfalls von der Profession kontrolliert. In Abhängigkeit von der jeweiligen sozialen und politischen Kultur, wird diese Kontrolle öffentlich sanktioniert bzw. legitimiert, so daß die Grenzen zwischen Professionen und laienhaftem Publikum klar gezogen sind und sie innerhalb der Gesellschaft Privilegien besitzen, so vor allem das der Selbstverwaltung und Autonomie. Darüber hinaus schließlich bestimmt die Profession über die besonderen Dienstleistungen die Beziehungen zu ihrer Klientel. Professionen sind aber folglich im hohen Maße unabhängig, und es ist typisch für sie, daß sie die Relevanzkriterien internalisieren, unter denen sie praktisch operieren. Infolgedessen tendieren sie dazu, sich von ihren jeweiligen Bezugsgruppen in der Gesellschaft d. h. ihren Adressaten, zu isolieren. Diese Isolierung oder relative Unabhängigkeit erklärt nach *Weingart* (1981) zugleich ihre hochgradige Spezialisierung und die daraus folgende »Effizienz« und »funktionale Autorität«.

Grundsätzlich sind jedoch zwei Ebenen zu unterscheiden, wenn nicht die erwähnten typischen traditionellen Probleme der tradierten, am Technologiemodell orientierten Professionstheorie reproduziert werden sollen: die sozialstrukturell-politische Ebene und die Ebene (der Struktur) professionellen Handelns.

a) System-funktionale Dimension: Auf der ersten Ebene bezeichnet »Professionalisierung« den historischen Prozeß, durch den es bestimmten Berufsgruppen gelang, für die Ausübung ihrer Tätigkeit sich ein (staatlich) lizenziertes Kompetenzmonopol und in der Folge eine Berufsdomäne zu sichern. Ihre mittels eines nicht jedermann zugänglichen (wissenschaftlichen) Wissens sowie spezifischer Methoden zu vollziehende Tätigkeit bezieht sich in der Regel auf die Durchsetzung und Erhaltung zentraler gesellschaftlicher Werte wie Gesundheit, Gerechtigkeit, Normalität der Persönlichkeit oder Bildung. Umso mehr bedarf die professionelle Autonomie, d. h. das Fehlen einer unmittelbaren sozialen Kontrolle der professionellen Tätigkeit, der Legitimation (vgl. *Burkhardt*, 1980; 1982; *Gross*, 1978).

Die Position der organisierten und abgesicherten Autonomie der Professionen, zu der auch ihr Monopol bei der »Arbeit an Menschen« und ihr besonderer Platz in der gesellschaftlichen Sozialstruktur gehören, erlaubt es den Professionsmitgliedern,

einen wichtigen Teil der sozial konstruierten Welt zu gestalten (vgl. *Johnson*, 1972).
»Der Inhalt solcher Schöpfungen entsteht aus der Erfahrung derer, die sie schaffen.
Deren Erfahrung wiederum ist eine Funktion der Perspektive, die sie auf Grund
ihrer besonders geschützten, autonomen Stellung im Gesellschaftsgefüge erworben
haben, einer Stellung, die Erfahrung und die Wertmaßstäbe der ›außenstehenden‹
Laien systematisch abwertet« (*Freidson*, 1979). Wenn aber der professionalisiert
Handelnde für sich die Autorität und Macht in Anspruch nimmt, die Entscheidun-
gen und Wertvorstellungen zu lenken, ja sie sogar zu erzwingen, dann ist er, so
Freidson, nicht mehr bloß ein ›Sachverständiger‹, sondern »eher ein Mitglied einer
neuen privilegierten Klasse, als Sachverständiger verkleidet«. »Das Fachwissen
beansprucht (nämlich – die Verf.) seinen Vorrang ganz allgemein mit Hilfe der
Behauptung, der Patient sei unbedarft«. In diesem Sinne liegt hier ein esoterischer
Aspekt des Wissens vor, bei dessen Bewertung der Laie keinen Platz zu finden
scheint und somit handelt es sich um ein echt expertokratisches Element des
professionellen Wissens (vgl. *Hang/Sussman*, 1969).
Teilweise haben sich nun die anerkannten Professionen die Legitimation historisch
durch »Erfolge« gesichert: es ist ihnen gelungen, Klienten und Öffentlichkeit zu
überzeugen, daß nur sie ihre spezifische Tätigkeit kompetent ausüben können und
nur die Profession selbst die Standards dieser Kompetenz festlegen kann. Das
Ausschalten konkurrierender Berufsgruppen und das Fehlen einer Außenkontrolle
der professionellen Tätigkeit ist, abgesehen vom Erfolg als Legitimationskriterium,
zusätzlich legitimiert durch die Verpflichtung der Profession zur Selbstkontrolle.
Die professionelle Ethik, die jeder Anwärter in seiner langen Ausbildung internalisieren soll, kollegiale Supervision und Konsultation sind als Elemente dieses
Selbstkontrollsystems gedacht (*Moore*, 1970; *Sarfatti-Larson*, 1977).
Bekanntlich hat jedoch die kritische Diskussion des struktur-funktionalistischen
Professionalisierungsmodells die makrotheoretischen Schwächen und folglich auch
weitreichende neue Probleme für die sozialwissenschaftliche Forschung formuliert:
»Zunächst handelt es sich hier um eine idealtypische Konstruktion, die nicht
hinreichend zwischen verschiedenen Expertenberufen unterscheidet; . . . (Jedoch
– die Verf.) wichtiger ist, daß dieses funktionalistische Modell zwei elementare
Anforderungen funktionaler Analyse vernachlässigt. Es sagt erstens wenig oder
nichts darüber, was geschieht, wenn eine Berufsgruppe die Bedingungen des
»Quasi-Vertrages« nicht erfüllt. Mit anderen Worten: Die Mechanismen der
Selbstregulierung werden nicht problematisch gemacht. Es gibt jedoch keinerlei
empirische Grundlage für die Annahme, daß Autonomie, Ansehen und Einkommen proportional mit der Intensität beruflicher Ideale, der Effizienz der
Selbstkontrolle und der Integrität des beruflichen Verhaltens variieren. Vielmehr
liegt als plausiblere Arbeitshypothese nahe, daß die materiellen und immateriellen
Privilegien der verschiedenen Berufe ein Ausdruck der Machtressourcen der
jeweiligen Berufsgruppe sind, unter denen der geglaubte Anspruch auf ein
moralisches Dienstleistungsideal allerdings oft eine nicht unwichtige Rolle spielt«
(*Rüschemeyer*, 1981). Eine adressatenbezogene Gegenkonzeption nimmt dementsprechend ihren Ausgangspunkt bei dem Motto: »Die Professionen sind eine

Verschwörung gegen die Laien«. *Rüschemeyer* zufolge faßt so etwa *Freidson* die Professionen als jene verberuflichten Tätigkeiten auf, denen es gelungen ist, sich Autonomie von Anforderungen anderer und ein Monopol auf eine bestimmte Dienstleistung zu sichern. »Damit knüpft *Freidson* an ältere Traditionen in der Wirtschafts- und Politikwissenschaft an, die professionelle Berufsorganisationen primär als ein Instrument monopolistischer Marktkontrolle betrachtete. Eine weitere Einschränkung gegenüber dem klassischen Professionalisierungskonzept ist letztlich darin zu sehen, daß die neueren Dienstleistungsberufe als Beispiel dafür gelten können, daß die aktuellen Professionalisierungsvorgänge im wesentlichen innerhalb bürokratischer Organisationen privater und öffentlicher Art stattfinden. Obwohl das oft bemerkt worden ist, hat sich die theoretische Erörterung der Expertenberufe implizit auf die angesehensten Berufe mit einer langen Geschichte konzentriert, unter denen Anwälte und Ärzte aus verschiedenen Gründen sich eine größere Unabhängigkeit von bürokratischer Dominanz sichern konnten. Einsichten aus der historischen Untersuchung bürokratisch dominierter Professionalisierung sind relevant für die Gegenwartsituation, obwohl man sich gleichzeitig der weitreichenden Unterschiede zwischen ansonsten ähnlichen Professionalisierungsvorgängen in verschiedenen Phasen der geschichtlichen Entwicklung bewußt sein muß« (*Rüschemeyer*, 1981). Daraus folgt, daß eine präzisere Differenzierung der objektiven und subjektiven Bedingungen von Professionalisierungsbemühungen in verschiedenen Epochen des sozialökonomischen und sozialkulturellen Wandels ein Ergebnis sein könnte, welches die neuerdings für den Verberuflichungsprozeß der sozialen Arbeit wieder aktuell gewordenen historisch-rekonstruktiven Arbeiten und die geschichtlichen Forschungsansätze (vgl. etwa *Münchmeier*, 1981) zu den allzuoft unhistorischen soziologischen Modellen der Entwicklung der wissensbegründeten Berufe und Professionen leisten könnten.

Berufssoziologen haben des weiteren darauf aufmerksam gemacht, daß im Zuge der gesellschaftlichen Industrialisierung zwei sich überlappende Typen von Professionalisierungsvorgängen zu konstatieren sind. Eine Verschiebung des Stellenwerts der Kompetenz für die Professionen hat etwa *Mok* (1969) konstatiert. Er betont zwei Charakteristika der Professionen: systematisches (verwissenschaftliches) Wissen und die Sozialorientierung, d. h. den Bezug auf einen zentralen gesellschaftlichen Wert. Die Rationalisierung von Sozialbeziehungen sowie die Verwissenschaftlichung der Arbeit führt zu einem Wandel, der es sinnvoll macht, zwischen ›alten‹ und ›neuen‹ Professionen zu unterscheiden.

Alte Professionen »sind wesentlich dadurch charakterisiert, daß sie sich um eine Reihe von zentralen Werten gruppieren, weswegen »Integrität« bei der Dienstleistung für individuelle Klienten wichtiger als »Kompetenz« ist, und wobei die »Berufsorganisation« der Kollegen dafür sorgt, daß die Wissensüberlegenheit gegenüber dem Laien nicht mißbraucht wird. Im Unterschied dazu sind die modernen Professionen, vor allem durch den Vorrang von Kompetenz vor Integrität und durch andere, auf das Wissen bezogene Kontrollformen charakterisiert« (*Daheim*, 1973).

Mit dem Hinweis auf Rationalisierung und Verwissenschaftlichung der professionellen Tätigkeit ist nun die Frage aufgeworfen, wer denn eigentlich die treibende Kraft ist, die die Entwicklung der Profession bestimmt. Wer rationalisiert, und wer steckt hinter der Verwissenschaftlichung? In einem handlungstheoretischen Ansatz betont *Daheim* (1973) die Notwendigkeit, den »Prozeß des Aushandelns der Definition einer Position, d. h. der Rollenerwartungen ins Auge (zu) fassen: Jede Berufsposition wird danach in der Interaktion zwischen ihren Inhabern, der Leitung von Arbeitsorganisationen, Einzelklienten, Berufsverbänden und nicht zuletzt dem Staat definiert. Das ist bezogen auf die »professionalisierten Berufspositionen« der »Professionalisierungsprozeß« (. . .) (Er ist die) Interaktion der Zeit, bei der eine oder mehrere Parteien darauf hinwirken, eine bestimmte Berufsposition als eine »professionalisierte« zu definieren«.

Bei dem Aushandlungsprozeß steht im allgemeinen das »Wissen« im Vordergrund, wobei dies meist aus pragmatischen Gründen in Kategorien der Ausbildung behandelt wird: Personen mit einer bestimmten Ausbildung erhalten eine »Lizenz«, die sie zu Experten für die Lösung von gesellschaftlichen oder individuellen Problemen macht. Wer aber bringt diesen Prozeß des Aushandelns in Gang? Folgende relevanten Dimensionen wurden hervorgehoben um die bewegende Kraft hinter dem Professionalisierungsprozeß identifizieren zu können:

–   Initiierung des Professionalisierungsprozesses: durch die (organisierten Inhaber einer Berufsposition oder die Leistung der Arbeitsorganisation? (*Toren* 1972; *Lotmar*, 1969)
–   Ausgangspunkt der· Professionalisierung: ein ungelöstes Problem der Praxis oder ein vorhandenes Problemlösungsangebot, das auf Anwendung drängt? (*Kairat*, 1969)
–   primäres handlungsleitendes Interesse der Professionellen: Dienstleistung für die Gesellschaft, Liebe zum Beruf oder Interesse an der Gegenleistung der Organisation (Gegenleistungsinteresse)? (*Caplow*, 1954; *Hughes*, 1958; *Wilensky*, 1972).

Das traditionelle funktionalistische Modell der Profession hat hier eine eindeutige, jedoch höchst fragwürdige Antwort auf die aufgeworfenen Fragen: Die Profession entsteht erstens auf Grund eines Prozesses, dessen Initiator sie selbst ist. Ausgangspunkt ist zweitens ein gesellschaftliches Problem mit Zentralwertbezug (*Kairat*, 1969; *Moore*, 1970), für das die Professionellen eine Lösung anbieten und dies drittens aus einer Dienstgesinnung gegenüber der Gesellschaft und nicht aus instrumentellen Gründen.

Übersehen wird hier aber, daß einerseits Friktionen im sozialen System zunehmend eben Probleme produzieren, die in der Form von »personal-service« typische Gegenstände von professionalisiertem und expertenhaftem Handeln sind, zugleich aber dieselbe gesellschaftliche Entwicklung, in erster Linie die ihr immanenten technokratischen Tendenzen, der Bearbeitung dieser Probleme durch Professionen den Boden entziehen und letztendlich expertokratische Bearbeitungsformen ins Kraut schießen läßt (vgl. *Schröder*, 1983; *Schluchter*, 1972).

Parsons geht davon aus, daß der Prozeß der Professionalisierung und somit auch die gesellschaftliche Institutionalisierung einer Problemlösungsstruktur in Form von

Experten-Laien-Beziehungen nahezu identisch ist mit dem Rationalisierungsprozeß als solchem (vgl. *Parsons*, 1968). Mit dieser These ist im Kern die Kontrollstruktur professionellen Handelns angesprochen. Professionelles Handeln operiert mit wissenschaftlich oder anders begründeten Regeln gegenüber einer individualisierten Klientel, wobei Begründungskontexte für professionelle Regeln neben wissenschaftlichen Theorien auch Kunstlehren, Systeme von Rechtsnormen und religiöse Moralsysteme sein können. Professionen haben – strukturell betrachtet – die Aufgabe, eine Sinninterpretation bzw. Wertregulierung gesellschaftlich sicherzustellen, die den jeweiligen Interessen politischer Herrschaft angemessen sind. Für professionalisiertes Handeln ist das Problem sozialer Integration gegenüber dem der Aufklärung vorrangig (*Dewe*, 1982).

Sie sichern insofern soziale Herrschaft, als daß instrumentelle Problemverarbeitung immer mit der deutender Rechtfertigung von Handlungszwängen und partikularen Interessen verknüpft ist. Empirisch wie theoretisch aufschließbar wird dieser Zusammenhang, wenn man die professionalisierte Handlungspraxis und damit die Frage der Applikation sowie Transformation professionellen Wissens in konkretes Problemlösungswissen thematisiert.

»Professionen sind durch die auf Professionelle zugeschnittenen Berufsrollen institutionell verankert in Sektoren der Gesellschaft, die eine erhebliche Distanz von den Primärträgern (den ›Jedermännern‹ – die Verf.) kultureller Tradition trennt. Professionelle sind aber auch dort auf die professionsspezifischen Wertmuster verpflichtet« (*Stichweh*, 1980).

Professionelle reorganisieren in diesem Sinne das Verhalten der Klienten in Hinsicht auf rationalere Handlungstypen. Parsons sieht die Funktion von intermediären Instanzen darin, die Differenz von Normativem und Faktischem im Sozialsystem zu überbrücken. In diesem Sinne sind Medien wie Professionen Institutionen der Wertrealisierung (vgl. *Parsons,* 1980; *Stichweh,* 1980). Professionen sind nach *Parsons* an der rationalen Kontrolle des »Irrationalen« interessiert. Rationalität bleibt jedoch stets Handlungsrationalität, das heißt, daß der Rationalitätsbegriff zwar von seinen psychologischen, jedoch keineswegs von seinen handlungsbezogenen Implikaten getrennt werden darf. Also steht der konstitutive Zusammenhang von Rationalität und handlungsbezogenem Wissen bei den professions im Mittelpunkt.

Kognitive Rationalität als Komponente des sozialen Handelns wird nun durch die Orientierung an kognitiven Werten und Standards und durch den an diesen ausgerichteten Umgang mit gesellschaftlichem Wissen bestimmt (vgl. *Stichweh*, 1980); zentral ist ihre nicht-instrumentelle, Handlungssinn deutende bzw. auslegende und in der Folge wert- und sinnkorrigierende Dimension. Rationales Handeln dieser Art orientiert sich also an Wissen und stützt sich dabei auf kognitive Standards. Für die Wissenschaft nun ist naheliegend, sich selbst als höchsten Fall von Rationalität zu nehmen und dann im Rationalitätsbegriff ihre eigene Rationalität auf die übrige Gesellschaft zu projizieren (vgl. *Ben-David,* 1976).

Der professionell Handelnde ist in diesem idealtypischen Konzept »Vermittlungsinstanz« zwischen sozialkulturellen und individuellen Wirklichkeitsinterpretationen und Werten.

Professionelles Handeln ist folglich keineswegs nur als Spezialfall ökonomischen Handelns zu begreifen und dementsprechend Professionellen-Klienten-Beziehungen nicht schlicht als ein Normaltyp von Marktbeziehungen. Vielmehr hat professionelles Handeln in modernen Klassengesellschaften eine relativ eigenständige Handlungsstruktur ausgebildet (vgl. *Parsons*, 1978; *Bidwell*, 1976). Es ist nicht primär »selbst-orientiert«, sondern qua »Kollektiv-Orientierung« eher auf Einhaltung von gesellschaftlichen und institutionellen Sinnstrukturen sowie die Korrektur defizitären Handlungssinns gerichtet, als ausschließlich effiziensorientiert auf Tauschwert und Gewinnmaximierung. Wertrationalität bzw. Rationalität als institutionalisiertes Wertmuster zu thematisieren, hat zur Folge, daß diese Art von Rationalität als gesellschaftliches Strukturprinzip im Sinne eines Modus der Selbstbeziehung des Gesellschaftssystems verstanden werden muß. Gesellschaftssysteme benutzen rationale Werte und Normen als Kontrollstandards, um Handlungszusammenhänge in Richtung auf Konformität mit institutionalisierter Rationalität zu lenken. Realisiert wird dieser gesellschaftliche Steuerungsprozeß durch die Existenz der Struktur professionalisierten Handelns. Die Sozialfigur des Experten ist also zu betrachten als soziale Institution der – äußerlich gewaltfreien – Kolonialisierung von Bewußtsein und Lebenswelt einer ihm »unterworfenen« Klientel.

Die Genese eines wissenschaftlich-systematischen Sonderwissens ist interpretierbar als ein Prozeß der Ausdifferenzierung aus dem Erfahrungszusammenhang der nun laisierten Durchschnittsindividuen. Als »Verwissenschaftlichung« der Gesellschaft kann allgemein betrachtet die Auflösung traditioneller Institutionen und Handlungspraxen durch wissenschaftliche Reflexion, d. h. durch die Produktion und Diffusion systematischen Wissens bezeichnet werden. Damit ist gemeint, daß soziale wie individuelle Probleme mit den Kategorien und Vorstellungen der institutionalisierten Wissenschaft sowie der wissensbegründeten Expertenberufe wahrgenommen werden: Erfahrung wird durch Produktion und Anwendung systematischen Wissens ersetzt (vgl. *Weingart*, 1981; 1983).

Im Zusammenhang einer zunehmenden Technisierung, Organisation, Verrechtlichung und Verwissenschaftlichung weiter Lebensbereiche taucht historisch die Figur des Experten zunächst als Handlungsinstanz der Verwaltung, Sammlung und Weiterentwicklung von technisch-instrumentellen Problemlösungswissen auf. Professionelles Handeln begründet sich insoweit als Durchsetzung eines gesellschaftlichen Entwickungspfades der Rationalität. Zugleich sind mit dem Begriff des Expertenhandelns stets auch Arrangements sozialer Kontrolle qua Verfügung über exklusive gesellschaftliche Interpretationsrechte impliziert. Eine funktionalistische Erklärung expertenhaften Handelns wird dann brüchig, wenn es um die Beantwortung der Frage geht, weshalb aus der Perspektive einer funktionalistisch zu deutenden Rationalisierungstendenz »soziale Kontrolle« überhaupt zum Problem wird und aufgrund welcher gesellschaftlichen Zusammenhänge professionelles Handeln als Durchsetzung von Herrschaft gegenüber einer individualisierten Klientel auf der Grundlage begründeter Regelsysteme verstanden werden muß. In der funktionalistischen Analyse bleibt unberücksichtigt, daß Experten für soziale

Handlungsprobleme ihre Legitimation auf eine generalisierte Akzeptanz hierarchisch strukturierter Organisationen stützen, an deren Macht sie partizipieren.
In Absetzung von letztlich affirmativen und normativen Fassungen des Professionalisierungsproblems wie etwa bei *Parsons* hätte eine weitergehende Analyse die Verknüpfung des »professionellen Komplexes« *(Parsons)* und professionalisierten Handelns mit den ökonomischen Grundstrukturen der Gesellschaft herauszuarbeiten, mit den »ideologischen Staatsapparaten« (*Althusser*), die materiell wie auch symbolisch zur Stabilisierung vorhandener Macht- und Herrschaftsverhältnisse in kapitalistischen Wohlfahrtsstaaten beitragen. Eine derartige Analyse hätte zugleich der Versuchung zu widerstehen, die Problematik des professionellen Komplexes gewissermaßen zu vereinseitigen: weder im Sinne einer Rehabilitierung des angekratzten Images von Wissenschaftswissen noch aber in Richtung auf eine Ineinssetzung von wissenschaftlichem Sonderwissen und laienhaftem Allgemeinwissen. »Alternatives sozialpädagogisches Professionswissen« ist dagegen wohl nur solches, welches nach im Praxiszusammenhang des Klienten/Adressaten selbst enthaltenen Rationalitätsgründen und Relevanzkriterien produziert ist, aber deren bisherigen Aktionsradius transzendiert.
Die historische Entwicklung von »personal-service«-Systemen läßt sich hier zusammenfassend beschreiben als ein gesellschaftlicher Prozeß der Institutionalisierung von Handlungskompetenz, die bis dahin laienhaft-lebensweltlich erbracht wurden. Durch einen verwickelten Prozeß der Juridifizierung, der Verwissenschaftlichung sowie der arbeitsteiligen Spezialisierung und Professionalisierung wurde beispielsweise aus solidarischer Nachbarschaftshilfe die sozialpolitisch gesteuerte Intervention durch wissenschaftliche Experten und »helfende Berufe« (vgl. hierzu etwa *Goldenberg,* 1973; *Ostner/Beck-Gernsheim,* 1979).
b) Die Dimension der professionellen Handlungslogik: auf der Handlungsebene, der Ebene der professionellen Handlungslogik, gibt es zwei konkurrierende Kriterien für Professionalität. Das eine ist der Status eines wissenschaftlichen Experten, das zweite die Deutungskompetenz des professionell Handelnden. Natürlich ist der Professional in der Regel auch ein wissenschaftlich Ausgebildeter, aber Professionalität, die sich auf Expertentum beschränkt, unterliegt der Gefahr der Szientifizierung und Technokratisierung der Beziehung zwischen Professional und Laien. Für professionalisiertes Handeln zentral ist aber nicht die wissenschaftliche Kompetenz, sondern die Fähigkeit und Bereitschaft, einen individuell-spezifischen lebenspraktischen Problemfall kommunikativ auszulegen und so dem Klienten aufgeklärte Begründungen für selbst zu verantwortende lebenspraktische Entscheidungen anzubieten und soziale Verursachungen wie auch subjektive Handlungsmöglichkeiten zu deuten.
Folgt man diesem zweiten Kriterium, dann agiert der professionalisiert Handelnde zwar auf der Basis eines auf »kognitive Rationalität« gegründeten Wissens, doch ist zugleich seine hermeneutische Kompetenz das »Medium«, in dem ersteres überhaupt problemorientiert wirksam werden kann, ohne die – im Grenzfall lediglich kontrafaktisch zu unterstellende – Autonomie des lebenspraktischen Entscheidungshandelns des Klienten zu zerstören.

Weder das Alltagswissen noch das wissenschaftliche Wissen können für sich in Anspruch nehmen, eine Form endgültig gewissen Wissens zu repräsentieren. Nach *Oevermann* (1978) lassen sich die Unterschiede und Gemeinsamkeiten zwischen pädagogischen und nichtpädagogischen Professionen nur erkennen, wenn die Frage nach der Professionalisierung auf eine abstrakte Stufe professionellen Handelns angesiedelt und zugleich auf die materiale Problemstellung der pädagogischen Tätigkeit bezogen wird. Dann – so die These *Oevermanns* – zeige sich die für pädagogisches Handeln konstitutive Bedeutung der Interaktion, die über bloße Wissens- und Normenvermittlung hinausgehe. Es geht in der professionellen (sozial-)pädagogischen Interaktion folglich stets um die Wiederherstellung bzw. Vermittlung einer Kompetenz, die der Klient bereits unterschwellig besitzt bzw. schon einmal besaß. Im professionalisierten Handeln sind partikularistischer Handlungselemente mit einer bedeutenden affektiven Basis verbunden mit Handlungs- und Interaktionselementen, die universalistisch wie auch spezifisch und wesentlich kognitiv strukturierter Art sind. Für »kompetentes professionelles Handeln . . . ist konstitutiv die hermeneutische Kompetenz des Verstehens eines ›Falles‹ also etwa einer Krankengeschichte oder eines Rechtsproblems oder eines Sinnproblems ›in der Sprache des Falles selbst‹« (*Burkart,* 1982).

Wenn aktuell die Struktur professionalisierten Handelns im Spannungsfeld von sozialpolitischer Intervention einerseits und Handlungsfeldern im informellen Sektor, wo sich namentlich die neuen sozialen Bewegungen Bedeutung verschaffen, andererseits problematisiert wird, so ist diese Diskussion nicht voraussetzungslos. Bereits *Marshall* (1939) reflektierte einen sozialen Prozeß, der dadurch gekennzeichnet sei, daß professionelle soziale Dienstleistungen zunehmend an Relevanz gewinnen, wobei diese professionalisierten, personenbezogenen sozialen Dienstleistungstätigkeiten einer eigenen Handlungslogik folgen. Diese zunehmende Bedeutung der professionalisierten Handlungsstruktur bezieht, so *Marshall,* Unterstützung aus

a) der wachsenden Nachfrage nach bildungsqualifizierten Dienstleistungen
b) der Entwicklung neuer Dienstleistungsberufe
c) sowie aus dem Umstand, daß der Anteil unmittelbar marktabhängiger Arbeitstätigkeit ständig rückläufig ist.

Sah *Parsons* etwa den Gegensatz von utilitaristischem marktorientierten erwerbswirtschaftlichen Arbeitshandeln und den neu aufkommenden Dienstleistungsberufen eher als gering an und betrachtete die professionelle Handlungsstruktur als Ausdruck differenter institutioneller Arrangements, so ging *Marshall* davon aus, daß dieser Gegensatz von utilitaristischem Arbeitshandeln und professionellem Dienstleistungshandeln Ausdruck einer neuartigen gesellschaftlichen Entwicklung (vgl. die gegenwärtige Diskussion über Krise der Arbeitsgesellschaft) sei und zudem wirtschaftliches Gewinnstreben einerseits und professionelles personenbezogenes wie fallorientiertes Dienstideal andererseits Phänomene gegensatzlicher Motivation sowie spezifischer kultureller Wandlungsprozesse seien. Entideologisiert man diese Vorstellungen, so scheinen sie uns auch gegenwärtig noch eine analytische Brauchbarkeit aufzuweisen (vgl. *Rüschemeyer,* 1981; *Hasenfeld* 1972).

Neben den zahlreichen anderern Diskursformen (*Foucault*, 1974) hat sich – so gesehen – die Vermittlung wissenschaftlichen Wissens in lebenspraktisches Handeln mit dem Entstehen der Professionen als ein spezifischer Typus des Diskurses, der die Formen der Beratung, der Bildung sowie der Therapie annehmen kann, herausgebildet. Professionalisiertes Handeln ist eine Form des Diskurses, das Antworten auf im alltäglichen Interaktionsfluß nicht behebbare Regeldefizite anbietet und Hilfen bereithält für die Bewältigung problematisch gewordener, aber auch prinzipiell bedrohter subjektiver Wirklichkeit. Professionelle Interventionen sind darauf spezialisiert, an konkreten Handlungsproblemen akut gewordene Deutungsbedürfnisse ihrer Klienten etwa bezüglich ihres Erziehungsverhaltens, ihrer Rechtsauffassung und ihrer Gesundheitsvorstellungen aufzuklären.

Offe (1983) macht deutlich, daß die mit den Begrifflichkeiten des utilitaristischen Erwerbslebens nicht in Einklang zu bringenden Interaktions- und Handlungsformen zwischen personenbezogenen Dienstleistungsberufen und ihren Klienten besonders in der sozialen Arbeit einer ständigen Ausweitung unterliegen. »Während man den größten Teil der im sekundären, industriell herstellenden Sektor verrichteten Arbeit auf den abstrakten gemeinsamen Nenner bringen kann, daß sie unter dem gemeinsamen Regime technisch-organisatorischer Produktivität sowie . . . Rentabilität steht, büßen diese Kriterien der Rationalisierung des Arbeits- wie des Verwertungsprozesses dort ihre relative Eindeutigkeit ein, wo die Arbeit selbst reflexiv wird, nämlich im größten Teil des tertiären Sektors, also der Dienstleistungsarbeit.« Dem Handeln im Dienstleistungssektor ist aber eine Handlungslogik immanent, die sich nicht an der Bearbeitung von (wirtschaftlichen) Knappheitsproblemen, sondern vielmehr an »Ordnungs- und Normalitätsproblemen« orientiert. Ähnlich wie *Marshall* betont *Offe*, daß in dem Bereich dieser Dienstleistungen eine problemlösende Einstellung stark relativiert wird gegenüber eher problemdeutenden bzw. -verdeutlichenden Handlungsorientierungen. Damit ist die gegenüber utilitaristischem Arbeitshandeln wie auch bürokratischem Verwaltungshandeln alternative Handlungsstruktur angesprochen, die im stärkeren Maße Eigenschaften wie Deutungs- und Kommunikationskompetenz, hermeneutisches Fallverstehen und Empathie einschließt (vgl. auch die Hinweise von *Mok* [1973] auf die professionellen Innovationen in nachindustriellen Gesellschaften).

»Die Tätigkeiten des Lehrens, Heilens, Planens, Organisierens, Vermittelns, Kontrollierens, . . . Beratens usw. – oder allgemeiner gesprochen: Die Abwehr, Absorption und ›Verarbeitung‹ von Risiken und Normalitätsabweichungen ist zwar auf der einen Seite durchaus lohnabhängige, in private oder öffentliche Betriebe einbezogene Erwerbsarbeit, wie die unmittelbar produzierende Arbeit auch, sie unterscheidet sich aber von dieser weithin dadurch, daß – wegen der Inhomogenität und Diskontinuität der von ihr zu erledigenden »Fälle« – eine technische Produktionsfunktion häufig nicht . . . normierbar und zum Kontrollkriterium des Arbeitsvollzugs zu erheben ist; und sie unterscheidet sich zweitens dadurch, daß ein eindeutiges und unstrittiges »Wirtschaftlichkeitskriterium« . . . nicht zur Verfügung steht, und zwar deshalb nicht, weil zahlreiche öffentliche wie auch organisationsintern erbrachte Dienstleistungen allenfalls konkreten »Nutzen«, aber keine monetären »Erträge« erbringen. Deshalb fehlen Maßstäbe für die quantitative und komparative Erfassung dieses Nutzens, und Maßstäbe für den Umfang des zu befriedigenden Bedarfs fehlen schon deswegen, weil dieser – am deutlichsten im Falle professioneller Dienstleistungen – selbst auf der Angebotsseite definiert wird und weil im übrigen sehr häufig die Bedarfsstandards sich mit dem wahrgenommenen Angebot nach oben verschieben. *Offes* Schlußfolgerung aus dieser gesellschaftlichen Entwicklungstendenz weist nun starke Ähnlichkeiten mit den bereits von *Marshall* diagnostizierten gesellschaftlichen Entwicklung namentlich im Dienstleistungssektor aus: »Was also die technische Rationalität der Dienstleistungsarbeit angeht, so muß ihre Nicht-Normierbarkeit durch Eigenschaften wie Interaktionskompetenz, Verantwortungsbewußtsein, Empathie und kasuistisch erworbene Erfahrung ersetzt werden; an die Stelle versagender ökonomisch-strategischer Rationalitätsmaßstäbe treten konventionelle, politisch-diskretionäre oder im Konsens der Professionsangehörigen gewonnene Bedarfs- und Nutzenkalküle« (vgl. auch *Berger/Offe*, 1980). In dieser Tendenz sieht *Offe* zugleich die Wiederkehr einer bis dato aus dem Bereich utilitaristischen Arbeitshandelns erfolgreich verdrängten normgeleiteten materialen Rationalität, die in den Dienstleistungsberufen »die engste Verschränkung von Arbeit und Interaktion verkörpert«.

Die spezifische Kategorie beruflichen Handelns, die für die erwähnte Form von Handlungsrationalität konstitutiv ist, nämlich das professionelle Handeln, ist mit dem Erbringen von Begründungsleistungen befaßt. Hier läßt sich unter Rückgriff auf die professionssoziologische Diskussion (*Parsons,* 1949, 1978; *Rüschemeyer,* 1981) zunächst sagen, daß dies Tätigkeiten sind, die lebenspraktischen Entscheidungen dort, wo diese problematisch geworden sind, »stellvertretende Deutung« erbringen (*Oevermann,* 1978). Das heißt, Professionelle liefern Begründungen bzw. unterstützen Laien beim Aufbau von Begründungen für Entscheidungen ihrer Lebenspraxis. Im Unterschied dazu sind eher bürokratisch orientierte Berufsgruppen zu sehen, die nicht nur Begründungen für lebenspraktische Entscheidungen liefern, sondern auch stellvertretend für den Laien entscheiden – so z. B. Funktionäre, Verwaltungsbeamte etc. Demgegenüber ist das gemeinsame Merkmal professioneller Tätigkeiten, daß sie keine standardisierten Entscheidungen zu fällen haben, sondern daß sie über Begründungen für jeweils verschiedene und durch die Lebenspraxis aufgeworfene Handlungsprobleme verfügen müssen. Gleichfalls ist ihnen gemeinsam, daß die Begründungsleistungen nicht in abstrakter Form, sondern bezogen auf einzelne in Begründungsnot stehende Handlungssubjekte, und zwar zumeist in dialogischer Form, face-to-face mit ihnen erbracht werden müssen (*Elliott*, 1973).

Das heißt, professionelle Tätigkeiten haben nicht selten die Form der Beratung. Neben relativ sachbezogenen Begründungsleistungen von Professionellen gibt es einen weiten Bereich professionellen Handelns, in dem Begründungsleistungen eher personenbezogen sind. Das sind solche Begründungen, die konstitutiv sind für die Person des Klienten bzw. deren Veränderung zugleich auch einen Wandel in der Persönlichkeitsstruktur des Klienten bewirkt oder zumindest bewirken kann: das sind die »heilenden« Wirkungen der organmedizinischen oder Psychotherapie und die »erzieherischen« bzw. auch »aufklärenden« Wirkungen (sozial-)pädagogischen Handelns. In all diesen Fällen gilt, daß eine soziale Situation (Umwelt) mit bestimmten Erwartungen und einer bestimmten Handlungsdynamik aufgebaut wird, von der man sich erhofft (und aufgrund methodischer Vorklärungen auch hoffen kann), daß sie bestimmte Rückwirkungen auf die Persönlichkeitsstruktur und das künftige Verhalten der Klienten hat. Für das berufliche Handeln dieser letzten Gruppe von Professionellen ergibt sich nun wiederum ein Entscheidungs-problem immer dann, wenn sie bei der Herstellung dieser »Umwelt« oder dieses »Beziehungsfeldes« bestimmte praktische Handlungen zu tun haben. Diese Berufe sind ihrerseits auf ein Wissen über den sozialen Bedeutungszusammenhang, in dem sie handeln, angewiesen, um ihre berufspraktischen Entscheidungen begründen zu können.

Auf den Fall der Sozialarbeit/Sozialpädagogik bezogen, läßt sich dementsprechend sagen, daß im breitgefächerten Handlungsfeld der Administration der bürokrati-sche wie auch ›juristische‹ Handlungstyp gegenüber dem professionellen (i. S. v. hermeneutisch-therapeutisch) dominant ist. Der professionelle Handlungstyp ist hingegen zwingend erforderlich in Handlungsfeldern der Sozialarbeit/Sozialpäd-agogik, die mit Beratung, Bildung und Therapie verbunden sind.

Daraus folgt, daß in den sozialarbeiterischen Handlungsfeldern, in denen die individuelle Besonderung der Problemlösung am höchsten ist, das professionelle Arrangement gegenüber dem bürokratischen Arrangement seine wesentliche Bedeutung erhält.

Die hier in Rede stehende professionelle Handlungskompetenz ist folglich »nicht auf Wissen, Techniken und normative Orientierungen beschränkt« (*Burkart*, 1982), sondern sie thematisiert im professionalisiert Handelnden die prekäre Nahtstelle von »gesellschaftlichem Wertsystem und Individuum« genau dort, wo »Konflikte im Wertbereich auftauchen«.

Der in den konventionellen Formen und bürokratischen Mustern der staatlichen Sozialpolitik, der Sozialarbeit und Bildungsarbeit nicht selten den Betroffenen aufgezwungene Umgang mit »verwissenschaftlichten« Problemen hat aber letztlich zur Konsequenz, daß sich bei den Adressaten nicht nur die Inhalte ihres hand-lungsorientierenden Wissens veränderten, vielmehr – und dies ist das eigentlich Identitätsbedrohende – die Art und Weise, wie etwas gewußt wird. Klienten etwa des Versorgungsnetzes der sozialen und psychologischen Lebenshilfen werden insofern zu »Opfern«, als daß sie nach erfahrener Beratung, Therapie oder (Weiter- bzw. Fort-)Bildung ihre bisher naiv verstandenen Lebensverhältnisse mit den neugewonnenen oder auch aufoktroyierten »Problemlösungen« nicht mehr ver-standen, über eigene aufgeklärte interessenorientierte Handlungsstrategien aber nicht verfügen. Eine derartige Rationalisierung der Sozialbeziehungen hat folglich mit klientenbezogener Sozialarbeit und Aufklärung latenter Sinn- und Handlungs-strukturen nichts gemein.

Alle sozialen Dienstleistungsberufe haben es mit der Schwierigkeit zu tun, einem Bedürftigen auslegen zu müssen, was ihm fehlt; von dieser unumgänglichen, aber sehr verschieden angehbaren hermeneutischen Aufgabe her bestimmt sich die gemeinsame Strukturproblematik ihres Handelns. Weil die Bedürftigen in aller Regel eben gerade nicht oder nicht ohne weiteres sagen können, was ihnen fehlt, hängt Entscheidendes von der Kompetenz dessen ab, der die Auslegung vornimmt und die Art seiner Hilfeleistung hiervon abhängig macht (vgl. *Gassen/Schwander*, 1983).

So gerät der Professionelle in das Dilemma, von dem er praktisch lebt: Er muß sich selbst überflüssig machen und kann doch nicht so tun, als ließe sich dieses Ziel ohne ihn erreichen (vgl. *Schröder*, 1982).

Dieses Dilemma markiert das allgemeine Strukturproblem sozialer Dienstleistungsberufe. Im gesellschaftlichen Prozeß der Rationalisierung haben sich die sozialen Lebensbedingungen und der Prozeß der Identitätsfindung des einzelnen so tiefgreifend verändert, daß traditionelle Sinnzusammenhänge, überkommene Normensysteme, bewährte Bewältigungstechniken und Interaktionsformen verlorengegangen sind, ohne daß sich neue stabile Orientierungsleitfäden herausbilden konnten. Lebensbewältigung scheint nun vielen ohne den Rat von professionellen Helfern nicht mehr möglich.

Folglich tritt professionalisiertes Handeln in seiner unterstützenden Funktion für die Handlungspraxis der Laien immer dann auf den Plan, wenn ein Ausweichen vor sozialen wie persönlichen Handlungsproblemen nicht mehr möglich ist, zugleich aber der autodidaktische Wissenserwerb oder das Alltagsgespräch gleichwohl als Revisionsinstanzen versagen.

Schröder (1983) und *Schmitz* (1982) wiesen auf die typischen Bedingungen hin, unter denen lebenspraktische Entscheidungen der Adressaten von Sozialarbeitern derart problematisch werden, daß sie ohne professionelle Unterstützung subjektiv kaum noch begründet werden können:

1. manifeste Selbstbetroffenheit durch die eigene Lebensgeschichte, die als wichtigste Ursache etwa hinter therapeutischen Interventionen steht; d. h. auf seiten des Klienten manifestiert sich diese Begründungsnot in einen persönlichen Leidensdruck;

2. der hohe Abstraktionsgrad von interessenbezogenen gesellschaftlichen Theorien sozial angemessenen Verhaltens. Die Adressaten von Bildungsarbeit etwa übernehmen die professionellen Begründungen in Form des Bildungsinteresses als Motiv bzw. Lernbereitschaft/Veränderungsbereitschaft;

3. die existentielle Bedrohung durch einzelne Handlungsprobleme, die etwa Ursache vieler Beratungsprozesse ist und sich auf seiten der Klienten in der Dringlichkeit ihres Handlungsproblems niederschlägt.

Für all die drei hier genannten idealtypisch rekonstruierten Ausgangsbedingungen für professionalisiertes Handeln ist jedoch konstitutiv, daß die Interaktionsbeziehung zwischen professionalisiert Handelnden und lebensweltlich Handelnden stets frei von Zwang zustande kommt oder doch kommen sollte. Mit der Anwendung von Zwang wird nämlich die Funktion professioneller Intervention für die Lebenspraxis auf den Kopf gestellt. »Es werden nicht mehr stellvertretend Begründungen für problematisch gewordene lebenspraktische Entscheidungen geliefert, sondern mit der aufgezwungenen Begründung wird dem Handlungssubjekt (von Sozialarbeitern etwa) eine Entscheidung abgenommen, wenn nicht sogar aufgedrängt. Damit wird aber die prinzipielle Chance autonomen Handelns beseitigt und die Klientel professioneller Intervention entmündigt. Daß dies sich in einer starken Formalisierung solcher Interventionen und in nur sehr geringen Erfolgsergebnissen niederschlägt, ist bekannt. Offenkundig aber nehmen Formen der erzwungenen Teilnahme an professioneller Praxis zu und zwar in dem Maße, wie solche Interventionen zu Mitteln der prophylaktisch betriebenen Sozialpolitik gemacht werden« (*Schmitz*, 1982; vgl. auch *Dewe*, 1982; *Bergmann*, 1977).

So wird deutlich, daß im Gegensatz zur expertokratischen Entmündigung der Klientel das professionalisierte Handeln den Versuch darstellt, einen vom Klienten als wertvoll erachteten normativen Zustand wiederherzustellen (*Burkart*, 1982). Diese im wesentlichen »therapeutisch-hermeneutische Kompetenz« vesteht sich als Fähigkeit, in der konkreten Handlungssituation mit dem »Klienten« einen sinnverstehenden Zugang zu lebenspraktischen Bedürfnissen und Krisen zu finden, »wie er paradigmatisch im Prozeß der psychoanalytischen Rekonstruktion biographisch verschütteter Sinngehalte realisiert wird«.

Die von den Professionellen explizierten Begründungsstrukturen sind notwendigerweise Begründungsstrukturen lebenspraktischer Entscheidungen. Für die Sozialarbeit etwa schließt dieses Explizieren notwendig ein, daß sie »Zusammenhänge« aufzeigt, »welche diejenigen, die in einer Tradition aufgehen, die direkt Betroffenen, wegen der Unmittelbarkeit ihrer Betroffenheit nicht sehen können« (*Kriesi*, 1982). Es sind aber Begründungsstrukturen, deren sich die Handlungssubjekte bewußt werden müssen, wenn sie rational handeln wollen. Aber es ist durchaus fraglich, warum bzw. ob die Handlungssubjekte sich ihrer Begründungsstrukturen auch bewußt werden wollen. Die Explikation von Begründungsstrukturen lebenspraktischen Handelns im Sinne des Herausfindens der wahren Begründungen stößt im Alltagshandeln zumindest auf das andere Problem, daß Handlungssubjekte bei der Auswahl der von ihnen akzeptierten Begründungen eben nicht nur nach dem Prinzip der Wahrheit, sondern auch der emotionalen Verträglichkeit vorgehen. Mit der Reduktion der stellvertretenden Deutung auf einen technischen Ratschlag macht sich Lebenspraxis des Klienten gegenüber der im professionellen Handeln enthaltenen Kritik des Alltagswissens resistent. Aber damit schützt sich die Lebenspraxis nicht nur gegen Zweifel, sondern überträgt ihre Entscheidungszwänge auf die Professionellen-Klienten-Interaktion, in der der Professionelle nun zu einem »Experten« – im Sinne des Verfügens über Problemlösungen – wird (für die Medizin ist dies bereits teilweise untersucht: z. B. *Freidson*, 1972; gleichfalls für die Rechtsberatung: *Rosenthal*, 1974). Löst der »Experte« stellvertretend für den in der Folge kompetenzenteigneten Klienten Lebensprobleme auf zumeist instrumentell-technokratische Weise, rekonstruiert und deutet der »Professionelle« (lediglich) Probleme defizitären Handlungssinns unter Aufrechterhaltung der Handlungsautonomie seines Adressaten.

Die »Kompetenz« des professionalisiert Handelnden legitimiert sich folglich wieder aus der institutionalisierten Form seines Handelns, welches in seiner expertokrati-

schen Form bekanntlich Autonomie gegenüber der klientelisierten Laienschaft –
als Adressat dieses Handelns – wie auch gegenüber staatlichen Restriktionen und
Interventionen beansprucht, nur noch aus seinem beruflichen Fachwissen, welches
in seiner expertokratischen Variante für sich reklamiert, nicht nur ein legitimes,
sondern auch für typische soziale Problemlagen gleichsam transsituational geltendes, immer schon »besseres« Wissen zu sein. Es wurde darauf hingewiesen, daß die
»Ungewißheitssituation« in Arbeitsaufgaben das eigentliche Arbeitsfeld des Professionellen ist. *Crozier* (1963) etwa wies darauf hin, daß der Professionelle sich
selbst überflüssig macht, wenn er Möglichkeiten der routinemäßigen Bewältigung
von in der Situation liegenden Ungewißheiten schafft. In diesem Zusammenhang
betont auch *Nilsson* (1979) erneut die Differenz zwischen bürokratischer und
professioneller Problembearbeitung im Kontext der neuen Dienstleistungsberufe
und macht auf das spezifische Handlungsproblem professioneller Problembearbeitung aufmerksam, was darin besteht, prinzipiell unter der Bedingung von »Ungewißheit« zu handeln. Somit legitimiert sich die »Kompetenz« des professionalisiert
Handelnden nur in der konkreten sowohl spezifisch wie auch diffus strukturierten
Interaktionssituation mit seinen Adressaten. Dies schließt ein, daß nur im stituati-
ven Handlungsvollzug die professionelle Befähigung generiert werden muß bzw.
sich nur dort erweisen kann. Hieran wird deutlich, daß der nur idealtypisch
rekonstruierbare »Maßstab« für die jeweilige Angemessenheit professionalisierten
Handelns darin zu sehen ist, wieweit eine professionelle Unterstützung der
Lebenspraxis die – zumindest – kontrafaktisch gesetzte Autonomie des Handelns
auf seiten des Adressaten praktisch fördert bzw. wiederherstellt.
Die erwähnte kommunikative Kompetenz des professionalisiert Handelnden impliziert aber ein Verstehen, welches etwas ganz anderes ist als schlichtes Übersetzen
bzw. Transformieren. Es kommt darauf an, die Notempfindungen und Hilfestellungen der Adressaten im Rahmen von deren Plausibilitäten zu interpretieren und auf
Grund solcher Interpretationen in Kommunikation mit eben diesen Betroffenen
›richtige‹ wie auch emotional ertragbare Begründungen für praktische Bewältigungsstrategien zu entwickeln. Dies erfordert eine situative Öffnung der Sozialarbeit, nicht um den Alltag zu reproduzieren, sondern vielmehr um die Blockierungs-
zusammenhänge des Alltags als solche zu erkennen.
Dann geht es darum, wie sich in Professionellen-Klienten-Beziehungen die Andersartigkeit der nicht-expertenhaften, ja laienhaften Wissensformen gegenüber eben
jenen expertenhaften Problem- und Weltdeutungen erweisen kann; d. h. wie
durchaus systematisch-prinzipiell gegen das expertokratische Vorurteil aufzukom-
men ist, daß Laienwissen nur durch Defizienzen gegenüber fachlichem Sachverstand zu charakterisieren sei (vgl. hierzu die breite medizin-soziologische Diskussion über die Kommunikationsstrukturen zwischen dem professionalisiert Handelnden und seinen Klienten).
Diese Einsicht verdankt sich aber auch dem Umstand, daß Sozialarbeit ihre
Adressaten über die traditionellen Kanäle der Verwissenschaftlichung, Institutionalisierung und Bürokratisierung nicht mehr erreicht.
Für professionalisiertes Handeln außerhalb expertokratischer Zusammenhänge ist

somit nicht die wissenschaftliche Kompetenz exklusiv, sondern die Fähigkeit notwendig, in der praktischen Kommunikations- und Interaktionssituation mit dem Adressaten von sozialer Arbeit einen individuell spezifischen, lebenspraktischen »Problemfall« auszulegen bzw. zu interpretieren, um so den Klienten über die sozialen wie subjektiv-besonderen Verursachungszusammenhänge seines sozialen respektive persönlichen Leidensdrucks aufzuklären unter der Bedingung der Aufrechterhaltung seiner persönlichen Handlungsautonomie. In diesem Sinne professionalisiertes Handeln ist in all denjenigen Interaktionszusammenhängen gefordert, in denen Laien aus ihrer Lebenspraxis entspringende Probleme zum Thema machen (können) und in denen entsprechende Verfahren professioneller Praxis zur Aufklärung der (selbst-)thematisierten Probleme eingerichtet sind. So zeichnet sich das professionelle Handeln durch die Fähigkeit der sozialen Deutung von Handlungsproblemen aus, nicht aber durch entmündigende »Hilfe«, eingedenk des Umstandes, daß die Lebenspraxis der Laien stets schon problemlösendes Handeln impliziert. In der professionellen Handlungssituation ist gleichsam der Widerspruch zwischen Theorieverstehen und »hermeneutischem Fallverstehen« *(Oevermann)* aufrechtzuerhalten. Mit *Schmitz* (1982) kann davon ausgegangen werden, daß die zentralen Schwierigkeiten, die sich in der Lebenspraxis von Laien stellen und an der professionellen Unterstützung durch Beratung, Bildungsarbeit oder Therapie ins Spiel kommen, sich immer dann ergeben, wenn die zu treffenden oder getroffenen lebenspraktischen Entscheidungen aus der Sicht der betroffenen Laien nicht mehr »subjektiv« begründet werden können. »Dann geraten die Handlungssubjekte in ein problematisches Verhältnis zu ihren eigenen Entscheidungen. Sie erleben, daß die ihnen zur Verfügung stehenden Begründungsfolien der eigenen Lebensgeschichte sowie ihre Kenntnisse über anerkannte Standards von Moral und Wahrheit nicht mehr hinreichen, im ihre eigenen Handlungen sinnvoll zu interpretieren. Dies kann im Fall unzureichender Identitätsstrukturen zu einer totalen Handlungsunfähigkeit führen« (*Schmitz*, 1982). Professionelle Unterstützung für die Lebenspraxis scheint also unverzichtbar zu sein; doch stellt sich nach der Kritik des wissenstechnologischen Professionalisierungskonzeptes die Frage, in welcher Form und mit welchen Inhalten.

Interaktionsformen jenseits expertenhaftem Handelns

Neue Formen der Vermittlung von laienhafter Problemdefinition und professionellem Deutungswissen außerhalb expertokratischer Handlungszusammenhänge werden heute an verschiedensten Stellen in der Gesellschaft und in vielfältigen Ansätzen gesucht und erprobt. Dies geschieht zunehmend außerhalb der offiziösen Organisationen, so zum Beispiel in der Gemeinwesenarbeit, in Bürgerinitiativen und Selbsthilfegruppen. In jeweils unterschiedlicher Weise drückt sich darin das aktuelle Problem aus, daß mit der Verwissenschaftlichung (so zum Beispiel in der Gesundheitsvorsorge oder in Organisationen kommunaler und ökologischer Umwelt) sowie der Verrechtlichung (so zum Beispiel die wachsende sozialrechtliche Regulierung kommunaler Kooperation und Konflikte) der Lebenszusammenhänge

Laien dringender nach dem Verständnis aufgeklärter Deutungsmuster zur Lösung ihrer alltäglichen Handlungsprobleme suchen – Erklärungen, die ihnen von den existierenden Instanzen für solches Spezialwissen, den Verwaltungen und den angestammten Professionen häufig nur unbefriedigend gegeben werden. Diese Bedürfnisse deuten auf alternative Beziehungen von Wissenschaft und Lebenspraxis, in denen sich auch neue Chancen eröffnen, professionelles Wissen einzubringen, wenn dieses sich mit der Fähigkeit verbindet, solches Wissen auch angemessen mitzuteilen.

Solche neuen Formen der Vermittlung »aufklärenden« Wissens sind für die daran beteiligten Professionellen häufig mit Handlungsmustern verbunden, die in ihren an eher klassischen Berufsrollen orientierten beruflichen Sozialisationsverläufen und in den wissenschaftlichen Inhalten der betreffenden Disziplinen nicht enthalten sind. Vor allem, wenn man an die in einer stärker offenen Bildungs- und Sozialarbeit stehenden Versuche mit Beratungszentren oder Programme einer »Sozialen Aktion« denkt; wird hier in besonders starkem Maße die Fähigkeit zu interdisziplinärer Vermittlungsarbeit und zu einem Klientenbezug verlangt.

Dadurch ergeben sich am Rande und in Kooperation mit der organisierten Beratung-, Therapie- und Bildungsarbeit, aber auch außerhalb von dieser in neuen Initiativen Lernversuche, in denen Professionelle in nur wenig strukturierten Kommunikationsprozessen und häufig in Zusammenarbeit mit Berufskollegen aus anderen Disziplinen Wissen in zumeist beratender Absicht vermitteln. Zur Illustration sei auf ein Modell aus dem Bereich der psycho-sozialen Versorgung hingewiesen. Angesichts der komplexen Probleme von Krankheit und abweichendem Verhalten wird zunehmend davon ausgegangen, daß eine umfassende Kooperation von Medizinern, Psychologen, Pädagogen, Sozialarbeitern und anderem Fachpersonal zur Lösung dieser Probleme notwendig sei. Im Modell der »Sozialen Aktion« werden beispielsweise derartige Kooperationen auf die Behandlung, Betreuung und Beratung der Klienten ausgerichtet (vgl. *Weithofer-Halletz*, 1978).

Ein weiteres Beispiel findet sich in den aktuellen Versuchen einer Rechtshilfe für sozial schwache Schichten (legal aid). Diese Versuche gehen aus von der Beobachtung, daß das existierende Rechtsberatungssystem, wie es vor allem durch das professionelle System der Rechtsanwälte und Notare repräsentiert wird, nur von einem verschwindend kleinen Teil der Bevölkerung in Anspruch genommen wird; nämlich denjenigen privilegierten Schichten, die über so hohe Einkommen und Vermögen verfügen, derentwegen sich ihre sozialen Probleme in lohnenswerter Weise als Rechtsprobleme definieren und durchsetzen lassen; außerdem sind diese Schichten in der Lage, die relativ hohen Kosten dieser Rechtsberatung und der rechtlichen Konfliktlösung zu tragen, und – was wohl noch entscheidender ist – sie sind kognitiv darauf vorbereitet, ihre sozialen Probleme als Rechtsprobleme selber wahrzunehmen. Dies ist die wissensmäßige Voraussetzung dafür, daß Rechtsberatung und Gerichte überhaupt aktiv von Betroffenen in Anspruch genommen werden (*Rosenthal*, 1974).

Auf der anderen Seite läßt sich beobachten, daß sozial schwache Schichten in ihrer alltäglichen Praxis in nicht geringerem Ausmaß tatsächlich mit Rechtsproblemen konfrontiert sind (Miet-, Arbeits-, Sozial- und Bildungsrecht). Gleichwohl nehmen sozial Schwache die existierenden Einrichtungen rechtlicher Beratung und Konfliktlösung nur in verschwindend geringem Umfang wahr. Erklärungen für diese Diskrepanz werden häufig in den Kostenschwellen, die von der Rechtsanwaltsberatung aufgebaut werden, gesehen. Andere Erklärungen dieser Diskrepanz weisen darauf hin, daß sozial Schwache die dauernde Vergeblichkeit ihres Versuchs, ihre sozialen Probleme als Rechtsprobleme zu artikulieren und durchzusetzen, erfahren haben und antizipieren (vgl. *Lautmann,* 1972).

Letzteres mag eine Erklärung für die Beobachtung liefern, daß die Mehrzahl der sozial Schwachen bei genauerer Befragung zu erkennen geben, daß sie ihre alltäglichen Probleme am Arbeitsplatz, im Wohnbereich und gegenüber den Bürokratien auch als rechtliches Problem wahrnehmen. Es existiert also eine kognitive Schwelle, die sozial schwache Schichten von vornherein daran hindert, sich an dem durch zunehmende Verrechtlichung immer dominanter werdenden Modus sozialer Konfliktlösung zu beteiligen. Versuche einer Rechtshilfe für sozial Schwache, die über Beratung Chancenungleichheit abbauen wollen, sind nur erfolgreich, wenn es gelingt, diese Schwelle zu überwinden (*Hosticka,* 1979).

Rechtsberater, die diese Vermittlungsleistung erbringen wollen, müssen im Unterschied zum herkömmlichen Berufsverständnis von Rechtsanwälten nicht nur den Kanon ihres beruflichen Fachwissens beherrschen. Zusätzlich müssen sie über die Fähigkeit verfügen, sich in die soziale Lage ihrer Klientel hineinversetzen zu können. Dies wäre die Voraussetzung dafür, daß die Betroffenen selbst und die Berater die sozialen Probleme identifizieren und als Rechtsprobleme wahrnehmen können. Solche »Qualifikationen« werden gemeinhin nicht zum Repertoire juristischer Fachausbildungen gerechnet. Es handelt sich bei diesen »Qualifikationen« nicht nur um die Fähigkeit, Reziprozität von Kommunikationen herzustellen, sondern auch Lernprozesse auf Seiten der Betroffenen anzuleiten und deren eigene Problemdeutungskapazität zu steigern. In diesem Sinne werden in der Rechtshilfeberatung Aufgabenstellungen virulent, die im eigentlichen Sinne sozialpädagogischer Natur sind. Die genannten Beispiele deuten an, daß sich im Zuge wohlfahrtsstaatlicher Sozialpolitik neue adressenbezogene Tätigkeitsfelder entwickeln. Dort werden zumeist in beratungsähnlicher Form auch Lernprozesse Erwachsener durch Intervention fachlich spezialisierten Personals angeleitet. Das Beispiel der Rechtshilfeberatung zeigt, daß derartige Interventionen nur dann zum beabsichtigten Erfolg führen können, wenn dieses Fachpersonal die Voraussetzungen solcher Lernprozesse erkennt und beherrschen kann.

Die professionelle Intervention ist in der hier entwickelten Perspektive auf die mileuspezifische Lebenspragmatik ihrer Adressaten gerichtet. Professionalisiertes Handeln kann hier wesentlich nichts anderes sein als die Reflexion auf eine schon existente und insofern vertraute, wenn auch noch nicht in allen Dimensionen begriffene, soziale Lebenspraxis. Sie ist folglich nicht etwa die Verbreitung fachlicher Problemlösungen oder Sinngehalte, sondern eben die Aufklärung einer eingeübten routinisierten und gerade als eingeübte noch beunruhigenden Lebenspraxis: Rekonstruktive Aufklärung und Durchdringung als Verstehen dessen, was lebenspraktisch schon vorliegt und vorgreifende Aufklärung dessen, was als möglicher Handlungsentwurf gelingender Lebenspraxis noch vor einem liegt.

Das Prinzip dieser selbstreflexiven professionellen Intervention liegt in der Leistung, subkulturelle Lebenszusammenhänge und Lebenspraxis bewußtzumachen, die individuelle Situation bzw. die davon wohl zu unterscheidende generelle sozialökonomische Lage zu klären und im Hinblick auf anstehende Handlungsentscheidungen zu vergegenwärtigen. Das organisierte Prinzip ist, anders formuliert, das einer materialistischen Hermeneutik der lebenspraktischen Gegenwart; und: Hermeneutik als Erfassung der gegenwärtigen Handlungs- und Lebenssituation wandelt zugleich diese Handlungen im Blick auf zukünftige soziale Interessenartikulation. Das heißt, daß das »Material« der professionellen Intervention der lebenserfahrene Adressat selbst liefert, an dessen Explikation dann diese ansetzt. Ein derartiges immanent-reflexionstheoretisches Verständnis unterscheidet sich somit von den reduktionistischen Konzeptionen einer sozialtechnologisch bzw. wissenschaftsrationalistisch orientierten Expertenarbeit wie auch von idealistisch überhöhten Helferkonzeptionen, die die faktischen Lebenszusammenhänge ihrer Adressaten nur noch illustrativ zur Geltung kommen lassen (zum Begriff des Helfer-Syndroms: *Schmidtbauer*, 1977).

Schlußbetrachtung

Resümierend bleibt festzuhalten, daß der moderne Rationalisierungsprozeß neben der technischen eine spezifisch ökonomisch-strategische wie auch eine bürokratische Rationalisierung der Sozialordnung impliziert. Zugleich geht mit diesem Prozeß eine gleichsam »kulturzerstörerische« (*Weber*) Entzauberung der ideellen Welt einher, was zu einem umfassenden »Sinnverlust« führt. Professionelles Handeln, besonders in seiner expertokratischen Variante, ist nun zugleich Bestandteil und Ausdruck dieses gesellschaftlichen Rationalisierungsprozesses wie die institutionalisierte, systemimmanente Form, die für die Milderung der Defizite und sozialen Pathologien zuständig ist, welche durch die sich ausbreitende Steuerung lebensweltlicher Kontexte nach Maßgabe systemischer Kalküle verursacht worden sind bzw. werden.

So sind die wissensbegründeten Berufe und praktischen Professionen Ausdruck hypostasierten zweckrationalen Handelns trotz ihrer wesentlich kognitiv-rationalen Grundorientierung. Hier ist zu bedenken, daß kognitive Rationalität sich gleichsam instrumentell »realisiert« obschon bei idealtypischer Betrachtung die primäre Funktion kognitiver Rationalität in der Stiftung von Einheit in der Erkenntnis der Mannigfaltigkeit von sozialen Ereignissen zu sehen ist (vgl. *Münch*, 1981). Für die Praxis der professionellen Berufe gilt, daß die kognitive Rationalität sekundär mit instrumenteller Beherrschung der Sozialordnung verknüpft wird. Folglich werden andere Dimensionen sozialen Handelns in Experten-Laien-Beziehungen gering geschätzt, nämlich: Wertorientierung, Traditionalität und Affektivität.

Aus der Perspektive lebensweltlicher Handlungskontexte und der autonomen

Lebenspraxis der Klienten hätte sich aber professionalisiertes Handeln auf diskursiv begründetes Wissen zu stützen, welches neben fachlich-analytischen Elementen als Deutungswissen stets sozial-kulturell und lebenspraktisch rückgebunden ist in die situativen Bedingungen sozialer Handlungsvollzüge und -probleme. Nur in diesem Sinne hätte es Aussicht, in wirkliches Betroffenwissen transformiert werden zu können.

Für die Diskussion der Handlungskompetenzen von Sozialarbeitern und -pädagogen hat dies die selbstkritische Einsicht zur Folge, daß die Chancen gesellschaftlich verantwortungsvoller Sozialarbeit/Sozialpädagogik nicht in ohnehin wenig aussichtsreichen Professionalisierungsbemühungen der hergebrachten Art liegen. Namentlich für Kritiker der bisherigen Professionalisierungsbemühungen gilt als ausgemacht, daß ein Abschiednehmen von klassischen Professionalisierungs- und – was die Laien anbelangt – »Kompetenzberaubungsmodellen« keineswegs mit Dequalifikation oder der Aufgabe sozialwissenschaftlichen Erklärungsanspruchs zusammenfällt. »Wissenschaftliche Kompetenz wird auch in Zukunft unverzichtbar Bestandteil sozialen Berufshandelns bleiben« – so etwa *Sachße* (1982). Wenn auf dieser Schlußforderung die Einsicht basiert, daß die wissenschaftliche Kompetenz von professionell Handelnden »nicht die Basis von Monopolisierungs- und korrespondierenden Eignungsprozessen bildet, sondern ein Instrument zur Aufklärung über und Reflexion von sozialen Problemen und Entwicklungen« sein sollte, stellt sich u. E. für die weitere Entwicklung der sozialwissenschaftlichen Diskussion die unverzichtbare Aufgabe, wie jenseits expertokratischer Bearbeitungsformen von sozialen Problemen sowie unter bewußter Aufgabe der bisherigen Basis des Expertentums, aus der es Kraft und Legitimation für sein Interventionshandeln wie auch für seine gesellschaftliche Selbstdarstellung zog, nämlich der behauptete soziale Geltungsanspruch bzw. die unterstellte gesellschaftliche Nützlichkeit ihres Handelns auf der einen Seite sowie der Wissenssystematik einschließlich des Wissensvorsprungs, aus dem sich die funktionale Autorität und die behauptete besondere fachliche Problemlösungskapazität (vgl. hierzu *Hartmann/Hartmann*, 1981) ableitet, auf der anderen Seite –, wie also unter Aufgabe dieser expertokratischen Insignien die professionelle Mindeststruktur handlungstheoretisch zu bestimmen ist, will man nicht der Auffassung folgen, daß in allen gesellschaftlich verursachten Situationen sozialen wie persönlichen Leidensdrucks die Laien sich immer schon selbst helfen können und müßten.

Um den Blick frei zu bekommen für die analytisch rekonstruktive Aufdeckung der professionalisierten Handlungsstruktur wird es für die Zukunft darauf ankommen, die in der klassischen strukturfunktionalistischen Professionalisierungsdiskussion zentral gehandelten Topoi als Ideologie zu verwerfen.

Bernd Dewe/Hans-Uwe Otto

Literatur

Althusser, L., 1977: Ideologie und ideologische Staatsapparate, Berlin – *Austin, M. J.,* 1978: Professionals and Paraprofessionals, New York – *Bäcker, G.,* 1979: Entprofessionalisierung und Laisierung sozialer Dienste – richtungsweisende Perspektive oder konservativer Rückzug? In: WSI-Mitteilungen, 32: 526–537 – *Barber, B.*, 1963: Some Problems in the Sociology of the Profession. In: Daedalus, »The Professions«: 669–688 – *Basaglia, F./Basaglia-Ongaro, F.*, 1980: Befriedungsverbrechen, in: *Basaglia, F.* u. a., Befriedigungsverbrechen. Über die Dienstbarkeit der Intellektuellen, Frankfurt/M. – *Ben-David, J.*, 1963/64: Professions in the Class Systems of Present-day Societies, Current Sociology 12: 247-330 – *Ben-David, J.*, 1976: Science as a Profession and Scientific Professionalism. In: Exploration in General Theory in Social Science. Edited by *Loubser, J. J./Baum, V./Effrat, A./Lidz, M.*, The Free Press: New York – *Bennion, F. A. R.*, 1969: Professional ethics. The consultant professions and their code, London – *Berger, J./Offe, C.*, 1980: Die Entwicklungsdynamik des Dienstleistungssektors. In: Leviathan: 41–71 – *Bergmann, J.*, 1977: Zur Organisation der Freiwilligkeitsthematik im psychiatrischen Aufnahmegespräch, in: Kriminologisches Journal, H. 2: 150-159 – *Bidwell, C. E.*, 1976: The Structure of Professional Help. In: Explorations in General Theory of Social Science, New York – *Blau, P. M./Scott, W. R.*, 1971: Professionelle und bürokratische Orientierung in formalen Organisationen – dargestellt am Beispiel der Sozialarbeiter, in: *Otto, H.-U./Utermann, K.* (Hrsg.), Sozialarbeit als Beruf. Auf dem Weg zur Professionalisierung? München – *Blinkert, B.*, 1976: Berufskrisen in der Sozialarbeit. Eine empirische Untersuchung über Verunsicherung, Anpassung und Professionalisierung von Sozialarbeitern, Weinheim/Basel – *Böhme, G.*, 1980: Wissenschaftskritik und Wissenschaftsalternativen. In: ders., Alternativen der Wissenschaft, Frankfurt/M. – *Böhnisch, L./Lösch, H.*, 1973: Das Handlungsverständnis des Sozialarbeiters und seine institutionelle Determination, in: *Otto, H.-U./Schneider, S.* (Hrsg.) Gesellschaftliche Perspektiven der Sozialarbeit, Bd. 2, Neuwied/Berlin – *Bohle, H./Grunow, D.*, 1981: Verberuflichung der sozialen Arbeit, in: Sozialarbeit: Expertisen 3. Professionalisierung und Arbeitsmarkt, Projektgruppe Soziale Berufe (Hrsg.), München – *Bollinger, H./Hohl, J.*, 1981: Auf dem Weg von der Profession zum Beruf. Zur Deprofessionalisierung des Ärzte-Standes, in Soziale Welt: 440–464 – *Bucher, R./Strauss, A.*, 1972: Wandlungsprozesse in Professionen. In: *Luckmann, T./Sprondel, W. M.* (Hrsg.), Berufssoziologie, Köln – *Burkart, G.*, 1980: Strukturprobleme universitärer Sozialisation, Dissertation, Frankfurt/M. – *Burkart, G.*, 1982: Strukturtheoretische Vorüberlegungen zur Analyse universitärer Sozialisationsprozesse, in: Kölner Zeitschrift für Soziologie und Sozialpsychologie: 444–468 – *Charney, E.*, 1972: Patient-Doctor Communication. Implications of the Role of the Expert, in: Pediatric Clinics of North America, Vol. 19: 263–279 – *Clemenz, M.*, 1978: Diskurs, Beratung, Therapie. Überlegungen zu einer Metatheorie psychosozialer Beratung, in: Neue Praxis, Sonderheft – *Cogan, M. L.*, 1955: The Problem of Defining a Profession. In: The Annals of American Academy. Vol. 297–300: 105–111 – *Collins, H. M.*, 1974: Tacit Knowledge and Scientific Networks. In: Science Studies, Vol. 4: 165–186 – *Combs, A. W./Avila, D. L./Purkey, W. W.*, 1975: Die helfenden Berufe, Stuttgart – *Daheim, H.*, 1967: Der Beruf in der modernen Gesellschaft. Versuch einer soziologischen Theorie beruflichen Handelns, Köln/Berlin – *Daheim, H.*, 1973: Professionalisierung. Begriff und einige Makrofunktionen, in *Albrecht, G./Daheim, H. J./Sack, F.*: Soziologie – Sprache – Bezug zur Praxis – Verhältnis zu anderen Wissenschaften, Opladen – *Daheim, H.*, 1982: Zu einer Zwischenbilanz der soziologischen Berufsforschung. In: Materialien zur Industriesoziologie, hrsg. v. G. Schmidt u. a., Sonderheft der Kölner Zeitschrift Soziologie und Sozialpsychologie: 372–384 – *Dewe, B./Otto, H.-U.*, 1980: Über den Zusammenhang von Handlungspraxis und Wissensstrukturen in der öffentlichen Sozialarbeit, in: Neue Praxis, Heft 2: 127–149 – *Dewe, B./Otto, H.-U.*, 1981: Die symbolische Funktion institutionalisierter Problemdeutungen im sozialpolitischen Handlungsfeld. In: Zeitschrift für Pädagogik, 17. Beiheft: 81–90 – *Dewe, B.*, 1982: Bildungsprozesse zwischen Aufklärung und Kompetenzaneignung. Bildungs- und professionstheoretische Überlegungen. In: Neue Praxis, Heft 3: 240–261 – *Dewe, B./Ferchhoff, W./Peters, F.*, 1983: Professionelle Kompetenz im Wandel. In: *Müller, S.* u. a. (Hrsg.) Handlungskompetenz Bd. II, Bielefeld – *Eickelmann, M.*, 1975: Professionalisierung der Sozialarbeit – folgenlose theoretische Auseinandersetzung oder Konsequenzen für die Praxis?, Dortmund – *Etzioni, A.* (Hrsg.), 1969: The Semi-Professions and Their Organizations, New York – *Elliott, P.*, 1973: Professional ideology and social Situation, in: Sociological Review: 211–228 – *Flexner, A.*,

1915: Is Social Work a Profession? In: School and Society, Vol. 1: 901–911 – *Foucault, M.*, 1974: Die Ordnung des Diskurses, München – *Francis, V.*, et al., 1969: Gaps in Doctor-Patient Communication. In: New England Journal of Medicine Vol. 280: 535–540 – *Freidson, E.*, 1959: Specialities without Roots. The Utilization of New Services. In: Human Organization Vol. 18: 112–116 – *Freidson, E.*, 1975: Dominanz der Experten – Zur sozialen Struktur medizinischer Versorgung, München – *Freidson, E.*, 1979: Der Ärztestand: Berufs- und wissenschaftssoziologische Durchleuchtung einer Profession, Stuttgart – *Gaertner, A.*, 1978: Beratung als praktischer Diskurs, in: Neue Praxis Sonderheft »Sozialarbeit und Therapie«, Neuwied – *Gassen, H./Schwander, M.*, 1983: Zuständig sein und überflüssig werden – Zur Problematik professionellen Handelns in den »helfenden Berufen«. In: Zeitschrift für Pädagogik, 20. Beiheft – *Geser, H.*, 1980: Akademische Berufsrollen in der Dynamik der Wissensstrukturen und der Formen sozialer Kooperation, Typoskript, Zürich – *Gikas, M.*, 1980: Funktion und Wirkungsweise der Sozialtechnologie, München – *Glazer, N.*, 1978: The attack on the professions. In: Commentary Vol. 66: 34–48 – *Goldenberg, I.*, 1973: The helping professions in the World of Action, Lexington – *Goode, W. J.*, 1973: The Theoretical Limits of Professionalization. In: ders., Explorations in Social Theory, New York – *Greenwood, E.*, 1957: Attributes of a Profession. In: Social Work: 45–55 – *Gross, S. J.*, 1978: The Myth of Professional Licensing, in: American Psychologist 33: 1009–1016 – *Habenstein, R. W.*, 1963: Critique of »Profession« as a Sociological Category. In: Sociological Quarterly 4: 291–300 – *Hall, R. H.*, 1968: Components of Professionalization and Bureaucratization. In: American Sociological Review: 92–114 – *Halmos, P.*, 1967: The Personal Service Society, The British Journal of Sociology 18: 13–28 – *Hartmann, H.*, 1964: Funktionale Autorität, Stuttgart – *Hartmann, H.*, 1968: Arbeit, Beruf, Profession, in: Soziale Welt, H. 2: 193–216 – *Hartmann, H./Hartmann, M.*, 1982: Vom Elend der Experten: Zwischen Akademisierung und Deprofessionalisierung. In: Kölner Zeitschrift für Soziologie und Sozialpsychologie: H. 2 193–223 – *Harries-Jenkins, G.*, 1970: Professionals in organizations, in: *Jackson, J. A.* (Hrsg.): Professions and professionalization, Cambridge – *Hasenfeld, Y.*, 1972: People Processing Organizations: An Exchange Approach, American Sociological Review 37: 256–263 – *Haug, M. R./Sussman, M.B.*, 1969: Professional autonomy and the revolt of the client. Social Problems, 17: 153–161 – *Hesse, H. A.*, 1972: Berufe im Wandel, Stuttgart – *Hieber, L.*, 1978: Vermittlung wissenschaftlichen Wissens in Bürgerinitiativen. In: Blätter für deutsche und internationale Politik, Heft 23: 353–361 – *Hosticka, C. J.*, 1979: We don't Care About What Happened, Wy Only Care About What Is Going To Happen: Lawyer-Client Negotiations Of Reality, in: Social Problems – *Hughes, E. Ch.*, 1958: Men and their Work Glencoe, Illinois – *Hughes, E. Ch.*, 1963: Professions. In: Daedalus Vol. 4: 655–668 – *Illich, I.*, 1979: Entmündigte Expertenherrschaft, in: *Illrich, I.* et al. (Hrsg.), Entmündigung durch Experten – Zur Kritik der Dienstleistungsberufe, Hamburg – *Innes, J. M.*, 1977: Does the Professional Know what the Clients Want? In: Social Science and Medicine 11: 635–638 – *Jehenson, R.*, 1979: The Social Distribution of Knowledge in Formal Organizations: A Critical Theoretical Perspective. In: Human Studies, Vol. 2: 111–129 – *Joas, H.*, 1980: Universität und Rationalität. Über Talcott Parsons Beitrag zur Soziologie der Universität. In: *Grohs, G.* et al. (Hrsg.), Kulturelle Identität im Wandel, Stuttgart – *Kairat*, 1969: »Professions« oder freie Berufe, Berlin – *Kelly, G. A.*, 1975: Der Experte als historisches Subjekt. In: *Bennis, W. G./Benne, K. D./Chin, R.* (Hrsg.), Änderung des Sozialverhaltens, Stuttgart – *Klegon, D.*, 1978: The Sociology of Professions. An emerging perspective. In: Sociology of work and occupations, Vol. 5: 259–283 – *Knieschewski, E.*, 1978: Sozialarbeit und Klient. Eine empirische Untersuchung, Weinheim-Badel – *Kriesi, H.*, 1982: Soziologische Methodologie und die Rebellion der Betroffenen, in: KZfSS: 748–766 – *Kudera, S.*, 1976: Wissenschaft und planende Verwaltung, Frankfurt/M./München – *Lautmann, R.*, 1972: Justiz – die Stille Gewalt. Frankfurt/M – *Lepsius, M. R.*, 1973: Gesellschaftsanalyse und Sinngebungszwang, in: *Albrecht, G.*, u. a. (Hrsg.), Festschrift für René König, Köln/ Opladen – *Lepsius, R. M.*, 1964: Kritik als Beruf – Zur Soziologie der Intellektuellen. In: KZfSS: 75–91 – *Lingesleben, O.*, 1968: Die Berufssituation der Sozialarbeiter, Köln/Opladen – *Lotmar, P.*, 1969: Professionalisierung in der Sozialarbeit, in: Sozialarbeit, Fachblatt des Schweizerischen Berufsverbandes der Sozialarbeiter: 3–11, Zürich – *Luhmann, N.,/Schorr, K.-E.*, 1976: Ausbildung für Professionen – Überlegungen zum Curriculum für Lehrerausbildung, in: *Haller, H.-D./ Lenzen, D.* (Hrsg.): Lehrjahre in der Bildungsreform – Resignation oder Rekonstruktion? Stuttgart – *Luhmann, N.*, 1973: Formen des Helfens im Wandel gesellschaftlicher Bedingungen. In: *Otto, H.-U./Schneider, S.* (Hrsg.), Gesellschaftliche Bedingungen der Sozialarbeit, Neuwied – *Marshall, T. H.*, 1939: The Recent History of Professionalism in Relation to Social Structure and Social Policy. In: Canadian Journal of Economics and Political Science, Vol. 5: 325-340 – *Mc Kinlay, J. B.*, 1973: On the Professional Regulation of Change, in: *Halmos, P.* (Hrsg): Professionalization and Social Change. Sociological Review, Monograph No 20: 61–81 – *McKnight, J.*, 1979: Professionelle Dienstleistung und entmündigte Hilfe, In: *Illich, I.* u. a., Entmündigung durch Experten, Reinbeck – *Millerson, G.*, 1964: The qualifying associations. A study in professionalization, London – *Mok, A.*, 1969: Alte und neue Professionen. In: KZfSS: 770–781 – *Moore, W. E.*, 1970: The Professions: Roles and Rules, New York – *Moser, R. H.*, 1977: Knowledge ist not enough. In: New England Journal of Medicine Vol. 296. 938–940 – *Münch, H.*, 1980: Berufssoziologische Aspekte und Karrieremuster freier Berufe – *Münchmeier, R./Thiersch, H.*, 1976: Die verhinderte Professionalisierung, in: *Haller, H.-D./Lenzen, D.* (Hrsg.): Lehrjahre in der Bildungsreform, Stuttgart – *Münchmeier, R.*, 1979: Sozialpädagogik als Beruf, in: betrifft: Erziehung, Nr. 9: 31–34 – *Münchmeier, R.*, 1981: Zugänge zur Geschichte der Sozialarbeit, München – *Nau, E.*, 1981: Professionalisierung als Konflikt, Frankfurt/M. – *Nilson, L. B.*, 1979: An Application of the Occupational »Uncertainty Principle« to the Professions. In: Social Problems Vol. 26: 570–581 – *Oevermann, U.*, 1978: Problem der Professionalisierung in der berufsmäßigen Anwendung sozialwissenschaftlicher Kompetenz, Typoskript, Frankfurt/M. – *Oevermann, U.*, 1980: Hermeneutische Methodologie und die Logik professionalisierten Handelns – Ist eine nicht-technokratische Anwendung sozialwissenschaftlicher Wissensbestände möglich? Vortrag vom 20. Deutschen Soziologentag, Bremen – *Offe, C.*, 1983: Arbeit als soziologische Schlüsselkategorie? In: *Matthes, J.* (Hrsg.), Krise der Arbeitsgesellschaft? Verhandl. v. 21. Dt. Soziologentag, Bamberg Frankfurt/M./New York – *Oleson, V./Whittaker, E. W.*, 1970: Critical Notes on Sociological Studies of Professional Socialisation. In: Professions and Professionalization *J. A. Jackson*, (Ed.), Cambridge University Press – *Oster, I./Beck-Gernsheim, E.*, 1979: Mitmenschlichkeit als Beruf, Frankfurt/M./New York – *Otto, H.-U./ Utermann, K.* (Hrsg.) 1971: Sozialarbeit als Beruf. Auf dem Wege zur Professionalisierung, München – *Otto, H. U.*, 1973: Professionalisierung und gesellschaftliche Neuorientierung – Zur Transformation des beruflichen Handelns in der Sozialarbeit, in: *Otto, H. U./Schneider, S.* (Hrsg.): Gesellschaftliche Perspektiven der Sozialarbeit Bd. 1, Neuwied/Berlin – *Parsons, T.*, 1951: The Social System, New York – *Parsons, T.*, 1964: Die akademischen Berufe und die Sozialstruktur. In: Beiträge zur soziologischen Theorie, Neuwied – *Parsons, T.*, 1968: »Professions«. In: International Encyclopedia of the Social Sciences Bd. 12: 536–547 – *Parsons, T.*, 1978: Research with Human Subjects and the »Professional Complex«. In: ders., Action Theory and the Human Condition, New York – *Parsons, T.*, 1980: Sozialstruktur und die symbolischen Tauschmedien. In: *Jensen, St.* (Hrsg.), Zur Theorie der sozialen Interaktionsmedien, Opladen – *Peters, H.*, 1970: Die mißlungene Professionalisierung der Sozialarbeit. In: Kölner Zeitschrift für Soziologie und Sozialpsychologie: 335–355 –*Projektgruppe Soziale Berufe (Hrsg.) 1981: Sozialarbeit: Professionalisierung und Arbeitsmarkt, München – *Radtke, F. O.*, 1983: Pädagogische Konventionen. Zur Topik eines Berufsstandes, Weinheim/ Basel – *Reiff, R.*, 1974: The control of knowledge: The power of the helping professions, in: Journal of Applied Behavioral Sience: 451–461 – *Richan, W. C.*, 1978: The Social Work Profession and Organized Social Welfare. In: *Kahn, A. J.* (Hrsg.) – *Ritzer, G.*, 1973: Professionalism and the Individual. In: *Freidson, E.* (Hrsg.), The Professions and their Prospects, Beverly Hills/London – *Rosenthal, D. E.*, 1974: Lawyer and Client: Who is in Charge? New York – *Rüschemeyer, D.*, 1972: Ärzte und Anwälte: Bemerkungen zur Theorie der Professionen, in: *Luckmann, Th./Sprondel, W. M.* (Hrsg.): Berufssoziologie, Köln – *Rüschemeyer, D.*, 1973: Professions. Historisch und kulturell vergleichende Überlegungen. In: *Albrecht, G./Daheim, H./Sack, F.* (Hrsg.), Soziologie, Sprache, Bezug und Praxis.

Verhältnis zu anderen Wissenschaften, Opladen – *Rüschemeyer, D.*, 1981: Professionalisierung – Theoretische Probleme für die vergleichende Geschichtsforschung. In: Geschichte und Gesellschaft, H. 6 – *Sachße, Ch.*, 1982: Die Pädagogisierung der Gesellschaft und die Professionalisierung der Sozialarbeit. In: *Müller, S./Otto, H.-U./Peter, H./Sünker, H.* (Hrsg.): Handlungskompetenz in der Sozialarbeit/Sozialpädagogik, Band 2, Theoretische Konzepte und gesellschaftliche Strukturen, Bielefeld (im Erscheinen) – *Sarfatti-Larson, M.*, 1977: The Rise of Professionalism. A Sociological Analysis, Berkeley/Los Angeles/London – *Schmidbauer, W.*, 1977: Die hilflosen Helfer, Reinbek – *Schmitz, E.*, 1978: Leistung und Loyalität, Stuttgart – *Schmitz, E.*, 1982: Zur Struktur therapeutischen, beratenden und erwachsenenpädagogischen Handelns, in: *Schlutz, E.* (Hrsg.): Erwachsenenbildung zwischen Schule und Sozialarbeit, Frankfurt/M. – *Schmitz, E.*, 1979: Erwachsenenbildung, Arbeitsteilung und soziale Verteilung von Wissen. Organisationssoziologische Überlegungen zum Funktionsverständnis von Erwachsenenbildung. In: *Raschert, J.* (Hrsg.): Jahrbuch für Erziehungswissenschaft, Bd. 3 – *Schluchter, W.*, 1972: Aspekte bürokratischer Herrschaft, Studien zur Interpretation der fortschreitenden Industriegesellschaft, München – *Schröder, A.*, 1983: Professionalisierungsprobleme unter besonderer Berücksichtigung pädagogischen Handelns. In: Sozialwissenschaft und Gesellschaft, Band 6, Osnabrück – *Scott, E.*, 1969: Professional Employees in a Bureaucratic Structure: Social Work. In: *Etzioni, A.* (Ed.): The Semi-Professions and Their Organization, New York – *Sorensen, J. E./ Sorensen, T. L.*, 1974: The Conflict of Professionals in Bureaucratic Organizations. In: Administrative Science Quarterly, 19: 98–106 – *Specht, H.*, 1968: The Deprofessionalization of Social Work. In: Social Work, 3 (1972): 3–15 – *Sprondel, W. M.*, 1979: Experte und Laie: Zur Entwicklung von Typenbegriffen in der Wissenssoziologie. In: *Sprondel, W. M./Grathoff, R.:* Alfred Schütz und die Idee des Alltags in den Sozialwissenschaften, Stuttgart – *Stichweg, R.*, 1980: Rationalität bei Parsons. In: ZfSoz. Heft 1, S. 54–78 – *Toren, N.*, 1969: Semi-Professionalism and Social Work: A Theoretical Perspective. In: *Etzioni, A.* (Ed.): The Semi-Professions and Their Organization, New York – *Toren, N.*, 1972: Social Work: The Case of a Semi-Profession, Beverly Hills/London – *Toren, N.*, 1975: Deprofessionalization and Its Sources. In: Sociology of Work and Occupations: 323–338 – *Unschuld, P. U.*, 1978: Professionalisierung und ihre Folgen. In: *Schipperges, H.* u. a. (Hrsg.): Krankheit, Heilkunst, Heilung, Freiburg/München – *Weber, G.*, 1972: Sozialarbeit zwischen Arbeit und Profession. In: Soziale Welt: 432–446 – *Weber, G.*, 1978: Zur Professionalisierung sozialer Arbeit. In: *Wollenweber, H.* (Hrsg.): Sozialpädagogik in Wissenschaft und Unterricht, Paderborn – *Weingart, P.*, 1981: Wissenschaft im Konflikt zur Gesellschaft. Zur De-Institutionalisierung der Wissenschaft. In: *Kruedner, J. von/Schubert, K. von* (Hrsg.): Technikfolgen und sozialer Wandel: Zur politischen Steuerbarkeit der Technik, Köln – *Weithofer-Halletz, C.*, 1978: Professionalisierung für oder gegen den Klienten, in: *Kreutz/Landwehr/Wuggenig* (Hrsg.), Empirische Sozialarbeitsforschung, Rheinstetten – *Wilensky, H. L.*, 1972: Jeder Beruf eine Profession? In: *Luckmann, T./Sprondel, W. M.* (Hrsg.): Berufssoziologie, Köln. –

→ Ausbildung für Sozialarbeiter/Sozialpädagogen → Berufliche Sozialisation in der Sozialarbeit → Erwachsenenbildung → Sozialpädagogisches Handeln

Psychoanalyse und Sozialarbeit

Psychoanalyse und Sozialarbeit in Kongruenz oder in Divergenz?

Man kann sich des Eindrucks nicht erwehren, daß die Beziehungen zwischen Psychoanalyse und Sozialarbeit von spezifischen Spannungen gekennzeichnet sind, die tief an das Selbstverständnis beider Tätigkeitsbereiche rühren und in ambivalenter Weise von intensiven, oftmals irrationalen Hoffnungen und Enttäuschungen bestimmt werden.

Auf Seiten der Sozialarbeiter herrscht das Bedürfnis nach einer einheitlichen Theorie der Persönlichkeit, nach Methoden der Gesprächsführung, Beratung und Therapie, nach einem »Welt- und Menschenbild«, das die verwirrende und widersprüchliche professionelle Realität ordnen und überschaubar machen soll, um nicht ständig von ihr überrollt zu werden. Zahlreiche, vielleicht zu viele Theorien und Systeme aus Psychologie, Ökonomie und Politik bieten sich hierzu an; wird die psychoanalytische Theorie und Technik hierzu herangezogen, liegt die Neigung und Gefahr zur Überschätzung, ja zu uneinlösbaren »Heilserwartungen« nahe, die dann oft in Enttäuschung und Ablehnungsreaktionen umschlägt.

Den Psychoanalytikern dagegen kann die Sozialarbeit als die quasi »soziale Fortsetzung« ihrer auf ein streng geregeltes, mit dem »normalen Leben« nicht identisches Behandlungsarrangement beschränkten therapeutischen Tätigkeit erscheinen, die Lösungsmöglichkeiten bei psychischen und sozialen Konflikten für größere Bevölkerungskreise, vor allem auch bildungsmäßig und finanziell Unterprivilegierte, in multiplikatorischer Weise ergeben könne. Schwierigkeiten mit der Sozialarbeit entstehen für den Psychoanalytiker dann, wenn es um die problematische Frage der Vermittlung seiner therapeutischen Technik im nicht-klassischen »setting« geht, auch um die Delegation therapeutischer Handlungskompetenz an Nicht- Psychoanalythiker. Er neigt dann zu ängstlich-besorgter Abschirmung, als ob er sich gegen eine chaotische Sturmflut abdämmen müsse.

Kongruenzen und Divergenzen im Verhältnis von Psychoanalyse und Sozialarbeit stehen neben- und gegeneinander, und die Besinnung auf eine notwendige Kooperation beider Disziplinen ist nicht zuletzt aus emotionalen, schnell in irrationale Überschätzung und/oder Verdammung umschlagenden Fehlerwartungen nicht einfach.

Fragen wir uns nach engen Berührungspunkten – Kongruenzen von Psychoanalyse und Sozialarbeit, so können wir diese auf therapeutischem, theoretischem, psychopathologischem Gebiet sowie im Hinblick auf das »Menschenbild« beider Disziplinen beschreiben.

Ist der Sozialarbeiter therapeutisch tätig (was allerdings oft genug nicht sein ausschließlicher Tätigkeitsbereich ist, da er z. B. ebenso für rechtliche und ökonomische Belange seiner Klienten zu sorgen hat), so benötigt er Methoden und Techniken der Gesprächsführung, der Einzelberatung und -behandlung, der therapeutischen Gruppenarbeit und der Familientherapie. Die Psychoanalyse hat auf allen diesen Gebieten Methoden entwickelt – es erhebt sich jedoch sofort die Frage nach dem »Transfer« für nicht im engeren Sinne psychoanalytisch Ausgebildete. Verbindliche und erprobte Modelle fehlen uns bisher weitgehend.

Als theoretische Orientierung bedient sich der Psychoanalytiker eines Persönlichkeitsmodells, das aus der klinischen analytischen Arbeit erwachsen ist und theoretisch zu einer umfassenden »Metapsychologie« ausgebaut worden ist. Hierzu gehört die Unterscheidung zwischen einem bewußten und einem unbewußten Anteil des Seelenlebens sowie die Einteilung der Persönlichkeit in bestimmte »Instanzen« bzw. Regionen: das von unstrukturierten libidinösen und aggressiv-destruktiven Trieben beherrschte Es, das von internalisierten Ge- und Verboten, von Moral und Sittengesetz bestimmte Über-Ich sowie die zwischen Es und Über-Ich moderierende, die Beziehungen und Auseinandersetzungen mit der mitmenschlichen »Außenwelt« regelnde Instanz des Ich. Ein solches Persönlichkeitsmodell erscheint in hohem Maße lebensnah, berücksichtigt die Wirklichkeit des Einzelnen und seiner Erziehungspersonen in Gesundheit und Krankheit, und insofern eignet es sich für alle praktisch-therapeutisch Tätigen, allemal für therapeutisch tätige Sozialarbeiter.

Die psychopathologische Relevanz der psychoanalytischen Theorie für die Sozialarbeit braucht kaum besonders betont zu werden. Die Psychoanalyse hat eine umfassende Krankheits- und Störungslehre entwickelt (weit über die auch heute noch weitgehend somatischen Ursachen verpflichtete psychiatrische Psychopathologie hinausgehend), die stets die zu einer psychischen Störung führende individuelle und familiäre Entwicklung sowie die unbewußten Komponenten eines verdrängten oder auf andere Weise abgewehrten, d. h. dem Bewußtsein nicht zugänglichen Konfliktgeschehens berücksichtigt. Eine eingehende Beschreibung der verschiedenen Störungsformen würde diesen Beitrag sprengen und muß deshalb hier unterbleiben.

Schließlich dürfte das »Menschenbild« der Psychoanalyse sich in Kongruenz zu dem des Sozialarbeiters bewegen, zumindest wenn wir diesen an sich vorwissenschaftlichen Begriff auf professionelle Belange reduzieren. Der Mensch, in psychischer Gesundheit oder Krankheit, wird als ein von seiner mitmenschlichen Umwelt bestimmtes, von seiner psychischen – und sozialen – Entwicklung abhängiges Wesen betrachtet. So wie seine Persönlichkeitsstruktur alle Spuren seiner Frühentwicklung trägt (der Erwachsene also immer noch die Schicksale seines Kleinkind-Stadiums in sich trägt), so sehr ist auch sein triebbestimmt-unbewußtes wie sein bewußtes Denken, Phantasieren, Wünschen und Handeln immer nur in Bezug auf andere Menschen, auf Beziehungspersonen vorstellbar. Ein völlig »abgegrenztes«, nur für sich selbst existierendes Individuum kennt die Psychoanalyse nicht.

Fragen wir uns nun nach wichtigen Divergenzen von Psychoanalyse und Sozialarbeit. Sie betreffen unterschiedliche Akzentsetzungen der Klientel: so wird der Sozialarbeiter mit Störungsformen konfrontiert sein, die der Psychoanalytiker selten oder gar nicht behandelt oder behandeln will. Ferner ergeben sich ausbildungsmäßige Divergenzen, und schließlich ist die Unterschiedlichkeit des »settings«, d. h. des therapeutischen Arbeitsrahmens hervorzuheben.

Psychoanalytiker beschäftigen sich in erster Linie mit psychoneurotisch und psychosomatisch Kranken; für diesen Personenkreis ist ihre therapeutische Technik besonders geeignet, und erst neuere Entwicklungen haben die Behandlung von Psychosen und Charakterstörungen (insbesondere narzißtische Persönlichkeitsstrukturen) einbezogen. Das große Gebiet der Verhaltensstörungen – Verhaltensstörungen von Kindern und Jugendlichen, aggressive und sexuelle Verwahrlosung, Kriminalität und Delinquenz, Sucht und Alkoholismus, um nur die wichtigsten zu nennen – wird dagegen zur vorwiegenden Aufgabe des therapeutisch tätigen Sozialarbeiters. Aber neben dieser quasi »diagnostischen« Kennzeichnung ist vor allem auch auf einen schichtspezifischen Unterschied zu achten: die therapeutische Arbeit mit Unterschicht- und Randgruppen-Angehörigen wird von Psychoanalytikern kaum wahrgenommen.

1919 machte *Freud* bereits darauf aufmerksam, daß »unsere therapeutische Wirksamkeit keine sehr intensive ist. Wir sind nur eine Handvoll Leute, und jeder von uns kann auch bei angestrengter Arbeit sich in einem Jahr nur einer kleinen Anzahl von Kranken widmen. Gegen das Übermaß von neurotischem Elend, das es in der Welt gibt und vielleicht nicht zu geben braucht, kommt das, was wir davon wegschaffen können, quantitativ kaum in Betracht. Außerdem sind wir durch die Bedingungen unserer Existenz auf die wohlhabenden Oberschichten der Gesellschaft eingeschränkt (. . .) Für die breiten Volksschichten, die ungeheuer schwer unter den Neurosen leiden, können wir derzeit nichts tun. (. . .) Andererseits läßt sich vorhersehen: Irgend einmal wird das Gewissen der Gesellschaft erwachen und sie mahnen, daß der Arme ein ebensolches Anrecht auf seelische Hilfeleistung hat wie bereits jetzt auf lebensrettende chirurgische. Und daß die Neurosen die Volksgesundheit nicht minder bedrohen als die Tuberkulose und ebensowenig wie diese der ohnmächtigen Fürsorge des Einzelnen aus dem Volke überlassen werden können. Dann werden also Anstalten oder Ordinationsinstitute errichtet werden, an denen psychoanalytisch ausgebildete Ärzte angestellt sind, um die Männer, die sich sonst dem Trunk ergeben würden, die Frauen, die unter der Last der Entsagungen zusammenzubrechen drohen, die Kinder, denen nur die Wahl zwischen Verwilderung und Neurose bevorsteht, durch Analyse widerstands- und leistungsfähig zu erhalten. Diese Behandlungen werden unentgeltliche sein. Es mag lange dauern, bis der Staat diese Pflichten als dringende empfindet. (. . .) Dann wird sich für uns die Aufgabe ergeben, unsere Technik den neuen Bedingungen anzupassen. Ich zweifle nicht daran, daß die Triftigkeit unserer psychologischen Annahmen auch auf den Ungebildeten Eindruck machen wird, aber wir werden den einfachsten und greifbarsten Ausdruck unserer theoretischen Lehren suchen müssen. Wir werden wahrscheinlich die Erfahrung machen, daß der Arme noch weniger zum Verzicht auf seine Neurose bereit ist als der Reiche, weil das schwere Leben, das auf ihn wartet, ihn nicht lockt, und das Kranksein ihm einen Anspruch mehr auf soziale Hilfe bedeutet. Möglicherweise werden wir oft nur dann etwas leisten können, wenn wir die seelische Hilfeleistung mit materieller Unterstützung (. . .) vereinigen können. Wir werden auch sehr wahrscheinlich genötigt sein, in der Massenanwendung unserer Therapie das reine Gold der Analyse reichlich mit dem

Kupfer der direkten Suggestion zu legieren (. . .). Aber wie immer sich auch diese Psychotherapie fürs Volk gestalten, aus welchen Elementen sie sich zusammensetzen mag, ihre wirksamsten und wichtigsten Bestandteile werden gewiß die bleiben, die von der strengen, der tendenzlosen Psychoanalyse entlehnt worden sind.« (*Freud*, 1919).

Modelle einer »sozialen Anwendung« der Psychoanalyse sind – und das kann nur heißen: in Kooperation von Sozialarbeitern und Psychoanalytikern – zumindest im Bereich der Bundesrepublik Deutschland bis heute nur selten entwickelt und praktiziert worden. Die »Wege der psychoanalytischen Therapie« bedürfen besseren Ausbaues – auch von Seiten der Sozialarbeit, die, von einer zur Zeit nur für Ärzte und Psychologen zugänglichen vollständigen psychoanalytischen Weiterbildung ausgeschlossen, nur zu oft und schnell in resignativer Abkehr vorhandene Theorien und Methoden nicht aufgreift, ja sogar als »elitär« verzerrt wahrnimmt und abtut. Umso größere Bedeutung kommt den Modellvorstellungen und der daraus abgeleiteten Praxis zu, die – lange nach den Pionierleistungen *Aichhorns* (1925) – *von Richter* (1972), *Kutter* (1974) und im praxis- und projektbezogenen Studiengangssystem für Sozialarbeiter/Sozialpädagogen an der Gesamthochschule Kassel von den Psychoanalytikern *Eicke*, *Ohlmeier* und *Radebold* vertreten und erprobt werden.

Divergenzen ergeben sich natürlich auf dem Gebiete der Aus- und Weiterbildung. Der Sozialarbeiter ist kein ausgebildeter Psychoanalytiker. So bedauerlich, ja schädlich die Restriktion der psychoanalytischen Weiterbildung auf Ärzte und Psychologen heute sein mag, ist andererseits festzuhalten, daß der therapeutisch tätige Sozialarbeiter nicht identisch mit einem Analytiker werden kann und sollte; eine solche Identitätsverschmelzung würde zur Aufgabe seines spezifischen Arbeitsfeldes und Arbeitsansatzes führen. Es geht vielmehr darum, daß die Identität des sozialarbeiterischen Berufes um eine psychoanalytische Dimension zu erweitern ist. Eine entsprechende Forderung hätte sich an den Psychoanalytiker zu richten, der die soziale Dimension seines Wahrnehmens und Tuns ausblendet und sich »gegen das Übermaß von neurotischem Elend, das es in der Welt gibt und vielleicht nicht zu geben braucht« (*Freud*) in quantitativer Selbstverstümmelung wie im Elfenbeinturm abschottet.

Schließlich besteht eine wichtige Divergenz in der Verschiedenartigkeit des »settings«, also in den notwendigerweise unterschiedlichen therapeutischen Arbeitsbedingungen und »Rahmensetzungen«. Das sozialarbeiterische Arbeitsfeld ist nicht mit den Praxisbedingungen der Psychoanalyse vergleichbar, und dies sollte nicht so sehr unter dem Aspekt des Mangels verstanden werden – als ob therapeutische Sozialarbeiter »eigentlich« auf ein Ausüben des psychoanalytischen settings verpflichtet werden müßten –, sondern von den spezifischen Notwendigkeiten der Sozialarbeit her, die dem Ort des direkten Geschehens (in der Familie, im Gefängnis, im Jugendheim usw.) weit mehr entsprechen muß als das – wenn auch mit guten Gründen – künstliche Fernhalten der sozialen Realität, das der Analytiker mit seinem klassischen Couch-Sessel-Arrangement praktiziert. Es könnte leicht als Abwertung verstanden werden, wenn man diese unterschiedlichen Operationsebenen mit »Fronteinsatz« und »Generalstabsarbeit« vergleicht – und doch findet sich hierfür eine Berechtigung: der Psychoanalytiker suspendiert die tatsächliche, soziale Realität zugunsten einer inneren, intrapsychischen Realität, die er in der Übertragungsbeziehung gleichsam in ihren Grundrissen, wie ein Muster mit dem Klienten klärt –, der Sozialarbeiter trifft seinen Klienten mitten im Beziehungsgeflecht seiner sozialen Situation, aber er bedarf, um nicht selbst hineingezogen zu werden und mit dem Klienten gleichsam darin unterzugehen, der Wahrnehmung und Kenntnis psychoanalytischer Sichtweisen.

So finden wir, daß der Psychoanalytiker heute und hier ein vielleicht allzu festes, ja starres Bild seiner Theorie und Technik oft behauptet, das seine Offenheit gegenüber dem Sozialarbeiter behindert. Er verkennt dann, daß die Psychoanalyse als eine kritische Wissenschaft und Praxis begründet worden ist, und hat sich in eine einseitige klinische Verengung begeben. Der Sozialarbeiter dagegen leidet heute noch oft unter seinem unscharfen Selbstbild, den verfließenden Grenzen seiner Berufsidentität, der er mit dem ehrgeizigen Anzielen eines »psychoanalytischen Minitherapeutentums« nicht entrinnen kann, ja seine Identitätsunsicherheit hierdurch erst recht manifest macht. Was dagegen not tut, ist die klarere Herausarbeitung eines therapeutischen Sozialarbeiters oder »Sozialtherapeuten«, der wichtige Bestandteile der Psychoanalyse kennt und adaptiert, um sie auf sein spezifisches Berufsfeld anzuwenden.

Was ist Psychoanalyse?

Psychoanalyse ist erstens ein Theoriekonzept, zweitens eine therapeutische Methode, drittens schließlich eine spezifische Wahrnehmungsweise.

Als Theoriekonzept bietet die Psychoanalyse eine Psychologie der unbewußten seelischen Vorgänge, eine Theorie der psychischen Entwicklung und ein Persönlichkeitsmodell. Für die psychoanalytische Theoriebildung ist ferner die mangelnde Trennung zwischen »gesunden« und »kranken« Zuständen charakteristisch: der psychische Konflikt – insbesondere der ödipale Konflikt (Ödipuskomplex) des drei- bis fünfjährigen Kindes und seine Auswirkungen auf das gesamte Lebensschicksal – ist jeder menschlichen Existenz immanent, wird geradezu zum Motor der Entwicklung und Ausformung der Persönlichkeit. Daß die scharfe Abgrenzung gegen das »Krankhafte« insofern relativiert wird, daß damit auch die abschätzige Entwertung des Krankseins gegenstandslos oder als ein Resultat angstbedingter Abwehr erkennbar wird, ist eines der wichtigsten Ergebnisse psychoanalytischer Theoriebildung.

Mit der an dieser Stelle notwendigen äußersten Verkürzung sei darauf hingewiesen, daß die Psychoanalyse ein Entwicklungsmodell erstellt hat, das nicht bei der Beschreibung der Triebentwicklungsstufen des Kindes (*Freud*, 1905) stehen bleibt, sondern diese in Beziehung zu den je charakteristischen Beziehungsformen setzt (*Erikson*, 1950); die Phasen der Trieborganisation sind immer auf »Objektbeziehungen« hin zu verstehen. So ist auch das psychoanalytische Persönlichkeitsmodell nichts weniger als solipsistisch: die triebhaften Phantasien der Es-Instanz richten sich an »Partner«: unbewußt liegt den Objektbeziehungen des Erwachsenen das Muster seiner frühkindlichen Primärbeziehungen zugrunde. Hierbei sind, wie neuere Entwicklungen der psychoanalytischen Theoriebildung klargemacht haben, auch die Beziehungen zum eigenen Selbst zu berücksichtigen. Die Instanz des Über-Ichs stellt quasi die geronnenen, internalisierten Erziehungseinflüsse dar und repräsentieren die Gebots- und Verbotseinflüsse der früheren Beziehungspersonen. Das Ich schließlich hat die »Vermittlungsarbeit« zwischen intrapsychischen Vorgängen und der mitmenschlichen Umwelt zu leisten; es ist auch der Ort der Abwehrtätigkeit, die das Individuum vor unerträglichen Belastungen innerer Triebansprüche und »von außen«, d. h. von anderen Menschen ausgehenden Bedrohungen schützen soll.

Als therapeutische Methode betont die Psychoanalyse die Bedeutung der Übertragung, also der – großenteils zunächst unbewußt vollzogenen – Wiederholung frühkindlicher Beziehungsformen im Kontakt mit dem Therapeuten. Es kommt zu einer Re-Aktualisierung konflikthafter Beziehungen, zu einem Wiederaufleben von Beziehungsschwierigkeiten in der Therapeut-Klient-Situation: nur diese Aktualisierung vermag zu einer Revision, zu einer neuartigen, konfliktärmeren Lösung von Beziehungsschwierigkeiten zu führen – und wir erkennen einmal mehr, daß psychische Störungen immer als Beziehungsstörungen aufzufassen sind.

In der Bedeutung der Übertragung, ihrer Erkennung und Bearbeitung, sehen wir also das Grundmerkmal der psychoanalytischen Therapie – die Frage des settings wird demgegenüber sekundär. Deswegen beschränkt sich die Psychoanalyse heute nicht mehr auf das klassische psychoanalytische setting – die Zweiersituation des auf der Couch liegenden Patienten und des hinter ihm sitzenden Analytikers –, sondern bedient sich ebenso der Mehrpersonensituation, z. B. in der Gruppenanalyse und der analytischen Familientherapie; ihr entscheidendes Merkmal bleibt jedoch immer die Deutung (Interpretation) unbewußter Übertragungsvorgänge zwischen Klient(en) und dem Analytiker.

Als spezifische Wahrnehmungsweise bedeutet Psychoanalyse die Konzentration des Therapeuten auf die unbewußten Wünsche, Phantasien, Motivationen seines Klienten; der Therapeut fragt stets nach der unbewußten Bedeutung manifester Verhaltensweisen, Denk- und Urteilsvorgänge. Die bewußte Darstellung wird ständig auf ihre unbewußten Quellen hin untersucht. Diese Wahrnehmungseinstellung macht vor der eigenen Person des Therapeuten nicht halt: der Psychoanalytiker achtet auf seine eigenen Gefühle und Phantasien, während er mit dem Klienten spricht, und seine persönliche analytische Selbsterfahrung (Lehranalyse) setzt ihn in den Stand, eigene Konflikte, die in seiner Gegenübertragung auf den Klienten wachgerufen werden, als solche zu erkennen.

So zeichnet den Psychoanalytiker nicht nur bei seiner professionellen Tätigkeit, sondern in seiner gesamten persönlichen Identität eine Wahrnehmung unbewußter Vorgänge bei anderen und bei sich selbst aus, ein ständiges »Hinterfragen« und kritisches Reflektieren der manifesten Realität – oder sollten wir vorsichtiger sagen, es solle ihn eigentlich auszeichnen, er möge sich wenigstens darum bemühen? In der Tat entgehen Psychoanalytiker schematischer Erstarrung bisweilen nicht, verfallen der Selbsttäuschung über die Virulenz eigener Konflikte, erliegen einem Selbstmißverständnis unkritischen Spezialistentums, begeben sich in das Getto klinischer Selbstbeschränkung und opfern das kritische Potential, das der Psychoanalyse eigen ist: die gesamte menschliche – nicht nur individuelle, sondern auch soziale und historische – Wirklichkeit in ihrer manifesten, sprachgeregelten Form ständig in Frage zu stellen und ihre verdrängten, unausgesprochenen Kehrseiten ans Licht zu ziehen. Aber das ist eine anstrengende, Anfeindungen und Verletzungen ständig ausgesetzte Exponiertheit, und es ist die Frage, ob wir denjenigen schmähen sollen, der zu Zeiten – vor Angst oder Entmutigung – nachläßt, diesen »unmöglichen Beruf« (*Freud*) in reiner Form zu leben.

Die Notwendigkeit der Psychoanalyse für die Sozialarbeit

Es ist zunächst dem Mißverständnis entgegenzutreten, die Psychoanalyse sei als eine übergeordnete, quasi »heilsbringende« Wissenschaft anzusehen, die der Sozialarbeit, zumindest auf therapeutischem Feld, überhaupt erst Legitimation verleihen könne – dies wäre mindestens eine unzulässige Überschätzung, die in baldige Enttäuschung umschlagen müßte. Stattdessen fassen wir ins Auge, wo sich psychoanalytische und sozialarbeiterische Belange überschneiden: in der Selbsterfahrung, in gewissen Aspekten der therapeutischen Methodik, in großen Anteilen der Persönlichkeitstheorie und Psychopathologie. Hier hat die Psychoanalyse auf Grund ihrer längeren Entwicklungsgeschichte allerdings einen Vorsprung aufzuweisen, während eine »Wissenschaft der Sozialarbeit« noch in ihren Anfängen steht.
Selbsterfahrung: Für jeden therapeutisch Tätigen ist die Kenntnis eigener Reaktions- und Verhaltensweisen, einschließlich eigener Konflikte und Störungen, eine unerläßliche Voraussetzung. Persönliche Problemlösungen, die der zukünftige Therapeut in der Selbsterfahrung sucht, sind auch nicht etwa Ausweis seiner Ungeeignetheit, dessen er sich schämen müßte. Es ist im Gegenteil nur auf dem Wege der Durcharbeitung eigener Konflikte möglich, die für Therapietätigkeit vorauszusetzende Empathie zu erwerben oder zu vertiefen: das heißt die psychische Fähigkeit, die persönliche Situation und Gestimmtheit des Anderen mitempfinden, mitvollziehen, sich vorstellen zu können. Empathievorgänge sind keine rationalen Vollzüge, sondern setzen Offenheit gegenüber eigenen Gefühlsreaktionen voraus und den Mut und das Zutrauen, diese auch ernst zu nehmen, wahrzunehmen und für die aktuelle Therapiesituation nutzbar zu machen.
So hinderlich, ja schädlich schwerere psychische Störungen beim Therapeuten für seine Arbeit mit Klienten auch sind, so wichtig ist die Einsicht, daß es nicht die unkompliziertesten Persönlichkeiten sind, die therapeutisch tätig sind. *Schmidbauer* hat vom »Helfer-Syndrom« gesprochen, und in neueren Untersuchungen wird die besondere narzißtische Verletzlichkeit gerade von Psychoanalytikern betont (*Miller*, 1979) – jene Empfindlichkeit und Kränkbarkeit, die untrennbar mit Sensibilität und empathischem Spürsinn für den Anderen verknüpft ist. Störungsanfälligkeit und Wahrnehmungssensibilität erwachsen aus derselben Wurzel.
Selbsterfahrung muß vor allem die unbewußten und verdrängten Anteile der

eigenen Person und ihrer Entwicklung wieder zugänglich machen – und hier empfehlen sich psychoanalytische Methoden, sei es in Form einer Einzelanalyse, sei es in Form der Teilnahme an einer psychoanalytischen Gruppe. Neben der Bearbeitung eigener Störungen oder Symptome geht es hier, vor allem, um die Ausformung, oftmals die Auffindung der eigenen Identität. Erst die Kenntnis der eigenen Person, des eigenen Selbst und seiner Grenzen und Begrenzungen schafft die Möglichkeit, den Anderen als selbständige Persönlichkeit zu erkennen, zu respektieren. Die Verzichtleistung auf eigene Größenideen ermöglicht es, auch den Klienten nicht mit unerfüllbaren Hoffnungen und Forderungen zu überfallen und zu vergewaltigen – die bei ihrem Scheitern rückwirkend beim Therapeuten wiederum zu Enttäuschung und Entmutigung führen müssen.

Persönliche Identität bedeutet also nicht zum geringsten die Anerkennung der eigenen psychischen und beruflichen Begrenzungen; erst auf dieser Erkenntnisbasis sind Grenzerweiterungen möglich. Daneben steht das Kennenlernen der verschiedenen Gruppen-Identitäten: der eigenen familiären Situation, der Partnersituation, nicht zuletzt auch der Gruppensituation des Arbeitsteams und seines Selbstverständnisses, seiner Kooperationsfähigkeit und ihrer Schwierigkeiten und Grenzen. Schließlich ist eine Kenntnis der gesellschaftlich-sozialen Identität notwendig. Wir müssen wissen, an welchem gesellschaftlichen Ort wir stehen und in welcher Zeit wir leben, um psychische und Verhaltens-Störungen lokalisieren und verstehen zu können. Die Bearbeitung und Infragestellung von Vorurteilen und »Feindbildern«, die im Dienste kollektiver Angstabwehr stehen, spielt eine besondere Rolle – in verfolgten und abgelehnten Minoritäten wird nur zu oft der unakzeptierbare Anteil des eigenen Selbst verfolgt.

Methodik: Es soll hier nicht im einzelnen von den psychoanalytischen »Bestandteilen« der sozialarbeiterischen Therapiemethoden gesprochen werden. Vielmehr sind einige übergeordnete Aspekte zu betonen.

Auch wenn der therapeutisch tätige Sozialarbeiter psychoanalytische Techniken nicht »kopieren« kann oder soll, wird er sich einige von der Psychoanalyse entwickelte Grundlagen zunutze machen können. Der stärkere Bezug zur sozialen Realität, zu handfesten sozialen Notlagen erfordert zweifellos sehr viel »direktere« Einwirkung: direkte Ratschläge, materielle und organisatorische Hilfestellungen – die der Psychoanalytiker nicht gibt – sind meistens vonnöten. Trotzdem ist die Beachtung und Erkennung von Übertragung und Gegenübertragung in der Therapeut-Klient-Beziehung dringendes Erfordernis. Der Sozialarbeiter setzt seine Kenntnis der gesetzmäßig auftretenden Übertragungsäußerungen des Klienten methodisch ein: so ist etwa die Akzeptierung materieller Hilfeleistung oder von Beratungsangeboten bei unangesprochenen und unbearbeiteten Widerständen, die sich z. B. aus einer konflikthaften Vaterübertragung des Klienten auf seinen Therapeuten ergeben, zum Scheitern verurteilt. Eine unbewußt bleibende, etwa besonders zur Idealisierung oder auch mütterlichen »Overprotection« des Klienten neigende Gegenübertragung kann ebenfalls zum Scheitern der therapeutischen Zusammenarbeit führen. Ein Ausweg aus solchen therapeutischen Sackgassen kann nur darin liegen, auf der Basis von eigener Selbsterfahrung die Methodik des

Ansprechens, Problematisierens, Bearbeitens derartiger – ja zunächst unbewußt und wie unter einem Wiederholungszwang auftretender – Übertragungsphänomene zu beherrschen. Dann wird die Übertragungsbearbeitung sogar zu einem, ja zu dem wirksamsten therapeutischen Mittel, das geeignet ist, den Klienten aus seinen immer wiederholten »Beziehungssackgassen« zu befreien.

Muß der Sozialarbeiter auch seine therapeutischen Aktivitäten viel mehr als der Psychoanalytiker den vorgefundenen Gegebenheiten anpassen, ist die Beachtung der Abstinenz und der Kontinuität doch eine wichtige methodische Voraussetzung, die er mit jenem teilt. Unter Abstinenz verstehen wir die Enthaltung des Therapeuten von persönlichen, intimen, über das therapeutische Arbeitsbündnis hinausgehenden Kontakten mit seinem Klienten. Es ist im allgemeinen eine falsche Hoffnung, durch persönlich-private Kontakte therapeutische Ziele zu erreichen – eine Verunklarung der Übertragungssituation wäre die mindeste, eine passive Abhängigkeit des Klienten – in bestimmten Fällen auch des Therapeuten vom Klienten – eine schwerer wiegende Folge. Hier ist nicht von moralischem Purismus die Rede: es handelt sich nicht um Tabus; wird eine persönliche oder intime Beziehung zwischen Sozialarbeiter und Klienten gewünscht, so sollte dieser Wunsch von der Entscheidung zur Beendigung der therapeutischen Beziehung begleitet sein. Es sei unbestritten, daß in manchen Fällen eine Liebesbeziehung heilsamere Wirkungen ausübt als eine therapeutische. Nur vor Vermischungen beider Beziehungsformen sollten wir uns hüten, sei es als ein bewußter »Etikettenschwindel«, sei es als eine – aus Gegenübertragungs-Schwierigkeiten heraus – vorwiegend unbewußte gegenseitige Abhängigkeit (im modernen Jargon häufig als »clinch« bezeichnet). Supervision – die immer wieder aufzusuchen auch für den Erfahrenen keineswegs eine Schande, vielmehr ein Ausdruck seiner therapeutischen Sensibilität und Gewissenhaftigkeit ist – kann hier Klarheit und Einsicht verschaffen. Es sei nochmals betont, daß es der im klassischen setting arbeitende Psychoanalytiker weitaus leichter hat, die Abstinenzhaltung zu wahren, als der therapeutisch tätige Sozialarbeiter, der »an der Front« der Familie, des Heimes, der Strafanstalt ohne die Möglichkeiten, sich optimale Arbeits- und Gesprächsbedingungen zu verschaffen, steht. Dazu kommt, daß die Klientel des Sozialarbeiters in viel höherem Maße zur Infragestellung und Nichteinhaltung der Abstinenz neigt, ja oftmals auch große »Nähe« dringend braucht (z. B. in der Kinder- und Jugendlichenarbeit). Trotzdem sind wir der Meinung, daß die Übersicht über diese Wünsche, das Erkennen können der Übertragungssituation und der mit ihr einhergehenden Phantasien, eine notwendige – und nicht mit kühler Zurückweisung und Distanzierung zu verwechselnde! – Abstinenz wahren hilft.

Die Kontinuität einer therapeutischen Beziehung versteht sich eigentlich von selbst: geht man eine therapeutische Beziehung ein, formt sich ein »Arbeitsbündnis« heraus, muß, eventuell für einen nur begrenzten Zeitraum, die Verläßlichkeit und Dauerhaftigkeit gewährleistet sein. Gerade bei Beziehungsgestörten ist Kontinuität schon ein wichtiger Heilungsfaktor. Verabredete Zeitpunkte müssen vom Therapeuten verbindlich eingehalten werden, möglichst sollten auf lange Sicht Zeiten und Häufigkeit der Therapiesitzungen feststehen, sie sollten einen feststehenden »Rhythmus« haben. Auch ein gleichbleibender Raum ist dringend wünschenswert. Auch hier wieder soll nicht übersehen werden, daß die Arbeitsbedingungen des therapeutischen Sozialarbeiters oft alles andere als ideal sind – Überlastung, Termindruck, Raummangel, »feuerwehrartiges« Handeln in Notsituationen: alle diese Faktoren können kontinuitätsstörend sein. Aber diese Imponderabilien, die der sozialen Arbeit – anders als der klassischen Psychoanalyse – ein Stück weit immanent sind, befreien uns nicht von der Einsicht, Kontinuität – und das heißt in erster Linie: Beziehungskontinuität (versus diskontinuierliche Unverbindlichkeit) immer anstreben zu müssen, damit ein therapeutischer Entwicklungsprozeß entstehen kann.

Deutungen (Interpretationen) unbewußter Inhalte werden den Sozialarbeiter weniger beschäftigen müssen als den Psychoanalytiker, der sich ihrer fast ausschließlich bedient. Reale Ratschläge und Hilfeleistungen, ja »direkte Suggestion« sind durchaus notwendige und legitime Interventionsmethoden in der therapeutischen Sozialarbeit. Und doch ist es oft hilfreich, Deutungshilfen z. B. für komplizierte Übertragungssituationen, die zu einem Festfahren des Therapieprozesses führen, zu geben. Der Hinweis auf das konflikthafte Grundmuster einer Vater- oder Mutterbeziehung, die sich in der therapeutischen Arbeit mit dem Sozialarbeiter wiederholt und reaktualisiert, bringt entscheidende Fortschritte. Auch hier kann oft Supervision wichtige Fingerzeige geben.

Theorie: Hier können wir uns kurz fassen: die Krankheits- und Persönlichkeitslehre der Psychoanalyse in ihrer Orientierung auf Beziehungen und Beziehungskonflikte erscheint »lebensnah«, der psychischen und sozialen Realität genug entsprechend, um sie ohne Schwierigkeiten auch im sozialarbeiterischen Feld einzusetzen. Ist sie auch ergänzungsbedürftig, sollte sie auch ständig kritisch in Frage gestellt werden, gibt sie doch ein einheitliches und praktisch anwendbares »Gerüst« an die Hand, das die Orientierung beim Blick auf die so häufige Verworrenheit und Rätselhaftigkeit gestörter Verhaltensweisen und ihrer Vorgeschichte erleichtert.

Gegenseitige Kooperation und gegenseitige Schwierigkeiten

Wir kommen zu unserem Eingangsthema zurück: Sozialarbeiter und Psychoanalytiker tun sich nicht immer leicht miteinander, obwohl ihre Arbeitsfelder enge Berührung haben. Der Sozialarbeiter erlebt sich oft gesellschaftlich minder eingeschätzt (und bezahlt!), deklassiert und überfordert. Sein »Fronteinsatz« führt – quasi als auch gegen ihn gerichteter kollektiver Abwehrmechanismus – in den Augen der uneinsichtigen Öffentlichkeit häufig zur Gleichsetzung mit seinen schwergestörten Klienten. Nun ist auch der Psychoanalytiker dieser diffamierenden Fehleinschätzung ausgesetzt – aber es ist nicht zu leugnen, daß sein Einkommensniveau, sein »sozialer Status« in den meisten Fällen höher eingeschätzt wird. Ein Hauptunterschied liegt ferner darin, daß der Analytiker ein langjähriges intensives Training durchlaufen hat, während der therapeutische Sozialarbeiter oft auf eigene Faust einige Theorien und Methoden erwirbt, ohne darauf seine »therapeutische Identität« voll und guten Gewissens gründen zu können.

Diese Situation führt beim Sozialarbeiter oft zu der ablehnenden Haltung gegenüber dem Analytiker, er sei »elitär«, verkenne die soziale Realität, verschließe die Augen vor dem weitverbreiteten psychosozialen Elend, insbesondere der finanziell und bildungsmäßig unterprivilegierten Schichten. Diese Einstellung kann von deprimierenden Schuldgefühlen begleitet sein, nicht genug, nichts gut genug, nichts »richtig« tun zu können – trotz besserer Einsicht.

Der Analytiker dagegen könnte dazu neigen, dem Sozialarbeiter, dem ein im engeren Sinne analytisches Behandlungsarrangement nicht möglich ist, ob seiner »Polypragmasie«, auch seines »ekletischen« Kombinierens verschiedenartiger Methoden den Vorwurf der technisch-methodischen Unsauberkeit zu machen.

Beide Vorwurfshaltungen müssen sich als unberechtigt erweisen und sollten immer auf unbewußte Abwehrkomponenten befragt werden. Es handelt sich um Überbewertungs- und Entwertungsvorgänge, die die Realität beider Berufsbereiche nicht genügend berücksichtigt. Der Sozialarbeiter, in seiner oft unsicheren Identität, ohne ein im Studium vermitteltes verbindliches Theoriegebäude, neigt oft zur Überschätzung und Idealisierung des Psychoanalytikers – die nur zu häufig in ihr Gegenteil, Enttäuschung und Entwertung, umkippt. Der Psychoanalytiker, angefeindet von ärztlichen und psychologischen Kollegen, empfindlich und kränkbar, tendiert dann zum Rückzug, zu starrer »Orthodoxie«, erlebt sich durch die Forderungen der außerhalb seines Behandlungszimmers drängenden Realität verunsichert.

Wenn im vorliegenden Beitrag keine Darstellung der einzelnen Methoden und Störungsformen eingehend erfolgte, muß sich der Verfasser auch fragen, ob er nun Schuldgefühle haben solle, ob er dem sozialarbeiterischen Leser Wesentliches vorenthalten habe – ob er dem Leser, so wie Eulenspiegel, nur den Geruch des Essens statt der ganzen Mahlzeit gegönnt habe. Vielleicht ist das ein typischer Fall für die dem Psychoanalytiker gegenüber dem Sozialarbeiter charakteristischen Schuldgefühle.

Andererseits ist nicht zu leugnen, daß gründliche Aus- und Weiterbildung für den Sozialarbeiter, der therapeutisch tätig werden will oder muß, obligatorisch sein muß. Gefühl und gutes Glück reichen nicht aus. Auch wenn entsprechende Aus- und Weiterbildungsgänge bisher in den Anfängen stehen und den vorhandenen Bedarf nicht entfernt abdecken, muß die Notwendigkeit der Qualifizierung des Sozialarbeiters zum »Sozialtherapeuten« betont werden. Systematische Anleitung durch Psychoanalytiker – die hierdurch auch ihrerseits in ihrer oft mangelnden sozialen Kompetenz gefördert werden – tut not. Das Minimum stellt die Balintgruppen-Arbeit (fallbezogene Gruppenarbeit) und die psychoanalytisch orientierte Supervision dar, zu dem sowohl Sozialarbeiter als auch Analytiker in gemeinsamer Einsicht bereit sein sollten.

Dieter Ohlmeier

Literatur

Aichhorn, A., 1925: Verwahrloste Jugend. Die Psychoanalyse in der Fürsorgeerziehung, Wien – *Erikson, E. H.,* 1965²: Kindheit und Gesellschaft. Deutsch, Stuttgart – *Freud, S.,* 1905: Drei Abhandlungen zur Sexualtheorie. In: Ges. W. V. – *Freud, S.,* 1919: Wege der psychoanalytischen Therapie. In: Ges. W. XII – *Kutter, P.,* 1974: Sozialarbeit und Psychoanalyse, Göttingen – *Miller, A.,* 1979: Das Drama des begabten Kindes. Frankfurt/M. – *Ohlmeier, D./Sandner, D.,* 1979: Selbsterfahrung und Schulung psychosozialer Kompetenz in psychoanalytischen Gruppen. In: *Heigl-Evers, A.* (Hrsg.): Lewin und die Folgen. Die Psychologie des 20. Jahrhunderts, Zürich – *Richter, H. E.,* 1972: Die Gruppe, Reinbek – *Schmidbauer, W.,* 1977: Die hilflosen Helfer, Reinbek. –

→ Abweichendes Verhalten → Sozialpädagogik und Sonderpädagogik → Sozialpädagogik und Therapie → Verhaltensstörungen

Psychosoziale Versorgung

Psychosoziale Versorgung im Widerspruch von Hilfe und Kontrolle

Psychotherapie, Beratung bei Erziehungs-, Partnerschafts- oder berufsbezogenen Problemen, Krisenintervention, psychiatrische Behandlung in ambulanter oder stationärer Form sind verschiedene Dienstleistungen des Systems der psychosozialen Versorgung. Sie beziehen sich auf verschiedene Problemlagen, haben verschiedene institutionelle Organisationsformen und werden von verschiedenen Berufsgruppen getragen oder in unterschiedlichen Mischformen von Multiprofessionalität realisiert. Sie lassen sich deshalb zu einem System zusammenfassen, weil sie auf verschiedene Ausschnitte des gleichen Problemfeldes bezogen sind: psychisches Leiden; sie sind Bestandteile einer spezifischen sozialpolitischen Strategie im Umgang mit psychischem Leiden und seinen gesellschaftlichen Konsequenzen; und sie ergänzen sich teilweise in einer Form, die aus sozialpolitischer Modell-Perspektive idealerweise als lückenlose Versorgungskette angelegt sein sollte.

Die psychosoziale Versorgung gehört zu jenem sozialpolitischen Aufgabenfeld der Erbringung sozialer Dienstleistungen, das sich im Vergleich zu der anderen sozialpolitischen Strategie der Einkommensleistungen in den hochentwickelten kapitalistischen Ländern enorm ausweitet (vgl. *Badura/Gross,* 1976; *Gartner/Riessman,* 1978). Der gesellschaftliche Stellenwert von sozialen Dienstleistungen läßt sich einmal aus einer ökonomischen Perspektive bestimmen: sie werden notwendig, um die Produktivität eines Wirtschaftssystems zu erhöhen etwa über Wissenschaft und Bildung »oder zur Vermittlung, Erhaltung, ›Instandsetzung‹ des Faktors Arbeitskraft (Beratung, Behandlung, Pflege, Rehabilitation)« (*Badura/*

Gross, 1976: 269). Dienstleistungen stehen aber nicht nur unter solchen rein ökonomischen Funktionskriterien, sondern haben auch Funktionen der sozialen Integration in das soziokulturelle System bzw. der sozialen Kontrolle wahrzunehmen. Hierzu zählen verschiedene Sozialisationsangebote, Resozialisierungsprogramme und Maßnahmen der Wiedereingliederung nach einer befristeten gesellschaftlichen Ausgliederung wie im Falle psychiatrischer Patienten, die mit elementaren sozialen Kompetenzen ausgestattet werden, die sie entweder nie besessen haben oder die ihnen im Verlauf einer hospitalisierenden Ausgrenzung aus dem gesellschaftlichen Alltag verloren gegangen sind. Soziale Dienstleistungen liefern soziokulturelle Orientierungen und direkte Hilfen zur Bewältigung der jeweiligen Lebenspraxis. Als Gründe für die steigende Nachfrage nach solchen Dienstleistungen werden genannt: »die zunehmende Unübersichtlichkeit und soziale Heterogenität hochdifferenzierter, -bürokratisierter, -zentralisierter und leistungsorientierter Gesellschaften; zum anderen... die im Verlauf der Industrialisierung eingetretene Schwächung und teilweise Erosion der kulturellen Infrastruktur, der ›kleinen Netze‹, der gewachsenen Lebens-, Stützungs-, Verkehrsformen, der traditionalen Potentiale spontaner Solidarität und soziokultureller Kontinuität« (*Badura/Gross,* 1976: 270). Im wesentlichen der Staat und aus öffentlichen Mitteln bezuschußte private Träger (z. B. die Wohlfahrtsverbände) sind die Träger der Dienstleistungen und erbringen sie in einer Weise, die der Logik staatlichen Handelns untergeordnet sein muß. »Staatliche Dienstleistungsproduktion im Bereich sozialer Dienste ist... als Versuch anzusehen, Schäden zu beheben, die die rapide wirtschaftliche Entwicklung in der kulturellen Infrastruktur hervorgerufen hat und die der Markt selber zu beheben nicht in der Lage ist. Soziale Dienste sind demnach also auch Versuche professionalisierter, monetarisierter Rekonstruktion und Reintegration elementarer sozialer Strukturen und Basisprozesse (gestörte Kommunikation, Motivation und beschädigter Identität)« (*Badura/Gross,* 1976: 270).

Das System der psychosozialen Versorgung ist ein in sich aufdifferenziertes Reaktionsmuster von Dienstleistungen, die deshalb staatlich organisiert und bereitgestellt werden müssen, weil sie vom soziokulturellen System nicht mehr als selbstverständlicher Bestandteil der alltäglichen Organisierung der gemeinsamen Lebenswelt erbracht werden können oder nicht in der Form, die als gesellschaftlich notwendige sich herausgebildet hat. Das System der psychosozialen Versorgung transportiert jedoch über seine Dienstleistungsfunktion auch die der sozialen Kontrolle. Historisch gesehen stand diese Funktion im Vordergrund, als jene institutionellen Strukturen etabliert wurden, die sich noch heute in den psychiatrischen Landeskrankenhäusern erkennen lassen: Die kontrollierende Ausgrenzung von Individuen aus dem gesellschaftlichen Lebensprozeß, die nicht die körperliche und geistige Mindestausstattung für die Erbringung produktiver Arbeitsleistungen besaßen oder diese in einer rücksichtslosen Vernutzung ihres Arbeitsvermögens eingebüßt hatten. Ausgegrenzt wurden auch solche Individuen, die nicht über die geforderten Arbeitstugenden verfügten, die zu einer störungsfreien Einfügung in den Produktionsprozeß notwendig waren. Mit der Durchsetzung der kapitalistischen Produktionsweise und der Etablierung der bürgerlichen Gesellschaft, aber

bereits vorbereitet durch den absolutistischen Staat, haben sich Kriterien gesellschaftlicher Nützlichkeit entwickelt, die in ihrer rigorosen Durchsetzung dazu
führten, daß sich für viele Individuen die Grenzen akzeptierter Normalität so
verschoben, daß sie in ihnen nicht mehr toleriert wurden. Der sich entwickelnde
primäre Lebenszusammenhang der proletarischen Familie war bestimmt von den
Gesetzen der kapitalistischen Produktion. Auf diese hin mußte die eigene Arbeitskraft zugerichtet werden. Die Möglichkeiten für die Unterstützung, Pflege und
Hilfe für solche Individuen, die in den Arbeitsprozeß nicht integrierbar waren bzw.
aus ihm als arbeitsunfähig herausgefallen waren, waren äußerst begrenzt im
Vergleich zur bäuerlichen, handwerklichen oder großbürgerlichen Familie. Der
liberale Staat des 19. Jahrhunderts ist mit dem Problem konfrontiert, daß seine
generelle Strategie der Abwälzung der Belastungen, die im Prozeß der kapitalistischen Entwicklung sich akkumulieren, auf die Betroffenen, an Grenzen stößt. »Mit
der fortschreitenden Auflösung der traditionellen Großfamilien, der dörflichen
Sozialverhältnisse, mit der Mobilisierung der Arbeitskräfte, mit der Zusammenballung der Massen in den neuen industriellen Zentren und Städten, mit der
Unterwerfung auch der Frauen und Kinder unter die kapitalistische Ausbeutung
wird es für die arbeitenden Klassen immer schwieriger, ihre Schwerkranken selbst
zu versorgen, zu pflegen und zu beaufsichtigen« (*Köhler,* 1977, S. 156).
Mit dem Aufbau der Irrenanstalten – schwerpunktmäßig gegen Ende 19. Jahrhundert – trug der Staat dem Faktum Rechnung, daß die Möglichkeiten der Selbsthilfe
nicht mehr ausreichten, um mit den Belastungen fertig zu werden, die der
arbeitenden Bevölkerung aufgeladen wurden (vgl. *Scull,* 1980). Die liberale
Fürsorgepolitik sah in dem Aufbau des Irrenwesens vor allem die Funktion, den
störungsfreien Ablauf des kapitalistischen Produktionsprozesses zu garantieren.
Individuen, die selbst nicht arbeiten können, die Unterstützung und Pflege anderer
bedürfen, deren Arbeitskraft aber verwertet werden soll, müssen unter minimalem
Kostenaufwand aus dem Verkehr gezogen werden. »Bei Personen, die nicht
imstande waren zu leben, ohne die soziale Ruhe und Ordnung zu bedrohen,
verstand man unter Fürsorge im wesentlichen ihre Konzentrierung und Einschlie-
ßung an isolierten Orten sowie ihre Betreuung und Verwaltung unter Bedingungen,
die das nackte Überleben zuließen. Psychiatrische Fürsorge war also untrennbar
mit Repression verbunden« (*Jervis,* 1978: 47). Die ordnungspolitische Aufgabe des
Irrenwesens war der ärztlichen Tätigkeit im Bereich des Irrenwesens sowohl
historisch als auch in der Hierarchie der bestimmenden Kräfte des neuen Anstaltssystems vorgeordnet. Zwar kam es zu Beginn des 19. Jahrhunderts zu einer
Aufteilung der »Rand«-Gruppen in verschiedene Kategorien (z. B. Kranke, Kriminelle, Landstreicher etc.) und zur Etablierung spezifischer Institutionen und
professioneller Zuständigkeiten, doch wird es wohl der historischen Wahrheit nicht
gerecht, in diesem Zusammenhang von einer revolutionären Befreiung der Irren zu
sprechen, die jetzt nur noch unter den wechselnden therapeutischen Paradigmen
einer medizinischen Jurisdiktion stand. Es bleibt weiterhin bei der »strukturellen
Unterordnung der psychiatrischen Irrenfürsorge unter Polizei und Justiz« (*Köhler,*
1977: 163). »Die Psychiater sind keineswegs die bestimmenden Kräfte des neuen

Anstaltssystems. Sie dringen in diese Anstalten ein (und zwar in einem langwierigen und mühsamen Prozeß professionellen Bodengewinns), aber sie beherrschen sie nicht – jedenfalls nicht als Ärzte und nach therapeutischen Gesichtspunkten« (*ebd.*: 161). In ihrer Praxis akzeptierte die Psychiatrie des 19. Jahrhunderts weitgehend den Rahmen liberaler Fürsorgepolitik. »Sie verkommt darüber . . . zu einer reaktionären Verhaltenskunde und zu einer Kunst der Disziplinierung.« Der »ärztliche Blick« ist bestimmt durch den »administrativen Blick« und auch die zunehmende Verwissenschaftlichung der Psychiatrie, die in Anlehnung an die Entwicklung in der allgemeinen Medizin angezielt wird, kann diese subtile Kontamination nicht überwinden: »Jene aus der Armut und Härte der Anstalten geborene disziplinäre Sichtweise und Praxis wirkt vielmehr unter der Decke des neuen Szientismus ungebrochen weiter« (*ebd.*: 169).

Bis in die aktuelle Psychiatriediskussion wirkt die Doppelfunktion des gesellschaftlichen Mandats der Psychiatrie hinein. Wenngleich die »Medizinisierung« psychischer Devianz erhebliche Fortschritte im Vergleich zu den Anfängen im vergangenen Jahrhundert gemacht hat und die Formen der Ausübung des ordnungspolitischen Machtmandats erheblich an sichtbarer repressiver Dramatik abgenommen haben, so bleibt für die sich streng medizinisch verstehende Psychiatrie immer noch der Vorwurf, daß sie Sachwalter der sozialen Kontrolle geblieben ist. Der Vorwurf bezieht sich vor allem auf die Klinifizierung sozialer Kontrolle, die ihre Ausübung sublimer macht, aber ihre Funktion als Teil des psychiatrischen Handlungssystems nicht aufheben könne. Auch heute wird geltend gemacht: »Der Psychiater ist in der Ausübung seines beruflichen Mandats gleichzeitig Arzt und Sachwalter der ›Ordnung‹, denn er vertritt mit seinem angeblich therapeutischen Eingriff sowohl die medizinische als auch die strafrechtliche Ideologie des Sozialgefüges, dessen verlängerter Arm er ist« (*Basaglia/Basaglia-Ongaro*, 1972: 14).

In einer sozialgeschichtlichen Betrachtung der psychosozialen Versorgung (vgl. *Dörner*, 1969; *Blasius*, 1980) ist die in ihr angelegte Funktion sozialer Kontrolle an dem Entstehen der Irrenanstalten unschwer abzulesen. Soziale Kontrolle wird in ihnen manifest in Zwangsmaßnahmen, Stigmatisierung, Ausgrenzung. Doch auf diesen Bereich der psychosozialen Kontrolle ist sie nicht beschränkt. Auch die gesellschaftlich hoffähigen Dienstleistungen der psychosozialen Versorgung, z. B. individualisierte Formen von Therapie und Beratung enthalten den Funktionsmodus der sozialen Kontrolle. Sie versuchen lebensgeschichtlich erzeugte Leidensprozesse in einer Form zu bearbeiten und zu bewältigen, die die Möglichkeit zum Handeln entsprechend geltenden Normalitätsmodellen erzeugen sollen. So geartete Typen von Dienstleistungen der psychosozialen Versorgung werden ohnehin zur sich durchsetzenden neuen verallgemeinerten Kontrollmodalität. Soziale Integration über ein durchgängiges Muster der Psychologisierung sämtlicher Probleme, die sich im gesellschaftlichen Alltagszusammenhang stellen, wird zum neuen Kontrolltypus, der die Segregationspraxis ablöst. Diese sich abzeichnende Zielorientierung für die Funktion psychosozialer Dienste »erlaubt es, auf die ›Lösung‹ durch totalitäre Institutionen und selbst auf deren Surrogate immer mehr zu verzichten, weil heute geschmeidigere und wirksamere, psychologisch funktionierende Kontroll- und Normalisierungsinstanzen diesen Zweck besser erfüllen« (*Castel,* 1976: 187). Die Gründe für diese »Metamorphose« in der Ausübung sozialer Kontrolle sind vielfältig und es verbinden sich in ihr ökonomische, sozialpolitische und verwaltungsförmige Determinanten (vgl. *Scull,* 1980).

Das System der psychosozialen Versorgung vereinigt in sich die jeweils gesellschaftlich notwendigen Formen sozialer Dienstleistungen, auf die der Bürger angewiesen ist, die aufgrund seiner Interessenwahrnehmung meist überhaupt erst geschaffen wurden und die er in gesetzlich geregelter Form einklagen kann. Die psychosoziale Versorgung transportiert über spezifische Dienstleistungen und in der Form ihrer Anwendung aber auch soziale Kontrolle als spezifische ordnungspolitische Systematik, die das Ausbrechen und Herausfallen aus dem geltenden Normalitätshorizont und ihr Auffangen und Reintegrieren zu regeln versucht. Die Analyse des Systems der psychosozialen Versorgung hat diesen meist latenten, aber an vielen Bruchstellen immer auch manifest werdenden Widerspruch herauszuarbeiten. Es ist der Widerspruch zwischen den Bedürfnissen der Betroffenen nach der Überwindung der Bedingungen ihrer Hilfsbedürftigkeit, ihres Leidens und Unbehagens und der institutionellen Bearbeitung dieser Bedürfnisse entsprechend der jeweils systemnotwendigen Befriedung von Bedürfnissen, die über die Möglichkeiten der vorherrschenden gesellschaftlichen Realität hinausweisen.

Defizite in der psychosozialen Versorgung

Die psychosoziale Versorgung in der BRD steht zu Beginn der 70er Jahre unter einem erheblichen Reformdruck. Selbst von ärztlichen Standesvertretern wurde zugestanden, daß sich die psychiatrische Versorgung in einem nicht mehr legitimierbaren Zustand befinde. Die Zustände in den psychiatrischen Landeskrankenhäusern (z. B. deren bauliche Substanz, deren sächliche und personelle Ausstattung, die große Zahl von Fehlplazierungen), die völlig unzureichende Infrastruktur psychosozialer Dienste (z. B. totale Unterversorgung auf dem Lande, das Fehlen von Psychotherapeuten in vielen Stadtteilen, Kleinstädten und auf dem Land, ein unzureichend ausgebautes Beratungswesen) und die unzureichende Ausbildung des ärztlichen und pflegerischen Personals schienen nicht mehr vertretbar und gefährdeten im besonderen auch den Anspruch der ärztlichen Standesvertretungen, die BRD habe das beste aller denkbaren Gesundheitssysteme. Für die psychosoziale Versorgung konnte dieser Anspruch einem internationalen Vergleich nicht standhalten. Im Vergleich zu den investierten Kosten war die Leistungsfähigkeit qualitativ und auch quantitativ völlig unzureichend. Weder unter dem Gesichtspunkt der Dienstleistungsfunktion noch unter dem Kriterium einer funktionsfähigen und nicht zusätzliche Devianz produzierenden sozialen Kontrolle war die Versorgungsstruktur inadäquat.

Zu Beginn der 70er Jahre setzte die Bundesregierung eine Sachverständigen-Kommission ein, die sowohl eine Bestandsanalyse der psychosozialen Versorgung als auch Empfehlungen zur Neuordnung vorlegen sollte. Der »Bericht über die Lage der Psychiatrie in der Bundesrepublik Deutschland – Zur psychiatrischen und

psychotherapeutisch/psychosomatischen Versorgung der Bevölkerung –« (Bundestagsdrucksache 7/4200) wurde 1975 der Öffentlichkeit vorgelegt. Die wichtigsten
Punkte der Mängeldiagnose der Psychiatrie-Enquete waren:

– Im Vorfeld der psychiatrisch-psychotherapeutischen Dienste fehlt die notwendige Infrastruktur, in der Prävention im Sinne von Früherkennung geleistet
  werden könnte, in der erste Hilfs- und Beratungsangebote verfügbar wären und
  die Überweisung in fachgerechte Behandlung erfolgen könnte. Diese Funktionen könnten von paraprofessionellen Personen (z. B. Lehrer, Kindergärtnerinnen, Rechtsanwälten), von professionellen Beratungsdiensten (z. B. dem
  schulpsychologischen Dienst, der Berufsberatung, Beratungsstellen an Gesund-
  heits-, Jugend- und Sozialämtern, Erziehungsberatungsstellen) und vor allem
  auch vom praktischen Arzt wahrgenommen werden. Nur sind solche Dienste
  entweder in viel zu geringer Zahl vorhanden oder für die zu übernehmenden
  Aufgaben unzureichend vorbereitet.

– Die ambulante Versorgung ist völlig unterentwickelt im Vergleich zu dem
  großen Aufwand, der in der stationären Versorgung erfolgt ist. Die gegenwärtigen Träger der ambulanten Versorgung, niedergelassene Nervenärzte und
  Psychotherapeuten, sind sowohl aufgrund ihrer spezifischen professionellen
  Kompetenzen als auch wegen ihrer absolut unausgewogenen territorialen
  Verteilung nicht in der Lage, eine bedürfnisgerechte Versorgung im außerstatio-
  nären Bereich zu gewährleisten. Kritikwürdig ist vor allem die Trennung
  zwischen ambulanter und stationärer Versorgung. Eine Reihe von Einweisungen in die Kliniken wären vermeidbar, wenn eine angemessene Vorsorge,
  Krisenintervention und Beratung stattfinden könnte, und viele Wiedereinwei-
  sungen würden zu vermeiden sein, wenn im ambulanten Bereich intensive
  Nachsorge geleistet werden würde.

– Der Mängelkatalog für den Zustand der stationären Dienste ist besonders lang.
  Hier nur die wichtigsten Punkte: Die psychiatrischen Fachkrankenhäuser sind
  zu groß und unübersichtlich, so daß sie die Gefahr des Hospitalismus beständig
  produzieren; sie sind aus der Lebenswelt zu weit ausgelagert und haben ein viel
  zu hohes Einzugsgebiet; die Verweildauer der Patienten ist zu hoch; die Anzahl
  der Fehlplazierungen ist erheblich; ihre Ausstattung mit Fachpersonal ist
  defizitär; katastrophal ist vor allem der Mangel an Sozialarbeitern und Psychologen; beim Pflegepersonal ist vor allem die Qualifikation mangelhaft.

– Für einige Alters- und Patientengruppen ist die Versorgungssituation besonders
  defizitär: Die Lücken wiegen im kinder- und jugendpsychiatrischen Bereich
  besonders schwer, weil hier durch präventive Maßnahmen und Frühinterven-
  tion spätere Störungen oder Chronifizierungen von Problemverhalten vermindert werden könnten. Die Versorgung alter Menschen ist unzureichend, und
  viele Alte in psychiatrischen Einrichtungen wären durch andere Formen der
  Altenhilfe viel angemessener zu betreuen. Mangelhaft ist im besonderen auch
  die Versorgung von Suchtkranken, sozialen Randgruppen und geistig Behinderten.

– Ein besonderer Mangel der psychosozialen Versorgung ist die fehlende Planung und Koordination der verschiedenen Dienstleistungen. »Stationäre, komplementäre und ambulante Dienste werden von einer Vielzahl voneinander unabhängiger staatlicher, kommunaler, caritativer und privater Träger betrieben. Psychisch Kranke und geistig sowie seelisch Behinderte stehen im Schnittpunkt der Kompetenzen mehrerer großer Verwaltungsbereiche, nämlich der Gesundheitsfürsorge der Sozialhilfe, der Jugendhilfe und der Arbeitsverwaltung. Weder die Träger noch die Verwaltungen haben bislang Koordinationsformen entwickelt, die den besonderen Bedürfnissen dieses großen Personenkreises auch nur in etwa gerecht würden. Dieser Mangel an Koordination stellt ein Kernproblem der gegenwärtigen Versorgung dar« (Psychiatrie-Enquete: 15).

Diese Mängeldiagnose der Psychiatrie-Enquete konfrontiert den Staat als den Träger der psychosozialen Dienstleistungen mit einem buchhalterisch abgefaßten Bericht aller auf dem Niveau administrativ-professionalistischer Rationalität formulierbarer Defizite. Doch dieses Niveau hat seine Grenzen. Aus der Optik und Bedürfnislage des Klienten heraus stellen sich eine Reihe weiterer Probleme bzw. lassen sich die offiziös diagnostizierten Probleme auch anders benennen. Der Sozialwissenschaftler muß noch weitere Mängel der Enquete-Diagnose konstatieren. Am gravierendsten dürfte ins Gewicht fallen, daß in die Enquete fast ausschließlich eine krankheitsbezogene Epidemiologie eingegangen ist und die Vielzahl von Befunden der Sozialepidemiologie psychischer Störungen keine Berücksichtigung gefunden hat. Die Folge dieses Mangels ist, daß dem Zusammenhang zwischen soziostrukturellen Lebenslagen und psychischen Störungen für die psychosoziale Versorgung kein Stellenwert eingeräumt wurde und dies trotz der ausreichend belegten Tatsache, daß für die unteren sozialen Schichten das Erkrankungsrisiko erheblich größer ist als für vergleichsweise privilegiertere Schichten. Dieser systematische Zusammenhang ist in der überwiegenden Mehrzahl der durchgeführten Studien in allen Industrienationen der kapitalistischen Welt ermittelt und auch für die BRD ist dieser Trend bestätigt worden (*Keupp*, 1982 a).

Wenn die Bedürfnisse und Interessen der Endabnehmer von Dienstleistungen der psychosozialen Versorgung auf die durchschnittliche Form ihrer Weitergabe bezogen werden, dann fällt auf, daß sie sehr häufig die Probleme der Menschen in ihrer Alltagswelt unzureichend aufnehmen, daß sie nur eine mangelnde alltagsweltliche Sensibilität haben. Welche Gründe gibt es dafür?

(1) Beratungs- und Therapieeinrichtungen sind in ihrer ökologischen Verteilung weitgehend durch Regulative des Marktes und durch die spezifischen Interessen ihrer Träger bestimmt. Beide Prinzipien garantieren keine Einbindung von psychosozialen Diensten in den Lebenszusammenhang derer, die aufgrund ihrer objektiven Lebensbedingungen einem besonders hohen Belastungsrisiko ausgesetzt sind. Daß für Bevölkerungsgruppen mit einem überdurchschnittlichen Belastungsrisiko die Chance auf eine intensive und auf ihre spezifische Problemlage bezogene Intervention besonders schlecht ist, wird durch epidemiologische Studien ausreichend belegt (vgl. *Gleiss/Seidel/Abholz*, 1973).

(2) Trotz gegenteiliger Beteuerungen sind die meisten Versorgungseinrichtungen nicht bedürfnisorientiert, sondern arbeiten in Bedarfskategorien. Der Bedarf

wird an Kriterien des professionell und administrativ Mach- und Wünschbaren bestimmt. Im innerinstitutionellen Arbeitsprozeß findet dieses Denken seine handlungspraktische Realisierung in den entwickelten Arbeitsroutinen einerseits und in den in sie eingebundenen Therapieorientierungen, die immer schon mit theoretisch-technischer Sicherheit definieren, was Hilfsbedürftigkeit überhaupt nur sein darf. Tendenziell wirken diese Orientierungen als Filter, der die subjektive und objektive Situation des Klienten nur selektiv durchläßt.

(3) Die in institutionellen Normalitätserwartungen der abzuwickelnden Praxis festgelegten Möglichkeiten akzeptabler Formen von Hilfsbedürftigkeit zwingen den Klienten, seine Problemlage institutionengerecht zu stilisieren und zu präsentieren. Im Regelfall übernimmt nicht die Institution die Verantwortung dafür, daß ein problemadäquater Zugang zu den Lebensschwierigkeiten der Klienten gefunden wird, sondern dieser selbst hat sich darum zu kümmern, daß er die positiven Reaktionsmöglichkeiten der Institutionen herausfindet, bei denen er Hilfe sucht. Er hat selbst seine Therapie- und Beratungseignung unter Beweis zu stellen.

(4) Daß der Weg des Hilfesuchens ein Prozeß vielfältigen Erklärens, Definierens, des Selbst- und Fremddefinierens der ursprünglichen Krisensituation ist, der sich in einer spezifischen Form des »Krankheitsverhaltens« niederschlägt (vgl. *Keupp*, 1976), wird meist übersehen. Damit bleibt auch die Möglichkeit ungenutzt, durch die Rekonstruktion der verschiedenen Stadien des Krankheitsverhaltens und der hierdurch erfolgenden institutionengerechten Präparierung der eigenen Problemlage, etwas über die alltagsweltlichen Strukturen des Problemumgangs zu erfahren. In den Institutionen wird meist das präsentierte Problemmuster im Rahmen der jeweils vorherrschenden Krankheitstheorie als Indikator für eine spezifische Störungsform genommen. Daß ein Hilfesuchender und sein Problem eine spezifische »Mikro-Sozialgeschichte« haben, wird in der Regel übersehen. Man macht sich deshalb auch kaum Gedanken darüber, warum viele Menschen den Weg in die Institution gar nicht finden. Dies kann ja immerhin der Fall sein, weil sie in dem sozialen Netzwerk, in das sie integriert sind, nicht-professionelle Hilfe erhalten haben (vgl. *Keupp*, 1982 b) oder weil sie sich nicht vorstellen können, daß ihnen eine Institution Hilfe geben kann, die ihrer Lebenswelt äußerlich bleibt oder als Instanz sozialer Kontrolle wahrgenommen wird.

(5) Innerhalb und zwischen verschiedenen im psychosozialen Sektor tätigen Berufsgruppen regeln sich mehr oder weniger stabile Formen der Arbeitsteilung ein. Der Kampf um Kompetenzen und Zuständigkeiten, um deren Neu- und Umverteilung wird zwar meist unter Berufung auf die Bedürfnisse der Klienten geführt, hat aber seinen eigentlichen Motor in professionellen Interessen. Die so erreichbaren Formen professioneller Arbeitsteilung führen zu einer aspekthaften Zergliederung der Problemsituation des Hilfesuchenden und sie lasten ihm gleichzeitig die für ihn notwendige Synthese der Hilfsangebote auf, denn sein Problem ist ja komplex-ganzheitlich strukturiert und nicht säuberlich geschieden in einen Aspekt für den Arzt, einen für den Psychologen und einen für den Sozialarbeiter.

(6) Die Professionalisierung des Helfens hat spezifische Konsequenzen für das, was an Hilfeleistung angeboten wird (vgl. *Wilkening,* 1978). Sie hat auf dem Hintergrund sozialer Dienstleistungsproduktion sicherlich eine begründbare Notwendigkeit. Doch sind nicht alle Konsequenzen professioneller Hilfeleistungen als unumgängliche Folge dieser Notwendigkeit begründbar. So gibt es den Trend zur Produktion »iatrogener Störungen« überall dort, wo sich professionelle Dienste zu selbstverständlich als die einzig zuständigen und kompetenten Problemlöser anbieten. Durch die Zuständigkeitserklärung für alle Lebensprobleme zerstören professionelle Helfer Selbsthilfemöglichkeiten bei den Betroffenen. Diese trauen sich auch dort keine Kompetenz mehr zu, wo ihre selbstgefundenen Lösungsstrategien jeder professionellen Intervention weit überlegen sein könnten. Die Professionalisierung führt darüber hinaus zu distanzierenden Momenten gegenüber der Alltagswelt der Klienten: »Professionalisierung bedeutet – zum einen – Erwerb von Kompetenz; gegenüber dem diffus-komplexen, eher zufälligen, ungezielten Alltagshandeln gelingt es, ausgewiesene, durch Reflexion, Erfahrung und Training gestützte verantwortbare Zuständigkeiten zu erwerben. Der Erwerb von Kompetenz aber bedeutet zugleich, sich zu spezialisieren auf eine neue und engere Definition des Aufgabenfeldes dem komplexen Alltagsleben gegenüber. Professionelle Kompetenz versichert sich ihrer selbst, indem sie – innerhalb der sie stützenden Theorie-Handlungskonzepte – in eigenen Institutionen eine eigene Sprache und eigene Verhaltensmuster ausbildet und damit unvermeidlich Distanz schafft zu denen, die in ihrer Alltagswelt auf ihre Hilfe angewiesen sind« (*Thiersch* et al., 1977, S. 99). Schließlich bedeutet die Verberuflichung des Helfens auch, daß man sich über spezifische Formen des Hilfeleistens beruflich reproduzieren muß. Tätigkeit im Feld der psychosozialen Versorgung, das gezielte Eingehen auf Probleme anderer Menschen wird zur Einkommensquelle, in der Organisationsform selbständiger unternehmerischer Tätigkeit (als niedergelassener Nervenarzt oder Psychotherapeut beispielsweise) oder als Lohnarbeit. Der daraus resultierende reproduktive Eigennutz fügt sich nicht widerspruchsfrei zusammen mit den Bedürfnissen der Klienten. Es kommt in die Experten-Klienten-Beziehung die Dimension der Instrumentalisierung fremder Bedürfnisse und auch die der Gleichgültigkeit gegenüber dem Arbeitsgegenstand, die eine Qualität von Lohnarbeit ist.

Zusammenfassend läßt sich das bestehende System der psychosozialen Versorgung charakterisieren durch eine mangelnde Integration in den sozialen Lebenszusammenhang derer, die Hilfeleistung brauchen, durch die Dominanz professioneller Interessen über die Bedürfnisse der Klienten und durch eine Zergliederung der alltagsweltlichen Problemlagen durch parzellierte Zuständigkeiten und Kompetenzen der unkoordiniert intervenierenden Institutionen. Ein problemsensibler Zugang zur Lebenswelt der Betroffenen ist dadurch weitgehend verstellt.

Struktur des Systems der psychosozialen Versorgung

In dem gezeichneten Defizitprofil kommen die spezifischen Brüche, Widersprüche und unerfüllbaren Ansprüche eines gesellschaftlichen Teilsystems zum Ausdruck, das in sich verschiedene Interessen zu balancieren hat. Die aufgeführten Defizite sind nur unzureichend begreifbar als Resultate einer falschen Professionalisierung, einer Berufsausübung, die nicht den neuesten wissenschaftlichen Erkenntnissen entspricht, der mangelnden finanziellen Ressourcen oder fehlender sozialpolitischer Steuerung. Das sind sicherlich Faktoren, die häufig einen hohen Stellenwert haben, doch wird jeder monokausale Erklärungsanspruch dem komplexen Zusammenhang nicht gerecht. Dieser wird konstituiert durch die Notwendigkeit der staatlichen Organisierung von sozialen Dienstleistungen. Wie alle sozialpolitischen Maßnahmen stehen sie unter zwei widersprüchlichen Anforderungen: Sie sollen einerseits auf gesellschaftlich produzierte Problemlagen der Bürger Bezug nehmen und deren Bedürfnisse nach Gesundheit, angemessenen Wohnbedingungen etc. befriedigen, sie müssen jedoch andererseits an den Anforderungen und Möglichkeiten des gesellschaftlichen Akkumulationsprozesses orientiert sein. Eine widerspruchsfreie Berücksichtigung beider Bedingungen ist kaum erreichbar. Der staatliche Handlungsträger hat deshalb immer wieder nach vermittelnden Lösungen zwischen divergierenden Interessen zu suchen und dies geschieht durch die Definition von Problemlagen und deren Bearbeitung nach Formprinzipien staatlichen Handelns (vgl. *Wolff,* 1978).

Hinzu kommen allerdings noch weitere vermittelnde Instanzen, die in relativer Autonomie von staatlicher Lenkung und nach ihrer eigenen Organisationslogik Versorgungsleistungen produzieren. Das Gesundheitswesen ist ein solches gesellschaftliches Teilsystem, das sich in relativer Autonomie entsprechend dem jeweils erreichten Kräfteverhältnis der beteiligten Interessengruppierungen entfaltet. Das Gesundheitswesen bündelt ein komplexes Geflecht von Einzelinteressen, die oft auch in ihrer Resultante im Widerspruch stehen zu dem Auftrag der Dienstleistungsproduktion. Das Beispiel des Kostendämpfungsgesetzes (1977) zeigt, daß der Staat an solchen Punkten gezwungen ist, in den Verteilungskampf der Einzelgruppen (z. B. Standesorganisation der Ärzte, Krankenkassen, Kommunen) einzugreifen. Was der Staat als Ziel formuliert, nämlich die Produktion notwendiger Dienstleistungen wird von den Dienstleistungsproduzenten als Mittel zum Zweck instrumentalisiert. »Insgesamt hat also das Gesundheitswesen im Kapitalismus nicht die Produktion von Dienstleistungen, d. h. von therapeutischen und pflegerischen Leistungen, sondern die Produktion von Renditen und Profiten für die Industrie und für eine Reihe parasitärer Einrichtungen und Berufssparten zum eigentlichen Ziel. Die Produktion von therapeutischen und pflegerischen Leistungen ist das Mittel zum Zweck, wird aber fälschlicherweise als Ziel dargestellt« (*Jervis,* 1978: S. 37). Die psychosoziale Versorgung als Teilsystem des Gesundheitswesens reproduziert in sich all deren Strukturen.

Das System der psychosozialen Versorgung ist für den, der von ihm spezifische Dienstleistungen wünscht, nur über das Durchlaufen spezifischer gesetzlich fixierter Prüfstationen zugänglich. Können Tatbestände geltend gemacht werden, die ein Aktivwerden spezifischer Dienste nach geltendem Recht möglich machen oder erfordern, dann können Leistungen beansprucht werden. In einer Vielzahl von Förderungs- und Maßnahmegesetzen ist festgelegt, unter welchen Bedingungen man spezifische Leistungen beanspruchen kann. Dies hat eine Verrechtlichung von Problemlagen zur Folge. Die spezifische Situation eines Klienten muß entsprechend den gesetzlich fixierten Regeln rechtlich typisiert werden. Die »Bedürftigkeit«, die »drohende Gefährdung«, die »Arbeitsunfähigkeit« etc. müssen in der vorgeschriebenen Weise diagnostiziert werden, damit öffentliche Mittel zur Durchführung einer Beratung, Therapie oder Rehabilitation abgerufen werden können (vgl. *Riedmüller,* 1978; *Kühn,* 1978). Die Alltagsroutinen der verschiedenen psychosozialen Dienste, ihre Vollzugswirklichkeit, ist in einem hohen Maße durch jene Typen von Maßnahmen festgelegt, die in diesen Diensten vorherrschen.

Ein entscheidendes Merkmal der Finanzierungsquellen von Dienstleistungen in der BRD ist darin zu sehen, daß sie fast ausschließlich nur »fallbezogen« ausgeschöpft werden können. Vor allem die RVO-Leistungen, die das Hauptkontingent von Dienstleistungen im psychosozialen Bereich ausmachen, fordern eine Aussage über den Krankheitszustand des einzelnen. Das »medizinische Modell« der Psychopathologie, das Faktoren im Zusammenhang mit psychischem Leiden nur insoweit akzeptiert wie sie dem einzelnen zurechenbar sind (vgl. *Keupp,* 1972; 1979), findet in der Finanzierungsgrundlage von psychosozialen Dienstleistungen seine stabilste paradigmatische Grundlage. Die fast vollständige Vernachlässigung von präventiven Maßnahmen im System der psychosozialen Versorgung der BRD ist ein Resultat der vorhandenen Finanzierungsmöglichkeiten von Dienstleistungen. Das BSHG läßt über den dehnbaren Begriff »von Behinderung bedroht« einige Ansatzpunkte im Bereich der sekundären Prävention und Rehabilitation (z. B. Kriseninterventionszentren, therapeutische Wohngemeinschaften, beschützende Werkstätten, Laienhelfergruppen), die nicht so vollständig dem Diktat der Krankheitsdefinition unterworfen sind, wenngleich die dadurch erreichbaren Spielräume nur minimale Ansätze zu gruppen- und zielbezogener Arbeit zulassen. Die Pauschalfinanzierung von Diensten ist noch immer die Ausnahme, wenngleich einige sozial-psychiatrische Dienste und Beratungsstellen (etwa bei Gesundheitsämtern) auf dieser Grundlage arbeiten können. Doch hier handelt es sich um heftig befehdete Einzelmodelle.

Zusammenfassend läßt sich sagen, daß die Dienstleistungen des Systems der psychosozialen Versorgung über eine Verrechtlichung von Problemlagen, durch eine bürokratische Form der Administrierung von Maßnahmetypen und durch eine ökonomische Steuerung von Tätigkeiten verabreicht werden, die präventive Maßnahmen erheblich erschweren und die im Falle psychischer Krisen und Leidenszustände eine spezifische Problempräsentation erfordern. Die auf der Ebene der Arbeitsweise von einzelnen Diensten benannten Defizite sind nur zu einem geringen Maße den dort tätigen Personen und Berufsgruppen anzulasten, sondern erklären sich weitgehend aus den allgemeinen Formierungsprinzipien der psychosozialen Versorgung.

Psychisches Leiden und seine gesellschaftliche Bearbeitung als Karriereprozeß

Psychische Störungen entfalten sich nicht naturgeschichtlich. Ihr Verlauf hängt ganz wesentlich von ihrer gesellschaftlichen Bearbeitung ab. Im Zusammentreffen von individuell jeweils spezifischen Kombinationen biologisch und biografisch bedingter Reaktionsdispositionen einerseits und belastenden Lebensereignissen in verschiedenen Bereichen der gesellschaftlichen Produktion und Reproduktion andererseits, liegt ein Potential für vielfältige Formen von Lebensproblemen, Krisen, Kompetenzverlust, Behinderung, Leiden. Die Anwendung der Labeling-Perspektive auf psychische Störungen hat gezeigt, daß die Form der gesellschaftlichen Reaktion auf psychische Krisen (primäre Abweichung) wesentlich bestimmt, wie sie sich entwickeln, z. B. in den alltäglichen sozialen Netzwerken »normalisiert« werden oder dramatisiert zum Anlaß für den Ausschluß aus dem sozialen Alltagszusammenhang werden können. Der Verlauf einer psychischen Leidensphase wird nicht aus einer inneren Dynamik des Leidens selbst determiniert, sondern wird ganz entscheidend durch die spezifische gesellschaftliche Bearbeitung strukturiert (vgl. *Keupp*, 1976; *Perruei/Targ*, 1982). Das System der psychosozialen Versorgung stellt eine Reihe von gesellschaftlichen Bearbeitungsmustern bereit, die in ihrem Zusammenwirken mit nicht-professionalisierten lebensweltlichen Reaktionsformen den Karriereverlauf bestimmen. Wenn psychische Störungen in einem Prozeß der sozialen Konstruktion von Wirklichkeit zu der sozialen Lebensform erst werden, in der man ihnen jeweils begegnet, dann läßt sich immer danach fragen, an welchen Punkten eines Karriereprozesses darüber entschieden wurde, welchen weiteren Verlauf er nehmen würde; was es an diesen Punkten jeweils für Alternativen gab und welche Gründe dafür ausschlaggebend waren, daß eine der Alternativen zur Realisierung kam.

In einem »Prozeß-Karriere-Modell« haben *Forster/Pelikan* (1977) die wesentlichsten Komponenten für die Entstehung und Bewältigung psychischer Störungen zusammengefaßt. Dieses Modell enthält folgendes konzeptuelle Raster:

- Karrierestufen: Idealtypisch betrachtet lassen sich psychische Störungen in ihrem jeweiligen Erscheinungsbild und bezogen auf spezifische Interventionsanforderungen als hierarchisch geordnete Sequenz von Karrierestufen darstellen.
- Karriereentscheidungspunkte: Die Karriere kann alternative Verläufe nehmen (sie kann fortschreiten, sie kann aber auch rückgängig gemacht werden). Die Entscheidung über den Verlauf ist abhängig von Steuergrößen, über die die betroffene Person oder andere Personen bzw. Institutionen verfügen. Je weiter die Karriere fortgeschritten ist, desto geringer ist der Einfluß der Person gegenüber externen Kontrolleinflüssen.
- Karrieredeterminanten: Personen- und situationsspezifische Entstehungs- und Bewältigungsmöglichkeiten von inneren und äußeren Einflüssen bestimmen die Karriere. Je verletzlicher eine Person aufgrund genetischer und lebensgeschichtlicher Bedingungen ist, desto eher können Lebensereignisse zu Auslösern oder Verstärkern einer Karriere werden. Für die Bewältigung belastender Ereignisse ist die jeweilige Kapazitätsstruktur der Person ausschlaggebend. Diese Kapazi-

tätsstruktur sind die »körperlichen, psychischen und sozialen Kompetenzen« und die »spezifische Verfügung über universelle Ressourcen materieller, symbolischer und personeller Art in der handlungsrelevanten Situation« (*Forster/ Pelikan,* 1977: 30). Wenn die persongebundenen Bewältigungsmöglichkeiten nicht ausreichen, um mit belastenden Lebensereignissen fertigzuwerden, dann hängt der Verlauf der Karriere entscheidend von dem gesellschaftlichen Dienstleistungsangebot ab. »Je differenzierter, adäquater, bedürfnisgerechter und zugänglicher die gesellschaftlichen Ressourcen und Möglichkeiten für eine Person sind, desto größer ist die Wahrscheinlichkeit, daß ein kritisches Ereignis erfolgreich bewältigt werden kann« (ebd.: 30).

– Karrieredynamik: Im Unterschied zu einem mechanistischen Kausalmodell ermöglicht das Karrieremodell auch Aussagen über die sich im Verlauf einer Karriere verändernde Kapazitätsstruktur und Verletzlichkeitsfaktoren. Je länger man auf einer bestimmten Karrierestufe bleibt, desto größer ist die Wahrscheinlichkeit einer weiteren Verschlechterung der Lage der betroffenen Person. So kann es zu neuen Empfindlichkeiten oder zu einem fortschreitenden Kompetenzverlust (z. B. Hospitalisierungseffekte) kommen, die verfügbaren Ressourcen können sich verringern, ebenso die gesellschaftlichen Toleranzgrenzen, und schließlich kann der Einfluß sozialer Kontrolle die persönlichen Steuerungsmöglichkeiten der eigenen Karriere immer vollständiger verdrängen.

– Interventionsstrategien: Für jede Karrierestufe sind spezifische Interventionsstrategien zu bestimmen, die in der Lage sein könnten, Bewältigungsversuche der Betroffenen einzuleiten und zu unterstützen. Je nach Karrierestufe sind solche Interventionen eher alltagsweltliche Unterstützung, Solidarität und Hilfe, Krisenintervention, gezielte Therapie, Rehabilitation oder kompensatorische Versorgung.

In Abb. 1 wird das Karrieremodell schematisch dargestellt.

Das idealtypisch konstruierte Karrieremodell bedarf der inhaltlichen Konkretisierung, um die spezifischen Leidensprozesse und deren gesellschaftliche Bearbeitung in einem sozialen System bestimmen zu können. *Forster* und *Pelikan* versuchen deshalb in einem nächsten Schritt typisierte Karriereverläufe in spätkapitalistischen Gesellschaften aufzuzeigen. In Abb. 2 ist dieser Schritt in einem weiteren Schema festgehalten. Sie gehen dabei von folgender Annahme aus: »Als wesentlichste Determinanten von individuellen und kollektiven Lebensschicksalen – und damit auch von Karriereverläufen psychischer Störungen – werden für spätkapitalistische Gesellschaften die Klassen/Schichtstruktur und die Interventionen des politisch-administrativen Systems postuliert, welche ihrerseits von den dominanten Produktions- und Reproduktionsbedingungen konstituiert werden und wechselseitig in vielfältiger Weise interagieren« (ebd.; S. 35).

Das von *Forster* und *Pelikan* entwickelte Modell ist zentriert auf einen idealtypischen Karriereverlauf (Prozeßebene), der sich unter Bezugnahme auf die Möglichkeiten und Interventionen des Versorgungssystems in spezifischer Weise entwickeln kann. Es nimmt in den Vorstufen des Karriereprozesses vor allem auf die

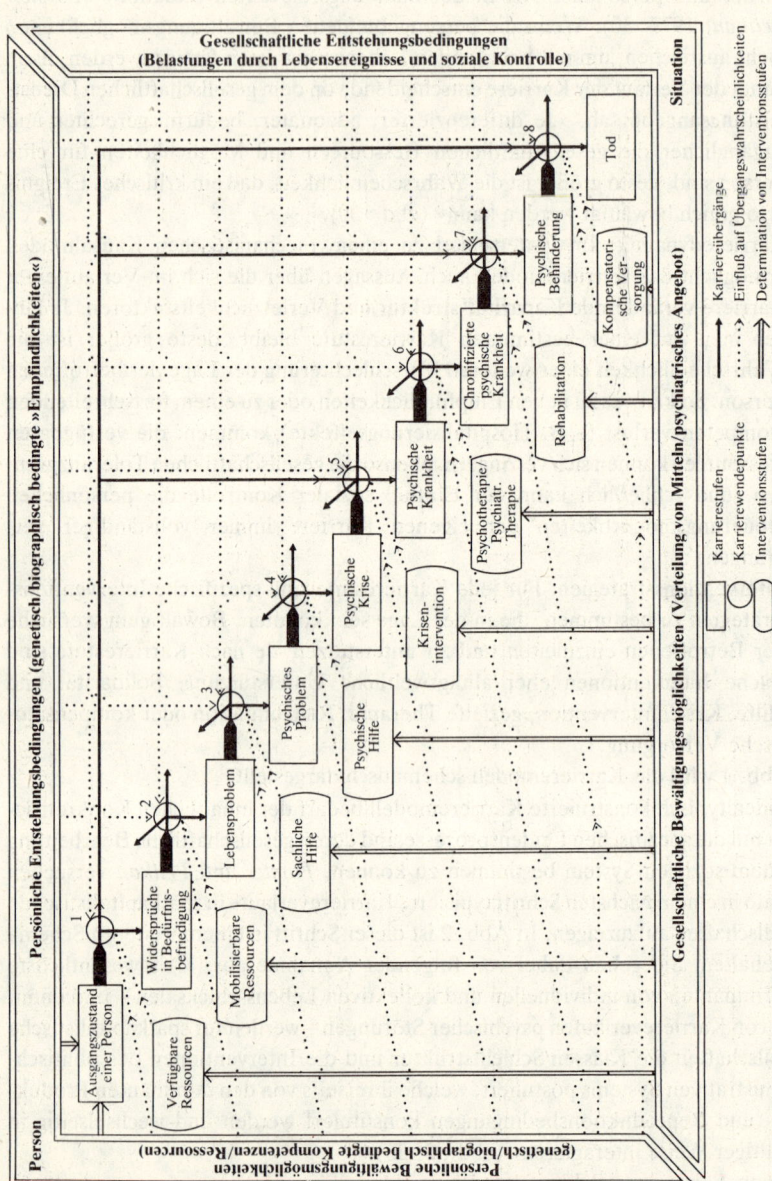

Abb 1: Stufen und Entscheidungspunkte eines Karrieremodells psychischer Störungen und prinzipielle Interventionsstufen eines bedarfsgerecht differenzierten Versorgungssystems. (Nach Forster & Pelikan, 1977, S. 32/33)

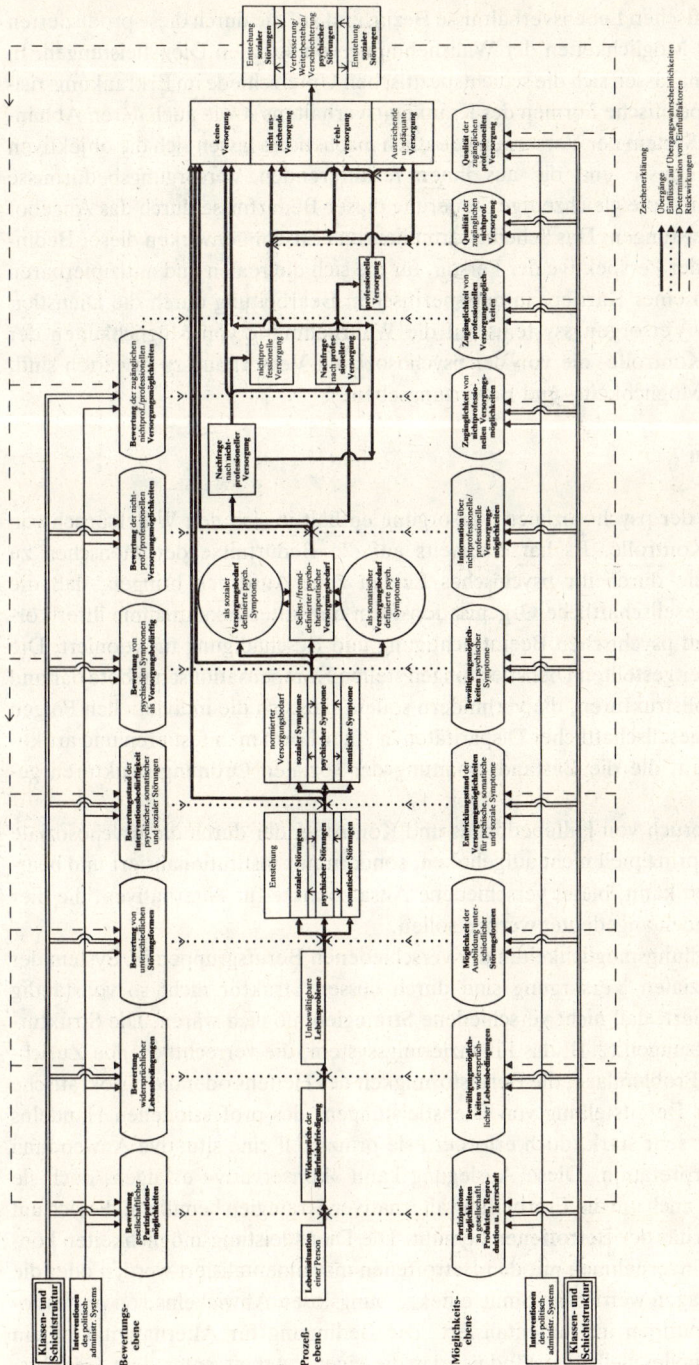

Abb 2. Klassen/Schichtstruktur und politisch-administrative Interventionen als Determinanten der Eintrittsmöglichkeiten in eine psychotherapeutische Versorgungskarriere. Rückwirkungen des Karriereverlaufs auf die Einflußfaktoren und damit auf die zukünftige Karriere. (Forster & Pelikan, 1977. S. 36/37)

schichtspezifischen Lebensverhältnisse Bezug und auf die durch diese produzierten Risiken und Möglichkeiten der Wahrnehmung von sozialen Dienstleistungen. In dieses Schema lassen sich die schichtspezifischen Unterschiede im Erkrankungsrisiko, schichtspezifische Formen des Krankheitsverhaltens sowie auch deren Abhängigkeit vom System der Versorgung deutlich machen. Es lassen sich die objektiven Lebensverhältnisse und die aus ihnen resultierenden Versorgungsbedürfnisse bestimmen und die gleichzeitige Steuerung dieser Bedürfnisse durch das Angebot von Dienstleistungen. Das Schema formuliert das Zusammenwirken dieser Bedingungen aus der Perspektive der Person, für die sich die realen und antizipierbaren Erfahrungen einer Karriere in der spezifischen Bearbeitung durch die Dienstleistungen des Versorgungssystems auf die Wahrnehmung von Möglichkeiten der Hilfe bzw. Kontrolle, die von der psychosozialen Versorgung zu erwarten sind, auswirken (Möglichkeits- und Bewertungsebene).

Perspektiven

Das System der psychosozialen Versorgung enthält in sich den Widerspruch von Hilfe und Kontrolle. Es hat einerseits auf die Bedürfnisse der Menschen zu reagieren, die durch ihr psychisches Leiden zum Ausdruck bringen, daß die spezifische gesellschaftliche Organisationsform nur unter Inkaufnahme ihrer körperlichen und psychischen Beeinträchtigung und Beschädigung funktioniert. Die staatlich bereitgestellten Dienstleistungen stellen Kompensationsangebote dar und auch Kontrollstrukturen, die verhindern sollen, daß sich die individuellen Folgen und Kosten gesellschaftlicher Disparitäten in einer Form manifestieren und artikulieren können, die die Bestandserhaltung der sozialen Ordnungsstrukturen gefährdet.

Der Widerspruch von Hilfebedürfnis und Kontrolle, der durch die psychosoziale Versorgung prinzipiell nicht aufgehoben, sondern nur institutionalisiert und bearbeitet werden kann, bietet verschiedene Ansatzpunkte für Alternativen, die hier wenigstens noch angedeutet werden sollen.

(1) Die Handlungsmöglichkeiten der verschiedenen Berufsgruppen im System der psychosozialen Versorgung sind durch dessen Struktur nicht so vollständig determiniert, daß nicht verschiedene Strategien möglich wären. Die Strukturvoraussetzungen (z. B. das Finanzierungssystem, die verrechtlichende Zurichtung von Problemlage, die Berufsförmigkeit des Helfens oder die bürokratische Form der Bereitstellung von Dienstleistungen) des professionellen Handelns sind zwar sehr stark, doch erfordern sie prinzipiell eine situative Anwendung und Interpretation. Diese Auslegung kann »konservativ« erfolgen, doch sie kann sich auch um die Erarbeitung alternativer Strategien bemühen, die sich um die Integrität der Betroffenen bemüht. Die Dienstleistungsmöglichkeiten können im Einvernehmen mit den Betroffenen instrumentalisiert werden oder die Problemlagen werden im Sinne eines reibungslosen Abwickelns von professionellen Routinen instrumentalisiert. Die Bedingung für Alternativität ist ein professionelles Selbstverständnis, das die eigene Arbeit unter dem Gesichts-

punkt der Bedürfnisse der Betroffenen einer beständigen Prüfung unterzieht und auch die Bereitschaft enthält, sich entwickelnde Routinen und technologische Handlungsmuster zu revidieren (vgl. *Keupp*, 1978). Da dieser Prozeß der Überprüfung der eigenen Tätigkeit nicht als Leistung von einzelnen erwartet werden kann, die sich irgendeinem abstrakten kategorischen Imperativ unterwerfen, muß sich dieser Prozeß im Rahmen organisierter Kollektivität entfalten. Wenig geeignet sind dafür berufsständische Organisationen, die trotz gegenteiliger Beteuerungen letztlich die Funktion der Vertretung professioneller Eigeninteressen zu erfüllen haben. Es wäre an gewerkschaftliche Organisationsformen zu denken oder an eine Vereinigung, die multiprofessionell zusammengesetzt ist, sich unter inhaltlichen Tätigkeitsperspektiven konstituiert und den Erfahrungsaustausch der isoliert verlaufenden Erfahrungsprozesse organisieren kann (ein Beispiel: Die »Deutsche Gesellschaft für Soziale Psychiatrie«).

(2) Das System der psychosozialen Versorgung steht gegenwärtig in der Bundesrepublik unter einem Wandlungsimperativ. Die bestehenden Strukturen sind unzureichend – in quantitativer und qualitativer Hinsicht. Die Diagnose der Psychiatrie-Enquete hat hier ein unübersehbares Zeichen gesetzt. Bei der Frage der institutionellen Alternativen hat sich in der Expertenkommission die Position eines expansiven Professionalismus mit der eines bürokratisch-administrativen Kontrollinteresses vereinigt. Zwar werden als wichtige Prinzipien der neu zu schaffenden Versorgungsdienste die »Gemeindenähe«, die Notwendigkeit von Prävention und die umfassende Versorgung betont, doch ebenso die Prinzipien der bedarfsgerechten Versorgung und Koordination der Versorgungsdienste. Man sucht in der Enquete vergebens nach einer Analyse der gesellschaftlichen Lebensbedingungen, die zum Entstehen spezifischer Gesundheitsbedürfnisse führen, die man jedoch kennen muß, um eine bedürfnisgerechte Versorgung aufbauen zu können. Die »Dominanz der Experten« und deren professionelles Wissen wird dem psychischen Leiden als spezifischer Verarbeitungsmechanismus systematisch vorgeschaltet. Die Psychiatrie-Enquete repräsentiert das Modell einer Psychiatrisierung aller Lebensbereiche, ohne daß die strukturellen Widersprüche, die psychisches Leiden gesellschaftlich produzieren, in der Analyse einen Stellenwert hätten. Die Psychiatrie-Enquete versucht die psychiatrische Versorgung für sozialpsychiatrische Konzepte und Modelle zu öffnen und folgt damit einem internationalen Trend, doch sind diese sozialpsychiatrischen Ansätze zunächst kaum mehr als der Versuch, die Versorgungskette noch lückenloser zu organisieren und vor allem die Infrastruktur im ambulanten Bereich zu verbessern, in dem bislang durch die allein vorherrschenden niedergelassenen Nervenärzte die größten Versorgungslücken entstanden waren.

Sozialpsychiatrie als Teil einer umfassenden Psychiatrisierungstendenz, als die moderne und »weichere« Form der sozialen Kontrolle, ist die eine Entwicklungslinie (*Castel*, et al., 1982). Dagegen steht das Prinzip der Selbsthilfe, das den Gedanken der Selbstorganisation der Betroffenen enthält. Der Selbsthilfegedanke wird sowohl durch den Verweis auf vielfältige praktische Ansätze vor allem in den USA popularisiert, doch auch durch erste positive Ansätze, die auch in der BRD zu verzeichnen sind (vgl. *Moeller, 1978; Kickbusch/Trojan*, 1981). Der Selbsthilfeansatz wird allerdings noch weitgehend von Professionellen unter sich diskutiert und dort, wo er in die Praxis führt, sind es auch meist professionelle »Gesundheitsarbeiter«, die die Anregung geben und (zumindest verkappte) Supervisionsfunktionen übernehmen. Trotz dieser nicht zu leugnenden Probleme steckt in der Diskussion um die Möglichkeiten der Selbsthilfe doch der wichtige Gedanke, daß die Betroffenen aus der Kontrolle und Abhängigkeit professioneller Handlungsmuster zu einer eigenen Formulierung ihrer Problemlage und Bedürfnisse gelangen sollten. Ebenso wird in der Diskussion über Selbsthilfemöglichkeiten die Frage thematisiert, wie man ein passives Konsumentenverhalten gegenüber Versorgungsdiensten aufbrechen und die notwendigen sozialen Dienstleistungen unter die Kontrolle der Betroffenen bringen kann. Dafür gibt es durchaus realistische Ansatzpunkte. Beispielsweise durch die Stärkung von Selbstverwaltungselementen in der Sozialversicherung und einer auf konkrete Lebenslagen bezogenen Leistungserbringung gegenüber einem inhaltsabstrakten Maßnahmeprinzip (vgl. dazu *Standfest* et al., 1977; *Badura/Gross*, 1976).

Notwendig ist eine generelle Skepsis gegenüber dem Versorgungsgedanken, der sowohl in der Kontinuität der liberalen Fürsorgepolitik steht als auch den wohlfahrtsstaatlichen Quietismus transportiert. Jedenfalls enthält er kaum Ansatzpunkte für die Vorstellung des aktiven Bürgers, der seine Probleme aus dem Bewußtsein der kollektiven Betroffenheit mit anderen zusammen aufnimmt und an ihrer Lösung beteiligt ist und sie kontrolliert.

(3) Für die »demokratische Psychiatrie« in Italien (vgl. *Jervis, 1978; Simow*, 1981, *Hartung*, 1981) gilt die Formel »Psychiatrie als Politik«. In dieser Bewegung wird der Zusammenhang zwischen der spezifischen Verfassung der kapitalistischen Gesellschaft und dem, was in der psychosozialen Versorgung zu tun ist, untersucht und politisch aufgenommen. Man geht von der Einschätzung aus, daß eine Gesellschaft, die die Vernutzung menschlicher Arbeitskraft als Prinzip hat, die Psychiatrie braucht, um solche Menschen gesellschaftlich zu isolieren, »auszuschließen«, die sich der Rationalität kapitalistischer Ökonomie nicht mehr einfügen können oder wollen bzw. die Mindestausstattung für den Produktionsprozeß nicht besitzen. Die Psychiatrie ist versehen mit dem gesellschaftlichen Machtmandat. Eine abstrakte Ablehnung dieses Machtmandats im Sinne der englischen Antipsychiatrie halten die Vertreter der »demokratischen Psychiatrie« für politisch fragwürdig, weil das die Funktion der Psychiatrie in ihrem Kern nicht in Frage stellen kann, sondern bestenfalls zu einigen außerinstitutionellen »Inseln« führen würde (*Bopp*, 1980). Die »demokratische Psychiatrie« verbindet sich in ihrer Arbeit mit den Kämpfen der Arbeiterbewegung und sieht darin die einzige Chance, die Psychiatrie als Instrument sozialer Kontrolle aufzulösen. Sie bezieht sich ein in die Betriebskämpfe, und die gewerkschaftlichen Forderungen nach arbeitsplatzbezogenen Verbesserungen können als Prävention in einem sehr fundamentalen Sinne verstanden werden.

Die »demokratische Psychiatrie« beschränkt sich nicht auf einige sozialpsychiatrische Modellversuche im ambulanten Bereich, sondern sie arbeitet an der Auflösung der psychiatrischen Krankenhäuser und bringt die Probleme der Ausgeschlossenen zurück in die gesellschaftlichen Auseinandersetzungen. Sie tut das nicht nur in einer abstrakt politischen Weise, sondern sehr konkret ansetzend an den Problemen der Patienten, an deren Bedürfnissen nach menschenwürdigem Wohnen und Arbeiten. Sie tut das mit der Perspektive der Negation der Psychiatrie über eine Negation der gesellschaftlichen Bedingungen, die die Psychiatrie als Institution notwendig machen.

Heiner Keupp

Literatur

Badura, B./Gross, P., 1976: Sozialpolitische Perspektiven. Eine Einführung in Grundlagen und Probleme sozialer Dienstleistungen, München – *Basaglia, F./Basaglia Ongaro, F.*, 1972: Die abweichende Mehrheit. Die Ideologie der totalen sozialen Kontrolle, Frankfurt/M. – *Bopp, J.*, 1980: Antipsychiatrie. Theorien, Therapien, Politik, Frankfurt/M. – *Castel, R.*, 1976: Psychoanalyse und gesellschaftliche Macht, Kronberg – *Castel, F./Castel, R./Lovell, A.*, 1982: Psychiatrisierung des Alltags. Produktion und Vermarktung der Psychowaren in den USA, Frankfurt/M. – *Cramer, M.*, 1982: Psychosoziale Arbeit, Stuttgart – *Dörner, K.*, 1969: Bürger und Irre. Zur Sozialgeschichte und Wissenschaftssoziologie der Psychiatrie, Frankfurt/M. – *Dörner, K./Plog, U.*, 1978: Irren ist menschlich oder Lehrbuch der Psychiatrie/ Psychotherapie, Wunstorf – *Forster, R./Pelikan, J. M.*, 1977: Krankheit als Karriereprozeß – Zur Entstehung, Verteilung und Versorgung psychischer Störungen. Österreichische Zeitschrift für Soziologie, Heft 3/4 – *Gartner, A./Riessman, F.*, 1978: Der aktive Konsument in der Dienstleistungsgesellschaft, Frankfurt/M. – *Gleiss, I./Seidel, R./Abholz, H.*, 1973: Soziale Psychiatrie. Zur Ungleichheit in der psychiatrischen Versorgung, Frankfurt/M. – *Hartung, K.*, 1980: Die neuen Kleider der Psychiatrie. Vom antiinstitutionellen Kampf zum Kleinkrieg gegen die Misere, Berlin – *Jervis, G.*, 1978: Kritisches Handbuch der Psychiatrie, Frankfurt/ M. – *Kardorff, E. v./Koenen, E.* (Hrsg.), 1981: Psyche in schlechter Gesellschaft. Zur Krise klinisch-psychologischer Tätigkeit, München/Wien/Baltimore – *Keupp, H.*, 1972: Psychische Störungen als abweichendes Verhalten. Zur Soziogenese psychischer Störungen, München/ Berlin/Wien – *Keupp, H.*, 1976: Abweichung und Alltagsroutine, Hamburg – *Keupp, H.*, 1978: Gemeindepsychologie als Widerstandsanalyse des professionellen Selbstverständnisses. In: *Keupp, H./Zaumseil, M.* (Hrsg.): Die gesellschaftliche Organisierung psychischen Leidens, Frankfurt/M. – *Keupp, H.* (Hrsg.), 1979: Normalität und Abweichung. Fortsetzung einer notwendigen Kontroverse, München/Wien/Baltimore – *Keupp, H.*, 1982 a: Sozialepidemiologie. In: *H. Keupp/D. Rerrich* (Hrsg.): Psychosoziale Praxis – Gemeindepsychologische Perspektiven, München/Wien/Baltimore – *Keupp, H.*, 1982 b: Soziale Netzwerke. In: *Keupp, H./Rerrich, D.* (Hrsg.) – *Keupp, H./Rerrich, D.* (Hrsg.), 1982: Psychosoziale Praxis – Gemeindepsychologische Perspektiven. Ein Handbuch in Schlüsselbegriffen, München/ Wien/Baltimore – *Keupp, H./Zaumseil, M.* (Hrsg.), 1978: Die gesellschaftliche Organisierung psychischen Leidens, Frankfurt/M. – *Kickbusch, I./Trojan, A.* (Hrsg.), 1981: Gemeinsam sind wir stärker, Frankfurt/M. – *Köhler, E.*, 1977: Arme und Irre. Die liberale Fürsorgepolitik des Bürgertums, Berlin – *Kühn, H.*, 1978: Gesellschaftliche Bedingungen der Finanzierung professioneller Gesundheitsleistungen. In: *Keupp, H./Zaumseil, M.* (Hrsg.) – *Moeller, M. L.*, 1978: Selbsthilfegruppen. Selbstbehandlung und Selbsterkenntnis in eigenverantwortlichen Kleingruppen, Reinbek – *Perrucci, R./Targ, D. B.*, 1982: Mental patients and social networks, Auburn House, Boston – Psychiatrie-Enquete, 1975: Bericht über die Lage der Psychiatrie in der Bundesrepublik Deutschland – Zur psychiatrischen und psychotherapeutisch/psychosomatischen Versorgung der Bevölkerung. Bundestagsdrucksache

7/4200, Bonn – *Riedmüller, B.*, 1978: Psychosoziale Versorgung und System sozialer Sicherheit. In: *Keupp, H./Zaumseil, M.* (Hrsg.) – *Scull, A. T.*, 1980: Die Anstalten öffnen? Decarceration der Irren und Häftlinge, Frankfurt/M. – *Simons, T.* (Hrsg.), 1980: Absage an die Anstalt. Programm und Realität der demokratischen Psychiatrie in Italien, Frankfurt/M. – *Standfest, E.* (Projektleistung), 1977: Sozialpolitik und Selbstverwaltung. Zur Demokratisierung des Sozialstaats, Köln – *Thiersch, H./Fromann, A./Schramm, D.*, 1977: Sozialpädagogische Beratung. In: *Thiersch, H.*: Kritik und Handeln. Interaktionistische Aspekte der Sozialpädagogik, Neuwied/Darmstadt – *Wilkening, H. J.*, 1978: Das Psychotherapeut-Patient-Verhältnis als berufliche Beziehung. In: *Keupp, H./Zaumseil, M.* (Hrsg.) – *Wolff, S.*, 1978: Klinisch-psychologische Tätigkeit in sozialpsychiatrischen Institutionen. In: *Keupp, H./Zaumseil, M.* (Hrsg.) . –

→ Gesundheit und Krankheit → Rehabilitation → Partizipation und Selbsthilfe

Randgruppen

Seit Jahren ist ein geradezu inflationärer Gebrauch des Randgruppenbegriffs festzustellen: in soziologischen Ansätzen zur Theorie sozialer Probleme und zu Fragen der sozialen Schichtung, in Theorien über Sozialarbeit wie in Berichten aus der Praxis der Sozialarbeit sowie in politischen Expertisen, insbesondere im Bereich der Sozial- und Jugendpolitik. Der Häufigkeit der Verwendung des Randgruppenbegriffs entspricht keineswegs wachsende Klarheit über seinen Gegenstand; bis heute sind Reichweite, Inhalte und Erklärungswert des Randgruppenbegriffs nicht eindeutig festmachbar, so daß im folgenden eher Entwicklung und Stand der Problemstellung darzustellen sind denn ein einheitlicher Erklärungsansatz.

Innerhalb der Randgruppendiskussion lassen sich grob drei Schwerpunkte unterscheiden. Schon in den sechziger Jahren wurden einzelne soziale Gruppierungen als »Randständige« bezeichnet – oft ohne theoretische Erörterungen, sondern als plausible Charakterisierungen von Problemgruppen. Mit der Zunahme solcher Randgruppen oder besser der Bezeichnung von Gruppierungen als Randgruppen (von Alkoholikern bis Zigeunern) begann man verstärkt, Überlegungen zum Randgruppenbegriff selbst anzustellen, zunächst vorwiegend auf der Ebene von definitorischen Anstrengungen. Erst in den letzten Jahren hat sich der Schwerpunkt der Diskussion darauf verlagert, den Erklärungswert und die reale empirische Basis des Randgruppenbegriffs systematischer zu untersuchen.

Randgruppe und Gesellschaft

Der Beginn der bundesrepublikanischen Randgruppendiskussion wird in der Regel mit *Fürstenbergs* Aufsatz »Randgruppen in der modernen Gesellschaft« (1965)

angesetzt. Er stellt hier den Randgruppenbegriff als Erklärungsversuch für Entwicklungen in der Sozialstruktur moderner Industriegesellschaften vor. Das »»Randgruppentheorem‹ kann dazu beitragen, das zu sehr vereinfachende dichotomische Gesellschaftsbild der Vergangenheit abzulösen, ohne hierbei zu den verschwommenen Auffassungen eines allgemeinen Gruppenpluralismus Zuflucht nehmen zu müssen«. *Fürstenberg* kennzeichnet Randgruppen wie folgt: »Soziologisch bedeutsam sind die relative Ferne zur ›Kerngesellschaft‹ und die damit verbundene Haltung vor allem dann, wenn sie zur Grundlage von Gruppenbildungen werden. Derartige lose oder fester organisierte Zusammenschlüsse von Personen, die durch ein niedriges Niveau der Anerkennung allgemeinverbindlicher sozio-kultureller Werte und Normen und der Teilhabe an ihren Verwirklichungen sowie am Sozialleben überhaupt gekennzeichnet sind, sollen als soziale Randgruppen bezeichnet werden.« Als Entstehungsursachen von Randgruppen bezeichnet er »die verschiedenen Möglichkeiten, den Prozeß der sozialen Integration, der Eingliederung des Individuums in einen vorgegebenen sozialen Zusammenhang, zu stören, zu unterbrechen oder unwirksam zu machen. Dies kann auf vierfache Weise geschehen:
- durch Unwirksamkeit des Sozialisationsprozesses;
- durch Abbau der sozio-kulturellen Persönlichkeit;
- durch Veränderung der für das Individuum richtungweisenden Normen und Werte als Folge sozialen Wandels und sozialer Mobilität;
- durch Kulturkontakte, die das Wertsystem einer Gesellschaft relativieren oder fragwürdig werden lassen«.

Die Kritik an *Fürstenbergs* umfassendem Definitionsversuch läßt sich in drei Punkten zusammenfassen.

Erstens: werden durch die starke Betonung des Gruppenaspekts (»Die Organisationsform der Randgruppen bestimmt wesentlich Art und Ausmaß ihres sozialen Zusammenhalts. Die Skala reicht von der zwanglosen Vereinigung ad hoc bis zur strikten Institutionalisierung«) nur bestimmte Ausschnitte dessen erfaßt, was in den folgenden Jahren als Randgruppenphänomen bezeichnet und zu dessen Charakteristikum oft gerade die Individualisierung und Isolation der randständigen Personen gerechnet wurde.

Zweitens: läßt die Betonung des ›außerhalb des sozialen Zusammenhangs Stehens‹ von Randgruppen die Frage nach dem Charakter dieses sozialen Zusammenhangs, seinen Strukturelementen, unbeantwortet.

Drittens: ist die Aufzählung der Entstehungsfaktoren für Randgruppen weder vollständig, noch bildet sie eine Erklärung der Ursachen von Randgruppenbildung. Einzelne empirische Phänomene werden durchaus plausibel beschrieben, eine systematische Begründung für die Entstehung von Randgruppen und deren Stellung in der modernen Gesellschaft liegt damit jedoch noch nicht vor.

Mit der seit Ende der sechziger Jahre zunehmenden Verwendung des Randgruppenbegriffs in Wissenschaft und Politik werden die als solche bezeichneten Gruppierungen immer zahlreicher und damit der Gesamtumfang der als randständig bezeichneten Bevölkerungsteile immer größer. Folgende Liste gibt eine Vorstellung davon, was in den gängigen Publikationen als Randgruppen vorgestellt wurde:

Alkoholiker, Alte, Arme, ausländische Arbeitnehmer, Behinderte, Bewohner von Erziehungsheimen, Drogensüchtige, Gefängnisinsassen, Homosexuelle, Nichtseßhafte, Obdachlose, Prostituierte, psychisch Kranke, sexuell Deviante, Vorbestrafte, Zigeuner. Angesichts dieser Vielfalt von Randgruppen beginnt Mitte der siebziger Jahre eine Diskussion mit dem Ziel, die wesentlichen Merkmale der Randständigkeit in einem einheitlichen Randgruppenbegriff zusammenzufassen – zum Teil in Anknüpfung an den früheren Versuch *Fürstenbergs*, der bis dahin der einzige Ansatz einer expliziten theoretischen Fundierung des Randgruppenbegriffs geblieben war. 1974 formuliert *Bellebaum*: »Begriffe wie Randgruppe und Randständigkeit sind nur dann sinnvoll, wenn es einen Maßstab gibt, mit dem verglichen bestimmte Vorgänge und Zustände als dem Rand bzw. den Rändern der Gesellschaft zugehörig erscheinen. Es liegt nahe, die Mitte der Gesellschaft als Maßstab zu wählen. Die Gesellschaftsmitte wurde schon verschiedentlich ansatzweise charakterisiert: durchschnittliche gesellschaftliche Vorstellungen, üblicherweise erstrebte und gebilligte Lebensweise, gängige Ansichten über Normalität, zentrale Werte und herrschende Normen.«

Bei näherer Betrachtung erweist sich seine Charakterisierung nicht nur als äußerst abstrakt und damit inhaltsleer, sondern als tautologische Argumentation. »Die Mitte der Gesellschaft« als Maßstab für die Definition von »Rändern/Randgruppen« vorgestellt, wird durch mittlere Ausprägungen von Merkmalen definiert (durchschnittlich, gängig, üblich, zentral). Die inhaltliche Ausfüllung der »Gesellschaftsmitte« durch Leistungserwartung und Leistungsfähigkeit, die *Bellebaum* vornimmt, weist er anschließend selbst als ungenügend zurück, indem er feststellt, daß gängige Randgruppen wie ausländische Arbeitnehmer, Prostituierte, Süchtige, Vorbestrafte keineswegs als nicht leistungswillig und leistungsfähig gekennzeichnet werden können. Sein Versuch, die Heterogenität der Randgruppen durch die Reflexion einzelner Dimensionen des Randgruppenbegriffs – wie: räumliche und soziale Distanz; Benachteiligung in Form von Stigmatisierung, Diskriminierung, Deprivation; objektive und subjektive Randständigkeit – aufzulösen, verbleibt bei der Aufzählung, kann eine Verknüpfung dieser Elemente zu einem systematischen Begriff nicht erbringen.

In ähnlicher Weise verbleiben *Stallberg/Stallberg* (1976) in der Vielfältigkeit der bislang mit dem Randgruppenbegriff bezeichneten Gruppierungen und Merkmalsdimensionen befangen. Für sie sind Randgruppen »innergesellschaftliche Personenkategorien, denen gegenüber die große Mehrheit der ›Normalen‹ negativ besetzte Stereotype (generelle Stigmata) hält, die darüber hinaus als Objekte offizieller Kontrolle und Hilfe die Existenz bestimmter Institutionen legitimieren, und mit denen regulierungsbedürftige soziale Probleme bezeichnet sind«. Auch bei dieser Auffassung handelt es sich um eine hochabstrakte Definition, die ganz unterschiedliche Dimensionen einfach nebeneinander stellt. Die Vorgehensweise, alle bislang als Randgruppen bezeichneten – zum Teil äußerst heterogenen – Gruppierungen unter einem gemeinsamen Begriff fassen zu wollen, führt zwangsläufig dazu, daß der kleinste gemeinsame Nenner dieser Vielfalt nur noch in sehr allgemeinen Faktoren gefunden werden kann, die dann umgekehrt weder eine hilfreiche Beschreibung der einzelnen Randgruppen geschweige denn eine Erklärung ihrer Herausbildung bieten können. Wichtig ist die Charakterisierung von Randgruppen als »innergesellschaftliche Personenkategorien«, als Bezeichnung von »regulierungsbedürftigen sozialen Problemen« insofern, als damit die Gegenüberstellung von Randgruppen und Gesellschaft aufgegeben und Randgruppen in, wenn auch noch sehr vagen, Zusammenhang mit gesellschaftlichen Strukturen und Institutionen gebracht werden.

Diese veränderte Akzentsetzung zeigt sich deutlicher in den Beiträgen von *Karstedt* (1975) und von *Kögler* (1976). Nach *Karstedt* »soll der Begriff ›soziale Randgruppe‹ zur Kennzeichnung von Gruppierungen dienen, deren Werte, Normen, Verhalten und/oder äußere Erscheinung von den herrschenden Gruppen, bzw. der Mehrheit, als Bedrohung des gültigen normativen Systems, des gesellschaftlichen Wertkonsensus sowie der eigenen Legitimierungsansprüche und sozialen Ressourcen angesehen werden, weil die Randgruppenangehörigen den gesellschaftlichen Standards entweder nicht genügen können oder diese durch ihre normative Orientierung in Frage stellen und bekämpfen«. Wesentliches Anliegen ihres Beitrages ist es, die Herausbildung bzw. vor allem die Befestigung der Randgruppenpositionen als einen Prozeß zu kennzeichnen und sich damit von der starren Gegenüberstellung von Randgruppen und Gesellschaft zu lösen. »Der Produktionsprozeß einzelner sozialer Randgruppen läßt sich in den vier Dimensionen Abweichung der Randgruppe von den herrschenden Normen, Strategien der herrschenden Gruppen zur Sicherung dieses Wert- und Normensystems, Problemlösungsstrategien der Randgruppen sowie Selbstbild und Rollenverhalten der Randgruppenangehörigen . . . darstellen. Dabei zeigt sich, daß diese vier Dimensionen miteinander in vielschichtigen Zusammenhängen stehen und sich der Produktionsprozeß selbst als ›circulus vitiosus‹ von Ausschluß, Problemlösungsstrategien der Randgruppen und Bestätigung des Ausschlusses durch die Instanzen sozialer Kontrolle erweist.« Eingeschlossen in diese Perspektive ist die Vorstellung, daß die besonderen Kennzeichen der Randgruppen von den allgemeinen Merkmalen der ökonomischen und sozialen Gesellschaftsstrukturen nicht zu trennen sind. »Gleichzeitig bleibt es unbefriedigend, vorrangig den Verlauf des Produktionsprozesses zu betrachten, solange sich die Untersuchung auf die jeweiligen Reaktionsmuster beschränkt. Wert- und Normensysteme, Strategien zur Herrschaftssicherung und reaktive Problemlösungen der Randgruppen stehen in engem Zusammenhang mit ökonomischen Strukturen, mit dem System gesellschaftlicher Schichtung, mit Konfliktmechanismen und gesellschaftlichen Herrschaftsbeziehungen.« Diese Beziehung wird von *Karstedt* in ihren eigenen Definitionsvorschlag für den Randgruppenbegriff allerdings noch nicht explizit aufgenommen, dieser bleibt vorwiegend normativ orientiert und stellt weniger auf die Lage der Randgruppen ab denn auf die angenommene Bedrohung der Herrschenden oder der Mehrheit durch diese, wie immer diese konkret vorzustellen ist. In der Unterscheidung zwischen potentiellen und aktuellen Randgruppen (situationsspezifischer Randständigkeit und Randgruppen) wird der direkte, fließende Bezug zwischen »normaler Gesellschaftsstruktur« und Randgruppen jedoch ansatzweise deutlich.

Für *Kögler* schließlich ist die Vorstellung der Randgruppen als Bestandteil der
gegenwärtigen ökonomischen und sozialen Strukturen Kernpunkt seiner Begriffsbestimmung. »Randgruppen sind sozial benachteiligte Gruppen, bei denen die
Auswirkungen ungleicher Einkommens- und Vermögensverteilung sowie infrastruktureller Disparitäten kumulieren. Die Kompensations- und Substitutionsmög-
lichkeiten von Versorgungsdefiziten und die Chancen zur Artikulation und Durchsetzung von Interessen sind eingeschränkt. Damit verknüpft sind vielfältige Stigma-
tisierungs- und Diskriminierungsprozesse durch andere soziale Gruppen, die die
Entwicklung und/oder Reproduktion spezifischer Einstellungs- und Verhaltensmuster begünstigen.« Die Beziehung zwischen »Normalgesellschaft« und »Randgruppen« sieht er demnach in der Kulmination von Benachteiligungen, die selbst
immanentes Moment der Normalgesellschaft sind. Zugleich behält er den prozessualen Aspekt der Entstehung und Befestigung von Randgruppen bei, indem er auf
die im Gefolge der Benachteiligung auftretenden Stigmatisierungs- und Diskriminierungsprozesse abstellt.

Betrachtet man diese – aus den bekanntesten Publikationen zusammengestellte –
Auswahl von Begriffsbestimmungen, so bietet sich eine verwirrende, zum Teil auch
widersprüchliche Vielfalt einzelner Elemente.

– Randgruppen können außerhalb, am Rande der Gesellschaft oder Teil der
   Gesellschaft sein.
– Randgruppen sind inhaltlich gekennzeichnet durch spezifische normative Merk-
   male: eine »andere« Haltung, Vorstellung von Normen, als sie der »Rest« der
   Gesellschaft hat; Randgruppen sind auch gekennzeichnet durch eher materielle
   Merkmale: eine geringere Teilhabe am Sozialleben, benachteiligte Lebensbe-
   dingungen.
– In beiden Dimensionen können Randgruppen eine Bedrohung wie auch eine
   Legitimierung und Stabilisierung der »Normalgesellschaft« darstellen.
– Wie Randgruppen zu solchen werden, wird mit verschiedenen Faktoren begrün-
   det, die oft pauschal nebeneinander dargestellt werden: abweichendes Verhal-
   ten, Stigmatisierungsprozesse, gesellschaftliche Strukturmerkmale und soziale
   Benachteiligungen.

Das zentrale Problem der Randgruppenansätze liegt darin, daß mit der Zunahme
der als Randgruppen bezeichneten Gruppierungen eine theoretische Vereinheitlichung immer überfälliger, zugleich immer schwieriger geworden ist. Ein Blick auf
die bisher vorliegenden Definitionen des Randgruppenbegriffs zeigt, daß der
Versuch, die Vielfalt der einzelnen Randgruppen und deren Merkmale in einen
gemeinsamen Begriff einzufangen, zu immer abstrakteren und inhaltsleereren
Begriffen geführt hat. Typisch ist hierfür die Argumentation: weil auch Homosexuelle und Behinderte Randgruppen sind, und weil Homosexualität und Behinderung nicht an bestimmte Schichten gebunden ist, sind Schichtkategorien für die
Charakterisierung von Randgruppen nicht geeignet (vgl. *Stallberg/Stallberg*,
1976).

Die umgekehrte Schlußfolgerung, die im folgenden ausgeführt wird, besteht darin,
daß die Zusammenstellung der aufgezeigten heterogenen Personengruppierungen

unter einem gemeinsamen Begriff aufzugeben ist. Oder schärfer: aus der Vielfalt dessen, was heute unter Randgruppen gefaßt wird, folgt, daß ein einheitlicher Randgruppenbegriff gar nicht möglich ist und überdies in seinen bisher überwiegenden Verwendungen den systematischen Zugang zur Analyse der Entstehung und der Folgen von Randständigkeit eher verstellt denn erleichtert hat. Vielversprechender erscheinen demgegenüber Versuche wie die von *Kögler*, ansatzweise auch *Karstedt*, die sich von der Gruppenbezogenheit des Randgruppenproblems, damit auch von der Gegenüberstellung von Gesellschaft und Randgruppen lösen und das Randgruppenproblem als Zuordnung bzw. Häufung sozialer Probleme bei bestimmten Gruppierungen betrachten. Gegenüber der klassischen Sichtweise: bestimmte Gruppen haben bestimmte Eigenschaften, Probleme, abweichende Verhaltensweisen, wird hier von der Vorstellung ausgegangen, daß die Häufung sozialer Probleme und Benachteiligungen bestimmte Personenrubriken als Sondergruppen erscheinen läßt. Ähnlich wie beim Labeling-Ansatz wird auf die bloße Gegenüberstellung von Normalität und Nichtnormalität, von Kern und Rand, verzichtet und der Akzent auf die Herausbildung dieser Gruppen, den Prozeß, gelegt. Im Unterschied zum Labeling-Ansatz wird dieser Prozeß auf die konkreten ökonomischen und sozialen Strukturmerkmale der gegenwärtigen Gesellschaft bezogen. Die Analyse des Randgruppenproblems ist damit nicht mehr als allgemeine soziologische Theorie möglich, die über abweichendes Verhalten, Minderheiten als solche reflektiert, sondern muß vom Ansatz her auf die konkreten historischen Bedingungen einer Gesellschaft bezogen sein. Dies schließt ein, daß das, was zuvor unter Randgruppen als eigenständige Phänomene der sogenannten Normalen- oder Kerngesellschaft gegenübergestellt wird, nun als Bestandteil eben dieser normalen gesellschaftlichen Verhältnisse gilt. Ab diesem Punkt ist es eigentlich nicht mehr möglich, von Randgruppen zu sprechen, vielmehr geht es um unterschiedliche Ausprägungen der Sozialstruktur, der ökonomischen, sozialen und persönlichen Lebensbedingungen.

Diese Auflösung des Randgruppenbegriffs in die Sozialstruktur ist nun nicht bloß formal zu begreifen, sondern läßt – durch die reale gesellschaftliche Entwicklung hervorgerufen – den kritischen Blick auf die Qualität dieser Sozialstruktur wieder zu. Nicht nur für die Gegenwart, auch rückblickend wird deutlich, daß Randgruppen im Grunde immer die Bezeichnung für übriggebliebene, verschärft hervorgetretene oder neu entstandene Unzulänglichkeiten der gewöhnlichen, normalen gesellschaftlichen Verhältnisse gewesen sind. Zur Zeit der Entstehung des Randgruppenbegriffs herrschten Gesellschaftsvorstellungen, nach denen wir es in entwickelten Industriegesellschaften mit durchlässigen, pluralistischen sozialen Strukturen zu tun haben; hiernach gibt es keine gesellschaftlichen Widersprüche, keine durch die Form der Produktion bestimmte Klassenstruktur. Solche Vorstellungen werden allenfalls in die Klassengesellschaft des 19. Jahrhunderts verwiesen oder als radikales Denkmodell sozialer Schichtung bezeichnet. Die traditionellen Schranken der sozialen Gliederung gelten durch die moderne Bildungs- und Sozialpolitik als tendenziell beseitigt, so daß noch nie so stark wie heute die gesellschaftliche Stellung nach dem Grundsatz: jedem nach seiner Leistung und seinem Aufstiegswillen bestimmt zu sein scheint. Hieraus folgt ein Einpendeln der gesellschaftlichen Schichtung auf ein mittleres Niveau, das, was *Schelsky* unter dem Begriff der nivellierten Mittelstandsgesellschaft in den fünfziger und Anfang der sechziger Jahre zusammengefaßt hat.

Diese Vorstellungen müssen nun selbst gesehen werden auf dem Hintergrund hohen ökonomischen Wachstums und der relativ raschen Verbesserung der Lebensbedingungen in allen westlichen Industrienationen und vor allem in der Bundesrepublik Deutschland nach dem 2. Weltkrieg. Erste Zweifel an der Alldurchlässigkeit der sozialen Schichtung werden laut – Anfang der sechziger Jahre – als man feststellte, daß die Spitzenpositionen nach wie vor von derselben Art von Personengruppierungen besetzt sind. In der wiederbelebten Eliteforschung werden diese Feststellungen theoretisch und empirisch zu begründen versucht. Sie findet ihr quasi negatives Korrelat in der Entdeckung, daß auch im unteren Bereich der sozialen Schichtung nach wie vor massive Benachteiligungen, struktureller Ausschluß von den allgemein gewähnten Aufstiegschancen der sozialen Mobilität festgestellt werden mußten. Umfassend in Frage gestellt wird die pluralistische Gesellschaftsvorstellung jedoch erst mit der ersten Rezession der Nachkriegszeit Ende der sechziger Jahre. Vor allem die erneute Arbeitslosigkeit und ihre Folgen zeigen, daß die ökonomischen und sozialen Probleme der kapitalistischen Produktionsweise mit der sozialen Marktwirtschaft keineswegs endgültig gemeistert sind; gewachsene Ansprüche an die Teilhabe, die Art der Umsetzung und zunehmend auch die Bedingungen der Produktion des gesellschaftlichen Reichtums äußern sich in politischen Forderungen und Entfremdungsprozessen. Verstärkt seit Beginn der siebziger Jahre nehmen die sozialen Probleme zu: zum einen, weil die Kontinuität des gesellschaftlichen Reproduktionsprozesses auf seinem bisherigen Niveau in der Tat gefährdet ist, zum anderen, weil die Diskrepanz zwischen den Bedürfnissen und Ansprüchen und deren aktuelle Realisierung zunehmend gewachsen ist.

Arbeitslosigkeit, Verarmungsprozesse, Wohnungsnot werden erneut zu realen sozialen Problemen. Es zeigt sich, daß alte Menschen immer noch weit überdurchschnittlich verarmt sind; daß immer noch und wieder zunehmend Obdachlosigkeit herrscht; daß Frauen immer noch nicht gleichberechtigt sind; daß zunehmende Teile der jungen Jahrgänge in ihrer Lebensperspektive eingeschränkt werden; daß psychische Erkrankungen und Behinderungen zunehmen; daß sich Formen der Verweigerung, der Flucht, des Aufstellens von Gegenalternativen zu den bisherigen Lebensformen ausbreiten.

Solange und dort, wo das Bild einer an sich intakten Gesellschaft vorherrscht, werden diese Probleme Sondergruppen zugewiesen. So betrachtet hängen zum einen die Verbreitung des Randgruppenbegriffs und die Schwierigkeiten seiner inhaltlichen Präzisierung in der sozialwissenschaftlichen Diskussion eng zusammen mit dem Zustand der Theorien über soziale Strukturen. Zum anderen haben in diesem Erklärungsansatz gesellschaftspolitische Vorstellungen einen Ausdruck gefunden, die sich der Existenz realer sozialer Probleme zwar nicht mehr verschließen können, diese jedoch als noch ungelöste Restbestände oder Einzelfragen von insgesamt intakten, nicht veränderungsbedürftigen gesellschaftlichen Verhältnissen begreifen. Vor allem dem Konzept der »neuen sozialen Frage« unterliegt eine solche Sichtweise.

Mit der Zunahme sozialer Probleme und der Schärfung des Bewußtseins über diese wird dieser Erklärungsansatz jedoch immer fragwürdiger. Die Gleichsetzung bestimmter Probleme mit bestimmten Randgruppen verliert in dem Maße an Erklärungswert und Glaubwürdigkeit, in dem die Summe dieser Minderheiten allmählich zur Mehrheit der Bevölkerung wird. Es wird deutlich, daß mit dem Randgruppenbegriff eine oberflächliche, zum Teil ideologisch befestigte Charakterisierung gesellschaftlicher Benachteiligungen und Probleme vorgenommen worden ist und wird, von Strukturen und Prozessen also, die Produkt der normalen ökonomischen und sozialen Verhältnisse sind.

Die damit implizierte Auflösung des Randgruppenbegriffs in die konkreten Entwicklungsformen der Sozialstruktur unserer Gesellschaft bedeutet nicht, daß die Untersuchung der hierunter gefaßten Phänomene damit bereits erledigt sei. Das was an benachteiligten Lebensbedingungen bislang als Randständigkeit bezeichnet worden ist, sind Belastungen und Einschränkungen in ökonomischer, sozialer und psychischer Hinsicht, die in der Regel extrem und kumulativ auftreten. Diese Kumulation hat durchaus eigenständige »Qualität« und erfährt in der Wahrnehmung durch die soziale Umwelt, in der Behandlung durch öffentliche Institutionen noch zusätzliche Verschärfungen und Befestigungen bis hin zur Selbstdefinition der Betroffenen als eben anders und individuell schuldig an ihren Lebensbedingungen. Vor allem diese Prozesse sind unter den Begriffen Etikettierung, Stigmatisierung in den verschiedenen Variationen des Labeling-Ansatzes zum Teil sehr differenziert und eindrucksvoll analysiert worden, wobei zu Recht die Grenzen des Erklärungsansatzes in eben diesem Schwerpunkt gesehen werden: die Analyse von Verstärkungsmechanismen erklärt noch nicht die konkreten Ursachen der Entstehung von Randgruppen; umgekehrt: auch der vorurteilsfreie Umgang mit Obdachlosen beseitigt nicht deren miserable Lebensbedingungen. Erst recht nicht sind diejenigen Randgruppen, die sich vor allem durch – meist bewußt praktizierte – alternative kulturelle Normen und Lebensformen auszeichnen, mit Hinweisen etwa auf ihre Schichtzugehörigkeit charakterisiert. Vielmehr finden hier Erfahrungen und Verarbeitungsformen ihren Ausdruck, deren Erklärung oft noch wesentlich vermittelter und schwieriger ist als etwa bei den Folgen primär ökonomisch verursachter Problemlagen. Auch hier scheinen jedoch Ansätze, die von einer differenzierten Analyse der gesellschaftlichen Bestimmungsgründe von Kulturformen ausgehen, tragfähiger als die vorschnelle Gegenüberstellung von Randgruppen mit Alternativ- oder Subkultur und Gesellschaft mit Normalkultur, wesentlich deshalb, weil ja auch die Verweigerung üblicher Lebensformen ihre Anknüpfungspunkte aus eben den abgelehnten Verhältnissen bezieht.

Das heißt: vom heutigen Stand der Diskussion her betrachtet läßt sich der Randgruppenbegriff kennzeichnen als ein deskriptiver Begriff, der wesentliche Problembereiche der gegenwärtigen Verhältnisse aufzuzeigen in der Lage war, der jedoch nicht durch theoretische Überhöhung zum Erklärungsansatz gemacht werden kann. Die unter dem Sammelbegriff der Randgruppen/Randständigkeit vorliegenden empirischen Phänomene und Einzelbezüge sind aus den ökonomischen, sozialen und politischen Bedingungen der Gesellschaft – auf ihrem gegenwärtigen Entwicklungsstand – selbst zu erklären, wobei an die notwendige Differenziertheit solcher Untersuchungen durch die bislang vorliegenden »Randgruppenerkenntnisse« ein hoher Anspruch gestellt ist. Der aktuelle Stand der Randgruppendiskussion läßt sich damit auch bezeichnen als Programm zur systematischen Analyse spezifischer, in erster Linie benachteiligter Lebensformen. Die Einlösung steckt erst in den Anfängen. Sie ist dort am weitesten entwickelt, wo die Bestimmungsgründe von Lebenslagen – und damit die von potentiellen und/oder aktuellen extremen sozialen Problemen – am leichtesten zugänglich sind: Studien über ältere Arbeitnehmer, jugendliche Arbeitslose, alte Menschen, Obdachlose führen in ihren Ergebnissen die Beziehung zu den »gewöhnlichen Verhältnissen« – Entwicklung der Produktion, Ausbildung, Beziehungen zwischen Arbeitseinkommen und Rente, Wohnungsmarkt etc. – sehr deutlich vor und entziehen den Vorstellungen über »eigenständige Randgruppen« zunehmend die empirische Basis.

Benachbarte Begriffe

Marginalität, marginal man bezeichnete ursprünglich einen spezifischen Persönlichkeitstypus, den sogenannten »kulturellen Mischling«, der als Produkt des Zusammenstoßes von Kulturen, in der Regel im Zusammenhang mit großen Wanderungsbewegungen, auftritt. Der Schwerpunkt der theoretischen und empirischen Untersuchungen zur Marginalität verlagert sich dann weg von der primär auf kulturelle Prozesse bezogenen Randstellung hin zu innergesellschaftlichen ökonomischen und sozialen Strukturbedingungen, die für spezifische Gruppen marginale Situationen erzeugen. Fragestellungen wie Problematik nähern sich somit der Randgruppendiskussion, teilweise werden die Begriffe Marginalität und Randständigkeit auch synonym verwendet.

Minderheit/Minorität: In der klassischen Begriffsbestimmung werden mit Minderheiten rassisch-ethnische und/oder religiöse (Groß)Gruppen bezeichnet, die durch eine mehrheitlich andere rassisch-ethnische und/oder religiöse Umgebung zu Minderheiten werden. Sie halten in der Regel bewußt an ihrem Minderheitenstatus fest und haben relativ feste Binnenstrukturen. Auch für den Minderheitenbegriff gilt, daß erweiterte inhaltliche Fassungen: als irgendwie andersgeartete Minderheit gegenüber der Mehrheit, ihn in enge Nähe zum Randgruppenbegriff bringen, auch hier lassen sich zum Teil synonyme Verwendungen feststellen.

Subkultur bezeichnet in der Regel eine bewußte, übergreifende kulturelle Orientierung von sozialen Gruppierungen, die als anders, zum Teil als konträr zur mehrheitlichen allgemeinen gesellschaftlichen Orientierung verstanden und auch so wahrgenommen werden. Im Unterschied zur Marginalität und Minorität ist der Begriff der Subkultur in dieser Schwerpunktsetzung auf kulturelle Andersartigkeit beibehalten worden. Einzelne Randgruppen werden zum Teil als Subkultur bezeichnet (Drogenscene, Jugendliche, Homosexuelle); eine Gleichsetzung von

Randgruppen und Subkultur ist aufgrund der unterschiedlichen Reichweite der Begriffe kaum möglich.

Theorie sozialer Probleme: Es handelt sich um einen relativ neuen Versuch der deutschen Soziologie, eine Theorie soziale Probleme und sozialer Kontrolle zu entwickeln, wobei auf zahlreiche Vorläufer vor allem in den USA zurückgegriffen wird. In ihrem Bemühen, sich von den bisher vorwiegend nur beschreibenden Einzelansätzen zur Erfassung sozialer Probleme abzusetzen, finden sich deutliche Parallelen zur Randgruppendiskussion, auf die auch Bezug genommen wird. Auch hier läßt sich eine zunehmende theoretische und empirische Einordnung sozialer Probleme in eine Theorie der gegenwärtigen Gesellschaft beobachten, gleichzeitig wird an dem Ziel einer eigenständigen Theorie festgehalten, die alle sozialen Probleme und deren Kontrolle begründen will.

Marlo Riege

Literatur

Bäcker, G. u. a., 1980: Sozialpolitik. Eine problemorientierte Einführung, Köln – *Bellebaum, A.,* 1974: Randgruppen. Ein soziologischer Beitrag. Archiv für Wissenschaft und Praxis der sozialen Arbeit: 277–293 – *Bellebaum, A./Braun* (Hrsg.), 1974: Reader Soziale Probleme. I: Empirische Befunde, II: Initiativen und Maßnahmen, Frankfurt/M./New York – *Bischoff, J.* (Hrsg.), 1976: Die Klassenstruktur der Bundesrepublik Deutschland. Ein Handbuch zum sozialen System der BRD, Berlin – *Blahusch, F.,* 1979: Zur Reformulierung des Begriffs der Randgruppen. In Theorie und Praxis der sozialen Arbeit 11/1979: 418–422 – *Brusten, M./ Hohmeyer, J.* (Hrsg.), 1975: Stigmatisierung. Zur Produktion gesellschaftlicher Randgruppen, 2 Bde., Neuwied/Darmstadt – *Fürstenberg, F.,* 1975: Randgruppen in der modernen Gesellschaft, Soziale Welt: 236–245 – *Haferkamp, H.,* 1977: Von den alltagsweltlichen zur sozialwissenschaftlichen Begründung der Soziologie sozialer Probleme und sozialer Kontrolle. In *Ferber/Kaufmann* (Hrsg.), Soziologie und Sozialpolitik. Sonderheft der KZfSS: S. 186–212 – *Hartfiel, G.,* 1978: Soziale Schichtung, München – *Karstedt, S.,* 1975: Soziale Randgruppen und soziologische Theorie. In: Brusten/Hohmeyer (Hrsg.), Band 1 – *Kögler, A.,* 1975: Die Entwicklung von Randgruppen in der Bundesrepublik Deutschland, Göttingen – *Stallberg, F. W./Stallberg, R.,* 1976: »Randgruppen« – Probleme eines Begriffs. In Neue Praxis, H. 3: 200–210 – *Waldmann, P.,* 1974: Der Begriff der Marginalität in der neueren Soziologie. In Civitas: 127–148. –

→ Armut → Klasse und Schicht → Nichtseßhaftigkeit → Soziale Probleme → Sozialstruktur → Strafvollzug

Rehabilitation

Rechtsgrundlagen

Die sozialen Probleme der größten Randgruppe in der Bundesrepublik, der Behinderten (ca. 6 Mio.), stehen seit Ende der sechziger Jahre im Zentrum reformpolitischer Aktivitäten. Politiker der sozial-liberalen Koalition sprachen sich in offiziellen Stellungnahmen, so z. B. in der Regierungserklärung vom damaligen Bundeskanzler Brandt, im Oktober 1969 für eine umfassende Integration der Behinderten aus. Dementsprechend wurde 1970 ein Aktionsprogramm zur Förderung der Rehabilitation vorgelegt. Es sah vor, daß »allen Behinderten die gebotenen medizinischen, erzieherischen, beruflichen und sozialen Hilfen schnell und unbürokratisch erreichbar sind, unabhängig davon, ob es sich um Kinder, Jugendliche oder Erwachsene handelt und ob die Behinderung angeboren ist, auf einer Erkrankung, einem Unfall oder einer Kriegsbeschädigung beruht« (Aktionsprogramm, 1970). Damit wurde eine Umorientierung staatlicher Sozialpolitik im Sinne einer finalen Gestaltung der Hilfen zur Rehabilitation unabhängig von Art und Ursache der Behinderung, an denen bis dahin die sozialstaatlichen Interventionen festgemacht waren, angekündigt. Maßnahmen und Vorhaben im Bereich des Ausbaus gesetzlicher Grundlagen der Rehabilitation, der Koordination der Rehabilitationsträger – unter Beibehaltung des gegliederten Systems der sozialen Sicherung – des Ausbaus von überregionalen Rehabilitationseinrichtungen insbesondere im beruflichen Bereich und die Verbesserung und Angleichung der Rehabilitationsleistungen im Einzelfall sollten den Anspruch einer »umfassenden und finalen Ausrichtung der Rehabilitation« (*Ehrenberg,* 1978) mit dem Ziel einer planmäßigen Eingliederung in Arbeit, Beruf und Gesellschaft praktisch werden lassen.

Die wichtigsten rechtlichen Grundlagen dieses »Trendwechsels«, bestehende Benachteiligungen Behinderter und von Behinderung bedrohter Menschen vorausschauend und gestaltend zu kompensieren, sind neben der ersten A Reha (s. u.) vom 31. 7. 1975 in Verbindung mit dem Arbeitsförderungsgesetz von 1969 (AFG) das Rehabilitationsangleichungsgesetz (RehaAnglG 1974), das Schwerbehindertengesetz (SchwbG 1974) und das Dritte Gesetz zur Änderung des Bundessozialhilfegesetzes (BSHG 1974). Im Rehabilitationsangleichungsgesetz wird der Grundsatz, daß alle Behinderten und von Behinderung Bedrohten – unabhängig von Art und Ursache der Behinderung – einen Rechtsanspruch auf umfassende medizinische und berufliche Hilfen zur Eingliederung in Beruf und Gesellschaft haben, festgeschrieben. Damit wird jedoch kein einheitliches Rehabilitationsgesetz geschaffen. Nach den §§ 10–20 RehaAnglG bleiben für Voraussetzungen und Art und Umfang der Leistungen die besonderen Rechtsvorschriften der einzelnen Rehabilitationsträger (Reichsversicherungsordnung, Arbeitsförderungsgesetz etc.) erhalten. Durch das RehaAnglG sollten vielmehr negative Folgen des im Prinzip beibehaltenen gegliederten Systems dadurch behoben werden, daß Leistungen vereinheitlicht und die Zusammenarbeit im Interesse der Betroffenen sichergestellt wird. Die Umsetzung dieser Ziele erfolgt im Rahmen von Gesamtvereinbarungen der Träger der Rehabilitation, die sich schon 1969 in der Bundesarbeitsgemeinschaft für Rehabilitation zusammengeschlossen haben.

Der Bundesanstalt für Arbeit wird im Verfahren der beruflichen Rehabilitation eine zentrale Rolle zugewiesen. Seit dem 20. Rentenanpassungsgesetz 1978 ist die Bundesanstalt für Arbeit Träger aller beruflichen Rehabilitationsmaßnahmen, wenn 250 Versicherungsmonate nicht überschritten sind und keine Berufs- oder Erwerbsunfähigkeit vorliegt. Darüber hinaus soll sie an allen sonstigen beruflichen Rehabilitationsentscheidungen vor allem der Rentenversicherungsträger im Rahmen eines gesetzlich vorgeschriebenen Gesamtplanes der Rehabilitation beteiligt werden.

Einzelgesetzliche Rechtsgrundlage für berufliche Rehabilitation im Rahmen der Bundesanstalt für Arbeit ist das AFG und insbesondere die Anordnung des Verwaltungsrates der Bundesanstalt für Arbeit über die Arbeits- und Berufsförderung Behinderter (A Reha), die inzwischen in der siebten Fassung vom 16. 3. 1982 vorliegt, in der die Bestimmungen zur individuellen und institutionellen Förderung der beruflichen Rehabilitation Behinderter, die im AFG nur allgemein formuliert sind, präzisiert werden. Die dort vorgesehene Regelung zur institutionellen Förderung soll dazu beitragen, daß ein ausreichendes Angebot an Einrichtungen beruflicher Rehabilitation vorhanden ist. Die Bundesanstalt für Arbeit wirkt bei Planung, Aufbau, Erweiterung und Ausstattung solcher Einrichtungen (Berufsförderungswerke, Berufsbildungswerke, Werkstätten für Behinderte) mit und unterstützt sie – ihrem finanziellen Spielraum entsprechend – mit Fördermitteln: »Die Förderung setzt voraus, daß sich der Träger einer Einrichtung in angemessenem Umfang mit eigenen Mitteln beteiligt« (§ 60 Abs. 3 AReha).

Sind diese Regelungen im wesentlichen an der Verbesserung individueller Rehabilitationshilfen orientiert, ist der Regelungsbereich des Schwerbehindertengesetzes in erster Linie auf individuell nicht beeinflußbare Bedingungen gerichtet, die die Stellung des »Schwerbehinderten« auf dem Arbeitsmarkt betreffen. Der finalen Orientierung des Aktionsprogramms (1970) entsprechend wird zunächst der Personenkreis, unabhängig von Art und Ursache der Behinderung, auf alle Personen ausgedehnt, deren Erwerbsfähigkeit – amtlich anerkannt – um wenigstens 50% gemindert ist oder die den Schwerbehinderten gleichgestellt werden, auch wenn der amtlich anerkannte Behinderungsgrad zwischen 30 und 50% liegt. Wesentliches Ziel des Gesetzes ist, die Beschäftigungschancen von Schwerbehinderten und »Gleichgestellten« zu verbessern. Nach dem Gesetz müssen Arbeitgeber mit mehr als 16 Beschäftigten 6% ihrer Arbeitsplätze mit Schwerbehinderten besetzen. Für jeden nicht besetzten Arbeitsplatz hat der Betrieb eine Ausgleichsabgabe von DM 100,— pro Monat und Arbeitsplatz zu zahlen, ohne daß diese Zahlung den Betrieb von der Beschäftigungspflicht entbindet.

In der Ausgleichsabgabeverordnung wird die Verwendung dieser Gelder geregelt, die – über die Hauptfürsorgestellen – für die institutionelle Förderung z. B. von Werkstätten für Behinderte, Wohnheime etc. und im Rahmen der »nachgehenden

Hilfe am Arbeitsplatz« für die behindertengerechte Umgestaltung von Arbeitsplätzen benutzt werden, um Kündigungen zu vermeiden und Neueinstellungen zu
ermöglichen. Die Sicherung der Beschäftigung ist darüber hinaus im Rahmen eines
besonderen Kündigungsschutzes für Behinderte geregelt.

Das besondere Kennzeichen der Dritten Änderung des Bundessozialhilfegesetzes
(BSHG) 1974 ist, daß damit ein Rechtsanspruch auf Eingliederungshilfe geschaffen
wurde, der alle Personen, die sonst keinen Anspruch erworben haben, einbezieht.
Einschränkend muß man allerdings sagen, daß dieser Rechtsanspruch lediglich
Kannleistungen umfaßt und in starkem Maße an Ermessensentscheidungen der
Verwaltung gebunden ist, und vor allem, daß das Bundessozialhilfegesetz bis heute
nicht in das Rehabilitationsangleichungsgesetz einbezogen worden ist, obwohl dies
ausdrücklich im Aktionsprogramm der Bundesregierung »Rehabilitation in den
80er Jahren«, gefordert wird.

Maßstäbe der Rehabilitation

Rehabilitation im Rahmen einer finalen, auf umfassende berufliche und gesellschaftliche Integration gerichteten Handlungsorientierung ist grundsätzlich vorausschauend, muß die Arbeits- und Lebensbedingungen, in die ein Rehabilitand
entlassen werden soll, einbeziehen. Denn der zu regelnde Problemgehalt ergibt sich
dadurch, daß Menschen mit bestimmten Merkmalen und/oder einem bestimmten
Sozialisationsstand – im Rahmen ihrer jeweiligen Arbeits- und Lebensverhältnisse
– den gesellschaftlichen Teilhabebedingungen nicht nur vorübergehend nicht
entsprechen oder davon bedroht sind, diesen nicht mehr entsprechen zu können.
Rehabilitationsbedürftigkeit wird zwar an der Person festgemacht, ist jedoch
Ergebnis einer Vielzahl von gesellschaftlichen Interaktionsprozessen. Dieser Konstitution von Rehabilitationsbedürftigkeit – individuelle Merkmale im Kontext
sozialer Erwartungen – entsprechend, kann der Ansatzpunkt rehabilitativer Maßnahmen nicht allein in einer personenbezogenen (medizinischen, beruflichen,
sozialen) Hilfeleistung liegen; gesellschaftliche Teilhabebedingungen müssen mit-
thematisiert werden, nicht nur, um im beruflichen und sozialen Bereich personenbezogene Maßnahmen planen und Erfolgswahrscheinlichkeiten einschätzen zu
können, sondern auch um diese selbst im Rahmen rehabilitativer oder präventiver
Anstrengungen politisch zu gestalten. Rehabilitationspolitik, die sich von dieser
doppelten Aufgabenstellung leiten läßt, kann mithin nicht nur am quantitativen
oder qualitativen Ausmaß von geförderten individuellen Handlungsmöglichkeiten
im medizinischen, beruflichen und sozialen Bereich gemessen werden. Entscheidend ist auch die Frage der (damit verbundenen) Verbesserung der Lebenslage »als
der Spielraum, den die gesellschaftlichen Umstände dem einzelnen zur Entfaltung
und Befriedigung seiner wichtigen Interessen bieten« (*Nahnsen* 1975, S. 148).
Inhaltlich sind dabei die Prinzipien der Menschenwürde, der Normalisierung und
der Lern- und Entwicklungsfähigkeit von grundlegender Wichtigkeit (*Haaser*,
1975). Das Prinzip der Normalisierung ist unter besonderer Berücksichtigung von
Geistigbehinderten vor allem in den skandinavischen Ländern entwickelt worden,

gilt aber allgemein und besagt, daß Behinderte im wesentlichen die gleichen Bedürfnisse, Empfindungen und Wünsche wie andere Mitglieder der Gesellschaft haben, eine Aussage, der u. a. durch Schaffung von Sondersituationen (Anstalten, Heime, Sonderschulen etc.) keineswegs immer Rechnung getragen wird. Demzufolge wird davon ausgegangen, daß die Lebensbedingungen denen sogenannter Nichtbehinderter soweit wie möglich angeglichen werden sollen. Diese Forderung gilt auch für den Bereich der Lern- und Entwicklungsfähigkeit Behinderter. Es ist davon auszugehen, daß Behinderte in jedem Lebensabschnitt als lern- und entwicklungsfähig zu betrachten sind: das gilt grundsätzlich auch für Geistigbehinderte.

Neben der medizinischen Rehabilitation, die in ihrer Vielfalt hier nicht behandelt werden kann, ist das Kernstück der Rehabilitationspolitik die berufliche Rehabilitation (Arbeits- und Berufsförderung). Dabei gehen wir davon aus, daß Erwerbsarbeit die Lebenslage des überwiegenden Teils der Bevölkerung nicht nur im materiellen Sinne bestimmt, und daß die Zugangschancen zur Erwerbsarbeit heute ungleich verteilt sind. Dies gilt sowohl unter dem Gesichtspunkt der Qualität zugänglicher Arbeit als auch unter dem der Chance, überhaupt einen Arbeitsplatz zu bekommen. Vor diesem Hintergrund ist die Arbeitsmarktlage, die Zugangsmöglichkeit zum Arbeitsmarkt für die Problemgruppe der gesundheitlich Beeinträchtigten (Behinderte und Leistungsgeminderte) von grundlegender Bedeutung. Inwieweit berufliche Rehabilitation dazu beiträgt, diese Zugangsmöglichkeiten systematisch und umfassend zu verbessern, ist Gegenstand des folgenden Abschnitts. Dabei ist zu prüfen, inwieweit die Prinzipien der Normalisierung und der Lern- und Entwicklungsfähigkeit dadurch realisiert werden, daß den politisch gesetzten Normen nach umfassenden, final orientierten und vorausschauenden Maßnahmen bei allen Behinderten in der Praxis entsprochen wird. Dann wird der Versuch gemacht darzustellen, in welchem Ausmaß die Lebenslage – jenseits der unmittelbar über Erwerbsarbeit vermittelten Handlungschancen – über soziale Rehabilitationsmaßnahmen beeinflußt werden kann. Schließlich sind die Bedingungen anzusprechen, die der beruflichen Rehabilitation neue Akzentsetzungen im Sinne »aktiver« Politik vermitteln können.

Arbeitsmarktlage

Die Arbeitsmarktsituation in der Bundesrepublik ist durch ein langfristiges Nachfragedefizit gekennzeichnet. Darüber hinaus ist die verbleibende Arbeit ungleich verteilt. Eine wesentliche Voraussetzung dafür ist die Teilung des Arbeitsmarktes in zwei unterschiedliche Teilsegmente: Es gibt einen primären Arbeitsmarkt mit Arbeitsplätzen, die ein gutes Einkommen, Aufstiegsmöglichkeiten, gute Arbeitsbedingungen und Beschäftigungssicherheit anbieten; im davon weitgehend abgeschotteten sekundären Arbeitsmarkt sind die Arbeitsplätze im Unterschied dazu durch schlechte und z. T. belastende Arbeitsbedingungen, geringe Beschäftigungssicherheit, niedrige Löhne und geringe Aufstiegschancen gekennzeichnet. Ausgangspunkt dieser gesamtwirtschaftlich feststellbaren Segmentierungstendenzen ist der (Groß-)Betrieb mit dem Versuch, bestimmte Arbeitskräftegruppen, in deren langwierige, zum großen Teil betriebsspezifische Qualifikation erheblich investiert wird, an den Betrieb zu binden. Diese Bildung von Stammbelegschaften im primären Arbeitsmarktsegment erfolgt durch die Schaffung betriebsinterner Arbeitsmärkte in Verbindung mit der Bereitstellung betriebsspezifischer Aufstiegsmöglickeiten, betrieblicher sozialer Sicherung und gutem Einkommen.

Die Anpassungserfordernisse an technologische Entwicklungen und an Prozesse auf Geld-, Güter- und Arbeitsmärkten veranlaßt Betriebe demgegenüber, andere Arbeitsplätze einzurichten (sekundäres Arbeitsmarktsegment), die als »Jedermanns-Arbeitsplätze« ohne besondere Qualifikation ausgefüllt werden können und für die, je nach Marktlage, ohne große Kosten Personal rekrutiert und auch wieder entlassen werden kann. Bestandteil der diese Arbeitsplätze besetzenden Randbelegschaften sind überwiegend Problemgruppen des Arbeitsmarktes – neben Frauen, Alten, Jugendlichen auch Behinderte (*Buttler* et al., 1978; *Biehler* u. a., 1979), also Arbeitskräftegruppen, die bestimmte Merkmale soziodemographischer Art wie Alter, Geschlecht, Herkunft und gesundheitlicher Status aufweisen und über diese Merkmale auf »Alternativrollen« außerhalb der Erwerbsarbeit festgelegt werden können (vgl. *Offe/Hinrichs,* 1977).

Eine weitere Marginalisierung von Teilen der Problemgruppen erfolgt dadurch, daß Randbelegschaften abgebaut werden und Arbeitgeber dazu übergehen, konjunkturelle Schwankungen durch eine größere Flexibilisierung des Einsatzes der Stammbelegschaften zu erreichen.

Die Arbeitslosigkeit wird also strukturalisiert, indem Problemgruppen des Arbeitsmarktes als Teile der Randbelegschaften und aus diesem Kreis insbesondere Arbeitnehmergruppen mit gesundheitlichen Einschränkungen besonders betroffen werden: so ist der Anteil der gesundheitlich Beeinträchtigten (Schwerbehinderte und Gleichgestellte eingeschlossen) an der Gesamtzahl der Arbeitslosen zwischen Mai 1975 und Mai 1979 von 18% auf 33,8% gestiegen. Der Anteil der Schwerbehinderten und Gleichgestellten erhöhte sich dementsprechend zwischen September 1975 und Mai 1979 von 2,8 % auf 6,4% auf eine Gesamtzahl von 60 416 (vgl. ANBA 8/79), die sich bis März 1981 sogar auf 81 000 erhöhte und bis Ende September 1982 auf 117300 anstieg. Diese Steigerung ist allerdings auch eine Folge der Ausweitung des Personenkreises durch das Schwerbehindertengesetz von 1974 (Zur neueren Entwicklung vgl. *Heinze/Runde*, 1982).

Die besondere Bedeutung des Faktors »gesundheitliche Beeinträchtigung« nicht nur für das Zugangsrisiko zur Gruppe der Arbeitslosen, sondern auch für das Verbleibrisiko wird in einer empirischen Untersuchung bestätigt: die Wiederbeschäftigungschance für Arbeitslose mit gesundheitlichen Einschränkungen war gegenüber den übrigen Arbeitslosen um mehr als die Hälfte geringer (Infratest, 1978). Eine gleichzeitig durchgeführte Repräsentativbefragung von Arbeitsvermittlern gab diesem Faktor gegenüber allen anderen für die Wiederbeschäftigung Vorrang. Die Dauer der Arbeitslosigkeit lag hier deutlich über der der anderen Arbeitslosen. »30% von ihnen waren im September 1980 länger als ein Jahr arbeitslos, bei Schwerbehinderten waren es sogar über 40%« (*Brinkmann*, 1982: S. 7).

Die besondere Arbeitsmarktlage wird häufig nicht nur durch ein Merkmal, sondern durch eine Kumulation von Risikomerkmalen – vor allem demographischen und qualifikatorischen – bedingt. »Fast zwei Drittel der Arbeitslosen mit gesundheitlichen Einschränkungen sind 40 Jahre und älter«, ein Zusammenhang, der bei den Schwerbehinderten noch ausgeprägter ist (*Brinkmann,* 1982: 7). Zusätzlich gilt, daß diese Gruppe »überdurchschnittlich häufig keine abgeschlossene Berufsausbildung hat« und »weit überwiegend« den Arbeiterberufen zuzurechnen ist«, was in der Regel besondere Belastungen am Arbeitsplatz einschließt (*Büchtemann/ Rosenblatt,* 1981: 31).

Es ist davon auszugehen, daß die Kumulation konstanter, von den betroffenen Arbeitnehmern nicht oder kurzfristig nicht zu beeinflussender Faktoren eine Verringerung von Zugangschancen zum Arbeitsmarkt stärker bestimmt als Faktoren, die in der Verfügung der Betroffenen liegen wie z. B. »Bereitschaft zum Berufswechsel«, »Inkaufnahme längerer Wege zur Arbeit« und »eines geringeren Einkommens«, »ungünstiger Arbeitszeiten«, etc., wie sie vor allem in den neoklassischen Arbeitsmarktkonzepten betont werden (vgl. *Krieger,* 1979).

Die Aussagen zur Strukturalisierung der Arbeitslosigkeit müssen allerdings vorsichtig gehandhabt werden. Einige Autoren haben nämlich deutlich gemacht, daß »zwischen der Höhe des Anteils bestimmter Problemgruppen« und »der Höhe der regionalspezifischen Arbeitslosenquote« ein Zusammenhang besteht, und die Strukturalisierung erst bei einer hohen Arbeitslosenquote sichtbar wird: »Hier gibt es offenbar Schwellenwerte, die einer genauen Untersuchung bedürfen« (*Brinkmann,* 1982: 10).

Wenn das Risiko der Arbeitslosigkeit ungleich verteilt ist und Risikomerkmale wie Alter, gesundheitliche Beeinträchtigung etc. dabei eine größere Rolle spielen, kommt der Frage besondere Bedeutung zu, ob diese Ungleichheit trotz der Forderung nach umfassender, finaler und vorausschauender (Rehabilitations-) Politik, in das Rehabilitationssystem übernommen wird. Diese Frage ist auch darum bedeutsam, weil insbesondere längerfristige Arbeitslosigkeit mit erheblichen psychischen, materiellen (Armut) und gesellschaftspolitischen Problemen verbunden ist (*Heinze* u. a., 1981).

Die beruflichen Rehabilitationsmaßnahmen – Selektion oder Förderung?

Rehabilitation als vorausschauende Maßnahme mit dem Ziel einer planmäßigen und zielgerichteten Eingliederung in Arbeit, Beruf und Gesellschaft hat unterschiedliche Inhalte: Von den 918 000 im Jahre 1977 abgeschlossenen Maßnahmen waren »rund 80% medizinische, rund 3% medizinische und berufliche und 18% berufsfördernde Rehabilitationsmaßnahmen.« (*Tews/Wöhrl,* 1981: 47) Die medizinische Rehabilitation, zu der neben vielfältigen Heilbehandlungen auch die von den Rentenversicherungsträgern finanzierten Kuren zur Erhaltung der Arbeitsfähigkeit gerechnet wird, wird hier nicht im einzelnen behandelt; im weiteren soll der Schwerpunkt auf den Maßnahmen der Arbeits- und Berufsförderung (berufliche Rehabilitation) liegen. Ihre Leistungen sollen dazu dienen, die Arbeitsfähigkeit zu bessern, herzustellen oder wiederherzustellen und die Behinderten möglichst auf Dauer beruflich einzugliedern. Dazu gehören alle Maßnahmen zur Berufsvorbereitung, Ausbildung, Fortbildung, Umschulung, Berufsfindung und Arbeitserprobung sowie zur Erhaltung und Erlangung eines Arbeitsplatzes einschließlich der Leistungen zur Förderung der Arbeitsaufnahme.

Die Gesamtzahl der Maßnahmen der Arbeits- und Berufsförderung konnte in den letzten Jahren, mit Ausnahme des Jahres 1978, kontinuierlich gesteigert werden. Nur ca. 20% dieser Maßnahmen werden im Betrieb abgewickelt. Dabei handelt es sich überwiegend um Einarbeitungsmaßnahmen, die nicht mit einem anerkannten Berufsabschluß enden, aber von der Bundesanstalt für Arbeit bezuschußt werden.

Obwohl Übereinstimmung darüber besteht, daß betrieblich rehabilitierte Arbeitnehmer bessere Chancen auf dem Arbeitsmarkt haben, ist die Tendenz dieser Maßnahmen in Betrieben rückläufig. Der weitaus überwiegende Teil der Arbeits- und Berufsförderung erfolgt überbetrieblich in Berufsförderungswerken für Erwachsene, in Berufsbildungswerken für Jugendliche, in Werkstätten für Behinderte und in schulischen Einrichtungen. 1980 konnten z. B. 51 492 (28,1%) aller Rehabilitationsfälle (183 368) insoweit abgeschlossen werden, als ein Übergang in Arbeit bzw. Berufsausbildung erfolgte. Der Anteil länger als ein Jahr dauernder berufsfördernder Maßnahmen ist dabei gegenüber den Vorjahren deutlich gestiegen (vgl. auch für die folgenden Zahlen ANBA 11/81) 47 060 Rehabilitationsfälle (25,7%) wurden durch Schulbildungs- und Berufsfindungsmaßnahmen vorläufig abgeschlossen. Einen wesentlichen Anteil daran haben sogenannte berufsvorbereitende Maßnahmen für Jugendliche: im Berichtsjahr 1979/80 konnten von den insgesamt rund 38 000 Teilnehmern mehr als die Hälfte als Rehabilitanden gelten, »das sind vor allem gut die Hälfte aller Teilnehmer an Förderungslehrgängen (F-Lehrgänge), alle Teilnehmer an Lehrgängen zur Verbesserung der Eingliederungsmöglichkeiten (V-Lehrgänge), sowie als Sondergruppe neuartig – aufgrund einer Neuabgrenzung der Zuständigkeitsregelung ab 1979 – Bildungsmaßnahmen in einer Werkstatt für Behinderte« (vgl. *Brinkmann,* 1982: 17).

Immerhin 84 816 Rehabilitationsfälle (46,3%) wurden durch sonstige Maßnahmen, wie vor allem eingehende Raterteilung usw. abgeschlossen.

Ist man an der Eingliederung in Arbeit und Gesellschaft für Menschen interessiert, die ein besonderes Ausgliederungsrisiko haben, muß man diese zunächst imponierenden Zahlen unter dem Gesichtspunkt der Qualität und Effizienz der Maßnahmen betrachten. Zu fragen ist, ob die oben angesprochenen askriptiven Merkmale, wie höheres Alter, niedriger Qualifikationsgrad und Schwere der gesundheitlichen Beeinträchtigung die Chancen für berufliche Rehabilitationsmaßnahmen besonders beeinflussen. Hier gibt es eine Reihe von Zusammenhängen, die nicht auf eine besondere Förderung im Sinne umfassender, final orientierter und vorausschauender Rehabilitationspolitik, sondern eher auf Prozesse selektiver Förderung schließen lassen. Eine systematische Prüfung steht jedoch noch aus. Ein wichtiger Hinweis dafür ergibt sich, wenn man die Art des Abschlusses der Arbeits- und Berufsförderung mit dem Alter als Risiko- oder Problemgruppenvariable in Beziehung setzt. Die Zahl der »anderweitig« abgeschlossenen Maßnahmen steigt gerade bei den über 45jährigen Rehabilitanden rapide an: 63,1% bei den 45–60jährigen im Vergleich zu 49% bei den 25–35jährigen. Auch wenn man berücksichtigt, daß die Motivation zu berufsfördernden Maßnahmen in dieser Altersgruppe nicht mehr groß ist, läßt sich vermuten, daß hier Selektionsprozesse stattfinden.

Es ist anzunehmen, daß sich die Bedeutung askriptiver Merkmale für die Verteilung der Arbeits- und Berufsförderungsmaßnahmen auch bei anderen Merkmalen, wie z. B. Schwere der gesundheitlichen Beeinträchtigung nachweisen ließe. Dazu geben die vorliegenden Statistiken jedoch keine Möglichkeit. Daß Selektionsprozesse stattfinden, läßt sich auch anhand der für aufwendige berufliche Umschulungsmaßnahmen in Berufsförderungswerken ausgewählten Population belegen. Die Verteilung zeigt (*Hofbauer*, 1977: 50 ff.):

1. daß die älteren Personen stark unterrepräsentiert sind. »Während bei den Erwerbstätigen (über 17 Jahre) die 50 Jahre und älteren Personen mit einem Anteil von 25% vertreten sind, entfallen bei den umgeschulten Rehabilitanden nur 2% auf diese Altersgruppe«. Dabei ist bedeutsam, daß »etwa 30% aller Berufswechsel bei männlichen Erwerbspersonen über 50 Jahre . . . aus gesundheitlichen Gründen« vollzogen, aber nur »ca. 10% dieser Berufswechsel durch eine berufliche Bildungsmaßnahme (institutionalisierte Fortbildung, Umschulung, Einarbeitung) vorbereitet« werden,

2. »daß Personen mit Hauptschulbildung und betrieblicher Berufsausbildung stark überrepräsentiert sind« und

3. daß bei ca. nur einem Drittel der Rehabilitanden ein schwerer gesundheitlicher Schaden vorliegt. (Es ist allerdings nicht auszuschließen, daß sich diese Verteilung mit wachsender Arbeitslosigkeit und zunehmender Rekrutierung der Rehabilitanden aus dem Kreis der Arbeitslosen zugunsten bisher Benachteiligter geändert hat. Andererseits sind die Sparvorstellungen in Verbindung mit dem Arbeitsförderungs-Konsolidierungsgesetz und dem 2. Haushaltsstrukturgesetz vom 22. 12. 81 in ihren Konsequenzen noch nicht zu übersehen.)

Es gibt darüber hinaus Hinweise dafür, daß selbst bei der so vorselektierten Population der beruflichen Umschüler die angesprochenen Merkmale die vorgesehene Dauer der Umschulung, die mit der zu erwartenden Qualifikation korreliert, bestimmt und zwar im Sinne der Auslese: »Der Anteil der Rehabilitanden, deren Umschulung bis zu 12 Monaten dauerte, (insgesamt 23%) ist unter anderem bei folgenden Gruppen überdurchschnittlich hoch: Rehabilitanden von 45 und mehr Jahren: 42% . . . Rehabilitanden ohne Hauptschulabschluß: 30%« (*Hofbauer*, 1977: 56). Man kann also vermuten, daß bei den besonders aufwendigen Rehabilitationsmaßnahmen stark selektiert wird und daß Merkmale, die auch für Ausgliederungsstrategien aus dem Arbeitsprozeß herangezogen werden, im beruflichen Rehabilitationsprozeß im gleichen Sinne wirken. Von daher ist auch die Wiederbeschäftigungsquote von Absolventen beruflicher Rehabilitationsmaßnahmen in Berufsförderungswerken zu sehen: die Chance der Vermittlung auf dem freien Arbeitsmarkt ist in der Regel gut. »Den Schwankungen der Arbeitsmarktlage entsprechend werden zwischen 80 bis 90%, teilweise bis zu 95% der Rehabilitanden bis 6 Monate, spätestens ein Jahr nach Abschluß der Rehabilitationsmaßnahme auf dem Arbeitsmarkt vermittelt« (*Brinkmann*, 1982, zit. nach *Thun*, 1980: 924). Die Bedeutung von Selektionsprozessen bei der Wiedereingliederung von Rehabilitanden unterstreicht auch *Seifert* (1977) im Rahmen einer Übersicht über vorliegende Bewährungsuntersuchungen (vgl. auch Infratest, 1978).

Vergleichbare Zahlen für die Berufsbildungswerke liegen nicht vor. Es gibt jedoch Vermutungen, daß hier Selektionsprozesse nicht die Rolle spielen wie im Rahmen der Berufsförderungswerke (vgl. *Tews/Wöhrl*, 1981). Angesichts der hohen Jugendarbeitslosigkeit, knappen Lehrstellen und damit verbundenen Verdrängungseffekten von ehemaligen Sonderschülern und Hauptschülern ohne Abschluß muß dies jedoch bezweifelt werden. Obwohl – ausgehend von der Zahl der Sonderschulabgänger – jeder 17. betriebliche Ausbildungsplatz mit einem Behinderten besetzt sein müßte, ist dies tatsächlich nur bei jedem 120. der Fall (vgl. *Böll* u. a. 1981). Da die Zahl der Plätze in Berufsbildungswerken nicht drastisch erhöht werden kann, ist nicht auszuschließen, daß die Konkurrenz um knappe Ausbildungsplätze auch in diesem Bereich zu Selektions- bzw. Verdrängungsprozessen derjenigen führt, deren Chancen auf dem Arbeitsmarkt auf Grund vor allem gesundheitlicher Merkmale ungünstiger eingeschätzt werden.

Die in der Rehabilitationsstatistik von 1979 erstmals besonders hervorgehobene hohe Steigerungsquote der Rehabilitationsfälle bei Jugendlichen unter 25 Jahren (und bei Frauen) scheint der Selektionsthese zu widersprechen. Dabei muß allerdings gesehen werden, daß eine Vielzahl von finanziellen Maßnahmen für Arbeitgeber in Form von Eingliederungsbeihilfen, Ausbildungszuschüssen, Zuschüssen für Arbeitshilfen im Betrieb und für befristete Probebeschäftigungen (vgl. AReha) als Rehabilitationsfälle zu Buche schlagen, und daß auch die Maßnahmen im schulischen Bereich (berufsvorbereitende Maßnahmen) deutlich ausgeweitet wurden. Anzumerken ist dabei, daß die Qualität der berufsvorbereitenden Maßnahmen – Förderungslehrgänge (F-Lehrgänge), Lehrgänge zur Verbesserung der Eingliederungsmöglichkeiten (V-Lehrgänge) und seit 1979 Bildungsmaßnahmen in einer Werkstatt für Behinderte – als vorläufig abgeschlossenen Maßnahmen ausgesprochen unterschiedlich ist. Der über diese berufsvorbereitenden Maßnahmen erfolgende Übergang in eine Berufsausbildung oder auch in eine Arbeitsstelle ist bei den Absolventen von V-Lehrgängen besonders instabil. »Nur 40% der Jugendlichen, die unmittelbar nach dem Lehrgang eine Arbeit aufgenommen hatten, waren zum Befragungszeitpunkt (2 Jahre später P.R.) dort noch beschäftigt« (*Schober*, 1980: 582). Dies ist ein Grund dafür, daß einige Autoren Zweifel am Sinn berufsvorbereitender Maßnahmen äußern, insbesondere dann, wenn Lehrgangsteilnehmer unter dem Gesichtspunkt ihrer Einmündung in eine Berufsausbildung Lehrgängen mit unterschiedlicher Qualität zugewiesen werden: Die Leistungsfähigeren in »höherwertige« F-Lehrgänge und die weniger Leistungsfähigen in V-Lehrgänge.

Unter den Einrichtungen zur beruflichen Rehabilitation bilden die Werkstätten für Behinderte das letzte Glied der Kette. Vor allem auf Grund zugespitzter Arbeitsmarktbedingungen und damit verbundener Ausgliederungsprozesse von Problemgruppen ist davon auszugehen, daß zwischen den Rehabilitationseinrichtungen ein

Verdrängungsprozeß von oben nach unten – von höher qualifizierenden Einrichtungen wie Berufsförderungs- und Berufsbildungswerken zu geringer qualifizierenden wie Werkstätten für Behinderte stattfindet, der dazu führt, daß stärker gesundheitlich Beeinträchtigte aus der beruflichen Rehabilitation ganz herausfallen. Der mit knapper werdenden öffentlichen Mitteln (Sozialhilfe) sich verstärkende Rentabilitätszwang, unter dem die Werkstätten stehen, begünstigt diese Ausgliederung, obwohl deutliche Gegentendenzen auf Seiten des Werkstattpersonals nicht zu übersehen sind.

Die Wirksamkeit von Werkstätten für Behinderte, deren wesentliches Ziel die Wiedereingliederung in den freien Arbeitsmarkt ist, ist darüber hinaus ungünstig zu betrachten. Nur ca. 1–2% der besonders leistungsfähigen Arbeitnehmer in Werkstätten für Behinderte werden auf den Arbeitsmarkt vermittelt. Ebenso wie bei anderen Fällen, die ohne qualifizierenden Abschluß mit einer Vermittlung in Arbeit abgeschlossen werden, besteht das Problem darin, daß die Rehabilitanden für die z. T. schweren und schmutzigen Arbeiten, für die ohnehin die Personalrekrutierung schwierig ist, angeworben und so in den Kreis der fluktuierenden Randbelegschaft eingereiht werden. Das wiederum führt auch häufig zu erneuter Arbeitslosigkeit bzw. Rückkehr in die Werkstatt für Behinderte.

Neben diesen von der Werkstatt nicht beeinflußbaren Bedingungen wird deren rehabilitative Wirksamkeit intern durch eine Vielzahl restriktiver Arbeitstätigkeiten, deren Übernahme durch ökonomischen Zwang bedingt ist, unter dem Gesichtspunkt des Erlernens prozeßabhängiger technischer Qualifikationen wie auch unter dem prozeßunabhängiger und prozeßübergreifender Handlungskompetenz erheblich eingeschränkt. Die einjährige Trainingsphase, die der Produktionsstufe vorgeschaltet ist, hat in der Regel nur aufschiebende Wirkung, zumal eine in vieler Beziehung wünschenswerte und lange Jahre in einer Reihe von Werkstätten praktizierte Ausweitung auf zwei oder sogar drei Jahre mit einer Anordnung der Bundesanstalt für Arbeit (1981) unmöglich geworden ist.

Diese Ergebnisse machen die These plausibler, daß der intendierte Trendwechsel in der Sozialpolitik im Sinne einer umfassenden und final orientierten Rehabilitation und Integration aller Behinderten, unabhängig von Art und Ursache der zugrundeliegenden Schädigung, nur begrenzt stattfindet. Die sozio-demographischen Merkmale, die den gesellschaftlichen Ausleseprozeß bestimmen, sind offensichtlich auch im Rehabilitationsprozeß relevant. Es ist anzunehmen, daß dies die Konsequenz einer sozialpolitischen Strategie ist, die Rehabilitation in erster Linie über den Weg der individuellen Anpassung zu erreichen sucht und dabei Rehabilitationsbedingungen, die durch das Handeln der Rehabilitanden nicht beeinflußbar sind, nicht ausreichend berücksichtigt. Dabei werden soziale Probleme im Sinne individueller Verhaltensprobleme umdefiniert und Selektionsprozesse in Kauf genommen, um eine pädagogisch, ökonomisch, rechtlich und verwaltungsmäßig handhabbare Handlungsstruktur zu erreichen und gesellschaftliche Konflikte zu vermeiden. Diese könnten dann entstehen, wenn die Forderung nach Rehabilitation nicht nur als individuelle Anpassungsleistung der Behinderten, sondern auch als gesellschaftliche Verpflichtung aufgefaßt würde. Probleme, die durch eine umfassende und

gezielt Ungleichheiten ausgleichende Präventions- und Rehabilitationspolitik gelöst werden müssen, werden so lediglich segmentiert, teilweise anderweitig kompensiert – ca. 300 000 Arbeitnehmer scheiden jährlich als Frühinvaliden aus dem
Erwerbsleben aus (vgl. Projektgruppe im WSI, 1977) – und teilweise, wie z. B. die
soziale Rehabilitation, unterdrückt.

Das in Richtung einer gruppenbezogenen Verbesserung der Arbeitsmarktlage im
Sinne »aktiver« Politik konzipierte Schwerbehindertengesetz mit der dort vorgesehenen Beschäftigungspflicht ändert diese Einschätzung nur wenig. Die Beurteilung
des Erfolgs dieses Gesetzes ist unterschiedlich, je nachdem, ob man von den
arbeitslosen Schwerbehinderten – ca. ⅕ sind Rehabilitanden – oder von den
beschäftigten Schwerbehinderten ausgeht. Zunächst ist anzumerken, daß die
Erfüllung der Beschäftigungspflichtquote in Höhe von 6% nicht nur branchenspezi-
fisch unterschiedlich ist, sondern vor allem mit der Betriebsgröße variiert. Insbesondere bei größeren Betrieben – ab 1000 Mitarbeiter – zeigt sich, daß die
Pflichtquote sogar überschritten wird und Zahlen zwischen 7 und 9% erreicht
werden (vgl. *Runde*, 1982). Dabei ist allerdings davon auszugehen, daß die
Erfüllung der Beschäftigungspflichtquote in der Regel nicht durch eine verstärkte
Einstellung von arbeitslosen Schwerbehinderten, sondern durch einen hohen
Selbstrekrutierungsanteil erreicht wird. Gemeint sind Fälle, in denen leistungsfähige und in den Betrieb integrierte Arbeitnehmer ermutigt werden, sofern ein
gesundheitlicher Schaden vorliegt, sich als Schwerbehinderter anerkennen zu
lassen. Diese Selbstrekrutierung führt dazu, daß größere Betriebe für arbeitslose
Schwerbehinderte zu geschlossenen Arbeitsmärkten werden.

Geht man davon aus, daß ein großer Teil der Schwerbehinderten-Anträge in den
Risiken eines möglichen Arbeitsplatzverlustes begründet sind, dann sind präventive Funktionen dieses Gesetzes im Sinne einer aktiven Sozialpolitik nicht zu
verkennen. Prekär bleibt dennoch die zunehmende Zahl der arbeitslosbleibenden
Schwerbehinderten.

Wir können zusammenfassend festhalten, daß die Zugangschancen zum Arbeitsmarkt durch die Rehabilitationspolitik nur wenig geändert werden. Diejenigen
Menschen, die den größten Risiken – Gesundheits- und Arbeitslosenrisiken –
ausgesetzt sind bzw. bei denen sich diese Risiken kumulieren, sind nicht Ziel
besonderer Rehabilitationsanstrengungen. Vielmehr ist festzustellen, daß einige
askriptive Merkmale als Auslesekriterien auch im Rehabilitationsprozeß selbst
fungieren, und daß auch das Schwerbehindertengesetz Vorteile eher für diejenigen
schafft, die schon über einen Arbeitsplatz verfügen, daß also eine Rehabilitationspolitik dieser Art Selektionsprozessen nicht gezielt entgegenwirkt, sondern sie
eher verstärkt.

Soziale Rehabilitation

Ein anderer für die Integration Behinderter grundlegender Bereich ist die soziale
Rehabilitation, zu der u. a. Aktivitäten im Wohnungs-, Freizeit- und Dienstleistungssektor gezählt werden. Obwohl in vielen programmatischen Äußerungen von

einer umfassenden Rehabilitation und Integration die Rede ist, ist dieser Bereich lange vernachlässigt worden und kaum mit der beruflichen Rehabilitation verzahnt. Die dadurch bedingte Ausgrenzung von Bedürfnissen wird u. a. daran sichtbar, daß soziale Rehabilitationsmaßnahmen durch die Träger beruflicher Rehabilitation nach Abschluß der beruflichen Maßnahmen kaum gewährt werden, und daß – was die Bewertung des Gesamtbereichs markiert – die Sozialhilfe, der überwiegend soziale Rehabilitationsaufgaben zufallen, nicht insoweit in das Rehabilitationsangleichungsgesetz einbezogen wurde.

Wohnungsbau und Wohnraum für Behinderte als wesentliche Bestandteile der sozialen Rehabilitation sind immer noch stark durch die Bereitstellung von speziellen Anstalten und Heimen gekennzeichnet. Obwohl die Einsicht weit verbreitet ist, daß diese zur Ghettobildung beitragen und kaum geeignet sind, im Sinne der Normalisierung und der Lern- und Entwicklungsfähigkeit Eigeninitiative, Aktivität, Selbstbewußtsein und Verantwortungsbewußtsein zu stärken, begnügt man sich bisher auf der gesetzlichen Ebene mit einer Baumindestverordnung und einer Mitspracheregelung im Heimbereich. Von dem Ziel, den Behinderten soweit wie möglich eine selbständige Lebensführung zu ermöglichen und z. B. kleine Wohneinheiten mit entsprechenden ambulanten Dienstleistungen zu schaffen, ist man noch weit entfernt. Gezielte Anstrengungen in dieser Richtung setzen zunächst einen Überblick über die Wohnsituation Behinderter – einschließlich derer, die in Familien leben – sowie über regionale Entwicklungsmöglichkeiten dieses Sektores in baulicher, infrastruktureller und inhaltlicher Hinsicht voraus. Beides fehlt in der Regel oder wird – allerdings häufig ohne Mitwirkung der Betroffenen – in Form von Stadt- und Landesbehindertenplänen nachgeholt.

Die Forderung nach einem umfassenden System der sozialen Rehabilitation mit der Perspektive der Überwindung von Anstalts- und Heimsituationen in Richtung stufenweiser Verselbständigung und sozialer Integration – in kleinen Wohnheimen, Übergangswohnheimen, Trainingswohnungen, Servicehäusern, Gemeinschaftswohnungen und individuellen Wohnformen – muß in der Bundesrepublik noch systematisch entwickelt und erprobt werden. Das gilt auch für eine Vielzahl von Selbsthilfeprojekten und Wohngemeinschaften, deren Erfahrungen kaum Berücksichtigung gefunden haben. Unbestritten ist, daß für den einzelnen Behinderten die selbständige Lebensführung völlig unterschiedliche Schwerpunkte haben kann, wobei jedoch für alle Behinderten gilt: Kontakte und Betreuung müssen individuell sein. Den Behinderten ist nur geholfen, wenn seine speziellen Probleme aufgefangen und möglichst gelöst werden. Dabei muß beachtet werden, daß diese Hilfen frei sind von Bürokratismus und überschwenglicher Fürsorge, denn die Betroffenen sollen weder verwaltet noch überbeachtet werden. Pflegebedürftigkeit und Hilfeleistungen dürfen kein Abhängigkeitsverhältnis schaffen. Es muß generell gelingen, die Hilfeleistung, wie Pflege, Versorgung mit Nahrung und medizinische Betreuung selbstverständlich und unkompliziert zu gewähren. So kann die Persönlichkeit des Betroffenen gestärkt und damit ein Schritt im Hinblick auf eine soziale Rehabilitation geleistet werden. Hierzu müßte in der Bundesrepublik der vorherrschende Eindruck von Pflege und Hilfe für Behinderte als karitative und soziale

Wohlfahrtsleistung zugunsten einer dienstleistungsbezogenen Hilfe abgelöst werden. Organisatorisch sind die in einigen Bundesländern gegründeten Sozialstationen durchaus als Anfänge in diesem Sinne zu betrachten. Die Vorstellung ihres Ausbaus als Dienstleistungszentren in Verbindung mit einem differenzierten Angebot offener Wohnformen weist in die richtige Richtung.

Diese vielfältigen Aufgaben sind allerdings nur dann zu bewältigen, wenn eine engere Zusammenarbeit aller beteiligten Organisationen und der Betroffenen erfolgt. Dabei werden sich freilich schwierige Probleme der Koordination der verschiedenen öffentlichen und gemeinnützigen Träger ergeben. Eine zentrale Erklärung dafür ist deren jeweiliges Eigeninteresse und der Versuch der Sicherung der eigenen Organisationsmittel. Veränderungsversuche müssen diese Bedingungen in Rechnung stellen. Von besonderer Bedeutung ist darüber hinaus – bedingt durch den hohen Grad der Verflechtung zwischen Staat und Wohlfahrtsverbänden (ca. 40% der Aufwendungen der freien Träger stammen aus öffentlichen Mitteln) – das gemeinsame Interesse der etablierten Verbände, nicht oder anders organisierte Interessen zu marginalisieren oder zu inkorporieren, um den eigenen Kompetenzbereich und den Zugang zu Ressourcen sicherzustellen. Innovationen durch selbstorganisierte Problemlösungen der Betroffenen werden dadurch erheblich erschwert.

Bei der hohen Komplexität des Problemfeldes und der großen Bedeutung der Reaktivität von Adressaten kann ein wichtiger Schritt zunächst darin bestehen, Verhandlungssysteme zu etablieren, die den Verflechtungen der Leistungsträger entsprechen, mit dem Ziel, die für eine aktive Politik notwendigen Konsensbildungsprozesse – auch mit den Behinderten selbst – effektiv in Gang zu setzen. Verhandlungssysteme dieser Art sind die insbesondere von den Gewerkschaften geforderten bundesweiten, regionalen und vor allem örtlichen Arbeitsgemeinschaften, in denen Sozialversicherungsträger, öffentliche Sozialleistungsträger, freie Verbände und Leistungserbringer zusammengeschlossen sind, und daraus hervorgehende aufgabenbezogene Ausschüsse (vgl. WSI-Studie 1977). Sie sollen institutionell und organisatorisch zuständig sein für »alle Fragen der Vermittlung (Durchführung, Koordination), soziale und gesundheitliche Dienste und Sachleistungen« und auch präventive Aufgaben im Sinne der »Bekämpfung von Gesundheitsgefahren in den verschiedenen Arbeits- und Lebensbereichen« übernehmen. Eine wichtige Erfolgsbedingung dafür wird vor allem in der Dezentralisierung gesehen, um eine auf überschaubare Bereiche konzentrierte Gesamtverantwortung zu schaffen. Eine Erprobung dieser nicht nur normativ, sondern funktional zu begründenden Steuerungsformen steht jedoch noch aus; es muß jedoch schon heute festgestellt werden, daß eine Durchsetzung von Verhandlungssystemen auf örtlicher Ebene ohne ausdrückliche Berücksichtigung historisch gewachsener Formen mit erheblichen Schwierigkeiten zu rechnen hat. Ein weiteres Erfolgskriterium ist mit der Einbeziehung der Basisbewegungen gegeben, deren Entstehung und Ausweitung auch als Resultat mangelnder Problemwahrnehmung und -bearbeitung der etablierten Sozialpolitik aufzufassen ist.

Dies um so mehr, als das übergreifende Ziel der Rehabilitationsarbeit die Gewähr-

leistung der selbstverantwortlichen Mitwirkung Behinderter in allen Lebensbereichen ist. Ohne den Anspruch auf berufliche Rehabilitation und Integration in den
Arbeitsprozeß aufzugeben, muß man festhalten, daß mit zunehmend knapper
werdender Arbeit und entsprechenden Verdrängungsprozessen die Bedeutung der
sozialen Rehabilitationsmaßnahmen wächst, wenn, orientiert an den Prinzipien der
Menschenwürde, der Normalisierung und der Lern- und Entwicklungsfähigkeit,
Lebenschancen jenseits der Erwerbsarbeit erfahren und durchgesetzt werden.

Perspektiven und Vorschläge

Wir haben eingangs festgestellt, daß der mit dem Begriff Rehabilitation bezeichnete Problemgehalt eine Vielzahl von Aspekten hat, zu denen die medizinischen,
pädagogischen und beruflichen Hilfeleistungen zur individuellen Anpassung an
gesellschaftliche (Minimal-)Anforderungen gehören. Hier gibt es eine Vielzahl von
Daueraufgaben; Verbesserungsmöglichkeiten liegen vor allem in einer konsequent
final orientierten Leistungserbringung, unabhängig von Art und Ursache einer
Behinderung. Eine schnelle, reibungslose, unbürokratische und interdisziplinäre
Zusammenarbeit unterschiedlicher Stellen und Organisationen (vgl. dazu Runde
1982) kann dazu beitragen, den Erfolg von Rehabilitationsmaßnahmen zu vergrößern. Die Einbeziehung der Sozialhilfe in das Rehabilitationsangleichungsgesetz
(oder sogar ein einheitliches Rehabilitationsgesetz) sind wichtige rechtliche Voraussetzungen. Rehabilitation und Rehabilitationspolitik auf diese Frage individueller Hilfeleistung zu zentrieren, hieße jedoch, die Probleme auf eine personenbezogene und damit nur administrativer Steuerung besser zugängliche Ebene zu
verkürzen. Eine finale an umfassender Rehabilitation und Integration orientierte
aktive Politik erfordert eine deutliche Erweiterung des vorherrschenden indivuali-
stischen Verständnisses sozialer Probleme auch im Bereich der Rehabilitation
zugunsten einer Berücksichtigung und Bearbeitung »problemträchtiger Lebenslagen und Strukturen« (*Strasser*, 1979: 145).
Die Arbeitsmarktlage bzw. die Zugangschancen zum Arbeitsmarkt bleiben dabei
ein zentraler Gegenstandsbereich politischen Handelns.
Dies ergibt sich auch dadurch, daß nach Auffassung der Bundesanstalt für Arbeit,
der sich die Rentenversicherungsträger inzwischen angeschlossen haben, die
berufliche Rehabilitation erst nach der vollen beruflichen Eingliederung abgeschlossen ist. Die Abstimmung mit privaten und öffentlichen Arbeitgebern im
Sinne der Einflußnahme auf personalpolitische Entscheidungen ist dafür grundlegend, um so mehr, wenn die berufliche Rehabilitation sozialpolitisch gestaltend
erfolgen soll. Rehabilitationspolitik muß sich daher mit der Höhe und der Struktur
der Arbeitslosigkeit befassen. Ein beschäftigungspolitisch interessanter Weg zur
gezielten Verbesserung der Arbeitsmarktlage von Problemgruppen ist in Schweden
beschritten worden. Dort wurden auf Betriebsebene sogenannte Anpassungsgruppen gebildet, in denen Vertreter von Arbeitgebern, Gewerkschaften und Arbeitsämtern mit dem Ziel zusammenarbeiten, Arbeitsplätze für schwervermittelbare
Arbeitskräfte auszuwählen und diese einzuweisen oder Arbeitsplätze durch geeig-

nete Maßnahmen an veränderte persönliche Bedingungen eines Arbeitsplatzinhabers anzupassen und damit zu erhalten.

Diese, die klassischen Grenzen sozialpolitischer Ressortpolitik überschreitende präventive Tätigkeit der Anpassungsgruppen, kennt keine Quotenvorgabe. Erst wenn die auf Eigeninitiative und Überzeugungskraft gegründete Arbeit des Beratungsgremiums nicht zu befriedigenden Ergebnissen führt, greift die Arbeitsbehörde, die durch die Verwaltung von Subventionen, Investitionsfonds etc. über erhebliche finanzielle Sanktionsmöglichkeiten verfügt, zu Empfehlungen, z. B. »behinderte Arbeitskräfte im Falle von Neueinstellungen zu bevorzugen« (*Schmid*, 1980: 137) oder sogar Anordnungen: »Kommt der Betrieb den Empfehlungen oder Anordnungen nicht nach, kann dann die Arbeitsmarktbehörde entscheiden, daß der Betrieb nur noch solche Personen einstellen darf, die vom Arbeitsamt bewilligt sind«, was jedoch selten geschieht, zumal die Ausbreitung betriebsinterner Arbeitsmärkte auch in Schweden dieses Instrument zunehmend unscharf macht.

Derartige Handlungssysteme gibt es in der Bundesrepublik nicht. Durch die Konzentration der Gesamtverantwortung für die berufliche Rehabilitation bei den örtlichen Arbeitsämtern sind jedoch wichtige Voraussetzungen für eine stärkere Einbeziehung der örtlichen öffentlichen und privaten Arbeitgeber in die Rehabilitationsaufgabe gegeben. Allerdings sind die Handlungsmöglichkeiten dadurch begrenzt, daß die dem Arbeitsamt zur Verfügung stehenden Steuerungsmittel – vor allem finanzielle Anreize – die freiwillige Mitarbeit der Arbeitgeber voraussetzen. Diese ist unter den gegebenen Bedingungen nur zu erreichen, wenn die Arbeitgeber mit der Einstellung von Behinderten bzw. Leistungsgeminderten deutliche Vorteilserwartungen verbinden können. Den gegebenen Steuerungsmöglichkeiten des Arbeitsamtes entsprechend sind die Lohnzuschüsse dabei ein wichtiger Ansatzpunkt. Überlegungen, sie in kapitalisierter Form einmalig zu vergeben, was bei begrenzten Kapitalmärkten vor allem für Klein- und Mittelbetriebe interessant sein dürfte und/oder sie nicht nur als prozentualen Ausgleich für tatsächliche oder vermeintliche Leistungen, sondern als echte Anreize zu vergeben, sind in dieser Richtung zu verstehen (vgl. *Schmid/Semlinger*, 1980). Zu überprüfen ist auch, ob Subventionen im Rahmen der über die Ausgleichsabgabe finanzierten Sonderprogramme zur Einstellung Schwerbehinderter weiterhin nur an die Unternehmen vergeben werden, die die Beschäftigungspflichtquote erfüllt haben. (Entsprechende Verbesserungsvorschläge hat der Beirat für die Rehabilitation der Behinderten in Übereinstimmung mit dem Bundesminister für Arbeit und Sozialordnung zu Beginn 1983 gemacht.) Gerade bei kleineren Unternehmen mit Arbeitnehmerzahlen zwischen 16 und 300. »die mit eigenen Mitteln nicht die erforderlichen Kosten aufbringen können, um die Pflichtquote zu erreichen« (*Bunge*, 1980: 39) bleiben so Chancen ungenutzt.

Da Lohnzuschüsse nur in Verbindung mit der Einsatzfähigkeit der Einzustellenden bedeutsam sind, besteht ein weiterer Ansatzpunkt darin, Servicefunktionen der Beratung und Betreuung anzubieten. Derartige Leistungen werden heute – unzureichend in Umfang und Intensität und wenig koordiniert – nicht nur von den Arbeitsämtern, sondern vor allem auch von den die berufliche Rehabilitation durchführenden Organisationen und von den Hauptfürsorgestellen erbracht. Der Ausbau und die zweckorientierte Organisation dieses Servicebereichs in Verbingung mit der Bereitstellung finanzieller Mittel als Anreiz sind unter den gegebenen asymmetrischen Beziehungen zwischen Arbeitsämtern und Betrieben (vgl. *Runde*, 1982) wichtige Hilfen, will man für die Behinderten höhere Vermittlungsquoten erreichen.

Der allgemein auf schwer vermittelbare Arbeitnehmer bezogene Vorschlag, lokale Trainingszentren einzurichten, die Trainingsprogramme anbieten, während der Eingliederung Betreuungsfunktionen übernehmen, teilweise sogar selbst Arbeitgeberfunktionen ausüben und eng mit der Arbeitsverwaltung zusammenarbeiten, ist in diesem Zusammenhang einer aufgabenbezogenen Zusammenfassung von Beratungs- und Serviceleistungen bedeutsam. Dieser Vorschlag (vgl. *Schmid/Semlinger*, 1980) könnte auf schon bestehende berufliche Rehabilitationseinrichtungen ausgeweitet werden. Diese müßten jeweils für ihre Klientel die angesprochenen Funktionen übernehmen, so daß sich eine arbeitsfähige Struktur ergäbe, die sich in Ansätzen heute schon in der Praxis entwickelt. Diese Vorstellung setzt allerdings voraus, daß die Aktivitäten unterschiedlicher Organisationen übersichtlich koordiniert werden können. Ein derartiges Koordinationsgremium, das auch Aufgaben der Angebotsplanung im Bereich der beruflichen Rehabilitation übernehmen könnte, wäre möglicherweise das von *Blankenburg/Krautkrämer* (1979) angeregte »Sekretariat der Arbeitsförderung«, das dem Selbstverwaltungsausschuß des örtlichen Arbeitsamtes angegliedert werden soll. Dieses Sekretariat könnte die Problemgruppensituation insgesamt überblicken und möglicherweise übergreifende Anregungen geben.

Eine Ausweitung der Handlungsspielräume der Selbsverwaltung der örtlichen Dienststellen der Bundesanstalt für Arbeit mit dem Ziel örtlich/regionale Beschäftigungsstrategien entwickeln und umsetzen zu können, wäre dabei besonders hilfreich. Besonders bedeutsam wären nicht nur Anstrengungen, die im Rahmen der vorgeschlagenen Maßnahmen möglichen »Mitnehmereffekte« einzuschränken und zu kontrollieren, sondern auch Versuche, die Struktur der Einstellung von Behinderten zu beeinflussen. Die heute auf Betriebsebene durchgeführten Einarbeitungs- und Ausbildungsmaßnahmen ohne anerkannten Abschluß müssen zugunsten qualifizierter Ausbildungs- und Umschulungsmaßnahmen geändert werden. Die Handlungsmöglichkeiten der Gewerkschaften im Rahmen des Tarifrechts und der Betriebsräte im Rahmen von Betriebsvereinbarungen können dabei eine wichtige Hilfestellung sein.

Sollten derartige Versuche einer vorausschauenden und gestaltenden Rehabilitationspolitik nicht den gewünschten Erfolg bringen, sind weitergehende Maßnahmen wie eine Wiederbeschäftigungspflicht für Rehabilitanden oder eine Anhebung der Beschäftigungspflichtquote und eine drastische Erhöhung der Ausgleichsabgabe in Erwägung zu ziehen. Mit der Forderung der Wiederbeschäftigungspflicht ist die Annahme verbunden, daß dadurch Selektionsprozessen zu Lasten der gesundheitlich Beeinträchtigten entgegengewirkt werden kann, und daß die Bereitschaft der Arbeitgeber, sich an qualifizierten Rehabilitationsprozessen zu beteiligen, vergrößert wird, da von Art und Erfolg der Maßnahmen die zukünftige Einsatzfähigkeit der Betroffenen abhängt.

Die Erhöhung der Beschäftigungspflichtquote in Verbindung mit der Anhebung der Ausgleichsabgabe soll die Einstellungsbereitschaft aus ökonomischen Erwägungen vergrößern. Anzumerken bleibt jedoch, daß dadurch betriebsinterne Arbeitsmärkte verstärkt werden und daß insbesondere für Klein- und Mittelbetriebe Ausnahmeregelungen vorzunehmen sind. Durch »Bündnisse der Rehabilitations- und Arbeitsmarktpolitik mit weiteren Politikbereichen« (z. B. Wohnungsbau, Umweltschutz, Energiewirtschaft) und durch Koppelungsstrategien bei der Anwendung des arbeitsmarktpolitischen Instrumentariums (*Brinkmann*, 1982: 23) können Beschäftigungswirkungen umfassenderer Art erzielt werden.

Dieser Punkt ist insbesondere unter dem Aspekt globaler Maßnahmen zur Beschäftigungssicherung zentral, denn die Struktur der Arbeitslosigkeit ist zu einem guten Teil durch ein längerfristiges Nachfragedefizit gekennzeichnet. Dabei ist deutlich zu machen, daß »global wirksame Arbeitsmarktpolitik«, »nicht pure Globalsteuerung« bedeutet. Sie kann »selektive Wachstumspolitik, (z. B. Zukunftsinvestition) bedeuten. Gezielte Ausweitung von Arbeitsbeschaffungsmaßnahmen (z. B. in den sozialen Diensten), aber auch Arbeitszeitreduzierung für bestimmte Gruppen von Arbeitnehmern, d. h. vor allem auch für leistungsgeminderte und ältere Arbeitnehmer . . .« (*Brinkmann*, 1982: 19–20). In diesem Zusammenhang können auch Ansatzpunkte entwickelt werden, die berufliche Rehabilitation enger an den Betrieb und in die ganze Sozialpolitik zurückkoppeln.

Peter Runde

Literatur

ANBA, Amtliche Nachrichten der Bundesanstalt für Arbeit – *Blankenburg, E./Krautkrämer, U.,* 1979: Aktivierung lokaler Arbeitsmarktpolitik, Wissenschaftszentrum Berlin, IIMdp 79–6 – Bundesanstalt für Arbeit, 1979: Arbeits- und Berufsförderung Behinderter (Berufliche Rehabilitation) in den Jahren 1976–1978, Bonn – Bundesminister für Arbeit und Sozialordnung: Aktionsprogramm Rehabilitation in den 70er Jahren; Aktionsprogramm Rehabilitation in den 80er Jahren, Bonn – *Biehler, H./Brandes, W./Buttler, F./Gerlach, K.,* 1979: Interne und externe Arbeitsmärkte – Theorie und Empirie zur Kritik eines neoklassischen Paradigmas, in: Beiträge zur Arbeitsmarkt- und Berufsforschung 33, Nürnberg – *Boll, G./Kloas, P. W./Wiederhold-Fritz, S.,* 1981: Betriebliche Berufsausbildung behinderter Jugendlicher, in: Berufsbildung in Wissenschaft und Praxis 4 – *Brinkmann, Ch.,* 1982: Zur Situation von Behinderten und Leistungsgeminderten auf dem Arbeitsmarkt: Arbeitslosigkeit, berufliche Ein- und Ausgliederung, arbeitsmarktpolitische Perspektiven, in: *Heinze, R. G./Runde, P.* (Hrsg.) – *Bunge, Th,* 1981: Rechtliche Defizite beim Abbau der Schwerbehinderten-Arbeitslosigkeit, in: Sozialer Fortschritt, 2 – *Egle, F./Leupoldt, R.,* 1979: Die regionale Verteilung der Zielgruppen am Arbeitsmarkt, in: MittAB, 4 – *Ehrenberg, H.,* 1978: Sozialpolitik 1969–1978 (Teil C: Sozialpolitik für Behinderte), Bonn – *Haaser, A.,* 1975: Wohnstätten für geistig behinderte Erwachsene im Literaturüberblick, in: Institut für Sozialrecht der Ruhr-Universität: Werkstätten für Behinderte, Bochum – *Heinze, R. G./Hinrichs, K./Hohn, H. W./Olk, Th.,* 1981: Armut und Arbeitsmarkt: Zum Zusammenhang von Klassenlagen und Verarmungsrisiken im Sozialstaat, in: Zeitschrift für Soziologie H. 3. – *Heinze, R.G./Olk, Th.,* 1981: Eigenarbeit, Selbsthilfe, Alternativökonomie. Entwicklungstendenzen des informellen Sektors (Manuskript) i. E. – *Heinze, R. G./Runde, P.,* 1979:

Arbeitsmarkt- und sozialpolitische Maßnahmen zur beruflichen Integration Behinderter und betriebliche Strategien, in: *Runde, P./Heinze, R. G.* (Hrsg.): Chancengleichheit für Behinderte, Neuwied/Darmstadt – *Heinze, R. G./Runde, P.* (Hrsg.), 1982: Lebensbedingungen Behinderter im Sozialstaat, Opladen – *Hofbauer, H.,* 1977: Verlauf und Erfolg der beruflichen Umschulung bei Rehabilitanden, in: MittAB 10, 1 – Infratest Sozialforschung, Infratest Wirtschaftsforschung *(W. Sörgel),* 1978: Arbeitssuche, berufliche Mobilität, Arbeitsvermittlung und Beratung. Forschungsbericht im Auftrag des Bundesministers für Arbeit und Sozialordnung, Bonn – *Karr, W.,* 1979: Zur Strukturalisierung der Arbeitslosigkeit, in: MittAB 12, 2 – *Krieger, H.,* 1979: Zur Strukturierung der Arbeitslosigkeit durch die unternehmerische Einstellungspraxis, in: WSI-Mitteilungen 32, 2 – *Lutz, B./Sengenberger, W.,* 1980: Segmentationsanalyse und Beschäftigungspolitik, in: WSI-Mitteilungen 33, 5 – *Nahnsen, I.,* 1975: Bemerkungen zum Begriff und zur Geschichte des Arbeitsschutzes, in: *Osterland, M.* (Hrsg.), Arbeitssituation, Lebenslage und Konfliktpotential, Frankfurt/M./ Köln – *Offe, C./Hinrichs, K.,* 1977: Sozialökonomie des Arbeitsmarktes und die Lage benachteiligter Gruppen von Arbeitnehmern, in: Projektgruppe Arbeitsmarktpolitik/ *Offe, C.* (Hrsg.), Opfer des Arbeitsmarktes, Neuwied/Darmstadt – Projektgruppe im WSI, 1977: Sozialpolitik und Selbstverwaltung, WSI-Studie 35, Köln – *Ritz, H. G.,* 1982: Betriebliche Integration Schwerbehinderter und Beteiligung der Schwerbehindertenvertrauensleute, in: *Heinze, R. G./Runde, P.* (Hrsg.) – **Runde, P./Heinze, R. G.* (Hrsg.), 1979: Chancengleichheit für Behinderte. Sozialwissenschaftliche Analysen für die Praxis, Neuwied/ Darmstadt – *Runde, P.,* 1979: Soziologie der Behinderten – Forschungsstand und Perspektiven, in: ders./*Heinze, R. G.* (Hrsg.) – *Runde, P.,* 1982: Interorganisatorische Kooperation – ein erfolgversprechender Weg der Beschäftigungspolitik für Behinderte und Leistungsgeminderte?, in: *Heinze, R. G./Runde, P.* (Hrsg.) – *Runde, P./Richter, St./Schiemann, U.,* 1981: Wohnstätten für Behinderte (Anstalten, Heime, Wohnungen, Wohngemeinschaften) in der Freien und Hansestadt Hamburg. Forschungsbericht im Auftrag der Behörde für Arbeit, Jugend und Soziales, Hamburg – *Seifert, K. H.,* 1977: Berufliche Rehabilitation, in: ders. (Hrsg.): Handbuch der Berufspsychologie, Göttingen/Toronto/Zürich – *Schober, K.,* 1980: Zur Durchführung und Wirksamkeit berufsvorbereitender Lehrgänge. Eine empirische Untersuchung bei ehemaligen Lehrgangsteilnehmern, in: MittAB 4 – *Schmid, G.,* 1980: Perspektiven der Arbeitsmarktpolitik: Arbeitsmarkt und beschäftigungspolitische Perspektiven, in: Gewerkschaftliche Monatshefte, 7 – *Schmid, G./Semlinger, K.,* 1980: Instrumente gezielter Arbeitsmarktpolitik: Kurzarbeit, Einarbeitungszuschüsse, Eingliederungsbeihilfen: Durchführung, Wirksamkeit und Reformvorschläge, Königstein/Ts. – *Strasser, J.,* 1979: Grenzen des Sozialstaats, Frankfurt/M. – **Tews, H. P./Wöhrl, H.-G.,* 1981: Behinderte in der beruflichen Rehabilitation, Weinheim/Basel – *Thun, M.,* 1980: Berufsförderungswerke, in: Zeitschrift für Berufs- und Wirtschaftspädagogik, 12. –

→ Arbeitsbedingungen → Gesundheit und Krankheit → Heilpädagogik → Sozialpädagogik und Sonderpädagogik → Sozialpolitik → Sozialstaat

Schulsozialarbeit

Der Begriff und die durch ihn bezeichnete Sache Schulsozialarbeit stellt gegenwärtig mehr eine Forderung als eine Realität dar. Zwar sind Ansätze vorhanden, in denen modellartig Schulsozialarbeit (SSA) erprobt wird, auch liegen erste Praxisberichte vor, aber es ist noch nicht möglich, von einem Praxisfeld, einer Methode oder gar einer Institution zu sprechen. Deswegen wird vorgeschlagen, SSA zunächst als Oberbegriff zu wählen für eine Gruppe verschiedener Aktivitäten innerhalb von Schulen, die vorwiegend außerhalb des Unterrichts, in Anlehnung an sozialpädagogische Methoden und mit pädagogischen, sozialen und gesellschaftlichen Zielsetzungen betrieben werden. Außerdem ist, wie noch zu zeigen sein wird, SSA die Bezeichnung eines Arbeitsprinzips, einer Tendenz in Schulen, die in engem Zusammenhang mit schulreformerischen Zielen und dem spannungsreichen Bemühen um deren Verwirklichung gesehen werden muß.

Geschichtliche Entwicklung

Ausgangspunkt jeder Forderung nach sozialpädagogischer Arbeit in der Schule war und ist die Trennung der schulischen und sozialpädagogischen Ziele, Zielgruppen und Methoden, die spätestens seit den 20er Jahren als Defizit bemerkt und zunehmend beklagt wird. Aus heutiger soziologischer Sicht (*Homfeldt* u. a., 1976) sind es die Selektionsprozesse »nach oben« und »nach unten«, die diese Trennung begründen: Schule muß als Funktionsträger von Gesellschaft und deren Schichtung – erst sekundär entsprechend der Begabungen von Kindern – Bildung und berufliche Vorbildung für entsprechende Qualifikationen vermitteln und damit Auslese betreiben. Jugendfürsorge (Reichsjugendwohlfahrtsgesetz seit 1923) muß Versagende, Benachteiligte, Abweichende aufspüren, in Erklärungsschemata einordnen und durch besondere Maßnahmen zu integrieren oder aber auszugliedern versuchen. Frühe Ansätze zur Überwindung dieser Trennungen und zum Ausbrechen aus diesem gesellschaftlichen »Muß« sind auf der Seite der Schule die Reformschulen, die Landerziehungsheime und Waldorfschulen, auf der Seite der Jugendfürsorge einige Heime im Umkreis der Jugendbewegung, Arbeiterbildungs- und Selbsthilfeeinrichtungen mit politischen und volksbildnerischen Zielen. Nach dem zweiten Weltkrieg war es die Diskussion um die notwendigen demokratischen Reformen des Schulsystems, insbesondere die Forderung nach und die Entwicklung der Gesamtschule, die sozialpädagogische Gesichtspunkte als Argumente benutzte. Aus der Sicht der Schulreformer waren mehr Chancengleichheit im Bildungssystem, Mobilisierung der »Bildungsreserven« und realisierbare Alternativen zum dreigliedrigen Schulsystem zugleich bildungs- wie sozialpolitische Aufgaben, während Sozialpädagogen (*Mehringer*, 1961, *Iben*, 1967; *Wiese*, 1968) eher das soziale Schülerschicksal insbesondere benachteiligter Kinder als Forderung an die moderne Schulpädagogik herantrugen. Der Vorwurf wird erhoben, daß nicht wenige soziale Abweichungen durch Schule mitverursacht werden können, ebenso wie auch andere gesellschaftliche Institutionen einschließlich der jugendfürsorgerischen dort stigmatisieren, wo sie zu helfen meinen. Besondere Hilfeformen wurden etwa seit 1960 zunehmend in den schulpsychologischen Diensten gesehen, die allerdings überwiegend individualpsychologisch und psychodiagnostisch orientiert arbeiten (Ausnahme ist z. B. die Hamburger Schülerhilfe, vgl. *Bärsch*, 1972). Gleichzeitig mit ersten Praxiserfahrungen in Gesamtschulen, von denen einige von Anfang an begrenzte Arbeitsaufträge z. B. im Freizeitbereich an Sozialarbeiter vergaben, werden in den 60er Jahren Forderungen bekannt (*Fürstenau*, 1964; *v. Hentig*, 1968; *Bittner*, 1970), die die pädagogische und sozialpädagogische Ausfüllung der curricular und organisatorisch reformierten Schule zum Thema haben. Immer soll die bessere Schule zugleich auch eine sozial bewußte, sozialpädagogisch sensible und aktive Schule sein. Nach den Erfahrungen klaffender Widersprüche in Schule und Jugendarbeit, nach neu erkanntem und nicht hinzunehmendem »Aufwachsen im Widerspruch« (*Goodman*, 1960) wird der emanzipative Anspruch deutlich, der die Schule kritisiert, ihre Systemzwänge aufweist und gerade deshalb – ganz ähnlich wie in der Sozialarbeit – neue und entschiedener zugunsten der Betroffenen formulierte Ansätze fordert (*Hurrelmann*, 1973; *Bernhardt*, u. a. 1974; *Keim*, 1973). Etwa gleichzeitig formulieren dann z. B. *Abels* (1971) *Tillmann* (1972), *Markmann* (1973) und die Arbeitsgruppe der Bundesarbeitsgemeinschaft Jugendaufbauwerk (1973) erstmals Zielsetzungen für SSA, die in ersten, mit Bundes-, Landes- und Verbandsmitteln geförderten Modellen (in Kassel seit 1973) erprobt werden soll.

Systematischer Zugang

Da SSA als ein Kind der Schulreform in der BRD zu sehen ist, steht sie in engem Zusammenhang mit der spannungsvollen Gesamtschul-Konzeption und den entsprechenden wissenschaftlichen Reflexionen, die hier angedeutet seien: Wenn gesellschaftliche Situationen auslösend für pädagogische Strukturentwicklungen sind, diese also auf jene »antworten«, dann muß im Nachkriegs-Deutschland die angespannte Bemühung um wirtschaftlichen Wiederaufbau, um industriellen Fortschritt, um Effektivierung und Rationalisierung als Ursache für weitgesteckte Bildungsziele gesehen werden. Ein Versuch der Operationalisierung solcher Ziele ist die Gesamtschule, die in sich von Anfang an die gesellschaftlichen Widersprüche enthält, reproduziert und pädagogisch vertritt. Die gesellschaftlichen Erwartungen gehen – ökonomisch gesehen – in die Richtung von Effektivierung, Rationalisierung, Ausnützung, zugleich aber – politisch gesehen – in die Richtung von mehr Demokratie. Die Schulreform transformiert diesen Doppelanspruch, diese Polarität, die in realen Verhältnissen ebenso wie in unterschiedlichen theoretischen Bewältigungsversuchen sichtbar wird, mit fortschreitender Konkretion folgendermaßen: Zunächst geht es bei der neuen Schule um ein wissenschaftlich durchdrungenes Curriculum, um mehr Rationalität und Vergleichbarkeit bei der Stoffauswahl, um übertragbare Anwendung von Lehr- und Lerngesetzen, also um eine begriffene Schulung. Aber fast gleichzeitig geht es auch um partielle »Entschulung«

(*Illich*, 1972), um das soziale und menschliche »hidden curriculum«, um an Bedürfnissen ansetzende Lernangebote mitten im Schulleben. In der sich konkretisierenden Gesamtschuldiskussion heißen die Begriffe dann Differenzierung – nach Begabung, Neigung und Leistung – und Integration, die, Sozialschichten übergreifend, modellartig ein Stück neuer Gesellschaft in der Schule erprobt. Konsequenterweise treten die ersten großen Probleme in der Praxis immer dann auf, wenn die Differenzierung zu Erfolgszwängen, Leistungsdruck und Versagensängsten bei Lehrern und Schülern führt, und diese durch Kooperation nicht wirklich aufgefangen werden können, weil die Integration an der Schultür endet, wenn sie überhaupt drinnen bestand. Es verwundert nicht, daß der Leistungsdruck in Schulen zunehmend Gegenstand der Kritik wird, ja daß er es ist, der das Spezialproblem Gesamtschule mehr und mehr in die Nähe der allgemeinen Schuldiskussion geraten läßt (*Fend* u. a., 1975). Die Polarisierung in Leistung und »Leben« ist nun nicht, wie in manchen Diskussionsbeiträgen verkürzt dargestellt, ein Spezifikum der Schule, die einer bürgerzentrierten, wirksam kooperierenden, Bedürfnis-orientierten Sozialarbeit bzw. Sozialpädagogik gegenüberstünde. Vielmehr finden sich auch hier ähnliche Probleme, bekannt z. B. unter dem Begriff des »doppelten Mandats« der Sozialarbeit. Allerdings hat sich tendenziell eine Trennung der Bereiche innerhalb von Sozialarbeit ergeben, die die an Leistungs- und Erfolgsgesichtspunkten orientierte, also auslesende und effektivierende Arbeit als Intervention oder Sanktion, die Bedürfnis-orientierte als Anregung und Hilfe verstehen will (vgl. die traditionellen Begriffe Jugendfürsorge und Jugendarbeit). Wenn nun Sozialarbeit in die Schule geht, weil Schule Sozialarbeit braucht, wie wird sich die Zusammenarbeit zweier je in sich polarisierter Arbeitsfelder legitimieren? SSA kann z. B. in Gestalt von Individualberatung und sozialer Therapie zur Funktionstüchtigkeit von Schülern beitragen, damit Anpassung an bestimmte der Schule vorgegebene Ziele fördern und womöglich Schäden reparieren helfen. Dazu kann sie durchaus bis zum gewissen Grade sozialpädagogische Ansätze und Methoden verwenden, wird diese allerdings den Unterrichts- und Verwaltungszwängen der Schule ein- und unterordnen. SSA kann insbesondere in Gestalt von Gruppenberatung, Schüler-zentrierten Aktivitäten und systemkritischer konstruktiver Kooperation in Gremien andere auch der Schule zugehörige Ziele verfolgen helfen, nämlich Demokratisierung, Verwaltungs-unabhängige pädagogische Arbeit an Stoffen alter und neuer Art, Kritikfähigkeit und Selbständigkeit der Lernpartner in einer sich rasch und durch Einflußnahme tätiger Personen und Gruppen wandelnden Umwelt. Der zweite Ansatz steht nicht unverbunden neben dem ersten; er ist allerdings deutlich in Gefahr, unterdrückt oder gar nicht erst zugelassen zu werden. Daher ist seine Betonung, Verstärkung und womöglich Partei ergreifende Durchsetzung vordringliches Anliegen von SSA, wenn sie das Erbe der ursprünglichen bildungspolitischen Reformbestrebungen antreten will.

Ansatzpunkte und Organisationsformen

SSA setzt ihre Mitwirkung sowie ihre alternativen Konzepte in der Schule an Defiziten an, die von Lehrern, Schülern und Eltern wahrgenommen und beklagt werden. Da Entwicklung und Erprobung der Gesamtschule in vorderster Linie die Belastungen der Schulreform auszutragen und zu überwinden versucht, ist SSA dieser Schulform besonders verbunden. Hier sind die Einflüsse der Verwaltungshierarchie in der Schule (Erlasse, Leistungsstrukturen, Planerfüllung etc.), der ungewollt durchschlagenden gesellschaftlichen Funktionen der Schule (Beurteilung, Gefahr der Stigmatisierung und Ausgliederung, vgl. *Hurrelmann*, 1975) und die Unterworfenheit der pädagogischen Prozesse unter organisatorische und gesellschaftspolitische Zwänge unabweisbar deutlich geworden. Das heißt natürlich nicht, daß nicht in allen anderen Schultypen vergleichbare und teilweise sicher noch krassere Beobachtungen gemacht werden können. Auf diese Situation sich beziehend, formuliert die Arbeitsgruppe des Jugendaufbauwerks im »Leitfaden für Schulsozialarbeit« 1973 folgende allgemeinen Ziele:

»1. SSA wird also:

   a) bei der Sozialisation von Schülern aus unterprivilegierten Schichten schichtspezifische Hemmungen und Schwierigkeiten abbauen und überwinden;

   b) antizipatorisch sozialisieren, indem sie alle anzusprechenden Schüler – gleich aus welchen sozialen Schichten sie stammen – mit den Rollenerwartungen, Ansprüchen und Chancen der Gesellschaft vertraut macht und sie zu einer kritischen Auseinandersetzung mit ihnen befähigt;

   c) personale und soziale Bildungsprozesse in der Lern-und Berufsfindungsphase fördern;

   d) potentielle oder bereits ausgebrochene Konflikte pädagogisch fruchtbar machen.

2. Um diese Ziele zu erreichen, wird sie:

   a) analysieren, beraten, behandeln sowie aktivieren und dabei als Zielgruppe nicht nur Schüler, sondern auch Eltern in ihre Arbeit einbeziehen;

   b) vor allem mit Beratungslehrern, Schulpsychologen, Berufsberatern und Schulärzten teamartig zusammenwirken, aber auch jene Lehrer für eine enge Kooperation zu gewinnen trachten, die für ihre sozialpädagogische Arbeit Interesse und Verständnis zeigen;

   c) einzelnen und Gruppen von Schülern Hilfe bieten, mit Schülern und Lehrerkollegien gruppenpädagogisch arbeiten und über Elternbeiräte oder Elternversammlungen in das gesamte Sozialisationsfeld Schule verändernd hineinzuwirken versuchen«.

Wenn dieser Zielkatalog nahelegt, daß SSA Institutionen-orientiert beginnt, d. h. in der Schule für die Schule und die von ihr Betroffenen wirkt, so wird dieser Ansatz wenig später ergänzt und kritisiert durch eher schülerorientierte Einstiege, die an Freizeitangeboten, offener Jugendarbeit und Gemeinwesenarbeit anknüpfen (vgl. Arbeitsgruppe SSA, 1977). Hier ist »zentrales Handlungs- und Interventionsfeld

dementsprechend weniger die Schule als vielmehr die Lebensumwelt der Schüler«
(a. a. O. S. 35). Ein dritter Ansatz, im Gegensatz zu den beiden genannten bisher
ohne Sozialpädagogen arbeitend, ist die konsequente sozialpädagogische Schule
selbst, d. h. eine Schule, die Sozialpädagogik weder ihren übrigen Aufgaben
hinzuaddiert noch ihren Zielen kooperativ integriert, sondern deren Ziele identisch
sind mit denen einer modernen Sozialpädagogik, die »nicht durch Instruktionspro-
zesse schulischen Lernens, sondern durch gezielte individuelle und auf Gruppen
bezogene Interventionen charakterisiert ist«, die also nicht primär Stoff-, sondern
Konflikt-Bearbeitung als Lerneinstieg begreift und damit an pädagogische Modelle
verschiedener historischer Situationen anknüpft. (Zur sozialpädagogischen Schule
vgl. das über Göttingen-Geismar von der AG SSA ausgeführte, aber auch *Schäfer/
Edelstein/Becker*, 1971; Autorenkollektiv Schulversuch Glocksee, 1975). Eine
solche Schule braucht keine SSA, weil sie sie in ihrer sozialen und intellektuellen
Lernorganisation mit umfaßt.

Hier kann nun leicht der Eindruck entstehen, SSA sei »alles« außer dem Unterricht
im engeren Sinne. Der Eindruck stellt sich vor allem dann ein, wenn SSA weder
konsequent an die Berufsrolle des Sozialpädagogen gebunden noch auf im engeren
Sinne pädagogische Abläufe konzentriert bleibt. Der berechtigte Eindruck kann
nicht entkräftet werden, vielmehr entspricht er sowohl der Chance der SSA zu einer
vielfältigen und undogmatischen Arbeit als auch der Gefahr ihrer Verwischung und
Profillosigkeit. Eine Aufzählung benachbarter Ansätze und Aktivitäten soll in
diesem Zusammenhang veranschaulichen, wo die Grenzen und Abhängigkeiten
liegen, woher SSA Anregungen bezieht und wo sie allzu starke Festlegungen
vermeiden muß.

Schulpsychologischer Dienst: »Die Verfolgung eines integrierten Beratungsansat-
zes setzt sowohl psychologische als auch sozialwissenschaftliche und pädagogische
Kenntnisse voraus. Da die heutige Ausbildungspraxis sich jedoch weitgehend
eindimensional orientiert (psychologische Diagnostik und Einzelfallhilfe einerseits,
Analyse sozialer Bedingungsfelder und sozialpädagogische Aktivierung andererseits), ist es notwendig, daß der Beratungsdienst mit Psychologen und Sozialarbeitern besetzt wird. Nur durch eine enge Kooperation beider Berufsgruppen kann auf
die Komplexität der in der Schule auftretenden Problemfälle angemessen reagiert
werden« (AG SSA, 1977).

Beratungslehrer-Tätigkeit: »Die Tätigkeit des Beratungslehrers ist beim Schüler
zentriert. Der Beratungslehrer untersucht auffälliges bzw. gestörtes Erleben und
Verhalten der Schüler in dem Umfang, wie es schulisch relevant wird« (Kultusministerium Baden-Württemberg, 1974). Schon 1972 bezeichnet *Rönner* den Beratungslehrer als ein »Erfordernis des Schulsystems« (!) und weist ihm an der
Gesamtschule unter der Koordination des Schulpsychologen die Aufgabenbereiche
Einzelfallhilfe, Unterrichtshilfe und Schullaufbahnberatung zu. Zum Beratungs-
team gehört in diesem Modell auch der »schulfürsorgerische Dienst«. Von einem
solchen Modell wird SSA sich sicher absetzen.

Schul-Sozialleben und soziales Lernen in der Schule: Je mehr soziales Leben und
Lernen in der Schule für voll genommen und in seiner Bedeutung neben die

didaktischen Fragen der einzelnen Fächer gestellt wird (*Liegle* 1972; *Wellendorf* 1973), um so günstigere Vorbedingungen für SSA sind gegeben. Während soziales Leben sich immer abspielt, ist der Bewußtheitsgrad seiner Wahrnehmung Voraussetzung für eine Bearbeitung, eine »Kultivierung«. Dabei geht es einerseits um die Geltung der Interaktion gegenüber dem Stoff, andererseits aber durchaus auch um »Inhalte«: »Der curriculare Ansatz erscheint dann zu schmal, wenn nur jene Lernziele schulrelevant sein sollen, die im einzelnen genau beobachtet, beschrieben und im Endverhalten direkt und exakt (testmäßig) kontrolliert werden können; wenn also abqualifiziert wird, was nicht quantifiziert werden kann« (*Dürr* 1978).

Sozialwissenschaften als Fach: Hier liegt besonders in der Gesamtschule eine noch ungenutzte Möglichkeit enger Zusammenarbeit mit SSA, weil die Ausarbeitung von Lehrplänen, die auch pädagogische, psychologische, sozialpolitische und soziologische Fragen einschließen, nicht schon garantiert, daß solche Fragen innerhalb und außerhalb des Klassenzimmers erkundet und wiedererkannt werden. Hier könnten Lehrer, Sozialarbeiter und Schüler gemeinsam lernen. Ähnliches gilt für die Diskussion um Fächer-übergreifenden Projektunterricht und um den Sexualkunde-Unterricht. SSA kann neu zu sehen helfen, was ein »Stoff« in der Schule ist.

Berufsorientierung, Berufsvorbereitung, Berufs-relevante Unterrichtsgestaltung und Praktika: Mit der Nennung dieser notwendigen Arbeitsgebiete ist zugleich eine empfindliche Lücke in der Unterrichtsgestaltung von Gesamtschulen, Hauptschulen, Realschulen und Sonderschulen bezeichnet, die zunehmend – jedoch in der Berufsschule im Interesse der Schüler bereits zu spät – beklagt wird. SSA ist hier in besonderer Weise verpflichtet, Kontakte mit allen für die Berufsfindung relevanten Institutionen außerhalb der Schule zu knüpfen und zu unterhalten. Sie ist dafür besonders geeignet, wenn sie nicht fest in der Verwaltungshierarchie der Schule gebunden ist.

Elternmitarbeit, Elternbeiräte, Schülermitverwaltung: Die beiden wichtigsten Gruppen in der Schule sind die Schüler und deren Eltern – diese als die Bedingung der Möglichkeit jedes Unterrichts und aller »sekundären« Sozialisations-Anstrengungen. Es erübrigt sich fast zu betonen, daß jeder Versuch, Schüler und Eltern aktiv und verantwortlich an der Schule zu beteiligen, also Schule nicht mehr nur für Kinder bzw. an Eltern vorbei zu veranstalten, Rohstoff ist für SSA. Neue Formen der Elterngruppenarbeit und Elternmitarbeit spielen hierbei eine ebenso große Rolle wie selbstorganisierte Schülergruppen, Schülerzeitungen etc. Interessengegensätze zwischen Gruppen sind dabei keine zu verschweigende Peinlichkeit, sondern Ausgangspunkt für das Ringen um mehr Demokratie.

Zu erwähnen sind schließlich noch einige sozialpädagogische Arbeitsfelder, die SSA beeinflussen und um deren Kooperation sie sich bemüht, die aber wegen der lange währenden Trennung von Schule und Sozialarbeit bisher nur wenig institutionalisierten Kontakt zur Schule haben. Es handelt sich um die Familienfürsorge der Jugendämter, um deren familienergänzende Maßnahmen von der Erziehungsbeistandschaft bis zur sozialen Gruppenarbeit, um Jugendwohngemeinschaften und Heimerziehung; weiter ist die ganze Beratungs-Landschaft einschließlich der Berufsberatung und der informellen Jugendberatung in Jugendhäusern zu nennen, schließlich jede Initiative in Wohnbezirken oder – ausgegliedert – an Ferienorten und in Fortbildungsstätten, durch die soziale Phantasie angeregt, Weiterbildung und insbesondere politische Bildung angeboten, zugleich aber auch ermutigende soziale Erfahrung ermöglicht wird.

Praxisansätze

»Zur Zeit existieren einerseits nur einige wenige Modellversuche der Kooperation zwischen Schule und Jugend-/Sozialhilfebereich. Sie sind bisher überwiegend bezogen auf den Freizeitbereich der Schüler. Sie arbeiten ohne die so notwendige übergreifende Koordination entweder auf Schul-Initiativen hin als Modellversuche zur ›Beratung in der Schule‹ oder auf Initiativen von Jugendhilfeträgern (z. B. Arbeiterwohlfahrt) als Modellversuche zur ›Schulsozialarbeit‹ nebeneinander und auf unterschiedlichen institutionellen Verfahrenswegen (Schule, Kultusministerium, Bundesministerium für Bildung und Wissenschaft; Jugendhilfeträger, Sozialministerium, Bundesministerium für Jugend, Familie und Gesundheit, Bundesministerium für Bildung und Wissenschaft). Andererseits gibt es Beispiele adressatengruppenbezogener SSA durch Jugendhilfeträger, meist im Sonderschulbereich. Daneben bestehen allgemeine Beratungsstellen von Jugend-/Sozialhilfeträgern und im Bereich Schule Schulpsychologische Dienste mit nur wenigen Ansätzen, die die Einzelfallarbeit übergreifen und Therapie einschließen« (Verbundmodell Beratung in der Schule, Projektgruppe Frankfurt, 1977). »Modelle mit freier Trägerschaft bestehen in Stuttgart, Kiel, Frankfurt und Kassel. Modelle in staatlicher Trägerschaft gibt es u. a. in Hannover-Linden, Bremen, Hamburg, Garbsen, Hildesheim und Berlin. Diese Modelle unterscheiden sich z. T. sehr stark voneinander, sowohl was die quantitative Ausstattung betrifft als auch bezüglich des Integrationsgrades und der Arbeitsschwerpunkte. Insgesamt scheint . . . das konkrete Kräfteverhältnis zwischen Lehrern, Schulleitung und Schulverwaltung einerseits und der lokalen Öffentlichkeit andererseits eine gewisse Bedeutung zu haben. Handelt es sich bei der betreffenden Schule um ein in sich homogenes, bzgl. der Ziele weitgehend übereinstimmendes und innovationswilliges Kollegium mit einem starken und Neuerungen gegenüber aufgeschlossenen Schulleiter und/oder verhält sich die Öffentlichkeit neutral bis positiv, so scheint auch für Sozialpädagogen das Integrationsmodell optimal« (AG SSA Kassel 1977; mit Integrationsmodell ist hier der Versuch gemeint, SSA wirklich innerhalb der Institution Schule zu beginnen).
Die Trägerschaft von Modellen der SSA bestimmt durch die Art der Anstellung eines Fachteams, durch Mittelzuweisung und durch fachliche Kontrolle, ob und wie SSA von der Schulverwaltung abhängen wird, wieviel sie andererseits überhaupt schulintern, z. B. durch Sitz und Stimme in Konferenzen und Gremien mitarbeiten kann. Eine dieser gegenüber sekundäre, gleichwohl aber in allen bisherigen Praxisversuchen grundsätzliche Frage ist die nach dem Grad der Arbeitsteilung zwischen Lehrern und Sozialpädagogen. Sichtbar wird eine Skala von strikter Arbeitsteilung über partielle bis hin zur »kritischen Integration« oder aber der Subordination von sozialpädagogischen Aktivitäten unter im engeren Sinne schulische Ziele (vgl. hierzu vor allem AG SSA Kassel, 1977).

In Modellen sind bisher folgende Arbeitsformen erprobt und für wichtig befunden worden:

- Gruppenarbeit mit Schülern außerhalb des Unterrichts (einschließlich Schularbeitenhilfen und Freizeitangeboten)
- Unterrichtliche Angebote (z. B. Spielstunden, soziales Erfahrungstraining im Unterricht, Fächer-übergreifender Unterricht)
- Mitwirkung und verantwortliche Gestaltung im Schul-Sozialleben (Klassenfahrten, Feste, Landheimaufenthalte u. v. a.)
- Elternarbeit und Elternvertretung,
- Berufsvorbereitung, Berufsfindung, berufliche Übergangshilfen
- Beratung (insbesondere integrierte Beratungsformen für Schüler, Eltern und Lehrer, Lerngruppen-Beratung, Lehrergruppenarbeit)
- Gremienarbeit, Planungsarbeit, schulpolitische Mitarbeit
- Supervision
- Wissenschaftliche Begleitung und Auswertung

Folgende Einzelpunkte sind besonders in Gesamtschulen wichtig geworden; sie scheinen noch relativ unerprobt zu sein und weiterer Bearbeitung zu bedürfen:

- Team-teaching und entsprechende Gruppen-Supervision für Lehrer;
- Tutoren- und Mentorensystem zwischen Lehrern und Schülern, aber auch zwischen älteren und jüngeren Schülern;
- Team-Stammgruppen-Modell als Form der Fächer-übergreifenden Zusammenarbeit für Lehrer zur Überwindung starrer Fachlehrer-Strukturen und sozialer Desorientierung von Schülern und Lehrern.

Perspektiven

Es scheint wenig sinnvoll zu sein, davon zu sprechen, daß und wie SSA, falls es sie gibt, sich selbst überflüssig machen solle. In der Tat wird sie in einer sozialpädagogischen Schule der Zukunft nicht als spezifische Arbeitsform vorkommen, sondern eher prinzipiell in unterrichtliche und außerunterrichtliche Interaktionen eingehen. Davon ist die Praxis weit entfernt. Die bisherigen Erfahrungen zeigen deutlich, daß SSA notwendig und daß sie hilfreich ist (vgl. Schulsozialarbeit, Band 4, 1976). Sie erweist sich für Schüler, Eltern und Lehrer als ein Angebot, das neben anderen in Konflikten hilft, weil hier Konflikte nicht so sehr als Abweichung, sondern als gesellschaftliches Material verstanden, daher auch nach Möglichkeit nicht nur eliminiert bzw. individualisiert werden. SSA ist weiter eine berufsbegleitende Fortbildung für Lehrer, deren Dringlichkeit bei den dauernd wachsenden Ansprüchen an diese Personengruppe nicht bezweifelt werden kann. Hierzu sind Supervisions- und Beratungsgruppen zu fordern. Im Modell Kassel-Waldau hat sich nach fast vierjähriger Kooperation von Sozialpädagogen und Lehrern gezeigt, daß
20% der Lehrer häufige Kontakte mit SSA haben,
65% dieser grundsätzlich positiv gegenüberstehen und
15% sie ablehnen.
Die genannten Zahlenrelationen entsprechen nach Meinung der Lehrerschaft

»ungefähr der Haltung der Lehrer gegenüber der Gesamtschule insgesamt; etwa ein Drittel sind aktive Träger der Schulentwicklung, der große Teil will einen guten Unterricht machen, sonst aber nichts, der Rest arbeitet widerwillig an der Schule« (AG SSA Kassel, 1977).

Die wissenschaftliche Begleitung, Auswertung und Publikation ist für SSA dringlich, weil nur so die Prozesse vergleichbar, übertragbar und reproduzierbar werden. SSA ist teilweise aufgrund ihres theoretischen, pädagogischen und politischen Ansatzes selber Handlungsforschung bzw. aktivierende Praxisforschung. Sie kann ihren Ansprüchen nur gerecht werden, wenn sich innerhalb und außerhalb der Schule intensiv arbeitende und interagierende Gruppen bilden. Selbstverständlich sind hierzu entsprechend qualifizierte Personen, Finanz- und Sachmittel notwendig.

Die größte Barriere für SSA stellt z. Z. die unterschiedliche Ressortierung auf ministerieller Ebene dar. Weder ist SSA gemeinsamer Gegenstand der Bildungsplanung von Bund und Ländern noch ist sie bisher im Jugendhilfebereich gesetzlich verankert. Tatsächlich steht SSA ihrem Anspruch und ihren Zielen nach zwischen den Aufgaben der Kultus- und Sozialbürokratie. Diese Zwischenstellung ist ihre Gefährdung und Stärke zugleich. Die bisher angelaufenen Modelle lassen folgende Träger-Entwicklung erkennen bzw. in Zukunft möglich erscheinen:

»Bei Regelprojekten sind mehrere Trägerkonstruktionen denkbar, nämlich die Trägerschaft durch:

– das Kultusministerium
– den örtlichen oder überörtlichen Träger der Jugendhilfe (Jugendamt, Landesjugendamt) oder
– einen freien Träger.

Die Zuordnung zum Landesjugendamt, zur kommunalen Jugendbehörde oder zu einem freien Träger beinhaltet tendenziell eine größere Chance, sozialarbeiterische Perspektiven und Ansätze in der Schule zu garantieren. Allerdings braucht eine Trägerschaft durch die Schulbehörde dann keine Einengung der Flexibilität der Arbeit zu bedeuten, sofern Dienst- und Fachaufsicht, ähnlich wie beim schulpsychologischen Dienst, getrennt werden. Denkbar wäre hier eine Dienstaufsicht seitens des Schulleiters und die inhaltliche Anbindung an den schulpsychologischen Dienst (unter der Voraussetzung einer Gleichberechtigung beider Berufsgruppen). Langfristig, d. h. für den Fall, daß SSA zur Regeleinrichtung an vielen Schulen wird, erscheint eine öffentliche Trägerschaft (z. B. Sozial- oder Jugendbehörden) als die sinnvollste Lösung, nicht zuletzt auch um einer Reprivatisierung von Schulen entgegenzuwirken« (AG SSA Kassel 1977).

Wenn SSA gelingt, so kann sie einen wichtigen Beitrag zur Schul- und Jugendhilfereform gleichzeitig leisten, und zwar in Gestalt einer zunächst nur marginal erscheinenden, Funktionsträger verschiedener Professionen einbeziehenden Aktion, die Systemveränderungen innerhalb der Schule durch alternative Sozialerfahrungen begünstigt. Hierbei geschieht Innovation pragmatisch, unter der Hand, vielleicht nicht allzu rasch, dafür aber von Anfang an unter Beteiligung sämtlicher Betroffenen. Unter dem Sammelbegriff SSA, der ähnlich umfassend und notwendig unscharf ist wie beispielsweise Beratung oder Jugendhilfe, können berufliche Mitarbeiter und Betroffene in Schulen flexibel zusammenwirken, wobei der rasche und Phantasie benötigende Wechsel der Einstellung auf nahe pädagogische und dann wieder fernere schulstrukturelle sowie bildungspolitische Ziele ein besonderes Merkmal dieses Ansatzes sein wird. Dabei wäre es kurzsichtig, die SSA als personenorientiert dem stofforientierten Unterricht gegenüberzustellen oder auch ergänzend beizugeben. Die Erfahrungen der Praxis und die Forderungen reflektierter Reformen zeigen vielmehr, daß hier soziale Lerngesetze und zugleich themenzentrierte soziale Interaktionen realisiert werden können, die stofflich und sozial relevant, notwendig und hilfreich sind.

SSA ist oder könnte unter Umständen werden, was als Programm des »sozialen Lernens« die reformierte Schule sich selber auferlegt hat. Dabei hilft ihr der pragmatische Ansatz, der gleichsam Auge in Auge mit den strukturellen Konflikten der Schule als soziale und gesellschaftliche Organisation sofort und direkt das zu ändern beginnt, was den Stoff der Erfahrung von Lehrern und Schülern hier und jetzt ausmacht: den Alltag der Schule.

Anne Frommann

Literatur

Abels, H., 1970/71: Schulsozialarbeit, in: Soziale Welt, H. 3 – *Abels, H.,* 1972: Sozialisation und Chancengleichheit. Differenzierte Erziehung am Modell der Schulsozialarbeit, Düsseldorf – Autorenkollektiv, 1975/76: Schulversuch Glocksee, in: Ästetik und Kommunikation, H. 22–23 – *Arbeitsgruppe Schulsozialarbeit, 1977: Bericht über den Modellversuch »Schulsozialarbeit« an der Gesamtschule Kassel-Waldau, hrsg. vom AWO Bundesverband und dem Institut für Sozialarbeit und Sozialpädagogik, Bonn – *Bärsch, W.,* 1972: Zur Konzeption der Hamburger Schulpsychologie, in: *Bach, W.* (Hrsg.): Der Auftrag der Schulpsychologie für die Schule von morgen, Weinheim – *Bayer, M./Karsten M. E./Sünker, H.,* 1981: Schule und Sozialpädagogik. Annäherung durch Kooperation oder Abgrenzung durch neue Positionsbestimmungen, Bielefeld – *Bernhardt, M./Böttiger, M.* u. a., 1974: Soziales Lernen in der Gesamtschule. Eine empirische Studie, München – *Bittner, G.,* 1970, H. 21: Die Schule als sozialpädagogisches Feld, in: Heim und Schule – sozialpädagogische Aufgaben; Neue Schriftenreihe des AFET – *Böhnisch, L./Münchmeier, R./Sander, G.* (Hrsg.), 1980: Abhauen oder Bleiben, München – *Brusten, M./Hurrelmann, K.,* 1973: Abweichendes Verhalten in der Schule. Eine Untersuchung zu Prozessen der Stigmatisierung, München – Bundesarbeitsgemeinschaft Jugendaufbauwerk, 1981: Expertenhearing zur Schulsozialarbeit, Bonn, 11./ 12. Dez. 1980 – Veranstaltet vom Deutschen Jugendinstitut, München, Teil I und II, Bonn – *Bundesarbeitsgemeinschaft Jugendaufbauwerk, 1973–1976: Schulsozialarbeit. Schriften zur Schulsozialarbeit, Bd. 1–4 – *Dürr, O.,* 1978: Erziehung in der Schule – Fehlanzeige? Vom sozialpädagogischen Defizit unserer Schulen, in: *Lohmann, Ch.* (Hrsg.): Schule als soziale Organisation, Bad Heilbrunn – *Fend, H.,* 1974: Gesellschaftliche Bedingungen schulischer Sozialisation, Weinheim/Basel – *Fend, H./Knörzer, W.* u. a., 1975: Zwischenbilanz eines Schulversuchs. Ergebnisse einer empirischen Vergleichsuntersuchung zwischen Gesamtschulen und dreigliedrigem Schulsystem, in: Gesamtschule, H. 3 – *Flitner, A.,* 1974: Sozialpädagogik und Schule, in: Blätter des Pestalozzi-Fröbel-Verbandes, H. 2 – *Fürstenau, P.* 1972: Zur Psychoanalyse der Schule als Institution, in: *Fürstenau, P.* u. a.: Zur Theorie der Schule, Weinheim/Basel – *Friedrich, H.,* 1975: Psychosoziale Konflikte und schulpsychologische Beratung – Ansätze zu einem Forschungsprogramm, in: Deutscher Bildungsrat (Hrsg.): Bildungsforschung, Probleme – Perspektiven – Prioritäten, Teil 2, Gutachten und Studien der Bildungskommission, Bd. 51, Stuttgart – *Goodman, P.,* 1960: Aufwachsen im Widerspruch.

Über die Entfremdung der Jugend in der verwalteten Welt, Darmstadt – *von Hentig, H.,*
1969: Systemzwang und Selbstbestimmung. Über die Bedingungen der Gesamtschule in der
Industriegesellschaft, Stuttgart – **Homfeldt, H.-G./Lauff, W./Maxeiner, J.,* 1977: Für eine
sozialpädagogische Schule. Grundlagen, Probleme, Perspektiven, München – *Hurrelmann,
K.,* 1973: Schulische Sozialisation und abweichendes Verhalten, in: *Walter, H.* (Hrsg.):
Sozialisationsforschung, Bd. 2, Stuttgart/Bad Cannstatt – *Hurrelmann, K.,* 1975: Erzie-
hungssystem und Gesellschaft, Reinbek – *Iben, G.,* 1967: Schule und Sozialpädagogik, in:
Roeder, P.-M. (Hrsg.): Pädagogische Analysen und Reflexionen, Weinheim/Berlin – *Keim,
W.* (Hrsg.), 1973: Gesamtschule – Bilanz ihrer Praxis, Hamburg – *Liegle, L.,* 1972:
Kommunikation und Kooperation im Sozialisationsprozeß, in: Zeitschrift für Pädagogik,
H. 6 – *Markmann, J.,* 1973: Schulsozialarbeit – neues Praxisfeld unter alten Vorzeichen?, in:
Theorie und Praxis der sozialen Arbeit, H. 12 – *Mehringer, A.,* 1961: Vom Gesicht einer
sozialpädagogischen Schule und der Zusammenarbeit des Sozialarbeiters mit dem Lehrer, in:
Neue Sammlung – Projektgruppe »Beratung in der Schule« des hessischen Kultusministers,
1977: Kooperation zwischen Beratung in der Schule und Jugendsozialhilfebereich, Frankfurt/M.
– *Rönner, O.,* 1972: Die neue Beratungslehrer-Konzeption in Hamburg mit Hinblick auf
Gesamtschulversuche, in: *Bach, W.* (Hrsg.): Der Auftrag der Schulpsychologie für die Schule
von morgen, Weinheim/Basel – *Schäfer, W./Edelstein, W./Becker, G.,* 1971: Probleme der
Schule im gesellschaftlichen Wandel. Das Beispiel Odenwaldschule, Frankfurt/M. – *Till-
mann, K.-J.,* 1972: Sozialpädagogische Arbeit in der Gesamtschule, in: Die Deutsche Schule,
H. 12 – **Tillmann, K.-J.* (Hrsg.), 1976: Sozialpädagogik in der Schule. Neue Ansätze und
Modelle, München – *Wellendorf, F.,* 1973: Schulische Sozialisation und Identität, Weinheim/
Basel – *Wiese, H.,* 1968: Jugendhilfe ohne Schule? Schule ohne Jugendhilfe?, in: Unsere
Jugend, H. 11. –

→ Schulsystem: Alternativschulen → Schulsystem und Bildungspolitik → Vorschulische Bildung und Erziehung

Schulsystem: Alternativschulen

Alternativschulen sind Schulen, die in Struktur und Curriculum dem öffentlichen
Schulwesen entgegengesetzt sind (*Richter*), eben »Schulen, die ganz anders sind«
(*Borchert* u. a., 1979). Zwar ist der Begriff mißverständlich, denn er meint nicht die
Alternative von zwei Möglichkeiten, sondern schon die eine Seite der Alternative
zwischen Regelschule und Nicht-Regelschule. Der Begriff hat darin teil am
allgemeinen Wandel des Verständnisses von »alternativ« und »Alternativen«.
Frühe geläufige Begriffe sind indes noch weniger tauglich. Der Terminus »freie
Schule«, den viele Schulen als Selbstbezeichnung gewählt haben, täuscht darüber
hinweg, daß ein Großteil von ihnen in Struktur und Curriculum vom traditionellen
Regelschulwesen keineswegs abweicht; allenfalls der Träger ist »frei«, d. h. nicht-
staatlich. Der Begriff Privatschulen bezieht sich ebenfalls auf die finanzielle
Trägerschaft und ist mißverständlich, weil fast 80% der privaten Schulen kirchliche
Schulen sind. Alternativschulen sind Schulen: insoweit sind sie zu unterscheiden
von bloßen Unterrichtskonzepten, die denen des Regelschulwesens entgegen

gesetzt sind (wie z. B. die Freinet-Pädagogik, schülerzentrierter Unterricht etc.).
Sie sind auch von Reformmodellen, wie z. B. der Integrierten Gesamtschule oder
der Schulsozialarbeit abzugrenzen. Andere Lernmöglichkeiten wie z. B. das
Alternative Vorlesungsverzeichnis oder individuell organisierte Lerngelegenheiten
wie das Netzwerk gegenseitigen Lernens (*Dabholkar*, 1977) können auch nicht zu
ihnen zählen, weil sie weder vom Anspruch noch objektiv die Funktion einer Schule
haben. Alternativschulen wurden und werden eingerichtet, wenn ihre Initiatoren
und Träger keine Möglichkeit sehen, pädagogische bzw. gesellschaftliche Zielvorstellungen in der öffentlichen Regelschule zu realisieren. Sie nehmen teils eine
Substitutionsfunktion wahr, wenn sie Ersatz für ein fehlendes öffentliches Angebot
darstellen (z. B. im Heimerziehungsbereich); teils besteht ihre Funktion in der
Bewahrung kultureller und/oder ethnischer Identität (vgl. dazu *Roeder*, 1979). Sie
sind in Einzelfällen Angebotsschulen in Form öffentlicher Modellschulen (wie z. B.
die Laborschule Bielefeld oder die J.-F.-Kennedy-Schule in West-Berlin), in der
Mehrzahl Privatschulen (wie z. B. die Odenwaldschule Oberhambach; einen
Überblick über viele Privatschulen gibt *Dietel*, 1978). Als private Ersatzschulen
sind sie auf die staatliche Anerkennung angewiesen. Die juristische Möglichkeit
dazu beruht grundsätzlich auf Art. 7 GG und ist in den (Privat-)Schulgesetzen der
Länder im einzelnen geregelt.

Geschichte

Seit Beginn der »großen« Industrialisierung wurde der nie unproblematische
Zusammenhang von Leben, Lernen und Arbeiten zerrissen. Von da an wurden
immer wieder Versuche zu seiner Wiederherstellung unternommen, die auch
andere Formen von Bildung und Ausbildung umfaßten. *Owens* 1816 eröffnetes
Institut für Charakterbildung, *Pestalozzis* Waisenhaus in Stans und seine Versuche
in Burgdorf sowie ab 1805 in Iferten, *Tolstois* Schule von Jasnaja Poljana,
Makarenkos Gorki-Kolonie, *Bernfelds* Kinderheim Baumgarten sind berühmte,
aus alltäglicher Not geborene Bemühungen um das Überleben von Kindern und die
Überwindung der Folgen spätfeudalistischer bzw. kapitalistischer Wirtschaftsord-
nungen. Eine Geschichte dieser Alternativschulen muß erst noch geschrieben
werden. Sie muß auf den Zusammenhang einer Bildungsgeschichte »von unten«
abheben, in der sich Lehrer und Erzieher nicht wie üblich für die Unterdrückung
von Menschen instrumentalisieren ließen, sondern an der Seite der Unterdrückten,
Ausgebeuteten und Diskriminierten für ihre Befreiung in einer besseren Gesellschaft gekämpft haben. Eine solche Geschichte muß auch den Kontext dieser
Versuche in seinen politischen und ökonomischen Aspekten erfassen und darf sich
nicht auf die pädagogischen Überlegungen beschränken. Im Zuge der Entwicklung
einer pädagogischen, politischen und kulturphilosophischen Kritik, später als
reformpädagogische Bewegung bezeichnet, entstanden zu Beginn dieses Jahrhunderts und v. a. nach dem 1. Weltkrieg eine größere Anzahl von Alternativschulen.
Zwar gab es schon im 19. Jahrhundert Schulen, die vor allem im inhaltlichen
Bereich von den Regelschulen abwichen in Form der gymnasialen Reformanstal-

ten. Sie hatten insbesonders die Aufnahme neuer Sprachen und naturwissenschaftlicher Realien in den damaligen Kanon des Gymnasiums zum Ziel. Als korrigierende Schulversuche bzw. Modellschulen sollen sie jedoch nicht weiter verfolgt werden in diesem Zusammenhang. Ziele und Organisationsformen der Reformpädagogik (vgl. als einen Überblick *Flitner/Kudritzki*, 1961) wirken heute noch nach. Sie wandten sich damals

- im Rahmen der Einheitsschulbewegung gegen eine ständisch gegliederte Organisation des Schulwesens (vgl. *Karsen*, 1923; *Oestreich*, 1923);
- wie die Jenaplan-Schulen (*Petersen*) gegen die traditionelle Organisation des Unterrichts;
- wie die Landerziehungsheime (*LEH*) gegen die Trennung von Schule und Leben, die sich in der traditionellen Organisation der Schule wie im Umgang zwischen Schülern und Lehrern zeigte;
- wie die Arbeitsschulbestrebungen (vgl. *Scheibner*, 1951) gegen die Trennung der Schule von produktiver (geistiger wie handwerklicher) Arbeit sowie gegen die Erziehung der Schüler zu gegenseitiger Konkurrenz.

Es war eine grundsätzliche und vielfältige Kritik auf internationaler Ebene (vgl. *Röhrs*, 1965), die die Grundlagen für diese Alternativen legte. Entsprechend vielfältig ausgeprägt waren die praktischen Resultate.

Noch heute existieren einige Landerziehungsheime, wie z. B. die Hermann-Lietz-Schulen, das Internat Salem oder die Odenwaldschule (vgl. dazu *Schäfer* u. a., 1971). Dort haben die Grundgedanken einer Persönlichkeitserziehung durch Bildung der ganzen Person in geistiger, musischer und praktischer Hinsicht, durch – auch handwerklich – produktive Tätigkeit und Übernahme von Selbstverantwortung sowie eine Erziehung zu sozialem Umgang durch intensives Gemeinschaftserleben (Schulgemeinde) und demokratische Schulorganisation (Schülermitverwaltung weit über die Möglichkeiten an staatlichen Schulen hinaus) bis heute überlebt. Die Landerziehungsheime sind 1898 von *Lietz* bewußt als Gegenschulen zum Staatsschulwesen begründet worden. Als Internate in schöner Natur wird ihnen Exklusivität vorgeworfen. Dies bezieht sich zum einen auf die hohen Kosten eines Schulplatzes. Daraus resultierende soziale Benachteiligungen können zwar teilweise durch Stipendienfonds oder durch gestaffelte Kostensätze aufgefangen werden. Die soziale Exklusivität konnte dennoch nur wenig beseitigt werden. Erst die in jüngster Zeit zunehmenden Einweisungen von Jugendlichen durch die Jugendämter haben zu einer Veränderung in der sozialen Zusammensetzung der Schülerschaft geführt. Exklusiv sind sie zum anderen aber auch durch ihre Lage und ihr Curriculum. Hier kann einmal die Aufnahme von Tagesschülern aus der Umgebung etwas ändern, indem die soziale Isolierung ansatzweise aufgebrochen wird. Zweitens können durch Praktika, Exkursionen und andere Außenkontakte, z. B. auf Reisen oder bei Feldstudien, gesellschaftliche Bezüge verstärkt in das Curriculum aufgenommen werden.

Nach dem Ende des 1. Weltkrieges und den folgenden sozialen Umwälzungen, dem »Aufbruch der Arbeiterbewegung« erstarkte eine andere Richtung der Reformpädagogik, die Alternativschulen in Form von Gemeinschaftsschulen (vgl. *Paulsen*,

1926) aufbaute. Diese Schulen sollten sich als Teil der Volksgemeinschaft verstehen und in sich ein »Gemeinschaftsleben« entstehen lassen. Mit diesen Zielvorstellungen wandten sich ihre Verfechter gegen die Trennung der Schule vom gesellschaftlichen Leben, gegen eine allein formale Bildung und gegen eine Schule, die in ihrer einseitigen Orientierung an der Kultur des Wissens die alte Sozialstruktur weiter absichere und reproduziere. Schule müsse Produktionsschule werden, freilich nur in dem allgemeinen Sinne der Förderung der Produktivität des Kindes, und nicht verengt bezogen auf die Produktionsmöglichkeiten der Wirtschaft. Im Bereich der inneren Schulstruktur wurden daraus »revolutionäre« Konsequenzen gezogen: Lehrpläne, Stundenpläne, Zensuren, eine vorgängige Fächereinteilung, die Gliederung der Klassen nach Lebensalter, die Trennung der Geschlechter, die Schülerselbstverwaltung und Schulstrafen fallen weg. An ihre Stelle tritt die zur außerschulischen Gesellschaft offene und von dort im Zusammenwirken der Schüler angeregte Gemeinschaft als »die Stätte der Aussprache, der Befreiung, der Klärung, die Stätte der Werkzeuge und mit seinen Kameraden, unter denen der Lehrer als verstehender Meister lebt« (*Karsen*, 1923). Diese Tradition wird in der Fritz-Karsen-Schule in West-Berlin weitergepflegt. Stärker kommt sie jedoch in den Versuchen zum Durchbruch, Gemeinwesenschulen aufzubauen, wie sie aus den USA und Großbritannien (Community Schools bzw. Colleges), aber auch aus Italien bekannt sind.

Ebenfalls aus den Anfängen dieses Jahrhunderts stammen die Freien Waldorfschulen (*Lindenberg*, 1975; *Schneider*, 1982). Auch ihrem Begründer *Steiner* ging es 1919 um eine radikale Änderung des Schullebens. Von den Landerziehungsheimen unterscheiden sie sich allerdings durch den Einbezug der Eltern in die Zusammenarbeit von Schülern und Lehrern sowie durch die geistige Ausrichtung der Schulen auf der Grundlage der Anthroposophie. Dies verschafft den Waldorfschulen bisweilen den Ruf geistiger und sozialer Exklusivität. Der Bezug zur Anthroposophie ist jedoch unterschiedlich ausgeprägt. Waldorfschulen kennen keine Noten und Zeugnisse, sie verzichten bis zum Abschluß nach 12 Jahren auf interne Ausleseverfahren; sie sind – so könnte man sagen – integrierte Gesamtschulen mit einer erst spät – in der Oberstufe einsetzenden inneren Differenzierung. Die Zahl der Waldorfschulen hat sich in den letzten Jahren verdoppelt (1974: 37 Schulen mit fast 20 000 Schülern). Dennoch steigt die Nachfrage immer noch. Dies ist verständlich, gibt es doch in den Waldorfschulen unbestritten viele weitere wegweisende Elemente wie z. B. den Epochenunterricht, die Selbstverwaltung, die kollegiale Lehrerfortbildung, die Betonung der künstlerischen und individuell-handwerklichen Fähigkeiten und die kollegiale Schulleitung.

Ende des letzten Jahrhunderts begann die Wirksamkeit *Montessoris*. Ihre zuerst mit behinderten Kindern entwickelte Pädagogik wurde schnell international in den Montessorischulen verbreitet. Freiheit, Selbstregulierung und Selbstkontrolle sind die Prinzipien, nach denen in ihren Casa dei Bambini, in Kindergärten und Montessorischulen (die später auch auf die Sekundarstufe ausgedehnt wurden) die Entwicklung der Sinne, Muskeln und Sprache gefördert wird. Ihr didaktisches Spielmaterial ist das Substrat dieser Pädagogik. Es soll die Selbsttätigkeit und eigene Entdeckungen von Zusammenhängen und Systematik ermöglichen. Während des Nationalsozialismus verboten, entstanden in der Bundesrepublik die ersten Montessorischulen neu v. a. im Rheinland, in Frankfurt, Berlin und – relativ spät – in München (*Hellbrügge*, 1977).

Nach der Unterbrechung durch die Faschisten, die einige Schulen schlossen, andere ihren Erziehungsvorstellungen unterwarfen und sie sich dabei zum Teil dienstbar machen konnten, versuchten die reformpädagogischen Alternativschulen wieder an ihre Traditionen anzuknüpfen. Nicht alle berücksichtigten dabei die gerade zurückliegenden Erfahrungen und setzten sie produktiv in einer Art Neugründung um, die sich der ersten Erziehungsaufgabe bewußt war, daß Auschwitz nicht wieder sein dürfe.

Zu verstärkten Bemühungen kam es erst wieder gegen Ende der 60er Jahre. Die Neugründungen von Waldorfschulen, die Initiativen zugunsten freier Schulen (die bekanntesten davon in Frankfurt [*Seifert/Nagel*, 1977] und Essen [*Winkel*, 1977; Lernen auf der Straße, 1982]), die Glockseeschule Hannover (Glocksee-Schule 1981) und die Werkschule in Berlin belegen diese Entwicklung. Lernen und Arbeit wird gerade in den letzteren nicht aus einer »Theorie« der Erziehungsbedürftigkeit abgeleitet und mit Lerndefiziten bei Kindern begründet. Dies ist vielleicht einer der wichtigsten Unterschiede. Ansonsten lassen sich bei den schulkritischen Motiven dieser Neugründungen viele Parallelen zur Reformpädagogik entdecken, wie auch ein Vergleich zwischen dem Aufruf des Bundes der entschiedenen Schulreformer (in: *Flitner/Kudritzki*, 1962) und dem Manifest von Cuernavaca (in: *Dauber/Verne*, 1976) zeigt. Diese Ähnlichkeiten sind jedoch nur teilweise bewußt bzw. beabsichtigt gewesen, was den Alternativschulen den Vorwurf der Geschichtslosigkeit eintrug (*Rang/Rang-Dudzik*, 1978).

Die neueren Modelle speisen sich aber auch noch aus anderen Quellen. So wurde durch die Kinderladenbewegung die Tradition antiautoritärer Erziehung aufgegriffen, die am Beispiel von *Neills* Schule in Summerhill praktisch lebendig geblieben war (1965). Darauf beziehen sich die Freie Schule Frankfurt und – freilich in abgeschwächter Form – die Glockseeschule Hannover (in: *Borchert/Derichs-Kunstmann*, 1979).

Ein weiterer Anstoß kam von einer radikalen Schulkritik, die seit Beginn der 70er Jahre unter dem Stichwort der »Entschulung« der Gesellschaft (*Illich*, 1973) theoretisch vorgetragen wurde. Mißverständnisse machten daraus die Forderung nach Abschaffung der Schule. Dabei hatte *Illich* schon im Vorwort darauf hingewiesen, »daß das Ethos und nicht nur die Institutionen der Gesellschaft entschult werden müßten«. Es ging ihm also um eine radikale Reform der Gesellschaft, die auch Ausmaß und Bedeutung der Schule umfaßt, sie aber nicht zum Zielpunkt der Veränderung macht. Durch Schulung, so lautete das Argument, sei allgemeine Bildung nicht erreichbar. Weder die Vermehrung von Stoffen und Lehrern, noch die Ausweitung von Schule seien deshalb taugliche Mittel. Insoweit sollte man die Suche nach neuen »Bildungstrichtern« aufgeben und statt dessen – in institutionell entgegengesetzter Richtung – nach »Bildungsgeflechten« (Netzwerken) Umschau halten, »die für jeden mehr Möglichkeiten schaffen, jeden Augenblick seines Lebens in eine Zeit des Lernens, der Teilhabe und Fürsorge zu verwandeln«. Diese abstrakte Kritik wurde begleitet von theoretisch-praxisbezogenen Überlegungen zur Konzeption von »Erziehung als Praxis der Freiheit« (*Freire*), die sich Erfahrungen in Alphabetisierungskampagnen verdankte, in denen sich die Wertlosigkeit von Schule im Rahmen einer revolutionären Volksbildung herausgestellt hatte.

Ein dritter Anstoß zur Gründung neuer Alternativschulen ergab sich aus den nordamerikanischen Beispielen. Dort findet man die street-schools (vgl. *Dennison*, 1976), die in den Ghettos der Schwarzen bzw. puertorikanischen Bevölkerung angesiedelt sind und den Unterschied zwischen familialer und schulischer Umwelt möglichst gering zu halten suchen. Als Nachbarschaftsschulen sollen sie in das Leben ihrer Umgebung integriert sein. Diese Schulen verzichten deshalb auf vieles, was heutige Regelschulen kennzeichnet: spezielle Schulgebäude, spezielle Curricula, Zerstückelung des Lernstoffs in Fächer, Verteilung der Jugendlichen auf Altersklassen, -stufen und die Differenzierung der Schüler in Erfolgreiche und Versager.

Während street-schools meist mit der Primarstufe beginnen, sind die ähnlich aufgebauten »Schulen ohne Mauern« (vgl. b:e Themenheft 1974) meist nur für Sekundarschüler offen. Sie sind auch nicht der Idee »dissoziativer Entwicklung« verpflichtet, sondern stehen Kindern aus allen Bevölkerungsschichten offen. Allerdings teilen sie die Absicht der street-schools, Schulen ohne künstliche Lernumwelten zu organisieren und die gesellschaftliche Realität als die entscheidende Lernumwelt zu akzeptieren.

In dieser Richtung grenzen sich auch free schools (*Kozol*, 1973) von der Regelschule ab. Sie wollen helfen, vier Dimensionen von Freiheit für die Schule wieder zu gewinnen:

– Freiheit des Zutritts – das Recht von Eltern, Lehrern und Kindern, zusammen zu arbeiten und zu spielen, auf der Grundlage einer Partnerschaft, die gleichen Einrichtungen zu benutzen und sich an Dingen von gemeinsamem Interesse zu beteiligen;
– Freiheit zu lernen, was man will und wie man will – d. h. ohne zu festgesetzten Stunden und für eine festgesetzte Dauer an einem bestimmten Ort anwesend sein zu müssen;
– Freiheit, andere als die von den Erziehungsbehörden angebotenen Schulen zu gründen, zu organisieren und zu leiten;
– Freiheit, Lernmittel zu nutzen, die im Umfeld des Gemeinwesens gelegen sind.

Free schools sind tiefgreifend durch Kritik an den traditionellen gesellschaftlichen und schulischen Herrschaftsverhältnissen beeinflußt. Die anderen Formen von Alternativschulen basieren hingegen eher auf kulturkritischen Überlegungen (vgl. *Sachs*, 1976).

Ein weiterer Traditionsstrang ist eine scharfe Gesellschaftskritik an den nationalen und internationalen Formen sozialer Benachteiligung und Entrechtung. Schulen helfen nicht, so die These, den Problemen der Unterentwicklung zu begegnen, sei es in den Ländern der Dritten Welt (vgl. neben *Freire* als Überblick: *Hanf* u. a., 1977), sei es in den Ghettos der Industriemetropolen. Diese Kritik macht sich aber nicht nur an Fragen von Erziehung und Schule fest, sondern betrifft die gesamte Lebensorganisation (Lebensstil) und insbesondere auch die Form der (Lohn-) Arbeit. Die TVIND-Schulen in Dänemark (*Doormann*, 1979; *Scheilke*, 1981), aber auch Christiania (bei Kopenhagen) sind das herausragende Beispiel für eine solch tiefgreifende Neuorientierung in Leben, Arbeit und Bildung. Ähnliche, wenn auch nicht so umfassende Versuche bei uns sind die Werkschule Berlin und das Volkshochschulheim »Haus Balchem« in Köln.

Einige Alternativschulen versuchen auch eine stärkere Gewichtung der beruflichen Ausbildung durchzuhalten und dadurch die Trennung von Hand- und Kopfarbeit schon im Ausbildungsprozeß zu überwinden. Neben der Werkschule sind vor allem die Freie Waldorfschule Kassel (*Fucke*, 1979), die Hiberniaschule in Wanne-Eickel (*Rist/Schneider*, 1977), auch eine Waldorfschule, und die Odenwaldschule Oberhambach (*Schäfer* u. a., 1971), das von *Geheeb* gegründete Landerziehungsheim, bekannte Beispiele für diese Bestrebungen. Dort werden berufliche Abschlüsse zusammen mit den sogenannt allgemeinbildenden erworben.

Waren die Gründungen der Reformpädagogik vor allem von Lehrern und Erziehern initiiert, so erhalten die gegenwärtigen Neugründungen starke Unterstützung von seiten engagierter Eltern. Damit tritt neben den vom Regelschulwesen frustrierten Professionellen eine zweite Trägergruppe ins Blickfeld, die für die politische Durchsetzung von nicht zu unterschätzender Bedeutung werden kann, was man schon an der Betonung des Elternrechts bei dem Versuch beobachten kann, aus den Schulversuchen mit integrierten Gesamtschulen eine Form der staatlichen Regelschule zu machen.

Merkmale

Obwohl die Traditionen und Absichten vielfältig und unterschiedlich sind und es entsprechend problematisch ist, lassen sich die heutigen Alternativschulen mit folgenden Charakteristika kennzeichnen:

- Sie sind Angebotsschulen. Ihr Besuch ist freiwillig.
- Sie machen den Schülern Spaß. Ihre Freude, Begeisterung und »Faszination« sind für das Lernen und ihre Entwicklung grundlegend, nicht Auslese und Zensuren.
- Sie setzen ihre Akzente nicht einseitig auf die intellektuelle Entwicklung des Kindes, sondern haben die ganze Person im Auge. Sie bereiten den Schüler auf die verschiedenen Rollen der Erwachsenen vor und legen großen Wert auf praktische und soziale Fähigkeiten.
- Sie haben die Selbstbestimmung des Menschen zum Ziel, nicht (nur) detaillierte Lernzielkataloge. Sie setzen bei den Interessen von Kindern und Lehrern an. Dabei verneinen sie nicht die möglichen Interessenunterschiede und schließen Konflikte nicht aus, sondern bearbeiten sie.
- In der Form ihrer Arbeit beanspruchen sie so frei zu sein wie es nur geht, nicht nur frei von der Schulpflicht, sondern ebenso von curricularen und organisatorischen Zwängen.

- Sie verstehen sich nicht als gesellschaftliche Inseln, sondern als »Keimzellen« einer gerechteren Gesellschaft. Ihr Hauptziel, die Emanzipation des Menschen, hat nicht nur in der Schule Geltung.
- Wie in ihnen Erziehung als Prozeß verstanden wird, so sind sie insgesamt nichts Statisches. Ihre Organisation ist im Rahmen bestimmter Grundüberzeugungen und im Hinblick auf die zentralen Ziele flexibel. Sie basieren auf dem Prinzip der Selbstorganisation, einige auch auf dem der Selbstversorgung.
- Wie sie die Mitarbeit der Eltern zur Voraussetzung machen, ohne deren Unterstützung sie nicht existieren können, verlangen sie insgesamt mehr Verantwortungsgefühl aller Beteiligten als die Regelschule.
- Sie sind offen gegenüber ihrer Umwelt. Sie tendieren dazu, sich auf die Vermittlung von Lernmöglichkeiten und Organisation von Lerngelegenheiten zu beschränken. Es hängt jeweils konkret vom Alter der Kinder und von den Interessen der Beteiligten ab, ob diese Lernangebote innerhalb oder außerhalb der Schule organisiert werden. Dadurch wollen sie auch ihren Beitrag zur Überwindung des Gegensatzes von Leben und Lernen leisten.
- Sie sind kleine, überschaubare Schulen.

Diese Hauptmerkmale sind mehr oder weniger bei allen Alternativschulen anzutreffen. Eine jede unterscheidet sich allerdings von anderen durch die konkrete Ausprägung und gegebenenfalls durch weitere spezifische Merkmale.

Rechtsituation

In der BRD gibt es derzeit nur relativ wenige Alternativschulen. Von den 1474 (Zahl teilweise geschätzt bei *Mattern*, 1979) Privatschulen dürften rund mit 8% zu ihnen gerechnet werden können. Davon sind 57 Waldorfschulen und 15 Landerziehungsheime. Im Vergleich zu den ca. 5000 Einrichtungen in den USA (vgl. *Smith* u. a., 1976) machen diese maximal 100 Schulen deutlich, wie schwierig es Eltern, Lehrer und Jugendliche in der BRD haben, eigene Schulen zu gründen und zu erhalten. Berichte aus den Initiativgruppen in Essen und Frankfurt, deren Schulgründungen bislang verhindert wurden, können dies bestätigen.

Dazu trägt das – von Bundesland zu Bundesland unterschiedlich ausgestaltete – Privatschulrecht nicht unerheblich bei. Zwar will das Grundgesetz in Art. 7 IV als weiteres Freiheitsrecht das Recht zur Errichtung privater Schulen gewährleisten. Allerdings bedarf es dazu einer Genehmigung, die von einigen Bedingungen abhängig gemacht wird. Private Schulen dürfen danach in ihren Lehrzielen und Einrichtungen sowie in der wissenschaftlichen Ausbildung ihrer Lehrkräfte nicht hinter den öffentlichen Schulen zurückstehen. Zweitens darf eine Sonderung der Schüler nach den Besitzverhältnissen der Eltern »nicht gefördert« werden. Außerdem ist die wirtschaftliche und rechtliche Stellung der Lehrkräfte genügend zu sichern. Die Privatschulgesetze der Länder dürfen lt. herrschender Meinung in der Rechtsprechung diese Bedingungen nicht zu eng auslegen, sie können allerdings weitere hinzufügen.

Rechtlich wird zwischen Ergänzungs- und Ersatzschulen unterschieden. Erstere, die sich der vom öffentlichen Schulwesen unbeachteten oder vernachlässigten Schülergruppen annehmen, bedürfen nur einer Genehmigung. Letztere, die öffentliche Schulen ersetzen sollen – und dies ist wohl bei alternativen Gründungen prinzipiell der Fall, so es sich nicht um öffentliche Modellschulen handelt – brauchen darüber hinaus die staatliche Anerkennung, wenn sie zu den gleichen Schulabschlüssen führen wollen wie die Regelschulen. Voraussetzung für die staatliche Anerkennung ist – in Übereinstimmung mit § 5 der Ländervereinbarung der Kultusministerkonferenz vom 10./11. 8. 1951 –, daß die Ersatzschule dauernd die an entsprechende öffentliche Schulen gestellten Anforderungen erfüllt. Dadurch wird die Gründung bei denen erschwert, die nicht auf erhebliche finanzielle Mittel bzw. den politischen Rückhalt einer Großorganisation (Kirchen, Wohlfahrtsverbände etc.) zurückgreifen können.

Ebenso unterschiedlich wie die Anerkennung ist die Subvention von Privatschulen geregelt. Das BVerwG hat allerdings ab 1966 für Ersatzschulen einen grundsätzlichen Anspruch auf Finanzierung mit öffentlichen Mitteln anerkannt und dies mit den Auflagen aus Art. 7 IV GG begründet (vgl. BVerwG E 23, 347; 27, 360). Trotzdem wird in einigen Bundesländern sehr restriktiv verfahren.

Intention der grundgesetzlichen Bestimmung und der ersten Regelungen in den Landesgesetzen war ein Schutz von Schülern und Lehrern. Bisweilen wird die Gleichwertigkeitsbestimmung durch übermäßige Anforderungen jedoch so ausgeweitet, daß die Ersatzschulen zu bloßen Mitläufern der öffentlichen Schulen degradiert werden, für Alternativschulen somit erst recht große Schwierigkeiten bei Genehmigung und Anerkennung zu überwinden sind, falls dies überhaupt möglich wird. Da sich dann die Bestimmungen zum Nachteil von Schülern und Lehrern auswirken, bedarf es einer grundlegenden Korrektur der Rechtsprechung und der gesetzlichen Bestimmungen, insbesondere um dem Pluralitätsgebot des GG Rechnung zu tragen (vgl. *Richter* in *Goldschmidt/Roeder*, 1979).

Probleme

Auch in der jüngsten Zeit ist die alte Debatte um die gesellschaftlichen Funktionen von Alternativschulen wieder aufgeflammt. Sie werden nicht nur – wie hergebracht – von konservativer Seite sondern auch von sich selbst als fortschrittlich definierenden Erziehungswissenschaftlern abgelehnt, so sie nicht den eigenen Zielvorstellungen entsprechen. Es wird auf den »unwissenschaftlichen Charakter« der Alternativkonzepte verwiesen (*Rang/Rang-Dudzik*, 1978). Sie würden dem »wissenschaftlich-technischen Fortschritt« nicht Rechnung tragen, seien unhistorisch und naiv in ihrer Orientierung an individuellen Bedürfnissen. Diesen Kritikern hingegen wird Geschichtsobjektivismus und naive Fortschrittsgläubigkeit vorgeworfen, was sie die Probleme der Entwicklung von Arbeitswelt und gesellschaftlicher Machtverteilung nicht mehr länger angemessen zu Kenntnis nehmen lasse. Die Kritiker würden zwei Mythen weiter verbreiten helfen: daß mehr Schulen höhere Qualifikationen erzeugten und daß der kapitalistische Fortschritt die menschlichen Fähigkeiten direkt zur Entfaltung bringe (*Sachs,* 1979). Dem sei jedoch nicht so und überdies verlaufe Lernen eben nicht nach der Logik industrieller Fertigungsprozesse, wie man es gegenwärtig in den Regelschulen zu organisieren versuche. Lernen solle in vielfältigen Formen und d. h. dezentral und autonom erfolgen können und entsprechend stärker in die realen Lebensverhältnisse eingebettet sein. Diese Grundsatzdiskussion hat eine erste Klärung der Standpunkte erbracht. Sie kann jedoch nicht als abgeschlossen betrachtet werden, hat sie doch die Notwendigkeit weiterer Analysen erwiesen. Dies gilt sowohl hinsichtlich einer Theorie des Subjekts wie bezüglich der verwendeten Lernkonzepte, aber auch für die Untersuchung der Effekte, die erst vereinzelt z. B. in der Glockseeschule oder in der Hiberniaschule erforscht werden. Freilich wird eine solche notwendige Arbeit durch die Alternativschulen oder Reformen in der Regelschule eher behindert als befördert, zumindest aber aufgehalten. Es hängt ganz von den Umständen ab, in welcher Form die institutionelle Trennung der Bereiche Leben, Lernen und Arbeiten wieder rückgängig gemacht werden kann. Deshalb kann eine generelle Antwort wohl nicht gegeben werden.

Im Zusammenhang mit der Kritik sind auch die alten Vorwürfe der Elitebildung, der Mittelschichtdominanz in diesen Schulen, der Nicht-Übertragbarkeit ihrer Ergebnisse und Prozesse sowie der Anarchismusvorwurf wieder aufgekommen. Diesbezügliche Kritik muß ernst genommen werden, aber sie kann Alternativschulen nicht grundsätzlich sondern nur in ihren jeweiligen konkreten Ausprägungen in Frage stellen. Die Kritik hat in der Geschichte allerdings Anhaltspunkte. Um den kritikwürdigen Gefahren der Indoktrination, Privilegierung und Isolation zu entgehen ist es notwendig, sich immer wieder der inhaltlichen Begründung zu vergewissern. Erfolgt diese nur noch formal, dann tendieren Alternativschulen dazu, ähnliche Mechanismen wie die Regelschulen zu etablieren. Sie leben nur solange, wie sie in eine umfassend politische und kulturelle Bewegung integriert sind. Koppeln sie sich davon ab, werden sie sterile Inseln. Sobald sie

– aus der realen Umwelt mehr oder weniger ausgegrenzt werden und nicht in den Alltag von Betrieben, Verwaltungen und Kultur hineinwirken;
– ihre Lehrer nur mit der Berufsrolle behaften und nicht dazu als Personen mit all ihren Fähigkeiten und Lernbedürfnissen herausfordern;
– die Schüler der Regelschulen aus dem Blick verlieren und sich selbst zur Insel, zur privilegierten Idylle verkommen lassen;
– ihre Anstrengungen nicht einbeziehen in eine politische Auseinandersetzung und in die sich zunehmend ausweitende Alternativbewegung,

verkehrt sich ihre progressive gesellschaftliche Funktion. Insbesondere die Art und Intensität ihrer Verwobenheit in den ökonomischen und politischen Alltag ergeben ihre innere Dynamik und ihre produktive Außenwirkung. Deshalb können zwar Pädagogen in ihnen mitwirken; sie können jedoch diese Aufgabe nicht allein übernehmen.

Die Erforschung der Wirkungen, insbesondere auch der politischen Effekte ist notwendig, will man zu sinnvollen Aussagen zur Übertragbarkeit kommen. Dabei ist nicht so sehr an die isolierte Übertragung einzelner Elemente und Verfahren aus Alternativschulen in die Regelschulen zu denken, obwohl solches sich auch in

Einzelfällen anbietet, wie z. B. bei Unterrichtsverfahren, Aussetzen interner Selektionsprozeduren, eigenständiger Rekrutierung des Lehrpersonals, Selbstorganisation von Schule und Unterricht, Kooperation zwischen Elternhaus und Schule, Schule und Arbeitswelt, Schule und Gemeinde. Gemeint ist ein funktionaler Transfer, der die Integration von Leben, Lernen und Arbeiten in unterschiedlichen Formen je nach lokalen Gegebenheiten zum Ziel hat. Hierzu kann die Erziehungswissenschaft in kritischer Solidarität Hilfen erarbeiten und Unterstützungen leisten, die der Weiterentwicklung zugute kommen könnten. Voraussetzung dazu ist allerdings, daß sie sich selbst ihrer Parteilichkeit in der Auseinandersetzung um menschliche Arbeits- und Lebensbedingungen erinnert. Denn von diesen hängt das Glück der nächsten Generationen ebenso ab wie ihr Überleben. Alternativschulen der Gegenwart sind teilweise schon in die Alternativbewegung eingebunden (vgl. dazu *Jaeggi*, 1979) und werden somit auch von deren Problemen mitbetroffen (*Brückner*, 1978). Da ist zum einen die Problematik, daß sich Alternativen in Nischen zurückziehen, die der Vergesellschaftungsprozeß übrig gelassen hatte, die – einmal genutzt – allenfalls als Idylle noch Bestand haben oder sonst aber »verregelt« werden. Deswegen ist es wichtig, daß sie sich notfalls nur zeitlich ausgrenzen, im ganzen gesehen aber in die Gesellschaft und die Regelschulen hineinwirken und die dazu notwendige Kraft zur Auseinandersetzung entwickeln. Das andere Problem liegt in der Gefahr einer »Nachproduktion von Herrschaft«. Durch Herausbildung einer exklusiven Gruppenidentität und durch das Entstehen von Gruppendruck kann sich in ehemals herrschaftsfreien Nischen recht schnell das Prinzip des für – andere – Handelns wieder einnisten. Auch hier hilft nur die ständige Reflexion der eigenen Ausgangsbasis und Zielsetzungen der Alternativschulen im Hinblick auf das jeweils Erreichte und im Zusammenhang einer insgesamt befreienden Perspektive von Bildung.

Christoph Th. Scheilke

Literatur

b:e Themenheft »Schule ohne Mauern«. b:e 7, 1974 – *Borchert, M.* u. a. (Hrsg.), 1979: Schulen, die ganz anders sind, Frankfurt/M. – *Brückner, P.,* 1978: Thesen zur Diskussion der Alternativen. In: *Kraushaar, W.* (Hrsg.): Autonomie oder Ghetto?, Frankfurt/M. – *Dabholkar, S. A.,* 1976: Prayoga-Parivav oder Das neue Netzwerk gegenseitigen Lernens. In: *Dauber, H./Verne, E.* (Hrsg.): Freiheit zum Lernen, Reinbek – *Dauber, H./Verne, E.* (Hrsg.), 1976: Freiheit zum Lernen, Reinbek – *Dennison, G.,* 1976: Lernen und Freiheit. Aus der Praxis der First Street School, Frankfurt/M. – *Dietel, G.,* 1978: Auf welche Schule schicke ich mein Kind? Führer durch Internate und Privatschulen, Frankfurt/M. – *Doormann, L.,* 1979: Leben mit Lernen und Arbeiten verbinden: Die Tvind-Schulen in Dänemark. In: *Borchert* u. a. – *Flitner, W./Kudritzki, G.* (Hrsg.): Die deutsche Reformpädagogik. Bd. I. Düsseldorf/München 1961, Bd. II, Düsseldorf/München 1962 – *Freire, P.,* 1970: Pädagogik der Unterdrückten, Stuttgart – *Fucke, E.,* 1979: Integration allgemeiner und beruflicher Bildung an einer Waldorfschule. Skizzen zum Kasseler Modell. In: *Goldschmidt, D./Roeder, P. M.* (Hrsg.): Alternative Schulen?, Stuttgart – *Goldschmidt, D./Roeder, P. M.* (Hrsg.), 1979: Alternative Schulen?, Stuttgart – Hausgemeinschaft Haus Balchem, 1976: Zusammen leben – zusammen lernen, Köln – *Hellbrügge, Th.,* 1977: Unser Montessori-Modell, München – *Illich, I.,* 1973: Entschulung der Gesellschaft, Reinbek – *Jaeggi, U.,* 1979: Drinnen und draußen. In: *Habermas, J.* (Hrsg.): Stichworte zur »geistigen Situation der Zeit«. Bd. 2, Frankfurt/M. – *Karsen, P.,* 1923: Deutsche Versuchsschulen der Gegenwart und ihre Probleme, Leipzig – *Kozol, J.,* 1973: Free Schools, Ravensburg – Lernen auf der Straße. Die Freie Schule Essen, Berlin 1982 – *Lindenberg, Chr.,* 1975: Waldorfschulen, Reinbek – *Mattern, C.,* 1979: Freie Schulen in der BRD – Lückenbüßer oder Alternative? In: DDS H. 12: 759–773 – *Neill, A. S.,* 1969: Theorie und Praxis der antiautoritären Bewegung. Das Beispiel Summerhill, Reinbek – *Oestreich, P.,* 1923[2]: Die elastische Einheitsschule, Lebens- und Produktionsschule. Die Lebensschule, Schriftfolge des Bundes entschiedener Schulrefor- mer, hrsg. von *F. Hilker,* H. 4, Berlin – *Paulsen, W.,* 1926: Die Überwindung der Schule, Leipzig – *Rang, A./Rang-Dudzik, B.,* 1978: Elemente einer historischen Kritik der gegenwärtigen Reformpädagogik. Die Alternativlosigkeit der westdeutschen Alternativ- schulkonzepte. In: Schule und Erziehung, VI. Argument – Sonderband 21, Berlin – *Rist, G./ Schneider, P.* (Hrsg.), 1977: Die Hibernia-Schule, Reinbek – *Roeder, P. M.,* 1979: Einlei- tung. In: *Goldschmidt, D./Roeder, P. M.* (Hrsg.): Alternative Schulen? Stuttgart – *Röhrs, H.* (Hrsg.), 1965: Die Reformpädagogik des Auslands. Päd. Texte, hrsg. von *W. Flitner,* Düsseldorf/München – *Sachs, W.,* 1976: Schulzwang und soziale Kontrolle, Frank- furt/M. – *Sachs, W.,* 1979: Fetisch Produktivkraft. In: päd.extra 9: 34–37 – *Schäfer, W.* u. a., 1971: Probleme der Schule im gesellschaftlichen Wandel. Das Beispiel Odenwaldschule, Frankfurt/M. – *Scheibner, O.,* 1951: Arbeitsschule in Idee und Gestaltung, Heidelberg – *Scheilke, Chr. Th.,* 1981: Tvind: Die fahrende Volkshochschule. In: *Dauber, H./Simpfen- dörfer, W.* (Hrsg.): Eigener Haushalt und bewohnter Erdkreis, Wuppertal – *Schneider, P.,* 1982: Einführung in die Waldorfpädagogik, Stuttgart – *Seifert, M./Nagel, H.* (Hrsg.), 1977: Nicht für die Schule leben, Frankfurt/M. – *Smith, V.* u. a.: Alternatives in Education. Bloomington: Phi Delta Kappa 1976 – *Winkel, R.,* 1977: Schulalternative und ihre Zukunft. In: DDS: 728–737. –

→ Schulsystem und Bildungspolitik

Schulsystem und Bildungspolitik

System und Geschichte des Schulwesens

Der Begriff »Schulsystem« enthält, obschon grammatisch im Singular, einen Plural, den der Schulen. Gäbe es nur eine Schulart, in der die gesamte Jugend unterschieds- los mit den gleichen Kenntnissen und Verhaltensmaximen ausgestattet würde, so bedürfte es keines »Systems«. Erst die differenzierende Definition der Schulen über sehr unterschiedliche Aufgaben, Lehrinhalte und Berechtigungen nötigt zur Zu- sammenfassung in einem System, von dem aus dann entweder affirmativ der produktive Beitrag der einzelnen Schulformen oder aber kritisch deren ideologi- sche Funktion bestimmt werden können. Eine solche Überlegung ist freilich abstrakt. Sie legt überdies zwei falsche Vorstellungen nahe: Zunächst drängt sich die Vermutung auf, Schulsysteme entstünden am Reißbrett, etwa nach Maßgabe jener Schemata, mit denen regierungsamtliche Informationsschriften, aber auch

Hand- und Wörterbücher der Pädagogik das Schulwesen visuell darzustellen pflegen. Darin liegt – wenn die Schemata konstruktivistisch verstanden werden – ein Irrtum, weil sich Schulen und Schulsysteme als gesellschaftliche Einrichtungen in einem die Erziehung weit übergreifenden historischen Prozeß entwickeln und im Zugriff der politischen Macht- und Interessenkämpfe differenzieren, nicht so sehr unter logischen oder pädagogischen Gesichtspunkten.

Die abstrakte Darstellung begünstigt aber mit ihrer Rede von den »Differenzierungen« noch einen weiteren Irrtum. Denn diese Rede lebt von der Voraussetzung, daß es einen die Aufgaben der Schule zentral erfüllenden Kern gäbe, dem sich dann bei neu auftauchenden Anforderungen für spezielle Bedürfnisse durch Abspaltungen oder Neugründungen immer differenziertere Formen zugeordnet hätten. Die tatsächliche Entwicklung ist indessen anders verlaufen: Die erzieherische Praxis ist nicht nur sehr viel älter als deren Theorie, sondern auch älter als eine bewußte pädagogische Fragestellung überhaupt. Bewußtes pädagogisches Fragen entstand erst mit Arbeitsteilung und gegliederter Gesellschaft, und zwar an exponierten Stellen, an denen einzelnen Personen, Gruppen oder Ständen Funktionen zugemutet wurden, auf die die unbefragte Erziehung, wie sie in der Ordnung des gemeinsamen Lebens aller überliefert war, nicht mehr ausreichend vorbereitete. Besondere Kunstformen des Erziehens für Spezialfälle standen also am Anfang der pädagogischen Fragestellung. Erst sehr viel später verwies diese Frage auf das Ganze der Erziehung zurück.

Nur so ist erklärlich, daß die Theorie der Schule und des Unterrichts älter ist als eine Theorie der außerschulischen Erziehung – obschon die Schule über viele Jahrhunderte hinweg nur einen sehr bescheidenen Anteil der Jugend erfaßte. Die Vorstellung, die Schule sei ein unerläßlicher Bestandteil für die Erziehung aller Kinder des Volkes, systematischer Unterricht und schriftliche Bildung seien für jedermann zu sichern, hat in Deutschland kaum länger als 200 Jahre Realisierungsperspektiven.

Einen analogen Zusammenhang können wir aber auch noch einmal innerhalb des Schulwesens konstatieren: Die Theorie der höheren Schule ist älter als die der Volksschule, die Theorie des Fremdsprachenunterrichts ist älter als die des muttersprachlichen Unterrichts, die Theorie des Unterrichts für Jugendliche ist älter als die Theorie des Elementarunterrichts für Kinder. Anders und auf eine aktuelle Problemsituation hin gesprochen: Vielfalt und Zersplitterung sind älter als die Gesamtschule, Separation älter als Integration.

Diese Vorbemerkung will davor warnen, den Systemgesichtspunkt zu überschätzen. Schulsysteme sind zwar eine Realität, aber diese Realität ist in der Regel hergestellt durch eine nachträgliche Interpretation und eine dementsprechende administrative Zuordnung von relativ unabhängig voneinander entstandenen Teilstücken. Mit diesen Teilstücken sind Gruppeninteressen, Identitätserfahrungen, Hoffnungen und Befürchtungen, Erinnerungen an Solidarität und Verweigerung verknüpft. Keine Bildungspolitik, die, mit welchen Zielstellungen auch immer, das historisch vorgegebene Schulsystem ändern, in sich stimmig und funktionsgerecht machen will, kann diese Zusammenhänge ignorieren. Sie gehören zu den Bedingungsfaktoren, unter denen konvergierende Tendenzen ermittelt, Bewegungsgesetze nutzbar gemacht und Koalitionen geschlossen werden müssen.

Zwei Schulsysteme in der Bundesrepublik

Nach 1945 bestand auf dem Gebiet der späteren Bundesrepublik Deutschland wie zu keinem früheren oder späteren Zeitpunkt die Möglichkeit zu einer umfassenden Neuordnung des Schulsystems. Denn die nationalsozialistische Herrschaft hatte kaum eigene Strukturen im Bildungswesen geschaffen, sich vielmehr der vorgegebenen bedient (und bedienen können). Das System selbst schien faschistisch belastet, zumindest deshalb, weil es keinen nennenswerten Widerstand hervorgebracht hatte. Die drei Besatzungsmächte, vorab die amerikanische, legten in Konsequenz ihrer re-education-Politik einen Neubeginn auch für das Schulwesen nahe. Der restaurative Zug der Nachkriegspolitik der Bundesrepublik erstickte dahingehende Ansätze indessen im Keime. Rekonstruiert wurde zunächst das von der Weimarer Republik überlieferte Schulsystem. Diese Aussage ist indessen sofort zu relativieren. Denn was da rekonstruiert wurde, war nur in dem abstrakten Sinne unserer Einleitung als ein System zu bezeichnen. In der Sache handelte es sich um zwei, nach Aufgabenstellung, pädagogischem Selbstverständnis, öffentlicher Einschätzung, Berechtigungen und administrativer Steuerung völlig getrennte Systeme, um ein System allgemeinbildender und ein System berufsbildender Schulen.
Das allgemeinbildende Schulwesen war für die ersten vier Jahrgangsstufen gekennzeichnet durch die für die Kinder aller Bildungswege gemeinsame Grundschule, wie sie die Reichsverfassung von 1919 festgelegt hatte. Eine konfessionelle Differenzierung war möglich und ist bis heute politisch umstritten geblieben. Wichtiger für die Entwicklung dieses Schulsystems aber war, daß »Vorschulen« aufgehoben blieben, die vor 1918 an mehr als der Hälfte der höheren Schulen bestanden und aufgrund sozialschicht-spezifischer Auslese und besserer Ausstattung das Grundschulprogramm in drei Jahren bewältigten.
Die Grundschule war in der Weimarer Zeit und in der Rekonstruktionsphase der Bundesrepublik ein Teil der Volksschule. Erst das Hamburger Abkommen der Ministerpräsidenten der Länder der Bundesrepublik von 1964 ließ eine organisatorische Verselbständigung zu und ermöglichte damit in Angleichung an internationale Gepflogenheiten eine horizontale Gliederung in Primarstufe (= Grundschule) und Sekundarstufe. Die Tradition des Schulwesens in Deutschland ist demgegenüber der Vertikalität verpflichtet. Damit ist gemeint, daß Kinder und Jugendliche der gleichen Altersstufen in getrennten, also im System nebeneinanderstehenden Schulen unterrichtet werden. Die vertikale Ordnung der Schulen hat einen Sinn nur, wenn die Schulen sich nach Besuchsdauer, Abschlüssen, Berechtigungen, Vermittlung von beruflichen Chancen und gesellschaftlichem Ansehen unterscheiden sollen. Die getrennten Schullaufbahnen beginnen dann mit der Einschulung des Kindes und lassen spätere Übergänge nur in Ausnahmefällen zu. Dieses System macht fünf Voraussetzungen, von denen hier zunächst vier genannt werden müssen, nämlich

- erstens, daß die Eignung eines Kindes für einen bestimmten Bildungsgang
  aufgrund seiner Intelligenz oder Begabung, seinem Fleiß und seiner Lernmotivation vor dem Einfluß organisierter Lernprozesse feststellbar und im Grunde
  dann auch konstant sei, dementsprechend relativ leistungshomogene Lerngruppen in den Schulen entstünden;
- zweitens, daß so zustande gekommene leistungshomogene Lerngruppen die
  individuelle Förderung begünstigen oder gar erst ermöglichen würden;
- drittens, daß es gesamtgesellschaftlich wünschenswert, zumindest vertretbar sei,
  den kulturellen Besitz eines Volkes, wie er sich im Gesamtumfang der Lehrinhalte eines nationalen Bildungswesens niederschlägt, in unterschiedlichen Niveaus zu vermitteln, Bildung also als Verteilungsschlüssel von Sozialchancen zu
  gebrauchen, und schließlich
- viertens, daß es nicht Aufgabe der Schulen sei, die aufgrund der familiären
  Sozialisation unterschiedlichen Chancen der Kinder auszugleichen, sondern
  vielmehr die aller Pädagogik vorgegebenen Chancen als unverrückbare Voraussetzungen zur Entfaltung individueller Möglichkeiten anzuerkennen.

Die Bildungspolitik in der Bundesrepublik ist, wenn man von den Gefechten im
Vordergrund absieht, weithin eine Auseinandersetzung um die Gültigkeit dieser
Annahmen. Die gemeinsame Grundschule von 1919 war der von der Weimarer Republik vorgegebene Einbruch in die Vertikalität. In Zweifel gezogen war mit ihr die
erste der genannten Voraussetzungen, nämlich daß die Eignung eines Kindes für
einen Bildungsgang vor Schulbeginn festgestellt werden könne. Damit ver schob
sich das Kriterium: Nicht der gesellschaftliche Status der Eltern, sondern die Leistung des Kindes sollte nach vier Grundschuljahren über die weitere Schullaufbahn
entscheiden. Doch blieb die in der vierten Voraussetzung bezeichnete Problematik
noch unberücksichtigt, insofern nicht nach dem Anteil der familiären Sozialisation
am Schulerfolg des Kindes gefragt wurde. Die Vertikalität des Schulsystems schien
durch die gemeinsame Grundschule auch darum nur wenig berührt, weil die
Grundschule Teil der Volksschule war, in deren Oberstufe der ganz überwiegende
Teil des Jahrganges (1952 noch fast 80%) die Pflichtschulzeit (8 Schuljahre, seit
1964: 9 Jahre) absolvierte, während nur ein kleiner Teil sich aufgrund einer
ausdrücklichen Entscheidung der Eltern in einer besonderen Aufnahmeprüfung für
eine der sog. »weiterführenden Schulen« qualifizierte: In das 5. Schuljahr der
Mittelschule (seit 1964: Realschule) traten 1952 etwa 6 % des Jahrganges ein, in
eine höhere Schule (seit 1964: Gymnasium) etwa 12 % des Jahrgangs. Von den
12 %, die zur höheren Schule gingen, erreichte gut die Hälfte das Abitur – die
andere Hälfte scheiterte im Laufe der Schulzeit und zeugte damit als Negativ-Be-
weis gegen die Stichhaltigkeit der frühen Auslese im Alter von 10 Jahren. 2 % eines
Jahrganges befanden sich 1952 in Sonderschulen für Lernbehinderte.

Da das Hauptgewicht bei der Legitimation des vertikal geordneten allgemeinbildenden Schulwesens auf die »Begabung« gelegt wurde – jede andere Begründung
wäre im bürgerlichen Staat, der die Rechtsgleichheit aller Bürger garantiert, nicht
haltbar – mußte folgerichtig auch die Existenz von drei Begabungsrichtungen
behauptet werden: praktische, technische (praktisch-theoretische) und wissen-

schaftliche (theoretische) Begabungen, denen die drei Schularten Volksschule (Hauptschule), Mittelschule (Realschule) und höhere Schule (Gymnasium) gerecht würden. Auf der Ebene der sog. »theoretischen« oder »wissenschaftlichen« Begabungen wurde die Argumentation in abgewandelter Form wiederholt, um die verschiedenen Gymnasialtypen (altsprachlicher, neusprachlicher, mathematisch-naturwissenschaftlicher, später auch: sozialwissenschaftlicher, wirtschaftswissenschaftlicher, musischer und sportlicher Zweig) als eine pädagogische Antwort auf die Interessendifferenzierung der Jugend interpretieren zu können. Der Zusammenhang mit dem ökonomischen Bedarf an technisch-wissenschaftlich geschulten Arbeitskräften erschien dementsprechend in Gestalt einer Zuordnung der drei Schularten zu drei Hauptschichten von Berufen: Einer manuell-ausführenden, einer technisch-transformierenden und einer geistig führenden Schicht. Damit stoßen wir auf eine

– fünfte Voraussetzung für das vertikale Schulsystem, nämlich auf die Annahme, es bestünde eine prästabilierte Harmonie zwischen der Organisation des Bildungswesens, dem Beschäftigungssystem, den in der Jugend wirksamen Neigungen und Begabungen, den Möglichkeiten pädagogischer Förderung und der sozialen Gerechtigkeit.

Die Unhaltbarkeit dieser fünften Voraussetzung war auch schon 1950 einzusehen: In den vorausgegangenen anderthalb Jahrhunderten hatte sich in Deutschland ein von und auf dem Lande lebendes Bauernvolk in eine verstädterte Industriegesellschaft gewandelt. Die Abiturientenquote hatte um 1800 bei etwa 0,1 % eines Jahrganges gelegen, hatte sich bis 1900 verzehnfacht auf etwa 1–2 % und lag 1952 bei 6 %. Das Gymnasium, welches in der für Deutschland prägenden Gestalt der Humboldt-Süvernschen Reform in Preußen 1809/19 in erster Linie auf Griechisch und Lateinisch festgelegt worden war, hatte bis zum Ende des 19. Jahrhunderts zwei gleichberechtigte Rivalen (Realgymnasium und Oberrealschule) bekommen, die die Naturwissenschaften und modernen Sprachen in den Vordergrund stellten und die dann über zahlreiche Modifikationen hinaus als Zweige der höheren Schule die altsprachliche Form schließlich in den immer seltener werdenden Ausnahmefall drängten. An die Stelle der zu höheren Schulen gewordenen Realschulen des 19. Jahrhunderts aber hatte die Volksschule eine Mittelschule hervorgebracht und von sich abgesondert, während sie selbst die Beschränkung auf die Elementartechniken überwand. Dieser Prozeß erfolgte unter der Forderung nach der Zweckfreiheit der Allgemeinbildung; diese Forderung galt für das Schulsystem der Bundesrepublik als Losungswort.

Im Ernst freilich war sich niemand darüber im unklaren, daß die Verschiebungen im prozentualen Anteil eines Jahrganges an den verschiedenen Bildungswegen, die abwechselnd expansiven und restriktiven Phasen im Ausbau des Schulwesens, aber auch schwerwiegende Änderungen in den Curricula, in den Lehrinhalten und Lehrmethoden von der politisch-gesellschaftlichen und von der industriellen Entwicklung abhängen; und zwar in einer anderen Weise als der naiven Zuordnung von drei Begabungsrichtungen und drei Schichten von Berufen zu drei Typen allgemeinbildender Schulen.

Indessen konzentrierte sich die bildungspolitische Diskussion in den Anfängen der Bundesrepublik vorwiegend auf die unzulängliche Auslese beim Eintritt in die weiterführenden Schulen und die damit verbundene Ungerechtigkeit. Diese Linie griff der Deutsche Ausschuß für das Erziehungs- und Bildungswesen Ende der 50er Jahre auf. Sein »Rahmenplan« von 1959 bestätigte zwar noch einmal die vertikale Gliederung des allgemeinbildenden Schulwesens als politisch und pädagogisch angemessen, schlug aber zur Sicherung einer gerechteren Auslese vor, für die Klassen 5 und 6 eine »Förderstufe« vorzusehen, in die Einrichtungen aller drei allgemeinbildenden Schulen integriert werden sollten. Der ersten von uns genannten Voraussetzung für das vertikale System schien also mit der Grundschule noch nicht genügend widersprochen zu sein. Im Motivationshintergrund wurde auch schon der möglicherweise steigende Bedarf an höherqualifizierten Arbeitskräften genannt und damit eingeräumt, daß Expansion durch Ausschöpfen von »Begabungsreserven« über Änderungen im Schulsystem möglich sei, doch war sich der Ausschuß in der Prognose nicht ganz sicher. Durchschlagend für den Vorschlag einer »Förderstufe« waren primär soziale und pädagogische Gesichtspunkte. Diese aber erwiesen sich für die Realisierung als zu schwach. Obschon die Förderstufe nicht einmal für alle Kinder eines Jahrgangs gelten sollte – ein Teil der höheren Schule sollte weiterhin »grundständig« mit Klasse 5 beginnen – stieß sie bei Vertretern des Gymnasiums und der Realschule auf schroffe Ablehnung. Bald wurde sie zu schulformspezifischen »Orientierungsstufen« im Sinne der Bewahrung des dreigliedrigen Systems für die Klassen 5 und 6 uminterpretiert, dies nicht zuletzt auch mit dem als »Verbot der positiven Auslese« juristisch gehandhabten Elternrecht. Als der Deutsche Ausschuß dann 1962 eine erläuternde Konkretisierung vorlegte, war das Förderstufenprojekt fast schon überholt. Denn das Interesse an der Erhaltung der sozialschichtspezifisch getrennten drei Schularten war in der Bundesrepublik so groß, daß die Bildungspolitik dem Druck, der mit dem Hinweis auf die ungerechte Auslese auf das System ausgeübt wurde, lieber durch den Verzicht auf Aufnahmeprüfungen und Schulgeld sowie durch die Inkaufnahme weiter Schulwege nachgab als der Tendenz zur Horizontalisierung, d. h. einer Gliederung des Schulwesens nach Altersstufen. Dadurch wurde eine gleichsam systemwidrige Expansion eingeleitet, die den Anteil der Realschule mehr als verdreifachte (1952: 6 %, 1975: über 21 %), den der höheren Schulen verdoppelte (1952: 12 %, 1975: 21 %). Da gleichzeitig das Sonderschulwesen stark ausgebaut wurde (1951: 2 %, 1975: 6 %), sank der Anteil der Schüler, der die Hauptschule besuchte, im gleichen Zeitraum von 70 % auf 55 % im Bundesdurchschnitt; in einigen Großstädten sank er sogar bis auf 35 %. Anfang der 60er Jahre, als diese Entwicklung sich erst vorsichtig andeutete, war bereits eine Warnung zu hören. Die Rede von der »Auspowerung« der Volksschule, von der Gefahr, diese Schule werde zur »Restschule« für das »untere Drittel ihrer derzeitigen Schüler«, war dem Deutschen Ausschuß 1964 ein entscheidendes Motiv, für die Volksschuloberstufe die Umwandlung in eine Hauptschule mit attraktivem Bildungsangebot vorzusehen. Diese Argumentation zog implizit die zweite der genannten Voraussetzungen des vertikalen Schulsystems in Zweifel. Denn der Abzug von immer mehr leistungsfähigen Schülern in Realschulen und Gymnasien sowie von behinderten Schülern in Sonderschulen führte doch in der Volksschuloberstufe zu homogeneren Lerngruppen, also zu einer Situation, die angeblich die individuelle Förderung des einzelnen so sehr begünstigte. Davon war aber jetzt keine Rede mehr. Alle pädagogischen, psychologischen und soziologischen Analysen wiesen in die entgegengesetzte Richtung, so daß der Deutsche Ausschuß konstatierte, eine solche Entwicklung könne und dürfe sich unsere Gesellschaft nicht leisten.

Wenn aber die bis dahin legitimatorisch verwandten fünf Voraussetzungen für die Vertikalität des Schulsystems mehr oder weniger brüchig waren, konnte und durfte es sich die Gesellschaft dann leisten, einen Teil von leistungsfähigen Schülern (im Sinne der Anforderungen von Realschule und Gymnasium) auf der Hauptschule festzuhalten, nur damit diese nicht zur »Restschule« werde? Die Frage war um so dringlicher zu stellen, weil ja auch eine im Bildungsangebot attraktivere Hauptschule auf jeden Fall geringere Sozialchancen eröffnet als die weiterführenden Schulen. Deren privilegierende Berechtigungen aber haben einen um so höheren gesellschaftlichen Kurswert, je elitärer sie sind. Die Alternative zu diesem Dilemma war das Konzept für ein horizontal gegliedertes Schulwesen: der Versuch einer demokratischen Bildungsreform in der Bundesrepublik.

Relativ unabhängig von dem System allgemeinbildender Schulen fand die Bundesrepublik eine Vielzahl beruflicher Schulen vor. Diese konnten aber nicht so immanent wie die allgemeinbildenden als ein »System« verstanden werden. Denn *eine* Schulform dieses Bereichs, die quantitativ den größten Anteil ausmachende Berufsschule, bildete mit der außerschulischen, betriebsgebundenen Lehrlingsausbildung das »duale System« der Berufsausbildung, stand aber andererseits mit den übrigen berufsbildenden Schulen in einem organisatorischen Zusammenhang.

Die Berufsschule ist eine berufsbegleitende Teilzeit-Pflichtschule. Sie ist berufsbegleitend, weil ihre Schüler sie neben der praktischen Berufsausbildung besuchen. Daraus folgt notwendig auch der Teilzeitcharakter: Die Schüler gehen an einem Tag (bzw. in manchen Berufen auch an zwei Tagen) in der Woche zur Schule, an den übrigen Tagen in den Betrieb. Sie ist aber auch eine Pflichtschule. Jeder Schüler, der nach Beendigung der allgemeinen Schulzeit (also nach acht bzw. neun Schuljahren) nicht aus eigener Entscheidung den Besuch einer Vollzeitschule (Realschule und Gymnasium ab 9. bzw. 10. Klasse oder eine berufliche Vollzeitschule) wählt, wird berufsschulpflichtig. Daher begleitet die Berufsschule nicht nur die durch einen Lehrvertrag rechtlich gesicherte Ausbildung in einem Beruf, sondern auch die ohne Ausbildung begonnene Erwerbstätigkeit (sog. »ungelernte Arbeit«; die entsprechenden Berufsschüler werden »Jungarbeiter« genannt und machen etwa 15 % eines Jahrganges aus; in der weiblichen Jugend ist der Anteil sehr viel größer als in der männlichen) und die Arbeitslosigkeit.

Die Berufsschulpflicht ergibt sich aber nicht nur durch das Alter (3 Jahre lang nach Abschluß der allgemeinen Schulpflicht), sondern auch durch die Berufswahl. Soweit Absolventen von Realschulen und Gymnasien, einschließlich der Abiturienten, einen Lehrvertrag abschließen, müssen auch sie für die Dauer der Ausbil-

dung begleitend die Berufsschule besuchen, obschon sie ihrem Alter nach der
Berufsschulpflicht entrückt sind.

Diese Berufsschule steht also als eine der beiden Faktoren im »dualen« oder auch
»deutschen« System der Lehrlingsausbildung. Dieses System ist nicht als duales
begründet worden in dem Sinne, daß ein solches Zusammenwirken von Betrieb und
öffentlicher Schule als optimales Modell projektiert worden wäre. An der Schwelle
zum 20. Jahrhundert war vielmehr aus Motiven konservativer Mittelstandspolitik
die Lehrlingsausbildung neu geregelt worden. Handwerkliche und kaufmännische
Betriebslehre standen als einheitliches Konzept im Vordergrund – (bis zum
1. Weltkrieg zeigte die Industrie kaum Interesse an einer eigenen Facharbeiteraus-
bildung). Gleichwohl wurde damit der Grund für das duale System gelegt, weil dem
mittelstandspolitischen Ausbildungskonzept der für die industrielle Arbeit notwendig werdende systematische und theoretische Akzent fehlte und dieses Ausbildungskonzept also von vornherein ergänzungsbedürftig war. Das wurde zwar
zunächst nicht in voller Konsequenz erkannt, wohl aber ergab sich objektiv die
Lücke, durch die die öffentliche Schule in die Lehrlingsausbildung eindringen
sollte. Die Schule, der diese Aufgabe zufiel, war als Organisationsform bereits
Ende des 19. Jahrhunderts vorhanden, nämlich als allgemeine Fortbildungsschule:
Ein schmaler Ausläufer der Volksschule in den Bereich der bereits im Arbeitsleben
stehenden Jugend. Die Umwandlung der wenig erfolgreichen Fortbildungsschule in
eine berufliche Schule war seit der Jahrhundertwende in der Diskussion, aber
wirklich durchgesetzt wurde das Programm erst in der Weimarer Republik. Die
Wendung zur Berufsschule wurde erkämpft gegen den Widerstand des Handwerks,
welches sich als alleiniger Träger der Ausbildung verstand, gegen den Widerstand
des Fachschulwesens, welches in einer beruflich orientierten Pflichtschule eine
Konkurrenz argwöhnte, gegen den Widerstand zahlreicher Fortbildungsschulleh-
rer, denen die berufliche Orientierung eine fachliche Überforderung war und
zugleich als Verrat der Allgemeinbildung erschien.

Als die Bundesrepublik erste bildungspolitische Regungen wagen konnte, war die
Berufsschule bereits ein notwendiger Faktor der beruflichen Nachwuchsbildung.
Aber ihre Entwicklung war keineswegs abgeschlossen. Da die Berufsschule sich als
begleitende Schule auf die nicht von ihr selbst zu vertretende Ausbildungskonzep-
tion verwiesen sah, strebte sie die aufsteigende Einberufsklasse an, d. h. in jeder
Klasse sollten nur Lehrlinge des gleichen Berufes und des gleichen Lehrjahres sein.
Zwischen Berufsschulklassen etwa für Bankkaufleute, für Energieanlagenelektro-
niker, für Friseure, für Hausgehilfinnen und für Jungarbeiter mußten dann
erhebliche Unterschiede hinsichtlich des Bildungsangebotes, der Lernmotivation
und der sozialen Zusammensetzung ebenso wie der berufsstrukturellen Aussichten
bestehen. Das Ziel der aufsteigenden Einberufsklasse war nur zu erreichen durch
eine stark an den Einzelberufen orientierte Berufsschullehrerbildung, durch eine
entsprechend eng spezialisierte Ausstattung der Schulen und – in Flächenstaaten –
durch eine Vergrößerung der Einzugsradien bis zu 45 km. Die Bildungspolitik der
Bundesrepublik hat der Berufsschule diese innere Entwicklung ermöglicht, allerdings unter weitgehender Ausblendung der damit implizierten didaktischen Per-

spektiven: Der hohe Spezialisierungsgrad im manuellen Bereich der Ausbildung mußte und sollte auch dem Berufsschulunterricht als Richtschnur zugrunde gelegt werden. Dadurch bildeten sich Strukturen, die von einem späteren Zeitpunkt aus betrachtet als problematisch erscheinen: Die strenge Orientierung des Berufsschulunterrichtes an dem hohen Spezialisierungsgrad von Einzelberufen wirkte hemmend auf Versuche stärkerer Wissenschaftsorientierung des Unterrichts – und damit gegen die Notwendigkeiten, die sich aus dem technischen Fortschritt einerseits und aus der damit zusammenhängenden berufssoziologischen Erscheinung des strukturellen Berufswechsels andererseits ergaben. Die fragliche Orientierung des Berufsschulunterrichtes war zugleich auch eine Bindung an Betriebsinteressen, wirkte dementsprechend hemmend gegen Versuche, die Mobilität der Arbeitnehmer durch den Berufsschulunterricht zu vergrößern, ebenso hemmend gegenüber den Versuchen, die Jungarbeiter, die definitorisch als »Nicht-Lehrlinge« festgelegt waren, aus ihrer Gettosituation in einer didaktisch allein als Lehrlingsschule konzipierten Anstalt zu befreien.

Die Situation in der betrieblichen Berufsausbildung ist für den durch die technisch-ökonomische Entwicklung vorgezeichneten Wandel ein untrüglicher Indikator. Von der traditionellen handwerklichen Lehre »en passant«, dem Lernen durch Mittun, Nachahmung und Gewöhnung in der laufenden Produktion oder im normalen Arbeitsvollzug bis zu berufsdidaktisch voll durchsystematisierten Ausbildungsgängen in Lehrwerkstätten, Simulationseinrichtungen und Werksschulen sind heute alle nur denkbaren Variationen auch real vertreten. In den Großbetrieben, in denen das Interesse an einer guten Ausbildung größer ist als an einer ökonomischen Nutzung des Lehrlings als billiger Arbeitskraft, ist die Systematisierung der Ausbildung am weitesten fortgeschritten; die theoretischen Anteile übersteigen mitunter das Niveau der Berufsschule. Die Berufsschule konnte mit ihrer didaktischen Fixierung auf das handwerkliche Modell den industrietypischen Tendenzen nur langsam nachkommen; das zeigte sich insbesondere bei der Assimilierung von Konzepten zur »Grundbildung« für einen größeren Bereich von Berufen oder ganzen Wirtschaftszweigen, ebenso bei Versuchen mit der »Stufenausbildung«.

Neben der Berufsschule fand die Bundesrepublik zwei andere Typen von berufsbildenden Schulen vor, die unabhängig von ihrer jeweils spezifischen Fachrichtung rein formal als »Berufsfachschulen« und als »Fachschulen« definiert wurden. Berufsfachschulen waren berufsvorbereitende Vollzeitschulen, die der Schüler unmittelbar nach Beendigung der allgemeinen Schulpflicht freiwillig besucht. Mit der Wahl der Schule war keine definitive Berufswahlentscheidung getroffen, sondern nur eine Entscheidung für ein Berufsfeld oder eine Berufsgruppe. Fachschulen waren demgegenüber berufsergänzende, weiter- und höherqualifizierende Vollzeitschulen, die eine berufliche Erstausbildung, zumindest ein längeres Praktikum bei ihren Schülern voraussetzen. Beide Typen beruflicher Vollzeitschulen gliederten sich noch einmal in »einfache« und »höhere«, wobei für die letzteren der Nachweis der »Mittleren Reife«, d. h. des Realschulabschlusses oder der Versetzung in die 11. Klasse eines Gymnasiums als Aufnahmebedingung galt. (Beispiel für

Berufsfachschulen: Handelsschule – Höhere Handelsschule; Beispiel für Fachschulen: Technikerschule – Ingenieurschule).

Da die Bildungspolitik der Bundesrepublik zunächst streng an der dreigliedrigen Vertikalität des allgemeinbildenden Schulwesens festhielt, konzentrierten sich Reformanstrengungen auf die berufsbildenden Schulen. Unter dem Begriff des »Zweiten Bildungsweges« wurde indirekt deutlich gemacht, daß das allgemeinbildende Schulwesen im Grunde nur einen aussichtsreichen Bildungsgang, den des Gymnasiums, anbot, während die parallelen Schultypen in Sackgassen führten, die nur durch eine Neuorientierung in der Berufsausbildung geöffnet werden konnten. Das hatte zwei Konsequenzen. Die eine bestand in einer organisatorischen Integrationstendenz bei den berufsbildenden Schulen. Denn zur Herstellung des »Zweiten Bildungsweges« wurden innerhalb des beruflichen Schulwesens neue Einrichtungen geschaffen, die die Übergänge erleichtern sollten und vor allem die Möglichkeit zu eröffnen hatten, die vom allgemeinbildenden Schulwesen verweigerten »Berechtigungen« nun innerhalb des Prozesses der beruflichen Bildung nachholen zu können. Um die höheren Fachschulen für jeden Volksschulabsolventen zugänglich zu machen, wurden den Berufsschulen die »Berufsaufbauschulen« angegliedert (als Abend-, Samstags- und als Vollzeitschulen), die gemeinsam mit der Berufsschule die »Fachschulreife«, in der die »Mittlere Reife« enthalten war, vermittelten. (Als später die höheren Fachschulen den Status von Fachhochschulen erhielten, entstanden nach dem gleichen Prinzip innerhalb des beruflichen Schulwesens die Fachoberschulen, die, auf der Mittleren Reife aufbauend, zur Fachhochschulreife führen). Gleichzeitig mit den Berufsaufbauschulen entstanden, wenn auch an Zahl sehr viel geringer und organisatorisch nur locker in die berufsbildenden Schulen eingegliedert, Sonderinstitute zur Erlangung der allgemeinen Hochschulreife für Personen mit abgeschlossener Berufsausbildung (= Kollegs). Die curriculare Programmatik des Zweiten Bildungsweges, nämlich die allgemeinen Berechtigungen (Mittlere Reife und Abitur) über die Inhalte der beruflichen Qualifizierung zu erreichen, ist kaum gelungen. Der hohe Spezialisierungsgrad und der geringe Wissenschaftsbezug der Berufsschuldidaktik waren auf Anhieb nicht in der Lage, die dafür notwendige Wendung zu vollziehen. Die Berufsaufbauschulen eiferten dem Mittelschulprogramm, die Kollegs dem Programm der gymnasialen Oberstufe nach. Gleichwohl haben die Einrichtungen des Zweiten Bildungsweges die notwendige Wendung der Berufsschuldidaktik eingeleitet, vor allem aber wuchsen durch die Anstrengungen um einen Zweiten Bildungsweg die verschiedenen Formen berufsbildender Schulen zu integrativen Zentren zusammen. Die Teilzeitberufsschule rückte, obschon sie der eine Faktor im »dualen System« blieb, doch immer näher an die beruflichen Vollzeitschulen heran. Besonders bekannte Formen solcher Zentren sind die Handelslehranstalten in größeren Städten, die von den kaufmännischen Berufsschulklassen über Klassen der Handelsschule, der höheren Handelsschule, der Berufsaufbauschule, der Fachoberschule Wirtschaft und des Wirtschaftsgymnasiums reichen und sie als eine Schule mit einer Leitung, einem Kollegium und einer, wenn auch differenzierten Schülerschaft vereinen. Im gewerblich-technischen Sektor treffen wir mitunter noch schärfer akzentuierte Zusammenfassungen, die allein nach Wirtschaftszweig und Wissenschaftsbezug organisiert sind, nicht mehr nach den Unterschieden von Berufsschule, Berufsfachschule und Fachschule. Beispiel: Eine Fachberufsschule für »Elektrotechnik und Elektronik« umfaßt alle elektrotechnischen Berufsschulklassen, eine gewerbliche Berufsfachschule der Fachrichtung Elektrotechnik, eine Fachoberschule Technik und eine Technikerschule (= Fachschule). Aber auch für dünner besiedelte Gebiete, wo Kreisberufsschulen alle Fachrichtungen zu vereinigen haben (gewerbliche, kaufmännische, hauswirtschaftliche und landwirtschaftliche Abteilung), sind heute fast überall zugleich Zusammenfassungen mit Berufsfachschulen und auch Fachschulen anzutreffen.

Das war die eine Konsequenz, die sich aus der in den Anfängen der Bundesrepublik betriebenen Bildungspolitik ergab. Die andere Konsequenz muß in der Aufmerksamkeit gesehen werden, die die berufspädagogische Diskussion um den Zweiten Bildungsweg auf die politische Funktion des Berechtigungswesens lenkte, insbesondere auf die unzulängliche Auslese bei Eintritt in Realschule und Gymnasium. Diese Linie hatte, wie oben im Zusammenhang mit der Kennzeichnung der Ausgangslage des allgemeinbildenden Schulwesens angezeigt, der Deutsche Ausschuß für das Erziehungs- und Bildungswesen Ende der 50er Jahre aufgegriffen. Dieser Zusammenhang erinnert an die zumeist übersehene bildungspolitische Wechselwirkung zwischen Veränderungen in den beiden getrennten Systemen.

Insgesamt gesehen haben die beruflichen Schulen trotz der bildungspolitischen Festlegung auf den Vorrang des »dualen Systems« immanent eine deutliche Wendung zur systematischeren und stärker wissenschaftsbezogenen Ausbildung durchgemacht. Das drückt sich als erstes in den Verschiebungen des relativen Schulbesuches von Berufsschule und Berufsfachschule aus. Während 1952 etwa 4 % eines Jahrganges nach Abschluß der allgemeinen Schulzeit eine berufliche Vollzeitschule (= Berufsfachschule) wählte, waren es 1970 über 8 %, bei weiblichen Jugendlichen sogar über 10 %. Die Verstärkung des Schüleranteils bei den Berufsfachschulen war verbunden mit einer Schritt für Schritt realisierten Funktionsänderung. Die Berufsfachschulen waren zunächst nur berufsvorbereitende Schulen im definierten Sinne, zum Teil auch nur Aufbewahrungsanstalten für Schüler, die kein Lehrverhältnis des dualen Systems eingehen wollten und andere Berufswünsche aus mangelndem Alter noch nicht aufnehmen konnten, so insbesondere bei weiblichen Jugendlichen, die Berufe im Gesundheits- und Sozialwesen ergreifen wollten. In dem Maße, in dem die Berufsausbildung Grundbildungskonzepte aufgriff, also breiter angelegt wurde, konnten die Berufsfachschulen erste Phasen bestimmter Ausbildungsgänge anrechnungsfähig, d. h. den Absolventen wird bei einer anschließenden Lehre im dualen System die Lehrzeit verkürzt, schließlich auch volle Ausbildungsgänge in schulischer Form durchführen und zwar sowohl in direkter Konkurrenz zum dualen System als auch für Qualifikationen, für die das duale System kein Angebot bereitstellt.

Diese Entwicklung ist schließlich bis zu einem Punkt fortgeschritten, an dem die Bildungspolitik der Bundesrepublik neue Perspektiven vorgeben mußte. Die Fragestellung dafür bezog sich

- einerseits auf eine Neubestimmung des Verhältnisses zwischen betrieblicher Berufsausbildung und beruflichen Schulen, dies von der Entwicklung der Berufsfachschulen mitangetrieben, aber über sie hinausweisend;
- andererseits auf eine institutionelle Verbindung zwischen dem allgemeinbildenden und dem beruflichen Schulsystem, um expansive Bildungspolitik und die dafür erforderlichen Investitionen gesamtgesellschaftlich vertretbar zu halten.

Das System der Berufsausbildung und der beruflichen Schulen tendierte damit, ähnlich wie das System der allgemeinbildenden Schulen, zu einer Alternative, die die Bildungspolitik der Bundesrepublik bis Ende der 60er Jahre nicht angestrebt, eher zu vermeiden getrachtet hatte, die sich dann aber doch durchsetzte: Ein horizontal gegliedertes Schulwesen konnte die Trennung von Allgemeinbildung und Berufsbildung nicht sinnvoll aufrechterhalten, ja konnte nicht einmal im engeren Kreis von Schulen verbleiben, mußte sich vielmehr einem umfassenderen Konzept von Bildungswegen stellen, in dem die Schule nur ein Lernort unter anderen sein würde: Versuch einer demokratischen Bildungsreform in der Bundesrepublik.

Bildungspolitik als Reformpolitik

Mitte der 60er Jahre ertönten in der Bundesrepublik zwei bildungspolitische Alarmrufe, die die gekennzeichnete Situation auf den Begriff brachten. Die vertikale Struktur des Bildungswesens insgesamt und die Trennung von allgemeiner Bildung und Berufsbildung in zwei Systemen wurde in Frage gestellt. Der erste Alarmruf war die Warnung vor der kommenden »Bildungskatastrophe«, vor dem Zurückbleiben der Bundesrepublik gegenüber anderen Industrieländern aufgrund zu geringen wissenschaftlich-technologisch hochqualifizierten Nachwuchses. Mit der Bildungsökonomie bezog die volkswirtschaftliche Wachstumstheorie den Ausbildungssektor in ihr Interesse ein und drückte erstmals den Zusammenhang von Bildungsinvestitionen und ökonomischem Fortschritt in quantitativen, prognosefähigen Größen aus. Die Frage aber nach den Ursachen für diesen Rückstand führte zu dem zweiten Alarmruf, zu der für eine sich demokratisch verstehende Gesellschaft peinsamen Feststellung, daß bestimmte Gruppen der Gesellschaft durch die Organisation des Bildungswesens selbst benachteiligt waren. Berechnungen, die eine Verdoppelung der Abiturientenquote als Zielgröße nahelegten und die die dafür bereitzustellenden Mittel auf 5 % des Bruttosozialprodukts veranschlagten, ließen die ältere Literatur zum Verhältnis von Begabungsrichtungen und Schultypen, von Auslese und Begabungsreserven zu Makulatur werden. Diejenigen Begabungstheorien, die ein dynamisches Verständnis vertraten, rückten schnell in den Vordergrund des wissenschaftlichen und des öffentlichen Interesses. Die neuere Sozialisationsforschung, insbesondere auch die Soziolinguistik, die den sozialschichtspezifischen Sprachgebrauch und dessen Wirkung auf den Schulerfolg des Kindes herausarbeitete, erfreute sich großer und bald popularisierter Beliebtheit: Begabung konnte nicht länger als eine durch Vererbung festgelegte Naturkonstante gesehen werden, sondern mußte verstanden werden als eine durch Lernprozesse weitgehend beeinflußbare Größe. Auf diesem Hintergrund boten sich zwei komplementäre Möglichkeiten für einen zweckentsprechenden Eingriff in das Bildungswesen an:

- Zurückdrängung des Einflusses der familiären Sozialisation auf die Entwicklung der Kinder (Vorschulerziehung, Vorverlegung des Einschulungsalters, soziale Integration von Kindern unterschiedlicher Herkunft über die Grundschule hinaus, insbesondere durch Orientierungsstufe, Gesamtschule, Verlängerung der Pflichtschulzeit, Einführung der Tagesschule).
- Reform der Lehrpläne und Lehrmethoden mit dem Ziel, rein mittelschichtspezifische Charakteristika in den schulischen Anforderungen hinsichtlich der verlangten Lernleistungen und Werthaltungen zu verringern, den Unterricht ausschließlich an Kriterien der Wissenschaftlichkeit zu binden und damit den Gegensatz von volkstümlicher und gelehrter, von beruflicher und allgemeiner Bildung aufzuheben.

Dieses Klima begünstigte eine euphorische Phase: Die Vision einer Bildungsreform vom Kindergarten bis zur Gesamthochschule, die in der Lage wäre, nicht nur die formale, sondern die materiale Chancengleichheit herzustellen, also nicht nur die im bürgerlichen Staat selbstverständliche Rechtsgleichheit aller Bürger beim Zugang zu Bildungseinrichtungen zu sichern, sondern inhaltlich die Schulen darauf zu verpflichten, allen Schülern dazu zu verhelfen, ihre Rechte und Chancen wahrnehmen zu können, zugleich die Jugend in den Versuch, »mehr Demokratie zu wagen«, einzuüben. Das bedeutete einen frontalen Angriff auf die zentrale Voraussetzung des vertikal gegliederten Schulwesens, die oben als vierte Voraussetzung gekennzeichnet worden war. Ablesbar ist das an den 17 Empfehlungen der Bildungskommission des Deutschen Bildungsrates. Sie dokumentieren deutlicher noch als alle programmatischen Absichtserklärungen von Bundes- und Landesregierungen, Parteien und Verbänden den zwischen 1965 und 1975 in der Bundesrepublik wirksam gewesenen Glauben an eine grundlegende Reform der gesellschaftlichen Institutionen. Denn die Bildungsratsempfehlungen waren bereits das Ergebnis eines Konsenses differierender Interessen, überdies rückgebunden und vermittelt über die Wissenschaft, die mit über 50 Bänden Gutachten geradezu eine Enzyklopädie der Bildungsforschung für die Sache der Reform aufbot. Ungeachtet des Konsenscharakters und der wissenschaftlichen Vermittlung wiesen die Bildungsratsempfehlungen eine vordem kaum für möglich gehaltene und im nachhinein von nicht wenig Beteiligten selbst als Illusionismus verleugnete Perspektive für ein Bildungswesen, welches den Versprechungen der Pädagogik wie dem Geist der Verfassung gerecht werden könnte.

1969 legte der Bildungsrat seinen Strukturplan vor, der für das gesamte Bildungswesen eine fünffache Stufung vorsah:

- Elementarbereich: Kindergarten, Vorschule;
- Primarbereich: bisherige Grundschule mit um ein Jahr vorverlegtem Schuleintrittsalter, didaktisch gegliedert in Eingangsstufe, Grundstufe und Orientierungsstufe, d. h. auf sechs Jahrgangsstufen erweitert;
- Sekundarstufe I als Bezeichnung für Institutionen, die eine für alle gemeinsame

Grundbildung vermitteln, die bisherigen Unterschiede in den Bildungsgängen von Hauptschule, Realschule und Gymnasium aufheben, die Bildungspflicht für alle bis zum vollendeten 16. Lebensjahr ausdehnen und alle Jugendlichen bis zu einem ersten qualifizierten Abschluß, der bisherigen »Mittleren Reife«, jetzt Abitur I oder Sekundarstufen I-Abschluß genannt, führen;

– Sekundarstufe II als übergreifende Bezeichnung für gymnasiale Oberstufen und alle Einrichtungen der Berufsausbildung, soweit sie nicht in das als

– tertiären Bereich bezeichnete Hochschulwesen fallen.

Im Strukturplan wurde für den Sekundarbereich zwar noch nicht die volle organisatorische Integration des Sekundarstufen I-Bereichs zu Gesamtschulen und des Sekundarstufen II-Bereichs zu Kollegschulen (= gymnasiale Oberstufen mit berufsbildenden Schulen integriert; nicht zu verwechseln mit den »Kollegs« des Zweiten Bildungsweges) vorgeschlagen, doch die Tendenz war von nun an eindeutig bezeichnet. Zu den Gesamtschulen hatte der Bildungsrat unmittelbar vor dem Strukturplan bereits ein Experimentalprogramm verabschiedet, welches zur Einrichtung von Versuchsschulen in größerem Umfang ermutigte und zwar durchaus im Sinne des Vorlaufes für ein kommendes Regelsystem. Für die Sekundarstufe II griff Nordrhein-Westfalen die vom Strukturplan vorgezeichnete Linie auf und konkretisierte sie 1972 zum Programm Kollegstufe NW, dem ersten organisatorisch und curricular voll durchdachten Plan der Integration von gymnasialen Oberstufen mit beruflichen Schulen zu einer neuen Jugendschule, der Oberstufe für eine als Gesamtschule vorausgesetzten Sekundarstufe I. Dieses Konzept konnte der Bildungsrat in den Grundzügen dann 1974 nur noch bestätigen und durch Ausweitung auf die außerschulische Jugendbildung mit einem Lernortkonzept überbieten (vier Lernorte für die Bildungsgänge der Sekundarstufe II: Schule – Betrieb – Lehrwerkstatt – Studio = Zentrum für Spiel und Gestaltung). Die – formal gesehen – am weitesten gehende Einlösung ist das Bremische Schulgesetz vom 18. 2. 1975, welches die schrittweise Entwicklung »zu einem integrierten, in Stufen gegliederten Gesamtsystem« vorschreibt. Gleichwohl gilt die Reformpolitik des Bildungsrates heute, nachdem der Trendumschwung von der Reformeuphorie zur Reformresignation führte, in der öffentlichen Diskussion weithin als gescheitert. Objektiv ist das unrichtig, weil die Perspektive des Bildungsrates auf sehr viel längere Zeiträume hin angelegt ist. Der falsche Eindruck konnte nur entstehen, weil bestimmte Prämissen der Reformpolitik nicht voll aufgenommen wurden.

Vordergründig betrachtet hängt das zunächst damit zusammen, daß die bildungspolitische Auseinandersetzung um die horizontale Gliederung des Bildungswesens nach Stufen im wesentlichen ein Kampf um die Einheit der traditionellen höheren Schule ist. Denn das neunklassige Gymnasium erstreckt sich über drei Stufen – mit der Orientierungsstufe beginnt es im Primarbereich und reicht dann über die Sekundarstufe I bis zur Sekundarstufe II. Bei konsequenter Durchführung des Stufenprinzips müßte das Gymnasium zerfallen. Da das Gymnasium aber trotz aller offenkundigen Reformbedürftigkeit einen nicht unbeträchtlichen Rückhalt im öffentlichen Bewußtsein hat, zeigte es eine starke Regenerationskraft. Die Vereinbarung der Kultusminister-Konferenz zur Neugestaltung der gymnasialen Oberstufe von 1972 betonte zwar

ausdrücklich auch die Voraussetzungen für eine Kooperation von allgemeinbildenden und berufsbezogenen Bildungsgängen, bezeichnete die gymnasiale Oberstufe
auch im Einklang mit der Terminologie des Bildungsrates als »in der Sekundarstufe II«, doch waren das nur äußerliche Zugeständnisse. Die Stoßkraft dieser
unmittelbar in die Praxis des Regelsystems umgesetzten Reform war darauf gerichtet,
die volle Leistungsfähigkeit des Gymnasiums unter neuen Bedingungen wiederherzustellen und damit gegen die Auflösungstendenz, die von den nur langsam anlaufenden
und mit langen Erprobungszeiten rechnenden Modellversuchen mit Stufenschulen
ausgehen könnten, zu sichern. Dechiffriert man diese Entwicklung als Symptom, so
wird ein erster Grund für das angebliche Scheitern der auf Horizontalisierung
gerichteten Bildungspolitik sichtbar: Die praktische Politik trennte die strukturelle
Reformperspektive sinnwidrig in zeitliche Phasen. Für qualitative Veränderungen,
die die organisatorischen Bedingungen für eine expansive Bildungspolitik schaffen
sollten, wurden langfristige Modellversuche angesetzt. Gleichzeitig aber betrieb man
die Expansion mit einem Regelsystem, welches für diese Aufgabe ungeeignet war und
eben deshalb reformiert werden sollte. Nachdem dann durch das Zusammentreffen
mit dem Eintritt besonders starker Geburtenjahrgänge in Berufsausbildung und
Studium sowie einer konjunkturellen Abschwächung in der ökonomischen Entwicklung die Numerus clausus-Situation beim Hochschuleingang entstanden war,
schienen restriktive Maßnahmen plötzlich wieder vernünftig zu sein. Diese mehr
formale Argumentation soll am Beispiel der curricularen Reform in der Sekundarstufe II inhaltlich belegt werden:
Die traditionellen Ziele der gymnasialen Oberstufe waren die Vorbereitung auf
wissenschaftliche Studien und die höhere Bildung. Beide Ziele legen heute ein
Abgehen von den überlieferten Fächern und ihren Lehrplänen nahe. Denn sowohl
die Vorbereitung auf wissenschaftliche Studien als auch die Wiederherstellung
einer sachbezogenen Lernmotivation verlangen didaktische Konzeptionen, in
denen die modernen, sehr differenzierten und spezialisierten Wissenschaften im
Blick auf technische und ökonomische Verwertung zur Sprache gebracht werden.
Das läßt sich überall schnell nachprüfen. Während früher der Unterricht im
Gymnasium seine Legitimation im gesellschaftlichen Bewußtsein hatte, nämlich in
der ausgesprochenen oder unausgesprochenen Gewißheit, daß der durch diese
Inhalte umrissene Horizont von Wissen und Urteil die Gebildetheit der Person
ausmache, kann in unserer Gegenwart davon keine Rede mehr sein. Der Oberstufenschüler stößt nur noch selten auf Menschen, die ihm den Gesamtzusammenhang
alles dessen, was er lernen soll, glaubhaft repräsentieren. Selbst seine Lehrer
können das in der Regel nicht mehr. So wird die Lernmotivation mehr und mehr
durch den außersachlichen Druck des Berechtigungswesens, also der Prüfungen,
die die erhofften Privilegien sichern, aufrecht erhalten. Um aus dieser Sachlage die
angemessenen pädagogischen Konsequenzen zu ziehen, gab es für die Praxis der
Curriculumrevision zwei Möglichkeiten: eine komplexere, schwerer zu realisierende Möglichkeit, die nur für langfristige Modellversuche in Frage kam, und eine
einfachere Möglichkeit, die für die partiell und systemimmanent zu reformierende
Oberstufe des Regelsystems relativ schnell ins Werk gesetzt werden konnte.

Die kurzfristig zu realisierende Lösung hieß: Preisgabe des ohnehin längst in zahlreichen Oberstufentypen aufgelösten Kanons von Fächern; dann Vermehrung der Unterrichtsfächer, die eine Schule anbietet, nach Maßgabe der jeweiligen Möglichkeiten, im Prinzip auf alle Wissenschaften überhaupt, nicht nur auf diejenigen, die traditionellerweise in den Schulen gelehrt werden. Da aber nun andererseits eine Konzentration des Lernens auf nur wenige Fächer erforderlich schien, mußte die Konsequenz in der Schwerpunktbildung liegen. Jeder Schüler sollte die Möglichkeit haben, aus einem größeren Angebot von Disziplinen einige wenige als besonderen Schwerpunkt wählen zu können, zwei davon als sog. »Leistungsfächer«, in denen dann der volle Umfang eines wissenschaftspropädeutischen Lernens wieder hergestellt und auf die Bedingungen der gegenwärtigen Wissenschaftslage bezogen werden kann. Diese Konzentration des Lernens durch Schwerpunktbildung wurde nicht, wie es den früheren Oberstufentypen entsprochen hatte, durch Fächerzusammenstellungen und Gewichtungen für ganze Klassen vorstrukturiert, sondern den Schülern selbst überlassen. Individuelle Interessen, Neigungen und antizipierte Studien- und Berufswünsche sollten sich auswirken können. Das Ziel dieser Reform bestand entscheidend aus dem Versuch, dem Oberstufenschüler die Chance zu einer sachbezogenen Lernhaltung zu geben, dadurch Leistungsfähigkeit und Bildungsertrag zu erhöhen, zugleich auch die Entscheidungsfähigkeit des Schülers angesichts von Alternativen zu entwickeln. Dieses Ziel schien so wichtig, daß dafür der überlieferte Klassenverband geopfert und das Kurssystem eingeführt wurde, obwohl die Auflösung stabiler Lerngruppen sowohl für das soziale Verhalten der Schüler als auch für die Unterrichtsorganisation manche Probleme erwarten ließ. Auf eine kurze Formel gebracht, darf gefolgert werden: Die Reform der gymnasialen Oberstufe überließ die Schwerpunktbildung den Schülern. Aufgrund eigener Wahlentscheidung sollten sich für jeden Schüler einige Fächer zu einem persönlichen Profil addieren. Um dabei einen bestimmten inhaltlichen Horizont als Mindestbedingung zu sichern, waren Pflichtbindungen erforderlich, wie sie die Kultusminister-Konferenz 1972 festlegte. Dieses Modell wurde durch den Numerus clausus und die in seinem Gefolge entstandenen »Normenbücher« für die Abiturprüfung zu seiner eigenen Karikatur. Denn die individuellen Präferenzen der Schüler deformierten sich zu strategischen Überlegungen im Kampf um Notendurchschnitte oder wurden so interpretiert. Machten die Schüler von ihrem Wahlrecht für das 2. Leistungsfach zugunsten der neu eingeführten Fächer oder früherer Nebenfächer, Gebrauch, wurden sie als »Dünnbrettbohrer« bezeichnet. Die reformierte Oberstufe hatte mit dem Vorwurf des Leistungsabfalls und der Preisgabe der »Allgemeinbildung« zu kämpfen. Im Gegenzug baute die Kultusbürokratie die ursprünglich nur wenigen Pflichtbindungen zu einem engmaschigen System lückenloser Kontrolle aus, um alle nicht vorher bedachten, von den Schülern aber doch ausfindig gemachten Schleichwege des geringeren Widerstandes zu verstopfen: Das nur vorsichtig reformierte Regelsystem wird durch die restriktive Politik nicht etwa in das alte Gymnasium zurückverwandelt, sondern in Funktionalismus, Bürokratismus und Unterrichtstechnologie hineingedrängt.

Die restriktive Bildungspolitik erkauft mit den Nachteilen der Gegenwart aber nicht einmal eine positive Perspektive für die Zukunft. Denn eine zweite Möglichkeit curricularer Entwicklung für die Oberstufe wird abgeblockt, bevor sie sich auch nur probeweise auswirken könnte. Diese zweite Möglichkeit überläßt die curriculare Schwerpunktbildung nicht den individuellen Präferenzen der Schüler, sondern entwirft ein Gesamtsystem curricularer Schwerpunkte für eine integrierte Sekundarstufe II, in welchem alle studien- und berufsqualifizierenden Bildungsgänge enthalten und miteinander verknüpft sind. Das ist das langfristige Ziel für die Oberstufe eines Bildungswesens, wie es der Bildungsrat in produktiver Zusammenfassung aller Reformtendenzen skizziert hat. In diesem Modell folgen die curricularen Schwerpunkte in ihrer Fächer- und Kurszusammenstellung sachlogischen Strukturen: Sie stehen der Wahl des Schülers frei, aber aufgrund der Wahl stellen sie den Schüler in eine zwingende Verbindlichkeit. Die festgelegten Verbindlichkeiten können zu doppeltqualifizierenden Abschlüssen führen, d. h. etwa im Fall der Abiturprüfung zu einer Verbindung der Studienvorbereitung mit einer spezifischen Berufsqualifikation, wie es der Zweite Bildungsweg einmal intendiert hatte, aber nicht zu erreichen vermochte. Dieses Ziel ist über die Schwerpunktbildung aufgrund individueller Präferenzen der Schüler, wie es die gegenwärtige gymnasiale Oberstufe praktiziert, natürlich nicht zu erreichen. Andererseits ist ebenso klar, daß eine so tiefgreifende Umstrukturierung der Oberstufe mit langen Erprobungs- und Entwicklungszeiten rechnen muß. Eine nach dem Modell der Schwerpunktbildung organisierte und dann schließlich als Regelsystem funktionierende Oberstufe wäre freilich ein Angebot für eine Bildungspolitik, die sich nicht damit zufrieden gibt, im Einklang mit den Zyklen ökonomischer Entwicklung Zulassungsventile zu öffnen oder zu schließen. Mit einer solchen Oberstufe könnte die expansive Bildungspolitik fortgesetzt werden, ohne in Absurditäten zu geraten. Denn wenn die Abiturprüfung immer mit einer spezifischen Berufsausbildung verbunden wäre, wenn also die Oberstufe nicht mehr, wie das gegenwärtige Gymnasium, ausschließlich auf akademische Studien vorbereitete, dann wäre die Entkoppelung des Bildungsstandes von dem Recht, eine Hochschule zu besuchen, sozial vertretbar. Gleichzeitig würde die Berufsausbildung durch eben diese Verbindung Anschluß an die politische Funktion des Berechtigungswesens gewinnen. Damit würde sie aus der Diskriminierung heraustreten, die durch das gegenwärtige Bildungssystem selbst gesetzt ist. Diese Perspektive ist freilich nur dann sinnvoll, wenn Bildung allmählich von der Funktion, soziale Chancen zu verteilen, entlastet werden soll, und wenn in eben dieser Konsequenz die Wahrheit der Rede von der Chancengleichheit gesehen wird.

Schlußbemerkung: Politik und Pädagogik im Bildungswesen

Es ist in der pädagogischen Diskussion oft auf drei Funktionen aufmerksam gemacht worden, die ein Bildungswesen gegenüber der Gesellschaft und der heranwachsenden Generation erfülle, eine Sozialisations-, eine Allokations- und eine Personalisationsfuntkion. Dementsprechend werden dann drei Kompetenzen

der Bildungspolitik unterschieden: Eine im engeren Sinne politische Kompetenz, die die Vereinbarkeit mit den gesellschaftlichen Ordnungsstrukturen herstelle (= Sozialisation), eine ökonomische Kompetenz, die den Reproduktionsprozeß sichere (= Allokation) und schließlich eine spezifisch-pädagogische Kompetenz, die im Gegensatz zu den kollektiven Orientierungen von Politik und Ökonomie den Gesichtspunkt des Individuums wahre (= Personalisation). Die dahingehenden Unterscheidungen mögen berechtigt sein, doch verdecken sie den unterschiedlichen Status der bezeichneten Funktionen. Denn während Sozialisations- und Allokationsfunktionen in ihrer Wirksamkeit erfahrungswissenschaftlich zu konstatieren sind, handelt es sich bei der Personalisationsfunktion um einen Anspruch, der aus der Tradition der europäischen Pädagogik auferlegt ist und der vom öffentlichen Bildungswesen immer wieder als Legitimationsmodus beansprucht wurde, dessen inhaltliche Bestimmung aber ungewiß bleibt. So können dann Reformen im Bildungswesen verhältnismäßig leicht bekämpft werden mit dem Hinweis, sie seien politisch motiviert, bewirkten aber keine pädagogische Verbesserung, ja seien pädagogisch negativ zu bewerten. Implizit wird dabei unterstellt, das vorgegebene Bildungssystem sei in seiner Struktur vorwiegend pädagogisch bestimmt, während jede Veränderung eine »politische« sei. Tatsächlich aber gibt es kein rein pädagogisch strukturiertes Bildungswesen. Die Schule ist eine gesellschaftliche Einrichtung und insofern auch ein Gegenstand der politischen Auseinandersetzungen. Jedes Schulsystem ist auch Ausdruck der Kräftelagerung innerhalb der Gesellschaft. Aber Schulen und Bildungseinrichtungen gehen in ihrer politischen Funktion nicht auf; und darum hat eine pädagogisch legitimierte Bildungspolitik immer auch eine sich als Politik begrenzende Komponente.
Das Modell eines Bildungswesens integrierter Stufenschulen, wie es als Perspektive für die Bundesrepublik erläutert wurde, hat nur eine Realisierungschance, wenn die angezeigten Motive, Implikationen und Folgewirkungen politisch gewollt werden. Diese an sich triviale Feststellung wird weder beeinträchtigt durch die Erwartung, die Veränderungen im Bildungswesen könnten auch eine pädagogische Verbesserung sein, noch stehen sie dieser Erwartung entgegen. Indessen verbleibt die Erwartung im Status der Möglichkeit. Denn die pädagogische Verbesserung eines Bildungswesens ist an nichts anderem ablesbar als an der Bewährung des Menschen vor dem Anruf der konkreten Situation. Die personalisierende Funktion, die dem spezifisch-pädagogischen Auftrag des Bildungswesens zugeschrieben wird, läßt ihre Wirksamkeit nicht nur im zeitlichen Sinne erst jenseits von Schule und Ausbildungsinstitutionen erkennen, sie liegt überhaupt außerhalb des Bereiches von Operationalisierung. Sie ist definiert durch den Gegensatz zur Determination und lückenloser Steuerung; sie hält dem Lernenden die Möglichkeit auch des Widerspruchs gegen die ihm zugemuteten Verbindlichkeiten offen, wie sie gerade darum unhintergehbar auf eben solche Verbindlichkeiten angewiesen ist. Gleichwohl handelt es sich nicht um beliebige Meinungen. Die Theorie der Bildung gibt der Pädagogik Kraft und Legitimation, ihr Erkenntnisinteresse auszuziehen über alle erfahrungswissenschaftlich gewissen Detailsätze hinaus auf das antizipierte Ganze. In diesem Ganzen erscheint die Antwort auf die Frage nach einem

Kriterium für das Verhältnis von Politik und Pädagogik im Bildungswesen eindeutig: Die kritische Qualität, durch die ein Bildungswesen sich als pädagogische Einrichtung erweist und behauptet, stellt die Bedingungen der technisch-wissenschaftlichen Zivilisation unter den Anspruch der europäischen Bildungstradition. Soweit und insofern das gelingt, sind pädagogische und politische Verbesserungen des Bildungswesens unteilbar.

Herwig Blankertz

Literatur

Abel, H., 1963: Das Berufsproblem im gewerblichen Ausbildungs- und Schulwesen Deutschlands, Braunschweig – *Blättner, F.*, 1960: Das Gymnasium, Heidelberg – *Blankertz, H.*, 1982²: Die Geschichte der Pädagogik von der Aufklärung bis zur Gegenwart, Wetzlar – *Crusius, R./Lempert, W./Wilke, M.* (Hrsg.), 1974: Berufsausbildung – Reform in der Sackgasse?, rororo-aktuell 1768, Reinbek – Deutscher Ausschuß für das Erziehungs- und Bildungswesen, 1966: Gutachten über das berufliche Ausbildungs- und Schulwesen (1964), in: Empfehlungen und Gutachten des Deutschen Ausschusses, Gesamtausgabe, Stuttgart – Deutscher Bildungsrat – Empfehlungen der Bildungskommission, 1970: Strukturplan für das Bildungswesen, Bonn – Deutscher Bildungsrat – Empfehlungen der Bildungskommission, 1974: Zur Neuordnung der Sekundarstufe, II. Konzept für eine Verbindung von allgemeinem und beruflichem Lernen, Bonn – Deutscher Bildungsrat – Empfehlungen der Bildungskommission, 1969: Zur Verbesserung der Lehrlingsausbildung, Bonn – *Flitner, W.*, 1963: Die vier Quellen des Volksschulgedankens, Stuttgart – *Herrlitz, H. G./Hopf, W./Titze, H.*, 1981: Deutsche Schulgeschichte von 1800 bis zur Gegenwart, Königstein – *Kutscha, G.*, 1982: Das System der Berufsausbildung, in: *Blankertz, H./Derbolav, J./Kell, A./Kutscha, G.* (Hrsg.): Sekundarstufe II – Jugendbildung zwischen Schule und Beruf. Enzyklopädie Erziehungswissenschaft, Bd. 9, Stuttgart – Max-Planck-Institut für Bildungsforschung, 1980: Projektgruppe Bildungsbericht (Hrsg.): Bildung in der Bundesrepublik Deutschland, 2 Bde., Reinbek – *Nave, K. H.*, 1961: Die allgemeine deutsche Grundschule. Ihre Entstehung aus der November-Revolution von 1918, Weinheim – *Raschert, J.*, 1974: Gesamtschule. Ein gesellschaftliches Experiment, Stuttgart – *Roth, H.* (Hrsg.), 1968: Begabung und Lernen, Stuttgart – *Schenk, B./Kell, A.* (Hrsg.), 1978: Grundbildung – schwerpunktbezogene Vorbereitung auf Studium und Beruf, Königstein – *Stütz, G.* (Hrsg.), 1969: Das Handwerk als Leitbild der deutschen Berufserziehung, Göttingen – *Weniger, E.*, 1964: Zur Geistesgeschichte und Soziologie der pädagogischen Fragestellung (1936), jetzt in: *Röhrs, A.* (Hrsg.): Erziehungswissenschaft und Erziehungswirklichkeit, Frankfurt/M. –

→ Berufliche Bildung → Dritte Welt: Erziehungsprobleme → Schulsozialarbeit
→ Schulsystem: Alternativschulen

Sexualerziehung

Wenn Sexualpädagogik sich emanzipatorisch nennt, so zielt sie Lernvorgänge an, die einen Prozeß der Befreiung zur Mündigkeit im Bereich der Sexualität einleiten. Man knüpft damit an theoretische Konzepte der zwanziger, dreißiger und vierziger Jahre unseres Jahrhunderts an wie sie mit den Namen *Bernfeld, Schmidt, Reich* und *Fromm* verbunden sind, aber auch von *Horkheimer* und *Adorno* et. al. aufgestellt wurden. Impulse zu diesen verschiedenen Ansätzen gab vor allem die Erkenntnis, daß unterdrückende Sexualerziehung zu Fehlentwicklungen der Persönlichkeit führen könne, vor allem auch, daß sie autoritäre Charakterstrukturen begünstigen kann und somit entsprechende politisch-gesellschaftliche Verhältnisse tradiert. Man beruft sich heute auch auf die Bewegung um eine weltweite Sexualreform, die in den zwanziger Jahren von *Haire, Comfort* und *Hodann* initiiert wurde. Die emanzipatorische Sexualpädagogik kann sich auf folgende Forschungsresultate der Sexualwissenschaft seit Beginn unseres Jahrhunderts stützen:

1. Eine sexualfreundliche Sexualpädagogik ist ohne *Freud* undenkbar. Ihm gebührt das Verdienst, die bis dahin tabuierte Problematik der menschlichen, besonders aber der verleugneten und verdrängten kindlichen Sexualität wiederentdeckt bzw. bewußtgemacht zu haben.
2. Die empirischen Erhebungen der Arbeitsgruppe *Kinsey* lieferten die Basis für eine wissenschaftliche Erforschung sexuellen Verhaltens.
3. Vor allem in den USA gibt es Forschungsansätze, die sich über die bislang dominierende biologische, medizinisch-psychiatrische Sicht hinaus mit dem soziologischen, psychologischen, kulturanthropologischen, d. h. mit dem sozialwissenschaftlichen Aspekt der Sexualität beschäftigen. Als Beispiel sei die Arbeitsgruppe *Money* angeführt, die an Hermaphroditen, Transvestiten, Transsexuellen, hormonal feminisierten Knaben und hormonal maskulinisierten Mädchen zeigen konnte, daß Männlichkeit und Weiblichkeit, Geschlechtszuweisung, Geschlechtsrollen-Stereotypen und Geschlechtsidentität weitgehend gesellschaftlich bedingt sind. Dieser sozialwissenschaftlichen Sexualforschung korrespondiert die mit exakten Beobachtungsdaten operierende Forschung von *Masters* und *Johnson*. Die beiden dokumentierten erstmalig die körperlichen und seelischen Reaktionen von Männern und Frauen während Koitus und Masturbation.
4. Die Frauenbewegung und die Homosexuellen-Emanzipationsbewegung haben besonders in den USA, abgeschwächt aber auch in der Bundesrepublik Deutschland und in Westeuropa, wichtige Anstöße zu einem Überdenken der Geschlechtsrollen-Problematik gegeben.

Emanzipatorische Sexualpädagogik

Eine emanzipatorische Sexualpädagogik wird von den Erziehungswissenschaftlern *Kentler* (1970), *Koch* (1971), *Heid* (1977), *Gamm* (1977) und *Kerscher* (1973, 1974)

u. a. vertreten. Im Folgenden seien einige Ziele der emanzipatorischen Sexualpädagogik aufgeführt:

- Emanzipatorische Sexualpädagogik versucht, Angst, Schuldgefühle und Verklemmungen zugunsten einer Angstfreiheit des Fühlens, Denkens und Handelns abzubauen (*Kerscher*, 1974).
- Emanzipatorische Sexualpädagogik versucht, die Fremdbestimmung durch die traditionelle sexualfeindliche Zwangsmoral und die neue Bedürfnismanipulation zugunsten von Ich-Stärke, Autonomie und Selbstbestimmung abzubauen (*Heid*, 1977; *Gamm/Koch*, 1971, 1975).
- Emanzipatorische Sexualpädagogik versucht, der Entstehung seelischer Krankheiten wie Neurosen, Psychosen, psychosomatischen Erkrankungen vorzubeugen und das Leiden an der verkrüppelten Sexualität, das sich in Impotenz, Frigidität, Beziehungsunfähigkeit oder Suchtverhalten äußern kann, zugunsten seelischer Gesundheit und sexueller Liebes-, Erlebnis- und Genußfähigkeit zu lindern (*Scarbath*, 1967).
- Emanzipatorische Sexualpädagogik versucht, die Entstehung von autoritären Persönlichkeitsstrukturen und von undemokratischen Charakterpanzerungen zugunsten demokratischer Charakterstrukturen zu verhindern (*Adorno*, 1968; *Kentler*, 1970; *Fromm*, 1936).
- Emanzipatorische Sexualpädagogik versucht, Destruktivität, Antisozialität und Kriminalität zugunsten von Friedensliebe, Gerechtigkeitsgefühl und solidarischer Mitmenschlichkeit zu vermindern (*Plack*, 1967).
- Emanzipatorische Sexualpädagogik versucht, die Verteufelung sexueller Minderheiten und die Sündenbock-Projektion eigener verdrängter Impulse zugunsten einer wahrhaften Toleranz und Humanität zurückzudrängen (*Kerscher*, 1977; *Lautmann*, 1977).
- Emanzipatorische Sexualpädagogik versucht, die Unterprivilegierung der Frau und die extreme Geschlechterpolarität zu beseitigen zugunsten der Emanzipation beider Geschlechter von rigiden, einengenden Geschlechterrollen (*Kunstmann*, 1976; *Kluge*, 1977; *Borneman*, 1975).
- Emanzipatorische Sexualpädagogik versucht, die individuelle Isolierung der Menschen aufzulösen, indem tabuisierte sexuelle Verhaltensweisen wieder in den öffentlichen Kommunikationszusammenhang eingebracht werden (*Bornitzky/Kerscher*, 1977).

Vermarktung der Sexualität

Verschiedene Richtungen der Emanzipationsbewegung betonen unterschiedliche Aspekte. Fast alle Autoren, die von einer sozialkritischen wissenschaftstheoretischen Position ausgehen, beurteilen den Befreiungsprozeß negativ: Autoren wie *Marcuse, Adorno, v. Freyberg* sehen in der gegenwärtigen Liberalisierungstendenz ein subtiles Herrschaftsmittel. In der Tat stellt die Vermarktung der Sexualität die emanzipatorische Sexualpädagogik vor wichtige Fragen. Ist die sexuelle Liberalisierung der letzten Jahre vielleicht nur das Resultat besonderer wirtschaftlicher und gesellschaftlicher Entwicklungen und hat sie sich nur teilweise, nämlich in der Werbung, in Zeitschriften, im Film und hinsichtlich der Freigabe der Pornographie, durchgesetzt?

Sexualität, die im Rahmen, effektiver Kontrollen partiell freigelassen wird (*Marcuse,* 1967), dient in der gegenwärtigen Konsumtionsgesellschaft weitgehend der manipulativen Weckung systemadäquater Bedürfnisse, dabei den Konsumenten suggerierend, die bloß partielle sexuelle Libertinage sei bereits wahre Befreiung. Am Exempel der Werbeindustrie läßt sich die Umorientierung, Kanalisierung und Inbetriebnahme sexueller Triebenergetik hin auf den Erwerb materiellen Komforts besonders gut analysieren. In immer neuen Varianten benutzt das System die sexuellen Triebwünsche der beschädigten Menschen, indem ein illustres Angebot an voyeurhafter Vorlust, an Surrogat- und Pseudobefriedigung als Technik der Absatzsteuerung eingesetzt wird. Die Reduzierung der Sexualität auf systemstabilisierenden »Sex«, auf einen Angebotskatalog sexueller Reiz-Attrappen und Surrogat-Stimuli, auf einen massenmedial betriebenen Exhibitionismus und Voyeurismus, all diese manipulativ benutzten Praktiken zeigen, wie Sexualität heute in Regie genommen wird.

Marcuse hat diesen sozio-historischen Prozeß der kontrollierten, partiellen Freilassung der Sexualität seiner systemstabilisierenden Funktion wegen als »repressive Entsublimierung« charakterisiert (*Marcuse,* 1967). Es scheint, daß die bloße Lockerung der traditionellen Sexualmoral keineswegs unbesehen als Garant sexueller Emanzipation aufgefaßt werden darf. In einer Gesellschaft, die aufgrund ihres ökonomisch-technischen Entwicklungsstandes eigentlich bereits weitgehend das Potential der Emanzipation der Menschen in sich trägt, gewinnt die systemstabilisierende Freilassung der Sexualität einzig zum Zwecke profitmaximierender Verwertbarkeit den Charakter überflüssiger, irrationaler Repression, die das gesellschaftlich-funktionale Maß triebmodifizierender Unterdrückung übersteigt. Um mit *Adorno* zu sprechen, hat sich einzig die Form der Repression des Sexus gewandelt: »Einzig eine neue, tiefere Form von Verdrängung ist erreicht, mit all ihrem zerstörerischen Potential. Während der Sexus eingegliedert war, bleibt, was an ihm sich nicht eingliedern läßt, das eigentliche sexuelle Aroma, der Gesellschaft verhaßt«.

Eine auf die Emanzipation von Kindern und Jugendlichen ausgerichtete Sexualpädagogik muß aufmerksam verfolgen, wie die Sexualität für nichtsexuelle Zwecke, z. B. für Konsum- und Leistungsmotivationen und für ein Statusdenken, eingespannt wird. Wenn Sexualität so vermarktet wird, entsteht die Gefahr neuartiger Ängste und Zwänge, die die Sexualität möglicherweise kaum weniger als die traditionellen Formen der Restriktion und Repression entstellen: Leistungszwang oder Verkürzung der Sexualität zum Konsummittel »Sex«. *Kentler* hat auf die Ambivalenz des gegenwärtigen Liberalisierungsprozesses hingewiesen. Positive Tendenzen finden sich in den Bewegungen zur Emanzipation der Frau und der Homosexuellen. Die Frauenbewegung hat bestimmte Vorstellungen über eine befreite Sexualität wieder in die Diskussion eingebracht, z. B. *Firestone*, die neben der bloßen Kritik auch Anhaltspunkte liefert, in welcher Richtung sich die

Gesellschaft sexuell wahrhaft befreien kann. Sie fordert in ihrer Utopie, die sozialen Geschlechtsrollen zu beseitigen: Genitale Unterschiede dürften sich gesellschaftlich nicht mehr auswirken. Die bisherige strenge Geschlechtsunterteilung sollte ersetzt werden durch eine nicht mehr polar orientierte Pansexualität, die auto-, hetero-, homo- und bisexuelle Komponenten enthält. Nach *Schwarzer* sind in einer wahrhaft befreiten Gesellschaft die Menschen in erster Linie Menschen und erst danach weiblich oder männlich. Das biologische Geschlecht wäre dann nicht mehr Schicksal. Da Frauen und Männern kein stereotypes Rollenverhalten aufgezwungen würde, wäre der Männlichkeitswahn (*van Briessen*, 1971) ebenso überflüssig wie der Weiblichkeitswahn (*Friedan*, 1966). Nur die biologische Mutterschaft bliebe Frauensache; die soziale »Mutterschaft« aber wäre gemeinsame Aufgabe beider Geschlechter. Das Leben folgte den individuellen Bedürfnissen und Interessen unabhängig vom Geschlecht. Menschen könnten mit Menschen unbeschränkt auf dem Gebiet der Liebe, der Zärtlichkeit, der Sexualität unabhängig von Alter, Rasse und Geschlecht kommunizieren. Diese Utopie für übermorgen könnte Ziele und Perspektiven setzen.

Es fällt zwar oft schwer, emanzipatorische und vermarktende Tendenzen zu unterscheiden; aber unleugbar wirken sich letztere auch positiv aus, indem sie in Werbung, in Massenmedien und auf dem pornographischen Literatursektor Sexualität wieder kommunizierbar machen. Die Fülle pornographischen Materials – zunächst ein Ventil – zeigt, daß hier bloße exhibitionistische und voyeuristische Wünsche ganz eindeutig enttabuisiert werden. Es läßt sich auch erkennen, daß die freizügige Behandlung der Sexualität in Zeitschriften und auf dem Literaturmarkt das Angebot an sexualpädagogischen Schriften erweitert hat. Wenn auch die an den Schulen gelehrte »Sexualkunde« noch nicht zureicht, so ist sie doch inzwischen Bestandteil sämtlicher Richtlinien der Bundesländer geworden, und es gibt darüber hinaus eine ganze Reihe empfehlenswerter Aufklärungsbroschüren für Kinder, Jugendliche und Erwachsene.

Sexualpädagogik in der Sozialarbeit

Über sexualpädagogische Fragen innerhalb der Sozialarbeit liegen erst vereinzelt kleinere Studien vor. Eine grundlegende wissenschaftliche Arbeit über Sexualpädagogik in der Sozialarbeit steht noch aus. In Anlehnung an *Jordan/Sengling* (1977) sollen im Folgenden einige Arbeitsfelder der Sozialarbeit/Sozialpädagogik unter sexualpädagogischen Aspekten betrachtet werden. Die institutionellen Beratungsdienste werden mit sexualpädagogischen Fragen bei erziehungsauffälligen und schulgestörten Kindern (z. B. Erziehungsberatungsstelle), Partner- und Sexualschwierigkeiten (Eheberatung, Pro-Familia-Beratungsstellen z. B.), Schwierigkeiten in Ehe und Familie (Telefonseelsorge, Ärztliche Lebensmüdenberatung z. B.), sozialen Notlagen werdender und hier vor allem lediger Mütter (Familienfürsorge z. B.) konfrontiert. Bis auf einige dubiose sozialpädagogische Aufklärungskampagnen über Kinderschänder (*Furian*, 1969; *Flitner* 1971, kritisch: *Kerscher*, 1973) und Ratgebern über sexuelle Fehlhaltungen (*Bang*, 1968) fehlen hier Untersuchungen zur Einschätzung der sexualpädagogischen Wirksamkeit der Beratungsinstitutionen. Einzig die Beratungsstellen für Sexualberatung und Familienplanung scheinen einen sexualpädagogisch sinnvollen Einfluß auszuüben (Pro Familia). Sexualberatungsstellen, die sich einer emanzipatorischen Sexualpädagogik verpflichtet fühlen, fehlen bundesweit. Dabei wären offene Formen der Sexualberatung in Jugendzentren und Obdachlosenlagern, in der Elternbildungsarbeit und im Rahmen der Frauenemanzipationsbewegung etc. dringend notwendig. Weitgehend spurlos scheint die repressionsarme Sexualerziehung in den Kinderläden der antiautoritären Bewegung *(Bott)* an der Praxis der Kindertagesstätten vorübergegangen zu sein. Die sexualpädagogische Untersuchung *Schuh-Gademann's* (1972) zeigt ein Defizit an sexualpädagogischer Orientierung im Kindergarten auf. Über die sexualpädagogische Arbeit auf Spielplätzen und Abenteuerspielplätzen liegt noch keine Untersuchung vor.

Eine emanzipatorische Sexualpädagogik scheint noch am ehesten auf dem Sektor der Jugendarbeit in Ansätzen realisiert worden zu sein. Aber auch hier fehlen einschlägige Studien. Inwieweit in der politischen Bildung, in Jugendfreizeitstätten und Jugendverbänden sexualpädagogisch emanzipatorisch gearbeitet wird, läßt sich schwer beurteilen. Besonders die Ferienpädagogik hat über sexualpädagogische Konzepte und Experimente berichtet (*Kentler* 1970). Sexualpädagogische Fragen der Heimerziehung sind in allerersten Ansätzen von *Figger* (1977) untersucht worden. Im Heim wie auch im Jugendstrafvollzug (*Amendt/Amendt*, 1977) herrscht weitgehend repressive Sexualpädagogik vor. Dabei ist nicht einzusehen, warum nur leibliche, adoptierte oder in Pflege in einer Familie befindliche Kinder Körperkontakt, Zärtlichkeit und zwischenmenschliche Wärme genießen dürfen. Heimkinder müssen auf derartige herzliche Umarmungen, Hautkontakte und emotionale Zuwendungen oft verzichten. Das Problem der Prostitution von weiblichen und männlichen Fürsorgezöglingen kann zum Teil auch dadurch erklärt werden, daß sie bei ihren Freiern Vertrautheit, Nähe und Körperkontakt suchen, die ihnen nie gegönnt waren. Der Jugend- und Erwachsenenstrafvollzug wirkt sich durch die Isolierung, das Fernhalten vom anderen Geschlecht und die Trennung vom Lebens- und Ehepartner in sexueller Hinsicht außerordentlich dissozialisierend aus. Sado-masochistische Phantasien, Selbstbefriedigung voller Schuldgefühle und Diffamierung homosexueller Beziehungen werden für die Gefangenen zu großen Konflikten. Aus sexualpädagogischer Sicht sollte der Sozialarbeiter die geheime Not der Strafgefangenen dadurch lindern, daß er Ängste und Vorurteile abbaut und Selbstbefriedigung und gleichgeschlechtliche Beziehungen als mögliche Äußerungsformen menschlicher Sexualität enttabuisiert und zugesteht. Außerdem kommt es darauf an, die Aufrechterhaltung der Beziehungen zu den Angehörigen außerhalb der Strafvollzugsinstitution zu fördern.

Rosen (1977) hat die in der Sozialarbeit immer noch vorherrschende Sexualrepression und Doppelmoral einer ideologischen Analyse unterzogen. Sie leistet eine Kritik der für die Jugendhilfe noch immer gültigen Kategorie der »sexuellen Verwahrlosung« bei Mädchen aus der Sicht einer emanzipatorischen Sexualpädagogik. »Sexuelle Gefährdung«, »sexuelle Haltlosigkeit«, »Promiskuität«, »Triebhaftigkeit«, »häufig wechselnder Geschlechtsverkehr«, das sind die diffamierenden Etiketten, mit denen die Jugendhilfe sexualrepressive Stigmata zuschreibt. Insofern dürfte sich die Fürsorgeheimerziehung nur schwer gegen den Vorwurf verteidigen können, sie leiste einen aktiven Beitrag zur devianten Karriere, hin zur Prostituierten.

Überhaupt ergibt sich ein Normen-Konflikt zwischen den von Mittelstandsnormen geprägten Moralvorstellungen der Sozialarbeiter einerseits und den sexuellen Verhaltensweisen von Angehörigen der unterprivilegierten Sozialschichten und Randgruppen der Gesellschaft. In Obdachlosenlagern und anderen unterprivilegierten Wohnquartieren ist oftmals eine erhebliche Schwächung des dominanten mittelständischen Moral- und Sittenkodexes feststellbar. Durch Sozialisationsdefizite, entfremdete Arbeitsplatzsituation und entwürdigende Wohnverhältnisse entsteht eine mit starker Aggressivität verbundene Sexualität bei den Männern und Deprimiertheit und Passivität bei den Frauen. Segregation der ehelichen Beziehungen, Dissatisfaktion bei den Frauen und rigide Geschlechtsrollenstereotype für Mann und Frau herrschen vor. In diesem Kontext sind auch die im Zuge der feministischen Bewegung entstandenen Frauenhäuser zu sehen, die mißhandelten Frauen Zuflucht bieten.

Schließlich sollte die Sozialarbeit aus sexualpädagogischer Sicht auch neue Wege in der Altenarbeit und in der Behindertenarbeit beschreiten. Alten Menschen und behinderten Menschen sollte ein Recht auf sexuelles Erleben zugestanden werden. Wenn Sexualität neben der Fortplanzungsfunktion außerdem auch Lust-, Sozial- und Kommunikationsfunktionen beinhaltet, dann gibt es keinen Grund, Behinderten und Alten Askese aufzuerlegen.

Es scheint so, als sei die sexuelle Liberalisierungswelle des letzten Jahrzehnts an der Sozialarbeit weitgehend spurlos vorübergegangen. Eine Abkehr vom repressiven sexualpädagogischen Sanktionshandeln der Institutionen sozialer Kontrolle im Bereich der Sozialarbeit/Sozialpädagogik erscheint dringend angezeigt. Ansätze zu einer offensiven Jugendhilfe, wie sie z. B. vom »Ausschuß des Bundesjugendkuratoriums zur Erarbeitung grundlegender Vorstellungen über Inhalt und Begriff moderner Jugendhilfe« (BMJFG/Mehr Chancen . . . 1974; vgl. *Hottelet,* 1976) entwickelt worden sind, berücksichtigen daher neben den Zielen einer sozialisationstheoretisch begründeten Jugendhilfe, als da genannt werden Autonomie, Kreativität, Produktivität und Soziabilität, insbesondere auch die Sexualität als humane Liebesfähigkeit.

Ignatz Kerscher

Literatur

Adorno, Th. W., u. a., 1968: Der autoritäre Charakter, 2 Bde., Amsterdam – *Adorno, Th. W.*, 1973: Studien zum autoritären Charakter, Frankfurt/M. – *Albrecht-Desirat, K./Pacharzina, K.* (Hrsg.), 1979: Sexualität und Gewalt, Bensheim – *Amendt, G./Amendt, G.*, 1977: Zur sexuellen Lage von Jugendlichen im Strafvollzug. Bericht über den Verlauf eines sexualpädagogischen Projekts. In: *Kerscher, I.* (Hrsg.): Konfliktfeld Sexualität, Neuwied/Darmstadt – *Amendt, G.*, 1976: Sexfront. Zweitausendeins-Verlag, Frankfurt/M. – *Bang, R.* (Hrsg.),

1968: Sexuelle Fehlhaltungen, München/Basel – *Bornitzky, P./Kerscher, I.*, 1977: Über Sinn und Notwendigkeit der Sexualpädagogik. In: *Gamm, H.-J/Koch, F.* (Hrsg.): Bilanz der Sexualpädagogik, Frankfurt/M./New York – *Borneman, E.*, 1975: Das Patriarchat. Ursprung und Zukunft unseres Gesellschaftssystems, Frankfurt/M. – *Borneman, E.*, 1974: Sex im Volksmund. Der obszöne Wortschatz der Deutschen. Band 1: Wörterbuch von A–Z, Band 2: Wörterbuch nach Sachgruppen, Reinbek (rororo-Sachbuch Bde. 6852–6853) – *Borneman, E.*, 1973: Unsere Kinder im Spiegel ihrer Lieder, Reime, Verse und Rätsel, Olten – *Borneman, E.*, 1974: Die Umwelt des Kindes im Spiegel seiner »verbotenen« Lieder, Reime, Verse und Rätsel, Olten – *Borneman, E.*, 1976: Die Welt der Erwachsenen in den »verbotenen« Reimen deutschsprachiger Stadtkinder. Studien zur Befreiung des Kindes III, Olten – *Borneman, E.*, 1981: Reifungsphasen der Kindheit, Wien/München – *Brecher, E. M.*, 1971: Vom Tabu zum Sex-Labor. Die erste Geschichte der Sexualforschung, Reinbek – *Briessen, C. van*, 1971: Der Männlichkeitswahn, Bergisch Gladbach – Bundesministerium für Jugend, Familie und Gesundheit (Hrsg.), 1974: Mehr Chancen für die Jugend. Zu Inhalt und Begriff einer offensiven Jugendhilfe, Stuttgart – Bundeszentrale für gesundheitliche Aufklärung (Hrsg.), 1974: Sexualerziehung – Handrei-chungen für den Lehrer, Stuttgart – *Claesson, B. H.*, 1976: Sexualinformation für Jugendliche. 5. Aufl., Frankfurt/M. – *Figger, W.*, 1977: Sexuelle Konflikte in der Heimerziehung. In: *Kerscher, I.* (Hrsg.): Konfliktfeld Sexualität, Neuwied/Darmstadt – *Fischer, W.* u. a. (Hrsg.), 1973: Normenprobleme in der Sexualpädagogik. Sexualpädagogik 1, Heidelberg – *Flitner, E.*, 1971: Schützt Kinder vor sexueller Verführung! Bedrohte Jugend – drohende Jugend, München/Basel – *Freud, S.*, 1971: Drei Abhandlungen zur Sexualtheorie und verwandte Schriften, Ausw. und Nachw. von *A. Mitscherlich*, Frankfurt/M. – *Freyberg, D. v./Freyberg, T. v.*, 1971: Zur Kritik der Sexualerziehung. Frankfurt/M. – *Firestone, S.*, 1975: Frauenbefreiung und sexuelle Revolution. Frankfurt/M. – *Friedan, B.*, 1970: Der Weiblichkeitswahn, Reinbek – *Fromm, E.*, 1936: Sozialpsychologi-scher Teil. In: *Horkheimer, M.* (Hrsg.): Autorität und Familie, Paris – *Foucault, M.*, 1977: Sexualität und Wahrheit, Frankfurt/M. – *Furian, M.*, 1969: Erziehung contra Sittlichkeitsver-brechen. Praktische Anregungen für Kindergärten, Schulen und Einrichtungen der Erwach-senenbildung, Essen – *Gamm, H.-J./Koch, F.* (Hrsg.), 1977: Bilanz der Sexualpädagogik, Frankfurt/M./New York – *Hansen, H.*, 1970: Protokoll aus einem antiautoritären Ferienlager, München – *Heid, H.*, 1971: Praxis schulischer Sexualerziehung. Ein Lehrerhandbuch, Opladen – *Heid, H.*, 1970: Zur Didaktik der Sexualpädagogik, Essen – *Heid, H.*, 1977: Zur prophylaktischen Funktion der Sexualerziehung. In: *Kerscher, I.* (Hrsg.): Konfliktfeld Sexualität. Neuwied/Darmstadt – *Hottelet, H.*, 1976: Mehr Chancen für die Jugend. – Die Reform muß weitergehen. In: Theorie und Praxis der sozialen Arbeit, H. 6: 217 ff. – *Jacobi, P.*, 1972: Samspel. Was Jugendliche über Sexualität wissen sollten, Weinheim/Basel – *Janssen-Jurreit, M.*, 1976: Sexismus. Über die Abtreibung der Frauenfrage, München/Wien – *Jordan, E./Sengling, D.*, 1977: Einführung in die Jugendhilfe, München – *Kentler, H.*, 1975: Eltern lernen Sexualerziehung, Reinbek – *Kentler, H.* (Hrsg.), 1973: Texte zur Sozio-Sexualität, Opladen – *Kentler, H.* u. a., 1971[5]: Für eine Revision der Sexualpädagogik, München – *Kentler, H.*, 1970: Sexualerziehung. rororo-Sexologie Bd. 8034/35, Reinbek – *Kerscher, K.-H. I.*, 1973: Emanzipatorische Sexualpädagogik und Strafrecht. Unzucht mit Kindern – ein Beispiel bürgerlicher Zwangsmoral, Neuwied/Berlin – *Kerscher, K.-H. I.*, 1974: Erziehung und Sexualität. Zu den Grundlagen einer emanzipatorischen Sexualpädagogik, Gießen/Lollar – *Kerscher, K.-H. I.* (Hrsg.), 1977: Konfliktfeld Sexualität, Neuwied/Darm-stadt – *Kerscher, K.-H. I.*, 1973: Der »böse Onkel« in der Sexualpädagogik. In: *Fischer, W.*, et al.: Inhaltsprobleme in der Sexualpädagogik, Heidelberg – *Kinsey, A. C.*, u. a., 1963: Das sexuelle Verhalten der Frau. Frankfurt/M. – *Kinsey, A. C.*, u. a., 1964: Das sexuelle Verhalten des Mannes, Frankfurt/M. – *Koch, F.*, 1975: Sexualpädagogik und politische Erziehung, München – *Koch, F.*, 1971: Negative und positive Sexualerziehung, Heidelberg – *Kunstmann, A.*, 1973: Frauenemanzipation und Erziehung, Starnberg – *Money, J./Erhardt, A.*, 1975: Männlich – Weiblich. Die Entstehung der Geschlechtsunterschiede, rororo-Sexologie Bd. 8042, Reinbek – *Marcuse, H.*, 1967: Der eindimensionale Mensch. Studie zur Ideologie der fortgeschrittenen Industriegesellschaften, Neuwied/Berlin – *Masters, W. H./*

Johnson, V. E., 1967: Die sexuelle Reaktion. Mit einer Einführung von H. Giese. Wiss. Bearbeitung der deutsch. Ausgabe und Übers.: V. Sigusch. Frankfurt/M. – Pacharzina, K./ Albrecht-Desirat, K. (Hrsg.), 1978: Konfliktfeld Kindersexualität, Frankfurt/M. – Reich, W., 1976: Der sexuelle Kampf der Jugend, Hamburg – Reich, W., 1971: Die sexuelle Revolution, Fischer Tb. Bd. 6093, Frankfurt/M. – Reich, W., 1975: Der Einbruch der Zwangsmoral, Frankfurt/M. – Reich, W., 1971: Die Funktion des Orgasmus. Sexualökonomische Grundprobleme der biologischen Energie, Köln – Rosen, R., 1977: »Sexuelle Verwahrlosung« von Mädchen. Anmerkungen zur sexuellen Doppelmoral in der Sozialarbeit. In: Kerscher, I. (Hrsg.): Konfliktfeld Sexualität, Neuwied/Darmstadt – Scarbath, H., 1967: Geschlechtserziehung, Heidelberg – Schuh-Gademann, L., 1972: Erziehung zur Liebesfähigkeit. Materialien und Konzepte für eine frühkindliche Sexualerziehung, Heidelberg – Schwarzer, A., 1975: Der »kleine Unterschied« und seine großen Folgen, Frankfurt/M. – Smidt, E./Smidt, Th., 1974: Sexualerziehung in der Grundschule, Starnberg – Thiersch, H., 1972: Sexualerziehung. In: Hundertmarck, G./Ulshofer, H. (Hrsg.): Kleinkindererziehung, Bd. 1, München – Ussel, J. v., 1970: Sexualunterdrückung. Geschichte der Sexualfeindschaft, rororo-Sexologie Bd. 8024/25, Reinbek – Zitelmann, A./Carl, Th., 1976[5]: Didaktik der Sexualerziehung, Weinheim/Basel. –

→ Antiautoritäre Erziehung → Frauen → Jugend: Strukturwandel und Problemlagen

Sowjetunion: Soziale Probleme und Sozialpolitik

Wissenschaftliche Bearbeitung sozialer Probleme in der Sowjetunion

»Wissenschaftlicher Sozialismus«, der bis heute als Grundlage aller empirischer Sozial- und Verhaltenswissenschaften in der Sowjetunion gilt, wurde nicht als Dogmensystem verstanden, zu dem der Marxismus erst im »kratkij kurs« (einem stark vereinfachten und dogmatisierten Lehrbuch) unter Stalin Ende der dreißiger Jahre gerann. Marx legte in der Auseinandersetzung mit Bakunin Wert auf die Feststellung, daß »wissenschaftlicher Sozialismus« »nur im Gegensatz zum utopischen Sozialismus« gebraucht worden ist (MEW. Bd. 18). Je dogmatisierter der Marxismus-Leninismus in der Sowjetunion wurde, um so geringer konnte sein Beitrag zur Analyse sozialer Probleme werden und zwar aus mehreren Gründen: Der Mensch wurde als perfektibel angesehen. Devianz konnte daher nur ein vorübergehendes Phänomen sein, und wurde angesichts des Sieges der Voluntaristen über die Deterministen in der Pädagogik als ein zweitrangiges Problem angesehen. Unter dem Einfluß biologistischer Theorien in der Psychologie seit Bechterev betonte die nachrevolutionäre Pädagogik den sozialbiologischen Charakter der Pädagogik auf experimenteller Grundlage. Vor allem bei Blonskij wurde Erziehung als sozial-biologischer Anpassungsprozeß konzipiert. Die Rolle von Umwelt und Milieu wurde als stärker als die bewußte Führung angesehen. 1936 wurde die »Pädologie«, die sich als Wissenschaft vom Kinde im

Grenzbereich von Biologie, Pädagogik und Medizin verstand, durch Dekret der KPdSU zur »antimarxistischen Pseudowissenschaft« erklärt. Dies Ereignis ist als »Sieg« *Makarenkos* über die Pädologie gedeutet worden.

Die Sowjetische Pädagogik wurde »Führungslehre des Unterrichts« – analog zum stalinistischen Führerkult. Dabei ging der empirische Charakter der älteren sowjetischen Pädagogik verloren, die sich häufig in der Sicherheit wiegte »materialistisch« zu sein und daher auf explizite Verbeugungen vor dem Marxismus-Leninismus verzichten zu können glaubte, so vor allem *Pavlov* und *Bechterev*. Untersuchung der Erziehungswirklichkeit wich einem appelativen Normativismus. Die jugendpsychologische Forschung wurde so stark unterbrochen, daß der sowjetische Präsident der Akademie der Wissenschaften *I. A. Kairov* 1959 selbstkritisch einräumte: »Indem die Pädagogik die Erforschung der entwicklungsbedingten und individuellen Eigenarten der Kinder unterbrach, wurde sie im Grunde genommen eine ›Pädagogik ohne Kind‹« (Sov. Ped. 1960, Nr. 2).

Die Politisierung der Pädagogik war verbunden mit der Denunziation objektivistischer Pädagogik, die von menschlichen Entwicklungsstadien ausging, und die Erziehung nicht primär in den Dienst der Sowjetmacht stellte. *Makarenko* goß seinen Spott über die »Damenpädagogik« aus – wobei nicht auszuschließen ist, daß sogar die *Krupskaja* (Witwe Lenins) mitgemeint war, die im Kampf gegen die biologistisch-experimentelle Richtung eher eine Bundesgenossin *Makarenkos* gewesen war.

Die Normativisierung und Entempirisierung der Wissenschaften war verbunden mit einem Niedergang eines ausdifferenzierten Systems der Sozial- und Verhaltenswissenschaften. Beispiellos war die Liquidierung einer ganzen Wissenschaft wie der Pädologie 1936. Langsamer war der Tod anderer Sozialwissenschaften, seit *Stalin* 1929 die Wissenschaften gleichschaltete und die »Umrüstung an der ideologischen Front« ausrief.

Die Soziologie war praktisch seit 1924 im Absterben begriffen und erholte sich erst in den sechziger Jahren wieder von der ideologischen Agonie – im Bereich der hier interessierenden Fragestellung jedoch zunächst als Erforschung der Arbeitsmoral. Devianzforschung gibt es bis heute nicht als umfassende Wissenschaft, sondern sie bleibt – wie weitgehend bis vor kurzem auch bei uns – aufgesplittert auf verschiedene Wissenschaften: Soziologie, Psychologie, Kriminologie. Von den genannten war die Psychologie besonders dadurch gehandikapt, einen Beitrag zur Devianzproblematik zu leisten, daß Determinismus und Reflextheorie sich hier länger halten konnten. Die Verketzerung der Psychoanalyse als subjektivistisch-bürgerlich und unmarxistisch – die bis heute in linken Gruppen nicht ausgestorben ist – war eine zusätzliche Barriere. Die Bemühungen von *Bernfeld* und *Reich,* Marxismus und Psychoanalyse zur Synthese zu bringen, wurden in der sowjetischen Lehre nur mit Hohn kommentiert. Auch in der Kriminologie hielten sich deterministische Schulen länger als in der Pädagogik. Biokriminologie – eine Spezialität der russischen Wissenschaft seit der Zarenzeit – wurde jedoch 1931 verpönt. Das »Staatsinstitut zur Erforschung der Kriminalität und des Verbrechens« wurde bezeichnenderweise in »Institut für Strafrechts- und Besserungsarbeitspolitik« (Institut ugolovnoj i ispravitel'no-trudovoj politiki) umbenannt. Auch in dieser Bezeichnung kam die

Dominanz der arbeitspolitischen Gesichtspunkte zum Vorschein, welche die Pädagogik als Leitungswissenschaft zur gleichen Zeit bewegte. Kriminologie als empirische Wissenschaft starb aus. 1963 wurden die ersten Vorlesungen über dieses Gebiet wieder gehalten und in Moskau wurde ein Institut gegründet, in dessen Bezeichnung wieder das Fortleben von Kriminalität zugegeben wurde: »Allunions-Institut zum Studium der Ursachen und der Ausarbeitung von Maßnahmen zur Verhütung der Kriminalität« (Vsesojuznyj institut po izučeniju pričin i razrabotke mer predupreždenija prestupnosti).

Die subjektive Seite des Verbrechens wurde in der überwiegend juristischen Dogmatik der Kriminologie nur von wenigen beachtet. Bahnbrechend war hier *Sacharovs* Täterpsychologie von 1961.

Im ganzen lebt jedoch der frühere Milieudeterminismus der Anfangsphase der sowjetischen Verhaltenswissenschaften unter neuem Vorzeichen wieder auf. Sowjetische Kriminologen, soweit sie vom Dogmatismus zur Empirie zurückkehrten, sammeln überwiegend Daten zu sozialen Faktoren und korrelieren abweichendes Verhalten mit Bildungsfaktoren, Beschäftigung, Wohnungsverhältnissen und Familienhintergrund, während individuelle Tätermotive vernachlässigt werden.

Organisation der Sozialpolitik

In einem sozialistischen System dominiert der kollektive Gedanke im sozialen Sicherungssystem. Im Gegensatz zum Kapitalismus hat in sozialistischen Systemen wenigstens in der Anfangsphase die Risikoverteilung auf Zeit nicht den Vorrang vor der Umverteilung. Es gab in dieser Phase bis 1936 durchaus Gruppen, denen als »Klassenfeind« die Teilhabe an bestimmten Leistungen, dessen was »sozialer Konsumtionsfonds« genannt wird, verweigert werden konnte. Soziale Daseinsvorsorge wurde bewußt nach Klassenpräferenzen vorgenommen. Selbst bei der stark egalisierten Sozialstruktur der UdSSR werden ungleich größere Anteile einkommensrelevanter Zuwendungen für die unteren Einkommensgruppen aufgebracht. Ca. 46,4 für die untersten und nur 11,5 % des Einkommens der oberen Einkommensgruppen werden durch staatliche Subsidien, Sozialleistungen und kostenlose Infrastrukturleistungen zur Verfügung gestellt (*Matthews,* 1982). Erst mit wachsendem Wohlstand in allen Einkommensschichten spielen die individuelle Daseinsvorsorge (z. B. das Wiederaufleben der abgeschafften Lebensversicherung) und Risikoverteilung auf Zeit (Zusatzversicherungen, privater Hausbau etc.) zunehmend wieder eine Rolle.

Vorsorgeprinzip und kostenlose Infrastrukturleistungen haben eindeutig den Vorrang vor versicherungsrechtlichen Lösungen und dem Fürsorgeprinzip, aus dem in früheren Zeiten Sozialpolitik entstand, und die in kapitalistisch-pluralistischen Ländern mit zahlreichen privaten Sozialeinrichtungen und Leistungsträgern noch eine wichtige Rolle spielt. Das Vorsorgeprinzip entsprach dem Kollektivismus der Stalin-Zeit. Wegen der beachtlichen Erfolge auf diesem Gebiet wurde die Fürsorge, die Linderung von individueller und temporärer Not vernachlässigt. Vorschnell wurden Notlagen hinwegdekretiert, wie 1930, als die Arbeitslosenunterstützung abgeschafft wurde, obwohl es bis heute noch friktionelle und temporäre Arbeitslosigkeit in der Sowjetunion und in anderen sozialistischen Ländern gibt, was heute nicht mehr völlig totgeschwiegen wird. Mangels Fürsorgeeinrichtungen für Härtefälle und aufgrund des starken Bürokratismus und der Aufsplitterung des Sicherungssystems (*Vogel,* 1971) mußten individuelle Daseinsvorsorge (Sparen, Lebensversicherung, teure Gebrauchswerte als Sicherung) und betriebliche Linderung (Abfindungssummen bei freiwilliger Lösung von Arbeitsverträgen) als Ausgleich dienen.

Mit der Durchsetzung des Effizienzdenkens und der Überbetonung der Vorgänge in der Produktionssphäre kam es auch zu einer Überbetonung primärer Armut. Geht man davon aus, daß es eine typisch kapitalistische Erscheinung wie die sekundäre Armut aufgrund von Prestigekäufen und der Jagd nach Statussymbolen einer Klassengesellschaft in der sozialistischen Gesellschaft der Sowjetunion kaum gibt, so lassen sich doch Formen tertiärer Armut, individuelle Not und Entfremdung nicht mehr hinwegdiskutieren. Gerade sie sind heute ein Schlüssel zur Theorie der Devianz. Soweit Formen tertiärer Armut heute zur Kenntnis genommen und angegangen werden, werden sie entweder politisch gedeutet und mit Psychopharmaka behandelt oder rein auf Milieuschäden zurückgeführt wie Wohnungselend und Familienzerrüttung. Die Mängelfindung im System zielt nur auf motivationelle Fehler einzelner ab, die durch institutionelle und personelle Änderungen zu beheben gedacht werden. Mögliche strukturelle Mängel, die zur Verbreitung tertiärer Armut beitragen, politischer Streß, Übermobilisierung, Frustration in der Freizeitsphäre, mangelnde unmanipulierte Partizipation werden nicht ins Visier genommen.

Kombiniert man *Mertons* Typologie der individuellen Adaptationsweisen mit den Formen abweichenden Verhaltens in den drei wichtigsten Sphären – die marxistische Theorie unterscheidet (Produktions-, Distributions- und Legitimationsphäre) – so ergibt sich folgendes Schema möglicher Interventionsfelder für Sozialarbeit:

	Produktionssphäre	Distributionssphäre (inklusive Freizeitverhalten)	Legitimationssphäre (politische und weltanschauliche Zielkultur)
Ritualismus	Arbeitsdisziplin	sozialistisches Marktverhalten, Sparsamkeit	manipulierte Pseudopartizipation
Innovation	Neuerungsinitiativen, Sonderschichten	Verschaffung zusätzlicher Einkünfte und Vergünstigungen	Umdeutung ideologischer Grundsätze
Escapismus	Absentismus, Defaitismus	Alkoholismus, Drogen	Religiosität, Übernahme westlicher Werte, Selbstmord
Rebellion	Illegales Schnapsbrennen, Produktion von Gütern außerhalb des Plans	Schwarzhandel, Korruption (blat), Erhebung von »Zirkulationskosten«	Bestechung von Staatsangestellten, antimarxistische Propaganda, Abweichung, Banden- oder Fraktionsbildung, Homosexualität

Sozialarbeit mit hochspezialisierten Sonderleistungen der Gesellschaft im Sinne kapitalistischer Länder gibt es nicht. Wie die Bereiche des sozialen Sicherungssystems, die nach dem Versorgungs- und Versicherunngsprinzip ausgerichtet sind, ganz anders als in westlichen Demokratien funktionieren (etwa durch Administrierung des Systems sozialer Sicherung durch die Gewerkschaften, die auf diese Weise ohne förmlichen Zwang in der Sowjetunion einen Organisationsgrad von 98,5 % erreichen), so sind auch die Institutionen, die funktional äquivalente Leistungen in der Sozialarbeit erbringen, breiter gestreut und mit unterschiedlichen Funktionen ausgestattet. Punitive und protektive Funktionen sind noch enger vermischt als in kapitalistischen Ländern. Familie, Schule, Peergroups, gesellschaftliche Organisationen, Massenmedien sind zur sozialen Kontrolle und Hilfe eingesetzt.

Besondere Einrichtungen innerhalb dieser Gruppen sollen vor allem abweichendes Verhalten unter Kontrolle bringen, insbesondere die Elternkomitees und die »družiny«, freiwilligen jugendlichen Helfer der Polizei im Kampf gegen »chuliganstvo« (Halbstarkenunwesen), Alkoholismus und Kriminalität. Zahlen über die Bedeutung dieser Einrichtungen findet man allenfalls indirekt in der Kriminalstatistik (z. B. in einer Untersuchung zu einer Unionsrepublik (*Randalu,* 1973).

Die Ergreifung jugendlicher Täter wurde ermöglicht auf Initiative von:

	1971	1972
Gerichte	3,0	3,9
Prokuratur	29,6	24,5
Miliz	30,3	33,8
Aufklärungsorgane	24,9	27,7
sonst. Regierungseinrichtungen	3,3	4,6
gesellschaftl. Organisationen	2,2	0,7
die Eltern Minderjähriger	1,7	1,2
sonstige Bürger	0,1	0,3
Kommissionen für Angelegenheiten Minderjähriger	4,0	2,9
keine Angaben	0,9	0,4

Arten abweichenden Verhaltens

Es gibt keine Theorie des abweichenden Verhaltens; soweit es erklärt werden muß, werden motivationelle Mängel und Relikte des Kapitalismus (perežitki) für solches Verhalten verantwortlich gemacht. Soziale Probleme abweichenden Verhaltens kann man nur indirekt aus Kriminalstatistiken erschließen, einmal, weil in ihr plötzlich Aggregate auftauchen, die bei allgemeinen Analysen der Sozialstruktur fehlen (wie z. B. Analphabeten und Obdachlose ohne festen Wohnsitz), die in den Statistiken über Wiederholungstäter auftauchen, zum anderen weil die Deliktarten einige Rückschlüsse auf soziale Probleme zulassen.

Eine Aufstellung von 1970 kommt in der Kriminalstatistik zu folgender Typologie von abweichenden Handlungen (*Ostroumov,* 1970):

Delikte gegen sozialistisches Eigentum	17,0 %
Delikte gegen das Eigentum anderer Bürger	16,0 %

Wirtschaftsverbrechen	5,0%
Hooliganismus	24,0%
Delikte gegen Personen	17,0%
Offizielle Delikte (dolžnostnye prestuplenija)	
(z. B. Widerstand gegen die Staatsgewalt)	4,0%
Verkehrsdelikte	5,0%
Delikte gegen das Justizsystem	1,5%
Delikte gegen das Verwaltungssystem	4,0%
andere Delikte	6,5%

Bei der Ursachenforschung für abweichendes Verhalten werden zunehmend soziale Daten erhoben und die Wohnungsverhältnisse, der Zustand der Familie, die Einkommenslage berücksichtigt. Vielfach wird jedoch zu tautologischen Erklärungen gegriffen: Hoologanismus wird einerseits als Form abweichenden Verhaltens durch Gesetze gegen antigesellschaftliche Elemente pönalisiert, andererseits wird es als Erklärung für fast alle weiteren Vergehen und Verbrechen herangezogen. Bei den Maßnahmen gegenüber Jugendlichen wird vor allem mangelnde Aufsicht (beznadzornost') als Quelle der Verfehlungen herausgestellt. In der Maßnahmenstatistik für eine Unionsrepublik (*Randalu,* 1973) spielt die Einweisung in spezielle Erziehungsanstalten mit über 15 % eine Rolle. Neben den besonderen Erziehungsanstalten gibt es für erwachsene Kriminelle und solche Jugendliche, denen nicht mehr mit den Mitteln der Sozialpädagogik beizukommen ist, sogenannte Arbeitsbesserungskolonien (Ispravitel' no-trudovye kolonie, abgekürzt: ITK).

Die Pädagogik – vor allem die repräsentativste Zeitschrift »Sovetskaja pedagogika« meidet jedoch diese Form der Sonderpädagogik, und auch in der Kriminologie ist wenig darüber zu erfahren.

Seit 1961 ist dieses Lagersystem von den Gefängnissen (tjurmy) organisatorisch getrennt. Die Besserungslager existieren in vier Abstufungen:

–   Standard-Kolonien für leichte Fälle. Ein Typ ist die »kolonija – poselenie« (Siedlungskolonien), die nur eine geringe Abschirmung von der Außenwelt versucht, und meist auf landwirtschaftlicher oder forstwirtschaftlicher Basis in entlegenen Gegenden arbeitet, in denen selbst ein Entlaufen in die nächste Stadt keinen großen Lustgewinn verspräche.
–   Intensivierte Kolonien mit striktem Reglement für Schwerverbrecher.
–   Kolonien für Staatsverbrechen.
–   Kolonien für besonders gefährliche Rückfalltäter.

An Maßnahmen werden genannt:

	1971	1972
Tadel, Entschuldigung	57,0	57,3
Wiedergutmachung des Schadens	0,4	0,3
Geldstrafe	0,7	1,2
Überwachung	19,6	19,5
Freilassung auf Bewährung	3,6	3,8
Einweisung zur medizinischen Behandlung	0,6	0,6
Einweisung u. spezielle Erziehungsanstalten	15,5	15,2

Die soziale Kontrolle über das abweichende Verhalten ist abgesehen von unpolitischen und marginalen Formen (Sektenbildung, Escapismus und Subkulturen) effektiver als in westlichen Demokratien wegen der geringeren horizontalen Mobilität, der stärkeren Kontrolle über Arbeits- und Schulzeit (die Dropoutquoten im Erziehungssystem sind nachweislich wesentlich geringer als im Westen), und die Spezialisierung und Bandenbildung ist weniger entwickelt als im Westen, obwohl es sie in Ansätzen durchaus gibt, und auch die Kontrolle über den Wohnsitz heute nicht mehr so rigoros ist, da Schwarzuntermiete und Aufenthalt ohne Zuzugsgenehmigung in den Großstädten zugenommen haben. Schließlich sind gewisse Vorteile sozialistischer Systeme in der Resozialisierung zu beachten: die Wiedereingliederung aus Gefängnissen oder Besserungsarbeitslagern Entlassener und ihr Schutz vor den Vorurteilen der Bevölkerung ist leichter beim System zentraler Arbeitsvermittlung und bei staatlicher Kontrolle über die Produktionsmittel zu realisieren.

Zeigen die Strafen und Maßnahmen in den letzten Jahren eine deutliche Liberalisierung des Systems, so ist die Mobilisierung im Kampf gegen abweichendes Verhalten weit größer geworden als in der Stalinzeit, als man dies den Spezialisten der Staatssicherheitsorgane überließ. Eine große Anzahl von Arten abweichenden Verhaltens haben sich nicht als Überbleibsel des Kapitalismus erwiesen. Im Gegenteil, mit zunehmender Entwicklung sind neue Formen der Abweichung entstanden, vor allem im Freizeitsektor und in den Wirtschaftsbereichen.

Sie erscheinen als Begleiterscheinungen von Urbanisierung, Mobilisierung, Migration und psychischem Streß, wie sie in allen Modernisierungsgesellschaften in bestimmten Perioden geballt auftreten.

Trotz der häufigen Anwendung des Totalitarismusmodells zeigt sich, daß die sowjetische Gesellschaft keineswegs total von oben reglementiert wird und daß eine große Kluft zwischen staatlicher politischer Kultur mit ihrem integrativen Symbol-Output und dem »byt«, der Lebensweise des Volkes, besteht. Dies schlägt sich in weiteren Formen der Permissivität gegenüber bestimmten Formen des abweichenden Verhaltens nieder, das von oben sanktioniert werden soll.

Das gilt vor allem für kleine Wirtschaftsdelikte, für bestimmte Formen des Hooliganismus und besonders für den Alkoholismus. Daraus jedoch auf eine grundsätzliche Nichtlegitimiertheit des Systems zu schließen, ist ein Irrtum, der die Totalitarismustheorien der Nachkriegszeit zuneigten.

Dazu besteht heute kein Anlaß. Ein Teil der Formen abweichenden Verhaltens sind so wenig Infragestellungen des sozialistischen Systems, wie die Normen von Verbrechersubkulturen grundsätzliche Abweichungen vom kapitalistisch-bürgerlichen System darstellen. Zum Teil sind sie sogar Folge der tiefen Verinnerlichung sozialistischer Normen (z. B. der Markt zur Planerfüllung).

Eine Ausdifferenzierung von Subkulturen – bei grundsätzlicher verbaler Akzeptierung sozialistischer Normen durch die Mehrheit – ist in der Sowjetunion im Gegensatz zu Polen nicht zu entdecken. Weder gibt es eine so kompakte erneuerungsfähige traditional-klerikale Subkultur wie in Polen, noch gibt es eine so intensive durch jahrhundertealte Traditionen geförderte Integrationsbestrebung der gesamten Intelligenz in westliche Kultur- und Zivilisationstraditionen. Abweichendes Verhalten in beiden Bereichen bleibt in der Sowjetunion fragmentierter und isolierter als in anderen sozialistischen Staaten Osteuropas.

Maja von Beyme

Literatur

Beyme, K. von, 1977: Sozialismus oder Wohlfahrtsstaat? Sozialpolitik und Sozialstruktur der Sowjetunion im Systemvergleich, München – *Connor, W. D.,* 1972²: Deviance in Soviet Society. Crime, Delinquency and Alcoholism. New York, Columbia University Press – *Djomin, M.,* 1973: Die Tätowierten, Frankfurt/M. – *George, V./Manning, N.,* 1980: Socialism, Social Welfare and the Soviet Union. London, Routledge & Kegan – *Lantsev, M. S.,* 1979: The Economic Aspects of Social Security in the USSR. Moskau, Progress – *Matthews, M.,* 1982: Education in the Soviet Union. London, Allen & Unwin – *Mchedlov, M. P./ Volkov, Ju. E.* (Hrsg.), 1979: Social'naja politika kommunističeskich i rabočich partii v socialističeskom obščestve. Moskau, Politizdat – *Ostroumov, S. S.,* 1970: Sovetskaja sudebnaja statistika. Moskau, Jurlit – *Randalu, Ch. A.,* 1973: Primenenie EVM v dejatel'nosti kommissij po delam nesoveršennoletnich. Sovetskoe gosudarstvo i pravo, Nr. 11: 75–80 – *Vogel, H.,* 1971: Gesellschaftliche Konsumtionsfonds als Instrument der Sowjetischen Wirtschaftspolitik, Berlin – *Weinberg, E. A.,* 1974: The Development of Sociology in the Soviet Union. London, Routledge & Kegan – *Zudin, V. F.,* 1976: Social'naja profilaktika prestuplenij. Sovetskoe gosudarstvo i pravo, Nr. 10: 81–84. –

→ DDR: Jugendkriminalität und Jugendhilfe → Dritte Welt: Erziehungsprobleme → Sozialistische Erziehung

Soziale Indikatoren

Entstehung der Sozialindikatorenbewegung

Unter der Leitung des Sozialwissenschaftlers *Bauer* arbeitete eine Gruppe von Wissenschaftlern unterschiedlicher Fachrichtungen seit 1962 an einem Projekt der Nationalen Raumfahrtbehörde, in dem die gesellschaftlichen Nebenwirkungen des amerikanischen Raumfahrtprogramms erforscht werden sollten. Die Wissenschaftler mußten im Rahmen ihrer Arbeiten leider feststellen, daß zur Erfüllung ihrer Forschungsaufgabe nicht nur die Methoden und Theorien weitgehend fehlten, sondern vor allem auch Daten, die die Nebenwirkungen der technologischen Entwicklung im nicht-ökonomischen Bereich anzeigen sollten. Weitgehend herrschte Einigkeit darüber, daß das volkswirtschaftliche Rechnungswesen als eindimensionales Informationssystem, das nur auf über den Markt bewertete Güter und Dienstleistungen ausgerichtet ist, unzulänglich in der Erfassung externer Effekte und in der Zurechnung der Leistungen des öffentlichen Sektors ist sowie den Qualitätsveränderungen quantitativen Wachstums nicht gerecht wird (vgl. *Leipert*, 1978). Unter dem Titel »Social Indicators« (1966) stellten *Bauer* und seine

Kollegen ein umfassendes Programm zur Verbesserung der gesamtgesellschaftlichen Information vor. Die Idee einer spezifischen Sozialberichterstattung wurde von der Exekutive sehr bald aufgegriffen und mit dem Sozialbericht des Ministeriums für Gesundheit und Wohlfahrt »Toward A Social Report« (1969) auch konkret umgesetzt. Um 1970 hatte die progammatische Idee von dem Ausbau der Sozialberichterstattung und der Entwicklung Sozialer Indikatoren auch außerhalb der Vereinigten Staaten in Wissenschaft und Politik Fuß gefaßt. Sozialberichte für Einzelstaaten und Regionen, Indikatorenprojekte für den Bereich städtischer Lebensräume und nicht zuletzt für supranationale Einheiten (»Weltmodelle«) belegen, daß die Sozialindikatoren von einer euphorischen Anfangsphase programmatischer und konzeptioneller Arbeit mittlerweile in eine Phase routinisierter Alltagsarbeit gelangt ist, sich also innerhalb von Wissenschaft und Politik recht schnell etablieren konnte.

Für die Wissenschaftler beinhaltet die Konzeption Sozialer Indikatoren eine stärkere Hinwendung zu praktisch politischen Problemen der hochentwickelten Industriegesellschaft. Unter Einhaltung wissenschaftlicher Standards will man mit Hilfe eines ausgebauten und qualitativ besseren Informationssystems politisch relevante Beiträge zur Verbesserung der Lebensqualität leisten. Von seiten des administrativen Systems wurde die Entwicklung Sozialer Indikatoren angeregt und befürwortet, um politische und planerische Entscheidungen in Bereichen wie Bildung, Gesundheit, Arbeit, Justiz, Stadtplanung, Freizeit etc. auf eine rationale Grundlage stellen zu können. Mit anderen Worten wird Sozialen Indikatoren von seiten der Politik die Aufgabe zugeschrieben, einen Beitrag zur Lösung der Steuerungsprobleme, mit denen man in der Postindustriellen Gesellschaft konfrontiert ist, zu leisten.

Im Grunde stellen die Bemühungen um den Ausbau gesellschaftlicher Informationen sicherlich auch eine Rückkehr zu den Großvätern (z. B. *von Oettingen, Quetelet, von Mayr*), dar, die mit der Entwicklung der Moralstatistik teilweise schon ähnliche Zielvorstellungen verfolgten (vgl. *Böhme*, 1971). Die statistische Erfassung von moralischen und sozialen Phänomenen sollte nach Meinung von Moralstatistikern das Erkennen sozialer Gesetzmäßigkeiten ermöglichen und somit die Basis für Eingriffe in den sozialen Organismus bilden. Während die Moralstatistik einen Beitrag zur Erforschung der für die anbrechende industrielle Epoche typischen Krisenerscheinungen leisten wollte, könnte man Sozialen Indikatoren eine ähnliche Funktion im Hinblick auf die aktuellen Probleme der Postindustriellen Gesellschaft zuschreiben.

Was sind Soziale Indikatoren?

Nicht nur die Erinnerung an die Tradition der Politischen Arithmetik und Moralstatistik, sondern auch die häufig zu beobachtende undisziplinierte Verwendung des Begriffs »Sozialer Indikator«, der eine geradezu inflatorische Karriere gemacht hat, im wissenschaftlichen Alltag könnten den Eindruck nahelegen, daß soziale Indikatoren und Sozialstatistiken synonyme Ausdrücke sind. Die Anforderungen, die an Soziale Indikatoren gestellt werden, sollten jedoch strenger gehandhabt werden, soll der Begriff mehr als ein neues werbewirksames Etikett für eine alte Ware darstellen. Um eine Verwechslung mit »einfachen« Statistiken zu vermeiden und die terminologischen und methodologischen Minimalregeln der empirischen Soziologie einzuhalten, sind unter Indikatoren nur solche Daten zu verstehen, die Operationalierungen von (theoretischen oder normativen) Konstrukten darstellen und gesellschaftliche Sachverhalte »indirekt« ermitteln oder anzeigen. Die Schwierigkeit, den Begriff präzise zu definieren und diszipliniert anzuwenden, liegt – wie die zahlreichen Definitionen in der Übersicht von *Peters/Zeugin* (1979) verdeutlichen – sicherlich darin, daß mit diesem Konzept sehr unterschiedliche inhaltliche Zielvorstellungen verknüpft werden. Wollen wir den Begriff »Sozialer Indikator« nicht zu eng an spezifische Funktionen anbinden, müssen wir ein Definitionskriterium heranziehen, das recht breit angelegt ist und nur einen Minimalkonsens widerspiegelt. Demnach sollen Soziale Indikatoren politisch relevante soziale »Erscheinungen« repräsentieren und somit normative Implikationen aufweisen. Während über die spezifischen Funktionszuweisungen und Zielvorstellungen kaum eine inhaltlich positive Eingrenzung des Indikatorenkonzepts möglich ist, besteht ein breiter Konsens darüber, daß Soziale Indikatoren Schlußfolgerungen über Entwicklungen der von ihnen angezeigten Untersuchungseinheiten ermöglichen sollen und folglich in Form von Zeitreihen vorliegen sollen. Mit diesem dritten Kriterium können wir gegenüber solchen Daten, die nur die Grundlage für Querschnittanalysen bilden können, eine Abgrenzung vornehmen. Generell geht es hier bei der Eingrenzung des Indikatorenrezepts darum, Soziale Indikatoren in einer Weise zu bestimmen, daß sie erstens nicht zu spezifisch an bestimmte Funktionszuweisungen gebunden sind, also Spielraum für ihre funktionale Vielfalt gelassen wird, und zweitens eine Abgrenzung gegenüber »normalen« Statistiken ermöglicht wird.

Unter Sozialen Indikatoren wollen wir zusammenfassend demnach solche Daten verstehen, die Operationalisierungen theoretischer Konstrukte darstellen, auf Dauer erhoben werden und somit Aussagen über gesellschaftliche Entwicklungen ermöglichen und schließlich normative Implikationen aufweisen, weil sie politisch relevante soziale »Erscheinungen« repräsentieren.

Unterschiedliche Aufgaben

Nicht von ungefähr wird es als ein wichtiges Merkmal sozialer Indikatoren angesehen, daß sie in regelmäßigen und angemessenen Zeitabständen erhoben werden und Längsschnittanalysen ermöglichen sollen. Die Einschätzung gesellschaftlicher Entwicklungen setzt eine auf Dauer gestellte, systematische Beobachtung sozialer »Erscheinungen« und »Probleme« voraus. Will man nämlich nicht den zyklischen Aufmerksamkeitsschwankungen der öffentlichen Meinung unterliegen, dann wird es erforderlich sein, mit Hilfe Sozialer Indikatoren gesellschaftliche Verhältnisse und die Wirkungen (sozial-)politischen Handelns regelmäßig, systematisch, möglichst umfassend und autonom zu beobachten. Zur Erfüllung der

Beobachtungsfunktion Sozialer Indikatoren müssen institutionelle Maßnahmen und Vorkehrungen getroffen werden, die die regelmäßige Erhebung und Anwendung Sozialer Indikatoren sicherstellen und die Verbesserung der sozialstatistischen Infrastruktur ermöglichen. Eine größere gesellschaftspolitische Relevanz amtlicher Zensusprogramme, regelmäßig replizierte Surveys und die Fortschreibung von Datenhandbüchern und Sozialen Indikatoren wären die wesentlichen Aufgaben der Sozialberichterstattung für den Bereich der Beobachtungsfunktion. Die gesellschaftliche Dauerbeobachtung ist ein Modell, in dem die Frage nach den politischen Rückkopplungen und Erfolgskontrollen im Vordergrund steht. Sozialen Indikatoren wird die Aufgabe zugewiesen, uns Rückkopplung darüber zu geben, ob die Wirkungen (sozial-)politischer Maßnahmen oder – auf einer allgemeinen Ebene – der Verlauf sozialen Wandels den jeweiligen gesellschaftspolitischen Zielvorstellungen entsprechen. So wie wir zur Erfüllung der Beobachtungsfunktion angemessene Beobachtungsschemata benötigen, die für Replikationen geeignet sind, wird für die Erfüllung der Rückkopplungsfunktion eine Klärung der gesellschafts- bzw. sozialpolitischen Ziele, deren Erreichungsgrad die Indikatoren ermitteln und anzeigen sollen, notwendig sein. Bei der Formulierung der Ziele für die unterschiedlichen Lebensbereiche (z. B. Gesundheit, Arbeit, Bildung, Wohnen) besteht eine mögliche Gefahr darin, daß möglicherweise eine Verzerrung zugunsten von Indikatoren- und Zielbereichen stattfinden könnte, in denen Regierungen und amtliche Stellen Erfolge melden wollen, oder die Ziele zu eng an die eingefahrenen politischen Gleise angepaßt werden. Deshalb sind in diesem Funktionsbereich konkurrierende Informationen und Formen der Sozialberichterstattung notwendig. An dieser Stelle sei kurz festgehalten, daß sich die Beobachtungsfunktion auf die Messung sozialen Wandels bezieht, während die Rückkopplungsfunktion die Wohlfahrtsmessung zur Aufgabe hat (vgl. *Zapf*, 1976). Bei der Wohlfahrtsmessung geht man von gesellschaftlichen Wohlfahrtszielen (z. B. längeres gesundes Leben, mehr Bildung, weniger Kriminalität) aus und sucht das Ausmaß sozialer Probleme bzw. den Zielerreichungsgrad wohlfahrtsrelevanter Maßnahmen zu bestimmen, wobei die zu verwendenden Sozialindikatoren Endprodukte (outputs) messen und individuenbezogen sein sollen.

Wenn wir soziale Probleme erkennen wollen, bevor sie akut werden, um rechtzeitig im Sinne einer aktiven Sozial- und Gesellschaftspolitik Maßnahmen zu ihrer »Behandlung« und »Prävention« treffen zu können, dann benötigen wir geeignete »Frühwarnsignale«. Über längere Zeiträume vorliegende Indikatoren sollen uns nicht nur helfen, gegenwärtige gesellschaftliche Verhältnisse und Probleme einzuschätzen, sondern uns auf in die Lage versetzen, zukünftige soziale Probleme zu antipizieren. Neben allgemeinen methodologischen Problemen, die in den Sozialwissenschaften im Zusammenhang mit Prognosen sozialer Ereignisse diskutiert werden (vgl. *Honolka*, 1976), stellt eine im Hinblick auf die Antizipation gesellschaftlicher Entwicklungen und Probleme kaum gesehene Schwierigkeit die Möglichkeit dar, daß sich nicht nur gesellschaftliche Verhältnisse wandeln können, sondern auch die gesellschaftlichen Zielvorstellungen, Standards und Aspirationen. Für die Antizipationsfunktion wird deshalb die Aufgabe zu stellen sein, verstärkt an Entwürfen alternativer Zielkonzeptionen zu arbeiten und innovative Konzepte zu entwickeln, die bereits auf die Beobachtung und Analyse zukünftiger Wandlungsprozesse abzielen. Außerdem müßten Soziale Indikatoren, die künftig relevant zu werden versprechen, mit genügendem zeitlichen Vorlauf entwickelt und vorbereitet werden.

Theoriebezug

Der Indikatorenbewegung wird häufig ein Theoriedefizit vorgeworfen. In der Tat will eine Gruppe von Forschern auf eine theoretische Fundierung Sozialer Indikatoren weitgehend verzichten und sich mit deskriptiven Maßen begnügen – mit der Begründung, daß in anderen Wissenschaften wie z. B. der Ökonomie zahlreiche Indikatoren für praktisch politische Zwecke durchaus verwertbar seien, ohne daß jeweils die Kausalzusammenhänge zwischen den von den Indikatoren angezeigten ›Tatbeständen‹ bekannt seien.

Dieser Auffassung stehen auf der anderen Seite die Anhänger umfassender Theorien – Gesellschaftstheorie oder Systemtheorie – gegenüber, die für eine Integration Sozialer Indikatoren in eine umfassende theoretische Konzeption plädieren. Die Befürworter einer gesellschaftstheoretischen Verortung Sozialer Indikatoren sind der Ansicht, daß ohne Zugrundelegung einer Gesellschaftstheorie die von den Indikatoren angezeigten Tatbestände nicht als Momente eines umfassenden gesellschaftlichen Entwicklungsprozesses begriffen werden können, Interdependenzen zwischen einzelnen Politikbereichen nicht angemessen erfaßt und gedeutet werden können und Indikatoren bestenfalls eine formale Systematisierung von der spätkapitalistischen Gesellschaft zugrundeliegenden Irrationalitäten darstellen (vgl. z. B. *Naschold/Väth,* 1973). Die Anhänger einer systemtheoretischen Einbettung Sozialer Indikatoren orientieren sich stark an den Kategorien der struktur-funktionalistischen Analyse. In seinem Struktur-Performanz-Modell geht *Gross* (1966), der als prominentester Vertreter dieser Richtung gilt, von dem Grundgedanken aus, daß Gesellschaften als Systeme Inputs verarbeiten, Outputs produzieren und für ihre längerfristige Entwicklung investieren. Wie bei anderen systemtheoretischen Ansätzen (vgl. *Emde,* 1979) steht er jedoch vor dem Problem, zu einer angemessenen Operationalisierung seiner abstrakten Grundkategorien – er unterscheidet sieben Strukturebenen und ebenfalls sieben Performanzebenen – vorzudringen. Generell kann man sich nicht des Eindrucks erwehren, daß diejenigen Wissenschaftler, die eine Deduktion Sozialer Indikatoren aus einem umfassenden theoretischen System für geboten halten, mit der Einlösung eines solchen Anspruchs noch nicht sehr erfolgreich waren. Während die Anhänger einer rein deskriptiven Programmatik eher unter dem gegenwärtigen Stand der sozialwissenschaftlichen Theorieentwicklung ansetzen, besteht umgekehrt bei den »Theoretikern« die Gefahr, daß die jeweilige Theorie Sozialer Indikatoren ihrer praktischen Erprobung allzuweit voraneilt. Die hier angerissene Problematik weist auf ein generell in den Sozialwissenschaften beklagtes Phänomen hin, nämlich die mangelnde Integration von Theorie und Empirie.

Methodische Probleme

Die angesprochene Problematik der Integration von Theorie und Empirie ist mit methodischen Fragen verknüpft, die mit dem für die Konstruktion Sozialer Indikatoren grundlegenden Problem der Operationalisierung theoretischer Konzepte im Zusammenhang stehen. Da nicht sämtliche Probleme der Messung und Operationalisierung in der empirischen Sozialforschung an dieser Stelle aufgerollt werden können, sollen in Anlehnung an *Etzioni* und *Lehman* (1967) drei zentrale, bei der Konstruktion Sozialer Indikatoren typischerweise anfallende methodische Schwierigkeiten, angesprochen werden:

Bruchstückhafte Messung: Das Verhältnis von theoretischem Konstrukt und Indikator, das mit der Operationalisierungsproblematik thematisiert wird, ist für den Fall unproblematisch, daß ein relativ einfaches Konstrukt durch einen einzigen Indikator angemessen repräsentiert wird, Begriff und Indikator also korrespondieren. Zur Erfassung sozialer Probleme und zur Messung politisch relevanter Sachverhalte werden wir diesen Fall in der Regel nicht vorfinden, verhält es sich doch so, daß die für den Bereich sozialer Probleme relevanten Begriffe relativ komplex sind und nur durch die Verwendung mehrerer Indikatoren angemessen operationalisiert werden können. Zum Beispiel wird man den Bereich »Seelische Gesundheit« nicht angemessen erfassen, wenn man lediglich die Anzahl der in Psychiatrischen Kliniken befindlichen Patienten verwendet. Zur Messung von »Entfremdung« wird es nicht genügen, auf Indikatoren wie Zufriedenheit mit dem Arbeitsplatz und Lohnzufriedenheit zurückzugreifen. »Politische Apathie« wird nur unzureichend erfaßt, wenn die Wahlbeteiligung als einziger Indikator herangezogen wird. Um der Gefahr einer nur bruchstückhaften Messung entgegenwirken zu können, erscheint es notwendig, die theoretischen Konstrukte in ihren jeweiligen Bedeutungsdimensionen zu spezifizieren und für die unterschiedlichen Dimensionen angemessene Indikatoren zu entwickeln. Für den Fall, daß man die einzelnen Indikatoren zu einem Index zusammenfassen will, muß zunächst einmal die Bedeutung der einzelnen Dimensionen des Konzepts und der zugehörigen Indikatoren gewichtet werden. Dann müssen geeignete statistische Verfahren (vgl. *Werner*, 1975) ausgewählt werden. Eine nicht zu unterschätzende Gefahr bei der Zusammenfassung verschiedener Indikatoren zu einem Gesamtindex besteht jedoch darin, daß eine Aggregation zumeist zu Lasten der Sensitivität eines Indikators erfolgt, weil die Einzelindikatoren sich gegenseitig »neutralisieren« können, wenn ihre Werte zu einer Gesamtzahl addiert werden. So melden Experten zum Beispiel für den Bereich der Kriminalität deutliche Zweifel an der Aussagekraft eines einheitlichen Kriminalitätsindexes an, der so unterschiedliche Phänomene wie Eigentumsdelikte, Gewaltdelikte oder Straftaten gegen überindividuelle Rechtsgüter in ein gemeinsames Raster zwingt und dabei im Falle der Konstanz mögliche interne Variationen unterschlägt oder bei einer Veränderung offenläßt, worauf eine solche Gesamtveränderung im einzelnen zurückzuführen ist.

Indirekte Messung: Unter »indirekter Messung« wird ein Verfahren verstanden, das bereits vorliegendes Datenmaterial unabhängig von dem ursprünglichen Zweck und Bezugsrahmen der jeweiligen Datensammlung einer Analyse (bzw. Re-Analyse) und Auswertung zugänglich macht. Da die Daten zur Messung von Konzepten verwandt werden, mit denen sie ursprünglich nicht in Bezug standen, besteht gerade bei der indirekten Messung häufig die Gefahr einer nur bruchstück-haften empirischen Erfassung der Begriffe. Eine zweite grundlegende Gefahren-quelle resultiert aus der Tatsache, daß mögliche Mängel und Fehler der ursprüngli-chen Erhebung nicht genügend berücksichtigt werden. Gerade bei amtlichen Daten müssen wir uns darüber klar sein, daß sie aus Gründen erhoben werden, die in den spezifischen Bedürfnissen von Regierung und Verwaltung zu suchen sind und sich von dem ihnen zugrundeliegenden Verständnis über die zu erhebenden Tatbestän-de und von den angewandten Erhebungskriterien her von wissenschaftlichen Ziel- und Relevanzkriterien häufig unterscheiden. Spezifische Schwierigkeiten der Ver-wendung amtlicher Daten stellen sich insbesondere für den Bereich sozialer Probleme. Denn tabuisierte, illegale, abweichende und/oder diskriminierbare Verhaltensweisen, die häufig bei sozialen Problemen vorliegen, entziehen sich in stärkerem Maße als andere Handlungsmuster der Öffentlichkeit und vor allem auch dem »Gesichtskreis« amtlicher Stellen und Instanzen, die ja zumeist mit Regelungs- und Sanktionsmöglichkeiten ausgestattet sind. Das hier angeschnittene Problem der sozialen »Sichtbarkeit« ist gerade im Hinblick auf den empirischen Zugriff zu sozialen Problemen als kritischer Punkt anzusehen und impliziert generell für die Messung sozialer Probleme ein mehr oder weniger umfangreiches Dunkelfeld.

Messung von kollektiven Merkmalen: Wenn wir Sozialen Indikatoren die Aufgabe zugewiesen haben, politische relevante »soziale« Erscheinungen zu repräsentieren, dann können wir uns nicht darauf beschränken, nur Aussagen über individuelle Lebenslagen zu treffen, sondern müssen auch in der Lage sein, Feststellungen über die Eigenschaften von sozialen Einheiten zu machen, die wiederum Einfluß auf die individuellen Lebenslagen haben und den Lebenskontext der Individuen determi-nieren. Die oft in der Indikatorenbewegung diskutierte Frage, ob sich Soziale Indikatoren auf Individuen oder auf die Gesellschaft bzw. ihre Subeinheiten beziehen sollen, sei also so beantwortet, daß sie beide Aufgaben erfüllen sollen.

Zur Messung von Eigenschaften sozialer Einheiten müssen wir zwischen Globalda-ten und Aggregatdaten unterscheiden. Letztere sind definiert als Merkmale einer Einheit, die aus der Verteilung individueller Attribute oder Verhaltensweisen ableitbar sind. Unter Globaldaten sind hingegen Merkmale zu verstehen, die eine Einheit als Ganzes charakterisieren und die nicht aus Merkmalen der Individuen ableitbar sind. Ein nicht seltener Fehler bei der Messung kollektiver Eigenschaften besteht darin, Aggregatdaten auch dann zu benutzen, wenn eigentlich die Verwen-dung von Globaldaten sinnvoller wäre.

Bei der Messung kollektiver Eigenschaften besteht ein weiteres Problem darin, daß als Einheiten der Analyse auf Verwaltungseinheiten zurückgegriffen wird, die aber keineswegs immer den »tatsächlichen« und »natürlichen« Sozialeinheiten zu ent-sprechen brauchen. Mit anderen Worten, wir werden uns bei unseren Erhebungen und Messungen nicht blindlings auf herkömmliche Verwaltungskritierien der Grenzziehung von Einheiten verlassen können, sondern müssen vielmehr darauf achten, daß wir homogene funktionale Sozialeinheiten zur Grundlage unserer Analyse machen.

Methodische Probleme haben generell in der Wissenschaft einen unbestrittenen Stellenwert, bei der Verwendung Sozialer Indikatoren erhalten sie sogar eine besondere Dignität. Riskiert man mit Meßfehlern bei empirischen Forschungen methodenbedingte Scheinergebnisse und Fehlschlüsse, muß man nämlich zusätzlich die Gefahr in Kauf nehmen, mit invaliden Indikatoren falschen Problemeinschätzungen und letztlich auch ineffektiven (sozial-)politischen Maßnahmen Vorschub zu leisten. Die mangelnde Validität Sozialer Indikatoren kann also zu einer fehlgeleiteten Praxis führen.

Anwendungsbereiche Sozialer Indikatoren

Bei der Anwendung Sozialer Indikatoren stellt sich zunächst die Frage, für welche konkreten Lebens- und Politikbereiche sie von Bedeutung sein könnten. Die in dieser Hinsicht am häufigsten behandelten Themen in der einschlägigen Fachzeitschrift »Social Indicators Research« sind: Lebensqualität, Sozialplanung, Gesundheit, Arbeitswelt, Umwelt und Raumordnung, Entwicklung, Kriminalität und öffentliche Sicherheit, Wohlbefinden und Zufriedenheit, Bildung, Migration, Mobilität, Sozialer Wandel, politische Entfremdung, sozio-kulturelle Phänomene und Wohnen (vgl. *Peters/Zeugin*, 1979).

Bei einer genaueren Sichtung der unterschiedlichen Themenbereiche fällt auf, daß neben einer Reihe von praktisch politischen Bereichen auch genuin wissenschaftliche Gebiete angeführt werden. Trotz der Programmatik praktischer Relevanz Sozialer Indikatoren darf nicht unterschlagen werden, daß sie auch für »reine« theorieorientierte Forschungen wichtig sind. Soziale Indikatoren können im Rahmen sozialwissenschaftlicher Modelle angewandt und zur empirischen Überprüfung soziologischer Theorien herangezogen werden, wobei ihnen ein besonderer Stellenwert für makrosoziologische Fragestellungen zukommt (Systemvergleiche, Sozialer Wandel).

Des weiteren ist bei der Liste der oben angeführten Themenbereiche auffällig, daß auch sozio-kulturelle und subjektive Dimensionen von Lebensqualität (Einstellungen und Zufriedenheit) genannt werden. Nach der Art der Information wird häufig zwischen »subjektiven« und »objektiven« Sozialindikatoren unterschieden. Für die Wohlfahrtsmessung ist die Verwendung von »subjektiven« Indikatoren (Einstellungsdaten) vor allem notwendig, um den Zusammenhang zwischen »objektiver« Versorgung und »subjektiver« Zufriedenheit ermitteln zu können. In der Sozialpolitik sind Erfahrungen gesammelt worden, daß mit der »objektiven« Verbesserung von Lebenslagen durch Güter und Dienstleistungen keineswegs immer die subjektive Zufriedenheit der Begünstigten erhöht wurde, – ein Phänomen, das als »sozialpsychologisches Mißgeschick von Reformen« bezeichnet wird. Subjektive Sozialindikatoren sind auch zur Erfassung des politischen Meinungsklimas von Bedeutung. In den vorherrschenden politischen Stimmungen und Reaktionen wird das Ausmaß an Hoffnungen und Befürchtungen, an Interessen und Verhaltensdispositionen in der Bevölkerung widergespiegelt (vgl. *Feist,* 1977).

Dadurch, daß »objektive« Sozialindikatoren Aufschluß über die Verteilung von
Gütern und Dienstleistungen auf die verschiedenen Bevölkerungsschichten und
-gebiete geben können (vgl. *Henke,* 1975), versetzen sie uns in die Lage, Bedarfsde-
fizite und soziale Disparitäten in der regionalen Versorgung zu ermitteln (vgl.
Hoffmann-Nowotny, Hg., 1978). Soziale Indikatoren stellen ein wichtiges Instrument der Sozialplanung dar, zumal über Trendextrapolationen häufig auch (begrenzte) Prognosen über zukünftige Bedarfssituationen und Problemlagen möglich
sind.

Auch im Rahmen sozial-ökologischer Analysen ist in zunehmendem Maße eine
Nachfrage nach Sozialen Indikatoren festzustellen. Soziale Indikatoren können das
soziale Profil und die sozialen Entwicklungstendenzen einer Stadt (oder Region)
bzw. ihrer Subräume empirisch ermitteln und anzeigen (Sozialraumanalyse).
Sozial-ökologische Forschungen und Konzepte haben im Rahmen gemeinwesen-
bzw. stadtteilorientierter Ansätze der Sozialarbeit zunehmend an Bedeutung
gewonnen. Dezentralisierung sozialer Dienstleistungen, wohngebietsnahe und
zielgruppenorientierte Angebotsformen sind erforderlich, um bislang vernachlässigte Zielgruppen zu erreichen und eine Prävention sozialer Probleme voranzutreiben.

Ob wir Soziale Indikatoren nun für städtische Lebensräume, für ganze Gesellschaften oder gar für supranationale Einheiten entwickeln, ihre Aussagekraft kommt
erst dann zur Geltung, wenn wir Indikatoren für unterschiedliche Ziel- und
Lebensbereiche zur Verfügung haben, also auf Systeme Sozialer Indikatoren
zurückgreifen können. Unter Systemen Sozialer Indikatoren wollen wir die Operationalisierung einer ausdifferenzierten multidimensionalen Zielkonstellation verstehen. Als wichtiges Beispiel für die Entwicklung eines Indikatorensystems kann
auf die Arbeiten der Frankfurt-Mannheimer Forschergruppe (SPES-Projekt)
verwiesen werden, die in einem umfassenden Band die »Lebensbedingungen in der
Bundesrepublik« mittels Sozialer Indikatoren einer empirischen Diagnose und
Bewertung zugänglich gemacht haben (vgl. *Zapf* u. a., 1977).

Gefahren einer Verfälschung sozialer Indikatoren

Die mögliche Verwendung Sozialer Indikatoren für praktisch politische Aufgaben
wirft gleichzeitig die Frage nach den Gefahren ihres Mißbrauchs auf. Allein die
Tatsache, daß wir für bestimmte Lebensbereiche Soziale Indikatoren erheben,
kann dazu führen, daß die jeweiligen gesellschaftlichen »Tatbestände« mehr
Aufmerksamkeit erlangen und möglicherweise bei ihnen Mißstände sichtbar
werden. Information als wichtige und knappe gesellschaftliche Ressource ist den
politischen Auseinandersetzungen und Interessenkonflikten nicht entzogen. Dies
gilt vor allem auch deshalb, weil Soziale Indikatoren »offizielle Politik« und deren
Strategien sozialer Problemintervention in Mißkredit geraten lassen können.
Soziale Indikatoren können also – wie etwa Fallstudien für den Bereich der
Kriminalität (vgl. z. B. *Albrecht/Lamnek* 1979) belegen – selbst Bestandteil der
Durchsetzung unterschiedlicher Interessen- und Wertpositionen bei der »Kreation

sozialer Probleme« werden, indem sie als »Munition« für eigene Positionen hochstilisiert bzw. als fehlerhafte Daten heruntergespielt werden können. Während auf der einen Seite diskreditierende Zahlen genützt werden, um Ansprüche auf Ressourcen anmelden zu können, ist es andererseits oft politisch zweckmäßig, zur Sicherung der eigenen Legitimation Negativmeldungen herunterzuspielen oder durch spezifische Formen der »Buchführung« und Registrierung von vornherein abzuschwächen.

Die Gefahr der Dominanz ideologischer und politischer Motive in der Verwendung Sozialer Indikatoren veranlaßte *Biderman* (1966) zu der Forderung, stärker als bisher die nicht-wissenschaftliche Verwendung gesellschaftlicher Daten zu untersuchen. Es muß sorgfältig achtgegeben werden auf die Rolle, die Daten spielen als

- Anspruchsgrundlagen gegenüber gesellschaftlichen und politischen Ressourcen,
- »Munition« für die unterschiedlichen Interessenparteien in Gesellschaft und Organisationen,
- Mittel des Zusammenhalts von Allianzen,
- persuasive Symbole und schließlich
- neue Grundlagen für nationale und institutionelle Glaubenssätze (vgl. *Biderman,* 1966).

Als weitere Programmpunkte einer Wissenssoziologie gesellschaftlicher Daten führt *Biderman* folgende Aufgaben an:

- die institutionellen, politischen und anderen Barrieren zu identifizieren, die für die Datenlücken in wichtigen sozialen Problembereichen verantwortlich sind . . .;
- die Barrieren innerhalb der Planungs- und Verwaltungsabteilungen auszumachen, die einem richtigen Verständnis und einer adäquaten Anwendung der Daten im Wege stehen; und schließlich
- die vernachlässigten Zusammenhänge zwischen gesellschaftlichen Daten und sozialen Werten aufzuzeigen.

Hinsichtlich des Bezugs Sozialer Indikatoren zu gesellschaftlichen Werten und Zielen (vgl. *Henriot,* 1970) sollte die Möglichkeit bedacht werden, daß Soziale Indikatoren von den Wert- und Zielhorizonten der etablierten Institutionen und Regierungen geprägt und festgelegt sein können. Gerade um den hier erwähnten Gefahren entgegenwirken zu können, wird deshalb die Notwendigkeit betont, konkurrierend und korrigierend zur amtlichen Sozialberichterstattung alternative Ziel- und Indikatorensysteme zu entwickeln und auch die Interessen der nichtorganisierten Gesellschaftsgruppen zu berücksichtigen sowie die für einen Pluralismus der Informationen erforderlichen wirksamen institutionellen Sicherungen zu schaffen.

Hans Hartwig Bohle

Literatur

Albrecht, P. A./Lamnek, S., 1979: Jugendkriminalität im Zerrbild der Statistik. Eine Analyse von Daten und Entwicklungen, München – *Bauer, R.* (ed.), 1966: Social indicators, Cambridge, Mass., London – *Biderman, A. D.,* 1966: Social indicators and goals, in: *R. Bauer* (ed.), Social indicators, Cambridge/London – *Böhme, M.,* 1971: Die Moralstatistik. Ein Beitrag zur Geschichte der Quantifizierung in der Soziologie, dargestellt an den Werken Adolphe Quetelets und Alexander von Oettingens, Köln/Wien – *Bohle, H. H.,* 1981: Soziale Probleme und Soziale Indikatoren. Ein Beitrag zur Diskussion der Anwendungsmöglichkeiten der Soziologie für das Problemfeld »Kriminalität«, Berlin/München – *Emde, R.,* 1979: Sozialindikatoren und Systemvergleich. Zur Analyse intersystemarer Beziehungen, Frankfurt/M./New York – *Etzioni, R./Lehman, E. W.,* 1967: Some dangers in ›valid‹ social measurement, in: The Annals of the American Academy of Political and Social Science, Vol. 373: 1–15 – *Feist, U.,* 1977: Subjektive politische Indikatoren: Meßwerte zum politischen Meinungsklima, in: *Hoffmann-Nowotny, H. J.* (Hrsg.), Politisches Klima und Planung. Soziale Indikatoren V, Frankfurt/M./New York – *Gross, B.,* 1966: The state of the nation: social systems accounting, in: *R. Bauer* (ed.), Social indicators, Cambridge/London – **Henke, K. D.,* 1975: Die Verteilung von Gütern und Diensten auf die verschiedenen Bevölkerungsschichten, Göttingen (Bd. 82 der Kommission für wirtschaftlichen und sozialen Wandel) – *Henriot, P.,* 1970: Political Questions of Social Indicators, in: Western Political Quarterly, Vol. 23: 235–255 – *Hoffmann-Nowotny, H. J.* (Hrsg.), 1978: Messung sozialer Disparitäten. Soziale Indikatoren VI, Frankfurt/M./New York – *Honolka, H.,* 1976: Die Eigendynamik sozialwissenschaftlicher Aussagen. Zur Theorie der self-fulfilling prophecy, Frankfurt/M. New York – **Leipert, Ch.,* 1978: Gesellschaftliche Berichterstattung. Eine Einführung in Theorie und Praxis sozialer Indikatoren, Berlin/Heidelberg/New York – *Naschold, F./Väth, W.,* 1973: Politische Planungssysteme im entwickelten Kapitalismus, in: diess. (Hrsg.), Politische Planungssysteme, Opladen – **Peters, M./Zeugin, M.,* 1979: Sozialindikatorenforschung. Eine Einführung, Stuttgart – *Werner, R.,* 1975: Soziale Indikatoren und politische Planung. Einführung in Anwendungen der Makrosoziologie, Reinbek – **Zapf, W.,* 1976: Sozialberichterstattung: Möglichkeiten und Probleme, Göttingen (Bd. 125 der Kommission für wirtschaftlichen und sozialen Wandel) – **Zapf, W.* (Hrsg.), 1977: Lebensbedingungen in der Bundesrepublik. Sozialer Wandel und Wohlfahrtsentwicklung, Frankfurt/M./New York. –

→ Empirische Sozialforschung → Evaluationsforschung → Sozialplanung → Wissenschaftstheorie und Sozialpädagogik

Soziale Probleme

Aktualität

Die industrialisierten Gesellschaften des Westens wie des Ostens scheinen sich – darin stimmen verschiedenste Analysen überein – trotz aller Errungenschaften (Gesundheit, Bildung, Wohlstand etc.) durch eine hohe und weiterhin zunehmende Problemträchtigkeit auszuzeichnen. An die Stelle der früheren, immer gleichen und überaus bedrohlichen »Mängel« wie Armut, Seuchen und Krieg sind weniger dramatische, dafür aber äußerst zahlreiche und vielfältige Schwierigkeiten getreten. Als »unsoziale Zustände« in der BRD lassen sich etwa Alkoholismus, Arbeitslosigkeit, Drogenkonsum, Frauendiskriminierung, Kindesmißhandlung, Kriminalität, Obdachlosigkeit, Umweltgefährdung, ferner die Lage der physisch und psychisch Behinderten, der »Gastarbeiter«, der Homosexuellen und Prostituierten aufführen. Für weitere, auf den ersten Blick unproblematisch erscheinende Phänomene – man denke etwa an Freizeit – kann durchaus Veränderungsbedürftigkeit nachgewiesen werden; andere, bis vor kurzem noch völlig unbeachtete Beeinträchtigungen – Wohnungsnot, Friedensgefährdung – belegen Offenheit und Wachstum des gesellschaftlichen Problembestandes.

Wodurch ist diese Mißstandsvermehrung bedingt? Eine einfache Erklärung könnte sich mit dem Verweis auf die zunehmende gesellschaftliche Komplexität, d. h., die Vielfalt von Handlungsmöglichkeiten, Institutionen, Interessen und Werten begnügen, welche einerseits die Wahrscheinlichkeit »kritischer« Ereignisse, Konflikte und Krisen zwangsläufig erhöht, andererseits den Erfolg staatlicher Eingriffe sowie die Konsequenzen einzelner Veränderungen überhaupt immer unsicherer werden läßt. Nötig ist es aber, diese These ein wenig auszubauen. Daß problematische Lagen heute verstärkt auftreten, ist zwar »Schuld« allgemeiner gesellschaftlicher Entwicklungen, von Fall zu Fall aber an ganz unterschiedliche Bedingungen zu binden. Mal mehr, mal weniger, mal überhaupt nicht »problemverantwortlich« sind u. a. Änderungen der Sozialstruktur, Wandlungen von Beschaffenheit und Funktion einzelner Institutionen, ökonomische Rezessionen, unbeabsichtigte – ökologische, psychische und physische – Folgen der industriellen Produktionsweise, die Unabgestimmtheit und Ungleichbehandlung gesellschaftlicher Teilsysteme, die Internationalisierung von Politik und Ökonomie, die Geltung und Durchsetzung diskriminierender Normen, Prozesse der Stigmatisierung und Ausgrenzung von Abweichlern, der Verfall tradierter Werte und Legitimationen und demgegenüber das Auftreten neuer Ideen, Lebens- und Verkehrsformen.

Es versteht sich nicht von selbst, daß »unsoziale Zustände« auch als solche bemerkt, bewußt und kritisiert werden. Wie etwa an Obdachlosigkeit als Beispiel aus der jüngeren westdeutschen Problemgeschichte darzutun, können nachweisbar schädliche Sachverhalte vielmehr ohne weiteres ignoriert, verdrängt, unter Kontrolle gehalten oder gar den Betroffenen selbst angelastet werden. Sie erscheinen dann als individuelle, technische oder Ordnungsprobleme. Offenbar treten Mängellagen erst dann stärker ins öffentliche Bewußtsein, wenn bestimmte Werte zu ihrer Überwindung auffordern, diese aber auch von den gesellschaftlichen Gegebenheiten her als möglich gilt. Als unerwünscht und zugleich unnötig zu erscheinen, ist vielen, heute beseitigten Mißständen (z. B. Sklaverei) über lange Zeit versagt geblieben; noch jetzt wird die in der Dritten Welt herrschende Armut in den betroffenen Gesellschaften ihrer Normalität wegen kaum problematisiert.

Im sozialstaatlich organisierten Industriesystem ist freilich die Veränderbarkeit unbefriedigender Situationen zur allgemeinen Überzeugung geworden. Die Gesellschaft – so wird angenommen – verfügt über die Rahmenbedingungen, Mittel und Konzeptionen, um sich anfallenden Schwierigkeiten zu stellen und ihnen wirksam begegnen zu können. Die sich häufenden, ja immer schon vorhandenen Beweise für Grenzen und Fehlschläge der Mißstandsbekämpfung haben die Etablierung des allgemeinen Reformoptimismus nicht ernsthaft gehemmt. Er verbindet sich mit ansteigenden Ansprüchen auf individuelle Bedürfnisbefriedigung, mit der Entdeckung, daß viele wohlfahrtsstaatliche Verheißungen nicht eingelöst sind und einem universalistischen Situationsverständnis, d. h., dem Bewußtsein von der gesellschaftlichen Verursachung zunächst privater Ärgernisse, zu einer ausgeprägten Problemempfindlichkeit.

Diese bleibt nun keineswegs auf die Wahrnehmung von Defiziten beschränkt. Vielmehr schlägt sich die Einsicht bzw. das Zugeständnis, daß viele Dinge nicht so sind, wie sie sein sollten, in einer breiten Problematisierungswelle nieder. Politische Amtsträger, Interessenverbände, Sozialbürokratie, Massenmedien und Wissenschaft überbieten sich in der öffentlichen Behauptung von Mängeln. Daneben treten spezielle, auf die Politisierung einzelner Problemlagen (z. B. Frauendiskriminierung, Umweltzerstörung) hinarbeitende soziale Bewegungen. Sie alle sorgen dafür, daß nicht nur mehr problematische Situationen als jemals zuvor vorhanden sind (Problemträchtigkeit) und gesehen werden (Problemempfindlichkeit), sondern viele auch öffentlich-offizielles Thema werden (Problematisierung).

Die Leichtigkeit, mit der bestimmte Gruppen oder Institutionen ihnen unerwünschte Sachverhalte derzeit zum sozialen Problem erheben, besagt nur wenig über die Möglichkeit erfolgreicher Problembekämpfung. Vermutete Veränderbarkeit und tatsächliche Veränderung sind zweierlei. Sicher ist: so rasch wie konstatierte Abweichungen von Idealzuständen durch Mobilisierung der Öffentlichkeit politische Aktualität gewinnen, läßt sich eine neue Antwort auf zumeist ja alte Mängel nicht hervorbringen. Vielmehr ist davon auszugehen, daß manche der den Problemboom begünstigenden Umstände – die hohe Sensibilität für Ungerechtigkeit und vorenthaltene Lebenschancen, der Pluralismus gesellschaftlicher Wertvorstellungen und die breite Streuung von Definitionsmacht – die Entwicklung und Durchsetzung einer gewandelten, etwa mehr präventiven als reaktiven, mehr kompensatorischen als kontrollierenden Problempolitik von vornherein stark erschweren. So unterschiedlich wie das jeweilige Problem wahrgenommen und erklärt wird, so verschieden sind auch die Interessen und Positionen, welche in den Versuch seiner Lösung Eingang finden. Deren Problematisierung ist stets unumgänglich.

Problemlösungsunternehmen bleiben aber nicht nur chronisch kritisierbar; sie sind in der Regel auch ohne nachhaltige Wirkung. Empirisch belegen läßt sich dieser Mißerfolg mühelos: ich nenne hier nur Alkoholismus, Kriminalität, psychische Störungen, Prostitution, Nichtseßhaftigkeit als seit längerem schon entdeckte Mißstände, deren Bekämpfung nach Phasen der Resignation immer wieder gefordert wird, nie jedoch allzu große Fortschritte macht. Was sich für gewöhnlich vollzieht, ist Reduzierung, Verschiebung, Zersplitterung und Umdefinition, nicht hingegen »Überwindung«.

Am ehesten wird ein Problem dann erfolgreich angegangen, wenn seine Lösung die Stärkung vorhandener Institutionen voraussetzt, zur Realisierung gesellschaftlicher Grundwerte beiträgt, große Bevölkerungsteile in das etablierte System integriert und dieses gleichzeitig noch ökonomisch wettbewerbsfähiger macht. In der Regel sind aber die Gewinnerwartungen zu gering und die Widerstände zu stark, als daß es zur Problemaufhebung kommen könnte. Zur Erklärung dieser Lage lassen sich mehrere Gründe heranziehen. Die Gesellschaft kann sich selbst die derzeit große Menge erkannter Probleme leisten, solange diese zumindest regulierbar erscheinen, nicht mit Krisenanfälligkeit in eins gesetzt werden. Schließlich gilt auch Problematisches um so eher als normal, je mehr Zustände als veränderungsbedürftig definiert sind.

Die relative Knappheit der ökonomischen Ressourcen gestattet es offenbar nicht, sozialstrukturell bedingte, nicht nur durch Normabweichung entstandene Problemlagen mehr als hinhaltend zu bekämpfen. Sie zu lösen, würde eine erhebliche Umverteilung der Chancen des Zugangs zu Gütern und Dienstleistungen voraussetzen. Eine solche Korrektur träfe aber auf entschiedenen Widerstand und ließe sich nur unter Inkaufnahme politischer Konflikte und darüber hinaus von Legitimitätsverlust und Mehrheitsschwund über ein bestimmtes Maß hinaus durchführen.

Verschiedene Mißstände können darum nicht behoben werden, weil dies – und das knüpft an das letzte Argument an – mit weitgehendem sozialem Wandel verbunden wäre. Dieser würde etwa Programm, wenn die Überwindung wesentlich problemproduzierender Verhältnisse – Ungleichheit, Gewalt, Ungerechtigkeit – auf die Tagesordnung gelangte. Genau diese Umsetzung von Grundwerten ist aber bestenfalls rhetorischer Art.

Vergessen wir schließlich nicht die Schranken, die einer Beseitigung von Problemursachen durch die Institutionalisierung und auch Vermarktung von Mißständen gesetzt sind. Spezialisierte Behörden und Industrien ziehen aus dem Fortbestand einmal problematisierter Sachverhalte beträchtlichen Nutzen (dazu *Jänicke*, 1979) und tendieren von daher zu einer auf bloße Symptombehandlung gerichteten Problempolitik. Die stärker werdenden Ansätze zu nicht-professionellem Umgang mit Mängellagen, speziell die Selbsthilfebewegung, mögen den Einfluß des staatlichen Fürsorge- und Kontrollapparates einerseits, der von Vorsorge und Entsorgung lebenden Industrie andererseits schwächen; ob Probleme damit schon lösungsoffener werden, muß sich erst noch erweisen.

Abgrenzung und Differenzierung

Die aufgezeigte Aktualität gesellschaftlicher Mängellagen ist Ausgangspunkt für die Entfaltung einer eigenständigen Problemforschung. Deren Bemühen muß es zunächst einmal sein, das den verschiedenen problematischen Phänomenen Gemeinsame zu identifizieren und zu einer überzeugenden Abgrenzung ihres Gegenstandes zu gelangen – erst dann läßt sich zu theoretisch fundierter, vergleichender Sachanalyse und -kritik vorstoßen. Die Bestimmung »Sozialer Probleme« als eines autonomen Forschungsbereichs erweist sich nun aber als schwieriges Unterfangen.

Das liegt einmal an der offensichtlichen Heterogenität der begrifflich zusammenzufassenden Phänomene: Alters-, Kriminalitäts- und Umweltfragen z. B. können nicht ohne weiteres miteinander verbunden werden. Eine Hürde auf dem Weg zur Abgrenzung bildet auch die Alltagsnähe des Problembegriffs. Von Problemen ist bekanntlich allerorten die Rede; sei es in einem allgemeinen Sinne, daß man sie hat, bemerkt und in Angriff nimmt; sei es, daß es einem um die Kennzeichnung bestimmter Eigenschaften oder Personengruppen zu tun ist. Grundsätzlich gilt wohl: man soll gar Probleme haben, jedoch keines sein.

Angesichts dieser Bedingungen ist es nur naheliegend, daß über die rechte Art, soziale Probleme zu definieren, nun schon seit gut 40 Jahren diskutiert wird. Als begrifflich bedeutsam lassen sich vor allem die Abgrenzungsvorschläge von *Fuller/ Myers* (1941): »Ein soziales Problem ist eine Gegebenheit, die von einer beträchtlichen Personenzahl als Abweichung von verbindlichen Normen eingestuft wird«, *Merton* (1975): »Der erste und grundlegende Bestandteil eines sozialen Problems besteht in einer wesentlichen Diskrepanz zwischen sozial akzeptierten Standards und tatsächlich vorherrschenden sozialen Bedingungen«, *Kitsuse/Spector* (1973): »Als soziale Probleme bezeichnen wir die Aktivitäten von Gruppen, die – anknüpfend an vermeintliche Gegebenheiten – Unzufriedenheit artikulieren und Ansprüche geltend machen« und schließlich *Manis* (1976): »Soziale Probleme sind diejenigen Sachverhalte, die auf der Basis wissenschaftlicher Forschung und Werte als für menschliches Wohlbefinden schädlich identifiziert werden« hervorheben. Mit ihnen kennt man die einschlägigen Ansätze und Differenzen recht genau. Beachtung verdienen gleichwohl auch allgemeiner gefaßte, die Grenzen des Gegenstands weit hinausschiebende Definitionen, wie sie neuerdings in der BRD vertreten werden: etwa von *Hondrich* (1974): »Auf Grund der früheren Problem-Definition kann ein soziales Problem als eine Veränderung des Verhältnisses zwischen zwei sozialen Systemen spezifiziert werden, sofern diese Veränderung die Bedürfnisbefriedigung zumindest einer Person mehr als üblich beeinträchtigt und von wenigstens einer Person auf Grund ihrer in Interaktionsprozessen gewonnenen Artikulationsfähigkeit als Problem definiert wird« und daneben von *Opp* (1978).

Was Probleme auszeichnen soll, ist mal eine gesellschaftliche wahrgenommene Normabweichung, mal der Widerspruch von Sein und Sollen, mal die Beeinträchtigung individueller Bedürfnislagen, mal die Beschwerdeaktivität gesellschaftlicher Gruppen. Grundsätzlicher lassen sich Begriffsansätze danach ordnen, ob eher der objektive (die soziale Situation) oder der subjektive (die Situationseinschätzung) Faktor im Vordergrund steht, und wer dementsprechend über das Vorliegen eines Problems entscheiden soll: die Wissenschaft – wenn die vermeintlich schädliche Gegebenheit das Wesentliche ist –, gesellschaftliche Probleminteressenten – wenn die negative Bewertung von Sachverhalten den Bezugspunkt markiert. Diese beiden, sich intern noch stark unterscheidenden Positionen liegen in ständiger Konkurrenz und prägen wesentliche Teile der problem-soziologischen Debatte. Müßig ist die Auseinandersetzung deshalb nicht, weil mit der Bestimmung des Gegenstands auch für seine Erklärung schon die Weichen gestellt sind.

Den einschlägigen Definitionen läßt sich freilich nur bedingt folgen. Der »objektivistische« Ansatz unterschätzt die Offenheit des Zusammenhangs Zustand-Interpretation (Sachverhalte können heute als Problem gelten, morgen trotz unveränderter Beschaffenheit schon nicht mehr), die Bedeutsamkeit menschlicher Aktion und den oft hochgradigen Dissens über das eigentlich Störende an einer Problemlage. Er tut sich darüber hinaus schwer damit, verläßliche Kriterien für die Schädlichkeit einer Situation zu entwickeln. Überzeugend sind weder die Orientierung an den Folgen einer Sache – die ich genau kennen und beweisen können müßte –, noch der Rückgriff auf vermeintlich unabweisbare Werte, seien sie nun wissenschaftlich, politisch oder moralisch begründet.

Der »subjektivistische« Ansatz bietet fraglos den Vorzug, zu neuen Fragestellungen hinzuführen. Er stärkt die Aufmerksamkeit für Prozesse der Entdeckung, Problematisierung und Bekämpfung von Mißständen, macht sensibel für die politische Natur und den Konfliktcharakter sozialer Probleme. Die Schwächen dieser Definitionsweise liegen in der tendenziellen Ausklammerung der Problembasis und der Leugnung des Handlungsdrucks, welchen die Beschaffenheit bestimmter Situationen durchaus auszuüben vermag. Auch bewahrt die Gleichsetzung von Problem und Problematisierung nicht schon vor Willkür bei der Objektauswahl: es bleibt ja zu entscheiden, welche Beschwerde- und Konfliktprozesse Beachtung verdienen (warum haben die einen »Problemreife«, die anderen hingegen nicht?).

Worum es nach dem Ausgeführten gehen muß, ist die Verknüpfung von sozialer Lage und Interaktion, konkreter von Mißstand und seiner Politisierung. Daraus ergibt sich folgender Definitionsvorschlag: Soziale Probleme sind Phänomene, die größere Gruppen von Gesellschaftsangehörigen (bis hin zur Gesamtbevölkerung) in ihrer Lebenssituation beeinträchtigen, öffentlich als veränderungsbedürftig definiert und zum Gegenstand spezieller Programme und Maßnahmen gemacht werden.

Die kritischen Punkte dieses Ansatzes sind die Elemente »Beeinträchtigung« und »Politisierung«. Woran kann ich erkennen, daß »echte« oder nur statistische Gruppen von Mißständen betroffen sind, und wie die geforderte öffentlich-offizielle Reaktion feststellen? Was nun die Ermittlung problematischer Lagen anbelangt, sollte man weniger Zahlenwerke als vielmehr die Selbstdefinitionen Diskriminierter und Unterprivilegierter heranziehen; die Gefahr, daß vom Wissenschaftler nachweisbare Defizite den unter ihnen Leidenden nicht ins Bewußtsein gelangen, ist so groß nicht. Über die Politisierung eines Mißstandes werde ich immer dann leicht Gewißheit erlangen, wenn sie einen fortgeschrittenen Stand erreicht hat, sich in Berichterstattung, Parteiprogrammen, Gesetzgebung und behördlicher Intervention manifestiert. Finden »unsoziale Zustände« nur begrenzte Resonanz, sind gesellschaftliches Problemerkenntnis und -bearbeitung ungleich schwieriger nachzuweisen. Derzeit dürfte es freilich kaum vorkommen, daß Mißstände nicht auch erhebliche Beachtung erlangen. Bleibt ihnen diese versagt, dann sind sie keinesfalls sozialwissenschaftlich uninteressant; unserer Definition nach eben nur nicht soziales Problem, sondern unentdeckter Mangel.

Einige Abgrenzungen bleiben nun noch zu leisten. Das Verhältnis soziales – individuelles bzw. privates Problem stellt sich so dar, daß politisierte Mißstände immer auch das Leben einzelner Gesellschaftsmitglieder negativ berühren, umgekehrt hingegen viele Alltagsprobleme keine Mängellage anzeigen. Individuen sprechen offenbar dann schon von »Problem«, wenn sie eine Sache gedanklich über das für Routinehandeln übliche Maß hinaus beschäftigt, bestimmte Entscheidungen zu treffen sind. Es handelt sich dann keineswegs um unerwünschte Vorgänge; ihre »Vergesellschaftung« ist weder angestrebt noch organisierbar. Bestimmte, zunächst individuell erfahrene Fragen – insbesondere solche, die mit Leidensdruck und Mangelgefühlen verbunden sind — können freilich zu gesellschaftlichen »Ärgernissen« aufsteigen, die Interessen und/oder Werte größerer Personengruppen beeinträchtigen und nur noch durch politische Aktionen lösbar erscheinen. Genau so besteht die Möglichkeit der »Reprivatisierung« vormals öffentlich thematisierter Probleme. Diese Wandlungen lassen jedoch die getroffenen Unterscheidung nicht gleich überflüssig werden. Sie hat auch dann noch ihren analytischen Sinn, wenn wir in Rechnung stellen, daß ein Gutteil der institutionellen Bearbeitung sozialer Probleme individualisierender Art ist, die Anerkennung der gesellschaftlichen Bedingtheit von Mißständen diese also keineswegs zum Objekt von Gesellschaftspolitik macht.

Wichtig ist fraglos die Klärung des Verhältnisses zwischen Abweichung, Randgruppe und sozialem Problem – dreier, eng beieinanderliegender und noch häufig synonym verwendeter Kategorien. Zunächst einmal lassen sich normabweichendes Handeln und die damit zusammenhängende gesellschaftliche Abgrenzung bestimmter Personengruppen als Erscheinungsform verschiedener Probleme – etwa von Obdachlosigkeit, Behinderung und kriminalisiertem Drogenkonsum – fassen. Wir können diese Einsicht zu groben Differenzierungen nutzen, d. h., zur Unterscheidung von Abweichungs- und Strukturproblemen zum einen, solchen, die sich mit abgrenzbaren Gruppen verbinden lassen oder eigentlich jedermann betreffen zum anderen; sie müssen aber noch um eine verlaufsorientierte Zusammenhangsanalyse ergänzt werden.

Diese sieht so aus: Abweichung → Randständigkeit → Politisierung → soz. Problem, d. h., ein Devianzphänomen ist nicht hinreichende Problembedingung, sondern muß erst mit entsprechendem Erfolg als eingriffsbedürftig definiert werden, um Problemstatus zu erlangen. Etwas verkomplizieren können wir diese Zuordnung noch, indem wir die Möglichkeit benennen, daß abweichendes Handeln

(z. B. unerlaubte Protestformen) Mittel der Erkämpfung öffentlichen Problembewußtseins sein kann, durch eine Politik der Stigmatisierung, also die »Produktion«
sozialer Randgruppen, Mißstände der Problematisierung entzogen werden.

Grundsätzlich stellt »Soziale Probleme« für uns die allgemeinere Kategorie dar. Sie
ist auf der gesellschaftlichen Makroebene anzusiedeln, während mit »Abweichung«
auf die Mikroebene Bezug genommen wird. Dazwischen liegt dann der Begriff der
Problemgruppe – und sofern diese stigmatisiert ist – der Randgruppe. Bei einer
umfassenden Analyse eines jeden dieser Phänomene wird man freilich immer auch
auf die anderen treffen.

Wofür eben ein Beispiel gegeben wurde – die Unterteilung des Katalogs von
gesellschaftlich Unerwünschtem anhand bestimmter Kriterien – bezeichnet eine
inzwischen ganz gängige Aufgabe des Problemforschers. Die bekannteste Klassifizierung stammt von *Merton* (1975), der, je nachdem, ob ein Mißstand gesellschaftlich anerkannt ist oder aber übersehen wird, zwischen manifesten und latenten
Problemen trennt. Sich auf diese Typologie einzulassen, bedeutet freilich, dem
Sozialwissenschaftler und seinem Sachverstand die Entscheidung über »wirklich«
Problematisches anzuvertrauen. Es heißt ferner, den gegenwärtigen Problematisie-
rungsboom für nicht so entwickelt zu halten, daß nicht eine Menge gesellschaftlicher Defizite versteckt blieben. Ich schätze die Lage – wie zu Anfang dieses Beitrags
dargetan – anders ein und vermag so mit Mertons Idee wenig anzufangen.
Nützlicher erscheint mir, wie *Fuller/Myers* (1941) Probleme differenziert haben: sie
gehen davon aus, daß bestimmte Situationen – z. B. Naturkatastrophen – von
jedermann als bedrohlich eingeschätzt werden (»Physical Problems«); bei anderen
wiederum Konsens über ihre Unerwünschtheit, hingegen Uneinigkeit über die zu
ergreifenden Maßnahmen besteht (»Ameliorative Problems«); bei einer dritten
Kategorie schließlich der Problemcharakter ganz strittig bleibt (»Moral Problems«).

Verweisen läßt sich hier noch auf die Anregungen von *Manis* (1976), der zwischen
primären und aus diesen hervorgehenden sekundären und tertiären Problemen
unterscheidet (ein Beispiel: Rassismus – Diskriminierung – Arbeitslosigkeit), und
Smigel (1971), dem an Problemen auffällt, daß sie ständig wiederkehrend, wiederentdeckt, aktuell, umgestaltet und schließlich unerkannt sein können. Ob es
gelingen kann, die in der BRD derzeit vorfindbaren »unsozialen Zustände« nach
diesen Schemata aufzugliedern, muß bezweifelt werden; auch brächte ein solcher
Versuch bestenfalls Ordnung, nicht aber Erkenntnisgewinn ein.

Mehr hat man wahrscheinlich davon, wenn man danach unterscheidet, ob Verhal-
tensweisen oder Strukturmängel Ausgangspunkt gesellschaftlicher Problematisie-
rung sind. Einen belangvollen Schritt in Richtung Analyse könnte auch die
Differenzierung zwischen solchen Problemen darstellen, die vornehmlich sozialer
Kontrolle unterworfen werden (z. B. Drogenkonsum, Kriminalität, Prostitution,
»Extremismus« u. a.) und solchen, die eher einen Gegenstand kompensatorischer
Programme und Maßnahmen bilden (z. B. Alter, Arbeitslosigkeit, Behinderung,
Wohnungsnot u. a.).

Natürlich ist diese Trennung idealtypisch und es lassen sich bei der Betrachtung der staatlichen Reaktion auf eine Problemlage fast immer verschiedene Politikformen ausmachen. Bei Obdachlosigkeit etwa ist insofern Kontrolle ganz wesentlich im Spiel, als ihrer Wohnung verlustig gegangene Personen in kommunale Notunterkünfte eingewiesen und durch dort geltende Reglements diszipliniert werden; andererseits ist die Existenz einer Vielzahl sozialisatorischer und materieller Hilfen in diesem Bereich nicht zu leugnen. Von Ausnahmen abgesehen (etwa Prostitution als »reines« Kontrollproblem) vermischen sich Überwachung und Strafe einerseits, Resozialisation und Integration andererseits und es bedarf deshalb der genauen Analyse der einem Problem zuteil werdenden Behandlung und ihrer Folgen, um herauszufinden, ob Kontrolle oder Kompensation überwiegt. Gerade dies macht aber eine Typisierung anhand der Problempolitik reizvoll.

Ansätze einer übergreifenden Problemtheorie

Theorien sozialer Probleme in einem engeren Sinne werden erst seit kaum zwei Jahrzehnten entworfen und diskutiert. Davor begnügte man sich damit, verschiedenste Phänomene in ordnender Absicht als Problem zu benennen und das Störende an ihnen darzutun. Die entscheidenden Impulse verdankt das Unternehmen »Theorie sozialer Probleme« Vertretern der interaktionistischen Soziologie abweichenden Verhaltens und sozialer Kontrolle, denen es um die Erweiterung ihrer Ansätze um die Dimensionen von Macht und Konflikt, allgemeiner: von Sozialstruktur und Politik zu tun war. Auch die Einsicht in den sich verstärkenden Zusammenhang von Abweichung und sozialen Protestbewegungen dürfte sie theoretisch angeregt haben, und schließlich läßt sich ihr Interesse grundsätzlicher als Bemühen um die Entwicklung einer Alternative zu sowohl funktionalistischer Systemtheorie als auch materialistischer Staats- und Krisentheorie werten.

Die interaktionistisch oder handlungstheoretisch formulierten Ansätze weisen durchaus keine Einheitlichkeit auf; sie entfalten sich aber durchweg entlang der Konzepte »Prozeß« und »Definition«, sehen das eigentlich Erklärungsbedürftige in der Umwandlung bestimmter Sachverhalte in Probleme. Der Gegenstand wird als Produkt kollektiven Handelns, insbesondere von Mobilisierung und Politisierung begriffen. Herauszufinden gilt es im einzelnen, welche Interessen und Werte die Problembildung steuern, wie das problematische Phänomen wahrgenommen und interpretiert wird, wie der Thematisierungsprozeß verläuft und was dann von staatlichen Institutionen auf politischer und pädagogischer Ebene mit dem Problem getan wird. Differenzen innerhalb dieser Theorieposition entstehen vor allem an der Frage, inwieweit die Beschaffenheit gesellschaftlicher Sachverhalte für ihre Bewertung als Problem noch verantwortlich zu machen ist. Hier läßt sich eine gemäßigt objektivistische Richtung (etwa *Blumer*, 1975) von einer radikal subjektivistischen, Problementstehung allein auf Definitionsvorgänge zurückführenden Richtung (dafür *Douglas*, 1974; *Spector/Kitsuse*, 1977) unterscheiden. Des weiteren weicht man bei der Einschätzung sozialer Bewegungen ab: hier sind sie nur eine wichtige Instanz der Problematisierung, dort schon definitorisch das Problem selbst (siehe *Mauss*, 1976).

Als repräsentativ für die Erkenntnisinteressen und -möglichkeiten der prozeßorientierten Analyse sozialer Probleme können vor allem die Arbeiten von *Hartjen* (1977) und *Spector/Kitsuse* (1977) gelten – beides Veröffentlichungen, welche die Internationalisierung der zunächst nur in den USA aktuellen Themenstellung ganz wesentlich gefördert haben.

Hartjen benennt allgemeine und spezielle Bedingungen, von denen er meint, daß sie der erfolgreichen Definition von Phänomenen als veränderungsbedürftig zugrunde liegen. Er geht davon aus, daß gesellschaftliche Gruppen dann problematisierende Aktivitäten unternehmen, wenn bestimmte Entwicklungen ihre Interessen und/oder Werte ernstlich zu bedrohen scheinen, wenn sich – einfacher gesagt – Ärger ankündigt (»Possible Trouble«). Inwieweit es nun gelingt, ungewollte Zustände zum Problem zu machen und Veränderungen herbeizuführen, hängt von der je gegebenen Überzeugungs- und Durchsetzungsfähigkeit ab, die wiederum an sozialen Status und materielle Ressourcen gebunden ist. Letztlich kommt es darauf an, den Widerstand immer vorhandener Kontrahenten zu überwinden, Konflikte also siegreich zu bestehen. Dieses Konfliktmodell von Problembildung ist bei *Spector/Kitsuse* nicht so explizit zu finden; auch sie nehmen aber an, daß Probleme stets erkämpft werden müssen und unterschätzen damit die inzwischen doch augenfällige gesellschaftliche Aufgeschlossenheit für neuentdeckte Mißstände. Nachgegangen wird weniger dem Warum als dem Wie der Problementstehung. Dies zeigt sich an der Formulierung eines – strengeren Vorstellungen von »Theorie« gewiß nicht gerecht werdenden – Verlaufsmodells, in welchem einzelne Stadien von Problemgeschichte unterschieden und durch spezifische Ereignisse und Aktivitäten bestimmt werden. Das angebotene Konzept gelangt über ältere Ansätze insofern hinaus, als es empirisch sehr viel gehaltvoller ist und den traditionellen Reformoptimismus durch die Annahme verwirft, daß die staatliche Bearbeitung eines Problems dieses häufig nicht zum Verschwinden bringt, sondern nur verschiebt bzw. anders erscheinen läßt. Geradezu zentral steht bei *Spector/Kitsuse* die Einsicht des Fortbestehens von »Mißstandsbewußtsein«. Dieses konzentriert sich im Verlauf der Problemgeschichte mehr und mehr auf die Art des offiziellen Eingriffs und läßt schließlich die Entwicklung alternativer Institutionen seitens der jeweiligen Protestgruppen wahrscheinlich werden.

Die interaktionstheoretische Position hat auch die in den letzten Jahren in der BRD in Gang gekommene Debatte über Genese und Kontrolle sozialer Probleme nachhaltig beeinflußt. Die Darlegung und kritische Fortführung dieser Perspektive (dazu *Albrecht*, 1977; *Stallberg*, 1979) war freilich bald schon von der Arbeit an konkurrierenden Theorien begleitet, so daß sich heute bestenfalls noch von einem Übergewicht, keineswegs aber von einer Vorherrschaft/des Problematisierungsansatzes sprechen läßt.

Alternativen oder Ergänzungen zu ihm sind insbesondere aus funktionalistischer (*Westhues*, 1973; *Merton*, 1975), konflikttheoretischer (*Green*, 1975), materialistischer (*Miller* 1976/77; *Schneider*, 1981) und sozialsationstheoretischer (*Tallman*, 1976) Sichtweise entwickelt worden. Ausschließlich im Rahmen der westdeutschen Sachdiskussion werden daneben der lerntheoretische (*Opp*, 1978), »technokratiekritische« (_Jänicke_, 1979) sowie der integrationistische, System-, Interaktions- und Bedürfnistheorie verbindende (_Hondrich_, 1974) Ansatz vertreten. Ohnehin zeichnet sich die hierzulande aufgenommene Theorieproduktion durch einige Besonderheiten aus: durch die Vorliebe zum relativ umstandslosen Transfer der einschlägigen Gesellschafts- und Handlungsmodelle einerseits, das ausgeprägte Bemühen um den Nachweis der Legitimität des gewählten Gegenstands andererseits; durch die enge Verknüpfung von sozialem Problem und sozialer Kontrolle, d. h. die Konzentration auf Bedingungen und Folgen des staatlichen Umgangs mit Abweichlern; schließlich durch eine Politik der Vermittlung unterschiedlicher Ausgangspunkte und Sachdimensionen, etwa die Gleichbehandlung von Sozialstruktur und Interaktion oder konkreter: von Problemlage und -definition (dazu _Stallberg_, 1981).

Die Differenzen zwischen den derzeit aktuellen Theorien sozialer Probleme sind beträchtlich und durch ausgedehnte Kontroversen inzwischen hinreichend deutlich geworden. Woran sich die Positionen scheiden, sind vor allem die Fragen der Gegenstandsdefinition, der Erklärungsabsicht, des Konstruktionsprinzips und des praktischen Interesses. Was den Objektbereich anbelangt, läßt sich sagen, daß hier soziale Probleme empirisch, d. h. unter Nachvollzug der öffentlichen Thematisierung von »Ärgernissen«, dort normativ, auf der Basis wissenschaftlicher oder politischer Kriterien von Schädlichkeit definiert werden; daß ferner ein weit ausholendes Problemverständnis im Gegensatz zu einem engeren, für offenkundig verwandte Phänomene mit zumeist langer Forschungstradition (Kriminalität, Armut, Behinderung) reservierten steht. Die Frage, was überhaupt erklärt werden soll, reduziert sich letztlich auf die Alternative: Theorie des Problematischen versus Theorie der Problematisierung und Problempolitik. Worum es hier geht, ist den Gegenstand so zu thematisieren, daß die Bildung einer übergreifenden Theorie tatsächlich möglich wird. Stellt sich diese mit dem Versuch der Zurückführung sämtlicher Mängellagen auf einunddieselben gesellschaftlichen Bedingungen her oder gelangt man zu ihr nur oder eher bei einer Konzentration auf die Bewertung diverser Zustände als veränderungsbedürftig?

Methodologisch unterscheiden sich die einschlägigen Ansätze danach, ob sie Ergebnis der Ableitung aus allgemeineren Theorien sind oder eher durch die Betrachtung der Phänomene selbst gewonnen wurden. Zu registrieren ist ein Nebeneinander hier »anwendender«, dort am Gegenstand ansetzender Positionen, wobei freilich der jeweilige Allgemeinheitsgrad durchaus identisch sein kann. Der Erfolg des eingeschlagenen Wegs erweist sich letzten Endes an der Fähigkeit, spezifische Bedingungen für die Konstitution sozialer Probleme zu benennen.

Zum praktischen Interesse in Verbindung mit Problemtheorie ist zu sagen: der Sozialwissenschaftler kann sich ausdrücklich vorbehalten, die Entscheidung über den möglichen Problemcharakter gesellschaftlicher Sachverhalte selbst zu treffen; er kann alternativ dazu sein theoretisches Bemühen auf öffentlich-offiziell schon aufgegriffene Mißstände beziehen. Daß begriffliche Autonomie Kritikfähigkeit sichert, ein rekonstruktives Vorgehen hingegen auf Systembejahung hinausläuft, ist aber eine zu einfache Annahme. So setzen sich etwa »reaktiv« verfahrende Interaktionisten im allgemeinen recht kritisch mit der Problemunterdrückung staatlicher Instanzen auseinander, während andererseits der auf Unabhängigkeit in der Problemauswahl pochende Funktionalismus der etablierten Mißstandsbekämpfung kaum skeptisch gegenübersteht und an der von anderen bestrittenen Lösbarkeit von Problemen festhält. Prinzipiell wird man »unsoziale. Zustände« gar nicht unkritisch beschreiben und erklären können. Von Unterprivilegierung und Diskriminierung etwa läßt sich nicht sprechen, ohne gesellschaftliche Verhältnisse und staatliche Politik als unvollkommen und ineffizient vorauszusetzen bzw. zu qualifizieren. Die Frage ist nur, wie direkt Sozial- und/oder Instanzenkritik formuliert wird und ob die theoretische Analyse etwa in eine Zusammenarbeit mit sozialen Bewegungen einmündet. Das letztere würde bedeuten, nicht nur wissenschaftliche Informationen bereitzustellen, sondern darüber hinaus als Anwalt und parteinehmender Experte aufzutreten.

Diskussionsstand

Was die verschiedenen Ansätze zu einer Theorie sozialer Probleme eint und die benannten Streitpunkte wenn nicht aufhebt, so doch relativiert, ist die Annahme, es mit einer eigenständigen, analytisch fruchtbaren Fragestellung zu tun zu haben. Man geht davon aus, daß eine Theorie sozialer Probleme möglich wie notwendig ist, kein in anderen Erkenntnisaktivitäten schon enthaltenes Vorhaben bezeichnet. Dies bedeutet, soziale Probleme auf einer spezifischen Ebene unterhalb von Gesellschaft und ihren Teilbereichen, oberhalb aber etwa von Devianz anzusiedeln, von bestimmten Ereignissen und Situationen zu glauben, daß sie mit Kategorien wie »Krise« oder »Widerspruch« unzutreffend oder nur ungenau beschrieben sind. Dies ist nun alles nicht selbstverständlich und führt zwangsläufig in die Konkurrenz zu benachbarten Forschungsfeldern: »Sozialpolitik«, »Soziale Konflikte«, »Soziale Bewegungen« etc. Reflektiert wird diese Lage innerhalb der einschlägigen Diskussion eigentlich von Anfang an; wodurch man ihr für gewöhnlich zu begegnen versucht, ist die Angabe von Grenzen und Unterschieden. Mitunter freilich tritt man auch die Flucht nach vorn an und leitet dann etwa aus der politischen Natur sozialer Probleme die Notwendigkeit ab, ihre Analyse zu einer Soziologie der Politik auszuweiten (*Sack*, 1981).

Von außen hat die theoretische Beschäftigung mit sozialen Problemen bislang noch kaum Kritik erfahren; sie blieb entweder unbeachtet oder wurde als »ganz andere« Aktivität eingeschätzt, die eigene Interessen nicht zu beeinträchtigen schien. Mit fortschreitender Kontinuität, Institutionalisierung (die in den USA vor über 25 Jahren in der »Society for the Study of Social Problems« ihren Anfang fand, in der BRD sich seit 1976 in der Sektion »Soziale Probleme und soziale Kontrolle« der Deutschen Gesellschaft für Soziologie vollzieht) und forschungspraktischer Bedeutung dürfte jedoch die Auseinandersetzung mit ihr unvermeidlich werden. Mit welchen Argumenten sich diese führen läßt, zeigt ein gerade publizierter Beitrag *Heinz Steinerts* – meines Wissens die erste »Grundsatzabrechnung« mit dem neuetablierten Forschungsbereich (für eher punktuelle und im wesentlichen integrierbare Einwände vgl. *Grünberger/Heiland*, 1981).

Steinert (1981) zufolge ist der Begriff »Soziale Probleme« als Instrument theoretischer Analyse untauglich, da er Zustände zum Teil verharmlose, zum Teil dramatisiere und darüber hinaus notwendig in ein unhistorisches und unspezifisches Modell von Gesellschaft einmünde. Ohnehin sei der thematisierte Gegenstand in anderen Theorietraditionen schon angemessen behandelt. Sofern nun dennoch – erklärlich nur als akademische Distanzierung von den gegenwärtigen Gegebenheiten in Politik und Gesellschaft – über soziale Probleme eine Theorie gemacht werde, bleibe diese abstrakt und ohne praktischen Wert.

Viel von ihrer möglichen Wirkung genommen wird dieser Kritik dadurch, daß sie mit einer Situationsanalyse einhergeht, die konkret zu finden, schwerfallen dürfte und deren Begrifflichkeit (Widerspruch, Kapitalstrategie, Staatsintervention) man genauso gut abgenutzt wie bewährt nennen kann. So drängt sich gleich das Gegenargument auf, daß es Zeit wird, Phänomene einmal nicht mit gesellschaftstheoretischer Allgemeinheit zu betrachten. Dafür läßt sich heute auf die Theorie sozialer Probleme zurückgreifen. Über sie nur zu reden, bleibt – da hat Steinert recht – eine abstrakte Sache. Es kommt darauf an, sie anzuwenden; einzelne Problemlagen, Problemgruppen, Problementstehungs- und bearbeitungsprozesse theoretisch fundiert zu untersuchen; Phänomene wie Alter, Behinderung, Kriminalität und Obdachlosigkeit mit übergreifenden Kategorien und Thesen zu analysieren. Die hier gemeinte Art von Forschung ist jedenfalls in raschem Vormarsch begriffen: hatte noch *Albrecht* (1974) in dem ersten deutschsprachigen Übersichtsartikel zu sozialen Problemen guten Grund, die Theorielosigkeit der Beschäftigung mit defizitären Zuständen zu beklagen, so liegen heute schon etliche Studien vor, die den strukturellen und normativen Bedingungen einzelner dieser Sachverhalte wie auch den Determinanten der gesellschaftlichen Reaktion auf sie nachgehen. Fruchtbar gemacht wird in diesen freilich vorwiegend Devianz- und Randgruppentheorie, seltener hingegen die im Verhältnis dazu allgemeinere Theorie sozialer Probleme. Noch interessieren die Ursachen der unerwünschten Phänomene selbst erheblich mehr als die ihrer Problematisierung. Dies kann dann nicht als Mangel erscheinen, wenn man sich in Erinnerung ruft, wie kurz erst der Durchbruch sozialwissenschaftlicher Sichtweisen in dem hier behandelten Feld zurückliegt.

Friedrich W. Stallberg

Literatur

Albrecht, G., 1974: Soziale Probleme und Sozialpathologie. In: Kleines Kriminologisches Wörterbuch, Freiburg – **Albrecht, G.*, 1977: Vorüberlegungen zu einer »Theorie sozialer Probleme«. In: Soziologie und Sozialpolitik (Sonderheft 19 der Kölner Zeitschrift für Soziologie und Sozialpsychologie), Opladen – *Douglas, J. D.*, 1974: Defining America's Social Problems. Prentice Hall, Englewood Cliffs, N. J. – *Blumer, H.*, 1975: Soziale Probleme als kollektives Verhalten. In: *Hondrich, K. O.*, Menschliche Bedürfnisse und soziale Steuerung, Reinbek – *Fuller, R./Myers, R. R.*, 1941: Some Aspects of a Theory of Social Problems. In: American Sociological Review, 6: 23–31 – *Green, A. W.*, 1975: Social Problems: Arena of Conflict, New York – *Grünberger, H./Heiland, H.-G.* (Hrsg.), 1981: Theorie sozialer Probleme – ein fruchtbarer Irrweg? H. 21 der Schriftenreihe des Forschungsschwerpunkts

»Soziale Probleme: Kontrolle und Kompensation« der Universität Bremen – *Hartjen, C. A.*, 1977: Possible Trouble. An Analysis of Social Problems, New York – *Hondrich, K. O.*, 1974: Soziale Probleme, soziologische Theorie und Gesellschaftsplanung. In: Archiv für Rechts- und Sozialphilosophie, 60: 161–185 – *Jänicke, M.*, 1979: Wie das Industriesystem von seinen Mißständen profitiert, Opladen – *Kitsuse, J. I./Spector, M.*, 1973: Toward a Sociology of Social Problems: Social Conditions, Value-Judgments and Social Problems. In: Social Problems: 407–419 – *Manis, J. G.*, 1976: Analyzing Social Problems, Praeger, New York – *Mauss, A. L.*, 1976: Social Problems as Social Movements, Lippincott, New York – *Merton, R. K.*, 1975: Soziologische Diagnose sozialer Probleme. In: *Hondrich, K. O.*, Menschliche Bedürfnisse und soziale Seuerung, Reinbek – *Miller, S. M.*, 1976/77: The Political Economy of Social Problems: From the Sixties to the Seventies. In: Social Problems: 131–141 – *Opp, K.-D.*, 1978: Der verhaltensorientierte Ansatz. In: Materialien aus der soziologischen Forschung. Verhandlungen des 18. Deutschen Soziologentages vom 28. 9. bis 1. 10. 1976 in Bielefeld, München – *Sack, F.*, 1981: Unbeabsichtigte Folgen gesellschaftlichen Handelns als Spätfolge der Prozesse der »Konstitution sozialer Probleme« und ihrer Selektionsleistungen. In: *Matthes, J.* (Hrsg.), Lebenswelt und soziale Probleme. Verhandlungen des 20. Deutschen Soziologentages zu Bremen 1980, Frankfurt/M. – *Schneider, H. R.*, 1981: Anforderungen an eine Theorie sozialer Probleme und kritische Anmerkungen zum Forschungsstand in der BRD. In: Kriminalsoziologische Bibliografie, 8: 21–45 – *Smigel, E. O.* (Hrsg.), 1971: Handbook of the Study of Social Problems, Chicago – *Spector, M./Kitsuse, J. I.*, 1977: Constructing Social Problems, Cummings, Menlo Park, Cal. – *Stallberg, F. W.*, 1979: Konstitutionsbedingungen sozialer Probleme: Hinweise zu Analyse und Diskussionsstand. In: Kriminalsoziologische Bibliografie, 6: 1–14 – *Stallberg, F. W.*, 1981: Soziale Probleme als Gegenstand der Theoriebildung: Tendenzen und Positionen in der westdeutschen Soziologie. In: Kriminalsoziologische Bibliografie, 8: 1–19 – *Stallberg, F. W./Springer, W.* (Hrsg.), 1983: Soziale Probleme. Grundlegende Beiträge zu ihrer Theorie und Analyse, Neuwied – *Steinert, H.*, 1981: Widersprüche, Kapitalstrategien und Widerstand oder: Warum ich den Begriff »Soziale Probleme« nicht mehr hören kann. In: Kriminalsoziologische Bibliografie, 8: 56–88 – *Tallman, I.*, 1976: Passion, Action and Politics. A Perspective on Social Problems and Social Problem Solving. Freeman, San Francisco – *Westhues, K.*, 1973: Social Problems as Systemic Costs. In: Social Problems: 419–431. –

→ Alhoholismus → Drogenhilfe → Jugend: Strukturwandel und Problemlagen → Normenprobleme → Randgruppen → Sozialhilfe → Sozialpädagogik/Sozialarbeit: Theorie und Entwicklung

Sozialhilfe

Die Errichtung des Sozialamtes beruht, im Gegensatz zu der des Jugendamtes, rechtlich gesehen auf der ungebundenen Organisationsgewalt der Kommune, da die Einrichtung eines solchen Amtes im Bundessozialhilfegesetz (BSHG) nicht vorgeschrieben ist. Der faktische Zusammenhalt dieser Institution beruht darauf, daß die materiellen (»Armenpflege«) wie die ideologisch-repressiven (»Armenpolizei«) Maßnahmen gegenüber der Armutsbevölkerung schon früh in der Geschichte der bürgerlichen Gesellschaft in den Städten an einem Punkt konzentriert wurden (vgl. *Fischer,* 1979; *Sachße/Tennstedt,* 1980) und sich diese Tradition der Konzentration von »Hilfen in letzter Instanz« bewährt hat, die sich bei den Flächenstaaten auch für die Landessozialämter nachzeichnen läßt (sog. »überörtliche Träger«).

Struktur von Sozialamt und Sozialhilfe

Wenngleich die »persönliche Hilfe« eine gesetzliche Aufgabe dieses Amtes darstellt, ist es doch organisatorisch vornehmlich darauf zugeschnitten, materielle Leistungen (Geld- und Sachleistungen) zu erbringen und entspricht damit personalpolitisch der Perspektive des Verwaltungs-(Innen-)Dienstes. Die mehr sozialarbeiterischen Dienste (der »Außendienst«) sind grundsätzlich vom Sozialamt (»Innendienst«, Verwaltungsabteilung) getrennt, sogar in anderen Behörden organisiert (z. B. in den Jugend- und Gesundheitsämtern) und werden dann vom Sozialamt fallweise in Anspruch genommen. Daraus ergeben sich schon wesentliche Kritikpunkte: Aufspaltung von sachlich Zugehörigem in Innen- und Außendienst; Reduzierung der Sozialarbeiter auf »Ermittlungsbeamte« der Sozialverwaltung ohne jede Entscheidungsbefugnis. In einigen Städten organisiert das Sozialamt seinen eigenen Nur-Ermittlungsdienst.

Da sozialarbeiterische, sozial-dienstleistende Aspekte und ferner sozialplanerische Aufgaben (z. B. in der Jugend- und Altenarbeit) von diesem Amt weitgehend ferngehalten sind, ist der Arbeitsprozeß des Amtes durch einen ungebrochenen bürokratischen Zuschnitt gekennzeichnet (vgl. zum folgenden: *Grauhan/Leibfried,* 1977). Er ist büromäßig organisiert und funktioniert gemäß einer Arbeitsteilung nach dem Prinzip der Aufteilung des Sachgebiets nach Buchstaben (Anfangsbuchstaben des Nachnamens des Antragstellers) oder örtlich nach Stadtteilen (und in diesem Rahmen nach Anfangsbuchstaben). Es herrscht ferner das Prinzip der Schriftlichkeit, nämlich des aktenmäßigen Entscheidungsganges (Sachverhaltsaufnahme – Überprüfung – Entscheidung) bei Einordnung in die bürokratische Hierarchie. Die Hierarchie ist durch eine persönliche Kanalisierung von Kommunikation (Prinzip der Einzelzuständigkeit) und eine gestaffelte Zentralisierung von Kontrolle und Entscheidung (Sachbearbeiter – Sachgebietsleiter – Abteilungsleiter – Amtsleiter – Ressort- bzw. Dezernatschef) gekennzeichnet.

Die Organisationsstruktur des Sozialamtes entspricht damit der des Typus »legaler Herrschaft« im Sinne *Webers,* also dem hierarchisch-monokratisch-aktenmäßigen

Durchsetzen normativ-verbindlicher Regeln (hier: des BSHG und der Ausführungsvorschriften). Für das Verhältnis Verwaltung – Klient bedeutet diese Regelhaftigkeit, daß die Klienten z. B. gemäß einzelnen Hilfearten kategorisiert, entindividualisiert behandelt werden, womit sie also nach universalistischen Grundsätzen Handlungsprogrammen subsumiert werden und ihre Probleme nicht auf eine je spezifische Weise ernst genommen werden können (»Einzelfallhilfe«). Das Verhältnis Sozialamt und Umwelt ist somit durch Anonymität und Vertretbarkeit, also durch einen verdinglichten Umgang mit dem »Publikum« gekennzeichnet.

Die Kontrollstruktur des Amtes zeichnet sich durch ihre Introvertiertheit aus, nämlich durch ein Vorherrschen von Wirtschaftlichkeits-, Rechts- und Managementkontrolle. Die Steuerung der Entscheidungsprozesse ist nicht an den Wirkungen orientiert, die die Leistungen des Amtes im sozialen Prozeß erzeugen. Dementsprechend sind auch die statistischen Informationen über das Amt zugeschnitten. Soweit Kontrolle auf »Wirkungen« zielt, bezieht sie sich nur auf die Folgsamkeit des Klienten gegenüber inner-bürokratisch gesetzten und überschaubaren Regeln, nicht aber beispielsweise darauf, wie gut bzw. wieviel besser er bzw. sie in seinen/ihren normalen sozialen Beziehungen zurechtkommt. Mit dieser introvertierten Wirkungskontrolle schafft sich die Verwaltung nur einen ihren Anforderungen entsprechenden »Modellklienten«.

Soweit im Sozialamt, entgegen seinem dominanten Zuschnitt, unmittelbar »sozialarbeiterische« Leistungen organisiert sind (z. B. für Obdachlose und Süchtige) oder soweit gar in Ansätzen die materiellen Hilfen als Teil einer persönlichen Dienstleistung erbracht werden sollten, werden diese Aktivitäten entweder unter die Funktionsprinzipien einer Bürokratie des Typus legaler Herrschaft subsumiert – das stellt die Wirksamkeit der sozialen Dienstleistungen selber in Frage – oder bilden einen Fremdkörper in dieser Bürokratie – was zu ständigen Reibungen und sich wiederholenden Reorganisationsbemühungen führt. Diese Problemlage ist ein Indiz dafür, daß das bundesrepublikanische Gesamtpolitikum kein Sozialstaat, sondern nur ein Sozial-Staat ist, ein Gemeinwesen, in dem das »Soziale« zu der Form des Staatlichen in Widerspruch steht und immer akut in Gefahr ist, zu einem »Annex« dieser »Staatlichkeit« zu werden und nur deren Legitimation zu dienen (vgl. *Grauhan*, 1980). Die Organisation dieser direkt dienstleistenden Arbeit und ihre organisatorische Verknüpfung mit den Entscheidungsprozessen innerhalb des bürokratischen Apparats bilden meist das Problem, auf das die Reorganisationsbemühungen in der Verwaltung des Sozialamtes zielen (vgl. *Bronke/Wenzel*, 1981).

Der Kommune obliegt als Angelegenheit der Selbstverwaltung die Verwirklichung des vom Bund gesetzten Rechts der Sozialhilfe. Dieser Rechtsbereich ist als besonderer Teil in die Kompilationsversuche sozialrechtlicher Materien einbezogen worden, wie sie in einem Sozialgesetzbuch (SGB) schon seit einigen Jahren in Angriff genommen sind. Schon heute gilt der im Vorgriff erlassene Allgemeine Teil (AT) und das Zehnte Buch (Verwaltungsverfahren) des SGB auch für die Sozialhilfe. Im Gegensatz zur rechtlichen Programmierung ist die Finanzierung der Sozialhilfe jedoch ganz überwiegend eine kommunale Angelegenheit. Dem Sozialamt können über das BSHG hinaus zusätzliche Aufgaben übertragen werden. Soweit es sich hier um ausgabenwirksame Programme handelt – wie z. B. Aufwendungen für Weihnachtsbeihilfen und die Krankenversorgung nach dem Gesetz über den Lastenausgleich – sind sie von geringer Bedeutung. Etwa 2,2 % der Gesamtausgaben der »Träger der Sozialhilfe« bezogen sich 1980 auf solche Programme außerhalb des BSHG. Da die Kommunen oder die Länder die durch das BSHG vorgeschriebenen Leistungen erweitern können, wirkt das BSHG nur als ein Mindestprogramm verpflichtend. Allerdings sollte die Charakterisierung von Sozialhilfe als »Selbstverwaltung« nicht über faktisch bestehende zentrale soziale Steuerungsmechanismen hinwegtäuschen: so den Deutschen Verein in seiner sozialhilfepolitischen »Kartellfunktion« und die kommunalen Spitzenverbände (Deutscher Städtetag, Deutscher Landkreistag). Auch die kaum Alternativen zulassende Kommentarliteratur, die der Praxis die Handlungsmöglichkeiten vorzeichnet, läßt wenig Raum für Selbstverwaltung in emphatischem Sinne. Die praktische Sozialhilfepolitik ist somit durch eine intensive Verbandsüberformung gekennzeichnet. Zusätzlich sind dann noch die landesinternen Richtlinien in der örtlichen Sozialhilfeverwaltung zu beachten.

Im Verhältnis zu den »freien Trägern« (Verbände) hat zwar der Grundsatz der Subsidiarität der Tätigkeit des Sozialamtes zu allen Formen »gesellschaftlicher Selbsthilfe« eine erhebliche rechtliche und ideologische Rolle gespielt und zu einschlägigen Verfassungsstreitigkeiten geführt. Faktisch spielt dieser Grundsatz jedoch hier kaum eine Rolle. Im Bereich der universalen materiellen Grundsicherung – der Hilfe zum Lebensunterhalt (HLU) – kann ohnehin nur die öffentliche Hand ein ideologisch und gegebenenfalls auch sozial effektives Programm garantieren. Soweit die »freien Träger« im übrigen im Bereich der Sozialhilfe tätig werden (z. B. als Träger von Altenheimen, Wohnheimen, Pflegepersonaldiensten) sind sie in ihrem materiellen Substrat von öffentlichen Leistungen (direkten Subventionen, indirekten Zuschüssen über Leistungen an Hilfeempfänger oder steuerlichen Privilegierungen) abhängig.

Die Leistungen des Sozialamtes nach dem BSHG, die oft unter dem Stichwort »Ausfallbürge« zusammengefaßt werden, zerfallen in zwei große Gruppen, die sich zwar in den Zuteilungsstandards, aber grundsätzlich nicht im Zuteilungsverfahren unterscheiden. Die Ermittlung der Leistungen folgt aus dem Vergleich zweier Standards der Lebensführung: dem »Selbsthilfevermögen« und dem »Bedarf« (der in einem »Regelsatz« erfaßt wird; vgl. *Hofmann/Leibfried,* 1980; zur Geschichte und Funktion *Leibfried,* 1981 und 1982), die beide in Geld ausgedrückt werden. Da in der Regel von einem »Selbsthilfevermögen« ausgegangen wird, besteht die Leistung des Sozialamtes aus einem »Aufstockungsbetrag«, dessen Höhe sich aus der Bilanzierung in einer Vergleichsrechnung ergibt.

Die Hilfe zum Lebensunterhalt (HLU) bildet den Grundtatbestand der Sozialhilfe (vgl. zum rechtlichen Handlungsinstrumentarium und seiner Struktur: *Petersen,* 1972; *Schulte/Trenk-Hinterberger* 1982). Sie wird denjenigen nach Regelsätzen gewährt, die ihren Lebensunterhalt nicht oder nicht ausreichend aus eigenen Mitteln, vor allem aus eigenem Einkommen und Vermögen, bestreiten können.

Hinzu kommen der Unterkunftsbedarf und einmalige Beihilfen. Diese Hilfeart wird hauptsächlich außerhalb von Anstalten gewährt.

Die Hilfen in besonderen Lebenslagen (HbL) beinhalten Sonderregelungen zur HLU, die zu kleinen Teilen die HLU nur ergänzen, weitgehend aber besondere Risikolagen durch ein Mehr an Unterstützung »privilegieren«. Im folgenden werden diese Handlungsinstrumente des Sozialamtes in der Reihenfolge ihrer Ausgabenwirksamkeit (Anteilsangaben in % an den Gesamtausgaben für HbL 1980; vgl. Statistisches Bundesamt, Sozialhilfeaufwand 1980) aufgeführt: Hilfe zur Pflege (56%), Eingliederungshilfe für Behinderte (29,9%), Krankenhilfe (8,9%), vorbeugende Gesundheitshilfe (1,1%), Tuberkulosehilfe (0,8%), Ausbildungshilfe (0,3%), Hilfe zur Überwindung besonderer sozialer Schwierigkeiten (1,8%), Blindenhilfe (0,02%), Altenhilfe (0,5%), Hilfe zur Weiterführung des Haushalts (0,4%), Hilfe für werdende Mütter und Wöchnerinnen (0,1%), Hilfe zum Aufbau oder zur Sicherung der Lebensgrundlage (0,04%).

Folgende allgemeine Trends (zu partielleren aber zentralen Einstiegen hierzu, vgl. *Strang,* 1970; *Bujard/Lange,* 1978) kennzeichnen die Struktur der Leistungen des Sozialamtes in den Jahren von 1965–1980:

Die Anzahl der Hilfeempfänger (HE) nach dem BSHG (vgl. Statistisches Bundesamt, Sozialhilfeempfänger 1975) überschritt 1975 erstmals die Grenze von 2 Millionen. Die Anzahl der Empfänger von HLU entwickelt sich zyklisch: die niedrigste Anzahl ist 1970 erreicht; während die Anzahl vor 1970 nicht erheblich über diesem Minimum liegt, stieg sie danach in größerem Umfang und liegt seit etwa 1979 bei gleichbleibend 1,5 Millionen. Die HbL kennzeichnet hingegen ein langsames, aber stetiges Steigen der E-Zahlen. Die Zunahme der HE insgesamt betrug 1975 gegenüber 1970 37%, jedoch 1980 gegenüber 1970 etwa 260%. (Der Umfang der Leistungen hat sich nahezu vervierfacht.) Diese Veränderungen sind nicht rein sozial determiniert (Arbeitslosigkeit, Familienauflösung, relatives Anwachsen der Senioren in der Bevölkerung usf.), sondern auch von Ausweitungen in der Anspruchsberechtigung durch Novellierungen des BSHG mit bestimmt. Eine alle Gruppen der Sozialhilfe umfassende Anamnese liegt nicht vor; entsprechende statistische Daten werden auch routinemäßig nicht erhoben.

Die Mehrheit der HE sind Frauen (1975: 59,7%). Dies ist ein Indiz für die schlechtere berufliche, gesellschaftliche und sozialrechtliche Absicherung der Frau, also das Problem der »geschlechtlichen Diskriminierung«. Zu den über 65jährigen zählten 1975 6,3%, zu den unter 18jährigen 4,3% der HE im Verhältnis zur Durchschnittsbevölkerung (Durchschnitt aller Altersgruppen: 3,5%). Die Tendenz der bis unter 50jährigen, Sozialhilfe zu beanspruchen, steigt letzthin, während sich der Anteil bei älteren Menschen stabilisiert bzw. zurückgeht (vgl. nunmehr *Deininger,* 1981). Der hohe Anteil der alten Menschen ist durch zu niedrige oder nicht vorhandene Sozialversicherungsleistungen verursacht (Mängel: keine ausreichende Mindest- sowie Witwenrente, keine Volksrente). Im übrigen schlagen die konjunkturellen Wirtschafts- und Arbeitsmarktschwankungen seit einigen Jahren in der Sozialhilfe durch. Unter den HE sind diejenigen aus Randschichten und der traditionellen Unterschicht überrepräsentiert, die Sozialhilfe weist also eine »klassenmäßige Selektivität« auf.

Die Mehrheit der HE erhält »offene« Hilfen durch die »örtlichen Träger« der
Sozialhilfe. Die Hilfe innerhalb von Anstalten (beispielsweise: Altersheimen,
Krankenhäusern), die oft durch die »überörtlichen Träger« der Sozialhilfe geleistet
wird, ist weitaus kostenintensiver, vor allem gekennzeichnet durch eine starke,
durchschlagende »Kostenexplosion« bei den Pflegesätzen seit etwa 1970. Während
sich das Zahlenverhältnis dieser beiden Arten von HE (etwa 3 : 1) seit 1965 kaum
geändert hat, haben sich die Kosten von einem Gleichstand 1965 hin zu 28,5 %
Mehrausgaben für anstaltsbezogene gegenüber »offenen« Hilfen entwickelt. Der
Anteil der HE unter Bewohnern von Anstalten ist wesentlich größer als unter der
Bevölkerung außerhalb von Anstalten.

Rein quantitativ erhielten 1975 in etwa ebensoviel HE HLU wie HbL. Allerdings
steigen die Zuwächse bei der HLU ungleich stärker: von 1974 auf 1975 12,6 %
(HLU) und 1,9 % (HbL), von 1970 auf 1975 59 % (HLU) und 19 % (HbL).
Inzwischen hat sich dieser Trend umgedreht: der Zuwachs von 1979 auf 1980 bei der
HLU betrug 11,5 %, bei der HbL 44,4 %.

Im Gegensatz zur Zyklizität der HE bei der HLU ergibt sich für die Ausgaben der
Sozialhilfe insgesamt und die der HLU wie der HbL ein beständiges Wachstum. Die
Ausgaben waren für alle Programme des Sozialamtes 1975 etwa viermal so hoch wie
1965 (1965 = 100; 1975 = 406), wobei die HbL weitaus ausgabenintensiver pro HE
ist als die HLU. Verglichen mit dem Sozialbudget insgesamt (1975 = 297) ist dieses
Wachstum überdurchschnittlich und gibt formell einen Anlaß für öffentliche Kritik.
Allerdings wird, wie die folgenden Indexzahlen zeigen, dieses Wachstum von
anderen Institutionen der sozialen Sicherung noch bei weitem übertroffen (Ausbildungsförderung: 1713; Arbeitsförderung: 1142; Wohngeld: 998; Vermögensbildung: 965; Zusatzversicherung für Angestellte und Arbeiter von Arbeitgebern des
öffentlichen Dienstes: 598; Jugendhilfe: 498; Versorgungszwecke der freien
Berufe: 497). Wachstumsintensiv sind also derzeit vor allem die Zweige der sozialen
Sicherung, die auf die »irreguläre Arbeiterschaft« zielen, die sich über Arbeit nicht
oder nicht stetig oder nicht ausreichend reproduzieren kann (Wohngeld, Arbeitsförderung, Jugendhilfe und teilweise die Ausbildungsförderung, sowie Sonderver-
sicherungsformen).

Das Sozialamt tätigt nicht nur die Ausgaben, sondern erzielt auch erhebliche
Einnahmen. Sie deckten 1975 mehr als ⅕, 1980 ¼ der Bruttoausgaben. Diese
»Refinanzierung« erfolgt zu etwa 42 % aus dem weiteren Bereich des HE (Unter-
haltspflichtige, Ehegatte, der HE selbst usf.) und zu 57,4 % aus »neutralen Mitteln«
(vor allem Ersatzleistungen der übrigen Sozialleistungsträger).

Die Sozialhilfebelastung je Einwohner der Bundesrepublik betrug 1975 136 DM
(Maximum: Berlin – 308 DM; Minimum: Bayern – 92 DM), 1980 215,– DM
(Maximum: Berlin 493 DM; Minimum: Bayern 137,– DM). Die Ausgaben für alle
Programme des Sozialamts zusammengenommen entsprachen 1980 3,1 % (1975
2,7 %, 1965 1,9 %) des Sozialbudgets und 0,9 % (1970 0,85 %, 1965 0,49 %) des
Bruttosozialprodukts.

Die Struktur der Leistungen des Sozialamtes läßt sich auch in einem Vergleich mit
anderen »Institutionen« der sozialen Sicherung verdeutlichen, der sich an die durch

das Sozialbudget vorgegebenen Kategorien (vgl. Sozialbericht 1980) hält. Das Sozialamt unterscheidet sich vom Jugendamt dadurch, daß dessen Tätigkeit wesentlich »Allgemeine Dienste und Leistungen« beinhaltet, die also nicht unmittelbar wie die Zuteilung einer Sache einer bestimmten begünstigten Person zugerechnet werden. Die Tätigkeit des Sozialamtes hingegen konzentriert sich auf zurechenbare Sach- und Geldleistungen. Das Sozialamt unterscheidet sich von den Rentenversicherungen dadurch, daß deren Leistungen bald ausschließlich Einkommensleistungen und zwar laufender Art sind. Dem Sozialamt geht es vergleichsweise stärker um punktuelle, einmalige Geldleistungen und im übrigen vor allem um Leistungen außerhalb der Geld- und oft auch der Marktform, nämlich Sachleistungen. Die Leistungen des Amtes zielen insgesamt danach in individualisierender Weise auf bestimmte Kategorien der Bevölkerung und sind im Hinblick auf die Art der Gewährleistung und eines »menschenwürdigen« Lebens vergleichsweise stark marktentkoppelt und kontrollintensiv (relativ starke Betonung von Sachleistungen). Die Kontrollintensität zeigt ein Vergleich des Verhältnisses von Personal- zu Leistungsaufwand bei der Sozialhilfe und den Sozialversicherungsträgern.

Funktion von Sozialamt und Sozialhilfe

Manifeste Funktion des Sozialamtes ist es, die ihm im BSHG und darüber hinaus übertragenen Aufgaben zu erledigen. Hiervon ist die latente Funktion zu unterscheiden, nämlich ein objektiver gesellschaftlicher Wirkungszusammenhang, der gerade mit der Selbstdarstellung und dem Selbstverständnis des Amtes, wie mit dem Gesetzeswortlaut unmittelbar nicht deckungsgleich sein darf. Diesen Wirkungszusammenhang kann man dadurch ermitteln, daß man zu erklären versucht, warum von der Gesamtheit aller Sozialhilfeberechtigten nur ein Bruchteil (zwischen 30- und 70%; der Umfang ist im einzelnen umstritten) in den Genuß von Sozialhilfeleistungen kommt. Als Erklärung kommt eine »Filterung« von Ansprüchen der Armutsbevölkerung in Betracht. Sie setzt an einem schon gegebenen Armutspotential an (vgl. dazu *Leibfried,* 1977; *Hartmann* 1982).
Dieses Potential ist zunächst dadurch bestimmt, daß der Status des Lohnarbeiters mit der Entwicklung der bürgerlichen Gesellschaft sich zunehmend verallgemeinert, daß diesem Status ein nur vorläufig gesichertes Einkommen zugeordnet ist und daß ihm eine individuelle Vermögenslosigkeit entspricht. Daraus folgt eine strukturell begrenzte Möglichkeit, individuell oder kollektiv Einkommensausfälle zu kompensieren. Dieses »latente« Armutspotential wird im Vorfeld der Sozialhilfe durch reproduktionswirksame öffentliche Maßnahmesysteme (wie: Versicherung, Versorgung, Wohngeld, Kindergeld, Steuerstruktur) gestaltet und begrenzt. Diese Interventionen formen also erst das »manifeste« Armutspotential, indem sie es aus dem latenten ausgrenzen.
Von diesem manifesten ist nun das vom Sozialamt »aufgegriffene« Armutspotential zu unterscheiden. Stellen wir hier der Einfachheit halber nur auf die HLU ab, so umfaßt es alle diejenigen, die ausreichende HLU nach dem BSHG erhalten. Nicht

erfaßt sind diejenigen – nur abstrakt – Berechtigten, die ihren Anspruch auf HLU ganz, teilweise oder temporär nicht wahrnehmen. Als Erklärung für diese Diskrepanzen kommen drei prinzipielle Schwellen in Betracht, die ein Berechtigter nehmen muß, um HLU zu erhalten.

Die erste Schwelle ist primär gesellschaftlicher Art und bereinigt schon im Vorfeld die Anforderungen an das Sozialamt. Die Vermarktung der Selbsterhaltung der Gesellschaft und ihrer Mitglieder – jeder muß sich zunächst über den Markt reproduzieren – erzeugt und stabilisiert eine Leistungsideologie. Durch sie wird für die Lohnabhängigen fast selbsttätig jede Alternative zu einem Lebensunterhalt über den Arbeitsmarkt ausgeblendet. Dies geschieht in einem schon seit der Auflösung des Feudalismus andauernden Prozeß der »Umpolung der Werte« (vgl. *Sachße/Tennstedt,* 1980; *Lenhart/Offe,* 1977). Sozial verstärkt wird diese Orientierung durch eine Degradierung von Marktversagern als »Parasiten«, eine Orientierung, die durch eine öffentliche Sonderbehandlung von »sozial achtenswerten« Armutsrisiken, z. B. durch die Einrichtung einer Sozialversicherung für »Kranke«, »Invaliden« usf., mitgestaltet wird: Da das »Netz der sozialen Sicherung« als ein Allumfassendes behauptet wird, steht auch die Schuld derjenigen von vornherein fest, die von diesem »oberen« Netz nicht erfaßt werden (vgl. *Wagner,* 1981).

Die nächste für die Struktur des Sozialamts unmittelbar entscheidende Schwelle läßt sich als die »passive Ausrichtung der Sozialverwaltung« umschreiben. Die Verwaltung spürt die ihr im BSHG aufgegebenen sozialen Probleme in der Regel nicht von sich aus auf und bearbeitet sie ausnahmslos – »aktive Ausrichtung«. Sie wartet vielmehr darauf, daß sich ihr das »gesellschaftliche Problem aufdrängt«, die Bedürftigen sich melden und ihre Ansprüche geltend machen. Einer Ausrichtung dieser Art entspricht ein Sozialamt, das gemäß dem Typus einer Bürokratie legaler Herrschaft konstruiert ist (s. o.). In dieser Verwaltung ist das Vorurteil zur Struktur geworden, daß die private oder sonstwie gesicherte Reproduktion des Einzelnen in der Regel gewährleistet sei. Wer das Gegenteil behauptet, soll sich melden, einen Antrag stellen und die Anspruchsvoraussetzungen nachweisen. Diese passive Ausrichtung kennzeichnet auch die Kontrollform des Verwaltungsapparats gegenüber sich selbst im Widerspruchsverfahren wie in der verwaltungsgerichtlichen Kontrolle. In der Regel, so die Vermutung, hat der in Einzelkompetenz entscheidende Sachbearbeiter rechtlich zutreffend und sachlich zweckmäßig entschieden. Wer das Gegenteil behauptet und selbst betroffen ist (Individualisierung), soll sich im Widerspruchsverfahren melden und die Rechtsfehler sowie eine etwa mangelnde Zweckmäßigkeit dartun, so daß darüber verwaltungsintern befunden werden kann. Er mag dann im Falle eines erfolglosen Widerspruchs Klage erheben und rechtliche Mängel rügen.

Hat das Armutspotential schließlich in Form eines dem Amt gegenüber aktiv gewordenen Antragstellers eine für die Verwaltung bearbeitbare Gestalt angenommen, so muß es bürokratische Schwellen im engeren Sinne überwinden. Eine Grundform dieser manifest administrativen Schwellen ist schon die eigenständige Organisierung eines Sozialamtes. Damit ist ein Kontaktzwang mit einer eigens hervorgehobenen Instanz für Marktversager geschaffen, die ganz unabhängig davon Wirksamkeit entfaltet, wie human das Verfahren jenseits der Schwelle zum Amt gestaltet ist. Eine »negative Einkommens- bzw. Lohnsteuer«, die voraussetzt, daß alle Staatsbürger zur Steuer veranlagt werden und das Finanzamt entweder bei zureichendem Einkommen automatisch Steuern abzieht oder bei unzureichendem Einkommen »negative Steuern«, also Auszahlungen gemäß einem festgelegten Tarif, leistet, käme ohne einen solchen verselbständigten Kontaktzwang aus. Zu den zusätzlichen manifest administrativen Schwellen gehören die Erreichbarkeit der Behörde, sei es im räumlichen oder im psychischen Sinne, was beeinflußt wird durch den Grad der Zentralisation, räumliche Ausstattung, Wege und Treppen, Laufereien, Wartezeiten, Art der »Abfertigung«, Personalausstattung, Arbeitsorientierung, berufliche Herkunft und Professionalisierung des Personals (soziale Berufe). Ferner sind als administrative Schwellen wichtig: Gestaltung des Antragsverfahren; Koppelungen von Leistungen mit unbeschränkter Arbeitspflicht; Leistungsformen (einmalig v. dauerhaft; Geld- und Sachleistungen); »Wahrheitsproben« der Sozialverwaltung; Überleitung von Ansprüchen des HE gegenüber Unterhaltsverpflichteten . . .

Die Funktion des Sozialamtes ist es somit, den Zugang zu solchen Formen der Reproduktion zu monopolisieren, die vom Markt unabhängig und von Gegenleistungen frei sind, und dieses Nadelöhr klein zu halten, um auf diese Weise einerseits eine Reproduktion über den Markt ohne andere Alternative zu sichern und um andererseits dazu beizutragen, das ständige steuerstaatliche Dilemma des Sozialstaats durch fiskalische Entlastungsstrategien zu neutralisieren. Ferner ist es eine Funktion des Amtes, den Zugang insoweit zu gewähren, wie es ein »Druck« – die Aktivität – seitens der Armutsbevölkerung (individueller oder, seltener, kollektiver Art) erheischen sollte. Ein Zugang muß auch insoweit gewährleistet sein, daß der allgemeine Eindruck einer universalen Sicherung auch für die Bürger nicht brüchig wird, die – noch – nicht Teil des manifesten Armutspotentials sind. Zwischen diesen beiden dominanten, nicht immer zwanglos zu vereinbarenden und regional unterschiedlich gewichteten (es gibt ein Nord-Süd- und ein Stadt-Land-Gefälle mit einem geringeren Zugang, je ländlicher und südlicher der betroffene Raum; vgl. *Leibfried*, 1981) Funktionen bleibt Raum für Verwaltungsinitiativen »zweiter Ordnung«: präventive Vorfeldbereinigungen, humanitär begründete oder partei-taktisch bestimmte Projekte eines mehr zufälligen funktionalen Zuschnitts. Dazu gehören z. B. die »Neustrukturierung der sozialen Dienste«, Kampagnen für »Dein Recht auf Sozialhilfe«. Derartige Initiativen können jedoch die eingebauten Trends nicht überspielen, sondern allenfalls modifizieren bzw. ergänzen.

Eine breite Abwehr solcher derzeit sich verstärkender »Funktionalisierung« von Sozialhilfe ist nicht abzusehen. Für die Gewerkschaften ist Sozialhilfe kein Thema, welches die Handlungsperspektive der Basis prägt, sondern eher ein randständiger Punkt auf der Tagesordnung der Abteilung »Sozialpolitik« des DGB, deren Arbeit eher auf die »achtenswerten« Risiken konzentriert ist. Die sonstigen Verbände, wie z. B. der Reichsbund der Kriegs- und Zivilbeschädigten, Sozialrentner und Hinterbliebenen e. V. stellen eher eine Beratungs- und »öffentlich beliehene« Leistungsbürokratie dar, also verfaßte soziale Bewegung. Selbstorganisierte, ad hoc und punktuell wirkende Initiativen (wie Frauenhäuser, Bürgerinitiativen) werden diese Problematik kaum in ihrer ganzen Breite meistern, können aber zumindest ein allgemeineres und tieferes Bewußtsein mitschaffen, was in diesem Bereich an konkreter Verteidigung und Reform unabdingbar ist. Das wird um so bedeutsamer sein, je größer die Gefahr ist, daß fiskalische Rationalisierungsstrategien den Prozeß der Filterung verschärfen oder gar, wie das 2. Haushaltsstrukturgesetz von 1981, die gesetzlich verankerten Ansprüche selbst zurückrationalisieren.

Stephan Leibfried

Literatur

Breuer, W./Hartmann, H., 1982: Das Verhältnis von Sozialhilfeleistungsniveau und Arbeitnehmereinkommen, Köln – _Bronke, K./Wenzel, G._, 1981: Neuorganisation der sozialen Dienste, Bremen (Arbeitspapiere des Forschungsschwerpunkts Reproduktionsrisiken, soziale Bewegungen und Sozialpolitik Nr. 31) – _Bujard, O./Lange, U._, 1978: Armut im Alter. Ursachen Erscheinungsformen, politisch-administrative Reaktionen, Weinheim – _Deininger_, 1981: Die wirtschaftliche Lage von Empfängern laufender Leistungen der Hilfe zum Lebensunterhalt im Vergleich zum Arbeitseinkommen unterer Lohngruppen, in: NDV: 104–110 – _Dünner, J._ (Hrsg.), 1929[2]: Handwörterbuch der Wohlfahrtspflege, Berlin – _Fischer, T._, 1979: Städtische Armut und Armenfürsorge im 15. und 16. Jahrhundert. Sozialgeschichtliche Untersuchungen am Beispiel der Städte Basel, Freiburg/Brsg. und Straßburg, Göttingen – _Fischer, T._, 1980: Der Beginn frühmoderner Sozialpolitik in den deutschen Städten des 19. Jahrhunderts, Bremen (Arbeitspapiere des Forschungsschwerpunktes Reproduktionsrisiken, Soziale Bewegungen und Sozialpolitik Nr. 3) – _Friedrich, H./Schaufelberger, H. J._, 1976: Armut und soziale Unterprivilegierung – Zum Verhältnis von sozialer Lage und Familiendynamik bei sozialen Randgruppen, in: Arbeitssituation, Lebenslage und Konfliktpotential. Festschrift für Max E. Graf zu Solms-Rödelheim (Hrsg. Osterland, M.), Frankfurt/M./Köln – _Grauhan, R. R._, 1980: Bürokratischer Staat, politische Produktion und Selbstverwaltung, Aufsätze von 1975–1979, Bremen (Arbeitspapiere des Forschungsschwerpunkts Reproduktionsrisiken, soziale Bewegungen und Sozialpolitik Nr. 6) – _Grauhan, R. R./Leibfried, S._, 1977: Die Sozialverwaltung zwischen politischer Herrschaft und politischer Produktion, in: Zeitschrift für Sozialreform, H. 2: 65–78 – Handwörterbuch der Staatswissenschaften I, 1923: Art.: Armenwesen, S. 926–991 – _Hartmann, H._, 1981: Sozialhilfebedürftigkeit und Dunkelziffer der Armut, Stuttgart (Schriftenreihe des BMJFG Bd. 98) – _Hofmann, A._, 1980: Die Regelsätze nach dem BSHG, Sozialwissenschaftliche Diplomarbeit, Universität Bremen – _Hofmann, A./Leibfried, S._, 1980: Historische Regelmäßigkeiten bei Regelsätzen – 100 Jahre Tradition des Deutschen Vereins, in: Neue Praxis, H. 3: 253–285 – _Hofmann, A._ u. a. (Projektgruppe), 1982: Ein Leben aus dem Warenkorb. Überprüfung der »Bedarfsgruppe Ernährung« im Sozialhilferegelsatz, Frankfurt/M. (Fachhochschule) – _Leibfried, St._, 1981: Zur Sozialpolitik der Verteilungsformen in der Sozialhilfe, in: NDV: 261–271 – _Leibfried, St._, 1977: Vorwort zu: Frances Fox Piven und Richard A. Cloward, Regulierung der Armut. Die Politik der öffentlichen Wohlfahrt, Frankfurt/M. – _Leibfried, St._, 1982: Existenz-Minimum und Fürsorge-Richtsätze in der Weimarer Republik, in: Jahrbuch der Sozialarbeit – _Lenhardt, G./Offe, C._, 1977: Staatstheorie und Sozialpolitik. Politisch-soziologische Erklärungsansätze für Funktionen und Innovationsprozesse der Sozialpolitik, in: Soziologie und Sozialpolitik (Sonderheft 19 der Kölner Zeitschrift für Soziologie und Sozialpsychologie) – _Münsterberg, E._, 1897: Die Armenpflege. Einführung in die praktische Pflegetätigkeit, Berlin – _Pearle, K._, 1980: Poverty, Charity and Poor Relief in Imperial Germany, 1873–1914, Ph. D. State University of New York at Stony Brook – _Petersen, K._, 1972: Die Regelsätze nach dem BSHG – ihre Bedeutung, Bemessung und Festsetzung, Frankfurt/M. – _Sachße, Ch./Tennstedt, F._,

1980: Geschichte der Armenfürsorge in Deutschland, Stuttgart – *Schäfer, D.*, 1966: Die Rolle der Fürsorge im System sozialer Sicherung. Ein Beitrag zur Entwicklung und Begründung eines gegliederten Sozialleistungssystems, Frankfurt/M. – *Schulte, B./Trenk-Hinterberger, P.*, 1982: Sozialhilfe. Eine Einführung. Königstein/Ts. – Sozialbericht 1976, Bundesrats-Drucksache 252/76 (mit Materialband zum Sozialbericht – enthält eine vereinheitlichte Zusammenfassung der Sozialbudgets, 1965–1974, erscheint jährlich – Statistisches Bundesamt: Sozialhilfeaufwand 1975, in: Wirtschaft und Statistik 9/1976: 579–583 (erscheint jährlich etwa 1 Jahr nach dem in bezug genommenen Jahr); Sozialhilfeempfänger 1975, in: Wirtschaft und Statistik 5/1977: 323–328 (erscheint jährlich jeweils 2 Jahre nach dem in bezug genommenen Jahr); Sozialhilfe 1980, Fachserie 13, Reihe 2, Stuttgart – *Strang, H.*, 1970: Erscheinungsformen der Sozialhilfebedürftigkeit. Beitrag zur Geschichte, Theorie und empirische Analyse der Armut, Stuttgart – *Vogel, M. R.*, 1966: Die kommunale Apparatur der öffentlichen Hilfe. Eine Studie über Grundprobleme ihres gegenwärtigen Systems, Stuttgart – *Wagner, W.*, 1982: Die nützliche Armut. Eine Einführung in die Sozialpolitik, Berlin –

→ Klasse und Schicht → Sozialplanung → Sozialpolitik → Wohlfahrtsverbände

Sozialisationstheorie

Begriff und Geschichte

Der Begriff der Sozialisation bezeichnet den Sachverhalt, daß die Entstehung und Bildung der menschlichen Persönlichkeit von gesellschaftlichen Umweltbedingungen abhängig ist. Es scheint nicht zweckmäßig zu sein, den Sozialisationsbegriff von vornherein zu eng, etwa durch Einschränkung auf bestimmte Ziele (z. B. Anpassung an bestehende Normen und Werte), Institutionen (z. B. Familie), Altersstufen (z. B. frühe Kindheit) oder gar theoretische Ansätze (z. B. Rollentheorie) zu definieren. In der Literatur werden zum Teil unterschiedliche Begriffe von Sozialisation verwendet (zur Übersicht *Meinhold/Hollstein*, 1975). Der Sozialisationsbegriff ist abzugrenzen von der Ansicht, daß alle psychischen Merkmale des Menschen im Grunde angeboren seien, sowie von dem Begriff der »Entwicklung« der älteren Entwicklungspsychologie, der unterstellt, daß die menschliche Persönlichkeit sich im wesentlichen aus sich selbst heraus entwickele und daß der Umwelt dabei nur eine untergeordnete Rolle zukomme. Zum zweiten ist der Sozialisationsbegriff zu unterscheiden vom Begriff der Erziehung im Sinne der traditionellen Pädagogik als einer im Rahmen eines persönlichen Verhältnisses zwischen Erzogenem und Erzieher von diesem intendiert bewirkten Vermittlung von Bewußtseinsinhalten. Vielmehr geht die Sozialisationstheorie von den empirisch begründeten Annahmen aus,

(1) daß in der Genese der Persönlichkeit Umweltbedingungen notwendig und entscheidend mitwirken,

(2) daß sich die Wirkung auf alle Bereiche der Persönlichkeit, kognitive wie motivationale, bewußte wie unbewußte und auf allgemeine wie spezifische Merkmale erstreckt,

(3) daß die Umweltbedingungen über das erzieherisch intendierte Verhalten anderer Personen weit hinausgehen, d. h. auch nichtintendiertes und unbewußt motiviertes Verhalten anderer einschließen, darüber hinaus auch institutionelle und materielle Gegebenheiten in der Realität, die nicht mehr direkt durch das Verhalten anderer vermittelt sind,

(4) daß die Umweltbedingungen Bestandteile einer umfassenderen Lebenswelt sind, die historisch und durch gesellschaftliche Bedingungen geprägt ist und daher in verschiedenen Kulturen, Gesellschaften, subkulturellen Milieus, Gruppen, Institutionen usw. unterschiedlich ist.

Für das methodische Vorgehen folgt aus diesen Charakteristika, daß Sozialisationsprozesse zureichend weder in einer rein geisteswissenschaftlich-hermeneutischen Einstellung noch durch Deduktion aus gesellschaftstheoretischen Axiomen zu erschließen sind, sondern nur durch theoretisch angeleitete erfahrungswissenschaftliche Forschung.

Als historische Vorläufer der heutigen Sichtweise von Sozialisation (vgl. *Geulen*, 1980) sind zunächst einige Autoren zu nennen, die um die Jahrhundertwende von soziologischer und sozialpsychologischer Seite das Problem thematisierten, wie Gesellschaftliches vom Menschen »verinnerlicht« werde (*Durkheim; Ross; Cooley;* später *G. H. Mead*). Von herausragender Bedeutung ist die durch *Freud* begründete psychoanalytische Theorie der Entstehung auch unbewußter psychischer Strukturen aus in frühkindlichen affektiven Beziehungen erlebten Konflikten. Empirisch im engeren Sinne ausgerichtete Sozialisationsforschung entstand erst in den 30er Jahren in den Vereinigten Staaten im Rahmen der Kulturanthropologie. Vor dem Hintergrund der psychoanalytischen Theorie wurden Zusammenhänge zwischen der Art der Pflege und Erziehung kleiner Kinder und der Ausprägung bestimmter Persönlichkeitsmerkmale untersucht. In den 50er Jahren wandte sich die Forschung zunehmend der Frage nach schichtenspezifischen Unterschieden der Sozialisation innerhalb der amerikanischen Gesellschaft zu. Die psychoanalytische Ausrichtung trat allmählich zurück, die empirisch-statistischen Forschungstechniken wurden verfeinert, und man bezog weitere Bedingungen und Persönlichkeitsmerkmale in die Analyse ein.

In der Bundesrepublik wurden, beginnend etwa Anfang der 60er Jahre, in der Soziologie Problem, Ansätze und Ergebnisse im wesentlichen aus der amerikanischen Forschung übernommen. Vor dem bildungspolitischen Hintergrund dieser Zeit (»Bildungskatastrophe«) stand bald die Frage nach unterschiedlichen Sozialisationsprozessen in Unter- bzw. Mittelschicht im Vordergrund. Die spezifischen Bedingungen dieser Rezeption, die sich mangels eigener empirischer Forschung im wesentlichen in Sekundärliteratur niederschlug, führten zunächst zu gewissen Stereotypen und Verkürzungen der Problematik (hierzu *Bargel*, 1973; *Geulen*, 1976). Seit einigen Jahren ist zunehmend eine originäre und differenzierende theoretische Weiterentwicklung zu beobachten. Eine ausgearbeitete Sozialisationstheorie ist jedoch noch nicht in Sicht.

Zur allgemeinen Struktur einer Theorie der Sozialisation.

Immerhin läßt sich in Umrissen angeben, was eine Sozialisationstheorie leisten und welche Momente sie enthalten sollte (vgl. *Geulen/Hurrelmann*, 1980).

Wenn Sozialisationstheorie die Bildung der menschlichen Persönlichkeit erklären soll, so muß sie erstens explizit einen bestimmten Begriff von dem, was »Persönlichkeit« heißt, enthalten. Tatsächlich läßt sich zeigen, daß jeder bisher vorgelegte sozialisationstheoretische Ansatz eine Persönlichkeitstheorie bzw. ein Menschenbild impliziert. (*Griese,* 1976). Ein solches kann jedoch nicht einfach vorausgesetzt werden, weil dieser Begriff im Alltagsverständnis wie in der wissenschaftlichen Literatur nicht eindeutig ist und weil es höchst unterschiedliche, sich teilweise auch widersprechende Auffassungen darüber gibt. Vielmehr muß eine Sozialisationstheorie selber einen Begriff der Persönlichkeit entwickeln.

Im Sinne einer theoretischen Begründung müssen dabei zumindest die folgenden Bedingungen erfüllt sein.

Erstens: Der Persönlichkeitsbegriff muß erstens einheitlich sein in dem Sinne, daß er alle relevanten Momente in einem systemtischen Zusammenhang darstellt. Es würde nicht ausreichen, sich auf einen bestimmten Persönlichkeitsbereich – etwa den motivationalen oder den kognitiven – zu beschränken oder einen Katalog unverbundener Einzelmerkmale aufzustellen, wie es etwa in der empirischen Sozialisationsforschung der letzten Jahrzehnte der Fall war.

Zweitens: Jede, auch die erfahrungswissenschaftliche Forschung ist nie nur reine Beschreibung des Seienden, sondern enthält schon in der zugrundeliegenden Begrifflichkeit normative Implikationen, d. h. unausgesprochene Leitvorstellungen für menschliches Handeln. Im Falle der Sozialisationstheorie zum Beispiel schlagen sich in dem implizierten Persönlichkeitsbegriff Vorstellungen über anzustrebende bzw. nicht anzustrebende Persönlichkeitsmerkmale, letztlich also Ziele von Erziehung, nieder; so ist es zum Beispiel nicht gleichgültig, ob der Sozialisationsforscher sich vorrangig für die Entstehung von Rollenkonformität oder Kommunikationsfähigkeit, Leistungsmotivation oder Aggressivität interessiert. Es erhebt sich also die Forderung nach einem Persönlichkeitsbegriff, der auch hinsichtlich der normativen Implikationen seiner Grundbegriffe wissenschaftlich begründet ist, damit also die Frage nach der theoretischen und methodischen Begründung selbst. Geht man nun davon aus, daß Leitvorstellungen über den Menschen auch im Sinne von Erziehungszielen historischem Wandel unterliegen und daher offenbar in einem Bezug zur jeweiligen gesellschaftlichen Realität stehen, so kann gesagt werden, daß sie wissenschaftlich begründet werden müssen in dem umfassenderen Zusammenhang einer Theorie der Gesellschaft und ihrer Entwicklung.

Drittens: Da Sozialisationsforschung erfahrungswissenschaftlich ausgerichtet ist, muß das Persönlichkeitskonzept in einer solchen Begrifflichkeit entwickelt werden, daß ein logischer, zumindest jedoch ein interpretativer Anschluß an die vorliegende empirische Forschung und an einschlägige Methoden in der Psychologie und den relevanten Nachbardisziplinen möglich ist.

Wenn der Gegenstand der Sozialisationstheorie die Entstehung und Bildung der Persönlichkeit aus Umweltbedingungen ist, so muß sie möglichst vollständig und detailliert die innerpsychischen Prozesse darstellen und erklären, durch die die jeweils bestimmten Umwelterfahrungen erarbeitet und zu Bestandteilen der Persönlichkeit selbst werden. Sozialisationstheorie ist insoweit also Psychologie.

Von entscheidender Bedeutung für die psychische Verarbeitung ist die Art der unmittelbaren Umweltbedingungen. Neben der physischen Umwelt und den entsprechenden Anregungen und Gegebenheiten zum tätigen Umgang mit Objekten scheint besonderes Gewicht dem Ausmaß und der Qualität sprachlich vermittelter Interaktionen des Kindes mit Bezugspersonen zuzukommen, da hiervon die Entstehung und Organisation eines kognitiven Systems abhängt, das einererseits auch abstraktes Begreifen objektiver und subjektiver Sachverhalte und andererseits die intersubjektive sprachliche Verständigung über sie ermöglicht.

Dabei ist davon auszugehen, daß ein einlinig monokausales Modell, nach dem objektive Umweltbedingungen direkt bestimmte psychische Merkmale konstituieren, nicht angemessen wäre, sondern daß komplexere Modelle anzunehmen sind, die auch der tätigen Mitwirkung des Subjekts Rechnung tragen. Zum Beispiel könnte angenommen werden, daß objektive Gegebenheiten »Auslöser« sind, die bereits angelegte Strukturen aktualisieren, oder daß sie als »Verstärker« bereits vorhandener Dispositionen wirken, oder daß sie als »Problem« erlebt werden, das das Subjekt durch Aufbau oder Abwandlung kognitiver Strukturen zu lösen versucht. Hier wäre auch die Frage zu klären, ob und in welcher Weise die dem Menschen angeborene Konstitution mitwirkt. In die Verarbeitungsprozesse gehen also zahlreiche und verschiedenartige Bedingungen ein, und sie umfassen auch unterschiedliche Mechanismen und Folgen, die außerdem miteinander in Wechselwirkung stehen. Die Verarbeitungsprozesse werden dadurch noch kompliziert, daß die Bildungsgeschichte eines Menschen nicht einfach als Akkumulation von Erfahrungen begriffen werden kann, sondern daß zwischen früheren und späteren Erfahrungen Wechselwirkungen bestehen, d. h., daß einerseits die früheren Erfahrungen und Dispositionen bestimmen, zu welchem Ergebnis die späteren verarbeitet werden, und andererseits die späteren Erfahrungen die Wirkungen der früheren modifizieren. Es ist auch damit zu rechnen, daß manche Einflüsse der frühen Kindheit nicht unmittelbar, sondern erst im späteren Alter sichtbar werden (sleeper-Effekt, *Kagan/Moss* 1962).

Wenn die der Konstituierung der Persönlichkeit zugrundeliegenden Bedingungen als gesellschaftlich vermittelte angenommen werden, so sind auch die Zusammenhänge zwischen den unmittelbar relevanten Sozialisationsbedingungen, also physische Umwelt und Bezugspersonen bzw. Interaktionsmuster, und den diesen zugrundeliegenden allgemeineren gesellschaftlichen Bedingungen zu thematisieren und zu klären. In dieser Hinsicht ist Sozialisationstheorie soziologisch. Dies ist noch nicht durch eine kurzschlüssige Ableitung etwa aus den Bedingungen kapitalistischer Produktionsweise geleistet, sondern bedarf empirischer Detailforschung.

Das theoretische Problem liegt darin, ein Modell zu finden, das gleichzeitig zwei Tatsachen, nämlich der Einmaligkeit individueller Sozialisationsverläufe und der Allgemeinheit der zugrundeliegenden gesellschaftlichen Bedingungen, gerecht wird, d. h. das die Entwicklung eines konkreten Individuums erklärt, ohne die Notwendigkeit allgemeiner gesellschaftlicher Bedingungen dabei zu leugnen, das Sozialisation aus allgemeinen gesellschaftlichen Bedingungen erklärt, ohne über die faktische Individualität hinwegzusehen.

Folgende Ebenen zunehmender Abstraktion müssen dabei unterschieden werden:

(1) die Analyse der Sozialisationsprozesse beim einzelnen Individuum,

(2) die Analyse der in begrenzten institutionellen Subsystemen (z. B. Familie; Schule; Heim) liegenden Sozialisationsbedingungen, auf die individuelle Sozialisationsprozesse zurückgeführt werden müssen,

(3) die Analyse subkultureller Lebenswelten (z. B. bestimmter Bevölkerungsgruppen, sozialer Klassen, Regionen usw.), und

(4) die Analyse des gesamtgesellschaftlichen Struktur- und Funktionszusammenhanges, auf den wiederum die Bedingungen der mittleren Ebenen zurückführbar sind.

Der Zusammenhang zwischen diesen Ebenen ließe sich als Vermittlungskette auffassen, etwa nach dem Beispiel: Gesellschaftliche Strukturbedingungen prägen soziale Situation und Arbeitsplatz, die dabei gelernten Verhaltensweisen und Orientierungssysteme bestimmen das Verhalten gegenüber den Kindern im familialen Kontext, und dieses prägt wiederum die Persönlichkeitsentwicklung der Kinder. Problematisch sind dabei zum einen Kriterien und Art der begrifflichen Zusammenfassung bzw. Unterscheidung von Bevölkerungsgruppen. Zum Beispiel hat sich herausgestellt, daß die in der schichtenspezifischen Sozialisationsforschung übliche Unterscheidung von »Mittelschicht« und »Unterschicht« irreführend ist, weil es innerhalb jeder dieser Kategorien erhebliche Unterschiede der Sozialisationsbedingungen gibt (*Bertram*, 1976, 1981; *Oevermann*, 1976). Zum zweiten scheint die Annahme nur einer Bedingungskette unzureichend und falsch zu sein; die Erklärung der in einer Familie vorliegenden Sozialisationsbedingungen aus den Merkmalen des Arbeitsplatzes des Vaters z. B. läßt zahlreiche Einflußgrößen, z. B. Wohnregion, Ausbildung und Arbeit der Mutter, subkultureller Traditionen usw. außer acht.

Vorstellungen vom sozialisierten Menschen

Das Problem der einer Sozialisationstheorie zugrundeliegenden Persönlichkeitstheorie wird zwar in allen Versuchen zu einer Sozialisationstheorie berührt, ist systematisch jedoch erst in jüngster Zeit thematisiert worden (*Geulen,* 1977). Die in der sozialisationstheoretischen Literatur auffindbaren unterschiedlichen Menschenbilder lassen sich danach in mindestens fünf idealtypischen Modellen zusammenfassen.

(1) Im »anthropologisch-funktionalistischen Modell« (Hauptvertreter *Arnold Gehlen,* 1940) wird der Mensch als Naturwesen gesehen, das durch Mangel und Schwäche verhaltenssteuernder angeborener Instinkte charakterisiert ist und die zum Überleben notwendigen Fähigkeiten erst durch Sozialisation erwerben muß. Sozialisation ist also Verlängerung und Ausgestaltung der biologischen Ausstattung des Menschen in Richtung auf Anpassung an die jeweilige Umwelt.

(2) Das »Wissensmodell« (Hauptvertreter *Schütz,* 1932; *Berger/Luckmann,* 1966) hebt besonders die Tatsache hervor, daß unserem Alltagsverständnis von Welt und unserer Handlungsorientierung ein Fundus von intersubjektivem und sprachlich vermitteltem Wissen über die Realität, insbesondere über Regeln, Institutionen und typische Erwartungen und Verhaltensweisen anderer Menschen, zugrundeliegt. Sozialisation kann daher als Erwerb dieses Wissens bestimmt werden.

(3) Im »Integrationsmodell« wird angenommen, daß der Mensch in allen seinen auch psychischen Merkmalen so von der Gesellschaft determiniert ist, daß er vollständig an sie angepaßt und ein getreues Abbild ihrer ist. Ein Integrationsmodell liegt z. B. der häufig geäußerten, auf *Parsons* (1951) zurückgehenden Auffassung zugrunde, Sozialisation sei ein durch die Verinnerlichung der jeweils herrschenden Werte, Normen und Rollen vermitteltes Einfügen des Menschen in die Gesellschaft. Auch die von einem vulgärmarxistischen Verständnis her geäußerte Ansicht, daß Sozialisation in einem spätkapitalistischen System notwendig zu Anpassung und Konformität führe, ist hier einzuordnen. Kritisch ist gegen beide Positionen einzuwenden, daß das menschliche Subjekt durch Sozialisation gerade auch die Fähigkeiten erwirbt, bestehende Tatsachen in Frage zu stellen und handelnd zu verändern.

(4) Als »Repressionsmodell« kann man die Auffassung bezeichnen, daß durch Sozialisation eine die gesellschaftlichen Normen repräsentierende, verinnerlichte Persönlichkeitsinstanz aufgebaut wird, die zu anderen Bereichen der Persönlichkeit in Gegensatz steht und sie unterdrückt. Dieses Modell ist vor allem von *Freud* und der Psychoanalyse in der Form entwickelt worden, daß naturgegebene Bedürfnisse und Triebe durch das die Verbote der Eltern repäsentierende Über-Ich verdrängt werden. Die dieses Modell tragende Intention, verinnerlichte gesellschaftliche Herrschaft begrifflich zu fassen, läßt sich unter den gegebenen historischen Bedingungen theoretisch angemessener in der These formulieren, daß die Sozialisationsbedingungen nicht mehr die Möglichkeit zur Bildung eines autonom handlungsfähigen Ichs bieten (»Der eindimensionale Mensch«, *Marcuse,* 1964).

(5) Das »Individuationsmodell« begreift Sozialisation als Konstituierung menschlicher Individualität und Identität. Der gelegentlich erhobene Einwand, der Sozialisationsbegriff leugne die Individualität, ist demnach unzutreffend, vielmehr wäre gerade umgekehrt ein nicht sozialisierter Mensch nur biologisches Gattungswesen, also nicht individuiert. Theoretische Ansatzpunkte des Individuationsmodells sind zum einen die Feststellung, daß gesellschaftliche Arbeits-

teilung (*Durkheim,* 1892) bzw. die Partizipation an verschiedenen Gruppen (*Simmel,* 1908) eine Individuierung ermöglichen, zum zweiten der entscheidende Gedanke, daß sich die Identität im Sinne des Selbstbildes eines Menschen dadurch konstituiert, daß er sich gedanklich in die Position anderer versetzt und aus dieser heraus sich selbst betrachtet (taking the role of the other, *G. H. Mead,* 1934). Neuere Autoren bestimmen Identität mehr aus dem Phänomen, daß Rollenhandeln eine Balance zwischen Konformität mit Rollenerwartungen und Zur-Geltung-Bringen einer biographisch bedingten »persönlichen Identität« ist (*Habermas,* 1968; 1976; *Krappmann,* 1971).

Die genannten Modelle repräsentieren wesentliche Dimensionen, die in einer Sozialisationstheorie aufgehoben sein sollten; ein systematischer Persönlichkeitsbegriff ist damit aber noch nicht erreicht. Als theoretischer Ausgangspunkt, von dem aus ein solcher Begriff sich entwickeln ließe, zeichnet sich in der Diskussion zunehmend der Begriff der Handlungsfähigkeit ab (hierzu schon *Parsons* 1937). Der sozialisierte Mensch wäre zu bestimmen als das in der Gesellschaft autonom und kompetent handlungsfähige Subjekt. Die zu klärende Frage ist, auf welche Weise und durch welche Qualifikationen der Begriff der sozialen Handlungsfähigkeit konkret bestimmt werden kann. Während lange Zeit das Verständnis dominierte, soziales Handeln sei möglichst norm- und rollenkonformes Verhalten (*Parsons,* 1951), werden seit etwa 15 – 20 Jahren weitere Momente, vor allem kognitive und sprachliche Fähigkeiten, in die Diskussion einbezogen, wobei die Kognitionspsychologie *Piagets* und die linguistische Pragmatik (*Schlieben-Lange,* 1975; *Wunderlich,* 1976) von besonderer Bedeutung sind. Auch die Sicht des Handelns in sozialen Rollen ist unter dem Einfluß besonders des symbolischen Interaktionismus (*Schütz,* 1932; *Mead,* 1934; *Goffman,* 1959; 1967, 1974; *Dreitzel,* 1968; Arbeitsgruppe Bielefelder Soziologen, 1973; *Joas,* 1973; *Parow,* 1973; *Steinert,* 1973), auch des Marxismus (*Ottomeyer* 1974, 1977; *Paris,* 1976) weiter und differenzierter geworden. Eine Integration dieser Ansätze steht erst in den Anfängen. Möglich erscheint sie in der Weise, daß auf der Grundlage eines allgemeinen Begriffs von Handeln als tätiger Verwirklichung von Zielen die psychologischen Bedingungen der Orientierung an anderen Subjekten nicht nur im Rollenhandeln, sondern auch in Verstehen, sprachlicher Kommunikation und taktischem sowie politischem Handeln expliziert werden (*Geulen,* 1977, 1982).

Ansätze zur Persönlichkeitsgenese

Nach der vorliegenden Literatur lassen sich mehrere Ansätze unterscheiden, die zur Erklärung der Entstehung psychischer Formationen aus gesellschaftlichen Umweltbedingungen geeignet sind (*Baldwin,* 1967; *Geulen,* 1980). Der psychoanalytische Ansatz (hierzu *Freud,* 1917; *Brenner,* 1955; *Wyss,* 1966; *Ohlmeier,* 1973; *Lebovici/Soulé,* 1978; *Schütze,* 1980) wurde begründet und maßgeblich gestaltet durch die Arbeiten *Freuds.* Von dem Problem ausgehend, daß sich bestimmte psychische Erkrankungen wie Hysterie und Zwangsneurose mit den Mitteln der damaligen Psychiatrie nicht erklären ließen, gelangte Freud zu der Annahme, daß es unbewußte und durch starke Affekte gespeiste Motive geben müsse. Mittels einer von ihm entwickelten therapeutischen Methode kam Freud zu der Einsicht, daß die unbewußten psychischen Momente auf bestimmte traumatische Erlebnisse in der frühen Kindheit, insbesondere solche, die die Beziehung des Kindes zu seinen Eltern und Geschwistern betreffen, zurückzuführen sind. Die auf diesen Grundlagen ausgearbeitete Persönlichkeitstheorie nimmt drei psychische Instanzen an. Das Es, die genetisch älteste Instanz, umfaßt die psychische Seite der biologisch-konstitutionellen Natur, insbesondere die Triebe, und ist das Reservoir einer von Freud angenommenen unspezifisch-sexuellen Antriebsenergie, der Libido. Das Ich, genetisch aus dem Es zu dessen Verkehr mit der Außenwelt herausdifferenziert, umfaßt die Funktionen der Wahrnehmung, des Bewußtseins, des Gedächtnisses, des Denkens und der Verhaltenssteuerung. Es hat die Aufgabe, die widersprüchlichen Anforderungen der verschiedenen Instanzen- und besonders der Realität (Realitätsprinzip) möglichst zu vereinbaren. Das Über-Ich ist der innerhalb des Ichs ausgrenzbare, verinnerlichte Niederschlag einer bestimmten Art von Erfahrungen, nämlich der von den Eltern vertretenen Gebote und Verbote, also der jeweiligen gesellschaftlichen Normen und Wertvorstellungen. Es ist Träger der das Individuum leitenden Ideale und entspricht weitgehend dem umgangssprachlichen Begriff des Gewissens. Es entsteht durch Identifikation des kleinen Kindes mit seinen Eltern auf der Grundlage einer spezifischen affektiven Beziehungskonstellation (Ödipus-Situation). Die Theorie der Entstehung des Über-Ichs ist der Kern der klassischen psychoanalytischen Sozialisationstheorie. Von nicht geringerer Bedeutung ist jedoch auch die Theorie der Abwehrmechanismen, d. h. der besonderen psychischen Formationen, die ein Individuum zur Bewältigung seiner Triebkonflikte aufbaut (Verdrängung, Reaktionsbildung, Projektionen, Rationalisierungen, Sublimierungen u. a.). Diese Lehrstücke sind eingebettet in eine Theorie, die die kindliche Entwicklung als Abfolge verschiedener Phasen der Libidoorganisation auffaßt (orale Phase, anale Phase, phallische Phase, Latenzzeit, Reife).

Für die Sozialisationsthematik wichtige Weiterentwicklungen der Psychoanalyse sind zunächst die Erweiterung der Theorie der Entwicklungsphasen (*Erikson*, 1950) und die stärkere Einbeziehung der gesellschaftsspezifischen Sozialisationsbedingungen durch die Neo-Analyse (*Kardiner*, 1945; *Fromm*, 1941). Als besonders fruchtbar erwies sich dann der durch die Schizophrenie-Forschung angeregte Ansatz, Familie in struktureller Betrachtungsweise als ein dynamisches System miteinander verzahnter Rollen (*Richter*, 1963, 1970) und mit spezifischen Beziehungs- und Kommunikationsformen, die ein Kind prägen (*Bateson*, 1969; *Neumann-Schönwetter*, 1973; *Siegert* 1977), zu analysieren, wobei die Rolle der Eltern für die Sozialisation ihrer Kinder deutlicher zutagetritt. Diese Betrachtungsweise, die aus der klinisch-therapeutischen Praxis erwachsen ist, dürfte in Zukunft von immer größerer Bedeutung auch für die sozialpädagogische Arbeit im Bereich familialer Sozialisation werden. Die theoretisch vielleicht bedeutsamste Weiterentwicklung versucht, den psychoanalytischen Ansatz in einer materialistischen Gesellschaftstheorie zu begründen, wobei auch linguistische und kommunikationstheoretische Momente einbezogen werden (*Lorenzer*, 1972, 1974; *Orban*, 1973).

Die Psychoanalyse ist der wohl einflußreichste sozialisationstheoretische Ansatz. Sie beschränkt sich auf die psychologische Seite der Sozialisationsproblematik, hat allerdings der Entstehung kognitiver und sprachlicher Fähigkeiten im allgemeinen nur wenig Beachtung geschenkt. Auch ist sie unter erfahrungswissenschaftlich-methodischen Gesichtspunkten umstritten.

Der behavioristisch-lerntheoretische Ansatz (*Hilgard/Bower*, 1966; *White*, 1970; *Mednick* u. a., 1975; *Flechtner*, 1976; *Bredenkamp/Wippich*, 1977; *Ulich*, 1980) geht zurück auf die Ergebnisse von Tier-Experimenten, die zu Beginn des Jahrhunderts von verschiedenen Forschern durchgeführt worden waren. *Pawlow* stellte folgendes fest: ein Hund sondert normalerweise Speichel ab, wenn man ihm Futter vorsetzt; läßt man nun einige Male gleichzeitig damit eine Glocke ertönen, so ist zu beobachten, daß schon das Ertönen der Glocke allein den Speichelfluß auslöst. Der neue Reiz wurde mit dem ursprünglichen Reiz assoziiert, und die zunächst nur als Reflex auf den Futter-Reiz vorhandene Reaktion ist dadurch auf den neuen Reiz »konditioniert« worden (bedingte Reaktion). Wird der neue Reiz längere Zeit nicht mehr mit dem ursprünglichen Reiz zusammen dargeboten, so erlöscht die bedingte Reaktion allmählich wieder. Neben diesem, als klassische Konditionierung bekannten Mechanismus haben andere Autoren (*Thorndike, Skinner, Hull*) einen weiteren grundlegenden Lernmechanismus aufgedeckt. Wird ein Tier nach einer bestimmten, zunächst zufälligen Verhaltensreaktion (z. B. Drücken eines Hebels) »belohnt«, indem ein triebbefriedigendes Ereignis, die »Verstärkung« bzw. ein »Verstärker« eintritt (z. B. Verabreichen von Futter), so führt das Tier das betreffende Verhalten in der Folge häufiger aus. Man kann daher sagen, daß das Tier diese Reaktionen »gelernt« hat. Bleibt der Verstärker längere Zeit aus, so wird die Reaktion wieder »gelöscht«. Die Begriffe der Konditionierung und Verstärkung bzw. Löschung bezeichnen in diesem Ansatz die Stelle, an denen Umwelteinwirkungen, z. B. Sanktionen von Bezugspersonen, in Lernprozesse eingehen.

Nachdem die Lernforschung jahrzehntelang dem wissenschaftstheoretischen Diktat des Behaviorismus, Aussagen nur über beobachtbares Verhalten und nicht über Innerpsychisches zuzulassen, gefolgt war und sich mit Tierexperimenten (zumeist mit Ratten) begnügt hatte, begannen in den 40er Jahren die ersten Versuche, Kategorien und Modelle der Lerntheorie explizit auf den Menschen und auf innerpsychische Prozesse zu beziehen. Allerdings waren diese Versuche überwiegend nur hypothetisch, ebenso wie Entwürfe einer Sozialisationstheorie auf lerntheoretischer Grundlage (*Bijou/Baer*, 1961. 1965). Empirische Forschung mit Humansubjekten zeigte eine gewisse Fruchtbarkeit dieses Ansatzes im frühen Kindesalter, führte ansonsten aber nur zu bescheidenen Ergebnissen (*Gewirtz*, 1969; *Stevenson*, 1970). Dies hängt wohl damit zusammen, daß die menschliches Handeln vermittelnden innerpsychischen, insbesondere kognitiven Prozesse wesentlich komplexer sind, als die Reiz-Reaktions-Modelle der behavioristischen Psychologie annehmen. In diesem Sinne ist denn auch grundsätzlich Kritik am behavioristischen Ansatz geäußert worden (*Chomsky*, 1959). Weiterentwicklungen dieses Ansatzes von größerer empirischer und praktischer Bedeutung sind die

Forschung zum Lernen durch Imitation (*Bandura*, 1969, 1976) und die therapeutische sog. Verhaltensmodifikation (*Kraiker*, 1974; *Kanfer*, 1977; *Westmeyer/Hoffmann*, 1977).

Der Ansatz der kognitiven Entwicklung, der von *Piaget* entwickelt wurde (1932, 1936, 1959; *Piaget/Inhelder*, 1972; *Ginsburg/Opper*, 1969; *Seiler*, 1980) beschreibt und erklärt die Entstehung des Intellekts in der Kindheit. Eine grundlegende Annahme ist, daß Denken nicht a priori gegeben, sondern Ergebnis einer tätigen Auseinandersetzung des Individuums mit seiner Umwelt ist, genauer gesagt sind Denkoperationen verinnerlichte Handlungen. Diese bilden »Schemata«, die gleichsam die Mittel sind, Gegenstände der Realität zu verarbeiten, wobei wechselseitig die vorgefundenen Gegenstände an die Schemata (»Assimilation«) und letztere an die Gegenstände (»Akkomodation«) angepaßt werden. Im Laufe der Entwicklung werden die Schemata zunehmend generalisiert und zu einem einheitlichen System »logischer« Operationen integriert. Piaget hat verschiedene Phasen dieser Entwicklung unterschieden. Nach der »sensumotorischen Intelligenz« des Kleinkindes und dem anschaulichen Denken, bei dem die Gegenstände nur nach dem sinnlichen Augenschein und in »egozentrischer«, den eigenen Standpunkt noch nicht relativierender Weise wahrgenommen werden, werden sie im Grundschulalter zunehmend nach logischen Prinzipien begriffen (Phase der konkreten Operationen). Zu Beginn des zweiten Lebensjahrzehnts erweitert sich das Erkenntnisvermögen dann auf abstrakte und symbolisch repräsentierte Sachverhalte (Phase der formalen Operationen). Die Umwelt ist insofern eine Bedingung der intellektuellen Entwicklung, als sie das notwendige Material für die tätige Auseinandersetzung enthält. Bezugspersonen, insbesondere Eltern und Erzieher können dadurch auf die kognitive Entwicklung einwirken, daß sie dem Kind die seinem Entwicklungsstand gerade entsprechenden Anregungen bieten, wobei auch die Art der begleitenden Versprachlichung eine Rolle spielt. Außerdem scheinen die Art der Autoritätsausübung bzw. Erfahrungen in Beziehungen mit Gleichrangigen relevant zu sein für die Überwindung des kindlichen Egozentrismus.

Der vorliegende Ansatz der kognitiven Entwicklung steht gegenwärtig im Mittelpunkt der sozialisationstheoretischen Diskussion. Zahlreiche Forscher haben empirische Untersuchungen beigetragen. Die vielleicht bedeutendste Weiterentwicklung ist die von *Kohlberg* (1974) vorgelegte Theorie der Entwicklung des moralischen Bewußtseins von einer hedonistischen über eine konventionelle bis zu einer prinzipienorientierten Stufe sowie auch anderer Persönlichkeitsbereiche. Kritik am vorliegenden Ansatz kann sich darauf richten, daß mit der Hervorhebung des logischen Aspektes der Objektwelt sowohl die soziale Dimension wie auch die Affektivität relativ vernachlässigt werden. Außerdem ist umstritten, ob es sich tatsächlich um einen genuin sozialisationstheoretischen Ansatz und nicht etwa um eine Theorie der immanenten Reifung als ahistorisch-universal unterstellter Bewußtseinsstrukturen handelt (*Bilden*, 1977; *Harten*, 1977).

Ein dem Piagetschen ähnlicher Ansatz ist die Aneignungstheorie in der sowjetischen Entwicklungspsychologie (*Leontjew*, 1973, 1975; *Galperin*, 1967; *Braun* et al., 1977). In der tätigen Auseinandersetzung mit der Realität werden Handlungen und ihre Gegenstände verinnerlicht (interiorisiert), wobei sie auf das Wesentliche verkürzt und generalisiert werden. Da die Welt des Menschen selber in einem langen gesellschaftlichen Prozeß produziert wurde, umfaßt der individuelle Aneignungsprozeß jeweils auch die akkumulierten Erfahrungen der ganzen Gattung. Der Aneignungsprozeß ist im wesentlichen durch soziale Interaktionen und sprachlich vermittelt, und Sprache hat auch für die innerpsychische Verarbeitung und das Denken eine wichtige Stütz- und Regulationsfunktion, wie an dem Phänomen der »inneren Sprache« deutlich wird. Dieser auch empirisch belegte Ansatz ist bisher noch kaum in die sozialisationstheoretische Diskussion einbezogen worden.

Empirische Sozialisationsforschung

In die empirische Sozialisationsforschung mögen vorliegende Theorien als Hintergrund eingegangen sein, doch hat sie sich bisher weniger in direktem Bezug auf Sozialisationstheorie, sondern eher unter pragmatischen, insbesondere sozial- und bildungspolitischen Fragestellungen entwickelt. Aus diesem Grunde erscheint sie unter theoretischen Gesichtspunkten zum Teil als fragwürdig, doch ist andererseits nicht zu leugnen, daß manche ihrer Ergebnisse auch zur Klärung und Weiterentwicklung einer Sozialisationstheorie beitragen. Ein Hauptproblem bei der Rezeption empirischer Forschungsergebnisse allgemein besteht darin, daß Bedeutung und Reichweite eines Ergebnisses genau nur bei Kenntnis aller auch methodischen Randbedingungen eingeschätzt werden können, daß diese aber meist nur ungenügend bekannt sind.

Ausführliche Darstellungen der Forschungsergebnisse zum Sozialisationsproblem finden sich in mehreren Handbüchern (*Stevenson*, 1963, *Hoffman* und *Hoffman* 1964, 1966, *Goslin* 1969, *Mussen* 1970, Handbuch der Psychologie 1972, *Horowitz* 1975, *Hetherington* 1975, *Hurrelmann und Ulich* 1980) und Sammelbänden (*Ewert* 1972, *Walter* 1973 ff., *Neidhardt* 1975, *Hurrelmann* 1976, *Döbert* et al. 1977, *Wurzbacher* 1977). Außerdem liegen eine Reihe unterschiedlicher Gesamtdarstellungen, insbesondere zum Problem der schichtenspezifischen Sozialisation, vor (*Rolff* 1967, *Fend* 1969, *Caesar* 1972, *Milhoffer* 1973, *Hagemann/White* und *Wolff* 1975, *Meinhold und Hollstein* 1975).

Die große Zahl der Einzeluntersuchungen kann wie folgt aufgegliedert werden:
- Nach Persönlichkeits- bzw. Verhaltensbereichen: Persönlichkeitsbereiche, die bisher in größerem Umfang untersucht worden sind, sind (1) Normenkonformität, Moral, moralisches Bewußtsein usw. (*Kohlberg*, 1963, 1964, 1974; *Hoffman*, 1970; *Bertram*, 1980), (2) kognitive Fähigkeiten (*Wallach*, 1963; *Berlyne*, 1970; *Flavell*, 1970; *Huber/Mandl*, 1980; *Bertram*, 1974; *Köstlin-Gloger*, 1974; *Geulen*, 1975; *Keller*, 1976; *Walberg*, 1976), (3) Sprache und kommunikative Fähigkeiten (*Ervin-Tripp*, 1966; *Jenkins*, 1969; *Mc Neill*, 1970, 1974; *Bloom*, 1975; *Glucksberg* et al., 1975; *Miller*, 1980; *Oevermann*, 1968, 1972; *Holzer*, 1972; *Dittmar*, 1973; *Hager* et al., 1973), (4) soziale Kognition, Wahrnehmung und Verstehen anderer (*Shantz*, 1975; *Geulen*, 1982) sowie prosoziale, altruistische und kooperative Verhaltensweisen (*Bryan*, 1975), (5) Geschlechtsidentität und ge-

schlechtsspezifische Verhaltensweisen (*Kagan*, 1964; *Maccoby*, 1966, 1970; *Mussen*, 1969; *Mischel*, 1970; *Lehr*, 1972; *Kürthy*, 1978; *Bilden*, 1980), (6) Leistungsmotivation (*Crandall*, 1963; *Heckhausen*, 1972), (7) psychische Abhängigkeit und Unselbständigkeit (*Hartup*, 1963; *Maccoby*, 1970), (8) Delinquenz (*Short*, 1966) und Aggressivität (*Bandura*, 1963; *Feshbach*, 1970).

– Nach besonderen *subjektiven Voraussetzungen:* An erster Stelle ist hier das Alter zu nennen. Auch wenn die Sozialisation in verschiedenen Lebensaltern von institutionellen Sozialisationsbedingungen her bestimmt werden kann, zeichnet sich in letzter Zeit eine Zentrierung auf Altersstufen als eigene Fragestellung ab; dies gilt vor allem für Jugendalter und Adoleszenz (*Douvan/ Gold*, 1966; *Campbell*, 1969; *Döbert/Nunner-Winkler*, 1975; *Neimark*, 1975; *Kreutz*, 1976) und für die Erwachsenensozialisation (*Brim/Wheeler*, 1973; *Griese*, 1976; *Kohli*, 1978; *Oerter*, 1978). Ergebnisse liegen außerdem über Sozialisationsprozesse bei Körperbehinderten (*Richardson*, 1969), Blinden (*Scott*, 1969), Gehörlosen (*Meadow*, 1975) und Geistigbehinderten (*Zigler*, 1969) vor.

– Nach sozialisierender Instanz bzw. Institution: (1) Die weitaus meisten der vorliegenden Studien beziehen sich auf die Sozialisation in der Familie. Neben allgemeinen Überblicken (*Thomae*, 1972; *Wurzbacher*, 1977, unter soziologischen Aspekt auch *Milhoffer*, 1973, *Claessens/Milhoffer*, 1973) sind als spezielle Forschungsbereiche interne Strukturmerkmale der Familie (*Clausen*, 1966; *Hess/Handel*, 1975) und vor allem Eltern-Kind-Beziehungen und elterliches Erziehungsverhalten zu nennen (*Caldwell*, 1964; *Becker*, 1964; *Stapf* et al., 1972; *Beck*, 1973; *Popp*, 1974; *Martin*, 1975; *Lukesch*, 1976; *Schneewind/Lukesch*, 1978; *Kreppner*, 1980), ferner verschiedene Aspekte der Mutterrolle, insbesondere Berufstätigkeit (*Lehr*, 1974, 1975; *Koch*, 1975; *Koliadis*, 1978), und der Vaterrolle (*Scharmann/Scharmann*, 1975; *Green*, 1977). In den letzten Jahren scheint das Interesse am tiefenpsychologischen Aspekt des innerfamiliären Milieus zuzunehmen (*Richter*, 1963, 1970; *Bateson* et al., 1969; *Hess/Handel*, 1975). (2) Auch über die Auswirkungen einer Trennung von den Eltern bzw. eines Heimaufenthaltes in der frühen Kindheit und der damit verbundenen sozialen, affektiven und kognitiven Deprivation gibt es umfangreiche Literatur (*Yarrow*, 1964; *Wheeler*, 1969; *Schmalohr*, 1973, 1975 sowie *Dührssen*, 1958; *Eckensberger*, 1971; *Meierhofer*, 1971), die von hervorragender Bedeutung für die sozialpädagogische Praxis ist. (3) Einige Ergebnisse liegen für den Kindergarten und ähnliche Institutionen (*Swift*, 1964; *Dau*, 1975; *Kossolapow*, 1980) sowie für ergänzende Förderungsmaßnahmen (*Williams*, 1977) vor. (4) Die Forschung zur Sozialisation in der Schule hat sich in den letzten Jahren in der Bundesrepublik stärker entwickelt (*Glidewell* et al., 1966; *Weinert*, 1972 sowie *Hurrelmann*, 1971, 1974; *Butschkau/Tillmann*, 1972; *Wellendorf*, 1973; *Fend* et al., 1976; *Ulich*, 1976, 1980). (5) Ähnliches gilt für den Bereich der Hochschule (*Feldman/Newcomb*, 1969; *Keil/Piontkowski*, 1973; *Huber*, 1980). (6) Bearbeitet ist auch die Frage nach den Sozialisationsprozessen in totalen Institutionen (*Steinert*, 1973). (7) Zum Einfluß von Massenmedien, besonders des Fernsehens, gibt es eine Reihe Untersuchungen (*Maccoby*, 1964; *Ronneberger*, 1971; *Maletzke*, 1972; *Baacke*, 1973; *Stein* et al., 1975; *Schorb* u. a., 1980). (8) Seit einigen Jahren ist ein Wandel von der Annahme einzelner Bedingungsvariablen zu einer ökologischen, ganzheitlichen Betrachtungsweise der Umwelt als Sozialisationsfaktor zu beobachten (*Walter*, 1975; *Bronfenbrenner*, 1976; *Graumann*, 1977; *Kaminski*, 1977; *Vaskovics*, 1982).

– Nach gesellschaftlicher Lage: Abgesehen von der Forschung über bestimmte Minderheiten (*Young*, 1969) ist hier vor allem die umfangreiche Literatur über Sozialisation in verschiedenen sozialen Schichten – meist Unterschicht und Mittelschicht im Vergleich – zu nennen (*Hess*, 1970; *Zigler*, 1970; *Thomae*, 1972; *Steinkamp*, 1980 sowie auch *Rolff*, 1967; *Gottschalch* et al., 1971; *Caesar*, 1972; *Meinold/Hollstein*, 1975; *Bertram*, 1981), die in der gegenwärtigen Diskussion sowohl in methodischer und theoretischer wie auch in praktischer Hinsicht kontrovers ist. In den 60er Jahren war man auf die alarmierende Tatsache gestoßen, daß Arbeiterkinder an höheren Schulen und Hochschulen stark unterrepräsentiert sind, und hatte als Erklärung dafür das Zusammenwirken besonders zweier Bedingungskomplexe festgestellt: Zum einen favorisiert die Schule in Curriculum, geforderten Verhaltensweisen und Bewertungskriterien einseitig Kinder aus mittleren und höheren sozialen Schichten, zum anderen haben Kinder aus der Unterschicht aufgrund ihrer durch frühkindliche Sozialisation erworbenen psychischen Struktur Schwierigkeiten, bestimmten Leistungsanforderungen zu entsprechen. Aus den vorliegenden Sozialisationsstudien zeichnete sich unter anderem folgendes ab. Aufgrund ihrer Erfahrungen am Arbeitsplatz und ihrer gesellschaftlichen Lebenssituation neigen in der Unterschicht Eltern zu einem autoritären, machtausspielenden Verhalten. Wünsche werden typischerweise als kurze Anordnung und ohne Einsichtigmachen einer Begründung durchgesetzt, Sanktionen beziehen sich nur auf den äußeren Erfolg einer Handlung, nicht auf die Absichten des Kindes. Auf diese Weise können Kinder nicht lernen, Zusammenhänge zwischen Absichten und Konsequenzen herzustellen und verschiedene Handlungsalternativen selber zu durchdenken. Von zentraler Bedeutung für die geistige Entwicklung ist die Sprache. Wie vor allem die Forschungen Basil Bernsteins gezeigt haben (*Bernstein* 1970, 1971 sowie *Oevermann* 1972, *Dittmar* 1973, *Hager* et al. 1973), herrscht in der Unterschicht eine spezifische Weise der Sprachverwendung (»restringierter Code«), die sich wesentlich auf nichtverbale Elemente stützt, in starkem Maße vom konkreten situativen Kontext abhängig ist, d. h. keine Formulierung von Sachverhalten in allgemeinen, analytischen Kategorien anstrebt, und insgesamt mehr der gegenseitigen Bestätigung einer diffusen Gruppensolidarität als der Darstellung von individuellen Standpunkten dient. Die Verinnerlichung einer solchen Art von Sprachgebrauch wirkt sich in der Entwicklung eines Kindes hemmend für den Aufbau eines abstrakteren und generalisierenden Symbol- und Begriffssystems sowie für die Fähigkeit, individuelle Positionen in sozialen Situationen zu realisieren aus. Diese Befunde insgesamt führten zu der Forderung einer familienergänzenden, »kompensatorischen« Erziehung. Die Förderprogramme, die in der Folge propagiert wurden, forderten jedoch bald die Kritik heraus, daß die kompensatorische Erziehung entgegen ihrem emanzipatorischen Anspruch tatsächlich nur auf Anpassung der Arbeiterkinder an die bestehende Schule und die Mittelschichtstruktur hinauslaufe. Außerdem dürfe die Sozialisation in der Unterschicht nicht als defizitär abgewertet werden (»Defizit-Hypothese«), auch nicht in bezug auf das Sprachverhalten, das ja innerhalb des Unterschichtmilieus durchaus angemessen sei, vielmehr könne nur von einer unterschiedlichen und keinesweges zu verändernden Sozialisation gesprochen werden (»Differenz-Hypothese«) (*Dittmar* 1973). Oevermann hat – von den kritisierten Förderprogrammen sich ebenfalls abgrenzend – die von Bernstein und ihm vertretene Position in einem bemerkenswerten Artikel verdeutlicht und den Kritikern eine Reihe von Mißverständnissen nachgewiesen (*Oevermann* 1974). Es gehe nicht um Anpassung der Unterschichtkinder an die Mittelschicht, sondern um Schaffung von Sozialisationsbedingungen, die ihnen ermöglichen, sich zu autonomen Subjekten in einem allgemeineren, auch politischen Sinne zu bilden. Freilich hat Oevermann diesen Bezugspunkt weder psychologisch noch gesellschaftstheoretisch hinreichend expliziert, was sicher Anlaß weitergehender Diskussion wäre.

- Nach gesellschaftlichen Systemen: Schon in den 30er Jahren beschäftigte sich die amerikanische Kulturanthropologie mit der Frage der spezifischen Sozialisationsprozesse in anderen Kulturen und Gesellschaftssystemen. Inzwischen liegen zahlreiche Befunde vor (*LeVine*, 1970; *Glick*, 1975; *Liegle*, 1980), auch speziellere z. B. zum Vergleich der USA mit der Bundesrepublik (*Devereux* et al., 1962), mit der Sowjetunion (*Bronfenbrenner*, 1972; *Liegle*, 1970) und zur Erziehung in den israelischen Kibbutzim (*Liegle*, 1971).

Gegenwärtige Tendenzen

Während zumindest die deutschsprachige Diskussion der letzten 15 Jahre stark von der Problematik der schichtenspezifischen Sozialisation und ihren Konsequenzen bestimmt war, zeichnen sich gegenwärtig folgende Tendenzen ab. Zum einen richtet sich das Interesse zunehmend auf die genauere Klärung des Begriffs vom menschlichen Subjekt bzw. der subjektiven Strukturen, die als Bedingungen sozialer Handlungsfähigkeit einerseits und als Niederschlag gesellschaftlicher Sozialisationsbedingungen andererseits anzunehmen sind. Diskutiert werden besonders die Ansätze von *Mead, Piaget* und *Kohlberg*, die in Richtung der Frage nach spezifisch sozialen Orientierungsschemata (soziale Kognition, moralisches Urteil) weiterentwickelt werden. Zum anderen richtet sich das Interesse auf genauere Klärung der für Sozialisation relevanten Bedingungen. Erstens werden zunehmend weitere Sozialisationsinstanzen über die Familie hinaus in die Betrachtung und empirische Forschung einbezogen, bisher besonders Schule und Hochschule, im Ansatz aber auch der Arbeitsplatz, Heim und andere. Zweitens wird neben einzelnen Variablen zunehmend die konkrete »Umwelt« als Sozialisationsbedingung angenommen.

Drittens wird der Zusammenhang von Sozialisationsprozessen mit gesamtgesellschaftlichen Strukturbedingungen nicht mehr nur deduktiv postuliert, sondern mit einem differenzierteren methodischen und begrifflichen Instrumentarium thematisiert. Daneben zeichnet sich die Möglichkeit einer mehrebenenanalytischen soziologischen Theorie der Sozialisationsbedingungen ab.

Angesichts des teilweise ungeklärten Standes der Sozialisationstheorie und -forschung ist es schwierig, eindeutige Aussagen über ihre praktische Relevanz zu machen. Folgende Gesichtspunkte sind jedoch von Bedeutung. Ansatz und empirische Ergebnisse der Sozialisationsforschung sind so weit entwickelt, daß die Unhaltbarkeit bestimmter anthropologischer Theorien evident geworden ist. So nimmt die Sozialisationstheorie gegenüber einem metaphysischen Individualismus, der die realen, gesellschaftlichen Bedingungen menschlicher Subjektivität und Existenz verkennt, oder gegenüber einem biologistischen Nativismus, der die wesentlichen Charakteristika des Menschen für angeboren, pädagogische Arbeit damit für überflüssig erklärt, eine ideologiekritische Funktion wahr, umso mehr, als historisch realisierte Sozialisationsformen sich als hinter dem Rücken der Individuen etablierte Mechanismen gesellschaftlicher Herrschaft erweisen. Auf der Ebene sozialpädagogischer Arbeit in bestimmten Feldern und Institutionen ist die Sozialisationsforschung prinzipiell in der Lage, die jeweils vorliegenden Sozialisationsbedingungen nach ihren typischen Auswirkungen zu beurteilen bzw. umgekehrt anzugeben, welche Bedingungen hergestellt werden müßten, damit die ihnen ausgesetzten Individuen überhaupt die Chance erhalten, sich zu autonomen und handlungsfähigen Subjekten zu bilden. In diesem Sinne ist sozialisationstheoretisches Wissen bereits ein Bestandteil sozialpädagogischer Orientierung in den Bereichen der Familien- und Heimerziehung geworden. Auf der Ebene der Arbeit mit einzelnen Menschen schließlich ist ein sozialisationstheoretisches Vorverständnis eine Voraussetzung dafür, Individuen in ihrem konkreten Gewordensein zu verstehen. Damit ist nicht gemeint, daß der Erzieher einen Klienten schnell in eine ihm bekannte Kategorie rubriziert und dann gemäß diesem Stereotyp weiterbehandelt, sondern daß ihn die Sozialisationstheorie für die spezifische biographische Genese dieses Menschen und die möglichen Bedingungen seiner weiteren Bildung sensibilisiert. Ein noch ungelöstes Problem ist weithin freilich, wie angesichts dieser Ziele die Vermittlung der Sozialisationsforschung in der Ausbildung von Sozialarbeitern und Sozialpädagogen zu leisten wäre.

Dieter Geulen

Literatur

Arbeitsgruppe Bielefelder Soziologen (Hrsg.), 1973: Alltagswissen, Interaktion und gesellschaftliche Wirklichkeit, Bd. 1, Reinbek – *Baldwin, A. L.,* 1967: Theories of child development, New York (dtsch. 1974) – *Bandura, A.,* 1976: Lernen am Modell, Stuttgart – *Bateson, G.* et al., 1969: Schizophrenie und Familie, Frankfurt/M. – *Berger, P./Luckmann, Th.,* 1969: Die gesellschaftliche Konstruktion der Wirklichkeit, Frankfurt/M. (zuerst amer. 1966) – *Bertram, H.,* 1980: Moralische Sozialisation, in: *Hurrelmann, K./Ulich, D.* (Hrsg.) – *Bertram, H.,* 1981: Sozialstruktur und Sozialisation, Darmstadt – *Bijou, S. W./Baer, D. M.,* Child development, Vol. 1, New York 1961, Vol. 2, New York 1965 – *Bredenkamp, J./*

Wippich, W., 1977: Lern- und Gedächtnispsychologie, 2 Bde., Stuttgart – *Brenner, Ch.*, 1967: Grundzüge der Psychoanalyse, Frankfurt/M. (zuerst amer. 1955) – *Bronfenbrenner, U.*, 1976: Ökologische Sozialisationsforschung, hrsg. von K. Lüscher, Stuttgart – *Campbell, E. Q.*, 1969: Adolescent socialization, in: *Goslin, D. A.* (Hrsg.), Handbook of socialization theory and research, Chicago – *Chomsky, N.*, 1972: Rezension von Skinners ›Verbal behavior‹, in: *Holzer, H./Steinbacher, K.* (Hrsg.), Sprache und Gesellschaft, Hamburg (zuerst amer. 1959) – *Danziger, K.*, 1976: Sozialisation, Düsseldorf – *Dittmar, N.*, 1973: Soziolinguistik, Frankfurt/M. – *Döbert, R./Nunner-Winkler, G.*, 1975: Adoleszenzkrise und Identitätsbildung, Frankfurt/M. – *Döbert, R.* et al. (Hrsg.), 1977: Entwicklung des Ichs, Köln – *Erikson, E. H.*, 1965: Kindheit und Gesellschaft, Stuttgart (zuerst amer. 1950) – *Ewert, O. M.* (Hrsg.), 1972: Entwicklungspsychologie, Köln – *Fend, H.*, 1969: Sozialisierung und Erziehung, Weinheim – *Freud, S.*, 1969: Vorlesungen zur Einführung in die Psychoanalyse, Frankfurt/M. (zuerst 1917) – *Fromm, E.*, Die psychoanalytische Charakterologie und ihre Anwendung für die Soziologie, in: Ztschr. Sozialforsch. Bd. 1 (1931) – *Galperin, F. J.*, 1967: Die Entwicklung der Untersuchungen über die Bildung geistiger Operationen, in: *Hiebsch, H.* (Hrsg.), Ergebnisse der sowjetischen Psychologie, Berlin – *Gehlen, A.*, 1940: Der Mensch, Frankfurt/M. – *Geulen, D.*, 1973: Thesen zur Metatheorie der Sozialisation, in: *Walter, H.* (Hrsg.), Sozialisationsforschung, Bd. 1, Stuttgart – *Geulen, D.*, 1977: Das vergesellschaftete Subjekt. Zur Grundlegung der Sozialisationstheorie, Frankfurt/M. – *Geulen, D.*, 1980: Die historische Entwicklung sozialisationstheoretischer Paradigmen, in: *Hurrelmann, K./Ulich, D.* (Hrsg.) – *Geulen, D./Hurrelmann, K.*, 1980: Zur Programmatik einer umfassenden Sozialisationstheorie, in: *Hurrelmann, K./Ulich, D.* (Hrsg.) – *Geulen, D.* (Hrsg.), 1982: Perspektivenübernahme und soziales Handeln. Texte zur sozial-kognitiven Entwicklung, Frankfurt/M. – *Ginsburg, H./Opper, S.*, 1975: Piagets Theorie der geistigen Entwicklung, Stuttgart (zuerst amer. 1969) – *Goffman, E.*, 1969: Wir alle spielen Theater, München (zuerst amer. 1959) – *Goffman, E.*, 1975: Interaktionsrituale, Frankfurt/M. (zuerst amer. 1966) – *Graumann, C.-F.* (Hrsg.), 1977: Ökologische Perspektiven in der Psychologie, Bern – *Griese, H. M.*, 1976: Soziologische Anthropologie und Sozialisationstheorie, Weinheim – *Grüneisen, V./Hoff, E.-H.*, 1977: Familienerziehung und Lebensituationen, Weinheim – *Habermas, J.*, 1976: Zur Rekonstruktion des Historischen Materialismus, Frankfurt/M. – Handbuch der Psychologie, Bd. 7, Sozialpsychologie, 2. Halbband, hrsg. v. C. F. Graumann, Göttingen 1972 – *Harten, H.-Chr.*, 1977: Der vernünftige Organismus oder die gesellschaftliche Evolution der Vernunft, Frankfurt/M. – *Hilgard, E. R./Bower, G. H.*, 1966: Theories of learning, New York (dtsch. 1970) – *Hess, R. D.*, 1970: Social class and ethnic influences on socialization, in: *Mussen, P. H.* (Hrsg.), Manual of child psychology, Vol. 2, New York – *Hetherington, E. M.* (Hrsg.), 1975: Review of child development research, Vol. 5, Chicago – *Hoffman, M. L./Hoffman, L. W.* (Hrsg.), Review of child development research, Vol. 1, New York 1964, Vol. 2. New York 1967 – *Holzer, H./Steinbacher, K.* (Hrsg.), 1972: Sprache und Gesellschaft, Hamburg – *Horowitz, F. D.* (Hrsg.), 1975: Review of child development research, Vol. 4, Chicago – *Huber, G. L./Mandl, H.*, 1980: Kognitive Sozialisation, in: *Hurrelmann, K./Ulich, D.* (Hrsg.) – *Huber, L.*, 1980: Sozialisation in der Hochschule, in: *Hurrelmann, K./Ulich, D.* (Hrsg.) – *Hurrelmann, K.* (Hrsg.), 1974: Soziologie der Erziehung, Weinheim – *Hurrelmann, K.* (Hrsg.), 1976: Sozialisation und Lebenslauf, Reinbek – *Hurrelmann, K./Ulich, D.* (Hrsg.), 1980: Handbuch der Sozialisationsforschung, Weinheim – *Joas, H.*, 1973: Die gegenwärtige Lage der soziologischen Rollentheorie, Frankfurt/M. – *Kaminski, G.* (Hrsg.), 1977: Umweltpsychologie, Stuttgart – *Kohlberg, L.*, 1974: Zur kognitiven Entwicklung des Kindes, Frankfurt/M. – *Kohli, M.* (Hrsg.), 1978: Soziologie des Lebenslaufs, Darmstadt – *Krappmann, L.*, 1971: Soziologische Dimensionen der Identität, Stuttgart – *Kreppner, K.*, 1980: Sozialisation in der Familie, in: *Hurrelmann, K./Ulich, D.* (Hrsg.) – *Lebovici, S./Soulé, M.*, 1978: Die Persönlichkeit des Kindes. Der Beitrag der Psychoanalyse zum Verständnis des Kindes, München – *Leontjew, A. N.*, 1973: Probleme der Entwicklung des Psychischen, Frankfurt/M. – *Leontjew, A. N.*, 1977: Tätigkeit, Bewußtsein, Persönlichkeit, Stuttgart (zuerst russ. 1975) – *Liegle, L.*, 1980: Kulturvergleichende Ansätze in der Sozialisationsforschung, in: *Hurrelmann, K./Ulich, D.* (Hrsg.) – *Lorenzer, A.*, 1972: Zur Begründung einer materialistischen Sozialisationstheorie, Frankfurt/M. – *Marcuse, H.,* 1967: Der eindimensionale Mensch, Neuwied (zuerst amer. 1964) – *Mead, G. H.,* 1968: Geist, Identität und Gesellschaft, Frankfurt/M. (zuerst amer. 1934) – *McNeill, D.,* 1974: Der Spracherwerb, Düsseldorf – *Miller, M.,* 1980: Sprachliche Sozialisation, in: *Hurrelmann, K./Ulich, D.* (Hrsg.) – *Mussen, P. H.* (Hrsg.), 1970: Manual of child psychology, 2 Bde., New York – *Neidhardt, F.* (Hrsg.), 1975: Frühkindliche Sozialisation, Tübingen – *Oerter, R.* (Hrsg.), 1978: Entwicklung als lebenslanger Prozeß, Hamburg – *Oevermann, U.,* 1968: Schichtenspezifische Formen des Sprachverhaltens und ihr Einfluß auf die kognitiven Prozesse, in: *Roth, H.* (Hrsg.), Begabung und Lernen, Stuttgart – *Ohlmeier, D.* (Hrsg.), Psychoanalytische Entwicklungspsychologie, Freiburg – *Orban, P.,* 1973: Sozialisation, Frankfurt/M. – *Ottomeyer, K.,* 1974: Soziales Verhalten und Ökonomie im Kapitalismus, Gaiganz – *Parow, E.,* 1973: Die Dialektik des symbolischen Austauschs, Frankfurt/M. – *Piaget, I.,* 1973: Das moralische Urteil beim Kinde, Frankfurt/M. (zuerst frz. 1932) – *Piaget, J./Inhelder, B.,* 1972: Die Psychologie des Kindes, Olten – *Richter, H. E.,* 1963: Eltern, Kind und Neurose, Stuttgart – *Richter, H. E.,* 1970: Patient Familie, Reinbek – *Rolff, H.-G.,* 1972[2]: Sozialisation und Auslese durch die Schule, Heidelberg – *Schlieben-Lange, B.,* 1975: Linguistische Pragmatik, Stuttgart – *Schneewind, K./Lukesch, H.* (Hrsg.), 1978: Familiäre Sozialisation Stuttgart – *Schorb, B./Mohn, E./Theunert, H.,* 1980: Sozialisation durch Massenmedien, in: *Hurrelmann, K./Ulich, D.* (Hrsg.) – *Schütz, A.,* 1974: Der sinnhafte Aufbau der sozialen Welt, Frankfurt/M. (zuerst 1932) – *Schütze, Y.,* 1980: Psychoanalytische Theorien in der Sozialisationsforschung, in: *Hurrelmann, K./Ulich, D.* (Hrsg.) – *Seiler, Th. B.,* 1980: Entwicklungstheorien in der Sozialisationsforschung, in: *Hurrelmann, K./Ulich, D.* (Hrsg.) – *Steinert, H.* (Hrsg.), 1973: Symbolische Interaktion, Stuttgart – *Steinkamp, G./Stief, W. E.,* 1978: Lebensbedingungen und Sozialisation, Opladen – *Stevenson, H. W.* (Hrsg.), 1963: Child psychology, Chicago – *Ulich, D.,* 1980: Lern- und Verhaltenstheorien in der Sozialisationsforschung, in: *Hurrelmann, K./Ulich, D.* (Hrsg.) – *Ulich, K.,* 1980: Schulische Sozialisation, in: *Hurrelmann, K./Ulich, D.* (Hrsg.) – *Vaskovics, L. A.* (Hrsg.), 1982: Umweltbedingungen familialer Sozialisation, Stuttgart – *Walter, H.* (Hrsg.): Sozialisationsforschung, 3 Bde., Stuttgart 1973–1975 – *Wurzbacher, G.* (Hrsg.), 1977: Die Familie als Sozialisationsfaktor, Stuttgart – *Wyss, D.,* 1961: Die tiefenpsychologischen Schulen von den Anfängen bis zur Gegenwart, Göttingen. –

→ Altenarbeit → Erwachsenensozialisation → Interaktion → Jugend: Strukturwandel und Problemlagen → Persönlichkeitsentwicklung → Psychoanalyse und Sozialarbeit

Sozialistische Erziehung

Ein eindeutiger Begriff von sozialistischer Erziehung setzt einen ebenso eindeutigen Begriff von Sozialismus voraus und erfordert zudem die Bestimmung der Funktion von Erziehung: soll sie Instrument zur Herstellung eines künftigen gesellschaftlichen Zustands – Erziehung zum Sozialismus – sein oder ist sie als Praxis innerhalb eines bestehenden gesellschaftlichen Zustandes – Erziehung im Sozialismus – zu begreifen? Die hier aufgeworfenen Probleme werden bislang höchst kontrovers diskutiert; deshalb kann der folgende Beitrag nur die verschiedenen Problembereiche und -ebenen eines Konzepts sozialistischer Erziehung skizzieren. Es soll im einzelnen deutlich werden, welche Prinzipien als solche sozialistischer Erziehung angesehen werden können, wie der unterschiedliche gesellschaftliche Entwicklungsstand zu unterschiedlichen theoretischen Problemformulierungen führt, daß demzufolge keine scharfe Trennung zwischen Gesellschafts- und Erziehungstheorie gezogen werden kann und – schließlich – wie politische und pädagogische Praxis im Konzept einer »politisch-pädagogischen Aktion« eine Einheit bilden.

Prinzipien sozialistischer Erziehung

Die Verbindung von Arbeit und Lernen: Gemäß der von Marx formulierten Einsicht, daß die Entwicklung der Menschheit aufs engste gekoppelt ist mit der Entwicklung der menschlichen Arbeit und daß die Ausbildung von Fähigkeiten Resultat einer tätigen Auseinandersetzung des Menschen mit seiner Umwelt ist, ist das Prinzip der Verbindung von Arbeit und Lernen konstitutiv für die verschiedenen Versuche, sozialistische Erziehung zu praktizieren und theoretisch zu bestimmen (vgl. hierzu vor allem die Ausführungen *Makarenkos*, 1972, über die Gorki-Kolonie; *Krupskaja*, 1955; *Blonskij*, 1972). Ein bedeutender Versuch einer Verbindung von Arbeit und Lernen ist in den nach 1917 entstehenden vielfältigen Bemühungen um eine Produktions- und Arbeitsschule zu sehen. Diese Bemühungen der sozialistischen Pädagogik fielen übrigens zeitlich zusammen mit ähnlichen Vorstellungen der nichtsozialistischen bürgerlichen Reformpädagogik in Deutschland und in anderen Ländern (vgl. u. a. *Gaudig*, 1928; *Kerschensteiner*, 1968). Der russische Theoretiker der Produktionsschule, *Blonskij*, grenzt die sozialistische Arbeitsschule jedoch scharf ab von den Tendenzen der bürgerlichen Reformer, Handarbeit lediglich als eine Methode des Unterrichts einzusetzen. Zwar räumt *Blonskij* ein, daß die »Illustrativschule«, in der Bildung und Erziehung durch Handarbeit angestrebt wird, einen Fortschritt gegenüber der alten Lernschule bedeute: »Indem sie die Kenntnis eines Gegenstandes mit seinem Machen verbindet, führt sie zu einem größeren Grad an Deutlichkeit und Klarheit der Wahrnehmung des Schülers, hält ihn zu genauem Betrachten, Forschen und zur aktiven Erkenntnis an.« Das Ziel sozialistischer Erziehung sei jedoch nicht in der Handwerks-, sondern erst in der Industrieschule zu erreichen, weil der Sozialismus sich nicht durch eine Rückkehr zum Handwerk, sondern nur durch eine menschliche

Gestaltung der industriellen Arbeit verwirklichen lasse. Erst diese Arbeitsschule ist nach *Blonskij* dann »eine Schule sozialer Arbeit und humanitärer Gewohnheiten, da ihr grundlegender Inhalt die gesellschaftliche Produktionsarbeit ist, d. h. die menschliche Tätigkeit, die der Menschheit Nützliches schafft«.

Auch für die Erziehung von verwahrlosten Jugendlichen ist der zentrale Wert der Arbeit in der sozialistischen Erziehung anerkannt. Die Wirkung kollektiver Arbeit auf die Entwicklung der besten menschlichen Fähigkeiten beschreibt *Makarenko* aufgrund seiner Erfahrungen mit jugendlichen Rechtsbrechern in der Gorki-Kolonie. Der Lastcharakter, den die Arbeit für die Jungen zu Anfang ausschließlich hat, verwandelt sich unter dem Einfluß sozialistischer Prinzipien zur Möglichkeit von Selbstverwirklichung in der Arbeit. Durch sie kommen die Jungen zu Begriff und Perspektive einer wirklichen entfalteten menschlichen Persönlichkeit. Auf diese Weise bedeutet die Erziehung im Sozialismus auch immer eine Erziehung zum Sozialismus der nachwachsenden Generation bzw. derjenigen, die aufgrund besonderer Lebensumstände sich entgegen den Prinzipien der sozialistischen Gesellschaftsorganisation entwickelt haben, also »verwahrlost« sind. Die Perversion dieses Gedankens einer Erziehung durch Arbeit vollzieht sich allerdings dort, wo – wie in sibirischen Arbeitslagern – Arbeit unter extrem ungünstigen Bedingungen verrichtet werden mußte und nur noch als Mittel schärfster Bestrafung erscheinen konnte: Arbeit als Zwangsarbeit.

Heute gewinnt die Idee der Verbindung von Arbeit und Unterricht in westlichen Ländern dort an Bedeutung, wo sozialistisch orientierte Pädagogen versuchen, die zerstörende Wirkung der bürgerlichen Klassenschule auf die Jugendlichen aus den Arbeiterschichten aufzufangen oder wieder auszugleichen. Dabei ist die von *Blonskij* getroffene strikte Unterscheidung zwischen einer aktiven Anschaulichkeit als einem bloßen Unterrichtsprinzip und der wirklichen Produktionsschule, in der etwas gesellschaftlich Nützliches hergestellt wird, in den neueren Versuchen eher fließend. Bezeichnend für diese neueren Versuche ist, daß sie auf einer eher schmalen theoretischen Basis entwickelt wurden und auch in der Folgezeit sich nicht so sehr über theoretische Arbeiten an Interessierte vermittelten, sondern eher durch eine unmittelbare Vorbildwirkung. Bekannte Beispiele sind die Tvind-Schulen in Dänemark, die Grüne Schule in Amsterdam/Holland und die Freinet-Pädagogen in Frankreich, die an unterschiedlichen französischen Schulen ihren Unterricht nach den Prinzipien des tätigen Lernens organisieren (vgl. *Freinet*, 1965). In Deutschland ist zu beobachten, daß als Reflex auf die Situation von Jugendarbeitslosigkeit zahlreiche Initiativen entstanden sind, die zunächst nur eine höhere Qualifikation der Arbeitskraft zur Herstellung besserer Arbeitsmarktchancen für die Betroffenen leisten wollten, in zunehmendem Maße aber den Wert selbstgestalteter Arbeit auf die Entwicklung der Persönlichkeit entdecken. Auch diese Versuche werden kaum auf dem Wege wissenschaftlich-theoretischer Literatur öffentlich, weil in ihrer Veröffentlichung immer auch schon die Gefahr ihrer Unterdrückung (Mittelsperre!) liegt. Es entwickeln sich mehr oder weniger explizit an sozialistischen Vorstellungen orientierte alternative Projekte, Netzwerke und produzierende Wohn- und Lebensgemeinschaften. Das sozialistische Prinzip des Lernens durch Arbeit ist damit eingebettet in eine Alternativbewegung, die zum Teil ganz anderen Prinzipien und Ideen folgt (vgl. u. a. Alternatives Vorlesungsverzeichnis 1981).

Die Erziehung im und zum Kollektiv: Sie beeinflußt als ein zweites, nicht weniger bedeutsames Prinzip die bisherige Geschichte von Theorie und Praxis sozialistischer Erziehung. Im Kollektiv soll sich der für die bürgerliche kapitalistische Gesellschaft konstitutive Widerspruch zwischen Individuum und Gesellschaft, Freiheit des einzelnen und von der Gemeinschaft auferlegten Beschränkungen, auflösen. Das Leben im Sozialismus ist deshalb ein Leben im Kollektiv. »Das Kollektiv vereinigt die Menschen nicht nur durch ein gemeinsames Ziel und in gemeinsamer Arbeit. Das gemeinsame Ziel ist hier nicht ein zufälliges Zusammenfallen privater Ziele . . ., sondern es ist eben das Ziel des Kollektivs« (*Makarenko*, 1967). Deshalb ist das Leben im Kollektiv nicht als gegen die Bedürfnisse des einzelnen gerichtet mißzuverstehen. Vielmehr sollen die Bedürfnisse des Habens und der Konkurrenz als durch die kapitalistische Produktionsweise hervorgerufene, also gesellschaftlich erzeugte, begriffen und in die neuen Bedürfnisse des sozialistischen Individuums transformiert werden. Diesem neuen sozialistischen Individuum entspricht die Lebensform des sozialistischen Kollektivs. Im Kapitalismus ist diese kollektive Lebensform nur als partiell glückender Versuch möglich, für die Zukunft zu Erstrebendes vorwegzunehmen. *Bernfeld* bemerkt dazu: »Eine sozialistische Schule ist die Vorwegnahme des, freilich kindgemäß gestalteten, Gemeinschaftslebens der sozialistischen Zukunft. Es lebt heute schon an einem bestimmten engen Ort, was – so hoffen wir – in seinem wesentlichen Gehalt einmal Lebensform der Menschheit sein wird« (*Bernfeld*, 1969). In diesem Zusammenhang verdienen auch die Kibbuzim in Israel besondere Aufmerksamkeit (vgl. *Liegle*, 1972).

Aus dem Prinzip der Kollektivität der Erziehung resultiert das Prinzip der Disziplin. Allerdings wird dieses Prinzip als ein Prinzip sozialistischer Ethik gefaßt und von der Disziplin des bloßen Verzichts und der Hemmung scharf abgegrenzt. »Auf eine Disziplin, die nur davon spricht, was man nicht tun darf, braucht man nicht stolz zu sein. Stolz sein kann auf eine Disziplin, die zu etwas führt, etwas vom Menschen fordert, etwas Größeres als Verzicht« (*Makarenko,* 1967). Eine ähnliche Auffassung der Disziplin findet sich auch in der sozialistischen, von Österreich ausgehenden Kinderfreundebewegung (vgl. *Löwenstein,* 1922). Ziel der Erziehung ist nach den Grundsätzen dieser Bewegung das Erlernen kollektiver Verhaltensweisen und kollektiven Wollens, die sich im Gedanken des »genossenschaftlichen Denkens, Wertens und Handelns« ausdrücken. Das Kollektiv, das von seinen Erziehern dazu angehalten wird, seine eigenen kollektiven Normen auszubilden, braucht die Disziplin als Garant seiner eigenen Autonomie: »In der Kinderfreundebewegung wird stark unterschieden zwischen Pflichterfüllung einer autoritativ und meistens auch persönlich aufgetragenen Aufgabe und der Verantwortung in der selbständigen Durchführung eines von der Gruppe festgelegten Zweckes.«

Das Prinzip der Autonomie von Gruppen bildet in der sozialistischen Erziehungsvorstellung keinen Widerspruch zu dem der Disziplin gegenüber dem umfassenderen Kollektiv. Denn die autonome Gruppe bildet von innen heraus jene Disziplin aus, die sowohl die Gruppe als auch die sozialistische Gesellschaft als Ganzes bestimmt. So konnte Makarenko auch in seiner Erziehungstheorie davon ausgehen, daß Autonomie und Disziplin sowohl in seinem Erziehungskollektiv als auch in der sozialistischen Gesellschaft einander bedingen. Nach den Erziehungskonzeptionen in der Zeit vor dem Stalinismus ist es allerdings das Schicksal nichtsozialistischer Gesellschaften, daß Disziplin und Autonomie als Gegensätze erscheinen, weil die Disziplin immer von oben gefordert und kontrolliert wird. Die Menschen sind dann nicht diszipliniert, sondern werden diszipliniert, d. h. gefügig gemacht. Besondere Aufmerksamkeit verdienen in diesem Zusammenhang autonome sozialistische Bewegungen, die sich innerhalb nichtsozialistischer Gesellschaften entwickelten. Autonomie stellt für sie nicht nur ein Erziehungsprinzip dar, sondern ist Garant ihrer gegen die existierenden gesellschaftlichen Verhältnisse gerichteten Aktivitäten.

So entstand z. B. Ende der dreißiger Jahre in Ungarn eine Erziehungsbewegung, die sich gegen die reaktionären Strukturen der ungarischen Gesellschaft und ihrer Bildungs- und Wissenschaftsrichtungen richtete. Hier gründeten Studenten, zumeist Kinder von Agrarproletariern, autonome Bauernkollegien. Eine absolute Autonomie, insbesondere auch gegenüber allen geldgebenden Instanzen und Personen, ermöglichte ihnen eine an sozialistischen Prinzipien orientierte Arbeit, innerhalb derer insbesondere die »wissenschaftliche Dorfforschung« ein wichtiges Instrument ihrer Erziehungsarbeit wurde. Mit Hilfe dieses Instruments lernten sie in einem Prozeß forschenden Lernens die sozialen Probleme ihrer Klasse kennen und vermittelten den Landbewohnern zugleich ihre Kenntnisse und unterstützten sie in ihren genossenschaftlichen Bemühungen. Ihre autonome Existenz machte es ihnen möglich, offene Opposition zu betreiben. »Die Studenten des Györffy-Kollegiums betrieben eine offene Oppositionspolitik, bekannten sich zum Sozialismus und nahmen an regimefeindlichen Demonstrationen teil. Ihre Haltung wurde von der Regierung mißbilligt, und die rechtsstehende Presse griff sie oft an. Das Kollegium wurde nicht aufgelöst, obwohl das Land im Kriegszustand war« (*Borbandi,* 1976). Heute werden in allen Gesellschaften, also in nichtsozialistischen westlichen Industriegesellschaften ebenso wie in den Gesellschaften des »existierenden Sozialismus« Autonomiebestrebungen von Gruppen als eher bedrohende und die bestehende Ordnung gefährdende Einflüsse gefürchtet und verfolgt. Daß auch in sozialistischen Gesellschaften diese Autonomiebestrebungen immer wieder aufbrechen, zeigt eine Samisdat-Literatur, die als Untergrundliteratur produziert wird und in wenigen Exemplaren kursiert (vgl. dazu z. B. Die Frau und Rußland, 1980). In den westlichen Gesellschaften stellen Jugend-, Studenten-, Frauen- und Bürgerinitiativbewegungen immer wieder die Verkörperung von Autonomiebestrebungen dar. Auch an ihnen zeigt sich, daß Autonomie kein Erziehungsprinzip ist, sondern ein fundamentales menschliches Bedürfnis, das sich immer neue Weise Ausdruck und Befriedigung verschafft.

Gesellschaftlicher Entwicklungsstand und Problemorientierung

Der Versuch, Erziehung als Teil sozialistischer Praxis in theoretischen Abhandlungen zu bestimmen, ist keineswegs so alt wie die sozialistische Bewegung selbst. Sieht

man von der eher sporadischen Äußerungen der sozialistischen Klassiker zu
Funktion und Aufgabe der Erziehung einmal ab, so ist zu beachten, daß erst Beginn
des zwanzigsten Jahrhunderts wissenschaftliche Literatur zum Problem sozialistischer Erziehung keineswegs einheitlich. Unterschiede ergeben sich aus der Bewertung sowohl des Staates »Weimarer Republik« als auch der Aufgabe der Erziehung
in der gesellschaftlichen Entwicklung.

So ist für *Rühle* (1920) die Weimarer Republik trotz aller Rückschläge der
Arbeiterbewegung unbestreitbar der Beginn des Zusammenbruchs der alten
Gesellschaft, aus der nunmehr die neue, sozialistische Gesellschaft entwickelt
werden muß: »Und indem jetzt der Kapitalismus zusammenbricht, fallen die letzten
Schranken. Heute ist durch die Revolution die Frage der Sozialpädagogik auf die
Tagesordnung der Geschichte gestellt und in dem gewaltigen Kulturerlebnis der
kommunistischen Erziehung an die Schwelle ihrer unmittelbaren praktischen
Verwirklichung gerückt. Träume werden Erfüllung. Theorie wird Tat. Wachen
Auges erleben auch die Pädagogen die Weltgeschichte«. Zurückhaltender beurteilt
Hoernle (1929) die Situation. Er räumt zwar ein, daß es eine objektiv revolutionäre
Situation gebe. Es komme nunmehr aber darauf an, auch die subjektiven Voraus-
setzungen für die Bereitschaft zur Durchführung einer proletarischen Revolution
zu schaffen. Nicht Aufbau einer sozialistischen Gesellschaft, sondern Schaffung der
subjektiven Voraussetzungen für die Durchführung einer proletarischen Revolu-
tion ist hier die Devise für die Erziehung. Wieder anders sieht *Adler* (1927) die
Funktion einer sozialistischen Erziehung unter den Bedingungen der existierenden
Weimarer Republik: »Erziehung ist Teil der Parteiarbeit der Sozialdemokratie.
Diese aber treibt die Entwicklung der Gesellschaft im Werden schon innerhalb des
Staates, die Gesellschaft, die aus ihrer bisherigen, bloß naturwüchsigen Form zu
einem selbstbewußten planmäßigen Dasein, aus ihrer bloß tatsächlichen und
widersprüchlichen Verbundenheit zu einer solidarischen Rechtsorganisation auf-
strebt«. Erziehung ist so nach *Adler* Teil einer sozialdemokratischen und wissenschaftlichen Politik, die nicht passiv auf die Bemühungen wartet, unter denen die
sozialistische Gesellschaft möglich wird, sondern sie versucht diese Bedingungen
planmäßig herzustellen. Ähnliche Positionen wie *Adler* beziehen *Kanitz* (1925) und
Bernfeld (1969), die alle von der Möglichkeit planvoller Beeinflussung des geschichtlichen Fortschritts durch die Menschen ausgehen und deshalb der Erziehung
nicht nur vorbereitende Funktionen zubilligen, sondern in ihr die Möglichkeit einer
stückweisen Vorwegnahme der neuen sozialistischen Gesellschaft sehen wollen.

Diese hier skizzierten Positionen lassen deutlich werden, daß ein enger Zusammen-
hang besteht zwischen der Einschätzung der gesellschaftlichen Situation und der
Funktion von Erziehung: Die jeweils als Ergebnis der Analyse konstatierte zeitliche
Nähe oder Ferne der sozialistischen Gesellschaft bestimmt auch die Aufgabe der
Erziehung: der bereits sichtbaren objektiven Entwicklung zur sozialistischen
Gesellschaft zu folgen oder aber auch die Subjekte erst zu bewußt Handelnden und
den Zustand der sozialistischen Gesellschaft auch selbst Wollenden zu erziehen und
damit das objektiv Mögliche durch die Aktivität der Subjekte zu schaffen. Hat
sozialistische Erziehung im ersten Fall allenfalls eine unterstützende, den gesell-

schaftlichen Entwicklungen nachgeordnete Funktion, so wächst ihr im zweiten die Rolle der planvollen Veränderung der Gesellschaft durch die Veränderung der Menschen zu (*Kanitz*, 1925; *Bernfeld*, 1969; *Adler*, 1927).

In dieser Differenzierung spiegeln sich nicht zufällige Interpretationen der Marxschen historisch-dialektischen Theorie der gesellschaftlichen Entwicklung wider, sondern sie sind Ausdruck der realen politischen Verhältnisse der Weimarer Republik. Die sozialistische Arbeiterbewegung besitzt keine einheitliche Analyse der historischen Situation. Die 1917 formell vollzogene Spaltung in SPD, USPD und Spartakus ist Ausdruck dieser Uneinheitlichkeit und Grundlage des Streits um Funktion und Aufgabe sozialistischer Erziehung in Deutschland.

Da in Rußland und dann der UdSSR die politische und gesellschaftliche Entwicklung anders verläuft, ist auch das Schicksal sozialistischer Erziehung in Theorie und Praxis ein anderes. Nach der erfolgreichen Oktoberrevolution geht es nicht mehr um die Erziehung zum Sozialismus, sondern um die Erziehung im Sozialismus.

Es ist *Lenins* Programm, die sozialistischen Parolen durch die Erziehung der Massen in etwas Lebendiges zu verwandeln. Es entstehen Initiativen und Pläne, in denen die Prinzipien des Aufbaus einer sozialistischen Gesellschaft in die Prinzipien des Aufbaus eines sozialistischen Erziehungssystems transformiert werden (vgl. *Hierdeis*, 1973). Im Gegensatz zu der Absicht, Prinzipien wie Lernen durch Arbeit, kollektive Disziplin etc. mit Leben zu füllen, führt die nach *Lenins* Tod einsetzende gesellschaftliche Entwicklung in der UdSSR zu einer umfassenden Bürokratisierung des Denkens und Handelns (»Stalinismus«), die auch für die Theorie und Praxis der sozialistischen Erziehung weitreichende Konsequenzen hat. Die Theorie sozialistischer Erziehung wird zu einer auf handliche Formeln reduzierten Postulat-Pädagogik, die aus den festen Grundsätzen des »Dialektischen Materialismus« deduziert werden. Die zu einer bloßen Weltanschauung verkürzte marxistische Theorie – von *Stalin* nunmehr auf die Formel »Marxismus-Leninismus« gebracht – dient nur noch der einheitlichen Normierung des Denkens und Verhaltens der Vielen und damit der Kontrolle der Menschen in einem bürokratischen System. Diese verheerende Wirkung des Stalinismus auf die Theorie sozialistischer Erziehung zeigt sich auch heute noch in den neueren Versuchen aus sozialistischen osteuropäischen Ländern, eine offizielle Erziehungstheorie neu zu formulieren. Es bleibt fast ausschließlich bei einer ritualistisch anmutenden Beschwörung des richtigen marxistisch-leninistischen Standpunkts.

Einige Schriften aus der UdSSR sind in der DDR als deutsche Übersetzungen erschienen (vgl. u. a. *Suchodolsky*, 1972); darüber hinaus gibt es in der DDR insbesondere in den siebziger Jahren eine Fülle von Veröffentlichungen zum Problem der sozialistischen Erziehung (vgl. *Stolz* u. a., 1971; Autorenkollektiv, 1972 und 1971b; *Dorst*, 1971; *Neuner*, 1973). Das Gemeinsame dieser Schriften ist ihr rein programmatischer Charakter. Es geht immer wieder darum, die Grundsätze der »wissenschaftlichen Ideologie des Marxismus-Leninismus« als Grundsätze sozialistischer Erziehung zu formulieren. Die Exegese der Klassiker des »Marxismus-Leninismus« ist stets sorgfältig darauf abgestimmt, die offiziell als richtig geltende Interpretation herauszustellen und Problemformulierungen und kritische

Fragen zu vermeiden. Die so vereinheitlichte »Theoriebildung« kennt weder Diskussionen noch Kontroversen. Das zeigt sich auch in den Einzelheiten des Sprachduktus der geschriebenen Sprache: Es ist der Sprachstil der »richtigen« Feststellungen, nicht aber der einer Suche nach einer Wahrheit, die zur Lösung anstehender Probleme beitragen könnte. Die offizielle Erziehungstheorie der sozialistischen Länder negiert damit in ihrer Form die erkenntnistheoretische Position des Marxismus: die dialektische Einheit von Theorie und Praxis.

Die Einheit von Gesellschafts- und Erziehungswissenschaft

Wenngleich die kurze Geschichte sozialistischer Theoriebildung im Bereich der Erziehung zeigte, wie eng die jeweilige historische Situation einer Gesellschaft ihren Reflex in der jeweiligen Theoriebildung findet, so ist umgekehrt aber auch wichtig zu sehen, daß auch der bürokratische Sozialismus eine kritische Theorie hervorbringt. Es ist deshalb zu unterscheiden zwischen der parteikonformen offiziellen Theoriebildung und einer neomarxistischen Bewegung, die in allen sozialistischen Ländern zu einer oppositionellen Theorie geführt hat. Wenngleich diese Theorie sich kaum auf die Reflexion des Phänomens sozialistische Erziehung richtet, so ist sie doch für die Klärung der Probleme sozialistischer Erziehung unmittelbar relevant, weil hier die kritische Erziehungstheorie in der kritischen Gesellschaftstheorie aufgeht. Die Theorie der Oppositionellen – verketzert, verfolgt und des Landes verwiesen – stellt eine sozialphilosophisch orientierte Analyse der gesellschaftlichen Probleme ihrer Länder dar mit dem Ziel, den Sozialismus aus der bürokratischen Erstarrung herauszuführen. Die »Praxis-Gruppe« in Jugoslawien, der »Prager Frühling« in der Tschechoslowakei, die »Budapester Schule« in der Nachfolge von Georg Lukács und die polnischen Antidogmatiker machen in ihren Arbeiten deutlich, wie vielfältig die Probleme der sozialistischen Gesellschaft im Kontext unterschiedlicher historischer Erfahrungen wahrgenommen und bearbeitet werden. Auf der Suche nach einer Verständigungsmöglichkeit über das, was sozialistische Erziehung und ihre Theorie sein könnte, sind diese Arbeiten sicher von viel größerem Wert als die offiziellen Programmschriften. Denn hier wird eine Tradition der marxistischen Theorie fortgesetzt, in der aus der kritischen Analyse der auch im Zeichen des Sozialismus auftretenden Widersprüche der sozialistischen Volksdemokratien die Prinzipien der gesellschaftlichen Veränderungen gewonnen werden. Themen wie Entfremdung und Bürokratie im Sozialismus (*Marković*), humanistischer Sozialismus (*Kolakowski*), Theorie der Bedürfnisse (*Heller*), die gesellschaftlich-menschliche Wirklichkeit (*Kósik*) zeigen exemplarisch, daß sich hier nicht die Exegeten eines scholastischen und kodifizierten »Marxismus-Leninismus« in immer abstraktere Postulate flüchten, sondern daß Theoretiker es wagen, über den historischen Marx hinauszudenken und damit eben den Marxismus weiterzuentwickeln und aktuell zu machen.

Eine Theorie sozialistischer Erziehung, die von diesen Analysen ausgeht, dürfte in der Lage sein zu bestimmen, ob und wie die im ersten Abschnitt aufgeführten Prinzipien sozialistischer Erziehung unter den veränderten Bedingungen von sozialistischen und kapitalistischen Gesellschaften Geltung haben können. Das gilt gerade auch für die Neubesinnung auf eine sozialistische Erziehungstheorie in westlichen Ländern: die Oppositionellen haben anderes und mit anderer Absicht kritisch analysiert als die Vertreter der Kritischen Theorie des Westens.

Innerhalb der theoretischen Arbeit der Neuen Linken in Westeuropa, für die ich exemplarisch die BRD herausgreife, sind zahlreiche Abhandlungen über den Bereich von Erziehung und (schulischer) Bildung vorgelegt worden. Eine Theorie sozialistischer Erziehung im eigentlichen Sinne ist dabei jedoch nicht entstanden. Der historisch alte Streit, ob sozialistische Erziehung unter den Bedingungen der kapitalistischen Gesellschaftsordnung die Schulung der Massen zur Vorbereitung ihres revolutionären Kampfes oder aber die Vorwegnahme einer künftigen Gesellschaft mit anderen Verkehrsformen und reicheren Bedürfnissen bedeuten soll, lebt in vielfältigen Versuchen praktischer Schulungsarbeit von politischen Gruppen und Versuchen »alternativer Erziehung« wieder auf. Diese Arbeit wird kaum oder bruchstückhaft von Theoriebildung begleitet (vgl. Autorenkollektiv, 1971a).

Die theoretische Arbeit folgt kaum dem Bestreben, sozialistische Erziehung zu praktizieren, sondern richtet sich als kritische Theorie auf die im Erziehungsbereich vielfältig sichtbar werdenden gesellschaftlichen Repressions- und Zurichtungsprozesse, die an der Verhinderung einer sozialistischen Gesellschaft arbeiten. Anstelle einer praxisanleitenden Theorie, wie sie das Programm der sozialistischen Erziehungstheoretiker in der Weimarer Republik bestimmte, entwickelt sich nunmehr eine breitgefächerte Kritik der politischen Ökonomie des Erziehungs- und Ausbildungssektors in kapitalistischen Gesellschaften, was eine ideologiekritische Analyse geltender Erziehungstheorie und -praxis einschließt (vgl. u. a. *Baethge*, 1971; *Becker/Jungblut*, 1972; *Huisken* 1971; *Nyssen*, 1971).

Mit diesen Arbeiten sollte die Bildungspolitik als eine Strategie von »kapitalkonformen Rationalisierungen« entlarvt werden. Die theoretische Kritik sollte deutlich machen, wogegen sich die »Konterstrategien« von Sozialisten zu richten haben. Damit sollte auch immer wieder die Vorstellung destruiert werden, als ginge es nur darum, theoretisch einen Entwurf einer besseren Praxis zu machen. Vielmehr sollten erst die Auswirkungen der gesellschaftlichen Widersprüche auf den Bereich von Erziehung und Ausbildung hinreichend analysiert werden.

In ihrer Wendung gegen eine Theorie freilich, die »anwendbare Resultate zur Bewältigung der selbst unbefragt bleibenden praktischen Aufgaben liefert« (*Huisken*), führte die einseitig kritisch-analytische Arbeit praktisch zu einer Lähmung aller Initiativen zur Veränderung der erkannten Irrationalismen. Gleichwohl zeichnet sich heute ab, daß die Phase der nur kritischen Desillusionierung abgelöst wird durch die Wendung zu praktischer Opposition gegenüber den herrschenden Strategien im Erziehungsbereich. Diese Initiativen, selber wenig interessiert an einer eindeutigen Bestimmung ihres politischen Standortes, widersetzen sich vorerst auch einer theoretischen Einschätzung. Sie werden eher durch Massenmedien öffentlich bekannt als durch die wissenschaftlich arbeitende Öffentlichkeit der Neuen Linken. Hierunter fallen sowohl Initiativen zur Beseitigung von Jugendarbeitslosigkeit bzw. zur Minderung ihrer Folgen als auch die Alternativschulen-,

Jugendzentrums-, Lehrlings-, Volkshochschul-, Frauenhaus-, Stadtteil-, Spiel-
platz-, Umweltschutz- und viele andere Initiativen. Wenngleich diese Bewegung als
theorieabstinente oder gar theoriefeindliche Gegenbewegung gegen die Phase der
bloßen theoretischen Einschätzungen verstanden werden kann, ist damit noch
nichts über die langfristige Bedeutung dieser eher praktisch vorgetragenen Kritik
an den gesellschaftlichen Verhältnissen einschließlich der Perspektive ihrer Veränderung ausgemacht. Dabei wird eine wichtige Frage sein, ob sich die einzelnen
Initiativen aus ihrer Partikularität befreien und als Teil einer gemeinsamen
sozialistischen Bewegung werden verstehen können. Dazu wäre aber auch die
Wiederentdeckung einer theoretischen Position notwendig, die sich nicht mit der
kritischen Analyse zufriedengibt, sondern die Analyse in praktischer und das heißt:
verändernder Absicht betreibt und damit die utopischen zukunftweisenden Momente der Alternativbewegungen in ihrer Einheit bewußt zu machen versteht.

Einheit von politischer Theorie und pädagogischer Praxis

Was die sozialistischen Erziehungstheoretiker in westlichen kapitalistischen Län-
dern erst als Frage wiederentdecken müssen, ist: Welche Funktion sozialistische
Erziehung für eine Entwicklung der Gesellschaft überhaupt haben kann und wie sie
unter den bestehenden Bedingungen zu leisten ist, taucht in den Ländern der
Dritten Welt als unmittelbareres drängendes Problem auf. Die Frage einer
Erziehung zum Sozialismus stellt sich insofern zugleich dringlicher und anders, als
hier der Kapitalismus in Form des Imperialismus erscheint und die Ausbeutung der
Nation mit der Ausbeutung der Person zusammenfällt. *Freire*, der sich »für die
Sache der Armen auf dieser Erde«, »für die Revolution« entschieden hat, versucht
seine Gedanken zu einer Revolutionierung der lateinamerikanischen Gesellschaften in ein Konzept politisch-pädagogischer Aktion zu bringen. Seiner Sprache ist
zwar eine deutliche Abstinenz gegenüber dem, was in sozialistischen und kapitalistischen Ländern der westlichen Welt als sozialistische Erziehung benannt wird,
anzumerken. In Weiterführung von Gedanken von *Fanon* und *Ché Guevara* kommt
er zu seiner spezifischen pädagogischen Theorie der »dialogischen Aktion«. Die
revolutionären Führer werden hier zu einer Art von pädagogischen Akteuren, »die
aus einer anderen Welt in die Welt des Volkes kommen, nicht als Eindringlinge. Sie
kommen nicht, um zu lehren oder etwas zu überbringen oder weiterzugeben,
sondern um mit dem Volk die Welt des Volkes kennenzulernen« (*Freire*, 1973).
Seine pädagogische Aktion richtet sich gegen eine bloße ideologische »Sloganisie-
rung«. »Da die Einheit der Unterdrückten Solidarität verlangt, ganz abgesehen von
ihrem Status, erfordert diese Einheit fraglos Klassenbewußtsein. Das Unterge-
tauchtsein in einer Wirklichkeit, das die Landarbeiter Lateinamerikas charakterisiert, bedeutet jedoch, daß das Bewußtsein, eine unterdrückte Klasse zu sein, der
Bildung eines Bewußtseins, unterdrückte einzelne zu sein, vorhergegangen sein
muß (oder mindestens davon begleitet sein muß).« Die Wirkung von *Freires*
Konzept liegt weniger in einer scharfsinnigen Kapitalismusanalyse noch in der
Beschreibung einer modellhaften Praxis, sondern in der Art und Weise, wie er aus

der praktischen und unabweisbaren Not in der von ihm gewählten Praxis zur Formulierung von Prinzipien des pädagogischen Handelns und zur Kritik entgegengesetzter Positionen kommt. Die hier entworfene »Volkspädagogik« gewinnt auch in kapitalistischen Gesellschaften in dem Maße Einfluß, als es gelingen kann, ein auf die praktischen Probleme unserer Gesellschaft bezogenes Konzept von sozialistischer Erziehung zu realisieren.

Hedwig Ortmann

Literatur

Adler, M., 1927: Die Aufgabe der Jugend in unserer Zeit, Berlin – *Adler, M.*, 1972: Neue Menschen (1924), Wien/München – Alternatives Vorlesungsverzeichnis Freier Nachbarschaftsuniversitäten, Lindenfels/Odenwald 1981 – Autorenkollektiv, 1971 a: Schülerladen Rote Freiheit, Frankfurt/M./Hamburg – Autorenkollektiv, 1971 b: Studienmaterial zur Theorie der sozialistischen Erziehung und Didaktik, Berlin (DDR) – Autorenkollektiv, 1972: Allgemeine Grundlagen der sozialistischen Pädagogik, Pullach – *Baethge, M.*, 1971: Ausbildung und Herrschaft, Unternehmerinteressen in der Bildungspolitik, Frankfurt/M. – **Becker, E./Jungblut, G.*, 1972: Strategien der Bildungsproduktion, Frankfurt/M. – **Bernfeld, S.*, 1969: Kinderheim Baumgarten – Bericht über einen ernsthaften Versuch mit neuer Erziehung, in: ders., Antiautoritäre Erziehung und Psychoanalyse. (Ausgewählte Schriften Bd. 1), Frankfurt/M. – **Blonskij, P. P.*, 1972: Die Arbeitsschule, 1. und 2. Teil, neu herausgegeben von H. E. Wittig, Paderborn (1. dt. Ausg. 1921) – *Borbandi, G.*, 1976: Der ungarische Populismus, Mainz – Die Frau und Rußland, 1980, herausgegeben vom Verlag Frauenoffensive, München – *Dorst, W.* (Hrsg.), 1971: Erziehung zur sozialistischen Persönlichkeit, Jena – *Freinet, C.*, 1965: Die moderne französische Schule, Paderborn (franz. 1946) – **Freire, P.*, 1973²: Pädagogik der Unterdrückten, Reinbek – *Gaudig, H.* (Hrsg.), 1928⁵: Freie geistige Schularbeit in Theorie und Praxis, Breslau – *Hierdeis, H.*, 1973: Sozialistische Pädagogik im 19. und 20. Jahrhundert, Bad Heilbrunn – *Hoernle, E.*, 1929: Grundfragen der proletarischen Erziehung, Berlin – **Huisken, F.*, 1972: Zur Kritik bürgerlicher Didaktik und Bildungsökonomie, München – *Kanitz, O. F.*, 1925: Das proletarische Kind, Jena – *Kerschensteiner, G.*, 1968: Die Schule der Zukunft, eine Arbeitsschule, in: Texte zum Begriff der Arbeit und der Arbeitsschule (Ausgew. pädagogische Schriften Bd. III), Paderborn – *Koroljow, F. F./ Gmurman, W. J.* (Hrsg.), 1973: Allgemeine Grundlagen der marxistischen Pädagogik, Berlin (DDR) – *Krupskaja, N. K.*, 1955: Ausgewählte pädagogische Schriften, Berlin (Ost) (russ. Erstveröffentlichung 1899) – *Liegle, L.*, 1977⁴: Familie und Kollektiv im Kibbuz, Weinheim/ Basel – *Löwenstein, K.*, 1929: Die Kinderfreundebewegung, in: Handbuch der Pädagogik, herausgegeben von H. Nohl und L. Pallat, 5. Band, Langensalza, Sp. 140–146 – *Makarenko, A. S.*, 1967: Eine Auswahl, Berlin (DDR) – **Makarenko, A. S.*, 1972: Ein pädagogisches Poem, Berlin (DDR) – *Neuner, G.*, 1973: Zur Theorie der sozialistischen Allgemeinbildung, Berlin – **Nyssen, F.*, 1971: Schulkritik als Kapitalismuskritik, Göttingen – *Rühle, O.*, 1920: Das kommunistische Schulprogramm, Berlin – *Stolz, H./Herrmann, A./Müller, W.* (Hrsg.), 1971: Beiträge zur Theorie der sozialistischen Erziehung, Berlin (DDR) – *Suchodolsky, B.*, 1969: Grundlagen der marxistischen Erziehungstheorie, Berlin (DDR); in der BRD erschienen unter dem Titel: Einführung in die marxistische Erziehungstheorie, Köln 1972 – *Suchodolsky, B.*, 1972: Theorie der sozialistischen Bildung, Hannover – *Voets, S.* (Hrsg.), 1972: Sozialistische Erziehung, Hamburg. –

→ Arbeiterjugend → DDR: Jugendkriminalität und Jugendhilfe → Politische Bildung → Schulsystem: Alternativschulen → Sowjetunion: Soziale Probleme und Sozialpolitik

Sozialpädagogik/Sozialarbeit: Theorie und Entwicklung

Schwierigkeiten der gegenwärtigen Diskussion

Die Auseinandersetzung mit einer Theorie der Sozialpädagogik/Sozialarbeit (SP/
SA) muß heute vor dem Hintergrund einer skeptisch-gleichgültigen Öffentlichkeit,
einer unwillig-abweisenden Praxis und kritisch-konkurrierender Nachbardisziplinen geführt werden.

In der politisch-öffentlichen Diskussion gelten sozialpädagogische Argumente,
Methoden und Erkärungen zur Zeit wenig. Sozialpädagogen stehen im Verdacht,
politisch unzuverlässig und weltfern zu sein, Tatbestände zu komplizieren, Schwierigkeiten zu dramatisieren, um so ihre eigene Wichtigkeit und die Ansprüche
sozialpädagogischen Handelns aufzuwerten und durchzusetzen. Problematisiert
und ruiniert nicht – so wird gefragt – Sozialpädagogik/Sozialarbeit vorhandene
Handlungskompetenzen, gegebene Möglichkeiten der Selbsthilfe, der Unterstützung und Aufklärung? Dient sie nicht dazu, soziale Probleme der Verantwortung
der Betroffenen und Hilfswilligen zu entziehen, um sie im Zeichen einer anspruchsvollen, überfremdenden Theorie zu entmündigen? Erzeugt SP/SA nicht zuallererst
jene Probleme, die sie zu lösen vorgibt?

Problematisch erscheint die derzeitige Theoriediskussion in der SP/SA auch von
ihrer eigenen Praxis her. Im Namen dieser Praxis wird verfügbare Theorie als
unbrauchbar denunziert. Verlangt wird, wenn schon nicht völlig auf »Theorie«
verzichtet werden kann, eine andere, »praxisnahe« Theorie, die handlungsanlei-
tend und sinnstiftend ist. Die Praktiker erfahren sich in ihren Anstrengungen,
erfolgreich zu handeln und sich in ihrem Tun zu legitimieren, von der sozialpädagogischen Theorie ebenso alleingelassen wie in ihren Zweifeln, welche Kompetenzen,
welches Selbstverständnis und welches Handwerkszeug sie denn benötigen. Nicht
zufällig verfügen große Träger sozialpädagogischer Arbeit ebenso wie kleine,
alternative Einrichtungen kaum über systematisiertes Eigenwissen. Man beruft sich
auf die situative Machbarkeit, auf die pragmatische Kenntnis von Handwerkszeug
und Handlungsregeln und auf die eigene Erfahrung.

Rand- bzw. rückständig schließlich erscheint SP/SA auch neben anderen pädagogi-
schen Disziplinen (etwa der Schulpädagogik) und neben anderen Sozial- und
Verhaltenswissenschaften. Sozialpädagogische Ansätze und Diskussionen werden
nur bedingt zur Kenntnis genommen, das theoretische und empirische Niveau der
Sozialpädagogik kritisiert oder wohlwollend mit anstehenden, noch unerledigten
Entwicklungs- und Nachholaufgaben entschuldigt.

Solche Einschätzungen mit einem bloßen Defizit der wissenschaftlichen Diskussion
von SP/SA zu begründen, wäre unsinnig und falsch. Sie haben ihren Grund
zunächst in Außenbedingungen der derzeitigen Diskussion, also in der ideologischen Tendenzwende infolge einer wirtschaftlichen Rezession sowie in der öffentlichen Unfähigkeit und Unwilligkeit, auf soziale Probleme einzugehen. Sie haben
allerdings wohl auch Gründe in der mit diesen Entwicklungen einhergehenden

Verunsicherung im sozialpädagogischen Feld selbst (als Zwischenbilanz hierzu: Projektgruppe soziale Berufe, 1981 d). Jedoch können auch die in der Sache selbst liegenden Schwierigkeiten nicht einfach mit diesem Hinweis auf Randbedingungen negiert werden. Der Stand der Theoriediskussion ist in sich unbefriedigend, in vielfältige, miteinander wenig korrespondierende Fragerichtungen zersplittert, unüberschaubar und okkupiert durch nicht immer ergiebige Prioritäten:

(1) Intensiv werden allgemeine Fragen nach der gesellschaftlichen Funktion von SP/SA erörtert. Sie werden im Kontext verschiedener Gesellschaftsentwürfe diskutiert, beispielsweise dem der Kritik der politischen Ökonomie, der materialistisch-philosophischen Gesellschaftstheorie, der Modernitätstheorie, des Dienstleistungstheorems. Die sich daraus entwickelnden Diskussionen sind oft gleichsam pauschalierend-allgemein in ihren staats- und gesellschaftstheoretischen Erörterungen, unbestimmt in ihren Konsequenzen und oft nicht auf institutionelle und handlungsorientierte Konkreta der SP/SA bezogen. Sie thematisieren primär Fragen des gesellschaftlichen Mißbrauchs und der Legitimation von SP/SA, hinterfragen und desavouieren SP/SA als Ideologie. Es überwiegen dabei Argumentationsfiguren strukturell-kategorialer Art (kritisch dazu: *Böhnisch*, 1979). Historische Analysen, die über Verweise auf die allgemeine Gesellschaftsgeschichte und den Aufbruch der Studentenbewegung Ende der 60er Jahre hinausgehen, werden erst in letzter Zeit wieder wichtiger (z. B. *Sachße/Tennstedt*, 1980; *Münchmeier*, 1981; *Sachße/Tennstedt*, 1981).

(2) Neben den auf allgemeine Probleme zielenden Diskussionen gibt es eine Fülle von Arbeiten, die sich auf Probleme einzelner Adressatengruppen oder einzelner Arbeitsfelder beziehen, auf Probleme also etwa von schwierigen Kindern, Drogenabhängigen, Obdachlosen, jugendlichen Banden oder auf Jugendarbeit, Familienberatung oder Heimerziehung. Diese Arbeiten verhandeln ihren Gegenstandsbereich weithin isoliert, aus einer je spezifischen Frage-, Literatur- und Forschungstradition heraus, also ohne Bezug auf andere Diskussionstraditionen. Die Diskussion zur offenen Jugendarbeit beispielsweise hat in Fragestellung, methodischem Ansatz und zugrundeliegenden Positionen nur wenig gemein mit der Diskussion zur Heimerziehung oder der sozialpsychologischen zu Gruppen- und Führungsproblemen. Und auch die neuerdings wieder zunehmenden narrativ oder kasuistisch orientierten Darstellungen von Situationen, Institutionen und Modellen bleiben oft zwangsläufig auf die Darstellung des Einzelfalls beschränkt. Es fehlen weithin verallgemeinerungsfähige, empirisch gesicherte Aussagen und Daten (vgl. *Böhnisch/Schefold*, 1980).

(3) Die so unvermittelt nebeneinander herlaufenden Diskussionsstränge und die sich daraus entwickelnden Untersuchungen zu verschiedenen Adressatengruppen und Praxisfeldern beziehen sich überdies auf unterschiedliche wissenschaftliche Bezugssysteme, auf politische Ökonomie, Staatstheorie, Kriminologie, Ethnomethodologie, Psychologie, Psychoanalyse, Erziehungswissenschaft, Soziologie oder sozialpädagogische Methodenlehre. Die in ihrem Stellenwert weitgehend undefinierten Bezüge zu anderen Sozial- und Verhaltenswissenschaften führen nicht selten dazu, daß die spezifisch sozialpädagogischen Fragestellungen gleichsam

überfremdet und eher nur randständig verhandelt werden (kritisch dazu: *Mollen-hauer*, 1979). So verschwinden in der kriminalsoziologischen Darstellung des abweichenden Verhaltens Probleme der »verwahrlosten« Kinder und Jugendlichen ebenso wie in therapeutisch orientierten Handlungskonzepten die Fragen des alltäglichen Umgangs in Amt, Beratungsstelle und Heim.

Die derzeitige Situation der Theoriediskussion erscheint in diesen Bezügen wie ein weitläufiges, nur flackernd erhelltes Gelände. Die Frage, was eigentlich Theorie der SP/SA meint, was ihr Ansatz, ihr Gegenstandsbereich und ihre Erklärungskraft ist, bleibt offen. Eine solche Einschätzung der derzeitigen Theoriediskussion aber scheint uns einseitig und darin unproduktiv. In ihren Schwierigkeiten zeigen sich Aufgaben, die gestellt sind, Versuche und Ansätze zur Lösung, die weiterzutreiben sind. Die derzeitige Diskussion ist auch so unbefriedigend und offen, weil sie – abgekürzt geredet – Ausdruck der schwierigen Arbeitsbedingungen ist, unter denen sie sich in den letzten zwanzig Jahren auszubilden hatte, Ausdruck also von fehlender Zeit und fehlenden Ressourcen. Insofern kann die derzeitige Diskussion auch verstanden werden als ein offenes und herausforderndes Fragen nach einer Theorie von SP/SA (vgl. etwa *Barabas* u. a., 1975; *Böhnisch/Schefold*, 1980; *Olk/Otto*, 1981).

Theorie der SP/SA fragt

- nach der gesellschaftlichen Funktion, wie sie sich in konkreten Problemlagen, Institutionen und Handlungsformen und im Verbund unterschiedlicher institutioneller Möglichkeiten äußert;
- nach den eigenen Arbeitsansätzen, wie sie sich in den vielfältigen Institutionen und Handlungsmustern darstellen und wie sie nur im Kontext der modernen Sozial- und Verhaltenswissenschaften rekonstruiert und analysiert werden können,
- fragt nach den Lebensperspektiven von Adressaten, wie sie sich jenseits und vor dem sozialpädagogisch-institutionalisierten Zugriff für die Betroffenen darstellen, nach deren gegebenen Lebenslagen.

Theorie der SP/SA muß also zunächst gleichermaßen die gesellschaftstheoretischen Konstitutionsmerkmale ihrer Handlungsimperative wie die Situation der Adressaten in gegebenen Lebensverhältnissen reflektieren; und sie muß, darauf aufbauend, eine Theorie ihrer Institutionen und ihrer spezifischen Handlungsformen entfalten. Indem sie dies aber aus einer ganz bestimmten Perspektive macht, also der einer sozialpädagogischen Wissenschaft (und nicht der eines Politikers, eines Praktikers oder eines Soziologen), muß eine Theorie der SP/SA schließlich auch ihren eigenen Status und ihre Bedeutung im Bezugssystem vergleichbarer praktischer wie wissenschaftlicher Disziplinen reflektieren. Soll sich die Theoriebildung dabei an der Leitdisziplin Erziehungswissenschaft oder aber – allgemeiner – an den Sozialwissenschaften orientieren, oder soll durch die Theoriediskussion eine eigene Sozialarbeitswissenschaft entwickelt werden?

Diese Hinweise auf den Umriß der Aufgaben einer Theorie von SP/SA erledigen indessen nicht die Frage danach, warum die Theoriediskussion in so offenkundigen Schwierigkeiten steckt. Um dies zu verstehen, ist es notwendig, die Theoriediskussion in verschiedenen Bezugssystemen zu interpretieren.

Die Diskussion über sozialpädagogische Theoriebildung muß erstens in bezug auf jene Praxis verstanden werden, von deren Fragen und Schwierigkeiten sie beansprucht wird, auf deren Probleme sie zu antworten versucht. Die momentane, unbefriedigende und offene Theoriediskussion ist auch Spiegel der derzeitigen Praxis mit ihrer immensen Ausweitung und Zersplitterung von Ausgaben, mit ihren Legitimationszweifeln und Unsicherheiten. Die Unüberschaubarkeit der Theoriediskussion zeigt sich auch in der Unüberschaubarkeit und Widersprüchlichkeit der Praxis.

Die gegebene Praxis der SP/SA darf zum zweiten nicht isoliert gesehen werden, sondern kann nur verstanden werden im Kontext allgemeiner Bildungs- und Versorgungsaufgaben. Die zur Zeit schwierige praktische Situation ist somit auch Indiz der generellen Schwierigkeiten, in die unser Bildungs- und Versorgungssystem geraten ist, Indiz der Krise unserer Bildungs- und Dienstleistungsgesellschaft. Die unbefriedigende und offene Theoriediskussion verweist auf diese Krise.

Die gegenwärtige Situation von SP/SA in Theorie und Praxis kann schließlich auch nicht aus der Analyse der heutigen Schwierigkeiten allein, d. h. aus sich heraus verstanden werden, sondern nur im Kontext der Geschichte, also als Ergebnis von gewachsenen Aufgabenstellungen, gesellschaftlichen Vorgaben und Lösungstraditionen, in »historischer Methode« (so die Tradition der hermeneutischen Erziehungswissenschaft: vgl. etwa *Herrmann*, 1978; neuerdings: *Böhnisch*, 1982). Die derzeitige Situation also kann nur angemessen analysiert werden im Rückgriff auf die die Gegenwart bedingenden Strukturen und Entwicklungen. Insofern erscheint sie als Indiz einer Umbruchsituation, in der alte Traditionen obsolet werden und neue Wege noch nicht verbindlich geklärt sind.

Derartige Überlegungen zu den gegenwärtigen Schwierigkeiten der Theoriediskussion führen hin zu einer erweiterten, konkretisierten Formulierung ihrer Struktur. Theorie von SP/SA ist eine sozialwissenschaftliche Gesellschafts- und Handlungstheorie, deren Aufgaben, Inhalte und Perspektiven sich im Kontext der Entwicklung der sozialpädagogischen Praxis, im Zusammenhang sozialstaatlicher Versorgung und als Antwort auf historisch-gesellschaftliche Strukturen und Entwicklungen ausbilden.

Ein an solchen Aufgaben orientiertes Konzept einer Theorie von SP/SA wollen wir unter Berücksichtigung der Diskussionsansätze der letzten Zeit in zwei Durchgängen strukturieren,

– einem ersten, historischen, in dem in groben Zügen realgeschichtliche Entwicklungslinien verknüpft werden mit zwei exemplarischen Theoriekonzepten, um damit die Voraussetzungen der heutigen Diskussion zu vergegenwärtigen,
– einem zweiten, eher systematischen Durchgang, in dem – vor diesem Hintergrund von Entwicklungen und Vorgaben – die oben angedeutete gegenwärtige Diskussion wieder aufgenommen und in ihren Fragestellungen, Problemen und Möglichkeiten detaillierter erörtert werden soll.

Dieses Konzept ist nicht nur in Anbetracht der skizzierten Situation und der Breite der dabei anstehenden Fragen schwierig zu erfüllen. Es kann vor allem nicht unter Berücksichtigung der insgesamt gegebenen unterschiedlichen gesellschaftstheoreti-

schen Ansätze und ihrer politisch-praktischen Interessen entfaltet werden: zwangsläufig würden die Voraussetzungen eines kritisch-materialistischen Konzepts zu
anderen Einschätzungen der historischen und gegenwärtigen Situation führen als
eine auf das Dienstleistungskonzept bezogene Darstellung. Gegenüber der in der
derzeitigen Diskussion nicht seltenen Gewohnheit, sich mit dem allgemeinen
Hinweis auf die Notwendigkeit einer gesellschaftskritischen Position zu begnügen,
um anschließend unausgewiesen die eigene Position zu verfolgen, scheint es uns
notwendig, die hier zugrundeliegende Position zu benennen. Wir analysieren
Geschichte und Theorie von SP/SA in einer Perspektive, in der SP/SA als ein
Instrument der modernen Gesellschaft erscheint, Aufgaben der Bildung, Unterstützung und Hilfe in den strukturellen, gesellschaftlichen Widersprüchen voranzutreiben, voranzutreiben also zwischen den Widersprüchen des Sozialstaatsanspruchs und einer politisch-ökonomisch bedingten strukturellen Gewalt, voranzutreiben ebenso zwischen den Chancen moderner Dienstleistungen und der mit
ihnen gegebenen Gefahr der Enteignung von Lebens- und Erfahrungsmöglichkeiten der Adressaten (*Habermas*, 1979; *Strasser/Traube*, 1981). Nur so kann es SP/SA
in einer »Dialektik der Moderne« vielleicht gelingen, die in unserer Gesellschaft
liegenden Möglichkeiten und die in ihr gegebenen Chancen zu ihrer Humanisierung
mitzurealisieren.

Historische Aspekte sozialpädagogischer Theoriebildung

Die heutige SP/SA muß betrachtet werden im Kontext der sich allmählich formierenden Neuzeit. Vorläufer war die der Struktur traditionaler Gesellschaften
entsprechende Armenfürsorge des hohen Mittelalters (vgl. *Simmel*, 1958; *Scherpner*, 1962; *Sachße/Tennstedt*, 1980). Arme, Kranke, Alte, Heimatlose, Witwen und
Waisen waren definiert als die, die zum selbständigen Leben nicht fähig wären, die
es aber gab, weil die Gesellschaft so war, wie sie war (und darin gottgewollt). Sie
wurden – soweit nicht die zunächst weithin zuständigen bäuerlichen und zünftigen
Großfamilien ihre Problem auffangen konnten – in Spitälern und Waisenhäusern
und insbesondere mit Almosen versorgt, die auch dem Geber nutzten, da Gott
Almosen zu geben verlangte.

Zum Selbstverständnis der Neuzeit

Diese Form der komplementären Definition von Armut und Hilfe wurde mit
Beginn der Neuzeit brüchig und in Stufen einer allmählichen, schubweisen Entwicklung durch neue Formen der Bestimmung von Elend und Hilfe ersetzt. Um
diese Entwicklung zu verstehen, ist es notwendig, zunächst einige allgemeine
Hinweise zum Selbstverständnis von Neuzeit zu geben.
Neuzeit läßt sich verstehen als die Zeit, in der der Mensch entdeckt, daß die
Wirklichkeit ihm nicht vorgegeben, sondern zur Gestaltung, zur Neugestaltung
aufgegeben ist. So schafft der neuzeitliche Mensch in der Produktion Mehrwert,
erobert neue Kontinente und eine neue zweite Welt der technisch-wissenschaftli-

chen Möglichkeiten. Diese Fähigkeit zu einer neuen Qualität von Produktivität liegt begründet in einem Zuwachs an Rationalität. In ihrem Zeichen entstehen neue Strukturen von Verwaltung und Wissenschaft, entstehen die zunächst auf dem Prinzip des Experiments basierenden Naturwissenschaften und, ihre Ergebnisse aufnehmend, die moderne Technik sowie später, die Sozial- und Verhaltenswissenschaften. Die Produktion wird in der Entwicklung vom Zeitalter der Manufaktur bis zu dem der Großindustrie zunehmend auf rationale Organisations- und Arbeitsformen hin gestaltet. Rationalität bedeutet auch Arbeitsteilung: Wohnen und Arbeiten, private Lebenswelt und ökonomische Produktion werden, um eine neue, effektivere Stufe der Produktions- und Arbeitsform zu erreichen, voneinander getrennt.

In diesem Konzept der Neuzeit bildet sich auch ein neues und charakteristisches Verständnis von Erziehung aus. In ihm beweist sich der neuzeitliche Mensch in seiner Verantwortung für sich selbst: Der Mensch »ist nichts, als was die Erziehung aus ihm macht« (*Kant,* 1964: 699). Erziehung wird somit wichtig, um die für ein rational gestaltetes Leben notwendigen neuen Qualifikationen für Arbeiten, Denken und Lernen sowie Selbstbeherrschung und Disziplinierung von Gefühlen und Bedürfnissen zu vermitteln (*Elias,* 1977). Erziehung wird zunehmend ein eigenes, spezialisiertes Geschäft in den pädagogisch orientierten Lebensräumen von Familie, Schule und sozialpädagogischen Einrichtungen, die sich im Zuge der gesellschaftlichen Arbeitsteilung herausbilden (*Aries,* 1976).

Diese so zunächst eher formal und neutral beschriebenen Strukturen gewinnen an realer, historisch-politischer Bedeutung, wenn sie vor dem Hintergrund gesellschaftlicher Interessen betrachtet werden. Im Zusammenhang mit der sich neu formierenden politisch-ökonomischen Herrschaft der Bourgeoisie und der damit einhergehenden Herausbildung der ungesicherten Lohnarbeiterexistenz des Proletariats entstehen Formen der Ausbeutung und Disziplinierung, in denen das Leben und die Reproduktion der Menschen in den Funktionszusammenhang einer rationalisierten, gewinnmaximierenden Produktionsweise eingepaßt werden. Zugleich damit, also mit der Aufgabe feudalistischer Existenzsicherung, aber ergibt sich einerseits die unumgängliche Notwendigkeit der selbsttätigen materiellen Subsistenzsicherung und Selbstbehauptung für die zunehmende Masse des verelendenden Proletariats, werden andererseits aber auch neue Ansprüche auf Selbstverwirklichung und Unabhängigkeit formulierbar (unter Maßgabe der materiellen Absicherung), wird schließlich die Verantwortung des Menschen für sich selbst als Verantwortung für seine ökonomische, politische und persönliche Freiheit, für seine individuelle Lebensgestaltung deutlich und einklagbar. Neuzeit kann so gesehen als eine qualitativ neue Form eines gesellschaftlichen Kampfes um Fortschritt verstanden werden, eines ökonomische und allgemeine Herrschaftsprivilegien abbauenden Klassenkampfes sowie, allgemeiner gefaßt, eines Kampfes um Freiheit, um Überwindung der gesellschaftlich auferlegten Fesseln von ökonomischer, politischer und persönlicher Unterdrückung, Ausbeutung, Demütigung und Abhängigkeit.

Frühkapitalismus: Armenordnungen, Armenhäuser

Für das Verständnis von Armut und Hilfe bedeutet dieses neuzeitliche Konzept zunächst, daß Lebensprobleme bezogen werden auf die Forderungen der Rationalität. Das hat zur Folge, daß zu dieser Zeit Armut überwiegend und zunehmend verstanden wird als Resultat von Arbeitsverweigerung und Arbeitsversagen, das abgebaut und verändert, in gesellschaftlich nützliche Arbeitsfähigkeit transformiert werden muß. Angesichts der ungeheuren, durch die ökonomisch-politische Umschichtung von Land zu Stadt und von Handwerk zu Manufaktur erzeugte Verelendung versagten die traditionellen Formen der Armenfürsorge, bildeten sich neue, speziellere und effektivere Institutionen der Armenversorgung (Bettelordnungen). Es entstanden vor allem die Zucht- und Armenhäuser, in denen die zur Arbeit Unfähigen, also wieder Kranke, Heimatlose, Witwen, Gestrauchelte und auch Kinder zusammengefaßt, zur Arbeit angehalten und zur Arbeitsfähigkeit erzogen wurden, verbrämt mit religiöser Dressur (vgl. hierzu ausführlich *Sachße/ Tennstedt*, 1980). In der Institution des Armenhauses werden die Strukturprinzipien neuzeitlicher, kapitalistisch bestimmter Lebensorganisation deutlich: während mittelalterliche Almosen in der Öffentlichkeit des allgemeinen Lebens gegeben wurden (in der ja immer wieder eindringliche Beschwerden entstanden, die dann durch die Bettelordnungen aufgefangen werden sollten), entsteht im Armenhaus eine Einrichtung, die die Arbeitsunfähigen als eine besondere Gruppe aus dem normalen Umgang ausgrenzt, um sie unter besonderen institutionellen Bedingungen und mit besonderem Aufwand den neuen ökonomischen Gegebenheiten anzupassen, zum Arbeiten anzuhalten und zu erziehen. So wird die Normalität des rational strukturierten gesellschaftlichen Lebens von Versagern befreit und gleichzeitig den Massen – mit dem Hinweis auf die Möglichkeit eines derartigen Schicksals für jeden einzelnen – gedroht. Der sich arbeitsteilig ausgliedernde Lebensraum des »Erziehens« wird somit realisiert als Raum der Ausbeutung und der Verdrängung.

Diese Epoche neuzeitlicher Fürsorge wird zwar in geschichtlichen Darstellungen immer wieder herausgehoben als das gleichsam klassische Exempel, als die Grundfigur der gesellschaftlichen Funktion von SP/SA (vgl. hierzu Autorenkollektiv, 1971; *Marzahn*, 1980), dennoch scheint sie uns nur eine erste Phase in der langen Geschichte einer sich allmählich konturierenden SP/SA zu sein.

Almosenwesen und Armenhäuser nämlich erwiesen sich im Zuge der historischen Entwicklung zunehmend als ökonomisch und pädagogisch unbrauchbar: die Verschiedenartigkeit derer, die in Arbeitshäusern untergebracht wurden, machte eine effektive Erziehung unmöglich, die industriell-technologische Entwicklung ließ diese Form der ökonomischen Ausbeutung zunehmend uninteressant werden, die skandalösen Zustände provozierten Protest und Forderungen nach einem menschenwürdigen Leben auch für Arme. Die in der eingangs benannten Ambivalenz der Neuzeit angelegte Chance auch zu humanen, emanzipativen Forderungen schlugen in der Armenfürsorge, in der klassischen Pädagogik, in Erziehungskonzepten der Französischen Revolution und in ersten Ansätzen der Sozialpädagogik durch.

Die Arbeitshäuser differenzierten sich (vgl. *Dörner*, 1969; *Rusche/Kirchheimer*, 1974). Es entstanden Gefängnisse, Irrenanstalten, Pflegeheime, Behindertenheime, Sonderschulen und schließlich Landschulen und Erziehungsheime. Ihr Selbstverständnis war in einem neuen pädagogischen Konzept begründet, nach dem alle Menschen Anspruch darauf haben, zur Selbständigkeit einer nützlichen Existenz oder zur Bildung gebracht zu werden.

Sozialpädagogik: Pestalozzi

Dieses Konzept hat *Pestalozzi* vor allem auch in seiner sozialpädagogischen Bedeutung breit entfaltet und praktiziert. Für *Pestalozzi* ist Voraussetzung der Pädagogik eine historisch-anthropologische Gesellschaftsanalyse. Der Mensch ist zwar seiner Natur nach gut, aber schwach und deshalb in den gegebenen Verhältnissen von herrschaftsbestimmter Ausbeutung, Unterdrückung und Inhumanität nicht imstande, sich gegen die Überlebensstrategien von Feigheit und Angst, vom Stumpfheit und Bosheit zu verwahren. Erziehung und Bildung haben die Chance und Aufgabe, die Unrechtsstrukturen der Zeit gleichsam zu unterlaufen, indem sie dem Menschen zu seiner humanen Bestimmung verhelfen. Durch Erziehung und Bildung soll er werden, was in ihm angelegt ist, ein allseitig (an Kopf, Herz und Hand) gebildeter Mensch, der in der Verfügung über seine (kognitiven, emotionalen und handwerklich-technischen) Fähigkeiten Subjekt seines Lebens wird, »Werk seiner selbst«.

Dieser Ansatz konkretisiert sich für die Sozialpädagogik. Ausgang ist auch hier die Gesellschaftskritik der Lebens- und Arbeitsumstände, vor allem auf dem Land. Analysiert wird aber auch beispielsweise die Scheinheiligkeit eines Patriarchats, das die Kindsmörderin, in ihrer hilflosen Geschlechtsrolle und ihrem niedrigen Stand gefangen, zum Opfer einer Gesellschaft werden läßt, die sich durch Projektion auf dieses Opfer entlastet. In sich selbst stabil werden kann der Mensch nur in Verhältnissen, die ihm Humanität ermöglichen, indem sie die in ihm angelegte schwache Fähigkeit zum Gutsein (zur Gutmütigkeit) nicht überfordern. Primäre Aufgabe wäre die Neuordnung des Volkslebens, wie sie *Pestalozzi* etwa in »Lienhard und Gertrud« romanhaft-utopisch konzipiert hat. Sie hat eine ihrer Wurzeln in der Wohnstubenerziehung. In ihr, im Alltag des überschaubaren Miteinanderlebens und der sorgenden Liebe von Mutter und Vater, ist eine Atmosphäre gegeben, in der Liebe, Selbstvertrauen und Gerechtigkeit und darin Sicherheit und Mut entstehen und wachsen können. Als Hilfe für die, die kein eigenes Zuhause haben, hat Heim- und Anstaltserziehung ihr Maß in solcher Wohnstubenerziehung. Erziehung aber ist nur möglich in verantwortetem, geplantem Handeln, in methodischen Arrangements von Lebensräumen und Interaktionsmustern. *Pestalozzi* entwickelt insofern Methoden der religiösen Erziehung, des sozialen Lernens, vor allem aber der Elementarerziehung zum Rechnen, Schreiben und handwerklichen Arbeiten.

Sozialpädagogik ist hier verstanden als Moment einer Erziehung, die sich dem

allgemeinen humanen Auftrag der Neuzeit verpflichtet weiß, so z. B. auch *Kant*
(1964: 699 u. 704): »Der Mensch kann nur Mensch werden durch Erziehung . . .
Kinder sollen nicht dem gegenwärtigen, sondern dem zukünftig möglich bessern
Zustande des menschlichen Geschlechts, das ist: der Idee der Menschheit und
deren ganzer Bestimmung angemessen, erzogen werden«. Erziehung stellt sich
diesem Auftrag, indem sie die Kritik, gegenüber Unrechtsstrukturen mit dem
Entwurf eines eigenen, spezifisch pädagogischen Arrangements beantwortet.
Dieser Entwurf ist weit gefaßt in dieser noch nicht auf Spezialisierung und
Differenzierung hin orientierten Zeit. Er verbindet die »präventive« Neuordnung
des Miteinanderlebens mit speziell »nachgehenden« Maßnahmen für diejenigen,
die darauf angewiesen sind, er verbindet gesellschaftliche Veränderungen, Volks-
erziehung und kompensatorische Aufgaben.

So wird Erziehung als Chance zu einem intensiven, freien und solidarischen Leben
verstanden und die darin liegende aufsässig-revolutionierende Kraft wird in der
Zeit gesehen und bekämpft. Trotz des politischen Anspruchs aber ist die Gefahr
einer pädagogischen Ersatzlösung für politische Probleme – wie sie oben als die
herrschaftsbestimmte gesellschaftliche Intention benannt wurde – nicht gebannt.
Pestalozzis Anspruch der Menschenbildung für alle arrangiert sich – resignativ und
anspruchsvoll zugleich – mit der Vorgegebenheit der Klassengesellschaft: Der
Arme soll sich gerade in seiner Armut als Mensch erweisen, er soll zur Armut
erzogen werden. Ebenso ist Familienerziehung an einem in jener Zeit nicht mehr
gültigen Leitbild orientiert und weist den Weg in die Enge eines sich ganz auf den
»nächsten Umgang« beziehenden Lebens und bestätigt damit auch die Abschiebung sozialer Probleme ins gleichsam Private. Die so massiven, realen Probleme
von Elend und Armut und die Unzulänglichkeiten der damaligen gesellschaftlichen
Antworten zwischen Almosenordnungen und Arbeitshäusern bleiben im Schatten
von Erziehungs- und Bildungsentwürfen.

Konkurrenzkapitalismus: Verelendung, Arbeiterfrage, sozialpädagogische Bewegung

Die Möglichkeiten und Intentionen dieses Konzepts konnten sich gegen die
gegebenen Verhältnisse von Elend und Verdrängung und vor allem gegen die
gesellschaftlichen Entwicklungen des 19. Jahrhunderts nicht durchsetzen. Sie
werden von den realen und ideologischen Verhältnissen überwuchert, gleichsam
verschluckt.

Die Entstehung des industriellen Kapitalismus führte durch die Umwälzung der
Manufaktur-Produktion zur »großen«, an der Maschinenproduktion orientierten
Industrie zur Entstehung des Proleatriats. Indem in der industriell-kapitalistischen
Produktion nicht mehr »der Arbeiter die Arbeitsbedingung, sondern umgekehrt
die Arbeitsbedingungen den Arbeiter anwendet« (*Marx,* 1962: 391), entstanden
Formen der Ausbeutung und – damit einhergehend – der Zerstörung überkomme-
ner Lebenstraditionen, die zu ganz neuer, massenhafter und für die einzelnen
auswegloser Verelendung führten: »Wo die Maschine allmählich ein Produktions-

feld ergreift, produziert sie chronisches Elend in der mit ihr konkurrierenden Arbeiterschicht« (ebd.: 454). Diese Situation provozierte politisch sehr unterschiedliche, sich bekämpfende Reaktionen.

Die Regierungen, ganz in den Sog der Industrialisierung geraten, reagierten zunächst nicht. Man orientierte sich angesichts der Zunahme der Bevölkerung an jenem, etwa von *Malthus* formulierten Konzept (zu *Malthus* vgl. etwa *Scherpner*, 1962: 114–118; *Badura/Groß*, 1976: 186 ff.), nach dem Elend Folge von Arbeitsunfähigkeit und -willigkeit sei und der Staat »nichts tun kann, als das Elend seinem Schicksal zu überlassen und höchstens den Tod der Elenden zu erleichtern«. Staatliche Steuerungen beschränkten sich auf die – zögernd entstehenden Gesetze zum Arbeitsschutz für Kinder und Frauen. Die Armenfürsorge wurde den neuen Produktions- und Handelsentwicklungen entsprechend (Land-Stadt-Verschiebungen; notwendig werdende Mobilität der Arbeiter) umstrukturiert, ohne damit der grassierenden Not nachkommen zu können.

Die Arbeiter organisierten sich selbst. Wenn das Elend in den Produktionsverhältnissen begründet war, so half nur die revolutionäre Umwälzung der Eigentums- und Produktionsverhältnisse: »Wenn der Mensch von den Umständen gebildet wird, so muß man die Umstände menschlich bilden« (*Marx,* 1953: 333). Neben politischen Organisationen entstanden politische Bildungsarbeit, Arbeiterbildungsvereine, Selbsthilfekassen: die Kritik an versagenden bürgerlichen Bildungs- und Hilfsanstrengungen (»Die Liebe verliert sich in sentimentalen Phrasen, durch welche keine wirklichen, faktischen Zustände beseitigt werden; sie erschlafft den Menschen durch den enormen Gefühlsbrei, mit dem sie ihn füttert« [*Marx,* zit. nach *Bloch,* 1976: 316 f.]), geht einher mit den eigenen, politisch-klassenspezifischen Angeboten der materiellen Unterstützung und pädagogischen Aufklärung.

Die gesellschaftlich so unerträgliche und hochexplosive Situation provozierte auch vielfältige bürgerliche und christliche Initiativen. Ihr Selbstverständnis war restaurativ geprägt, wenn auch in sehr unterschiedlichen, bisweilen zu den »sozialistischen« Positionen hin offenen Konzepten (vgl. *Mollenhauer*, 1959; *Wolf*, 1977; *Sauer*, 1979). Die gesellschaftskritischen Intentionen etwa einer Pädagogik *Pestalozzis* wurden aufgrund ihrer Schwächen, also dem pädagogisierend-individualisierenden Ansatz und der Familienideologie, rückständig. Bei *Wichern* (1908; als konträre Position hierzu vgl. auch *Köhler*, 1977) z. B. wird Elend als Produkt zerfallender Lebensstrukturen und moralischen Versagens verstanden, dem es, in ausdrücklicher Gegenstrategie zur Arbeiterbewegung (durch Neugründung der Diakonie und einer Rechristianisierung des Volkes), mit pädagogischer Hilfe und Erziehung zur Loyalität und Frömmigkeit entgegenzutreten gilt. Es entstehen und expandieren vielfältige sozialpädagogische Initiativen: die Sonderschulen werden ausgebaut, Pflegekindervermittlung und Heimerziehung (Rettungshausbewegung) entwickeln neue Strukturen, die Aufgaben einer Hilfe in besonderen Notlagen erweitern sich z. B. für Alkoholiker, für Gefangene und ehemalige Gefangene, für ledige Mütter und Kranke, Kindergärten entstehen, ebenso Ansätze zur Jugendarbeit und zur Erwachsenenbildung. Indem sich der Kreis der pädagogsichen Aufgaben erweiterte, wurden beispielsweise für den Kindergarten, für Behindertenschulen, aber auch für die Heimerziehung, neue Methoden entwickelt und erste Ausbildungsgänge für Mitarbeiter institutionalisiert. Diese soziale Arbeit wurde vornehmlich von (bürgerlichen) Frauen getragen. Sie entdeckten, nachdem die Vorstellungen von Gleichberechtigung, wie sie in Aufklärung, Französischer Revolution und Romantik gedacht und auch in einzelnen Konstellationen verwirklicht, wenngleich nicht allgemein realisiert worden waren, hier ein Arbeitsfeld, in das sie ihre Erfahrungen und ihre vorhandenen Kräfte zur Hilfe und Erziehung einbringen konnten. Die Randständigkeit, die man den Frauen in der männer- und produktionsbestimmten Gesellschaft nur zubilligen wollte, entsprach dabei dem minderen Ansehen, das der Wohltätigkeit galt.

Spätkapitalismus: Vergesellschaftung und Sozialstaat

Diese vielgestaltigen und widersprüchlichen Ansätze aber wurden den gegebenen Problemen und Ansprüchen nicht gerecht: Armut und Verelendung ruinierten notwendige Ressourcen an Arbeits- (und Militär-)kraft. Die zunehmende Stärke der Arbeiterbewegung wurde zur Bedrohung des gegebenen Gesellschafts- und Produktionssystems; Bildungs- und Lebensansprüche verlangten, durchgesetzt zu werden. So sah sich, im Widerstreit von Kapitalinteressen und Forderungen der Arbeiterbewegung, der Staat genötigt, die Zuständigkeit für die Lösung sozialer Probleme in seine Verantwortung zu übernehmen, um, im Rahmen der gegebenen Produktions- und Herrschaftsverhältnisse, neue Formen der Arbeits- und Lebenssicherung für alle durchzusetzen und damit Bestand und Entwicklung der gegebenen Gesellschaft zu ermöglichen und zu garantieren. Indem die sozialen Probleme vergesellschaftet werden, werden Arbeitsverhältnisse, aber auch die Absicherung von Arbeits- und Lebensrisiken, in rechtlich fixierten Ansprüchen geregelt, wird Hilfe in besonderen Lebenslagen verbindlich, werden Institutionen der Erziehung, Bildung und Beratung, wie sie sich im Laufe des Jahrhunderts vielfältig ausgebildet hatten, koordiniert, ausgebaut und unterstützt. In der Ambivalenz von politischer Pazifizierung, Loyalitätsdruck, realer materieller Versorgung und neuer Lebensqualität bilden sich die Steuerungsmechanismen des modernen Sozialstaats heraus: »Sozialpolitik ist der institutionelle Niederschlag der sozialen Idee im Kapitalismus und gegen den Kapitalismus, der Idee also von einer sozialen Freiheitsordnung, welche die arbeitenden Menschen umfassen und tragen soll . . . Der Kapitalismus muß diese ihm wesenswidrige Verwirklichung zulassen, er muß sich also Sozialpolitik aufzwingen lassen, weil er auf die Menschen der sozialen Bewegung angewiesen ist« (*Heimann,* 1929: 211; zit. nach *Strasser,* 1979: 63).

Dieser moderne Sozialstaat repräsentiert sich in Fortführung der Arbeitsteilung, wie sie in der Struktur der modernen kapitalistischen Gesellschaft angelegt ist, in unterschiedlich institutionalisierten Systemen. Neben der Sozialpolitik mit ihrem monetären Versorgungsprinzip expandiert das Bildungssystem und entsteht das System der psychosozialen (medizinischen, psychiatrischen, psychologischen und sonderpädagogischen) Versorgung. In diesem findet auch SP/SA ihr eigenes Feld. Entlastet von den Aufgaben unmittelbar materieller Lebenshilfen, wenngleich sie diese oft mit hohem Aufwand beratend zu vermitteln hat, fallen ihr jene Aufgaben zu, in denen Lebensprobleme primär als Probleme der Unterstützung, Erziehung, der Bildung und Beratung verstanden werden, Aufgaben also der aufklärenden, lernenden und stützenden Verarbeitung sozialer und individueller Alltags- und Lebensprobleme. Daß sich in dieser Ausdifferenzierung sozialpädagogischer Aufgaben die in der Rationalität des pädagogischen Handelns angelegte Gefahr intensiviert, als Ersatzleistung für politische oder sozialpolitische Leistungen mißbraucht zu werden, ist zwar offensichtlich (vgl. *Münchmeier*, 1981); gleichwohl ist diese latente Gefahr kein prinzipieller Einwand gegen das notwendige und sinnvolle Nebeneinander von Politik, Sozialpolitik und Pädagogik. Insofern muß der emanzipative Selbstanspruch von SP/SA auf zwei Ebenen erkämpft und behauptet werden: gegen die gesellschaftlich-restaurative Erwartung bloßer Kontrolle, Pazifizierung und Disziplinierung sozialer Konflikte und Defizite sowie gegen die Gefahr der individualisierend-pädagogisierenden Verschiebung von Ansprüchen und Hilfsangeboten innerhalb der sozialpolitischen Systeme.

Sozialpädagogik als hermeneutisch-pragmatische Wissenschaft: Nohl

Eine eigenständige Theorie und Wissenschaft der SP/SA entstand, im Nachgang zur realen Entwicklung, erst nach dem ersten Weltkrieg, provoziert und gestützt vor allem auch von Kulturkritik, Jugendbewegung und Reformpädagogik. Das sich dabei herausbildende Konzept einer hermeneutisch-pragmatischen Sozialpädagogik soll mit Hinweisen zu *Nohls* Sozialpädagogik verdeutlicht werden (vgl. vor allem: *Nohl*, 1949, 1961; *Bäumer*, 1929; *Hermann*, 1956; *Siegel*, 1961).
Ausgangspunkt der Überlegungen *Nohls* ist das Faktum der Erziehungswirklichkeit, die sich als eigener Lebensraum und Kulturbereich etwa neben dem der Medizin, der Biologie und Jurisprudenz etabliert hat. Innerhalb dieser Erziehungswirklichkeit ergeben sich, so pointiert bei *Bäumer* (1929), die vielfältigen sozialpädagogischen Aufgaben zwischen Kindergarten, Heimerziehung und Erwachsenenbildung als einem besonderen Ausschnitt: »Alles, was Erziehung, aber nicht Schule und nicht Familie ist« (ebd.: 3); Sozialpädagogik also, neben Familie und Schule, als dritter, eigener Lebensbereich der Bildungs- und Erziehungsaufgaben für alle und der besonderen kompensatorischen Erziehungshilfe in Notlagen. Mit dieser Analyse kommt die in der Arbeitsteiligkeit der modernen Gesellschaft angelegte Eigenheit des sozialpädagogischen Lebensfeldes, wie es sich in den realen Entwicklungen des 19. Jahrhunderts allmählich ausgeprägt hat, auf den Begriff. SP/SA wird verstanden als Theorie der Praxis der vergesellschafteten, außerschulischen und außerfamilialen pädagogischen Aufgaben, als Theorie der Jugendhilfe. Die diesen Tatbestand der allgemeinen Pädagogisierung thematisierende Diskussion im Jahrbuch der Sozialarbeit (vgl. *Barabas* u. a. 1975, 1977) unterliegt, so scheint uns, einem historischen Mißverständnis, wenn sie ihn vor allem in den Entwicklungen der 60er Jahre festzumachen versucht, so plausibel es auch sein mag, daß dieses Konzept erst in dieser späteren Zeit in der Praxis auf breiter Ebene durchschlug. Indem die sozialpädagogischen Aufgaben innerhalb der Erziehungswirklichkeit

verortet, also als Bildungs- und Lernaufgaben verstanden werden, gelten für sie die Strukturen von Erziehung überhaupt. *Nohl* etwa postuliert, daß Sozialpädagogik durch die Unmittelbarkeit ihrer Aufgaben und das notwendige Engagement gleichsam das Herzstück von Erziehungswissenschaft sei, da hier ihre allgemeinen Aufgaben und Möglichkeiten besonders deutlich werden.

Pädagogisches Handeln und pädagogischer Bezug

Kern der pädagogischen Theorie ist hier die Analyse pädagogischen Handelns. Die Möglichkeiten des Heranwachsenden entfalten sich im Kontext von Erfahrung, erzieherischem Umgang und Selbstlernen (wie es sich besonders eindringlich am Lernen der Muttersprache deutlich machen läßt). Gegenüber aber den vielfältigen, offenen und disparaten Möglichkeiten des Umgangs kommt es darauf an, daß das Recht des einzelnen auf Bildung und Lernen, auf seine spezifischen Erfahrungen und Möglichkeiten im Zusammenhang seiner Biographie, also seiner Vergangenheit, Gegenwart und Zukunft realisiert wird, daß dieses Recht unbedingt und gerade auch da gilt, wo das Kind »von überpersönlichen Gesichtspunkten aus unbrauchbar oder gar verloren ist« (*Weniger,* 1952: 78). Dies ist möglich in der besonderen Form der pädagogischen Interaktion, im Lebens- und Schutzraum pädagogischer Institutionen und, vor allem, im pädagogischen Bezug. In diesem Konstrukt ist die Form des Umgangs zugleich mit dem normativen Anspruch, dem pädagogischen Ethos bezeichnet. Pädagogischer Bezug meint das »leidenschaftliche Verhältnis eines reifen Menschen zu einem werdenden Menschen« (*Nohl*, 1961, S. 134). Im gemeinsamen Leben, Erleben und Handeln im Alltag lernt der Heranwachsende sich auf sich und seine Möglichkeiten zu verlassen, sich in seinen Möglichkeiten zu trauen: er wird zu seinen Möglichkeiten begabt.

Im pädagogischen Bezug als zentralem Moment der neuen hermeneutischen Erziehungstheorie ist der Pädagoge zunächst parteilich für die Kinder und Heranwachsenden. Nicht wie in der »alten« Erziehung, so *Nohl* (1949: 157), geht der Pädagoge aus »von den Schwierigkeiten, die das Kind macht, (sondern) von denen, die das Kind hat«. Ausgangspunkt sind somit nicht die Probleme, die von der Gesellschaft (z. B. von der öffentlichen Moral, den Arbeitsanforderungen oder der Polizei) moniert werden: »Hier hängt alles daran, daß die Reinheit des pädagogischen Verhaltens nicht verletzt wird . . . Wo ich mich pädagogisch um den anderen bemühe, muß er wissen: man will dich nicht werben für eine Partei, für eine Kirche, auch nicht für den Staat, sondern – der Unterschied ist so gering, wie wenn man die Hand umdreht, und ist doch entscheidend – diese Hilfe gilt zunächst und vor allem dir, deinem einsamen Ich, deinem verschütteten, hilferufenden Menschentum« (ebd.: 142).

Diese Parteilichkeit aber für den Heranwachsenden muß damit vermittelt werden, daß Pädagogik in ihren Institutionen ebenso wie in ihrem Umgang immer auch Repräsentant der Gesellschaft und ihrer Möglichkeiten und Erwartungen ist. Erziehung soll (so bereits *Schleiermacher,* 1957: 31), »so eingerichtet werden, . . . , daß die Jugend tüchtig werde einzutreten in das, was sie vorfindet, aber auch tüchtig in die sich darbietenden Verbesserungen mit Kraft einzugehen«. Pädagogik soll die Heranwachsenden befähigen, sich in der Gesellschaft zu behaupten und als entscheidungsfähige Subjekte ihres eigenen Lebens sich für gesellschaftlich bessere, weiterführende Möglichkeiten zu engagieren.

Dieser pädagogische Grundgedanke konkretisiert sich in den Konturen einer Theorie der Sozialpädagogik: die Parteilichkeit für Kinder und Heranwachsende fordert eine Kinder- und Jugendkunde, in der reale Lebensprobleme, kindliche und jugendliche Wirklichkeit aus ihren eigenen Lebensmöglichkeiten und Selbstverständnissen verstehbar werden. Jugendarbeit gewinnt, herausgefordert und neu verstanden von der Jugendbewegung, ihre Relevanz als Raum eines freien, selbstorganisierten Jugendlebens, im Recht eines jeden Kindes auf Erziehung wird das Jugendhilfegesetz begründet. Sozialpädagogische Methoden werden konzipiert als Eingehen auf die situative, individuelle Notlage und Lernbedürftigkeit des Heranwachsenden (*Flitner*, 1953). Das Jugendamt als Institution zur Strukturierung und Koordinierung unterschiedlicher sozialpädagogischer Aktivitäten soll sich als »Lebendiges« verstehen, Verwaltungsvorgänge sollen dabei unter dem Primat pädagogischer Prinzipien gesehen und vollzogen werden. Die Anstaltszwänge der traditionellen Heimerziehung und die Strukturen des Strafvollzugs werden in ihrer pädagogischen Inhumanität bloßgestellt; in Modellinstitutionen werden neue Wege erprobt. Erwachsenenbildung und Volkshochschulen werden ausgebaut; die Ausbildung zur SP/SA wird neu organisiert. Noch immer vorwiegend von Frauen getragen (vgl. *Salomon*, 1927) wird sie jedoch – im Horizont der entstehenden Sozialpädagogik als Wissenschaft (und Fürsorgewissenschaft; vgl. *Scherpner*, 1962) – zunehmend als transparentes System verschiedener Ausbildungsgänge gegliedert.

Begründung und Klärung dieses Konzepts ist Aufgabe der Wissenschaft. Sozialpädagogik kann nicht mehr, wie in ihren Anfängen (also etwa bei *Pestalozzi*) in einem philosophisch, phänomenologisch-berichtenden Zugriff entwickelt werden, sondern muß sich, im Zeichen der sich verwissenschaftlichenden Sozial- und Verhaltenswissenschaften seit der Mitte des 19. Jahrhunderts wissenschaftlich legitimieren. Gegenüber den positivistisch-empirischen Arbeitsstandards, die in den Sozial- und Verhaltenswissenschaften dominieren, insistiert die Sozialpädagogik (zusammen mit der Pädagogik) jedoch darauf, praktische Wissenschaft zu sein. Fundiert in der geisteswissenschaftlichen Konzeption *Diltheys* versteht sie sich als Wissenschaft für die Praxis, als Wissenschaft aus der Verantwortung des Handelns heraus, als »Reflexion engagée«. Ihr primäres Ziel sieht sie in der Ausbildung eines reflektierten Ethos des pädagogischen Handelns, also eines die spezifische Moralität pädagogischen Handelns klärenden professionellen Selbstverständnisses, das die Pädagogen jenseits der so verschiedenen Aufgaben in den verschiedenen Arbeitsfeldern verbindet. Als sich hermeneutisch-pragmatisch verstehende Wissenschaft konkretisiert Sozialpädagogik sich in historischen Rekonstruktionen von Problemzusammenhängen ebenso wie in einer Kasuistik pädagogischer Situationen. Diese Sozialpädagogik (und die mit ihr einhergehende Erziehungswissenschaft) versteht sich, ihrem Gegenstand des spezifisch pädagogischen Handelns und ihrem spezi-

fisch methodischen Zugang gemäß, als Konzept mit relativer Eigenständigkeit (vor
allem *Weniger*, 1952). Dies hat zur Folge, daß sie in den Koalitionen und
Kooperationen mit anderen Wissenschaften zurückhaltend bleibt und zwischen und
neben ihnen vor allem konsequent die eigene Linie verfolgt. Damit aber bestätigt
Sozialpädagogik als Wissenschaft noch einmal die Selbstverantwortlichkeit und
Selbstfixierung des pädagogischen Ethos.
Dieses Konzept blieb zunächst weitgehend Postulat. Daß es sich an den überkommenen Funktionszuweisungen von Disziplinierung und Abschiebung ebenso brach
wie an den dominanten Rechts- und Verwaltungsauflagen in der Praxis, hat
unterschiedliche Gründe, im Konzept selbst und in den Umständen, unter denen es
entworfen wurde.
Die Intentionen einer hermeneutisch-pragmatischen Sozialpädagogik konnten in
den politisch-wirtschaftlichen Auseinandersetzungen der Weimarer Zeit nur zu
Modellen und Entwürfen gedeihen. Die Faschisten haben dann auch diese Ansätze
zerschlagen, indem sie sie im Zeichen einer allumfassenden, totalitär exekutierten
Vergesellschaftung ideologisch reinterpretiert und »gleichgeschaltet« haben: Jugendarbeit ging in dem pathetisch-rassistischen System der Hitler-Jugend auf, der
Fürsorge wurden ihre Aufgaben im Rahmen der Rassenhygiene zugewiesen. Erst
nach 1945 wurden die Intentionen des ursprünglichen Konzepts wieder aufgenommen. Indem dabei dann aber Schwierigkeiten und Unzulänglichkeiten deutlich
wurden, die bereits in den 20er Jahren moniert worden waren (vgl. *Münchmeier*,
1981), wurde dieses Konzept in seinen praktischen und wissenschaftlichen Intentionen von der Entwicklung überholt.

Sozialwissenschaftliche Sozialpädagogik: Gesellschafts- und Handlungstheorie

Die gesellschaftliche Entwicklung erzeugt neue soziale Probleme. Trotz der
Beschwörung einer sozialstaatlich realisierten, »nivellierten Mittelstandsgesell-
schaft« (*Schelsky*, 1965), bleibt nacktes Elend und bestimmt nach wie vor das
Hauptgeschäft von SP/SA. Daneben aber werden, vor allem in den 60er Jahren, die
Belastungen durch Ansprüche und Widersprüche des entfalteten Kapitalismus
dringlich, werden Lebensaufgaben in der Familie, der Schule, der Wohnwelt, dem
Arbeitsleben und dem Konsum zum Problem und als Lern- und Orientierungsdefi-
zite verstanden und darin auch als sozialpädagogische Aufgaben. In den angelegten
Bahnen der 20er Jahre expandieren die sozialpädagogischen Arbeitsfelder. Es
entsteht nach und nach das gegenwärtige, breite und kaum überschaubare Bild
vielfältiger Tätigkeiten: Sozialpädagogen arbeiten in Fach-, Ehe-, Familien-,
Lebens- und Altenberatungsstellen, in Jugend- und Sozialämtern, in der Sozialplanung, in der Jugendgerichtshilfe, im Strafvollzug, in Anstalten (z. B. für Behinderte), in Erziehungsheimen, Wohnheimen, Erholungsheimen und Kliniken, in
Wohngemeinschaften (mit ehemaligen Strafgefangenen oder Suchtabhängigen), in
Jugendgruppen, Jugendhäusern, Jugendverbänden, Straßensozialarbeiterteams,
in Ausländergruppen, in Berufsqualifikationsprogrammen, in der Schulsozialarbeit, in Kindertagesheimen, Schularbeitszirkeln, Kindergärten, auf Abenteuer-

spielplätzen und Jugendfarmen, in Bildungsstätten, in Gewerkschaften und kirchlichen Verbänden, sie arbeiten vielfältig zusammen mit betroffenen Gruppen und Bürgerinitiativen (vgl. auch Projektgruppe Soziale Berufe, 1981 c).

Zugleich mit dieser Expansion setzt sich ein neues, kritisch-radikalisiertes Selbstverständnis von SP/SA durch. Angesichts dessen, daß die Postulate der hermeneutisch-pragmatischen Pädagogik (Heranwachsende aus ihren eigenen Erfahrungen heraus zu verstehen, den Eigenraum des pädagogischen Bezugs und die Eigenheit der Jugendhilfe zu betonen usw.) nicht eingelöst worden waren und somit pädagogische Intentionen und Hoffnungen an den gegebenen institutionellen Rahmenbedingungen und deren gesellschaftlicher Aufgabe zu Disziplinierung, sozialer Kontrolle und Stigmatisierung zerbrochen sind, sieht sich SP/SA zu politischen Fragen nach ihrer gesellschaftlichen Funktion ebenso gedrängt wie zu gesellschaftspolitisch fundierten neuen Konzepten (vgl. *Iben*, 1969; Autorenkollektiv, 1971; *Mollenhauer,* 1972; *Giesecke*, 1973; *Hollstein/Meinhold*, 1973). Die Lebensschwierigkeiten der Adressaten werden primär gesellschaftlich verstanden, d. h. als Resultat eines Widerspruchs zwischen unterdrückender Dominanz von Produktionszwängen, Verrechtlichungsprozessen und Mittelschichtsnormen gegenüber den eigenen, subjektiven Möglichkeiten und Bedürfnissen. Dabei werden auch die allgemeinen Aufgaben der professionellen Hilfe gleichermaßen im Widerspruch zwischen gesellschaftlich-politischer Stabilisierung und Aufklärung zur Selbsthilfe betrachtet. Entwürfe von Mitbestimmung, Verwaltung und institutioneller Demokratisierung gewinnen an Gewicht. Die Reform der Institutionen orientiert sich am präventiv-strukturierten, gemeinwesenbestimmten offenen Verbund von Maßnahmen, um nicht immer erst da eingreifen zu müssen, wo Schwierigkeiten sich schon zur offenkundigen Hilflosigkeit verdichtet haben und um damit die Zumutung einer ungesellschaftlichen Erledigung von Lern- und Hilfsaufgaben konstruktiv zu unterlaufen.

Diese Entwicklung, die hervorgebracht wird durch die der neuzeitlichen Rationalität entsprechenden Steuerungsmechanismen der Spezialisierung, institutionellen Konsolidierung und Professionalisierung, wird jedoch in den letzten Jahren zunehmend eingeholt von dem prinzipiellen Zweifel, ob eine so strukturierte SP/SA den gegebenen Lebensproblemen gerecht werden kann. Die auf sich selbst bezogene Frage der Sozialpädagogik, inwieweit sie sich durch institutionelle und professionelle Vorgaben den Zugang zu Lebensproblemen versperrt, wird bestimmend; einzelne Adressatengruppen verweigern sich der Pädagogik: »We don't need no education«. Nur geringfügig organisierte, alltagsnahe und überschaubare Institutionen werden ebenso attraktiv wie alternative Arrangements; Selbsthilfegruppen, Initiativen von Betroffenen und Bürgern gewinnen an Bedeutung (*Huber*, 1980; *Schwendter*, 1981). Die Frage ist, ob der prinzipielle Zusammenhang von gegebenen Lebensproblemen und institutionalisierter, professionalisierter und pädagogischer Hilfe noch trägt, oder – produktiv formuliert – wie die in der Entwicklung deutlich werdenden Widersprüchlichkeiten zugegeben, geprüft und angegangen werden können, damit die umfassende Idee der Aufklärung mit ihrer Hoffnung auf eine verantwortete Gestaltung unserer Lebensverhältnisse realisierbar und in sinnvolle Formen transformierbar bleibt.

Diese Entwicklung kann nicht verstanden werden ohne die sie begleitende, stützende, problematisierende und provozierende Theoriediskussion. Die Konturen der Diskussion ergeben sich in der Kritik der hermeneutisch-pragmatischen Sozialpädagogik (vgl. *Thiersch*, 1978 a):

- Die Vielfältigkeit der neuen Aufgaben drängt ihre Kerngedanken in den Hintergrund, ihre Tradition verblaßt als abstrakte Leitwissenschaft.
- Im Zeichen der »realistischen Wende« öffnet sich die Diskussion zu den Ansätzen anderer Verhaltens- und Sozialwissenschaften ebenso wie in der Erwartung des primär hermeneutischen Vorgehens zu sozialwissenschaftlich-empirischen Forschungsarrangements.
- Im Zeichen der »emanzipativen Wende« werden ebenso die Fragen nach der gesellschaftlichen Funktion der SP/SA kritisch diskutiert wie Fragen der Ideologiekritik oder Methodenprobleme zwischen teilnehmender Beobachtung und Handlungsforschung.

Analog zur sich etablierenden institutionalisierten Praxis aber wird auch zunehmend der sich etablierende Wissenschaftsbetrieb daraufhin befragt, ob hier nicht gegebene, aufzuklärende Probleme verstellt werden, Lebenswelt also wissenschaftlich entfremdet, »kolonialisiert« wird (vgl. *Habermas*, 1979; *Brumlik*, 1980). Die Frage nach dem gegebenen Alltag, seinen Aufgaben, Schwierigkeiten und Möglichkeiten wird zentral. In diesem Zusammenhang wird auch der Ansatz der traditionellen, hermeneutisch-pragmatischen Sozialpädagogik als Verständnis und Aufklärung von Lebensverhältnissen neu attraktiv.

In dieser »Alltagswende« aber steckt die Gefahr, daß wissenschaftliche Diskussion zum authentischen Erfahrungsbericht, zum Alltagsfeuilleton verkommt und den Charakter des immer auch entfremdeten Alltags, seine Pseudokonkretheit verkennt (vgl. *Lenzen*, 1980; *Geulen*, 1981; *Thiersch*, 1981 c). Die Frage stellt sich somit heute, wie es gelingen kann, nicht hinter die sozialwissenschaftlichen und methodischen Erkenntnisse der letzten Jahrzehnte und deren kritisches Potential zurückzufallen, sondern sie gleichsam weitertreibend zu beziehen auf die Konkretisierung in der Unmittelbarkeit der Erfahrung und deren historischer und gesellschaftlich-struktureller Bedingtheit.

Zentrale Dimensionen sozialpädagogischer Theoriebildung

Die vorangestellte historische Skizze sollte den Hintergrund und die Begründung dafür liefern, welche Dimensionen für eine Theorie der SP/SA wesentlich und konstitutiv sind. Diese Diskussionsstränge sollen nun detaillierter dargestellt werden, Diskussionen und Aspekte also

- zur Lebenswelt sozialpädagogischer Adressaten,
- zur gesellschaftlichen Funktion,
- zu den Institutionen,
- zum professionellen Handeln und
- zum Wissenschaftscharakter von SP/SA.

Grundlage für eine Theorie der SP/SA ist eine Gesellschaftstheorie, die die

Erzeugung und Definition von sozialen Problemen und Lernproblemen ebenso thematisiert wie die spezifischen Interventionsformen als gesellschaftliche Reaktion auf sie, eine Gesellschaftstheorie also, die das Komplementärverhältnis von gesellschaftsbedingten Lebensverhältnissen und gesellschaftlichen Antworten thematisiert. Die Pädagogik bei *Pestalozzi* etwa hat diesen Zusammenhang in philosophierend-gesellschaftstheoretischem Zugriff erörtert. Nach den pädagogischen und kulturkritischen Verengungen der hermeneutisch-pragmatischen Diskussion der 20er Jahre wird der gesellschaftliche Ort der SP/SA in jüngster Zeit wieder zentral diskutiert, allerdings, der gewandelten gesellschaftlichen und wissenschaftlichen Situation entsprechend, in unterschiedlichen Paradigmen, beispielsweise dem historischen Materialismus, der modernen Systemtheorie oder der kritisch-emanzipatorischen Gesellschaftstheorie. So unabdingbar aber solche notwendigerweise über die spezifischen Probleme der SP/SA hinausgreifenden Konzepte für die sozialpädagogische Diskussion auch sein mögen, so werden diese für eine Theorie der SP/SA nur dann ergiebig, wenn sie sich im Zugang zu sozialen Problemen und Lernproblemen in entsprechenden Institutionen, also als ein Mechanismus staatlicher Steuerung von sozialen Problemen konkretisieren lassen.

Lebenswelt der Adressaten

Erstes Hauptstück einer Theorie der SP/SA ist die Frage nach den Lebensverhältnissen und -defiziten ihrer Adressaten. Gegenüber der pädagogisch-individualisierenden Zuschreibung von Lebensschwierigkeiten haben sich hier im Laufe der letzten Jahre zentrale Verschiebungen in der wissenschaftlichen Diskussion ergeben. Der gesellschaftlich produzierte, historische Charakter von Lebensschwierigkeiten, die Erzeugung und Definition z. B. von Armut, Krankheit, sozialer Notlage werden rekonstruiert. Die heutzutage, in der Frage nach den Lebensproblemen der Adressaten liegende Dramatik wird durch die Stigmatheorie eindringlich verdeutlicht: als Reaktion auf die Expansion der sozialtherapeutischen und sozialpädagogischen Institutionen macht sie die Definitionszwänge, die im Begriff von Krankheit oder Kriminalität liegen, ebenso deutlich, wie die Definitionszwänge, denen soziale Notlagen infolge ihrer sozialpädagogischen Bearbeitung durch Instanzen sozialer Kontrolle unterworfen sind (vgl. *Goffmann*, 1972; *Keckeisen*, 1974; *Lemert*, 1975; *Keupp*, 1976, 1979). Die Stigmatheorie ist ein Ansatz, der sensibel macht dafür, wie sehr Wahrnehmung und Verständnis von und Umgang mit Bildungs- und Lerndefiziten bestimmt sind durch vorgängige, gesellschaftliche und professionelle, hierarchische Interessen derer, die sie beheben sollen. Sie hat die Frage nach den Schwierigkeiten der Person umgekehrt in die nach den Interessen derer, die die Defizite definieren und ihre Hilfe anbieten, ja aufnötigen (vgl. *Brusten/Hohmeier*, 1975; *Peters/Cremer-Schäfer*, 1975). Als Konsequenz dieser Selbstkritik ergibt sich als Aufgabe einer Theorie der SP/SA, daß sie die Frage nach den Lebenserfahrungen und Lebenswelten ihrer Adressaten stellt als die nach der Normalität ihres Alltags, nach den darin gegebenen spezifischen Handlungsstrategien, Lernchancen und Selbstinterpretationen, nach den darin natürlich auch gegebenen »residualen

Abweichungen« (*Scheff*, 1973), den Schwierigkeiten also, die in eigener, nicht-offizieller und nicht-professioneller Kompetenz und in den Möglichkeiten des Arrangements von Selbsthilfe bewältigt werden können.

Die vorrangige Frage nach den eigenen Handlungs- und Deutungsmustern der Adressaten muß aber konfrontiert werden mit der nach den, im »pseudokonkreten Alltag« (*Kosik*, 1967) zugedeckten Widersprüchen, Versagungen und verschütteten Hoffnungen. So heikel, politisch und pädagogisch belastet diese Frage auch sein mag, so wäre der Verzicht auf sie doch eine romantische Verklärung oder zynische Mißachtung gegebener unzumutbarer Verhältnisse. Diese Frage ist der Ansatz zur Begründung einer legitimen Aufklärung, eines Anspruchs auf Bildung und Hilfe; von ihr allein können Aufgaben und Verfehlungen auch der professionellen SP/SA bestimmt werden.

Die Frage nach der Lebenswelt der Adressaten und den darauf bezogenen, professionellen Handlungsstrategien wird in der neueren Diskussion konkretisiert im Kontext unterschiedlicher sozialisationstheoretischer Ansätze, die den Zusammenhang von gesellschaftlichen Verhältnissen und zwischenmenschlichem Verhalten thematisieren (vgl. dazu allgemein: *Ottomeyer*, 1977). Die adressatenorientierte Sichtweise instrumentalisiert diesen Zusammenhang beispielsweise für schwieriges, also ungekonnt-unglückliches Verhalten (*Bernfeld*, 1973; *Jervis*, 1980) entweder in kriminalsoziologisch-handlungstheoretischen Annahmen (etwa *Haferkamp*, 1975), in entwicklungs- und lernpsychologischen Modellen (*Brengelmann/Tunner*, 1973) oder in psychoanalytischen Konstrukten (*Moser*, 1972; *Redl/Winemann*, 1979), in sozialpsychiatrischen (*Keupp*, 1972; *Dörner/Plog*, 1978) oder in interaktionstheoretischen und ethnomethodologischen Konzepten (*Krappmann* 1969; *Geulen*, 1977). Der Zusammenhang von gesellschaftlich-historischen Rahmenbedingungen sowie sozialen und professionellen Handlungsmustern wird eindringlich verhandelt in der Frage nach den heutigen, gesellschaftlich und sozialpolitisch bedingten Lebenslagen (*Böhnisch*, 1982), in der Frage nach der heutigen Dienstleistungsgesellschaft (*Badura/Groß*, 1976) und in der Frage nach Struktur und Inhalt historisch-gesellschaftlich bestimmter, schicht- und altersspezifischer Kulturen innerhalb unserer Gesellschaft (*Clarke* u. a., 1979; *Willis*, 1979; Jugend '81, 1981; *Miltner*, 1981).

Gesellschaftliche Funktionen

Zweites zentrales Hauptstück einer Theorie der SP/SA ist die Frage nach der gesellschaftlichen Funktion sozialpädagogischer Institutionen und Interventionsformen. Hierzu entstanden staatstheoretische und sozialpolitische Darstellungen und vielfältige selbstkritische Analysen von politisch und ökonomisch begründeten Macht- und Herrschaftsstrukturen im Feld von SP/SA. Die gesellschaftliche, vornehmlich repressive Funktion der SP/SA wurde betont und der ideologische Gehalt des pädagogischen Selbstanspruchs aufgedeckt (z. B. Autorenkollektiv, 1971; *Hollstein/Meinhold*, 1973; *Kunstreich*, 1975; *Barabas* u. a., 1975, 1977; *Danckwerts*, 1978).

Diese Diskussion aber ist mit Verkürzungen und Einseitigkeiten belastet: die Frage nach der gesellschaftlichen Funktion von SP/SA wird nicht selten abstrakt verhandelt und dabei ausschließlich auf theoretische Gesellschaftsentwürfe bezogen. Analysen zum Unterschied von politischem und pädagogischem Handeln (vgl. *Mollenhauer*, 1972) und damit die im politischen Rahmen gegebenen spezifisch pädagogischen Möglichkeiten werden vernachlässigt. Politische Analysen gelten ohne Berücksichtigung der notwendigen Vermittlungsschritte, also der Transformation gesellschaftlich-objektiver Verhältnisse (Systemrationalität) in die subjektiv anzueignenden Lebenszusammenhänge und Interaktionsformen (Lebensweltrationalität; vgl. hierzu *Habermas*, 1981; sozialisationstheoretisch: *Lorenzer*, 1972, 1976) und ohne Berücksichtigung der gesellschaftlichen Ausdifferenzierung in unterschiedliche Subsysteme und Relevanzbereiche als Begründung und Erklärung für die zwangsläufige Herausbildung der gegebenen sozialpädagogischen Institutionen mit ihrer Normierungsmacht, ihren typischen Interventionsformen und Handlungsmustern. Wenn jedoch unterstellt werden müßte, daß politisch-gesellschaftlich entstandene Probleme nur politisch-gesellschaftlich angegangen und bewältigt werden können, führt dies entweder zu einer neuen Variante pädagogischer Anmaßlichkeit (Pädagogik gibt sich als Politik, sozusagen als »Politik von unten« aus) oder, wo dieser Selbstanspruch durchschaut wird, zu Resignation und Frustration.

Die Möglichkeiten und Grenzen einer Sozialen Arbeit, die sich auch politisch verstehen will, müssen, vor dem Hintergrund des nicht zu übersehenden Zuweisungscharakters sozialpädagogischer Aufgaben durch politische Instanzen, zum einen im Kontext des verfassungsmäßig gesicherten Sozialstaatsanspruchs analysiert werden, im prinzipiellen Widerstreit also von gesellschaftlichen Interessen, Aufgaben und Zumutungen und den darin liegenden strukturellen Entwicklungsmöglichkeiten. Sie müssen zum anderen im Kontext der sozialpolitisch definierten Rahmenbedingungen diskutiert werden, also im Hinblick auf andere bildungspolitisch und sozialpolitisch-sozialtherapeutische personenbezogene »Dienstleistungen« sowie im Hinblick auf die strukturinternen, spezifischen Handlungsmöglichkeiten von SP/SA. So verfolgt etwa *Münchmeier* (1981) historisch im Kontext von Vergesellschaftung und Sozialpolitik die Ausprägung des spezifisch pädagogischen Selbstverständnisses von SP/SA, bestimmt *Böhnisch* (1982) den Zusammenhang von Sozialpolitik und SP/SA, verorten *Müller/Olk/Otto* (1981) SP/SA im Zusammenhang sozialer Kommunalpolitik und untersuchen ihre administrativen Handlungsbedingungen (*Müller/Otto*, 1980), diskutiert die Psychiatrie-Enquête (Bundesminister für Jugend, Familie und Gesundheit, 1975), allerdings im Zeichen medizinisch-psychiatrischer Dominanz, die Aufgaben der SP/SA im Zusammenhang der psychosozialen Versorgung, entwickelt schließlich *B. Müller* (1982) die handlungsimmanenten Perspektiven einer sozialpädagogisch-professionellen Handlungsethik.

Die Formel der hermeneutisch-pragmatischen Sozialpädagogik, nach der sie sozialstaatliche Aufgaben jenseits von Familie und Schule wahrzunehmen habe, deckt das gegenwärtige Aufgabenspektrum so nicht mehr ab. Die Grenzen und

Überschneidungen zum Bildungswesen (etwa der Schulsozialarbeit), zur Psychiatrie, zur kommunalen Verwaltung, zur regional-projektbezogenen und politischen Bildungsarbeit sind fließend. SP/SA ist mit Aufgaben befaßt, die nicht den institutionell-spezialisierten Angang schulischer, therapeutischer oder juristischer Ausprägung benötigen, deren zu bearbeitende Schwierigkeiten vielmehr in den jeweils gegebenen alltäglichen Lebensverhältnissen bzw. in Lebensräumen wie Heim und Wohngruppe zu bewältigen sind. SP/SA ist in dieser Form, um mit *Habermas* (1981) zu formulieren, ein gesellschaftlich erzeugtes Instrument, das vorrangig die Störungen der symbolischen Reproduktion der Lebenswelt angesichts der zunehmend sich darin durchsetzenden systemischen Zwänge auffangen soll und zwischen den Anforderungen und Imperativen der Systeme (z. B. in Form des bürokratischen Staates oder verwertungs- und profitzentrierter Produktionsformen) und den Überlebens- und Lebensbedürfnissen der Betroffenen in ihrer Lebenswelt zu vermitteln hat: »Die Sozialpädagogik ist . . . nicht im ökonomisch-politischen Zentrum der Staatstätigkeit, sondern in den Lebensbereichen lokalisiert. Sie bearbeitet soziale Konflikte und ihre psychosozialen Auswirkungen aus der Perspektive und im Mikrokosmos der individuellen Lebensbereiche. Gerade deshalb ist sie aber nicht autonom, sie ist auch – vermittelt – den sozialstaatlichen Mechanismen ausgesetzt« (*Böhnisch,* 1982: 67).

Ohne direkte Zugriffsmöglichkeiten auf die gesellschaftlichen Steuerungsinstanzen und -mechanismen und ohne direkte Möglichkeiten einer materiellen Existenzsicherung ihrer Adressaten ist sie vornehmlich als ein (offizieller) Repräsentant des gesellschaftlichen Normengefüges in die Lebensverhältnisse der Betroffenen involviert. Sie basiert dabei weder selbst konstitutiv auf lebensweltlichen Strukturen wie etwa die Familie, noch ist sie eine nur systemischen Imperativen unterworfene Instanz außerhalb der Lebenswelt wie (zumindest tendenziell) Schule und Justiz. Von einer solchen Definition aus lassen sich Gemeinsamkeiten in den sozialpädagogischen Handlungsfeldern und ihren institutionsspezifischen Ausformungen, auch innerhalb nicht-sozialpädagogischer Instanzen wie Gefängnisse oder Psychiatrie, ebenso bestimmen wie Abgrenzungen zu sozialpolitischen und sozialtherapeutischen Arbeitsansätzen, so z. B. zur Arbeit mit Behinderten (*Rauschenbach* u. a., 1980), zur therapeutischen Arbeit (*Keupp/Zaumseil,* 1978; *Thiersch,* 1978 b), zur Schule (innerhalb der Schulsozialarbeitsdiskussion: *Raab/Rademacker,* 1982) oder zur Polizei (*Specht/Thiersch,* 1981).

Daß die pädagogische Aufgabenbestimmung zur Delegation politisch und sozialpolitisch brisanter Probleme in den für Lern- und Verhaltensprobleme zuständigen pädagogischen Raum verführt, haben wir oben notiert. Gerade die jüngsten Entwicklungen etwa in der Jugenddiskussion, in der Diskussion zu Schul- und Sozialarbeitsproblemen ebenso wie zu Arbeitslosenprogrammen müssen als eindringliche Bestätigungen dieser »sozialpolitischen Indienstnahme« von SP/SA verstanden werden (vgl. *Böhnisch,* 1980). In der Erkenntnis dieser Situation engagiert sich SP/SA zunehmend stadtteilbezogen und präventionsorientiert (*Floerecke/Herriger,* 1981), engagiert sich also neben den in den gegebenen Verhältnissen unvermeidlichen direkten gruppen- und individuumbezogenen Angeboten

zunehmend in sozialpolitischen Aufgaben einer Reform z. B. von Lebens-, Wohn-
und Arbeitsverhältnissen. Ein solches Selbstverständnis hat zur Voraussetzung,
daß SP/SA sich mit den Ansprüchen und Rechten ihrer Adressaten solidarisiert,
ihre nicht eingelösten Rechte und Ansprüche also gegen die Macht der bestehenden
Verhältnisse einzuklagen versucht.

Dieses Selbstverständnis wird zwar immer wieder betont. Es darf aber nicht
darüber hinwegsehen lassen, daß die Realität, also die vorliegenden konkreten
und detaillierten Arbeiten ebenso wie die praktizierten bildungs- und sozialpolitischen Strategien, diesen Anspruch weithin nicht decken. Man wird SP/SA vom
Vorwurf des Maulheldentums nicht freisprechen können: Es ist unübersehbar,
wie wenig es der SP/SA gelingt, konkrete Kritik an den mächtigeren Institutionen der Gesellschaft, also der Arbeitswelt, der politischen Administration, der
Justiz, der Medizin oder der Schule so zu äußern, daß sie öffentlich wahrgenommen wird und die zugrundeliegenden Probleme angegangen werden. Gerade hier
scheint uns ein Argumentationsmuster, nach dem diese Ohnmacht generell mit
der politischen Randständigkeit von SP/SA erklärt werden müßte (vgl. *Peters,*
1973), nicht hinreichend; ausschlaggebend nämlich für die geringe öffentliche
Resonanz sind auch die nicht hinreichend konkreten Problemanalysen, die mangelnde Kooperation zwischen unterschiedlichen Institutionen und Repräsentanten der SP/SA, die Angst, in der Öffentlichkeit mit dem geringen Status der
Adressaten identifiziert und dabei mißachtet zu werden, ist also die zu geringe
öffentliche Einmischung in politische und soziale Angelegenheiten von öffentli-
chem Interesse.

Sozialpädagogische Institutionen

Das dritte Hauptstück einer Theorie der SP/SA ist die Frage nach der Herausbildung ihrer spezifischen Institutionen. Auch hier war, nach den Versäumnissen der
hermeneutisch-pragmatsichen Sozialpädagogik, die Diskussion im Primat einer
gesellschaftstheoretischen Orientierung zunächst kritisch bezogen auf die disziplinierenden, unterdrückenden und stigmatisierenden Mechanismen in der Organisation und den der Organisation entsprechenden Handlungs- und Deutungsmustern,
also in den institutionsspezifischen Sozialisationsprozessen (*Böhnisch/Schefold*
1980): Erziehungsheime werden im Modell der totalen Institution analysiert
(*Goffmann*, 1972; *Thiersch*, 1977), Diagnosen und Definitionen der Sozialen
Dienste und des Jugendamtes werden mit den Instrumenten der Aktenanalyse
dekuvriert (*S. Müller*, 1980), amtlich geprägte Umgangsformen und Beziehungsmuster zwischen Sozialhelfern und ihren Klientel werden mit den Möglichkeiten
der Organisations-, Interaktions- und Konversationsanalyse in ihrer Widersprüchlichkeit und Ineffektivität aufgedeckt (*Beneke*, 1979; *Kasakos*, 1980; *Jungblut*,
1982).

Wenn aber der Widerspruch zwischen Aufgaben, Möglichkeiten und Grenzen
konkret diskutiert werden soll, müssen die jeweiligen Institutionen sowohl in den
Alltagsvollzügen ihrer Praxis ernstgenommen wie historisch-gesellschaftlich veror-

tet werden: Heimerziehung also muß gesehen werden als Praxis zwischen totaler Institution und notwendigem alternativem Lebensraum (*Wolf/Freigang*, 1982), Beratungsangebote müssen zwischen disziplinierenden Vorgaben und Ansätzen alltagsbezogener, lebensnaher Unterstützung analysiert werden (*Frommann* u. a., 1977), die unterschiedliche Ausformung der Institutionen zwischen staatlichen, öffentlichen (Verbände) und privaten Trägern (alternative Einrichtungen) muß untersucht werden. Untersuchungen zur Organisationsform und zu den widersprüchlichen Auswirkungen von Institutionen bleiben unzulänglich, solange sie nur in der Dimension von Unterdrückung bzw. Disziplinierung und offenen Chancen gestellt und nicht weitergeführt werden in die kritische Frage nach der Leistung von Institutionalisierung überhaupt.

Auch hier ist eine pauschale Diskussion wenig hilfreich, da die Frage nach der spezifischen Leistung von Institutionen nicht bedeuten kann, daß Institutionalisierung – als Prinzip gesellschaftlicher Organisation und Entlastung – zur Debatte steht, ebensowenig wie die mit jeder Form von Institutionalisierung verbundene Gefahr von Ritualisierung, Einengung und Egalisierung der zugrundeliegenden Handlungsmuster. Die Frage nach diesen Gefahren im Raum von SP/SA kann nur dann fruchtbar werden, wenn der konkrete Zusammenhang gegebener Probleme, Arbeitsaufgaben und Institutionen diskutiert wird. Es gibt sozialpädagogische Handlungsfelder, bei denen der Grad der Ausformung von Institutionalisierung die gestellten Aufgaben desavouiert oder doch zumindest belastet: große Heime und Behindertenzentren, stark verwaltungsmäßig strukturierte Soziale Dienste, zentralisierte und spezialisierte Beratungsstellen, diffus gegliederte Jugendhäuser in Großstädten. Daneben aber sind andererseits etwa in der Nichtseßhaftenhilfe, der Ausländerarbeit, der Familienhilfe und in stadtteilbezogenen, präventionsorientierten Maßnahmen, Strukturen und Ressourcen zu finden, die weit unterhalb auch minimaler Ansprüche liegen (zu dieser Problematik vgl. auch Projektgruppe Soziale Berufe, 1981 b).

Unabhängig aber von derartigen, notwendigen Differenzierungen drängt die Organisationskritik und die analoge Entwicklung in der Praxis zu neuen, weniger rigiden, stärker überschaubaren und dezentralisiert-offenen Institutionalisierungen, also zu eher informellen Angeboten, beispelsweise der Familienhilfe, der Stützung von Jugendinitiativen oder der Straßensozialarbeit, zu lebensfeldorientierten Beratungsinstitutionen, zu Wohngemeinschaften, dezentralisiert-autonomen Kleinheimen, Pflegefamilien, zum Verbund der stadtteilbezogenen Sozialen Dienste, vor allem aber zum professionellen Rückzug aus Aufgaben, die von den Betroffenen selbst oder in Initiativgruppen mit der vorhandenen, eigenen Kompetenz angegangen werden können. Der Emphase der Versuche und Forderungen entsprechen einstweilen erst wenige konkrete Beschreibungen und vor allem noch keine tragfähigen Überlegungen dazu, welchen Aufgaben welche Formen der Institutionalisierung entsprechen und welche Möglichkeiten des offenen Miteinanders von professionell-institutionalisierten und nicht-institutionalisierten Arbeitsformen effektiv und ergiebig sind.

Sozialpädagogisches Handeln

Die Institutionalisierung von SP/SA geht – der Entwicklungslogik der modernen Gesellschaft gemäß – einher mit einer zunehmenden Professionalisierung, die in ihrem Status und in ihren Möglichkeiten besonders prekär ist.

SP/SA scheint, wie Pädagogik überhaupt, ein gesellschaftlicher Sektor zu sein, der sich weniger als andere Bereiche (etwa die Rechtswissenschaft, die Medizin oder die Technik) im traditionellen Sinne in seiner Gesamtheit professionalisieren läßt, sondern der nur (wie etwa der Bereich der Politik) im Neben- bzw. Miteinander von Nichtprofessionellen und Professionellen angegangen werden kann. Pädagogische Aufgaben werden arbeitsteilig erledigt von »informierten Bürgern«, die primäre und unverzichtbare Aufgaben erfüllen, wie Eltern, Verwandte, Altersgenossen, Nachbarn und Freunde sowie von fachspezifisch Ausgebildeten. Dieses Nebeneinander aber ist im Zuge der Vergesellschaftung von SP/SA, im Zuge also der hermeneutisch-pragmatischen Betonung des intentionalen, pädagogischen Handelns in den Hintergrund gedrängt worden und wird im Zusammenhang der sich ausweitenden Institutionalisierung und Professionalisierung im Feld von SP/SA scheinbar zunehmend wirkungs- und bedeutungsloser. Professionalisierung, die in ihrer Arbeitsform verantwortlich, überprüfbar und ausweisbar gestaltet sein muß, bildet – um sich qualifiziert zu erweisen – eigene Handlungs- und Sprachmuster aus und dabei auch eine Distanz zur Klientel, die immer auch Herrschaft beinhaltet. Es stellt sich also die Gegenfrage, inwieweit durch pädagogische Professionalisierung Lebensfelder und -aufgaben, die besser der Selbstregulierung im Alltag, d. h. der Kompetenz der eigenen Erfahrungen überlassen bleiben sollten, umstrukturiert und damit enteignet bzw. »kolonialisiert« werden. So kommt es darauf an, ein Profil professioneller Handlungskompetenz zu entwickeln, das die Entfremdungsnormen üblicher Professionalität unterläuft (vgl. *Bohle/Grunow*, 1981), also gleichsam das »hölzerne Eisen« einer fachlich verantworteten, aber nicht traditionellen, sondern solidarischen Professionalität realisiert und sich auch in der offenen Kooperation zum »informierten Bürger« bewährt (vgl. *Thiersch*, 1981 b).

Die Notwendigkeit der Diskussion von Handlungskompetenz wird in den letzten Jahren zunehmend bewußt, wenngleich die Diskussion aber einstweilen noch nicht sehr weit gediehen ist (vgl. *S. Müller* u. a., 1982). In den 60er und beginnenden 70er Jahren blieb die Frage nach dem Handeln im Zeichen der wiederentdeckten gesellschaftlichen und institutionellen Probleme der SP/SA randständig. Im Zeichen der »realistischen Wende« geriet das traditionelle Konstrukt des pädagogischen Bezugs und analog dazu das der sozialpädagogischen Methoden (casework, groupwork) als quasi vorwissenschaftlich-pragmatische Handlungsanweisung in den Brennpunkt einer Kritik, die die weitere Diskussion und Entwicklung dieser Ansätze unmöglich machte (vgl. *B. Müller*, 1981). Statt dessen wurden Fragen des pädagogischen Handelns im allgemeinen Kontext von Handlungstheorie erörtert, also von funktionalistischen, interaktions- oder kommunikationstheoretischen Ansätzen (vgl. *Mollenhauer*, 1972; *Ulich*, 1976). Da Institutionsanalyse und allgemeine Handlungstheorie aber jene Probleme, die sich im Alltag von SP/SA ergaben, unbeantwortet lassen mußten, wurden für die SP/SA psychologisch-therapeutisch orientierte Handlungskonzepte zunehmend wichtig. Diese sind methodologisch zwar oft ausgearbeiteter als die traditionell pädagogischen und sozialpädagogischen, in ihren institutions- und gesellschaftstheoretischen Veranke-rungen jedoch schon der hermeneutisch-pragmatischen Tradition gegenüber naiv (vgl. *Köhler-Weisker/Horn*, 1981). Sie werden der schwierigen Vermengung unter-schiedlicher Kompetenzen in sozialpädagogischer Praxis nur bedingt gerecht, lassen diese an den Standards einer institutionell und methodisch gesicherten therapeutischen Arbeit als minderwertig und ineffektiv erscheinen, wirken darin auch demoralisierend und bestärken vor allem traditionelle, für SP/SA wenig hilfreiche Professionalisierungstendenzen.

In dieser unbefriedigenden Situation scheint die kritische Wiederaneignung des hermeneutisch-pragmatischen Konzepts mit seiner Erkenntnis zur spezifischen Struktur des pädagogischen Handelns attraktiv. Dabei muß es, analog zur oben skizzierten Reformulierung des pädagogischen Selbstverständnisses, erweitert werden, vor allem in seinen gesellschaftlichen und institutionellen Bezügen. Pädagogisches Handeln, soll es zu einem gelingenderen Alltag beitragen, meint Kompetenz zum Handeln im Kontext gegebener Alltagserfahrungen, meint, diesen Alltag ernst nehmen, aushalten, teilen und – ebenso – aus seinen eigenen, produktiven Möglichkeiten heraus Lernprozesse initiieren, meint, Alltag struk-turieren, aufklären und verbessern. Der Bezug zwischen Menschen, die sich so aufeinander einlassen, soll, zum einen, kein autoritär-hierarchisches Verhältnis, sondern ein prinzipiell reversibler Umgang wechselseitigen Lernens und Helfens sein, soll aber, zum anderen, gleichwohl den Betroffenen Angebote zu neuen Erfahrungen, notwendigen Klärungen und unvermeidlichen Hilfen vermitteln, die als Aufgaben aus der Situation heraus ausgewiesen werden müssen. Dabei muß sich derjenige, der auf Einsicht oder Hilfe angewiesen ist, an der Zumutung seiner eigenen Entfaltungsmöglichkeiten und in seinen Fähigkeiten, sich als Subjekt selbst zu bestimmen, erfahren können.

Dieses, so nur ganz pauschal formulierte Konzept muß konkretisiert werden für unterschiedliche Rollen im pädagogischen Feld, also z. B. für Erzieher, Lehrer oder Berater. Es muß konkretisiert werden für unterschiedliche institutionelle Settings, muß also bestimmt werden hinsichtlich Auftrag, Möglichkeit und Schwie-rigkeit in bezug auf Heim, Kindergarten, Spielgruppen, Beratung, Projektarbeit usw. (*B. Müller,* 1982). Schließlich muß es auch, neben der notwendigen Analyse der zugrundeliegenden Strukturbedingungen, auf den jeweiligen Alltag der Arbeit bezogen werden (für die Sozialen Dienste vgl. etwa *Lau/Wolff*, 1982).

Ein so skizziertes pädagogisches Handeln kann nur realisiert werden in den für SP/SA gegebenen, gesellschaftlichen und feldspezifischen Widersprüchen. Es muß seiner Struktur nach Zwänge, Anpassungen, Aufgaben und Hoffnungen miteinan-der vermitteln und war doch traditionell verführt, in Formen vermeidbarer Kontrollen und Vorgaben zurückzufallen; heute hingegen ist SP/SA eher versucht, Rückzugsstrategien in das ängstlich-zurückhaltende Laissez-faire, das jedes offene Aufeinandereinlassen unterläuft, in die Lohnarbeitergleichgültigkeit oder in die abgesicherte Erhabenheit von Professionalität zu entwickeln. Soll pädagogische Handlungskompetenz sich als praktisches Handeln in den Aufgaben der Situation, also im Widerspruch der Erwartungen und Aufgaben realisieren, dann wird informierte (also wissenschaftlich gestützte) Reflexivität und gemeinsame Reflexion in wechselseitiger Kritik, Selbstkritik und Bestärkung zum konstitutiven Merkmal von sozialpädagogischer Handlungskompetenz.

Ein solches Reden könnte aber zu der Vorstellung verführen, als sei eine in sich abgeklärte, gleichsam ausgeglichene Berufsidentität möglich. Dies scheint angesichts der in der gesellschaftlichen und pädagogischen Situation gegebenen Offenheit und Widersprüchlichkeit unmöglich. Nur eine in sich offene, widersprüchliche Berufsidentität (die Handlungsform einer gleichsam »beherrschten Schizophrenie«) scheint eine realistische Chance zu sein.

Zum Wissenschaftskonzept der Sozialpädagogik

Eine in diesen vier Themenbereichen konturierte Theorie der SP/SA ist offen und schwer überschaubar in ihren vielfältigen wissenschaftlichen Bezügen. Angesichts der in dieser Entwicklung liegenden Kritik am Konzept der hermeneutisch-pragmatischen Sozialpädagogik ist die Frage naheliegend, inwieweit es sinnvoll ist, eine solche Theorie noch der Erziehungswissenschaft zuzuordnen, SP/SA also im Bezug auf die Leitwissenschaft Erziehungswissenschaft zu erörtern. Wäre es nicht plausibler, nur von einer freien Koalition zwischen einzelnen Wissenschaften oder gar von einer eigenen Sozialarbeitswissenschaft auszugehen? Wir verstehen die Theorie von SP/SA indessen nach wie vor als Theorie innerhalb der Erziehungswissenschaft, allerdings einer Erziehungswissenschaft, die ihrerseits sozialwissenschaftlich orientiert und gesellschafts- sowie handlungstheoretisch konzipiert ist. Nicht nur angesichts der Tatsache, daß die Alternative ansonsten ein offener Enzyklopädismus wäre, der pragmatisch zwar hilfreich sein kann, aber in sich, ohne ein primäres Bezugssystem, keine konsistente Diskussion stiftet, oder aber die Zu- und Unterordnung in einen anderen Wissenschaftsbereich (also etwa in den der Sozialpolitik oder der Psychiatrie, die beide der Breite der gewachsenen Aufgaben auch nicht angemessener gerecht werden können), scheint der Bezug auf den Rahmen der erziehungswissenschaftlichen Diskussion naheliegend und produktiv. Auch wissenschaftshistorisch ist die Theorieentwicklung von SP/SA in den letzten Jahrzehnten parallel zu der der Erziehungswissenschaft verlaufen, und gerade die neuere Diskussion zur Reformulierung des in der Aufklärung begründeten, gesellschaftlichen pädagogischen Handlungskonzepts macht die Fruchtbarkeit dieses Bezugs deutlich.

Eine solche Zuordnung darf jedoch nicht übersehen lassen, daß für die SP/SA mit dem Postulat der Leitwissenschaft einer sozialwissenschaftlich orientierten, gesellschafts- und handlungstheoretisch konzipierten Pädagogik einstweilen ein weithin ungedeckter Scheck ausgestellt ist. Dieses Postulat bezeichnet eine Aufgabe, die innerhalb der derzeitigen Erziehungswissenschaft angesichts der noch immer primär bildungstheoretisch-schulbezogenen Tradition für die spezifischen, neuzuformulierenden Aufgaben der SP/SA entschieden angegangen werden muß.

Mit diesem Verständnis von SP/SA innerhalb der Erziehungswissenschaft ist auch ihr methodologischer Standort skizziert. Im Durchgang durch die neueren, unterschiedlichen methodischen Arbeits- und Forschungskonzepte kann SP/SA nur als methodisch-offener Ansatz praktiziert werden, also als Verbundsystem unterschiedlicher, hypothesenprüfend-empirischer, beobachtend-interpretierender sowie Handlungen strukturierender Ansätze. Die derzeit zu konstatierende Präferenz für Handlungsforschungs- (und innovative Entwicklungs-)projekte, für teilnehmende Beobachtung, Interpretation und Kasuistik, wie sie sich aus der Kritik empirischer Methodologie sowie in der Reinterpretation traditioneller geisteswissenschaftlicher Hermeneutik und ethnomethodologischer Forschungsansätze entwickelt hat, darf nicht zurückgenommen werden, wenngleich künftig darauf insistiert werden muß, daß daneben die zur Zeit vernachlässigten traditionellen Aufgaben der Evaluationsforschung, der quantitativen Erhebung, der Sozialstatistik, der detaillierten Vergleichs- und Längsschnittstudien sowie vor allem der Sozialepidemiologie (vgl. *Rauschenbach* u. a., 1980) wieder angeeignet und aufgearbeitet werden müssen.

Ein so konturiertes Wissenschaftskonzept von SP/SA ist in sich heikel. SP/SA versteht sich als praxisbezogene, kritische Handlungswissenschaft. Die in den jeweiligen Situationen sich stellenden Aufgaben dürfen also nicht aus allgemeinen Konstrukten nur deduziert oder im technischen Arrangement bearbeitet werden. Sie sind verwiesen auf den informierten »Takt« als »Organon der praktischen Vernunft« (*Schleiermacher*, 1957), der hilft, das strukturierende, allgemeine und technische Wissen für die Besonderheit der Situation fruchtbar zu machen. D. h., es sind zwar allgemeine, gesellschafts- und sozialisationstheoretische Klärungen notwendig, um die Strukturen und Probleme konkreter Aufgaben transparent und angehbar zu machen; diese aber entsprechen ihrerseits nicht der Reichweite der erforderlichen Konzepte, sondern thematisieren in ihrem Horizont nur arbeitsteilig bestimmte, konkrete und beschränkte Aspekte. Die Vermittlung zwischen dem notwendig Allgemeinen, das das konkrete Beschränkte nicht entwerten darf, und dem notwendig Konkreten, dessen Strukturen nur im Horizont des Allgemeinen deutlich werden können, ist mühsam und in Theoriekonzepten ebenso wie in Ausbildungsvorstellungen sicher in der nächsten Zeit besser zu strukturieren.

Diese Schwierigkeiten im Verhältnis von Allgemeinem und Konkretem gehen damit einher, daß die in den verschiedenen, für die Theorie der SP/SA relevanten Themenkomplexen möglichen Zugangsweisen zu Problemen der SP/SA einem je unterschiedlichen Erkenntnisinteresse entspringen und dabei einer unterschiedlichen Bearbeitungslogik unterliegen. Die Frage nach den Lebensproblemen der Adressaten etwa hat eine andere, praktisch-existenzielle Rationalität gegenüber der ideologiekritisch-analytischen Zugangsweise im Hinblick auf die gesellschaftliche Funktion von SP/SA oder gegenüber der professionell-ethischen Frage nach den Strukturen, Möglichkeiten und Grenzen pädagogischen Handelns. Die Eigenheiten dieser Zugangsweisen einfach zu vermischen, wäre fatal. Vielmehr kommt es darauf an, sie so miteinander zu vermitteln, daß z. B. nicht bereits das kritische Fragen nach den unzumutbaren Lebensverhältnissen der Adressaten jegliche Form sinnvollen pädagogischen Handelns desavouiert, daß die Frage nach der Bedingtheit des Handelns nicht das Handeln schlechthin und, umgekehrt, die Intensität des Handelns in der konkreten Situation nicht die Frage nach seiner Bedingtheit verbietet und paralysiert.

Die Diskussion der letzten zwanzig Jahre lehrt, daß die Vermittlung zwischen diesen unterschiedlichen Erkenntnisebenen nicht bruchlos möglich ist. Auf eine solche Vermittlung aber generell zu verzichten, hieße, Theorie der SP/SA entweder zur abstrakten und handlungsneutralen Kritik praktizierter Sozialarbeit oder zur beliebigen Legitimation eines bloßen Praktizismus verkommen zu lassen. Es ist Aufgabe der Wissenschaft, Formen der Reflexivität so herauszuarbeiten, daß dadurch die verschiedenen Rationalitätsebenen und Erkenntnisinteressen und die darin liegenden Widersprüche aushaltbar gemacht und schließlich füreinander in der Auflärung und Verbesserung der gegebenen gesellschaftlich konkreten Praxis produktiv genutzt werden können.

Zur Zukunft der sozialen Arbeit

Ausgang unserer Überlegungen waren die gegenwärtigen Schwierigkeiten in der Theoriediskussion der SP/SA. Im historischen Kontext gesehen erweisen sie sich als Indiz einer Krise der SP/SA, in der es darauf ankommt, das Aufklärungskonzept einer Pädagogik durchzuhalten und neu zu formulieren (vgl. *Heydorn*, 1970; *Thiersch*, 1981 a). Zu formulieren ist ein Konzept, nach der die Menschen gesellschaftlich und politisch für sich und ihre Wirklichkeit und gerade für die in dieser Wirklichkeit erzeugten gesellschaftlichen Schwierigkeiten die Verantwortung zu übernehmen haben, in der aber die gesellschaftlich-politischen Desiderate der Verelendung, der Ausbeutung von Natur und Mensch, der ökonomischen und sozialen Ungleichheit, der vorenthaltenen Bildung und der psychosozialen Hilfsbedürftigkeit nicht beseitigt sind und in der dadurch die Instrumente der Moderne (wie arbeitsteilige Organisation, Institutionalisierung und Professionalisierung), die sich zu ihrer Lösung anbieten, fragwürdig werden und gegen ihre Neben- und Folgewirkungen abgesichert werden müssen.

Diese Schwierigkeiten und Aufgaben allerdings sind kein spezifisches Charakteristikum für SP/SA. Sie zeigen sich ebenso etwa im weiten Bereich der sozialen und psychosozialen Versorgung und ihrer Theorie, und sie zeigen sich zunehmend in den Problemen der ökologischen und technischen Entwicklung überhaupt (vgl. *Strasser/Traube*, 1981). Diese Schwierigkeiten müssen verstanden werden als Indiz der zunehmend offenkundiger werdenden Krise der neuzeitlichen Rationalität, die *Horkheimer/Adorno* (1969) als deren Dialektik interpretiert haben.

Im Kontext dieser Entwicklung scheint es, als habe SP/SA die Chance eines besonderen Beitrags. Die psychosozialen Belastungen und technologischen Verfremdungen der hochindustrialisierten Gesellschaftsformationen und systembezogenen Sachzwänge erzeugen Orientierungskrisen und bedrohen unser Alltagsleben. »Die Instrumentalisierung der Berufsarbeit, die Mobilisierung am Arbeitsplatz, die Verlängerung von Konkurrenz- und Leistungsdruck bis in die Grundschu-

le, die Monetarisierung von Diensten, Beziehungen und Lebenszeiten, die konsu-
mistische Umdefinition des persönlichen Lebensbereichs, . . . die Bürokratisierung und Verrechtlichung von privaten, informellen Handlungsbereichen, vor
allem die politisch-administrative Erfassung von Schule, Familie, Erziehung,
kultureller Reproduktion überhaupt – diese Entwicklungen bringen eine neue
Problemzone zu Bewußtsein, die an den Grenzen zwischen ›System‹ und ›Lebenswelt‹ entstanden ist« (*Habermas,* 1979: 27).

Diese Entwicklungen also begrenzen die lebensweltlichen Möglichkeiten der
Lebensplanung und -gestaltung und erzeugen, vor allem auch im Protestpotential
der neuen sozialen Bewegungen (vgl. *Roth*, 1982), einen zunehmend sich deutlicher
artikulierenden Wertewandel (vgl. *Olk/Otto*, 1982) in der Hoffnung auf die
sinnvolle Gestaltung eines Lebens in überschaubaren, sozialen und kommunikativ
geprägten Bezügen und lokalen Räumen. Das für unsere Gesellschaft primäre
Konfliktlösungsmuster einer arbeitsteilig institutionalisierten und organisierten
Hilfe für derartige soziale »Problemlagen« erweist sich als dauerhaft widersprüchlich, ja widersinnig. Hier wird ein Konzept wie das der SP/SA besonders relevant,
das offene und solidarische Hilfe im Alltag thematisiert, das vielleicht die Chancen
eines gelingenderen Alltags freisetzt. Die Diskussion z. B. innerhalb einer an
kommunalen Problemen orientierten Sozialwissenschaft (vgl. *Becher/Nokielski/
Pankoke*, 1981) oder einer sozialen Psychiatrie (vgl. *Dörner/Plog*, 1978) stoßen
neben ihren eigenen organisatorisch und methodologisch elaborierten Konzepten
zunehmend auf die Desiderate »gemeiner« Lebenshilfen (in der psychiatrischen
Diskussion beispielsweise in den Fragen, was außerhalb der Therapie in der
restlichen Zeit des Tages geschieht, was gemeinwesenorientierte-psychiatrische
Versorgung konsequenterweise erforderlich machen würde, was Hilfe in Krisen
bedeutet, wenn sie nicht durch methodische Entfremdungen oder durch Aussonde-
rungen ins Abseits der Anstalt gelöst werden soll). Diskussionen z. B. innerhalb
der Frauenbewegung, in denen es um die Rehabilitation von Haus-, Erziehungs-
und Gefühlsarbeit geht, weisen in die gleiche Richtung eines neuen, selbstbewußte-
ren Verständnisses von Aufgaben, die jenseits der systemischen »Vernunft« eines
produkt-, leistungs-, konkurrenz- und herrschaftsorientierten Lebens, die Bedeutung und Notwendigkeit der Entdeckung von Selbstrealisierungs- und Gestaltung-
schancen in lebensweltlicher Perspektive, im Alltag thematisieren.

Eine solche Zuordnung von SP/SA muß, zurückbezogen auf die eingangs beschriebenen Schwierigkeiten der derzeitigen Theoriediskussion, verwegen, ja wahnwitzig
erscheinen und sicher verdächtigt werden, daß durch sie, unter neuen Vorzeichen,
nur die Fortschreibung einer traditionellen Überheblichkeit, einer permanenten
Allzuständigkeit gewährleistet bleiben soll, wie sie der Pädagogik und Sozialpäd-
agogik/Sozialarbeit schon immer zum Vorwurf gemacht wurde. Daß ein solches
Selbstverständnis in den gegebenen Schwierigkeiten, den Schwierigkeiten einer
ebenso in ihren politischen Möglichkeiten und Ressourcen eingeengten Praxis wie
einer unübersichtlichen Diskussion in der Wissenschaft verwegen und für die in der
SP/SA Tätigen auch angstauslösend sein mag, ist zwar verständlich, aber kein
prinzipieller Einwand gegen die notwendige Entschiedenheit in der theoretischen

Orientierung an dem, was sein sollte: »Alltag« – so zitiert *Nohl* (1949: 123) – »das ist der auf hartnäckige Arbeit umgestellte Traum«.

Hans Thiersch/Thomas Rauschenbach

Literatur

Die nachfolgende Übersicht stellt eine vereinfachte und gekürzte Form der dieser Thematik zugrunde liegenden Literatur dar. Im Hinblick auf die einzelnen Problembereiche verweisen wir ausdrücklich auf die entsprechenden Artikel.
Ariès, Ph., 1976[2]: Geschichte der Kindheit, München – Autorenkollektiv 1971: Gefesselte Jugend, Frankfurt/M. – *Badura, B./Gross, P.,* 1976: Sozialpolitische Perspektiven, München – *Bäumer, G.,* 1929: Die historischen und sozialen Voraussetzungen der Sozialpädagogik und die Entwicklung ihrer Theorie, in: *Nohl, H./Pallat, L.* (Hrsg.), Handbuch der Pädagogik, Band 5, Langensalza – *Barabas, E.* u. a. 1975: Zur Theorie der Sozialarbeit, in: *Barabas, E.* u. a. (Hrsg.), Jahrbuch der Sozialarbeit 1976, Reinbek – *Barabas, E.* u. a., 1977: Zur Theorie der Sozialarbeit, in: *Barabas, E.* u. a. (Hrsg.), Jahrbuch der Sozialarbeit 1978, Reinbek – *Becher, B./Nokielski, H./Pankoke, E.,* 1981: Sozialarbeit und kommunale Sozialpolitik, in: Projektgruppe Soziale Berufe (Hrsg.), Sozialarbeit: Problemwandel und Institutionen, München – *Beneke, E.,* 1979: Selbstverständnis und Handlungsrealität von Sozialarbeitern, Weinheim/Basel – *Bernfeld, S.,* 1973: Sisyphos oder die Grenzen der Erziehung, Frankfurt/M. – *Blanke, Th./Sachße, Ch.,* 1978: Theorie der Sozialarbeit, in: *Gaertner, A./Sachße, Ch.,* (Hrsg.), Politische Produktivität der Sozialarbeit, Frankfurt/M. – *Böhnisch, L.,* 1979: Politische Dimensionen sozialpädagogischer Analyse, unveröff. Dissertation, Tübingen – *Böhnisch, L.:* Ein Leitfaden zur Einschätzung staatlicher Jugendpolitik, in: *Böhnisch, L./Müller-Stackebrandt, J./Schefold, W.* (Hrsg.), Jugendpolitik im Sozialstaat, München 1980, – *Böhnisch, L.,* 1982: Der Sozialstaat und seine Pädagogik, Neuwied/Darmstadt – *Böhnisch, L./Schefold, W.,* 1980: Sozialisation durch sozialpädagogische Institutionen, in: *Hurrelmann, K./Ulich, D.* (Hrsg.), Handbuch der Sozialisationsforschung, Weinheim – *Bohle, H./Grunow, D.,* 1981: Verberuflichung der sozialen Arbeit, in: Projektgruppe Soziale Berufe (Hrsg.), Sozialarbeit: Professionalisierung und Arbeitsmarkt, München – *Brengelmann, J. C./Tunner, W.* (Hrsg.), 1973: Behaviour Therapy – Verhaltenstherapie, München – *Brumlik, M.,* 1980: Fremdheit und Konflikt, in: Kriminologisches Journal, H. 4: 310–320 – *Brusten, M./Hohmeier, I.* (Hrsg.), 1975: Stigmatisierung, Band 1, Neuwied – Bundesminister für Jugend, Familie und Gesundheit (Hrsg.), 1975: Bericht über die Lage der Psychiatrie in der Bundesrepublik Deutschland, Psychiatrie-Enquête, Bonn – *Clarke, J.* u. a., 1979: Jugendkultur als Widerstand, Frankfurt/M. – Danckwerts, D., 1978: Grundriß einer Soziologie sozialer Arbeit und Erziehung, Weinheim/Basel – *Dörner, K.,* 1969: Bürger und Irre, Frankfurt/M. – *Dörner, K./Plog, U.,* 1978: Irren ist menschlich, Wunstorf – *Elias, N.,* 1977[4]: Über den Prozeß der Zivilisation, Band 2, Frankfurt/M. – *Eyferth, H.,* 1979: Sozialpädagogik, in: *Groothoff, H.* (Hrsg.), Die Handlungs- und Forschungsfelder der Pädagogik (Erziehungswissenschaftliches Handbuch, Band 5), Königstein – *Flitner, W.,* 1953[2]: Theorie des pädagogischen Wegs und der Methode, Weinheim – *Floerecke, P./Herriger, N.,* 1981: Prävention als sozialpädagogisches Programm, in: *Müller, S./Olk, Th./Otto, H.-U.* (Hrsg.), Sozialarbeit als soziale Kommunalpolitik, Neue Praxis, Sonderheft 6: 43–57 – *Frommann, A./Schramm, D./Thiersch, H.,* 1977: Sozialpädagogische Beratung, in: *Thiersch, H.,* Kritik und Handeln, Neuwied/Darmstadt – *Geulen, D.,* 1977: Das vergesellschaftete Subjekt, Frankfurt/M. – *Geulen, D.,* 1981: Ursachen und Risiken einer Alltagswende in der Pädagogik, in: Zeitschrift für Pädagogik, 17. Beiheft: 71–79 – *Giesecke, H.* (Hrsg.), 1973: Offensive Sozialpädagogik, Göttingen – *Goffman, E.,* 1972: Asyle, Frankfurt/M. – *Habermas. J.,* 1979: Einleitung, in: *Habermas, J.* (Hrsg.), Stichworte zur »Geistigen Situation der Zeit«, Band 1, Frankfurt/M. – *Habermas, J.,* 1981: Theorie des kommunikativen Handelns, 2 Bde., Frank-

furt/M. – *Haferkamp, H.,* 1975: Kriminelle Karrieren, Reinbek – *Herrmann, G.,* 1956: Die sozialpädagogische Bewegung der zwanziger Jahre, Weinheim/Basel – *Herrmann, U.,* 1978: Pädagogik und geschichtliches Denken, in: *Thiersch, H./Ruprecht, H./Herrmann, U.,* Die Entwicklung der Erziehungswissenschaft, München – *Heydorn, H.-J.,* 1970: Über den Widerspruch von Bildung und Herrschaft, Frankfurt/M. – *Hollstein, W./Meinhold, M.* (Hrsg.), 1973: Sozialarbeit unter kapitalistischen Produktionsbedingungen, Frankfurt/M. – *Horkheimer, M./Adorno, Th. W.,* 1969: Dialektik der Aufklärung, Frankfurt/M. – *Huber, J.,* 1980: Wer soll das alles ändern?, Berlin – *Iben, G.,* 1969: Die Sozialpädagogik und ihre Theorie, in: Zeitschrift für Pädagogik, H. 4: 385–401 – *Jervis, G.,* 1980³: Kritisches Handbuch der Psychiatrie, Frankfurt/M. – *Jugend '81,* 1981: Lebensentwürfe, Alltagskulturen, Zukunftsbilder. Studie im Auftrag des Jugendwerks der Deutschen Shell, Hamburg – *Jungblut, H.-J.,* 1982: Die Entalltäglichung durch Nicht-Entscheidung. Eine konversationsanalytische Studie zur Konstitution von Sprechhandlungen im Kontext der Jugendhilfeadministration, unveröff. Dissertation, Tübingen – *Kant, I.,* 1964: Schriften zur Anthropologie, Geschichtsphilosophie, Politik und Pädagogik, Werke in 6 Bänden, hrsg. von *W. Weischedel,* Band 4, Frankfurt/M. – *Kasakos, G.,* 1980: Familienfürsorge zwischen Beratung und Zwang, München – *Keckeisen, W.,* 1974: Die gesellschaftliche Definition abweichenden Verhaltens, München – *Keupp, H.* (Hrsg.), 1972: Krankheitsmythos in der Psychopathologie, München – *Keupp, H.,* 1976: Abweichung und Alltagsroutine, Hamburg – *Keupp, H.* (Hrsg.), 1979: Normalität und Abweichung – Fortsetzung einer notwendigen Kontroverse, München – *Keupp, H./Zaumseil, M.* (Hrsg.), 1978: Gesellschaftliche Organisation psychischen Leidens, Frankfurt/M. – *Köhler, E.,* 1977: Arme und Irre, Berlin – *Köhler-Weisker, A./Horn, K.,* 1981: Auf der Suche nach dem wahren Selbst?, in: Neue Praxis, H. 4: 290 ff. – *Kosik, K.,* 1967: Dialektik des Konkreten, Frankfurt/M. – *Krappmann, L.,* 1969: Soziologische Dimensionen der Identität, Stuttgart – *Kunstreich, T.,* 1975: Der institutionalisierte Konflikt, Offenbach – *Lau, Th./Wolff, St.,* 1982: Wer bestimmt hier eigentlich, wer kompetent ist?, in: *Müller, S.* u. a. (Hrsg.), Handlungskompetenz in der Sozialarbeit/Sozialpädagogik I, Bielefeld – *Lemert, E. M.,* 1975: Das Konzept der sekundären Abweichung, in: *Stallberg, F. W.* (Hrsg.), Abweichung und Kriminalität, Hamburg – *Lenzen, D.* (Hrsg.), 1980: Pädagogik und Alltag, Stuttgart – *Lorenzer, A.,* 1972: Zur Begründung einer materialistischen Sozialisationstheorie, Frankfurt/M. – *Lorenzer, A.,* 1976: Zur Dialektik von Individuum und Gesellschaft, in: *Leithäuser, Th./Heinz, W. R.* (Hrsg.), Produktion, Arbeit, Sozialisation, Frankfurt/M. – *Luhmann, N./Schorr, K.-E.,* 1979: Reflexionsprobleme im Erziehungssystem, Stuttgart – *Marburger, H.,* 1979: Entwicklung und Konzepte der Sozialpädagogik, München – *Marx, K.,* 1953: Die Frühschriften, hrsg. von *S. Landshut,* Stuttgart – *Marx, K.,* 1962: Das Kapital. Kritik der politischen Ökonomie, Band 1, in: *Marx, K./Engels, F.,* Werke (MEW), Band 23, Berlin (DDR) – *Marx, K./Engels, F.:* Zirkular gegen Kriege (11. 5. 1846), in: *Marx, K./Engels, F.,* Werke (MEW), Band 4, Berlin (DDR) 1962, S. 3–17; zit. nach *Bloch, E.* Das Prinzip Hoffnung, Band 1, 3. Aufl., Frankfurt/M. 1976 – *Marzahn, Ch.,* 1980: Geschichte der Sozialarbeit/Sozialpädagogik, in: *Kreft, D./Mielenz, I.* (Hrsg.), Wörterbuch Soziale Arbeit, Weinheim/Basel – *Miller, W. B.,* 1968: Die Kultur der Unterschicht als Entstehungsmilieu für Bandendelinquenz, in: *Sack, F./König, R.,* Kriminalsoziologie, Frankfurt/M. – *Miltner, W.,* 1981: Kneipenleben und street work, Dissertation, Tübingen – *Mollenhauer, K.,* 1959: Die Ursprünge der Sozialpädagogik in der industriellen Gesellschaft, Weinheim/Berlin – *Mollenhauer, K.,* 1972: Theorien zum Erziehungsprozeß, München – *Mollenhauer, K.,* 1979: Marginalien zur Lage der Erziehungswissenschaft, Manuskript, Göttingen – *Moser, T.,* 1972: Jugendkriminalität und Gesellschaftsstruktur, Frankfurt/M. – *Müller, B.,* 1981: Methoden und berufliche Identität, in: Projektgruppe Soziale Berufe (Hrsg.), Sozialarbeit: Ausbildung und Qualifikation, München – *Müller, B.,* 1982: Sozialpädagogisches Handeln. Zum Verhältnis von Alltäglichkeit, Reflexivität und professionellem Ethos, Habilitationsschrift, Tübingen – *Müller, S.,* 1980: Aktenanalyse in der Sozialarbeitsforschung, Weinheim/Berlin – *Müller, S./Otto, H.-U.,* 1980: Gesellschaftliche Bedingungen und Funktionsprobleme der Organisation sozialer Arbeit im Kontext staatlichen Handelns, in: *Müller, S./Otto, H.-U.* (Hrsg.), Sozialarbeit als Sozialbürokratie, Neue Praxis, Sonderheft 5: 5–29 – *Müller, S./Olk, Th./Otto,*

H.-U. (Hrsg.), 1981: Sozialarbeit als soziale Kommunalpolitik, Neue Praxis, Sonderheft 6 – *Müller, S.* u. a. (Hrsg.), 1982: Handlungskompetenz in der Sozialarbeit/Sozialpädagogik I, Bielefeld – *Müller, S. F./Tenorth, H.-E.*, 1979: Erkenntnisfortschritt und Wissenschaftspraxis in der Erziehungswissenschaft, in: Zeitschrift für Pädagogik, H. 6: 853–881 – *Münchmeier, R.*, 1981: Zugänge zur Geschichte der Sozialarbeit, München – *Nohl, H.*, 1949: Pädagogik aus dreißig Jahren, Frankfurt/M. – *Nohl, H.*, 1961[5]: Die pädagogische Bewegung in Deutschland und ihre Theorie, Frankfurt/M. – *Nohl, H./Pallat, L.* (Hrsg.), 1929: Handbuch der Pädagogik, Band 5, Langensalza – *Olk, Th./Otto, H.-U.*, 1981: Wertewandel und Sozialarbeit, in: Neue Praxis, H. 2: 99–146 – *Olk, Th./Müller, S./Otto, H.-U.*, 1981: Sozialarbeitspolitik in der Kommune, in: *Müller, S./Olk, Th./Otto, H.-U.* (Hrsg.), Sozialarbeit als soziale Kommunalpolitik, Neue Praxis, Sonderheft 6: 5–25 – *Otto, H.-U./Schneider, S.* (Hrsg.), 1973: Gesellschaftliche Perspektiven der Sozialarbeit, Band 1 und 2, Neuwied/Berlin – *Ottomeyer, K.*, 1977: Ökonomische Zwänge und menschliche Beziehungen, Reinbek – *Pestalozzi, H.*, 1944 ff: Gesammelte Werke in 10 Bänden, hrsg. von *E. Bosshard* u. a., Zürich – *Peters, H.*, 1973: Die politische Funktionslosigkeit der Sozialarbeit und die »pathologische« Definition ihrer Adressaten, in: *Otto, H.-U./Schneider, S.* (Hrsg.), Gesellschaftliche Perspektiven der Sozialarbeit, Band 1, Neuwied/Berlin – *Peters, H./Cremer-Schäfer, H.*, 1975: Die sanften Kontrolleure, Stuttgart – Projektgruppe Soziale Berufe (Hrsg.), 1981 a: Sozialarbeit: Ausbildung und Qualifikation, Expertisen I, München – Projektgruppe Soziale Berufe (Hrsg.), 1981 b: Sozialarbeit: Problemwandel und Institutionen, Expertisen II, München – Projektgruppe soziale Berufe (Hrsg.), 1981 c: Sozialarbeit: Professionalisierung und Arbeitsmarkt, Expertisen III, München – Projektgruppe Soziale Berufe, 1981 d: Strukturen der sozialen Arbeit und Konsequenzen für die Ausbildung, Empfehlungen in Projektgruppe Soziale Berufe (Hrsg.), Sozialarbeit: Ausbildung und Qualifikation, München – *Raab, E./Rademacker, H.*, 1982: Schulsozialarbeit in der Bundesrepublik, München – *Rauschenbach, Th./Steinhilber, H./ Späth, B.*, 1980: Verhaltensauffällige und behinderte Kinder und Jugendliche, München – *Redl, F./Winemann, D.*, 1979: Kinder, die hassen, München – *Roth, R.*, 1982: Neue soziale Bewegungen, in: Literaturrundschau H. 7: 79–94 – *Rusche, G./Kirchheimer, O.*, 1974: Sozialstruktur und Strafvollzug, Frankfurt/M. – *Sachße, Ch./Tennstedt, F.*, 1980: Geschichte der Armenfürsorge in Deutschland, Stuttgart – *Sachße, Ch./Tennstedt, F.* (Hrsg.), 1981: Jahrbuch der Sozialarbeit 4, Reinbek – *Salomon, A.*, 1927: Die Ausbildung zum sozialen Beruf, Berlin – *Sauer, M.*, 1979: Heimerziehung und Familienprinzip, Neuwied/Darmstadt – *Seibert, U.*, 1973: Soziale Arbeit als Beratung, Weinheim – *Siegel, E.*, 1961: Sozialpädagogik, in: *Groothoff, H.-H./Stallmann, M.*, Pädagogisches Lexikon, Stuttgart – *Simmel, G.*, 1958[a]: Soziologie, Berlin – *Specht, W./Thiersch, H.*, 1981: Polizei und Sozialarbeit – aus sozialpädagogischer Sicht, in: *Kreuzer, A./Plate, M.* (Hrsg.), Polizei und Sozialarbeit, Wiesbaden – *Scheff, Th. J.*, 1973: Das Etikett »Geisteskrankheit«, Frankfurt/M. – *Schelsky, H.*, 1965: Gesellschaftlicher Wandel, in: *Schelsky, H.*, Auf der Suche nach der Wirklichkeit, Düsseldorf/Köln – *Scherpner, H.*, 1962: Theorie der Fürsorge, hrsg. von *Scherpner, H.*, Göttingen – *Schleiermacher, F.*, 1957: Pädagogische Schriften, hrsg. von *Schulze, Th./Weniger, F.*, Düsseldorf – *Schmidt, H.-L.*, 1981: Theorien der Sozialpädagogik, Rheinstetten – *Schwendter, R.*, 1981: Alternative Einrichtungen in der Sozialarbeit, in: Projektgruppe Soziale Berufe (Hrsg.), Sozialarbeit: Problemwandel und Institutionen, München – *Strasser, J.*, 1979: Grenzen des Sozialstaats? Köln/Frankfurt/M. – *Strasser, J./Traube, K.*, 1981: Die Zukunft des Fortschritts, Bonn – *Thiersch, H.*, 1977: Institution Heimerziehung, in: *Thiersch, H.*, Kritik und Handeln, Neuwied/Darmstadt – *Thiersch, H.*, 1978 a: Die hermeneutisch-pragmatische Tradition der Erziehungswissenschaft, in: *Thiersch, H./Ruprecht, H./Herrmann, U.*, Die Entwicklung der Erziehungswissenschaft, München – *Thiersch, H.*, 1978 b: Zum Verhältnis von Sozialarbeit und Therapie, in: *Neumann-Mehring, S.* u. a. (Hrsg.), Sozialarbeit und Therapie, Neue Praxis, Sonderheft: 6–24 – *Thiersch, H.*, 1981 a: Das politische Interesse an der Erziehung und das pädagogische Interesse an der Gesellschaft, in: Zeitschrift für Pädagogik, 17. Beiheft: 27–40 – *Thiersch, H.*, 1981 b: Die Zukunft der Sozialarbeit und der sozialen Berufe, in: Projektgruppe soziale Berufe (Hrsg.), Sozialarbeit: Ausbildung und Qualifikation, München – *Thiersch, H.*, 1981 c: Der mißverständliche Alltag, in: Literaturrundschau 5/6: 90–97 – *Thiersch, H./Ruprecht, H./Herrmann, U.,* 1978: Die Entwicklung der Erziehungswissenschaft, München. –

→ Alltagstheorien → Geschichte: Von der Armenpflege zum Sozialstaat → Interaktionismus → Professionalisierung → Sozialisationstheorie → Sozialpädagogisches Handeln → Sozialstaat → Wissenschaftstheorie und Sozialpädagogik

Sozialpädagogik und Sonderpädagogik

Die Wirksamkeit einer Disziplin und eines Berufsbereiches hängt nicht zuletzt davon ab, inwieweit die Aspekte und die praktischen Angebote benachbarter Bereiche zur Kenntnis genommen und ausgeschöpft werden. Dies gilt insbesondere für die traditionell nahezu verschwisterten Disziplinen der Sozialpädagogik und der Sonderpädagogik. Es kann geradezu behauptet werden, daß beider Schicksal davon abhängt, wie ihr zukünftiges Bezugsverhältnis gestaltet wird, d. h. wie sie durch die Aspekte der jeweils anderen Seite ihr Selbstverständnis modifizieren.
Eine Darstellung dessen, was Sozialpädagogik von der Sonderpädagogik erwarten kann und umgekehrt, stößt allerdings auf beträchtliche Schwierigkeiten, da sich beide Disziplinen seit langem in einem mühseligen »Prozeß der Selbstdefinition« (*Iben,* 1980) befinden, der durch bestimmte, institutionell verfestigte Traditionen und berufsständische Interessen, durch fixierende Etikettierungen und durch wissenschaftliche Begriffsspiele nicht eben erleichtert wird.
Soll nun aber das Bezugsverhältnis zweier ständig variierender Variablen festgestellt werden, erweist sich eine Momentaufnahme der gegenwärtigen Realität als unzweckmäßig. Sie würde – namentlich bei Absicherung durch empirische Daten, die in der Regel affirmativen Charakter tragen – zur Fixierung einer unbefriedigenden Realität beitragen, d. h. prozeßhinderlich wirken.
Darum sollen im folgenden schwerpunktmäßig die wichtigsten Entwicklungen und Gegenwartstendenzen sowohl der Sozialpädagogik als auch der Sonderpädagogik dargestellt und bewertet werden, um die fruchtbaren Ansatzpunkte des Bezugsverhältnisses beider Disziplinen, ihre wechselseitigen Angebote, deutlich zu machen und den wünschbaren Weg einer weiteren Entwicklung aufzuzeigen.

Entwicklungen und Gegenwartstendenzen der Sozialpädagogik

Als ein Anlaß der großen Schwierigkeiten des Selbstverständnisses der Sozialpädagogik ist die Definition *Natorps* (1898) anzusehen: »Der Begriff der Sozialpädagogik besagt also die grundsätzliche Anerkennung, daß ebenso die Erziehung des Individuums in jeder wesentlichen Richtung sozial bedingt sei, wie anderseits eine menschliche Gestaltung sozialen Lebens fundamental bedingt ist durch eine ihm gemäße Erziehung der Individuen, die an ihm teilhaben sollen.«

Indem hier – im Kontrast zu individiumzentrierten neuhumanistischen Auffassungen – der Begriff der Sozialpädagogik als ein zentraler Aspekt aller Pädagogik, als Strukturbegriff, hervorgehoben wird, ergibt sich eine Kollision mit der von *Diesterweg* (1851) um die Mitte des 19. Jahrhunderts initiierten Begriffsprägung, die schulübergreifende pädagogische Aktivitäten, eine erweiterte Jugend- und Volksbildung, bezeichnete.

In der Folgezeit – und namentlich seit den zwanziger Jahren – hat sich die *Diesterweg*'sche Begriffsoption trotz ihrer philologischen Problematik gegenüber der *Natorp*'schen Begriffsbestimmung weitgehend durchgesetzt, so daß Sozialpädagogik mehr und mehr zu einem Sammelbegriff wurde für »alles, was Erziehung, aber nicht Schule und nicht Familie ist« (*Bäumer,* 1929 a). Damit wird Sozialpädagogik als ein dritter Erziehungsbereich konstituiert, wobei »der Begriff sozial besagt, daß das Ausfüllen einer Lücke eine Mehrleistung der Gesellschaft bedeutet« (*Holtstiege,* 1976). Wenn diese Lücke auch weitgehend identisch war mit einer Notlage namentlich der betroffenen Kinder und Jugendlichen (*Iben,* 1980) und insofern als »Pädagogik der Nothilfe« (*Wegener,* 1961) zu kennzeichnen ist, überschreitet sie doch zugleich »die Sphäre der Nothilfe und wird ein fruchtbarer Zuwachs, ein gesundes Produkt neuer gesellschaftlicher Kräfte« (*Bäumer,* 1925 a).

In der Bemühung um eine theoretische Fundierung einer so verstandenen Sozialpädagogik wird die Frage nach dem Besonderen von Sozialpädagogik gegenüber anderer Pädagogik jedoch unabweisbar. Unzufrieden mit der Definition durch organisatorische Bereiche oder Institutionen wie Kindergarten, Krippe, Kinderhort, Erholungseinrichtungen, Spielplätze, Sorge um Waisen, nichteheliche Kinder, Pflegekinder usw. geht *Mollenhauer* (1964 a, 1964 b) auf den Ausganspunkt aller Sozialpädagogik zurück: »Von ihrem Beginn an und in allen ihren Formen war sie ein Antworten auf Probleme dieser Gesellschaft.« »Sie kommt überall dort ins Spiel, wo die soziale Entwicklung des Heranwachsenden gefährdet« ist. »Die Sorge um die Gefährdung kann sogar als der wesentliche Impuls der gesamten Sozialpädagogik seit ihren Anfängen bezeichnet werden.«

Da es nun aber Pädagogik überhaupt »mit der Bewältigung aktueller, im Entwicklungs- und Eingliederungsprozeß des Heranwachsenden auftretender Probleme« zu tun hat, bleibt als Kennzeichen der Sozialpädagogik, daß diese sich »in besonderer Weise« in dieser Situation befindet (*Mollenhauer,* 1964 a). Sie ist insofern Sonder-Pädagogik oder Innovations-Pädagogik, als sie noch nicht bewältigte Gefährdungen und Notlagen, die durch gesellschaftliche Entwicklungen bedingt sind, als Aufgaben pädagogisch aufgreift.

Sozialpädagogik wird hier zu einem Relationsbegriff, der – von einem bestimmten Verständnis von normalen, regulären Gegebenheiten ausgehend (*Mollenhauer,* 1964 b) – das Mißverhältnis, das durch Abweichungen von regelhaften Entwicklungsbedingungen entsteht, pädagogisch thematisiert.

Mit dieser Fokussierung der Sozialpädagogik ergaben sich nun nahezu zwangsläufig drei Entwicklungstendenzen dieser Disziplin: Erstens eine zunehmende Ausgliederung derjenigen Bereiche, die – wie z. B. der Kindergarten – zu Regelbereichen wurden und nicht mehr als Nothilfe- und Entwicklungsfelder im basalen Sinne zu verstehen sind (*Holtstiege*, 1976).

Zweitens wendet sich die Sozialpädagogik – immer häufiger gleichgesetzt mit Sozialarbeit – auch Personenkreisen zu, die weniger zu ihrem traditionellen Aufmerksamkeitsfeld gehörten, da ihre Notlage nicht so sehr als Folge gesellschaftlicher Umwandlungen sondern vielmehr als individuelles Schicksal – etwa aufgrund organischer Schäden – verstanden wurde: »Hilfe gegenüber jedermann, Hilfen, die allen Ansprüchen gerecht und auf verschiedenem Niveau angeboten werden können« (*Bäuerle* 1967: 25) wurden als Aufgabenfelder der Disziplin ins Auge gefaßt. Damit wird Sozialpädagogik zu einem Globalbegriff, der pädagogische Bemühungen bei organisch verursachten Behinderungen wie bei sozial bedingten Beeinträchtigungen von der frühen Kindheit bis ins Alter umfaßt (*Fooken*, 1973). Zuletzt wird auch die traditionelle Beschränkung auf den außerschulischen und außerfamiliären Bereich nicht mehr aufrechterhalten und eine weitgehende Annäherung von Sozialpädagogik und Pädagogik überhaupt in der Praxis gesehen (*Küchenhoff*, 1977), allerdings unter Verzicht auf eine deutliche Fokussierung der Disziplin hinsichtlich vorliegender Gefährdungen oder Notlagen, dem eben erst gewonnenen theoretischen Ansatz der Disziplin.

Drittens schließlich bedingte der Begriff von Sozialpädagogik, der bei der Relation zwischen Regelgegebenheiten und gesellschaftlich bedingten Gefährdungen und Beeinträchtigungen ansetzt, eine zunehmende kritische Inspektion der gesellschaftlichen Situation selbst, der allgemeinen Sozialstrukturen wie der speziellen Institutionen. Damit beginnt sich die seit je im sozialpädagogischen Denken vorhandene sozialkritische Komponente zusehends zu verstärken – bis hin zu der Tendenz, Sozialpädagogik weitgehend als Sozial-Kritik aus pädagogischer Optik zu verstehen und die pädagogische Aufgabenstellung hintanzustellen.

Zusammenfassend lassen sich zwei parallellaufende Trends im Ringen um das Selbstverständnis der Sozialpädagogik voneinander abheben:

1. Ein mehr praktisch und berufsständisch orientierter Zug, der – ausgehend von dem Sammelbegriff vor allem der zwanziger Jahre – alle außerschulischen und außerfamiliären pädagogischen Bemühungen umfaßte und der gegenwärtig – unter Berufung auf die Notwendigkeiten einer Einbringung »sozialpädagogisch orientierter Inhalte und Methoden« (*Küchenhoff*, 1977) – durch Einbeziehung auch der letztgenannten Bereiche einen unspezifischen Globalbegriff von Sozialpädagogik vorstellt. Da sich außer dem Anspruch, alles was irgendwo einmal als sozialpädagogische Aufgabe, Methode oder Institution bezeichnet wird, zum Inbegriff von Sozialpädagogik zu machen, kein wesentlicher gemeinsamer Bezugspunkt der verschiedenartigen Bemühungen gegenüber anderweitigen pädagogischen Bereichen abzeichnet, ist das »Theoriedilemma« (*Holtstiege*, 1976) einer so verstandenen Sozialpädagogik begreiflich.

2. Zeigt sich eine als abweichendes Verhalten (*Thiersch*, 1969) theoretisch reflek-

tierte Tendenz, die sich – ausgehend von dem Relationsbegriff der Gefährdung und der sozial bzw. gesellschaftlich bedingten Notlage auf erzieherische Vorbeugung und besondere Hilfeleistung konzentriert und dementsprechend inzwischen zu Regelbereichen gewordene Gebiete wie Kleinkind-, Vorschulerziehung, Erwachsenenbildung usw. als Nachbarbereiche von der Sozialpädagogik abhebt. Dagegen findet auch bei dieser Tendenz – jedoch aufgrund ihres theoretischen Ansatzes – eine Globalisierung statt, die teils durch Einbeziehung von Personen, die vorwiegend aufgrund körperlicher Schäden gefährdet, gestört oder behindert sind, gekennzeichnet ist, teils durch Einbeziehung von Methoden und Institutionen, die nicht im traditionellen Aufmerksamkeitsbereich der Sozialpädagogik liegen, jedoch bei der Förderung des ins Auge gefaßten Personenkreises nicht unberücksichtigt bleiben dürfen, und teils durch eine Aspekterweiterung hinsichtlich gesamtgesellschaftlicher Gegebenheiten, die als beeinflussungsbedürftige Grundbedingungen für das Auftreten von Gefährdungen, Störungen oder Behinderungen kritisch zu sichten und pädagogisch anzugehen sind.

Entwicklung und Gegenwartstendenzen der Sonderpädagogik

Fast zur gleichen Zeit wie der Begriff der Sozialpädagogik wurde der Begriff der Heilpädagogik geprägt (*Georgens/Deinhardt*, 1861) und damit – abgesehen von voraufgegangenen vielfältigen partiellen Aufstellungen zu Einzelgebieten und von der Lehre über »Kinderfehler« und über »pädagogische Heilkunde« (*Niemeyer*, 1796; *Milde*, 1811; *v. Strümpell*, 1890) – eine spezielle Reflexion der Disziplin eingeleitet, die seit *Hanselmann* (1941) unter dem Namen »Sondererziehung« und später der »Sonderpädagogik« fortgeführt wurde. Bereits *Georgens* und *Deinhardt* stecken das Feld breit ab und schließen sowohl die Prophylaxe als auch den Kampf gegen Not ebenso wie die Heilung oder relative Heilung bei Individuen ein, die »sei es ursprünglich oder in Folge tief eingreifender und nachhaltig wirkender ungünstiger Einflüsse – an ausgesprochenen Organfehlern leiden oder – auch ohne daß solche nachweisbar wären, derartig entartet sind, daß sie um der Normalität wieder angenähert zu werden einer besonderen Behandlung bedürfen« (*Georgens/Deinhardt*, 1865).

Während im Bereiche der Sozialpädagogik stärker allgemeine Notlagen den Ausgangspunkt der Überlegungen und Bemühungen bilden, werden am Beginn heilpädagogischen Denkens neben dem physisch, moralisch und geistig »entartetem Individuum« (*Georgens/Deinhardt*, 1861) zugleich die verschiedenen »Gestaltungen der Noth und des Leidens« aufgrund sozialer Mißstände, z. B. Elternlosigkeit, Frauen- und Kinderarbeit, mit einbezogen und zugleich die Wechselbeziehungen zwischen »abnormen Verhältnissen« und »abnormen Individuen« ins Auge gefaßt. Dementsprechend wird eine Komplexität der Maßnahmen für erforderlich gehalten, die medizinische, diätetische und pädagogische Verfahren sowie den »Kampf gegen Noth« umfaßt. Heilpädagogik wird geradezu als »Anbau eines Zwischengebietes zwischen Medizin und Pädagogik« verstanden (*Georgens/Deinhardt*, 1861).

Die weitere Entwicklung der Heilpädagogik stellt sich über lange Zeit in verschiedener Hinsicht überwiegend geradezu als Verkümmerung des geschilderten Ansatzes dar:

- Die Disziplin konzentriert sich fast über ein Jahrhundert lang auf das Individuum – unter weitgehender Vernachlässigung bedingender oder mitbedingender sozialer Umstände (*Klöpfer,* 1976).
- Sie orientiert sich ganze Epochen hindurch relativ einseitig an medizinischen Denkmodellen und deren prognostischen Begrenzungen und festschreibenden Sicherheiten angesichts des Adressatenkreises.
- Sie befaßt sich bis weit in unser Jahrhundert hinein überwiegend mit Normabweichungen im intellektuellen Bereich (*Heller,* 1904; *v. Düring,* 1925; *Egenberger,* 1958), während die anderen Teildisziplinen – namentlich die der Sinnesgeschädigten – dazu tendieren, sich mehr oder minder abzukapseln und als selbständige Disziplinen zu verstehen (*Bach,* 1971).
- Sie engt sich bis in die jüngste Vergangenheit weitgehend auf den schulischen Bereich ein, so daß Sonderpädagogik häufig mit Sonderschulpädagogik gleichgesetzt wird (*Wegener,* 1961; *Heese,* 1964).

Gegenüber den geschilderten und namentlich in der Praxis vorherrschenden Verkümmerungstendenzen der Heilpädagogik, die keineswegs nur als Blickverengung sondern auch als Ausdruck der Selbstbescheidung und des Bemühens um spezielle, differenzierte Hilfeleistung angesichts einer beträchtlichen Aufgabendimension zu verstehen sind, finden sich vor allem seit der Jahrhundertwende bemerkenswerte, theoretisch fundierte Strömungen, die durch Bewahrung und Ausbau der ersten Ansätze der Disziplin gekennzeichnet sind und die in der Gegenwart zu einer entscheidenden Wende in der Sonderpädagogik geführt haben.

So steckte *Dannemann* als Herausgeber des Enzyklopädischen Handbuches der Heilpädagogik (1911) die Grenzen der Disziplin im Bewußtsein des Zusammenhanges der Teil- und Nachbarbereiche umfassend ab. *Vertes* (1918), *Bopp* (1930), *Heinrichs* (1931), *Hanselmann* (1930; 1941) und *Moor* (1951) bemühten sich um übergreifende Theorien des Feldes, denen gemeinsam ist, daß sie das Individuum nicht isoliert von seinen sozialen Bezügen, den Beeinträchtigten nicht als Gegenstand medicoformer Betrachtungsweisen sondern als pädagogische Aufgabe sehen, die keineswegs nur auf den Schulbereich beschränkt ist, und daß sie die verschiedenen Formen und Grade von Beeinträchtigungen und deren Zusammenhang berücksichtigen.

So stellt *Hanselmann* fest: »Sondererziehung (Heilpädagogik) ist die Lehre von der wissenschaftlich eingestellten Erfassung der Ursachen und Folgeerscheinungen der körperlich-seelisch-geistigen Zustände und Verhaltensweisen entwicklungsgehemmter Kinder und Jugendlicher und deren unterrichtlichen, erzieherischen und fürsorgerischen Behandlung«. Moor betont: »Heilpädagogik ist Pädagogik und nichts anderes« und weist darauf hin, »daß gerade die ausschließliche Ausrichtung auf Unterricht und Bildung allein . . . eine Einengung der Gesichtspunkte darstellt, von welcher Pädagogik selber sich befreien müßte, wenn sie ihrer Aufgabe gerecht werden wollte«.

Mit ähnlich umfassender Intention gibt *Jussen* 1967 sein »Handbuch der Heilpädagogik in Schule und Jugendhilfe« heraus, gefolgt von der *von Heese* und *Wegener* besorgten 3. Auflage des Enzyklopädischen Handbuches der Heilpädagogik, das jetzt den Titel »Enzyklopädisches Handbuch der Sonderpädagogik« trägt.

Zunehmend wird die Frage nach Umfang und Struktur der Disziplin explizit gestellt (*Bach,* 1965; 1970; 1971; 1981; *Sander,* 1977) und unter dem Oberbegriff der Beeinträchtigung zwischen Behinderungen, Störungen, Gefährdungen und Sozial-Rückständigkeiten der Gesellschaft unterschieden. Die breiten Einfluß ausübenden Empfehlungen des Deutschen Bildungsrates »Zur pädagogischen Förderung behinderter und von Behinderung bedrohter Kinder und Jugendlicher« (1974) machen sich das erweiterte Konzept derartiger Intentionen inhaltlich voll zu eigen, und die Deutsche Forschungsgemeinschaft schreibt 1977 ein sonderpädagogisches Schwerpunktprogramm aus, das auf eine Klärung der Komplexität von Behinderungen, Störungen und Gefährdungen unter theoretischem, diagnostischem und interventionspraktischem Aspekt abzielt.

Im Laufe der geschilderten Entwicklung hat sich fast unmerklich die Ablösung der Bezeichnung »Heilpädagogik« durch »Sonderpädagogik« vollzogen. Diese Umbenennung war seit *Hanselmanns* Argumenten (1941) überfällig, teils weil sich der Name »Heilpädagogik« für viele Betroffene als irreführend – weil zu vielversprechend – erwies, was auch für die gegenwärtig in Mode kommende Bezeichnung »Rehabilitationspädagogik« gilt, teils aber zu Mißverständnissen führte wegen naheliegender medizinischer und auch religiöser Assoziationsmöglichkeiten (*Bach,* 1981).

Sieht man einmal von den abnehmenden Bemühungen ab, den Begriff »Heilpädagogik« aus emotionalen oder berufsständischen Gründen zu bewahren oder ihn für außerschulische sonderpädagogische Bemühungen bzw. für behebbare Beeinträchtigungen beizubehalten, läßt sich für den gegenwärtigen Sprachgebrauch feststellen, daß Sonderpädagogik und Heilpädagogik überwiegend synonym verwandt werden – und die Wortverbindung »Heil- und Sonderpädagogik« als bloßer Pleonasmus anzusehen ist.

Das Wort Sonderpädagogik als Bezeichnung für die Disziplin soll besagen, daß es sich um eine Pädagogik angesichts besonderer, von der Regel abweichender Lernvoraussetzungen, Lernbedingungen und Aufgaben handelt, die besonderer, d. h. über das Übliche hinausgehender pädagogischer Untersuchungen, Überlegungen, Zielstellungen, Methoden, Mittel und Organisationsformen bedürfen (*Bach,* 1981).

Zusammenfassend lassen sich folgende Gegenwartstendenzen der Sonderpädagogik abheben:

– Ausweitung des Adressatenkreises über Menschen mit Behinderungen im engeren Sinne hinaus auf Personen mit Störungen, auf Gefährdete und auf die Gesellschaft bezüglich ihrer sozialen Rückständigkeiten – wegen des unübersehbaren Zusammenhanges dieser unterschiedlichen Beeinträchtigungen; damit wird »Behindertenpädagogik« zu einem Teilgebiet der Sonderpädagogik, die sowohl die Sondererziehung bei vorliegenden Behinderungen als auch die

Fördererziehung bei Störungen, die Vorsorgeerziehung bei Gefährdungen und die Gesellschaftserziehung angesichts sozialer Rückständigkeiten umfaßt (*Bach,* 1977; 1981; Deutscher Bildungsrat 1974; *Sander,* 1977).

– Erweiterung des Aufmerksamkeitsfeldes über das Schulalter hinaus wegen der Bedingtheit spezieller pädagogischer Bemühungen durch vor-, neben- und nachwirkende Einflüsse (Deutscher Bildungsrat, 1974; *Bach,* 1981).

– Verstärkte theoretische, diagnostische und praktische Konzentration auf sächliche, personale und gesellschaftliche Erziehungsbedingungen (*Gehrecke,* 1958; *Lesemann,* 1960; *Begemann,* 1970; *Jantzen,* 1974; *Bach,* 1981; *Iben,* 1980).

– Erfassung der Gesellschaftserziehung, d. h. gezielte einstellungs- und haltungsverändernde Öffentlichkeitsarbeit, als unerläßliches Aufgabengebiet sonderpädagogischen Handelns (*Bach,* 1975).

– Zunehmender Vorrang von Prävention, Substitution und Kompensation gegenüber eher konservierend wirkenden Maßnahmen (Klauer, Reinartz 1978).

– Schärfung des Blicks für die stigmatisierende Wirkung unzutreffender Zuschreibungen und Etikettierungen – sowie entsprechende Bemühungen um Entetikettierung und Assistenz zur Rollenkorrektur der Betroffenen (Thimm 1975).

– Ausweitung des Aktionsfeldes sowohl auf allgemeine Schulen als auch auf außerschulische Institutionen und Bereiche (Bach 1973; 1978; 1981; Deutscher Bildungsrat 1974; Klauer, Reinartz 1978).

– Erfassung der verschiedenen Formen und Grade von Beeinträchtigung unter dem pädagogischen Aspekt der Störung der Bildsamkeit (Bleidick 1978) oder der Lernbesonderheiten, d. h. der besonderen Lernvoraussetzungen und Lernbedingungen vor dem Hintergrund der Regelhaftigkeit (Bach 1975) als theoretischer Bezugspunkt der Disziplin.

Das Verhältnis von Sozialpädagogik und Sonderpädagogik

Die traditionellen Schwerpunkte beider Disziplinen lassen sich folgendermaßen darstellen:

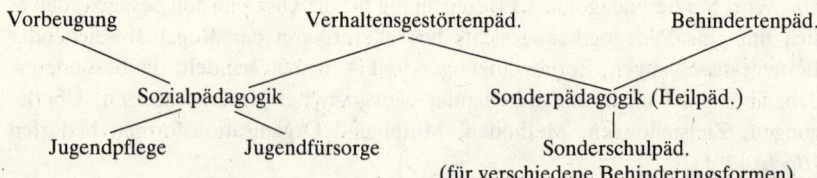

Vorbeugung   Verhaltensgestörtenpäd.   Behindertenpäd.

                Sozialpädagogik   Sonderpädagogik (Heilpäd.)

Jugendpflege   Jugendfürsorge   Sonderschulpäd.
                                              (für verschiedene Behinderungsformen)

Angesichts der zunehmend ins Bewußtsein der Sozialpädagogik tretenden Tatsache, daß Gefährdete nicht selten auch von Störungen und Behinderungen betroffen sind, daß neben sozialen Benachteiligungen auch somatische Schäden auftreten und daß in verschiedener Hinsicht Lernprozesse in Gang zu setzen sind, die keineswegs auf den außerschulischen Bereich beschränkt bleiben dürfen, ergab sich gegenüber dem traditionellen Konzept der Sozialpädagogik eine Aufgabenausweitung und Aspekterweiterung – bei gleichzeitig zunehmender Ausgliederung regelhafter Erziehungsaufgaben und -institutionen aus dem sozialpädagogischen Feld, das durch Beeinträchtigungen und Unregelhaftigkeiten gekennzeichnet ist. Andererseits wurde im Bereich der Sonderpädagogik verstärkt gesehen, daß Behinderungen zumeist von anderweitigen Störungen begleitet und durch soziale Gefährdungen teils bewirkt, teils aber zumindest mehr oder minder verstärkt werden, also keineswegs nur als somatisch bedingte Beeinträchtigungen aufzufassen sind, daß es ferner einen bislang zu wenig beachteten Zwischenbereich von Störungen zwischen Behinderungen und Gefährdungen gibt, daß eine Beschränkung auf schulische Maßnahmen höchst unzureichend ist und daß prophylaktische und gesellschaftserzieherische Aktivitäten unerläßlich sind, wodurch sich auf Seiten der Sonderpädagogik gegenüber dem traditionellen Konzept gleichfalls eine Aufgabenausweitung und Aspekterweiterung ergab.

Mit diesen aufeinanderzulaufenden Entwicklungen beider Disziplinen bahnt sich ein Fusionsprozeß an, der angesichts der in den Blick gekommenen Gemeinsamkeiten der Problemstellungen und des durch wechselseitige Anregungen gewonnenen gemeinsamen Aspekthorizonts von Sozialpädagogik und Sonderpädagogik sachlich unausweichlich erscheint und intensive Förderung von beiden Seiten verdient.

Zentraler Bezugspunkt beider Disziplinen ist die Besonderheit der individuellen Voraussetzungen ebenso wie der sozialen Bedingungen des Lebens und Lernens der Adressaten – und die Besonderheit der sich daraus ergebenden pädagogischen Aufgabenstellungen, Methoden und Organisationsformen.

Diese Besonderheiten lassen sich als Abweichungen von Regelgegebenheiten zusammenfassen mit dem Begriff der Beeinträchtigung, die in folgenden Hauptformen und zwar im allgemeinen gekoppelt auftreten: Behinderungen, Störungen, Gefährdungen des Individuums sowie Sozial-Rückständigkeiten der Gesellschaft.

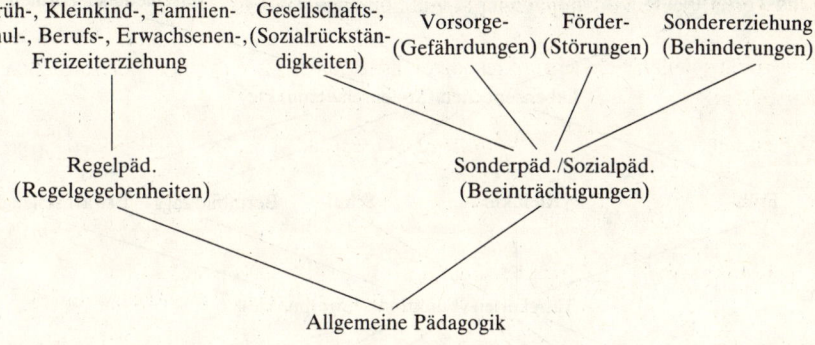

Gemeinsame Aufgaben von Sozialpädagogik und Sonderpädagogik

Diese zunehmend in den Blick gekommenen Gemeinsamkeiten beider Disziplinen, die zugleich eine sachlich bedeutsame Horizonterweiterung jeder Seite mit sich bringen, dürfen nicht zugunsten kurzsichtiger Interessenbestrebungen oder wegen zufälliger Berufsbezeichnungen wieder vernachlässigt werden. Weder Abgrenzungsbestrebungen noch ein Zufriedengeben mit der bloßen Addition verschiedener Aspekte, bei der die oft entscheidenden Nahtstellen zu neuen Problemfeldern werden, weder die konfliktträchtige Vereinnahmung einer Disziplin durch die andere noch die Kapitulation der einen Disziplin vor der anderen, weder die Durchsetzung von traditionellen Positionen theoretischer oder methodischer Art noch der opportunistische, pendelschlagartige Wechsel der Standpunkte unter Aufgabe des eigenen Beitrags, weder berufspolitische Konkurrenz um bestimmte Arbeitsfelder noch deren wissenschaftliche oder juristische Fixierung in Ausbildung und Laufbahnen können der gemeinsamen Aufgabe förderlich sein.

Vielmehr geht es um eine qualifizierte Fusion, bei welcher jede Seite ihre Erkenntnisse und Erfahrungen, ihre diagnostischen Akzente, ihre Aufgabenaspekte und Methoden einbringt, um zu angemessener Komplexität der Sicht- und Handlungsweisen beizutragen und perspektivische wie institutionelle Beschränkungen zu überwinden.

Das dadurch entstehende Aufgabenfeld und die entsprechend umfassende Disziplin bedürfen allerdings – neben der gemeinsamen Basis einer übergreifenden Theorie, eines integrierenden Verstehens unterschiedlicher Gegebenheiten und einer erweiterten Handlungskompetenz – einer innerdisziplinären Differenzierung, um qualifizierte pädagogische Aktivitäten zu gewährleisten. Ebenso die erforderlichen Spezialkenntnisse z. B. über spezielle Behinderungsformen oder über bestimmte Gefährdungen wie die unerläßliche Beherrschung angezeigter Spezialmethoden schließen eine Totalkompetenz für das Gesamtfeld aus.

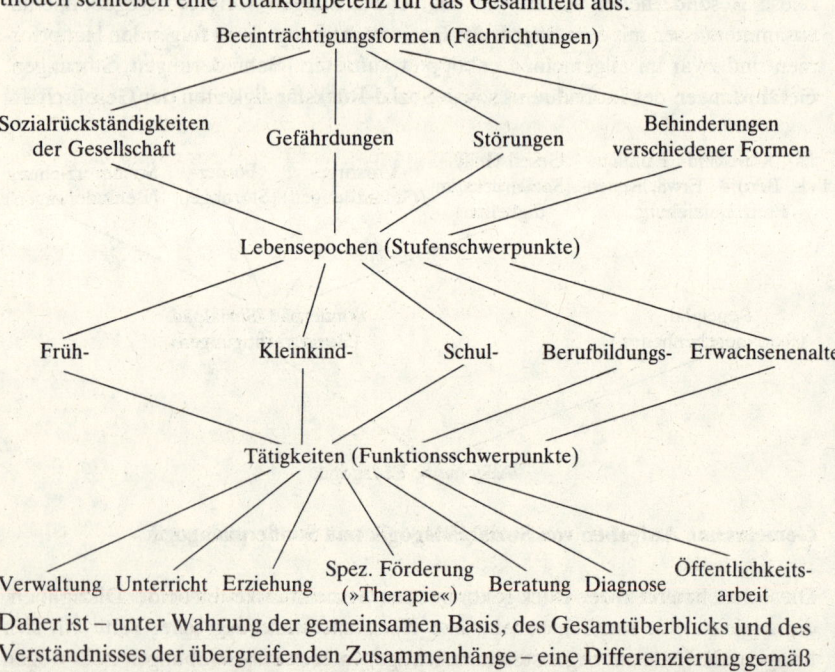

Daher ist – unter Wahrung der gemeinsamen Basis, des Gesamtüberblicks und des Verständnisses der übergreifenden Zusammenhänge – eine Differenzierung gemäß den unterschiedlichen Beeinträchtigungsformen sowie eine Unterdifferenzierung nach Lebensepochen und Beeinträchtigten und nach Tätigkeitsschwerpunkten unerläßlich – unter besonderer Mitberücksichtigung der jeweils angrenzenden Bereiche.

Differenzierung des Aufgabenfeldes von Sozial- und Sonderpädagogik

Zur Vermeidung eines unspezifischen Allrounddilettantismus bedarf es also sowohl in der theoretischen Reflexion und Forschung wie in der Ausbildung und der Praxis einer Akzentuierung gemäß Personenkreis-, Alters- und Tätigkeitsbezogenheit.

Da nun verschiedene Beeinträchtigungsformen bei bestimmten Personen und Gruppen oft verbunden auftreten (so z. B. Behinderungen und Störungen, Behinderungen und Gefährdungen, Störungen und Gefährdungen) erweist sich eine berufliche Konzentration auf lediglich einen Formenbereich als unzureichend, wie die Praxis lehrt. Es geht vielmehr darum, sowohl eine wesentlich verstärkte Mitberücksichtigung der anderen Formenbereiche als auch eine intensivierte Kooperationsfähigkeit mit Fachleuten benachbarter Bereiche durch entsprechende Studien- und Ausbildungsgegebenheiten zu ermöglichen, um uneffektive, monistische Positionen zu überwinden.

Das gleiche gilt auch für die verschiedenen Funktionsschwerpunkte (Tätigkeiten), die angesichts bestimmter Personen und Gruppen erforderlich sind: Die Unerläßlichkeit einer Spezialisierung zur Gewährleistung qualifizierter Hilfe darf nicht zu einseitiger Dominanz einer Schwerpunktkompetenz führen. Es bedarf vielmehr der Befähigung zur Mitberücksichtigung benachbarter Aufgaben (d. h. z. B. der Erziehung neben dem Unterricht, der speziellen Sprachförderung neben der Diagnose und Beratung, beeinträchtigungsbezogener Kenntnisse bei der Öffentlichkeitsarbeit oder der Verwaltung) und darüber hinaus der Zusammenarbeit mit in Frage kommenden Fachleuten spezieller Kompetenz (z. B. des Lehrers mit dem Familienberater, des Sozialarbeiters mit dem Fachmann für Frühförderung geistig behinderter Menschen).

Es geht also nicht um Auflösung jedweder traditioneller Tätigkeitsbereiche und Institutionen, sondern um deren Öffnung für durch monistisches Selbstverständnis übersehene Aspekte, Aufgaben und unerläßliche Mitarbeiter. Allerdings gilt es dabei, die Grenzen zu beachten, die einer Arbeitsteilung im Umgang mit beeinträchtigten Menschen gesetzt sind; denn die Vorteile einer hochqualifizierten Spezialassistenz werden erfahrungsgemäß nicht selten durch eine allzu rüstige Verdünnung des persönlichen Bezuges zu einer verantwortlichen Bezugsperson, d. h. durch eine Entpädagogisierung der pädagogischen Tätigkeit, wieder aufgehoben.

Daher bedarf die gegenwärtige Spezialisierungstendenz eines Gegengewichts durch gewisse Kompetenzerweiterungen des einzelnen.

Insofern rechtliche Regelungen der Gegenwart auf überholten Unterscheidungen und einseitigen Sichtweisen beruhen, d. h. rigide Zuordnungen zu einer speziellen Beeinträchtigungsform und isolierte fachspezifische Hilfsfunktionen bewirken (z. B. einen Menschen mit einer organischen Schädigung nur als solchen sehen und begleitende Störungen des Sozialverhaltens und bestimmte bedingende und konsekutive Gefährdungen außer acht lassen), bedarf die Realisierung eines effizienten, d. h. komplexen Systems der Hilfe bei vorliegenden Beeinträchtigungen teils verwaltungsmäßiger, teils legislativer Reformen.

Eine wichtige Voraussetzung hierfür bleibt allerdings, daß sich die bisherigen Disziplinen Sozialpädagogik und Sonderpädagogik auf eine umgreifende, komplexe Theorie verständigen, die den Aspekthorizont beider Seiten berücksichtigt und zugleich auf sinnvolle (d. h. nur begrenzt auf traditionelle) Arbeitsteilung angelegt ist.

Hinsichtlich der Bezeichnung der sich zunehmend abzeichnenden Gesamtdisziplin, die Sozialpädagogik und Sonderpädagogik umfaßt, wird man sich fragen müssen, ob der eben so attraktive wie schillernde und philologisch unzutreffende Name »Sozialpädagogik« besonders glücklich wäre, oder ob nicht der Name »Sonderpädagogik« treffender erscheint, indem er sowohl die Besonderheiten des Adressatenkreises wie der erforderlichen Maßnahmen zu signalisieren angetan wäre. Allerdings dürfte die Namengebung in dieser oder jener Richtung keinesfalls eine Vereinnahmung der einen durch die andere Disziplin bedeuten, sondern die Bezeichnung einer neuen Gesamtdisziplin, die sich deutlich von der traditionell so genannten abheben müßte – nämlich durch die fundamentale Perspektivenerweiterung der zuvor anders genannten Disziplin.

Heinz Bach

Literatur

Bach, H.: Heilpädagogik, in: *Heese, G./Wegener, H.* (Hrsg.): Enzyklopädisches Handbuch der Sonderpädagogik, Berlin 1965–1969: 1251–1266 – *Bach, H.*, 1971: Notwendigkeiten und Grenzen eines Systems der Fördererziehung, in: Zeitschrift für Heilpädagogik 172–183 – *Bach, H.*, 1973: Die Wende der Behindertenpädagogik in der Gegenwart, in: Vierteljahresschrift für Heilpädagogik: 330–333 – *Bach, H.*, 1974: Sonderpädagogische Problemanalyse, in: Berufliche Bildung für gesellschaftliche Randgruppen. Schriften zur Berufsbildungsforschung, Bd. 28, Berlin – *Bach, H.*, u. a., 1981[8]: Sonderpädagogik im Grundriß, Berlin – *Bach, H.*, 1976: Der Begriff der Behinderung unter dem Aspekt der Multidimensionalität, in: Zeitschrift für Heilpädagogik: 396–404 – *Bach, H.*, 1977: Fruchtbare Unsicherheiten im Bereich der Sonderpädagogik, in: *Kleber, E.* (Hrsg.): Zur Revision sonderpädagogischer Praxis, Berlin – *Bach, H.*, 1978: Integrierte Förderung verhaltensgestörter Schüler, Mainz – *Balzer, B./Rolli, S.*, 1975: Sozialtherapie mit Eltern Behinderter, Weinheim/Basel – *Bäuerle, W./Bäumer, G.*, 1970: Sozialarbeit und Gesellschaft, Weinheim – *Bäumer, G.*, 1929 a: Die historischen und sozialen Voraussetzungen der Sozialpädagogik und die Entwicklung ihrer Theorie, in: *Nohl, H./Pallat, L.* (Hrsg.): Handbuch der Pädagogik, Bd. 5, Berlin/Leipzig – *Bäumer, G.* 1929 b: Das Jugendwohlfahrtswesen, in: Handbuch der Pädagogik, Bd. 5, Berlin/Leipzig – *Bittner, G.*, 1975: Behinderung unter dem Aspekt der Persönlichkeitsentwicklung, in: Zeitschrift für Heilpädagogik: 405–407 – *Begemann, E.*, 1970: Die Erziehung der sozial-kulturell benachteiligten Schüler, Hannover/Berlin/Darmstadt/Dortmund – *Bleidick, U.*, 1978[3]: Pädagogik der Behinderten, Berlin – *Deutscher Bildungsrat (Hrsg.), 1974:* Empfehlungen der Bildungskommission »Zur pädagogischen Förderung behinderter und von Behinderung bedrohter Kinder und Jugendlichen, Stuttgart – *Diesterweg, A.*, 1834: Wegweiser zur Bildung für deutsche Lehrer, Essen – *Flehinghaus, K.*, 1976: Heil- und Sonderpädagogik – Versuch einer terminologischen Bestimmung, in: Vierteljahresschrift für Heilpädagogik: 210–218 – *Fooken, E.*, 1975: Grundprobleme der Sozialpädagogik, Heidelberg – *Gehrecke,*

S., 1958: Familien von Hilfsschulkindern in den Großstädten der Bundesrepublik Deutschland, Meisenheim – *Georgens, J./Deinhardt, M.*, 1861, 1863: Die Heilpädagogik mit besonderer Berücksichtigung der Idiotie und Idiotenanstalten, Bd. 1 und 2, Leipzig – *Hanselmann, H.*, 1930: Einführung in die Heilpädagogik, Zürich – *Hanselmann, H.*, 1941: Grundlinien zu einer Theorie der Sondererziehung (Heilpädagogik), Zürich – *Heese, G.*, 1964: Sonderpädagogik (Heilpädagogik), in: *Groothoff, H. H.* (Hrsg.): Pädagogik, Frankfurt/M. – *Heese, G./Wegener, H.* (Hrsg.): Enzyklopädisches Handbuch der Sonderpädagogik und ihrer Grenzgebiete, Berlin 1965–1969 – *Holtstiege, H.*, 1976: Sozialpädagogik? Zur Geschichte eines Theoriedilemmas, Kastellaun – *Iben, E.* (Hrsg.), 1980²: Sozialarbeit/Sozialpädagogik, in: *Kanter, O./Speck O.* (Hrsg.): Pädagogik der Lernbehinderten. Handbuch der Sonderpädagogik, 4. Bd.; 235–239, Berlin – *Jantzen, W.*, 1974: Sozialisation und Behinderung, Gießen – *Jussen, H.* (Hrsg.), 1967: Handbuch der Heilpädagogik in Schule und Jugendhilfe, München – *Klauer, K. J./Reinartz, A.* (Hrsg.), 1978: Sonderpädagogik in allgemeinen Schulen, in: Handbuch Sonderpädagogik, Bd. 9, Berlin – *Klöpfer, S.*, 1976: Zum Verhältnis von Sonderpädagogik und Sozialpädagogik, in: Vierteljahreschrift für Heilpädagogik: 218–223 – *Küchenhoff, W.*, 1971: Sozialpädagogik, in: Lexikon der Pädagogik, Bd. 4: 122–125, Freiburg/Basel/Wien – *Küchenhoff, W.*, 1977: Sozialpädagogik, in: Wörterbuch der Pädagogik, Bd. 3: 182–186, Freiburg/Basel/Wien – *Natorp, P.*, 1898: Sozialpädagogik. Lehrbuch der allgemeinen Erziehungskunde, Wien – *Mollenhauer, K.*, 1964 a: Einführung in die Sozialpädagogik, Weinheim – *Mollenhauer, K.*, 1959: Die Ursprünge der Sozialpädagogik in der industriellen Gesellschaft – *Moor, P.*, 1951: Heilpädagogische Psychologie, Bd. 1, Bern/Stuttgart – *Moor, P.*, 1964 b: Sozialpädagogik, in: *Groothoff, H.* (Hrsg.): Pädagogik, Frankfurt/M. – *Pitsch, J.*, 1975: Probleme oder Zusammenarbeit von Mitarbeitern unterschiedlicher Berufsqualifikationen in Sonderschulen, Sonderpädagogik: 105–120 – *Röhrs, H.* (Hrsg.), 1968: Die Sozialpädagogik und ihre Theorie, Frankfurt/M. – *Sander, A.*, 1977: Sonderpädagogik in allgemeinbildenden Schulen, in: *Kleber, E. W.* (Hrsg.): Zur Revision sonderpädagogischer Praxis: 169–182, Berlin – *Scholz, J. F.*, 1975: Fachkräfte der Rehabilitation, in: *Jochheim, K. A./Scholz, J. F.* (Hrsg.): Rehabilitation, Bd. 1: 261–290, Stuttgart – *Stadler, H.*, 1977: Sozialpädagogik und Sonderpädagogik – Ihr Zusammenwirken bei der Sozialisation Lernbehinderter. Die Fachgruppe – Beilage zur Lehrerzeitung Baden-Württemberg: 501–511 – *Thiersch, H.*, 1969: Stigmatisierung und Verfestigung abweichenden Verhaltens, in: Zeitschrift für Pädagogik: 373–384 – *Thimm, W.*, 1975: Behinderung als Stigma, Überlegungen zu einer Paradigma – Alternative, in: Sonderpädagogik: 149–157 – *Wegener, H.*, 1961: Sonderpädagogik und Sozialpädagogik, ihre Beziehungen und Abgrenzungen, in: Zeitschrift für Heilpädagogik: 130–442 – *Weinschenk, K.*, 1978: Pragmatische Thesen zur Kooperation zwischen Sonder- und Sozialpädagogik – Rehabilitationspädagogik aus der Sicht einer Fachhochschule, in: Zeitschrift für Heilpädagogik: 506–510. –

→ Behinderung → Heilpädagogik → Rehabilitation → Verhaltenstörungen

Sozialpädagogik und Therapie

Die Abgrenzung der Indikation therapeutischen und sozialpädagogischen/sozialarbeiterischen Handelns (im folgenden übergreifend als sozialpädagogisch bezeichnet) ist schwierig geworden. Die Unterscheidung von Sozialarbeit als häufig repressivem Eingriff in den sozialen und ökonomischen Bereich von Individuen und Gruppen und Therapie als Behandlungsangebot zur Umstrukturierung psychischer Funktionen und Erweiterung des Verhaltensrepertoires wird weder den heute gegebenen Institutionen psycho-sozialer Versorgungsaufgaben noch dem professionellen Selbstverständnis von Sozialpädagogen und Therapeuten gerecht. Begriffliche Neuprägungen wie »Sozialtherapie« vermitteln den Eindruck, daß durch das Eindringen psychotherapeutischer Handlungsformen in klassische sozialpädagogische Felder eine neue Synthese von Sozialpädagogik und Therapie entstanden ist. Bedeutet dies, daß Sozialtherapie die Therapie der Deklassierten, die Therapieform der Sozialhilfeempfänger ist? Enthält Sozialtherapie das Element des Zwangs, wie in der Institution der »Sozialtherapeutischen Anstalt« (einer Sonderform des Strafvollzugs), während die eigentliche Therapie – nämlich Psychotherapie – ein freiwillig eingegangenes Beziehungsverhältnis zwischen autonomen Partnern in gesicherten Lebensverhältnissen bezeichnet? Die Häufigkeit, mit der das Attribut »therapeutisch« zu fast jeder pädagogischen Praxisform hinzugefügt wird (z. B. in Kombinationen wie: »therapeutischer Unterricht«, »therapeutische Schülerhilfe«, »therapeutische Heimerziehung«, »therapeutische Sozialarbeit«) suggeriert, daß Sozialisationsaufgaben und psycho-soziale Hilfen angemessen nur mittels eines psychologisch-therapeutischen Handlungskonzepts wahrgenommen werden können.

Jenseits solcher an der Oberfläche bleibender Überlegungen läßt sich die Übernahme psychologisch-therapeutischer Denk- und Handlungsmodelle in die Sozialpädagogik und ihre Handlungsfelder zurückführen auf

– eine veränderte Sozialpolitik und eine neue Funktionsbestimmung ihres Teilsystems Sozialarbeit und ihrer erweiterten Klientel: Der Umorientierung von der Disziplinierung von Randgruppen zur Sozialisation von Durchschnittsarbeitskraft (vgl. *Barabas* u. a., 1975, 1977; *Sachße*, 1979) entspricht die Hinwendung zu »weichen« Bearbeitungen gesellschaftlicher Konflikte z. B. in Form von Beratungs- und Therapieangeboten mit ihren mittelschichtorientierten Interaktionsformen

– die gleichzeitige Pädagogisierung der Sozialarbeit, die vermehrt Sozialisations- und Qualifikationsaufgaben übernimmt (vgl. *Barabas* u. a., 1977).

Illustrierend sei hier darauf verwiesen, wie unterschiedlichen Institutionen die Bewältigung strukturell sozialer Probleme mittels therapeutisch pädagogischer Maßnahmen (vgl. *Boecker* u. a.; AGJ u. a.) zugemutet wird: also z. B. der Schule (Ausdehnung der Schulzeit; Umorganisation des Berufsschulsektors), der Sozialpädagogik (Trainingskurse zur Erweiterung sozialer Fertigkeiten mit dem Ziel größerer Vermittlungschancen auf dem Arbeitsmarkt), der Therapie (gruppendynamische Trainings).

Die Professionalisierung und Verwissenschaftlichung von Sozialpädagogik, die Einbeziehung therapeutischer Methoden in soziale Arbeit ebenso wie die Ausdehnung von Therapie auf Felder der Sozialpädagogik begünstigen professionelle Rivalität und statussichernde Strategien, die eine problemgemäße Differenzierung und Abgrenzung bzw. Integration von Sozialpädagogik und Therapie erschweren.

Gesellschaftliche Vorstrukturierung fachlichen Handelns

Pädagogischem wie therapeutischem Handeln liegt die Annahme einer Bedürftigkeit (Hilfs-, Sozialisations-, Therapiebedürftigkeit) bei seinem Adressaten zugrunde. Dieses Handeln ist aber weder bzgl. der Personengruppen, auf die es sich richtet, noch bezüglich der Bestimmung von Bedürftigkeit autonom: »Bedürftigkeit« als Auslöser von Hilfe-, Sozialisations- und Therapieleistungen ist ein von vielfältigen gesellschaftlichen Variablen abhängiges Konstrukt. Dieses Konstrukt sozialer Wirklichkeit kommt weder allein durch Anwendung fachlich und berufsethisch begründeter Urteile sozialwissenschaftlicher Professioneller noch durch die Selbsteinschätzung der Betroffenen zustande. Sie wird vielmehr als das identifiziert, was einer Gesellschaft als soziales Problem erkennbar ist bzw. durch spezialisierte Agenturen erkennbar gemacht wird. Die Definition eines sozialen Problems ist Problemselektion in mehrfacher Hinsicht:

- Als soziales Problem, das Interventionen erfordert, wird das definiert, was die Reproduktionsfähigkeit von Individuen im Rahmen gesellschaftlich legitimierter Verkehrsformen gefährdet. Erzieherische und therapeutische Interventionen finden weithin aus Anlaß sozialer Auffälligkeit statt, die so zum eigentlichen Indikator ihrer Notwendigkeit wird. Ihr Charakter als Sicherung legitimierter Verkehrsformen wird auch daran sichtbar, daß sie von den Betroffenen häufig nicht zurückgewiesen werden können.
- Was als soziales Problem identifiziert wird, wird einer Klasse darauf bezogener institutionalisierter sozialpolitischer Bewältigungssysteme zugeordnet, etwa im Bildungswesen, Gesundheitswesen, Strafrecht, in der Jugendhilfe etc. Erst durch die spezifische Art der gesellschaftlichen Problemverarbeitung wird entschieden, ob ein angesichts sozialer Auffälligkeit unterstelltes individuelles Problem z. B. als psychische Krankheit in einer psychiatrischen Einrichtung, als Verletzung von Strafrechtsnormen mittels Freiheitsentzug oder als Erziehungsnotstand in einer Einrichtung der öffentlichen Erziehung bearbeitet wird; spezifische Interventionen beinhalten dabei meist noch Elemente aus anderen Interventionszusammenhängen, die z. B. Freizeitsentzug, gesundheitsfürsorgerische, psychotherapeutische oder Bildungsangebote umfassen.
- In die Definition eines sozialen Problems gehen common-sense-Annahmen darüber ein, was Gefährdung, Störung, Pathologie etc. ausmacht und welcher Reaktionstyp – Zwang, Absonderung, Fürsorge, Behandlung u. a. – angebracht ist. Dabei besteht die Tendenz, therapeutische Interventionssysteme bei Zuerkennung der Krankenrolle einzusetzen, die – bei Behandlungsbereitschaft – die Freisetzung von Verhaltens- und Leistungsforderungen und die Entschuldigung

problematischen Verhaltens umfaßt, sozialpädagogische Handlungssysteme
dagegen für eine Klientel vorzusehen, bei der vielfach Selbstverschulden bzw.
Verantwortlichkeit unterstellt wird. Häufig werden daher sozialpädagogischen
·Interventionssystemen eher sanktionierend-kontrollierende Eingriffe abverlangt, während therapeutischen Systemen eher persönlichkeitsverändernd-
rehabilitative Behandlungsformen in relativ geschützten Freiräumen zugestanden werden.

– In welchem gesellschaftlichen Interventionszusammenhang und in welchem
organisatorischen Rahmen ein Problem bearbeitet wird, ist wesentlich schicht-
bestimmt. Schichtspezifisch selektive Problemdefinitionen lassen sich z. B. für
den Bereich der psychiatrischen Versorgung (vgl. *Gleiss* u. a., 1973) und für die
Verfolgung von Straftaten (vgl. *Peters*, 1979; *Cicourel*, 1968; *Sudnow*, 1973)
nachweisen.

– Die gesellschaftliche Regulierung sozialer Probleme wird vermehrt durch
präventive Sozialisationsangebote vorgenommen. Die Bestimmung sozialpädagogischen und therapeutischen Handelns macht sich damit an der Sozialisa-
tionsbedürftigkeit fest, nicht erst an der Abweichung von Sozialisationszielen.
Sie zielt nicht mehr nur auf materielle Hilfe oder korrigierende Eingriffe in
erschwerten Lebenssituationen; Individuen werden vielmehr auf »sozialstaatliche Verkehrsformen« und Verhaltensanforderungen hin sozialisiert, d. h. auf
die Sicherung von Leistungen zur Gewährleistung ihrer Reproduktion (vgl.
Barabas u. a. 1977; *Sachße,* 1979).

Institutionelle Vorstrukturierungen fachlichen Handelns

Die Reaktion auf Hilfs-, Sozialisations- und Therapiebedürftigkeit wird von
Institutionen oder Organisationen wahrgenommen, die den Gegenstand ihrer
Intervention je nach ihren eigenen Organisationsstrukturen – institutionellen
Typisierungsrepertoires, Handlungsprogrammen und personellen Strukturellen –
aufbereiten. Diese dienen der Kanalisierung von Bedürftigkeit; subjektiv erfahrene
Situationen des Mangels oder Leidens werden in ihre gesellschaftlich-institutionell
relevante Bearbeitungsform gepreßt. Die Zuordnung zu in gesetzlichen Regelungen, Verwaltungsvorschriften, Ausführungsbestimmungen etc. definierten Typen
von Bedürftigkeit garantieren einerseits, daß die Hilfe zu einer erwartbaren
Leistung wird, daß aber andererseits die Veränderung von Situationen des Mangels
oder Leidens immer nur begrenzt und in einer bestimmten Richtung als Hin- und
Rückführung auf die gesellschaftlich legitimierten und funktionalen Verkehrsformen erfolgt, z. B. ein Leben ohne Straftaten zu führen, auf den Einsatz körperlicher Gewalt bei der Erziehung von Kindern zu verzichten, Handlungen nicht von
subjektiv unkontrollierbaren Ängsten steuern zu lassen etc. Diese gesellschaftlicher Funktionalität entsprechende institutionelle Problemdefinition beinhaltet
zugleich, daß ein Problem nicht nur deskriptiv, also subjektive Erfahrungen
nachvollziehend erfaßt wird; Problemdefinition ist auch gesellschaftliche Bewertung und Zuschreibung eines – häufig stigmatisierenden – Status und einer Rolle.

Während diese institutionelle Bestimmung prinzipiell therapeutisches wie sozial-pädagogisches Handeln betrifft, spiegelt die gegenwärtige Aufgabenverteilung zwischen diesen Handlungsformen Unterschiede ihrer Indikation und Wertigkeit wider: die Zuordnung von therapeutischem Handeln zu Problemen, als deren Kern intrapsychische Verarbeitungs- und interpersonelle Verhaltensstörungen angesehen werden, während als Voraussetzungen sozialpädagogischen Handelns eher soziale Notlagen und Erziehungsnotstände gelten. Obwohl jedoch derartige Mangelsituationen weitaus häufiger kombiniert als voneinander getrennt auftreten, werden institutionelle Reaktionen darauf von je unterschiedlichen Relevanzkriterien auf Problemsegmente gesteuert.

Die Konzentration auf einen Problemausschnitt bestimmt das institutionelle Handlungsprogramm. Über unterschiedliche Anwendungsvorschriften, Interpretations- und Verfahrensregeln, organisationsspezifische Routinen etc. haben die Arrangements psycho-sozialer Hilfen (z. B. stationäre Arrangements wie Klinik, Heim, Gefängnis, ambulante Arrangements wie Beratungsstellen, therapeutische Praxis, Tagesstätten) und die dadurch organisierten Formen von Interaktion den nachhaltigsten Einfluß auf die Problemsicht. Wegen ihrer Verpflichtung einem gesellschaftlichen Interesse gegenüber geraten Institutionen und ihre Handlungsprogramme meist in Konflikt mit den stärker Klienteninteressen verpflichteten fachlichen – pädagogischen wie therapeutischen – Definitionen und Handlungsmodellen; tendenziell gelingt freilich therapeutischem Handeln eher die Anpassung organisatorischer Strukturen an die fachlichen Interaktionsregeln bzw. ein konfliktärmeres Agieren in den gegebenen Strukturen, während sozialpädagogischem Handeln eher die Anpassung seiner Handlungen an gegebene Organisationsstrukturen zugemutet wird.

Problemdefinitionen werden auch über personelle Strukturen gesteuert; Stellenpläne regeln die Beteiligung von Professionellen verschiedener Fachrichtungen in über- und untergeordneten Positionen, die mit verschiedener Definitionsmacht ausgestattet sind. Vielfach verdankt sich der größere Einfluß von Therapeuten auf Problemdefinitionen allein schon deren höherem, mit bestimmten Positionen gekoppelten akademischen Ausbildungsgrad gegenüber Sozialpädagogen.

Insgesamt bewirkt die Institutionalisierung der Reaktion auf Bedürfnislagen ein Übergewicht der Fremd- gegenüber der Selbstdefinition von Bedürftigkeit, auch wenn bereits diese nur in einem konkreten gesellschaftlichen Kontext auf dem Hintergrund lebensgeschichtlicher und sozialisationsspezifischer Erfahrungen vorgenommen werden kann. Dies stellt nicht die Tatsache in Frage, daß die Erfahrung von Mangelsituationen unabhängig von Art und Zustandekommen ihrer Definition in ihren belastenden Konsequenzen bzw. als subjektives Leiden für die Individuen real ist.

Professionell fachliche Problembearbeitung

Institutionalisierung ist nicht ohne Professionalisierung denkbar; Verläßlichkeit bei der Realisierung sozialer Hilfen erfordert Fachpersonal, das über Systemwissen verfügt – eine Form des Spezialwissens, das ein vom Klientel vorgetragenes und bereits vordefiniertes Problem interventionsadäquat und systemfunktional aufbereitet und damit aus den Interessenhorizonten der Klientel löst (vgl. *Bittner*, 1980). Die Problemdefinition durch professionelles Wissen soll die Kalkulierbarkeit der Wirkung sozialer Hilfen und die Überprüfbarkeit ihrer Ergebnisse garantieren, was nur durch Orientierung an wissenschaftlichen, dem Anspruch nach prognostisch sicheren Aussagen möglich ist. Damit aber werden die Formen der Leistung psycho-sozialer Hilfen an die Entwicklung wissenschaftlicher Denkmodelle gebunden.

Diese Definitionen erfolgen auf der Basis der in spezifischen Konstrukten enthaltenen gesellschafts-, persönlichkeits-, verhaltenstheoretischen und anthropologischen Vorannahmen; d. h. der Gegenstand einer professionellen Intervention wird durch Konzentration auf bestimmte Relevanzbereiche konstruiert. Relevant z. B. im Sinne behavioristischer Lerntheorie sind beobachtbare Verhaltensweisen und ihre Steuerung durch die unmittelbare Umwelt, im Sinne der Psychoanalyse hinter Symptomen verborgene psychische Konflikte, die bis in ihren biographischen Ursprung zurück verfolgt werden oder im Sinne des Symbolischen Interaktionismus soziale Beziehungen, Situationen im Alltag, soziale Felder oder Erfahrungsräume (vgl. *Thiersch*, 1974). Bedürftigkeit wird als Verhaltensmangel oder Verhaltensexzeß, als Mangel psychischer Erlebnisverarbeitung oder als defizitäre oder widersprüchliche Situationen gesehen, pädagogisches und therapeutisches Handeln definieren ihren Gegenstand zwischen den Extrempolen des isoliert autonomen Individuums und seinen gesellschaftlichen Lebensbedingungen.

Obschon auf gemeinsame Basistheorien zurückgegriffen wird, läßt sich historisch gesehen die Tendenz zur Favorisierung je spezifischer Konstrukte nachweisen, die therapeutische Gegenstandsdefinitionen eher als individualsystematisch, problemausgrenzend, auf Problemkerne reduzierend erscheinen läßt, sozial-pädagogische Gegenstandsdefinitionen eher als ganzheitlich und lebensfeld- oder alltagsorientiert. Eine solche Differenzierung ist weniger sachlich begründet, als vielmehr Resultat des historischen Entwicklungszusammenhangs beider Handlungssysteme in ihrer institutionellen Verarbeitung psycho-sozialer Probleme und tradierter Handlungsarrangements. Psychoanalytische Theorie z. B. hat – wenn auch inzwischen stärker sozialwissenschaftlich orientiert – ihre Wurzeln in der Medizin; die von hier übernommene Arzt-Patient-Beziehung in der therapeutischen Praxis und die berufsständisch geförderte Personalunion Mediziner-Psychoanalytiker können als begünstigende Faktoren für die weitgehende Beibehaltung eines ausgrenzenden individuumbezogenen Zugangs gesehen werden, die sich aus der Theorie selbst nicht zwingend ergeben, wie z. B. Familientherapie auf psychoanalytischer Basis zeigt (vgl. *Richter*, 1974; *Friedrich* u. a., 1979). Obwohl das Krankheitsmodell der Psychoanalyse Störung als Objektbeziehungsstörung begreift und damit die Individualsystematik sprengt (vgl. *Horn*, 1974), setzt diese sich im klassischen setting wieder durch in dem Sinne, daß ein relationales Konzept der Beziehungsstörung nur ätiologisch interessiert, während Gegenstand der Bearbeitung die intrapsychische Repräsentation von Beziehungserfahrungen des Patienten ist. Therapien, die im experimentalpsychologischen Labor entwickelt wurden (insbesondere Verhaltenstherapien), halten auch im klinischen Bereich weitgehend an vergleichbaren Arrangements fest. Ihr von hier aus vorgezeichneter ausgrenzender Problemzugang wird abgestützt und verstärkt durch den Einsatz der Psychodiagnostik.

Gegenüber dem am medizinischen Vorbild der individuellen Rehabilitation orientierten Therapie, strebt Sozialpädagogik, da primär der Sozialisationsaufgabe verpflichtet, seit jeher stärker einen, dem gesellschaftlichen Ort ihres Handelns, dem sozialen Feld, angemessenen Zugang an. Zu den Meilensteinen auf dem Weg der Entwicklung eines angemessenen theoretischen Konstrukts sind z. B. zu rechnen:

- die handlungsbezogenen Konzepte der pragmatisch-hermeneutischen Pädagogik (geisteswissenschaftliche Pädagogik – *Dilthey, Nohl, Weniger*), die zu Beginn des Jahrhunderts mit ihrem sinnerschließenden Zugang zu einer als immer schon gesellschaftlich strukturiert verstandenen Erziehungswirklichkeit auch einen besonderen Einfluß auf die Sozialpädagogik dieser Zeit hatte,
- *Bernfelds* sich als Gegenkonzept verstehender Vermittlungsversuch psychoanalytischer Erziehungstheorie und sozialistisch materialistischer Gesellschaftsanalyse,
- die jüngeren pädagogischen Ansätze, die ausdrücklich einem sozialwissenschaftlichen Selbstverständnis verpflichtet sind, beginnend mit *Roths* Wiederhinführung der Pädagogik zu den übrigen Sozialwissenschaften und fortfahrend mit den emanzipativen Konzepten Kritischer Pädagogik *(Mollenhauer, Klafki, Blankertz)*, die der Kritischen Theorie der Frankfurter Schule verbunden sind (vgl. *Marburger*, 1979; *Thiersch* u. a., 1978; *Wulf*, 1977).

Bei der Suche nach einem theoretischen Konstrukt, das Individuelles (Erfahrung, Handeln, Bedürfnisse) in seiner je konkreten historischen und lebensgeschichtlichen Vermittlung im Nach- und Nebeneinander von Lebensfeldern und in seinen unterschiedlichen Bedeutungen als Gegenstand und Betrachtungseinheit von Pädagogik zu erschließen vermag, wird jüngst versucht, die Orientierung pädagogischer Praxis am sozialen Feld in einer Theorie des pädagogischen Alltags theoretisch einzuholen *(Thiersch*, 1978 a).

Neubestimmung des Verhältnisses von Sozialpädagogik und Therapie

Wenn es zutreffend ist, daß die gegenwärtige Aufgabenverteilung zwischen sozialpädagogischem und therapeutischem Handeln und mit ihr eingeschliffene Gegenstandsdefinitionen und Handlungsformen sich der gesellschaftlich-institutionellen Problembewältigung verdankt, weniger aber durch fachliche Gegenstandskonstrukte und entsprechende Handlungsarrangements legitimiert wird, dann ist die Abgrenzung der beiden Handlungssysteme ebenso wie das dazu benutzte begriffliche Instrumentarium nicht überzeugend. Eine begründbare Trennungslinie zwischen sozialpädagogischen und therapeutischen Handlungsformen verläuft weder zwischen wissenschaftlichen und nicht-wissenschaftlichen noch zwischen psychologischen und nicht-psychologischen Verfahren, auch nicht zwischen kontrollierten und spontanen unreflektierten Interaktionsformen. Eine fachliche professionelle Verhältnisbestimmung, die auch aktuelle, eingangs angedeutete, Entwicklungstrends der noch organisatorisch getrennten Handlungssysteme einholt, bedarf eines andersartigen begrifflichen Instrumentariums, mit dessen Hilfe eine modifizierte Aufgabenbestimmung und -verteilung vorgenommen werden kann. Daher ist eine Neubestimmung des Verhältnisses der tradierten Handlungssysteme durch die Rückfrage nach dem gemeinsamen Objektbereich, gemeinsamen Zielsetzungen und gemeinsamen Verfahrenselementen geboten.

Gemeinsame Zielsetzungen: Die gemeinsame Zielsetzung sozialpädagogischer und therapeutischer Handlungskonzepte kann umfassend bestimmt werden als die Veränderung oder Verbesserung der Möglichkeiten von Individuen oder Gruppen, auf ihre materielle und soziale Umwelt Einfluß zu nehmen. Ziel ist – mit unterschiedlicher Gewichtung – die Überwindung von materiellen, sozialen und psychischen Einschränkungen, die der Behebung von Situationen des Mangels, der Verringerung von Erfahrungen des Leidens und der Bewältigung von Situationen des Alltags im Wege stehen.

Verbessert werden sollen die Chancen der Selbstrealisierung von Individuen und Gruppen – Selbstrealisierung als umfassender Oberbegriff für politisch gesellschaftliche und individuell biographische Selbstverwirklichung, für Identitätsgewinnung, -sicherung und -darstellung. Die theoriespezifisch als Ich-Stärke, Autonomie, psychische Gesundheit, positive Selbstwahrnehmung, Selbstkontrolle, Fähigkeit zu politisch solidarischer Interessenwahrnehmung etc. formulierten Zielsetzungen lassen sich unter dem Oberbegriff Handlungskompetenz zusammenfassen.

Gemeinsamer Objektbereich: Um an der Vergrößerung individueller und kollektiver Handlungskompetenz wissenschaftlich kontrolliert arbeiten zu können, bedürfen sozialpädagogisches und therapeutisches Handeln einer umfassenden Theorie der Bedingungen menschlichen Handelns, die die einzelnen Befunde und Erklärungen der Sozial- und Verhaltenswissenschaften in eine Rahmenkonzeption integrieren und kompatibel machen kann.

Handeln meint, »daß Menschen durch den Aufbau materieller (die Ebene des praktischen Tuns, des Verhaltens – d. Verf.) und bewußter (die Ebene der Bedeutungszuweisung, der Situationsdefinition – d. Verf.) auf andere Handelnde wie auf die Handelnden selbst bezogener Handlungen Situationen des Mangels so bearbeiten, daß sie ihre Existenz dauerhaft gewährleisten können« (*Haferkamp*, 1978: 106). Handlungskompetenz umfaßt demnach sowohl die Ebene der materiellen Existenzsicherung als auch – im Interaktionskontext – die Fähigkeit, unterschiedlichste und in ihren Anforderungen widersprüchliche Situationen im eigenen Interesse und unter Wahrung der eigenen (individuellen oder kollektiven) Identität definieren und bewältigen zu können. Im Rahmen einer Theorie des menschlichen Handelns interessieren zum einen die unterschiedlichen Organisationsstufen von Handeln, die an jeder Einzelhandlung beteiligt sind, als auch – als sozialisationstheoretische Fragestellung – die Entwicklungs- oder Lerngeschichte von Handlungskompetenz. Die im folgenden differenzierten Organisationsstufen einer Handlung lassen sich einmal als analytische Dimensionen des Aufbaus von

Handlungskompetenz innerhalb eines Modells sozialen Lernens (s. u.) und zum zweiten als Analyseebenen eines Modells sozialen Handelns und damit als Analyseebenen der Beeinträchtigung von Handlungskompetenz verstehen (für die Punkte 1–8 vgl. *Schütze* u. a., 1973; vgl. auch *Keupp/Kraiker*, 1977).

1) Grundlegende Kognitions-, Sprach-, Interaktionskompetenz (Grundlage hierfür ist die biologische Grundausstattung)
2) biologische und psychische Bestände als Ressourcen des Handelns (Lernniveau, kognitive, sprachlich, interaktive Fertigkeiten, Gesundheitszustand etc. als sozio-historisch wandelbare psychische und körperliche Kapazitäten zur Planung und Durchführung von Handlungen)
3) subjektive Sinnorientierungen (als Produkte bisheriger Erfahrungen)
4) Basisregeln (grundlegende Regeln der Anwendung von Wissensbeständen zur Situationsdefinition)
5) im alltagsweltlichen Wissensbestand institutionalisierte normative Verhaltenserwartungen (Rollenmuster; Herrschaftsverhältnisse, (Chancen-)Verteilungsstrukturen; symbolische Codes, die den Alltagswissensbestand formal aufbauen, speichern und kommunizierbar machen)
6) Interessenkonstellationen der Interaktionspartner und gesellschaftlicher Gruppen (basierend auf Verfügungsanteil und Verfügungsmodus über die materiellen, biologischen und psychischen Bestände)
7) materielle Bestände als Ressourcen des Handelns (sozial unterschiedlich verteilte Verfügung über materielle Güter, Geld, Einfluß, Kommunikationskanäle etc.)
8) versachlichter sozialstruktureller Rahmen des Handelns als konstitutive Konjunktion zwischen materiellen, biologischen, psychologischen Beständen (2 u. 7), Interessenkonstellationen (6) und normativen Erwartungen (5) (Konjunktion kristallisiert sich insb. in Produktionsverhältnissen, Schichtungssystem, ökologischer Struktur einer Gesellschaft)
9) situative Zwänge (Handeln unter Zeitdruck; unvollständige Information)

Eine einzelne Handlung als die Bewältigung einer konkreten undefinierten Situation baut sich demgemäß auf als die Interdependenz und Interaktion zwischen:

– dem sozio-strukturellen Rahmen (8), den materiellen Handlungsressourcen (7) und den Interessenkonstellationen (6),
– der biologischen Grundausstattung (1) und dem biologischen und psychologischen Funktionsniveau (2),
– den kognitiven Schemata, d. h. den Wissensbeständen (5), Sinn- und Normorientierungen (3) (Typisierungsrepertoires) und
– den Basisregeln oder Interpretationsverfahren (4), z. B. Beachtung der Reziprozität der Perspektiven, Offenhalten von Situationsdefinitionen bis zum Eintreffen weiterer Informationen, Bezug auf vorgängige Erfahrung und Antizipation von Konsequenzen, Kontrolle über die verwendeten Typisierungen, die die Klammer zwischen den Situationsmerkmalen und den vorhandenen Wissensbeständen und normativen Orientierungen darstellen.

In einem solchen Handlungsmodell kann die Ursache für Defizienz einer Handlung auf allen genannten Ebenen festgemacht werden, womit zugleich ein Hinweis auf Art und Richtung der notwendigen Intervention gegeben wird. Bei Mängeln der biologischen Ausstattung ist anders zu intervenieren als bei Widersprüchlichkeit der gegebenen Situation und wieder anders bei Defizienzen in der Beherrschung der interaktionslogischen Basisregeln. Die Problemdefinition wird nicht mehr ausschließlich am Individuum festgemacht; Gegenstand der Veränderung sind nicht mehr ausschließlich individuelle Kompetenzen. Dennoch liegt hier das Schwergewicht therapeutischen und pädagogischen Handelns, das als solches weder auf politisch-gesellschaftliche Verhältnisse noch auf biologische Ausstattungen unmittelbar Einfluß nimmt, sondern vermittelt über die Erweiterung der Handlungskompetenz von Individuen.

Es bedarf jedoch nicht allein eines Analyseinstrumentariums, das erlaubt, Handlungen in ihren unterschiedlichen Organisationsebenen zu sehen, sondern es bedarf einer Theorie, die zugleich die Art der Verbindung dieser Organisationsebenen (wie werden z. B. Aspekte des »versachlichten sozialstrukturellen Rahmens« auf der Ebene konkreten Handelns wirksam?) durchsichtig macht. Der Entwicklung einer solchen Theorie, die nach einem durchgängigen Prinzip diesen Zusammenhang zwischen konkreten historischen Gesellschaftsstrukturen, institutionellen und Organisationsstrukturen und psychischen Strukturen herzustellen vermag, gilt derzeit ein besonderes Forschungsinteresse in den Sozialwissenschaften.

Ein solches durchgängiges Prinzip beginnt sich in der – oben schon angesprochenen – Kategorie Alltag abzuzeichnen (vgl. *Thiersch*, 1978 a). Alltag ist der Ort, in dem sich Wirklichkeit unmittelbar erschließt, in dem sie erfahrbar und handelnd verarbeitet wird. Er ist gekennzeichnet durch eine Ambivalenz und Widersprüchlichkeit: er ist Zugang zum gesellschaftlichen Ganzen, verstellt jedoch zugleich den Blick hierauf, er enthält Momente von Praxis und Ideologie. Im Alltag ist Wirklichkeit strukturiert (Komplexität des Alltags) nach Maßgabe menschlichen Orientierungsbedürfnisses als Voraussetzung jeden Handelns (pragmatische Orientierung) und nach Maßgabe undurchschauter gesellschaftlicher Interessen (Verengung und Entfremdung). Erst über die Erschließung von Alltagswelten wird Handeln verstehbar und Handlungskompetenz als Zieldimension normativ bestimmbar. Handlungskompetenz entsteht nur innerhalb eines Ideologie und Entfremdung überwindenden Alltags und trägt beständig zu dessen Gelingen bei. »Alltag . . . kann nur gelingen, wenn er auch offen ist für Erfahrung, Handlungs- und Denkzugänge, die seiner Struktur zuwiderlaufen« (*Thiersch, 1978: 22*).

Die graduell unterscheidbare Handlungskompetenz ist Produkt von Prozessen sozialen Lernens. Die skizzierten Organisationsstufen sozialen Handelns lassen sich auch als Dimensionen eines Modells sozialen Lernens, eines Modells der »kognitiven Transformation von Handlungsstrukturen und Beziehungsstrukturen« interpretieren (vgl. *Ulich*, 1976: 171 ff.): Basierend auf der biologischen Ausstattung und den biologischen Funktionen werden durch die Teilnahme an und die Beobachtung von Interaktionen in Situationen und Relevanzbereichen des Alltags zum einen die darin enthaltenen Typisierungen von Gegenständen, Personen,

Situationen etc., normative Typisierungen, Werthaltungen, Einstellungen, Empfindungen etc., aber auch die interaktiven Strukturen selbst, z. B. Strukturen interpersonaler Beziehungen, gelernt. Die Summe erfahrener und angeeigneter Interaktionsstrukturen und die Summe der erworbenen Erfahrungsinhalte werden als Verhaltens- bzw. Typisierungsrepertoires bzw. als generative Regelsysteme bei der Definition neu auftretender Situationen handlungsleitend wirksam (vgl. *Bandura*, 1976; *Bohnsack*, 1973; *Cicourel*, 1973; *Mahoney*, 1977).

Handlungskompetent ist daher, wer fähig ist, erworbene Regelsysteme flexibel auf neuartige Situationen anzuwenden. Dabei werden sowohl Situationen verändert und beeinflußt als auch die handlungsleitenden, Situationen definierenden kognitiven Schemata erweitert und modifiziert. Die Fähigkeit, einerseits Situationen zu strukturieren und zu beeinflussen, andererseits erworbene und habitualisierte Wahrnehmungs- und Denkschemata (worunter auch affektiv-emotionale Bewertungs- und Reaktionsschemata gefaßt sind) durch neue Situationen, also neue Erfahrungen in Frage stellen zu lassen, entwickelt und realisiert sich jedoch nur innerhalb von Lebens- und Lernfelder, die Chancen enthalten, sich von zu undurchschauten Routinen erstarrten Handlungsformen zu distanzieren, enge partikulare Lebens- und Lernfelder und ihre Interaktionsstrukturen zu transzendieren (vgl. *Thiersch*, 1978 a). Mangelnde Handlungskompetenz ist demnach nicht Diagnose einer individuellen Eigenschaft, eines Persönlichkeitszuges, sondern Störung der Vermittlung zwischen Individuum und (Lebens-)Situation (vgl. *Endler/Magnusson*, 1976; *Mischel*, 1973). Insofern ist mangelnde Handlungskompetenz eine Problemdefinition, die die Defizienz und Widersprüchlichkeit von Situationen, Lernfeldern und Lebenswelten ebenso aufzuzeigen erlaubt, wie deren Manifestation in individuellen, gruppen- und gesellschaftstypischen psychischen Strukturen.

Einem handlungsleitenden theoretischen Konstrukt, das Handeln in seinem Kontext erfaßt, entspricht ein Konzept von Veränderung, das kompensatorisch und korrektiv Handlungskompetenz erweitert, indem je nach Problemlage materielle Lebensbedingungen verbessert, institutionelle Verkehrsformen verändert, interpersonelle Beziehungen umstrukturiert und individuelle Fähigkeiten zur Bewältigung von Situationen optimiert werden. Letzteres geschieht durch das gezielte Angebot bestimmter Interaktions- und Beziehungsqualitäten, die als kognitive Schemata erworben und generalisiert werden können. Als analytische Schlüsselbegriffe eines solchen Konzepts dienen »Lernarrangement« und »Interaktionsformen/Beziehungsdefinitionen«, die gemeinsame Verfahrenselemente therapeutischer und sozialpädagogischer Handlungssysteme kennzeichnen.

Lernarrangement: Lernarrangements stellen den Rahmen dar, in dem bzw. aus dem heraus Möglichkeiten zur Erweiterung von Handlungskompetenz planbar und realisierbar werden. Sie sind unterscheidbar nach den Merkmalen ihrer räumlichen und zeitlichen Ausprägung. Die Dimension »räumlich/soziale Anordnung« reicht von eng eingegrenzten settings (z. B. Lernlabor; therapeutische Praxis – dyadische Interaktion) über Gruppenarrangements (Gruppenpädagogik; Gruppentherapie), Sonderlebensfelder (stationäre Arrangements; pädagogischer Schonraum, therapeutisches Milieu) bis zu Arrangements im Alltag (Arrangements offener neuer Lebensfelder – z. B. im Freizeitbereich – oder vorgegebener Lebensfelder: von der Familienfürsorge bis zum street work). Die zeitliche Dimension umfaßt zum einen das zeitliche Arrangement im engeren Sinne, anzuordnen auf einem Kontinuum von strenger Terminierung (z. B. Therapiestunde; Beratungstermin) über flexible Arrangements (offene Beratungs-/Kommunikationsangebote während flexibler Dienstzeiten) bis hin zu zeitlich uneingeschränkten Interaktionschancen, sei es in einem geteilten Alltag oder durch ständige Erreichbarkeit des Professionals. Zum anderen umfaßt die Dimension auch die zeitliche Orientierung, die in verschiedenen theoretischen Konstrukten jeweils von Bedeutung ist: Gegenwart (z. B. Ansatz am »Hier und Jetzt«), Vergangenheit (z. B. biographische Rekonstruktion), Zukunft (Orientierung an den noch nicht realisierten Möglichkeiten). Sie umfaßt zugleich die Annahmen über Einflußmöglichkeiten auf die Geschichte; d. h. als veränderbar bzw. aktiv beeinflußbar können gelten: die individuelle Lebensgeschichte, die Entwicklung interpersoneller Beziehungen oder gesellschaftlich-institutionelle Prozesse.

Ordnet man die in gängigen sozialpädagogischen und therapeutischen Handlungssystemen gebräuchlichen Lernarrangements nach räumlichen und zeitlichen Ausprägungsgraden, so zeigt sich, daß sozialpädagogische und therapeutische Arrangements jeweils nahezu auf dem gesamten Spektrum anzutreffen sind, daß jedoch therapeutische Handlungsmodelle sich eher am Pol räumlicher wie zeitlicher Ausgrenzung verdichten, sozialpädagogische Handlungsmodelle eher am Pol alltagorientierter Offenheit.

Interaktionsformen/Beziehungsdefinitionen: Interaktionsformen und Beziehungsdefinitionen sind ebenso Medium wie Gegenstand sozialen Lernens; im Medium spezifischer Interaktionsformen und Beziehungsdefinitionen ermöglichen Lernarrangements, deren Aneignung als »kognitive Repräsentation von Sozialbeziehungen« (*Ulich,* 1976: 187), als generative Regeln, damit vor allem diejenigen Interaktionsformen und Beziehungsdefinitionen in das Verhaltensrepertoire aufgenommen werden können, die in den bisherigen Erfahrungsfeldern nicht vorkamen und es so zu einer Erweiterung von Handlungskompetenz kommt. Die von *Mollenhauer* u. a. 1975 zur Analyse familialer Verkehrsformen vorgeschlagenen fünf Dimensionen eignen sich auch zur Differenzierung von Interaktionsformen und Beziehungsdefinitionen in professionell fachlichen Lernarrangements:

1. Personale versus funktionale Beziehungsdefinition: Professionell fachliches Handeln, als institutionell organisatorisch vermitteltes, ist in einem höheren Maße Rollenhandeln als Interaktionen im privaten, z. B. familialen Kontext. Die institutionelle Vorstrukturierung der Beziehung Helfer–Klient darf nicht geleugnet werden. Die Betonung der Funktion des Helfers macht dem Klienten die Situation transparenter, (a) macht seinen eigenen Part im Veränderungsprozeß deutlich (motiviert zu aktiver Beteiligung), (b) macht das Handeln des Helfers einschätzbarer (fördert zugleich Antizipationsfähigkeit) und (c) schützt ihn vor unkontrollierten Auswirkungen personaler Beteiligung (emotionale Regungen, Launen, Empfindlichkeiten etc.). Da Beziehungsdefinitionen in

ihren Auswirkungen immer ambivalent sind, kann transparentes Rollenhandeln allzu leicht umschlagen in Statuszuschreibungen und Statusfestschreibungen mit identitätsschädigender Wirkung (vgl. *Goffman* 1975), bedarf die funktionale Beziehungsdefinition in hohem Maße der Korrektur und Ergänzung durch eine personale Beziehungsdefinition, die dem Klienten die Rolle des kommunikationsfähigen Partners zumutet und den Erwerb und die Darstellung einer nichtinstitutionell vermittelten Identität ermöglicht (vgl. *Portugall,* 1976; *Wortmann,* 1978).

2. Gleichhberechtigte versus herrschaftsbestimmte Beziehungsdefinition: Als Wirkmechanismus jeder Therapieform stellt *Haley* (1978) heraus, daß der Helfer die Kontrolle über die Beziehung bekommen und behalten muß, wenn er das Verhalten von Klienten beeinflussen will. *Jervis* (1978) betont die Parallelität zwischen psychotherapeutischer Beziehung und Erziehungsverhältnis, die beide – unter der Perspektive und der Vorwegnahme von Unabhängigkeit handelnd – bestehende (Macht-)Ungleichheiten zwischen Klient und Helfer nicht leugnen, sondern die Kontrolle über die Beziehung dazu benutzen, den Klienten zur Auseinandersetzung mit der Realität zu zwingen. Für die Angemessenheit und die Differenzierung zwischen den beiden Beziehungsformen dürfte entscheidend sein, ob die Problemlage ein Lernarrangement erfordert, das die Ungleichheit in der Beziehung zum Zwecke der Bearbeitung eines aus dem Lebenszusammenhang isolierbaren Problems bzw. eines diesen bestimmenden Problems instrumentalisiert oder ein Lernarrangement, das unter größtmöglicher Reversibilität der Rollen Lernen und Erkenntnis dadurch ermöglicht, daß eine gemeinsame Problematisierung des Lebenszusammenhangs, eine gemeinsame Praxis versucht wird.

3. Inhaltlich versus formal bestimmte Interaktion: Jedes Lernarrangement muß das Verhältnis zwischen stärkerer Thematisierung von Sachproblemen oder größerer Betonung von Beziehungsproblemen bestimmen. Auf psycho-soziale Probleme bezogene Lernarrangements stellen insofern auf die Bearbeitung von Beziehungsproblemen ab, als die Beziehung zwischen Helfer und Klient als generalisierbare Modellbeziehung verstanden wird, die Veränderungsarbeit an der Übertragung ansetzt oder durch die Realisierung bestimmter Therapeutenmerkmale eine Beziehung und ein emotionales Klima geschaffen wird, das Lernprozesse günstig beeinflußt. »Kognitive Therapien« setzen stärker an der Neustrukturierung und -bewertung von Informationen an. Fast immer ist die Qualität der Beziehung zwischen den an Lernprozessen Beteiligten Grundlage der Vermittelbarkeit von Informationen und der Thematisierung von Sachproblemen.

4. Subjektive versus mechanische Zeitschemata: Abhängig von der Problemlage sind Lernarrangements erforderlich, die die Problembearbeitung innerhalb eines weitgehend gemeinsamen Alltags von Helfern und Klienten organisieren oder im Rahmen fester Zeitschemata. Die der Problemlage entsprechende Wahl des Lernarrangements verlangt aber in jedem Fall, daß die Wahl der Zeiteinheit von den subjektiven Klientenbedürfnissen statt von organisatorischen Erfordernissen der Institution abhängig gemacht wird; allerdings kann es gerade Lernziel

sein, ohne die ständige Bereitschaft eines professionellen Helfers Zeit zu überbrücken.

5. Problematisierende versus konventionalistische Interaktionsmuster: Lernarrangements bei psycho-sozialen Problemen haben fast immer die Korrektur bzw. Aufhebung verfestigter Wahrnehmungs-, Reaktions- und Beziehungsformen und das Verhandeln, den problematisierenden Diskurs über Geltungsbereiche von Handlungsnormen zum Ziel. Der professionelle Helfer bricht die eingeschliffenen Schemata gerade dadurch auf, daß er sich erwartungswidrig verhält, d. h. die ihm im Interaktionsmuster des Klienten manipulativ zugewiesene Rolle zurückweist und dadurch neue Erfahrung ermöglicht. Seltener ist der Erwerb stabiler Interaktionskonventionen als Ziel von Lernarrangements gefordert. Problematisierende Interaktionsmuster sind tendenziell auf noch nicht realisierte Entwicklungs- und Veränderungschancen bezogen, konventionalistische auf die Stabilisierung von Bestehendem oder den Aufbau von Regelmäßigkeit.

Die Dimensionierungen interpersonellen Handelns machen deutlich, daß es keine generelle Trennung der beiden Handlungssysteme Sozialpädagogik und Therapie geben kann, daß sie sich vielmehr unter dem Oberbegriff »Organisation sozialen Lernens« zusammenfassen lassen.

Daß mit der Betonung der Gemeinsamkeiten sozialpädagogischer und therapeutischer Handlungsformen nicht die Verwischung der Charakteristika unterschiedlicher Verfahren und Techniken gemeint sein kann oder das Aufgehen des einen Handlungssystems im jeweils anderen (z. B. die Organisation sozialpädagogischen Handelns nach bestimmten therapeutischen Prinzipien, wobei dann ein Problem über den – oft zu einfachen – Leisten der theoretischen Dimensionen eines Therapieverfahrens geschlagen wird – stellvertretend für diese Tendenz vgl. *Hoffmann/Freese*, 1975; kritisch: *v. Kardorff*, 1978) ist evident. Eine Neubestimmung des Verhältnisses von Therapie und Sozialpädagogik muß die Forderung nach der praktischen Aufhebung der organisatorisch-institutionellen Trennung der beiden Handlungsformen umfassen ebenso wie die Aufgabe ihrer theoretischen Differenzierung in ihrer bisherigen Form. Eine der Lebenslage der jeweiligen Klientel wirklich gerecht werdende psycho-soziale Versorgung muß sich am Ideal eines Kanons verschiedener Lernarrangements, Interaktionsformen und Beziehungsdefinitionen orientieren, die relativ frei verfügbar sind, d. h. von gesellschaftlichen, institutionell-organisatorischen und professionell-berufsständischen Vorgaben unabhängig problemadäquat eingesetzt werden können. Was problemadäquat ist, kann nicht allein den basistheoretischen Annahmen entnommen werden, in denen soziale Wirklichkeit immer schon auf einen bestimmten Relevanzbereich, z. B. den psychologischen, reduziert wird, sondern ist nur zu bestimmen im Rückgriff auf eine die Komplexität des Alltags, seine Strukturen, Bedeutungen, materiellen Gehalte und historischen Veränderungen erfassenden (Handlungs-)Theorie. Nur von hier wird bestimmbar, was zum Gegenstand und zur Zielrichtung der Veränderung wird (Lebensbedingungen, Situationen, individuelle Fähigkeiten oder Fertigkeiten, Verhaltensweisen, Erlebnisformen etc.) und nur hierüber wird auch die Frage nach dem Erfordernis alltagsnaher oder alltagsausgrenzender Problemzugänge und zeitlich umfassender bzw. offener oder zeitlich eingegrenzter Lernarrangements entscheidbar. Die bloße Übernahme therapeutischer Verfahren in die Handlungsfelder, die Anwendung therapeutischer Techniken auf die Klientel der Sozialpädagogik ist schon deshalb oft nicht möglich, weil bei ihrer spezifischen Klientel Probleme selten so begrenzbar und aus dem Lebenszusammenhang isolierbar sind, daß die Klienten sich auf eine gesonderte Bearbeitung einlassen könnten. Selbst die der gesonderten Behandlung bedürfenden Problematiken (z. B. Alkoholismus) lassen sich meist nur durch ein Lernarrangement beeinflussen, das den alltäglichen Lebenszusammenhang integriert (z. B. Bezugspersonen).

Die Forderung nach einer derartigen Bestimmung von Problemangemessenheit wird durch Entwicklungen auch im Bereich von Psychologie und Therapie in zweifacher Weise gestützt:

- Psychologie verändert ihren Gegenstand dahingehend, daß der Vermittlungsprozeß zwischen individuellen psychischen Strukturen und der sie produzierenden gesellschaftlichen Strukturen in den Mittelpunkt des Interesses rückt (Kritische Psychologie)
- Begriffe wie ökologische Psychologie, Gemeindepsychologie, Gemeindepsychiatrie, therapeutische Gemeinschaft oder »Therapie im gegebenen Sozialfeld« und die vielfältigen an der Veränderung der sozialen Beziehungen ansetzenden Therapieformen (z. B. Familientherapie) deuten an, daß die Praxisformen therapeutischer Arbeit den Rahmen dyadischer Interaktion und des Labors längst gesprengt haben.

Auch der Gedanke einer weitest möglichen Ersetzung von Therapieangeboten durch primäre Prävention, durch Reduzierung von psycho-soziale Problemlagen verursachenden Faktoren im Bereich der näheren und weiteren Umwelt (z. B. Arbeitswelt; Wohnbedingungen) kann für Sozialpädagogik wie Therapie einen neuen gemeinsamen Ausgangspunkt darstellen.

Postulate für professionelle Problemdefinitionen und Handlungsarrangements

1. Narkotisierend objektivierende Expertendiagnose versus Rekonstruktion von Lebenswelten und dialogisch diskursive Problemformulierung: Die handlungsleitende und -auslösende Problemdefinition darf nicht in erster Linie durch die Selektions- und Relevanzkriterien einer Interventionsstrategie und ihres diagnostischen Instrumentariums bestimmt werden. Im Gegensatz zur Behandlung eines physisch-medizinischen Problems, bei dem der Patient durch die schmerz- und bewußtseinsausschaltende Narkose zum nicht aktiv beteiligten Objekt des ärztlichen Eingriffs wird, das die physiologischen Grundlagen und die Funktion der therapeutischen Intervention nicht verstehen muß, kommt es bei der Behandlung psycho-sozialer Probleme darauf an, daß Klient und professioneller Helfer gemeinsam eine Problemdefinition erarbeiten, die dem Klienten sein Problem einschließlich der verursachenden Bedingungen begreifbar und verfügbar macht. *Freire* (1974 a: 88) formuliert die Differenz für die Bildungssituation: »Während die

›Fürsorge‹-Konzeption der Bildung die Lernenden ›narkotisiert‹ und sie deshalb in einer naiven und akritischen Haltung der Welt gegenüber beläßt, fordert Bildung, die sich als Erkenntnissituation versteht, sie zu richtigem Denken und nicht zum Auswendig-Lernen auf.« Voraussetzung eines Handlungskompetenz erweiternden Lernarrangements ist, daß Klient und professioneller Helfer die Eigentümlichkeit des vorhandenen Typisierungs- und Verhaltensrepertoires des Klienten in seinen Möglichkeiten und Begrenzungen, die zu ungekonnten, unzweckmäßigen Situationsdefinitionen führen als verstehende Rekonstruktion von Lebenswelten erfassen. Die Erarbeitung einer aus dem Lebenszusammenhang und den Bedeutungsstrukturen des Betroffenen gewonnenen Problemdefinition ist Aufgabe des Beratungs-Diskurses als eines »begründeten und weitgehend sanktionsfreien Verhandelns über Ursachen Folgen und eventuelle Lösungsperspektiven von gemeinhin als hilfsbedürftig gekennzeichneten Zuständen bzw. als abweichend bezeichnetem Verhalten« (*Brumlik/Keckeisen,* 1976: 258). Zwar können solche Beratungs-Diskurse nur als kontrafaktische Antizipation der idealen Sprechsituation gleich verteilter Äußerungschancen geführt werden, da mangelnde Handlungskompetenz Wahrnehmungsverzerrungen und idiosynkratische Situationsdefinitionen impliziert, jedoch sind solche Antizipationen unter dem Aspekt der zu realisierenden Entwicklungspotenzen des Klienten Orientierungsmaßstab des Handelns.

2. Anamnestische Defizit-Orientierung versus zukunftsgerichtete Orientierung an Entwicklungspotenzen: Als handlungsleitendes Gegenstandskonstrukt der Organisation von Lernarrangements bleibt eine bloß rückwärts gewandte, individuelle Psychopathologien und Verhaltensstörungen als Produkt defizienter Sozialisation diagnostizierende sowie eine nur die aktuellen Verhaltendeterminanten berücksichtigende Problemdefinition ungenügend. Zwar müssen die auf sozialer Ungleichheit und Unterprivilegierung basierenden defizitären Sozialisationsbedingungen mit dem Maßstab eines zu Selbstrealisierung und Handlungskompetenz fähigen Subjekts kritisiert werden, dürfen jedoch nicht als Entitäten und defiziente Persönlichkeitseigenschaften den alleinigen Gegenstand von Prozessen sozialen Lernens bilden. Das Subjekt ist nicht nur als von seinen bisherigen Erfahrungen bestimmt zu betrachten, sondern gemäß seinen noch nicht realisierten Möglichkeiten. Anknüpfungspunkte für die Organisation von Prozessen sozialen Lernens sind nicht nur in neuen Erfahrungen zu kompensierende und aufzuhebende Entwicklungsdefizite und verfestigte Interaktions- und Beziehungsstrukturen, sondern mehr noch die Förderung verschütteter Emanzipations- und Entwicklungspotentiale in und durch die Realisierung eines gelungenen Alltags, in dem das Handeln von der Utopie einer gelingenden Biographie her bestimmt wird (vgl. *Bloch*, 1967; *Brumlik/Keckeisen*, 1976; *Freire,* 1972, 1974; *Ortmann*, 1975).

3. Präventionsorientierter staatlicher Eingriff versus klienten-orientierte Parteilichkeit: Ein professionell fachlich legitimierbares Konstrukt für Arrangements sozialen Lernens darf seinen Gegenstand nicht nur aus der Perspektive der Beseitigung oder Verhinderung erfassen. Wenn die Feststellung, daß ein Problem vorliegt und die Definition dieses Problems Aufgabe eines diskursiv dialogisch durchgeführten Beratungsprozesses ist, dann bedeutet das darüber hinaus, daß der professionelle

Helfer dem Interesse des Klienten mehr als dem Kontroll- und Präventionsinteresse seines staatlich institutionellen Auftraggebers verpflichtet sein muß. An die Stelle des Prinzips der Amtstreue gegenüber gesellschaftlich institutionellen Zwecken muß für den professionellen Helfer das Prinzip der Parteilichkeit gegenüber seinen Klienten treten, deren Problemsicht und deren Bedürfnissen er Geltung verschaffen muß (vgl. *Ortmann*, 1975). Dies impliziert nicht von vornherein die Forderung nach Verzicht auf Hilfe, wenn diese mit Kontrollelementen gekoppelt ist (anders *Seibert*, 1978); denn in vielen Fällen therapeutisch-pädagogischer Praxis kann der Betroffene nicht selbst Auftraggeber des professionellen Helfers sein (z. B. altersbedingte Hinderungsgründe, ideologisch verstellte oder durch psycho-soziale Problematik beeinträchtigte Problemsicht). Die Forderung nach verstehender Parteilichkeit kann jedoch nicht völlige Unterordnung professionell fachlicher Kompetenz unter durch Lebensumstände eingeengte Erfahrungs- und Erkenntnisformen bedeuten. So wie primäre Sozialisationsprozesse nur möglich sind auf der Grundlage von »als-ob-Strukturen« (*Oevermann* u. a., 1976: 377), in denen die Kommunikationspartner dem Kind (idealerweise) jeweils einen höheren als den tatsächlich erreichten Kompetenzgrad unterstellen, so muß auch der Professionelle in psycho-sozialen Beratungsarrangements sein Handeln u. U. auf einen Grad von Handlungskompetenz oder einen Bewußtseinsstand des Klienten beziehen, den dieser noch nicht erreichen konnte.

4. Psychologisierung des Alltags versus Realisierung gelungenen Alltags: Wird Alltag gleichsam als die oberste Realität verstanden, so ist jegliche Organisation sozialer Lernprozesse danach zu bemessen, welchen Beitrag sie leistet, Strukturen des Alltags erkennbar werden zu lassen, Bedeutungszusammenhänge durchsichtig zu machen, verstellte Erfahrungsmöglichkeiten und Perspektiven freizulegen, Handeln zu motivieren und zu unterstützen (Realisierung gelungenen Alltags); d. h., daß auch Lebensbedingungen und Strukturen von Lebensfeldern verändert werden müssen, da ohne ihre Veränderung von ihnen abhängige psychische Strukturen und Verhaltensrepertoires sich nicht so verändern lassen, wie es durch die Psychologisierung des Alltags, die Problemreduktion auf das von psychologischer Theorie Erfaßte suggeriert wird. Handlungskonzepte, die sich individualisierend auf die Veränderung von Anpassungsfähigkeiten beschränken, ohne die soziale Realität, an die sie anpassen in ihrer Brüchigkeit und Widersprüchlichkeit ins Blickfeld zu rücken, begünstigen bestenfalls, daß Individuen sich in reduzierten, parzellierten Alltagswelten (Produktion, Privatheit) und Lebensfeldern (Familie, Schule peer group) einzurichten vermögen (Pragmatik statt Praxis). Muß Gelerntes sich so im Alltag bewähren und kann fachliches Handeln sich nur in dieser Bewährungsprobe legitimieren, so impliziert dies zugleich, daß alltagsnahe alltagsfernen, d. h. ausgegrenzten oder Alltag verfremdenden Arrangements vorzuziehen sind, Lernen in Lebenszusammenhängen Priorität einzuräumen ist gegenüber Lernen für Lebenszusammenhänge.

Ingeborg Hompesch-Cornetz/Raimund Hompesch

Literatur

Barabas, E. u. a., 1975: Jahrbuch der Sozialarbeit 1976, Reinbeck – *Barabas, E.*u. a. (Hrsg.), 1977: Jahrbuch der Sozialarbeit 1978, Reinbeck – *Bloch, E.*, 1967: Zur Ontologie des Noch-Nicht-Seins, in: Auswahl aus seinen Schriften, Frankfurt/M. – *Bittner, U.*, 1980: Ein Klient wird »gemacht«, in: *Kardoff, E./Koenen, E.* (Hrsg.): Psyche in schlechter Gesellschaft, München – *Bohnsack, R.*, 1973: Handlungskompetenz und Jugendkriminalität, Neuwied – *Brumlik, M./Keckeisen, W.*, 1976: Etwas fehlt, in: Kriminol. Journal, H. 4 – *Cicourel, A. V.*, 1968: The Social Organization of Juvenil Justice – *Cicourel, A. V.*, 1973: Basisregeln und normative Regeln im Prozeß des Aushandelns von Status und Rolle, in: Arbeitsgruppe Bielefelder Soziologen (Hrsg.), Alltagswissen, Interaktion und gesellschaftliche Wirklichkeit, Reinbek – *Cicourel, A. V.*, 1975: Sprache in der sozialen Interaktion, München – *Endler, N. S./Magnusson, D.*, 1976: Toward an Interactional Psychology of Personality, in: Psychological Bulletin – *Friedrich, H.*, u. a., 1979: Soziale Deprivation und Familiendynamik, Göttingen – *Frommann, A.*, u. a., 1977: Sozialpädagogische Beratung, in: *Thiersch, H.*: Kritik und Handeln, Neuwied – *Freire, P.*, 1972: Pädagogik der Unterdrückten, Stuttgart – *Freire, P.*, 1974: Pädagogik der Solidarität, Wuppertal – *Gleiss, I*, u. a., 1973: Soziale Psychiatrie, Frankfurt/M. – *Goffman, E.*, 1973: Asyle, Frankfurt/M. – *Haferkamp, H.*, 1977: Zur soziologisch handlungstheoretischen Analyse von Entwicklungen sozialer Strukturen, in: *Lenk, H.* (Hrsg.): Handlungstheorien – interdisziplinär, Bd. 4, München – *Haley, J.*, 1978: Gemeinsamer Nenner Interaktion, München – *Hoffmann, N./Freese, M.*, 1975: Verhaltenstherapie in der Sozialarbeit, Salzburg – *Hompesch, R./Hompesch-Cornetz, I.*, 1979: Jugendkriminalität und pädagogisches Handeln, Bad Honnef – *Horn, K.*, 1974: Das psychoanalytische als Teil eines sozialwissenschaftlichen Krankheitskonzepts, in: *Muck, M.*, u. a.: Information über Psychoanalyse, Frankfurt/M. – *Jervis, G.*, 1978: Kritisches Handbuch der Psychiatrie, Frankfurt/M. – *v. Kardorff, E.*, 1978: Modellvorstellungen über psychische Störungen: Gesellschaftliche Entstehung, Auswirkungen, Probleme, in: *Keupp, H./Zaumseil, M.* (Hrsg.): Die gesellschaftliche Organisierung psychischen Leidens, Frankfurt/M. – *Keupp, H./ Kraiker, Ch.*, 1977: Die Kontroverse zwischen Verhaltenstherapie und Psychoanalyse, in: *Zeier, H.* (Hrsg.): Pawlow und die Folgen, Zürich – *Marburger, H.*, 1979: Entwicklung und Konzepte der Sozialpädagogik, München – *Mischel, W.*, 1973: Toward a cognitive social learning reconzeptualization of personality, in: Psychological Review – *Oevermann* u. a., 1976: Beobachtungen zur Struktur der sozialisatorischen Interaktion, in: *Auwärter, M.* u. a., Seminar: Kommunikation, Interaktion, Identität, Frankfurt/M. – *Ortmann, H.*, 1975: Kompensatorische Erziehung, in: Deutscher Bildungsrat (Hrsg.): Bildungsforschung, Stuttgart – *Peters, D.*, 1975: Die soziale Herkunft der von der Polizei aufgegriffenen Täter, in: *Lüdersen, K./Sack, F.* (Hrsg.): Abweichendes Verhalten, Bd. 1, Frankfurt/M. – *Richter, H. E.*, 1974: Lernziele Solidarität, Reinbek – *Sachße, Ch.*, 1979: Über den Zusammenhang von Sozialisation, Recht und Staat, in: Neue Praxis, H. 1 – *Schütze, F.*, u. a., 1973: Grundlagentheoretische Voraussetzungen methodisch kontrollierten Fremdverstehens, in: Arbeitsgruppe Bielefelder Soziologen (Hrsg.), Alltagswissen, Interaktion und gesellschaftliche Wirklichkeit, Bd. 2, Reinbek – *Sudnow, D.*, 1973: Normal Crimes, in: *Rubington/ Weinberg*, Deviance, The Interactionist Perspective, New York/London – *Thiersch, H.*, 1974: Interaktionistische Aspekte der Jugendhilfe, in: BMJFG (Hrsg.), Mehr Chancen für die Jugend, Stuttgart – *Thiersch, H.*, 1978 a: Alltagshandeln und Sozialpädagogik, in: Neue Praxis, H. 1 – *Thiersch, H.*, 1978 b: Zum Verhältnis von Sozialarbeit und Therapie, in: Neue Praxis, Sonderheft 1978 – *Thiersch, H.*, u. a., 1978: Die Entwicklung der Erziehungswissenschaft, München – *Ulich, D.*, 1976: Pädagogische Interaktion, Weinheim – *Wortmann, R.*, 1978: Heim, Knast – und dann? Frankfurt/M. – *Wulf, Ch.*, 1977: Theorien und Konzepte der Erziehungswissenschaft, München. –

→ Alltagstheorien → Persönlichkeitsentwicklung → Psychosoziale Versorgung → Sozialpädagogisches Handeln

Sozialpädagogisches Handeln

Im folgenden wird versucht, ein Schema zu entwickeln, welches Dimensionen von Handlungsanforderungen im sozialpädagogischen Feld und Dimensionen der Reflexion dieser Handlungsanforderungen unterscheidet und einander zuordnet. Genauer müßte das Stichwort deshalb lauten: Formen sozialpädagogischen Handelns und Denkens. Denn in einem qualifizierenden und ordnenden Sinne läßt sich über sozialpädagogisches Handeln nicht reden, ohne von der Reflexivität zu reden, die dieses Handeln begleiten und durchdringen soll. Mit »Formen sozialpädagogischen Handelns« ist ausdrücklich mehr gemeint, als »Methoden sozialpädagogischen Handelns«. Der Begriff des »sozialpädagogischen Feldes« wird in weiter Bedeutung als Bezeichnung für alle Bereiche verwendet, in denen Personen, die Sozialpädagogen bzw. Sozialarbeiter genannt werden, beruflich tätig sind.

Die Überlegung, daß sozialpädagogisches Handeln nicht nur – und im wissenschaftlich strengen Sinne vielleicht überhaupt nicht – methodisches Handeln sei, hat Soziologen veranlaßt, Sozialpädagogik als »Semiprofession« zu bezeichnen (vgl. *Etzioni* u. a., 1969; *Peters,* 1971). Diese Einstufung und Abgrenzung gegenüber den sogenannten »vollen« Professionen bezieht sich, von formalen Kriterien (wie Ausbildungsdauer, exklusives Berufswissen, berufliche Autonomie) abgesehen, vor allem auf zwei Komplexe von Tätigkeitsmerkmalen:

– Auf der einen Seite auf die alltagsnahen Merkmale dieses Berufs, auf das »Ganzheitliche«, »Pflegende«, »Mit-Menschen-zu-tun-Habende«, »Versorgende« und damit nicht auf zweckrationale Methoden Reduzierbare, das diesem Beruf zugeschrieben wird, und das ihn in die Nähe sowohl des Schwesternberufes als auch der Hausfrauenarbeit rückt (vgl. *Ostner,* 1979).

– Auf der anderen Seite bezieht sie sich auf die »Vollzugsrollenmerkmale« (*Blinkert,* 1976), die besonders in den klassischen Feldern der Sozialarbeit (z. B. Jugendamt) bürokratische Fremdkontrolle in ein widersprüchliches und einschränkendes Verhältnis zu den Normen professioneller Selbstkontrolle treten lassen (vgl. *Blau/Scott,* 1971).

Diejenigen Tätigkeiten bzw. Felder der Sozialpädagogik dagegen, die den Anspruch stützen können, im strengen Sinne »professionelle« Tätigkeit zu sein, könnte man in einem Kontinuum zwischen jenen Polen einordnen. Dieser Mittelbereich umfaßt alles, was mit der Sammelbezeichnung »sozialpädagogische Beratung« abgedeckt werden kann. Dazu gehören insbesondere Tätigkeiten, die sich an den Modellen sozialpädagogischer Methodenlehre (z. B. die »klassischen« Methoden des »case-, group-, und community-work«) orientieren. Außerdem können dazu neuere Feldentwicklungen gerechnet werden, (z. B. Erziehungsberatung, Schulsozialarbeit, Freizeit-Pädagogik), die im Zuge eines »Funktionswandels« sozialer Arbeit entstanden sind.

Grundprobleme

Drei Grundprobleme können in diesem Gesamt-Kontinuum sozialpädagogischer Tätigkeiten idealtypisch unterschieden werden. Bewältigt werden muß:
- Zusammenleben im Alltag mit Klienten
- Entwicklung von Angeboten, die freiwillig akzeptiert werden
- Ausführung und Verwaltung von gesetzlich definierten Eingriffen und Leistungen, wobei die Kooperation der davon Betroffenen gesichert werden muß.

Diese Grundprobleme bestehen jenseits aller professionellen oder kritischen Ansprüche an die Qualität der Arbeit. Sie müssen »so oder so« bewältigt werden, wenn eine(r) »in der Praxis« überleben will. Die Qualitätsfrage dagegen ist die Frage, wie diese Probleme bewältigt werden und nicht, ob sie bewältigt werden.

Diese Grundprobleme haben nicht in allen sozialpädagogischen Feldern dasselbe Gewicht, sondern sind unterschiedlich dominant.

Wo Sozialpädagogen vor Aufgaben der Erziehung, bes. der außerschulischen Sozialisation gestellt sind, müssen sie vor allem das Zusammenleben mit ihren Klienten in einem gemeinsamen Alltag bewältigen: in Heimgruppen und Wohngemeinschaften, Kindergärten, Horten, Erholungs- und Altersheimen etc. Fähigkeiten zu bestimmten Beratungs- und Dienstleistungsangeboten sowie zum Umgang mit Verwaltungsakten können hier zwar auch entscheidend wichtig sein, aber das ist nicht die Hauptarbeit.

Wo Sozialpädagogen in offenen Beratungs- und Dienstleistungseinrichtungen tätig sind, müssen sie in der Lage sein, spezifische Angebote zu machen, die den Bedürfnissen spezifischer Klientengruppen entgegenkommen; zumindest entstehen ernsthafte Legitimationsschwierigkeiten für solche Einrichtungen, wenn sie keine freiwillige Kundschaft finden: Beratungsdienste aller Art, offene Jugend- und Altenarbeit, gemeinwesenorientierte Tätigkeiten und Bildungsangebote. Die Bewältigung eines gemeinsamen Alltags kann hier ebenfalls zum Problem werden (bes. in der »offenen Jugendarbeit«, vgl. *Lange/Müller/Ortmann, 1980*), wie auch der Umgang mit Verwaltungs- und politischen Vorgängen. Aber die Hauptarbeit ist die Entwicklung und Präsentation von Angeboten, in denen sich die Zusammenarbeit mit der jeweiligen Klientel kristallisiert.

Wo Sozialpädagogen als anführende Organe staatlicher Intervention tätig sind, also Verwaltungsakte entscheiden, ausführen oder daran mitwirken, durch welche Klienten unmittelbar begünstigt oder beeinträchtigt werden, dort ist der Umgang mit Gesetzes- und Verwaltungsmacht das Hauptproblem: in der Sozialarbeit i. e. S., in der Bewährungshilfe, im Strafvollzug. Da sozialarbeiterische Interventionen (anders als polizeiliche) gewöhnlich die freiwillige Zusammenarbeit der Betroffenen voraussetzen, sind dabei immer auch Beratungsaufgaben zu bewältigen; dagegen ist unter dem Vorzeichen unmittelbarer bürokratischer Entscheidungsgewalt des Sozialarbeiters über seine Klientel eine gemeinsame Alltagsteilhabe entweder formell ausgeklammert, oder sie ist, z. B. im Jugendstrafvollzug, so sehr von äußeren Zwängen überformt, daß der Umgang mit diesem Zwängen auch im Alltagsumgang das Hauptproblem darstellt.

Der fachliche und politische Streit über sozialpädagogische Qualifikationsanforderungen (und damit über die Struktur sozialpädagogischer Ausbildung) läßt sich im Blick auf diese Grundprobleme inhaltlich präzisieren.

Die Anforderungen derjenigen, die mit Sorge eine zunehmende »Kopflastigkeit« der sozialpädagogischen Ausbildungsgänge und eine zunehmende »Praxisferne« ihrer Absolventen glauben konstatieren zu müssen (von den Thesen des Deutschen Städtetages bis zu *Aly,* 1977) können als Forderungen nach Beherrschung von Handwerkszeug für die Bewältigung dieser Grundprobleme präzisiert werden. Demnach wäre das Qualifikationsproblem der Sozialpädagogenzunft gelöst, wenn ihr Nachwuchs lernen würde – je nach Arbeitsfeld mit unterschiedlicher Gewichtung – über drei »Pakete« von Handwerkszeug zu verfügen:

- Für das Zusammenleben mit Klienten braucht es Alltagskompetenzen, nämlich, gemäß *Hellers* Definition von Alltagsleben, Kompetenzen zur »Reproduktion des Einzelnen«. Gefragt ist hier nicht Spezialistenwissen und -können, sondern jedermanns(frau)-Fähigkeiten von »öffentlichen Vätern und Müttern« (*Aly,* 1977) vom Hauswirtschafts- und Heimwerkertalent über gesellige Fähigkeiten bis hin zur Befähigung, schwierige zwischenmenschliche Verhältnisse unter schwierigen Außenbedingungen durchzustehen.

- Für Beratungs- und Dienstleistungsangebote braucht es ein abfragbares Repertoire an spezifischen Informationen u. a. Angeboten. Die ganze Palette von halb Alltagskompetenzen, halb beruflichen Spezialkenntnissen kommt hier herein: Vom »Singen- und Basteln-Können«, über Fähigkeiten des Umgangs mit technischen Medien, mit der »Öffentlichkeit«, mit Problemen der Veranstaltungsorganisation, bis hin zu spezialisiertem Beratungswissen.

- Für das Verwalten und Ausführen staatlicher Leistungen und Eingriffe braucht es neben gewissen »menschlichen Qualitäten« (Beamtentugenden) vor allem Gesetzes- und Verwaltungskenntnisse.

Die jüngere sozialpädagogische Diskussion, die sich um die Begründung einer »neuen Fachlichkeit« vor allem im Blick auf Ansätze zur Analyse des sozio-politisch-ökonomischen »Rahmens« (*Böhnisch,* 1979) sozialpädagogischer Intervention bemühte, hat die Frage nach dem »Handwerkszeug« weitgehend auf sich beruhen lassen. Eben dies trug ihr den Vorwurf der »Praxisferne« ein. Sie hat sich statt dessen um den Nachweis bemüht, daß auch gekonntes sozialpädagogisches Handwerk für sich genommen noch keine gute Praxis ergibt, wenn es nicht in der Lage ist, die strukturellen Voraussetzungen, unter denen das Handwerkszeug angewandt wird, reflexiv zu verarbeiten und nötigenfalls Ansätze zu erarbeiten, um diese Voraussetzungen zu revidieren.

Unschwer lassen sich diese beiden Interpretationsweisen des sozialpädagogischen Praxisproblems auf einen unterschiedlichen Praxisbegriff zurückführen, den man mit *Kosik* (1971) als den Unterschied von »Besorgen« und »Praxis« fassen kann. Die »konservative« Seite klagt mit der fehlenden Praxisorientierung die Vermittlung von Fähigkeiten des »Besorgens« ein. Es sind dies Fähigkeiten, sich in einer ». . . fertigen Welt der Apparaturen, Einrichtungen, Relationen und Beziehungen« zurechtzufinden und zu agieren. Für die Praxis auszubilden heißt demnach, dieses

». . . geformte System von Einrichtungen und Apparaturen . . .« besorgen zu lehren; keinen »unnötigen Wissensballast« zu vermitteln und keine »unrealistischen« Ansprüche zu lehren heißt: Die Fähigkeit zu vermitteln, sich von diesem System besorgen zu lassen. Der Anspruch einer kritischen Sozialpädagogik muß demgegenüber sein, die »Pseudokonkretheit« dieser fertigen Welt aufzudecken und zu destruieren (vgl. *Kosik,* 1971), also die Möglichkeiten einer kritischen, die fertige Welt in Bewegung bringenden Praxis auszuloten.

Werden diese Interpretationsweisen gegeneinander ausgespielt, so geht das allemal zu Lasten des kritischen Anspruchs. Denn ein nur handwerkliches Verständnis sozialpädagogischer Praxis kann die kritische Frage nach seinen Voraussetzungen leicht als »unrealistisch« abtun. Der Anspruch auf eine kritische Praxis dagegen bleibt notwendig uneingelöst, wenn er sich nicht auch auf Fähigkeiten zum Besorgen der »fertigen Welt« stützen kann.

Ansprüche

Dieser kritische Anspruch läßt sich, gemäß mehr oder weniger unstrittigem Konsens innerhalb der sozialpädagogischen Diskussion, wie folgt beschreiben: Sozialpädagogen sollen sich als Experten für soziale Dienstleistungen verstehen, deren Dienste
- inhaltlich vom Interesse ihrer Klienten bestimmt sind
- durch die solidarische Kommunikation und Aktion mit Klienten konkretisiert werden
- und der Intention nach sich selbst überflüssig machen, indem sie an die Selbsthilfe der Betroffenen anknüpfen und diese zu unterstützen suchen.

Von diesem Anspruch her gesehen stellen sich die oben skizzierten Grundprobleme in qualifizierter Form, nämlich als Fragen nach der Realisierbarkeit von Bedürfnissen und Wertvorstellungen.

Die Frage ist demnach
- nicht nur, wie ist Zusammenleben mit Klienten bewältigbar? Sondern: wie ist Zusammenleben so bewältigbar, daß dabei das Mögliche zu autonomer, kollektiver und humaner Gestaltung des gemeinsamen Lebensraumes entsteht?
- nicht nur, wie können für Klienten akzeptable Angebote entwickelt werden? Sondern: wie können die Angebote so auf Bedürfnise bezogen werden, daß ein wechselseitiger Entwicklungsprozeß in Gang kommt, in welchem die Dienstleistungen sich aus eher unspezifischen bzw. unverbindlichen Angeboten in gezielte Unterstützung autonomer Aktivitäten der Klienten verwandeln?
- nicht nur, wie können die Leistungen und Eingriffe sozialstaatlicher Krisenintervention regelgerecht verwaltet werden? Sondern: welche Spielräume und Widersprüche ermöglichen es, Eingriffs- und Leistungsmöglichkeiten so im Klienteninteresse zu nutzen, daß die Umdefinition einer Kontrolle »von oben« in eine Anwaltschaft »für unten« nicht nur sozialpädagogisches Wunschdenken bleibt?

Das faktische Zurückbleiben sozialpädagogischer Praxis hinter den jeweils gegebenen Möglichkeiten, diesen Anspruch zu realisieren (also der Mangel an sozialpädagogischer Kompetenz), läßt sich sowohl auf fehlendes Handwerkszeug, als auch auf mangelnde Reflexion seiner Anwendungsbedingungen zurückführen. Dieser Anspruch kann daran scheitern, daß Sozialpädagogen einfach zu wenig anzubieten haben, was für ihre Klienten von handfestem Nutzen bzw. als »Erfahrungsbeitrag« *(Negt)* von Bedeutung sein könnte – weil sie »handfeste« Dinge zu wenig gelernt haben. Auf der anderen Seite scheitert jenes programmatische Selbstverständnis auch deshalb häufig in der Praxis, weil es drei Voraussetzungen zugrunde legt, die in Wirklichkeit häufig ganz ungeklärt sind:

– die Prämisse, daß die Beziehungen zwischen Sozialpädagogen und ihren Klienten »stimmen«, also die solidarischen Intensionen des Pädagogen nicht durch ungeklärte Motive und persönliche Handlungszwänge getrübt werden,

– Die Prämisse, daß der Gegenstand der Dienstleistung, das »Etwas das fehlt« *(Brumlik/Keckeisen,* 1976) klar ist, jedenfalls klärbar ist, wie und durch wen dieser Gegenstand definiert wird,

– die Prämisse, daß der Sozialpädagoge sich den institutionellen Spielraum schaffen kann, überhaupt im Interesse seiner Klientel handeln zu können und nicht durch manifeste oder strukturelle Gewalt gezwungen ist, ganz andere Interessen gegen seine Klienten zu vertreten.

Von diesen Überlegungen her läßt sich die Frage nach qualifizierten (fachlich verantwortbaren) Formen sozialpädagogischen Handelns wie folgt stellen: wie lassen sich die gekonnten Fähigkeiten verbinden mit der reflexiven Verarbeitung der hier genannten Prämissen. Diese Frage soll im folgenden zunächst durch ein Schema beantwortet werden, das anschließend erläutert wird.

Ein Schema

Das im folgenden abgebildete Schema stellt das sozialpädagogische Handlungsfeld in der Form von drei »Säulen« dar, die den genannten Grundproblemen sozialpädagogischen Handelns entsprechen. Das Schema geht davon aus, daß nicht nur die unterschiedlichen Typen »handwerklicher« Kompetenz je nach Art des Handlungsfeldes mit unterschiedlicher Gewichtung gefordert sind. Auch die kontrollierende Selbstreflexivität bezüglich der Anwendungsbedingungen jeweiliger Interventionsmittel, verlangt feldspezifisch unterschiedliche Schwerpunkte. Damit ist gemeint:

– Aufgabenfelder, in denen Zusammenleben mit Klienten, Tätigkeiten von »öffentlichen Vätern und Müttern« *(Aly,* 1977), »Gefühlsarbeit« *(Strauß,* 1980) den Schwerpunkt der Anforderungen bildet, verlangen auf der selbstreflexiven Ebene vor allem Fähigkeiten der »Beziehungskontrolle«: Fähigkeiten, das jeweilige gegenseitige Verstehen überprüfbar und die darin implizierten gegenseitigen Zumutungen revidierbar zu machen.

– Aufgabenfelder, die sich um Dienstleistungsangebote für spezifische Klientengruppen organisieren, verlangen auf der selbstreflexiven Ebene vor allem Fähigkeiten, die Gegenstände und gegenseitig erwarteten Aktivitäten der

Typologie sozialer Arbeitsfelder

Aufgabentypus: Kompetenztypus:	**Sozialisation:** Zusammenleben bewältigen	**Lebenshilfe:** Dienstleistungsangebote für spezifische Klientengruppen	**Sozialhilfe:** Administration sozialstaatlicher Eingriffe und Leistungen
Pragmatisch-handwerkliche Kompetenz (»Besorgenkönnen«):	Hausfrauen- Hausväter- Heimwerker- Kompetenzen Fähigkeiten zu »sentimental work«	Gruppenspezifisches Dienstleistungsrepertoire: (gewußt: was, wann, wie, wo?) Interventionstechniken	Gesetzeskenntnisse, administrative Kompetenz »Beamtentugenden«
Selbstreflexive Kompetenz:	Fähigkeiten zur reflexiven Verarbeitung von »Beziehungen« (bes. manipulativer u. stereotypisierter Beziehungsmuster)	Fähigkeiten zur reflexiven Verarbeitung von Arbeitsbündnissen (bes. inadäquater) zwischen Sozialarbeiter und Klienten	Fähigkeiten zur reflexiven Verarbeitung institutionalisierter Macht (bes. struktureller Gewalt)
Intentionale Richtung der Reflexivität:	Revidierbarkeit der gegenseitigen »Zumutungen« durch kommunikative Verarbeitung	Transformation von Konsum- und Versorgungsangeboten in Akte der Unterstützung autonomer Selbsthilfe	Revidierbarkeit der Ohnmacht von Klienten, gegenüber den in ihr Leben intervenierenden Institutionen ihre Rechte zu wahren

Zusammenarbeit mit Klienten so zu klären, daß ein wechselseitiger Prozeß der Bedürfnisentwicklung (vgl. *Müller/Ortmann*, 1980) in Gang kommen kann.
– Schließlich erfordert die Verwaltung staatlicher Eingriffe und Leistungen nicht nur die Vertrautheit mit dem bürokratisch-politischen Apparat, sondern, gemäß dem hier formulierten Anspruch, auch die Fähigkeiten, die Momente der Gewaltausübung dieses Apparates gegenüber Klienten (und die eigene Rolle darin) zu reflektieren und mögliche Ansätze zur Eindämmung manifester und struktureller Gewalt erkennen zu können.

Das Schema geht andererseits davon aus, daß diese Handlungsforderungen keinesfalls voneinander isoliert betrachtet werden dürfen. Bezogen auf konkrete sozialpädagogische Berufsfelder sind vielmehr die typisierten Grundprobleme so ineinander verschränkt, daß wohl ein bestimmter Problemtypus den Alltag eines bestimmten Berufsfeldes dominieren kann, dieser Alltag aber nicht auf die Bewältigung dieses Problemtypus reduziert werden darf, wenn er nicht in unzulässig verkürzter Perspektive erscheinen soll. Dies bedeutet zugleich: Im selben Maße, wie die unterschiedlichen Komplexe sozialpädagogischer »Handwerklichkeit« nicht voneinander isoliert werden dürfen – vielmehr die Schwierigkeit sozialpädagogischer Praxis häufig gerade darin besteht, sie miteinander vermitteln zu müssen – so führen auch die verschiedenen Dimensionen reflexiver Selbstkontrolle dieser Handwerklichkeit zu verkürzten Perspektiven, wenn sie nicht zu den jeweils anderen Dimensionen in Beziehung gesetzt werden.

Zusammenleben

Wo die Bewältigung von Zusammenleben im Mittelpunkt der Berufstätigkeit steht, sind zunächst – wie gesagt – keine Spezialistenqualifikationen gefragt, sondern »Hausfrauentugenden«, von menschlicher Wärme und persönlicher Standfestigkeit bis zur Fähigkeit, sparsam und doch phantasievoll einzukaufen. »Können muß man nicht viel, aber haben muß man einiges«, so faßt eine Interviewpartnerin von *Ostner* (1979) diese Art von Anforderungen trocken zusammen. Aber auch die Perfektion solcher – meist – »weiblich-handwerklicher« Qualitäten schützt nicht vor den Gefahren, die sich in dieser Arbeit nach der einen Seite gerade aus ihrer Ähnlichkeit mit der Arbeit familialer Erziehung und Reproduktion ergeben.

Nicht zufällig argumentieren die Autoren, die sich in letzter Zeit mit emotionalen Beziehungsproblemen zwischen »Helfern« und »Klienten« beschäftigt haben, psychoanalytisch: Beziehungsschwierigkeiten zwischen Helfern und Klienten werden nicht nur in Analogie zu familialen Beziehungsschwierigkeiten interpretiert, sondern aus diesen abgeleitet. Wo Begriffe wie »emotionale Ergänzungsbedürftigkeit« (*Richter*, 1976), »Helfersyndrom« (*Schmidbauer*, 1977), »Kollussion (*Gerhard*, 1978 nach *Willis*) zur Beschreibung beruflicher Beziehungsprobleme benutzt werden, wird unterstellt, daß diese Probleme als Wiederholungen verdrängter familialer Beziehungsmuster interpretierbar sind. Vor allem im Blick auf die Berufsmotivation und deren »Beziehungs-Folgen« wird so argumentiert. In dieser Hinsicht ist die Interpretation nicht einmal besonders zwingend, da andere

Theorien der Berufsmotivation ebenso einleuchtend sind (vgl. *Dießenbacher,* 1977). Sie wird aber dadurch gestützt, daß eine funktionalistische Betrachtungsweise (einschließlich politökonomischer Varianten) ebenso wie eine strukturelle, zum selben Ergebnis kommt: nämlich diese Berufsbeziehungen als Äquivalente familialer Funktionen und Strukturen zu betrachten, welche die »Funktionsverluste« der Familie zunehmend zu kompensieren haben (vgl. *Barabas* u. a., 1976, 1977). »Bewältigung von Zusammenleben« als Berufsarbeit ist Ausdruck eben dieses Zusammenhangs (vgl. *A. Strauß* u. a., 1980). Diese Berufsarbeit kommt nicht daran vorbei, »Familie« zu wiederholen: motivational, funktional und strukturell. Andererseits soll sie im konkreten Einzelfall gerade nicht »Familie« wiederholen, sondern das kompensieren, revidierbarmachen oder nachholen, was in der familialen Sozialisation schief, oder gar nicht, gelaufen ist. Die Notwendigkeit der Qualifikation, subjektive Verstehensbedingungen (also »Beziehungen«) selbstreflexiv kontrollieren zu können, ergibt sich aus diesem Widerspruch.

Eingespannt in diesen Widerspruch kann der Alltag des Zusammenlebens mit Klienten nur dann »geglückter Alltag« *(Thiersch)* werden, wenn er einerseits die durch individuelles Schicksal geprägten Reproduktionsweisen der einzelnen Beteiligten in sich aufzunehmen und zu tolerieren, als auch zu suspendieren, in Frage zu stellen und revidierbar zu machen vermag. Ob die dafür notwendige Instanz alltagsbegleitender Reflexion in der Form individueller Qualifikationen allein realisiert werden kann, ist damit nicht ausgemacht. Vieles deutet darauf hin, daß in den Klientenalltag eingetauchte Berufspraxis nur dann auf Dauer aushaltbar und fruchtbar sein kann, wenn sie ein Widerlager außerhalb dieses Alltags hat (z. B. in Form von Supervision, »Balint-Gruppe« o. ä.).

Die beiden anderen Dimensionen der Selbstreflexion spielen in diesen Typus von Arbeit vor allem dann herein, wenn im Alltag Probleme auftauchen, die sich nicht aus den Analogien, sondern aus den Differenzen zur Reproduktion in der Familie ergeben. Das Aushandeln von »Arbeitsbündnissen« und ihre immer neue Überprüfung und Revision in kritischen Phasen des Zusammenlebens ist vor allem deshalb für eine qualifizierte Arbeit unentbehrlich, weil das »Arbeitsbündnis« Sozialpädagoge – Klient nicht vorweg durch »Generationsvertrag« geregelt ist, sondern als Bündnis immer erst und immer wieder konstituiert und in seinen Bedingungen und Zukunftsperspektiven definiert werden muß. Die Offenheit und scheinbare Bedingungslosigkeit des Angebotes, das Sozialpädagogen machen, indem sie mit Klienten ein Stück ihres Lebens teilen, ist trügerisch. Das Angebot z. B. in der Heimerziehung, der Jugendarbeit, ist begrenzt: zeitlich vor allem durch die Reproduktionsinteressen der Pädagogen; sachlich durch begrenzte Fähigkeiten und materielle Möglichkeiten, dies Zusammenleben befriedigend zu gestalten; in der Zukunftsperspektive durch die Grenzen der Möglichkeit, in diesem Zusammenleben bessere Zukunftschancen zu eröffnen. Noch offenkundiger ist, daß die aktiven Beiträge der Klienten zum Gelingen des gemeinsamen Alltags keineswegs immer selbstverständlich sind. Mit entweder Zwang oder totaler Versorgung läuft vieles oft glatter.

Voraussetzung dafür, Formen des Zusammenlebens zu finden, die weder auf illusionären Voraussetzungen und Zielen beruhen noch resignativ den Weg des geringsten Widerstandes suchen, ist die Fähigkeit, den Status quo der Arbeitsbeziehungen immer neu zu reflektieren und immer neu Arbeitsbündnisse auszuhandeln, die von beiden Seiten getragen werden können.

Schließlich ist Berufsarbeit des Typus »Zusammenleben« nicht hinreichend erfaßt, wenn sie nur hinsichtlich ihrer Motivations- und Interaktionsstruktur analysiert wird. *Böhnisch* (1979) hat zu Recht darauf hingewiesen, daß sozialpädagogische Berufssituationen auf der Interaktionsebene allein nicht adäquat faßbar sind, sondern als »allgemeine soziale Situation« verstanden werden müssen. Heimkind zu sein, Rehabilitierungsfall, pflegebedürftiger Altersheimbewohner oder Vorschulkind, sind Situationen, die weder als individuelles Schicksal, noch als gesellschaftliche Reaktion auf Naturprozesse allein adäquat faßbar sind, sondern zugleich als Ausdruck und Produkt eines historisch-konkreten Entwicklungsstandes der gesellschaftlichen Verhältnisse verstanden werden müssen. Die Situation »Heim« z. B. als »allgemeine soziale Situation« zu betrachten und nicht nur als Sozialisationsaufgabe vorzudefinieren, erfordert mehr als nur den handwerklich kompetenten Umgang mit den institutionell-politisch-rechtlichen Randbedingungen dieser Situation: mit Pflegesätzen, Heimaufsicht, Abrechnungsmodalitäten, Aufsichtspflicht, besondere Trägerverhältnisse, Bewährungsauflagen für die Jugendlichen etc.

Diese Betrachtungsweise erfordert vielmehr die Reflexion auf die gesellschaftlichen Gewaltverhältnisse, die in diesen Randbedingungen ebenso stecken wie in den Lebensbedingungen und Stigmatisierungsprozessen, die einen Betroffenen in die Situation »Heimerziehung« geführt haben mögen, wie in den antizipierbaren Stigmatisierungs- und Selbststigmatisierungsprozessen, welche die Zukunftsperspektive dieser Situation beeinträchtigen. Eine berufliche Situation des Zusammenlebens mit Klienten als »allgemeine soziale Situation« zu fassen heißt also, sie nicht auf Beziehungs- und Interaktionsaspekte zu reduzieren, sondern sie als eine gesellschaftliche Reaktionsweise auf einen weiter ausgreifenden gesellschaftlichen Konfliktzusammenhang zu verstehen. Das bedeutet für das Beispiel Heimerziehung, nicht nur die Sozialisationsbedingungen, die zu »Heimkarrieren« führen, sondern auch den ganzen Apparat der »Fremdplazierung« in ihrem sozialpolitischen Zusammenhang zu sehen. Diese politische Perspektive kann die pädagogische nicht ersetzen. Sie sollte vielmehr deren notwendiges Korrektiv sein, welches die Einsicht in die Grenzen pädagogischer Praxis als Teil dieser Praxis selbst begreifbar macht.

Offene Formen: Beratung

Die zweite »Säule« des Schemas verweist auf den Typus von Arbeitsfeld, in welchem Sozialpädagogen zu ihren Klienten ein Verhältnis als Dienstleister, Berater, Unterstützer haben – zumindest, haben möchten. Besonders in den »offenen« Arbeitsformen dieses Typus – offen im Sinn von »freies Angebot an eine nicht verpflichtete Zielgruppe« und im Sinn von »offen für Anpassung an die spezifischen Bedürfnisse dieser Zielgruppe« – machen Sozialpädagogen eine Erfahrung, gegen die ein reichhaltiges Angebotsrepertoire wenig hilft. Es ist die Erfahrung der Diskrepanz zwischen einer extrem offenen Ausgangssituation und dem Anspruch, ein je für die Situation der Klienten spezifisch »richtiges« Angebot zu finden. Gerade der Anspruch der Offenheit und Klientenorientierung, der besonders für die Arbeiter- und Unterschichtsberatung immer wieder eingeklagt wird, kann bedeuten, daß sich Sozialpädagogen in bezug auf ihre Klienten-im vertraglichen Niemandsland bewegen. Nach diesem Selbstverständnis kann das Dienstleistungs- und Beratungsangebot nicht einfach vom Repertoire her definiert werden; andererseits fehlt das spezifische Klientenmandat zu einem Angebot (das zugleich im Repertoire »drin« ist), welches ein vom Klienten definiertes Interesse bzw. eine Selbsthilfeaktion zu unterstützen vermag.

Besonders deutlich wird dies Problem in der Jugendarbeit. Sie wird in ihren Ausgangslagen – die sich immer wieder einstellen – weithin durch Diffusität und Unverbindlichkeit bestimmt (vgl. *Lange,* 1980). Besonders Jugendarbeit, die mit dem Anspruch antritt, an den »Bedürfnissen« der Jugendlichen orientiert zu sein, stellt sich in der Praxis häufig als Sisyphusarbeit dar. Immer neue Anläufe zu Angeboten, die nicht bestellt sind und folglich auch nicht abgeholt werden, stehen neben dem zähen Verlangen, daß »etwas los sein soll«, und beides kommt nicht zusammen.

Fähigkeit zu selbstreflexiver »Bündniskontrolle« ist also in doppelter Hinsicht notwendig: einerseits als Fähigkeit zur Suspension und Relativierung der Interpretations- und Werthorizonte sowie des Handlungsrepertoires, welche dem Sozialpädagogen immer schon vorweg definieren, was dem Adressaten fehlt; andererseits als Fähigkeit, immer neu Bündnisse auszuhandeln, die Rahmen und Zielperspektiven der Zusammenarbeit beider Seiten gemeinsam definieren.

Ein wichtiges Moment dieser Bündniskontrolle ist, den prozessualen Charakter und die nicht-lineare Entwicklung sozialpädagogischer Arbeitsbündnisse zu reflektieren. Anders als zumeist in therapeutischen »Settings« steht hier nur selten das klare Arbeitsbündnis, das der Beratungsarbeit einen klaren Gegenstand und einen vereinbarten normativen Rahmen gibt, am Anfang. Für Sozialpädagogen ergeben sich klare Arbeitsbündnisse, wenn überhaupt, oft erst als glückliche, aber immer neu gefährdete Synthesen am Ende langer Durststrecken. Diese Durststrecken sind geprägt von den Anforderungen, die diffuse Alltäglichkeit, welche sich aus dem Mangel an vereinbarten Regeln und Zielperspektiven ergibt, auszuhalten und zu strukturieren und andererseits das berechtigte Mißtrauen abzuarbeiten, das Klienten der anderen Seite des sozialpädagogischen »Doppelmandats« entgegenbringen. Andererseits wäre eine Entwicklung freiwilliger Arbeitsbeziehungen zwischen Sozialpädagogen und ihren Klienten gar nicht denkbar, wenn in diesen Beziehungen nicht von vornherein – zumindest punktuell und latent – Einverständnisse über Bündnismöglichkeiten enthalten wären.

Diese Reflexion von »Angebot« und »Mandat« im sozialpädagogischen Handlungsfeld muß mit den genannten anderen Dimensionen sozialpädagogischer Reflexivität vermittelt sein. Sich auf berufliche Situationen einzulassen, in denen das

Arbeitsbündnis zunächst offen ist und zur Disposition steht, heißt zugleich, sich auf »Beziehungen« einzulassen und diese Beziehungen in einem Stück gemeinsamen Lebens, in einem Stadtteil, einem Jugendhaus, einer Gruppe, in gemeinsamen Aktionen etc. auszuhandeln. Die Entwicklung eines klaren klientendefinierten Mandates aus solchen Situationen heraus ist gar nicht möglich, ohne daß derjenige, der ein solches Mandat erhalten will, sich als »erkennbarer Mensch« (*Müller*, 1978) mit seinen Intentionen offen in die Situation einbringt, zugleich aber reflektierend zu verarbeiten vermag, was dieses »sich-einbringen« für den Klienten bedeutet. Dieses »sich-einbringen« verkommt allerdings zur nutzlosen gruppendynamischen Übung, wenn es nicht auf ein Mandat aus ist, d. h. darauf aus, einen konkret nützlichen und gefragten »Erfahrungsbeitrag« zur Situation des Klienten zu leisten (und, nota bene, vom Repertoire her auch in der Lage dazu ist!).

Zugleich wäre es eine fatale Verkürzung, würde sich in Berufsfeldern offener Beratung und Dienstleistung die sozialpädagogische Reflexion darauf beschränken, Bedingungen und »dritte Gegenstände« von Interaktionen und Beziehungen zu reflektieren. Damit wäre die »allgemeine soziale Situation«, um die es in der Beratung geht – z. B. die Situation Jugendarbeitslosigkeit –, auf ihre pädagogische Dimension reduziert. Die institutionellen, politischen und ökonomischen Determinanten dieser Situation tauchen dann in ihr bestenfalls als Randbedingungen oder als pädagogisch zu vermittelnde Inhalte auf, nicht aber als Ziele gemeinsamer Veränderungsarbeit. Fehlt die Dimension politischer Reflexivität, so ändert das nicht nur die Inhalte sozialpädagogischer Dienstleistung und Beratung, sondern auch die Definition der Interventions-Situation selbst. Zumindest die Gefahr besteht, daß dann Gegenstand von Dienstleistung und Beratung die Bearbeitung des Klienten wird – auf ein Ziel hin, das der Pädagoge gesetzt hat – nicht aber die Bearbeitung eines gemeinsamen Zieles, auf das hin der Klient mit dem Pädagogen ein Bündnis der Unterstützung geschlossen hat.

Entscheidungen und Kontrolle

Schließlich soll das Schema auf diejenigen Handlungsfelder anwendbar sein, die nicht nur mittelbar, sondern unmittelbar mit Entscheidungen über sozialstaatliche Leistungen und hoheitliche Eingriffe sowie deren Folgen befaßt sind, also Sozialarbeit im engen Sinn. Man kann der Auffassung sein, daß solche unmittelbare Teilhabe an, oder Verwicklung in staatliche(r) Entscheidungsgewalt mit einer professionellen Reflexivität und Praxis sozialer Arbeit ohnehin unvereinbar sei (*Seibert*, 1978; *Kunstreich*, 1975 u. v. a.). Man kann auch der optimistischeren Auffassung von *Böhnisch/Lösch* (1973) sein, die einer professionellen Orientierung auch in solchen Feldern Handlungschancen einräumen, falls diese Orientierung die Problematik des »Doppelmandats« nicht verdrängt, sondern Fähigkeiten zur »Begründung und Durchsetzung ihrer ›klientenorientierten‹ Ansprüche innerhalb der Institutionen der Sozialarbeit und deren Beziehungen zur gesellschaftlichen Umwelt (Koalitionsbildung nach außen)« als konstitutiven Bestandteil ihres professionellen Selbstanspruches betrachtet. Beide Auffassungen sehen eine grundsätzliche Grenze für eine Arbeit im Auftrag und Interesse des Klienten und warnen vor ihrer Vernachlässigung durch ein realitätsblindes Modell professioneller Autonomie. Diese Grenze ist auf der »Beziehungs«- und »Interaktionsebene« nicht übersteigbar, sofern sie in der Teilhabe des Sozialpädagogen am staatlichen Gewaltverhältnis gegenüber dem Klienten begründet ist. Dahinter steht die berechtigte Befürchtung, daß auch hochentwickelte Sensibilitäten für »Beziehungen« und »Aushandeln« zum bloßen Erfüllungsgehilfen bürokratischer Interessen gegenüber dem Klienten werden können, wenn sie so ins Spiel gebracht werden, daß die Gewaltmomente im sozialpädagogischen Handeln und in seinem Bedingungsgefüge unsichtbar werden und damit außer acht und unverändert bleiben. Eindrucksvoll schildert diese Gefahr z. B. *Kahl* in seinem Beitrag: »Sozialvollzug«, das macht krank und böse (Sozialmagazin 1979/3).

Trotzdem scheint mir in der erstgenannten Auffassung eine fatale Konseqeunz zu liegen: Der Versuch, einen sauberen Schnitt zwischen professioneller Sozialpädagogik und staatlicher Entscheidungsgewalt zu machen, liefe nicht nur auf einen Rückzug aus angestammten Berufsfeldern hinaus, sondern würde auch die Abhängigkeit der Klienten von den staatlichen Entscheidungen, die die Sozialpädagogen nicht mehr treffen wollen, keineswegs verkleinern. Die Konsequenz der anderen Auffassung ist dagegen: Gerade auch Teilhabe an staatlicher Entscheidungsgewalt läßt sich im Interesse einer Verteidigung von Klienten gegen manifeste und strukturelle Gewalt nutzen, wenn – aber nur wenn – die professionelle Praxis zugleich politisch wird, und sich nicht auf die Rolle des »autonomen Sachverständigen« zurückzieht (*Böhnisch/Lösch,* 1973). Dies bedeutet, daß Fähigkeiten zur »Politik am Arbeitsplatz« sowohl zur politischen Reflexion der eigenen Arbeitsbedingungen und der Lebensbedingungen des Klienten als auch zur strategisch-taktischen »Umsetzung« dieser Reflexion zum integralen Moment des sozialpädagogischen Kompetenzprofils werden müßten.

Diese Kompetenz zu fordern ist einfach und nicht neu. Schwieriger ist, die Bedingungen zu beschreiben, unter denen politische Reflexivität mehr sein kann als motivationale Randbedingung professionellen Handelns und zum Bestandteil dieses Handelns selbst wird. Nach dem dargestellten Schema ist eine dieser Bedingungen die Verzahnung der politischen (und institutionsanalytischen) Reflexion mit der Beherrschung des juristisch-bürokratisch-politischen Instrumentariums. Wer sich auf dieser instrumentellen Ebene »etwas vormachen läßt«, dem hilft die fundierteste Institutionsanalyse etc. nicht. Außerdem verweist das Schema auf Querverbindungen zu den beiden anderen »Säulen« sozialpädagogischer Kompetenz, die ich zum Schluß noch kurz erläutern will.

Die »politische« Dimension sozialpädagogischer Handlungskompetenz ist m. E. nicht hinreichend erfaßt, wenn man sich darauf beschränkt, diese Dimension als Problem der Revidierbarkeit von Rahmenbedingungen sozialpädagogischen Handelns – insbesondere insoweit, als (Staats-)Gewalt diese Bedingungen prägt – zu erörtern. Vielmehr kommt es auch darauf an, dies Problem der Revidierbarkeit von Rahmenbedingungen mit dem Problem der Revidierbarkeit von Arbeitskontrakten und Beziehungen zwischen Sozialpädagogen und ihren Klienten zu vermitteln.

Für den Klienten eines Bewährungshelfers z. B. ist ohne Zweifel wichtig, daß dieser, vor aller Beziehungs- und Interaktionskompetenz, mit dem Apparat der Jugendgerichtsbarkeit adäquat umgehen kann: sich von Richter und Staatsanwalt nicht einschüchtern läßt, die Chancen und Gefahren für seinen Klienten zu erkennen vermag, die schwachen »Anwaltselemente« seiner Rolle zu nutzen versteht und zugleich in der Lage ist, die Fragwürdigkeit von Jugendgerichtsbarkeit und -»Hilfe«, im Blick auf ihren vorgegebenen Resozialisierungszweck, zu durchschauen. Ohne diese Voraussetzungen wird ein jugendlicher Delinquent »seinen« Bewährungshelfer zurecht eher auf der Gegenseite vermuten, wie freundlich immer der ihm begegnen mag. Andererseits können solche Kompetenzen nur begrenzt von Nutzen für den Klienten sein, wenn sie sich nicht auch unmittelbar in der Struktur der Interaktion zwischen Jugendlichem und Bewährungshelfer niederschlagen. Soll diese Struktur die Gestalt eines Bündnisses annehmen, so kann das Aushandeln dieses Bündnisses die Problematik des »Doppelmandats« nicht ausschließen: Ohne Offenlegung der Sanktions- und Kontrollfunktionen des Bewährungshelfers einerseits und der Begrenztheit seines Hilfsangebotes andererseits, ist kein ehrliches Bündnis möglich. Solange der Bewährungshelfer sich keinen Spielraum für sanktionsfreie Interaktion mit dem Jugendlichen erkämpft hat und diesen Spielraum auch subjektiv glaubhaft machen kann, solange ist ein Bündnis ebenfalls unmöglich. Da diese Voraussetzungen zu Beginn der Interaktion unmöglich gegeben sein können, ist dem Bewährungshelfer die Fähigkeit abverlangt, die vorhandene Unmöglichkeit eines Bündnisses als Voraussetzung für die Möglichkeit der Entwicklung eines Bündnisses zu akzeptieren. Anders gesagt: Er muß die Reflexion auf die »allgemeine soziale Situation«, in der sein Klient steht – und in der er selbst eine bestimmte Rolle spielt – so mit der Reflexion der Interaktionsebene vermitteln, daß der real existierende Widerspruch zwischen beiden Ebenen nicht nach der einen oder der anderen Seite hin eliminiert wird, sondern praktisch ausgetragen werden kann. *Watzlawick* hat in seinem Buch »Lösungen« auf das Beispiel des Bewährungshelfers zurückgegriffen, als einer Berufssituation, die paradoxe Definitionen verlangt. Um das Vertrauen ihres Klienten zu gewinnen, sollten Bewährungshelfer ». . . die Beziehung zu ihren Probanden von Anfang an insofern paradox zu definieren, indem sie ihnen nahelegen: ›Sie sollten mir nie voll vertrauen oder alles mitteilen‹« (*Watzlawick,* 1974). Dies Konzept einer »Lösung« des Widerspruchs durch paradoxe Beziehungsdefinition verkürzt das Problem insofern, als es den Widerspruch selbst als bloßes Beziehungsproblem vordefiniert und diesem Problem mit Kommunikationstricks beikommen will, statt verständlich zu machen, in welcher Weise die Beziehungsparadoxien Reflex der Widersprüche einer »allgemeinen sozialen Situation« sind, die »Helfer« und Klient je auf ihrer Seite auszuhalten haben.

Auf dieser Grundlage können Bündnisse ausgehandelt und immer neu revidiert werden, die sowohl die spezifisch nachgefragten Angebote und Unterstützungsleistungen des »Helfers« als auch die Beiträge des Klienten definieren, die aber auch die Kampffront definieren, gegen die sich beide verbünden.

Ähnlich läßt sich auf dieser Abstraktionsstufe das Verhältnis der persönlichen

Beziehung und ihrer reflexiven Verarbeitung zwischen Sozialarbeiter und Klient einerseits zu ihrem institutionell vermittelten gesellschaftlichen Verhältnis andererseits bestimmen. Es liegt auf der Hand, daß in solchen Berufsfeldern in besonderem Maße Gefühle der Mitbetroffenheit und Solidarität, ebenso wie negative Gefühle, einer Kontrolle unterzogen werden müssen, welche die Realität der Situation wahrt. Ohne diese Kontrolle geraten gefühlsgeleitete Unterstützungsaktionen ebensoleicht zum Schaden des Klienten, wie umgekehrt scheinbar »sachnotwendige« Verfügungen über den Klienten sadistische Züge annehmen können. Das Problem ist aber mit der reflexiven Kontrolle positiver und negativer »Gegenübertragung« nicht gelöst. Die subjektive Selbstkontrolle, z. B. der liebevollen oder haßgeladenen Allmachtsphantasien eines Sozialpädagogen, ändert noch nichts an der Tatsache, daß er, wenn er in einer »totalen Institution« arbeitet, als Teil dieser Institution ihren »Insassen« gegenüber ohne alle Phantasie (fast) allmächtig ist.

Der Abbau von totalitären Zügen einer Institution erfordert politische Reflexion und taktisch-strategisches Können. Beide Reflexionsebenen müssen aber auch miteinander vermittelt werden. Dies gilt besonders im Blick auf die Tatsache, daß Interaktionssituationen zwischen Sozialarbeitern und Klienten nicht nur durch »Übertragungen« »überdeterminiert« und dadurch verzerrt sein können, sondern daß sie immer auch institutionell und politisch »überdeterminiert« sind. Wenn z. B. ein als »gefährdet« definierter Jugendlicher mit langer »Vorgeschichte« »seinen« Sozialarbeiter als Mensch vielleicht ganz passabel findet, aber als Institution fürchtet und haßt, genügt es nicht, wenn der Sozialarbeiter diese Gefühle zu verarbeiten, und damit Furcht und Haß abzubauen, vermag. Denn vielleicht hat der Jugendliche sehr gute Gründe, diese »Institution Sozialarbeiter« zu hassen und zu fürchten. Ihm wird aber auch damit allein nicht zu helfen sein, daß man ihm die gesellschaftlichen Ursachen dieses Hasses und dieser Furcht verständlich zu machen versucht, also Haß und Furcht auf die »eigentlichen Ursachen« zu lenken, d. h. zu politisieren versucht. Es kann nicht, wie *Horn* (1978) schreibt ». . . im Sinne eines in politischer Absicht unternommenen abstrakten Herumdrehens des Spießes darum gehen, alle als Problem auftauchenden Lebensäußerungen unmittelbar und gänzlich auf der Ebene gesellschaftsstruktureller Veränderungen (theoretisch und praktisch) in Ordnung bringen zu wollen; das müßte ins Gegenteil der Absicht umschlagen«. Die Fähigkeit weder dieser noch der anderen (subjektivistischen) Verkürzung zu verfallen, ist gleichzusetzen mit der Fähigkeit, Kompetenzen zur (theoretischen und praktischen) Revision von Beziehungen (Zumutungen) und Kompetenzen zur Revision von institutionalisierten Gewaltverhältnissen miteinander zu vermitteln.

Burkhard Müller

Literatur

Aly, G., 1977: Wofür wirst du eigentlich bezahlt? Berlin – *Barabas, F.*, u. a. , 1977: Zur Theorie der Sozialarbeit: Sozialisation als gesellschaftliche Praxis, in: Jahrbuch der Sozialarbeit 1978, Reinbek – *Blau, P. M./Scott, W. R.*, 1971: Professionale und bürokratische Orientierung in formalen Organisationen, in: *Otto/Utermann* (Hrsg.): auf dem Weg zur

Professionalisierung? München – *Blinkert, B.*, u. a., 1976: Berufskrisen in der Sozialarbeit, Weinheim – *Böhnisch, L.*, 1979: Politische Dimensionen sozialpädagogischer Analyse, Diss., Tübingen – *Böhnisch, L./Lösch, H.*, 1973: Das Handlungsverständnis des Sozialarbeiters und seine institutionelle Determination, in: *Otto, H. U./Schneider, S.*, Gesellschaftliche Perspektiven der Sozialarbeit, Band 1, Neuwied – *Brumlik, M./Keckeisen, W.*, 1976: Etwas fehlt. Zur Kritik und Bestimmung von Hilfsbedürftigkeit für die Sozialpädagogik, in: Kriminologisches Journal: 241–262 – *Dießenbacher, H.*, 1977: Zur Berufsmotivation des Sozialpädagogen, in: Neue Praxis, Sonderheft 1977: 52–63 – *Etzioni, A.* (Hrsg.), 1969: The Semi-Professions and Their Organisations, New York – *Gerhard, L.*, 1978: Über die richtige Angst und die falsche Scham, Gießen – *Horn, K.*, 1978: Über gesellschaftliche Kräfte, mit denen Sozialarbeiter umzugehen lernen müssen. Zur Bedeutung der Subjektivität im Spätkapitalismus, in: *Gaertner, A./Sachße, Ch.*, Politische Produktivität der Sozialarbeit, Frankfurt/M. – *Kosik, K.*, 1971: Dialektik des Konkreten, Frankfurt/M. – *Kunstreich, T.*, 1975: Der institutionalisierte Konflikt, Offenbach – *Lange, K./Müller, B./Ortmann, F.*, 1980: Alltag des Jugendarbeiters, Neuwied – *Müller, B.*, 1978: Profi oder Sympathisant? in: Sozialmagazin H. 3: 36 ff. – *Müller, S.*, u. a., 1982: Handlungskompetenz in der Sozialarbeit, Sozialpädagogik I, Bielefeld – *Ostner, I.*, 1979: Mitmenschlichkeit als Beruf, Frankfurt/M. – *Peters, H.*, 1971: Die mißlungene Professionalisierung der Sozialarbeit, in: *Otto/Utermann*: Auf dem Weg zur Professionalisierung, München – *Richter, H. E.*, 1976: Flüchten oder Standhalten, Reinbek – *Schmidbauer, W.*, 1977: Die hilflosen Helfer, Reinbek – *Seibert, U.*, 1978: Soziale Arbeit als Beratung, Weinheim – *Strauss, A.*, 1980: Gefühlsarbeit, in: KZfS: 629–651 – *Watzlawick, P.*, 1974: Lösungen. Zur Theorie und Praxis menschlichen Wandels, Bern. –

→ Professionalisierung → Sozialpädagogik und Therapie

Sozialplanung

Der Begriff der Sozialplanung ist bereits so alt wie die staatlich organisierte Sozialpolitik (Verbot der Kinderarbeit in Preußen 1818); er gewinnt jedoch erst um die Mitte dieses Jahrhunderts durch *Mackenroth* (1952) und *Achinger* (1954) in der Sozialpolitik Bedeutung (vgl. *Neuloh*, 1969). Nach *Mackenroths* Vorstellung geht es in der Sozialplanung darum, »die Prioritäten der sozialen Ansprüche aufzustellen und die Menschen zu klaren Entscheidungen zu zwingen«. Der Plan stellt also einen umfassenden Rahmen dar, um ein rational begründbares Konzept für eine gesellschaftspolitisch orientierte Sozialpolitik zu finden. *Neuloh* geht darüber hinaus und bezeichnet Sozialplanung als »die an Ordnungsvorstellungen eines optimalen Gesellschaftsmodells und seiner voraussehbaren Entwicklung orientierte Programmierung und Projektierung von Makro- und Mikrogebilden auf soziologischer Grundlage« (S. 193). In beiden Fällen geht es um die planvolle Gestaltung der Sozialpolitik auf gesamtgesellschaftlicher Ebene. Diese Tradition sozialplanerischer Vorstellungen ist allerdings weder im Bereich traditioneller Sozialpolitik theoretisch weitergeführt (hier hat sich vielmehr Sozialplanung auf Finanzplanung reduziert), noch in die Sozialpädagogik/Sozialarbeit aufgenommen worden. Soweit im sozialpädagogischen Bereich heute von einer Theorie der Sozialplanung gesprochen wird, steht sie nicht in der skizzierten deutschen sozialpolitischen Tradition, sondern sie findet ihre theoretischen Grundlagen einerseits in der politologischen Planungstheorie (vgl. z. B. _Prüß/Tschoepe_, 1974) oder andererseits in der aus Amerika übernommenen Theorie der Gemeinwesenarbeit und Anwaltsplanung (vgl. z. B. _Müller/Nimmermann_, 1971). Aufgrund dieser verschiedenen Wurzeln wird unter Sozialplanung sowohl eine umfassende Gesellschaftsplanung verstanden als auch die Planung von Einrichtungen und Prozessen in traditionell sozialpolitischen bzw. sozialarbeiterischen Bereichen. Hier soll primär der letztgenannte Problembereich untersucht werden.

Institutioneller Rahmen der Sozialplanung

Grundsätzlich kann man feststellen, daß Sozialplanung bisher nicht institutionalisiert ist (Ausnahme: §§ 4, 8 Städtebauförderungsgesetz). Soweit Sozialplanungen durchgeführt werden die sich auf traditionell sozialpädagogisch/sozialarbeiterische Problemfelder beziehen, ist die Planungsebene in der Regel die Kommune (Ausnahme: z. B. Kindergartenpläne), weil sie (als Landkreis oder kreisfreie Stadt) sowohl nach dem Jugendwohlfahrtsgesetz (JWG) als auch nach dem Bundessozialhilfegesetz (BSHG) für die sozialen Belange der Bürger zuständig ist (soweit es sich nicht um Versicherungs- und Versorgungsleistungen handelt).

Die Planungsfähigkeit der Kommunen ist jedoch eingeschränkt aufgrund des Subsidiaritätsprinzips, das sowohl im JWG als auch im BSHG seinen Niederschlag gefunden hat, und »wonach die Träger der öffentlichen Jugendhilfe und der Sozialhilfe gehalten sind, von eigenen Maßnahmen oder Einrichtungen abzusehen, wenn geeignete Einrichtungen der freien Träger vorhanden sind und die erforderliche Hilfe durch diese gewährleistet ist« (BVerfGerE, Bd. 22: 205). Diese Beschränkung der Tätigkeit der Kommunen kann jedoch nicht derart interpretiert werden, daß damit auch die Planung des entsprechenden Problembereichs durch die Kommunen unterbleiben muß, denn es »bleibt den Gemeinden die Gesamtverantwortung dafür, daß in den beiden Bereichen durch behördliche und freie Tätigkeit das Erforderliche geschieht« (ebd.: 206). Das kann nur dahingehend verstanden werden, daß die Kommunen auch eine vorausschauende Planung sozialer Einrichtungen betreiben müssen. Wer dann im Einzelfall entsprechend den Planungen die erforderlichen Einrichtungen schafft (und ob möglicherweise die Träger der freien Wohlfahrpflege andere Prioritäten setzen), ist vom Recht der Kommunen zur Planung unabhängig.

Aufgrund dieser Rechtslage existiert heute bereits eine große Zahl von Jugendhilfe- und Altenplänen für einzelne Kommunen. Diese kommunalen Sozialpläne für Teilbereiche sozialpädagogischer Tätigkeit bergen jedoch zweierlei Gefahren in sich: erstens kann es zu einer mangelhaften Koordination der Planungen innerhalb der Kommune kommen (z. B. zwischen Jugendhilfeplanung und Verkehrsplanung, so daß die Jugendzentren z. B. am Abend nicht mehr mit öffentlichen Verkehrsmitteln erreichbar sind), und zum anderen besteht die Möglichkeit, daß die kommunale Planung entweder mit der der Träger der freien Wohlfahrtspflege oder mit der des betreffenden Bundeslandes nicht hinreichend abgestimmt ist (z. B. regional- und wirtschaftsstrukturpolitische Zielsetzungen des Landes widersprechen den Bevölkerungsprognosen der Kommunen in der Jugendhilfeplanung). Aus diesen Gründen bedarf es sowohl innerhalb der Kommunen einer Integration einzelner Pläne als auch einer Koordination verschiedener Planungen zwischen Ländern und Kommunen (vgl. auch *Kühn*, 1975).

Neben diesen kommunalen Planungen werden auf gesamtstaatlicher Ebene Sozialplanungen durchgeführt, die sich auf die Entwicklung und Beeinflussung von Alters-, Invaliditäts- und Hinterbliebenensicherung, auf Unfallversicherung, Arbeitslosenversicherung, auf Kriegsopferversorgung u. a. beziehen (und die somit zwar traditionelle sozialpolitische Aufgabenfelder betreffen, aber jenseits der traditionellen Tätigkeitsfelder der Sozialarbeit liegen). Diese Planungen sind allerdings im wesentlichen auf Finanzplanungen reduziert (z. B. Schätzung zukünftiger Leistungsanforderungen und zukünftiger Beitragsaufkommen der Versicherungen sowie der erforderlichen Veränderung von Beitragssätzen u. ä.), ohne daß zugleich auch Zwecke (z. B. Solidarität aller Arbeitnehmer oder Trennung der Versicherung nach der Rechtsform des Arbeitsverhältnisses) oder Inhalte (z. B. wann liegt eine Krankheit im Sinne der Krankenversicherung vor?) der Sicherungsmaßnahmen analysiert und in die Planungen einbezogen würden (vgl. z. B. *Albers* u. a., 1971). Die inhaltliche Verknüpfung zwischen der Analyse von Ursachen aufgrund derer sozialpolitische Maßnahmen erforderlich werden (wie Alter, Krankheit, Arbeitslosigkeit) und den finanziellen Maßnahmen zu ihrer Behebung unterbleibt in diesen Planungen (vgl. auch den umfangreichen Sozialbericht 1971). Das hat zur Konsequenz, daß diese Planungen einer Veränderung sozialer Risiken im Prinzip nicht Rechnung tragen können (vgl. *Böhle/Altmann*, 1972) und somit dem Anspruch an Planung, der Bewältigung zukünftiger Aufgaben zu dienen, nicht gerecht werden können.

Methodologische Grundlagen der Sozialplanung

Eine einheitliche Methodologie der Sozialplanung existiert nicht. Das beruht darauf, daß – wie bereits angemerkt – die Sozialplanung einerseits aus der politologischen (und z. T. wirtschaftswissenschaftlichen) Planungstheorie und andererseits aus der Gemeinwesenarbeit mit ihrer Anwaltsplanung entstanden ist. Entsprechend findet sich eine Trennung auf methodologischer Ebene.

Die politologisch orientierte Sozialplanung (einschließlich der auf wirtschaftswissenschaftlichen Ansätzen beruhenden Finanzplanungen auf gesamtstaatlicher Ebene) folgt methodologisch dem neopositivistischen Wissenschaftsverständnis (zur Charakterisierung dieses Planungsverständnisses vgl. *Ortmann*, 1976). Das bedeutet, daß die Planer im Grundsatz von durch politische Instanzen vorgegebenen Zielen ausgehen, weil unter dem Wertfreiheitspostulat neopositivistischer Wissenschaft Ziele nicht von ihnen analysiert und verändert, sondern als vorgegeben hingenommen werden. Um die vorgegebenen Ziele erreichen zu können, ist ein Wissen über die Ursache-Wirkungs-Zusammenhänge (Gesetze) in dem zu planenden Objektbereich erforderlich, aufgrund dessen der Zusammenhang zwischen Zielen und den Mitteln zur Erreichung dieser Ziele eindeutig feststellbar ist. Dieses Gesetzeswissen ergibt sich für den Planer aus den wissenschaftlichen Theorien über den zu planenden Objektbereich, die nach dem Verfahrensreglement der neopositivistisch orientierten empirischen Sozialforschung gewonnen worden sind. Für den Planer liegt die Aufgabe darin, die ihm bekannten Theorien im Planungszusammenhang nutzbar zu machen, denn wenn über einen Objektbereich erklärende Theorien vorliegen, können diese nach positivistischem Wissenschaftsverständnis jederzeit allein durch eine logische Transformation in ihre für die Planung erforderliche technologische Form transformiert werden (*Ortmann*, 1976). Auf die Implikationen und nachteiligen Auswirkungen dieses Planungsverfahrens insbesondere für Arbeiterklasse und gesellschaftliche Randgruppen kann hier nicht detailliert eingegangen werden; hingewiesen sei allerdings auf die Tendenz zur Orientierung der Planung an den Interessen und Bedürfnissen gesellschaftlich herrschender Gruppen.

Für die aus der Gemeinwesenarbeit und Anwaltsplanung resultierenden Ansätze zur Sozialplanung lassen sich keine derartig eindeutigen methodologischen Regeln formulieren. Vielmehr ist gerade das Kennzeichen dieses Planungskonzeptes, daß Planung nicht als ein primär technisches Vorgehen, sondern als politischer Prozeß begriffen wird, in dem Macht- und Herrschaftsprobleme eine Verzerrung von Problemerkenntnis und Lösungsstrategien zugunsten herrschender Gruppen bewirken. Aus diesem Grunde zielt die mit der Gemeinwesenarbeit verbundene Planungsform insbesondere darauf, Planung als einen Prozeß kollektiven Vorgehens von Planern und Planungsbetroffenen zu initiieren, bei dem die Bedürfnisse der Planungsbetroffenen möglichst unverzerrt in der Planung Berücksichtigung finden sollen. Das erfordert für die Betroffenen die Möglichkeit, am Planungsprozeß partizipieren zu können, ihre Erfahrungen und die im Planungsprozeß selbst erworbenen Kenntnisse in das Verfahren einbringen und die Entscheidungen beeinflussen zu können (vgl. *Arnstein/Peattie* in *Lauritzen*, 1972). Da ein solcher Prozeß eher auf die kollektive Teilnahme der Planungsbetroffenen am Planungsprozeß und auf einen nicht-manipulierten Willensbildungsprozeß – nicht aber auf die Steuerung von Menschen mithilfe sozialwissenschaftlicher Gesetze – zielt, sind die methodologischen Regeln des technologischen Planungsmodells hier nicht verwendbar. Das hat allerdings bisher noch nicht dazu geführt, daß alternative methodologische Vorstellungen für eine solche Planung entwickelt wurden (vgl. *Beneke* u. a., 1976; *Ortmann*, 1983).

Instrumente der Sozialplanung

Die technologisch orientierte Planung hat eine Vielzahl von Instrumenten entwickkelt, um Planung technisch eindeutig durchführen zu können. Im Vordergrund der Diskussion stehen heute die Kosten-Nutzen-Analyse und die Planung mithilfe Sozialer Indikatoren.

Ziel der Kosten-Nutzen-Analysen ist es, zu erstellende Projekte einer Wirtschaft-

lichkeitsrechnung zu unterwerfen, die einerseits die Wirtschaftlichkeit der Einzel-
projekte erweisen soll und es andererseits ermöglichen soll, unter verschiedenen
Projekten das mit der höchsten Wirtschaftlichkeit auszuwählen. Zu diesem Zweck
müssen jeweils die anfallenden Kosten den bei der Aufwendung sich ergebenden
Nutzen gegenübergestellt werden. Zur Prüfung der Wirtschaftlichkeit der Projekte
wird dann darauf abgezielt, die Differenz bzw. den Quotienten aus dem Gegenwartswert der Nutzen und der Kosten zu maximieren (vgl. *Prest/Turvey*, in:
Recktenwald, 1970). Unter dem Gegenwartswert wird dabei der um die möglichen
Zinserträge bzw. -kosten korrigierte Wert der Nutzen oder Kosten verstanden. Mit
diesem Verfahren der Nutzen-Kosten-Analyse wird über die traditionellen unternehmerischen Investitionsrechnungen hinauszugehen versucht, so daß in ihr auch
Kosten und Nutzen Berücksichtigung finden sollen, die bei einzelwirtschaftlichen
Rentabilitätsüberlegungen nicht beachtet werden (z. B. Nutzensteigerung für die
Gesellschaft aufgrund geringer Rückfallquoten bei hohen Kosten im Strafvollzug)
oder die nicht auf der Grundlage von Marktprozessen in Geld bewertet werden
können (z. B. nicht im Arbeitsprozeß verwertbare Bildungsergebnisse der Schulen). Mit dieser Form der Einbeziehung nicht eindeutig in Geld bewertbarer Nutzen
(ähnliches läßt sich für die Kostenseite feststellen) ist zugleich die Problematik der
Anwendung der Kosten-Nutzen-Analyse thematisiert worden: Welche Kosten und
Nutzen in welcher Weise und mit welcher Bewertung einbezogen werden, ist ein
nicht in genereller Weise operational, sondern nur in Einzelfall und wahrscheinlich
nur zwischen verschiedenen Gruppen der Gesellschaft kontrovers lösbares Problem, das die Verwendung der Kosten-Nutzen-Analyse für die Planung gesellschaftspolitischer Einrichtungen und Prozesse erheblich beschränkt.
Soziale Indikatoren sind operationalisierte Variable einer (explizit oder lediglich
implizit formulierten) Theorie über Teilbereiche der Gesellschaft, die zum Zweck
der Analyse oder Steuerung entwickelt worden ist. Sollen die sozialen Indikatoren
für Planungszwecke Verwendung finden, so müssen sie – z. B. als Zielvariable einer
Theorie – eindeutig mit Maßnahmen, die der Zielerreichung dienen sollen, über
gesetzmäßige Ursache-Wirkungs-Relationen in Zusammenhang gebracht werden.
Stehen verschiedene Maßnahmen zur Auswahl, so ist – bei gleichen Aufwendungen
– die zu bevorzugen, die eine größere Verbesserung des Indikators nach sich zieht.
Zu den Problemen einer Planung mit Hilfe von sozialen Indikatoren vgl. *Werner*
(1975).
Eine nicht am technologischen Planungsmodell sich orientierende Planung wird
nicht primär auf die technische Vervollkommnung des Planungsinstrumentariums
zielen, sondern primär nach Verfahren suchen, die geeignet sein könnten, Planung
als einen kollektiven Prozeß zu ermöglichen, der den Bedürfnissen der von dieser
Planung Betroffenen entspricht. Ohne eine differenzierte Bewertung der bisher
genannten Planungstechniken für die Lösung dieses Problems vornehmen zu
können (vgl. *Ortmann*, 1983), muß darauf hingewiesen werden, daß in diesem
Zusammenhang primär Fragen der Partizipationsstrategien (direkte Partizipation,
Anwaltsplanung etc.; vgl. *Davidoff, Arnstein, Peattie*, in *Lauritzen*, 1972) und der
Möglichkeit, Ansichten und Interessen unterprivilegierter Planungsbetroffener im

Planungsprozeß auch – zumindest partiell – durchsetzen zu können (z. B. mit Hilfe disruptiver Taktiken, Bürgerinitiativen; vgl. dazu *Specht*, in: *Müller/Nimmermann*, 1971; *Bahr*, 1972), zu analysieren sind.

Mithin wird sichtbar, daß das Planungsinstrumentarium in seiner Bedeutung für den Planungsprozeß davon abhängig ist, in welcher Weise und durch wen versucht wird, auf den Planungsprozeß Einfluß zu nehmen und das Planungsergebnis zu gestalten.

Sozialplanung und Verwaltung

Wird von der oben formulierten Feststellung ausgegangen, daß für die Sozialplanung, die sich auf den traditionell sozialarbeiterischen Bereich bezieht, in der derzeitigen Form primär die kommunale Verwaltung zuständig ist, so kann konstatiert werden, daß diese Verwaltung immer noch weitgehend den von *Weber* (1964) beschriebenen klassischen Prinzipien entspricht. Diese Verwaltung zeichnet sich dadurch aus, daß die Arbeit in ihr in hohem Maße zerlegt ist, daß die Verwaltungsangehörigen keine spezifische, für ihr Aufgabengebiet von der Sache her definierte Ausbildung erhalten, sondern als Verwaltungsbeamte quasi generell verwendbar sind und daß sie ihre Aufgaben »ohne Ansehen der Person« erledigen.

Gemessen an den Aufgaben, die eine Planung im sozialpädagogischen Bereich erfüllen muß, erscheinen diese klassischen Verwaltungsprinzipien dysfunktional, denn eine koordinierende Planung muß tayloristische Arbeitszerlegungen überwinden und von Experten, die nicht allein Verwaltungsbeamte sind, ausgeführt werden. Soll diese Planung sozialpädagogischen Intentionen genügen, so muß sie gerade das Wohl der Individuen im Auge haben, kann also nicht ohne Berücksichtigung des individuellen Schicksals der Personen erfolgen, für die Planungen durchgeführt werden. Die Schwierigkeiten vermehren sich noch, wenn der Versuch unternommen wird, partizipative Planungsverfahren in die Sozialplanung einzuführen; diese erfordern nämlich, daß Planer in der Verwaltung in die Lage versetzt werden, Anregungen und Forderungen der Planungsbetroffenen aufzunehmen, d. h., daß sie nicht allein sich als Ausführende der »von oben« gestellten Aufgaben verstehen, sondern daß die Planer mit den Planungsbetroffenen folgenreich in Verhandlungen eintreten müssen; das setzt aber voraus, daß innerhalb der Verwaltungshierarchie eine Kompetenzverteilung zu den Planern erfolgt, die unmittelbar mit den Planungsbetroffenen konfrontiert sind (vgl. *Ortmann*, 1983).

In diesem Zusammenhang ergibt sich dann das Problem, ob und unter welchen Bedingungen überhaupt die Möglichkeit besteht, Interessen und Bedürfnisse von Planungsbetroffenen, insbesondere, wenn sie Angehörige gesellschaftlicher Randgruppen sind, in den durch die Verwaltung organisierten Planungsprozeß einzubringen. Das scheint nur dann möglich, wenn zwischen Verwaltung und Planungsbetroffenen partiell gleichartige Interessen feststellbar sind, die ein Durchbrechen einzelner Prinzipien traditionellen Verwaltungshandelns ermöglichen (vgl. *Langenbach/Widmaier*, in: *Ortmann*, 1976).

Diese hier für die kommunale Sozialplanung getroffenen Feststellungen gelten grundsätzlich auch für Planungen im Bereich traditioneller Sozialpolitik, die sich auf gesamtstaatlicher Ebene vollziehen. Dabei tritt allerdings die Schwierigkeit hinzu, daß geeignete Gremien gebildet werden müssen, die in der Lage sind, die Bedürfnisse verschiedener Bevölkerungsgruppen zu artikulieren und sie in Planungsziele für die Sozialpolitik zu transformieren; (vgl. auch *Ortmann*, 1983).

Neuansätze zur Sozialplanung

Wird Sozialplanung als ein Prozeß verstanden, dessen Zweck es insbesondere ist, die Lebensqualität der Mehrheit der Bevölkerung zu verbessern, so scheint hierzu weder eine Fortschreibung gesamtstaatlicher Finanzplanungen noch traditionelle kommunale Sozialpolitik ausreichend. Vielmehr ist es erforderlich, daß sowohl theoretisch als auch praktisch versucht wird, Neuansätze von Sozialplanung zu entwickeln, die folgenden Anforderungen genügen können:
– Sozialplanung muß an den konkreten gesellschaftlichen Entwicklungen anknüpfen – also für den Planungsprozeß im Blick behalten, daß die Gesellschaft widersprüchlich organisiert und durch die Organisation der Produktion weitgehend bestimmt ist, so daß Möglichkeiten der Sozialplanung hierin ihre Grenzen finden (vgl. *Hagenah*, in: *Ortmann*, 1976; *Beneke* u. a., 1979).
– Sozialplanung muß an den Bedürfnissen der Planungsbetroffenen anknüpfen, weil nur dann die Möglichkeit besteht, Fehlplanungen zu vermeiden. Das erfordert einen Prozeß, innerhalb dessen die Bedürfnisse der Planungsbetroffenen und deren Veränderungen – z. B. aufgrund von Lernprozessen über den zu planenden Gegenstand – aufgenommen und in einem kollektiven Prozeß in Planungsziele transformiert werden können sowie die Maßnahmen zur Planausführung zu beeinflussen vermögen.
– Planungsbetroffenen aus gesellschaftlichen Randgruppen muß in solchen Planungsprozessen die Unterstützung durch Anwaltsplaner ermöglicht werden, die in einem gemeinsamen Arbeitsprozeß mit den Planungsbetroffenen alternative Planungsvorstellungen entwickeln und deren rechtliche Stellung es ihnen erlaubt, daß sie diese ohne Gefahr für ihre Stellung gegenüber der planenden Verwaltung vertreten sowie gemeinsam mit den Planungsbetroffenen Durchsetzungsstrategien beraten und – falls erforderlich – einsetzen.
– Derartige Planungen können nicht einem bürokratisch-technologischen Konzept von Planung folgen, weil dieses Planungsverfahren notwendigerweise Herrschaft über die Planungsbetroffenen impliziert und deren Bedürfnisse nicht zu berücksichtigen vermag.
– Sozialplanung macht eine Integration von Sach- und Finanzplanung erforderlich. Das bedeutet, daß auch gesamtstaatliche Finanzplanungen im Bereich der Sozialpolitik auf die Bedürfnisse der Betroffenen und auf die konkreten Zwecke, die eine soziale Sicherung erfüllen soll, zurückgeführt werden müssen, damit eine Prioritätensetzung im Sinne *Mackenroths* nach inhaltlichen Kriterien möglich wird.

- Eine solche Sozialplanung darf sich deshalb nicht von vornherein an bestehende Verwaltungsorganisation binden, sondern muß die Aufgabenorientierung in den Vordergrund stellen.

Friedrich Ortmann

Literatur

Achinger, H., 1954: Zur Neuordnung der sozialen Hilfe, Konzept für einen deutschen Sozialplan, Stuttgart – *Albers, W.*, u. a., 1971: Sozialbudget – Sozialplanung, Gutachten eines Arbeitskreises der Gesellschaft für sozialen Fortschritt, Berlin – *Bahr, H.-E.* (Hrsg.), 1972: Politisierung des Alltags, Darmstadt – *Beneke, E./Müller, M. K./Siepe, A./Zander, H.*, 1975: Planung in der Jugendhilfe, Kronberg/Ts. – *Beneke, E./Siepe, A./Tischer, U./Zander, H.*, 1979: Territorialstruktur und Jugendhilfe, Frankfurt/M. (Institut für Sozialpädagogik und Erwachsenenbildung) – *Böhle, F./Altmann, N.*, 1972: Industrielle Arbeit und Soziale Sicherheit, Eine Studie über Risiken im Arbeitsprozeß und auf dem Arbeitsmarkt, Frankfurt/M. – *Bourgett, J./Preusser, N./Völkel, R.*, 1977: Jugendhilfe und kommunale Sozialplanung, Weinheim/Basel – BVerfGerE: Entscheidungen des Bundesverfassungsgerichts, hrsg. von Mitgliedern des Bundesverfassungsgerichts, Bd. 22, Tübingen 1967, S. 180–220 – Deutsches Institut für Urbanistik (difu), 1978: Planung der Jugendhilfe (Arbeitshilfe 5), Berlin – *Gorjup, A./Link, M./Löffler, W./Ortmann, F./Riemer, G./Ruf, P./Stein, G.*, 1978: Planung der Jugendhilfe im Zollern-Alb-Kreis, Bericht über eine exemplarische Untersuchung zur Planung der offenen Jugendarbeit in Burladingen, Balingen (Jugendamt des Zollern-Alb-Kreises) – *Kühn, D.*, 1975: Kommunale Sozialplanung, Stuttgart u. a. – *Lauritzen, L.* (Hrsg.), 1972: Mehr Demokratie im Städtebau, Hannover – *Mackenroth, G.*, 1952: Die Reform der Sozialpolitik durch einen deutschen Sozialplan (Schriften des Vereins Socialpolitik, N. F., Bd. 4), Berlin – *Mayntz, R.*, 1978: Soziologie der öffentlichen Verwaltung, Heidelberg/Karlsruhe – *Müller, C. W./Nimmermann, P.* (Hrsg.), 1971: Stadtplanung und Gemeinwesenarbeit, München – *Neuloh, O.*, 1969: Sozialplanung und persönliche Freiheit in der Sozialpolitik, in: *Blind, A./v. Ferber, C./Krupp, H.-J.* (Hrsg.), Sozialpolitik und persönliche Existenz, Festgabe für Hans Achinger, Berlin – *Ortmann, F.* (Hrsg.), 1976: Sozialplanung für wen? Neuwied/Darmstadt – *Ortmann, F.*, 1983: Bedürfnis und Planung (Beiträge zur sozialwissenschaftlichen Forschung), Opladen – *Peters, M./Zeugin, P.*, 1979: Sozialindikatorenforschung, Stuttgart – *Prüß, K.-P./Tschoepe, A.*, 1974: Planung und Sozialplanung, Weinheim/Basel – *Recktenwald, H.-C.* (Hrsg.), 1970: Nutzen-Kosten-Analyse und Programmbudget, Grundlagen staatlicher Entscheidung und Planung, Tübingen – *Siebel, W.*, 1974: Entwicklungstendenzen kommunaler Planung (Schriftenreihe »Städtebaulicher Forschung« des Bundesministers für Raumordnung, Bauwesen und Städtebau, H. 03.028), Bonn – Stadt Braunschweig, 1975: Sozialplanung – Jugend: Jugendfreizeitstätten (Schriften der Stadt Braunschweig zur kommunalen Planung, H. 13), Braunschweig – Stadt Dortmund, 1977: Kommunaler Jugendhilfeplan (Entwurf), (Beiträge zur Stadtentwicklung, Nr. 5) Dortmund – Stadt Nürnberg, 1978: Beiträge zum Nürnberg-Plan, Reihe F: Sozialplanung, H. 10: Rahmenplan Freizeit, Teil: Jugendfreizeitheime, Nürnberg – *Tenbruck, F.*, 1970: Planung I: Theorie der Planung, in: Staatslexikon, 10. Bd. (2. Erg.-Bd.), Freiburg, Sp. 885–896 – *Weber, M.*, 1964: Wirtschaft und Gesellschaft (Studienausgabe), Köln/Berlin – *Werner, R.*, 1975: Soziale Indikatoren und politische Planung (rororo-Studium), Reinbek. –

→ Evaluationsforschung → Soziale Indikatoren → Sozialpolitik → Sozialpolitik als Wissenschaft → Sozialstaat

Sozialpolitik

Entwicklung

Der bürgerliche Staat hat drei Grundinstitutionen der privaten Reproduktion entwickelt: Familie, Arbeitsverhältnis und Privateigentum. Mit Familienhilfe, Arbeitseinkommen oder Vermögen sollte jeder Staatsbürger, auch im Fall des Eintritts von biographisch-sozialen Risiken (Krankheit, Invalidität usw.) seine Existenz sichern. Von dieser Grundannahme aus wurde die Aufgabe der vorbürgerlichen Formen der Existenzsicherung, die an vorkapitalistische Produktionsformen geknüpft waren, legitimiert – im übrigen hatten sich diese insgesamt auch als unzureichend erwiesen (Pauperismus). Für die Fälle, in denen Familienhilfe, Arbeitseinkommen und Privateigentum nicht ausreichend waren, um die notwendigen Existenzmittel zu erhalten, kam im Einzelfall subsidiär zunächst nur die Unterstützung durch die private und kommunale Armenpflege in Betracht. Die Armenpflege ging vom Prinzip der Individualisierung aus: die Unterstützung war den Ursachen, dem Umfang der Not und den besonderen Verhältnissen der Verarmten anzupassen, gleichzeitig war sie diskriminierend-abschreckend ausgestaltet, um ihre Inanspruchnahme auf Einzelfälle zu beschränken: die primäre Reproduktion mittels Familie, Arbeitsverhältnis und Privateigentum sollte nicht in Frage gestellt werden. Daneben und danach entwickelte sich seit den vierziger Jahren des 19. Jahrhunderts eine staatliche *Arbeiterpolitik,* die ihren Ausgangspunkt von der ökonomischen und sozialen Situation der arbeitenden Klassen nahm. Die Situation der arbeitenden Klassen war dadurch gekennzeichnet, daß hier nicht nur im einzelnen Fall, sondern regelmäßig Familienhilfe, Arbeitseinkommen oder gar Privateigentum unzureichend waren, sobald besondere Risiken eintraten. Diese Arbeiterpolitik stand dabei vor dem Problem, daß schon in »normalen« Situationen das Arbeitseinkommen der Arbeiter nur zur äußerst kümmerlichen Existenzsicherung ausreichte, sie strebte aber dennoch kaum eine Aufhebung der Besitzunterschiede bzw. Vermögensumverteilung zum Zwecke einer ausreichenden Existenzsicherung an als einen Ausgleich der Besitzunterschiede durch die Politik der sozialen Sicherung. Die Arbeiterpolitik stellte also auch die Grundinstitutionen der privaten Reproduktion nicht in Frage, sondern knüpfte an ihnen, insbesondere dem Arbeitsverhältnis, mit Hilfe des Versicherungsprinzips an.

Die Arbeiterpolitik, beginnend beim gewerblichen (Fabrik-)Arbeiter, war in mehrfacher Hinsicht so erfolgreich-expansiv, daß sie die klassische Armenpolitik weitgehend verdrängte, bzw. mit »anhob«. In der frühen Terminologie ist der Begriff »Sozialpolitik« auf Arbeiterpolitik begrenzt und zielt primär auf »Ausgleich« der Klassengegensätze unter gesellschaftspolitisch-konservativem Anspruch ab, heute erstreckt sich der Begriff Sozialpolitik auf fast das gesamte wohlfahrtsstaatliche Spektrum, umfaßt vor allem auch den Sozialhilfebereich, der nicht direkt an das Arbeitseinkommen anknüpft.

Heutiges System

Diese Grundsachverhalte – private Reproduktion durch Familie, Arbeitsverhältnis und Privateigentum einerseits und sekundär-subsidiäre Absicherung der privaten Reproduktion bzw. vergesellschaftete Reproduktion durch individualisierende Fürsorge/Sozialhilfe und generalisierende-typisierende Sozialversicherung andererseits – sind in dem heutigen System öffentlicher Sozialleistungen weiterhin konstitutiv. Gleichwohl hat sich eine Verschiebung der Bedeutung dieser beiden Reproduktionsmöglichkeiten ergeben, als Indikator dafür sei die Sozialleistungsquote genannt. Diese wird definiert als ein Verhältnis der Summe aller direkten und indirekten *Sozialleistungen* zum Bruttosozialprodukt eines Jahres. Sie erreichte 1960 einen Wert von 20,7 v. H. und 1979 einen solchen von 31,4 v. H. Als weitere ökonomische Kennziffer zur Bestimmung der Ausdehnung der Sozialpolitik sei noch der Wert der direkten Sozialleistungen genannt: 1968 betrug er 119,129 Mrd. DM, 1979 410,600 Mrd. DM.

Die quantitative Ausdehnung der sozialpolitischen Maßnahmen hat – zusammen mit einer Ausdehnung der Erwerbsquote und innerhalb dieser wiederum der abhängigen Arbeit – auch zu quantitativen Verschiebungen in der Abgrenzung zwischen primärer privater Reproduktion und Reproduktionssicherung durch öffentliche Sozialleistungen (Transfereinkommen) geführt. Darüber hinaus zeigen einige neuere staatliche Gewährleistungen, daß es im Rahmen der Sozialpolitik nicht mehr allein um Soziale Sicherung bei »Versagen« von Familie, Arbeitsvertrag und Privateigentum geht, sondern auch um Soziale Förderung – und zwar nicht zuletzt dieser Institutionen selbst.

Die Sozialpolitik läßt sich inhaltlich zunächst am präzisesten bestimmen durch die Gebiete, auf denen sie sich in Form des Sozialrechts zur Norm verfestigt hat. Dieses Sozialrecht wird durch das in Arbeit befindliche *Sozialgesetzbuch* seit 1975 neu kodifiziert und umfaßt folgende Rechtsgebiete: Ausbildungsförderung, Arbeitsförderung, Schwerbehindertenrecht, Krankenversicherung, Unfallversicherung, Rentenversicherung, Altershilfe für Landwirte, Versorgungsleistungen bei Gesundheitsschäden, Kindergeld, Wohngeld, Leistungen der Jugendhilfe, Sozialhilfe sowie Leistungen zur Eingliederung Behinderter.

Leistungen und Funktionen

Diese Aufzählung zeigt vorerst noch nicht, wie weit und mit welchen Mitteln die Sozialpolitik auf die Reproduktionsbedürfnisse einwirkt. Die Aufteilung der Sozialleistungen nach Arten, wie ihn das Sozialbudget vornimmt, zeigt, daß ihr größter Teil im Jahre 1976, nämlich 73,4 v. H. in Form von Einkommensleistungen gewährt wird. Mit Hilfe dieser *Transferleistungen,* die das Arbeitseinkommen ersetzen oder ergänzen, wird der Leistungsempfänger befähigt, seine Bedürfnisse grundsätzlich als direkter Marktteilnehmer tauschwirtschaftlich zu befriedigen. Hier sind zu nennen: Renten und Pensionen, Entgeltfortzahlungen im Krankheitsfall, Kindergeld, Wohngeld, Barleistungen der Sozialhilfe etc. Daneben gibt es noch Sachleistungen, die 1976 21,4 v. H. des Sozialbudgets ausmachten – hier werden die Bedürfnisse, meist Dienstleistungsbedürfnisse, marktextern mit Hilfe öffentlich-rechtlicher Ansprüche befriedigt, d. h. die notwendigen Sozialgüter werden dem Leistungsempfänger direkt zuerkannt. Hier sind zu nennen: ärztliche und zahnärztliche Leistungen, Arzneien, Krankenhausbehandlung und Maßnahmen der Rehabilitation, aber auch allgemeine Dienste und Leistungen wie Betreuung, Beratung und innerer Dienst. Diese Sachleistungen sind in den letzten Jahren besonders stark angestiegen. In zunehmendem Maße werfen sie Steuerungsprobleme auf, die mit den herkömmlichen Prinzipien der Verrechtlichung, Monetarisierung und Bürokratisierung nicht bewältigt werden können, strittig sind die Auswirkungen auf das (soziale) Verhalten bzw. die Einstellungen zu den eingangs genannten Grundinstitutionen, die durch Sozialpolitik an sich »stabilisiert« werden sollen.

Die Reproduktionsbereiche und -risiken, auf die diese sozialpolitischen Leistungen einwirken, werden gemeinhin unter »Funktionen« des Sozialbudgets gefaßt, die sich wiederum nach bestimmten Reproduktionsbereichen und Reproduktionsphasen systematisieren lassen.

Die wichtigsten *Reproduktionsbereiche,* die durch entsprechende »Funktionen« ausgewiesen sind und die gleichzeitig die »Stützung« der Grundinstitutionen der bürgerlichen Gesellschaft verdeutlichen, sind »Familie«, »Beschäftigung« und »Sparförderung«. Die Leistungen der Funktion »Familie« umfaßten 1978 60,494 Mrd. DM, gewährt als Kindergeld und Steuerermäßigungen für Kinder und Ehegatten sowie Leistungen bei Mutterschaft. Die Leistungen der Funktion »Beschäftigung« umfaßten 1978 22,066 Mrd. DM, gewährt als Leistungen der Arbeitslosenversicherung und der Arbeitslosenhilfe sowie als Leistungen für Ausbildung und Umschulung. Die »Sparförderung« umfaßte 1978 18,826 Mrd. DM – sie ist nur bedingt als allgemeiner Reproduktionsbereich anzusehen, sie dient der Stützung der privaten Eigentumsbildung, die unterhalb bestimmter Einkommensgrenzen kaum möglich ist. Die Einbeziehung der Reproduktionsbereiche »Familie«, »Beschäftigung« und »Sparen« in das System der Sozialpolitik selbst macht deutlich, daß auch mit den »normalen« Reproduktionsbereichen bzw. Grundinstitutionen spezifische Schäden, Risiken, Belastungen oder Mangelsituationen verknüpft sein können, deren Vermeidung oder Beseitigung ohne die Transfer- und Sachleistungen der Sozialpolitik unmöglich oder sehr schwierig ist. Dabei hat die sozialwissenschaftliche Forschung deutlich gemacht, daß unterschiedliche Bevölkerungsgruppen (differenziert durch Einkommen, Beruf, Familiengröße, Geschlecht, Lebenslage u. ä.) in unterschiedlichem Ausmaß auf diese Sicherungsleistungen für die »normalen« Reproduktionsbereiche der bürgerlichen Gesellschaft angewiesen sind. Diese unterprivilegierten Bevölkerungsgruppen, die stärker als andere auf Transferleistungen angewiesen sind, sind meist nicht nur Empfänger zentralisierter anonymer Sozialleistungen, sondern auch »parallel« dazu typische Adressaten kommunaler Sozialpolitik oder Sozialhilfe auf dezentralisierter, örtlicher Ebene: sozial gefährdete Familien, kinderreiche Familien und Alleinerziehende, traditionellerweise ebenso wie die durch ökonomischen Krisensituationen produzierten Arbeitslosen und sozial benachteiligten ausländischen Arbeitnehmer. Dabei muß hervorgehoben werden, daß die zentralisierte Sozialpolitik (in der Regel über bundesunmittelbare oder landesunmittelbare Sozialleistungsträger) im Verhältnis zur kommunalen Sozialpolitik unkoordiniert verfährt. Das gilt vor allem im Bereich der Jugendarbeitslosigkeit und der Rehabilitation drogenabhängiger Jugendlicher sowie der sog. »Altenpolitik«. Die Sozialpolitiken reagieren auf Gefährdungen der Reproduktionsbereiche sowohl individuell – hier wenden sie sich an Personen in ihrer Eigenschaft als Inhaber bestimmter sozialer Rollen und Positionen (Kind, Mutter, Arbeitsloser) – als auch sozial; meist vernachlässigt wird die sozial-räumliche Dimension der Reproduktionsbereiche. Für letzteres zeigen sich erst bescheidene Wandlungen durch Stadtteilarbeit, Gemeinwesenarbeit, wohnquartierbezogene und adressatenspezifische Sozialpläne.

Daneben nennt das Sozialbudget »Funktionen«, die unter die Begriffe Reproduktionsphasen und -risiken subsumiert werden können. Damit werden die Situationen genannt, auf die sich die Sozialpolitik ursprünglich allein bezog, weil die arbeitenden Klassen hier unzureichend gesichert waren. Mit der Verallgemeinerung der *abhängigen Arbeit* ist auch die existentielle Betroffenheit von Risiken, Schäden oder Mangelsituationen, die im Verlauf der einzelnen Lebensphasen auftreten, verallgemeinert worden. »Inzwischen ist unsere gesellschaftliche Realität so weit industriestaatlich transformiert worden, daß mehr oder weniger die gesamte Bevölkerung existentiell von dem Ertrag der Arbeitskraft abhängt und bei deren Minderung oder Ausfall auf Versicherungs- bzw. auf Versorgungsregelungen, notfalls auch auf die Sozialhilfe der Gemeinschaft, angewiesen ist . . . der vom Ertrag der Arbeitskraft Abhängige ist in der sozialen Realität zum Prototyp des Bürgers geworden« (*Rohwer-Kahlmann*, S. 34). Daraus erklärt sich primär, daß die Funktionen »Alter und Hinterbliebene« und »Gesundheit« mit einem Aufwand von 156,347 Mrd. DM bzw. 127,071 Mrd. DM im Jahre 1978 über zwei Drittel des Gesamtbudgets ausmachen. Die Ausgaben für »Alter und Hinterbliebene« stiegen analog zur Zahl der Rentner und zur Höhe, die ihrerseits wiederum der Entwicklung der Löhne und Gehälter angepaßt wurden. Die Zahl der Renten wurde zudem durch den Altersaufbau der Bevölkerung und Leistungsverbesserungen erhöht: stärker besetzte Jahrgänge der Bevölkerung kamen in das Rentenalter, und die flexible Altersgrenze wurde eingeführt. Die Leistungen für »Gesundheit« umfassen nicht nur Krankheitsleistungen i. e. S., sondern alles, was der Erhaltung und Wiederherstellung der Gesundheit dient: Krankengeld, Lohnfortzahlung, Berufs-, Erwerbsunfähigkeits- und Unfallrenten, Vorsorgeleistungen. Apparative Medizin, Hospitalisierung, Vorsorge, medizinischer und technisch-orthopädischer Fortschritt verbesserten und verteuerten das Angebot ebenso wie die »marktmäßig« unterlegene Situation der Krankenkassen und Versicherten gegenüber den oligopolisierten Anbietern von Gesundheitsleistungen, die zudem den Nachfrageprozeß mitbeeinflussen konnten und kaum Effektivitäts- und Effizienzkontrollen unterliegen. Im historischen Ablauf zeigt sich, daß im 19. Jahrhundert »Gesundheit« als politischer Wert neben »Sittlichkeit« durchgesetzt wird und seine professionellen

Verwalter davon ökonomisch partizipieren, strittiger ist das, auf's Ganze gesehen bei den »Betroffenen«. Insgesamt ist also die existenzgefährdende »Betroffenheit« von Alter und Krankheit, Verlust von Familienleistungen und Arbeitseinkommen nicht mehr auf die besitzlosen Klassen im engeren Sinne beschränkt, aber die Fähigkeit, solche Reproduktionsrisiken zu vermeiden oder zu bewältigen, differiert bei den Angehörigen unterschiedlicher Einkommens-, Berufs- oder Bildungsgruppen, bei denen darüber hinaus auch die verursachenden Faktoren (arbeits- bzw. berufsmäßige Belastungen oder Mangelsituationen) ungleich verteilt sind. Durch diese sekundären Faktoren bzw. differierenden Faktoren der Reproduktionsrisikenbewältigung werden dann wiederum die unterprivilegierten Adressaten kommunaler Sozialhilfe bestimmt: »sozial gefährdete« Familien, Alkoholiker, Drogenabhängige oder psychisch Kranke, ältere Menschen, Alleinlebende (u. a. Nichtseßhafte), Pflegebedürftige und Behinderte. In diesen *»besonderen Lebenslagen«* ist es generell so, daß die Leistungen der zentralisierten Sozialversicherung nicht ausreichend sind und einer generellen Ergänzung der »subsidiären« kommunalen Sozialhilfe bedürfen. Diese Situation verstärkt sich in Zeiten zunehmender bzw. relativ hoher Arbeitslosigkeit, in denen der Anknüpfungspunkt Arbeitslohn keine oder nicht ausreichend bedarfsgerechte Sozialleistungen mehr ergibt.

Probleme und Forderungen

Das Leistungsspektrum der Sicherungsinstanzen verläuft nicht immer aufgabenspezifisch und funktional koordiniert: Sozialpolitik in den 80er Jahren des 20. Jahrhunderts wird in weiten Bereichen noch immer nach den gleichen Prinzipien gemacht wie in den 80er Jahren des 19. Jahrhunderts, und vor allem sind Gesundheits-, Arbeits-, Sozialversicherungs-, Sozialhilfe-, Familien- und Wohnungspolitik sich weitgehend konterkarierende Politikbereiche. Diese Mängel können nicht durch monetäre Reformen und weitere rechtliche Kodifizierung überwunden werden, sondern vermutlich nur dadurch, daß im Rahmen einer diese »Einzelpolitiken« überwindenden Gesellschaftspolitik sukzessive folgendem Sachverhalt zunehmend Rechnung getragen wird: individuelle Not oder individueller Mangel lassen sich langfristig und wirkungsvoll nur verhindern oder mildern, wenn man sie nicht bloß als in großer Zahl auftretende Einzelschicksale isoliert »behandelt«, sondern sie zugleich auf dem Hintergrund typischer gesellschaftlicher Problemlagen und Lebenssituationen sieht. Dafür bietet sich »an sich« ein stärkerer lokaler Bezug an, für den aber angesichts der »herrschenden«, zentralstaatlich orientierten Institutionen der Sozialpolitik und der fehlenden Reserven das politische Durchsetzungs potential weitgehend fehlt. Als zentrale Bezugspunkte gesellschaftspolitischen Handelns hat Friedhart *Hegner* (1979) aufgeführt:

– Die Ursachen einer Notlage, einer sozialen Benachteiligung oder einer Mangelsituation, z. B. zu geringes Ausbildungsniveau als eine Ursache von Arbeitslosigkeit; gesundheitsschädigende oder unfallgefährdete Arbeitsbedingungen als Ursache für paraprofessionelle Krankheiten, Berufskrankheiten, Berufs- oder Erwerbsunfähigkeit (vorzeitige Invalidität); hier muß eine Koordination von

Arbeitspolitik (»Humanisierung der Arbeit«) und Sozialversicherungspolitik stattfinden, allerdings ist zu bedenken, daß das staatliche Steuerungspotential gegenüber betrieblichen Arbeitsabläufen, sofern sie die sog. Unternehmensentscheidungen negativ tangieren, recht gering ist.

- Die aktuellen Begleiterscheinungen einer Notlage, Mangelsituation oder Benachteiligung (z. B. Absinken des familiären- oder haushaltsbezogenen Lebensstandards im Falle der Arbeitslosigkeit; Prestigeverlust bei Familienangehörigen oder Nachbarn im Falle der Erwerbsunfähigkeit); hier muß Koordination von Sozialversicherungsleistungen monetärer Art mit sozialen Dienstleistungen (persönliche Hilfe, Beratung) im Rahmen der kommunalen Sozialpolitik stattfinden.
- Die mittel- oder langfristigen Folgeprobleme einer aktuellen Benachteiligung, Notlage oder Mangelsituation (z. B. psychosoziale Isolation von Arbeitslosen infolge eingeschränkter Konsum- und Kontaktmöglichkeiten; psychische Störungen und Erkrankungen infolge eines durch Erwerbsunfähigkeit ausgelösten sozialen Abstiegs).
- Die möglicherweise aktivierbaren Potentiale zur Selbsthilfe und zur Selbstorganisation angesichts einer Notlage, Mangelsituation oder Benachteiligung (z. B. Hineinwachsen eines Erwerbsunfähigen in die Hausmann-Rolle bei gleichzeitiger Übernahme der Erwerbstätigen-Rolle durch ein anderes Haushaltsmitglied; Bereitschaft zur Pflege eines kranken oder behinderten Angehörigen im Rahmen der Familie; nachbarschaftliche Selbstorganisation eines Einkaufsdienstes für altersschwache oder behinderte Personen).

Die Aufnahme der letztgenannten Bezugspunkte setzt wiederum eine Abstimmung von zentraler und kommunaler Sozialpolitik voraus bzw. die verstärkte Ausbildung von publikumsorientierten Subsystemen und die Schaffung adäquater monetärer Anreize, die »familienhafte« Dienstleistungen gegenüber der verallgemeinerten abhängigen Arbeit wieder »attraktiver« machen und situationsadäquater sein können als »Hospitalisierungen«, auch das bedeutet ein »Schwimmen gegen den Strom« der bisherigen Prinzipien der Ressourcenallokation und des Ausbaues sozialpolitischer Intervention.

Indem *gesellschaftspolitisches* Handeln – im Unterschied zur herkömmlichen Sozialpolitik – weder ausschließlich in Kategorien »kausaler individueller Berechtigungen« noch in »Kategorien der Reaktion auf bereits eingetretene individuelle Schäden« denkt und verfährt, kann den eingetretenen gesellschaftlichen Wandlungsprozessen Rechnung getragen werden. Dabei müssen organisatorische Innovationen (ausgehend von Arbeitsgemeinschaften z. B. zur Gesundheitssicherung usw. auf kommunaler Ebene) ebenso bedacht werden wie eine Ausweitung der herkömmlichen Instrumente sozialpolitischen Handelns: das Instrument der sozialen Aktion (Prinzipien der Selbstversorgung, der Selbsthilfe und Selbstorganisation) muß neben die tradierten Instrumente der Geldleistungen und der Anspruchsberechtigungen für Sachleistungen ebenso treten wie neben die Instrumente der verberuflichten oder professionalisierten Dienste im pflegerischen, therapeutischen und rehabilitativen Bereich. Praxisadäquate, lokal orientierte Konzepte, die neben den weitgehend als »Datum« akzeptierten ökonomischen Restriktionen im Verhältnis von Sozialpolitik zur Wirtschaftspolitik auch die politisch meist trefflich artikulierten Interessen der »beati possidentes« einkalkulieren, fehlen weitgehend. Dabei geht es nicht um eine Ersetzung, sondern um eine Ergänzung herkömmlicher Sozialpolitik, die zudem der Tatsache Rechnung trägt, daß sozialstaatliche Leistungen nicht mehr die Ausnahme der gesellschaftlichen Reproduktion darstellen, sondern den Regelfall der verallgemeinerten abhängigen Arbeit widerspiegeln.

Florian Tennstedt

Literatur

Achinger, H., 1971[2]: Sozialpolitik als Gesellschaftspolitik, Frankfurt/M. – *Bley, H.*, 1982[4]: Sozialrecht, Frankfurt/M. – *Ferber, Ch. v.*, 1967: Sozialpolitik in der Wohlstandsgesellschaft, Hamburg – *Ferber, Ch. v./Kaufmann, F.-X.* (Hrsg.), 1977: Soziologie und Sozialpolitik, Opladen – *Flesch, K.*, 1901: Soziale Ausgestaltung der Armenpflege, Leipzig – *Hegner, F.*, 1979: Praxisbezogene Orientierungspunkte für Änderungen im System der sozialen Sicherung; Bürgernähe, Sozialbürgerrolle und soziale Aktion, Bielefeld – *Kaufmann, F.-X.* (Hrsg.), 1979: Bürgernahe Sozialpolitik. Planung, Organisation und Vermittlung sozialer Leistungen auf lokaler Ebene, Frankfurt/M. – *Kaufmann, F.-X.* (Hrsg.), 1982: Staatliche Sozialpolitik und Familie, München – *Leibfried, St.*, 1977: Vorwort zu: Frances F. Piven u. Richard A. Cloward: Die Politik der öffentlichen Wohlfahrt, Frankfurt/M. – *Murswieck, A.* (Hrsg.), 1976: Staatliche Politik im Sozialsektor, München – *Rohwer-Kahlmann, H./Ströer, H.*, 1979: SGB I. Sozialgesetzbuch, Allgemeiner Teil, München – *Sachße, Ch./Tennstedt, F.*, 1980: Geschichte der Armenfürsorge in Deutschland. Vom Spätmittelalter bis zum Ersten Weltkrieg, Stuttgart – *Schulte, B./Trenk-Hinterberger, P.*, 1982: Sozialhilfe, Frankfurt/M. – Sozialpolitik und Selbstverwaltung, 1977: Zur Demokratisierung des Sozialstaates, Köln – *Tennstedt, F.*, 1981: Sozialgeschichte der Sozialpolitik in Deutschland, Göttingen – *Tennstedt, F.*, 1983: Vom Prolet zum Industriearbeiter. Arbeiterbewegung und Sozialpolitik in Deutschland von 1800 bis 1914, Köln – *Westergaard, J.*, 1980: Sozialpolitik und soziale Ungleichheit. Mit einer Einleitung von *Stephan Leibfried* und *Florian Tennstedt*, Zeitschrift für Sozialreform, 1–23; 76–91; 144–157. –

→ Geschichte: Von der Armenpflege zum Sozialstaat → Sozialplanung → Sozialstaat → Staat

Sozialpolitik als Wissenschaft

»Sozialpolitik« ist ein historischer, zugleich politischer und theoretischer Begriff. Dieses doppelte geschichtliche Konstitutionsmoment ist festzuhalten, es bestimmt auch wesentlich den Gang der folgenden Darstellung.

Zum einen subsumierte der Begriff die politischen Versuche, soziale Folgen – Massenelend und Ausbeutung – des sozio-ökonomischen Strukturwandels der beginnenden und sich entwickelnden, vom privaten ökonomischen Interesse reglementierten Industriegesellschaft durch ein Bündel staatlicher Reaktionsweisen zu mildern und zu steuern – wie zugleich diesen Strukturwandel selbst abzusichern und zu stabilisieren. Zum anderen markierte die wissenschaftlich-theoretische Reflexion über diese gesamtgesellschaftlichen Wandlungsprozesse hin zur kapitalistischen Industriegesellschaft, als »Soziale Frage« und später als »Arbeiterfrage« auf den Begriff gebracht, die Genese der Sozialwissenschaft in Deutschland (*Pankoke,* 1970). Indem die gesellschaftswissenschaftliche Analyse nicht bei der Diagnose stehenblieb, sondern auch Vorschläge zur »Lösung« der Sozialen Frage zu formulieren suchte, hat sie die bewußtseinsmäßigen und schließlich politischen Voraussetzungen zur Herausbildung sozialpolitischer Institutionen mit vorbereitet und gefördert. Dabei begrenzten die Vorschläge zur *sozialen Reform* und das Modell der *sozialen Revolution* das Spektrum der theoretisch formulierten Lösungsalternativen.

Im Zeitablauf unterlagen in beiden Feldern gesellschaftlicher Praxis, im politischen System und im Wissenschaftssystem, die als »sozialpolitische« etikettierten Problemdefinitionen bzw. praktischen Programme charakteristischen Verschiebungen.

Wurde das materielle und nicht-materielle Massenelend in der Folge der bürgerlich-liberalen Revolution und der beginnenden industriegesellschaftlichen Entwicklung zunächst als bloß quantitative Veränderung des alten Armutsproblems wahrgenommen (*Conze,* 1954), so förderte die Entwicklung der Gesellschaftswissenschaften das Bewußtsein über die neue Qualität der industriegesellschaftlich produzierten sozialen Ungleichheiten: ihre strukturelle, in der privatkapitalistischen Organisation des ökonomischen Prozesses begründete Evolutionslogik.

Eine konservative Sozialpolitik (z. B. *Riehl,* 1823–1897) suchte gleichwohl die Lösung dieser aktuellen sozialen Probleme noch in einer Restauration ständischer, vorindustrieller Lebensform. Die neue reformorientierte Gesellschaftswissenschaft (wesentlich *von Stein,* 1815–1890) thematisierte dagegen – von den Idealen der bürgerlichen Revolution ausgehend und die industriegesellschaftlich freigesetzten Produktivkräfte in Anspruch nehmend – die Soziale Frage in einer Reformierung des Verhältnisses von »Staat« und »Gesellschaft«: die in der liberalen Gesellschaftsphilosophie verankerte Trennung einer staatsfreien Sphäre – Ort individueller ökonomischer Interessenverfolgung – und einer sich auf die bloße Schutzfunktion nach innen und nach außen zurückziehende Staatsgewalt (»Nachtwächterstaat«, *Lassalle*), sollte in einer die Marktschwäche des eigentumslosen Proletariers stützenden sozialreformerischen Politik des Staates und durch die Einsicht der gesellschaftlichen Klassen zum notwendigen Interessenausgleich aufgehoben werden.

Die radikale Sozialkritik der sozialistischen Bewegung (*Marx*, 1818–1883, *Engels*, 1820–1895) betonte dagegen die Unmöglichkeit einer Lösung der sozialen Frage (Arbeiterfrage) mit den Mitteln einer reformerischen Milderung des Klassengegensatzes von Arbeit und Kapital durch den, nach marxistischer Diagnose, notwendig an die herrschende Klasse, die Bourgeoisie, gebundenen Staat. Die sozialistische Bewegung proklamierte die revolutionäre Beseitigung dieses Klassenverhältnisses selbst.

Die staatliche Sozialpolitik wurde in Deutschland (nach ersten Schritten zur Arbeiterschutzgesetzgebung 1839) zentral mit der von *Bismarck* 1881 zugunsten der Industriearbeiterschaft eingeleiteten Sozialgesetzgebung als *reformerische* etabliert. Die damit geschaffenen Institutionen der Krankenversicherung, Unfallversicherung, Alters- und Invaliditätsversicherung verbesserten wichtige Ausschnitte der proletarischen Existenz. Zugleich aber ist die Motivation zu dieser Politik deutlich: sie war wesentlich intendiert als positives Integrationsinstrument gegenüber der Industriearbeiterschaft angesichts einer erstarkenden »staatsfeindlichen« Sozialdemokratie – und sie wurde parallel praktiziert zum Repressionsmittel des 1878 in Kraft gesetzten »Sozialistengesetzes« (*Lütge*, 1931).

Die theoretische Breite und Tiefe des frühen gesellschaftswissenschaftlichen Problemhorizonts, die auf Gesellschaftsstrukturen zielende und die Totalität diskriminierte soziale Existenz problematisierende Analyse (unbeschadet hier differenter Lösungsprogramme), verblaßte im Zuge der industriellen Entfaltung und ökonomischen Entwicklung, außerhalb der orthodoxen sozialistischen Bewegung, zunehmend. Die zunächst sehr umfassende theoretische Formulierung der »Arbeiterfrage« – wie schon die sozialpolitische Praxis – verengte sich immer stärker auf »Sozialpolitik«, auf die Inangriffnahme praktischer Ziele zur unmittelbaren Verbesserung der unterprivilegierten proletarischen Existenz. Die Arbeit des 1872 gegründeten Vereins für Socialpolitik, einer für die sozialpolitische Bewußtseinsbildung resonanzstarken und dadurch auch politisch wirksamen Vereinigung von Wissenschaftlern und Politikern, ist hier charakteristisch. Die Arbeit des Vereins basierte auf dem Konsens liberal-konservativer Positionen, Auswüchse des vom privaten ökonomischen Interesse reglementierten industriegesellschaftlichen Prozesses zugunsten der Arbeiter auf dem Reformweg zu mildern, die bestehenden Produktionsverhältnisse des sich entfaltenden Kapitalismus jedoch zugleich als Motor der sozio-ökonomischen Entwicklung zu nutzen (*Müssiggang*, 1968).

In dem Maße, wie die unter Bismarck geschaffenen sozialpolitischen Institutionen wirksam wurden, verstärkte sich im politischen System, gestützt auch durch die reformorientierte Arbeiterbewegung (*Hofmann*, 1970), die Tendenz, die etablierten sozialpolitischen Sicherungssysteme, wenn nicht schon als Lösung der Arbeiterfrage, so doch als das Zentrum des sozialpolitischen Fortschritts zu interpretieren. Die spätere Ausweitung des Klientenkreises dieser sozialpolitischen Institutionen auf die Angestellten reflektierte und stärkte diese Orientierung zugleich. Sie ließ die »Politik der Arbeiterfrage« zur sozialen Politik zugunsten der Arbeitnehmer expandieren und damit zugleich konturenloser werden.

Parallel zu dieser praktischen Wirksamkeit und Ausweitung der sozialpolitischen Sicherungssysteme reduzierte sich das Interesse der Gesellschaftswissenschaften an der Sozialpolitik um die Jahrhundertwende zunehmend. Auch hierfür ist die Aktivität des Vereins für Socialpolitik kennzeichnend. Für die dort repräsentierte reformorientierte Gesellschaftswissenschaft stellten die sozialpolitischen Institutionen nun wachsend eine Kongruenz zwischen den auch wissenschaftlich formulierten bzw. begründeten Postulaten und der sozialen Realität her. Die soziale Realität erschien im Horizont der Sozialpolitik für diese Wissenschaftsposition entschärft, zunehmend »problemlos«.

Zugleich wurde diese generelle gesellschaftswissenschaftliche Rückzugstendenz von der Sozialpolitik disziplinär überlagert und verstärkt: der zu Beginn dieses Jahrhunderts im Verein für Socialpolitik unter der Wortführerschaft *Max Webers* ausgebrochene und wissenschaftstheoretisch gefaßte Werturteilsstreit führte im Jahre 1909 zur Gründung der Deutschen Gesellschaft für Soziologie. Programmatisch sollte in dieser neuen Gesellschaft erreicht werden, was *Weber* wissenschaftlich unabdingbar, ihm im Verein für Socialpolitik, als einer explizit auf politische Wirksamkeit gerichteten Institution jedoch unmöglich erschien: »Reine«, (auch sozialpolitisch) zweckfreie Forschung zu betreiben (*Weber*, 1910). Mit der Gründung der Deutschen Gesellschaft für Soziologie zog sich in der Folge eine Generation Sozialwissenschaftler von der Bearbeitung sozialpolitischer Tatbestände – in der Konsequenz für die wissenschaftliche und praktische Sozialpolitik folgenreich – zurück.

Sozialpolitik nach 1945

Nach dem Zweiten Weltkrieg wurden in der Bundesrepublik Deutschland diese schon früh angelegten Tendenzen praktischer und wissenschaftlicher Sozialpolitik bestätigt und verstärkt.

Die allgemeinste Bezugsformel für die sozialpolitische Diskussion und Programmatik nach 1945 bildet das sogenannte Sozialstaatsgebot des Grundgesetzes der Bundesrepublik. Seine Artikel 20, Abs. 1 und 28, Abs. 1 bestimmen: Die Bundesrepublik Deutschland ist ein demokratischer und sozialer Bundesstaat (Artikel 20) und, Die verfassungsmäßige Ordnung in den Ländern muß den Grundsätzen des republikanischen, demokratischen und sozialen Rechtsstaats im Sinne dieses Grundgesetzes entsprechen (Artikel 28).

Diese grundgesetzliche Sozialstaatsformel ist »offen«, ihr fehlt eine materielle Füllung mit »sozialen Grundrechten« und näheren Vorschriften zur Wirtschaftsverfassung. Die Offenheit des Postulats reflektiert die innenpolitischen Kräfteverhältnisse im westlichen Nachkriegsdeutschland unter dem Besatzungsrecht der Alliierten. Der Parlamentarische Rat, die verfassunggebende Versammlung, repräsentierte zwei große Parteigruppierungen, die alternative Sozialstaatsmodelle anzielten (*Hartwich*, 1970): Die bürgerlich-konservativen Parteien unter Führung der

Christlich-Demokratischen Union/Christlich-Sozialen Union (CDU/CSU) favorisierten das Modell der »Sozialen Marktwirtschaft«, das Modell eines »Sozialen Kapitalismus«. Die Sozialdemokratische Partei Deutschlands (SPD) verfolgte andererseits das Konzept eines »Demokratischen Sozialismus«.

Die entstehungsgeschichtliche Analyse des Grundgesetzes zeigt als letztlich entscheidende Differenz beider Sozialstaatsmodelle die Position gegenüber dem sozioökonomischen Status quo:

»Antastung der gegebenen Vermögenssubstanzen und Besitzverhältnisse – und damit Veränderung der gesellschaftlichen Verhältnisse gemäß den Zielen eines demokratischen Sozialismus – oder Erhaltung und Wiederherstellung der überkommenen Vermögenssubstanzen und Besitzverhältnisse als Grundlage des wirtschaftlichen Wiederaufbaues in möglichst großer Autonomie von staatlicher Lenkung« (*Hartwich*, 1970).

Auf Grund der Stimmenverteilung im Parlamentarischen Rat gelang es keiner der beiden Gruppierungen, ihre Sozialstaats-Interpretation im Entwurf zum späteren Grundgesetz festzuschreiben. Der kompromißhafte Einigungspunkt war die »Offenheit« des Postulats und damit für beide Seiten zunächst die Verhinderung einer prinzipiellen Blockierung ihres jeweils angestrebten Modells. Die materielle Ausfüllung des Sozialstaatspostulats in ihrem Sinne wollten die Kontrahenten nach den zu gewinnenden Wahlen zum Deutschen Bundestag durch einfache Gesetzgebung realisieren.

Die Wahlerfolge der bürgerlich-konservativen Parteien 1949 und danach, unter der Führung der CDU/CSU, erlaubten diesen, ihre Sozialstaats-Interpretation des Grundgesetzes, die »Soziale Marktwirtschaft«, durchzusetzen. Begünstigt und gefördert auch durch außerkonstitutionelle Bedingungen, insbesondere der Politik der wichtigsten westlichen Besatzungsmacht, der Vereinigten Staaten von Nordamerika. – Gleichwohl bedeutet die Nichtrealisierung des alternativen Sozialstaatsmodells in der Folge nicht, daß es der grundgesetzlichen Möglichkeit nach untergegangen ist (*Hartwich*, 1970).

Das Modell des »Sozialen Kapitalismus« läßt sich mit den folgenden Stichworten andeuten: Schutz und Förderung des Privateigentums, Privatautonomie der Wirtschaftsprozesse bei staatlicher Rahmensetzung im Sinne der neo-liberalen Wirtschaftsordnung, betriebliche Partnerschaft. Im engeren sozialpolitischen Zusammenhang definiert das Modell die Beibehaltung des Überkommenen, auf *Bismarck* zurückgehenden, nach Risiken, Berufsgruppen und nach Leistungsprinzipien (Versicherungsprinzip, Versorgungsprinzip, Fürsorgeprinzip) gegliederten Institutionensystems der Sozialversicherung (Ablehnung einer »Einheitsversicherung«). Postuliert war die prinzipielle Nachrangigkeit der Sozialpolitik gegenüber der Wirtschaftspolitik (»Eine gute Wirtschaftspolitik ist die beste Sozialpolitik«), sozialer Fortschritt wurde primär von einer expandierenden Wirtschaft erwartet. Nachdrücklich bekräftigte dieses Konzept die Gültigkeit des Subsidiaritätsprinzips, das heißt, das jeweils nachrangige Eintreten größerer Hilfs- und Sorgeverbände, also der vorrangige Verweis zunächst an das Leistungsvermögen des einzelnen bzw. der kleineren Lebenskreise (Prinzip der Selbstverantwortung).

Vor dem Hintergrund der in den 50er Jahren einsetzenden kräftigen ökonomischen

Wachstumsraten weiteten die überkommenen sozialpolitischen Sicherungsinstitutionen sich sowohl quantitativ nach ihren Leistungsströmen wie nach der Größe ihrer Klientele (Einbezug auch beruflich Selbständiger) und qualitativ (wesentlich: die Einführung der sogenannten »Dynamischen Altersrente«, 1957, die Koppelung der Rentenhöhe an die allgemeine Einkommensentwicklung) aus (Bundesminister für Arbeits- und Sozialordnung, 1977).

Parallel zu diesen ökonomischen Wachstumserfolgen wie sozialpolitisch-institutionellen Expansionsprozessen wurde – dies ist zugleich sozialgeschichtlich wie wissenschaftsgeschichtlich entscheidend – im politischen System wie im Wissenschaftssystem die Sozialpolitik zunehmend als klassen- und schichtenunspezifisch charakterisiert bzw. perzipiert: Sozialpolitik wurde als »Gesellschaftspolitik« definiert, der für sie zentrale Strukturwandel in einer Entwicklung »von der Arbeiterfrage zum Wohlfahrtsstaat« (*Achinger*, 1958) diagnostiziert. Die dahinterstehende Prämisse ist zentral. Sie behauptet(e) die (wachsende) Identität sozialer Existenz aller Gesellschaftsmitglieder, eine weithin schon gegebene Parallelität oder doch chancengleiche Erreichbarkeit der Lebenslagen. Unbeschadet ihrer disziplinären Trennung konnte die wissenschaftliche Sozialpolitik – wie die politische Praxis (*Rüstow*, 1959) – auf die diese Position scheinbar legitimierenden soziologischen und politologischen Gesellschaftsdiagnosen der Nachkriegszeit verweisen, was auch geschah (*Winterstein*, 1969).

Soweit und solange nach dem Zweiten Weltkrieg die soziale Realität auch durch die Sozialwissenschaften in Kategorien sozialer Gleichheit interpretiert wurde, fiel definitionsgemäß die Sozialpolitik im Sinne ihres historischen Ausgangspunktes als Thematisierung gesellschaftlicher Diskriminierung aus oder sank auf den Status einer Prämisse für die behauptete Problemabwesenheit herab. Die Versuche der westdeutschen Nachkriegssoziologie, Anschluß an den internationalen, das hieß: nordamerikanischen Forschungsstand zu gewinnen, führte zur zumindest partiellen Übernahme dort dominierender Theoriekonzeptionen und ihnen zuzuordnender Gesellschaftsbilder. Im Lichte des lange vorherrschenden pluralistisch-integrationstheoretischen Theorieparadigmas war Gesellschaft keine kritische Größe. Unter der Prämisse, daß die dem parlamentarisch-repräsentativen System eigene Selektionsanordnung sozialer Institutionen gleiche Artikulations- und Durchsetzungschancen sozialer Interessen verbürge, konnten (noch) existierende oder neu auftretende soziale Probleme scheinbar fraglos den, dem Gesellschaftssystem zugesprochenen Ausgleichsmechanismen sozialer Vorteile überantwortet werden (*Nuscheler/Steffani*, 1973).

Wurde dagegen die soziale Realität in den Kategorien der funktionalistischen Schichtungstheorie interpretiert, so erschienen soziale Ungleichheiten als unverzichtbares Erfordernis der Funktionsfähigkeit eines Gesellschaftssystems. Soziale Ungleichheiten wurden als notwendiger Ausfluß eines differentiellen Lohnungs- und Anreizsystems zur Realisierung gesellschaftlicher Ziele und Werte interpretiert. Die Gesellschaft war in dieser funktionalistischen Perspektive wie sie war, also auch in ihrem Ungleichheitssystem, positiv, nicht korrigierbar, weil »funktional«. Sie erschien in diesem Sinne »problemlos« (*Wiehn*, 1974).

Die in der Bundesrepublik Deutschland besonders resonanzstarke These von der »nivellierten Mittelstandsgesellschaft« (*Schelsky, 1953*) verwarf die alten, auf den Tatbestand sozialer Ungleichheit abhebenden Orientierungskriterien für eine sozialpolitische Programmatik. Ausdrücklich wurde hier die Sozialpolitik als ein wichtiges Element des behaupteten Transformationsprozesses hin zur gesellschaftlichen Mitte interpretiert. Die Nivellierungsthese sah den behaupteten Ausgleich der Lebenslagen und Lebenschancen materiell in den wachsenden individuellen Konsumchancen und sozio-kulturell in den Verhaltens- und Orientierungsmustern im Familien- und Freizeitbereich, Arbeit und Arbeitsverhältnisse erschienen hier irrelevant.

Die Situationsdeutung einer tendenziellen Gleichheit sozialer Existenz auch durch die akademisch-wissenschaftliche Sozialpolitik – wie angedeutet soziologisch-politologisch scheinbar legitimiert – ging einher mit einer charakteristischen ökonomisch-juristischen Reduktion ihres Problemhorizonts: der wissenschaftliche Begriff der Sozialpolitik verengte sich auf die Sicherung rechtlich gefaßter Geldströme für die tägliche Normalität sozialer Existenz (*v. Ferber, 1967*). Unterstützungsleistungen und deren Finanzierung für noch nicht, vorübergehend nicht oder nicht mehr Erwerbsmäßige standen (und stehen) im Zentrum dieses Sozialpolitik-Konzepts. Familien-Lastenausgleich, Krankenversicherung, Rentenversicherung und Arbeitslosenversicherung bilden die heterogenen Stützpfeiler der gleichen Handlungsmaxime: Sozialpolitik als »Einkommenspolitik« (*Liefmann-Keil, 1961*). Paradigmatisch für diese begrenzte Problemperspektive der wissenschaftlichen Sozialpolitik ist die den sozialpolitischen Status quo nach 1945 wesentlich bestätigende »Sozialenquete« als ein auch politisch resonanzstarkes Instrument wissenschaftlicher Politikberatung (Sozialenquete, 1966).

Die faktischen, vielfältigen und kumulativen Ungleichheiten sozialer Existenz im Produktions- wie Reproduktionsbereich des Spätkapitalismus blieben angesichts dieser doppelten, ökonomisch-juristischen Verkürzung der Problemperspektive unthematisiert. Eine vorherrschend positivistische wissenschaftstheoretische Position der etablierten akademisch-wissenschaftlichen Sozialpolitik (*Albert, 1967; Külp/Schreiber, 1971; Sanmann, 1972*), stabilisierte, indem und soweit sie die Ziel- und Funktionsbestimmung sozialpolitischer Aktion den Akteuren des politischen Systems überantwortete bzw. unproblematisiert aus den überkommenen Institutionen bezog, den sozialpolitischen Status quo und das ihm zugrundeliegende Modell der »Sozialen Marktwirtschaft«.

Neuere Entwicklungen

Dieser juristisch-ökonomischen Fixierung der etablierten wissenschaftlichen wie praktischen Sozialpolitik der Bundesrepublik entsprach ein professionelles Desinteresse der Soziologie (und Politologie) an der Sozialpolitik. Die mit der Werturteilsdebatte im Verein für Socialpolitik eingeleitete und mit der Gründung der Deutschen Gesellschaft für Soziologie zu Beginn dieses Jahrhunderts auch programmatisch formulierte Hinwendung der Sozialwissenschaften zur »zweckfreien

Theorie« wurde für die Sozialpolitik in der Bundesrepublik manifest. Seit Anfang der 70er Jahre zeichnet sich jedoch ein neues, unterschiedlich motiviertes sozialwissenschaftliches Interesse an der Sozialpolitik ab – wie auch ein spezifisches Interesse der (sozial-) politischen Praxis an der Sozialwissenschaft zu konstatieren ist. Ein wichtiger Ausweis dieser sozialwissenschaftlichen Wiederentdeckung der Sozialpolitik ist die Gründung einer Sektion »Soziologie und Sozialpolitik« in der Deutschen Gesellschaft für Soziologie.

Diese neue sozialwissenschaftliche Aufmerksamkeit gegenüber sozialpolitischen Tatbeständen bedarf der Erklärung. Sehr allgemein kann die These formuliert werden, daß die Sozialpolitik erst (wieder) zum sozialwissenschaftlichen Thema werden konnte, als und soweit die soziale Realität, in die die Sozialpolitik eingreift oder mit der Sozialwissenschaftler sie in Beziehung setzen, als problematische Realität perzipiert wurde. Auf dieser Abstraktionsebene gilt die Aussage sowohl für die klassische Thematisierung der Sozialen Frage – wie gezeigt, historisch zu fassen als Genese der Sozialwissenschaft – und sie gilt auch für die jetzige Aktualität des Gegenstandes. Different sind – historisch und heute – die jeweils als sozialpolitisch problematisch, das heißt: als wissenschaftlich erklärungs- und eventuell als politisch änderungsbedürftig perzipierten wie auch vielleicht schon im Lichte von Lösungskonzeptionen formulierten Ausschnitte aus der sozialen Realität. Diese Ausschnitthaftigkeit zeigt sich bisher wesentlich in zwei Arbeitsschwerpunkten. Zum einen im Rahmen der Soziale Indikatoren-Forschung und zum anderen im Kontext der Staatstheorie. Beide neuen wissenschaftlichen Interessen an der Sozialpolitik nehmen charakteristische Verkürzungen bzw. thematische Leerstellen der etablierten wissenschaftlichen wie praktischen Sozialpolitik auf; in beiden Arbeitsbereichen erscheint die staatliche Sozialpolitik allerdings zugleich nur als ein Anwendungsfall des allgemeinen wissenschaftlichen Interesses unter anderen Anwendungsfällen.

Der Ausgangspunkt der Soziale Indikatoren-Forschung war die sozialwissenschaftliche Entdeckung und Kritik des ökonomischen Reduktionismus sozialer Realität in den Problemdefinitionen und Handlungszusammenhängen der politischen Akteure (*Zapf*, 1973). Diese Verkürzung sozialer Wirklichkeit und ihre Konsequenzen erschien und erscheint somit als problematische Realität in dem definierten Sinne, sie war der eine Impetus zur gegenwärtigen Wiederentdeckung auch der Sozialpolitik durch die Sozialwissenschaften. Die Indikatorenforschung zielt intentional nachdrücklich auf gesellschaftliche Praxis, sie will reformerisch handlungsrelevant werden. Diese ihre Reformperspektive, die »Verbesserung der Information als zentralen Variable der aktiven Gesellschaftspolitik« (*Zapf*, 1976) zu leisten, wird von der (marxistisch orientierten) staatstheoretischen Forschung als zu kurz greifend kritisiert.

Die staatstheoretische Forschung gewann ihren thematischen Aufschwung gerade auch aus den scheinbaren oder tatsächlichen Grenzen einer handlungstheoretischen (auch politikberatenden) Planungsforschung, die die zum Ende der 60er Jahre in der Bundesrepublik postulierte »Politik der inneren Reformen« weithin als wissenschaftlich vorzubereitende inneradministrative Reorganisations- und Planungsaufgabe begriff. Die Staatstheorie stellte dagegen die in der sozialen Umwelt des politisch-administrativen Systems wirksamen Bedingungen, Restriktionen und Konsequenzen politischer Aktion in das Zentrum ihrer Aufmerksamkeit (*Grottian/Murswieck*, 1974). Akzentuiert werden hier die als systemspezifisch definierten strukturellen, in der privaten Verfügungsgewalt über die Produktionsmittel liegenden Voraussetzungen und Grenzen einer Reform- und damit auch Sozialpolitik im Spätkapitalismus.

Die Sozialpolitik gewann darüber hinaus im Rahmen staatstheoretischer Forschung noch zentrale Aufmerksamkeit, weil sie als strategisches politisches Handlungsfeld perzipiert wurde, das zur unbezweifelbaren sozialen Stabilität der Bundesrepublik beigetragen hat. Die Sozialpolitik wurde als wichtiges politisches Aktionsmuster zur Erzeugung von »Massenloyalität«, also der Anerkennungsbereitschaft gegenüber dem Gesellschaftssystem der Bundesrepublik und ihrer politischen Repräsentanz interpretiert. Die Sozialpolitik mußte für die Staatstheorie in den Blick geraten, wollte diese die bis dahin gegebene soziale Stabilität der Bundesrepublik erklären – oder wollte sie die Grenzen der Erzeugung dieser Stabilität qua sozialpolitisch gespeister Legitimationsbeschaffung aufdecken (*Müller/Neusüß*, 1970; *Offe*, 1972; *Habermas*, 1973; *Narr/Offe*, 1975; *Murswieck*, 1976).

Wie die neuen sozialwissenschaftlichen Diskussionen der Sozialpolitik belegen, ist die Vermittlung zwischen diesen beiden neuen Interessenschwerpunkten, der Indikatoren-Forschung einerseits und der Staatstheorie andererseits, die von unterschiedlichen Wissenschaftstraditionen getragen werden, bisher nicht gelungen (von *Ferber/Kaufmann*, 1977). Noch ist die Kommunikationsfähigkeit zwischen Repräsentanten beider Positionen offenbar schwierig. Gleichwohl sind beide Arbeitsfelder für eine systematische wissenschaftliche Aufarbeitung der staatlichen Sozialpolitik, ihrer Voraussetzungen, ihrer Reichweite und Konsequenzen unverzichtbar: Die staatstheoretische, makro-soziologische Perspektive steht in der Gefahr, die faktischen oder potentiellen Adressaten sozialpolitischer Aktion aus dem Blick zu verlieren oder sie lediglich summiert als Träger oder Verweigerer von »Massenloyalität« zu definieren. Die Indikatorenforschung läuft dagegen das Risiko einer gesamtsystemischen Verkürzung ihres Problemhorizonts.

Als integrationsfähige Perspektive dieser beiden Ansätze zur wissenschaftlichen Thematisierung sozialpolitischer Aktion scheint ein Konzept Sozialer Ungleichheit (*Krüger*, 1975) tragfähig. Unter der (jeweils zu spezifizierenden) Prämisse, daß Soziale Ungleichheiten (in der politischen, sozialen und ökonomischen Dimension, also sowohl im Produktions- wie Reproduktionsbereich) ungleiche Lebenschancen, ungleiche Bedürfnisbefriedigung der Individuen generieren bzw. kennzeichnen, ist – bedürfnistheoretisch gefaßt – und mit Hilfe Sozialer Indikatoren das Bedürfnisbefriedigungspotential sozialpolitischen Handelns im Spätkapitalismus auszuloten. Der staatstheoretisch-gesellschaftstheoretische Forschungsansatz wird notwendig, um die Genese sozialer Ungleichheiten identifizieren und die Chancen ihrer Reduktion durch Sozialpolitik wissenschaftlich kontrolliert prüfen zu können. Erst mit dieser doppelten Problemperspektive wird es dann auch möglich, die dialektische Qualität sozialpolitischen Handelns im Spätkapitalismus (*Heimann*, 1929) angemessen zu fassen, nämlich zugleich Wirkungen auf das personale (Bedürfnis-) System und gesamtsystemische Wirkungen (z. B. in der Sicherung integrationswirksamer Massenloyalität) zu besitzen. Eine gerade auch in der staatstheoretischen Diskussion verbreitete Eindimensionalität der Problemperspektive wird damit aufgebrochen (*Krüger*, 1976).

Mit der hier vorgeschlagenen Thematisierung Sozialer Ungleichheiten als Bezugspunkt sozialpolitischer Reflexion und Aktion nimmt eine kritisch orientierte wissenschaftliche Sozialpolitik ihre eigene Tradition auf. Damit wird im oben angedeuteten Sinne (wieder) als problematische Wirklichkeit diagnostiziert, was in harmonisierenden soziologischen Gesellschaftsdiagnosen einer »nivellierten Mittelstandsgesellschaft«, einer »Wohlstandsgesellschaft« oder einer »offenen Gesellschaft« nicht mehr enthalten und in der sozialpolitischen Formel der »Gesellschaftspolitik« nach 1945 äußerst verblaßt war: den Tatbestand ungleicher Lebenschancen, gesellschaftlich verursachter Bedürfnisfrustration. An deren Thematisierung bemißt sich die objektspezifische sozialpolitische Qualität wissenschaftlicher Reflexion und politischer Aktion, darin gewinnt die Sozialpolitik ihre Identität – und nicht unbesehen an überkommenen, historisch vielleicht einmal zutreffend als »sozialpolitisch« charakterisierte Institutionen.

Jürgen Krüger

Literatur

Achinger, H., 1958: Sozialpolitik als Gesellschaftspolitik. Von der Arbeiterfrage zum Wohlfahrtsstaat, Hamburg – *Albert, H.*, 1967: Politische Ökonomie und Sozialpolitik. Probleme der Verwendung ökonomischer Theorien. In: Marktsoziologie und Entscheidungslogik, Neuwied – **Badura, B./Gross, P.* (Hrsg.), 1976: Sozialpolitische Perspektiven. Eine Einführung in Grundlagen und Probleme sozialer Dienstleistungen, München – Bundesminister für Arbeit und Sozialordnung (Hrsg.), 1977: Übersicht über die Soziale Sicherung. 10. Aufl., fortlaufend, Bonn – *Conze, W.*, 1954: Vom »Pöbel« zum »Proletariat«. In: Vierteljahresschrift für Sozial- und Wirtschaftsgeschichte, Bd. 41 – *von Ferber, Chr.*, 1967: Sozialpolitik in der Wohlstandsgesellschaft, Hamburg – **von Ferber, Chr./Kaufmann, F.-X.* (Hrsg.), 1977: Soziologie und Sozialpolitik. Sonderheft 19 der Kölner Zeitschrift für Soziologie und Sozialpsychologie – **Habermas, J.*, 1973: Legitimationsprobleme im Spätkapitalismus, Frankfurt/M. – **Hartwich, H.*, 1970: Sozialstaatspostulat und gesellschaftlicher status quo, Köln/Opladen – *Heimann, E.*, 1929: Soziale Theorie des Kapitalismus. Theorie der Sozialpolitik, Tübingen – *Hofmann, W.*, 1970: Ideengeschichte der Sozialen Bewegung des 19. und 20. Jahrhunderts, Berlin – *Kaufmann, F.-X.*, 1970: Sicherheit als soziologisches und sozialpolitisches Problem. Untersuchungen zu einer Wertidee hochdifferenzierter Gesellschaft, Stuttgart – *Krüger, J.*, 1975: Soziale Ungleichheit und Sozialpolitik. Archiv für Wissenschaft und Praxis der sozialen Arbeit 6; 247–262 – *Krüger, J.*, 1976: Staatliche Sozialpolitik und Staatstheorie. Zeitschrift für Soziologie 5; 152–166 – *Külp, B./Schreiber, W.* (Hrsg.), 1971: Soziale Sicherheit, Köln, Berlin – *Liefmann-Keil, E.*, 1961: Ökonomische Theorie der Sozialpolitik, Berlin/Göttingen/Heidelberg – *Lütge, F.*, 1931: Die Grundprinzipien der Bismarckschen Sozialpolitik, in: Jahrbücher für Nationalökonomie und Statistik, Bd. 134: 580–596 – *Müller, W./Neusüß, Ch.*, 1970: Die Sozialstaatsillusion und der Widerspruch von Lohnarbeit und Kapital, Sozialistische Politik 2: 4–67 – *Müssiggang, A.*, 1968: Die Soziale Frage in der historischen Schule der deutschen Nationalökonomie, Tübingen – *Murswieck, A.* (Hrsg.), 1976: Staatliche Politik im Sozialsektor, München – **Narr, W.-D./Offe, C.* (Hrsg.), 1975: Wohlfahrtsstaat und Massenloyalität, Köln – *Nuscheler, F./Steffani,*

W. (Hrsg.), 1973²: Pluralismus. Konzeptionen und Kontroversen, München – *Offe, C.*, 1972: Strukturprobleme des kapitalistischen Staates, Frankfurt/M. – *Pankoke, E.*, 1970: Sociale Bewegung – Sociale Frage – Sociale Politik, Stuttgart – *Preller, L.*, 1970: Praxis und Probleme der Sozialpolitik, 2 Bde., Tübingen/Zürich – *Sanmann, H.*, 1972³: Art. Sozialpolitik. In: Ehrlicher, W. u. a. (Hrsg.), Kompendium der Volkswirtschaftslehre, Bd. 2, Göttingen – *Schelsky, H.*, 1953: Die Bedeutung des Schichtungsbegriffs für die Analyse der gegenwärtigen deutschen Gesellschaft. In: ders., 1965, Auf der Suche nach Wirklichkeit, Düsseldorf, Köln – Sozialenquete 1966: Soziale Sicherung in der Bundesrepublik Deutschland. Bericht der Sozialenquete-Kommission. Stuttgart, Berlin/Köln/Mainz – *Weber, M.*, 1910³: Die ›Objektivität‹ sozialwissenschaftlicher und sozialpolitischer Erkenntnis. In: ders., Gesammelte Aufsätze zur Wissenschaftslehre, hrsg. von J. Winckelmann, Berlin – *Winterstein, H.*, 1969: Sozialpolitik unter anderen Vorzeichen, Berlin – *Zapf, W.*, 1972: Soziale Indikatoren. In: Soziologie. René König zum 65. Geburtstag, hrsg. von *G. Albrecht, H. Daheim, F. Sack,* Opladen – *Zapf, W.,* 1976: Sozialberichterstattung. Möglichkeiten und Probleme, Göttingen. –

→ Geschichte: Von der Armenpflege zum Sozialstaat → Sozialplanung → Sozialstaat → Staat

Sozialstaat

Die aktuelle Debatte um die Grenzen des Sozialstaats

In den meisten hochentwickelten Industriestaaten kapitalistischer Produktionsweise findet seit einigen Jahren wieder verstärkt eine wissenschaftliche und politische Diskussion um mögliche oder tatsächlich erreichte Grenzen des Sozialstaats statt (ausführlicher hierzu *Strasser*, 1983). Ironischerweise setzte diese Diskussion zuerst und mit besonderer Heftigkeit und Grundsätzlichkeit in einem Lande ein, das, am sozialpolitischen Standard Westeuropas gemessen, eher zu den unterentwickelten Sozialstaaten gehört: den USA (vgl. vor allem *Cohen/Friedman*, 1972). In Europa wurde es alsbald Mode unter konservativen Politikern und Publizisten, zunächst am Beispiel Schwedens, dann auch anderer sozialdemokratisch regierter Länder wie Großbritannien, Dänemark, der Bundesrepublik Deutschland und Österreich die für die Freiheit des einzelnen wie für das Funktionieren der Wirtschaft angeblich gleichermaßen ruinösen Folgen des Wohlfahrtsstaates an die Wand zu malen (vgl. z. B. *Huntford*, 1973, *Schelsky*, 1976).

Der aktuelle Anlaß dieser Debatte um die Grenzen des Sozialstaats sind die in den letzten Jahren immer deutlicher zutage tretenden Finanzierungsschwierigkeiten im System der sozialen Sicherung, die unter Bedingungen anhaltender ökonomischer Wachstumsschwierigkeiten eher noch zunehmen dürften. Die Debatte beschränkt sich aber keineswegs auf den – sicherlich wichtigen – Finanzierungsaspekt. Vielmehr hat die öffentliche Erörterung der Finanzierungsprobleme auch die ganze

Bandbreite traditioneller Argumente wieder an die Oberfläche befördert, die seit den ersten Versuchen, soziale Sicherung in öffentlicher Verantwortung zu organisieren, gegen die Konzeption des Sozialstaats vorgebracht wurden. Die erstaunliche Kontinuität in der antisozialstaatlichen Argumentation wird offenkundig, wenn man die neuesten Äußerungen konservativer Politiker und Publizisten mit *Ludwig Bernhards* Polemik in der Schrift »Unerwünschte Folgen der Sozialpolitik« (1912) und der rechtsprotestantischen und rechtskatholischen Wohlfahrtsstaatskritik der 50er Jahre vergleicht. Dies gilt nicht nur für die konservativen Sozialstaatsgegner. Während die Konservativen – und in der Bundesrepublik ist hierzu auch die große Mehrheit der FDP zu rechnen – die Finanzierungsprobleme zum Anlaß nehmen, die Beschränkung der Soziallasten als einzige erfolgversprechende Methode zur Eindämmung der Inflation und zur Förderung einer »gesunden« Wirtschaftsentwicklung zu propagieren, sieht die antireformistische Linke sich in ihrem Urteil bestätigt, daß der sozialreformerische Weg zu mehr Freiheit, Gerechtigkeit und Solidarität prinzipiell falsch ist. Die von *O'Connor* u. a. neubelebte Diskussion um den »Steuerstaat« dient zu einem großen Teil keinem anderen Zweck, als die altbekannten, bereits bei Rosa Luxemburg nachzulesenden Argumente zum Beweis der Unmöglichkeit des sozialreformerischen Weges in neuem Gewande vorzuführen (vgl. *O'Connor*, 1974; *Luxemburg*, 1968).

Das typisch sozialdemokratische Konzept des Sozialstaates wird also heute wie schon in seinen Anfängen von zwei Seiten angegriffen. Die Konservativen sehen im weiteren Ausbau des Sozialstaats eine Gefährdung der tragenden Systembedingungen des kapitalistischen Gesellschaftssystems, während die antireformistische Linke in der Sozialpolitik eine Politik der sozialen Befriedigung und der Verschleierung von Klassengegensätzen sieht, die freilich dort an unverrückbare Grenzen stößt, wo sie mit dem in objektiven Systemstrukturen sich niederschlagenden Klasseninteresse des Kapitals kollidiert. Während also die ersteren die »Grenzen des Sozialstaats« als normative verstehen, neigen die letzteren dazu, sie als faktische zu interpretieren, wenngleich die Denunziation der Integrationsfunktion der Sozialpolitik auch ein deutlich normatives Element enthält.

Angesichts des Zangenangriffs auf die Konzeption des Sozialstaats ist es verständlich, daß seine Verteidiger zunächst vor allem die großen Leistungen dieser Sozialpolitik hervorheben und ihre sozialpolitische Konzeption gegen die vielfältigen Angriffe von beiden Seiten verteidigen. Bedenklich aber ist es, wenn dies dazu führt, daß tatsächliche Probleme der Sozialpolitik und unleugbare Schwächen der herkömmlichen sozialpolitischen Konzeption übersehen oder vertuscht werden. Denn eines ist nicht zu leugnen – und hierin liegt der relative Erfolg der antisozialstaatlichen Propaganda begründet –: der Wohlfahrtsstaat klassischer Prägung kommt heute, nicht nur von der Finanzierungsseite her, in die Krise.

Mit Recht schreiben *Badura* und *Gross* (1976) in ihrer Studie über die Probleme sozialer Dienstleistungen: »Die Krise der Sozialpolitik erschöpft sich . . . nicht in der vielzitierten Finanzkrise. Das Fiskalproblem muß vielmehr als aktueller, nunmehr unübersehbarer Ausdruck länger schwelender Spannungen und Probleme unserer traditionellen Lebens-, Wirtschafts- und Sicherungsformen verstanden werden.« Solche Spannungen und Probleme sind auch schon früher herausgestellt worden, aber im Zuge der aktuellen Debatte um die Grenzen des Sozialstaats finden sie vielfach erst heute die Beachtung, die sie schon vor Jahren verdient hätten. Dies gilt für *Achingers* (1958) und *von Ferbers* (1967) Kritik an der »Ökonomisierung« (»Monetarisierung«), »Verrechtlichung«, »Bürokratisierung« und »Professionalisierung« der Sozialpolitik, für *Kaufmanns* (1973) Kritik am verengten Konzept sozialer Sicherheit, für *Liefmann-Keils* (1961) Warnungen vor der »Perpetuierung der Sozialpolitik« durch mangelnde Berücksichtigung ihrer Folgewirkungen und *Illichs* (1975) in vielen Variationen vorgelegte These von der »Kontraproduktivität« unserer (sozialpolitischen) Institutionen.

Es kann also nicht darum gehen, die herkömmliche Sozialpolitik mit ihren Prämissen, ihren Methoden und ihren institutionellen Ausformungen gegen alle Kritik zu verteidigen. Angesichts neuer Herausforderungen muß vielmehr die sozialpolitische Konzeption einer kritischen Revision unterzogen werden, um so auf einer tragfähigen und zukunftssicheren Grundlage die Auseinandersetzung mit den Sozialstaatsgegnern jeglicher Couleur führen zu können. Wer gegenüber den Angriffen der Sozialstaatsgegner nur die Fortsetzung des bisherigen sozialpolitischen Kurses aufzubieten hat, gerät hoffnungslos in die Defensive. Weitermachen wie bisher hat politisch keine Chance. Gerade wenn man nicht will, daß in der Krise soziale Sicherheit im großen Stile abgebaut wird, muß man bereit sein, die sozialpolitische Konzeption zu überdenken.

Diese neue sozialpolitische Herausforderung soll an der Problematik verdeutlicht werden, mit der es die Sozialdemokratie gegenwärtig im Felde der Sozialpolitik zu tun hat. In groben Zügen läßt sich das sozialpolitische Konzept der Sozialdemokraten, wie es bisher in Theorie und Praxis dominierte, folgendermaßen beschreiben:

- ökonomische Wachstumsförderung, vorrangig durch indirekte Steuerung, d. h. unter weitgehendem Verzicht auf direkte staatliche Regelung der Arbeitsprozesse und auf Eingriffe in die Marktdynamik;
- kompensatorische Sozialleistungen zum Ausgleich von Ungerechtigkeiten (Einkommensdefizite) und Schäden sowie Förderungsprogramme als Starthilfen zur Hebung der Chancen benachteiligter Gruppen und einzelner auf dem Arbeitsmarkt;
- Finanzierung der Sozialleistungen aus Steuern und Beiträgen, d. h. aus Einnahmen, die im großen und ganzen proportional zur allgemeinen Wirtschaftsentwicklung schwanken;
- Festlegung eines individuellen Rechtsanspruchs auf soziale Hilfen bei Erfüllung bestimmter Kriterien.

Walter Arendt bezeichnet die Achillesferse dieses Konzepts, wenn er feststellt: »Wirtschaftswachstum ist eine unerläßliche Grundvoraussetzung der Sozialpolitik« (*Arendt*, 1972, vgl. auch *Ehrenberg*, 1978). Wenn dies richtig ist, so müßte eine länger anhaltende Störung des ökonomischen Wachstumsprozesses unweigerlich den Abbau von Sozialleistungen zur Folge haben. Da nach übereinstimmenden Prognosen von den verschiedensten Seiten die ökonomischen Wachstumsraten in den nächsten Jahren eher bescheiden ausfallen dürften und es auch unter ökologischen und sozialen Gesichtspunkten durchaus wünschenswert ist, das ökonomische Wachstum zu begrenzen (vgl. *Strasser*, 1977), stellt sich hier die Frage nach einer möglichen Alternative zur gängigen sozialpolitischen Konzeption mit äußerster Dringlichkeit. Bei der Suche nach Auswegen aus den gegenwärtigen Schwierigkeiten der Sozialpolitik ist von zwei grundlegenden Tatsachen auszugehen:

– Erstens kann keine Rede davon sein, daß die sozialen Probleme in unserer Gesellschaft im wesentlichen gelöst seien. Im Gegenteil beobachten wir in den letzten Jahren eine starke Zunahme von Fällen, in denen soziale Hilfen erforderlich sind.

– Zweitens handelt es sich bei den sich immer deutlicher abzeichnenden Finanzierungsschwierigkeiten um ein strukturelles Problem, das durch die gegenwärtige konjunkturelle Lage zusätzlich verstärkt wird.

Alte und neue soziale Fragen heute

Die konservative Behauptung, die alte soziale Frage der Verteilungsgerechtigkeit habe sich durch Erledigung gelöst (vgl. *Biedenkopf*, 1973), erweist sich schon bei flüchtiger Betrachtung der Einkommens- und Vermögensverteilung für die Bundesrepublik Deutschland als blanker Unsinn. Neben der Tatsache, daß sich immer mehr Produktivvermögen in immer weniger Händen ansammelt und der Abstand zwischen den untersten Einkommensklassen und Spitzeneinkommen weiter wächst, gibt es in der Bundesrepublik Deutschland das Problem, daß mehrere Millionen Bürger – je nachdem, wie man die Armutsgrenze definiert – unterhalb oder nur knapp über der Armutsgrenze leben. Bei den Schätzungen der Zahl der Armen gehen die Angaben erheblich auseinander: *Roth* (1974) spricht von 15 Mio. Armen in der BRD, *Colla* und *Stoltenberg* (1973) kommen auf 7 Mio., *Geißler* (1976) nennt die Zahl von 5,8 Mio. und *Kortmann* (1976) schätzt die Zahl der Armen auf über 1 Mio. Die starken Abweichungen bei den Schätzungen der Armutszahlen in der BRD beruhen darauf, daß von verschiedenen Definitionen der Armutsgrenze ausgegangen wird, daß unterschiedliches statistisches Material verwandt wird und verschiedene Zeiträume berücksichtigt werden. Darüber hinaus schlagen sich in den Untersuchungen auch verschiedene Interessenlagen nieder. Auf jeden Fall kann man sagen, daß *Roth* sich mit seinen Zahlenangaben im Reich der Fabel bewegt. Offenbar ist er der irrigen Annahme, daß man soziale Veränderungen in der Bundesrepublik am besten dadurch befördert, daß man die Lage so schwarz wie nur möglich malt. Andererseits scheint *Kortmanns* Zahl von »über 1 Mio.« das Problem der Armut in der BRD eher zu bagatellisieren. Die Infas-Studie »Armut 1975« drückt sich vorsichtig aus: »Armut scheint auch für den Wohlfahrtsstaat Bundesrepublik ein quantitativ relevantes Problem zu sein« (*Young/Münstermann/Schacht*, 1975). Das Beklemmendste aber ist, daß die Zahl der Armen in den letzten Jahren ganz offenbar zunimmt (vgl. auch WSI, 1975; *Bujard/Lange*, 1978). Die anhaltende Arbeitslosigkeit, die bei Fortsetzung des gegenwärtigen wirtschaftspolitischen Kurses eher noch zunehmen dürfte, verstärkt diesen Trend. So nahm 1977 schon jeder 30. Bürger der BRD Sozialhilfeleistungen in Anspruch (vgl. Dtsch. Städtetag, 1977). Das Besondere an der neuen Armut liegt darin, daß sie in unserer Gesellschaft (jedenfalls bisher) nicht organisierbar ist und somit praktisch keinen Anwalt hat und daß auch große Organisationen wie die Gewerkschaften sich dieses Problems kaum oder doch sehr unzureichend annehmen, ja teilweise eine Politik der Besitzstandswahrung und -mehrung auf Kosten der Ärmsten betreiben. Insofern gibt es einen wahren Kern am Geißlerschen Konzept der »neuen sozialen Frage«. Freilich geht es hier um mehr als nur um Verteilungsprobleme im üblichen Sinn. Das System der sozialen Sicherung, wie es sich in Deutschland seit nunmehr hundert Jahren herausgebildet hat, setzt allzu ausschließlich auf den Schutz gegen standardisierte Risiken und nimmt daher in Kauf, daß abweichende Fälle von sozialer Not und Benachteiligung nicht oder nur sehr ungenügend erfaßt werden. Diese Tendenz wird noch verstärkt durch die Vorherrschaft des »Kausalprinzips«, das die sozialen Hilfen nicht auf das Ziel, der Behebung von Not und Benachteiligung, sondern an den verursachenden Faktoren ausrichtet. Dadurch kommt es, daß z. B. bei Invalidität je nach den verschiedenen Ursachen unterschiedliche Leistungen (von unterschiedlichen Trägern) erbracht werden und damit gravierende Ungerechtigkeiten entstehen. Darüber hinaus werden viele Fälle, in denen Hilfe erforderlich ist, vernachlässigt, weil niemals alle Formen der Verursachung von vornherein bedacht werden können.

Neben der drückenden Ungerechtigkeit der Verteilung sind eine Reihe anderer sozialer Probleme zu nennen, bei denen durchweg eine ansteigende Tendenz festzustellen ist:

- Immer größer wird die Zahl der alten Menschen, die an den Rand der Gesellschaft gedrängt werden und oft in bedrückender Einsamkeit, ohne Nutzen für die Gesellschaft und ohne Perspektive dem Tod entgegenleben.
- Eine wachsende Zahl von Jugendlichen flüchtet aus einer kalten und sinnlosen Wirklichkeit in die Illusionswelt der Drogen und des Alkohols.
- Die Zahl der psychisch und psychosomatisch Erkrankten nimmt in den letzten Jahren kontinuierlich zu. *Thimm* (1977) schätzt die Zahl der Bürger der BRD, die eine psychiatrische Behandlung brauchen, auf 5 Mio.
- Sog. »Zivilisationskrankheiten« (Herz- und Kreislauferkrankungen, Lungenkrebs, Bronchitis, Leberzirrhose, Zuckerkrankheit, Allergien) nehmen sprunghaft zu.
- Eine immens hohe Zahl von Arbeits- und Verkehrsunfällen führt zu einer immer größeren Zahl von Behinderten und Schwerbehinderten. Nach Schätzungen des Bundesministeriums für Arbeit und Sozialordnung beträgt ihre Zahl in der BRD zur Zeit etwa 4 Mio.

Die Aufzählung ist keineswegs vollständig, und eine lange Reihe anderer sozialer Probleme wie die Integration der Ausländer, die Gleichstellung der Frauen, die Rehabilitation von Strafgefangenen, der Schutz der Kinder, insbesondere vor Mißhandlungen durch Erwachsene (Eltern) und, wenn man den Blick über die Sozialpolitik im engen Sinne ausdehnt, die in den letzten Jahren wieder steigenden Schwierigkeiten im Bereich der Bildung und Ausbildung, der akute Mangel an preiswertem Wohnraum erfordern große gesellschaftliche Anstrengungen.

Es ist ganz offensichtlich, daß die vielfältigen und in ihrem Umfang imponierenden Leistungen des Sozialstaats soziales Elend und soziale Benachteiligung nicht haben bannen können. Im Gegenteil werden wir immer nachdrücklicher auf die Erkenntnis gestoßen, daß die destruktive Dynamik unserer Gesellschaft zunehmend mehr »Sozialfälle« produziert und die herkömmliche Sozialpolitik trotz erheblicher und ständig steigender Anstrengungen dieser Entwicklung hinterherläuft. Die USA sind uns auch in der Produktion von »Sozialfällen« um einige Schritte voraus. Nach einer neueren Untersuchung des »U. S. National Committee Against Mental Illness« umfaßt die Gruppe der Kranken und Geschädigten, der Arbeitsunfähigen und Drogenabhängigen in der USA mittlerweile mindestens 20% der Gesamtbevölkerung.

Zum Teil ist es sogar so, daß die Art und Weise, wie wir soziale Probleme definieren und zu lösen trachten, selbst neue soziale Probleme schafft. Diese von *Illich* (1975) so benannte »Kontraproduktivität« unserer Institutionen erweist sich in der Sozialpolitik z. B. daran, daß durch die fortschreitende Professionalisierung und Bürokratisierung sozialer Dienste die Fähigkeit zur selbstorganisierten Problembewältigung bei den Bürgern mehr und mehr vernichtet wird und somit die Beanspruchung staatlicher oder anderweitig professionalisierter Dienste ständig zunimmt (vgl. *Badura/Gross*, 1976). Die Gefahr einer »Perpetuierung« der Sozialpolitik durch ihre eigenen Nebenfolgen (*Liefmann-Keil*) ist unübersehbar, wenn man sich z. B. fragt, wieviel Krankheit und soziale Not durch spezifische Formen des »sozialen Wohnungsbaus« selbst wiederum erzeugt werden.

Darüber hinaus ist unser System der sozialen Sicherung in vielem selbst ungerecht. Eine ganze Reihe »sozialer« Leistungen stellen de facto eine Privilegierung ohnehin (relativ) Privilegierter dar und nicht selten werden gerade diejenigen, die der Hilfe besonders bedürfen, schlechter gestellt als weniger Benachteiligte. Dies gilt bei der Absicherung der Risiken Krankheit, Invalidität und Arbeitslosigkeit. Gerade die Arbeitslosigkeit bietet in dieser Hinsicht ein Paradebeispiel: Die Dauerarbeitslosen werden gegenüber den Kurzzeitarbeitslosen systematisch schlechter gestellt. Fragt man nach der »Logik«, die hinter dem System von Arbeitslosenunterstützung, Arbeitslosenhilfe und Sozialhilfe, Sperrzeiten usw. steht, so bleibt nur eine Antwort: Hier wird im Grunde nach der alten diskriminierenden Auffassung verfahren, daß Arbeitslose den Knüppel der Entbehrung spüren müssen, weil sie sonst als Drückeberger auf Kosten des »Ganzen« ein Wohlleben führen (vgl. *Wagner*, 1982).

Die Finanzkrise im sozialen Sicherungssystem

Die akuten Finanzierungsprobleme im System der sozialen Sicherheit sind Ausdruck enorm gestiegener Belastungen durch Arbeitslosigkeit, Kostenexplosion im Gesundheitswesen, Verschlechterung des Verhältnisses von Aktivbevölkerung zu Rentnern etc. und gleichzeitiger geringerer Steuereinnahmen aufgrund der ökonomischen Krise. Das Wichtigste in diesem Zusammenhang ist nun, daß das Mißverhältnis zwischen Beanspruchung und Leistungsfähigkeit des sozialen Sicherungssystems nur zu einem Teil konjunkturell bedingt ist, so daß die Finanzierungsschwierigkeiten selbst dann nicht behoben werden könnten, wenn es gelänge, aus dem gegenwärtigen konjunkturellen Tief herauszukommen. Das vom »Wissenschaftlichen Beirat beim Bundesfinanzministerium« Mitte 1975 vorgelegte Gutachten »Zur Lage und Entwicklung der Staatsfinanzen in der Bundesrepublik Deutschland« stellt fest, daß von den 60 Mrd. DM Defizit der Gebietskörperschaften in der BRD nur ca. 50% »konjunkturbedingt«, während die andere Hälfte »Ausdruck eines strukturellen Ungleichgewichts der öffentlichen Haushalte sei, d. h., daß dieser Teil des Defizits bei gleicher Staatsausgabenquote nach Erreichung der Vollbeschäftigung bestehen« bliebe (vgl. Bulletin des Presse- und Informationsamtes der Bundesregierung, 1975). So sehr wir Grund haben, den Aussagen in Gutachten wie den erwähnten zu mißtrauen, so scheint daran doch richtig zu sein, was auch *O'Connor* u. a. in der Debatte um den »Steuerstaat« immer wieder betont haben, daß nämlich die Finanzkrise keine vorübergehende konjunkturelle Erscheinung ist, sondern in der strukturellen Abhängigkeit des Leistungsstaats von der durch die private Wirtschaftstätigkeit wesentlich beeinflußten Steuerbasis begründet ist. Die gegenwärtige konjunkturelle Situation verstärkt nur einen ohnehin wirksamen Trend. Die Kostensteigerungen bei Dienstleistungen insgesamt und bei öffentlichen Dienstleistungen insbesondere liegen über den das Steueraufkommen bestimmenden ökonomischen Wachstumsraten, während gleichzeitig die destruktive Dynamik unserer Gesellschaft immer mehr kompensatorische Eingriffe von seiten des Staates notwendig macht. So kommt denn auch *Egert* (1977) zu dem Schluß: »Die Finanzierungsmöglichkeiten innerhalb unseres überkommenen sozialen Sicherungssystems stoßen an Grenzen.« Und eine Studie zu den aktuellen Problemen der Sozialpolitik (1977) stellt fest: ». . . Die Kosten›explosion‹ und die eher pessimistischen Prognosen über künftige ökonomische Wachstumsraten deuten darauf hin, daß der Expansion des Sozialsektors Grenzen gezogen sind.« Verschärft wird das hier angesprochene Problem, wenn man, wie dies von konservativer Seite geschieht, in dem kontinuierlichen Anstieg der Sozialleistungsquote einen der Hauptgründe für die gegenwärtigen konjunkturellen Schwierigkeiten sieht. So hatte das Jahresgutachten 1975 des Sachverständigenrates zur Begutachtung der gesamtwirtschaftlichen Entwicklung behauptet: »Die Wachstumsprobleme erwachsen daraus, daß der marktwirtschaftliche Bereich nur in Grenzen mit einer steigenden staatlichen Ausgabenlast überzogen werden kann, wenn die Antriebskräfte nicht gelähmt werden sollen« (vgl. Bundestagsdrucksache, 1975). Nun sind Sozialdemokraten in aller Regel keine Anhänger der These, daß die gegenwärtige Krise durch übersteigerte Staatsausgaben hervorgerufen worden sei. Daß das Ausmaß der öffentlichen Verschuldung ein Problem darstellt, das an Gewicht gewinnt, wenn die längerfristigen Wachstumsaussichten eher trübe sind, wird aber mittlerweile kaum noch bestritten. Das klassische Keynesche Instrumentarium, das unter *Schiller* zur »Globalsteuerung« entwickelt und durchaus mit Erfolg angewandt wurde, greift nur bei kurzfristigen Wachstumseinbrüchen. Heute haben wir es mit einer langanhaltenden Stagnationsphase zu tun, und niemand, der die Lage halbwegs realistisch beurteilt, kann darauf hoffen, daß wir alsbald wieder so hohe Wachstumsraten haben, daß wir noch gewaltigere Aufwendungen für die Schuldentilgung und die laufenden Ausgaben für die öffentlichen Leistungssysteme gleichzeitig bestreiten können. Wer darüber hinaus die Grenzen des Wachstums ernst nimmt, kommt nicht darum herum, auch die Grenzen des Keynesianismus zur Kenntnis zu nehmen. Dies heißt nicht, daß Ausgabenprogramme, insbesondere auch Beschäftigungsprogramme heute falsch wären; man wird sich nur über die übliche Wachstumsförderungspolitik à la *Keynes* hinaus einiges einfallen lassen müssen, wenn man aus der Finanzklemme der Sozialpolitik herauskommen will.

Wege aus der Krise der herkömmlichen Sozialpolitik

Im folgenden sollen in aller Kürze einige Hinweise gegeben werden, in welcher Richtung Lösungsmöglichkeiten für die skizzierten Probleme der Sozialpolitik zu suchen sind. Dabei geht es nicht um die kurzfristige Beseitigung von Engpässen, sondern um die Behebung struktureller Disparitäten und grundlegender Schwächen in der herkömmlichen sozialpolitischen Konzeption (vgl. *Strasser*, 1978). Sowohl unter dem Gesichtspunkt der mittel- und langfristigen Lösung der Finanzierungsschwierigkeiten als auch unter den anderen angesprochenen Problemgesichtspunkten erscheint mir eine Akzentverlagerung von der vorwiegend kompensatorischen zur vorbeugenden Sozialpolitik von besonderer Wichtigkeit. Ich konzentriere mich darum im weiteren vor allen Dingen auf diesen Aspekt. Darüber hinaus mache ich einige Anmerkungen zu einer Flexibilisierung der Systeme der sozialen Sicherung und der sozialen Dienste.

Akzentverlagerung zur vorbeugenden Sozialpolitik

Ähnlich wie die Ausarbeitung der Grundwerte-Kommission der SPD unter dem Titel »Grundwerte in einer gefährdeten Welt« (1977), erhebt auch die WSI-Studie »Sozialpolitik und Selbstverwaltung« (1977) die Forderung nach einer Umorientierung der Sozialpolitik in Richtung vorbeugender Maßnahmen: »In der überkommenen Sozialpolitik dominiert die Versorgung bereits eingetretener Schäden. In diesem Sinne ist sie reaktive Sozialpolitik. Angesichts der weithin fehlenden Erfolgsaussichten kurativer Maßnahmen gegenüber den heutigen Volkskrankheiten müssen sozialpolitische Maßnahmen, die sich an Personen mit erhöhtem Risiko orientieren, vorbeugend einsetzen.« Die Autoren stellen fest, »daß eine angemessene sozialpolitische Bewältigung der sozialen und gesundheitlichen Risikostruktur und ihrer Folgen eine zur überlieferten Praxis weitgehend alternative Sozialpolitik voraussetzt und daß die Umsetzung einer solchen Sozialpolitik an die Weiterentwicklung der Selbstverwaltung gebunden ist. Sie fordern die Ersetzung des »Kausalitätsprinzips«, bei dem Inhalt und Organisationsform sozialpolitischer Leistungen je nach den verschiedenen Ursachen von Hilfsbedürftigkeit variieren, durch das »Finalitätsprinzip«, bei dem sich Inhalt und Organisationsform sozialpolitischer Leistungen ausschließlich an dem zu erzielenden Erfolg (Zweck) orientieren. Eine solche Umstellung auf eine »finale Sozialpolitik« ist, wie sie zu Recht betonen, Voraussetzung dafür, daß viele bestehende Ungerechtigkeiten beseitigt, die Flexibilität und Effektivität der sozialpolitischen Institutionen erhöht und die Partizipationsmöglichkeiten aller Betroffenen verbessert werden können (vgl. auch zu konditionalen und finalen Regelungstypen *Luhmann*, 1968).

Hiermit ist ein Gedanke aufgegriffen, der auch schon früher in der sozialpolitischen Diskussion geäußert worden ist und in Ansätzen auch schon in die Praxis der Sozialpolitik Eingang gefunden hat. Worum es heute geht, ist allerdings, daß das Konzept einer vorbeugenden Sozialpolitik in all seinen Aspekten systematisch realisiert wird. Zu diesem Zweck soll dieses Konzept hier in seinen wesentlichen Zügen kurz skizziert werden. In vier zentralen Punkten unterscheidet sich das Konzept der vorbeugenden Sozialpolitik vom herkömmlichen Konzept:

– Es konzentriert sich auf die Ursachen sozialer Mißstände, statt vordringlich ihre Folgen zu lindern. Dies kann z. B. geschehen durch direkte gestaltende Eingriffe in die Arbeitsprozesse, durch Schaffung humaner Wohnbedingungen, durch präventiven Umweltschutz, durch die Realisierung humaner Verkehrskonzepte, durch eine egalisierende primäre Einkommensverteilung, durch schärfere Kontrolle der Pharmaindustrie usw.

– Es verlangt eine Ausweitung des Begriffs der Sozialpolitik zur umfassenden Gesellschaftspolitik unter sozialen Gesichtspunkten.

– Es erfordert eine Abkehr vom vorherrschenden individualisierenden Verständnis sozialer Probleme zugunsten einer Berücksichtigung problemträchtiger Lebenslagen und Strukturen.

– Es geht von einem differenzierteren Verständnis von »sozialer Sicherheit« aus, das über das technisch Organisierbare und durch Einkommenstransfers Leistbare hinaus auch die soziokulturellen Determinanten von »sozialer Sicherheit« berücksichtigt.

Daß nur durch eine Sozialpolitik, die sich als aktive und umfassende Gesellschaftspolitik begreift, die strukturelle Finanzkrise behoben werden könne, hat bereits *Goldscheid* (1976) betont: »Es hat keinen Sinn«, so schreibt er vor nunmehr über fünfzig Jahren, »Klagelieder über die Höhe der sozialen Lasten anzustimmen, ist es doch die Wirtschaft selber, die diese produziert. Will man also soziale Lasten vermeiden, so gilt es gesellschaftliche Maßnahmen zu treffen, welche den Menschen Lebens- und Arbeitsbedingungen schaffen, die sie nicht unentrinnbar nötigen, dem Gemeinwesen immer wieder zur Last fallen zu müssen. Denn ungehobenes Leid kehrt vermehrt wieder als öffentliche Last.« Zweifellos ist es zugleich humaner und auf die Dauer billiger, die Bedingungen, unter denen die Menschen leben und arbeiten, so zu gestalten, daß die Menschen möglichst nicht in die Lage geraten, die »sozialen Krücken« des Staates in Anspruch nehmen zu müssen. Man sollte sich auch davor hüten, die Triftigkeit der Goldscheidschen Argumentation durch den Hinweis in Abrede zu stellen, daß es sich hierbei um eine vorkeynesianische Position handele. Denn mit den sich abzeichnenden »Grenzen des Wachstums« treten auch die Grenzen des Keynesschen »deficit spending« immer deutlicher hervor.

Das Konzept der vorbeugenden Sozialpolitik erfordert genau das Gegenteil von

Entpolitisierung und Reprivatisierung öffentlicher Leistungen als ordnungspolitische Lösung der Krise des Sozialstaats: nämlich schrittweise Ausdehnung der
politischen (d. h. aber keineswegs der staatlich-zentralistischen!), insbesondere
sozialpolitischen Gestaltung jener Bereiche, die heute den Gesetzen der kapitalistischen Marktwirtschaft gehorchen und die mit ihrer destruktiven Dynamik immer
größere soziale Probleme auftürmen. Die Schwierigkeiten, in denen die Sozialpolitik sich heute befindet, zeigen in exemplarischer Weise, daß humaner Fortschritt
heute nur noch möglich ist, wenn in einem Prozeß der Strukturreformen die
Systembedingungen selbst verändert werden. Geschieht dies nicht und beschränkt
sich die Suche nach Lösungen auf das, was im Rahmen der klassischen Konzeption
des »Steuer-« und »Interventionsstaates« als möglich erscheint, so ist in der Tat die
»Demontage des Wohlfahrtsstaates« die unausweichliche Folge (vgl. *Harms*,
1977).
In der gegenwärtigen Lage der Bundesrepublik Deutschland bedeutet vorbeugende
Sozialpolitik praktisch u. a.:
– Durchsetzung einer autonomen Vollbeschäftigungspolitik, die sich nicht auf die
  sog. »Selbstheilungskräfte« des Marktes verläßt und auch nicht dem Trugschluß
  aufsitzt, Vollbeschäftigung stelle sich als quasi-automatisches Nebenprodukt
  ökonomischen Wachstums ein. Dies wäre im übrigen auch ein Beitrag zur
  Milderung der Finanzierungsschwierigkeiten bei den Renten; denn nicht nur das
  Verhältnis von Aktivbevölkerung zu Rentnern ist hier ausschlaggebend, sondern vor allem die tatsächliche Beschäftigungszahl. Nach Berechnungen der IG-
  Metall bedeuten je 200 000 Beschäftigte weniger einen Einnahmeausfall für die
  Rentenversicherung der BRD von 1 Mrd. DM. Zur Wiedergewinnung der
  Vollbeschäftigung sind zwei Wege vordringlich zu beschreiten: Arbeitszeitverkürzung (am wirkungsvollsten über die Tages- und Wochenarbeitszeit) und
  gezielte öffentliche Investitions- und Förderungsprogramme, die die volkswirtschaftlichen Ressourcen in Bereiche lenken (z. B. Energiesparen, Ausbau des
  öffentlichen Verkehrsnetzes), die unter sozialen und ökonomischen Gesichtspunkten Zukunft haben. Die Schuldenaufnahme für derartige Programme ist
  vertretbar, weil die Kosten der Finanzierung von Arbeitslosigkeit sich reduzieren und durch die Richtung der Investitionen selbst die sozialen und ökologischen Nachfolgekosten, die spätere Generationen zu tragen haben, verringert
  werden. Die Schuldenaufnahme kann erheblich geringer ausfallen, wenn – was
  auch verteilungspolitisch sinnvoll wäre – die höheren Einkommen mit einer
  Ergänzungsabgabe belegt werden.
– Konsequente Bekämpfung der krankmachenden Faktoren im Arbeits- und
  Wohnbereich. Hierzu ist es erforderlich, die bestehenden Mitbestimmungsrechte und tarifvertraglichen Möglichkeiten im Sinne einer Humanisierung der
  Arbeitswelt auszuschöpfen und auszuweiten, Kriterien für die humane Gestaltung unserer Wohnbereiche zu entwickeln und den Betroffenen mehr Möglichkeiten der Einflußnahme auf die Gestaltung ihrer sozialen Umwelt einzu-
  räumen.
– Vorrang der präventiven Medizin. Dies erfordert, daß das Profitinteresse von

Pharmaindustrie und Ärzteschaft an der Krankheit zurückgedrängt wird und läuft damit letztlich auf den Aufbau eines integrierten öffentlichen Gesundheitswesens hinaus. Darüber hinaus müssen völlig neue Kriterien in der Gesundheitspolitik entwickelt werden. Als Fortschritt kann künftig nicht mehr gelten, daß bei uns soundsoviel Krankenhausbetten pro 100 000 Einwohner mehr angeboten werden als anderswo. Vielmehr wird es als Fortschritt zu gelten haben, wenn wir weniger Krankenhausbetten pro 100 000 Einwohner benötigen als andere. Und schließlich wird medizinische wie soziale Prävention insgesamt nur dann erfolgreich sein können, wenn es gelingt, die »Konsumenten« sozialer Leistungen durch Aufklärung und Mitwirkungsangebote zu »Mitproduzenten« von Gesundheit, sozialer Sicherheit etc. zu machen.

– Umfassende strukturpolitische Maßnahmen unter sozialen und ökologischen Gesichtspunkten, was wiederum eine Erweiterung der Mitbestimmungsrechte der arbeitenden Menschen und vermehrte direkte lenkende Eingriffe demokratisch legitimierter Gremien in die Wirtschaftsabläufe voraussetzt.

– Schließlich: Maßnahmen zur Erhaltung, Wiederherstellung und Neubegründung der sozialen Produktivität der »Kleinen Netze« wie Familie, Wohngemeinschaft, Nachbarschaft, selbstorganisierte Gruppe etc. (vgl. *Badura/Gross*, 1976). Da es keinem Zweifel unterliegt, daß eine große Zahl sozialer Probleme (Alkoholismus und Drogenkonsum, psychische und psycho-somatische Erkrankungen, Kriminalität) zumindest teilweise durch die fortschreitende Zerstörung der kleinen gesellschaftlichen Kommunikations- und Interaktionsstrukturen hervorgerufen werden, kann von solchen Maßnahmen eine erhebliche vorbeugende (und auch therapeutische) Wirkung erwartet werden.

Es zeigt sich, was auch schon *Hartwich* und *von Ferber* sahen, daß eine fortschrittliche Lösung der Strukturprobleme der Sozialpolitik unzweideutig in die Richtung einer Demokratisierung der undemokratischen Sektoren unserer Gesellschaft und der Schaffung von mehr Möglichkeiten selbstorganisierter Problemlösung weist. Nur wenn es gelingt, immer mehr soziale Vernunft in den Subsystemen und kleineren Einheiten der Gesellschaft zu »internalisieren«, werden die mit der Professionalisierung und Bürokratisierung der Sozialpolitik zusammenhängenden Probleme gelöst und der drohende finanzielle Kollaps des sozialen Sicherungssystems abgewendet werden können, und nur dann wird auch die Krise des Sozialstaats nicht zu einer akuten Krise der Demokratie führen. »Mehr Demokratie wagen!« in dem umfassenden Sinne, der auch die selbstorganisierte Problemlösung in kleinen Einheiten einbezieht, bleibt auch unter dem Gesichtspunkt einer neuen fortschrittlichen sozialpolitischen Konzeption eine richtige und notwendige Forderung.

Das Konzept der vorbeugenden Sozialpolitik ist nicht nur die einzige humane Möglichkeit, die strukturell bedingten Finanzierungsprobleme des Sozialstaats zu lösen, es ist auch ein Weg zu mehr realer Freiheit der Menschen. Diejenigen, die den weiteren Ausbau des Sozialstaats als eine tödliche Bedrohung der Freiheit hinstellen, können nicht umhin, zuzugeben, daß eine Umorientierung im hier skizzierten Sinne in hervorragender Weise die Freiheit und die Selbstbestimmung der Menschen fördert, indem sie von vornherein darauf abstellt, sie von sozialen Hilfen unabhängig zu machen. Freilich darf der Begriff der »sozialen Sicherheit« hierbei nicht in der üblichen Verengung genommen werden. Solange »soziale Sicherheit« ausschließlich im Sinne von »Systemsicherheit« (vgl. *Kaufmann*) verstanden wird, d. h. alle Anstrengungen ausschließlich darauf gerichtet sind, die technische Apparatur zur Verteilung spezifischer Risiken auf die Gesamtgesellschaft zu perfektionieren und so die »Kalkulierbarkeit« dses Schicksals zu erhöhen, bleiben fundamentale Ursachen menschlicher Verunsicherung in unserer Gesellschaft und damit viele der drängendsten sozialen Probleme unberührt. Die Isolation vieler alter Menschen in unserer Gesellschaft ist durch keine noch so perfekte Rentenformel und durch keine noch so teure Ausgestaltung von Altersheimen zu beheben. Daß viele (insbesondere junge) Menschen in den ihnen in unserer Gesellschaft angebotenen Karriere- und Konsummöglichkeiten keinerlei Sinn und Erfüllung finden und in die Illusionswelt der Drogen emigrieren, verlangt andere Antworten als die Perfektionierung der bestehenden sozialtherapeutischen Institutionen und Techniken. Hier wäre der Ort, sich grundsätzliche Gedanken darüber zu machen, wie unsere Gesellschaft und das Zusammenleben der Menschen in ihr neu geordnet werden müssen, damit sinnvolles Handeln, gelungene Kommunikation und Interaktion und Ausbildung einer tragfähigen sozialen Identität für alle möglich werden und damit »soziale Sicherheit« in einem tieferen Sinne geschaffen wird. Von hierher stellen sich für die Arbeitsorganisation, den Städtebau, für das Verkehrswesen, ja für die Planung und Ausgestaltung aller Institutionen neue Aufgaben. Letztlich wird man an die Wurzeln des kapitalistischen Ökonomismus und des megalomanen und anonymisierenden Industrialismus gehen müssen, wenn man die hier angesprochenen, in allen entwickelten Industriegesellschaften rasant anwachsenden sozialen Probleme lösen will.

Der Hebel aber, der zur Durchsetzung der sozialpolitischen Umorientierung vornehmlich zu nutzen sein wird, ist die Finanzierungsfrage. Hier erhebt sich allerdings das Problem, daß das genaue Maß der durch vorbeugende Maßnahmen erzielbaren finanziellen Entlastung nur schwer zu schätzen ist. Lediglich aus Maßnahmen zur Angleichung der Primäreinkommen könnten mit einiger Genauigkeit die quantitativen Entlastungseffekte berechnet werden. In den anderen Bereichen sind wir zumeist auf mehr oder weniger plausible Annahmen verwiesen. Allerdings: Wenn wir auch nicht wissen, wie hoch die durch vorbeugende Maßnahmen bewirkten finanziellen Einsparungen genau sein werden, so wird doch ihre ungefähre Größenordnung geschätzt werden können. Tatsachen wie die, daß in der BRD alle 17 Sek. ein Arbeitsunfall passiert und die dadurch verursachten Kosten sich allein im Jahr 1976 nach Schätzungen des Arbeitsministeriums auf 25 Mrd. DM beliefen oder daß jährlich 300 000 Menschen vorzeitig (durch Unfall oder anderweitig bedingte Arbeitsunfähigkeit) aus dem Arbeitsleben ausscheiden, dürften geeignet sein, auch diejenigen von der Notwendigkeit einer Akzentverlagerung zur vorbeugenden Sozialpolitik zu überzeugen, die mit anderen Argumenten nur schwer dazu zu bewegen sind, die ausgetretenen Pfade der herkömmlichen Sozialpolitik zu verlassen.

Demokratisierung des Sozialstaats und Flexibilisierung der Leistungssysteme

Es ist selbstverständlich, daß eine Akzentverlagerung zur vorbeugenden Sozialpolitik die herkömmlichen sozialen Sicherungen und Dienste nicht überflüssig macht. Sie kann dazu beitragen, daß deren absehbare Überbeanspruchung abgebaut und kompensatorische Leistungen auf das unvermeidbare Maß reduziert werden. Aber auch wenn es gelänge, u. a. durch eine stärker vorbeugend angelegte Sozialpolitik die destruktive Dynamik unserer gesellschaftlichen Entwicklung abzumildern oder zu stoppen, so bliebe doch die Notwendigkeit der Absicherung gegen die Grundrisiken des Lebens und der Organisation sozialer Dienste (wenn auch in reduziertem Umfang) erhalten.

Vieles in diesem Bereich unseres sozialen Sicherungssystems ist auch heute noch vernünftig und sollte bei aller notwendigen Kritik an Fehlentwicklungen und Konstruktionsfehlern des Wohlfahrtsstaates nicht mit über Bord geworfen werden. Dennoch muß es auch hier in einer Reihe von Punkten zu Reformen kommen, wenn der Sozialstaat insgesamt auf festerem Fundament gegründet sein soll.

Im Bereich der Grundsicherung geht es in Zukunft vor allem darum, vom Kausalprinzip zum Finalprinzip überzugehen (vgl. vor allem *Albers*, 1972) und in diesem Zusammenhang die Systeme selbst und ihre Leistungen zu flexibilisieren. In der WSI-Studie »Demokratisierung des Sozialstaats« sind Möglichkeiten hierzu im Bereich der Krankenversicherung aufgezeigt worden, wobei vor allem das Konzept der regionalen Arbeitsgemeinschaften aus den 20er Jahren wieder aufgegriffen und eine Aktivierung der Selbstverwaltungskörperschaften gefordert wird. Darüber hinaus erscheint es notwendig, auch im Bereich der Alterssicherung zu flexibleren Systemen zu kommen. Die wachsenden Probleme der Alterssicherung – auch, aber nicht nur die Finanzierungsprobleme – werden nicht gelöst werden können, wenn nicht flexible Möglichkeiten der (freiwilligen) Kombination von Sozial- und Arbeitseinkommen im Alter (auch über das offizielle Ruhestandsalter hinaus) angeboten werden. Erste Ansätze zu Weiterentwicklungen in dieser Richtung bieten neuere tarifvertragliche Vereinbarungen im Bereich der Gewerkschaft Nahrung, Genuß, Gaststätten und vor allem das gesetzliche Teilrentensystem in Schweden (vgl. *Bruche/Casey*, 1982). Das schwedische Beispiel ist besonders interessant, weil es auch die Möglichkeit offenläßt, über das Alter von 65 Jahren hinaus (bis 70 Jahre) Teilzeitarbeit und Teilrente zu kombinieren.

Die Demokratisierung der sozialen Dienste im umfassenden Sinne der Einbeziehung partizipatorischer Elemente und der selbstorganisierten Problemlösung ist nicht nur notwendig, um die Tendenz zur Passivierung der Adressaten von Sozialpolitik abzuwenden, sondern auch, um die sozialen Dienste selbst effizienter zu machen. Letzteres wird vor allem deutlich, wenn man sich klarmacht, daß es sich bei personenbezogenen Dienstleistungen um einen »Produktionstyp« eigener Art handelt. Was personenbezogene Dienstleistungen von der Güterproduktion und den sachlichen Dienstleistungen grundlegend unterscheidet, ist die Tatsache, daß hier »Produzent« und »Konsument« nicht säuberlich geschieden werden können. Dies hatte schon *Marx* gesehen: »Der Nutzeffekt«, so führt er im Kapital über diese

Art der Dienstleistungen aus, »ist nur konsumierbar während des Produktionsprozesses; er existiert nicht als ein von diesem geschiedenes Gebrauchsding . . .«
Dieser besondere Grundzug aller persönlicher Dienstleistungen, der zuweilen auch als »uno-actu-Prinzip« bezeichnet wird, enthält wichtige Konsequenzen für die angemessene Organisation sozialer Dienstleistungen. Aufgrund des Zusammenfallens von Produktion und Konsum gilt hier, daß »die Qualität der Leistung in hohem Maße mitbedingt ist durch die Kooperationswilligkeit des Klienten, aber auch durch seine Kooperationsfähigkeit« (*Badura/Gross*, 1976). Um der Qualität und Effektivierung der Leistung willen muß also der Adressat sozialpolitischer Leistungen selbst zum Mitproduzenten seiner sozialen Sicherheit werden. Damit er dies aber kann, müssen diese Leistungen in Strukturen und mit Methoden stattfinden, die partnerschaftliches Zusammenarbeiten, Mitwirkung der Betroffenen usw. erlauben. Die Rede von der »Produktionskraft Partizipation« *(Naschold)* hat hier ihre stärkste Berechtigung.

Von dieser Grundüberlegung her ließen sich nun eine Fülle von Vorschlägen zur Demokratisierung der sozialen Leistungssysteme entwickeln, die hier aber nur beispielhaft verdeutlicht werden können.

Ein zentrales Problem ist die gängige Einbettung der sozialen Dienste in eine hierarchisch gegliederte Verwaltungsstruktur, die die hier geforderte Kooperation eher behindert als fördert. Ein oft zu beobachtendes zu hohes Maß an Zentralisierung ist ebenfalls ein bedeutendes Hindernis, da demokratische Mitwirkung nach je unterschiedlichen lokalen und regionalen Gegebenheiten erfolgen muß. Flexiblere Organisationsformen und Dezentralisierung der Leistungserbringung sind also wichtige Forderungen in diesem Zusammenhang. Um Mißverständnissen vorzubeugen, sei hier darauf hingewiesen, daß dies durchaus im Rahmen öffentlicher (u. a. kommunaler) Verantwortung geschehen kann.

Die teilweise Überprofessionalisierung unserer sozialen Leistungssysteme ist ein ebenfalls nicht zu unterschätzender Mangel. Durch die stärkere Einbeziehung betroffener und nicht betroffener Laien könnten soziale Dienstleistungen zugleich billiger und bedürfnisgerechter erbracht werden. Darüber hinaus sollte auch in stärkerem Umfang die selbstorganisierte Problemlösung gefördert und ermuntert werden. Das selbstverwaltete Jugendzentrum, die von alten Menschen selbst betriebene Seniorentagesstätte, die nachbarschaftlich organisierte Kinderbetreuung und Schulaufgabenhilfe sind Beispiele, die schon heute hier und da Praxis sind. Wichtig ist in diesem Zusammenhang zu betonen, daß selbstorganisierte Problemlösung in dem Maße an Bedeutung gewinnen kann, in dem mehr wirkliche Gleichheit der materiellen Lebensvoraussetzungen erreicht ist. Auf keinen Fall dürfen Konzeptionen dieser Art dazu führen, daß man die Benachteiligten und Hilfsbedürftigen sich selbst überläßt oder Solidarität partikularisiert, so daß sich die »guten« und die »schlechten Risiken« noch weitergehend separat organisieren.

In (nahezu) jedem Fall wird auch bei selbstorganisierter Problemlösung eine Hilfestellung durch den Sozialstaat notwendig sein. Wichtig ist, daß sie so erfolgt, daß nicht durch Auflagen, die mit der (finanziellen) Förderung verbunden sind, die

Möglichkeit der Selbsttätigkeit wieder weitgehend vernichtet wird. Es sollte sich eben tatsächlich um Hilfe zur Selbsthilfe handeln.

Es spricht vieles dafür, daß die richtige Kombination von professioneller Leistungserbringung und Laienbeteiligung ein Schlüssel zur Verbesserung unserer sozialen Leistungssysteme ist. Freilich darf die hier angesprochene Möglichkeit nicht mit den konservativen Konzepten der »Eigenbeteiligung« verwechselt werden. Während es hier um die Einbeziehung von betroffenen und nicht betroffenen Laien in die inhaltliche Leistungserbringung geht, geht es den Konservativen in der Regel nur darum, die Betroffenen in höherem Maße zur Finanzierung der Leistungen heranzuziehen. Damit wird aber die Abhängigkeit von Fremdleistungen nicht gemindert und die Passivstellung des Adressaten der Leistungen nicht behoben; vielmehr wird der Adressat von Sozialleistungen auf diese Weise gezwungen, die Leistungen ganz oder teilweise aus dem eigenen Portemonnaie zu bezahlen. Kommt es zudem zur Privatisierung der betreffenden Leistungssysteme, nehmen die Professionalisierung und die damit verknüpften Probleme nach allen Erfahrungen weiter zu.

Der zuletzt angesprochene Unterschied läßt sich am sozialen Wohnungsbau leicht beispielhaft aufzeigen: Es ist eben nicht dasselbe, ob die zukünftigen Bewohner über genossenschaftliche Modelle an der Planung, am Bau und am Ausbau ihrer Wohnungen beteiligt werden oder ob sie nur stärker zur Kasse gebeten werden. Im ersteren Fall (und nur dort!) ist zu erwarten, daß Wohnungen in Zukunft sowohl bedürfnisgerechter als auch billiger erstellt werden können. Dieses Beispiel zeigt zudem, daß teilweise die hier angestellten Überlegungen auf Modelle und Methoden zurückführen, die es bereits gegeben hat, im Falle des sozialen Wohnungsbaus in den frühen (und sehr erfolgreichen) Genossenschaften der Arbeiterbewegung.

Wenn man im hier angedeuteten Sinn mehr Raum für Partizipation und Selbstorganisation bei der Leistungserbringung schaffen will, dann müssen auch die Rahmenbedingungen verändert werden, unter denen diese Leistungen erbracht werden. Dies gilt u. a. für den gesetzlichen Rahmen. Von Bedeutung ist hier die Unterscheidung »konditionaler« und »finaler« Regelungen. Entscheidungen »sind konditional geregelt, wenn die Voraussetzungen festgelegt werden, an die sich bestimmte Folgen knüpfen sollen; sie sind final geregelt, wenn lediglich ein Ziel als Wirkung einer Handlung vorgegeben ist, die Umstände und Mittel, unter und mit denen es verwirklicht werden soll, in der Beurteilungs- und Ermessenskompetenz der entscheidenden Instanz liegen, wobei indes die Mittelwahl begrenzt sein kann« (*Penski*, 1978). Die finale Regelung erleichtert die dezentrale, nach je besonderen Gegebenheiten erfolgende Mitwirkung von Betroffenen und ist damit für die hier behandelte Strategie der Demokratisierung und teilweisen Laisierung der sozialen Dienste eine wichtige Voraussetzung.

Bemerkungen zur Konfliktlage

Die Akzentverlagerung zur vorbeugenden Sozialpolitik ist – wie jedes Stück echten sozialen Fortschritts – nicht konfliktlos zu bewältigen. Von vornherein ist damit zu rechnen, daß eine solche sozialpolitische Umorientierung über die dargestellten parteipolitischen Frontlinien hinaus auf den Widerstand gesellschaftlicher Gruppen stößt. Als Gegner dieser Konzeption werden vermutlich folgende Gruppen auftreten:

- Die Unternehmer: Sie sind negativ betroffen durch die notwendigen Eingriffe in die Unternehmerautonomie und in die Marktdynamik.
- Einkommensmäßig privilegierte Gruppen: Die mit dem Konzept der vorbeugenden Sozialpolitik verbundene egalisierende Einkommenspolitik kollidiert mit ihren Interessen.
- Teile der Sozialverwaltung: Die konsequente Ausweitung der Sozialpolitik zur umfassenden aktiven Gesellschaftspolitik unter sozialpolitischen Gesichtspunkten führt zwangsläufig dazu aus, daß eine Reihe von Aufgaben der Sozialverwaltung »politisiert« werden müssen. Dies wird durchaus nicht in allen Fällen bedeuten, daß Kompetenzen von den bestehenden Sozialverwaltungseinrichtungen weg in Rathäuser und Ministerien hinein verlagert werden. Auf jeden Fall macht dies aber eine einschneidende Veränderung der Organisationsstruktur und Arbeitsweise der Sozialbürokratie und Selbstverwaltung mit dem Ziel ihrer Politisierung und Demokratisierung erforderlich. Zur Durchsetzung einer solchen Reform, z. B. in der Selbstverwaltung, müssen die Beharrungskräfte der Bürokratie und der Widerstand der zur Zeit unangemessen stark repräsentierten Arbeitgeberinteressen überwunden werden.
- Traditionalistische Repräsenten der »freien Träger«: Eine vorbeugende Sozialpolitik im Sinne einer aktiven Gesellschaftspolitik kann von den »freien Trägern« allein nicht oder kaum organisiert werden. Sie können daran nur mitwirken, wenn sie bereit sind, einen Teil ihrer ängstlich gehüteten organisatorischen Autonomie und ihren oft kurzsichtigen Verbandsegoismus aufzugeben und sich zur Kooperation in zielorientierten (regionalen) Arbeitsgemeinschaften nach dem Vorschlag der WSI-Studie (1977) bereitfinden.
- Standesorganisationen und einzelne Vertreter privilegierter sozialer Dienstleistungsberufe: Da mit der vorbeugenden Sozialpolitik notwendig eine Strategie der teilweisen Entprofessionalisierung, der Politisierung und Demokratisierung der Sozialpolitik verbunden ist, werden bestehende Leistungs- und Entscheidungsmonopole gewisser sozialer Dienstleistungsberufe angetastet. Es ist realistischerweise zu erwarten, daß eine dadurch bewirkte Schmälerung der Machtausübungs- und Verdienstmöglichkeiten sowie des Sozialprestiges beispielsweise die Standesorganisationen der Ärzte zum Widerstand gegen ein Konzept der vorbeugenden Sozialpolitik bewegen würde.

Trotz dieser und anderer zu erwartender Konflikte wird die hier skizzierte Umorientierung in der Sozialpolitik vollzogen werden müssen. Denn die Alternative ist in jedem Fall ein – wie immer umschriebener – weiterer Abbau von sozialer Sicherheit und realer Lebensqualität. Wichtig für eine evolutionäre Strategie ist, daß es sich nicht um den totalen Konflikt im Sinne eines finalen show-downs handelt. Dies unterscheidet die hier dargestellte Auffassung von der der linken Antireformisten, die auf die Revolution als Vorbedingung für Erhaltung und

Ausbau der sozialen Sicherheit setzen. Von alles überragender Bedeutung ist es, daß die Gewerkschaften sich in der Tarifpolitik und in den Organen der Selbstverwaltung des eigenen Handlungsfeldes bemächtigen, das durch das Konzept der vorbeugenden Sozialpolitik eröffnet wird. Nur wenn die Gewerkschaften nicht mehr nur Forderungen an den Gesetzgeber stellen, sondern selbst zum »sozialpolitischen Vorreiter« (vgl. *Notter*, 1977) werden, kann ein sozialpolitischer Rückschritt vermieden und die notwendige Kurskorrektur durchgesetzt werden.

Um den Widerstand der »freien Träger«, insbesondere der Kirchen, nicht unnötig zu provozieren, muß von vornherein klargestellt werden, daß die kompensatorische Sozialpolitik nicht überflüssig wird, sondern nur um der Humanität der Gesellschaft willen allmählich ins zweite Glied treten soll. Da der Übergang auf diese Weise ein gradueller sein wird und ein erheblicher Rest an kompensatorischer Sozialpolitik auf Dauer bestehen bleibt, sind die Chancen nicht schlecht, auch im Bereich der »freien Träger« Zustimmung oder doch mehr oder weniger wohlwollende Neutralität zu der neuen Konzeption der Sozialpolitik zu gewinnen. Darüber hinaus ist die Perspektive einer Aktivierung der sozialen Selbstverwaltung und das Angebot einer zielorientierten Kooperation in Arbeitsgemeinschaften sowohl für die »freien Träger« als für die um ihre Kompetenzen fürchtenden Teile der Sozialverwaltung zumindest dann nicht ohne Reiz, wenn sie erkennen, daß der laufende Entwicklungstrend ihre eigenen Handlungsmöglichkeiten immer mehr einschränkt.

Es ist besonders wichtig zu betonen, daß die Akzentverlagerung zur vorbeugenden Sozialpolitik und die damit verbundene Politisierung weiterer Bereiche der Gesellschaft keineswegs notwendig eine zunehmende Zentralisierung und Verstaatlichung bedeuten muß. Es erscheint vielmehr sinnvoll, die öffentliche Organisation vorbeugender Maßnahmen auf dem Gebiet der Sozialpolitik (wie auch der kompensatorischen Maßnahmen) in vielen Sektoren dezentral zu organisieren, um so die Tätigkeit nichtstaatlicher Träger und die Selbständigkeit der Bürger einbeziehen zu können. In einer Gesellschaft, in der das Maß an »freier« Zeit gegenüber früheren Epochen erheblich angewachsen ist und in der die sinnvolle Gestaltung dieser Freizeit immer mehr zum Problem wird, ist es eine politische Aufgabe ersten Ranges, das brachliegende Potential an sozialem Engagement der Bürger zum Wohle aller einzusetzen.

Gerade in dieser Hinsicht bietet sich den »freien Trägern«, den Gewerkschaften und den sozialen Selbstverwaltungskörperschaften ein breites Betätigungsfeld. Vieles spricht dafür, daß die von *Badura* und *Gross* vorgeschlagene Strategie der »Laisierung und Vergemeinschaftung« einen Teil der durch Professionalisierung, Monetarisierung und Spezialisierung der sozialen Dienste bewirkte »Kontraproduktivität« institutionalisierter Sozialpolitik aufheben kann (vgl. *Badura/Gross*, 1976). Zum anderen ist die Reaktivierung der »kulturellen Infrastruktur, der kleinen Netze, der gewachsenen Lebens-, Stützungs-, Verkehrsformen, der traditionellen Potentiale spontaner Solidarität und soziokultureller Kontinuität« in sich selbst ein Akt vorbeugender Sozialpolitik. Freilich kann diese Reaktivierung nur gelingen, wenn durch strukturelle Reformen die anonymisierenden und entsolidarisierenden Zwänge unserer kapitalistischen Gesellschaft zurückgedrängt werden.

Schließlich sei noch darauf hingewiesen, daß die zu erwartenden Schwierigkeiten bei der Realisierung einer vorbeugenden Sozialpolitik nicht nur den damit verbundenen Interessenkollisionen entspringen. Es gibt auch Probleme »technischer« Natur. Z. B. wird eine umfassende aktive Gesellschaftspolitik unter sozialpolitischen Gesichtspunkten schwerlich zu realisieren sein, wenn die heutige starre Ressortaufteilung nicht zugunsten flexiblerer Kooperationsformen verändert wird. Desgleichen wird die durch die vorbeugende Sozialpolitik längerfristig bewirkte finanzielle Entlastung nur dann in die jeweiligen Engpaßbereiche gelenkt werden können, wenn die Durchlässigkeit zwischen den verschiedenen »Töpfen« des Fiskus und der parafiskalischen Institutionen erweitert wird. Auch in diesem Bereich ist mit Trägheitswiderständen und Konflikten zu rechnen und auch hier sind sie nur überwindbar, wenn man sich rechtzeitig darauf einstellt.

Entscheidend aber für die Durchsetzung der sozialpolitischen Umorientierung wird sein, ob die sozialpolitische Mobilisierung der Bürger insgesamt und der Sozialversicherten insbesondere gelingt. Sozialpolitik, die so lange ein Monopol der Experten in den Parlamentsfraktionen und Selbstverwaltungsorganen war, muß zu einem vorrangigen Praxisfeld von Parteien, Gewerkschaften und Bürgergruppen auf allen Ebenen werden. Dann wird sich auch erweisen, daß die leichtfertige Rede von den Grenzen des Sozialstaats unbegründet ist und ein weiterer Ausbau der sozialen Sicherung auf festerem Grunde und mit veränderten und verbesserten Methoden und Institutionen möglich ist.

Johano Strasser

Literatur

Achinger, H., 1958: Sozialpolitik als Gesellschaftspolitik, Hamburg – *Albers, W.*, 1972: Möglichkeiten einer stärker final orientierten Sozialpolitik, Göttingen – *Arendt, W.*, 1972: Kennzeichen sozial. Wege und Ziele der sozialen Sicherung, Stuttgart – *Badura, B./Gross, P.*, 1976: Sozialpolitische Perspektiven. Eine Einführung in Grundlagen und Probleme sozialer Dienstleistungen, München – *Bernhard, L.*, 1912: Unerwünschte Folgen der Sozialpolitik, o. O. — *Biedenkopf, K. H.*, 1973: Fortschritt in Freiheit, München – *Bruche, G./Casey, B.*, 1982: Arbeit oder Rente?, Frankfurt/M./New York – *Bujard/Lange*, 1978: Armut im Alter, Weinheim – *Cohen, J./Friedman, M.*, 1972: Social Security; Universal or selective?, Washington – *Colla, H. E./Stoltenberg, U.*, 1973: Überlegungen zur Arbeit mit Obdachlosen, in: Randgruppenarbeit, München – *Egert, J.*, 1977: Sozialpolitik nach dem Bundesparteitag, in: Neue Gesellschaft, H. 12 – *Ehrenberg, H.*, 1978: Einführung zu *Pfaff/Voigtländer* (Hrsg.), Sozialpolitik im Wandel, Bonn – *Ehrenberg, H./Fuchs, A.*, 1980: Sozialstaat und Freiheit, Frankfurt/M. – *Fenner/Heyder/Strasser*, 1978: Unfähig zur Reform? Eine Bilanz der inneren Reformen seit 1969, Köln – *Geißler, H.*, 1976: Die neue soziale Frage, Freiburg – *Goldscheid, R./Schumpeter, J.*, 1976: Die Finanzkrise des Steuerstaates, hrsg. von *Hickel, R.*, Frankfurt/ M. – Grundwertekommission der SPD, 1977: Grundwerte in einer gefährdeten Zeit, Bonn – Grundwertekommission der SPD, 1982: Die Arbeiterbewegung und der Wandel des gesellschaftlichen Bewußtseins und Verhaltens, Bonn – *Harms, J.*, 1977: Die Entwicklung der Sozialstaatlichkeit, in: Die Mitarbeiter, H. 12 – *Huntford, R.*, 1973: Wohlstandsdiktatur, Frankfurt/M. – *Illich, I.*, 1975: Die Enteignung der Gesundheit, Reinbek – *Illich, I.*, 1977: Die Modernisierung der Armut, in: Technologie und Politik, H. 9 – *Kaufmann, F.-X.*, 1973[2]: Sicherheit als soziologisches und sozialpolitisches Problem, Stuttgart – *Kortmann, K.*, 1976: Zur Armutsdiskussion in der Bundesrepublik Deutschland, in: Nachrichtendienst des Deutschen Vereins für öffentliche und private Fürsorge, H. 5 – *Liefmann-Keil, E.*, 1961: Ökonomische Theorie der Sozialpolitik, Berlin – *Luhmann, N.*, 1968: Zweckbegriff und Systemrationalität, Tübingen – *Luxemburg, R.*, 1968[3]: Sozialreform oder Revolution?, in: Politische Texte, hrsg. von *Flechtheim, O. K.*, Bd. 1, Frankfurt/M. – *Notter, N. H.*, 1977: Die Tarifpolitik der Gewerkschaften als sozialpolitischer Vorreiter?, in: Neue Gesellschaft, H. 7 – *O'Connor, J.*, 1974: Die Finanzkrise des Staates, Frankfurt/M. – *Penski, U.*, 1978: Möglichkeiten der Demokratisierung öffentlicher Verwaltung durch Beteiligung von Bürgern an Verwaltungsentscheidungen, in: *Fenner/Heyder/Strasser*; Unfähig zur Reform?, Köln – *Roth, J.*, 1974: Armut in der BRD, Frankfurt/M. – *Schelsky, H.*, 1975: Die Arbeit tun die anderen, Opladen – *Strasser, J.*, 1977: Die Zukunft der Demokratie, Reinbek – *Strasser, J.*, 1983[2]: Grenzen des Sozialstaats? Soziale Sicherung in der Wachstumskrise, Köln – *Strasser, J./ Traube, K.*, 1982[2]: Die Zukunft des Fortschritts. Der Sozialismus und die Krise des Industrialismus, Bonn – *Thimm, W.*, 1977: Mit Behinderten leben, Freiburg – *von Ferber, Ch.*, 1967: Sozialpolitik in der Wohlstandsgesellschaft, Hamburg – *Wagner, W.*, 1982: Die nützliche Armut, Berlin – WSI-Studie, 1975: Die Lebenslage älterer Menschen in der Bundesrepublik Deutschland, Köln – WSI-Studie, 1977: Sozialpolitik und Selbstverwaltung. Zur Demokratisierung des Sozialstaats, Köln – *Young/Münstermann/Schacht*, 1975: Armut 1975. Soziale Sicherung und Armutspotential, Bonn. –

→ Sozialpolitik → Sozialplanung → Staat

Sozialstruktur

Eine Darlegung der Sozialstruktur der Bundesrepublik setzt voraus, daß einige grundlegende Merkmale sozialer Strukturen von gegenwärtigen Gesellschaften erläutert werden. Unter Strukturen in ihrer allgemeinsten Bedeutung wird in der Soziologie die Zuordnung von Elementen in einem relativ beständigen Zusammenhang verstanden. Sozialstruktur meint danach die Struktur einer Gesellschaft, d. h. die verschiedenen komplexen Zusammenhänge zwischen sozialen Tatbeständen und Akteuren innerhalb eines geordneten sozialen Systems oder der Gesellschaft insgesamt. Hinsichtlich der Analyse sozialer Strukturen bestehen in der Soziologie unterschiedliche Ansätze in der Bestimmung der wichtigsten Elemente derselben. Vor allem zwischen marxistischen und nichtmarxistischen Ansätzen kann hierbei unterschieden werden: während die marxistischen Ansätze davon ausgehen, daß die »gesellschaftlichen Formen der Produktion und Reproduktion« (*Marx*) das dominante Merkmal sozialer Zusammenhänge und Beziehungen darstellen, gibt es bei den nichtmarxistischen Ansätzen unterschiedliche Gewichtungen hinsichtlich der wichtigsten Elemente von sozialen Strukturen: in demographischen Ansätzen ist es die Verteilung der Bevölkerung nach Geschlecht, Alter, Beruf, Bildung, Einkommen etc., oder es ist das Ausmaß und der Grad der Arbeitsteilung (*Durkheim*), der Grad der Rationalisierung und Bürokratisierung der Gesellschaft (*M. Weber*) oder die Definition von Normen und Werten, bzw. die Wechselwirkung von Institutionen (*Durkheim, Parsons, Gehlen*), sowie die relative Eigenständigkeit gesellschaftlicher Teilbereiche.

In der Anwendung des Begriffs »Sozialstruktur« ist also vorausgesetzt, daß damit Dimensionen sozialer Realität erklärt werden können: die Bildung von Strukturen ist demnach selbst ein Kennzeichen der Realität und gleichzeitig ein Moment (Ziel und Resultat) des menschlichen Handelns. Die soziale Wirklichkeit ist hiernach kein »chaotisches Durcheinander«, das erst »mit Hilfe eines im Kopf konstruierten Bezugsrahmens in eine Ordnung gebracht werden« muß (Projekt Klassenanalyse, 1973 Teil I), sondern ein »geordnetes Ganzes«, das sich allerdings in einem stetigen Prozeß des Wandelns befindet (Sozialer Wandel).

Die Sozialstruktur hat aber aufgrund ihrer »relativen Dauerhaftigkeit« für die in ihr handelnden gesellschaftlichen Individuen, Schichten und auch Klassen einen Charakter des Objektiven: d. h. die Sozialstruktur ist in einer jeweiligen historischen Situation ein Ensemble vorgegebener sozialer Tatsachen. Diese sind Teil der sozialen Umwelt, in die der soziale Akteur hineingeboren wird und an der er sich orientieren muß. Der Prozeß der Erkenntnis der sozialen Strukturen als Realität der Akteure ist Teil der Herausbildung und Entwicklung des gesellschaftlichen Bewußtseins (*Ossowski*, 1962). Diese bleibt bestimmt durch ein Erkenntnisinteresse, welches sich auf der Basis der Stellung eines sozialen Individuums im Gefüge der Sozialstruktur herausbildet.

Strukturmerkmale der Bundesrepublik

Für die Typisierung von Gesellschaften nach den vorherrschenden Strukturmerkmalen, wie sie die Soziologie immer wieder versucht hat, hat *Schäfers* (1981) einige Beispiele genannt, von denen hier diejenigen angeführt werden sollen, die für den jeweiligen Ansatz Bedeutung hinsichtlich der Analyse der Bundesrepublik haben:

– bürgerliche und sozialistische Gesellschaft (bei marxistischen Theoretikern zur Bezeichnung der gegenwärtigen vorherrschenden Gesellschaftsordnung gebraucht);
– offene und geschlossene Gesellschaft (nach *Popper*);
– pluralistische und monokratische Gesellschaft (nach *Gurvitch);*
– antagonistische und nicht antagonistische Gesellschaft (nach *Abendroth*);
– industrielle und postindustrielle Gesellschaft (nach *Bell* und *Touraine*) bzw. unterentwickelte Gesellschaft.

Schäfers (1981) nennt noch einige weitere Merkmale, anhand derer eine Typisierung der bundesdeutschen Gesellschaft versucht werden könne:

– nivellierte Mittelstandsgesellschaft *(Schelsky)*;
– spätkapitalistische (Klassen-)Gesellschaft;
– technokratischer Wohlfahrtsstaat bzw. moderner Interventionsstaat;
– »dahintreibende Gesellschaft« (nach *A. Etzioni*).

Mit diesen Begriffen werden verschiedene dominante Strukturelemente bezeichnet, gleichzeitig dienen sie zur zusammenfassenden Charakterisierung der Gesamtgesellschaft. Anhand der unterschiedlichsten, sich zum Teil widersprechenden, aber auch ergänzenden Merkmalsnennungen, wird deutlich, daß keine dieser Bezeichnungen Anspruch auf eine allgemeine Gültigkeit erheben kann, sich vielmehr Erkenntnisinteressen und sozialer Standort des Betrachters als ausschlaggebend erweisen. Insoweit relativiert soll hier versucht werden, ein komplexes Gesamtbild der Sozialstruktur der Bundesrepublik unter den angegebenen Kriterien zu geben.

Für die gegenwärtige Sozialstruktur der westdeutschen Gesellschaft sind einige wichtige Merkmale und Trends zu beachten, die nicht erst seit 1945 bzw. 1949 wirksam sind, sondern die zu den länger wirkenden historischen Voraussetzungen und Entwicklungen zu zählen sind. Nach *Schäfers* (1981) sind dies:

- Rationalisierung und Individualisierung (der Sozialverhältnisse und sozialen Beziehungen);
- Kapitalisierung der Eigentums- und Besitzverhältnisse (zunächst an Grund und Boden, später des gesamten Produktivkapitals);
- Technisierung der Produktion (und weiterer Bereiche);
- Urbanisierung und Entwicklung der Kernfamilie (Trennung von Wohnen und Arbeit);
- Demokratisierung der politischen Verhältnisse (gleichzeitige Verrechtlichung und Bürokratisierung sozialer Verhältnisse);
- »soziale Mobilisierung« (Fähigkeit zu Mobilität und sozialer Anpassung).

Ob die obengenannten Trends und Entwicklungen als solche nun erkannt werden oder nicht, hängt weitgehend nicht vom »objektiven Charakter« derselben ab, sondern vom Bewußtsein derjenigen, die solche Tatbestände wahrnehmen.

Die Frage, ob es sich z. B. bei der Bundesrepublik um eine »Klassengesellschaft« handelt oder um eine »nivellierte Mittelstandsgesellschaft«, kann nur vor dem Hintergrund der gesellschaftspolitischen Legitimation von Wissenschaft und das heißt auch von ihrem Erkenntnisinteresse aus beantwortet werden. Dennoch darf nicht vorschnell auf eine Identität von Wissenschaft und (gesellschafts-)politischer Legitimation geschlossen werden. Vielmehr gilt es, auf der Basis der Verhältnisse in der Bundesrepublik dazu beizutragen, daß die gesellschaftlichen Individuen ihren »Standort« in der Gesellschaft gewinnen können aus der Analyse der Bedingungen und Voraussetzungen der hiesigen Sozialverhältnisse und -strukturen.

Ausgangslage nach 1945

Um zu einem Begriff der Sozialstruktur der Bundesrepublik zu kommen, ist es notwendig, die historischen Voraussetzungen, wie sie vor allem durch den Faschismus und seine Folgewirkungen eingetreten sind, zu beachten. In diesem Sinne sind für die Herausbildung der Sozialstruktur der Bundesrepublik die unmittelbaren Nachkriegsjahre (1945–1949) bis zur Gründung der Republik entscheidend (vgl. *Huster* u. a., 1972).

Der Faschismus, seine politischen, ökonomischen, militärischen und sozialen Positionen waren nicht von innen erschüttert worden, sondern mußten von außen zerschlagen werden. Mit der militärischen Niederlage im Mai 1945 fand das NS-

Regime politisch und militärisch sein Ende; ob aber damit auch die zugrundeliegenden ökonomischen, sozialen und ideologischen Strukturen überwunden waren, blieb vorerst fraglich. Zwar ruhte in den ersten Monaten nahezu jede öffentliche Tätigkeit deutscher staatlich-gesellschaftlicher Herrschaft – das Deutsche Reich war in vier Besatzungszonen aufgeteilt und seiner politischen Souveränität beraubt – dennoch wurde in den Westzonen an den bürgerlich-kapitalistischen Grundstrukturen (auch von den Besatzungsmächten) nicht gerüttelt. Auf dieser Basis fand nun der sogenannte »Wiederaufbau« statt; er hatte dabei vor allem mit folgenden – die Sozialstrukturen berührenden – Faktoren zu rechnen:

– der Krieg hatte ca. 4 Mill. Tote gekostet, hinzu kam eine große Zahl Kriegsverletzter;
– Hunderttausende deutscher Staatsangehöriger waren in Gefängnissen und Konzentrationslagern eingekerkert worden oder getötet worden (ebenso wie mehrere Millionen Menschen aus ganz Europa);
– 5,7 Mill. Flüchtlinge aus den Ostgebieten bzw. der späteren DDR strömten in die Westzonen (Ende 1950 waren es 9,1 Mill.);
– fast 15% des Wohnraums waren zerstört und ein größerer Anteil beschädigt;
– die Industrieproduktion war nach ihrem völligen Stillstand im Mai 1945 im Jahre 1946 nur auf dem Stand ca. ⅓ der Industrieproduktion von 1936 angelangt;
– die Infrastruktur, vor allem das Verkehrswesen, war nachhaltig zerstört oder schwer beschädigt;
– das Geschlechterverhältnis und der Altersaufbau waren deutlich verändert (es gab einen weit höheren Prozentsatz Frauen; so kamen 1946 in der Gruppe der 25- bis 30jährigen auf 1000 Männer 1676 Frauen, und in der Altersstruktur sank beispielsweise der Anteil der 20 bis 25 Jahre alten Männer von 12,1% (1939) auf 7,4% (1946);
– das Stadt-Land-Einwohner-Verhältnis kehrte sich teilweise um (Kleinstädte unter 10 000 Einwohner nahmen zum Teil über 40% zu, während Städte über 100 000 Einwohner Abnahmen von über 20% verzeichneten).

All diese Daten machen deutlich, wie sehr der Krieg und die ersten Nachkriegsjahre nachhaltige Veränderungen in den materiellen Rahmenbedingungen und in der demographischen Struktur des Landes mit sich brachten. Dennoch haben all diese Verschiebungen die Grundrisse der Gesellschaft nicht verändert. So waren die wirtschaftlichen Führungskräfte nicht in gleicher Weise dezimiert wie die politischen. Viele Verhaltensweisen, die im Krieg zwangsweise eingeübt waren, übertrugen sich auf zivile (sprich wirtschaftliche) Bereiche. Der »Wirtschaftskampf« begann, zunächst als Mittel zur Befriedigung der vitalsten Bedürfnisse, später wurde daraus der »Kampf um Status«. Hochqualifizierte Arbeiter, Techniker, Ingenieure etc. (gerade auch aus der großen Menge von Flüchtlingen) standen zur Verfügung, die auf der Basis des zwar reduzierten, aber doch auf Massenproduktion eingerichteten Industriepotentials und bei einer in den Westzonen gut strukturierten Landwirtschaft bereit und in der Lage waren, den wirtschaftlichen »Wiederaufbau« zu beginnen. Diese »ökonomisch orientierten« Energien wurden durch den Marshall-Plan zunächst gefördert und kapitalistisch eingebunden, wogegen die wiedererstandenen Gewerkschaften nur begrenzt Alternativen hatten: die Kontrolle von aus privatem Großbesitz resultierender politischer Macht sollte durch die »Mitbestimmung« geleistet werden. Der Versuch der Überführung von Großunternehmen in Gemeineigentum (z. T. durch Länderparlamente beschlossen) scheiterte am Veto der Besatzungsmächte, vor allem der USA.

Die Abhängigkeit der Westzonen von den Besatzungsmächten war auch wirtschaftlich begründet und bedeutete politische Unmündigkeit; so mußten sich fast notwendig auch die gesellschaftspolitischen Vorstellungen vor allem der USA durchsetzen, die nicht zuletzt wegen der weltpolitischen Differenzen mit der UdSSR auf ein bürgerlich-kapitalistisches Westdeutschland setzten. Dem aber hatten die Parteien der Arbeiterbewegung und die Gewerkschaften aus zum Teil sehr unterschiedlichen Gründen wenig entgegenzusetzen. All ihre alten Kampfmittel (Streiks und Demonstrationen) mußten angesichts der wirtschaftlichen Verhältnisse und politischen Bedingungen versagen, zumal große Teile der Arbeiterbewegung unter dem Eindruck des Faschismus und den Erfahrungen mit der Sowjetunion den »amerikanischen Weg« bevorzugten.

Damit waren die Voraussetzungen für die Entwicklung der bundesdeutschen Gesellschaft gegeben. Ein entscheidendes Datum war dabei die Währungsreform in den westlichen Zonen im Juni 1948. Die Entwertung der alten Reichsmark bedeutete, daß die kleinen Geldwertbesitzer faktisch enteignet wurden, während der Wert der Produktivvermögen (Anlagen, Grund und Boden, Aktienkapital) von dieser Entwertung nicht berührt wurde. Dies bedeutete eine Absicherung der ökonomischen Besitz- und Eigentumsverhältnisse, gleichzeitig aber auch eine Fixierung der sozialen Strukturen.

Die Gründungsphase der Bundesrepublik entsprach in ihren Ergebnissen nicht den sozialreformerischen Vorstellungen der Arbeiterbewegung, sondern schuf die Voraussetzungen für die »soziale Marktwirtschaft« und damit für die Verhältnisse, wie sie heute noch die Bundesrepublik bestimmen (vergl. *Schmidt,* 1970).

Soziale Ungleichheit: Klassen oder Schichten

Eine wesentliche Frage zur Charakterisierung der Sozialstruktur, wie sie durch die Soziologie formuliert wird, ist die nach der Klassen- und /oder Schichtenstruktur einer Gesellschaft. Verschiedene Ansätze lassen sich dabei – wie vorn schon ausgeführt – danach unterscheiden, ob sie von einem Klassencharakter der Gesellschaft und damit von einer »Teilung« des sozialen Systems und seiner Akteure nach deren Stellung im gesellschaftlichen Produktionsprozeß ausgehen (vgl. *Bischoff,* 1976) oder andere soziale und ökonomische bzw. ideologische Größen zur Bestimmung der »sozialen Schichtung« und damit der Ungleichheit eines »integrierten Sozialsystems« für ausschlaggebend halten (vgl. *Wiehn/Mayer,* 1975).

Die verschiedenen Elemente der Sozialstruktur werden in den sich anbietenden soziologischen Theorien sehr unterschiedlich gewichtet. Die Auswahl dieser Elemente bzw. die Bestimmung der »Dominanten in letzter Instanz« *(Poulantzas)* berührt dabei das, was seit Max Weber als »Werturteilsproblem« in den Sozialwissenschaften diskutiert wird, da die einzelnen Aspekte bzw. Elemente in einer Gesamtstruktur erst »verortet«, also gewertet werden müssen. Während der Marxismus bzw. der historische Materialismus von einer eindeutigen Erkenntnisbasis und einer Geschlossenheit seiner Theorie ausgeht, gilt dies für die Soziologie insgesamt nicht. Sie ist in einer Art »Wissenschaftspluralismus«, der im gewissen Sinne einem gesellschaftspolitischen Pluralismus in der Bundesrepublik entspricht, angewiesen auf Auswahlkriterien, die durch ein »axiales Prinzip« (*Bell*) geordnet werden.

Für eine Analyse der Sozialstruktur der Bundesrepublik bedeutet dies, aus der äußerst großen Fülle sozialer Daten, Erscheinungen und Variablen diejenigen herauszustellen und einander zuzuordnen, die nach dem heutigen Erkenntnisstand der Soziologie als die wichtigsten gelten können.

Der Versuch, die Realität der Differenzierung von Lebensbedingungen zu erfassen, muß dabei in jedem Fall folgende Aspekte einbeziehen:

– ökonomische Makroaufgliederung (Verhältnis zu den Produktionsmitteln, Stellung im System der gesellschaftlichen Arbeitsteilung, Unterscheidung nach privater Wirtschaft und Staatsdienst);
– sozioökonomische Mikroaufgliederung (Einkommenslage und Besitzstand, soziale Sicherung und Versorgung, Arbeitsverhältnis und -situation, Qualifikation, Wohn- und Familiensituation);
– Bewußtseinslage (Norm- und Wertvorstellungen) und soziale bzw. normative Bindungen (politische, konfessionelle, kulturelle Traditionen sowie historische Erfahrungen);
– Stellung im System gesellschaftspolitischer Machtverteilung.

Quer zu diesen Faktoren muß die Frage nach »Herkunft« und »Zukunft« berücksichtigt werden, d. h. neben der historischen Blickrichtung der Aspekt der Mobilität bzw. der Mobilitätschancen im System sozialer Differenzierung. Zentrales Problem ist und bleibt dabei die Frage nach der Klassen- und Schichtenstruktur, also die Frage nach der »sozialen Ungleichheit« und deren Gründen.

»Mittelstandsgesellschaft«

Für die Interpretation der Sozialgeschichte der Bundesrepublik wurde der 1953 von Schelsky geprägte Begriff der »nivellierten Mittelstandsgesellschaft« prägend. Er bedeutet, daß in der Bundesrepublik die Klassengegensätze weitgehend abgebaut seien und es aufgrund einer Entdifferenzierung der noch ständisch geprägten Berufsgruppen zu einer »sozialen Nivellierung« in einer relativ einheitlichen Schichtung gekommen sei. Grund dieser Einebnung seien die seit Ende des Ersten Weltkriegs vorsichgegangenen Auf- und Abstiegsprozesse, die so etwas wie eine allgemeine »Aufstiegsmobilität« bedeuteten. In dieser Sichtweise war die bundesdeutsche Gesellschaft zu Beginn des »Wirtschaftswunders« weitgehend von Mittelgruppen geprägt, deren Konsumstil, aber auch deren politisches Verhalten stellte demnach einen neuen »Maßstab« angesichts der veränderten Situation dar. Freilich vernachlässigte dieses Modell schon rein empirisch bestehende soziale Unterschiede. Wenn es auch Tendenzen zu einer Nivellierung gab, so blieben doch große Differenzen hinsichtlich Einkommen, Konsumchancen etc. bestehen. Am stärksten ausgewirkt haben sich dabei aber wohl die Unterschiede im erreichbaren Bildungsniveau, was nicht zuletzt zu den Bewegungen an Schulen und Hochschulen nach Mitte der 60er Jahre und damit zur außerparlamentarischen Opposition und ihrem kulturrevolutionären Impuls geführt hat.

Mit dem Begriff der »nivellierten Mittelstandsgesellschaft« wurden also Oberflächenphänomene beschrieben. Das »Wirtschaftswunder« und die Rekonstruktion des westdeutschen Kapitalismus im internationalen Wirtschaftsmarkt brachten seit ca. 1952 zwar reale Einkommenssteigerungen, aber sie änderten nichts an den Grundstrukturen sozialer Ungleichheit. Dies zeigt die Anfang der 80er Jahre zu Tage getretene umfassende Wirtschaftskrise wieder deutlich. Es hat sich also das allgemeine materielle Lebensniveau angehoben, was aber die soziale Differenzierung und Machtverteilung angeht, bestehen weiterhin große Distanzen und eine deutliche Klassenteilung der Gesellschaft.

Soziale Differenzierung, Einkommen und Vermögen

Bei vielen Strukturanalysen werden die sogenannten »Oberschichten« zu wenig berücksichtigt. Immerhin werden aber die sogenannten »Machteliten« als Teil der Oberschicht oder der »herrschenden Klassen« untersucht. *Zapf* (1966) kam dabei zu dem Schluß, daß diese kein einheitliches gesellschaftliches Bewußtsein hätten. Die Basis dieser »Machteliten« liegt wohl im wesentlichen in ihren ökonomischen Verfügungsmöglichkeiten, nicht aber im Feld der Politik; eben deshalb weisen sie beträchtliche Kontinuität auf. Die Oberschicht der westdeutschen Gesellschaft ist »keineswegs eine homogene herrschende Klasse« *(Dahrendorf)*, sondern weist parallel zur Ausdifferenzierung der gesellschaftlichen Machtbereiche konkurrierende Gruppierungen auf, für die insgesamt die Bezeichnung »Block an der Macht« *(Poulantzas)* zutreffend sein dürfte, auch wenn politische Demokratisierungsbemühungen (Studentenbewegung, Alternativ- und Bürgerinitiativbewegung, Frauenbewegung) bestimmte Demonstrationsformen von sozialer und ökonomischer Macht und Herrschaft verdrängt haben. Anders als hinsichtlich der sogenannten »Oberschichten« gibt es zu Mittel- und Unterschichten bzw. zu den Mittelschichten und zur Arbeiterklasse der Bundesrepublik eine ganze Anzahl von Untersuchungen.

Um die Gewichtung der einzelnen Ergebnisse zu verdeutlichen, sollen an dieser Stelle noch einmal verschiedene Ansätze, die die Schichtung bzw. Klassenteilung der Bundesrepublik erfassen wollen, dargestellt werden.

Bolte (1968) kam auf der Basis von Selbst- und Fremdeinschätzung der Individuen innerhalb einer Prestigeskala bzw. einer Schichtenpyramide zu folgendem Ergebnis:

Statusaufbau der Bevölkerung der Bundesrepublik Deutschland

Bezeichnung der Statuszone	Anteil (%)
Oberschicht	ca. 2
obere Mitte	ca. 5
mittlere Mitte	ca. 14
untere Mitte	ca. 29
unterste Mitte/oberes Unten	ca. 29 } 58
Unten	ca. 17
Sozial Verachtete	ca. 4

Dagegen kam der klassenanalytische Ansatz des »Projekts Klassenanalyse« (1974)
zu einem völlig anderen Bild:

Klassenstruktur der Bundesrepublik Deutschland 1975

	Erwerbspersonen		Gesamtbevölkerung	
	in 1 000	in % d. Bev.	in 1 000	in % d. Bev.
Arbeiterklasse	16 899	64,5	30 810	49,8
darunter:				
– Lohnarbeiter des Kapitals	14 942	57,0	27 320	44,1
– Arbeitslose	1 074	4,1	1 947	3,1
– Lohnarbeiter der nichtkapitalistischen Produktion/Handel	883	3,4	1 543	2,5
Kapitalistenklasse	1 200	4,6	3 131	5,1
Mittelklasse	8 098	30,9	27 975	45,2
darunter:				
– Lohnarbeiter mit abgeleiteter Revenue	5 398	20,6	10 562	17,1
– nichtkapitalistische Produzenten/Händler	2 700	10,3	4 200	6,8
– Rentner			10 199	16,5
– Pensionäre/Kriegsopfer/Sozialhilfe			2 514	4,1
– Lumpenproletariat			500	0,8
Bevölkerung insgesamt	26 197	100	61 916	100

Daß marxistische Sozialwissenschaftlicher aber keineswegs ein einheitliches Bild
der Klassenstruktur haben, verdeutlicht die Einteilung der Gesellschaft, wie sie das
Institut für marxistische Forderungen (IMSF) vornimmt (in % der Erwerbspersonen):

Arbeiterklasse	75,6
Kapitalisten	2,1
Lohnabhängige Mittelschicht	3,9
Intelligenz	3,0
Selbständige Mittelschicht	15,4

Die Unzulänglichkeiten der klassenanalytischen Ansätze liegen nun gerade dort,
wo die Kategorie der »Klassenlage« (also der objektive Faktor) mit der des
»Klassenbewußtseins« (dem subjektiven Faktor) vermittelt werden soll. Dabei

erweist sich auch als sehr undeutlich, was denn die »Mittelklasse« sein soll, was wiederum nicht darüber hinwegtäuschen darf, daß mit dem Begriff der »Arbeiterklasse« die komplexen Binnendifferenzierungen nicht in jedem Fall zu einer Interessen- bzw. Handlungseinheit erklärt werden können (vgl. *Handl* u. a. 1977). Die grundlegende soziale *Ungleichheit* kommt in folgenden Daten zum Ausdruck:

a) *Einkommen* der Haushalte. Dabei sind folgende Aspekte zu berücksichtigen: Höhe des Einkommens, die Form des Einkommens, sowie das Zustandekommen und die Verwendung des Einkommens. 1975 gab es folgende »Einkommensschichtungen«:

monatl. Netto-einkommen (DM)	Zahl der Haushalte		
	in 1 000	in v. H.	in v. H. kumuliert
unter 600	1 407	6,0	6,0
600–1000	4 262	18,1	24,1
1000–1500	4 378	18,6	42,7
1500–2000	3 749	15,9	58,6
2000–3000	4 832	20,5	79,1
3000–4000	2 164	9,2	88,3
4000 u. mehr	2 733	11,7	100,0
Summen	23 525	100,0	(100,0)

Quelle: Basisdaten, 1975

Einkommensschichtung nach Berufen:

monatl. Netto-einkommen (DM)	Anteil der jeweiligen Berufsgruppe in v. H.			
	Selbst.	Angestellte	Arbeiter	Rentner
unter 600	–	1,0	1,2	15,0
600–1000	0,4	7,8	10,5	36,5
1000–1500	2,9	18,2	22,4	20,1
1500–2000	5,9	19,6	22,5	10,9
2000–3000	20,4	26,6	26,7	11,4
3000–4000	21,7	12,1	9,4	3,5
4000 u. mehr	48,7	14,7	7,3	2,6
Summen	100,0	100,0	100,0	100,0

Quelle: Basisdaten, 1975

Diese Angaben machen deutlich, wie groß die Differenzen der Einkommen in der Bundesrepublik sind. Umfragen haben gezeigt, daß die Niveauunterschiede im Bewußtsein der Bevölkerung sehr deutlich wahrgenommen werden, und die Änderung der Einkommensverteilung für notwendig gehalten wird.

b) *Vermögens*verteilung. Folgende Arten der Vermögensbildung sind anteilmäßig vorhanden (1973):

Soziale Stellung des Haushaltsvorstands	Vorhandensein von .... in .... v. H. der Haushalte				
	Sparbücher	Lebensversicherungen	Bausparverträge	Wertpapiere	Haus- und Grundbesitz (1969)
Landwirt	89	68	47	14	94
Selbständiger	91	88	58	37	65
Beamter	96	80	62	30	37
Angestellter	96	81	49	35	34
Arbeiter	94	84	37	15	35
Nichterwerbstät.	84	64	16	22	30
ingesamt	91	76	35	24	–

Quelle: Soziologischer Almanach, 1979

Neben der Einkommensverteilung ist die Vermögensverteilung vielleicht der wichtigste Indikator für die soziale Lage und Stellung der gesellschaftlichen Individuen. Beide können sowohl als Ursache wie auch als Folge der sozialen Differenzierung und damit als Merkmal der Sozialstruktur angesehen werden. Ihre Veränderung ist ein entscheidendes Kriterium für den Abbau der sozialen Ungleichheit selbst – wenn auch nicht das einzige.

Zur genauen Interpretation der sozialen Struktur der Bundesrepublik und ihrer Veränderungsmöglichkeit müssen weitere Faktoren hinzugefügt werden; so die wissenschaftlich-technischen und die wirtschaftlichen Rahmenbedingungen des sozialen Wandels, darunter der Wandel in den grundlegenden Produktionssektoren, der Übergang von der Mechanisierung zur Automation der Produktion (Entwicklung der Elektronik, der Halbleitertechniken und der sogenannten »Computertechniken«), die geschlechts- und generationsspezifische Umverteilung sozialer Chancen und anderes mehr.

Die allgemeinen Lebensgewohnheiten der bundesdeutschen Bevölkerung wurden vor allem durch Veränderungen in folgenden Bereichen berührt:

- Vermehrung der Freizeit durch Verkürzung der Arbeitszeit (von der 6 Tage/48 Std.-Woche zur 5 Tage/40 Std.-Woche);
- Ausbreitung des Fernsehens (1953 gab es 1000 Geräte, 1960 ca. 3,4 Mill., 1974 18,4 Mill.)
- Entwicklung des privaten Autoverkehrs (1949 gab es ca. 0,5 Mill. PKW, 1956 2,5 Mill., 1960 4,5 Mill. und 1978 ca. 20 Mill.);
- Mechanisierung der Haushalte mit Maschinen aller Art.

Wirtschaftsbereiche

Diese Veränderungen hatten ihre Basis in der Entwicklung der Produktivität und der verschiedenen Wirtschaftsbereiche. Die folgende Tabelle gibt Aufschluß über Schwerpunkte und den Strukturwandel der deutschen Wirtschaft in den letzten 20 Jahren:

Beiträge der Wirtschaftsbereiche zum Bruttoinlandsprodukt in jeweiligen Marktpreisen

Wirtschaftsgliederung	1960	1970	Mill. DM 1974	1976	1979
Land- und Forstwirtschaft Fischerei	17 390	23 070	27 030	32 020	34 260
Warenproduzierendes Gewerbe	161 260	360 710	495 070	542 930	673 220
Handel und Verkehr	55 160	108 700	150 220	172 230	215 410
Dienstleistungsunternehmen	41 400	118 320	198 270	238 640	303 480
Unternehmen zusammen	275 210	610 800	870 590	985 820	1 226 370
Staat	21 930	63 480	114 550	132 190	159 360
Private Haushalte und private Organisationen ohne Erwerbscharakter	4 510	9 060	15 130	18 120	23 030
Alle Wirtschaftsbereiche (Bruttowertschöpfung)	297 100	660 150	960 220	1 088 970	1 345 910

Statistisches Jahrbuch für die Bundesrepublik Deutschland 1980

An diesen Zahlen läßt sich absehen, daß das wirtschaftliche Wachstum in erster Linie durch das produzierende Gewerbe bestimmt wurde, wobei der Wertzuwachs durch die Dienstleistungen gleichzeitig stärker wurde.

Ein etwas anderes Bild ergibt sich, wenn man die einzelnen Wirtschaftsbereiche auf ihre Anteile an der Zahl der Erwerbstätigen hin untersucht:

Erwerbstätige nach Wirtschaftsbereichen in 1000

	1962	1970	1974	1976	1979
Land- und Forstwirtschaft, Tierhaltung und Fischerei	3 307	2 262	1 882	1 714	1 544
Produzierendes Gewerbe	12 914	13 024	12 398	11 379	11 482
Handel und Verkehr	4 629	4 655	4 707	4 500	4 553
Sonstige Wirtschaftsbereiche (Dienstleistungen)	5 840	6 727	7 228	7 483	7 969
Insgesamt	26 690	26 668	26 215	25 076	25 548

Statistisches Jahrbuch für die Bundesrepublik Deutschland 1980

Aus diesen Zahlen folgt, daß der Anteil der im »Sekundärsektor« Tätigen stagniert bzw. abnimmt, gleichzeitig ergab sich ein hoher Zuwachs bei den staatlichen Dienstleistungen sowie im Bank- und Versicherungswesen. Die Verlagerungen gingen vor allem zulasten des Beschäftigungsanteils im Agrarsektor. Schließt man von den obigen Zahlen im Vergleich untereinander auf die Produktivität der Wirtschaftsbereiche, so ergibt sich folgendes Bild:

– im Agrarsektor sinkt der Anteil der Erwerbspersonen und am Brutto-Inlandprodukt; gleichzeitig steigt aber die Produktivität;

– beim produzierenden Gewerbe stagniert sowohl die Anzahl der Erwerbstätigen als auch der Anteil am Brutto-Inlandprodukt, doch auch hier steigt die Produktivität;

– für den teritären Bereich ergibt sich ein steigender Anteil am Brutto-Inlandsprodukt, aber auch ein wachsender Anteil in der Beschäftigungszahl, dafür jedoch eine geringer ansteigende Produktivität je Erwerbsperson.

Die Gründe für diese Entwicklung der Wirtschaftsbereiche liegen in unterschiedlichen Möglichkeiten sowohl der Nachfragesteigerung als auch der Möglichkeit zur Steigerung der Produktivität.

Berufsstruktur

In jedem Fall aber findet innerhalb einer Volkswirtschaft wie der der Bundesrepublik eine ständige Verlagerung des Arbeitskräftebedarfs von wachstumsschwachen zu wachstumsstarken Branchen hin statt – bei gleichzeitiger Ausdehnung des gesamten Dienstleistungsbereichs (in einer umfassenden Wirtschaftskrise wie seit Beginn der 80er Jahre aber führt dieser Prozeß zu einem rapiden Anwachsen der Arbeitslosigkeit. Von dieser selbst gehen zweifellos neue Veränderungen innerhalb der Sozialstruktur aus.) Der so beschriebene Prozeß bedeutet den Zwang zu weitgehender räumlicher wie beruflicher Mobilität (vgl. *Neumann*, 1976).

Auffälligste Merkmale in der Entwicklung der Berufsstruktur (in Abhängigkeit von der Produktionsstruktur) sind:

- absoluter und relativer Rückgang der Beschäftigten im Agrarsektor;
- absoluter und relativer Anstieg der Beschäftigten im Dienstleistungssektor;
- hoher Anstieg der Lohnabhängigkeit (also Rückgang der Selbständigen und der mithelfenden Familienmitglieder).

Der Wandel in der Berufsstruktur einer Gesellschaft ist eines der wichtigsten Merkmale des ökonomischen Systems und der Sozialstruktur überhaupt. Qualifikation und Häufigkeit von Berufen sind Indikatoren für den Entwicklungsstand einer Gesellschaft (vgl. *Beck/Brater/Daheim*, 1980). So existiert auch zwischen der zunehmenden Komplexität einer Gesellschaft und der »Professionalisierung« sozialer Positionen ein enger Zusammenhang. »Professionalisierung« und arbeitsteilige Differenzierung der Gesellschaft verändern die soziale Schichtung und geben so Aufschluß über den sozialen Strukturwandel. Die am eindeutigsten faßbaren Kategorien zur Einteilung nach beruflichen Merkmalen der Erwerbspersonen sind: Arbeiter, Angestellte und Beamte.

Arbeiter

Arbeiter im weiteren Sinne ist ein abhängig Beschäftigter, der gegen Lohn seine Fertigkeiten – überwiegend körperlicher Art – einem »Arbeitgeber« zur Verfügung stellt. Obwohl Arbeiter in verschiedenen Wirtschaftsbereichen (auch im öffentlichen Dienst) tätig sind, versteht man seit der Industrialisierung in der Hauptsache den Industriearbeiter unter diesem Begriff. Nicht nur *Marx* und *Engels* sahen in dem Fabrikarbeiter den »typischen« Arbeiter, der aufgrund der völlig neuartigen Produktion in der Fabrik einen neuen sozialen »Stand« (Klasse) bildete; sie und andere sahen in der Fabrikarbeiterschaft auch das am höchsten entwickelte gesellschaftlichen Bewußtsein und damit die Klasse, die eine zukünftige »Arbeitsgesellschaft« in ihrer Struktur bestimmen würde. In den in Deutschland ab etwa 1860 sich entwickelnden Gewerkschaften und Arbeiterparteien entstanden große Organisationen, die auf die historische und soziale Entwicklung einen entscheidenden Einfluß ausübten (vgl. *Klönne*, 1980). Gerade für die abhängig Arbeitenden stellte sich immer die Frage nach der Homogenität der Lebenssituation und des Interesses als Grundlage der sozialen sowie politischen Organisation. Eine Untersuchung zur wichtigsten Gruppe innerhalb der Arbeiterschaft, der Industriearbeiter, (*Osterland* u. a., 1973) kommt zu folgenden Schlußfolgerungen:

- Teilgruppen der Industriearbeiter befinden sich aufgrund von Verdienst, Konsummöglichkeiten und Besitz in durchaus ähnlicher Situation wie Teilgruppen der Angestellten,
- dennoch gibt es weiterhin Unterschiede in Bewußtsein und Verhalten, die einer Nivellierung zwischen diesen Gruppen widersprechen.

Für die Entwicklung der Arbeiterschaft in der Bundesrepublik gilt, daß sie stärker als andere Gruppen vom zyklischen Verlauf des Wirtschaftsprozesses abhängig ist, daß ihre in den Jahren 1957 bis 1963 erreichte Höchstzahl an den Beschäftigten kontinuierlich abnimmt und daß seit den 60er Jahren eine qualitativ und technologisch bedingte Umschichtung innerhalb der verschiedenen Produktionssektoren stattfindet.

Mit diesen Wandlungsprozessen geht ein Wandel in der Qualifikationsstruktur einher, der Ursachen im technologischen aber auch im ökonomischen Bereich hat. Auf diese Prozesse reagieren Arbeiter dann teilweise mit Verhaltensänderungen hinsichtlich Bildung und Ausbildung (längerer höherer Schulbesuch etc. für die Kinder).

Demgegenüber aber bildete sich in der Arbeiterschaft eine Art »neuer Unterschicht« mit der Gruppe der ausländischen Arbeiter heraus. 1980 lebten in der Bundesrepublik 4,4 Mill. Arbeiter und ausländische Familienangehörige. Die wichtigsten Herkunftsländer: Türkei (30%), Jugoslawien (14%), Italien (14%), Griechenland (7%) und Spanien (5%). Das Verhältnis der einheimischen Bevölkerung zu den ausländischen Arbeitern ist dabei alles andere als unproblematisch.

Während die westdeutsche Wirtschaft nach 1945 bis 1960/61 ihren Bedarf an Arbeitskräften durch den Strom von Zuwanderern aus den ehemaligen deutschen Ostgebieten und der DDR abdecken konnte, erhöhte sich später die Quote ausländischer Arbeitskräfte von weniger als 1% auf vorübergehend mehr als 10% zwischen 1971 und 1973; im Jahre 1980 lag sie bei etwa 8%. Auf die Gesamtzahl der Ausländer bezogen, leben über 30% länger als 10 Jahre in der Bundesrepublik, eine unbefristete Aufenthaltsgenehmigung aber haben nur wenige Prozent bekommen. Die meisten leben rechtlich in einer »unbefristeten Unsicherheit«, die umso drückender wird, je stärker sie den Auswirkungen der wirtschaftlichen Krise mit all ihren Folgeerscheinungen ausgesetzt sind.

Angestellte, Beamte

Gegenüber den Arbeitern können die Angestellten als eine Berufsgruppe verstanden werden, die durch Spezialisierung und Differenzierung in Handel und Verwaltung entstanden sind. Ihr starkes Anwachsen im Dienstleistungsbereich geht einher mit einer Bürokratisierung des staatlichen und öffentlichen Lebens. Der Anteil der Angestellten an der Gesamtzahl der Erwerbstätigen hat sich in den letzten 80 Jahren von ca. 5% auf 37% erhöht. Die Ausdehnung dieser Gruppe gehört damit zu den wichtigsten Veränderungen in der Sozialstruktur. In diesem Sinn ist die Heraufkunft der Angestellten ein vergleichbar entscheidender Prozeß wie die Entfaltung der Industriearbeiterschaft im 19. Jahrhundert.

Die Entwicklung der Angestellten in Deutschland ist vor allem durch folgende Aspekte gekennzeichnet:

- ihre Entwicklung als lohnabhängige Schicht, die nicht Arbeiter, nicht Selbständige, aber auch nicht Beamte sind, beginnt in der Mitte des 19. Jahrhunderts, explosionsartig aber erst seit den 20er Jahren dieses Jahrhunderts;
- seit 1882 taucht der Begriff des Angestellten in der amtlichen Statistik auf;
- für ihre Kennzeichnung müssen einige Kriterien gelten, die dennoch keineswegs erschöpfend die Angestellten charakterisieren: arbeitsrechtliche und sozialrechtliche Bestimmungen sowie innerbetriebliche Regelungen der Stellung und Entlohnung etc. (vgl. *Croner,* 1972).

Eine Sonderstellung im Dienstleistungsbereich haben die Arbeitnehmer des öffentlichen Dienstes und hier insbesondere die Beamten. Diese sind an den Staat nicht nur durch ein Dienst-, sondern auch durch ein Treueverhältnis gebunden. Geregelt ist das Beamtenverhältnis gemäß den »hergebrachten Grundsätzen des Berufsbeamtentums« (GG Art. 33 Abs. 5), die ihren Ursprung noch in den obrigkeitsstaatlichen Strukturen des Kaiserreichs haben.

Der öffentliche Dienst hat sich dabei insgesamt seit 1950 expansiv entwickelt (Beschäftigte 1950 1,3 Mill.; 1960 1,7 Mill.; 1971 2,3 Mill.; 1979 2,7 Mill.; vergl. Statistisches Jahrbuch 1980). Diese Zahlen verdeutlichen die Bedeutung dieses Sektors und sind gleichzeitig Indikator für die zunehmende »Verwaltung« des Bürgers.

Gewerkschaften

Die Veränderungen in der Zusammensetzung der Arbeitnehmerschaft schlagen sich innerhalb der Organisation der Gewerkschaften nieder. Der 1949 aus dem Zusammenschluß der Gewerkschaften der Westzonen gebildete DGB als Dachverband für 17 verschiedene Einzelgewerkschaften erfaßt heute ca. 85% der organisierten Lohnabhängigen, das sind etwa mehr als 1/3 der Arbeitnehmer; also ca. 8 von 23 Mill. Erwerbstätigen sind gewerkschaftlich organisiert. Der Organisationsgrad ist dabei je nach Berufen, Branchen, Betrieben und Regionen sehr unterschiedlich. Für die Arbeiterschaft liegt er bei ca. 48% (1979 5,4 von 11,1 Mill. Arbeitern). Bei den Angestellten ist dagegen nur jeder Fünfte gewerkschaftlich organisiert (1979

2,1 von 9,5 Mill. Angestellten, davon in den DGB-Gewerkschaften 1,6 Mill. und 0,5 Mill. in der DAG).

Die Formen der Konfliktaustragung zwischen Kapital und Arbeit in der Bundesrepublik sind sehr stark formalisiert (und verrechtlicht). Der Rahmen für solche Konflikte wird durch das Tarifvertragsgesetz von 1949 (neue Fassung von 1969) festgelegt; die beiden »Parteien« verstehen sich darin als »Sozialpartner«, was Kritiker dazu veranlaßt hat, die Anerkennung dieses gesetzlichen Rahmens als sozialreformistisch und damit als Verzicht auf Klassenkampfpositionen zu kennzeichnen, mit denen allein eine grundsätzliche Veränderung der gesellschaftlichen Verhältnisse zugunsten der Arbeiterschaft erreicht werden könne. Die Gewerkschaften in der Bundesrepublik sind nicht zuletzt durch Mitbestimmungsgesetze und andere Einflußnahmen auf die Eigentums-, Wirtschafts- und Gesellschaftspolitik weitgehend in die sozialen Strukturen integriert (vgl. *Breum* u. a., 1981). Die wichtigsten Ziele der westdeutschen Gewerkschaften sind folgende:

- Sicherung der Arbeitsplätze
- Humanisierung der Arbeitswelt
- gerechte Vermögensverteilung
- Ausweitung der Mitbestimmung
- Ausbau der Alterssicherung, des Unfallschutzes sowie die Verbesserung der Ausbildung
- Verbesserung des Lohnniveaus.

Auf die wachsende strukturell bedingte Arbeitslosigkeit reagieren die Gewerkschaften noch weitgehend hilflos. Die Forderung nach Arbeitszeitverkürzung hat denn auch mehr die Funktion, für die »Arbeitsplatzbesitzer« den Besitzstand zu wahren, als neue Arbeitsplätze zu schaffen. Einen Grund mag dies darin haben, daß Arbeitslosigkeit in ihrem jetzigen Ausmaß für die Gewerkschaften, die auf ein ständiges Wachstum fixiert waren, völlig neu ist.

Es wird für die zukünftige Entwicklung der gesellschaftlichen Verhältnisse in der Bundesrepublik entscheidend sein, inwieweit die von den Gewerkschaften angestrebte Ausdehnung der tarifvertraglich zu regelnden Materie auf neue Bereiche jenseits der Lohngestaltung gelingt und damit weitere Sachgebiete des ökonomischen Sektors durch autonome Vereinbarungen zwischen den sozialen Akteuren geregelt werden können, oder ob hier die staatliche und gesetzgeberische Kompetenz den gesellschaftlichen Konflikt reguliert.

Den Gewerkschaften erscheint das Instrument der »uneingeschränkten paritätischen Mitbestimmung« entscheidend für eine gesellschaftliche Veränderung in ihrem Sinne. Neben diesen den ökonomischen Bereich berührenden Forderungen aber werden in der Bundesrepublik keine spezifischen politischen Arbeiterinteressen, etwa durch Arbeiterparteien, artikuliert. Keine der großen Parteien – wie noch vor 1933 die SPD und KPD – versteht sich als Arbeiterpartei, sondern es herrscht das Muster der sogenannten »Volksparteien« vor, in denen die Interessen der verschiedenen sozialen Gruppen und Schichten einem politischen Integrations- und Konsensbildungsprozeß unterworfen ist.

Ausbildung, soziale Mobilität

In hochindustrialisierten Gesellschaften wie der Bundesrepublik ist die Stellung des einzelnen innerhalb des Systems der sozialen Differenzierung (und damit die Möglichkeit des sozialen Aufstiegs) sehr stark an Bildung und Ausbildung gebunden. Als Berufsqualifikation bzw. zu deren schulischer Vorbereitung stellt die Ausbildung eine der wichtigsten Variablen des sozialen Status dar. Bildung begann insbesondere seit Anfang der 60er Jahre eine immer größere Rolle zu spielen, da die Höherqualifikation des Arbeitskräftepotentials als eine der wichtigsten Voraussetzungen für die wirtschaftliche Entwicklung der Bundesrepublik galt. Gleichzeitig wurde die Frage nach den Bildungschancen zum zentralen Punkt in der Diskussion um die Aufhebung der sozialen Ungleichheit. Trotz der Reformbestrebungen im Bildungswesen aber hat sich an den immer noch hohen Bildungsbarrieren wenig geändert: Arbeiterkinder sind als Studienanfänger, gemessen an ihrem Anteil an der Erwerbsbevölkerung, weit unterrepräsentiert.

Auch die – trotz Gesamtschulen – weiter bestehenden Dreigliederung des westdeutschen Schulsystems verfestigt den »Zerteilungsprozeß« der sozialen Chancen. Im Ausschluß von oder im Aufstieg zu höheren Schulformen findet ein Ausleseprozeß statt, der die zukünftige Stellung in der gesellschaftlichen Pyramide fixiert. Die Undurchlässigkeiten bzw. Schwierigkeiten des Wechsels zwischen den Schultypen wirken sich somit nicht nur als Hindernisse hinsichtlich der Erschließung von Bildungsreserven aus, sondern befestigen über die Bildungsresultate selbst die überkommenen sozioökonomischen Strukturen. Dennoch hat es seit den 60er Jahren einige Veränderungen innerhalb des Bildungssystems gegeben, die zumindest Ansätze zeigen, über Bildungsinstitutionen eine Egalisierung der Gesellschaft voranzutreiben und damit langfristig auf die Veränderung sozialer Strukturen zu zielen. Hier müssen vor allem genannt werden:

– der Ausbau des berufsbezogenen weiterführenden Schulsystems (Berufsschule, Berufsfach- und Berufsaufbauschule, Fachschulen und Fachoberschulen)
– Allgemeine Bildungsexpansion: Erhöhung der Hochschulreifequote
– Versuche: Gesamtschule, Gesamthochschule
– Die Neugestaltung der gymnasialen Oberstufe 1972 (Auflösung der Jahrgangsklassen, Abrücken vom traditionellen Fächerkanon, Kern-Kurs-Systeme)
– Das Konzept des »Bildungsgesamtplans« (1973), der das künftige Bildungswesen nicht mehr nach Institutionen, sondern nach »Bereichen« gliedert (Primar- und Sekundarbereich, Tertiärbereich und Weiterbildung)

Die hierdurch eingetretenen Veränderungen haben sicherlich – ebenso wie die verschiedenen Formen der Ausbildungsförderung – Korrekturen an der Benachteiligung der unteren sozialen Schichten geschaffen. Dennoch bestehen weiterhin Disparitäten, die sich gerade in letzter Zeit wieder verschärfen.

Tatsächlich hat sich in den letzten Jahrzehnten die Verbindung von Schulbesuch und beruflicher Laufbahn verfestigt. Die Schule weist nun soziale Positionen zu, und die Verknüpfung zwischen sozialer Herkunft und Schulbesuch hat sich nur wenig gelockert. Da es kaum Chancen gibt, außerhalb des Bildungssystems aufzusteigen, ist nicht zu übersehen, daß die soziale Herkunft auch heute noch – über den Umweg Schule – die Position des einzelnen in der Sozialstruktur bestimmt.

Die mit Beginn der 80er Jahre massiv sich durchsetzende wirtschaftliche Krise reduziert die in Bildungsreformen gesetzten Hoffnungen zusätzlich und macht deutlich, welches die ausschlaggebenden Faktoren für Erhalt oder Wechsel (Aufstieg) des sozialen Standortes der Individuen sind.

Das auf bald 3 Mill. Arbeitslose angewachsene Potential einer »industriellen Reservearmee« läßt die Klassenschichtung der bundesdeutschen Gesellschaft wieder stärker hervortreten und wirft ein schärferes Licht auf die seit den 50er Jahren durch wirtschaftliches Wachstum verdeckten sozialen Ungleichheiten in der Gesellschaft der Bundesrepublik.

Arno Klönne/Hartmut Reese

Literatur

Ballerstedt, E., u. a., 1979, Soziologischer Almanach, Frankfurt/M. – Basisdaten. Zahlen nur sozioökonomischen Entwicklung der Bundesrepublik Deutschland, bearbeitet von *Ermrich, R.*, 1974, Bonn-Bad Godesberg – *Beck, U./Brater, M./Daheim, H.*, 1980: Soziologie der Arbeit und der Berufe. Grundlagen, Problemfelder, Forschungsergebnisse, Reinbek – *Bischoff, J.* (Hrsg.), 1976: Die Klassenstruktur der Bundesrepublik Deutschland. Ein Handbuch zum sozialen System der BRD, Hamburg – *Bolte, K. M.*, 1968: Einige Anmerkungen zur Problematik der Analyse von »Schichtungen« in sozialen Systemen, in: Soziale Schichtung und soziale Mobilität, *Glass, D. V./König, R.* (Hrsg.), Köln – *Brandt, G./Jacobi, O./Müller-Jentsch, W.*, 1982: Anpassung an die Krise: Gewerkschaften in den siebziger Jahren, Frankfurt/M./New York – *Breum, W.*, 1981: Die Gewerkschaften der BRD, Hamburg – **Claessens, D./Klönne, A./Tschoeppe, A.*, 1981: Sozialkunde der Bundesrepublik, Düsseldorf/Köln – *Croner, F.*, 1972: Soziologie der Angestellten, Köln/Berlin – **Handl, J.*, u. a., 1977: Klassenlagen und Sozialstruktur. Empirische Untersuchungen für die Bundesrepublik Deutschland, Frankfurt/M./New York – *Huster, E.U*, u. a., 1972: Determinanten der westdeutschen Restauration 1945–1949, Frankfurt/M. – *Kadritzke, U.*, 1975: Angestellte, die geduldigen Arbeiter. Zur Soziologie und sozialen Bewegung der Angestellten, Frankfurt/M./Köln – *Klönne, A.*, 1980: Die deutsche Arbeiterbewegung. Geschichte, Ziele, Wirkungen, Düsseldorf/Köln – Kommission für wirtschaftlichen und sozialen Wandel, 1973 ff., Bd. 1 ff., Göttingen – *Osterland, M.*, u. a., 1973: Materialien zur Lebens- und Arbeitssituation der Industriearbeiter in der Bundesrepublik. Ein Forschungsbericht, Frankfurt/M. – Projekt Klassenanalyse, 1973/74, Materialien zur Klassenstruktur der Bundesrepublik, Berlin – **Schäfers, B.*, 1981: Sozialstruktur und Wandel der Bundesrepublik Deutschland. Ein Studienbuch zu ihrer Soziologie und Sozialgeschichte, Stuttgart – *Wiegand, E./Zapf, W.* (Hrsg.), 1982: Wandel der Lebensbedingungen in Deutschland, Wohlfahrtsentwicklung seit der Industrialisierung, Frankfurt/M./New York – *Wiehn, E. R./Mayer, K. U.*, 1975: Soziale Schichtung und Mobilität. Eine kritische Einführung, München – **Zapf, W.* (Hrsg.), 1977: Lebensbedingungen in der Bundesrepublik, Frankfurt/M. –

→ Arbeitsbedingungen → Klasse und Schicht → Randgruppe → Sozialpolitik → Sozialpolitik als Wissenschaft → Staat

Staat

Nach einer verbreiteten Auffassung gilt der Staat als die Instanz, die notwendig und fähig ist, in umfassender Weise gesellschaftliche Verhältnisse zu gestalten und gesellschaftliche Entwicklungen zu steuern. Demzufolge ist der Staat das organisierte Willenszentrum der Gesellschaft, durch das prinzipiell einschränkungslos allgemein verbindliche politische Entscheidungen gefällt und in gestaltende Aktionen umgesetzt werden können. In wessen Interesse staatliches Handeln steht, richtet sich in dieser Vorstellung danach, wer die unmittelbare Kontrolle über den Staatsapparat ausübt: das demokratische Wahlvolk, einzelne gesellschaftliche Machtgruppen, diktatorische Machthaber usf. Die Art und Weise dieser Kontrolle unterscheidet die verschiedenen Staatsformen wie parlamentarische Demokratie oder die unterschiedlichen Formen von Diktaturen. In allen diesen Ausprägungen behält jedoch der Staat seine grundlegende Eigenschaft, zentrales gesellschaftliches Steuererungszentrum, Instrument umfassender Geselschaftsgestaltung zu sein.

Die verschiedenen Varianten der traditionellen bürgerlichen Theorie vom Staat (Demokratietheorie, Theorie der politischen Willensbildung, Pluralismustheorie) konzentrieren sich darauf, diese Vorstellungen zu systematisieren und die so begriffenen Funktionsweisen des Staates detailliert zu untersuchen. In ihren kritischen Formen betonen sie strukturelle Ungleichheiten von Macht- und Einflußpotentialen oder auch die in den gesellschaftlichen Eigentumsverhältnissen wurzelnden »Restriktionen« staatlichen Handelns, beharren aber gleichwohl auf der Annahme eines »neutralen« Instrumentencharakters des Staates. Erst die neueren Ansätze einer systemtheoretischen Analyse sind in der Lage, die Vorstellung von staatlichem Handeln als Ergebnis eines einfachen Mit- und Gegeneinanders von um Einfluß auf die Staatsmaschinerie ringenden Machtgruppen zu überwinden und eine Konzeption von objektiven, nicht-intentionalen, d. h. sich hinter dem Rücken und jenseits des bewußten Handelns der Individuen durchsetzenden Funktionszusammenhängen zu entwickeln. Damit können das Verhältnis von »Staat« (politisches System) und »Gesellschaft« systematisch problematisiert und Aussagen über strukturelle Grenzen der »Politisierbarkeit« gesellschaftlicher Prozesse gemacht werden. Allerdings erscheint auch in diesen systemtheoretischen Analysen das »politische System« immer noch als das zentrale gesellschaftliche Steuerungszentrum, das, bestimmten objektiven Funktionszusammenhängen unterliegend, auf die von einer komplexen gesellschaftlichen »Umwelt« gesetzten Bedingungen stabilisierend reagiert. Ein entscheidender Mangel des systemtheoretischen Staatsanalyse ist darin zu sehen, daß sie diese »Umwelt«, d. h. den materiellen Produktions- und Reproduktionsprozeß der Gesellschaft und die ihn bestimmenden Gesetzmäßigkeiten nicht untersucht und dadurch auch nicht plausibel angeben kann, wie es überhaupt zu der »Ausdifferenzierung« des politischen Systems als gesellschaftliches »Subsystem« kommt und welche konkrete historische Form diese »Ausdifferenzierung« mit welchen funktionalen Konsequenzen annimmt.

Diese Betrachtungsweisen des Staates können schon aus dem Grunde als ideologisch kritisiert werden, weil dabei die historische Form des Staates, d. h. der Zusammenhang zwischen der Art und Weise der Institutionalisierung politischer Herrschaft und der historisch besonderen ökonomisch-sozialen Struktur der Gesellschaft ausgeblendet wird. In Wirklichkeit müssen wir davon ausgehen, daß das, was wir heute als »Staat« bezeichnen, ein Produkt der bürgerlichen Gesellschaft ist und mit den politischen Herrschaftsformen vorangegangener Gesellschaftsformationen nur bedingt verglichen werden kann. Berücksichtigt man dies nicht, kommt es zu charakteristischen Fehleinschätzungen der Bedingungen und Grenzen staatlichen Handelns. Die Kritik an dieser sowohl im Alltagsbewußtsein als auch in den Grundannahmen der bürgerlichen Theorie enthaltenen »Staatsillusion« hat vor allem im Zuge der westdeutschen Studentenbewegung erneute politische und wissenschaftliche Bedeutung erhalten und bildet heute ein Kernthema theoretischer und politischer Kontroversen.

Danach liegt der »Staatsillusion« eine aus einer oberflächlichen und unzureichenden Betrachtungsweise politischer Vorgänge abgeleitete Neutralitätsvorstellung des Staates zugrunde, d. h. der Staat erscheint als von den sozialen Strukturen und Klassenverhältnissen abgehobene, technische Organisation. Demzufolge richtet sich die Zielrichtung und Wirksamkeit staatlicher »Steuerungsleistungen« grundsätzlich nach den Interessen der Individuen und Gruppen, die ihn kontrollieren. Ein durch »demokratische Willensbildung« gesteuerter Staat kann dann als Organ des »Volkswillens«, als Garant des »Gemeinwohls« aufgefaßt werden. Wenn demgegenüber nachgewiesen werden kann, daß es aufgrund der vorherrschenden gesellschaftlichen Strukturen prinzipiell unmöglich ist, mittels staatlicher Intervention die gesellschaftlichen Verhältnisse grundlegend zu verändern, so müssen sich politische Strategien als illusorisch und irreleitend erweisen, die eine Aufhebung ökonomischer Macht- und Ausbeutungsverhältnisse mittels Kontrolle über den Staat, also z. B. durch den Erwerb parlamentarischer Mehrheiten anstreben. Nicht zufällig hat in diesem Sinne die »Staatsfrage« in der Geschichte der Arbeiterbewegung von Anfang an eine zentrale Rolle gespielt (Revisionismus- und Reformismuskontroverse).

Eine materialistische Analyse des Staates muß davon ausgehen, daß in jeder historischen Gesellschaftsformation die Grundlage der politischen Herrschaft in der Verfügung über die materiellen Produktionsbedingungen und über das gesellschaftliche Mehrprodukt liegt. Die Art und Weise wie das, über die bloße Reproduktion der Arbeitskraft hinausgehende, Mehrprodukt angeeignet wird, bestimmt wesentlich die Form der Herrschaftsausübung. Jede Klassengesellschaft beruht auf einem Gewaltverhältnis, das die Ausbeutung absichert, aber welche Form dieses Gewaltverhältnis annimmt, hängt vom jeweiligen Modus der Ausbeutung und der Art und Weise der Reproduktion der Klassen ab.

Die kapitalistische Gesellschaftsformation ist im Unterschied zu anderen Gesellschaftsformationen, z. B. dem Feudalismus, dadurch gekennzeichnet, daß Ausbeutung und Reproduktion der Klassen nicht durch unmittelbare physische Gewaltanwendung erfolgt, sondern über den scheinbar freien und äquivalenten Warentausch vermittelt wird: durch den Verkauf der Arbeitskraft als Ware zu einem Preis, der ihre materielle Reproduktion sichert, wobei der von ihr geschaffene Mehrwert in der Hand der über die Produktionsmittel verfügenden Kapitalisten verbleibt. Dieser sich dauernd wiederholende Prozeß sorgt dafür, daß die Arbeiterklasse als Arbeiterklasse erhalten bleibt und der gesellschaftliche Reichtum sich als Kapital akkumuliert. Der scheinbar äquivalente Tauschverkehr formal freier und gleicher Warenbesitzer vermittelt so die Ausbeutung der lebendigen Arbeit und die materielle Reproduktion der Klassen. Freier Warenverkehr und die darauf beruhende Durchsetzung des Wertgesetzes setzen aber voraus, daß die Konkurrenz der Warenbesitzer untereinander nicht durch Anwendung physischer Gewaltmittel ausgetragen wird, d. h. daß die »Warenbesitzer« sich als formal freie und gleiche gegenübertreten können. Die kapitalistische Klassengesellschaft kann sich daher nur dann auf ihren eigenen Grundlagen reproduzieren, wenn den einzelnen Kapitalisten die Verfügung über physische Gewaltmittel entzogen, zentralisiert und in einer formell auch von der herrschenden Klasse getrennten Form institutionalisiert wird. Diese »Besonderung« des physischen Gewaltapparats gegenüber sowohl ausbeutenden als auch ausgebeuteten Klassen bezeichnet die eigentümliche Form, die politische Herrschaft in der kapitalistischen Gesellschaft annehmen muß und damit das spezifische Verhältnis von »Politik« und »Ökonomie«, »Staat« und »Gesellschaft«. Wenn wir vom »Staat« sprechen, so meinen wir in der Regel diese besondere, durch eine relative Verselbständigung auch gegenüber der herrschenden Klasse ausgezeichnete Form der Institutionalisierung physischer Zwangsgewalt in der bürgerlichen Gesellschaft. Sie unterscheidet sich grundlegend von den Herrschaftsverhältnissen anderer historischer Gesellschaftsformationen und ist an die ökonomischen Grundstrukturen der bürgerlichen Gesellschaft gebunden.

Dies bedeutet nicht, daß das unmittelbare Verhältnis von Kapitalisten und Lohnarbeitern kein Zwangsverhältnis wäre. Die »stumme Gewalt der Verhältnisse«, welche die Arbeiter bei Strafe des Untergangs zum Verkauf ihrer Arbeitskraft zwingt, ist im unmittelbaren Produktionsprozeß als Unterwerfung unter die Ordnung der Fabrik jederzeit wirksam und erfahrbar. Aber die auf die Anwendung physischer Gewaltmittel gestützte Sicherstellung dieses ökonomischen Gewaltverhältnisses muß und kann einer besonderen, mit dem »Monopol legitimer physischer Gewaltsamkeit« (*Weber*) ausgestatteten Instanz, eben dem Staat, übertragen werden. Er sichert die herrschenden Produktionsverhältnisse in letzter Instanz gegen »Übergriffe« der ausgebeuteten und beherrschten Klassen, kann und muß aber auch gegen einzelne Kapitalisten einschreiten, wenn sie z. B. die Regeln des Privateigentums und des Tauschverkehrs verletzen.

Diese gesellschaftliche Formbestimmung des bürgerlichen Staates hat wichtige Konsequenzen für den Funktionsmodus von Herrschaftssicherung innerhalb der bürgerlichen Gesellschaft. Sie bedeutet nämlich, daß die Verfügung über staatliche Herrschaftspositionen nicht unmittelbar an den Besitz von Produktionsmittel gebunden ist, sondern eigenen Reproduktionsmechanismen unterliegt. Daraus folgt, daß die Bourgeoisie nicht notwendigerweise den Staatsapparat selbst personell besetzen muß, sondern daß sich in der Regel eine besondere Kategorie von (bezahlten) Staatsagenten herausbildet (Berufspolitiker, Beamte).

Daraus folgt vor allem aber auch, daß das Verhältnis der ökonomisch herrschenden Klasse zum Staat immer auch konflikthaft und widersprüchlich ist, was sich in permanenten Auseinandersetzungen zwischen Staat und einzelnen Kapitalisten bzw. Fraktionen des Kapitals äußert. Oberflächlich betrachtet, kann dadurch der Eindruck eines pluralistischen Machtkampfs verschiedener gesellschaftlicher Gruppen um Einfluß auf den Staat entstehen: die zur Reproduktion des kapitalistischen Klassengesellschaft notwendige relative Verselbständigung des Staates ist somit eine wesentliche Basis vorhandener »Staatsillusionen« und Neutralitätsvorstellungen.

Daß der bürgerliche Staat trotz seiner relativen Verselbständigung Klassenstaat ist, ergibt sich grundlegend daraus, daß er in seiner Existenz von der Reproduktion der kapitalistischen Gesellschaft als Klassengesellschaft abhängig und in seiner ganzen inneren Struktur auf diese bezogen ist. In der konkreten Organisation des Staates, dem hierarchischen Aufbau der Bürokratie, den herrschenden Repräsentationsmodi, der verzweigten Struktur partikularisierter Instanzen und Behörden, in der Existenz eines Berufsbeamten- und politikertums spiegeln sich die Arbeitsteilungs- und Klassenverhältnisse der bürgerlichen Gesellschaft. Die Struktur der Staatsapparate wird durch diese erzeugt und umgekehrt dient sie ihrer Reproduktion. D. h. die institutionelle Struktur des Staates ist nicht einfach technisch bedingt, sondern unmittelbarer Ausdruck der konkreten Struktur der kapitalistischen Gesellschaft.

Am einfachsten läßt sich dieser Zusammenhang an der Problematik des »Steuerstaates« verdeutlichen: da der bürgerliche Staat von der materiellen Produktion getrennt ist, muß er durch einen (zwangsweisen) Abzug von Teilen des Mehrprodukts mittels Besteuerung erhalten werden. Dies setzt aber voraus, daß das gesellschaftliche Mehrprodukt in seiner kapitalistischen Form produziert und angeeignet wird, d. h. daß die Arbeiter ihre Arbeitskraft verkaufen (können) und die Kapitalisten Profite machen. Eine Unterbrechung des kapitalistischen Produktions- und Reproduktionsprozesses stellt Struktur und Existenz des Staates unmittelbar in Frage. In der Formbestimmung liegt damit zugleich eine generelle Funktionsbestimmung des bürgerlichen Staates begründet: Sicherung des kapitalistischen Reproduktionsprozesses gegen »Störungen« jeder Art, deren Folgewirkungen die Existenz des Staates (und der ihn jeweils kontrollierenden regierenden Gruppe) gefährden müßten. Da aber der kapitalistische Reproduktionsprozeß durch das Privateigentum an Produktionsmitteln in seinem Kern einem staatlichen Zugriff entzogen ist, kann er dabei immer nur auf Bedingungen reagieren, die ihm von außen gesetzt werden. Daraus folgt zweierlei: der Staat steuert nicht die gesellschaftliche Entwicklung, sondern er reagiert kompensatorisch auf Bedingungen, die ihm von der Entwicklung des materiellen Reproduktionsprozesses und der darin wurzelnden Klassenbewegungen gesetzt sind; und er ist von seiner »Formbestimmung« und den damit gegebenen funktionalen Zusammenhängen her unfähig, in die grundlegenden ökonomischen Verhältnisse und die Klassenstruktur der kapitalistischen Gesellschaft einzugreifen. Er kann diese nur modifizierend stabilisieren und absichern. Dies bezeichnet die absolute Grenze gesellschaftlicher »Steuerungsfähigkeit« des bürgerlichen Staates.

Die Sicherung des kapitalistischen Reproduktionsprozesses als Reproduktion von

Klassenverhältnissen durch den Staat geschieht immer durch eine Kombination gewaltsam-repressiver und ideologisch-integrativer Mittel. Herrschaft beruht, insbesondere in den entwickelten industriellen Gesellschaften, niemals allein auf physischer Repression, sondern bedarf immer bis zu einem gewissen Grade der »freiwilligen« (und wenn auch nur passiven) »Zustimmung« der Beherrschten. Selbst terroristische Regime wie z. B. das faschistische können auf die Dauer nicht ohne einen gewissen »Konsens« der Beherrschten auskommen (und benötigen daher für ihre Stabilisierung eine »Massenbewegung«). Staatsinterventionen sind daher immer als komplexe Einheit ideologisch-integrativer und gewaltsam-repressiver Maßnahmen zu betrachten. Auf die in dem materiellen Produktions- und Ausbeutungsprozeß wurzelnden Klassenbewegungen reagiert der Staat mit Maßnahmen zur Gewährleistung der ökonomisch-politisch-ideologischen Integration der antagonistischen und divergierenden Klassen und Klassenfraktionen: mit der Herstellung eines »Kompromißgleichgewichts« zwischen den konkurrierenden Fraktionen der herrschenden Klasse(n) und mit Strategien zur integrativen Unterwerfung der ausgebeuteten und beherrschten Klassen – sowohl der Arbeiterklassen als auch der verschiedenen Teile der »Mittelklassen«. Die Natur dieser Integrationsleistungen ist allerdings unterschiedlich: Gegenüber den Fraktionen der herrschenden Klasse(n) geht es um die Organisierung eines materiell (z. B. durch Subvention) abgestützten Kompromisses als Voraussetzung einer gemeinsamen »Politik der herrschenden Klasse«. Gegenüber den ausgebeuteten und unterdrückten Klassen, die einerseits vor physischer Ruinierung bewahrt, gleichzeitig aber auch von systemverändernden »Übergriffen« abgehalten werden müssen, heißt Integration immer eine Kombination von materiellen »Zugeständnissen« und gewaltmäßiger und ideologischer Repression, Individualisierung, Spaltung, letztlich Verhinderung autonomen Klassenhandelns. Ein relativ störungsfreier Verlauf des ökonomischen Reproduktionsprozesses ist an das Gelingen dieser Integrationsleistungen gebunden, diese werden aber durch die Entwicklung des materiellen Reproduktionsprozesses (ökonomische Krisen, Umschichtungen der Klassenstruktur usw.) immer wieder in Frage gestellt. Da die untereinander in Konkurrenz stehenden Einzelkapitale und damit die Bourgeoisie insgesamt nicht in der Lage sind, von sich aus eine gemeinsame »Politik der herrschenden Klasse« zur Stabilisierung der kapitalistischen Klassenverhnältnisse insgesamt zu formulieren, ist allein der Staat in seiner relativen Autonomie in der Lage – wie immer im einzelnen widerspruchsvoll und unvollkommen – Maßnahmen zur Sicherung der Kapitalreproduktion und der Herrschaft der Bourgeoisie zu formulieren und durchzusetzen.

Eine erfolgreiche ideologische Integration der beherrschten Klasse(n) ist bis zu einem gewissen Grade daran gebunden, daß es gelingt, die einzelnen Kapitale zu materiellen »Zugeständnissen« zu veranlassen, zu denen sie aufgrund ihres Pro fitinteresses von sich aus nicht bereit sind, z. B. in Form von Maßnahmen zur sozialen Sicherung. Diese sind in der Regel nur mittels des Staates und seiner Zwangsgewalt durchsetzbar (z. B. durch Steuererhebung), wobei die absolute Grenze erreichbarer »Zugeständnisse« immer die Profitabilität des Kapitals ist, die im Kern nicht beeinträchtigt werden kann ohne gravierende ökonomische Reproduktionsstörungen zu riskieren. Daß derartige Zugeständnisse meist nur auf Grund eines politisch-ökonomischen Drucks der Beherrschten durchsetzbar sind, begründet noch einmal den Schein von »Pluralismus« und »Klassenneutralität« des Staates und ist eine wesentliche materielle Grundlage herrschender »Sozialstaatsillusionen«.

Um diese Funktionen wahrnehmen zu können, muß der Staat über spezifische institutionalisierte Beziehungen zu allen Klassen der bürgerlichen Gesellschaft verfügen. In seiner konkreten Erscheinungsweise ist der Staat – oder das System der politischen Apparate insgesamt – als eine Institutionalisierung von Klassenbeziehungen zu begreifen. Da diese Klassen bzw. Klassenfraktionen zueinander in einem konkurrierenden und antagonistischen Verhältnis stehen, kann der Staat nicht als organische Einheit erscheinen, sondern zerfällt in eine Vielzahl einzelner Agenturen, wobei zu beachten ist, daß das System der politischen Apparate mehr umfaßt als den Staatsapparat i. e. S. Zur Herrschaftsorganisation der bürgerlichen Gesellschaften gehören neben den einzelnen Agenturen des (repressiven) Staatsapparates, also Parlament, Regierung, Verwaltung, Justiz und bewaffnete Macht auch die sogenannten ideologiereproduzierenden oder ideologischen Apparate (Erziehungsinstitutionen, Massenkommunikationsmittel) und die massenintegrativen Apparate (Massenparteien, Massenverbände, Gewerkschaften), also Institutionen, die einen formell »privaten« Charakter haben. Der Staatsapparat als zentrale Gewaltinstanz bildet den Kern dieser Apparatur und sichert ihre herrschaftsstabilisierende Funktion. Seine Teilagenturen (einzelne Ministerien und Ämter, Bundesbank usw.) verfügen über je spezifische Beziehungen zu den einzelnen Fraktionen der herrschenden Klasse, was bedeutet, daß deren Konflikte ständig auch innerhalb des Staatsapparats zum Ausdruck kommen. Diese Konflikte innerhalb des Systems der politischen Apparate prägen ebenso die Funktionsweise der ideologischen und massenintegrativen Apparate. Letztere, also Parteien, Gewerkschaften usw. müssen so konstruiert sein, daß sie einerseits auf Interessen und Bedürfnisse der Bevölkerung reagieren, diese aber zugleich so verarbeiten und kanalisieren, daß sie mit den Bedingungen der Sicherung der Kapitalverwertung vereinbar sind. Auf diese Weise drücken sich die Klassenwidersprüche der kapitalistischen Gesellschaft strukturell auch innerhalb und zwischen den Apparaten des politischen Systems aus: durch ständige Konflikte zwischen »Basis« und »Führung« in den massenintegrativen Apparaten, Konflikte zwischen Parteien und administrativem Regierungsapparat, inneradministrative Querelen, ideologische Auseinandersetzungen und Frontenbildungen etc. Die sichtbare Planlosigkeit und Widersprüchlichkeit staatlicher Politik hat hier eine ihrer wesentlichsten Ursachen. Letzten Endes ist es der staatliche Zwangsapparat, der »Abweichungen« einzelner Teilsektoren der Herrschaftsapparatur verhindern muß: durch bürokratische und finanzielle Kontrolle (z. B. Beschneidung der Hochschulautonomie, Zensur), Beseitigung ideologischer Dissidenten (Berufsverbote) usw. Der »politische Prozeß« als Summe der Vorgänge im System der politischen Apparate muß also grundsätzlich als Reaktion auf und Äußerungsform von Veränderungen der Klassenkräfteverhältnisse und Klassenkämpfen begriffen werden. Wegen der relativen Verselbständigung des politischen Apparates gegenüber den Klassen erhält er indessen eine gewisse Eigendynamik,

d. h. Politik spiegelt den Klassenkonflikt nicht einfach ab, sondern dieser erscheint auf der »politischen Bühne« immer schon in vermittelter, verkehrter und illusionärer Form und ist deshalb für die Individuen nicht unmittelbar erkennbar.

Fassen wir zusammen: Der bestimmten objektiven Gesetzmäßigkeiten unterliegende Akkumulations- und Reproduktionsprozeß des Kapitals erzeugt Veränderungen der materiellen Reproduktionsbedingungen (Entwicklung der Profitrate, Umschichtung und Freisetzung von Arbeitskräften usw.), Kräfteverschiebungen zwischen und innerhalb der Klassen, auf die die staatliche Apparatur kompensatorisch und regulierend reagiert mit dem Ziel, die Reproduktion des Kapitals und damit der bestehenden Klassenverhältnisse politisch zu gewährleisten. Diese Aktivitäten des politischen Apparates, d. h. materielle Interventionen, gewaltmäßige Repression, ideologische Eingriffe wirken ihrerseits auf den Reproduktionsprozeß des Kapitals und die Entwicklung der Klassenverhältnisse zurück. Die Akkumulationsbewegung des Kapitals und die Veränderungen der Klassenverhältnisse sind daher in ihrer konkreten Erscheinung nicht einfach aus ökonomischen Gesetzmäßigkeiten »abzuleiten«, sondern in spezifischer Weise politisch-ideologisch überformt, d. h. sie sind auch bestimmt durch politische-ideologische Kampfstärke und Klassenautonomie, deren Entwicklung ihrerseits von den Prozessen im politischen Apparat der bürgerlichen Gesellschaft wesentlich beeinflußt wird.

Wenn also als allgemeine Funktion des bürgerlichen Staates die Gewährleistung der Reproduktion der kapitalistischen Klassenverhältnisse bestimmt werden kann, so resultiert dies nicht aus einer Eigendynamik und einem Eigengewicht des Staates. In ihrer jeweils konkreten Äußerungsform ist sie Ausdruck von Klassenverhältnissen, die in komplexer Weise über den Staat als spezifisch »formbestimmten« Kristallisationsfeld von Klassenbeziehungen vermittelt werden. Politische Herrschaft ist immer eine Einheit von materiell-konzessiven, ideologischen und repressiven Momenten, aber die konkrete Form, in der sie sich äußert, ist abhängig von Reproduktionsbedingungen und Klassenkräfteverhältnissen: den materiellen Spielräumen des Kapitals (Profitrate), der politisch-ideologischen Stärke und Geschlossenheit der Klassen usw.

Von diesen Voraussetzungen her läßt sich nun auch die Herausbildung des modernen Sozialstaats im Zusammenhang mit der historischen Entwicklung der Kapitalreproduktionsbedingungen und der Klassenverhältnisse begründen. Die zunehmende »Durchkapitalisierung« der fortgeschrittenen bürgerlichen Gesellschaften, die verbunden ist mit der Auflösung traditioneller Sozialzusammenhänge (z. b. Großfamilie), der Produktion einer Masse eigentumsloser Lohnarbeiter, der Zerstörung natürlicher Lebensgrundlagen, wachsender Kapitalkonzentration und Monopolisierung, hat dazu geführt, daß sich der Katalog staatlicher Aktivitäten zur Gewährleistung der gesellschaftlichen Reproduktion immer mehr ausgedehnt hat. Dazu gehören sowohl die vielfältigen staatlichen Maßnahmen zur Regulierung des monopolistisch gestörten ökonomischen Reproduktionsprozesses (Konjunktur- und Strukturpolitik) als auch Maßnahmen, die dazu dienen, zerstörerische »Folgewirkungen« des kapitalistischen Akkumulationsprozesses (Zerstörung der Natur, physische Ruinierung der Arbeitskraft) abzumildern und diejenigen materiell notdürftig zu erhalten, die aus dem ökonomischen Reproduktionsprozeß herausfallen (wie Arbeitslose, Invalide, Alte, Kranke, Jugendliche). Die Entwicklung zum modernen »Sozialstaat« ist somit sicherlich kein Beweis für eine »Klassenneutralität« des Staates und für eine fortschreitende Verwirklichung des »Gemeinwohls«. In gewisser Weise ist der Sozialstaat vielmehr notwendige Bedingung für die Erhaltung der kapitalistischen Klassengesellschaft angesichts der erreichten Entwicklung der Produktivkräfte und Produktionsbeziehungen. Da allerdings der bürgerliche Staat niemals als weitsichtig planende Instanz gesellschaftlicher Reproduktionssicherung, d. h. als »realer Gesamtkapitalist« auftreten kann und somit auch nicht in der Lage ist, von sich aus ein kapitalistisches »Gesamtinteresse« zu formulieren und durchzusetzen, konnte die historische Herausbildung des Sozialstaats nichts anderes sein als das Ergebnis fortwährender Klassenkämpfe, die »Errungenschaften« des modernen Sozialstaats mußten von (vor allem) der Arbeiterklasse in zähen Auseinandersetzungen erkämpft werden oder wurden, wie etwa im Falle der Bismarck'schen Sozialversicherung, eingeführt, um derartige Kämpfe vorbeugend abzufangen. Sie sind auch nicht ein für alle Mal gewährleistet, sondern können, wie die Erfahrungen mit Weltwirtschaftskrise und Faschismus oder auch der Krise von 1973 gezeigt haben, durchaus wieder zurückgenommen werden, wenn die Kräfteverhältnisse der Klassen sich verschieben.

Daraus entsteht ein für die bürgerliche Gesellschaft charakteristisches Paradox: die ökonomischen Kämpfe der Arbeiterklasse zur Sicherung ihrer materiellen Existenz sind, solange sie sich in den Formen und institutionellen Zusammenhängen der bürgerlichen Gesellschaft und ihres Staates bewegen, d. h. die grundlegenden Produktions- und Herrschaftsstrukturen nicht in Frage stellen, immer auch ein Vehikel zur Stabilisierung dieser Gesellschaft mittels »sozialstaatlicher« Regulierung. Daß sozialstaatliche Maßnahmen das Ergebnis konkreter Auseinandersetzungen und Kämpfe sind und daß die materielle Reproduktion der Arbeiterklasse mit fortschreitender kapitalistischer Entwicklung immer stärker von staatlichen Regulierungen und Eingriffen abhängig geworden ist, stellt eine reale Grundlage der »Sozialstaatsillusion«, d. h. der Vorstellung von einer Klassenneutralität des Staates dar, die auch in der Arbeiterklasse verwurzelt ist. Freilich wäre es falsch, damit einen undurchbrechbaren Integrationszusammenhang zu unterstellen: allein der durch die objektiven Reproduktiongesetzlichkeiten immer schon beschränkte Spielraum des Kapitals für materielle »Zugeständnisse« bedeutet grundsätzlich auch die Möglichkeit einer Radikalisierung und des politischen Umschlagens »ökonomischer« Kämpfe.

Die Entwicklung des Sozialstaats basiert allgemein gesehen auf der Notwendigkeit, unter sich verändernden Produktions- und Reproduktionsbedingungen materiell abgestützte Integrationsleistungen auch gegenüber den ausgebeuteten und beherrschten Klassen zu erbringen und sie damit auch ideologisch in die Strukturen des herrschenden Gesellschaftssystems einzubinden. Die konkrete Form von repressiven, ideologischen und materiell-konzessiven Mitteln, mit denen dies geschieht, läßt sich als jeweils herrschender »Modus der Massenintegration« bezeichnen. Jedem Massenintegrationsmodus entspricht eine spezifische Konstellation der verschiedenen (repressiven, ideologischen, massenintegrativen) politischen Apparate. Veränderungen der Klassenkräfteverhältnisse, der darauf beruhenden Klassenbewegungen und der ökonomischen Reproduktionsbedingungen (materielle Spielräume) müssen veränderte Massenintegrationsmodi und damit auch Veränderungen in der wechselseitigen Konstellation und Funktion der politischen Apparate zur Folge haben (etwa liberale parlamentarische Demokratie mit einer vergleichsweisen Dominanz relativ autonom agierender massenintegrativer (Parteien, Gewerkschaften) und ideologischer (Rundfunk- und Presse»freiheit«) Apparate im Gegensatz zu autoritären und diktatorischen Regimen mit Dominanz des repressiven Apparats, Gleichschaltung oder Beseitigung »ideologischer« und »massenintegrativer« Apparate.

Wegen der institutionellen Starrheit der politischen Apparate, ihren spezifischen Eigeninteressen und Interessenverflechtungen ist anzunehmen, daß ein derartiger Wechsel des Integrationsmodus tendenziell die Form disruptiver Brüche und institutioneller Krisen annehmen muß. Als »politische Krise« kann somit eine durch veränderte ökonomische Bedingungen, Klassenkräfteverhältnisse und -bewegungen erzwungene Veränderung des institutionellen Integrationsmodus bezeichnet werden, die sich in spezifischen Modifizierungen der inneren Struktur und des wechselseitigen Verhältnisses der politischen Apparate niederschlägt (z. B. administrative Kompetenzverschiebungen, stärkeres Hervortreten der »repressiven« Apparate, Neuformierung von Regierungskoalitionen, Veränderung des Verhältnisses von Mitgliederbasis und Bürokratie in den massenintegrativen Apparaten usw.). Diese Anpassung des institutionellen Herrschaftssystems kann durch eine »Neuadjustierung« der bestehenden Apparate erfolgen, aber auch die Form eines radikalen Bruchs mit den bestehenden politischen Institutionen annehmen. Die Art und Weise der Entwicklung und »Lösung« politischer Krisen hängt ab von den konkreten Reproduktionsbedingungen und Klassenkräfteverhältnissen, wobei die Etablierung des »Ausnahmestaats« (Faschismus, Militärdiktatur, Polizeistaat) im übrigen durchaus zur historischen »Normalität« innerhalb der bürgerlichen Gesellschaft gehört.

Wenn wir politische Krisen somit als Vehikel einer Anpassung des institutionellen Integrationssystems an veränderte Klassenbedingungen betrachten, können wir nun auch das Verhältnis von »politischer« und »ökonomischer« Krise präziser fassen: ökonomische Krisenprozesse, d. h. Reproduktionsstörungen, erhalten ihre politische Brisanz erst dadurch, daß sie zu Klassenbewegungen und zu Modifikationen der Klassenkräfteverhältnisse führen, welche wiederum Brüche im politischen Apparat zur Folge haben. Auf der anderen Seite sind Krisenprozesse im politischen Apparat in aller Regel eine Folge veränderter Klassenreproduktionsbedingungen, ohne daß diese sich unbedingt in der Form offener zyklischer Krisen zeigen müssen. Daraus folgt, daß eine Trennung von »ökonomischen« und »politischen« Krisen in der üblichen Form unsinnig ist. Kapitalistische Krisen müssen als Krisen der Formation, d. h. als Einheit von politischer, ideologischer und ökonomischer Krise gesehen werden, wobei infolge der »relativen Autonomie« des politischen Systems aber immer zeitliche und erscheinungsmäßige Verschiebungen zwischen diesen verschiedenen Ebenen eintreten können.

Es bleibt die Frage, welche politisch-praktischen Konsequenzen sich aus einer derartigen theoretischen Bestimmung des bürgerlichen Staates ergeben. Dabei muß davon ausgegangen werden, daß der bürgerliche Staat aufgrund seiner relativen Autonomie gegenüber den Klassen der kapitalistischen Gesellschaft nicht einfach ein »Instrument« der herrschenden Klasse im Sinne eines Agentenverhältnisses darstellt, sondern daß sich sein Klassencharakter in sehr komplexen Struktur- und Funktionszusammenhängen ausdrückt: der bürgerliche Staat fungiert z. B. auch dann als Klassenstaat, wenn seine leitenden Positionen nicht von Angehörigen der herrschenden Klasse besetzt sind und wenn direkte Einflußnahmen von dieser Seite nicht festzustellen sind. Der Fehler etwa der »Theorie des staatsmonopolistischen Kapitalismus« und der damit verbundenen politischen Positionen, die grundsätzlich von einer Staat-Monopol-Verflechtung und von einer Instrumentalisierung des Staates durch die dominierenden Monopolgruppen ausgehen, besteht darin, daß der Klassencharakter des Staates daran festgemacht wird, welche Klasse oder Klassenfraktion den Staatsapparat kontrolliert, und nicht an seiner gesellschaftlichen Form. Dies führt zu einer politischen Strategie, die meint, den bestehenden Staatsapparat einfach übernehmen (z. B. durch die Erringung einer Parlamentsmehrheit durch »fortschrittliche« Kräfte) und im Interesse der bisher ausgebeuteten und unterdrückten Klassen gesellschaftsverändernd verwenden zu können. Diese Einschätzung des Staates beruht im Kern auf einer Neutralitätsvorstellung, die sich in dieser Hinsicht von den Grundannahmen bürgerlicher Theorien vom Staat nicht unterscheidet und folgerichtig dann auch zu einer im Kern bürgerlich-reformistischen politischen Strategie führen kann. Was dabei nicht problematisiert wird, ist die Frage nach den in der spezifischen Formbestimmung des bürgerlichen Staates und den daraus folgenden institutionellen Strukturen und funktionalen Zusammenhängen liegenden Grenzen der Staatstätigkeit überhaupt.

Irreleitend sind auf der anderen Seite aber auch Vorstellungen, die den bürgerlichen Staat als einen bloßen Gewaltapparat der Bourgeoisie auffassen, den es in den Köpfen der Massen zu entlarven und anschließend zu zerschlagen gälte – Vorstellungen, die in der Tendenz gesellschaftsveränderndes politisches Handeln auf abstrakte Agitation und militärische Aktion reduzieren. Hier wird übersehen, daß politische Herrschaft als Einheit von gewaltmäßigen Repressionen und ideologischer Integration nicht einfach auf herbeimanipulierter ideologischer Verblendung beruht, sondern daß die »Massenloyalität« gegenüber den bestehenden Herrschaftsverhältnissen eine materielle Basis in den vorhandenen objektiven gesellschaftlichen Strukturen und politischen Formen hat. »Sozialstaatsillusionen« sind nicht einfach ein Produkt ideologischer Indoktrination, sondern haben in der besonderen Form des Staates (relative Autonomie, Pluralismusschein usw.) und der damit verbundenen Funktionsweise (Sicherung der Reproduktion der Klassen, damit aber auch der physischen Existenz der Angehörigen der beherrschten und ausgebeuteten Klassen) ihre materielle Begründung, weisen also einen durchaus realen Kern auf.

Daß der bürgerliche Staat nicht einfach als nacktes Instrument von Klassenherrschaft erscheint, sondern von vielfältigen und komplexen, in den vorhandenen gesellschaftlichen Strukturen und Praktiken verwurzelte ideologischen Bastionen umgeben und gesichert ist, macht die zentrale Problematik des »Reformismus« aus. Sie stellt sich in besonderer Weise für diejenigen, die als »Staatsdiener« innerhalb des Staatsapparates selbst arbeiten. Für sie gilt einmal, daß es keine »neutrale«, quasi technisch-regulierende Staatstätigkeit gibt, sondern daß alles staatliche Handeln in wie auch immer vermittelter Form einen repressiv-ideologischen Eingriff zur Stabilisierung von Klassenverhältnissen darstellt. Dies gilt auch für die staatlichen Tätigkeitsbereiche, die dem Anspruch nach einen scheinbar helfenden, unterstützenden und vorsorgenden Charakter haben, also z. B. im Feld der Sozialarbeit, sozialen Sicherung und Ausbildung. Auch die damit befaßten Büro- kratien sind Bestandteile des Staatsapparats und fungieren immer auch und gleichzeitig als Kontroll- und Überwachungsinstanzen gegenüber den (oder Teilen der) ausgebeuteten und beherrschten Klassen. Individualisierung, Spaltung, Ein- bindung in die Strukturen der bürgerlichen Gesellschaft, Begrenzung autonomer Interessenwahrung gehören zu ihren grundlegenden Funktionsprinzipien. Staats- bedienstete sind daher immer schon auch Agenten der Repression. Daß diese Funktion im Widerspruch zu den tatsächlichen Interessen ihrer Klientel steht, ist für die dort arbeitenden eine tagtägliche Erfahrung und führt auch zu permanenten innerbürokratischen Konflikten, die gegebenenfalls durch repressiven Eingriff übergeordneter Instanzen niedergehalten werden müssen.

Auf der anderen Seite sind es gerade die innerhalb des Staatsapparates zum Ausdruck kommenden Klassenwidersprüche, die Art und Weise, wie Interessen und Ansprüche »systemkonform« kleingearbeitet und abgewehrt werden, das unausräumbare Mißverhältnis von Anspruch und Realität des »Sozialstaats«, die bei Beteiligten und Betroffenen praktisch folgenreiche Lernprozesse ermöglichen, den ideologischen Charakter bestehender institutionalisierter Praktiken (z. B. Vertrauen auf den Staat als Hort des »Gemeinwohls«, auf stellvertretende Interes- senwahrnehmung) verdeutlichen und die Notwendigkeit alternativer Praxis- und Organisationsformen erfahrbar macht. Dieser Zusammenhang von Widerspruch, Konflikt und Erfahrung läßt emanzipatorische politische Berufspraxis in diesem Sektor überhaupt erst als Möglichkeit erscheinen. Wie sich auch im konkreten Fall, z. B. bei der Bürgerinitiativbewegung, zeigt, sind »reformistische« Strategien allemal zwiespältig; sie sind illusionär und irreleitend, wenn sie den grundlegenden Klassencharakter des Staates und damit die Unmöglichkeit verkennen, mit Hilfe des Staatsapparates grundlegende gesellschaftliche Veränderungen durchzusetzen, aber sie sind nicht nur deshalb sinnvoll, weil sie unter Umständen zu graduellen materiellen Verbesserungen führen, sondern weil radikale »Reformpolitik« mittels der damit notwendig verbundenen Eskalation von Widersprüchen und Konflikten innerhalb der politischen Apparate und zwischen diesen und den »Betroffenen« Erfahrungen freisetzt, die zur Durchbrechung der komplexen Mechanismen ideo- logisch-repressiver Klassenunterdrückung und zur Entwicklung alternativer For- men autonomer Lebenspraxis und politischer Organisation beitragen können.

Joachim Hirsch

Literatur

Blanke, B./Jürgens, U./Kastendiek, H., 1975: Kritik der politischen Wissenschaft, Frankfurt/M./New York – *Brandes, V.*, u. a., 1977: Handbuch 5: Staat, Frankfurt/M./Köln – *Ebbighausen, R.* (Hrsg.), 1976: Bürgerlicher Staat und politische Legitimation, Frankfurt/M. – *Esser, J.*, 1975: Einführung in die materialistische Staatsanalyse, Frankfurt/M./New York – *Jessop, B.*, 1982: The Capitalist State. Marxist Theories and Methods, Martin Robertson, Oxford – *Hirsch, J.*, 1974: Staatsapparat und Reproduktion des Kapitals, Frankfurt/M. – *Hirsch, J.*, 1980: Der Sicherheitsstaat. Das »Modell Deutschland«, seine Krise und die neuen sozialen Bewegungen. Frankfurt/M. – *Marx, K./Engels, F.*, 1974: Staatstheorie. Ausgewählt und eingeleitet von E. Hennig u. a., Berlin/Wien – *Poulantzas, N.*, 1978: Staatstheorie. Politischer Überbau, Ideologie, Sozialistische Demokratie, Berlin (DDR) – *Ronge, V./Weihe, U.*, 1976: Politik ohne Herrschaft? Antworten auf die systemtheoretische Neutralisierung der Politik, München. –

→ Arbeitsbedingungen → Klasse und Schicht → Sozialpolitik → Sozialpolitik als Wissenschaft → Sozialstaat → Sozialstruktur

Strafvollzug

Strafvollzug und Resozialisierung

Der Gedanke einer Resozialisierung oder Besserung des Straftäters ist durchaus keine Erfindung unserer Zeit. Im Gegenteil hat es Versuche einer Beeinflussung der Verstoßenen zum »positiven« Mittun in der Gesellschaft schon sehr lange gegeben, wenn auch in überaus unterschiedlicher Form. Andererseits wurden diese Konzepte immer wieder verdrängt, durch andere »aufkommende« Ideen überlagert oder ersetzt.

Entwicklung: So paradox es heute auch klingen mag, der erste ernsthaftere Versuch einer Beeinflussung der Kriminellen in Richtung auf eine Resozialisierung oder besser gesagt Sozialisierung war die Schaffung der Freiheitsstrafe.

Die »Geburt« der modernen Freiheitsstrafe (von Frühformen soll hier abgesehen werden) wurde zumindest von den Reformern verstanden als Ausdruck der »Prinzipien von Individualität und bewußter Gestaltung gesellschaftlicher Ordnung« (*Calliess*, 1974). Mit der Freiheitsstrafe sollten nämlich die Landstreicher, Bettler und Diebe von der Straße geholt und zur »regelmäßigen Arbeit erzogen werden« (*Kaiser*, 1978). Hierin steckte nicht zuletzt die Erkenntnis, daß über eine bloße Bestrafung (Leibesstrafen) eine Änderung des Verhaltens des einzelnen oder auch der Situation der Betroffenen (Armut und Bettelei) kaum zu erreichen sei. So sollte die Strafe als Freiheitsentzug zu einer inneren Einkehr führen, sollte sie wirksam werden durch »das Gebet in der geschlossenen Zelle als personaler Sozialisationsprozeß unterstützt durch Arbeit als innerweltliche Askese« (*Calliess*,

1974). Damit könnte man jedoch auch sagen, war der neue Sinn der Strafe als Freiheitsstrafe, »eher die Seele (zu) treffen als den Körper« (*Foucault*, 1976). Nicht übersehen werden soll andererseits, daß die Strafe bzw. Bestrafung immer unterschiedliche Funktionen in der Gesellschaft hatte und hat, auch wenn dies von den Reformen häufig nicht bedacht wurde. So war die Strafe über die Abschreckung potentiell Abweichender und (oder) die Ausgrenzung des Betroffenen immer auch ein Mittel zur »Eingrenzung bzw. Verhinderung abweichenden Verhaltens« (dazu zuletzt *Voß*, 1979). Zugleich hat die Strafe z. B. durch exemplarische Sanktionen und den Aufbau von Feindbildern immer auch einen Beitrag zur »Stabilisierung konformen Verhaltens« (*Voß*) geleistet. Allerdings wird mit der modernen Freiheitsstrafe nicht mehr ein »Manifestationsritual« (wie im System der Marter) abgehalten, »sondern ein Verhinderungszeichen gesetzt« (*Foucault*). Eher mit Diskretion wird nun eingegriffen, wird die vorherige »Maßlosigkeit einer aufsehenerregenden Strafe« von einer Ökonomie des richtigen Maßes, der angemessenen Proportionen bestimmt (vgl. *Foucault*). Andererseits hat es die strafrechtliche Sanktion als Rechtsgüterschutz, vor allem als Schutz des Eigentums an Sachen und Rechten immer gegeben und darf ebenfalls nicht übersehen werden. Jedoch muß hierzu angemerkt werden, daß anscheinend noch weitgehend unklar ist, welche empirische Bedeutung die einzelnen Funktionen der Strafe hatten oder heute (noch) haben, d. h. »ob Strafdrohung oder Strafe die präventiven Funktionen, die ihnen zugeschrieben werden, auch tatsächlich haben« (*Jäger,* 1980).

Phasen: Die Idee der Freiheitsstrafe war wie bereits erwähnt vor allem als Maßnahme der Besserung gedacht und hatte eine Erziehung durch Arbeit und Einkehr zum Ziel. Dieses Konzept wurde zum ersten Mal in den holländischen Zuchthäusern deutlich, von denen das erste 1595 in Amsterdam gegründet wurde. Unter dem Einfluß des Merkantilismus trat dann der »Resozialisierungsgedanke allmählich völlig hinter dem allgemeinen Profitdenken zurück« (*Kaiser,* 1978). Den späteren Anstaltsgründungen lag dann auch eher eine wirtschaftspolitische Überlegung zugrunde, als daß damit der Versuch der Besserung oder Resozialisierung der Betroffenen unternommen werden sollte (z. B. die Gründung des Spandauer Zuchthauses von 1687). Überhaupt stellte sich danach die Freiheitsstrafe eher dar als »Zwangsarbeit in Werkstätten, ununterbrochene Beschäftigung der Häftlinge, Finanzierung des Gefängnisses durch diese Arbeit – aber auch (als) individuelle Entlohnung der Gefangenen zu ihrer moralischen und materiellen Wiedereingliederung in die strenge Welt der Ökonomie« (*Foucault*, 1976). Der Gedanke der inneren Einkehr und Sozialisation durch die Askese der Abgeschlossenheit wurde zugunsten eines Arbeitstrainings (allerdings war die Chance gering, anschließend eine entsprechende Arbeit zu finden) bzw. einer wirtschaftlichen Ausbeutung der Arbeitskraft der Gefangenen zusehens verdrängt. Dies zeigte sich vor allem auch daran, daß das Leben in der Anstalt durch eine »totale Zeitplanung, eine pausenlose Überwachung durchgängig erfaßt wird« (*Foucault*).

Um 1830, unter dem Druck einer zunehmenden Bevölkerung und steigender Armut, gerieten dann die Zuchthäuser »in Verfall, weil andere und bessere Profitquellen gefunden wurden, . . .« (*Rusche/Kirchheimer*, 1974). Nun bestand nicht mehr die Notwendigkeit zur Reproduktion der Arbeitskraft der Gefangenen und auch die »möglich bessernde Wirkung einer regelmäßigen Arbeit (in den Anstalten) verschwand«. Dieser Vorgang läßt sich kaum treffender darstellen als mit den folgenden Worten: »Die Fabrik trat an die Stelle des Zuchthauses« (*Rusche/Kirchheimer*). Damit wird die Dominanz der wirtschaftlichen Interessen gegenüber denen einer Besserung und Erziehung der Bestraften bzw. zu Bestrafenden zu dieser Zeit deutlich. Andererseits verarmten nun immer größere Teile der Bevölkerung, wurden immer mehr Arme zum Verbrechen getrieben, stiegen die Verurteilungen wegen Diebstahls sprunghaft an. In der Folge wurde die Versorgung der Gefangenen immer schlechter, denn es galt als Prinzip, »ihren Lebensstandard unter dem Niveau der untersten Klassen der freien Bevölkerung zu halten« (*Rusche/Kirchheimer*). Dies bedeutete, daß mit der Verschlechterung der Lebenssituation der Arbeiterklasse der Satz für die Versorgung der Gefangenen stark herabgesetzt wurde, was, einmal abgesehen von der fehlenden ärztlichen Betreuung, erheblich »zur hohen Todesrate der Gefangenen beitrug« (*Rusche/Kirchheimer*).

Unter dem Einfluß der Aufklärung setzte sich die »Freiheitsstrafe gegenüber Leibes- und Lebensstrafen (die bis dahin nie abgeschafft, jedoch in den Hintergrund gerückt waren) endgültig durch« (*Kaiser*, 1978). Von den idealistischen Theorien dieser Zeit (*Kant, Hegel, Feuerbach*) wurde einerseits die Formulierung »präziser, berechenbarer Verhaltensmaßstäbe, . . . Legalität um jeden Preis (gefordert) . . .«, zugleich jedoch eine Konzeption vorgelegt, die »Vergeltung und nichts als Vergeltung zur Grundlage hat« (*Rusche/Kirchheimer*). Dazu auch das folgende Zitat: »Fällt er (der Rechtsbrecher) in die Strafe des Gesetzes, so ist er auch immer verloren, so ist dem Staat auf immer ein natürliches, vielleicht auch notwendiges Glied entzogen. Aber noch nützlicher ist es dem Staat, daß sich die Gerechtigkeit unbiegsam zeige, daß sie sich nicht nach zufälligen Vorteilen schmiege und dadurch die Autorität der Gesetze untergrabe, die Strafdrohung zu einem kindlichen Spielzeug werde« (*Feuerbach*, 1799, nach *Rusche/Kirchheimer*). Diese Theorie der Vergeltung und Rationalität paßt zur ökonomischen Situation dieser Zeit und den steigenden Verurteilungen, mit denen in einer effektiven Weise umgegangen werden muß. Dennoch kommt es jetzt zu einer Gegenbewegung (wiederum) auf christlicher Grundlage, die vor allem durch die Namen *Fliedner, Julius* und *Wichern* zu kennzeichnen ist. Ihnen geht es um eine Verbesserung der Haftsituation durch Ausbildung und Seelsorge sowie um die Ausbildung des Anstaltspersonals, damit eine individuelle Betreuung des Gefangenen gewährleistet werden kann. Diese Auseinandersetzung, letzten Endes unterschiedlicher Verständnisse von Menschen, wurde vorläufig entschieden durch die Verabschiedung des RStG im Jahre 1871, in der die Besserung »endgültig von dem Gedanken der Vergeltung und Generalprävention überlagert und verdrängt (wird)« (*Kaiser*). Erst in der Weimarer Zeit gelingt es dann wieder, den Erziehungs- und Resozialisierungsgedanken im Strafvollzug zu verankern. Die Ziele der »Neuerung« konzentrieren sich dabei wiederum auf eine individuelle Gefangenenbetreuung, die vor allem im Konzept eines »Stufen-Strafvollzuges« ihren Ausdruck fand. Dabei sollen auf jeder Stufe des Vollzuges ». . . die Sicherheitsvorkehrungen reduziert und die Vergünstigungen vermehrt (werden)« (vgl. *Kaiser*). Grundidee dieses Systems ist, daß die Disziplin »durch konstruktive statt durch rein repressive Maßnahmen erhalten werden soll, durch Ermutigung der Gefangenen zur Einhaltung einer gewissen Norm, statt durch Androhung von körperlichen Strafen in terrorem« (*Fox*, nach *Rusche/Kirchheimer*). Damit wird der Gedanke einer Resozialisierung durch Einsicht, die nicht erzwungen werden soll, deutlich formuliert. Die Erfahrungen mit diesem Konzept zeigten jedoch bald, daß das Stufensystem in der Praxis vor allem zur Aufrechterhaltung der Disziplin dient und deshalb auch kaum einen Besserungswert besitzen könne (dazu z. B. *Radbruch*, 1957). Entscheidende Bedingung dafür, daß Veränderungen für das Vollzugssystem von Interesse wurden, war sicherlich, daß die industrielle Massenproduktion zu einer deutlichen Verbesserung der Lage der breiten Schichten der Bevölkerung geführt hatte. Diese Entwicklung ergab auch einen Rückgang der Kriminalitätsraten, vor allem von Eigentumsdelikten. So senkte sich z. B. in Deutschland die Zahl der wegen Diebstahl verurteilten Personen in der Zeit von 1880 bis 1913 um etwa ein Drittel. Nicht zuletzt dadurch kommen *Rusche* und *Kirchheimer* zu der Einschätzung, daß »die theoretische Neuerung als Ausdruck einer notwendigen und bereits vollzogenen Veränderung der sozialen Praxis zu verstehen ist«. Zu dieser Zeit zeigt sich auch eine Milderung in der Strafzumessung, indem eine freizügigere Verhängung von Strafen auf Bewährung und die häufigere Verurteilung zu Geldstrafen erfolgt. In solch einem sozialen Klima konnte zudem eine Kritik am Gefängnissystem entstehen.

In der Zeit des Nationalsozialismus wurden allerdings Reformansätze wie die mildere Strafzumessung wieder zurückgenommen. Dabei werden die Sühne für die Straftat und eine Abschreckung potentieller Täter stärker betont, der Erziehungsgedanke dagegen tritt eher in den Hintergrund (so in der Vollzugsverordnung vom 14. 5. 1934).

Fazit: Man kann feststellen, daß Strafsysteme »gesellschaftliche Erscheinungen (sind), die weder durch die juristische Apparatur noch durch ihre ethischen Grundentscheidungen hinreichend erklärt werden können« (*Foucault*, 1976). Nach seiner Einschätzung stellt die Technik der Haftstrafe (Überwachen und Disziplinieren) die »natürliche Verlängerung einer von Disziplinarmethoden und Überwachungsverfahren erfaßten Justiz (dar)«. Sicher ist es so, daß eine wechselseitige Beeinflussung zwischen gesellschaftlichen Systemen gegeben ist, daß z. B. die Tendenzen zur Institutionalisierung und Bürokratisierung auch in anderen Bereichen sozialer Kontrolle (Psychiatrie, Fürsorge, etc.) zu finden sind oder sich über die gesamte Gesellschaft als Strukturmerkmal erstrecken können. Andererseits ist es nicht weniger wichtig, die ökonomischen Bedingungen der Entwicklung der Freiheitsstrafe richtig zu beurteilen. Auch gilt es, die Zusammenhänge zwischen wirtschaftlicher Prosperität und Reformmöglichkeit und wirtschaftlichem Rückgang und Rücknahme von Reformen gegenwärtig zu sehen, wenn Bemühungen sich nicht von vornherein aufgrund ökonomischer Grenzen (echter oder ideologischer) als nicht durchführbar erweisen sollen (wobei immer noch zutrifft, daß es den Gefangenen »doch nicht besser gehen darf als uns hier draußen«).

Gleichzeitig zeigte sich jedoch der Strafvollzug als weniger starr über Jahrzehnte bzw. Jahrhunderte in gleicher Form tradiert (wie dies viele Kritiker Glauben machen wollen), sondern als in Grenzen flexibel sich unterschiedlichen Erfordernissen anpassend. So hat es Zeiten deutlicher Fortschrittlichkeit und Zeiten erschreckender Restriktivität gegeben, wobei sich die jeweils stärkere Position (technisch/ökonomisch/disziplinierend oder ideologisch/reformerisch) durchsetzen konnte, wenn auch immer begrenzt durch die ökonomischen Bedingungen. Auch die Funktionen des Strafvollzuges variierten dabei. Andererseits besteht jedoch bei einem Reformversuch immer die Gefahr, daß die ursprünglichen Absichten der Reformer von der Praxis, den konkreten Gegebenheiten bei der Verwirklichung, pervertiert werden. Dies liegt einerseits an der Widerständigkeit der Praxis, andererseits wohl auch daran, daß Theorien in der Regel Umsetzungsprobleme eben nicht berücksichtigen.

Heutiger Strafvollzug

Auch für die Behandlungsversuche im Strafvollzug der Gegenwart gilt, daß diese von Zeitströmungen und ökonomischen Bedingungen abhängig sind. So nimmt mit zunehmenden wirtschaftlichen Schwierigkeiten der Bundesrepublik ganz offensichtlich die Bereitschaft des Staates ab, sich für Reformversuche zu engagieren, die zudem zusätzliche finanzielle Aufwendungen, wie für Sozialtherapie im Justizvollzug, bedeuten (vgl. dazu *Driebold*, 1981 a). Der ökonomische Bedarf an entlassenen Strafgefangenen als in der Regel wenig qualifizierte Kräfte sinkt deutlich, und in dem Maße, in dem der eigene Arbeitsplatz bedroht ist, sinkt auch die Integrationsbereitschaft und Toleranz der Bürger gegenüber anderen, die von der Gesellschaft zeitweise ausgeschlossen waren.

Bleibt andererseits jedoch hinter Veränderungen, die »als Reformen« propagiert werden, letztlich »alles beim Alten« (*Voß*, 1979) so wäre es wichtig, die Bedingungen dafür herauszufinden und mit in die Veränderungsstrategie hineinzunehmen. Diese Beharrungstendenz der Institution bzw. des Systems scheint nämlich keine notwendige Reaktion, sondern nicht zuletzt eine Frage der Realisierung und der Realisierbarkeit der Reform. Waren Behandlungsversuche im Strafvollzug bisher nur begrenzt erfolgreich, so auch deshalb, weil ihre Bedingungen einer Resozialisation und Reintegration der Betroffenen häufig nicht förderlich waren.

Dies galt schon für die »Arbeitsprogramme« in den Anstalten der Vergangenheit, die einige Zeit nach ihrer Einführung vor allem Profitinteressen verfolgten und kaum Berufschancen nach der Entlassung öffneten bzw. wohl auch nicht eröffnen sollten. Dies gilt heute noch, indem im Strafvollzug die Arbeit in der Regel Arbeit von Unternehmen von außerhalb ist, eine Anpassung an vorgegebene Leistungspensen erwartet, die Motivation zur Arbeit dagegen kaum beachtet wird, die Entlohnung mit ca. 4,50 bis 5,– DM pro Arbeitstag eher einem Taschengeld entspricht (wovon dann noch Kleidung, Einkäufe, Ausgänge, Telefon- und Briefgebühren und die Regelung von Schulden zu bestreiten sind).

Dies galt bzw. gilt noch heute für den Stufenvollzug, der, wenn auch von den

Reformern anders gemeint, in der Praxis zu einem Vergünstigungssystem wurde, indem das Wohlverhalten, die Anpassungsbereitschaft des Insassen zum entscheidenden Parameter der Einschätzung wird. Auch in den sozialtherapeutischen Anstalten besteht die Vorstellung einer stufen- oder schrittweisen Entwicklung der Kompetenz bzw. Selbständigkeit des Betroffenen, was als Vorstellung ja auch Berechtigung hat. Problematisch wird dies jedoch, wenn erst durch Lockerungsmaßnahmen (Vergünstigungen) die ausschlaggebende Motivation zur Veränderung überhaupt entsteht.

Dies gilt auch für das medizinische Modell, das vor allem durch die Psychiatrisierung bzw. Pathologisierung des kriminellen Handelns gekennzeichnet ist und kriminelles Verhalten lediglich auf individuelle Störungen zurückführt, den Betroffenen zum Patienten definiert und die Entwicklung eines umfassenden und angemessenen Behandlungsvorgehens behindert (dazu z. B. *Bernsmann* u. a., 1977; *Quensel*, 1977 a). Dabei ist der Blick gerichtet »auf zumeist nur wenig scharf umreißbare psychische Probleme, würde man sie näher umreißen, würde zugleich ihr partikularistischer Gehalt deutlich . . .« (*Quensel*). Aufgrund der Ausblendung der Lebensumwelt ist ein Prozeß der Emanzipation zu dem, was sie nicht zuletzt sind (ausgegrenzte Arbeitnehmer), weder für die Ausgeschlossenen noch für die Arbeiterklasse nur schwer möglich. So bestehen solidarische Verbindungen zwischen Gefangenen und Arbeitern oder ihren Gewerkschaften gerade nicht. Statt dessen bedeutet Behandlung nach diesem Modell eher Anpassung an die bestehenden Verhältnisse der Institution bzw. geht es darum, den Betroffenen für die Leistungsprozesse der Gesellschaft lediglich funktionsfähig zu machen. Zudem führt ein Vorgehen im Sinne des medizinischen Modells zwischen den Beteiligten zu einer Subjekt-Objektrelation; indem nämlich »die psychische Störung . . . als Krankheit betrachtet wurde, blieb der von ihr Betroffene in der Abhängigkeit der Ärzte und Kliniken, die ihn zu heilen hatten« (*Ploeger*, 1972), dies gilt in gleicher Weise auch für die Behandlung der Kriminellen. So bewirkt die Expertenrolle eine Entmündigung der Betroffenen, setzen die Fachleute immer stärker voraus, daß sie, »um einen Mangel zu beheben, das Vorrecht haben müssen zu entscheiden, was mangelhaft ist« (*McKnight*, 1979). Überhaupt gerät der Psychiater in Gefahr, »nicht Experte in Sachen Verantwortlichkeit, sondern Berater in Sachen Bestrafung (zu sein)« (*Foucault*). Denn in dem Maße, »in dem die Medizin, die Psychologie, die Erziehung, die Fürsorge, die Sozialarbeit immer mehr Kontroll- und Sanktionsgewalt übernehmen, kann der Justizapparat andererseits zunehmend medizinieren, psychologisieren, pädagogisieren . . .« Damit wird eine Gefahr angesprochen, die grundsätzlich für alle therapeutischen Aktivitäten gilt. Das medizinische Modell bringt »zusätzlich repressive Elemente in den Prozeß der Bestrafung ein« (*Feest*, 1980), vor allem dann, wenn die Entlassung an den Fortschritt der Behandlung gekoppelt wird (unbestimmte Dauer des Freiheitsentzuges).

Dies galt bzw. gilt für die totale Institution, die in ihrer Organisation weitgehend hierarchisch-bürokratisch blieb. Treffend deutlich wird dies in der Schilderung von *Basaglia*, der für das psychiatrische Krankenhaus feststellt: Betrachtet man die

Institution, »fällt auf, daß es den Kranken überhaupt nicht gibt« (*Basaglia*, 1974). Dies ist nicht verwunderlich, denn »daß der ganze Tagesablauf von Insassen totaler Institutionen vorgeplant wird bedeutet auch, daß ihre wesentlichen Bedürfnisse vorgeplant werden müssen« (*Goffman*, 1972), so daß sie als Personen in der Institution kaum noch auffallen. Dazu meint *Cooper* recht drastisch, es werden ». . . die Körper gewissenhaft versorgt, die persönliche Individualität hingegen gemordet« (*Cooper*, 1971). Wenn auch eine solche Absicht nicht unterstellt werden darf, ist doch eine Wirkung der totalen Organisation in der beschriebenen Weise vorhanden. Allerdings sollte das Problem eines angemessenen Umgangs in der Institution nicht personalisiert werden, denn solange die Machtverhältnisse hierarchisch-bürokratischer Organisation gelten, kann der Psychiater nur begrenzt wirklich Helfer sein, selbst wenn er es wollte. So besteht zwischen Insassen und Personal in der Regel eine große und oft formell vorgeschriebene soziale Distanz, als deren Reaktion sich dann in Institutionen das Phänomen der »sekundären Anpassung« zeigt (*Goffman*; dazu für das Gefängnis auch *Clemmer*, 1975). Diese Form des eigenen Lebens in der Institution ». . . stellt eine Möglichkeit dar, wie das Individuum sich der Rolle und dem Selbst entziehen kann, welche die Institution für verbindlich hält« (*Goffman*).

Die aufgezeigten Phänomene machen grundlegende Probleme einer Behandlung im Strafvollzug deutlich, die auch bei intensiven Versuchen einer Änderung des Vollzugssystems (z. B. durch Sozialtherapie) nur schwer lösbar zu sein scheinen. Sie ließen nicht zuletzt auch eine Kritik an der Behandlung im Stafvollzug überhaupt entstehen (dazu z. B. *Krüger*, 1977). Statt dessen wird die Abschaffung des Gefängnisses und eine Behandlung in Freiheit gefordert (z. B. *Mathiesen*, 1979; *Schneider*, 1978). Nur verwiesen sei hier darauf, daß der Jugendstrafvollzug noch durch andere Gesichtspunkte und Probleme geprägt ist, die gesondert dargestellt werden.

Behandlung in Freiheit

Von den Befürwortern einer Behandlung in Freiheit wird vor allem angeführt, daß solch ein Vorgehen ». . . die Problemlösungen in den sozialen Kontext beläßt oder zurückführt, aus dem sie stammen« (*Ortner*, 1980). Ähnlich meint Schneider, daß die Kriminalität nicht unsichtbar werden darf. Die Gesellschaft versuche ihre kriminellen Anteile dadurch zu verdrängen, daß sie die Kriminalität »hinter Gefängnismauern verschwinden läßt«, zudem würden die Betroffenen dadurch ». . . den Anschluß zu gesellschaftlichen Entwicklungen (verlieren)« (*Schneider*). Überhaupt sei es erforderlich, »die gesamte Lebensumwelt des Gefangenen mit in die Arbeit einzubeziehen« (*Ortner*). Dies kann jedoch nur außerhalb der heutigen Strafanstalt geschehen, denn »zwangsweise Internierung und Therapie sind nicht miteinander vereinbar« (*Schumann*, u. a., 1981). So schaffe eine Unterbringung im Gefängnis, »in einem bürokratisierten, abgeschlossenen Asyl zwangsläufig eine Situation . . ., in der Haß, Apathie und Brutalität gedeihen«.

Es werden nun unterschiedliche Formen der Behandlung in der Gemeinde vorgeschlagen, dies nicht zuletzt, weil eine Behandlung in Freiheit wirksamer sei (vgl. *Schneider*). So könne man z. B. eine Ausweitung und Modifikation der Bewährungshilfe vorsehen, indem offene Heime z. B. für gefährdete Jugendliche eingerichtet würden, in denen am Abend auch therapeutische Aktivitäten möglich wären. Grundsätzlich sind im Rahmen der Gemeinschafts-Behandlungs-Projekte institutionelle und nicht-institutionelle Formen möglich. Zu den nicht-institutionellen Programmen gehören »Beratungsstunden, Arbeitsvermittlung, Arbeitserfahrungsprojekte, Beufsausbildung, Familienberatung, Nachhilfe, aber auch Einzelfallhilfe mit offenem Überwachungscharakter« (*Schumann* u. a.). Dabei sind »in die »Überwachung von Jugendlichen« vielfach Eltern, Arbeitgeber oder auch Lehrer einbezogen«. Die Behandlungsprogramme in Freiheit haben anscheinend »eine deutliche Klimaverbesserung und eine Verminderung von negativen Subkulturen (bewirkt)« (*Schulz*, 1976). Allerdings dürfte der Preis für die Abschaffung der Freiheitsstrafe eine »wachsende Kontrolldichte in Freiheit (sein)« (*Schumann* u. a.). Eine andere Form des Umgangs mit der Kriminalität wäre es, informelle Schlichtungsprozesse zwischen den Beteiligten anzustreben. Hierbei ist anzunehmen, daß die Versöhnung mit dem Opfer, eine Verständigung zwischen Täter und Opfer, »in der Regel gewandelte Einstellungen auf beiden Seiten mit sich (bringt)« (*Schneider*). Andererseits wird in der Gesellschaft die Wiedergutmachung als »ein positiver Beitrag zur Lösung des Kriminalitätsproblems angesehen«. Jedoch ist eine »Kultur der Konfliktbewältigung« in der Bevölkerung »zwar in Ansätzen vorhanden, aber wenig ausartikuliert« (*Pilgram/Steinert*, 1981) und müßte durch alternative Formen der Zusammenarbeit, der Versorgung und des Wohnens erst stärker entwickelt werden.

Die Hintergründe für die Realisierung einer Decarceration (Entlassung von Häftlingen und Geisteskranken in Freiheit) sind nach Scull vor allem, daß »mit der Herausbildung des Wohlfahrts-Staates ausschließende Formen sozialer Kontrolle relativ gesehen zu teuer werden und schwerer zu rechtfertigen sind« (*Scull*, 1980). Dabei geht es den Verfechtern der Einsparungspolitik anscheinend weniger um eine angemessene und menschenwürdigere Behandlung der Betroffenen; sie bedienen sich des humanitären Mythos nur, um ihre fiskalischen Ziele durchzusetzen. So entstand ein profitabler Markt für Privatunternehmen, der jedoch nicht unbedingt den Bedürfnissen der Betroffenen entsprechen mußte. Dies läßt sich z. B. auch daran erkennen, daß »nur wenige Programme in besseren Wohnvierteln (durchgeführt werden)« und »geeignete Alternativen für sog. schwierige Jugendliche (fehlen)« (*Schulz*). Für die Betroffenen bedeutet die »gemeindenahe« Versorgung häufig eine »alptraumhafte Existenz in zerstörten Zentren unserer Städte, mitten in Vierteln, die übervölkert sind mit Prostituierten, ehemaligen Verbrechern, Drogensüchtigen, Alkoholikern und anderen Ausgestoßenen, . . .« (*Scull*). Damit bedeutet aber Deinstitutionalisierung »eine zusätzliche Last auf dem Rücken derer, die ohnehin eindeutig die Opfer der Ungerechtigkeiten in dieser Gesellschaft sind.« Auch wenn man die Einschätzung *Sculls* in dieser Radikalität nicht teilen mag, können wir dennoch feststellen, daß Behandlung in Freiheit nicht immer im Interesse der Betroffenen geschehen, nicht immer humanitärer sein muß und sinnvolle Alternativen häufig noch ausstehen, daß dieses Konzept vor allem fiskalisch interessant zu sein scheint. Andererseits ist es keine Frage, daß für einen Teil der heute in Gefängnissen Einsitzenden Alternativen in Freiheit einen angemesseneren Weg zur Integration darstellen können. Auch sind Tendenzen zu fördern, die informelle Ausgleichs- und Schlichtungsverfahren zwischen den Beteiligten stärken, sollte der Gedanke der direkten Wiedergutmachung gegenüber dem Opfer verstärkt zur Geltung kommen. Jedoch wird auch in der Zukunft für einen Rest vor allem von gefährlichen und die Gemeinschaft bedrohenden Staftätern eine Behandlung in Freiheit nicht möglich, die Behandlung in Institutionen unumgänglich sein.

Sozialtherapie in Vollzugsanstalten

Im folgenden sollen einerseits Erfahrungen und Möglichkeiten einer Sozialtherapie im Justizvollzug aufgezeigt, andererseits Grenzen dieses Versuches deutlich werden. Auch wenn m. E. die Probleme recht ähnlich sind, sei doch erwähnt, daß im Strafvollzug insgesamt die geschlossene Anstalt die Normalform ist und offene Einrichtungen und auch die sozialtherapeutische Anstalt weitgehend noch Experimentiercharakter haben.

Therapieansätze: In den sozialtherapeutischen Anstalten sind eine Vielzahl von Fachleuten (Pädagogen, Psychiater, Sozialarbeiter, Psychologen, Werkmeister, Berufsausbilder, etc.) tätig. Betrachtet man jedoch die Außendarstellung der Einrichtungen (z. B. *Mauch/Mauch*, 1971; *Rasch*, 1977; Bundeszusammenschluß, 1977; *Schmitt*, 1980; *Waxweiler*, 1980) oder auch ihr Selbstverständnis, so dominiert darin eine psychologisch/therapeutische Sichtweise. Unterscheiden läßt sich ein primär psychotherapeutisches Modell gegenüber einem weitergefaßten therapeutisch/psychologischen Ansatz. Das engere psychotherapeutische Modell ist vor allem verbunden mit der Vorstellung, daß sog. »Kernsymptome« die mit dem kriminellen Handeln in Zusammenhang stehen, »in einer Störung im Kern der Psyche, im zentralen Selbst (wurzeln)« (*Reicher*, 1976). So sind es frühkindliche Entwicklungsstörungen, die »für die Genese . . . auch des kriminellen Verhaltens aufgedeckt (werden können)«, (*Kretz*, 1976). Ungünstige familiäre Bedingungen, das »broken home«, führte zu einer »ausgeprägten Schwäche der Ich-Funktionen«. Diese Entwicklungspsychopathie zeigt sich dann vor allem daran, daß die Betroffenen »auf Grund ihres Festhaltens an infantilen Größenphantasien eine falsche Wahrnehmung der Realität, eine ungenügende Fähigkeit zur Realitätsprüfung, . . . (besitzen)« (*de Boor*, 1977). Ihr Weg ist damit festgelegt und befindet sich bis zur Resozialisierung »stets auf Seiten der Asozialität« (*Mauch/Mauch*, 1969). Psychotherapie und zwar analytisch orientiert, ist nach diesem Verständnis dann auch »das Kernstück der sozialtherapeutischen Anstrengungen«. Diese soll geschehen »auf dem Boden einer tragfähigen positiven Übertragungsbeziehung zu Therapeuten und Institution – stabile Objektivbindung via Identifikation – . . .« (*Kretz*), die erst nach mehreren Monaten zu erreichen ist. Andererseits ist es keine Frage, daß der Betroffene mit seiner Person, mit seinen psychischen Problemen

Gegenstand des Vorgehens ist, denn »Sozialtherapie . . . ist Individualtherapie« (*Mauch/Mauch,* 1971). Auch ist zu erwarten, daß jedenfalls zunächst eine »Psychotherapie, die strukturelle Veränderungen bewirken soll, frustriert« (vgl. *Reicher*).

Der weitere therapeutisch/psychologische Ansatz ist vor allem gekennzeichnet dadurch, daß versucht wird, eine therapeutische Gemeinschaft herzustellen. Die Schwierigkeiten der Betroffen werden hier stärker als Beziehungsprobleme bzw. Probleme mit der Umwelt gesehen. So wird auf der Beziehungsebene z. B. von *Rasch*, allerdings »auf Grund emotionaler Störungen«, eine mangelnde Fähigkeit festgestellt, »Bindungen einzugehen bzw. diese ohne ständige Furcht vor Enttäuschungen zuzulassen« (*Rasch*, 1977). Diese Schwierigkeit, angemessen miteinander umzugehen, wird zum zentralen Faktor für das Behandlungsmodell. Andererseits gilt es jedoch auch, den Zusammenhang der Person mit der Umwelt weitergehend zu berücksichtigen. Das methodische Vorgehen, die Technik der therapeutischen Gemeinschaft ist dann vor allem gekennzeichnet durch »die Nutzbarmachung der sozialen Umgebung zur Verbesserung der Behandlung, die Betonung einer wechselseitigen Kommunikation, den Ausdruck von Gefühlen und das Konzept des lebendigen Lernens und Lebens . . .« (*Jones*, 1976). Dieses bedeutet nicht zuletzt, daß das Milieu, in dem der Betroffene lebt, nicht nur »der Rahmen, in dem bestimmte Behandlungstechniken appliziert werden, sondern selbst Behandlungstechnik (ist)« (*Rasch*). Dieses Konzept besteht andererseits jedoch auch darin, »dem sogenannten Kriminellen das Selbstkonzept des zu Behandelnden (zu vermitteln), bedeutet Zerschlagung der kriminellen Subkultur, bedeutet eine dem Insassen gegenüber positive Einstellung bei allen Gruppen zu erzeugen, die an der Behandlung und Betreuung beteiligt sind«. Zentralen Stellenwert kann dabei eine Vollversammlung erlangen, der in einer Atmosphäre der Offenheit und in einer demokratischen Struktur die Probleme des Zusammenlebens bearbeitet und gelöst werden sollen.

Diesen Modellen gegenüber haben in den sozialtherapeutischen Anstalten Ansätze pädagogisch/sozialpädagogischer bzw. pädagogisch/therapeutischer Art ganz offensichtlich kaum Bedeutung bzw. befinden sich eher im Hintergrund. Zwar wird auch nach außen die Arbeit der Sozialarbeiter, Sozialpädagogen und Pädagogen immer als wichtig eingeschätzt, jedoch stellen die Tätigkeiten dieser Fachleute ganz offensichtlich bisher eher Rahmen- bzw. Randbedingungen und nicht das Zentrum der Bemühungen der Sozialtherapie dar. Im pädagogisch/sozialpädagogischen Ansatz ist die Sichtweise der Probleme der Betroffenen vor allem wohl dadurch unterschieden, daß sozialpädagogisches Handeln »zumeist mit Problemen zu tun (hat), die eher dem sozialen Umfeld des Klienten als diesem selbst zum Problem werden . . .« (*Hompesch/Hompesch-Cornetz*, 1978). Dabei versteht sich sozialpädagogisches Handeln im Gegensatz zu den psychologisch/therapeutischen Verfahren eher« als »parteinehmende Praxis«, die sich um die Problemdefinition des Klienten zu bemühen hat«. Dementsprechend wird von solchen Konzeptionen auch angestrebt, das Handeln mit den Adressaten, »in den in ihrem Alltag geltenden Handlungsformen (geschehen zu lassen)« (*Thiersch*, 1978). Für die Situation bedeutet dies, daß Therapie »auch und gerade während der übrigen 23 Stunden des Tages stattfindet« (*Hompesch/Hompesch-Cornetz*). In diesem Zusammenhang sind auch die Konzepte des therapeutischen Milieus anzusiedeln wie sie vor allem von *Redl* (1970) entwickelt wurden. Nach ihrer Vorstellung muß versucht werden, den Alltag des Heimes oder Anstaltslebens nach therapeutischen Grundsätzen als gemeinsames Leben von Therapeuten und Insassen zu gestalten. In bezug auf den Umgang mit schwierigen Kindern meint *Redl*: »Der sicherste Weg, Kinder kennen-zulernen, besonders, wenn sie verschlossen sind, ist, mit ihnen zu leben« (*Redl/ Wineman*, 1970). Zur Frage der Intervention meint er, solch ein Zusammenleben »bedeutet für das Kind immer Aktivität, nicht nur Gespräch oder gar Belehrung« (*Redl*, 1971). Damit werden sich als Komponenten einer Einflußnahme Dinge wie »Abwarten, Gemeinsam agieren, Sich-aufeinander-einlassen, Sich-mögen als wich-tig erweisen, . . .« (*Thiersch*). Eine »gelungene Alltäglichkeit« zeigt sich dann auch dort, wo »solche Nähe Vertrauen möglich macht, wo Zuständigkeiten verläßlich sind, wo man sich angenommen weiß«. Ein recht ähnliches Konzept meint *Quensel*, wenn er sagt, »Wohngruppenpädagogik besteht darin, innerhalb einer solchen Gruppe ein möglichst alltagsnahes Milieu zu schaffen, in dem die Betroffenen lernen können, ihr Leben weithin eigenständig im Miteinander zu gestalten« (*Quensel*, 1981).

Solch ein Versuch, den Alltag in Institutionen zu einem gelungenen Alltag zu machen und darüber hinaus die Alltäglichkeit außerhalb nicht zu vergessen oder zu verdrängen, scheint mir, da er den Bedürfnissen und Interessen der Insassen entgegenkommt, erfolgreicher und angemessener als die oben beschriebenen Modelle. Dabei soll es nicht darum gehen, Psychologen und Psychiater aus den Anstalten zu vertreiben, allerdings schon darum, sie in die Alltäglichkeit der Institution zu integrieren, andererseits sie bei besonderen Problemen mit einzelnen Insassen als externe Therapeuten in die Anstalt zu holen. Grundsätzlich wäre also eine Kooperation der unterschiedlichen Fachleute auf der Ebene der Alltagsbewäl-tigung anzustreben und nicht wie bisher auf der Ebene des Teams. Ansätze zu solch einer Arbeit zeigen sich bereits in einzelnen sozialtherapeutischen Anstalten (z. B. in Ludwigshafen, in Gelsenkirchen und in Bad Gandersheim), auch wenn es den Psychologen nicht leicht fallen dürfte, ihre bisherige »Domäne« (Einzel- und Gruppentherapie zu festen Terminen und in bestimmten, besonderen Räumen) aufzugeben. Überhaupt läßt sich in den sozialtherapeutischen Anstalten eine Entwicklung erkennen, die sich vom psychotherapeutischen Modell eher entfernt und Wohngruppenarbeit stärker betont. Die hier angedeutete Konzeption sollte jedoch nicht mit dem Wohngruppenvollzug verwechselt werden, wie er in vielen Vollzugsanstalten schon besteht, eher dagegen von einer Wohngruppenbehand-lung, von therapeutisch-pädagogischer Gruppenarbeit gesprochen werden.

Lebensbedingungen: Die Arbeitssituation in den sozialtherapeutischen Anstalten ist den Verhältnissen außerhalb nur wenig angepaßt. Das Arbeitsangebot besteht in der Regel aus sehr einfachen Tätigkeiten (z. B. Wäscheklammern biegen, Papier-rosetten kleben) und entspricht nicht den Fähigkeiten der Insassen, wodurch eine Motivation zur Arbeit, die bei vielen Insassen nicht gegeben ist, wohl kaum geschaffen werden kann. Möglichkeiten einer Mitbestimmung bzw. Mitsprache am Arbeitsplatz gibt es nicht. Eigentlich alle Anstaltsmitglieder (Mitarbeiter und Insassen) beklagen die geringe Qualität des Arbeitsangebotes und den eintönigen Ablauf der Arbeit. Allerdings gibt es hier in einzelnen Anstalten auch positive Ansätze, z. B. Ausbildungsgänge in Gelsenkirchen und Düren, Tischlerei in Ludwigsburg, Arbeit außerhalb in Bergedorf.

Die Freizeitmöglichkeiten der Insassen in den sozialtherapeutischen Anstalten sind eingeschränkt, in der Regel auf: Fernsehen, Tischtennis und Basteln. Gemeinsame Aktivitäten von Mitarbeitern und Insassen in der Freizeit sind relativ selten. Nach Einschätzung der Mitarbeiter ist dafür kaum Zeit vorhanden, es kann jedoch auch festgestellt werden, daß diese Aktivitäten nicht so sehr zum bisherigen Konzept der Anstalten gehören. So konzentrieren sich die Interessen der Insassen vor allem auf die Freizeit außerhalb der Anstalt, wozu zum Teil auch positive Regelungen gefunden wurden (z. B. Gewährung einer bestimmten Stundenzahl Ausgang pro Monat, über die der Insasse frei verfügen kann).

Die Prinzipien des Zusammenlebens sind dagegen schon eher den Verhältnissen der Einrichtung ähnlich. Häufig gibt es in den sozialtherapeutischen Anstalten Gemeinschaftsaufgaben, die abwechselnd oder gemeinsam zu erledigen sind. Eine regelmäßige Aussprachegruppe ist geschaffen, um Konflikte des Zusammenlebens zu regulieren (z. B. Vollversammlung oder Wohngruppe). Die Zellentüren sind am Tage geöffnet, der Einschluß der Insassen wird erst relativ spät durchgeführt (zwischen 22.00 und 24.00 Uhr). Überhaupt wird die Selbstverantwortung bzw. -verantwortlichkeit der Insassen durchaus betont. Jedoch besteht bei den Mitarbeitern wohl noch die Tendenz, bei Versäumnissen (z. B. Nicht-Erledigung von Reinigungsarbeiten) oder Regelübertretungen (z. B. nicht-pünktliche Rückkehr vom Ausgang) die Selbstverantwortung zurückzunehmen, indem Entscheidungen auch ohne die Betroffenen getroffen werden. Auch blieb die Beteiligung der Insassen an der Entscheidungsbildung beschränkt; so sind die Insassen an der Festlegung der Regeln für das Zusammenleben häufig nicht oder nur über Stellungnahmen beteiligt. Bei der Erstellung des Behandlungsplans sind sie dagegen in der Regel schon beteiligt. Andererseits ist eine Selbstversorgung der Insassen (Waschen, Einkaufen, Kochen) in den sozialtherapeutischen Anstalten meist nur in Ansätzen verwirklicht.

Im Umgang mit den Insassen zeigt sich zudem eine Tendenz, diesen durch eine Formalisierung, die zum Teil von Mitarbeitern selbst veranlaßt wird, eher wieder zu bürokratisieren und zu hierarchisieren. So wird für Verstöße gegen die Anstaltsregeln ein Sanktionskatalog festgelegt, der standardisierte Reaktionen auf Schwierigkeiten (z. B. verspätete Rückkehr vom Ausgang) enthält: er verstellt nur zu leicht die individuelle Sichtweise des Problems und die Aufarbeitung der Schwierigkeiten des Betroffenen. Überhaupt ist die Vorgehensweise der Mitarbeiter leicht durch eine Art »Durchhaltetechnik« gekennzeichnet. Dabei werden Sichtweise und Argumente der Insassen häufig nur unzureichend berücksichtigt. Die Reaktionen der Mitarbeiter enthalten zudem leicht eine Vorwurfshaltung und negative Stigmata. Somit ist eine hilfreiche Zuwendung zu den Insassen nicht immer gegeben.

Damit zeigen sich die Lebensbedingungen in den sozialtherapeutischen Anstalten der Realität noch wenig angenähert und sind zum Teil wirklichkeitsfremd. Wenn aber die Entwicklung »normaler« menschlicher Beziehungen sowohl der Insassen untereinander wie auch zu den Mitarbeitern behindert ist oder durch unrealistische Bedingungen belastet werden, bleibt damit eine Basis für therapeutische Prozesse unzureichend.

Möglichkeiten einer Sozialtherapie: Zur Schaffung realer und menschlicher Lebensbedingungen wäre zum einen eine Veränderung der Arbeitssituation in den Anstalten wichtig, indem Arbeitsangebot und -anforderungen denen außerhalb der Anstalten angenähert werden und möglichst vielfältige Arbeiten verrichtet werden können. Arbeit sollte dabei nicht mehr als »Beschäftigungstherapie« bzw. Zeitvertreib oder günstige Einnahmequelle für die Anstalten sondern als Lernsituation für den Betroffenen, auf die er bei seiner Entlassung bauen kann, verstanden werden. Hierzu würde ganz wesentlich auch gehören, daß die Entlohnung, von der dann andererseits Beträge für Unterkunft und Verpflegung abgezogen werden sollten, auf eine an der Realität draußen orientierte Basis gestellt wird. Andererseits sollten so früh wie möglich Arbeitsmöglichkeiten außerhalb der Anstalt genutzt werden.

Auch die Freizeit wäre insofern zu verändern, daß die Freizeitmöglichkeiten in der Anstalt verbessert werden, die Insassen nicht nur auf das traditionelle Tischtennis, Basteln oder Skatspiel angewiesen sind. So müße es darum gehen, Freizeitangebote zu machen, die für die Insassen auch attraktiv sind. Andererseits sollte jedoch ein Freiraum für Eigeninitiative errichtet werden, eine Palette von Möglichkeiten, über die der Insasse ohne Zwang und Verpflichtung verfügen kann. Wichtig wäre es auch, die Freizeitmöglichkeiten außerhalb der Anstalt so früh wie möglich zugänglich zu machen, den Insassen die Realität »Freizeit« erfahren zu lassen – dies nicht zuletzt mit der Absicht, diese Erfahrungen dann in der Anstalt aufzugreifen bzw. zu »bearbeiten«.

Zudem wäre es wichtig, die Selbstverantwortung der Insassen stärker zu betonen. So vor allem als Sorge um die eigenen Angelegenheiten z. B. Reinigung des Wohnraums und des Hauses, Zahlung der Unterkunft und Telefonate, Regulierung der Schulden, aber auch Verantwortung und Sorge um die Kontakte und Verpflichtungen nach außerhalb. Um die Selbstverantwortung der Insassen hervorzuheben wäre außerdem eine echte Freiwilligkeit, d. h. eine Freiwilligkeit (ohne Nachteile bei Ablehnung) der Teilnahme herzustellen. Dabei soll sich der Insasse aus Zusammenkünften und der Mitarbeit in der Wohngruppe nicht zurückziehen können, jedoch sich für die Aufnahme einer speziellen Behandlung frei entscheiden können. Zum anderen sollten gemeinsame Angelegenheiten (Probleme des Zusammenlebens) in der Wohngemeinschaft auch gemeinsam geregelt werden. Eine Selbstversorgung der Insassen mußte soweit wie möglich verwirklicht werden. Dies würde bedeuten, daß der Insasse weitgehend für seine Verpflegung und seine Kleidung selbst zuständig ist, die Zubereitung des Essens, das Waschen seiner Kleidung, den Einkauf seiner Lebensmittel usw. selbst regeln soll. Solch eine Selbstversorgung setzt voraus, daß neben den Einkünften den Insassen das Verpflegungsgeld ausgezahlt wird, andererseits in der Anstalt Einkaufsmöglichkeiten, aber auch eine Sparkasse vorhanden sind; dazu z. B. die Erfahrungen in Holland und Dänemark, die eine Selbstversorgung der Insassen auch beiderlei Geschlechts in Gruppen von 8–12 Personen praktizieren. Diese Selbstversorgung stellt eine wichtige Basis zur Schaffung einer Selbstverantwortlichkeit dar; der Eindruck, den eigenen Lebenszusammenhang mitgestalten oder selbst gestalten zu können, wird auch eine Identifikation mit der Institution erleichtern.

Dabei sollte eine »Therapeutisierung« der Institution, d. h. der Versuch, alle Situationen der Anstalt therapeutisch zu durchdringen (wie dies in einigen sozialtherapeutischen Anstalten zu beobachten ist), eher zurückgenommen werden zu Gunsten »natürlicher« Umgangsformen in realitätsbezogenen Situationen. Überhaupt müßte es den Mitarbeitern darum gehen, Einflußnahme eher als echte, aber unaufdringliche Anteilnahme den Insassen gegenüber zu verwirklichen und das häufig überzogene Eintreten in die Beziehung zurückzunehmen. Statt dessen muß versucht werden, die Problemlösung unter den Insassen zu mobilisieren, die eigene Position in Konflikten zu relativieren. Wohl sollte sich therapeutische Einflußnahme auf den Lebensbereich der Insassen innerhalb und auch außerhalb der Anstalt konzentrieren, jedoch eher als Hilfsmittel zur Realitätsbewältigung (Anwesenheit des Therapeuten im Zusammenleben) denn als Selbstzweck (im künstlichen setting der Therapiestunde) betrachtet werden. Das Schwergewicht der Aktivität der Therapeuten sollte im Alltag verwurzelt und von hier aus eine gezieltere therapeutische Einflußnahme begründet sein; zudem wäre es für die Therapeuten selbst wichtig, den Insassen in der Realität angenäherten (»natürlichen«) Anstaltssituationen auch natürlich zu begegnen.

Um über eine Öffnung der Institution bzw. die Einbeziehung des Umfeldes der Institution veränderte Handlungsmöglichkeiten für die Insassen zu schaffen, wäre z. B. vorzusehen:

– »Import« von Fachleuten und Dienstleistungen
– »Export« von Leistungen der Anstalt an die Gemeinde
– Durchführung von Veranstaltungen in der Anstalt, die öffentlich sind
– Ausschöpfung der Realitätserfahrung für die Insassen (Ausgang, Freigang)
– Integration wichtiger Bezugspersonen der Insassen
– Einladen der Bürger des Stadtteils, um die Einrichtung der Umwelt vorzustellen und diese einzubeziehen

So würde es für eine Öffnung und d. h. für eine realitätsnahe Gestaltung der Institution nützlich sein, Fachleute von außerhalb in die Anstalt zu holen (z. B. zur Rechtsberatung, zu Problemen der Sozialversicherung, zur Schuldenregulierung, aber auch für spezielle Therapien). Solch ein Vorgehen hat den Vorteil, daß der Insasse auf Personen trifft, die nicht Angehörige der Justiz sind, die sich zudem so verhalten wie draußen. Dieses Modell sollte auch auf den Bereich der Selbstversorgung ausgedehnt werden, indem der Lebensmittelkaufmann ein Nebengeschäft in der Anstalt betreibt, der Bankangestellte und die Bibliothekarin zur Erledigung ihrer Aufgaben in die Anstalt kommen. Ein anderer Bereich der zur Öffnung der Anstalt beiträgt, wäre die Übernahme von Leistungen für die Gemeinde (z. B. Beratungsdienst für Bürger des Stadtteils) oder bestünde darin, der Gemeinde

Anlagen der Anstalt (z. B. Sportplatz oder Sporthalle, Schwimmbad oder Festsaal) zur Verfügung zu stellen. Auch dieser Austausch von Leistungen ist in ausländischen Einrichtungen teilweise schon weit entwickelt. Wünschenswert ist zudem die Durchführung von Veranstaltungen in der Einrichtung, zu der die Öffentlichkeit wie auch die Insassen Zugang haben.

Weiter wäre es wichtig, die Erfahrungsmöglichkeiten der Insassen mit der Realität außerhalb durch einen frühzeitigen Beginn des Freigangs (Arbeit außerhalb der Anstalt) und ein Ausschöpfen unterschiedlicher Ausgangsformen (zum Sport, zum Einkauf, zum Stadtbummel, etc.) zu vergrößern. Die Erfahrung mit der Realität wird von den Insassen in die Anstalt eingebracht, beeinflußt diese wiederum im Sinne eines realitätsnäheren Umgehens miteinander. Integration wichtiger Bezugspersonen der Insassen bedeutet vor allem, daß diese Personen die Insassen in der Anstalt zwanglos aufsuchen können, dabei sich jedoch auch Kontakte zu den Mitarbeitern entwickeln. Das Einladen von Bürgern der Gemeinde (z. B. im Zusammenhang mit einem besonderen Ereignis) bietet sich an, um Kontakte zwischen Bürgern und Insassen und eine Einbindung in die Gemeinde zu erreichen.

Solche Maßnahmen werden in einzelnen sozialtherapeutischen Anstälten schon praktiziert, allerdings fehlt ein Konzept in dieser umfassenden Form und besonders die zuerst genannten Aktivitäten (Import und Export von Fachleuten und Dienstleistungen und Durchführung von öffentlichen Veranstaltungen in der Anstalt) sind bisher nur wenig entwickelt.

Grenzen sozialtherapeutischer Arbeit: In der Praxis der sozialtherapeutischen Anstalt zeigten sich jedoch auch Konfliktsituationen oder Grenzen, die anscheinend kaum lösbar bzw. überwindbar sind. So ist eine Absicherung der Sozialtherapie in den Rahmenbedingungen (Erlasse, Vorschriften, Gesetze, etc.) nur unzureichend vorhanden. Denn bisher gelang es nicht, eine eindeutige Behandlungsorientierung in den Vorschriften, Erlassen und Verfügungen der Aufsichtsbehörden durchzusetzen. Eher sind diese auch für die sozialtherapeutische Anstalt gekennzeichnet durch Gesichtspunkte des traditionellen Strafvollzuges wie Sicherheit und Ordnung, Kontrolle der Insassen, bürokratische Organisation (vgl. dazu *Driebold* 1981 b). Der Konflikt zwischen einer Behandlung einerseits und der Sicherung der Insassen bzw. der Sicherheit der Anstalt andererseits wird im Zweifel zu Gunsten der Sicherung gelöst. Dadurch werden jedoch die Handlungsmöglichkeiten von Insassen und Mitarbeitern eingeschränkt, wird der Behandlungsgedanke in den Hintergrund gedrängt. Die Vorstellung, daß über die Behandlung der Insassen eine Sicherung des Insassen im bisherigen Sinne weniger wichtig wird oder ersetzt werden kann, ist im Verständnis der Justizadministration wenig entwickelt. Weiter stellt sich die Frage, wie weit der Sonderstatus der sozialtherapeutischen Anstalt über die bisherige gesetzliche Grundlage der Sozialtherapie, den § 9 des StVollzG, hinreichend abgesichert ist, um damit der Anstalt einen Handlungsspielraum in bezug auf veränderte oder erst zu entwickelnde Strukturen, Arbeitsweisen und auch Vorschriften zu eröffnen. Hier wäre es sicher von Bedeutung, den § 65 StGB, dessen Inkraftsetzung nochmals bis zum 1. 1. 1985 hinausgeschoben wurde, endgültig anzuwenden und damit die Besonderheit der sozialtherapeutischen

Anstalt (bestimmte Schwere der Staftaten, Priorität der Behandlungsabsicht, veränderte Aufgabenstellung der Mitarbeiter) zu betonen. Dabei sollte die sozialtherapeutische Anstalt nicht aus dem Strafvollzug genommen werden und einem anderen Ressort, z. B. dem Gesundheitsministerium, zugeordnet werden. Allerdings muß einer »Vereinnahmung« der sozialtherapeutischen Anstalt durch die Justiz mit den anderen Einrichtungen des Vollzuges, wie sie sich zur Zeit abzeichnet, stärker entgegengewirkt werden.

Eine Grenze für die Sozialtherapie mit Strafgefangenen könnte auch in der Perspektivendifferenz zwischen Insassen und Mitarbeitern bestehen, indem die Mitarbeiter bei den Insassen Probleme »entdecken«, die diese nicht sehen oder nicht sehen können. Allerdings läßt sich diese Differenz in den Perspektiven reduzieren und eine veränderte Therapiekonzeption, indem in realen Lebenssituationen und aktuellen Konflikten angesetzt wird und die konstruktiven Teile der Beziehungen der Insassen untereinander stärker genutzt werden (so auch *Quensel*, 1977 b). Wie weit dieser Weg führen kann, wird sich wohl erst in der Zukunft zeigen. Andererseits besteht zur Zeit immer wieder die Gefahr einer »disziplinarischen Entartung« (*Ploeger*, 1972) der Mitarbeiter, indem durch Formalisierungen im Umgang, Vorurteile bzw. Vorbehalte und ein noch starkes Mißtrauen gegenüber den Insassen eine Hilfe zur Selbsthilfe häufig eingeschränkt wird (vgl. *Driebold*, 1981 b).

Fast kaum lösbar zeigten sich auch die Personalkonflikte insbesondere zwischen den Fachleuten und den Mitarbeitern des allgemeinen Vollzugsdienstes (vgl. dazu z. B. *Rasch*, 1976). Einerseits gelang es in den sozialtherapeutischen Einrichtungen bisher nur unzureichend, die hierarchische Struktur der Anstalten abzubauen. So sind die Mitarbeiter des Vollzugsdienstes von wichtigen Entscheidungen häufig noch ausgeschlossen. Auch führte die Professionalisierung eines Teils der Mitarbeiter, bewirkt durch die Einstellung von Fachleuten wie Psychiater, Psychologen, Pädagogen und Sozialarbeitern, nicht wie wohl erwartet zu einer Demokratisierung der Beziehungen der Mitarbeiter untereinander, sondern eher zu einer neuen Hierarchie (vgl. *Driebold*, 1981 b). Andererseits zeigen sich erste Ansätze einer sinnvollen Kooperation der Mitarbeiter untereinander, indem z. B. Behandlungsgruppen gebildet werden, die aus den unterschiedlichen Mitarbeitern der Anstalt bestehen (Psychologe, Sozialarbeiter, Pädagoge, Vollzugsdienst) und gleichberechtigt Programme für die Behandlung eines Insassen entwickeln. Durch solche Arbeitsweise dürften sich auch die Grundkonflikte zwischen den Mitarbeitergruppen reduzieren lassen.

Eine Grenze für die Sozialtherapie kann auch die Erfolgsmessung darstellen, vor allem wenn sie dazu dienen soll, die Behandlung von Straftätern empirisch zu legitimieren. Zwar zeigten die ersten Untersuchungen zur Legalbewährung von Straftätern, die aus sozialtherapeutischen Anstalten entlassen wurden, positive Ergebnisse (vgl. *Rehn*, 1979; *Dünkel*, 1980). Jedoch ist es nicht zuletzt eine Frage des Maßstabes, wie man diese Ergebnisse bewerten will. Für den einen mag eine Senkung der Rückfallquote um 5,5 bis maximal 13% ein gutes Ergebnis sein, für andere mag dies nicht ausreichen, die zusätzlichen Investitionen an Personal- und

Sachkosten zu rechtfertigen. Dabei muß gesehen werden, daß auch eine prozentual geringe, gelungene Integration der Betroffenen die Folgekosten der Gesellschaft (Sozialkosten) enorm senkt (vgl. dazu *Luzius*, 1979). Sozialtherapie, die ihre Existenz über den Nachweis höherer Effizienz erweisen muß, befindet sich in einem echten Zwiespalt, indem einerseits die Behandlungsversuche noch in einer Entwicklungsphase stecken und mit Mängeln behaftet sind; andererseits wird ein vernünftiges Hinauszögern erster Ergebnisse als Eingeständnis eines Unvermögens, als Zweifel am eigenen Vorgehen verstanden.

Schlußbetrachtung

Die historische Entwicklung der Freiheitsstrafe bzw. des Vollzugssystems zeigt, daß strafen und bessern unterschiedliche Schwerpunkte der Geschichte der Freiheitsstrafe sind, die nicht stetig in einer Richtung, sondern wellenförmig verlief. Wichtig war dabei, die Einbettung von Veränderungen in aktuelle Zeitströmungen und ökonomische Bedingungen der Gesellschaft zu sehen. Doch ist für den Wechsel von Zielen gerade der reformerische Impuls von Bedeutung. Bei diesen Reformen besteht jedoch immer die Gefahr, daß ihre Absichten durch die Praxis verkehrt werden. So zeichnet sich für den Strafvollzug der Gegenwart ab, daß Arbeitsprogramme eher einen Ausbeutungscharakter haben, daß die Idee eines Stufenvollzuges zu einem Vergünstigungssystem pervertiert wurde, daß das Behandlungsmodell, geprägt durch eine medizinische Sichtweise, zu einer Entmündigung der Betroffenen führt; dies nicht zuletzt deshalb, weil auf Grund der Zurückhaltung der Reformer »andere, die über noch weniger gesichertes Wissen verfügen, ihre Politik machen . . .« (*Pilgram/Steinert*, 1980). Doch zeigte sich der Strafvollzug weniger starr als erwartet; so dürfte auch die mit der gesellschaftlichen Entwicklung anscheinend eng verbundene Tendenz einer zunehmenden formellen Sozialkontrolle durch neue Arbeitsformen (private Konfliktregelung, Deinstitutionalisierung) zurücknehmbar sein.

Andererseits wurde deutlich, daß Möglichkeiten für eine Sozialtherapie im Justizvollzug vorhanden sind, auch wenn diese bisher nicht voll ausgeschöpft werden. So würden vor allem eine Änderung des Behandlungskonzeptes in Richtung eines pädagogisch-therapeutischen Ansatzes, die Schaffung realer Lebensbedingungen, sowie ein veränderter Umgang mit den Insassen Entwicklungsmöglichkeiten für eine Sozialtherapie enthalten. Eine Öffnung der Einrichtung sollte dazu beitragen, ihre Handlungsmöglichkeiten zu vergrößern und die Einrichtung der Gemeinde näher zu bringen. Dabei gibt es hier sicher Vorbehalte in der Bevölkerung gegenüber Straftätern zu überwinden. Denn zwischen Öffentlichkeit und Eingeschlossenen besteht eine starke Abwehr, so daß ein »Bedürfnis« nach harten Maßnahmen vielfach laut wird. Andererseits läßt sich diese Strafbereitschaft über alternative Erfahrungen der Bürger mit den Betroffenen abbauen. Nicht übersehen werden können auch die Schwierigkeiten, die in der Praxis der Sozialtherapie bisher auftraten, obwohl für diese Probleme sich zum Teil Lösungsansätze bereits abzeichnen. Auch wenn die Rigidität und Restriktivität des Systems Strafvollzug vielleicht nicht völlig aufgehoben werden kann, geht es doch darum, die Zusammenhänge mit der allgemeinen gesellschaftlichen Entwicklung rechtzeitig zu erkennen und für strukturelle Änderungen zu nutzen. Der Weg ist mühsam, doch wird eine Reform des Strafvollzuges, soll sie erfolgreich sein, immer auch Gesellschaftspolitik einschließen müssen. So wird z.B. im öffentlichen Bewußtsein wie bei den verwaltenden Behörden der Gedanke der Sicherung hinter dem der Resozialisierung weiter zurücktreten müssen, zudem eine rechtliche Absicherung neuer Orientierungen (Gesetze, Vorschriften, etc.) notwendig sein. Andererseits ist eine kritische Sicht auf die Praxis unerläßlich, um Mißverstehen oder Perversion der Reformabsichten zu verhindern.

Rolf Driebold

Literatur

Basaglia, F. (Hrsg.), 1974: Was ist Psychiatrie? Frankfurt/M. – *Bernsmann, K./Richartz, M./ Schulz, W.*, 1977: Soziale Psychiatrie und Strafvollzug – zur Frage der Relevanz psychiatrischer Erfahrungen für eine Reform des Strafvollzuges. In: Monatsschrift für Kriminologie und Strafrechtsreform; 159 ff. – Bundeszusammenschluß für Straffälligenhilfe (Hrsg.) 1977: Sozialtherapeutische Anstalten – Konzepte und Erfahrungen, Bonn-Bad Godesberg – *Calliess, R. P.*, 1973: Theorie der Strafe im demokratischen und sozialen Rechtsstaat, Frankfurt/M. – *Clemmer, D., 1957: The prison community New York – *Cooper, D.*, 1971: Psychiatrie und Anti-Psychiatrie, Frankfurt/M. – *de Boor, C.*, 1977: Sozialtherapie als angewandte Psychoanalyse in einer Sondereinrichtung der holländischen Justiz: In: *Lüderssen, K./Sack, F.* (Hrsg.): Seminar: Abweichendes Verhalten III. Frankfurt/M. – *Driebold, R.*, 1981 a: Der gebremste Fortschritt – zur Lage der Sozialtherapie im Justizvollzug. In: Neue Praxis, H. 4; 307 ff. – *Driebold, R., 1981 b: Sozialtherapie im Strafvollzug. Möglichkeiten und Hindernisse einer Kooperation mit Strafgefangenen, Weinheim – *Dünkel, F.*, 1980: Legalbewährung nach sozialtherapeutischer Behandlung, Berlin – *Feest, J.*, 1980: Vollzug der Freiheitsstrafe. In: *Feest, J./Joester, E.*, u. a.: Kommentar zum Strafvollzugsgesetz, Neuwied – *Foucault, M., 1976: Überwachen und Strafen. Die Geburt des Gefängnisses, Frankfurt/M. – *Goffman, E.*, 1972: Asyle. Über die soziale Situation psychiatrischer Patienten und anderer Insassen, Frankfurt/M. – *Hompesch, R./Hompesch-Cornetz, J.*, 1978: Problemdefinitionen und Handlungsformen von Sozialarbeit und Therapie. In: Neue Praxis, Sonderheft: 24 ff. – *Jones, M.*, 1976: Prinzipien der therapeutischen Gemeinschaft, Bern – *Jäger, H.*, 1980: Veränderung des Strafrechts durch Kriminologie? In: *Lüderssen, K./Sack, F.* (Hrsg.): Seminar: Abweichendes Verhalten IV, Frankfurt/M. – *Kaiser, G./Kerner, H.-J./Schöch, H.*, 1978: Strafvollzug, Heidelberg – *Kretz, H.*, 1977: Sozialtherapeutische Anstalten aus ärztlicher Sicht. In: *Schwind, H.-D./Blau, G.* (Hrsg.): Strafvollzug in der Praxis, Berlin – *Krüger, U.*, 1977: Behandeln statt strafen. In: Monatsschrift für Kriminologie und Strafrechtsreform, H. 4, 218 ff. – *Luzius, F. J.*, 1979: Resozialisierung zum Nulltarif? In: Monatsschrift für Kriminologie und Strafrechtsreform, H. 2: 98 ff. – *Mathiesen, T., 1979: Überwindet die Mauern! Neuwied – *Mauch, G./Mauch, R.*, 1965: Sozialtherapie in der Strafanstalt. In: *Bitter, W.* (Hrsg.): Verbrechen – Schuld oder Schicksal? Stuttgart – *Mauch, G./Mauch, R.*, 1971: Sozialtherapie und Sozialtherapeutische Anstalt, Stuttgart – *McKnight, J.*, 1979: Professionelle Dienstleistung und entmündigende Hilfe. In: *Illich, I*, u. a.; Entmündigung durch Experten, Reinbek – *Ortner, H./Wetter, R.*, 1980: Sozialarbeit ohne Mauern. Anstöße zu einer »befreienden Gefangenenarbeit«, Stuttgart – *Pilgram, A./Steinert, H.*, 1980: Abschrecken und Disziplinieren. In: *Lüderssen, K./Sack, F.* (Hrsg.): Seminar: Abweichendes Verhalten IV, Frankfurt/M. – *Pilgram, A./Steinert, H.*, 1981: Plädoyer für bessere Gründe für die Abschaffung der Gefängnisse und für Besseres als die Abschaffung der Gefängnisse. In:

Ortner, H. (Hrsg.): Freiheit statt Strafe, Frankfurt/M. – *Ploeger, A.*, 1972: Die therapeutische Gemeinschaft in der Psychotherapie und Sozialpsychiatrie, Stuttgart – *Quensel, S.*, 1977 a: Der Anstaltsinsasse als Objekt von Strafjustiz und Behandlungseifer. In: Lebendiges Strafrecht, Festgabe für Prof. Hans Schultz, Bern – *Quensel, S.*, 1977 b: Sozialarbeit in totalen Institutionen. In: *Hollstein, W./Meinhold, M.*: Sozialpädagogische Modelle, Frankfurt/M. – *Quensel, S.*, 1981: Zum pädagogischen Ansatz im Justizvollzug. In: Zeitschrift für Strafvollzug und Straffälligenhilfe: 277 ff. – *Radbruch, G.*, 1957: Der Mensch im Recht, Göttingen – *Rasch, W.*, 1976: Zu den Bedingungen von Personal-Kooperation in sozialtherapeutischen Anstalten. In: Gruppendynamik: 352 ff. – *Rasch, W.*, 1977: Forensische Sozialtherapie. Erfahrungen in Düren, Karlsruhe – *Redl, F./Wineman, D.*, 1970: Kinder die hassen, Freiburg – *Redl, F.*, 1971: Erziehung schwieriger Kinder, München – *Reicher, J.*, 1976: Die Entwicklungspsychopathie und die analytische Psychotherapie von Delinquenten. In: Psyche: 604 ff. – *Rehn, G.*, 1979: Behandlung im Strafvollzug, Weinheim – *Rusche, G./Kirchheimer, O.*: Sozialstruktur und Strafvollzug. Frankfurt 1974 – *Schmitt, G.*, 1980: Sozialtherapie – eine Gratwanderung im Strafvollzug. Frankfurt/M. – *Schneider, H. J.*, 1978: Behandlung in Freizeit. In: Psychologie heute: 67 ff. – *Schulz, W.*, 1979: Community Based Corrections. In: Monatsschrift für Kriminologie und Strafrechtsreform, H. 1: 17 ff. – *Schumann, K. F./Voß, M./Papendorf, K.*, 1981: Über die Entbehrlichkeit des Jugendstrafvollzuges. In: Ortner, H. (Hrsg.): Freiheit statt Strafe, Frankfurt/M. – *Scull, A. T.*, 1980: Die Anstalten öffnen? Decarceration der Irren und Häftlinge, Frankfurt/M. – *Thiersch, H.*, 1978: Zum Verhältnis von Sozialarbeit und Therapie. In: Neue Praxis, Sonderheft: 6 ff. – *Voß, M.*, 1979: Gefängnis für wen? – Eine kritische Funktionsbestimmung des Strafvollzuges, Bielefeld – *Waxweiler, R.*, 1980: Psychotherapie im Strafvollzug. Eine empirische Erfolgsuntersuchung am Beispiel der sozialtherapeutischen Abteilung in einer Justizvollzugsanstalt, Weinheim –

→ Jugendstrafvollzug

Subsidiarität

Die Verwendung des Begriffes Subsidiarität ist schillernd, er wird für verschiedene Situationen eines Vorrang/Nachrang-Verhältnisses verwandt: so etwa zur Bezeichnung des Sachverhaltes, daß die finanziellen Leistungen des Bundesausbildungsförderungsgesetzes, der Sozialhilfe subsidiär (nachrangig) gegenüber den Leistungen der Familie/Eltern sind (Vgl. §§ 1, 24, 25 BAföG; §§ 2, 11 BSHG); auch die erzieherischen Leistungen der Jugendhilfe werden als subsidiär gegenüber den Erziehungsleistungen der Familie angesehen (vgl. § 1 Abs. 3 JWG). Seine zentrale Bedeutung hat der Begriff der Subsidiarität im institutionellen Bereich des Verhältnisses zwischen privaten (sog. freien) Trägern und den hoheitlichen Organisationen (Behörden, insbesondere Jugendamt, Sozialamt) der Sozialarbeit/Sozialpädagogik. Der Begriff des Subsidiaritätsprinzipes wird hier formal verstanden als der Vorrang der privaten vor den hoheitlichen Organisationen; allerdings vermag erst eine detaillierte Untersuchung zu klären, ob diese formale Beschreibung der rechtlichen Lage und der sozialen Realität gerecht wird.

Zur Institutionell-rechtlichen Bedeutung

Seine praktische Bedeutung gewinnt das Subsidiaritätsprinzip durch die einschlägigen Bestimmungen im BSHG und im JWG. Schon in den Vorläufern dieser Gesetze wurde das Verhältnis zwischen hoheitlichen und privaten Trägern thematisiert: in § 5 Abs. 4 der Verordnung über die Fürsorgepflicht (RFV) vom 13. 2. 1924 – dem Vorläufer des BSHG – ist das Verhältnis dadurch angesprochen, daß die hoheitlichen Fürsorgestellen »darauf hinwirken (sollen), daß öffentliche und freie Wohlfahrtspflege sich zweckmäßig ergänzen und in Formen zusammenarbeiten, die der Selbständigkeit beider gerecht werden«. Im RJWG vom 9. 7. 1922 lautet die entsprechende Formulierung für die Jugendhilfe: in § 4 Abs. 1 »Aufgabe des Jugendamtes ist es ferner, die für die Wohlfahrt der Jugend erforderlichen Einrichtungen und Veranstaltungen anzuregen, zu fördern und ggf. zu schaffen«. Damit war weder im Sozialhilfe-, noch im Jugendhilferecht das Verhältnis zwischen hoheitlichen und privaten Trägern im Sinne eines Vorrang/Nachrang-Verhältnisses geregelt und damit kann zu diesem Zeitpunkt von einem Subsidiaritätsprinzip nicht die Rede sein. Vielmehr wurde vom damaligen Gesetzgeber dieses Verhältnis bewußt offen gehalten.

Dies änderte sich erst durch die vom 3. Deutschen Bundestag mit seiner absoluten CDU/CSU Mehrheit verabschiedete Neufassung im BSHG und im JWG, die die offenen Formulierungen des § 5 Abs. 4 RFV und des § 4 Abs. 1 RJWG durch eindeutige, das Subsidiaritätsprinzip festlegende Formulierungen ersetzen wollten. Im BSHG geschah das durch die entsprechenden Formulierungen in § 8 Abs. 2. S. 2, § 10 Abs. 4 und § 93 BSHG und im JWG durch die Formulierung des § 5 Abs. 3 S. 2 JWG. Hier wird das Verhältnis zwischen privaten und hoheitlichen Trägern der Sozialhilfe/Jugendhilfe vom Wortlaut her im Sinne eines Vorrang/Nachrang-Verhältnisses und damit im Sinne des Subsidiaritätsprinzips geregelt. Dies wird exemplarisch deutlich am Vergleich der Bestimmung des ehemaligen § 4 RJWG und des § 5 Abs. 2 S. 2 JWG, der lautet: »Soweit geeignete Einrichtungen und Veranstaltungen der Träger der freien Jugendhilfe vorhanden sind, erweitert oder geschaffen werden, ist von eigenen Einrichtungen und Veranstaltungen des Jugendamts abzusehen«.

Die Diskussion konzentrierte sich dabei zentral auf den politisch besonders umstrittenen Bereich der Jugendhilfe. Dies zeigte sich bereits bei den Auseinandersetzungen im Bundestag, gilt auch für die anschließend ergangene Entscheidung des Bundesverfassungsgerichts und ebenso für die spätere Diskussion zum Subsidiaritätsprinzip. Der Hintergrund dieser auf den Bereich der Jugendhilfe konzentrierten Auseinandersetzung um das Subsidiaritätsprinzip ist wohl zum einen darin zu sehen, daß die Sozialhilfe mit ihren eher materiell ausgerichteten Leistungen für eigenständige Intentionen der privaten Träger wenig Spielraum läßt und zum anderen dadurch, daß durch die stärker sozialpädagogische Ausrichtung der Jugendhilfe auch Einflußmöglichkeiten auf die Sozialisation der Kinder und Jugendlichen bestehen und deswegen Beeinflussungsmöglichkeiten im Sinne der jeweils gewünschten ideologischen Richtung angenommen werden. Deswegen konzentriert sich auch dieser Beitrag auf den Schwerpunkt der Auseinandersetzung zum Subisidiaritätsprinzip, auf den Bereich der Jugendhilfe.

Bereits in der parlamentarischen Auseinandersetzung zum BSHG und zum JWG wurde deutlich, was mit der gesetzlichen Verankerung des Subsidiaritätsprinzips erreicht werden sollte. Dadurch soll »der Vorrang der freien vor der öffentlichen Jugendhilfe so zwingend gefaßt werden, daß er künftig auch für sozialdemokratisch verwaltete Gemeinden einfach unumgänglich ist«. Hieraus ist klar, daß von der absoluten CDU/CSU Bundestagsmehrheit eine Funktionssperre für die hoheitliche Jugendhilfe gewollt war. Inhaltlich hätte dies bedeutet, daß Sozialisation, Erziehung und Ausbildung von Kindern und Jugendlichen außerhalb von Beruf, Schule und Familie nicht eine öffentliche, gesamtgesellschaftliche Aufgabe gewesen wäre, sondern vornehmlich eine private, die vorrangig von privaten Einrichtungen und Institutionen wahrzunehmen gewesen wäre. Die politisch gewollte Funktionssperre wurde allerdings aufgrund des Urteils des Bundesverfassungsgerichts vom 18. 7. 1967 (BVerfGE 22, 180 ff) nicht Realität. Gerade wegen der befürchteten Funktionssperre war beim Bundesverfassungsgericht von den Städten Dortmund, Darmstadt, Frankfurt am Main und Herne Verfassungsbeschwerde eingelegt worden. Auch die Länder Hessen, Hamburg, Bremen und Niedersachsen hatten u. a. wegen § 5 Abs. 3 JWG ein Normenkontrollverfahren beim Bundesverfassungsgericht beantragt.

Das Bundesverfassungsgericht befaßte sich dabei mit der politischen Intention der Gesetzesänderung kaum: das Wort »Subsidiarität« findet sich im Urteil überhaupt nicht und das Wort »Vorrang« – versehen mit dem Adjektiv »sogenannter« – nur zweimal in den Urteilsgründen. Dies deswegen, weil das Bundesverfassungsgericht die Bestimmungen des JWG weitgehend unter dem Gesichtspunkt der Wirtschaftlichkeit beurteilte und im JWG insofern nur eine Regelung sah, »die lediglich eine vernünftige Aufgabenverteilung und eine möglichst wirtschaftliche Verwendung der zur Verfügung stehenden öffentlichen und privaten Mittel sicherstellen soll«. Insofern förderten diese Vorschriften nach Auffassung des Bundesverfassungsgerichts nur die »durch Jahrzehnte bewährte Zusammenarbeit von Staat und freien Verbänden«. Auch da, wo es sich konkreter zum Verhältnis zwischen hoheitlicher und privater Jugendhilfe äußert, sind wirtschaftliche Kriterien für das Bundesverfassungsgericht die entscheidenden Faktoren: »Es kann aber nicht angenommen werden, daß ein Gesetz, das öffentliche und private Jugendhilfe zu sinnvoller Zusammenarbeit zusammenführen will, die Gemeinden und Gemeindeverbände als Träger der Jugendämter durch die Vorschrift des § 5 Abs. 3 Satz 2 JWG zwingen will, bereits vorhandene öffentliche Einrichtungen zu schließen. Wo geeignete Einrichtungen der Jugendämter ausreichend zur Verfügung stehen, kann von ihnen weder eine Förderung neuer Einrichtungen der Träger der freien Jugendhilfe verlangt werden, noch eine Schließung bereits vorhandener öffentlicher Einrichtungen zu Gunsten freier Einrichtungen, die erst noch neu geschaffen werden müßten. Derselbe Grundsatz des sinnvollen Einsatzes finanzieller Mittel und der Zusammenarbeit verbietet es aber auch, von den Gemeinden zu verlangen, daß sie von einem mit bescheidenen Mitteln möglichen Ausbau vorhandener eigener

Einrichtungen absehen und statt dessen mit erheblichen höherem Aufwand die Schaffung einer neuen Einrichtung eines Trägers der freien Jugendhilfe fördern. Umgekehrt soll das Jugendamt dort, wo geeignete Einrichtungen der Träger der freien Jugendhilfe bereits vorhanden sind, die schon allein gewährleisten, daß die für die Wohlfahrt der Jugend erforderlichen Einrichtungen ausreichend zur Verfügung stehen, keine Mittel für die Schaffung eigener Einrichtungen einsetzen, sondern vielmehr seine Mittel für die Förderung der freien Einrichtungen verwenden (§ 5 Abs. 1, § 7, § 8 JWG)« (BVerfG 22, 200 f.).

Damit hat das Bundesverfassungsgericht eine Grundsatzentscheidung zu den theoretischen Prämissen des Subsidiaritätsprinzips vermieden und sich auf die Frage des Einsatzes und der Verteilung finanzieller Mittel beschränkt. In dieser Angelegenheit hat es allerdings die ausschlaggebende Entscheidung, die Letztzuständigkeit, die »Kompetenz-Kompetenz« schließlich den Gemeinden zugesprochen: »Außerdem bleibt den Gemeinden die Gesamtverantwortung dafür, daß in beiden Bereichen durch behördliche und freie Tätigkeit das Erforderliche geschieht.«

Damit ist klar, daß das politisch angestrebte Ziel der Funktionssperre nicht erreicht werden konnte: letztlich bleiben die Kommunen verantwortlich.

Ideengeschichtlicher Hintergrund des Subsidiaritätsprinzips

Bei der Diskussion um die Novelle zum RJWG 1961 wurde die Subsidiarität der hoheitlichen Jugendhilfe aus gesellschaftspolitischen Auffassungen heraus begründet; die Regelung entspreche, »Struktur und Aufbau unserer freiheitlichen Gesellschafts- und Staatsordnung«, dem »freiheitlichen Ordnungsbild einer Gesellschaft...«, in der die freie Initiative auch auf dem Gebiet der Jugendhilfe den Vorrang hat« und damit werde »konsequent die gesellschaftliche Wirklichkeit, die pluralistisch gestaltet ist«, anerkannt. Diese Begründungen leiten aus der von ihr festgestellten Pluralität die Folgerung ab, daß dementsprechend verschiedene Träger zur Verfügung stehen müßten. Die Begründungen stammen aus verschiedenen gedanklichen Wurzeln: aus der föderalistischen Gesellschaftslehre, aus der liberalistischen Staatstheorie, aus der katholischen Soziallehre. Das in der Diskussion um das Subsidiaritätsprinzip in der Jugendhilfe (und Sozialhilfe) virulenteste Gedankengut ist das der liberalistischen Staatstheorie und der katholischen Soziallehre.

Die behauptete Trennung zwischen Staat und Gesellschaft, d. h. zwischen öffentlicher und privater Sphäre, entstammt dem Gedankengut der Staats- und Gesellschaftstheorien des Liberalismus: Die Deklarierung des »liberalen Rechtsstaates« des 19. Jahrhunderts schrieb in der Theorie dem Staat die Aufgabe zu, Grundprinzipien bürgerlichen Zusammenlebens zu sichern (Schutz des Eigentums, der öffentlichen Sicherheit usw.), sich im übrigen aber jeder Einmischung in die Sphäre der Privatpersonen zu enthalten, was durch entsprechende Rechtsgarantien (Grundrechte, Menschenrechte) für die Bürger erreicht werden sollte. Sehr deutlich wird dies etwa in den Überlegungen Humboldts: Er gesteht dem Staat allein die Aufgabe zu, für das negative Wohl der Bürger zu sorgen, d. h. für die Sicherheit gegen auswärtige Feinde und für die innere Sicherheit der Bürger untereinander. Aus diesen Überlegungen heraus spricht er sich sehr deutlich gegen eine (von ihm so benannte) öffentliche Erziehung aus (*Humboldt,* 1968).

Der Bereich der bürgerlichen Gesellschaft, d. h. konkret der der Produktion und des Austauschs von Waren, wurde für fähig erachtet, sich in selbstregulierenden Prozessen über den Markt nach dem Prinzip freier Konkurrenz zu steuern. Nun hatte es selbst zur Zeit der Entstehung dieser liberalistischen Staatstheorien in der konkreten Wirklichkeit nie diese Situation gegeben. Schon damals intervenierte der Staat zur Absicherung nationaler Produktion (mit Hilfe von Steuern, Zöllen, Antitrustgesetzen usw.), zur sozialen Sicherung (Bismarcksche Sozialgesetzgebung), zur Herstellung von Arbeitskraftqualifikationen (Verbot der Kinderarbeit, Schulpflicht): »Der liberale Staat war immer so stark, wie die politische und soziale Situation und die bürgerlichen Interessen es erforderten. Er führte Kriege und schlug Streiks nieder, er schützte seine Investitionen mit starken Flotten, er verteidigte und erweiterte seine Grenzen mit starken Heeren, er stellte mit der Polizei ›Ruhe und Ordnung‹ her. Er war stark genau in den Sphären, in denen er stark sein mußte« (*Neumann,* 1967).

Eine weitere Wurzel des Subsidiaritätsprinzips stammt aus der katholischen Soziallehre. In der Sozialenzyklika »Quadrogesimo anno« von 1931 heißt es: »Wie dasjenige, was der Einzelmensch aus eigener Initiative und mit seinen eigenen Kräften leisten kann, ihm nicht entzogen und der Gesellschaftstätigkeit zugewiesen werden darf, so verstößt es gegen die Gerechtigkeit, das, was die kleineren und untergeordneten Gemeinwesen leisten und zum guten Ende führen können, für die weitere und übergeordnete Gemeinschaft in Anspruch zu nehmen; zugleich ist es überaus nachteilig und verwirrt die ganze Gesellschaftsordnung. Jedwede Gesellschaftstätigkeit ist ja ihrem Wesen nach subsidiär . . .« Diese Aussagen werden eingeleitet mit den Worten: »Fixum tamen immotumque manet in philosophia sociali gravissimum illud principium quod neque moverique mutari potest.«

An dieser Formulierung entzündet sich – was gerade auch von Vertretern des Subsidiaritätsprinzips verschwiegen wird – die innerkatholische Auslegungsdiskussion: ist »gravissimum« als oberster Grundsatz (und damit als tragendes Prinzip der gesamten katholischen Soziallehre), oder ist es (nur) als ein sehr wichtiger, sehr bedeutsamer Grundsatz zu verstehen?.

Abgesehen davon handelt es sich beim Subsidiaritätsprinzip der katholischen Soziallehre um keine Beschreibung realer Situationen, sondern um eine programmatische Forderung, die sich gerade gegen konkrete gesellschaftliche Entwicklungen wandte. Damit sollen in der säkularisierten Gesellschaft christliche Überlieferungen gewahrt werden, allerdings nicht mehr als gemeinsames Erbe der gegenwärtigen Gesellschaft, sondern als partikulares Eigenrecht kirchlicher Institutionen, was eine gleichsam nachträgliche Sanktion des Atheismus der gegenwärtigen modernen Welt bedeutet. Damit ist das Subsidiaritätsprinzip in der katholischen Soziallehre etwas ganz anderes als das Subsidiaritätsprinzip des Liberalismus: statt Grundprinzip staatlichen und gesellschaftlichen Handelns formales Zuständigkeitsprinzip, das erlaubt, partikulare Interessen mit Hilfe der Berufung auf »gravissimum illud principium« zu überhöhen. Und damit wird auch die Kehrseite des Subsidiaritätsprinzips liberalen Denkens völlig vergessen: während die Nachrangigkeit von Staatstätigkeit in der liberalistischen Theorie zwar den Vorrang privater Tätigkeit begründet, bedeutet dies für diese Tätigkeit gleichzeitig die Übernahme des gesamten Risikos, der Kosten der Tätigkeit. Das Subsidiaritätsprinzip der katholischen Soziallehre will nicht nur den Vorrang der privaten Träger sichern, sondern sieht zugleich eine Verpflichtung des Staates vor, die Tätigkeit dieser Träger zu subventionieren. Damit erhält das Subsidiaritätsprinzip eine praktisch-materielle, finanziell umsetzbare Perspektive. So ist der Streit um das Subsidiaritätsprinzip kein akademischer um die Rangfolge von Staats- und Gesellschaftstätigkeit, sondern ein praktischer um Finanzen. Vor diesem »Subventions-Subsidiaritätsprinzip« erklärt sich so vielleicht auch die Heftigkeit der Diskussion, denn es geht nicht nur um Ideen, sondern um Geld.

Realität des Subsidiaritätsprinzips

Die reale Situation in der Jugendhilfe ist von einem eindeutigen Übergewicht der sog. freien Träger bestimmt. Zwar ist es schwierig, eindeutige Aussagen über die Tätigkeit der privaten Träger zu machen, da solche Aussagen sich wesentlich auch auf die inhaltliche Arbeit beziehen müßten, diese ist aber aufgrund verschiedener Faktoren recht unterschiedlich. Außerdem ist es relativ leicht möglich, über die Tätigkeit der hoheitlichen Jugendhilfe in Statistiken zu berichten; über die Tätigkeit der privaten Träger liegt dagegen wenig amtliches statistisches Material vor. Am statistisch besten läßt sich das Verhältnis zwischen privater (freier) und hoheitlicher (öffentlicher) Jugendhilfe hinsichtlich der verfügbaren Plätze in Einrichtungen und hinsichtlich des Personals feststellen. Die folgenden Übersichten gelten für 1980.

Plätze in Einrichtungen

Art der Einrichtung	Anzahl der Plätze	davon in % hoheitlich (öffentlich)	davon in % private (freie) gemeinnützige
Heime für werdende Mütter	376	–	96
Wohnheime für Mutter + Kind	1 370	17	77
Säuglingsheime	1 361	18	67
Kinderheime	39 135	16	69
Erziehungsheime	27 061	15	82
Sonderheime	25 876	16	71
Beobachtungsheime	574	84	16
Kinderkrippen	26 104	74	24
Kindergärten	1 393 708	29	70
Kinderhorte	105 673	63	35
Kur-/Erholungsheime	29 427	15	50
Jugendherbergen	70 661	10	85

Art der Einrichtung	Anzahl der Plätze	davon in %	
		hoheitlich (öffentlich)	private (freie) gemeinnützige
Jugendbildungsstätten	29 812	23	70
Jugendwohnheime	41 421	10	85
Schülerwohnheime	34 370	7	66
Jugendschutzstellen/Auffangheime	1 407	48	50
Fortbildungsstätten für Fachkräfte	2 151	32	68
Sonstige Einrichtungen	42 581	35	57

Ein weiterer wichtiger Faktor ist die Personalsituation. Über die Zahl der bei den jeweiligen Anstellungsträgern Beschäftigten gibt die statistische Erhebung über die Struktur des Personals in der Jugendhilfe vom November 1974 Auskunft. Für den Erhebungszeitpunkt 1. 11. 1974 ergaben sich folgende Zahlen:

Beschäftigte in der Jugendhilfe

insgesamt	hoheitlich	Art des Trägers	
		privat	
		gemeinnützig (sog. freie Träger)	gewerblich
222 674	75 232 = 33,78%	142 010 = 63,78%	5 432 = 2,44%

Da es sich hierbei um eine bisher einmalige Erhebung handelt, lassen sich keine Entwicklungsrichtungen entnehmen, sondern es läßt sich nur die massive Dominanz der privaten Träger feststellen.

Schließlich geben die Zahlen über die Ausgaben für die Jugendhilfe anhaltsweise noch Aufschluß, allerdings nur in sehr eingeschränktem Maße, denn genauere Unterlagen liegen nur über die Ausgaben der Träger der staatlichen Jugendhilfe vor. In diesen sind auch die Zuschüsse an die privaten Organisationen aufgeschlüsselt; dies sind ⅕ bis ¼ der Gesamtausgaben der hoheitlichen Stellen:

Jahr	Ausgaben in der Jugendhilfe insgesamt in Mill. DM	davon Zuschüsse an private Träger
1977	4084,6	1021,1 = 25,0%
1978	4427,2	1172,2 = 26,5%
1979	4759,4	1332,4 = 28,0%
1980	5312,9	1578,5 = 29,7%

Zahlenangaben über die eigenen Ausgaben der privaten Träger in der Jugendhilfe existieren nicht oder sind nicht zugänglich. Hieraus würde sich wohl auch auf der finanziellen Ebene die Vorrangstellung der privaten Organisationen bestätigen.

Die Praxis – Monopolstellung einiger weniger

Nun ist es keineswegs so, daß sich diese Vorrangstellung freier Träger in einer
breiten bunten Palette privater Organisationen in der Jugendhilfe niederschlägt –
vielmehr ist die private Jugendhilfe stark monopolisiert: Das Feld der Jugendhilfe
wird entscheidend von den Spitzenverbänden der privaten Wohlfahrtspflege beherrscht; es sind dies Arbeiterwohlfahrt-Bundesverband e. V., Diakonisches
Werk, Deutscher Caritasverband e. V., Deutscher Paritätischer Wohlfahrtsverband e. V., Deutsches Rotes Kreuz e. V., Zentralwohlfahrtsstelle der Juden in
Deutschland e. V., die alle in der Bundesarbeitsgemeinschaft der freien Wohlfahrtspflege zusammengeschlossen sind. Diese Auflistung spiegelt aber in keiner
Weise das tatsächliche Gewicht der einzelnen Verbände wider. Das wird vielmehr
erst dann deutlich, wenn man sich klar macht, daß von den 142 010 bei privaten
Trägern Beschäftigten

$\quad$ 37,5 % bei den Kirchen
$\quad$ 23,0 % beim Deutschen Caritasverband
$\quad$ 18,0 % beim Diakonischen Werk
$\quad\ $ 4,0 % beim DPWV
$\quad\ $ 3,0 % bei der Arbeiterwohlfahrt
$\quad\ $ 3,0 % bei den Jugendverbänden/Jugendgruppen

tätig sind.
Der Vorrang der kirchlichen oder kirchennahen Organisationen hat neben historischen (entstanden bereits im letzten Jahrhundert; während des Hitler-Faschismus
nicht verboten wie die Arbeiterwohlfahrt) auch materielle Gründe: Keine andere
private Organisation verfügt über die exklusive Möglichkeit der Finanzbeschaffung
mittels eigener Steuereinnahmen über die Kirchen, wie kirchliche/kirchennahe
Jugendhilfeorganisationen. Damit kann man nicht mehr unreflektiert nur von »den
freien Trägern« sprechen. Vielmehr wird die Jugendhilfe eindeutig dominiert von
den Kirchen und den kirchlichen privaten Organisationen:
– so liegt die Beschäftigtenzahl der Kirchen und kirchlichen privaten Organisationen mit 111 478 um fast 50 % über der Zahl der bei staatlichen Institutionen
  Beschäftigten;
– dieser Beschäftigtenzahl von 111 478 steht eine Beschäftigtenzahl von 9 941 bei
  den übrigen (DPWV und Arbeiterwohlfahrt) privaten Trägern gegenüber!
Dies gilt im Gesamtspektrum (Einrichtungen, Finanzen, Personal) auch im Vergleich zur zweiten »Säule« der Jugendhilfe – zu den Jugendverbänden –, die von der
Präsenz dieser mächtigen Verbände in den zweiten Rang verdrängt werden.
Innerhalb der Jugendverbände/Jugendgruppen allerdings gibt es keine derartige
Dominanz einzelner Organisationen. Beides ist weitgehend durch die Struktur der
Jugendverbände bedingt. Sie verfügen über einen nur sehr geringen hauptamtli-
chen Mitarbeiterstab, besitzen kaum eigene Einrichtungen (Heime, Häuser,
Beratungsstellen usw.) und ihre Arbeit beruht tatsächlich zentral auf dem Freiwil-
ligkeitsprinzip. Über besondere finanzielle Ressourcen verfügen nur die Jugend-
verbände, die an Erwachsenenverbände angelehnt sind und dies sind auch die

größeren Jugendverbände, wie z. B. Arbeitsgemeinschaft der Evangelischen Jugend, der Bund der Deutschen Katholischen Jugend, die Gewerkschaftsjugend, auch die Deutsche Sportjugend, die mit Ausnahme der letzten im Deutschen Bundesjugendring zusammengeschlossen sind.

Vor dieser monopolistischen Realität gerade der kirchlichen/kirchennahen Jugendhilfeträger nehmen sich die Worte »Pluralismus« und »Wahlfreiheit« leer aus, sie gerinnen zur Umschreibung des Vorrangs weniger, finanzstarker, mächtiger Verbände. Das sog. Subsidiaritätsprinzip dient somit eher der Legitimation dieser Verbände, »einer mehr machtpolitischen Durchsetzung von Verbandsinteressen im Gewande naturrechtlicher Argumentation« (*Rendtorff,* 1962) als der Realisierung des Pluralismus.

Wie der Verweis auf die Bundestagsdebatte von 1961 gezeigt hat, wird das Subsidiaritätsprinzip theoretisch-ideologisch gerechtfertigt mit den unterschiedlichen, pluralistischen Erziehungsrichtungen, weswegen den Eltern und den Minderjährigen ein Wahlrecht gegeben werden muß, was eben nur durch unterschiedliche, private Träger gesichert werden kann. Aber auch die Wahlmöglichkeiten des Klienten sind mehr Fiktion als Wirklichkeit. In den häufigsten Fällen treten die Betroffenen nicht von sich aus an die Träger der Jugendhilfe heran, vielmehr geschieht dieser Schritt meist erst auf recht deutliche Anregung hin oder zum Teil gar gegen den Willen der Betroffenen (z. B. Fürsorgeerziehung – §§ 64 ff JWG). Die Wahlmöglichkeit, die in Assoziation zur »freien Marktwirtschaft«, die dem Klienten als »Konsumenten« zusteht, ist gerade in dem Bereich der Jugendfürsorge und deren sozialen Diensten und Einrichtungen nicht gegeben. So dienen die Begriffe »Pluralismus«, »Wahlrecht«, »Grundrichtung der Erziehung« nicht zur Bestimmung von Handlungsansätzen der Jugendhilfe, sondern der formalen Zuordnung realer Sachverhalte auf Organisationen, sie sind kein inhaltliches, sondern ein formales Prinzip.

Denn gerade wenn dies ein inhaltliches Konzept wäre, dann würde es Auswirkungen auf die Arbeit privater Jugendhilfe haben müssen. Hiervon kann jedoch nur teilweise die Rede sein. Denn wenn auch der eingetragene Verein – die Rechtsform der meisten Jugendwohlfahrtsverbände – einmal demokratisch gedacht war, so ist er, angelegt als Instrument bürgerlicher Selbstverwaltung und bürgerlicher Selbstbestimmung, heute schon oft formell satzungsmäßig verstümmelt und besonders die zentralen Verbände stellen nur in sehr engen Grenzen Institutionen dar, in denen die Willensbildung sich demokratisch vollzieht und echte Partizipationschancen für die Mitglieder bestehen.

Noch weniger scheinen die Gedanken des »Pluralismus« und des »Wahlrechts« zu gelten, wenn es um die von der Jugendhilfe Betroffenen selbst geht: mit seltener Eindeutigkeit wird hierzu in der gemeinsamen Stellungnahme des Kommissariats der Deutschen Bischöfe, des Bundes der Deutschen Katholischen Jugend und des Deutschen Caritasverbandes vom 27. März 1974 zur Reform der Jugendhilfe ausgeführt: »Selbstverständlich sollte einem allgemeinen Recht auf Teilnahme an den Veranstaltungen der Jugendhilfe nichts im Wege stehen. Fraglich ist allerdings, ob sich ein Recht auf Benutzung aller Einrichtungen und damit auch der Einrichtung der freien Träger mit deren Selbständigkeit in Zielsetzung und Durchführung ihrer Aufgaben verträgt. Erst wenn sichergestellt ist, daß Einrichtungen der freien Jugendhilfe deshalb nicht die dem jeweiligen Träger prägenden Erziehungsziele und Erziehungsinhalte aufzugeben oder zu ändern haben, könnte eine solche Bestimmung sinnvoll erscheinen. Zu begrüßen ist es, daß im Entwurf die Mitwirkung und Mitbestimmung der jungen Menschen sichergestellt wird. Dabei sollte jedoch auch im Gesetzeswort deutlich gemacht werden, daß hierdurch die Selbständigkeit der freien Träger nicht berührt wird.«

Somit zeigt sich, daß die Wirklichkeit im Bereich der privaten Träger den Stichworten zur Begründung des Vorrangs (Pluralismus, Vielfalt von Erziehungszielen) vielfach nicht entspricht. Die Berufung auf die genannten Stichworte hat somit häufig ideologischen Charakter; sie dient der Erhöhung und Absicherung von Machtpositionen. Daß subjektiv-ideologische Argumentationen dominieren, hat – neben der Relevanz für die finanzielle Subventionierung verbandlicher Stärke – auch damit zu tun, daß die Begründungszusammenhänge für das Subsidiaritätsprinzip einerseits und die gesellschaftliche Wirklichkeit andererseits zunehmend auseinanderklaffen: Schon zur Zeit des Frühliberalismus war nicht die idealtypische Trennung von Staat und Gesellschaft gegeben, wie sie dem bürgerlich-liberalen Modell des Subsidiaritätsprinzips vorschwebt. Erst recht ist dies heute nicht mehr der Fall. Vielmehr ist staatliche Intervention in allen gesellschaftlichen Bereichen von Bedeutung: sei es im Bereich der Produktion etwa durch Subvention, Investitionszulagen, indirekte Investitionssteuerung; sei es im Beeich der Distribution über die Einflußnahme auf die Verteilung des Sozialproduktes (etwa über zunehmende Planungsmaßnahmen im Städtebau-, Umweltbereich); oder sei es auch im Bereich der gesamtgesellschaftlichen Reproduktion und Qualifikation der Arbeitskraft, wie die Entwicklungen im schulischen, beruflichen und nicht zuletzt auch im Jugendhilfesektor zeigen. Die Entwicklungen machen klar, daß nicht eine Ausweitung privater Produktions- oder Reproduktionsformen stattfindet, sondern deren Rückgang. Das ist nicht zufällig, sondern eine strukturelle Entwicklung, wobei sich gerade im Sozialisationsbereich eine zunehmende Vergesellschaftung deutlich abzeichnet. Dieser Prozeß ist zwar nicht brechungsfrei, aber auch nicht zurücknehmbar.

Auch dann, wenn man versucht, das Subsidiaritätsprinzip dadurch zu retten, daß man von seinen theoretischen Voraussetzungen absieht, es reduziert auf das Schlagwort »Pluralismus« und dies zur Bezeichnung gegenwärtiger Gesellschaftsstrukturen verwendet, denen auf der Ebene der Jugendhilfe der Vorrang privater Träger entspricht, kommt man in Schwierigkeiten. Pluralismus setzt als Bedingung die Gleichheit der verschiedenen, pluralen Teile der Gesellschaft voraus. Nur wenn zwischen den verschiedenen Teilen annähernd Gleichheit besteht, können sie miteinander in Konkurrenz und Auseinandersetzung treten, ohne daß in diesem Prozeß sogleich der »Pluralismus« zu existieren aufhört. Bedingung für realen Pluralismus ist damit letztlich die Homogenität der Gesellschaft überhaupt, erst prinzipielle Chancengleichheit erlaubt es, die Bezeichnung pluralistisch zu verwenden. Die ist aber weder auf gesamtgesellschaftlicher Ebene – mag man sie nun nach

Schichtungskriterien oder als Klassengesellschaft analysieren – noch auf der Jugendhilfeebene gegeben; auf der letzteren Ebene wird Chancengleichheit eher durch die Suventionierungspraxis verhindert denn gefördert.

Gegenwärtige Reformdiskussion

Zu Beginn der 70er Jahre wurde in breiterem Umfang die Diskussion um eine Reform des Jugendhilferechts und in diesem Zusammenhang auch um das Subsidiaritätsprinzip aufgenommen. Die vom BMJFG eingesetzte Jugendhilferechtskommission (JHRK) legte im April 1973 einen Diskussionentwurf (DE) vor, der in dieser Frage aufgrund der unterschiedlichen Interessenpositionen, die in der JHRK vertreten waren, keine einheitliche Position enthielt, sondern die Alternativformulierungen der §§ 14 und 14b DE. Bereits § 14b DE, der dem Vorschlag der Bundesarbeitsgemeinschaft der freien Wohlfahrtspflege entsprach, sah eine Lockerung gegenüber dem jetzigen Gesetzeswortlaut vor, da er die Ist-Formulierung des § 5 Abs. 3 JWG durch eine Sollvorschrift ersetzte. Der mehrheitlich vorgelegte § 14 DE dagegen relativierte die gegenwärtige Fassung noch weiter und sprach von einer »partnerschaftlichen Zusammenarbeit« zwischen öffentlicher und freier Jugendhilfe. Der im März 1974 vorgelegte Referentenentwurf (RE) bezog sich zentral auf diese zweite Alternative und operierte ebenfalls mit dem Begriff der »partnerschaftlichen Zusammenarbeit«. Diese Linie wurde weitgehend durchgehalten, wenn z. T. auch verbal relativiert: sowohl der Regierungsentwurf vom 8. 11. 1978 (RegE) wird in § 96, der die Zusammenarbeit zwischen öffentlichen und freien Trägern der Jugendhilfe regelt, wie in § 86 der vom Bundestag verabschiedeten Fassung vom 23. 5. 1980 (BR-Ds 287/80) wird auf das Prinzip der partnerschaftlichen Zusammenarbeit abgestellt. Somit zeigt sich in der Reformdiskussion, daß die starre Wortlautfassung des gegenwärtigen Rechtszustandes durch den Begriff der partnerschaftlichen Zusammenarbeit aufgelockert werden sollte; wegen der Ablehnung durch den Bundesrat wurden diese Überlegungen jedoch nicht geltendes Recht.

Das Verhältnis zwischen hoheitlicher und privater Jugendhilfe wird jedoch nicht nur durch die Gesetzesbestimmungen zur Subsidiarität beeinflußt, sondern zeigt sich auch in anderen Bereichen, so insbesondere bei der Kontrolle der privaten/ freien Träger (z. B. ihre Einrichtungen), bei der Überprüfung der Fachlichkeit ihrer Arbeit (z. B. über die Fachlichkeitsvorschriften hinsichtlich der Mitarbeiter), bei der Planungskompetenz für Aktivitäten in der Jugendhilfe, die beim hoheitlichen Träger liegen. Und hier zeigt sich sowohl bereits in der Realität als auch in den Gesetzesentwürfen ein Ausbau hoheitlicher Einfluß- und Gestaltungsmöglichkeiten. Bereits anläßlich der Novelle von 1961 wurde in § 78 JWG die hoheitliche Aufsicht im Heimbereich aufgenommen, die jetzigen Reformvorschläge sehen eine Verstärkung der Kompetenzen der hoheitlichen Träger auch im Pflegekinder- und Adoptionswesen vor. Durch die Professionalisierung, Verwissenschaftlichung der Ausbildung und durch den damit zusammenhängenden Ausbau der staatlichen Bildungsinstitutionen für die sozialen Berufe wurde langfristig eine Entwicklung eingeleitet, auf die Tätigkeit der privaten Organisationen inhaltlich Einfluß nehmen zu können. In den Reformentwürfen ist der Ausbau der Fachlichkeitsvorschriften, die Abhängigkeit der finanziellen Zuschüsse von einer entsprechenden fachlichen Leistung und damit über den Hebel der Anerkennung und Finanzierung die Einflußnahmen auf die Fachlichkeit der Arbeit sichergestellt. Ebenso wird durch die zunehmende Planung und den Ausbau der Planungsvorschriften die Kompetenz hoheitlicher Stellen dadurch gestärkt, daß sie diejenigen sind, die über die Planungsdaten verfügen können und die privaten Träger zunehmend an ihre Planungsvorgaben binden können. Während in weiten Bereichen in der Jugendhilferechtsreform-Diskussion eine Rücknahme ehemals positiv zu bewertender Ansätze festzustellen ist, zeigt sich gerade im Bereich hoheitlicher Interventionsmöglichkeiten eher ein Ausbau der entsprechenden Gesetzesbestimmungen.

Somit ist mittel- und langfristig intentional die Situation zwischen hoheitlicher und privater Jugendhilfe gezeichnet durch eine direkte und indirekte (Fachlichkeit, Aufsicht, Planung, Professionalisierung) Relativierung des sog. Subsidiaritätsprinzips. Dies ist nicht eine beliebige Entwicklung, sondern dieser Prozeß ist zentral von sozio-ökonomischen, außerhalb der Jugendhilfe liegenden Faktoren und Entwicklungen abhängig und damit von einer gewissen Zwangsläufigkeit (*Münder*, 1976).

Allerdings läuft eine solche Entwicklung auch nicht von selbst, unbeeinflußt von Interessen, Konflikten, gesellschaftlichen Macht- und Kräfteverhältnissen. Auch deswegen wird das Subsidiaritätsprinzip weiterhin heftig diskutiert werden.

Neues Verständnis von Subsidiarität

Die Existenz des Jugendhilferechts weist nachdrücklich darauf hin, daß Sozialisation außerhalb von Schule, Familie und Beruf auch eine gesellschaftliche Aufgabe ist, die es deswegen auch gesellschaftlich zu lösen gilt. Nun bedeutet Gesellschaftlichkeit in der BRD – entscheidend bedingt durch die deutsche Verfassungstradition (Verfassungskompromiß zwischen Bürgertum und Königtum) – meist Staatlichkeit. Gesellschaftlichkeit aber im Sinne der Überwindung ehemals ausschließlicher Privatheit – hier der Sozialisation – bedeutet, daß die inhaltlichen Probleme auf breiter Ebene von allen Betroffenen (Kindern, Jugendlichen, Eltern, Erziehern) erfaßt werden und nicht nur individuelle Fragestellungen, sondern auch die gesellschaftlichen Bedingungen mitreflektiert werden. Deswegen müßten Einrichtungen und Institutionen Bedingungen schaffen, die dies ermöglichen, so z. B. ein genügendes Maß an Flexibilität und Toleranz besitzen, Handlungsräume erlauben, Eigeninitiative gewährleisten. Gegenwärtig scheinen am ehesten kleinere, nicht bürokratisierte Organisationen, Selbstinitiativen die beschriebenen Handlungsspielräume bereitstellen zu können. Insofern kann Subsidiarität anstelle der formalen Zuordnung realer Sachverhalte eine inhaltliche Qualität gewinnen, wenn es im Sinne bevorzugter Subventionierung flexibler, offener, toleranter, nichthierarchischer, selbstbestimmter Organisationen, Verbände und Initiativen verstanden wird.

Eine solche bevorzugte Berücksichtigung basisbezogener Initiativen wird aber nicht durch eine generelle Subsidiaritätsregelung zu sichern sein, was eben die gegenwärtige Realität des Subsidiaritätsprinzips (Monopolstellung einiger weniger Kirchen oder kirchennaher Organisationen) zeigt. Die Situation solcher Initiativen kann letztlich wohl nur dadurch gesichert werden, daß die jeweiligen generellen rechtlichen Bestimmungen, die für die Jugendhilfe gelten, auf die Situation dieser freien Initiativen ihrer Situation und Lage entsprechend angewandt werden. Das gilt insbesondere für die Bestimmungen über die Fachlichkeit, die Anerkennung und die Finanzierung solcher Initiativen. Hier ist sicherzustellen, daß Initiativen, die in der Vergangenheit ja ein erhebliches Innovationspotential in der Jugendhilfe darstellten, nicht durch eine unpassende Handhabung dieser Vorschriften verhindert werden. Das gilt besonders für die Handhabung der finanziellen Förderungsvorschriften. Gerade die Monopolstellung einiger weniger Träger und die privilegierte Aufbringung ihrer Eigenmittel über Steuereinnahmen der Kirchen und kirchennaher Träger ist ein Grund, hier sachlich zu differenzieren: diese realen Ungleichheiten sind Rechtsgrund für eine unterschiedliche rechtliche Behandlung – hier kann nicht der gleiche Eigenmittelanteil verlangt werden wie bei den großen Wohlfahrtsverbänden. Das kann bis zu einer vorrangigen Unterstützungspflicht gegenüber finanzschwachen Inititativen gehen.

Eine solche an konkreten einzelnen Punkten gehandhabte Flexibilität gegenüber basisbezogenen Initiativen kann den Kern eines neuen Verständnisses von Subsidiarität beinhalten: Jugendhilfe ist nicht Angelegenheit bürokratisierter Großorganisationen – seien es die Jugendämter oder die großen Jugendwohlfahrtsverbände –, sondern von einem richtigen Verständnis von Jugendhilfe ausgehend, vornehmlich Angelegenheit der von der Jugendhilfe Betroffenen.

Johannes Münder

Literatur

Bauer, R., 1978: Wohlfahrtsverbände in der Bundesrepublik Deutschland, Weinheim/Basel – Deutscher Verein für öffentliche und private Fürsorge (Hrsg.) 1977: Überlegungen zur Zusammenarbeit der öffentlichen und freien Träger der Jugendhilfe, Frankfurt/M. – *Dörrie, K.*, 1973: Aspekte einer Strukturanalyse der Freien Wohlfahrtspflege, in: *Otto, H. U./ Schneider, S.* (Hrsg.): Gesellschaftliche Perspektiven der Sozialarbeit, 2. Halbband, Neuwied/Berlin – *Emmelius, A.*, 1964: Das Rangverhältnis von Staat, Gemeinde und freier Gesellschaft bei der Wahrnehmung wohlfahrtsfördernder Aufgaben, Dissertation, Bonn – *Flierl, H.*, 1982: Freie und öffentliche Wohlfahrtspflege, München – *Giese, D.*, 1976: Zum Subsidiaritätsprinzip und Wahlrecht in der öffentlichen Fürsorge, in: Zeitschrift für Sozialhilfe: 1 ff. – *Heinze, R. G./Olk, T.*, 1981: Die Wohlfahrtsverbände im System sozialer Dienstleistungsproduktion, in: Kölner Zeitschrift für Soziologie und Sozialpsychologie: 94 ff. – *Humboldt, W. v.*, 1968: Gesammelte Werke, Berlin, photomechanischer Nachdruck von: Humboldt, W., Gesammelte Schriften, herausgegeben von der Königlich Preußischen Akademie der Wissenschaften, Berlin 1903–1936 – *Isensee, J.*, 1968: Subsidiaritätsprinzip und Verfassungsrecht, Berlin – *Jans, K.-W./Happe G.*, 1976[4]: Jugendwohlfahrtsgesetz, Köln – *Klein, F.*, 1970: Die Zusammenarbeit zwischen öffentlichen und freien Trägern, in: Deutscher Verein für öffentliche und private Fürsorge (Hrsg.): Die Fürsorge im sozialen Rechtsstaat, Frankfurt/M. – *Köttgen, A.*, 1961: Rechtsgutachten über den Regierungsentwurf einer Novelle zum RJWG, o. O. o. J. – *Köttgen, A.*, 1961: Das umstrittene Mandat zur Jugendpflege, in: Das öffentliche Recht: 1 ff. – *Lerche, P.*, 1963: Verfassungsfragen um Sozialhilfe und

Jugendwohlfahrt, Berlin – *Lüers, U.*, 1977: Im Irrgarten der Sozial- und Jugendhilfeträger, in: *Barabas, F.*, u. a. (Hrsg.): Jahrbuch der Sozialarbeit 1978, Reinbek – *Matthes, J.*, 1964: Gesellschaftspolitische Konzeptionen im Sozialhilferecht, Stuttgart – *Münder, J.*, 1976: Die gesellschaftliche Relevanz der Jugendhilfe oder warum die geplante Reform der Jugendhilfe scheiterte, in: RdJB: 211 ff. – *Münder, J.*, 1980: Familien- und Jugendrecht, Weinheim/ Basel – *Münder, J.*, 1981[2]: Frankfurter Kommentar zum Gesetz für Jugendwohlfahrt, Weinheim/Basel (insbesondere Anmerkungen zu § 5) – Neumann, F., 1967: Der Funktions- wandel des Gesetzes im Recht der bürgerlichen Gesellschaft, in: ders.: Demokratischer und autoritärer Staat, Frankfurt/M. – *Rendtorff, T.*, 1962: Kritische Erwägungen zum Subsidiari- tätsprinzip, in: Der Staat, 4. Jg.: 405 ff. – Steffen, P., 1970: Die Zusammenarbeit zwischen öffentlichen und freien Trägern, in: Deutscher Verein für öffentliche und private Fürsorge (Hrsg.): Die Fürsorge im sozialen Rechtsstaat, Frankfurt/M. – Utz, A. F., 1956: Formen und Grenzen des Subsidiaritätsprinzips, Heidelberg – Zacher, H. F., 1964: Freiheit und Gleichheit in der Wohlfahrtspflege, Köln. –

→ Geschichte: Von der Armenpflege zum Sozialstaat → Jugendamt → Jugendhilfe- recht → Jugendverbände → Wohlfahrtsverbände

Suizid

Begriff

Mit Selbstmord, Selbstvernichtung, Selbsttötung, Freitod und Suizid wird der Vorgang bezeichnet, durch den ein Individuum sein Leben zu beenden versucht. Die moralische Wertung suizidalen Handelns kann unterschieden werden in eine »morale simple« mit einer gnadenlosen Verurteilung aller Suizide und in eine »morale nuancée«, die dem Suizid mit dem breiten Spektrum von Einstellungen von der Verurteilung über Mitleid bis zur bewundernden Anerkennung gegenüber- tritt. Beide Arten lassen sich sowohl über längere Zeiträume hinweg schicht- spezifisch (als Anschauung des Volkes oder von Eliten) als auch als Charakteristi- kum bestimmter Epochen in der Geschichte ausmachen. Die »morale simple« dominierte. Die Verbindung von »Selbst« und »Mord« deutet an, daß Täter und Opfer identisch sind, diskriminiert zugleich die Handlung als ein Quasi-Verbre- chen. Auch »Selbstvernichtung« und »Selbsttötung« legen eine gedankliche Asso- ziation mit Mord nahe, sind – wie »Selbstmord« – Residuen kirchlicher und gesellschaftlicher Vorurteile. In diesem Zusammenhang ist auch bis in das 19. Jahr- hundert in europäischen Ländern der Brauch zu sehen, den Leib des Suizidanten zu bestrafen, indem man ihn an den Galgen hängte, als habe sich der Tote eines Kapitalverbrechens schuldig gemacht. In Preußen wurde die Bestrafung des Suizidversuchs 1751, in Frankreich 1790, in Österreich 1850 und in England erst 1961 abgeschafft.

Das Synonym »Freitod« unterstellt die frei gewollte Beendigung des eigenen Lebens, bedient sich also einer Fiktion, die nicht a priori in der Begriffsbildung eindeutig entschieden werden kann. Zudem ist dieser Begriff nicht frei von einem klassisch-heroenhaften Beigeschmack.

Der Begriff »Suizid« ist ein aus dem Lateinischen abgeleitetes, relativ abstraktes Wort und taucht zum erstenmal in der von *Browne* verfaßten »Religio Medici«, erschienen 1642, auf. Im nachfolgenden Text wird dieses Wort verwandt, obwohl es nicht die innere Dynamik der Handlung (Kränkung, Verlust, Signal, Wunsch nach Zäsur, Wiederherstellung von Beziehungen etc.) ausreichend wiedergibt, das Wort ist aber nicht durch normative Wertungen und Vor-Verständnisse belastet, verstellt so nicht den Blick auf die Sachproblematik. Zielt die Handlung nicht primär auf die Zerstörung des eigenen Ichs, sondern wird die objektiv lebensbedrohliche Handlung zur Annäherung an ein wichtiges Ziel eingesetzt (Bestrafung von Angehörigen, Wiedervereinigung mit Verstorbenen), wird das »sich selbst« (sui) durch eine den Körper bezeichnende Vorsilbe ersetzt: somacidales Verhalten.

Die WHO (Weltgesundheitsorganisation) unterscheidet 140 Todesursachen, die in vier Hauptkategorien unterteilt werden: natürlicher Tod, Unfall, Mord, Suizid. Diese Taxonomie berücksichtigt nicht die Mehrdimensionalität und mangelnde Abgrenzung der vier Haupttodesarten, orientiert sich nicht an der psychischen Beteiligung, der Motivation des Individuums und der Genese der Todesorientierungen. Die Kritik am Gebrauch einer unikausalen Statistik von Todesursachen ist wiederholt vorgetragen worden, ohne daß ein praktikables Klassifikationssystem gefunden wurde.

Améry (1976) sieht, in Anlehnung an *Nietzsche* und *Schopenhauer*, im »Freitod«, in der »Selbstabschaffung«, einen »integrierenden Bestandteil des Humanum«, womit der Mensch losgelöst und unabhängig von seinen Einbindungen in Biologie und Soziologie gesehen werden soll, frei von konventioneller Lebenslogik und progressiven Zielsetzungen geht es ihm nur um die Erfüllung der Freiheit, in die niemand mehr hineinzureden hat. Ähnlich argumentiert *Fletcher* (1976) und versucht den Wandel der Wertung historisch zu belegen: In der Antike war der Suizid eine tragische Entscheidung zur Bewahrung der menschlichen Würde. Danach wurde er jahrhundertelang in der christlichen Tradition als Sünde gewertet. Dann wurde er zum Verbrechen. Es erfolgte eine Rehabilitation, der Suizid wurde als Krankheit eingestuft. Bald wird er wieder eine freie Entscheidung sein, wird als Signatur von Freiheit gewertet.

Der von *Améry* und *Fletcher* zeitgleich entwickelten Sichtweise muß aber ein gesellschaftspolitischer Vorbehalt entgegengestellt werden: Kann das als »Humanum« bezeichnet werden, was bisher nur einer privilegierten Oberschicht zugestanden wurde? Kann man etwas als »Humanum« bezeichnen, was häufig in der willkürlichen Macht des einen Menschen über Leben und Tod anderer Menschen seine Ursache hat? Kann man eine Idee als human bezeichnen, die auf die fatalistische Rechtfertigung einer äußerst inhumanen gesellschaftlichen Krise hinauslaufen könnte? Ohne die von *Améry* wieder herausgestellte Bedeutung des »freien Willens« verwässern zu wollen, kann es dem Pädagogen schwerfallen, sich auf eine Generalisierung seiner Sichtweise einzulassen. Kann sich die Pädagogik auf eine radikal-individualistische Ethik einlassen, die nichts weiß von Pflichten und Verpflichtungen gegenüber Gesellschaft und Angehörigen? Haben Jugendliche ausreichend Alternativen erfahren und lernen können, um sich »frei« für diese Art von Konfliktlösung zu entscheiden? Für die Pädagogik bleibt eine Suche nach humanen Bedingungen und Gestaltungsweisen des Lebens vor dem Tode von zentraler Bedeutung.

Die Öffentlichkeit – gewohnt milieu-mechanistischen Erklärungsweisen zu folgen – und die Vertreter professionell/technischer Interventionsmodelle tun sich schwer in der Auseinandersetzung mit nichtoperationalisierbaren Verhaltensdeterminanten wie individuellen und überindividuellen Sinnperspektiven.

Der Suizid erscheint häufig als eine Reaktion auf eine mißlungene, belastend wirkende oder zerstörte Sozialbeziehung. Zu berücksichtigen sind die objektiv äußeren Bedingungen des Zerfalls integrierter Erlebnis- und Handlungsformen: Hospitalismus z. B. drückt sich auch als Zerfall von Vertrauens- und Sinnstrukturen aus, ist jedoch primär Reflex einer Zerstörung objektiver Beziehungsverhältnisse und sicherheitsgewährender Lebensbedingungen. Er kann ein Indiz dafür sein, daß gesellschaftliche Normen und Werte nicht für alle Individuen oder Gruppen erreichbar sind.

Aus Tagebuchaufzeichnungen, Biographien und Gesprächen nach Suizidversuchen ergibt sich, daß eine suizidale Handlung nicht in jedem Fall eindimensional als »Handlung zum Tode« gedeutet werden kann, vielmehr konkurrieren häufig andere Ziele miteinander. »Menschen, die Selbstmordhandlungen begehen, wollen nicht entweder leben oder sterben. Sie wollen beides gleichzeitig. Gewöhnlich das eine mehr oder viel mehr als das andere« (*Stengel*, 1969).

Nicht jeder Suizidversuch ist ein mißlungener Suizid, vielmehr können vier Kategorien des Versuchs voneinander abgehoben werden:

1. der Versuch, bei dem der letale Ausgang beabsichtigt war, die Person wurde aber gerettet;
2. der Versuch, bei dem bewußt oder unbewußt der Selbsterhaltungstrieb überwiegt;
3. der Versuch, der nicht die Destruktion der eigenen Person bezweckt, sondern ein Appell an den Signifikanten Anderen oder an die Gesellschaft ist, der Wunsch, ein anderes Leben zu führen oder den Signifikanten Anderen zu ändern (»präsuizidale Geste«). Mit der »paradoxen Kommunikation« soll über die Selbstbeschädigung ein anderes Weiterleben ermöglicht oder die Lösung einer Krisensituation gefunden werden;
4. der Versuch, der unternommen wird im Sinne eines verlängerten Schlafs, um einmal abzuschalten oder vergessen zu wollen, um dann wieder neu anfangen zu können (»parasuizidale Phase«).

Ein Versuch kann aber auch durch unglückliche Umstände (Unkenntnis oder falsche Dosierung der Mittel, der Signifikante Andere erscheint nicht) trotz anderer Intention letal enden.

Wiendieck (1972) berücksichtigt in seiner Taxonomie suizidalen Verhaltens sowohl die Verschiedenartigkeit der auslösenden Faktoren, der Zielkomponenten, als auch die Formen suizidalen Verhaltens. Ursache, Form und Ziel werden nicht als unabhängige, sondern als untereinander verbundene Faktoren betrachtet.

Ursachen	Suizidale Reaktion	Ziele

a) Intrapersonelle
   ↕
b) Interpersonelle   Suizid (letal) ⟷ Tod
   ↕   ↕
c) Gesellschaftliche   Suizidversuch (nicht-letal) ⟷ Leben

Als »indirekter Suizid« werden Verhaltensweisen eingestuft, bei denen das erhöhte Todesrisiko nicht weiter bedacht wird, z. B. Alkohol-, Drogen- und Nikotinmißbrauch, Leugnung von Krankheiten, unsachgemäßer Umgang mit bestimmten Medikamenten (z. B. Diabetis mellitus), masochistische Verhaltensweisen und Formen der Selbstzerstümmelung. Bestimmte Berufe (z. B. Todesfahrer) und spezielle Ausgestaltungen von Freizeitaktivitäten (z. B. Bergsteigen, Fallschirmspringen), Autofahren unter Alkoholeinwirkung, aber auch kriminelle Aktionen und Bandendelikte (z. B. joy riding), können auch als Substitute für den Suizid betrachtet werden.

Häufigkeiten

Statistische Angaben müssen, schon wegen ihres Zustandekommens, problematisiert werden. Einmal variieren die Erfassungs- und Klassfikationsmethoden, zum anderen stellt sich das Problem der Erkennbarkeit des Todesfalls als Suizid (Unfall oder Suizid? Suizid oder Mord?).
Eine Lösung wird im Verbund einer medizinischen, psychologischen und soziologischen Autopsie gesucht. Ein weiteres Problem ergibt sich bei der Definition des Todesfalls als Suizid, oft erfolgen Umdefinitionen aus moralischen, kulturellen, religiösen oder wirtschaftlichen Interessen unter Berücksichtigung familiärer Gefühle und aus bürokratischen Vorurteilen heraus. Ein Land, in dem Suizid eine religiöse Tabuverletzung und eine soziale Schande ist, in dem also das »Selbstmord«denken mit seinen negativen gesellschaftlichen Folgen vorkommt, wird auch offiziell eine geringere Suizidziffer ausweisen als ein Land, in dem solche Vorurteile abgebaut wurden.
Der Suizid ist ein ubiquitäres Problem, heute gibt es keine Gesellschaft ohne suizidale Handlungen. Es wird angenommen, daß jährlich etwa eine halbe Million Menschen Suizid begehen. Der internationale Vergleich seit Mitte des vergangenen Jahrhunderts dokumentiert, daß mehr Männer als Frauen Suizid verüben, wobei in jüngster Zeit die Suizidkurve bei Frauen kontinuierlich anstieg und daß mehr Frauen als Männer einen Suizidversuch ausführen.

Die Suizidzahl ist in den letzten Jahren in der Bundesrepublik gestiegen, sie liegt z. Z. über 13 000 jährlich und hat eine Größenordnung erreicht, die der Zahl der Verkehrstoten sehr nahe kommt. Dieses Anwachsen ist auch insofern alarmierend, als durch die Entwicklung der Intensivmedizin und durch Einrichtung der Beratungsstellen Voraussetzungen geschaffen werden, daß wesentlich mehr Suizidanten (insbesondere nach Vergiftungen) überleben oder durch Beratungen Perspektiven vermittelt bekommen. Die Suizidziffer (neuere Zahlen sind bezogen auf jeweils 100 000 Einwohner) ist seit 1951 von 18,5 auf 22,1 (1977) gestiegen. Die Zahl der Suizidversuche liegt wesentlich höher, das Verhältnis von Suizid und Suizidversuch wird auf 1:8 bis 1:10 eingeschätzt; daraus ergibt sich, daß in der Bundesrepublik in jedem Jahr über 100 000 Suizidversuche unternommen werden. Die statistische Auswertung des Suizidgeschehens ergab folgende Befunde:

– Bei Verheirateten (Männern und Frauen), vor allem wenn Kinder im Haushalt leben, wird eine geringere Suizidwahrscheinlichkeit als bei Ledigen, Geschiedenen und Verwitweten registriert.
– Die soziale Isolation und mangelnde Vorbereitung für das Alter führten in der BRD in den letzten Jahren dazu, daß die Quote der Suizidanten über 65 Jahre fast anderthalbmal so groß ist wie die der 20- bis 40jährigen. Die Quote der 40- bis 65jährigen ist nahezu dreimal so hoch wie die der 15- bis 20jährigen. Im Rentenalter verschiebt sich die Relation von Suiziden und Suizidversuchen erheblich in Richtung Suizid.
– Prestigereiche und prestigearme Berufe/Positionen und Arbeitslose scheinen gleichermaßen suizidgefährdet zu sein.
– Einfluß auf die Suizidhäufigkeit haben auch Industrialisierung, Bevölkerungsverdichtung (Ballungsräume) und Änderung der Wirtschaftsstruktur (einschließlich der Arbeitslosigkeit). So weisen Großstädte in der Regel eine Suizidquote auf, die deutlich über dem Bundesdurchschnitt liegt.

Protestanten weisen eine relativ höhere Suizidhäufigkeit auf als Katholiken und Juden, doch müssen noch eine Reihe weiterer Variablen berücksichtigt werden: z. B. Stadt-Land und kirchliche Bindungen. Zu Beginn des 20. Jahrhunderts war aber die Suizidrate der Juden in den Niederlanden und während der Depression in Toronto die der Katholiken höher als die der Protestanten (vgl. auch die hohe Suizidrate des »katholischen« Österreichs). In der Literatur wird den Katholiken eine größere Dunkelziffer (Angst vor der Verweigerung des kirchlichen Begräbnisses, Stigma der Angehörigen) zugewiesen.

Kinder, Jugendliche und Jungerwachsene

Abhängig davon, sich die Finalität des Todes vorstellen zu können, wird erst ab dem 10. Lebensjahr von der Möglichkeit eines Suizides gesprochen, vorher werden eher Zufall, Unfall oder spielerische Imitation angenommen, die tödlich enden.
In der BRD begingen nach der offiziellen Statistik der siebziger Jahre jährlich mehr als 60 Kinder von 10–15 Jahren Suizid. Die Zahl der Jungen ist etwa um ein Fünftel höher als die der Mädchen. Bei der Altersgruppe der 15- bis 20jährigen – nach der

Hauptschulzeit – liegen die realen Zahlen zwischen 470 und 500, die Zahl der weiblichen Suizidanten macht hierbei etwa ein Drittel aus. Tatsächlich dürfte die Zahl der Suizide auch in dieser Altersgruppe höher sein, wegen der Tabuisierung dieser Todesart wird der Suizid häufig als Unfalltod oder natürlicher Tod uminterpretiert.

Veröffentlichungen des Centre Alfred Binet (Paris) verweisen auf folgende Belastung durch Suizidtendenzen und Suizidversuche: sie liegt bei 6% für Jungen und 10% für Mädchen. Geht man von diesen Zahlen aus, so ergibt sich, daß in der BRD jährlich etwa 300 000 Jugendliche sich mit Suizidtendenzen bzw. mit Suizidversuchen beschäftigen. Die Untersuchung von *Stork* (1972) erbrachte, daß Suizidtendenzen bei 28% der Jungen und 35% der Mädchen registriert werden, Suizidversuche hatten 7,5% der Jungen und 13% der Mädchen unternommen. *Wiendieck* (1972) berichtet, daß sich 12,6% der Studenten und 26,9% der Studentinnen während der Studienzeit schon einmal mit dem Gedanken des Suizids getragen haben.

In den USA rangiert der Suizid bei Jugendlichen nach den Verkehrsunfällen und Tod durch Mord an dritter Stelle, in Westeuropa ist der Suizid die zweit- oder dritthäufigste Todesart junger Menschen. *Ringel* (1978) referiert aus futurologischen systemanalytischen Studien von *Millendorfer, Gaspari* und *Fuchs* folgende Annahmen: Die Suizidhäufigkeit wird danach in der BRD bis 2000 um 75%, bei Jugendlichen bis zum Jahre 2000 um 85% steigen und sich bis zum Jahre 2075 weiter verdoppeln. Das hieße – blieben Interventionen und gesellschaftliche Veränderungen aus –, daß 15% der Einwohner Europas durch Suizid ihr Leben beenden würden.

Die Zahlen zum suizidalen Verhalten müssen auch gesehen werden mit Faktoren, die sich aus den Veränderungen in einem weiteren sozialen Kontext und deren Auswirkungen auf die psycho-soziale Lagebefindlichkeit von Kindern und Jugendlichen ergeben. Aufgrund der derzeitigen Forschungslage – es handelt sich in der Mehrzahl um Einzelstudien mit Raum- und zeitlichen Einschränkungen – kann kaum von einer gesicherten quantitativen Verbindung einer Suizid-Tat mit diesen Faktoren gesprochen werden, vielmehr liegt allenfalls ein sensibilisierendes Raster vor. Besonderer Beachtung bedürfen z. B. das immense Ansteigen der Scheidungsraten, unvollständige Familien, das Ansteigen des acting-out-Verhaltens und die Jugendkriminalität. Zwischen 1950 und 1979 ist die Zahl der von Kindern und Jugendlichen unter fünfzehn Jahren begangenen schweren Verbrechen in den USA um das Hundertzehnfache oder elftausend Prozent gestiegen. Auch zu berücksichtigen sind die eher apathischen Rückzugstendenzen der Scene-Kultur, der Eskapismus – rund 40 000 Kinder und Jugendliche laufen jährlich von zu Hause oder ihren Heimen fort – und der Drogenkonsum: Etwa 60% der 14–15jährigen Jugendlichen sind regelmäßige Alkoholkonsumenten, 10 000 Jugendliche sind drogenabhängig, weitere 50 000 stark gefährdet. Der »Abschied von den Eltern« oder die Suche nach grenzüberschreitenden Erfahrungen lassen sich aber nur ansatzweise in Statistiken abbilden oder hochrechnen.

Entwicklung der Vorstellung vom Tod

Untersuchungen zum Kindersuizid erbrachten, daß noch die Mehrzahl der 6- bis 11jährigen im Tod ein »reversibles Ereignis« sieht, als eine Art »sich schlafen legen«, der Tod hat häufig auch etwas Traumhaftes an sich. Die Irreversibilität ist für sie jenseits des Verstehenshorizontes. Die Einsicht in die Komplexität des Todes wird mit der Möglichkeit zu abstraktem Denken und der damit verbundenen synthetischen Realitätserfahrung in Verbindung gesetzt, hierfür wird das Alter von 11 oder12 Jahren angenommen. Bis zur Pubertät konkurrieren häufig sich widersprechende Todesvorstellungen miteinander: die einen resultieren aus der Einsicht, daß der Tod irreversibel sei, andere sind gekennzeichnet von kindlicher Omnipotenzphantasie. Diese Widersprüchlichkeit wird erklärt aus der gegenwartsbezogenen, wenig introspektiven kindlichen Erlebnisverarbeitung, die Erfahrungen der Vergangenheit nicht unbedingt mit einbezieht, ebenso wie die Zukunft nicht antizipiert wird.

Der Tod gehört innerhalb unserer Gesellschaft nicht mehr in die Erlebniswelt des Kindes. Medizinischer Fortschritt, aber auch Ideologie und äußere Zwänge verbannen den Tod in Sterbegettos. Der zivilisatorische Prozeß der Affektmodellierung verbietet in der Regel die öffentliche Trauer. Selbstkontrolle und Emotionslosigkeit sind das Negativbild romantischer Expressivität. Die »Unfähigkeit zu trauern« und das Trauerverbot werden als Chiffren alltäglicher Panik, falsches Leben gedeutet. Es wird »alleine« und »heimlich« gestorben (*Aries*, 1976). Das Kind erlebt folglich allenfalls den Tod seines Lieblingstieres. Die Information aus Zeitungen, Fernsehen und Comics handeln fast ausschließlich vom gewaltsam herbeigeführten Tod, Tod durch Unfall oder Mord.

Die Entwicklung des Sterblichkeitswissens hat sich bis zur Adoleszenz dem Wissen der Erwachsenen angeglichen, was noch nicht heißt, daß jeder Erwachsene über ein realistisches Todesbild verfügt. Das Bild des Todes hat seinen sozialen Ursprung, es wird u. a. durch Erfahrungen des Alters, der Klasse, aber auch durch die Gegend, das Klima, die Kultur, durch Kampf und Utopie eingebracht, bearbeitet und geprägt (*Ziegler*, 1978), es wird ausgestaltet durch einen individuellen emotionalen- und kognitiven Verarbeitungs- und Bewertungsprozeß in einem situationsspezifischen Kontext.

Suizidale Handlungen als Prozeß

Suizidale Handlungen markieren häufig den Endpunkt eines langen Prozesses, entweder den des Einsamen mit seinen Erfahrungen der Isolation, des Mißverstandenwerdens und der Zurückweisung, oder den des Unbefriedigten mit seinen Erfahrungen von Niederlagen im Elternhaus, bei den Freunden und in der Schule, im Beruf und schließlich die »klassische Krisenkarriere« *(Farberow)*, die durch einen plötzlichen Streß ausgelöst wird, obwohl die bisherige Biographie »normal« verlief. Auflösende Faktoren erscheinen der Umwelt häufig unverständlich oder nichtig. Anlässe, die das »Faß zum Überlaufen bringen«, sind prinzipiell auswechselbar, bei fast allen suizidalen Handlungen geht das Gefühl des Abgelehntseins und der Verlust einer Zielperspektive voraus.

Jacobs (1974) kommt aufgrund seines entwicklungsbezogenen Ansatzes und unter Auslassung psychiatrisch begründeter Suizidhandlungen zu folgender Beschreibung des Prozesses suizidalen Verhaltens:

»(1) Eine langandauernde Problemgeschichte von der frühen Kindheit bis zum Einsetzen der Adoleszenz;

 (2) die Eskalation von Problemen (seit Eintritt ins Jugendlichenalter), die weit über solche hinausgehen, die gewöhnlich mit Jugend verbunden sind;

 (3) das fortschreitende Versagen verfügbarer Anpassungstechniken zur Bewältigung der alten und neuen wachsenden Probleme, das zur immer stärkeren sozialen Isolierung des Jugendlichen führt;

 (4) eine kettenreaktionsartige Auflösung aller wesentlichen bedeutungsvollen sozialen Beziehungen in den Tagen und Wochen vor dem Versuch;

 (5) der innere Prozeß, durch den er den Selbstmord vor sich selbst rechtfertigt und der es ihm ermöglicht, die Kluft zwischen Denken und Tat zu überbrücken.«

Mit dem Suizid markiert der Jugendliche seine ihm mögliche Toleranzgrenze, möglicherweise will er auch seinen Angehörigen seine »basic goodness and cleanliness« *(Schrut)* demonstrieren, wehrt sich gegen eine Stigmatisierung, der er sich anders nicht glaubt entziehen zu können.

Federn stellte schon 1928 die These auf: »Kaum jemals bringt sich jemand um, solange eine Person, die er liebt, ihn, so wie er ist, am Leben erhalten will, und das unter allen Bedingungen.« Heute scheint es für eine Vielzahl von Eltern schwierig zu sein, ihre Kinder so zu akzeptieren, wie sie sind, deren Probleme ernst zu nehmen und sie nicht herunterzuspielen. Studien zur pathogenen Familie verweisen auf den Zusammenhang von Gesellschaftsstrukturen und Kommunikationsstörungen; auch die Kinderfeindlichkeit hat ihre Ursachen, die nicht nur in individuellen Prädispositionen zu suchen sind.

Suizidologie

Unter Suizidologie wird das wissenschaftliche Bemühen verstanden, das Phänomen Suizid zu erklären. Wesentliche Erkenntnisse wurden von *Durkheim* (1858–1917) und *Freud* (1856–1939) eingebracht.

Derzeit wird eine interdisziplinäre Forschung angestrebt, die durch die Anwendung unterschiedlicher wissenschaftsspezifischer Theorien und Methoden versucht, die jeweils wissenschaftlichen Möglichkeiten des Themas auszuschöpfen.

Soziologische Theorien versuchen seit *Durkheim* (1897), den Suizid nicht als ein moralisches Vergehen, sondern als ein soziales Faktum – vergleichbar der Kriminalität –, das eine soziale Ursache habe, die erkennbaren Gesetzen unterläge und rational erörtert und untersucht werden könnte, zu fassen. Die unterschiedlichen Suizidraten werden nicht aus individuellen Prädispositionen, sondern aus »der Natur der Gesellschaft« selbst, d. h. aus Besonderheiten der Assoziation von

Individuen, aus Organisationsmerkmalen der Gesellschaft (Familie, Beruf, wirtschaftliche Bedingungen, Religion, Staat), innerhalb derer sich die Suizidhandlungen aktualisieren, erklärt. Anomie und Desorganisation charakterisieren Gruppen mit je höheren, starke soziale Integration mit je geringen Suizidquoten. Die Suizidrate ist minimal, wenn sich die Entfaltung des Individuums innerhalb gegebener Werte und Normen der Gesellschaft vollzieht. Sie steigt, sobald dieses Gleichgewicht entweder in Richtung auf eine zu starke (»altruistischer Suizid«) oder zu schwache soziale Integration (»egoistischer Suizid«) zerstört wird. Beim altrustischen Suizid hat die Gruppe (auch: die Sippe, die Religion) eine so starke Bindekraft, daß jedes Mitglied bereit ist, sein Leben für den Glauben (vgl. Massensuizid der Volkstempelanhänger in Guayana 1978), für seine Überzeugung oder eine Institution (z. B. die Armee) hinzugeben. Der selbst herbeigeführte Tod ist ehrenhaft, weiterzuleben wäre unwürdig (vgl. die Familiensuizide in Japan). »Was als Sinn des Lebens bezeichnet wird, gibt auch einen vortrefflichen Grund zum Sterben ab« *(Camus)*. Weiter wird angenommen, daß die Suizidrate mit dem Prozeß des Verfalls des Normen- und Wertesystems kollektiver Ordnungen in Zeiten von Armut und Prosperität, als Konsequenz »fehlender sozialer Regulation von Sehnsüchten«, steigt (»anomischer Suizid«). Neben diesen drei Haupttypen nennt *Durkheim* eine weitere Form: fatalistischer Suizid. Dieser ereignet sich unter extremer gesellschaftlicher Kontrolle, etwa bei verheirateten aber kinderlosen Frauen, sehr jungen Ehemännern, aber auch bei Gefangenen und Sklaven. Fatalismus unterscheidet sich von Anomie nicht nur durch das Vorhandensein der Normen, sondern ist vor allem ein Zeichen extrem starker sozialer Kontrolle. Anomie und Fatalismus unterscheiden sich vom Egoismus und Altruismus nicht nur durch den Inhalt der Normen, sondern durch die Art ihrer Durchsetzung. Sie bezeichnen die beiden extremen Pole eines Kontinuums der normativen Reglementierung, des Verhaltens durch die Gesellschaft.

Auch wenn die Gedanken von *Durkheim* mehrfach kritisiert und modifiziert wurden, stellen sie nach wie vor den Hauptsatz der soziologischen Suizidforschung dar. *Maris* (1969) wandelte *Durkheims* Theorie insofern ab, daß nicht die fehlende Integration, sondern der gesellschaftliche Druck auf die Einzelnen maßgebend für die Anzahl der Suizide sei. *Henry* und *Short* (1954) stellten fest, daß in den Jahren der hohen Suizidquoten in den USA die Mordraten geringer waren. Indem sie den Konjunkturzyklus als Frustration im Sinne der Frustrations-/Aggressionshypothese operationalisierten, fanden sie, daß die Mittelschicht auf wirtschaftliche Depressionen mit einer höheren Suizidrate reagiert, die Unterschicht hingegen auf Prosperität mit einer höheren Mordrate. Beides wird mit einer relativen Deprivation erklärt. Die schichttypische Aggressionsart wird unter Einbeziehung von Erkenntnissen der Sozialisationsforschung mit dem »external restraint« (äußerer Zwang bzw. Einschränkung durch andere) erklärt. *Gold* (1958) untersucht den Zusammenhang von mißlungener Sozialisation, Suizid und Mord. Die unterschiedliche Sozialisation der Aggression bewirke bei Angehörigen der Unterschicht (körperliche Züchtigung) in Krisen ein Agieren in Richtung Mord, bei Angehörigen der Mittelschicht (psychische Bestrafung) eher eine autodestruktive Handlung in Form von Suizid.

Seit *Provent* (1928) wird der »postaggressionale Suizid« diskutiert, indem darauf
verwiesen wird, daß in der Mehrzahl den Affekttaten ein Suizid oder Suizidversuch
folgt. *West* (1965) fand heraus, daß in England von den Mördern etwa ein Drittel
einen konsekutiven Suizid begeht. Täter, die anschließend einen Suizid begehen,
unterscheiden sich von anderen u. a. darin, daß sie eher die nächsten Angehörigen
(Ehefrau, Kinder) umbringen und weniger brutale Methoden anwenden. *West*
meint, daß die Vielzahl der Täter mit konsekutivem Suizid eher durch Hoffnungslosigkeit denn durch Aggression motiviert wurden.

Douglas (1967) wehrt sich dagegen, daß Soziologen, Psychiater und Psychologen
ihre Theorien dem suizidalen Menschen überstülpen, er stellt vielmehr die Frage,
welches die subjektive Bedeutung der Suizidhandlungen für den Handelnden in
seinem sozialen Kontext ist. Er fragt damit, was ein Individuum mit der Suizidhandlung sowohl subjektiv verbindet als auch ausdrücken will. So ist der Suizidant nicht
das passive Objekt, in dem sich lediglich bestimmte gesellschaftliche Gesetzmäßigkeiten manifestieren, sondern er wird als Teilnehmer an sozialen Interaktionsprozessen gewertet. *Douglas* formuliert drei allgemeine Sätze:

1. Jeder Suizid ist eine sinnvolle Handlung.
2. Jeder Suizid gibt eine Aussage über den Handelnden und
3. über die Ungunst der Lage, aus der er zu extremen Handlungen gezwungen
   wird.

Auf diesem Hintergrund lassen sich spezifische Muster von Suizidhandlungen
interpretieren als Bilanzierung des Selbst oder als Werben um Mitgefühl oder als
Beschuldigung, Rache an den Signifikanten Anderen.

Kobler und *Stotland* (1964) kommen mit ihrem feldtheoretischen Ansatz (Analyse
von Fallgeschichten Hospitalisierter) zur Auffassung, daß suizidales Verhalten ein
»generalized cry for help« sei. Antworten die Angesprochenen und wird das
gewünschte Ziel erreicht, stellt sich das Gleichgewicht des Subjekts wieder her und
es folgt kein weiterer Versuch; zeigen sie sich gleichgültig, so steigern sie seine Hilf-
und Hoffnungslosigkeit und drängen es zu weiteren Versuchen. Ob diese Beobachtung auch für die suizidale Situation außerhalb von Kliniken gilt, ist noch nicht
belegbar.

Henslin (1972) untersuchte die Reaktion der Signifikanten Anderen auf den Suizid.
Aufgrund der gesellschaftlichen Beurteilung der Suizide ist diese Gruppe (Familie,
Freunde) extrem anfällig für Schuldgefühle:

- Schuldgefühle entstehen, weil Suizidabsichten nicht wahrgenommen wurden.
- Schuldgefühle entstehen, weil Suizidabsichten zwar wahrgenommen wurden,
  die Signifikanten Anderen jeoch den Suizid nicht verhindern konnten.
- Schuldgefühle entstehen, weil die Signifikanten Anderen glaubten, den Suizidversuch verursacht zu haben.

In seiner Untersuchung fand er heraus, daß für die Frage der Schuld es nicht
relevant ist, ob eine Person tatsächlich zu einem Suizid beigetragen hat, sondern wie
diese Person ihre Handlungen definiert. Zur Neutralisierung oder Abschwächung
ihrer Schuld verwenden die Signifikanten Anderen folgende Techniken:

- Verleugnung des Suizids.

- Definition von Ursachen, die außerhalb der eigenen Person liegen.
- Betonung der eigenen Ohnmacht.
- Positive Definition der suizidalen Handlung.
- Engagement in besonderen Aktivitäten.

Henslin folgert, daß verschiedene kulturelle Kategorien von Suizid zu verschiedenen Typen von Schuld führen, um mit der Tatsache des Todes fertig zu werden. Die objektive Situation allein bestimmt nicht, ob sich jemand schuldig fühlt oder nicht, wesentlich ist die Definition der Situation, die der Signifikante Andere ihr zuschreibt.

Aufgrund der negativen gesellschaftlichen Beurteilungen tendieren Eltern und Pädagogen in unterschiedlichen Lebens- und Praxisfeldern dazu, suizidales Verhalten zu leugnen bzw. umzudefinieren, ist doch die Schon-Konfrontation mit dem »natürlichen Tod« für das Individuum verbunden mit einer schwer auflösbaren Dramatik. Das mit suizidalem Verhalten einhergehende juristische Problem (z. B. Wahrnehmung der Garantenpflicht) verunsichert sie erheblich. Erziehungsbefugte dürfen aufgrund bestehenden Sorgerechts (z. B. § 1626 BGB, Art. 6 II GG) in suizidales Geschehen eingreifen, ohne daß der »freitodmündige«, d. h. der schuldfähige Jugendliche dem unter Hinweis auf sein Grundrecht (Art. 2 I GG) widersprechen könnte. Erst die Wesensgehaltgarantie setzt dem Suizidveto der Eltern Grenzen, etwa wenn der todkranke, suizidmündige Jugendliche seinen Qualen gegen den Willen der Eltern ein Ende bereitet.

Wiendieck (1972) ging davon aus, daß Personengruppen verschiedenen Alters und verschiedenen Geschlechts ein unterschiedliches Ausmaß an Hilfsbereitschaft durch die anderen Mitglieder der Gesellschaft erfahren und auf ein unterschiedliches Ausmaß an Verständnis treffen. So scheint die Hilfsbereitschaft der sozialen Umwelt gegenüber weiblichen Hilfesuchenden größer zu sein als gegenüber männlichen. Die Hilfsbereitschaft der sozialen Umwelt sinkt mit zunehmendem Alter der Hilfesuchenden.

Psychologische Theorien

Im Gegensatz zu den soziologischen Theorien sieht der psychologische, vor allem der psychoanalytische Ansatz im Suizid ein im wesentlichen individualpsychisches Geschehen. Die Ursache suizidaler Handlungen wird primär in Persönlichkeitsmerkmalen oder unbewußten Antrieben gesehen.

Seit *Gaupp* (1905) wird davon ausgegangen, daß die angegebenen Motive einer suizidalen Handlung nicht identisch sind mit den eigentlichen Ursachen bzw. Bedingungen, es wird differenziert zwischen den unbewußten und bewußten Determinanten. *Abraham* (1912) und *Freud* (1916) deuten die Suizidhandlungen als Ausdruck der Wendung von Aggressionen gegen die eigene Person unter der Voraussetzung einer Fixierung auf die orale Stufe und der Ambivalenz der Objektbeziehungen. In »Trauer und Melancholie« wertet *Freud* (1916) den Suizid als Folge melancholischer Entwicklungsprozesse, in deren Verlauf sich ein ursprünglich nach außen, gegen ein verlorenes Liebesobjekt gerichteter Aggressionsimpuls infolge eines verminderten Realitätsbezugs gegen das eigene Ich wenden kann. Während der Verlust eines Liebesobjekts nach Ablauf einer gewissen Trauerperiode normalerweise durch die Aufnahme neuer Verbindungen bewältigt wird, führt die melancholische Entwicklung zu einem narzistischen Identifikationsprozeß mit dem verlorenen Objekt, der schließlich so weit geht, daß eine Aggression gegen sich selbst als ein Akt des Besitzers durch Zerstörung erwogen und durchgeführt wird. Damit ist der Tod nicht mehr das originäre Ziel suizidalen Verhaltens, sondern muß gleichsam als ein vermeidbares Nebenereignis der Aggression gegen das internationalisierte Objekt betrachtet werden. Das Morden im 1. Weltkrieg hat *Freud* dazu gebracht, im »Jenseits des Lustprinzips« (1920) einen eigenständigen Todestrieb zu postulieren, ohne sein früheres Konzept zu widerrufen. Ein auf Selbstdestruktion und ewige Ruhe gerichteter Todestrieb (Thanatos) wird normalerweise von seinem Gegenspieler, dem Lebenstrieb (Libido), gegen Objekte der Außenwelt abgelenkt und somit für das eigene Ich unschädlich gemacht. Erst im Falle einer weitgehenden Triebentmischung, wie sie sich bei Psychotikern und Neurotikern offenbaren kann, erlangt der Thanatos ungehinderte Selbständigkeit, was zur Selbstzerstörung führen kann. Die Annahme eines eigenständigen Todestriebes wird nicht von allen Vertretern der tiefenpsychologischen Theorie aufrechterhalten.

Menninger (1938) versuchte, aus der Phänomenologie auf regelhafte Motivrichtungen, Tendenzen, Intentionen und deren Zusammenspiel zu schließen (Motivstruktur), und präparierte drei Tendenzen heraus:

1. den Wunsch zu töten; dieser sei ein Derivat der nach außen gerichteten Aggressivität;
2. den Wunsch, getötet zu werden; dieser resultiere aus dem Gewissenseinspruch gegen den ersten Wunsch;
3. den Wunsch zu sterben; diesen sieht er als Abkömmling der ursprünglichen gegen die eigene Person gerichteten Aggression, also des Todestriebes an.

Nach *Henseler* (1974) ist ein umfangreicher Katalog von Suizidmotiven in der Literatur vorfindbar: Tötung eines internalisierten Objektes; Autoaggression; Sühne; Selbstbestrafung; Rache; Vergeltung; blinde Abfuhr aggressiver Spannungen; omnipotente Beherrschung der Situation; aktives Zuvorkommen; faktische Realisierung einer emotional schon eingetretenen Tatsache (nämlich »tot« zu sein); Rückkehr in die Kindheit; Kontaktsuche, eventuell in regressiver Art; Wiedervereinigung mit einer toten Bezugsperson; Ekstase; Hingabe; Resignation; Flucht; Neubeginn; Wiedergeburt; neues Leben.

Eine typische Suizidhandlung hat demnach eine zweifache polare Motivstruktur: Jeweils aggressive und libidinöse Strebungen richten sich einerseits gegen die eigene Person, andererseits an den Signifikanten Anderen. Die neueren tiefenpsychologischen Ansätze deuten die Suizidalität als Labilisierung des narzistischen Regulationssystems und die Suizidhandlungen als krisenhaften Versuch, das gefährdete Selbstwertgefühl zu retten.

In der Auseinandersetzung mit der jüngsten Narzißmusdiskussion läßt sich abgrenzend formulieren, daß das heutige »kulturelle Klima« einen neuen Sozialisationstypus bewirke, der u. a. durch Vermeidungsverhalten, Realitätsferne, Verwischung der Grenze zwischen Wirklichkeit und Einbildung, Infantilismus und Fluchtreaktion einer pluralistischen Momentpersönlichkeit gekennzeichnet ist. Innerhalb eines solchen Konzeptes wird der Suizid zu einem »Aussteigen« aus einer konfliktreich empfundenen Wirklichkeit, begleitet von Wonnegefühlen, unterstützt von der Unterhaltungsindustrie, die Fluchtgedanken, aber auch Tod, Depressionen und Ausflippen verherrlicht.

Dem tiefenpsychologischen Ansatz stellen *Shneidman* und *Farberow* (1957) einen kognitiven gegenüber.

Bei der Auswertung von 700 Abschiedsbriefen stießen sie auf die Notwendigkeit, den physischen Tod als eine Art Nebenereignis der suizidalen Handlung zu werten. Sie unterscheiden vier Hauptarten suizidaler Logik:

1. »Catalogic«: Der Suizidant wird als Opfer seiner eigenen semantischen Fehlinterpretationen und speziell seiner Neigung zu dichotomen Denkschemata betrachtet (»Wenn sich jemand tötet, erfährt er Beachtung. Ich werde mich töten, folglich werde ich Beachtung erfahren.«) Der Betroffene übersieht, daß er nach dem Tode nicht mehr in der Lage sein wird, das erstrebte Ergebnis zu erfahren.

2. »Paleologic«: Der Suizidant begeht jene logischen Fehler, die besonders häufig bei schizophrenen Krankheitsbildern zu beobachten sind. (»Tod ist Leiden. Ich leide, folglich muß ich sterben.«)

3. »Contaminated Logic«: Der Suizidant ist unfähig, den physischen Tod als das tatsächliche Ende des Daseins zu betrachten. Der kulturell und religiös verankerte Glaube an ein bestimmtes Jenseits spielt hier die entscheidende Rolle, wobei kaum von einem logischen Fehler gesprochen werden kann, da sich der Glaube an das subjektiv-zureichende Fürwahrhalten der objektiven Überprüfung seines Realitätsgehaltes entzieht.

4. »Normal Logic«: Hier erweist sich die logische Basis der Handlungen als realitätsgerecht, es werden hierunter die Suizidhandlungen subsumiert, bei denen das Individuum bewußt den Tod anstrebt, z. B. um sich starken physischen Schmerzen zu entziehen. Dieser Suizidtyp ähnelt damit dem Bilanz-Suizid, einer Kategorie, die 1919 von *Hoche* eingeführt wurde.

Dieser Ansatz wurde *Osgood* und *Walker* (1959) weiterverfolgt, die eigens ein semantisches Differential zur konnotativen Analyse von Abschiedsbriefen entwickelten. Es zeigte sich, daß sich in den Briefen stereotype Äußerungen häuften, selten nuancierende Erläuterungen gegeben wurden, der Denkansatz »Alles oder Nichts« scheint vorzuherrschen. *Neuringer* (1964) vermutet, daß gerade diese kognitive Rigidität des suizidalen Individuums das Finden adäquaterer Konfliktlösungsstrategien erschwert und somit suizidfördernd wirke. *Wiendieck* (1972) problematisiert jedoch, wieweit die Regression auf sprachenge Spektren, die dann den Eindruck kognitiver Rigidität hervorrufen, nicht lediglich ebenso wie die suizidale Handlung eine Folge der belastenden Situation ist und nahezu generell in allen Belastungssituationen auftritt, ohne sogleich ein spezifisches Merkmal suizidaler Logik zu sein.

Nachdem *Freud* den Suizid und Suizidversuch dynamisch in die Nähe pathologischer Trauervorgänge gebracht hatte, wurde der Suizid vor allem durch die Arbeiten von *Ringel* in der deutschsprachigen Diskussion endgültig als Krankheit gewertet: Die von ihm 1953 veröffentlichte Arbeit »Der Selbstmord – Abschluß einer krankhaften psychischen Entwicklung« bringt dies zum Ausdruck. Es ist unstrittig, daß ein Suizid psycho-pathologisch (z. B. Depression) bedingt sein kann, die Verabsolutierung dieser Annahme ist problemreich. Der soziale Ansatz *(Durkheim)* gerät ebenso ins Hintertreffen wie die psychoanalytischen Erkenntnisse über die Psychodynamik des Suizids einem ahistorischen und individualzentrierten psychopathologischen Modell geopfert werden. Dieses medizinische Paradigma fußt wissenschaftstheoretisch im wesentlichen auf der Vorstellung eines Erregermodells von Krankheiten, wobei die Wechselwirkung zwischen »Umwelt« und »Individuum« vernachlässigt wird (*Klemann*, 1983).

Die psychiatrische Argumentation hat sich in den letzten Jahren, z. T. in der Auseinandersetzung mit der Antipsychiatrie und der Philosophie, stark gewandelt. Während *Ringel* davon ausgeht, daß beim Suizid in der Regel eine psychopathologische Basis vorhanden ist, plädiert *Pohlmeier* (1978) dafür, daß sich die Medizin dahingehend zu öffnen habe, daß Suizidhandlungen auch außerhalb von krankhaften Zusammenhängen vorstellbar werden, rückt auch die sozialtypische Genese und Begründung von psychischen Störungen bzw. Suizidhandlungen ins Blickfeld. So sehen z. B. *Schulte* und *Tölle* schon 1971 den Suizid nicht im Gewande der Krankheit oder eines pathologischen Vorurteils, sondern als Ausdruck einer Krisensituation und Reaktion in der Folge einer depressiven Stimmungslage.

War es, historisch gesehen, ein Fortschritt, suizidale Handlungen als Krankheit zu erklären, ihnen damit den Makel der Besessenheit, des Verbrechens oder der persönlichen Schuld zu nehmen und sie als Gegenstand medizinischer Forschung zu betrachten, sind inzwischen jedoch die Grenzen des medizinischen Modells sichtbar geworden. Die mit dem Krankheitskonzept (etwa im Sinne von *Parsons*) einhergehende Exkulpierungsfunktion von Schonung und Entlastung kann zur machtbestimmten hierarchischen Entmündigung *(Goffman)* führen. Der unterdrückte Status von Krankheit erfährt eine Bestärkung dadurch, daß ein solches Konzept vor allem nach dem Einzelnen fragt: In ihm werden Gründe für die Schwierigkeiten gesucht, ihm die Verantwortung für die Heilung aufgebürdet. Die psychohistorischen und sozialen Dimensionen von Krankheit gehen verloren. Im Zusammenhang mit der Diskussion um »Sterbekliniken« wurde wiederholt der Vorschlag gemacht, daß sich die Suizidologie auch weiterhin bemühen sollte, das selbstzerstörerische Verhalten psychisch Kranker zu heilen, unter gewissen Umständen sei es aber auch ihre Aufgabe, den selbstbeschlossenen Tod zu erleichtern.

Suizid und Institutionen

Der derzeitige Forschungsstand läßt nur eine Skizzierung von suizidalem Verhalten in Institutionen zu.

Die Schule wurde wiederholt als eine pathogene Institution beschrieben, nur sollte nicht übersehen werden, daß die Vielzahl der Kinder heute schon (psychisch) belastet in die Schule kommt. Ein direkter Zusammenhang von Schule und Schülersuizid ist nicht belegbar. Im Anschluß an das »Symposion über den Schülerselbstmord« (1910) wurde von der Institution Schule gefordert, daß sie durch den Abbau institutionsimmanenter Streßfaktoren und Repressionen ihren Beitrag zur Prophylaxe beibringe. Im Hinblick auf eine spezielle Suizidprophylaxe wird gefordert, daß »Tod« auch unter gesellschafts- und bildungspolitischen Gesichtspunkten zu diskutieren sei, daß auch die Schule in der Auseinandersetzung mit Tod/Suizid gesellschaftliche Tabus nicht verschweigt, Zusammehänge mit Triebbedürfnissen, Zeugung, Geburt, Angst, Aggressivität, zeitlich und materiell begrenztes Leben diskutiert. Es wird politische Aufklärung über alternative Lebenspläne, über die Spannweite der möglichen Lebensziele und unterschiedlichen Glücks- und Lernmöglichkeiten in verschiedenen Sozialschichten erwartet.

In den USA wird die Einbeziehung der Tod- und Sterben-Thematik in die schulische Lehre »Death Education« analog zum Sexualunterricht für staatliche Schulen projektiert.

In diesem Zusammenhang könnte die Schule zum Suizid u. a. folgende Lernziele erarbeiten:
- Informationen über die Ursachen, die zum Suizid führen könnten,
- Vermittlung von Einfühlungsvermögen in die psychische Situation des Suizidanten,
- Abbau von Vorurteilen gegenüber dem Suizid,
- Sensibilisierung für die Signale der Suizidanten,
- unterschiedliche Stufen des suizidalen Prozesses auch als Prozeß der Vereinsamung und der Verzweiflung wahrzunehmen, und
- Ermutigung, Personen in psychischen Konfliktsituationen anzusprechen, und
- Trainieren von Hilferufen.

Der Regelvollzug des Strafvollzugs weist im Vergleich mit der Durchschnittsbevölkerung nur eine geringfügig erhöhte Suizidrate auf (*Weis*, 1975). Empirische Untersuchungen belegen, daß Suizid durch Einzelhaft und Isolierung gefördert wird und verstärkt in Krisensituationen, z. B. während der Untersuchungshaft, nach der Urteilsverkündung oder allgemein während der ersten Tage des Freiheitsentzuges auftritt. In diesen Situationen kommt es zu Verhaltensweisen, die häufig als »präsuizidales Syndrom« bezeichnet werden. Nach *Ringel* (1965) ist dies gekennzeichnet durch

1. Zunehmende Einengung
   - situative Einengung; dynamische Einengung und einseitige Ausrichtung der Apperzeption, Assoziation, Affekte, Verhaltensmuster und Reduktion der Abwehrmechanismen; Einengung der zwischenmenschlichen Beziehungen und der Wertewelt.
2. Aggressionsstau und Wendung der Aggressionen gegen die eigene Person und
3. Suizidphantasien (anfänglich aktiv intendiert, später sich passiv aufdrängend).

Bei verheirateten und verwitweten Häftlingen wird eine hohe suizidale Anfälligkeit registriert, ebenso bei Ersttätern im Gegensatz zu den Mehrfachbestraften. Weiter gelten als gefährdet: Ausländer mit und ohne Familie und mangelnden Verständnismöglichkeiten, Sittlichkeitsdelinquenten des höheren Lebensalters und Inhaftierte nach Vollendung des 50. Lebensjahres.

In diesem Zusammenhang wird auf die Kritik aus der Sicht der Kommunikationstheorie am Konzept des präsuizidalen Syndroms verwiesen. *Schabacker* (1983) begreift die suizidale Handlung als Kommunikation, als Botschaft an einen Signifikanten Anderen, er vertritt die Ansicht, daß mit der medizinischen Dekodierung dieses Verhaltens als »Krankheit« ein unzulässiger Empfängerwechsel stattfindet. Es werde dem Suizidalen nämlich abgesprochen, daß sein Verhalten überhaupt einen kommunikativen Inhaltsaspekt – im weiteren Sinne – besitze. Fatal wirke sich dies besonders hinsichtlich der Appellfunktion suizidalen Verhaltens aus: *Ringel* setzt Appell mit verbaler Kommunikation gleich und vernachlässigt die breite Palette nonverbaler Mitteilungsformen. Aus kommunikationstheoretischer Sicht erscheint nicht das Verhalten in der Prodromalphase, sondern der Suizidversuch selber als Appell.

Ein Sonderproblem stellte der Hungerstreik von Gefangenen dar, weil er eine dauernde und sich eskalierende Androhung von Suizid und Suizidversuch enthält. *Weis* (1975) verweist auf vergleichbare Strukturen zum Arbeitsstreik: die strittigen Fragen sollen durch einen erzwungenen Kompromiß gelöst werden. Während Tarifstreik als legitimes Kampfmittel anerkannt ist, hat der Häftling keine derartigen Rechte. Dabei sind Arbeitsstreik und Hungerstreik systemkonforme, also nicht unbedingt anarchistische Verhaltensweisen. Der hungerstreikende Häftling, so *Weis*, der die Beendigung der sonst unüblichen Isolationshaft erzwingen will, stellt eben nicht das System von Untersuchungshaft und Strafvollzug in Frage. Der Hungerstreikende bezweckt die Verbesserung, der Suizidant die Beendigung der derzeitigen Verhältnisse, von daher sind beide durch die Intentionen grundsätzlich unterschieden.

Bei der Bundeswehr ist die Suizidrate junger Erwachsener während ihrer Dienstzeit Anfang der siebziger Jahre von 11,9 (1970) auf 20,9 (1978) gestiegen; damit liegt sie unter den Vergleichszahlen der 20- bis 25jährigen Bundesbürger (ohne Soldaten) im Vergleichszeitraum (27,2 bis 27,9). Die Häufigkeit der Suizidversuche hat sich im gleichen Zeitraum von 153 auf 174 erhöht, ist damit vergleichbar mit der Tendenz in der Gesamtbevölkerung; das Verhältnis von Suizid zu Suizidversuch beträgt 1:7,4 (1957–1975) bei der Bundeswehr. Die Interpretation der vorgelegten Daten hebt eher darauf ab, daß die Bundeswehr als eine totale Institution suizidales Verhalten als abweichendes Verhalten kontrolliert. Mit Hilfe der Zahlen kann nicht hinterfragt werden, inwieweit die totale Institution selber auslösender Faktor ist, steigender Alkoholmißbrauch und die Zunahme der unerlaubten Entfernungen von der Truppe weisen jedoch auf die Notwendigkeit einer solchen Fragestellung hin. Es wird angenommen, daß die besondere Situation des Wehrdienstes wie Abbruch sozialer Beziehungen, Schwierigkeiten des Eingewöhnens in verordnetes Gruppenleben, Einschränkungen des zivilen Lebensstils, Status- und Rollenverlust, Milieuwechsel, spezifische militärische Anforderungen bei den jungen Soldaten suizidale Tendenzen auslöst oder vorhandene verstärkt. Diese Ausnahme wird durch einen Befund gestützt, daß sich etwa 36% der Suizidversuche in den ersten drei Dienstmonaten ereigneten.

Prävention – Intervention

Den Suizidhandlungen liegt in der Regel ein vielfältiges Motivations- und Bedingungsgefüge im existenziellen, sozialen und psychologischen Bereich zugrunde, eingebettet in gesellschaftliche Widersprüche und Konflikte. Folglich kann der Suizid als eine Form abweichenden Verhaltens – wie Kriminalität oder psychische Krankheiten – gewertet werden, deren Ausmaß gesellschaftlich bedingt ist, offizielle Statistiken sind offizielle Indikatoren gesellschaftlicher Pathologie. *Durkheim* fand die Suizidrate seinerzeit pathologisch hoch, als Indikator der durch die »soziale Struktur« bedingten »moralischen Krankheit«. Da er staatlichen Strafen, moralischem Ahnden, religiöser Erziehung und familiärem Schutz keinen wichtigen Einfluß mehr beimessen konnte, hoffte *Durkheim* auf die Berufsgruppe, die über die Gefühle der Kollegialität und Solidarität eine moralische Integrationskraft aufbringen könnte, die auch vor dem Suizid schützen möge.

Wenn jeder Suizidant in einem dialektischen Zusammenhang mit der jeweils gegebenen Gesellschaft zu sehen ist, dann bedeutet das für die primäre Prävention, daß es um die Reduzierung suizidfördernder Bedingungen im weitesten Sinne geht, erscheint doch die generelle Prävention in der Aufhebung menschlichen Unglücks als eine Utopie. Die primäre Prävention hat den Kampf aufzunehmen gegen die Tödlichkeiten der Kommunikationsstrukturen, die die Beziehungen der Menschen zu sich selbst und zu anderen einengt, ihre Tätigkeiten entwertet. Dazu gehört auch das grundlegende, historisch beispiellose und auch bei uns noch nicht sehr lange durchgesetzte Datum einer Verschränkung sozialer und psychischer Todeserfahrung, die Ausgliederung aus dem Arbeitsprozeß. *Von Uexküll* (1973) faßt eine Reihe von Untersuchungsergebnissen dahin zusammen, daß in die Angst vor dem Sterben als zentrales Moment die Angst vor dem Ausgeschlossenwerden aus der Gruppe der Mitmenschen eingeht: Ausgeschlossensein wird fast immer als Zusammenbruch des Selbstwerterlebens, als Verlust der Selbstachtung erfahren.

Zur primären Prophylaxe gehört auch der Widerstand gegen das, was Angst macht, was vereinsamend und zwanghaft begrenzt, gegen strukturelle Gewalt, wie sie sich zum Beispiel in Städteplanung und Wohnungsbau äußert (man kann Menschen auch mit ihren Wohnungen erschlagen), gegen blind am Wachstum orientierte Wirtschaft (Zivilisationskrankheiten als Preis des Fortschritts oder der Freiheit), aber auch Bemühungen um eine Veränderung der Beurteilung der unehelichen Schwangerschaften, Entstigmatisierung alternativer (sexueller) Verhaltensweisen. Ohne hier genauere Kriterien eines Existenzminimums angeben zu können, läßt sich sagen, daß viele Menschen keine sozio-kulturelle Lebenschance und -fähigkeit gewinnen. Sie existieren unterhalb einer imaginären Schwelle, jenseits deren erst ein Leben beginnt (*Menne*, 1978). Sie haben von einer Krisenintervention allein wenig zu erwarten. *Mollenhauer* u. a. berichten von Selbstzeugnissen von Teilen der Jugendlichen, die das Erlebnis eines sozialen »Nirgendwo« beschreiben, die ausweisen, daß für diese Jugendlichen die relative Unbestimmtheit des Wollens zusammen mit der hedonistischen Komponente, d. h. die Konzentration der Aufmerksamkeit auf die Befriedigungsmöglichkeiten im »Hier und Jetzt«, das Wichtigste im Alltag überhaupt sei. Aus solchen Quellen wird das Mißtrauen gegenüber den gesellschaftlichen und/oder staatlichen Zukunftsversprechen gespeist; die Angst vor der Fremdbestimmung korrespondiert mit dem Wunsch nach unkontrolliertem Leben und der kognitiven Unfähigkeit, ein Bestimmtes und Besseres zu wollen. Die Angst vor Fremdbestimmung zeigt aber auch eine Weiterung dergestalt, daß zunehmend mehr jede Theorie bzw. Programmatik mit einbezogen wird, die die Gültigkeit des unmittelbaren subjektiven Empfindens in Frage stellt. Eine Mehrzahl von Jugendlichen bevorzugt andere Inhalte und Werte als die von der Erwachsenenwelt gepflegten, scheint gleichgültig gegenüber Problemen der zeitlichen Planung. Das unterschiedliche Bereiche der gegenwärtigen Jugendkultur verbindende Merkmal liegt in einem fortgeschrittenen Verfügungsanspruch auf die eigene Person, einem anders gestalteten Verhältnis zum eigenen Ich und zum eigenen Körper. Eine derartige Ausgangsbeschreibung verbietet im Umgang mit suizidalem Verhalten das Verdrängen und das Ignorieren der qualitativen Probleme, auch wenn sie sich in dieser radikalen Form nicht für alle Jugendliche stellen. Hier genügen keine moralischen Appelle und Techniken moralischer Beeinflussung oder die bloße Rückbesinnung auf die heilen und heilenden Kräfte der Familie für Probleme, die wesentlich außerhalb der Familie liegen.

Will man nicht einem therapeutischen Zwangsstaat a priori das Wort reden, setzt eine Intervention die Respektierung der Entscheidung des Einzelnen voraus, selbst die Entscheidung zum Suizid, die dann nicht zwecks Abwehr der Angst der Helfer vertuscht oder verurteilt werden darf. Erst jetzt sind Maßnahmen zur allgemeinen Psychohygiene und zur verbesserten psychiatrischen und psychotherapeutischen/ psychosomatischen Versorgung und Eindämmung der Suchtgefahren legitim, begleitet vom Versuch der Lösung gesellschaftlicher Widersprüche.

Zum Bereich der Intervention würde eine Sensibilisierung der Ärzte, Sozialarbeiter, Lehrer und Erzieher, Seelsorger, Pflegepersonen, Polizeibeamten und Beamten im Strafvollzug im Hinblick auf das Erkennen von Suizidalität gehören, zum anderen ein Training im Umgang mit Suizidanten. Zudem könnte durch Öffentlichkeitsarbeit erreicht werden, daß eine sachliche Einstellung zu den Motiven und der Entwicklung sowie den Folgen von Suizidhandlungen entsteht, um eine kompetentere Hilfsbereitschaft zu erreichen (Abbau der Verurteilung suizidaler Handlungen, z. B. als Todsünde).

Am Anfang jeder Krisenintervention steht dann die Diagnose, die wenigstens das aktuelle Problem, die beteiligten Personen, die Ressourcen, aber auch die Feststellung eventueller Krankheiten oder spezifischer Gefährdung umfassen soll. Darauf aufbauend werden die therapeutischen Hilfen mit dem Ziel, wieder eine Beziehung zu sich aufzunehmen, angeboten:

– Entlastung von emotionalem Druck, von Schuldgefühlen, Ängsten, Aggressionen, Trauer und Depressionen;
– distanzierende Reflexionen der auslösenden Belastungen und ihrer Konsequen-

zen, behutsames Stützen bei der Konfrontation mit der Wirklichkeit, um Verleugnungstendenzen und Realitätsverzerrungen zu vermeiden;
– Reintegration der Persönlichkeit und Aufbau (neuer) sozialer Bezüge.

Die in der Literatur ausgewiesenen Suizidinterventionen haben gemein, daß sie alle einen belastbaren Bezug zum Suizidanten fordern. In diesem Zusammenhang heißt solidarisches Verhalten nicht, daß vom »Helfer« die Suizidbegründung abgetan noch übernommen wird, sondern daß sie so ernst genommen wird, daß der andere sich seiner Wahrheit besser nähern kann. Hilfreich erwies sich die Zusammenarbeit mit Laien, den Signifikanten Anderen aus dem Lebensbereich des Suizidanten; einbezogen werden sollten in die Nachbetreuung Information zur Selbsthilfe, z. B. Informationen über finanzielle Hilfen, Rechtsberatung, Arbeitsvermittlungen, Individual- und Gruppentherapie. Während der aktuellen Krise kommt es darauf an, daß die Suizidproblematik als Problemlösungsversuch erkannt wird und alternative Themen zum Todesthema angeboten werden. Es soll eine Perspektive gefunden werden. Sie liegt nicht im »guten«, sondern in einem »lebenswerten« Leben.

Suizidanten lösen bei den Helfern u. a. auch Ängste aus: Angst vor der Ohnmacht, Über-Ich-Angst, Angst vor dem Tod, vor Aggressionen und Identitätsverlust. Diese zu erkennen, sie abzubauen, sie aber auch dem Anderen mitzuteilen, ist eine Voraussetzung – neben der Liebesfähigkeit und der Toleranz – für einen belastbaren, bedeutungsvollen Umgang mit Menschen in suizidalen Situationen, um die Einengung und Isolation des Anderen aufzuheben, auch um als Mitmensch aus dem Katastrophenbewußtsein auszubrechen und den Rest von Hoffnung zu verteidigen, die »Räume des Unbekannten« zu verkleinern.

Soll die Suizidprophylaxe mehr sein als das schlechte Gewissen gegenüber gesellschaftlichen Mißständen, muß zukünftig die Eigendynamik der institutionalisierten Beratungseinrichtungen genauso untersucht werden, wie die Hilfsbereitschaft der Helfer (»Helfersyndrom«).

»Die Abschaffung des Leidens, oder dessen Milderung bis hin zu einem Grad, der theoretisch nicht vorwegzunehmen, dem keine Grenze anzubefehlen ist, steht nicht bei dem Einzelnen, der das Leid empfindet, sondern allein bei der Gattung, der er dort noch zugehört, wo er subjektiv von ihr sich lossagt und objektiv in die absolute Einsamkeit des hilflosen Objekts gedrängt wird« *(Adorno)*.

Herbert E. Colla

Literatur

Alvarez, A., 1974: Der grausame Gott, Hamburg (dtsch. Übersetzung) – *Améry, J.*, 1976: Hand an sich legen, Stuttgart – *Aries, Ph.*, 1976: Studien zur Geschichte des Todes im Abendland. München/Wien (dtsch. Übersetzung) – *Baechler, J.*, 1981: Tod durch eigene Hand, Frankfurt/M./Berlin/Wien (dtsch. Übersetzung) – *Douglas, J. D.*, 1967: The Social Meaning of Suicide, Princeton University Press, Princeton, N. J. – *Durkheim, E.*, 1973: Der Selbstmord, Berlin (dtsch. Übersetzung) – *Freud, S.*, 1916: Trauer und Melancholie, GEW X: 428–446 – *Fuchs, W.*, 1979: Todesbilder in der modernen Gesellschaft, Frankfurt/M. – *Jacobs, J.*, 1974: Selbstmord bei Jugendlichen, München (dtsch. Übersetzung) – *Pohlmeier, H.*, 1978:

Selbstmord und Selbstmordverhütung, München/Wien/Baltimore – *Ringel, E.*, 1953: Der Selbstmord – Abschluß einer krankhaften Entwicklung, Mandrich/Wien – *Wiendieck, G.*, 1972: Zur appellativen Funktion des Suizidversuchs, Diss. Köln – *Ziegler, J.*, 1979: Die Lebenden und der Tod, Neuwied/Berlin.

→ Gesundheit und Krankheit → Verhaltensstörungen

Supervision

Supervision ist angewandte Sozialwissenschaft. Als solche stellt sie ein Beratungsarrangement dar, in dem Einzelne oder Kleingruppen mit Hilfe eines Beraters, des Supervisors, Probleme beruflichen Handelns im sozialen, pädagogischen und therapeutischen Praxisfeld reflektieren. Die zu Beratenden, die Supervisanden, thematisieren ihre beruflichen Probleme und suchen mit Unterstützung des Supervisors nach Lösungswegen, um die Handlungskompetenz im Praxisfeld zu verbessern. Dabei sollen die Probleme im Kontext der individuellen, institutionellen und gesellschaftlichen Bedingungen reflektiert und der Supervisionsprozeß so gestaltet werden, daß die jeweilige Problemsicht in einem Kontinuum erscheint, welches sukzessiv diese verschiedenen Bedingungen erschließt.

Supervision ist einer der umstrittensten Begriffe im Bereich der SA/SP. Einerseits verbinden sich damit Skepsis und Ablehnung, andererseits Faszination und Mythologie (*Blinkert/Huppertz*, 1974). Dies hängt damit zusammen, daß in der SA/SP ein allgemeinverbindliches Theoriegerüst oder wenigstens eine theoretische Tradition fehlt und zum anderen, daß die erste, allgemein bekannt gewordene Literatur zur Supervision Übersetzungen aus dem Amerikanischen sind (*v. Caemmerer*, 1970). Diese Übersetzungen leiteten eine neue Diskussion um Supervision ein, die schon in den 50er Jahren in der BRD begonnen hatte (etwa *Bang*, 1959).

Der administrative und pragmatische Aspekt der Kontrolle waren kennzeichnend für das amerikanische Verständnis, das sich mit dem Begriff »Supervision« verband (*Föllmer*, 1975). Ansätze, Supervision auch als »Bildungsprozeß« zu verstehen, finden sich schon in den 30er Jahren in den USA. Aber vor allem im niederländischen Bereich wurde der Aspekt des Lehrens und Lernens in der Supervision betont (*Siegers*, 1974). Erst neuerdings wird der Begriff des »Bildungsprozesses« als Selbstreflexionsprozeß in die Supervisionsdiskussion eingeführt (etwa *Weigand*, 1979).

Im Zusammenhang mit der niederländischen Tradition entwickelte sich eine starke Unterscheidung zwischen Supervision in der Ausbildung und Supervision von berufserfahrenen Praktikern. Die erste Form wurde dann im deutschsprachigen

Raum »Praxisanleitung« genannt, während die berufliche Beratung von ausgebildeten Mitarbeitern mit »Praxisberatung« übersetzt wurde (z. B. *Melzer*, 1972).
In einer Analyse der Begriffsdefinitionen weist *Huppertz* (1975) darauf hin, daß der Begriff »Supervision« seinen Ursprung nicht eindeutig in der Sozialarbeit hat. Sieht man von einer historisch orientierten Literaturanalyse ab und fragt danach, welche Bedeutung dieser Begriff in der SA/SP gefunden und wo er ähnliche Funktionen hat, dann kann man auf die psychotherapeutische, besonders psychoanalytische Ausbildung verweisen. Aus dieser Tradition kommen grundlegende Überlegungen zur Supervision, die dann auch mit der beruflichen Sozialisation dieser Autoren verknüpft sind (vgl. *Zetzel, Dworschak, Austion* in: *v. Caemmerer*).
Auch in der neueren psychoanalytischen Literatur finden sich Hinweise, daß die psychoanalytische Aus- und Fortbildung wesentlich durch Supervision beeinflußt wird (*Kutter,* 1982). Ja, daß diese Beratungs- und Lernform in beruflichen Fragen eine nicht in Zweifel stehende Form der ständigen Weiterbildung ist, die es den Mitarbeitern ermöglichen soll, ihre theoretische und praktische Kompetenz zu entwickeln (vgl. etwa *Argelander*, 1980). Schon *Lückert* (1964) berichtete über Supervision in der Erziehungsberatung. *Frijling-Schreuder* (1976) gibt eine erste Definition von Supervision aus psychoanalytischer Sicht und unterscheidet zwischen Lehranalyse und Kontrollanalyse in der psychotherapeutischen Ausbildung. Dabei meint sie, daß der Unterschied besser zum Tragen kommt, wenn statt von Kontrollanalyse von »Supervision« gesprochen wird. Ein wesentliches Merkmal dieser Supervision ist, daß der Ausbildungskandidat vom Supervisor eine Beurteilung über seine Eignung zum Psychoanalytiker bekommt. Weitere Hinweise dafür, daß Supervision zur Grundlage psychotherapeutischer Ausbildung gehört, finden sich bei *Heigl-Evers/Hering* (1970) und *Heigl-Evers* (1975). Über den Ausbildungsaspekt hinaus gehen *Heigl-Evers/Heigl/Münch* (1976) und beziehen institutionelle Bedingungen des klinischen Bereichs in die Supervision ein. Den Versuch einer Vermittlung zwischen dem klinisch-analytischen Arbeitsgebiet und dem Praxisfeld der sozialen Arbeit im Blick auf Supervision unternimmt *Junker* (1973) und nennt Supervision ein Selbsthilfeunternehmen für Aus- und Fortbildungswillige. Dabei wird Supervision als Oberbegriff verwendet, unter dem verschiedene Methoden der Beratung beruflicher Probleme subsumiert werden. Die Form der Balint-Seminare, der themenzentrierten Interaktion, sowie psycho-dramatische und meta-kommunikative Verfahren, werden als Methoden der Beratung in ihrer Beziehung zur Psychoanalyse dargestellt. Im Funkkolleg »Beratung in der Erziehung« wird in ähnlicher Weise unklar definiert: einmal wird Supervision als »Beratung eines Berufsanfängers« (1976) und zum anderen als »handlungsbezogene praxisorientierte, therapeutische Supervision, die gekoppelt ist mit psychologischer und soziologischer Beratung« bezeichnet, die den Einzelnen, die Kollegengruppe sowie die Institution zum Gegenstand hat (1975). Die bisher umfassendste Dokumentation eines Supervisionsprozesses im deutschsprachigen Raum stellt *Strömbach* u. a. (1975) vor. Hier wird Supervision als »methodisch angelegte Beratung« verstanden, die »problemorientiertes Lernen . . . ausgebildeter Mitarbeiter in den Bereichen Sozialarbeit und Sozialpädagogik, Bildungsarbeit und Sozialtherapie . . .« ermög-

licht. Die in diesen Arbeitsgebieten auftretenden beruflichen Probleme hängen mit »der zentralen Rolle der Beziehungen zwischen Menschen zusammen, die gleichzeitig das Medium des beruflichen Handelns darstellt. Dabei geht es um persönliche . . . ebenso wie um institutionell organisierte und sozialpolitische Beziehungen. Ihre Verbesserung und Veränderung durch berufliche Interventionen . . . ist das Ziel von Lernprozessen im Sinne der Supervision«. Mit dieser Definition soll Supervision von anderen Formen der beruflichen Fort- und Weiterbildung und vor allem von der Kontrollberatung in der Psychotherapie abgegrenzt werden. Zur Unterstützung dieses Versuchs wird der Begriff der »agogischen Aktion« (*van Beugen*, 1972) eingeführt, der alle planmäßigen, zielgerichteten und methodischen Strategien zusammenfaßt, die auf Veränderungen von sozialen oder psychosozialen Strukturen und/oder deren Funktionsfähigkeit hinzielen.

Im Gegensatz zu dieser technokratischen Verkürzung von Bildungsprozessen versteht *Gaertner* (1978) Supervision »als praktischen Diskurs«, der sich ähnlich wie der »therapeutische Diskurs« durch drei Stufen kennzeichnen läßt:

– Auf der ersten thematisiert der Patient mit Hilfe des Therapeuten die Erfahrungen und Symptome seines Leidens. Dabei aktualisiert sich ein Interaktionstableau, das Störungen und Brüche aufweist, die die Lebensmöglichkeiten des Patienten einschränken . . . Mit der Verfügbarkeit über die Situationen des Leidens, d. h. über die eigene Biographie, ist . . . ein wesentlicher Fortschritt . . . erzielt. Aus ihm läßt sich zwanglos der zweite Schritt ableiten.

– In ihm aktualisieren sich Interaktionsformen, die sich nicht unwesentlich von den Alltagserfahrungen unterscheiden. Es werden gleichsam Muster einer gelingenden Beziehung zwischen Therapeut und Patient erzeugt, die . . . auf die Alltagswelt übertragbar sein soll. Unter dem Schutz der therapeutischen Beziehung versucht der Patient, die eingeschliffenen Verhaltensweisen und Interaktionsformen neu, d. h. vor allem befriedigender und realitätsnäher zu konzipieren. War bereits die Wiedererinnerung des Leidens auf die Lebenspraxis bezogen, so ist es das versuchsweise Handeln in verstärkter Weise.

– In einem dritten Schritt vergewissern sich Therapeut und Patient erneut über den erreichten Stand. In dieser Phase wird das Probehandeln wiederum der sprachlichen Verfügung rückvermittelt, so daß damit eine Stufe erreicht wäre, in der konkretes Handeln und die Symbole, die es darstellen, übereinstimmen, die Sprachzerstörung also rückgängig gemacht wäre. Mit Blick auf diese allgemeine Struktur unterscheiden sich therapeutischer und Supervisionsdiskurs kaum voneinander. Während dieser die Schwierigkeiten beruflichen Handelns thematisiert, beschäftigt sich jener mit dem psychischen Leiden.«

Eine ähnliche Ableitung im Blick auf Gruppensupervision und Gruppentherapie versucht *Wittenberger* (1979). Noch stärker betont *Leuschner* (1979) den Zusammenhang zwischen therapeutischen und Supervisionsprozeß, wenn er Letzteren als »berufsrollenbezogenem Therapieprozeß« beschreibt.

Entwicklung und Funktion der Supervision in der Sozialarbeit

Die Entwicklung der Supervision in den USA geschah im Rahmen der Ausbildung für soziale Berufe. Man war der Ansicht, daß diese Berufe nicht erlernt werden könnten, wenn der angehende Sozialarbeiter nicht während seiner Ausbildung bereits ein theoretisches Wissen in praktisches Tun umsetzen kann. Bei diesem »Umsetzen« wurden die Schwierigkeiten des Lernenden in der Praxis deutlich, die er dann mit einem berufserfahrenen Sozialarbeiter, dem Supervisor, besprechen konnte. Dadurch bekam Supervision die Funktion einer begleitenden Praxiseinführung. Von daher wird erklärlich, daß der Begriff »Supervision« etwas mit Beaufsichtigung der Arbeit zu tun hat, die ein anderer – der Praktikant – tut, der noch nicht die volle Verantwortung für seine berufliche Tätigkeit zu übernehmen hat. Dies schließt ein, daß der Supervisor in der amerikanischen Sozialarbeit auch eine Vorgesetztenfunktion haben kann. Von daher wird deutlich, wie stark der Supervisor nicht nur die Lerninteressen des Supervisanden im Blick haben muß, sondern auch wie sehr die Interessen der Institution, in der beide arbeiten, in die Supervision einflossen. Damit war Supervision »in der Grundbedeutung des Begriffs mehr oder weniger detaillierte Aufsicht der Arbeitsleistung von Mitarbeitern mit Verantwortung für deren Qualität«, was mit den Professionalisierungstendenzen der Sozialarbeit in den USA zusammenhing (*Föllmer*, 1975). Im Zuge der beruflichen Ausbildung soll der Supervisor ein »Modell« darstellen, an dem der Studierende seine berufliche Identität finden kann (*Pettes*, 1971). In Anlehnung an das Einzelhilfemodell wird Supervison fast ausschließlich als Einzelsupervision verstanden und praktiziert. Hinter dem Lernen am Modell oder dem Lernen durch Identifikation stehen natürlich verschiedene Wertvorstellungen und Menschenbilder (vgl. *Wittenberger*, 1977). Auf diesem Hintergrund sind in der amerikanischen Sozialarbeit eine Reihe von »Lerntheorien« entwickelt worden, die in den Publikationen ihren Niederschlag gefunden haben (etwa *Haan*, in: *Siegers*, 1974).

Gemeinsames Kennzeichen dieser der Supervision zugrundeliegenden Lerntheorien ist ein Pragmatismus, der dazu führt, gelungene und mißlungene Supervision danach zu beurteilen, wie stark oder schwach die Normen und Wertvorstellungen der Institution und der Berufsgruppe vom Supervisanden angeeignet wurden und sich in seinem Verhalten in der Institution und der Klientel gegenüber niederschlugen. Die durch dieses Supervisionssystem erzeugte Abhängigkeit der Mitarbeiter von ihren Institutionen führte dazu, daß die Funktion der Supervision zum »Vehikel« individueller Statusverbesserung wurde. Das Ziel qualifizierter und praxiserfahrener Mitarbeiter war, »sich gegen die lebenslängliche Bevormundung durch Supervision« (*Föllmer*) zu wehren. Sie strebten entweder selbst die Supervisorenposition an oder entwickelten durch Kritik an den strukturellen Mängeln dieses Supervisionssystems neue Formen der Supervision (*Austin/Scherz/Widem* in: *v. Caemmerer*).

Der in deutscher Sprache allgemein zugängliche und wichtigste Beitrag zur Supervision aus der niederländischen Sozialarbeit ist der Sammelband von *Siegers* (1974). Dort wird aufgezeigt, daß mit der Entwicklung der Sozialen Einzelhilfe in den 50er Jahren auch die Supervision einen hohen Stellenwert in der Sozialarbeit bekommt. Gleichzeitig werden in der Diskussion neue Akzente gesetzt. Supervision wird mehr und mehr als didaktisches Mittel verstanden, das nicht nur auf die Ausbildungssituation von Sozialarbeitern in der Einzelhilfe und sozialen Gruppenarbeit beschränkt bleibt, sondern auch in anderen Berufen (Pfarrer, Lehrer, Erwachsenenbildner) und Ausbildungen Fuß faßt (vgl. etwa *Andriessen*, 1978). Mit der Entwicklung der Agogik bekommt sie auch einen Platz im universitären Bereich. Lehr- und Lerninhalte werden problematisiert und ihre strukturelle Verankerung in Institutionen kritisch diskutiert – eine Konsequenz aus den amerikanischen Erfahrungen. Das emotionale und kognitive Lernen der Mitarbeiter zur Erweiterung ihrer beruflichen Handlungskompetenz in der sozialen Praxis steht im Vordergrund des Interesses; mit der Konsequenz, daß die institutionellen und gesellschaftlichen Bedingungen, die in die Supervision hineinreichen, zurücktreten. Der individuelle Lernprozeß der Supervisanden ist Gegenstand, um den sich die Diskussion dreht. Eine zunehmend stärkere Unterscheidung zwischen Supervision für die Ausbildung (mit Funktion der Wissensvermittlung) und der für ausgebildete Mitarbeiter bildet sich heraus (*van Stegern* in: *Siegers*). Die Lernmöglichkeiten und -grenzen von Supervision im besonderen werden durch Modelle erprobt und theoretisch diskutiert (*Uleyn*, 1976). Die Bedeutung der Gruppensupervision gewinnt an Gewicht im Zusammenhang mit der Entwicklung der Sozialen Gruppenarbeit, aber auch durch die »Gruppeneuphorie«, die sich mit der Entwicklung verschiedener Formen von gruppendynamischen Trainingsmethoden einstellte.

Das entwickeltste Konzept eines Supervisionsmodells legt *Zier* (in: *Siegers*) vor. Damit wird die Diskussion entscheidend geprägt. Er stellt ein Modell dar, dessen differenzierte Lerninhalte für den/die Supervisanden und die Ziele der Supervision allgemein wie folgt gesehen werden: Der zu Beratende soll mit ihrer Hilfe

– seine Lücke im theoretischen Wissen erkennen und motiviert werden, sie durch Weiterbildung zu schließen;

– die Fähigkeit entwickeln, die aktuelle Situation der Institution wie die des Klienten zu diagnostizieren, zu akzeptieren und zu nutzen;

– die Fähigkeit entwickeln, Theorie und Praxis in seinem Handeln zu integrieren;

– die eigene emotionale Befindlichkeit in seiner Arbeitsbeziehung zum Klienten erfassen und kontrollieren, um sich als »beruflicher Helfer« verfügbar zu halten;

– die Fähigkeit entwickeln, das Problem von Nähe und Distanz im sozialen Praxisfeld so zu lösen, daß ein Agieren mit dem Klienten ausgeschlossen bleibt;

– die Fähigkeit entwickeln, methodisch, d. h. diagnostisch, planmäßig und kontrollierend im sozialen Feld zu arbeiten.

Die Bedeutung der Lerntheorie für die Supervision wird mehr und mehr hervorgehoben und als wissenschaftliche Grundlage gesehen (*Knoers* in: *Siegers*). Erste Forschungsergebnisse über Ziele der Supervision und die in ihr gewonnenen Einsichten und Fähigkeiten des/der Supervisanden stellt *v. Praag* (in: *Siegers*) vor. Aus dieser Untersuchung wird deutlich, wie stark sich Supervision an der traditionellen Vorstellung von »methodischer Sozialarbeit« orientiert hat. Das zentrale

Anliegen der niederländischen Supervisionsdiskussion ist, daß der/die Supervisanden eine rationale und emotionale Auseinandersetzung über ihr berufliches Handeln führen und dabei zu einer Urteilsbildung über das eigene berufliche Können kommen. Dazu ist es nötig, daß jeder Supervisand ein »persönliches, kreatives Integrationsvermögen« (*Zier*) entwickelt, das aus vier Aspekten besteht:

– der persönlichen Art, auf soziale Phänomene zu reagieren,
– objektiven theoretischen Kenntnissen,
– subjektiver praktischer Erfahrung und
– der aktuellen Arbeitssituation.

Mit dieser grundlegenden Focussierung auf den Lernprozeß des Supervisanden bekommt die Supervision in den Niederlanden erhebliches Gewicht als Lern- und Lehrform. Sie ist als Veränderungsprozeß des Lernenden zu verstehen, was ein verändertes Verhalten im Praxisfeld zur Folge haben soll. Die prägenden Faktoren dieser Lern- und Lehrform gilt es zu erkennen und nach dem agogischen Prinzip auszuwerten. »Gelingt es dem Supervisanden nicht, Erkanntes und Verstandenes in Handeln umzusetzen, dann ist die Supervision mißlungen, genauso wie ein Hilfsprozeß, der beim Klienten nicht zu Verhaltensänderungen führt . . . (Denn) gerade im Handeln macht der Lernende neue, einzigartige Erfahrungen . . . und abgerundete Erfahrungen bedeuten »Lernen«. Dies ist das Wesen des »Lernens durch Tun« (*Haan*). In diesem Lernprozeß hat der Supervisand eine qualitativ andere Stellung als in den USA. Deshalb wird in den Niederlanden gern von Supervision als einem »kooperativen Lernprozeß« (*Haan/Nijkerk*, u. a. in: *Siegers*) gesprochen. Konzeptionell bedeutet das, daß der Pragmatismus nicht überwunden wurde und die individuellen Lerninteressen und -möglichkeiten des Supervisanden gleichbedeutend sind mit den Möglichkeiten und Grenzen der Supervision – ein Punkt, der in der deutschen Supervisionsdiskussion sehr umstritten ist.

Supervision in der BRD wurde überwiegend aus den Niederlanden importiert. Bis zu Beginn der 70er Jahre prägten hier die gleichen Fragen und Probleme die Diskussion. Noch heute ist dieser Einfluß ungebrochen (vgl. etwa *Hecker/Strömbach*, 1975). In die Diskussion einer politisch motivierten und sich politisch verstehenden Sozialarbeit, die Ende der 60er Jahre begann öffentlich zu werden, wurde auch Supervision einbezogen (vgl. *Wittenberger*, 1974; *Koch*, 1975). Die Fragen, um die es dabei ging, lassen sich wie folgt zusammenfassen: Supervision als Praxis im sozialen Feld ist als Beratungsarrangement selbst im Kontext der konkreten gesellschaftlichen Bedingungen zu sehen. Daher nimmt sie, wie jede andere soziale Praxis, Funktionsmerkmale an, die ihr diese Gesellschaft zuschreibt. Um diese benennen zu können, ist die Funktion von sozialer Arbeit innerhalb der gesellschaftlichen Totalität zu beschreiben. Dieser Totalitätsanspruch ist in den letzten Jahren auf eine realitätsbezogenere Ebene zurückgedrängt worden, ohne daß dabei die grundsätzlichen Überlegungen zur sozialen und gesellschaftlichen Praxis negiert wurden (vgl. etwa *Gaertner* in: *Barabas* u. a., 1978). Es gilt nun, Probleme beruflichen Handelns in der Supervision zu thematisieren und diese auf ihre Bedingungen, unter denen sie auftreten, systematisch zu reflektieren. Dabei ist nicht nur auf den psychischen Aspekt, z. B. in der Beziehung zwischen Supervisand und Klient, einzugehen, sondern ebenso auf die institutionellen und gesellschaftlichen Bedingungen, in denen die Beteiligten leben. Dabei wäre ein doppelt funktionaler Bezug festzuhalten:

– Supervision kann bei professionellen Problemen des Supervisanden weder auf ein psychisches Substrat reduziert werden noch auf einen gesellschaftlichen Determinismus, der psychische Realität ignoriert.

– Supervision beinhaltet nicht notwendigerweise politisches Engagement, noch ist dies ausgeschlossen. Das Politische in der Supervision ist dann gegeben, wenn für den Supervisor die Supervisanden nicht nur »Menschenmaterial« sind, zu denen er nur in einer instrumentellen Beziehung steht (*Horn*, 1976), sondern wenn er mit ihnen die Spannung zwischen subjektiver Erfahrung einerseits und den objektiven gesellschaftlichen Verhältnissen andererseits durchhält.

Die »Politikhaltigkeit« von Supervision wird sich vom Konzept des Supervisors her in seinen interessengeleiteten Interventionen ausweisen müssen. Seine Haltung ist in Anlehnung an die Abstinenz-Regel des Therapeuten neutral aber auch immer wertorientiert. Die damit zusammenhängende Frage nach dem Menschenbild ist noch nicht geklärt, so daß spätestens an diesem Punkt in der Diskussion der Ruf nach methodisch sauberer Sozialarbeit/Supervision laut wird. Methodische Unsicherheit zu vertreiben war Supervision angetreten. Vorerst, so scheint es, hatte sie sie noch verstärkt. Denn sie konnte unter dem politischen Anspruch, unter dem sie antrat, dem Sicherheitsbedürfnis der unter den gegenwärtigen Bedingungen arbeitenden Sozialarbeitern nicht gerecht werden, da sich auch in der Sozialarbeit herausstellte, daß die traditionellen Methoden nicht mehr ausreichend sind. Gleichzeitig wurde erkannt, daß die Vermittlungsprozesse zwischen »Person und Institution« komplexerer Natur sind, als es die politisierte Diskussion darstellen konnte. Damit begann die mühevolle Kleinarbeit, Supervision als »praktischen Diskurs« zu sehen, wobei weniger auf die prinzipielle Unterscheidung zwischen Supervision und Therapie hingewiesen wurde, sondern darauf, was die gemeinsamen theoretischen Voraussetzungen sein können und welcher graduelle Unterschied zwischen beiden »Hilfeformen« besteht (*Wittenberger*, 1983). »Supervision im Spannungsfeld zwischen Person und Institution« (Akademie Münster) scheint in die Nähe der Sozioanalyse zu rücken. Damit verknüpft sich die Hoffnung und der Anspruch, daß Supervision mehr als einen auf den individuellen Bewußtwerdungsprozeß des Supervisanden bezogenen Beitrag zur Veränderung von institutionellen Bedingungen zu leisten im Stande ist. Daß dies nicht über die Köpfe der Supervisanden hinweg geht, läßt Supervision und Therapie näher zusammenrükken, was Anfang der 70er Jahre kaum denkbar war.

Formen und Ziele

Einzelsupervision war die gängige und ursprüngliche Form der Anleitung. In ihr arbeiten ein Supervisor und ein Supervisand kontinuierlich und in zeitlichen Abständen zwischen 8 bis 14 Tagen allgemein über 40 Sitzungen bei einer Sitzungsdauer von 90 Minuten zusammen. Berücksichtigt man Ausfallzeiten (Urlaub etc.), dann läuft eine Einzelsupervision über etwa zwei Jahre. In einer Arbeitsabsprache, dem Kontraktgespräch, werden diese und andere Rahmenbedingungen, wie Form der Berichte (mündlich oder schriftlich), Bezahlung, Sitzungsort usw. besprochen. In der Regel gibt es ein solches Vorgespräch. Schon diese »besondere Gesprächssituation« (*Argelander*, 1970) ist, wie alle folgenden Gespräche in der Supervision, durch methodisch wichtige Aspekte gekennzeichnet. Beziehung zwischen Supervisor und Supervisand: Sie beinhaltet Aspekte der Übertragung und Gegenübertragung, die durch das Beziehungsgefälle oder die Asymmetrie zwischen dem Berater und den zu Beratenden entstehen. Die für den Berater notwendige Distanz zum Geschehen im Praxisfeld des Supervisanden läßt diesen Phantasien und Wünsche projizieren, die, wie in der analytischen Therapie, durch die Interaktionen zwischen Supervisand und Supervisor eine »Szene« bilden. Diese versucht der Supervisor durch Empathie und Introspektion auf dem Hintergrund der persönlichen und beruflichen Situation des Supervisanden zu »verstehen« (vgl. Supervision, Materialien, Heft 1/82), um so zu intervenieren, daß der Supervisand seine Probleme, Fragen und Erklärungen auf Alternativen hin untersucht. Dabei werden persönliche und berufliche Probleme ständig in einem oszillierenden Hin und Her auftreten, bis der Supervisand in der Kommunikation mit dem Supervisor die Abgrenzung gefunden hat, die das Berufliche vom Privaten zu trennen vermag – im Gegensatz zur unreflektierten Verschmelzung, in der beides nicht als dialektische Einheit gesehen werden kann, was dann zu bekannten sozialen Verhaltensmustern führt, wie es sich im »Helfer-Syndrom« ausdrückt. Nach der Phase, in der der Supervisand seine individuelle Betrachtungsweise seiner Situation bearbeiten konnte, wird es möglich sein, größere Zusammenhänge, z. B. institutionelle, in den Reflexionsprozeß einzubeziehen. Dabei sind seine Erfahrungen so zu beachten, daß er sich emotional wie kognitiv mit den Interpretationen des Supervisors auseinandersetzen kann.

Übertragung, Gegenübertragung und Distanz: Hier kommt der Aspekt der problemorientierten Assoziation oder der Entwicklung von analytischer Phantasie im Blick auf berufliche Probleme hinzu. Auch hier besteht eine Analogie zur analytischen Therapie, die mit der Technik der »freien Assoziation« arbeitet. In der Supervision bezieht sich diese Technik auf die beruflichen Probleme des Supervisanden. Dabei werden im Kommunikationsprozeß auch unangenehme Bereiche im Zusammenhang mit den beruflichen Erfahrungen zur Sprache kommen, die entdeckt und bearbeitet, zu Handlungsalternativen führen können, wodurch auch persönliche Befriedigung erlangt wird.

Interessengeleitete Intervention des Supervisors: D. h. stets spielen auch die Wert- und Normvorstellungen des Supervisors eine Rolle. Jeder Supervisor wird deshalb weder unpolitisch noch neutral gegenüber dem Wert- und Normsystem seiner Supervisanden sein. Um Manipulation oder Indoktrination vorzubeugen, sind solche Werthaltungen für die Supervisanden durchsichtig zu machen, damit nicht nur eine intellektuelle, sondern auch eine emotionale Auseinandersetzung mit dem Supervisor möglich wird. Der Supervisor ist also nicht nur Projektionsschirm, sondern auch reale Person.

Gruppensupervision: Sie ist die Form, die sich vor allem im Zusammenhang mit der Arbeitsökonomie der Supervision entwickelt hat. Aber auch weil die Gruppe andere Lernmöglichkeiten eröffnet als die Dyade. Es arbeiten ein Supervisor und in der Regel fünf bis sieben Supervisanden unter gleichen Rahmenbedingungen wie in der Einzelsupervision zusammen. Die Zeiteinheit einer Sitzung verlängert sich auf etwa 120 Minuten. Von dieser Grundform gibt es eine Reihe von Abweichungen (z. B. größere Abstände der Sitzungen und dafür ganztägig), die von den Arbeitsbedingungen der Beteiligten abhängen. Die Gruppensupervision partizipiert von den verschiedenen Modellen, die gruppendynamischer oder gruppentherapeutischer Provenienz sind (*Wittenberger*, 1979). Da diese ihrerseits von unterschiedlichen theoretischen Voraussetzungen ausgehen, ist es gegenwärtig noch nicht möglich, eine allgemein anerkannte, oder eigenständige Methode der Gruppensupervision zu beschreiben. In der gegenwärtigen Praxis wird eklektisch auf psychoanalytische, lerntheoretische, kommunikationstheoretische und institutionsanalytische Ansätze zurückgegriffen. »Dieser Eklektizismus steht zur Kritik, weil er von der Illusion ausgeht, daß die einzelwissenschaftlich entwickelten Ansätze aus ihrer Systematik herausgelöst sich komplementär zu einer optimalen Methode verdichten ließen« (*Gaertner*, 1976). Ausgehend von der Grundannahme, daß die Gruppe spezifische Lernerfahrungen ermöglicht, kann die Supervisionsgruppe als »sekundäre Gruppe« bezeichnet werden, die sich aus den jeweiligen individuellen Strukturen der Teilnehmer zusammensetzt und dadurch eine neue Struktur darstellt. D. h., die einzelnen Teilnehmer dieser Gruppe transformieren ihre individuellen Eigenschaften und beruflichen Probleme sowie ihre Gruppen-Eigenschaften und Gruppen-Probleme in die Supervisionsgruppe und inszenieren eine neue »primäre Gruppe«, in der sie ihre beruflichen Probleme bearbeiten wollen. Die dabei auftretenden Gruppenkonflikte (z. B. Mißverständnisse etc.), die durch die Reaktivierung anderer Gruppenerfahrungen (z. B. aus Familie, Kollegengruppe, Klientengruppe) eintreten, werden gleichsam auf einer »überindividuellen Ebene«, dem Interaktionstableau, bearbeitet, so daß beispielsweise Identifikations- und Abgrenzungsprozesse als Lernprozesse der einzelnen Teilnehmer verstanden werden können. Die Reflexion der Gruppensituation ermöglicht es den Teilnehmern, sowohl sich als auch den jeweils anderen in seiner persönlichen und beruflichen Situation besser zu verstehen und mit ihm nach Alternativen im beruflichen Umgang mit Gruppen oder Einzelnen zu suchen. Die Bedeutung der Gruppensupervision liegt also im Training der Selbst- und Fremdwahrnehmung und in der Entwicklung der Fähigkeit zur Kooperation. Der Stellenwert der Beziehung zwischen Supervisor und Supervisand ist von geringerem Gewicht, als in der Einzelsupervision. Die Gruppe übernimmt Teilfunktionen des Supervisors. Gruppensupervision wirkt der Vereinzelung im Arbeitsfeld entgegen, was angesichts riesiger Apparate der Administration von erheblicher Bedeutung ist. Die Zusammensetzung einer Gruppe und ihre Zusammenstellung können erhebliche Bedeutung gewinnen für die Entwicklung einer effektiven Arbeitsbeziehung (*Wittenberger*, 1977).

Supervision durch die Kollegengruppe: In Abkehr vom traditionellen System der

Einzelsupervision entwickelte sich diese Supervisionsform. Vor allem in den USA sollte dabei die Frage des beruflichen Status des einzelnen in der Gruppe in den Hintergrund treten, da die Kompetenz eines jeden Kollegen zur Debatte steht und die Gruppe als ganze die Verantwortung für die beruflichen Maßstäbe der Institution zu übernehmen hat. Voraussetzung für eine Supervision in der Kollegengruppe ist: jedes Mitglied muß seine berufliche Leistung so ehrlich wie möglich darstellen und jeder muß sich daran beteiligen, die Leistungen des anderen konstruktiv und kritisch zu betrachten (vgl. *Appleby* u. a. in: *v. Caemmerer*). Die Rollen- und Funktionsverteilung soll dadurch erleichtert werden. Gruppensupervision soll hier nicht verstanden werden als »eine Anzahl von Supervisionen, die durch einen Supervisor gleichzeitig abgehalten werden, sondern als Supervision durch die Gruppe« (*Fool* u. a. in: *Siegers*). Die Tendenz, die hinter diesem Konzept steht, ist durchsichtig: alle sind gleich, Statusunterschiede und Rivalität gibt es nicht, Autoritätsfragen sind nicht vorhanden. Ist die Gruppenkohäsion groß genug, dann ist die Institution schon nicht mehr so mächtig. Von der Seite der Institution könnte dieses System auch ganz anders »genutzt« werden: Jeder wird für jeden zum Kontrolleur, wodurch jeder sich bemühen wird, Höchstleistungen zu erbringen um die Normen der Institution so gut wie möglich zu erfüllen. Dieses System ist aus dem wirtschaftlichen und politischen Bereich gut bekannt. Unter der Voraussetzung, daß der institutionelle Aspekt negiert werden könnte, ist diese Form der Beratung dennoch problematisch. Denn es ist nicht möglich, systematisch zu reflektieren, wie die Übertragungs- und Projektionsprozesse laufen und wie die objektiven Bedingungen der Arbeitssituation beschaffen sind, da die entscheidende Voraussetzung für eine kontinuierliche Beratung fehlt: Distanz.

Team-Supervision: Diese Form scheint sich besonders dort entwickelt zu haben, wo eine Gruppe von Mitarbeitern unter den Bedingungen einer hohen Arbeitsteilung zusammenarbeiten muß, z. B. in Erziehungs- und Familienberatungsstellen sowie anderen therapeutischen Einrichtungen. Hier werden die Bedingungen für die Themengestaltung insofern verändert, als das Team das diagnostische Material der Klienten unter dem Gesichtspunkt der Kompetenzverteilung bearbeiten muß und deshalb auch der gruppendynamische Aspekt einen höheren Stellenwert bekommt. In der Regel muß davon ausgegangen werden, daß ein Team durch eine Reihe unterschiedlicher Berufsvertreter zusammengesetzt ist. So wird eine Team-Supervision mit Psychologen, Sozialarbeitern, Sozialpädagogen, Therapeuten und Ärzten eine andere Funktion haben, als eine Supervision einer Mitarbeitergruppe, in der alle Sozialarbeiter sind. Allerdings sind für beide Gruppen die institutionellen Bedingungen, in die sie eingebunden sind, von erheblicher Relevanz.

Institutionsberatung: Bisher deuten sich drei unterschiedliche Entwicklungen an, wenn von Institutionsberatung gesprochen wird. Einmal wird die Erweiterung und Konzeptualisierung der Supervision zur Institutionsberatung auf der Grundlage der »institutionellen Analyse« (*Lapassade*, 1972) als eine Voraussetzung für die wissenschaftliche Entwicklung einer Methode und der dazugehörigen Theorie angesehen (*Gaertner*, 1976). Zum anderen wird aus der Kritik des »Privatcharakters der Supervision« (*Schwarzwälder*, 1976) der Schluß gezogen, daß Supervision nicht nur indirekt über den Supervisanden Veränderungsprozesse in der Organisation einleiten soll, sondern, daß die Organisation als die »Bedingungsstruktur des Supervisanden« mit in den Supervisionskontrakt einbezogen werden muß. Zum dritten können auch Supervision und Institutionsberatung als zwei synchronlaufende Prozesse gesehen werden, die sich dadurch voneinander unterscheiden, daß sich Supervision weiter »mehr auf den Einzelnen und die Gruppe konzentriert«, während die Institutionsberatung »zunächst auf die spezifischen Organisationsstrukturen und (die) Störungsquellen in den verschiedenen Strukturbereichen der Organisation« konzentriert ist (*Müller-Schöll/Priepke*, 1976). Diese Tendenzen sind Ergebnisse der bisherigen Supervisionspraxis in Krankenhäusern und Heimen und vor allem aus der Entwicklung der Stadtteil- und Gemeinwesenarbeit. In diesem Zusammenhang gerieten die institutionellen Körperschaften der Wohlfahrtseinrichtungen und der öffentlichen Verwaltung zunehmend in den Schnittpunkt von Veränderungstendenzen in der Sozialarbeit. Einerseits sollte Sozialarbeit Hilfe zur Veränderung ihrer Klientel geben, andererseits sind die institutionellen Bedingungen nicht oder nur schwer in der Lage, auf Veränderungen positiv zu reagieren. Die konflikterzeugenden Zustände ließen sich verhindern, wenn die Institutionen der Sozialarbeit sich in den Veränderungsprozeß einbinden lassen würden. Dies ist Anliegen gegenwärtiger Supervisionspraxis, ohne daß eine systematische Reflexion, wie dieses Ziel zu erreichen wäre, schon erfolgt ist. Darüber hinaus sind vor allem die Fragen in den Vordergrund getreten, wie die »Institutionen in uns« ihren Ausdruck finden. Oder andere ausgedrückt: Welche psychischen Repräsentanzen können institutionelle Bedingungen erlangen und wie beeinflussen sie das Verhalten? Es steht ja außer Zweifel, daß institutionelle »Stereotypen und gesellschaftliche Normen von uns dauernd unbewußt in Interaktionen reproduziert werden, obwohl sie in ihrer verdinglichten Inhumanität, in ihrem verwaltungsmäßigen Zugriff auf menschliches Dasein uns theoretisch . . . längst bewußt sind« (*Gaertner*, 1978). Erste theoretische und praktische Erfahrungen haben *Fürstenau* (1970) und *Wellendorf* (1973) vorgelegt. Für die Theorie und Technik der Supervision ist es deshalb wichtig, nicht nur pragmatisch auf analytische Konzepte zurückzugreifen, sondern zu prüfen, inwieweit Psychoanalyse als kritische Theorie des Subjekts bei der Erfassung beruflicher Identität und institutionalisierter Interaktionsformen greift. Unter Einbeziehung des psychoanalytischen Beratungsmodells und der Institutionsanalyse könnte Supervision dazu kommen, ein den Bedingungen und Problemen psycho-sozialer Berufspraxis angemessenes Beratungsmodell zu entwickeln, das den gegenwärtig praktizierten Eklektizismus ablöst.

Erste Entwicklungsschritte zeichnen sich ab. Über die »Supervision im Spannungsfeld zwischen Person und Institution« veranstaltet die Akademie für Jugendfragen Münster einen ersten interdisziplinären Kongreß (1979), auf dem deutlich wurde, daß Supervision Teil eines sozio-analytischen Gesamtkonzepts ist, das über den Rahmen von Sozialarbeit hinaus weist (vgl. Kongreßbericht, 1980). Des weiteren der Versuch, auf dem Hintergrund der psychoanalytischen Theorien der Depression die sozialen Verhaltensmuster von Angehörigen psychosozialer Berufe in einem »analytisch orientierten Supervisionsprozeß« darzustellen (*Wittenberger*, 1983).

Supervision in Organisationen: Wenn eine Organisation Sach- und Personalmittel für die Errichtung einer Supervisorenstelle bereitstellt, verfolgt sie damit bestimmte Interessen. Solche Interessen sind von Organisation zu Organisation unterschiedlich. Bei der Errichtung einer solchen Beratungsstelle ist es häufig der Fall, daß die organisatorische Form bereits festgelegt ist, bevor die Prozesse, die bestimmen, was tatsächlich inhaltlich geschieht, ausdiskutiert und abgeschlossen sind. Folglich kann Supervision in völlig identisch organisierten Strukturen sehr unterschiedliche inhaltliche Orientierungen haben. Das bedeutet, daß die Arbeitsweise, das leitende theoretische Konzept des Supervisors vom Supervisanden nicht eingeschätzt werden kann. Er kann nicht überschauen, welcher Form und Problemsicht er sich anvertraut, wenn er diesen Supervisor in Anspruch nimmt. Erschwert werden solche Institutionalisierungsprozesse dadurch, daß es in der BRD weder bei den freien Wohlfahrtsverbänden noch bei den staatlichen Trägern einheitliche Vorstellungen darüber gibt, welche Funktion Supervision und welche Rolle der Supervisor in der Organisation haben sollte. Gegenwärtig gibt es fünf Formen der institutionellen Verankerung in Organisationen:

– Der Supervisor übt seine Tätigkeit zwar in der gleichen Organisation aus, in der seine Supervisanden tätig sind, aber nicht in der gleichen Abteilung;

– Der Supervisor supervisiert nur Supervisanden, die in einem anderen organisatorischen Zusammenhang arbeiten als er;

– Der Supervisor hat einen Teil seines Arbeitsauftrages in der Organisation für die Supervision der Mitarbeiter zur Verfügung zu stellen (mit dem anderen Teil ist er Kollege!)

– Der Supervisor steht außerhalb der hierarchischen Struktur der Organisation, hat also keine »Linienfunktionen« wahrzunehmen, und übt seine Beratungstätigkeit dennoch voll in der Organisation aus. Seine Funktion ist die »Stabsfunktion«, die notwendig ist, um in relativer Unabhängigkeit Beratungsaufgaben wahrzunehmen;

– Der Supervisor arbeitet mit Organisationen als freier Mitarbeiter zusammen. Diese freiberufliche Tätigkeit oder Nebentätigkeit erlaubt eine größtmögliche Unabhängigkeit und scheint die beste Voraussetzung für den Beratungsprozeß zu sein.

Ausbildung zum Supervisor

Die Ausbildung fand bisher in der BRD berufsbegleitend an den zentralen Fort- und Weiterbildungsinstituten für Jugend- und Sozialarbeit statt. Auch einige Fachhochschulen hatten versucht, dieses Fortbildungsangebot zu integrieren. Seit 1976 ist an der Gesamthochschule Kassel ein erster »Ergänzungsstudiengang Supervision« eingerichtet worden, der als postgradualer Studiengang mit einem staatlichen Diplom abgeschlossen wird.

Bei allen Ausbildungsinstitutionen sind eine Reihe von Voraussetzungen zu erfüllen, um als Ausbildungskandidat zugelassen zu werden. Zu diesen Voraussetzungen, die von den Institutionen unterschiedlich gehandhabt werden, zählen: Kenntnisse und Fähigkeiten im Bereich der Methoden der Sozialarbeit; Erfahrungen mit Supervision, die nachweisbar sein müssen; berufliche Vorbildung, die aufgrund der unterschiedlichen Vorverständnisse der Ausbildungsinstitutionen von der Krankenpflegeausbildung über kirchliche, seminaristische oder volltheologische Ausbildungen bis zum graduierten Abschluß der Fachhochschule reichen. Aber auch andere akademische Abschlüsse wie Diplome in Soziologie, Psychologie und Pädagogik werden anerkannt. Weiterhin ist eine mehrjährige Berufserfahrung nachzuweisen; eine weitere Voraussetzung soll die »positive Berufserfahrung« des Bewerbers sein und schließlich ein Auswahlinterview.

Die gegenwärtige Ausbildungspraxis ist überwiegend berufsbegleitend. Auch an der Gesamthochschule Kassel gibt es diese Möglichkeit in Form des »Kontaktstudiums«, das, neben dem viersemestrigen Vollzeitstudium, sechs Semester umfaßt. Bei den zentralen Fortbildungsinstituten werden die »Direktphasen«, in denen die Teilnehmer im Institut leben, in zwei Blöcken zu je 14 Tagen jährlich über etwa 3 Jahre verteilt. Während der gesamten Ausbildung müssen die Ausbildungskandidaten sowohl theoretische Arbeiten liefern als auch praktische Supervision durchführen. Dieser praktische Teil der Ausbildung wird durch Lehrsupervision begleitet. Er ist bei allen Ausbildungsinstitutionen der problematischste. Es gibt hierfür kaum eine öffentliche Diskussion. *Leuschner* hat (1979) zuerst seine kritischen Überlegungen zur Rolle des Lehrsupervisors dargestellt. Erste Forschungsergebnisse mit Supervisions- und Balintgruppen in der Gesamthochschule Kassel (1979) sollen Aufschluß geben, wie die verschiedenen Bedingungen, unter denen Supervision geschieht, ihren Ausdruck im Reflexions- und Interaktionsprozeß finden. Damit ist angedeutet, worum es in den nächsten Jahren gehen wird.

Forschung

Auf Forschungsprobleme, -anliegen und -ergebnisse wurde bereits öfter hingewiesen. Darüber hinaus gibt es Forderungen an die Supervision, die die Effizienz betreffen (*Huppertz*, 1975) oder die Operationalisierung von Lernzielen (*Strömbach* u. a.). Ob es überhaupt gelingt, an den gegenwärtigen Ausbildungsinstitutionen Supervisionsforschung zu betreiben, wird u. a. auch davon abhängen, ob und wie Sozial- und Humanwissenschaften ihr Interesse für Supervision entdecken, ohne in Kompetenzstreit zu geraten. Ein Versuch scheint sich an der Gesamthochschule Kassel anzudeuten. Aber auch dort bestehen noch wenig Projekte, die interdisziplinär und von persönlichen Forschungsinteressen der Hochschullehrer unabhängig organisiert sind. Weitere Forschungsschwerpunkte wären:
- organisatorische und institutionelle Bedingungen von Supervision in Organisationen zu untersuchen;
- vergleichende Untersuchungen von Gruppensupervision und anderen Gruppentrainingsverfahren;

– die didaktische Struktur sowie die kognitive Organisation der emotionalen
  Lernprozesse;
– Untersuchungen über die Bedeutung der Wertvorstellungen für den Supervi-
  sionsprozeß, die, von den verschiedenen »Philosophien« entlehnt, die Grundla-
  ge aller Beratungsmodelle sind (z. B. Humanistische Psychologie, materialisti-
  sche Psychologie etc.);
– Entwicklung einer Theorie und Technik, die der Einseitigkeit wissenschaftlicher
  Einzeldisziplinen nicht aufsitzt;
– Klärung, ob und inwiefern die Kenntnis des Berufsfeldes eine Voraussetzung für
  den Supervisor ist, oder ob Supervision auch eine Methode sein kann, die
  Beratungskompetenz beim Supervisor voraussetzt und Feldkompetenz beim
  Supervisanden;
– durch Evaluationsforschung die Wirkung des »beratenden Eingriffs« auf tat-
  sächlich institutionalisierte Organisationsstrukturen zu erheben und auf der
  Basis spezieller erfahrungswissenschaftlich gesicherter Erkenntnisse zu
  stützen.

Für diese Fragen wäre ein Forschungsdesign zu entwickeln, das über bereits
vorliegende Befunde hinausreicht und den Bedingungen psycho-sozialer Praxis in
der BRD entspricht.

Gerhard Wittenberger

Literatur

*Akademie für Jugendfragen Münster (Hrsg.), 1979: Supervision im Spannungsfeld zwischen
Person und Institution, Lambertus, Freiburg – dies., 1982: Supervision. Materialien für
berufsbezogene Beratung in sozialen, pädagogischen und therapeutischen Arbeitsfeldern,
H. 1 und 2 – *Andriessen, H.,* 1978: Pastorale Supervision. Praxisberatung in der Kirche,
München – *Argelander, H.,* 1970: Das Erstinterview in der Psychotherapie, Darmstadt –
ders., 1980: Die Struktur der »Beratung unter Supervision«, in: Psyche 1 – *Bang, R.,* 1959:
Einzelfallhilfe mit Supervision als unterrichtsbegleitendes Praktikum, in: Praxis der Kinder-
psychologie und Kinderpsychiatrie 8 (Sonderdruck) – *Beugen, M. van,* 1972: Agogische
Intervention. Planung und Strategie, Freiburg – *Blinkert, B./Huppertz, N.,* 1974: Der Mythos
der Supervision – Kritische Anmerkungen zu Anspruch und Wirklichkeit, in: Neue Praxis,
H. 2 – *Caemmerer, D. von,* 1970: Praxisberatung (Supervision). Ein Quellenband, Freiburg
– *Föllmer, M.,* 1977: Supervision in der amerikanischen Sozialarbeit, in Neue Praxis, H. 1
(gekürzte Fassung eines Aufsatzes: Supervision und Professionalisierung der amerikanischen
Sozialarbeit, Bonn 1975) – *Frijling-Schreuder, E. C. M.,* 1976: Bemerkungen zur Supervision,
in: Psyche 2 – Funkkolleg 1975/1976: Beratung in der Erziehung, Studienbegleitbriefe 4, 5
und 13, Weinheim/Basel – *Fürstenau, P.,* 1970: Institutionsberatung. Ein neuer Zweig
angewandter Sozialwissenschaft, in: Gruppendynamik, H. 3 – *Gaertner, A.,* 1976: Überlegungen zur Supervisorenausbildung, in: Prisma 11, Gesamthochschule Kassel – ders., 1977:
Supervision, Systematische Reflexion der Berufspraxis oder Psychohygiene für Sozialarbeiter, in: Jahrbuch der Sozialarbeit 1978, Reinbek – *ders., 1978: Beratung als praktischer
Diskurs, in: Neue Praxis, Sonderheft: Sozialarbeit und Therapie – ders., 1978: Interpratative
Sozialforschung: Bemerkungen zur theoretischen methodologischen Begründung eines Su-
pervisionsforschungsprojektes, in: *Müller, C. W.* (Hrsg.), Begleitforschung in der Sozialpäd-
agogik, Weinheim/Basel – ders./*Wittenberger, G.,* 1979: Supervision und der institutionelle
Diskurs, in: Supervision im Spannungsfeld zwischen Person und Institution, Akademie für

Jugendfragen Münster (Hrsg.) – *Hecker, M./Strömbach, R.*, 1975: Was ist Supervision? in: Hochschulbrief der Evang. Fachhochschulen 2, Karlsruhe – dies., 1975: Erfahrungen mit Supervision in der Praxis, in: Theorie und Praxis der Sozialen Arbeit, H. 8 – *Heigl-Evers, A./ Hering, A.*, 1970: Die Spiegelung einer Patientengruppe durch eine Therapeuten-Kontrollgruppe, in: Gruppenpsychotherapie und Gruppendynamik, H. 4 – *Heigl-Evers, A.*, 1975: Die Stufentechnik der Supervision – eine Methode zum Erlernen der psychoanalytischen Beobachtungs- und Schlußbildungsmethode im Rahmen der angewandten Psychoanalyse, in: Gruppenpsychotherapie und Gruppendynamik, H. 1 – dies. *Heigl, F./Münch, J.*, 1976: Die therapeutische Kleingruppe in der Institution Klinik, in: Gruppenpsychotherapie und Gruppendynamik, H. 1 – *Horn, K.*, 1976: Zum Stellenwert von Subjektivität im organisierten Kapitalismus – Überlegungen zu einigen gesellschaftlichen Bedingungen von Sozialarbeit, in: Neue Praxis, H. 3 – *Huppertz, N.*, 1975: Supervision. Analyse eines problematischen Kapitels der Sozialarbeit, Neuwied/Darmstadt – *Junker, H.*, 1973: Das Beratungsgespräch. Zur Theorie und Praxis kritischer Sozialarbeit, München – *Koch, H. B.*, 1975: Entpolitisierung durch Beratung? Aspekte zur Begründung eines Verdachts am Beispiel der Supervision, in: Neue Praxis, H. 3 – *Kutter, P./Roth, J. K.*, 1981: Psychoanalyse an der Universität. Selbsterfahrungs- und Supervisionsgruppen mit Studenten in Theorie und Praxis, München – *Lapassage, G.*, 1972: Gruppen, Organisationen, Institutionen, Stuttgart – *Leuschner, G.*, 1979: Gedanken zur Rolle des Lehrsupervisors, in: Supervision im Spannungsfeld zwischen Person und Institution, Freiburg – *Lückert, H.-R.*, 1964: Handbuch der Erziehungsberatung Bd. 2 – *Melzer, G.*, 1972: Praxisanleitung und Praxisberatung in der Sozialarbeit, Frankfurt/ M. – *Müller-Schöll, A./Priepke, M.*, 1976: Fortbildung – Organisations- und Institutionsberatung, in: Sozialpädagogik, H. 4 – *Pettes, D. E.*, 1971: Supervision in der Sozialarbeit, Freiburg – *Schwarzwälder, H.*, 1976: Supervision und Organisation. Anregungen zur Reflexion über Zusammenhänge, in: Sozialpädagogik, H. 4 – *Siegers, F. M. J.*, 1974: Praxisberatung in der Diskussion. Formen, Ziele, Einsatzfelder, Freiburg – *Strömbach, R./Fricke, P./Koch, H.-B.*, 1975: Supervision. Protokolle eines Lernprozesses, Gelnhausen – *Uleyn, A.*, 1976: Gruppensupervision. Varianten von Arbeitsstil und Rollenverständnis bei Gruppensupervision, in: Spezialpädagogik, H. 1 – *Weigand, W.*, 1979: Supervision: Durch Selbstreflexion zur Emanzipation? in: Supervision im Spannungsfeld zwischen Person und Institution, Freiburg – *Wellendorf, F.*, 1973: Schulische Sozialisation und Identität. Zur Sozialpsychologie der Schule als Institution, Weinheim/Basel – *Wittenberger, G.*, 1974: Neutralität oder Parteilichkeit in der Supervision, in: Neue Praxis, H. 4. – ders., 1977: Zur wissenschaftstheoretischen Situation der Supervision – einige Probleme der Supervisionsforschung, Wiesbaden – ders., 1977: Die Arbeitsbeziehung in der Gruppensupervision – Versuch einer theoretisch-methodischen Beschreibung, in: Neue Praxis, H. 1 – ders., 1979: Modelle der Gruppentherapie und Gruppensupervision, in: Wege zum Menschen, H. 7 – ders., 1983: Der depressive Aspekt des »Helfer-Syndroms« in einer Supervision im sozialen Feld, in: Materialien zur Psychoanalyse und analytisch orientierten Psychotherapie, Göttingen/Zürich. –

→ Berufliche Sozialisation in der Sozialarbeit → Organisationsberatung → Weiterbildung in sozialen Berufen

Theaterpädagogik

Zu unterscheiden sind drei Dimensionen: 1. Theater für bestimmte Zielgruppen in erzieherischer Absicht; 2. Theaterspiel mit diesen Zielgruppen – die pädagogische Wirkung wird also von spielerischer Aktivität erwartet; 3. Ausbildung von Schauspielern. Diese letzte Dimension kann hier außer Betracht bleiben.

Didaktisches Vorführ- und Mitspiel-Theater

Die Geschichte eines Vorführtheaters in didaktischer Absicht ist weit verzweigt und hier nicht darzustellen. Es muß jedoch auf einige neuere Tendenzen hingewiesen werden, die diese erste Dimension des Begriffs Theaterpädagogik der zweiten annähern, die uns hier vor allem interessiert. Dies trifft insbesondere für das Kinder- und Jugendtheater zu, das – erst wenig mehr als hundert Jahre alt und bislang eher ein Nebenprodukt des Theaters für Erwachsene – außerhalb des etablierten Bühnenbetriebs seit dem Ende der 60er Jahre einen enormen Aufschwung erlebt hat. Bekanntgeworden sind insbesondere die Bemühungen der beiden aus dem Berliner »Reichskabarett« hervorgegangenen Kinder- und Jugendtheater »Grips« und »Rote Grütze« (z. B. mit »Was heißt hier Liebe?«), das Dortmunder und das Münchner Kinder- und Jugendtheater, das »Theater Mobil« Hannover und die Wiesbadener »Baustelle« (»Wie zähmt man einen Drachen?« 1978). Gegenüber der traditionellen Kinderbühne mit ihren wirklichkeitsfremden Rühr- und Märchenstücken ist bei diesen Theatern ein gleich doppelter qualitativer Sprung festzustellen. Sie entwickeln ihre Stoffe in Zusammenarbeit mit Kindern, beziehen sie direkt auf deren Probleme und bemühen sich, die für die pädagogische Wirkung auch im Selbstverständnis der Theatergruppen entscheidende »Nacharbeit« nach der Vorstellung selbst zu organisieren oder vorzubereiten – sei es mit theatralen Arbeitsformen (in der Regel Rollenspiele), sei es, indem Lehrern, die mit ihren Klassen Aufführungen besuchen, sorgfältig zusammengestellte Materialien und Anregungen zur Bearbeitung der angesprochenen Probleme und Wirklichkeitsausschnitte im Unterricht angeboten werden (vorbildlich »Grips«).
Inzwischen gehen auch die Stadt- und Staatstheater mehr und mehr dazu über, mit thematischen Workshops (Pantomime, Maskenbau u. a.), Vorträgen, Probenbesuchen usw. Einblick in die Theaterarbeit zu gewähren, um neue Schichten in Schulen, Jugendzentren und anderen Institutionen zu gewinnen, vgl. z. B. das »Jugendkontaktprogramm« des Niedersächsischen Staatstheaters Hannover, das u. a. einmal im Jahr jugendlichen Amateurgruppen die Möglichkeit bietet, ihre Stücke vorzustellen.
Das sog. Mitspieltheater kombiniert bereits während der Theateraufführung die erste und die zweite Dimension: Schauspieler spielen eine vorbereitete Rahmenhandlung bis zu einem bestimmten Punkt vor, an dem das »Publikum« weiterspielt. Angeregt durch *Morenos* »Stegreiftheater« (1923) und *Pörtners* »Spontanes Theater« (1972), wird es inzwischen auch von Kinder- und Jugendtheatern verwandt (»Grips« nur ausnahmsweise, dagegen z. B. »Birne«/Berlin regelmäßig). Eine

besondere Form von Mitspieltheater, das sich (wie auch jenes von *Moreno* und *Pörtner*) nicht an Kinder, sondern an Erwachsene wendet, ist das von *Boal* entwickelte »Forumtheater«. Es unterscheidet sich von anderen Formen des Mitspieltheaters dadurch, daß Eingangssituationen oder Rahmenhandlungen nicht von einer professionellen Schauspielertruppe dargestellt werden müssen, sondern von »Laien« nach einem mehrtägigen Theaterworkshop bewältigt werden können. Forumtheater untersucht gezielt soziale oder politische Verhältnisse und ihre Veränderungsmöglichkeiten, die für einen Ort bzw. die anwesenden »Zuschauer« relevant sind. Eine andere Variante, die von englischen Kindertheatern praktiziert wird, stellt die Schauspieler den Kindern quasi wie Requisiten zur Verfügung.

Theaterspielen als Lernform

Auch das »Lernen durch Theaterspiel« ist nicht neu: für bestimmte pädagogische Zwecke, anfangs z. B. das Erlernen des Alphabets, dann insbesondere die Sprach- und Rednerschulung, ist Theaterspiel schon seit der Antike eingesetzt worden. Mit dem protestantischen Schultheater, angeregt durch *Martin Luther*, und dem ihm entgegenwirkenden Jesuitentheater breitet sich das Theaterspielen mit päd- agogischer Intention im 16. und 17. Jahrhundert rapide aus. Auch für *Luther* war eine von zwei Hauptfunktionen des Theaterspiels in der Schule das bessere Erlernen der (lateinischen) Sprache; die zweite jedoch war durchaus politisch- didaktischer Natur: Durch das Komödienspielen werde »ein jeglicher seines Amts und Stands erinnert und vermahnet, was einem Knecht, Herrn, jungen Gesellen und Alten gebühre, wohl anstehe und was er tun soll« (nach: *Kindermann*, Theatergeschichte Europas, Bd. II: 307). Während jedoch in den oft von Schulrektoren verfaßten Stücken zunächst noch die christliche Morallehre domi- niert, erhält das Schultheater Ende des 17. Jahrhunderts unter *Christian Weise* direkt die Funktion, adelige Zöglinge zur Politik zu befähigen.

Das Jesuitentheater verfolgte dagegen primär den Zweck, die abgefallenen Prote- stanten zum katholischen Glauben zurückzuführen. Zu diesem Zweck wurden prunkvolle Massenschauspiele im Freien inszeniert mit gelegentlich bis zu 1700 Akteuren (die meisten in stummen Rollen), die sich über ganze oder gar mehrere Tage erstreckten. Auch hier wurde die Wirkung eher vom Mittun als vom Zuschaun erwartet.

Die führenden Pädagogen der Aufklärung (z. B. *Basedow*) lehnten die an *Plautus* und *Terenz* orientierten alten Schulkomödien ab. Eine neue Form entstand: Das Dramolett für Kinder – kurze Szenen, die von den Alltagsproblemen der Kinder, aber in der Sicht und Sprache von Erwachsenen, handelten und als Einübung in gesellschaftliche Verhaltensnormen gedacht waren (z. B. *Christian Felix Weiße*: »Ein kleiner Familienzwist«, »Gute Kinder machen bisweilen auch gute Eltern«, »Die Schlittenfahrt«; vgl. *Schedler,* 1972: 23–42).

Im Zusammenhang der sozialen und politischen Umwälzungen im 20. Jahrhundert erhält das Theater erneut pädagogische Impulse, wobei teilweise verschüttete Traditionen wiederauflebten wie z. B. in den Massenschauspielen, die *Ewreinow* in

Leningrad inszenierte (20 000 Menschen spielen die Eroberung des Winterpalais'
nach . . .). Um die Ausdrucksfähigkeit und den Horizont der in den Kriegswirren
nach der russischen Revolution verwahrlosten Jugendlichen im Landerziehungsheim zu erweitern, führte *Makarenko* jede Woche ein (neues!) Theaterstück auf
(»Ein pädagogisches Poem«: 289–304).
Theoretische Bedeutung gewann das sog. Proletarische Kindertheater. Es ist vor
allem mit drei Namen verbunden: *Asja Lacis*, eine lettische Regisseurin, die in den
Revolutionswirren im sowjetischen Orel erfolgreich verwahrloste Kinder über
Theaterspiel in die entstehende Sowjetgesellschaft integrierte. *Walter Benjamin*,
der mit und für *Lacis* im Hinblick auf ein von der KPD geplantes Kindertheater
1928 sein berühmtes »Programm eines proletarischen Kindertheaters« entwarf und
Edwin Hoernle, der schon früh im Rahmen seiner kommunistischen Kinderarbeit
mit Mitteln der Theaterpädagogik arbeitete. Das 1918 gegründete »Zentrale
Moskauer Kindertheater« der *Natalie Saz* ist zwar zunächst ein Theater von
Kindern für Kinder, muß aber hier außer Betracht bleiben, weil es im wesentlichen
als Vorführtheater konzipiert ist.
Während *Makarenko* straff (aber genial) Regie führte und grundsätzlich nur große
Bühnenwerke darstellen ließ (bzw. v. a. »revolutionäre Schinken«, wie man heute
sagen würde), und zwar vor Publikum, kam es *Lacis* auf eine weiterreichende
»ästhetische Erziehung« an: »Ich wollte die Kinder dazu bringen, daß ihr Auge
besser sieht, ihr Ohr feiner hört, ihre Hände aus dem ungeformten Material
nützliche Sachen gestalten« (*Lacis/Brenner,* 1971: 26). Dazu schienen ihr fertig
geschriebene Kinderstücke ungeeignet, weil sie die Kinder notwendig dem Willen eines Regisseurs unterwerfen. An ihre Stelle setzte sie das »improvisierende
Spiel«, bei dem die Leiter »gänzlich zurücktreten« (S. 29). Wesentlich für *Lacis*
wie für *Benjamin* war es, die Kinder nicht zu indoktrinieren. Es kam ihnen
darauf an, den Kindern das Entwerfen und Durchspielen konkreter Utopien
entsprechend ihrer eigenen Erfahrung zu ermöglichen (vgl. dazu und zur Kritik:
Schedler, 1972). *Hoernle* dagegen setzte in den letzten Jahren der Weimarer
Republik Kinder – analog zu den Agitproptruppen der Erwachsenen – im Wahl-
kampf ein; sie sollten mittels Theaterspiel anderen Kindern von ihren Problemen
berichten und die Eltern in ihren Kämpfen unterstützen (dazu *Schriegel/Tamo-
schus,* 1978).
Von den verschiedenen Ausprägungen des proletarischen Kindertheaters deutlich
zu unterscheiden ist das aus der Jugendbewegung schon vor dem I. Weltkrieg
hervorgegangene (bürgerliche) »Laienspiel«. Die Bezeichnung war eine Art
Kampfbegriff gegenüber dem Berufs- und Amateurtheater. Es sollte »schlichter«,
»echter«, einfacher und wahrer sein als jenes, »volksnah«, und vor allem das
Lebensgefühl der jugendlichen Spieler ausdrücken und bestätigen – wobei der
»völkische Gedanke«, »Gemeinschaft« und Elitedenken bzw. das Prinzip Führer-
Gefolgschaft, »Frömmigkeit« und ein entschiedener Antisozialismus oft eine große
Rolle spielten. Das »Laienspiel« wurde als Erziehungsfaktor »sowohl für die
[jugendlichen] Spieler als auch für die Zuschauer« angesehen (*Schriegel/Tamo-
schus,* 1978: 28); im »Reservat der Freiheit« sollte »Selbsterkenntnis« ermöglicht

werden. Dazu wurden zahlreiche »laiengeeignete« Texte verfaßt, die der konfessionell-rechts orientierte »Bühnenvolksbund« herausbrachte. Das Laienspiel entwickelte eigene Formen: Verzicht auf Vorhang und Kulisse, einfache, starkfarbene Gewänder und sparsame, laiengemäße Gestik sowie Sprechchöre. Bevorzugt wurden mittelalterliche und frühneuhochdeutsche sowie mystisch-überirdisch-völkische Stoffe, »Weihe-«, »Todes-« und Legendenspiele und dramatisierte Märchen und Sagen, in denen die historische und gesellschaftliche Realität sorgfältig ausgeklammert wurde.

Zwischen diesen beiden Polen – proletarischem Kinder- und Jugendtheater und tendenziell völkischem Laienspiel – entwickelte sich (in Anlehnung an die schulreformerische Bewegung) ein dritter Typus, der sich politisch neutral zu halten versuchte: das von *Martin Luserke* entwickelte und von ihm so bezeichnete »Bauhütten-« oder auch »Bewegungsspiel« (vgl. *Giffei*, 1979). Auch dieser Ausdruck dient der Abgrenzung – diesmal gegenüber dem »Laienspiel«; dabei deutet der Begriff selbst eher auf Parallelen dazu: nämlich die Vorstellung streng hierarchisch geordneter Beziehungen der Spieler untereinander wie in einer mittelalterlichen »Bauhütte«: der Spieler-»Lehrling« hat auszuführen, was der »Meister« befiehlt (vgl. *Schriegel/Tamoschus*, 1978: 39). *Luserke*, Mitarbeiter *Wynekens* in der Schulgemeinde Wickersdorf, aus der auch *Benjamin* hervorgegangen ist, kam es nicht auf den Ausdruck jugendlichen Lebensgefühls und die Übernahme »vorbildlicher« Verhaltensweisen an, sondern auf das Erlebnis von »Musikalität im Ganzen«. Dabei lehnte er sich stark an *Shakespeare* an und entwickelte eine eigene Bühnenform, die sogenannte Querachsenbühne, die die Verdeutlichung der rhythmischen (»musikalischen«) Bewegungsabläufe innerhalb eines Stücks, seine »Polyphonie«, in besonderem Maße sichtbar zu machen erlaubt.

Zu erwähnen ist schließlich noch das von dem Mediziner *Jakob L. Moreno* aus seinem Wiener »Stegreiftheater« in den 20er Jahren entwickelte Psychodrama und das daran anschließende Soziodrama. Das Psychodrama will psychische Probleme, Konflikte und Spannungen einzelner Personen durch szenisches Ausagieren lösen. Im Soziodrama geht es um die spielerische Bearbeitung der Probleme von Gruppen.

Sieht man vom Bauhüttenspiel ab (und möglicherweise vom Psychodrama), so läßt sich eine fünfte Form von Theaterpädagogik, die in den letzten Jahren der Weimarer Republik entstand, als Versuch einer kritischen Synthese der vorher entwickelten Richtungen begreifen: das »Lehrstück« *Bertolt Brechts*. Es wandte sich z. T. an Kinder, wurde aber auch mit Erwachsenen gespielt – z. B. »Das Badener Lehrstück vom Einverständnis« oder »Die Maßnahme«. Lehrstücke sind – entsprechend *Benjamins* »Programm« – nicht als appellative Thesenstücke im Sinne direkter oder (wie beim Laienspiel) indirekter politischer Indoktrination zu verstehen. Im Unterschied zu *Lacis* verwendet *Brecht* jedoch ausgeschriebene Textvorlagen, verläßt sich also nicht auf das improvisierende Spiel (das er, in Form von Parallelszenen gleichwohl nicht ausschließt). Diese Textvorlagen sind von der Intention her – ähnlich wie die ästhetisch ansonsten nicht vergleichbaren Texte der Laienspielbewegung – bewußt im Hinblick auf eine für Laien geeignete Darstellungsform und Spielweise geschrieben worden. Während jedoch das Laienspiel immer auch auf Vorführung vor Zuschauern orientiert ist, radikalisiert *Brecht* entsprechend der Praxis von *Lacis* den Verwendungszusammenhang seiner Texte und mißt ihnen einen »Lehrwert« nur im Hinblick auf die Spieler selbst zu. Dieser Lehrwert besteht in der experimentellen Untersuchung eigener gesellschaftlicher Erfahrungen anhand der bewußt abstrakt und vieldeutig gehaltenen Texte und des beim Spielen sichtbar werdenden gestischen Materials als Ausdruck der gesellschaftlichen Verhältnisse, aus denen die Spieler kommen. Ohne ein konkretes politisches Verhalten vorzuschreiben, ist die Zielsetzung doch eindeutig die Entwicklung eines solchen, d. h. »eingreifenden«, aber »dialektischen« Verhaltens (vgl. die Dokumentation der Brechtschen Äußerungen zum Lehrstück in *Steinweg*, 1976). Nicht nur formal – z. B. der äußerst sparsame Umgang mit Bühnenmitteln, Gesten und Theatralik –, auch inhaltlich knüpft Brecht dabei, selber dialektisch handelnd, an das Bewußtsein und die Spielerfahrungen der Laienspielbewegung und der ähnlich, aber stärker demokratisch orientierten Bewegung für Gebrauchsmusik an, etwa mit der für alle Lehrstücke zentralen Todes-, Opfer- und »Gemeinschafts«-Problematik. So überrascht es nicht, daß das Lehrstück »Der Jasager« zunächst teilweise von rechts begeistert mißverstanden wurde. Während jedoch das Laienspiel bewußt auf totale Identifikation der Spieler mit ihrer Rolle (und der Zuschauer mit dem dargebotenen Inhalt) setzt, schreibt *Brecht* für das Lehrstück eine verfremdende Spielweise vor. Er greift damit teilweise Elemente der Arbeitertheater- und Agitpropbewegung auf, an die er sich mit einigen Lehrstücken – »Die Maßnahme«, »Die Ausnahme und die Regel« – auch direkt wendet.

Im Dritten Reich hatte natürlich weder das Lehrstück noch das proletarische Kindertheater einen Platz. Erstaunlicherweise erfuhr jedoch auch das Laienspiel als theaterpädagogische Form zunächst wenig Beachtung. Erst 1937 richtete die Hitlerjugend Spielscharen ein (vgl. *Schriegel/Tamoschus*, 1978: 40–43).

Das Lerntheater der Gegenwart

Alle Ansätze der in der Weimarer Zeit entwickelten Theaterpädagogik sind noch heute in teils abnehmender, teils zunehmender Form als Vorbilder und Anknüpfungspunkte von Bedeutung; doch sind auch neue Aspekte hinzugekommen. Wir klammern hier das Psycho- und Soziodrama sowie das psychoanalytische Rollenspiel als eher therapeutische Formen aus, ebenso die Entwicklungen innerhalb des sogenannten Schulspiels im engeren Sinne, da es unter anderen institutionellen Bedingungen praktiziert wird als jene, mit denen Sozialarbeiter und -pädagogen es in der Regel zu tun haben. Die Literatur dazu ist umfangreich und steht beim Schulspiel in umgekehrt proportionalem Verhältnis zu seiner tatsächlichen Bedeutung an den Schulen. (s. die Bibliographien von *Petzold*, 1972 und *Ziegenspeck* u. a., 1980 mit einem umfangreichen Sachstandsbericht). Mit der Einrichtung eines eigenständigen Studienfachs Schulspiel an der PH Berlin seit 1969 (heute im Rahmen der Hochschule der Künste), dem Modellversuch »Künstler und Schüler« 1977–1980 des Bundesministers für Bildung und Wissenschaft sowie mit der starken Betonung des erfahrungsbezogenen Unterrichts im Rahmen der Lehrerausbildung in Oldenburg *(Scheller)* hat Theaterpädagogik in der Schule neue Impulse erhalten.

Laienspiel: Nachdem das alte Laienspiel der Jugendbewegung nach 1945 fast unverändert unter dem Etikett »musische Bildung« wieder aufgelebt war, zeichneten sich in den 50er und verstärkt in den 60er Jahren deutliche Veränderungen ab. Die »Bundesarbeitsgemeinschaft Laienspiel und Laientheater« änderte 1965 programmatisch ihren Namen in »Bundesarbeitsgemeinschaft für Spiel in der Jugend«, worin ihr bis heute besonders aktiver Landesverband NRW schon 1959 unter heftiger Kritik am Laienspielansatz vorangegangen war. Anstelle der Laienspieltexte wurden nun Sartre, Brecht, Grass, Wilder oder Handke gespielt. Anfang der 70er Jahre wurde der alte Laienspielansatz von der Interaktions- und Kreativitätspädagogik weitgehend verdrängt (dazu unten).

Proletarisches Kinder- und Lehrlingstheater: Angeregt durch die Schriften von *Moreno* und durch *Benjamins* »Programm« haben Studenten der Sozialpädagogik mit Schauspieler- und Kindergärtnerinnenausbildung 1969 im Märkischen Viertel Berlin Kindertheatergruppen gegründet. Dieser gut dokumentierte, über viele Jahre sich entwickelnde und verändernde Versuch sollte die außerordentlich beschränkten Entfaltungsmöglichkeiten der Kinder des Märkischen Viertels kompensieren helfen und ihnen zugleich ein gesellschaftliches Verständnis für die Ursachen ihrer Misere und damit Ansatzpunkte zu ihrer Beseitigung vermitteln. Anfangs wurde mit Rollenspielen versucht, das Verhalten der Kinder zu verändern. Später spielten die Pädagogen selbst zunächst Konflikte vor, um die Kinder zu ihrer Entfaltung und Lösung anzuregen. Gemeinsam mit den Kindern ausgearbeitete Stücke (z. B. »Meister Fillefax«) sollten die – kapitalistischen – Ursachen für das Verhalten der Eltern verständlich machen. Später wurden in einem berühmt gewordenen und vielfach imitierten, über mehrere Tage sich erstreckenden Kapitalismus-Planspiel (»Fest im Märkischen Viertel«) den Kindern auf der Folie von Wildwest-Spielen Rollen zugewiesen, in denen sie die Mechanismen der kapitalistischen Gesellschaft und Möglichkeiten, sie zu durchbrechen, simulieren konnten. Dieser Ansatz reichte einem Teil der Pädagogen jedoch nicht aus. »Die Kinder fühlten sich durch das Kapitalismusspiel lediglich bestätigt. Haben sie deshalb aber das Wesen des Kapitalismus begriffen und wollten sie ihn deswegen abschaffen? (!) Keineswegs . . .« (*H. Ebert/U. Paris,* »Warum ist bei Schulzes Krach?«, 1976: 152). Die Autoren gingen dann dazu über, mit den Kindern historische Stoffe der Arbeiterbewegung zu spielen (Stücktitel z. B. »Barrikaden am Wedding«, »Pariser Kommune«). Mit diesen und anderen Stücken versuchten sie schließlich, in direkter Kritik an *Benjamin* unmittelbar Intentionen und Formen *Hoernles* aus seiner Agitpropzeit wiederaufzunehmen. Das Verhalten der Kinder sollte nunmehr über die Veränderung ihrer Verhältnisse beeinflußt werden.

Von solchen Verkürzungen (nicht nur in der ästhetischen Dimension) bzw. unhistorischen Wiederbelebungsversuchen hielten sich die Ansätze zu einem proletarischen Lehrlingstheater als Form der politischen Bildung frei, wie sie in den Hessischen Jugendbildungsstätten Dietzenbach und Dörnberg und im Wannseeheim für Jugendarbeit/Berlin entwickelt wurden und in teilweise modifizierter

Form bis heute erfolgreich praktiziert werden. Das ebenfalls mehrfach dokumentierte Modell eines Theater-(Wochen-)Kurses besteht grob skizziert aus folgenden Elementen: In einem brainstorming tragen die Lehrlinge Themen aus ihren Lebens- und Arbeitsverhältnissen zusammen, die sie behandeln möchten; aus diesem Material werden Arbeitsthemen gefiltert, die in Improvisationen erspielt, anschließend gemeinsam kritisiert und präzisiert werden. Besonderer Wert wird darauf gelegt, daß die Bedingungen der Arbeit und die Arbeit selbst eine konkrete Darstellung erfahren (*Maier/Praml/Schüler*, 1975). Am Ende steht eine effektvoll inszenierte Szenenmontage, die zur Überprüfung und zur Anregung der Weiterarbeit einem ausgewählten Publikum vorgeführt wird. Ziel der Arbeit ist es, in einem realistischen Abbild der Wirklichkeit hinter dem Besonderen das Allgemeine sichtbar zu machen. Es kommt jedoch nicht darauf an, die politischen Ideen der Teamer von den Lehrlingen darstellen zu lassen. Dieser Ansatz, der auch in der Arbeit mit Gastarbeitern oder zur Reflexion auf die Lebenssituation in einem Dorf praktikabel ist, hat allerdings auch seine – von den Autoren deutlich erkannten – Grenzen: Die Gruppen kommen über die Unmittelbarkeit oft kaum hinaus und reproduzieren leicht Klischees (*Maier/Praml/Schüler*, 1976). An solchen Punkten setzt das Interesse für das »Lehrstück« als Form der außerschulischen Bildung an. Bevor wir darauf eingehen, sind jedoch zwei andere Richtungen in der Theaterpädagogik zu erwähnen, die sich seit Anfang der 70er Jahre weit verbreitet haben.

Interaktionspädagogik: Der Begriff soll jede Art von Kreativitäts-, Spiel- und Theaterpädagogik umfassen (z. B. *Nickel/Rüster*, 1976), wobei Spiel und Theater als Sonderform menschlicher Interaktion begriffen werden. In der Praxis liegt der Akzent jedoch einmal auf sogenannten Interaktions-Übungen und -Spielen (teilweise aus dem Schauspieltraining, dem Sensitivitytraining oder der Gruppendynamik übernommen), zum anderen auf den verschiedenen Arten des Rollenspiels. *Nickel* (1976) zählt allein 15, allerdings nur bedingt trennscharfe Formen von Rollenspielen auf. Ausgehend von einer soziologischen Rollentheorie, die das Leben schlechthin als Handeln in mehr oder weniger vorgegebenen Rollen definiert, sollten Rollenspiele zunächst helfen, sich diesen Rollen leichter und geschickter anzupassen. Dieser gleich nach seinem Bekanntwerden in Deutschland 1969 heftig kritisierte amerikanische Ansatz wurde zunächst unter Rückgriff auf die Kommunikationstheorie von *Habermas,* dann unter Verwendung der phänomenologischen, interaktionistisch revidierten Rollentheorie *Goffmans* schon bald mit emanzipatorischer, also rollensprengender Absicht modifiziert: nicht mehr rigide Rollenübernahme (Anpassung), sondern der kreative Rollenentwurf wurde angestrebt. Ziel war die Erweiterung der »sozialen Kompetenz«. Eine Veränderung der Handlungsmöglichkeiten von Unterschichtjugendlichen durch Rollenspiel z. B. in bezug auf den Einsatz sprachlicher Fähigkeiten anstelle körperlicher Gewalt ist eindrucksvoll belegt bei *Fries/Häußler*, 1976. Die im interaktionistischen Rollenspiel zu erlernenden Fähigkeiten »Rollendistanz«, »Empathie« (= Einfühlung in Andere) und »Ambiguitätstoleranz« (= die Fähigkeit, auseinanderklaffende Erwartungen und Interpretationsversuche nebeneinander bestehen zu lassen), die alle im Dienst der Identitätswahrung stehen, werden zunehmend ergänzt durch die

Lernziele »Systemkritik« und »Solidarität«. Diese Erweiterung erlangt jedoch kaum Breitenwirkung. Insgesamt ist der Kritik von *Ritter* (1981 a) an der Praxis der Interaktionspädagogik zuzustimmen, der einen »Hang zum technologisch verstandenen Interaktionstraining« und zur Beschränkung auf harmonische Gruppenbeziehungen konstatiert; *Haug* (1977) spricht im Hinblick auf die Rollenspielkultur etwas pauschalisierend sogar von »oberflächlichem Fassadenputz«. Dennoch sind die von der Interaktionspädagogik beschriebenen Erfahrungen, die differenzierten Rollenspielkonzepte und -Regeln (vgl. u. a. *Tillmann*, 1977) sowie die gesammelten Spiele und Übungen von großem Wert (zu den letzteren siehe u. a. *Batz/Schroth*, 1983; *Bubner/Mienert*, 1979 sowie Teil B der Lehrstück-Bibliographie in *Koch/Steinweg/Vaßen*, 1983). Als Einstiegs- und Lockerungsübungen oder als flankierende »Einlagen« werden sie auch im Rahmen der Lehrstückarbeit oder des oben beschriebenen Jugendtheaters häufig verwendet (vgl. ausführlicher die Bibliographie von *Steinweg*, 1982).

»Animation«, ästhetische Aktion und politische Erfahrung: Unter dem zumindest im Deutschen problematischen, aus dem Französischen übernommenen Begriff »Animation« werden unterschiedlichste Aktivitäten entfaltet; z. B. sollen durch Spiel- und Theaterverfahren Eigeninitiative, schöpferische Arbeit, Probehandeln und Handlungsbereitschaft sozial isolierter oder schwächerer Bevölkerungsteile in emanzipatorischer Absicht angeregt werden. Der Übergang zwischen Animation und Interaktionspädagogik ist fließend. Die Kritik an letzterer gilt im wesentlichen auch für die »Animation«. Gleichwohl gibt es hier durchaus interessante Ansätze, wie z. B. ein stark an *Benjamins* »Programm« angelehntes »Theater der Kinder« im Dramatischen Zentrum Wien: Das Theaterspiel wird im wesentlichen von den Interessen der beteiligten Spieler geleitet und vor allem durch sie selbst in Szene gesetzt; durch die Freisetzung ästhetischer Aktivität sollen neue Erfahrungen mit der eigenen Person, mit sozialen Gruppen oder gesellschaftlichen Wirkungszusammenhängen eröffnet werden. Der Sache nach sind damit auch die Ziele des (inzwischen aufgelösten) »Hoffmanns Comic Teater« beschrieben, das jedoch den Begriff Animation vermeidet. Ihm kam es nicht – wie beim »Fest im Märkischen Viertel« – auf »Überwindung des Vorhandenen«, sondern auf den »Vorschein des Zukünftigen« an, z. B. durch die Schaffung eines selbstbestimmten sozialen Gebildes im Rahmen eines über Tage sich erstreckenden Zirkusspiels (»Kinderzirkus Eldorado«). »Der Vergleich zwischen erlebter Spielwelt und der Alltagswirklichkeit der Kinder sollte den Anreiz zu kreativen Veränderungen im eigenen Umfeld produzieren« – was zumindest in Ansätzen auch gelang (Hoffmanns Comic Teater in Unna 1979, H. 3: »Zur Entwicklung einer künstlerischen Praxis auf dem sozialen Feld«: 126). Ebenfalls hier einzuordnen ist das indessen weniger zielgerichtete, von *Mayrhofer/Zaccharias*, 1977 beschriebene »Aktionstheater« – wobei auch dieser Begriff in der Literatur sehr unterschiedlich verwandt wird (vgl. *Fritz*, 1974, der darunter eine komplexe Stufenfolge von Übungen und Rollenspielen bis hin zur Theatervorführung versteht).

Lehrstück: Als Möglichkeit »politisch-ästhetischer Erziehung« ist das Lehrstückspiel in den letzten Jahren verstärkt in den Blick gekommen, vielfach erprobt und modifiziert worden (vgl. die umfangreiche Lehrstückbibliographie in *Koch/Stein-weg/Vaßen*, 1983). Diesen Ansätzen ist gemeinsam, daß die Brechtschen Texte nicht laienspielmäßig nachgespielt, sondern auf die Lebensbereiche der Beteiligten bezogen werden. Das Lehrstück konstituiert sich gleichzeitig auf drei Ebenen: der Auseinandersetzung mit dem historischen Text Brechts, der verfremdenden Spiel-weise und der Sichtbarmachung bzw. Aufarbeitung der eigenen Erfahrungen. Während die Versuche *Ritters* eine stark an der Alltagskultur der Beteiligten orientierte Komponente aufweisen, für die die Erstellung eines auch wiederholba-ren Produkts unverzichtbar ist, setzte 1979, vor allem an den Universitäten Münster, Hamburg und Hannover eine Reihe von Spielversuchen mit Studenten ein, die in der spontanen, variationsreichen Umsetzung der Texte bei fortwähren-dem Rollentausch und in der damit verbundenen kollektiven Selbsterfahrung einen gemeinsamen Nenner haben. Dabei entstanden vielfach emotional stark besetzte Sinnbilder gesellschaftlicher oder auch politischer Probleme, die als ästhetische Muster zur Herausarbeitung gesellschaftlicher Widersprüche verwandt wurden. Im Gegensatz dazu entwickelte *Scheller* in Oldenburg unter Verwendung von Regeln des »pädagogischen Rollenspiels« ein Lehrstückverfahren, bei dem körpergebun-dene, ebenso vorbewußte wie politisch folgenreiche Haltungen der einzelnen Spieler sichtbar gemacht und durch Wahrnehmung bzw. durch bewußte Verände-rung bearbeitet werden (vgl. Dokumentation und Diskussion aller dieser Versuche an Fachhochschulen und Universitäten bei *Koch/Steinweg/Vaßen*, 1983).

Der Ausgangspunkt für unsere eigene theaterpädagogische Praxis mit Schülern verschiedener Schultypen (auch aus sozialpädagogisch betreuten Gruppen), ar-beitslosen Jugendlichen und Lehrlingen – im Rahmen eines Projekts zur Friedens-erziehung – war die Erfahrung, daß die in den 70er Jahren praktizierten Ansätze außerschulischer politischer Bildung immer weniger zu Lernprozessen führten; es mußten neue Formen gefunden werden, die Subjektivität der Teilnehmer mit den gesellschaftlichen Problemen zu vermitteln, ohne jeweils den »richtigen« Weg vorzuschreiben.

Unsere Spielpraxis, teilweise im Zusammenhang mit den Versuchen in Münster, Hamburg, Hannover und Oldenburg entwickelt, ist auf Selbsterkenntnis – im Sinne des Eingebundenseins in und der Mitverantwortung für gesellschaftliche Struktu-ren und Zwänge – gerichtet und zugleich auf eine experimentierende Untersuchung alternativer Handlungsmöglichkeiten. Sie ist in unseren Theatergruppen, die teilweise schulbegleitend als Kompaktseminare stattfinden, an ästhetischen Ele-menten eher arm. Statt ein wiederholbares Produkt herzustellen, nutzen wir das Spiel als Anreiz zur Reflexion erlebter wie vorstellbarer gesellschaftlich, aber auch biographisch bedingter Alltagsvorgänge, d. h. zur Erfahrungsbildung. Ansatz-punkt ist zwar ein – meist fragmentarischer – Lehrstücktext *Brechts*; aber die spielerische »Übertragung« der damit gegebenen widersprüchlichen Handlungs-muster, Konfliktzuspitzungen und »asozialen« Haltungen auf den eigenen Lebens-bereich der Jugendlichen ist ein wichtiger Schritt. Wir arbeiten mit Standbildern, experimentieren mit Haltungen und Gesten, die wir in über den Text hinaus zugespitzten Situationen beobachten. Dabei untersuchen wir mit den Teilnehmern, wie gesellschaftlich wirksame Grundhaltungen und Gesten sich einschleifen. Die Differenzierung der Wahrnehmung sozialer Situationen bzw. ein bewußter, relativierender Umgang mit eigenen Wahrnehmungs- und Denkmustern oder moralischen Kategorien – vor allem im Hinblick auf das Problem der strukturellen Gewalt – steht im Mittelpunkt unserer Bemühungen. Es versteht sich, daß dabei sowohl kollektive Probleme, die für die ganze Gruppe von Bedeutung sind, als auch individuelle artikuliert und bearbeitet werden. Nur wenn der einzelne erfahren hat, daß Aspekte seiner eigenen Lebensproblematik im Spiel aufgehoben waren und die eigene jugendliche Sinnsuche unterstützt wurde, ist eine nachhaltige Differenzierung von Problembewußtsein und Verhalten denkbar. Der sinnlich-körperliche Vorgang spielerischen Darstellens und Erprobens, in den die reflexiv-verbale Betrachtung immer wieder mündet, und die Reibung am Widerstand des in mehrfacher Hinsicht provokativen Lehrstücktextes sind dafür entscheidende Voraussetzungen. (Praxisanleitung bei *Petsch* u. a., 1983; sowie *Heidefuß/Waller* und *Steinweg* in *Koch/Steinweg/Vaßen*, 1983; theoretische Erörterung und Ergebnisse u. a. im Hinblick auf das Problem der Gewalt bei *Steinweg u. a.*, 1983.)

Anwendungsbereiche

Im sozialen Feld: Nicht nur in der Arbeit mit Kindern und Jugendlichen können theaterpädagogische Mittel sinnvoll eingesetzt werden, wie schon der folgenreiche Versuch von *Benno Besson*, 1976 sichtbar gemacht hat, den Bildungsurlaub italienischer Stahlarbeiter mit dem Lehrstück »Die Ausnahme und die Regel« zu gestalten. Auch und gerade ältere Mitarbeiter sind bereit und in erstaunlichem Maße auch fähig, phantasievoll Theater zu spielen, sich zu exponieren und das Theaterspiel als Mittel der Verständigung über ihre sozialen Probleme zu nutzen. Bei der regelrechten Altenarbeit, also z. B. in Altersheimen oder Altenclubs, ist dagegen anscheinend bisher nur selten versucht worden, theaterpädagogische Mittel einzubeziehen. Doch sind erste Versuche durchaus ermutigend, und der Wunsch, selbst Theater zu spielen, ist offensichtlich auch bei alten Leuten groß (*Rohrer*, 1978).
Ähnliches gilt für die Arbeit mit Behinderten. Wenig beschrieben, aber öfter erfolgreich praktiziert, ist die Einbeziehung von Menschen, die an den Rollstuhl gefesselt sind, in theaterpädagogische Seminare. Auf ihre spezifischen Probleme mit ihrer Umwelt können behinderte Menschen kaum je so gut aufmerksam machen wie durch Theatervorführungen, auch und gerade dann, wenn die spezifischen Probleme nicht ausdrücklich Gegenstand der Darstellung sind. Der Zuschauer, und noch besser der mitspielende Sozialpädagoge, lernt über das Spielen die ganz anderen, dabei durchaus differenzierten Ausdrucksmöglichkeiten von Behinderten einzuschätzen und damit umzugehen. Von körperbehinderten Spielern hört man immer wieder, daß theatrale Aktivitäten ihnen ein ganz anderes Körperbewußtsein und eine freiere Verfügung über ihre Ausdrucks- und Kommunikationskräfte vermittelt haben. Daß Theaterspiel, und sei es nur in Statisten- und Nebenrollen, – auch für

geistig Behinderte zu einem bewegenden Erlebnis werden kann, wird aus anthropo-
sophisch orientierten heilpädagogischen Heimen berichtet.

Sehr eindrucksvoll ist die Beschreibung einer Theaterarbeit mit Straffälligen durch
Thielicke, 1980. Sie konnten z. B. ihre spezifischen Erfahrungen mit den Rechtsin-
stanzen durch Rollenspiele realitätsgerecht aufarbeiten. Wesentlicher war für sie
jedoch die Möglichkeit, die Probleme, die sie beim Versuch einer Reintegration in
die Gesellschaft erwarteten oder auch schon erlebt hatten, über Theaterspiel
öffentlich zur Diskussion stellen zu können.

Anzuregen wäre schließlich Theaterspiel als Mittel der Gemeinwesenarbeit. Insbesondere *Boals* »Forumtheater«, »mündliche Planspiele« (vgl. die Bibliographie von
Steinweg, 1982) oder »Entscheidungsspiele« können hier helfen, latente Probleme
zu artikulieren und gemeinsam Problemlösungen zu finden. Auf die Möglichkeit
theatraler Veröffentlichung und Bearbeitung der Probleme von Gastarbeitern mit
ihrer »Gastgeber«-Gesellschaft wurde schon hingewiesen; in Frankfurt/M. führten
z. B. Kurden und Sizilianer in Zusammenarbeit mit der Hessischen Jugendbil-
dungsstätte Dietzenbach jahrelang immer neue Stücke wie »La deutsche Vita« vor –
mit beachtlicher Resonanz.

In der Ausbildung: Theater- und Spielpädagogik, auch Lehrstückarbeit, ist natürlich um so wirksamer, je mehr Erfahrung die Pädagogen selbst mit diesem Medium
vorher sammeln konnten. Deshalb bieten zahlreiche Fachhochschulen inzwischen
praktische Seminare an. Die Einrichtung eines eigenen Fachs »Ästhetik und
Kommunikation« (Frankfurt/M.)bzw. »Pädagogische Medien« (Berlin) mit Theaterpädagogik als wesentlichem Bestandteil ist in den einzelnen Fachhochschulen
unterschiedlich weit fortgeschritten (vgl. v. a. *Ministerium für Wissenschaft und
Forschung des Landes NRW*, 1975).

Indessen sind die Möglichkeiten hier noch lange nicht ausgeschöpft. Denkbar
wären neben Theaterseminaren, in denen Inszenierungstechniken erarbeitet werden, unter anderem:

– die antizipierende Untersuchung, Reflexion und Veränderung individueller,
  aber auch typischer körpergebundener Haltungen, die Sozialarbeiter und
  -pädagogen gegenüber ihren Adressaten einnehmen;

– die Vergegenständlichung der meist diffusen, durch Lektüre allein nicht zu
  klärenden Vorstellungen von den Lebensgewohnheiten und Gebräuchen der
  Adressaten von Sozialarbeit und -pädagogik in Rollenspielen und ihre Präzisierung und Korrektur – evtl. in der Form kleiner, in Zusammenarbeit mit
  potentiellen Adressaten erarbeiteter Stücke;

– eine Aufarbeitung des für die sozialen Berufe besonders kritischen »Helfersyn-
  droms«, d. h. hier eine handlungsgesättigte Reflexion auf das richtige Verhältnis von eher caritativer Hilfe und pädagogischer »Hilfe zur Selbsthilfe«, die
  manchmal die Form scheinbarer Hilfeverweigerung annehmen kann. Fast alle
  Lehrstücktexte *Brechts* bieten dazu ausgezeichnetes Ausgangsmaterial;

– die praktische Erkundung, Erprobung und Erweiterung der Handlungsspielräume, die Sozialarbeiter und -pädagogen in und gegenüber den Behörden haben –
  was immer nicht nur eine Frage des Wissens und der Gesetzeskenntnis, sondern

auch des praktischen Verhaltens ist; hier ist eine Variante des Planspiels geeignet, in der die Rollen nur vage festgelegt, dafür aber im Hinblick auf eine konkrete (im Spiel natürlich fiktive) Entscheidungsaufgabe widersprüchliche, aber authentische Materialien vorgegeben werden;

- die Verlebendigung und Vergegenständlichung des Lehrstoffs einzelner Fächer (z. B. Heimerziehung oder Familienhilfe) durch parallel zu den Theorieangeboten stattfindende Rollenspielseminare;

- schließlich und nicht zuletzt eine Variante der Medienerziehung: der je individuelle alltagspraktische Umgang mit den Massenmedien und seine sozialen Folgen werden mit Hilfe des »pädagogischen Rollenspiels« – Nachinszenierung erlebter Situationen durch einen »Hauptspieler« und gegenseitige Mitteilung von Fremd- und Selbsteinschätzung – der Reflexion zugänglich gemacht und Veränderungen der Alltagspraxis ermöglicht. Dabei sollte zunächst die eigene Medienpraxis der Studenten bzw. ihrer Umgebung zum Gegenstand gemacht werden, ehe der Umgang mit Medien untersucht wird, den man bei Adressaten von Sozialarbeit erlebt hat oder sich vorstellt.

Das letztere gilt im übrigen generell: Was auch immer im einzelnen probiert wird – wesentlich ist, daß vor allem anderen zunächst die Erlebnisse und Erfahrungen der Studenten selber zum Gegenstand gemacht werden. Nur wer »am eigenen Leibe« und in bezug auf die eigene Erlebnis- und Vorstellungswelt die Wirksamkeit theaterpädagogischer Methoden erfahren hat, wird in der Lage sein, in seiner Praxis die jeweils angemessenen Methoden zu finden bzw. zu entwickeln.

Reiner Steinweg/Wolfgang Heidefuß/Peter Petsch

Adressen:
Theaterworkshops verschiedener Richtungen werden regelmäßig angeboten in der »Internationalen Theaterwerkstatt Scheersberg«, 2391 Scheersberg, Post Kalleby (Kreis Flensburg), ferner in der Akademie Remscheid für Musische Bildung und Medienerziehung, 5630 Remscheid 1, Kuppelstein 34, im Theaterseminar Oppenau, über: Spielberatungsstelle im Amt für Jugendarbeit der Ev. Landeskirche Baden, 7500 Karlsruhe, Vorholzstraße 7, im Wannseeheim für Jugendarbeit, Hohenzollernstraße 14, 1000 Berlin 39, und durch die Beratungsstelle für Gestaltung von Gottesdiensten und anderen Gemeindeveranstaltungen, 6000 Frankfurt/M. 50, Eschersheimer Landstraße 565 (nicht nur religiös fixiertes Programm). An wechselnden Orten organisiert die 1981 gegründete »Gesellschaft für Theaterpädagogik« Lehrstückseminare (Kontaktadressen: Prof. Dr. *Florian Vaßen*, Universität Hannover, Seminar für Deutsche Literatur und Sprache, Welfengarten 1, 3000 Hannover 1, Reiner Steinweg, Grüner Weg 13, 6242 Kronberg/Ts. 1).

Materialien
Zentralversand der »Landesarbeitsgemeinschaft (LAG) Spiel und Theater in NRW«, Klarastraße 9, 4350 Recklinghausen (z. B. die wichtige Reihe »Hilfen für Spielleiter«, bisher 19 Hefte);
LAG/Berlin über: Institut für Spiel- und Theaterpädagogik an der Hochschule der Künste Berlin, Postfach 126 720, 1000 Berlin 12;
»Bundesverband Spiel, Theater, Animation (Busta)«, Adresse wie LAG/Berlin;
ASSITEY – Internationale Vereinigung der Theater für Kinder und Jugendliche, Sektion Bundesrepublik Deutschland c/o Egmont Elschner, Städtische Bühnen Dortmund, Hiltropwall 15, 4600 Dortmund;

Akademie Remscheidt, Scheersberg und Wannseeheim – s. o. unter »Theaterworkshop«. – Erfahrungsberichte und unveröffentlichte Arbeiten über Lehrstückspiel sind zugänglich im Lehrstück-Archiv Hannover der Gesellschaft für Theaterpädagogik (Adresse s. o.);
Für weitere Adressen s. die »Dokumentation von Spielberatungsstellen und Arbeitshilfen zum Rollenspiel mit Erwachsenen«, in: *Broich* 1981 a: 169–188.

Literatur

*Batz, M./Schroth, H., 1983: Theater zwischen Tür und Angel. Handbuch für Freies Theater, Reinbek – **Boal, A.*, 1979: Theater der Unterdrückten, Frankfurt/M. – *Broich, J.*, 1981 a: Kommentierte Bibliographie zur Spielpädagogik, in: ders., Rollenspiele mit Erwachsenen. Anleitungen und Beispiele für Erwachsenenbildung, Sozialarbeit, Schule, Reinbek – *Broich, J.*, 1981 b: Spiel- und Theaterpädagogik. Systematischer Literaturnachweis 1975–1981 (323 S.), Bd. 4 im Rahmen der »Beihefte zum BiB-Report« von *Knapp, A./Ziegenspeck, J.* (Hrsg.) Reihe »Interaktionspädagogik« (Beiheft 18), Verlag für pädagogische Dokumentation, Postfach 130 963, Duisburg – *Bubner, C./Mienert, Ch.*, 1979: Bausteine des darstellenden Spiels. Ein Übungsbuch für Theater mit Jugendlichen, Frankfurt/M. – **Figge, P. A. W.*, 1975: Lernen durch Spielen. Praktische Dramenpädagogik und Dramatherapie, Heidelberg – *Fordyce, R.*, 1975: Children's Theatre and Creative Dramatics, an Annotated Bibliography of Critical Works, Bosten Mann. – *Fries, A. de/Häußler, H.*, 1976: Soziales Training durch Rollenspiel. Veränderung eines Zustands am Beispiel einer Hauptschulklasse in Berlin-Kreuzberg, Köln/Frankfurt/M. – *Fritz, J.*, 1974: Methoden der Interaktionspädagogik: Das Aktionstheater, in: Deutsche Jugend: 77–86 und 128–136 – *Fritz, J.* (Hrsg.), 1975: Interaktionspädagogik. Methoden und Modelle, München – Grimm & Grips, Zeitschrift, hrsg. von Assitey (Adresse s. o.) – *Giffei, H.*, 1979: Martin Luserke und das Theater (= Hilfen für Spielleiter Heft 8), LAG/NRW Recklinghausen – *Haug, F.*, 1977: Erziehung und gesellschaftliche Produktion: Kritik des Rollenspiels, Frankfurt/M. – *Karge, R.*, 1976: Theater mit Kindern und Jugendlichen. Untersuchungen zum gesellschaftlichen Gehalt sozialisationsdramatischer Theorie und Praxis, Assitey – *Klewitz, M./Nickel, H. W.* (Hrsg.), 1972: Kindertheater und Interaktionspädagogik, Stuttgart – *Koch, G./Steinweg, R./Vaßen, F.* (Hrsg.), 1983: Assoziales Theater. Spielversuche mit Lehrstücken und Anstiftungen zur Praxis, Köln – *Lacis, A.*, 1976²: Revolutionär im Beruf, Bericht über proletarisches Theater, über Meyerhold, Brecht, Benjamin und Piscator, München – *Maier, H./Praml, W./Schüler, M.*, 1975: Theaterarbeit mit Lehrlingen. Bericht über einen Ansatz proletarischer Kulturarbeit, in: *Fritz* (Hrsg.) – *Maier, H./Praml, W./Schüler, M.*, 1976: Einfühlung und Nachnahmung. Probleme einer Lehrstückübung mit dem Text der »Maßnahme«, in: *Steinweg* – Ministerium für Wissenschaft und Forschung des Landes NRW, 1976: Entwurf zum Lehrgebiet »Ästhetik und Kommunikation« in der Fachrichtung Sozialwesen, Rundschreiben vom 27. 6. 1975, in: *Nickel/Rüster*: 99–106 – *Nickel, H. W.*, 1976: Spiel-, Theater- und Interaktionspädagogik (=Hilfen für Spielleiter Heft 16), Landesarbeitsgemeinschaft Spiel und Theater, NRW, Recklinghausen – **Nickel, H. W./Rüster, B.*), 1976: Sozialpädagogik und Spiel. Bausteine zu einem Curriculum Spiel an Fachhochschulen für Sozialpädagogik: Ziele – Inhalte – Methoden, Bundesarbeitsgemeinschaft Spiel in der Jugend, Berlin – *Petsch, P./Heidefuß, W./Steinweg, R.*, 1983: Aus der Praxis mit den Lehrstücken Brechts: Politische Bildung und Theaterarbeit, in: Neue Praxis, H. 1 – *Petzold, H.* (Hrsg.), 1972: Angewandtes Psychodrama in Therapie, Pädagogik, Theater und Wirtschaft. Festgabe für Jakob Levi Moreno (mit einer ausführlichen Bibliographie), Paderborn – *Ritter, H. M.*, 1981: Theater als Lernform. Beiträge zu Theorie und Praxis pädagogischer Theaterverfahren (Institut für Spiel- und Theaterpädagogik Berlin, s. o. unter Adressen), Berlin – *Rohrer, F.*, 1978: Spielen mit alten Leuten, in: Spiel und Theater, H. 103: 129–133 – **Schedler, M.*, 1972: Kindertheater. Geschichte, Modelle, Projekte, Frankfurt/M. – **Schriegel, S./Tamoschus, A.*, 1978: Jugendtheater als Medium politisch-pädagogischer Praxis. Zur Geschichte und aktuellen Situation bürgerlichen und proletarischen Jugendtheaters, Frankfurt/M. – Der Spielkreis, Zeitschrift, hrsg. von der

LAG/NRW (Adresse s. o.) – Spiel-Report. Organ des österreichischen Bundesverbandes für Schulspiel, Jugendspiel und Amateurtheater, Wien – Spiel und Theater. Zeitschrift für Amateurtheater, darstellendes Kinderspiel, Schul- und Jugendtheater, Theatererziehung und Medienkunde, Weinheim – *Stankewitz, W.*, 1977: Szenisches Spiel als Lernsituation, München/Berlin/Wien – *Steinweg, R.*, 1976: Brechts Modell der Lehrstücke. Zeugnisse, Diskussion, Erfahrungen, Frankfurt/M. – *Steinweg, R.*, 1982: 100 Titel zur Geschichte und aktuellen Praxis der Theaterpädagogik, Lehrstück-Archiv Hannover (s. Adressen) – *Steinweg, R./ Heidefuß, W./Petsch, P.*, 1983: Alltag, Gewalt, Sinnlichkeit. Theaterspielen als Instrument der außerschulischen Friedenserziehung, in: *Steinweg, R.* (Red.): Faszination der Gewalt. Politische Strategie und Alltagserfahrung (= Friedensanalysen 17), Frankfurt/M. – Theaterpädagogik. Beiträge zur Praxis und Theorie der Theaterausbildung, Hochschule der Künste, FB 9, Fasanebstraße 1, 1000 Berlin 12 – Theaterzeitschrift, hrsg. vom Verein zur Erforschung theatraler Verkehrsformen e. V., Großbeerenstraße 13 A, 1000 Berlin 61 – *Thielicke, B.*, 1980: Das Lerntheater als Modell eines pädagogischen Theaters im Strafvollzug, Frankfurt/M. – *Tillmann, Jan,* 1977: Einige grundsätzliche Überlegungen zum pädagogischen Rollenspiel, in: Arbeitskreis Pädagogisches Rollenspiel (Hrsg.), Materialien zur Praxis des Rollenspiels, H. 2: 25–33 – *Ziegenspeck, J.* u. a., 1980: Spielen in der Schule. Sachstandsbericht und systematischer Literaturnachweis 1973–1978, Reihe Interaktionspädagogik, Bd. 1, Beiheft 13, Duisburg. –

→ Freizeit → Kommunikation/Medienpädagogik

Verhaltensstörungen

Feststellung

Verhaltensstörung ist keine kinderpsychiatrische, schon gar keine medizinische Diagnose. Sie ist ein Sammeltopf für alle Arten von Unangepaßtheit, Auffälligkeit, von Normabweichung bei Kinder und Jugendlichen. Die Feststellung einer Verhaltensstörung ist immer dann naheliegend, wenn ein Kind oder ein Jugendlicher die Verhaltenserwartungen der Erwachsenen nicht erfüllt. Bemerkenswerterweise wird die Feststellung nie bei Erwachsenen getroffen. Das heißt aber, daß das Auftreten und die Feststellung von Verhaltensstörungen nicht nur vom Kinde oder Jugendlichen abhängt, sondern ebenso sehr vom normativen Maßstab, der das Kind oder den Jugendlichen umgebenden Erwachsenen und deren Toleranz oder Intoleranz. Der normative Maßstab der Erwachsenen kann sich aber von Situation zu Situation, von geographischer Lage zur anderen und von Zeit zu Zeit, wie die Mode, ändern. Anders ausgedrückt: Verhaltensstörungen können nicht objektiv definiert werden, sondern nur als fehlende Anpassungsfähigkeit oder Anpassungsbereitschaft des Kindes oder Jugendlichen. Nach der Ursache dieser fehlenden oder mangelhaften Fähigkeit oder Bereitschaft der Anpassung wird bei der Feststellung der Verhaltensstörung gar nicht gefragt. So werden auch sehr heterogene Störungen darunter subsumiert, die nur im weitesten Sinne als »Verhalten« definiert werden können, so beispielsweise

– alle Formen von Erziehungsschwierigkeit und Dissozialität bis hin zur Kriminalität und Aggressivität,
– alle Formen von nicht offensichtlich durch mangelnde Intelligenz bedingten Entwicklungsstörungen, wie Einnässen bei Tage und/oder Nacht (Enuresis nocturna et diurna), Einkoten (Encopresis),
– motorische Auffälligkeiten, Unruhe, persistierendes Daumenlutschen,
– Sprachstörungen, Sprachentwicklungshemmungen,
– auffälliges Kontaktverhalten, Distanzstörungen, Hemmung, autistisches Verhalten,
– Antriebsstörungen positiver wie negativer Art,
– manche Form von Schulleistungsstörungen und Schulversagen.

Bei dieser unsystematischen Definition von Verhaltensstörung kann es nicht ausbleiben, daß Symptome unter diesem Begriff erfaßt werden, die echte Krankheitssymptome sind wie z. B. die Sprachstörung und die Sprachentwicklungsstörung. Die Schwierigkeit der Abgrenzung wird vielleicht am Beispiel einer Lähmung eines Armes oder Beines deutlich. Die rein organisch-bedingte Lähmung wird niemand als Verhaltensstörung bezeichnen, eine psychogene, hysterische Lähmung dagegen unter Umständen schon, die ständige Neigung, eine solche Lähmung bewußt vorzutäuschen, zweifellos. Dementsprechend wären das Bettnässen und das Stottern keine Verhaltensstörungen, werden aber doch unter diesem Begriff subsumiert. So ist es schlechterdings nicht möglich, eine systematische Definition dieses Begriffes anders als aus der Sicht des Erwachsenen zu geben, der alles was ihm am Kind stört und was er nicht sofort durch offensichtliche Krankheit oder Leiden bedingt erkennen kann, als Verhaltensstörung bezeichnet.

Die Abgrenzung zur Neurose ist in vielen Fällen schwierig und hängt von der Neurosedefinition ab. Die Abhängigkeit von der Umwelt, dem Milieu, besagt nicht viel, da körperliche Bedingtheit und Milieuabhängigkeit sich beim Kinde ergänzen müssen, wo Selbsterleben und Erleben der Umweltreaktion sich mit allen Erfahrungen motiv- und verhaltensbestimmend überlagern und addieren müssen. Auch der Leidensdruck des Kindes selbst kann kein Kriterium sein, da dieser sich im Laufe der Zeit ändern kann und oft verborgen bleibt. Die psychoanalytische Abgrenzung aller Störungen, die ödipal-bedingt sind, als neurotisch von den präödipalen Störungen aufgrund frühkindlicher Fehlentwicklung und emotionalen Defizits hilft zur Abgrenzung der Verhaltensstörung ebenfalls nicht weiter. So wird man die unterschiedliche Bezeichnung allenfalls mit unterschiedlicher Intensität der Symptomatik begründen können.

Anpassungsfähigkeit

Zur Fähigkeit eines Kindes, die von den Erwachsenen erwartete und geforderte Anpassungsleistung zu erbringen und damit auch bereit zu sein, sie auch tatsächlich dann zu erbringen, gehören 3 Voraussetzungen:
1. ein hinreichend intakter, sensorischer Aufnahme- und Verarbeitungsapparat, d. h. ein hinreichend leistungsfähiges Sensorium und Hirnfunktion;
2. eine hinreichend stabile und mit der subjektiven und objektiven Realität in Überstimmung stehende Informationen des Kindes durch die Umwelt;
3. eine hinreichend emotionale Beziehung zwischen Kind und Umwelt, die das Kind zu motivieren vermag, seine Anpassungsfähigkeit auch anzuwenden.

Alle 3 Faktoren können unabhängig voneinander beeinträchtigt oder gestört sein oder weitgehend fehlen, sie können sich aber auch gegenseitig verstärken und vor allem auch bis zu einem gewissen Grade ausgleichen.

Reizaufnahme- und -verarbeitungsfähigkeit

Eine Störung in der Funktion des Sensoriums und des die aufgenommenen sensorischen Reize verarbeitenden Gehirns fällt ganz überwiegend in die medizinische Kompetenz, in therapeutischer Hinsicht jedoch vor allem in pädagogische, speziell heilpädagogische. Ausfall oder erhebliche Beeinträchtigung sensorischer Funktionen, wie Blindheit, Taubheit usw., kann offensichtlich zu Verhaltensstörungen führen, die allerdings alsbald ursächlich erkannt und dann nicht mehr als solche definiert werden. Die nicht ohne weiteres erkennbare, geringfügige Beeinträchtigung der sensorischen Funktionen dagegen werden als Ursache von Verhaltensstörungen eher verkannt. Ebenso ist ein schwerer Mangel der Hirnfunktion beim Schwachsinn und bei motorischen Bewegungsstörungen leicht erkennbar, die so behinderten Kindern werden daher kaum als verhaltensgestört bezeichnet, wohl aber die Kinder mit einer nur leichtgradig gestörten Funktion des Zentralnervensystems. Solche leichtgradig abweichenden oder gestörten Funktionen des sensorischen Apparates wie auch des für die Reizverarbeitung zuständigen Zentralnervensystems können anlagebedingt-ererbter Natur sein oder durch frühe, während der Entwicklung des Zentralnervensystems einwirkende schädigende Faktoren, wie z. B. Störungen der pränatalen Entwicklung durch Schädigungen während der Schwangerschaft, durch Komplikationen beim Geburtsvorgang oder durch Erkrankungen des Säuglings und des Kleinkindes in den ersten zwei Lebensjahren. Dabei ist die Abgrenzung dieser scheinbar grundsätzlich unterschiedlichen und theoretisch leicht unterscheidbaren Faktoren keineswegs eindeutig.

Im allgemeinen wird weniger eine morphologische oder funktionelle Veränderung selbst erblich determiniert als vielmehr eine Disposition hierzu, eine Empfindlichkeit und eine höhere oder niedrigere Vulnerabilität. Erst ein zusätzlicher exogener Faktor kann dann aufgrund der besonderen Disposition zur Manifestation der Minderfunktion oder der morphologischen Veränderung Anlaß geben. Dieser exogene Faktor braucht dann aber gar nicht allgemein schädigend zu sein, sondern kann einer unter den üblichen Bedingungen leicht überwindbaren Belastung entsprechen, die nur unter den Voraussetzungen besonderer Vulnerabilität zum schädigenden Faktor wird. So ist jeder Geburtsvorgang mit seinen Unterbrechungen der O_2-zufuhr und Ernährung während der Wehen eine im allgemeinen leicht zu tolerierende Belastung für den Fötus, kann aber zum manifestierenden Faktor für eine definitive morphologische Veränderung oder funktionelle Störung oder Schwäche werden. Die grundsätzliche Unterscheidung zwischen angeborenen und frühkindlich erworbenen Störungen ist daher in einem wahrscheinlich nicht kleinen Übergangsbereich nicht oder nur tendenziell möglich. Dazu kommt noch die stets vorhandene Überlagerung dieser körperlichen Strukturanomalie mit reaktiven Faktoren aus dem Eigenerleben und aus der Auseinandersetzung mit der Umwelt.

Die Anomalien des Zentralnervensystems können sich, je nach Schweregrad, auswirken

– durch vorwiegend motorische Störungen (vor allem die spastisch gelähmten Kinder und solche mit extrapyramidalen Bewegungsstörungen),
– vorwiegend intellektuelle Störungen. Dazu gehört der (erworbene) Schwachsinn,
– vorwiegend psychopathologische Störungen in Form von Teilleistungsstörungen ohne wesentliche motorische oder intellektuelle Beeinträchtigung; das frühkindlich-exogene Psychosyndrom (*Lempp*), die minimale cerebrale Dysfunktion (minimal brain dysfunction = MBD) und das psychoorganische Syndrom (POS) sind ebenso Synonyme wie das hirnorganische Achsensyndrom (*Göllnitz*). Weitgehende Überschneidungen ergeben sich mit dem sogenannten hyperkinetischen Syndrom.

Während die motorische und intellektuelle Behinderung in der Regel keine Veranlassung geben, eine Verhaltensstörung anzunehmen, da die offensichtliche schwere Behinderung verhindert, daß unangemessene Erwartungen an diese Kinder gerichtet werden und sie von vornherein einem Schonraum zugewiesen werden, führen das frühkindlich-exogene Psychosyndrom häufig zu Verhaltensstörungen. Etwa 30–50% aller als verhaltensgestört bezeichneten Kinder und Jugendlichen bieten Hinweise auf eine solche frühkindlich erworbene Hirnschädigung leichteren Grades.

Bei den fließenden Übergängen von schwerer Hirnschädigung über leichte Schädigungen zur Nichtschädigung mit statistisch anzunehmender Häufigkeitszunahme ist es unmöglich, genaue Zahlen über die Häufigkeit dieser leichtgradigen frühkindlichen Hirnschädigung zu geben. Da dieses Syndrom in seiner Ausprägung stark vom Milieu abhängig ist und regelmäßig von reaktiv entstandenen psychischen Symptomen überlagert wird, wird durch Erfassung des frühkindlich-exogenen Psychosyndroms eine exakte Angabe über die Häufigkeit nicht zu gewinnen sein, ganz abgesehen davon, daß es keine Maßstäbe zur Diagnose eines frühkindlich-exogenen Psychosyndroms oder zur Feststellung einer minimalen Hirndysfunktion geben kann. Nach der klinischen Beobachtung und anhand von Untersuchungen an unausgelesenen Schulkindern ist davon auszugehen, daß etwa 10–12% aller Kinder eine solche leichtgradige frühkindliche Hirnschädigung durchgemacht haben und ein mehr oder minder ausgeprägtes frühkindlich-exogenes Psychosyndrom zeigen. Ob es dann allerdings zur Manifestation von Verhaltensstörungen kommt, hängt vom Vorhandensein von Cofaktoren ab.

Der Begriff »Schädigung« ist in solcher Definition irreführend, da er den Eindruck des Defektes, des irreparablen und destruktiven erweckt, was hier nicht zutrifft. Vielmehr ergeben sich sicher Überschneidungen zu dem, was man den Normvarianten zurechnen könnte.

Die Symptomatik des frühkindlich-exogenen Psychosyndroms enthält schon seinerseits eine Reihe von Verhaltensbesonderheiten, die den Verhaltensstörungen zugerechnet werden können. Diese Kinder fallen in der Regel durch eine Hypermotorik und eine allgemeine motorische Unruhe auf, die sehr stark von der jeweiligen Situation abhängig ist. Sie wirken dadurch leicht störend und auch konzentrationsschwach. Die Konzentrationsschwäche oder Aufmerksamkeitsschwäche kann aber auch Folge einer Reizüberempfindlichkeit sein, die die Kinder auf Außenreize jeglicher Art besonders stark, überschießend und langanhaltend ansprechen läßt. Diese Reizüberempfindlichkeit muß sich aber nicht nur negativ auswirken, sie kann auch Anlaß zu höherer Sensibilität und Reagibilität und damit zu einer höheren Differenziertheit sein.

Die höhere Reizempfindlichkeit ist wohl auch Ausdruck einer gewissen Filterschwäche, die das Kind jedem neuen Außenreiz ausliefert. Dies trägt wesentlich zur Konzentrationsschwäche bei. Daneben können diese Kinder aber auch in abgeschirmter Situation oder hoher Motivation eine besonders hohe Konzentration zeigen, die durch mangelhafte Umstellungsfähigkeit zur Verhaltensstörung führen kann. In ihrem Handeln sind diese Kinder stark auf die konkrete Situation fixiert und durch sie bestimmt. Sie kann ohne zwischengeschaltete Reflektion handlungs- und reaktionsbestimmend wirken, was die Neigung dieser Kinder zu ihrem Intelligenzgrad und ihrer Einsicht nicht mehr entsprechenden Kurzschlußhandlungen erklärt. Sie handeln, bevor sie denken.

Ihr Verhalten Anderen gegenüber, vor allem gegenüber Erwachsenen, ist oft durch eine Distanzstörung gekennzeichnet, indem sie unangepaßterweise auch in unbekannter Situation auf Menschen und Dinge zugehen, sie anfassen wollen und dabei auf die Umgebung keine Rücksicht nehmen. Überhaupt ist die Fähigkeit, die Wirkung der eigenen Handlung im voraus zu beurteilen, offenbar herabgesetzt, was zu sozial unangepaßtem Verhalten Anlaß gibt, dem aber jede aggressive Tendenz fehlt. Wir sprechen von mangelndem Sozialgefühl. Oberflächliche Kommunikation entsteht rasch, tragfähige Bindungen und Kontakte bilden sich aber auch schwer, weil sie durch das unangepaßte Verhalten des Kindes zu Beginn häufig gestört werden.

Affektiv sind diese Kinder meist labil, sie weinen leicht, beruhigen sich aber auch wieder rasch. Der Antrieb ist erhöht, aber meist ohne entsprechende Durchhaltefähigkeit. Charakteristisch ist dabei auch eine von der äußeren Situation sehr abhängige, stark wechselnde Leistungsfähigkeit.

Teilleistungsstörung als Basis von Verhaltensstörungen

Den geschilderten psychischen Symptomen des frühkindlich-exogenen Psychosyndroms liegen Teilleistungsstörungen zugrunde, die als unmittelbare Folgen der Strukturveränderungen des Zentralnervensystems angesehen werden müssen. Unter Teilleistungsstörungen oder -schwächen versteht man Ausfälle oder Funktionsschwächen einzelner Teilglieder innerhalb eines funktionellen Gesamtablaufes zur Ermöglichung einer bestimmten Anpassungsleistung. Dabei werden strukturelle und funktionelle Teilleistungsstörungen unterschieden. Die strukturellen beziehen sich auf die Funktion der Reizaufnahme, Reizselektion und Reizdifferenzierung sowie auf Störungen bei der Analyse und beim Aufbau von Handlungsprogrammen; funktionelle entsprechend bei Störungen von Selektion und Programmierung hinsichtlich der Qualität »stark-schwach«, »wichtig-unwichtig« und »richtig-falsch«.

In grober klinischer Einteilung können wir Teilleistungsstörungen nach der jeweils besonders betroffenen sensorischen Qualität unterscheiden sowie die Programmsteuerungsschwäche. Teilleistungsstörungen vorwiegend visueller Natur führen zur mangelhaften Erfassung und Differenzierung optisch aufzunehmender Signale und damit zu einem ungenügenden Erkennen einer jeweiligen Situation. Teilleistungsstörungen vorwiegend auditiver Natur können Anlaß zu Sprachentwicklungsstörungen sein, in leichteren Fällen zu isolierten Schulleistungsschwächen, die dadurch bedingt sind, daß die vorwiegend sprachlichen Informationen und Anforderungen im Schulalter nur ungenügend aufgenommen und behalten werden. Teilleistungsstörungen, die vorwiegend bei der Raum-Lage-Erfassung deutlich werden, ergeben gewisse Orientierungsstörungen aber oft auch Körperschemastörungen. Des öfteren sind sie mit einer isolierten Rechenschwäche verbunden. Die Programmsteuerungsschwäche bedingt, daß die davon betroffenen Kinder ihre Handlungsprogramme nicht gegenüber unwichtigen Zwischenreizen stabil halten können, daß sie Mühe haben, motorische Regelprogramme zu erlernen und zu automatisieren, auch im Bereich der Sprache. Sie sind erhöht ablenkbar und/oder umstellungsbehindert und konzentrationsschwach.

Neben den schwereren, vor allem aber den leichteren Formen von Strukturveränderungen (leichtgradige frühkindliche Hirnschädigung, MBD, POS), können auch andere organische Störungen und Veränderungen ein ursächlicher Faktor beim Auftreten von Verhaltensstörungen sein. So müssen als Ursachen in Betracht gezogen werden:

– Die Körperbehinderung. Zwar verhindern sichtbare Körperbehinderungen durch die erhöhte Toleranzschwelle der Umgebung die Feststellung von Verhaltensstörungen in aller Regel, wenn man von einzelnen charakteristischen Wesensbesonderheiten in Zusammenhang mit der Körperbehinderung absieht, wie z. B. eine besondere Reizbarkeit und Neigung zu Verstimmung bei halbseitig gelähmten Kindern; so werden auch psychische Auffälligkeiten im Rahmen des frühkindlich-exogenen Psychosyndroms, das ja bei diesen Kindern auch häufig zu beobachten ist, nicht als Auffälligkeit registriert, sondern der Behinderung zugeordnet und entschuldigt. Gelegentlich ausgeprägte reaktive Verhaltensstörungen und Neurosen zeigen gut intelligente und differenzierte Kinder mit extrapyramidaler, d. h., sehr auffälliger Bewegungsstörung. Sie leiden darunter, daß sie durch ihren gestörten mimischen und psychomotorischen Bewegungsablauf in ihrer Intelligenz und in ihrer psychischen Differenzierung unterschätzt werden und unter kaum überwindbaren Kontaktschwierigkeiten leiden können. Sie versuchen oft unter großer Anstrengung ihre Behinderung zu kompensieren, ja überzukompensieren. Bei durch Unfall körperbehinderten Kindern kann es zu einer passiven, die Hilfsbedürftigkeit ausnutzenden Fehlhaltung kommen, die in aller Regel durch das Verhalten der Eltern bestimmt, ausgelöst oder verstärkt ist.

– Bei Sinnesbehinderungen können im einzelnen spezifische Verhaltensstörungen beobachtet werden. So zeigen blinde Kinder häufig das Augenbohren, über dessen Genese nichts Sicheres bekannt ist. Wahrscheinlich verschafft sich das Kind durch Druck auf die Netzhaut indirekt optische Reize, zumindest sensible Erfahrungen. Das Augenbohren ist nicht von der Intelligenz abhängig.

– Gehörlose Kinder, die in ihrer Sprachentwicklung in Mitleidenschaft gezogen sind, bleiben in ihrer Fähigkeit zum abstrakten Denken und auch in ihrer Kontaktfähigkeit beeinträchtigt. Als Kinder zeigen sie oft ein besonders lautes und unruhiges Verhalten, da sie nicht in der Lage sind, die von ihnen hervorgerufenen Geräusche zu dosieren.

– Allgemeinkrankheiten können durch das Eigenerlebnis der Krankheit, durch die Reaktion der Umwelt, aber auch durch Bedingungen, welche die Behandlung der Krankheit setzen, Anlaß zu Verhaltensstörungen sein.

– Bei Zuckerkrankheit führt die Notwendigkeit täglicher Injektionen durch die Angehörigen oder durch das Kind selbst zu einer erheblichen Belastung, die durch die diätetische Beschränkung, vor allem aber durch den dem Alter des Kindes nicht entsprechenden Zwang zur Selbstkontrolle und Selbstbeherrschung zu einer erheblichen Außenseiterstellung, die vor allem in der Vorpubertät und Pubertät zu schweren Verhaltensauffälligkeiten in Form trotziger Auflehnung teils aggressiver, teils infantiler Art, bis hin zu dissozialen Formen Anlaß geben kann. Ähnliches gilt für angeborene Herzfehler, wobei die Einschränkung der körperlichen Aktivität Anlaß zu Überkompensation und intellektueller Hochleistung geben kann. Solche Kinder zeigen oft eine bemerkenswerte psychische Frühreife, die sie unkindlich erscheinen läßt. Besonders auffällig ist dies bei Kindern, die an einer chronischen aber bekanntermaßen tödlich endenden Krankheit leiden wie Leukämien, die ja unter Umständen auch sehr drastischen und quälenden Behandlungen unterworfen werden müssen.

- Veränderungen der Blutdrüsenfunktion, wie etwa die Schilddrüsenunterfunktion (Hypothyreose) und andere innersekretorische Störungen, manchmal verbunden mit Abweichungen in der Zahl der Geschlechtschromosomen (Adrenogenitalis-Syndrom, Pubertas praecox, Klinefelter-Syndrom, Ullrich-Turner-Syndrom), zeigen in der Regel Veränderungen im Antriebsverhalten, gelegentlich geringe Einschränkungen in den intellektuellen Fähigkeiten, welche sie aus dem Niveau ihrer Familie herausfallen lassen, sowie zu abweichenden Interessen. Diese Verhaltensabweichungen sind in der Regel jedoch so wenig auffallend, daß sie meist erst dann als Abweichungen erkannt und bezeichnet werden, wenn auch die zugrunde liegende Störung der Blutdrüsenfunktion oder die Abweichung in der Zahl der Geschlechtschromosome bekannt geworden ist.
- Bei Abweichungen des Körpergewichtes, also bei Fettsucht und Magersucht im Kindes- und Pubertätsalter sind die regelmäßig zu beobachtenden Verhaltensauffälligkeiten in der Regel nicht mehr Ausdruck der körperlichen Veränderung, sondern diese sind im wesentlichen Ausdruck und Folge der psychischen Störung und der dadurch bedingten Verhaltensauffälligkeit. Dies gilt auch für psychotische Wesensänderungen, soweit man bei endogenen Psychosen organische Mitursachen annehmen will, wie sie bei exogenen Psychosen, also solchen durch Schädelhirntraumen, Vergiftungen, Entzündungen und durch Drogen bedingten Psychosen ohne Zweifel gegeben sind.

Mangel an Informationen durch die Umwelt

Ein Mangel an hinreichend stabiler und in sich stimmiger Information als Ursache einer Verhaltensstörung im Kindes- und Jugendalter ist in der Regel weniger offenkundig. Er ist aber immer dann anzunehmen, wenn durch das Verhalten der Eltern Werte vermittelt werden, die mit den allgemeinen Wertmaßstäben nicht übereinstimmen oder wenn die vermittelten Verhaltensnormen in sich widersprüchlich sind, etwa bei vielfach wechselnden Betreuungspersonen eines Kindes in den ersten Lebensjahren, oder beim Widerspruch zwischen verbaler Information und emotioneller Erfahrung, dem sogenannten double-bind.

So findet sich beispielsweise bei aggressiven Kindern und Jugendlichen vielfach ein ähnliches Verhalten bei den Eltern oder der übrigen Umgebung, wodurch ihnen nur diese Reaktionsmöglichkeit als Erfahrung vermittelt wird. Nicht nur bei dissozialen und kriminellen Kindern und Jugendlichen, sondern bemerkenswerterweise auch bei psychotischen Jugendlichen können auffallend häufig chronische Spannungen zwischen den Eltern, häufige streitige Auseinandersetzungen, wie auch sogenannte »schiefe Ehen«, bei welchem ein Elternteil in unnatürlicher Weise über den anderen dominiert, beobachtet werden.

Die klassische Situation der instabilen und sich oft widersprechenden Information ist die häufig wechselnde Beziehung zur primären Bezugsperson in den ersten Lebensjahren, etwa bei Heimkindern, bei Pflege- oder Adoptivkindern, wenn sie nicht im frühesten Kindesalter vermittelt werden konnten.

Mangel an emotionaler Beziehung zwischen Kind und Umwelt

Solche instabilen Informationsverhältnisse zeigen fließende Übergänge und eine wechselseitige Abhängigkeit zu der dritten Form eines Mangels, der Anlaß zur Entstehung einer Verhaltensstörung geben kann.

Die Störung der emotionalen Beziehung des Kindes zu seiner Umwelt kann grundsätzlicher Art sein, wenn etwa das Kind in einem emotionellen Defizit oder emotioneller Inkonstanz aufwachsen mußte und daher zur Umwelt insgesamt keine positive Beziehung aufbauen konnte, oder in der konkreten Situation, in der sich Verhaltensstörungen manifestieren, sich nicht »dem Erwachsenen zuliebe« anpassen will oder kann.

Die Ursache solcher mangelhafter Entwicklung positiver emotioneller Beziehungen des Kindes zu seinen nächsten Bezugspersonen, können mannigfaltiger Natur sein; so kann unbewußte Ablehnung des Kindes durch einen Elternteil eine solche positive Beziehung verhindern. Dies kann dadurch bedingt sein, daß die Mutter oder der Vater die Beziehung zum Ehepartner aufgrund eigener psychischer Unreife noch nicht mit dem Kind zu teilen bereit sind oder daß das Kind durch seine Existenz ein Hinderungsgrund wird, sich wieder aus einer enttäuschenden Ehe zu lösen. Auch ausgesprochene und unausgesprochene Erwartungshaltungen gegenüber dem Kinde, welches dieses nicht erfüllen konnte, können die Beziehung zum Kind stören. Da der Aufbau der positiven emotionellen Beziehung schon in den ersten Lebenswochen beginnt und ein wechselseitiger Prozeß ist, können ablehnende Haltungen durch die Eltern auch dadurch bedingt sein oder vorgetäuscht werden, daß die erwachsene Bezugsperson die fehlende Reaktion oder Antwort des in irgend einer Weise behinderten Säuglings oder Kleinkindes nicht verstehen, überwinden oder ausgleichen konnte. Auch Rivalitäten um das Kind zwischen den Eltern, miterziehenden Großeltern oder anderen Bezugspersonen und Rivalitäten zwischen Geschwistern um die Bezugsperson können solche emotionellen Störungen des Kindes verursachen, die später zu Verhaltensstörungen Anlaß geben.

Zusammenwirken der Teilfaktoren

Alle 3 aufgeführten Faktoren, die Störung des Aufnahme- und Verarbeitungsapparates des Gehirns, die Störung der dem Kind entgegengebrachten Information wie die Störung der emotionalen Bindung zwischen Kind und Umwelt können sich vielfältig überlagern und verstärken, vor allem dadurch, daß scheinbar nicht begründbares Fehlverhalten des Kindes zur Störung der emotionellen Beziehung der Erwachsenen zum Kinde führen kann oder daß Eltern durch solches Verhalten überfordert werden. Gestörte Emotionalität kann aber zu widersprüchlichen Informationen des Kindes führen, wie umgekehrt ständig wechselnde Beziehungen, etwa beim frühkindlichen Hospitalismus, zu emotionellen Störungen Anlaß geben können, jeweils wiederum abhängig von der Toleranz des Kindes.

Eine gute emotionale Bindung zwischen Kind und Umwelt kann andererseits Funktionsstörungen des Zentralnervensystems wiederum bis zu einem gewissen Grade ausgleichen. Diese Störung ist aber gerade in seiner leichten, nicht sofort erkennbaren Form offenbar von größerer Bedeutung für die Entstehung von Verhaltensstörungen als etwa die widersprüchliche Information und eine gestörte Emotionalität, sofern die letztere nicht – durch frühkindliche Versagung bedingt – grundsätzlicher Art ist.

Besonders bedeutsam ist die Wechselwirkung des frühkindlich-exogenen Psychosyndroms mit der Umwelt. Während, wie gezeigt, schwerer behinderte Kinder von vornherein in einer verringerten Leistungs- und Anpassungserwartung der Umwelt gegenüberstehen, wird das »Anderssein«, insbesondere die zugrundeliegende Teilleistungsstörung als solche nicht erkannt. Die verzögerte Lernleistung, die sich ja nur auf einem Teilgebiet auswirkt, die veränderte Anpassungsfähigkeit, vor allem aber die wechselnde Leistungsfähigkeit des Kindes, das ein- und dieselbe Aufgabe an einem Tag erfüllen und am anderen Tag ohne ersichtlichen Grund nicht mehr zu erbringen vermag, werden nicht als Folge eines mangelnden Könnens, sondern sehr bald als Folge mangelnden Wollens angesehen und dem Kinde vorgeworfen. Dazu kommt, daß motorische Unruhe, Unstetigkeit, Distanzstörung oder fehlendes Sozialgefühl, da eine Störung oder Krankheit nicht erkennbar erscheint, regelmäßig als Charakterfehler oder als Erziehungsmangel mißdeutet werden.

Das Kind andererseits erlebt, daß es frühzeitig zurückgewiesen, nur widerstrebend und nicht vorbehaltlos akzeptiert wird, daß es Vorwürfe erfährt, wo es leistungs- und anpassungsmotiviert war, diese Leistung und Anpassung jedoch aus ihm selbst unbekannten Gründen eine Überforderung bedeuteten. So entsteht oft, ohne daß es von den Eltern, Erziehern und der übrigen Umwelt erkannt würde, eine emotionale Beziehungsstörung zwischen Kind und Umwelt aus diesen unerkannten Überforderungen heraus, die zu anhaltenden oder sich ständig wiederholenden Versagenserlebnissen und Enttäuschungen führen muß.

Diese Fehlreaktion der Umwelt gegenüber dem Kind als regelmäßige und sich ständig wiederholende Grunderfahrung des Kindes gibt ihrerseits Anlaß zum Fehlverhalten des Kindes, diesmal aber nicht aufgrund der eigenen strukturellen Schwächen sondern reaktiver, also letztlich neurotischer Art, in Form von übersteigerten Zuwendungsforderungen, von Forderungen nach kompensierenden Liebesbeweisen und entsprechenden Provokationen, die den Teufelskreis der sekundären Neurotisierung in Gang setzen. Diese ist häufig der eigentliche Grund der

manifesten Verhaltensstörung frühkindlich-hirngeschädigter Kinder, deren frühkindlich-exogenes Psychosyndrom unter Umständen schon längst überwunden,
kompensiert und kaum mehr beweisbar ist. Die Bedeutung der sekundären
Neurotisierung auf der Basis von Teilleistungsstörungen oder eines frühkindlich-
exogenen Psychosyndroms für die Entstehung von Verhaltensstörungen ist in der
Regel wesentlich größer als es die Wesensänderung durch das Psychosyndrom für
sich allein darstellt.

Aus diesen Zusammenhängen erklärt sich auch die weitverbreitete Ansicht, daß die
organischen Faktoren, also die Teilleistungsstörung und das frühkindlich-exogene
Psychosyndrom, wenn überhaupt, denn von untergeordneter Bedeutung seien, da
sie ja durch gute Umweltbedingungen, durch geeignetes erzieherisches Verhalten
und eine entsprechende Förderung nicht nur ausgleichbar und überwindbar,
sondern vielfach sogar an ihrer Manifestation gehindert werden können, also gar
nicht in Erscheinung treten. Diese Behauptung kann sogar durch Untersuchungen
bewiesen werden, wonach dasselbe Leistungsdefizit, wenn auch in meist etwas
verringerter Ausprägung, auch noch nach Jahren bei denselben Kindern nachweisbar sind, obwohl die angeblich daraus in früheren Jahren entstandenen Verhaltensauffälligkeiten inzwischen durch gezielte pädagogische Maßnahmen oder Therapie
zum Verschwinden gebracht wurden. Dennoch handelt es sich dabei um einen
Fehlschluß, weil günstige Umweltbedingungen und ein adäquates erzieherisches
Verhalten, eventuell sogar ein gezieltes heilpädagogisches oder psychotherapeutisches Konzept, nicht von vornherein erwartet und vorausgesetzt werden können.
Umgekehrt ist festzustellen, daß viele in ihrer Hirnfunktion nicht beeinträchtigte
Kinder trotz unangepaßter Erziehungsform und schlechten Umweltbedingungen
ohne Manifestation von Verhaltensstörungen heranwachsen können. Die Auseinandersetzung um das »ursächliche Primat« für die Entstehung von Verhaltensstörungen erscheint daher grundsätzlich müßig.

Phänomenologie der Verhaltensstörungen

Nach der eingangs gegebenen Definition von Verhaltensstörungen kann es keine
zwingende, logische Systematik, aber auch keine erschöpfende Auflistung derselben geben, schon deswegen nicht, weil viele Formen von Verhaltensstörungen
gleichzeitig und nebeneinander auftreten können, sich gegenseitig beeinflussend,
ablösend, aber auch verstärkend.

Dissoziale Formen von Verhaltensstörungen: Allgemeine Erziehungsschwierigkeiten werden dann auch als Verhaltensstörung bezeichnet, wenn sie eine gewisse
Konstanz und vor allem auch eine gewisse gleichmäßige Ausdrucksform hinsichtlich Manifestationssituation und Reaktionsform aufweisen. Bei Erziehungsschwierigkeiten ist die ursächliche Gewichtung oft besonders schwierig, in anderen Fällen
besonders leicht; dies dann, wenn offensichtliches erzieherisches Fehlverhalten
vorliegt oder wenn die Erziehungsschwierigkeit beim Kinde einem bestimmten
Zwecke dient, z. B. der Erpressung der Eltern zur unmittelbaren Wunschbefriedi-
gung. Aber auch in solchen Fällen ist das erzieherische Fehlverhalten als unmittel-

bare Ursache der Erziehungsschwierigkeit nur die Endstrecke eines sehr komplexen Bedingungsgefüges in der psychischen Situation der Eltern, ihren eigenen Erfahrungen und ihren eigenen neurotischen Störungen. So sind inkonsequente, sehr nachgiebige und hilflose Erziehungshaltungen häufig Ausdruck eines schlechten Gewissens der Erziehungsperson gegenüber ihrem Kinde, oft wegen einer unbewußten inneren Ablehnung des Kindes. Aber auch eine sekundäre Verunsicherung der Erziehungsperson durch gut gemeinte Ratschläge von Verwandten, Erziehungsberatungen, psychotherapeutischen und schriftlichen Ratgebern, kann wiederum einer gewissen Selbstunsicherheit und Ich-Schwäche der Erziehungsperson ursächlich zugrunde liegen.

Besonders schwer ist die ursächliche Gewichtung dann, wenn sich auf dem Boden einer strukturellen organischen Schwäche beim Kinde bereits sekundär Beziehungsstörungen zwischen dem Kind und seiner Umwelt entwickelt haben durch ständige unerkannte Überforderung und ein Mißverstehen der wechselnden Anpassungsfähigkeit und -bereitschaft beim Kinde.

Kinder, deren Erziehungsschwierigkeiten und Verhaltensstörung den Eindruck vermitteln, das Kind mache es »mit Absicht« und zeige eine geheime Genugtuung über die negative Reaktion der Erwachsenen, die Kinder also, die gewissermaßen böse sein wollen, sind eher in ihrer primären Umweltbeziehung gestört und deren Verhaltensstörung ist eher neurotisch begründet. Kinder dagegen, welche nach ihrem Fehlverhalten beinahe ebenso verzweifelt diesem gegenüberstehen wie die Erwachsenen, welche dem Kind das Fehlverhalten schon immer wieder vergeblich vorgehalten haben, Kinder also, die gar nicht böse sein wollen, aber nicht angepaßt sein können, weisen eher auf eine Verhaltensstörung hin, die ursächlich vorwiegend durch Teilleistungsstörungen oder durch ein frühkindlich-exogenes Psychosyndrom bestimmt ist.

Grundsätzlich das gleiche gilt für dissoziale Verhaltensweisen einschließlich der *Kriminalität*. Auch hier wird man nur von sich regelmäßig wiederholenden Verhaltensweisen als von Verhaltensstörungen sprechen. Eine einmalige kriminelle Handlung wird in der Regel nur dann als Verhaltensstörung zu bezeichnen sein, wenn sie gewissermaßen nur eine die Grenze der Strafbarkeit überschreitende Entwicklung kennzeichnet, welche sich schon längere Zeit in dieser Richtung anbahnt.

Diebstähle, welche nicht der unmittelbaren Bedürfnisbefriedigung dienen, sondern zumindest zunächst sinnlos erscheinen, müssen, vor allem wenn sie sich wiederholen, als sogenannte symbolische Diebstähle (Zulliger) erkannt werden, welchen aktuelle neurotische Konfliktlagen entsprechen. Ähnliche Diebstähle können aber auch etwa als Kaufhausdiebstähle auftreten, die dann in einer Anpassung an eine abweichende Gruppennorm begangen werden. Überhaupt können Warenhausdiebstähle mit der dort gegebenen übersteigerten Versuchungssituation auch bei Kindern mit einer geringeren Steuerungsfähigkeit, also bei frühkindlich leichtgradig alterierten Kindern, häufiger auftreten. Sie moralisch der Kriminalität zuzuordnen ist eine inadäquate und unpädagogische Reaktionsweise.

Unter den dissozialen Verhaltensweisen spielt die *Aggressivität* eine besondere

Rolle. Aggressivität als eine urtümliche Reaktions- und Verhaltensweise ist in aller Regel eine Form der Angstbewältigung, sei es im Rahmen einer erkannten oder nicht erkannten Rivalität, zur Bewältigung einer Angst, abgelehnt und nicht akzeptiert zu werden, sich nicht durchsetzen zu können. Sie kann auch darin begründet sein, daß dem Kinde oder Jugendlichen andere Kontakt- und Konfliktlösungsformen gar nie bekannt geworden sind. Schwere, überschießende Aggressionshandlungen, wie sie gelegentlich bei versuchten oder vollendeten Tötungsdelikten beobachtet werden, entspringen in aller Regel dem Versuch, die Angst zu überwinden, die aus einer nicht vorhergesehenen oder leichtfertig hervorgerufenen, scheinbar unlösbaren Konfliktsituation hervorgerufen wurde.

Verhaltens- und Entwicklungsstörungen: Eine psychische und psychosoziale Entwicklung, die nicht der Erwartungsnorm entspricht, andererseits aber auch nicht durch einen eindeutigen Intelligenzmangel begründet ist, führt leicht zu Verhaltensstörungen, welche im Grunde nichts anderes sind wie beibehaltene normale Verhaltensweisen aus einer zurückliegenden Entwicklungsphase oder eine Rückkehr zu solchen Verhaltensweisen (*Regression*). Der Entwicklungsphase vorauseilende Verhaltensweisen werden dagegen seltener als Verhaltensstörungen bezeichnet. Man spricht allenfalls von altklugem Verhalten, als störend wird es selten empfunden. Eine Ausnahme macht dabei das vorzeitige sexuelle Appetenzverhalten bei der Pubertas praecox, das vorwiegend durch das körperliche Erscheinungsbild ausgelöst eine Reaktion auf das Verhalten der Umwelt darstellt. Während das frühreife intellektuelle Verhalten nicht nur akzeptiert sondern sogar begrüßt wird, wird frühreifes sexuelles Verhalten als Störung abgewehrt.

Zu den regressiven Verhaltensstörungen gehören u. a.

- Das *Einnässen* bei Tage und/oder Nacht, die Enuresis nocturna et diurna. Hier handelt es sich in aller Regel um eine primär konstitutionelle Variante oder Schwäche, welche dann sehr schnell reaktiv überlagert und fixiert werden kann. Hierbei wirkt sowohl das Eigenerleben der beschämenden Schwäche und die dadurch gegebene Einschränkung im Sozialverhalten mit, wie auch die tatsächliche oder befürchtete ablehnende und abwertende Haltung der näheren und weiteren Umgebung, weshalb diese Verhaltensstörung auch in der Regel im Familienkreise geheimgehalten wird. Ähnliches gilt für das

- *Einkoten* (Encopresis), welche meist eine relativ bewußtseinsnahe neurotische Störung darstellt mit deutlich aggressivem Charakter, welche auf eine oft schwere aber in der Regel leicht erfaßbare Beziehungsstörung zwischen Kind und Umwelt hinweist.

- In die Reihe der regressiven Verhaltensstörungen gehören das Persistieren von Verhaltensbesonderheiten im *Schlaf* bzw. während der Schlafperiode, wie z. B. bestimmte Einschlafrituale im Bett der Eltern, das nächtliche Aufsuchen der Eltern im Schlafzimmer, das Einschlafen nicht ohne Schlafzimmerbeleuchtung usw. Dies sind meist recht harmlose und meist dem Normbereich zuzurechnende kleinkindliche Verhaltensweisen, welche nicht überbewertet werden dürfen und deren konsequente und strenge Überwindung vielfach zu einer Symptomverschiebung oder Neurotisierung führen können. Ängstliches Verhalten von

kleineren Kindern ist in der Regel ein Spiegel des ängstlichen Verhaltens der
Erwachsenen.

– Zu den regressiven Verhaltensweisen gehören auch das persistierende Daumenlutschen, die Leerlaufhandlungen, wie das Haaredrehen, Fingernägelkauen
u.a.m. Solche oft sehr schwer genommenen und hartnäckigen Verhaltensauffälligkeiten sind oft Ausdruck einer erhöhten Reizempfindlichkeit (vulg. Nervosi-
tät) und sind in ihrer Ausprägung von der inneren Ausgeglichenheit oder
Unausgeglichenheit abhängig. Vielfach kann es sich aber auch einfach um
persistierende Angewohnheiten handeln, welche inzwischen völlig unbewußt
ablaufen und welche abzubauen man nur noch keinen Anlaß und Gelegenheit
gefunden hat. Die letztere Form spricht auf systematische Bewußtmachung und
erzieherische Tricks in der Regel rasch und gut an, wogegen dieselben Tricks bei
Leerlaufhandlungen, welche Ausdruck einer allgemeinen inneren Unruhe oder
gar einer neurotischen Situation sind, eher zur Verstärkung des Symptoms
führen können.

Verhaltensstörungen durch motorische Auffälligkeiten: Unter den motorischen
Auffälligkeiten sind vor allem die allgemeine Bewegungsunruhe, die Hypermotili-
tät, eine häufige und sozial besonders im Schulalter störende Verhaltensauffälligkeit. Ihr liegt meistens eine konstitutionelle oder früh erworbene organische
Ursache zugrunde. Sie ist aber im besonderen Maße durch Anpassung des Milieus,
durch eine ruhige, gleichmäßige, stabilisierende Erziehung positiv beeinflußbar,
wie sie durch eine Vermehrung der äußeren Unruhe, durch starke affektive Reize
und durch rigides erzieherisches Verhalten zu verstärken ist.

Unter den motorischen Auffälligkeiten nehmen die *Tic*-Erkrankungen eine besondere Stellung ein. Auch ihnen liegt meistens eine organische Mitursache zugrunde,
welche oft die erfolgreiche Therapie erschwert oder in schweren Fällen unmöglich
macht. Eine langfristige Psychotherapie kann in manchen Fällen notwendig
werden, oft mit nur begrenztem Erfolg. Vielfach verschwindet der Tic aber auch
ohne besondere Maßnahmen wieder bzw. geht in eine allgemeine persistierende
Bewegungsunruhe und eine gewisse Reizempfindlichkeit ein.

Sprachstörungen und Sprachentwicklungsstörungen: Während man früher Sprachstörungen, insbesondere das Stottern, als eine charakteristische Verhaltensstörung
oder Neurose bezeichnet hat, weiß man, daß Sprachentwicklungsstörungen und
Sprachstörungen, von extremen Umweltbedingungen abgesehen, stets primär eine
organische Funktionsstörung zugrunde liegt. Da die Sprache aber für die zwischenmenschliche Kommunikation entscheidend ist, wirkt sich eine Störung sehr rasch beim
Betroffenen wie bei der Umgebung negativ auf die Beziehung zwischen dem Betreffenden und seiner Umwelt aus. Es kommt hier ganz rasch zu einer sekundären Neurotisierung und Überlagerung des Symptoms, so daß man bei persistierenden Sprachstörungen stets auch vom Vorliegen einer Beziehungsstörung ausgehen kann.

Einfache Sprachentwicklungsstörungen, wie verzögertes Sprechenlernen, Stam-
meln und artikulatorische Störungen im Kindesalter, weisen in der Regel auf
Teilleistungsstörungen hin, die sich auch im übrigen Intelligenzbereich auswirken
können, aber oft folgenlos überwunden werden.

– Eine besondere Stellung nimmt der Mutismus ein, der eine Sprachverweigerung darstellt, wobei allerdings der Betreffende dies nicht willentlich überwinden kann. Insofern ist der Ausdruck Sprachverweigerung unangemessen, er will lediglich bezeichnen, daß das Sprachvermögen als solches normal entwickelt ist. Tatsächlich können die betreffenden Kinder beim häufiger anzutreffenden selektiven Mutismus mit bestimmten nahen Angehörigen und Freunden fließend und ungehemmt reden. Der Mutismus leitet über zu den Störungen des Kontaktverhaltens.

Störungen des Kontaktverhaltens: Das Kontaktverhalten kann durch zu große Nähe oder zu große Distanz oder durch einen Wechsel zwischen diesen beiden abweichende Verhaltensweisen bestimmt sein. Die Entwicklung der Fähigkeit im Kontaktverhalten die situationsangemessene Distanz zu finden und einzuhalten, aber auch zu einem schließlich näheren Kontakt zu überwinden oder die Kontaktaufnahme wieder zu lösen, ist ein Produkt aus der Fähigkeit, Situationen in ihrem sozialen Bedeutungsgehalt sicher zu erkennen und den daraus sich ergebenden Umwelterfahrungen in der frühen Kindheit, welche auch wesentlich von der Umwelt selbst bestimmt werden. Zu geringe Distanz, die sogenannte Distanzstörung, findet sich in der Regel bei Kindern mit frühkindlich-exogenem Psychosyndrom, aber auch Kindern mit psychischem Hospitalismus, die in ständig wechselnder Umweltbeziehung aufwachsen mußten. Die letzteren zeigen gelegentlich auch eine zu große Distanz, einen Rückzug auf sich selbst mit weitgehender Aufgabe der Kontaktaufnahme zur Umwelt überhaupt, ein sogenanntes autistisches Verhalten, wie wir es in Extremform bei den frühkindlichen Psychosen, dem frühkindlichen Autismus und bei Erwachsenen im Rahmen der endogenen Psychosen begegnen. Allgemeine Gehemmtheit weist in der Regel auch auf eine Störung der frühkindlichen Beziehungen, aber auch oft auf eine persistierende Symbiose des Kindes mit seiner primären Bezugsperson, im allgemeinen der Mutter, hin, welche dem Kind nicht die Freiheit der Lösung und die Möglichkeit zu notwendigen Entwicklungsschritten einräumt. Der neurotischen Gehemmtheit liegt eine allgemeine psychoreaktive Fehlentwicklung zugrunde, bei der sich aber auch häufig eine anlagebedingte, vermutlich ererbte Komponente, finden läßt.

Antriebsstörungen: Die Antriebsstörungen im Sinne eines übersteigerten Antriebsverhaltens wurden schon bei den motorischen Störungen besprochen. Sie stehen auch in engem Zusammenhang mit den Aufmerksamkeitsstörungen, die wiederum unter den Schulverhaltensstörungen eine zentrale Bedeutung einnehmen und bei denen in gleicher Weise Teilleistungsstörungen wie auch erzieherische Fehlhaltungen der Eltern mitwirken.

Antriebshemmungen findet man im Kleinkindesalter vorwiegend bei organischen Störungen, auch solchen endokriner Art, wie z. B. bei der Schilddrüsenunterfunktion. Antriebshemmungen im Kleinkindesalter sind auch stets verdächtig auf eine allgemeine Entwicklungsstörung im Sinne eines Schwachsinns oder auch im Sinne einer autistischen Persönlichkeitsstruktur des Kindes. Im Jugendalter vor allem während der Reifezeit sind sie vielfach Ausdruck von Reifungsstörungen und Pubertätskrisen, die im Einzelfall auch persistieren können und zu schweren sozialen Anpassungsstörungen dauernder Art Anlaß geben können. Hier handelt es sich meist um tiefgreifende Neurosen, die einer längerfristigen Psychotherapie bedürfen.

Verhaltensstörungen in der Schule: Bei der zunehmenden Bedeutung, welche Schule, Schulleistung und Schulbildung in unserer Gesellschaft einnehmen, kommt es auch hier in steigendem Maße zu charakteristischen Verhaltensstörungen.

Das Schulversagen ist dann als Verhaltensstörung zu bezeichnen, wenn die intellektuellen Fähigkeiten des Kindes den Schulanforderungen nach allgemeiner Erfahrung genügen sollten. Hier wird aber besonders deutlich, wie sehr das Verhalten der Erwachsenen, und zwar sowohl der Lehrer wie der Eltern, mit zum Schulversagen beitragen können, wenn durch fehlende Motivation, durch anhaltende Mißerfolgserlebnisse oder durch eine emotionale Beziehungsstörung das Kind daran gehindert wird, die Leistung zu erbringen, die es eigentlich erbringen könnte. Auch nicht erkannte Teilleistungsstörungen können Ursache für eine Schulleistungsschwäche sein, welche bei oberflächlichem Vergleich der Gesamtintelligenz mit den Anforderungen nicht erklärlich ist.

Verhaltensstörungen unabhängig von der Schulleistung, wie z. B. das Verhalten als Klassenkasper, als Klassenstörer oder das Stören durch motorische Unruhe gehen dagegen vielfach auf eine Beziehungsstörung des Kindes zu seinen Schulkameraden oder zum Lehrer zurück. Oft steht eine emotionale Entwicklungshemmung bei gleichzeitig guter intellektueller Entwicklung einer angepaßten sozialen Einstellung zu den Mitschülern oder zu der Schulleistung im Wege.

Eine besondere Stellung nimmt die in den letzten Jahren vermehrt zu beobachtende Schulangst ein. Es handelt sich dabei um eine echte Angstneurose (Phobie), bei welcher das Kind im Grunde gerne in die Schule gehen möchte, die dabei entstehende Angst trotz aller guten Vorsätze nicht zu überwinden vermag. Meist handelt es sich dabei um eine Trennungsangst, hinter der ein ängstlicher, unsicherer, unbewußt um die Aufrechterhaltung der Bindung an das Kind bemühter Elternteil steht. Die Schulangst ist abzugrenzen vom üblichen Schulschwänzen, dem im Einzelfall auch einmal eine echte Schulphobie zugrunde liegen kann, das aber in der Regel als Protesthaltung gegen Überforderung oder mangelnde Motivation zu verstehen ist.

Verhaltensstörungen bei Neurosen und Psychosen: In Zusammenhang mit Neurosen, insbesondere Angst- und Zwangsneurosen wie auch in Zusammenhang mit Psychosen aus dem schizophrenen Formenkreis und Depressionen kann es im Jugendalter wie im Erwachsenenalter zu Verhaltensauffälligkeiten kommen, welche allerdings nur im Kindes- und Jugendalter als solche bezeichnet werden. Sie gehören zur charakteristischen Symptomatik der Neurosen und Psychosen und ihre Zuordnung zu den Verhaltensstörungen, wie dieser Begriff im allgemeinen gebraucht wird, ist in aller Regel unangemessen.

Reinhart Lempp

Literatur

Butollo, W. H. L. u. a., 1978: Bedingungen der Entwicklung von Verhaltensstörungen. In: Pongratz, L. (Hrsg.) Handbuch der Psychologie, Bd. 8/II., Klinische Psychologie, Göttingen – *Frederking, U.*, 1975: Häufigkeiten, somatische und soziale Bedingungen von Verhaltensstörungen 10jähriger Schulkinder. Praxis der Kinderpsychologie und Kinderpsychiatrie, 204–213 – *Frederking, U.*, 1975: Emotionale Bedingungen von Verhaltensstörungen 10jähriger Schulkinder. Praxis der Kinderpsychologie und Kinderpsychiatrie, 258–265 – *Graefe, O.*, 1956: Zur Klassifizierung kindlicher Verhaltensstörungen. Psychologische Rundschau, 1–9 – *Harbauer, H./Lempp, R./Nissen, G./Strunk, P.*, 1981[4]: Lehrbuch der speziellen Kinder- und Jugendpsychiatrie. Berlin/Heidelberg/New York – *Harnack, G. A. v.*, 1953: Wesen und soziale Bedingtheit frühkindlicher Verhaltensstörungen, Basel – *Harnack, G. A. v.*, 1958: Nervöse Verhaltensstörungen beim Schulkind, Stuttgart – *Hornstein, W.*, u. a. 1982: Situation und Perspektiven der Jugend. Weinheim/Basel – *Kluge, K. J.*, 1970: Verhaltensauffällige Kinder und Jugendliche in der BRD – Erscheinungsweisen, Häufigkeit und aktuelle Forschungsergebnisse. Schule und Psychologie, 311–317 – *Lempp, R.*, 1978[3]: Frühkindliche Hirnschädigung und Neurosen, Bern/Stuttgart/Wien – *Lempp, R.*, 1981[4]: Eine Pathologie der psychischen Entwicklung, Bern-Stuttgart/Wien – *Lempp, R.* (Hrsg.), 1979: Teilleistungsstörungen im Kindesalter. Bern/Stuttgart/Wien – *Rauschenbach, Th./Steinhilber, H./Späth, B.*, 1980: Verhaltensauffällige und behinderte Kinder und Jugendliche. Deutsches Jugendinstitut. Materialien zum 5. Jugendbericht, München – *Steuber, H.*, 1973: Zur Häufigkeit von Verhaltensstörungen im Schulalter. Praxis der Kinderpsychologie und Kinderpsychiatrie, 246–249. –

→ Abweichendes Verhalten → Gesundheit und Krankheit → Jugendstrafvollzug

Vorschulische Bildung und Erziehung

Die Reform der Vorschulerziehung, wie sie sich seit dem Ende der sechziger Jahre entwickelt hat, gehörte zum erfolgreichen Teil der Bildungsreform, an dem nicht von ungefähr die Jugendhilfe entscheidenden Anteil hatte. Der reformierte Kindergarten hat sich in wichtigen inhaltlichen und organisatorischen Merkmalen fortentwickelt. Er ist zum offenen, gemeinwesenorientierten Lebensraum und Lernort geworden. Die Reform war tragfähig geworden, weil sie nicht nur für, sondern zunehmend auch mit beteiligten Erziehern und Eltern durchgeführt wurde.

Allerdings ist die Reform auf halber Strecke zum Stillstand gekommen. Längst nicht alle vorschulischen Einrichtungen haben die Chance wahrnehmen können, an den Innovationen und ihren Ergebnissen teilzuhaben. Der quantitative Ausbau ist unabgeschlossen. Nachdem die etwa 50 Modellversuche und ein breit angelegtes überregionales Erprobungsprogramm ausgelaufen sind, können auch hier die Verkürzungen einer Bildungspolitik abgelesen werden, die Innovationen als Akte zur Behebung grober Defizite versteht denn als »rollig reform« anlegt.

Über die bildungspolitische Priorität des Ausbaus vorschulischer Erziehung bestand in der Bundesrepublik Ende der sechziger Jahre weitgehend Konsens. Die öffentliche Diskussion bezog sich zum einen auf Aussagen der Begabungs- und Sozialisationsforschung, in denen – in Abkehr von früheren erbbiologisch orientierten Auffassungen – einerseits der Zusammenhang von Begabung und sozialer Herkunft und andererseits die zuvor unterschätzten Chancen einer Förderung frühkindlichen Lernens betont wurden. Gefordert wurde im Rahmen der allgemeinen politischen Zielsetzung der Vermehrung von Chancengleichheit im Bildungswesen die kompensatorische Förderung von Kindern aus soziokulturell benachteiligten Bevölkerungsgruppen.

Zum anderen geriet der Kindergarten – als veraltete Bewahranstalt apostrophiert – insbesondere in die Kritik der Bewegung antiautoritärer Erziehung. Der vielfach als konservativ-dirigistisch angesehenen Arbeitsweise von Kindergärten wurden alternative Formen frühkindlicher Erziehung entgegengesetzt (Kinderläden, Eltern-Kind-Gruppen), die bei aller Bindung an sozial chancenreiche Gruppen die öffentliche Kleinkindererziehung dennoch in wichtigen Punkten beeinflussen sollten (so in der Entwicklung einer balancierteren Kommunikation zwischen Erwachsenen und Kindern und in der Rehabilitation von Eltern als sachverständigen Laien).

In der Folge dieser oft heftig und kontrovers geführten Diskussion geriet der bisher traditionell eher außerhalb bildungs- und jugendpolitischen Interesses stehende Bereich vorschulischer Erziehung in den Zugriff staatlicher Bildungsplanung. Der quantitative Ausbau und die qualitative Verbesserung vorschulischer Erziehung wurde zum wichtigen bildungspolitischen Ziel der im Parlament vertretenen Parteien. Als Elementarbereich gefaßt, wurde vorschulische Erziehung sowohl im Strukturplan des Deutschen Bildungsrates als auch im Bildungsbericht '70 der Bundesregierung als erste Stufe des Bildungswesens ausgewiesen. Allerdings sollte der Elementarbereich nur die Altersgruppe der Drei- und Vierjährigen umfassen, die Fünfjährigen sollten in einer Eingangsstufe betreut und der Schule zugeordnet werden. Damit war eine Kontroverse eröffnet, die die Reformbemühungen der nächsten Jahre einerseits beleben, andererseits zum Teil auf eine problematische Fragestellung – die Zuordnung der Fünfjährigen – verengen sollte.

Die Diskussionen trafen auf ein Feld, dem – etwa im Vergleich zum Bildungswesen – weitgehend eine stabile Infrastruktur fehlte. Die dezentrale Organisation der Kindergärten in freier und öffentlicher Trägerschaft, die unterschiedlichen Zuständigkeiten (für Kindergärten in der Mehrzahl die Sozialressorts, für die Ausbildung die Kultusressorts) – all dies bestimmte den besonderen Charakter der Auseinandersetzung und auch des Reformverlaufs. Angesichts der vor allem über das Instrument der Modellversuche vermittelten Interventionen staatlicher Bildungsplanung, angesichts auch des durch die Zuordnungsfrage berührten Selbstbehauptungsinteresses der Träger und Fachverbände entwickelte sich eine zeitlich begrenzte, reformorientierte und in sich oft konkurrierend angelegte Infrastruktur, die im wesentlichen durch die Modellversuche und das Erprobungsprogramm, durch Fortbildungseinrichtungen und Fachberatung, durch Kooperation von Trägern, Fachverbänden, wissenschaftlichen Einrichtungen, Bundesländern und Bund gebildet wurde. Diese Infrastruktur zerfiel nach dem Auslaufen der Modellvorhaben; damit stellt sich deutlich die Frage nach der Sicherung und Verbreitung von Reformergebnissen.

Quantitativer Ausbau

Noch 1970 waren in der Bundesrepublik nur für ein Drittel der drei- bis fünfjährigen Kinder Kindergartenplätze vorhanden. Die regionale und schichtenspezifische Verteilung fiel deutlich zu ungunsten städtischer Arbeiterbezirke und dünnbesiedelter ländlicher Gebiete aus. Für sozioökonomisch schlechter gestellte Eltern war der Kindergartenbeitrag ein oft ausschlaggebendes Hindernis. Mitte der siebziger Jahre standen nach Angaben des Bundesministers für Bildung und Wissenschaft für zwei Drittel aller Drei- bis Fünfjährigen Plätze zur Verfügung (davon abweichend die Daten des Mikrozensus vom April 1976, nach denen nur knapp über 50 Prozent der drei- bis fünfjährigen Kinder einen Kindergarten besuchten). Zwischen 1965 und 1975 stieg die Zahl der Einrichtungen um etwa 65 Prozent von 14 113 auf 23 130. Von 952 875 auf 1 478 856, und damit um etwa 55 Prozent, stieg im gleichen Zeitraum das Angebot an Kindergartenplätzen.

Die Bund-Länder-Kommission für Bildungsplanung hatte im Bildungsgesamtplan als Zielwerte für das Jahr 1980 Plätze für 70 Prozent der Drei- und Vierjährigen und für 85 Prozent der Fünfjährigen angegeben. Wenn diese Zielwerte realistisch erschienen, dann nicht nur wegen der erheblichen Ausbauanstrengungen, sondern auch wegen den seit 1972 zunehmenden Auswirkungen des Geburtenrückgangs.

Der Versorgungsgrad blieb in den Bundesländern jedoch deutlich unterschiedlich (so kamen in Baden-Württemberg 1975 auf 1,1 Kind, in Schleswig-Holstein auf drei Kinder ein Kindergartenplatz). Nach wie vor neigen Eltern aus sozialprivilegierten Gruppen eher dazu, ihre Kinder in den Kindergarten zu schicken. Ein hierzu korrektives Moment läge in der vermehrten Schaffung von Ganztagseinrichtungen und im Abbau von Elternbeiträgen, wie er von verschiedenen Bundesländern geplant oder vorübergehend vollzogen wurde.

Verbesserungen waren im Hinblick auf die Personalausstattung der Kindergärten feststellbar: Während 1970 eine Betreuungsperson (Fachkräfte und sonstige Hilfskräfte) auf 20,4 Kinder kam, betrug nach Angaben des Bundesministers für Bildung und Wissenschaft 1975 das Verhältnis 1 zu 15. Das Verhältnis von Fachkräften (Kinderpflegerinnen u. a.) veränderte sich von 48 zu 52 Prozent im Jahr 1970, auf 52 zu 48 Prozent im Jahr 1975.

Der politischen Aussage, im Bereich der vorschulischen Erziehung sei die Frage des quantitativen Ausbaus weitgehend gelöst, kann nach den vorliegenden Daten keinesfalls zugestimmt werden. Solange nicht für alle Drei- bis Fünfjährigen kostenlos Plätze zur Verfügung stehen, solange nicht wesentliche Rahmenbedingungen einer qualifizierten pädagogischen Arbeit gesichert sind (u. a. durchgehend kleine Gruppen mit je zwei Fachkräften), ist darauf zu drängen, daß dieser Ausbau fortgesetzt wird – dies auch und gerade angesichts gravierender Rückentwicklungen ab Anfang der achtziger Jahre.

Qualitative Reform

Bald nach dem Beginn der Diskussion um die Reform der Vorschulerziehung bot sich ein Bild relativer Zerrissenheit und Verwirrung: Frühleseversuche, Sprach- und Intelligenztrainingsprogramme ersetzten einen problematischen Begriff von Kindheit durch eine von kindlicher Alltagswirklichkeit weitgehend abgehobene Lernwelt. Die Vertreter antiautoritärer Erziehung richteten sich nicht nur gegen bisherige Auffassungen von Kindergartenpraxis, sondern auch gegen als überzogen empfundene Leistungserwartungen, wie sie den neuen vorschulischen Trainings- programmen oft zugrunde lagen. Jugendhilfe und Schulwesen begannen mit jahrelangen Auseinandersetzungen um Grenzregelungen zwischen dem Elemen- tar- und Primarbereich. Was zunächst noch parteipolitisch differenzierbar schien, wurde zunehmend zur Konfrontation zweier »Kulturen«, der sozial- und der schulpädagogischen.

Die staatlichen Initiativen zur qualitativen Verbesserung vorschulischer Erziehung äußerten sich in entsprechenden Modellen, die von Bund und Ländern getragen wurden. Hinzu kamen Vorhaben von Stiftungen (wie der Stiftung Volkswagenwer- ke mit dem Projekt »Curriculum Institutionalisierte Elementarerziehung – CIEL«) und Trägern. Schwerpunkte dieser Vorhaben lagen in der Entwicklung lernbe- reichsbezogener Programme und Materialien sowie übergreifend konzipierter offener Curricula, (darunter das in Modellkindergärten der Länder Rheinland- Pfalz und Hessen entwickelte Curriculum »Soziales Lernen« des Deutschen Jugendinstituts).

Die von etwa 1970 bis 1975 reichende erste Generation von Modellversuchen spiegelte zunächst die disparaten Positionen der öffentlichen Diskussion wider. Zu einer tragfähigen Reformbewegung kam es erst, als innerhalb eines sich allmählich entwickelnden sozialpädagogischen Bezugsrahmens und eines veränderten Wissen- schaftsparadigmas (mit der Fortführung von Modellversuchen nach Kriterien der Handlungsforschung) die unmittelbar betroffenen Erzieher und Eltern stärker zu konstruktiven Trägern der Reform werden konnten.

Zwischen Mitte und Ende der siebziger Jahre kamen dann größere Teile der Erzieherschaft, viele Eltern, die beteiligten Träger und Verbände sowie die zuständigen Ressorts der meisten Länder und des Bundes zum weitgehenden Konsens über die neue sozialpädagogische Konzeption der Kindergartenerziehung. Basis dieser Konsensbildung waren Erfahrungen, die im überregionalen Erpro- bungsprogramm gewonnen wurden. An diesem Programm, das der länderübergrei- fenden Prüfung pädagogischer Entwicklungsarbeiten aus Modellversuchen diente, nahmen neun Bundesländer (Baden-Württemberg und Bayern nicht) mit über 200 Kindergärten teil. Einige der wichtigen Kennzeichen reformierter Kindergärten, wie sie sich nach dem Auslaufen der Modellversuche und des Erprobungspro- gramms darstellten, sollen im folgenden skizziert werden.

Lebensweltbezug, Lernen in sozialen Kontexten

In den meisten Kindergärten, die an der Reform mittelbar oder unmittelbar teilnehmen konnten, besteht ein Grundkonsens über zwei Dinge:
- Das Lernen und Erfahren der Kinder soll sich auf ihre Lebenssituationen beziehen. Kinder verschiedener sozialer Herkunft und mit unterschiedlicher Lerngeschichte sollen darin gefördert werden, ihre Lebenssituationen in der Gegenwart und näheren Zukunft möglichst selbstbestimmt und sachgerechter zu bewältigen.
- Es besteht ein Primat sozialen Lernens. Sachbezogenes Lernen, der Erwerb von Kenntnissen und Fertigkeiten wird sozialem Lernen untergeordnet und nach Möglichkeit auf soziale Kontexte bezogen.

Diesen Grundkonsens hat der Deutsche Bildungsrat 1973 in seiner Empfehlung zur Curriculumentwicklung im Elementarbereich vorformuliert. Für Erzieher enthalten diese Leitprinzipien nicht nur die – in den Modell- und Erprobungskindergärten vielfach wahrgenommene – Chance einer emanzipatorisch-pädagogischen Erschließung von Lebenssituationen, sondern auch die Möglichkeit einer Rückbesinnung auf eine in früheren Jahren oft unterschätzte Kompetenz: nämlich zuständig zu sein für Alltagswirklichkeit, für die Lebenswelt von Kindern. Pädagogische Anlässe, Ausgangspunkte für Rollenspiele, Projekte oder Gespräche sind damit unmittelbar und in vielfältiger Weise gegeben; es sind tägliche Erfahrungen, lebensgeschichtlich bedeutsame Ereignisse oder auch Vorfälle im Umfeld des Kindergartens. Die Didaktik orientiert sich damit weniger an Lernbereichen als vielmehr an sozialen Handlungsfeldern, fachdidaktische Elemente werden vielfach auf soziale Kontexte bezogen und in Projekte integriert.

Partizipation von Laien: In den reformierten Kindergärten sind verstärkte Bemühungen von Erziehern feststellbar, Eltern und auch andere Erwachsene zur aktiven pädagogischen Mitwirkung anzuregen. Es gehört zu den erstaunlichen Ergebnissen der vorschulischen Reformbewegung, daß Eltern in Modellkindergärten in einer Fülle von Unternehmungen mitgemacht und sie oft auch initiiert haben. Allerdings ist hier einschränkend zu sagen, daß diese Intensität der Elternmitwirkung in den Kindergärten des Erprobungsprogramms nicht erreicht wurde, und daß es sicherlich langfristiger Anstrengungen bedarf, um die Mitwirkung von Eltern – Rahmenbedingungen wie die Berufstätigkeit beider Elternteile durchaus einberechnet – allgemeiner und selbstverständlich werden zu lassen.

Immerhin ist deutlich geworden, daß sich die handlungsbezogene Mitwirkung von Eltern und anderen Erwachsenen keinesfalls auf soziokulturell privilegierte Gruppen beschränkt. Eltern sind in der Regel weder in der Funktion pädagogischer Assistenten beteiligt (wie in einigen amerikanischen kompensatorischen Programmen), noch sind sie nur gelegentliche Adressaten von Ergebnissen der Kindergartenarbeit. Sie werden als kompetent für die Lebenswelt ihrer Kinder angesehen, sie sind erfahrungsübermittelnde Sachverständige. Im übrigen ist es nach vorliegenden Erfahrungsberichten bei der pädagogischen Erschließung von Situationen in einer Reihen von Fällen auf Seiten der beteiligten Erwachsenen zu Versuchen gekommen, auf die Situation konstruktiv einzuwirken. Lernen umgreift dann mehr als nur die subjektive Vorstellung des Kindes; Lernen heißt dann, die Situation als gestaltbar zu erkennen und initiativ zu werden.

Der pädagogische Dialog mit Eltern und anderen Erwachsenen enthält die Chance der wechselseitigen Aufklärung und damit der Stützung und Konkretisierung von Reformen vor Ort. Er beinhaltet für Erzieher die Aufgabe, die Sinndeutungen dieser Menschen ernst zu nehmen und unterschiedliche Positionen zur Verhandlung zu bringen.

Gemeinwesenorientierte Arbeit: Lernen für Lebenssituationen meint auch Lernen in Lebenssituationen, also auch in Handlungsfeldern außerhalb des Kindergartens. Von daher liegt es nahe, Lernorte im Gemeinwesen über Projekte zu erschließen. Reformierte Kindergärten sind heute in Ansätzen Gemeinwesen- oder Stadtteilzentren, ein Kennzeichen, das künftig verstärkt entwickelt werden sollte. Angesichts des Geburtenrückgangs könnten Kindergärten auch Freizeit- und Bildungsangebote für Familien anbieten und sich damit neue Aufgabenfelder schaffen. Der gemeinwesenorientierte Ansatz von Kindergärten findet bisher ein Umfeld vor, das darauf kaum eingestellt ist. Die Kraft der Selbstorganisation eines Gemeinwesens ist in der deutschen Tradition schwächer entwickelt als zum Beispiel in angelsächsischen Ländern. Notwendig wären hier flankierende Maßnahmen einer Kommunalpolitik, die Formen der Selbstorganisation und Partizipation stärker stützt.

Offene Planung und Rollenverständnis der Erzieher: Überkommene Ritualisierungen des Kindergartenalltags sind durch die Reformen teilweise abgebaut und gelockert worden. Die Tageseinteilung beispielsweise vollzieht sich dann nicht mehr nach dem Muster Freispiel/gemeinsames Frühstück/Beschäftigungsphase/ nachmittägliches Freispiel, sondern es wird ein freies Frühstück angeboten, Freispiel- und Projektphasen verschränken sich. Man kommt ab von festen Wochen- und Monatsplänen und zieht flexible Planungen vor. Bisher vorrangige Themen wie Jahreszeiten oder Feste treten zurück zugunsten der Verknüpfung verschiedener Spiel- und Projektangebote. Die Spielmaterialien entstammen mehr aus dem Umfeld des Kindergartens und weniger aus Spielzeugproduktionen; es wird mehr selbst hergestellt als gekauft.

Im Verlauf der Modellversuche und des Erprobungsprogramms hat sich die Kommunikation zwischen den Erziehern in den beteiligten Kindergärten vielfach verbessert. Es finden mehr Teambesprechungen und gegenseitige Besuche statt, die gemeinsame Vor- und Nachbereitung ist selbstverständlicher geworden. Damit wurde die Vorstellung abgebaut, daß das, was in einer Kindergruppe geschieht, alleinige Angelegenheiten der jeweiligen Erzieherin wäre. Ebenso sind Erzieherinnen vielfach dazu übergegangen, ihre kindergartenübergreifende Fortbildung selbst zu organisieren.

Mit der Professionalisierung der Erzieher hat sich ihr berufliches Selbstverständnis gewandelt. Es liegen viele Berichte und Aussagen darüber vor, daß so etwas wie die Zurückgewinnung der Sinnhaftigkeit von Erziehung geschehen ist. Diese Erzieher unterstützen den Auftrag des Kindergartens in seiner neuen Funktion als einer sozialpädagogisch begründeten Bildungseinrichtung. Das Rollenverständnis der

Erzieherin hat sich aus Verengungen (die mit Verkürzungen des Verständnisses von vorschulischer Erziehung zusammenhingen) wieder gelöst und ist – gegenüber dem Fachlehrer – um vieles universeller angelegt. Sie bezieht sich auf die Lebenswelt von Kindern und Eltern. Soziale Wirklichkeit wird nicht durch voneinander isolierte Lernbereiche gefiltert. Die Erzieherin ist immer zugleich Sozial- und Gemeinwesenarbeiter, sie ist bei aller Professionalität ein Teil Laie, weil niemand, der Handlungsfehler erschließt und sich auf deren Widersprüchlichkeit einläßt, von vornherein die Lösung parat hat.

Mit der höheren Kompetenz ist ein gewachsenes Selbstbewußtsein verbunden. Erzieherinnen aus Modell- und Erprobungskindergärten berichten, daß es ihnen leichter fällt, gegenüber Trägern, Eltern oder Lehrern ihre Position zu vermitteln. Sie zeigen mehr als zuvor aktives Interesse an politischen Entscheidungen im Elementarbereich, sie verfügen über eine verbesserte Kenntnis ihrer Rechte. Sie sind sensibel geworden für notwendige Rahmenbedingungen ihrer Arbeit. Sie artikulieren stärker gewerkschaftlich, was sie an Rahmenbedingungen brauchen, um die Reform ohne unzumutbare Mehrbelastung auch praktizieren zu können.

Perspektiven

Die Reform ist nicht abgeschlossen. Es bleiben zahlreiche offene Fragen und Probleme, von denen einige hier genannt werden sollen.

Verbreitung und Sicherung der Reform: Die Modellversuche sind nicht die Reform selbst, sondern deren wichtiges Ferment. Zu ihren Konstruktionsfehlern gehört, daß in ihnen als zeitlich und regional begrenzten Vorhaben die Übertragung und Verbreitung von Ergebnissen in der Regel nicht angelegt worden war. Auch wenn das Erprobungsprogramm als eine Basis der Sicherung von Reformergebnissen angesehen werden kann, ist damit noch nicht ein Modell fortlaufender Reform (innerhalb dessen nach und nach alle Einrichtungen aktiv einbezogen werden) gewährleistet.

Es gilt, zwischen den bisher einbezogenen einigen hundert Kindergärten und den über zwanzigtausend übrigen zu vermitteln. Der Prozeß der Reformverbreitung und -sicherung sollte – wie bisher vielfach schon – kommunikativ angelegt werden, nach Möglichkeit unter der Mitwirkung vorerfahrener Erzieher. Im Elementarbereich ist dazu der Ausbau und die Stabilisierung der schon genannten Infrastruktur notwendig, zu der in diesem Zusammenhang vor allem die Aus- und Fortbildungseinrichtungen, die Fachberater, regional und überregional arbeitende Institute, aber auch selbstorganisierte Fortbildungsgruppen von Erziehern gehören.

Reformen der Ausbildung, Ausbau von Fortbildung und Beratung: Die Ausbildungseinrichtungen, vor allem die Fachschulen, sind an den Modellversuchen in systematischer Weise kaum beteiligt gewesen. Wenn man will, daß sie zu aktiven Trägern der bisher erarbeiteten Ergebnisse werden, muß man ihnen die Chance einer zweiten Reformbewegung geben, innerhalb derer sie selbst Gegenstand der Veränderung sind. Dringlich ist nicht nur die Revision der Fachinhalte, der verkrusteten Fächerstruktur und der verschulten Vermittlungsmethoden, notwendig ist auch eine wesentlich aktivere, das heißt reformorientiertere Gestaltung des Theorie/Praxis-Verhältnisses, wozu sich als eine der vielen Möglichkeiten das Projektstudium anbietet.

Innerhalb des Erprobungsprogramms haben die Berater eine wichtige Rolle gespielt – es waren meist Sozial- und Diplom-Pädagogen, die die Erzieher darin unterstützt haben, gruppen- und kindergartenübergreifend zusammenzuarbeiten, pädagogische Angebote zu planen, umzusetzen, zu dokumentieren und sich fortzubilden. Die Zahl solcher Fachberater sollte wesentlich verstärkt werden, um an der allgemeinen Verbreitung und Fortentwicklung der neuen Standards mitarbeiten zu können.

Integration besonderer Gruppen: Die Kindergärten waren bisher auf den Sachverhalt, daß ausländische Kinder vor allem in den Ballungsgebieten eine gewichtige Gruppe in deutschen Kindergärten sind oder sein werden, konzeptionell und organisatorisch wenig vorbereitet. Eine der Prioritäten weiterer Arbeit muß mit Sicherheit in der Entwicklung von Möglichkeiten der integrierten Förderung ausländischer Kinder liegen. Der Kindergarten hat hier nicht nur die Chance der Sprachförderung im ›natürlichen‹ Zusammenhang, sondern durch seine Offenheit auch die Möglichkeit des Brückenschlags zu ausländischen Familien, die oft erst einmal mit der Einrichtung Kindergarten vertraut gemacht werden müssen. Integration bedeutet nicht Germanisierung, sondern die interkulturelle Erziehung deutscher und ausländischer Kinder. Die deutschen Kindergärten sollten die nationalkulturelle Identität der ausländischen Kinder stützen und die gemeinsame Förderung deutscher und ausländischer Kinder als Chance der kulturellen Bereicherung und der Aufarbeitung interkultureller Konfliktsituationen wahrnehmen.

Das Ziel der verstärkten Integration in Regeleinrichtungen gilt auch für behinderte Kinder, die bis heute der Tendenz nach in gesonderten Einrichtungen betreut werden. Diesem Ziel kann man unter anderem durch die Umverlagerung von Fachkapazitäten und durch die zusätzliche Fortbildung von Erziehern und Eltern näherkommen.

Verbesserung der beruflichen Situation von Erziehern: Während in einer Reihe von Ländern die den Erziehern vergleichbaren Fachkräfte im Niveau ihrer Ausbildung, im beruflichen Status und in der Vergütung mit Fachkräften für die Erziehung und Unterrichtung älterer Kinder gleichgestellt sind, steht dies in der Bundesrepublik noch außerhalb jeder politisch bedeutsamen Diskussion. Es gibt bisher keine politisch tragfähige Aktion (wie etwa jüngst in den Niederlanden), Erzieher und Lehrer innerhalb eines Stufenkonzepts gleichrangig zu behandeln und den Elementarbereich – was sinnvoll wäre – auch auf dieser Ebene als Bildungsbereich zu akzeptieren. Gleichrangigkeit muß nicht Gleichschaltung bedeuten: Der sozialpädagogische Ansatz vorschulischer Erziehung sollte in seiner Substanz erhalten bleiben und die Professionalisierung von Lehrern im Primarbereich um wichtige Erfahrungen anreichern.

Gegenwärtig ist deutlich zu beobachten, daß die Rahmenbedingungen der Arbeit, die in Modelleinrichtungen als ›innovatives Plus‹ erfolgreich entwickelt und erprobt wurden, den Regeleinrichtungen nicht zugute kommen, und daß sich die Arbeitsbedingungen in Kindergärten wieder verschlechtern. Man kann nicht von Erziehern die Umsetzung von Reformergebnissen unter Arbeitsbedingungen erwarten, die ihnen ein andauerndes ›karitatives Übersoll‹ abverlangen. Eine anspruchsvolle Kindergartenpädagogik bedarf entsprechender Arbeitsbedingungen; dazu gehören kleine Kindergruppen mit je zwei Erziehern, ausreichende Zeiten für die Vorbereitung, mehr Teamarbeit und weniger Hierarchie im Kindergarten. Dazu gehört die Möglichkeit, in freier Wahl kindergartenübergreifende Arbeitsgruppen einzurichten, sich fortzubilden und dabei Bildungsurlaub in Anspruch zu nehmen. Dazu gehört nicht zuletzt, die dienstzeitlichen Regelungen (durch Überstundenausgleich und andere Erleichterungen) den Erfordernissen einer stärker eltern- und gemeinwesenorientierten Arbeit anzugleichen.

Stärkere Integration von Elementar- und Primarbereich: Vor allem im Hinblick auf die Frage der Zuordnung Fünfjähriger wertete 1974/75 eine Projektgruppe der Bund-Länder-Kommission für Bildungsplanung Modellversuche mit Kindergärten (für Drei- bis Fünfjährige), mit einigen, der Grundschule zugeordneten Vorklassen (für Fünfjährige) und mit ebenfalls der Grundschule zugeordneten zweijährigen Eingangsstufen (für Fünf- und Sechsjährige) aus.

Soweit in diesen Versuchen bis zum Zeitpunkt ihrer Auswertung empirisch-statistische Daten erhoben und analysiert worden waren, zeigte sich keine Überlegenheit der einen über die andere Form der Förderung. Man beschränkte sich in der Regel auf den Nachweis eines Entwicklungs-, Intelligenz- und Lernzuwachses von Kindern – gelegentlich wohl auch in der Absicht, angesichts konkurrierender Modellversuche die Funktionalität der eigenen Einrichtung plausibel zu machen. In Nordrhein-Westfalen, das seine Modellversuche mit Kindergärten und Vorklassen am ausdrücklichsten auf Vergleichbarkeit hin angelegt hatte, zeigte sich als ein – erst nach Abschluß des Berichts der Bund-Länder-Kommission vorgelegtes – Ergebnis der empirischen Begleitforschung eine pädagogisch-konzeptionelle Überlegenheit des Kindergartens gegenüber der Einrichtung einer einjährigen Vorklasse. Den vielfach positiven pädagogischen Ergebnissen auch der Modellversuche mit Eingangsstufen und Vorklassen steht der Sachverhalt gegenüber, daß durch die Versuche die Übergangsprobleme zwischen Elementar- und Primarbereich eher vermehrt als vermindert worden sind, und daß für ›Rumpfkindergärten‹ mit Drei- und Vierjährigen kein plausibles pädagogisches Konzept vorgelegt werden konnte.

Angesichts der Kontroverse um die Zuordnung Fünfjähriger ist das Ziel einer pädagogischen Kontinuität in der Erziehung drei- bis neun- bzw. zwölfjähriger Kinder in den Hintergrund getreten. Die Frage nach der Grenzregelung zwischen Kindergarten und Schule erscheint im Rückblick als eine falsche Fragestellung; das wissenschaftliche und politische Potential, das zur Beantwortung dieser Frage gebunden wurde, hätte besser eingesetzt werden sollen, um – wie in England oder den Niederlanden – die Grenzen zwischen Elementar- und Primarbereich zunehmend aufzuheben. Wer für eine verstärkte Integration beider Bereiche eintritt, wird nicht Formen traditioneller schulischer Unterweisung drei- bis fünfjähriger

Kinder im Sinn haben und auch nicht eine erste Auslese durch Eingangstests beim
Schulbeginn. Es geht eher um den Versuch, durch Fortschreibung sozialpädagogischer Prinzipien des vorschulischen Bereichs, durch das Zusammenwirken von
Sozial- und Schulpädagogik Einrichtungen auch jenseits des Elementarbereichs auf
ein stärker sozial- und reformpädagogisches Fundament zu stellen.

Zieht man – Anfang der achtziger Jahre – ein Fazit, ist festzuhalten, daß die
bildungspolitische Priorität Vorschulerziehung nicht mehr existiert. Initiativen des
Bundes, durch Modellversuche Innovationen im vorschulischen Bereich zu stützen,
haben weitgehend aufgehört – ein gewisser Schwerpunkt liegt nur noch im
Vorhaben zur Entwicklung von Sozialisationshilfen für ausländische und für
behinderte Kinder. Der Kindergarten hat sich gegenüber der Eingangsstufe bzw.
den Vorklassen zwar behauptet. Doch damit ist einer der wichtigsten Reformimpul-
se, der über die Institution Kindergarten hinausgreifen konnte, verloren oder
wenigstens gefährdet.

Die Auffassung des Bundes, die Implementation von Reformergebnissen sei
Angelegenheit der Länder, wird von diesen der Tendenz nach an die Träger
weitergegeben. Die Frage, ob es auf diese Weise zum reformorientierten Einbezug
der Mehrzahl von Einrichtungen kommt, muß mit Skepsis gestellt werden. So
ergibt sich ein vielfältig gebrochenes Bild von vorschulischer Erziehung in der
Bundesrepublik. Es gibt nicht ›den‹ Kindergarten, auch nicht ›den‹ reformierten.
Die Zukunft hat – nach Brecht – nicht überall und zur gleichen Zeit begonnen. Es
bedarf – jenseits konjunktureller Schwankungen – langfristiger Anstrengungen, um
die erarbeiteten Standards der Reformbewegung zu sichern und mit den Beteiligten
fortzuentwickeln.

Jürgen Zimmer

Literatur

Arbeitsgruppe Vorschulerziehung 1977[5]: Anregungen I: Zur pädagogischen Arbeit im
Kindergarten, München – Arbeitsgruppe Vorschulerziehung, 1976[3]: Anregungen II: Zur
Ausstattung des Kindergartens, München – *Arbeitsgruppe Vorschulerziehung, 1977[2]:
Anregungen III: Didaktische Einheiten im Kindergarten, München – Arbeitsgruppe Vor-
schulerziehung, 1974: Vorschulische Erziehung in der Bundesrepublik. Eine Bestandsaufnah-
me zur Curriculumentwicklung, München – *Arbeitsgruppe Vorschulerziehung und die
Erzieherinnen aus Modellkindergärten der Länder Rheinland-Pfalz und Hessen, 1980/81:
Curriculum »Soziales Lernen«, München – *Barthelmes, J./Heimbucher, A.*, 1979: Entwicklung integrierter Sozialisationshilfen für Kinder mit besonderen Bedürfnissen im vorschulischen Bereich, München – *Belser, E.*, u. a., 1975: Curriculum-Materialien für Vorschule und
Eingangsstufe, Bd. 1–3, Weinheim – *Bennwitz, H.*, u. a. (Hrsg.), 1975: CIEL. Ein Förde-
rungsprogramm zur Elementarerziehung und seine wissenschaftlichen Voraussetzungen,
Göttingen – Bund-Länder-Kommission für Bildungsplanung, 1976: Fünfjährige in Kindergärten, Vorklassen und Eingangsstufen, Stuttgart – *Colberg-Schrader, H./Krug, M.*, 1978[2]:
Arbeitsfeld Kindergarten, München – Comenius-Institut (Hrsg.), 1979: Innovationen im
Elementarbereich, Münster – *Derschau, D. von*, 1974: Die Erzieherausbildung. Bestandsaufnahme und Vorschläge zur Reform, München – Deutscher Bildungsrat, 1973: Empfehlungen
der Bildungskommission: Zur Einrichtung eines Modellprogramms für Curriculum-Entwicklung im Elementarbereich, Stuttgart – *Dollase, R.* (Hrsg.), 1978: Handbuch der Früh- und
Vorschulpädagogik, Bd. 1 und 2, Düsseldorf – *Flitner, A.*, 1974: Curricula für die Vorschule.

In: betrifft: erziehung, H. 12: 49–53 – *Gerstacker, R./López-Blasco, A.*, 1979[2]: Ausländische Kinder im Kindergarten, München – *Haberkorn, R.*, 1978: Rollenspiel im Kindergarten, München – *Heinsohn, G./Knieper. B.*, 1975: Theorie des Kindergartens und der Spielpädagogik, Frankfurt/M. – *Hemmer, K.-P./Obereisenbucher, M.*, 1979: Die Reform der vorschulischen Erziehung – Eine Zwischenbilanz, München – *Hornstein, W.*, u. a., 1982: Situation und Perspektiven der Jugend, Weinheim – *Hundertmarck, G./Ulshoefer, H.*, 1972: Kleinkinderziehung. Lehrbücher für Sozialpädagogen, Bd. 1–3, München – *Iben, G.*, 1971: Kompensatorische Erziehung, München – Ministerium für Arbeit, Gesundheit und Soziales des Landes Nordrhein-Westfalen, 1974: Arbeitshilfen für die Planung der Arbeit im Kindergarten, Düsseldorf – Ministerium für Soziales, Gesundheit und Sport des Landes Rheinland-Pfalz, 1977: Vorläufige Empfehlungen für die Bildungs- und Erziehungsarbeit im Kindergarten, Mainz – *Mörsberger, H.*, u. a. (Hrsg.), 1978: Der Kindergarten, Bd. 1–3, Freiburg – *Oertel, F.* (Hrsg.), 1982: Elementare Sozialerziehung, München – *Projektgruppe Erprobungsprogramm des Deutschen Jugendinstituts, 1981: Das Erprobungsprogramm im Elementarbereich, Bd. 1 und 2, München – Redaktion »betrifft: erziehung« (Hrsg.), 1978: Die Fünfjährigen, Weinheim – *Stukát, K.-G.*, 1976: Current trends in European pre-school research. NFER, Berks – Was bringt der neue Kindergarten? Das Erprobungsprogramm im Elementarbereich. In: betrifft: erziehung, H. 1: 32–52 – *Zimmer, J.* (Hrsg.), 1976[2]: Curriculumentwicklung im Vorschulbereich, Bd. 1 und 2, München –

→ Familienhilfe/Elternarbeit → Kindheit → Schulsystem

Weiterbildung in sozialen Berufen

Unter Weiterbildung wird verstanden »die Fortsetzung oder Wiederaufnahme organisierten Lernens nach Abschluß einer ersten Bildungsphase und nach der Aufnahme einer Berufstätigkeit« (Bund-Länder-Kommission 1973). In dieser »offiziellen« Definition umfaßt der Begriff die berufliche Fortbildung und Umschulung sowie die allgemeine und politische Erwachsenenbildung. Es wird eine integrierte Form der Weiterbildung angestrebt, in der unter Berücksichtigung der Bedingungen der nachschulischen Lebensphase Elemente berufsspezifischer, allgemeiner und politischer Bildung verbunden sind (Arbeitskreis Strukturplan 1975). In der gegenwärtigen Praxis, insbesondere beeinflußt durch die Praxis der Förderungen von Weiterbildungsmaßnahmen, ist jedoch die traditionelle Trennung von allgemeiner und beruflicher Bildung bestimmend. Weiterbildung meint dann jene Bereiche der Erwachsenenbildung, deren Ziel die Ergänzung der ursprünglichen Ausbildung durch weitere berufsqualifizierende Maßnahmen ist.
Die geplante Institutionalisierung und Integration der Weiterbildung als »vierter Bereich« des öffentlichen Bildungssystems (Strukturplan 1975, Ländergesetzgebungen) weist auf das zunehmende gesellschaftliche Interesse an einer geplanten, zielkontrollierten und effektiven Organisation von Bildungsprozessen im Erwachsenenalter hin. Für die so proklamierte Ausweitung der Weiterbildung liegen in der

bildungspolitischen und -soziologischen Diskussion verschiedene Erklärungsansätze vor, die auch für die spezifische Diskussion der Weiterbildung in sozialen Berufen von Bedeutung sind und deshalb hier kurz skizziert werden sollen.

Einmal lassen sich Positionen nennen, deren Vertreter durch Weiterbildungsmaßnahmen ökonomische und soziale Ungleichheit korrigieren wollen. Die Notwendigkeit von Weiterbildung ergibt sich hier aus der Forderung nach einer Demokratisierung der Zugangschancen zu statushöheren Positionen (»Chancengleichheit«), wobei unterstellt wird, daß der Zugang zu diesen über Qualifizierungsprozesse geregelt ist. Weiterbildung wird hier wesentlich als Einrichtung zur Kompensation von Bildungsdefiziten gesehen (Bildungsgesamtplan 1973, Strukturplan Weiterbildung 1975).

Neben diesen politisch inhaltlich begründeten Absichten bestehen eher »funktionalistische« Erklärungsversuche, die die Forderungen nach Ausweitung von Weiterbildungsmaßnahmen als konsequente Reaktion auf die Folgen des sozialen Wandels darstellen, insbesondere auf die durch die technisch-wissenschaftliche Entwicklung bedingte Veränderung der Qualifikationsstruktur und der daraus folgenden Notwendigkeit zur Bereitstellung dieser neuen Qualifikationen für den Arbeitsprozeß. Eine Konsequenz solcher Überlegungen für das Bildungssystem ist, Arbeitskraft so auszustatten, daß Änderungen im Tätigkeitsbereich ohne hohe Umstellungskosten und individuelle Reibungsverluste bewältigt werden können. Für den Bereich der Weiterbildung wurde dabei dem Konzept sogenannter »Schlüsselqualifikationen« besondere Aufmerksamkeit gewidmet. Damit sind solche Fähigkeiten gemeint, die nicht so sehr spezialisierte Wissen- und Fertigkeitselemente darstellen, sondern als eine Art verallgemeinertes »Zugriffswissen« verstanden werden können. Diese Fähigkeiten wie z. B. Mobilität, Flexibilität, Bereitschaft und Fähigkeit zu lebenslangem Lernen etc. lassen sich nicht auf ihre kognitive Dimension reduzieren, sondern implizieren immer auch affektive Elemente. Ihre Entfaltung soll den Schlüssel bilden zur raschen und reibungslosen Erschließung von wechselndem Spezialwissen (*Mertens*, 1974).

Als weiterer wichtiger Gesichtspunkt für die Einschätzung der Ziele und Wirkungen von Weiterbildung wird schließlich ihre legitimatorische Funktion ausgeführt. Dabei wird davon ausgegangen, daß organisierte Bildungsprozesse neben und zusammen mit dem Qualifizierungsaspekt statuszuweisende Funktionen haben. Daraus schließt man, daß allein das Vorhandensein eines Weiterbildungssystems dazu dienen dürfte, die Endgültigkeit der Zuweisung von Lebenschancen nach dem Kriterium der Erstausbildung im Bewußtsein der Betroffenen tendenziell aufzuheben (*Bourdieu/Passeron* 1971). Weiterbildung als Mittel zu individuellem Aufstieg könne so u. U. die Herstellung von Loyalität mit den gesellschaftlichen Verhältnissen allgemein fördern (*Teichler* 1974); es trete ein »Vertröstungseffekt« ein, der Loyalitätskrisen mildern könne (*Offe* 1975). Dies Offenhalten der Möglichkeit zu sozialem Aufstieg verstärke außerdem Tendenzen zu individualisierenden Situationsdefinitionen: eine Veränderung der sozialen Lage oder die Lösung von Problemen im Berufsfeld wird als individuelle Aufgabe, zurechenbar als Leistung oder Versagen, erlebt. In diesem Zusammenhang wird weiterhin kritisch auf die

Möglichkeit hingewiesen, daß der Anstellungsträger die Teilnahme an aufstiegsrelevanten Weiterbildungsveranstaltungen als Anpassungs- und Disziplinierungsinstrument benutzt. Weiterbildung erfüllt dann eher die Funktion, die betriebliche bzw. amtliche Hierarchie, legitimiert durch die kontrollierbare Erfüllung laufbahnrelevanter Anforderungen abzusichern.

Schließlich seien noch die Hinweise auf die Absorbtionsfunktion des Weiterbildungssystems bei erhöhter Arbeitslosigkeit erwähnt, die darin besteht, die nicht oder nicht adäquat zu beschäftigenden Personen in Weiterbildungsmaßnahmen oder Umschulungen aufzufangen.

Aufgaben beruflicher Weiterbildung in sozialen Berufen

Die Beschränkung der Diskussion um die Weiterbildung auf den Zeitraum seit der bildungspolitischen Reformphase zum Ende der sechziger Jahre und auf deren Themen und Probleme, in erster Linie diejenigen einer »Weiterbildungseuphorie« bei unverhältnismäßig geringer Realisierung vieler hochgestreckter Ziele, wie es in den meisten neueren Schriften zu diesem Bereich geschieht, verengt den Blick dafür, daß eine ausführliche Diskussion um die berufliche Weiterbildung der im Sozialbereich Tätigen z. T. mit durchaus vergleichbaren Fragestellungen bereits zur Zeit der Weimarer Republik geführt wurde.

Insbesondere in der ersten Hälfte der zwanziger Jahre erlebte die Weiterbildung in sozialen Berufen einen deutlichen Aufschwung. Dafür gab es verschiedene Gründe. Einmal wurde auf Grund der Diskussion um die Neuregelung des Fürsorgewesens und die Verabschiedung der Reichsjugendwohlfahrtsgesetze und der Reichsfürsorgepflichtverordnung von der Sozialverwaltung her eine »Nachschulung« der Fürsorgekräfte notwendig. Gleichzeitig erlebte mit dem Anstieg des Massenelends und der Verarmung weiter Bevölkerungskreise infolge von Massenarbeitslosigkeit und Notstandsverordnung der gesamte Fürsorgebereich eine erhebliche Ausweitung. Im Zusammenhang damit trat dann wiederum das über die Träger vermittelte Interesse auf, den täglichen Arbeitsablauf in den Ämtern und Dienststellen effektiver zu gestalten und vor allem die Beschäftigten in »Sinn und Geist« der Gesetzgebung einzuführen, um Loyalität trotz der auch von den »Fürsorgern« empfundenen Widersprüche von gesellschaftlich produzierter Massenarmut und Fürsorge im Sinne des »Gemeinwohls« zu sichern.

Auf der anderen Seite wurde Weiterbildung unter standespolitischen Gesichtspunkten als Mittel zur Statusverbesserung des überwiegend von Frauen ausgeübten »Fürsorgeberufs« betrachtet. Unter diesem Gesichtspunkt vor allem vollzog sich der Aufbau von hochschulartigen, aufbauenden Ausbildungsstätten, z. B. »Sozialpädagogischen Instituts« in Hamburg (1917), oder »Akademie für Soziale und Pädagogische Frauenarbeit« in Berlin (1925), die von Berufs- und Frauenverbänden getragen wurden.

Zugleich wurde damals schon in ersten Ansätzen die Diskussion um eine »Professionalisierung« der Sozialarbeit aufgenommen (*Salomon*, 1926). Unter der Fragestellung »wie (. . .) die innere Schwungkraft des sozialen Arbeiters, die mit der

Wandlung der sozialen Arbeit zu einem Beruf abzunehmen pflegt, erhalten bleiben (kann)« (*Lee*, 1928), erfolgte gegen Ende der zwanziger Jahre eine Rezeption der amerikanischen Entwicklung zur Verberuflichung von Sozialarbeit und der an ein Berufsbild anzulegenden Kriterien von Methodik, Fachkenntnissen, Leistungsbezug und Berufsethos, die freilich 1933 ein abruptes Ende fand.

Auf diese Traditionen wurde nach 1945 kaum noch zurückgegriffen, obwohl auch dann in der Diskussion um Fortbildung das Bemühen um ein Berufsbild des »sozialen Arbeiters« im Vordergrund stand, sehr bald geprägt durch die weitgehend kritiklose Übernahme der amerikanischen Theorie und Praxis des »social work«. Im Zentrum der Argumentationen standen deutlich standespolitische Orientierungen, die gekoppelt wurden mit Bemühungen zur Lösung des Problems, die zahlreichen fachfremden Kräfte im Berufsfeld über »Nachschulungen« zu Fachkräften im Sinne des angestrebten Berufsbildes heranzubilden.

Als 1958 schließlich im zweiten Jugendbericht der Bundesregierung die Frage der Fort- und Weiterbildung ausführlich aufgegriffen wurde, hatte sich die grundlegende Problembestimmung und Argumentationsstruktur gegenüber der Weimarer Republik nur geringfügig geändert. Ein wesentlicher Unterschied liegt allerdings darin, daß nun Fragen der Fort- und Weiterbildung ebenfalls und zentral auf der Ebene des Staates aufgegriffen und diskutiert wurden, besonders derjenigen der Mitarbeiter in der Jugendhilfe, was über Gesetzgebungen und Finanzierungshilfen Auswirkungen auf die immer noch überwiegend in freier Trägerschaft organisierten Fortbildungsangebote hat. Diese Tatsache sowie die gewählte Grundorientierung spiegeln dabei auch hier wesentliche Elemente seines Selbstverständnisses wider: »Eine Gesellschaft, die in fortwährendem Wandel begriffen ist, in der sich überall, nicht zuletzt im sozialen Bereich, tiefgreifende Veränderungen zeigen, verlangt von jedem, der eine Berufsrolle ausübt, Anpassungsfähigkeit an neue Gegebenheiten und Erfordernisse. Von diesem Sachverhalt sind die Mitarbeiter in der Jugendhilfe besonders betroffen. (. . .) Jede Aufgabe im Rahmen der Jugendhilfe hat ihren bestimmten Ort im gesellschaftlichen Gefüge. Der Mitarbeiter stößt dabei oft an Grenzen und erlebt, wieweit der Weg von der Vorstellung des richtigen Anliegens zu seiner Verwirklichung sein kann. Die Fortbildung will ihm das Zurechtfinden erleichtern, indem sie ihm Kenntnis der wesentlichen personellen und sachlichen Gegebenheiten, der Zuständigkeiten, Spielregeln und Verhaltensweisen vermittelt.« Weiter heißt es, Fortbildung habe auch die Aufgabe, »Ermüdungserscheinungen vorzubeugen und Interesse und Engagement an der eigenen Arbeit aufrechtzuerhalten« (Bundesminister für Familie und Jugend, 1968).

Professionalisierung

Die Diskussion um das Berufsbild des im Sozialbereich Tätigen ist für die Konzeption von Weiterbildung, wie oben am historischen Beispiel gezeigt, nicht folgenlos, denn aus dem jeweiligen Verständnis der Art und des Grades von »Professionalisierung« resultieren spezifische Begründungen von und Ziele für Weiterbildung.

Die Tendenz zur Professionalisierung von Berufen mit Dienstleistungscharakter und Kollektivitätsorientierung als hauptamtlich ausgeführte Tätigkeit unter Anwendung systematisierten Wissens (*Utermann*, 1971) wird in der Regel durch Hinweise auf Konzepte zur Untersuchung von Prozessen gesellschaftlichen Wandels in »differenzierten Industriegesellschaften« begründet. Die Ausdifferenzierung und Institutionalisierung bestimmter Aufgaben- und Handlungsfelder in der gesellschaftlichen Arbeitsteilung, so wird argumentiert, gehe häufig einher mit ihrer Verwissenschaftlichung und der beschleunigten Zunahme von Fach- und Spezialwissen. Dies wiederum erfordere spezialisierte Ausbildungsgänge vor Beginn der Berufstätigkeit.

Zugleich bilde sich mit zunehmender Professionalisierung in einem mit anerkanntem Sachverstand verbundenen verallgemeinerten Berufsethos die Grundlage aus für eine relative Autonomie beruflicher Entscheidungen gegenüber dem Einstellungsträger, der sich im Idealfall lediglich an professionellen Standards rationaler Kontrolle orientiert (*Otto/Utermann*, 1971).

Solche Überlegungen und Einschätzungen ließen sich zunächst gut verbinden mit einem spezifisch berufspolitischen Interesse der Sozialarbeiter, nämlich Initialzündungen für berufsständische Veränderungen wie z. B. Statusverbesserung und Prestigezuwachs aus ihr abzuleiten, wobei deren potentiell kritischen Implikationen oft allzu leicht für vordergründige Ziele umdefiniert, in Argumentationszusammenhänge für berufsständische Forderungskataloge allein transformiert wurden.

Im Gefolge der Diskussion um die Professionalisierung geriet jedoch auch das Selbstverständnis der Sozialarbeit insgesamt in die Schußlinie scharfer Kritik: ihre Kontrollfunktionen wurden problematisiert, die öffentliche Diskussion der Heimerziehung deckte skandalöse Zustände auf, Kritik wurde laut, Sozialarbeit kuriere an Symptomen, ohne die Bedingungen zu verändern, die die Notlagen ihrer Klienten erst hervorbrächten und stabilisiere so das bestehende System sozialer Ungleichheit. All dies löste eine leidenschaftliche Auseinandersetzung um ein verändertes gesellschaftspolitisches Handlungsverständnis von Sozialarbeit aus, die sich an den Stichworten einer »emanzipatorischen Sozialpädagogik«, einer »Sozialarbeit im Interesse der Betroffenen«, einer »politischen Perspektive sozialer Arbeit im Kapitalismus« ausrichtete.

Neben der Initiierung dieser grundsätzlichen Diskussion und unabhängig davon, ob die Professionalisierung der Sozialarbeit im Prozeß begriffen ist, ob sie »unvollständig« (*van Doorn*, 1971), »mißlungen« (*Peters*, 1971) oder »ein Traum« (*Wolff*, 1971) ist, läßt sich als Erfolg der Professionalisierungsbemühungen die Integration der Ausbildung der Sozialarbeiter in den Hochschulbereich verzeichnen. Im Zuge des Ausbaus der Fachhochschulen wurden dabei, sicher auch als Folge der angeführten sozialwissenschaftlichen Kritik, Momente eines stärker gesellschaftspolitischen Bezuges in die Ausbildung eingebracht. Dies löste allerdings eine umfassende Neudefinition der gesellschaftlichen Perspektive der Sozialarbeit und daraus ableitende curriculare Veränderungen nicht aus.

Die berufspolitische Verselbständigung des Professionalisierungsgedankens aber, die sich vor allem ausdrückt in dem Interesse an der Einrichtung einer professionalen Infrastruktur und einer professionalen Apparatur (*Böhnisch/Lösch*, 1973), reduziert Professionalisierung auf die Etablierung und Einhaltung von Standards professioneller Handlungsautonomie bzw. auf die Diskussion der »noch« unbefriedigenden Koordination von »Fachwissen« (professionelles Handlungswissen und Berufsethos) und »Verwaltungswissen« (Bürokratie). Damit wird die in der Professionalisierungsdiskussion angelegte Chance vertan, über die Einbeziehung der Untersuchung der Verursachungsbedingungen der Schicksale der Klienten, mit denen sie befaßt ist, erst zu einer angemessenen Selbstverortung der Sozialarbeit in historischen, politischen, ökonomischen und sozialen Zusammenhängen zu gelangen.

Eine im verkürzten Sinne »professionalierte« Sozialarbeit nämlich verbleibt auf der Ebene rein deskriptiver, normativ geleisteter Problembeschreibungen und nur oberflächlicher Zweck-Mittel-Überlegungen. Trotz Professionalisierung besteht so die Gefahr, daß systematische wissenschaftliche Analysen zu den Konstitutionsbedingungen sozialer Probleme ausgeblendet werden zugunsten einer Art fallbezogenen, kasuistischen Erfahrungswissens, in dem die Suche nach den »Ursachen« auftretender Probleme in der Untersuchung der individuell besonderen Umstände des jeweiligen »Falles« steckenbleibt. Die Unterscheidung von »wissenschaftlichen« und »praktischen« Theorien, wobei mit letzteren die Vermischung ideologisch bestimmter Axiomatik und partieller Tatsachenbeobachtung gemeint ist (*Matthes*, 1964), macht auf diese Problematik aufmerksam und hat bis heute nichts von ihrer Aktualität eingebüßt. Die Warnung vor einer »Übertheoretisierung« und Entfernung der Ausbildung von der Praxis, wie sie vor allem von seiten der Einstellungsträger ausgesprochen wird, bezeichnet in diesem Zusammenhang eine Paradoxie: denn die in der Ausbildung »zuviel« vermittelte Theorie bewegt sich überwiegend ebenfalls im Rahmen individualisierender und psychologisierender Konzeptionen.

Die damit skizzierten unterschiedlichen Ausgangspunkte bleiben für die Konzeptualisierung und Realisierung von Weiterbildung nicht ohne Folgen.

In einem eher technischen Verständnis, das eine rasche Zunahme von Fach- und Spezialwissen anstrebt, erforderlich aufgrund der durch sozialen Wandel hervorgerufenen Veränderungen im Handlungsfeld, wird Weiterbildung vor allem für ältere Berufsfachkräfte notwendig, die angesichts anderer, (geringerer) Qualifikationsanforderungen und Ausbildungsinhalte einen erheblichen Nachholbedarf in der Aneignung systematisierten Wissens haben (sollen).

Unter der Perspektive der Vertretung eher berufspolitischer Interessen mit dem Ziel der Etablierung der Berufsrolle des »autonomen Sachverständigen« wird Weiterbildung zu einem Mittel zur Durchsetzung von an einem fixierten Methodenkanon der Sozialarbeit ausgerichteten Orientierungen bei den in den Institutionen tätigen Sozialarbeitern. In diesem Zusammenhang gehört auch der sich in den zahlreichen Angeboten von Zusatzausbildungen dokumentierende Trend zum Spezialisten für bestimmte gesellschaftlich isolierte Arbeitsfelder der Sozialarbeit sowie die Einrichtung und Durchführung von »Supervisionen« als ein Versuch der Etablierung rationaler und fachlich gesteuerter Kontrolle der Berufspraxis.

Einer auf Veränderung oder Erweiterung des gesellschaftspolitischen Handlungs-
verständnisses der Sozialarbeit abstellenden Weiterbildung schließlich ginge es vor
allem darum, die in konkreten Klientenschicksalen sich niederschlagenden gesellschaftlichen Verursachungsbedingungen rückzubeziehen auf die institutionellen
Gegebenheiten des Handlungsrahmens der Sozialarbeit und ggf. Strategien zu
dessen Veränderung zu entwickeln, um so die Interessen gesellschaftlich unterprivilegierter Gruppen vertreten zu können bzw. eine wirksame Unterstützung der
Selbstartikulation der Bedürfnisse und Durchsetzung der Interessen der von
sozialen Problemen Betroffenen zu ermöglichen.

Folgen beruflicher Sozialisation

Ziele und Inhalte von Weiterbildungsmaßnahmen fanden in dem bisher Gesagten
eine Reihe unterschiedlicher Begründungen. Neben diesen durchgängig erst als
durch bestimmte Veränderungen verursacht bzw. auf Veränderung abzielend
skizzierten Aufgaben von Weiterbildung soll als letzter Aspekt in diesem Zusammenhang auf die Folgen der gewöhnlichen, tagtäglich ablaufenden Prozesse der
Beeinflussung der Mitglieder der Institutionen durch die einfache, »ordnungsgemä-
ße« Ausübung ihrer Tätigkeit aufmerksam gemacht werden, die man als die latent
ablaufenden Prozesse beruflicher Sozialisation bezeichnen kann.
Eine Vielzahl praktischer Probleme und Reibungsstellen auf der Ebene des
alltäglichen beruflichen Handelns stellen sich dem Sozialarbeiter – besonders zu
Beginn seiner Berufstätigkeit – unabhängig von der Möglichkeit anderer Ursachen
dar als kaum lösbare Konflikte etwa zwischen seinen ursprünglichen Handlungs-
und Berufsmotiven, seinem Fach- und Erfahrungswissen, seinen Aufgaben sowie
der bürokratischen Struktur der Institutionen. Das hat seine Ursache u. a. darin,
daß die vorgegebenen oder als solche betrachteten Aufgabenbestimmungen der
Institutionen über deren Organisationsstrukturen transformiert werden in routinemäßig auszuführende Handlungsmuster und -zusammenhänge. Auf diese Weise
werden die diesen impliziten Ziel- und Entscheidungskriterien quasi automatisch
zur Grundlage der Bearbeitung individueller bzw. sozialer Problemlagen und damit
der Interaktion zwischen Sozialarbeiter und Klient. Die so bereits vorgeprägte
Situation dient aber wiederum der Gewinnung und Bestätigung beruflichen Erfahrungswissens und damit der Entwicklung und verfestigenden Legitimierung von
Mustern der Problembearbeitung und Erfolgskontrolle. Über die Etablierung von
damit in Zusammenhang stehenden Handlungsroutinen ist sie der Ort der Konstitution der weitgehend unbefragten Normalität des Berufsalltags.
Für den »Berufsanfänger« bzw. den erst in seine Berufsrolle Hineinwachsenden
stellt sich die schwierige Aufgabe, eine Vielzahl u. U. disparater Aspekte und
Dimensionen einer solchen Situation miteinander zu vermitteln und zu einem
Ausgleich zu bringen. Genannt werden können z. B.: seine ursprünglichen Motive
bei der Berufswahl; sein in der Erstausbildung erworbenes Wissen; die Praxis des
Umgangs mit Klienten, die Erfahrungen und »praktischen Theorien« seiner
Kollegen, z. T. abgelagert in den Routinen der Institution, in der er tätig wird, etwa

als Handlungsnormen, Erfolgserwartungen und -kriterien; interne Problembestimmungen und gesellschaftliche Funktionserwartungen. Dies alles zu integrieren wird zunächst gerade dadurch nicht erleichtert, daß der komplexe Zusammenhang zwischen Aufgabenbestimmung und praktischem Handeln, wie das in der Regel geschieht, harmonisierend als unreflektiert in sich selbst zurücklaufender Prozeß organisiert wird. Das nämlich bedeutet nichts anderes, als die vielfältig zu konstatierenden Reibungsstellen auszublenden und dem einzelnen Sozialarbeiter zur individuellen Bewältigung zu überlassen.

Ein vereinfachendes Beispiel soll diesem Mechanismus in knapper Form verdeutlichen: Mit dem Berufseintritt ist die Vorstellung der meisten Sozialarbeiter von ihrer Berufsrolle noch entsprechend den in der Ausbildung überwiegend vermittelten Inhalten und Methoden geprägt von einem »Erzieher-Helfer«-Leitbild, während Sanktionsfunktionen ebenso wie Vollzugs- und Kontrolleursrollen nicht wahrgenommen oder weitgehend abgelehnt werden. Zu diesem Zeitpunkt überwiegt die Vorstellung der Kontrolle beruflichen Handelns über Prozesse der Legitimierung vor dem Hintergrund berufsethischer methodischer Standards; der bürokratischen Kontrolle der Berufsleistung wird dagegen geringe Bedeutung beigemessen.

Dem steht die Wirklichkeit der Sozialarbeit entgegen, in der eine Vielzahl traditioneller Arbeitsbereiche besteht, in denen die mitgebrachten Vorstellungen mit der Struktur der Berufsrolle unvereinbar sind und in denen bürokratische Kontrollen überwiegen. Da die unter diesen Bedingungen tagtäglich zu praktizierenden Verfahrensweisen eine Bestätigung der bislang verinnerlichten Interpretations- und Orientierungsmuster nicht ermöglichen, die faktische Berufsrolle und die Berufsperspektive sich also als unvereinbar erweisen, kommt es im Verlauf solcher beruflichen Sozialisationsprozesse häufig zu einem »Plausibilitätsverlust«, der sich in Gefühlen von »Sinnlosigkeit, Machtlosigkeit und Normlosigkeit« äußert (*Blinkert*, 1976). Um die Entstabilisierung der beruflichen Identität zu überwinden, greifen Sozialarbeiter zu unterschiedlichen Strategien, deren »gemeinsamer Nenner« zunächst nicht unmittelbar zu erkennen ist: daß nämlich Anpassungsprozesse fast ausschließlich von seiten der Sozialarbeiter verlangt werden.

Sie äußern sich entweder als Immunisierungsstrategien, d. h. in der Übernahme von Interpretationsmustern, die die Diskrepanzen zwischen den Ansprüchen und der realen Arbeitssituation harmonisieren, oder aber in der Übernahme der »bürokratischen Orientierungen«, die sich ausdrückt in der Aufgabe der »Erzieher-Helfer«-Perspektive und dem Abbau der Legitimitätsorientierung. Innovative Strategien, die die Arbeitsbedingungen an die Ansprüche z. B. eines emanzipatorisch gerichteten Selbstverständnisses anzugleichen suchen, sind dagegen vergleichsweise selten bzw. finden kaum Durchsetzungschancen. Aus dem alltäglichen Druck heraus, Probleme »erfolgreich« zu bewältigen, deren Entstehung und Definition zudem zu einem großen Teil außerhalb ihres Einflußbereiches angesiedelt sind, werden die handlungsdeterminierenden Strukturen des Problemfeldes und der Institution von den Sozialarbeitern sehr oft nur noch als objektive Vorgaben angesehen, deren Ursachen weitgehend unbegriffen bleiben bzw. deren Veränderungsmöglichkeiten gering eingeschätzt werden.

Der Prozeß der beruflichen Sozialisation als überwiegend integrative Anpassung an den Alltag der Institutionen wird trotz der häufig damit einhergehenden Resignation von deren Trägern zumeist in dieser Form erwartet und gestützt, denn die Ausrichtung der Handlungsdispositionen und -motive der Mitglieder an den administrativ-bürokratischen Strukturen der Organisation trägt entscheidend zu deren Verfestigung bei. Damit aber produziert die Institution im Extremfall das Problem, daß sie und ihre Mitglieder nicht mehr in der Lage sind, die Notwendigkeit zu ihrer eigenen Veränderung im Zuge etwa der Identifizierung der Unangemessenheit bisheriger Problemdefinitionen und Bewältigungsstrategien aufgrund veränderter Bedingungen und/oder Einsichten selbst wahrzunehmen und z. B. in Veränderungen ihrer Struktur und der beruflichen Vollzüge ihrer Mitarbeiter umzusetzen. Die sozialisierenden und immunisierenden Folgen des alltäglichen beruflichen Handelns können somit unter bestimmten Umständen die Notwendigkeit zum Heraustreten und zur distanzierten Reflexion dieses Alltags hervorbringen. Damit erschließt sich ein weiteres Aufgabenfeld für Maßnahmen in der Fort- und Weiterbildung. Sie könnten hier als Korrektiv wirken, indem sie die latenten Wirkungen der Ausprägungen der Berufsrolle und ihrer alltäglichen Realisierung systematisch zu ihrem Thema machen, theoretisch planspielhaft Veränderungsstrategien entwickeln und zugleich Perspektiven für ihre Umsetzung in Praxis aufweisen. Unter den genannten Voraussetzungen stellt sich damit die Frage, inwieweit »Fortbildung der Sozialarbeiter ohne Fortbildung ihrer Institutionen« (*Bäuerle*, 1976) überhaupt möglich und sinnvoll ist.

Träger, Institutionen, Angebotstypen

Die steigende Nachfrage nach Fort- und Weiterbildungsangeboten in den letzten Jahren, wie sie z. B. in den Geschäftsberichten der Weiterbildungsinstitutionen ausgewiesen wird, kann als Beleg für die bislang aufgestellten Thesen der zunehmenden Bedeutung organisierter Bildungsprozesse nach Abschluß der Erstausbildung allgemein gelten und speziell das wachsende Interesse der Sozialarbeiter an den Professionalisierung begründenden Maßnahmen dokumentieren. Vergleichbar ist diese Entwicklung derjenigen der in einem fortgeschrittenen Stadium der Professionalisierung stehenden Lehrerberufe. Vergleicht man Angebote und Teilnahme an Weiterbildungsveranstaltungen, so kann dies als ein »Aufholen« der sozialen Berufe interpretiert werden.
Eine verbindliche Definition der Unterscheidung zwischen Fort- und Weiterbildung besteht derzeit nicht. »Weiterbildung« wird z. T. im Sinne einer Zusatzausbildung definiert, als längerfristiger Bildungsprozeß, der zum Erwerb von Zertifikaten führt, während Fortbildung dann kurzfristige Bildungsmaßnahmen meint. In anderen Bestimmungen wird unter »Fortbildung« berufliche, auf die Laufbahn oder Berufstätigkeit im engeren Sinne gerichtete Bildung verstanden, unter »Weiterbildung« dagegen das, was der einzelne freiwillig vornehmlich zur Hebung seiner Allgemeinbildung unternimmt. In unserem Zusammenhang wird diese Unterscheidung nicht weiter berücksichtigt.

Analog der in unterschiedlichen Verbänden und Institutionen organisierten Sozialarbeit treten auch als Träger der Weiterbildung verschiedene Institutionen auf. Nach dem Jugendwohlfahrtsgesetz ist es zunächst einmal die besondere Aufgabe aller Jugendwohlfahrtsbehörden, die »Fortbildung der Fachkräfte der Jugendhilfe anzuregen, zu fördern und ggf. durchzuführen« (JWG, § 23). Entsprechend werden von den Landesjugendbehörden Fortbildungsmaßnahmen angeboten und auch die kommunalen Ämter führen Fortbildungsangebote in eigener Trägerschaft durch. Das Schwergewicht der Fortbildungsarbeit liegt jedoch bei den bundeszentralen Fortbildungsstätten. Acht der sich in freier Trägerschaft befindenden Fortbildungsinstitutionen haben sich zu einer ständigen »Konferenz der zentralen Fortbildungsinstitutionen für Jugend- und Sozialarbeit« zusammengeschlossen, wobei jede dieser Institutionen besondere inhaltliche Schwerpunkte ausgebildet hat, die teils durch die Nähe des Trägers zu bestimmten Zielgruppen, teils durch die jeweilige Geschichte der Institutionen nahelagen. Dieser Konferenz gehören an: Die »Akademie für Jugendarbeit und Sozialarbeit«, das »Fortbildungswerk« sowie das »Fortbildungswerk für sozialpädagogische Fachkräfte«, alle in Trägerschaft des »Deutschen Vereins für öffentliche und private Fürsorge« in Frankfurt/Main, die »Akademie für Jugendfragen« in Münster, die »Akademie Remscheid für musische Erziehung und Medienerziehung«, das »Burkardthaus« in Gelnhausen, die »Diakonische Akademie« in Stuttgart, die »Fortbildungsakademie des Deutschen Caritasverbandes« in Freiburg und das »Wilhelm Polligkeit-Institut« des Deutschen Paritätischen Wohlfahrtsverbandes (DPWV) in Frankfurt.

Seit der Eliminierung der »Viktor-Gollancz-Stiftung« (VGSt) 1975 bestimmen die der Konferenz angeschlossenen Institutionen sowie das »Institut für Sozialarbeit und Sozialpädagogik« (ISS) in Frankfurt, das inzwischen Teile des Programms der VGSt übernommen hat, weitgehend das Bild überregionaler Fortbildung. In geringerem Umfang werden darüber hinaus Fortbildungsmaßnahmen von den Berufsverbänden und den entsprechenden Gewerkschaften (ÖTV, GEW) sowie von den Ausbildungsstätten (Fachhochschulen, pädagogische Hochschulen, Universitäten) angeboten. Die Tendenz geht dabei dahin, in den zentralen Fortbildungsinstitutionen die »praxisbezogene« Fortbildung zu konzentrieren im Unterschied zum wissenschaftsorientierten »hochschulbezogenen« Angebot der Ausbildungsstätten (*Bäuerle*, 1976).

Als Grundformen der Fort- und Weiterbildung lassen sich unterscheiden:
- langfristige Fortbildungsangebote oder Zusatzausbildungen, die sich berufsbegleitend über einen Zeitraum bis zu zwei Jahren erstrecken können und z. T. mit dem Erwerb von Zertifikaten verbunden sind;
- Blocklehrgänge mit zwei oder drei einwöchigen Lehrgangsabschnitten zu eingegrenzten Themengebieten, wobei zwischen den einzelnen Lehrgangsabschnitten oft mehrere Monate liegen;
- ein- und zweiwöchige Lehrgänge mit einer eingegrenzten Thematik;
- Wochenendveranstaltungen und Tagungen;
- Tages- und Abendveranstaltungen, die in der Regel aus einem Fachreferat mit anschließender Diskussion bestehen;

– Arbeits- und Dienstbesprechungen unter den Mitarbeitern, die sich auf konkrete Probleme der Alltagspraxis und deren Bewältigung beziehen.

Das inhaltliche Angebot der Fort- und Weiterbildungsstätten bezieht sich auf alle Bereiche der Sozialarbeit und Sozialpädagogik: angefangen bei sozialwissenschaftlichen und rechtlichen Grundkursen reicht es über Veranstaltungen, in denen Methoden der Vorschulerziehung, der außerschulischen Jugendarbeit, der Heimerziehung, der Heilpädagogik, der Familienberatung, der Gemeinwesenarbeit etc. behandelt werden bis hin zum Kreativitäts-, Entscheidungs- und Kommunikationstraining. Das Angebot zur Fort- und Weiterbildung hat so den Charakter eines sehr spezifischen »Warenhauskatalogs«; Weiterbildung wird unverbunden zu jedem Thema der »Sozialbranche« angeboten. Sicherlich findet dies eine Begründung in der Aufsplitterung des Berufsfeldes der Sozialarbeit in eine Vielzahl scheinbar zusammenhangloser Tätigkeitsbereiche, die historisch als Reaktion auf die unterschiedlichen Erscheinungsformen von »Hilfebedürftigkeit« entstanden sind. Die Heterogenität, fehlende Systematik und auch Zufälligkeit des Weiterbildungsangebots kann damit selbst als ein Ausdruck der Atomisierung und Diffusität des Praxisfeldes interpretiert werden. Gliedert man allerdings die Fortbildungsangebote nach den Kriterien ihres Bezuges auf »Klienten-Problemgruppen«, »Institutionen« und »Rechts- und Methodenfragen« auf, so wird deutlich, daß der größte Teil der thematisch sehr heterogenen Angebote der letzten Kategorie zugeordnet werden kann, also weder Bezug auf konkrete Problemlagen von Klientengruppen nimmt oder deren historisch-soziale Genese thematisiert, noch auf die Berufs- und Organisationsstrukturen der Sozialarbeit, auf institutionelle Vorgaben berufspraktischen Handelns grundsätzlich eingeht.

Es läßt sich somit eine einseitige Schwerpunktbildung feststellen sowie das Fehlen einer integrativen Groborientierung, wie sie nur ein Konzept, das die Zusammenhänge zwischen gesellschaftlichen Konstitutionsbedingungen sozialer Problemlagen, den institutionellen Definitionen »sozialer Probleme« und den alltäglichen Handlungsvollzügen der Sozialarbeiter aufgreift, bieten würde. Erst ein solches Angebot könnte aber dem formulierten umfassenderen Professionalisierungsanspruch gerecht werden.

Dennoch wird die Teilnahme an entsprechenden Veranstaltungen von den Sozialarbeitern überwiegend als sinnvoll erlebt, mehr »allgemeines Wissen« erlangt zu haben, ist das wichtigste Argument für den positiven Eindruck. Dieser Widerspruch löst sich bei der Betrachtung der sehr allgemeinen, unspezifischen Motivation zur Teilnahme an Fortbildungsveranstaltungen auf. Isolation am Arbeitsplatz und daraus folgende Suche nach Kontakten und Erfahrensaustausch, die Hoffnung, durch verbesserte Methodenkenntnisse Schwierigkeiten und Unsicherheiten in der alltäglichen beruflichen Situation abbauen zu können, aber auch Teilnahme an Fortbildungsveranstaltungen einfach als Folge des Status innerhalb der Behörde, der verlangt, an bestimmten Veranstaltungen teilgenommen haben zu »müssen« oder als Ausdruck der Konkurrenz um Aufstiegspositionen lassen sich als häufige Motive beispielhaft nennen. Fehlende Erfahrungen mit alternativen Ansätzen tragen dazu bei, daß die gegebenen Inhalte und Formen der erlebten Weiterbildungsveranstaltungen oft wenig kritisch erneut gefordert werden. Darin liegt aber die Gefahr, daß die eingespielte, lediglich quantitativ veränderte Angebotspalette der Weiterbildungsinstitutionen beibehalten und kaum oder gar nicht, etwa nach Kriterien der Problemangemessenheit, Umsetzbarkeit ihrer Formen und Inhalte in der Praxis etc. überprüft und ggf. modifiziert und ergänzt wird.

Erste Ansätze der Evaluation und neuerdings einsetzende Innovationsbestrebungen der Träger bezüglich Form, methodischer Gestaltung, Teilnehmerrekrutierung, Arbeitsfeld- und Praxisorientierung vermögen zwar gegenwärtig das Bild zu verbreiten, nicht aber, es in den Grundzügen zu verändern.

Alternative Perspektiven

Trotz des konstatierten Fehlens einer richtungweisenden und das gesamte Spektrum der Bedingungs- und Wirkungszusammenhänge der Sozialarbeit umfassenden Grundorientierung läßt sich auf der Ebene der Zielformulierung für die Fort- und Weiterbildung ein sehr allgemeiner Konsens feststellen, nämlich der Anspruch, in der Vermittlung von Theorie und Praxis berufliche Kompetenzen zu steigern, institutionelle Strukturen zu verbessern und evtl. auch auf eine Neuorganisation der sozialen Dienste hinzuarbeiten. Kontroversen treten dann auf, wenn es um die grundsätzliche Bestimmung der Adressaten und der Formen und Inhalte der Weiterbildungsangebote und -maßnahmen geht. Damit ist insbesondere folgendes angesprochen:

– In den Kursen der zentralen Fortbildungsstätten kommen Teilnehmer aus sehr verschiedenen Trägerinstitutionen (Sozialverwaltung, Kirchen, freie Wohlfahrtsverbände etc.) und verschiedenen regionalen Bezügen (Großstädte, Kleinstädte, Landgemeinden) zusammen, die Teilnehmer sind also aus ihren konkreten Arbeitszusammenhängen herausgelöst. Das bedeutet zum einen, daß vor dem Hintergrund ihrer ganz unterschiedlichen Erfahrungen die Erarbeitung der jeweiligen Weiterbildungsthemen nur auf den kleinsten gemeinsamen Nenner verallgemeinert geschehen kann. Die Übertragung des Gelernten auf die eigene Berufspraxis wird als individuelles Problem jedem einzelnen Teilnehmer überlassen. Gleichzeitig jedoch bleibt diese Art der Generalisierung von Praxisproblemen zumeist unverbindlich auf relativ niedriger Stufe stehen und dringt selten vor zur systematischen Analyse der Komplexität der Entstehungsbedingungen sozialer Problemlagen, etwa am Beispiel ihrer Erscheinungsformen im Rahmen der Kommune, in der der Sozialarbeiter tätig ist. Eine Umorientierung auf der Grundlage neuerworbenen Wissens erfolgt dann oft lediglich situationsspezifisch auf das Fortbildungsseminar hin und hat keine weiterreichenden Folgen für den Berufsalltag.

– Zum anderen ist die Reaktion der Kollegen in den Arbeitsfeldern und Institutionen auf aus Weiterbildungsveranstaltungen resultierenden Initiativen zur Veränderung der Praxis ungewiß und schwer zu beeinflussen. Überwiegt ihre individuelle, negative Voreingenommenheit, bleibt dem einzelnen zur Durchsetzung bzw. Erprobung des Gelernten kaum ein Weg; Resignation ist oft die Folge.

– Aber auch eine positive Einstellung der Kollegen hilft meist wenig, das Gelernte fruchtbar zu machen; denn die institutionellen Strukturen, d. h. die Handlungszwänge und Verfestigungen, die der Sozialarbeiter in seiner Dienststelle vorfindet, lassen selten die Umsetzung der in Weiterbildungsveranstaltungen gewonnenen Einsichten in alternative Konzepte und Handlungen zu. Trotz alledem aber wird in der zentralen Fortbildung weder auf die konkreten Bedingungsstrukturen des Problemfeldes noch auf diejenigen der Arbeitssituation der Sozialarbeiter systematisch Bezug genommen. Solange sich aber Fortbildung und ihr Veränderungsanspruch allein auf den einzelnen Sozialarbeiter beziehen, bleibt das aus der Fortbildung resultierende Veränderungspotential relativ gering (*Bäuerle*, 1976; *Dolls*, 1971).

Aus diesen Gründen wiederholt sich hier tendenziell die Diskrepanz zwischen dem in der Ausbildung vermittelten Orientierungswissen und den konkreten Handlungsmöglichkeiten der Berufspraxis, ohne daß diese Diskrepanz selbst zum Gegenstand der Weiterbildung wird. Dies aber kann offensichtlich weder im »einfachen« Erfahrungsaustausch noch im abgehobenen Expertenreferat, den wesentlichen Formen zentraler Angebote, gelingen; denn in der Form unmittelbar »praxisbezogener« Veranstaltungen, die dem Austausch gemeinsamer Schwierigkeiten und der Vermittlung technischer Anregungen dienen, bleibt Fortbildung i. d. R. in der Unmittelbarkeit der »gegebenen« Probleme befangen und trägt wenig zu deren theoretischer Durchdringung bei. Dies wäre aber erste Voraussetzung dafür, die handlungsdeterminierenden Strukturen und Funktionsziele des eigenen Berufsfeldes in Frage stellen zu können. Im Expertenreferat andererseits, das mit dem Anspruch auftritt, die neuesten wissenschaftlichen Erkenntnisse vorzustellen, erscheinen die zu vermittelnden Inhalte allzu leicht abgehoben von den Problemen der täglichen Praxis, was eher dazu beiträgt, den Widerspruch zwischen Theorie und Praxis zu verfestigen als ihn aufzuheben. Gemessen an den Ansprüchen eines umfassenden Professionalisierungsbegriffs, der auch die historisch sozialen Einbindungen der Institutionen der Sozialarbeit und ihre innere Struktur selbstreflexiv verarbeitet, verbleiben beide Veranstaltungsformen auf der relativ niedrigen Ebene einer lediglich oberflächlichen Wissensanpassung und dienen oft in erster Linie der Legitimierung berufspolitischer Ziele.

Eine mögliche Alternative zur zentralen Fortbildung scheint vor diesem Hintergrund in der Institutionenberatung bzw. einer institutionenzentrierten Fortbildung zu liegen. Diese strebt die Steigerung der beruflichen Kompetenz aller Mitglieder einer bestimmten Institution an und geht dabei konkret von den Bedingungen aus, die in der jeweiligen Institution real als Vorgaben für die tagtägliche Praxis bestehen. Nicht der einzelne Sozialarbeiter ist hier Adressat, sondern ein Amt, eine Dienststelle, ein Heim, verstanden als Institution, die als traditionsgebundener Handlungsort und als Resultat einer »Summe von Gewohnheiten« bestimmte Aktionen und Reaktionen in der Problembearbeitung nahelegt (*Bäuerle*, 1976). Nicht Praktiker werden also in Fortbildungsveranstaltungen delegiert, sondern die Ausbildenden gehen als Berater, Moderatoren und Vermittler in die Institutionen und lassen sich auf die dort vorfindlichen Problemdefinitionen und Problemlösungsmechanismen ein, um vor Ort Vorschläge zu entwickeln, die eine Verbesserung der fachlichen Fähigkeiten und eine Innovation der institutionellen Strukturen synchron zu leisten vermögen. Diese Art institutionenbezogener, beratender Weiterbildung stellt sich den Problemen der Isolierung und mangelnden Rückkoppelung der Inhalte der zentralen Fortbildungskurse und deutet gewisse Möglichkeiten zu ihrer Überwindung bzw. Verringerung an. Letzteres wäre insbesondere dann der Fall, wenn die in einem solchen Vorgehen angelegte Chance systematisch genutzt würde, über die Betrachtung organisationsstruktureller Besonderheiten hinaus auch die alltagsweltlichen Deutungsmuster der Mitglieder der Institutionen im Sinne einer Analyse ihrer Lebenswelt aufzunehmen, zu reflektieren und zu problematisieren. Ein solches Vorgehen institutionenberatender Weiterbildung gehört allerdings bislang zu den Ausnahmen.

Die weitreichenden Rückwirkungen der latent wirkenden Sozialisation durch das alltäglich routinemäßige Handeln innerhalb des vorgegebenen institutionellen Rahmens werden meist übersehen. Dadurch erlangen dessen Strukturen, das Alltagswissen von ihnen sowie seine durch Definitionen jene mitkonstituierende Verknüpfung mit den Problemen und Aufgaben der Alltagspraxis einen Grad der »Objektivität«, der die angestrebte Reflexion und Problematisierung von vornherein reduziert. Zudem bleibt weiter fraglich, ob Ziele, Interessen und Gewohnheiten der »Auftraggeber« – i. e. die Sozialarbeitsträger – jeweils in Übereinstimmung mit den Vorstellungen und Zielen einer innovatorischen Weiterbildung zu bringen sind. Weiterbildungsmaßnahmen müßten im Idealfall also weiter und anders aufgebaut sein. Darstellung und Diskussion der Vorschläge für eine solche Alternative sollen die kritische Betrachtung der Weiterbildung abschließen und einen Orientierungsrahmen für Ansprüche formulieren, an dem eine Beurteilung sich zu orientieren hätte.

Vorschläge

Aus dem bisher Dargelegten sind auf verschiedenen Ebenen Konsequenzen abzuleiten, die in der Form von Thesen als Folgerungen und Forderungen an eine Weiterbildungskonzeption zusammengefaßt werden sollen:

– Weiterbildung muß die, auch aus ihrer institutionellen Genese zu verstehenden Vorgaben auf der subjektiven Seite der Sozialarbeiter ernst nehmen. Diese umfassen die berufliche Identität und das Selbstverständnis der Sozialarbeiter, ihre Handlungsorientierungen, ihre Problemverständnisse und ihre Problemlösungsstrategien.

– Auf der Grundlage des Vorwissens und der Erfahrungen der Sozialarbeiter sind Fragen und Problemstellungen zu entwickeln, die über ein Angebot an Techniken und »Tricks« zur Situationsbewältigung hinausgehen und die Reflexion der eigenen Person, Rolle und Tätigkeit zu einem konstitutiven Teil des Handelns machen.

– Dies geschieht primär in der Analyse der eigenen Berufspraxis. Diese bezieht die Strukturen der Institution mit ein, geht aber auch darüber hinaus, da erst in der Identifizierung der gesellschaftlichen Funktionen des sozialarbeiterischen Handelns schließlich die Analyse tatsächlicher, nur gesellschaftspolitisch aufhebbarer Grenzen der Veränderung bzw. Innovation möglich wird.

– Zugleich hat sich Weiterbildung auf jeweils konkrete Problembereiche in einem begrenzten und überschaubaren regionalen Raum zu beziehen, so daß der soziale Kontext und jeweils spezifische Ausprägungen der verursachenden Faktoren in die Bearbeitung von Problemen mit einbezogen werden können.

Eine solche Weiterbildung wäre von seiten der Sozialwissenschaften durch spezifische Analysen zum Berufsfeld vorzubereiten, da nur vermittels umfassender Kenntnisse über Konstitutionsbedingungen und Entwicklungstendenzen erreicht werden kann, daß Sozialarbeiter in der Weiterbildung Möglichkeiten vorfinden, ihr Handeln in wechselseitigen und sich verändernden Ursache-Wirkung-Verhältnissen zu reflektieren und zu verändern.

Hinter dieser Forderung steht die Absicht, einen Ausweg aus dem Dilemma des Sozialarbeiters zu finden, dem auf der einen Seite soziale Probleme als individuelle »Fälle« begegnen und der auf der anderen Seite konfrontiert ist mit Praxisperspektiven gesamtgesellschaftlicher Analysen, denen eine sinnvolle Beziehung für seinen berufspraktischen Handlungskontext fehlt und die deswegen leicht in die Resignation führen.

Ein entsprechend überschaubarer regionaler Raum, wie z. B. ein Stadtteil, stellt eine »mittlere Aggregationsebene« von Vergesellschaftung dar. Als mittlere und vermittelnde Ebene zwischen der sozialstrukturellen Konstitution von Lebensbedingungen und individuellen Schicksalen ist er einer der wesentlichen Bereiche, an dem sich Motive der Zugehörigkeit, Betroffenheit, Beeinflußbarkeit sowie alltägliches Orientierungswissen festmachen lassen. In diesem Sinne können etwa Stadtteile als ein »Umschlagplatz« von gesellschaftlich bedingten Lebensformen und Bewußtseinsstrukturen angesehen werden. Da also an diesen »Erscheinungsorten« sozialer Probleme gesellschaftliche Wirkungszusammenhänge erfahrbar werden, wird es in Ansätzen möglich, die soziale Bedingtheit von »Problemen« in die Analyse der eigenen Berufspraxis einzubeziehen.

Ausgehend von dieser Analyse sozialer Probleme in ihrem räumlichen und sozialen Entstehungskontext und der Analyse der Problembearbeitung durch die Sozialarbeit wären dann z. B. Modelle einer zielgruppen- und stadtteilbezogenen Sozialarbeit zu entwickeln und zu erproben, in denen zwar der Anspruch der individuellen Hilfe nicht aufgegeben wird, jedoch eine umfassende Relativierung dieses individuell-caritativen Hilfebegriffs in Richtung auf eine »aktivierende Sozialplanung« erfolgt. Es ginge dann darum, eine Arbeitsweise zu etablieren, die gegen die Isolation innerhalb der Sozialarbeit und auf Zusammenarbeit der verschiedenen sozialen Dienstleistungen gerichtet ist und die eine Einflußnahme auf die Verbesserung der Lebensbedingungen im Stadtteil sowie eine Aktivierung der betroffenen Bevölkerung zur Wahrnehmung der eigenen Interessen anstrebt.

Für die an der Weiterbildung Beteiligten bedeutet eine so verstandene Analyse der Berufspraxis die Notwendigkeit zur Einübung in »kontrollierte Perspektivenwechsel«, d. h. sie müßten lernen, sich systematisch auf die Sichtweisen der verschiedenen, dem Handlungsfeld zugehörigen Personen einzulassen. Definitionen dessen, »was eigentlich hier vor sich geht«, aus der Sicht der Wissenschaftler, der Institution der Sozialarbeit, der einzelnen Sozialarbeiter sowie der Betroffenen selbst kämen so zum Tragen.

Ein solches Sich-Einlassen auf eine mehrperspektivische Sichtweise gibt das Ziel theoriegeleiteter Sachanalyse und den damit verbundenen wissenschaftlichen Erklärungsanspruch nicht auf.

Dieser ist aber gehalten, sich an den vielfältigen Besonderheiten des Problemfeldes auszuweisen und auszudrücken. So erhält die Konfrontation der alltagspraktischen Handlungsorientierungen mit theoriegeleiteten Analysen den Charakter eines kritischen »gegen den Strich Lesens«, der verhindern soll, daß eine etwa ideologiekritische Argumentation lediglich die Destruktion des beruflichen Selbstverständnisses bewirkt. Die unterschiedlichen Sichtweisen wenden sich in durch ihre jeweilige Typik begrenzter Weise zur Ergänzung bzw. zum Korrektiv.

Die Berücksichtigung und Bearbeitung des alltäglichen Wirklichkeitsverständnisses der Beteiligten und Betroffenen kann fundiert werden durch die systematische Erfassung ihrer Alltagswissensbestände sowie Inhaltsanalysen von Dokumenten und Texten. Dadurch würde eine kritische Reflexion sowohl der generellen, legitimierenden als auch der spezifischen handlungsleitenden Orientierungen möglich. Ein zentraler Gegenstand einer solchen Ideologiekritik wäre etwa getroffen mit dem Nachweis, daß mit der ontologisierenden Bestimmung des wichtigen Konzeptes der Hilfe als der »Urkategorie des Gemeinschaftshandelns« (*Scherpner*, 1962) eher die »Vorstellung einer Idylle« (*Matthes*, 1973), als die Klärung eines Begriffs verbunden ist.

Solche Überlegungen ließen sich ergänzen durch die Untersuchung von Interaktionen im Berufsfeld, in denen eine solche »Hilfe« realisiert wird. Ließe sich daraus eine »Interaktionslogik helfender Beziehungen« gewinnen (vgl. dazu: *Gildemeister/ Robert*, 1980), so könnte diese als Folie für die Interpretation jeweiliger Interaktion zwischen Sozialarbeiter und Klient dienen und so helfen, generalisierte Konzepte empirisch und konkret nachvollziehbar zu machen. Neben der Untersuchung von Alltagswissen und Interaktionen träte schließlich eine Berufsfeld- und Organisationsanalyse, die dabei weder eine lediglich ideologiekritische »Entlarvung« der Sozialarbeit sein noch in der empirischen Ist-Analyse die bestehenden Berufsstrukturen unbefragt lassen darf, sondern in der Analyse von Voraussetzung, Funktion und Wirkung der Sozialarbeit sowie ihrer Strukturen, Organisationsformen und Berufsanforderungen institutionelle Handlungsspielräume ermitteln und Perspektiven zu ihrer praktischen Erschließung aufweisen soll (*Schneider*, 1977).

Eine solche Form der Weiterbildung, die nicht die individuelle »Theorievermehrung« der Sozialarbeiter/Pädagogen zum Ziel hat, sondern die Institutionenstruktur und die routinisierten Handlungsmuster der Alltagspraxis zu verändern sucht, hat zur Voraussetzung, daß sie sich systematisch und kontinuierlich über einen längeren Zeitraum mit dem Arbeitsplatz verbindet. Andererseits verunmöglicht die völlige Einbindung der Fort- und Weiterbildung in die Berufspraxis die notwendige kritische Distanzierung, aus der heraus sich erst Fragen entwickeln können, die die Suche nach Alternativen einzuleiten vermögen. Um diesen notwendig offenen und experimentellen Charakter von Bildungsprozessen zu erhalten, ist es von großer Bedeutung, Modell- oder Versuchssituationen zu entwickeln, in denen zwar Handlungszwänge beibehalten, die Handlung aber von festgeschriebenen Bewertungen und Identitätszwängen losgekoppelt würde.

Solche Institutionalisierung systematischer Reflexionen beruflicher Praxis verbunden mit Aspekten der Handlungsforschung im sozialen Feld vermag die berufliche Handlungskompetenz in der Weise zu steigern.

– daß kritisches Institutionenwissen anwendungsbezogen erworben wird;
– daß durch alternative Praxiserfahrung in Versuchssituationen die Chance zur Realisierung alternativer Lösungsstrategien erst wahrgenommen werden kann,
– daß durch die Vermittlung wissenschaftlicher Informationen ein Korrektiv hinsichtlich der Verfestigung tradierter »praktischer« Theorien eingeführt wird.

Als Organisationsform einer solchen Weiterbildung kämen Modellprojekte in Frage, die gemeinsam von den Ausbildungs- und Fortbildungsinstitutionen sowie den Sozialarbeitsträgern der Stadt einzurichten wären und in denen Sozialarbeiter, Verwaltungsfachleute, Pädagogen und Sozialwissenschaftler in einem sich überlappenden Rotationsprinzip arbeiten und in denen die berufsbegleitende Fortbildung einen integralen Bestandteil bildet. Das Handlungsfeld dieser Projekte sollte auf der einen Seite die herkömmlichen und gesetzlich fixierten Aufgaben der Sozialarbeit (Erziehungs- und Jugendhilfe, Gesundheits- und Sozialhilfe) umfassen und darüber hinausgehend die Möglichkeit bieten, zu aktuellen sozialen Problemen des räumlich-sozialen Referenzrahmens spezifische Projektgruppen zu bilden.

Die Realisierungsmöglichkeit solcher Projekte hängt selbstverständlich davon ab, inwieweit die Sozialarbeitsträger bereit sind, ihre Struktur zur Disposition zu stellen. Die Notwendigkeit einer Veränderung der Arbeitsorganisation und der Berufsvollzüge wird zwar heute von einem Großteil der Institutionen gesehen (vgl. z. B. KGSt-Gutachten). Eine bloße Verordnung von neuen Organisationsformen jedoch löst keine Neuorientierung aus.

Regine Gildemeister/Günther Robert

Literatur

Alden. P., 1928: Begriffsbestimmung und Ziel sozialer Arbeit. Internationale Konferenz für Wohlfahrtspflege und Sozialpädagogik, Paris (Archiv für Wohlfahrtspflege, Berlin) – *Alheit, P.*, u. a., 1978: Zur Situation der Fort- und Weiterbildung im Bereich der Sozialarbeit, Kassel: Modellversuch soziale Studiengänge, Materialien 13 – Arbeiterwohlfahrt, 1929: Reichstagung der Arbeiterwohlfahrt vom 27. und 28. März in Frankfurt/M. »Ausbildung«, Sonderheft, Berlin (Archiv für Wohlfahrtspflege, Berlin) – Arbeitsgemeinschaft für Jugendhilfe (AGJ), (Hrsg.), 1973: Memorandum: Ziele, Aufgaben und Organisation einer »Ständigen Konferenz Ausbildung und Fortbildung in sozialen Berufen«, Bonn – Arbeitskreis Strukturplan, 1975: Strukturplan für den Aufbau des öffentlichen Weiterbildungssystems in der Bundesrepublik Deutschland, Stuttgart – *Axmacher, D.*, 1974: Erwachsenenbildung im Kapitalismus, Frankfurt/M. – *Bäuerle, W.*, 1975: Zur Kritik der traditionellen Fortbildung von Heimerziehern, in: Sozialpädagogik: 155 ff. – *Bäuerle, W.*, 1976: Fortbildung von Sozialarbeitern ohne Fortbildung ihrer Institutionen?, in: Theorie und Praxis der sozialen Arbeit: 122 ff. – *Barabas, F./Blanke, T./Sachße, Ch./Stascheit, U.* (Hrsg.), 1977: Jahrbuch der

Sozialarbeit 1978, Reinbek – *Baron, R./Landwehr, R.*, 1976: Zur beruflichen Situation des Sozialarbeiters, in: Neue Praxis: 107 ff. – *Beck, U./Brater, M.*, 1976: Grenzen abstrakter Arbeit, Leviathan: 178 ff. – *Becker, H. S./Carper, J.*, 1972: Elemente der Berufsidentifikation, in: Luckmann, T./Spronndel, W. M.: Berufssoziologie, Köln – *Blau, P./Scott, R.*, 1971: Professionale und bürokratische Orientierung in formalen Organisationen, in: *Otto, H. U./ Utermann, K.: Sozialarbeit als Beruf, München – Blinkert, B.*, u. a., 1976: Berufskrisen in der Sozialarbeit, Weinheim – *Böhnisch, L./Lösch, H.*, 1973: Das Handlungsverständnis der Sozialarbeiter und seine institutionelle Determination, in: *Otto, H. U./Schneider, S.:* Gesellschaftliche Perspektiven der Sozialarbeit, Bd. 2, Neuwied/Berlin – *Bourdieu, P./Passeron, J. C.*, 1971: Die Illusion der Chancengleichheit, Stuttgart – *Bundesminister für Familie, Jugend und Gesundheit (Hrsg.)*, 1968: Zweiter Bericht über die Lage der Jugend und die Bestrebungen auf dem Gebiet der Jugendhilfe, Bonn – Bund-Länder-Kommission für Bildungsplanung (Hrsg.), 1973: Bildungsgesamtplan Bd. I und II, Stuttgart – Deutscher Bildungsrat, 1970: Strukturplan für das Bildungswesen, Stuttgart – Deutscher Verein für öffentliche und private Fürsorge, 1924: Ziele, Methoden und Technik von Fortbildungskursen und Konferenzen. Aufbau und Ausbau der Fürsorge, Frankfurt/M. – *Dolls, M.*, 1971: Fortbildung in der Praxis zur Veränderung der Praxis, in: Neues Beginnen: 99 ff. – *v. Doorn, J.*, 1971: Probleme der Professionalisierung in der Sozialarbeit, in: *Otto, H. U./Utermann, K.*, München – *Etioni, A.*, 1967: The Semi Professionals and their Organizations. Teachers, Nusses, social-workers, New York – Fortbildung der Sozialarbeiter, 1952, in: Beiträge zur praktischen Jugendhilfe in Hessen, H. 2 (Archiv für Wohlfahrtspflege, Berlin) – *Gaertner, A.*, 1977: Supervision. Systematische Reflexion der Berufspraxis oder Psychohygiene für Sozialarbeiter, in: *Barabas, F.*, u. a. (Hrsg.): Jahrbuch der Sozialarbeit 1978, Reinbek – *Gildemeister, R.*, 1977: Berufliche Sozialisation, Berufsfeldanalyse und Projektarbeit. Eine alternative Konzeption für die Weiterbildung von Sozialarbeitern und Sozialpädagogen, in: *Kreutz, H./Landwehr, R.* (Hrsg.): Studienführer . . ., Neuwied – *Gildemeister, R./Robert, C.*, 1980: Widersprüche in der Berufsrolle und Probleme der Weiterbildung in sozialen Berufen, in: *Weymann, A.* (Hrsg.): Soziologie der Erwachsenenbildung, Neuwied/Darmstadt – *Helfer, I.*, 1971: Die tatsächlichen Berufsvollzüge der Sozialarbeiter, Frankfurt/M. – *Hollstein, W./Meinhold, M.* (Hrsg.), 1973: Sozialarbeit unter kapitalistischen Produktionsbedingungen, Frankfurt/M. – *Huppertz, N.*, 1975: Supervision. Analyse eines problematischen Kapitels in der Sozialarbeit, München – Institution der Fort- und Weiterbildung, 1975: in: Sozialpädagogik: 117 ff. – *Keim, H.*, u. a., 1973: Strukturprobleme der Weiterbildung, Düsseldorf – *Kreutz, H./ Landwehr, R.* (Hrsg.), 1977: Studienführer für Sozialarbeiter/Sozialpädagogen, Neuwied – *Kunstreich, T.*, 1975: Der institutionalisierte Konflikt, Offenbach – *Lee, P.*, 1928: Wie kann die innere Schwungkraft des sozialen Arbeiters, die mit der Wandlung der sozialen Arbeit zu einem Beruf abzunehmen pflegt, erhalten bleiben?, in: Internationale Konferenz für Wohlfahrtspflege und Sozialpolitik, Paris (Archiv für Wohlfahrtspflege, Berlin) – *Lubove, R.*, 1973: The professional altruist, New York – *Luckmann, Th./Sprondel, W. M.* (Hrsg.), 1972: Berufssoziologie, Köln – *Lüscher, K.*, 1968: Der Prozeß der beruflichen Sozialisation, Stuttgart – *Maelicke, B.*, 1976: Zur Kontroverse über bundeszentrale Fortbildung im sozialen Bereich, in: Nachrichtendienst des deutschen Vereins für öffentliche und private Fürsorge: 248 ff. – *Matthes, J.*, 1964: Gesellschaftspolitische Konzeption im Sozialhilferecht, Stuttgart – *Matthes, J.*, 1973: Soziale Stereotype in der Theorie der Fürsorge, in: *Otto, H. U./Schneider, S.* (Hrsg.) – *Mertens, D.*, 1974: Schlüsselqualifikation. Überlegungen zu ihrer Identifizierung im Erst- und Weiterbildungssystem, in: *Faltin, G./Herz, O.* (Hrsg.): Berufsforschung und Hochschuldiktator, Bd. 1, Hamburg – *Negt, O.*, 1971: Soziologische Phantasie und exemplarisches Lernen, Frankfurt/M. – *Offe, C.*, 1970: Leistungsprinzip und industrielle Arbeit. Mechanismen der Statusverteilung der industriellen »Leistungsgesellschaft«, Frankfurt/M. – *Offe, C.*, 1975: Bildungssystem, Beschäftigungssystem und Bildungspolitik. Ansätze zu einer gesamtgesellschaftlichen Funktionsbestimmung des Bildungssystems, in: Deutscher Bildungsrat (Hrsg.): Bildungsforschung. Probleme – Perspektiven – Prioritäten, Stuttgart – *Otto, H. U./Schneider, S.* (Hrsg.), 1973: Gesellschaftliche Perspektiven der Sozialarbeit, 2 Bde. Neuwied/Berlin – *Otto, H. U./Utermann, K.* (Hrsg.), 1971: Sozialarbeit als Beruf. Auf dem

Wege zur Professionalisierung, München – *Peters, H.*, 1971: Die mißlungene Professionalisierung in der Sozialarbeit, in: *Otto, H. U./Utermann, K.* (Hrsg.) – *Polligkeit, W.*, 1926: Kongreßreform im Fürsorgewesen, Frankfurt/M. – *Salomon, A.*, 1926: Soziale Diagnose, Berlin – *Scherpner, H.*, 1962: Theorie der Fürsorge, Göttingen – *Schneider, H. R.*, 1977: Handlungsspielräume in der Sozialarbeit, Bielefeld – *Schweitzer, H./Mühlenbrink, H./ Späth, K. H.*, 1976: Über die Schwierigkeiten soziale Institutionen zu verändern, Frankfurt/ M. – *Teichler, U.*, 1974: Struktur des Hochschulwesens und »Bedarf« an sozialer Ungleichheit, in: *Faltin, G./Herz, O.* (Hrsg.): Berufsforschung und Hochschuldidaktik, Bd. 1, Hamburg – *Utermann, K.*, 1971: Zum Problem der Professionalisierung in der Industriegesellschaft, in: *Otto, H. U./Utermann, K.* (Hrsg.) – *Wex, E.*, 1929: Vom Wesen der sozialen Fürsorge, Berlin – *Wolf, E.*, 1927: Die soziologischen Grundlagen der Fürsorge und Wohlfahrtspflege, Jena – *Wolff, R.*, 1971: Sozialarbeit als Beruf: Der Traum vom unabhängigen Sachverständigen, in: Erziehung und Klassenkampf: 73 ff. – *Wolff, St./Bonß, W.*, 1979: Die Verwaltung sozialer Probleme – Arbeitsbedingungen und Organisationsstrategien der Sozialverwaltung, in: *Wolff, St*, u. a.: Arbeitssituationen in der öffentlichen Verwaltung, Frankfurt/M. – Zentrum für Wissenschaft und Berufliche Praxis, Projekt Sozialarbeit, 1976: Berufliche Ausbildung, Berufsfeld und Berufspraxis der Sozialarbeit. Materialien der emp. Untersuchungen der Bielefelder Sozialarbeit. Bielefeld (verv. Manuskript) – Zentrum für Wissenschaft und Berufliche Praxis, 1977: Abschlußbericht des Teilprojekts II »Berufliche Ausbildung«, Berufsfeld und Berufspraxis der Sozialarbeit«, Bielefeld (verv. Man.)

→ Berufliche Sozialisation in der Sozialarbeit → Professionalisierung

Wissenschaftstheorie und Sozialpädagogik

Warum Wissenschaftstheorie?

Innerhalb der Sozial- und Erziehungswissenschaften haben Sozialpädagogik und Sozialarbeit die dort geführte wissenschaftstheoretische Diskussion bislang nicht in ausreichender Weise auf sich beziehen können. Ein entscheidender Grund darf darin gesehen werden, daß die Sozialpädagogik als eigenständige wissenschaftliche Disziplin erst mit der Einrichtung universitärer Diplom-Studiengänge seit 1969 auch organisatorische Gestalt angenommen hat. Im Gefolge der Bildungsreform der 60er Jahre ist sie unter einen überproportional hohen Expansionsdruck geraten, unter dem die Konzeptualisierung und Organisation berufspraxisbezogener Ausbildungsgänge, Probleme der Professionalisierung, des Arbeitsmarktes etc. Vorrang hatten vor dem Bemühen, sich in enger Kooperation mit einschlägigen Nachbarwissenschaften der Erforschung und Begründung ihrer eigenen wissenschaftstheoretischen Grundlagen zuzuwenden. Muß diese aktuelle Situation als ein wesentlicher Grund einer »verhinderten Konsolidierung« (*Münchmeier/Thiersch*, 1977) interpretiert werden, so darf als ein weiterer der historische Charakter von Sozialarbeit/ Sozialpädagogik angeführt werden. Denn so jung die Sozialpädagogik als wissen-

schaftliche Disziplin ist, so traditionsreich ist sie als praktische. Kann sie als diese
eine Fülle praktisch relevanten Alltagswissens, so als jene nur einen unsicheren und
höchst fragmentarischen Bestand wissenschaftlich relevanten Theoriewissens vor-
weisen.

In diesem Tatbestand deutet sich ein Dilemma an, das auf ein prekäres Verhältnis
von Wissenschaft und sozialpädagogischem Alltag hinweist. Dieses Mißverhältnis,
das sich z. B. im Verhältnis von Praktikern und Theoretikern als Kommunikations-
störungen, im Verhältnis von Fachhochschulen und Universitäten als Statuskämpfe
etc. ausdrückt, ist eines, das zwar im praktischen Alltag bewältigt werden muß; aber
erst eine wissenschaftstheoretische Reflexion verspricht jene Voraussetzungen zu
finden, unter denen es als Alltagsproblem auch verbessert werden kann. Als
wissenschaftstheoretische Position scheint uns dies eine kritische Hermeneutik der
Sozialpädagogik leisten zu können, weil sie zwischen Wissenschaft und Alltag tritt,
die beide ihr Recht haben, sich aber nicht gerecht werden. Bevor wir uns ihrer
systematischen Begründung zuwenden, sollen zunächst jene Positionen und Entwicklungslinien skizziert werden, die die pädagogische Wissenschaftstheorie bislang bestimmt haben.

In der Geschichte der Pädagogik lassen sich drei wissenschaftstheoretische Strömungen unterscheiden, nach denen die Pädagogik als normative, als hermeneutische und als empirische Wissenschaft konzipiert wurde (vgl. *Blankertz*, 1971;
Benner, 1974; *Wulf*, 1977; *Zenke*, 1972). Die normative Pädagogik verstand sich als
»Prinzipienwissenschaft« oder »Sollenswissenschaft«, der es primär darum ging,
allgemeingültige Ziele zu finden, an denen das gesamte erzieherische Geschehen
ausgerichtet sein sollte. Diese, ursprünglich in der Tradition des Katholizismus
stehende Richtung ist (wohl als Folge ihres Desinteresses an empirischer Forschung
und unmittelbar praktischer Gestaltung), sowohl in der wissenschaftlichen Diskussion wie in der bildungspolitischen Auseinandersetzung, heute weitgehend bedeutungslos geworden. Zeitgenössische Vertreter dieser Konzeption dürfen in *Heitger*
(1961, 1966), *Menze* (1971) und *Derbolav* (1971) gesehen werden.

Wie die normative kann auch die sogenannte geisteswissenschaftliche Pädagogik
ihre Abstammung von der Philosophie nicht leugnen. Im Unterschied zu jener
konnte sie jedoch, aufbauend auf den breitangelegten Fundamenten besonders der
Pädagogik *Diltheys* (vgl. *Herrmann*, 1971, 1971 a) durch *Nohl, Spranger, Litt,
Flitner, Weniger, Bollnow* u. a. nicht nur das Feld der wissenschaftlichen Pädagogik
in Deutschland behaupten, sondern ebenso erfahrungswissenschaftliche wie kritische Impulse abgeben und in sich aufnehmen. Neben ihrem historischen und
systematischen Interesse an den pädagogischen Gegenständen ist ihre wissenschaftstheoretische Leistung in der Aufnahme und Weiterentwicklung der von
Dilthey systematisierten hermeneutischen Methode zu sehen, die als ihr besonderes
Erkenntnisverfahren auch das Verhältnis von Theorie und Praxis weitgehend
bestimmte.

Damit zog sie aber doch eine deutliche Grenzlinie zwischen sich und den Ansätzen
einer empirischen Pädagogik. Diese, energisch bemüht, sich aus der Tradition einer
spekulativen Philosophie zu lösen, allenfalls bereit, ihr die Diskussion von Zielen

und Werten zu überlassen, richtete ihr Interesse auf die Erforschung der erziehungswissenschaftlichen Tatsachen. Die Frühformen des »naiven Empirismus« (*Trapp*, 1780), die noch weitgehend auf Deskription und schlichter Beobachtung beruhen und die z. B. durch *Fischer* (1913), und *Meumann* (1914) konzipierte (an Psychologie und Soziolgoie ausgerichtet) experimentelle Pädagogik führt schließlich zu jener vor allem von *Brezinka* (1971, 1972) verfochtenen Richtung, die den von *Popper, Albert, Topitsch* u. a. vertretenen »Kritischen Rationalismus« konsequent auf die Erziehungswissenschaft bezieht.

»Wendungen« der Theorie

Vor dem Hintergrund dieser drei grob angedeuteten Strömungen in der Geschichte der pädagogischen Wissenschaftstheorie läßt sich die neuere Entwicklung seit 1960 als eine Entwicklung in drei Phasen beschreiben.

1. Orientiert an den vergleichsweise weit entwickelten Forschungsmethoden einer empirisch arbeitenden Psychologie und Soziologie und deren Forschungspraxis wurde 1963 mit der programmatischen Formulierung von der »realistischen Wendung in der pädagogischen Forschung« (*Roth*, 1963) der Ausgang der Epoche der geisteswissenschaftlichen Pädagogik angekündigt. Die jahrelange Vorherrschaft der geisteswissenschaftlichen Pädagogik sollte beendet, aber nicht einfach zugunsten des Empirismus gebrochen, sondern vielmehr auf einer neuen Stufe der Qualität durch eine Vermittlung von empirisch-analytischen und hermeneutischen Erkenntnisverfahren abgelöst werden (*Thiersch*, 1966). Das alte Theorie-Praxis-Problem der geisteswissenschaftlichen Pädagogik schien mit seinen durchaus kritischen Momenten (*Dahmer*, 1968) durch das hauptsächlich methodologische Interesse des Theorie-Empirie-Problems in den Hintergrund zu geraten.

2. Doch bevor Erziehungswissenschaft sich als strikt empirisch arbeitende Disziplin durchgehend etablieren bzw. den Vermittlungsversuch von Empirismus und Hermeneutik wissenschaftstheoretisch fundieren konnte, wurde durch den sogenannten Positivismusstreit (*Adorno* u. a., 1969) insofern ein Politisierungseffekt in die weitere Entwicklung hineingetragen, als alle scheinbar wissenschaftsimmanenten Differenzierungen durch die Polarisierung von gesellschaftskritischer und gesellschaftsaffirmativer Wissenschaft überlagert wurden. Fortan standen sich »positivistische« (*Brezinka*, 1971) und »kritische« Erziehungswissenschaftler (*Mollenhauer*, 1966; *Blankertz*, 1966, 1971; *Klafki*, 1971) in wissenschaftstheoretischen Lagern gegenüber. Emanzipation wurde zum gesellschaftskritischen Schlüsselbegriff (*Mollenhauer*, 1969). Während auf der einen Seite konsequent die positivistische Position verteidigt und unterschiedslos gegen »geisteswissenschaftliche Spekulation« und »kritische Emanzipation« abgegrenzt wurde, bemühte sich die andere Seite, inspiriert besonders durch die Arbeiten von *Habermas*, um eine Integration bzw. Vermittlung von hermeneutischer, empirischer und kritischer Pädagogik, wobei der gesellschaftskritische Emanzipationsgedanke das einheitsstiftende Moment für Hermeneutik und

Empirismus bilden sollte. Man wird diese Entwicklung als die Phase bezeichnen dürfen, in der der »realistischen Wendung« die »emanzipatorische Wendung« der Pädagogik folgte. Dieser auf der Ebene der Wissenschafts- bzw. Gesellschaftstheorie vollzogenen »emanzipatorischen Wendung« mangelte es weitgehend an einer intensiven Problematisierung der Frage nach der ihr eigenen Forschungspraxis, der Frage nämlich, wie sie ihren Emanzipationsanspruch im pädagogischen Alltag forschungspraktisch einzulösen beabsichtige.

3. Diesem offensichtlichen Defizit scheinen sich neuere, auch außerhalb der Pädagogik angestellte Überlegungen anzunehmen. Man könnte diesen Trend mit aller Vorsicht so fassen, daß sich der »emanzipatorischen Wendung« gewissermaßen eine »Wendung zum Alltag« anschließe. Ihren methodischen Ausdruck hat diese Wendung im Konzept der Aktionsforschung gefunden, die sich in ihrer Zielsetzung als emanzipatorisch, in ihrer Methode als empirisch und hermeneutisch, in ihrem Objektbereich als auf Probleme des Alltags gerichtet versteht (*Krüger/Klüver/Haag*, 1972, 1975; *Heinze*, 1975; *Horn*, 1979). Bei ihrer wissenschafts- und gesellschaftstheoretischen Begründung (*Moser*, 1975; *Dießenbacher/Müller*, 1977) allerdings ist das Verhältnis von Wissenschaft und Alltag, wie es von der Ethnomethodolgie (*Garfinkel, Cicourel*), einer revidierten Wissenssoziologie (*Schütz, Berger, Luckmann*), von marxistischer Seite durch Kosik, aber auch durch Varianten eines symbolischen Interaktionismus (*Mead, Blumer*, für die Sozialpädagogik *Thiersch*) untersucht wird, noch nicht systematisch berücksichtigt. Wissenschaft und Alltag haben beide ihr Recht, werden sich aber noch nicht gerecht. (*Mollenhauer/Rittelmeyer*, 1977). Lassen sie sich beide in den Aufschichtungen ihrer Realität im Prinzip nicht unterscheiden, so differieren sie doch in ihrem reflektiven Verhältnis zur Realität. Wissenschaftliche Probleme erwachsen aus dem Alltag, können von diesem, der durch Routine und Stereotypisierungen zusammengehalten wird, aber nicht gelöst werden. Insofern fragt Wissenschaft radikal über den Alltag hinaus (*Holzkamp*, 1968) und verläßt die Perspektive alltäglicher Selbstverständlichkeiten, um die hinter dem Alltag liegenden, diesen gleichwohl bestimmenden Bewegungen zu erforschen. Die Alltagsfrage »klappts oder klappts nicht?« soll durch die wissenschaftliche Frage nach der Wahrheit und Richtigkeit abgelöst werden. Sie setzt an den systematischen Selbsttäuschungen des Alltags an. Umgekehrt ist Wissenschaft da, wo sie die Struktur des Alltags weder kritisch entschlüsseln noch sich durch sie korrigieren lassen kann, zur praktischen Bedeutungslosigkeit verurteilt. Das radikalisierte Fragen über Wissenschaft hinaus muß auch vom Standpunkt des Alltags aus möglich sein.

Wenn die pädagogische »Wendung zum Alltag« als vorläufiger Endpunkt einer dreiphasigen Entwicklung begriffen werden darf, in dem die Resultate der »realistischen« und der »emanzipatorischen Wendung« aufgehoben, aber nicht liquidiert worden sind, dann scheint uns dieser Endpunkt einer systematischen Begründung zu bedürfen, die wir im folgenden durch die Position einer »kritischen Hermeneutik des (sozial)pädagogischen Alltags« vornehmen wollen.

Theorie – Praxis

Den Grundriß dieser Begründung hat die geisteswissenschaftliche Pädagogik durch die Bestimmung des Verhältnisses von Theorie und Praxis vorgezeichnet. Entsprechend der Dichotomie von »Geist« und »Natur« bestimmt *Dilthey* den Gegenstandsbereich der Geisteswissenschaften allgemein als »die Menschen, ihre Verhältnisse zueinander und zur äußeren Natur« (*Dilthey*, 1958). Die Differenz zwischen Geistes- und Naturwissenschaft liegt mit dem Gegenstand zugleich in ihren Methoden. »Die Natur *erklären* wir, das Seelenleben *verstehen* wir . . . Dies bedingt eine sehr große Verschiedenheit ihrer Methoden, vermittels derer wir Seelenleben, Historie und Gesellschaft studieren, von denen durch welche die Naturerkenntnis herbeigeführt worden ist« (Dilthey, 1957). Damit ist nach *Dilthey* auch die Wirklichkeit des pädagogischen Alltags eindeutig nur über verstehende Verfahren zu erforschen. Dieses hermeneutische Verfahren kann als eine »natürliche Hermeneutik der Alltagswelt« deshalb bestimmt werden, weil es seinen historischen Ursprung in jenen Handlungsbereichen hat, die auf Wahrung und Herstellung zwischenmenschlicher Verständigung gerichtet sind (*Habermas,* 1969). So ist auch das Interesse an Verständigung in erzieherischen Prozessen durch die professionalisierte Alltagspraxis immer schon vorgegeben. Folglich vermochte die geisteswissenschaftliche Pädagogik ihr Forschungsinteresse nicht von dem praktischen Interesse an Verständigung im Alltag abzulösen. In diesem Tatbestand liegen drei zentrale Momente des Verhältnisses von Theorie und Praxis begründet:

1. Erstens die »Dignität der Praxis« vor aller Theorie; deren Ziele können deshalb weder von außerwissenschaftlichen Instanzen (Auftraggeber) vorgegeben noch aus ethischen Normen oder allgemeinen Prinzipien deduktiv abgeleitet werden; die Gewinnung von Zielen bleibt als Aufgabe der Wissenschaft an eine vorgängige Alltagspraxis gebunden. Sie ist Theorie von der Praxis des Alltags. Diese Bestimmung hat zu ihrer Voraussetzung die Annahme, daß der Alltag als sinnhafter begriffen wird (*Flitner*, 1966), da sich aus einer im Prinzip sinnlosen Realität keine sinnvollen Ziele gewinnen lassen. Der Alltag kann un-sinnig, wider-sinnig oder wahn-sinnig, niemals aber sinn-los sein. Insofern Hermeneutik als Verstehen von Sinn gefaßt wird, besteht die Aufgabe pädagogischer Theorie darin, die erzieherische Alltagspraxis mittels hermeneutischer Verfahren in ihrer Sinndimension zu verstehen.

2. Zweitens ist pädagogische Theorie nicht nur von, sondern auch Theorie für die Praxis des Alltags. In dieser Bestimmung ist ausgedrückt, daß verstehender Nachvollzug des Alltags praktisch folgenlos bliebe, weil er nicht mehr erreichen könnte, als diesen zu verdoppeln oder abzubilden. Um der Praxis etwas Außerpraktisches, dem Alltag etwas Außeralltägliches, gleichwohl in ihnen Angelegtes hinzuzufügen, tritt bei einer Theorie für die Praxis des Alltags hinzu das Interpretieren. Dem Interpretieren geht es darum, den verborgenen, den im Alltag praktisch Handelnden selbst nicht bewußten Sinn ihrer Handlungen zu entschlüsseln. Diesem kritischen Anspruch soll pädagogische Wissenschaft

dadurch genügen, daß sie den Alltag und die in ihm Handelnden besser versteht, als diese sich selbst verstehen.

3. Drittens schließlich entläßt geisteswissenschaftliche Pädagogik ihre Theorie nicht aus der Verantwortung für den Alltag, die sie gemeinsam mit ihm teilt. »Die . . . Reflexion am Standort der Verantwortung . . . ist die Mitte dessen, was im strengen Sinne pädagogische Wissenschaft heißen darf . . . In diesem Sinne ist pädagogische Wissenschaft durchaus réflexion engagée« (*Flitner,* 1966). Folglich kann sich pädagogische Wissenschaft nicht damit begnügen, den pädagogischen Alltag allein zu verstehen und zu interpretieren, ohne zugleich Kritierien dafür zu gewinnen, »was richtig und was falsch ist« (*Bollnow,* 1964); diese Kritierien sollen der Maßstab dafür sein, den Alltag im Hinblick auf seine real besseren Möglichkeiten auch zu ändern. In dieser dritten und wesentlichen Bestimmung liegt die Vorstellung beschlossen, daß sich die im pädagogischen Alltag Handelnden nach der theoretischen Durchdringung besser verstehen, als sie sich vorher verstanden haben. Praktische Veränderung des Alltags am Maßstab seiner real besseren Möglichkeit wird also gefaßt als die Aufklärung des Alltags über sich selbst in seinem ihm selbst verborgenen Sinn. Sie ist, mit einem Wort: »Emanzipation« von den bewußtlosen Momenten des Alltags, die gleichwohl die Handlungen bestimmen können.

Grenze der traditionellen Hermeneutik

In diesen drei Bestimmungen von Theorie und Praxis (oder: Wissenschaft und Alltag) sind die entscheidenden Momente angelegt, die zur Begründung einer »kritischen Hermeneutik des (sozial)pädagogischen Alltags« erforderlich sind. Gleichwohl liegt noch eine systematische Barriere dort, wo die traditionelle Hermeneutik, als das zentrale Erkenntnisverfahren der geisteswissenschaftlichen Pädagogik, nicht in spezifischer Weise präzisiert werden kann. Unklar bleibt, wie der Interpretationsbegriff, der den des Verstehens zwar systematisch voraussetzt, sich aber dadurch von ihm unterscheiden sollte, daß er den verborgenen Sinn des Alltags kritisch zu entschlüsseln habe, genauer gefaßt werden kann. Er, der der Praxis etwas Außerpraktisches, dem Alltag etwas Außeralltägliches hinzufügen sollte, kann im Rahmen der traditionellen Hermeneutik diesen Anspruch nicht einlösen. Der Übergang von einer traditionellen zu einer kritischen Hermeneutik muß dort gesucht werden, wo das »Verstehen« ergänzt wird um ein weiteres Erkenntnisverfahren, damit es die Qualität jenes kritischen Interpretationsbegriffs und damit praktische Veränderungsfunktionen auch wirklich übernehmen kann. Diese kritische Funktion kann die traditionelle Hermeneutik deshalb nicht übernehmen, weil schon *Dilthey* das »Verstehen« in besonderer Weise faßte. Die natürliche Hermeneutik der Alltagswelt, die auf praktische Verständigung zielt, ist zur Kunstlehre des Verstehens in dem Moment wissenschaftlich kultiviert worden, als sich das gebildete Bürgertum eine Aneignung der eigenen Geschichte ermöglichen wollte. In ihrem Gefolge entstand die Hermeneutik als philologische Textkritik, deren methodisches Ideal darin gesehen wurde, daß der Interpret eines Textes soweit in denselben eindringen solle, daß er den Autor des Textes schließlich besser versteht, als dieser sich selbst verstanden hat. Ebenso wie *Dilthey* selbst hat die geisteswissenschaftliche Pädagogik zwischen einer, wenn man so will, »Alltags-Hermeneutik« und einer »Text-Hermeneutik« zurecht keine prinzipiellen Unterschiede anerkannt. Der Alltag ist gewissermaßen der Text, den es zu entschlüsseln gilt. »Die in der Praxis immer schon entwickelte Erziehung mit ihren Einrichtungen und Verfahrensweisen ist gewissermaßen der ›Text‹, den es in der pädagogischen Theorie auszulegen gilt« (*Bollnow*, 1964; auch *Klafki*, 1971).

Das methodische Ideal der Text-Hermeneutik, daß der Interpret den Autor besser versteht, als dieser sich selbst verstanden hat, stellte *Dilthey* vor unüberwindbare Schwierigkeiten dann, wenn er es auf die Alltags-Hermeneutik übertragen wollte. Er beobachtete, wie sich jemand erstaunt fragt, wie er nur so und so handeln konnte. Kurz: Alles »Verstehen« läuft methodisch ins Leere, wenn derjenige, der verstanden werden soll, sich selbst nicht mehr versteht. Das hermeneutische Ko-Subjekt könnte in den unverstandenen Momenten seines verzerrten subjektiven und kulturellen Selbstverständnisses allenfalls abgebildet, widergespiegelt werden. Daß *Dilthey* trotz dieses Umstandes seinen methodischen Ehrgeiz dareinlegte, auf diese Weise zu wissenschaftlich objektiver i. S. allgemeingültiger Aussage zu gelangen, hat ihm den Vorwurf des »heimlichen Positivismus« (vgl. *Habermas*, 1969; auch *Gadamer*, 1965) eingetragen.

Daraus wird ersichtlich, daß die traditionelle Hermeneutik nicht das oben genannte Schlüsselproblem zu lösen vermag, nämlich wie die Diskrepanz einer vollzogenen Handlung und den Ursachen dieser Handlung, die dem Handelnden selbst unbewußt sind, aufgehoben werden soll. Dieses Problem trifft sich exakt mit dem kritischen Anspruch des Interpretationsbegriffs der geisteswissenschaftlichen Pädagogik, die unbewußten Momente des pädagogischen Alltags den in ihm Handelnden zu entschlüsseln.

Das Geheimnis dieses Problems vermag das Konzept einer kritischen Hermeneutik des Alltags dadurch zu lüften, daß es diesen Interpretationsbegriff durch eine dialektische Vermittlung von »Erklärungen« und »Verstehen« wissenschaftstheoretisch präzisiert. Diese Form einer dialektischen Vermittlung soll im folgenden Abschnitt erläutert werden, um darin nachzuweisen, daß diese Form von Vermittlung die notwendige Voraussetzung einer emanzipatorischen Praxis des sozialpädagogischen Alltags bildet und damit den Anspruch der geisteswissenschaftlichen Pädagogik einzulösen verspricht, den Alltag am Maßstab seiner real besseren Möglichkeiten auch zu ändern.

Zur Konstruktion einer kritischen Hermeneutik der Sozialpädagogik

Die grundlegende Differenz, an der eine solche Vermittlung von »Verstehen« und »Erklären« anknüpft, ist eine an den »Forschungsgegenständen« – den gesellschaftlichen Subjekten – selbst gewonnene Unterscheidung: die nämlich zwischen Gründen und Ursachen ihres Handelns (vgl. *M. Riedel*, 1978; eine Unterscheidung übrigens, die unabhängig von der hierzulande geführten Debatte im angelsächsischen Sprachraum ebenfalls ausgearbeitet wurde; vgl. dazu die beiden Sammelbände von *Beckermann/Meggle* [Hg.], 1977).

Mit dem Begriff Handlungsgründe ist zunächst soviel gemeint wie die den Subjekten selbst reflektiv präsenten Intentionen, Absichten, Interessen, die sie selbst eben als Beweggrund ihres Handelns anzugeben in der Lage sind; mit dem Begriff Handlungsursachen dagegen die den Subjekten nicht – zumindest nicht notwendigerweise – bewußten »objektiven Gründe« ihres Handelns, die sich eben ohne ihr Wissen in ihrem Handeln durchsetzen.

Von da aus gewinnt eine kritische Alltags-Hermeneutik ihre aufklärerische Relevanz: der skandalöse Umstand, daß Menschen infolge von Ursachen handeln, die ihnen als Ursachen ihres Handelns nicht bewußt sind – die sich daher gerade gegen ihre ihnen selbst bewußten Intentionen durchsetzen können – nötigt eine an der (wie auch immer genauer definierten) Emanzipation der Adressaten interessierte, sozialpädagogische Wissenschaft und Praxis dazu, sich Aufklärung der Subjekte über die ihr Handeln objektiv bestimmenden und d. h. meist ohne bzw. gegen ihr Bewußtsein sich geltend machenden Ursachen ihres Handelns zur Aufgabe zu machen.

Damit ist zunächst von der Zielreflexion her das Programm einer sich in der Tradition der Aufklärung verstehenden wissenschaftstheoretischen Konzeption der Sozialpädagogik als Vermittlung von »Erklären« und »Verstehen« allgemein formuliert: zu erklären hat sie die Ursachen gesellschaftlichen und individuellen Handelns – zu verstehen dagegen die Gründe, den Sinn, den die Subjekte mit ihrem Handeln verbinden; beides, Erklären der Ursachen und Verstehen der Gründe menschlichen Handelns wären so miteinander zu vermitteln, daß – um es pointiert auszudrücken – die Subjekte instand gesetzt werden, die Erklärungen der ihnen bislang nicht bewußten Ursachen zu verstehen; oder anders gefaßt: Ursachen in Gründe zu transformieren.

Nicht nur ausgehend von einer am Gegenstand der Sozialpädagogik selbst gewonnenen programmatischen Zielfassung ergibt sich die Notwendigkeit, die Erkenntnisverfahren »Erklären« und »Verstehen« miteinander zu vermitteln; vielmehr läßt sich diese Notwendigkeit gerade innertheoretisch nachweisen, indem man die systematischen Defizite, die beiden Verfahren als isolierte zukommen, aufspürt. *Apel* (1973) hat in mehreren Aufsätzen gezeigt, daß sich beide »Erkenntnisfunktionen« gegenseitig ausschließen und gleichzeitig einander voraussetzen. Diese – in der wissenschaftstheoretischen Diskussion bislang kaum beachtete – »Komplementaritäts-These« von *Apel* besagt im wesentlichen folgendes:

– Den »Objektivisten«, d. h. den Wissenschaftstheoretikern, die allein erklärende Verfahren gelten lassen wollen und verstehende Verfahren als unwissenschaftlich abqualifizieren, weist *Apel* nach, daß sie selbst uneingestandenermaßen ihre Erklärungen auf Verstehens-Prämissen aufbauen:
  1. ist der Forschungsprozeß selbst notwendig verwiesen auf das Verständigtsein, somit auf das Verstehen der Forscher untereinander.
  2. müssen die Sinnintentionen der Forschungsgegenstände – der Subjekte – allererst verstanden sein, bevor sie zu Gegenständen objektiver Erklärungen distanziert werden können,

3. müssen die sozialwissenschaftlichen Daten selbst (Statistiken, Erhebungs-
   material, Interview-Items) zunächst – sozusagen als Texte – verstanden
   werden, bevor mit ihrer Hilfe objektive Erklärungen erstellt werden
   können.

– In dieser hermeneutischen Deutung der Experimentiergemeinschaft als Inter-
  pretationsgemeinschaft, der Forschungsobjekte als Ko-Subjekte, der sozialwissenschaftlichen Daten als hermeneutisch zu entschlüsselnder Texte liegt der
  kritische Nachweis beschlossen, daß die Objektivisten implizit auf Verstehens-
  Prämissen auf-bauen und somit notwendig auf verstehende Verfahren verwiesen sind (Zusammenfassung dazu: *A. Müller,* 1978).

– Umgekehrt weist *Apel* den »Hermeneutikern« nach, daß sie auf erklärende
  Verfahren als notwendige Ergänzung ihres »Verstehens« angewiesen sind:
  Sofern »Verstehen« Entschlüsselung des Sinns von Handlungen ist, der den
  Subjekten selbst als Sinn ihres Handelns nicht bewußt ist, versagt alles »Verstehen« genau in der Situation, in der das handelnde Subjekt den »Sinn« seiner
  Handlung selbst nicht versteht – in der also sich jener berühmte Prozeß »hinter
  dem Rücken des Subjekts« durchsetzt; oder in unserer Terminologie: in der sich
  im Handeln des Subjekts ihm selbst nicht als solche reflektiv präsente Ursachen
  geltend machen.

Damit ist skizzenhaft der Nachweis geführt, daß für eine an der Emanzipation der
Subjekte interessierte Sozialpädagogik die Vermittlung der Erklärung der Ursachen und des Verstehens der Gründe menschlichen Handelns angezeigt ist. Wie
sieht dieser genauer aus?

Die Objektivität, mit der sich sozialwissenschaftliche »Erklärungen« herumzu-
schlagen haben, ist grundsätzlich anderer Qualität als die Objektivität von Naturge-
setzen: im Unterschied zu diesen nämlich rührt die Objektivität gesellschaftlicher
Prozesse gerade daher, daß sie undurchschautes Resultat der Handlungen gesellschaftlicher Subjekte sind, aber dennoch und deshalb determinierenden Zwangscharakter annehmen, weil sie sich von den Subjekten, die gleichwohl eben
Urheber dieser Prozesse sind und bleiben, gelöst und als »zweite Natur« eine
subjektlose Objektivität konstituieren. Diese »Subjektlosigkeit« gesellschaftlicher
Objektivität zerstört die Reflexivität der Handlungen gesellschaftlicher Subjekte –
was sich darin ausdrückt, daß die Subjekte in ihren Handlungen ›Gesetzen‹
gehorchen, von deren Existenz und inhaltlicher Struktur sie keine Kenntnis
besitzen.

Damit ist der erste Schritt zur anstehenden Vermittlung formuliert: es geht darum,
diese gesellschaftlichen »Gesetze« oder allgemeiner: die implizit – jedoch ohne
Bewußtsein der ihnen folgenden – gültigen Regeln gesellschaftlichen Handelns
rekonstruierend zu erklären.

Der zweite Schritt besteht darin, diese Erklärungen denen zu vermitteln, an denen
diese Erklärungen gewonnen wurden: Eine an der Wiederherstellung der Reflexivität menschlicher Handlung (oder: an einer bewußten Praxis) interessierte Sozialpädagogik geht folgerichtig dazu über, den Subjekten die Regeln oder Gesetze,
denen jene bislang ohne Bewußtsein gefolgt sind, vors Bewußtsein zu bringen.

Insofern die Adressaten diese Erklärungen »verstehen« (psychoanalytisch gewendet »annehmen«), können sie auf der Basis eines solchermaßen korrigierten Selbstverständnisses selbst-bewußt, d. h. in Kenntnis der ihrem Handeln zugrundeliegenden Regeln tätig werden und – sofern dies sich als notwendig herausstellt – diese Regeln selbst ändern.

Das dritte Moment einer solchen Bewegung zwischen »Erklären« und »Verstehen« ist – neben der rekonstruierenden Erklärung der im Handeln der Subjekte implizierten Gesetzmäßigkeiten von seiten der Adressaten – die Arbeit am Verstehen des aktuellen Adressaten-Bewußtseins von seiten der Forscher. Dies ergibt sich allgemein aus dem von *Apel* geführten Nachweis (Komplementaritätsthese); dies ergibt sich insbesondere für die Sozialpädagogik, die daran interessiert ist, das aktuelle Selbstverständis ihrer Adressaten durch die »Zumutung« seiner reflexiven Erklärung über sich selbst aufzuklären. An dieses aktuelle Adressatenbewußtsein hat also die Sozialpädagogik anzuknüpfen, um es allererst verstehen und damit dessen »blinde Flecken« aufspüren zu können.

Daraus ergibt sich die Notwendigkeit eines Entwurfs einer »Methodologie des Fremdverstehens«, wohlgemerkt eines Entwurfes, denn eine konsistente Konzeption liegt dazu nicht vor. Allenfalls in der sogenannten »Ethnomethodologie« sind dazu einige Vorarbeiten gemacht worden (vgl. *Schütze* u. a., 1973; vgl. dazu auch *A. Müller,* 1978, wo ausgehend vom Regelbegriff ein solcher Entwurf vorgelegt wird).

Nicht nur eine solche Methodologie des Fremdverstehens bleibt bislang ein wissenschaftstheoretisch zu klärendes Restproblem: noch dringlicher zu klären ist es für eine an der »Vernünftigkeit« des Handelns interessierten Sozialpädagogik, wie über die sich notwendigerweise widerstreitenden Interessen (zwischen den Adressaten, zwischen Wissenschaftlern und Adressaten, zwischen den Wissenschaftlern und schließlich »im« Adressaten bzw. Wissenschaftler selbst) eine nicht-dezisionistische, gewalt- und herrschaftsfreie, rationale Einigung erzielt werden kann. Ansätze dazu liegen vor von *Habermas* (1973), der für ein »advokatorisches Diskursmodell« plädiert, und von der sogenannten Erlanger Schule (»konstruktive Wissenschaftstheorie«, vgl. dazu *Kambartel,* 1974), die es darauf abgesehen hat, Regeln rationalen moralischen Argumentierens konstruktiv in Einigungsprozesse einzuführen. An dieser Problematik und den dazu vorliegenden Ansätzen wird gerade eine Sozialpädagogik, der an den Interessen der Betroffenen liegt, nicht vorbeikommen. Abschließend ist folgendes zu sagen: uns scheint, daß eine solchermaßen als kritisch aufklärende Alltags-Hermeneutik konzipierte Sozialpädagogik

1. die spezifischen Defizite einer bloß empirischen bzw. bloß hermeneutisch-verstehenden Forschung überwinden kann,

2. ihrer Aufgabe, den Adressaten ein besseres Selbst- und Weltverständnis zu ermöglichen und damit die Bedingungen für eine bewußte Praxis herzustellen, am besten gerecht wird und,

3. damit die unmittelbar praktische Relevanz des »Theorie-Treibens« wieder angemessen zur Geltung bringt.

Hartmut Dießenbacher/Albrecht Müller

Literatur

Adorno, Th. W., 1969: Der Positivismusstreit in der deutschen Soziologie, Berlin/Neuwied – *Apel, K. O.*, 1973: Transformation der Philosophie, Bd. II, Frankfurt/M. – *Beckermann A./ Meggle, G.*, 1977: Analytische Handlungstheorie, 2 Bde., Frankfurt/M. – *Blankertz, H.*, 1971: Pädagogische Theorie und Empirische Forschung, in: *Oppholzer, S./Marzahn, R.* (Hrsg.): Erziehungswissenschaft 1971, zwischen Herkunft und Zukunft der Gesellschaft, Wuppertal/Ratingen – *Blankertz, H.*, 1971: Pädagogik unter wissenschaftstheoretischer Kritik, in: *Oppholzer, S./Marzahn, R.* (Hrsg.): Erziehungswissenschaft 1971 zwischen Herkunft und Zukunft der Gesellschaft, Wuppertal Ratingen – *Bollnow, O. F.*, 1964: Pädagogische Forschung und philosophisches Denken, in: *Röhrs, H.* (Hrsg.): Erziehungswissenschaft und Erziehungswirklichkeit, Frankfurt/M. – *Brenner, D.*, 1973: Hauptströmungen der Erziehungswissenschaft. Eine Systematik traditioneller und moderner Theorie, München – *Brezinka, W.*, 1971: Von der Pädagogik zur Erziehungswissenschaft. Eine Einführung in die Metatheorie der Erziehung, Weinheim – *Brezinka, W.*, 1972: Erziehungswissenschaft, in: *Ulrich, D.* (Hrsg.): Theorie und Methode der Erziehungswissenschaft, Weinheim/Basel – *Dahmer, I.*, 1968: Theorie und Praxis, in: *Dahmer, I./Klafki, W.* (Hrsg.): Geisteswissenschaftliche Pädagogik am Ausgang ihrer Epoche – Erich Weniger, Weinheim/Berlin – *Derbolav, I.*, 1971: Systematische Perspektiven der Pädagogik, Heidelberg – *Dießenbacher, H./Müller, A.*, 1977: Aufklärungswissenschaft in praktischer Absicht? Zu den Grundlagen von Aktionsforschung, in: *Lüdtke, H./Uhl, H.* Zur Kooperation der Sozialwissenschaften, Bd. 2, Stuttgart – *Dilthey, W.*, 1957[2]: Die Entstehung der Hermeneutik, in: Gesammelte Schriften, Bd. V, Stuttgart/Göttingen – *Dilthey, W.*, 1958[2]: Über die Möglichkeit einer allgemeingültigen pädagogischen Wissenschaft, in: Gesammelte Schriften, Bd. VII, Stuttgart/Göttingen – *Fischer, A.*, 1913: Über die Bedeutung des Experiments in der pädagogischen Forschung und die Idee einer exakten Pädagogik, in: Drittes Jahrbuch der Pädagogischen Zentrale des Deutschen Lehrervereins – *Flitner, W.*, 1966: Das Selbstverständnis der Erziehungswissenschaft der Gegenwart, Heidelberg – *Gadamer, G. H.*, 1965[2]: Wahrheit und Methode, Tübingen – *Haag*, u. a., 1972: Aktionsforschung, Forschungsstrategien, Forschungsfelder und Forschungspläne, München – *Habermas, J.*, 1973: Legitimationsprobleme im Spätkapitalismus, Frankfurt/M. – *Habermas, J.*, 1969: Erkenntnis und Interesse, Frankfurt/M. – *Heinze, Th.*, u. a., 1975: Handlungsforschung im pädagogischen Feld, München – *Heitger, M.*, 1964: Zum Verhältnis von Theorie und Praxis in der Pädagogik, in: Einführung in die pädagogische Fragestellung, Teil I, hrsg. v. W. Fischer, Freiburg – *Heitger, M.*, 1966: Die Bedeutung des Normativen für den Begriff der pädagogischen Führung, in: Pädagogik als Wissenschaft. Neue Folge der Ergänzungshefte zur Vierteljahresschrift für wissenschaftliche Pädagogik, H. 4, Bochum – *Herrmann, U.*, 1971: Die Pädagogik Wilhelm Diltheys, Göttingen – *Herrmann, U.*, 1965[5]: Art.: Dilthey und die Dilthey-Schule in der Pädagogik, in: Neues pädagogisches Lexikon, Stuttgart – *Heubaum, A.*, 1969: Ist Pädagogik eine Wissenschaft? (1908), in: Pädagogik als Wissenschaft, hrsg. v. F. Nierlin, Darmstadt – *Holzkamp, K.*, 1968: Wissenschaft als Handlung, Berlin – *Horn, K.* (Hrsg.), 1979: Aktionsforschung – Balanceakt ohne Netz? Frankfurt/M. – *Kambartel. F.* (Hrsg.), 1974: Praktische Philosophie und konstruktive Wissenschaftstheorie, Frankfurt/M. – *Klafki, W.*, 1971: Erziehungswissenschaft als kritisch-konstruktive Theorie: Hermeneutik – Empirie – Ideologiekritik, in: Z. f. Päd., H. 3 – *Menze, C.*, 1971: Pädagogik als prognostische Leistungswissenschaft? in: Vierteljahresschrift für wissenschaftl. Pädagogik: 273–286 – *Meumann, E.*, 1914: Abriß einer experimentellen Pädagogik, Leipzig/Berlin – *Mollenhauer, K.*, 1966: Das Problem einer empirisch-positivistischen Pädagogik, in: Neue Folge der Ergänzungshefte zur Vierteljahresschrift für wissenschaftliche Pädagogik, H. 5, Bochum – *Mollenhauer, K.*, 1968: Erziehung und Emanzipation, München – *Mollenhauer, J./Rittelmeyer, Ch.*, 1977: Methoden der Erziehungswissenschaft, München – *Moser, H.*, 1975: Aktionsforschung als kritische Theorie der Sozialwissenschaften, München – *Müller, A.*, 1978: Erklären oder Verstehen? Zur dialektischen Begründung der Sozialwissenschaften, Frankfurt/M. – *Münchmeier, R./ Thiersch, H.*, 1978: Verhinderte Konsolidierung, in: Erziehungswissenschaftliches Jahrbuch

I, Stuttgart – *Riedel, M.*, 1978: Verstehen oder Erklären? Zur Theorie und Geschichte der hermeneutischen Wissenschaften, Stuttgart – *Roth, H.*, 1964: Die realistische Wendung in der pädagogischen Forschung, in: *Röhrs, H.* (Hrsg.), Erziehungswissenschaft und Erziehungs-wirklichkeit, Frankfurt/M. – *Schütze* u. a., 1973: Grundlagentheoretische Voraussetzungen methodisch kontrollierten Fremdverstehens, in: Arbeitsgruppe Bielefelder Soziologen (Hrsg.): Alltagswissen, Interaktion und gesellschaftliche Wirklichkeit, Bd. 1, Hamburg – *Thiersch, H.*, 1966: Hermeneutik und Erfahrungswissenschaft. Zum Methodenstreit in der Pädagogik, in: Die Deutsche Schule; H. 1: 3–21 – *Trapp, E. Ch.*, 1780: Versuch einer Pädagogik, Berlin – *Zenke, K. G.*, 1972: Pädagogik – kritische Instanz der Bildungspolitik? Zur technischen und emanzipatorischen Relevanz der Erziehungswissenschaft, München –

→ Alltagstheorien → Interaktionismus → Sozialpädagogisches Handeln

Wohlfahrtsverbände

Im Mittelpunkt dieses Beitrags stehen Stellung und Funktion der freigemeinnützi-gen Wohlfahrtsverbände im System der organisierten Sozialpolitik und Sozialarbeit in der Bundesrepublik Deutschland. Anlaß hierzu bietet erstens das verbreitete Interesse daran, etwas Licht in das auch für den »Eingeweihten« oft schwer durchschaubare Dickicht der bundesrepublikanischen Wohlfahrtspflege zu brin-gen. Die Funktions- und Aufgabenteilung zwischen gesetzlich-behördlichen und verbandlichen Trägern sowie die wechselseitige vertikale und horizontale Verflech-tung der jeweiligen Untergliederungen – etwa in paritätisch besetzten Fachaus-schüssen und -gremien –, ist das Ergebnis einer historischen Entwicklung, die hier in ihren Grundzügen nachgezeichnet werden soll.

Darüber hinaus aber wird zweitens in wachsendem Maße offensichtlich, daß die zumeist anäßlich anstehender Neuregelungen der Sozial- und Jugendhilfegesetzge-bung stets aufs neue entbrennenden Auseinandersetzungen um Macht- und Kom-petenzzuweisungen von Schlagworten und Argumentationsfiguren dominiert wer-den, die die Bestimmungsgründe, Funktionen und Wirkungen des kooperativen Systems von »öffentlichen« und »freien« Trägern kaum mehr angemessen erfassen können. Angesichts unübersehbarer Bürokratisierungs- und Zentralisierungsten-denzen in der verbandlichen Wohlfahrtspflege auf der einen und zunehmender Dezentralisierung und Dekonzentration des expandierenden Systems staatlich bzw. kommunal erbrachter Dienstleistungen in der Sozialpolitik und Sozialarbeit auf der anderen Seite sind überkommene Dualismen, mit deren Hilfe ein grundlegender Wesensunterschied zwischen behördlicher und verbandlicher So-zialarbeit begründet werden soll, offensichtlich unbrauchbar geworden. Die weit-reichende Bedeutung der Institutionalisierung der Wohlfahrtsverbände im poli-tisch-administrativen System und die hierauf gegründete Funktions- und Aufgabenverteilung im Sozial- und Jugendhilfebereich erfordern neue Konzepte zur Kennzeichnung der Beziehungen zwischen Kommunen, staatlichen Instanzen und freien Trägerorganisationen.

Schließlich läßt sich drittens eine erhebliche Diskrepanz feststellen zwischen dem zentralen Stellenwert, den die verbandliche Sozialpolitik und Sozialarbeit im System der organisierten Wohlfahrtspflege faktisch einnimmt, und der geringen Bedeutung, die die Wohlfahrtsverbändeforschung in den Sozialwissenschaften jedenfalls bislang innehatte. Der Objektbereich »verbandliche Sozialarbeit« ist für sozialwissenschaftliche Forschung schwer erreichbar und daher – bis auf einige wenige Ausnahmen – unterhalb der Aufmerksamkeitsschwelle des wissenschaftlichen Problembewußtseins verblieben. Im vorliegenden Beitrag soll deshalb versucht werden, die für Außenstehende ebenso wie für Mitarbeiter nur schwer durchschaubare Funktionsweise des Systems der bundesrepublikanischen Wohlfahrtspflege ein Stück weit offenzulegen.

Entstehung des Verbandssystems

Historischer Ursprung der Dualität von »freier Liebestätigkeit« und staatlicher Armenpflege ist der Prozeß der Auflösung der ständischen Strukturen des alten Feudalstaates und des hiermit einhergehenden Auseinandertretens von Staat und bürgerlicher Gesellschaft. Erst mit dem Zerfall der ständischen Bindungen, innerhalb derer die Für- und Vorsorge noch im Rahmen von Haus/Herrschaft sowie Gemeinde/Genossenschaft in naturaler Selbstverständlichkeit wahrgenommen wurde (vgl. *Pankoke*, 1970), mußte dem Staat eine gewisse sozialstaatliche Verantwortung übertragen werden und hatten sich die Voraussetzungen für das Entstehen von freien Vereinigungen der Bürger etabliert. Das spezifische Verhältnis, das sich zwischen staatlicher Armenpflege und den verbandlichen Trägern im Bereich der Fürsorge in dieser Phase herausbildet, kann angemessen nur erfaßt werden, wenn die staatliche Unterstützung der Armen als hoheitliche Aufgabe des Polizeiwesens begriffen wird. Denn die Übernahme wohlfahrtsstaatlicher Belange durch die Polizei im 18./19. Jahrhundert gilt der dem Staat vorbehaltenen Aufrechterhaltung der öffentlichen Ordnung angesichts von Pauperismus, Massenelend und Kinderverwahrlosung und dem Aufkommen des Industrieproleriats als politischer Bewegung.

Da demnach die Staatsraison und nicht der einzelne Hilfebedürftige Endzweck der armenpolizeilichen Veranstaltung darstellt, sind die Versorgung der Armen mit dem Lebensnotwendigsten ebenso wie deren polizei- und strafrechtliche Verfolgung und Diskriminierung komplementäre Bestandteile der staatlichen Zwangsarmenpflege (vgl. *Barabas/Sachße*, 1976). Die repressiven Elemente finden ihren konkreten Ausdruck in Arbeitszwang, der Möglichkeit des Freiheitsentzugs sowie dem Verlust des aktiven und passiven Wahlrechts, denen die Empfänger öffentlicher Unterstützungsleistungen unterliegen. Dementsprechend besteht für den Hilfebedürftigen kein Rechtsanspruch auf staatliche Versorgung. Die Beschränkung der polizeilichen Armenpflege auf das für die Aufrechterhaltung der öffentlichen Ordnung unbedingt erforderliche Maß und die durch das Vordringen »manchesterliberalistischen« – und »malthusianischen« – Gedankenguts noch verstärkte Zurückhaltung in bezug auf Eingriffe in die Sphäre der bürgerlichen Gesellschaft schafft erst das Vakuum, in das private Hilfsaktionen eindringen können. Dieser Spielraum wird durch Vereins- und Assoziationsgründungen der religiösen Bewegungen des Pietismus und der Erweckungsbewegung seit Ende des 18. Jahrhunderts genutzt.

Angesichts einer erstarrten evangelischen Amtskirche, die große Teile der Bevölkerung (wie etwa die Wanderarbeiter, Eisenbahnbauer, Handwerksburschen etc.) nicht mehr erreicht, bemühen sich freie christliche Assoziationen durch »innere Mission« und soziale Hilfsaktionen (Rettungs- und Armenkinderanstalten, Jünglingsvereine, Vereine zur Linderung der Not verschämter Armer etc.) die Gemeinschaft der Gläubigen durch ein »Christentum der Tat« zu erneuern, das Volk wieder zur Kirche zurückzuführen und gleichzeitig die traditionelle »verbalisierende« Amtskirche einer praktischen Kritik zu unterziehen (vgl. *Olk/ Heinze*, 1981).

Der Verein bzw. die Assoziation als neue Form der Interessenaggregierung, wie sie im Zuge der Auflösung der ständischen Gemeinschaften in wachsendem Maße als Organisationsform des aufstrebenden Bürgertums benutzt wurde, wird nun auch zur Form des fürsorgerischen Handelns. Diese privaten Vereinigungen agieren völlig unabhängig von den Institutionen der kommunalen Armenpflege. Weder kooperieren sie mit staatlichen odser kommunalen Institutionen, noch stellen sie Forderungen (etwa finanzieller oder rechtlicher Art) an den Staat. Insbesondere in der Armenkinderpflege stand hier die berechtigte Befürchtung im Hintergrund, daß staatliche Einflußnahme eine Betonung des Strafgedankens mit sich bringen könne (vgl. *Scherpner*, 1966). Im Revolutionsjahr 1848 regt *Wichern* angesichts der politischen und sozialen Erschütterungen die Gründung des »Zentralausschusses für die innere Mission der evangelischen Kirche« auf dem ersten Kirchentag in Wittenberg als Sammlungsbewegung aller der evangelischen Kirche nahestehenden Kräfte an (vgl. *Gerhardt*, 1948; *Olk/Heinze*, 1981). Seitens der Kommunen und des Staates wurde den wachsenden Aktivitäten der privaten Vereine keinerlei Hindernisse in den Weg gelegt. Die evangelische Amtskirche stand der inneren Mission und den neuen Vereinigungen dagegen oft mit Zurückhaltung gegenüber, da diese caritativen Aktivitäten und organisatorischen Bemühungen im sozialen Feld Teil der gegen sie gerichteten Erneuerungsbewegungen waren.

Der Sache nach ging es *Wichern* weniger um eine Linderung der materiellen Not, sondern vielmehr um eine umfassende religiöse und nationale Erneuerung durch die Schaffung einer christlichen Volksgemeinschaft in Staat und Kirche. Da das massenhafte Elend in erster Linie auf den Abfall des Volkes von den »göttlichen Stiftungen« Kirche, Staat und Familie zurückgeführt wird, ist die Evangelisierung des Volkes folgerichtig die primäre Aufgabe der inneren Mission. Gleichzeitig kritisiert *Wichern* materiellen Eigennutz und Genußsucht der begüterten Schichten und fordert von ihnen, daß sie Teile des Besitzes im Sinne christlicher Barmherzigkeit für die Hilfsbedürftigen verwenden. Hinter diesem Modell der Hilfe zwischen unterschiedlichen Gesellschaftsklassen steht die Vorstellung einer ständischen Fürsorgepflicht für die in Not geratenen Bevölkerungsgruppen.

Die Fürsorgepflicht erstreckt sich nicht nur auf materielle Gaben, sondern auch auf die geistige Führung: das aufkommende Proletariat, das eines einsichtsvollen Urteils unfähig erachtet wird, muß vor antichristlichen und sozialistischen »Verführern« bewahrt werden. Die Form der christlichen Liebestätigkeit besteht daher zunächst in der Hilfe von in freien Assoziationen organisierten Bürgern für die unteren Schichten. Darüber hinaus sieht *Wichern* aber auch die Notwendigkeit der Selbsthilfe innerhalb der Arbeiterschaft etwa in Form von Sparvereinen, Genossenschaften usw. Allerdings hat dieser Gedanke auf die spätere Politik der inneren Mission keinerlei konkrete Auswirkungen gehabt.

Die organisatorische Struktur der inneren Mission stellt sich in der Gründungsphase wie folgt dar: an der Basis befinden sich die Vereine, Initiativen und Anstalten, die nur sehr lose mit dem Zentralausschuß für die innere Mission verknüpft sind. Der Zentralausschuß selbst soll neue Liebestätigkeiten anregen, die verschiedenen Aktivitäten bestehender Vereine koordinieren und den Informationsfluß zwischen ihnen organisieren.

Es kann festgehalten werden, daß sich neben und unabhängig von der polizeilichen Kontrolle und notdürftigen Versorgung von Armen die Privatwohltätigkeit der Vereinigungen und Assoziationen im Verlaufe des 19. Jahrhunderts herausgebildet hat (vgl. *Sachße/Tennstedt*, 1980). Die durch das systematische Nichteingreifen des liberalen Rechtsstaates in die Sphäre der bürgerlichen Gesellschaft konstituierte Arbeitsteilung zwischen staatlicher und verbandlicher Wohlfahrtspflege lief darauf hinaus, daß erstere sich auf die notdürftige Grundversorgung beschränkte und letzterer die individuelle Hilfe und Vorbeugung überlassen blieb: »Der Staat begegnet . . . der äußerlich erscheinenden Not, die Privatwohltätigkeit ihren individuellen Ursachen« (*Simmel*, 1908).

Von »freien Assoziationen« zu bürokratischen Verbänden

Die Funktionsaufteilung zwischen öffentlichen und freien Trägern wird ab dem letzten Drittel des 19. Jahrhunderts durch zwei komplementäre Entwicklungstendenzen allmählich in Frage gestellt: zum einen greift der Staat gestaltend in immer weitere gesellschaftliche Bereiche ein, und zum anderen sorgen Organisations- und Bürokratisierungstendenzen im Bereich der verbandlichen Wohlfahrtspflege dafür, daß die Fürsorgeverbände von staatlichen Garantien abhängig werden.

Die für die frühliberalistische Epoche charakteristische Zurückhaltung des Rechtsstaats in bezug auf Eingriffe in gesellschaftliche Belange ist immer schon relativ: denn administrative Problemverarbeitung schließt von Beginn an den Doppelcharakter abstrakt-rechtsstaatlichen und konkret maßnahmeförmigen Handelns ein. Beide Aspekte haben schon immer das staatliche Handeln bestimmt.

Dies liegt in der Notwendigkeit begründet, die materiellen Voraussetzungen für das Funktionieren der Marktprozesse herstellen zu müssen. Die erst allmählich wachsende Bedeutung von Zweckprogrammen gegenüber Konditionalprogrammen zur

Jahrhundertwende und besonders nach dem 1. Weltkrieg läßt sich mithin als historische Entfaltung der prinzipiell vorhandenen Gleichzeitigkeit von Rechtsstaatlichkeit und Maßnahmeförmigkeit staatlichen Handelns verstehen.

Das sozialpolitische Engagement des Staates beginnt bereits mit dem 1. Preußischen Kinderschutzgesetz vom 6. April des Jahres 1839; der eigentliche Durchbruch allerdings wird mit der Verkündung der Magna Charta der Sozialversicherung am 17. 11. 1881 eingeleitet, in der die Einführung der Sozialversicherungen angekündigt wird. Die Realisierung der Bismarckschen Sozialgesetzgebung ebenso wie des Kinderschutzes entsprechen staatspolitischen Notwendigkeiten, da zu diesem Zeitpunkt offensichtlich wird, daß das System der polizeilichen Armenpflege nicht länger in der Lage ist, seinen staatspolitischen Repressions- und Kontrollfunktionen zu genügen. Dementsprechend sind wehrpolitische Motive und der Versuch, die politische Emanzipationsbewegung sowie genossenschaftlich organisierte Selbsthilfeinitiativen der Arbeiter zu unterlaufen, Antriebe für die Beförderung einer staatlichen Sozialpolitik. Im Zuge der para-staatlichen (versicherungsförmigen) Absicherung »durchschnittlicher« Lohnarbeiterrisiken (wie Krankheit, Unfall etc.) wird der Kompetenzbereich der Wohlfahrtspflege (Fürsorge) auf die zeitlich, sachlich und sozial ungewissen Problemlagen eingegrenzt (Lückenbüßerfunktion).

Die Herausbildung der bürokratisch organisierten Wohlfahrtsverbände kann als Entwicklung von einfach strukturierten Vereinen zu komplexen, hierarchisch strukturierten Großverbänden beschrieben werden. Die »freien Associationen«, durchweg lokal oder regional begrenzt, weisen die Merkmale der Zweckdifferenzierung, Zweckspezifikation und Zweckmotivation auf (vgl. *Luhmann,* 1964). Mit »Zweckdifferenzierung« wird der Sachverhalt bezeichnet, daß sich im Zuge der Auflösung ständischer Gesellschaftsstrukturen eine große Anzahl von Vereinen herausbildet, die vielfältigen Interessen nachgehen. Dies bedeutet gleichzeitig, daß sie sich zielgerichtet je nach Bedarf an gesellschaftlichen Problemlagen herausbilden und ihre Organisationsstruktur auf die Erfüllung des Organisationsziels ausgerichtet ist. Der private Charakter der verfolgten Zwecke impliziert eine weitgehende Freistellung von staatlichen Kontrollen. Weiterhin fallen hier Organisationsziele und Motive der Mitglieder zusammen (»Zweckmotivation«), so daß die konkrete Verfolgung von Zielen die Bedürfnisbefriedigung der Mitglieder einschließt. Gleichzeitig wird das Vereinshandeln ausschließlich durch Mitgliedschaftsmotivationen gesteuert: eine Veränderung der Interessen der Mitglieder bewirkt eine Wandlung des Organisationszieles. Diese einfach strukturierten Vereine weisen bei allen Vorteilen (Flexibilität, Wirtschaftlichkeit etc.) allerdings hinsichtlich ihrer Leistungsfähigkeit eine Reihe von Defiziten auf: die Leistungserbringung erfolgt z. T. zufällig und bemißt sich nach der situativen Leistungsfähigkeit und Zielwahl der Hilfsorganisationen; eine flächendeckende soziale Versorgung der Bevölkerung kann auf diese Weise nicht sichergestellt werden (vgl. *Krug von Nidda,* 1955). Abgesehen davon hängt die Funktionsfähigkeit der Vereine bzw. Assoziationen von dem Engagement ihrer meist begüterten Mitglieder ab. Dementsprechend setzt (wie bereits erwähnt), zuerst im Bereich der evangelischen

Wohlfahrtspflege, mit der Gründung des »Centralverbandes der Inneren Mission« und den folgenden Gründungen von Landes- und Provinzialverbänden allmählich ein Prozeß der Durchorganisierung der verbandlichen Wohlfahrtspflege ein. Zwar bleiben die in der Inneren Mission zusammengeschlossenen Anstalten und Vereinigungen weitgehend autonom, aber im Zuge der von oben nach unten erfolgenden organisatorischen Zusammenfassung der evangelischen Wohlfahrtspflege wird nun oberhalb der unmittelbaren Sozialpraxis eine Ebene eingezogen, auf der Verwaltungs-, Planungs- und Repräsentationsaufgaben durch eine Schicht von Funktionären wahrgenommen werden (vgl. *Olk/Heinze*, 1981). Als Reaktion auf die Gründung und Entwicklung der Inneren Mission gab es in der katholischen Kirche mehrere Versuche, die zahlreichen Fürsorgeaktivitäten organisatorisch zusammenzufassen. Die entscheidenden Entwicklungen vollzogen sich im Freiburger »Charitas-Comité« (gegründet 1895). 1896 erschien die Zeitschrift »Caritas«. 1897 wurde in Köln auf einem Caritas-Tag der »Charitasverband für das katholische Deutschland« gegründet. Die Bischofs-Konferenz erklärte 1916 in Fulda den Caritas-Verband zur offiziellen Vertretung der katholischen kirchlichen Fürsorge. Es wurde beschlossen, in allen Bistümern Diözesan-Caritas-Verbände zu gründen; ihnen wurde gegenüber den kirchlichen Verwaltungen weitgehende Autonomie eingeräumt. Ab 1916 wurden allmählich alle auf sozialem Gebiet tätigen »Reichs-Fachverbände« dem Caritas-Verband zugeordnet, ihre Geschäftsführer wurden Referenten des Caritas-Verbandes. 1921 wurde der Name des Verbandes in »Deutscher Caritas-Verband« geändert (vgl. auch *Sachße/Tennstedt*, 1980 mit weiteren Quellenhinweisen; *Bauer*, 1978).

Ein weiterer Spitzenverband der freien Wohlfahrtspflege, das Deutsche Rote Kreuz (DRK), wurde schon im letzten Jahrhundert gegründet. Es hat jedoch im Vergleich zu den anderen Spitzenverbänden eine eigene Struktur. Nur ein Teil seiner Aktivitäten und Einrichtungen können der Sozialarbeit zugeordnet werden. In erster Linie ist das DRK eine der 122 nationalen RK-Gesellschaften mit besonderem völkerrechtlichen Status. Einer von *Dunant* ausgehenden Initiative (Genfer Komitee 1863) folgend bildeten sich in Deutschland örtliche Männervereine und Frauenvereine des RK. 1899 wurde das »Centralkomitee der Deutschen Vereine zur Pflege im Felde verwundeter und erkrankter Krieger«, 1908 das »Centralkomitee der Deutschen Vereine vom RK«, 1910 der »Verband der Landesfrauenvereine vom RK« gegründet. Der Zusammenschluß aller Vereine vom RK zum DRK erfolgte 1921.

Die weitere Entwicklung der Verbandsstrukturen im Fürsorgebereich ist durch Pluralisierung der Verbandszwecke und deren bürokratisch-hierarchische Bearbeitung, Zusammenfassung regionaler Basisorganisationen in übergreifenden Organisationen (Konzentration) und partielle Delegation von Entscheidungsbefugnissen an die Spitzenverbände (Zentralisation) sowie Professionalisierung der Leistungsfunktionen gekennzeichnet. Im Zuge der wachsenden Einbeziehung der Wohlfahrtsverbände in den politischen Bereich entwickeln sich erste Anzeichen für Kompetenzüberschneidungen zwischen öffentlichen und privaten Fürsorgeorganisationen (z. B. auf kommunaler Ebene durch das »Elberfelder System«) die allerdings noch nicht zum Anlaß für Machtkämpfe und Konkurrenzstrategien werden. Die in dieser Phase beginnende Kooperation zwischen Staat und Spitzenverbänden in Dach- und Fachgremien erfolgt unter der gemeinsamen Perspektive, die staatstragenden Kräfte für den Kampf gegen die erstarkende politische Arbeiterbewegung zu sammeln. Zu diesem Zweck wurde bereits 1891 die »Centralstelle für Arbeiterwohlfahrtseinrichtungen« (CfA), der nach kurzer Zeit außer einer Anzahl von Wohlfahrtsorganisationen sämtliche Reichsämter und Königlich-Preußischen Ministerien, einige außerpreußische Bundesstaaten, Stadtverwaltungen etc. angehörten, gegründet. Mit Hilfe dieses Gremiums, das als Vorläufer der späteren gemeinsamen Dachverbände der Jugend- und Wohlfahrtsorganisationen angesehen werden kann, sollten die gesellschaftlich relevanten Gruppen in die Umsetzung staatlicher Initiativen enger eingebunden werden.

In diesem Zusammenhang kann auch die Gründung des »Deutschen Vereins für Armenpflege und Fürsorge« im Jahre 1880, der ab 1919 die Bezeichnung »Deutscher Verein für öffentliche und private Fürsorge« trägt, eingeordnet werden. Hinsichtlich der Funktionsaufteilung zwischen öffentlicher und privater Wohlfahrtspflege erfüllt der »Deutsche Verein« zentrale Koordinationsaufgaben. Indiziert wird dies durch die Tatsache, daß alle in der damaligen Diskussion relevanten Konzeptionen der Kooperation auf den Tagungen des »Deutschen Vereins« verhandelt worden sind (vgl. *Krug von Nidda*, 1955).

Die positive Haltung von Staat und Kommunen gegenüber der Privatwohltätigkeit und deren freiwillige Subventionierung sind allerdings keineswegs Indizien für die ersatzlose Kompetenzabtretung des Staates an private Träger im Bereich der Wohlfahrtspflege, etwa im Sinne einer Bestätigung der Behauptung von dem genuin privaten Charakter der »Liebestätigkeit«, sondern können als erste Bemühungen dafür gewertet werden, die Ressourcen dieser Organisationen für staatspolitische Zwecke nutzbar zu machen. Die hiermit eingeleitete Einbeziehung der Wohlfahrtsverbände in kommunale und staatliche Politik, die ihren ersten Abschluß in der staatlichen Anerkennung ihrer Tätigkeit sowie in der gesetzlichen Zuweisung öffentlicher Funktionen an die privaten Wohlfahrtsverbände nach dem 1. Weltkrieg (vor allem durch das Reichsjugendwohlfahrtsgesetz von 1922) findet, entspricht ähnlichen Institutionalisierungstendenzen in anderen Politikbereichen und ist damit Teil eines allgemeinen gesellschaftlichen Strukturwandels, in dessen Verlauf Staat und bürgerliche Gesellschaft sich wechselseitig durchdringen.

Konsolidierung der Spitzenverbände

Das Verhältnis zwischen den öffentlichen Trägern und der Privatwohltätigkeit läßt sich als ein in Schüben verlaufender Prozeß der »Inkorporierung« der karitativen Verbände in das System staatlicher Sozialpolitik beschreiben.

Ist der Beginn dieses Prozesses in der zweiten Hälfte des 19. Jahrhunderts anzusetzen, so kann der staatliche Erlaß über die Fürsorgepflicht von 1924 als der manifeste Abschluß einer ersten Entwicklungsphase angesehen werden. An dieser Stelle werden die »Verbände oder Einrichtungen der freien Wohlfahrtspflege« zum ersten Mal ausdrücklich erwähnt, die Übertragung öffentlicher Funktionen vollzogen, sowie die grundsätzliche Nachrangigkeit kommunaler Armenfürsorge bestimmt.

Begünstigt wird diese Entwicklung durch den Übergang der ständischen in eine Klassengesellschaft und durch den 1. Weltkrieg. Die durch den Krieg gewachsenen Anforderungen an die staatlichen Steuerungskapazitäten im politischen, wirtschaftlichen und sozialen Bereich erzwingen eine weitergehende Einbindung aller relevanten gesellschaftlichen Kräfte und Gruppen in die staatliche Politik. Um die zu diesem Zweck notwendige Beteiligung der Arbeiterschaft an der Kriegswohlfahrtspflege zu erreichen, wird als Zugeständnis an deren Forderungen der ausgeprägt deklassierende Charakter der Armenpflege eingeschränkt. Tatsächlich werden durch die aktive Betätigung in erster Linie sozialdemokratischer Frauen an der Fürsorge im Verlaufe des Krieges die Voraussetzungen für die spätere Beteiligung der Sozialdemokraten an der Wohlfahrtspflege durch die Arbeiterwohlfahrt geschaffen.

Die kriegsbedingte Ausdehnung des Tätigkeitsbereiches der Wohlfahrtsverbände sowie die von den Sozialdemokraten erhobene Forderung nach Kommunalisierung und Entkonfessionalisierung der Fürsorge lösen in der Phase nach Beendigung des 1. Weltkriegs einen Prozeß der stärkeren organisatorischen Zusammenarbeit zwischen den Verbänden sowie Neugründungen weiterer Spitzenverbände der Wohlfahrtspflege aus. Zu den bislang existierenden drei Organisationen (dem Centralausschuß für die Innere Mission, gegr. 1849, dem Deutschen Roten Kreuz, gegr. 1864 sowie dem Caritasverband für das katholische Deutschland, gegr. 1897) kommen nun die Zentralwohlfahrtsstelle der Juden in Deutschland (gegr. 1917), die Arbeiterwohlfahrt (gegr. 1919), sowie die Vereinigung der freien, privaten gemeinnützigen Kranken- und Pflegeanstalten Deutschlands (gegr. 1920), aus der 1924 der 5. Wohlfahrtsverband und schließlich 1930 der Deutsche Paritätische Wohlfahrtsverband hervorgeht.

Dieser Organisierungs- und Zentralisierungsschub und die hiermit einhergehende Anerkennung der Wohlfahrtsverbände durch den Staat ist zum einen Resultat von Reorganisations- und Rationalisierungsstrategien staatlicher Politik im Sozial- und Fürsorgesektor und zum anderen Ergebnis der Bemühungen der Wohlfahrtsverbände um die Sicherung ihrer insbesondere durch die Inflation schwer gefährdeten Existenz.

Mit den politischen Umstrukturierungen zu Beginn der Weimarer Republik ändert sich auch die Programmatik des Wohlfahrtsstaates im Bereich der Fürsorge; die repressive Zwangsarmenpflege soll nun einer an sozialer Gestaltung orientierten Politik Platz machen. Allerdings besitzen die staatlichen Organe allein weder die personellen, finanziellen noch organisatorischen Ressourcen, um vorbeugende und gestaltende Aufgaben bewältigen zu können. Im Gegenteil dazu klafft sogar eine sich ständig vergrößernde Lücke zwischen neuer Programmatik und realen Aktionsmöglichkeiten, die auch angesichts des Nachkriegselends und der Finanzmisere des Staates eine stärkere Einbeziehung der Wohlfahrtsverbände in die staatliche Politikformulierung und -implementierung nahelegt. Dementsprechend wirken staatliche Instanzen selbst an der Entfaltung wohlfahrtsverbandlicher Organisationsmacht in dieser Phase mit, indem sie Zusammenschlüsse zwischen den Spitzenverbänden als zentrale Empfänger für staatliche Subventionen ausdrücklich fördern und beschleunigen. Insbesondere die Deutsche Liga der Freien Wohlfahrtsverbände wird vom Staat »gefördert, um eine neutrale Stelle für die Weiterverteilung der vom Reich für die freie Wohlfahrtspflege ausgeschütteten Mittel zu haben. Die Liga wurde somit ein Stützpunkt für die ministerielle Wohlfahrtspolitik . . .« (*Gerhardt*, 1948).

Die langfristige Bestandssicherung der Spitzenverbände erfolgt unter staatlicher Mitwirkung. Durch die Verleihung der Bezeichnung »Reichsspitzenverbände« an die genannten Organisationen wird staatlicherseits die Verfestigung eines Kartells von Wohlfahrtsverbänden unterstützt, das sich in der Folgezeit erfolgreich gegen Konkurrenz »von außen« stabilisieren und durchsetzen kann. Die Reduktion der Vielzahl von Trägerorganisationen auf ein Kartell von Großverbänden mit faktischer Monopolstellung erweist sich als funktional für deren Einbindung in die staatliche Sozialpolitik, denn erstens vereinfacht die zahlenmäßige Begrenzung der an Entscheidungsprozessen beteiligten politischen Akteure die Konsensbildung und zweitens wird eine staatliche Kontrolle der Aktivitäten von Fürsorgeorganisationen begünstigt. Darüber hinaus stabilisiert die Abschirmung der Spitzenverbände deren Existenzbedingungen und erhöht so die im Rahmen staatlicher Planung erforderliche Voraussehbarkeit der in Zukunft zur Verfügung stehenden Ressourcen dieser Organisationen.

Auf Seiten der Wohlfahrtsverbände sind die forcierten Bemühungen zur organisatorischen Stabilisierung und engeren Kooperation untereinander sowie mit der staatlichen Politik ebenfalls mehrfach motiviert. Ehrenamtliche Mitarbeit und Spendenaufkommen gehen im Verlaufe der sozialökonomischen Wandlungen und als Folge des Massenelends der Inflationszeit zurück, so daß die »freien« Verbände in wachsendem Maße von staatlichen Subventionen abhängig werden (vgl. *Peters*, 1968). Gleichzeitig erfolgt die organisatorische Festigung als Gegenreaktion auf die Kommunalisierungs- und Entkonfessionalisierungskampagne der Sozialdemokraten, deren zeitweilige Regierungsbeteiligung im Weimarer Staat als akute Bedrohung der »freien Liebestätigkeit« perzipiert wurde. Die längst unter pragmatischen Gesichtspunkten erfolgende Hinzuziehung der Wohlfahrtsverbände zu Sitzungen und Beratungen der Ministerien des Reiches und der Länder und die Subventionspolitik des Staates haben ja auch die Sozialdemokraten gezwungen, trotz ihres Eintretens für eine Verstaatlichung und Kommunalisierung der Fürsorge einen eigenen Wohlfahrtsverband zu gründen. Die Vorbereitungen und Beratungen gesetzlicher Neuregelungen im Bereich von Jugend- und Armenfürsorge erfolgen unter maßgeblicher Beteiligung der Wohlfahrtsverbände, die eine offensive Politik zur Sicherung ihrer Vormachtstellung betreiben. Bereits bei den landesgesetzlichen Vorläufern des Reichsjugendwohlfahrtsgesetzes (RJWG) melden die Wohlfahrtsverbände Bedenken wegen befürchteter Kommunalisierungs- und Entkonfessionalisierungstendenzen an. Dementsprechend spielt in den Beratungen der »Sachverständigenkommission zur Beratung des RJWG«, die nach Ansicht der

Vertreter der öffentlichen Fürsorge ein starkes Übergewicht der freien Verbände ausweist, ebenso wie in denen des zuständigen Reichstagsausschusses die Auseinandersetzung um die Vorrangstellung der öffentlichen und freien Träger eine zentrale Rolle. Dies spiegelt sich dann auch in dem pragmatischen Charakter der vage gehaltenen Bestimmungen des Gesetzes selbst wider. Die Formulierung des § 1, Abs. 4 des RJWG lautet: »Insoweit der Anspruch des Kindes auf Erziehung von der Familie nicht erfüllt wird, tritt unbeschadet der Mitarbeit freiwilliger Tätigkeit öffentliche Fürsorge ein«. Diese Kompromißformel erweist sich in den folgenden Jahren als handhabbare Grundlage für die Zusammenarbeit der behördlichen und verbandlichen Fürsorge. Auch die »Reichsverordnung über die Fürsorgepflicht« (RFV) von 1924, die das Unterstützungswohnsitzgesetz von 1870 ablöst, regelt das Verhältnis zwischen »öffentlichen« und »privaten« Fürsorgeorganisationen verbindlich und sichert den letzteren einen maßgeblichen Kompetenz- und Zuständigkeitsspielraum in der Wohlfahrtspflege. So bestimmt § 5, Abs. 3 RFV, daß die öffentlichen Fürsorgeverbände eigene Einrichtungen nicht schaffen sollen, »soweit geeignete Einrichtungen der freien Wohlfahrtspflege ausreichend vorhanden sind«.

Die diesen von beiden Seiten aus ideologischen Macht- und Finanzgründen geschlossenen Kompromisse entstehenden engen Beziehungen zwischen staatlicher Sozialpolitik und einer begrenzten Anzahl von zentralisierten Spitzenverbänden mit Monopolcharakter bezeichnen wir als neokorporatistisches Verhandlungssystem. Damit ist der für die weitere Entwicklung der Wohlfahrtsverbände folgenreiche Sachverhalt gemeint, daß die beteiligten politischen Akteure unter Ausschluß Außenstehender (etwa Initiativgruppen, Verbandsneugründungen, Klientelgruppen etc.) alle wichtigen Themen und Probleme (Gesetzesvorhaben, Finanzierungsprogramme, Aufgabenverteilung, Richtlinien etc.) im Vorhinein untereinander abstimmen, um eine reibungslose Umsetzung der Vorhaben, eine Berücksichtigung aller exklusiv beteiligten organisierten Interessen sowie eine größtmögliche Koordination der Einzelinteressen zu gewährleisten. Die zentralen Wohlfahrtsverbände, die untereinander durchaus um den Zugriff auf direkte staatliche Zuwendung und auf bestimmte Adressatengruppen konkurrieren, gelten dabei dem Staat gemeinsam als legitime Interessenvertreter der an den Entscheidungen nicht beteiligten Adressaten der Maßnahmen.

Insgesamt bezieht sich die Inkorporierung der Wohlfahrtsverbände in staatliche und kommunale Politik auf verschiedene Aspekte: neben dem diskutierten rechtlichen Einbau der freien Verbände in die öffentliche Wohlfahrt haben sich verschiedene Formen der fachlichen Kooperation etabliert. Sie beziehen sich vor allem auf die Inanspruchnahme der Wohlfahrtsverbände durch Staat und Kommunen. So werden etwa in den Anstalten der Verbände Pfleglinge und Zöglinge untergebracht, wobei die anfallenden Pflegesätze von Krankenkassen und kommunalen Ämtern bezahlt werden. Des weiteren werden deren Kräfte in öffentlichen Anstalten und Einrichtungen eingesetzt.

Erst die vorübergehende Zwangsinkorporierung der Wohlfahrtsorganisationen während der Zeit des Nationalsozialismus und der 2. Weltkrieg schaffen die

Voraussetzungen für einen weiteren Entwicklungsschub. Im Dritten Reich wird die Arbeiterwohlfahrt aufgelöst, und die konfessionellen Wohlfahrtsverbände geraten ebenso wie das Rote Kreuz unter die Kontrolle der Nationalsozialistischen Volkswohlfahrt (NSV). Auch der DPWV wird der NSV direkt angegliedert. Mit Hilfe der 1933 gegründeten »Reichsgemeinschaft der Freien Wohlfahrtspflege Deutschlands«, die 1934 zur »Arbeitsgemeinschaft der Spitzenverbände der Freien Wohlfahrtspflege« umgebildet wird, organisiert der nationalsozialistische Staat die Wohlfahrtspflege nach einheitlichen Gesichtspunkten.

Wohlfahrtsverbände in der Bundesrepublik

Die Erfahrung der Indienstnahme der freien Verbände durch den totalitären Staat, wird in den 50er und frühen 60er Jahren in den Beratungen um die Gesetzesnovellierungen von JWG und BSHG immer wieder als drohende Gefahr beschworen, um eine gesetzliche Absicherung der Kompetenzen der Wohlfahrtsverbände durchzusetzen. Die Position der Wohlfahrtsverbände wird daher auch durch die Verabschiedung des Bundessozialhilfegesetzes (BSHG) und des Jugendwohlfahrtsgesetzes (JWG) im Jahre 1961 noch weiter gestärkt: »Der gravierende Unterschied zwischen den alten (RFV und RJWG) und den neuen Bestimmungen (BSHG und JWG) liegt offenkundig in der stärkeren Herausarbeitung der Vorrangigkeit der Maßnahmen und Einrichtungen der freien Träger und der Verpflichtung der öffentlichen Hand zu ihrer Unterstützung« (*Matthes*, 1964). Die politischen Rahmenbedingungen in der Rekonstruktionsperiode der Bundesrepublik (CDU/CSU-Regierung, Mißtrauen gegen staatlichen Interventionismus etc.) begünstigen die Festigung der Vorrangstellung der Spitzenverbände der Wohlfahrtspflege. Zudem nehmen die Vertreter der Verbände frühzeitig Einfluß auf den Gesetzgebungsprozeß, so daß sie bereits vor der parlamentarischen Beratung der Gesetzesvorlage ihre Interessen geltend machen können. Die von ihnen favorisierten gesellschaftspolitischen und sozialethischen Konzeptionen (zentral das Subsidaritätsprinzip) sind durchweg geeignet, die Zurückdrängung sozialstaatlicher Interventionen zugunsten der Verbände zu legitimieren.

Insgesamt wirkt sich die Vorrangstellung freier Träger bei der Durchführung von Maßnahmen im Sozialsektor im Sinne einer verstärkten Einbindung der Verbände in die staatliche Sozialpolitik aus. Dies wird z. B. unmittelbar an dem hohen Anteil verbandlicher Trägerschaft bei Einrichtungen im Bereich sozialer Arbeit deutlich: 70% der Jugendbildungsstätten, 71% der Kindergärten, 60% der Altenheime und Pflegestätten sowie 71% der Kinderheime sind in verbandlicher Trägerschaft (vgl. *Lüers*, 1977).

Mit der Übernahme öffentlicher Aufgaben durch die »freien« Träger wächst nicht nur deren Einfluß auf die staatliche Politik, sondern umgekehrt auch die Kontrollmöglichkeit des Staates sowie die Abhängigkeit der Verbände von staatlicher Unterstützung.

Das neokorporatistische Verhandlungssystem

Die forcierte Einbindung der zentralen Wohlfahrtsverbände in die staatliche und kommunale Regulierung sozialer Probleme begünstigt einen Wandel ihrer internen Organisationsstrukturen: die Erfordernisse der Ressourcenbeschaffung und dauerhaften Interessenvertretung gegenüber staatlichen und kommunalen Instanzen bewirken eine Angleichung ihrer Binnenstrukturen an die öffentliche Sozialbürokratie. Dies bedeutet einerseits, daß sich die Verbände analog zum staatlichen Instanzenzug auf kommunaler, Landes- und Bundesebene bereits frühzeitig horizontal zu Arbeitsgemeinschaften zusammenschließen. Andererseits etabliert sich vertikal eine Funktionsaufteilung zwischen den einzelnen Plateaus der Hierarchie: sind die kommunalen »Basisorganisationen« vorrangig mit der Erbringung sozialer Dienstleistungen befaßt, so besteht die Hauptaufgabe der übergeordneten Instanzen in der Koordination der Aktivitäten der Untergliederungen, in der Beschaffung von finanziellen und legitimatorischen Ressourcen sowie in der Erbringung von Serviceleistungen für die nachgeordneten Organe (etwa Rechtsberatung, fachliche Supervision, Informationsverarbeitung etc.). Die Angleichung der Organisationsstrukturen zeigt sich auch an der wachsenden Bürokratisierung der Wohlfahrtsverbände, die damit allerdings eine entscheidende Ressource ihrer Arbeit, nämlich das ehrenamtliche Engagement, schwächen.

Insgesamt lassen sich die Interessenkonstellationen, Machtbeziehungen und etablierten Verfahrensweisen in diesem Politikbereich als ein Wechselverhältnis beschreiben, das beiden Seiten strategische Vorteile garantiert. So sind die öffentlichen Instanzen in der Lage, ihren hohen Bedarf an Konsens durch die Beteiligung der Verbände zu befriedigen und verfügen zudem mittels fachlicher Konsultierung der freien Träger über detaillierte Sachinformationen, die für Steuerungsaufgaben im Bereich von Sozialpolitik/Sozialarbeit benötigt werden. Darüber hinaus entlasten die Verbände die öffentlichen Instanzen auch in finanzieller Hinsicht, da sie starke zusätzliche Ressourcen (Spenden, ehrenamtliche Tätigkeiten, Mitgliedsbeiträge, Sammlungen etc.) mobilisieren können (vgl. *Kirberger,* 1978).

Um den Anforderungen, mit denen der Sozialstaat konfrontiert wird, gerecht zu werden, ist er daher auf die Kooperationsbereitschaft der Wohlfahrtsverbände angewiesen. Staatliche Gestaltungsmöglichkeiten ergeben sich in dieser Konstellation nur durch indirekte Steuerung, etwa indem Subventionen mit Auflagen gekoppelt werden (»goldener Zügel«) oder indem die Empfängerinstanzen gezielt informiert und beraten werden. Nicht zuletzt aus diesem Grunde entstehen Koordinationsprobleme und vermeidbare Mehrkosten (nicht nur finanzieller Art), die aus der primär eigeninteressierten Handlungsorientierung der Beteiligten resultiert. Eine Umstrukturierung dieser Implementationsbedingungen wäre allerdings nur unter hohem finanziellen und organisatorischen Aufwand möglich und dürfte angesichts finanzieller Engpässe und der begrenzten Reformfähigkeit des politischen Systems wenig wahrscheinlich sein.

Das Interesse der Wohlfahrtsverbände an einer dauerhaften Mitwirkung an der staatlichen Politik ergibt sich im wesentlichen daraus, daß über die Inkorporierung in das politisch-administrative System ihre Handlungsfähigkeit sowohl in rechtlicher als auch finanzieller Hinsicht langfristig sichergestellt wird. Die wechselseitig institutionalisierten Beziehungen (z. B. gemischt begrenzte Kooperationsgremien wie Arbeitsgemeinschaften und Fachverbände) und die zunehmende Arbeitsteilung zwischen staatlichen Organen und einer begrenzten Anzahl von Großverbänden kann als »Neokorporatismus« bezeichnet werden (vgl. *Heinze,* 1981).

Eine Konsequenz der Einbindung der Wohlfahrtsverbände in die öffentliche Sozialpolitik/Sozialarbeit besteht darin, daß die Spitzenverbände schon im Vorfeld der Programmentwicklung in die Planungs- und Gesetzgebungsverfahren einbezogen bzw. mögliche Einwände ihrerseits bereits antizipiert werden. In Folge dieses schon in der Weimarer Republik wirksamen Konsultationszwanges neigen die beteiligten Politikakteure dazu, kontroverse Themen und potentielle Konfliktstoffe auszublenden. Andererseits aber werden mögliche Verzerrungen reduziert, da die Träger der Umsetzung von Gesetzen und Verordnungen an der Programmentwicklung beteiligt waren. Die Attraktivität der Spitzenverbände erhöht sich folgerichtig mit ihrer Fähigkeit, ihre örtlichen Mitgliedsorganisationen auf die Anerkennung der Politikresultate zu verpflichten.

Die Interdependenzen zwischen der Sozialadministration und den Wohlfahrtsverbänden erhalten mit der Ausdehnung der Staatsinterventionen eine neue Qualität. Standen bei den Novellierungen von JWG und BSHG 1961 noch die Aufgabenverteilung und Funktionsabgrenzung zwischen öffentlicher Sozialbürokratie und freigemeinnützigen Trägern im Vordergrund der Kontroverse, so sind seit Beginn der 70er Jahre mit der Ausdehnung örtlicher Sozialplanung die Wohlfahrtsverbände trotz spürbarer Hemmnisse zwangsläufig immer stärker in die öffentlichen Planungsaufgaben einbezogen worden. Die Funktionsaufteilung zwischen öffentlichen und freien Trägern wird daher im Zuge von Planungsprozessen immer wieder aufs neue zum Thema. Allerdings ist die verstärkte Inkorporierung der freien Träger nicht in allen Regelungsbereichen gleich weit fortgeschritten: während z. B. im Kindergarten- und Krankenhaussektor relativ detaillierte gesetzliche Programme und Verfahren der Kooperation bestehen, sind diese im Jugendhilfebereich bislang nur vereinzelt entwickelt worden.

Generell zeigt sich, daß im Bereich der Jugend-, Alten- und Sozialhilfe das »Wahlrecht« des Hilfesuchenden, das zentrale Argument der Anhänger einer »freien« Wohlfahrtspflege, längst dadurch unterlaufen wird, daß die Organisationen mittels eigenständiger Eingrenzung des Aufgabenbereiches ihr Klientel umgekehrt oft selbst wählen. Die relative Eigenständigkeit der Anbieterorganisationen erschwert aber nicht nur die Koordination des Leistungsangebotes, sondern tangiert auch nachhaltig die Aushandlungs- und Entscheidungsprozesse. Arrangements zwischen den etablierten Spitzenverbänden und staatlichen Instanzen dürfen jedoch nicht als ausschließlich harmonische und friktionslose Kooperationsverhältnisse mißverstanden werden, vielmehr müssen weiterhin Interessendivergenzen und Machtbedürfnisse zwischen den beteiligten Akteuren in Rechnung gestellt werden.

Ein Charakteristikum neokorporatistischer Verhandlungssysteme besteht darin, daß keine einseitigen Gestaltungs- und Kontrollbeziehungen mehr bestehen, etwa in dem Sinne, daß staatliche bzw. kommunale Instanzen die Verbände dominieren könnten. Vielmehr erzeugt die wechselseitige Abhängigkeit ein »multizentrisches« Steuerungssystem, dessen Funktionsfähigkeit durch eine Austauschlogik bestimmt wird, in der die beteiligten Akteure ihre Teilnahme nach strategischen Vorteilen und Kosten abwägen. Hier ergibt sich die wachsende Bedeutung von Organisationen, die öffentliche und private Träger umfassen und zu gemeinsamen Entscheidungen bringen (z. B. Deutscher Verein). Diese, neben den traditionellen Konsensbildungsorganen (Parteien, Parlamente) angesiedelten Verhandlungssysteme, erweisen sich demnach nur als solange funtionsfähig, wie die beteiligten Organisationen ihre freiwillige Mitarbeit nicht aufkündigen.

Entwicklungstendenzen

Die Wohlfahrtsverbände haben durch die Bürokratisierung und Zentralisierung ihren auch heute noch propagierten Vorteil größerer Flexibilität und Sensibilität gegenüber neuen Problemlagen eingebüßt. Komplementär zu dieser verringerten Innovationsfähigkeit der verbandlichen Wohlfahrtspflege hat die seit etwa einem Jahrzehnt auch in der Bundesrepublik feststellbare Ausbreitung neuer Wertorientierungen das Interesse an stärker persönlichen Beziehungen und überschaubaren Organisationsformen des Helfens gesteigert (vgl. *Olk/Otto,* 1981). Diese neuen »lebensstilzentrierten Werte« richten sich im Wohlfahrtssektor gegen die Anonymität und effizienzorientierte Rationalität der etablierten Großorganisationen und deren Verflechtungen mit staatlichen Instanzen (vgl. *Japp/Olk,* 1981). Angesichts bürokratischer Verkrustungen, mangelnder Partizipationsmöglichkeiten der Klienten und fehlender Sensibilität gegenüber neuen Problemlagen bilden sich als praktische Alternativen zum herrschenden Wohlfahrtskartell alternative Institutionen sowie kleine, solidarisch organisierte Selbsthilfegruppen zur Bearbeitung von z. T. bislang vernachlässigten Problemlagen (z. B. selbstverwaltete Heime, Frauenhäuser, Stadtteilgruppen, Selbsthilfegruppen im Gesundheitssektor) heraus. Neben den Initiativen, die unmittelbar Hilfeleistungen erbringen, entstehen darüber hinaus immer wieder politische Aktionsgruppen, die im System der Wohlfahrtspflege selbst gegen Mißstände in Heimen, Behördenwillkür gegenüber Hilfesuchenden etc. protestieren und auf diese Weise die Legitimität der Aktivitäten von Großverbänden und Sozialbürokratien in Zweifel ziehen.

Die Strategie kann allerdings nur dann funktionieren, wenn beide Seiten den jeweiligen Nutzen hieraus erkennen und davon absehen, die entstehenden Kosten auf die Gegenseite abzuwälzen. So bedürfen u. E. die etablierten Träger dringend einer Revitalisierung durch die Einbindung solcher Aktivitätspotentiale, die sich auf veränderte Wertpräferenzen und Lebenslagen beziehen. Dies wird um so notwendiger, als die traditionellen Hilfemotivationen ehrenamtlicher Mitarbeit z. B. im Zuge des gesellschaftsstrukturellen Wandels zu verblassen scheinen. Auf der anderen Seite benötigen die selbstorganisierten Initiativen in einer bürokratisierten und verregelten Umwelt vermittelnder Instanzen, die sie mit notwendigen Ressourcen versorgen, ohne ihren spontaneistischen Charakter zu zerstören. Es liegt auf der Hand, daß nicht jeder Wohlfahrtsverband in dem gleichen Maße bereit und in der Lage wäre, eine solche Öffnung zu vollziehen. Dennoch wäre es produktiver, die vorhandene Infrastruktur intermediärer Organisationen für eine Erneuerung des Systems der Sozialpolitik/Sozialarbeit versuchsweise zu nutzen, als diese ausschließlich unter dem Gesichtspunkt des zu eleminierenden Restbestandes vormoderner Hilfeformen zu betrachten.

Abschließend seien einige zentrale Forschungsprobleme skizziert, die im Kontext der zuletzt angesprochenen Innovationsperspektive dringend einer Klärung bedürfen. Aktualisiert durch die Kritik am Sozialstaat und den bisherigen Entwicklungsprozessen moderner Wohlfahrtsstaaten sollte insbesondere folgenden, bislang relativ wenig berücksichtigten, Forschungsfragen stärkere Aufmerksamkeit gewidmet werden: worin liegen die besonderen Leistungsvorteile und Leistungsnachteile der verbandlichen Wohlfahrtspflege gegenüber den anderen Sektoren der Wohlfahrtsproduktion, wie staatliche und kommunale Verwaltungen, Markt und informelle Sozialbeziehungen? Wie wäre eine optimale Verknüpfung dieser unterschiedlichen Leistungsbereiche zu gestalten und wie wäre sie gegen partikulare »Domäneinteressen« und Ressortegoismen durchsetzbar? Wo existieren brachliegende Potentiale freiwilligen, ehrenamtlichen Engagements und wie könnten diese ohne Einschränkung der Wahlfreiheit aktualisiert werden? Wie müßte das System verbandlicher Wohlfahrtspflege organisiert sein, um selbstorganisierte Hilfen zu stabilisieren und die Interessen und Bedürfnisse der Konsumenten gegenüber den verbandlichen Anbietern stärker zur Geltung bringen zu können? Angesichts der negativen Folgen bürokratisierter und zentralisierter Hilfesysteme wie Zerstörung und Entmündigung von Selbsthilfepotentialen und steigenden Kosten ist eine demokratische, effiziente und sozialverträgliche Nutzung knapper Ressourcen und Selbsthilfefähigkeiten eines der zentralen Probleme einer zukunftsorientierten Sozialpolitik.

Rolf G. Heinze/Thomas Olk

Literatur

Barabas, F./Sachße, C., 1976: Bundessozialhilfegesetz: Sozialstaatliche Versorgung oder Armenpolizei, in: Kritische Justiz, H. 9: 359 ff. – *Bauer, R.*, 1978: Wohlfahrtsverbände in der Bundesrepublik, Weinheim/Basel – *Dörrie, K.*, 1973: Aspekte einer Strukturanalyse der Freien Wohlfahrtspflege, in: *Otto/H. U./Schneider, S.* (Hrsg.), Gesellschaftliche Perspektiven der Sozialarbeit, Band 2, Neuwied – *Domscheit, S./Kaufmann, F. X./Kühn, M.*, 1980: Innovative Politik im Einflußbereich verbandlicher Wohlfahrtspflege – am Beispiel der Kindergartenreform in NRW, in: *Mayntz, R.* (Hrsg.), Implentation politischer Programme, Königstein – *Gerhardt, M.*, 1948: Ein Jahrhundert Innere Mission (2 Bde.), Gütersloh – *Heinze, R. G.*, 1981: Verbändepolitik und »Neokorporatismus«. Zur politischen Soziologie organisierter Interessen, Opladen – *Heinze, R. G./Olk, Th.*, 1981: Die Wohlfahrtsverbände im System sozialer Dienstleistungsproduktion. Zur Entstehung und Struktur der bundesrepublikanischen Verbändewohlfahrt, in: Kölner Zeitschrift für Soziologie und Sozialpsychologie, H. 1: 94–114 – *Japp, K. P./Olk, Th.*, 1981: Identität und soziale Dienste, in: Soziale Welt, H. 2: 143 ff. – *Kirberger, W.*, 1978: Staatsentlastung durch private Verbände, Baden-Baden –

Krug von Nidda, C. L., 1955: Entwicklungstendenzen und gegenseitige Beziehungen der öffentlichen und freien Wohlfahrtspflege in Deutschland in der Epoche des Übergangs von der Armenpflege zur Fürsorge, in: *Muthesius, H.*(Hrsg.), Beiträge zur Entwicklung der deutschen Fürsorge, Köln/Berlin – *Lüers, U.*, 1977: Im Irrgarten der Sozial- und Jugendhilfeträger, in: *Barabas, F./Blanke, T./Sachße, C./Stascheit, U.* (Hrsg.), Jahrbuch der Sozialarbeit 1978, Reinbek – *Luhmann, N.*, 1964: Funktionen und Folgen formaler Organisation, Berlin – *Matthes, J.*, 1964: Gesellschaftspolitische Konzeptionen im Sozialhilferecht, Stuttgart – *Monat, A.*, 1961: Sozialdemokratie und Wohlfahrtspflege, Stuttgart – *Olk, Th./Heinze, R. G.*, 1981: Die Bürokratisierung der Nächstenliebe. Am Beispiel von Geschichte und Entwicklung der ›Inneren Mission‹, in: *Sachße, Chr./Tennstedt, F.* (Hrsg.): Jahrbuch der Sozialarbeit 4, Reinbek –

→ Jugendhilferecht → Jugendverbände → Sozialstaat → Subsidiarität

Wohnungspolitik

Wohnungsprobleme – Restbereiche oder Neue Wohnungsnot?

Soweit in der Vergangenheit Wohnungsprobleme für Sozialarbeit/Sozialpädagogik überhaupt zum Thema wurden, geschah dies im Hinblick auf einzelne Problemgruppen, deren Wohnverhältnisse als Resultat sozialpolitischer Intervention sowie – in deren Folge – auch als Behinderung sozialpädagogischer Arbeit dargestellt und kritisiert wurden. Dies betraf vor allem die Obdachlosen in ihren Siedlungen, vermittelt aber auch den Heimbereich; die hier jeweils vorherrschenden ghettoisierten Wohnformen galten als wesentliche Ursache der zunehmend erkannten Stigmatisierung sozialarbeiterischen Klientels.

Diese Konzentration der Wohnungsfrage auf einige Rest- und Randgruppen der bundesrepublikanischen Gesellschaft entsprach der allgemeinen Sichtweise, nach der die Wohnungsnot der Nachkriegszeit in relativ kurzer Zeit beseitigt worden war, und die Wohnungsversorgung der Bevölkerung einen nie zuvor erreichten Standard angenommen hatte. Seit Ende der 70er Jahre werden diese Vorstellungen erschüttert, als sich zeigt, daß die Restbereiche von Unterversorgung nicht verschwinden, sondern größer werden. Während auf der einen Seite Obdachlosensiedlungen aufgelöst werden, wächst auf der anderen Seite die Zahl von Räumungsklagen wegen Mietrückständen, nehmen die Dringlichkeitsfälle in den Wohnungsämtern zu, müssen erneut Familien in menschenunwürdigen Wohnverhältnissen leben. Parallel dazu werden die Probleme in den »naturwüchsig« entstandenen Randgruppen-Ghettos, vor allem der Ausländer, immer offensichtlicher, droht einerseits deren weitere Verslumung, andererseits die weitere Reduzierung billigen Wohnraums durch Sanierung und Modernisierung. Auch in den Hochhaussiedlungen wird die staatlich subventionierte Zusammenballung von unterprivilegierten Bevölkerungsschichten allmählich als sozialer Sprengstoff erkannt.

Einzelne Gruppen von Sozialarbeitern, vor allem in der Gemeinwesenarbeit, lokale Initiativen, Sozialwissenschaftler hatten schon frühzeitig Zusammenhänge zwischen Wohnverhältnissen und sozialer Randständigkeit aufgezeigt (*Hess/Mechler*, 1973 *Abels/Keller,* 1974), in einzelnen kommunalen Maßnahmen und Projekten wurde auch bereits versucht, solchen Erkenntnissen Rechnung zu tragen (*Vaskovics/Weins* 1979). Eine gewissermaßen offiziöse Fassung erhielten diese Vorstöße mit den 1979 vom Deutschen Städtetag verabschiedeten »Hinweisen zur Arbeit in sozialen Brennpunkten«, die von der traditionellen Sicht- und Arbeitsweise im Obdachlosenbereich abrücken und weiterreichende Zusammenhänge zwischen wohnungs- und städtebaulichen Entwicklungen und sozialer Randlage formulieren.

In der Tat wird zu Beginn der 80er Jahre deutlich, daß sich neue Probleme der Wohnungsversorgung schon lange nicht mehr auf traditionelle Notstandsgebiete und längst nicht allein für sogenannte Randgruppen, Minderheiten sozialer Benachteiligungen stellen, daß vielmehr immer noch bzw. erneut verstärkt erhebliche Teile der bundesrepublikanischen Normalbevölkerung davon betroffen werden. Stagnation und Rückgang des Mietwohnungsbaus, hierbei vor allem des sozialen Wohnungsbaus, Verteuerung der Eigenheime, Verringerung des Altbaubestandes durch Sanierung und Modernisierung, Mietenanstieg, steigende Hypothekenbelastungen, Ausweitung des Wohngeldes, anschwellende Dringlichkeitslisten ohne Aussicht auf Erledigung etc. sind wesentliche Kennzeichen dieser Situation, auf denen jeweils aktuelle Meldungen über individuelle oder gruppenspezifische Notlagen basieren, und die die Grundlagen für teilweise sehr düstere Prognosen über die zukünftige Wohnungsversorgung bilden. Neben die wachsenden Forderungen nach Erhaltung und Ausweitung des sozialen Mietwohnungsbaus und des Altbaubestandes, gegen weitere Preis- und Mietenanstiege treten Besetzungen leerstehender Häuser und die Gründung von »Wohnraumrettungsgesellschaften« als Formen, in denen örtliche Initiativen über das spektakuläre Schaffen von Fakten oft die einzige Möglichkeit sehen, auf drängende Wohnungsprobleme und soziale Lösungen aufmerksam zu machen.

Forderungen und Aktionen zielen hierbei nicht allein auf die quantitative Wohnungsversorgung. Lärm und Immissionsbelastungen in den Städten, das Ausufern der innerstädtischen Verkehrsströme, unzureichende Infrastruktur in den Wohnsiedlungen, Anonymität und Isolation in den Massenballungen der Satellitenstädte rücken zunehmend auch qualitative Aspekte des Wohnens in den Vordergrund.

Nach mehr als zwei Jahrzehnten erfolgreicher Wohnungsbaupolitik scheint somit die Wohnungsfrage in der BRD wieder zu einem brennenden sozialen Problem zu werden. Wie ist diese Entwicklung zu erklären und in welchen Dimensionen zeigt sich die neue Wohnungsnot, die sich ja ganz offensichtlich von den Wohnungsproblemen der Nachkriegszeit unterscheidet?

Wachsender Fehlbestand – der quantitative Aspekt

Zweifellos ist die bundesrepublikanische Wohnungsbaupolitik insofern erfolgreich gewesen, als es gelang, die nach dem Zweiten Weltkrieg bestehende eklatante

Wohnungsnot erstaunlich schnell und reibungslos zu beseitigen. Infolge der schon vor dem Krieg verlangsamten Neubautätigkeit, der zerstörten Wohnungen und der mit Kriegsende einsetzenden Bevölkerungsbewegungen in Westdeutschland kamen 1950 auf die rd. 15,5 Millionen Haushalte nur 9,5 Millionen Wohnungen; es fehlten also mindestens 6 Millionen Wohnungen.

Bereits in den 50er Jahren wird mit einer jährlichen Wohnungsneuproduktion von über 500 000 Wohnungen ein erheblicher Teil dieses Mangels beseitigt; 1961 kommen auf die bis dahin angestiegene Zahl von 19,5 Millionen Haushalte 16,3 Millionen Wohnungen, d. h. der rechnerische Fehlbedarf hat sich in 10 Jahren auf die Hälfte reduziert. Wohnten 1950 noch mehr als 35% aller Bundesbürger zur Untermiete, so sind es 1961 nur noch 10%. 1975 stehen für die mittlerweile 23,7 Millionen Haushalte ca. 23 Millionen Wohnungen zur Verfügung. Das Massenwohnungselend der Nachkriegszeit, die Möglichkeit, überhaupt in der eigenen Wohnung leben zu können, ist für die Mehrheit der Bevölkerung bis Mitte der 60er Jahre bewältigt gewesen. Ende der 70er Jahre wohnen rd. 40% der Bundesbürger im eigenen Haus bzw. in der Eigentumswohnung, knapp 60% als Hauptmieter und nur noch eine Minderheit als Untermieter (*Petzinger/Riege*, 1981; *Glatzer*, 1980).

Der für Ende der 70er Jahre angenommene Ausgleich der Wohnungsversorgung erwies sich jedoch als Irrtum. Die letzte Wohnungszählung im Jahre 1978 (Wohnungsstichprobe) ergab, daß allein schon im statistischen Durchschnitt rd. 1 Million Wohnungen fehlten. Berücksichtigt man dazu, daß ein Teil des heutigen Wohnungsbestandes für die darin lebenden Familien zu klein, unzureichend ausgestattet, in schlechter Wohnlage oder zu teuer ist, daß darüber hinaus die Wohnverhältnisse regional und sektoral sehr unterschiedlich gestaltet sind, so zeigt sich, daß die Wohnungsversorgung schon längst tiefgreifende Brüche aufweist. Die aktuellen Wohnungsprobleme, vor allem der Mangel an Mietwohnungen in den Ballungsgebieten, sind vorprogrammiert gewesen, sie sind Resultat des Zusammenwirkens mehrerer Entwicklungen, die in den 70er Jahren beschleunigt und zugespitzt worden sind.

Seit Jahren ist die Neubautätigkeit im Wohnungssektor rückläufig und hat sich gleichzeitig enorm zugunsten des Eigenheimbaus verschoben. Von den rd. 360 000 Wohneinheiten, die 1979 gebaut worden sind, gingen fast 70% (250 000) an private Bauherren oder Käufer von Eigenheimen. Diese Verlagerung vom Mietwohnungs- zum Eigenheimbau schließt räumliche Umschichtungen ein. Wegen der immer unerschwinglicheren städtischen Grundstückspreise sowie wegen der mit dem eigenen Haus verbundenen Wohnvorstellungen verlagert sich mit dem Eigenheimbau die Neubautätigkeit immer stärker in außerstädtische Regionen. Verglichen mit 1973 sank die Neubautätigkeit in den Ballungsgebieten auf ein Niveau von knapp 40%. Gemessen an der Bevölkerungsverteilung ist die städtische Unterversorgung mit Mietwohnungen also seit langem vorprogrammiert.

Diese Entwicklung ist durch die staatliche Wohnungsbauförderung forciert worden. Die Verlagerung der öffentlichen Wohnungsbaumittel vom sozialen Mietwohnungsbau zur Eigentumsförderung – beschleunigt in den 70er Jahren – hat das wachsende Mißverhältnis zwischen Bevölkerungsverteilung und Verteilung der

Neubautätigkeit nachhaltig unterstützt. »Wer jahrelang Eigenheime auf dem Lande fördert, braucht sich nicht zu wundern, wenn plötzlich Wohnungen in den Städten fehlen« (Mieterbund-Präsident Jahn). Während so der Umfang neugebauter Mietwohnungen in den Ballungsgebieten von Jahr zu Jahr geringer geworden ist, wurde – ebenfalls mit kräftiger staatlicher Unterstützung – der Altbaubestand sukzessive dezimiert: von rd. 5,6 Mio. Wohnungen 1972 auf unter 5 Mio. 1980. Diese Entwicklung betrifft vor allem relativ preisgünstigen Wohnraum, der im Gefolge von Sanierungs- und Modernisierungsmaßnahmen abgerissen, zusammengelegt und/oder in Eigentumswohnungen umgewandelt worden ist.

Auch im sozialen Mietwohnungsbau ist die sinkende Neubautätigkeit vom Abbau des Altbaubestandes begleitet gewesen, so daß die Zahl der Sozialwohnungen in der Bundesrepublik sogar abgenommen hat. In den Ballungsgebieten treffen also zwei Entwicklungen aufeinander: der Neubau an Mietwohnungen nimmt ab, der Abbau von Mietwohnungen nimmt zu; von beiden Entwicklungsrichtungen sind vor allem noch relativ billige Wohnungen betroffen.

Die Steigerungen der Grundstücks-, Bau- und Finanzierungskosten im Wohnungsbau beginnen sich jedoch allmählich auch auf den Eigenheimbau auszuwirken. Trotz vermehrter Belastungen der Haushalte und trotz deutlicher sozialer Umschichtungen bei den Eigenheimbauern werden Eigenheimbau und Bauspartätigkeit rückläufig. Bei naturwüchsiger Fortsetzung der bisherigen Entwicklung wird die jetzt schon offensichtliche Mangelsituation nicht nur nicht beseitigt werden können, sie wird sich vielmehr rapide verschärfen.

Staatliche Wohnungsbaupolitik

Die Bewältigung der Nachkriegswohnungsnot war nur möglich aufgrund rascher und umfassender staatlicher Eingriffe in die Wohnungsversorgung. Wesentlichen Anteil an der starken Neubautätigkeit vor allem in den 50er Jahren hatte der öffentlich geförderte Wohnungsbau. Dieser bedeutete nicht Wohnungsproduktion unter staatlicher Regie – der Anteil der unmittelbar in öffentlicher Hand errichteten Bauten ist in der BRD immer sehr niedrig gewesen (3–5%). Vielmehr handelt es sich um ein System von öffentlichen Zuwendungen, mit denen die jeweiligen Eigenleistungen privater Bauherren (Unternehmen und private Haushalte) subventioniert wurden. Form und Höhe dieser Subventionen waren neben der Kontrolle der Altbaumieten die zentralen staatlichen Regulierungshebel der Wohnungsversorgung für die Bevölkerung allgemein sowie für spezifische Gruppen (v. a. Flüchtlinge, Bergleute, Beamte) in der unmittelbaren Nachkriegszeit. Je höher und direkter Neubauten öffentlich subventioniert wurden, desto weitreichender waren die Bedingungen hinsichtlich der baulichen Gestaltung und der Vermietung dieser Wohnungen (*Blumers/Werner*, 1979; *Brech*, 1981).

Die von der CDU getragene Wohnungsbaupolitik der 50er Jahre hatte nie Zweifel daran gelassen, daß die über Mietpreiskontrollen und öffentliche Förderung gemachten Eingriffe in den Wohnungsmarkt vorübergehende Maßnahmen der Mängelverwaltung sein sollten – mit dem Ziel ihres schrittweisen Abbaus, der bereits in den 50er Jahren und beschleunigt in den 60er Jahren einsetzte. Das Fördersystem entsprach dieser Konzeption: durch Subventionen die noch zu schwache Privatinitiative zu stützen unter Verzicht auf gesellschaftliche Eingriffe in die Bedingungen der Wohnungsproduktion, nämlich Privateigentum an Grund und Boden, Struktur der Bauwirtschaft, Kapitalmarkt. D. h. Wohnungsbau und Wohnungsversorgung in der BRD (wie in den meisten kapitalistischen Industrienationen und wie z. T. auch schon in den 20er Jahren) sind von Anfang an dadurch gekennzeichnet, daß zwei »ökonomische Prinzipien« miteinander konkurrieren: Marktgesetze einerseits und staatliche Interventionen andererseits, wobei der Grundsatz gilt, daß die staatlichen Interventionen den Marktgesetzen gegenüber untergeordnet bleiben müssen. Die staatlichen Eingriffe in die Wohnungsversorgung sollten ausgleichen helfen, wo die kapitalistische Produktion naturwüchsig (zunächst) nicht ausreichend funktionierte oder zu unsozialen Folgen führte; das kapitalistisch-privatwirtschaftliche Prinzip sollte das bestimmende bleiben.

Ein solches Mischsystem (wie z. B. auch im Gesundheitswesen) führt zwangsläufig zu einer ausufernden bürokratischen Verwaltung, die sich müht, durch Gesetze und Verordnungen die inhaltlich unvereinbaren Prinzipien zu harmonisieren; – dies um so mehr und um so erfolgloser, je anarchischer die Marktbewegungen verlaufen und je deutlicher die ökonomische Entwicklung den Ausgleichsversuchen finanzielle Grenzen setzt.

Ende der 50er Jahre schienen die Bedingungen zum weitgehenden Rückzug staatlicher Intervention aus dem Wohnungsmarkt hergestellt, nachdem schon zuvor marktkonformere Förderungsformen eingesetzt worden waren. Mit dem *Lücke*-Plan (Gesetz über den Abbau der Wohnungszwangswirtschaft und über ein soziales Miet- und Wohnrecht) von 1960 sollte die Wiedereingliederung des Wohnungsbaus in die soziale Marktwirtschaft beschleunigt vollzogen werden. Tatsächlich trug der bis dahin sichtbare Erfolg der Neubautätigkeit sowie die insgesamt florierende Ökonomie, die auch in erhöhte Einkommenszuwächse der Lohnabhängigen umgesetzt werden konnte, wesentlich dazu bei, die Liberalisierung des Wohnungsmarktes gesellschaftlich durchzusetzen, – trotz teilweise erbitterter politisch-parlamentarischer Auseinandersetzungen. Die spürbaren Mieterhöhungen konnten von den meisten Haushalten verkraftet werden, für die Einkommensschwachen wurde ein ausgleichendes Wohngeld geschaffen.

Die sozialliberale Koalition erbte Ende der 60er Jahre das so entstandene Wohnungsangebot und setzte die eingeleiteten Entwicklungen fort, – mit dem Unterschied, daß sie den Wohnungsbau stärker in städtebauliche und raumordnerische Entwicklungsmaßnahmen integriert wissen wollte. Der weitgehend reibungslose Übergang von CDU- zu SPD-Wohnungsbaupolitik trotz vergangener scharfer programmatischer Kontroversen ist zum einen damit zu erklären, daß die anhaltende ökonomische Prosperität nach der Krise 1966/67 und deren auch zukünftig unterstellte Konstanz die individuelle private Befriedigung der Wohnungsnachfrage möglich erscheinen ließen und daß offensichtlich die im Förderungssystem eingeschlossenen Sprengkräfte zum damaligen Zeitpunkt noch nicht deutlich waren. Es muß festgehalten werden, daß auch in der Reformära der SPD/FDP-

Koalition gesellschaftliche Eingriffe in die Wohnungsversorgung weiter abgeschwächt worden sind. Die Verlagerung der öffentlichen Mittel von der direkten
Bezuschussung und damit Verbilligung der Wohnungsproduktion zur Subventionierung von Marktkosten ist in den 70er Jahren beschleunigt worden.
Die in dieser Politik enthaltenen und zunehmend aufbrechenden Widersprüche
beinhalten folgende Dimensionen:

– Die öffentlichen Gelder für den sozialen Mietwohnungsbau gehen relativ zurück
  – im Verhältnis zur Gesamtheit der staatlichen Wohnungsbaumittel und im
  Verhältnis zu den gestiegenen Kosten.
– Die Strukturverschiebungen der Förderungsformen für den sozialen Wohnungsbau setzen der Entwicklung der Kosten keinerlei Dämme entgegen, stützen sie
  umgekehrt eher ab.
– Die Vorrangstellung der Förderung von Eigentumsmaßnahmen (durch Bau-
  sparförderung und Steuervergünstigungen) begünstigt die räumlichen Ungleich-
  gewichte in der Wohnungsversorgung, verschärft also den Wohnungsmangel in
  den Ballungsgebieten und zugleich die Zersiedlungsprozesse außerhalb der
  städtischen Zentren.
– In ihrer Konzentration auf die Unterstützung von Eigenleistungen verlagert sie
  die Inanspruchnahme gleichzeitig von den unteren auf die mittleren und
  höheren Einkommensschichten, denn immer deutlicher sind nur noch diese in
  der Lage, die erforderlichen Eigenleistungen überhaupt erst einmal aufzubringen.
– Die Anwendung faktisch der gleichen staatlichen Eingriffsformen bei den
  angestrebten städtebaulichen Erneuerungen vor allem im Altbaubestand (Sanierung und Modernisierung), also die Subventionierung privater Initiativen
  statt gesellschaftlich kontrollierter Maßnahmen, hat insgesamt dazu geführt,
  daß nur Minderheiten der ursprünglichen Bewohner in den Genuß der verbesserten Wohnqualitäten gekommen sind. Die hohen Abrißquoten bei den
  zunächst praktizierten Kahlschlagsanierungen, die mit staatlichen Geldern
  unterstützten überzogenem Modernisierungen, oft verbunden mit der Umwandlung von Miet- in Eigentumswohnungen, die steuerlich begünstigte Anlage
  spekulativen Kapitals im Immobiliensektor trieben Kosten und Mieten soweit in
  die Höhe, daß die ehemaligen Bewohner zu weiten Teilen durch zahlungskräfti-
  gere Nachfrager »ersetzt« und in die Hochhaussiedlungen an die Stadtränder
  verdrängt wurden.

Den aus diesen Widersprüchen erwachsenden Probleme der Wohnungsversorgung:
sinkendes Angebot an bezahlbarem Wohnungsbestand bei wachsender Nachfrage,
regionale Gefälle in der Wohnungsversorgung, extreme Mietungleichheiten auf
den verschiedenen Teilmärkten (Privater Wohnungsbau, Sozialer Wohnungsbau,
Altbaubestand), Fehlbelegungen im sozialen Wohnungsbau, enormen Steigerung
der Boden-, Bau- und Finanzierungskosten wird keinerlei politische Konzeption
entgegengesetzt, sondern mit einer Strategie des Löcherstopfens zu begegnen
versucht. Aber auch deren Finanzierung werden mit anhaltender ökonomischer
Krise immer engere Grenzen gesetzt.

Wohnbedürfnisse und Wohnverhältnisse – der qualitative Aspekt der Wohnungs-versorgung

Neue Wohnbedürfnisse: Die Wohnung, Miet- oder Eigentumswohnung, eigenes Haus, ist für die Mehrheit der Bevölkerung der wichtigste Aufenthaltsort im Nichtarbeits- und Freizeitbereich. Für die Nichterwerbstätigen (Rentner, nichter-werbstätige Frauen, Kinder) stellt sie den dominierenden Lebensort dar. Die Wohnung ist somit wesentliche Rahmenbedingung der individuellen Reproduk-tion, sie bildet die zentrale Verbindung zwischen der Stellung im Produktionspro-zeß, die ja die entscheidende Basis für den Umfang bezahlbarer Wohnqualität legt, und der konkreten Gestaltung der Lebensbedingungen. Nach der Sicherheit des Arbeitsplatzes ist die Sicherheit von Haus und Wohnung grundlegend für die gesamten Lebensverhältnisse.

Die gewachsene Bedeutung vor allem der qualitativen Aspekte des Wohnens (Größe, Ausstattung, Wohnumfeld) ist selbst Ausdruck entwickelter gesellschaftli-che Produktion: die Veränderungen im Verhältnis Arbeitszeit/Nichtarbeitszeit, die Verbesserung des Lebensstandards, der Ausbau gesellschaftlicher Leistungen, die Verallgemeinerung von Qualifikationen und kulturellen Betätigungen und die Entwicklung neuer Bedürfnisse haben die Wohnung längst ihrer bloßen Aufbewah-rungs- und Schutzfunktion enthoben und sie zum zentralen Bestimmungsfaktor für die Gestaltungs- und Entfaltungsmöglichkeiten im Nichtarbeitsbereich gemacht (*Niethammer*, 1979).

Mit der zunehmenden Sicherung des elementaren Bedürfnisses, überhaupt ein Dach über dem Kopf zu haben, artikulieren sich somit neue Wohnbedürfnisse, die auf die Qualität der Wohnverhältnisse gerichtet sind. Wohnungsgröße, Raumzahl, Ausstattung und Wohnlage werden als Bedingungen befriedigender Lebensfüh-rung empfunden und gefordert. In diesen Entwicklungen liegt auch die zunehmen-de Erweiterung der Wohnqualität über die Wohnung hinaus auf das Wohnumfeld begründet; Sozialstruktur eines Wohngebietes, Verkehrsanbindung, Ausstattung mit Infrastruktureinrichtungen wie Schulen, Kindergärten, Sport- und Kulturein-richtungen, bauliche Gestaltung der Freiräume und Grünflächen bestimmen weitgehend, in welchem Maße und in welchen Formen am gesellschaftlichen Leben teilgenommen werden kann.

Generell ist die Behebung der Wohnungsnot von einer kontinuierlichen Verbesse-rung der Wohnqualität begleitet gewesen, vor allem im Hinblick auf Größe und Ausstattung der Wohnungen.

1950 standen im Bundesdurchschnitt pro Person 15 qm Raumfläche und 0,6 Räume zur Verfügung; 1968 bereits 24 qm und 1,0 und 1978 war die Wohngröße im statisti-schen Durchschnitt auf 30 qm Wohnfläche und 1,7 Räume pro Person gestiegen. 1950 hatten 80% der damals überwiegenden Altbauwohnungen kein Bad, 1978 sind es noch 11%; 1950 waren Bruchteile des Wohnungsbestandes mit Sammelheizun-gen ausgestattet, 1978 ist es die überwiegende Mehrheit.

Die Neubautätigkeit der Nachkriegszeit, nicht zuletzt die im sozialen Wohnungs-bau fixierten Richtlinien, brachten somit eine Verallgemeinerung von Wohnstandards mit sich, die zuvor Privilegien der höheren Einkommensklassen gewesen waren. Auch die veränderten Lebensformen finden im heutigen Wohnungsbestand ihren Ausdruck; vor allem das gestiegene Bedürfnis nach selbständigem Wohnen der jungen wie auch der alten Generation schlägt sich in der überproportional angestiegenen Zahl der von Ein- und Zweipersonenhaushalten bewohnten Wohnungen nieder. Schließlich ist ein beträchtlicher Zuwachs der Eigenheimbesitzer zu verzeichnen: von ca. 25% 1950 auf über 40% 1978.

Schichtspezifische Wohnverhältnisse: Es ist unbestreitbar, daß die heutigen Wohnverhältnisse in der BRD einen in diesem Land bislang nicht gekannten Wohnstandard erreicht haben. Gleichzeitig dürfen die globalen Zahlen jedoch nicht darüber hinweg täuschen, daß die Wohnbedingungen nach wie vor und sogar mit zunehmender Tendenz sozial sehr unterschiedlich gestaltet sind. Die Regulierung der Wohnungsversorgung über den Markt macht die Realisierung von Wohnbedürfnissen abhängig von der Zahlungsfähigkeit der einzelnen und überläßt zugleich die städtebaulichen Entwicklungen den anarchischen Bewegungen von Angebot und Nachfrage. Je stärker öffentliche Eingriffe in den Wohnungsbau zugunsten von Marktmechanismen zurückgedrängt worden sind, desto stärker machen sich diese Zusammenhänge geltend. Die gegenwärtigen Wohnungsprobleme sind nicht allein durch quantitative Mängel gekennzeichnet, sondern durch deutliche Disparitäten in der Qualität der Wohnungsversorgung.

Anzahl der Räume und Wohnfläche variieren schichtspezifisch. Am großzügigsten leben die Selbständigenhaushalte, gefolgt von Angestellten/Beamtenhaushalten, Arbeiter- und Nichterwerbstätigenhaushalte müssen mit erheblich weniger Wohnraum auskommen. Auch die Wohnungsausstattung ist deutlich schichtspezifisch ausgeprägt. Auch hier wohnen Selbständige am komfortabelsten und Nichterwerbstätige am schlechtesten, Angestellte/Beamte besser als Arbeiter (*Glatzer*, 1980). Solche Unterschiede gehen nun weit über ein vordergründiges Mehr oder Weniger an Bequemlichkeit oder abstraktem Wohnstatus hinaus, sondern beeinflussen nachhaltig die hiermit verbundenen familiären und individuellen Lebensbedingungen. Die Bindung sozialer Kommunikationsformen und individueller Entfaltungsmöglichkeiten an bestimmte räumliche Voraussetzungen, die Bedeutung etwa ungestörten Spielens und Lernens für Kinder und Jugendliche, die Angewiesenheit älterer Menschen auf Mindestausstattungen zur Erhaltung ihrer Selbständigkeit, umgekehrt die durch Enge und Lärm erzeugte Rigidität und Aggressivität in Familien- und Nachbarschaftsbeziehungen – dies alles sind Zusammenhänge, die längst bekannt und in den Grundrissen der höheren Einkommensschichten auch berücksichtigt worden sind. Für die anderen sind sie oft weitaus weniger, gemäß der jeweiligen Zahlkraft, umsetzbar.

Niedrigere Zahlkraft bedeutet hierbei keineswegs eine geringere Mietbelastung; im Gegenteil sind es bei einer insgesamt gestiegenen Mietbelastung aller Haushalte (von 9–10% in den 50er Jahren auf 13–14% Ende der 70er Jahre) oft gerade die niedrigen Einkommensklassen, die für ihren unterdurchschnittlichen Wohnstandard die relativ höchsten Mietbelastungen haben. Das Wohngeld hat hier bestenfalls korrigierende, keinesfalls ausgleichende Wirkung.

Wenn angesichts der gegenwärtigen Versorgungsprobleme immer wieder auf »übersteigerte Ansprüche« verwiesen wird, so heißt dies im Klartext, daß wachsenden Teilen der Bevölkerung die Teilnahme am gesellschaftlich erreichten Wohnniveau vorenthalten wird.

Das Wohnen im Eigenheim ist die bevorzugte Wohnform der überwiegenden Mehrheit der Bundesbürger, über 80%, heute mehr als vor 20 Jahren. Bei vorwiegend privatwirtschaftlicher Regulierung der Wohnungsversorgung galt das Wohnen im eigenen Heim immer schon vielen als die beste Möglichkeit, die Bedürfnisse nach Wohnungssicherheit, ausreichendem Raum, individueller Gestaltbarkeit und Bewegungsfreiheit zu realisieren und ist seit den Anfängen staatlicher Wohnungsbauförderung in seinen eigentums- und familienpolitischen Aspekten gestützt worden.

Der deutliche Anstieg dieses Wohnwunsches trotz der damit verbundenen finanziellen Belastungen, den Einschränkungen von beruflicher und räumlicher Mobilität, muß auch als Folge der immer größeren »Unwirtlichkeit« der Städte interpretiert werden, d. h. als Resultat von baulichen und infrastrukturellen Entwicklungen in den Städten, die den bezahlbaren Wohnbedürfnissen der städtischen Bevölkerung entgegengelaufen sind. Wohnnutzungen sind aus den städtischen Zentren zunehmend verdrängt worden, die innerstädtischen Lärm-, Verkehrs- und Immissionsbelastungen haben enorm zugenommen, die Mieten sind hier überproportional gestiegen. Die Nutzung der in den Städten konzentrierten gesellschaftlichen und kulturellen Einrichtungen ist für viele nur noch unter Inkaufnahme solcher Belastungen und bei Mieten möglich, die oft mit erheblichen Einschränkungen in anderen Lebensbereichen verbunden sind.

Insofern ist der verbreitete Wunsch nach Wohnen im eigenen Haus und im Grünen nicht einfach als Rückzug in die Isolation ländlicher Idylle zu interpretieren, sondern wesentlich auch als Ausdruck verfehlter städtebaulicher Entwicklungen, unterstützt durch eine immer stärker am Eigenheimbau orientierte Wohnungsbaupolitik. Aber auch dieser Wunsch nach dem Eigenheim ist deutlich schichtspezifisch realisiert worden. Während Selbständige 1978 zu 75% im eigenen Haus leben, liegt die Eigentümerquote der Angestellten/Beamten- und Arbeiterhaushalte bei rd. 40%, von den Nichterwerbstätigen wohnten 1978 rd. 30% im eigenen Haus. Hinter diesen Bestandsziffern verbergen sich vor allem bei den Angestellten/Beamten und Arbeitern gegenläufige Bewegungen, die die Abhängigkeit des Eigenheimbaus vom jeweiligen Haushaltseinkommen noch drastischer belegen. Galt die staatliche Eigenheimförderung der 50er Jahre zumindest in Teilen gerade den Haushalten mit niedrigerem Einkommen und/oder hoher Kinderzahl und trug dem durch verbilligende Zuschüsse Rechnung, so hat die Umstellung der Förderung auf die Subventionierung der Eigenfinanzierung dazu geführt, daß nur noch solche Haushalte, die diese Eigenfinanzierung leisten können, in den Genuß der staatlichen Förderung kommen. Beim Neubau von Eigenheimen ist entsprechend der Anteil der Arbeiterhaushalte seit Jahren deutlich rückläufig, der der Angestellten und Beamten ansteigend, und immer weniger kinderreiche Familien sind schon zu einem Zeitpunkt zum Eigenheimbau in der Lage, an dem ihre (kleinen) Kinder noch in den Genuß von mehr Platz, Grün und Freizügigkeit kommen können.

In dem Maße, in dem die räumliche Verteilung von Nutzungsarten den Bodenpreisen und privaten Verwertungsinteressen unterliegt, ist schließlich auch die Qualität des Wohnumfeldes schichtspezifisch geprägt. Die individuelle Zahlkraft hat wesentlichen Einfluß auf die »Wahl« der Wohnlage, jeder Gang durch die Städte und ihre Umlandgebiete belegt diese Zusammenhänge. Die über die Wohnlage vermittelte Wohnqualität bezieht sich zum einen vor allem auf Schönheit und Attraktivität der unmittelbaren (natürlichen) Umgebung bzw. umgekehrt auf das Ausmaß an Beeinträchtigung und Belästigung durch Abgase, Fahrzeug- und Flugzeuglärm, zum anderen schlägt sie sich in der Regel in leichterer oder beschwerlicherer Zugänglichkeit zu den gesellschaftlichen Zentren nieder.

Ähnliche Beziehungen zwischen Wohnumfeld und sozialer Zusammensetzung der Bewohner sind auch für innerstädtische Wohnquartiere festzustellen. Neben bevorzugter bzw. benachteiligter geografischer Lage im gesamten Stadtraum tritt hier vor allem noch die unterschiedliche Ausstattung mit infrastrukturellen Einrichtungen. In einer Reihe von Untersuchungen ist inzwischen gezeigt worden, daß in den vorwiegend von unteren Einkommensklassen bewohnten Stadtteilen Luftverschmutzung und Lärmbelästigung höher, die Ausstattung mit Einrichtungen für Bildung, Gesundheit, Kultur, die verkehrsmäßige Anbindung schlechter sind als in Vierteln mit »gehobenen Einkommensverhältnissen« (*Herlyn* u. a., 1980). D. h. gerade diejenigen, die in der Regel bereits im Arbeitsprozeß besonderen Belastungen unterliegen, erfahren im Wohnbereich oft noch zusätzliche Beeinträchtigungen durch dessen unterdurchschnittliche Qualität und Ausstattung, – zu deren individueller Kompensation sie überdies weitaus weniger in der Lage sind, als die ohnehin bevorzugt wohnenden höheren Einkommensklassen.

Bewältigung der Wohnungsprobleme

Weit davon entfernt, Restbereiche von sonst ungebrochenen wohnungs- und städtebaulichen Entwicklungen darzustellen, sind die sichtbar gewordenen Wohnungsprobleme Ausdruck des Aufbrechens struktureller Widersprüche der bisherigen Wohnungs- und Städtebaupolitik und dies in einer konjunkturell anhaltend zugespitzten Situation. Für zunehmende Teile der Bevölkerung ist die Versorgung mit Wohnraum selbst erneut gefährdet. Der bereits bestehende Fehlbestand treibt die Mieten in den Ballungszentren hoch, schränkt berufliche Mobilität ein und behindert vor allem die Ablösungs- und Selbständigkeitsprozesse der jungen Generation, weil sie am wenigsten bezahlbare Wohnungen finden können.

Die Steigerungen der Boden-, Bau- und Finanzierungskosten haben den Wohnungsbau wesentlich verlangsamt, den Mietwohnungsbau fast schon zum Erliegen gebracht.

Das bestehende Wohnungsangebot zerfällt in mehrere weitgehend abgeschottete Teilmärkte mit ganz unterschiedlichen Eigentumsverhältnissen, Größenordnungen und Wohnlagen, Miet- und Kostenbelastungen, die Ausgleichsprozesse zusätzlich erschweren.

Die Umsetzung der in den letzten drei Jahrzehnten erreichten Möglichkeiten der

Lebensgestaltung, die Entfaltung von Interessen und Fähigkeiten im Nichtarbeits-
bereich, die Teilnahme an gesellschaftlichen Angeboten, stößt für Teile der
Bevölkerung immer deutlicher auf Schranken. Ablehnung von und Aggressionen
gegen Hochhaussiedlungen, in den Planungsämtern lange Zeit für die funktionale
Siedlungsform der Zukunft gehalten, sind krassester Ausdruck davon, in welchem
Maße an den Wohnbedürfnissen der Bewohner vorbeigebaut worden ist. Die
Verdrängung ehemaliger Altbaubewohner, die Zerstörung gewachsener sozialer
und baulicher Strukturen als Folge städtebaulicher Erneuerung bilden gewisserma-
ßen das Gegenstück.

Die Unwirtlichkeit der Städte hat die Flucht ins Umland und den verstärkten
Eigenheimboom der 70er Jahre begünstigt. Diese Entwohnung der Städte und die
entsprechende Ausbreitung monotoner Vorortsiedlungen schafft mit ihren Versor-
gungs- und Verkehrsansprüchen aber enorme Folgeprobleme, schwächt also
zukünftige bauliche und finanzielle Möglichkeiten (Steuereinkommen) städtebaulicher Verbesserungen.

Die zunehmende Überantwortung der wohnungs- und städtebaulichen Entwicklung
an die Bewegung von Angebot und Nachfrage, die Degenerierung der staatlichen
Förderungspolitik zu einem Subventionsdickicht hat eine zielgerichtete gesellschaftlich kontrollierte Wohnungs- und Städtebaupolitik unmöglich gemacht. Lösungen
und Forderungen, die auf die bloße Verlängerung der bisherigen Politik abstellen,
gehen daher am Kern der Widersprüche vorbei und verkennen, daß angesichts der
anhaltenden Krise den finanziellen Mitteln der Verwaltung der Mängel immer
engere Grenzen gesetzt sind. Betrachtet man die aktuell diskutierten Konzepte zur
Behebung der Wohnungsprobleme, so schälen sich aus dem Wust von Einzelrezep-
ten zwei einander gegenüberstehende Wege heraus. Der eine setzt auf die
marktwirtschaftliche Lösung. Kernpunkt ist die Wiederherstellung der Rentabilität
privater Kapitalanlagen im Wohnungssektor durch die Regulierung der Mieten über
den Markt, durch Reduktion bzw. Konzentration staatlicher Subventionen und
Abbau der Mieterschutzgesetzgebung, damit das Zusammenspiel von Angebot und
Nachfrage wirksam werden kann. Dieses Konzept bedeutet die bewußte Rücknahme jeder gesellschaftlichen Kontrolle aus dem Wohnungs- und Städtebau, die
Stützung privater Kapitalinteressen und die Steigerung der Belastungen der
Wohnungsnachfrager. Angesichts der schon herrschenden Ungleichheiten in den
Wohnbedingungen und angesichts der gegenwärtigen und erwartbaren ökonomi-
schen Lage heißt das, daß bewußt die Einschränkung und Rückentwicklung der
Wohnbedürfnisse großer Teile der Bevölkerung zur Basis der Sanierung gemacht
wird. Das Aufwachsen von Kindern unter beengten, entwicklungshemmenden
Wohnverhältnissen, die Behinderung der Selbständigkeit der jungen Generation,
die Ausgrenzung von »sozialen Problemgruppen« werden festgeschrieben. Aber
nicht nur die Qualität der einzelnen Wohnung wird der je individuellen Leistungsfähigkeit überlassen, sondern zugleich eine Absage an gesellschaftliche Planung im
Wohnumfeld und im Städtebau erteilt. Die Konzentration auf verbesserte Investi-
tionsbedingungen für private Privatanleger muß zwangsläufig die Stadtstrukturen
noch stärker als bisher vom Ausmaß der jeweiligen Rendite abhängig machen.

Die Alternative zur marktwirtschaftlichen Lösung besteht in einer effektiven gesellschaftlichen Lösung, die die Wohnungsversorgung der anonymen Regelung über Angebot und Nachfrage entzieht. Das verlangt vor allem die Unterbindung spekulativer Besitznahme und Verwertung von Grund und Boden, Bereitstellung und nachhaltige Kontrolle öffentlicher Gelder für den Wohnungs- und Städtebau (statt Subventionierung von Kapitalmarktmitteln), Ausrichtung der Mieten an der sozialen Belastbarkeit der Bewohner. Gesellschaftliche Kontrolle ist dabei nicht gleichzusetzen mit bloßer Beibehaltung und Ausbau der bestehenden Planungs- und Förderungsbürokratien, sondern schließt auf den verschiedenen regionalen Ebenen die Selbstverwaltung der Bewohner ein. Dieses Konzept bedeutet eine effektive Orientierung der Wohnungsbaupolitik am häufig verwendeten Begriff vom »sozialen Gut Wohnung«, die gesellschaftliche Sicherstellung des neben der Arbeit wichtigsten Lebensbereichs und die Beteiligung aller Teile der Bevölkerung am erreichten Wohnungsniveau.

Sozialarbeit und Sozialpädagogik haben es zunehmend wieder mit einem Klientel zu tun, das durch die Kulmination verschiedener sozialer Probleme gekennzeichnet ist. Geringes Einkommen durch geringqualifizierte Tätigkeit oder Arbeitslosigkeit verbindet sich mit beengten Wohnverhältnissen oder Mietrückständen; Gesundheitsschädigungen aus dem Arbeitsprozeß schlagen sich in geringerer sozialer und psychischer Belastbarkeit im Nichtarbeitsbereich nieder, können Ausgangspunkt von Aggressionen, Alkoholismus werden; die aufgeherrschte Ziellosigkeit von Teilen der Jugend trifft auf Wohnverhältnisse und·-umwelten, die gemeinschaftliche Aktivitäten kaum zulassen, Rückzug, Depressionen oder auch Haß und Zerstörungswut geradezu provozieren; alte Menschen mit hohem Kontaktbedürfnis werden aus ihrer vertrauten Umgebung verdrängt und zerbrechen an ihrer Einsamkeit und erzwungenen Unselbständigkeit; die Aufzählung könnte beliebig verlängert werden.

Die Bedeutung der Wohnverhältnisse bei Konflikten, die in die Zuständigkeit von Sozialarbeit und Sozialpädagogik fallen, hat enorm zugenommen bzw. die Einsicht in diese Bedeutung ist gewachsen. Für die konkreten Tätigkeiten von Sozialarbeitern/Sozialpädagogen stellt sich auch hier ihr klassisches Grundproblem: ihr Auftrag ist auf die Verwaltung von Mängeln beschränkt und hinkt damit den Problemen immer hinterher. Ebenso wie in anderen Bereichen – Arbeit, Erziehung/Bildung, Gesundheit etc. – stellt sich auch im Wohnbereich die Notwendigkeit struktureller Eingriffe in die Problemursprünge selbst immer dringlicher.

Marlo Riege

Literatur

Andritzky, M./Selle, G., (Hrsg.), 1979: Lernbereich Wohnen. Didaktisches Sachbuch zur Wohnumwelt vom Kinderzimmer bis zur Stadt, rororo Sachbuch, 2 Bände, Reinbek – *Abels, H./Keller, B.* 1974: Obdachlose. Zur gesellschaftlichen Definition und Lage einer sozialen Randgruppe, Opladen – *Bahrdt, H. P.*, 1961: Die moderne Großstadt. Soziologische Überlegungen zum Städtebau, Reinbek – *Bahrdt, H. P.*, 1968: Humaner Städtebau.

Überlegungen zur Wohnungspolitik und Stadtentwicklung für eine nahe Zukunft, Hamburg – *Brech, J.* (Hrsg.), 1981: Wohnen zur Miete. Wohnungsversorgung und Wohnungspolitik in der Bundesrepublik, Weinheim/Basel – *Deutscher Städtetag, 1979: Hinweis zur Arbeit in sozialen Brennpunkten. Köln – *Glatzer, W.,* 1980: Wohnungsversorgung im Wohlfahrtsstaat. Objektive und subjektive Indikatoren zur Wohlfahrtsentwicklung in der Bundesrepublik Deutschland, Frankfurt/M. – *Gronemeyer, R./Bahr, H. E.,* 1977: Nachbarschaft im Neubaublock. Empirische Studien zur Gemeinwesenarbeit, theoretische Studien zur Wohnsituation, Weinheim/Basel – *Herlyn, U.* u. a., 1980: Großstadtstrukturen und ungleiche Lebensbedingungen in der Bundesrepublik, Frankfurt/M./New York – *Hess/Mechler,* 1973, Ghetto ohne Mauern. Ein Bericht aus der Unterschicht, Frankfurt/M. – Institut Wohnen und Umwelt, 1977: Planungsbegriffe. Ein Leitfaden durch das Labyrinth der Planersprache, Darmstadt – *König, R.,* 1958: Grundformen der Gesellschaft: Die Gemeinde, Reinbek – *Linder/Maurer/Resch,* 1975: Erzwungene Mobilität. Alternativen zur Raumordnung, Stadtentwicklung und Verkehrspolitik, Köln/Frankfurt/M. – *Mitscherlich, A.,* 1965: Die Unwirtlichkeit unserer Städte, Frankfurt/M. – *Mumford, L.,* 1963: Die Stadt, Köln – *Niethammer, L.* (Hrsg.), 1979: Wohnen im Wandel. Beiträge zur Geschichte des Alltags in der bürgerlichen Gesellschaft, Wuppertal – *Pehnt, W.* (Hrsg.), 1974: Die Stadt in der Bundesrepublik Deutschland. Lebensbedingungen – Aufgaben – Planung, Stuttgart – *Petzinger, R./Riege, M.,* 1981: Die neue Wohnungsnot, Hamburg – *Vaskovic, L./Weins, W.,* 1979: Stand der Forschung über Obdachlose und Hilfen für Obdachlose, Stuttgart. –

→ Nichtseßhaftigkeit → Obdachlosigkeit → Sozialplanung

Stichwortverzeichnis

Die mit einem * versehenen Seitenangaben beziehen sich auf die Überschriften der Handbuchbeiträge.

Autorenverzeichnis

Prof. Dr. *Dirk Axmacher*, Universität Onsabrück

Prof. Dr. *Dieter Baacke*, Universität Bielefeld

Prof. Dr. *Heinz Bach*, Erziehungswissenschaftliche Hochschule Mainz

Kreszentia Barth, Universität Tübingen

Prof. *Jost Bauer*, Evangelische Fachhochschule, Reutlingen

Prof. Dr. *Rudolph Bauer*, Universität Bremen

Maja von Beyme, Sozial- und Jugendamt, Heidelberg

Prof. Dr. *Herwig Blankertz* (†), Universität Münster

Dr. *Lothar Böhnisch*, Deutsches Jugendinstitut, München

Dr. *Hans Hartwig Bohle*, Universität Bielefeld

Prof. *Margrit Brückner*, Fachhochschule Frankfurt/M.

Dr. *Friedheld Brüggen*, Universität Münster

Dr. *Ewald Johannes Brunner*, Universität Tübingen

Prof. Dr. *Herbert E. Colla*, Hochschule Lüneburg

Dr. *Diethelm Damm*, Deutsches Jugendinstitut, München

Prof. Dr. *Heinrich Dauber*, Gesamthochschule Kassel

Dr. *Dietrich von Derschau*, Deutsches Jugendinstitut, München

Dr. *Bernd Dewe*, Universität Osnabrück

Prof. Dr. *Hartmut Dießenbacher*, Universität Bremen

Dr. *Rolf Driebold*, Universität Bielefeld

Prof. em. Dr. *Hanns Eyferth*, Langenhagen

Matthias Fargel, Institut für angewandte Sozialwissenschaft, Bonn

Dr. *Wilfried Ferchhoff*, Universität Bielefeld

Dr. *Peter Finger*, Rechtsanwalt, Frankfurt/M.

Prof. Dr. *Andreas Flitner*, Universität Tübingen

Dr. *Anne Frommann*, Universität Tübingen

Prof. Dr. *Ernst Fürntratt*, Technische Hochschule Aachen

Prof. Dr. *Dieter Geulen*, Freie Universität Berlin

Dr. *Regine Gildemeister*, Universität Erlangen

Elin Guski, Freie Universität Berlin

Wolfgang Heidefuß, Mitarbeiter im theaterpädagogischen Forschungsprojekt Jugend und Gewalt, Hannover

Dr. *Rolf G. Heinze*, Gesamthochschule Paderborn

Prof. Dr. *Joachim Hirsch*, Universität Frankfurt/M.

Prof. Dr. *Gerhard Hofmann*, Universität Frankfurt/M.

Prof. Dr. *Walter Hollstein*, Evangelische Fachhochschule Berlin

Dr. *Ingeborg Hompesch-Cornetz*, Gesamthochschule Wuppertal

Dr. *Raimund Hompesch*, Beratungsstelle für Haftentlassene der Arbeiterwohlfahrt, Düsseldorf

Prof. Dr. *Walter Hornstein*, Hochschule der Bundeswehr, München

Prof. Dr. *Wolfgang Jantzen*, Universität Bremen

Prof. em. Dr. *Ernest Jouhy*, Universität Frankfurt/M.

Dr. *Hans-Joachim Jungblut*, Fachhochschule Münster

Dr. *Maria-Eleonora Karsten*, Fernuniversität Hagen

Dr. *K. H. Ignatz Kerscher*, Hochschule Lüneburg

Dr. *Joachim Kersten*, Deutsches Jugendinstitut, München

Prof. Dr. *Heiner Keupp*, Universität München

Prof. Dr. *Arno Klönne*, Gesamthochschule Paderborn

Dr. *Hans-Werner Klusemann*, Fernuniversität Hagen

Prof. Dr. *Martin Kohli*, Freie Universität Berlin

Dr. *Dieter Kramer*, Dezernat Kultur und Freizeit, Marburg

Prof. Dr. *Jürgen Krüger*, Gesamthochschule Duisburg

Prof. Dr. *Manfred Küchler*, Universität Frankfurt/M.

Prof. Dr. *Hubertus Lauer*, Fachhochschule Lüneburg

Prof. Dr. *Aloys Leber*, Universität Frankfurt/M.

Prof. Dr. *Stephan Leibfried*, Universität Bremen

Prof. Dr. *Reinhart Lempp*, Universität Tübingen

Dr. *Gero Lenhardt*, Max-Planck-Institut für Bildungsforschung, Berlin

Prof. Dr. *Hellmut Lessing*, Technische Universität Berlin

Dr. P. *Konrad Leube*, Deutsches Jugendinstitut, München

Prof. Dr. *Manfred Liebel*, Technische Universität Berlin

Prof. Dr. *Ludwig Liegle*, Universität Tübingen

Dr. *Andréz López-Blasco*, Deutsches Jugendinstitut, München

Prof. Dr. *Christian Marzahn*, Universität Bremen

Prof. Dr. *Marianne Meinhold*, Evangelische Fachhochschule Berlin

Ulrich Mergner, Soziologisches Forschungsinstitut (SOFI), Göttingen

Dr. *Peter Mollenhauer*, Hessisches Sozialministerium, Wiesbaden

Prof. Dr. *Ulrich Mückenberger*, Universität Bremen

Prof. Dr. *Albrecht Müller*, Hochschule der Bundeswehr, Hamburg

Prof. Dr. *Burkhard Müller*, Hochschule Hildesheim

Prof. Dr. C. *Wolfgang Müller*, Technische Universität Berlin

Hartmut Müller, Universität Bielefeld

Prof. Dr. *Siegfried Müller*, Universität Tübingen

Dr. *Richard Münchmeier*, Deutsches Jugendinstitut, München

Prof. Dr. *Johannes Münder*, Technische Universität Berlin

Dr. *Anneke Napp-Peters*, Universität Hamburg

Dr. *Michael Nowicki*, Technische Universität Berlin

Prof. *Dieter Oelschlägel*, Gesamthochschule Duisburg

Prof. Dr. *Dieter Ohlmeier*, Gesamthochschule Kassel

Frank-Thomas Olk, Universität Bielefeld

Prof. Dr. *Friedrich Ortmann*, Gesamthochschule Kassel

Prof. Dr. *Hedwig Ortmann*, Universität Bremen

Prof. Dr. *Hans-Uwe Otto*, Universität Bielefeld

Peter Petsch, Mitarbeiter im theaterpädagogischen Forschungsprojekt Jugend und Gewalt, Hannover

Dr. *Dieter Prokop*, Universität Frankfurt/M.

Prof. Dr. *Hartmut Radebold*, Gesamthochschule Kassel

Dr. *Thomas Rauschenbach*, Universität Tübingen

Hartmut Reese, Gesamthochschule Paderborn

Prof. Dr. *Marlo Riege*, Fachhochschule Mönchengladbach

Günther Robert, Universität Erlangen-Nürnberg

Prof. Dr. *Peter Runde*, Universität Hannover

Ekkehard Sander, Deutsches Jugendinstitut, München

Dr. *Günther Sander*, Universität Mainz

Dr. *Werner Schefold*, Deutsches Jugendinstitut München

Dr. *Christoph Th. Scheilke*, Evangelische Akademie Bad Boll, Außenstelle Reutlingen

Prof. Dr. *Josef Schenk*, Universität Würzburg

Prof. Dr. *Gert Schmidt*, Universität Bielefeld

Dr. *Dieter Schramm*, Stephanuswerk, Rehabilitationszentrum, Isny/Allgäu

Dr. *Werner Schreiber*, Universität Münster

Prof. Dr. *Karl F. Schumann*, Universität Bremen

Dr. *Walter Specht*, Universität Tübingen

Prof. Dr. *Friedrich W. Stallberg*, Universität Dortmund

Prof. Dr. *Elke Stark-von der Haar*, Fachhochschule Berlin

Dr. *Reiner Steinweg*, Hessische Stiftung Friedens- und Konfliktforschung, Frankfurt/M.

Dr. *Johano Strasser*, Freie Universität Berlin

Heinz Sünker, Universität Bielefeld

Prof. Dr. *Florian Tennstedt*, Gesamthochschule Kassel

Prof. Dr. *Hans Thiersch*, Universität Tübingen

Renate Thiersch, Universität Tübingen

Wolfgang Timm, Universität Osnabrück

Prof. Dr. *Hans-Erich Troje*, Universität Frankfurt/M.

Gernot Vormann, Therapiekette Niedersachsen, Hannover

Günther Wagner, Universität Tübingen

Roland Weber, Psychotherapeutisches Zentrum, Stuttgart

Prof. Dr. *Lutz von Werder,* Evangelische Fachhochschule Berlin

Prof. Dr. *Johannes Wickert*, Universität Köln

Dr. *Gerhard Wittenberger*, Gesamthochschule Kassel

Dr. *Christian v. Wolffersdorff-Ehlert*, Deutsches Jugendinstitut, München

Prof. Dr. *Hartwig Zander*, Universität Frankfurt/M.

Prof. Dr. *Jürgen Zimmer*, Freie Universität Berlin

neue praxis

Zeitschrift für Sozialarbeit, Sozialpädagogik und Sozialpolitik

Seit 17 Jahren *die* Fachzeitschrift für Sozialarbeit, Sozialpädagogik und Sozialpolitik

setzt Maßstäbe für Theorie, Praxis und Ausbildung. Informiert berufsorientiert über neue Erkenntnisse aus zentralen Bereichen der Sozialwissenschaften. Diskutiert die vorherrschende Praxis anhand alternativer Lösungsansätze.

Ziel der Neuen Praxis ist

- die umfassende Diskussion innovativer Handlungsmuster und Institutionalisierungsformen;
- die Förderung wissenschaftlicher Forschung durch kritische Darstellung neuer Erkenntnisse und empirischer Ergebnisse;
- die produktive Gestaltung des Verhältnisses von Sozialarbeit/Sozialpädagogik und Sozialpolitik als programmatische Erneuerung lokaler Handlungsstrategien;
- die Auseinandersetzung mit Studienmodellen und Ausbildungspolitik;
- die vergleichende Berichterstattung über internationale Entwicklungstrends und Arbeitsweisen;
- die Setzung kritischer Zeitzeichen durch ausgewählte Dokumentationen und parteiliche Kommentierungen sozialer Probleme.

Herausgeber:
Hanns Eyferth, Paul Hirschauer, Hans-Uwe Otto, Hans Thirsch, Kurt Utermann†.

Redaktion:
Hartmut Dießenbacher, Bremen; Erwin Jordan, Münster; Dieter Kreft, Berlin; Silvia Mai, Werther; Siegfried Müller, Tübingen; Günther Ohlendorf, Bielefeld; Thomas Olk, Bielefeld; Hilmar Peter, Bielefeld; Robert Schreiber, Bielefeld; Dieter Sengling, Münster; Rainer Treptow, Tübingen.

Beirat:
Dieter Baacke, Bielefeld; Dorothee Bittscheidt-Peters, Hamburg; Lothar Böhnisch, München; Jörg Bourgett, Wiesbaden; Micha Brumlik, Heidelberg; Bernd Dewe, Osnabrück; Thomas Feltes, Heidelberg; Anne Frommann, Tübingen; Regine Gildemeister, Nürnberg; Dieter Greese, Essen; Franz Hamburger, Mainz; Gerhard Hanak, Wien; Hans-Christoph Hoppensack, Bremen; Harald Hottelet, Frankfurt; Maria-Eleonora Karsten, Hagen; Heiner Keupp, München; Helga Krüger, Bremen; Stephan Leibfried, Bremen; Christian Marzahn, Bremen; Marianne Meinhold, Berlin; Burkhart Müller, Hildesheim; Johannes Münder, Berlin; Helge Peters, Oldenburg; Christoph Sachße, Kassel; Sebastian Scheerer, Frankfurt; Hartmut Schulz, Kassel; Werner Springer, Essen; Armin Tschoepe, Hamburg.

Die Neue Praxis erscheint *zweimonatlich* zu einem Abonnementpreis von DM 76,– und einem Studenten-Vorzugspreis von DM 49,80 (Einzelheft DM 21,50).

Luchterhand

Bereits in 3. Auflage:

Sozialgesetze

Textausgabe mit einer Einführung von Prof. Dr. Peter Krause
Stand: 1. 2. 1987,
1167 Seiten, kartoniert, ca. DM 48, –
ISBN 3-472-14288-X

Zahlreiche Gesetzesänderungen haben die 3. Auflage dieser bewährten Textausgabe erforderlich gemacht. Beispielhaft seien hier genannt die Neuregelungen des Arbeitsförderungsgesetzes (u. a. § 116) und die Neufassung des Schwerbehindertengesetzes vom 26. 8. 1986. Die insgesamt 11 − erst im Dezember 1986 − verabschiedeten Gesetze (z. B. 7. Rentenversicherungs-Änderungsgesetz, 2. Rechtsbereinigungsgesetz, Gesetz zur Verbesserung der kassenärztlichen Bedarfsplanung), die zu Änderungen bei der Reichsversicherungsordnung, dem Bundesversorgungsgesetz, dem Bundessozialhilfegesetz und vielen anderen Sozialgesetzen führten, konnten noch berücksichtigt werden.
Ergänzt wurde die Textausgabe durch das neue und bereits vieldiskutierte Bundeserziehungsgeldgesetz, das zum 1. 1. 1986 in Kraft trat. Auf Anregung der Praxis sind ferner neu in die Sammlung aufgenommen worden:

● das Angestelltenversicherungs-Neuregelungsgesetz
● das Arbeiterrentenversicherungs-Neuregelungsgesetz
● die Arbeitserlaubnisverordnung
● die Zumutbarkeits-Anordnung
● 7 Durchführungsverordnungen zum Bundessozialhilfegesetz und
● 2 Durchführungsverordnungen zum Schwerbehindertengesetz.

Über 50 sozialrechtliche Gesetze und Verordnungen umfaßt die Sammlung damit gegenwärtig − eine praxisrelevante Zusammenstellung aller wesentlichen Sozialgesetze in einem Band! Sein Nutzen zeigt sich nicht nur in der Auswahl, sondern auch in der Übersichtlichkeit des Aufbaus, dem umfangreichen Stichwortverzeichnis, den ausführlichen Literaturangaben und nicht zuletzt an der umfassenden Einführung durch Prof. Dr. Peter Krause.

Luchterhand